Großkommentare der Praxis

Hachenburg

Gesetz

betreffend die

Gesellschaften mit beschränkter Haftung (GmbHG)

Großkommentar

8., neubearbeitete Auflage

herausgegeben von

Peter Ulmer

Dritter Band

§§ 53–85; Register

1997

Walter de Gruyter · Berlin · New York

Erscheinungsdaten der Lieferungen:

§§ 53–64 (5. Lieferung)	November 1991
§§ 65–85 (7. Lieferung)	August 1994
Register (8. Lieferung)	Dezember 1996

Zitiervorschlag z. B.: Hachenburg/*Ulmer* GmbHG § 1 Rdn 18

Die Deutsche Bibliothek – CIP-Einheitsaufnahme

Gesetz betreffend die Gesellschaften mit beschränkter Haftung (GmbHG) : Grosskommentar / Hachenburg. Hrsg. von Peter Ulmer. – Berlin ; New York : de Gruyter.
(Grosskommentare der Praxis)
Teilw. verf. von Carl Hans Barz ... Georg Hohner ... – 6. Aufl. u. d. T.: Hachenburg, Max: Kommentar zum Gesetz betreffend die Gesellschaften mit beschränkter Haftung

NE: Hachenburg, Max; Barz, Hans Carl; Hohner, Georg; Ulmer, Peter [Hrsg.]

Bd. 3. §§ 53–85; Register. – 8., neubearb. Aufl. / Bearb.: Peter Behrens ... – 1997
Abschlussaufnahme von Bd. 3.
ISBN 3-11-015598-2

NE: Behrens, Peter [Bearb.]

Printed in Germany

Satz und Druck: Arthur Collignon GmbH, Berlin
Bindearbeiten: Lüderitz & Bauer GmbH, Berlin

Bearbeiter der 8. Auflage:

Professor Dr. *Peter Behrens*, Hamburg

Dr. Dr. h. c. *Reinhard Goerdeler* (†), Wirtschaftsprüfer und Rechtsanwalt, Frankfurt/M.

Dr. *Irmgard Heinrich*, Notarin, Hamburg

Dr. *Georg Hohner*, Rechtsanwalt und Notar, Frankfurt/M. (unter Mitarbeit von Dr. *Rainer Bommert*, Rechtsanwalt, Frankfurt/M.)

Professor Dr. *Uwe Hüffer*, Bochum

Professor Dr. *Günter Kohlmann*, Köln

Professor Dr. *Hans-Joachim Mertens*, Frankfurt/M.

Dr. *Welf Müller*, Wirtschaftsprüfer, Rechtsanwalt und Steuerberater, Frankfurt/M.

Professor Dr. *Thomas Raiser*, Berlin

Professor Dr. *Ursula Stein*, Dresden

Professor Dr. Dr. h. c. *Peter Ulmer*, Heidelberg

Dr. *Jürg Zutt*, Rechtsanwalt, Mannheim (unter Mitarbeit von Dr. *Martin Winter*, Rechtsanwalt, Mannheim)

Inhaltsübersicht

Vierter Abschnitt

Abänderungen des Gesellschaftsvertrages

§ 53

Eine Abänderung des Gesellschaftsvertrages kann nur durch Beschluß der Gesellschafter erfolgen.

Der Beschluß muß notariell beurkundet werden, derselbe bedarf einer Mehrheit von drei Vierteilen der abgegebenen Stimmen. Der Gesellschaftsvertrag kann noch andere Erfordernisse aufstellen.

Eine Vermehrung der den Gesellschaftern nach dem Gesellschaftsvertrag obliegenden Leistungen kann nur mit Zustimmung sämtlicher beteiligter Gesellschafter beschlossen werden.

Übersicht

Schrifttum

Vgl. die Angaben vor den einzelnen (Unter-)Abschnitten.

I. Einführung

1. Regelungsinhalt

1 § 53 enthält die zentrale Vorschrift des Vierten Abschnitts über die Änderung des Gesellschaftsvertrags (der Satzung) der eingetragenen GmbH (zur Vetragsänderung *vor* Eintragung der GmbH vgl. § 2, 19 ff). Er stellt klar, daß der Gesellschaftsvertrag geändert werden kann, und legt die gesetzlichen **Mindestvoraussetzungen** („nur durch Beschluß", „noch andere Erfordernisse" nach Maßgabe des Gesellschaftsvertrags; dazu Rdn 82 ff) für die Änderung fest (Abs. 1 und 2). Für Änderungsbeschlüsse, die auf eine Vermehrung der Leistungspflichten der Gesellschafter gerichtet sind, bedarf es nach Abs. 3 zusätzlich zur Dreiviertelmehrheit des Abs. 2 der Zustimmung sämtlicher betroffener Gesellschafter (Rdn 74 ff). Zur **Wirksamkeit** der Satzungsänderung ist neben der Beschlußfassung nach Maßgabe von § 53 sowie der Anmeldung zum Handelsregister durch die Geschäftsführer (§§ 54 Abs. 1, 78) weiter auch die Eintragung im Handelsregister erforderlich (§ 54 Abs. 3).

2. Zwingende Geltung

2 Die Vorschrift des **Abs. 1** enthält für *materielle* Satzungsbestandteile (dazu Rdn 8 ff) zwingendes, einer Änderung durch Satzung oder Gesellschafterbeschluß nicht zugängliches Recht (einhM; zur Änderung *formeller* Satzungsbestandteile und zur Möglichkeit der Kompetenzeinräumung an andere Gesellschaftsorgane oder Dritte vgl. Rdn 27 f). Die **Abänderbarkeit** der Satzung kann durch Satzungsbestimmung nicht ausgeschlossen werden (Rdn 82). Ebenso kann die den Gesellschaftern zugewiesene **Änderungskompe-**

tenz weder auf ein anderes Gesellschaftsorgan oder auf Dritte übertragen werden, noch kann die Wirksamkeit von Änderungsbeschlüssen von der Zustimmung eines Nichtgesellschafters abhängig gemacht werden (vgl. Rdn 84). Die Gesellschafter können die Beschlußfassung über eine Satzungsänderung jedoch mit einer Weisung an den Geschäftsführer verbinden, den Beschluß erst bei Eintritt eines bestimmten Umstandes zur Eintragung in das Handelsregister anzumelden; dabei kann es sich auch um die Zustimmung eines anderen Gesellschaftsorgans, etwa eines Beirats, oder eines außenstehenden Dritten handeln (zur befristeten Satzungsänderung und zur Abhängigkeit einer Satzungsänderung vom Eintritt einer Rechtsbedingung vgl. näher Rdn 24). Die Änderungskompetenz der Gesellschafter wird auch nicht dadurch berührt, daß die Gesellschaft eine unter bestimmten Voraussetzungen wirksame Verpflichtung zur Vornahme einer bestimmten Satzungsänderung eingegangen ist (dazu Rdn 37; zur hiervon zu unterscheidenden Problematik von Stimmbindungsverträgen, gerichtet auf die Stimmabgabe einzelner Gesellschafter bei Satzungsänderungen, vgl. Rdn 39, 43).

Zwingender Natur sind auch die in **Abs. 2 S. 1** geregelten **Mindesterfordernisse** **3**
eines satzungsändernden Beschlusses, d. h. die notarielle Beurkundung sowie die Dreiviertelmehrheit der abgegebenen Stimmen. Das ergibt sich aus einem Umkehrschluß zu Abs. 2 S. 2, der nur *zusätzliche* – d. h. über die gesetzlichen Vorgaben hinausgehende – Erfordernisse im Gesellschaftsvertrag zuläßt (vgl. näher Rdn 82 ff). Der für das Innenverhältnis der GmbH geltende Grundsatz der Vertragsfreiheit (§ 45, 1) findet insoweit eine starre Schranke zum Schutz der Minderheit. Da es nicht auf die Kapital-, sondern auf die Stimmenmehrheit ankommt (Rdn 49), kann sie freilich durch vertragliche Abweichungen von der gesetzlichen Stimmverteilung in § 47 Abs. 2 (dazu § 47, 89) mittelbar gelockert werden. Zu den daneben zu beachtenden beweglichen Schranken der Mehrheitsherrschaft vgl. Rdn 56 ff.

Nach hM ist auch das **Zustimmungserfordernis** des **Abs. 3** für die Fälle einer **4**
Vermehrung von Leistungspflichten insofern zwingender Natur, als die Satzung die Regelung nicht generell abbedingen kann[1]. Hiervon zu sondern ist die Vorwegnahme der Zustimmung iSv. Abs. 3 in einer Satzungsklausel, die Leistungsvermehrungen durch einen Mehrheitsbeschluß in bestimmten, im Gesellschaftsvertrag festgelegten Grenzen zuläßt (dazu näher Rdn 74).

3. Sonderregelungen über Kapitalveränderungen

Neben den allgemeinen Vorschriften der §§ 53, 54 über Satzungsänderungen enthält **5**
der Vierte Abschnitt in **§§ 55 bis 58** noch eine Reihe von Sondervorschriften über Kapitalerhöhung und -herabsetzung. Sie verdrängen nicht etwa die Grundvorschriften der §§ 53, 54, sondern stellen lediglich **zusätzliche Erfordernisse** für die Vornahme der Kapitalveränderungen und die Anmeldung der entsprechenden Beschlüsse zum Handelsregister auf. Hierauf wird verwiesen.

4. Reform

§ 53 ist durch die GmbH-Novelle 1980 **nicht geändert** worden. Die in der Novelle **6**
erfolgten Änderungen des *Gründungsrechts* haben sich nur auf die auf Kapitalveränderungen bezogenen Vorschriften (Rdn 5) ausgewirkt.

---

[1] Vgl. Scholz/*Priester* 50; Baumbach/Hueck/*Zöllner* 17.

II. Die Satzung und ihre Änderung (Abs. 1)

Schrifttum

Boesebeck „Satzungsdurchbrechung“ im Recht der AG und GmbH, NJW 1960, 2265; *Dempewolf* Die Rückwirkung von Satzungsänderungen aktienrechtlicher Gesellschaften, NJW 1958, 1212; *Eckardt* Satzungsänderungen auf Grund des neuen Aktiengesetzes, NJW 1967, 369; *Fleck* Schuldrechtliche Verpflichtungen einer GmbH im Entscheidungsbereich der Gesellschafter, ZGR 1988, 104; *Ganßmüller* Unechte Satzungsbestandteile, GmbH-Rdsch. 1963, 85; *Jung-Senssfelder* Die Erforderlichkeit einer Gesellschaftsvertragsänderung gemäß § 53 GmbHG, Diss. Köln 1970; *Mertens* Sozialakt und Vertretung AG 1981, 216; *ders.* Unternehmensgegenstand und Mitgliedschaftsrecht, AG 1978, 309; *Priester* Nichtkorporative Satzungsbestimmungen bei Kapitalgesellschaften, DB 1979, 681; *ders.* Satzungsänderung und Satzungsdurchbrechung, ZHR 151 (1987) 40; *Ulmer* Begründung von Rechten Dritter in der Satzung einer GmbH?, Festschrift Werner (1984) S. 911; *Winkler* Materielle und formelle Bestandteile in Gesellschaftsverträgen und Satzungen und ihre verschiedenen Auswirkungen, DNotZ 1969, 394; *Zilias* Rückwirkende Satzungsänderung bei Kapitalgesellschaften, JZ 1959, 50; *Zöllner* Das Teilnahmerecht der Aufsichtsratsmitglieder an Beschlußfassungen der Gesellschafter bei der mitbestimmten GmbH, Festschrift Rob. Fischer (1979) S. 905 ff.

1. Gesellschaftsvertrag und Satzung

7 a) **Gesellschaftsgrundlage.** Im Unterschied zum Aktienrecht (§ 23 AktG u. a.) spricht das GmbHG durchgängig (§§ 2, 3, 53 u. a.) von **Gesellschaftsvertrag** und nicht von Satzung. Ein sachlicher Unterschied ist mit dieser terminologischen Abweichung *nicht* verbunden. Wie die Satzung der Aktiengesellschaft bildet auch der Gesellschaftsvertrag der GmBH die **Grundlage,** das Statut der Gesellschaft einschließlich ihrer Beziehungen zu den Gesellschaftern. Sein Bestand wird durch einen Wechsel der Mitglieder oder durch die Vereinigung aller Anteile in einer Hand nicht berührt. Nach § 2 Abs. 1 nF kann der Vertrag sogar von einem einzigen Gesellschafter „geschlossen“ werden (vgl. § 1; zur Einmanngründung vgl. näher § 1, 40 ff, § 11, 13 ff). Auch sind Vertragsänderungen ebenso wie im Aktienrecht grundsätzlich mit Dreiviertelmehrheit möglich (Abs. 2 S. 1), sobald die GmbH eingetragen ist (zum Erfordernis einstimmiger Vertragsänderung bei der Vorgesellschaft vgl. § 2, 20). Wegen dieser für Kapitalgesellschaften typischen, von den Personen der Gesellschafter gelösten *organisationsrechtlichen Natur des Gesellschaftsvertrags* (§ 2, 5) hat sich allgemein auch im GmbH-Recht die Bezeichnung „Satzung“ durchgesetzt. Sie wird auch der folgenden Kommentierung zugrundegelegt. – Zu der vom allgemeinen Vertragsrecht (§§ 133, 157 BGB) abweichenden Auslegung der GmbH-Satzung vgl. § 2, 87 und 138 ff.

8 b) **Satzung im materiellen und im formellen Sinn.** Die zwingenden Vorschriften der §§ 53 ff über die Änderung des Gesellschaftsvertrags beziehen sich nur auf die Satzung im **materiellen** Sinn als die Gesamtheit derjenigen Abreden, die nach Maßgabe der gesetzlichen Mindestanforderungen in § 3 Abs. 1 oder in Ergänzung oder Änderung des gesetzlichen Organisationsrechts die *Grundlagen der Gesellschaft, ihre Beziehungen zu den Gesellschaftern sowie die Rechtsstellung ihrer Organe* regeln. Hierzu gehörende Bestandteile erlangen nur dann Wirksamkeit, wenn sie entweder unter Beachtung des § 2 vor Eintragung der Gesellschaft im Handelsregister Eingang in die ursprüngliche Satzung gefunden haben (zur Geltung von § 2 schon vor Eintragung vgl. § 2, 19 f) oder unter Einhaltung der für die Änderung des Gesellschaftsvertrags geltenden Beschlußfassungs- und Formvorschriften in die Satzung aufgenommen werden und die Eintragung nach § 54 Abs. 3 erfolgt. Die Aufnahme in die Satzung unter Beachtung der hierfür geltenden Vorschriften ist für *materielle Satzungsbestandteile* also **konstitutiv**[2].

---

[2] Zutr. zur Satzungsförmigkeit als Geltungsvoraussetzung für die Satzung im materiellen Sinn *Zöllner*-KölnKommAktG² § 179, 8; vgl. auch Baumbach/Hueck/*Zöllner* 3; Rowedder/*Zimmermann* 7.

Von den materiellen Satzungsbestandteilen zu sondern sind sonstige in der Satzungsurkunde enthaltene Angaben, die lediglich in dieser *verlautbart* werden, ihren Geltungsgrund jedoch außerhalb der Satzung haben und demgemäß inhaltlich auch ohne Einhaltung der §§ 53, 54 geändert werden können. Sie werden als **formelle** oder – ohne Abweichung in der Sache – als unechte[3] bzw. nichtkorporative[4] Satzungsbestimmungen bezeichnet. Neben Angaben über die Inhaberschaft an Geschäftsanteilen oder über die Bestellung von Geschäftsführern gehören dazu auch in den Gesellschaftsvertrag aufgenommene, jedoch nur als *schuldrechtliche* gewollte Nebenabreden zwischen allen oder einzelnen Gesellschaftern, die grundsätzlich formlos getroffen werden können; das gilt auch dann, wenn darin der Gesellschaft im Wege eines Vertrages zugunsten Dritter ein eigener Anspruch eingeräumt wird[5] (eingeh. zu Bestimmung, möglichem Inhalt und Durchsetzung schuldrechtlicher Nebenabreden vgl. § 3, 116 ff). Daß die Satzung im materiellen Sinne nicht notwendig deckungsgleich ist mit dem in der Satzungsurkunde verlautbarten Text, sondern dieser zusätzliche Regelungen enthalten kann, ist in Rechtsprechung und Schrifttum mit Recht einhellig anerkannt[6] (zum Gestaltungswahlrecht der Gesellschafter vgl. noch Rdn 19). Das folgt schon daraus, daß es den Gesellschaftern im Rahmen ihrer Vertragsautonomie einerseits unbenommen ist, das Gesellschaftsverhältnis betreffende Angelegenheiten zum Gegenstand bloßer schuldrechtlicher, untereinander getroffener Abreden zu machen, während andererseits dem Gesetz nichts entnommen werden kann, was einer Verlautbarung solcher Abreden in der Satzungsurkunde selbst entgegenstünde[7]. Hieran kann im Gegenteil sogar ein Interesse des Rechtsverkehrs bestehen, falls nicht die Aufnahme in den Gesellschaftsvertrag den Anschein einer materiellen Satzungsregelung erweckt und dadurch irreführend wirkt; im letzteren Fall muß der Registerrichter die Eintragung ablehnen (dazu § 54, 44). 9

c) **Bedeutung der Unterscheidung.** Die Unterscheidung zwischen materiellen und formellen Satzungsbestandteilen und die Entscheidung über die jeweilige Rechtsnatur der in der Satzungsurkunde enthaltenen Regelungen kann unter mehreren Aspekten von Bedeutung sein. Das gilt zunächst für Voraussetzungen und Wirksamwerden einer **Änderung** dieser Regelungen. Dem für die wirksame Begründung materieller Satzungsbestandteile einschlägigen Erfordernis der Satzungsförmlichkeit (Rdn 8) entspricht es, daß auch ihre Änderung sich nach den Beschluß- und Formerfordernissen der §§ 53, 54 richtet. Demgegenüber bestimmt sich die Änderung formeller Satzungsbestandteile nach dem jeweiligen Gegenstand der in der Satzungsurkunde verlautbarten Regelung. Sie kann auch außerhalb der Satzung erfolgen, was dazu führt, daß dann die materielle Rechtslage mit der in der Satzung verlautbarten nicht mehr übereinstimmt (zur Gesellschafterkompetenz für die Aufnahme oder Streichung formeller Satzungsbestandteile vgl. Rdn 27 f). Soweit es um das erforderliche Beschlußquorum 10

---

[3] Vgl. BGHZ 38, 155, 161 = NJW 1963, 203; BGH WM 1970, 246, 247; BGH ZIP 1981, 1205, 1206; *Zöllner*-KölnKommAktG^2 § 179, 9.

[4] So Scholz/*Priester* 6 und *Priester* DB 1979, 681.

[5] Zutr. Scholz/*Priester* 7.

[6] Vgl. zum Ganzen eingeh. insbes *Zöllner*-KölnKommAktG^2 § 179, 7 ff; Scholz/*Priester* 5 ff; *Ulmer* Festschrift Werner (1984) S. 911 ff; *Priester* DB 1979, 681; jew. m. weit. Nachw.

[7] Zu eng noch Voraufl. 9 und *Priester* DB 1979, 684, die die Zulässigkeit der Aufnahme formeller Bestandteile in die Satzung mit der früher hM allein aus § 6 Abs. 3 S. 2 (1. Alt.) betr. die Geschäftsführerbestellung „im Gesellschaftsvertrag" ableiteten. Auch könnte dieser Interpretation entgegengehalten werden, daß es insoweit nur um die Geschäftsführerbestellung als materieller Satzungsbestandteil (im Unterschied zur Bestellung „nach Maßgabe des 3. Abschnitts", so die 2. Alt.) gehen sollte (in diesem Sinne ließe sich die amtl. Begründung zu § 6 verstehen, in der ausdrücklich von einer „anderen Art der Bestellung" gegenüber derjenigen mittels Gesellschafterbeschlusses die Rede ist, vgl. Verhandl. des Reichstags, Aktenst. 660 S. 3735).

geht, kann sich gegenüber der echten Satzungsänderung je nach Art des formellen Satzungsbestandteils sowohl eine Erschwerung als auch eine Erleichterung ergeben. Während die Änderung schuldrechtlicher Nebenabreden allgemeinem Vertragsrecht folgt und demgemäß die Zustimmung aller an der Abrede Beteiligter erfordert, kann etwa die Abberufung eines Geschäftsführers, dessen Bestellung in der Satzung lediglich verlautbart ist, ihrerseits durch einfachen Mehrheitsbeschluß erfolgen.

11 Weitere Unterschiede ergeben sich daraus, daß bei materiellen Satzungsbestandteilen im Unterschied zu lediglich formellen die Geltendmachung von **Beschlußmängeln** nach Eintragung nur in engen Grenzen möglich ist (dazu § 54, 32). Aus dem organisationsrechtlichen Charakter materieller Satzungsregelungen folgt auch, daß sie ausschließlich **objektiver Auslegung** zugänglich sind (vgl. eingeh. § 3, 138 ff, 142 ff). Desweiteren haben nur die organisationsrechtlichen Satzungsregelungen unmittelbare **Bindungswirkung** für die Gesellschaftsorgane und weisen über den Kreis der Gründergesellschafter bzw. der an der Satzungsänderung Beteiligten hinaus: nur satzungsrechtlich begründete Verpflichtungen sind untrennbar mit dem Geschäftsanteil verbunden und gehen auf den Anteilserwerber kraft Gesetzes über. Die Bindungswirkung schuldrechtlicher Nebenabreden beschränkt sich demgegenüber trotz ihrer Verlautbarung in der Satzung auf die an ihr Beteiligten und deren Gesamtrechtsnachfolger; auf einen Anteilserwerber können sie nur im Wege der Schuldübernahme bzw., wenn sich aus der Nebenabrede eine (Innen-)Gesellschaft bürgerlichen Rechts ergibt, im Wege des Beitritts zu dieser übergehen. Schließlich ist die Unterscheidung zwischen materiellen und formellen Satzungsbestandteilen maßgeblich für die **Rechtsfolgen** und deren Verletzung. Insbes. eröffnet nur die Verletzung von Satzungsrecht im materiellen Sinne die Anfechtungsklage (dazu Anh. § 47, 135 ff, 140 ff; zur Satzungsdurchbrechung vgl. Rdn 30 ff; zur Durchsetzung schuldrechtlicher Nebenabreden § 3, 125). Zur Bedeutung der Bestimmung der Satzung im materiellen Sinne für den Inhalt des bei Anmeldung einer Satzungsänderung beizufügenden vollständigen Wortlauts des Gesellschaftsvertrags vgl. Rdn 27 und § 54, 17 f.

2. Bestimmung der Satzung im materiellen Sinn

12 a) **Beurteilungsmaßstab.** Die in Rdn 10 f genannten unterschiedlichen Rechtsfolgen hängen von der **tatbestandlichen Einordnung** einer Satzungsregelung als organisationsrechtliche (materielle) oder lediglich individualrechtliche (formelle) ab. Daher kann die Bestimmung der Satzung im materiellen Sinn nicht ausschließlich oder in erster Linie unter Rückgriff auf die Rechtsfolgenseite erfolgen[8]. Soweit sich jedoch der organisationsrechtliche Charakter des Satzungsbestandteils weder notwendig aus dessen sachlichem Regelungsgehalt ableiten läßt (Rdn 13 ff) noch dieser nach seinem Gegenstand von vornherein als materieller Satzungsbestandteil ausscheidet (Rdn 17 f) und demzufolge ein Wahlrecht der Gesellschafter in Bezug auf die Entscheidung besteht, ob sie das fragliche Rechtsverhältnis organisationsrechtlich ausgestalten wollen (dazu Rdn 19), ist zur Abgrenzung zwischen materiellen und formellen Satzungsbestandteilen auf den **Rechtsfolgewillen** der Beteiligten abzustellen; das gilt angesichts der das GmbH-Recht prägenden, weitreichenden Gestaltungsfreiheit der Gesellschafter für einen großen Teil denkbarer Satzungsregelungen. Die Aufnahme der Regelung in den Satzungstext stellt dabei regelmäßig ein *Indiz* für eine als organisationsrechtlich

[8] Gegenüber der tatbestandlichen Eingrenzung, Satzungsbestandteile im materiellen Sinne seien nur diejenigen Bestimmungen, für deren Wirksamkeit die Aufnahme in die Satzung konstitutiv sei (so Rowedder/*Zimmermann* 7), mit Recht krit. deshalb *Zöllner*-KölnKommAktG[2] § 179, 20.

gewollte Regelung dar[9] (Rdn 8). Ist demgegenüber lediglich eine nichtorganisationsrechtliche Vereinbarung gewollt, so muß sich dies wegen der rein objektiven Satzungsauslegung (§ 2, 138 ff) aus der Satzung selbst oder aus den sonstigen beim Handelsregister befindlichen Unterlagen ergeben (vgl. § 3, 145)[10]. Zur Ausnahme bei der Benennung des Geschäftsführers in der Satzung vgl. Rdn 116.

b) **Notwendig materielle Satzungsbestandteile.** Zu diesen zählen alle organisations- **13**
rechtlich ausgestalteten Regelungen betreffend die Grundlagen der Gesellschaft, ihre Beziehungen zu den Gesellschaftern sowie die Rechte und Pflichten der Gesellschaftsorgane[11]. Dazu gehören zwingend zunächst alle diejenigen Satzungsbestandteile, die die **gesetzlichen Mindestanforderungen** an den Satzungsinhalt in **§ 3 Abs. 1** erfüllen und dem Gesellschaftsvertrag unter Festlegung der *Identitätsausstattung* der Gesellschaft den Charakter eines GmbH-Statuts verleihen, also die Bestimmungen über Firma, Sitz, Unternehmensgegenstand und Stammkapital der Gesellschaft. Hiervon umfaßt ist auch die Begründung der für die Eintragung der Gesellschaft unabdingbaren Einlageverpflichtungen[12]; sie kann nur durch Bestimmung im Gesellschaftsvertrag (§ 3 Abs. 1 Nr. 4) erfolgen und ist einer Änderung allein in der qualifizierten Form der Kapitalherabsetzung gem. § 58 zugänglich. Notwendiger Bestandteil der materiellen Satzung sind auch etwaige Abreden über Sacheinlagen oder Sachübernahmen, weil sie den Inhalt der Einlageverpflichtung modifizieren (vgl. auch § 56, 29)[13]. Hiervon unberührt bleibt die Zulässigkeit der Streichung der Angaben über die von den einzelnen Gesellschaftern übernommenen Stammeinlagepflichten, sobald diese durch Erfüllung erloschen sind oder die Gesellschafter im Zuge einer Kapitalherabsetzung Befreiung erlangt haben; hierin liegt lediglich eine die materielle Rechtslage unberührt lassende Anpassung des in der Satzung Verlautbarten an die mit dem Wegfall der Einlageverbindlichkeit tatsächlich veränderten Verhältnisse[14]. Zur Begründung der Einlageverbindlichkeit aus einer Kapitalerhöhung vgl. § 55, 76; zur satzungsgleichen Wirkung von Unternehmensverträgen vgl. Rdn 139.

Notwendig organisationsrechtlich sind desweiteren alle Bestimmungen, die auf eine **14**
Änderung des dispositiven gesetzlichen Normalstatuts der Gesellschaft zielen oder dieses in Ausfüllung gesetzlicher Gestaltungsspielräume ergänzen[15]. Hierunter fallen Bestimmungen über Stimm- und Kontrollrechte der Gesellschafter, über die Verteilung des Gewinns und des Liquidationserlöses[16] und über Einschränkungen der Anteilsübertragung, ferner solche über die Teilung, Zusammenlegung und Einziehung von Geschäftsanteilen[17]. Soll einem Gesellschafter ein Sonderrecht, etwa auf Geschäftsführung, eingeräumt werden, bedarf auch dieses der Begründung durch Satzungsregelung

---

[9] Vgl. Scholz/*Priester* 16; Baumbach/Hueck/*Zöllner* 8; Rowedder/*Zimmermann* 9.

[10] Im Ergebnis ebenso *Zöllner*-KölnKommAktG² § 179, 53. Der verbreiteten Feststellung, über die Einordnung in concreto entschieden der Parteiwille und die Umstände des einzelnen Falles (so etwa BGHZ 38, 155, 161 = NJW 1963, 203; BayObLG BB 1980, 1442; Rowedder/*Zimmermann* 9; *Priester* DB 1979, 683) ist deshalb nur unter dem Vorbehalt ausschließlich objektiver Auslegung zuzustimmen. Kein hinreichendes Abgrenzungskriterium ist auch, ob die in den Gesellschaftsvertrag aufgenommene Regelung auch außerhalb des Gesellschaftsvertrags wirksam hätte getroffen werden können; so aber etwa BGHZ 18, 205, 207 = NJW 1955, 1716 und Rowedder/*Zimmermann* 8.

[11] Vgl. auch *Zöllner*-KölnKommAktG² § 179, 23.

[12] Im Ansatz abw. aber BGH WM 1988, 1335, 1337; Scholz/*Priester* 23.

[13] Ebenso Scholz/*Priester* 10; *Meyer-Landrut*/Miller/Niehus 3; *Zöllner*-KölnKommAktG² § 179; 35; im Ergebnis auch Rowedder/*Zimmermann* 12; Nachw. zu abw. Ansichten vgl. Voraufl. 20.

[14] Vgl. dazu § 3, 48 und BGH WM 1988, 1335.

[15] Ebenso Scholz/*Priester* 9; *Zöllner*-KölnKommAktG² § 179, 12, 14.

[16] Vgl. auch *Zöllner*-KölnKommAktG² § 179, 33.

[17] Ebenso Scholz/*Priester* 10; *Zöllner*-KölnKommAktG² § 179, 22.

im materiellen Sinn. Entsprechendes gilt für Regelungen über Nachschußpflichten (§§ 26 – 28). Nebenleistungspflichten sind dann, wenn sie mitgliedschaftlich ausgestaltet werden sollen, nach § 3 Abs. 2 in die Satzung aufzunehmen. Sie können statt dessen auch auf schuldrechtlicher Basis begründet werden, wirken dann aber nur zu Lasten des jeweils Verpflichteten (dazu eingeh. § 3, 65 ff, 121 f m. umf. Nachw.).

15 **Sonstige notwendige Bestandteile** des materiellen Satzungsrechts sind Bestimmungen über den Lauf und die Dauer des Geschäftsjahres[18] (Rdn 110), über die Befristung der Gesellschaft (§ 3 Abs. 2) sowie über die Benennung weiterer Auflösungsgründe (§ 60 Abs. 2). Nur in der Satzung kann ferner die Einrichtung eines fakultativen Aufsichtsrats nach § 52 Abs. 1, eines Gesellschafterausschusses oder eines Beirats[19] sowie die Ausgestaltung der Rechtsstellung der Gesellschaftsorgane und ihrer Funktionen erfolgen. Dazu gehören auch statutarische Abweichungen von den Formalien zur Einberufung der Gesellschafterversammlung nach § 51 (dazu § 51, 33 f), die Befreiung des Geschäftsführers vom Wettbewerbsverbot (Erläut. zu § 43), Änderungen der Vorschriften über die Vertretung der Gesellschaft einschl. der Befreiung vom Verbot des Selbstkontrahierens (dazu Rdn 116 f) u. ä. Soweit es demgegenüber um Regelungen über Zahl und persönliche Auswahlkriterien der Geschäftsführer, über die Zusammensetzung eines Beirats oder über Art und Umfang der Vergütung von Geschäftsführern und Beiratsmitgliedern geht, wird die Abgrenzung zu lediglich formellen Satzungsbestandteilen fließend: sie können auch mit nur schuldrechtlich bindender Wirkung getroffen werden[20]. Welche Art von Regelung gewolllt ist, richtet sich nach den in Rdn 12 genannten Abgrenzungskriterien.

16 Zwingend organisationsrechtlich sind auch **Verpflichtungen der Gesellschaft** gegenüber den Inhabern bestimmter Anteile (zu Vorzugsgeschäftsanteilen vgl. näher § 5, 160 ff). Das folgt daraus, daß die Gesellschafter die Gesellschaft im Grundsatz nur in der Satzung verpflichten können (vgl. § 3, 123). Ausnahmen hiervon gelten insoweit, als der Gesellschafterversammlung eine originäre Vertretungskompetenz eingeräumt ist, wie das namentlich bei Begründung von Vergütungsansprüchen der Geschäftsführer als Annex zu § 46 Nr. 5 allgemein anerkannt ist; für Vergütungsansprüche von Beiratsmitgliedern ist entsprechendes anzunehmen[21]. Aus derartigen Beschlüssen folgt freilich jeweils nur ein obligatorischer Anspruch des jeweiligen Begünstigten gegen die Gesellschaft, während eine mitgliedschaftliche, mit dem jeweiligen Anteil verbundene Forderungsposition nur in der Satzung selbst begründet werden kann.

17 c) **Zwingend nichtkorporative Regelungen.** Nicht zu den Bestandteilen des materiellen Satzungsrechts gehört die **Begründung von Rechten Dritter**[22]. Während die Begründung von *Mitgliedschaftsrechten oder sonstigen satzungsrechtlichen Organbefugnissen* zugunsten von Nichtgesellschaftern (Anspruch auf Geschäftsführung oder Eintritt in einen Beirat, Entsendungsrechte in Gesellschaftsgremien oder Vetorechte gegen Entscheidungen von Gesellschaftsorganen, Stimmrechte u. a.) in der Satzung schon wegen deren auf die Rechtsverhältnisse von Gesellschaft und Gesellschaftern beschränkten Inhalts ausscheidet[23], können *obligatorische* Verpflichtungen der Gesell-

[18] Ebenso Scholz/*Priester* 9; *Zöllner*-KölnKomm-AktG² § 179, 34.

[19] Zutr. *Zöllner*-KölnKommAktG² § 179, 18.

[20] Für die Aufstellung von persönlichen Voraussetzungen für die Bestellung von Vorstandsmitgliedern abw. – nur durch Satzung – *Zöllner*-KölnKomm-AktG² § 179, 18; das trifft indessen nur für die AG zu, weil dort die Bestellungskompetenz nicht bei der Hauptversammlung liegt.

[21] BGH ZIP 1981, 1046, 1047.

[22] So auch Scholz/*Priester* 11; Scholz/*K. Schmidt* § 45, 15; *Zöllner*-KölnKommAktG § 179, 39; eingeh. *Ulmer* Festschrift Werner (1984), S. 911 ff; weit. Nachw. oben § 3, 56 f.

[23] Zust. *Zöllner*-KölnKommAktG § 179, 40 f; eingeh. *Ulmer* Festschrift Werner (1984) S. 911.

schaft im Außenverhältnis im Regelfall nicht durch die Gesellschafterversammlung, sondern nur durch wirksames Handeln des Vertretungsorgans, also regelmäßig des Geschäftsführers, begründet werden[24]. Selbst in den Fällen, in denen ausnahmsweise die Gesellschafterversammlung die Gesellschaft unmittelbar verpflichten kann (vgl. § 46 Nr. 5, dazu § 46, 41 f, 51), bewendet es bei einem obligatorischen Anspruch des Dritten, auch wenn der Satzungstext die Rechtsbeziehung verlautbart. Mitgliedschaftliche Rechte Dritter werden auch nicht dadurch begründet, daß in die Satzung im materiellen Sinne entsprechend § 26 Abs. 2 AktG der Gründungsaufwand aufgenommen wird (dazu § 5, 185 f). Hierdurch allein entsteht noch kein Anspruch des Dritten; die Bestimmung ist vielmehr nur organisationsrechtliche Wirksamkeitsvoraussetzung für die außerhalb der Satzung zu begründende Verpflichtung der Gesellschaft[25]. Auch Vorkaufs- und Übernahmerechte Dritter sowie Stimmbindungen gegenüber Nichtgesellschaftern sind immer nur als individualrechtliche Verpflichtungen der Gesellschafter denkbar (zu in der Satzung verlautbarten Stimmbindungen zwischen Gesellschaftern vgl. § 47, 70). Von dem Vorstehenden zu unterscheiden sind sachliche Vorgaben der Satzung an die Ausgestaltung von Drittbeziehungen; sie können im Innenverhältnis als unmittelbare Bindung für das Geschäftsführerhandeln materielle Satzungsbestandteile bilden[26].

Auch die nach zutreffender neuerer Ansicht zulässige **Benennung** der jeweiligen **Anteilsinhaber in der Satzung**[27] ist nicht als Satzungsbestimmung im materiellen Sinne zu verstehen. Als formeller Satzungsbestandteil bringt sie nur zum Ausdruck, daß sich die Gesellschafter zum Zeitpunkt der Beschlußfassung gegenseitig als solche anerkennen, macht aber nicht etwa die Anteilsübertragung von einer Satzungsänderung abhängig[28]. Entsprechendes gilt für die Beziehungen einzelner Gesellschafter untereinander; sie können selbst dann, wenn sie sich auf das Gesellschaftsverhältnis beziehen, nicht Gegenstand materieller Satzungsregelungen sein[29]. Daher wird auch eine auf individualrechtliche Streitigkeiten bezogene *Schiedsgerichtsklausel* nicht bereits nach § 1048 ZPO verbindlich, sondern bedarf der Form des § 1027 Abs. 1 ZPO[30]. **18**

d) **Gestaltungswahlrecht im übrigen.** Vorbehaltlich der in Rdn 13 ff genannten zwingenden Vorgaben können die Gesellschafter auf das Gesellschaftsverhältnis bezogene Regelungen in einem weiten Rahmen entweder korporationsrechtlich oder auf schuldrechtlicher Ebene statuieren. Ein dahingehendes Gestaltungswahlrecht ist in Rechtsprechung und Schrifttum heute nahezu einhellig anerkannt[31]. **19**

Nebenleistungspflichten etwa können entweder organisationsrechtlich ausgestaltet sein, oder nur als schuldrechtliche Verpflichtung der jeweils betroffenen Gesellschafter begründet werden (vgl. § 3, 67). Das gilt auch für eine **Verlustübernahmeverpflichtung**[32]. Wird sie als schuldrechtliche Nebenabrede unter den Gesellschaftern begründet, **20**

---

[24] Für das Gründungsstadium offenbar aA *Zöllner*-KölnKommAktG § 179, 39 (Berechtigung eines Dritten durch zwischen den Gründergesellschaftern in der Satzung (?) geschlossenen Vertrag zugunsten Dritter), freilich ohne die Vertretungsmacht der Gesellschafter zu problematisieren.

[25] So im Ansatz auch *Zöllner*-KölnKommAktG § 179, 39.

[26] Vgl. auch *Zöllner*-KölnKommAktG § 179, 35.

[27] Vgl. § 3, 49 m. Nachw.; außerdem Scholz/*Priester* 11, 25.

[28] Zutr. *Priester* DB 1979, 682.

[29] Vgl. auch *Zöllner*-KölnKommAktG § 179, 43.

[30] BGHZ 38, 155, 166 = NJW 1963, 203; vgl. auch § 13, 18 ff m. weit. Nachw.

[31] Vgl. BGHZ 38, 155, 161 = NJW 1963, 203; BGH NJW 1961, 507; DB 1968, 2166; WM 1981, 438, 439; BayObLG BB 1980, 1442; Scholz/*Priester* 10; Baumbach/Hueck/*Zöllner* 5; Rowedder/*Zimmermann* 9; *Priester* DB 1979, 65; einschr. nur *Ullrich* ZGR 1985, 235, 246, 252 für Nebenleistungspflichten, die für den unternehmerischen Zweck der Gesellschaft „konstitutiv" (?) sind.

[32] Zutr. Scholz/*Priester* 11; Rowedder/*Zimmermann* 11; *Gasteyer* BB 1983, 934 ff; einschr. noch Voraufl. 21 im Anschluß an OLG Nürnberg BB 1981, 1293 und OLG Hamm GmbH-Rdsch. 1978, 271 f.

kommt gleichwohl ein eigener Verlustdeckungsanspruch der Gesellschaft nach § 328 BGB in Betracht[33].

21 Regelmäßig nur formeller Satzungsbestandteil ist die **Benennung eines Geschäftsführers** in der Satzung. Sie stellt nur die Verlautbarung seiner Bestellung durch schlichten Gesellschafterbeschluß dar, bedeutet jedoch weder die Bindung der Abberufung an eine Satzungsänderung (dazu und zum Widerruf aus wichtigem Grund vgl. Erläut. zu § 38) noch die Begründung eines Sonderrechts auf Geschäftsführung zugunsten des zum Geschäftsführer Bestellten[34]. Entsprechendes gilt für die in die Satzung aufgenommene Regelung der **Geschäftsführerbezüge**; sie kann mit Verpflichtungswirkung für die Gesellschaft grundsätzlich nur im Anstellungsvertrag, nicht aber in der Satzung erfolgen[35]. Anderes kommt dann in Betracht, wenn einem Gesellschafter-Geschäftsführer ein die Gewinnverteilung modifizierender Sondervorteil eingeräumt werden soll[36].

22 Soll in den in Rdn 21 genannten Fällen eine *materielle* Satzungsregelung angenommen werden, müssen zusätzlich zur Aufnahme in den Satzungstext weitere für die Auslegung berücksichtigungsfähige Umstände (Rdn 12) hinzukommen. Sie müssen auf den Willen der Gesellschafter schließen lassen, diese Abreden der satzungsrechtlichen Bindung und ihre Abänderung der Mehrheitskompetenz der Gesellschafterversammlung zu unterstellen. Von diesen Sonderfällen abgesehen stellt die Aufnahme der fraglichen Abrede in den Satzungstext immerhin ein **Indiz** dafür dar, daß die Regelung als materieller Satzungsbestandteil gewollt ist[37].

3. Die Satzungsänderung

23 a) **Allgemeines.** Die Satzungsänderung unterliegt der ausschließlichen **Kompetenz der Gesellschafter**; sie kann auch durch Satzungsbestimmung nicht an die Zustimmung Dritter gebunden werden (Rdn 84). Die Beschlußfassung hierüber erfolgt im Regelfall in einer Gesellschafterversammlung (Rdn 39 f). Sie erfordert nach gesetzlicher Regel Dreiviertelmehrheit der abgegebenen Stimmen (Rdn 49). Einer vormundschaftsgerichtlichen Genehmigung nach § 1822 Nr. 3 BGB (vgl. dazu § 2, 73) bedarf die Satzungsänderung trotz Beteiligung eines nicht voll Geschäftsfähigen nicht[37a]; anderes gilt für die Übernahmeerklärung (§ 55, 51). Die **Auslegung** satzungsändernder Beschlüsse und ihre Nachprüfung in der Revisionsinstanz richtet sich nach den allgemein für die GmbH-Satzung geltenden Grundsätzen (vgl. § 2, 138 ff, 150, dazu BGH WM 1966, 1262).

24 **Bedingte** Satzungsänderungen sind aus Gründen der Rechtssicherheit grundsätzlich unzulässig[38]. Das gilt auch dann, wenn der Bedingungseintritt bei Anmeldung dem Registerrichter nachgewiesen werden kann[39], weil dies an dem einzutragenden, den Bedingungsvorbehalt umfassenden Beschlußinhalt nichts ändert[40]. Zulässig ist es demgegenüber, daß die Gesellschafter den Änderungsbeschluß unter Anweisung an die Geschäftsführer fassen, die Anmeldung nur bei Eintritt einer bestimmten Bedingung

[33] Zutr. *Gasteyer* BB 1983, 936.

[34] Vgl. BGHZ 18, 205, 208 = NJW 1955, 1716; näher dazu § 6, 17 f m. ausführl. Nachw.

[35] Anders wohl BGH ZIP 1981, 1046, 1047, wo alternativ eine Satzungsregelung über die Beitragsvergütung oder ein Beschluß der Gesellschafterversammlung als (originäre?) Anspruchsgrundlage in Betracht gezogen wird.

[36] Vgl. *Priester* DB 1979, 685.

[37] So auch Scholz/*Priester* 16; Baumbach/Hueck/*Zöllner* 8; Rowedder/*Zimmermann* 9.

[37a] Ebenso Scholz/*Priester* 99; *Lutter*/*Hommelhoff* 15; für die entspr. Frage bei der Personengesellschaft vgl. MünchKomm.-*Ulmer* BGB² § 705, 52, 58 f und *Ulmer*-GroßkommHGB⁴ § 105, 85 m. Nachw.

[38] HM, vgl. Scholz/*Priester* 180; Baumbach/Hueck/*Zöllner* 29; *Zöllner*-KölnKommAktG² § 179, 199.

[39] Diesen Vorbehalt machen Scholz/*Priester* 180; *Priester* ZIP 1987, 285.

[40] Gegen *Priester* ZIP 1987, 285 auch *Zöllner*-KölnKommAktG² § 179, 199.

vorzunehmen[41]. Unbedenklich sind auch sog. unechte oder *Rechtsbedingungen* wie etwa das Erfordernis der Übernahme der Stammeinlagen im Fall einer Kapitalerhöhung (§ 55, 59) oder die Abhängigkeit der Änderung der Satzung einer konzessionspflichtigen GmbH von der Genehmigung der zuständigen Behörde (§ 54, 20f). Aufschiebend **befristete** Satzungsänderungen können entweder mit der Maßgabe beschlossen werden, daß die Handelsregisteranmeldung erst zu einem bestimmten Stichtag erfolgen soll (zur fehlenden Anmeldepflicht vgl. § 54, 10), oder es kann die Befristung zum Gegenstand der Satzungsänderung selbst gemacht werden; der Änderungsbeschluß kann dann bereits mit dem Inhalt, daß die Änderung erst zu einem bestimmten Zeitpunkt gelten soll, in das Handelsregister eingetragen werden[42]. Zulässig sind auch Satzungsänderungen für konkrete Ausnahmefälle[43]; auch bei ihnen muß die beschränkte Geltung im Handelsregister verlautbart werden. Eine Grenze findet die Möglichkeit von Satzungsänderungen unter Befristung oder Bedingung ferner an der zwingenden Zuweisung der Satzungsänderungskompetenz an die Gesellschafterversammlung. Ein Satzungsänderungsbeschluß mit der Maßgabe, daß seine Eintragung praktisch in das Ermessen der Geschäftsführer gestellt wird, unterliegt entsprechend § 243 Abs. 1 AktG der Anfechtungsklage[44].

Eine **Rückwirkung** der Satzungsänderung auf einen vor der Eintragung gelegenen Zeitpunkt ist *im Verhältnis zu Dritten* ausgeschlossen[45]. Das gilt auch für die Änderung des Geschäftsjahrs[46]; allerdings ist es als hinreichend anzusehen, wenn die Anmeldung vor Ablauf des durch die Änderung entstehenden Rumpfgeschäftsjahres erfolgt (dazu näher § 29, 16). Im **Innenverhältnis** sind die Gesellschafter freilich nicht gehindert, im allseitigen Einvernehmen die Satzungsänderung schon für Zeiten vor ihrem Wirksamwerden zu beachten, die Gewinne etwa schon für vorher abgeschlossene Geschäftsjahre nach dem geänderten Schlüssel zu verteilen[47] (zur Frage der Satzungsdurchbrechung vgl. Rdn 30ff). **25**

b) **Gegenstände.** Den Gegenstand von Satzungsänderungen iS von § 53 bilden nur **materielle (organisationsrechtliche) Satzungsbestandteile**; bei ihnen wirken der Änderungsbeschluß und dessen Eintragung konstitutiv (Rdn 8). Zu einzelnen Gegenständen derartiger Satzungsänderungen vgl. Rdn 98ff. **Keine** Satzungsänderung liegt in dem Beschluß zur Erhebung der Ausschlußklage; er bedarf nicht der notariellen Beurkundung[48]. Ebenso fehlt es an einer Satzungsänderung, wenn die Gesellschafter **26**

---

41 Ebenso *Zöllner*-KölnKommAktG² § 179, 195.

42 HM, vgl. KGJ 28, 224; Scholz/*Priester* 180 und § 54, 57; Baumbach/Hueck/*Zöllner* 29; *Zöllner*-KölnKommAktG² § 179, 197.

43 Eingeh. dazu *Zöllner*-KölnKommAktG² § 179, 92ff (vgl. Rdn 32); mißverständlich OLG Frankfurt BB 1973, 677, wonach Satzungsänderungen nur bei Regelung der *dauernden* Grundlagen vorliegen.

44 Im Grundsatz zutr. deshalb LG Frankfurt WM 1990, 237, 238f zur Anfechtbarkeit des Beschlusses über eine Stimmrechtsbeschränkung, dessen Eintragung dem Vorstand für den Fall aufgegeben war, daß nach „seinem Dafürhalten" Anhaltspunkte für eine Beteiligung von mehr als 10% vorliegen; vgl. auch *Grunewald* AG 1990, 138f; *Lutter* Festschrift Quack (1991) S. 301, 316f.

45 So auch KGJ 53, 101; OLG Hamburg JFG 2, 230; Scholz/*Priester* 181; Baumbach/Hueck/*Zöllner* 30; Rowedder/*Zimmermann* § 54, 32; *Meyer-Landrut*/Miller/Niehus 12; *Zöllner*-KölnKommAktG² § 179, 207; *Zilias* JZ 1959, 50, 53; zum Teil abw. *Dempewolf* NJW 1958, 1212; *Jacobs*/*Woeste* AG 1958, 211; vgl. auch *Wiedemann*-GroßkommAktG § 181, 11.

46 Ebenso OLG Karlsruhe Rpfleger 1975, 178; Scholz/*Priester* 182; Baumbach/Hueck/*Zöllner* 30; Rowedder/*Zimmermann* 32; aA LG Frankfurt GmbH-Rdsch. 1978, 112 und 1979, 208.

47 Vgl. Scholz/*Priester* 181; Rowedder/*Zimmermann* § 54, 32; weitergehend (für Möglichkeit mehrheitlicher Satzungsänderungen mit *Rückwirkung* im Innenverhältnis, wenn für überstimmte Minderheit hinreichend absehbar) Baumbach/Hueck/*Zöllner* 30 und *Zöllner*-KölnKommAktG² § 179, 208; aA *Meyer-Landrut*/Miller/Niehus 12.

48 OLG Frankfurt GmbH-Rdsch. 1980, 56; vgl. auch Anh § 34, 22.

beschließen, auf das in der Satzung geregelte, von der GmbH zu zahlende Abfindungsentgelt vorzeitig Abschlagszahlungen zu leisten[49].

27 Nach **hM** unterfallen auch die Aufnahme oder Streichung bloß **formeller, deklaratorischer** Satzungsbestandteile (dazu Rdn 9) der Kompetenz der Gesellschafterversammlung[50]. Dem ist nur insoweit zuzustimmen, als Geschäftsführer oder Notar den der Anmeldung der Satzungsänderung beizufügenden vollständigen Satzungswortlaut (§ 54 Abs. 1 S. 2) nicht eigenmächtig verändern dürfen. Unzutreffend wäre es jedoch, derartige lediglich die *Fassung* der Satzung betreffende Änderungen ohne materiellrechtliche Bedeutung den erhöhten Anforderungen der §§ 53, 54 zu unterstellen. Vielmehr steht der Gesellschafterversammlung die Änderungskompetenz insoweit unabhängig von § 53 in ihrer Eigenschaft als oberstes Organ der GmbH zu; als solches ist sie auch berufen, über die jeweilige Fassung des Gesellschaftsvertrags zu entscheiden. Dementsprechend genügt für den Änderungsbeschluß **einfache Mehrheit**[51]. Er ist formlos wirksam und kann nicht ins Handelsregister eingetragen werden[52]. Zur Registerkontrolle gegenüber inhaltlich überholten oder unklaren, namentlich gegen neueres zwingendes Rechts verstoßenden Satzungsregelungen vgl. § 54, 43 f.

28 Entsprechend den in Rdn 27 entwickelten Grundsätzen über die Unanwendbarkeit von §§ 53, 54 auf die Änderungen von Satzungsbestandteilen ohne materiellrechtlichen Gehalt ist es den Gesellschaftern auch unbenommen, rein **redaktionelle Änderungen den Geschäftsführern oder dem beurkundenden Notar zu übertragen**. Das gilt etwa für die *Streichung inhaltlich überholter Satzungsbestandteile* (Angaben über die Übernehmer der Stammeinlagen, vgl. § 3, 48, oder über erbrachte Sacheinlagen, vgl. § 5, 114, oder die Namen ehemaliger Gesellschafter, vgl. § 3, 49), für die neue Durchnumerierung der Satzung als Folge von Änderungsbeschlüssen oder für die Überarbeitung des Wortlauts von Satzungsänderungen, deren Inhalt von den Gesellschaftern zweifelsfrei festgelegt worden ist[53]. Das Fehlen einer Vorschrift nach Art von § 179 Abs. 1 S. 2 AktG, wonach der Aufsichtsrat einer AG von der Hauptversammlung zur Vornahme redaktioneller Änderungen ermächtigt werden kann, berechtigt angesichts des wesentlich flexibleren, gesetzlich auf einen Kernbestand an organisatorischen Regelungen beschränkten Charakters des GmbH-Rechts nicht etwa dazu, der Gesellschafterversammlung der GmbH im Wege des Umkehrschlusses eine derartige Delegationsmöglichkeit zu versagen[54]. Wollte man entgegen der hier vertretenen Auffassung grundsätzlich auch auf formelle Satzungsänderungen die Vorschriften der §§ 53, 54 anwenden, so würde deren zwingende Geltung (Rdn 2 ff) einer derartigen Ermächtigung doch nicht entgegenstehen. Denn ihrem auf Minderheitenschutz gerichteten Zweck entsprechend betrifft die zwingende Geltung nur materielle Satzungsänderungen; die Regelung soll den Gesellschaftern nicht etwa die Möglichkeit nehmen, durch Mehrheitsbeschluß ein anderes Gesellschaftsorgan oder den Notar zur Vornahme bloß formeller Fassungsänderungen ohne materiellrechtliche Auswirkungen zu ermächtigen. Auch etwaige Ab-

---

[49] OLG Hamm GmbH-Rdsch. 1979, 59.

[50] Vgl. OLG Celle GmbH-Rdsch. 1959, 113; BayObLG DB 1971, 1612; Scholz/*Priester* 19; Baumbach/Hueck/*Zöllner* 10; *Lutter/Hommelhoff* 31; Rowedder/*Zimmermann* 15; *Gustavus* DNotZ 1971, 229 f; *Priester* ZHR 151 (1987) 41 f; MünchKomm.-*Reuter* BGB² § 33, 1; aA KG JW 1938, 2754; OLG Köln Rpfleger 1972, 257, 258; *Röll* DNotZ 1970, 337, 339 ff. Für das Aktienrecht differenzierend *Zöllner*-KölnKommAktG² § 179, 82 ff.

[51] So auch *Zöllner*-KölnKommAktG² § 179, 84, 87.

[52] AA LG Dortmund GmbH-Rdsch. 1978, 325; auch *Zöllner*-KölnKommAktG² § 179, 85; vgl. außerdem die Nachw. in Fn 50.

[53] Zu Art und Gegenständen derartiger Fassungsänderungen vgl. näher *Wiedemann*-GroßkommAktG § 179, 10; *Zöllner*-KölnKommAktG² § 179, 146 ff.

[54] AA Scholz/*Priester* 19, 60; Baumbach/Hueck/*Zöllner* 26; *Lutter/Hommelhoff* 5; Rowedder/*Zimmermann* 15; *Meyer-Landrut*/Miller/Niehus 5.

grenzungsprobleme gegenüber materiellen Änderungen sind kein durchschlagender Einwand; das belegt § 179 Abs. 1 S. 2 AktG.

c) **Änderungen im Liquidationsstadium.** Die Bestimmungen der §§ 53 bis 59 gelten auch für das Liquidationsstadium (zur Nichtgeltung vor Eintragung der Gesellschaft vgl. § 2, 19 ff). Soweit sich aus § 69 Abs. 1 ein Vorbehalt zugunsten der Vorschriften über Auflösung und Nichtigkeit sowie zugunsten des Wesens der Liquidation ergibt, steht dieser einer Satzungsänderung doch grundsätzlich nicht entgegen[55]. In Betracht kommen namentlich Änderungen hinsichtlich der Firma oder der Bestimmungen über die Durchführung der Liquidation, aber auch Beschlüsse über die Verlegung des Sitzes, über Kapitalveränderungen (vgl. §§ 55, 27; 58, 41) und über die Änderung des Unternehmensgegenstands[56]. Zur grundsätzlichen Kompetenz der Gesellschafterversammlung für Satzungsänderungen nach Konkurseröffnung vgl. § 63, 95. **29**

4. Satzungsdurchbrechungen

a) **Kennzeichen.** Eine Satzungsdurchbrechung liegt vor, wenn die Gesellschafter unter grundsätzlichem Festhalten am Satzungsinhalt für einen Sonderfall einen damit in Widerspruch stehenden Beschluß fassen, ohne für diesen Fall die förmliche Satzungsänderung nach Maßgabe von §§ 53, 54 zu betreiben, insbesondere den Änderungs- oder Durchbrechungsbeschluß nach § 54 Abs. 3 eintragen zu lassen. Die Satzungsdurchbrechung kann sich einerseits unmittelbar auf den **Satzungsinhalt** beziehen, indem sie etwa das Gewinn- oder Stimmrecht einzelner Gesellschafter für eine beschränkte Zeit modifiziert. Sie begegnet andererseits auch bei der Beschlußfassung über **laufende** Angelegenheiten, so bei der Bestellung von Geschäftsführern oder der Wahl von Aufsichtsratsmitgliedern unter Abweichung von den hierfür in der Satzung vorgesehenen Auswahlkriterien[57]. An einer Satzungsdurchbrechung fehlt es, wenn sich im Auslegungswege aufgrund entsprechender Anhaltspunkte in der Satzung ergibt, daß die Satzungsvorschrift, deren Durchbrechung in Frage steht, die Möglichkeit von Ausnahmen im Einzelfall zuläßt oder die Satzung einen ausdrücklichen Ausnahmevorbehalt für abweichende Gesellschafterbeschlüsse enthält[58]. Bei Abweichungen von *formellen* Satzungsbestandteilen, die nur der Verlautbarung anderweit geregelter, nur die jeweils Beteiligten bindender Rechtsverhältnisse dienen (Rdn 9), ist für die Annahme einer Satzungsdurchbrechung mit der Konsequenz einer Anfechtungsklage zur Beseitigung der Wirksamkeit des abweichenden Rechtsaktes durch rechtsgestaltendes Urteil im Grundsatz ohnehin kein Raum[59]. **30**

Einen nach altem Recht bedeutsamen Fall der Satzungsdurchbrechung bildete die **Einstellung eines Teils des Jahresgewinns in Rücklagen** ohne entsprechende, von § 29 Abs. 1 aF abweichende satzungsrechtliche Gewinnverwendungsregelung. Sie machte den Beschluß wegen Gesetzesverletzung auch dann anfechtbar, wenn er mit Dreiviertel- **31**

---

[55] OLG Frankfurt NJW 1974, 463; ebenso für das Aktienrecht BGHZ 24, 279, 286 = NJW 1957, 1279; zum ganzen näher Erläut. zu § 69.

[56] Letzteres gilt entgegen OLG München HRR 1938 Nr. 1547 jedenfalls dann, wenn die Änderung mit einem Beschluß über die Fortsetzung der Gesellschaft verbunden wird (dazu näher § 60, 78 ff).

[57] *Fleck* ZGR 1988, 126 f. Weit Bsp. bei *Priester* ZHR 151 (1987) 42 f zum Fall einer „Durchbrechung" des Gesellschaftsvertrags bei der Publikumsgesellschaft; vgl. dazu auch BGH WM 1990, 714, 715.

[58] Zutr. Scholz/*Priester* 27; *Priester* ZHR 151 (1987) 41, 56.

[59] Vgl. aber die Rechtsprechung des BGH zur Anfechtung von Beschlüssen bei Verletzung schuldrechtlicher Nebenabreden, dazu § 3, 125 und eingeh. *M. Winter* ZHR 154 (1990) 259; vgl. auch BGHZ 18, 205, 208 = NJW 1955, 1716 zur Änderung der in der Satzung enthaltenen Anstellungsbedingungen eines Geschäftsführers.

mehrheit gefaßt und notariell beurkundet worden war (Voraufl. 31). Eine entsprechende Konstellation kann auch auf der Grundlage des neuen Rechts auftreten, falls die gesetzliche Regel in § 29 Abs. 2 zugunsten von Ausschüttungsansprüchen der Gesellschafter durch die Satzung abbedungen ist (vgl. näher § 29, 55).

32 b) **Anfechtbarkeit.** Fassen die Gesellschafter in den ihrer Zuständigkeit unterliegenden **laufenden** Angelegenheiten (Wahlen zum Aufsichtsrat, Bestellung von Geschäftsführern, Gewinnverwendung u. a.) im Einzelfall einen Beschluß, der sich als unvereinbar mit dem Satzungsinhalt erweist, so ist er zwar nicht unwirksam, kann aber aufgrund einer Anfechtungsklage widersprechender Gesellschafter für nichtig erklärt werden[60]. Die Anfechtungsbefugnis besteht selbst dann, wenn bei der Beschlußfassung die Satzungsänderungsvoraussetzungen (Dreiviertelmehrheit, notarielle Beurkundung, ordnungsmäßige Ankündigung) gewahrt sind, jedoch von einer förmlichen Satzungsänderung durch Handelsregisteranmeldung und -eintragung abgesehen wird[61]. Die Eintragung nach § 54 Abs. 3 ist unverzichtbares Wirksamkeitserfordernis für jede Änderung des materiellen Satzungsinhalts, auch wenn sie nur einen Einzelfall betrifft. Sie ist auch dann zulässig und geboten, wenn sie sich auf einen konkreten Ausnahmefall beschränkt (vgl. auch Rdn 24). Die abweichende Ansicht *Boesebecks*[62], die Eintragung werde hier zu einem formalistischen, nicht mehr sinnvollen Selbstzweck, ist mit Rücksicht auf die mit § 54 Abs. 3 verfolgten Zwecke (§ 54, 1) zu Recht ganz überwiegend auf Ablehnung gestoßen[63].

33 Stimmen die Gesellschafter in Kenntnis der entgegenstehenden Satzung dem satzungsdurchbrechenden Ausführungsbeschluß zu, so verlieren sie die Anfechtungsbefugnis[64]. Daher können *einstimmige*, von sämtlichen Gesellschaftern beschlossene Satzungsdurchbrechungen grundsätzlich *nicht angefochten* werden[65]. Anderes gilt, soweit sich die zustimmenden Gesellschafter des satzungsdurchbrechenden Charakters des Beschlusses nicht bewußt waren[66]. Sonstige **Grenzen des Anfechtungsrechts** ergeben sich einerseits unter dem Gesichtspunkt des *Rechtsmißbrauchs*, so insbesondere wenn die widersprechenden Gesellschafter kraft ihrer Treupflicht gehalten sind, einer entsprechenden Satzungsänderung zuzustimmen (Rdn 70). Andererseits setzt die Anfechtung auch die Wahrung der hierfür geltenden „angemessenen" oder der in der Satzung enthaltenen *Anfechtungsfrist* voraus (Anh § 47, 177 ff)[67].

34 Vom Fall der Zustimmung oder des Fristablaufs abgesehen, ist für eine **Heilung** der Anfechtbarkeit satzungsdurchbrechender Beschlüsse **kein** Raum (vgl. Anh § 47,

---

60 HM, vgl. BGH WM 1981, 1218, 1219; OLG Frankfurt WM 1986, 1437, 1438; Scholz/*K. Schmidt* § 45, 34; Baumbach/Hueck/*Zöllner* 23; Rowedder/*Zimmermann* 31; *Lutter/Hommelhoff* 14; für das Aktienrecht *Zöllner*-KölnKommAktG[2] § 179, 90 ff, 99; vgl. außerdem Anh § 47, 135 f.

61 AA namentlich *Boesebeck* NJW 1960, 2265, 2267; dem folgend Scholz/*Priester* 29; *Roth* 5.3; *Priester* ZHR 151 (1987) 53 f; im Grundsatz wie hier demgegenüber *Lutter/Hommelhoff* 14, die allerdings eine auf die Handelsregisterakten bezugnehmende Eintragung für hinreichend halten; vgl. außerdem BGH ZIP 1981, 1205, wo ausweislich des Leitsatzes eine Satzungsdurchbrechung für einen Einzelfall durch „formlose Beschlußfassung" für möglich gehalten wird (ähnlich – wenn auch nicht eindeutig – wohl schon BGHZ 32, 17, 29 = NJW 1960, 866; ferner OLG Koblenz ZIP 1990, 1570, 1574).

62 NJW 1960, 2265, 2267.

63 Vgl. Nachw. in Fn 60.

64 HM, vgl. dazu Anh § 47, 152; Scholz/*K. Schmidt* § 45, 34; Baumbach/Hueck/*Zöllner* 23; Rowedder/*Zimmermann* 31; offenlassend BGH WM 1981, 1218, 1219.

65 Zutr. *Zöllner* Festschrift Rob. Fischer, S. 912 f; zur Frage eines Anfechtungsrechts der Organmitglieder entspr. § 245 Nr. 4 und 5 AktG vgl. (verneinend) BGHZ 76, 154, 159 = NJW 1980, 1527; für ausführungsbedürftige Beschlüsse bejahend Scholz/*K. Schmidt* § 45, 134; vgl. eingeh. dazu Anh § 47, 161 ff.

66 Zutr. *Priester* ZHR 151 (1987) 48.

67 Vgl. etwa OLG Frankfurt WM 1986, 1437.

149). Wohl aber kommt je nach Lage des Falles die **Umdeutung** einer wirksam angefochtenen Satzungsdurchbrechung in eine schuldrechtliche Nebenabrede zwischen den zustimmenden Gesellschaftern in Betracht. Ihr Inhalt geht dahin, den mit dem Beschluß erstrebten, gesetzlich nicht verbotenen Erfolg auf anderem Wege herbeizuführen[68]. Die Gerichte haben sich, soweit sie mit Fällen von Satzungsdurchbrechungen befaßt waren, im allgemeinen um Aufrechterhaltung des Beschlußinhalts bemüht, freilich mit wenig scharfer Begründung[69].

c) **Nichtigkeit.** Die Nichtigkeit von Gesellschafterbeschlüssen richtet sich im GmbH-Recht nach den für das Aktienrecht geltenden Grundsätzen (Anh § 47, 31 ff). Sie tritt nur bei Vorliegen eines der besonderen aktienrechtlichen Nichtigkeitsgründe ein. Soweit es um satzungsdurchbrechende Beschlüsse in laufenden Angelegenheiten geht (Rdn 30), ist Nichtigkeit nur dann anzunehmen, wenn auch ein Satzungsänderungsbeschluß dieses Inhalts im Falle seiner Eintragung der Nichtigkeit unterfiele[70]. **35**

d) **Unwirksamkeit.** Richtet sich der Beschluß nicht auf Durchbrechung der Satzung in laufenden Angelegenheiten, sondern zielt er auf **Änderung der Satzung** selbst, sei es auch beschränkt auf einen bestimmten Zeitraum oder auf die Rechte oder Pflichten einzelner Gesellschafter, so erlangt er ohne Eintragung keine Wirksamkeit (§ 54 Abs. 3). Insbesondere gibt es keine Satzungsänderung kraft schlüssigen Verhaltens[71]. Der Erhebung einer Anfechtungsklage bedarf es in diesen treffend als *„zustandsbegründende Satzungsdurchbrechungen"*[72] bezeichneten Fällen nicht[73]. **36**

5. Satzungsänderung und Vertretungsmacht der Geschäftsführer

Die Vertretungsmacht der Geschäftsführer erstreckt sich zwar grundsätzlich auf alle gerichtlichen und außergerichtlichen Angelegenheiten der Gesellschaft. Ausnahmen gelten jedoch für innergesellschaftliche, namentlich körperschaftliche Akte[74]. Soweit die Kompetenz hierfür wie im Fall von Satzungsänderungen bei anderen Gesellschaftsorganen, insbesondere der Gesellschafterversammlung liegt, können die Geschäftsführer die GmbH nicht Dritten gegenüber zu ihrer Vornahme verpflichten[75]. Dementsprechend sind Verträge mit Dritten, in denen die Gesellschaft sich zur Verlegung ihres Sitzes, zur Änderung der Firma oder des Unternehmensgegenstands oder zur Aufnahme weiterer Gesellschafter verpflichtet, von der Vertretungsmacht der Geschäftsführer nicht gedeckt. Hierauf gerichtete Verträge, die Geschäftsführer namens der GmbH schließen, werden nur kraft entsprechender, **von den Gesellschaftern** mit satzungsändernder Mehrheit **zu beschließender Ermächtigung**, die auf einen konkret bestimmten Satzungsänderungsfall bezogen sein muß, wirksam[76]. Der Einhaltung der übrigen **37**

[68] Vgl. RGZ 81, 368, 371; Baumbach/Hueck/*Zöllner* 23; *Zöllner*-KölnKommAktG² § 179, 108; auch Scholz/*Priester* 29 und *Priester* ZHR 151 (1987) 58 (betr. zustandsbegründende Satzungsdurchbrechungen).

[69] Vgl. RGZ 81, 368, 371; BGHZ 32, 17, 29 = NJW 1960, 866; dazu mit Recht kritisch *Boesebeck* NJW 1960, 2266.

[70] *Priester* ZHR 151 (1987) 57 f.

[71] EinhM, vgl. Scholz/*Priester* 31; Rowedder/*Zimmermann* 31; nicht eindeutig noch Hachenburg/*Schilling*⁶ 6.

[72] *Priester* ZHR 151 (1987) 55 ff.

[73] Im Ergebnis wie hier BGH WM 1981, 1218, 1219; Scholz/*K. Schmidt* § 45, 34; Scholz/*Priester* 29; auch Rowedder/*Zimmermann* 31 aE; **aA** *Zöllner*-KölnKommAktG² § 179, 99 (nur Anfechtbarkeit, es sei denn, es handele sich um einen offen als Satzungsänderung deklarierten Beschluß), und wohl auch OLG Frankfurt WM 1986, 1437.

[74] Vgl. Erläut. zu § 35; ferner OLG Frankfurt BB 1981, 1360; *Mertens* AG 1981, 216.

[75] Vgl. RGZ 162, 370, 374; Scholz/*U. H. Schneider* § 35, 40.

[76] So auch Scholz/*Priester* 34; Scholz/*U. H. Schneider* § 35, 40; *Fleck* ZGR 1988, 110 ff; vgl. außerdem *Ulmer* Festschrift Werner, S. 928 f; zum Verein wie hier BGH LM UWG § 16 Nr. 6; dagegen aber *Flume* I/2 § 7 I 3, S. 198 f; für die AG **aA** *Mertens*-KölnKommAktG² § 82, 4.

Satzungsänderungserfordernisse (§§ 53 Abs. 2 S. 1, 1. Hs., 54 Abs. 3) bedarf es für den Ermächtigungsbeschluß nicht[77]. Das folgt bezüglich der *notariellen Form* daraus, daß ihr bei Satzungsänderungsbeschlüssen nach zutr. Ansicht keine Warn-, sondern lediglich Beweisfunktion zukommt (Rdn 43), bezüglich der *Handelsregistereintragung* aus dem Fehlen eines Publizitätsinteresses der Allgemeinheit, aber auch daraus, daß die Verpflichtung als solche keine eintragungspflichtige Tatsache darstellt. Der Verpflichtungsvertrag selbst sollte angesichts seiner Bedeutung für die Gesellschaft schriftlich geschlossen werden[77a]. Er ist nach § 894 ZPO vollstreckbar, wobei das gegen die GmbH erstrittene Urteil sowohl den Satzungsänderungsbeschluß und dessen notarielle Beurkundung[77b] als auch die nach § 54 Abs. 1 S. 1 zur Eintragung erforderliche Anmeldungserklärung ersetzt[77c]. Im Interesse der Bestimmtheit des Klagantrags (§ 253 ZPO) sollte nicht nur die Verurteilung der GmbH zur Fassung des Satzungsänderungsbeschlusses beantragt werden, sondern auch zur Abgabe der Anmeldungserklärung. Zum Abschluß von Unternehmensverträgen, durch die sich die GmbH den Weisungen eines anderen Unternehmens unterstellt oder zur Abführung des Gewinns insgesamt oder in Teilen verpflichtet, vgl. Rdn 137 ff.

38 Verträge mit Dritten, die lediglich **faktisch** auf eine Satzungsänderung oder -durchbrechung hinauslaufen, unterliegen diesen Beschränkungen nicht, so wenn die GmbH sich über ihren Unternehmensgegenstand hinausgehend betätigt, etwa durch Beteiligung an einer anderen Gesellschaft, oder langfristige Verträge auf einen über die vereinbarte Gesellschaftsdauer hinausgehenden Zeitraum abschließt[78]. Soweit es allerdings um die Verpflichtung zur **Unternehmensveräußerung im ganzen** geht, ist diese entsprechend § 361 AktG für die GmbH nur bindend, wenn die Gesellschafterversammlung mit Dreiviertelmehrheit zustimmt und der Beschluß notariell beurkundet wird[79]. Zum Erfordernis einer sachlichen Rechtfertigung des Veräußerungsbeschlusses vgl. Rdn 58 ff. Keine Vermögensübertragung im Ganzen iSv § 361 AktG ist im Regelfall bei Durchführung einer *Betriebsaufspaltung* gegeben, wenn das Anlagevermögen, namentlich das betriebliche Grundvermögen, auf eine Besitzgesellschaft übertragen wird. Als regelmäßig außergewöhnliche Maßnahme (dazu näher Erläut. zu § 35) bedürfen die Geschäftsführer hierfür jedoch im Innenverhältnis der Zustimmung der Gesellschafterversammlung (vgl. aber auch unten Rdn 102 f).

III. Der Änderungsbeschluß (Abs. 2 S. 1)

Schrifttum

Vgl. die Angaben vor den Unterabschnitten.

---

77 Differenzierend *Fleck* ZGR 1988, 114 f (notarielle Form ja, Handelsregistereintragung nein); **aA** (für Notwendigkeit notarieller Form) auch Scholz/*Priester* 34.

77a So zutr *Fleck* ZGR 1988, 115 unter Hinweis auf den rechtsähnlichen Fall des Unternehmensvertrags (vgl. § 293 Abs. 3 AktG).

77b Vgl. näher *Fleck* ZGR 1988, 115 f.

77c Zur Anwendbarkeit des § 894 ZPO auf die Anmeldung zur Eintragung im Handelsregister vgl. *Hüffer*-GroßkommHGB § 16, 1; Stein/Jonas/*Münzberg* ZPO[20] § 894, 6, 9.

78 EinhM, vgl. Scholz/*Priester* 33; Baumbach/Hueck/*Zöllner* § 35, 38; *Mertens* AG 1978, 309, 311; zum Aktienrecht vgl. auch *Mertens*-KölnKommAktG[2] § 82, 5, 38. Von einer „faktischen Satzungsänderung" sollte dabei nicht gesprochen werden; eine solche liegt gerade nicht vor (zutr. *Priester* aaO).

79 Zust. Scholz/*Priester* 169; Baumbach/Hueck/*Zöllner* 12; *Timm* ZGR 1987, 435; **aA** *Meyer-Landrut*/Miller/Niehus 9 (für Wirksamkeit im Außenverhältnis); wegen der Drittbetroffenheit einschr. *Lutter* Festschrift Werner, S. 482 (analoge Anwendung von § 361 AktG nur bei Rechtskenntnis des Dritten). Zur Nichtanwendbarkeit von § 361 AktG, wenn nur ein *Betriebsteil* auf eine Tochtergesellschaft ausgegliedert wird, vgl. BGHZ 83, 122, 128 f = NJW 1982, 1703 (Holzmüller), und unten Rdn 164.

1. Die Beschlußfassung

Schrifttum

Pleyer Anmerkung zu KG NJW 1959, 1446, GmbH-Rdsch. 1959, 238; *Priester* Drittbindung des Stimmrechts und Satzungsautonomie, Festschrift Werner (1984) S. 657 ff.; *Zöllner* Das Teilnahmerecht der Aufsichtsratsmitglieder an Beschlußfassungen der Gesellschafter bei der mitbestimmten GmbH, Festschrift Rob. Fischer (1979) S. 905 ff.

a) **Grundsatz.** Soweit **materielle** Satzungsänderungen in Frage stehen, unterliegen diese nach Abs. 1 zwingend der Beschlußfassung der **Gesellschafter** (Rdn 2, 76) bzw. der an ihrer Stelle zur Wahrnehmung der Rechte berufenen Personen[79a]. Eine Übertragung der Beschlußkompetenz auf ein anderes Gesellschaftsorgan, etwa den Beirat, ist ausgeschlossen[80]. Die Beschlußfassung erfolgt regelmäßig in einer Gesellschafterversammlung (zu Ausn. vgl. Rdn 40) und bedarf notarieller Beurkundung (Rdn 42 ff). Zum rechtsgeschäftlichen Charakter von Gesellschafterbeschlüssen vgl. § 47, 3, zu den erforderlichen Mehrheiten und ihrer Berechnung Rdn 49 ff, 82 ff, zu Stimmrechtsschranken und Stimmpflichten Rdn 56 ff, 70. Der Abschluß von **Stimmbindungsverträgen** zwischen Gesellschaftern ist auch hinsichtlich der Stimmabgabe bei Satzungsänderungen zulässig und formlos wirksam (Rdn 43); zur entsprechenden Frage im Verhältnis zwischen Gesellschaftern und Dritten vgl. Näheres § 47, 80, 82, 86. **39**

b) **Beschlußfassung im schriftlichen Verfahren?** Nach *früher ganz hM* sollten Satzungsänderungsbeschlüsse *nicht* im Wege schriftlicher Stimmabgabe ohne Abhaltung einer Gesellschafterversammlung gefaßt werden können; die Vorschrift des § 48 Abs. 2, die schriftliche Stimmabgabe mit Einverständnis aller Gesellschafter zuläßt, sollte insoweit keine Anwendung finden[81]. Im neueren Schrifttum hat diese Ansicht mit Recht *Widerspruch* gefunden[82]. Aus dem Erfordernis eines Gesellschafterbeschlusses in Abs. 1 folgt richtigerweise nicht die Notwendigkeit, eine Gesellschafterversammlung abzuhalten. Auch die in Abs. 2 S. 1 vorgesehene notarielle Beurkundung macht die Abhaltung einer Versammlung nicht unverzichtbar[83]. Zu beurkunden sind zwar nicht die Willenserklärungen der einzelnen Gesellschafter, sondern die tatsächliche Wahrnehmung des Notars über den Vorgang der Beschlußfassung (Rdn 42). Das schließt es aber nicht aus, daß die einzelnen Gesellschafter auch ohne Versammlung (ggf. nacheinander) ihre **Stimmen zu Protokoll desselben Notars** abgeben und der Notar hierüber die Urkunde erstellt. Ein solches Verfahren liegt namentlich bei der Einmann-GmbH oder in denjenigen Fällen nahe, in denen alle Gesellschafter die gleiche Person zur Stimmabgabe bevollmächtigen (zur Form der Vollmacht vgl. Rdn 48) und die Abhaltung einer Versammlung daher eine bloße Förmlichkeit bedeuten würde. In sonstigen Fällen schriftlicher Stimmabgabe zu Protokoll sollte der Notar allerdings prüfen, ob das hierfür nach § 48 Abs. 2 erforderliche Einvernehmen sämtlicher Gesellschafter vorliegt sowie ob und welche Gesellschafter nicht an der Abstimmung teilnehmen und daher bei der Mehrheitsberechnung nicht mitgezählt werden[84]. Zulässig erscheint daneben – ebenso wie bei Abschluß des Gesellschaftsvertrags im Gründungs- **40**

[79a] Vgl. BayObLG NJW 1976, 1692, 1693 (Testamentsvollstrecker).

[80] Unstr., vgl. RGZ 137, 305, 308; BGHZ 43, 261, 264 = NJW 1965, 1378; OLG Düsseldorf WM 1982, 649; Scholz/*Priester* 60; Baumbach/Hueck/*Zöllner* 26; *Priester* Festschrift Werner, S. 659 ff.

[81] Vgl. BGHZ 15, 324, 328 = NJW 1955, 220 (obiter); KG NJW 1959, 1446 f; ebenso noch Rowedder/*Zimmermann* 33; *Roth* 3.1; *Meyer-Landrut*/Miller/Niehus 11; Nachw. aus dem älteren Schrifttum vgl. in Voraufl. 40; aA schon früher *Vogel* GmbHG² 3; *Pleyer* GmbH-Rdsch. 1959, 238.

[82] So erstmals *Zöllner* Festschrift Rob. Fischer, S. 911 f; ihm folgend Scholz/*Priester* 64; Scholz/*K. Schmidt* § 48, 61; Baumbach/Hueck/*Zöllner* 26; vgl. auch § 48, 54.

[83] Zutr. schon *Pleyer* GmbH-Rdsch. 1959, 238.

[84] Gegen das Erfordernis einer förmlichen Beschlußfeststellung aber Scholz/*Priester* 64.

stadium (§ 2, 13) – auch die Protokollierung der Stimmen durch **verschiedene Notare** und ihre Übersendung an den zur Beurkundung nach § 53 Abs. 2 S. 1 bestellten Notar, der den Empfang der Erklärungen sowie das Abstimmungsergebnis kraft eigener Wahrnehmung in der Urkunde festhält[85].

41 c) **Beschluß und Zustimmung.** Vom Gesellschafterbeschluß nach Abs. 1 und der hierfür notwendigen Mehrheit zu unterscheiden ist die gesonderte (vorhergehende oder nachträgliche[86]) Zustimmung einzelner Gesellschafter. Auch wenn die Voraussetzungen des Abs. 3 vorliegen oder die Satzung entsprechende Zusatzerfordernisse enthält (Rdn 82), bedarf es ihrer doch nur dann, wenn die betreffenden Gesellschafter sich nicht bereits an der Beschlußfassung selbst beteiligt und für die Änderung gestimmt haben. Für die **gesonderte Zustimmung** gilt **nicht** das Erfordernis **notarieller Form** nach Abs. 2 S. 1 (Rdn 79); sie kann auch konkludent erteilt werden. Mit Rücksicht auf die Prüfungspflicht des Registergerichts (§ 54, 40) empfiehlt sich aber zumindest Schriftform. Zur Frist für die Zustimmung und zu den Folgen nicht erteilter Zustimmung vgl. Rdn 80 f.

2. Notarielle Beurkundung

Schrifttum

Bokelmann GmbH-Gesellschaftsversammlungen im Ausland und Beurkundungen durch ausländische Notare, NJW 1972, 1729; *Bredthauer* Zur Wirksamkeit gesellschaftsrechtlicher Beurkundungen im Kanton Zug, BB 1986, 1864; *Heckschen* Auslandsbeurkundung und Richtigkeitsgewähr, DB 1990, 161; *Höfer* Das Beurkundungsgesetz in der Praxis, JurA 1970, 56; *Kropholler* Auslandsbeurkundungen im Gesellschaftsrecht, ZHR 140 (1976) 394; *Mecke* Der Entwurf eines Beurkundungsgesetzes, DNotZ 1968, 584; *Röll* Die Beurkundung von GmbH-Gesellschafterbeschlüssen, DNotZ 1979, 644; *Stauch* Die Geltung ausländischer notarieller Urkunden in der Bundesrepublik Deutschland (1983).

42 a) **Allgemeines.** Die nach Abs. 2 S. 1 erforderliche notarielle Beurkundung bezieht sich nicht auf die Stimmabgaben iS formbedürftiger Willenserklärungen, sondern auf die **tatsächlichen Wahrnehmungen** des Notars über die Stimmabgabe und das Abstimmungsergebnis. Maßgebend sind daher nicht §§ 6 ff, 13, 17, sondern §§ 36, 37 BeurkG[87].

43 Aus dem Verzicht auf die Beurkundung der einzelnen Stimmabgaben und der Unanwendbarkeit der §§ 6 ff, 17 BeurkG folgt zugleich, daß der **Zweck** des Urkundserfordernisses nicht in der Warnung der Gesellschafter oder in ihrer Belehrung durch den Notar ihnen gegenüber zu finden ist[88]. Die Beurkundung soll vielmehr den **Beweis** über das Zustandekommen des Satzungsänderungsbeschlusses im Interesse der Rechtssicherheit und zur Erleichterung der registergerichtlichen Prüfung erbringen. Daher besteht auch kein Anlaß, für *Stimmbindungsverträge* oder sonstige vertragliche Absprachen zwischen den Beteiligten über die Vornahme von Satzungsänderungen ebenfalls die notarielle Form zu verlangen[89]. Die von der hM verlangte Formbedürftig-

[85] Vgl. Scholz/*Priester* 64; *Pleyer* GmbH-Rdsch. 1959, 238.

[86] Vgl. RGZ 136, 185, 189.

[87] EinhM, vgl. KG NJW 1959, 1446 f; LG Essen BB 1982, 1821, 1822; *Jansen* BeurkG § 37, 8; *Keidel/Kuntze/Winkler* FGG[12], BeurkG Vorb. § 36, 2 und § 36, 5; Scholz/*Priester* 67.

[88] AA zur Belehrungsfunktion aber namentlich BGHZ 80, 76, 79 = NJW 1981, 1160; BGHZ 105, 324, 338 = NJW 1989, 295; OLG Hamm NJW 1974, 1057, 1058; vgl. dazu Rdn 47 m. w. Nachw.

[89] BGH ZIP 1983, 432; OLG Koblenz ZIP 1986, 503, 504; OLG Saarbrücken AG 1980, 26, 27; Scholz/*K. Schmidt* § 47, 38; vgl. auch § 47, 68; aA für Beschlüsse zur Ermächtigung der Geschäftsführer, Verpflichtungen der GmbH mit satzungsändernden Folgen einzugehen, *Fleck* ZGR 1988, 114.

keit des Gründungsvorvertrags (vgl. § 2, 48 f) läßt sich nicht auf Absprachen über Satzungsänderungen übertragen.

b) **Die Erfordernisse der Urkunde.** Die Urkunde muß die Bezeichnung des Notars sowie den Bericht über seine Wahrnehmungen hinsichtlich des zu beurkundenden Beschlusses und seine eigenhändige Unterschrift enthalten (§ 37 Abs. 1, 3 BeurkG). Das Fehlen eines dieser Erfordernisse macht die Urkunde formunwirksam und führt ebenso wie die fehlende Beurkundung selbst (Anh § 47, 44) zur Nichtigkeit des Beschlusses, vorbehaltlich seiner Heilung durch Eintragung (Rdn 92). Die **Gegenstände des Berichts** sind – anders als im Aktienrecht (§ 130 AktG) – gesetzlich nicht festgelegt. Aus § 53 folgt, daß der Beschlußgegenstand, die Anzahl der an der Beschlußfassung teilnehmenden Stimmen sowie das Abstimmungsergebnis anzugeben sind. Im Falle schriftlicher Abstimmung sollte zusätzlich das nach § 48 Abs. 2 erforderliche Einverständnis aller Gesellschafter vermerkt werden (Rdn 40). Nach § 37 Abs. 2 BeurkG sollen ferner Ort und Tag der Beschlußfassung und der Errichtung der Urkunde angegeben werden; als Sollvorschrift ist ihre Beachtung für die Wirksamkeit der Urkunde ohne Einfluß. 44

Der **Verlesung** der Niederschrift und der **Unterzeichnung** durch die Beteiligten bedarf es nach §§ 6 ff, 13 BeurkG nur, soweit in ihr zugleich *formbedürftige Willenserklärungen* einzelner Gesellschafter enthalten sind. Das ist nicht der Fall bei Satzungsänderungsbeschlüssen und bei der nach Abs. 3 erforderlichen Zustimmung wegen Leistungsvermehrung (Rdn 79), wohl aber dann, wenn mit einem Kapitalerhöhungsbeschluß zugleich die – nach § 55 Abs. 1 formbedürftigen – Übernahmeerklärungen der sich an der Kapitalerhöhung beteiligten Personen beurkundet werden (§ 55, 62). Die freiwillige Einhaltung der Vorschriften der §§ 6 ff, 13 BeurkG in sonstigen Fällen der Beurkundung von Satzungsänderungen ist unschädlich und zumal bei Universalversammlungen in der Praxis verbreitet[90]. 45

c) **Beurkundung im Ausland.** Für die Satzungsänderung einer nach deutschem Recht gegründeten GmbH mit tatsächlichem Sitz im Inland gilt **deutsches Recht** (vgl. näher Allg. Einl. 119 ff). Im deutschen internationalen Privatrecht (Art. 11 Abs. 1 EGBGB) beurteilt sich die Formgültigkeit von Rechtsgeschäften entweder nach dem Recht, das für das den Gegenstand des Rechtsgeschäfts bildende Rechtsverhältnis maßgeblich ist (sog. Wirkungsstatut oder Geschäftsrecht), oder nach dem Recht am Ort seiner Vornahme (sog. Ortsform). Die im gesellschaftsrechtlichen *Schrifttum* nach wie vor überwiegende Meinung hält – insoweit abweichend von Art. 11 Abs. 1, 2. Hs. EGBGB – die **Ortsform** für *nicht* ausreichend, soweit es um die Beurkundung der Satzung der AG oder GmbH bei der Gründung der Gesellschaft (vgl. dazu § 2, 17 m. Nachw.) oder um deren spätere Änderungen geht[91]. Begründet wird das teils – nach Art einer teleologischen Reduktion von Art. 11 Abs. 1, 2. Hs. EGBGB – mit der Rechtspflegefunktion des Notars bei der Beurkundung von Gesellschaftsverträgen und mit den insoweit besonders zu beachtenden Aspekten der Rechtssicherheit und des Verkehrsschutzes[91a], teils auch mit einer analogen Anwendung der Ausnahmen von 46

---

[90] Scholz/*Priester* 68; vgl. auch *Mecke* DNotZ 1968, 610; *Höfer* JurA 1970, 752.

[91] So grundlegend *Winkler* NJW 1972, 981, 982 und NJW 1974, 1932; ebenso Einl. Rdn 160 ff (*Behrens*); Staudinger/*Großfeld* BGB[12] Int. Gesellschaftsrecht Rdn 296, 300; Staudinger/*Firsching* BGB[12] EGBGB Art. 11, 97; Scholz/*Westermann* Einl. Rdn 93; Scholz/*Priester* 70; Baumbach/Hueck/*Zöllner* 40; *Lutter*/*Hommelhoff* 12; Rowedder/*Zimmermann* 36; *Brambring* NJW 1975, 1255; *Kropholler* ZHR 140 (1976) 394, 402 u. a.; **aA** (Ortsform genügt) MünchKomm-*Spellenberg* BGB[2] EGBGB Art. 11, 92, 94; Soergel/*Kegel* BGB[11] EGBGB Art. 11, 21; Palandt/*Heldrich* BGB[50] EGBGB Art. 11, 13; *Bokelmann* NJW 1972, 1729, 1731 (vorbeh. Art. 30 aF = Art. 6 nF EGBGB); Rspr.-Nachw. vgl. in Fn 91 c.

[91a] So insbes. *Behrens*, *Westermann* und *Priester* aaO (Fn 91).

der Ortsform in Art. 11 Abs. 4 und 5[91b]. Demgegenüber läßt die *Rechtsprechung* in neuerer Zeit die Tendenz erkennen, sich auch für die Beurkundung von Satzungsänderungen mit der Ortsform zu begnügen[91c]; das hätte im Falle notarieller Beurkundung im Ausland zur Folge, daß es auf die Gleichwertigkeit des beurkundenden ausländischen mit einem deutschen Notar als Voraussetzung für die Einhaltung des Formgebots des § 53 Abs. 2 S. 1 (vgl. dazu näher Rdn 47) nicht ankäme. Da für und gegen beide Ansichten gute Gründe vorgebracht werden können, hält die Kommentierung zunächst an dem bisher vertretenen Standpunkt fest, wonach bei im Ausland beschlossenen Änderungen der Satzung einer deutschen GmbH die Beachtung der Ortsform als solcher die in § 53 Abs. 2 S. 1 geforderte notarielle Beurkundung nicht ersetzen kann[91d]. Die weitere Entwicklung bleibt abzuwarten.

47 Geht man in Übereinstimmung mit der hM von der Anwendbarkeit der Formvorschrift des § 53 Abs. 2 S. 1 auch auf im Ausland beschlossene Satzungsänderungen aus, so richtet sich die Wirksamkeit der Beurkundung durch einen **ausländischen Notar** danach, ob sie im Hinblick auf den mit der Formvorschrift verfolgten Zweck als *der deutschen Beurkundung gleichwertig* anzusehen ist[92]. Das hängt einerseits von der Vorbildung der Urkundsperson und ihrer Stellung im Rechtsleben ab, andererseits von dem für die Beurkundung geltenden Verfahrensrecht[93]. Soweit für die Gleichwertigkeit zusätzlich auf das Vorhandensein detaillierter Kenntnisse des deutschen Gesellschaftsrechts abgestellt wird und es mit dieser Begründung praktisch zur generellen Ausschaltung ausländischer Notare von der Beurkundung von Satzungsänderungen kommt[94], ist dem *nicht* zu folgen[95]. Denn die zur Begründung hierfür angeführte *Prüfungs- und Belehrungspflicht* des Notars nach § 17 BeurkG gilt, unabhängig von der Frage ihrer Verzichtbarkeit, nicht für die Beurkundung nach § 53 Abs. 2 S. 1, da diese sich nicht auf Willenserklärungen, sondern auf tatsächliche Wahrnehmungen bezieht (str., vgl. Rdn 42); der Sachverhalt unterscheidet sich insoweit deutlich von der Beurkundung des Gründungsstatuts der GmbH (§ 2, 11, 17). Auch unter dem Gesichtspunkt des Schutzes der Öffentlichkeit vor unrichtigen Eintragungen über Satzungsänderungen ergibt sich nichts anderes; die inhaltliche Prüfung von Satzungsänderungsbeschlüssen auf das Vorliegen etwaiger Mängel ist auch bei Mitwirkung eines Notars in erster Linie Aufgabe des Registergerichts[96]. Damit ergibt sich, daß gegen die Beurkundung von Satzungsänderungen durch entsprechend qualifizierte Notare jedenfalls in der

---

[91b] So etwa Staudinger/*Großfeld* (Fn 91) Rdn 297 (zu Art. 11 Abs. 2 aF); *Kropholler* aaO (Fn 91).

[91c] So jetzt ausdrücklich OLG Düsseldorf RIW 1989, 225, 226 und zuvor schon OLG Stuttgart NJW 1981, 1176; tendenziell auch BGHZ 80, 76, 78 = NJW 1981, 1160 (im konkreten Fall wegen Gleichwertigkeit der ausl. Beurkundung offenlassend); aA noch OLG Hamm NJW 1974, 1057, 1058; OLG Karlsruhe RIW 1979, 567, 568; jetzt auch AG Fürth GmbH-Rdsch. 1991, 24 (für einen aktienrechtlichen Verschmelzungsvertrag).

[91d] Vgl. näher Einl. Rdn 160 ff, 162 f (*Behrens*) und § 2, 17.

[92] EinhM, vgl. BGHZ 80, 76, 78 = NJW 1981, 1160; OLG Hamm NJW 1974, 1057, 1058; Staudinger/*Großfeld* BGB[12] Intern. Gesellschaftsrecht 301 ff; eingeh. dazu Einl. 165 und *Stauch* S. 68 ff.

[93] Vgl. BGHZ 80, 76, 78 f = NJW 1981, 1160 unter Bejahung der Gleichwertigkeit einer Beurkundung von Satzungsänderungen durch einen Amtsnotar in Zürich (Altstadt).

[94] So OLG Hamm NJW 1974, 1057, 1058; OLG Karlsruhe RIW 1979, 567, 568; Scholz/*Priester* 71; Staudinger/*Großfeld* BGB[12] Intern. Gesellschaftsrecht 303 ff; *Bredthauer* BB 1986, 1868 f; vgl. auch *Heckschen* DB 1990, 164 f; für „maßgebliche Änderungen" des Gesellschaftsvertrags auch Scholz/*H. P. Westermann* Einl. 94.

[95] Ebenso *Jansen* BeurkG § 37, 25; *Keidel/Kuntze/Winkler* FGG[12] § 17, 2; Baumbach/Hueck/*Zöllner* 40; Rowedder/*Zimmermann* 36; eingeh. *Stauch* S. 99 ff; vgl. auch Einl. 165; aA Scholz/*Priester* 72.

[96] So zu Recht BGHZ 80, 76, 79 f = WM 1981, 376 (insoweit in NJW 1981, 1160 nicht abgedruckt); allg. zur Prüfungsfunktion der Registergerichte vgl. § 54, 40.

Schweiz und in *Österreich* angesichts der funktionalen Vergleichbarkeit ihrer Urkundstätigkeit *keine Bedenken* bestehen[97].

d) **Stellvertretung.** Für die *Bevollmächtigung* eines Vertreters zur Mitwirkung an einer Satzungsänderung gilt die allgemein für Stimmrechtsvollmachten einschlägige Bestimmung des **§ 47 Abs.** 3; danach bedarf die Vollmacht der **Schriftform.** Ein weitergehendes Formerfordernis ergibt sich – anders als bei Vollmachten zur Beteiligung an der Gründung der Gesellschaft (§ 2 Abs. 2) und zur Abgabe von Übernahmeerklärungen bei der Kapitalerhöhung (§ 55, 54) – aus der Beurkundungsbedürftigkeit des Satzungsänderungsbeschlusses nicht[98]. Die nach § 47 Abs. 3 gebotene Schriftform selbst ist nach richtiger Ansicht entgegen dem Gesetzeswortlaut nicht Gültigkeitsvoraussetzung für die Vollmacht, sondern hat lediglich *Legitimationsfunktion*[99]. Mit Recht hat deshalb der BGH die Wirksamkeit der Vollmacht in einem Fall bejaht, in dem die Vollmachtserteilung ohne Einhaltung der Schriftform, aber bei Anwesenheit aller Gesellschafter in der Gesellschafterversammlung erfolgte[100]; entsprechendes gilt, wenn die Vollmachtserteilung allen Gesellschaftern bekannt ist und kein Widerspruch gegen die Teilnahme des Bevollmächtigten an der Gesellschafterversammlung erhoben wird[101]. Fehlt die schriftliche Vollmacht, so berechtigt dies den Versammlungsleiter zur Zurückweisung des Vertreters. Zu den Folgen einer unberechtigten Zurückweisung, zur Teilnahme eines nicht Bevollmächtigten an der Beschlußfassung und zur Möglichkeit der Genehmigung seitens des vollmachtslos Vertretenen vgl. eingeh. § 47, 98 f. Die Vorschrift des § 47 Abs. 3 ist dispositiv (§ 47, 198); die Satzung kann deshalb Abweichungen, namentlich auch die formlose Bevollmächtigung, vorsehen. Zur Teilnahme *gesetzlicher* und *organschaftlicher Vertreter* an der Beschlußfassung vgl. § 47, 106 f. 48

3. Mehrheiten und Berechnung

Schrifttum

Rob. Fischer Zur Anwendung von § 181 BGB im Bereich des Gesellschaftsrechts, Festschrift Hauß (1978) S. 61 ff; *Fleck* Stimmrechtsabspaltung in der GmbH?, Festschrift Rob. Fischer (1979) S. 107 ff; *Hübner* Interessenkonflikt und Vertretungsmacht (1977); *Wiedemann* Die Übertragung und Vererbung von Mitgliedschaftsrechten bei Handelsgesellschaften (1965); *Wilhelm* Stimmrechtsausschluß und Verbot des Insichgeschäfts, JZ 1976, 674; *Zöllner* Die Schranken mitgliedschaftlicher Stimmrechtsmacht bei den privatrechtlichen Personenverbänden (1963).

a) **Dreiviertelmehrheit der Stimmen.** Abs. 2 S. 1 schreibt für Gesellschaftsvertragsänderungen *mindestens* Dreiviertelmehrheit der Stimmen vor (zu höheren Satzungser- 49

[97] Im Ergebnis übereinst. BGHZ 80, 76, 78 = NJW 1981, 1160 (*Schweizer* Notar); bestätigt in BGH ZIP 1989, 1052, 1054 f; LG Köln DB 1989, 2214; Baumbach/Hueck/*Zöllner* 40; Rowedder/*Zimmermann* 36 f; weitergehend *Lutter/Hommelhoff* 12, die auch das sog. *lateinische* Notariat einbeziehen; für den *spanischen* Notar *Löber* RIW 1989, 94 ff; für den *englischen* Notar *Stauch* S. 124 f; vgl. auch OLG Düsseldorf DB 1989, 569, das die Gleichwertigkeit der Beurkundung durch einen *niederländischen* Notar beiläufig bejaht, jedoch bereits die Ortsform für hinreichend hält; weit. Nachw. bei MünchKomm.-*Spellenberg* BGB², EGBGB Art. 11, 48; **aA** – gegen Gleichwertigkeit bei Beurkundung durch Schweizer Notar – AG Köln DB 1989, 2014 und 2423; AG Fürth GmbH-Rdsch. 1991, 24, 25; *Bredthauer* BB 1986, 1868 f; *Heckschen* DB 1990, 163 ff; vgl. auch LG Ulm Rpfleger 1988, 108 betr. US-amerikanischen Notar und Belehrung nach § 8 Abs. 3; differenzierend Scholz/*H. P. Westermann* Einl. 94.

[98] Unstr., vgl. nur OLG Neustadt GmbH-Rdsch. 1952, 58 m. zust. Anm. *Ballerstedt*; Scholz/*Priester* 73.

[99] Str., wie hier namentlich Scholz/*K. Schmidt* § 47, 85, 89; **aA** insbes. § 47, 97 (*Hüffer*) m. umf. Nachw. des Meinungsstands.

[100] Vgl. BGHZ 49, 183, 194 = NJW 1968, 743 (allerdings unter Voranstellung, daß die Vollmacht „grundsätzlich ... zu ihrer Gültigkeit der Schriftform" bedürfe).

[101] BGHZ 49, 183, 194 = NJW 1968, 743.

fordernissen, insbes. auch bei der Änderung von Satzungsklauseln, die auf höhere Mehrheiten abstellen, vgl. Rdn 82 ff, 87); eine Sperrminorität wird demgemäß erst bei *mehr* als 25% der Stimmen erreicht. Die Mehrheit bestimmt sich anders als im Aktienrecht (§ 179 Abs. 2 S. 1 AktG) nicht nach dem Kapital, sondern nach den **Stimmen** der an der Beschlußfassung teilnehmenden Gesellschafter. Nach § 47 Abs. 2 gewähren jede 100 DM eines Geschäftsanteils eine Stimme. Satzungsrechtliche Abweichungen hiervon wie Stimmrechte nach Köpfen, Mehrstimmrechte oder stimmrechtslose Beteiligungen bestimmter Geschäftsanteile sind zulässig (§ 47, 89).

50 Für die **Berechnung** der Mehrheit zählen nur die *abgegebenen gültigen Ja- und Nein-Stimmen* unter Ausschluß von Stimmenthaltungen, angefochtenen oder nicht wirksam durch Dritte vertretenen Stimmen (§ 47, 14). Nicht mitgezählt werden weiter Stimmen von Gesellschaftern, die an der Abstimmung nicht teilnehmen (zum Nichteingreifen von § 47 Abs. 4 bei Satzungsänderungen vgl. jedoch Rdn 53). Da es gesetzliche Vorschriften über die Beschlußfähigkeit der Gesellschafterversammlung nicht gibt, kann beim Fehlen satzungsrechtlicher Beschlußfähigkeitsregelungen (§ 47, 6) schon eine kleine Minderheit, ggf. sogar ein einzelner Gesellschafter (§ 47, 5), satzungsändernde Beschlüsse fassen, sofern nur alle Gesellschafter form- und fristgerecht geladen sind und die Satzungsänderung ordnungsgemäß angekündigt wurde (§ 51, 4 ff, 14 f, 18). Zur Möglichkeit späterer Aufhebung des Beschlusses vgl. Rdn 73, zum Zustimmungserfordernis nach Abs. 3 vgl. Rdn 74 ff, zur Stellung eines am Anteil dinglich Berechtigten Rdn 76.

51 Auf die **Feststellung** des Beschlußergebnisses durch den Versammlungsleiter kommt es abweichend von § 130 Abs. 2 AktG für das Zustandekommen und die Wirksamkeit des Satzungsänderungsbeschlusses **nicht** an[102]; es genügt die notarielle Beurkundung (Rdn 42 ff). Ist das Erreichen der *Dreiviertelmehrheit zu Unrecht festgestellt* und beurkundet, so muß der Mangel durch Anfechtungsklage geltend gemacht werden (dazu näher Anh § 47, 190 ff). Für den umgekehrten Fall, bei unzutreffender Verneinung der tatsächlich erreichten Dreiviertelmehrheit, kann die Anfechtung des ablehnenden Beschlusses mit der Klage auf Feststellung verbunden werden, daß der beantragte Beschluß gefaßt worden ist (eingeh. zur „positiven Beschlußfeststellungsklage" Anh § 47, 244 ff). Das rechtskräftige Urteil ist geeignet, die nach § 53 Abs. 2 S. 1 erforderliche notarielle Beurkundung zu ersetzen[103].

52 Das Erfordernis der Dreiviertelmehrheit der Stimmen ist zum Schutz der Minderheit **zwingend**[104]. Zulässig sind zwar Satzungsregelungen, die **höhere** Mehrheiten oder sonstige Erfordernisse vorsehen (Abs. 2 S. 2, vgl. Rdn 82 ff), nicht aber solche über geringere Mehrheiten. Satzungsrechtliche Stimmrechtsregelungen abweichend von § 47 Abs. 2 werden durch die zwingende Geltung von Abs. 2 S. 1 nicht berührt (Rdn 3). – Abweichende, auf die einfache Mehrheit abstellende Satzungsänderungsvorschriften finden sich gelegentlich in gesetzlichen Übergangsregelungen (vgl. § 51 DMBilG 1949, § 56 a DMBilG 1990, § 6 Abs. 2 MitbestG iVm § 97 Abs. 2 S. 4 AktG und § 37 Abs. 1 S. 2 MitbestG, Art. 12 § 7 Abs. 2 S. 2 GmbHÄndG).

53 b) **Stimmhindernisse.** Der Stimmrechtsausschluß des § 47 Abs. 4 findet auf Beschlüsse über Satzungsänderungen nach ganz hM **keine** Anwendung[105]. Das entspricht

---

[102] Vgl. näher § 48, 61; nicht eindeutig noch BGHZ 15, 324, 329 = NJW 1955, 220.

[103] BGHZ 76, 191, 199 = NJW 1980, 1465 (für die AG); Baumbach/Hueck/*Zöllner* 36 aE; im Ergebnis auch Scholz/*Priester* 80; **aA** noch Voraufl. 51.

[104] Begr. RegE 1892, S. 3753; vgl. auch Rdn 3.

[105] Vgl. § 47, 166; Scholz/*K. Schmidt* § 47, 112 f; *Wilhelm* JZ 1976, 674, 675, jew. m. weit. Nachw.; zur Beschlußfassung über Kapitalerhöhung und Bezugsrecht der Gesellschafter vgl. § 55, 10 und 35.

dem von RG und BGH in ständ. Rspr. betonten Grundsatz, daß die Stimmverbote des § 47 Abs. 4 nicht für Entscheidungen über Angelegenheiten des innergesellschaftlichen Lebens gelten, bei denen jeder Gesellschafter aufgrund seines Mitgliedschaftsrechts von der Sache her zur Mitwirkung berufen ist[106]. Mag die Formel für Grenzfälle auch wenig aussagekräftig sein (zur Kritik vgl. namentlich *Zöllner* Schranken mitgliedschaftlicher Stimmrechtsmacht, S. 227 ff), so trifft sie für Satzungsänderungen doch den Kern. Denn bei ihnen geht es nicht um den durch § 47 Abs. 4 geregelten Interessenkonflikt zwischen GmbH und einzelnem Gesellschafter, sondern um die *innergesellschaftliche Willensbildung*[107]. Hieran bei Beschlußfassung über Satzungsänderungen teilzunehmen, kann dem Gesellschafter auch dann nicht verwehrt sein, wenn er an der Satzungsänderung ein persönliches Interesse hat; andernfalls würden die Stimmgewichte in der GmbH unvertretbar verschoben. Der Verfolgung gesellschaftsfremder Sonderinteressen bei der innergesellschaftlichen Willensbildung ist deshalb im Rahmen von Satzungsänderungen nicht durch extensive Interpretation von § 47 Abs. 4, sondern durch die Anerkennung beweglicher Stimmrechtsschranken (Rdn 56 ff) Rechnung zu tragen.

c) **Verbot des Selbstkontrahierens.** Vom Anwendungsbereich des § 47 Abs. 4 zu **54**
unterscheiden ist das Eingreifen von § 181 BGB im Falle von Abstimmungen über Satzungsänderungen, auch wenn die Grundgedanken beider Regelungen übereinstimmen[108]. Für die Regelung des § 181 BGB von Bedeutung ist sowohl die Abstimmung eines **Gesellschafters** zugleich als Vertreter eines Mitgesellschafters (Selbstkontrahieren) als auch diejenige eines **Dritten** als Vertreter von zwei oder mehr Gesellschaftern (Mehrvertretung). Die frühere Rechtsprechung des BGH, die eine Anwendung von § 181 BGB auf Gesellschafterbeschlüsse mit Rücksicht auf deren Natur als „Sozialakt" generell ablehnte[109], ist inzwischen zu Recht überholt[110]. Nach zutreffender hM findet § 181 BGB kraft teleologischer Reduktion zwar keine Anwendung auf solche Gesellschafterbeschlüsse, die Maßnahmen der Geschäftsführung und sonstige gemeinsame Gesellschaftsangelegenheiten im Rahmen des bestehenden Gesellschaftsvertrags betreffen, da hier der in § 181 BGB vorausgesetzte Interessenwiderstreit beim Vertreterhandeln typischerweise nicht gegeben ist[111]. Anderes gilt jedoch für Beschlüsse über die Gesellschaftsgrundlagen, darunter namentlich *Satzungsänderungen*; bei ihnen greift § 181 BGB uneingeschränkt ein[112]. Das hat inzwischen im Anschluß an seine Rechtsprechung zum Eingreifen von § 181 BGB bei der Beschlußfassung über die Änderung von Personengesellschaftsverträgen[113] auch der BGH für das GmbH-Recht festgestellt[114].

Folge des Eingreifens von § 181 BGB ist, daß Gesellschafter oder Dritte sich an **55**
Abstimmungen über Satzungsänderungen nicht mit den Stimmen von zwei oder mehr

106 BGHZ 18, 205, 210 = NJW 1955, 1716; 48, 163, 166 f = NJW 1967, 1963; BGH LM § 47 Nr. 21 = BB 1974, 432, 433; BGH GmbH-Rdsch. 1977, 81, 82; ähnlich schon RGZ 60, 172, 173 und 74, 276, 278.

107 So zutr. namentlich *Wilhelm* JZ 1976, 674, 675 f unter Herausarbeitung der Parallelen zwischen § 47 Abs. 4 und § 181 BGB.

108 Vgl. *Wilhelm* aaO (Fn 107).

109 BGHZ 33, 189, 191 = NJW 1960, 2285; BGHZ 52, 316, 318 = NJW 1970, 33.

110 So (für die Änderung von Personengesellschaftsverträgen) zutr. BGHZ 65, 93, 95 ff = NJW 1976, 191; zur Kritik am Begriff „Sozialakt" vgl. auch *Rob. Fischer* Festschrift Hauß (1978) S. 61, 76 und BGH NJW 1976, 1538, 1539; zum GmbH-Recht vgl. BGH WM 1988, 1333, 1335.

111 BGHZ 65, 93, 97 f = NJW 1976, 191; § 47, 112 f.

112 HM, vgl. § 47, 112 f; Scholz/*K. Schmidt* § 47, 180; Scholz/*Priester* 96; *Flume* I/1 § 14 IX S. 253; MünchKomm.-*Thiele* BGB² § 181, 17; *Hübner* Interessenkonflikt und Vertretungsmacht, S. 278; wohl auch *Wilhelm* JZ 1976, 674, 677; aA Baumbach/Hueck/*Zöllner* § 47, 33; *Roth* § 47, 4.2.5.; *Rob. Fischer* Festschrift Hauß (1978) S. 78 f; *Röll* NJW 1979, 629.

113 BGHZ 65, 93, 95 f = NJW 1976, 191; BGH LM § 138 HGB Nr. 8 = NJW 1961, 724; BGH NJW 1976, 958, 959 und 1538, 1539.

114 BGH WM 1988, 1335, 1337.

Personen beteiligen können; stattdessen bedarf es der Mitwirkung eines Pflegers. Ein Verstoß gegen § 181 BGB führt zum Ausschluß der Vertretungsmacht und damit zur Unwirksamkeit der von dem Vertreter abgegebenen Stimmen (§ 47, 109). Anderes gilt bei Vorliegen einer der **Ausnahmen** von § 181 BGB. So wird namentlich in der Bevollmächtigung eines Mitgesellschafters zur Stimmabgabe bei Satzungsänderungen regelmäßig der *konkludente Verzicht* auf das Verbot des Selbstkontrahierens liegen[115]. Bei gesetzlicher Vertretungsmacht scheidet diese Möglichkeit aus; hier kann ein Verstoß jedoch dann entfallen, wenn der gesetzliche Vertreter mit der Stimmabgabe eine Verbindlichkeit des Vertretenen (dazu Rdn 70) erfüllt[116].

4. Schranken der Mehrheitsherrschaft

Schrifttum

Rob. Fischer Die GmbH in der Rechtsprechung des Bundesgerichtshofs, in: Pro GmbH (1980) S. 137 ff; *Hirte* Bezugsrechtsausschluß und Konzernbildung (1986); *G. Hueck* Der Grundsatz der gleichmäßigen Behandlung im Privatrecht (1958); *Immenga* Die personalistische Kapitalgesellschaft (1970); *Lindacher* Übergangsregelung nach Art. 12 § 1 GmbH-Novelle und GmbH-Innenrecht, in: *Roth* Die Zukunft der GmbH (1982) S. 47; *Lutter* Materielle und formelle Erfordernisse eines Bezugsrechtsausschlusses – Besprechung der Entscheidung BGHZ 71, 40 (Kali und Salz), ZGR 1979, 401; *ders.* Theorie der Mitgliedschaft, AcP 180 (1980) 84 ff; *ders.* Zur inhaltlichen Begründung von Mehrheitsentscheidungen, ZGR, 1981, 171; *Martens* Mehrheits- und Konzernherrschaft in der personalistischen GmbH (1970); *ders.* Der Ausschluß des Bezugsrechts: BGHZ 33, S. 175, Festschrift Rob. Fischer (1979) S. 437 ff; *ders.* Die GmbH und der Minderheitenschutz, GmbH-Rdsch. 1984, 265; *Rehbinder* Treuepflichten im GmbH-Konzern – Besprechung der Entscheidung BGHZ 65, 15, ZGR 1976, 386; *Reuter* Die „Wesenselemente" der Personengesellschaft in der neueren Rechtsprechung, GmbH-Rdsch. 1981, 129; *Schockenhoff* Gesellschaftsinteresse und Gleichbehandlung beim Bezugsrechtsausschluß (1988); *Timm* Der Mißbrauch des Auflösungsbeschlusses durch den Mehrheitsgesellschafter, JZ 1980, 665; *ders.* Zur Sachkontrolle von Mehrheitsentscheidungen im Kapitalgesellschaftsrecht, ZGR 1987, 403; *H. P. Westermann* Grundsatzfragen des GmbH-Konzerns, in: Der GmbH-Konzern (1976) S. 25 ff; *Wiedemann* Die Bedeutung der ITT-Entscheidung, JZ 1976, 392; *ders.* Rechtsethische Maßstäbe im Unternehmens- und Gesellschaftsrecht, ZGR 1980, 147; *M. Winter* Mitgliedschaftliche Treubindungen im GmbH-Recht (1988); *Zöllner* Die Schranken mitgliedschaftlicher Stimmrechtsmacht bei den privatrechtlichen Personenverbänden (1963).

56 a) **Grundsatz.** Das für Gesellschafterbeschlüsse der GmbH geltende, nach Maßgabe von § 53 auch für Satzungsänderungen einschlägige *Mehrheitsprinzip* eröffnet der Gesellschaftermehrheit grundsätzlich die Möglichkeit, auf die Rechtsposition von Minderheitsgesellschaftern einzuwirken. Daraus folgt die Notwendigkeit, die Minderheit vor Mehrheitsentscheidungen zu schützen, die ihre Interessen einseitig benachteiligen. Das gilt zumal deshalb, weil die Gestaltung der Gesellschaftsverhältnisse mangels einer dem § 23 Abs. 5 AktG entsprechenden Norm weitergehend als im Aktienrecht zur Disposition der Gesellschafter steht. Der Ausübung der Mehrheitsherrschaft sind deshalb **Schranken** zu ziehen. Hierüber besteht heute im Grundsatz mit Recht Einigkeit[117]. Systematisch ist dabei im Anschluß namentlich an *Zöllner*[118] zwischen *starren*,

---

115 BGH NJW 1976, 958, 959 und 1538, 1539; § 47, 116; Scholz/*Priester* 96; MünchKomm.-*Thiele* BGB² § 181, 17.

116 Zutr. BGH LM § 138 HGB Nr. 8 = NJW 1961, 724; vgl. außerdem *Gustavus* GmbH-Rdsch. 1982, 10, 12 ff.

117 Vgl. schon RGZ 132, 149, 163 (zur AG); weiter BGHZ 14, 25, 37 f = NJW 1954, 1401; 65, 15, 18 f = NJW 1976, 191; 71, 40, 44 ff = NJW 1978, 1316; 80, 69, 71 ff = NJW 1981, 1512; 83, 319, 322 = NJW 1982, 2444; BGH ZIP 1988, 301, 303; vgl. auch BGHZ 85, 350, 361 f = NJW 1983, 1056 (zur Umwandlung einer KG in eine AG durch Mehrheitsbeschluß); aus dem Schrifttum vgl. Scholz/*K. Schmidt* § 45, 104, § 47, 26 ff; *Wiedemann* GesR I § 8, S. 412 ff, 424 ff; *K. Schmidt* GesR § 16 II, III, § 21 II; *M. Winter* Treubindungen, S. 130 ff; dazu auch oben § 14, 52 ff, 67 ff und § 47, 192 ff.

118 Schranken mitgliedschaftlicher Stimmrechtsmacht, S. 97, 287 ff.

beim Vorliegen gesetzlich typisierter Voraussetzungen eingreifenden Schranken (Rdn 57 ff) und sog. *beweglichen*, von einer wertenden Beurteilung des Einzelfalls abhängigen Schranken (Rdn 62 ff) zu unterscheiden. Während sich erstere insbes. aus dem Kernbereich mitgliedschaftlicher Rechte ableiten lassen, gehören zu letzteren vor allem die aus dem Gleichbehandlungsgrundsatz (Rdn 64) und der Treupflicht folgenden Grenzen der Mehrheitsherrschaft. Neben diesen Schranken ist der allgemeine Mißbrauchsvorbehalt, unter dem jede Stimmrechtsausübung steht (Rdn 69), zu beachten. Hinzukommen schließlich die zwingenden Schranken der §§ 134, 138 BGB; ein gegen ein gesetzliches Verbot oder die guten Sitten verstoßender Beschluß ist unabhängig davon, mit welcher Mehrheit er zustande kommt, nichtig[119].

b) **Mehrheitsfester Bereich (starre Schranken).** In bestimmte mitgliedschaftliche Rechtspositionen kann die Mehrheit entweder überhaupt nicht oder nur mit Zustimmung des Betroffenen eingreifen; insoweit besteht ein Mehrheitsentscheidungen nicht zugänglicher Bereich individueller Gesellschafterrechte. Sofern Mehrheitsbeschlüsse diesen Bereich berühren, sind sie entweder nichtig oder, falls sie durch Zustimmung des betroffenen Gesellschafters noch wirksam werden können, schwebend unwirksam. **57**

Schlechthin nichtig, selbst mit Zustimmung des Betroffenen, sind Eingriffe in die zum Kernbereich der Mitgliedschaft zählenden **unverzichtbaren**, d. h. absolut unentziehbaren Mitgliedschaftsbefugnisse. Dazu gehören namentlich die gesetzlichen Minderheitsrechte auf Einberufung der Gesellschafterversammlung (§ 50), auf Auskunft und Einsicht (§ 51 a), auf Erhebung der Auflösungsklage (§ 61) sowie auf Bestellung von Liquidatoren durch das Gericht (§ 66), ferner die Befugnis zum Austritt aus wichtigem Grund (Anh § 34, 44), zur Erhebung der Nichtigkeits- oder Anfechtungsklage gegen Gesellschafterbeschlüsse (Anh § 47, 190 ff) sowie im Grundsatz das Recht auf Teilnahme an der Gesellschafterversammlung (§ 48, 13)[120]. Ein in diese Rechte eingreifender Beschluß ist stets nichtig (Anh § 47, 51). **58**

Grundsätzlich mehrheitsfest ist auch der Kreis der zum **Kernbereich der Mitgliedschaft** gehörenden „Grundmitgliedschaftsrechte“. Dazu zählen nach ganz hM das Stimmrecht, das Gewinnrecht und das Recht auf den anteiligen Liquidationserlös bzw. das Abfindungsguthaben bei Ausscheiden aus der Gesellschaft, sowie naturgemäß die Mitgliedschaft selbst[121]. Jedenfalls die *Entziehung* dieser Rechte kommt vorbehaltlich eines wichtigen Grundes *nur mit Zustimmung* des Betroffenen in Betracht[122]. Streitig ist dagegen, ob es der Zustimmung auch bei bloßer *Einschränkung* dieser Gesellschafterrechte bedarf. Die Frage ist für *unmittelbar* kernbereichsrelevante Eingriffe grundsätzlich zu bejahen[123]. Derartige Satzungsänderungen wie etwa die Änderung des Gewinnverteilungsschlüssels oder die Einführung von Höchststimmrechten bedürfen als unmittelbare Eingriffe in das Gewinn- bzw. das Stimmrecht in aller Regel der Zustimmung der nachteilig betroffenen Gesellschafter. Entsprechendes gilt für die nachträgliche Einführung einer Beschränkung der Abfindung unter den vollen Verkehrswert des Anteils für den Fall des Ausscheidens aus der Gesellschaft (dazu näher § 34, 77 ff). Soweit es demgegenüber um lediglich *mittelbare* Eingriffe in den Kernbereich der Mitgliedschaft geht, etwa eine Änderung von Gewinn- und Stimmrecht **59**

[119] Vgl. dazu Anh § 47, 51 und 53.

[120] Vgl. BGH WM 1989, 63, 64; Scholz/*Winter* § 14, 32; Scholz/*Priester* 43; näher dazu oben § 14, 28 mit weit. Nachw.

[121] Vgl. Scholz/*Winter* § 14, 35 f; Scholz/*Priester* 46; abw. aber *Lutter/Timm* NJW 1982, 418 (für Beschränkung auf materielle Beschlußkontrolle).

[122] Ganz hM, vgl. die Nachw. in Fn 121.

[123] Zutr. *M. Winter* Treubindungen, S. 138 f; im Ergebnis so wohl auch Scholz/*Winter* § 14, 36; etwas anders die Akzentuierung bei Scholz/*Priester* 46 (Zustimmungspflicht bei Eingriff in den Kernbereich der o. g. Rechte).

infolge von Kapitalveränderungen, sind sie nur an den beweglichen Schranken der materiellen Beschlußkontrolle (Rdn 62 ff) zu messen. Bedarf danach ein Beschluß der Zustimmung des betroffenen Gesellschafters, so ist er bis zu deren Erteilung schwebend unwirksam. **Ausnahmen** gelten dann, wenn der Gesellschaftsvertrag für den fraglichen Beschlußgegenstand eine Mehrheitsentscheidung ausdrücklich zuläßt[124] oder wenn ein wichtiger Grund zur Einschränkung oder Entziehung des Gesellschafterrechts gegeben ist[125].

60 Entsprechende Grundsätze wie in Rdn 59 gelten für Beschlüsse, die geeignet sind, die mit bestimmten Geschäftsanteilen verbundenen **Vorzugsrechte** und die einzelnen Gesellschaftern persönlich eingeräumten **Sondervorteile** zu beeinträchtigen[126]. Das folgt aus § 35 BGB, der im GmbH-Recht analoge Anwendung findet[127], sowie daraus, daß die Gläubigerposition des begünstigten Gesellschafters der Satzungsautonomie entzogen ist. Echte *Drittgläubigerrechte* der Gesellschafter stehen insoweit den Sondervorteilen gleich. Bei fehlender Zustimmung sind Eingriffe in die Rechtsposition des berechtigten Gesellschafters unwirksam (vgl. Anh § 47, 21).

61 Der Zustimmung des betroffenen Gesellschafters bedürfen schließlich gemäß § 53 Abs. 3 alle Satzungsänderungen, die auf eine **Vermehrung der** den Gesellschaftern auferlegten **Leistungspflichten** zielen; die Norm enthält insoweit die Ausprägung eines allgemeinen verbandsrechtlichen Grundsatzes (dazu Rdn 74).

62 c) **Materielle Beschlußkontrolle (bewegliche Schranken). aa) Rechtlicher Ansatz.** Auch soweit einem satzungsändernden Mehrheitsbeschluß keine starren Schranken nach Maßgabe des vorstehend Ausgeführten gezogen sind, ist die **Mehrheitsherrschaft nicht grenzenlos**; das Mehrheitsprinzip vermag eine *inhaltliche Richtigkeitsgewähr* nicht immer zu bieten. Ein Satzungsänderungsbeschluß ist m. a. W. nicht allein deshalb hinreichend legitimiert, weil er mit einer Mehrheit von Dreivierteln der abgegebenen Stimmen zustandegekommen ist. Dem läßt sich weder das Argument entgegensetzen, der einzelne Gesellschafter habe sich mit seinem Beitritt dem Mehrheitsdiktat unterworfen[128], noch auch der Hinweis darauf, die Minderheitsmeinung fließe bei ordnungsgemäßem Beschlußverfahren in den Entscheidungsprozeß mit ein, auch wenn die Mehrheit sich ihr nicht anschließe[129]. Nicht ohne weiteres zutreffend ist schließlich auch die Erwartung, die Inhaber der Stimmrechtsmehrheit würden schon im eigenen Interesse, zur Abwehr von sie selbst treffenden Vermögensnachteilen, stets die im Interesse des Verbands und damit auch in demjenigen der Minderheit liegende Entscheidung treffen[130]. Soweit der Mehrheit die Rechtsmacht eingeräumt ist, im Wege der Beschlußfassung, namentlich zum Zwecke der Satzungsänderung, auf die Mitgliedschafts- und Vermögensrechte der Minderheit einzuwirken, besteht daher grundsätzlich das Bedürfnis, die Mehrheitsentscheidung einer über den Mindeststandard der §§ 134, 138 BGB[131] hinausgehenden materiellen Beschlußkontrolle zu unterziehen. Hierüber

---

[124] Die Mehrheitsklausel in der Satzung muß dann allerdings Art und Umfang der Eingriffsbefugnis hinreichend genau bestimmen; zutr. *Schilling/Winter* Festschrift Stiefel (1987) S. 670 f; zur entspr. Voraussetzung bei § 53 Abs. 3 vgl. unten Rdn 74. Eine generelle Unterwerfung unter den Mehrheitswillen ist demgegenüber unwirksam; vgl. zum Ausschlußrecht eines GmbH-Gesellschafters nach freiem Ermessen jetzt auch BGH NJW 1990, 2622, 2623.

[125] Vgl. Scholz/*Winter* § 14, 38; Scholz/*Priester* 46.

[126] Vgl. Scholz/*Priester* 47.

[127] AA im Grundsatz Scholz/*Winter* § 14, 31; wie hier aber RGZ 80, 385, 389; Scholz/*Priester* 47.

[128] Zutr. *Füchsel* BB 1972, 1536 f.

[129] Im Ergebnis ebenso Scholz/*Priester* 54.

[130] So aber noch RGZ 68, 235, 245 f (Hibernia) m. krit. Anm. *Bondi* DJZ 1908, 1007.

[131] Hierauf abstellend die Rechtsprechung des Reichsgerichts, vgl. RGZ 107, 202, 204; 108, 41, 43; 112, 14, 17 ff; 132, 119 ff.

herrscht heute im Grundsatz Einvernehmen[132]. Nur soweit entweder die Beschlußfassung wegen der Art des Beschlußgegenstands und der hierüber getroffenen gesetzlichen Regelung im freien Ermessen der Mehrheit stehen soll (vgl. Rdn 68 f) oder soweit nach dem Beschlußgegenstand eine Beeinträchtigung von Rechtspositionen der Minderheit ausscheidet (etwa bei der Änderung von Sitz und Firma der Gesellschaft)[133], bewendet es bei den formellen Beschlußanforderungen nach Maßgabe der §§ 53, 54.

Für die **Konkretisierung** der beweglichen Schranken ist zunächst davon auszugehen, **63**
daß der für das Personengesellschaftsrecht noch vereinzelt anzutreffende Standpunkt[134], die Gesellschafter seien auf der Ebene der Vertragsänderungen bei Abgabe ihrer Stimme grundsätzlich frei und müßten ihre eigenen Interessen nicht hinter denen der Gesellschaft oder der Mitgesellschafter zurückstellen, unstreitig überholt ist. Auf das Kapitalgesellschaftsrecht, das der Gesellschaftermehrheit mit dem Mehrheitsprinzip stärkere Einwirkungsmöglichkeiten auf die Rechtsstellung der Minderheit eröffnet und den aus dem Einstimmigkeitserfordernis des Personengesellschaftsrechts folgenden Minderheitenschutz nicht gewährleistet, ließe sich dieser Standpunkt auch dann nicht übertragen, wenn er für Gesellschafterbeschlüsse in der OHG oder KG noch Geltung beanspruchen könnte. Eine *Überspannung des Minderheitenschutzes* enthält zwar die aus der gesellschafterlichen Treupflicht abgeleitete These, der Gesellschafter müsse seine eigenen Interessen generell hinter diejenigen der Gesellschaft zurückstellen[135]. Sie trifft uneingeschränkt nur für die Ausübung *uneigennütziger* Gesellschafterrechte zu, darunter insbes. für das Stimmrecht in Geschäftsführungsangelegenheiten[136]. Aber auch die Ausübung *eigennütziger* Gesellschafterrechte muß jedenfalls dem allgemeinen **Mißbrauchsverbot** Rechnung tragen. Mißbräuchlich ist namentlich die Verfolgung gesellschaftsfremder Sondervorteile zum Schaden der Gesellschaft oder der Mitgesellschafter; dieser in § 243 Abs. 2 AktG gesetzlich normierte Grundsatz findet auch im GmbH-Recht Anwendung[137]. Wesentliche praktische Bedeutung kommt dieser Schranke indessen schon deshalb nicht zu, weil in den einschlägigen Fällen unabhängig vom Vorliegen der subjektiven Tatbestandsmerkmale dieses Sondertatbestands meist auch ein Verstoß gegen den Gleichbehandlungsgrundsatz (vgl. Rdn 64 und eingeh. § 14, 67 ff) gegeben ist. Darüber hinausgehend muß die Mehrheit aber auch die sich aus der **Treupflicht** gegenüber den Mitgesellschaftern ergebenden Schranken beachten (Rdn 67). Sie lassen sich abstrakt nicht hinreichend definieren; insoweit ist vielmehr auf die Kommentierung zu den einzelnen Beschlußgegenständen zu verweisen (vgl. Rdn 90 ff).

bb) Gleichbehandlungsgrundsatz. Eine wesentliche bewegliche, je nach Lage des **64**
Falles konkretisierungsbedürftige Schranke (Rdn 56) ist der Mehrheitsherrschaft durch den auch im GmbH-Recht geltenden Gleichbehandlungsgrundsatz (dazu eingeh. § 14,

---

[132] Vgl. aus der Rechtsprechung schon RGZ 132, 149, 163 (zur AG); BGHZ 14, 25, 37 f = NJW 1954, 1401; 65, 15, 18 f = NJW 1976, 191; 76, 352, 357 = NJW 1980, 1278; BGH NJW 1981, 1512; Scholz/*Priester* 54 ff; *Hüffer* in Geßler/Hefermehl/Eckardt/Kropff § 243, 40 ff; *Zöllner* Schranken S. 28 ff; *Wiedemann* GesR Bd. I, § 8, S. 404 ff, 424 ff; *M. Winter* Treubindungen S. 135 ff, 141 ff; *Timm* ZGR 1987, 415 ff; jew. mit weit. Nachw.

[133] Vgl. nur *M. Winter* Treubindungen S. 154.

[134] Vgl. die Nachw. bei *M. Winter* Treubindungen S. 131 Fn 2.

[135] So aber noch Voraufl. § 14, 25 (*Schilling*); wohl auch *Rob. Fischer* in Pro GmbH (1980) S. 137, 158 f; anders mit Recht BGHZ 14, 25, 38 = NJW 1954, 1401; BGH GmbH-Rdsch. 1970, 232; Scholz/*Priester* 54.

[136] Zur Unterscheidung zwischen uneigennützigen und eigennützigen Gesellschafterrechten und zu den deutlich schwächer ausgeprägten Treupflichtbindungen bei Ausübung letzterer vgl. näher MünchKomm.-*Ulmer* BGB^2 § 705, 186 f und *M. Winter* Treubindungen S. 19 ff, 26 ff, 121 ff.

[137] Vgl. BGHZ 14, 25, 38 = NJW 1954, 1401; 76, 352, 357 = NJW 1980, 1278; BGH ZIP 1988, 301, 304; Scholz/*K. Schmidt* § 45, 108 (allgemeiner verbandsrechtlicher Grundsatz).

67 ff) gezogen[138]; das gilt auch ohne ausdrückliche Regelung nach Art von § 53 a AktG. Eine Satzungsänderung, die einen Gesellschafter gegenüber den Mitgesellschaftern rechtlich benachteiligt, namentlich ihn in seinen Mitgliedschaftsrechten ungleich beeinträchtigt, muß der Betroffene trotz Erreichens der satzungsändernden Mehrheit nicht hinnehmen, wenn die Ungleichbehandlung nicht sachlich gerechtfertigt ist. Einer Ungleichbehandlung von Ungleichem steht der Grundsatz demgegenüber nicht entgegen. Der Gleichbehandlungsgrundsatz enthält m. a. W. ein **Willkürverbot**; seinen Hauptanwendungsbereich hat er im Rahmen von Kapitalerhöhungen und -herabsetzungen (vgl. § 55, 46, § 58, 27; näher zu den einschlägigen Fallgruppen § 14, 74 ff).

65 Den **Maßstab** für die Gleichbehandlung bilden nicht die persönlichen (außergesellschaftlichen) Verhältnisse der Gesellschafter, sondern ihre **Mitgliedschaft** in der GmbH; in erster Linie kommt es auf den Nennbetrag der Beteiligungen an[139]. Die von der Ungleichbehandlung betroffenen Gesellschafter sind nicht gehindert, der sie benachteiligenden Satzungsänderung zuzustimmen und so auf die Einhaltung des Gleichbehandlungsgrundsatzes zu *verzichten*[140]. Das ist namentlich bei der nachträglichen Einführung von Sonderrechten zugunsten einzelner Gesellschafter von Bedeutung[141]. Der Gleichbehandlungsgrundsatz verlangt allerdings nur eine objektive Gleichbehandlung der Gesellschafter; er vermag keinen Schutz davor zu bieten, daß die Folgen der gleichmäßigen Behandlung einzelne Gesellschafter stärker treffen als andere. So kann es etwa bei einem Ausschluß aller von der Teilnahme an einer Kapitalerhöhung liegen, wenn die Verwässerung der Beteiligungsquote bei der Minderheit zu dem Verlust von quotenabhängigen Minderheitsrechten führt. Für einen effektiven Minderheitenschutz ist deshalb weitergehend der Treupflichtansatz fruchtbar zu machen.

66 Verletzt ein Satzungsänderungsbeschluß den Gleichbehandlungsgrundsatz, so ist er nicht nichtig, sondern unterliegt der **Anfechtung**. Die Gesellschaft ist, wenn die Mehrheit sich auf sachlich rechtfertigende Gründe für die Ungleichbehandlung beruft, hierfür darlegungs- und beweispflichtig[142].

67 cc) **Treupflicht und sachliche Rechtfertigung. α) Meinungsstand.** Der **Bundesgerichtshof** hat in der zum Bezugsrechtsausschluß in der AG ergangenen Entscheidung BGHZ 71, 40 ff = NJW 1978, 1316 (Kali + Salz) die Anforderungen an einen strukturändernden Mehrheitsbeschluß dahin konkretisiert, die Maßnahme müsse im Gesellschaftsinteresse sachlich gerechtfertigt sein, insbes. müsse sie sich als erforderlich und verhältnismäßig erweisen[143]. Auf das **GmbH-Recht** hat der BGH das Erfordernis sachlicher Rechtfertigung als Maßstab der materiellen Inhaltskontrolle in BGHZ 80, 69 f = NJW 1981, 1512 (Süssen) übertragen. Danach ist die Befreiung eines Gesellschafters von einem statutarischen Wettbewerbsverbot nur zulässig, wenn sie im Gesellschaftsinteresse ihre sachliche Rechtfertigung findet. Abweichend hiervon hat der BGH im Falle eines auf Auflösung einer GmbH zielenden Beschlusses entschieden. Insoweit

---

[138] Eingeh. *G. Hueck* Grundsatz gleichmäßiger Behandlung S. 305 ff, 345 ff; *Wiedemann* GesR Bd. I, § 8 II 2, S. 427 ff; *K. Schmidt* GesR, § 16 II 4, S. 346 ff; *Zöllner* Schranken S. 301 ff; vgl. außerdem die Nachw. in § 14 vor Rdn 7.

[139] RGZ 68, 210, 213.

[140] Unstr., vgl. nur Scholz/*Priester* 55.

[141] Dazu *Lutter/Timm* NJW 1982, 418.

[142] Vgl. näher Anh § 47, 221.

[143] Bestätigt in BGHZ 83, 319, 322 = NJW 1982, 2444 zum genehmigten Kapital; vgl. – weniger streng – demgegenüber noch BGHZ 33, 175, 186 = NJW 1961, 26; außerdem RGZ 132, 149, 162 = JW 1931, 2951 (Victoria) m. Anm. *Hachenburg*, wo immerhin bereits aus der Befugnis, im Wege des Mehrheitsbeschlusses mittelbar über die in der Gesellschaft gebundenen Vermögenswerte der Minderheit zu beschließen, eine Bindung der Mehrheit anerkannt wurde, „im Rahmen des Gesamtinteresses auch den berechtigten Belangen der Minderheit Berücksichtigung angedeihen zu lassen und deren Rechte nicht über Gebühr zu verkürzen".

hat er die Auffassung vertreten, der Auflösungsbeschluß trage seine Rechtfertigung in sich; komme er mit der gesetzlich gebotenen Beschlußmehrheit zustande, so bedürfe er im übrigen keiner sachlichen Rechtfertigung[144]. In concreto wurde der Beschluß sodann freilich wegen Treupflichtverletzung und unzulässiger Verfolgung von Sondervorteilen für nichtig erklärt[145].

In der **Literatur** ist die Rechtsprechung des BGH, soweit sie sich auf den *Bezugsrechtsausschluß* bezieht, im Grundsatz auf ganz überwiegende Zustimmung gesto- **68**
ßen[146]. **Streitig** ist dagegen die Frage, ob und inwieweit der darin entwickelte Kontrollmaßstab über den Fall des Bezugsrechtsausschlusses hinaus auf alle *anderen* strukturändernden Gesellschafterentscheidungen zu übertragen ist, oder ob, wie der BGH in seinen Entscheidungen zur Auflösung inzident bejaht hat, Ausnahmen vom Gebot sachlicher Rechtfertigung anzuerkennen sind. Nach einer namentlich von *Wiedemann* und *Martens* vertretenen Auffassung ist auch für Grundlagenentscheidungen grundsätzlich kein ermessensfreier Spielraum der Gesellschaftermehrheit anzuerkennen; vielmehr sollen Mehrheitsbeschlüsse ausnahmslos auf ihre sachliche Rechtfertigung im Gesellschaftsinteresse hin zu überprüfen sein[147]. Die *überwiegende* Auffassung in der Literatur plädiert demgegenüber für einen differenzierenden Kontrollansatz, der im Grundsatz der in der BGH-Rechtsprechung angelegten Zweiteilung entspricht: danach ist zwischen solchen Beschlüssen, die einer sachlichen Rechtfertigung bedürfen, und solchen, die durch das qualifizierte Beschlußquorum bereits hinreichend legitimiert und von der Minderheit beim Fehlen besonderer Umstände (Verfolgung gesellschaftsfremder Sondervorteile u. a.) hinzunehmen sind, zu unterscheiden[148]. Hinsichtlich der Frage, an welchem Maßstab sich die Abgrenzung der sachlich zu rechtfertigenden von den nicht rechtfertigungsbedürftigen Entscheidungsgegenständen zu orientieren hat, besteht allerdings kein Einvernehmen (vgl. auch Anh § 47, 123 ff).

β) Stellungnahme. Der vom BGH mit Zustimmung der hM in der Literatur vorge- **69**
nommenen Differenzierung zwischen Grundlagenbeschlüssen mit nachteiligen Auswirkungen zu Lasten der Minderheit, die sachlicher Rechtfertigung bedürfen, und solchen, die im freien Ermessen der qualifizierten Mehrheit stehen, ist im Grundsatz zu folgen. Dabei bildet die *erste* Gruppe angesichts der umfassenden Bedeutung der Treupflicht und ihrer Ausstrahlung auf die Stimmabgabe den **Regelfall.** Soll abweichend hiervon auf das Erfordernis sachlicher Rechtfertigung verzichtet werden, so müssen sich dafür besondere Anhaltspunkte aus der Art des Beschlußgegenstands und der für ihn gelten-

---

144 BGHZ 76, 352, 353 = NJW 1980, 1278. Für die AG so jetzt auch BGHZ 103, 183, 190 = NJW 1988, 1579 m. Anm. *Timm* NJW 1988, 1582; OLG Frankfurt WM 1991, 681, 685; *Bommert* JZ 1988, 509; zu abw. Ansichten in der Literatur vgl. die Nachw. in Fn 147.

145 Vgl. die eingeh. Analyse der Entscheidung BGHZ 76, 352 bei *M. Winter* Treubindungen S. 154 ff.

146 Vgl. Scholz/*Priester* § 55, 52 ff; Baumbach/Hueck/*Zöllner* § 55, 15; *Lutter* ZGR 1979, 401 ff; *Lutter/Timm* NJW 1982, 415; *Martens* Festschrift Rob. Fischer (1979), S. 437 ff; für die AG *Hüffer* in Geßler/Hefermehl/Eckardt/Kropff AktG § 243, 51 f; *Hirte* Bezugsrechtsausschluß und Konzernbildung S. 20 ff; *M. Winter* Treubindungen S. 141 ff; *Schokkenhoff* Gesellschaftsinteresse und Gleichbehandlung S. 26 f; vor der Entscheidung Kali + Salz schon *Zöllner* Schranken S. 349 ff, auf den die vom BGH gewählte Formel zurückgeht.

147 *Wiedemann* GesR Bd. I, § 8 III 1 a, S. 444 ff; *ders.* ZGR 1980, 157 und JZ 1989, 447, 448 f; *Martens* Festschrift Rob. Fischer (1979), S. 455; *ders.* GmbH-Rdsch. 1984, 265, 269 f; *Bischoff* BB 1987, 1061.

148 Vgl. – mit Differenzierungen im Detail – namentlich *Lutter* ZGR 1981, 171 ff; *Timm* JZ 1980, 667 ff; *ders.* ZGR 1987, 415 ff; *Hirte* Bezugsrechtsausschluß und Konzernbildung S. 138 ff; *M. Winter* Treubindungen S. 135 ff; *Schockenhoff* Gesellschaftsinteresse und Gleichbehandlung S. 97 ff; *Fette* GmbH-Rdsch. 1976, 73, 76; aus der Kommentarliteratur vgl. Scholz/*K. Schmidt* § 47, 29; Scholz/*Priester* 54; *Hüffer* in Geßler/Hefermehl/Eckardt/Kropff AktG § 243, 51 ff.

den gesetzlichen Regelung ergeben. Solche eine **Ausnahme** vom Erfordernis sachlicher Rechtfertigung tragende Gründe liegen im Fall des *Auflösungsbeschlusses* in der darin verkörperten Vertragsbeendigungsfreiheit der qualifizierten Mehrheit sowie in der minderheitenschützenden Funktion der Liquidationsvorschriften der §§ 66 ff[149]. Im Fall eines *Umwandlungsbeschlusses* nach § 24 iVm §§ 9 ff UmwG gilt entsprechendes angesichts des – die Interessenabwägung vorwegnehmenden – hohen Mehrheitserfordernisses des § 9 Abs. 1 S. 1 UmwG und der zwingenden Abfindungsregelung in § 13 S. 2 und 3 UmwG[149a]. Sonstige Grundlagenbeschlüsse, die trotz nachteiliger Auswirkungen für die Minderheit dem freien Ermessen der Mehrheit überlassen sein sollen, sind im GmbH-Recht nicht ersichtlich[149b]. Das gilt auch für die Zustimmung zu einem Unternehmensvertrag mit der GmbH als beherrschter Gesellschaft, falls sie mit qualifizierter Mehrheit sollte beschlossen werden können, da es im GmbH-Recht an besonderen Schutzvorschriften nach Art der §§ 304 bis 307 AktG für diese Fälle fehlt und deren analoge Anwendung zumindest nicht uneingeschränkt möglich ist (vgl. Anh § 77). Auch soweit die Beschlußfassung nach diesen Kriterien ausnahmsweise im freien Ermessen der Mehrheit steht, bleibt der Minderheit das Recht vorbehalten, den Mehrheitsbeschluß wegen etwaiger ihm anhaftender besonderer Mißbrauchselemente anzufechten[149c]. Entsprechendes gilt für das Recht zur Anfechtung wegen Verfolgung gesellschaftsfremder Sondervorteile (Anh § 47, 115 ff), sofern es nicht durch spezialgesetzliche Regelung nach Art des § 13 S. 1 UmwG ausgeschlossen ist.

5. Mitwirkungs- (Zustimmungs-)pflichten der Gesellschafter?

Schrifttum

M. Winter Mitgliedschaftliche Treubindungen im GmbH-Recht (1988) S. 175 ff; *Zöllner* Die Schranken mitgliedschaftlicher Stimmrechtsmacht bei den privatrechtlichen Personenverbänden (1963). Vgl. auch die Schrifttumsnachw. vor Rdn 56.

70 Soweit es um die Mitwirkung an Gesellschafterbeschlüssen geht, folgt aus der gesellschaftlichen Treupflicht (Rdn 67 ff) nicht nur das Verbot mißbräuchlichen oder grob eigennützigem Stimmverhaltens, sondern je nach Lage des Falles auch eine **Pflicht zur positiven Stimmabgabe**. Das ist im *Personengesellschaftsrecht* seit langem anerkannt. Dort hat die höchstrichterliche Rechtsprechung wiederholt auch eine Verpflichtung bejaht, *Vertragsänderungen* zuzustimmen, falls diese mit Rücksicht auf das Gesellschaftsinteresse *dringend erforderlich* und für den betroffenen Gesellschafter *zumutbar* sind[150]. Gegen die Übertragung dieses Maßstabes zumindest auf die personalistisch ausgestaltete GmbH[151] bestehen im Grundsatz keine Bedenken. Das entspricht

---

[149] Vgl. dazu auch Anh § 47, 126 ff (*Raiser*) sowie eingehend *M. Winter* Treubindungen S. 156 ff, 163 ff (in Auseinandersetzung mit sonstigen Differenzierungskriterien).

[149a] Zutr. *M. Winter* Treubindungen S. 163 ff (mit zutr. Differenzierung gegenüber Verschmelzungsbeschlüssen nach § 20 KapErhG, für die diese Ausnahme nicht gilt); im Erg. auch *Lutter* ZGR 1981, 177, 181; aA *Timm* ZGR 1987, 437 ff, 440.

[149b] Das gilt auch für den *Verschmelzungsbeschluß* nach § 20 KapErhG, da die Minderheit gesetzlich nicht gegen die mit der Verschmelzung verbundenen Nachteile der prozentualen Verminderung ihrer Mitgliedschaftsrechte geschützt ist und der Gesetzgeber insoweit keine ausgleichenden Regelungen getroffen hat (ebenso *M. Winter* Treubindungen S. 165 f und im Erg. *Timm* AG 1982, 106 f).

[149c] Vgl. dazu BGHZ 76, 352, 353 ff = NJW 1980, 1278; 103, 185, 193 = NJW 1988, 1579; *Lutter* ZHR 153 (1989) 446, 450 ff.

[150] Vgl. dazu näher *Ulmer*-GroßkommHGB[4] § 105, 244 ff m. umf. Nachw. der Rechtsprechung.

[151] Ausdrücklich gegen eine Beschränkung hierauf *M. Winter* Treubindungen S. 178; ähnlich *K. Schmidt* GesR § 5 IV 1 a, S. 101.

dem Standpunkt der ganz hM in der Literatur[152]; es ist inzwischen auch vom BGH, freilich für den Sonderfall einer Kapitalerhöhung bei einer Alt-GmbH zur Vermeidung der Auflösungsfolge nach Art. 12 § 1 Abs. 1 S. 1 der GmbH-Novelle 1980, bejaht worden[153]. Diesen Entscheidungen ist zuzustimmen, da die fraglichen Kapitalerhöhungen zur Sicherung des Bestands der Gesellschaft zwingend erforderlich und für den Gesellschafter in concreto ohne jeden Nachteil waren (dazu noch § 55, 31). Im Unterschied zum Recht der Personengesellschaften wird im **GmbH-Recht** ein Bedürfnis für die Bejahung von Zustimmungspflichten kraft Treupflicht gegenüber der Gesellschaft oder Mitgesellschaftern allerdings weniger häufig in Betracht kommen, weil die Obstruktionsmöglichkeiten der Minderheit aufgrund des geltenden Mehrheitsprinzips de facto geringer sind und weil es zur positiven Beschlußfeststellung im Einzelfall hinreicht, treupflichtwidrige Stimmabgaben als unwirksam zu behandeln[154]. Immerhin kann sich bei entsprechender Verteilung der Stimmrechtsmacht, zumal in einer Gesellschaft mit nur wenigen Gesellschaftern oder wenn kraft Gesetzes oder Satzung die Zustimmung aller Gesellschafter erforderlich ist, die Frage einer Zustimmungspflicht im Einzelfall auch bei der GmbH stellen.

Hinsichtlich der **Voraussetzungen** einer Zustimmungspflicht kraft Treupflicht ist zu **71**
differenzieren[155]. Soweit es lediglich um die Anpassung der gesellschaftsvertraglichen *Geschäftsgrundlage* geht und von ihr der Bestand der Gesellschaft abhängt, ist eine Zustimmungspflicht jedenfalls dann zu bejahen, wenn sich mit der Vertragsänderung kein Eingriff in die Rechtsstellung des jeweiligen Gesellschafters verbindet[156]. Zu denken ist an die Anpassung von Satzungsbestandteilen, die durch das Bundeskartellamt[157] oder durch eine registergerichtliche Unterlassungsverfügung nach § 37 HGB[158] begründet beanstandet worden sind. Soweit die Vertragsänderung dagegen *mittelbar* in die Rechtsstellung des Gesellschafters *eingreift*, muß im Einzelfall zwischen dem Umfang der Gesellschaftsnützlichkeit und der Intensität des Eingriffs abgewogen werden[159]. Ein solcher mittelbarer Eingriff ist, auch wenn den Gesellschafter keine Verpflichtung zur Übernahme eines neuen Anteils trifft, regelmäßig bei der Kapitalerhöhung gegen Einlagen zu bejahen, soweit sich mit ihrer Durchführung eine Änderung des Stimm- und Gewinnverhältnisses verbindet. Unabhängig von den Ergebnissen einer derartigen Abwägung ist für eine Zustimmungspflicht in aller Regel kein Raum, soweit die Vertragsänderung auf einen *unmittelbaren Eingriff* in den Kernbereich der Mitgliedschaft hinauslaufen oder den Verzicht auf ein dem Gesellschafter zustehendes Sonderrecht bedeuten würde[160]; der Gesellschafter kann wegen § 53 Abs. 3 auch nicht kraft Treupflicht zur Übernahme eines neuen Anteils verpflichtet sein[161].

---

152 Vgl. Scholz/*K. Schmidt* § 47, 31; Baumbach/Hueck/*Zöllner* 47; *Lutter/Hommelhoff* 18; *Zöllner* Schranken S. 353 f; eingeh. *M. Winter* Treubindungen S. 178 ff; außerdem *Lindacher* aaO S. 52 f; *Lutter* AcP 180 (1980) 105 ff, 109; *H. P. Westermann* in: Der GmbH-Konzern S. 39; *Schaudert/Paul* GmbH-Rdsch. 1970, 7; zurückhaltend aber Scholz/*Priester* 36; *Vogel* Gesellschafterbeschlüsse S. 89; stark einschr. Rowedder/*Zimmermann* 55; *Meyer-Landrut*/Miller/Niehus 8.

153 BGHZ 98, 276, 283 = NJW 1987, 189; bestätigt in BGH NJW 1987, 3192. Angelegt war die Bejahung einer Zustimmungspflicht kraft Treupflicht bereits in der Entscheidung BGH WM 1970, 904 f; dazu zutr. *M. Winter* Treubindungen S. 176 f.

154 Dazu und zur positiven Beschlußfeststellungsklage vgl. näher Anh § 47, 245.

155 Näher *M. Winter* Treubindungen S. 178 ff.

156 Zutr. BGH aaO (Fn 153); *M. Winter* Treubindungen S. 179 f.

157 Dazu Scholz/*K. Schmidt* § 47, 31.

158 Vgl. *M. Winter* Treubindungen S. 179.

159 So auch BGH NJW 1987, 3192 f; näher *M. Winter* Treubindungen S. 179 f m. Bsp.; zur Zustimmungspflicht bei sanierenden Kapitalerhöhungen vgl. auch *K. Schmidt* ZGR 1982, 524 f.

160 Zutr. *M. Winter* Treubindungen S. 179 f.

161 Ganz hM, vgl. § 55, 31 m. Nachw.

72 Auch soweit nach den Feststellungen in Rdn 70, 71 eine Zustimmungspflicht ausscheidet, kann mit Rücksicht auf satzungsrechtliche Beschlußfähigkeitsregelungen aus der Treupflicht immerhin eine **Verpflichtung zur Teilnahme an der Abstimmung** folgen, um die im Interesse der Gesellschaft erforderliche Willensbildung in der Gesellschafterversammlung zu ermöglichen. Das gilt jedenfalls dann, wenn die Satzung für derartige Fälle nicht anderweit Vorsorge trifft, insbes. die Abhaltung einer weiteren Gesellschafterversammlung unter Verzicht auf das Quorum vorsieht[162].

6. Aufhebung des Änderungsbeschlusses

73 **Bis zu Eintragung** entfaltet ein Satzungsänderungsbeschluß noch keine Wirkungen (§ 54 Abs. 3). Er kann deshalb bis dahin von der Gesellschafterversammlung als oberstem Organ aufgehoben werden; eine Satzungsänderung ist hierin nicht zu sehen. Für den *Aufhebungsbeschluß* gelten weder die Form- noch die Mehrheitserfordernisse des § 53 Abs. 2; es genügt *einfache Mehrheit*[163]. Die Gegenansicht[164] verweist zu Unrecht auf eine Bindungswirkung des Beschlusses im Verhältnis der Gesellschafter untereinander sowie darauf, es dürfe eine geringere Mehrheit nicht den Willen einer größeren zu Fall bringen[165]. Dem steht entgegen, daß die qualifizierte Mehrheit im Zeitpunkt des Aufhebungsbeschlusses gerade nicht mehr gegeben ist, ohne daß der einzelne Gesellschafter im Verhältnis zu den Mitgesellschaftern an sein ursprüngliches Stimmverhalten gebunden wäre. Wäre es anders, käme eine Beschlußaufhebung selbst mit satzungsändernder Mehrheit nicht in Betracht. Erhöhte Bestandskraft kommt dem Satzungsänderungsbeschluß deshalb erst mit Eintragung zu; bis dahin ist für die Willensbildung in der Gesellschafterversammlung die einfache Stimmenmehrheit nach § 47 Abs. 1 maßgeblich. Die strengere Gegenauffassung überzeugt auch deshalb nicht, weil die Geschäftsführer zur Anmeldung des Beschlusses nicht etwa gesetzlich verpflichtet sind, sondern den Weisungen der Gesellschafter unterliegen (§ 54, 10f, 22) und daher von der Mehrheit auch zur Rücknahme der Anmeldung veranlaßt werden können[166]. Aus den gleichen Gründen bedarf der Aufhebungsbeschluß auch nicht der Zustimmung besonders betroffener Gesellschafter, selbst wenn der ursprüngliche Beschluß auf Beseitigung von Leistungspflichten oder auf Begründung von Vorzugsrechten zu ihren Gunsten gerichtet war. Soll der Änderungsbeschluß allerdings nicht aufgehoben, sondern seinerseits abgeändert werden, so sind die Vorschriften des § 53 voll einzuhalten[167]. **Nach Eintragung** ändert sich die Rechtslage: für die Wiederherstellung des bisherigen Satzungsinhalts unter Beseitigung der Änderung gelten uneingeschränkt die Vorschriften über Satzungsänderungen. Zur Möglichkeit, die Eintragung der Satzungsänderung durch einstweilige Verfügung zu verhindern, Vgl. § 54, 31.

IV. Qualifizierte Änderungsbeschlüsse

Schrifttum

Martens Mehrheits- und Konzernherrschaft in der personalistischen GmbH (1970); *Zöllner* Die Schranken mitgliedschaftlicher Stimmrechtsmacht bei den privatrechtlichen Personenverbänden (1963).

---

162 Vgl. zu derartigen Satzungsgestaltungen § 47, 6 und Scholz/*K. Schmidt* § 48, 42.

163 Vgl. § 47, 38; so auch Scholz/*K. Schmidt* § 45, 33; Baumbach/Hueck/*Zöllner* 35; *Lutter/Hommelhoff* 27; Rowedder/*Zimmermann* 56; für das Aktienrecht ebenso *Zöllner*-KölnKommAktG² § 179, 162 m. weit. Nachw.; Gegenans. vgl. in Fn 164.

164 So im jüngeren Schrifttum nur Scholz/*Priester* 184, der für den Aufhebungsbeschluß satzungsändernde Mehrheit, nicht jedoch eine notarielle Beurkundung verlangt.

165 Vgl. Scholz/*Priester* 184.

166 AA aber Scholz/*Priester* 184, der von seinem Ausgangspunkt aus folgerichtig annimmt, auch die Rücknahmeweisung an den Geschäftsführer bedürfe der satzungsändernden Mehrheit.

167 Unstr., vgl. nur Scholz/*Priester* 185; *Lutter/Hommelhoff* 27.

1. Vermehrung von Leistungen (Abs. 3)

a) **Schutzzweck.** Das Erfordernis der **betroffenen Gesellschafter** im Falle einer für sie zu Leistungsvermehrungen führenden Satzungsänderung ist positiver Ausdruck des allgemein im Gesellschaftsrecht geltenden Grundsatzes, daß zusätzliche Beitrags- oder Sonderpflichten nicht ohne Einverständnis der hiervon Betroffenen eingeführt werden können[168]. Das gilt namentlich auch für die GmbH, bei der die Beitragspflichten der Gesellschafter – von der etwaigen Ausfallhaftung nach §§ 24, 31 abgesehen – nach gesetzlicher Regel auf die von ihnen übernommenen Stammeinlagen beschränkt sind. Die Gesellschafter können sich zwar in der Satzung zu zusätzlichen Leistungen (Nebenleistungen oder Nachschußpflichten, vgl. §§ 3 Abs. 2, 26) verpflichten. Auch können sie der Mehrheit in satzungsmäßig bestimmten Grenzen die Befugnis erteilen, nachträglich solche zusätzlichen Leistungspflichten einzuführen[169]. Eine generelle Unterwerfung unter den Mehrheitswillen hinsichtlich der Erhöhung bestehender oder der Einführung neuer Verpflichtungen wäre mit dem Schutzzweck des Abs. 3 jedoch zumindest dann nicht vereinbar, wenn ihr nicht ein Austrittsrecht der betroffenen Gesellschafter entsprechend § 27 Abs. 1 gegenüberstünde. **74**

b) **Anwendungsbereich.** Dem Schutzzweck des Abs. 3 entsprechend ist der Anwendungsbereich der Vorschrift nach ganz hM **weit** zu ziehen. Hierunter fällt die *Einführung oder Erweiterung aller Arten von Pflichten*, die über das ursprüngliche Beteiligungsrisiko hinausgehen, darunter nicht nur die Begründung von Zahlungs- oder Leistungspflichten, sondern auch diejenige von sonstigen Tätigkeits- und Unterlassungspflichten durch satzungsändernden Mehrheitsbeschluß[170]. Daß die Pflichten für alle Gesellschafter in gleicher Weise gelten sollen, ändert hieran nichts. Unter Abs. 3 fällt allerdings nur die *unmittelbare* Leistungsvermehrung. Mit Recht *verneint* deshalb die hM ein Zustimmungserfordernis im Hinblick auf diejenigen gesetzlichen Verpflichtungen, die sich im Fall mehrheitlich beschlossener Kapitalerhöhungen aus dem dadurch erhöhten Risiko einer *Ausfallhaftung nach §§ 24, 31* ergeben[171] (zum Fall einer nachträglich vereinbarten Einziehungklausel vgl. Rdn 129). Dem mit derartigen Kapitalerhöhungen für die Altgesellschafter verbundenen Risiko ist freilich dadurch Rechnung zu tragen, daß widersprechenden Gesellschaftern ein unverzüglich geltend zu machendes Austrittsrecht im Falle unzumutbarer Risikobelastung eingeräumt wird[172]. **75**

Beispiele von Leistungsvermehrungen bilden Verschärfungen von Einlagepflichten wie die Einführung gesamtschuldnerischer Haftung für ausstehende Stammeinlagen, die Erhöhung von Verzugszinsen iSv § 20, die Verkürzung der in der Satzung geregelten Einzahlungsfristen, ferner die Einführung von Nebenleistungspflichten oder ihre Verschärfung, etwa durch Erhöhung satzungsrechtlich vorgesehener Vertragsstrafen (RGZ 121, 238, 241), eine für die Gesellschafter nachteilige Veränderung der Berechnungsgrundlagen oder der Höhe der von der GmbH für Nebenleistungen zu entrichtenden Vergütung (RGZ 87, 261, 265 f) oder die Begründung von Wettbewerbsverboten der **76**

[168] So auch § 707 BGB, § 180 iVm § 54 Abs. 1 AktG; abweichend nur § 16 Abs. 3 GenG, wonach eine Mehrheit von neun Zehnteln ausreicht. Vgl. zum Ganzen *Wiedemann* Gesellschaftsrecht I § 7 IV 1 a S. 393 f; *ders.* ZGR 1977, 690, 692.

[169] RGZ 87, 261, 265 f; RG JW 1916, 126; Scholz/*Priester* 43; vgl. auch oben Rdn 4.

[170] RGZ 87, 261, 265; 121, 238, 241 f; 136, 185, 188; BGHZ 15, 177, 181 = NJW 1955, 178; Scholz/*Priester* 49; Baumbach/Hueck/*Zöllner* 16; Rowedder/*Zimmermann* 45.

[171] Vgl. RGZ 93, 251, 253; 122, 159, 163; Scholz/*Priester* 52; Baumbach/Hueck/*Zöllner* 17; Rowedder/*Zimmermann* 46; vgl. auch oben § 24, 19 f; aA noch 6. Aufl. § 24, 16 ff (*W. Schmidt/Goerdeler*) und *Feine* S. 335 f.

[172] Dafür mit Recht auch LG Mönchengladbach ZIP 1986, 306, 307; Scholz/*Winter* § 24, 10; *K. Schmidt* GesR § 37 V 1, S. 874; vgl. auch oben § 24, 21 m. weit. Nachw.

Gesellschafter (RG JW 1931, 2975) sowie schließlich die Verlängerung einer auf befristete Zeit eingegangenen, mit Nebenleistungs- oder Nachschußpflichten verbundenen Gesellschaft (RGZ 136, 185, 188). Zur Zustimmungsbedürftigkeit von Änderungen des Gesellschaftszwecks vgl. Rdn 103, zu derjenigen bei nachträglicher Einführung der Befugnis zur Zwangseinziehung vgl. Rdn 127 f, zur Einführung oder Umgestaltung des Ausschüttungs-Rückholverfahrens § 55, 90 ff.

77 **Nicht** unmittelbar unter Abs. 3 fällt neben Kapitalerhöhungsbeschlüssen (Rdn 75 aE) die **Verkürzung von Mitgliedschafts- oder sonstigen Vorzugsrechten**. Soweit es in diesen Fällen um die Beschränkung oder den Entzug von Sonderrechten oder von unentziehbaren Rechten geht, ist die Zustimmung der betroffenen Gesellschafter schon nach allgemeinen Grundsätzen erforderlich (Rdn 57 und 59), so daß es einer entsprechenden Anwendung von Abs. 3 nicht bedarf. Im übrigen steht es der Mehrheit aber frei, auch solche Satzungsänderungen zu beschließen, die negative Auswirkungen auf die Mitgliedsrechte einzelner Gesellschafter haben können, solange dadurch nicht gegen Schranken der Mehrheitsherrschaft, namentlich gegen den Gleichbehandlungsgrundsatz oder die Treupflicht (Rdn 64, 67 ff), verstoßen wird[172a]. Zur Frage mehrheitlich beschlossener Kapitalerhöhungen und eines etwaigen Bezugsrechts der Gesellschafter vgl. § 55, 39 ff).

78 c) **Beschluß und Zustimmung. α) Grundsatz.** Das Zustimmungserfordernis in Abs. 3 bedeutet *nicht*, daß für Beschlüsse mit leistungsvermehrendem Inhalt das Prinzip der *Einstimmigkeit* gilt. Bei einem sämtliche Gesellschafter belastenden Beschluß reicht selbst Einstimmigkeit nicht aus, sofern sich nicht zugleich sämtliche Gesellschafter an der Abstimmung beteiligen. Andererseits kommt es nicht auf ablehnende Stimmen oder Enthaltungen solcher Gesellschafter an, die nicht selbst von den Leistungsvermehrungen betroffen werden. Vielmehr bleibt es auch bei Satzungsänderungen mit leistungsvermehrendem Inhalt bei dem Erfordernis eines notariell zu beurkundenden, mit **Dreiviertelmehrheit** zu fassenden Gesellschafterbeschlusses nach Abs. 2 S. 1. *Hinzukommen* muß jedoch die – ihrerseits nicht formbedürftige Rdn 79 – **Zustimmung** derjenigen Gesellschafter, die von den Leistungsvermehrungen betroffen sind und nicht bereits in der Gesellschafterversammlung für den Beschluß gestimmt haben (Rdn 41). Ist der fragliche Anteil mit einem *Nießbrauch* oder einem *Pfandrecht* belastet und wirkt sich die Satzungsänderung nachteilig auf die Rechtsstellung des dinglich Berechtigten aus, so bedarf es entsprechend §§ 1071, 1276 BGB auch dessen Zustimmung[173].

79 **β) Form unf Frist.** Im Unterschied zum Gesellschafterbeschluß ist für die Zustimmung als solche eine gesetzliche **Form** in § 53 Abs. 3 nicht vorgesehen[174]. Die Zustimmung kann auch außerhalb der Gesellschafterversammlung, mündlich oder durch schlüssige Handlung, erteilt werden[175]. Aus Gründen der registergerichtlichen Prüfung empfiehlt sich freilich zumindest Einhaltung der Schriftform. Zur Notwendigkeit notarieller Form bei nachträglicher Zustimmung zum Umwandlungsbeschluß vgl. §§ 19 Abs. 2 S. 2, 24 Abs. 1 UmwG.

172a Ebenso *Reichert* BB 1985, 1497. Vgl. auch OLG Frankfurt GmbH-Rdsch. 1990, 79, 80 (Aufspaltung einzelner Gechäftsanteile in solche mit Mehrfach- bzw. ohne Stimmrecht bedarf nicht der Zustimmung nicht unmittelbar betroffener Gesellschafter nach § 53 Abs. 3).

173 Zutr. *Fleck* Festschrift Rob. Fischer (1979) S. 125 f; Scholz/*Priester* 94; Rowedder/*Zimmermann* 41; ähnlich *Wiedemann* Übertragung und Vererbung von Mitgliedschaftsrechten S. 418 f; aA oben Anh § 15, 64 (*Zutt*); Baumbach/*Hueck* § 15, 49, 52; Staudinger/*Promberger* BGB[12] Anh §§ 1068, 1069, 90; für die AG *Zöllner*-KölnKommAktG[2] § 179, 167.

174 EinhM, vgl. nur Scholz/*Priester* 89.

175 RGZ 121, 238, 244; 136, 185, 189; RG JW 1931, 2975.

Auch eine **Frist** für die Zustimmung ist gesetzlich nicht bestimmt; solange die Zustimmung noch möglich ist, ist der Beschluß schwebend unwirksam (Rdn 91). Verweigern die betroffenen Gesellschafter die Zustimmung nicht schon von sich aus oder auf Befragen, so kann die Schwebezeit dadurch beendet werden, daß die Mitgesellschafter ihnen entsprechend §§ 108 Abs. 2, 177 Abs. 2 BGB eine angemessene, nicht notwendig auf zwei Wochen begrenzte Frist zur Erklärung setzen, nach deren fruchtlosem Ablauf die Zustimmung als verweigert gilt[176]. Waren Gesellschafter bei der Beschlußfassung anwesend oder vertreten, ohne für die Satzungsänderung zu stimmen, so ist das im Zweifel als Verweigerung der Zustimmung anzusehen; einer gesonderten Fristsetzung bedarf es dann nicht[177]. Mit Verweigerung der Zustimmung ist der Beschluß endgültig unwirksam (Rdn 81); daher kommt in diesem Fall auch eine nachträgliche Zustimmung nicht mehr in Betracht[178]. **80**

d) **Rechtsfolgen nicht erteilter Zustimmung.** Die Verweigerung der Zustimmung führt *grundsätzlich* zur endgültigen **Unwirksamkeit** des Beschlusses (vgl. Rdn 91, dort auch zur Frage der Heilung nach Eintragung). Fraglich ist, ob statt dessen auch *Teilwirksamkeit* im Verhältnis zu denjenigen Gesellschaftern in Betracht kommt, die für den Beschluß gestimmt haben. Die Frage ist zu verneinen, soweit die Satzungsänderung die organisatorischen Grundlagen der Gesellschaft betrifft, die – wie Verlängerung der Gesellschaftsdauer, Umwandlung in andere Rechtsform u. a. – nur einheitlich für und gegen alle Gesellschafter geregelt werden können[179]. In den sonstigen Fällen, in denen weder der Inhalt noch der Wortlaut des Beschlusses einer Teilwirksamkeit entgegensteht, kommt es auf den erkennbaren *Willen der zustimmenden Gesellschafter* an. Wollen sie die beschlossenen Leistungsvermehrungen zu ihren Lasten auf jeden Fall, ohne Rücksicht auf deren umfassende Geltung, so ist Teilwirksamkeit zu bejahen[180]. Sind derartige besondere, für die Teilwirksamkeit sprechende Umstände nicht erkennbar, so bleibt es bei der dem Gleichbehandlungsgrundsatz entsprechenden Gesamtunwirksamkeit[181]. **81**

2. Zusätzliche Satzungserfordernisse (Abs. 2 S. 2)

a) **Grundlagen.** Die in Abs. 2 S. 1 genannten Voraussetzungen eines Satzungsänderungsbeschlusses sind *zwingende* (Rdn 3) *Mindesterfordernisse*, von denen in der Satzung kein Dispens erteilt werden kann[182] (zur nur mittelbaren Herabsetzung des gesetzlich vorgesehenen Beschlußquorums durch eine vertragliche Abweichung von der Stimmrechtsverteilung nach § 47 Abs. 2 vgl. Rdn 3, 52). Gemäß Abs. 2 S. 2 steht es den Gesellschaftern jedoch frei, Zusatzerfordernisse in der Satzung festzulegen, die eine Satzungsänderung erschweren. Diese Zusatzerfordernisse können für alle Satzungsänderungen statuiert werden, ihre Geltung kann sich aber auch auf bestimmte Änderungsgegenstände beschränken[183]. Ihr **möglicher Inhalt** ist vielfältig. In Betracht kommen namentlich Regelungen, die sich auf die Beschlußmehrheiten beziehen, indem **82**

---

[176] RGZ 136, 185, 192; Scholz/*Priester* 90.

[177] Zust. Scholz/*Priester* 90; Rowedder/*Zimmermann* 51.

[178] **AA** Scholz/*Priester* 90.

[179] RGZ 136, 185, 190; Baumbach/Hueck/*Zöllner* 42.

[180] So im Ergebnis auch Scholz/*Priester* 91; Baumbach/Hueck/*Zöllner* 42; *Zöllner* Schranken mitgliedschaftlicher Stimmrechtsmacht S. 112 f (auch zur konstruktiven Begründung); vgl. auch § 34, 37 zum Fall mehrheitlich beschlossener Einführung eines Rechts zur Zwangseinziehung; **aA** – ohne Differenzierung im Zweifel stets für absolute Unwirksamkeit – *Lutter/Hommelhoff* 23.

[181] RGZ 90, 403, 405; RG JW 1931, 1975; Scholz/*Priester* 90; Baumbach/Hueck/*Zöllner* 42; *Zöllner* Schranken S. 113.

[182] Unstr., vgl. KG NJW 1959, 1446, 1447; Scholz/*Priester* 81.

[183] Zutr. Scholz/*Priester* 81; *Meyer-Landrut*/Miller/Niehus 15.

sie eine höhere Stimmenmehrheit oder – so vor allem bei Geschäftsanteilen mit unterschiedlichen Stimmrechten – neben der Stimmen- auch eine bestimmte Kapitalmehrheit verlangen. Auch die einstimmige Beschlußfassung aller erschienenen oder sämtlicher Gesellschafter kann verlangt werden[184]; im Zweifel ist „Einstimmigkeit" im Sinne der Zustimmung sämtlicher Gesellschafter als Wirksamkeitserfordernis für die Satzungsänderung zu verstehen, d. h. es müssen in der Gesellschafterversammlung alle Gesellschafter für die Änderung stimmen, während die nicht erschienenen oder nicht vertretenen ihre Zustimmung zu diesem Beschluß erklären müssen, wenn dieser wirksam werden soll[185]. Ebenso ist die Klausel auszulegen, die Satzung sei „unabänderlich"[186]; da die Abänderbarkeit der Satzung nicht wirksam ausgeschlossen werden kann, bedarf eine hierauf zielende Klausel der Aufrechterhaltung im Wege der Umdeutung.

83 **Zulässig** ist es, die Satzungsänderung über Abs. 3 hinaus stets von der *Zustimmung bestimmter Gesellschafter* abhängig zu machen und diesen dadurch ein Vorzugsrecht einzuräumen[187]. Zusatzerfordernisse können weiter für das *Beschlußverfahren* vorgesehen werden, so wenn die Satzung die Beschlußfähigkeit von der Erreichung eines Mindestquorums der an der Abstimmung teilnehmenden Stimmen oder des Kapitals abhängig macht, bestimmte Anforderungen an die Ankündigung von Satzungsänderungen bei der Einladung zur Gesellschafterversammlung festlegt oder zusätzliche Formvorschriften wie die Unterschrift des Versammlungsleiters oder aller anwesenden Gesellschafter unter die notarielle Urkunde verlangt.

84 **Unzulässig** ist es demgegenüber, materielle Satzungsänderungen von der *Mitwirkung anderer Organe* als der Gesellschafterversammlung oder von der Zustimmung von *Nichtgesellschaftern* abhängig zu machen[188]. Das folgt aus Abs. 1, der die Änderungskompetenz zwingend (Rdn 2) ausschließlich den Gesellschaftern vorbehält. Sollen derartige Mitspracherechte für bestimmte Personen oder Gebietskörperschaften wirksam begründet werden, so ist das nur auf dem Weg über deren Aufnahme als Gesellschafter möglich. Zu der davon zu unterscheidenden Genehmigungsbedürftigkeit von bestimmten Satzungsänderungen konzessionspflichtiger Gesellschaften vgl. § 54, 20 f, zur Möglichkeit der Gesellschaft, sich Dritten gegenüber zur Vornahme einer Satzungsänderung zu verpflichten, vgl. Rdn 37, zu Stimmbindungsverträgen zwischen Gesellschaftern und Dritten vgl. § 47, 75.

85 Die Zusatzerfordernisse müssen sich als körperschaftliche Bestandteile **eindeutig** aus der Satzungsurkunde selbst ergeben (zur Auslegung des Gesellschaftsvertrags vgl. § 2, 138). Das gilt im Grundsatz auch insoweit, als es um die Änderung von Satzungsklauseln geht, die ihrerseits für bestimmte sonstige Gesellschafterbeschlüsse eine höhere als die Dreiviertelmehrheit vorschreiben; allerdings ergibt sich aus dem objektiv oder aus der Satzung heraus erkennbaren Schutzzweck dieser Klauseln, daß ihre Änderung jedenfalls nicht mit einer geringeren als der darin vorgeschriebenen Mehrheit in Betracht kommt (Rdn 87). Dagegen lassen sich allein aus dem Gesellschaftstyp oder aus einem im übrigen weitgehend atypischen Satzungsinhalt generelle

---

184 Zutr. Scholz/*Priester* 83; Rowedder/*Zimmermann* 43; für die AG *Zöllner*-KölnKommAktG² § 179, 176.

185 Ausführlich dazu § 47, 20.

186 Ebenso Scholz/*Priester* 83; Rowedder/*Zimmermann* 43; für die AG *Zöllner*-KölnKommAktG² § 179, 44; aA noch *Rob. Fischer*-GroßKommAktG² § 146, 5.

187 RGZ 169, 65, 81.

188 Ganz hM, vgl. RGZ 137, 305, 308; RGZ 169, 65, 80; BGHZ 43, 261, 264 = NJW 1965, 1378; Scholz/*Priester* 60 f; Baumbach/Hueck/*Zöllner* 26; *Lutter/Hommelhoff* 5; Rowedder/*Zimmermann* 43; aA *Roth* 3.4. Zum Sonderfall von Fassungsänderungen vgl. Rdn 27 f.

Zusatzerfordernisse iS von Abs. 2 S. 2 nicht ableiten. Auch für die *personalistisch strukturierte GmbH* ist nichts anderes anzunehmen. Selbst wenn bei ihr eindeutig das partnerschaftliche, durch gleichwertige Stellung der Mitglieder unabhängig von der Kapitalbeteiligung und persönlichen Tätigkeitspflichten gekennzeichnete Element vorherrscht, reicht das nicht aus, um kraft ergänzender Vertragsauslegung Einstimmigkeit für Satzungsänderungen zu verlangen[189].

b) **Folgen der Nichteinhaltung.** Werden die satzungsrechtlich vorgeschriebenen zusätzlichen Beschlußmehrheiten nicht erreicht, so ist der Antrag auf Satzungsänderung abgelehnt; ein Änderungsbeschluß liegt nicht vor. Wird ein dahingehender Beschluß dagegen unzutreffend festgestellt und notariell beurkundet, so bedarf es seiner Beseitigung im Wege der Anfechtungsklage (Rdn 51). Beim Fehlen einer satzungsrechtlich vorgeschriebenen *Zustimmung* ist der Beschluß unwirksam. Die Unwirksamkeit wird drei Jahre nach gleichwohl erfolgter Eintragung geheilt, sofern sie nicht bis dahin gerichtlich geltendgemacht ist (Rdn 91). Verstöße gegen Verfahrensregelungen schließlich machen den Beschluß anfechtbar. Die Nichtigkeitsvoraussetzungen des § 241 Nr. 1 und 2 AktG (Rdn 92 f) greifen insoweit nicht ein[190]. **86**

c) **Änderung der Zusatzerfordernisse.** Sie ist ihrerseits nur unter Beachtung der satzungsrechtlichen Zusatzerfordernisse möglich. Das gilt naturgemäß für diejenigen Satzungsklauseln, die *generell für Satzungsänderungen* zusätzliche Voraussetzungen aufstellen[191]. Ebenso bedarf es aber auch bei Satzungsbestimmungen, die für bestimmte *sonstige Gesellschafterbeschlüsse* (Anteilsübertragung, Aufsichtsratswahlen u. a.) besondere Mehrheiten vorschreiben, zu ihrer Änderung der Einhaltung zumindest der für den entsprechenden Beschluß vorgesehenen höheren Mehrheiten[192]. Andernfalls stünden die betreffenden Klauseln und das durch sie geschützte Interesse der Minderheit zur Disposition der (satzungsändernden) Dreiviertelmehrheit der Gesellschafter. Liegt die für Satzungsänderungen allgemein vorgeschriebene Mehrheit über der für den speziellen Beschlußgegenstand geltenden, so ist das höhere Quorum maßgebend[193]. **87**

V. Beschlußmängel

Schrifttum

Baltzer Der Beschluß als rechtstechnisches Mittel organschaftlicher Funktion im Privatrecht (1965); *Bartholomeyczik* Die Anfechtung der Stimmabgabe zum Körperschaftsbeschluß, AcP 144 (1938) 278.

1. Allgemeines

Zur Nichtigkeit, Anfechtbarkeit und Unwirksamkeit von Gesellschafterbeschlüssen vgl. die Erläut. in Anh § 47. Soweit Beschlüsse über **Satzungsänderungen** in Frage stehen, ist als zusätzliche Wirksamkeitsvoraussetzung das Eintragungserfordernis des § 54 Abs. 3 zu beachten. Es führt dazu, daß hinsichtlich der Geltendmachung der verschiedenen Arten von Mängeln sowie hinsichtlich ihrer Rechtsfolgen für die Zeit **88**

---

189 So aber im Anschluß an *Wieland* Handelsrecht II, S. 320, *Martens* Mehrheits- und Konzernherrschaft in der personalistischen GmbH S. 165 ff; wie hier dagegen Scholz/*Priester* 81; vgl. auch *Zöllner*-KölnKommAktG² § 179, 154.

190 Vgl. zum Ganzen näher Anh § 47, 42, 44.

191 Scholz/*Priester* 84; *Roth* 3.4; *Zöllner*-KölnKommAktG² § 179, 157.

192 BGHZ 76, 191, 196 = NJW 1980, 1465; OLG Düsseldorf GmbH-Rdsch. 1964, 250; Scholz/*Priester* 84; *Reichert* BB 1985, 1498; im Grundsatz auch *Zöllner* ZGR 1982, 623, 632 f.; einschr. OLG Stuttgart GmbH-Rdsch. 1974, 257 m. krit. Anm. *Konow*; *Semler* GmbH-Rdsch. 1974, 254, 255.

193 Zutr. *Zöllner*-KölnKommAktG² § 179, 157 f und *ders.* ZGR 1982, 632 f.

vor und **nach** Eintragung zu unterscheiden ist. Dabei ist für ein Eingreifen der aus dem Personengesellschaftsrecht bekannten, auch auf Gründungsmängel der Vorgesellschaft anwendbaren Lehre von der *fehlerhaften Gesellschaft* (§ 2, 86 ff) bei Fehlerhaftigkeit von Satzungsänderungsbeschlüssen mit Rücksicht auf die Besonderheiten von § 54 Abs. 3 kein Raum (näher dazu für fehlerhafte Kapitalerhöhungen § 55, 32).

2. Arten der Mängel

89 a) **Nichterreichen der erforderlichen Mehrheit.** Sie hat grundsätzlich zur Folge, daß der Antrag auf **Satzungsänderung abgelehnt** und der zur Abstimmung gestellte Beschluß nicht zustandegekommen ist. Das kann grundsätzlich von jedermann auf jegliche Weise geltend gemacht werden; insbes. kommt gegenüber der Gesellschaft oder Mitgesellschaftern, die sich einer positiven Beschlußfassung berühmen, die **Feststellungsklage** (§ 256 ZPO) in Betracht (dazu näher Anh § 47, 248 ff).

90 Anderes gilt, wenn das Erreichen der **Dreiviertelmehrheit zu Unrecht festgestellt** oder **notariell beurkundet** ist, etwa infolge Mitzählens nicht wirksam vertretener oder wegen Willensmängeln angefochtener (Rdn 96) Stimmen u. a. Die unzutreffende Beschlußfeststellung oder Beurkundung führt zum Vorhandensein eines Beschlusses und macht seine Vernichtung durch **Anfechtungsklage** erforderlich[194]. Es gelten die allgemeinen Grundsätze über die Beschlußanfechtung (Anh. § 47, 87 ff); durch die Eintragung wird die Anfechtungsbefugnis nicht berührt. Nach Ablauf der Anfechtungsfrist kann der Mangel nicht mehr geltendgemacht werden; der Beschluß ist voll wirksam. Zur Bedeutung der Anfechtbarkeit für das Eintragungsverfahren und die Prüfungsfunktion des Registergerichts vgl. § 54, 47 f.

91 b) **Fehlen der erforderlichen Zustimmung.** Solange eine nach § 53 Abs. 3, nach § 35 BGB (Rdn 59), wegen Unentziehbarkeit des Rechts (Rdn 61), wegen § 33 Abs. 1 S. 2 BGB (Rdn 103; zum Unternehmensvertrag vgl. außerdem Rdn 145) oder aufgrund zusätzlicher Satzungserfordernisse erforderliche Zustimmung einzelner Gesellschafter aussteht, ist der Beschluß schwebend unwirksam. Wird die Zustimmung verweigert oder nicht innerhalb angemessener Frist erteilt, so tritt endgültige **Unwirksamkeit** ein[195]. Die Unwirksamkeit kann durch **Feststellungsklage** geltend gemacht werden[196]. Das Registergericht hat die Eintragung der Satzungsänderung abzulehnen, solange die Zustimmung nicht nachgewiesen ist. Trägt es dennoch ein, so tritt entsprechend den für nichtige Satzungsänderungen geltenden Grundsätzen (§ 242 Abs. 2 AktG) *Heilung* ein, wenn die Unwirksamkeit nicht innerhalb von drei Jahren nach Eintragung gerichtlich geltendgemacht wird[197].

92 c) **Formelle Mängel.** Die Nichteinhaltung der nach Abs. 2 S. 1 vorgeschriebenen **notariellen Form** macht den Beschluß entsprechend § 241 Nr. 2 AktG **nichtig**[198]; die Nichtigkeit wird entsprechend § 242 Abs. 1 AktG durch Eintragung geheilt (Anh § 47, 79). Dagegen führt der Verstoß gegen eine nicht gesetzlich, sondern nur *satzungsrecht-*

---

194 Vgl. BGHZ 14, 25, 36 = NJW 1954, 1401; 104, 66, 69 = NJW 1988, 1844; abweichend für den nicht festgestellten oder beurkundeten Gesellschafterbeschluß BGHZ 51, 209, 212 = NJW 1969, 841. Zum Ganzen vgl. näher Anh § 47, 89 ff und o. Rdn 51.

195 RGZ 136, 185, 192; 148, 175, 186; BGHZ 15, 177, 181 = NJW 1955, 178; Scholz/*K. Schmidt* § 45, 53 f; Anh § 47, 21 ff m. weit. Nachw. in Fn 44, 45.

196 BGHZ 15, 177, 181; Anh § 47, 23; Scholz/*K. Schmidt* 59.

197 Str., vgl. näher *Hüffer* in Geßler/Hefermehl/Eckardt/Kropff AktG § 242, 17 f; dazu auch o. Anh § 47, 23.

198 Unstr., vgl. RG DR 1939, 721; Anh § 47, 44; Scholz/*K. Schmidt* § 45, 66; Scholz/*Priester* 66; so auch § 191 Nr. 3 RegE 1971.

lich vorgeschriebene Form nicht zur Nichtigkeit, sondern nur zur Anfechtbarkeit des Beschlusses[199]. Zur Problematik ausländischer Beurkundung vgl. Rdn 46 f.

Zu den formellen Mängeln gehören auch die **Einberufungsmängel** unter Verletzung der hierfür in § 51 vorgeschriebenen Erfordernisse (§ 51, 2 ff). Sie haben entsprechend § 241 Nr. 1 AktG die **Nichtigkeit** der gefaßten Beschlüsse zur Folge, wenn entweder nicht alle Gesellschafter eingeladen worden sind oder wenn die Einladung nicht schriftlich erfolgt ist oder keine Angaben über Ort und Zeit der Versammlung enthielt[200]. *Heilung* der Nichtigkeit tritt ein, wenn trotz des Einberufungsmangels sämtliche Gesellschafter anwesend sind (sog. Universalversammlung, dazu § 51, 28 ff), im übrigen mit Ablauf der Dreijahresfrist entsprechend § 242 Abs. 2 AktG. **Sonstige** Einberufungsmängel machen die von der Versammlung gefaßten Beschlüsse nur **anfechtbar** (§ 51, 27). Gleiches gilt bei *schriftlicher Beschlußfassung* ohne das nach § 48 Abs. 2 erforderliche Einverständnis sämtlicher Gesellschafter[201] sowie bei Verletzung satzungsrechtlicher Zusatzerfordernisse für Einberufung und Beschlußverfahren (Rdn 86). **93**

d) **Inhaltliche Mängel.** Inhaltsmängel von Satzungsänderungsbeschlüssen, darunter namentlich Verstöße gegen den Gleichbehandlungsgrundsatz oder die Treupflicht (Rdn 64 ff), führen regelmäßig nicht zur Nichtigkeit, sondern nur zur **Anfechtbarkeit** des Beschlusses (Anh § 47, 113 ff). Das folgt aus der entsprechenden Anwendung von § 243 Abs. 1 AktG. **Ausnahmen** gelten analog § 241 Nr. 3 und 4 AktG einerseits bei solchen Satzungsänderungsbeschlüssen, die entweder mit dem Wesen der GmbH nicht vereinbar sind oder gegen Vorschriften zum Schutz der Öffentlichkeit verstoßen (Nr. 3), andererseits bei Beschlüssen mit einem die guten Sitten verletzenden Inhalt (Nr. 4). Diese Verstöße führen zur **Nichtigkeit** mit der Heilungsmöglichkeit entsprechend § 242 Abs. 2 AktG (vgl. näher Anh § 47, 45 ff, 53 f, 80 f). Unter die Ausnahme des § 241 Nr. 3 AktG fallen nicht etwa alle Verstöße gegen zwingendes Recht, namentlich nicht solche gegen Vorschriften, die lediglich dem Minderheitenschutz dienen. Wohl aber ist Nichtigkeit von Satzungsänderungsbeschlüssen anzunehmen bei Verletzung der Vorschriften über die Kapitalaufbringung und -erhaltung (Unterschreitung von Mindestkapital oder -einzahlung, Festsetzung eines Ausgabebetrags unter pari, Ausschluß der Vormänner- und Ausfallhaftung u. a.), bei Firmenänderung unter Verstoß gegen § 4 oder bei satzungsrechtlicher Einschränkung der Vertretungsmacht der Geschäftsführer entgegen § 37 Abs. 2. Ebenso tritt Nichtigkeit ein bei Verletzung oder Entziehung sog. unverzichtbarer Rechte (vgl. Rdn 61 und Anh § 47, 51). Zur Möglichkeit der Amtslöschung derartiger gleichwohl eingetragener Satzungsänderungsbeschlüsse vgl. § 54, 53 ff. **94**

e) **Willensmängel.** Auf die **Stimmabgabe** in der Gesellschafterversammlung finden die Vorschriften über Willenserklärungen einschließlich derjenigen für Willensmängel (§§ 116 ff BGB) Anwendung (§ 47, 41)[202]. Hat sich ein Gesellschafter bei der Stimmabgabe geirrt oder hat er unter dem Einfluß einer Täuschung oder Drohung abgestimmt, so kann er die **Anfechtung** nach Maßgabe der §§ 119, 123 BGB erklären; sie muß nach § 143 Abs. 3 BGB dem satzungsmäßigen Leiter der Gesellschafterversammlung, beim Fehlen eines solchen allen Mitgesellschaftern gegenüber vorgenommen werden. Die Anfechtung ist innerhalb der Fristen der §§ 121, 124 BGB auch noch **nach** Eintragung **95**

---

[199] HM, vgl. Anh § 47, 44 aE m. Nachw.; Scholz/*K. Schmidt* § 45, 67.

[200] Vgl. näher § 51, 26 m. umf. Nachw.

[201] Zutr. Scholz/*K. Schmidt* § 45, 65.

[202] Vgl. BGHZ 14, 264, 267 = NJW 1954, 1563; OLG München WM 1984, 260, 262; Scholz/*K. Schmidt* § 45, 22; Baumbach/Hueck/*Zöllner* § 47, 4; *Zöllner*-KölnKommAktG § 133, 24 ff; *Baltzer* Beschluß als rechtstechnisches Mittel (1965) S. 154 f; *Bartholomeyczik* AcP 144 (1938) 287, 327.

des Änderungsbeschlusses in das Handelsregister möglich. Auf die Bestandskraft des Beschlusses hat sie unter den im Folgenden (Rdn 96) genannten weiteren Voraussetzungen freilich nur Einfluß, wenn die Frist zur Erhebung der Anfechtungs**klage** (Anh § 47, 177 ff) im Zeitpunkt der Anfechtungserklärung noch nicht abgelaufen ist und die Klage noch innerhalb dieser Frist erhoben wird (zu den engeren Grenzen bei Anfechtung der Beitrittserklärung im Fall der GmbH-Gründung vgl. § 2, 121 ff). Nach diesem Zeitpunkt können Willensmängel nur noch im Rahmen einer Auflösungsklage (§ 61) oder durch Austrittserklärung (dazu Anh § 34, 44) geltendgemacht werden; das setzt voraus, daß es sich um entsprechend schwerwiegende Gründe handelt.

96 Von der gegen fehlerhafte Beschlüsse gerichteten Anfechtungsklage ist die Anfechtung der Stimmabgabe scharf zu unterscheiden[203]. Ihre **Rechtsfolge** besteht unmittelbar nur in der Nichtigkeit der betroffenen Stimme (§ 142 Abs. 1 BGB). Für den Satzungsänderungsbeschluß ist sie nur dann von Bedeutung, wenn dadurch zugleich die erforderliche Dreiviertelmehrheit wegfällt[204]. Ist das der Fall, so handelt es sich um einen **Scheinbeschluß**, der bei notarieller Beurkundung seinerseits der **Anfechtungsklage** unterliegt (Rdn 90) und nur innerhalb der hierfür geltenden, mit §§ 121, 124 BGB nicht identischen angemessenen Frist angefochten werden kann (Anh § 47, 177).

97 **3. Teilnichtigkeit.** Nach hM findet auf Gesellschafterbeschlüsse von Kapitalgesellschaften grundsätzlich **§ 139 BGB** Anwendung[205]; der einem Beschlußteil anhaftende Anfechtungs- oder Nichtigkeitsgrund soll sich im Zweifel also auf den ganzen Beschluß erstrecken (zur Rechtslage bei Abschluß des Gesellschaftsvertrags vgl. § 2, 87). Dem ist nur **mit Einschränkungen** zu folgen, da die Auslegungsregel des § 139 BGB sich nicht ohne weiteres mit den für Gesellschaftsverträge geltenden besonderen, durch das gemeinsame Interesse am Gesellschaftszweck geprägten Auslegungsgrundsätzen verträgt[206]. Danach ergreift die Mangelhaftigkeit eines Beschlußteils zwar die übrigen Teile, wenn diese bei Vernichtung des mangelhaften Teils ihren Sinn verlieren oder erkennbar nur gemeinsam mit jenem gewollt waren. Eine *Vermutung* für Gesamtnichtigkeit ist jedoch *abzulehnen.* Das gilt um so mehr in Fällen, in denen in der gleichen Gesellschafterversammlung mehrere inhaltlich nicht aufeinander bezogene Satzungsänderungen beschlossen und einheitlich beurkundet werden (Anh § 47, 77). Ein Recht, wegen Mangelhaftigkeit eines der Beschlüsse auch die Eintragung der übrigen zurückzuweisen, steht dem Registergericht beim Fehlen von Indizien, die auf Gesamtnichtigkeit bzw. -vernichtbarkeit schließen lassen, nicht zu[207].

VI. Einzelne Satzungsänderungen

1. Firma und Sitz

98 Die **Firma** der GmbH ist notwendiger Satzungsbestandteil (§ 3 Abs. 1 Nr. 1). Ihre Änderung erfordert stets eine Satzungsänderung. Eine **Notwendigkeit zur Änderung** besteht dann, wenn die GmbH das bisher betriebene Unternehmen mit dem Recht der

---

[203] BGHZ 14, 264, 267 = NJW 1954, 1563.

[204] RGZ 115, 378, 384 f; BGHZ 14, 264, 267 f.

[205] RGZ 118, 218, 221 f; 140, 174, 177; BGH NJW 1988, 1214; Anh § 47, 76 (*Raiser*); Scholz/*K. Schmidt* § 45, 22, 42; Baumbach/Hueck/*Zöllner* 39; *Wiedemann*-GroßkommAktG § 181, 7 a; *Zöllner*-KölnKommAktG § 133, 19.

[206] Vgl. MünchKomm.-*Ulmer* BGB² § 705, 45 f; wie hier jetzt auch Scholz/*Priester* 46; Rowedder/*Zimmermann* 59.

[207] So auch Scholz/*Priester* 46; für den Fall der GmbH-Gründung auch LG Frankfurt m. abl. Anm. *Groß* Rpfleger 1976, 235; vgl. auch OLG Hamburg ZIP 1990, 1071, 1073 f (für einen Zustimmungsbeschluß nach § 293 Abs. 1 AktG); **aA** BayObLG DB 1987, 978, das bei uneingeschränkt gestelltem Eintragungsantrag eine teilweise Eintragung für ausgeschlossen hält, wenn nur eine von mehreren Satzungsbestimmungen fehlerhaft ist.

Firmenfortführung veräußert[208] oder verpachtet oder wenn die ursprünglich zutreffende Sachfirma wegen wesentlicher Änderung des Unternehmensgegenstands und entsprechender Irreführungsgefahr für das Publikum unzulässig wird[209]. Gleiches gilt bei Veräußerung der Firma durch den Konkursverwalter[210] (zur Kompetenz des Konkursverwalters, eine Ersatzfirma zu bilden, vgl. § 63, 90 ff) sowie bei rechtskräftiger Untersagung des Firmengebrauchs gegenüber der GmbH. Das **Registergericht** kann auf die Firmenänderung durch Androhung von Ordnungsstrafen hinwirken (§ 37 HGB, § 140 FGG). Wird die Firma durch eine Veränderung der tatsächlichen Verhältnisse nachträglich unzulässig, so führt das zur Nichtigkeit der bisherigen Satzungsbestimmung (§ 3, 26); das Registergericht kann dann nach § 144 a FGG die Gesellschaft zur Behebung des Mangels auffordern mit Auflösungsfolge bei rechtskräftiger Mangelfeststellung (§ 60 Abs. 1 Nr. 5)[211]. Zum Verhältnis des Firmenmißbrauchsverfahrens zum Amtsauflösungsverfahren vgl. § 4, 102.

Keiner Satzungsänderung bedarf es für die nach § 68 Abs. 2 vorgeschriebene Anfü- **99**
gung eines *Liquidationszusatzes* im Abwicklungsstadium (§ 4, 103). Auch das *Ausscheiden eines Gesellschafters*, dessen Name in der Personenfirma der GmbH enthalten ist, macht regelmäßig keine Änderung erforderlich, da die Fortführung der bisherigen Firma in diesem Fall entgegen § 24 Abs. 2 HGB nicht der Einwilligung des Ausscheidenden oder seiner Erben bedarf[212]; anderes gilt bei Veräußerung einer Zweigniederlassung mit dem Recht für den Erwerber, insoweit auch die Personenfirma fortzuführen[213]. Auch die Errichtung einer **Zweigniederlassung** mit besonderer, von der GmbH-Firma abgeleiteter Firma setzt im Regelfall keine Satzungsänderung voraus, soweit nicht die Firma der Zweigniederlassung wesentlich von derjenigen der Hauptniederlassung abweicht und daher mit Rücksicht auf § 3 Abs. 1 Nr. 1 ebenfalls in der Satzung enthalten sein muß (vgl. § 4, 72 f; § 12, 14).

Auch der **Sitz** der Gesellschaft ist notwendiger Satzungsbestandteil (§ 3 Abs. 1 **100**
Nr. 1); seine Verlegung erfordert daher eine Satzungsänderung. Das gilt freilich nur für die Verlegung des *satzungsmäßigen* Sitzes mit den hieran geknüpften Rechtsfolgen (vgl. § 3, 16 ff). Dagegen ist das nachträgliche *tatsächliche* Auseinanderfallen von satzungsmäßigem Sitz und Schwerpunkt der Geschäftstätigkeit für den Satzungsinhalt grundsätzlich unschädlich. Es führt nur dann zur Nichtigkeit der Satzungsregelungen über den Sitz mit der Rechtsfolge des § 144 a FGG, wenn infolge dauernder vollständiger Verlagerung der Geschäftstätigkeit an einen anderen Ort der satzungsmäßige Sitz rein fiktive Bedeutung erlangt[214]. Zur Zulässigkeit eines Doppelsitzes vgl. § 3, 13 ff, zur Auflösungsfolge bei Sitzverlegung ins Ausland § 3, 18.

2. Unternehmensgegenstand und Gesellschaftszweck

Der **Unternehmensgegenstand** gehört nach gesetzlicher Wertung (§§ 3 Abs. 1 Nr. 2, **101**
10 Abs. 1 S. 1, 75 Abs. 1) nicht nur zu den notwendigen, sondern zu den *zentralen*

---

208 RGZ 107, 31, 33; OLG Stuttgart BB 1983, 1688; dazu § 4, 104.

209 BayObLG GmbH-Rdsch. 1980, 11, 13; Scholz/*Priester* 123; eingeh. dazu § 4, 29 ff.

210 OLG Düsseldorf DB 1977, 2274; dazu § 4, 107.

211 Str., wie hier LG München MittBayNot. 1971, 374 f; *Lutter/Hommelhoff* § 4, 23; *Keidel/Kuntze/Winkler* FGG[12] § 144 a, 4; für die AG *Hüffer* in Geßler/Hefermehl/Eckardt/Kropff § 262, 26 m. weit. Nachw.; **aA** im Anschluß an BayObLGZ 1979, 207, 208 ff = GmbH-Rdsch. 1980, 11, 13; Scholz/*Priester* 123; Scholz/*Emmerich* § 4, 21; Baumbach/*Hueck* § 4, 54; Rowedder/*Zimmermann* 17; auch Voraufl. § 53, 90.

212 BGHZ 58, 322, 324 f = NJW 1972, 1419; BayObLG BB 1984, 1507.

213 BGH BB 1980, 1658; **aA** OLG Nürnberg DB 1979, 1267.

214 Dazu § 3,11 m. umf. Nachw.

Satzungsbestandteilen (§ 3, 19); das Fehlen oder die Nichtigkeit der hierauf bezogenen Satzungsregelung bilden einen Grund zur Nichtigerklärung der Gesellschaft (§ 75 GmbHG, § 144 Abs. 1 S. 2 FGG). Dementsprechend werden sowohl bei der Gesellschaftsgründung als auch bei späteren Satzungsänderungen hohe Anforderungen an seine *Individualisierung* gestellt (§ 3, 21 ff). Die Satzungsregelung muß es den beteiligten Wirtschaftskreisen ermöglichen, die Unternehmenstätigkeit der Gesellschaft einem bestimmten Geschäftszweig als abgegrenztem Sachbereich des Wirtschaftslebens zuzuordnen[215] (vgl. die Beispiele in § 3, 23). Soll der Unternehmensgegenstand erweitert oder ausgetauscht werden, bedarf es hierfür einer Satzungsänderung. Für die Beschlußfassung reicht grundsätzlich die **Dreiviertelmehrheit** des Abs. 2 S. 1; der Zustimmung sämtlicher Gesellschafter bedarf es im Regelfall nicht (vgl. aber Rdn 103)[216]. Einer förmlichen Satzungsänderung bedarf auch die Einschränkung des Unternehmensgegenstands. Das ist namentlich deshalb von Bedeutung, weil sich nach ständiger höchstrichterlicher Rechtsprechung[217] die Reichweite eines die Gesellschafter kraft Treupflicht treffenden Wettbewerbsverbots auch dann nach dem statutarischen Unternehmensgegenstand bestimmt, wenn dieser von der aktuellen Geschäftstätigkeit der Gesellschaft nicht ausgefüllt wird (zur Frage „faktischer" Einschränkung des Unternehmensgegenstands vgl. Rdn 102).

102 Von der förmlichen Änderung der Satzungsbestimmung über den Unternehmensgegenstand zu unterscheiden ist das **faktische Auseinanderfallen** von tatsächlich ausgeübter Geschäftstätigkeit der Gesellschaft und statutarischem Unternehmensgegenstand (vgl. auch oben Rdn 38). Insofern ist zu differenzieren: Rechtlich irrelevant ist die *Ausdehnung* der Geschäftstätigkeit auf vom satzungsmäßigen Unternehmensgegenstand zwar nicht ausdrücklich benannte, als *angrenzende* Bereiche nach der gebotenen objektiven Auslegung aber mitumfaßte Geschäfte. Entsprechendes gilt für einen zeitweiligen *Verzicht* auf bestimmte, vom Unternehmensgegenstand an sich mitumfaßte geschäftliche Betätigungen, wenn das im Rahmen pflichtgemäßer Geschäftsführung veranlaßt ist[218]. Die Geschäftsführer handeln dagegen pflichtwidrig und machen sich ggf. schadensersatzpflichtig, wenn sie die Geschäfte der Gesellschaft auf **fremde**, in der Satzung auch nicht inzidenter angelegte Bereiche ausdehnen oder die eigene erwerbswirtschaftliche Unternehmenstätigkeit der Gesellschaft, namentlich durch Ausgliederung wesentlicher Produktionseinheiten auf Tochtergesellschaften[219], praktisch aufgeben[220] (zur grundsätzlich unbeschränkten Vertretungsmacht im Außenverhältnis vgl. Erläut. zu § 37). Über die auf den Binnenbereich beschränkte Überschreitung der Geschäftsführungsbefugnis seitens der Gesellschafter hinaus kann die Abweichung der faktischen Geschäftstätigkeit der Gesellschaft vom statutarischem Unternehmensgegenstand aber auch Auswirkungen auf die Zulässigkeit der Satzungsbestimmung und – mittelbar – auf den Bestand der Gesellschaft haben. Wird die tatsächliche Geschäftstätigkeit der Gesellschaft von dem statutarischen Unternehmensgegenstand unter

---

215 BGH BB 1981, 450; weit. Nachw. in § 3, 21 mit Fn 27.

216 Ganz hM; vgl. nur Scholz/*Priester* 130; Baumbach/Hueck/*Zöllner* 14; aA *Großmann* Unternehmensziele im Aktienrecht (1980) S. 27 f; *Scholz*[5] 28.

217 Vgl. BGHZ 70, 331, 332 f = NJW 1978, 1001; 89, 162, 170 = NJW 1984, 1351 (jew. zur GmbH & Co.); für die GmbH vgl. § 14, 64.

218 Vgl. dazu RG LZ 1907, 281 (Bau einer Schnitzeltrocknungsmaschine durch eine Rübenzuckerfabrik); RG DR 1939, 721 m. Anm. *Groschuff* (Aufgabe einer Verkaufsniederlassung durch eine Brauerei).

219 Vgl. dazu insbes. BGHZ 83, 122, 130 = NJW 1982, 1703 (Holzmüller); OLG Hamburg JZ 1981, 231, 232; *Lutter* Festschrift Barz (1974) S. 199, 211; *Mertens* AG 1978, 309, 311 f.

220 Vgl. BGH NJW 1991, 1681 zur notwendigen Zustimmung der Gesellschafterversammlung bei Änderung einer langjährig praktizierten, für das Unternehmen grundlegenden Geschäftspolitik.

keinem Gesichtspunkt mehr umfaßt und ist die Festlegung in der Satzung demzufolge geeignet, den Rechtsverkehr irrezuführen, so verstößt die Beibehaltung der ursprünglichen Satzungsbestimmung gegen das Verbot der Angabe eines unrichtigen Unternehmensgegenstands; die Regelung in der Satzung wird nichtig mit der Folge der §§ 75 GmbHG, 144 FGG (str., vgl. näher § 3, 26).

Vom Unternehmensgegenstand zu unterscheiden ist der **Gesellschaftszweck** (vgl. 103
näher § 1, 4 ff und § 61, 14). Während jener den Tätigkeitsbereich der Gesellschaft nach außen definiert, betrifft der Gesellschaftszweck primär das Verhältnis der Gesellschafter untereinander und die von ihnen mit der Gesellschaft verfolgten Ziele. Wird seine Weiterverfolgung unmöglich, so bildet das einen Auflösungsgrund nach § 61 Abs. 1. Zwar umfaßt beim Betrieb eines Handelsgewerbes der Gesellschaftszweck meist auch den Unternehmensgegenstand; er richtet sich dann auf Gewinnerzielung durch erwerbswirtschaftlichen Betrieb eines Unternehmens in der Rechtsform der GmbH nach Maßgabe seines statutarischen Unternehmensgegenstands, ohne daß dies noch durch eine besondere Satzungsregelung über den Gesellschaftszweck zum Ausdruck kommen muß (§ 1, 9). Abweichend hiervon kann der Unternehmensgegenstand aber auch lediglich das Mittel zur Verfolgung nicht erwerbswirtschaftlicher, insbesondere ideeller oder karitativer Zwecke durch die GmbH bilden. Unabhängig von der Relation zum Unternehmensgegenstand ist der Gesellschaftszweck als notwendig materieller Satzungsbestandteil (§ 1, 9) einer Änderung stets nur durch Satzungsänderung zugänglich. Wegen seiner zentralen Bedeutung für den Zusammenschluß der Gesellschafter bedarf der Änderungsbeschluß außer der satzungsändernden Dreiviertelmehrheit grundsätzlich der *Zustimmung sämtlicher Gesellschafter*, soweit die Satzung keine den Fall der Zweckänderung konkret benennende Mehrheitsklausel enthält[221]. Die entsprechende vereinsrechtliche Vorschrift des **§ 33 Abs. 1 S. 2 BGB** enthält den Ausdruck eines allgemeinen, für alle Personenvereinigungen geltenden Prinzips[222]. Das gilt vor allem für den Übergang vom Gewinnstreben zu idealen oder gemischtwirtschaftlichen Zwekken und umgekehrt[223]. Entsprechendes ist aber auch im Fall einer Änderung des Unternehmensgegenstands anzunehmen, wenn sie zu einer grundlegenden Umgestaltung der Ausrichtung der Geschäftstätigkeit der Gesellschaft führt und den Gesellschaftszweck dadurch nicht nur mittelbar berührt (vgl. auch § 1, 10). So liegt es etwa, wenn an die Stelle der Produktion eine schlicht vermögensverwaltende Betätigung treten soll. Unter diesem Gesichtspunkt kann auch die Auslagerung sämtlicher Produktionseinheiten im Zuge einer Betriebsaufspaltung eine qualifizierte Satzungsänderung erforderlich machen. Nur wenn Unternehmensgegenstand und Gesellschaftszweck voll übereinstimmen, bewendet es für den Änderungsbeschluß bei § 53 Abs. 2 S. 1, es genügt Dreiviertelmehrheit. Zum *Abschluß eines Unternehmensvertrags* vgl. Rdn 120 ff, zur Beschlußfassung über *Auflösung* bzw. *Fortsetzung* der Gesellschaft vgl. § 60, 26 ff.

3. Stammkapital und Stammeinlagen

Der Betrag des **Stammkapitals** ist nach § 3 Abs. 1 Nr. 3 notwendig in der Satzung 104
festzusetzen. Seine Änderung erfolgt durch Kapitalerhöhung oder Kapitalherabsetzung.

---

[221] Vgl. zur entspr. Frage beim Verein BGHZ 96, 245, 248 ff = NJW 1986, 1033 und dazu die Stellungnahme von *Hadding/van Look* ZIP 1986, 749 ff; *Beuthien* BB 1987, 6; *K. Schmidt* BB 1987, 556; *Reuter* ZGR 1987, 475.

[222] HM; vgl. Scholz/*Priester* 175; Baumbach/Hueck/*Zöllner* 14; *Lutter/Hommelhoff* 21; *Roth* 4.1.4; *Feine* S. 593; *Zöllner*-KölnKommAktG² § 179, 113 und Schranken mitgliedschaftlicher Stimmrechtsmacht, S. 29 f; *Wiedemann*-GroßkommAktG § 179, 7; anders aber *ders.* Gesellschaftsrecht I, § 3 I 3, S. 156 f.

[223] *Zöllner*-KölnKommAktG² § 179, 144 und Schranken aaO (Fn 222).

Auf die entsprechenden Beschlüsse sind neben den Sondervorschriften der §§ 55 bis 58 auch die allgemeinen Bestimmungen der §§ 53, 54 über Satzungsänderungen anwendbar (Rdn 5). Einer ausdrücklichen, nach Maßgabe von § 53 Abs. 2 S. 1 beschlossenen Änderung der ursprünglichen Bestimmungen über das Stammkapital bedarf es neben dem Erhöhungs- oder Herabsetzungsbeschluß nicht. Sie ergibt sich als automatische Folge dieses Beschlusses[224] und ist dementsprechend in der nach § 54 Abs. 1 S. 2 einzureichenden Neufassung der Satzung zu berücksichtigen. Kapitalerhöhungsbeschlüsse bedürfen trotz der damit verbundenen Erhöhung des Risikos aus der Ausfallhaftung nicht der Zustimmung sämtlicher Gesellschafter nach § 53 Abs. 3 (Rdn 75; zur Frage eines Bezugsrechts der Gesellschafter vgl. § 55, 39 ff).

105 Die für die **Gründung** der Gesellschaft notwendigen Stammeinlagepflichten können gem. § 3 Abs. 3 Nr. 4 nur in der Satzung begründet werden; dabei handelt es sich, weil eine Befreiung von der Einlageverbindlichkeit nach § 19 Abs. 2 ausscheidet (zur Inhaltsänderung bei Heilung verdeckter Sacheinlagen vgl. § 19, 116 f), um einen abgeschlossenen, nachträglich nicht abänderbaren Vorgang[225]. Hiervon zu sondern ist die *Anpassung der Satzungsfassung* an die geänderte materielle Rechtslage durch spätere Streichung der Angaben über die bei Gründung übernommenen Stammeinlagen, wenn die Einlageansprüche durch Erfüllung erloschen sind oder die Einlageschuldner im Zuge einer Kapitalherabsetzung Befreiung erlangt haben (vgl. schon oben Rdn 13 m. Nachw.). Soweit **Angaben über Sacheinlagen** in der Gründungssatzung enthalten sind, können diese fünf Jahre nach Eintragung gestrichen werden (str., vgl. § 5, 114); hierfür spricht, daß die mit §§ 5 Abs. 4, 56 Abs. 1 verfolgte Publizitätsfunktion nach diesem Zeitraum in aller Regel ihre Erledigung gefunden hat und mögliche Ansprüche wegen Unterbewertung (§ 9) innerhalb von fünf Jahren verjähren. Zur Beschlußkompetenz und zu den Anforderungen an derartige, von materiellen Satzungsänderungen zu unterscheidende Streichungen inhaltlich überholter Satzungsbestandteile oder sonstige Fassungsänderungen vgl. Rdn 27 f. Betreffend die *Übernahme von Stammeinlagen* im Zuge von **Kapitalerhöhungen** stellt sich die Frage einer Anpassung des Satzungstextes dagegen nicht. Die Übernahme bedarf ohnedies nicht der Aufnahme in die Satzung; das gilt auch für Sachkapitalerhöhungen (§ 56, 26; zur Zulässigkeit der Aufnahme der jeweiligen Gesellschafter vgl. Rdn 14 und § 3, 49).

106 Die **Vereinigung von Geschäftsanteilen** erfolgt nach gesetzlicher Regel nicht automatisch durch Zusammenfassung in einer Hand. Sie ist jedoch trotz § 15 Abs. 2 *zulässig*, wenn die entsprechenden Einlagen voll geleistet und mit den Anteilen auch keine Nachschußpflichten verbunden sind[226]. Um eine Satzungsänderung handelt es sich dabei schon deshalb nicht, weil etwaige Angaben in der Satzung über die Stückelung der Geschäftsanteile nicht zum materiellen Satzungsinhalt gehören (vgl. auch § 55, 18). Daher bedarf auch ein **Beschluß** über die Vereinigung nicht der Mehrheits- oder Formerfordernisse des § 53 Abs. 2. Wird er von der Mehrheit allerdings ohne satzungsrechtliche Ermächtigung gefaßt, so unterliegt er der Anfechtung durch die Inhaber der betroffenen Anteile[227]. Zulässig ist aber auch die Vereinigung voll eingezahlter und nicht mit Nachschußpflichten belasteter Geschäftsanteile durch einseitige *Erklärung des Inhabers* gegenüber der GmbH, soweit dadurch Rechte Dritter nicht betroffen

[224] OLG Frankfurt GmbH-Rdsch. 1964, 248 m. zust. Anm. *Pleyer*; OLG Düsseldorf GmbH-Rdsch. 1968, 223; OLG Stuttgart OLGZ 1973, 412, 414; Scholz/*Priester* 149.

[225] RGZ 130, 39, 43; *Feine* S. 592.

[226] Heute einhM; vgl. RGZ 142, 36, 40; BGHZ 42, 89, 91 = NJW 1964, 1954; § 15, 140; Scholz/*Priester* 173; Scholz/*Winter* § 15, 104; Baumbach/*Hueck* § 15, 18.

[227] RGZ 142, 36, 42; § 15, 140 m. Nachw.

werden[228]. Zur Aufstockung von Geschäftsanteilen bei der Kapitalerhöhung vgl. § 55, 22 f, zu ihrer Zusammenlegung im Zuge einer Kapitalherabsetzung vgl. § 58, 23 f, zur Teilung von Geschäftsanteilen vgl. § 17, 3 ff.

Denkbar ist schließlich die **Neubildung von Geschäftsanteilen** ohne gleichzeitige Erhöhung der Kapitalziffer, falls die Nennwerte der Geschäftsanteile den Betrag des Stammkapitals unterschreiten. Eine solche Differenz kann etwa auf der Einziehung von Geschäftsanteilen (§ 34), auf einer unwirksamen Beitrittserklärung (§ 2, 94 ff, 109) oder auf der unzutreffenden Festsetzung des Stammkapitals (§ 5, 18) beruhen. Entgegen verbreiteter Auffassung[229] bedarf es für die Neubildung keiner einstimmigen Beschlußfassung sämtlicher Gesellschafter (§ 34, 66). Denn aus ihrer Sicht unterscheidet sich der Vorgang nicht von demjenigen einer Kapitalerhöhung[230]. Es genügt daher ein mit Dreiviertelmehrheit gefaßter Neubildungsbeschluß der Gesellschafterversammlung, wobei freilich der Gleichbehandlungsgrundsatz hinsichtlich der Zulassung zur Anteilsübernahme nicht verletzt werden darf (§ 55, 46). Eine Satzungsänderung liegt hierin nicht[231]. **107**

4. Gesellschaftsdauer, Auflösung

Die GmbH ist regelmäßig auf unbefristete Dauer eingegangen; ihre Auflösung richtet sich dann nach §§ 60 bis 62. Sie kann insbesondere auch durch **Gesellschafterbeschluß** erfolgen (§ 60 Abs. 1 Nr. 2); hierin liegt nach allgemeiner Ansicht *keine* Satzungsänderung. Die Satzung (§ 3 Abs. 2) kann aber entweder von Anfang an oder durch späteren Änderungsbeschluß die **Befristung** der Gesellschaftsdauer vorsehen (vgl. näher § 3, 58 ff). Für die nachträgliche *Änderung* einer solchen Befristung, sei es durch Verlängerung, Verkürzung oder Beseitigung der Frist (§ 3, 64), ist eine Satzungsänderung erforderlich. Auch für die nachträgliche *Einführung* einer Befristung bedarf es einer Satzungsänderung[232], soweit nicht wegen der nur kurz bemessenen, nicht über das Geschäftsjahrsende hinausreichenden Frist von einem befristeten Auflösungsbeschluß auszugehen ist[233], der den von §§ 53, 54 abweichenden Anforderungen der §§ 60 Abs. 1 Nr. 2, 65 unterliegt. Eine satzungsrechtliche Befristung der Gesellschaft steht der Wirksamkeit eines ohne Satzungsänderung gefaßten Auflösungsbeschlusses nur dann entgegen, wenn es sich um eine Mindestfrist handelt (str., vgl. § 60, 33). Zur Möglichkeit von Kündigungsregelungen in der Satzung und zum Fortsetzungsbeschluß nach Auflösung der Gesellschaft vgl. Erläut. zu § 60; zur Frage sachlicher Rechtfertigung eines Auflösungsbeschlusses vgl. Rdn 67 ff. **108**

Für die **Mehrheiten** bei Beschlußfassung über die Gesellschaftsdauer gilt grundsätzlich § 53 Abs. 2 S. 1. Der Zustimmung betroffener Gesellschafter bedarf ein Verlängerungsbeschluß nur dann, wenn die Geschäftsanteile mit Nebenleistungs- oder Nachschußpflichten verbunden sind (§ 3, 64)[234]. Ein ohne Zustimmung unentziehbares Recht der Gesellschafter auf Durchführung der Liquidation ist nicht anzuerkennen[235]; anderes gilt, wenn die Satzung ein entsprechendes Sonderrecht für einzelne Gesellschafter enthält. Im Falle einer Verkürzung der Gesellschaftsdauer kommt die Notwendigkeit **109**

[228] So überzeugend *Priester* GmbH-Rdsch. 1976, 130, 132 f gegen die hM; vgl. dazu § 15, 142 m. Nachw.

[229] Voraufl. § 34, 63 (*Hohner*); *Gonella* GmbH-Rdsch. 1962, 253, 254; offenlassend KG DR 1943, 1230, 1231; weit. Nachw. oben § 2, 110.

[230] So zutr. *Niemeier* Rechtsfragen und Rechtstatsachen der Einziehung von GmbH-Anteilen (1982) S. 366 ff, 369 f.

[231] BGH NJW 1989, 168, 169.

[232] RGZ 65, 264, 266; Scholz/*Priester* 118.

[233] RGZ 145, 99, 101 f; KG DR 1939, 1166; Scholz/*Priester* 118.

[234] So auch Scholz/*Priester* 119; Rowedder/*Zimmermann* 22.

[235] AA RGZ 136, 185, 190; vgl. dazu näher § 3, 64.

der Zustimmung einzelner Gesellschafter nur dann in Betracht, wenn ihnen in der Satzung ein Sonderrecht auf Fortbestand der Gesellschaft für eine bestimmte Mindestdauer zugestanden ist[236].

5. Geschäftsjahr und Jahresabschluß

110 Das GmbHG enthält keine Regelungen über das **Geschäftsjahr** und schreibt auch nicht vor, daß die Satzung entsprechende Bestimmungen enthalten müsse; nach der auch auf die GmbH anzuwendenden zwingenden Vorschrift des § 240 Abs. 2 S. 2 HGB beträgt die Höchstdauer zwölf Monate (§ 29, 15 ff). Schweigt die Satzung, so fallen Geschäftsjahr und Kalenderjahr zusammen; das erste Geschäftsjahr wird bei Tätigkeitsbeginn im Lauf des Kalenderjahrs zum Rumpfgeschäftsjahr (§ 29, 16). *Abweichungen vom Kalenderjahr* erfordern wegen ihrer Auswirkungen auf Gesellschaftsorganisation, Jahresabschluß und Gewinnverwendung eine **Satzungsregelung**; sie kann auch im Wege der Satzungsänderung eingeführt werden (§ 29, 18)[237]. Eine rückwirkende Änderung des Geschäftsjahrs durch Satzungsänderung nach dessen Ablauf ist ausgeschlossen (str., vgl. Rdn 25); jedoch reicht zur Fristwahrung die Anmeldung der Satzungsänderung vor Geschäftsjahrsabschluß aus, sofern nur die Eintragung alsbald nachfolgt (dazu näher § 29, 18).

111 Der **Jahresabschluß** ist nach der insoweit zwingenden Vorschrift des § 264 Abs. 1 HGB von den Geschäftsführern *aufzustellen*. Eine Übertragung dieser Kompetenz auf andere Organe ist ausgeschlossen. Die nach Maßgabe von § 41 Abs. 3 a. F. eröffnete Möglichkeit, die gesetzliche Dreimonatsfrist für die Aufstellung durch Satzungsregelung auf bis zu sechs, in bestimmten Fällen sogar bis zu neun Monaten verlängern (dazu Voraufl. § 41, 24), ist entfallen: es bewendet nach neuem Recht (§ 264 Abs. 1 S. 3 HGB) bei der Möglichkeit für *kleine* Kapitalgesellschaften iSv § 267 Abs. 1 HGB, den Jahresabschluß bis zu 6 Monate nach Ablauf des Geschäftsjahres aufzustellen, wenn dies einem ordnungsgemäßen Geschäftsgang entspricht. Abändernden Satzungsbestimmungen ist diese Vorschrift nicht zugänglich. Die Satzung der kleinen Kapitalgesellschaft kann die Aufstellungsfrist auch nicht generell auf 6 Monate festlegen[238]. Die *Feststellung* des Jahresabschlusses obliegt nach gesetzlicher Regel (§ 46 Nr. 1) der Gesellschafterversammlung. Abweichungen in der Satzung sind zulässig (§ 46, 22).

6. Gewinnverwendung und Gewinnverteilung

112 Nach der dispositiven Regelung in § 29 Abs. 1 nF gilt im GmbH-Recht das *Vollausschüttungsgebot*, das freilich unter dem *Vorbehalt eines Thesaurierungsbeschlusses* steht; dieser kann mit einfacher Mehrheit gefaßt werden. Danach haben die Gesellschafter einen (künftigen) Anspruch auf **Ausschüttung des Jahresergebnisses** (§ 29 Abs. 1 S. 1) bzw. des Bilanzgewinns (§ 29 Abs. 1 S. 2), sofern sie nicht dessen Einstellung in die Rücklagen beschließen (§ 29 Abs. 2). Die abweichenden Gestaltungsmöglichkeiten in der **Satzung** sind vielfältig; sie reichen von der Verpflichtung zu vollständiger

---

[236] Vgl. auch § 60, 28 und 31.

[237] So auch Scholz/*Priester* 134; Rowedder/*Zimmermann* 23; aA (gegen das Erfordernis einer Satzungsänderung) KG JW 1926, 599; Baumbach/Hueck/*Zöllner* 12 (wie hier aber *ders.* KölnKommAktG[2] § 179, 34 für die AG).

[238] BayObLG WM 1987, 502, 503; Baumbach/Hueck/*Schulze-Osterloh* § 41, 47. – Zu satzungsrechtlichen Bilanzierungsregeln im Rahmen der gesetzlichen Grenzen vgl. im übrigen *Hommelhoff/Priester* ZGR 1986, 472 f und *Hartmann* Das neue Bilanzrecht und der Gesellschaftsvertrag der GmbH (1986) S. 55.

Ausschüttung bis Festlegung umfassender Rücklagendotierung (zu den Einzelheiten vgl. eingeh. § 29, 55 ff).

Auf die Umgestaltung der Gewinnverwendungsregeln zielende Satzungsänderungen können, soweit es nicht um die zustimmungspflichtige Einschränkung des einem Gesellschafter eingeräumten Sonderrechts zur Entscheidung über die Gewinnverwendung geht, grundsätzlich mit **Dreiviertel-Mehrheit** beschlossen werden[239]; es bedarf nicht der Zustimmung aller Gesellschafter[240]. Das gilt nicht nur für den Fall einer Erweiterung des Ausschüttungsrahmens, sondern auch für dessen Einschränkung, so, wenn an die Stelle vollständiger Ergebnisauskehrung eine prozentual bestimmte Rücklagendotierung treten soll. Die Notwendigkeit der Zustimmung aller Gesellschafter ist, da insoweit nur ein mittelbarer Eingriff in den Gewinnbezugsanspruch der Gesellschafter gegeben ist, weder aus § 53 Abs. 3 analog noch aus dem Gesichtspunkt des Schutzes eines mitgliedschaftlichen Kernbereichs abzuleiten[241]. Können danach entsprechende Ausschüttungsbeschränkungen mit qualifizierter Mehrheit durchgesetzt werden, so sind dabei freilich die **Schranken der Mehrheitsherrschaft** zu beachten (Rdn 56 ff). Neben dem Gleichbehandlungsgrundsatz (Rdn 64), der durch sich gleichmäßig auswirkende Thesaurierungsbestimmungen regelmäßig nicht berührt sein wird, setzt namentlich die Treupflicht willkürlicher Beschlußfassung seitens der Gesellschaftermehrheit Grenzen[242]. Eine die Thesaurierungsquote *erhöhende* Satzungsänderung bedarf danach im Grundsatz der sachlichen Rechtfertigung aus der Sicht des Verbandsinteresses. Sie ist zu bejahen, wenn die Rücklagenbildung zur Erhaltung der Unternehmenssubstanz mittelfristig erforderlich erscheint und nicht außer Verhältnis zur Einschränkung der Gewinnbezugsrechte steht. An diesen Voraussetzungen dürfte es regelmäßig fehlen, wenn die mehrheitlich beschlossene Satzungsregelung die dauernde und vollständige Einstellung des Jahresergebnisses in die Rücklagen vorschreibt[243]. Sofern die Regelung zu einer Beseitigung des mitgliedschaftlichen Gewinnrechts führt, kann sie ohnehin nur mit Zustimmung aller Gesellschafter beschlossen werden (zum Abschluß eines Gewinnabführungsvertrags vgl. Rdn 142, zur Änderung des Gesellschaftszwecks bei Aufgabe der Gewinnerzielungsabsicht vgl. 103). **113**

Die Satzung kann auch die **Gewinnverwendungskompetenz** modifizieren und an Stelle der Gesellschafterversammlung die Zuständigkeit des Aufsichtsrats oder eines anderen Gesellschaftsorgans begründen[244]. Die Entscheidung über die Gewinnverwendung kann auch einzelnen Gesellschaftern als Sonderrecht zugewiesen werden[245]. **114**

Von satzungsrechtlichen Gewinnverwendungsregeln zu unterscheiden sind Satzungsbestimmungen über eine vom dispositiven Gesetzesrecht abweichende **Gewinnverteilung**. Nach dem gesetzlichen Maßstab des Abs. 3 erfolgt die Gewinnverteilung entsprechend dem Gleichbehandlungsgrundsatz (§ 14, 67 ff) im Verhältnis der Geschäftsanteile; entscheidend ist dabei der Nennwert (näher § 29, 66). Der Gesellschaftsvertrag kann Abweichungen hiervon vorsehen, namentlich auf das Verhältnis der geleisteten Einzah- **115**

---

239 Zum Sonderfall der Satzungsänderung mit einfacher Mehrheit zur Überleitung auf die Neuregelungen des BiRiLiG bei sog. Altgesellschaften vgl. § 29, 143, 150.

240 Ganz hM, vgl. Scholz/*Priester* 137; Baumbach/*Hueck* § 29, 37; eingeh. auf der Basis des alten Rechts m. umf. Nachw. *M. Winter* Treubindungen S. 280 ff.

241 Zutr. *M. Winter* Treubindungen S. 284.

242 Dazu eingeh. *M. Winter* Treubindungen S. 284 ff und passim.

243 Ebenso Scholz/*Priester* 137; Baumbach/*Hueck* § 29, 37; Rowedder/*Zimmermann* 47.

244 Vgl. dazu näher – zurückhaltend – § 46, 23; außerdem Scholz/*K. Schmidt* § 46, 46; *Hartmann* Das neue Bilanzrecht und der Gesellschaftsvertrag der GmbH (1986) S. 165 f.

245 Zutr. Scholz/*Priester* 136; *Hommelhoff/Priester* ZGR 1986, 503.

lungen abstellen, den Gewinn nach Köpfen verteilen, einzelnen Gesellschaftern eine Vorzugsdividende einräumen oder das Gewinnbezugsrecht für bestimmte Anteile ganz ausschließen. Derartige Regelungen bedürfen, wenn sie im Wege späterer Satzungsänderung eingeführt oder umgestaltet werden sollen, neben einer qualifizierten Beschlußmehrheit der Zustimmung aller nachteilig betroffenen Gesellschafter. Zum Verzicht auf das Erfordernis eines besonderen Gewinnverteilungsbeschlusses durch Satzungsregelung vgl. § 29, 87; zum Ausschüttungs-Rückholverfahren und dessen satzungsrechtlicher Verankerung in Form von Nebenpflichten oder Nachschüssen, die der Zustimmung aller Gesellschafter bedarf, vgl. § 55, 90 ff.

7. Geschäftsführung und Vertretung

116 Satzungsregelungen über Geschäftsführer können zum einen deren **Bestellung** betreffen, insbesondere sich auf die *Zahl* der zu bestellenden Geschäftsführer, auf die *Bestellkompetenz* abweichend von § 46 Nr. 5 (§ 46, 73 ff) sowie auf *Eignungsmerkmale* für die zu bestellenden Geschäftsführer (vgl. näher Erläut. zu § 35) beziehen. Hieran ist die Gesellschafterversammlung gebunden (zur Satzungsdurchbrechung vgl. Rdn 30 ff). Alle diese Regelungen können **auch nachträglich** mit satzungsändernder Mehrheit eingeführt werden. Der Zustimmung bestimmter Gesellschafter bedürfen derartige Änderungsbeschlüsse nur in den Ausnahmefällen, in denen dadurch ein Sonderrecht auf Geschäftsführung betroffen wird (Rdn 21). Erfolgt die Bestellung der ersten Geschäftsführer in der Satzungsurkunde, ohne daß ihnen dadurch ein Sonderrecht auf Geschäftsführung eingeräumt werden soll, so stellt die entsprechende Bestimmung regelmäßig keinen materiellen Satzungsbestandteil dar; der Widerruf der Bestellung oder die Änderung der Anstellungsbedingungen sind dann durch einfachen Gesellschafterbeschluß möglich (vgl. oben Rdn 10). Die Befugnis, die Geschäftsführerbestellung nach § 38 Abs. 2 durch einen mit einfacher Mehrheit zu fassenden Gesellschafterbeschluß zu widerrufen, ist zwingend und kann in der Satzung weder ausgeschlossen noch eingeschränkt werden[246].

117 Von diesen die Bestellung der Geschäftsführer betreffenden Satzungsbestimmungen zu unterscheiden sind solche über die Art der Vertretungsmacht und der Geschäftsführungsbefugnis. Hinsichtlich der **Vertretungsmacht** bedarf es einer Satzungsregelung oder -änderung einerseits für *Abweichungen von der* gesetzlich vorgesehenen *Gesamtvertretung* aller Geschäftsführer (§ 35 Abs. 2 S. 2; zu den satzungsrechtlichen Gestaltungsmöglichkeiten vgl. Erläut. zu § 35), zum anderen für die Befreiung der Geschäftsführer vom *Verbot des Selbstkontrahierens*[247]. Die Satzung muß diese Änderung nicht selbst enthalten, sondern kann sich auf die Regelung einer **Ermächtigung** an die Gesellschafterversammlung oder ein anderes Gesellschaftsorgan beschränken, Abweichungen von § 35 Abs. 2 S. 2 oder Abs. 4 zu beschließen[248]. Wird von der Ermächtigung

[246] BGH WM 1983, 83, 84; zur streitigen Frage, inwieweit die Kompetenz zur Abberufung aus wichtigem Grund auf ein anderes Organ übertragen werden kann, vgl. Erläut. zu § 38 und § 46, 75, jew. m. weit. Nachw.

[247] Vgl. BGHZ 87, 59, 60 = NJW 1983, 1676; BayObLG BB 1980, 1442; BB 1981, 869 und GmbH-Rdsch. 1982, 257; OLG Frankfurt BB 1983, 146, 147 und 275, 276; zur Anwendbarkeit von § 181 BGB auch auf das Selbstkontrahieren des Einmanngesellschafter/-geschäftsführers vgl. § 35 Abs. 4.

[248] So für § 35 Abs. 2 S. 2 bisher schon RGZ 164, 177, 183; BGH GmbH-Rdsch. 1975, 201, 202; Voraufl. § 35, 241 (*Mertens*); Scholz/*U. H. Schneider* § 35, 65 f, jew. m. weit. Nachw.; ebenso für § 35 Abs. 4 n. F. jetzt BayObLG 1982, 257 und DB 1984, 1517; Scholz/*U. H. Schneider* § 35, 119; *Schick* DB 1983, 1194; **aA** anscheinend *Deutler* GmbH-Rdsch. 1980, 145, 146 und *K. Schmidt* NJW 1980, 1769, 1775.

Gebrauch gemacht, so muß die damit verbundene Änderung in der Art der Vertretungsbefugnis nach § 39 Abs. 1 iVm §§ 8 Abs. 4, 10 Abs. 1 S. 3 zum Handelsregister angemeldet werden[249]. Die Eintragung der Änderung wirkt, da sie die Vertretungsmacht und nicht den Satzungsinhalt betrifft, rein deklaratorisch. Die Änderung selbst wird schon mit der Erteilung der Ermächtigung wirksam, allerdings ist § 15 Abs. 1 HGB einschlägig[250].

Bezüglich der **Geschäftsführungsbefugnis** verzichtet das Gesetz auf eine nähere Ausgestaltung. Dementsprechend bleibt es den Gesellschaftern auch freigestellt, ob sie in den durch den Unternehmensgegenstand gezogenen Grenzen Regelungen hierüber in die Satzung aufnehmen, durch einfache Gesellschafterbeschlüsse treffen oder im Anstellungsvertrag festlegen wollen (vgl. näher Erläut. zu § 37). Soweit keine derartigen Regelungen getroffen sind, gilt entsprechend § 35 Abs. 2 S. 2 Gesamtgeschäftsführungsbefugnis aller Geschäftsführer (Voraufl. § 35, 210). **118**

8. Sonderrechte und -pflichten

Sonderrechte kommen im GmbH-Recht in zweierlei Ausgestaltung vor: als mit dem Anteil verbundene, dem jeweiligen Inhaber zustehende *Vorzugsrechte* (§ 5, 160 ff) sowie als höchstpersönliche, je nach Gegenstand des Rechts und Inhalt der Vereinbarung auch nach Beendigung der Mitgliedschaft fortbestehende *Sondervorteile* (§ 5, 170 ff). **119**

Beide Arten von Sonderrechten bedürfen zu ihrer **Begründung** der Aufnahme in die Satzung. Geschieht das nicht bei der Gesellschaftsgründung, sondern im Zuge einer späteren *Satzungsänderung*, so setzt es wegen der darin liegenden Abweichung vom Gleichbehandlungsgrundsatz die *Zustimmung sämtlicher nicht selbst begünstigter Gesellschafter* voraus[251]. Auf das Zustimmungserfordernis kann nur bei Schaffung solcher Vorzugsrechte verzichtet werden, bei denen allen Gesellschaftern das Recht zusteht, entsprechende mit dem Vorzugsrecht ausgestattete Geschäftsanteile zu gleichen Bedingungen zu erwerben (vgl. näher § 5, 164). Das *Fehlen* der Zustimmung macht den Satzungsänderungsbeschluß wegen des Verstoßes gegen den Gleichbehandlungsgrundsatz *anfechtbar* und nicht etwa, wie bei fehlender Zustimmung zu Eingriffen in den Kernbereich der Mitgliedschaft oder in Sonderrechte (Rdn 59 f), unwirksam (§ 5, 163). **120**

Bei der **Aufhebung** der Sonderrechte ist zu differenzieren. Die Aufhebung von **Vorzugsrechten** erfordert einen Satzungsänderungsbeschluß, der entsprechend § 35 BGB zu seiner Wirksamkeit der Zustimmung sämtlicher dadurch benachteiligter Gesellschafter bedarf (Rdn 60). Sind verschiedene Gattungen von Geschäftsanteilen vorhanden, so genügt nicht etwa die Zustimmung der qualifizierten Mehrheit der Inhaber der betroffenen Vorzugsgeschäftsanteile; § 179 Abs. 3 AktG ist wegen der stärker personalistischen Struktur der GmbH nicht entsprechend anwendbar (§ 5, 165)[252]. Dagegen erfolgt die Aufhebung von **Sondervorteilen** durch Erlaßvertrag (§ 397 BGB) zwischen der GmbH und dem Rechtsinhaber (str., vgl. näher § 5, 182). Eine materielle Satzungsänderung iS der §§ 53, 54 ist hierfür weder erforderlich noch genügend; die Satzung **121**

---

249 BGHZ 87, 59, 61 f = NJW 1983, 1676; BayObLG GmbH-Rdsch. 1982, 257; Scholz/*U. H. Schneider* aaO (Fn 248).

250 Zutr. *Ekkenga* AG 1985, 46; vgl. auch OLG München BB 1990, 1581, und *Dreher* DB 1991, 533, 535 ff zur Anwendbarkeit von § 15 Abs. 1 HGB im Fall nachträglicher Geschäftsunfähigkeit eines Mitglieds des Vertretungsorgans.

251 Unstr., vgl. § 14, 21 (*Raiser*); Scholz/*Priester* 148, 171; Rowedder/*Zimmermann* 48; *Lutter*/*Timm* NJW 1982, 418.

252 So auch Scholz/*Priester* 127; Baumbach/Hueck/*Zöllner* 19.

ist nach erfolgter Aufhebung vielmehr redaktionell zu berichtigen (Rdn 27). Wird gleichwohl mit Zustimmung des Betroffenen eine förmliche Satzungsänderung beschlossen, so ist hierin zugleich der Abschluß des Erlaßvertrags zu sehen. Er wird schon vor Handelsregistereintragung wirksam. – Zur Unverzichtbarkeit von *Minderheitsrechten* vgl. Rdn 58.

122 **Sonderpflichten** kommen in Form von Nebenleistungs- oder Nachschußpflichten in Betracht (vgl. § 3, 65 ff; § 26, 20 ff), jedoch mit der Besonderheit, daß sie nur für einen Teil der Gesellschafter gelten (§ 14, 51). Ihre **Begründung** ist auch nachträglich zulässig (§ 3, 72; § 26, 28). Sie setzt eine Satzungsänderung voraus, die zu ihrer Wirksamkeit der Zustimmung aller hiervon betroffenen Gesellschafter nach § 53 Abs. 3 bedarf (Rdn 75). Demgegenüber ist die satzungsändernde **Aufhebung** bestehender Sonderpflichten grundsätzlich ohne Zustimmung der hiervon nicht betroffenen Gesellschafter möglich. Sie verstößt auch nicht gegen den Gleichbehandlungsgrundsatz, da er ein Recht auf Ungleichbehandlung von Ungleichem nicht erfaßt[253].

9. Anteilsübertragung und -vererbung; Vorkaufsrechte

123 Geschäftsanteile sind grundsätzlich frei veräußerlich (§ 15 Abs. 1). Nach § 15 Abs. 5 kann die Satzung hiervon Abweichungen vorsehen; sie kann die **rechtsgeschäftliche Anteilsübertragung** an die Genehmigung der Gesellschaft knüpfen oder sie von sonstigen erschwerenden Voraussetzungen abhängig machen (vgl. näher § 15, 95 ff). Nach hM ist sogar der Ausschluß der Veräußerlichkeit zulässig, dies freilich um den Preis eines Austrittsrechts aus wichtigem Grund, wenn dem Gesellschafter das weitere Festhalten an der Mitgliedschaft nicht zuzumuten ist (§ 15, 4; Anh § 34, 46, 53).

124 Die nachträgliche **Einführung von Abtretungsbeschränkungen (Vinkulierung)** durch Satzungsänderung bedarf außer den sonstigen Erfordernissen der §§ 53, 54 der *Zustimmung sämtlicher Gesellschafter*[254]. Der Gegenansicht, die mangels abweichender Satzungserfordernisse auf die Zustimmung verzichten will[255], ist nicht zu folgen. Es trifft zwar zu, daß weder die freie Veräußerlichkeit ein „Sonderrecht" der Gesellschafter darstellt[256] noch auch ihre Einschränkung zu einer Leistungsvermehrung iS von § 53 von Abs. 3 führt[257]. Wohl aber handelt es sich bei der Veräußerlichkeit um ein zum Kernbereich der Mitgliedschaft gehörendes Recht, in das nur mit Zustimmung der betroffenen Gesellschafter eingegriffen werden kann (Rdn 59)[258]. Für diese Wertung spricht namentlich auch die entsprechende Regelung in § 180 Abs. 2 AktG. – Demgegenüber genügt für die nachträgliche **Aufhebung** von Abtretungsbeschränkungen grundsätzlich ein mit satzungsändernder Mehrheit gefaßter Beschluß[259]. Höhere Mehrheiten oder die Zustimmung sämtlicher Gesellschafter sind nur dann zu fordern, wenn

---

[253] Vgl. Rdn 64; zust. Scholz/*Priester* 145.

[254] Im Erg. ganz hM, vgl. – mit unterschiedlicher Begründung – RGZ 68, 210, 211 f; OLG Celle GmbH-Rdsch. 1959, 113; Scholz/*Priester* 154; Baumbach/Hueck/*Zöllner* 18; *Feine* S. 385; *Zöllner* Schranken mitgliedschaftlicher Stimmrechtsmacht S. 114; *Reichert* BB 1985, 1499; so jetzt auch § 15, 101 (*Zutt*) m. weit. Nachw. in Fn 169.

[255] So Voraufl. § 15, 102 (*Schilling/Zutt*); *G. Schmidt* DB 1955, 162; auch *Wiedemann* NJW 1964, 282, 284 f und *Lutter/Timm* NJW 1982, 416 (bei Vinkulierung zur Aufrechterhaltung der Selbständigkeit der GmbH); auch neuerdings noch *Fette* GmbH-Rdsch. 1986, 75 ff und *Meyer-Landrut*/Miller/Niehus 18 (gegen Zustimmungserfordernis und für Inhaltskontrolle).

[256] So aber RGZ 68, 210, 211 f, obwohl die freie Veräußerlichkeit grundsätzlich für alle Geschäftsanteile gilt.

[257] So aber OLG Celle GmbH-Rdsch. 1959, 114; Rowedder/*Zimmermann* 45; *Möhring* GmbH-Rdsch. 1963, 204; *Immenga* Personalistische Kapitalgesellschaft S. 79.

[258] So auch Scholz/*Priester* 154; *Rob. Fischer* JZ 1956, 362, 363; *Reichert* BB 1985, 1499.

[259] Ganz hM; vgl. Scholz/*Priester* 155; Baumbach/Hueck/*Zöllner* 18; Rowedder/*Zimmermann* 26; *Reichert* BB 1985, 1498.

die betreffende Satzungsbestimmung für die Genehmigung der Anteilsübertragung über eine 3/4-Mehrheit hinausgehende Erfordernisse, etwa einen einstimmigen Gesellschafterbeschluß oder die Zustimmung sämtlicher Mitgesellschafter vorsah (vgl. Rdn 87 und § 15, 102)[260].

Die **Vererbung** von Geschäftsanteilen ist nach § 15 Abs. 1 uneingeschränkt zulässig. **125** Sie kann in der Satzung weder ausgeschlossen noch zugunsten bestimmter nachfolgeberechtigter Erben beschränkt werden; auch die satzungsrechtliche Verankerung einer automatischen Einziehung mit dem Tod wird von der hM abgelehnt[261]. Möglich ist es jedoch, für den Fall der Anteilsvererbung Abtretungsverpflichtungen oder Einziehungsermächtigungen in die Satzung aufzunehmen (§ 15, 7 und Anh. § 15, 107 f). Das kann auch durch satzungsändernden Beschluß geschehen, der der Zustimmung aller betroffenen Gesellschafter bedarf[262].

Von satzungsrechtlichen Abtretungsbeschränkungen zu unterscheiden sind **Vorkaufs- oder Erwerbsvorrechte** zugunsten bestimmter oder aller Mitgesellschafter (vgl. **126** näher § 15, 28 ff und Anh § 15, 26 ff). Sie sollen die Gesellschafter gegen das Eindringen außenstehender Personen schützen, ohne die Veräußerlichkeit der Geschäftsanteile auszuschließen oder zu beschränken. Ihre *Vereinbarung* bedarf der Form des § 15 Abs. 4. Sollen sie mit dem *jeweiligen* Anteil verbunden sein, so sind sie in die Satzung aufzunehmen[262a]. Aus der Sicht der betroffenen Gesellschafter handelt es sich in diesem Fall um Nebenpflichten iS von § 3 Abs. 2, die nach § 53 Abs. 3 nur mit ihrer *Zustimmung* begründet werden können[263]. Die **Änderung oder Aufhebung** derartiger Satzungsregelungen bedürfen der Zustimmung der Mitgesellschafter, soweit sie für diese zu einer Schmälerung der korrespondierenden Vorkaufs- oder Erwerbsvorrechte führen[264].

10. Einziehung, Ausschließung, Austritt

Schrifttum

Niemeier Rechtstatsachen und Rechtsfragen der Einziehung von GmbH-Anteilen (1982). Weit. Nachw. vgl. vor § 34.

Die in § 34 vorgesehene **Einziehung** von Geschäftsanteilen ist nach § 34 Abs. 1 nur **127** aufgrund entsprechender Satzungsregelung zulässig. Die Einführung der Einziehungsbefugnis kann auch **nachträglich** durch Satzungsänderung erfolgen; hierfür gelten grundsätzlich die allgemeinen Vorschriften der §§ 53, 54. Fraglich ist, ob der Änderungsbeschluß gem. Abs. 3 der Zustimmung der Inhaber derjenigen Anteile bedarf, auf die sich die Befugnis erstrecken soll. Das ist bislang ganz überwiegend, freilich ohne Unterscheidung zwischen freiwilliger und Zwangseinziehung, bejaht worden[265]. Richtigerweise ist wie folgt zu differenzieren.

Für den Fall der **Zwangseinziehung** ist mit der hM das Zustimmungserfordernis zu **128** bejahen; der Satzungsänderung müssen alle gegenwärtigen Anteilsinhaber zustimmen,

---

[260] Vgl. OLG Düsseldorf GmbH-Rdsch. 1964, 250 m. Anm. *Winter*; Scholz/*Priester* 155; Baumbach/Hueck/*Zöllner* 18; *Reichert* BB 1985, 1497 ff; einschr. OLG Stuttgart GmbH-Rdsch. 1974, 257 und *Semler* GmbH-Rdsch. 1974, 253, 255.

[261] Str.; vgl. näher § 34, 111 ff, 113 m. weit. Nachw.

[262] Zutr. Scholz/*Priester* 168.

[262a] Vgl. näher *Reichert* BB 1985, 1501.

[263] OLG Celle GmbH-Rdsch. 1959, 113, 114; Scholz/*Priester* 170; *G. Hueck* Festschrift Larenz (1973) S. 749, 757; *Reichert* BB 1985, 1502.

[264] Eingeh. dazu *Reichert* BB 1985, 1500 ff.

[265] Vgl. BGH NJW 1977, 2316; BGH WM 1976, 204, 206; BayObLG GmbH-Rdsch. 1978, 269, 270; LG Bonn GmbH-Rdsch. 1979, 142, 143; weit. Nachw. vgl. oben § 34 Fn 26, 27.

denen gegenüber die Einziehungsklausel wirksam werden soll[266]. Danach muß zwar entgegen dem Wortlaut von § 34 Abs. 2 die Zwangseinziehung nicht schon vor dem Anteilserwerb des von der Einziehung betroffenen Inhabers in der Satzung verankert sein; mit Wirkung auch gegenüber den gegenwärtigen Anteilsinhabern kann sie aber nur mit deren Zustimmung eingeführt werden[267]. Fehlt die Zustimmung, ist der Satzungsänderungsbeschluß jedenfalls im Verhältnis zu dem nicht Zustimmenden schwebend bzw., wenn die Zustimmung verweigert worden ist, endgültig unwirksam. Die Einziehungsklausel erlangt dann auch gegenüber dem jeweiligen Rechtsnachfolger keine Wirksamkeit; in dem Anteilserwerb kann die Unterwerfung unter die Einziehungsklausel nicht gesehen werden (vgl. näher § 34, 36). Zur Frage, ob bei fehlender Zustimmung einzelner Gesellschafter die Satzungsänderung insgesamt gescheitert ist oder ob sie wenigstens diejenigen bindet, die für die Einziehungsklausel gestimmt haben, vgl. § 34, 37.

129 Die Möglichkeit **freiwilliger Einziehung** kann demgegenüber durch satzungsändernden Mehrheitsbeschluß im Grundsatz *ohne* Zustimmung aller betroffenen Gesellschafter eingeführt werden[268]. Im Verhältnis zum Inhaber des einzuziehenden Geschäftsanteils ist das schon deswegen unproblematisch, weil die Einziehung als solche nicht ohne seine Zustimmung wirksam wird (§ 34, 21). Aber auch für die Mitgesellschafter bringt die Möglichkeit der freiwilligen Einziehung keine unmittelbare und deshalb unter § 53 Abs. 3 fallende Leistungsvermehrung. Soweit sich durch die Einziehung mittelbar ihr Haftungsrisiko aus §§ 24, 31 erhöht, gilt entsprechendes wie im Fall mehrheitlicher Kapitalerhöhung (Rdn 75). Auch werden ihre Mitgliedschaftsrechte, insbes. das Stimm- oder Gewinnrecht, durch die Einziehung nicht beeinträchtigt; vielmehr erfahren sie im Regelfall, sofern durch die Einziehung ein Anteil wegfällt, sogar eine Verstärkung (zu Ausnahmekonstellationen, in denen es je nach Lage des Falles der Zustimmung aller Gesellschafter bedarf, vgl. § 34, 18). Keiner Zustimmung bedarf schließlich die Aufhebung oder die Abschwächung von Einziehungsklauseln; beides kann mit satzungsändernder Mehrheit beschlossen werden[269].

130 Die **Ausschließung aus wichtigem Grund** ist als ungeschriebener Grundsatz auch ohne Satzungsregelung zulässig (Näheres vgl. Anh § 34, 8 ff). Die Satzung kann jedoch Näheres über die Ausschließung regeln, insbesondere Bestimmungen über den wichtigen Grund treffen (Anh § 34, 17), die Durchführung der Ausschließung abweichend vom allgemeinen Recht gestalten (Anh § 34, 38) oder Regelungen über Höhe und Zahlungsmodalitäten der **Abfindung** treffen (vgl. Anh § 34, 43 und § 34, 77 ff, 85 ff). Der Zustimmung sämtlicher Gesellschafter bedürfen derartige Satzungsänderungen nur dann, wenn sie zu einer deutlichen Verschärfung des Ausschließungsrechts oder zu sonstigen spürbaren Verschlechterungen der Rechtsstellung der Gesellschafter führen[270].

131 Entsprechendes wie für die Ausschließung gilt auch für den **Austritt aus wichtigem Grund;** auch er ist ohne Satzungsregelung möglich (Anh § 34, 44 ff). Die Satzung kann

[266] Ganz hM, vgl. außer den Nachw. in Fn 265 nur Scholz/*Priester* 121; Baumbach/Hueck/*Zöllner* 20; näher *Niemeier* aaO S. 206 ff und oben § 34, 34 ff.

[267] So im Anschluß an *Hueck* DB 1957, 37, 40 zu Recht die heute hM; vgl. dazu § 34, 33 m. Nachw.

[268] Ebenso Scholz/*Priester* 121; Baumbach/Hueck/*Zöllner* 20; eingeh. *Niemeier* aaO S. 147 ff gegen die bislang vorherrschende, nicht zwischen den verschiedenen Einziehungsarten differenzierende Meinung; vgl. auch oben § 34, 16 f.

[269] Zutr. Scholz/*Priester* 121; Rowedder/*Zimmermann* 27.

[270] Ähnlich Scholz/*Priester* 110; generell für Zustimmungsbedürftigkeit noch BGHZ 9, 157, 160 = NJW 1953, 780 – obiter.

auch insoweit Modifikationen vorsehen[271]. Das Austrittsrecht kann jedoch – als unverzichtbares Minderheitenrecht (Anh § 34, 63, 65) – nicht abbedungen werden. Ein Zustimmungserfordernis besteht für satzungsändernde Beschlüsse über die Ausgestaltung des Austrittsrechts im Regelfall nicht. – Zu Satzungsregelungen über ein Kündigungsrecht der Gesellschafter vgl. § 60, 19; zu Satzungsklauseln über die Höhe der Abfindung in den verschiedenen Ausscheidensfällen vgl. § 34, 77 ff, Anh § 34, 43, 61 ff.

11. Gesellschafterbeschlüsse

Die gesetzlichen Vorschriften der **§§ 46 bis 51 sind zum größten Teil dispositiv** (§ 45 **132**
Abs. 2). Das gilt für die Zuständigkeit der Gesellschafterversammlung (§ 46, 3 f), für die Ausgestaltung des Stimmrechts (§ 47, 89 f), für Stimmrechtsvollmachten und Stimmverbote (§ 47, 91, 187 f), für die Form der Abstimmung (§ 48, 68 f) und für die erforderlichen Mehrheiten (§ 47, 18 ff) sowie für die Einberufung und Beschlußfähigkeit der Gesellschafterversammlung (§ 49, 30 f; § 47, 6; § 51, 33 f). Die Abweichungen machen jeweils eine Satzungsregelung erforderlich. Erfolgt sie nachträglich, so genügt grundsätzlich die satzungsändernde Mehrheit, soweit nicht im Einzelfall die Einführung oder Aufhebung von Sonderrechten (Rdn 60) oder sonstige Abweichungen vom Gleichbehandlungsgrundsatz (Rdn 64) in Frage stehen oder soweit die zu ändernde Satzungsregelung ihrerseits höhere Mehrheiten oder besondere Zustimmungserfordernisse vorsieht (Rdn 87). Zu den auch für Satzungsänderungen zu beachtenden Schranken der Mehrheitsherrschaft vgl. Rdn 56 ff, zu dem abweichend von § 45 Abs. 2 zwingenden Charakter der Regelungen des § 53 vgl. Rdn 2.

12. Aufsichtsrat, Beirat

Hat die Gesellschaft, insbesondere nach § 77 BetrVG 1952, nach Mitbestimmungs- **133**
oder Montanmitbestimmungsrecht, einen **obligatorischen** Aufsichtsrat zu bilden (vgl. näher § 52, 5 ff und 148 ff, 256 ff), so ist der Satzungsspielraum für die Ausgestaltung des Aufsichtsrats, die Auswahl und die Rechtsstellung seiner Mitglieder begrenzt (§ 52, 149 und 263 ff). Die mitbestimmungsrechtlichen Vorschriften über die Bildung des Aufsichtsrats sind ebenso *zwingend* wie die in § 77 Abs. 1 S. 2 BetrVG 1952, § 25 Abs. 1 Nr. 2 MitbestG in Bezug genommenen Bestimmungen des Aktienrechts. Zur satzungsrechtlichen Ausgestaltung bleibt insoweit nur nach Maßgabe von § 23 Abs. 5 AktG Raum[272].

Hinsichtlich der Einführung und Beibehaltung eines **fakultativen** Aufsichtsrats sind **134**
die Gesellschafter frei. Die hierzu erforderlichen Regelungen sind in der *Satzung* zu treffen, ggf. durch Satzungsänderung; die in § 52 Abs. 1 angeführten aktienrechtlichen Vorschriften gelten nur, soweit die Satzung keine Abweichungen vorsieht (§ 52, 21). Wird ein Aufsichtsrat ohne satzungsrechtliche Grundlage oder abweichend von ihr gewählt, so unterliegen die betreffenden Gesellschafterbeschlüsse der Anfechtung nach den Grundsätzen über die Satzungsdurchbrechung (vgl. Rdn 32 ff und § 52, 16; zur Wahl des ersten Aufsichtsrats vgl. auch § 52 Abs. 2, dazu § 52, 24 ff). Die **Einführung** eines Aufsichtsrats kann mit satzungsändernder Mehrheit beschlossen werden; der Zustimmung sämtlicher Gesellschafter bedarf der hierauf zielende Beschluß nur dann, wenn dadurch zugleich Sonder- oder Minderheitenrechte (etwa Entsendungsrechte)

---

[271] Einzelheiten vgl. in Anh § 34, 64 f; dazu auch *Fichtner* BB 1967, 18.

[272] Str., vgl. Hanau/*Ulmer* MitbestG § 25, 9 und oben § 52, 263 f.

geschaffen werden. Entsprechendes gilt für die Änderung oder Beseitigung der Satzungsvorschriften über den fakultativen Aufsichtsrat; sie bedarf außer der Dreiviertelmehrheit der Zustimmung nur solcher Gesellschafter, denen derartige, durch die Änderung betroffene Sonderrechte eingeräumt waren (§ 52, 42). Ein unentziehbares Mitgliedschaftsrecht auf Beibehaltung des Aufsichtsrats als „dauernde organische Einrichtung der Gesellschaft" ist demgegenüber nicht anzuerkennen[273].

135 Anstelle eines fakultativen Aufsichtsrats, aber auch neben einem obligatorischen Aufsichtsrat, kann ein **Beirat** als Beschlußgremium eingesetzt werden. Als *Gesellschaftsorgan* erfordert seine Schaffung eine Satzungsregelung; sie kann auch nachträglich im Wege der Satzungsänderung eingeführt werden. Darin sind die wesentlichen Entscheidungen betreffend den Beirat, namentlich seine Zusammensetzung und seine Kompetenzen, aufzunehmen. Für *Änderungen* der Satzungsbestimmungen über den Beirat gilt das gleiche wie im Fall des fakultativen Aufsichtsrats (Rdn 134). Die Zustimmung einzelner Gesellschafter zu einer Satzungsänderung kann dann erforderlich sein, wenn diesen ein Sonderrecht auf Entsendung eines Beiratsmitglieds eingeräumt ist, das von der Satzungsänderung einschränkend betroffen wird. Näher zum Beirat in der GmbH vgl. § 52, 297 ff.

VII. Sonstige Grundlagenbeschlüsse

1. Besonderheiten

136 **Kennzeichen** sonstiger, nicht als Satzungsänderungen zu qualifizierender Grundlagenbeschlüsse ist es, daß sie im Unterschied zu den Satzungsänderungsbeschlüssen des § 53 zwar *nicht* unmittelbar auf eine materielle (inhaltliche) Änderung des *Satzungswortlauts* gerichtet sind, wohl aber ähnlich wie diese auf eine Änderung der *Gesellschaftsgrundlagen* abzielen. Es handelt sich um innergesellschaftliche, körperschaftliche Akte in Bereichen, in denen den Geschäftsführern ohne Beschlußfassung der Gesellschafter nicht nur die Geschäftsführungsbefugnis, sondern regelmäßig auch die Vertretungsmacht fehlt (vgl. schon Rdn 37). Das ist im *Aktienrecht* für die Fälle des Abschlusses eines Unternehmensvertrags (§ 293 Abs. 1 und 2 AktG), der Verschmelzung und Umwandlung (§§ 340 c, 362 Abs. 2 AktG) sowie der Vermögensübertragung als Ganzes (§§ 359 bis 361 AktG) ausdrücklich klarstellt. Entsprechendes gilt für das *GmbH-Recht*, auch soweit es bisher an ausdrücklichen gesetzlichen Regelungen fehlt (vgl. Rdn 137, 162 ff).

2. Unternehmensverträge

Schrifttum

Flume Der Gewinn- und Verlustübernahmevertrag im GmbH-Recht, DB 1989, 665; *Gäbelein* Unternehmensverträge mit abhängigen GmbH, GmbH-Rdsch. 1989, 502; *Heckschen* Gelöste und ungelöste Fragen des GmbH-Konzernrechts, DB 1989, 29; *Hommelhoff/Semler/Doralt/G. H. Roth* Entwicklungen im GmbH-Konzernrecht, ZGR-Sonderheft 6, 1986; *Kleindiek* Fehlerhafte Unternehmensverträge im GmbH-Recht, ZIP 1988, 613; *Kort* Der Abschluß von Beherrschungs- und Gewinnabführungsverträgen im GmbH-Recht (1986); *ders.* Rechtsfortbildung im GmbH-Konzernrecht, ZIP 1989, 1309; *Lutter/Hommelhoff* Formerfordernisse für Unternehmensverträge im GmbH-Recht, NJW 1988, 1240; *Martens* Mehrheits- und Konzernherrschaft in der personalisti-

---

[273] AA KG DJZ 1906, 601; dagegen – wie hier – Scholz/*Priester* 109; *Großfeld/Brondics* AG 1987, 109.

schen GmbH (1970); *Mestmäcker* Verwaltung, Konzerngewalt und Rechte der Aktionäre (1958); *Priester* Bestimmungen zum Unternehmensvertrag in der Satzung der GmbH, DB 1989, 1013; *Rehbinder* Die Abwicklung fehlerhafter Unternehmensverträge beim GmbH-Vertragskonzern, Festschrift Fleck (1988) S. 253; *Rix* Gesellschaftsrechtliche Probleme von Gewinnabführungsverträgen bei der GmbH, MittRheinNotK 1986, 29; *U. H. Schneider* (Hrsg.) Beherrschungs- und Gewinnabführungsverträge in der Praxis der GmbH (1989); *Sonnenschein* Organschaft und Konzerngesellschaftsrecht (1976); *Stolzenberger-Wolters* Fehlerhafte Unternehmensverträge im GmbH-Recht (1990); *Timm* Geklärte und offene Fragen im Vertragskonzernrecht der GmbH, GmbH-Rdsch. 1987, 8; *ders.* Unternehmensverträge im GmbH-Recht, GmbH-Rdsch. 1989, 11; *Ulmer* Fehlerhafte Unternehmensverträge im GmbH-Recht, BB 1989, 10; *Wirth* Beendigung von Beherrschungs- und Gewinnabführungsverträgen bei der Veräußerung der abhängigen GmbH, DB 1990, 2105; *Zöllner* Die formellen Anforderungen an Beherrschungs- und Gewinnabführungsverträge bei der GmbH, DB 1989, 913. – Weitere Lit.-Nachw. aus der Zeit vor 1983 vgl. in Voraufl. § 53 (vor Rdn 125).

a) **Überblick.** Eine den § 293 ff AktG entsprechende *gesetzliche* Regelung über Abschluß und Inhalt von Unternehmensverträgen existiert für das GmbH-Recht *bislang nicht*[274]. Mit einer Kodifizierung des GmbH-Konzernrechts ist wohl erst zu rechnen, wenn der Gesetzgeber aufgrund einer EG-Konzernrichtlinie[275] zur Angleichung des innerstaatlichen Rechts an das EG-Recht verpflichtet wird. Bis dahin bewendet es bei einem durch *Richterrecht* geprägten, im Anh zu § 77 im einzelnen kommentierten Konzernrecht der GmbH[276]; die Zurückhaltung des Gesetzgebers steht dieser höchstrichterlichen Rechtsfortbildung nicht entgegen[276a]. – Die folgende Darstellung beschränkt sich auf die Konsequenzen, die für den **Abschluß von Unternehmensverträgen** aus deren organisationsrechtlichem Charakter und deren satzungsüberlagernder Wirkung (Rdn 137) zu ziehen sind. Dabei scheidet eine pauschale Anlehnung an die aktienrechtlichen Vorschriften wegen der rechtsformspezifischen Unterschiede aus[277]. **137**

Unternehmensverträge sind im GmbH-Gesetz zwar nicht besonders geregelt. Ihre Zulässigkeit auch bei der GmbH steht jedoch außer Streit[278]; sie ist vereinzelt auch gesetzlich (vgl. insbes. § 17 KStG, ferner § 1 MitbestErgG) anerkannt. **Rechtstatsächlich** ist über die Struktur der GmbH-Konzerne und über Art und Häufigkeit von Unternehmensverträgen mit einer beherrschten GmbH bisher wenig Konkretes bekannt (vgl. näher Anh § 77). Am praktisch bedeutsamsten ist aus steuerlichen Gründen[279] zweifellos der *Gewinnabführungsvertrag*; er wird häufig mit einem Beherrschungsvertrag kombiniert (zur Charakterisierung und inhaltlichen Ausgestaltung vgl. Anh § 77)[280]. Reine *Beherrschungsverträge* begegnen demgegenüber selten. Sie werden in der Praxis **138**

---

274 Vgl. aber den Regelungsvorschlag in §§ 230 ff RegE GmbHG 1971/73 (BT-Drucks. VI/3088 = 7/253), der auf eine im wesentlichen unveränderte Übernahme der aktienrechtlichen Vorschriften in das GmbHG hinauslief. Dazu mit Recht kritisch Voraufl. Anh II zu § 13, 52 (*Barz*); *Ballerstedt* ZHR 135 (1971) 400; Arbeitskreis GmbH-Reform, Bd. 2 (1972), S. 45 ff.

275 Vgl. dazu die Nachw. bei *Emmerich/Sonnenschein* Konzernrecht[3] § 1 VIII, S. 371 f. Ob es in absehbarer Zeit zu einem europäischen Konzernrecht kommt, ist derzeit allerdings fraglich; vgl. zum Diskussionsstand etwa *Finken/Weitbrecht* ZIP 1990, 963 m. Nachw.

276 Leitentscheidungen sind BGHZ 103, 1 = NJW 1988, 1326 – Familienheim, und BGHZ 105, 325 = NJW 1989, 295 – Supermarkt.

276a Zutr. *Lutter/Hommelhoff* NJW 1988, 1240 ff in Ablehnung von OLG Düsseldorf NJW 1987, 3208 und OLG Celle BB 1987, 2253; aA *Flume* DB 1989, 665 ff (dagegen zu Recht *Zöllner* DB 1989, 913 ff).

277 Unstr., vgl. nur Baumbach/Hueck/*Zöllner* Schlußanh 7; Scholz/*Emmerich* Anh KonzernR 20, 220; *Priester* ZGR-Sonderheft 6, S. 152; *Fleck* ZHR 149 (1985) 412 f; *Timm* BB 1981, 1491, 1492.

278 Vgl. nur *Priester* ZGR-Sonderheft 6, S. 152 und *Sonnenschein* S. 359 ff, jew. m. weit. Nachw.

279 §§ 14, 17 KStG verlangen den wirksamen Abschluß eines Gewinnabführungsvertrags für die Anerkennung körperschaftsteuerlicher Organschaft, dh die Ergebniszurechnung bei der Organträgerin.

280 Vgl. auch den Hinweis von *Priester* ZGR-Sonderheft 6, S. 157, daß in der Praxis als „Gewinnabführungsvertrag" bezeichnete Verträge häufig auch Beherrschungselemente enthalten.

wohl deshalb verbreitet für entbehrlich gehalten, weil die Mehrheit aufgrund des Weisungsrechts der Gesellschafterversammlung (vgl. Erläut. zu § 37 und § 46, 118) im Regelfall ohnehin in der Lage ist, ihre Unternehmenspolitik gegenüber der Geschäftsführung durchzusetzen[281]. Rechtlich ist sie dabei freilich dem Unternehmensinteresse der abhängigen Gesellschaft verpflichtet. Deren Ausrichtung auf das *Konzerninteresse* kann ohne Treupflichtverstoß nur dann durchgesetzt werden, wenn entweder ein Beherrschungsvertrag besteht oder die Minderheitsgesellschafter einer faktischen qualifizierten Konzernierung zustimmen (vgl. näher Anh § 77). *Sonstige* Unternehmensverträge (Gewinngemeinschaften, Teilgewinnabführungsverträge, Betriebspacht- und Betriebsüberlassungsverträge u. a., vgl. § 292 AktG) werden, soweit ersichtlich, nur vereinzelt abgeschlossen.

139 b) **Rechtsnatur.** Über die Rechtsnatur von Unternehmensverträgen herrscht heute weithin Einvernehmen. Mit Recht wird ihr **organisationsrechtlicher Charakter** betont[282]; der BGH spricht von einem „gesellschaftsrechtlichen Organisationsvertrag, der satzungsgleich den rechtlichen Status der Gesellschaft ändert"[283]. Dem entspricht es in der Sache, wenn von einer Überlagerung der Satzung durch den Unternehmensvertrag[284] bzw. von dessen materiell satzungsändernder Wirkung[285] gesprochen wird. Für die Voraussetzungen des wirksamen Abschlusses eines Unternehmensvertrags ergeben sich hieraus eine Reihe von Folgerungen (Rdn 140 ff), und zwar gleichermaßen für die Mehrpersonen- wie für die Einmann-Gesellschaft[286].

140 c) **Abschlußvoraussetzungen. α) Bei der abhängigen Gesellschaft.** Die Zuständigkeit zum Aushandeln eines Unternehmensvertrags liegt grundsätzlich bei den *Geschäftsführern* der abhängigen Gesellschaft. In der Regel vertreten sie die Gesellschaft gegenüber dem Vertragspartner auch beim Abschluß des Vertrags. Ihre organschaftliche Vertretungsmacht erstreckt sich hierauf jedoch nicht; § 37 Abs. 2 ist nicht anwendbar[287]. Die Geschäftsführer handeln daher als *Vertreter ohne Vertretungsmacht*, wenn sie ohne Ermächtigung der Gesellschafter, zu erteilen durch Zustimmungsbeschluß der Gesellschafterversammlung (Rdn 143), einen Unternehmensvertrag abschließen. Das folgt aus dem organisationsrechtlichen Charakter des Unternehmensvertrags. Die allgemeinen Grundsätze über die Nichteinbeziehung körperschaftlicher Akte in die gesetzliche Vertretungsmacht der Geschäftsführer und über die Notwendigkeit ihrer besonderen Ermächtigung durch die **Gesellschafterversammlung** zur Vornahme derartiger Geschäfte (Rdn 37) gelten auch hier. Ein ohne Beteiligung der Gesellschafterversammlung geschlossener Vertrag ist daher zunächst schwebend unwirksam, bis die Zustimmung erfolgt. Wird er freilich durchgeführt, so erlangt er dadurch Wirksamkeit nach den Grundsätzen der fehlerhaften Gesellschaft, solange sich kein Vertragsteil – mit der

---

[281] Vgl. nur *Rix* MittRheinNotK 1986, 30.

[282] Vgl. BayObLG WM 1988, 1229, 1230; Scholz/*Emmerich* Anh KonzernR 221; Scholz/*Priester* 159; *Lutter/Hommelhoff* NJW 1988, 1241; grundlegend bereits *Mestmäcker* S. 316 ff, 324; *Würdinger* DB 1958, 1447; aA noch OLG Düsseldorf NJW 1987, 3208; OLG Celle BB 1987, 2253.

[283] BGHZ 103, 1, 4 f = NJW 1988, 1326; 105, 324, 331 = NJW 1989, 295.

[284] *Timm* GmbH-Rdsch. 1981, 1491, 1492 ff.

[285] Vgl. etwa *Lutter/Hommelhoff* NJW 1988, 1241; *Zöllner* DB 1989, 913 f in Auseinandersetzung mit *Flume* DB 1989, 668, der zwar ebenfalls den materiell satzungsändernden Charakter im Grundsatz anerkennt, jedoch zu Unrecht annimmt, es gebe Satzungsänderungen im materiellen Sinne, deren Wirksamkeit nicht an die Erfüllung der gesetzlichen Formerfordernisse gebunden sei.

[286] Zutr. Scholz/*Priester* 161; *Lutter/Hommelhoff* NJW 1988, 1242; *Zöllner* DB 1989, 914; aA OLG Düsseldorf BB 1981, 1482, 1483; LG Hamburg BB 1984, 873; *Flume* DB 1989, 668; *Gäbelein* GmbH-Rdsch. 1989, 503 ff.

[287] Ganz hM, vgl. BGHZ 105, 324, 332 = NJW 1989, 295; Scholz/*Priester* 159; *Rix* MittRheinNotK 1986, 32; aA *Meyer-Landrut*/Miller/Niehus 10; *Skibbe* GmbH-Rdsch. 1968, 245; wohl auch noch OLG Düsseldorf BB 1981, 1482; weit. Nachw. bei BGH aaO.

Folge endgültiger Unwirksamkeit des Vertrags – auf die fehlende Zustimmung beruft (zum fehlerhaften Unternehmensvertrag vgl. näher Rdn 158).

Der Unternehmensvertrag bedarf nach zutr. und ganz hM der **Schriftform**[287a]; § 293 Abs. 3 S. 1 AktG ist entsprechend anwendbar (zum steuerrechtlichen Schriftformerfordernis als Voraussetzung für die Anerkennung der körperschaftsteuerlichen Organschaft vgl. § 17 S. 2 Nr. 1 KStG). Das folgt allein schon aus der Notwendigkeit seiner Einreichung zum Handelsregister (unten Rdn 147); sie macht die schriftliche Niederlegung erforderlich. Zum Erfordernis notarieller Beurkundung des Zustimmungsbeschlusses der Gesellschafterversammlung vgl. Rdn 154. **141**

Durch den Abschluß des Unternehmensvertrags wird die Satzung der abhängigen Gesellschaft zwar formell nicht angetastet, weil der Vertrag nicht in den Satzungstext aufzunehmen ist[288]. Wohl aber hat der Vertrag in Verbindung mit dem zum Abschluß erforderlichen Zustimmungsbeschluß (Rdn 143) **materiell satzungsändernde Wirkung**[289]. Das ergibt sich für den Fall des *Beherrschungsvertrags* bereits daraus, daß durch ihn die Weisungsbefugnis der Gesellschafterversammlung auf die andere Vertragspartei (regelmäßig den Mehrheitsgesellschafter) übertragen wird. Hinzu kommt die mit der Unterwerfung unter die Drittherrschaft im Regelfall verbundene Änderung des Gesellschaftszwecks; anstelle eigener und unabhängiger erwerbswirtschaftlicher Teilnahme am Wirtschaftsverkehr übernimmt die GmbH nunmehr eine dienende, am Konzerninteresse ausgerichtete Rolle. Das berührt die Grundlagen der Gesellschaft auch dann nachhaltig, wenn der Unternehmensgegenstand als das äußerliche Tätigkeitsfeld der Gesellschaft (§ 1, 8) unverändert bleibt. Auch der wirksame Abschluß eines isolierten *Gewinnabführungsvertrags* führt zu einer Änderung der Gesellschaftsgrundlagen, da er das Gewinnrecht der nicht am Vertrag beteiligten Gesellschafter de facto beseitigt. Ebenso wie der Beherrschungsvertrag hinsichtlich der gesellschafterlichen Mitwirkungsrechte bewirkt er daher einen materiell satzungsändernden Eingriff in den Kernbereich der Mitgliedschaft (vgl. oben Rdn 59)[290]. **142**

Aus dem materiell satzungsändernden Charakter des Unternehmensvertrags folgt die Notwendigkeit, den für die Ermächtigung der Geschäftsführer zum Abschluß erforderlichen **Zustimmungsbeschluß** der Gesellschafterversammlung der abhängigen Gesellschaft mangels gesetzlicher Sonderregelungen nach Art der §§ 293, 294 AktG den gmbH-rechtlichen Vorschriften über *Satzungsänderungen* zu unterwerfen[291]. Dafür sprechen sowohl Gesichtspunkte des Minderheitenschutzes angesichts des Fehlens gesetzlicher Ausgleichs- und Abfindungsregelungen als auch solche des Gläubigerschutzes sowie der Rechtssicherheit und -klarheit. Der Zustimmungsbeschluß der Gesellschafterversammlung bedarf danach gem. § 53 Abs. 2 einer *Dreiviertelmehrheit* **143**

287a So mit Recht BGHZ 105, 324, 342 = NJW 1989, 295; LG Hamburg AG 1984, 278; Scholz/*Emmerich* Anh KonzernR 230; *Lutter/Hommelhoff* Anh § 13, 36; *Priester* ZGR-Sonderheft 6, S. 167; *Rix* MittRheinNotK 1986, 36; weitergehend – für notarielle Beurkundung – noch *Timm* BB 1981, 1496 (aufgegeben in AG 1982, 100).

288 Unstr., vgl. nur *Timm* BB 1981, 1495 f.

289 Ganz hM, vgl. die Nachw. in Fn 282–286.

290 Vgl. zum Ganzen auch BGHZ 105, 324, 331 = NJW 1989, 295 m. umf. Nachw.; dazu zu Unrecht krit. *Gäbelein* GmbH-Rdsch. 1989, 503 f.

291 Zutr. BGHZ 105, 324, 338 = NJW 1989, 295 m. umf. Nachw.; ebenso BayObLG WM 1988, 1229, 1232 f; OLG Hamburg WM 1987, 1163, 1169; Scholz/*Priester* 161; Scholz/*Emmerich* Anh KonzernR 232; aA noch OLG Düsseldorf BB 1981, 1482 f; OLG Düsseldorf WM 1987, 1396; OLG Celle WM 1988, 47; auch – obiter – OLG Schleswig ZIP 1987, 1448, 1453; Voraufl. Anh II zu § 13, 31 (*Barz*); *Meyer-Landrut*/Miller/Niehus 10; *Flume* DB 1956, 457; *ders.* DB 1989, 667 f; *Gutbrod* BB 1980, 289; *Esch* BB 1986, 275; *Gäbelein* GmbH-Rdsch. 1989, 503 ff; *Venzmer* WPg 1990, 309 ff (unter unhaltbarer Berufung auf abweichendes Gewohnheitsrecht); weit. Nachw. aus dem älteren Schrifttum vgl. in Voraufl. 130.

der abgegebenen Stimmen (zum zusätzlichen Erfordernis der Zustimmung aller Gesellschafter vgl. Rdn 145) sowie der *notariellen Beurkundung*. Der Niederschrift über die Beschlußfassung ist der Vertrag als Anlage beizufügen (vgl. § 9 Abs. 1 Nr. 2 BeurkG). Wirksam wird der Beschluß nach § 54 Abs. 3 erst mit *Eintragung* im Handelsregister (Rdn 147). Das Fehlen der notariellen Beurkundung wird entsprechend § 241 Abs. 1 AktG geheilt, wenn gleichwohl die Eintragung im Handelsregister erfolgt (vgl. Anh § 47, 79). Die ausschließliche Zuweisung der Satzungsänderungskompetenz an die Gesellschafterversammlung (Rdn 23) bedingt im übrigen, daß sich deren Beschluß auf einen konkreten Vertragsentwurf beziehen muß; eine allgemein gehaltene Ermächtigung der Geschäftsführer zum Aushandeln und Abschluß eines Unternehmensvertrags scheidet aus (zur Frage vorsorgender Satzungsklauseln vgl. Rdn 149).

144 Aus dem organisationsrechtlichen Charakter des Unternehmensvertrags folgt, daß auch der andere Vertragsteil bei der Beschlußfassung über die Zustimmung zum Vertragsabschluß stimmberechtigt ist; das **Stimmverbot** nach § 47 Abs. 4 greift **nicht** ein[292]. Dem Schutz der Minderheit ist mit dem Erfordernis der Zustimmung aller Gesellschafter (Rdn 145) hinreichend Rechnung getragen.

145 Zusätzlich zur satzungsändernden Dreiviertelmehrheit bedarf der Gesellschafterbeschluß zu seiner Wirksamkeit der **Zustimmung aller** an der Abstimmung nicht beteiligten oder überstimmten **Gesellschafter**[293]. Das gilt nicht nur, wenn sich mit dem Abschluß des Unternehmensvertrags eine Änderung des Gesellschaftszwecks verbindet (vgl. § 33 Abs. 1 S. 2 BGB), sondern folgt auch aus der mit dem Vertragsschluß meist verbundenen Durchbrechung des Gleichbehandlungsgrundsatzes (Rdn 64) und dem Eingriff in den Kernbereich der Mitgliedschaft (Rdn 59). Die gegen das Zustimmungserfordernis gerichteten *Einwände* greifen nicht durch. Auf die in § 17 KStG geforderte Dreiviertel-Mehrheit lassen sie sich nicht stützen[294]; die Vorschrift präjudiziert nicht etwa die nach Gesellschaftsrecht begründeten Anforderungen an den Abschluß von Unternehmensverträgen, sondern setzt umgekehrt die zivilrechtliche Wirksamkeit des Vertragsschlusses für dessen steuerrechtliche Anerkennung voraus. Auch eine Analogie zu § 293 Abs. 1 AktG[295], wonach eine Dreiviertel-Mehrheit für den Zustimmungsbeschluß hinreicht und die Satzungsänderungsvorschriften nicht anzuwenden sind, scheidet wegen der unterschiedlichen Interessenlage der Minderheit in AG und GmbH und wegen des Fehlens gmbH-rechtlicher Minderheitsschutzvorschriften nach Art der

---

[292] Vgl. nur Scholz/*Priester* 159; *Heckschen* DB 1989, 30; *Sonnenschein* S. 357 f; aA noch *Flume* I/2, S. 235 f; Baumbach/Hueck/*Zöllner* Schlußanh I, 17; *Martens* S. 164; weit. Nachw. Voraufl. 128.

[293] Ebenso Scholz/*Priester* 164; Baumbach/Hueck/*Zöllner* Schlußanh I, 16; *Ulmer* BB 1989, 14 f; *K. Schmidt* GmbH-Rdsch. 1979, 124; *ders.* GesR § 38 III 2 a, S. 889 (für den Beherrschungsvertrag); *Hönle* DB 1979, 485; *Rix* MittRheinNotK 1986, 34; *Sonnenschein* S. 354 ff, 367; im Erg. ähnlich – für einstimmige Beschlußfassung aller Gesellschafter – Scholz/*Emmerich* Anh KonzernR 233; *Gutbrod* BB 1980, 290; *Martens* S. 165 ff; offenlassend BGHZ 105, 324, 332 = NJW 1989, 295; aA – für Hinreichen einer 3/4- Mehrheit bei materieller Beschlußkontrolle – *Lutter/Hommelhoff* Anh § 13, 42; Rowedder/*Koppensteiner*² Anh § 52, 40; *Lutter* ZGR-Sonderheft 6, S. 196 f; *Heckschen* DB 1989, 29 f; *Kort* S. 105 ff; im Erg. auch *Stolzenberg-Wolters* S. 20 ff (unter Bejahung einer Analogie zu §§ 304, 305 AktG); vermittelnd *Timm* GmbH-Rdsch. 1987, 11 und 1989, 14, der die Zustimmung aller dann für entbehrlich hält, wenn den dissentierenden Gesellschaftern neben einer Ausgleichs- und Abfindungszahlung eine Gesellschafterstellung in der Obergesellschaft angeboten wird; noch anders *ders.* DB 1981, 1494 f (9/10-Mehrheit).

[294] Darauf abstellend aber OLG Düsseldorf BB 1981, 1482, 1483; OLG Celle BB 1987, 2253; *Esch* BB 1986, 274 ff; *Flume* DB 1989, 665; *Gäbelein* GmbH-Rdsch. 1989, 504 f; tendenziell auch *Gutbrod* BB 1980, 288, 290 und *Kort* S. 78 f, 119 f, 129 ff; zu Recht aA BGHZ 105, 324, 339 f = NJW 1989, 295 m. umf. Nachw.; BayObLG WM 1988, 1229, 1233; wie hier auch Scholz/*Emmerich* Anh KonzernR 219; Scholz/*Priester* 162.

[295] Zutr. *Gutbrod* BB 1980, 289; *Kort* S. 109 f, 119; vgl. auch *Gäbelein* GmbH-Rdsch. 1989, 505 f.

§§ 304 ff AktG aus[296]. Schließlich vermag auch die Behauptung eines Wertungswiderspruchs zu § 20 Abs. 2 KapErhG, der für die Verschmelzung von Gesellschaften mbH nur einen mit Dreiviertel-Mehrheit gefaßten Beschluß verlangt[297], nicht zu überzeugen. Der entscheidende *Unterschied der Verschmelzung* gegenüber der Überführung der Gesellschaft in den Vertragskonzern besteht darin, daß bei jener den außenstehenden Gesellschaftern Anteile an der übernehmenden Gesellschaft gewährt werden müssen[298], sie folglich weiterhin an einem selbständigen Unternehmen beteiligt bleiben, während die Minderheit im Fall des Unternehmensvertrags – vorbehaltlich der Gewährung eines Austrittsrechts mit Abfindung – eine qualitative Verschlechterung ihrer Mitgliedschaft in der abhängigen Gesellschaft erleidet. Bejaht man aus den genannten Gründen die Notwendigkeit der Zustimmung aller Gesellschafter, so stellt sich die Frage einer materiellen Beschlußkontrolle am Maßstab sachlicher Rechtfertigung (Rdn 67 ff) nicht; die Minderheitsinteressen sind schon durch das Zustimmungserfordernis hinreichend geschützt[298a].

Eine **Zustimmungspflicht** der Minderheit kommt selbst dann, wenn ein angemessener Ausgleich angeboten wird, nur in seltenen Ausnahmefällen in Betracht[299]. Gegen sie spricht, daß der Abschluß des Unternehmensvertrags regelmäßig einen Eingriff in den Kernbereich der Mitgliedschaft darstellt und sich auf die Gesellschafter unter Durchbrechung des Gleichbehandlungsgrundsatzes unterschiedlich auswirkt. Nur wenn die vertragliche Konzernierung zur Erhaltung der Gesellschaftsexistenz unabdingbar ist, namentlich keine die Minderheitsinteressen weniger stark berührenden Maßnahmen zur Verfügung stehen, ist eine Zustimmungspflicht in Erwägung zu ziehen. **146**

Die Ausrichtung der Gesellschaft auf das Konzerninteresse bzw. die Gewinnabführungspflicht ist in entsprechender Anwendung von §§ 54 Abs. 1, 10 Abs. 1 im **Handelsregister** zu verlautbaren. Nach dem „Supermarkt"-Beschluß des BGH, der die Frage für die Praxis abschließend geklärt hat[300], reicht es nicht aus, im Handelsregister lediglich das Zustandekommen des Zustimmungsbeschlusses zu vermerken und im übrigen auf die beigefügten Unterlagen, namentlich den Unternehmensvertrag, zu verweisen[301]. Neben dem Zustimmungsbeschluß samt Datum der Beschlußfassung sind vielmehr auch das Bestehen und die Art des Unternehmensvertrags unter Angabe des anderen Vertragsteils und des Zeitpunkts des Vertragsabschlusses anzumelden und im Handelsregister einzutragen[302]. Der Unternehmensvertrag selbst und die Niederschrift über den ggf. erforderlichen Zustimmungsbeschluß des anderen Vertragsteils (Rdn 157), der seinerseits nicht der Eintragung bedarf, sind beizufügen[303]. In der Sache bedeutet das eine Analogie zu § 294 Abs. 1 AktG[304]. **147**

---

296 Näher dazu *Ulmer* BB 1989, 14.

297 So aber Rowedder/*Koppensteiner*² Anh § 52, 40; *Timm* AG 1982, 100; *ders.* GmbH-Rdsch. 1987, 11; *ders.* ZGR 1987, 430 f; zu Recht aA *Priester* ZGR-Sonderheft 6, S. 163; *Fleck* ZGR 1988, 134.

298 Dafür auch bei Überführung in den Vertragskonzern folgerichtig *Timm* ZGR 1987, 430 ff.

298a Für eine materielle Beschlußkontrolle folgerichtig aber *Lutter/Hommelhoff* Anh § 13, 42; Rowedder/*Koppensteiner*² Anh 52, 40; diff. je nach der „konkreten Realstruktur" der Gesellschaft *Timm* ZGR 1987, S. 432 f; dagegen *Kort* S. 121 f.

299 Weitergehend namentlich Scholz/*Priester* 164 und *Priester* ZGR-Sonderheft 6, S. 164 ff (Zustimmungspflicht, wenn Vertragsschluß sachlich gerechtfertigt, Vermögensinteressen der Außenstehenden voll gewahrt und überwiegende Belange aus deren Sicht nicht entgegenstehen); allgemein zu Voraussetzungen und Grenzen von Zustimmungspflichten im GmbH-Recht vgl. *M. Winter* Treubindungen, S. 167 ff, 178 ff; vgl. auch oben Rdn 67.

300 Vgl. näher BGHZ 105, 324, 342 ff = NJW 1989, 295.

301 So noch Voraufl. 131; weit. Nachw. in BGHZ 105, 324, 342, 345 = NJW 1989, 295; wie hier jetzt auch *Lutter/Hommelhoff* Anh § 13, 37.

302 Zur unzulässigen Umgehung der durch das Eintragungserfordernis bezweckten Publizität des Unternehmensvertrags durch Aufnahme des wesentlichen Vertragsinhalts in die Satzungsurkunde vgl. zutr. *Priester* DB 1989, 1016.

303 Vgl. BGHZ 105, 324, 343 = NJW 1989, 295.

304 Dafür auch Scholz/*Emmerich* Anh KonzernR 230; aA noch OLG Düsseldorf BB 1981, 1482.

148 **β) Beim herrschenden Unternehmen.** Ist das herrschende Unternehmen ebenfalls eine **GmbH**[305], so bedarf der Abschluß des Unternehmensvertrags auch auf seiner Seite eines **Zustimmungsbeschlusses** der Gesellschafterversammlung, der entsprechend § 293 Abs. 2 S. 2, Abs. 1 S. 2 AktG mindestens mit *drei Vierteln* der abgegebenen Stimmen gefaßt werden muß[306]. Der Beschluß hat für die Obergesellschaft zwar keine satzungsändernde Wirkung; §§ 53, 54 sind nicht einschlägig. Das Verlustausgleichsrisiko des herrschenden Unternehmens entsprechend § 302 AktG (vgl. Anh § 77) berührt jedoch als latente Dauerverpflichtung der Gesellschaft unmittelbar die Interessen der Gesellschafter; das rechtfertigt die Analogie zu § 293 Abs. 2 AktG[307]. Eine notarielle Beurkundung des Beschlusses ist nicht erforderlich[308]; er muß jedoch schriftlich festgestellt werden[309]. Eine Handelsregisterverlautbarung entfällt[310]. Dem Fehlen des Zustimmungsbeschlusses kommt Außenwirkung zu[311]; ohne sein Vorliegen wird der Unternehmensvertrag mangels Vertretungsmacht der Geschäftsführer der Obergesellschaft nicht wirksam (zur Frage satzungsrechtlicher Ermächtigung vgl. Rdn 149, zur Behandlung fehlerhafter Unternehmensverträge vgl. Rdn 158).

149 **d) Satzungsklauseln.** Das Erfordernis eines *Zustimmungsbeschlusses* der Gesellschafter der Ober- und Tochtergesellschaft zum Abschluß von Unternehmensverträgen kann zumal bei Gesellschaften mit einem größeren Gesellschafterkreis einen erheblichen organisatorischen und zeitlichen Aufwand verursachen. Das wirft die Frage auf, inwieweit das Verfahren durch **vorsorgende Satzungsregelungen** vereinfacht werden kann[312]. In Betracht zu ziehen sind zum einen Klauseln, die die Mitwirkungskompetenzen der Gesellschafterversammlung auf die Geschäftsführer zu verlagern suchen, und zum anderen Satzungsbestimmungen, die eine Abweichung von den oben (Rdn 143, 148) genannten Zustimmungsquoren vorsehen. Dabei ist zwischen der Rechtslage bei der abhängigen Gesellschaft und derjenigen bei der Obergesellschaft zu unterscheiden.

150 Bei der **abhängigen Gesellschaft** scheidet eine **satzungsrechtliche Ermächtigung** aufgrund des Umstands aus, daß der Abschluß eines Unternehmensvertrags einer Satzungsänderung gleichsteht (Rdn 143). Bestimmungen, die die Geschäftsführer ermächtigen, ohne Mitwirkung der Gesellschafterversammlung für die Gesellschaft als beherrschte Gesellschaft einen Unternehmensvertrag abzuschließen, scheitern an der zwingenden Geltung von § 53 Abs. 1, der eine Übertragung der Satzungsänderungskompetenz auf andere Gesellschaftsorgane oder Dritte ausschließt (Rdn 2). Eine Ermächtigung der Geschäftsführer, mit satzungsändernder Wirkung über die Ersetzung des Gesellschafts- durch das Konzerninteresse zu befinden, ist danach unzulässig[313]. Das gilt selbst dann, wenn die Satzungsbestimmung den zukünftigen anderen Vertragsteil und den wesentlichen Inhalt des Vertrags bereits konkret benennt, weil auch der

---

305 Zur AG als die GmbH beherrschendes Unternehmen vgl. zuletzt *Vetter* BB 1989, 2125 ff.

306 BGHZ 105, 324, 333, 336 = NJW 1989, 295; Scholz/*Emmerich* Anh KonzernR 236; *Ulmer* BB 1989, 12; aA *Gäbelein* GmbH-Rdsch. 1989, 505 f.

307 BGHZ 105, 324, 335 = NJW 1989, 295.

308 BGHZ 105, 324, 337 = NJW 1989, 295; aA die in Fn 310 Genannten.

309 Zum Erfordernis seiner Einreichung beim Registergericht vgl. Rdn 147.

310 Dafür aber *Heckschen* DB 1989, 31; *U. H. Schneider* WM 1986, 181, 186 f; *Priester* ZGR-Sonderheft 6, S. 175.

311 BGHZ 105, 324, 336 f = NJW 1989, 295; *Lutter/Hommelhoff* Anh § 13, 38; Rowedder/*Koppensteiner*² Anh § 52, 43; aA aber BayObLG WM 1988, 1229, 1232; Scholz/*Emmerich* Anh KonzernR 237; *Priester* ZGR-Sonderheft 6, S. 174; weit. Nachw. in BGHZ 105, 324, 334.

312 Vgl. dazu näher *Priester* DB 1989, 1013 ff und *U. H. Schneider* Beherrschungs- und Gewinnabführungsverträge in der Praxis der GmbH (1989), S. 17 ff.

313 Zutr. *Priester* DB 1989, 1014 f; aA *Stolzenberger-Wolters* S. 39 f.

Zeitpunkt für den Eintritt der Satzungsänderung nicht in die Entscheidungsbefugnis der Geschäftsführer gestellt werden kann[314].

Zulässig sind dagegen Satzungsklauseln, die **Abweichungen** von der **Zustimmung aller Gesellschafter** der abhängigen Gesellschaft zum Abschluß des Unternehmensvertrags (Rdn 145) enthalten[315]. Eine Schranke finden entsprechende Mehrheitsklauseln freilich an dem satzungsändernden Charakter des Zustimmungsbeschlusses; die in § 53 Abs. 2 S. 1 geforderte Mehrheit von mindestens drei Vierteln der abgegebenen Stimmen kann auch durch die Satzung nicht unterschritten werden (Rdn 1). Danach kann der Gesellschaftsvertrag für den Beschluß über die Ermächtigung der Geschäftsführer zum Abschluß eines Unternehmensvertrags zwar von der Zustimmung aller Gesellschafter dispensieren; eine geringere als die gesetzliche Dreiviertel-Mehrheit kann er jedoch nicht vorsehen. Auch reicht entsprechend den für Mehrheitsklauseln in Personengesellschaften anerkannten Grundsätzen[316] eine allgemein gefaßte oder dem – formalen – Bestimmtheitsgrundsatz genügende Satzungsregelung nicht aus, weil sich der Abschluß des Unternehmensvertrags als Eingriff in den Kernbereich der Mitgliedschaft darstellt. Es bedarf vielmehr einer Konkretisierung des der Mehrheitsentscheidung überantworteten Unternehmensvertrags nach Art und Inhalt unter Einschluß der der künftigen Minderheit verbleibenden Rechtsstellung[317]. **151**

Auch soweit die Beteiligung der Gesellschaft mbH als **Obergesellschaft** am Unternehmensvertrag in Frage steht, reicht, wenn dem Schutzzweck des § 293 Abs. 2 AktG Rechnung getragen werden soll, eine allgemeine Ermächtigung der Geschäftsführer zum Abschluß von Unternehmensverträgen nicht aus[318]. In Betracht kommen aber Satzungsklauseln, die den abzuschließenden Unternehmensvertrag inhaltlich hinreichend konkretisieren und den Kreis der ggf. in die Konzernierung einzubeziehenden Gesellschaften benennen; derartige konkrete Handlungsermächtigungen nach Art einer antizipierten Zustimmung sind zuzulassen[319]. Dagegen scheidet eine Absenkung der erforderlichen Dreiviertel-Mehrheit für den Zustimmungsbeschluß bei der herrschenden Gesellschaft angesichts der zwingenden Geltung des im GmbH-Recht analog anwendbaren § 293 Abs. 1 S. 3 AktG aus[320]. Unberührt bleibt die Möglichkeit, in der Satzung ein höheres Zustimmungsquorum festzusetzen. **152**

e) **Änderung und Beendigung.** Bislang wenig geklärt ist die Frage, welche Folgerungen sich aus den vorstehend genannten Anforderungen an den Abschluß von Unternehmensverträgen für die Fälle der Änderung und der Beendigung wirksam begründeter Unternehmensverträge ergeben. Keine Besonderheiten bestehen, wenn der Vertrag für eine *bestimmte Frist* abgeschlossen ist; mit deren Ablauf endet der Vertragskonzern **153**

---

314 So aber noch *Priester* ZGR-Sonderheft 6, S. 160; *U. H. Schneider* aaO (Fn 312), S. 20 f; dagegen mit Recht jetzt *Priester* DB 1989, 1014. Allg. zur Unzulässigkeit einer dem Vertretungsorgan von der Mitgliederversammlung erteilten Ermächtigung, über die Verwirklichung einer (auf Vorrat beschlossenen) Satzungsänderung durch deren künftige Anmeldung zum Handelsregister zu entscheiden, vgl. (für die AG) LG Frankfurt WM 1990, 237, 238 f; *Zöllner*-KölnKommAktG² § 181, 27; *Lutter* Festschrift Quack (1991) S. 301, 306 f.

315 Vgl. näher *Ulmer* BB 1989, 15; *Priester* DB 1989, 1015 f; auch Baumbach/Hueck/*Zöllner* Schlußanh I, 16 aE; *Kleindiek* ZIP 1988, 617.

316 Dazu näher MünchKomm.-*Ulmer* BGB² § 709, 69 ff, 77 m. weit. Nachw.

317 Vgl. *Priester* DB 1989, 1015 f, der die Bestimmung adäquater Ausgleichs- und Abfindungsleistungen verlangt.

318 Vgl. schon BGHZ 83, 122, 131 = NJW 1982, 1703 (Holzmüller), wo der BGH eine allgemein gefaßte Ausgliederungsklausel in der AG-Satzung für unbeachtlich hielt.

319 Ebenso *Priester* DB 1989, 1016; *Stolzenberger-Wolters* S. 42; zur Frage einer Ermächtigungsklausel, die auf die Größe bzw. das Geschäftsvolumen der abhängigen Gesellschaft abhebt (sog. Bagatellklausel) vgl. *Priester* aaO S. 1017; für die AG vgl. auch *Grunewald* AG 1990, 134 f (dort auch zur Möglichkeit ermächtigender, bis zum nächsten Hauptversammlungstermin befristeter Aktionärsbeschlüsse).

320 So auch *Priester* DB 1989, 1018.

automatisch, ohne daß es rechtsgeschäftlicher Handlungen der Organe der beteiligten Gesellschaften bedarf. *Anders* liegt es in den Fällen der Kündigung, der einverständlichen Vertragsaufhebung sowie bei inhaltlichen Änderungen des im übrigen fortbestehenden Vertrags. Für die abhängige Gesellschaft folgt aus der satzungsändernden Wirkung, die sich mit dem Abschluß von Unternehmensverträgen nach ganz hM verbindet (Rdn 139), daß grundsätzlich auch die Änderung und Beendigung bestehender Unternehmensverträge den Vorschriften über die Satzungsänderung zu unterstellen ist[321]; anderes gilt nur insoweit, als sich etwaige Änderungen lediglich auf rein „formelle" Bestandteile des Unternehmensvertrags beziehen. Im einzelnen ist wie folgt zu differenzieren.

154 Auf Seiten der **abhängigen** Gesellschaft gehört die einvernehmliche **Aufhebung des Unternehmensvertrags** vor Ablauf seiner Dauer ebenso wie dessen Abschluß nicht zu den Geschäftsführungsangelegenheiten, sondern zu den Gesellschaftsgrundlagen, für die die Geschäftsführer einer Ermächtigung durch die Gesellschafter bedürfen (Rdn 37; zur Rechtslage in der Obergesellschaft vgl. Rdn 157). Wegen der inhaltlich satzungsändernden Wirkung muß der *Gesellschafterbeschluß* den Satzungsänderungserfordernissen der §§ 53, 54 genügen: er muß mit Dreiviertelmehrheit gefaßt, notariell beurkundet und zusammen mit der Vereinbarung über die Vertragsbeendigung zur Eintragung in das Handelsregister angemeldet werden (vgl. Rdn 147). Das gilt abweichend von § 296 AktG auch dann, wenn der Unternehmensvertrag keine Ausgleichs- oder Abfindungszahlungen an die außenstehenden Gesellschafter vorsieht; mangels einer Regelung nach Art des § 293 Abs. 1 S. 4 AktG haben die gmbH-rechtlichen Vorschriften über Satzungsänderungen Vorrang vor einer Analogie zum Aktienrecht[322]. An dieser Beurteilung ändert auch der Umstand nichts, daß die Vertragsbeendigung die Rückkehr zum „Normalstatut" der GmbH bedeutet[323]; er läßt die körperschaftliche, dem Grundlagenbereich zuzuordnende Natur der einvernehmlichen Beendigung und ihre materiell satzungsändernde Wirkung unberührt. Hinsichtlich der *Beschlußanforderungen* bewendet es grundsätzlich bei der satzungsändernden Dreiviertelmehrheit. Die Zustimmung außenstehender Gesellschafter ist nur dann erforderlich, wenn die Vertragsbeendigung für sie persönlich einen Rechtsnachteil bewirkt, insbes. vertragliche Ausgleichs- oder Abfindungsansprüche entfallen läßt. In *zeitlicher* Hinsicht kann die Vertragsaufhebung entsprechend § 296 Abs. 1 AktG nicht rückwirkend und nur zum Ende des Geschäftsjahrs oder des sonstigen Abrechnungszeitraums für die beiderseits geschuldeten Leistungen erfolgen[323a].

155 Entsprechende Grundsätze wie für die einvernehmliche Beendigung gelten für die **Kündigung** eines Unternehmensvertrags seitens der abhängigen Gesellschaft. Auch sie bedarf eines Ermächtigungsbeschlusses der Gesellschafter unter Beachtung der Satzungsänderungserfordernisse und der Zustimmung derjenigen außenstehenden Gesellschafter, die durch die kündigungsbedingte Beendigung einen Rechtsnachteil erlei-

---

[321] Ebenso Scholz/*Emmerich* Anh KonzernR 277; *Rix* MittRhNotK 1986, 42 f; *Wirth* DB 1990, 2105, 2107; im Ergebnis auch Scholz/*Priester* ZGR-Sonderheft 6, S. 184 f; wohl auch („einer Änderung der Satzung gleichzuhalten") Rowedder/*Koppensteiner*[2] Anh § 52, 72, trotz seines pauschalen Verweises auf das Aktienrecht; für *Inhaltsänderungen* in Anlehnung an das Aktienrecht (§ 295 Abs. 2 AktG) auch *G. Krieger* in *U. H. Schneider* (Hrsg.) Beherrschungs- und Gewinnabführungsverträge in der Praxis der GmbH (1989) S. 101 f; für die *Vertragsaufhebung* auch *Sonnenschein* S. 401 f; aA *Timm* GmbH-Rdsch. 1987, 14 und GmbH-Rdsch. 1989, 14 f sowie *Krieger* aaO S. 112 ff (jeweils für die Vertragsaufhebung).

[322] AA *Timm* und *Krieger* aaO (Fn 321).

[323] Hierauf abstellend aber *Timm* und *Krieger* aaO (Fn 321).

[323a] So zutr. *Wirth* DB 1990, 2105, 2106 f (auch für den Fall zwischenzeitlicher Veräußerung der Geschäftsanteile der abhängigen GmbH).

den. Die Ermächtigung der Geschäftsführer ist auch dann erforderlich, wenn die Kündigung analog § 297 Abs. 1 AktG *aus wichtigem Grund* erfolgen soll, da ihre organschaftliche Vertretungsmacht sich hierauf nicht erstreckt. Allerdings erscheint es für diesen Fall vertretbar, auf das weitere Erfordernis der Zustimmung der außenstehenden Gesellschafter zu verzichten. Das folgt aus der Einschränkung in § 297 Abs. 2 AktG; als Ausdruck eines allgemeinen Rechtsgrundsatzes[323b] verdient sie auch für das GmbH-Recht Beachtung.

Auch sonstige **Inhaltsänderungen** eines Unternehmensvertrags mit materiell satzungsändernder Wirkung können seitens der Geschäftsführer der abhängigen Gesellschaft nur aufgrund eines Ermächtigungsbeschlusses, der den Satzungsänderungserfordernissen der §§ 53, 54 genügt, vereinbart werden. Die Zustimmung außenstehender Gesellschafter ist für die Wirksamkeit des Ermächtigungsbeschlusses erforderlich, sofern die Änderungen sich nachteilig auf ihre Rechtsstellung auswirken, indem sie entweder zur Verlängerung der Dauer des Unternehmensvertrags bzw. zur sonstigen Ausweitung der Bindungen der abhängigen Gesellschaft führen[324] oder indem sie die der Minderheit vertraglich eingeräumten Ausgleichs- oder Abfindungsansprüche verkürzen (vgl. § 295 Abs. 2 AktG). **156**

Auf Seiten der **Obergesellschaft** in der Rechtsform der GmbH ist die Mitwirkung der Gesellschafterversammlung bei Maßnahmen der Kündigung oder sonstigen Vertragsbeendigung sowie bei Inhaltsänderungen für deren Wirksamkeit grundsätzlich nicht erforderlich. Die Geschäftsführer werden im Rahmen ihrer organschaftlichen Vertretungsmacht tätig; ob sie die Grenzen ihrer Geschäftsführungsbefugnis überschreiten, richtet sich nach deren interner Ausgestaltung. Eine *Ausnahme* gilt dann, wenn die Inhaltsänderung zu einer zeitlichen Ausweitung der Verlustübernahmepflicht entsprechend § 302 AktG führt; in diesem Fall bedarf sie zu ihrer Wirksamkeit entsprechend § 293 Abs. 2 AktG eines mit Dreiviertelmehrheit zu fassenden Beschlusses der Gesellschafterversammlung der Obergesellschaft (vgl. Rdn 148)[324a]. **157**

f) **Fehlerhafter Vertragsabschluß.** Fehlt es an einer der vorstehend genannten Abschlußvoraussetzungen, so ist der Unternehmensvertrag unwirksam (zur Heilung fehlender notarieller Beurkundung bei Eintragung vgl. oben Rdn 143). Das gilt auch dann, wenn der erforderliche Gesellschafterbeschluß zwar vorliegt, jedoch auf Grund einer Anfechtungsklage mit Wirkung ex tunc (dazu Anh § 47, 79) für nichtig erklärt wird. Der Vertrag wird erst wirksam, wenn der Fehler beseitigt oder der fehlende Abschlußtatbestand mangelfrei nachgeholt worden ist[325]. Bis dahin kann sich jede Vertragspartei vorbehaltlich des Treuwidrigkeitseinwands auf die Unwirksamkeit des Vertrags berufen; soweit es um Mängel des Zustimmungsbeschlusses auf Seiten der abhängigen Gesellschaft geht, sind auch die außenstehenden (Minderheits-)Gesellschafter zur Geltendmachung der Vertragsunwirksamkeit berechtigt[326]. Wird der fehlerhafte Vertrag **158**

[323b] Zu § 35 BGB str.; wie hier § 14, 24 (*Raiser*); Scholz/*Winter* § 14, 27; Baumbach/*Hueck* § 14, 18; *Rowedder* § 14, 9; *Wiedemann* GesR I § 7 III 1 S. 382; aA MünchKomm.-*Reuter* BGB² § 35, 7; Soergel/*Hadding* BGB¹² § 35, 18; *Reichert/Dannecker/Kühr* VereinsR⁴ Rdn 462.

[324] So für den Fall der Vertragsverlängerung auch die ganz hM im Aktienrecht, die darin materiell den Abschluß eines neuen Unternehmensvertrags sieht, den sie den Regeln der §§ 293 ff AktG unterstellt; vgl. *Koppensteiner*-KölnKommAktG² § 295, 4 m. Nachw.

[324a] Vgl. *Koppensteiner*-KölnKommAktG² § 295, 4 und 8.

[325] Dazu näher *Ulmer* BB 1989, 16 f; *Priester* in: *U. H. Schneider* (Hrsg.) Beherrschungs- und Gewinnabführungsverträge in der Praxis der GmbH (1989) S. 51 ff; zur Geschäftsführerhaftung bei fehlerhaftem Gewinnabführungsvertrag vgl. *Autenrieth* GmbH-Rdsch. 1990, 113 ff.

[326] Vgl. *Ulmer* BB 1989, 17 f; zust. *Priester* aaO (Fn 325), S. 49; *Emmerich* AG 1990, 84.

jedoch **durchgeführt**, so erlangt er dadurch entsprechend den Grundsätzen über die *fehlerhafte Gesellschaft* zunächst Wirksamkeit; eine Beendigung kommt nur mit Wirkung ex nunc durch Kündigung analog § 297 AktG oder sonstige Berufung auf den Vertragsmangel in Betracht[327]. Rückwirkend kann sich weder die herrschende Gesellschaft ihrer Verlustausgleichspflicht entziehen, noch kann die gewinnabführungspflichtige Gesellschaft Gewinnrückzahlung verlangen. Selbst die ex nunc-Beendigung des fehlerhaften Unternehmensvertrags kann im Einzelfall ausgeschlossen sein, wenn die Berufung auf den Vertragsmangel treupflichtwidrig ist[328].

159 Die **Finanzverwaltung** hat den Befund, daß einerseits die steuerliche Anerkennung von Organschaftsverträgen deren zivilrechtliche Wirksamkeit voraussetzt[329], andererseits eine Vielzahl von Verträgen den in der „Supermarkt"-Entscheidung des BGH aufgestellten, über die Vorgaben in §§ 14, 17 KStG hinausgehenden Anforderungen (Rdn 140 ff) nicht genügt, zum Anlaß genommen, für eine Übergangszeit derartige Organschaftsverträge trotz ihrer Fehlerhaftigkeit steuerlich anzuerkennen. Bestehende oder neugeschlossene Gewinnabführungsverträge werden danach für Wirtschaftsjahre, die bis zum 31. 12. 1992 enden, steuerlich nicht beanstandet, wenn sie entsprechend § 17 KStG iVm. Abschn. 64 KStG abgeschlossen und durchgeführt worden sind[330]. Eines Rückgriffs auf die Grundsätze der fehlerhaften Gesellschaft bedarf es insoweit nicht[331].

160 g) **Sonstige Unternehmensverträge.** Für sonstige Unternehmensverträge (Gewinngemeinschafts-, Teilgewinnabführungs-, Betriebspacht- und Betriebsüberlassungsverträge, vgl. § 292 AktG und näher Anh § 77) gelten die vorstehenden Grundsätze dann entsprechend, wenn diese Verträge in vergleichbarer Weise wie Beherrschungs- und Gewinnabführungsverträge zu einer grundlegenden Strukturänderung bei der beteiligten GmbH führen, also satzungsüberlagernde Wirkung haben und den Kernbereich der mitgliedschaftlichen Rechte berühren[332]. Das ist für den **Teilgewinnabführungsvertrag**, der den Bilanzgewinn und das Gewinnbezugsrecht verkürzt und sich vom Gewinnabführungsvertrag nur quantitativ, nicht aber qualitativ unterscheidet, zu bejahen[333]. Sein wirksamer Abschluß setzt deshalb einen mit qualifizierter Mehrheit gefaßten, notariell beurkundeten und in das Handelsregister eingetragenen Beschluß der Gesellschafterversammlung voraus, der der Zustimmung auch aller außenstehenden Gesellschafter bedarf. Mit der **Gewinngemeinschaft** ist eine Teilgewinnabführung im Ergebnis zwar nur dann verbunden, wenn sich die Vergemeinschaftung für die betreffende Gesellschaft nachteilig auswirkt. Mit der Rechtssicherheit wäre es jedoch unvereinbar,

---

[327] Vgl. BGHZ 103, 1, 8 f = NJW 1988, 1326 (Familienheim); *Rehbinder* Festschrift Fleck (1988) S. 261 ff; *Ulmer* BB 1989, 15 f; *Ebenroth/Müller* BB 1991, 358, 359 ff; differenzierend *Kleindiek* ZIP 1988, 618 ff, der Fälle fehlender Zustimmung der Minderheitsgesellschafter der beherrschten Gesellschaft ausnehmen will; dem folgend *Priester* aaO (Fn 325) S. 47; wohl auch *Emmerich* AG 1990, 84; *U. Huber* ZHR 152 (1988) 141 (für den Betriebsführungsvertrag). Eingeh. zum Ganzen Anh § 77 m. weit. Nachw.

[328] Vgl. – mit Beispielen – *Kleindiek* ZIP 1988, 625; *Ulmer* BB 1989, 15 f; *Priester* aaO (Fn 325) S. 49 f.

[329] Vgl. nur *Herrmann/Heuer/Raupach* KStG (Stand 1988) § 14, 23; *Felix/Streck* KStG², § 14, 57; *Knobbe-Keuk* Bilanz- und Unternehmenssteuerrecht⁷, S. 570, 574.

[330] Vgl. das BMF-Schreiben vom 31. 10. 1989 (IV B 7-S 2770-31/89), BB 1990, 48.

[331] Für deren Maßgeblichkeit auch in bezug auf die steuerliche Behandlung fehlerhafter, aber durchgeführter Organschaftsverträge noch *Ulmer* BB 1989, 19; dagegen *Blumers/Schmidt* DB 1989, 32 und jetzt auch das BMF-Schreiben aaO (Fn 330).

[332] Zur Einbeziehung auch von Betriebsführungsverträgen vgl. eingeh. *U. Huber* ZHR 152 (1988) 32 f, 140 ff, m. ausf. Nachw.

[333] So auch *U. H. Schneider* Beherrschungs- und Gewinnabführungsverträge in der Praxis der GmbH, S. 26; jedenfalls dann, wenn der Teilgewinnabführung keine angemessene Gegenleistung gegenübersteht, auch Scholz/*Emmerich* Anh KonzernR 300 f; *Emmerich/Sonnenschein* KonzernR³ S. 395 f.

die Entscheidung über die Wirksamkeit des Vertrages von den jeweiligen Beitragsquoten zur Gewinngemeinschaft in concreto abhängig zu machen. Die in §§ 292 ff AktG zum Ausdruck kommende Wertung, daß die abstrakte Möglichkeit einer Unausgewogenheit der Vergemeinschaftung der Gewinne es rechtfertigt, die entsprechenden Abreden den besonderen Abschlußvoraussetzungen zu unterstellen, ist auch für das GmbH-Recht zu beachten. Für den Abschluß von Gewinngemeinschaftsverträgen gelten deshalb die vorstehenden Grundsätze entsprechend[334]. Hiervon nicht erfaßt wird der Abschluß *stiller Gesellschaftsverträge* zwischen der GmbH und Dritten; er ist von der organschaftlichen Vertretungsmacht der Geschäftsführer gedeckt[335].

Betriebspacht und Betriebsüberlassung bedeuten bei einer Gesellschaft, deren Zweck auf Gewinnerzielung durch Geschäftstätigkeit in eigenem Namen und auf eigene Rechnung gerichtet ist, einen grundlegenden Eingriff in die Struktur der Gesellschaft; sie wird durch die Unternehmensüberlassung von einer erwerbswirtschaftlich tätigen zu einer bloßen Rentnergesellschaft herabgestuft. Hierauf gerichtete Verträge bedürfen deshalb bei der betroffenen Gesellschaft eines den Satzungsänderungserfordernissen genügenden Zustimmungsbeschlusses der Gesellschafterversammlung[336]. Darüber hinaus ist die Zustimmung aller Gesellschafter erforderlich, wenn der Pacht- oder Überlassungsvertrag Beherrschungs- oder Gewinnabführungselemente enthält[337]. So liegt es, wenn dem Pächter gegenüber dem Verpächterunternehmen Weisungsrechte eingeräumt sind oder der Pachtzins kein angemessenes Entgelt für die Betriebsüberlassung darstellt. Das Vorstehende gilt unabhängig davon, ob es sich bei dem anderen Vertragsteil um ein verbundenes Unternehmen handelt[338], was in der Praxis freilich regelmäßig der Fall sein wird. Zum Fall der Betriebsaufspaltung vgl. Rdn 165. **161**

3. Umwandlung, Verschmelzung

Die **Umwandlung** einer GmbH in eine andere Rechtsform ist nicht im GmbHG geregelt, sondern teils im **AktG** (vgl. §§ 376 bis 383: formwechselnde Umwandlung in eine AG; §§ 389 bis 392: formwechselnde Umwandlung in eine KGaA), teils in § 24 **UmwG** (formwechselnde Umwandlung in eine OHG, KG, GbR oder auf einen Gesellschafter persönlich; vgl. dazu Voraufl. Anh II zu § 77). Dabei geht es nicht um Fälle einer Satzungsänderung, sondern um sonstige Grundlagenentscheidungen[339]. Jedoch sind auf die Umwandlung in eine AG kraft ausdrücklicher gesetzlicher Vorschrift (§ 376 Abs. 2 S. 1 AktG) die Bestimmungen der §§ 53, 54 über Satzungsänderungen entsprechend anwendbar. Ähnliches gilt der Sache nach, wenn auch ohne Verweisung auf §§ 53, 54 und unter Verzicht auf die notarielle Form des Beschlusses, für die Umwandlung in eine KGaA bzw. in eine Personengesellschaft (vgl. §§ 389 ff AktG, §§ 24, 19 Abs. 2 und 3 iVm § 4 UmwG)[340]. Schreibt die Satzung der GmbH besondere Erfordernisse für den Fall ihrer Änderung vor, so sind diese auch für den Umwandlungs- **162**

[334] Im Ergebnis ebenso Scholz/*Emmerich* Anh KonzernR 307 f; *Emmerich/Sonnenschein* KonzernR[3] S. 275 f; im Grundsatz auch Rowedder/*Koppensteiner*[2] Anh 52, 44, der allerdings die Zustimmung aller Gesellschafter für entbehrlich hält.

[335] So zutr. Schlegelberger/*K. Schmidt* HGB[5] § 335, 102; *K. Schmidt* ZGR 1984, 309 f; *Zutt*-GroßkommHGB[4] § 230, 59, jew. m. weit. Nachw.; differenz. *U. H. Schneider/Rensch* DB 1989, 715 f.

[336] Ebenso Scholz/*Emmerich* Anh KonzernR 313; auch *Lutter/Hommelhoff* Anh § 13, 49 und *U. H. Schneider* aaO (Fn 333), freilich unter Beschränkung auf Verträge zwischen bereits verbundenen Unternehmen. Für den Betriebsführungsvertrag wie hier *U. Huber* ZHR 152 (1988) 32 f.

[337] Ähnlich Scholz/*Emmerich* Anh KonzernR 314.

[338] Darauf abstellend aber namentlich *U. H. Schneider* aaO (Fn 333) S. 27 f; vgl. auch *Lutter/Hommelhoff* Anh § 13, 49 und *U. H. Schneider/Rensch* DB 1989, 715 f.

[339] Ebenso Scholz/*Priester* 156; **aA** *Roth* §§ 80, 81 Tz. 4.

[340] Zutr. Scholz/*Priester* 156.

beschluß zu beachten[341]. Der Zustimmung betroffener Gesellschafter bedarf es zusätzlich zur satzungsändernden Dreiviertelmehrheit dann, wenn die Umwandlung zur Verkürzung oder zum Wegfall von Sonderrechten führt, die ihnen nach der Satzung der umzuwandelnden GmbH zustehen. Die regelmäßigen Wirkungen formwechselnder Umwandlung wie etwa der Wegfall des in § 51 a vorgesehenen Informationsrechts der Gesellschafter und dessen Ersetzung durch die wesentlich schwächeren Rechte des § 166 HGB oder § 131 AktG sind dagegen durch das der qualifizierten Mehrheit kraft Gesetzes eingeräumte Umwandlungsrecht gedeckt; ein besonderes Zustimmungserfordernis läßt sich hierauf nicht stützen.

163 Die **Verschmelzung** von zwei oder mehr Gesellschaften mbH, sei es durch Vermögensübertragung oder durch Neubildung, ist in §§ 19 ff KapErhG geregelt. Auch insoweit handelt es sich – abgesehen von der erforderlichen Kapitalerhöhung bei der übernehmenden Gesellschaft (§ 22 KapErhG) – nicht um Fälle der Satzungsänderung, sondern um sonstige Grundlagenentscheidungen. Die in **§ 20 KapErhG** geregelten Anforderungen an die Gesellschafterbeschlüsse in den an der Verschmelzung durch Vermögensübertragung beteiligten Gesellschaften entsprechen aber denjenigen des § 53: grundsätzlich genügt die Dreiviertelmehrheit, außer wenn die Einlagen auf die Geschäftsanteile der übernehmenden Gesellschaft noch nicht vollständig bewirkt sind (dann bedarf es nach § 21 Abs. 2 S. 3 KapErhG der Zustimmung aller Gesellschafter, vgl. auch § 53 Abs. 3 GmbHG). Wirksam wird die Verschmelzung erst mit der Eintragung der Verschmelzungsbeschlüsse (vgl. näher §§ 25, 32 KapErhG, dazu Voraufl. Anh II zu § 77).

4. Vermögensübertragung, Betriebsaufspaltung

164 Die **Verpflichtung zur Übertragung des ganzen Vermögens** der GmbH, sei es im Wege der Ausgliederung in eine Tochtergesellschaft oder durch Verkauf an einen Dritten, bedarf auch dann, wenn sich damit keine Änderung von Gesellschaftszweck, Unternehmensgegenstand oder sonstigen Satzungsbestandteilen verbindet, zu ihrer Wirksamkeit eines mit Dreiviertelmehrheit zu fassenden Gesellschafterbeschlusses. Das folgt aus ihrem Charakter als Grundlagenentscheidung und der analogen Anwendung des § 361 AktG[342]. Von der organschaftlichen Vertretungsmacht der Geschäftsführer sind die auf Übertragung des ganzen Vermögens gerichteten Verpflichtungsgeschäfte der GmbH nicht gedeckt; anderes gilt für die im Vollzug der Unternehmensveräußerung geschlossenen dinglichen Übertragungsakte[343]. Betrifft die Vermögensübertragung nicht das ganze Gesellschaftsvermögen, sondern nur einen **wesentlichen Teil** desselben, so können die Geschäftsführer zwar auch ohne Gesellschafterbeschluß wirksam im Rahmen ihrer unbeschränkten Vertretungsmacht handeln (§ 37 Abs. 2)[344]. Sie überschreiten jedoch die Grenzen ihrer Geschäftsführungsbefugnis und machen sich gegenüber der GmbH schadensersatzpflichtig, wenn sie nicht zuvor die – mit Dreiviertelmehrheit zu beschließende – Zustimmung der Gesellschafterversammlung einholen (vgl. Erläut. zu § 37).

165 Eine **Betriebsaufspaltung**, d. h. die Aufteilung des Unternehmens in eine Besitz KG und eine Betriebs-GmbH (vgl. §§ 32 a, 32 b, 105 m. Nachw.), erfolgt meist in der Weise,

---

[341] Ebenso Baumbach/Hueck/*Zöllner* 21; Scholz/*Priester* 156.

[342] Vgl. Rdn 38; dafür auch Baumbach/Hueck/*Zöllner* 12; Scholz/*Priester* 169; tendenziell ebenso *Lutter* Festschrift Werner (1984) S. 477, 481 f; aA *Meyer-Landrut*/Miller Niehus 9.

[343] So zutr. BGH WM 1991, 1552, 1553; *Kraft*-KölnKommAktG² § 361, 29.

[344] Vgl. BGHZ 83, 122, 128 f = NJW 1982, 1703 – Holzmüller (für die Ausgliederung aus einer AG).

daß das Umlaufvermögen (ggf. auch das bewegliche Anlagevermögen) der bisher selbst am Markt tätigen KG in eine von ihr oder ihren Gesellschaftern gegründete Betriebs-GmbH eingebracht wird, während sich die (Besitz-)KG künftig auf die Verpachtung des ihr verbliebenen Anlagevermögens an die Betriebs-GmbH beschränkt. In derartigen Fällen ist GmbH-Recht nur für die Gründung der Betriebs-GmbH und für deren eigene Geschäftstätigkeit zu beachten; die Voraussetzungen des Betriebsübergangs richten sich nach KG-Recht. Denkbar ist aber auch der umgekehrte Fall der ganzen oder teilweisen **Ausgliederung des Anlagevermögens aus der bestehenden GmbH** und dessen Einbringung in eine neue Besitz-KG. Seine rechtliche Beurteilung richtet sich nach den in Rdn 164 genannten Grundsätzen über die Vermögensübertragung.

§ 54

Die Abänderung des Gesellschaftsvertrags ist zur Eintragung in das Handelsregister anzumelden. Der Anmeldung ist der vollständige Wortlaut des Gesellschaftsvertrags beizufügen; er muß mit der Bescheinigung eines Notars versehen sein, daß die geänderten Bestimmungen des Gesellschaftsvertrags mit dem Beschluß über die Änderung des Gesellschaftvertrags und die unveränderten Bestimmungen mit dem zuletzt zum Handelsregister eingereichten vollständigen Wortlaut des Gesellschaftsvertrags übereinstimmen.

Bei der Eintragung genügt, sofern nicht die Abänderung die in § 10 Abs. 1 und 2 bezeichneten Angaben betrifft, die Bezugnahme auf die bei dem Gericht eingereichten Urkunden über die Abänderung. Die öffentliche Bekanntmachung findet in betreff aller Bestimmungen statt, auf welche sich die in § 10 Abs. 3 und in § 12 vorgeschriebenen Veröffentlichungen beziehen.

Die Abänderung hat keine rechtliche Wirkung, bevor sie in das Handelsregister des Sitzes der Gesellschaft eingetragen ist.

Übersicht

Schrifttum

Jansen FGG, 2. Aufl. 1970; *Keidel/Kuntze/Winkler* Freiwillige Gerichtsbarkeit, Teil A, 12. Aufl. 1987; *Baums* Eintragung und Löschung von Gesellschafterbeschlüssen (1981); *Groß* Der „vollständige Wortlaut" des Gesellschaftsvertrags einer Gesellschaft mbH, Rpfleger 1972, 241; *Gustavus* Die Vollmacht zu Handelsregisteranmeldungen bei Personengesellschaften und Gesellschaften mit beschränkter Haftung, GmbH-Rdsch. 1978, 219; *Röll* Satzungsbescheinigung und Gestaltung des GmbH-Gesellschaftsvertrags, GmbH-Rdsch. 1982, 251; *Winkler* Die Anmeldung der Änderung der GmbH-Satzung, NJW 1980, 2683.

I. Einführung

1 Die Eintragung der GmbH in das Handelsregister ist nach §§ 10, 11 Voraussetzung für ihre Entstehung als juristische Person. Der Anmeldung zur Eintragung ist nach § 8 Abs. 1 Nr. 1 der Wortlaut des Gesellschaftsvertrags (der Satzung) beizufügen; er unterliegt damit gemäß § 9 HGB der Handelsregisterpublizität. In Übereinstimmung mit diesen auf die Gründung der GmbH bezogenen Vorschriften soll § 54 sicherstellen, daß **Handelsregisterkontrolle und Publizität** auch auf *Satzungsänderungen* Anwendung finden. Dementsprechend ist in Abs. 1 die Anmeldung der Satzungsänderung zum Handelsregister vorgeschrieben. Ihre Wirksamkeit hängt nach Abs. 3 von der Eintragung ab. Für den Inhalt der Eintragung und der Bekanntmachung verweist Abs. 2 auf die für die Gründung geltenden Vorschriften der §§ 10, 12.

2 Die Vorschrift ist durch das sog. **Koordinierungsgesetz**[1] um **Abs. 1 S. 2** erweitert worden. Die darin angeordnete Beifügung des vollständigen Wortlauts der geänderten Satzung soll die Information des Publikums über den jeweils maßgeblichen Satzungsinhalt erleichtern[2]. Bis zur Gesetzesänderung konnte diese Information zumal im Fall häufigerer Satzungsänderungen ohne jeweilige redaktionelle Neufassung der Satzung auf erhebliche Schwierigkeiten stoßen und ein eingehendes Studium der Handelsregisterakten erforderlich machen.

II. Die Anmeldung der Satzungsänderung (Abs. 1)

1. Allgemeines

3 a) **Anmeldebedürftige Vorgänge.** Nach Abs. 1 S. 1 ist beim Handelsregister anmeldebedürftig jede „Abänderung des Gesellschaftsvertrags"; Eintragungen ohne entsprechende Anmeldung lösen die Wirksamkeitsfolge des Abs. 3 nicht aus (Rdn 33). Als derartige Abänderungen sind nach der Funktion von § 54 (Rdn 1) nur **materielle** Satzungsänderungen (§ 53, 8 ff, 26) zu verstehen. Denn nur bei ihnen ist die Eintragung

[1] Gesetz zur Durchführung der ersten Richtlinie des Rates der Europ. Gemeinschaften zur Koordinierung des Gesellschaftsrechts vom 15. 8. 1969, BGBl. I S. 1146.

[2] *Röll* GmbH-Rdsch. 1982, 251.

Wirksamkeitsvoraussetzung; auch kommt nur hier eine Richtigkeitskontrolle durch das Registergericht in Betracht. Soweit es dagegen um die Änderung bloß *formeller*, deklaratorischer Satzungsbestandteile geht, bedarf es der Einhaltung des Eintragungsverfahrens nach § 54 nicht (str., vgl. § 53, 27 und unten Rdn 18 f). – Zur Anmeldung der Errichtung einer Zweigniederlassung vgl. § 12, 20 ff.

Auf Satzungsänderungen im **Gründungsstadium** ist Abs. 1 entsprechend anwendbar **4**
(§ 11, 34). Sie sind daher, anders als die Gründung selbst, nicht von sämtlichen Geschäftsführern (§ 78, vgl. § 7, 9) anzumelden; vielmehr genügt eine zur Vertretung der Gesellschaft erforderliche Zahl[3]. Auch der Anmeldung dieser Änderungen ist entsprechend Abs. 1 S. 2 die Neufassung des Gesellschaftsvertrags beizufügen[4].

Besonderheiten gelten für **rechtskräftige Urteile**, die einen Satzungsänderungsbe- **5**
schluß für nichtig erklären. Sie sind nach der analog anwendbaren Vorschrift des **§ 248 Abs. 1 S. 2 AktG** zum Handelsregister **einzureichen**. Entsprechendes gilt analog § 248 Abs. 2 AktG für den sich unter Berücksichtigung des Urteils ergebenden Satzungswortlaut. Die Einreichung kann nach § 14 HGB durch Ordnungsstrafen erzwungen werden. Eine Pflicht zur Einreichung besteht freilich nur, wenn auch der für nichtig erklärte Änderungsbeschluß angemeldet und die Anmeldung nicht zwischenzeitlich zurückgenommen war[5]. War der angefochtene Beschluß schon eingetragen, so muß auch das Urteil eingetragen und bekanntgemacht werden (§ 248 Abs. 1 S. 3 und 4 AktG analog).

b) **Inhalt und Form.** Der **Inhalt** der Anmeldung ist in Abs. 1 S. 1 nicht geregelt. **6**
Hierzu war *früher umstritten*, ob in jedem Fall die *Bezugnahme* auf das der Anmeldung beizufügende Beschlußprotokoll (Rdn 14) genügt, aus dem sich die Änderungsbeschlüsse ergeben[6], oder ob es bei Änderungen, die zu den nach § 10 Abs. 1 und 2 in das Handelsregister einzutragenden Gegenständen gehören (vgl. Rdn 25), zusätzlich der *schlagwortartigen Hervorhebung* dieser Änderungen bedarf[7]. Im Anschluß an die Rechtsprechung des BayObLG hat der **BGH** diese Frage inzwischen im Sinne der zweiten Alternative (schlagwortartige Hervorhebung) entschieden[8]. Dem ist zuzustimmen, weil die Anmeldung (als Eintragungsantrag[9]) sich in den Fällen des § 10 Abs. 1 und 2 auf Eintragung der Änderung als *Wirksamkeitserfordernis* richtet und das Registergericht im Interesse der Rechtssicherheit ausdrücklich hierauf hingewiesen werden sollte[10].

Die **Form** der Anmeldung bestimmt sich nach § 12 Abs. 1 HGB: erforderlich ist **7**
öffentliche Beglaubigung. Gleiches gilt für etwaige Vollmachten (§ 12 Abs. 2 HGB). Die anmeldenden Geschäftsführer zeichnen mit ihrem Namen, nicht mit der Firma[11].

c) **Anmelder.** Die Anmeldung erfolgt durch die **Geschäftsführer**, nach Auflösung **8**
der Gesellschaft durch die Liquidatoren. Anders als bei Anmeldung der Gründung

---

3 Vgl. Rdn 8; aA Scholz/*Priester* 4.

4 HM, vgl. § 8, 3; OLG Köln GmbH-Rdsch. 1973, 11; OLG Schleswig GmbH-Rdsch. 1975, 183; BayObLG Rpfleger 1978, 143 und DB 1988, 2354; OLG Stuttgart DNotZ 1979, 359; Scholz/*Priester* 16; *Groß* Rpfleger 1972, 241, 244; aA noch OLG Stuttgart MittBayNot 1973, 227 und LG München I MittBayNot 1974, 229 f.

5 Scholz/*K. Schmidt* § 45, 170; vgl. auch Anh § 47, 236.

6 So OLG Frankfurt NJW-RR 1987, 288; Scholz/*Priester* 12; Rowedder/*Zimmermann* 4; *Röll* DNotZ 1973, 483; *Winkler* NJW 1980, 2683, 2684 f.

7 So BayObLG GmbH-Rdsch. 1979, 15, 16; 1985, 262; OLG Düsseldorf GmbH-Rdsch. 1978, 155; Voraufl. 7; Baumbach/Hueck/*Zöllner*[14] 6; weit. Nachw. vgl. in Fn 10. Weitergehend OLG Schleswig DNotZ 1973, 482 (volle Angabe des Inhalts dieser Änderungen in der Anmeldung).

8 BGH NJW 1987, 3191 f.

9 Vgl. *Hüffer*-GroßkommHGB[4] § 8, 42 ff.

10 So auch Baumbach/Hueck/*Zöllner* 6 (abw. aber *ders.* in KölnKommAktG[2] § 181, 9); *Lutter*/*Hommelhoff* 2.

11 KGJ 41 A 134; Scholz/*Priester* 10; *Hüffer*-GroßkommHGB[4] § 12, 19.

bedarf es nicht der Mitwirkung sämtlicher Geschäftsführer; es genügt Anmeldung in *vertretungsberechtigter Zahl* (vgl. § 78; zur Abweichung bei der Anmeldung von Beschlüssen über Kapitalveränderungen vgl. § 57, 19 und § 58, 58). Auch *stellvertretende* Geschäftsführer können, soweit sie Einzelvertretungsbefugnis haben, die Anmeldung vornehmen. Dagegen können **Prokuristen** nur im Rahmen unechter Gesamtvertretung an ihr mitwirken[12].

9 Bei der Anmeldung durch **Bevollmächtigte** ist für die Form der Vollmacht § 12 Abs. 2 HGB zu beachten. Das gilt auch für eine dem *Notar* erteilte Vollmacht. Die vermutete Vollmacht des § 129 FGG bezieht sich nur auf Fälle, in denen eine Anmeldepflicht besteht[13]. Im Falle von Satzungsänderungen greift sie daher nicht ein (vgl. Rdn 10).

10 d) **Anmeldepflicht?** Eine **öffentlichrechtliche** Pflicht zur Anmeldung von Satzungsänderungen ist gesetzlich *nicht* vorgesehen. Ausdruck hierfür ist § 79 Abs. 2, der die Verhängung von Ordnungsstrafen wegen unterlassener Anmeldung in den Fällen der §§ 54, 57 und 58 ausschließt. Den Gesellschaftern bleibt es überlassen, darüber zu entscheiden, ob die Eintragung der von ihnen beschlossenen Satzungsänderungen als Wirksamkeitserfordernis betrieben werden soll oder nicht. Gläubiger oder sonstige Personen haben hierauf auch dann keinen Einfluß, wenn die Satzungsänderung objektiv in ihrem Interesse liegt.

11 Im **Innenverhältnis** sind die Geschäftsführer allerdings grundsätzlich zur alsbaldigen Anmeldung der Satzungsänderung *verpflichtet*, wenn die Gesellschafter ihnen keine abweichenden Weisungen erteilt haben. Anderes gilt bei rechtswidrigen, insbesondere nichtigen Beschlüssen, bei *anfechtbaren* dann, wenn wegen des Widerspruchs einzelner Gesellschafter ernsthaft mit der Erhebung einer Anfechtungsklage zu rechnen und die Anfechtungsfrist noch nicht abgelaufen ist[14]. Ist die Rechtswidrigkeit des Beschlusses umstritten, so handeln die Geschäftsführer auf eigene Gefahr; sie können sich bei Nichtanmeldung nach § 43 schadensersatzpflichtig machen wegen Verstoßes gegen ihre Geschäftsführerpflichten (vgl. näher Voraufl. § 43, 80 ff). Im Falle pflichtwidriger Weigerung können die Gesellschafter namens der GmbH *Klage* gegen die Geschäftsführer auf Vornahme der Anmeldung erheben[15]. Näher liegt es in derartigen Fällen freilich, daß die Gesellschafter im Rahmen ihrer Personalkompetenz (§§ 38 Abs. 1, 46 Nr. 5) die sich weigernden Geschäftsführer durch andere ersetzen, soweit nicht die Sonderregelungen der §§ 30, 31 MitbestG eingreifen.

12 e) **Zuständiges Gericht.** Die Anmeldung hat beim **Registergericht des Sitzes** zu erfolgen, im Fall eines satzungsrechtlichen Doppelsitzes bei beiden Registergerichten (vgl. näher § 3, 15). Auch für die Anmeldung einer auf *Sitzverlegung* gerichteten Satzungsänderung (§ 53, 100) ist das Gericht des bisherigen Sitzes zuständig. Demgegenüber obliegt die Prüfung der materiellen Voraussetzungen der Sitzverlegung dem Gericht des neuen Sitzes (§ 13 c Abs. 2 HGB, vgl. dazu näher § 3, 17). Werden gleichzeitig mit der Sitzverlegung sonstige, nicht an diese gebundene Satzungsänderungen angemeldet, so können sie nach dem Ermessen des Gerichts des bisherigen Sitzes

---

12 Vgl. näher Erläut. zu §§ 35, 44.

13 KG OLGZ 1969, 501, 502; BayObLG DB 1978, 880; Keidel/Kuntze/*Winkler* FGG[12] § 129, 5.

14 Ähnlich für die AG *Wiedemann*-GroßkommAktG § 181, 3 a; zweifelnd wegen des Fehlens einer festen Anfechtungsfrist im GmbH-Recht aber Scholz/*Priester* 25.

15 So auch Scholz/*Priester* 24; zur Prozeßvertretung der GmbH vgl. näher § 46, 100 ff.

entweder noch von diesem geprüft und eingetragen, oder dem künftigen Sitzgericht zur Prüfung und Eintragung weitergeleitet werden[16].

Bestehen neben der Hauptniederlassung eine oder mehrere **Zweigniederlassungen**, so sind nach § 13 a Abs. 1 HGB eine entsprechende Anzahl von Stücken der Anmeldung einschließlich der Begleiturkunden in öffentlich beglaubigter Form (§ 12 Abs. 1 HGB) beim Registergericht der Hauptniederlassung einzureichen[17]. Betrifft die Anmeldung ausschließlich die Verhältnisse einzelner Niederlassungen, so genügt die Einreichung der erforderlichen Zahl von Stücken für die Hauptniederlassung und die betroffenen Zweigniederlassungen (§ 13 a Abs. 4 S. 1 HGB). Das Nähere regelt § 13 a HGB, der auch im GmbH-Recht anwendbar ist[18]. Zur Sonderregelung für die Zahl der Belegstücke bei Anmeldung von Kapitalerhöhungen und -herabsetzungen vgl. § 59, 3. **13**

2. Beizufügende Urkunden

a) **Beschlußprotokoll.** In jedem Fall beizufügen ist das in § 53 Abs. 2 S. 1 vorgeschriebene notarielle Protokoll über den Satzungsänderungsbeschluß (§ 53, 42 ff). Es bildet die Grundlage der Eintragung und verbleibt bei den Handelsregisterakten. Üblicherweise wird es in Ausfertigung eingereicht, jedoch genügt beglaubigte Abschrift (§ 12 Abs. 1 HGB). Hängt die Wirksamkeit des Änderungsbeschlusses darüber hinaus wegen Leistungsvermehrung (§ 53, 74 ff) oder wegen des Eingriffs in unentziehbare Rechte oder Sonderrechte (§ 53, 58 und 60) von der – formlos wirksamen (§ 53, 79) – *Zustimmung* weiterer Gesellschafter ab und läßt sich diese nicht bereits aus dem Beschlußprotokoll entnehmen, so ist sie dem Registergericht gegenüber nachzuweisen, da andernfalls die Eintragung abgelehnt wird[19]. Der *Nachweis* ist grundsätzlich in jeder Weise möglich, insbesondere durch schriftliche Erklärung der betroffenen Gesellschafter. Der Registerrichter kann jedoch öffentliche Beglaubigung der Unterschriften verlangen[20]. **14**

b) **Vollständiger Satzungswortlaut.** Seine Beifügung in der nunmehr geltenden Fassung, wie sie sich als Folge der Satzungsänderung ergibt, ist in Abs. 1 S. 2 zur *Erleichterung des Rechtsverkehrs* vorgeschrieben (Rdn 2). Die Beifügung ist zwar kein Wirksamkeitserfordernis für die Satzungsänderung (Rdn 33); auch kann der Mangel bei trotzdem erfolgter Eintragung durch unverzügliches Nachreichen der Neufassung der Satzung behoben werden[21]. Gleichwohl ist die Anmeldung ohne Beifügung der Neufassung nicht ordnungsgemäß; der Registerrichter hat den Beteiligten durch Zwischenverfügung die Behebung des Mangels aufzugeben und ggf. den Eintragungsantrag zurückzuweisen. Will der Registerrichter wegen sachlicher Beanstandungen nur einen Teil der angemeldeten Satzungsänderungen eintragen, so kann er die Eintragung von der Einreichung eines entsprechend berichtigten Satzungstextes abhängig machen oder dessen Nachreichung veranlassen. **15**

Die Pflicht zur Beifügung des vollständigen Wortlauts gilt **in jedem Fall** der Anmeldung einer Satzungsänderung, auch wenn die Satzung aus Anlaß der Änderung vollkommen neu gefaßt worden ist und die Neufassung sich daher bereits aus dem **16**

---

[16] Für für alternative, nach Zweckmäßigkeitsgründen zu entscheidende Zuständigkeit beider Gerichte zutr. OLG Hamm Rpfleger 1974, 195; GmbH-Rdsch. 1991, 321, 322; *Würdinger*-GroßkommHGB[3] § 13 c, 7; aA LG Mannheim GmbH-Rdsch. 1991, 24.

[17] *Hüffer*-GroßkommHGB[4] § 13 a, 3 und 12.

[18] Einzelheiten zum Eintragungsverfahren in diesen Fällen vgl. bei *Hüffer* aaO § 13 a, 34 ff.

[19] KGJ 35 A 162, 163; 53 A 101.

[20] RGZ 136, 185, 192.

[21] Für Pflicht des Registergerichts, auf dieses Nachreichen hinzuwirken, BayObLG DB 1988, 2354, 2355.

Beschlußprotokoll oder seiner Anlage ergibt[22]. Den mit Abs. 1 S. 2 verfolgten, der Erleichterung des Rechtsverkehrs dienenden Zwecken würde andernfalls wegen des Fehlens einer *separaten Urkunde* nicht hinreichend Rechnung getragen. Aus den gleichen Gründen bedarf es der Beifügung einer vollständigen Neufassung auch bei Änderungen im *Gründungsstadium* (Rdn 4). Für den Fall der Nichtigerklärung einzelner Satzungsbestandteile durch rechtskräftiges Urteil schreibt die entsprechend anwendbare Vorschrift des § 248 Abs. 2 AktG ebenfalls die Beifügung der nunmehr geltenden Neufassung bei Einreichung des Urteils (Rdn 5) vor.

17 Der **Inhalt** des „vollständigen Wortlauts" wird hinsichtlich der *materiellen* Satzungsbestandteile durch den ursprünglichen Gesellschaftsvertrag und die seither vorgenommenen Änderungen einschließlich der neu angemeldeten bestimmt. Insoweit handelt es sich also um eine rein redaktionelle, durch die Satzungsänderungen genau festgelegte *Zusammenstellung des Vertragstextes*. Sie obliegt den Geschäftsführern, die sie dem Notar übertragen können[23].

18 **Inhaltlich überholte** oder sonstige bloß **formelle**, deklaratorische Satzungsbestandteile können demgegenüber in der Neufassung auch dann unberücksichtigt bleiben, wenn ein förmliches Satzungsänderungsverfahren hierzu nicht durchgeführt wird[24] (zur Notwendigkeit ihrer Streichung im Falle eines unklaren oder mehrdeutigen Satzungsinhalts vgl. Rdn 44). Die Kompetenz zur Entscheidung über den Satzungswortlaut liegt auch insoweit bei der *Gesellschafterversammlung*, die hierüber allerdings mit einfacher Mehrheit beschließt[25]; sie kann auch die Geschäftsführer oder den Notar zur Vornahme der entsprechenden Änderungen ermächtigen (str., vgl. näher § 53, 27 f).

19 c) **Notarielle Bescheinigung.** Sie muß nach Abs. 1 S. 2, 2. Hs. die Bestätigung des Notars zum Ausdruck bringen, daß die geänderten Bestimmungen der Satzung mit dem Satzungsänderungsbeschluß und die unveränderten Bestimmungen mit dem zuletzt eingereichten Satzungswortlaut übereinstimmen[26]. Nach der hier vertretenen Auffassung (Rdn 3 und § 53, 8 ff) bedeutet das, daß die Bescheinigung sich auf die *materiellen* Satzungsbestandteile der Neufassung und deren Übereinstimmung mit Satzungsänderungsbeschluß bzw. bisherigem Satzungswortlaut beschränkt[27]. Soweit auf Veranlassung der Gesellschafter ohne satzungsändernden Beschluß in der Neufassung auch inhaltlich überholte oder sonstige rein formelle Satzungsbestandteile gestrichen oder geändert werden, hat der Notar zu prüfen, ob diese Änderungen nicht auch den materiellen Satzungsinhalt betreffen; bejahendenfalls muß er die Bestätigung einschränken oder versagen[28]. Der Bescheinigung bedarf es in allen Fällen, in denen der vollständige Satzungswortlaut der Anmeldung beizufügen ist, also auch bei Neufassung der gesamten Satzung sowie bei Änderungen im Gründungsstadium (Rdn 4, 16). Die Form der Bescheinigung richtet sich nach § 39 BeurkG[29]. Sie kann von *jedem* Notar erteilt werden. Wird der die Satzungsänderung beurkundende Notar beauftragt, so handelt es sich um ein gebührenfreies Nebengeschäft (§ 47 S. 1, 2. Hs. KostO).

---

[22] Str., wie hier OLG Schleswig DNotZ 1973, 482; Scholz/*Priester* 16; Baumbach/Hueck/*Zöllner* 9; aA OLG Celle DNotZ 1982, 493, 494; OLG Zweibrücken Rpfleger 1984, 104, 105; *Groß* Rpfleger 1972, 241, 243; *Gustavus* DNotZ 1971, 229; *Röll* DNotZ 1973, 483.

[23] So zutr. BayObLG DB 1988, 2354, 2355 (m. Nachw. auch zu Gegenans.).

[24] AA Scholz/*Priester* 17 f; Baumbach/Hueck/*Zöllner* 10; Rowedder/*Zimmermann* 12. Wie hier *Gustavus* BB 1969, 1336 für Angaben über einen zwischenzeitlich abberufenen Geschäftsführer.

[25] AA (Dreiviertel-Mehrheit) Scholz/*Priester* 18.

[26] Vgl. näher *Röll* GmbH-Rdsch. 1982, 251, 253 f.

[27] AA Scholz/*Priester* 19; Baumbach/Hueck/*Zöllner* 10; Rowedder/*Zimmermann* 13; *Meyer-Landrut*/Miller/Niehus 8.

[28] Zur Prüfungspflicht des Notars vgl. *Röll* GmbH-Rdsch. 1982, 253 f.

[29] Keidel/Kuntze/*Winkler* BeurkG § 39, 19.

d) **Genehmigungsurkunde bei Konzessionspflicht.** Die Beantwortung der Frage, ob es für eine Satzungsänderung staatlicher Genehmigung bedarf, richtet sich nach dem für die Genehmigung maßgebenden Gewerbe- oder Wirtschaftsaufsichtsrecht, nicht nach GmbH-Recht. In Betracht kommt das Genehmigungserfordernis namentlich bei der Änderung eines konzessionspflichtigen *Unternehmensgegenstands*, außer wenn an seine Stelle ein konzessionsfreier gesetzt werden soll. Allgemein gefaßte Satzungsänderungen über den Unternehmensgegenstand nötigen, soweit sie überhaupt mit § 3 Abs. 1 Nr. 2 vereinbar und daher eintragungsfähig sind (§ 3, 21ff), das Gericht nicht etwa dazu, sich mit allen danach denkbaren Tätigkeitsbereichen der Gesellschaft zu befassen und zu ihrer gewerberechtlichen Unbedenklichkeit Stellung zu nehmen[30]. *Sonstige*, den Unternehmensgegenstand unberührt lassende Satzungsänderungen sind nur in Ausnahmefällen genehmigungsbedürftig (vgl. § 39 VAG). 20

Besteht eine Genehmigungspflicht, so ist die Genehmigungsurkunde entsprechend § 8 Abs. 1 Nr. 6 der Anmeldung beizufügen[31]; die Genehmigung ist **Eintragungsvoraussetzung**. In zweifelhaften Fällen kann der Richter sich anstelle der Genehmigungsurkunde mit der Vorlage eines Negativattests begnügen[32]. Das Fehlen der behördlichen Genehmigung steht dem Wirksamwerden einer gleichwohl eingetragenen Satzungsänderung nicht entgegen. Es kann aber einen Auflösungsgrund nach § 61 darstellen, wenn die Genehmigung nicht noch nachträglich erteilt wird (§ 8, 15). – Von dem gewerbe- oder wirtschaftsrechtlichen Erfordernis behördlicher Genehmigung strikt zu unterscheiden ist die nach § 53 Abs. 1 unzulässige Einräumung gesellschaftsrechtlicher Mitspracherechte an Nichtgesellschafter bei Satzungsänderungen (vgl. § 53, 84). 21

3. Rücknahme der Anmeldung

Bis zur Eintragung können die Anmeldeberechtigten die Anmeldung zurücknehmen und dadurch das Wirksamwerden der Satzungsänderung verhindern[33]. Die Aufhebung des Änderungsbeschlusses (§ 53, 73) ist hierfür nicht Voraussetzung; vielmehr bleiben die Beteiligten auch nach erfolgter Anmeldung in der Disposition über das Betreiben der Eintragung frei (Rdn 11). Ist die Änderung eingetragen, so kann ihre Wirkung nur in einem erneuten Satzungsänderungsverfahren nach Maßgabe der §§ 53, 54 beseitigt werden, soweit sich nicht wegen Vorliegens von Beschluß- oder Eintragungsmängeln ein anderes ergibt. 22

4. Registersperre

Im Zusammenhang mit der Änderung der Ergebnisverwendungsvorschriften des § 29 durch das BilanzrichtlinienG v. 19. 12. 1985 (§ 29, 141) hat der Gesetzgeber in Art. 12 § 7 BiRiLiG auch Übergangsvorschriften für solche **Altgesellschaften** getroffen, in deren Satzung der Anspruch der Gesellschafter auf den Bilanzgewinn nicht entweder ausdrücklich ausgeschlossen oder von einem entsprechenden Gewinnverwendungsbeschluß abhängig gemacht worden war (zur Abgrenzung vgl. näher § 29, 145 ff). Art. 12 § 7 Abs. 2 BiRiLiG sieht für diese Gesellschaften einerseits die Möglichkeit einer erleichterten, mit *einfacher* Mehrheit zu beschließenden Anpassung der satzungsrecht- 23

[30] Vgl. § 8, 17 und BayObLG GmbH-Rdsch. 1990, 434.

[31] So auch Scholz/*Priester* 14; zum Aktienrecht vgl. § 181 Abs. 1 S. 3 AktG.

[32] *Baums* Eintragung S. 95 f.

[33] Vgl. allgemein zum Widerruf der Anmeldung *Hüffer*-GroßkommHGB⁴, § 8, 49 ff; so für die Anmeldung von Satzungsänderungen auch Scholz/*Priester* 26 sowie zum Aktienrecht *Wiedemann*-GroßkommAktG § 181, 9 und *Zöllner*-KölnKomm-AktG § 181, 28.

lichen Gewinnverwendungsregelung an § 29 nF vor (vgl. § 53, 52). Andererseits macht er die Eintragung sonstiger nach dem 1. 1. 1986 beschlossener Satzungsänderungen davon abhängig, daß die Gesellschafter zugleich über die angesichts der neuen Rechtslage mehrheitlich gewünschte Art der Ergebnisverwendung Beschluß fassen. Diese (relative) *Registersperre* gilt nur für die *erstmalige* Satzungsänderung nach Inkrafttreten des BiRiLiG, und zwar unabhängig vom zeitlichen Abstand zum Inkrafttreten des neuen Rechts.

III. Die Eintragung

1. Inhalt (Abs. 2 S. 1)

24 a) **Allgemeines.** Das Gesetz unterscheidet je nach Änderungsgegenstand zwischen ausdrücklichen und bezugnehmenden Eintragungen (vgl. Rdn 25 f). Beide sind nach Abs. 3 zur Wirksamkeit der jeweiligen Satzungsänderung erforderlich. Maßgebend für das Wirksamwerden ist die **Eintragung am Sitz** der Gesellschaft; soweit *Zweigniederlassungen* bestehen, sind die auch sie betreffenden Eintragungen vom Sitzgericht alsbald nach ihrem Vollzug von Amts wegen den entsprechenden Registergerichten mitzuteilen, die sie ohne Nachprüfung übernehmen (§ 13 a Abs. 3 HGB). In jedem Fall **einzutragen** ist nach Abs. 2 S. 1 iVm § 10 Abs. 1 S. 1 der dem Tag des Vertragsabschlusses entsprechende *Tag des Änderungsbeschlusses*[34]; bei aufschiebend befristeten Satzungsänderungen bedarf es zusätzlich der Angabe der Befristung[35]. Ferner soll nach § 130 Abs. 1 FGG der *Tag der Eintragung* im Handelsregister vermerkt werden. Seine Mitteilung ist auch deshalb von Bedeutung, weil er regelmäßig identisch ist mit dem Tag des Wirksamwerdens der Änderung.

25 b) **Ausdrückliche Eintragungen.** Nach den in Abs. 2 S. 1 in Bezug genommenen Vorschriften des § 10 Abs. 1 und 2 sind Änderungen der wichtigsten Satzungsbestandteile im Interesse der Individualisierung der Gesellschaft und der Sicherheit des Rechtsverkehrs ausdrücklich in das Handelsregister einzutragen. Im einzelnen gilt das für Änderungen der *Firma* und des *Sitzes* der Gesellschaft, des *Unternehmensgegenstands* und der Höhe des *Stammkapitals*, ferner der Bestimmungen über die *Dauer* der Gesellschaft und die *Vertretungsbefugnis* der Geschäftsführer und Liquidatoren. Eine wörtliche Wiedergabe der geänderten Satzungsbestimmungen ist nicht erforderlich, wohl aber die **deutliche Bezeichnung** des Inhalts der Änderung, etwa in der Art: „Die Firma ist geändert in ...", „Der Sitz ist verlegt nach ...". Nimmt die Eintragung anstelle der ausdrücklichen Anführung der betreffenden Änderungen auf diese nur Bezug, so ist sie fehlerhaft und löst die Wirkungen des Abs. 3 nicht aus (Rdn 33 f). Bei nachträglicher Aufnahme der fehlenden Angaben erlangt sie erst in diesem Zeitpunkt Wirksamkeit[36].

26 c) **Bezugnehmende Eintragungen.** Sie reichen bei allen sonstigen, nicht in Rdn 25 genannten Satzungsänderungen für deren Wirksamwerden aus. Es genügt, wenn die Tatsache der Änderung sowie der Tag des Änderungsbeschlusses (Rdn 24) eingetragen und im übrigen auf die beim Gericht eingereichten Urkunden über die Änderung Bezug genommen wird. Auch die Angabe der Gegenstände der Änderung ist nicht erforderlich[37]; sie ist freilich auch nicht schädlich. Zur Bekanntmachung vgl. Rdn 36.

---

[34] HM, vgl. KGJ 46 A 296; Scholz/*Priester* 61; Rowedder/*Zimmermann* 23; *Lutter/Hommelhoff* 7; aA Baumbach/Hueck/*Zöllner* 24.

[35] Vgl. § 53, 24; so auch Scholz/*Priester* 57; Rowedder/*Zimmermann* 33.

[36] Ebenso Scholz/*Priester* 58.

[37] Zust. Scholz/*Priester* 60.

2. **Wirkungen (Abs. 3)**

Die Eintragung am Sitz der Hauptniederlassung (Rdn 24) hat **konstitutive** Wirkung für die Satzungsänderung; im Falle eines Doppelsitzes tritt sie erst ein, wenn die Eintragung in beiden Registern vollzogen ist (§ 3, 15). Maßgebend ist der **Tag der Eintragung**, außer wenn der Beschluß in zulässiger Weise eine aufschiebende Befristung enthält (§ 53, 24). Auf die spätere Eintragung in den Zweigregistern (§ 13 a Abs. 3 S. 2 HGB) kommt es nicht an. Eine Rückwirkung der Satzungsänderung ist im Außenverhältnis ausgeschlossen (§ 53, 25); zur Schwebezeit zwischen Beschlußfassung und Eintragung vgl. Rdn 28 ff. Die Bekanntmachung der Eintragung ist auf die Wirksamkeit der Satzungsänderung ohne Einfluß. Ihr Fehlen kann jedoch dazu führen, daß Dritten die Änderung entgegen § 15 Abs. 2 HGB nicht entgegengesetzt werden kann. – Zur Heilungswirkung der Eintragung bei fehlerhaften Beschlüssen vgl. Rdn 32. **27**

3. **Rechtslage zwischen Beschlußfassung und Eintragung**

a) **Allgemeines.** Für den Zeitraum vor Eintragung wird verbreitet davon gesprochen, es bestehe eine innergesellschaftliche Bindung an den Änderungsbeschluß[38]. Das ist zwar insofern richtig, als die Geschäftsführer mangels gegenteiliger Weisung der Gesellschafterversammlung grundsätzlich gehalten sind, die beschlossene Satzungsänderung anzumelden und dadurch das Eintragungsverfahren in Gang zu setzen (Rdn 11). Auch gelten die Beschlüsse gegenüber **neuen Gesellschaftern**, die nach Beschlußfassung, aber vor Eintragung der Satzungsänderung Geschäftsanteile erworben haben, ohne daß es auf ihre Kenntnis vom Inhalt der Beschlüsse oder auf ihre Zustimmung im Falle einstimmig beschlossener Leistungsvermehrungen u. a. ankäme[39]. Irrtum, Täuschung o. ä. kann der Erwerber nicht gegenüber der Gesellschaft, sondern nur gegenüber dem Veräußerer geltend machen. Eine weitergehende *Bestandskraft* besteht vor Eintragung jedoch *nicht*. Insbesondere ist die Gesellschafterversammlung nicht gehindert, den Änderungsbeschluß mit einfacher Mehrheit und ohne die Form des § 53 Abs. 2 S. 1 wieder aufzuheben (str., vgl. § 53, 73) oder die Geschäftsführer zur Rücknahme der Anmeldung anzuweisen (Rdn 22). **28**

b) **Ausführende Beschlüsse.** Häufig bilden Satzungsänderungen die Grundlage für entsprechende Ausführungsbeschlüsse. So wenn die in der Satzung festgelegte Zahl der Geschäftsführer erhöht oder deren Vertretungsmacht geändert wird, wenn ein Aufsichtsrat eingerichtet oder zum Zweck der freiwilligen Einziehung eines Anteils diese in der Satzung zugelassen wird oder schließlich wenn der bisher in der Satzung enthaltene Ausschluß der Teilung von Geschäftsanteilen (§ 17 Abs. 6) aufgehoben wird. Soweit die Gesellschafterversammlung in derartigen Fällen zugleich mit dem Änderungsbeschluß einen entsprechenden Ausführungsbeschluß faßt, ist dieser regelmäßig dahin auszulegen, daß er aufschiebend bedingt gefaßt ist und **Wirksamkeit erst mit Eintragung der Satzungsänderung** erlangen soll[40]. **29**

Nicht ausgeschlossen ist freilich, daß die Gesellschafter die **sofortige Wirksamkeit** des Ausführungsbeschlusses vor Wirksamwerden der Satzungsänderung beschließen[41]. Dabei handelt es sich der Sache nach nicht etwa um eine – nur im Innenverhältnis **30**

---

[38] Vgl. OLG Hamm GmbH-Rdsch. 1973, 57, 59; Scholz/*Priester* 68.

[39] Ebenso Scholz/*Priester* 69; zur Rechtslage im Falle eines Beitritts durch Übernahme neuer Stammeinlagen vor Eintragung der auf Leistungsvermehrung gerichteten, nach § 55 Abs. 2 S. 2 in die Übernahmeerklärung aufzunehmenden Satzungsregelungen vgl. § 55, 66 f.

[40] HM, vgl. Scholz/*Priester* 70; Baumbach/Hueck/*Zöllner* 26.

[41] AA Scholz/*Priester* 71 unter Hinweis in Fn 117 auf RGZ 24, 54, 58 und andere ältere Urteile.

und mit schuldrechtlicher Wirkung mögliche (§ 53, 25) – Rückwirkung der Satzungsänderung[42], sondern um eine vorübergehende *Satzungsdurchbrechung*. Ein hierauf abzielender Gesellschafterbeschluß ist grundsätzlich wirksam, wenn auch anfechtbar (§ 53, 32). Das gilt sowohl für die Wahl weiterer Geschäftsführer oder die Einsetzung eines Aufsichtsrats vor Wirksamwerden der entsprechenden Satzungsänderungen als auch für die Einziehung oder Teilung von Geschäftsanteilen unter Verstoß gegen die noch geltende Satzung. In derartigen Fällen sind dann auch Handlungen der neubestellten Organe für die Gesellschaft verbindlich, ohne daß es ihrer Bestätigung oder Neuvornahme nach Eintragung der Satzungsänderung bedarf[43]. Eine *Einschränkung* ist für die Fälle zu machen, in denen das Ausführungsgeschäft – wie namentlich bei Übernahme neuer Stammeinlagen[44] – ohne entsprechende Satzungsänderung ins Leere geht: insoweit bleibt für seinen Vollzug die Eintragung abzuwarten.

31 c) **Rechtsbehelfe gegen den Vollzug der Eintragung.** Besteht zwischen den Gesellschaftern Streit über die Gesetz- oder Sittenwidrigkeit eines Änderungsbeschlusses oder über das dabei angewendete Verfahren, so kann das Registergericht gemäß **§ 127 FGG** die beantragte Eintragung nach pflichtgemäßem Ermessen aussetzen, bis das Prozeßgericht über die streitige Frage entschieden hat (Rdn 52). Daneben haben aber auch Gesellschafter, die sich auf die Fehlerhaftigkeit des angemeldeten Satzungsänderungsbeschlusses berufen, nach **§ 16 Abs. 2 HGB** die Möglichkeit, der Eintragung zu widersprechen, wenn sie eine entsprechende beim Prozeßgericht zu beantragende einstweilige Verfügung gegen die Gesellschaft erwirkt haben (dazu vgl. Anh § 47, 258). Zweck des § 16 Abs. 2 HGB ist es, dem sich auf die Nichtigkeit oder Anfechtbarkeit Berufenden vorbeugenden Rechtsschutz im Registerverfahren zu gewähren[45]. Das Registergericht ist an die vom Widersprechenden vorgelegte Entscheidung des Prozeßgerichts nur in den Grenzen gebunden, die sich aus den allgemeinen Grundsätzen über das Verhältnis von streitiger zu freiwilliger Gerichtsbarkeit ergeben[46].

4. Wirkungen fehlerhafter Eintragungen

32 a) **Eintragung fehlerhafter Beschlüsse.** Zu den Wirkungen der Eintragung fehlerhafter Beschlüsse vgl. allgemein Anh § 47, 23, 79 ff, zur Fehlerhaftigkeit von Satzungsänderungen § 53, 88 ff, zu derjenigen von Kapitalerhöhungen § 57, 37 ff. Nach den entsprechend anwendbaren Vorschriften des Aktienrechts werden *Beurkundungsmängel* unmittelbar durch die Eintragung geheilt (§ 242 Abs. 1 AktG). *Nichtigkeitsgründe* aufgrund von Einberufungsmängeln (§ 53, 93) oder Inhaltsmängeln (§ 53, 94) können analog § 242 Abs. 2 AktG mit dem Ablauf von drei Jahren nach Eintragung nicht mehr geltend gemacht werden, wenn nicht vorher Nichtigkeitsklage erhoben wurde[47]. Entsprechendes gilt, wenn der Änderungsbeschluß wegen Fehlens der erforderlichen Zustimmung *unwirksam* ist (§ 53, 91). Ist der Satzungsänderungsbeschluß dagegen – wie im Regelfall – nur *anfechtbar*, so tritt dessen Wirksamkeit nach Abs. 3 mit der Eintragung ebenso wie bei fehlerfreien Beschlüssen ein. Die Anfechtungsklage kann gleichwohl solange erhoben werden, wie die Anfechtungsfrist (Anh 47, 177) nicht abgelaufen ist. Zur Prüfungspflicht des Registergerichts im Hinblick auf Beschlußmängel vgl. Rdn 41 ff.

---

42 So auch Baumbach/Hueck/*Zöllner* 26; Rowedder/*Zimmermann* 26.

43 AA Scholz/*Priester* 71.

44 RGZ 77, 152, 155; 82, 375, 378; dazu auch unten § 55, 77 und 87.

45 Vgl. *Hüffer*-GroßkommHGB[4] § 16, 24 ff; *Baur* ZGR 1972, 421, 424.

46 Dazu *Hüffer* aaO (Fn 45) 27.

47 BGHZ 80, 212, 216 = NJW 1981, 2125; vgl. näher Anh § 47, 80.

33 b) **Mängel des Eintragungsverfahrens.** Ist zwar der Beschluß fehlerfrei, **fehlt** es aber an einer **Anmeldung** oder ist diese nicht durch vertretungsberechtigte Personen vorgenommen, so hat die gleichwohl erfolgte Eintragung keine Wirkung[48]. Die fehlende Anmeldung kann freilich nachgeholt werden[49]. Hierzu ist den Beteiligten vor Einleitung eines Amtslöschungsverfahrens nach § 142 Abs. 1 FGG (Rdn 57) Gelegenheit zu geben. Auf die Wirksamkeit der Eintragung ohne Einfluß ist demgegenüber das Fehlen oder die Unrichtigkeit des in Abs. 1 S. 2 vorgeschriebenen vollständigen Satzungswortlauts oder der notariellen Bescheinigung[50]. Beides kann auch nachträglich angefordert werden.

34 Sind Beschluß und Anmeldung in Ordnung, trägt das Registergericht jedoch versehentlich etwas **Abweichendes** ein, so wird die Satzungsänderung mangels Vorliegens der Voraussetzungen des Abs. 3 nicht wirksam[51]. Gleiches gilt, wenn in den Fällen des § 10 Abs. 1 und 2 dem Erfordernis ausdrücklicher Eintragung (Rdn 25) nicht genügt wird oder wenn die Eintragung im Register nicht des satzungsmäßigen Sitzes, sondern einer Zweigniederlassung erfolgt. Zur Amtslöschung in derartigen Fällen vgl. Rdn 57, zur Frage der Teilwirksamkeit vgl. Rdn 35.

35 c) **Teilwirksamkeit.** Gibt eine Eintragung den Satzungsänderungsbeschluß nur teilweise richtig wieder, so sollte nach früher verbreiteter Ansicht[52] teilweise Wirksamkeit insoweit eintreten, als der mit dem Beschluß übereinstimmende Teil der Eintragung als solcher Bestand haben konnte. Dem ist, abgesehen vom Sonderfall der teilweisen Übereinstimmung angemeldeter und eingetragener Kapitalerhöhung (dazu vgl. § 57, 54 f), nur in den Fällen zu folgen, in denen einerseits der übereinstimmende Teil von Beschluß und Eintragung auch getrennt hätte angemeldet werden können und andererseits anzunehmen ist, daß die Anmeldung trotz Unwirksamkeit der restlichen Teile auch in diesem beschränkten Umfang gewollt gewesen wäre[53]. Für eine Teilwirksamkeit einheitlicher und sachlich zusammenhängender, unrichtig eingetragener Satzungsänderungen bleibt somit nur in seltenen Fällen Raum. Zur Frage der Teilnichtigkeit eines teilweise fehlerhaften *Änderungsbeschlusses* vgl. § 53, 97.

IV. Die Bekanntmachung

1. Gegenstände (Abs. 2 S. 2)

36 Die allgemeine Pflicht zur Bekanntmachung von Handelsregistereintragungen ist in § 10 HGB geregelt (zum Ort der Bekanntmachung vgl. § 10, 23). Für den Fall der Satzungsänderung bestimmen sich die Gegenstände der Veröffentlichung nach § 54 Abs. 2 S. 2 iVm § 10 Abs. 3 und § 12 Abs. 2 S. 2 GmbHG. Durch das **Gericht des Sitzes** zu veröffentlichen ist danach der **Inhalt der Eintragung**, d. h. die ausdrücklichen Eintragungen in den Fällen von § 10 Abs. 1 und 2 (Rdn 25), im übrigen die Mitteilung, daß die Satzung geändert wurde, sowie der Tag des Gesellschafterbeschlusses und das Datum der Eintragung[54]. Darüber hinaus bedarf es nach § 10 Abs. 3 aE auch der Veröffentlichung von geänderten oder neueingefügten Satzungsregelungen über die

---

48 HM, vgl. BayObLG DB 1985, 1223; Scholz/*Priester* 83; Baumbach/Hueck/*Zöllner* 28; *Wiedemann*-GroßkommAktG § 181, 8; aA *Baums* aaO S. 133 ff; zur Frage der Teilwirksamkeit bei Auseinanderfallen von Anmeldung und Eintragung vgl. Rdn 35.

49 KGJ 28 A 228, 229.

50 Scholz/*Priester* 83; Baumbach/Hueck/*Zöllner* 28.

51 Ebenso Scholz/*Priester* 85.

52 RGZ 132, 22, 26; Hachenburg/*Schilling*[6] 6; *Scholz*[5] 20.

53 So auch Keidel/Kuntze/*Winkler* FGG[12] § 127, 12 aE; Scholz/*Priester* 88; früher schon *Köhler* JW 1931, 2983 in Auseinandersetzung mit RGZ 132, 22, 25 f; ähnlich *Wiedemann*-GroßkommAktG § 181, 8.

54 Ebenso Scholz/*Priester* 74.

Form öffentlicher Bekanntmachungen der Gesellschaft. Hierbei genügt ebenso wie in den Fällen des § 10 Abs. 1 und 2 die deutliche Bezeichnung des Inhalts der Änderung (Rdn 25); einer Veröffentlichung des Wortlauts der Neufassung bedarf es nicht. Im Fall von *Sachkapitalerhöhungen* genügt abweichend von § 10 Abs. 3 nach der Sonderregelung des § 57 b nF anstelle der Veröffentlichung der Festsetzungen eine Bezugnahme auf die Eintragungsunterlagen (§ 57 b, 3).

37 Für das **Gericht der Zweigniederlassung** bestehen nach § 12 Abs. 2 S. 2 grundsätzlich die gleichen Veröffentlichungspflichten. Eine Einschränkung gilt nur für Angaben über Sacheinlagen, wenn die Eintragung im Zweigregister später als zwei Jahre nach Eintragung dieser Angaben in das Register am Sitz der Gesellschaft erfolgt (§ 12 Abs. 2 S. 2 aE).

2. Wirkungen

38 Die Wirkungen der Veröffentlichung bestimmen sich nach **§ 15 Abs. 2 und 4 HGB**. Ist die Veröffentlichung erfolgt, so müssen Dritte die eingetragenen und bekanntgemachten Satzungsänderungen auch dann gegen sich gelten lassen, wenn sie hiervon keine Kenntnis erlangt haben; eine Einschränkung gilt nach § 15 Abs. 2 S. 2 HGB nur während der Übergangszeit von 15 Tagen nach Bekanntmachung. Bedeutung kommt der Offenlegungsfunktion des § 15 Abs. 2 HGB vor allem in denjenigen Fällen zu, in denen Satzungsänderungen über die Vertretungsmacht der Geschäftsführer in Frage stehen. Die Anwendung von § 15 Abs. 1 HGB kommt demgegenüber bei Satzungsänderungen nur für die Zeit zwischen Eintragung und Bekanntmachung in Betracht, weil die Änderung erst mit der Eintragung Wirksamkeit erlangt (§ 54 Abs. 3) und bis dahin Dritten schon deshalb nicht entgegengesetzt werden kann.

39 Im Falle **unrichtiger Bekanntmachung** einer Satzungsänderung greift § 15 Abs. 3 HGB jedenfalls dann ein, wenn die Eintragung (und Bekanntmachung) von den Organen der GmbH durch Anmeldung veranlaßt worden ist[55]. Darauf, ob nur die Bekanntmachung oder auch die Eintragung selbst unrichtig, die Satzungsänderung also gar nicht wirksam geworden ist, kommt es für die Anwendung der Vorschrift nicht an[56]. Ihre Rechtsfolge besteht darin, daß die GmbH gegenüber demjenigen, der sich auf den Inhalt der bekanntgemachten Satzungsänderung beruft, deren Unrichtigkeit nicht geltend machen kann, sofern sie ihm nicht bekannt ist.

V. Registerkontrolle

1. Grundsatz

40 Allgemein zu Rechtsgrundlagen, Gegenständen und Umfang der **registergerichtlichen Prüfungsfunktion** im Rahmen von GmbH-Eintragungen vgl. § 9 c, 6 ff. Die in §§ 9 c, 57 a für die Prüfung von Gründung und Kapitalerhöhung zum Ausdruck kommenden Grundsätze gelten auch für die Kontrolle sonstiger die GmbH betreffender Eintragungen in das Handelsregister, darunter namentlich für diejenige von Satzungsänderungen, auch soweit sie anders als Kapitalerhöhungsbeschlüsse nicht unter § 57 a fallen[57]. Ein Umkehrschluß von dieser Sondervorschrift auf sonstige Satzungsänderun-

[55] Zum Streit um die Geltung des Veranlassungsprinzips im Rahmen von § 15 Abs. 3 vgl. *Hüffer*-GroßkommHGB[4] § 15, 43 ff, 48 m. Nachw.

[56] *Hüffer* aaO 50.

[57] EinhM, vgl. Scholz/*Priester* 28; Rowedder/*Zimmermann* 15; so schon RGZ 148, 175, 187 für die Satzungsänderung einer AG.

gen und deren Herausnahme aus der Registerkontrolle wäre weder mit dem für das GmbH-Recht geltenden Normativsystem (§ 9 c, 6) noch mit der Publizitätsfunktion des Handelsregisters vereinbar (vgl. auch § 57 a, 2).

2. Satzungsänderungen

41 a) **Prüfungsgegenstände.** α) **Ordnungsmäßigkeit von Beschluß und Anmeldung.** Gegenstand der Prüfung ist entsprechend § 9 c S. 1 in erster Linie die Ordnungsmäßigkeit der Beschlußfassung und der Anmeldung der Satzungsänderung[58]. Hierzu gehört die **Kontrolle des Änderungsbeschlusses** darauf, ob die Dreiviertelmehrheit der Stimmen erreicht und er in der gehörigen Form beurkundet ist, sowie ob im Fall von Leistungsvermehrungen oder Eingriffen in Sonderrechte oder sonstige unentziehbare Rechte die betroffenen Gesellschafter ihre Zustimmung erteilt haben (vgl. auch Rdn 45 f). Hinsichtlich des *Inhalts des notariellen Beschlußprotokolls* und der darin getroffenen Feststellungen über die Zahl der abgegebenen Stimmen sowie über die Gesellschaftereigenschaft oder Vertretungsmacht der an der Abstimmung Teilnehmenden kann das Registergericht grundsätzlich von der Richtigkeit ausgehen[59]. Anderes gilt bei Unklarheiten des Protokollinhalts sowie beim Vorliegen konkreter Verdachtsmomente oder sonstiger begründeter Zweifel an der Richtigkeit des Protokolls: hier kann der Richter auch eigene Sachverhaltsermittlungen vornehmen oder die Beteiligten zu den erforderlichen Aufklärungen veranlassen (§ 12 FGG). Soweit es um die *Prüfung der Gesellschaftereigenschaft* geht, ist er nicht auf die nach § 40 eingereichte Gesellschafterliste und die Erklärungen der Geschäftsführer beschränkt, sondern kann sich bei Bedarf auch die Erwerbsurkunden vorlegen lassen[60]. Eine routinemäßige Anforderung der Erwerbsurkunden wäre allerdings als Überspannung der Prüfungsfunktion zu beurteilen.

42 Bei der **Kontrolle der Anmeldung** hat der Registerrichter die *Legitimation* der Anmelder, die *Form* der Anmeldung (§ 12 Abs. 1 HGB) sowie die Vollständigkeit und Ordnungsmäßigkeit der beizufügenden *Unterlagen* (Rdn 14 ff) zu prüfen. Ebenso fällt hierunter die Kontrolle der Übereinstimmung von Anmeldungsinhalt und Änderungsbeschluß; dazu gehört auch die schlagwortartige Angabe der in § 54 Abs. 2 S. 1 iVm § 10 Abs. 1 und 2 genannten, die ausdrückliche Eintragung erforderlich machenden Änderungsgegenstände (Rdn 25).

43 β) **Beschlußinhalt.** Neben der Prüfung der Ordnungsmäßigkeit von Beschlußfassung und Anmeldung gehört zur Registerkontrolle nach heute ganz hM auch diejenige des **Inhalts der Änderungsbeschlüsse**[61]. Das gilt uneingeschränkt für die Prüfung des Vorliegens von *Nichtigkeits- oder Unwirksamkeitsgründen* (vgl. Rdn 45 f). Dagegen beschränkt sich im Falle der *Anfechtbarkeit* die Prüfungsfunktion auf solche Mängel, die auf Verstößen des Beschlußinhalts gegen zwingende Vorschriften des GmbHG beruhen (str., vgl. Rdn 49). Die Geltendmachung von Verstößen gegen Satzungsvorschriften, aber auch von solchen gegen die sog. beweglichen Schranken der Mehrheitsherrschaft (Gleichbehandlungsgrundsatz, Treupflicht, vgl. § 53, 64 ff), bleibt den betroffenen Gesellschaftern im Wege der Anfechtungsklage überlassen; der Registerrichter hat entsprechenden Bedenken weder von Amts wegen nachzugehen noch kann er

---

[58] BayObLG BB 1983, 83; vgl. auch § 9 c, 9 ff.

[59] AA (für zwingende Bindung des Registergerichts an die notariellen Feststellungen zum Beschlußergebnis) *Baums* Eintragung S. 88 f; so wohl auch Scholz/*Priester* 34; Baumbach/Hueck/*Zöllner* 19; wie hier Rowedder/*Zimmermann* 17.

[60] So auch Scholz/*Priester* 33.

[61] Vgl. näher § 9 c, 9, 19 ff, 22.

deshalb die Eintragung ablehnen. Zu den besonderen registerrichterlichen Prüfungsaufgaben bei Sachkapitalerhöhungen vgl. § 57 a, 5 und 8 ff.

44 Das Registergericht hat die Änderungsbeschlüsse weiter auch darauf zu kontrollieren, ob sie in den *für Dritte bedeutsamen Satzungsteilen*, wie etwa bei den Regelungen über die Kapitalverhältnisse (§§ 55 bis 58) oder über die Vertretungsmacht der Geschäftsführer (§ 35 Abs. 2), **offensichtliche Unklarheiten oder Unrichtigkeiten** enthalten[62]. Eine generelle Kontrolle der Satzung oder ihrer Änderungen auf Eindeutigkeit und Klarheit des Beschlußinhalts ist zwar nicht seine Aufgabe[63]; ebenso scheidet eine bloße Zweckmäßigkeitskontrolle aus[64]. Wohl aber hat das Registergericht darüber zu wachen, daß der Satzungswortlaut in den auch für *Nichtgesellschafter* relevanten Teilen nicht die Gefahr einer Irreführung begründet[65]. Das folgt aus den gleichen dem Verkehrsschutz dienenden Gründen, die zur Bejahung der Kontrollbefugnis bei Verstößen gegen zwingendes Recht führen, auch wenn diese nicht die Nichtigkeit, sondern nur die Anfechtbarkeit des Änderungsbeschlusses zur Folge haben (Rdn 49). In diesen Grenzen hat das Registergericht offensichtlich mehrdeutige oder im Widerspruch zum sonstigen Satzungsinhalt stehende Änderungsbeschlüsse zu beanstanden und auf eine Klarstellung hinzuwirken; so wenn im Zuge einer Kapitalerhöhung zwar die Stammkapitalziffer in der Satzung geändert wird, die Angaben über die früheren Stammeinlagen der Gesellschafter jedoch unverändert beibehalten bleiben[66]. Die Beanstandungen können sich auch gegen die Beibehaltung inhaltlich überholter, für Dritte bedeutsamer Bestandteile im Satzungswortlaut richten, namentlich wenn diese wegen Unvereinbarkeit mit neuerem zwingendem Recht außer Kraft getreten sind (zur Streichungskompetenz bei derartigen redaktionellen Änderungen vgl. § 53, 27 f). Kommt die Gesellschaft dem Klarstellungsverlangen nicht nach und räumt sie die Bedenken des Registergerichts auch nicht auf andere Weise aus, so hat dieses die Eintragung abzulehnen.

45 b) **Mangelfolgen.** α) **Nichtigkeit.** Nichtige Beschlüsse darf das Registergericht *nicht* eintragen[67]. Das gilt auch dann, wenn durch die Eintragung die Nichtigkeit geheilt würde (Rdn 32). Bestehen Meinungsverschiedenheiten zwischen den Beteiligten über das Vorliegen eines Nichtigkeitsgrundes, so kann das Registergericht nach pflichtgemäßem Ermessen, wenn es nicht selbst über die Eintragungsvoraussetzungen entscheiden will, von Amts wegen oder auf Antrag die *Eintragung* nach § 127 FGG solange *aussetzen*, bis eine Entscheidung des Prozeßgerichts über die Streitfrage ergangen ist[68]. Ist noch kein Rechtsstreit anhängig, so kann es den Beteiligten nach § 127 S. 2 FGG eine Frist zur Klageerhebung setzen und bei Nichteinhaltung der Frist die Eintragung ablehnen, weil die Rechtmäßigkeit des Beschlusses nicht nachgewiesen ist[69]. Zur *Eintragung rechtskräftiger Urteile*, durch die eine eingetragene Satzungsänderung für nichtig erklärt ist, vgl. Rdn 5, zur Amtslöschung nichtiger Eintragungen Rdn 55 f.

46 β) **Unwirksamkeit.** Satzungsänderungsbeschlüsse sind trotz Erreichens der Dreiviertelmehrheit unwirksam, solange eine nach GmbH-Recht erforderliche Zustimmung

---

62 HM, vgl. KG DR 1942, 1059; BayObLG DB 1971, 1612; WM 1985, 572; OLG Stuttgart Justiz 1980, 354; § 9 c, 10; Scholz/*Priester* 35; *Baums* S. 103.

63 OLG Köln WM 1981, 1263, 1264; LG Frankfurt Rpfleger 1976, 251; Scholz/*Priester* 35.

64 BayObLG BB 1983, 83; WM 1985, 572.

65 So zu Recht auch BayObLG WM 1985, 572; **aA** OLG Köln und LG Frankfurt aaO (Fn 63).

66 BayObLG DB 1971, 1612.

67 EinhM, vgl. BayObLG DB 1972, 1015; GmbH-Rdsch. 1982, 43; Anh § 47, 84; Scholz/*Priester* 41; *Wiedemann*-GroßkommAktG § 181, 7 a.

68 Vgl. auch Rdn 52; zu den für die Ermessensausübung maßgebenden Gesichtspunkten vgl. *Jansen* FGG² § 127, 6.

69 Vgl. näher *Jansen* FGG² § 127, 2 ff; Keidel/Kuntze/*Winkler* FGG¹² § 127, 27 ff, 39 f; **aA** *Baums* Eintragung S. 62 ff und BB 1981, 263, der den Registerrichter für verpflichtet hält, einzutragen, solange nicht die Nichtigkeit des Beschlusses feststeht.

einzelner Gesellschafter noch aussteht (§ 53, 91). Stellt das Gericht einen derartigen Mangel fest, so kann es den Beteiligten durch Zwischenverfügung aufgeben, die fehlende Zustimmung einzuholen und den Nachweis hierüber zu führen. Steht die Verweigerung der Zustimmung fest oder kommen die Beteiligten der Aufforderung nicht nach, so ist die Eintragung abzulehnen[70].

γ) **Anfechtbarkeit.** Ergeben sich im Rahmen der registergerichtlichen Prüfung oder aufgrund von Hinweisen Beteiligter konkrete Anhaltspunkte für die Anfechtbarkeit des Satzungsänderungsbeschlusses, so fragt sich, ob das Registergericht die beantragte Eintragung gleichwohl verfügen darf. Eine vor allem im Registerrecht verbreitete Meinung ging bisher dahin, die Eintragungsfähigkeit für das GmbH-Recht grundsätzlich zu bejahen[71]. Demgegenüber befürwortet die neuere Ansicht zu Recht eine *differenzierende Lösung* je nach Verfahrensstand und Art des Anfechtungsgrundes[72]. Im einzelnen ist wie folgt zu unterscheiden. **47**

Ist **Anfechtungsklage** erhoben, so hat das Registergericht nach *pflichtgemäßem Ermessen* zu entscheiden, ob es dem Eintragungsantrag gleichwohl stattgibt[73]. Im Zweifel wird es die Eintragung nach § 127 S. 1 FGG bis zur Entscheidung des Anfechtungsprozesses aussetzen (Rdn 52). Eine alsbaldige Eintragung trotz des schwebenden Anfechtungsprozesses kommt vor allem dann in Betracht, wenn sich die Anfechtungsgründe bei vorläufiger Prüfung als wenig stichhaltig erweisen und ein berechtigtes Interesse der Gesellschaft bzw. der satzungsändernden Mehrheit an alsbaldiger Eintragung besteht[74]. Entsprechendes gilt im Fall *angekündigter* Anfechtungsklage vor Ablauf der Anfechtungsfrist; hier hat das Registergericht im Fall der Aussetzung den ankündigenden Gesellschaftern nach § 127 S. 2 FGG eine Frist zur Klageerhebung zu setzen (Rdn 52). **48**

Ohne erhobene oder angekündigte Anfechtungsklage bildet die **Anfechtbarkeit** des Satzungsänderungsbeschlusses grundsätzlich nur dann ein Eintragungshindernis, wenn **Interessen Dritter oder der Öffentlichkeit** berührt sind[75]. Das ist zu bejahen im Falle von – nicht zur Nichtigkeit führenden – Verstößen gegen zwingendes GmbH-Recht oder gegen sonstige, auch dem Interessse der Gläubiger oder der Öffentlichkeit dienende, aber nicht den Nichtigkeitsgrund des § 241 Nr. 3 AktG auslösende Vorschriften[76]. Demgegenüber sind die Verletzung von Verfahrensvorschriften sowie Verstöße gegen Satzungsrecht oder gegen ungeschriebene, ausschließlich dem Interesse der Gesellschafter(-minderheit) dienende Schranken solange nicht als Eintragungshindernis **49**

---

[70] Ganz hM, vgl. RGZ 136, 185, 192; KGJ 35 A 162, 166; 53 A 101; Scholz/*Priester* 48; Baumbach/Hueck/*Zöllner* 18; enger *Baums* Eintragung S. 93.

[71] Vgl. *Jansen* FGG[2] § 125, 24; Keidel/Kuntze/*Winkler* FGG[12] § 127, 13; ebenso noch Voraufl. Anh § 47, 221 (*Schilling/Zutt*); tendenziell auch Scholz/*K. Schmidt* § 45, 126.

[72] So im Anschluß an die Entwicklung der aktienrechtlichen Diskussion die heute wohl schon hM im GmbH-Recht, vgl. Scholz/*Priester* 52 f; Baumbach/Hueck/*Zöllner* 19 f; *Lutter/Hommelhoff* 6; für den Fall erhobener oder angekündigter Anfechtungsklage auch Rowedder/*Zimmermann* 20. Vgl. auch Anh § 47, 187 (*Raiser*).

[73] So – mit tendenziell unterschiedlicher Akzentsetzung – auch Scholz/*Priester* 53; Baumbach/Hueck/*Zöllner* 19 f; Rowedder/*Zimmermann* 20.

[74] So auch *Jansen* FGG[2] § 127, 7; Keidel/Kuntze/*Winkler* FGG[12] § 127, 36 f; Scholz/*Priester* 53; Scholz/*K. Schmidt* § 45, 126; Rowedder/*Zimmermann* 20; ebenso im Aktienrecht *Wiedemann*-GroßkommAktG § 181, 7 c; *Zöllner*-KölnKomm-AktG[2] § 181, 37; enger *Baums* Eintragung S. 159 ff.

[75] So im Anschluß an die durch *Lutter* (NJW 1969, 1873, 1878) angestoßene aktienrechtliche Diskussion Scholz/*Priester* 52; Baumbach/Hueck/*Zöllner* 19 f; *Lutter/Hommelhoff* 6; wohl auch BayObLG WM 1987, 502, 503; aA (für grundsätzliche Eintragbarkeit, solange Anfechtungsklage weder erhoben noch angedroht ist) OLG Köln GmbH-Rdsch. 1982, 211, 212; Rowedder/*Zimmermann* 21.

[76] Vgl. Scholz/*Priester* und Baumbach/Hueck/*Zöllner* aaO (Fn 75) mit Beisp. Weitergehend *Baums* S. 57 f, 64 ff, der jeden Verstoß gegen zwingendes Recht als Eintragungshindernis wertet.

anzusehen, als sich nicht ein Teil der Gesellschafter hierauf beruft[77]; das gilt umso mehr im Fall der Einmann-GmbH. Dagegen, aktienrechtlichem Vorbild entsprechend in derartigen Fällen auf den Ablauf der Anfechtungsfrist abzustellen, spricht namentlich auch das Fehlen einer eindeutigen, auf einen Monat nach Beschlußfassung beschränkten Anfechtungsfrist entsprechend § 246 Abs. 1 AktG (vgl. Anh § 47, 177)[78].

50 Eine Besonderheit gilt für die Eintragung von **Verschmelzungsbeschlüssen**. Für sie verlangt § 24 Abs. 2 S. 1 KapErhG (in Übereinstimmung mit § 345 Abs. 2 S. 1 AktG für die Verschmelzung von Aktiengesellschaften) als Anmeldungserfordernis die Erklärung der Geschäftsführer der beteiligten Gesellschaften mbH, daß die Beschlüsse innerhalb der Anfechtungsfrist nicht angefochten worden sind. Insoweit ist daher entgegen den Ausführungen in Rdn 48 auch im GmbH-Recht grundsätzlich der Ablauf der Anfechtungsfrist abzuwarten. Anderes gilt nach zutr. BGH-Rechtsprechung dann, wenn die Anfechtungsklage unzulässig oder unbegründet, d. h. nach Ansicht des Registergerichts „zweifelsfrei ohne Erfolgsaussicht“ ist[79]: dann braucht der Ausgang des Anfechtungsprozesses nicht abgewartet zu werden.

3. Verfahren

51 Für die Sachverhaltsermittlung durch das Registergericht, den Erlaß einer **Zwischenverfügung** und die Fristsetzung für die Beseitigung von Eintragungshindernissen durch die Anmelder gelten die allgemeinen Grundsätze des Registerrechts. Hierzu und zu den Beschwerdemöglichkeiten der Anmelder vgl. Näheres in § 9 c, 41 und 43 f m. Nachw.

4. Aussetzung

52 Von der Ablehnung der Eintragung zu unterscheiden ist die Möglichkeit der Aussetzung nach § 127 FGG. Sie erfordert in jedem Fall das Bestehen eines **streitigen Rechtsverhältnisses** zwischen klageberechtigten Gesellschaftern und der GmbH und kommt auch nur dann in Betracht, wenn der Registerrichter es nach pflichtgemäßem Ermessen für angebracht hält, eine Klärung durch das Prozeßgericht abzuwarten (vgl. schon Rdn 48). Das wird bei *angefochtenen* Änderungsbeschlüssen regelmäßig der Fall sein, wenn nicht entweder die Aussichten der Anfechtungsklage gering sind oder durch die Aussetzung der Eintragung wesentliche Interessen der Gesellschaft betroffen werden (Rdn 48). Ist die Anfechtungsklage angedroht, aber noch nicht erhoben, so kann der Registerrichter hierfür nach § 127 S. 2 FGG eine Frist bestimmen. Ist die Frist des § 127 S. 2 FGG oder die „angemessene“ Anfechtungsfrist (Anh § 47, 177) abgelaufen, so hat das Registergericht die bloß anfechtbare Satzungsänderung in jedem Fall einzutragen.

5. Amtslöschung

53 a) **Grundlagen.** Eine Amtslöschung eingetragener Satzungsänderungen kommt nach Maßgabe der §§ 142 Abs. 1, 144 Abs. 2 FGG in Betracht. Soweit es um **sachliche**

---

[77] Ähnlich Baumbach/Hueck/*Zöllner* 19 f; wohl auch *Lutter/Hommelhoff* 6; weitergehend (für Eintragungspflicht auch bei Anfechtbarkeit wegen Gesetzesverstoß) Rowedder/*Zimmermann* 21; auf die Umstände des Falles abstellend Scholz/*K. Schmidt* § 45, 126; aA *Baums* S. 57 f, 64 ff (keine Eintragungsfähigkeit bei Verstößen gegen zwingendes Recht).

[78] So zutr. Scholz/*Priester* 50.

[79] BGH NJW 1990, 2747, 2750; ähnlich schon OLG Hamm WM 1980, 943; OLG Frankfurt ZIP 1990, 509; *Hoffmann-Becking* Festschrift Fleck (1988) S. 105, 118; *Timm/Schick* DB 1990, 1221 f.

Mängel geht, die auf inhaltlichen Verstößen des Satzungsänderungsbeschlusses gegen zwingendes Recht beruhen, greift die hierauf bezogene Sondervorschrift des **§ 144 Abs. 2 FGG** ein (Rdn 55); ein Rückgriff auf § 142 Abs. 1 FGG ist in diesen Fällen ausgeschlossen[80].

Umstritten ist demgegenüber die Löschungsbefugnis im Fall von **Verfahrensmängeln** (Fehlen einer Anmeldung durch Geschäftsführer in vertretungsberechtigter Zahl, Auseinanderfallen von Anmeldung und Eintragung u. a.). Während die Rechtsprechung der Registergerichte auch insoweit auf die strenge Vorschrift des § 144 Abs. 2 FGG abstellt, weil darin die Löschungsvoraussetzungen eines eingetragenen Gesellschafterbeschlusses abschließend geregelt seien[81], zieht die in der Literatur ganz überwM insoweit die auf unzulässige Eintragungen bezogene Vorschrift des **§ 142 Abs. 1 FGG** heran[82]. Dem ist angesichts des Wortlauts und der Funktion der §§ 142 Abs. 1, 144 Abs. 2 FGG zu folgen. Für einen weitergehenden, an § 144 Abs. 2 FGG orientierten Bestandsschutz unzulässiger Eintragungen besteht auch bei Kapitalgesellschaften keine Notwendigkeit. **54**

b) **Voraussetzungen. α) Amtslöschung nach § 144 Abs. 2 FGG.** Sie setzt voraus, daß *erstens* der eingetragene Beschluß durch seinen **Inhalt zwingendes Recht verletzt** und *zweitens* seine **Beseitigung im öffentlichen Interesse erforderlich** erscheint. Öffentliches Interesse umfaßt sowohl das Interesse der Allgemeinheit als auch dasjenige bestimmter außenstehender Gruppen, namentlich der Gläubiger, nicht aber dasjenige der Gesellschafter[83]. Die Löschungsvoraussetzungen ähneln damit den Nichtigkeitsgründen des § 241 Nr. 3 AktG; dies freilich mit der Besonderheit, daß das öffentliche Interesse sich auf die Beseitigung des Beschlusses beziehen muß. Auch wenn die Dreijahresfrist des § 242 Abs. 2 AktG abgelaufen und der Mangel der Nichtigkeit dadurch geheilt ist, steht das der Amtslöschung nicht entgegen; allerdings wird das Interesse an der Beseitigung regelmäßig um so geringer sein, je mehr Zeit seit Eintragung des Beschlusses verstrichen ist[84]. **55**

Entsprechend den in Rdn 55 genannten Voraussetzungen kommt eine Amtslöschung nach § 144 Abs. 2 FGG in aller Regel nur bei solchen Satzungsänderungen in Betracht, die die **Nichtigkeitsvoraussetzungen des § 241 Nr. 3 oder 4 AktG** erfüllen. Demgegenüber wird die Nichtigkeit wegen Einberufungs- oder Formmangels von § 144 Abs. 2 FGG nicht erfaßt. Für eine Amtslöschung nach dieser Vorschrift ist aber auch bei Beschlüssen, die wegen fehlender Zustimmung *unwirksam* sind (§ 53, 91), regelmäßig kein Raum, da es hier am öffentlichen Interesse an ihrer Beseitigung fehlt[85]. Gleiches gilt für eine Amtslöschung bloß *anfechtbarer* Beschlüsse. Sie scheidet ohnehin aus, soweit die Anfechtbarkeit im Unterschied zur Nichtigkeit kein Eintragungshindernis bildet (vgl. näher Rdn 43, 47 ff). **56**

β) Amtslöschung nach § 142 Abs. 1 FGG. Sie bezieht sich auf Eintragungen, die wegen „Mangels einer wesentlichen Voraussetzung unzulässig" waren. Ein Rückgriff **57**

---

[80] Ganz hM, vgl. *Jansen* FGG² § 144, 6; Keidel/Kuntze/*Winkler* FGG¹² § 144, 5; Scholz/*Priester* 78; *Zöllner*-KölnKommAktG § 241, 140 ff, 143.

[81] So grundlegend KGJ 37 A 152, 155 f; BayObLGZ 1955, 333, 340 und 1956, 303, 310 ff; OLG Hamm OLGZ 1971, 226, 227 und BB 1981, 259, 261; OLG Karlsruhe BB 1986, 550, 551. Ebenso noch Hachenburg/*Schilling*⁶ 14; dem zust. jetzt auch *Lutter/Friedewald* ZIP 1986, 691, 692 f.

[82] So *Jansen* FGG² § 144, 6; Keidel/Kuntze/*Winkler* FGG¹² § 144, 5; Baumbach/Hueck/*Zöllner* 28; Rowedder/*Zimmermann* 34; *Zöllner*-KölnKommAktG § 241, 143; der Sache nach auch Scholz/*Priester* 78, 83 ff; **aA** *Lutter/Friedewald* ZIP 1986, 691, 692 f.

[83] *Jansen* FGG² § 144, 15; Scholz/*Priester* 77.

[84] Scholz/*Priester* 80; *Zöllner*-KölnKommAktG § 241, 138.

[85] So auch Scholz/*Priester* 81.

hierauf ist bei eingetragenen Satzungsänderungen wegen des Vorrangs von § 144 Abs. 2 FGG (Rdn 53) nur im Fall von **Verfahrensmängeln** möglich (str., vgl. Rdn 54). Unter ihnen scheiden die verfahrensrechtlichen Nichtigkeitsgründe des § 241 Nr. 1 (Einberufungsmangel) und Nr. 2 (Formmangel) aus; dieser wegen der Heilungswirkung der Eintragung (§ 242 Abs. 1 AktG), jener deshalb, weil es sich nicht um einen gravierenden Mangel iSv § 142 Abs. 1 FGG handelt und seine Geltendmachung den Beteiligten überlassen bleiben kann[86]. Wohl aber können nach § 142 Abs. 1 FGG solche Eintragungen gelöscht werden, die ohne oder **ohne wirksame Anmeldung** vorgenommen worden sind (Rdn 33) oder deren Inhalt von der beschlossenen und angemeldeten Satzungsänderung abweicht (Rdn 34)[87].

58 c) **Löschungsverfahren.** Vgl. dazu näher Erläut. zu § 75. Seine Einleitung erfolgt von Amts wegen, ggf. aufgrund der Anregung von an der Löschung interessierten Personen oder von Organen des Handelsstands[88]. Zuständig ist das **Registergericht**, daneben nach Maßgabe von § 143 FGG auch das ihm vorgeordnete Landgericht. Die Entscheidung erfolgt nach pflichtgemäßem Ermessen; dabei hat das Gericht namentlich einerseits das Interesse der Gesellschaft an der Aufrechterhaltung der sie betreffenden Eintragung, andererseits das öffentliche Interesse an der Beseitigung einer im Handelsregister verlautbarten unrichtigen oder gesetzwidrigen Eintragung zu berücksichtigen. Die **Gesellschaft als Beteiligte** ist in jedem Fall von der beabsichtigten Löschung zu benachrichtigen. Ihr ist eine angemessene Frist zur Geltendmachung eines Widerspruchs zu bestimmen (§ 142 Abs. 2 FGG); im Fall von § 144 Abs. 2 FGG soll die Frist mindestens drei Monate betragen (§ 144 Abs. 3 FGG). Über den *Widerspruch* entscheidet das die Amtslöschung betreibende Gericht. Gegen die zurückweisende Verfügung ist die sofortige Beschwerde, gegen deren Zurückweisung im Falle einer vom Registergericht betriebenen Löschung die sofortige weitere Beschwerde, jeweils innerhalb einer Notfrist von zwei Wochen, gegeben (§§ 22, 29 Abs. 2, 141 Abs. 3, 142 Abs. 3, 143 Abs. 2 FGG). Die *Löschung* darf nur erfolgen, wenn Widerspruch nicht erhoben oder wenn die den Widerspruch zurückweisende Verfügung rechtskräftig geworden ist (§§ 141 Abs. 4, 142 Abs. 3 FGG).

§ 55

Wird eine Erhöhung des Stammkapitals beschlossen, so bedarf es zur Übernahme jeder auf das erhöhte Kapital zu leistenden Stammeinlage einer notariell aufgenommenen oder beglaubigten Erklärung des Übernehmers.

Zur Übernahme einer Stammeinlage können von der Gesellschaft die bisherigen Gesellschafter oder andere Personen, welche durch die Übernahme ihren Beitritt zu der Gesellschaft erklären, zugelassen werden. Im letzteren Falle sind außer dem Betrage der Stammeinlage auch sonstige Leistungen, zu welchen der Beitretende nach dem Gesellschaftsvertrage verpflichtet sein soll, in der in Absatz 1 bezeichneten Urkunde ersichtlich zu machen.

Wird von einem der Gesellschaft bereits angehörenden Gesellschafter eine Stammeinlage auf das erhöhte Kapital übernommen, so erwirbt derselbe einen weiteren Geschäftsanteil.

---

86 So auch *Zöllner*-KölnKommAktG § 241, 141 f.

87 So auch *Jansen FGG*² § 144, 6; Scholz/*Priester* 83 und 85; *Zöllner*-KölnKommAktG § 241, 143; Gegenansichten vgl. in Fn 81.

88 Zur Beschwerdemöglichkeit bei Ablehnung der Verfahrenseinleitung vgl. §§ 19, 20 FGG; dazu OLG Hamm BB 1981, 259, 260.

Die Bestimmungen in § 5 Abs. 1 und 3 über den Betrag der Stammeinlagen sowie die Bestimmung in § 5 Abs. 2 über die Unzulässigkeit der Übernahme mehrerer Stammeinlagen finden auch hinsichtlich der auf das erhöhte Kapital zu leistenden Stammeinlage Anwendung.

Übersicht

Schrifttum

Vgl. die Angaben vor den einzelnen Abschnitten.

I. Einführung

1. Inhalt der Vorschrift

§ 55 bestimmt für die ordentliche, durch Zuführung neuer Einlagen erfolgende Kapitalerhöhung diejenigen Beschluß- und Formerfordernisse, die zusätzlich zu den 1 allgemein für Satzungsänderungen geltenden Vorschriften des § 53 (Rdn 10) zu beachten sind. Hinsichtlich der *rechtsgeschäftlichen Elemente* einer Kapitalerhöhung sind danach im einzelnen drei Schritte zu unterscheiden. Erforderlich ist erstens der – in § 55 vorausgesetzte – **Kapitalerhöhungsbeschluß** der Gesellschafter, der den Mehrheits- und Formerfordernissen des § 53 Abs. 2 entsprechen muß, als solcher aber keine Einlageverpflichtungen begründet und daher auch nicht der Zustimmung sämtlicher Gesellschafter nach § 53 Abs. 3 bedarf. Das zweite Element bildet der in § 55 Abs. 2 S. 1 geregelte, ebenfalls von den Gesellschaftern zu fassende **Zulassungsbeschluß**, der Bestimmungen über das Recht der Gesellschafter oder Dritter zur Beteiligung an der Kapitalerhöhung trifft. Schließlich bedarf es drittens der in § 55 Abs. 1 vorgesehenen formbedürftigen **Übernahmeerklärung** als Teil des zwischen Gesellschaft und Übernehmer abzuschließenden, auf Übernahme einer Stammeinlage im Zuge der Kapitalerhöhung gerichteten Übernahmevertrags.

2 Darüber hinaus regelt § 55 eine Reihe **technischer Details,** die von der Gesellschaft bei der Kapitalerhöhung zu beachten sind. So muß sich die Übernahmeerklärung eines Dritten, der dadurch der Gesellschaft beitritt, nach **Abs. 2 S. 2** ausdrücklich auch auf etwaige in der Satzung vorgesehene sonstige Leistungen (Nebenleistungen, Nachschußpflichten) erstrecken. Nach **Abs. 3** ist für die Teilnahme an einer Kapitalerhöhung vorgeschrieben, daß sie nicht durch Erhöhung des Nennwerts der von bisherigen Gesellschaftern bereits gehaltenen Geschäftsanteile, sondern nur durch Erwerb eines weiteren Geschäftsanteils erfolgen kann; die Vorschrift wird von der heute ganz hM mit Recht stark restriktiv ausgelegt (Rdn 22). Schließlich stellt **Abs. 4** durch Verweisung auf § 5 Abs. 1 und 3 sicher, daß bei Kapitalerhöhungen ebenso wie bei der Gründung der Gesellschaft der Gesamtbetrag der Stammeinlagen mit dem (erhöhten) Stammkapital übereinstimmt, daß die einzelnen Stammeinlagen (= Geschäftsanteile) durch hundert teilbar sind und sich auf mindestens fünfhundert DM belaufen (Rdn 14) sowie daß kein Gesellschafter mehr als eine Stammeinlage übernehmen darf. Daß die Höhe dieser Einlagen entsprechend der Zeichnungshöhe der Übernehmer unterschiedlich festgesetzt werden kann, ergibt sich aus § 5 Abs. 3 S. 1.

2. Sonstige für Kapitalerhöhungen relevante Vorschriften

3 Weitere für die ordentliche Kapitalerhöhung und ihre Durchführung relevante Vorschriften finden sich in den **§§ 56 bis 57 b.** Unter ihnen stellt § 56 zusätzliche Erfordernisse für den Fall von Sachkapitalerhöhungen auf, § 56 a schreibt ausdrücklich die Geltung der Gründungsvorschriften über die Bewirkung von Mindesteinlagen vor Anmeldung auch für den Fall der Kapitalerhöhung vor, § 57 regelt die Anmeldungserfordernisse einer Kapitalerhöhung und die Haftung der Geschäftsführer im Fall unrichtiger Angaben, die neueingeführte Vorschrift des § 57 a übernimmt durch Verweisung auf § 9 c die Grundsätze über die Prüfungsfunktion des Registergerichts und § 57 b regelt den Inhalt der Bekanntmachung über die Kapitalerhöhung. Die ebenfalls auf Kapitalerhöhungen bezogene Vorschrift des § 59 über die Anmeldungserfordernisse beim Vorhandensein von Zweigniederlassungen hat wegen der im Jahre 1937 eingeführten, allgemein geltenden Vorschriften der §§ 13, 13 a HGB über das Verfahren in Registersachen beim Vorhandensein von Zweigniederlassungen Bedeutung nur hinsichtlich der Zahl der einzureichenden Belegstücke (§ 59, 3). Zur Frage der Geltung von Gründungsrecht bei Kapitalerhöhungen vgl. Rdn 5.

3. Reform

Durch die **GmbH-Novelle 1980** wurde § 55 nicht verändert; anderes gilt für die Vorschriften der §§ 56 bis 57 b, deren Änderungen freilich überwiegend redaktionellen oder klarstellenden Inhalt haben (vgl. die einführenden Erläut. zu diesen Vorschriften). Entgegen § 156 Abs. 1 S. 2 RegE GmbHG 1971 hat der Reformgesetzgeber auch darauf verzichtet, die Vorschrift des § 55 Abs. 3 über den Erwerb jeweils eines neuen Geschäftsanteils durch die an der Kapitalerhöhung beteiligten Altgesellschafter der inzwischen geänderten Praxis anzupassen; eine Ablehnung dieser Praxis ist darin freilich nicht zu sehen (Rdn 22). Ebenso ist es abweichend von § 157 RegE 1971 nicht zur gesetzlichen Einführung eines Bezugsrechts der Altgesellschafter gekommen. Zur umstr. Frage, ob ein solches auch ohne ausdrückliche Regelung nach aktienrechtlichem Muster anzuerkennen ist, vgl. näher Rdn 39 ff. **4**

4. Anwendbarkeit von Gründungsrecht?

Aufgrund der Feststellung in RGZ 85, 311, 314 f, die Kapitalerhöhung sei ein „nach Inhalt und Wesen der Gründung ähnlicher Vorgang", auf den die Gründungsvorschriften bei Lückenhaftigkeit der Regelungen über die Kapitalerhöhung entsprechend anwendbar seien, wurde früher nicht selten von der Kapitalerhöhung als „Zusatzgründung" gesprochen[1]. Die Parallele und die daraus gezogenen Schlußfolgerungen über die Anwendbarkeit von Gründungsrecht[2] waren indessen schon **nach früherem Recht** *nicht unproblematisch*, da eine Reihe von Besonderheiten des Gründungsrechts, darunter namentlich die Konstituierung der Gesellschaft als juristische Person auf dem Wege über die Vor-GmbH, bei der Kapitalerhöhung keine Entsprechung finden. Soweit dem Gründungsrecht entsprechende Vorschriften für den Fall der Kapitalerhöhung fehlten, berechtigte das schon bisher nicht ohne weiteres dazu, eine Lücke anzunehmen und diese im Analogiewege zu schließen. Das gilt um so mehr seit der **GmbH-Novelle 1980,** die in verschiedenen Punkten eine ausdrückliche Verweisung auf bestimmte Gründungsvorschriften eingeführt hat (vgl. §§ 56 a, 57 a und 57 b). Angesichts dieser Gesetzestechnik bedarf es selbst für die im Gründungs- wie Kapitalerhöhungsrecht gleichermaßen zentrale Sicherung der Kapitalaufbringung jeweils konkreter Prüfung, ob über die ausdrücklichen Verweisungen hinaus für eine analoge Anwendung sonstigen Gründungsrechts Raum ist[3]. **5**

5. Andere Arten von Kapitalerhöhungen

a) **Kapitalerhöhung aus Gesellschaftsmitteln.** Sie unterscheidet sich von der in § 55 geregelten ordentlichen Kapitalerhöhung dadurch, daß sie nicht der Zuführung neuer Einlagen an die Gesellschaft dient, sondern sich auf eine Umwandlung schon vorhandener, wenn auch bisher nicht nach §§ 30, 31 zugunsten der Gläubiger gebundener Eigenmittel der Gesellschaft in haftendes Kapital beschränkt. Der lebhafte frühere Streit über die Zulässigkeit dieser Art von Kapitalerhöhung[4] ist durch das KapErhG vom 23. 12. 1959 (Anh § 57 b) seit langem überholt. Kennzeichen der darin vorgesehenen Kapitalerhöhung ohne Einlageleistung sind die **Umbuchung von offenen Rücklagen** **6**

---

[1] So im Anschluß an *Brodmann* § 57, 2 auch *Feine* S. 600 und *Scholz*[5] 1.

[2] Vgl. RGZ 85, 311, 314 (Erhöhung des Stammkapitals als nach Inhalt und Wesen der Gründung ähnlicher Vorgang); OLG Hamm GmbH-Rdsch. 1975, 83, 85.

[3] Für die (Gründungs-)Vorschriften über die Sicherung der Kapitalaufbringung eine Analogie tendenziell befürwortend Scholz/*Priester* 8.

[4] Vgl. 6. Aufl. Rdn 22 ff.

in Stammkapital aufgrund einer testierten Bilanz, deren Stichtag bei Anmeldung des Erhöhungsbeschlusses nicht länger als sieben Monate zurückliegen darf (§§ 1 bis 4, 7 KapErhG), sowie die strikte *Gleichbehandlung* der Gesellschafter bei Zuteilung des erhöhten Kapitals, sei es durch Erhöhung der vorhandenen oder durch Schaffung neuer Geschäftsanteile (§§ 6, 9, 12 KapErhG). Einzelheiten vgl. im Anhang zu § 57 b.

7 b) **Ausschüttungs-Rückholverfahren.** Hierbei handelt es sich nicht um eine besondere, von § 55 bzw. den Vorschriften des KapErhG zu unterscheidende Form der Kapitalerhöhung, sondern um ein – nicht selten durch entsprechende Satzungsvorschriften erleichtertes – Verfahren, um der Gesellschaft einen Teil der an die Gesellschafter verteilten Gewinne als Eigen- oder Fremdkapital wieder zuzuführen. Seine Verbreitung hat durch die stärkere steuerliche Begünstigung ausgeschütteter Gewinne im Zuge der Körperschaftsteuerreform 1977 zugenommen. Mit dieser Praxis sollen die steuerlichen Vorteile der Gewinnausschüttung wahrgenommen, zugleich aber deren Auswirkungen auf die betriebswirtschaftlich erwünschte Einbehaltung eines Teils des Jahresüberschusses zum Zweck der Selbstfinanzierung der Gesellschaft neutralisiert werden. Näheres hierzu vgl. in Rdn 90 ff.

8 c) **Sonstige.** Sonstige, nicht unter § 55 oder unter die Vorschriften des KapErhG fallende Arten der Kapitalerhöhung sind dem GmbH-Recht im Unterschied zum Aktienrecht **unbekannt.** Das gilt sowohl für die *bedingte* Kapitalerhöhung, sei es zum Zweck der Gewährung von Umtausch- oder Bezugsrechten an Gläubiger von Wandelschuldverschreibungen, zur Vorbereitung eines Zusammenschlusses oder zur Vermögensbeteiligung von Arbeitnehmern (vgl. §§ 192 bis 201 AktG), als auch für die Schaffung eines *genehmigten* Kapitals nach Art der §§ 202 bis 206 AktG. Auch eine analoge Anwendung dieser Vorschriften scheidet gegenüber der zwingenden und – vorbehaltlich des KapErhG – grundsätzlich abschließenden Geltung der §§ 55 bis 57 b aus. Hierzu besteht im GmbH-Recht auch kein Regelungsbedarf. Denn anstelle des Rückgriffs auf genehmigtes Kapital können Kapitalerhöhungen angesichts des meist kleinen Gesellschafterkreises auch kurzfristig beschlossen werden, wenn sich ein Bedürfnis hierfür ergibt; das kann auch in der – dem genehmigten Kapital nahekommenden – Form *befristeter* Kapitalerhöhung geschehen (Rdn 24). Und für eine *bedingte* Kapitalerhöhung wäre im Hinblick auf die hierfür in Betracht kommenden Zwecke (vgl. § 192 Abs. 2 AktG) bei einer GmbH schon mit Rücksicht auf die regelmäßige Beschränkung des Gesellschafterkreises nur selten ein Anlaß gegeben. Die Absicherung der Ausgabe von Wandelschuldverschreibungen durch eine GmbH kann gesellschaftsrechtlich auf andere Weise geschehen[5].

6. Neubildung von Geschäftsanteilen ohne Kapitalerhöhung

9 Hinzuweisen ist schließlich auf Fälle, in denen eine den Vorschriften der §§ 5 Abs. 3 S. 2, 14 widersprechende, planwidrige **Diskrepanz zwischen Stammkapital und Summe der Geschäftsanteile** besteht. Sie kann entweder auf der Einziehung von Geschäftsanteilen nach § 34 oder auf der – vom Registergericht nicht bemerkten – Unwirksamkeit einer Beitrittserklärung bei Gründung oder späterer Kapitalerhöhung beruhen (vgl. hierzu § 2, 102 ff, 110). Zur Behebung dieser Diskrepanz bietet sich die Ausgabe eines oder mehrerer neuer Geschäftsanteile aufgrund eines entsprechenden Gesellschafterbeschlusses an. Eine Kapitalerhöhung ist hierin nicht zu sehen. Das in der Satzung

---

[5] Vgl. dazu *Boesebeck* GmbH-Rdsch. 1962, 2; *Witteler* Wandeldarlehen bei der GmbH, Diss. Heidelberg 1966.

festgelegte Stammkapital bleibt unverändert; einer Einschaltung des Handelsregisters bedarf es nicht. Hiervon abgesehen sind die Vorschriften der §§ 53, 55 ff auf die Schaffung und Ausgabe neuer Geschäftsanteile entsprechend anzuwenden (vgl. § 53, 99).

II. Der Kapitalerhöhungsbeschluß

Schrifttum

Groß Fassung des GmbH-Vertrages bei Kapitalerhöhung, Rpfleger 1972, 126; *Gustavus* Die Kapitalanpassung nach der GmbH-Novelle mit minderjährigen Gesellschaftern, GmbH-Rdsch. 1982, 10; *Lindacher* Übergangsregelung nach Art. 12 § 1 GmbH-Novelle und GmbH-Innenrecht, in: *Roth* Die Zukunft der GmbH (1982) S. 47 ff; *Lutter* Gescheiterte Kapitalerhöhungen, in Festschrift W. Schilling (1973) S. 207 ff; *Priester* Die Formulierung des GmbH-Vertrages bei Kapitalerhöhung, GmbH-Rdsch. 1973, 169; *Robrecht* Kapitalerhöhungsbeschluß und Konkurseröffnung bei der GmbH, GmbH-Rdsch. 1982, 126; *Winnefeld* Kapitalerhöhung im Konkurs einer GmbH, BB 1976, 1202.

1. Notwendige Erfordernisse

a) Satzungsänderung. Der Beschluß über die Kapitalerhöhung zielt auf die Änderung des Stammkapitals als eines nach § 3 Abs. 1 Nr. 3 zentralen Satzungsbestandteils; er ist daher satzungsändernder Natur (§ 53, 5). Die allgemein für Satzungsänderungen geltenden Beschlußerfordernisse des § 53 finden auch auf ihn Anwendung[6]. Dementsprechend sind für die Beschlußfassung ausschließlich die *Gesellschafter* zuständig (§ 53 Abs. 1); sie können die Kompetenz nicht auf ein anderes Organ übertragen. Der Beschluß bedarf der *Dreiviertelmehrheit* der Stimmen, soweit die Satzung keine höheren Mehrheiten oder sonstige Erfordernisse vorschreibt; er ist *notariell zu beurkunden* (§ 53 Abs. 2; vgl. näher § 53, 42 ff). Im Einvernehmen aller kann er auch ohne Gesellschafterversammlung im schriftlichen Verfahren gefaßt werden (str., vgl. § 53, 40). Das Stimmverbot des § 47 Abs. 4 greift wegen des auf innergesellschaftliche Willensbildung gerichteten Beschlußinhalts nicht ein[7]. Das gilt auch dann, wenn der Beschluß dazu bestimmt ist, die Grundlage für die Aufstockung der Beteiligung nur eines oder einzelner Gesellschafter zu bilden[8]. Es gilt das Verbot bedingter oder rückwirkender Satzungsänderungen (vgl. Rdn 8 und § 53, 24 f). Zur *Befristung* von Kapitalerhöhungen vgl. Rdn 24, zur Aufnahme einer Bedingung oder Befristung in die Übernahmeerklärungen Rdn 68, 70. **10**

Bis zur Eintragung der Kapitalerhöhung sind die Gesellschafter nicht gehindert, den Beschluß aufzuheben und die Anmeldung zurückzunehmen. Für die ersatzlose **Aufhebung des Beschlusses** genügt einfache Mehrheit (str., vgl. § 53, 73); anderes gilt bei seiner (den Anforderungen des § 53 Abs. 2 unterliegenden) *Änderung* vor Eintragung. Die Vorschriften des § 58 über die Kapitalherabsetzung greifen nicht ein, solange die Kapitalerhöhung nicht eingetragen und daher nicht wirksam geworden ist. Der Aufhebungsbeschluß bedarf keiner besonderen Form; er kann auch *konkludent* im Zusammenhang mit anderen dem Kapitalerhöhungsbeschluß nachfolgenden Grundlagenbeschlüssen gefaßt werden, namentlich solchen über die Auflösung der Gesellschaft, die Konkursanmeldung oder die Kapitalherabsetzung wegen wesentlicher Einschrän- **11**

---

6 RGZ 77, 152, 154 (einhM).

7 BGHZ 33, 189, 194 = NJW 1960, 2285; 49, 117, 119 = NJW 1968, 398.

8 AA noch RGZ 122, 159, 161 f; zur generellen Unanwendbarkeit von § 47 Abs. 4 auf Satzungsänderungen vgl. § 47, 166; § 53, 53; zur entsprechenden Rechtslage beim Zulassungsbeschluß vgl. Rdn 35 f.

kung des Geschäftsbetriebs[9]. Zur Schadensersatzpflicht der Gesellschaft aus zwischenzeitlich abgeschlossenen Übernahmeverträgen im Fall grundloser Aufhebung des Erhöhungsbeschlusses vgl. Rdn 75.

12 b) **Erhöhungsbetrag.** Zentraler Gegenstand des Kapitalerhöhungsbeschlusses ist der Betrag in DM (§ 3, 44), um den das Stammkapital erhöht werden soll. Er kann als **fester Betrag** beschlossen werden mit der Maßgabe, daß die Anmeldung der Kapitalerhöhung – und damit auch deren Durchführung – nur vorgenommen werden kann, wenn das erhöhte Kapital vollständig gezeichnet ist und die erforderlichen Mindesteinlagen erbracht sind. Dieses Vorgehen bietet sich namentlich in Fällen an, in denen – wie häufig – bei der Beschlußfassung bereits feststeht, wer die Stammeinlagen aus der Kapitalerhöhung übernehmen wird.

13 Zulässig ist es demgegenüber auch, das Stammkapital bis zu einer bestimmten **Höchstziffer** zu erhöhen und den Betrag der Kapitalerhöhung danach zu bestimmen, in welchem Umfang neue Stammeinlagen gezeichnet werden[10]; dabei bedarf es zur Konkretisierung der Festlegung einer *Zeichnungsfrist*[11]. Der Wille der Gesellschafter zu einem derartigen „flexiblen" Verfahren muß sich freilich deutlich aus dem Erhöhungsbeschluß ergeben (etwa: Erhöhung „bis zu ..." o. ä.). Liegen diese Voraussetzungen vor, so ist der Kapitalerhöhungsbeschluß hinreichend bestimmt. Die *endgültige Festlegung* des neuen Kapitals innerhalb der durch den Beschluß gezogenen Grenzen wird in diesem Fall durch Anmeldung und Eintragung desjenigen Betrags bewirkt, der aufgrund des Zeichnungsergebnisses erzielt worden ist[12]. Ohne erneute Beschlußfassung ist daher eine zusätzliche Kapitalerhöhung im Rahmen des zunächst nicht ausgeschöpften Erhöhungsspielraums ebenso *unzulässig* wie ein Erhöhungsbeschluß, der auf stufenweise Erhöhung des Kapitals entsprechend den jeweiligen Zeichnungsergebnissen zielt und hierfür den Geschäftsführern eine Art Generalermächtigung erteilt[13]. Zur Möglichkeit befristeter Kapitalerhöhung vgl. Rdn 24.

14 Der **Mindestbetrag der Erhöhung** des Stammkapitals ergibt sich grundsätzlich aus der in Abs. 4 iVm § 5 Abs. 1 festgelegten Mindestziffer von 500 DM für eine Stammeinlage. Soweit abweichend von Abs. 3 ausnahmsweise eine Aufstockung bestehender Geschäftsanteile in den hierfür geltenden Grenzen (Rdn 23) beschlossen wird, beläuft sich die Mindestziffer nach Abs. 4 iVm § 5 Abs. 3 auf 100 DM. Das für die Gründung geltende Mindestkapital von 50 000 DM ist für den Umfang von Kapitalerhöhungen ohne Belang. Zum Sonderfall der *Anpassung von Altgesellschaften* an das durch die Novelle 1980 erhöhte Mindestkapital vgl. Voraufl. Rdn 28 f. Ein gesetzliches Höchstkapital ist dem GmbH-Recht unbekannt.

15 Die Höhe der neuen **Stammeinlagen** muß im Kapitalerhöhungsbeschluß selbst, abweichend vom Gründungsrecht (§ 3 Abs. 1 Nr. 4), nicht angegeben werden; entsprechendes gilt für die Person der Übernehmer (zur Zulässigkeit der Aufnahme dieser Angaben in die Satzung vgl. Rdn 18). Beides ist regelmäßig Inhalt des rechtlich vom Kapitalerhöhungsbeschluß zu unterscheidenden, wenn auch meist mit ihm zusammenfallenden Zulassungsbeschlusses (Rdn 33, 37). Die Gesellschafter können aber auch die Geschäftsführer oder ein anderes Organ ermächtigen, über Voraussetzungen und

---

9 Vgl. dazu näher *Lutter* Festschrift W. Schilling (1973) S. 210 ff.

10 EinhM, vgl. RGZ 85, 205, 207; KGJ 29, 102; Scholz/*Priester* 20; Baumbach/Hueck/*Zöllner* 6; *Lutter* Festschrift W. Schilling S. 213 f.

11 So auch Scholz/*Priester* 20; Rowedder/*Zimmermann* 9; aA Baumbach/Hueck/*Zöllner* 6.

12 RGZ 85, 205, 207.

13 OLG Hamburg OLGR 10, 243; im Erg. auch Scholz/*Priester* 20.

Umfang der Zulassung zur Kapitalerhöhung zu entscheiden. Zur Frage eines Bezugsrechts der bisherigen Gesellschafter entsprechend ihrer Beteiligung vgl. Rdn 39 ff.

c) **Zustimmung nach § 53 Abs. 3?** Der Kapitalerhöhungsbeschluß selbst begründet, anders als die Übernahmeerklärung nach § 55 Abs. 1 und deren Annahme durch die Gesellschaft, keine erhöhten Leistungspflichten der Gesellschafter. Mittelbare Leistungsvermehrungen auch für solche Altgesellschafter, die an der Kapitalerhöhung nicht selbst teilnehmen, können sich zwar durch **Erhöhung der Ausfallhaftung nach §§ 24, 31** infolge vollzogener Kapitalerhöhung ergeben. Diese Rechtsfolge ist im Regelfall jedoch so wenig spürbar, daß die ganz hM sie im Rahmen von § 53 zu Recht vernachlässigt und die Kapitalerhöhung nicht etwa zu einem zustimmungsbedürftigen Beschluß macht (vgl. näher § 53, 68). **16**

Auch aus **sonstigen Gründen** ist eine Zustimmung einzelner oder sämtlicher Gesellschafter regelmäßig **nicht** erforderlich. Insbesondere gibt es kein unentziehbares Recht (vgl. dazu § 53, 59) auf Beibehaltung der bisherigen Beteiligungsverhältnisse. Selbst wenn man nach aktienrechtlichem Vorbild ein Bezugsrecht der Gesellschafter auch im GmbH-Recht anerkennen wollte (vgl. dazu Rdn 39 ff), stünde dieses entsprechend § 186 Abs. 3 AktG doch unter dem Vorbehalt des mehrheitlichen Ausschlusses aus überwiegenden Interessen der Gesellschaft. Denkbar ist allenfalls ein *Sonderrecht* auf Beibehaltung der bestehenden Kapitalverhältnisse oder auf Mitsprache bei ihrer Veränderung, das den Erhöhungsbeschluß von der Zustimmung des betreffenden Gesellschafters abhängig macht (§ 53, 57 f). Schließlich kann sich die Zustimmungsbedürftigkeit auch unter dem Gesichtspunkt der *Gleichbehandlung* (§ 53, 64) ergeben, sofern im Zuge der Kapitalerhöhung Vorzugsgeschäftsanteile geschaffen werden sollen und entweder nicht gesichert ist, daß sich alle Gesellschafter hieran beteiligen können, oder der Wert des Vorzugs über demjenigen der bei der Kapitalerhöhung zu erbringenden Einlage einschließlich eines Aufgelds liegt (vgl. § 53, 110). **17**

d) **Neufassung des Satzungswortlauts.** Einer gesonderten Beschlußfassung nach § 53 über die durch die Kapitalerhöhung erzielte **Stammkapitalziffer** bedarf es neben dem Erhöhungsbeschluß nicht. Sie ergibt sich als notwendige Folge dieses Beschlusses und ist entsprechend in die der Anmeldung nach § 54 Abs. 1 S. 2 beizufügende Neufassung der Satzung aufzunehmen (vgl. näher § 53, 104 m. Nachw.). Angegeben werden muß nur der Betrag des neuen Stammkapitals; die zusätzliche Angabe seiner bisherigen Entwicklung ist zulässig, aber nicht erforderlich[14]. Die Namen der **Übernehmer** brauchen in der Satzung auch dann *nicht* aufgeführt zu werden, wenn die neuen Einlagen nicht voll erbracht sind; ihre Aufnahme in die Satzung hätte nur deklaratorische Bedeutung[15]. Zur Zulässigkeit späterer Streichung der in § 3 Abs. 1 Nr. 4 für den *Gründungszeitpunkt* vorgeschriebenen Angaben der Übernehmer des ursprünglichen Kapitals vgl. § 3, 48, zur Möglichkeit der Aufnahme der Namen der jeweiligen Gesellschafter als *formelle* Satzungsbestandteile vgl. § 3, 49 und § 53, 8. **18**

Enthält die Satzung im Zuge der Kapitalerhöhung in ihren auch für Dritte relevanten Teilen eine in sich **nicht verständliche Fassung,** indem etwa der Betrag des Stammkapitals geändert wird, die bisherigen Angaben über die Gründer und die von ihnen **19**

[14] KG JW 1937, 2655, 2656; BayObLG DB 1971, 88, 89; dazu auch *Ripfel* GmbH-Rdsch. 1958, 101; *Priester* GmbH-Rdsch. 1973, 169 f.

[15] Ganz hM, vgl. KG DNotZ 1940, 157, 159; BayObLG DB 1971, 88, 89 und NJW 1982, 1400, 1401; OLG Karlsruhe Rpfleger 1972, 309, 310; Scholz/*Priester* 28; Baumbach/Hueck/*Zöllner* 10; *Priester* GmbH-Rdsch. 1973, 171; *Röll* GmbH-Rdsch. 1982, 251 f; **aA** LG Hannover Rpfleger 1972, 142, 143; *Groß* Rpfleger 1972, 126, 127.

übernommenen Stammeinlagen aber unverändert beibehalten bleiben, so hat der Registerrichter die Anmeldung der Kapitalerhöhung im Rahmen seiner Prüfungsfunktion zu *beanstanden* und durch Zwischenverfügung auf Klarstellung hinzuwirken[16].

2. Sonstiger Beschlußinhalt

20 a) **Nebenpflichten und Vorzugsrechte.** Sämtliche Regelungen, die speziell den **Inhalt der neuen Geschäftsanteile** betreffen und zu einer Abweichung nicht nur vom dispositiven Recht, sondern auch vom bisherigen Satzungsinhalt führen, bedürfen zu ihrer Wirksamkeit der Aufnahme in den Satzungsänderungsbeschluß und der Eintragung im Handelsregister. Das gilt für die Festsetzung eines *Aufgelds (Agio)* bei Ausgabe der neuen Anteile[17], aber auch für die Begründung sonstiger, nicht bereits allgemein für die jeweiligen Gesellschafter geltender *Neben- oder Nachschußpflichten* im Zuge der Kapitalerhöhung (zu der davon zu unterscheidenden Aufnahme derartiger Leistungspflichten, wenn sie im Zuge der Kapitalerhöhung *nicht* neu begründet werden, sondern schon bisher in der Satzung geregelt waren, in die *Übernahmeerklärung* neu beitretender Gesellschafter vgl. Rdn 66). Ebenso werden *Vorzugsrechte oder Sondervorteile* nur wirksam, wenn sie mit der hierfür erforderlichen Zustimmung der Mitgesellschafter (§ 53, 118) in die Satzung selbst aufgenommen werden (§ 5, 162 und 178); das kann auch im Zuge einer Kapitalerhöhung geschehen. Zu den notwendigen Angaben im Fall einer Kapitalerhöhung durch Sacheinlagen vgl. § 56, 17 ff; die erst nach Handelsregistereintragung erfolgende Umwandlung einer Bareinlage in eine Sacheinlage ist nach bisher hM unzulässig[18].

21 b) **Fakultative Bestandteile.** Bei ihnen geht es um Regelungen, deren Aufnahme in den Kapitalerhöhungsbeschluß im Unterschied zu den in Rdn 20 genannten Nebenpflichten und Sonderrechten nicht erforderlich, aber zulässig ist. Hierunter fallen etwa Angaben über *Zahl und Höhe der neuen Stammeinlagen,* soweit sie nicht im Zulassungsbeschluß (Rdn 31) geregelt oder den Geschäftsführern im Rahmen der Durchführung der Kapitalerhöhung zur Festsetzung überlassen werden, ferner die *Einzahlungsbedingungen* für die neuen Stammeinlagen, soweit sie abweichend von § 56 a eine höhere Einzahlung vor Anmeldung des Erhöhungsbeschlusses vorsehen (§ 56 a, 4). Auch über die *Gewinnberechtigung* der neuen Geschäftsanteile kann der Kapitalerhöhungsbeschluß Angaben enthalten; fehlt es hieran, so nehmen die neuen Anteile voll am Gewinn desjenigen Jahres teil, in dem die Kapitalerhöhung durch Eintragung wirksam wird[19].

22 c) **Aufstockung von Geschäftsanteilen.** Nach **Abs. 3** erwirbt ein Gesellschafter, der sich an der Kapitalerhöhung beteiligt, einen weiteren Geschäftsanteil im Mindestnennbetrag von 500 DM (Abs. 4 iVm § 5 Abs. 1); eine Aufstockung von Geschäftsanteilen anstelle des Neuerwerbs ist danach nicht zulässig. Der **Normzweck** richtet sich darauf, bei nicht voll eingezahlten Geschäftsanteilen den in § 22 geregelten, nach Kaduzierung des Anteils möglichen *Rückgriff auf den Rechtsvorgänger* nicht dadurch zu erschweren, daß der Geschäftsanteil im Zuge einer Kapitalerhöhung seine Selbständigkeit verliert

16 BayObLG DB 1971, 1612; vgl. auch § 54, 44.

17 *Feine* S. 604; Scholz/*Priester* 27; Baumbach/Hueck/*Zöllner* 8.

18 Vgl. zur Umwandlung nach Gründung § 5, 27 m. Nachw., zur Umwandlung nach Kapitalerhöhung BayObLG DB 1978, 337. **AA** neuerdings mit guten Gründen, sofern im Änderungsbeschluß die Anforderungen der §§ 5 Abs. 4, 56 Abs. 1 beachtet werden, *Lutter/Gehling* WM 1989, 1453 ff; *Butzke* ZHR 154 (1990) 365; *Priester* DB 1990, 1755; so jetzt auch § 19, 117 (*Ulmer*).

19 So auch Scholz/*Priester* 28; Baumbach/Hueck/*Zöllner* 9.

und infolgedessen entgegen § 22 Abs. 4 vom zahlenden Rechtsvorgänger nicht erworben werden kann[20]. Angesichts dieses begrenzten Zwecks ist die Vorschrift ihrem Wortlaut nach unnötig weit gefaßt und bedarf *restriktiver Auslegung;* sie greift nur in den Fällen ein, in denen ein Rückgriff gegen den Rechtsvorgänger in Betracht kommt[21].

Dementsprechend bestehen gegen eine **Aufstockung** dann keine Bedenken, wenn 23
der aufzustockende Geschäftsanteil entweder *voll eingezahlt* ist oder sich noch *in der Hand des Gründers* befindet[22]. Weitere Voraussetzung der Aufstockung ist die entsprechende *Festsetzung im Kapitalerhöhungsbeschluß*; andernfalls bewendet es bei der Regel des Abs. 3[23]. Der Betrag der Aufstockung kann unter 500 DM liegen, muß jedoch nach Abs. 4 iVm § 5 Abs. 3 durch hundert teilbar sein[24]. Einer Volleinzahlung bedarf es nicht, selbst wenn der ursprüngliche Anteil voll eingezahlt war (zur Mindesteinlage vgl. § 56 a, 6). Zur Aufstockung von Geschäftsanteilen bei Kapitalerhöhungen aus Gesellschaftsmitteln vgl. Anh § 57 b, KapErhG § 6, 8; zur Möglichkeit der Zusammenlegung von Geschäftsanteilen vgl. § 53, 106.

3. Zeitpunkt der Kapitalerhöhung

a) **Allgemeines.** Enthält der Kapitalerhöhungsbeschluß keine Frist, so ist seine 24
Durchführung durch Abschluß der Übernahmeverträge, Einziehung der Mindesteinlagen und Anmeldung der Kapitalerhöhung *unverzüglich* zu betreiben[25]. Ebenso wie bei sonstigen Satzungsänderungen (§ 53, 24) steht es den Gesellschaftern jedoch frei, die Kapitalerhöhung unter einer **aufschiebenden Frist** zu beschließen[26]. Zur Verbindung der Kapitalerhöhung mit einer Kapitalherabsetzung vgl. § 58, 79 f; zur Unzulässigkeit bedingter Kapitalerhöhung vgl. Rdn 8, zu derjenigen rückwirkender Satzungsänderung vgl. § 53, 25, zur befristeten Bindung der Übernehmer an ihre Übernahmeerklärung Rdn 68 f.

Die **Volleinzahlung des bisherigen Kapitals** ist abweichend von § 182 Abs. 4 AktG 25
nicht Voraussetzung einer Kapitalerhöhung[27]. Die Durchführung einer Kapitalerhöhung vor vollständiger Einzahlung der früher übernommenen Stammeinlagen hat allerdings zur Folge, daß im Rahmen von § 24 nicht nur die Altgesellschafter, sondern auch neu Beitretende für die auf andere Weise nicht durchsetzbaren Einlagerückstände auf das bisherige Kapital haften[28].

b) **Im Gründungsstadium.** Ebenso wie sonstige Satzungsänderungen ist auch eine 26
Kapitalerhöhung bereits im Gründungsstadium zulässig (vgl. § 11, 34). Sie setzt die *einstimmige* Änderung des Gründungsstatuts in der *Form des* § 2 voraus (§ 2, 19). Dient sie nicht der Aufnahme weiterer Gesellschafter, sondern der Erhöhung der Beteiligung der Gründer, so führt sie nach § 5 Abs. 2 zu entsprechend erhöhten einheitlichen Stammeinlagen.

c) **Im Liquidationsstadium. α) Grundsatz.** Die Auflösung steht einer Satzungsände- 27
rung grundsätzlich nicht entgegen (§ 53, 29). Das gilt auch für Kapitalerhöhungen,

---

[20] BGHZ 63, 116, 117 = NJW 1975, 118.

[21] So heute einhM, vgl. BGHZ 63, 116, 117 f = NJW 1975, 118; Baumbach/Hueck/*Zöllner* 28; Scholz/*Priester* 25; *Pastor*/*Werner* DB 1968, 1935.

[22] BGHZ 63, 116, 118 = NJW 1975, 118; OLG Hamm DB 1982, 945; LG Berlin GmbH-Rdsch. 1983, 200.

[23] Ebenso BGH NJW 1989, 168, 169; Scholz/*Priester* 26; *Lutter*/*Hommelhoff* 6.

[24] BGHZ 63, 116, 119 = NJW 1975, 118.

[25] RGZ 144, 138, 142.

[26] So auch Scholz/*Priester* 34; für Höchstfrist von sechs Monaten zwischen Erhöhungsbeschluß und Durchführung der Erhöhung aber *Lutter* Festschrift W. Schilling (1973) S. 214.

[27] EinhM, vgl. RGZ 132, 392, 397; Scholz/*Priester* 16.

[28] RGZ 82, 116, 118 ff; 132, 392, 394 ff; vgl. näher § 24, 19 f.

namentlich wenn sie dazu bestimmt sind, die erforderlichen Mittel zur Befriedigung der Gläubiger zu beschaffen[29]. In einem Kapitalerhöhungsbeschluß nach Auflösung kann je nach Lage des Falles zugleich ein Fortsetzungsbeschluß liegen (vgl. näher § 60, 87). Ist der Kapitalerhöhungsbeschluß freilich schon *vor* der zwischenzeitlich eingetretenen Auflösung gefaßt, so ist sorgfältig zu prüfen, ob er hierdurch nicht seine Grundlage verloren hat; ein späterer Auflösungsbeschluß umfaßt regelmäßig die konkludente Aufhebung des vorhergehenden Kapitalerhöhungsbeschlusses[30]. Zur Bedeutung der Auflösung für eine schon vorher abgegebene Übernahmeerklärung vgl. Rdn 79.

28 **β) Nach Konkurseröffnung.** Die vorstehenden Grundsätze gelten auch für Kapitalerhöhungen, die nach Konkurseröffnung beschlossen werden. Entgegen früher verbreiteter Ansicht[31] stehen sie dem Konkursziel nicht entgegen; auch greift die Gesellschafterversammlung dadurch nicht etwa unzulässig in den Aufgabenbereich des Konkursverwalters ein[32]. Ziel der Kapitalerhöhung ist regelmäßig die *Sanierung* des notleidenden Unternehmens durch Beschaffung der erforderlichen Mittel, um einen Zwangvergleich zu ermöglichen oder die Gesellschaft nach Durchführung des Konkurses fortzusetzen[33]. Die Einlageforderungen sind wegen ihrer Entstehung erst nach Konkurseröffnung nicht Teil der Konkursmasse, sondern bilden konkursfreies Vermögen der Gesellschaft[34].

29 War der Kapitalerhöhungsbeschluß schon **vor Konkurseröffnung** gefaßt und waren die Stammeinlagen auch bereits gezeichnet, die Mindesteinzahlungen geleistet und war die Kapitalerhöhung beim Handelsregister ordnungsgemäß angemeldet, so ist das Registergericht trotz zwischenzeitlicher Konkurseröffnung grundsätzlich nicht gehindert, die Eintragung vorzunehmen[35]. Allerdings enthält die zwischenzeitliche Konkurseröffnung im Regelfall einen wichtigen Grund für die Übernehmer, um sich von ihren Leistungspflichten zu lösen (Rdn 79). Auch die Gesellschafter selbst sind durch die Konkurseröffnung nicht gehindert, den Kapitalerhöhungsbeschluß mit einfacher Mehrheit aufzuheben, solange seine Eintragung nicht erfolgt ist[36]. Jede der beiden Maßnahmen führt dazu, daß die Eintragung wegen des Fehlens einer ihrer Voraussetzungen abzulehnen ist; eine gleichwohl erfolgende Eintragung ist fehlerhaft (vgl. § 57, 42 ff, 48). Da die Einlageforderungen bis zum Zeitpunkt der Eintragung unter dem Vorbehalt des Wirksamwerdens der Kapitalerhöhung stehen (Rdn 76), kann in dem Rücktritt des Übernehmers oder der Aufhebung des Erhöhungsbeschlusses auch nicht etwa eine unzulässige Masseschmälerung gesehen werden[37]. Der Konkursverwalter ist zur Anmeldung einer bei Konkurseröffnung zwar beschlossenen, aber noch nicht angemeldeten Kapitalerhöhung nicht legitimiert[38].

---

[29] So auch Scholz/*Priester* 30 und für die AG BGHZ 24, 179, 186 = NJW 1957, 990; **aA** OLG Bremen NJW 1957, 1560.

[30] Vgl. Rdn 11; für stete Auslegung in diesem Sinn beim Fehlen gegenteiliger Bestimmungen *Lutter* Festschrift W. Schilling (1973) S. 210 f.

[31] RGZ 77, 152, 155; 85, 205, 207; OLG Bremen NJW 1957, 1560; so im Aktienrecht auch noch Baumbach/*Hueck* AktG[13] § 182, 4, und *Wiedemann* GroßkommAktG § 182, 15.

[32] Vgl. § 63, 95; so auch LG Heidelberg AG 1989, 447, 448 (für die AG); Jaeger/*Weber* KO §§ 207, 208, 31; Scholz/*Priester* 33; Scholz/*K. Schmidt* § 63, 63; *Lutter*-KölnKommAktG § 182, 35 ff und Festschrift W. Schilling (1973) S. 212; *Kalter* KTS 1955, 59; *Robrecht* GmbH-Rdsch. 1982, 126, 128 (heute ganz hM).

[33] Vgl. *Robrecht* GmbH-Rdsch. 1982, 128; *Winnefeld* BB 1976, 1202.

[34] Jaeger/*Weber* KO §§ 207, 208, 54; **aA** Scholz/*K. Schmidt* § 63, 54 und *ders./Schulz* ZIP 1982, 1015, 1021; vgl. auch Kuhn/*Uhlenbruck* KO[10] § 1, 4 a.

[35] **AA** anscheinend *Robrecht* GmbH-Rdsch. 1982, 126, 127 wegen des Wegfalls der Legitimation der Geschäftsführer zur Anmeldung.

[36] Für Leistungsverweigerungsrecht der Gesellschafter auch ohne Aufhebungsbeschluß, wegen Wegfalls der Geschäftsgrundlage, OLG Hamm DB 1989, 167; Rowedder/*Zimmermann* 26.

[37] So auch Scholz/*Priester* 32.

[38] *Robrecht* GmbH-Rdsch. 1982, 127.

4. Zustimmungspflicht der Gesellschafter

a) **Kraft Rechtsgeschäft.** Die Gesellschafter können sich im Rahmen von **Stimmbindungsverträgen,** aber auch ad hoc verpflichten, einer Erhöhung des Gesellschaftskapitals zuzustimmen (zu entsprechenden Pflichten im Rahmen des Ausschüttungs-Rückholverfahrens vgl. Rdn 92). Die Verpflichtung muß einen hinreichend bestimmbaren Inhalt haben[39]. In den Grenzen des Zulässigen (vgl. § 47, 78) kann sie auch gegenüber Nichtgesellschaftern eingegangen werden (zur fehlenden Kompetenz der Geschäftsführer, derartige Bindungen namens der GmbH einzugehen, vgl. § 53, 37; zur Begründung einer Verpflichtung der Gesellschaft, mit Dritten einen Übernahmevertrag über ihre Beteiligung an einer Kapitalerhöhung abzuschließen, vgl. Rdn 86). Der Einhaltung der für den Kapitalerhöhungsbeschluß erforderlichen notariellen Form bedarf ein hierauf gerichtetes Verpflichtungsgeschäft nicht (§ 53, 43). Die Formbedürftigkeit des Gründungsvorvertrags beruht auf dem weitergehenden Formzweck des § 2 (§ 2, 44 f); sie steht der Formfreiheit von Stimmbindungsverträgen der hier behandelten Art nicht entgegen. Verpflichten sich Gesellschafter untereinander, eine Veränderung der Kapitalverhältnisse nur einvernehmlich zu beschließen, so steht die Vereinbarung unter dem Vorbehalt der gesellschaftsrechtlichen Treupflicht; ihre Nichteinhaltung im Fall eines im Gesellschaftsinteresse gebotenen Kapitalerhöhungsbeschlusses begründet daher keine Schadensersatzansprüche[40]. 30

b) **Kraft Treupflicht.** Allg. zur Treupflicht in der GmbH vgl. § 14, 52 ff; zur Möglichkeit einer Zustimmungspflicht zu Satzungsänderungen kraft Treupflicht vgl. § 53, 70 f. Für den Fall von *Kapitalerhöhungen* hat der BGH eine Zustimmungspflicht widersprechender Gesellschafter zum Erhöhungsbeschluß ausnahmsweise anerkannt, wenn die Kapitalerhöhung zur Erhaltung der GmbH (hier: Anpassung an das durch die GmbH-Novelle 1980 erhöhte Mindestkapital) notwendig ist und durch die Erhöhung keine Nachteile für zustimmungsunwillige Gesellschafter eintreten, insbes. sich für sie weder Haftungsrisiken noch eine Reduzierung ihrer Gewinnquote ergeben[41]. Diese Rechtsprechung deckt sich mit der ganz überwM in der Literatur zur Zustimmungspflicht kraft Treupflicht[42]; ihr ist zu folgen. Eine Pflicht zur Übernahme neuer Stammeinlagen im Zuge der Kapitalerhöhung läßt sich aus der Treupflicht demgegenüber allenfalls in seltenen Ausnahmefällen ableiten[43]; auch wenn die Übernahme für den Erhalt der Gesellschaft unverzichtbar sein sollte, wird es doch regelmäßig an der erforderlichen Zumutbarkeit der Begründung der Einlagepflicht für die hierzu nicht freiwillig bereiten Gesellschafter fehlen. 31

5. Beschlußmängel

Für die Mängel des Kapitalerhöhungsbeschlusses und ihre Rechtsfolgen gelten die allgemeinen Grundsätze für fehlerhafte Satzungsänderungen (vgl. § 53, 88 ff; zu den Folgen für Eintragungsverfahren und Registerkontrolle vgl. § 57, 40 ff und § 57 a, 3 ff). 32

---

[39] RG JW 1927, 2992.

[40] BGH BB 1970, 897.

[41] BGHZ 98, 276, 280 f = NJW 1987, 189; bestätigt durch BGH NJW 1987, 3192, 3193 (jew. betreffend Anpassung an das erhöhte Mindestkapital).

[42] Vgl. grundlegend *M. Winter* Mitgliedschaftliche Treubindungen im GmbH-Recht (1988) S. 63 ff, 175 ff, 180 m. Nachw.; § 14, 58 (*Raiser*); dem BGH zustimm. auch Scholz/*Priester* 121; Baumbach/*Hueck* § 5, 56; Rowedder/*Zimmermann* 18; *Lutter/Hommelhoff* 12; *Timm* WM 1991, 481, 485. Weit. Nachw. zur Diskussion im Zusammenhang mit der Anpassung an das erhöhte Mindestkapital vgl. in Voraufl. 28.

[43] So auch Scholz/*Priester* 69, 123; Rowedder/*Zimmermann* 18; *Raiser* KapGesR § 38 IV; *M. Winter* (Fn 42) S. 181; weitergehend wohl *K. Schmidt* NJW 1980, 1770; generell ablehnend Baumbach/Hueck/*Zöllner* 23; *Lutter/Hommelhoff* 12; *Timm* GmbH-Rdsch. 1980, 289.

Die Kapitalerhöhung wird nicht wirksam, wenn sie wegen des Beschlußmangels nicht eingetragen wird (vgl. § 54 Abs. 3). Das gilt unabhängig davon, ob die Stammeinlagen übernommen sind und die Kapitalerhöhung durch Einzahlung der Mindesteinlagen, Ausübung von Mitgliedschaftsrechten oder Anmeldung „in Vollzug gesetzt" ist. Für die Übernahme der Grundsätze über die **fehlerhafte Gesellschaft** auf fehlerhafte, nicht eingetragene Kapitalerhöhungen ist kein Raum[44] (zu den Folgen nichtiger Kapitalerhöhungsbeschlüsse *nach* Eintragung vgl. § 57, 42 ff). Die für fehlerhafte Gesellschaftsverträge im Gründungsstadium geltende abweichende Wertung (vgl. § 2, 92) beruht auf den Besonderheiten der Gründerorganisation (Vor-GmbH) und ihrer rechtlichen Anerkennung nach innen und außen schon vor der Eintragung (§ 11, 22 ff). Von ihnen unterscheidet sich die Lage bei fehlerhaften Kapitalerhöhungen aus einem doppelten Grunde. Denn einerseits besteht die GmbH als solche trotz des fehlerhaften Erhöhungsbeschlusses, ihre Vernichtung steht nicht in Frage. Und zum anderen ist die beschlossene Kapitalerhöhung anders als die Gründervereinigung vor der Eintragung rechtlich nicht existent. Sie verschafft noch keine Mitgliedschaftsrechte, so daß auch aus diesem Grunde kein Anlaß besteht, bei fehlerhaftem Erhöhungsbeschluß von den allgemeinen Grundsätzen abzuweichen. – Zur Beurteilung fehlerhafter Übernahmevereinbarungen vgl. Rdn 87 ff.

III. Die Zulassung zur Übernahme (Abs. 2 S. 1)

Schrifttum

Hirte Bezugsrechtsausschluß und Konzernbildung (1986); *Immenga* Die personalistische Kapitalgesellschaft (1970); *Lutter* Kapital, Sicherung der Kapitalaufbringung und Kapitalerhaltung in den Aktien- und GmbH-Rechten der EWG (1964); *ders.* Materielle und förmliche Erfordernisse eines Bezugsrechtsausschlusses, ZGR 1979, 401; *Maiberg* Übernahme einer Stammeinlage durch eine Erbengemeinschaft bei Erhöhung des Stammkapitals einer GmbH, DB 1975, 2419; *Martens* Der Ausschluß des Bezugsrechts: BGHZ 33, 175, Festschrift Rob. Fischer (1979) S. 437 ff; *Pastor/Werner* Die Erhöhung der Nennbeträge alter Geschäftsanteile bei der GmbH, DB 1968, 1935; *Priester* Das gesetzliche Bezugsrecht bei der GmbH, DB 1980, 1925; *Schockenhoff* Gesellschaftsinteresse und Gleichbehandlung beim Bezugsrechtsausschluß (1988); *Skibbe* Das Bezugsrecht bei Kapitalerhöhungen der GmbH, GmbH-Rdsch. 1963, 46; *Winkler* Der Erwerb eigener Geschäftsanteile durch die GmbH, GmbH-Rdsch. 1972, 73; *ders.* Erwerb von GmbH-Anteilen durch Minderjährige und vormundschaftsgerichtliche Genehmigung, ZGR 1990, 131; *M. Winter* Mitgliedschaftliche Treubindungen im GmbH-Recht (1988) S. 262 ff.

1. Zulassungsbeschluß

33 a) **Bedeutung und Rechtsnatur.** Der Kapitalerhöhungsbeschluß bestimmt nach gesetzlicher Regel nur den Betrag, um den das Stammkapital erhöht werden soll. Er befindet jedoch nicht über die Personen der Übernehmer und über die Höhe der ihnen zur Zeichnung anzubietenden Stammeinlagen (Rdn 15). Auch ein unmittelbares Bezugsrecht der bisherigen Gesellschafter, aus dem sich ohne besonderen Zulassungsbeschluß der Kreis der Übernehmer und die ihnen zustehenden Stammeinlagen ableiten ließen, ist abweichend von § 186 Abs. 1 AktG im GmbHG nicht vorgesehen und nach geltendem Recht daher nicht anzuerkennen (str., vgl. Rdn 39 ff). Vielmehr bedarf es nach Abs. 2 S. 1 noch *besonderer Bestimmung* durch die „Gesellschaft" (Rdn 36) über die Frage, ob die bisherigen **Gesellschafter oder Dritte zur Übernahme zugelassen**

[44] So auch Scholz/*Priester* § 57, 47; Rowedder/*Zimmermann* 22.

werden sollen[45]. Ohne einen solchen Zulassungsbeschluß fehlt es auch an der – darin regelmäßig konkludent enthaltenen – Ermächtigung der Geschäftsführer, die einzelnen Übernahmeerklärungen namens der GmbH anzunehmen (Rdn 72). Zu den Wirksamkeitsschranken dieses Zulassungsbeschlusses vgl. Rdn 46 ff.

Auf den Satzungsinhalt, insbesondere auf die Neufestsetzung des Stammkapitals 34 im Zuge der Kapitalerhöhung, hat der Zulassungsbeschluß als solcher keinen Einfluß; er unterliegt daher *nicht* den Vorschriften über die *Satzungsänderung*. Wohl aber kann er – und wird regelmäßig – mit dem Kapitalerhöhungsbeschluß verbunden werden; das kann mangels Formvorschrift auch konkludent geschehen (Rdn 37). Seiner Rechtsnatur nach handelt es sich bei dem Zulassungsbeschluß um einen **Akt innergesellschaftlicher Willensbildung.** Er bereitet die Durchführung der Kapitalerhöhung vor und bildet die Grundlage für die Übernahmeerklärungen durch die zur Kapitalerhöhung zugelassenen Personen sowie für deren Annahme seitens der hierzu ermächtigten Geschäftsführer. Ansprüche auf Beteiligung an der Kapitalerhöhung werden dadurch nach Maßgabe des Beschlußinhalts zwar für die *bisherigen Gesellschafter* begründet; hierin zeigt sich zugleich die funktionelle Verwandtschaft mit der aktienrechtlichen Regelung über das Bezugsrecht (Rdn 33). Im Verhältnis zu *Dritten* enthält er dagegen regelmäßig nur eine Ermächtigung an die Geschäftsführer zu deren Aufnahme, nicht jedoch eine Selbstbindung der Gesellschafter nach Art eines Vertrags zugunsten Dritter.

b) Zuständigkeit der Gesellschafter. Die Kompetenz für die Entscheidung über die 35 Zulassung zur Übernahme neuer Stammeinlagen innerhalb der GmbH ist in Abs. 2 S. 1 („Gesellschaft“) nicht ausdrücklich geregelt. Anders als im Aktienrecht[46] liegt sie mangels abweichender Bestimmung in der Satzung oder im Kapitalerhöhungsbeschluß bei der **Gesellschafterversammlung** als dem über die innergesellschaftliche Willensbildung entscheidenden obersten Organ der GmbH[47]. *Stimmberechtigt* sind alle Gesellschafter; das Stimmverbot des § 47 Abs. 4 greift wegen des korporationsrechtlichen Charakters des Zulassungsbeschlusses nicht ein (§ 47, 167). Das gilt nicht nur bei Zulassung *sämtlicher* Altgesellschafter zur Übernahme entsprechend ihrer bisherigen Beteiligung (insoweit einhM), sondern auch bei quotaler Bevorzugung *einzelner* Gesellschafter bzw. beim Ausschluß von Mitgesellschaftern von der Übernahme[48]. Der in derartigen Fällen gebotene *Minderheitenschutz* ist nicht über § 47 Abs. 4, sondern über besondere Mehrheitserfordernisse (Rdn 36) sowie über die aus Gleichbehandlungsgrundsatz und Treupflicht folgenden Wirksamkeitsschranken des Beschlusses (Rdn 46 ff) zu gewährleisten.

Fraglich ist, mit welcher **Stimmenmehrheit** der Zulassungsbeschluß zu fassen ist; 36 die Frage stellt sich nur dann, wenn die Gesellschafter ihn nicht mit dem Kapitalerhöhungsbeschluß verbinden und wie diesen den nach § 53 Abs. 2 für Satzungsänderungen geltenden Anforderungen unterstellen. Grundsätzlich genügt für Gesellschafterbeschlüsse im GmbH-Recht die *einfache* Mehrheit, soweit nicht Gesetz oder Satzung abweichendes bestimmen (vgl. § 47 Abs. 1). Von dieser Mehrheit ist regelmäßig auch

---

45 So auch Rowedder/*Zimmermann* 27 f, 30; *Meyer-Landrut*/Miller/Niehus 14; *Roth* 3.3.1; *M. Winter* S. 263 f; aA (Zulassungsbeschluß nur bei Ausschluß oder Einschränkung des Bezugsrechts der Gesellschafter) Scholz/*Priester* 40; Baumbach/Hueck/*Zöllner* 14; *Lutter*/*Hommelhoff* 9.

46 Zur Kompetenz des Vorstands, die Zeichnungserklärung der Aktionäre namens der AG anzunehmen, vgl. nur *Lutter*-KölnKommAktG² § 185, 5 ff, § 187, 12.

47 EinhM, vgl. Scholz/*Priester* 59 f; Baumbach/Hueck/*Zöllner* 13 f; *Feine* S. 609; wohl auch BGH WM 1966, 1262, 1263.

48 Heute hM, vgl. § 47, 167 (*Hüffer*); Scholz/*Priester* 61; Scholz/*K. Schmidt* § 47, 113; Rowedder/*Zimmermann* 28; **aA** Baumbach/Hueck/*Zöllner* 14 und § 47, 58; *Zöllner* Schranken S. 248 f; *Roth* 3.3.3; so wohl auch RGZ 109, 77, 80; 122, 159, 161 f.

für den Zulassungsbeschluß nach § 55 Abs. 2 S. 1 auszugehen[49]. Soll freilich die Anwartschaft der Gesellschafter auf gleichmäßige Teilnahme an der Kapitalerhöhung (mittelbares Bezugsrecht, vgl. Rdn 40 ff) ganz oder teilweise ausgeschlossen werden, so sprechen abweichend von der Voraufl. (Rdn 33) gute Gründe dafür, insoweit analog § 186 Abs. 3 AktG die *Dreiviertelmehrheit* zu verlangen[50].

37 c) **Verhältnis zu Erhöhungsbeschluß und Übernahmevertrag.** Zulassungsbeschluß und **Kapitalerhöhungsbeschluß** fallen regelmäßig zusammen, da die Zuständigkeit in beiden Fällen bei der Gesellschafterversammlung liegt und beide Beschlüsse der innergesellschaftlichen Willensbildung über die Kapitalerhöhung einschließlich der Modalitäten ihrer Durchführung dienen, d. h. also auf das gleiche Ziel gerichtet sind[51]. Das ändert freilich nichts daran, daß für beide Beschlüsse bei getrennter Beschlußfassung unterschiedliche Mehrheits- und Formerfordernisse bestehen (Rdn 10, 35). Auch wird der Zulassungsbeschluß und die darin meist liegende Ermächtigung der Geschäftsführer zum Abschluß der Übernahmeverträge anders als die Kapitalerhöhung sogleich wirksam; sie stehen allerdings unter dem Vorbehalt (der Rechtsbedingung) der Handelsregistereintragung des Kapitalerhöhungsbeschlusses (Rdn 76).

38 Ein sachlicher und häufig auch zeitlicher Zusammenhang besteht weiter auch zwischen dem Zulassungsbeschluß und dem auf seiner Grundlage erfolgenden, im Unterschied zur formbedürftigen Übernahmeerklärung des Zeichners (Rdn 61) ebenfalls konkludent möglichen Abschluß der **Übernahmeverträge.** Auch hierfür sind grundsätzlich die Gesellschafter zuständig, wenn sie nicht die Geschäftsführer zum Abschluß ermächtigen (Rdn 72); die Vertretungsmacht nach § 35 Abs. 1 erstreckt sich nicht auf körperschaftliche Rechtsgeschäfte nach Art des Übernahmevertrags (vgl. Rdn 60 und § 53, 37). Sind die zur Übernahme berechtigten bisherigen Gesellschafter bei der Beschlußfassung über Kapitalerhöhung und Zulassung anwesend oder vertreten und erklären sie die Übernahme einer Stammeinlage in der nach Abs. 1 vorgeschriebenen Form (Rdn 61 f), so kommen die Übernahmeverträge im Zweifel schon in diesem Zeitpunkt durch stillschweigende Annahme seitens der Gesellschafter zustande. Die grundsätzliche Unterscheidung zwischen dem Übernahmevertrag und den Beschlüssen über Kapitalerhöhung und Zulassung bleibt hiervon freilich unberührt. Insbesondere werden die Einzahlungspflichten der Übernehmer durch den Vertrag und nicht durch die logisch vorangehenden Akte der innergesellschaftlichen Willensbildung begründet.

2. Bezugsrecht der Gesellschafter?

39 a) **Meinungsstand.** Das GmbHG enthält *keine* Vorschrift entsprechend der Regelung des § 186 AktG, wonach den Aktionären bei Kapitalerhöhungen der AG ein gesetzliches Bezugsrecht in anteiliger Höhe ihrer Beteiligung zusteht und dieses nur im Kapitalerhöhungsbeschluß, unter Beachtung der Erfordernisse des § 186 Abs. 3, 4 AktG, ausgeschlossen werden kann. Gleichwohl geht die heute ganz hM zu Recht davon aus, daß auch in der GmbH die Gesellschaftermehrheit nicht beliebig über die Zulassung von Gesellschaftern oder Dritten zur Übernahme der neuen Stammeinlagen beschließen

---

49 So (ohne Einschränkung) auch Rowedder/*Zimmermann* 33; *Meyer-Landrut*/Miller/Niehus 15; *Fleck* ZGR 1988, 116 f; *M. Winter* S. 266 f; wie hier *Roth* 3.1, 3.3.3; Gegenans. vgl. in Fn 50.

50 So auch *Roth* 3.3.3 sowie im Ergebnis diejenigen Autoren, die ein ungeschriebenes gesetzliches Bezugsrecht der GmbH-Gesellschafter bejahen (vgl. Rdn 39) und dessen Ausschluß analog § 186 Abs. 3, 4 AktG nur im Rahmen des mit satzungsändernder Mehrheit zu fassenden Kapitalerhöhungsbeschlusses für zulässig halten (Scholz/*Priester* 59; Baumbach/Hueck/*Zöllner* 13; *Lutter*/*Hommelhoff* 9).

51 So auch BGH WM 1966, 1262, 1263.

kann, sondern hierbei an die aus Gleichbehandlungsgrundsatz und Treupflicht folgenden Schranken (vgl. allg. § 14, 52 ff; § 53, 64 f) gebunden ist[52]. Unter Hinweis auf diese Schranken bejaht ein **Teil des Schrifttums**[53] im Anschluß an *Priester*[54] ein Bezugsrecht auch der GmbH-Gesellschafter analog § 186 Abs. 1 AktG. Es mache im Regelfall, vorbehaltlich seiner Einschränkung oder seines Ausschlusses im Zusammenhang mit der konkreten Kapitalerhöhung, einen besonderen Zulassungsbeschluß der Gesellschafterversammlung gegenstandslos[55]. Den Gesellschaftern stehe vielmehr bereits aufgrund des Kapitalerhöhungsbeschlusses ein Anspruch gegen die GmbH auf anteilige Übernahme der neuen Stammeinlagen zu; die auf die Notwendigkeit eines Zulassungsbeschlusses hinweisende Vorschrift des § 55 Abs. 2 S. 1 sei inhaltlich überholt[56]. Demgegenüber hält die *Gegenansicht*[57] unter Hinweis auf § 55 Abs. 2 S. 1 am Erfordernis eines Zulassungsbeschlusses fest. Dem auch von ihr anerkannten Interesse der einzelnen Gesellschafter, anteilig zur Übernahme neuer Stammeinlagen zugelassen zu werden, will sie – durch Betonung der aus Gleichbehandlungsgrundsatz und Treupflicht folgenden Schranken der Mehrheitsherrschaft – bei der Beschlußfassung der Gesellschafter über die Zulassung zur Übernahme Rechnung getragen wissen.

b) Stellungnahme. Für die Stellungnahme ist *zu unterscheiden* zwischen dem recht- **40**
lich anzuerkennenden Interesse der Gesellschafter an der Aufrechterhaltung ihrer quotenmäßigen Beteiligung an der GmbH auch im Fall von Kapitalerhöhungen und der Frage, wie dieses Interesse vor dem Hintergrund der vom Aktienrecht abweichenden Regelungstechnik in § 55 GmbHG rechtlich gesichert werden kann. Hinsichtlich des ersten Aspekts, der Sicherung der **Anwartschaft** der Gesellschafter auf Teilnahme an der Kapitalerhöhung, verdient die neuere Lehre volle Zustimmung. In der Tat besteht kein Anlaß, den einzelnen GmbH-Gesellschaftern den in § 186 AktG enthaltenen materiell-rechtlichen Schutz vor der Verwässerung ihrer Beteiligung im Zuge von Kapitalerhöhungen vorzuenthalten. Im Gegenteil ist ein derartiger Verwässerungsschutz angesichts der typisch personalistischen Struktur der GmbH umso mehr geboten[58]. Das Schweigen des GmbHG und der Verzicht der GmbH-Novelle 1980 darauf, die auf gesetzliche Einführung eines Bezugsrechts gerichteten Vorschläge des RegE GmbHG 1971/73[59] zu übernehmen, stehen der rechtlichen Anerkennung dieses Interesses nicht entgegen (vgl. näher Rdn 4).

Anderes gilt demgegenüber für die **Durchsetzung** dieser Anwartschaft, d. h. für **41**
den rechtstechnischen Weg zur Sicherung des Interesses der Gesellschafter, an der Kapitalerhöhung beteiligt zu werden. Die insoweit von der neueren Lehre vertretene Analogie zu § 186 Abs. 1, 3 und 4 AktG unter Anerkennung eines allein aus dem uneingeschränkten Kapitalerhöhungsbeschluß folgenden, einen Übernahmeanspruch jedes Gesellschafters gegen die GmbH begründenden echten *Bezugsrechts* ist unvereinbar mit der insoweit unterschiedlichen Regelungstechnik von AktG und GmbHG[60]. Solange das GmbHG in § 55 Abs. 2 S. 1 einen besonderen *Zulassungsbeschluß* für den

[52] Heute ganz hM, vgl. nur Scholz/*Priester* 52 ff; Baumbach/Hueck/*Zöllner* 15; *M. Winter* S. 266 ff m. weit. Nachw.; **aA** *Meyer-Landrut*/Miller/Niehus 19.

[53] Scholz/*Priester* 41; Baumbach/Hueck/*Zöllner* 13; *Lutter*/*Hommelhoff* 8; *K. Schmidt* GesR § 37 V 1 a ee S. 874; *Raiser* KapGesR § 39 II 2.

[54] DB 1980, 1925 ff; so der Sache nach auch schon *Lutter* AcP 180 (1980) 84, 123.

[55] Zu den Ausnahmen bei Ausschluß oder Einschränkung des Bezugsrechts vgl. Nachw. in Fn 50.

[56] So Scholz/*Priester* 46 unter Hinweis auf das im Aktienrecht erst nach 1892 eingeführte gesetzliche Bezugsrecht.

[57] Rowedder/*Zimmermann* 30; *Meyer-Landrut*/Miller/Niehus 14; *Roth* 3.3.1; *M. Winter* S. 266 ff.

[58] So zutr. schon *Priester* DB 1980, 1927; näher *M. Winter* S. 266 ff.

[59] Vgl. BT-Drucks. 7/253, RegE § 157.

[60] So zu Recht auch *M. Winter* S. 263 ff, 267 f.

Abschluß von Übernahmeverträgen voraussetzt, ist für eine Analogie zu § 186 Abs. 1 AktG kein Raum.

42 Daß die Regelung des § 55 Abs. 2 S. 1 trotz Anerkennung einer Übernahme-Anwartschaft der bisherigen Gesellschafter nicht funktionslos geworden ist, lehrt auch der Blick auf die **besondere Kompetenzverteilung in der GmbH.** Da hier – anders als im Aktienrecht[61] – der Abschluß von Übernahmeverträgen durch das Vertretungsorgan nicht von § 35 Abs. 1 gedeckt ist, sondern einer besonderen Ermächtigung der Geschäftsführer durch die Gesellschafter bedarf (Rdn 72), kann auf einen die Übernahme zulassenden Gesellschafterbeschluß schon aus diesem Grunde nicht verzichtet werden. Mit dieser Kompetenzverteilung ist es daher auch unvereinbar, wenn die Befürworter eines Bezugsrechts den übergangenen Gesellschaftern einen unmittelbaren, durch Leistungsklage gegen die GmbH geltendzumachenden Anspruch auf Abschluß des Übernahmevertrags gewähren wollen[62]. Richtiger Beklagter ist hier nicht die GmbH, vertreten durch die Geschäftsführer, sondern die Gesellschaftermehrheit (vgl. Rdn 72).

43 Im **Ergebnis** unterscheiden sich beide Ansichten hinsichtlich des dadurch bewirkten Minderheitenschutzes nicht wesentlich[63]. Das gilt jedenfalls dann, wenn man für den auf vollständigen oder teilweisen Ausschluß der Bezugsanwartschaft gerichteten *Zulassungsbeschluß* aus den oben (Rdn 36) genannten Gründen trotz Verneinung eines unmittelbaren Bezugsrechts *Dreiviertelmehrheit* analog § 186 Abs. 3 AktG fordert; dieser Analogie steht die abweichende Regelungstechnik des GmbHG nicht entgegen. Die Initiative zur Beschlußfassung über den Bezugsrechtsausschluß liegt nach beiden Ansichten bei den hieran interessierten Gesellschaftern, die dafür einen mit qualifizierter Mehrheit zu fassenden Gesellschafterbeschluß benötigen. Auch hinsichtlich der Inhaltsschranken dieses Mehrheitsbeschlusses und hinsichtlich des Erfordernisses seiner Anfechtung durch die Minderheit stimmen beide Ansichten überein. *Unterschiedlich* wird demgegenüber zwar die *Beklagtenrolle* beurteilt (Rdn 42); jedoch hat es die neue Lehre bisher versäumt, die Vereinbarkeit ihrer Ansicht, wonach richtiger Beklagter nicht die Mitgesellschafter seien, sondern die GmbH, mit der Kompetenzverteilung im GmbH-Recht darzutun. Als weiterer Unterschied bleibt der – nur nach der hier abgelehnten neuen Ansicht mögliche[64] – *Handel mit Bezugsrechten.* Indessen dürfte ihm schon wegen der auch insoweit zu beachtenden Anteilsvinkulierung (§ 15 Abs. 5) keine wesentliche Bedeutung zukommen. Im übrigen läßt sich dasselbe Ziel durch die vertragliche Abtretung künftiger Geschäftsanteile erreichen (§ 15, 26).

44 c) **Folgerungen.** An der Notwendigkeit eines Zulassungsbeschlusses ist somit festzuhalten. Daß dieser konkludent zustande kommen kann, sei es im Beschluß über die Kapitalerhöhung oder in demjenigen über die Annahme der Übernahmeerklärungen, steht nicht entgegen. Der Kapitalerhöhungsbeschluß als solcher führt nicht zu einem einklagbaren Anspruch der Gesellschafter gegen die GmbH auf anteilige Teilnahme an der Kapitalerhöhung, sondern nur dazu, daß die einzelnen Gesellschafter von den anderen aufgrund der zwischen ihnen bestehenden Treupflicht Mitwirkung an der Beschlußfassung über die Zulassung unter voller Berücksichtigung ihres Beteiligungsinteresses verlangen können[65]; die Klage kann freilich mit derjenigen auf Abschluß des Übernahmevertrags (oder auf Ermächtigung der Geschäftsführer hierzu) verbunden werden.

---

[61] Vgl. Nachw. in Fn 46.
[62] Darauf weist zutr. *M. Winter* S. 267 hin.
[63] Dezidiert aA Baumbach/Hueck/*Zöllner* 13.
[64] Vgl. Scholz/*Priester* 51; Baumbach/Hueck/*Zöllner* 16.
[65] Vgl. näher *M. Winter* S. 181 ff, 268.

Die durch den Zulassungsbeschluß zu realisierende **Anwartschaft auf Teilnahme an der Kapitalerhöhung** steht grundsätzlich *allen bisherigen Gesellschaftern* entsprechend ihrer Beteiligungshöhe zu. Das gilt auch dann, wenn der Anteil mit einem *Nießbrauch* oder einem *Pfandrecht* belastet ist[66]; beim Bestehen von *Vor- und Nacherbschaft* fällt der vom Vorerben erworbene neue Geschäftsanteil in den gebundenen Nachlaß[67]. Der Gesellschaft selbst steht aus eigenen Anteilen eine Anwartschaft nicht zu; sie kann an der Kapitalerhöhung weder selbst teilnehmen (Rdn 56) noch über die Anwartschaft verfügen (str., vgl. näher § 33, 69 f). **45**

3. Schranken des Zulassungsbeschlusses

a) **Gleichbehandlungsgrundsatz.** Ihm kommt im Hinblick auf den Zulassungsbeschluß wesentliche Bedeutung zu (vgl. dazu allg. § 14, 67 ff und § 53, 56 ff). Auch ohne Anerkennung eines Bezugsrechts der Gesellschafter (Rdn 39 ff) stellt er schon nach geltendem GmbH-Recht sicher, daß **im Falle der Zulassung bisheriger Gesellschafter** zur Kapitalerhöhung grundsätzlich allen Gesellschaftern anteilig das Recht zur Beteiligung einzuräumen ist[68]. Abweichungen hiervon sind, sofern nicht sämtliche Gesellschafter für die Ungleichbehandlung stimmen, nur beim Vorliegen dringender im Gesellschaftsinteresse liegender, die Minderheitsinteressen überwiegender Gründe zulässig[69]. Die Notwendigkeit der Abweichung zu rechtfertigen ist im Streitfall Sache der Gesellschaft (§ 53, 66). Hieran sind um so strengere Anforderungen zu stellen, je schwerer der Eingriff in die mitgliedschafts- und vermögensrechtliche Stellung der übergangenen Gesellschafter wiegt; es gilt der zum Aktienrecht[70] entwickelte *Maßstab der Erforderlichkeit und Verhältnismäßigkeit*[71]. Ein Verstoß gegen den Gleichheitssatz liegt auch vor, wenn die neuen Anteile zwar nicht unmittelbar einzelnen Gesellschaftern, wohl aber einer diesen nahestehenden Person oder Gruppe angeboten werden. **46**

b) **Treupflicht.** Sollen an der Kapitalerhöhung weder unmittelbar noch mittelbar bisherige Gesellschafter beteiligt werden, so scheidet ein Verstoß gegen den Gleichbehandlungsgrundsatz aus. Wohl aber ist zu prüfen, ob nicht die Mehrheit durch den Zulassungsbeschluß ihre nicht nur gegenüber der GmbH, sondern auch gegenüber der Minderheit bestehende Treupflicht verletzt[72]. Die danach gebotene Rücksichtnahme auf die Belange der Minderheit im Rahmen des Gesamtinteresses gestattet den Ausschluß der Gesellschafter von der Kapitalerhöhung und die daraus folgende quotenmäßige Verminderung ihrer Beteiligungsrechte nach dem auch insoweit geltenden Maßstab der Erforderlichkeit und Verhältnismäßigkeit (Rdn 46) nur dann, wenn die Kapitalerhöhung aus Gesellschaftssicht – auch unter Berücksichtigung der Interessen der Minder- **47**

[66] *Priester* DB 1980, 1930 m. Nachw.; Scholz/*Priester* 50; so für den Nießbrauch auch Staudinger/*Promberger* Anh §§ 1068, 1069, 86. Zur Frage der Erstreckung von Pfandrecht und Nießbrauch auf den neuen Geschäftsanteil (bejahend Scholz/*Priester* 50) vgl. Anh § 15, 43 und 63.

[67] *Priester* DB 1980, 1930.

[68] Heute ganz hM; vgl. Baumbach/*Hueck* 15; Scholz/*K. Schmidt* § 45, 106; *Lutter/Hommelhoff* 7; so auch schon *Feine* S. 606; *G. Hueck* Grundsatz der gleichmäßigen Behandlung im Privatrecht S. 345; eingehend zum Verhältnis von Gleichbehandlungsgrundsatz und Gesellschaftsinteresse *Schockenhoff* S. 51 ff, 83 ff.

[69] Vgl. BGHZ 71, 40, 44 f = NJW 1978, 1316 (Kali + Salz); ähnlich schon BGHZ 33, 175, 186 = NJW 1961, 26 (jeweils zum Aktienrecht); dazu näher *Schockenhoff* S. 31 ff.

[70] Vgl. BGHZ 71, 40, 44 ff = NJW 1978, 1316; 83, 319, 321 = NJW 1982, 2444; *Lutter* ZGR 1979, 401, 403 ff; *Martens* Festschrift Rob. Fischer (1979) S. 437, 444 ff; *Wiedemann* Gesellschaftsrecht I S. 447 f. Grundlegend *Zöllner* Schranken S. 349 ff.

[71] Vgl. zum GmbH-Recht Scholz/*Priester* 52; Baumbach/Hueck/*Zöllner* 15; eingehend jetzt *M. Winter* Treubindungen S. 141 ff, 268 ff.

[72] Diesen Aspekt betont zutr. *M. Winter* S. 131 ff, 267 f; vgl. auch § 53, 67.

heit – dringend geboten ist und eine Beteiligung der Gesellschafter hieran wegen der damit verfolgten Zielsetzung nicht in Betracht kommt[73].

48 Eine **Nichtbeteiligung der bisherigen Gesellschafter** ist namentlich im Zusammenhang mit der *Erbringung von Sacheinlagen* zulässig, an deren Erwerb die Gesellschaft ein dringendes sachliches Interesse hat[74]. Entsprechendes gilt für eine Kapitalerhöhung ohne Beteiligung der Gesellschafter, die der im Gesellschaftsinteresse gebotenen, die Individualinteressen deutlich überwiegenden *Kooperation* mit einem anderen Unternehmen dient[75] oder die für die Deckung eines dringenden, von den Gesellschaftern nicht aufzubringenden *Finanzbedarfs* der Gesellschaft zum Zwecke der Sanierung oder der Finanzierung einer für den Erfolg der Gesellschaft wesentlichen Investition bestimmt ist. Demgegenüber wird es für die weiter diskutierte Fallgruppe der *Positionsverstärkung mehrheitlich beteiligter Gesellschafter* an einem zur sachlichen Rechtfertigung des Übergehens der Minderheit erforderlichen deutlich überwiegenden Gesellschaftsinteresse in der Regel fehlen[76]. Hinsichtlich der Notwendigkeit für die Gesellschaft, den Eingriff in die mitgliedschaftliche Stellung der bisherigen Gesellschafter im Streitfall zu rechtfertigen, gilt entsprechendes wie im Fall der Ungleichbehandlung (vgl. Rdn 46 und § 53, 66). An die Rechtfertigung sind umso höhere Anforderungen dann zu stellen, wenn entweder durch die Kapitalerhöhung die Beteiligungs- oder Vermögensrechte der Gesellschafter *wesentlich* betroffen werden oder wenn die Zulassung Dritter zugleich zu einer *Änderung des Charakters der Gesellschaft* führt, indem diese ihre personalistische Struktur oder ihre unternehmerische Selbständigkeit verliert und die Qualität einer abhängigen Gesellschaft annimmt[77].

49 c) **Rechtsfolgen fehlerhafter Zulassung.** Der Verstoß gegen Gleichbehandlungsgrundsatz oder Treupflicht macht den Zulassungsbeschluß *anfechtbar;* die Anfechtungsklage führt zu seiner rückwirkenden Vernichtung (Anh § 47, 237). Damit entfällt zugleich die Ermächtigung der Geschäftsführer bzw. der Gesellschaftermehrheit zum Abschluß von Übernahmeverträgen mit den im Beschluß zugelassenen Übernehmern. Die Übernahmeverträge sind **unwirksam**[78]; die Anfechtungskläger können von den Mitgesellschaftern die Zustimmung zur anteiligen Übernahme der neuen Stammeinlagen verlangen (Rdn 42). Ist freilich die Kapitalerhöhung aufgrund der fehlerhaften Übernahmeverträge bereits im Handelsregister **eingetragen** und durch Leistung der (Mindest-)Einlagen vollzogen, so steht der Schutz der Aufbringung des erhöhten Stammkapitals der Geltendmachung des Vertragsmangels entgegen. Die Wirksamkeit der Kapitalerhöhung und der Zeichnung der Stammeinlagen durch die Übernehmer kann rückwirkend nicht beseitigt werden[79]. Wohl aber können die übergangenen

---

[73] Vgl. näher *M. Winter* S. 268 ff; so im Ergebnis auch Scholz/*Priester* 52; im Grundsatz ähnlich schon *Immenga* Personalistische Kapitalgesellschaft S. 234 ff, und *Wiedemann* Gesellschaftsrecht I S. 448; noch auf die Sittenwidrigkeitsschranke abstellend RGZ 122, 159, 165; RG DR 1941, 1305, 1307 f; OLG Stuttgart JR 1955, 463 ff.

[74] BGHZ 71, 40, 46 f = NJW 1978, 1316; so auch Scholz/*Priester* 56; *Martens* (Fn 70) S. 447 f; *M. Winter* S. 269 f.

[75] Scholz/*Priester, Martens, M. Winter* aaO (Fn 74).

[76] So auch Scholz/*Priester* 57; *Martens* (Fn 70) S. 451 ff; *M. Winter* S. 271 f; großzügiger noch BGHZ 33, 175, 186 = NJW 1961, 26 (Minimax).

[77] Vgl. nur BGHZ 80, 69, 74 = NJW 1981, 1512 (Süssen).

[78] So zutr. *M. Winter* S. 272 f; wohl auch Scholz/*Priester* 66 (vorbehaltlich der Erstreckung der Nichtigkeit auf den Kapitalerhöhungsbeschluß). Zur abw. Rechtslage im Aktienrecht wegen der notwendigen Einheit von Kapitalerhöhungsbeschluß und Bezugsrechtsausschluß (§ 186 Abs. 3 AktG) vgl. statt aller *Lutter*-KölnKommAktG[2] § 186, 52 und 98.

[79] Vgl. näher § 57, 48 zur eingeschränkten Geltendmachung von Mängeln des Übernahmevertrags nach Eintragung; so wohl auch Scholz/*Priester* 66; **aA** *M. Winter* S. 274 f (Unwirksamkeit der Übernahmeverträge, jedoch Wirksamkeit der Kapitalerhöhung).

Gesellschafter von der treuwidrig handelnden Mehrheit *Übertragung* entsprechender Geschäftsanteile als Schadensersatz im Wege der Naturalrestitution (§ 249 BGB) verlangen[80]. Gegen Dritte, die erst durch den fehlerhaften Zulassungsbeschluß Gesellschafter wurden, scheidet – vorbehaltlich ihrer Haftung aus §§ 826, 830 BGB – ein derartiger Anspruch aus[81].

4. Person des Übernehmers

a) **Grundsatz.** Die Beteiligung von Personen, die der GmbH schon bisher als Gesellschafter angehört haben, an der Kapitalerhöhung bereitet aus der Sicht ihrer persönlichen Qualifikation keine Probleme. Der **Beitritt neuer Gesellschafter** durch Übernahme einer Stammeinlage auf das erhöhte Kapital richtet sich nach den gleichen Grundsätzen, die für den Beitritt im Zeitpunkt der Gründung gelten (vgl. näher § 2, 70 ff). Soweit nicht satzungsrechtlich besondere Qualifikationsmerkmale festgelegt sind (vgl. dazu § 2, 85), steht der Beitritt zur GmbH *natürlichen und juristischen Personen* gleichermaßen offen (zu Gesamthandsgemeinschaften vgl. Rdn 53). **50**

Beim Beitritt **nicht voll Geschäftsfähiger** kann sich außer der erforderlichen Mitwirkung des gesetzlichen Vertreters (§ 107 BGB) je nach Lage des Falles auch die Notwendigkeit vormundschaftsgerichtlicher Genehmigung nach **§ 1822 Nr. 10 BGB** ergeben. Die dort vorausgesetzte *Übernahme einer fremden Verbindlichkeit* ist mit dem Beitritt dann verbunden, wenn dem neuen Gesellschafter Haftungsrisiken aus §§ 24, 31 wegen bereits bestehender oder durch die Kapitalerhöhung begründeter und nicht alsbald durch Volleinzahlung getilgter Forderungen der GmbH gegen Mitgesellschafter drohen[82]. Zu diesen Haftungsrisiken gehört auch die mögliche Haftung wegen Überbewertung von Sacheinlagen, die von Mitgesellschaftern erbracht wurden, nach §§ 9, 56 Abs. 2 iVm § 24[83]. Dagegen reicht das mit dem GmbH-Beitritt eingegangene Risiko *künftiger* Haftung aus §§ 24, 31 wegen späterer Kapitalerhöhungen oder Verstöße gegen die Kapitalerhaltungsregeln des § 30 *nicht* aus, um darauf das Eingreifen von § 1822 Nr. 10 BGB zu stützen[84]. **51**

Für das Genehmigungserfordernis des **§ 1822 Nr. 3 BGB** ist im Fall der Beteiligung eines nicht voll Geschäftsfähigen an einer Kapitalerhöhung in aller Regel *kein* Raum[85]. Der vom Beitretenden geschlossene Übernahmevertrag ist weder auf den entgeltlichen Erwerb eines Erwerbsgeschäfts gerichtet noch als Gesellschaftsvertrag zum Betrieb eines Erwerbsgeschäfts zu qualifizieren. Die mit derartigen Geschäften typischerweise verbundenen, über eine Vermögensanlage hinausgehenden Risiken für das Vermögen des Erwerbers oder Gesellschafters, die den Grund für das Genehmigungserfordernis des § 1822 Nr. 3 BGB bilden[86], kommen bei der Übernahme einer Stammeinlage an **52**

---

80 Ebenso Scholz/*Priester* 66; *M. Winter* S. 275; der Anspruch ist nicht notwendig auf die Übertragung *neuer* Anteile beschränkt (so aber *M. Winter* S. 275). Für verschuldensunabhängigen „Ausgleichsanspruch" der Benachteiligten gegen die Mehrheitsgesellschafter *Hirte* S. 238 ff.

81 Es bewendet auch insoweit bei einem Anspruch gegen die treuwidrig handelnden Mitgesellschafter; aA (für Schadensersatzanspruch gegen die GmbH) Scholz/*Priester* 66; so auch die im Aktienrecht hM, vgl. *Lutter*-KölnKommAktG² § 186, 41; *Martens* Festschrift Steindorff (1990) S. 151, 163 ff; wegen der damit verbundenen „Vergesellschaftung" des Privatschadens zu Recht ablehn. *M. Winter* S. 91 ff, 273.

82 HM, vgl. BGHZ 107, 23, 25 ff = NJW 1989, 1926; Scholz/*Priester* 106; aA *Wiedemann* Übertragung S. 248 f; *Winkler* ZGR 1990, 131, 136 ff.

83 So zutr. Scholz/*Priester* 106.

84 BGHZ 107, 23, 28 = NJW 1989, 1926.

85 So zutr. BGHZ 107, 23, 28 ff = NJW 1989, 1926; Scholz/*Priester* 105; *Winkler* ZGR 1990, 132 f (hM); die z. T. abweich. Ansicht der Voraufl. (Rdn 36) wird aufgegeben.

86 Vgl. BGHZ 107, 23, 30 = NJW 1989, 1926; Münch-Komm-*Schwab* BGB² § 1822, 14, 18, 29; Soergel/*Damrau* BGB¹² § 1822, 14, 16.

einer eingetragenen GmbH nicht in Betracht (zur abw. Beurteilung beim Beitritt zur Vor-GmbH vgl. § 2, 73); das folgt aus § 13 Abs. 2. Eine andere Beurteilung ist nur dann veranlaßt, wenn der spätere Beitritt wegen des Umfangs der erworbenen Beteiligung und der damit verbundenen Beherrschungsmöglichkeit dem Erwerb eines Erwerbsgeschäfts wirtschaftlich gleichsteht[87].

53 b) **Gesamthandsgemeinschaften.** Die Fähigkeit von **Personenhandelsgesellschaften** (OHG, KG), sich bei der Gründung oder später an einer GmbH zu beteiligen, ist seit langem allgemein anerkannt (vgl. § 2, 65 m. Nachw.). Gesellschafter der GmbH ist in diesen Fällen die OHG oder KG; sie – und nicht etwa die an ihr beteiligten Personen – ist in der Gesellschafterliste des § 40 anzugeben. Für die Anwendung der auf die Mitberechtigung *mehrerer* an einem Geschäftsanteil bezogenen Vorschrift des § 18 ist kein Raum (ganz hM, vgl. § 18, 11 m. Nachw.). Ist die OHG oder KG Alleingesellschafterin der GmbH, so greifen die Sondervorschriften über die Sicherungsbestellung hinsichtlich noch nicht geleisteter Einlagen des Einmann-Gesellschafters (§§ 57 Abs. 2 S. 1, 7 Abs. 2 S. 3) ein.

54 Entsprechende Grundsätze wie zu Rdn 53 gelten für die Übernahme einer Stammeinlage durch eine **Gesellschaft bürgerlichen Rechts, einen nichtrechtsfähigen Verein oder eine Vor-GmbH** bei Erhöhung des Stammkapitals der GmbH. Ihre Fähigkeit, sich an einer GmbH-Gründung zu beteiligen, entspricht heute zu Recht allgM (vgl. § 2, 80 Fn 147 – 149). Das hat umso mehr für Fälle einer Kapitalerhöhung zu gelten[88]. Keine einheitliche Beurteilung ist demgegenüber hinsichtlich der (**Nicht-**)**Anwendung des § 18** in derartigen Fällen erreicht (vgl. auch § 18, 6 und 12). Insbes. für die *Gesellschaft bürgerlichen Rechts* hält die im GmbH-Recht überwM noch immer am Eingreifen von § 18 fest[89], ohne von dem im GbR-Recht erreichten Diskussionsstand zur Teilrechtsfähigkeit der GbR und zu ihrer strukturellen Vergleichbarkeit mit OHG und KG Kenntnis zu nehmen (vgl. näher § 2, 80). Demgegenüber ist nach zutr. neuerer Ansicht für das Eingreifen des § 18 in *keinem* dieser Fälle Raum[90]. Das gilt nicht nur hinsichtlich der Ausübung der Rechte am „gemeinschaftlichen" Anteil und hinsichtlich der Empfangsvertretung (§ 18 Abs. 1 und 3), sondern auch hinsichtlich der in § 18 Abs. 2 angeordneten gesamtschuldnerischen Haftung.

55 Zu Recht anerkannt ist in neuerer Zeit auch die Fähigkeit einer **Erbengemeinschaft** oder **ehelichen Gütergemeinschaft,** sich an einer Kapitalerhöhung zu beteiligen[91]. Im Unterschied zu den in Rdn 53, 54 genannten Personenverbänden sind diese Gesamthandsgemeinschaften allerdings weniger weitgehend gegenüber ihren Mitgliedern verselbständigt; als teilrechtsfähig sind sie nicht anzusehen. Gesellschafter der GmbH werden in diesen Fällen daher die Mitglieder der Erben- oder Gütergemeinschaft, wenn auch „in ihrer gesamthänderischen Verbundenheit". Das führt zum grundsätzlichen Eingreifen von § 18, soweit dem nicht – wie im Fall der ehelichen Gütergemeinschaft – die für die Verwaltung und Haftung dieser Gemeinschaft getroffenen Bestim-

---

[87] Dazu *Winkler* ZGR 1990, 133 f; vgl. auch § 15, 129 f.

[88] So auch Scholz/*Priester* 102; Rowedder/*Zimmermann* 29.

[89] So BGHZ 78, 311, 316 = NJW 1981, 682; § 18, 6 (*Zutt*); Scholz/*Winter* § 18, 6 f, 25; Baumbach/*Hueck* § 18, 2; *Rowedder* § 18, 1; *Lutter/Hommelhoff* § 18, 2; aA (wie hier) *U. Koch* ZHR 146 (1982) 130.

[90] Vgl. näher § 2, 80; so hins. des nichtrechtsfähigen Vereins auch § 18, 12 (*Zutt*); Baumbach/*Hueck* § 18, 2; *Lutter/Hommelhoff* § 18, 2.

[91] Vgl. zur Erbengemeinschaft OLG Hamm BB 1975, 292, 293, dazu *Maiberg* DB 1975, 2419; allg. Scholz/*Priester* 102; Rowedder/*Zimmermann* 29.

mungen als Sondervorschriften vorgehen (str., vgl. einerseits § 2, 82, andererseits § 18, 8).

c) **Keine Übernahme durch die Gesellschaft selbst oder verbundene Unternehmen.** 56
Daß die **Gesellschaft** im Rahmen der Erhöhung ihres Kapitals nach § 55 Stammeinlagen nicht selbst übernehmen kann, steht heute außer Zweifel[92]; abweichendes gilt bei der Kapitalerhöhung aus Gesellschaftsmitteln (vgl. hinsichtlich der auf eigene Anteile entfallenden Anteilsrechte Anh § 57 b, KapErhG § 12, 2). Die früher verbreitete Gegenansicht erklärt sich wohl vor allem aus dem damaligen Fehlen einer Sonderregelung nach Art des KapErhG; seit der Grundsatzentscheidung BGHZ 15, 391, 392 = NJW 1955, 222, in der die Teilnahme der Gesellschaft an der eigenen Kapitalerhöhung zu Recht als unzulässig beurteilt wurde, ist sie überholt (vgl. § 33, 69 f m. Nachw.).

Zur **Begründung** des Verbots, eigene Anteile zu zeichnen, bedarf es keines Hinweises 57
auf die fehlenden Prüfungsmöglichkeiten durch den Registerrichter[93] oder auf die mögliche Täuschung des Rechtsverkehrs über den realen Mittelzufluß bei der Kapitalerhöhung[94]. Die Unzulässigkeit ergibt sich vielmehr einerseits aus der Unmöglichkeit der rechtsgeschäftlichen *Selbst*verpflichtung der GmbH zur Übernahme einer Stammeinlage und – damit zusammenhängend – aus der Nichterreichung vollständiger Zeichnung der Kapitalerhöhung als Voraussetzung ihrer Eintragung[95], andererseits und vor allem aus dem Grundgedanken des durch die Novelle 1980 weiter verschärften Verbots, eigene nicht voll eingezahlte Anteile zu erwerben. Auch wenn § 33 Abs. 1 den Fall der *Zeichnung* eigener Anteile nicht unmittelbar erfaßt[96], trifft sein der Kapitalsicherung dienender Zweck hierauf doch ebenso zu (vgl. auch § 56 Abs. 1 AktG zum Verbot der Zeichnung eigener Aktien). – Zur Frage eines „Bezugsrechts" aus eigenen Anteilen vgl. Rdn 45.

Aus den in Rdn 57 genannten Gründen ist das Verbot, eigene Stammeinlagen zu 58
übernehmen, entsprechend § 56 Abs. 2 AktG auf diejenigen Fälle auszudehnen, in denen von der Gesellschaft **abhängige** oder in ihrem **Mehrheitsbesitz** stehende Unternehmen die Stammeinlagen übernehmen wollen[97]. Die Voraussetzungen von Mehrheitsbesitz und Abhängigkeit bestimmen sich dabei nach den allgemeinen, nicht auf das Aktienrecht beschränkten Definitionsnormen verbundener Unternehmen in §§ 16, 17 AktG; das Vorliegen einer Beteiligung von 50% oder mehr ist hierfür nicht erforderlich[98]. Unzulässig ist weiter auch die Übernahme einer Stammeinlage durch eine **GmbH & Co KG,** an der die GmbH als einziger Komplementär beteiligt ist[99]. Das folgt aus der besonderen Haftungsverfassung der GmbH & Co KG und der hier mittelbar vorliegenden Selbstverpflichtung der GmbH; auf die Kapitalbeteiligung der GmbH an der KG kommt es nicht an[100].

---

92 EinhM, vgl. nur Scholz/*Priester* 108; Baumbach/Hueck/*Zöllner* 17.

93 So aber BGHZ 15, 391, 393 = NJW 1955, 222.

94 So Scholz/*Priester* 108.

95 Ähnlich schon BGHZ 15, 391, 393; dagegen Scholz/*Priester* 108 und *Winkler* GmbH-Rdsch. 1972, 73, 75.

96 So zutr. BGHZ 15, 391, 392; aA *Winkler* GmbH-Rdsch. 1972, 73, 75.

97 So auch § 40 Abs. 2 RegE 1971 und die heute wohl hM; vgl. Scholz/*Priester* 110; *Lutter* Kapital S. 197 ff; *Serick* Rechtsform und Realität juristischer Personen S. 106 ff, 110; *Winkler* GmbH-Rdsch. 1972, 73, 75; so im Aktienrecht schon *vor* dem gesetzlichen Verbot auch RGZ 108, 41, 43.

98 Ebenso *Lutter/Hommelhoff* § 33, 10; aA Scholz/*Priester* 110; Rowedder/*Zimmermann* 29.

99 So zutr. LG Hamburg HambJVBl. 1972, 67, 68; ebenso für die sog. Einheits-GmbH & Co KG, bei der die KG alleinige Gesellschafterin ihrer Komplementär-GmbH ist, LG Berlin GmbH-Rdsch. 1987, 395, 396; *Lutter/Hommelhoff* 14; *Roth* 3.3.4; aA Baumbach/Hueck/*Zöllner* 17; differenz. Scholz/*Priester* 111; Rowedder/*Zimmermann* 29.

100 So aber Scholz/*Priester* und Rowedder/*Zimmermann* aaO (Fn 99).

IV. Die Übernahme der neuen Stammeinlagen

Schrifttum

Rob. Fischer Zur Anwendung von § 181 BGB im Bereich des Gesellschaftsrechts, Festschrift Hauß (1978) S. 61 ff; *Lutter* Gescheiterte Kapitalerhöhungen, Festschrift W. Schilling (1973) S. 207 ff; *Mertens* Sozialakt und Vertretung, AG 1981, 216; *Ruth* Eintritt und Austritt von Mitgliedern, ZHR 88 (1926) 454.

1. Bedeutung und Rechtsnatur

59 § 55 Abs. 1 macht die Durchführung der Kapitalerhöhung von der **Übernahme** der auf das erhöhte Kapital zu leistenden Stammeinlagen aufgrund notariell beurkundeter oder beglaubigter Übernahmeerklärung abhängig. In Übereinstimmung damit darf nach § 57 Abs. 1 auch die Anmeldung der Kapitalerhöhung zum Handelsregister erst erfolgen, wenn sämtliche Einlagen übernommen sind. Über diese Vorschriften hinaus werden Wesen und Rechtsnatur der Übernahme im GmbHG nicht näher bestimmt. Im Unterschied zur notariellen Übernahmeerklärung (Rdn 61 ff) ist sie weder als einseitiger Zeichnungsakt des Übernehmers[101] noch als körperschaftlicher „Gesamtwillensakt"[102] zu beurteilen, sondern als **Vertrag zwischen dem Übernehmer und der Gesellschaft** über den Erwerb (oder die Aufstockung) eines Geschäftsanteils gegen Erbringung der hierauf entfallenden Einlage[103].

60 Da der Vertrag auf Erwerb oder Erweiterung eines Mitgliedschaftsrechts durch den Übernehmer gerichtet ist, hat er keinen schuldrechtlichen, sondern **körperschaftlichen Charakter**[104]. Zuständig für seinen Abschluß durch Annahme der Übernahmeerklärung ist dementsprechend die Gesellschafterversammlung; die Vertretungsmacht der Geschäftsführer erstreckt sich hierauf nicht (Rdn72). Mißverständlich ist es allerdings, die Übernahme als „Gesellschaftsvertrag" zu qualifizieren[105]. Dadurch wird nicht nur der Unterschied verwischt, der zwischen Gründung und Kapitalerhöhung besteht (Rdn 5). Vielmehr wird auch nicht deutlich, daß die Übernahme als solche kein Teil des Kapitalerhöhungsbeschlusses ist. Daher müssen auch die Personen der Übernehmer und die von ihnen übernommenen Stammeinlagen – vom Sonderfall der Sachkapitalerhöhung abgesehen (§ 56, 17) – nicht im Kapitalerhöhungsbeschluß angegeben werden. Gleiches gilt für die Neufassung der Satzung (Rdn 18).

2. Die Übernahmeerklärung

61 a) **Form (Abs. 1).** Im Unterschied zur Beitrittserklärung bei der Gründung (§ 2 Abs. 1) läßt Abs. 1 für die Übernahmeerklärung **notarielle Beglaubigung** ausreichen. Die Formvorschrift beschränkt sich auf die Erklärung des Übernehmers; die Annahme durch die Gesellschaft bedarf keiner Form[106]. Der **Zweck** der Formvorschrift des Abs. 1 richtet sich nicht auf die Warnung des Übernehmers vor dem Eingehen der Einlageverpflichtung oder auf dessen – bei bloßer Beglaubigung gesetzlich nicht vorgesehene (vgl. § 40 Abs. 2 BeurkG) – sachkundige Belehrung, sondern auf *Aufklärung der Öffentlichkeit* über die Kapitalgrundlage der Gesellschaft sowie auf *Schutz*

---

[101] So aber noch *Feine* S. 608 f.

[102] So *Ruth* ZHR 88 (1926) 454, 477 ff.

[103] EinhM, vgl. BGHZ 45, 338, 345 = NJW 1966, 1311; 49, 117, 119 = NJW 1968, 398; BGH WM 1966, 1262, 1263; Scholz/*Priester* 70.

[104] Heute ebenfalls einhM, vgl. BGH und Scholz/*Priester* aaO (Fn 103).

[105] So unter Hinweis auf RGZ 98, 349, 350 aber Scholz/*Priester* 71.

[106] BGH WM 1966, 1262, 1263.

des Rechtsverkehrs, der Gläubiger und künftiger Gesellschafter[107]. Anderes gilt für die notariell beglaubigte Erklärung über Nebenleistungen nach Abs. 2 S. 2, die auch der Warnung neu Beitretender dient[108]. Zur Form von Nebenabreden vgl. Rdn 83.

Wird die Übernahmeerklärung zugleich mit dem **Kapitalerhöhungsbeschluß** abgegeben und in die hierfür zu errichtende *notarielle Urkunde* aufgenommen, so ist die Form des Abs. 1 gewahrt, sofern in der Urkunde die Voraussetzungen der §§ 8 ff, 13 BeurkG erfüllt sind, insbesondere die Niederschrift dem Übernehmer vorgelesen, von ihm genehmigt und eigenhändig unterzeichnet ist[109]. Das gemäß §§ 36 f BeurkG errichtete Versammlungsprotokoll (§ 53, 44 f) reicht hierfür nicht aus. Ist der Übernehmer eine **Behörde,** die die Übernahmeerklärung im Rahmen der in ihren Amtsbereich fallenden Geschäfte in schriftlicher Form abgibt, so handelt es sich um eine *öffentliche Urkunde,* deren Echtheit nach § 437 ZPO vermutet wird, auch soweit die Unterschrift in Frage steht. Damit ist dem Zweck der Formvorschrift des Abs. 1 genüge getan; einer gesonderten notariellen Beglaubigung bedarf es nicht[110]. **62**

Der notariellen Beglaubigung bedarf entsprechend der für die Gründung geltenden, zum Ausschluß von Zweifeln über die Legitimation des Vertreters bestimmten Formvorschrift des § 2 Abs. 2 (§ 2, 27) auch die **Vollmacht** zur Abgabe der Übernahmeerklärung. Die allgemeine Vorschrift des § 167 Abs. 2 BGB, die für die Vollmachtserklärung grundsätzlich auf die Einhaltung der für das Rechtsgeschäft bestimmten Form verzichtet, greift nicht ein[111]. Die Einhaltung der Formvorschrift ist Wirksamkeitsvoraussetzung für die Vollmacht (§ 2, 27). Zur Heilung des Formmangels durch Eintragung vgl. Rdn 64. **63**

Die Nichteinhaltung der nach Abs. 1 für die Übernahmeerklärung geltenden, entsprechend § 2 Abs. 2 auch auf die Vollmacht anwendbaren Form wird durch die Eintragung der Kapitalerhöhung geheilt. Das ist für die schwerwiegenderen Formmängel im Gründungsstadium heute allgemein anerkannt (vgl. § 2, 26 und 41) und gilt auch bei Eintragung formwidriger Satzungsänderungen (§ 54, 32). Dann bestehen aber keine Bedenken, im Interesse der Sicherung der Kapitalaufbringung den gleichen Grundsatz auf die Übernahmeerklärung anzuwenden, obwohl nicht diese selbst, sondern nur die Kapitalerhöhung, auf die sie sich bezieht, in das Handelsregister einzutragen ist[112]. Durch die *Leistung der Einlagen* tritt eine Heilung des Formmangels dagegen *nicht* ein[113]. Der Übernehmer kann das Geleistete nach § 812 BGB zurückfordern. Die Grundsätze über die fehlerhafte Gesellschaft greifen nicht ein (Rdn 32). **64**

b) **Inhalt.** Im Unterschied zu § 185 Abs. 1 AktG verzichtet das GmbH-Recht darauf, den notwendigen Inhalt der Übernahmeerklärung näher zu bestimmen oder Mindesterfordernisse aufzustellen. Abgesehen von den Sonderfällen der Sachkapitalerhöhung (§ 56, 24 f) und des Beitritts zu einer Nebenleistungs-GmbH (Rdn 66) genügt regelmäßig **65**

---

107 Ebenso Scholz/*Priester* 78; im Grundsatz auch BGH WM 1966, 1262, 1263, und NJW 1977, 1151 (freilich unter Offenlassen einer etwaigen Warnfunktion).

108 RGZ 82, 116, 121.

109 So schon RGZ 73, 44, 45; vgl. auch Scholz/*Priester* 78.

110 So allgemein für Urkunden von Behörden BGHZ 45, 362, 365 = NJW 1966, 1808; *Jansen* BeurkG § 1, 35; MünchKomm-*Förschler* BGB² § 129, 7; Staudinger/*Dilcher BGB*¹² § 125, 24 und § 129, 9; ebenso für § 55 Abs. 1 GmbHG LG Dortmund DNotZ 1962, 146; LG München DNotZ 1962, 660; Baumbach/Hueck/*Zöllner* 19; *Philippi* DNotZ 1962, 147 ff; *Wilhem* NJW 1961, 12; aA KGJ 38, 175; *Meyer-Landrut*/Miller/Niehus 10; *Bordt* GmbH-Rdsch. 1962, 137; offenlassend Scholz/*Priester* 78.

111 AllgM, vgl. KGJ 39, 127; OLG Neustadt GmbH-Rdsch. 1952, 58; Scholz/*Priester* 78; Baumbach/Hueck/*Zöllner* 19.

112 EinhM, vgl. Scholz/*Priester* 80; Baumbach/Hueck/*Zöllner* 19; *Feine* S. 211 f, 607.

113 So auch RG Recht 1909 Nr. 3012; KG OLGR 22, 19; 34, 363; Scholz/*Priester* 79; Baumbach/Hueck/*Zöllner* 19.

die Angabe des **Betrags** der übernommenen Stammeinlage (vgl. Abs. 2 S. 2). Sind Betrag der Stammeinlage und Person des Übernehmers im Kapitalerhöhungsbeschluß oder in dem etwa mit beurkundeten Zulassungsbeschluß genannt, so reicht dem Formzweck (Rdn 61) entsprechend die Bezugnahme hierauf in der Übernahmeerklärung aus. Das gilt namentlich für den Fall, daß die Übernahmeerklärung in derselben Niederschrift wie der Erhöhungsbeschluß beurkundet wird[114]. Die sonstigen für aktienrechtliche Zeichnungsscheine in § 185 Abs. 1 AktG vorgeschriebenen Angaben brauchen in der Übernahmeerklärung nicht enthalten zu sein. Der Angabe des **Datums** des Erhöhungsbeschlusses bedarf es nur dann, wenn wegen mehrfacher Erhöhung während des Durchführungszeitraums Verwirrung zu befürchten ist. Zur Dauer der zeitlichen Bindung des Übernehmers vgl. Rdn 68 f, zur Möglichkeit, die Übernahmeerklärung *vor* Beschlußfassung über die Kapitalerhöhung abzugeben, Rdn 84.

66 Stammt die Übernahmeerklärung von einem **neu beitretenden Gesellschafter,** so muß sie nach **Abs. 2 S. 2** auch etwaige sonstige mit dem Beitritt verbundene satzungsrechtliche Verpflichtungen enthalten. Aufzunehmen sind danach Angaben über ein *Agio* sowie über sonstige *Nebenleistungs- oder Nachschußpflichten* einschließlich derjenigen, die sich bereits aus dem ursprünglichen Gesellschaftsvertrag oder aus zwischenzeitlichen Satzungsänderungen ergeben, nicht dagegen solche über Haftungsrisiken nach § 24 wegen rückständiger Stammeinlagen[115]. Auch insoweit genügt anstelle einer wörtlichen Aufnahme dieser Pflichten die Bezugnahme auf Satzung oder Kapitalerhöhungsbeschluß. Entsprechend der *Warnfunktion* dieser Formvorschrift muß die Bezugnahme freilich erkennen lassen, daß der Übernehmer sich der fraglichen Pflichten bei Abgabe der Erklärung bewußt war[116].

67 **Fehlen** die in Abs. 2 S. 2 geforderten zusätzlichen Angaben, so hat der Registerrichter durch *Zwischenverfügung* eine entsprechende Ergänzung der Übernahmeerklärung zu verlangen oder die Anmeldung zurückzuweisen. Wenn er stattdessen gleichwohl einträgt, wird der Mangel ebenso **geheilt** wie die Fehlerhaftigkeit der Form (Rdn 64). Der Übernehmer ist an die satzungsrechtlichen Verpflichtungen auch dann gebunden, wenn er sie bei Abgabe der Übernahmeerklärung nicht kannte[117]. Eine Anfechtung der Übernahmeerklärung nach §§ 119, 123 BGB ist ausgeschlossen, nachdem die Kapitalerhöhung eingetragen ist (Rdn 88 und § 57, 48). Dem neu Beigetretenen bleibt nur das Recht zum Austritt aus wichtigem Grund, sofern dessen Voraussetzungen vorliegen (vgl. Anh § 34, 49 ff). – Zur vormundschaftsgerichtlichen Genehmigung des Gesellschaftsbeitritts durch nicht voll Geschäftsfähige vgl. Rdn 50 ff.

68 c) **Zeitliche Bindung.** Eine Befristung des Zeichnungsangebots des Übernehmers *kann* entsprechend § 185 Abs. 1 Nr. 4 AktG **in der Übernahmeerklärung** enthalten sein. Sie hat zur Folge, daß der Übernehmer trotz Annahme der Erklärung durch die Gesellschaft und Zustandekommens des Übernahmevertrags von seiner Einlagepflicht frei wird, wenn die Kapitalerhöhung nicht bis zu dem genannten Zeitpunkt eingetragen und damit wirksam geworden ist.

69 Fehlt eine solche ausdrückliche Befristung, so ist zu unterscheiden. Solange das in der Übernahmeerklärung liegende Zeichnungsangebot von der Gesellschaft **noch nicht**

[114] So zu Recht BGH WM 1966, 1262, 1263; OLG Frankfurt GmbH-Rdsch. 1964, 248 m. zust. Anm. *Pleyer* (jeweils für eine auf Sachkapitalerhöhung gerichtete Übernahmeerklärung); Scholz/*Priester* 77.

[115] RGZ 82, 116, 121; Scholz/*Priester* 83; Baumbach/Hueck/*Zöllner* 20.

[116] RG JW 1912, 920 f; Scholz/*Priester* 84.

[117] Scholz/*Priester* 85; Baumbach/Hueck/*Zöllner* 20; aA noch *Brodmann* 3 b; zur ähnlichen Rechtslage beim Anteilserwerb zwischen Beschluß und Eintragung der Satzungsänderung vgl. § 54, 28.

angenommen ist, bestimmt sich die Bindung des Erklärenden nach §§ 147, 149 BGB[118]. Aber auch **nach Annahme** durch die Gesellschaft wird der Übernehmer nicht etwa auf unbegrenzte Dauer, ohne Rücksicht auf den Zeitpunkt der Eintragung, gebunden. Zu Recht bejaht die hM eine solche Bindung vielmehr nur für die voraussichtliche, nach normalem Lauf der Dinge zur Durchführung der betreffenden Kapitalerhöhung benötigte Dauer und gibt dem Übernehmer jedenfalls bei *erheblicher* Überschreitung ein einseitiges Lösungsrecht[119]. Der Berufung auf § 723 BGB bedarf es hierzu entgegen der hM nicht; das einseitige Lösungsrecht ergibt sich vielmehr schon aus den allgemein für Dauerrechtsverhältnisse geltenden Grundsätzen. Bereits erbrachte Leistungen sind dem Übernehmer nach § 812 BGB zurückzugewähren.

d) **Bedingungen.** Der Übernahmevertrag als ein auf Erwerb oder Erweiterung von **70** Mitgliedschaftsrechten gegen Einlageleistungen gerichtetes Rechtsgeschäft steht unter dem Vorbehalt (der Rechtsbedingung) des Wirksamwerdens der Kapitalerhöhung durch Eintragung (Rdn 76). Hiervon zu unterscheiden ist die Frage, ob die **Übernahmeerklärung** unter aufschiebender oder auflösender Bedingung abgegeben, die Einlagepflicht also nur bedingt eingegangen werden kann. Das wird aus Gründen der Sicherung der Kapitalaufbringung zu Recht **abgelehnt,** falls die Bedingung nicht bei der Anmeldung ihre Erledigung gefunden hat. Dagegen ist die Übernahmeerklärung anders als der Abschluß des Gesellschaftsvertrags (§ 2, 113) oder der Kapitalerhöhungsbeschluß (Rdn 10) nicht bedingungsfeindlich in dem Sinn, daß allein schon die Beifügung einer Bedingung sie unwirksam macht[120]. Vielmehr hat der Registerrichter zu prüfen, ob eine der Übernahmeerklärung etwa beigefügte Bedingung sich inzwischen erledigt hat und die Übernahme dadurch unbedingt geworden ist. Wird dieser Nachweis von den Anmeldern nicht erbracht, so ist die Anmeldung zurückzuweisen. Eine gleichwohl erfolgende Eintragung führt dazu, daß der Übernehmer sich wegen der Einlageverpflichtung auf die Bedingung nicht berufen kann (vgl. näher § 2, 115 zur entsprechenden Lage bei der bedingten Beitrittserklärung).

3. Zustandekommen des Übernahmevertrags

a) **Annahme durch die Gesellschaft.** Entsprechend ihrem *vertraglichen* Charakter **71** (Rdn 59) setzt die Übernahme voraus, daß die Übernahmeerklärung durch die Gesellschaft angenommen wird. Das kann *ausdrücklich oder konkludent* erfolgen; die Annahme bedarf im Unterschied zur Übernahmeerklärung keiner Form (Rdn 61). Ist die Anmeldung der Kapitalerhöhung erfolgt und sind die Übernehmer in die ihr nach § 57 Abs. 3 Nr. 2 beizufügende Liste der an der Kapitalerhöhung beteiligten Personen aufgenommen, so kommt hierin die konkludent erfolgte Annahme zum Ausdruck[121].

Die **Zuständigkeit** für die Annahme der Übernahmeerklärung liegt wegen der **72** körperschaftlichen Natur der Übernahme (Rdn 60) nicht bei den Geschäftsführern, sondern bei der *Gesellschafterversammlung*[122]; es entscheidet die einfache Mehrheit[123].

---

118 Scholz/*Priester* 81; *Lutter* Festschrift W. Schilling (1973) S. 216 f; auf satzungsmäßige oder übliche Frist abstellend *Ruth* ZHR 88 (1926) 454, 493.

119 RGZ 87, 164, 166; RG JW 1916, 47; Scholz/*Priester* 81; Baumbach/Hueck/*Zöllner* 22; *Feine* S. 610; für automatisches Freiwerden des Übernehmers wegen Nichtdurchführung der Kapitalerhöhung nach Überschreitung der hierfür angemessenen Frist aber *Ruth* ZHR 88 (1926) 454, 504 und *Lutter* aaO (Fn 118) S. 218 f.

120 KG JW 1935, 1796; Scholz/*Priester* 82.

121 BGHZ 49, 117, 121 = NJW 1968, 398.

122 BGHZ 49, 117, 119 f = NJW 1968, 398; Baumbach/Hueck/*Zöllner* 21; **aA** bei anteiliger Übernahme durch die bisherigen Gesellschafter Scholz/*Priester* 92.

123 Vgl. OLG Frankfurt BB 1981, 1360 f; *Mertens* AG 1981, 216 ff.

Werden die Übernahmeerklärungen der Gesellschafter hinsichtlich der neuen Einlagen gleichzeitig mit Kapitalerhöhungs- und Zulassungsbeschluß in der Gesellschafterversammlung abgegeben, so kommt es regelmäßig zugleich zu deren konkludenter Annahme durch die Mitgesellschafter[124]. Die Gesellschafter können aber auch andere Personen, insbesondere die *Geschäftsführer ermächtigen,* die Übernahmeerklärungen für die Gesellschaft anzunehmen. Eine solche Ermächtigung ist regelmäßig im Zulassungsbeschluß zu sehen, wenn die Gesellschafter sich den Vertragsabschluß nicht selbst vorbehalten, und erlangt nur in dessen Rahmen Wirksamkeit[125]. Die Ermächtigung bedarf nicht der Einstimmigkeit; es genügt ebenso wie für die Vertragsannahme selbst *einfache Mehrheit*[126]. Ohne derartige Ermächtigung wird die Übernahme für die Gesellschaft nicht bindend; von der organschaftlichen Vertretungsmacht des § 35 Abs. 1 ist der Abschluß des Übernahmevertrags nicht gedeckt.

73 b) **Grenzen aus § 181 BGB.** Gesellschafter, die selbst an der Kapitalerhöhung teilnehmen, sind zwar nicht nach § 47 Abs. 4 (Rdn 35), wohl aber nach § 181 BGB gehindert, an der Annahme ihrer jeweiligen Übernahmeerklärung auf seiten der Gesellschafterversammlung mitzuwirken[127]. Im Zulassungsbeschluß kann zwar konkludent zugleich Befreiung vom Verbot des Selbstkontrahierens erteilt werden[128]. Jedoch kann der vom Verbot Betroffene sich nicht selbst Befreiung hiervon gewähren; das gilt auch dann, wenn sich der Beschluß auf die Selbstermächtigung zum Vertragsabschluß als Geschäftsführer bezieht[129]. Die Annahme der Übernahmeerklärung oder die Befreiung von § 181 BGB kann daher grundsätzlich nur jeweils von den anderen Gesellschaftern beschlossen werden[130]. Es genügt einfache Mehrheit; die Stimmen des jeweils durch § 181 BGB verhinderten Gesellschafters sind nicht mitzuzählen. Eine Mitwirkung des betroffenen Gesellschafters macht den Annahmebeschluß nicht nichtig, sondern nur anfechtbar, und zwar nur dann, wenn die Mitwirkung sich auf das Ergebnis auswirken konnte (Anh § 47, 111 f).

74 Eine *abweichende* Beurteilung ist im Fall von **Einmanngesellschaften** veranlaßt. Insoweit bietet es sich mangels erkennbarer Interessenkollision bei Übernahme der aus der Kapitalerhöhung resultierenden Stammeinlage an, die Anwendbarkeit des § 181 BGB im Wege teleologischer Reduktion zu verneinen[131]. § 35 Abs. 4 nF steht nicht entgegen, weil er sich nur auf die *gesetzliche* Vertretungsmacht des Einmanngesellschafter/Geschäftsführers bezieht und der – hier nicht einschlägigen – Gefahr verdeckter Vermögensverlagerungen zwischen GmbH und Einmann entgegenwirken soll[132]. Der Einmanngesellschafter kann somit auch ohne Befreiung vom Selbstkontrahierungsver-

---

[124] BGH WM 1966, 1262, 1263; KG GmbH-Rdsch. 1984, 124; Scholz/*Priester* 91; zum Verbot des Selbstkontrahierens vgl. Rdn 73 f.

[125] BGHZ 49, 117, 120 = NJW 1968, 398; weitergehend Scholz/*Priester* 92, der mangels Bezugsrechtsausschluß im Kapitalerhöhungsbeschluß (vgl. dazu Rdn 39) von einer *gesetzlichen* Ermächtigung der Geschäftsführer ausgeht.

[126] So zutr. OLG Frankfurt BB 1981, 1360 und *Mertens* AG 1981, 216, 218 m. Nachw. auch zu Gegenansichten; dem folgend Scholz/*Priester* 92.

[127] BGHZ 33, 189, 194 = NJW 1960, 2285; 49, 117, 119 = NJW 1968, 398; BayObLG DB 1978, 578; Scholz/*Priester* 74; aA wegen des gesellschaftsrechtlichen Charakters derartiger Rechtsgeschäfte *Rob. Fischer* Festschrift Hauß (1978) S. 61, 72 f; Baumbach/Hueck/*Zöllner* 21.

[128] So zutr. LG Berlin ZIP 1985, 1491, 1493.

[129] RGZ 109, 77, 79.

[130] Ebenso Scholz/*Priester* 74.

[131] So zutr. LG Berlin ZIP 1985, 1491, 1492 unter Hinweis auf BGHZ 56, 97, 101 ff = NJW 1971, 1355; 59, 236, 240 = NJW 1972, 2262; 75, 358, 360 = NJW 1980, 166 u. a.; dem folgend Scholz/*Priester* 75; aA *Fleck* ZGR 1988, 117 f; so auch noch Voraufl. 65 (diese Ansicht wird aufgegeben).

[132] Vgl. LG Berlin ZIP 1985, 1491, 1492, unter zutr. Hinweis auf die Amtl. Begründung zu § 35 Abs. 4 nF.

bot den Übernahmevertrag namens der GmbH mit sich selbst schließen. Er kann auch eine andere Person, etwa einen Prokuristen der Gesellschaft, zum Abschluß des Übernahmevertrags ermächtigen[133].

4. Wirkungen der Übernahme

a) **Allgemeines.** Der Übernahmevertrag führt zur – zeitlich begrenzten (Rdn 68 f) – **75** Bindung von Gesellschaft und Übernehmer, in der ihnen jeweils obliegenden Art und Weise an der Durchführung der Kapitalerhöhung mitzuwirken. Dementsprechend ist die **Gesellschaft verpflichtet,** sich für die Zeichnung des vollen Erhöhungsbetrags auch durch die anderen zur Übernahme zugelassenen Personen einzusetzen, die Mindesteinlagen einzufordern, den Erhöhungsbeschluß anzumelden und etwaigen Beanstandungen des Registerrichters abzuhelfen, soweit sie sich nicht auf die Wirksamkeit des Erhöhungsbeschlusses, d. h. auf die Grundlage des Übernahmevertrags beziehen. Scheitert die Kapitalerhöhung wegen mangelhafter Durchführungsmaßnahmen der Geschäftsführer, so kann das zu vertraglichen *Schadensersatzansprüchen des Übernehmers* führen; entsprechendes gilt, wenn die Gesellschafter nach Abschluß des Übernahmevertrags den Erhöhungsbeschluß wieder aufheben[134]. Die Autonomie der Gesellschafter hinsichtlich der Entscheidung über Satzungsänderungen und ihre Durchführung (Rdn 11 und § 53, 73) steht zwar einem Erfüllungsanspruch des Übernehmers entgegen, nicht aber der Annahme einer Vertragsverletzung der Gesellschaft ihm gegenüber[135].

Die **Pflicht des Übernehmers** zur Leistung der Einlage entsteht bereits mit dem **76** Abschluß des Übernahmevertrags, freilich unter dem *Vorbehalt* (der Rechtsbedingung) des *Wirksamwerdens der Kapitalerhöhung* durch Eintragung des Erhöhungsbeschlusses[136]. Bis dahin ist auch die Einlageforderung nur in Höhe der kraft Gesetz oder Satzung (Kapitalerhöhungsbeschluß) vor Anmeldung zu erbringenden **Mindesteinlage** durchsetzbar[137]. Nach § 56 a iVm § 7 Abs. 2 und 3 beläuft sich diese bei Geldeinlagen auf ein Viertel, während bei Sacheinlagen die volle Leistung vor Anmeldung zu bewirken ist (vgl. § 56 a, 4 ff und 24 f). Freiwillige Mehrleistungen, die nach Erhöhungsbeschluß und Übernahme, aber vor Eintragung erbracht werden, befreien den Übernehmer auch dann, wenn sie im Zeitpunkt der Eintragung der Kapitalerhöhung nicht mehr voll im Gesellschaftsvermögen vorhanden sind (§ 56 a, 18).

Scheitert die Kapitalerhöhung, so wird der von der Gesellschaft im Übernahmever- **77** trag zugesagte Erwerb eines Geschäftsanteils unmöglich; der Übernehmer wird von der Pflicht zur Einlageleistung frei und kann bereits geleistete Teile zurückfordern[138]. Zu den zeitlichen Grenzen der Bindung des Übernehmers vgl. Rdn 68 f; zu den Rechtsfolgen der Eintragung der Kapitalerhöhung trotz Nichtigkeit (Unwirksamkeit) von Beschluß oder Übernahmevertrag vgl. § 57, 42 ff.

---

[133] BGHZ 49, 117, 119 = NJW 1968, 398; BayObLG DB 1978, 578; Scholz/*Priester* 75; **aA** für die Ermächtigung eines Prokuristen durch den Einmann Scholz/*U. H. Schneider* § 35, 113; allgemein zur Problematik einer solchen vom inhabilen Vertreter erteilten Ermächtigung oder Untervertretungsmacht vgl. BGHZ 64, 72, 74 ff = NJW 1975, 117; *Hübner* Interessenkonflikt und Vertretungsmacht S. 186 ff, 238 f.

[134] So auch Scholz/*Priester* 97; **aA** *Feine* S. 610; *Ruth* ZHR 88 (1926) 454, 505 f; wohl auch *Lutter* Festschrift W. Schilling (1973) S. 210, 228 f.

[135] So aber *Lutter* aaO (Fn 134).

[136] § 54 Abs. 3; RGZ 82, 375, 378; offenlassend BGHZ 51, 157, 160 = NJW 1969, 840; für bloß schuldrechtliche Bindung der Beteiligten untereinander bis zur Eintragung *Fleck* Anm. LM § 55 GmbHG Nr. 4.

[137] So auch KG GmbH-Rdsch. 1984, 124; Scholz/*Priester* 93; gegen jede Verpflichtung vor Eintragung aber *Feine* S. 609 und *Ruth* ZHR 88 (1926) 454, 507.

[138] RGZ 77, 152, 155 f; OLG Bremen NJW 1957, 1560.

78 Der **Geschäftsanteil des Übernehmers** entsteht nach § 54 Abs. 3 nicht bereits mit dem Abschluß des Übernahmevertrags, sondern erst im *Zeitpunkt der Eintragung* der Kapitalerhöhung[139]. Eines besonderen Begründungs- oder Übertragungsakts durch die Gesellschaft bedarf es hierfür nicht; die Entstehung vollzieht sich *originär* in der Hand des Übernehmers. Entsprechendes gilt im Fall einer abweichend von Abs. 3 beschlossenen Aufstockung bestehender Geschäftsanteile (Rdn 22). Die Höhe der Geschäftsanteile bzw. deren Aufstockung bestimmt sich nach dem Betrag der übernommenen Stammeinlagen (§ 14).

79 b) **Rücktritt des Übernehmers.** Er ist bis zur Eintragung der Kapitalerhöhung möglich, sofern ein **wichtiger Grund** vorliegt. Zu denken ist namentlich an eine *Änderung der Grundlagen* für die Übernahmeerklärung, so wenn für den Übernehmer unerwartet die Gesellschaft nach diesem Zeitpunkt aufgelöst wird, sie gleichwohl aber an der Kapitalerhöhung festhält[140]. Das Rücktrittsrecht besteht auch für den Fall unerwarteter nachfolgender *Konkurseröffnung* bei der GmbH[141]. Zur Anfechtung der Übernahmeerklärung wegen Irrtums oder Täuschung vgl. Rdn 88.

80 c) **Über- oder Unterschreitung des Erhöhungsbetrags durch das Zeichnungsergebnis.** Der Betrag der Kapitalerhöhung muß mit der Summe der gezeichneten Stammeinlagen übereinstimmen (Abs. 4 iVm § 5 Abs. 3). **Überschreitet** das Zeichnungsergebnis die Kapitalerhöhung, so hat der Registerrichter die Anmeldung zu beanstanden und der Gesellschaft Gelegenheit zur Anpassung zu geben. Wird gleichwohl eingetragen, so werden, soweit die *bisherigen* Gesellschafter an der Erhöhung teilnehmen, die im Rahmen der Übernahmeverträge vereinbarten Stammeinlagen im Hinblick auf den Gleichbehandlungsgrundsatz anteilig gekürzt. Im Fall des Beitritts *neuer* Gesellschafter gilt das Prioritätsprinzip; die zuletzt vereinbarten Übernahmen gehen ins Leere[142]. Überzahlungen auf die nicht oder in geringerem Umfang zugeteilten Stammeinlagen sind nach § 812 BGB zurückzugewähren.

81 Bei **Unterschreitung** des Kapitalerhöhungsbetrags ist durch Auslegung des Erhöhungsbeschlusses zu klären, ob er einen festen oder einen Höchstbetrag enthält (Rdn 12 ff). Im letztgenannten Fall kann die Eintragung entsprechend dem tatsächlichen Zeichnungsergebnis erfolgen. War ein fester Betrag beschlossen, so ist die Anmeldung zurückzuweisen (§ 57 Abs. 1). Den Gesellschaftern bleibt es überlassen, durch Änderung des ursprünglichen Beschlusses unter Beachtung von § 53 Abs. 2 für Anpassung zu sorgen[143]. Zur Frage der Teilwirksamkeit bei Eintragung eines hinter dem Erhöhungsbeschluß und der Anmeldung zurückbleibenden, der Zeichnungssumme entsprechenden Betrags vgl. § 57, 54 f.

5. Schuldrechtliche Nebenabreden

82 Schuldrechtliche Nebenabreden im Zusammenhang mit einer Kapitalerhöhung sind sowohl im Verhältnis zwischen Gesellschaftern – einschließlich neu beitretender – als auch zwischen Gesellschaft und Übernehmer zulässig; sie binden nur die jeweiligen Vertragspartner, nicht auch spätere Anteilserwerber. Für die – *formlos* wirksamen – Nebenabreden **zwischen Gesellschaftern** und ihr Verhältnis zu formbedürftigen Satzungsbestandteilen gelten die gleichen Grundsätze wie bei der Gesellschaftsgründung

---

[139] RGZ 77, 152, 156.

[140] KG GmbH-Rdsch. 1984, 124; vgl. dazu auch Rdn 11, 27; für Kündigung statt Rücktritt *Lutter* Festschrift Schilling (1973) S. 221.

[141] Vgl. Rdn 29 und Scholz/*Priester* 88.

[142] So auch Scholz/*Priester* 98; Baumbach/Hueck/*Zöllner* 31; Rowedder/*Zimmermann* 43; aA noch *Scholz*[5] 18: stets anteilige Kürzung.

[143] RGZ 85, 205, 207; Scholz/*Priester* 99.

(vgl. § 2, 23 und § 3, 116 ff). *Keiner Form* bedürfen aber auch Nebenabreden **zwischen Gesellschaft und Übernehmer.** Dies gilt trotz der in Abs. 1 für die Übernahmeerklärung vorgeschriebenen Form selbst dann, wenn die Nebenabreden eine wesentliche Grundlage für die Anteilsübernahme bilden und diese bei deren Scheitern ebenfalls hinfällig werden soll[144]. Dieser Abweichung von den zu § 313 S. 1 BGB anerkannten Grundsätzen[145] ist jedenfalls dann zuzustimmen, wenn man mit der hier vertretenen Ansicht von der Verkehrsschutzfunktion der in Abs. 1 vorgeschriebenen Form unter Ablehnung einer damit etwa verbundenen Warn- oder Belehrungsfunktion für den Übernehmer ausgeht (Rdn 61).

6. Vorverträge

a) **Allgemeines.** Zu Möglichkeiten und Voraussetzungen einer Verpflichtung der Gesellschafter gegenüber Mitgesellschaftern oder Dritten, für eine Kapitalerhöhung zu stimmen, vgl. Rdn 30. Hiervon zu unterscheiden sind Vereinbarungen zwischen der *Gesellschaft* und Übernahmeinteressenten, die **auf den Abschluß von Übernahmeverträgen gerichtet** sind und die Beschlußfassung über die Kapitalerhöhung voraussetzen. Sie können – im Sinne von Zeichnungsverpflichtungen – von Gesellschaftern oder Dritten mit der Gesellschaft vereinbart werden (Rdn 84 f; zum Sonderfall des Ausschüttungs-Rückholverfahrens vgl. Rdn 92 ff), können sich aber auch umgekehrt auf die Zusicherung von Anteilen durch die Gesellschaft im Rahmen einer Kapitalerhöhung beziehen (Rdn 86). **83**

b) **Verpflichtung zur Übernahme.** Verpflichtet sich ein Gesellschafter oder Dritter zur Übernahme einer Stammeinlage im Rahmen einer noch zu beschließenden Kapitalerhöhung, so kann es sich um eine **vorgezogene Übernahmeerklärung** iSv Abs. 1 handeln. Sie bedarf der in Abs. 1 bestimmten Form, zumindest also *notarieller Beglaubigung*, und muß den Betrag der Stammeinlage sowie ggf. die in Abs. 2 S. 2 bzw. in § 56 vorgeschriebenen weiteren Angaben (Rdn 65) enthalten. Außerdem muß sie erkennen lassen, daß sie sich auf eine noch nicht beschlossene Kapitalerhöhung bezieht[146]. Eine Bindung der Gesellschaft wird durch die vorgezogene Übernahmeerklärung nicht begründet. Zur Bindung des Übernehmers vgl. Rdn 76; zu den Folgen von Einzahlungen auf die übernommene Stammeinlage *vor* Beschlußfassung über die Kapitalerhöhung vgl. § 56 a, 19 ff. **84**

Denkbar ist aber auch die Verpflichtung eines Gesellschafters oder Dritten, sich durch **Abgabe einer Übernahmeerklärung** an einer *künftigen Kapitalerhöhung* zu beteiligen. Insoweit handelt es sich um einen *Vorvertrag*, der einen hinreichend bestimmbaren und daher nach § 894 ZPO vollstreckungsfähigen Inhalt haben muß[147]. Die Verpflichtung des künftigen Übernehmers soll nach ganz hM der für die Übernahmeerklärung in Abs. 1 vorgeschriebenen **Form** bedürfen[148]. Dem ist jedenfalls in denjenigen Fällen nicht zu folgen, in denen die Verpflichtung von *Gesellschaftern* übernommen wird. Denn insoweit dient die in Abs. 1 vorgeschriebene Form nur der **85**

---

144 BGH NJW 1977, 1151; Scholz/*Priester* 86; zur Frage bedingter Übernahmeerklärungen vgl. Rdn 70.

145 Vgl. BGH WM 1971, 618; 1974, 720; NJW 1977, 1151.

146 Ebenso Scholz/*Priester* 114 aE; Rowedder/*Zimmermann* 47; **aA** (mangels Bezug zu konkret beschlossener Kapitalerhöhung) Baumbach/Hueck/*Zöllner* 23.

147 RGZ 149, 385, 395; 156, 129, 138; OLG München GmbH-Rdsch. 1958, 195; Scholz/*Priester* 114.

148 RGZ 149, 385, 395; Scholz/*Priester* 114; Baumbach/Hueck/*Zöllner* 23; *Lutter/Hommelhoff* 12; Rowedder/*Zimmermann* 47; *Rob. Fischer* GmbH-Rdsch. 1954, 129; *Lutter* Festschrift W. Schilling (1973) S. 208.

Information der Öffentlichkeit und dem Schutz des Rechtsverkehrs (Rdn 61); hieran besteht im Rahmen eines Vorvertrags kein Interesse. Gegen das Formerfordernis spricht auch, daß auf Satzungsänderungen gerichtete Stimmbindungsverträge trotz der für die Satzungsänderung selbst in § 53 Abs. 2 vorgeschriebenen notariellen Beurkundung formfrei sind (str., vgl. Rdn 30 und § 53, 43). Anderes mag bei Übernahmeverpflichtungen gelten, die von *Dritten* eingegangenen werden; dies jedenfalls in den Fällen, in denen wegen des Bestehens satzungsrechtlicher Nebenleistungspflichten die Warnfunktion des Abs. 2 S. 2 eingreift (Rdn 66). Soweit danach ein Formerfordernis für die vorvertragliche Verpflichtung zur Übernahme ausnahmsweise anzuerkennen ist, gilt es auch für die entsprechende *Vollmacht*[149].

86 c) **Zusicherung von Anteilen.** Will die Gesellschaft ihrerseits den an einer Kapitalerhöhung interessierten Personen den Abschluß eines Übernahmevertrags zusichern, so ist das auch schon **vor dem Erhöhungsbeschluß** möglich; die im Aktienrecht entgegenstehende Vorschrift des § 187 Abs. 2 AktG ist im GmbH-Recht nicht anwendbar[150]. Die Zusicherung steht freilich unter dem *Vorbehalt* (der Rechtsbedingung, vgl. Rdn 76) einer wirksam beschlossenen Kapitalerhöhung, soweit sie nicht zugleich eine Verpflichtung der Gesellschafter zu Kapitalerhöhung umfaßt (vgl. dazu Rdn 30). Zuständig für eine derartige Zusicherung ist die *Gesellschafterversammlung* (Rdn 74). Sie beschließt mit einfacher Mehrheit, soweit die Zusicherung nicht die Bezugsanwartschaft der bisherigen Gesellschafter einschränkt (dann Dreiviertelmehrheit, vgl. Rdn 36), und kann auch die Geschäftsführer oder Dritte zur Erteilung der Zustimmung ermächtigen. Die Beschlußfassung unterliegt – als eine Art vorweggenommener Zulassungsbeschluß – den für diesen Beschluß geltenden, dem Minderheitenschutz dienenden Schranken (Rdn 46 f). Ein Zulassungsbeschluß, der Gleichbehandlungsgrundsatz oder Treupflicht zum Nachteil einzelner Gesellschafter verletzt, kann von ihnen angefochten werden.

7. Mängel des Übernahmevertrags – Geltendmachung vor Eintragung

87 Der Übernahmevertrag und die hierauf bezogenen Willenserklärungen unterliegen unbeschadet ihres körperschaftlichen Charakters (Rdn 60) solange den **allgemeinen Rechtsgeschäftsgrundsätzen,** bis die Kapitalerhöhung eingetragen und dadurch wirksam geworden ist (zu den Rechtsfolgen der *Eintragung* der Kapitalerhöhung für die Einlagepflichten aus dem mangelhaften Übernahmevertrag vgl. § 57, 48 ff). Der Übernahmevertrag ist daher unwirksam, wenn er auf Seiten der *Gesellschaft* ohne die erforderliche Ermächtigung der Gesellschafterversammlung (Rdn 72) abgeschlossen wurde. Entsprechendes gilt auf Seiten des *Übernehmers,* wenn dieser nicht voll geschäftsfähig oder nicht ordnungsgemäß vertreten war, wenn die nach § 1822 Nr. 10 erforderliche Genehmigung des Vormundschaftsgerichts fehlt (Rdn 51) oder schließlich wenn die Übernahmeerklärung nicht in der nach Abs. 1 vorgeschriebenen Form oder nicht mit dem in Abs. 2 S. 2 oder § 56 geforderten Inhalt abgegeben ist (Rdn 65). Zu den Mängeln, die auf Über- oder Unterschreitung des Kapitalerhöhungsbetrags durch das Zeichnungsergebnis beruhen, vgl. Rdn 80 f.

88 Aus den in Rdn 87 genannten Gründen ist **bis zur Eintragung** der Kapitalerhöhung auch die **Anfechtung** der Übernahmeerklärung durch den Übernehmer sowie diejenige der Annahme durch die Gesellschaft *wegen Irrtums, Täuschung oder Drohung* möglich,

---

[149] Vgl. Rdn 65; so auch Scholz/*Priester* 114.

[150] HM, vgl. Scholz/*Priester* 115; Baumbach/Hueck/*Zöllner* 23; Rowedder/*Zimmermann* 47; *Fleck* ZGR 1988, 117.

sofern die Voraussetzungen der §§ 119, 123 BGB vorliegen[151]. Die Anfechtung ist dem anderen Teil gegenüber zu erklären; sie führt nach § 142 Abs. 1 BGB zur rückwirkenden Nichtigkeit des Übernahmevertrags. Damit entfällt auch die in § 57 Abs. 1 genannte Eintragungsvoraussetzung, wonach das erhöhte Kapital vollständig durch Übernahme von Stammeinlagen gedeckt sein muß. Für die Anwendung der Grundsätze über die fehlerhafte Gesellschaft ist im Falle fehlerhafter Übernahmeerklärungen ebenso wenig Raum wie bei sonstigen Mängeln des noch nicht eingetragenen Kapitalerhöhungsbeschlusses; Mitgliedschaftsrechte entstehen nicht schon durch Abschluß des Übernahmevertrags oder Leistung der Einlage, sondern erst durch Eintragung im Handelsregister[152].

Soweit nach dem Vorstehenden Mängel des Übernahmevertrages bestehen, können die betroffenen Übernehmer der **Eintragung** der Kapitalerhöhung nach § 16 Abs. 2 HGB **widersprechen** und die Heilungswirkung der Eintragung verhindern, wenn sie eine entsprechende einstweilige Verfügung gegen die Gesellschaft beim Prozeßgericht erwirkt haben[153]. Es gelten die gleichen Grundsätze wie für die Verhinderung der Eintragung von Satzungsänderungen durch Gesellschafter (§ 54, 31). **89**

V. Das Ausschüttungs-Rückholverfahren

Schrifttum

Crezelius Zivilrechtliche Aspekte des Schütt-aus-hol-zurück-Verfahrens, ZIP 1991, 499; *Durchlaub* Wiedereinlage ausgeschütteter Gewinne und Minderheitenschutz in der GmbH, DB 1979, 777; *Esch* Die gesellschaftsvertragliche Vereinbarung der Rückgewähr ausgeschütteter Gewinne der GmbH, NJW 1978, 2529; *Lutter* Bilanzierung, Reservenbildung und Ausschüttung in der GmbH, DB 1978, 1965; *Orth* Neue Aspekte zum Schütt-aus-hol-zurück-Verfahren, GmbH-Rdsch. 1987, 195; *Priester* Körperschaftsteuerreform und Gewinnverwendung, ZGR 1977, 445; *Tillmann* Rechtsformwahl und Vertragsgestaltung nach der Körperschaftsteuerreform, GmbH-Rdsch. 1977, 280.

1. Allgemeines

Verzichten die Gesellschafter darauf, die Selbstfinanzierung durch Einbehaltung eines Teils der Gewinne aufgrund hierauf gerichteten Satzungsregelung (§ 53, 112) sicherzustellen, und wollen sie stattdessen aus steuerlichen Gründen (Rdn 7) den Weg möglichst *vollständiger Ausschüttung der Gewinne mit anschließender Rückführung eines Teils an die Gesellschaft als Eigen- oder Fremdkapital* gehen, so bieten sich hierzu sowohl schuldrechtliche als auch satzungsrechtliche Gestaltungen an[154]. **Schuldrechtlich** kann entweder zwischen der GmbH und den einzelnen Gesellschaftern oder durch Vertrag zwischen diesen zugunsten der GmbH (§ 328 BGB) eine Pflicht zur jährlichen Einlage bestimmter oder bestimmbarer Beträge vereinbart werden, sei es als Fremdkapital (Darlehen oder stille Beteiligung), sei es als Eigenkapital (Zuführung zu den Rücklagen). Entsprechende Vereinbarungen sind auch über die Beteiligung der Gesellschafter an künftigen Kapitalerhöhungen möglich; hierzu bedarf es neben einem **90**

[151] RGZ 82, 375, 377 ff; Scholz/*Priester* § 57, 46 f.

[152] Vgl. Rdn 32; so für den Fall fehlerhafter Übernahme auch Scholz/*Priester* § 57, 47; aA 6. Aufl. (*Schilling*) 20.

[153] RGZ 82, 375, 379 f.

[154] Vgl. näher *Durchlaub* DB 1979, 777 ff; *Esch* NJW 1978, 2529 ff; *Priester* ZGR 1977, 445, 454 ff; *Tillmann* GmbH-Rdsch. 1977, 280, 283 ff; zu den *steuerrechtlichen* Vor- und Nachteilen des Ausschüttungs-Rückholverfahrens vgl. *Durchlaub* DB 1979, 777; *Hintzen* FR 1978, 60 f; *Priester* ZGR 1977, 447 ff, 472 ff; zur *bilanzrechtlichen* Behandlung der den Rücklagen zugeführten Mittel vgl. *Orth* GmbH-Rdsch. 1987, 195, 199 f.

Stimmbindungsvertrag zwischen den Gesellschaftern bezüglich des jeweiligen Kapitalerhöhungsbeschlusses (Rdn 30) auch entsprechender vorvertraglicher Übernahmeverpflichtungen (Rdn 85). Alle diese Abreden haben überdies den Nachteil, daß sie nur die *gegenwärtigen* Gesellschafter als die unmittelbaren Vertragspartner binden, nicht aber künftige Erwerber von Geschäftsanteilen. Schon deshalb sind sie für die Vertragsgestaltung nur von begrenztem Interesse. Mehrheitsentscheidungen scheiden insoweit wegen des Verbots von Verträgen zu Lasten Dritter von vornherein aus.

91 Im Falle **satzungsrechtlicher** Verankerung des Ausschüttungs-Rückholverfahrens stellen sich unabhängig von der Ausgestaltung im einzelnen (Rdn 92 ff) vor allem *zwei Fragen*. Die eine geht dahin, ob die Einführung entsprechender Satzungsregelungen der Zustimmung aller Gesellschafter bedarf. Das ist mit Rücksicht auf § 53 Abs. 3 in aller Regel zu bejahen (Rdn 92, 95). Falls die Finanzierung nicht nur der Stärkung der Fremdmittel oder der Rücklagen dienen, sondern auch zur Kapitalerhöhung verwendet werden soll, ist darüber hinaus das Aufrechnungsverbot in § 56 Abs. 2 iVm § 19 Abs. 5 zu beachten. Es hat nach zutr. Ansicht zur Folge, daß insoweit auch die Vorschriften über Sachkapitalerhöhungen einzuhalten sind (Rdn 96).

2. Satzungsrechtliche Rückgewährpflichten

92 Die satzungsrechtliche Regelung von Rückgewährpflichten – sei es als **Nebenleistungs- oder Nachschußpflichten** (zur Abgrenzung vgl. § 3, 70) – begegnet keinen grundsätzlichen Bedenken. Allerdings müssen die Leistungspflichten sowohl im Rahmen von § 3 Abs. 2 als auch bei der Begründung beschränkter Nachschußpflichten (§ 26 Abs. 3) *hinreichend konkretisiert,* zumindest also bestimmbar, sein (vgl. § 3, 87 und § 26, 30). Als Vermehrung von Leistungen setzt die Einführung derartiger Pflichten nach § 53 Abs. 3 über den Satzungsänderungsbeschluß hinaus die *Zustimmung aller Gesellschafter* voraus. Das hat aus Gründen der Rechtsklarheit auch dann zu gelten, wenn sich die Einführung derartiger Leistungspflichten mit der Beseitigung von Gewinnverteilungsbeschränkungen verbindet, so daß per Saldo eine Zusatzbelastung für die Gesellschafter nicht entsteht[155].

93 Bei der **Einzelausgestaltung** der Satzungsregelungen über das Ausschüttungs-Rückholverfahren fragt sich zunächst, ob die Mittel als *Eigen- oder Fremdkapital* zugeführt werden sollen. Beide Finanzierungsarten sind möglich, wobei allerdings die Pflicht zur Gewährung von **Fremdkapital** (Darlehen oder stillen Einlagen) nur als *Nebenleistung* (§ 3, 77) und nicht als Nachschußpflicht vorgesehen werden kann (vgl. § 42 Abs. 2 S. 3). Eine Darlehensfinanzierung bietet sich vor allem bei ungleich bemessenen Rückführungspflichten oder dann an, wenn den Gesellschaftern hierfür eine Verzinsung als finanzieller Anreiz geboten werden soll. Die Mittel unterliegen wegen der gesellschaftsrechtlichen Verpflichtung zur Darlehensgewährung im Zweifel den Sondervorschriften für Gesellschafterdarlehen (§§ 32 a und b, 61).

94 Ist vorgesehen, die rückgeführten Mittel auf Dauer zu einer Kapitalerhöhung zu verwenden, so spricht das für ihre Ausgestaltung als **Eigenkapital** unter entsprechender Stärkung der Rücklagen (Rdn 96). Auch in diesem Fall verdienen Nebenleistungspflichten iSv § 3 Abs. 2 den Vorzug vor Nachschußpflichten, und zwar aus zwei Gründen. Zum einen können die Geschäftsführer die geschuldeten Leistungen, im Unterschied zu

---

155 HM, vgl. Scholz/*Priester* § 53, 112; Baumbach/*Hueck* § 29, 66; *Esch* NJW 1978, 2532; *Priester* ZGR 1977, 466; für *Zustimmungspflicht* der Gesellschafter, wenn die Rückführungspflicht bei Vollausschüttung nicht über die bisherige satzungsrechtliche Ausschüttungsbeschränkung hinausgeht, *Lutter* DB 1978, 1965, 1969 Fn 55.

Nachschüssen (vgl. § 26 Abs. 1), auch ohne jeweils zusätzlichen Gesellschafterbeschluß einfordern (§ 3, 70). Zum anderen besitzt die Gesellschaft größere Flexibilität in der Verwendung der auf Nebenleistungen beruhenden Rücklagen, da für diese anders als bei Nachschüssen (§ 30 Abs. 2 S. 2) eine Ausschüttungsbeschränkung nicht besteht. Kein Unterschied gegenüber Nachschußkapital besteht dagegen für die Heranziehung zu Kapitalerhöhungen aus Gesellschaftsmitteln; sie ist in beiden Fällen problemlos möglich (vgl. Anh § 57 b, KapErhG § 2, 3 und 6).

3. Satzungsregelungen über Kapitalerhöhungen

Soll mit den rückgeführten Mitteln im Interesse ihrer langfristigen Bindung eine Erhöhung des Stammkapitals vorgenommen werden, so läßt sich auch hierfür durch Satzungsregelungen Vorsorge treffen[156]. Denkbar ist etwa eine als Nebenleistung ausgestaltete satzungsrechtliche **Zustimmungspflicht zur Kapitalerhöhung** unter Umwandlung der Eigen- oder Fremdmittel in haftendes Kapital, wenn sie eine bestimmte Höhe, etwa einen Prozentsatz des jeweiligen Stammkapitals, erreicht haben[157]. Auch für die Einführung einer solchen Stimmpflicht bedarf es der Zustimmung aller Gesellschafter nach § 53 Abs. 3[158]. Aus § 1 Abs. 2 KapErhG, wonach für die aus Gesellschaftsmitteln erfolgende Kapitalerhöhung die satzungsändernde Dreiviertelmehrheit ausreicht, läßt sich Abweichendes nicht ableiten. Denn anders als bei satzungsrechtlichen Kapitalerhöhungspflichten bleiben die Gesellschafter bei derartigen Beschlüssen in der Entscheidung über das Ob der Kapitalerhöhung frei. **95**

Die Beschlußfassung über die *einzelne Kapitalerhöhung* sowie deren Durchführung bereiten keine Probleme, soweit sie durch Umwandlung von **Rücklagen**, aufgrund der Rückführung der Gewinne als Eigenkapital (Rdn 94), erfolgen kann; es gelten die Vorschriften des *KapErhG* (vgl. Anh § 57 b). Waren die Mittel der Gesellschaft dagegen ursprünglich als **Fremdkapital** zugeflossen, so kann die Kapitalerhöhung, wegen der hier notwendigen Verrechnung der Forderungen aus Darlehen oder stillen Beteiligungen mit den entsprechenden Einlageverpflichtungen, nach § 56 Abs. 2 iVm § 19 Abs. 5 nur im Wege der *Sachkapitalerhöhung* erfolgen[159]. Sie bedarf überdies der Abgabe von Übernahmeerklärungen durch die einzelnen Gesellschafter (Rdn 59 ff) mit dem in § 56 Abs. 1 S. 2 festgelegten Inhalt. Auch hierzu können sich die Gesellschafter freilich schon im voraus, durch entsprechende mit ihrer Zustimmung beschlossene Satzungsregelungen, verpflichten (vgl. auch § 53, 4). Die Form der *Sachkapitalerhöhung* ist schließlich auch dann einzuhalten, wenn die Kapitalerhöhung unmittelbar durch **Verrechnung mit Gewinnansprüchen** erfolgen soll, ohne daß die Mittel ausgeschüttet und sodann an die Gesellschaft als Rücklagen oder Darlehen zurückgeführt werden (§ 56, 45). Der Gläubigerschutzzweck des § 56 Abs. 1 (§ 56, 2) greift auch hier ein[160]. Entsprechendes gilt bei Aufteilung von Rücklagen auf die Gesellschafter unter Verrechnung mit den Einlageforderungen[161]. Einer Kontrolle nach § 56 bedarf ein solches Vorgehen schon deswegen, weil das Erfordernis einer testierten Bilanz nach §§ 3, 4 KapErhG hier nicht eingreift[162]. **96**

[156] So auch Scholz/*Priester* 13; *Esch* NJW 1978, 1533 f; zweifelnd Baumbach/*Hueck* § 29, 67.

[157] Formulierungsvorschläge bei *Esch* NJW 1978, 2534, und *Hommelhoff/Priester* ZGR 1986, 516.

[158] Ebenso Scholz/*Priester* 13; *Lutter* DB 1978, 1969.

[159] HM, vgl. § 56, 42 ff, 46; so auch Scholz/*Priester* § 56, 41 (unter Aufgabe seiner früher abweich. Ansicht); *Esch* NJW 1978, 2533; *Lutter* DB 1978, 1969.

[160] HM, vgl. BGH NJW 1991, 1754, 1755; OLG Köln WM 1990, 1385, 1386; LG Aachen GmbH-Rdsch. 1990, 512, 513; Scholz/*Priester* § 56, 47; Baumbach/*Hueck* § 29, 67; *Priester* ZGR 1977, 460 f; *Crezelius* ZIP 1991, 499, 502; aA noch *Roth* § 19, 6.4; *Durchlaub* DB 1979, 778.

[161] RGZ 96, 227, 229.

[162] So auch Scholz/*Priester* § 56, 48.

§ 56

Sollen Sacheinlagen geleistet werden, so müssen ihr Gegenstand und der Betrag der Stammeinlage, auf die sich die Sacheinlage bezieht, im Beschluß über die Erhöhung des Stammkapitals festgesetzt werden. Die Festsetzung ist in die in § 55 Abs. 1 bezeichnete Erklärung des Übernehmers aufzunehmen.

Die §§ 9 und 19 Abs. 5 finden entsprechende Anwendung.

Übersicht

Schrifttum

Geßler Die Umwandlung von Krediten in haftendes Kapital, Festschrift Philipp Möhring (1975) S. 173 ff; *ders.* Die GmbH-Novelle, BB 1980, 1385; *Goerdeler* Probleme der Sachgründung bei einer Reform des GmbH-Rechts, Festschrift Walter Schmidt (1959) S. 138 ff; *Günthner* Probleme bei der Sachgründung einer GmbH, NJW 1975, 524; *Gustavus* Kapitalerhöhung durch Einbringung von Darlehensforderungen gegen die Gesellschaft (Urt.-Anm.), BB 1977, 213; *Happ,* Kapitalerhöhung mit Sacheinlagen im GmbH-Recht und „Sacherhöhungsbericht", BB 1985, 1927; *Ihrig* Die endgültige freie Verfügung über die Einlage von Kapitalgesellschaftern (1991); *Knobbe-Keuk* Obligatorische Nutzungsrechte als Sacheinlagen in Kapitalgesellschaften, ZGR 1980, 214; *Langenfeld* Verschleierte Sacheinlagen bei der GmbH, GmbH-Rdsch. 1981, 53; *Meilicke* Obligatorische Nutzungsrechte als Sacheinlage, BB 1991, 579; *Priester* Die Verwendung von Gesellschafterforderungen zur Kapitalerhöhung bei der GmbH, DB 1976, 1801; *ders.* Die Festsetzungen im GmbH-Vertrag bei Einbringung von Unternehmen, BB 1980, 19; *ders.* Gläubigerbefriedigung – Bar- oder Sacheinlage?, BB 1987, 208; *ders.* Kapitalaufbringung bei korrespondierenden

Zahlungsvorgängen, ZIP 1991, 345; *Skibbe* Dienstleistungen als Sacheinlage bei der GmbH, GmbH-Rdsch. 1980, 73; *Sudhoff* Die Sacheinlage bei Gründung einer GmbH, NJW 1982, 129. Vgl. auch die Angaben vor § 5, 19 und vor § 19, 76.

I. Einführung

1. Inhalt und Zweck der Vorschrift

§ 56 enthält Sonderregelungen für den Fall einer Kapitalerhöhung durch **Sacheinlagen.** Sie sind *zusätzlich* zu den sonstigen Erfordernissen für Kapitalerhöhungen in den §§ 53 bis 57 (vgl. § 55, 3 und 10) zu beachten und führen teils durch nahezu wörtliche Übereinstimmung (vgl. Abs. 1 S. 1 und § 5 Abs. 4 S. 1), teils durch Verweisung (Abs. 2) zu einer weitgehenden *Annäherung* der Erfordernisse der Sachkapitalerhöhung an die für *Sachgründungen* geltenden Vorschriften. Allerdings wird auf die Erstellung eines besonderen Sachkapitalerhöhungsberichts durch die Gesellschafter abweichend von § 5 Abs. 4 S. 2 verzichtet (Rdn 49). **1**

Der **Zweck** der Vorschrift richtet sich ebenso wie derjenige des Sachgründungsrechts auf den *Schutz der Gläubiger* gegenüber den mit Sacheinlagen verbundenen Risiken für die Aufbringung des Stammkapitals. Die für Sacheinlagen vorgeschriebenen Angaben im Kapitalerhöhungsbeschluß sollen nicht nur die Art der Kapitalerhöhung offenlegen, sondern zugleich auch den Registerrichter zu den nach § 57 a iVm § 9 c vorgesehenen Kontrollmaßnahmen veranlassen. Die Verweisung auf § 19 Abs. 5 dient dazu, die Tilgungswirkung der Leistung von Sacheinlagen sowie die Verrechnung von Forderungen aus Sachübernahmen beim Fehlen entsprechender Festsetzungen im Erhöhungsbeschluß auszuschließen und dadurch eine Umgehung der Sachkapitalerhöhungsvorschriften zu verhindern. Neben § 19 Abs. 5 findet auch dessen Abs. 2 auf Sachkapitalerhöhungen Anwendung; einer gesonderten Verweisung hierauf bedarf es nicht (Rdn 48). **2**

2. Neufassung 1980

Durch die Novelle 1980 wurde § 56 **Abs. 1** nur **redaktionell geändert.** Der Anwendungsbereich der Vorschrift und der Inhalt der Festsetzungen in Erhöhungsbeschluß und Übernahmeerklärung sind gleich geblieben (zu der in der Neufassung unerwähnt gebliebenen Pflicht, auch die Person des Übernehmers anzugeben, vgl. Rdn 18). **Abs. 2** wurde durch Verweisung auf die neu eingeführte Vorschrift des § 9 über die **Differenzhaftung des Sacheinlegers** erweitert. Sachlich handelt es sich freilich auch insoweit nicht um eine echte Neuerung, sondern um die Kodifizierung schon bis dahin geltender Grundsätze (Rdn 32). **3**

3. System der Kommentierung

Die weitgehende Übereinstimmung des für Sachgründungen und Sachkapitalerhöhungen geltenden Rechts (Rdn 1) gestattet es, zur Vermeidung von Wiederholungen in starkem Maße auf die **Kommentierung des Sachgründungsrechts** in §§ 5 Abs. 4, 19 Abs. 5 zu verweisen. Derartige Verweisungen bieten sich insbes. an hinsichtlich der als Sacheinlage in Betracht kommenden *Gegenstände* (§ 5, 30 ff), hinsichtlich der *Bewertung* der Sacheinlagen (§ 5, 66 ff) und hinsichtlich der Rechtsfolgen bei *Mängeln* der Sachkapitalerhöhung (vgl. für Gründungsmängel § 5, 80 ff, 130 ff). Entsprechendes gilt aufgrund der **Verweisungen in § 56 Abs. 2** für die Sicherung der Sachkapitalvorschriften gegen *Umgehungen* (sog. verdeckte Sacheinlagen, vgl. § 5, 143 ff, § 19, 76 ff) einschließlich der Umgehungsfolgen (§ 19, 112 ff) sowie für die Differenzhaftung des Sacheinlegers im Fall überbewerteter Sacheinlagen (§ 9, 4 ff). **4**

II. Sacheinlagen

1. Der Anwendungsbereich von § 56

5 a) **Allgemeines.** Der **Begriff der Sacheinlage** ist für das Gründungs- und das Kapitalerhöhungsrecht identisch. Der sachliche Anwendungsbereich des § 56 Abs. 1 S. 1 deckt sich voll mit demjenigen des § 5 Abs. 4 S. 1. Es ist auch keine Änderung gegenüber dem früheren Recht durch die Novelle 1980 eingetreten. Zwar wird der Begriff der Sachübernahme (Rdn 8) in §§ 5 Abs. 4, 56 Abs. 1 nF nicht mehr gesondert neben demjenigen der Sacheinlage verwendet. Sachliche Bedeutung kommt dieser redaktionell bedingten, auf Straffung des Gesetzestextes zielenden Abweichung jedoch nicht zu[1]. Die angestrebte „Vereinfachung" des Gesetzeswortlauts ändert freilich nichts an den Unterschieden, die zwischen der einheitlichen Sacheinlagevereinbarung und der in zwei oder mehr Rechtsgeschäfte aufgeteilten Sachübernahme bestehen[2]; sie zeigen sich namentlich in den abweichenden Rechtsfolgen von Willensmängeln und Leistungsstörungen bei Sachübernahmevereinbarungen (§ 5, 102 ff). Schon deshalb sollte weiterhin auch terminologisch an der Unterscheidung der beiden Fälle trotz ihrer gesetzlichen Zusammenfassung unter dem Oberbegriff „Sacheinlage" festgehalten werden.

6 Im **Unterschied zum Aktienrecht** (§ 27 Abs. 1 S. 1 AktG) verzichtet das GmbH-Recht darauf, in die Sacheinlagenregelung diejenigen Fälle einer „Sachübernahme" iwS einzubeziehen, in denen die Gesellschaft sich im Zusammenhang mit Gründung oder Kapitalerhöhung zum Erwerb von Vermögensgegenständen verpflichtet, ohne daß der Gegenwert wirtschaftlich auf die Einlageverpflichtung angerechnet werden soll. Dementsprechend fehlt es auch im neuen GmbH-Recht an Vorschriften nach Art des § 52 AktG über die Nachgründung zur Absicherung einer derart weitgefaßten Sachübernahmeregelung. Ungeachtet dieser Unterschiede ist es auch im GmbH-Recht Aufgabe der Rechtsanwendung, die Umgehung der Sacheinlagevorschriften durch Fälle verdeckter Sacheinlagen (Rdn 9) zu verhindern und das Verrechnungsverbot des § 19 Abs. 5 auch insoweit eingreifen zu lassen.

7 b) **Die verschiedenen Formen von Sacheinlagen.** Der Grundfall der Sacheinlage, die **Sacheinlage ieS,** besteht in der *Einbringung von Sachen oder sonstigen vermögenswerten Gütern gegen Ausgabe von Beteiligungsrechten* (§ 5, 21). Die Verpflichtung des Übernehmers aus der Übernahmeerklärung und deren Annahme durch die Gesellschaft (§ 55, 71 und 75) richten sich hier von vornherein nicht auf eine Bareinzahlung in Höhe des Betrags der Stammeinlage, sondern auf die Leistung sonstiger dem Nominalbetrag der Stammeinlage entsprechender Vermögenswerte nach Maßgabe der Sacheinlagefestsetzung im Kapitalerhöhungsbeschluß gegen Erwerb oder Aufstockung eines Geschäftsanteils.

8 Der Sacheinlage in den satzungsrechtlichen Voraussetzungen voll gleichgestellt ist die **Sachübernahme,** d. h. der Erwerb von Vermögensgegenständen durch die Gesellschaft von einem Gesellschafter oder einem Dritten unter *Anrechnung der Vergütung auf die Einlageverpflichtung* des im Kapitalerhöhungsbeschluß anzuführenden Übernehmers (vgl. § 5, 99). Diese Fälle werden trotz des engeren Wortlauts von Abs. 1 S. 1 infolge der Novelle 1980 auch weiterhin von der Vorschrift erfaßt (einhM, vgl. Rdn 5). Das folgt mittelbar auch aus dem Verrechnungsverbot des § 19 Abs. 5; es ist speziell auf Sachübernahmevereinbarungen bezogen und soll deren Aufnahme in den Gründungsvertrag oder Kapitalerhöhungsbeschluß sicherstellen[3]. Der weitergehende aktien-

---

[1] So ausdrücklich Ausschußbericht, BT-Drucks., 8/3908, S. 69; ebenso *Deutler* GmbH-Rdsch. 1980, 147 f; *Geßler* BB 1980, 1386.

[2] So zu Recht auch Scholz/*Winter* § 5, 38 und 70.

[3] Vgl. § 5, 97; ebenso Scholz/*Priester* 7 und *Geßler* BB 1980, 1386.

rechtliche Begriff der Sachübernahme in § 27 Abs. 1 AktG, der je nach der Erbringung der Gegenleistung durch die Gesellschaft unterscheidet, ist in das GmbH-Recht nicht übernommen worden (Rdn 6).

Den Sachübernahmen gleichzubehandeln sind weiter die **verdeckten Sacheinlagen** **9** (vgl. § 5, 143 ff; für ihre Einbeziehung unter §§ 5 Abs. 4, 56 Abs. 1 nF ausdrücklich auch Ausschußbericht S. 69). Kennzeichen für derartige zur Umgehung der Sacheinlagevorschriften führende Gestaltungen ist die durch den *sachlichen und zeitlichen Zusammenhang* zwischen der Übernahme der Bareinlageverpflichtung und der Veräußerung von Vermögensgegenständen an die Gesellschaft indizierte *Abrede* zwischen dem Veräußerer und den Mitgesellschaftern oder den Geschäftsführern über die Anrechnung dieser Gegenstände bzw. der hierfür vereinbarten Vergütung auf die Einlageverpflichtung (vgl. näher § 5, 143 ff; § 19, 76 ff). Auf das Vorliegen einer Umgehungsabsicht kommt es nicht an (§ 5, 146). Soweit danach die Voraussetzungen einer verdeckten Sacheinlage vorliegen, erlangt die Verrechnung zwischen Einlageforderung und Kaufpreisanspruch nach § 19 Abs. 5 keine Wirkung (Rdn 41). Entsprechendes hat aber auch dann zu gelten, wenn die aus der Übernahme der neuen Stammeinlage geschuldeten Barmittel der Gesellschaft aus sonstigen Gründen nicht oder nur vorübergehend zufließen, sei es, daß anstelle der Verrechnung der Weg des Hin- und Herzahlens gewählt wird, sei es, daß der Gesellschafter die Einlage auf ein der Verfügung der Geschäftsführer entzogenes debitorisches Gesellschaftskonto leistet (§ 56 a, 16; allg. zur Erfüllungswirkung bei Tilgung von Gesellschaftsverbindlichkeiten durch den Einlageschuldner auf Veranlassung der Geschäftsführer vgl. § 7, 38 und § 19, 44). Der Übernehmer wird in derartigen Fällen von seiner Einlagepflicht schon deshalb nicht befreit, weil die Geldeinlagen sich nicht „endgültig in der freien Verfügung der Geschäftsführer befinden" (§ 57 Abs. 2 S. 1) und das Aufrechnungsverbot des § 19 Abs. 5 durch Gestaltungen dieser Art umgangen wird (§ 5, 146). Zur Problematik der Aufrechnung von Einlageforderungen gegenüber Darlehensansprüchen der Gesellschafter und zu ihrer Beurteilung nach § 19 Abs. 5 vgl. Rdn 42 ff.

Einen Sonderfall der Sacheinlagen bilden schließlich diejenigen Vereinbarungen, bei **10** denen *zusätzlich* zur Einbringung von Sachen oder anderen Vermögensgegenständen gegen Gewährung von Mitgliedschaftsrechten auch noch *Zahlungs- oder Schuldübernahmeverpflichtungen* begründet werden. Im einzelnen sind dabei zwei Fälle zu unterscheiden[4]. Soweit es um Zahlungspflichten der *Gesellschaft* in Höhe des den Betrag der Stammeinlage übersteigenden Wertes der Sacheinlagen geht, handelt es sich um **gemischte Sacheinlagen**[5]; Entsprechendes gilt für eine von der Gesellschaft eingegangene Pflicht zur Schuldübernahme. Derartige Gestaltungen sind vor allem im Zusammenhang mit der Einbringung von Unternehmen anzutreffen[6]. Verpflichtet sich dagegen der *Übernehmer* zu Zahlungen neben oder in Ergänzung zu der versprochenen Sachleistung, insbesondere zur Ausgleichung etwa bestehender Wertdifferenzen gegenüber dem Betrag der Stammeinlage, handelt es sich im Unterschied zum ersten Fall um sog. **Mischeinlagen**[7]. In beiden Fällen sind mit Rücksicht auf den Sacheinlagenbestandteil der Vereinbarung die für Sachkapitalerhöhungen geltenden Vorschriften einzuhalten (zu den insoweit zusätzlich erforderlichen Angaben vgl. Rdn 22 f).

---

[4] Vgl. auch *Günthner* NJW 1975, 524, 526.

[5] Vgl. § 5, 105; Scholz/*Priester* 13; Baumbach/Hueck/*Zöllner* 5.

[6] Vgl. § 5, 72 f; OLG Zweibrücken GmbH-Rdsch. 1981, 214; OLG Stuttgart BB 1982, 397; differenzierend *Priester* BB 1987, 208 ff.

[7] Dem zust. Scholz/*Priester* 14; Baumbach/Hueck/*Zöllner* 5; Rowedder/*Zimmermann* 5.

2. Gegenstände

11 a) **Grundsatz.** Als Gegenstand einer „Sacheinlage" iS der §§ 5 Abs. 4, 56 Abs. 1 kommen grundsätzlich *alle vermögenswerten Gegenstände* in Betracht, die Gegenstand des Rechtsverkehrs sein können (vgl. näher § 5, 30 ff). Eine Beschränkung auf Sachen iS von § 90 BGB ist nach einhM nicht veranlaßt; das kam in der alten Fassung der Vorschriften („Einlagen, welche nicht in Geld zu leisten sind") deutlicher zum Ausdruck. Geeignete Gegenstände einer Sacheinlage sind somit neben Sachen auch Sachgesamtheiten (Unternehmen oder Unternehmensteile), dingliche Rechte, aber auch Forderungen und Immaterialgüterrechte (§ 5, 38 ff; zur Problematik von Gesellschafterforderungen gegen die GmbH als Sacheinlagen vgl. Rdn 42 ff). In Grenzfällen entscheidet nicht die Bilanzfähigkeit oder die generelle Übertragbarkeit des fraglichen Gegenstands, sondern seine **funktionale Gleichwertigkeit mit einer Geldeinlage** unter dem Gesichtspunkt der dem Gläubigerschutz dienenden realen Kapitalaufbringung (str., vgl. näher § 5, 32 ff, 36). Sie ist zu bejahen, wenn den Gegenständen ein real faßbarer Vermögenswert zukommt (§ 5, 32), wenn sie aus dem Vermögen des Sacheinlegers ausgesondert sind (§ 5, 36 f) und zur freien Verfügung der Gesellschaft stehen (§ 5, 35).

12 b) **Einschränkungen.** Eine erste Einschränkung gegenüber dem in Rdn 11 genannten Grundsatz ist für **Ansprüche auf Dienstleistungen** veranlaßt. Soweit sie sich gegen den *Sacheinleger* richten, folgt das bereits aus dem Fehlen ihrer Aussonderung aus dessen Vermögen als Voraussetzung für das Bewirken der Leistung (Rdn 13). Im Hinblick auf Dienstleistungen *Dritter* greift dieser Gesichtspunkt nicht ein. Wohl aber scheitert die funktionale Äquivalenz mit einer Geldeinlage insoweit an den übergroßen personenbezogenen Risiken solcher Ansprüche. Der in § 27 Abs. 2, 2. Hs. AktG geregelte Ausschluß ihrer Sacheinlagefähigkeit ist daher auch für das GmbH-Recht zu beachten (str., vgl. § 5, 48).

13 Nicht einlagefähig sind zweitens **Ansprüche gegen den Sacheinleger** selbst. Auch wenn ihnen ein Vermögenswert zukommt, fehlt doch die Möglichkeit ihrer *Aussonderung aus dem Vermögen des Sacheinlegers* als Voraussetzung für das Bewirken der Sachleistung vor Anmeldung (vgl. § 5, 36 und 47; § 7, 55). Die bloße Begründung einer derartigen Forderung der Gesellschaft gegen den Sacheinleger bei Gründung oder Kapitalerhöhung reicht als Anmeldungsvoraussetzung ebensowenig aus wie diejenige von Ansprüchen auf Geldeinlagen im Fall einer Bargründung oder -kapitalerhöhung (§ 7, 32 f). Aus diesem Grunde scheiden auch Ansprüche gegen den Sacheinleger auf *künftige*, erst nach Anmeldung zur Entstehung kommende Sachen oder sonstige Vermögensgegenstände als Gegenstand der Sacheinlage aus (§ 5, 63).

14 Bei **obligatorischen Ansprüchen auf Gebrauchsüberlassung** von Sachen ist zu unterscheiden. Sofern sie sich gegen *Dritte* richten und vom Sacheinleger bei Gründung oder Kapitalerhöhung an die Gesellschaft abgetreten werden, ist ihre Einlagefähigkeit nach einhM zu Recht anerkannt (§ 5, 40). Entsprechendes gilt aber auch für Ansprüche gegen den *Sacheinleger* selbst, wenn dieser den Sachbesitz vor Anmeldung der Gründung oder Kapitalerhöhung auf die Gesellschaft übertragen soll[8]. Die Besitzübertragung ist insoweit wegen der damit erreichten Konkursfestigkeit der Gebrauchsüberlassung im Konkurs des Sacheinlegers[9] als für die Einlageleistung hinreichende Aussonderung

[8] Vgl. näher § 5, 40 (hM); dazu jetzt auch *Meilicke* BB 1991, 579 ff; aA *Knobbe-Keuk* ZGR 1980, 214, 217 ff.

[9] Vgl. näher *Bork* ZHR 154 (1990) 205, 209 ff; für die Gebrauchsüberlassung beweglicher Sachen zust. auch *K. Schmidt* ZHR 154 (1990) 237, 254 ff. Gegen das Kriterium der Konkursfestigkeit als Voraussetzung für die Einlagefähigkeit oblogatorischer Nutzungsrechte aber *Meilicke* BB 1991, 581.

anzusehen (§ 5, 40). Zur Bewertung derartiger obligatorischer Nutzungsrechte vgl. § 5, 69 a, zur Behandlung von Gebrauchsüberlassungen als Eigenkapitalersatz vgl. §§ 32 a und b, 105 ff.

Zur Behandlung von **Gesellschafterdarlehen** vgl. näher Rdn 45. Sie sind grundsätzlich auch dann einlagefähig, wenn ihnen die Qualität als *Eigenkapitalersatz* nach § 32 a zukommt und sie deshalb im Konkurs- oder Vergleichsverfahren der Gesellschaft undurchsetzbar sind. Allerdings ist den Risiken der Undurchsetzbarkeit bzw. der Rückforderung nach § 32 a KO durch einen entsprechenden Bewertungsabschlag Rechnung zu tragen (str., vgl. § 5, 45). Handelt es sich demgegenüber um Gesellschafterdarlehen, die (auch) der Rückzahlungssperre entsprechend §§ 30, 31 unterliegen (vgl. näher §§ 32 a und b, 158 ff), so kommt ihnen schon im Einbringungszeitpunkt kein aktueller Wert zu; sie scheiden als tauglicher Gegenstand einer Sacheinlage schon aus diesem Grunde aus (vgl. § 5, 45 m. Nachw. in Fn 77). **14a**

c) **Eigene Anteile; Genußscheine der GmbH.** Als Sacheinlagen *ungeeignet* sind **eigene Anteile** der Gesellschaft. Das folgt bereits aus § 33, wenn entweder die eigenen Anteile nicht voll einbezahlt sind (Abs. 1) oder das Stammkapital einschließlich des Erhöhungsbetrags ohne Ansatz des eigenen Anteils nicht vollständig durch Eigenmittel gedeckt wäre (Abs. 2). Aber auch unabhängig hiervon ist eine durch Anteile der GmbH finanzierte Kapitalerhöhung nicht mit den allgemein für die *reale Kapitalaufbringung* geltenden Grundsätzen vereinbar (vgl. auch § 172 Abs. 6 HGB). Es gelten die gleichen Grundsätze wie für die Zeichnung eigener Anteile durch die GmbH im Zuge der Kapitalerhöhung[10]. Verfügt die Gesellschaft über ausreichende Rücklagen, die für eine Kapitalerhöhung genutzt werden können, so bietet sich der Weg einer Kapitalerhöhung aus Gesellschaftsmitteln an. Denkbar ist aber auch eine Einziehung des zur Disposition der Gesellschaft gestellten Anteils, sofern die Einziehungsvoraussetzungen des § 34 Abs. 1 vorliegen; sie kann sich mit der anschließenden Schaffung neuer Gechäftsanteile ohne Kapitalerhöhung durch Beschluß der Gesellschafterversammlung und Abschluß entsprechender Übernahmeverträge verbinden (§ 34, 64 ff). **15**

Ungeeignet als Sacheinlage sind weiter **Genußscheine** der Gesellschaft, soweit sie sich auf *Teilnahme an künftigen Gewinnen oder am Liquidationserlös* richten; ihnen kommt im Zeitpunkt der Einbringung aus der Sicht der Gesellschaft kein eigener Vermögenswert zu[11]. Anderes gilt dann, wenn die Genußscheine bereits *entstandene Forderungen* gegen die Gesellschaft verbriefen. Insoweit finden die gleichen Grundsätze Anwendung wie für die Einbringung sonstiger gegen die Gesellschaft gerichteter Forderungen (Rdn 42 ff). **16**

III. Festsetzung der Sacheinlagen (Abs. 1)

1. Inhalt des Erhöhungsbeschlusses (Abs. 1 S. 1)

a) **Allgemeines.** Die allgemein für den Inhalt eines Kapitalerhöhungsbeschlusses geltenden Erfordernisse (§ 55, 10 ff) sind auch bei der Beschlußfassung über Sacheinlagen als Gegenstand der Kapitalerhöhung zu beachten. Darüber hinaus schreibt das Gesetz in Abs. 1 S. 1 die ausdrückliche Festsetzung des **Gegenstands** der Sacheinlagen (Rdn 19 f) sowie des **Betrags** der Stammeinlage, auf die sich die Sacheinlage bezieht (Rdn 21 ff), im Erhöhungsbeschluß vor. Im Unterschied zur Gründung (§ 5, 112) müssen **17**

---

[10] Vgl. § 55, 56 f; ebenso Scholz/*Priester* 21; im Erg. auch Rowedder/*Zimmermann* 6.

[11] So auch *Lutter*-KölnKommAktG² § 183, 36; Scholz/*Priester* 22.

die Angaben nicht in die Satzung selbst übernommen werden[12]. Es genügt ihre Aufnahme in die *Niederschrift über den Kapitalerhöhungsbeschluß* unter Einschluß der ihr nach Maßgabe der §§ 9 Abs. 1 S. 2, 13 a BeurkG beigefügten *Anlagen*[13]. Allgemein zum notwendigen Umfang und Inhalt der in Abs. 1 S. 1 genannten Angaben vgl. näher § 5, 112 ff.

18 Nicht gesondert erwähnt ist im Unterschied zur vor 1980 geltenden Fasung des Abs. 1 (= § 5 Abs. 4 aF) die Angabe der **Person** des Sacheinlegers oder Sachübernehmers. Insoweit handelt es sich offenbar um ein *Redaktionsversehen;* denn die Stammeinlage, die durch Sacheinlagen belegt werden soll, ist notwendig einer bestimmten Person zugeordnet, und nur für diese soll nach Abs. 2 iVm § 19 Abs. 5 die Leistung der Sacheinlagen Tilgungswirkung haben (so auch Ausschußbegründung S. 69). An dem Erfordernis der *Festsetzung* der Person des Sacheinlegers im Erhöhungsbeschluß ist daher auch nach neuem Recht festzuhalten[14].

19 b) **Gegenstand der Sacheinlage.** Hinsichtlich des Gegenstands der Sacheinlage oder Sachübernahme ist erforderlich, aber auch genügend, daß seine **Identität** in eindeutiger, Zweifel ausschließender Weise durch die Festsetzung im Erhöhungsbeschluß bestimmt wird (vgl. näher § 5, 112 ff). Das ist im Grundsatz allgemein anerkannt[15].

20 Im Fall der Einbringung von **Unternehmen** oder anderen **Sachgesamtheiten** genügt für die erforderliche Identifizierung die Angabe ihrer *verkehrsüblichen Bezeichnung* im Kapitalerhöhungsbeschluß (vgl. näher § 5, 121). Eine Einbringungsbilanz oder eine sonstige genauere Beschreibung aller zum Unternehmen oder zur sonstigen Sachgesamtheit gehörenden Gegenstände müssen der Niederschrift über den Erhöhungsbeschluß nach § 56 Abs. 1 nicht beigefügt werden (str., vgl. § 5, 121 und Voraufl. 20). Für die Zwecke der Wertkontrolle kann das Registergericht sich derartige Unterlagen freilich bei der Anmeldung der Sachkapitalerhöhung vorlegen lassen. – Sollen bestimmte zur Sachgesamtheit gehörende Gegenstände von der Einbringungspflicht ausgenommen sein, so sind sie im Kapitalerhöhungsbeschluß besonders anzuführen (vgl. § 5, 121 Fn 194).

21 c) **Betrag der Stammeinlagen.** Anzugeben ist weiter der Betrag der Stammeinlage, auf die sich die Sacheinlage bezieht, d. h. also ihr **Nominalbetrag.** Abweichend von Abs. 1 aF (= § 5 Abs. 4 aF) ist in der seit 1980 geltenden Fassung nicht auch die ausdrückliche Festsetzung des Geldwerts, für welchen die Einlage angenommen wird, oder der für den überlassenen Gegenstand zu gewährenden Vergütung vorgeschrieben. Eine sachliche Änderung ist durch diese Angleichung an §§ 27 Abs. 1, 183 Abs. 1 AktG indessen nicht eingetreten[16]. Denn mit Rücksicht auf das Verbot der Unterpari-Emission (vgl. näher § 5, 157 f) und seine ausdrückliche Anerkennung für Sacheinlagen in §§ 9, 9 c darf der Wert der Sacheinlage vorbehaltlich etwaiger Mischeinlagen (Rdn 23) *nicht unter* dem Nominalbetrag der Stammeinlage liegen. Beschränkt sich der Erhöhungsbeschluß auf die Angabe dieses Betrags, so liegt darin zugleich eine Aussage über den der Sacheinlage von den Gesellschaftern zuerkannten Wert. *Zusätzlicher Angaben* bedarf es nur in den Fällen, in denen entweder von der Gesellschaft (Rdn 22) oder vom Sacheinbringer im Zusammenhang mit der Kapitalerhöhung *weitere* Leistungen

---

[12] EinhM, vgl. OLG Stuttgart OLGZ 1973, 412, 414 f; Scholz/*Priester* 60; Baumbach/Hueck/*Zöllner* 3; Rowedder/*Zimmermann* 9.

[13] Vgl. näher Scholz/*Priester* 60 m. Nachw.

[14] Ganz hM, vgl. Scholz/*Priester* 54; Baumbach/Hueck/*Zöllner* 6; Rowedder/*Zimmermann* 10; *Geßler* BB 1980, 1387.

[15] Vgl. nur Scholz/*Winter* § 5, 88; Scholz/*Priester* 55.

[16] Ebenso OLG Stuttgart BB 1982, 397; Scholz/*Priester* 56; im Grundsatz auch schon Begr. RegE, BT-Drucks. 8/1347, S. 29 f.

zu erbringen, insbesondere Zahlungen zu leisten sind. Zum Vorgehen bei noch ausstehender Ermittlung des Werts der Sacheinlage und dementsprechend fehlender Festlegung der von Gesellschaft oder Einleger zu leistenden Ausgleichszahlungen vgl. § 5, 72 f, 108; zu den Erfordernissen bei Vereinbarung einer Überpari-Emission vgl. § 5, 124.

Im Fall **gemischter Sacheinlagen** (Rdn 10) folgt die Notwendigkeit besonderer Angaben in Statut oder Erhöhungsbeschluß schon daraus, daß *Leistungen der Gesellschaft* an Gesellschafter aus Anlaß der Gründung oder Kapitalerhöhung im Interesse der Gläubiger und des Rechtsverkehrs nicht nur dem Grunde, sondern auch der – ggf. geschätzten – Höhe nach für das Registergericht zumindest bestimmbar sein müssen[17]. Aus den gleichen Gründen bedarf es der Aufnahme in Gesellschaftsvertrag oder Kapitalerhöhungsbeschluß auch bei einer Pflicht der Gesellschaft zur Schuldübernahme im Zusammenhang mit der Sacheinlage[18]. **22**

Entsprechende Angaben sind auch im umgekehrten Fall der **Mischeinlagen** (Rdn 10) zu fordern, bei denen sich der Übernehmer über die Sacheinlage hinaus zu weiteren Geldleistungen verpflichtet[19]. Wollte man insoweit auf Angaben zur Bestimmung des von den Gesellschaftern unter dem Nominalbetrag der Stammeinlage festgesetzten Annahmewerts der Sacheinlage sowie zur Bestimmung der zusätzlich zu erbringenden Geldeinlagen verzichten, so würde sich ein unzutreffendes Bild von den Bedingungen der Kapitalerhöhung ergeben; der Registerrichter müßte die Anmeldung wegen Unklarheit des Erhöhungsbeschlusses beanstanden (§ 54, 44). Auch bestünde die Gefahr einer Zurückweisung der Anmeldung nach §§ 9 c, 57 a, weil der Wert der Sacheinlage in derartigen Fällen meist nicht den Nominalbetrag der Stammeinlage erreicht. **23**

2. Übernahmeerklärung (Abs. 1 S. 2)

a) **Funktion.** Die Übernahmeerklärung und ihre Annahme durch die Gesellschaft bilden – auf der Grundlage der eingetragenen Kapitalerhöhung – den eigentlichen *Verpflichtungsgrund* für den Übernehmer (§ 55, 59 und 76). Dementsprechend schreibt Abs. 1 S. 2 ausdrücklich die Aufnahme der für Sacheinlagen geforderten Angaben (Rdn 17 ff) auch in die Übernahmeerklärung vor. **Zweck** dieser Vorschrift und der nach § 55 Abs. 1 zwar für die Erklärung des Übernehmers, nicht aber für deren Annahme durch die Gesellschaft geltenden Form ist nicht die Warnung oder Belehrung des Übernehmers, sondern der Nachweis zum Schutz des Rechtsverkehrs, daß Kapitalerhöhung und Verpflichtung aus der Übernahme sich decken[20]. **24**

b) **Inhalt und Form.** Eine Wiedergabe der Festsetzung über die Sacheinlagen in der Übernahmeerklärung wird durch Abs. 1 S. 2 nicht gefordert. Vielmehr genügt die *Bezugnahme auf* die entsprechenden Festsetzungen im *Kapitalerhöhungsbeschluß;* dieser ist der notariell beglaubigten Erklärung alsdann als Anlage gem. § 44 BeurkG beizusiegeln[21]. Wird die Übernahmeerklärung zusammen mit dem Erhöhungsbeschluß **25**

[17] So im Anschluß an *Priester* BB 1980, 22 f und GmbH-Rdsch. 1982, 113 die hM; vgl. OLG Zweibrücken GmbH-Rdsch. 1981, 214, 215; Scholz/*Winter* § 5, 83; Scholz/*Priester* 57; Baumbach/*Hueck* § 5, 20; enger (zumindest geschätzter Betrag) OLG Stuttgart BB 1982, 397; Rowedder/*Zimmermann* 5; *Günthner* NJW 1975, 524, 526. Vgl. dazu näher § 5, 108.

[18] Scholz/*Priester* 57.

[19] Ebenso OLG Zweibrücken GmbH-Rdsch. 1981, 214 f; Scholz/*Priester* 58, Scholz/*Winter* § 5, 58.

[20] Vgl. allg. schon § 55, 68; so für § 56 Abs. 1 S. 2 auch Scholz/*Priester* 49 und *Pleyer* GmbH-Rdsch. 1964, 249, freilich jeweils mit dem Zusatz, dem Übernehmer sollten dadurch auch seine Pflichten „vor Augen geführt" werden.

[21] Vgl. allg. *Jansen* BeurkG § 44, 2; so für Abs. 1 S. 2 auch Scholz/*Priester* 60; Rowedder/*Zimmermann* 13.

in einem *einheitlichen Protokoll* aufgenommen (§ 55, 62), so genügt es, wenn die Angaben nach Abs. 1 darin einmal enthalten sind, sofern nur die Unterschrift des Übernehmers sich ersichtlich auch hierauf bezieht[22].

25a Die **Annahme** der Übernahmeerklärung seitens der Gesellschafter oder der von ihnen hierzu ermächtigten Geschäftsführer (vgl. näher § 55, 72) bedarf grundsätzlich *keiner* Form; das Formerfordernis des § 55 Abs. 1 gilt nur für die Zeichnungserklärung des Übernehmers. Wohl aber kann sich ein **Formgebot** aus anderen, auf den Gegenstand der Sacheinlage bezogenen Formvorschriften ergeben. So kann eine Verpflichtung zur Einbringung eines *Grundstücks* als Sacheinlage nach § 313 S. 1 BGB wirksam nur im Rahmen eines notariell beurkundeten Übernahmevertrags begründet werden[23]. Entsprechendes gilt nach § 15 Abs. 4 für die Verpflichtung zur Einbringung von GmbH-Anteilen. Die notarielle Beurkundung des Gesellschafterbeschlusses über die Sachkapitalerhöhung (Rdn 25) wahrt die nach diesen Vorschriften erforderliche Form nur dann, wenn die Niederschrift sich zugleich auf die Übernahmeerklärung des Sacheinlegers und deren Annahme durch die Gesellschaft erstreckt.

3. Neufassung der Satzung

26 In den nach § 54 Abs. 1 S. 2 der Anmeldung jeder Satzungsänderung beizufügenden vollständigen Wortlaut des Gesellschaftsvertrags (vgl. § 54, 15 ff) brauchen die Angaben über die auf das erhöhte Kapital zu leistenden Sacheinlagen **nicht aufgenommen** zu werden; es genügt die Angabe der Höhe des neuen Stammkapitals (§ 55, 19). Die allgemein für Kapitalerhöhungen getroffenen Feststellungen darüber, daß die in § 3 Abs. 1 Nr. 4 für das Gründungsstadium vorgeschriebene Pflicht zur Aufnahme der Stammeinlagen in den Gesellschaftsvertrag sich nicht auch auf Kapitalerhöhungen erstreckt (§ 53, 16), gelten auch für den Sonderfall der Sachkapitalerhöhung. Die erforderliche Publizität wird insoweit durch den Registerinhalt sowie durch die Bekanntmachung der Kapitalerhöhung sichergestellt[24].

4. Nachträgliche Änderungen

27 a) **Vor Eintragung.** Bis zur Eintragung der Kapitalerhöhung sind die Gesellschafter in der Entscheidung über dessen Durchführung frei. Sie können den Erhöhungsbeschluß aufheben (§ 53, 73) und die Geschäftsführer anweisen, die Anmeldung zurückzunehmen (§ 54, 22). Etwaige Schadensersatzansprüche der Übernehmer wegen Verletzung der Verpflichtungen aus dem Übernahmevertrag (§ 55, 75) bleiben hiervon unberührt. Soll der Erhöhungsbeschluß nicht ersatzlos aufgehoben, sondern **geändert** werden, so bedarf es hierfür der Einhaltung der in §§ 53, 56 Abs. 1 S. 2 vorgeschriebenen Erfordernisse. Das gilt namentlich auch für den Übergang von Bar- zu Sacheinlagen und umgekehrt. Bei Änderung des Kapitalerhöhungsbeschlusses sind auch die betreffenden Übernahmeverträge entsprechend zu modifizieren.

28 b) **Nach Eintragung.** Mit Eintragung wird die Kapitalerhöhung mit dem beschlossenen Inhalt wirksam. Änderungen sind jetzt nur noch mit Wirkung für die Zukunft möglich. Insoweit hat die hM zwar keine Bedenken gegen den nachträglichen *Übergang von der Sach- zur Bareinlage,* sofern die für diese geltenden Beschluß- und Anmeldungserfordernisse eingehalten werden und sofern der betroffene Übernehmer der damit

---

22 BGH WM 1966, 1262; OLG Frankfurt GmbHRdsch. 1964, 248; Scholz/*Priester* 60.

23 So zutr. *Soergel/Wolf* BGB[12] § 313, 49.

24 Vgl. § 54 Abs. 2 iVm § 10 Abs. 1 und 3, § 57 b; ebenso Scholz/*Priester* 60.

verbundenen Änderung der Übernahmevereinbarung zustimmt (§ 5, 26). Demgegenüber wird der nachträgliche *Übergang von der Bar- zur Sacheinlage* ganz überwiegend abgelehnt, weil darin eine gegen § 19 Abs. 5 verstoßende Ersetzung der Bar- durch eine Sachleistung liege[25]. Dem ist im neueren Schrifttum zu Recht widersprochen worden[26]. In der Tat sind ausgehend vom Schutzzweck der Sacheinlagevorschriften, die Publizität der Sacheinlagevereinbarungen und die präventive Registerkontrolle der Kapitalaufbringung sicherzustellen, durchschlagende Gründe gegen den nachträglichen Übergang nicht ersichtlich, wenn bei der neuen Beschlußfassung die für Sachkapitalerhöhungen geltenden Voraussetzungen eingehalten werden und alle Gesellschafter zustimmen (vgl. näher § 19, 117). Auf diese Weise kann auch eine mangels Offenlegung fehlgeschlagene Sacheinlage nachträglich geheilt werden. Allerdings ist für die Bewertung des Einlagegegenstandes[27] auf den *Zeitwert* bei Anmeldung der geänderten Kapitalerhöhung abzustellen[28].

5. Folgen der Nichteinhaltung von Abs. 1

a) **Mängel des Erhöhungsbeschlusses.** Enthält der Kapitalerhöhungsbeschluß **keine Angaben über Sacheinlagen** oder -übernahmen und sind Hinweise auf deren Vereinbarung auch nicht der Übernahmeerklärung oder den sonstigen der Anmeldung beigefügten Unterlagen zu entnehmen, so ist eine etwa beabsichtigte Sachkapitalerhöhung für das Registergericht nicht erkennbar. Es wird die angemeldete Kapitalerhöhung daher eintragen, sofern keine sonstigen Eintragungshindernisse bestehen; zu einer Nachprüfung, ob Anhaltspunkte für eine Umgehung von Abs. 1 vorliegen, ist es nicht verpflichtet. Mit der Eintragung wird die Kapitalerhöhung als *Barkapitalerhöhung* wirksam; der Übernehmer hat eine Geldeinlage in Höhe der gezeichneten Stammeinlage sowie eines etwa vereinbarten Agio zu erbringen[29]. Durch Leistung der Sacheinlage wird er von seiner Einlageschuld nicht befreit (vgl. Abs. 2 iVm § 19 Abs. 5). Zur Geltendmachung des Mangels kann er sich auf das Recht zum Austritt aus wichtigem Grund berufen, sofern dessen Voraussetzungen vorliegen (Anh § 34, 49 ff). **29**

Sind die Festsetzungen über die Sacheinlagen **unvollständig oder ungenau** oder zeigen sich Abweichungen gegenüber der Übernahmeerklärung des Sacheinlegers, so hat das Registergericht nach fruchtloser Zwischenverfügung die Eintragung abzulehnen[30]. Erfolgt die Eintragung gleichwohl, so wird der Übernehmer nach Abs. 2 iVm § 19 Abs. 5 zur Leistung einer *Bareinlage* verpflichtet (§ 5, 131). Anderes gilt dann, wenn die Mängel des Kapitalerhöhungsbeschlusses im Hinblick auf den Zweck von Abs. 1 S. 1 (Rdn 2) unerheblich sind, insbesondere die Registerkontrolle der Sacheinlage davon unberührt bleibt, und eine Gläubigergefährdung deswegen nicht zu befürchten ist. **30**

b) **Mängel der Übernahmeerklärung.** Erfüllt zwar der Erhöhungsbeschluß, nicht aber die Übernahmeerklärung des Sacheinlegers die Voraussetzungen des Abs. 1, so hat der Registerrichter den Beteiligten durch Zwischenverfügung Gelegenheit zur **31**

[25] So im Anschluß an KGJ 47, 108, 111 f und KG JW 1937, 321 die bis vor kurzem einhM, vgl. Nachw. in § 5, 27 Fn 29.

[26] *Lutter/Hommelhoff* § 5, 34 a; *Lutter/Gehling* WM 1989, 1453 ff; *Butzke* ZHR 154 (1990) 365; *Priester* DB 1990, 1759 f.

[27] Das ist im Fall fehlgeschlagener Sacheinlage oder -übernahme der Bereicherungsanspruch des Einlageschuldners gegen die GmbH auf Herausgabe des ohne Erfüllungswirkung Geleisteten, vgl. *Butzke* ZHR 154 (1990) 365.

[28] So zutr. *Lutter/Gehling* WM 1989, 1455; *Butzke* ZHR 154 (1990) 365 ff.

[29] Vgl. § 5, 131, 134; RGZ 96, 227, 229; Scholz/*Priester* 63; Baumbach/Hueck/*Zöllner* 7.

[30] Allg. Ansicht; vgl. Scholz/*Priester* 62; Rowedder/*Zimmermann* 16.

Beseitigung des Mangels zu geben und bei Nichtbeseitigung die angemeldete Kapitalerhöhung zurückzuweisen. Trägt er gleichwohl ein, so wird die Unvollständigkeit der Übernahmeerklärung hierdurch allerdings ebenso *geheilt* wie im Fall des Formmangels (§ 55, 64). Der früher überwiegenden Gegenansicht, die auch in diesem Fall eine Bareinlagepflicht annahm[31], ist im Hinblick auf § 19 Abs. 5 und die in der Eintragung und deren Bekanntmachung liegende korrekte Information der Öffentlichkeit über die Sachkapitalerhöhung nicht zu folgen. Die Geldeinlagepflicht entspricht regelmäßig auch nicht dem Interesse des Übernehmers, zumal er die vorgesehene Sacheinlage im Zeitpunkt der Anmeldung im Zweifel schon geleistet hat (§ 56 a) und sich trotz unvollständiger Übernahmeerklärung nicht etwa zu einer Bareinlage verpflichten wollte. Zur Rechtslage im Falle der Eintragung der Kapitalerhöhung bei fehlender oder unwirksamer Übernahmeerklärung vgl. § 57, 48 ff.

IV. Die Differenzhaftung bei Überbewertung (Abs. 2, 1. Fall)

1. Allgemeines

32 Die Differenzhaftung des Sacheinlegers im Fall überbewerteter Sacheinlage war als Folge des Unterpari-Emissionsverbots (§ 5, 157) auch ohne besondere Regelung schon früher anerkannt. Durch die **GmbH-Novelle 1980** ist sie in §§ 9, 56 Abs. 2, 1. Fall, ausdrücklich normiert worden. Gegenüber dem bisherigen Recht stellt die Neuregelung namentlich klar, daß die Überbewertung der vereinbarten Sacheinlage, auch wenn sie willkürlich erfolgt ist, *nach* Eintragung der Gründung oder Kapitalerhöhung grundsätzlich weder die Tilgungswirkung der Einbringung auf die Stammeinlage in anteiliger Höhe hindert noch auch Nichtigkeit der Sacheinlagevereinbarung zur Folge hat[32]. Zu der von der Differenzhaftung nach § 9 zu unterscheidenden, ebenfalls auf Auffüllung des Stammkapitals gerichteten Unterbilanzhaftung der Gründer im Falle einer Geschäftsaufnahme der Gesellschaft vor Eintragung vgl. § 11, 81 ff, zur Frage analoger Anwendung von § 9 auf Kapitalerhöhungen aus Gesellschaftsmitteln vgl. Anh § 57 b, KapErhG § 8, 5.

33 Ungeachtet der Differenzhaftung des Sacheinlegers ist es nach §§ 9 c S. 2, 57 a Aufgabe des Registergerichts, die Vollwertigkeit der Sacheinlagen als Voraussetzung für die Eintragung der Sachkapitalerhöhung zu kontrollieren. Das kann die Ablehnung des Eintragungsantrags zur Folge haben und dadurch zum Wegfall der Einlageverpflichtungen der Übernehmer unter Einschluß der Differenzhaftung des Sacheinlegers führen (vgl. § 55, 67). Diese nicht zuletzt aus Gründen des Gläubigerschutzes unerwünschte Rechtsfolge läßt einen gewissen **Wertungswiderspruch** zwischen den Vorschriften über die Differenzhaftung und denjenigen über die Registerkontrolle erkennen (vgl. § 9, 18). Er dürfte sich daraus erklären, daß der Gesetzgeber der Durchsetzbarkeit der Differenzhaftung mißtraute und die Sicherung der Kapitalaufbringung in erster Linie über die *Registerkontrolle* erreichen wollte. Schon deshalb, aber auch wegen der eindeutigen Regelung in § 9 c S. 2 geht es nicht an, auf eine Wertkontrolle bei Prüfung der Anmeldung zu verzichten oder Sachkapitalerhöhungen trotz Feststellung einer Wertdifferenz gegenüber den von den Einlegern gezeichneten Stammeinlagen mit der Begründung einzutragen, die bestehende Unterdeckung werde durch die gesetzliche Differenzhaftung ausgeglichen. Zur Rechtsfolge einer Wertminderung der Sacheinlage zwischen Anmeldung und Eintragung vgl. Rdn 40.

---

[31] So noch Hachenburg/*Schilling*[6] § 56, 4; Scholz/*Priester*[6] § 56, 51; wie hier jetzt aber *ders.* 63; Rowedder/*Zimmermann* 16.

[32] Heute einhM, vgl. § 5, 78; Scholz/*Winter* § 5, 61; Baumbach/*Hueck* § 5, 35.

2. Haftungsvoraussetzungen (§ 9)

Im Unterschied zur Schadensersatzhaftung von Gründern und Geschäftsführern, die nach Maßgabe der §§ 9 a, 57 Abs. 4 im Fall vorwerfbarer Unkorrektheiten bei der Gründung oder Kapitalerhöhung eingreift, ist die Differenzhaftung des § 9 *verschuldensunabhängig* ausgestaltet. Zentrale Anspruchsvoraussetzungen ist das **Zurückbleiben des objektiven Wertes der Sacheinlage** (vgl. § 5, 66 ff, 69) hinter dem Nominalbetrag der Stammeinlage; ein im Kapitalerhöhungsbeschluß etwa vorgesehenes, durch die Sacheinlage mit abzudeckendes Agio bleibt für die Bemessung der Differenzhaftung außer Betracht. Ein Minderwert iS von § 9 Abs. 1 kann auch dann vorliegen, wenn die Wertdifferenz auf *Sachmängeln* des einzubringenden Gegenstands beruht; insoweit bedarf es dann auch keiner analogen Anwendung von Kaufrecht. Ein Rückgriff auf die vor Inkrafttreten von § 9 nF entwickelten allgemeinen Grundsätze für die Haftung des Sacheinlegers bei Leistungsstörungen (dazu vgl. § 5, 87 ff) ist freilich dann geboten, wenn die Sacheinlagen einen über den Nominalbetrag der Stammeinlagen hinausgehenden Wert haben sollten und der auf die Differenz zwischen tatsächlichem Wert und *Nominal*betrag beschränkte Anspruch aus § 9 insoweit keinen oder einen nur unvollkommenen Ausgleich schafft[33]. Im Falle von *gemischten Sacheinlagen und Mischeinlagen* (Rdn 10) sind bei der Berechnung einer etwaigen Wertdifferenz die von der Gesellschaft bzw. dem Übernehmer versprochenen zusätzlichen Leistungen mit einzubeziehen; eine automatische Kürzung der Leistungspflicht der Gesellschaft findet trotz Überbewertung der Sacheinlage nicht statt[34]. **34**

Bewertungsstichtag ist nach dem insoweit eindeutigen Gesetzeswortlaut von § 9 Abs. 1 der *Tag der Anmeldung* und nicht der ihm nach § 56 a notwendig vorausgehende Tag der Einbringung der Sacheinlage[35]. Wertverluste zwischen Einbringung und Anmeldung gehen zu Lasten des Übernehmers, obwohl er der Gesellschaft die vorgesehenen Werte im Einbringungszeitpunkt tatsächlich verschafft hat (vgl. auch § 57 a, 15). Er hat freilich einen Regreßanspruch gegen diejenigen Geschäftsführer oder Mitgesellschafter, die schuldhaft die Anmeldung der Kapitalerhöhung verzögern. Umgekehrt kommen dem Übernehmer Wertsteigerungen zugute, die eine bei der Einbringung bestehende Überbewertung bis zur Anmeldung vermindern oder beseitigen[36]. Bei der Einbringung eines Unternehmens sollte die der Bewertung zugrundegelegte Einbringungsbilanz (§ 5, 71 f) mit Rücksicht auf § 9 auf einen Stichtag aufgestellt werden, der möglichst nahe an den Tag der Anmeldung herangerückt ist[37]. – Zur Behandlung von Wertminderungen zwischen Einbringung und Eintragung im Eintragungskontrollverfahren vgl. § 57 a, 14 f. **35**

Umstritten ist, ob als zusätzliche Voraussetzung für das Eingreifen der Differenzhaftung auf die **Eintragung** der Gründung oder Kapitalerhöhung abzustellen ist[38]. Die Stellungnahme hat zu *differenzieren*[39]. Bei der **Gründung** entsteht die Einlageverpflichtung gegenüber der Vor-GmbH bereits unmittelbar mit dem Abschluß des Gesellschaftsvertrags oder dem Beitritt weiterer Gesellschafter vor Eintragung[40]; hierauf können auch die Gläubiger der Vor-GmbH in den durch § 19 gesetzten Grenzen (§ 19, **36**

---

33 Für Wahlrecht der Gesellschaft zwischen Ansprüchen aus § 9 und auch Gewährleistungsrecht in diesen Fällen Scholz/*Winter* § 9, 21.

34 So auch Scholz/*Winter* § 9, 9.

35 EinhM, vgl. Begr. S. 35; Scholz/*Priester* 71; Scholz/*Winter* § 9, 10; Rowedder/*Zimmermann* 17.

36 So auch Scholz/*Winter* § 9, 12.

37 Vgl. auch *Priester* DNotZ 1980, 530 Fn 82.

38 Dafür Begr. RegE S. 35; Scholz/*Priester* 72; *Geßler* BB 1980, 1387; **aA** Scholz/*Winter* § 9, 16; Baumbach/*Hueck* § 9, 8; *Lutter*/*Hommelhoff* § 9, 8.

39 So auch Baumbach/Hueck/*Zöllner* 9; Rowedder/*Zimmermann* 18.

40 Ganz hM. vgl. Nachw. in Fn 38. Die noch auf die Eintragung der Gesellschaft abstellende Gegenansicht (o. § 9, 7) wird aufgegeben.

123 f) zugreifen. Demgemäß findet auch die zur Absicherung der Kapitalaufbringung der Gesellschaft bestimmte Differenzhaftung wegen überbewerteter Sacheinlage nicht erst mit der Eintragung, sondern schon dann Anwendung, wenn ihre sonstigen Voraussetzungen vorliegen; es muß also die *Anmeldung* der Gesellschaft bewirkt sein und damit der Stichtag für die Ermittlung der Überbewertung feststehen. Anderes gilt für die **Kapitalerhöhung.** Hier kommt die Einlageverpflichtung aus dem Übernahmevertrag – als unbedingte – erst mit *Eintragung* der Kapitalerhöhung zum Entstehen (§ 55, 76). Bis dahin ist auch für eine Differenzhaftung kein Raum.

3. Haftungsschuldner

37 Der Anspruch aus §§ 9, 56 Abs. 2 richtet sich in erster Linie gegen den **Sacheinleger;** je nach Lage des Falles kann er mit Schadensersatzansprüchen der Gesellschaft gegen die Geschäftsführer nach Maßgabe der §§ 9 a, 57 Abs. 4 konkurrieren. Da die Differenzhaftung sich wegen ihres der effektiven Kapitalaufbringung dienenden Zwecks als Verpflichtung zur Leistung auf die Stammeinlage darstellt, greift insoweit auch die Ausfallhaftung der **Mitgesellschafter** nach § 24 ein[41]. Entsprechendes gilt für die – noch vor der Ausfallhaftung nach § 24 zu realisierende – Haftung etwaiger Rechtsvorgänger des gegenwärtigen Inhabers des durch Sachkapitalerhöhung entstandenen Geschäftsanteils nach § 22. Die Haftung nach §§ 22, 24 ist ebenso wie die Differenzhaftung selbst (Rdn 34) verschuldensunabhängig.

4. Fälligkeit und Verjährung

38 Der Anspruch aus der Differenzhaftung ist alsbald mit seiner Entstehung durch Eintragung der Kapitalerhöhung (Rdn 36) zur Zahlung **fällig** (vgl. § 271 Abs. 1 BGB). Es bedarf weder eines Einforderungsbeschlusses nach § 46 Nr. 2 noch einer besonderen Zahlungsaufforderung durch die Geschäftsführer[42]. Seine Durchsetzung ist auch durch Gläubiger der Gesellschaft möglich, die einen Pfändungs- und Überweisungsbeschluß erwirkt haben. *Stundung oder Erlaß* des Anspruchs sind entsprechend § 19 Abs. 2 S. 1 ausgeschlossen. Für die Aufrechnung gilt § 19 Abs. 2 S. 2.

39 Die **Verjährungsfrist** beträgt nach § 9 Abs. 2 fünf Jahre; sie beginnt mit der *Eintragung* der Gründung oder Kapitalerhöhung im Handelsregister. Das gilt wegen der ausdrücklichen gesetzlichen Anordnung auch im Fall der Gründung, obwohl der Anspruch hier schon vor Eintragung entsteht (Rdn 36). Der Nachweis von Überbewertungen wird angesichts der verhältnismäßig langen Fristdauer nicht selten Schwierigkeiten bereiten. Um so größere Bedeutung kommt daher der **Beweislastverteilung** zu. Zwar ist der Nachweis der Anspruchsvoraussetzungen nach allgemeinen Grundsätzen Sache desjenigen, der den Anspruch geltend macht; jedoch sprechen im Rahmen der Differenzhaftung wegen der ihr zukommenden Kapitalsicherungsfunktion gute Gründe für eine Beweislastumkehr (zur ähnlichen Problematik beim Streit über die Tilgung einer Einlageforderung im Wege der Verrechnung vgl. § 19, 71). Der Sacheinleger hat gegenüber einer auf §§ 9, 56 Abs. 2 gestützten Klage jedenfalls dann den Nachweis über die Vollwertigkeit der Sacheinlage bei Anmeldung oder über die anderweitige Zuführung der der Gesellschaft im Rahmen der Gründung oder Übernahme zugesagten Kapitalwerte zu führen, wenn die Gesellschaft Umstände vorträgt, aus denen sich der Verdacht der Überbewertung ergibt.

---

[41] EinhM, vgl. Begr. RegE S. 35; Scholz/*Priester* 72; Rowedder/*Zimmermann* 18.

[42] EinhM, vgl. Scholz/*Winter* § 9, 18; Baumbach/*Hueck* § 9, 8; *Lutter/Hommelhoff* § 9, 8.

5. Wertminderungen zwischen Anmeldung und Eintragung

Soweit Wertminderungen erst **nach Anmeldung** der Kapitalerhöhung eintreten, ohne daß ihre Ursache schon vor der Anmeldung gesetzt war, scheidet eine Differenzhaftung des Sacheinlegers angesichts der in § 9 Abs. 1 getroffenen Risikoverteilung aus. Auch ist der Registerrichter im Rahmen der Eintragungskontrolle (§§ 9 c S. 2, 57 a) nicht etwa befugt, die Eintragung der *Kapitalerhöhung* abzulehnen. Das gilt im Unterschied zum Gründungsstadium selbst bei nachhaltiger, im Zeitpunkt der Eintragung eingetretener Wertminderung (vgl. näher § 57 a, 14 f). **40**

V. Die Verweisung auf § 19 Abs. 5 (Abs. 2, 2. Fall)

1. § 19 Abs. 5 als Umgehungsverbot

Die in Abs. 2 weiter in Bezug genommene Vorschrift des § 19 Abs. 5 dient dazu, die Regelungen des GmbHG über Sachgründungen und Sachkapitalerhöhungen gegen die Gefahr von Umgehungen abzusichern. Zu diesem Zweck verbietet sie es, auf die geschuldete Geldeinlage Leistungen an Erfüllungs Statt zu erbringen, und schließt die Aufrechnung gegenüber Forderungen aus Sachübernahmen aus, auch wenn sie nach § 19 Abs. 2 S. 2 an sich zulässig wäre; anderes gilt nur dann, wenn die entsprechende Sachleistung oder die Aufrechnung mit der aus einer Sachübernahme stammenden Forderung nach Maßgabe der §§ 5 Abs. 4 S. 1, 56 Abs. 1 S. 1 im Gesellschaftsvertrag oder Kapitalerhöhungsbeschluß vorgesehen ist. **Normzweck** von § 19 Abs. 5 ist somit die *Verhinderung verdeckter Sacheinlagen* (Rdn 9). Dementsprechend gilt das Aufrechnungsverbot auch für vergleichbare Sachverhalte wie das Hin- und Herzahlen der Einlage oder ähnliche korrespondierenden Leistungen zwischen Gesellschaft und Gründer bzw. Übernehmer[43]. Von § 19 Abs. 5 nicht betroffen ist demgegenüber die Aufrechnung der Gesellschaft gegen Erfüllungsansprüche aus solchen später zustande gekommenen Veräußerungsgeschäften des Gesellschafters, die in keinem Zusammenhang mit Gründung oder Kapitalerhöhung stehen (vgl. Rdn 44). Insoweit verbleibt es bei den allgemeinen Aufrechnungsschranken des § 19 Abs. 2 S. 2; sie gelten auch für Einlageansprüche aus Kapitalerhöhungen (Rdn 48). Näheres zur Auslegung von § 19 Abs. 5 vgl. oben § 19, 80 ff. **41**

2. Die Behandlung von Gesellschafterforderungen

a) **Vom Verrechnungsverbot erfaßte Forderungen.** Das Verrechnungsverbot des § 19 Abs. 5 bezieht sich nach seinem Wortlaut nur auf solche Forderungen des Einlageschuldners, die aus der **Überlassung von Vermögensgegenständen** an die Gesellschaft (sog. Sachübernahmen, vgl. § 5, 97) resultieren. Insoweit steht seine Geltung außer Streit (vgl. § 19, 92). Sachübernahmen können wirksam nur unter Beachtung der §§ 5 Abs. 4 S. 1, 56 Abs. 1 vereinbart werden. Fehlt es hieran, so scheitert eine Verrechnung des Vergütungsanspruchs mit der Einlageforderung an § 19 Abs. 5; für die Anwendung der allgemeinen Verrechnungsgrundsätze des § 19 Abs. 2 S. 2 (§ 19, 54 ff) ist kein Raum. **42**

Über den Wortlaut des § 19 Abs. 5 hinaus wendet die hM das Verrechnungsverbot unter *Umgehungsgesichtspunkten* zu Recht auf zwei weitere Fallgruppen von Gesellschafterforderungen gegen die GmbH an (vgl. näher § 19, 90 ff). Im einen Fall geht es **43**

[43] Vgl. nur BGHZ 110, 47, 53 ff = NJW 1990, 982; NJW 1991, 1754 f.

um die Verrechnung von im Zeitpunkt des Kapitalerhöhungsbeschlusses bestehenden (**Alt-)Forderungen** mit der Einlageverpflichtung. Sie hätten als Sacheinlage vereinbart werden können; hierauf muß sich der Einlageschuldner verweisen lassen. Die Zulassung ihrer Verrechnung in den Grenzen des § 19 Abs. 2 S. 2 würde dazu führen, unter Vermeidung der für Sacheinlagen geltenden Publizitäts- und Prüfungspflichten die Gesellschaft und ihre Gläubiger ebenso zu stellen, wie wenn eine Sachkapitalerhöhung vereinbart worden wäre. Angesichts dieser Austauschbarkeit sind die für Sacheinlagen geltenden Sondervorschriften auch in derartigen Fällen anzuwenden. Darauf, welches der Rechtsgrund der (Alt-)Forderungen ist, ob sie insbes. auf einem *Gesellschafterdarlehen,* auf stehengelassenen Gewinnen, auf Dienstleistungen des Einlageschuldners oder auf sonstigen Umsatzgeschäften zwischen ihm und der Gesellschaft beruhen, kommt es nicht an (str., vgl. § 19, 94 ff).

44 Unter das Verbot des § 19 Abs. 5 fallen (als dritte Gruppe) schließlich solche erst *nach* Begründung der Einlageverbindlichkeit entstandene (**Neu-)Forderungen,** deren *spätere Verrechnung im Zeitpunkt der Kapitalerhöhung verabredet* worden war. Auch insoweit handelt es sich um eine als verdeckte Sacheinlage zu qualifizierende, unter Umgehungsgesichtspunkten zum Eingreifen von § 19 Abs. 5 führende Gestaltung (vgl. näher § 19, 97 f). *Fehlt* es an einer derartigen vorweggenommenen Verrechnungsabrede, so steht der Verrechnung neu entstandener Gesellschafterforderungen, die vollwertig, fällig und liquide sind (vgl. § 19, 61 ff), grundsätzlich kein Hindernis entgegen. Das Verbot des § 19 Abs. 5 greift in diesen Fällen nur ein, wenn die Forderungsbegründung in sachlichem und zeitlichem Zusammenhang mit der Übernahme der Einlageverpflichtung im Zeitpunkt der Kapitalerhöhung steht. Ist das der Fall, so folgt daraus (vorbehaltlich normaler Umsatzgeschäfte der Gesellschaft im Rahmen ihres laufenden Geschäftsverkehrs als Entstehungsgrund der Forderung) die tatsächliche Vermutung für das Vorliegen einer verdeckten Sacheinlage (vgl. dazu § 5, 145 ff, 147 a).

45 b) **Gesellschafterdarlehen.** Für sie gelten keine Besonderheiten. Resultieren sie aus einem *vor* Begründung der Einlageverpflichtung gewährten Darlehen, so unterfallen sie als Altforderungen (Rdn 43) dem Verrechnungsverbot des § 19 Abs. 5 (vgl. näher § 19, 106 ff). Auf den Zeitpunkt ihrer Fälligkeit kommt es nicht an. Anderes gilt bei Darlehensgewährung *nach* Begründung der Einlageverpflichtung, sofern die spätere Verrechnung des zu gewährenden Darlehens nicht im Zusammenhang mit der Kapitalerhöhung verabredet wurde (Rdn 44). Zur Sachkapitalerhöhung mit eigenkapitalersetzenden Gesellschafterdarlehen vgl. Rdn 14 a, zur Behandlung *vorfinanzierter* Kapitalerhöhungen vgl. § 56 a, 19 ff.

46 c) **Ausschüttungs-Rückholverfahren.** Folge der in Rdn 42 ff dargelegten Grundsätze ist es, daß Kapitalerhöhungen auch im Rahmen des sog. Ausschüttungs-Rückholverfahrens (§ 55, 90 ff) die Einhaltung der Sacheinlagevorschriften des § 56 Abs. 1 erforderlich machen, soweit sie nicht nach Maßgabe des KapErhG durch Umwandlung von Rücklagen in haftendes Kapital auf der Grundlage einer testierten Bilanz (§§ 3, 4 KapErhG) vollzogen werden. Das gilt nicht nur bei der Verwendung von Darlehensforderungen, sondern auch bei derjenigen von Gewinnansprüchen[44], Rücklagenteilen oder Nachschußkapital für die Kapitalerhöhung (vgl. näher § 55, 96 f). Selbst die kurzfristige Überlassung der aus der Gewinnausschüttung resultierenden Zahlungsmittel an die Gesellschafter mit ihrer alsbaldigen Wiedereinlage rechtfertigt wegen des sachlichen

---

[44] Vgl. nur BGH NJW 1991, 1754, 1755; weit. Nachw. in § 55 Fn 160.

und zeitlichen Zusammenhangs der beiden Vorgänge keine abweichende Beurteilung[45]. Tilgungswirkung tritt in all diesen Fällen nur ein, wenn die Anforderungen der §§ 19 Abs. 5, 56 Abs. 1 S. 1 beachtet sind; andernfalls bleiben die Gesellschafter aufgrund des Übernahmevertrags weiterhin uneingeschränkt zur Einzahlung des Erhöhungsbetrags verpflichtet.

VI. Zur Geltung sonstiger Vorschriften zur Sicherung der Kapitalaufbringung bei Sacheinlagen

1. Einlageleistung vor Anmeldung

Die Vorschrift des § 7 **Abs. 3**, die die volle Einbringung der vereinbarten Sacheinlagen vor Anmeldung der GmbH-Gründung vorschreibt, findet auch auf Sachkapitalerhöhungen Anwendung. Das ist in § 56 a ausdrücklich klargestellt (vgl. § 56 a, 24 f). **47**

2. Erlaßverbot und Aufrechnungsschranken (§ 19 Abs. 2)

§ 56 Abs. 2 enthält eine Verweisung zwar auf § 19 Abs. 5, nicht aber eine solche auf § 19 Abs. 2. Gleichwohl wäre es unzutreffend, hieraus auf die Unanwendbarkeit dieser Vorschrift im Fall von (Sach-)Kapitalerhöhungen zu schließen[46]. Einer gesonderten Verweisung hierauf bedarf es im Unterschied zu § 19 Abs. 5 nicht. Denn die Vorschrift des § 19 Abs. 2 gilt – ebenso wie auch Abs. 1 (§ 56 a, 25) – für **alle Einzahlungen auf die Stammeinlagen,** ohne Rücksicht darauf, ob sie aufgrund der Beteiligung an der Gründung oder an einer späteren Kapitalerhöhung geschuldet werden[47]. Demgegenüber betrifft § 19 Abs. 5 infolge seiner Bezugnahme auf § 5 Abs. 4 unmittelbar nur den Fall der Sachgründung; dem trägt die Ausdehnung auf die Kapitalerhöhung durch Verweisung in § 56 Abs. 2 redaktionell zutreffend Rechnung. Zum Regelungsinhalt von § 19 Abs. 2 vgl. § 19, 33 ff. Besonderheiten für den Fall der (Sach-)Kapitalerhöhung bestehen nicht. **48**

3. Kein Sacheinlagebericht der Gesellschafter

Die in § 5 Abs. 4 S. 2 n. F. vorgesehene Pflicht der Gesellschafter zur Erstellung eines Sachgründungsberichts, in dem die für die Angemessenheit der Leistungen der Gesellschaft für Sacheinlagen wesentlichen Umstände darzulegen sind, ist für Sachkapitalerhöhungen nicht übernommen worden. Wie der entsprechende Verzicht in § 183 Abs. 3 AktG auf den aktienrechlichen Gründungsbericht und dessen Angaben über Sacheinlagen (§ 32 Abs. 2 AktG) zeigt, handelt es sich insoweit nicht um ein Redaktionsversehen[48]. Die **Abweichung gegenüber dem Gründungsstadium** trägt vielmehr dem Umstand Rechnung, daß den Gesellschaftern die Verantwortung für die Maßnahmen einer u. U. schon seit langen Jahren bestehenden Gesellschaft, auch wenn es um Kapitalerhöhungen geht, nicht ebenso wie im Gründungsstadium auferlegt und von ihnen daher auch nicht die Erstellung eines Sacheinlageberichts einschließlich der **49**

---

[45] So auch *Crezelius* ZIP 1991, 499, 502; wohl auch Scholz/*Priester* 43 ff, 47. In BGH NJW 1991, 1754 ging es um den umgekehrten Fall kurzfristiger Einzahlung von Mitteln, die alsbald wieder an die Gesellschafter zurücküberwiesen wurden.

[46] EinhM, vgl. § 19, 33 f; Scholz/*Priester* 31.

[47] Vgl. auch BGH WM 1982, 1200, 1201.

[48] So aber *Lutter* DB 1980, 1319; *Geßler* BB 1980, 1388; im Ergebnis auch Scholz/*Priester* 65; *Priester* DNotZ 1980, 526; *Ehlke* GmbH-Rdsch. 1985, 290. Gegenans. vgl. in Fn 49.

Haftung für dessen Richtigkeit (§ 9 a) verlangt werden kann[49]. Unberührt bleibt das Recht des Registergerichts, sich von den Geschäftsführern als Anmeldern die erforderlichen Aufklärungen und Nachweise über die Sacheinlagen und deren Wert geben zu lassen (vgl. § 57 a, 8 ff). Entsprechendes gilt für die Haftung der Geschäftsführer nach § 57 Abs. 4 wegen unrichtiger Angaben bei Anmeldung der Kapitalerhöhung (Rdn 50).

4. Haftung der Geschäftsführer

50 Die Haftung der Geschäftsführer für die Richtigkeit der von ihnen bei Anmeldung der Kapitalerhöhung gemachten Angaben ist durch Verweisung von **§ 57 Abs. 4 auf § 9 a** ausdrücklich geregelt. Vgl. dazu § 57, 25 ff.

5. Prüfungspflicht des Registergerichts

51 Auch insoweit hat die Novelle 1980 durch **Bezugnahme in § 57 a auf § 9 c** eine ausdrückliche Regelung gebracht. Danach greifen die Grundsätze für die Prüfung der GmbH-Gründung und für die etwaige Ablehnung der Eintragung entsprechend im Fall der Kapitalerhöhung ein. Vgl. Erläut. zu § 57 a.

§ 56 a

Für die Leistungen der Einlagen auf das neue Stammkapital und die Bestellung einer Sicherung findet § 7 Abs. 2 Satz 1 und 3, Abs. 3 entsprechende Anwendung.

Übersicht

Schrifttum

Allerkamp Verrechnungsbefugnis der Kreditinstitute bei Stammeinlagezahlung auf debitorisches Konto der Gesellschaft, WM 1988, 521; *Kutzer* Die Tilgung der Bareinlageschuld durch den GmbH-Gesellschafter, GmbH-Rdsch. 1987, 297; *Priester* Stammeinlagezahlung auf debitorisches Bankkonto der GmbH, DB 1987, 1473; *ders.* Kapitalaufbringung bei korrespondierenden Zahlungsvorgängen, ZIP 1991, 345; *Schoenes* Kapitalerhöhung und Erhöhung der Mindesteinlagen, NJW 1983, 373; *Steinberg* Die Erfüllung der Bareinlagepflicht nach Eintragung der Gesellschaft und der Kapitalerhöhung, Diss. Köln (1973). Vgl. auch die Nachw. vor Rdn 19 und vor § 7, 46.

[49] Gegen generelle Berichtspflicht daher auch die überwM, vgl. Baumbach/Hueck/*Zöllner* 11; *Lutter/Hommelhoff* 11; Rowedder/*Zimmermann* 22; *Happ* BB 1985, 1928 f; offenlassend unter Hinweis auf das Anforderungsrecht des Registergerichts OLG Stuttgart GmbH-Rdsch. 1982, 109, 122.

I. Einführung

Die Vorschrift ist durch die *GmbH-Novelle 1980* eingeführt worden (zur Geltung für alle am 1. 1. 1981 noch nicht eingetragenen Kapitalerhöhungen vgl. Voraufl. 24). Sie regelt durch Verweisung auf § 7 Abs. 2 und 3 Zeitpunkt und Höhe der Mindesteinlagen im Zuge einer Kapitalerhöhung. Soweit es um **Barkapitalerhöhungen** geht, war die entsprechende Verweisung früher in § 57 Abs. 2 aF enthalten. Für die dort in Bezug genommene Vorschrift des § 7 Abs. 2 aF hat das neue Recht *zwei Änderungen* gebracht. So ist die Anordnung einer absoluten Mindesteinlage von 250 DM auf jede Stammeinlage entfallen; die statt dessen in § 7 Abs. 2 S. 2 nF vorgesehene Mindesteinlage von 25 000 betrifft nur die Gründungsphase und ist auf Kapitalerhöhungen nicht anwendbar (Rdn 3). Und zum zweiten verlangt die für Einmanngesellschaften geltende Sondervorschrift des § 7 Abs. 2 S. 3 die Bestellung einer Sicherung für den noch ausstehenden Teil der Geldeinlage; sie findet nach § 56 a auch auf Kapitalerhöhungen Anwendung. **1**

Für **Sachkapitalerhöhungen** ist durch Verweisung auf § 7 Abs. 3 nF bestimmt, daß sie in vollem Umfang vor Anmeldung des Erhöhungsbeschlusses zu bewirken sind. Das entspricht für Sacheinlagen ieS dem bisher geltenden Recht; für Sachübernahmen bedeutet es eine Verschärfung (Rdn 25). **2**

Nicht in die Verweisung des § 56 a einbezogen ist die neue Vorschrift des § 7 Abs. 2 S. 2 über die erforderliche **Mindesteinlage** von insges. 25 000 DM (einschließlich etwaiger Sacheinlagen) bei Gründung der Gesellschaft. Sie ist für Kapitalerhöhungen von Gesellschaften, die unter der Geltung des neuen Rechts gegründet worden sind und daher schon bei ihrer Entstehung über entsprechende Mindesteinlagen verfügen müssen, gegenstandslos. Zu der für Altgesellschaften in Art. 12 § 1 GmbH-Novelle 1980 vorgesehenen, bis zum 31. 12. 1985 befristeten Übergangsregelung für die Mindesteinlage vgl. Voraufl. 25. **3**

II. Geldeinlagen

1. Mindesteinlage (§ 7 Abs. 2 S. 1)

Die *gesetzliche* Mindesteinlage auf jede bei der Kapitalerhöhung übernommene Stammeinlage beträgt bei **Bareinlagen** nach § 7 Abs. 2 S. 1 ein Viertel; sie ist vor Anmeldung der Kapitalerhöhung zu bewirken. Ein absoluter, für Stammeinlagen zwischen 500 und 1000 DM bedeutsamer Mindestbetrag ist seit der GmbH-Novelle 1980 nicht mehr vorgesehen (Rdn 1). Der *Erhöhungsbeschluß* kann einen höheren Prozentsatz festsetzen (§ 55, 21). Die Verpflichtung zur Zahlung eines *Agio* im Zuge der Kapitalerhöhung läßt die nach dem Nominalbetrag der Stammeinlage zu berechnende Mindesteinzahlung unberührt (§ 7, 23). Zur Ausfallhaftung der Mitgesellschafter für die von einem Übernehmer nicht zu erlangenden Einlagen vgl. § 24, 19 ff und § 53, 75. **4**

Sind im Rahmen der Kapitalerhöhung **Mischeinlagen** vorgesehen (§ 56, 10), so bestimmt sich die Mindesteinlagepflicht nach der jeweiligen Art der geschuldeten Einlagegegenstände. Sacheinlagen sind nach § 7 Abs. 3 in vollem Umfang vor Anmeldung zu bewirken. Unabhängig hiervon beträgt die Mindesteinlagepflicht hinsichtlich der Bareinlage unverändert 25% des hierauf bezogenen anteiligen Nennbetrags der Stammeinlage[1]. **5**

Erfolgt die Kapitalerhöhung abweichend von § 55 Abs. 3 nicht durch Erwerb neuer, sondern durch **Aufstockung bestehender Geschäftsanteile** (zu den Voraussetzungen vgl. **6**

---

1 Vgl. § 7, 25; Scholz/*Priester* 3.

§ 55, 23), so läßt das die Pflicht zur Mindesteinzahlung auf die Erhöhungsbeträge unberührt; der Übernehmer kann sich nicht etwa darauf berufen, daß betreffenden Anteile bisher voll eingezahlt waren[2]. Die Aufstockung betrifft nur Zahl und Höhe der Geschäftsanteile; sie ändert nichts an der in § 55 Abs. 1 vorgeschriebenen *Übernahme neuer Stammeinlagen* im Zuge der Kapitalerhöhung. Da die Mindesteinlage nicht auf den Geschäftsanteil geschuldet wird, der als Folge der Beteiligung an der Kapitalerhöhung entsteht bzw. aufgestockt wird, sondern auf die durch den Übernahmevertrag gezeichnete neue Stammeinlage, kann sich der Übernehmer nicht auf Zahlungen betr. die früher gezeichneten Stammeinlagen berufen. Aber auch abgesehen hiervon wäre ein abweichendes Ergebnis unvereinbar mit dem Grund für die Zulassung der Aufstockung. Dem betreffenden Gesellschafter sollen dadurch nicht etwa Zahlungserleichterungen bei der Kapitalerhöhung eingeräumt, sondern es soll der Zersplitterung der Geschäftsanteile vorgebeugt werden[3].

2. Einmanngesellschaft (§ 7 **Abs.** 2 **S.** 3)

7 a) **Grundsatz.** Auch bei der Erhöhung des Kapitals einer Einmanngesellschaft durch Bareinlagen beträgt die gesetzliche Mindesteinzahlungspflicht ein Viertel. In Höhe der ausstehenden Einlagen hat der Alleingesellschafter wegen der hier fehlenden Ausfallhaftung der Mitgesellschafter (§ 24) nach § 56 a iVm § 7 Abs. 2 S. 3 hinsichtlich der die Mindesteinlage übersteigenden, bei Anmeldung der Kapitalerhöhung noch offenen Einlageverpflichtungen eine **Sicherung** zu bestellen (Rdn 10). Statt dessen kann er auch alsbald die *Volleinzahlung* der Stammeinlage bewirken. Da über die Mindesteinlage hinausgehende, freiwillige Mehrleistungen auf die Einlageschuld jedenfalls im Rahmen von Kapitalerhöhungen Tilgungswirkung haben (vgl. Rdn 18), kann der Registerrichter in derartigen Fällen nicht etwa die Anmeldung beanstanden und trotz vollständig bewirkter Einlage auf der Bestellung von Sicherungen bestehen. Das Erfordernis der Sicherungsbestellung gilt auch für Kapitalerhöhungen bei solchen Einmanngesellschaften, die schon länger als drei Jahre bestehen; die in § 19 Abs. 4 enthaltene zeitliche Begrenzung findet insoweit keine Anwendung[4].

8 b) **Anwendungsbereich.** Entscheidend für das Vorliegen einer Einmanngesellschaft ist entsprechend dem Normzweck des § 7 Abs. 2 S. 3 die **Zahl der Gesellschafter im Zeitpunkt der Eintragung** der Kapitalerhöhung, d. h. *nach* Übernahme des neuen Kapitals. Beteiligt sich ein neuer Gesellschafter an der Kapitalerhöhung, so wird dadurch auch eine Ausfallhaftung nach § 24 begründet; der Bestellung von Sicherungen bedarf es daher nicht[5]. Der *Nachweis* ist durch Vorlage der beglaubigten Übernahmeerklärung bei Anmeldung der Erhöhung zu führen (zum Freiwerden der Sicherungen bei späterem Beitritt eines weiteren Gesellschafters vgl. Rdn 12).

9 Für den Fall **späterer Vereinigung aller Anteile** in einer Hand oder daneben in der Hand der Gesellschaft ist eine Pflicht, die auf die Kapitalerhöhung entfallenden ausstehenden Einlagen entweder voll einzuzahlen oder für sie nachträglich eine Sicherung zu bestellen, im Unterschied zu der auf die *Gründung* bezogenen Vorschrift des § 19 Abs. 4 nicht vorgesehen. Wie das Fehlen einer Verweisung hierauf in § 56 a erkennen läßt, war ihre entsprechende Anwendung auf einen Dreijahreszeitraum nach jeweiliger Kapitalerhöhung nicht gewollt. Das entspricht dem **Regelungszweck des § 19**

[2] HM, vgl. BayObLG DB 1986, 738; Scholz/*Priester* 4; Baumbach/Hueck/*Zöllner* 2; Rowedder/*Zimmermann* 3; *Schoenes* NJW 1983, 375; aA *Pastor/Werner* DB 1968, 1935 f.

[3] BGHZ 63, 116, 118 = NJW 1975, 118.

[4] BayObLG ZIP 1986, 1112, 1113.

[5] So im Erg. auch Scholz/*Priester* 10.

Abs. 4, die Kapitalaufbringung bei Anteilsvereinigung nur dann besonders abzusichern, wenn sie in die stärker insolvenzgefährdete Anlaufphase von drei Jahren fällt (Ausschußbericht S. 73). Mit Rücksicht hierauf ist ihre *analoge Anwendung auf Kapitalerhöhungen* insoweit geboten, als nicht nur diese selbst, sondern auch eine darauf folgende Anteilsvereinigung noch in den Dreijahreszeitraum fallen. Die Nichteinhaltung der in § 19 Abs. 4 S. 1 vorgesehenen Dreimonatsfrist führt zur Einleitung des Auflösungsverfahrens nach § 144 b FGG iVm § 60 Abs. 1 Nr. 5 GmbHG (vgl. § 60, 50).

c) **Sicherungen.** Unter Sicherungen iS von § 7 Abs. 2 S. 3 sind ausweislich der **10**
Entstehungsgeschichte der Novelle 1980[6] nicht nur die in §§ 232, 239 BGB angeführten Sicherheiten, sondern auch ihnen wirtschaftlich gleichwertige Absicherungen zu verstehen. Neben dem Katalog der in §§ 232, 239 BGB genannten Sicherheiten ist dabei namentlich an die Sicherungsübereignung von Sachwerten an die GmbH zu denken. Darüber hinausgehend sind auch sonstige Sicherungen zuzulassen, darunter namentlich Bürgschaften außerhalb der Grenzen der §§ 232 Abs. 2, 239 BGB[7]. Sache der Registergerichte ist es, je nach Lage des Einzelfalls zu prüfen, wie groß das Risiko des Ausfalls der Einlageforderung ist und ob die nicht in § 232 BGB genannten, vom Einmann gestellten Sicherungen zu dessen Deckung ausreichen[8]. Die für das Gründungsstadium zu beachtenden, aus der fehlenden Rechtsfähigkeit der Einmann-Gründungsorganisation folgenden Schranken (§ 7, 67) sind bei Kapitalerhöhungen einer schon bestehenden Einmann-GmbH irrelevant.

Für die **Bestellung** der Sicherungen gelten entsprechende Grundsätze wie für das **11**
Bewirken der Bar- und Sacheinlagen (Rdn 13, 24 f). Sie muß vor Anmeldung der Kapitalerhöhung in der Weise erfolgen, daß die Sicherungen zur freien Verfügung der Geschäftsführer stehen und diese davon bei nicht fristgerechter Erfüllung der Einlageforderungen uneingeschränkt Gebrauch machen können. Werden die Sicherungen später unzureichend, so sind sie analog § 240 BGB zu ergänzen[9].

Die **Sicherungen werden frei** und können von dem sie stellenden Gesellschafter **12**
zurückgefordert werden, wenn der Sicherungszweck entweder durch *Erfüllung* der gesicherten Einlageforderungen oder durch *Beitritt* eines weiteren Gesellschafters und entsprechendes Aufleben der Ausfallhaftung des § 24 wegfällt[10]. Demgegenüber bildet der Ablauf der in § 19 Abs. 4 genannten Dreijahresfrist nach Gründung für sich genommen keinen Anlaß zur Freigabe der Sicherheiten, da der Sicherungszweck sich nicht allein durch Zeitablauf erledigt und die auf die Sicherungen vertrauenden Gläubiger andernfalls mangels entsprechender Erfüllungs- oder Haftungssurrogate ohne sachlichen Grund schlechtergestellt würden[11]. Auf die **unberechtigte Rückgabe** der Sicherungen vor Wegfall des Sicherungszwecks findet das Erlaßverbot des § 19 Abs. 2 entsprechende Anwendung. Der Aufhebungsvertrag ist nichtig. Es kann auch das Auflösungsverfahren nach § 144 b FGG eingeleitet werden.

3. Einzahlung

a) **Zahlungsarten.** Es gelten die gleichen Grundsätze wie im Gründungsstadium **13**
(vgl. näher § 7, 31 ff). Neben der Bareinzahlung kommt auch die **Gutschrift** auf einem

[6] Begr. RegE S. 32.
[7] Ganz hM, vgl. BayObLG DB 1988, 1846; OLG Celle GmbH-Rdsch. 1985, 195; Scholz/*Priester* 17; weit. Nachw. vgl. in § 7, 66.
[8] AA – gegen Bonitätsprüfung – wohl Scholz/*Winter* § 7, 42; Scholz/*Priester* 17.
[9] So auch Scholz/*Winter* § 7, 44.
[10] HM; vgl. Scholz/*Winter* § 7, 45; Scholz/*Priester* 18; *Deutler* GmbH-Rdsch. 1980, 147; *Geßler* BB 1980, 1388.
[11] So auch Scholz/*Winter* § 7, 45.

Konto der Gesellschaft oder die Hingabe eines bestätigten **Bundesbankschecks** in Betracht. Für die im Gründungsstadium zugelassene Überweisung auf ein Konto des Geschäftsführers (§ 7, 35) ist nach Entstehung der Gesellschaft kein Raum[12]. Die Hingabe von Wechseln oder nicht bestätigten Schecks ist keine Einzahlung iS von § 7 Abs. 2 S. 1; mit Rücksicht auf § 19 Abs. 5 kann sie als wirksame Leistung an Erfüllungs Statt gewertet werden. Tilgungswirkung tritt hier erst ein, wenn die Gesellschaft aufgrund derartiger Erfüllungssurrogate Zahlung erhält (§ 7, 32). Zum Aufrechnungsverbot gegenüber Forderungen aus der Veräußerung von Vermögensgegenständen an die Gesellschaft oder sonstigen vor Beschlußfassung über die Kapitalerhöhung entstandenen Gesellschaftsforderungen vgl. § 56, 9 und 41 ff. Im übrigen bleibt eine Verrechnung in den Grenzen des § 19 Abs. 2 S. 2 zulässig (§ 56, 48).

14 Bestehen **verschiedene Verbindlichkeiten** des Übernehmers gegenüber der Gesellschaft und unterläßt er es, im Zeitpunkt der Einzahlung eine Zweckbestimmung für diese anzugeben, so wird er – soweit nicht § 366 Abs. 2 BGB eingreift – durch nachträgliche auf die Einlageschuld bezogene *Tilgungsbestimmung* nur insoweit von ihr befreit, als entsprechende Mittel noch unverbraucht bei der Gesellschaft zur Verfügung stehen[13]. Zur Problematik vorzeitiger Einzahlungen vgl. Rdn 19 ff.

15 **Zahlungen durch Dritte** auf die Einlageforderung stehen der Leistung durch den Übernehmer gleich (§ 267 Abs. 1 BGB). Anderes gilt dann, wenn die Leistung mit Mitteln der Gesellschaft oder eines verbundenen Unternehmens (§ 55, 48) bewirkt wird[14].

16 **b) Freie Verfügung der Geschäftsführer.** Die Einzahlungen müssen so geleistet sein, daß sie **endgültig zur freien Verfügung der Geschäftsführer** stehen (§ 57 Abs. 2 S. 1). Der Zusatz „endgültig" ist durch die GmbH-Novelle 1980 neu eingefügt. Sachlich bedeutet er keine Veränderung gegenüber dem früheren Recht (vgl. dazu § 7, 46). Er stellt lediglich klar, daß die Gesellschaft nicht nur Berechtigter aus der Einzahlung, der Kontogutschrift u. a. werden muß, sondern daß sich auch keine Rückzahlungspflichten oder sonstige die Geschäftsführer faktisch bindende Verwendungsbeschränkungen mit der Einlageleistung verbinden dürfen. Daran fehlt es bei abredegemäßem Hin- und Herzahlen von Geld im Rahmen verdeckter Sacheinlagen (§ 19, 101 ff); die Einzahlung hat dann keine Tilgungswirkung[14a]. Einzahlungen auf ein *debitorisches Gesellschaftskonto* haben Erfüllungswirkung, wenn die Geschäftsführer mit Rücksicht auf die der Gesellschaft eingeräumte Kreditlinie in der Disposition über die Mittel nicht beschränkt sind[15]. Dient die Einzahlung zur Rückführung eines der Gesellschaft eingeräumten Kredits, so richtet sich die Beurteilung nach den Grundsätzen über Zahlungen des Einlageschuldners an Gesellschaftsgläubiger (Rdn 17).

17 Probleme im Hinblick auf das Erfordernis freier Verfügung wirft auch die auf Veranlassung der Geschäftsführer erfolgte **Zahlung des Einlageschuldners an Gesellschaftsgläubiger** auf. Sie hat nach hM zwar Tilgungswirkung nach § 362 Abs. 2 BGB, soweit es um die Erbringung der Resteinlagen geht, da diese von der Versicherung der Geschäftsführer nach §§ 8 Abs. 2 S. 1, 57 Abs. 2 S. 1 nicht umfaßt wird, und sofern die zu tilgende Forderung gegen die Gesellschaft vollwertig, fällig und liquide ist (vgl.

---

12 EnhM, vgl. Scholz/*Priester* 7; Baumbach/Hueck/*Zöllner* 5; Rowedder/*Zimmermann* 4.

13 BGHZ 51, 157, 161 f = NJW 1969, 840; BGH ZIP 1982, 1320; WM 1991, 454, 455; Scholz/*Priester* 8.

14 So zutr. LG Essen ZIP 1980, 194, für den Fall einer durch ein Darlehen der GmbH finanzierten Einzahlung.

14a So zutr. auch BGH NJW 1991, 1754 f.

15 HM, vgl. BGH NJW 1991, 226, 227; WM 1991, 454, 455; OLG Frankfurt ZIP 1984, 836, 837; o. § 7, 34 und 53; Scholz/*Winter* § 7, 35 iVm 30; *Priester* DB 1987, 1473 ff; *K. Schmidt* AG 1986, 106, 110.

näher § 7, 38; § 19, 44). Anderes soll demgegenüber hinsichtlich der zur endgültigen freien Verfügung der Geschäftsführer zu leistenden *Mindesteinlagen* bei Gründung oder Kapitalerhöhung gelten[16]. Diesem auf die Mindesteinlagen bezogenen Vorbehalt ist *nicht* zu folgen. Insoweit verkennt die hM, daß es für das Erfordernis der freien Verfügung nicht auf die gegenständliche, sondern auf die *wertmäßige* Dispositionsbefugnis der Geschäftsführer ankommt (vgl. § 7, 49; § 8, 31), und daß diese auch bei Tilgung vollwertiger, fälliger und liquider Forderungen gegen die GmbH auf Veranlassung der Geschäftsführer zu bejahen ist. Die Beweislast für das Vorliegen der Erfüllungsvoraussetzungen bei Zahlungen an Dritte trifft den Einlageschuldner, der sich hierauf beruft. – Eine *Einschränkung* gilt für solche Zahlungen des Einlageschuldners an Dritte, die im Ergebnis ihm selbst zugute kommen, sei es durch Rückführung mittelbarer Gesellschafterdarlehen, die Befreiung von einer Bürgschaftsverbindlichkeit o. ä.; sie haben als verdeckte Sacheinlagen (vgl. § 19, 101 ff) keine Erfüllungswirkung[17].

4. Freiwillige Mehrleistungen vor Eintragung

Die Tilgungswirkung freiwilliger, über die gesetzliche oder satzungsmäßige Mindest- **18**
einlage hinausgehender Mehrleistungen auf die Einlageschuld wurde in bezug auf das *Gründungsstadium* früher überwiegend davon abhängig gemacht, daß die betreffenden Leistungen bei Eintragung der Gesellschaft noch in Geld vorhanden waren. Demgegenüber hat sich in neuerer Zeit, mit Rücksicht auf die Sicherung der Unversehrtheit des Stammkapitals bei Eintragung durch die Vorbelastungshaftung der Gründer (§ 11, 81 ff), zu Recht die Auffassung durchgesetzt, daß die Tilgungswirkung dieser Leistungen unabhängig davon eintritt, ob die Mittel bei Eintragung noch unverändert vorhanden sind (vgl. näher § 7, 42). Für Einlageleistungen im Zuge einer **Kapitalerhöhung** war die Tilgungswirkung freiwilliger Mehrleistungen schon bisher überwiegend anerkannt, da entscheidend hierfür der effektive Zufluß der Einlageleistung in das Gesellschaftsvermögen ist und es anders als im Gründungsstadium auf die Unversehrtheit des (erhöhten) Stammkapitals im Eintragungszeitpunkt nicht ankommt (vgl. Voraufl. 17). Inzwischen entspricht diese Ansicht auch für das Gründungsstadium der ganz hM; auf die Fälligkeit der Einlageforderung kommt es für die Tilgungswirkung der hierauf vom Einlageschuldner oder von einem Dritten zu seinen Gunsten erbrachten Leistungen nicht an[18]. Die Erfüllung scheitert auch nicht etwa am Fehlen einer unbedingten Einlageverpflichtung vor Eintragung der Kapitalerhöhung[19]. Die Verpflichtung des Übernehmers ist vielmehr schon mit dem Abschluß des Übernahmevertrags in voller Höhe – wenn auch unter dem Vorbehalt der Eintragung – entstanden; sie kommt nur dann in Wegfall, wenn der Übernehmer wirksam zurücktritt oder die Eintragung aus anderen Gründen abgelehnt wird (§ 55, 76 f und 79).

---

16 HM, vgl. BGH NJW 1986, 989; OLG Stuttgart DB 1986, 1514; OLG Düsseldorf BB 1988, 2126, 2127; OLG Köln ZIP 1989, 238, 239; Lit.-Nachw. vgl. in § 7, 38 Fn 59.

17 So im Erg. auch BGH WM 1991, 454, 457 (wegen hier regelmäßig anzunehmender Leistung im Rahmen der eigenkapitalersetzenden Mithaftung des Einlageschuldners); nicht eindeutig BGH NJW 1991, 226, 227 f.

18 Vgl. Scholz/*Priester* 12; Baumbach/Hueck/*Zöllner* § 55, 22; Rowedder/*Zimmermann* 5; *Lutter/Hommelhoff* 2; *K. Schmidt* AG 1986, 115.

19 Zweifelnd für die über die gesetzliche Mindesteinlage hinausgehenden Mehrleistungen *Fleck* in Anm. zu LM § 55 GmbHG Nr. 4; *Wiedemann* GmbH-Rdsch. 1967, 146 f.

5. Voreinzahlung auf künftige Kapitalerhöhung

Schrifttum

Frey Einlagen in Kapitalgesellschaften (1990); *Hentze* Zur Problematik der „verdeckten" (verschleierten) Sacheinlage im Aktien- und GmbH-Recht, ZHR 154 (1990) 105; *Kutzer* Die Tilgung der Bareinlageschuld durch den GmbH-Gesellschafter, GmbH-Rdsch. 1987, 297; *Lamb* Die „Vorfinanzierung" von Kapitalerhöhungen durch Voreinzahlung auf eine künftige Einlageverpflichtung (1991); *Lutter/Hommelhoff/Timm* Finanzierungsmaßnahmen zur Krisenabwehr in der Aktiengesellschaft, BB 1980, 737; *Priester* Voreinzahlung auf Stammeinlagen bei sanierender Kapitalerhöhung, Festschrift Fleck (1988) S. 231; *Karsten Schmidt* Die sanierende Kapitalerhöhung im Recht der Aktiengesellschaft, GmbH und Personengesellschaft, ZGR 1982, 519; *Schneider/Verhoeven* Vorfinanzierung einer Barkapitalerhöhung?, ZIP 1982, 644.

19 a) **Fragestellung.** Vor allem in der Krise, bei bereits eingetretener oder kurz bevorstehender Zahlungsunfähigkeit oder Überschuldung, kann sich für die Gesellschaft ein *dringender Kapitalbedarf* ergeben; er kann eine Zuführung finanzieller Mittel seitens potentieller Übernehmer neuer Stammeinlagen schon *vor* der unverzüglich einzuberufenden Gesellschafterversammlung und der Durchführung der von ihr zu beschließenden Kapitalerhöhung erforderlich machen. Würden der Gesellschaft die zu ihrem Überleben erforderlichen Mittel zunächst als *Darlehen* zugeführt, so könnten sie anschließend nur im Wege der Sachkapitalerhöhung – noch dazu mit erheblichen Bewertungsabschlägen gegenüber dem Nominalbetrag (§ 56, 28) – wirksam in haftendes Kapital umgewandelt werden. Zu einem solchen Vorgehen wären die potentiellen Übernehmer wegen der damit für sie verbundenen Nachteile und Risiken meist nicht bereit. Es fragt sich daher, ob und unter welchen Voraussetzungen die dem Kapitalerhöhungsbeschluß vorausgehenden Zahlungen potentieller Übernehmer neuer Stammeinlagen als **vorweggenommene Bareinlage** zu werten sind und in vollem Umfang zur Tilgung der später begründeten Einlageverbindlichkeiten führen. Die Frage ist im Schrifttum umstritten (Rdn 20); in der höchstrichterlichen Rechtsprechung wurde sie bisher offengelassen (Rdn 21). Zwei ältere BGH-Urteile, die für die Tilgungswirkung darauf abstellten, daß der GmbH die Vorleistungen entweder im Zeitpunkt der Beschlußfassung über die Kapitalerhöhung[20] oder in demjenigen der Handelsregistereintragung[21] noch unverbraucht zur Verfügung gestanden haben, werden heute von der ganz hM mit Recht als überholt angesehen[22].

20 b) **Meinungsstand.** Die Tilgungswirkung von Vorleistungen auf noch nicht beschlossene und übernommene Kapitalerhöhungen ist im letzten Jahrzehnt im aktien- und GmbH-rechtlichen **Schrifttum** eingehend erörtert worden; dabei überwiegen zumal in den neueren Beiträgen die befürwortenden Stimmen. Den Anfang machten *Lutter/Hommelhoff/Timm* mit einer grundlegenden, auf das Aktienrecht bezogenen Stellungnahme[23]. Analog § 235 Abs. 1 S. 2 AktG sahen sie Vorleistungen auf künftige Kapitalerhöhungen einer AG auch ohne gleichzeitigen, in § 235 AktG vorausgesetzten Kapitalschnitt dann als tilgungsgeeignet an, wenn die Voreinzahlung durch eine akute Krise der Gesellschaft veranlaßt war, wenn sie eindeutig als zinsfreie Einlageleistung gekennzeichnet war und wenn für den beim Scheitern der geplanten Kapitalerhöhung entste-

[20] So BGH NJW 1967, 44 unter wenig überzeugender Gleichsetzung von Kapitalerhöhung und Gründung (dazu krit. schon *Wiedemann* GmbH-Rdsch. 1967, 147).

[21] So BGHZ 51, 157, 159 = NJW 1969, 840; vgl. dazu jetzt Rdn 18.

[22] Vgl. nur Scholz/*Priester* 13 f; *K. Schmidt* ZGR 1982, 529.

[23] *Lutter/Hommelhoff/Timm* BB 1980, 737, 744 ff.

henden Rückzahlungsanspruch ein Rangrücktritt gegenüber den sonstigen Gesellschaftsverbindlichkeiten vereinbart wurde. Diese Ansicht ist im Aktien- und GmbH-Recht zunächst teils auf Zustimmung[24], teils auf Ablehnung[25] gestoßen. In neuerer Zeit wurde sie vor allem von *Priester* dahingehend weiterentwickelt, daß zusätzlich auf einen engen zeitlichen Zusammenhang zwischen Vorleistung und anschließender Kapitalerhöhung abzustellen sei und daß die Offenlegung und Prüfung der Vorleistungen im Rahmen der Eintragung der Kapitalerhöhung gesichert sein müsse[26].

In der **Rechtsprechung** stieß die Zulassung von Vorleistungen im Rahmen von Barkapitalerhöhungen bei einigen Instanzgerichten auf Zustimmung[27]; es gab auch eine ablehnende Entscheidung[28]. Der BGH hat die Frage in zwei Urteilen ausdrücklich dahingestellt gelassen[29]. Darin ist jedenfalls eine Distanzierung gegenüber den früheren, als eindeutige Ablehnung verstandenen Urteilen (vgl. Rdn 19 aE) zu sehen; sie könnte auf einen künftig bevorstehenden Beurteilungswandel hindeuten. **21**

c) **Stellungnahme.** In Übereinstimmung mit den befürwortenden Stimmen des neueren Schrifttums sind Vorleistungen unter bestimmten, der Gefahr der Umgehung der Sacheinlagebestimmungen entgegenwirkenden Voraussetzungen (vgl. näher Rdn 23) als zulässig und **tilgungsgeeignet** zu beurteilen; die restriktivere Haltung der Voraufl. (Rdn 18) wird aufgegeben. Die Zulässigkeit ergibt sich aus der zutreffenden, von der Zweckbestimmung der Mittelzuführung abhängigen Unterscheidung zwischen der Gewährung von (Gesellschafter-)Darlehen und der Erbringung von Vorauszahlungen auf künftige Einlageverbindlichkeiten aus der Übernahme neuer Stammeinlagen[30] sowie daraus, daß es für die befreiende Wirkung von Mehrleistungen auf neu übernommene Stammeinlagen zwar auf den effektiven Zufluß dieser Mittel als Einlageleistung bei der GmbH, nicht aber auf ihr unverbrauchtes Vorhandensein im Zeitpunkt der Eintragung der Kapitalerhöhung ankommt (vgl. Rdn 18). Die Problematik verkürzt sich somit einerseits auf die Umkehrung der Reihenfolge zwischen Kapitalerhöhung, Übernahme neuer Stammeinlagen und Erbringung der hierauf geschuldeten Einlagen, andererseits auf die Gewährleistung von Publizität und Registerkontrolle der Vorleistungen zur Vermeidung der Gefahr verdeckter Sacheinlagen. Demgegenüber kommt es auf die problematische Analogie zu § 235 Abs. 1 AktG[31] nicht an. **22**

Entsprechend den in Rdn 22 genannten Wertungsgrundlagen ist die Tilgungswirkung von Vorleistungen von den folgenden **Voraussetzungen** abhängig zu machen[32]. Es muß (1) ein *zeitlicher Zusammenhang* zwischen Vorleistung und nachfolgender Kapitalerhöhung in dem Sinn gegeben sein, daß im Zeitpunkt der Vorleistung konkrete **23**

---

[24] *K. Schmidt* ZGR 1982, 529 f; Scholz/*Priester* 14; *Lutter/Hommelhoff* § 56, 6; *Hefermehl/Bungeroth* in Geßler/Hefermehl AktG § 183, 27 ff; *Lutter*-KölnKommAktG² § 188, 22 ff; im Erg. auch *Priester* Festschrift Fleck S. 231 ff; *Henze* ZHR 154 (1990) 124 ff; *Lamb* Voreinzahlungen S. 29 ff.

[25] So insbes. *Schneider/Verhoeven* ZIP 1982, 644 ff; *Frey* Einlagen S. 191 ff; der Sache nach auch Voraufl. 18 (*Ulmer*); Baumbach/Hueck/*Zöllner* 6; Rowedder/*Zimmermann* 6; *Meyer-Landrut*/Miller/Niehus 4; *Kutzer* GmbH-Rdsch. 1987, 298; *Wilhelm* ZHR 152 (1988) 342 Fn 31.

[26] *Priester* Festschrift Fleck S. 237 ff, 249 ff; vgl. jetzt auch *Lamb* Voreinzahlungen S. 62 ff.

[27] OLG Düsseldorf ZIP 1981, 847, 855 ff und WM 1981, 960, 963 ff; im Grundsatz auch OLG Hamm ZIP 1986, 1321 f und GmbH-Rdsch. 1991, 198, 199.

[28] LG Düsseldorf ZIP 1986, 1251, 1253.

[29] BGH WM 1982, 862, 866; BGHZ 96, 231, 242 = NJW 1986, 837. So auch OLG Düsseldorf BB 1989, 1710, 1711 und ZIP 1991, 161, 167.

[30] Vgl. *Priester* Festschrift Fleck S. 240 f; *Lamb* Voreinzahlungen S. 45 f; aA *Schneider/Verhoeven* ZIP 1982, 646 f; *Kutzer* GmbH-Rdsch. 1987, 296.

[31] Krit. dazu schon *Schneider/Verhoeven* ZIP 1982, 647; eingehend jetzt *Lamb* Voreinzahlungen S. 52 f unter Hinweis auf die strukturellen Besonderheiten der in § 235 AktG geregelten Kapitalerhöhung.

[32] Zum Folgenden vgl. näher *Lamb* Voreinzahlungen S. 66 ff, 91 ff, 97 ff, 128 ff.

Schritte für die nachfolgende Kapitalerhöhung eingeleitet sind, insbes. die Gesellschafterversammlung einberufen oder deren Beschlußfassung entsprechend der Kompetenzaufteilung in der betroffenen Gesellschaft vorbereitet ist[33]. Es muß (2) der *Zweck* der Zahlung schon im Zeitpunkt ihrer Erbringung eindeutig und für Dritte nachprüfbar *als Voreinzahlung* auf die bevorstehende Kapitalerhöhung bestimmt sein[34]; damit erledigen sich zugleich die von anderer Seite genannten Erfordernisse der Zinsfreiheit und des Rangrücktritts eines dem Leistenden etwa zustehenden Anspruchs gegen die Gesellschaft. Schließlich müssen (3) durch *Offenlegung* der Vorleistungen im Kapitalerhöhungsbeschluß und hierauf bezogene Versicherung der Anmelder *Publizität und Registerkontrolle* der Voreinzahlung gewährleistet sein[35]. Demgegenüber bildet die *Krise* der Gesellschaft, auch wenn sie bei Voreinzahlungen dieser Art typischerweise gegeben sein wird, keine Tilgungsvoraussetzung[36]; ihr Vorliegen oder Fehlen ist nicht geeignet, zur Abgrenzung zwischen wirksamen Voreinzahlungen und verdeckten Sacheinlagen beizutragen.

III. Sacheinlagen (§ 7 Abs. 3)

1. Sacheinlagen ieS

24 Sacheinlagen ieS (zum Begriff vgl. § 5, 21) sind ebenso wie bei der Gründung **vollständig vor Anmeldung der Kapitalerhöhung zu bewirken** und müssen endgültig zur freien Verfügung der Geschäftsführer stehen (vgl. näher § 7, 44 f). Schwierigkeiten bei Übertragung der einzubringenden Sachen, die sich im Gründungsstadium wegen der fehlenden Rechtsfähigkeit der Gesellschaft ergeben können, entfallen im Zusammenhang mit Kapitalerhöhungen, da die Gesellschaft zu diesem Zeitpunkt schon als juristische Person entstanden ist. Zur Behandlung von Mischeinlagen vgl. Rdn 5.

2. Sachübernahmen

25 Für sie bringt § 56 a iVm § 7 Abs. 3 eine **Änderung des früheren Rechts**[37]. Während bis 1980 in derartigen Fällen eine Einzahlung von 25% auf die Stammeinlage als ausreichend angesehen und es den Beteiligten überlassen wurde, zu bestimmen, wann die Ausführungsgeschäfte für die Sachübernahme erfolgen sollten (vgl. § 5, 100), kennt § 7 Abs. 3 mit seiner Forderung nach vollständiger Bewirkung der Sacheinlagen vor Anmeldung keine Unterscheidung zwischen den verschiedenen Formen der Sacheinlage (§ 56, 5 ff); das entspricht der Vollanrechnung des Nominalbetrags der betreffenden Stammeinlagen auf die nach § 7 Abs. 2 S. 2 geforderte Gesamt-Mindesteinlage bei der Gründung. Dementsprechend muß im Fall von Sachübernahmen nicht nur die Überlassung der betreffenden Vermögensgegenstände an die Gesellschaft, sondern auch die *Verrechnung* des Veräußerungserlöses mit der Einlageforderung schon **vor Anmeldung** der Gesellschaft erfolgt sein[38]. Die Aufrechnung scheitert entgegen RG JW 1938, 1400 auch nicht etwa daran, daß die Einlageforderung bis zur Eintragung der Kapitalerhöhung mangels abweichender Satzungsregelung noch nicht voll durchsetzbar

---

33 Vgl. *Lamb* S. 66 f; ähnlich *Priester* Festschrift Fleck S. 248 f.

34 So zutr. *Lamb* S. 67 ff, 70; vgl. auch *Priester* Festschrift Fleck S. 240 f.

35 So eingehend *Priester* Festschrift Fleck S. 249 ff; *Lamb* S. 91 f, 97 ff, 111 ff.

36 Zutr. *Lamb* S. 93 ff; aA neben *Lutter/Hommelhoff/Timm* BB 1980, 745, auch *Priester* Festschrift Fleck S. 237, 241 f; *Henze* ZHR 154 (1990) 125 f.

37 So auch Scholz/*Priester* 20.

38 HM, vgl. Scholz/*Winter* § 7, 34; Baumbauch/*Hueck* § 5, 41; Rowedder/*Rittner* § 7, 37; einschr. *Lutter/Hommelhoff* § 5, 31 f; aA *Roth* § 19, 6.3 unter b.

ist[39]. Neben der Verrechnung von Veräußerungserlös und Einlageforderung bedarf es abweichend vom früheren Recht nicht auch noch der Mindesteinzahlung von 25% auf die Stammeinlage.

IV. Einlageleistung und Gleichbehandlungsgrundsatz

1. Die Einforderung der Einlagen

Nach § 19 Abs. 1 sind die **Einzahlungen** auf die Stammeinlagen nach deren Verhältnis, d. h. also **gleichmäßig** von den Gesellschaftern zu leisten. Die Vorschrift gilt nach einhM für alle Geldeinlageverpflichtungen, auch für solche aus Kapitalerhöhungen[40]. Stehen im Zeitpunkt einer Kapitalerhöhung noch Einzahlungen auf das bisherige Kapital aus, so gilt sie auch im Verhältnis von **Alt- und Neueinlagen**[41]. Da § 19 Abs. 1 dispositiv ist, kann der Kapitalerhöhungsbeschluß mit Zustimmung aller betroffenen Gesellschafter (§ 53, 64 f) Abweichendes festsetzen. Die frühere Streitfrage, welche Wirkungen die in § 7 Abs. 2 aF vorgeschriebene, für Stammeinlagen unter 1000 DM geltende Mindestgrenze von 250 DM wegen § 19 Abs. 1 auf die Einlagepflicht von Gesellschaftern mit höheren Stammeinlagen hat, ist durch Streichung der absoluten Mindestgrenze im Zuge der GmbH-Novelle 1980 (Rdn 1) erledigt. 26

Für **gemischte Sachkapitalerhöhungen** gilt der Gleichbehandlungsgrundsatz des § 19 Abs. 1 nicht (vgl. näher § 19, 19 ff). Das folgt schon aus den unterschiedlich festgesetzten Mindesteinlagen vor Anmeldung nach § 7 Abs. 2 S. 1 und Abs. 3. Sind bei einer Kapitalerhöhung von einem Teil der Übernehmer Sacheinlagen, von einem anderen Geldeinlagen zu erbringen, so ist es Sache des Kapitalerhöhungsbeschlusses, für einen Ausgleich angesichts der unterschiedlichen Mindesteinlagepflichten zu sorgen oder vollständige Leistung vor Anmeldung auch für die Geldeinleger vorzuschreiben. 27

2. Vollstreckung in Einlageforderungen

Eine Pfändung von Einlageforderungen ist nach ganz hM nur unter der Voraussetzung zulässig, daß entweder (ein bei Pfändung nur selten in Betracht kommender Fall) der Anspruch des pfändenden Gläubigers gegen die GmbH vollwertig ist oder daß diese sich in Liquidation befindet und die Sicherung der Kapitalaufbringung zugunsten der Gläubigergesamtheit nach Sachlage nicht mehr erforderlich ist (vgl. § 19, 123). Ist eine dieser Voraussetzungen erfüllt und hat der Gläubiger einen Pfändungs- und Überweisungsbeschluß hinsichtlich der Einlageforderung gegen *einen* Gesellschafter erwirkt, so kann ihm der **Gleichbehandlungseinwand des § 19 Abs. 1 nicht entgegengehalten** werden[42]. In derartigen Fällen muß dem durch die Kapitalsicherungsvorschriften des GmbH-Rechts bezweckten **Gläubigerschutz Vorrang** vor dem Gleichbehandlungsgrundsatz zukommen, da andernfalls die Rechtsverfolgungsschwierigkeiten für Gesellschaftsgläubiger namentlich nach Auflösung der Gesellschaft unzumutbar wären[43]. Dem ist durch restriktive Auslegung von § 19 Abs. 1 und dessen Nichtanwendung gegenüber pfändenden Gläubigern Rechnung zu tragen. Es bleibt den betroffenen Gesellschaftern überlassen, für den ihnen im Innenverhältnis zustehenden Ausgleich zu sorgen. 28

---

39 Vgl. § 55, 76; so auch *Boesebeck* JW 1938, 1401.

40 Vgl. § 19, 13 f; so auch Scholz/*Priester* 6.

41 Str., vgl. § 19, 15; so auch Scholz/*Winter* § 19, 6.

42 Vgl. § 19, 24 und 124; so auch BGH NJW 1980, 2253 und Scholz/*Winter* § 19, 23 entgegen der früher hM.

43 So überzeug. BGH NJW 1980, 2253.

§ 57

Die beschlossene Erhöhung des Stammkapitals ist zur Eintragung in das Handelsregister anzumelden, nachdem das erhöhte Kapital durch Übernahme von Stammeinlagen gedeckt ist.

In der Anmeldung ist die Versicherung abzugeben, daß die Einlagen auf das neue Stammkapital nach § 7 Abs. 2 Satz 1 und 3, Abs. 3 bewirkt sind und daß der Gegenstand der Leistungen sich endgültig in der freien Verfügung der Geschäftsführer befindet. Für die Anmeldung findet im übrigen § 8 Abs. 2 Satz 2 entsprechende Anwendung.

Der Anmeldung sind beizufügen:

1. die in § 55 Abs. 1 bezeichneten Erklärungen oder eine beglaubigte Abschrift derselben;

2. eine von den Anmeldenden unterschriebene Liste der Personen, welche die neuen Stammeinlagen übernommen haben; aus der Liste muß der Betrag der von jedem übernommenen Einlage ersichtlich sein;

3. bei einer Kapitalerhöhung mit Sacheinlagen die Verträge, die den Festsetzungen nach § 56 zugrunde liegen oder zu ihrer Ausführung geschlossen worden sind.

Für die Verantwortlichkeit der Geschäftsführer, welche die Kapitalerhöhung zur Eintragung in das Handelsregister angemeldet haben, finden § 9a Abs. 1 und 3, § 9b entsprechende Anwendung.

Übersicht

Schrifttum

Baums Eintragung und Löschung von Gesellschafterbeschlüssen (1981); *Böhringer* Erfordernisse der Anmeldung einer Kapitalerhöhung bei einer GmbH, BWNotZ 1988, 129; *Lutter* Gescheiterte Kapitalerhöhungen, Festschrift Schilling (1973) S. 207; *Lutter/Friedewald* Kapitalerhöhung, Eintragung im Handelsregister und Amtslöschung, ZIP 1986, 691; *Schleyer* Die unwirksame Kapitalerhöhung, AG 1957, 145.

I. Einführung

1. Inhalt der Vorschrift

§ 57 regelt die materiellen und formellen Erfordernisse für die **Anmeldung der Kapitalerhöhung** als Voraussetzung für die Eintragung des Kapitalerhöhungsbeschlusses und damit auch für sein Wirksamwerden (§ 54 Abs. 3). – Im einzelnen stellt **Abs. 1** in Übereinstimmung mit § 55 Abs. 1 klar, daß das erhöhte Kapital vor Anmeldung des Erhöhungsbeschlusses vollständig gezeichnet sein muß. Die im Aktienrecht vorgesehene Aufspaltung in Anmeldung des Beschlusses und Anmeldung der Durchführung der Kapitalerhöhung (vgl. §§ 184, 188 AktG) findet im GmbH-Recht keine Entsprechung. **Abs. 2** bestimmt den Inhalt der von den Geschäftsführern bei der Anmeldung abzugebenden Versicherung über die Mindesteinlagen im wesentlichen übereinstimmend mit der Regelung des § 8 Abs. 2 über die Versicherung bei Anmeldung der Gründung. **Abs. 3** nennt diejenigen der Anmeldung beizufügenden Anlagen, die zusätzlich zu den allgemein für die Anmeldung von Satzungsänderungen geltenden Erfordernissen (vgl. § 54, 14 ff) im Fall der Kapitalerhöhung einzureichen sind. **Abs. 4** schließlich regelt durch Verweisung auf das Gründungsrecht die Haftung der Geschäftsführer für die Richtigkeit und Vollständigkeit der zum Zweck der Kapitalerhöhung gemachten Angaben. 1

2. Verhältnis zu § 54

Die Kapitalerhöhung bildet einen **Sonderfall der Satzungsänderung**. Daher finden die Vorschriften des § 54 über Anmeldung und Eintragung von Satzungsänderungen ergänzend auch hier Anwendung, soweit die §§ 57, 57 b, keine Abweichungen enthalten (so für das Verhältnis zwischen den §§ 53, 55 auch § 55, 1 und 10). Eine solche Abweichung findet sich in § 57 b S. 2 (vgl. § 57 b, 3), während § 57 sich darauf beschränkt, *zusätzliche* Anforderungen für die Anmeldung von Kapitalerhöhungen aufzustellen. 2

3. Reform

Durch die **GmbH-Novelle 1980** ist der Wortlaut des § 57 teilweise neu gefaßt (Abs. 2 und 4), teilweise ergänzt worden (Abs. 3 Nr. 3). Sachliche Änderungen verbinden sich damit nur in beschränktem Maße; auch beruhen diese überwiegend nicht auf der Neufassung des § 57, sondern auf derjenigen der darin in Bezug genommenen Vorschriften des Gründungsrechts (vgl. insbes. § 7 Abs. 2 S. 3 über die Bestellung von Sicherungen für ausstehende Einlagen im Fall einer Einmanngesellschaft). Zur Übergangsregelung für die Mindesteinzahlungen vgl. Voraufl. § 56 a, 24 f. 3

II. Anmeldung

1. Materielle Voraussetzungen

a) **Übernahme der Stammeinlagen.** Die Anmeldung darf erst erfolgen, nachdem das erhöhte Kapital *vollständig* durch von der Gesellschaft angenommene Übernahmeerklärungen gezeichnet ist (vgl. § 55, 59). Abweichendes gilt, wenn der Kapitalerhöhungsbeschluß erkennbar auf einen **Höchstbetrag** lautet und die tatsächlich erreichte Zeichnungssumme sich innerhalb seiner Grenzen hält (§ 55, 13). In sonstigen Fällen von Differenzen zwischen Erhöhungsbetrag und Zeichnungssumme hat der Registerrichter die Anmeldung zurückzuweisen, falls die Anmelder dem Mangel nicht aufgrund der gerichtlichen Beanstandung abhelfen (§ 55, 80 f; dort auch zur Rechtslage bei 4

Eintragung trotz Über- oder Unterschreitung des Erhöhungsbetrags durch das Zeichnungsergebnis).

5 b) **Bewirkung der Mindesteinlagen.** Die Mindesteinlagen müssen nach § 56 a iVm § 7 Abs. 2 S. 1, Abs. 3 vor Anmeldung der Kapitalerhöhung in der Weise erbracht sein, daß sie endgültig zur freien Verfügung der Geschäftsführer stehen. Entsprechendes gilt für die nach § 56 a iVm § 7 Abs. 2 S. 3 vorgeschriebene Bestellung von Sicherungen bei Kapitalerhöhungen in einer Einmanngesellschaft. Näheres vgl. in § 56 a, 4 ff, 7 ff, 24 f.

2. Gegenstand und Form

6 a) **Kapitalerhöhung.** Nach Abs. 1 ist Gegenstand der Anmeldung die „beschlossene Erhöhung des Stammkapitals". Gemeint ist damit der *Erhöhungsbeschluß*; die Übernahmeerklärungen sind ihm nach Abs. 3 Nr. 1 beizufügen. Aus den in § 54, 6 genannten Gründen genügt bei der Anmeldung mit Rücksicht auf die Beifügung des notariellen Beschlußprotokolls (Rdn 17) die *schlagwortartige Bezeichnung* ihres Gegenstands. Eine Einzelangabe des Erhöhungsbetrags sowie der etwaigen Sacheinlagen ist in der Anmeldungserklärung nicht erforderlich. Lautet der Kapitalerhöhungsbeschluß allerdings auf einen Höchstbetrag, so muß in der Anmeldung deutlich zum Ausdruck kommen, in welchem Umfang das Kapital entsprechend der Zeichnungssumme erhöht werden soll (§ 55, 13). Mit dieser Angabe und der sich anschließenden Eintragung ist der Erhöhungsbeschluß „verbraucht"; weitere Anmeldungen einer Kapitalerhöhung im Rahmen des zunächst nicht ausgeschöpften Höchstbetrags sind ausgeschlossen (§ 55, 13).

7 b) **Versicherung der Geschäftsführer (Abs. 2).** Zur Rechtsnatur der bei der Anmeldung abzugebenden Versicherung der Geschäftsführer als Anmelder und zu ihrem Inhalt vgl. allgemein schon § 8, 25 ff. Änderungen in der Person der Geschäftsführer während des Eintragungsverfahrens erfordern keine Wiederholung der Versicherung, wenn diese bei Anmeldung formell ordnungsmäßig abgegeben war und sich seither keine Veränderungen bezüglich des Inhalts der Versicherung ergeben haben (§ 8, 26).

8 Gegenstand der in **Abs. 2 S. 1** vorgeschriebenen Versicherung ist die Erklärung, daß die vor Anmeldung zu bewirkenden **Mindesteinlagen**, d. h. also ein Viertel der Geldeinlagen sowie sämtliche Sacheinlagen, ordnungsgemäß an die Gesellschaft geleistet sind und sich endgültig in der freien Verfügung der Geschäftsführer befinden. Die *neuere Rechtsprechung* läßt insoweit die Versicherung, es seien auf den jeweiligen Erhöhungsbetrag mindestens 25% bezahlt, nicht genügen. Vielmehr verlangt sie die Angabe konkreter ziffernmäßiger Beträge hinsichtlich der von jedem Übernehmer geleisteten Zahlungen und dehnt den Inhalt der gesetzlich vorgeschriebenen Versicherung zusätzlich auf die Art und Weise der Leistungsbewirkung aus[1]. Dem ist hinsichtlich der Höhe der eingezahlten Beträge zuzustimmen, da Mindestangaben anstelle der konkreten Bezifferung der geleisteten Einlagen dem Registergericht nicht ohne weiteres die erforderlichen eindeutigen Informationen für seine Prüfungstätigkeit verschaffen[2]; anderes gilt im Fall jeweiliger Volleinzahlung[3]. Dagegen geht die Forderung, stets auch die Art und Weise der Einlageleistung in die Versicherung einzubeziehen, zu weit; sie

---

[1] BayObLGZ 1979, 458, 460 f = DB 1980, 438; OLG Hamm DB 1982, 945 und WM 1987, 406; OLG Düsseldorf DNotZ 1986, 179 f; OLG Celle GmbH-Rdsch. 1986, 309.

[2] Ebenso Scholz/*Winter* § 8, 23; Baumbach/Hueck/*Zöllner* 7; *Roth* § 8, 3; aA Scholz/*Priester* 8 f; Rowedder/*Zimmermann* 6; *Kanzleiter* DNotZ 1980, 649 f (Versicherung, daß die jeweilige Mindesteinlage geleistet ist, reicht aus).

[3] So zutr. OLG Düsseldorf GmbH-Rdsch. 1986, 267; Baumbach/Hueck/*Zöllner* 7.

würde namentlich bei umfangreichen Sacheinlagen zu erheblichen Problemen führen[4]. Hat der Registerrichter Anlaß zu Zweifeln an der ordnungsmäßigen Einlageleistung, so kann er zusätzliche Informationen von den Geschäftsführern anfordern (§ 57 a, 6).

Dem durch die GmbH-Novelle 1980 neu aufgenommenen Zusatz **endgültig** kommt keine eigenständige Bedeutung zu. In inhaltlicher Übereinstimmung mit dem bisherigen Recht stellt er klar, daß eine vorübergehende, auf den Zeitpunkt der Anmeldung bezogene Überlassung der Einlagegegenstände an die Gesellschaft nicht ausreicht. Daß die Einlagegegenstände sich im Zeitpunkt der Anmeldung oder Eintragung noch unverändert und unverbraucht im Vermögen der Gesellschaft befinden, ist nicht erforderlich. Sie müssen diesem allerdings in der vorgeschriebenen Höhe zwischen Erhöhungsbeschluß und Anmeldung zugeflossen sein (vgl. auch § 56 a, 18 zur Tilgungswirkung freiwilliger Mehrleistungen). **9**

Nach **Abs. 2 S. 2** iVm § 8 Abs. 2 S. 2 hat sich die Versicherung bei Einmanngesellschaften auch auf die Bestellung der in § 7 Abs. 2 S. 3 vorgesehenen **Sicherungen** zu erstrecken, wenn der Erhöhungsbetrag nicht schon bei Anmeldung voll geleistet ist. **10**

c) **Einzahlungsbestätigung des Kreditinstituts.** Der in §§ 37 Abs. 1 S. 2 und 3, 188 Abs. 2 S. 1 AktG zusätzlich geforderte Nachweis der Einlageleistung der *Aktionäre* zur freien Verfügung des Vorstands durch Vorlage einer schriftlichen Bestätigung des kontoführenden Kreditinstituts ist in das GmbH-Recht **nicht übernommen** worden; vielmehr sollte die Kontrolle der Richtigkeit der entsprechenden Versicherungen der Geschäftsführer beim Bestehen von Zweifeln dem Registergericht überlassen bleiben (§ 9 c, 28 f; § 57 a, 6). Legen die Geschäftsführer im Zuge der Anmeldung jedoch von sich aus oder aufgrund einer entsprechenden Anforderung des Registergerichts eine derartige Einzahlungsbestätigung des Kreditinstituts vor und ist diese objektiv unrichtig, so **haftet das Kreditinstitut analog § 37 Abs. 1 S. 4 AktG** jedenfalls dann, wenn es die Unrichtigkeit der Bestätigung bei ihrer Abgabe kannte[4a]. **10a**

d) **Form.** Die Form der Anmeldung und der dabei abzugebenden Versicherung bestimmt sich nach § 12 Abs. 1 HGB. Erforderlich ist *öffentliche Beglaubigung*; das gleiche gilt nach § 12 Abs. 2 HGB für Vollmachten (§ 54, 7 und 9). **11**

3. Anlagen (Abs. 3)

a) **Übernahmeerklärungen (Nr. 1).** Zu Inhalt und Form der Übernahmeerklärung vgl. § 55, 61 ff und § 56, 24 f. Bei der Anmeldung genügt nach Abs. 3 Nr. 1 die Beifügung einer beglaubigten Abschrift. Sind die Übernahmeerklärungen bereits im Beschlußprotokoll enthalten (§ 55, 62), so reicht dessen – nach § 54 ohnehin erforderliche (Rdn 17) – Beifügung aus; einer zusätzlichen Abschrift der die Übernahmeerklärung betreffenden Teile des Protokolls bedarf es nicht. Die Annahmeerklärungen der Gesellschaft gegenüber den Übernehmern brauchen der Anmeldung nicht beigefügt zu werden; sie ergeben sich mittelbar aus der in Abs. 3 Nr. 2 vorgeschriebenen Liste. **12**

b) **Liste der Übernehmer (Nr. 2).** Sie muß einerseits die **Personen** enthalten, die die neuen Stammeinlagen übernommen haben. Dazu bedarf es nach der auch hier geltenden Regelung des § 8 Abs. 1 Nr. 3 der Angabe von Namen, Vornamen, Stand (Beruf) und Wohnort (nicht Anschrift) der Übernehmer[5]. Das gilt auch für Übernehmer, die schon bisher Gesellschafter waren. Bei einer Handelsgesellschaft, auch einer OHG oder KG, genügt die Angabe von Firma und Sitz (vgl. näher § 8, 7). Bei einer Gesellschaft **13**

---

4 So zutr. Scholz/*Priester* 8; Rowedder/*Zimmermann* 6.

4a BGH NJW 1991, 1754, 1757 ff.

5 So auch Scholz/*Priester* 15.

bürgerlichen Rechts bedarf es zur Identifizierung regelmäßig der Angabe der Namen aller Gesellschafter, bei einer Erbengemeinschaft derjenigen aller Erben[6].

14 Die Liste muß ferner den Betrag der von jedem Übernehmer gezeichneten **Stammeinlage**, im Fall der Aufstockung von Geschäftsanteilen (§ 55, 22) den Aufstockungsbetrag, enthalten. Angaben darüber, ob Geld- oder Sacheinlagen zu leisten waren und in welcher Höhe die Leistungen erbracht sind, müssen aus der Liste nicht ersichtlich sein (§ 8, 9). Sie ist von den Anmeldenden, d. h. allen Geschäftsführern oder ihren Bevollmächtigten (Rdn 16), zu **unterschreiben.**

15 c) **Zusatzerfordernisse bei Sacheinlagen** (Nr. 3). Die Vorschrift der Nr. 3 ist nach aktienrechtlichem Vorbild (§ 37 Abs. 4 Nr. 2 AktG) neu aufgenommen worden. Sie fordert bei Sachkapitalerhöhungen die Beifügung der Verträge, die der Festsetzung nach § 56 zugrunde liegen, d. h. also der Verpflichtungsgeschäfte, sowie der zu ihrer Ausführung geschlossenen Verfügungsgeschäfte. Nach hM bedarf es der Beifügung allerdings nur, wenn die entsprechenden Verträge schriftlich oder notariell geschlossen sind; ein Formzwang soll durch die Beifügungspflicht nicht begründet werden[7]. Dem ist für die Ausführungsgeschäfte zuzustimmen. Demgegenüber ist hinsichtlich der *Verpflichtungsgeschäfte* zu differenzieren. Eine Beifügung kommt bei ihnen überhaupt nur dann in Betracht, wenn die Sachkapitalerhöhung nicht durch Sacheinlagen ieS, sondern durch *Sachübernahmen* zu bewirken ist und es daher neben dem Übernahmevertrag und der darin enthaltenen Verrechungsabrede des Abschlusses weiterer Vereinbarungen zwischen den Beteiligten bedarf. Insoweit sollte dann aber auch die Dokumentation im Rahmen der Anmeldung vollständig sein (vgl. auch Rdn 16). Das bedeutet zwar keinen Formzwang für die entsprechenden Rechtsgeschäfte; wohl aber müssen die Anmelder eine Aufzeichnung über den Inhalt der Verträge erstellen, wenn diese selbst formlos geschlossen worden sind.

16 Die Notwendigkeit einer Dokumentation der Verpflichtungsgeschäfte im Fall von Sachübernahmen ergibt sich auch daraus, daß das Kapitalerhöhungsrecht im Unterschied zum Gründungsrecht (§ 5 Abs. 4 S. 2) **keinen Sacheinlagebericht** verlangt (str., vgl. § 56, 49) und abweichend von § 8 Abs. 1 Nr. 5 auch nicht generell die Beifügung von Unterlagen über den Wert der Sacheinlagen bei der Anmeldung vorschreibt[8]. Das deckt sich mit der Regelung des § 183 AktG und bringt zum Ausdruck, daß für Sacheinlagen im Fall einer bereits *bestehenden* Gesellschaft weniger strenge Verfahrensregeln gelten als für Sachgründungen. Im übrigen ist es Sache der Registergerichte, im Rahmen ihrer Kontrollfunktion die Vorlage der für die Bewertung der Sacheinlagen erforderlichen Unterlagen zu verlangen (vgl. § 57 a, 8 f). Wertnachweise sind danach regelmäßig bei nicht vertretbaren Sachen, Immaterialgütern, Beteiligungen u. a. als Sacheinlagen zu erbringen (§ 57 a, 10).

17 d) **Sonstige Anlagen.** Die Notwendigkeit der Beifügung weiterer Anlagen ergibt sich aus der Geltung von § 54 auch im Fall von Kapitalerhöhungen (Rdn 2). Beizufügen ist danach einerseits das **notarielle Beschlußprotokoll** über die Kapitalerhöhung (§ 54, 4), andererseits die **Neufassung des Satzungswortlauts** (§ 54, 15 ff). Diese kann sich darauf beschränken, die geänderte Kapitalziffer wiederzugeben. Die Angabe der Personen der Übernehmer und der von ihnen gezeichneten Stammeinlagen in der Satzung ist selbst dann nicht erforderlich, wenn die Einlagen nicht voll erbracht sind

---

6 Vgl. § 8, 7; so auch OLG Hamm BB 1975, 292, 293 (für die Erbengemeinschaft); Scholz/*Priester* 15; Baumbach/*Hueck* § 8, 6.

7 Scholz/*Winter* § 8, 10; Scholz/*Priester* 17; Baumbach/Hueck/*Zöllner* 11; Rowedder/*Zimmermann* 16; *Priester* DNotZ 1980, 521.

8 AA Scholz/*Priester* 19; *Lutter/Hommelhoff* 8.

oder es sich um eine Sachkapitalerhöhung handelt (vgl. § 55, 18 und § 56, 26). Zur Frage staatlicher Genehmigung der Satzungsänderung und ihres urkundlichen Nachweises vgl. § 54, 20 f; für eine Kapitalerhöhung bedarf es der Genehmigung in aller Regel selbst dann nicht, wenn der Unternehmensgegenstand als solcher konzessionspflichtig ist[9].

Keiner Beifügung bedarf abweichend vom bisherigen Recht die *Unbedenklichkeitsbescheinigung* der zuständigen Kapitalverkehrsteuer-Stelle. Diese in § 7 Abs. 5 KStDV für die GmbH vorgesehene Ausnahme von dem bei Gründung und Kapitalerhöhung von Kapitalgesellschaften zu beachtenden Erfordernis des § 7 KStDV geht auf Art. 11 der GmbH-Novelle 1980 zurück. Dadurch soll im Hinblick auf die Geringfügigkeit der entsprechenden Steuerbeträge das Eintragungsverfahren von unnötigen und zeitraubenden Hemmnissen befreit werden (Ausschußbegr. S. 81). **18**

4. Anmelder

a) **Sämtliche Geschäftsführer.** Nach § 78 ist die Anmeldung der Kapitalerhöhung, anders als diejenige sonstiger Satzungsänderungen (§ 54, 8), durch sämtliche Geschäftsführer einschließlich der stellvertretenden zu bewirken. Es gelten die gleichen Grundsätze wie bei Anmeldung der Gründung (vgl. näher § 7, 9). Eine **Bevollmächtigung** Dritter zur Vornahme der Anmeldung ist möglich, soweit es um die *Einreichung* der erforderlichen Unterlagen geht. Dagegen ist die in § 57 Abs. 2 vorgeschriebene *Versicherung* der Geschäftsführer höchstpersönlicher Natur; sie kann auch mit Rücksicht auf die Haftungsfolgen falscher Angaben (Rdn 27 ff) nicht von Bevollmächtigten abgegeben werden (str., vgl. § 7, 11 f). **19**

b) **Keine Anmeldepflicht.** Eine *öffentlichrechtliche* Pflicht zur Anmeldung der Kapitalerhöhung besteht ebensowenig wie bei der Gründung (§ 7, 5) oder bei sonstigen Satzungsänderungen (§ 54, 10). Für die *privatrechtliche* Pflicht der Geschäftsführer aus ihrem Anstellungsvertrag oder aus entsprechenden Weisungen der Gesellschafterversammlung gelten die allgemeinen Grundsätze (§ 54, 11); sie setzt voraus, daß die materiellen Anmeldungsvoraussetzungen (Rdn 4 f) erfüllt sind. **20**

Mangels öffentlich-rechtlicher Anmeldepflicht kann die Anmeldung jederzeit **zurückgenommen** werden, solange die Eintragung nicht erfolgt ist (§ 54, 22). Eine Rücknahme der Anmeldung liegt mit Rücksicht auf die notwendige Mitwirkung aller Geschäftsführer an der Anmeldung (Rdn 19) schon dann vor, wenn auch nur einer von ihnen seine Anmeldungserklärung widerruft (§ 7, 18). **21**

5. Zuständiges Gericht

Zuständig für die Anmeldung ist das **Gericht des Sitzes.** Das gilt auch beim Bestehen von *Zweigniederlassungen.* In diesem Fall sind beim Sitzgericht allerdings grundsätzlich soviele weitere Stücke der Anmeldung und der beizufügenden Unterlagen einzureichen, wie Niederlassungen bestehen (vgl. näher § 54, 12 f; Ausnahmen vgl. in § 59, 3). **22**

6. Mängel der Anmeldung

Es gelten die allgemeinen Grundsätze (vgl. näher § 7, 9 f und § 54, 33) Ist der Kapitalerhöhungsbeschluß fehlerfrei gefaßt, aber **nicht angemeldet**, so hat eine gleichwohl erfolgende Eintragung keine Wirkung (Rdn 51). Gleiches gilt grundsätzlich bei **23**

---

[9] So auch Scholz/*Priester* 20.

einer *nicht durch sämtliche Geschäftsführer* (Rdn 19) vorgenommenen und daher nicht ordnungsgemäßen Anmeldung; nach Eintragung des Beschlusses kann dieser Mangel allerdings nur geltend gemacht werden, wenn die Anmeldung nicht bloß formal fehlerhaft war, sondern auch inhaltlich dem Willen der nichtmitwirkenden Geschäftsführer widersprach (§ 7, 10). Zur Möglichkeit der Amtslöschung nach § 142 FGG in diesen Fällen vgl. Rdn 52, zur Teilwirksamkeit bei Auseinanderfallen von Anmeldung und Eintragung Rdn 54 f.

24 **Sonstige Mängel** der Anmeldung, insbesondere die Nichtbeachtung der nach § 12 Abs. 1 HGB vorgeschriebenen Form, die Unvollständigkeit der Versicherung der Anmelder oder das Fehlen beizufügender Unterlagen lassen die Wirksamkeit einer gleichwohl vorgenommenen Eintragung unberührt und eröffnen auch nicht die Möglichkeit einer Amtslöschung (§ 54, 33 und 57). Werden Beteiligte oder Dritte durch die auf fehlerhafter Anmeldung beruhende Eintragung geschädigt, so steht ihnen ggf. ein Amtshaftungsanspruch zu (§ 10, 18).

III. Haftung der Anmelder (Abs. 4)

1. Allgemeines

25 Abs. 4 verweist wegen der **Haftung der Geschäftsführer** als Anmelder gegenüber der Gesellschaft im Falle unrichtiger oder unvollständiger Angaben auf die Vorschriften der §§ 9 a und b; sie sind durch die GmbH-Novelle 1980 nach aktienrechtlichem Muster (§§ 46, 50 f AktG) neu gefaßt worden und an die Stelle von § 9 aF getreten. *Inhaltlich* hat die Neufassung keine nennenswerten Änderungen gegenüber der früheren Rechtslage gebracht. Entsprechend der hM zu § 9 aF (vgl. Voraufl. § 9, 9) ist die Haftung *verschuldensabhängig*, wobei das Verschulden der Geschäftsführer vermutet wird (§ 9 a Abs. 3). Auch für den *Haftungsumfang* bleibt es nach § 9 a Abs. 1 beim schon bisher geltenden Recht (Voraufl. § 9, 11 f): die Ersatzpflicht hinsichtlich fehlender Einzahlungen ist nicht abhängig vom Nachweis eines konkreten Schadens der Gesellschaft, sondern besteht auch dann, wenn der Anspruch gegen den Einlageschuldner realisierbar ist. Schließlich gilt auch für die Neufassung der §§ 9 a, 9 b und für die Verweisung hierauf in § 57 Abs. 4, daß die Haftung nur eingreift, wenn die unrichtige oder unvollständige Anmeldung zur *Eintragung* ins Handelsregister geführt hat (vgl. § 9 a, 9). – Zur *Strafbarkeit* der Geschäftsführer wegen falscher Angaben bei Anmeldung einer Kapitalerhöhung vgl. § 82 Abs. 1 Nr. 3, zur *deliktischen Haftung* der Anmelder gegenüber den Gesellschaftsgläubigern wegen vorsätzlich unrichtiger Versicherung nach Abs. 2 und zum Schutzgesetzcharakter von § 82 Abs. 1 Nr. 3 vgl. § 9 a, 52 f.

26 Nicht in die Verweisung aufgenommen ist die im Gründungsstadium weiter vorgesehene **Haftung der Gesellschafter** und ihrer Auftraggeber (vgl. insbes. § 9 a Abs. 2 und 4); eine Haftung dieser Personen wegen einer Schädigung der Gesellschaft oder Dritter im Zusammenhang mit der Kapitalerhöhung kommt – abgesehen vom Fall der Differenzhaftung wegen überbewerteter Sacheinlagen (§ 56, 32 ff) – nur nach allgemeinen Grundsätzen in Betracht (vgl. dazu § 9 a, 52 f).

2. Haftungsvoraussetzungen

27 a) **Objektive.** In objektiver Hinsicht stellt § 57 Abs. 4 iVm § 9 a Abs. 1 darauf ab, daß die Geschäftsführer zum **Zweck der Kapitalerhöhung** falsche Angaben machen. Dem Zweck der Kapitalerhöhung dienen nicht nur Angaben bei der Anmeldung oder im weiteren Verlauf des Eintragungsverfahrens gegenüber dem Registergericht, sondern auch solche gegenüber sonstigen Stellen oder Personen, insbesondere Sachverständigen, die mit der Bewertung von Sacheinlagen beauftragt sind[10]. Dagegen lassen sich falsche Angaben gegenüber Übernehmern nicht unter § 9a Abs. 1 bringen, da sie als solche nicht zu einem Schaden der Gesellschaft führen.

Falsche Angaben sind ebenso wie nach früherem Recht (vgl. Voraufl. § 9, 7) sowohl unrichtige als auch unvollständige Angaben[11]. Die Angaben müssen sich auf Umstände beziehen, die für die Durchführung der Kapitalerhöhung und namentlich deren Eintragung von Bedeutung sind. Der RegE der GmbH-Novelle 1980 enthielt in § 9a Abs. 1 einen ausdrücklichen Katalog relevanter Angaben, darunter solche über die *Übernahme der Stammeinlagen*, über die *Einlagegegenstände* und deren Erbringung an die Gesellschaft, über ihre *freie Verfügbarkeit* im Gesellschaftsvermögen, über *Sachübernahmen* sowie über die *Bestellung von Sicherungen* im Fall von Einmanngesellschaften. Da ihre Streichung in der Endfassung des § 9a Abs. 1 nur aus redaktionellen Gründen erfolgte (Ausschußbegr. S. 71), sind sie auch für die in Kraft getretene Neuregelung der Geschäftsführerhaftung von Bedeutung. **28**

Zweifelhaft ist, ob es für das Eintragungsverfahren bei Kapitalerhöhungen auch auf die in § 9a Abs. 1 RegE weiter erwähnten Angaben über **Sondervorteile und Gründungsaufwand** ankommt mit der Folge, daß ihre Nichterwähnung zur Geschäftsführerhaftung führen kann. Dafür könnte sprechen, daß derartige Zusagen auch im Zuge der Kapitalerhöhung in Betracht kommen. Andererseits sind sie für die Gesellschaft nicht verbindlich, wenn sie nicht in die Satzung selbst aufgenommen sind (§ 5, 178 und 185 f). Hinzukommt, daß den Gesellschaftern eine Entgegennahme von Zahlungen der GmbH solange nicht verboten ist, als dadurch nicht das zur Erhaltung des Stammkapitals erforderliche Vermögen angegriffen wird (§§ 30, 31). Unter diesen Umständen sprechen die besseren Gründe dafür, die Nichterwähnung etwaiger den Übernehmern im Zusammenhang mit einer Kapitalerhöhung gewährter Sondervorteile oder der Verlagerung von Kapitalerhöhungsaufwand auf die GmbH grundsätzlich als *unschädlich* anzusehen[12]. Anderes gilt dann, wenn durch derartige Vereinbarungen gegen das Verbot der Unterpari-Emission (§ 5, 157) verstoßen wird. **29**

Weitere Haftungsvoraussetzung ist ebenso wie nach bisherigem Recht die Eintragung der Kapitalerhöhung (Rdn 25). Daher ist der **Zeitpunkt der Eintragung** auch maßgebend für das Vorliegen der sonstigen Haftungsvoraussetzungen. Werden falsche Angaben vor Eintragung richtiggestellt oder unvollständige ergänzt, so ist für eine Geschäftsführerhaftung nach § 57 Abs. 4 iVm § 9a Abs. 1 kein Raum. **30**

b) **Subjektive.** Die Haftung setzt **Verschulden** (Vorsatz oder Fahrlässigkeit) der Geschäftsführer voraus, wobei dessen Vorliegen nach § 9a Abs. 3 vermutet wird und die Geschäftsführer den *Entlastungsbeweis* führen müssen. Der Verschuldensmaßstab bestimmt sich generalisierend nach der Sorgfalt eines ordentlichen Geschäftsmanns (§ 9a Abs. 3 aE). Für die Verschuldensprüfung, d.h. die Kenntnis oder fahrlässige Unkenntnis der Unrichtigkeit oder Unvollständigkeit der Angaben, kommt es nicht auf den Zeitpunkt der Anmeldung, sondern auf denjenigen der Eintragung der Kapitalerhöhung an (Rdn 30 und § 9a, 34). **31**

---

[10] Für weite Auslegung entsprechend der aktienrechtlichen Literatur (*Barz*-GroßkommAktG § 46, 5; *Kraft*-KölnKommAktG² § 46, 19) auch Scholz/*Winter* § 9a, 12; Scholz/*Priester* 36; Baumbach/*Hueck* § 9a, 7; Rowedder/*Zimmermann* 18.

[11] So ausdrückl. Ausschußbegr. S. 71; ebenso Scholz/*Priester* 36.

[12] AA Scholz/*Priester* 37; Rowedder/*Zimmermann* 22.

3. Haftungsumfang

32 Der Haftungsumfang ist in § 9 a Abs. 1 näher umschrieben. Danach geht die Haftung in erster Linie auf **Ersatz fehlender Einlagen**; darüber hinaus ist aber auch ein etwaiger weitergehender Schaden zu ersetzen, der der Gesellschaft durch die auf unrichtigen oder unvollständigen Angaben beruhende Eintragung entstanden ist (vgl. näher § 9 a, 35 f). Auf die Realisierbarkeit der entgegen den Angaben ausstehenden Einlageforderungen gegen die Übernehmer der Stammeinlagen können die als *Gesamtschuldner* haftenden Geschäftsführer sich nicht berufen. Im Falle ihrer Zahlung steht ihnen nach § 426 Abs. 2 BGB iVm § 19 Abs. 1 GmbHG ein Regreßanspruch gegen die zahlungspflichtigen Übernehmer zu (hierzu und zum Gesamtschuldverhältnis zwischen den Geschäftsführern vgl. auch § 9 a, 46 f). Entsprechendes gilt im Falle der Haftung wegen falscher Angaben über den Wert von Sacheinlagen; insoweit konkurriert die Geschäftsführerhaftung nach § 9 a mit der Differenzhaftung des Übernehmers nach § 56 Abs. 2 iVm § 9. – Eine Haftung wegen Nichterwähnung von Sondervorteilen oder Gründungsaufwand kommt bei Kapitalerhöhungen nur in den oben (Rdn 29) genannten Grenzen in Betracht.

4. Durchsetzung der Haftung

33 Insoweit kann vollen Umfangs auf die Erläuterungen zu § 9 a verwiesen werden. Die **Geltendmachung** der Ansprüche ist nach § 46 Nr. 8 grundsätzlich Sache der Gesellschafterversammlung, die hierüber mit einfacher Mehrheit beschließt (vgl. § 9 a, 10 und § 46, 94 ff); im Konkurs der Gesellschaft geht die Befugnis zur Geltendmachung auf den Konkursverwalter über. Ein **Verzicht** der Gesellschaft auf die Ersatzansprüche oder ein **Vergleich** hierüber ist nur in den Grenzen des § 9 b Abs. 1 wirksam (vgl. näher § 9 b, 4 ff).

34 Nach § 57 Abs. 4 iVm § 9 b Abs. 2 **verjähren** die Ansprüche in fünf Jahren seit Eintragung der Kapitalerhöhung im Handelsregister (vgl. dazu § 9 b, 18 ff). Die Ausnahmevorschrift des § 9 b Abs. 2 S. 2 aE, die in Übereinstimmung mit § 51 S. 2 AktG den Beginn der Verjährung von Schadensersatzansprüchen aus Handlungen *nach* der Eintragung auf den Zeitpunkt ihrer Vornahme hinausschiebt (vgl. dazu § 9 b, 18), hat für die Geschäftsführerhaftung wegen falscher Angaben bei *Kapitalerhöhungen* keine Bedeutung, da bei ihnen sämtliche anspruchsbegründenden Voraussetzungen hier schon im Zeitpunkt der Eintragung vorliegen müssen (Rdn 30).

IV. Eintragung

1. Inhalt

35 Es gilt § 54 Abs. 2 S. 1. Da die Kapitalerhöhung das Stammkapital, d. h. eine der in § 10 Abs. 1 genannten Angaben betrifft, bedarf es der **ausdrücklichen Eintragung** der Änderung im Handelsregister (vgl. § 54, 25). Einzutragen ist etwa: „Das Stammkapital ist auf ... DM erhöht". Daneben sind das Datum des Kapitalerhöhungsbeschlusses sowie der Tag der Eintragung anzugeben (§ 54, 24). Nicht einzutragen sind Zahl und Höhe der neuen Stammeinlagen sowie die Person der Übernehmer. Sie ergeben sich aus der nach § 57 Abs. 3 Nr. 2 vorgeschriebenen Liste (Rdn 13), die bei den Handelsregisterunterlagen verbleibt und nach § 9 HGB von jedermann eingesehen werden kann. Auch die Festsetzungen über Sacheinlagen sind nicht einzutragen; bei der Bekanntmachung genügt die Bezugnahme auf die Handelsregisterunterlagen (§ 57 b, 3).

2. Wirkung

Die Kapitalerhöhung wird **mit Eintragung** wirksam (§ 54 Abs. 3). Erst in diesem Zeitpunkt entstehen auch die neuen Mitgliedschaftsrechte (§ 55, 76), während die Einlageverpflichtung bereits mit dem Übernahmevertrag, wenn auch unter dem Vorbehalt der Eintragung, zur Entstehung kommt (§ 55, 78). Liegt der *Bilanzstichtag vor der Eintragung* der Kapitalerhöhung, so ist noch die alte Stammkapitalziffer in der Bilanz anzusetzen; bereits geleistete Einlagen sind im Anschluß an die Positionen Stammkapital und Rücklagen in einem Sonderposten als „zur Durchführung der beschlossenen Kapitalerhöhung geleistete Einlagen" auszuweisen[13]. Zur Heilungswirkung der Eintragung bei Formfehlern des Kapitalerhöhungsbeschlusses oder der Übernahmeerklärung vgl. Rdn 41, 49, zur Registerkontrolle § 57 a, 3 ff. **36**

V. Eintragungswirkung bei Mängeln der Kapitalerhöhung

1. Allgemeines

Allgemein zu Beschlußmängeln bei Satzungsänderungen vgl. schon § 53, 88 ff. Für mangelhafte Kapitalerhöhungsbeschlüsse gelten **bis zur Eintragung** keine Besonderheiten (§ 55, 32). Entsprechend können auch Mängel des Zulassungsbeschlusses (§ 55, 33 ff) oder des Übernahmevertrags vor Eintragung uneingeschränkt nach den allgemeinen Rechtsgeschäftsgrundsätzen geltend gemacht werden (§ 55, 87 ff). Eine Anwendung der *Lehre von der fehlerhaften Gesellschaft scheidet* in diesem Zeitraum *wegen § 54 Abs. 3 aus*; das gilt sowohl bei Mängeln des Kapitalerhöhungs- oder Zulassungsbeschlusses als auch bei solchen des Übernahmevertrags (str., vgl. § 55, 32 und 88). Zur Möglichkeit der Verhinderung der Eintragung aufgrund einer einstweiligen Verfügung vgl. § 54, 31. **37**

Wird die Kapitalerhöhung trotz Fehlerhaftigkeit der Beschlußfassung der Gesellschafter oder der Übernahmeverträge unter Verletzung der registerrichterlichen Prüfungspflicht (§ 57 a) **eingetragen**, so führt das über die regelmäßigen Eintragungswirkungen fehlerhafter Satzungsänderungen (§ 54, 33 ff) hinaus nach ganz hM grundsätzlich selbst dann zu Einlagepflichten der Übernehmer, wenn die Mängel des Beschlusses nicht durch die Eintragung geheilt werden. Diese von den allgemeinen Grundsätzen abweichende Rechtsfolge beruht darauf, daß im Gläubigerinteresse die *entsprechende Anwendung von § 77 Abs. 3* geboten ist (Rdn 43). Mängel des Übernahmevertrags können nach Eintragung überhaupt nicht mehr geltend gemacht werden, sofern nur die Übernahmeerklärung *zurechenbar* abgegeben war (Rdn 48 ff). **38**

Die Möglichkeit einer **Amtslöschung** fehlerhafter Eintragungen **nach § 144 Abs. 2** FGG scheidet schon deshalb aus, weil der dort vorausgesetzte inhaltliche Verstoß gegen zwingende Vorschriften, dessen Beseitigung im öffentlichen Interesse erforderlich erscheint, im Fall fehlerhafter Kapitalerhöhungsbeschlüsse nicht gegeben ist (str., vgl. § 54, 55 f). Eine Amtslöschung **nach § 142 Abs. 1 FGG** ist zwar im Falle fehlender oder unwirksamer Anmeldung möglich, nicht aber bei inhaltlich von der Anmeldung abweichender Eintragung (Rdn 52, 54). Zur Amtshaftung im Fall fehlerhafter Eintragungen vgl. § 10, 18, zum Eingreifen von § 15 Abs. 3 HGB bei unrichtiger Bekanntmachung, ggf. verbunden mit unrichtiger Eintragung, vgl. § 10, 26. **39**

---

[13] Vgl. dazu und zur Frage der Zuordnung dieses Postens nach § 266 Abs. 3 A HGB näher *Sarx* in Beck Bil-Komm[2] HGB § 272, 20 und Erläut. zu § 42.

2. **Mängel des Kapitalerhöhungsbeschlusses**

40 a) **Wirksamkeit des Beschlusses.** Sie ist als Folge der Eintragung nach § 54 Abs. 3 einmal dann zu bejahen, wenn die formellen oder inhaltlichen Mängel keinen Nichtigkeitstatbestand erfüllen, sondern den Beschluß entsprechend § 243 Abs. 1 AktG lediglich **anfechtbar** machen (vgl. § 53, 90 und 93 f.) Die Anfechtbarkeit läßt die Wirksamkeit des Beschlusses solange unberührt, bis er aufgrund einer Anfechtungsklage durch Urteil rechtskräftig für nichtig erklärt ist (§ 241 Nr. 5 AktG, vgl. dazu Anh § 47, 236 und 240). Entsprechendes gilt für die Einlagepflichten aus den auf seiner Grundlage geschlossenen, ihrerseits fehlerfreien Übernahmeverträgen (zur Behandlung fehlerhafter Übernahmeverträge nach Eintragung vgl. Rdn 48 ff). Zu den Rechtsfolgen bei Nichtigerklärung vgl. Rdn 42 ff.

41 Wirksamkeit des Beschlusses im Zeitpunkt der Eintragung tritt weiter in denjenigen Fällen ein, in denen der Eintragung **Heilungswirkung** zukommt. Das ist entsprechend § 242 Abs. 1 AktG bei Mängeln der in § 53 Abs. 2 vorgeschriebenen Form der Fall (§ 53, 92). Dagegen wird die Nichtigkeit wegen Einberufungsmängeln oder schwerwiegenden Inhaltsmängeln entsprechend § 242 Abs. 2 AktG erst drei Jahre nach Eintragung geheilt, sofern bis dahin keine Nichtigkeitsklage erhoben ist (vgl. Rdn 45 und Anh § 47, 80).

42 b) **Nichtigkeit.** Die Nichtigkeit von fehlerhaften Kapitalerhöhungsbeschlüssen richtet sich ebenso wie diejenige sonstiger Satzungsänderungsbeschlüsse nach der entsprechend anwendbaren Vorschrift des § 241 AktG. Trotz Eintragung nichtig sind danach Beschlüsse, die entweder von einer nicht ordnungsmäßig einberufenen Gesellschafterversammlung gefaßt sind (§ 53, 93) oder die inhaltlich mit dem Wesen der Gesellschaft nicht zu vereinbaren sind bzw. gegen Vorschriften zum Schutz von Gläubigern oder Öffentlichkeit oder gegen die guten Sitten verstoßen (§ 53, 94). Mitgliedschaftsrechte für die Zeichner derartiger Kapitalerhöhungen entstehen nicht (str., vgl. Rdn 44).

43 In derartigen Fällen findet aus Gründen des Gläubigerschutzes, dem gegenüber dem Übernehmerinteresse Vorrang zukommt, die für die Nichtigkeit der Gesellschaftsgründung geltende Vorschrift des § 77 **Abs. 3 entsprechende Anwendung**[14]. Danach haben die Übernehmer trotz Scheitern der Kapitalerhöhung die von ihnen gezeichneten *Einlagen insoweit zu leisten, als es zur Gläubigerbefriedigung erforderlich ist* (vgl. näher Voraufl. § 77, 11). In diesen Grenzen ist es ihnen auch grundsätzlich verwehrt, sich gegenüber dem Zahlungsanspruch auf den Vorbehalt des Wirksamwerdens der Kapitalerhöhung (§ 55, 76) zu berufen; anderes gilt nur dann, wenn auch der Übernahmevertrag ihnen gegenüber trotz Eintragung keine Wirksamkeit erlangt hat (vgl. Rdn 50).

44 Zur Entstehung entsprechender **Mitgliedschaftsrechte** im Zeitpunkt der Eintragung kommt es bei nichtigen Kapitalerhöhungsbeschlüssen trotz der aus § 77 Abs. 3 folgenden Einzahlungspflicht *nicht*[15]. Die Rechtslage ist nicht vergleichbar mit derjenigen bei nichtiger Gesellschaftsgründung, die nach § 77 Abs. 1 eine Liquidation erforderlich macht. Denn die Gesellschaft als solche besteht ordnungsgemäß und nur die Kapitalerhöhung hat keine Wirksamkeit erlangt[15a]. Soweit das fehlerhaft erhöhte Kapital von den Gesellschaftern selbst übernommen ist, hat die Frage angesichts der schon vorhandenen

---

14 EinhM, vgl. RGZ 85, 311, 315; § 47, 37 aE; Anh § 47, 240; Scholz/*Priester* 44; Baumbach/Hueck/*Zöllner* 17; Rowedder/*Zimmermann* 33.

15 HM im Aktienrecht, vgl. RGZ 144, 138, 141; Baumbach/*Hueck* § 191, 4; *Lutter*-KölnKommAktG² § 191, 5; *Wiedemann*-GroßkommAktG § 191, 5; *Schleyer* AG 1957, 145; so für das GmbH-Recht auch Baumbach/Hueck/*Zöllner* 17; aA *Baums* Eintragung S. 61, 154; ihm folgend Scholz/*Priester* 45.

15a Ebenso Scholz/*Priester* 44.

Mitgliedschaftsrechte regelmäßig keine praktische Bedeutung. *Härten* können sich demgegenüber zwar für solche Übernehmer ergeben, die der Gesellschaft *neu beitreten* wollen und trotz des Scheiterns der Kapitalerhöhung zu Einlageleistungen in den Grenzen von § 77 Abs. 3 verpflichtet sind. Ihnen steht jedoch ein – gegenüber Drittgläubigern freilich nachrangiger – Rückforderungsanspruch gegen die GmbH wegen geleisteter Einlagen zu. Daneben kommen nach allgemeinen Grundsätzen auch Schadensersatzansprüche gegen Gesellschafter oder Geschäftsführer wegen der gescheiterten Kapitalerhöhung sowie Amtshaftungsansprüche wegen Verletzung der registerrichterlichen Kontrollfunktion (§ 10, 18) in Betracht. Ein Schadensersatzanspruch gegen die Gesellschaft ist freilich ausgeschlossen; er wäre mit dem Vorrang des Gläubigerschutzes unvereinbar[16].

Ist die dreijährige **Heilungsfrist** des § 242 Abs. 2 AktG **abgelaufen**, ohne daß die Nichtigkeit gerichtlich geltend gemacht wurde, so entfällt damit auch der Hinderungsgrund für die *Entstehung der neuen Geschäftsanteile*; diese entstehen originär bei den Übernehmern oder ihren Rechtsnachfolgern, ohne daß es hierzu eines weiteren Aktes der Gesellschaft bedarf (§ 55, 78). **45**

c) **Unwirksamkeit.** Der Kapitalerhöhungsbeschluß ist trotz Eintragung unwirksam, wenn er *ohne* die – nur in Ausnahmefällen beim Bestehen entsprechender Sonderrechte erforderliche (§ 55, 17) – **Zustimmung** bestimmter Gesellschafter zustande gekommen ist und diese endgültig verweigert wird (§ 53, 91). Insoweit finden die für nichtige Satzungsänderungen geltenden Grundsätze entsprechende Anwendung (§ 53, 91). Demgemäß entsteht auch eine Einlagepflicht der Übernehmer in den Grenzen des § 77 Abs. 3 ebenso wie im Fall nichtiger Kapitalerhöhung (Rdn 43). **46**

3. Mängel des Zulassungsbeschlusses

Zur Erforderlichkeit eines Gesellschafterbeschlusses über die Zulassung der bisherigen Gesellschafter oder Dritter zur Übernahme der neuen Stammeinlagen und zu den für seinen Inhalt geltenden, aus Gleichbehandlungsgrundsatz und Treupflicht folgenden Schranken vgl. § 55, 46 ff. Ist der Beschluß **nichtig** oder durch Urteil für nichtig erklärt, so fehlt es auch an der erforderlichen Ermächtigung der Geschäftsführer zum Abschluß von Übernahmeverträgen namens der Gesellschaft (§ 55, 72); diese sind unwirksam (§ 55, 49). **Nach Eintragung** der Kapitalerhöhung können Mängel des Zulassungsbeschlusses der Wirksamkeit der auf seiner Grundlage geschlossenen Übernahmeverträge nicht entgegengesetzt werden[16a]; die Übernehmer sind entsprechend ihrer Übernahmeerklärung zur Zahlung der Einlagen verpflichtet. Gesellschafter, die im Zulassungsbeschluß nicht anteilig berücksichtigt und dadurch von der Mehrheit in ihren Rechten verletzt wurden, können von den treupflichtwidrig abstimmenden Mitgesellschaftern als Schadensersatz die Übertragung entsprechender Gechäftsanteile gegen Zahlung der darauf entfallenden Einlagen verlangen (str., vgl. § 55, 49). **47**

4. Mängel des Übernahmevertrags

Zur Rechtslage bis zur Eintragung der Kapitalerhöhung vgl. § 55, 87 f, zum Sonderfall des Fehlens der Sacheinlagefestsetzungen in der Übernahmeerklärung § 56, 31. Nach erfolgter Eintragung scheidet aus Gründen des Gläubigerschutzes eine Berufung auf Übernahmemängel (Irrtum, Täuschung, Scheingeschäft u. a.) aus, sofern die Über- **48**

---

16 RGZ 82, 375, 381.

16a Ebenso wohl Scholz/*Priester* § 55, 66; aA (Wirksamkeit der Kapitalerhöhung, nicht aber der Übernahmeverträge) *M. Winter* Treubindungen S. 274 f.

nahmeerklärung vom Übernehmer **zurechenbar** abgegeben ist[17]. Das gilt auch dann, wenn die Übernahmeerklärung schon vor Eintragung des Kapitalerhöhungsbeschlusses wirksam angefochten war[17a]. Ebenso kann die fehlende Ermächtigung der Geschäftsführer zum Abschluß des Übernahmevertrags nicht mehr geltendgemacht werden (Rdn 47). Das Wirksamwerden des fehlerhaften Übernahmevertrags folgt nicht aus einer angeblichen Erklärung der Übernehmer gegenüber der Allgemeinheit, für die übernommenen Stammeinlagen schlechthin haften zu wollen, sobald die Eintragung in das Handelsregister erfolgt ist[18], sondern aus der Anwendung der Grundsätze über die **fehlerhafte Gesellschaft** auf den durch Mindesteinzahlung und Eintragung vollzogenen, körperschaftlich strukturierten (§ 55, 60) Übernahmevertrag (zur insoweit vergleichbaren Lage bei fehlerhaften Beitrittserklärungen im Gründungsstadium vgl. § 2, 94 ff und 103 ff). Aus den gleichen Gründen kann sich der Übernehmer nach Eintragung der Kapitalerhöhung auch nicht auf den zwischenzeitlichen *Wegfall der zeitlichen Bindung* oder auf einen etwaigen Rücktritt vom Übernahmevertrag wegen überlanger Eintragungsdauer (§ 55, 68 f) berufen. Auch für eine Berufung auf den *Mangel der* in § 55 Abs. 1 bestimmten *Form* ist nach Eintragung kein Raum (§ 55, 64); auf den Einwand des venire contra factum proprium[19] braucht nicht zurückgegriffen zu werden. Ebenso findet die Sondervorschrift des § 185 Abs. 3 AktG, die auf die andersartigen Verhältnisse der AG zugeschnitten ist, keine entsprechende Anwendung.

49 Im Unterschied zum nichtigen oder unwirksamen Kapitalerhöhungsbeschluß werden mangelhafte Übernahmeverträge nach Eintragung der Kapitalerhöhung also grundsätzlich geheilt. **Der Übernehmer haftet** über die Grenzen des § 77 Abs. 3 hinaus auf *die volle Einlage*. Mängel des Übernahmevertrags können jedoch Anlaß geben für ein Austrittsrecht oder eine Ausschließungsklage aus wichtigem Grund, sofern deren Voraussetzungen vorliegen (vgl. dazu Anh § 34).

50 **Ausnahmen** von der Wirksamkeit fehlerhafter Übernahmeverträge im Fall der Eintragung der Kapitalerhöhung sind dann geboten, wenn es an einer *zurechenbaren Veranlassung durch den Übernehmer fehlt*. Auch insoweit gelten die gleichen Grundsätze wie für den fehlerhaften Beitritt im Gründungsstadium[20]. Keine Einlagepflicht wird daher begründet bei Übernahmeerklärungen eines Geschäftsunfähigen oder bei solchen eines beschränkt Geschäftsfähigen, wenn der gesetzliche Vertreter die Genehmigung verweigert oder diejenige des Vormundschaftsgerichts fehlt. Entsprechendes gilt beim Handeln durch einen vollmachtlosen Vertreter, doch greift hier die Haftung des Vertreters nach § 179 BGB ein. Sind einzelne Übernahmeverträge nach diesen Grundsätzen trotz Eintragung der Kapitalerhöhung unwirksam, so steht das der *Wirksamkeit der Kapitalerhöhung* als solcher nicht entgegen. Die durch die unwirksame Übernahme hervorgerufene Deckungslücke bei der Kapitalaufbringung läßt sich nicht durch Ausfallhaftung der Mitgesellschafter nach § 24 schließen[21]. In Betracht kommen vielmehr entweder eine Kapitalherabsetzung nach § 58 oder die Ausgabe eines neuen Geschäftsanteils anstelle des ausgefallenen (vgl. § 2, 110 und § 53, 107) oder

---

17 HM, vgl. RGZ 82, 375, 377 f; Scholz/*Priester* 48; Baumbach/Hueck/*Zöllner* 16; Rowedder/*Zimmermann* 34; *Baums* Eintragung S. 154; einschr. offenbar *Lutter*-KölnKommAktG² § 185, 15, 54 und in Festschrift Schilling S. 231; Ausnahmen vgl. Rdn 50.

17a RGZ 82, 375, 378.

18 So aber RGZ 82, 375, 378.

19 So die im Aktienrecht hM; vgl. *Lutter*-KölnKommAktG² § 185, 60; *Wiedemann*-GroßkommAktG § 185, 3.

20 Vgl. § 2, 98 ff; so auch Scholz/*Priester* 48; Rowedder/*Zimmermann* 35 (hM).

21 Vgl. § 2, 107; § 24, 17; so auch Rowedder/*Zimmermann* 35; aA *Baums* Eintragung S. 154; wohl auch Scholz/*Priester* 49 aE.

schließlich die Einbehaltung von Jahresüberschüssen, bis das Gesellschaftsvermögen den zur Deckung des erhöhten Stammkapitals erforderlichen Umfang erreicht hat (§ 2, 107).

5. Mängel des Eintragungsverfahrens

51 a) **Fehlende oder fehlerhafte Anmeldung.** Eintragungen **ohne** oder ohne wirksame **Anmeldung** sind selbst dann *unwirksam*, wenn Kapitalerhöhungsbeschluß und Übernahmeerklärungen fehlerfrei zustande gekommen sind (Rdn 23). Da es hier regelmäßig an einer zurechenbaren Veranlassung des Rechtsscheins der Kapitalerhöhung durch die Beteiligten fehlt, greift auch eine Haftung der Übernehmer analog § 77 Abs. 3 im Unterschied zum fehlerhaften Kapitalerhöhungsbeschluß (Rdn 43) nicht ein. *Ausnahmen* kommen unter dem Gesichtspunkt des venire contra factum proprium in Betracht, wenn Gesellschafter oder Übernehmer mit der Anmeldung einverstanden waren, sich nachträglich aber auf die Nichtmitwirkung eines der Geschäftsführer berufen wollen. Wird die ohne (wirksame) Anmeldung eingetragene Kapitalerhöhung bekanntgemacht, so kann je nach Lage des Falles im Verhältnis zwischen der *Gesellschaft* und Dritten § 15 Abs. 3 HGB eingreifen (vgl. § 10, 26). Einlageansprüche gegen *Gesellschafter* lassen sich hierauf jedoch nicht stützen[22].

52 Eine ohne wirksame Anmeldung eingetragene Kapitalerhöhung kann nach § 142 Abs. 1 FGG **von Amts wegen gelöscht** werden (§ 54, 57). Eine Beseitigung des Fehlers im Wege der Berichtigung nach § 17 Abs. 2 HRV scheidet nicht nur wegen der Tragweite des richterlichen Eingriffs, sondern auch deshalb aus, weil die Eintragung wegen Mangels einer wesentlichen Voraussetzung unzulässig war und daher vorrangig der Amtslöschung nach § 142 Abs. 1 FGG unterliegt[23]. Zur Möglichkeit von Amtshaftungsansprüchen vgl. § 10, 18.

53 **Sonstige Mängel** der Anmeldung, darunter die Nichtbeachtung der Form des § 12 HGB, die Unrichtigkeit oder Unvollständigkeit der nach § 57 Abs. 2 vorgeschriebenen Versicherung oder das Fehlen der beizufügenden Unterlagen (Rdn 12 ff), stehen der Wirksamkeit der Kapitalerhöhung im Fall der Eintragung nicht entgegen[23a].

54 b) **Fehlerhafte Eintragung.** Soweit die Eintragung von Kapitalerhöhungen in Nebenpunkten Schreibfehler oder sonstige ihnen vergleichbare **offenbare Unrichtigkeiten** enthält, ist sie nach § 17 Abs. 2 HRV zu berichtigen; der Wirksamkeit der eingetragenen Kapitalerhöhung nach § 54 Abs. 3 stehen derartige Eintragungsfehler nicht entgegen. Zweifelhaft ist die Rechtslage demgegenüber, wenn der Eintragungsfehler nicht Nebenpunkte wie das Datum des Erhöhungsbeschlusses oder der Eintragung betrifft, sondern sich auf die in das Register einzutragenden zentralen Angaben über den **Umfang der Kapitalerhöhung** bezieht[24]. Wollte man hier die allgemeinen Grundsätze über die fehlerhafte Eintragung von Satzungsänderungen anwenden (vgl. § 54, 35), so würde das in aller Regel zur Verneinung der Wirksamkeit der Kapitalerhöhung führen, auch soweit Beschlußfassung, Anmeldung und Eintragung sich decken[25]. Die Einlageansprüche gegen die Übernehmer wären nur in den Grenzen von § 77 Abs. 3 durchsetzbar

---

[22] So wohl auch *Baums* Eintragung S. 59 f.

[23] Vgl. näher § 54, 57; allg. zum Vorrang des § 142 Abs. 1 FGG vgl. auch *Jansen* FGG² § 142, 24 und Keidel/Kuntze/*Winkler* FGG¹² § 142, 4.

[23a] Vgl. Rdn 24; so auch Scholz/*Priester* 51.

[24] Für Berichtigung nach § 17 Abs. 2 HRV Scholz/*Priester* 55; für Zulässigkeit „berichtigender Ergänzung", wenn statt einer Kapitalerhöhung aus Gesellschaftsmitteln eine ordentliche Kapitalerhöhung eingetragen ist, LG Essen BB 1982, 1821.

[25] Vgl. Scholz/*Priester* § 54, 88 sowie für den Fall einer hinter dem beschlossenen Erhöhungsbetrag zurückbleibenden Eintragung RGZ 85, 205, 207.

(Rdn 43). Vor Anmeldung geleistete Mindesteinlagen könnten nach § 812 BGB zurückgefordert werden, soweit sie nicht zur Gläubigerbefriedigung erforderlich wären.

55 Dieses nicht nur für künftige Gesellschaftsgläubiger unerwünschte, sondern angesichts teilweiser Deckung von Beschlußfassung, Anmeldung und Eintragung auch für die Gesellschaft wenig interessengerechte Ergebnis läßt sich vermeiden, wenn man im Fall von Kapitalerhöhungen der *Sicherung der Kapitalaufbringung* als zentralem Grundsatz des GmbH-Rechts *Vorrang vor den allgemeinen Wirksamkeitsschranken fehlerhafter Eintragungen* einräumt. Das ist jedenfalls dann unbedenklich, wenn die eingetragene Kapitalerhöhung über den beschlossenen und angemeldeten Erhöhungsbetrag hinausgeht. Hier ist die **Eintragung im Deckungsbereich als wirksam** anzusehen, während hinsichtlich des überschießenden Betrags das Register zu berichtigen ist[26]. Entsprechendes hat aber auch im umgekehrten Fall, bei Zurückbleiben des eingetragenen hinter dem beschlossenen und angemeldeten Betrag, zu gelten[27]. Die Kapitalerhöhung ist danach zunächst in Höhe des eingetragenen Betrags wirksam geworden (zur Auswirkung auf die Stellung der Übernehmer vgl. § 55, 80). In restlicher Höhe kann der Anmeldung noch nachträglich durch Eintragung entsprochen werden, wenn sie nicht inzwischen zurückgenommen ist oder die sonstigen Eintragungsvoraussetzungen, insbesondere durch Rücktritt der Übernehmer, weggefallen sind[28]. Für eine Amtslöschung nach § 142 Abs. 1 FGG ist in all diesen Fällen, anders als bei fehlender oder unwirksamer Anmeldung (Rdn 52), kein Raum.

§ 57 a

Für die Ablehnung der Eintragung durch das Gericht findet § 9 c entsprechende Anwendung.

Übersicht

Schrifttum

Vgl. die Angaben vor §§ 9 c, 57.

I. Einführung

1 Die durch die **GmbH-Novelle 1980** neu eingeführte Vorschrift regelt ihrem Wortlaut nach – durch Verweisung auf § 9 c – die Voraussetzungen, unter denen die Eintragung

[26] Ebenso Rowedder/*Zimmermann* 40; im Erg. auch Scholz/*Priester* 54.

[27] AA RGZ 85, 205, 207 für einen Fall, in dem freilich nicht nur die Eintragung, sondern auch die Anmeldung fehlerhaft war.

[28] AA – für Berichtigung nach § 17 Abs. 2 HRV auch insoweit – Scholz/*Priester* 55.

einer Kapitalerhöhung abzulehnen ist. Sachlich bringt sie kein neues Recht, sondern lediglich eine Klarstellung (Ausschußbegr. S. 72). Das gilt auch für die Verweisung auf § 9 c S. 2, der die Überbewertung von Sacheinlagen ausdrücklich als besonderen Ablehnungsgrund aufführt. Entgegen verbreiteter Ansicht (vgl. dazu § 9 c, 38) hat sich mit der Neuregelung keine materiellrechtliche Änderung verbunden. Die Ablehnung der Eintragung war auch schon früher nicht nur bei „nicht unwesentlicher", sondern bei *jeder* Überbewertung veranlaßt, wenn sie zur Folge hatte, daß der Wert der Sacheinlagen nicht den Nennbetrag der entsprechenden Stammeinlagen erreichte (§ 9 c, 1).

Der Wortlaut von § 57 a und seine systematische Stellung greifen freilich in mehrfacher Beziehung zu kurz; die damit nach der Entstehungsgeschichte bezweckte „Klarstellung" (Rdn 1) ist allenfalls teilweise gelungen. So bringt die Vorschrift einerseits die **Prüfungsfunktion des Registergerichts** ebenso wie § 9 c nicht besonders zum Ausdruck; ihre positive Umschreibung hielt der Rechtsausschuß abweichend vom RegE nicht für erforderlich (Ausschußbegr. S. 72). Und zum anderen scheint sich das Recht – und die Pflicht – des Registergerichts zur Ablehnung von Eintragungen angesichts der systematischen Stellung des § 57 a auf fehlerhafte *Kapitalerhöhungen* zu beschränken, während es nach unbestrittener Ansicht für **alle beantragten Registereintragungen**, also auch solche über Kapitalherabsetzungen sowie über sonstige Satzungsänderungen, gilt (§ 54, 40). Eigenständige Bedeutung für Kapitalerhöhungen hat die Vorschrift des § 57 a nur insoweit, als sie auf den Ablehnungsgrund der Überbewertung von Sacheinlagen in § 9 c S. 2 verweist. **2**

II. Die Prüfungsfunktion des Registergerichts

1. Gegenstände

Allgemein zur registerrichterlichen Prüfungsfunktion und zu den Gegenständen der Prüfung vgl. § 9 c, 6 ff und § 54, 40 ff. Die Prüfung erstreckt sich auf die *Ordnungsmäßigkeit der Beschlußfassung und der Anmeldung* einschließlich der Vollständigkeit und Richtigkeit der beizufügenden Unterlagen, daneben aber auch auf *Verstöße gegen zwingendes Recht* im Unterschied zu bloßen Satzungsverstößen oder zu solchen gegen „bewegliche" Stimmrechtsschranken (vgl. § 54, 43 und 47). Zur Prüfung des Werts von Sacheinlagen oder -übernahmen vgl. Rdn 5, 8 ff. **3**

Im Fall von **Kapitalerhöhungen** muß das Registergericht neben der allgemeinen Rechts- und Ordnungsmäßigkeitskontrolle die *Übereinstimmung von Erhöhungsbeschluß und Übernahmeerklärungen* nach Art (Bar- oder Sacheinlagen) und Betrag prüfen. Auch hat es auf *Eindeutigkeit und Klarheit* des angemeldeten Kapitaländerungsbeschlusses zu achten[1]. Ergeben sich Anhaltspunkte für eine *verdeckte Sachkapitalerhöhung* (§ 56, 7), so hat es diesen nachzugehen[2]. Schließlich hat es darauf zu achten, daß die *Anmeldung von sämtlichen Geschäftsführern bewirkt* ist (§ 57, 19). Dagegen unterliegt die Einhaltung der Schranken von Gleichbehandlungsgebot und Treupflicht bei Zulassung zur Übernahme neuer Anteile (vgl. § 55, 46) nicht seiner Kontrolle (§ 54, 43). Zur Erstreckung der Prüfung auf die Durchsetzbarkeit der Einlageforderungen bei berechtigten Zweifeln an der Zahlungsfähigkeit der Übernehmer vgl. § 9 c, 31. **4**

[1] Vgl. § 54, 44 und BayObLG DB 1971, 1612 zum Auseinanderfallen der Angaben über Stammkapital und Stammeinlagen.

[2] AA offenbar Scholz/*Priester* 5.

5 Besonderheiten ergeben sich im Fall von Sachkapitalerhöhungen, da hier auch der **Wert der Sacheinlagen** zu prüfen ist (§ 57a iVm § 9c S. 2). Diese schon bisher anerkannte Prüfungsfunktion (Rdn 1) dient in erster Linie der Verhinderung überbewerteter Sacheinlagen; mittelbar hat sie aber auch Bedeutung für die Geltendmachung der – bei vollzogener Kapitalerhöhung eingreifenden – Differenzhaftung wegen Überbewertung und für den Nachweis ihrer Voraussetzungen (§ 56, 32 ff). Bei Kapitalerhöhungen kommt dieser Prüfungsaufgabe nicht nur wegen des Fehlens einer obligatorischen Wertprüfung durch sachverständige Prüfer, sondern auch deshalb besonderes Gewicht zu, weil das Gesetz im Unterschied zur Sachgründung von einem Sacheinlagebericht der Gesellschafter sowie von der Pflicht zur Beifügung von Unterlagen über den Wert der Sacheinlagen bei der Anmeldung absieht (§ 56, 49 und § 57, 16). Das Registergericht kann sich daher in aller Regel auch nicht mit der Versicherung der Geschäftsführer über das Bewirken der Sacheinlagen und deren Wert begnügen, sondern muß sich ein eigenes Urteil über ihre Vollwertigkeit verschaffen. Zum Bewertungsstichtag vgl. Rdn 14 f.

2. Prüfungsunterlagen

6 a) **Grundlagen.** Soweit es um **Barkapitalerhöhungen** geht, enthalten die bei der Anmeldung kraft Gesetzes abzugebenden Versicherungen und die beizufügenden Unterlagen (§ 57, 12 ff) im Regelfall eine ausreichende Prüfungsgrundlage[3]. *Besondere Nachweise*, etwa hinsichtlich der Erbringung der Mindesteinlagen oder der Bestellung von Sicherungen im Fall von Einmanngesellschaften, können über die Versicherung der Geschäftsführer nach § 57 Abs. 2 hinaus nur dann angefordert werden, wenn der Registerrichter nach den Umständen des Einzelfalls Anlaß zu Zweifeln am Vorliegen der Eintragungsvoraussetzungen hat[4]. Eine routinemäßige Anforderung von Nachweisen, etwa Bestätigungen des Kreditinstituts über die Kontogutschrift oder Belege über die Sicherungen iS von § 7 Abs. 2 S. 3, ist als Überspannung der Prüfungsanforderungen abzulehnen; sie stünde auch im Widerspruch zur Entstehungsgeschichte der GmbH-Novelle, die abweichend von § 57 Abs. 2 iVm § 8 Abs 2 RegE auf die obligatorische Einführung derartiger Nachweise bewußt verzichtet hat. Eine vom kontoführenden Kreditinstitut erteilte Einzahlungsbestätigung führt zur Haftung des Kreditinstituts analog § 37 Abs. 1 S. 4 AStG, wenn sie bewußt unrichtig erteilt wurde (vgl. § 57, 10 a).

7 Über die Anforderung von Nachweisen hinaus steht dem Registerrichter nach § 12 FGG auch das **Recht zu eigenen Ermittlungen** zu (§ 9c, 14). Er kann sich hierzu sachverständiger Prüfer bedienen, so insbesondere bei Zweifeln über die Vollwertigkeit von Sacheinlagen (Rdn 8 ff). Auch insoweit sind allerdings die in Rdn 6 genannten Grenzen zu beachten. Daneben kommt auch die Einschaltung der zuständigen Industrie- und Handelskammer in Betracht (§ 126 FGG).

8 b) **Bei Sacheinlagen.** Im Unterschied zur Sachgründung hat die GmbH-Novelle in §§ 56, 57 davon abgesehen, für *Sachkapitalerhöhungen* einen Bericht der Gesellschafter (§ 5 Abs. 4 S. 2) oder die Beifügung von Unterlagen über den Wert der Sacheinlagen (§ 8 Abs. 1 Nr. 5) bei Anmeldung zu verlangen. Die in § 57 Abs. 2 Nr. 3 vorgeschriebene Beifügung der Verträge, die der Festsetzung der Sacheinlagen zugrunde liegen oder zu ihrer Ausführung geschlossen werden, bietet schon deshalb kein Äquivalent, weil sie nur im Fall von Sachübernahmen praktisch wird (§ 57, 15). Auch lassen sich

---

[3] So auch Scholz/*Priester* 6.

[4] § 9c, 11 f; auf *begründete* Zweifel abstellend LG Aachen GmbH-Rdsch. 1987, 358; Scholz/*Winter* § 9c, 12 f; Scholz/*Priester* 7.

Bewertungskriterien aus diesen Unterlagen nicht ohne weiteres ableiten. Geht man nicht so weit, die im Vergleich zur Sachgründung geringeren Anforderungen des Gesetzgebers bei Sachkapitalerhöhungen als Redaktionsversehen zu qualifizieren und mit dieser Begründung die analoge Anwendung der §§ 5 Abs. 4 S. 2, 8 Abs. 1 Nr. 5 im Fall von Sachkapitalerhöhungen zu bejahen[5], so muß das Registergericht die nach Lage des Falles zur Bewertung erforderlichen Unterlagen durch Zwischenverfügung anfordern, soweit sie von den Geschäftsführern nicht ohnedies schon der Anmeldung beigefügt sind.

Eine **routinemäßige Anforderung** ist zwar auch hier *nicht* veranlaßt. Entsprechendes gilt für die routinemäßige *Einschaltung von sachverständigen Prüfern* (Rdn 7); dies nicht zuletzt deshalb, weil auch der Gesetzgeber entgegen den weitergehenden Vorschlägen in § 57 a Abs. 1 RegE auf die obligatorische Einführung einer derartigen Prüfung verzichtet hat[6]. Auf Bewertungsunterlagen oder die Einschaltung von Prüfern kann insbesondere dann verzichtet werden, wenn die im Sachkapitalerhöhungsbeschluß festgesetzten Sacheinlagen einen Börsen- oder Marktpreis haben und nach Lage des Falles auch sonst keinen Anlaß bieten, wegen Mängeln u. a. an ihrer Vollwertigkeit zu zweifeln (§ 9 c, 36). Im Unterschied zur Barkapitalerhöhung dürfte das *Verlangen nach zusätzlichen*, über die gesetzlichen Mindesterfordernisse hinausgehenden *Unterlagen* im Fall von Sacheinlagen allerdings schon deshalb die Regel sein, weil der Wertkontrolle durch das Registergericht bei der Eintragung von Sachkapitalerhöhungen besondere Bedeutung zukommt (Rdn 12 ff). 9

Welche **Unterlagen für den Wertnachweis** von Sacheinlagen anzufordern sind, richtet sich nach der Art der einzubringenden oder zu übernehmenden Vermögensgegenstände. Neben Bewertungsgutachten durch Sachverständige kommen bei nicht vertretbaren Sachen auch Nachweise der Sacheinleger über Höhe und Zeitpunkt der eigenen Anschaffungs- oder Herstellungskosten in Betracht. Sachverständigengutachten sind namentlich bei gewerblichen Schutzrechten, Urheberrrechten, Lizenzen u. a. zu fordern, daneben aber auch bei Beteiligungen an nicht börsennotierten Gesellschaften und bei Gebäuden[7]. Im Fall der *Einbringung von Unternehmen* genügt regelmäßig die Vorlage einer Einbringungsbilanz, wenn sie auf den Einbringungsstichtag oder einen nicht lange vorangegangenen Termin erstellt und mit dem Testat eines sachverständigen Prüfers versehen ist[7a]. Das gilt jedenfalls, wenn die Einbringung zu Buchwerten erfolgt. Die in § 5 Abs. 4 S. 2 vorgeschriebene Vorlage der beiden letzten Jahresbilanzen ist nicht obligatorisch[8]. Auch für den Nachweis der Vollwertigkeit eingebrachter *Gesellschafterforderungen* bedarf es regelmäßig einer zeitnahen, testierten Bilanz der Gesellschaft[8a]. An die von den Anmeldern eingereichten Sachverständigengutachten ist das Registergericht nicht gebunden. Es kann eine Bewertung durch Sachverständige auch von sich aus veranlassen (Rdn 7). Zu Bewertungsstichtag und Bewertungsgrundsätzen vgl. Rdn 13 ff. 10

III. Eintragungsverfahren

1. Allgemeines

Bei **Zweifeln** am Vorliegen der Eintragungsvoraussetzungen hat das Registergericht die Beteiligten durch *Zwischenverfügung* zur Erbringung der erforderlichen Nachweise 11

[5] So Scholz/*Priester* § 56, 65; vgl. dagegen oben § 56, 49.
[6] EinhM; vgl. Scholz/*Winter* § 9 c, 13; Scholz/*Priester* 8; *Geßler* BB 1980, 1387.
[7] So auch Scholz/*Priester* 6; *Geßler* BB 1980, 1387; *Priester* DNotZ 1980, 522. Zu den Anforderungen an derartige Wertnachweise vgl. § 8, 12.
[7a] Vgl. auch Scholz/*Winter* § 8, 13.
[8] So auch Scholz/*Priester* 6; Rowedder/*Zimmermann* 7; aA *Lutter* DB 1980, 1319.
[8a] Scholz/*Priester* 6.

aufzufordern oder sich im Wege der *Amtsermittlung* die erforderliche Gewißheit zu verschaffen[9]. Stellt es behebbare Mängel fest, so hat es den Beteiligten innerhalb angemessener Frist Gelegenheit zur Beseitigung zu geben. Nach Ablauf der Frist ist die beantragte Eintragung abzulehnen. Zum Verfahren bei Streit über die Nichtigkeit, Unwirksamkeit oder Anfechtbarkeit von Kapitalerhöhungen vgl. § 54, 45 ff.

2. Ablehnung wegen Überbewertung (§ 9 c S. 2)

12 a) **Grundsatz.** Nach § 57 a iVm § 9 c S. 2 ist die Eintragung der Kapitalerhöhung im Fall überbewerteter Sacheinlagen abzulehnen. Diese Rechtsfolge beruht auf dem **Verbot der Unterpari-Emission**[10]. Sie greift daher nur ein, wenn der Wert der einzubringenden oder zu übernehmenden Sache hinter dem Nennbetrag der entsprechenden Stammeinlage (bei *Mischeinlagen* hinter dem auf die Sacheinlage entfallenden anteiligen Nennbetrag, vgl. § 56, 10) zurückbleibt. Anderes gilt, wenn der Sacheinlage im Kapitalerhöhungsbeschluß zwar ein überhöhter Wert zuerkannt ist, der objektive Wert der Sacheinlage jedoch den Nennbetrag der Stammeinlage erreicht. Da die Einhaltung eines *Agio nicht* der Wertkontrolle des Registergerichts unterliegt, greift hier das Eintragungshindernis des § 9 c S. 2 nicht ein[11]. Der Registerrichter kann den Kapitalerhöhungsbeschluß allerdings wegen Irreführungsgefahr (§ 54, 44) beanstanden[11a]. Soll dagegen nach dem Kapitalerhöhungsbeschluß die angenommene Wertdifferenz an den Sacheinleger ausbezahlt werden (sog. *gemischte Sacheinlage*, vgl. § 56, 10), so bewendet es bei der Regel des § 9 c S. 2; die Eintragung ist abzulehnen, wenn der Wert der Sacheinlage überhöht festgesetzt ist.

13 Hinsichtlich der **Bewertungsgrundsätze** kann auf § 5, 66 f verwiesen werden. Es gilt das Prinzip der Höchstwertbegrenzung; Unterbewertungen sind auch unter der Geltung des neuen Bilanzrechts unschädlich (§ 5, 67). Beim Wertansatz ist danach zu differenzieren, ob die eingebrachten Sachen zum Anlage- oder Umlaufvermögen gehören (§ 5, 68).

14 b) **Bewertungsstichtag.** Der Stichtag der Vollwertigkeitsprüfung durch das Registergericht ist in § 57 a iVm § 9 c S. 2 nicht ausdrücklich geregelt; anderes gilt für die Differenzhaftung wegen Überbewertung, für die § 56 Abs. 2 iVm § 9 Abs. 1 auf den Wert im Zeitpunkt der *Anmeldung* der Kapitalerhöhung abstellt (§ 56, 35). Im Unterschied dazu soll es für die Eintragungskontrolle nach Ansicht der Begr. z. RegE (S. 35) auf den Zeitpunkt der *Eintragung* ankommen; danach bilden auch spätere, vor Eintragung eintretende Wertminderungen einen Ablehnungsgrund. Dem ist zwar für das *Gründungsstadium* wegen des dort geltenden Grundsatzes der Unversehrtheit des Stammkapitals bei Entstehung der Gesellschaft beizupflichten (str., vgl. näher § 9 c, 18). Dagegen genügt im Fall der *Kapitalerhöhung*, daß der Gesellschaft zwischen Beschlußfassung und Eintragung *tatsächlich Werte in Höhe des Nennbetrags der Stammeinlagen zugeflossen* sind; auf das Vorhandensein dieser Werte auch noch im Zeitpunkt der Eintragung der Kapitalerhöhung können die Gesellschaftsgläubiger nicht vertrauen (§ 56 a, 18).

---

[9] Vgl. auch *Jansen* FGG² § 125, 25; Keidel/Kuntze/*Winkler* FGG¹², § 127, 1.

[10] Vgl. dazu § 5, 157, und BGHZ 68, 191, 195 = NJW 1977, 1196.

[11] So auch Scholz/*Winter* § 9 c, 25; Scholz/*Priester* 10; Rowedder/*Zimmermann* 10; aA *Geßler* BB 1980, 1387.

[11a] Ebenso Scholz/*Winter* § 9 c, 25; aA Scholz/*Priester* 10.

Aus den in Rdn 14 genannten Gründen ist es im Fall von *Kapitalerhöhungen* abweichend von der Gründung *nicht* erforderlich, für die Registerkontrolle auf den Zeitpunkt der *Eintragung* abzustellen. Die Prüfung des Registergerichts kann sich vielmehr darauf beschränken, ob die Gesellschaft Werte im Nennbetrag der neuen Stammeinlagen erhalten hat. Maßgeblicher Prüfungsstichtag ist danach weder derjenige der Eintragung noch der der Anmeldung, sondern der **Zeitpunkt der Einbringung**[12]; der abweichende, auf die Anmeldung bezogene Bewertungsstichtag für die Differenzhaftung steht ebensowenig wie in der Gründungsphase (§ 9c, 18) entgegen. Später eingetretene nachhaltige Wertminderungen berechtigen nur dann zur Ablehnung, wenn ihre Ursache schon im Einbringungszeitpunkt gelegt und der Minderwert daher schon auf diesen Stichtag zu berücksichtigen war. Dagegen stehen der Eintragung der Kapitalerhöhung unvorhersehbare Wertminderungen nach erfolgter Einbringung selbst dann nicht entgegen, wenn sie nachhaltiger Natur sind. Die unterschiedliche Beurteilung gegenüber dem Gründungsstadium rechtfertigt sich auch dadurch, daß die Geschäftsführer bei Sachkapitalerhöhungen uneingeschränkt in der Lage sind, im Interesse der Gesellschaft die erforderlichen werterhaltenden Maßnahmen zu treffen, insbesondere die vom Wertverfall bedrohten Einlagegegenstände zu veräußern, während ihnen im Gründungsstadium nach gesetzlicher Regel die Vertretungsmacht zu anderen als entstehungsnotwendigen Geschäften fehlt (vgl. § 11, 55). **15**

c) **Folgen der Überbewertung.** Stellt der Registerrichter eine Überbewertung von Sacheinlagen fest, die nach den in Rdn 12 genannten Grundsätzen eintragungsschädlich ist, so darf er die Eintragung nicht vornehmen. Das gilt auch bei bloß geringfügiger Überbewertung[13]. Allerdings sollte er vor einer **Ablehnung** den Beteiligten durch *Zwischenverfügung* Gelegenheit geben, den Mangel zu beseitigen. Das kann nicht nur durch Anpassung von Kapitalerhöhungsbeschluß und Übernahmeerklärung an den niedrigeren Wert der Sacheinlage geschehen, sondern auch durch *Zahlung des Differenzbetrags* seitens des Sacheinlegers entsprechend § 56 Abs. 2 iVm § 9[14]; sie ist dem Registergericht nach § 57 Abs. 2 durch die Anmelder zu versichern und ggf. nachzuweisen. **16**

Darüber hinaus sollte zur Abhilfe aber auch schon die **Anerkennung einer entsprechenden Zahlungspflicht** des Sacheinlegers gegenüber der Gesellschaft und ihre Nachweisung durch die Anmelder genügen, da auch dadurch dem Verbot der Unterpari-Emission und seiner Absicherung durch Registerkontrolle ausreichend Rechnung getragen wird[15]. Für die Zulassung auch dieser Art von Mangelbeseitigung spricht neben der gesetzlichen Differenzhaftung des Sacheinlegers nicht zuletzt das Interesse der Gesellschaftsgläubiger an der Durchführung der Kapitalerhöhung. Auf die Anerkennung der Zahlungspflicht als Mindestvoraussetzung der Eintragung kann allerdings trotz der Regelung des § 9 schon wegen der sonst zu befürchtenden Nachweisschwierigkeiten für die Gesellschaft nicht verzichtet werden. Das Bestehen der Differenzhaftung reicht für sich genommen nicht aus, um das Eintragungshindernis der Unterbewertung zu überwinden[16]. **17**

---

[12] AA die hM, die bei Kapitalerhöhungen auf den Zeitpunkt der Anmeldung abstellt; vgl. Scholz/*Priester* 11; Rowedder/*Zimmermann* 8; Baumbach/Hueck/*Zöllner* 4.

[13] So heute hM; vgl. § 9c, 34; Scholz/*Winter* § 9c, 35; Baumbach/*Hueck* § 9c, 5.

[14] So auch Scholz/*Winter* § 9c, 35; Scholz/*Priester* 12; aA *Geßler* BB 1980, 1387.

[15] So auch Rowedder/*Zimmermann* 10; aA Scholz/*Priester* 12.

[16] EinhM, vgl. Scholz/*Winter* § 9c, 35; Scholz/*Priester* 12; *Geßler* BB 1980, 1387.

IV. Amtslöschung

18 Eine Amtslöschung eingetragener Kapitalerhöhungen nach **§ 144 Abs. 2 FGG** scheidet mangels Vorliegens der dort genannten Voraussetzungen in aller Regel aus (§ 57, 39). Zulässig ist dagegen eine Amtslöschung nach **§ 142 Abs. 1 FGG**; die dort vorausgesetzte Unzulässigkeit der Eintragung wegen Mangels einer wesentlichen Voraussetzung liegt vor, wenn die Eintragung ohne oder ohne wirksame Anmeldung vorgenommen worden ist (§ 57, 52).

§ 57 b

In die Bekanntmachung der Eintragung der Kapitalerhöhung sind außer deren Inhalt die bei einer Kapitalerhöhung mit Sacheinlagen vorgesehenen Festsetzungen aufzunehmen. Bei der Bekanntmachung dieser Festsetzungen genügt die Bezugnahme auf die beim Gericht eingereichten Urkunden.

1. Einführung

1 Die Vorschrift ist durch die **GmbH-Novelle 1980** in Anlehnung an § 190 AktG neu eingefügt. Sie enthält für die *Bekanntmachung von Sachkapitalerhöhungen* eine Sonderregelung gegenüber § 54 Abs. 2 S. 2 iVm § 10 Abs. 3. In Abweichung von den allgemein für die Bekanntmachung von Satzungsänderungen geltenden Grundsätzen verzichtet sie im Fall von Sachkapitalerhöhungen auf die wörtliche oder zusammengefaßte Veröffentlichung der Festsetzungen von Sacheinlagegegenstand und Betrag der Stammeinlage und läßt anders als im Gründungsstadium (§ 10, 19) eine Bezugnahme auf die beim Gericht eingereichten Unterlagen genügen.

2. Gegenstände der Bekanntmachung

2 a) **Inhalt der Eintragung.** Er ist in Übereinstimmung mit den für die Gründung und die sonstigen Satzungsänderungen geltenden Regelungen der §§ 10 Abs. 3, 54 Abs. 2 S. 2 **in vollem Umfang** zu veröffentlichen. Anzugeben sind danach nicht nur der *Betrag des erhöhten Kapitals*, sondern auch das *Datum des Kapitalerhöhungsbeschlusses* und der *Tag der Eintragung*, nicht aber Zahl und Höhe der neuen Stammeinlagen und die Personen der Übernehmer (§ 57, 35). Der Ort der Bekanntmachung bestimmt sich nach § 10 HGB (vgl. § 10, 23). Zur Zuständigkeit des Registergerichts und zu den Bekanntmachungspflichten im Fall von Zweigniederlassungen vgl. § 54, 36 f.

3 b) **Festsetzungen über Sacheinlagen.** Die nach § 56 Abs. 1 für den Kapitalerhöhungsbeschluß vorgeschriebenen Festsetzungen, die dem Registergericht in Form des Beschlußprotokolls bei Anmeldung der Kapitalerhöhung einzureichen sind (§ 57, 17), gehören nicht zu den Angaben, die ausdrücklich im Handelsregister eingetragen werden (§ 54, 25 und § 57, 35). Entgegen dem früheren Recht verzichtet die Neuregelung des § 57 b S. 2 darüber hinaus auch auf ihre Aufnahme in die Bekanntmachung, sondern läßt entsprechend § 190 AktG insoweit die **Bezugnahme auf die Eintragungsunterlagen** genügen. Sachlich vermag diese Abweichung vom Gründungsrecht (§ 10, 19) nicht ohne weiteres zu überzeugen[1]. Die in die Bekanntmachung aufzunehmende Bezugnahme

[1] Kritisch zur Neuregelung auch Scholz/*Priester* 2 f; Baumbach/Hueck/*Zöllner* 3.

muß zumindest erkennen lassen, daß die Kapitalerhöhung ganz oder teilweise durch Sacheinlagen bewirkt wurde[2]. Das Recht zur Einsicht in die Handelsregisterunterlagen ist durch § 9 HGB sichergestellt.

3. Fehlerhafte Bekanntmachungen

Die Unrichtigkeit oder Unvollständigkeit der Bekanntmachung hat auf die Wirksamkeit der Kapitalerhöhung keinen Einfluß. § 15 Abs. 3 HGB findet Anwendung (§ 10, 26). **4**

Anhang nach § 57 b

Kapitalerhöhung aus Gesellschaftsmitteln

Gesetz über die Kapitalerhöhung aus Gesellschaftsmitteln und über die Verschmelzung von Gesellschaften mit beschränkter Haftung vom 23. 12. 1959 (BGBl. I 789), zuletzt geändert durch Gesetz vom 19. 12. 1985 (BGBl. I 2355).

Vorbemerkungen zu §§ 1 – 18, 36 KapErhG

Übersicht

Schrifttum

Kommentare zum KapErhG: *Baumbach/Hueck* GmbHG[15] Anh nach § 57 b; *Brönner* Kapitalerhöhung aus Gesellschaftsmitteln[2] (1961); *Rob. Fischer* GroßkommAktG[2] (1965), Anh I (Kapitalerhöhung aus Gesellschaftsmitteln); *Lutter/Hommelhoff*[13] Anh nach § 57 b; *Rowedder/Zimmermann*[2] Anh nach § 57 b; *Scholz/Priester* GmbHG[7] Anh nach § 57 b; *Wilhelmi/Friedrich* Kleine Aktienrechtsreform (1960); *Zintzen/Halft* Kommentar zu den Gesetzen über die Kapitalerhöhung aus Gesellschaftsmitteln (1960); ferner die Kommentare zu §§ 207 – 220 AktG von *Lutter* in Kölner KommAktG[2], und *Wiedemann* in GroßkommAktG[3]. *Sonstige: Börner* Verbindung von Kapitalerhöhung aus Gesellschaftsmitteln und Kapitalerhöhung gegen Bareinlagen bei Aktiengesellschaften, DB 1988, 1254; *Börnstein* Die Erhöhung des Nennkapitals von Kapitalgesellschaften aus Gesellschaftsmitteln, DB 1960, 216; *Geßler* Die Kapitalerhöhung aus Gesellschaftsmitteln, BB

---

2 Vgl. Scholz/*Priester* 2: „Es wurden Sacheinlagen geleistet; wegen der Einzelheiten wird auf die beim Gericht eingereichten Unterlagen Bezug genommen"; so auch Rowedder/*Zimmermann* 2; weitergehend Baumbach/Hueck/*Zöllner* 3, die auch die Angabe des Gesamtbetrags der durch Sacheinlagen zu deckenden Stammeinlagen verlangen.

1960, 6; *ders.* Das Gesetz über die Kapitalerhöhung aus Gesellschaftsmitteln und über die Gewinn- und Verlustrechnung, WM 1960 Sonderbeilage Nr. 1, 11; *ders.* Zweifelsfragen aus dem Recht der Kapitalerhöhung aus Gesellschaftsmitteln, DNotZ 1960, 619; *Groß* Die Umwandlung von Forderungen gegen eine notleidende GmbH in Gesellschaftskapital, GmbH-Rdsch. 1983, 290; *Langer, Hugo* Die Kapitalerhöhung aus Gesellschaftsmitteln, Diss. jur. Heidelberg (1973); *Priester* Die neuen Anteilsrechte bei Kapitalerhöhungen aus Gesellschaftsmitteln, GmbH-Rdsch. 1980, 236; *Schaeberle/Meermann* Die Kapitalerhöhung bei einer GmbH (1985); *Schippel* Fragen der Kapitalerhöhung aus Gesellschaftsmitteln, DNotZ 1960, 353; *Veith* Kapitalerhöhung aus Gesellschaftsmitteln, DB 1960, 109; *Vollmer* Eigenkapitalbeschaffung durch Börsenzugang, GmbH-Rdsch. 1984, 329; *Wilhelmi* Kapitalerhöhung aus Gesellschaftsmitteln, NJW 1960, 169; *Zintzen* Die neuen gesetzlichen Regelungen zur Kapitalerhöhung aus Gesellschaftsmitteln, GmbH-Rdsch. 1960, 2.

I. Einführung

1. Regelungszweck

1 Der Erste Abschnitt des KapErhG (§§ 1 – 18, 36) regelt eine *besondere*, von der Kapitalerhöhung gegen Bar- oder Sacheinlagen (§§ 55, 56 GmbHG) strikt zu unterscheidende *Art der Kapitalerhöhung* in der GmbH (zu den Vorschriften der §§ 19 – 35 über die Verschmelzung vgl. Voraufl. Anh II nach § 77). Der Unterschied zeigt sich darin, daß weder der Gesellschaft neues Eigenkapital zugeführt noch Fremd- in Eigenkapital umgewandelt wird. Vielmehr wird die Kapitalerhöhung durch **Umwandlung freier Rücklagen in Haftkapital** bewirkt. Entgegen der teilweise verwendeten Bezeichnung „Kapitalberichtigung“[1] ist sie kein buchungstechnischer Vorgang, sondern erstreckt die durch §§ 30, 31 GmbHG abgesicherte Kapitalbindung zugunsten der Gesellschaftsgläubiger auf die in Stammkapital umgewandelten Teile des bisher freien Eigenkapitals und entzieht diese der Dispositionsbefugnis der Gesellschafter[2]. Eines einstimmigen Umwandlungsbeschlusses anstelle satzungsändernder Mehrheit bedarf es allerdings nicht, weil die fraglichen, bisher als Rücklagen ausgewiesenen Mittel schon vor der Umwandlung in Haftkapital nicht zur Verteilung an die Gesellschafter bestimmt, sondern aufgrund gesellschaftsvertraglicher Regelung oder früherer Gewinnverwendungsbeschlüsse für die Selbstfinanzierung vorgesehen waren; Ansprüche der Gesellschafter auf Gewinnverteilung werden durch den Umwandlungsbeschluß daher nicht verletzt.

2 Die Regelungen im Ersten Abschnitt des KapErhG beschränken sich nicht auf die ausdrückliche Zulassung dieser Art der Kapitalerhöhung (zur umstrittenen Rechtslage vor 1959 vgl. näher 6. Aufl. GmbHG § 55, 24 ff), sondern bestimmen zugleich die – grundsätzlich zwingenden – Anforderungen an die Kapitalerhöhung aus Gesellschaftsmitteln. Dabei verfolgt das Gesetz im wesentlichen **zwei Ziele.** Das eine Regelungsziel besteht in der *Sicherung und Kontrolle des zur Umwandlung vorgesehenen Eigenkapitals* (vgl. §§ 2 bis 5, 7 und 8), das andere in der grundsätzlich *unveränderten Aufrechterhaltung des Beteiligungsverhältnisses der Gesellschafter* durch Gewährung eines zwingenden Teilnahmerechts (§§ 9, 10) unter Eröffnung der Wahl zwischen Ausgabe neuer und Aufstockung vorhandener Geschäftsanteile (§§ 6, 12) sowie der Anpassung kapital- oder gewinnbezogener Rechte der Gesellschafter und Dritter gegenüber der Gesellschaft an die Änderung des Nominalkapitals (§ 13).

---

[1] Vgl. LG Bonn AG 1970, 19; aber auch Scholz/*Priester* 5; Godin/*Wilhelmi* AktG § 207, 2; Rowedder/*Zimmermann* 1.

[2] Zutr. *Lutter*-KölnKommAktG[2] Vor § 207, 10.

2. Wirtschaftliche Bedeutung

Die wirtschaftliche Bedeutung der Kapitalerhöhung aus Gesellschaftsmitteln für die GmbH war vor allem **vor der Körperschaftsteuerreform 1977** erheblich[3]. Das Institut eröffnete in Verbindung mit dem entsprechenden Gesetz vom 30. 12. 1959 über steuerrechtliche Maßnahmen bei Erhöhung des Nennkapitals aus Gesellschaftsmitteln die Möglichkeit, die mit Gewinnausschüttung und anschließender Reinvestition in der Gesellschaft verbundene ertragsteuerliche Doppelbelastung bei GmbH und Gesellschaftern zu vermeiden und den Gesellschaftern die Vorteile der Selbstfinanzierung in Form von neuen oder erhöhten Geschäftsanteilen ohne Auslösung einer besonderen Ertragsteuer zukommen zu lassen[4]. **3**

Infolge der Körperschaftsteuerreform 1977 ist dieser steuerliche Anreiz inzwischen entfallen; im Vordergrund steht **heute** das steuerlich günstigere sog. Ausschüttungs-Rückholverfahren (vgl. näher GmbHG § 55, 90 ff). Allerdings setzt es im Hinblick auf § 53 Abs. 3 GmbHG grundsätzlich die Zustimmung aller Gesellschafter zu der damit verbundenen Erhöhung ihrer Leistungspflichten voraus (zur Möglichkeit satzungsrechtlicher Verankerung entsprechender Leistungs- oder Stimmpflichten vgl. GmbHG § 55, 92 und 95). Demgegenüber erweist sich das Verfahren der – im Gesellschaftsvertrag zugelassenen – Rücklagenbildung im Zuge der Bilanzfeststellung und ihrer späteren Umwandlung in Haftkapital als gesellschaftsrechtlich einfacher, da hierfür die einfache (Rücklagenbildung) bzw. die satzungsändernde (Kapitalerhöhung) Mehrheit ausreicht. Der Kapitalerhöhung aus Gesellschaftsmitteln kommt daher auch heute noch Bedeutung zu, wenn auch seine praktische Relevanz sich infolge der steuerrechtlichen Mehrbelastung nicht ausgeschütteter, in Rücklagen umgewandelter Gewinne vermindert hat. **3a**

3. Historische Entwicklung

Die Ausgabe von „Gratisanteilen" durch Umwandlung von Rücklagen in Haftkapital war sowohl bei Aktiengesellschaften wie auch bei Gesellschaften mbH schon **vor Erlaß des KapErhG** im Jahre 1959 anzutreffen. Allerdings herrschte über die Anforderungen an diese Maßnahme und ihre rechtliche Konstruktion lebhafter Streit. Während die *Rechtsprechung* sowohl der ordentlichen als auch der Finanzgerichte darin eine Doppelmaßnahme sah, bestehend aus der Ausschüttung der Rücklagen und der Einbringung der daraus resultierenden Gesellschafterforderungen als Sacheinlagen[5], herrschte im *Schrifttum* die Ansicht vor, es handle sich um einen einheitlichen, auf der Umwandlung verteilbaren in unverteilbares Vermögen beruhenden Vorgang der Satzungsänderung, eine gesetzlich nicht besonders geregelte Art der Kapitalerhöhung[6]. Das KapErhG vom 23. 12. 1959 hat den Streit im Sinne der im Schrifttum herrschenden *Einheitstheorie* entschieden und die Kapitalerhöhung aus Gesellschaftsmitteln gesetzlich als besondere Art der Kapitalerhöhung für AG, KGaA und GmbH anerkannt. **4**

Für *AG und KGaA* sind die entsprechenden Regelungen im Zuge der Aktienrechtsreform 1965 aus dem KapErhG in §§ 207 bis 220, 278 Abs. 3 AktG übernommen worden. **5**

---

[3] Zur Lage bei der AG vgl. *Lutter* KölnKommAktG[7] Vor § 207, 21; *Wiedemann*-GroßkommAktG, Vor § 207, I 2.

[4] *Wilhelmi/Friedrich* KapErhStG § 1, 5; Baumbach/Hueck/*Zöllner* 3.

[5] Vgl. RGZ 107, 161, 168 f; 108, 29, 31; Nachw. zur Rechtsprechung von RFH und BFH vgl. in 6. Aufl. GmbHG § 57, 26.

[6] So grundlegend *v. Godin* AcP 145 (1939) 69 ff und *Rauch* Kapitalerhöhung aus Gesellschaftsmitteln[3] (1947/50); vgl. dazu näher 6. Aufl. GmbHG § 57, 27 f.

Nennenswerte inhaltliche Änderungen waren damit nicht verbunden[7]; vorbehaltlich aktienrechtlicher Besonderheiten kann daher die Auslegung der §§ 207 bis 220 AktG für die entsprechenden Vorschriften des KapErhG herangezogen werden. Sachlich beschränkt sich die Geltung des Ersten Abschnitts des KapErhG kraft ausdrücklicher Regelung in § 33 Abs. 1 EG AktG seitdem auf die **GmbH.** Eine Anpassung des Wortlauts des Gesetzes an die durch das AktG 1965 geänderte Rechtslage ist allerdings erst durch das BiRiLiG erfolgt (vgl. Rdn 6).

4. Reform

6 Das **BiRiLiG** vom 19. 12. 1985 (BGBl. I 2355) hat neben der Eliminierung der auf das Aktienrecht bezogenen, durch die Aktienrechtsreform 1965 obsolet gewordenen Gesetzesteile (Rdn 5) zwei Arten von Änderungen gebracht. Die eine bezieht sich auf die *redaktionelle Anpassung* des Gesetzestextes an die Terminologie des BiRiLiG, ohne daß sich damit materiellrechtliche Änderungen verbinden. Demgegenüber bringt § 2 nF eine *inhaltliche Modifikation* durch Neuabgrenzung der umwandlungsfähigen Rücklagen und Einbeziehung der nicht ausgeschütteten Teile des letzten Jahresergebnisses (§ 2, 2); sonstige inhaltliche Änderungsvorschläge sind vom Gesetzgeber wegen des begrenzten Regelungszwecks der Folgeänderungen des BiRiLiG nicht aufgegriffen worden[8]. – Eine weitere Änderung ist im Rahmen des **EUmwG**[9] vorgesehen. Danach sollen das KapErhG aufgehoben und seine auf die Kapitalerhöhung aus Gesellschaftsmitteln bezogenen Vorschriften als §§ 57 c bis 57 o in das GmbH-Gesetz übernommen werden, während die Verschmelzungsvorschriften der §§ 19 ff KapErhG durch die rechtsformübergreifenden Regelungen des künftigen UmwG ersetzt werden sollen[10].

II. Wesen und Voraussetzungen

1. Erweiterte Kapitalbindung

7 Das **Kennzeichen der Kapitalerhöhung aus Gesellschaftsmitteln** besteht darin, daß zwar das *Eigenkapital* der Gesellschaft *unverändert* bleibt, das der gesetzlichen Kapitalbindung der §§ 30, 31 GmbHG unterliegende und nur unter den besonderen Voraussetzungen des § 58 GmbHG wieder herabsetzbare *Haftkapital*, das sog. Stammkapital, aber um den aus den Rücklagen umgebuchten Betrag *erhöht* wird. Es handelt sich somit nicht um einen bloß buchungstechnischen Vorgang oder eine rein „nominelle" Kapitalerhöhung (Rdn 1). Vielmehr begeben sich die Gesellschafter durch den mit satzungsändernder Mehrheit zu fassenden Beschluß und seine Eintragung im Handelsregister der Möglichkeit, auf die Rücklagen zuzugreifen und sie zum Zwecke der Gewinnausschüttung ganz oder teilweise aufzulösen.

2. Kapitalerfordernisse

8 Den Vorschriften zur **Sicherung der Kapitalaufbringung** im Falle der Kapitalerhöhung gegen Einlagen entsprechen im KapErhG diejenigen Regelungen, die der Sicherstellung und Kontrolle des Vorhandenseins des für die Kapitalerhöhung zu verwenden-

---

[7] *Lutter*-KölnKommAktG² Vor § 207, 4; *Wiedemann*-GroßkommAktG Vor § 207, I 3.

[8] Vgl. Beschlußempfehlung und Bericht des BT-Rechtsausschusses, BT-Drucks. 10/4268 S. 145; dazu auch Scholz/*Priester* 3.

[9] Diskussionsentwurf des BMJ eines Gesetzes zur Bereinigung des Umwandlungsrechts (EUmwG) v. 3. 8. 1988, BAnz Nr. 214 v. 15. 11. 1988.

[10] Vgl. dazu näher Rowedder/*Zimmermann* Anh § 77, 10 a ff.

den Eigenkapitals der Gesellschaft dienen. Hierzu bedarf es des *Ausweises freier, für die Zwecke der Kapitalerhöhung verwendbarer Rücklagen* entweder in einer der Beschlußfassung zugrundezulegenden, testierten Bilanz, deren Stichtag nicht mehr als 7 Monate vor dem Zeitpunkt der Anmeldung liegen darf, oder im letzten Beschluß über die Verwendung des Jahresergebnisses als Zuführung zu diesen Rücklagen (§§ 2 bis 4). Die Einhaltung dieser Erfordernisse prüft das Registergericht im Zuge des Eintragungsverfahrens, wobei ihm allerdings eine Pflicht zur Prüfung der materiellen Ordnungsmäßigkeit der Bilanz kraft ausdrücklicher Regelung in § 7 Abs. 3 nicht obliegt (vgl. näher § 7, 13 ff). Das Ausmaß der Kapitalerhöhung aus Gesellschaftsmitteln wird nach oben durch die Höhe der hierfür verfügbaren Rücklagen und der diesen zugeführten Teile des Jahresergebnisses begrenzt. Reicht der Betrag nicht aus, um sämtliche Gesellschafter anteilig mit neuen oder erhöhten Geschäftsanteilen unter Beachtung der Mindestbeträge nach § 6 Abs. 2 zu bedienen, so sind die Spitzenbeträge nach § 10 durch Ausgabe selbständig veräußerlicher und vererblicher Teilrechte auszugleichen.

3. Gleichbleibende Beteiligungsverhältnisse

Die Kapitalerhöhung aus Gesellschaftsmitteln darf nicht dazu benutzt werden, das 9
Verhältnis der Beteiligung der einzelnen Gesellschafter an der GmbH zu verändern. Deshalb ist den Gesellschaftern nach § 9 ein **zwingendes Recht auf die neuen oder erhöhten Geschäftsanteile** eingeräumt. Die auf der nominellen Kapitalerhöhung beruhenden Anteile entstehen im Zeitpunkt der Eintragung der Kapitalerhöhung automatisch bei den Gesellschaftern, ohne daß es einer Übernahmeerklärung bedarf (§ 9, 2). Das Recht aus § 9 darf auch nicht mittelbar dadurch umgangen werden, daß die Teilnahme an der „nominellen" Kapitalerhöhung von der Beteiligung an einer gleichzeitig beschlossenen Kapitalerhöhung gegen Einlagen abhängig gemacht wird (Rdn 12 f). Weitere Vorschriften zur Verhinderung von Rechtsänderungen im Zuge der nominellen Kapitalerhöhung finden sich in § 12 Abs. 1 (Teilnahme eigener Anteile der GmbH an der Erhöhung) und § 13 (unveränderte Aufrechterhaltung von mit Geschäftsanteilen verbundenen oder sonstigen kapital- oder gewinnbezogenen Rechten der Gesellschafter oder Dritter).

4. Anwendungsgrenzen

a) **Sachlich.** Das KapErhG selbst enthält keine Schranken seines sachlichen Anwen- 10
dungsbereichs, sondern gilt für alle Gesellschaften in der Rechtsform der GmbH ohne Rücksicht auf Unternehmensgegenstand oder Gesellschaftszweck. Denkbar sind jedoch **Einschränkungen** aus Sonderregelungen in *Spezialgesetzen.* Solche fanden sich früher für gemeinnützige Wohnungsunternehmen in § 9 lit. a des Wohnungsgemeinnützigkeitsgesetzes vom 29. 2. 1940 (RGBl. I 438), das inzwischen durch Gesetz vom 25. 07. 1988 (BGBl. I 1093, 1136) aufgehoben worden ist. Danach war die Verteilung eines über 4% hinausgehenden Gewinns oder sonstiger unentgeltlicher Vermögensvorteile an die Gesellschafter mit dem Status der Gemeinnützigkeit unvereinbar; das galt auch für Anteilsrechte aus einer Kapitalerhöhung aus Gesellschaftsmitteln[11].

---

[11] BVerwG AG 1980, 56 (für die AG); *Preißler* DNotZ 1960; 594 ff; Scholz/*Priester* 11; *Wiedemann*-GroßkommAktG Vor § 207, V.

11 b) **Zeitlich.** Zu den zeitlichen Schranken aufgrund der **7-Monats-Frist** zwischen Bilanzstichtag und Anmeldung der Kapitalerhöhung aus Gesellschaftsmitteln vgl. §§ 3 – 5, 21. Unabhängig hiervon ergibt sich eine Grenze daraus, daß Kapitalerhöhungen aus Gesellschaftsmitteln *nach Auflösung der Gesellschaft nicht mehr zulässig* sind[12]. Auch eine schon vor der Auflösung beschlossene Kapitalerhöhung aus Gesellschaftsmitteln kann nach erfolgter Auflösung nicht mehr eingetragen werden, da sie – anders als eine Erhöhung gegen Einlagen (GmbHG § 55, 27) – mangels Zufuhr neuen, der Liquidation dienenden Eigenkapitals mit dem Liquidationszweck unvereinbar ist[13].

III. Kombination mit sonstigen Kapitalveränderungen?

1. Verbindung nomineller und ordentlicher Kapitalerhöhung

12 Die Verbindung einer Kapitalerhöhung aus Gesellschaftsmitteln mit einer Kapitalerhöhung gegen Einlagen ist nach ganz hM zulässig, wenn über beide Maßnahmen **getrennte Beschlüsse** gefaßt und die für sie jeweils geltenden, zum Teil unterschiedlichen Voraussetzungen beachtet werden[14]. Dabei dürfte die Kapitalerhöhung aus Gesellschaftsmitteln der ordentlichen Kapitalerhöhung *regelmäßig vorgeschaltet* werden, da sie den bisherigen Gesellschaftern zugute kommen soll und nicht mit Erschwernissen wie der Pflicht zur Übernahme weiterer Stammeinlagen verbunden werden darf (§ 9, 6)[15]. Zulässig ist im Grundsatz auch die umgekehrte Reihenfolge, durch die eine Beteiligung auch der Übernehmer der neuen Anteile an der nominellen Kapitalerhöhung erreicht werden kann. Daß in der zugrundegelegten Bilanz das erhöhte Kapital noch nicht ausgewiesen ist, steht nicht entgegen, da das KapErhG in § 2 Abs. 1 entscheidend nur auf den Ausweis der Rücklagen einschließlich neu zugeführter Teile des Jahresergebnisses abstellt[16]. Freilich darf auf diesem Wege weder das in § 9 verankerte Recht der Gesellschafter auf die neuen oder erhöhten Anteile aus der nominellen Kapitalerhöhung umgangen noch ein faktischer Zwang zur Übernahme neuer Stammeinlagen ausgeübt werden. Auch ist darauf zu achten, daß durch die Vorschaltung der ordentlichen Kapitalerhöhung nicht die für die Anmeldung der nominellen Kapitalerhöhung geltende Frist von 7 Monaten nach dem Bilanzstichtag (§§ 3 bis 5) überschritten wird. Schließlich kann die Anmeldung des Beschlusses über die Kapitalerhöhung aus Gesellschaftsmitteln auch davon abhängig gemacht werden, daß eine zeitlich damit verbundene ordentliche Kapitalerhöhung aufgrund entsprechender Übernahmeerklärungen (GmbHG § 55, 59) zustande kommt[17].

13 Lebhaft *umstritten* ist demgegenüber die Frage, ob beide Erhöhungsarten zu einer **einheitlichen**, auf einmaliger Beschlußfassung, Anmeldung und Eintragung beruhenden **Kapitalerhöhung** zusammengefaßt werden können mit der Maßgabe, daß das Kapital entsprechend dem Beschlußinhalt teils durch Umwandlung von Rücklagen, teils aus Einlagen der Gesellschafter aufgrund entsprechender Übernahmeerklärungen bedient

---

[12] Scholz/*Priester* 10; Baumbach/Hueck/*Zöllner* 5; *Lutter*-KölnKommAktG² § 207, 20; *Wiedemann*-GroßkommAktG Vor § 207, V.

[13] *Geßler* WM 1960, Sonderbeil. Nr. 1, 12.

[14] Scholz/*Priester* 12; Baumbach/Hueck/*Zöllner* § 1, 8; *Lutter/Hommelhoff* § 1, 10; Rowedder/*Zimmermann* 11; *Geßler* DNotZ 1960, 628 f; so auch für das Aktienrecht *Lutter*-KölnKommAktG² Vor § 207, 13 ff; *Wiedemann*-GroßkommAktG Vor § 207, IV.

[15] Vgl. *Geßler* DNotZ 1960, 628 f.

[16] So auch *Geßler* DNotZ 1960, 629; Rowedder/*Zimmermann* 11.

[17] So auch *Geßler* DNotZ 1960, 628; *Lutter/Hommelhoff* § 1, 10; für das Aktienrecht ebenso *Lutter*-KölnKommAktG² Vor § 207, 13; aA *Wiedemann*-GroßkommAktG Vor § 207, IV.

wird[18]. Ein praktisches Bedürfnis für ein solches Vorgehen mag zwar in solchen Fällen bestehen, in denen sich nur auf diesem Wege die Bildung neuer oder die Erhöhung bestehender Geschäftsanteile für alle Gesellschafter in der gesetzlich vorgesehenen Mindesthöhe erreichen läßt[19]. Indessen zeigt schon dieses Beispiel die *Schwierigkeiten*, die sich mit einer derartigen kombinierten Kapitalerhöhung verbinden, da für Mindesthöhe und Teilbarkeit der aus einer nominellen Kapitalerhöhung hervorgehenden Geschäftsanteile in §§ 6 Abs. 3, 12 Abs. 2 andere Regelungen gelten als nach §§ 55 Abs. 4, 5 Abs. 1 und 3 GmbHG für Geschäftsanteile aus einer ordentlichen Kapitalerhöhung (§ 6, 6). Weitere Probleme ergeben sich aus der Diskrepanz zwischen der automatischen, kraft Gesetzes eintretenden Zuweisung der aus einer nominellen Kapitalerhöhung hervorgehenden Anteilsrechte an die Gesellschafter (§ 9, 2) und der Notwendigkeit von Übernahmeerklärungen der Zeichner im Fall der ordentlichen Kapitalerhöhung[20]. Diese Unterschiede, die sich durch Hinweise auf die Regelungen über Mindesteinzahlungen, Registerkontrolle u. a. vermehren ließen, machen deutlich, daß es sich bei den fraglichen Kapitalmaßnahmen um *grundsätzlich verschiedene Arten der Kapitalerhöhung* handelt, die wegen ihrer unterschiedlichen Voraussetzungen und Rechtsfolgen *nicht wirksam in einem einheitlichen Kapitalerhöhungsbeschluß zusammengefaßt* werden können.

2. Verbindung nomineller Kapitalerhöhung mit Kapitalherabsetzung

An einer Verbindung von Maßnahmen nach § 1 mit einer Kapitalherabsetzung nach **14** § 58 GmbHG könnte zumindest dann Interesse bestehenden, wenn die Gesellschaft über einen eigenen Geschäftsanteil verfügt, dessen Aufrechterhaltung unter Teilnahme an der nominellen Kapitalerhöhung (§ 12 Abs. 1) nicht beabsichtigt ist[21]. Gleichwohl *scheidet eine* **zeitliche Verbindung** *der beiden Maßnahmen schon deshalb aus*, weil der Kapitalherabsetzungsbeschluß nach § 58 Abs. 1 Nr. 1 und 3 GmbHG erst angemeldet werden kann, wenn mehr als ein Jahr seit der Beschlußfassung verstrichen ist, während die Anmeldung des Beschlusses über die Kapitalerhöhung aus Gesellschaftsmitteln innerhalb von 7 Monaten nach dem Bilanzstichtag (§§ 3 – 5, 17) erfolgen muß[22]. Die Gesellschafter sind freilich nicht gehindert, zugleich mit einer Kapitalerhöhung aus Gesellschaftsmitteln die Einziehung des eigenen Anteils nach § 34 GmbHG zu beschließen, wenn der Gesellschaftsvertrag eine entsprechende Regelung enthalt (vgl. GmbHG § 34, 25 ff, 27), und dadurch die Rechtsfolge des § 12 Abs. 1 zu vermeiden.

IV. Steuerrecht

Die Anerkennung der Einheitstheorie (Rdn 4) auch für das Steuerrecht und der **15** Ausschluß der unmittelbaren oder mittelbaren **Einkommensbesteuerung** des Erwerbs der neuen Anteilsrechte bei den Gesellschaftern sind in § 1 des Gesetzes über steuerrechtliche Maßnahmen bei Erhöhung des Nennkapitals aus Gesellschaftsmitteln und

---

18 Dafür LG München Rpfleger 1983, 157 f; *Beitzke* Festschrift A. Hueck (1959) S. 295, 299 ff; bei Zustimmung aller Gesellschafter ebenso OLG Düsseldorf NJW 1986, 2060; Scholz/*Priester* 13 f; aA *Geßler* DNotZ 1960, 627; *Langer* S. 35 f; Baumbach/Hueck/*Zöllner* § 1, 8; *Lutter/Hommelhoff* § 1, 10; Rowedder/*Zimmermann* 12; für das Aktienrecht: *Lutter*-KölnKommAktG² Vor § 207, 15; *Wiedemann*-GroßkommAktG Vor § 207, IV.

19 *Beitzke* (Fn 18) S. 296 f.

20 So auch *Lutter* und *Wiedemann* aaO (Fn 18) für das Aktienrecht.

21 *Geßler* DNotZ 1960, 629.

22 EinhM, vgl. Scholz/*Priester* 16; Baumbach/Hueck/*Zöllner* § 1, 9; *Lutter/Hommelhoff* § 1, 11; Rowedder/*Zimmermann* 7.

bei Überlassung von eigenen Aktien an Arbeitnehmer (KapErhStG) vom 30. 12. 1959 idF vom 10. 10. 1967 (BGBl. I 977) geregelt. Soweit es um den **Wertansatz** *von Geschäftsanteilen* in der Ertragsteuerbilanz des Gesellschafters geht, ist durch § 3 KapErhStG in sachlicher Übereinstimmung mit § 17 sichergestellt, daß der für die bisher gehaltenen Geschäftsanteile maßgebliche Wert auch nach Durchführung der nominellen Kapitalerhöhung unverändert beibehalten bleibt, ein bilanzmäßiger Vermögenszuwachs also nicht eintritt. Die ursprünglich ebenfalls im KapErhStG (§ 2) geregelte Befreiung von der **Gesellschaftsteuer** findet sich jetzt in § 7 Abs. 3 Nr. 2 a KVStG[23].

Erster Abschnitt. Kapitalerhöhung aus Gesellschaftsmitteln

§ 1 KapErhG

(1) Eine Gesellschaft mit beschränkter Haftung kann ihr Stammkapital durch Umwandlung von Rücklagen in Stammkapital erhöhen.

(2) Für den Beschluß über die Erhöhung des Stammkapitals und für die Anmeldung des Beschlusses gelten § 53 Abs. 1 und 2, § 54 Abs. 1 des Gesetzes betreffend die Gesellschaften mit beschränkter Haftung entsprechend.

(3) Die Erhöhung des Stammkapitals kann erst beschlossen werden, nachdem der Jahresabschluß für das letzte vor der Beschlußfassung über die Kapitalerhöhung abgelaufene Geschäftsjahr (letzter Jahresabschluß) festgestellt und über die Ergebnisverwendung Beschluß gefaßt worden ist.

(4) Dem Beschluß über die Erhöhung des Stammkapitals ist eine Bilanz zugrunde zu legen.

Übersicht

Schrifttum

Vgl. Nachw. bei Vorb. KapErhG.

I. Normzweck; Anwendungsbereich (Abs. 1)

1 Durch das KapErhG v. 23. 12. 1959 ist die schon früher verbreitete Kapitalerhöhung aus Gesellschaftsmitteln ausdrücklich als **Sonderform der Kapitalerhöhung** geregelt und in Voraussetzungen und Rechtsfolgen klar von der Kapitalerhöhung gegen Einlagen unterschieden worden. Mit der Regelung hat der Gesetzgeber die bis dahin bestehende Rechtsunsicherheit beseitigt und klargestellt, daß die **„nominelle“ Kapitalerhöhung** nicht auf einer Doppelmaßnahme (Beschlußfassung über die Ausschüttung freier Rück-

---

23 Näheres zur steuerrechtlichen Behandlung von Kapitalerhöhungen aus Gesellschaftsmitteln und zu den Auswirkungen der Körperschaftsteuerreform 1977 vgl. bei *Brezing* AG 1979, 12; Scholz/*Priester* 17 ff; Rowedder/*Zimmermann* 99 ff, jeweils mit weit. Nachw.

lagen und deren Wiederanlage durch Übernahme neuer Stammeinlagen) beruht, sondern einen *einheitlichen, der Stärkung des Haftkapitals der Gesellschaft ohne Zuführung neuer Mittel dienenden Vorgang* darstellt (Vorb. 1, 4). Die entsprechende Klarstellung für das Einkommensteuerrecht findet sich in § 1 KapErhStG v. 30. 12. 1959 (Vorb. 15). Folge dieser gesetzlichen Durchsetzung der „Einheitstheorie" ist es u. a., daß nominelle und ordentliche Kapitalerhöhung nicht zu einem einheitlichen Erhöhungsbeschluß zusammengefaßt werden können (Vorb. 13). Sie folgen vielmehr auch dann, wenn sie zeitlich miteinander verbunden werden, ihren je eigenen Gesetzen (Vorb. 12).

Die Regelungen der §§ 1 bis 18 über die Kapitalerhöhung durch Umwandlung von Rücklagen in Stammkapital gelten seit 1. 1. 1966 nur noch für die **GmbH** (§ 33 Abs. 1 EG AktG; vgl. auch Vorb. 5). Für AG und KGaA sind an ihre Stelle die entsprechenden Vorschriften der §§ 207 bis 220, 278 Abs. 3 AktG 1965 getreten. Der Wortlaut des KapErhG wurde der geänderten Rechtslage erst im Zuge des BiRiLiG vom 19. 12. 1985 angepaßt (Vorb. 6). **2**

II. Erhöhungsbeschluß (Abs. 2)

1. Satzungsänderung

Die Höhe des Stammkapitals ist notwendiger Satzungsbestandteil (§ 3 Abs. 1 Nr. 3 GmbHG). Daher sind die **Vorschriften über Satzungsänderungen (§§ 53, 54 GmbHG)** bei jeder Änderung des Stammkapitals zu beachten. Das gilt nicht nur für die Kapitalerhöhungen gegen Einlagen (GmbHG § 55, 10 f), sondern ebenso bei nominellen Kapitalerhöhungen. Die Verweisung auf §§ 53 Abs. 1 und 2, 54 Abs. 1 GmbHG in § 1 Abs. 2 hat daher nur klarstellende Bedeutung. **3**

Zuständig für die Beschlußfassung über Kapitalerhöhungen aus Gesellschaftsmitteln ist nach § 53 Abs. 1 GmbHG ausschließlich die *Gesellschafterversammlung*. Eine Delegation an ein anderes Gesellschaftsorgan ist ausgeschlossen (GmbHG § 53, 39). Die **Form** des Beschlusses richtet sich nach § 53 Abs. 2, 1. Hs. GmbHG; er bedarf notarieller Beurkundung (vgl. näher GmbHG § 53, 42 ff). **4**

Für die **Beschlußmehrheiten** gilt nach § 53 Abs. 2, 2. Hs. GmbHG grundsätzlich die *Dreiviertelmehrheit,* soweit die Satzung nicht hohere Anforderungen aufstellt (zur Berechnung vgl. GmbHG § 53, 49 ff). Sind solche „anderen Erfordernisse" (§ 53 Abs. 2 GmbHG) in der Satzung entweder allgemein für Satzungsänderungen aller Art oder speziell für Kapitalerhöhungen vorgeschrieben, so gelten sie im Zweifel auch für die Beschlußfassung nach § 1 Abs. 2[1]. Einer Zustimmung sämtlicher Gesellschafter nach § 53 Abs. 3 GmbHG bedürfte der Beschluß nur dann, wenn die nominelle Kapitalerhöhung mit einer Vermehrung der Pflichten der Gesellschafter oder einer ihr entsprechenden Verkürzung ihrer Rechte verbunden wäre. Solche Änderungen sind wegen §§ 9, 13 in aller Regel ausgeschlossen; die höhere Kapitalbindung als Folge der nominellen Kapitalerhöhung (Vorb. 7) wird zu Recht nicht als Leistungsvermehrung angesehen[2]. **5**

Für die **Handelsregisteranmeldung** gilt § 54 Abs. 1 GmbHG i. V. mit § 7 Abs. 1. Die Kontrolle der Anmeldung und die Eintragung richten sich nach § 7 Abs. 2 bis 5. Vgl. Erläut. zu § 7. **6**

[1] Ganz hM, vgl. *Geßler* DNotZ 1960, 622 f; Scholz/*Priester* 2; Baumbach/Hueck/*Zöllner* 2; *Lutter*/*Hommelhoff* 6; Rowedder/*Zimmermann* 15; für das Aktienrecht *Lutter*-KölnKommAktG² § 207, 6, 8; *Wiedemann*-GroßkommAktG § 207, 6; aA – für den Fall besonderer Mehrheiten – *Langer* S. 47 f.

[2] Scholz/*Priester* 3; ihm folgend Rowedder/*Zimmermann* 15.

2. Beschlußinhalt

7 Der **Mindestinhalt** des Beschlusses über die nominelle Kapitalerhöhung ergibt sich aus einer Reihe von Vorschriften des KapErhG. Anzugeben ist zunächst der *genaue Betrag*, um den das Stammkapital durch Umwandlung von Rücklagen erhöht werden soll (§ 1 Abs. 1 und 2); die Erhöhung um einen Höchstbetrag, dessen nähere Festlegung dem Zeichnungsergebnis überlassen bleibt (GmbHG § 55, 13), kann im Unterschied zur Kapitalerhöhung gegen Einlagen nicht beschlossen werden. Der Beschluß hat ferner die erforderlichen Angaben zur *Konkretisierung* der Kapitalerhöhung aus Gesellschaftsmitteln zu enthalten. Dazu gehört, daß die Erhöhung durch *Umwandlung von Rücklagen* erfolgt, auf *welcher Bilanz* (§§ 3 – 5, 3 ff, 10 ff) der Beschluß beruht und in welcher Höhe sowie – bei mehreren Arten von Rücklagen – unter Verwendung welcher Art freie Rücklagen oder zugeführte Teile des Jahresergebnisses für die Kapitalerhöhung herangezogen werden sollen. Schließlich muß der Beschluß angeben, ob die Kapitalerhöhung zur *Bildung neuer Gechäftsanteile* oder zur *Erhöhung des Nennbetrags der Anteile* führen oder in welcher Weise die beiden zulässigen Arten der Erhöhung kombiniert werden sollen (§ 6 Abs. 3 und 4, vgl. dazu § 6, 4, 11 ff). Da die Bildung der neuen oder erhöhten Anteilsrechte sich automatisch mit der Eintragung des Beschlusses vollzieht und die Rechte unmittelbar bei den Gesellschaftern zur Entstehung kommen (§§ 8, 9), bedarf es entsprechend genauer Beschlußangaben[3].

8 **Zusätzliche Angaben** sind in den Beschlußinhalt dann aufzunehmen, wenn die Gewinnbeteiligung der neuen Anteilsrechte abweichend von § 14 Abs. 1 *rückwirkend* auf den Gewinn des letzten Geschäftsjahrs vor der Beschlußfassung erstreckt werden soll (§ 14 Abs. 2 S. 1, vgl. § 14, 4). Ferner können sich Anpassungsregeln im Hinblick auf Nebenrechte oder -pflichten, die mit schon vorhandenen Anteilen verbunden sind, als erforderlich erweisen (vgl. § 13, 4 ff).

III. Sonstige Voraussetzungen (Abs. 3, 4)

1. Feststellung des Jahresabschlusses

9 Eine Kapitalerhöhung aus Gesellschaftsmitteln kann nach § 1 Abs. 3 erst beschlossen werden, nachdem der **Jahresabschluß** (Jahresbilanz und Gewinn- und Verlustrechnung, vgl. 242 Abs. 3 HGB) für das letzte vor der Beschlußfassung abgelaufene Geschäftsjahr **festgestellt ist** (zum Beschluß über die Ergebnisverwendung vgl. Rdn 10). Die Feststellung ist grundsätzlich Sache der Gesellschafter (GmbHG § 46, 7). Sie macht die einzelnen Bilanzansätze für diese verbindlich und bildet die notwendige Grundlage für den Ausweis der Rücklagen, die für die Kapitalerhöhung herangezogen werden können (§ 2, 7 ff). Einer **Prüfung** des Jahresabschlusses vor Beschlußfassung über seine Feststellung bedarf es nach allgemeinem Bilanzrecht (§§ 316 Abs. 1 i. V. m. § 267 HGB) nur für große und mittelgroße Gesellschaften. Für die Zwecke der *Kapitalerhöhung* muß die Prüfung nach § 3 Abs. 1 auch bei kleinen Gesellschaften erfolgen, wenn die *Jahresbilanz* dem Erhöhungsbeschluß zugrundegelegt werden soll. Bei Beschlußfassung aufgrund einer *Zwischenbilanz* läßt es § 4 Abs. 2 genügen, daß die Prüfung vor dem Kapitalerhöhungsbeschluß erfolgt und zu einem uneingeschränkten Bestätigungsvermerk führt (§§ 3 – 5, 4 ff).

2. Ergebnisverwendung

10 Weitere Beschlußvoraussetzung ist nach § 1 Abs. 3 regelmäßig der **Beschluß** der Gesellschafter **über die Ergebnisverwendung** nach Maßgabe des § 29 GmbHG oder

---

[3] So zutr. Scholz/*Priester* 5.

der hiervon abweichenden Satzungsregelungen. Das gilt auch, wenn die Kapitalerhöhung nicht aufgrund der Jahresbilanz, sondern aufgrund einer besonderen, auf einen späteren Stichtag erstellten *Zwischenbilanz* (§ 4) erfolgen soll. Beschließen die Gesellschafter hierbei die Rücklagenzuführung des Jahresergebnisses ganz oder in Teilen, so können auch diese Beträge in die Kapitalerhöhung einbezogen werden (§ 2, 4). Eine *Ausnahme* vom Erfordernis eines vorherigen Gewinnverteilungsbeschlusses enthält § 14 Abs. 2: danach ist die Beschlußfassung über die Gewinnverteilung bis nach dem Kapitalerhöhungsbeschluß zurückzustellen, wenn die neuen Anteilsrechte nicht nur am Gewinn des laufenden, sondern zusätzlich auch noch am Gewinn des vorangegangenen Geschäftsjahrs teilnehmen sollen (§ 14, 4).

3. Zeitlicher Ablauf

Die Vorschriften der §§ 1 Abs. 3, 14 Abs. 2 regeln zwar die einzuhaltende *Reihenfolge* der verschiedenen dort genannten Beschlüsse, schreiben aber *keinen zeitlichen Mindestabstand* zwischen den einzelnen Beschlußgegenständen vor. Sämtliche Beschlüsse können daher **in einer einzigen Gesellschafterversammlung** gefaßt werden, wenn die jeweiligen Beschlußvoraussetzungen rechtzeitig erfüllt sind[4]. Insbesondere bedarf es in diesem Fall mit Rücksicht auf §§ 3 Abs. 1, 4 Abs. 2 einer Prüfung der Jahresbilanz oder der Zwischenbilanz schon vor Feststellung des Jahresabschlusses. Liegen die in Rdn 9, 10 genannten Voraussetzungen (Feststellung des Jahresabschlusses, Ergebnisverwendung, Prüfung der zugrundegelegten Bilanz) noch nicht vor, so schließt das die – vorweggenommene – Beschlußfassung über die Kapitalerhöhung nicht ohne weiteres aus; diese kann vielmehr *aufschiebend bedingt* mit der Maßgabe erfolgen, daß die Geschäftsführer zur Anmeldung der Kapitalerhöhung aus Gesellschaftsmitteln angewiesen werden, sobald die Voraussetzungen gegeben sind, d. h. die Bedingung eingetreten ist[5]. – Zur Unzulässigkeit der Kapitalerhöhung aus Gesellschaftsmitteln nach Auflösung der Gesellschaft vgl. Vorb. 11. **11**

4. Bilanz als Beschlußgrundlage

Da die Kapitalerhöhung durch Umwandlung von Rücklagen erfolgen soll, schreibt § 1 Abs. 4 zwingend vor, daß dem Erhöhungsbeschluß eine Bilanz zugrundezulegen ist. Die näheren **Anforderungen an die Bilanz** sind in §§ 3 – 5 geregelt. Es kann sich entweder um die festgestellte und geprüfte letzte Jahresbilanz oder – mit Rücksicht auf die 7-Monats-Frist zwischen Bilanzstichtag und Anmeldung (§§ 3 – 5, 17) – um eine für die Zwecke der Kapitalerhöhung besonders aufgestellte und geprüfte Zwischenbilanz handeln (§§ 3 – 5, 10 ff). Da die Bilanz und der darin enthaltene Rücklagenausweis das Äquivalent darstellen für den Nachweis der Übernahme der neuen Stammeinlagen und für die Versicherung der Geschäftsführer über die Leistung der Mindesteinlagen im Fall der ordentlichen Kapitalerhöhung (§ 57 Abs. 2 und 3 GmbHG), kommt ihnen aus Gründen des Gläubigerschutzes zentrale Bedeutung für die Kapitalerhöhung aus Gesellschaftsmitteln zu[6]. Zur Abgrenzung der umwandlungsfähigen Rücklagen vgl. § 2, 3 ff, zur Einreichung der Bilanz zum Handelsregister und ihrer Kontrolle vgl. § 7 Abs. 1 und 3 sowie die Erläut. daselbst. **12**

---

4 EinhM; vgl. Scholz/*Priester* 10; Baumbach/Hueck/*Zöllner* 4; *Lutter/Hommelhoff* 8; *Meyer-Landrut*/Miller/Niehus 5; *Wiedemann*-GroßkommAktG § 207, 3.

5 So zutr. LG Duisburg GmbH-Rdsch. 1990, 85, 86.

6 *Geßler* WM 1960, Sonderbeil. Nr. 1, 12; Scholz/*Priester* 11.

IV. Beschlußmängel

13 Es gelten die allgemeinen Grundsätze (vgl. GmbHG Anhang zu § 47 und § 53, 88 ff). Werden die erforderlichen Beschlußmehrheiten (Rdn 5) nicht erreicht, so ist der Beschluß nicht zustandegekommen; ein gleichwohl notariell protokolliertes positives Beschlußergebnis führt zum Vorhandensein des Beschlusses und macht ihn **anfechtbar** (GmbHG § 53, 89 f). **Nichtigkeit** des Beschlusses kann einerseits gegeben sein bei Mängeln der Einberufung oder der notariellen Form des Beschlusses (GmbHG § 53, 92 f). Vor allem aber hat ein Verstoß gegen die gläubigerschützenden Vorschriften des § 1 Abs. 3 und 4 Nichtigkeit entsprechend § 241 Nr. 3 AktG zur Folge[7]. Das gilt sowohl für Verstöße gegen die in Abs. 3 vorgeschriebene Reihenfolge der Beschlußfassung (Rdn 9 ff) als auch bei Beschlußfassung ohne die nach Abs. 4 als Beschlußgrundlage geforderte Bilanz (Rdn 12). Auch die Nichteinhaltung des Mindestinhalts des Erhöhungsbeschlusses (Rdn 7) führt regelmäßig zur Nichtigkeit des Beschlusses (zu Mängeln bei den in § 6 Abs. 2 S. 1 vorgeschriebenen Angaben vgl. § 6, 16). Bei Nichtigkeitsgründen muß der Registerrichter die Eintragung ablehnen (§ 7, 15).

§ 2 KapErhG

(1) Die Kapital- und Gewinnrücklagen, die in Stammkapital umgewandelt werden sollen, müssen in der letzten Jahresbilanz und, wenn dem Beschluß eine andere Bilanz zugrunde gelegt wird, auch in dieser Bilanz unter „Kapitalrücklage“ oder „Gewinnrücklagen“ oder im letzten Beschluß über die Verwendung des Jahresergebnisses als Zuführung zu diesen Rücklagen ausgewiesen sein.

(2) Die Rücklagen können nicht umgewandelt werden, soweit in der zugrunde gelegten Bilanz ein Verlust, einschließlich eines Verlustvortrags, ausgewiesen ist.

(3) Andere Gewinnrücklagen, die einem bestimmten Zweck zu dienen bestimmt sind, dürfen nur umgewandelt werden, soweit dies mit ihrer Zweckbestimmung vereinbar ist.

Übersicht

Schrifttum

v. Burchard Die Zweckbestimmung freier Rücklagen, BB 1961, 1186; *Forster/Müller* Die umwandelbaren Rücklagen bei Kapitalerhöhungen aus Gesellschaftsmitteln, AG 1960, 55 und 83; *Geßler* Die Verwendung von Gewinn zur Kapitalerhöhung aus Gesellschaftsmitteln, DB 1960, 866. Vgl. auch die Nachw. bei Vorb. KapErhG.

[7] HM; LG Duisburg GmbH-Rdsch. 1990, 85, 86; Scholz/*Priester* 13; *Lutter/Hommelhoff* 12; Rowedder/*Zimmermann* 18; abw. Baumbach/Hueck/*Zöllner* 5: Verstoß gegen Beschlußreihenfolge nach Abs. 3 führe nicht zur Nichtigkeit, weil kein Inhaltsverstoß vorliege.

I. Einführung

1. Normzweck

Die Kapitalerhöhung aus Gesellschaftsmitteln setzt voraus, daß das für die Deckung des Erhöhungsbetrags erforderliche Eigenkapital der Gesellschaft auch tatsächlich vorhanden ist. Die Gesellschaft muß also – gerechnet nach den allgemeinen, für den Jahresabschluß maßgebenden Bilanzierungs- und Bewertungsgrundsätzen – über Vermögen verfügen, das die Summe aus Stammkapital und echten Passiva mindestens um den Erhöhungsbetrag übersteigt. Dieses Erfordernis, das übermäßige, nur teilweise durch „freies" Vermögen gedeckte Kapitalerhöhungen aus Gesellschaftsmitteln verhindern soll, regelt die Vorschrift des § 2. Sie definiert die **umwandlungsfähigen Rücklagen** und grenzt sie von sonstigen Bilanzposten mit rücklagenähnlichem Charakter ab. Ferner schreibt sie vor, daß die umzuwandelnden Eigenkapitalteile in der dem Kapitalerhöhungsbeschluß zugrundegelegten und mit einem uneingeschränkten Bestätigungsvermerk des Bilanzprüfers versehenen Bilanz (§§ 3 – 5, 3 ff, 10 ff) entweder als Kapital- bzw. Gewinnrücklagen oder als Zuführung hierzu aus dem letzten Jahresergebnis auszuweisen sind. Wird dem Beschluß nicht die letzte Jahresbilanz, sondern eine besondere Erhöhungsbilanz zugrundegelegt, so hat der Ausweis in *beiden* Bilanzen zu erfolgen (Rdn 8). – Zur teilweise abweichenden aktienrechtlichen Regelung vgl. § 208 AktG. 1

2. Reform

Anders als bei den sonstigen Vorschriften des KapErhG hat sich die Neufassung aufgrund des BiRiLiG bei § 2 nicht auf rein redaktionelle Änderungen beschränkt. Im einzelnen enthält die Neuregelung in mehrfacher Hinsicht **Abweichungen von § 2 aF.** Zunächst ist der Umfang der umwandlungsfähigen Rücklagen um solche nach dem DMBilG vom 21. 8. 1949 (Voraufl. 4) verkürzt worden, da diese inzwischen obsolet geworden waren. Weiterhin wurde der Kreis der nicht umwandlungsfähigen Posten um die Rücklage für Lastenausgleichsvermögensabgabe sowie die Auflösungsbeträge aus Pensionsrückstellungen bereinigt, da auch diese durch Zeitablauf überholt sind (Voraufl. 18, 14). Die Streichung des § 2 Abs. 2 S. 2 Nr. 3 aF beruht darauf, daß die dort genannten Beträge seit dem BiRiLiG nicht mehr unter Rücklagen fallen und schon aus diesem Grunde nicht als umwandlungsfähige Positionen in Betracht kommen (§§ 247 Abs. 3, 273 HGB). Schließlich läßt § 2 Abs. 1 nF nunmehr ausdrücklich die Umwandlung der durch Beschluß über die Ergebnisverwendung den Rücklagen zugeführten Teile des letzten Jahresergebnisses zu (zur Beurteilung nach altem Recht vgl. Voraufl. 5). 2

II. Umwandlungsvoraussetzungen (Abs. 1)

1. Umwandlungsfähige Bilanzposten

a) **Kapital-, Gewinnrücklagen.** Die insoweit umzuwandelnden Eigenkapitalteile müssen in der maßgeblichen Bilanz (Rdn 8) unter „Kapitalrücklage" oder „Gewinnrücklagen" (§§ 266 Abs. 3, 272 Abs. 2 – 4 HGB) ausgewiesen sein (Rdn 7). Es muß sich also um *freie* Rücklagen ohne Fremdkapitalcharakter und ohne der Umwandlung in Haftkapital entgegenstehende Zweckbestimmung handeln. *Nicht umwandlungsfähig* ist die (Gewinn-)*Rücklage für eigene Gesellschaftsanteile* (§ 266 Abs. 3 HGB); sie darf nur unter den in § 272 Abs. 4 genannten Voraussetzungen aufgelöst werden und unterliegt bis dahin einer Zweckbestimmung, die sich mit der Verwendung zur Kapital- 3 erhöhung nicht verträgt[1]. Ebenfalls nicht umwandlungsfähig sind sog. **stille**, d. h. in der Bilanz nicht ausgewiesene Rücklagen oder Reserven, solange sie nicht aufgelöst sind. Ihre Auflösung ist mit Rücksicht auf das Realisationsprinzip[2] ohne vorherige Veräußerung der entsprechenden Wirtschaftsgüter nur dann zulässig, wenn sie auf außerplanmäßigen Abschreibungen oder Wertberichtigungen beruhen und eine Wertaufholung nach § 280 HGB wegen zwischenzeitlichen Wegfalls der Gründe für den Bewertungsabschlag erfolgt; die Anschaffungs- oder Herstellungskosten dürfen dabei in keinem Fall überschritten werden[3].

4 b) **Rücklagenzuführung aus dem Jahresergebnis.** Soweit die aus der Kapitalerhöhung hervorgehenden neuen oder erhöhten Anteile nicht ausnahmsweise schon am Gewinn des letzten Geschäftsjahrs teilnehmen sollen (vgl. § 14 Abs. 2), muß der Beschluß über dessen Verwendung *vor* demjenigen über die Kapitalerhöhung gefaßt sein (§ 1, 10). Für den Fall, daß dabei **Teile des Jahresergebnisses** von der Ausschüttung ausgenommen und **den Rücklagen zugewiesen** werden, fragte sich vor der Neuregelung, ob die entsprechenden Beiträge schon alsbald oder erst im folgenden Geschäftsjahr aufgrund einer neuen, sie als Rücklagen ausweisenden Jahresbilanz für die Kapitalerhöhung herangezogen werden können (Voraufl. 5). Der neugefaßte Abs. 1 hat diese bisher umstrittene Frage geklärt; er läßt es nunmehr ausdrücklich genügen, daß die umzuwandelnden Beträge im letzten Beschluß über die Verwendung des Jahresergebnisses, d. h. also nicht bereits in der letzten Jahresbilanz als Rücklagenzuführung ausgewiesen sind[4]. Erfolgt die Kapitalerhöhung aufgrund einer Zwischenbilanz, so muß in dieser die Zuführung zur Gewinnrücklage bereits vollzogen sein[5].

5 Ein bloßer **Gewinnvortrag** kann mangels Rücklagenzuweisung durch Gesellschafterbeschluß im Rahmen der Gewinnverteilung in keinem Fall für die Kapitalerhöhung herangezogen werden[6].

6 c) **Agio; Nachschußkapital.** Ein bei Gründung oder späterer Kapitalerhöhung gezahltes **Agio** (Aufgeld) ist gem. § 272 Abs. 2 Nr. 1 HGB als *Kapitalrücklage* auszuweisen (vgl. GmbHG § 3, 78). Es kann daher uneingeschränkt für eine Kapitalerhöhung aus Gesellschaftsmitteln herangezogen werden, soweit es nicht unter Auflösung der Rücklage zwischenzeitlich anderweitig verbraucht wurde. Demgegenüber ist beim **Nachschußkapital** danach zu unterscheiden, ob die Einzahlung der von den Gesellschaftern nach §§ 26 bis 28 GmbHG geschuldeten Nachschüsse bereits erfolgt ist oder noch aussteht. Eine Umwandlung der hierauf entfallenden Kapitalrücklage in Stammkapital ist entgegen der überwM[7] nur hinsichtlich bereits *eingezahlter* Nachschüsse möglich. Die für die Umwandlungsfähigkeit auch nicht eingezahlter Nachschüsse votierende Gegenansicht ist unvereinbar mit dem Grundsatz der Kapitalaufbringung, der für den Fall der Kapitalerhöhung aus Gesellschaftsmitteln über §§ 7 Abs. 2, 57 Abs. 2 GmbHG hinaus die *vollständige* Bewirkung der Einlagen vor Handelsregistereintragung unterstellt (vgl. § 8 Abs. 2). Ihr steht aber auch die Funktion des in § 42 Abs. 2 S. 3 GmbHG vorgesehenen, gesondert als „Kapitalrücklage" auszuweisenden passivischen

---

1 Scholz/*Priester* 15; *Lutter/Hommelhoff* 4.

2 Vgl. näher *Budde/Geißler*-BeckBilKomm § 252, 43 ff; *Adler/Düring/Schmaltz* HGB § 252, 80 ff.; vgl. auch *Küting/Weber* HGB § 280, 49 ff., 100 ff.

3 Näher *Adler/Düring/Schmaltz* § 280, 28; *Küting/Weber* HGB § 280, 19.

4 Vgl. Scholz/*Priester* 8 mit Nachw.

5 So zutr. Baumbach/Hueck/*Zöllner* 5.

6 Vgl. *Geßler* WM 1960 Sonderbeil. Nr. 1, 13; *Schippel* DNotZ 1960, 357; *Langer* 25 f; *Zintzen/Halft* § 2, 2.

7 So ausdrücklich Baumbach/Hueck/*Zöllner* 2; Rowedder/*Zimmermann* 23; *Küting/Weber* GmbH-Rdsch. 1984, 173; der Sache nach wohl auch *Lutter/Hommelhoff* 8; wie hier die Umwandlung auf eingezahlte Nachschüsse beschränkend, wenn auch ohne Begründung, wohl auch Scholz/*Priester* 10.

Gegenpostens entgegen. Er ist zum bilanziellen Ausgleich der nach § 42 Abs. 2 S. 2 GmbHG auf der Aktivseite auszuweisenden „Eingeforderten Nachschüsse“ bestimmt und darf daher weder aufgelöst noch in Stammkapital überführt werden, solange die Nachschüsse nicht eingezahlt sind.

2. Formeller Bilanzhinweis

a) **Ausweis als Rücklagen.** Dem Sicherungszweck des § 2 (Rdn 1) entsprechend stellt das Gesetz in **Abs. 1 S. 1** darauf ab, daß die für die Umwandlung verfügbaren Beträge nicht nur materiell Rücklagencharakter haben, sondern daß sie in der Bilanz auch **formell** als Rücklagen oder als Rücklagenzuführung aus dem Jahresergebnis ausgewiesen sind und bei der Bilanzprüfung dementsprechend kontrolliert werden können[8]. Rückstellungen, denen keine ungewissen Verbindlichkeiten zugrundeliegen und die daher in Wirklichkeit Rücklagencharakter haben, können ebensowenig wie sonstige stille Reserven zur Kapitalerhöhung herangezogen werden, solange sie nicht im Rahmen eines Jahresabschlusses zugunsten der Rücklagen aufgelöst sind. Entsprechendes gilt für einen Gewinnvortrag im Unterschied zu dem von der Verteilung ausgenommenen, in Rücklagen eingestellten Teil des Vorjahresgewinns (Rdn 4 f). 7

b) **Maßgebliche Bilanz.** Maßgebliche Bilanz für den Rücklagenausweis ist nach Abs. 1 S. 1 grundsätzlich die *letzte Jahresbilanz*. Wird dem Erhöhungsbeschluß eine besondere *Zwischenbilanz* zugrundegelegt, so müssen die umzuwandelnden Rücklagen *zusätzlich* in der Jahresbilanz ausgewiesen sein; vorbehaltlich der Verwendung von Rücklagenzuführungen aus dem letzten Jahresergebnis reicht ihre Bildung erst im Anschluß an die Jahresbilanz in einer zu diesem Zweck aufgestellten besonderen Bilanz nach dem klaren Gesetzeswortlaut („auch“) nicht aus[9]. Zur heute unproblematischen Behandlung von Zuführungen aus dem Jahresergebnis zu den Rücklagen im Rahmen der Gewinnverteilung vgl. Rdn 4. 8

Das Erfordernis des Ausweises *auch* in der Jahresbilanz bei Beschlußfassung aufgrund einer besondern Erhöhungsbilanz gilt *nicht* für die **Umwandlungsschranken** im Falle eines Verlusts bzw. Verlustvortrags (Abs. 2, vgl. Rdn 10). Sie stehen der Heranziehung der ihnen höhenmäßig entsprechenden Rücklagen auch dann entgegen, wenn sie in der Jahresbilanz noch nicht enthalten waren (zur Bedeutung von Vermögensminderungen zwischen Bilanzstichtag und Anmeldung der Kapitalerhöhung vgl. auch § 7 Abs. 1 S. 2, dazu § 7, 9). Bedeutsam ist das vor allem für einen zwischenzeitlich eingetretenen **Verlust** oder sonstige neu gebildete Gegenposten zum Eigenkapital (Rdn 10). Umgekehrt hindert ein Verlustvortrag in der Jahresbilanz die Umwandlung nicht, wenn er in der Erhöhungsbilanz aus zwischenzeitlichen Erträgen getilgt wird[10]. 9

III. Umwandlungsschranken (Abs. 2, 3)

1. Gegenposten zum Eigenkapital

Nach **Abs. 2** sind Rücklagen insoweit von der Umwandlung ausgeschlossen, als ihnen in der der Beschlußfassung zugrundegelegten Bilanz (vgl. Rdn 9) auf der Aktiv- 10

[8] Ganz hM, vgl. *Geßler* DNotZ 1960, 627 f; Scholz/*Priester* 9; *Lutter/Hommelhoff* 2; *Lutter*-KölnKommAktG[2] Vor § 207, 16; *Wiedemann*-GroßkommAktG Vor § 207, IV; aA noch *Beitzke* Festschrift A. Hueck S. 302 ff.

[9] Ganz hM, vgl. Scholz/*Priester* 7; Baumbach/Hueck/*Zöllner* 4; *Lutter/Hommelhoff* 1; *Lutter*-KölnKommAktG[2] § 208, 7; *Wiedemann*-GroßkommAktG § 208, 2; *Langer* S. 24 f; aA *Zintzen/Halft* 1.

[10] Scholz/*Priester* 12.

seite ein entsprechender **Verlust** einschl. eines **Verlustvortrags** gegenübersteht, der im Fall seiner Auflösung zur Minderung der Rücklagen führt. Das entspricht dem Zweck des § 2, Kapitalerhöhungen aus Gesellschaftsmitteln nur im Rahmen effektiv vorhandenen Eigenkapitals zuzulassen; es korrigiert zutreffend etwaige Fehlschlüsse, die sich aus dem Abstellen auf den formellen Rücklagenausweis ohne Berücksichtigung von Gegenposten auf der Aktivseite ergeben könnten.

11 **Andere** Gegenposten zum Eigenkapital, die in § 2 Abs. 2 S. 1 aF als weitere Umwandlungsschranke erwähnt waren, sind dem neuen Bilanzrecht unbekannt; der Zusatz wurde bei Neufassung des § 2 Abs. 2 daher zu Recht gestrichen. Durch die Streichung hat auch die teilweise zum alten Recht vertretene Ansicht (vgl. Voraufl. 13) ihre Grundlage verloren, wonach im Fall eines *aktivierten derivativen Geschäftswerts* Rücklagen in entsprechender Höhe von der Umwandlung ausgeschlossen waren. Für eine derartige Einschränkung ist nach neuem Recht kein Raum mehr[11].

2. Sonderposten mit Rücklagenanteil

12 Sonderposten mit Rücklagenanteil dürfen nach Maßgabe der §§ 247 Abs. 3, 273 HGB als **Passivposten für Zwecke künftiger Einkommen- oder Ertragsteuern** in der Bilanz ausgewiesen werden. *Beispiele* bilden die Rücklagen für Ersatzbeschaffung, für Preissteigerung oder für Auslandsinvestitionen[12]. Der Sache nach handelt es sich nicht um Rücklagen, sondern um einen die künftige Steuerbelastung vorwegnehmenden Sonderfall von Rückstellungen. Von der Umwandlung im Stammkapital sind diese Positionen schon deshalb ausgeschlossen, weil sie nicht zu den umwandlungsfähigen Kapital- und Gewinnrücklagen iS des § 2 Abs. 1 gehören[13]. Eines besonderen Ausschlusses von der Umwandlung (so noch § 2 Abs. 2 S. 2 Nr. 3 aF) bedarf es nach neuem Recht nicht mehr.

3. Zweckbestimmte Gewinnrücklagen

13 Für zweckbestimmte „andere Gewinnrücklagen" sieht Abs. 3 eine Umwandlungssperre unter der Voraussetzung vor, daß ihre Zweckbestimmung der Umwandlung in Stammkapital entgegensteht (vgl. Rdn 15). Zu den **anderen Gewinnrücklagen** rechnen nach zutr. hM nicht nur die in § 266 Abs. 3 A III Nr. 4 HGB so bezeichneten Gewinnrücklagen, die durch freiwillige Zuführung von Teilen des Jahresergebnisses gebildet werden[14], sondern auch satzungsmäßig vorgeschriebene, für die Ergebnisverwendung obligatorische Gewinnrücklagen iS des § 266 Abs. 3 A III Nr. 3 HGB[15]. Da die Zweckbestimmung derartiger Rücklagen auf entsprechenden (einfachen oder satzungsändernden) *Gesellschafterbeschlüssen* beruht, handelt es sich bei Abs. 3 um eine Regelung, die nicht dem Gläubigerschutz, sondern dem *Gesellschaftsinteresse* dient. Verstößt der Kapitalerhöhungsbeschluß hiergegen, so führt das nicht zur Nichtigkeit, sondern nur zur Anfechtbarkeit des Beschlusses (Rdn 17).

14 Für die **Zweckbestimmung** der anderen Gewinnrücklagen zuständig ist grundsätzlich die Gesellschafterversammlung, wenn die Satzung keine abweichende Regelung enthält (§ 45 Abs. 1 GmbHG). Sie kann in der *Satzung* selbst erfolgen, insbes. im

---

11 EinhM, vgl. Scholz/*Priester* 13; Baumbach/Hueck/*Zöllner* 6; Rowedder/*Zimmermann* 27.

12 *Forster/Müller* AG 1960, 83, 85; Scholz/*Priester* 14; *Lutter*-KölnKommAktG² § 208, 17.

13 EinhM, vgl. Scholz/*Priester* 14; Baumbach/Hueck/*Zöllner* 1; Rowedder/*Zimmermann* 28.

14 Vgl. näher *Sarx*-BeckBilKomm § 272, 97 und 103; Baumbach/Hueck/*Schulze-Osterloh* GmbHG § 42, 175.

15 *Sarx*-BeckBilKomm § 272, 95; Baumbach/Hueck/*Schulze-Osterloh* GmbHG § 42, 174.

Rahmen der Regelungen über die Ergebnisverwendung oder über die obligatorische Einstellung eines Teils des Überschusses in Gewinnrücklagen (vgl. Erläut. zu § 29). Möglich ist aber auch die Bestimmung des Zwecks durch einfachen Gesellschafterbeschluß, etwa im Zusammenhang mit der Beschlußfassung über die Rücklagenzuführung von Teilen des Jahresergebnisses. Darauf, ob die Zweckbestimmung aus der Bilanz ersichtlich ist, kommt es für das Eingreifen von Abs. 3 nicht an[16]. Zur Aufhebung der Zweckbestimmung vgl. Rdn 15.

Ob die Zweckbestimmung der **Umwandlung** der Rücklagen in Haftkapital **entgegensteht**, richtet sich nach den vermögensmäßigen Auswirkungen der Zweckverfolgung (Beispiele einer Zweckbestimmung vgl. Voraufl. GmbHG § 42, 127). Soweit die durch die Rücklage gebundenen Mittel für *aktivierungsfähige* Aufwendungen wie Investitionen, Substanzerhaltung, Werkserneuerung u. a. verwendet werden sollen, bestehen gegen die Heranziehung der Rücklage für die Kapitalerhöhung keine Bedenken. Anderes gilt bei *vermögensmindernden* Aufwendungen wie Dividendenzahlungen in ertragsschwachen Jahren, Gratifikationen, freiwillige Sozialleistungen u. a., da die entsprechenden Aktivwerte der Gesellschaft in diesem Fall nicht auf Dauer verbleiben sollen[17]. Soweit die Zweckbestimmung der Gewinnrücklagen ihrer Umwandlung in Stammkapital entgegensteht, sind die Gesellschafter nicht gehindert, sie gleichzeitig mit dem Beschluß über die Kapitalerhöhung zu **ändern.** Beruht die Zweckbestimmung auf einem einfachen Gesellschafterbeschluß, wird im (späteren) Kapitalerhöhungsbeschluß im Zweifel die *konkludente* Aufhebung der früheren Zweckbestimmung liegen[18]. Im Falle satzungsrechtlicher Zweckbestimmung bedarf es zur Beseitigung der aus Abs. 3 folgenden Schranken einer entsprechenden *Satzungsänderung*. Auch wenn diese nach § 54 Abs. 3 GmbHG erst mit Eintragung im Handelsregister wirksam wird, sind die Gesellschafter doch nicht gehindert, sogleich auch die Kapitalerhöhung selbst zu beschließen, sofern nur die Eintragung der Zweckänderung vor derjenigen der Kapitalerhöhung erfolgt[19]. 15

IV. Verstoßfolgen

1. Nichtigkeit

Verstöße gegen die **zwingenden** Vorschriften des **Abs. 1 und 2** („müssen", „können nicht") führen wegen des *gläubigerschützenden Charakters* dieser Normen zur Nichtigkeit des Kapitalerhöhungsbeschlusses entsprechend § 241 Nr. 3 AktG[20]. Das gilt auch bei bloßer Nichtbeachtung der formellen Bilanzausweiserfordernisse. Der Registerrichter muß die Eintragung eines gleichwohl angemeldeten Beschlusses ablehnen (§ 7, 15). 16

2. Anfechtbarkeit

Verletzt der Kapitalerhöhungsbeschluß die nach **Abs. 3** im Gesellschaftsinteresse zu beachtende **Zweckbindung** der Rücklagen (Rdn 13), so hat das nur seine Anfechtbar- 17

---

[16] So auch Scholz/*Priester* 16; Rowedder/*Zimmermann* 29; aA *Lutter*-KölnKommAktG² § 208, 19; *Wiedemann*-GroßkommAktG § 208, 11.

[17] EinhM, vgl. Scholz/*Priester* 16; Baumbach/Hueck/*Zöllner* 8; Rowedder/*Zimmermann* 29; *Langer* S. 40 ff.

[18] HM, vgl. Scholz/*Priester* 17; Baumbach/Hueck/*Zöllner* 8; Rowedder/*Zimmermann* 29.

[19] Im Erg. Scholz/*Priester* 17; Baumbach/Hueck/*Zöllner* 9; *Lutter/Hommelhoff* 5; Rowedder/*Zimmermann* 29; aA zum Aktienrecht *Lutter* KölnKommAktG² § 208, 20; *Wiedemann*-GroßkommAktG § 208, 5 c und 11.

[20] So auch Scholz/*Priester* 18; *Lutter/Hommelhoff* 9; Rowedder/*Zimmermann* 31; einschr. Baumbach/Hueck/*Zöllner* 4.

keit zur Folge. Mangels Anfechtung ist der Registerrichter an der Eintragung nicht gehindert; der Frage einer etwaigen Zweckbindung braucht er im Rahmen seiner Prüfungsfunktion daher nicht nachzugehen (str., vgl. § 7, 14 f).

§ 3 KapErhG

(1) Dem Beschluß kann die letzte Jahresbilanz zugrunde gelegt werden, wenn die Jahresbilanz geprüft und die festgestellte Jahresbilanz mit dem uneingeschränkten Bestätigungsvermerk der Abschlußprüfer versehen ist und wenn ihr Stichtag höchstens sieben Monate vor der Anmeldung des Beschlusses zur Eintragung in das Handelsregister liegt.

(2) Bei Gesellschaften, die nicht große im Sinne des § 267 Abs. 3 des Handelsgesetzbuchs sind, kann die Prüfung auch durch vereidigte Buchprüfer erfolgen; die Abschlußprüfer müssen von der Versammlung der Gesellschafter gewählt sein.

§ 4 KapErhG

(1) Wird dem Beschluß nicht die letzte Jahresbilanz zugrunde gelegt, so muß die Bilanz den Vorschriften über die Gliederung der Jahresbilanz und über die Wertansätze in der Jahresbilanz entsprechen. Der Stichtag der Bilanz darf höchstens sieben Monate vor der Anmeldung des Beschlusses zur Eintragung in das Handelsregister liegen.

(2) Die Bilanz ist, bevor über die Erhöhung des Stammkapitals Beschluß gefaßt wird, durch einen oder mehrere Prüfer darauf zu prüfen, ob sie dem Absatz 1 entspricht. Sind nach dem abschließenden Ergebnis der Prüfung keine Einwendungen zu erheben, so haben die Prüfer dies durch einen Vermerk zu bestätigen. Die Erhöhung des Stammkapitals kann nicht ohne diese Bestätigung der Prüfer beschlossen werden.

(3) Die Prüfer werden von den Gesellschaftern gewählt; falls nicht andere Prüfer gewählt werden, gelten die Prüfer als gewählt, die für die Prüfung des letzten Jahresabschlusses von den Gesellschaftern gewählt oder vom Gericht bestellt worden sind. Im übrigen sind, soweit sich aus der Besonderheit des Prüfungsauftrags nichts anderes ergibt, § 318 Abs. 1 S. 2, § 319 Abs. 1 bis 3, § 320 Abs. 1 S. 2, Abs. 2, §§ 321, 323 des Handelsgesetzbuchs anzuwenden. Bei Gesellschaften, die nicht große im Sinne des § 267 Abs. 3 des Handelsgesetzbuchs sind, können auch vereidigte Buchprüfer zu Prüfern bestellt werden.

§ 5 KapErhG

Die Bestimmungen des Gesellschaftsvertrags über die vorherige Bekanntgabe des Jahresabschlusses an die Gesellschafter sind in den Fällen des § 4 entsprechend anzuwenden.

Übersicht

Schrifttum

Vgl. Nachw. bei Vorb. KapErhG.

I. Einführung

1. Inhalt und Zweck der §§ 3 bis 5

1 Die Vorschriften der §§ 3 bis 5 treffen nähere Bestimmungen über die als Grundlage für den Kapitalerhöhungsbeschluß geforderte Bilanz, d. h. die Jahresbilanz (§ 3) oder eine besondere Erhöhungsbilanz (Zwischenbilanz, vgl. § 4), über ihre Prüfung, über den für die Beschlußfassung erforderlichen Bestätigungsvermerk, über die Höchstfrist zwischen Bilanzstichtag und Anmeldung der Kapitalerhöhung beim Registergericht sowie über die vorherige Bekanntgabe einer besonderen Erhöhungsbilanz an die Gesellschafter (§ 5). Sie dienen dazu, die **gesetzlichen Anforderungen an die Bilanz** zu regeln, die der Kapitalerhöhung zugrundezulegen und dem Handelsregister bei Anmeldung des Erhöhungsbeschlusses einzureichen ist, und haben mit Ausnahme von § 5 *gläubigerschützenden* Charakter. – Eine den §§ 3 bis 5 im wesentlichen entsprechende, die Frist zwischen Bilanzstichtag und Anmeldung bei AG und KGaA freilich auf 8 Monate ausdehnende Vorschrift findet sich in § 209 AktG.

2. Reform

2 Die durch das BiRiLiG erfolgten Änderungen der §§ 3 bis 5 sind *überwiegend redaktioneller Natur* und haben den Regelungsinhalt unberührt gelassen. Eine Ausnahme gilt für die **Auswahl und Qualifikation der Prüfer.** Da das BiRiLiG zur Ausweitung der Pflichtprüfung auf große und mittelgroße (§ 267 HGB) Gesellschaften mbH geführt und als Prüfer für *große* Gesellschaften nur Wirtschaftsprüfer und Wirtschaftsprüfungsgesellschaften zugelassen hat (§ 319 Abs. 1 HGB), wurde aus Gründen der Angleichung der Auswahlvorschriften auch die in §§ 3 Abs. 2, 4 Abs. 3 S. 3 vorgesehene *Zulassung vereidigter Buchprüfer* zur Prüfung der dem Beschluß über die Kapitalerhöhung zugrundegelegten Bilanz auf mittelgroße und kleine Gesellschaften beschränkt.

II. Letzte Jahresbilanz

1. Aufstellung und Feststellung

3 Es gelten die *allgemeinen Vorschriften* des HGB und des GmbHG für die **Aufstellung** der Jahresbilanz (§§ 242 ff iVm §§ 264 ff HGB, § 42 GmbHG, vgl. dazu Erl. zu § 42 GmbHG). Besonderheiten für den Inhalt der Bilanz, ihre Gliederung und die Bewertung der Wirtschaftsgüter sieht das KapErhG nicht vor. Auch die Bildung von *Rücklagen* richtet sich nach den allgemeinen Grundsätzen; das KapErhG regelt lediglich ihre Umwandlungsfähigkeit (§ 2, 3 ff).

4 Die Jahresbilanz muß **festgestelllt** sein, wenn sie dem Beschluß über die Kapitalerhöhung zugrundegelegt werden soll (§ 3 Abs. 1). Für den Feststellungsbeschluß zuständig ist nach § 46 Nr. 1 GmbHG grundsätzlich die Gesellschafterversammlung (GmbHG § 46, 7). Vorbehaltlich § 316 Abs. 1 HGB bilden die Prüfung der Bilanz und die Erteilung des Bestätigungsvermerks keine Voraussetzungen des Feststellungsbeschlusses, sondern können diesem auch nachfolgen (vgl. § 3 Abs. 1). Wenn (wie notwendig im Fall mittelgroßer und großer Gesellschaften, vgl. § 316 Abs. 1 HGB) die Prüfung schon vor

der Bilanzfeststellung erfolgte und wenn sie zur Erteilung des Bestätigungsvermerks führte, können Feststellungsbeschluß und Erhöhungsbeschluß in der gleichen Gesellschafterversammlung gefaßt werden (§ 1, 11).

2. **Prüfung**

5 a) **Allgemeines.** Die **Prüfung der Jahresbilanz** (nicht auch der Gewinn- und Verlustrechnung) für die Zwecke der Kapitalerhöhung aus Gesellschaftsmitteln ist in § 3 Abs. 1 vorgeschrieben. Der *Umfang* der Prüfung und das dabei einzuhaltende *Verfahren* bestimmen sich für mittelgroße und große Gesellschaften mbH (§ 267 Abs. 2, 3 HGB) uneingeschränkt nach den allgemeinen Vorschriften der §§ 316 ff HGB. Ungeregelt ist die Frage für *kleine* Gesellschaften mbH, für die die Prüfungsvorschriften des HGB nicht unmittelbar gelten. Insoweit bietet es sich an, die Sonderregelung des § 4 Abs. 3 S. 2 für die Prüfung einer der Kapitalerhöhung zugrundegelegten Zwischenbilanz (Rdn 14) *analog* anzuwenden[1]. Der Zeitpunkt der Prüfung muß bei mittelgroßen und großen Gesellschaften vor der Feststellung des Jahresabschlusses liegen (Rdn 4). Wird die geprüfte Bilanz nachträglich geändert, so ist die Prüfung (und der Bestätigungsvermerk) auch auf diese Änderungen zu erstrecken.

6 b) **Auswahl und Bestellung der Prüfer.** Die in § 4 Abs. 3 S. 2 in Bezug genommenen Vorschriften des HGB lauten wie folgt:

§ 318 Abs. 1 Satz 2 HGB

Bei Gesellschaften mit beschränkter Haftung kann der Gesellschaftsvertrag etwas anderes bestimmen.

§ 319 Abs. 1 bis 3 HGB

(1) Abschlußprüfer können Wirtschaftsprüfer und Wirtschaftsprüfungsgesellschaften sein. Abschlußprüfer von Jahresabschlüssen und Lageberichten mittelgroßer Gesellschaften mit beschränkter Haftung (§ 267 Abs. 2) können auch vereidigte Buchprüfer und Buchprüfungsgesellschaften sein.

(2) Ein Wirtschaftsprüfer oder vereidigter Buchprüfer darf nicht Abschlußprüfer sein, wenn er oder eine Person, mit der er seinen Beruf gemeinsam ausübt,

1. Anteile an der zu prüfenden Kapitalgesellschaften besitzt;
2. gesetzlicher Vertreter oder Mitglied des Aufsichtsrats oder Arbeitnehmer der zu prüfenden Kapitalgesellschaft ist oder in den letzten drei Jahren vor seiner Bestellung war;
3. gesetzlicher Vertreter oder Mitglied des Aufsichtsrats einer juristischen Person, Gesellschafter einer Personengesellschaft oder Inhaber eines Unternehmers ist, sofern die juristische Person, die Personengesellschaft oder das Einzelunternehmen mit der zu prüfenden Kapitalgesellschaft verbunden ist oder von dieser mehr als zwanzig vom Hundert der Anteile besitzt;
4. Arbeitnehmer eines Unternehmens ist, das mit der zu prüfenden Kapitalgesellschaft verbunden ist oder an dieser mehr als zwanzig vom Hundert der Anteile besitzt, oder Arbeitnehmer einer natürlichen Person ist, die an der zu prüfenden Kapitalgesellschaft mehr als zwanzig vom Hundert der Anteile besitzt;
5. bei der Führung der Bücher oder der Aufstellung des zu prüfenden Jahresabschlusses der Kapitalgesellschaft über die Prüfungstätigkeit hinaus mitgewirkt hat;
6. gesetzlicher Vertreter, Arbeitnehmer, Mitglied des Aufsichtsrats oder Gesellschafter einer juristischen oder natürlichen Person oder einer Personengesellschaft oder Inhaber eines Unternehmens ist, sofern die juristische oder natürliche Person, die Personengesellschaft oder einer ihrer Gesellschafter oder das Einzelunternehmen nach Nummer 5 nicht Abschlußprüfer der zu prüfenden Kapitalgesellschaft sein darf;

[1] So auch Scholz/*Priester* 6.

7. bei der Prüfung eine Person beschäftigt, die nach den Nummern 1 bis 6 nicht Abschlußprüfer sein darf;
8. in den letzten fünf Jahren jeweils mehr als die Hälfte der Gesamteinnahmen aus seiner beruflichen Tätigkeit aus der Prüfung und Beratung der zu prüfenden Kapitalgesellschaft und von Unternehmen, an denen die zu prüfende Kapitalgesellschaft mehr als zwanzig vom Hundert der Anteile besitzt, bezogen hat und dies auch im laufenden Geschäftsjahr zu erwarten ist; zur Vermeidung von Härtefällen kann die Wirtschaftsprüferkammer befristete Ausnahmegenehmigungen erteilen.

(3) Eine Wirtschaftsprüfungsgesellschaft oder Buchprüfungsgesellschaft darf nicht Abschlußprüfer sein, wenn

1. sie Anteile an der zu prüfenden Kapitalgesellschaft besitzt oder mit dieser verbunden ist oder wenn ein mit ihr verbundenes Unternehmen an der zu prüfenden Kapitalgesellschaft mehr als zwanzig vom Hundert der Anteile besitzt oder mit dieser verbunden ist;
2. sie nach Absatz 2 Nr. 6 als Gesellschafter einer juristischen Person oder einer Personengesellschaft oder nach Absatz 2 Nr. 5, 7 oder 8 nicht Abschlußprüfer sein darf;
3. bei einer Wirtschaftsprüfungsgesellschaft oder Buchprüfungsgesellschaft, die juristische Person ist, ein gesetzlicher Vertreter oder ein Gesellschafter, der fünfzig vom Hundert oder mehr der den Gesellschaftern zustehenden Stimmrechte besitzt, oder bei anderen Wirtschaftsprüfungsgesellschaften oder Buchprüfungsgesellschaften ein Gesellschafter nach Absatz 2 Nr. 1 nicht Abschlußprüfer sein darf;
4. einer ihrer gesetzlichen Vertreter oder einer ihrer Gesellschafter nach Absatz 2 Nr. 5 oder 6 nicht Abschlußprüfer sein darf oder
5. eines ihrer Aufsichtsratsmitglieder nach Absatz 2 Nr. 2 oder 5 nicht Abschlußprüfer sein darf.

§ 320 Abs. 1 Satz 2 HGB

Sie [= die gesetzlichen Vertreter der Kapitalgesellschaft] haben ihm [= dem Abschlußprüfer] zu gestatten, die Bücher und Schriften der Kapitalgesellschaft sowie die Vermögensgegenstände und Schulden, namentlich die Kasse und die Bestände an Wertpapieren und Waren, zu prüfen.

§ 320 Abs. 2 HGB

Der Abschlußprüfer kann von den gesetzlichen Vertretern alle Aufklärungen und Nachweise verlangen, die für eine sorgfältige Prüfung notwendig sind. Soweit es die Vorbereitung der Abschlußprüfung erfordert, hat der Abschlußprüfer die Rechte nach Absatz 1 Satz 2 und nach Satz 1 auch schon vor Aufstellung des Jahresabschlusses. Soweit es für eine sorgfältige Prüfung notwendig ist, hat der Abschlußprüfer die Rechte nach den Sätzen 1 und 2 auch gegenüber Mutter- und Tochterunternehmen.

§ 321 HGB

(1) Der Abschlußprüfer hat über das Ergebnis der Prüfung schriftlich zu berichten. Im Bericht ist besonders festzustellen, ob die Buchführung, der Jahresabschluß, der Lagebericht, der Konzernabschluß und der Konzernlagebericht den gesetzlichen Vorschriften entsprechen und die gesetzlichen Vertreter die verlangten Aufklärungen und Nachweise erbracht haben. Die Posten des Jahresabschlusses sind aufzugliedern und ausreichend zu erläutern. Nachteilige Veränderungen der Vermögens-, Finanz- und Ertragslage gegenüber dem Vorjahr und Verluste, die das Jahresergebnis nicht unwesentlich beeinflußt haben, sind aufzuführen und ausreichend zu erläutern.

(2) Stellt der Abschlußprüfer bei Wahrnehmung seiner Aufgaben Tatsachen fest, die den Bestand eines geprüften Unternehmens gefährden oder seine Entwicklung wesentlich beeinträchtigen können oder die schwerwiegende Verstöße der gesetzlichen Vertreter gegen Gesetz, Gesellschaftsvertrag oder Satzung erkennen lassen, so hat er auch darüber zu berichten.

(3) Der Abschlußprüfer hat den Bericht zu unterzeichnen und den gesetzlichen Vertretern vorzulegen.

§ 323 HGB

(1) Der Abschlußprüfer, seine Gehilfen und die bei der Prüfung mitwirkenden gesetzlichen Vertreter einer Prüfungsgesellschaft sind zur gewissenhaften und unparteiischen Prüfung und zur

Verschwiegenheit verpflichtet. Sie dürfen nicht unbefugt Geschäfts- und Betriebsgeheimnisse verwerten, die sie bei ihrer Tätigkeit erfahren haben. Wer vorsätzlich oder fahrlässig seine Pflichten verletzt, ist der Kapitalgesellschaft und, wenn ein verbundenes Unternehmen geschädigt worden ist, auch diesem zum Ersatz des daraus entstehenden Schadens verpflichtet. Mehrere Personen haften als Gesamtschuldner.

(2) Die Ersatzpflicht von Personen, die fahrlässig gehandelt haben, beschränkt sich auf fünfhunderttausend Deutsche Mark für eine Prüfung. Dies gilt auch, wenn an der Prüfung mehrere Personen beteiligt gewesen oder mehrere zum Ersatz verpflichtende Handlungen begangen worden sind, und ohne Rücksicht darauf, ob andere Beteiligte vorsätzlich gehandelt haben.

(3) Die Verpflichtung zur Verschwiegenheit besteht, wenn eine Prüfungsgesellschaft Abschlußprüfer ist, auch gegenüber dem Aufsichtsrat und den Mitgliedern des Aufsichtsrats der Prüfungsgesellschaft.

(4) Die Ersatzpflicht nach diesen Vorschriften kann durch Vertrag weder ausgeschlossen noch beschränkt werden.

(5) Die Ansprüche aus diesen Vorschriften verjähren in fünf Jahren.

6a Als **Prüfer** für die Jahresbilanz kommen bei großen Gesellschaften mbH (§ 267 Abs. 3 HGB) nur *Wirtschaftsprüfer oder Wirtschaftsprüfungsgesellschaften* (*Jahresabschluß:* § 319 Abs. 1 S. 1 HGB, *Sonderbilanz:* § 4 Abs. 3 S. 2, der wieder auf § 319 Abs. 1 S. 1 HGB verweist) in Betracht. Bei kleinen bzw. mittelgroßen Gesellschaften mbH (§ 267 Abs. 1, 2 HGB) sind auch *vereidigte Buchprüfer* zugelassen (*Jahresabschluß:* § 3 Abs. 2, *Sonderbilanz:* § 4 Abs. 3 S. 3); entsprechendes gilt analog § 319 Abs. 1 S. 2 HGB für Buchprüfungsgesellschaften[2]. Damit wird dem Umstand Rechnung getragen, daß schon vor Einführung der Prüfungspflicht eine nicht geringe Zahl von Gesellschaften mbH ihren Jahresabschluß oder ihre Bilanz einer freiwilligen Prüfung durch Personen unterzogen haben, die nicht die Qualifikation des Wirtschaftsprüfers, wohl aber diejenige des vereidigten Buchprüfers hatten (zur berufsrechtlichen Stellung vereidigter Buchprüfer und zu den ihnen übertragenen Aufgaben vgl. §§ 128, 129 WPO).

7 Der **Bestellung** der Prüfer muß ihre *Wahl durch die Gesellschafterversammlung* vorausgehen (§ 3 Abs. 2). Es gelten die allgemeinen Beschlußgrundsätze (GmbHG § 45, 16) einschließlich derjenigen über die Möglichkeit schriftlicher Beschlußfassung nach § 48 Abs. 2 GmbHG. Die in § 3 Abs. 2 angeordnete Beschlußkompetenz der Gesellschafterversammlung wurde nach § 3 Abs. 2 aF als zwingend angesehen (vgl. Voraufl. Rdn 8). Demgegenüber hat § 318 Abs. 1 S. 2 HGB für die GmbH ausdrücklich die satzungsrechtliche Übertragung der Bestellungskompetenz auf ein *anderes Gesellschaftsorgan* zugelassen; die Vorschrift ist für die Jahresbilanz unmittelbar, für die Zwischenbilanz über die Verweisung in § 4 Abs. 3 S. 2 anwendbar. Angesichts dieser Regelungslage ist § 3 Abs. 2 Hs. 2 korrigierend auszulegen[3]. Allerdings muß sich die satzungsrechtliche Abweichung ausdrücklich auch auf eine Zwischenbilanz beziehen, wenn diese der Kapitalerhöhung zugrunde liegt. Hinsichtlich der *Ausschlußgründe* gelten nach neuem Recht die gegenüber der bisherigen Rechtslage verschärften Bestimmungen des § 319 Abs. 2 und 3 HGB. Der *Prüfungsauftrag* ist von den Geschäftsführern zu erteilen (§ 318 Abs. 1 S. 4 HGB), auch wenn eine entsprechende Verweisung in der Neuregelung des § 4 Abs. 3 S. 2 nicht mehr enthalten ist[4].

---

[2] Ebenso Scholz/*Priester* 7; *Lutter/Hommelhoff* 3.

[3] Scholz/*Priester* 8; Baumbach/Hueck/*Zöllner* § 3, 2; Rowedder/*Zimmermann* 38; aA *Lutter/Hommelhoff* 3.

[4] Scholz/*Priester* 9; Rowedder/*Zimmermann* 38 aE.

c) **Gegenstand der Prüfung.** Er richtet sich nach § 317 Abs. 1 HGB, sofern es sich um eine prüfungspflichtige GmbH und ihren Jahresabschluß handelt. Anderes gilt für die Jahresbilanz kleiner, nicht prüfungspflichtiger Gesellschaften mbH sowie für Zwischenbilanzen iSv § 4, auf die § 317 HGB keine Anwendung findet: insoweit richtet sich der Gegenstand nach dem *Prüfungszweck*[5]. Zu prüfen ist danach die Jahresbilanz – nicht auch die Gewinn- und Verlustrechnung – im Hinblick auf die darin als Eigenkapital ausgewiesenen, für die Kapitalerhöhung aus Gesellschaftsmitteln in Betracht kommenden **Rücklagen.** Die Prüfer haben die Einhaltung der für den Jahresabschluß der GmbH geltenden allgemeinen Bilanzierungs- und Bewertungsgrundsätze zu kontrollieren und insbesondere festzustellen, ob Überbewertungen bei den Aktiva zu verzeichnen oder Verbindlichkeiten und sonstige bilanzierungspflichtige Risiken nicht oder mit zu geringen Werten in Ansatz gekommen sind. Auf die Frage, ob die Rücklagen nach § 2 umwandlungsfähig sind, erstreckt sich die Prüfung nach zutr. hM nicht[6]. 8

3. Bestätigungsvermerk

Die festgestellte und geprüfte Jahresbilanz muß nach § 3 Abs. 1 ferner mit dem **uneingeschränkten Bestätigungsvermerk** der (Abschluß-)Prüfer versehen sein. Er darf nur erteilt werden, wenn nach dem abschließenden Ergebnis der Prüfung keine Einwendungen gegen die Bilanz zu erheben sind (vgl. § 4 Abs. 2 S. 2). Der Wortlaut des Bestätigungsvermerks richtet sich bei der Pflichtprüfung des Jahresabschlusses nach § 322 HGB; in den übrigen Fällen muß jedenfalls das Prüfungsergebnis aus dem Text hervorgehen. Der Vermerk ist von den Prüfern zu unterzeichnen, wobei sich die (nicht zwingende) Angabe von Ort und Datum (§ 322 Abs. 4 S. 1 HGB) schon mit Rücksicht auf die Registerkontrolle empfiehlt[7]. *Nachträgliche Änderungen* der geprüften und mit dem Bestätigungsvermerk versehenen Jahresbilanz machen die Neuerteilung des Vermerks nach entsprechender Prüfung (Rdn 5) erforderlich. 9

III. Besondere Erhöhungsbilanz

1. Aufstellung und Inhalt

Die **Aufstellung** einer besonderen, dem Erhöhungsbeschluß anstelle der letzten Jahresbilanz zugrundezulegenden Erhöhungsbilanz (Zwischenbilanz, vgl. § 4) kann vor allem dann veranlaßt sein, wenn für die Jahresbilanz die *7-Monats-Frist* zwischen Bilanzstichtag und Anmeldung der Kapitalerhöhung *nicht eingehalten* werden kann. Einen weiteren Grund kann der Wegfall eines der Umwandlung von Rücklagen entgegenstehenden *Verlustvortrags* bis zum Stichtag der Erhöhungsbilanz bilden (§ 2, 9). Dagegen ist der Ausweis von gegenüber der Jahresbilanz erhöhten Rücklagen in der Erhöhungsbilanz für die Kapitalerhöhung aus Gesellschaftsmitteln ohne Interesse, da Rücklagen nach § 2 Abs. 1 nur insoweit umwandlungsfähig sind, als sie sowohl in der Erhöhungs- als auch in der vorangehenden Jahresbilanz ausgewiesen sind, während Zuführungen aus dem Jahresergebnis auch ohne formelle Einbeziehung in die Rücklagen umwandlungsfähig sind (§ 2, 8). **Zuständig** für die Aufstellung der Erhöhungsbilanz 10

[5] Vgl. Scholz/*Priester* 10.

[6] Vgl. Scholz/*Priester* 11; *Lutter/Hommelhoff* 9; Rowedder/*Zimmermann* 35; *Wiedemann*-GroßkommAktG § 209, 2.

[7] So auch Scholz/*Priester* 15.

sind ebenso wie im Fall der Jahresbilanz (§ 41 GmbHG) die Geschäftsführer. Zur Frage der Feststellung der Erhöhungsbilanz vgl. Rdn 13.

11 Für den **Inhalt** der Erhöhungsbilanz sind nach **§ 4 Abs. 1 S. 1** die gleichen Grundsätze maßgebend wie für denjenigen der Jahresbilanz; es gelten die allgemeinen Bilanzierungs-, Gliederungs- und Bewertungsgrundsätze (Rdn 3). Bei der Erhöhungsbilanz handelt es sich somit um eine auf den Bilanzstichtag fortgeschriebene *Zwischenbilanz;* in ihr ist auch das bis zu ihrem Stichtag angefallene Ergebnis als Gewinn oder Verlust auszuweisen. Durch ein positves Ergebnis der Zwischenbilanz kann ein in der Jahresbilanz enthaltener Verlustvortrag vermindert oder getilgt werden; damit entfällt die Umwandlungssperre des § 2 Abs. 2 (§ 2, 9). Der Erstellung einer Gewinn- und Verlustrechnung neben der Erhöhungsbilanz bedarf es nicht. Auch ist für einen besonderen Beschluß über die Ergebnisverwendung, anders als bei der Jahresbilanz (§§ 29, 46 Nr. 1 GmbHG), kein Raum. Vom Sonderfall des § 14 Abs. 2 abgesehen, muß über die Ergebnisverwendung für das letzte Geschäftsjahr nach § 1 Abs. 3 freilich auch dann vor dem Kapitalerhöhungsbeschluß beschlossen werden, wenn ihm nicht die Jahresbilanz, sondern eine besondere Erhöhungsbilanz zugrundegelegt wird (§ 1, 10).

2. Bekanntgabe an die Gesellschafter

12 Anders als im Fall der letzten Jahresbilanz, deren vorherige Bekanntgabe an die Gesellschafter nunmehr durch § 42 a Abs. 1 GmbHG geregelt ist, *fehlt* eine entsprechende Regelung für den Fall der **Zwischenbilanz.** § 5 verweist insoweit lediglich auf Bestimmungen im Gesellschaftsvertrag, die aber häufig gerade fehlen. Gleichwohl sind die Geschäftsführer analog § 42 a Abs. 1 GmbHG auch hier verpflichtet, den Gesellschaftern die Zwischenbilanz mit dem Prüfungsbericht unverzüglich nach Fertigstellung vorzulegen[8]. Über die einzelnen Bilanzansätze und die Ausübung von Wahlrechten und Ermessensspielräumen haben die Geschäftsführer Auskunft zu erteilen (§ 51 a GmbHG).

3. Feststellung der Erhöhungsbilanz

13 Die Feststellung der Erhöhungsbilanz ist, anders als im Fall der Jahresbilanz (§ 1 Abs. 3), gesetzlich **nicht besonders vorgeschrieben.** Daraus darf nicht der Schluß gezogen werden, ihrer gesonderten Feststellung bedürfe es nicht; dem Beschluß über die Kapitalerhöhung könne etwa auch eine von den Gesellschaftern nicht ausdrücklich gebilligte Erhöhungsbilanz zugrundegelegt werden[9]. An dem Erfordernis der Feststellung ist vielmehr auch für die besondere Erhöhungsbilanz festzuhalten; denn die Ansätze in der Erhöhungsbilanz sind für die Gesellschafter ebenfalls erst nach Feststellung maßgeblich[10]. Allerdings bedarf es für den Feststellungsbeschluß keiner besonderen Form; die Beschlußfassung muß auch nicht ausdrücklich erfolgen. Im Zweifel ist daher, wenn die Erhöhungsbilanz nicht vorab gesondert festgestellt wird, in der Zustimmung der Gesellschafter zum Kapitalerhöhungsbeschluß auch die *konkludente* Feststellung der ihm zugrundegelegten Erhöhungsbilanz zu sehen.

---

[8] Vgl. Scholz/*Priester* 17; zur entsprechenden Lage nach früherem Recht vgl. Voraufl. 13.

[9] So aber noch Scholz/*Priester*[6] 4; anders jetzt *dies.* 3.

[10] Vgl. Scholz/*K. Schmidt* GmbHG § 46, 13 ff.

4. Prüfung

a) **Allgemeines.** Hinsichtlich des Gegenstands und des Umfangs der Prüfung gelten die gleichen Grundsätze wie für die Prüfung der Jahresbilanz (Rdn 5 ff). Da § 4 Abs. 3 S. 2 nicht auf § 317 HGB verweist, richtet sich der **Prüfungsgegenstand** nach dem *Prüfungszweck* (Rdn 8). Die Prüfung hat sich schwerpunktmäßig auf die Kontrolle des in der Jahresbilanz ausgewiesenen Eigenkapitals der Gesellschaft, darunter namentlich der freien Rücklagen, und ihrer Deckung durch das vorhandene Gesellschaftsvermögen zu erstrecken. **Zeitlich** hat die Prüfung *vor dem Erhöhungsbeschluß* zu erfolgen. Wird die Bilanz nach Abschluß der Prüfung geändert, bedarf es erneuter Prüfung, die sich auf die Änderungen erstrecken muß. **14**

b) **Auswahl und Bestellung der Prüfer.** Nach **§ 4 Abs. 3 S. 1 und 3** gelten für die Auswahl und Bestellung der Prüfer der Zwischenbilanz die gleichen Grundsätze wie im Fall der dem Erhöhungsbeschluß zugrundegelegten, nach § 3 zu prüfenden Jahresbilanz (vgl. näher Rdn 6 ff). Auch hier ist die Bestellung vereidigter Buchprüfer anstelle von Wirtschaftsprüfern bei kleinen und mittleren Gesellschaften mbH (§ 267 Abs. 1, 2 HGB) gestattet. Waren bereits für die Prüfung der *letzten* Jahresbilanz Prüfer von der Gesellschafterversammlung gewählt oder vom Gericht bestellt worden, so gelten sie nach § 4 Abs. 3 S. 1, 2. Hs. auch für die Prüfung der Zwischenbilanz als gewählt, wenn die Gesellschafterversammlung von der Wahl anderer Prüfer absieht. Dadurch erübrigt sich die Einberufung einer besonderen Gesellschafterversammlung oder die Beschlußfassung im schriftlichen Verfahren zur Wahl von neuen Prüfern. Zwar können an der Wahl *neuer* Prüfer interessierte Gesellschafter mit zusammen mindestens 10% des Stammkapitals nach Maßgabe des § 50 GmbHG die Einberufung einer Gesellschafterversammlung und die Ankündigung des entsprechenden Beschlußgegenstands erwirken. Machen sie von diesem Recht jedoch nicht oder nicht rechtzeitig vor der Beschlußfassung über die Kapitalerhöhung aus Gesellschaftsmitteln Gebrauch, so bewendet es bei der Fiktion des § 4 Abs. 3 S. 1. **15**

5. Bestätigungsvermerk

Die Notwendigkeit eines Bestätigungsvermerks und dessen wesentlicher Inhalt sind in **§ 4 Abs. 2 S. 2** geregelt. Für seine Erteilung und Ausgestaltung gilt entsprechendes wie im Fall der geprüften Jahresbilanz (Rdn 9). Die Wirksamkeit des Erhöhungsbeschlusses ist nach **§ 4 Abs. 2 S. 3** ausdrücklich von der vorherigen Erteilung des Bestätigungsvermerks abhängig gemacht; dabei ist ebenso wie in § 3 Abs. 1 ein *uneingeschränkter* Vermerk zu verlangen. **16**

IV. 7-Monats-Frist

Für Jahresbilanz und Zwischenbilanz übereinstimmend schreiben **§§ 3 Abs. 1, 4 Abs. 1 S. 2** vor, daß die **Frist** zwischen Bilanzstichtag und Datum der Anmeldung *höchstens 7 Monate* betragen darf. Maßgebend ist das Datum derjenigen Anmeldung, aufgrund deren die Eintragung bewirkt wird[11]. Unvollständige oder aus sonstigen Gründen zu beanstandende Anmeldungen reichen für die Fristwahrung nicht aus (§ 7, 16)[12]. Auf das Datum der Eintragung kommt es dagegen nicht an. – Eine auch **17**

---

[11] So auch Scholz/*Priester* 16.

[12] AA Scholz/*Priester* 16; Baumbach/Hueck/*Zöllner* § 3, 3; Rowedder/*Zimmermann* 40.

nur geringfügige *Fristüberschreitung* bildet ein Eintragungshindernis und führt zur Zurückweisung der Anmeldung[13]. Im Falle eines Doppelsitzes muß die Anmeldung bei *beiden* zuständigen Registergerichten innerhalb der Frist erfolgen[14].

V. Mangelfolgen

18 Wird die Kapitalerhöhung aus Gesellschaftsmitteln aufgrund einer Bilanz beschlossen, die nicht geprüft oder nicht mit einem uneingeschränkten Bestätigungsvermerk versehen ist, so hat das wegen des gläubigerschützenden Charakters der Vorschriften der §§ 3, 4 (Rdn 1) die **Nichtigkeit** des Beschlusses entsprechend § 241 Nr. 3 AktG zur Folge (einhM). Ein versehentlich gleichwohl eingetragener Beschluß wird drei Jahre nach Eintragung geheilt (§ 242 Abs. 3 AktG, vgl. GmbHG § 54, 32). Werden die Vorschriften über die Bekanntgabe der Bilanz (Rdn 12) verletzt, so begründet das nur die **Anfechtbarkeit** des Beschlusses; bis zur Anfechtung ist das Registergericht nicht an der Eintragung gehindert.

19 Die **Nichteinhaltung der 7-Monats-Frist** berührt nicht den Beschlußinhalt, sondern bildet nach § 7 Abs. 2 ein *formelles Eintragungshindernis;* der Registerrichter hat die Eintragung abzulehnen (Rdn 17). Trägt er versehentlich gleichwohl ein, so wird die Kapitalerhöhung trotz des Mangels voll wirksam[15]. Auch für eine Amtslöschung nach § 142 Abs. 1 FGG ist in diesem Fall wegen des Bestandsschutzinteresses der Gläubiger am erhöhten Kapital kein Raum[16].

§ 6 KapErhG

(1) Die Kapitalerhöhung kann vorbehaltlich des § 12 Abs. 2 durch Bildung neuer Geschäftsanteile und durch Erhöhung des Nennbetrags der Geschäftsanteile ausgeführt werden. Die neuen Geschäftsanteile und die Geschäftsanteile, deren Nennbetrag erhöht wird, können auf jeden durch zehn teilbaren Betrag, müssen jedoch auf mindestens fünfzig Deutsche Mark gestellt werden.

(2) Der Beschluß über die Erhöhung des Stammkapitals muß die Art der Erhöhung angeben. Soweit die Kapitalerhöhung durch Erhöhung des Nennbetrags der Anteile ausgeführt werden soll, ist sie so zu bemessen, daß durch sie auf keinen Geschäftsanteil, dessen Nennbetrag erhöht wird, Beträge entfallen, die durch die Erhöhung des Nennbetrags des Geschäftsanteils nicht gedeckt werden können.

Übersicht

[13] HM, vgl. OLG Frankfurt BB 1981, 1253, 1254 (1 Tag); LG Essen BB 1982, 1901; Scholz/*Priester* 16; Baumbach/Hueck/*Zöllner* § 3, 3; Rowedder/*Zimmermann* 40.

[14] Vgl. GmbHG § 3, 15; aA KG BB 1973, 1001, 1002; dagegen zu Recht kritisch Scholz/*Priester* 16.

[15] So auch Scholz/*Priester* 18; Baumbach/Hueck/*Zöllner* § 3, 4; *Lutter/Hommelhoff* 12; *Lutter*-KölnKommAktG² § 209, 10.

[16] So tendenziell auch *Wiedemann*-GroßkommAktG § 210, 8.

Schrifttum

Vgl. Nachw. bei Vorb. KapErhG. Ferner: *Priester* Die neuen Anteilsrechte bei Kapitalerhöhung aus Gesellschaftsmitteln, GmbH-Rdsch. 1980, 236; *Simon* Erhöhung des Stammkapitals aus Gesellschaftsmitteln bei einer GmbH, BB 1962, 72.

I. Einführung

1. Inhalt und Zweck der Norm

Die Vorschrift des § 6 regelt die Folgen der Kapitalerhöhung aus Gesellschaftsmitteln für den **Anteilsbesitz der Gesellschafter.** Während § 6 aF für *Aktiengesellschaften* auch dem Zweck dienen sollte, den Nennbetrag der Aktien weit übersteigende Börsenkurse zu senken und dadurch zur Belebung des Aktienmarkts und zur stärkeren Verbreitung des Aktienbesitzes beizutragen (Begr. BT-Drucks. III/416 S. 12), weshalb grundsätzlich nur die Ausgabe *neuer* Aktien zugelassen war (vgl. jetzt §§ 207 Abs. 2, 182 Abs. 1 S. 4 AktG), wird den Gesellschaftern einer GmbH die *Wahlfreiheit* zwischen der Schaffung neuer und der Aufstockung der bestehenden Geschäftsanteile belassen, da die Geschäftsanteile in der Regel nicht zum Handel bestimmt sind. Allerdings muß das Wahlrecht schon im Kapitalerhöhungsbeschluß ausgeübt werden, weil die neuen oder erhöhten Anteile nach § 9 S. 1 automatisch mit Eintragung des Beschlusses entstehen. Die Notwendigkeit hierzu entfällt nur bei teileingezahlten Anteilen; bei ihnen kann aus Gründen des Gläubigerschutzes (§ 12, 5) die Kapitalerhöhung ausschließlich durch Erhöhung des Nennbetrags der Anteile erfolgen (§ 12 Abs. 2 S. 2). **1**

Mindesthöhe und Teilbarkeit der neuen bzw. der erhöhten Anteile sind in § 6 Abs. 1 S. 2 abweichend von § 5 Abs. 1 und 3 GmbHG jeweils auf den zehnten Teil der dort genannten Beträge festgesetzt. Nach der Begründung (aaO S. 13) sollte damit auf die entsprechende, bei der Währungsumstellung 1948 zugelassene kleine Stückelung (GmbHG § 5, 3) Rücksicht genommen werden. Aus heutiger Sicht erscheint diese Regelung *überholt*[1]. Zwerganteile dieser Art vereinbaren sich nur schwer mit dem auf 50 000 DM erhöhten Mindestkapital und der Ausrichtung der GmbH auf eine beschränkte Zahl von Gesellschaftern. Auch ergeben sich Probleme im Hinblick auf die – freilich nicht zwingende – Vorschrift des § 47 Abs. 2 GmbHG, wonach je 100 DM eines Geschäftsanteils eine Stimme gewähren (vgl. auch § 10, 10). – Im Aktienrecht ist eine vom Regelfall abweichende Stückelung der aus einer nominellen Kapitalerhöhung hervorgehenden Aktien nicht zugelassen. **2**

2. Reform

Trotz der in Rdn 2 genannten Bedenken hat es das BiRiLiG bei den Größenverhältnissen des § 6 Abs. 1 S. 2 belassen. Die in § 6 vorgenommenen Änderungen sind rein **redaktioneller Natur.** Sie ergeben sich aus der Beschränkung des Anwendungsbereichs des KapErhG auf die Rechtsform der GmbH (Vorb. 5). **3**

II. Arten der Ausführung der Kapitalerhöhung

1. Allgemeines

a) **Wahlrecht und Ausnahmen.** Die Vorschrift des **Abs. 1 S. 1** eröffnet den Gesellschaftern – nicht der Geschäftsführung – grundsätzlich die **Wahl** *zwischen der* **4**

[1] So auch Scholz/*Priester* 3; *Priester* GmbH-Rdsch. 1980, 236.

Ausgabe neuer und der Erhöhung der vorhandenen Anteile im Zuge der Kapitalerhöhung aus Gesellschaftsmitteln. Das Wahlrecht muß im Erhöhungsbeschluß ausgeübt werden (Rdn 11). Zulässig ist auch eine Kombination beider Ausführungsarten (Rdn 10).

5 Eine **Ausnahme** vom Wahlrecht gilt nach § 12 Abs. 2 S. 2 beim Vorhandensein von *teileingezahlten Anteilen.* Sie nehmen zwar ebenso wie volleingezahlte Anteile nach Maßgabe ihres Nennbetrags an der Kapitalerhöhung teil, jedoch ist für den auf sie entfallenden Betrag die Ausgabe neuer Geschäftsanteile ausgeschlossen (vgl. näher § 12, 5). Der anteilige Betrag aus der Kapitalerhöhung kann auch nicht etwa zur Tilgung der ausstehenden Einlage unter unveränderter Beibehaltung des Nennbetrags der Anteile verwendet werden (§ 12, 4).

6 b) **Mindesthöhe und Teilbarkeit.** Die neuen Anteile müssen nach Abs. 1 S. 2 abweichend von § 5 Abs. 1 GmbHG auf einen *Nennbetrag von mindestens 50 DM* lauten. Sie müssen ebenso wie die erhöhten Anteile anders als nach § 5 Abs. 3 GmbHG *durch 10 teilbar* sein; im Fall der Erhöhung teileingezahlter Anteile ist nach § 12 Abs. 2 S. 4 sogar Teilbarkeit durch 5 zugelassen (zur rechtspolitischen Kritik an diesen Regelungen vgl. Rdn 2). Für *Spitzenbeträge* entstehen nach § 10 Abs. 1 selbständig veräußerliche und vererbliche Teilrechte im Zeitpunkt der Eintragung. Aus ihnen können Rechte in der Gesellschaft erst nach Vereinigung zu einem vollen Anteilsrecht ausgeübt werden (§ 10 Abs. 2, vgl. dazu und zum Problem des Stimmrechts bei Anteilen unter 100 DM § 10, 7 ff, 10). Eine *Ausnahme* von § 10 gilt nur für teileingezahlte Anteile (§ 12, 6). Insoweit bedarf es nach § 6 Abs. 2 S. 2 einer an den Teilbarkeitskriterien von Abs. 1 S. 2 und § 12 Abs. 2 S. 4 orientierten Festsetzung des Gesamtbetrags der Kapitalerhöhung (Rdn 9).

2. Ausgabe neuer Geschäftsanteile

7 Sie ist entsprechend dem Fall der ordentlichen Kapitalerhöhung (§ 55 Abs. 3 GmbHG) mit der Maßgabe zulässig, daß der einzelne Gesellschafter **grundsätzlich nur einen neuen Geschäftsanteil** in Höhe des auf ihn entfallenden Anteils an der Kapitalerhöhung, mindestens aber von 50 DM (Rdn 6), erwirbt. Das gilt mit Rücksicht auf den Grundsatz einheitlicher Beteiligung (GmbHG § 5, 15) auch dann, wenn der betreffende Gesellschafter im Zeitpunkt der Kapitalerhöhung mehrere Anteile in seiner Hand vereinigt[2]. **Ausnahmen** hiervon sind einerseits wegen § 13 Abs. 1 dann zuzulassen, wenn die betreffenden *Geschäftsanteile von unterschiedlicher Qualität* sind, ein Gesellschafter also gleichzeitig einen oder mehrere normale und daneben Vorzugsgeschäftsanteile besitzt[3]. Andererseits erscheint es auch in denjenigen Fällen, in denen bei gleicher Anteilsqualität *unterschiedliche Berechtigungen* an den einzelnen an der Kapitalerhöhung teilnehmenden Anteilen bestehen wie Treuhandbeziehungen, Nießbrauch u. a., aus Praktikabilitätsgründen veranlaßt, im Erhöhungsbeschluß eine entsprechende Zahl neuer Anteile zuzulassen, da andernfalls eine Teilung nach § 17 GmbHG erforderlich würde (vgl. auch § 9, 3)[4]. Für den Erwerb von Teilrechten neben einem neuen Anteil nach § 10 Abs. 1 gilt der Grundsatz einheitlicher Beteiligung entsprechend (§ 10, 4). – Die aus der nominellen Kapitalerhöhung hervorgehenden neuen Anteile sind in Bestand

---

[2] Ebenso Scholz/*Priester* 4; aA Rowedder/*Zimmermann* 53.

[3] So auch Scholz/*Priester* 4; *Lutter/Hommelhoff* 2.

[4] Weitergehend Scholz/*Priester* 4, und Baumbach/Hueck/*Zöllner* 4, die den einzelnen Gesellschaftern generell das Recht einräumen, eine Mehrzahl neuer Geschäftsanteile zu verlangen, um sie nicht zur Offenlegung bestehender Berechtigungen Dritter zu zwingen.

und Veräußerlichkeit gegenüber den vorhandenen Anteilen ebenso selbständig wie diejenigen im Fall einer ordentlichen Kapitalerhöhung. Zu den mit den neuen Anteilen verbundenen Gesellschaftsrechten vgl. § 13, 4 ff.

3. Erhöhung des Nennbetrags

Die Erhöhung des Nennbetrags bestehender Anteile auf einen durch 10 (bei teileingezahlten Anteilen durch 5) teilbaren Betrag (Rdn 6) bietet sich vor allem in denjenigen Fällen an, in denen auf die betreffenden Gesellschafter aus der Kapitalerhöhung ein Betrag von **unter 50 DM** entfällt. Sie ist aber auch in sonstigen Fällen zulässig, bei teileingezahlten Anteilen nach § 12 Abs. 2 S. 2 sogar zwingend vorgeschrieben. Der *Nachteil der Erhöhung* anstelle der Ausgabe eines neuen Anteils liegt im Ausschluß selbständiger Verwertbarkeit, solange nicht eine Teilung nach § 17 GmbHG stattgefunden hat. Gleichwohl haben die einzelnen Gesellschafter nicht etwa einen Anspruch auf Ausgabe neuer anstelle der Erhöhung bestehender Anteile. Das Wahlrecht steht vielmehr der satzungsändernden Mehrheit zu; sie muß bei seiner Ausübung freilich den Gleichbehandlungsgrundsatz beachten (Rdn 12). **8**

Eine nur für den Fall der Erhöhung des Nennbetrags geltende Regelung enthält die wenig verständlich formulierte Vorschrift des **Abs. 2 S. 2.** Danach muß der Gesamtbetrag der Kapitalerhöhung in Fällen dieser Art so bemessen werden, daß **keine freien Spitzen** entstehen, da Teilrechte nach § 10 Abs. 1 nur bei Ausgabe *neuer* Anteile in Betracht kommen. Dieser hauptsächlich auf Aktiengesellschaften zugeschnittenen Vorschrift[5] kommt für das GmbH-Recht schon deshalb nur geringe Bedeutung zu, weil hier grundsätzlich auch die Kombination von Erhöhung bestehender Geschäftsanteile und Ausgabe neuer Anteile (bzw. der hierauf entfallenden Teilrechte) zulässig ist (Rdn 10). Nur soweit dieses Wahlrecht der Gesellschafter nicht besteht, weil Anteile *teileingezahlt* sind (vgl. § 12 Abs. 2 S. 2), bedarf es der Beachtung der in Abs. 2 S. 2 bestimmten Grenzen bei Festsetzung des Gesamtbetrags der Kapitalerhöhung[6]. **9**

4. Kombination beider Ausführungsarten

Neben der Ausgabe neuer Anteile und der Aufstockung der vorhandenen gestattet Abs. 1 S. 1 auch die Kombination beider Ausführungsarten. Das ist in § 12 Abs. 2 S. 3 ausdrücklich für den Fall geregelt, daß neben teileingezahlten auch volleingezahlte Anteile im Zeitpunkt der Kapitalerhöhung vorhanden sind, gilt um so mehr aber auch dann, wenn sämtliche Anteile voll eingezahlt sind[7]. Die hM läßt die Kombination sogar für ein und denselben voll eingezahlten Anteil zu mit der Maßgabe, daß im Gesellschafterbeschluß der Erhöhungsbetrag des vorhandenen und der Nennbetrag des neuen Anteils gesondert anzugeben sind[8]. Das entspricht zwar nicht dem Sinn und Zweck des § 12 Abs. 2 S. 3, ist aber folgerichtig, wenn man von der grundsätzlichen **Gestaltungsfreiheit der Gesellschafter** hinsichtlich der Art der Ausführung ausgeht; geschriebene oder ungeschriebene Schranken stehen dieser Kombination nicht entgegen. **10**

---

5 Vgl. näher *Priester* GmbH-Rdsch. 1980, 240.

6 So zutr. Scholz/*Priester* 6; *Lutter/Hommelhoff* 4; wohl auch Baumbach/Hueck/*Zöllner* 2; aA *Geßler* BB 1960, 9; *Schippel* DNotZ 1960, 368; *Simon* BB 1962, 72; Rowedder/*Zimmermann* 51, die das Verbot der Teilrechtsbildung in jedem Fall der Erhöhung des Nennwerts der Anteile eingreifen lassen.

7 So auch Scholz/*Priester* 7; Baumbach/Hueck/*Zöllner* 6; *Lutter/Hommelhoff* 5; aA *Schippel* DNotZ 1960, 367.

8 Vgl. die in Fn 7 Genannten; aA wiederum *Schippel* aaO.

III. Ausübung des Wahlrechts

1. Beschluß der Gesellschafter

11 Die Ausübung des Wahlrechts ist nach **Abs. 2 S. 1** Sache der *Gesellschafter;* sie hat **im Erhöhungsbeschluß** zu erfolgen. Es gelten die allgemein für den Erhöhungsbeschluß zu beachtenden Anforderungen (§ 1, 3 ff). Die Beschlußfassung der Gesellschafter muß mit *Dreiviertelmehrheit* oder einer in der Satzung festgelegten *höheren* Mehrheit erfolgen; eine Delegation an ein anderes Gesellschaftsorgan ist nicht zulässig. Das Beschlußergebnis ist *notariell* zu beurkunden.

12 **Inhaltlich** ist die Mehrheit in der Entscheidung zwischen den beiden Arten der Ausführung der Erhöhung grundsätzlich frei, soweit nicht die Schranken aus dem Gleichbehandlungsgrundsatz (GmbHG § 53, 64) oder der Treupflicht (GmbHG § 53, 67) entgegenstehen. Ein nur mit ihrer Zustimmung abänderbares Recht der Gesellschafter, deren Geschäftsanteile voll eingezahlt sind, auf Ausgabe neuer Anteile besteht angesichts des in Abs. 1 S. 1 eröffneten Wahlrechts nicht[9]. Die *unterschiedliche Behandlung* der einzelnen Geschäftsanteile ist ohne Zustimmung der betroffenen Gesellschafter nur zulässig beim Vorliegen eines sachlichen Grundes. Derartige sachliche Gründe können darin liegen, daß ein Teil der Anteile teileingezahlt ist, daß der Nennwert der Anteile zur Vermeidung von Teilrechten erhöht werden muß oder daß die Anteilsneubildung durch Ausgabe von Teilrechten zur Absorption ungedeckter, nicht durch 10 teilbarer Spitzen erforderlich ist[10]. – Zur Beschränkung der Gestaltungsfreiheit der Gesellschaftermehrheit bei der nach § 10 Abs. 1 zulässigen Bildung von Teilrechten vgl. § 10, 4 aE.

13 *Bis zur Eintragung* kann die gewählte Ausführungsart der Erhöhung noch **geändert** werden, wenn der Änderungsbeschluß nach Mehrheiten und Form (Rdn 11) den an Satzungsänderungen zu stellenden Anforderungen entspricht[11]. Die Änderung muß freilich innerhalb der 7-Monats-Frist (§§ 3 – 5, 17) zum Handelsregister angemeldet werden. Ist der Kapitalerhöhungsbeschluß schon eingetragen, so richtet sich die Veränderung (Teilung, Zusammenlegung) der Geschäftsanteile nach den allgemeinen Grundsätzen (GmbHG § 17, 3 ff, und § 53, 106). Zur Aufhebung des Erhöhungsbeschlusses vgl. auch GmbHG § 53, 73.

2. Angaben im Erhöhungsbeschluß

14 Der Erhöhungsbeschluß muß Angaben über die *Art der Erhöhung* enthalten (Abs. 2 S. 1). Die von den Gesellschaftern zu treffende **Wahl** zwischen der Ausgabe neuer, der Aufstockung vorhandener Anteile oder der Kombination beider Ausführungsarten muß **ausdrücklich** aus dem Wortlaut des Beschlusses hervorgehen. Das ist aus Gründen der Rechtsklarheit schon deshalb unverzichtbar, weil die neuen oder erhöhten Anteile nach § 9 S. 1 bei den Gesellschaftern automatisch aufgrund der Eintragung des Erhöhungsbeschlusses entstehen und für eine Übernahmeerklärung, anders als bei der ordentlichen Kapitalerhöhung, kein Raum ist (§ 9, 2).

15 Angaben über **Anzahl und Höhe** der neuen oder erhöhten Geschäftsanteile sowie der zu bildenden Teilrechte muß der Beschluß jedenfalls dann enthalten, wenn beide Ausführungsarten kombiniert werden sollen oder wenn im Hinblick auf auszugleichende Spitzenbeträge die Bildung von Teilrechten vorgesehen ist. Bei der Kombination

---

[9] So auch Scholz/*Priester* 8; *Lutter/Hommelhoff* 6.

[10] Scholz/*Priester* 8.

[11] So auch *Priester* GmbH-Rdsch. 1980, 237; allg. zur Änderung von Satzungsänderungsbeschlüssen vor Eintragung vgl. GmbHG § 53, 73.

der beiden Ausführungsarten genügt ggf. die Aussage, für welche Gesellschafter die eine *oder* die andere Art der Ausführung gewählt wird. Nach verbreiteter Ansicht sollen Angaben über Höhe und Verhältnis der neuen oder aufgestockten Anteile dann entbehrlich sein, wenn die Kapitalerhöhung *nur* durch Ausgabe neuer oder durch Aufstockung vorhandener Anteile erfolgen soll[12]. Daran ist zwar zutreffend, daß sich in diesen Fällen das Ausmaß der Aufstockung oder das Verhältnis, nach dem die neuen Anteilsrechte den Gesellschaftern zustehen sollen, nach § 9 S. 1 unmittelbar aus dem Gesamtbetrag der Kapitalerhöhung und der Anzahl und Höhe der vorhandenen Geschäftsanteile errechnen läßt. Gleichwohl sollte die Aufnahme des Ergebnisses der Berechnung in den Wortlaut des Beschlusses schon deshalb erfolgen, um künftige Auseinandersetzungen hierüber zwischen den Gesellschaftern zu vermeiden[13]. Die zwingende Geltung von § 9 S. 1 (§ 9, 5) wird dadurch nicht berührt.

IV. Mangelfolgen

Die Vorschriften über Mindestnennbetrag und Teilbarkeit der Anteile (Abs. 1 S. 2) **16**
und über die Angaben im Erhöhungsbeschluß (Abs. 2 S. 1) dienen dem öffentlichen Interesse; ein Verstoß hiergegen führt zur **Nichtigkeit** des Beschlusses entsprechend § 241 Nr. 2 AktG[14]. (Teil-)Nichtigkeit tritt weiter ein, wenn entgegen § 12 Abs. 2 S. 2 an die Inhaber teileingezahlter Anteile neue Anteile ausgegeben werden (vgl. § 12, 9). Schließlich führt auch ein Verstoß gegen Abs. 2 S. 2 zur Nichtigkeit des Beschlusses, da in diesem Fall wegen der damit verbundenen Umverteilung der Spitzen zugleich die zwingende Vorschrift des § 9 verletzt ist[15]. Ein solcher Verstoß kommt freilich nur in den Fällen in Betracht, in denen wegen Teileinzahlung der betreffenden Anteile die Entstehung von Teilrechten nach § 10 Abs. 1 ausgeschlossen ist (Rdn 9).

§ 7 KapErhG

(1) Der Anmeldung des Beschlusses über die Erhöhung des Stammkapitals zur Eintragung in das Handelsregister ist die der Kapitalerhöhung zugrunde gelegte, mit dem Bestätigungsvermerk der Prüfer versehene Bilanz, in den Fällen des § 4 außerdem die letzte Jahresbilanz, sofern sie noch nicht eingerichtet ist, beizufügen. Die Anmeldenden haben dem Registergericht gegenüber zu erklären, daß nach ihrer Kenntnis seit dem Stichtag der zugrunde gelegten Bilanz bis zum Tag der Anmeldung keine Vermögensminderung eingetreten ist, die der Kapitalerhöhung entgegenstünde, wenn sie am Tag der Anmeldung beschlossen worden wäre.

(2) Das Registergericht darf den Beschluß nur eintragen, wenn die der Kapitalerhöhung zugrunde gelegte Bilanz für einen höchstens sieben Monate vor der Anmeldung liegenden Zeitpunkt aufgestellt und eine Erklärung nach Absatz 1 Satz 2 abgegeben worden ist.

(3) Zu der Prüfung, ob die Bilanzen den gesetzlichen Vorschriften entsprechen, ist das Gericht nicht verpflichtet.

---

[12] Vgl. LG Mannheim BB 1961, 303 m. zust. Anm. *Pleyer* GmbH-Rdsch. 1961, 86; Scholz/*Priester* 10; Baumbach/Hueck/*Zöllner* 7; *Lutter/Hommelhoff* 6; *Lutter*-KölnKommAktG² § 207, 14; aA *Meyer-Landrut*/Miller/Niehus 7; *Wiedemann*-GroßkommAktG § 207, 7.

[13] So auch Scholz/*Priester* 10 aE.

[14] AllgM, vgl. Scholz/*Priester* 11; Baumbach/Hueck/*Zöllner* 8; *Lutter/Hommelhoff* 7.

[15] Wie hier Scholz/*Priester* 11; *Lutter/Hommelhoff* 7; *Lutter*-KölnKommAktG² § 215, 14; *Wiedemann*-GroßkommAktG § 215, 5; aA Baumbach/Hueck/*Zöllner* 8.

(4) Bei der Eintragung des Beschlusses ist anzugeben, daß es sich um eine Kapitalerhöhung aus Gesellschaftsmitteln handelt.

(5) Die eingereichten Schriftstücke werden beim Gericht in Urschrift, Ausfertigung oder öffentlich beglaubigter Abschrift aufbewahrt.

Übersicht

Schrifttum

Vgl. Nachw. bei Vorb. KapErhG.

I. Einführung

1 § 7 regelt die **Anmeldungserfordernisse** und das **Eintragungsverfahren** einschließlich der Prüfungsaufgaben des Registergerichts im Fall einer Kapitalerhöhung aus Gesellschaftsmitteln. Zu beachten ist der Zusammenhang mit der Vorschrift des § 1 Abs. 2, die für die Anmeldung des Erhöhungsbeschlusses auf § 54 Abs. 1 GmbHG verweist, sowie mit § 8 Abs. 1, wonach die Wirksamkeit der Kapitalerhöhung erst mit deren Eintragung im Handelsregister eintritt. Die entsprechende aktienrechtliche Vorschrift findet sich in § 210 AktG. – Die Änderung durch das BiRiLiG hat sich zu § 7 auf die redaktionelle Ersetzung des Begriffs „Nennkapital" in Abs. 1 S. 1 durch den Begriff „Stammkapital" beschränkt.

II. Anmeldung

1. Erfordernis der Anmeldung; keine öffentlichrechtliche Pflicht

2 Die **Notwendigkeit der Anmeldung** und des damit verbundenen Eintragungsantrags als Wirksamkeitsvoraussetzung für die Kapitalerhöhung aus Gesellschaftsmitteln folgt aus § 1 Abs. 2 iVm § 54 Abs. 1 GmbHG. Die Anmeldung muß in öffentlich beglaubigter Form (§ 12 Abs. 1 HGB) beim zuständigen Handelsregister (GmbHG § 54, 12) eingereicht werden. Wird die Eintragung ohne Anmeldung vorgenommen oder haben nicht sämtliche Geschäftsführer (Rdn 4) daran mitgewirkt, so wird die Kapitalerhöhung nicht wirksam, solange dem Mangel nicht abgeholfen ist (GmbHG § 54, 33; vgl. auch Rdn 22 f).

3 Eine öffentlich-rechtliche Pflicht der Geschäftsführer zur Anmeldung besteht *nicht;* es gilt entsprechendes wie im Fall sonstiger Satzungsänderungen einschließlich der ordentlichen Kapitalerhöhung (GmbHG § 54, 10; § 57, 20). Wohl aber sind die Ge-

schäftsführer der GmbH gegenüber **zivilrechtlich** zur Durchführung des Gesellschafterbeschlusses verpflichtet, soweit dieser nicht rechtswidrig ist oder die Gesellschafter ihnen eine abweichende Weisung erteilt haben. Geschäftsführer, die dieser Pflicht nicht nachkommen, machen sich nach § 43 GmbHG schadensersatzpflichtig und können abberufen werden (vgl. näher GmbHG § 54, 11). Eine Klage gegen die Geschäftsführer auf Anmeldung ist wegen der 7-Monats-Frist (§§ 3 – 5, 17) regelmäßig ohne praktische Bedeutung. Zur Möglichkeit der Rücknahme der Anmeldung vgl. GmbHG § 54, 23.

2. Anmelder

Zur Anmeldung genügt abweichend vom Regelfall (GmbHG § 54, 8) nicht die Mitwirkung einer vertretungsberechtigten Zahl von Geschäftsführern. *Analog § 78 GmbHG* ist sie vielmehr, ebenso wie die Anmeldung der Gründung und der ordentlichen Kapitalerhöhung (GmbHG § 7, 9 und § 57, 19), durch **sämtliche** Geschäftsführer zu bewirken[1]. Der Analogiegrund ergibt sich aus der in Abs. 1 S. 2 vorgeschriebenen, dem Gläubigerschutz dienenden Versicherung der Geschäftsführer über die Entwicklung der Vermögensverhältnisse der Gesellschaft nach dem Bilanzstichtag[2]. Mit Rücksicht auf die entsprechenden, in §§ 8 Abs. 2, 57 Abs. 2, 58 Abs. 1 Nr. 4 GmbHG vorgesehenen Versicherungen hat der Gesetzgeber bekanntlich in § 78 GmbHG die Mitwirkung sämtlicher Geschäftsführer bei der Anmeldung der fraglichen Vorgänge vorgeschrieben (vgl. § 78, 20). Daß entsprechendes nicht auch in § 7 KapErhG geregelt ist, dürfte sich daraus erklären, daß das Gesetz ursprünglich in erster Linie auf die AG zugeschnitten war, dort aber für die ordentliche Kapitalerhöhung im Unterschied zur Gründung die Mitwirkung einer vertretungsberechtigten Zahl von Vorstandsmitgliedern ausreicht (vgl. §§ 36 Abs. 1, 184 Abs. 1 AktG). **4**

Für eine Mitwirkung von **Prokuristen** an der Anmeldung im Rahmen unechter Gesamtvertretung oder für die Anmeldung durch sonstige ordnungsgemäß **Bevollmächtigte** ist nur dann Raum, wenn die Versicherung nach Abs. 1 S. 2 in notariell beglaubigter Form (§ 12 Abs. 1 HGB) von sämtlichen Geschäftsführern abgegeben ist und mit der Anmeldung eingereicht wird (GmbHG § 57, 19). **5**

3. Erforderliche Unterlagen

a) **Beschlußwortlaut.** Der Inhalt des Erhöhungsbeschlusses bildet die Grundlage von Anmeldung und Eintragung. Das *notarielle Protokoll* hierüber ist in Ausfertigung oder beglaubigter Abschrift einschließlich etwaiger Vollmachten und Genehmigungserklärungen einzureichen[3]. **6**

b) **Bilanzen.** Nach Abs. 1 S. 1 beizufügen ist die dem Erhöhungsbeschluß nach §§ 3, 4 zugrundegelegte, mit dem Bestätigungsvermerk der Prüfer versehene Bilanz. Wurde als Beschlußgrundlage nicht die Jahresbilanz, sondern eine besondere *Erhöhungsbilanz* nach § 4 gewählt, so muß *zusätzlich die letzte Jahresbilanz* beigefügt werden, sofern sie nicht schon nach §§ 325, 326 HGB eingereicht ist. Sie ermöglicht die Kontrolle, ob die umzuwandelnden Rücklagen entsprechend der Vorschrift des § 2 Abs. 1 in beiden Bilanzen ausgewiesen sind (§ 2, 8). Allerdings ist die Prüfung der Jahresbilanz oder die **7**

---

[1] So zu Recht Scholz/*Priester* 2; Baumbach/Hueck/*Zöllner* 3; *Lutter/Hommelhoff* 2; Rowedder/*Zimmermann* 78; *Geßler* DNotZ 1960, 632 f; *Pleyer* GmbH-Rdsch. 1961, 85 f; aA noch LG Mannheim BB 1961, 303; *Wilhelmi/Friedrich* 1; *Zintzen/Halft* 1.

[2] So zutr. *Geßler* DNotZ 1960, 632 f; zur Haftung der Anmelder bei unrichtiger Versicherung vgl. Rdn 11.

[3] Scholz/*Priester* 4.

Erteilung eines Bestätigungsvermerks für sie bei kleinen Gesellschaften mbH iSv § 267 Abs. 1 HGB in diesem Fall nicht erforderlich; es genügt der Bestätigungsvermerk der Erhöhungsbilanz[4].

8 c) **Vollständiger Wortlaut des Gesellschaftsvertrages.** Die Notwendigkeit seiner Beifügung, versehen mit der vorgeschriebenen Notarbescheinigung, folgt aus § 1 Abs. 2 KapErhG iVm § 54 Abs. 1 GmbHG (vgl. näher GmbHG § 54, 15 ff, 19). Zur Neufassung des Wortlauts bei Anpassungen nach § 13 vgl. § 13, 11 f, 15.

4. Versicherung nach Abs. 1 S. 2

9 Nach Abs. 1 S. 2 haben *sämtliche Geschäftsführer* als Anmelder (Rdn 4) dem Registergericht gegenüber zu erklären, daß nach ihrer Kenntnis seit dem Stichtag der zugrundegelegten Bilanz (§ 2, 8) bis zum Tag der Anmeldung **keine Vermögensminderung** eingetreten ist, die der Kapitalerhöhung entgegenstünde, wenn sie am Tag der Anmeldung beschlossen worden wäre. Die Geschäftsführer dürfen sich nicht mit der Versicherung begnügen, daß sie keine Kenntnis von negativen Entwicklungen haben. Da die zum Gläubigerschutz vorgeschriebene, nach § 36 KapErhG mit einer Strafsanktion versehene Versicherung der Überbrückung des Zeitraums zwischen Bilanzstichtag und Anmeldungszeitpunkt dient, müssen sich die Geschäftsführer *positive Kenntnis* davon verschaffen, daß das zur Umwandlung in Haftkapital vorgesehene Eigenkapital in der Zwischenzeit nicht ganz oder teilweise durch ein negatives Geschäftsergebnis oder durch Ausschüttungen an die Gesellschafter verbraucht ist, und haben das in ihrer Erklärung zum Ausdruck zu bringen[5].

10 Für die **Form** der Versicherung gilt § 12 Abs. 1 HGB. Die Erklärung kann entweder in der Anmeldung selbst oder in einer besonderen Urkunde abgegeben werden.

5. Haftung der Anmelder

11 Die *strafrechtliche* Haftung der Anmelder bei vorsätzlich unrichtiger Versicherung nach Abs. 1 S. 2 regelt § 36 (vgl. Erläut. daselbst). **Zivilrechtlich** fehlt eine ausdrückliche Haftungssanktion. Soweit die *Gesellschaft* durch unsorgfältige Anmeldung, namentlich unrichtige Versicherung über die Vermögensentwicklung seit dem Bilanzstichtag, geschädigt wird, greift die Haftung nach § 43 GmbHG ein. Den *Gesellschaftsgläubigern* steht bei vorsätzlich unrichtiger Versicherung ein Schadensersatzanspruch nach § 36 KapErhG iVm § 823 Abs. 2 BGB zu[6]. Der Schutzgesetzcharakter von § 36 ist aus entsprechenden Gründen zu bejahen wie derjenige von § 82 Abs. 1 Nr. 1, 3 GmbHG im Fall der Gründung der Gesellschaft und der ordentlichen Kapitalerhöhung (str., vgl. GmbHG § 9 a, 53 und § 57, 25).

III. Prüfung durch das Registergericht

1. Allgemeines

12 Allgemein zur Prüfungsfunktion des Registergerichts im Fall von Satzungsänderungen und ordentlichen Kapitalerhöhungen vgl. GmbHG § 54, 40 ff, und § 57 a, 3 ff.

---

[4] EinhM, vgl. Scholz/*Priester* 4; *Lutter/Hommelhoff* 2.

[5] EinhM, vgl. Scholz/*Priester* 6; *Lutter/Hommelhoff* 2; zum Aktienrecht *Lutter*-KölnKommAktG[2] § 210, 9.

[6] So auch Scholz/*Priester* 7; Rowedder/*Zimmermann* 81; *Lutter/Hommelhoff* 6; zweifelnd *Wiedemann*-GroßkommAktG § 210, 3.

Grundsätzlich kann der Registerrichter davon ausgehen, daß die eingereichten Unterlagen richtig sind und die ihm gegenüber gemachten Angaben zutreffen. Zu *weiteren Ermittlungen* im Rahmen von § 12 FGG ist es nur bei *Unklarheiten* des Inhalts der eingereichten Unterlagen oder beim *Vorliegen konkreter Verdachtsmomente* gehalten, sofern diese geeignet sind, **begründete Zweifel** an der Richtigkeit der Unterlagen oder Angaben hervorzurufen. Das gilt auch hinsichtlich der Erklärung nach Abs. 1 S. 2. Etwaigen Nichtigkeitsgründen des Erhöhungsbeschlusses hat es von Amts wegen Rechnung zu tragen und die Eintragung bis zu ihrer Behebung zurückzustellen. Anfechtungsgründe sind nur dann zu beachten, wenn entweder die Anfechtung bereits erfolgt ist oder die Anfechtbarkeit auf Verstößen gegen zwingendes Recht beruht (GmbHG § 54, 47).

2. Prüfungsgegenstände

a) **Formelle Erfordernisse.** Das Vorliegen der in §§ 1 bis 4, 6, 7 Abs. 1 und 2 enthaltenen *formellen* Erfordernisse einer Kapitalerhöhung aus Gesellschaftsmitteln hat der Registerrichter **vollständig** zu prüfen. Das gilt für den *Erhöhungsbeschluß*, seinen Inhalt (§ 6, 14 f), seine Form (§ 1, 4) und die erforderlichen Mehrheiten (§ 1, 5), für das Vorliegen der in § 7 Abs. 1 S. 1 vorgeschriebenen *Bilanzen* (Rdn 7) einschließlich des Bestätigungsvermerks (§§ 3–5, 9 und 16) und des Rücklagenausweises (§ 2, 7 f). Zu prüfen sind weiter die Formalien und die Vollständigkeit der *Anmeldung* (Rdn 2 ff) sowie der Wortlaut der von den Geschäftsführern nach § 7 Abs. 1 S. 2 abzugebenden *Versicherung* (Rdn 9). Schließlich hat der Registerrichter die Einhaltung der in § 7 Abs. 2 genannten *7-Monats-Frist* zwischen Bilanzstichtag und Anmeldung zu prüfen (vgl. näher §§ 3–5, 17). **13**

b) **Richtigkeit der Bilanz.** Auch insoweit kann das Gericht sich auf eine **formelle** Prüfung beschränken. Diese hat insbesondere die in § 2 Abs. 1 geregelten Erfordernisse des Ausweises der in Stammkapital umzuwandelnden Eigenkapitalposten und des Nichteingreifens der in § 2 Abs. 2 genannten Umwandlungsschranken zu umfassen (vgl. näher § 2, 7 ff; 10 ff). Die Beachtung der Zweckbindung vorhandener Rücklagen und ihrer Vereinbarkeit mit der Kapitalerhöhung (§ 2, 13 f) ist dagegen nicht zu prüfen, da die Vorschrift des § 2 Abs. 3 ausschließlich dem Gesellschafterinteresse dient (Rdn 15). Die **inhaltliche Richtigkeit** der Bilanz und ihre Vereinbarkeit mit den Bilanzierungs-, Gliederungs- und Bewertungsgrundsätzen braucht kraft ausdrücklicher Vorschrift in § 7 **Abs. 3** vom Registergericht *nicht* geprüft zu werden; insoweit kann es sich auf den uneingeschränkten Bestätigungsvermerk als Eintragungsvoraussetzung verlassen. Bei begründeten Zweifeln an der Richtigkeit des Bestätigungsvermerks ist ihm die eigene Prüfung oder die Anforderung weiterer Nachweise freilich nicht versagt[7]. **14**

3. Ablehnung der Eintragung

Die Eintragung ist abzulehnen bei **Nichtigkeit** des Erhöhungsbeschlusses (zu den Nichtigkeitsgründen vgl. die Erläut. bei den einschlägigen Vorschriften des KapErhG). Im Falle einer erhobenen **Anfechtungsklage** empfiehlt sich die Aussetzung des Eintragungsverfahrens (GmbHG § 54, 52). Dagegen berechtigt die bloße **Anfechtbarkeit** zur Ablehnung nur dann, wenn sie auf Verstößen gegen zwingendes GmbH-Recht (einschließlich des KapErhG) beruht (GmbHG § 54, 47). Bei zweckwidriger Verwen- **15**

---

[7] So auch Scholz/*Priester* 10; Baumbach/Hueck/*Zöllner* 12; *Lutter*-KölnKommAktG² § 210, 13.

dung freier Rücklagen zur Umwandlung entgegen § 2 Abs. 3 ist das wegen des bloß gesellschafterschützenden Charakters dieser Vorschrift nicht der Fall[8].

16 Sind die **Anmeldungsunterlagen unvollständig** oder liegen sonstige *behebbare Mängel* oder Unklarheiten vor, so hat das Gericht durch Zwischenverfügung den Anmeldern Gelegenheit zur Beseitigung zu geben (vgl. GmbHG § 9 c, 41). Wird die Anmeldung erst aufgrund der Zwischenverfügung vervollständigt, so berechnet sich auch der Lauf der 7-Monats-Frist bis zu diesem Zeitpunkt (str., vgl. §§ 3 – 5, 17). **Nicht behebbar** ist die *Überschreitung der 7-Monats-Frist,* sei es auch nur um einen Tag[9]. Die Anmeldung ist zurückzuweisen und den Gesellschaftern Gelegenheit zu erneuter Beschlußfassung aufgrund einer Bilanz zu geben, deren Stichtag bei Anmeldung noch innerhalb der Frist liegt.

IV. Eintragung, Bekanntmachung

1. Inhalt der Eintragung

17 Die Eintragung muß den *Erhöhungsbetrag* sowie das *Datum* von Beschluß und Eintragung angeben (GmbHG § 54, 24). Darüber hinaus ist nach § 7 **Abs. 4** zur Information Dritter über den fehlenden Zufluß neuer Mittel ausdrücklich einzutragen, daß es sich um eine **Kapitalerhöhung aus Gesellschaftsmitteln** handelt. Das Fehlen dieser Angabe soll vom Registergericht durch berichtigenden Zusatz (§ 17 Abs. 2 HRV) behoben werden können[10]. Dagegen spricht, daß es sich nicht um eine offenbare Unrichtigkeit iS von § 17 Abs. 2 HRV handelt; auch ist fraglich, ob die Kapitalerhöhung aus Gesellschaftsmitteln ohne diesen Zusatz überhaupt Wirksamkeit erlangt. Richtiger erscheint es, in Fällen dieser Art das Eintragungsverfahren noch nicht als abgeschlossen anzusehen und dem Gericht die Möglichkeit zu geben, durch **Vervollständigung** der Eintragung deren Wirksamkeit nachträglich herbeizuführen, sofern die Eintragungsvoraussetzungen nicht zwischenzeitlich entfallen sind (vgl. näher GmbHG § 57, 54 f).

2. Inhalt der Bekanntmachung

18 Hierzu ist im KapErhG nichts Besonderes bestimmt. Es gilt § 10 Abs. 1 S. 2 HGB; die Eintragung ist mit ihrem **ganzen Inhalt** zu veröffentlichen. Hat die Gesellschaft eine Zweigniederlassung, so ist § 13 a Abs. 3 HGB zu beachten. Zur Rechtslage bei unrichtiger Bekanntmachung vgl. GmbHG § 54, 39.

V. Aufbewahrung von Schriftstücken

19 Die Aufbewahrung der eingereichten Schriftstücke (Rdn 6 ff) durch das Registergericht *in Urschrift, Ausfertigung oder öffentlich beglaubigter Abschrift* ist in § 7 **Abs. 5** vorgeschrieben. Der Rechtsverkehr soll die Möglichkeit haben, sich im Rahmen des Einsichtsrechts nach § 9 Abs. 1 HGB die erforderlichen Informationen über die finanziellen Verhältnisse der Gesellschaft im Zeitpunkt der Kapitalerhöhung zu verschaffen. Da die Aufbewahrungspflicht sich angesichts des in § 9 HGB begründeten Einsichtsrechts der Öffentlichkeit von selbst versteht, liegt der **Zweck der Vorschrift** in Übereinstimmung mit entsprechenden aktienrechtlichen Regelungsvorbildern (§§ 37 Abs. 6,

[8] Vgl. § 2, 13; so auch Scholz/*Priester* 13; Baumbach/Hueck/*Zöllner* 12; Rowedder/*Zimmermann* 83; aA *Lutter/Hommelhoff* 3; *Lutter*-KölnKommAktG[2] § 210, 12; *Wiedemann*-GroßkommAktG § 208, 13.

[9] So zutr. OLG Frankfurt BB 1981, 1253, 1254; vgl. auch die weit. Nachw. in §§ 3 – 5 Fn 13.

[10] So LG Essen BB 1982, 1821; Scholz/*Priester* § 8, 3; Rowedder/*Zimmermann* 85.

188 Abs. 5, 195 Abs. 3 AktG) darin, es dem Registergericht zu ermöglichen, die *Originale zurückzugeben* und sich mit beglaubigten Abschriften zu begnügen. Entsprechendes ist freilich schon in § 8 Abs. 3 HRV 1936 geregelt; die Vorschrift des § 7 Abs. 5 ist daher überflüssig.

VI. Rechtsfolgen fehlerhafter Eintragung

1. Beschlußmängel

Die Eintragung **nichtiger** Erhöhungsbeschlüsse läßt, abgesehen vom Fall der Formnichtigkeit (§§ 241 Nr. 2, 242 Abs. 1 AktG analog), die Kapitalerhöhung nicht wirksam werden (zu den Nichtigkeitsgründen vgl. § 1, 13, und § 2, 16). *Heilungswirkung* tritt analog § 242 Abs. 2 AktG vielmehr erst drei Jahre nach Eintragung ein (GmbHG § 54, 32). Das Gericht muß die Eintragung ablehnen (Rdn 15). Die Entstehung von *Einzahlungsansprüchen* der Gesellschaft gegen die an der Kapitalerhöhung beteiligten Gesellschafter ist wegen der Art der Kapitalerhöhung und des Fehlens einer (sei es auch fehlerhaften) Einzahlungspflicht der Gesellschafter *ausgeschlossen* (vgl. auch § 8, 5). Für eine analoge Anwendung von § 77 Abs. 3 GmbHG ist abweichend vom Fall fehlerhafter Kapitalerhöhung gegen Einlagen (dazu vgl. GmbHG § 57, 43) kein Raum. **20**

Zur **Anfechtung** berechtigende Beschlußmängel (vgl. etwa § 2, 17) hat der Registerrichter nur zu beachten, wenn entweder die Anfechtung erfolgt ist oder der Mangel auf einer Verletzung zwingender, nicht nur dem Gesellschaftsinteresse dienender Vorschriften beruht (GmbHG § 54, 47 und 49). Bezüglich der Heilung eingetragener mangelhafter Beschlüsse, die angefochten sind oder bei denen die Anfechtungsfrist noch nicht verstrichen ist, gilt entsprechendes wie in Rdn 20. **21**

2. Mängel der Anmeldung

Fehlt es an der **Anmeldung** oder wird diese aus nicht nur formellen Gründen (GmbHG § 7, 10) nicht von sämtlichen Geschäftsführern bewirkt, so erlangt der Erhöhungsbeschluß bei gleichwohl erfolgender Eintragung keine Wirksamkeit (GmbHG § 54, 33; § 57, 23 und 51). Das Registergericht kann die Eintragung nach § 142 Abs. 1 FGG von Amts wegen löschen (GmbHG § 54, 57 und § 57, 52). **22**

Sonstige Mängel der Anmeldung wie insbesondere die Unvollständigkeit der einzureichenden Unterlagen, der Ablauf der 7-Monats-Frist oder das Fehlen der Versicherung nach § 7 Abs. 1 S. 2, stehen der Wirksamkeit einer gleichwohl erfolgenden Eintragung nicht entgegen (vgl. GmbHG § 54, 33 und § 57, 24). Auch für eine Amtslöschung nach § 142 Abs. 1 FGG ist insoweit aus Gründen des Bestandsschutzes im Interesse der Gläubiger kein Raum[11]. **23**

3. Unrichtige Eintragung und Bekanntmachung

Die unrichtige **Eintragung** einer ordnungsgemäß beschlossenen und angemeldeten Kapitalerhöhung kann grundsätzlich deren Wirksamkeit nicht herbeiführen. Anderes gilt nur insoweit, als sich Beschluß, Anmeldung und Eintragung decken, so wenn der Betrag der beschlossenen und angemeldeten Kapitalerhöhung zu hoch oder zu niedrig eingetragen wird (vgl. GmbHG § 57, 55). Beim Fehlen des in § 7 Abs. 4 vorgeschriebe- **24**

---

[11] So Scholz/*Priester* § 8, 3; *Lutter*-KölnKommAktG² § 210, 19; *Lutter/Friedewald* ZIP 1986, 691, 692; aA *Wilhelmi/Friedrich* 3; wohl auch *Wiedemann*-GroßkommAktG § 210, 8.

nen Zusatzes „aus Gesellschaftsmitteln" ist die Eintragung unvollständig und daher unwirksam; der Zusatz kann jedoch nachträglich eingetragen und der Mangel dadurch beseitigt werden (str., vgl. Rdn 17).

25 Die unrichtige **Bekanntmachung** der ordnungsgemäß eingetragenen Kapitalerhöhung ist für deren Wirksamkeit ohne Bedeutung (§ 8, 2). Ihre Rechtsfolgen richten sich nach § 15 Abs. 3 HGB (vgl. GmbHG § 54, 39). Für die Unanwendbarkeit dieser Vorschrift auf die unrichtige Bekanntmachung einer Kapitalerhöhung aus Gesellschaftsmitteln[12] sind Sachgründe nicht ersichtlich. Allerdings scheitert die Möglichkeit, die Gesellschafter aufgrund einer unrichtig bekanntgemachten Kapitalerhöhung aus Gesellschaftsmitteln auf Zahlung in Anspruch zu nehmen, regelmäßig schon daran, daß ein Gutglaubensschutz Dritter an die Leistung von Einlagen durch die Gesellschafter wegen der besonderen Art der Kapitalerhöhung nicht in Betracht kommt.

§ 8 KapErhG

(1) Mit der Eintragung des Beschlusses über die Erhöhung des Stammkapitals ist das Stammkapital erhöht.

(2) Die neuen Stammeinlagen gelten als voll eingezahlt.

Übersicht

Schrifttum

Priester Die neuen Anteilsrechte bei Kapitalerhöhung aus Gesellschaftsmitteln, GmbH-Rdsch. 1980, 236. Vgl. auch die Nachw. bei Vorb. KapErhG.

I. Einführung

1 Die Vorschrift übernimmt in **Abs. 1** den in § 54 Abs. 3 GmbHG für Kapitalerhöhungen gegen Einlagen und für sonstige Satzungsänderungen enthaltenen Grundsatz, daß die Eintragung Wirksamkeitsvoraussetzung des Änderungsbeschlusses ist. Dadurch wird die Registerkontrolle der Kapitalerhöhung aus Gesellschaftsmitteln gewährleistet (§ 7, 12 ff). Zu den Rechtsfolgen der Erhöhung für die Gesellschafter vgl. § 9, 2. **Abs. 2** enthält die rechtssystematisch wenig überzeugende (Rdn 4) Fiktion, daß die neuen Anteilsrechte voll eingezahlt sind. Das gilt auch dann, wenn die umgewandelten Rücklagen zu Unrecht in den maßgeblichen Bilanzen (§ 2, 8) ausgewiesen waren (Rdn 5 f). Die entsprechende aktienrechtliche Vorschrift findet sich in § 211 AktG. – Die Änderungen durch das BiRiLiG waren rein redaktioneller Art.

II. Bedeutung der Eintragung

1. Wirksamkeit der Kapitalerhöhung (Abs. 1)

2 Mit der **Eintragung** des Kapitalerhöhungsbeschlusses ist das **Stammkapital** der Gesellschaft **erhöht**; entsprechend ist die Zahl oder Höhe der Geschäftsanteile geändert.

---

[12] So Scholz/*Priester* § 8, 3 aE; Baumbach/Hueck/*Zöllner* 15; *Lutter*-KölnKommAktG² § 211, 2 aE.

Auf die Bekanntmachung kommt es für das Wirksamwerden des Erhöhungsbeschlusses nicht an (zu den Folgen unrichtiger Bekanntmachung vgl. § 7, 25). Im Unterschied zur Kapitalerhöhung gegen Einlagen (§ 55 Abs. 1 GmbHG) bedarf es keiner besonderen Übernahmeerklärung oder sonstiger Durchführungshandlungen. Die neuen oder erhöhten Anteilsrechte kommen in der Ausgestaltung, wie sie im Kapitalerhöhungsbeschluß angegeben ist (§ 6, 14 f), unmittelbar bei den Gesellschaftern zur Entstehung (§ 9, 2). Eine Aufhebung des Erhöhungsbeschlusses ist nach der Eintragung nur im Wege der Kapitalherabsetzung (§ 58 GmbHG) möglich, während bis zur Eintragung ein mit einfacher Mehrheit zu fassender Aufhebungsbeschluß ausreicht (str., vgl. GmbHG § 53, 73).

2. Fehlerhafte Eintragungen

Näheres zu den in Betracht kommenden Mängeln und zu den Rechtsfolgen fehlerhafter Eintragungen vgl. in § 7, 20 ff. **3**

III. Fiktion der Volleinzahlung (Abs. 2)

1. Bedeutung der Fiktion

Nach Abs. 2 **gelten** die aus der nominellen Kapitalerhöhung entstandenen neuen **4**
Anteile **als voll eingezahlt.** Die Fiktion wird allgemein als *systemwidrig* kritisiert, weil Einlageleistungen der Gesellschafter im Falle einer Kapitalerhöhung aus Gesellschaftsmitteln per definitionem nicht in Betracht kommen und es daher auch keine ausstehenden Einlagen geben kann[1]. Rechtliche Bedeutung kommt der Fiktion daher allenfalls insoweit zu, als sie zum Ausdruck bringt, daß die *neuen Anteilsrechte* den aus der Gründung oder einer Kapitalerhöhung gegen Einlagen stammenden, *gegen Einlagen erworbenen Geschäftsanteilen gleichstehen,* und als sie im Fall *teileingezahlter* Geschäftsanteile klarstellt, daß die bestehende Einlageschuld durch Aufstockung des Anteils nach § 12 Abs. 2 S. 2 nicht erhöht wird (§ 13, 16).

2. Rechtsfolgen unzureichenden umwandlungsfähigen Eigenkapitals

Nach hM soll Abs. 2 darüber hinaus **Einlageansprüche der Gesellschaft** gegen die **5**
Gesellschafter auch für den Fall *ausschließen,* daß das zur Kapitalerhöhung erforderliche, zur Umwandlung geeignete Eigenkapital nicht oder nicht voll vorhanden war, sei es wegen Unrichtigkeit der zugrundegelegten Bilanz oder wegen zwischenzeitlicher Verluste[2]. Dem ist nur im Ergebnis zuzustimmen. Einer Heranziehung von § 8 Abs. 2 bedarf es hierfür schon deshalb nicht, weil für Einlageansprüche, gleich aus welchem Rechtsgrund, im Fall der Kapitalerhöhung aus Gesellschaftsmitteln mangels entsprechender Verpflichtung der Gesellschafter von vornherein kein Raum ist. Daher besteht auch *keine Differenzhaftung* der Gesellschafter analog § 9 GmbHG bei unzureichender Vermögensdeckung der umgewandelten Rücklagen; die *gegenteilige* Ansicht von *Priester*[3] bedeutet einen Rückfall in die durch das KapErhG überwundene Theorie von der Doppelmaßnahme (vgl. Vorb. 4).

---

[1] Scholz/*Priester* 4; Baumbach/Hueck/*Zöllner* 3; *Lutter*-KölnKommAktG[2] § 211, 6.

[2] So Baumbach/Hueck/*Zöllner* 4; *Lutter*/*Hommelhoff* 2; Rowedder/*Zimmermann* 89; *Lutter*-KölnKommAktG[2] § 211, 8; *Wiedemann*-GroßkommAktG § 211, 2; *Veith* DB 1960, 111; aA *Priester* GmbH-Rdsch. 1980, 238 und Scholz/*Priester* 7.

[3] GmbH-Rdsch. 1980, 238 f und in Scholz/*Priester* 7.

6 Ergibt sich eine **Unterdeckung** als Folge unzureichenden umwandlungsfähigen Eigenkapitals und läßt sie sich auch nicht durch Schadensersatzansprüche gegen Bilanzprüfer und Geschäftsführer (§ 7, 11) ausgleichen, so muß infolge der Kaptitalerhöhung entstandene Unterbilanz *durch Stehenlassen künftiger Jahresüberschüsse oder durch Kapitalherabsetzung getilgt* werden. Eine Pflicht der Gesellschafter zur Kapitalherabsetzung läßt sich nicht begründen[4]. Ihr steht auch die im Unterschied zum Aktienrecht fehlende Möglichkeit vereinfachter Kapitalherabsetzung (GmbHG § 58, 3) entgegen. Auf die Wirksamkeit der Kaptialerhöhung sind Bewertungsmängel oder zwischenzeitliche Verluste als mögliche Ursachen der Unterbilanz ohne Einfluß.

§ 9 KapErhG

Die neuen Geschäftsanteile stehen den Gesellschaftern im Verhältnis ihrer bisherigen Geschäftsanteile zu. Ein entgegenstehender Beschluß der Gesellschafter ist nichtig.

Übersicht

Schrifttum

Vgl. Nachw. bei Vorb. KapErhG.

I. Einführung

1 Die Vorschrift des § 9 dient einem **doppelten Zweck.** *Zum einen* stellt sie in Übereinstimmung mit § 8 Abs. 1 klar, daß die aus der Kapitalerhöhung aus Gesellschaftsmitteln stammenden neuen (oder erhöhten) Geschäftsanteile einschließlich etwaiger Teilrechte im Zeitpunkt der Eintragung *unmittelbar bei den Gesellschaftern entstehen,* ohne daß es hierzu irgendwelcher Durchführungshandlungen bedarf (Rdn 2 f). *Zum anderen* enthält sie den *Grundsatz verhältnismäßiger Zuordnung*[1] der neuen Anteilsrechte zu den bisherigen Gesellschaftern und legt ihm zwingende Geltung bei (Rdn 4 ff). Damit trägt sie dem Wesen der Kapitalerhöhung aus Gesellschaftsmitteln Rechnung, wonach das neue Haftkapital durch Umbuchung von Rücklagen entsteht, eine Vermehrung des Eigenkapitals der Gesellschaft also nicht eintritt (Vorb. 7). Angesichts dieser unverändert bleibenden Vermögensverhältnisse der Gesellschaft ist für eine vom Beteiligungsschlüssel abweichende Umverteilung der neuen Anteilsrechte kein Raum. Die entsprechende aktienrechtliche Vorschrift findet sich in § 212 AktG. – Das BiRiLiG beschränkte sich zu § 9 auf rein redaktionelle Änderungen.

II. Zuordnung der neuen Anteilsrechte (S. 1)

1. Unmittelbare Entstehung bei den Gesellschaftern

2 Die aus der Kapitalerhöhung hervorgehenden **neuen Geschäftsanteile** kommen im Zeitpunkt der Eintragung *unmittelbar bei den jeweils berechtigten Gesellschaftern*

---

[4] So aber für das Aktienrecht *Lutter*-KölnKomm-AktG[2] § 211, 8.

[1] Scholz/*Priester* 1: „beteiligungsproportionale" Zuordnung.

zur Entstehung; entsprechendes gilt für die auf sie entfallenden Teilrechte (§ 10, 4). Irgendwelcher Durchführungshandlungen der Gesellschaft oder der Berechtigten zur Herbeiführung dieses Erfolgs bedarf es nicht; auch auf den Willen der Beteiligten kommt es nicht an[2]. Daher begründet § 9 S. 1 auch nicht etwa ein bloßes „Bezugsrecht" auf die neuen Anteile. Haben die Gesellschafter anstelle der Ausgabe neuer die **Aufstockung vorhandener Geschäftsanteile** um den anteiligen Erhöhungsbetrag gewählt, so gilt entsprechendes; die Geschäftsanteile erhöhen sich ipso iure im Zeitpunkt der Eintragung. Zur Teilnahme der Gesellschaft an der Kapitalerhöhung, soweit sie über eigene Anteile verfügt, vgl. § 12 Abs. 1, zur inhaltlichen Ausgestaltung der neuen oder erhöhten Anteilsrechte vgl. § 13, 4 ff.

Soweit an den vorhandenen Geschäftsanteilen **Rechte Dritter** bestehen, sei es als *Pfandrecht, Nießbrauch,* kraft *Treuhandschaft* oder der Zugehörigkeit des Anteils zu einem der *Nacherbfolge* unterliegenden Nachlaß, erstrecken sich diese Rechte automatisch auf die durch „Abspaltung" entstehenden neuen oder erhöhten Geschäftsanteile[3]. Dem ist im Fall der Ausgabe neuer Geschäftsanteile dadurch Rechnung zu tragen, daß für die mit Rechten Dritter belasteten Anteile auch dann je ein selbständiger neuer Geschäftsanteil vorzusehen ist, wenn sich mehrere unterschiedlich belastete Geschäftsanteile in der Hand desselben Gesellschafters befinden (§ 6, 7). 3

2. Verhältnismäßige Berechtigung

Das *Ausmaß der Teilnahme der Gesellschafter* an den aus der Kapitalerhöhung resultierenden Anteilsrechten bestimmt sich zwingend (Rdn 5) nach dem **Verhältnis ihrer Geschäftsanteile.** Das gilt aufgrund der Regelung in § 12 Abs. 1 auch beim Vorhandensein eigener Anteile der Gesellschaft; sie nehmen entsprechend an der Kapitalerhöhung teil. Ist das Stammkapital aufgrund der Einziehung eines Anteils nicht voll durch Geschäftsanteile gedeckt, so verteilt sich der Erhöhungsbetrag anteilig auf die verbliebenen Anteile; es entsteht nicht etwa ein Anteilsrecht für die Gesellschaft entsprechend dem auf den eingezogenen Anteil entfallenden Betrag[4]. *Teileingezahlte Anteile* nehmen nach § 12 Abs. 2 mit dem vollen Nennbetrag anteilig an der Kapitalerhöhung teil; die erhöhten Anteile unterliegen bis zur Volleinzahlung etwaigen satzungsrechtlichen Schranken der Rechtsausübung freilich ebenso wie die bisherigen Anteile (vgl. § 13 Abs. 2 S. 1). Grund für die strikte Beachtung des Verhältnismäßigkeitsgrundsatzes im KapErhG ist der bloß „nominelle", die Vermögensverhältnisse unberührt lassende Charakter der Kapitalerhöhung aus Gesellschaftsmitteln (Vorb. 7). Eine Umverteilung der neuen Mitgliedschaftsrechte würde einen Eingriff in die Vermögenssubstanz der bisherigen Gesellschafter bedeuten; ihre Zulässigkeit ist durch § 9 ausdrücklich ausgeschlossen[5]. 4

III. Zwingende Geltung (S. 2)

1. Nichtigkeit abweichender Beschlüsse

Der Grundsatz verhältnismäßiger Zuordnung ist in S. 2 mit **zwingender Geltung** ausgestattet. Wegen des Zwecks der Vorschrift (Rdn 1), aber auch mit Rücksicht auf 5

[2] EinhM, vgl. Scholz/*Priester* 1, 4; Baumbach/Hueck/*Zöllner* 5; *Lutter/Hommelhoff* 1; *Geßler* WM 1960, Sonderbeil. Nr. 1, 19.

[3] EinhM, vgl. *Geßler* DNotZ 1960, 639 f; Scholz/*Priester* § 13, 23; *Lutter/Hommelhoff* 2; *Langer* S. 69 ff; *Lutter*-KölnKommAktG[2] § 212, 4; vgl. auch § 13, 26.

[4] So zutr. *Geßler* DNotZ 1960, 637.

[5] Vgl. näher *Geßler* WM 1960, Sonderbeil. Nr. 1, 19.

die Entstehungsgeschichte[6] gilt das selbst dann, wenn sämtliche Gesellschafter einer Abweichung zustimmen[7]. Die Regel, wonach benachteiligte Gesellschafter auf den Schutz des Gleichbehandlungsgrundsatzes wirksam verzichten können (GmbHG § 53, 64), tritt gegenüber § 9 S. 2 zurück. Selbst geringfügige Abweichungen wie die Auf- oder Abrundung der neuen Anteilsrechte zur Vermeidung freier Spitzen erlangen als Verstoß gegen §§ 9, 10 keine Wirksamkeit[8]. Aus dem gleichen Grunde können in den Erhöhungsbeschluß auch *keine Abtretungspflichten* der Gesellschafter hinsichtlich der neuen Anteile aufgenommen werden[9]. Einer Verfügung über die neuen Anteile *nach* erfolgter Kapitalerhöhung sowie individuell vereinbarten Abtretungspflichten zwischen einzelnen Gesellschaftern steht § 9 S. 2 demgegenüber nicht entgegen. – Zur Frage der Teilnichtigkeit bei Verstößen gegen § 9 S. 2 vgl. Rdn 7.

2. Keine mittelbaren Erwerbshindernisse

6 Die zwingende Geltung von § 9 S. 1 steht nach zutr. hM auch solchen mittelbaren Erwerbshindernissen entgegen, die den Grundsatz der streng verhältnismäßigen Beteiligung an den neuen Anteilen zwar nicht direkt durchbrechen, aber die Teilnahme an der Kapitalerhöhung und den Erwerb der neuen Anteilsrechte von **Bedingungen oder sonstigen Erschwernissen** abhängig machen[10]. Aus diesem Grunde ist namentlich die Verbindung von nomineller und ordentlicher Kapitalerhöhung in *einem* Beschluß unzulässig (Vorb. 9, 13). Ausgeschlossen ist aber auch eine Kombination beider Maßnahmen in der Weise, daß trotz jeweils getrennter Beschlußfassung ein rechtlicher oder faktischer Zwang auf die Gesellschafter ausgeübt wird, sich an der Kapitalerhöhung gegen Einlagen zu beteiligen, um an der nominellen Kapitalerhöhung teilnehmen zu können (vgl. Vorb. 12).

IV. Verstoßfolgen

7 Die zwingende Geltung von § 9 S. 1 führt zur **Nichtigkeit der** gegen diese Vorschrift **verstoßenden Teile** des Kapitalerhöhungsbeschlusses. Entgegen der für das Gesellschaftsrecht ungeeigneten (vgl. § 53, 97) Auslegungsregel des § 139 BGB hat die Teilnichtigkeit *im Zweifel nicht die Gesamtnichtigkeit* des Erhöhungsbeschlusses zur Folge, sondern läßt die Gültigkeit der übrigen Teile unberührt[11]. Bewendet es bei der Teilnichtigkeit, so ist mit Eintragung des Beschlusses im Handelsregister das Kapital erhöht; die neuen Anteile stehen den Gesellschaftern abweichend von dem im Beschluß gewählten Verteilungsschlüssel nach Maßgabe des § 9 S. 1 und der im Erhöhungsbeschluß getroffenen Wahl zwischen der Ausgabe neuer und der Erhöhung der vorhandenen Geschäftsanteile zu. Stellt der Registerrichter einen Verstoß gegen § 9 S. 1 fest, so sollte er freilich schon wegen des Risikos der Gesamtnichtigkeit (Rdn 8) die Beteiligen durch Zwischenverfügung hierauf hinweisen und ihnen Gelegenheit geben, dem Mangel durch Änderung des Erhöhungsbeschlusses abzuhelfen.

[6] Dazu *Geßler* BB 1960, 8 f.

[7] EinhM, vgl. Scholz/*Priester* 2; Baumbach/Hueck/*Zöllner* 4; *Lutter/Hommelhoff* 3; *Veith* DB 1960, 111; *Lutter*-KölnKommAktG² § 212, 5, 9.

[8] Ganz hM, vgl. Scholz/*Priester* 2; Baumbach/Hueck/*Zöllner* 4; *Lutter*-KölnKommAktG² § 212, 9; aA nur LG Mannheim BB 1961, 303 = GmbH-Rdsch. 1961, 85 (mit abl. Anm. *Pleyer*) und *Simon* GmbH-Rdsch. 1961, 179.

[9] So auch Scholz/*Priester* 3; Baumbach/Hueck/*Zöllner* 6; *Lutter/Hommelhoff* 3.

[10] Scholz/*Priester* 3; Baumbach/Hueck/*Zöllner* 6; *Lutter/Hommelhoff* 3; *Lutter*-KölnKommAktG² § 212, 10.

[11] AA – für Anwendung des § 139 BGB – Scholz/*Priester* 5; Baumbach/Hueck/*Zöllner* 4; *Lutter/Hommelhoff* 3; Rowedder/*Zimmermann* 74; *Lutter*-KölnKommAktG² § 212, 11.

Erfaßt der Mangel abweichend vom Regelfall den **gesamten Erhöhungsbeschluß**, **8**
weil die Gesellschafter die Kapitalerhöhung ersichtlich nicht ohne die nichtigten Teile beschließen wollten oder weil diesen zentrale Bedeutung für den Beschluß zukommt (etwa bei einer Kapitalerhöhung aus Gesellschaftsmitteln zur Beteiligung der Belegschaft an der Gesellschaft), so ist die Rechtsfolge *Gesamtnichtigkeit*. Der Eintragungsantrag ist abzulehnen (§ 7, 15). Trägt der Registerrichter gleichwohl ein, so wird die Nichtigkeit analog § 242 Abs. 2 AktG drei Jahre nach Eintragung geheilt[12].

§ 10 KapErhG

(1) Führt die Kapitalerhöhung dazu, daß auf einen Geschäftsanteil nur ein Teil eines neuen Geschäftsanteils entfällt, so ist dieses Teilrecht selbständig veräußerlich und vererblich.

(2) Die Rechte aus einem neuen Geschäftsanteil, einschließlich des Anspruchs auf Ausstellung einer Urkunde über den neuen Geschäftsanteil, können nur ausgeübt werden, wenn Teilrechte, die zusammen einen vollen Geschäftsanteil ergeben, in einer Hand vereinigt sind oder wenn sich mehrere Berechtigte, deren Teilrechte zusammen einen vollen Geschäftsanteil ergeben, zur Ausübung der Rechte (§ 18 des Gesetzes betreffend die Gesellschaften mit beschränkter Haftung) zusammenschließen.

Übersicht

Schrifttum

Priester Die neuen Anteilsrechte bei Kapitalerhöhung aus Gesellschaftsmitteln, GmbH-Rdsch. 1980, 236; *Simon* Erhöhung des Stammkapitals aus Gesellschaftsmitteln bei einer GmbH, BB 1962, 72. Vgl. auch die Nachw. bei Vorb. KapErhG.

I. Einführung

Bei einer Kapitalerhöhung aus Gesellschaftsmitteln fallen wegen der zwingenden **1**
Geltung des Grundsatzes verhältnismäßiger Beteiligung aller Gesellschafter am Erwerb der neuen Anteile (§ 9 S. 1), aber auch wegen der für die Neubildung oder Erhöhung von Geschäftsanteilen geltenden Mindestbeträge über Anteilshöhe und Teilbarkeit (§ 6 Abs. 3 S. 2), nicht selten *Spitzenbeträge* an, die den berechtigten Gesellschaftern nicht im Rahmen der Ausgabe neuer oder der Erhöhung der vorhandenen Geschäftsanteile zugeordnet werden können. Dem trägt die Vorschrift des § 10 Rechnung. Sie läßt in diesen Fällen die **Entstehung selbständig übertragbarer Teilrechte** mit der Maßgabe zu, daß die Summe der Teilrechte jeweils einen oder mehrere ganze Geschäftsanteile ergeben muß (Rdn 2). Eine Ausnahme von § 10 gilt nur in Fällen, in denen die

[12] Vgl. § 7, 20; so auch Scholz/*Priester* 5; Rowedder/*Zimmermann* 74; aA für das Aktienrecht unter Hinweis auf die Nichterwähnung von § 212 AktG in der enumerativen Aufzählung des § 242 Abs. 3 AktG *Lutter*-KölnKommAktG² § 212, 2.

Geschäftsanteile erst teileingezahlt sind, die Ausgabe neuer Anteile anstelle der Aufstokkung der bestehenden daher ausgeschlossen ist (Rdn 5). Die entsprechende aktienrechtliche Vorschrift findet sich in § 213 AktG. – Das BiRiLiG hat sich auf Änderungen rein redaktioneller Natur beschränkt.

II. Teilrechte (Abs. 1)

1. Wesen und Rechtsnatur

2 Teilrechte dienen dem Ausgleich von Spitzenbeträgen im Zuge der Kapitalerhöhung aus Gesellschaftsmitteln (Rdn 1). Sie müssen **zusammen einen oder mehrere ganze,** durch 10 teilbare **Geschäftsanteile** im Mindestnennbetrag von 50 DM ergeben, da nur auf diese Weise die Möglichkeit besteht, die Rechte aus ihnen nach Maßgabe von § 10 Abs. 2 auszuüben[1]. Die Aufteilung der Teilrechte auf die einzelnen Gesellschafter und die Höhe der in Teilrechte aufgespaltenen Geschäftsanteile sind im Erhöhungsbeschluß zu regeln[2]. Dafür, daß sämtliche Teilrechte zusammen einen *einheitlichen* Geschäftsanteil bilden, besteht *keine Notwendigkeit.* Zwar gibt es keine feste Obergrenze des Nennbetrags der Teilrechte. Jedoch haben die Gesellschafter angesichts der Beschränkung der Rechtsausübung nach § 10 Abs. 2 auf die zu einem vollen Anteilsrecht vereinigten Teilrechte ein berechtigtes Interesse daran, die Voraussetzungen einer derartigen Anteilsvereinigung möglichst gering zu halten. Dementsprechend können, wenn z. B. bei einer Kapitalerhöhung aus Gesellschaftsmitteln unter Ausgabe neuer Anteile auf jeden von vier Gesellschaftern ein Teilrecht im Nennwert von 25 DM entfällt, daraus nach Maßgabe des Erhöhungsbeschlusses zwei Geschäftsanteile von je 50 DM Nennwert gebildet werden.

3 Ihrer **Rechtsnatur** nach sind Teilrechte nicht mit Bezugsrechten zum Erwerb neuer Anteilsrechte zu verwechseln. Vielmehr stehen sie den entsprechenden Anteilsrechten qualitativ gleich und bleiben nur quantitativ hinter ihnen zurück. *Fraglich* ist, ob sie als *ideelle* Bruchteile eines einheitlichen Mitgliedschaftsrechts anzusehen sind mit der Folge, daß zwischen den zwei oder mehr Inhabern der zu einem Geschäftsanteil gehörenden Teilrechte ein Gemeinschaftsverhältnis iS von §§ 741 ff BGB besteht[3] *oder* ob es sich um *reale,* eine eigene mitgliedschaftliche Stellung des Inhabers vermittelnde Teile eines Geschäftsanteils handelt[4]. Die in § 10 Abs. 1 angeordnete selbständige Veräußerlichkeit und Vererblichkeit steht im Hinblick auf § 747 BGB der Annahme ideeller Bruchteile nicht entgegen. Anderes gilt für die Regelungen in § 10 Abs. 2 über die Voraussetzungen der Rechtsausübung aus dem in Teilrechte aufgespalteten Geschäftsanteil. Sie weichen durch das Erfordernis eines „Zusammenschlusses" der mehreren Berechtigten zur Rechtsausübung von den Vorschriften des § 18 GmbHG iVm §§ 743 ff BGB ab und lassen darauf schließen, daß der Gesetzgeber von der *Selbständigkeit der einzelnen Teilrechte* iSv realen Teilen eines Geschäftsanteils ausging. Demgemäß wird ein Gemeinschaftsverhältnis iS von § 18 GmbHG, §§ 741 ff BGB zwischen den Inhabern der zu einem Geschäftsanteil gehörenden Teilrechte nicht schon

---

[1] HM, vgl. Scholz/*Priester* 4 und *Priester* GmbH-Rdsch. 1980, 240; *Lutter/Hommelhoff* 1; Rowedder/*Zimmermann* 50; aA Baumbach/Hueck/*Zöllner* 5.

[2] Vgl. § 6, 15; so auch Scholz/*Priester* 5; *Lutter/Hommelhoff* 1; *Simon* BB 1962, 73; aA Baumbach/Hueck/*Zöllner* 3.

[3] So *Geßler* BB 1960, 9.

[4] So Scholz/*Priester* 6; Rowedder/*Zimmermann* 52; *Lutter*-KölnKommAktG[2] § 213, 3; aA Baumbach/Hueck/*Zöllner* 5.

durch deren Entstehung bei den einzelnen Gesellschaftern begründet. Die Mitgliedschaftsrechte aus den Teilrechten können erst nach erfolgter Vereinigung zu einem Anteil iSv § 10 Abs. 2 (Rdn 8 ff) ausgeübt werden.

2. Entstehung

Teilrechte entstehen ebenso wie die neuen Anteilsrechte selbst (§ 9, 2) bei den betreffenden Gesellschaftern **ipso iure** mit der Eintragung des ihre Bildung vorsehenden Erhöhungsbeschlusses. Für jeden Gesellschafter kommt nur *ein* Teilrecht in Höhe des auf ihn entfallenden Spitzenbetrags zur Entstehung[5]. Der Grundsatz einheitlicher Beteiligung (§ 6, 7) greift auch hier ein; einem späteren rechtsgeschäftlichen Erwerb weiterer Teilrechte steht er nicht entgegen. Die **Höhe** der einzelnen Teilrechte richtet sich in den Grenzen des § 9 S. 1 (§ 9, 4) nach der betragsmäßigen Festlegung im Erhöhungsbeschluß. Da die Teilrechte anders als die neuen Geschäftsanteile die Ausübung von Mitgliedschaftsrechten nur im Fall ihrer Vereinigung nach § 10 Abs. 2 gestatten, kann jeder Gesellschafter verlangen, daß die Höhe des Teilrechts auf den auf ihn enfallenden, nach § 6 Abs. 2 S. 2 unvermeidbaren Spitzenbetrag beschränkt wird[6]. **4**

Eine **Ausnahme** von der Möglichkeit, den Spitzenausgleich über die Bildung von Teilrechten herbeizuführen, gilt in denjenigen Fällen, in denen die bisherigen Anteile nur *teileingezahlt* sind. Da insoweit nach § 12 Abs. 2 S. 2 nur die Erhöhung der vorhandenen, nicht aber die Ausgabe neuer Anteile zulässig ist, ist auch für die Entstehung von Teilrechten als „Teile eines neuen Anteilsrechts“ (§ 10 Abs. 1) kein Raum. Zur Notwendigkeit, in Fällen dieser Art den Betrag der Kapitalerhöhung so festzusetzen, daß ein Spitzenausgleich vermieden wird, vgl. § 6 Abs. 2 S. 2 (dazu § 6, 9). – Demgegenüber steht im Fall *volleingezahlter* Geschäftsanteile die Ausführung der Kapitalerhöhung durch Aufstockung der Geschäftsanteile der Zulässigkeit von Teilrechten in Höhe des Spitzenausgleichs *nicht* entgegen[7]. **5**

3. Übertragung

Die einzelnen Teilrechte sind – ebenso wie die Geschäftsanteile selbst – veräußerlich und vererblich; es gilt – auch für die Form – **§ 15 GmbHG entsprechend**[8]. *Satzungsrechtliche Verfügungsbeschränkungen* iSv § 15 Abs. 5 GmbHG finden auch auf die Veräußerung von Teilrechten Anwendung; das folgt aus der Gleichstellung von alten und neuen Anteilen in § 13 Abs. 1[9]. Zulässig ist nach Maßgabe der Satzung auch die Pfändung, Verpfändung und sonstige Belastung der Teilrechte[10] sowie ihre Einziehung. **6**

---

[5] So auch Scholz/*Priester* 5.

[6] Ebenso Scholz/*Priester* 4; Baumbach/Hueck/*Zöllner* 4; aA (für Beachtung nur des Gleichbehandlungsgrundsatzes) *Simon* BB 1962, 73.

[7] So zutr. Scholz/*Priester* § 6, 7 und *Priester* GmbH-Rdsch. 1980, 240; *Lutter/Hommelhoff* § 6, 5; aA Baumbach/Hueck/*Zöllner* 2; Rowedder/*Zimmermann* 51; *Geßler* BB 1960, 9; *Schippel* DNotZ 1960, 368; *Simon* BB 1962, 72.

[8] Scholz/*Priester* 7; Baumbach/Hueck/*Zöllner* 6; *Lutter/Hommelhoff* 2.

[9] So zutr. Baumbach/Hueck/*Zöllner* 6; *Wiedemann*-GroßkommAktG § 213, 2.

[10] Scholz/*Priester* 7; *Lutter*-KölnKommAktG² § 213, 3.

III. Ausübung von Mitgliedschaftsrechten (Abs. 2)

1. Grundsatz

7 Die **selbständige Ausübung** mitgliedschaftlicher Befugnisse aus den einzelnen Teilrechten ist nach § 10 Abs. 2 *ausgeschlossen*. Das gilt nicht nur für das Stimmrecht (vgl. auch § 47 Abs. 2 GmbHG, dazu unten Rdn 10) und die sonstigen Verwaltungsrechte einschließlich des Auskunfts- und Einsichtsrechts nach § 51 a GmbHG, sondern auch für das Gewinnrecht. Daher sind bei der Gewinnverteilung nach § 29 GmbHG Teilrechte so lange nicht zu berücksichtigen, wie die Voraussetzungen der Anteilsvereinigung iSv Abs. 2 nicht eingetreten sind[11]. Auch die Ausstellung einer Urkunde über das neue Anteilsrecht kommt bis zur Anteilsvereinigung nicht in Betracht (zur Möglichkeit der Ausstellung von Anteilsscheinen für Geschäftsanteile vgl. GmbHG § 14, 11).

2. Anteilsvereinigung

8 a) **In einer Hand.** Die Anteilsvereinigung in einer Hand kann auf rechtsgeschäftlichem Erwerb des oder der übrigen, zusammen den Geschäftsanteil ergebenden Teilrechte oder auf erbrechtlicher Nachfolge beruhen. Durch die Anteilsvereinigung *verschmelzen* die bis dahin selbständigen Teilrechte zu dem an ihre Stelle tretenden, von jetzt an ungeteilten Geschäftsanteil. Die Rechte aus dem neuen Anteil bestimmen sich nach § 13 Abs. 1.

9 b) **Mehrheit von Berechtigten.** Die Ausübung der Mitgliedschaftsrechte ist auch in der Weise möglich, daß die zwei oder mehr Inhaber der einen Geschäftsanteil ergebenden Teilrechte sich hierzu zusammenschließen. Das kann in zwei verschiedenen Formen geschehen. Die Rechtsinhaber können sich auf die Bildung einer *BGB-Innengesellschaft* beschränken[12] mit der Folge, daß die Willensbildung sich nach dem Recht der BGB-Gesellschaft richtet, während die Teilrechte den einzelnen Gesellschaftern zugeordnet bleiben und ihre Selbständigkeit behalten; das Rechtsverhältnis zwischen der GmbH und den Teilrechtsinhabern bestimmt sich in diesem Fall nach § 18 GmbHG[13]. Die Inhaber können die Teilrechte aber auch in eine zwischen ihnen bestehende oder neu gegründete *Personengesellschaft zu Gesamthandseigentum* einbringen. Das hat anders als bei der BGB-Innengesellschaft die Anteilsvereinigung durch Verschmelzung der Teilrechte (Rdn 8) zur Folge; Inhaber des nunmehr ungeteilten Geschäftsanteils ist die Gesamtheit der Gesellschafter[14]. Auf Fälle dieser Art findet § 18 GmbHG allenfalls entsprechende Anwendung[15].

3. Stimmrecht

10 Für das Stimmrecht sieht die dispositive Vorschrift des *§ 47 Abs. 2 GmbHG* vor, daß jede 100 DM eines Geschäftsanteils eine Stimme gewähren (zu satzungsrechtlichen Abweichungen vgl. § 47, 198 f). Die Vorschrift ist an den allgemeinen Mindestgrößen eines Geschäftsanteils (§ 5 Abs. 1, 3 GmbHG) ausgerichtet; sie berücksichtigt nicht die Zulassung kleinerer Anteile durch §§ 6 Abs. 1 S. 2, 12 Abs. 2 S. 4 KapErhG. Auch das

---

[11] So auch Scholz/*Priester* 8; Baumbach/Hueck/*Zöllner* 7; *Lutter/Hommelhoff* 3; *Lutter*-KölnKomm-AktG[2] § 213, 4.

[12] Vgl. dazu MünchKomm-*Ulmer* BGB[2] § 705, 229 ff.

[13] So auch Scholz/*Priester* 10; Baumbach/Hueck/*Zöllner* 7; *Lutter/Hommelhoff* 3.

[14] Vgl. dazu GmbHG § 2, 77 ff und MünchKomm-*Ulmer* BGB[2] § 705, 132.

[15] Zur Unterscheidung zwischen gemeinschaftlicher und gesamthänderischer Beteiligung an einer GmbH vgl. treffend *U. Koch* ZHR 146 (1982), 118, 127 ff; aA die hM, vgl. BGHZ 78, 311 = NJW 1981, 682; GmbHG § 18, 6, 9 (*Zutt*) m. weit. Nachw.

KapErhG selbst enthält hierzu keine Regelung. Das spricht dafür, vom Vorliegen einer Regelungslücke auszugehen und diese **analog § 44 Abs. 4 S. 2 DMBilG 1949** in der Weise zu schließen, daß jede 10 DM (im Fall des § 12 Abs. 2 S. 4 KapErhG jede 5 DM) eines Geschäftsanteils eine Stimme ergeben (vgl. näher GmbHG § 47, 88 m Nachw. in Fn 216).

§ 11 KapErhG

(betraf nur AG und KGaA; aufgehoben durch das BiRiLiG)

§ 12 KapErhG

(1) Eigene Geschäftsanteile nehmen an der Erhöhung des Stammkapitals teil.

(2) Teileingezahlte Geschäftsanteile nehmen entsprechend ihrem Nennbetrag an der Erhöhung des Stammkapitals teil. Bei ihnen kann die Kapitalerhöhung nur durch Erhöhung des Nennbetrags der Geschäftsanteile ausgeführt werden. Sind neben teileingezahlten Geschäftsanteilen vollständig eingezahlte Geschäftsanteile vorhanden, so kann bei diesen die Kapitalerhöhung durch Erhöhung des Nennbetrags der Geschäftsanteile und durch Bildung neuer Geschäftsanteile ausgeführt werden. Die Geschäftsanteile, deren Nennbetrag erhöht wird, können auf jeden durch fünf teilbaren Betrag gestellt werden.

Übersicht

Schrifttum

Vgl. Nachw. bei Vorb. KapErhG.

I. Einführung

1 Die Vorschriften des § 12 betreffen ebenso wie diejenigen der §§ 6 und 9 die **Ausführung der Kapitalerhöhung** aus Gesellschaftsmitteln; sie enthalten besondere Regelungen für den Fall des Vorhandenseins eigener sowie teileingezahlter Anteile. Für eigene Anteile der Gesellschaft stellt **Abs. 1** klar, daß sie ebenso wie alle anderen Geschäftsanteile nach Maßgabe des § 9 an der Kapitalerhöhung teilnehmen. Eine entsprechende Regelung für teileingezahlte Anteile enthält Abs. 2 S. 1. Demgegenüber modifiziert **Abs. 2 S. 2** die Vorschrift des § 6 Abs. 1 S. 1, indem er bei *teileingezahlten* Anteilen aus Gründen des Gläubigerschutzes (Rdn 5) nur den Weg einer *Aufstockung* der Anteile zuläßt, d. h. die Entstehung neuer Anteile insoweit ausschließt. Das hat auch Bedeutung für den Spitzenausgleich nach § 10 Abs. 1, der in Fällen dieser Art ausscheidet (Rdn 6). Die entsprechende aktienrechtliche Regelung findet sich in § 215 AktG; eine vom Regelfall abweichende Stückelung der Aktien entsprechend § 12 Abs. 2 S. 4 ist dort freilich nicht zugelassen. – Das BiRiLiG hat sich auf rein redaktionelle Änderungen beschränkt.

II. Eigene Anteile (Abs. 1)

2 Ihre **Teilnahme an der Kapitalerhöhung** aus Gesellschaftsmitteln wird durch Abs. 1 *klargestellt*. Es gelten in vollem Umfang die Vorschriften der §§ 6, 9 und 10 über das Wahlrecht zwischen der Ausgabe neuer und der Aufstockung bestehender Anteile, über die verhältnismäßige Beteiligung und über den Spitzenausgleich. Allerdings hat die Gesellschaft bei der Beschlußfassung über die Kapitalerhöhung *kein Stimmrecht* (GmbHG § 33, 58). Der für eigene Anteile ganz überwiegend anerkannte Grundsatz, daß die Gesellschaft hieraus weder Verwaltungs- noch auch Vermögensrechte „gegen sich selbst" ausüben kann (vgl. näher GmbHG § 33, 50 ff), wird durch § 12 Abs. 1 streng genommen schon deshalb nicht durchbrochen, weil die Entstehung neuer eigener Anteilsrechte keiner Rechts*ausübung* durch die Gesellschaft bedarf, sondern die ipso iure eintretende Rechts*folge* der Eintragung des Erhöhungsbeschlusses bildet[1]. Im übrigen ist die Regelung des § 12 Abs. 1 auch sachlich geboten, da nur so das Ziel des KapErhG erreicht werden kann, eine Verschiebung der Beteiligungsverhältnisse im Falle nomineller Erhöhung des Stammkapitals zwingend auszuschließen[2]. – Zur abweichenden Lage bei nomineller Kapitalerhöhung *nach Einziehung* eines Anteils vgl. § 9, 4.

III. Teileingezahlte Anteile (Abs. 2)

1. Teilnahme an der Kapitalerhöhung

3 a) **Maßgeblichkeit des Nennbetrags.** Nach **Abs. 2 S. 1** bestimmt sich auch bei teileingezahlten Anteilen der *Umfang der Beteiligung* an den neuen Anteilsrechten nach § 9 S. 1; es gilt der auf den *Nennbetrag* bezogene zwingende Grundsatz verhältnismäßiger Beteiligung. Das ist selbst dann folgerichtig, wenn den Gesellschaftern abweichend von der gesetzlichen Regel (§§ 29 Abs. 3 S. 1, 47 Abs. 2 GmbHG; vgl. auch GmbHG § 14, 5; § 47, 87) Rechte aus den teileingezahlten Anteilen kraft Satzungsbestimmungen nur entsprechend den tatsächlich geleisteten Einlagen zustehen[3]. Denn für das Beteiligungsverhältnis ist die Höhe der übernommenen Einlage und nicht der Stand der Einzahlung maßgebend. Auch könnte eine hinter dem Nennbetrag zurückbleibende Teilnahme an der nominellen Kapitalerhöhung nicht nachträglich, nach erbrachter Volleinzahlung, korrigiert werden. Der Tatsache der bloßen Teileinzahlung wird vielmehr nach § 13 Abs. 2 S. 1 dadurch Rechnung getragen, daß im Falle satzungsrechtlicher Beschränkung der Rechte aus teileingezahlten Anteilen die Rechte aus dem erhöhten Anteil sich nach denjenigen aus dem bisherigen, teileingezahlten Anteil bestimmen (§ 13, 15 f). Standen dem Anteilsinhaber vor der Kapitalerhöhung mit Rücksicht auf die ausstehenden Einlagen z. B. Stimmrechte nur in Höhe von 50% des Nennbetrags seines Anteils zu, so kann er das Stimmrecht auch aus dem erhöhten Anteil vorbehaltlich weiterer Einzahlungen nur in Höhe von 50% des Nennbetrages ausüben.

4 **b) Keine Verrechnung mit der Einlageforderung.** Eine Verrechnung des dem Gesellschafter zustehenden anteiligen Betrags aus der nominellen Kapitalerhöhung mit der

---

[1] § 9, 2; so auch Scholz/*Priester* 1; *Wilhelmi/Friedrich* 1; *Lutter*-KölnKommAktG[2] § 215, 2.

[2] HM, vgl. Scholz/*Priester* 1; Baumbach/Hueck/*Zöllner* 1; *Wilhelmi/Friedrich* 1; aA *Wiedemann*-GroßkommAktG § 215, 1.

[3] So auch Scholz/*Priester* 4; Baumbach/Hueck/*Zöllner* 2; *Lutter/Hommelhoff* 2.

gegen ihn gerichteten Einlageforderung der Gesellschaft anstelle einer Aufstockung des Geschäftsanteils ist ausgeschlossen[4]. Sie verstieße gegen das zwingende *Verbot des Erlasses von Einlageverpflichtungen* (§ 19 Abs. 2 S. 1 GmbHG). Wollen die Gesellschafter *anstelle* einer Kapital*erhöhung* die Rücklagen zur Tilgung der ausstehenden Einlagen bei *gleichbleibendem* Stammkapital verwenden, so bleibt ihnen der Weg einer Gewinnausschüttung mit anschließender Einzahlung der ihnen daraus zufließenden Beträge. Steuerrechtlich verbinden sich mit diesem Vorgehen seit der Körperschaftsteuerreform 1977 keine nennenswerten Nachteile im Vergleich zur Verwendung der Rücklagen zur Kapitalerhöhung aus Gesellschaftsmitteln (Vorb. 15). Die beabsichtigte Tilgungswirkung tritt allerdings nur ein, wenn die ausgeschütteten Gewinne den Gesellschaftern frei zur Verfügung standen und in der Hin- und Herzahlung oder der vereinbarten Verrechnung nicht eine verdeckte Sachkapitalerhöhung zu sehen ist (vgl. dazu und zum Schütt-aus-hol-zurück-Verfahren näher § 56, 9, 46). Zum unveränderten Fortbestehen der *bisherigen* Einlageschuld trotz Erhöhung des Nennbetrags der teileingezahlten Anteile vgl. § 13, 16.

2. Art der Ausführung

a) **Nur Aufstockung des Nennbetrags.** Nach **Abs. 2 S. 2** steht den Gesellschaftern im Fall teileingezahlter Geschäftsanteile abweichend von § 6 Abs. 1 S. 1 *kein Wahlrecht* hinsichtlich der Art der Ausführung der Kapitalerhöhung zu. Zulässig ist nur die Aufstockung des Nennbetrags der teileingezahlten Anteile um den Erhöhungsbetrag. Die Regelung dient dem *Gläubigerschutz* und ist zwingender Natur. Sie erhält der Gesellschaft trotz Änderung des Nominalkapitals den ungeschmälerten Zugriff auf den Geschäftsanteil nach §§ 21, 23 GmbHG zur Sicherung der Resteinzahlungspflicht des Gesellschafters und vermeidet die aus der Ausgabe eines neuen Anteils folgende Wertminderung des der Kaduzierung und ggf. Verwertung unterliegenden alten Anteils[5]. **5**

b) **Kein Spitzenausgleich.** Mit Rücksicht auf das Verbot der Bildung neuer Anteile für die auf **teileingezahlte** Anteile entfallenden Erhöhungsbeträge ist auch für einen Spitzenausgleich nach § 10 Abs. 1 durch Ausgabe von *Teilrechten neuer Anteile kein Raum*. Dem ist nach § 6 Abs. 2 S. 2 im Erhöhungsbeschluß durch Festsetzung des Betrags der Kapitalerhöhung in einer Weise Rechnung zu tragen, die Spitzenbeträge für die Inhaber teileingezahlter Anteile nicht entstehen läßt (§ 6, 9). Um dieses Ziel leichter erreichen zu können, läßt **Abs. 2 S. 4** für die nach Maßgabe von § 12 Abs. 2 – also beim Fehlen eines Wahlrechts – erhöhten Geschäftsanteile abweichend von § 6 Abs. 1 S. 2 (und von § 5 Abs. 3 GmbHG) *Teilbarkeit* der Geschäftsanteile sogar *durch fünf* genügen. **6**

c) **Voll- und teileingezahlte Anteile.** Sind neben teileingezahlten Anteilen volleingezahlte vorhanden, so bleibt es für die **volleingezahlten** Anteile bei dem in § 6 Abs. 1 S. 1 eröffneten *Wahlrecht* zwischen der Erhöhung des Nennbetrags der vorhandenen und der Ausgabe neuer Geschäftsanteile. Das stellt **Abs. 2 S. 3** ausdrücklich klar. Die Kombination der verschiedenen Ausführungsarten ist aber auch in sonstigen Fällen, beim Vorhandensein nur volleingezahlter Anteile, zulässig (§ 6, 10). Die Art der Ausführung muß im Erhöhungsbeschluß angegeben werden (§ 6, 14 f). **7**

---

[4] EinhM, vgl. Scholz/*Priester* 3; Baumbach/Hueck/*Zöllner* 2.

[5] Scholz/*Priester* 5; Baumbach/Hueck/*Zöllner* 3.

IV. Mangelfolgen

8 Die Nichtberücksichtigung eigener Anteile im Erhöhungsbeschluß führt zu dessen *Teilnichtigkeit;* entsprechendes gilt bei unterproportionaler Berücksichtigung *teileingezahlter* Anteile entgegen Abs. 2 S. 1. Die restlichen Teile des Beschlusses bleiben im Zweifel gültig (§ 9, 7); für die Inhaber der betroffenen alten Anteile entstehen nach § 9 S. 1 mit der Eintragung des Beschlusses neue Anteilsrechte.

9 Verstöße gegen die gläubigerschützende Vorschrift des Abs. 2 S. 2 durch **Zuteilung neuer Anteile auf teileingezahlte Anteile** haben ebenfalls *Nichtigkeit* dieser Beschlußteile zur Folge. Soweit sie nicht zur Gesamtnichtigkeit des Beschlusses führt (§ 9, 8), werden bei Eintragung der Kapitalerhöhung die teileingezahlten Anteile nach §§ 9 S. 1, 12 Abs. 2 S. 1 und 2 aufgestockt[6].

§ 13 KapErhG

(1) Das Verhältnis der mit den Geschäftsanteilen verbundenen Rechte zueinander wird durch die Kapitalerhöhung nicht berührt.

(2) Soweit sich einzelne Rechte teileingezahlter Geschäftsanteile, insbesondere die Beteiligung am Gewinn oder das Stimmrecht, nach der je Geschäftsanteil geleisteten Einlage bestimmen, stehen diese Rechte den Gesellschaftern bis zur Leistung der noch ausstehenden Einlagen nur nach der Höhe der geleisteten Einlage, erhöht um den auf den Nennbetrag des Stammkapitals berechneten Hundertsatz der Erhöhung des Stammkapitals, zu. Werden weitere Einzahlungen geleistet, so erweitern sich diese Rechte entsprechend.

(3) Der wirtschaftliche Inhalt vertraglicher Beziehungen der Gesellschaft zu Dritten, die von der Gewinnausschüttung der Gesellschaft, dem Nennbetrag oder Wert ihrer Geschäftsanteile oder ihres Stammkapitals oder in sonstiger Weise von den bisherigen Kapital- oder Gewinnverhältnissen abhängen, wird durch die Kapitalerhöhung nicht berührt.

Übersicht

[6] Für Gesamtnichtigkeit aber die hM, vgl. Scholz/*Priester* 8; Baumbach/Hueck/*Zöllner* 3; *Lutter*/*Hommelhoff* 4; *Lutter*-KölnKommAktG² § 215, 10.

Schrifttum

Boesebeck Vorstands- und Aufsichtsratstantiemen bei Kapitalerhöhungen aus Gesellschaftsmitteln, DB 1960, 139; *ders.* Die Behandlung von Vorzugsaktien bei Kapitalerhöhungen aus Gesellschaftsmitteln, DB 1960, 404; *Eckardt* Die Ausstattung der neuen Aktien bei einer Kapitalerhöhung aus Gesellschaftsmitteln, BB 1967, 99; *Geßler* Zweifelsfragen aus dem Recht der Kapitalerhöhung aus Gesellschaftsmitteln, DNotZ 1960, 619; *Köhler* Kapitalerhöhung und vertragliche Gewinnbeteiligung, AG 1984, 197. Vgl. auch die Nachw. bei Vorb. KapErhG.

I. Einführung

1. Normzweck

Die Vorschrift des § 13 erstreckt in **Abs. 1** den Grundsatz des § 9 S. 1, wonach die Beteiligungsverhältnisse an der Gesellschaft trotz Erhöhung des Nominalkapitals und entsprechender Änderung der Zahl und/oder des Nennbetrags der Geschäftsanteile inhaltlich unverändert bleiben, auf die jeweils mit den Anteilen verbundenen *Rechte*. Das hat Bedeutung vor allem für den Fall von Anteilen verschiedener Gattung oder beim Vorhandensein sonstiger Vorzugsrechte (zur Rechtslage bei Nebenleistungspflichten vgl. Rdn 10). **Abs. 2** enthält eine besondere Anpassungsregelung für *Rechte aus teileingezahlten Anteilen,* soweit sich diese – anders als nach gesetzlicher Regel – nicht nach dem Nennbetrag der Anteile bestimmen, sondern nach der je Anteil geleisteten Einlage (Rdn 14). **Abs. 3** schließlich sieht die gesetzliche Anpassung solcher *Vertragsbeziehungen der Gesellschaft zu Dritten* vor, die kapital- oder gewinnbezogen ausgestaltet sind und deren wirtschaftlicher Gehalt daher mittelbar durch die Kapitalerhöhung aus Gesellschaftsmitteln betroffen werden könnte. – Die entsprechende aktienrechtliche Vorschrift findet sich in § 216 AktG. 1

Der Vorschrift des Abs. 1 liegen als **Regelungsvorbild** § 47 Abs. 1 der 1. DVO zur DividendenabgabeVO von 1941 (RGBl. I 493) sowie § 41 DMBilG 1949 zugrunde. Auf das Schrifttum zu diesen Vorschriften kann in Zweifelsfragen zurückgegriffen werden[1]. 2

2. Reform

Die **Neufassung von** § 13 im BiRiLiG sollte ausweislich der Begründung zum RegE KapErhG (BT-Drucks. 9/1978, S. 129) nur der Gesetzesbereinigung und terminologischen Anpassung dienen. Mit dieser Zwecksetzung schwerlich vereinbar ist die ersatzlose Streichung der beiden auf das AktG 1937 Bezug nehmenden Teile des § 13 (Abs. 2 S. 2 und Abs. 3 S. 2 aF). Da beide Vorschriften bisher entsprechend auch für nominelle Kapitalerhöhungen der *GmbH* angewandt wurden (vgl. Rdn 10, 18), ist anzunehmen, daß insoweit keine inhaltliche Änderung gewollt war, sondern daß es sich um ein bloßes Redaktionsversehen gehandelt hat. 3

II. Unveränderte Beibehaltung des Verhältnisses der Mitgliedschaftsrechte (Abs. 1)

1. Regelfall

Die unveränderte Beibehaltung des Verhältnisses der Mitgliedschaftsrechte wirft dann **keine Probleme** auf, wenn im Gesellschaftsvertrag weder Anteile unterschiedlicher Gattung noch sonstige Vorzugsrechte und Nebenleistungspflichten einzelner Gesell- 4

[1] Nachw. bei *Boesebeck* DB 1960, 404 Fn 1.

schafter vorgesehen sind, der *Inhalt der Mitgliedschaftsrechte und -pflichten* sich also nach dem Gesetz bestimmt. In Fällen dieser Art sorgen bereits der zwingende Grundsatz verhältnismäßiger Beteiligung an der Kapitalerhöhung in § 9 S. 1 und seine Absicherung durch § 10 Abs. 1 für den Fall ausgleichsbedürftiger Spitzenbeträge dafür, daß das Verhältnis der Mitgliedschaftsrechte keine Änderung erfährt. Für Anpassungen nach § 13 Abs. 1 besteht in Fällen dieser Art kein Anlaß.

5 Entsprechendes gilt im Grundsatz beim Vorhandensein von **Anteilen verschiedener Gattung**, da sich durch ihre je *proportionale Erhöhung oder Vermehrung* keine Verschiebung in der Rechtsstellung der jeweiligen Inhaber ergibt. Entfallen z. B. vom Stammkapital der Gesellschaft in Höhe von 100 000 DM vor der Kapitalerhöhung auf Anteile mit einfachem Stimmrecht 90 000 DM, auf Anteile mit neunfachem Stimmrecht 10 000 DM, d. h. also auf jede Gattung insgesamt 50% der Stimmen, und wird nunmehr das Stammkapital aus Gesellschaftsmitteln um 50% auf 150 000 erhöht, so verfügen die Inhaber der Anteile mit einfachem Stimmrecht nach § 9 S. 1 über Nennbeträge von 135 000 DM (= 1350 Stimmen), diejenigen der neunfach stimmberechtigten Anteile über solche von 15 000 DM, d. h. ebenfalls 1350 Stimmen. Das Stimmenverhältnis ist also gewahrt. Anderes gilt bei Gewinnvorzugsrechten, die auf den Nennbetrag der Geschäftsanteile bezogen sind; insoweit bedarf es einer Anpassung des Vorzugs im Hinblick auf den erhöhten Nennbetrag (vgl. Rdn 7).

2. Vorzugsrechte

6 a) **Vermögensrechte.** Vorzugsrechte sind Mitgliedschaftsrechte, die den *Inhabern bestimmter Geschäftsanteile* zustehen und ihnen im Vergleich zu den übrigen Gesellschaftern ein *besonderes Vorrecht gewähren* (GmbHG § 5, 160 f). Sie unterscheiden sich von Sondervorteilen (vgl. dazu Rdn 9) dadurch, daß der Vorzug sich nicht an die Person, sondern an den **Geschäftsanteil** knüpft und mit diesem auf einen neuen Gesellschafter übergeht. Soweit es sich dabei um vermögensrechtliche Vorzugsrechte handelt wie ein erhöhtes Gewinnrecht oder einen Vorzug bei der Verteilung des Liquidationserlöses (GmbHG § 5, 167 f), bereitet ihre unveränderte Aufrechterhaltung im Falle einer Kapitalerhöhung aus Gesellschaftsmitteln keine grundsätzlichen Probleme. Dies gilt nicht nur bei der Aufstockung vorhandener, sondern auch bei der Ausgabe neuer Geschäftsanteile zur Ausführung der Kapitalerhöhung; auch der auf den Vorzugsgeschäftsanteil entfallende *neue Anteil* ist mit dem entsprechenden *Vorzug* auszustatten.

7 Eine **inhaltliche Anpassung** des Vorzugsrechts zur Verwirklichung des in Abs. 1 enthaltenen Grundsatzes tritt aber dann ein, wenn als *Bemessungsgrundlage* für das vermögensrechtliche Vorzugsrecht der *Nennbetrag des Stammkapitals oder des Geschäftsanteils* gewählt ist[2]. Steht etwa dem Inhaber eines Anteils von 100 000 DM eine Vorzugsdividende von 6% (= 6000 DM) zu und wird das Kapital jetzt nominell um 50% erhöht, so muß sich die Vorzugsdividende auf 4% des Nennbetrags des erhöhten oder um einen neuen Anteil vermehrten Geschäftsanteils von 150 000 DM ermäßigen, wenn der Vorzugsgewinn sich unverändert auf 6000 DM belaufen soll[3]. Da diese in Abs. 1 verfügte Änderung die materielle Rechtsstellung des Anteilsinhabers unberührt läßt und nur die Folgen aus der nominellen Kapitalveränderung zieht, hängt ihr Eintritt

[2] Vgl. näher *Boesebeck* DB 1960, 404.

[3] Ganz hM, vgl. *Geßler* DNotZ 1960, 636; Scholz/*Priester* 4; Baumbach/Hueck/*Zöllner* 2; *Lutter*-KölnKommAktG[2] § 216, 6; aA nur *Zintzen/Halft* 3.

nicht von der Zustimmung des Inhabers ab[4]. Das vorstehende Ergebnis ließe sich im Fall der Ausgabe neuer Anteile zwar auch dadurch erreichen, daß der alte Anteil inhaltlich unverändert bleibt, während der neue nicht mit einem Vorzug ausgestattet wird. Mit der unmittelbaren Anpassung der Mitgliedschaftsrechte an die Kapitalveränderung (Rdn 11) und dem – von der Person des jeweiligen Inhabers losgelösten – Grundsatz unveränderter Beibehaltung der mit den Anteilen verbundenen Rechte (Abs. 1) wäre diese Art der Gestaltung aber nicht vereinbar[5].

b) **Herrschaftsrechte.** Auf einzelne Geschäftsanteile entfallende erhöhte *Stimmrechte* **8** nehmen ebenso wie der Nennbetrag der Anteile an der Erhöhung teil oder erstrecken sich auf die für sie gebildeten neuen Anteile; das Verhältnis der Stimmrechte bleibt dadurch unverändert (Rdn 5). Anderes gilt bei *sonstigen Herrschaftsrechten* wie dem Recht auf Geschäftsführung, Vorsitz im Aufsichtsrat u. a. Soweit derartige Rechte ausnahmsweise nicht als höchstpersönliche Sondervorteile (Rdn 9), sondern als echte Vorzugsrechte ausgestattet sind, würde ihre Erstreckung auf einen neu gebildeten Anteil im Fall von dessen Veräußerung zur Verdoppelung der betreffenden Herrschaftsrechte führen; sie wäre daher mit dem Grundsatz des Abs. 1 nicht vereinbar. In Fällen dieser Art bleibt, wenn nicht der Weg der Anteilserhöhung gewählt wird, mit Rücksicht auf die zwingende Geltung von Abs. 1 nur die Möglichkeit, den neugebildeten Anteil ohne den Vorzug entstehen zu lassen[6].

c) **Sondervorteile.** Bei ihnen handelt es sich im Unterschied zu den Vorzugsrechten **9** um mitgliedschaftliche Vorrechte, die **einzelnen Gesellschafter persönlich,** unabhängig von der Inhaberschaft bestimmter Anteile, im Gesellschaftsvertrag zugesichert sind (GmbHG § 5, 173). Sie erfahren durch die nominelle Kapitalerhöhung grundsätzlich keine Änderung. Das gilt etwa für das *persönliche Recht* auf Geschäftsführung, auf die Entsendung eines Aufsichtsratsmitglieds, auf einen Vorabgewinn u. a. (vgl. die Beispiele in GmbHG § 5, 177 f). Derartige Sondervorteile stehen dem bevorrechtigten Gesellschafter grundsätzlich so lange zu, als er an der GmbHG beteiligt ist; sie können nicht ohne seine Zustimmung verändert werden (GmbHG § 53, 58). Für eine Anpassung nach Abs. 1 ist kein Raum. Eine solche kann sich entsprechend Abs. 3 allerdings dann als erforderlich erweisen, wenn die Sondervorteile umfangmäßig auf den Nennbetrag des Stammkapitals, bestimmter Geschäftsanteile oder auf die prozentuale Höhe der Gewinnausschüttung bezogen sind (zur entsprechenden Regelung in Abs. 3 vgl. Rdn 19 ff). Da es sich bei den Sondervorteilen *nicht um mit dem Anteil verbundene Rechte* iSv Abs. 1 handelt, stellt sich auch nicht die Frage ihrer Zuordnung zu den alten oder neuen Geschäftsanteilen.

3. Nebenleistungspflichten

Der Grundsatz der unveränderten Beibehaltung der auf der Mitgliedschaft beruhenden Rechtsverhältnisse ist nicht nur für Mitgliedschaftsrechte von Bedeutung, sondern **10** auch für **Mitgliedschaftspflichten,** darunter neben der unverändert fortbestehenden Pflicht zur Resteinzahlung (§ 12, 49) namentlich für im Gesellschaftsvertrag vorgese-

---

[4] Baumbach/Hueck/*Zöllner* 2 aE; *Wiedemann*-GroßkommAktG § 216, 1.

[5] Für Unzulässigkeit einer solchen Aufteilung, bezogen auf das Aktienrecht, auch *Boesebeck* DB 1960, 404; *Geßler* DNotZ 1960, 636; *Eckardt* BB 1967, 100 f; *Lutter*-KölnKommAktG[2] (§ 216, 5; aA Scholz/*Priester* 4; Baumbach/Hueck/*Zöllner* 3.

[6] So auch Scholz/*Priester* 5; *Lutter/Hommelhoff* 7; vgl. auch GmbHG § 17, 38 zur entsprechenden Problematik bei der Teilung eines Anteils nach § 17 GmbHG.

hene Nebenleistungspflichten nach § 3 Abs. 2 GmbHG (GmbHG § 3, 65 ff). § 13 erwähnte diesen Fall in **Abs. 3 S. 2 aF**, dem Wortlaut nach freilich nur bezogen auf Nebenverpflichtungen der *Aktionäre*. Das erklärte sich aus der ursprünglichen Grundausrichtung des KapErhG auf die Rechtsverhältnisse in der AG; sie stand der analogen Anwendung von Abs. 3 S. 2 aF auf die GmbH nicht entgegen[7]. An dieser materiellen Rechtslage hat sich trotz redaktioneller Neufassung des Abs. 3 nichts geändert[8]. Dementsprechend werden auch in der GmbH die Nebenleistungspflichten von der nominellen Kapitalerhöhung in Bestand und Umfang nicht berührt; sie erstrecken sich auch auf einen neugebildeten Anteil und treffen dessen jeweiligen Inhaber. Sind die Pflichten **nennwertbezogen,** bedarf es zur Vermeidung einer Leistungsvermehrung ihrer *Anpassung* an die nominelle Erhöhung des Betrags der betroffenen Geschäftsanteile. Für **nicht nennwertbezogene oder unteilbare Leistungspflichten** haften im Fall getrennter Übertragung des alten oder des aus der Kapitalerhöhung hervorgegangenen neuen Anteils beide Inhaber als *Gesamtschuldner* (vgl. auch GmbHG § 17, 39). Sieht der Gesellschaftsvertrag *Erwerbsvorrechte* der Gesellschaft oder der Mitgesellschafter und die ihnen entsprechenden Veräußerungspflichten der Inhaber der betroffenen Anteile vor (GmbHG § 3, 80), so erstrecken sich diese auf die aus der Kapitalerhöhung hervorgehenden entsprechenden neuen Anteile[9]. Gleiches gilt für sonstige statutarische Verfügungsbeschränkungen iSv § 15 Abs. 5 GmbHG[10].

4. Folgen für den Erhöhungsbeschluß

11 a) **Anpassung kraft Gesetzes.** Soweit sich nach dem Vorstehenden Anpassungen der Mitgliedschaftsrechte und -pflichten an die Änderung der Nennbeträge und ggf. der Zahl der Geschäftsanteile als notwendig erweisen, erfolgen sie **ipso iure mit Eintragung** des Kapitalerhöhungsbeschlusses, auch wenn dieser keine entsprechenden Regelungen enthält[11]. Es gilt entsprechendes wie für die Entstehung der neuen Anteilsrechte bei Eintragung des Erhöhungsbeschlusses (§ 8, 2). Die Gestaltungswirkung ist für Anpassungen nach § 13 Abs. 3 heute einhellig anerkannt (Rdn 19); für eine Abweichung im Fall der Abs. 1 und 2 besteht sachlich kein Anlaß (zur Änderung des Satzungs*wortlauts* vgl. Rdn 12). Allerdings empfiehlt es sich schon aus Gründen der Klarstellung, die nach Abs. 1 mit der Eintragung des Erhöhungsbeschlusses eintretenden Änderungen in den satzungsändernden Beschluß über die Kapitalerhöhung aufzunehmen und dadurch zugleich den Satzungswortlaut anzupassen[12]. Sind *Unklarheiten* für Nichtgesellschafter zu befürchten, so hat der Registerrichter im Rahmen seiner Kontrollfunktion von Amts wegen auf eine Bereinigung des Satzungswortlauts vor Eintragung der Kapitalerhöhung hinzuwirken (GmbHG § 54, 44).

12 b) **Formelle Satzungsänderung.** Trotz der unmittelbar kraft Gesetzes eintretenden Anpassung der Mitgliedschaftsrechte und -pflichten an das erhöhte Kapital bedarf es einer *Änderung des Satzungswortlauts,* um diesen mit der wahren Rechtslage in Einklang zu bringen. Diese im Unterschied zur materiellen, inhaltlichen Änderung sog. formelle Satzungsänderung (vgl. näher GmbHG § 53, 9) ist im GmbH-Recht zwar

---

[7] Vgl. Voraufl. 10; Scholz/*Priester* 6.

[8] Vgl. Rdn 3; ebenso Scholz/*Priester* 8; Rowedder/*Zimmermann* 61; im Erg. auch Baumbach/Hueck/*Zöllner* 5; *Lutter/Hommelhoff* 8.

[9] Scholz/*Priester* 8.

[10] LG Bonn AG 1970; 19; Scholz/*Priester* 8; *Lutter/Hommelhoff* 2.

[11] So zutr. schon *Boesebeck* DB 1960, 404; inzwischen wohl hM, vgl. Scholz/*Priester* 11; Baumbach/Hueck/*Zöllner* 9; Rowedder/*Zimmermann* 62; *Köhler* AG 1984, 198; aA *Godin/Wilhelmi*, AktG, § 216, 3; *Lutter*-KölnKommAktG² § 216, 7; offenlassend *Lutter/Hommelhoff* 10.

[12] So im Ausgangspunkt auch Scholz/*Priester* 11; Baumbach/Hueck/*Zöllner* 9.

ebenfalls grundsätzlich Sache der **Gesellschafter.** Anders als die materielle Satzungsänderung kann sie jedoch mit einfacher Mehrheit beschlossen oder an ein anderes Gesellschaftsorgan delegiert werden[13]. Auch kommt ihr für den Satzungsinhalt bloß *deklaratorische Bedeutung* zu; ihr Wirksamwerden ist nicht an die Eintragung geknüpft. Der Notar hat ihr im Rahmen der Bescheinigung über den vollständigen Satzungswortlaut (§ 7, 8) Rechnung zu tragen.

5. Abweichungen von Abs. 1

Die Vorschrift des Abs. 1 ist ebenso wie diejenige des § 9 S. 1 **zwingend,** da sie ein Wesenselement der bloß nominellen, die Beteiligungsverhältnisse materiellrechtlich unverändert lassenden Natur der Kapitalerhöhung aus Gesellschaftsmitteln enthält[14]. Die Gesellschafter sind jedoch nicht gehindert, **nach Vollzug** der Kapitalerhöhung ihre Rechtsverhältnisse *abweichend zu gestalten.* Einen entsprechenden Änderungsbeschluß können sie unter Beachtung der für Satzungsänderungen geltenden Erfordernisse bereits in unmittelbarem zeitlichem Zusammenhang mit dem Erhöhungsbeschluß, wenn auch als eigenständigen Beschlußgegenstand, fassen[15]. Wirksamkeit erlangt er nach § 54 Abs. 3 GmbHG mit Eintragung im Handelsregister. Diese kann erst *nach* Eintragung des Erhöhungsbeschlusses erfolgen. Sie läßt daher den Eintritt der Rechtsfolgen aus § 13 Abs. 1 zunächst unberührt. **13**

III. Teileingezahlte Anteile (Abs. 2)

1. Anwendungsbereich

Abs. 2 setzt voraus, daß die *Rechte aus teileingezahlten Anteilen* sich abweichend von der gesetzlichen Regel (vgl. §§ 29 Abs. 3 S. 1, 47 Abs. 2 GmbHG) aufgrund *satzungsrechtlicher* Bestimmung nicht nach dem Nominalbetrag der Anteile, sondern nach der **je Anteil geleisteten Einlage** richten. Nur für diesen Fall trifft die Vorschrift Sonderregelungen, um den Grundsatz der unveränderten Beibehaltung des Verhältnisses der Mitgliedschaftsrechte (Abs. 1) auch beim Vorhandensein teileingezahlter Anteile zur Geltung zu bringen. Ihr Anwendungsbereich ist daher gering. – **Anderes** galt für die auf Aktiengesellschaften bezogene, analog auch auf die GmbH angewandte Vorschrift des Abs. 2 S. 2 aF. Sie setzte entgegen Abs. 2 S. 1 aF voraus, daß der Gesellschaftsvertrag über eine abweichende Behandlung teileingezahlter Anteile im Liquidationsfall *keine* Regelung enthielt. Ihre Streichung durch das BiRiLiG hat zu keiner Veränderung der materiellen Rechtslage geführt (vgl. Rdn 3, 18). **14**

2. Rechtsfolgen von Abs. 2

Als *Sonderausprägung von Abs. 1* gelten für die Anpassung nach Abs. 2 die dort entwickelten Grundsätze (Rdn 4 ff) entsprechend. Die **Anpassung** vollzieht sich *ipso iure* mit der Eintragung, auch wenn sie im Erhöhungsbeschluß nicht vorgesehen ist (Rdn 11). Der Wortlaut der Satzung ist der eingetretenen Änderung ggf. durch Mehrheitsbeschluß der Gesellschafter anzupassen (Rdn 12). **15**

---

[13] Vgl. allg. § 53, 27 f; aA Scholz/*Priester* 12; Baumbach/Hueck/*Zöllner* 9; *Lutter/Hommelhoff* 10; *Lutter*-KölnKommAktG² § 216, 7.

[14] Ebenso *Lutter/Hommelhoff* 5; *Wilhelmi/Friedrich* 1; aA Scholz/*Priester* 13; Baumbach/Hueck/*Zöllner* 3.

[15] So auch Scholz/*Priester* 13; *Eckardt* BB 1967, 102.

16 Der **Inhalt** der Anpassung ist in **Abs. 2 S. 1** dahin geregelt, daß der in der Satzung bestimmte verhältnismäßige Umfang der Rechte aus teileingezahlten Anteilen durch die Kapitalerhöhung keine Änderung erfährt. Wird der bisherige Anteil aufgestockt, so stehen die Rechte aus dem erhöhten Anteil seinem Inhaber vorbehaltlich weiterer Einzahlungen zu demselben Prozentsatz zu wie bisher. *Unverändert* bleibt namentlich auch die *Einlageschuld* des Anteilsinhabers (§ 12, 4). Aus der Sicht von § 13 Abs. 1 enthält die Regelung des Abs. 2 S. 1 die konsequente Übernahme der allgemeinen Anpassungsgrundsätze für den Fall satzungsrechtlicher Ausrichtung des Umfangs der Anteilsrechte am Stand der Einzahlung.

17 Für den Fall **späterer Einlageleistungen** trägt **Abs. 2 S. 2** der anfänglichen Beibehaltung der prozentualen Beschränkung trotz Nennwerterhöhung dadurch Rechnung, daß ein entsprechend *höherer, den Einzahlungsbetrag überschreitender Zuwachs an Mitgliedschaftsrechten* eintritt[16]. Bestimmt sich z. B. das Stimmrecht in einer Gesellschaft nach dem Stand der Einzahlung und vermittelte ein zu 60% eingezahlter Anteil über 20 000 DM dementsprechend vor der Kapitalerhöhung 120 (60% von 200) Stimmen, so führt die Erhöhung des Nennbetrags des Anteils um 50% auf 30 000 DM zu 180 Stimmen. Jede weitere Einzahlung auf die noch ausstehende Einlageschuld von 8000 DM (40% von 20 000 DM) bewirkt nunmehr einen Anstieg der Stimmen um das Anderthalbfache des Einzahlungsbetrags: bei Einzahlung von 2000 DM steigt die Stimmenzahl um 30 auf 210, bei Einzahlung der restlichen 6000 DM um 90 auf 300.

3. Liquidationsfolgen

18 Schweigt der Gesellschaftsvertrag, so bestimmen sich *ohne* Kapitalerhöhung aus Gesellschaftsmitteln die Liquidationsfolgen beim Vorhandensein *teileingezahlter* Anteile nach ganz hM[17] nicht nach § 72 S. 1 GmbHG, sondern nach der *analog* anwendbaren Regel des *§ 271 Abs. 2 AktG* (= § 212 Abs. 3 AktG 1937). Demgemäß sind bei der Verteilung des Liquidationserlöses zunächst die *geleisteten* Einlagen zu erstatten; ein Überschuß wird nach dem Verhältnis der *Nennbeträge* der Anteile verteilt. Für den Fall einer vor der Liquidation erfolgten **Kapitalerhöhung aus Gesellschaftsmitteln** verwies § 13 Abs. 2 S. 2 aF zum *Aktienrecht* zwar ebenfalls auf § 212 Abs. 3 AktG 1937, jedoch mit dem Zusatz, daß „die Erhöhungsbeträge als voll eingezahlt gelten". Die Aktionäre sollten in derartigen Fällen also neben Rückerstattung der gezahlten Einlagenteile den *vollen* (und nicht nur den anteiligen) *Erhöhungsbetrag* erhalten. An dieser nach ganz hM zum früheren Recht analog auch für das **GmbH-Recht** anerkannten Rechtslage (vgl. Voraufl. 17) hat sich durch die Neufassung des § 13 Abs. 2 im Zuge des BiRiLiG inhaltlich nichts geändert[18]. Die Streichung des § 13 Abs. 2 S. 2 aF anstelle seiner Ausrichtung auf das GmbH-Recht beruhte offensichtlich auf einem Redaktionsversehen (vgl. schon Rdn 3). Die *Satzung* kann freilich einen abweichenden, insbes. einen in vollem Umfang an den tatsächlichen Einzahlungen orientierten Verteilungsschlüssel vorsehen (vgl. § 72 S. 2 GmbHG, dazu Voraufl. GmbHG § 72, 7 ff)[19].

---

16 Ebenso Scholz/*Priester* 15; Baumbach/Hueck/*Zöllner* 7.

17 Vgl. Voraufl. § 72, 6; Baumbach/Hueck/*Schulze-Osterloh* § 72, 4 m. Nachw.

18 EinhM, vgl. Scholz/*Priester* 18; Baumbach/Hueck/*Zöllner* 8; *Lutter/Hommelhoff* 12; Rowedder/*Zimmermann* 64.

19 Vgl. Scholz/*Priester* 18; Baumbach/Hueck/*Zöllner* 8.

IV. Rechtsbeziehungen zu Dritten

1. Kapital- oder gewinnorientierte Ansprüche Dritter gegen die Gesellschaft (Abs. 3)

a) **Allgemeines.** Sinn und **Zweck des Abs.** 3 gehen dahin, bei solchen vertraglichen **19**
Rechten Dritter gegen die Gesellschaft, deren Höhe sich nach der prozentualen Gewinnausschüttung der Gesellschaft, nach dem Nennbetrag oder Wert ihrer Anteile oder ihres Stammkapitals bestimmt oder die in sonstiger Weise von den bisherigen Kapital- oder Gewinnverhältnissen abhängen, *keine materiellen Veränderungen* durch die Kapitalerhöhung aus Gesellschaftsmitteln eintreten zu lassen. Es handelt sich um eine dem Gläubigerschutz dienende besondere gesetzliche Ausprägung der allgemeinen Grundsätze für die Vertragsanpassung wegen Änderung der Geschäftsgrundlage. Die **Wirkung** des Abs. 3 tritt nach allgM *unmittelbar* mit Wirksamwerden der Kapitalerhöhung ein, ohne daß es entsprechender Änderungsvereinbarungen oder sonstiger Anpassungsmaßnahmen seitens der Beteiligten bedarf[20]. Dementsprechend hat der Dritte bei Streit über die Anpassung nach Abs. 3 keine Gestaltungs-, sondern eine Feststellungsklage zu erheben, soweit er nicht unmittelbar auf Leistung der geschuldeten Gegenstände klagen kann.

Dritte iS von Abs. 3 sind mit der Gesellschaft in Vertragsbeziehungen stehende **20**
Personen, die entweder keine Gesellschafter sind oder zwar zu den Gesellschaftern gehören, der Gesellschaft aber nicht in dieser Eigenschaft gegenüberstehen[21]. Für diesen von Abs. 1 nicht erfaßten Personenkreis enthält die Vorschrift des Abs. 3 eine entsprechende Anpassungsregel. Zu den Hauptanwendungsfällen dieser Vorschrift vgl. Rdn 21 ff.

b) **Tantiemen.** Den wichtigsten Fall der in Abs. 3 geregelten Vertragsanpassungen **21**
bilden gewinnabhängige Vergütungen, insbesondere Tantiemen für Geschäftsführer und Aufsichtsratsmitglieder, soweit diese sich nicht nach der absoluten Höhe des Jahresgewinns der Gesellschaft richten, sondern nach dem **Prozentsatz der** auf den Nennbetrag der Geschäftsanteile entfallenden bzw. an die Gesellschafter ausgeschütteten **Gewinne.** Stand den Geschäftsführern vor der Kapitalerhöhung z. B. für je 1% auf die Geschäftsanteile entfallenden Gewinn eine Tantieme von 10 000 DM zu, so ermäßigt sich die Berechnungsgrundlage für die Tantieme im Falle einer Verdoppelung des Kapitals auf Gewinne in Höhe von 0,5% der Nennbeträge der Geschäftsanteile. Sollten die Geschäftsführer 5% des nach Abzug einer Verzinsung des Stammkapitals von 4% verbleibenden Jahresgewinns als Tantieme erhalten, so sinkt der Zinssatz im Fall der Kapitalverdoppelung auf 2%[22]. Entsprechendes gilt für Tantiemen von Aufsichtsratsmitgliedern; bei einer unter das MitbestG fallenden GmbH ist dabei allerdings nach § 25 Abs. 1 Nr. 2 MitbestG iVm § 113 AktG der Vorrang des § 113 Abs. 3 AktG zu beachten, wonach den Gesellschaftern vor Zahlung der Aufsichtsratstantieme einer Mindestverzinsung von 4% der auf den Nennbetrag der Anteile geleisteten Einlagen garantiert ist[23].

Die Anpassung nach Abs. 3 bezieht sich auf im Zeitpunkt der Kapitalerhöhung **22**
laufende Verträge oder vertragsähnliche Rechtsbeziehungen wie das Aufsichtsratsver-

---

[20] Scholz/*Priester* 20; Baumbach/Hueck/*Zöllner* 12; *Lutter/Hommelhoff* 13; Rowedder/*Zimmermann* 65; *Geßler* DNotZ 1960, 637; *Zöllner* ZGR 1986, 290; aA noch *Zintzen/Halft* 5.

[21] So im Anschluß an *Boesebeck* DB 1960, 139 die einhM, vgl. Scholz/*Priester* 19; *Lutter/Hommelhoff* 13; *Lutter*-KölnKommAktG[2] § 216, 19; zu derartigen Drittbeziehungen zwischen Gesellschaft und Gesellschaftern vgl. näher GmbHG § 3, 75 f.

[22] Weit. Beisp. vgl. bei *Boesebeck* DB 1960, 139.

[23] Ebenso *Boesebeck* DB 1960, 139; *Wiedemann*-GroßkommAktG § 216, 10; aA *Lutter*-KölnKommAktG[2] § 216, 22.

hältnis. Werden derartige Verträge nach der Kapitalerhöhung ohne Inhaltsänderung *verlängert* oder beschränken sich etwaige Änderungen auf sonstige, mit der Vergütung in keinem Zusammenhang stehende Punkte, so dürfte die Auslegung im Zweifel ergeben, daß das Ergebnis der Anpassung hiervon nicht berührt werden sollte. *Anderes* gilt bei **Neuabschluß** von Verträgen mit kapital- oder gewinnbezogenen Leistungen. Insoweit greift Abs. 3 nicht ein; die bereits erfolgte nominelle Kapitalerhöhung bildet hier die Grundlage der vertraglichen Festsetzung[24].

23 c) **Genußrechte.** Genußrechte sind schuldrechtliche Vermögensrechte Dritter gegen die Gesellschaft, deren Inhalt sich auf solche Leistungen richtet, die wie ein Anteil am Gewinn oder am Liquidationserlös typischerweise den Gesellschaftern gegenüber zu erbringen sind (vgl. näher GmbHG Voraufl. Anh § 29, 14 ff, zu den Verwendungsmöglichkeiten aaO 18). Mittelbare Beeinträchtigungen aufgrund gesellschaftsrechtlicher Maßnahmen wie Kapitalveränderungen, Auflösung, Umwandlung oder Verschmelzung müssen Genußrechtsgläubiger zwar grundsätzlich gegen sich gelten lassen (GmbHG Voraufl. Anh § 29, 25). Anderes gilt mit Rücksicht auf Abs. 3 S. 1 jedoch im Fall einer Kapitalerhöhung aus Gesellschaftsmitteln; insoweit tritt im Zeitpunkt des Wirksamwerdens der Kapitalerhöhung eine automatische *Anpassung* der Genußrechte entsprechend den vorstehend (Rdn 21 f) für Tantiemen aufgezeigten Grundsätzen ein[25]. Für die AG ergibt sich das aus § 216 Abs. 3 S. 1 AktG[25a], der hier analog angewendet werden kann.

2. Ansprüche der Gesellschaft gegen Dritte

24 Abs. 3 gilt nicht nur für kapital- oder gewinnbezogene Ansprüche Dritter gegen die Gesellschaft, sondern auch für den umgekehrten Fall, daß der Gesellschaft selbst derartige, höhenmäßig an ihrem Kapital oder Gewinn ausgerichtete **Ansprüche gegen Dritte** zustehen[26]. Fälle dieser Art dürften zwar selten sein, sind aber nicht ausgeschlossen; zu denken ist etwa an eine der kapitalerhöhenden GmbH von einem Dritten gewährte, auf ihr Kapital bezogene *Dividendengarantie.* Ihr Prozentsatz verringert sich nach Abs. 3 entsprechend dem Ausmaß der nominellen Kapitalerhöhung.

3. Rechtsbeziehungen zwischen Anteilsinhabern und Dritten

25 Der Nennbetrag des Stammkapitals oder der Geschäftsanteile oder der Prozentsatz der auf diese entfallenden Gewinne kann auch für die Rechtsbeziehungen zwischen Anteilsinhabern und Dritten von Bedeutung sein, so wenn der **Geschäftsanteil Gegenstand eines Kaufvertrags** mit einem Dritten ist oder wenn diesem eine *Option* hierauf eingeräumt wird. Tritt nach Vertragsabschluß, aber vor Erfüllung eine Veränderung in den Kapitalverhältnissen der Gesellschaft durch nominelle Kapitalerhöhung ein und haben die Parteien diesen Fall nicht bereits mitgeregelt, so stellt sich auch hier die Frage einer Anpassung. *Abs. 3 greift nicht ein,* weil er auf vertragliche Beziehungen des Dritten mit der *Gesellschaft* bezogen ist. Regelmäßig führt hier bereits die *Vertragsauslegung* zu dem angemessenen Ergebnis, so wenn der Gesellschafter seine mit dem Nennbetrag des Anteils bezeichnete Beteiligung verkauft und dieser Nennbetrag sich nachträglich durch Aufstockung oder Ausgabe eines neuen Anteils ändert; hier ist im

---

[24] So auch Scholz/*Priester* 21; Baumbach/Hueck/*Zöllner* 12.

[25] Vgl. auch GmbHG Voraufl. Anh. § 29, 25; Scholz/*Priester* 22; Baumbach/Hueck/*Zöllner* 11.

[25a] Vgl. hierzu *Lutter*-KölnKommAktG² § 216, 23.

[26] So auch Scholz/*Priester* 25; *Wilhelmi/Friedrich* 7.

Zweifel die gesamte Beteiligung einschließlich des Erhöhungsbetrags verkauft[27]. Einer Anpassung nach § 242 BGB[28] bedarf es nur dann, wenn die Vertragsauslegung wegen der besonderen Umstände des Falles nicht weiterhilft.

Soweit der bisherige Geschäftsanteil den **Gegenstand dinglicher Rechte** (Nießbrauch, Pfandrecht) bildet oder soweit er sonstigen besonderen Rechtsbeziehungen (Treuhand, Nacherbschaft u. a.) unterworfen ist, *erstrecken sich die entsprechenden Rechte Dritter automatisch auf den Erhöhungsbetrag* aus der nominellen Kapitalerhöhung, unabhängig davon, ob die Ausführung der Kapitalerhöhung im Wege der Aufstockung des alten oder durch Ausgabe eines neuen Anteils erfolgt[29]. **26**

V. Mangelfolgen

Die **Nichtberücksichtigung der in § 13 vorgesehenen Anpassungen** von Mitgliedschaftsrechten und -pflichten *im Erhöhungsbeschluß ist* wegen der unmittelbaren Wirkung dieser Vorschriften (Rdn 11, 15) materiellrechtlich *unschädlich;* sie macht den Erhöhungsbeschluß nicht mangelhaft[30]. Allerdings muß der Wortlaut der Satzung der geänderten Rechtslage angepaßt werden; sind Unklarheiten zu befürchten, so kann der Registerrichter die Eintragung des Erhöhungsbeschlusses von der Einreichung des geänderten Wortlauts abhängig machen (Rdn 11 f). *Regeln die Gesellschafter im Erhöhungsbeschluß die Anpassung* der Mitgliedschaftsrechte und -pflichten **abweichend** von den genannten Vorschriften, so sind die entsprechenden Teile des Erhöhungsbeschlusses *anfechtbar* (GmbHG § 53, 94), beim Fehlen der Zustimmung eines durch die Änderung in seinen Mitgliedschaftsrechten betroffenen Gesellschafters *unwirksam*[31]. Eine Änderung der Rechtsfolgen der Anpassungsvorschriften des § 13 in einem *besonderen* Satzungsänderungsbeschluß ist wirksam, wenn der Beschluß mit den erforderlichen Mehrheiten zustandekommt und erst *nach* der Kapitalerhöhung eingetragen wird (Rdn 13). **27**

Regelungen im Erhöhungsbeschluß, die die in **Abs. 3** erwähnten Rechte Dritter betreffen und die Dritten nicht lediglich besserstellen, sind als Vertrag zu Lasten Dritter **unwirksam.** Auch die etwaige Eintragung des Beschlusses verleiht ihnen im Verhältnis zu Dritten keine Wirksamkeit. **28**

§ 14 KapErhG

(1) Die neuen Geschäftsanteile nehmen, wenn nichts anderes bestimmt ist, am Gewinn des ganzen Geschäftsjahrs teil, in dem die Erhöhung des Stammkapitals beschlossen worden ist.

(2) Im Beschluß über die Erhöhung des Stammkapitals kann bestimmt werden, daß die neuen Geschäftsanteile bereits am Gewinn des letzten vor der Beschlußfassung über die Kapitalerhöhung abgelaufenen Geschäftsjahrs teilnehmen. In diesem Fall ist die Erhöhung des Stammkapitals abweichend von § 1 Abs. 3 zu beschließen, bevor

[27] Ebenso Scholz/*Priester* 23; *Lutter/Hommelhoff* 14.

[28] So *Geßler* DNotZ 1960, 638; ähnlich Baumbach/Hueck/*Zöllner* 13 (Vertragsanpassung nach Geschäftsgrundlageregeln).

[29] Ganz hM, vgl. § 9, 3; Scholz/*Priester* 24; Baumbach/Hueck/*Zöllner* 14; *Geßler* DNotZ 1960, 639 f; *Schuler* NJW 1960, 1428; *Teichmann* ZGR 1972, 16 ff; *Lutter*-KölnKommAktG² § 216, 26; offenlassend BGHZ 58, 316, 319 = NJW 1972, 1755 im Falle der Kapitalerhöhung einer KG für den Nießbrauch am Kommanditanteil; aA jetzt *Kerbusch* GmbH-Rdsch. 1990, 156.

[30] Ebenso Scholz/*Priester* 26; Rowedder/*Zimmermann* 75; wohl auch *Lutter/Hommelhoff* 16.

[31] GmbHG § 53, 91; so auch Scholz/*Priester* 26; Rowedder/*Zimmermann* 75; *Lutter*-KölnKomm-AktG² § 216, 8; *Wiedemann*-GroßkommAktG § 216, 1.

über die Ergebnisverwendung für das letzte vor der Beschlußfassung abgelaufene Geschäftsjahr Beschluß gefaßt worden ist. Der Beschluß über die Ergebnisverwendung für das letzte vor der Beschlußfassung über die Kapitalerhöhung abgelaufene Geschäftsjahr wird erst wirksam, wenn das Stammkapital erhöht worden ist. Der Beschluß über die Erhöhung des Stammkapitals und der Beschluß über die Ergebnisverwendung für das letzte vor der Beschlußfassung über die Kapitalerhöhung abgelaufene Geschäftsjahr sind nichtig, wenn der Beschluß über die Kapitalerhöhung nicht binnen drei Monaten nach der Beschlußfassung in das Handelsregister eingetragen worden ist; der Lauf der Frist ist gehemmt, solange eine Anfechtungs- oder Nichtigkeitsklage rechtshängig ist oder eine zur Kapitalerhöhung beantragte staatliche Genehmigung noch nicht erteilt worden ist.

Übersicht

Schrifttum

Vgl. Nachw. bei Vorb. KapErhG.

I. Einführung

1 § 14 befaßt sich mit der Gewinnberechtigung der aus der nominellen Kapitalerhöhung stammenden neuen oder erhöhten Geschäftsanteile. Als *abdingbaren Regelfall* sieht er in **Abs. 1** deren Gewinnteilnahme ab demjenigen Geschäftsjahr vor, innerhalb dessen die Kapitalerhöhung beschlossen worden ist. Zulässig ist es auch, die neuen oder erhöhten Anteile schon am Gewinn des vorangegangenen Geschäftsjahr zu beteiligen. In diesem Fall sind die besonderen Erfordernisse des **Abs. 2** zu beachten; sie sind im Interesse der Rechtsklarheit und -sicherheit *zwingend* ausgestaltet. Die entsprechende aktienrechtliche Vorschrift findet sich in § 217 AktG. – Die Änderungen des § 14 durch das BiRiLiG waren rein redaktioneller Natur.

II. Der gesetzliche Regelfall (Abs. 1)

2 Soweit der Erhöhungsbeschluß keine abweichende Festsetzungen trifft, nehmen die aus der nominellen Kapitalerhöhung stammenden neuen oder erhöhten Anteile nach ihrer Entstehung am **Ergebnis des ganzen Geschäftsjahrs** teil, in dem die Erhöhung beschlossen worden ist; auf den Zeitpunkt der Eintragung kommt es nicht an. Die Regelung dient der Vereinfachung, da sie eine zeitanteilige Verteilung des auf das laufende Geschäftsjahr entfallenden Gewinns überflüssig macht. Für eine derartige Aufteilung bestünde auch deshalb kein Anlaß, weil durch die Vorschriften der §§ 9 bis 13 gewährleistet ist, daß die Kapitalerhöhung weder zu einer Verschiebung der Beteiligungsverhältnisse noch zu sonstigen Änderungen im Verhältnis der Mitgliedschaftsrechte führt. Ebenso wie die Änderung der Nennbeträge von Stammkapital und Geschäftsanteilen hat auch die *Aufteilung des Gewinns auf alte und neue Anteile bloß nominelle Bedeutung;* sie ändert vorbehaltlich zwischenzeitlicher Anteilsveräußerung nichts am Umfang der Gewinnberechtigung der Gesellschafter.

III. Anderweitige Festsetzungen

1. Allgemeines

Abs. 1 ist *abdingbar.* Die Gesellschafter können daher **im Erhöhungsbeschluß** mit satzungsändernder Mehrheit Abweichendes beschließen, soweit der Gleichbehandlungsgrundsatz gewahrt ist und nicht in unentziehbare Gesellschafterrechte eingegriffen wird (GmbHG § 53, 57 ff, 64). Eine *rückwirkende* Teilnahme am Ergebnis des vorangegangenen Geschäftsjahrs kann allerdings nur in den Grenzen des Abs. 2 beschlossen werden. Diese auf Aktiengesellschaften zugeschnittenen, der „Dividendenoptik" dienenden Vorschrift[1] dürfte für das Recht der GmbH nur geringe Bedeutung zukommen. **3**

2. Beteiligung am Vorjahrsergebnis (Abs. 2)

a) **Voraussetzungen.** Sollen die neuen oder erhöhten Anteilsrechte schon am Gewinn des der Beschlußfassung vorangehenden Geschäftsjahre teilnehmen, so muß das im *Erhöhungsbeschluß* selbst bestimmt werden (Abs. 2 S. 1). Außerdem ist abweichend von § 1 Abs. 3 (§ 1, 10) die **Kapitalerhöhung vor der Verwendung des Vorjahresergebnisses zu beschließen** (Abs. 2 S. 2). Darauf, ob dem Erhöhungsbeschluß die letzte Jahresbilanz oder eine besondere Erhöhungsbilanz zugrundegelegt wird, kommt es für die zeitliche Reihenfolge nicht an. War der Beschluß über die Ergebnisverwendung bereits vor dem Erhöhungsbeschluß gefaßt, so ist für ein Vorgehen nach Abs. 2 kein Raum mehr, da für die Gesellschafter dadurch ein unentziehbares Forderungsrecht in Höhe des auf ihre Anteile entfallenden Gewinns entstanden ist (GmbHG § 29, 89). Eine gleichwohl erfolgende Beschlußfassung nach Abs. 2 S. 1 führt zur *Teilnichtigkeit* des Erhöhungsbeschlusses[2]; die Wirksamkeit der restlichen Beschlußteile wird dadurch im Zweifel nicht berührt (vgl. § 9, 7 f). Schließlich müssen im Anschluß an den Erhöhungsbeschluß noch der **Ergebnisverwendungsbeschluß** für den Vorjahrsgewinn gefaßt und darin in Übereinstimmung mit dem Erhöhungsbeschluß auch die neuen Anteile in die Gewinnverteilung einbezogen werden. Mit Rücksicht auf die Dreimonatsfrist des Abs. 2 S. 4 (Rdn 5) sollte der Ergebnisverwendungsbeschluß möglichst in zeitlichem Zusammenhang mit dem Erhöhungsbeschluß, wenn auch als ihm gegenüber selbständiger Beschluß gefaßt werden; er muß innerhalb der Dreimonatsfrist des Abs. 2 S. 4 zustandekommen. Einer Einreichung des Ergebnisverwendungsbeschlusses zum Handelsregister bedarf es nicht; er ist auch im Fall des § 14 Abs. 2 ein interner Vorgang[3]. **4**

b) **Schranken der Wirksamkeit.** Nach **Abs. 2 S. 3** ist Voraussetzung für das **Wirksamwerden des Ergebnisverwendungsbeschlusses,** daß das Nennkapital erhöht, d. h. der Erhöhungsbeschluß in das Handelsregister eingetragen ist (§ 8 Abs. 1). Vor diesem Zeitpunkt sind auch die neuen, nach dem Verteilungsbeschluß gewinnberechtigten Anteile noch nicht vorhanden. *Nichtigkeit* sowohl des Gewinnverteilungsbeschlusses als auch des Erhöhungsbeschlusses tritt nach **Abs. 2 S. 4** ein, wenn dieser nicht innerhalb von *drei Monaten* nach der Beschlußfassung in das Handelsregister eingetragen ist. Durch die Erhebung einer Anfechtungs- oder Nichtigkeitsklage oder dadurch, daß **5**

[1] Vgl. *Lutter*-KölnKommAktG² § 217, 4 ff.

[2] So auch Rowedder/*Zimmermann* 76; aA *Meyer-Landrut*/Miller/Niehus 2 (Gesamtnichtigkeit); Scholz/*Priester* 3 und Baumbach/Hueck/*Zöllner* 4 (Anfechtbarkeit); *Lutter*/*Hommelhoff* 2 und *Lutter*-KölnKommAktG² § 217, 7 (Entscheidung nach § 139 BGB).

[3] HM, vgl. Scholz/*Priester* 4; *Lutter*/*Hommelhoff* 2; aA Baumbach/Hueck/*Zöllner* 4.

eine für die Kapitalerhöhung beantragte staatliche Genehmigung noch aussteht, wird der Lauf der Frist gehemmt (§ 2 S. 4, 2. Hs.). Die Rechtswirkungen der Hemmung bestimmen sich nach § 205 BGB.

3. Eingeschränkte Gewinnbeteiligung

6 Der Erhöhungsbeschluß kann von der nach Abs. 1 vorgesehenen Gewinnverteilung auch dadurch abweichen, daß er das Recht der neuen oder erhöhten Anteile auf Teilnahme am Gewinn des im Zeitpunkt des Erhöhungsbeschlusses laufenden Geschäftsjahrs **einschränkt oder ganz ausschließt.** Da von diesem Beschluß formell alle Gesellschafter gleichmäßig betroffen werden und ihr Gewinnanspruch materiell – wegen der entsprechend höheren Berechtigung der alten Anteile – nicht berührt wird, kann er mit der satzungsändernden *Dreiviertelmehrheit* gefaßt werden. Praktische Bedeutung kommt einer derartigen Gestaltung nur dann zu, wenn alle oder ein Teil der Gesellschafter beabsichtigen, die neuen Anteile alsbald nach Entstehung an Dritte zu veräußern, den Gewinn des laufenden Geschäftsjahrs aber noch in voller Höhe selbst vereinnahmen wollen.

§ 15 KapErhG

(betraf nur AG und KGaA; aufgehoben durch BiRiLiG)

§ 16 KapErhG

Vor der Eintragung des Beschlusses über die Erhöhung des Stammkapitals in das Handelsregister dürfen neue Geschäftsanteile nicht gebildet werden.

Die Vorschrift wiederholt für Geschäftsanteile der GmbH die bereits in den §§ 8 Abs. 1, 9 S. 1 ausgesprochene Regel, daß die neuen oder erhöhten Geschäftsanteile erst mit Eintragung des Beschlusses über die Kapitalerhöhung entstehen. Für eine besondere „Bildung“ von Geschäftsanteilen vergleichbar der Ausgabe von Aktienurkunden für die neuen Mitgliedschaftsrechte in der AG ist im GmbH-Recht kein Raum. § 16 ist daher für den seit 1965 verbliebenen Anwendungsbereich, auf den sich die Vorschrift seit der Textänderung durch das BiRiLiG auch dem Wortlaut nach beschränkt, d. h. die nominelle Kapitalerhöhung bei der GmbH, **überflüssig**[1]. Die Vorschrift sollte daher ersatzlos gestrichen werden. Sie begründet auch noch in ihrer neuen Fassung eher die Gefahr von Mißverständnissen, als daß von ihr Klarstellungen zu erwarten sind.

§ 17 KapErhG

Als Anschaffungskosten der vor der Erhöhung des Stammkapitals erworbenen Geschäftsanteile und der auf sie entfallenden neuen Geschäftsanteile gelten die Beträge, die sich für die einzelnen Geschäftsanteile ergeben, wenn die Anschaffungskosten der

[1] So auch Scholz/*Priester* 1; *Lutter/Hommelhoff;* OLG Düsseldorf ZIP 1986, 438; aA anscheinend *Geßler* DNotZ 1960, 634, dessen Erläuterungen dem § 16, bezogen auf die GmbH, aber ebenfalls nur klarstellenden Charakter zubilligen; wohl auch Baumbach/Hueck/*Zöllner* 2 („gewisse Hinweiswirkung“).

vor der Erhöhung des Stammkapitals erworbenen Geschäftsanteile auf diese und auf die auf sie enfallenden neuen Geschäftsanteile nach dem Verhältnis der Nennbeträge verteilt werden. Der Zuwachs an Geschäftsanteilen ist nicht als Zugang auszuweisen.

Übersicht

Schrifttum

Vgl. Nachw. bei Vorb. KapErhG.

1. Einführung

1 Die Vorschrift regelt die **bilanzielle Behandlung** von im Zuge der nominellen Kapitalerhöhung erhöhten oder neu entstandenen Geschäftsanteilen. Sie hat Bedeutung nur für solche Anteile, die zum *Betriebsvermögen eines bilanzierungspflichtigen Kaufmanns* gehören. **Satz 1** schreibt die Art der Verteilung der Anschaffungskosten der bisherigen Anteile auf den erhöhten Bestand vor; das hat Auswirkungen für den Fall der Veräußerung eines Teils des Anteilsbesitzes des Kaufmanns. **Satz 2** stellt klar, daß der Zuwachs an Anteilsrechten nicht zu einem Zugang in der Bilanz führt, der bisherige Bilanzansatz vielmehr auch für den nominell vermehrten Bestand beizubehalten ist. Bedeutsam ist die Vorschrift des § 17 vor allem für die *steuerrechtliche Behandlung* der Kapitalerhöhung aus Gesellschaftsmitteln (vgl. Vorb. 15); in Verbindung mit der mit § 17 S. 1 gleichlautenden Vorschrift des § 3 KapErhStG sichert sie die ertragsteuerliche Neutralität der nominellen Kapitalerhöhung und des damit verbundenen Zuflusses neuer Anteilsrechte bei den Gesellschaftern. Die entsprechende aktienrechtliche Vorschrift enthält § 220 AktG. – Das BiRiLiG hat sich auf redaktionelle Änderungen des § 17 beschränkt.

2. Verteilung der Anschaffungskosten (Satz 1)

2 Die für die bisherigen Anteile in der Bilanz ausgewiesenen Anschaffungskosten sind im Fall nomineller Kapitalerhöhung auf alte und neue Anteile **im Verhältnis der Nennbeträge zu verteilen.** Das entspricht dem Vorgang der „Abspaltung"[1] der neuen Anteile von den alten. Die Aufteilung hat vor allem Bedeutung für den Fall der Veräußerung eines Teils der Anteile und der Bemessung des dabei realisierten Gewinns oder Verlusts. Stehen bei dem bilanzierungspflichtigen Kaufmann zwei oder mehr alte Geschäftsanteile zu unterschiedlichen Anschaffungskosten zu Buch, so ist die Aufteilung der Buchwerte jeweils im Verhältnis eines alten und des auf ihn entfallenden neuen Anteils vorzunehmen[2]. Eine außerplanmäßige Abschreibung beim Altbestand nach §§ 253 Abs. 2 S. 3, Abs. 3, 254 HGB kann auch für den nominell erhöhten Bestand beibehalten werden; das Beibehaltungswahlrecht des § 280 Abs. 2 HGB verteilt sich entsprechend auf alte und neue Anteile.

[1] So plastisch *Geßler* DNotZ 1960, 639.

[2] So auch Scholz/*Priester* 5; *Lutter/Hommelhoff* 1.

3. **Kein Zugang (Satz 2)**

3 Für den Ausweis eines Zugangs in der Bilanz ist angesichts der **bloßen Nennbetragserhöhung** kein Raum. Satz 2 stellt das zutreffend klar. Es findet weder eine mengenmäßige Vermehrung noch eine Werterhöhung des Anteilsbesitzes statt. Aus bilanzrechtlicher Sicht tritt eine Änderung nicht ein[3].

4. **Zukauf von Teilrechten**

4 Die Regelungen des § 17 gelten nur für solche Anteilsrechte (einschließlich eines etwaigen Teilrechts iSv § 10 Abs. 1), die aufgrund der nominellen Kapitalerhöhung unmittelbar mit Eintragung des Erhöhungsbeschlusses bei dem betreffenden Gesellschafter entstehen und sich bilanziell als reine „Abspaltung" von Anteilsrechten darstellen. Erwirbt der Gesellschafter demgegenüber weitere Teilrechte hinzu, um durch Anteilsvereinigung nach § 10 Abs. 2 die Rechte aus dem betreffenden Geschäftsanteil ausüben zu können, so handelt es sich um einen nach allgemeinen Grundsätzen **bilanzierungspflichtigen Vorgang.** Der Wertansatz des so gebildeten Geschäftsanteils setzt sich aus dem auf das ursprüngliche Teilrecht nach § 17 S. 1 entfallenden Ansatz und den Anschaffungskosten für die hinzuerworbenen Teilrechte zusammen. In Höhe des Hinzuerwerbs hat ein Ausweis als Zugang zu erfolgen.

§ 18 KapErhG

(betraf nur AG und KGaA; aufgehoben durch das BiRiLiG)

Zweiter Abschnitt. Verschmelzung (§§ 19–35 KapErhG)

Vgl. dazu Voraufl. Anhang II nach § 77: Verschmelzung

§ 36 KapErhG

Wer als Geschäftsführer einer Gesellschaft mit beschränkter Haftung die in § 7 Abs. 1 Satz 2 vorgeschriebene Erklärung der Wahrheit zuwider abgibt, wird mit Freiheitsstrafe bis zu drei Jahren oder mit Geldstrafe bestraft.

1. **Einführung**

1 Die ursprünglich in § 20 KapErhG enthaltene Vorschrift dient der **strafrechtlichen Absicherung der Erklärung** der Geschäftsführer nach § 7 Abs. 1 S. 2 *über Vermögensverminderungen zwischen dem Bilanzstichtag und der Handelsregisteranmeldung.* Sie hat eine wechselvolle gesetzliche Entwicklung erfahren, ohne dadurch in der Substanz geändert worden zu sein. Durch § 33 Abs. 3 EGAktG 1965 wurde sie in ihrem sachlichen Anwendungsbereich auf die GmbH-Geschäftsführer beschränkt und hinsichtlich des Strafrahmens an § 399 AktG 1965 angepaßt. Dabei wurde auch das Wort „vorsätzlich" gestrichen, ohne daß dem sachliche Bedeutung zukommt (Rdn 4). Weitere geringfügige Änderungen, darunter auch die Umstellung von § 20 nach § 36, erfolgten durch das

[3] Vgl. näher Scholz/*Priester* 2.

1. Strafrechtsreformgesetz v. 25. 6. 1969 (BGBl. I 645), durch das EGStGB v. 2. 3. 1974 (BGBl. I 469) und durch die GmbH-Novelle v. 4. 7. 1980 (BGBl. I 836). Das BiRiLiG hat keine weitere Änderung gebracht.

2. Täter

Als Täter kommen alle **Geschäftsführer** der Gesellschaft in Betracht, da es sich bei der Erklärung nach § 7 Abs. 1 S. 2 um eine höchstpersönliche Verpflichtung jedes Geschäftsführers als Anmelder (§ 7, 4) handelt. **2**

3. Wahrheitswidrige Abgabe der Erklärung

Die gegenüber dem Handelsregister abzugebende Erklärung nach § 7 Abs. 1 S. 2 betrifft den Nichteintritt solcher Vermögensminderungen, die einer am Tag der Anmeldung beschlossenen Kapitalerhöhung aus Gesellschaftsmitteln in der angemeldeten Höhe entgegenstünden (§ 7, 9). **Erheblich** sind somit *nur Vermögensminderungen*, sei es aufgrund eines negativen Geschäftsergebnisses oder aufgrund der Verteilung von Gesellschaftsvermögen an die Gesellschafter, die im Falle einer Bilanzierung auf den Stichtag der Anmeldung zu einer *Verminderung der für die Kapitalerhöhung herangezogenen Rücklagen* führen würden. Sind Vermögensminderungen in einem derartigen Umfang eingetreten, so ist eine Erklärung der Geschäftsführer mit dem in § 7 Abs. 1 S. 2 als Anmeldungsvoraussetzung geforderten Inhalt der Wahrheit zuwider gemacht, d. h. *objektiv falsch*. Auf den Ausweis der Vermögensminderung in einer Zwischenbilanz kommt es nicht an. **3**

4. Vorsatz

Die Tat muß vorsätzlich begangen werden; bedingter Vorsatz genügt. Die Streichung des Wortes „vorsätzlich" durch § 33 Abs. 3 EG AktG 1965 (Rdn 1) hat hieran nichts geändert[1]. Es gilt entsprechendes wie in den Fällen des § 82 GmbHG[2] und des § 399 AktG[3]. **Vorsätzliches Handeln** liegt vor, wenn der Täter bei Abgabe der Erklärung entweder Kenntnis hatte von einer Vermögensminderung solchen Ausmaßes, daß sie der nominellen Kapitalerhöhung in der angemeldeten Höhe entgegenstand, oder mit dem Eintritt einer derartigen Vermögensminderung ernsthaft rechnete und die Erklärung gleichwohl unter billigender Inkaufnahme ihrer Unrichtigkeit abgab[4]. **4**

§ 58

Eine Herabsetzung des Stammkapitals kann nur unter Beobachtung der nachstehenden Bestimmungen erfolgen:

1. **der Beschluß auf Herabsetzung des Stammkapitals muß von den Geschäftsführern zu drei verschiedenen Malen durch die in § 30 Abs. 2 bezeichneten Blätter bekannt-**

[1] EinhM, vgl. Scholz/*Priester* 2; Baumbach/Hueck/*Zöllner* 4; *Lutter/Hommelhoff*.

[2] Vgl. dazu statt aller Scholz/*Tiedemann* GmbHG § 82, 168, 173 ff.

[3] Dazu *Klug*-GroßkommAktG § 399, 24 und 66.

[4] Zum dolus eventualis bei derartigen Erklärungsdelikten vgl. Scholz/*Tiedemann* GmbHG § 82, 169 und § 84, 70; wie hier jetzt auch Scholz/*Priester* 2; Baumbach/Hueck/*Zöllner* 4.

gemacht werden; in diesen Bekanntmachungen sind zugleich die Gläubiger der Gesellschaft aufzufordern, sich bei derselben zu melden; die aus den Handelsbüchern der Gesellschaft ersichtlichen oder in anderer Weise bekannten Gläubiger sind durch besondere Mitteilung zur Anmeldung aufzufordern;
2. die Gläubiger, welche sich bei der Gesellschaft melden und der Herabsetzung nicht zustimmen, sind wegen der erhobenen Ansprüche zu befriedigen oder sicherzustellen;
3. die Anmeldung des Herabsetzungsbeschlusses zur Eintragung in das Handelsregister erfolgt nicht vor Ablauf eines Jahres seit dem Tage, an welchem die Aufforderung der Gläubiger in den öffentlichen Blättern zum dritten Mal stattgefunden hat;
4. mit der Anmeldung sind die Bekanntmachungen des Beschlusses einzureichen; zugleich haben die Geschäftsführer die Versicherung abzugeben, daß die Gläubiger, welche sich bei der Gesellschaft gemeldet und der Herabsetzung nicht zugestimmt haben, befriedigt oder sichergestellt sind.

Die Bestimmung in § 5 Abs. 1 über den Mindestbetrag des Stammkapitals bleibt unberührt. Erfolgt die Herabsetzung zum Zweck der Zurückzahlung von Stammeinlagen oder zum Zweck des Erlasses der auf diese geschuldeten Einzahlungen, so darf der verbleibende Betrag der Stammeinlagen nicht unter den in Abs. 1 und 3 bezeichneten Betrag herabgehen.

Übersicht

Schrifttum

Buchwald Besonderer Beschluß über die Ausschüttung freiwerdender Beträge nach Kapitalherabsetzung, GmbH-Rdsch. 1958, 182; *Gonella* Neubildung eines Anteils ohne Kapitalerhöhung an Stelle eines eingezogenen Geschäftsanteils, GmbH-Rdsch. 1962, 253; *Heuer* Die Herabsetzung des Stammkapitals, GmbH-Rdsch. 1950, 35; *Kerssenbrock* Zur zivil- und steuerrechtlichen Behandlung der Kapitalherabsetzung bei einer GmbH, GmbH-Rdsch. 1984, 306; *Lutter/Hommelhoff/Timm* Finanzierungsmaßnahmen zur Krisenabwehr in der Aktiengesellschaft, BB 1980, 737; *Ripfel* Mangel der Bekanntmachung des Kapitalherabsetzungsbeschlusses, GmbH-Rdsch. 1958, 199; *Rittner* Die Sicherheitsleistung bei der ordentlichen Kapitalherabsetzung, Festschrift Oppenhoff (1985) S. 317; *K. Schmidt* Die sanierende Kapitalerhöhung im Recht der Aktiengesellschaft, GmbH und Personengesellschaft, ZGR 1982, 519; *ders.* Die Umwandlung einer GmbH in eine AG zu Kapitalerhöhungszwecken, AG 1985, 150.

I. Einführung

1. Inhalt und Zweck

Das Stammkapital ist der Garantiefonds der Gläubiger. Seine Herabsetzung berührt ihre Interessen, da sie Elemente der Auflösung vorwegnimmt. Das Gesetz trifft daher in § 58 besondere Vorkehrungen zum **Schutze der Gläubiger**. Sie sind zusätzlich zu den auch hier anwendbaren Vorschriften der §§ 53, 54 über Satzungsänderungen zu beachten. **1**

Im einzelnen ist der Gläubigerschutz Gegenstand von **Abs. 1**. Er regelt in Nr. 1 (Aufforderung der Gläubiger) und Nr. 2 (Befriedigung oder Sicherstellung der sich meldenden Gläubiger) die zusätzlichen *materiellen* Voraussetzungen für die Durchführung der Kapitalherabsetzung, während Nr. 3 (Sperrjahr) und Nr. 4 (Einreichung von Bekanntmachungsbeschlüssen und Versicherung der Geschäftsführer) weitere *formelle*, die Anmeldung des Beschlusses betreffende Vorschriften enthält. **Abs. 2** befaßt sich mit den Auswirkungen der Kapitalherabsetzung auf Stammkapital und Stammeinlagen und zeigt die *Schranken* auf, die sich aus den insoweit zu beachtenden allgemeinen Vorschriften über Mindestkapital und Mindesteinlagen ergeben. Zu Ersatzlösungen für das Fehlen einer Regelung über die vereinfachte Kapitalherabsetzung (Rdn 3) vgl. Rdn 77 ff. **2**

2. Unterschiede gegenüber dem Aktienrecht

Gegenüber dem Aktienrecht bestehen zum Teil **erhebliche Abweichungen**. Es gibt keine Erleichterungen für die Sanierung (vgl. Rdn 77), insbesondere *keine vereinfachte Kapitalherabsetzung* wie in §§ 229 ff. AktG[1]. Ein Unterschied zwischen GmbH und **3**

---

[1] Berechtigte rechtspolitische Kritik hieran bei *K. Schmidt* ZGR 1982, 519, 533 f und 1986, 203. Zur abweichenden Rechtslage bis 1950 vgl. Hachenburg/*Schilling*[6] Einl. zu § 58; zu den Regelungsvorschlägen im Zug der Insolvenzrechtsform vgl. Rdn 3 a.

AG besteht auch darin, daß bei der AG die Einziehung notwendig mit einer Herabsetzung des Grundkapitals verbunden ist (§§ 237 ff AktG), während im GmbH-Recht *Kapitalherabsetzung und Einziehung zwei selbständige Institute* bilden, die freilich je nach Lage des Falles kombiniert werden können (Rdn 39 f und § 34, 62).

3. Reform

3a Im Zuge der Insolvenzrechtsreform ist vorgesehen, als §§ 58 a bis f GmbHG eine **vereinfachte Kapitalherabsetzung** neu in das GmbH-Recht einzuführen[2]. Die Regelung soll sich im wesentlichen am Aktienrecht orientieren (vgl. §§ 229 ff AktG). Wie dort soll von den Gläubigerschutzvorschriften des § 58 Abs. 1 Nr. 1 und 2 in denjenigen Fällen abgesehen werden können, in denen die Kapitalherabsetzung nicht der Einlagenrückgewähr an die Gesellschafter dient, sondern dem Ausgleich von Wertminderungen oder sonstigen Verlusten, die nicht durch Auflösung von Kapital- oder Gewinnrücklagen bzw. Verrechnung eines Gewinnvortrags ausgeglichen werden können. Für derartige Fälle soll insbes. auf die Einhaltung des Sperrjahrs verzichtet und im Fall gleichzeitig beschlossener Kapitalerhöhung die Mindestkapitalziffer infolge der Kapitalherabsetzung unterschritten werden können.

II. Zwecke der Kapitalherabsetzung

1. Allgemeines

4 Die Kapitalherabsetzung als solche führt zwar nur zur Verminderung der auf der Passivseite der Gesellschaftsbilanz auszuweisenden Ziffer des Stammkapitals (§ 266 Abs. 3 A I HGB). Sie ist jedoch kein reiner Buchungsvorgang[3], sondern hat eine Verminderung der Kapitalbindung durch **Herabsetzung der Sperrgrenze des § 30** zur Folge[4]. Im übrigen bestimmt sich nach dem mit ihr verfolgten Zweck, was mit dem durch die Herabsetzung freigewordenen Teil der Kapitalbindung geschieht. Er kann ganz verschieden sein, je nachdem ob das zur Erhaltung des Stammkapitals erforderliche Vermögen vor der Kapitalherabsetzung noch vorhanden war oder nicht (vgl. § 30). Ersterenfalls wird Vermögen durch die Kapitalherabsetzung frei und kann entweder an die Gesellschafter als Rückzahlung der Einlage ausgeschüttet oder in Rücklage gestellt werden (Rdn 5 – 11). Letzterenfalls dient die Kapitalherabsetzung der Beseitigung einer Unterbilanz (Rdn 12 f); sie ermöglicht zugleich die Verteilung künftiger Gewinne, die sonst zum Ausgleich der vorangegangenen Verluste hätten verwendet werden müssen. Denkbar ist schließlich auch eine Kapitalherabsetzung wegen fehlgeschlagener Beitritts- oder Übernahmeerklärung (§ 2, 98 und § 57, 50). Zur Notwendigkeit der Angabe des Zwecks im Kapitalherabsetzungsbeschluß vgl. Rdn 31.

2. Verfügbarmachung von Gesellschaftsvermögen

5 Hatte die Gesellschaft vor der Kapitalherabsetzung **keine Unterbilanz**, so werden die dem Herabsetzungsbetrag entsprechenden Teile des Gesellschaftsvermögens von der Bindung des § 30 frei. Die wirtschaftlichen Gründe für die Herabsetzung in einem solchen Falle können verschieden sein. Bezweckt werden kann einerseits die

---

[2] Vgl. Art. 14 Nr. 4 des Diskussionsentwurfs eines Gesetzes zur Reform des Insolvenzrechts (1989); zust. *K. Schmidt* Wege zum Insolvenzrecht der Unternehmen (1990) S. 207 f; *Ulmer* in Kübler, Neuordnung des Insolvenzrechts (1989) S. 130 f.

[3] So aber früher hM, vgl. Hachenburg/*Schilling*[6], 1; Baumbach/*Hueck*[13] 1 B.

[4] Zutr. Scholz/*Priester* 4; Baumbach/Hueck/*Zöllner* 1; *Lutter/Hommelhoff* 1.

Rückzahlung oder der Erlaß von Einlagen, die wegen Geschäftsumstellung oder Verminderung der Geschäftstätigkeit nicht mehr benötigt werden. In Betracht kommt weiter die Abfindung eines infolge Einziehung, Ausschließung oder Austritt ausscheidenden Gesellschafters. Schließlich kann die Kapitalherabsetzung auch dazu dienen, die freiwerdenden Mittel in Rücklage einzustellen (Rdn 6–11).

a) **Rückzahlung oder Erlaß von Einlagen.** Die Kapitalherabsetzung zur Rückzahlung von Einlagen bildet das Gegenstück zur ordentlichen Kapitalerhöhung iSv § 55. Sie kommt vor allem bei nachhaltiger Verminderung des Eigenkapitals der Gesellschaft in Betracht und erfordert grundsätzlich *gleichmäßige Behandlung aller Gesellschafter* (vgl. § 53, 64 ff). Über die Dreiviertelmehrheit des § 53 Abs. 2 hinaus bedarf sie keiner Zustimmung bestimmter oder aller Gesellschafter, sofern diesen nicht ein Sonderrecht auf Beibehaltung der bisherigen Kapitalausstattung zusteht. Die **Rückzahlung** der durch Kapitalherabsetzung freiwerdenden Beträge an die Gesellschafter erfordert keinen besonderen Gesellschafterbeschluß (Rdn 65). Bei der Berechnung des auf die einzelnen Gesellschafter entfallenden Betrags bleiben *eigene Anteile* der GmbH außer Ansatz: sie nehmen an der Rückzahlung nicht teil[5]. *Umstritten* ist, ob die freiwerdenden Beträge statt als Kapitalrücklage auch als *ausschüttungsfähiger Gewinn* behandelt werden können[6]. Sieht man von dem Erfordernis der Bilanzklarheit ab, dem bereits durch GuV-Ausweis der entsprechenden Beträge analog § 240 S. 1 AktG als „Ertrag aus der Kapitalherabsetzung" Rechnung getragen werden kann[7], so erlangt die Frage vor allem in denjenigen Fällen Bedeutung, in denen die Gewinnverteilung in der Satzung abweichend von der Kapitalbeteiligung geregelt ist. Insoweit bedarf die Behandlung als Gewinn statt als Kapitalrückzahlung der Zustimmung derjenigen Gesellschafter, zu deren Lasten sich der Übergang vom Kapital- zum Gewinnverteilungsschlüssel auswirkt. 6

Auch der **Erlaß** von Einlageforderungen ist mit Rücksicht auf § 19 Abs. 2 nur im Wege der Kapitalherabsetzung möglich. Ebenso ist zu verfahren beim geplanten *Erwerb eigener Geschäftsanteile*, die nicht voll eingezahlt sind (vgl. § 33 Abs. 1), und bei der Heilung einer verdeckten Sacheinlage[8]. Zur Notwendigkeit besonderer Erlaßverträge vgl. Rdn 65. 7

Soweit Rückzahlung oder Erlaß nur **einzelnen Gesellschaftern** gegenüber erfolgen und nur deren Anteile von der Herabsetzung betroffen werden sollen, bedarf der Herabsetzungsbeschluß grundsätzlich der Zustimmung auch der übrigen Gesellschafter (Rdn 27); anderenfalls ist er wegen Verletzung des Gleichbehandlungsgebots anfechtbar (§ 53, 66, 94). Ein derartiges Vorgehen kommt außer im Fall der Einziehung oder Ausschließung (Rdn 9) auch dann in Betracht, wenn ein als *Sacheinlage* eingebrachter Gegenstand dem Sacheinleger *zurückerstattet* werden soll, die Gesellschaft aber nicht über genügend Vermögen verfügt, um die Rückgabe ohne Beeinträchtigung des bisherigen Stammkapitals mit den Rechtsfolgen der §§ 30, 31 durchzuführen. Zur Möglichkeit von Sachausschüttungen im Rahmen der Gewinnverteilung vgl. § 29, 92. 8

b) **Abfindung ausscheidender Gesellschafter.** Die **Einziehung** voll eingezahlter Geschäftsanteile setzt, wenn sie nicht ausnahmsweise unentgeltlich erfolgt (vgl. § 34, 4, 9

---

[5] Vgl. näher *Felix* GmbH-Rdsch. 1989, 286 m. Nachw.; ebenso im Erg. *Meyer-Landrut*/Miller/Niehus § 33, 13.

[6] Dafür Scholz/*Priester* 8; Rowedder/*Zimmermann* 2; aA Voraufl. 6 (*Ulmer*); wohl auch *Felix* GmbH-Rdsch. 1989, 287 Fn 10.

[7] Gegen diese Analogie *Roth* 2.3; *Sarx* in Beck Bil.-Komm. HGB § 272, 44; aA Rowedder/*Zimmermann* 2; offenlassend Scholz/*Priester* 8.

[8] Vgl. näher § 5, 27 m. Nachw. in Fn 30 und § 19, 116 f (dort auch zur Heilungsmöglichkeit durch nachträglichen Übergang von der Sach- zur Bareinlage).

97 ff), zu ihrer Wirksamkeit voraus, daß die Zahlung des Einziehungsentgelts an den betroffenen Gesellschafter aus dem nicht durch § 30 gebundenen Gesellschaftsvermögen möglich ist (§ 34, 20). Ebenso ist die Fähigkeit der Gesellschaft, die für die Abfindung benötigten Mittel ohne Verstoß gegen § 30 zu zahlen, eine Wirksamkeitsvoraussetzung für **Ausschließung oder Austritt** aus wichtigem Grund (vgl. näher Anh 34, 35 und 56). Schließlich können nicht voll eingezahlte Geschäftsanteile mit Rücksicht auf das Erlaßverbot des § 19 Abs. 2 nicht ohne vorherige Kapitalherabsetzung (Rdn 7) eingezogen werden (§ 34, 19); entsprechendes gilt im Falle der Ausschließung oder des Austritts.

10 In allen diesen Fällen bietet sich beim Bestehen von Hindernissen der in Rdn 7 – 9 genannten Art das Verfahren der *Kapitalherabsetzung* an. Für den Herabsetzungsbeschluß bedarf es, neben der satzungsändernden Mehrheit, der **Zustimmung der verbleibenden Gesellschafter**, wenn die Herabsetzung sich nicht auch auf ihre Geschäftsanteile erstreckt (Rdn 27). Die Mehrheitserfordernisse für Einziehungsbeschluß und Erhebung der Ausschließungsklage richten sich nach den hierfür jeweils geltenden Grundsätzen (§ 34, 21 ff, 49; Anh § 34, 23; § 46, 38).

11 c) **Einstellung in Rücklagen.** Auch sie ist ein zulässiger Zweck der Kapitalherabsetzung. Gesetzlicher Bindung unterliegen die auf diese Weise freigewordenen, analog § 240 S. 1 AktG in *Kapitalrücklage* einzustellenden Beträge des bisherigen Kapitals abweichend von § 240 S. 3 Nr. 3 AktG nicht; einer analogen Anwendung dieser Vorschrift stehen die vom Aktienrecht deutlich abweichenden Kapitalerhaltungsvorschriften des GmbHG entgegen. Der Sinn eines solchen Vorgehens kann darin liegen, Vorsorge für künftige Abfindungsfälle zu treffen oder allgemein das Eigenkapital stärker für Zwecke der Gesellschafter disponibel zu machen. Mit Rücksicht auf die für die Gesellschaft stark belastenden Gläubigerschutzvorschriften des § 58 Abs. 1 sowie auf den in aller Regel nicht zurückgehenden, sondern steigenden Kapitalbedarf der Gesellschaft und ihre nur beschränkte Kreditfähigkeit werden Kapitalherabsetzungen zu diesem Zweck freilich seltene Ausnahmefälle bilden.

3. Beseitigung einer Unterbilanz

12 Der Zweck der Kapitalherabsetzung kann schließlich die Beseitigung einer Unterbilanz sein. Über den Begriff vgl. § 63, 19. Hier wird kein Vermögen von der Bindung durch die Kapitalziffer befreit. Vielmehr ist der der Herabsetzung entsprechende Teil des Vermögens schon vorher verloren worden. Das Kapital wird nur **dem verminderten Vermögen angepaßt.** Es ist das Gegenstück zu der – ebenfalls nur nominelle Wirkungen entfaltenden – Kapitalerhöhung aus Gesellschaftsmitteln (vgl. Anh zu § 57 b). Erst wenn auf diese Weise der Verlust ausgeglichen ist, dürfen künftige Gewinne wieder verteilt werden. Das sich aus § 30 ergebende Hindernis ist beseitigt. Zur Verbindung von Kapitalherabsetzung und -erhöhung zu Sanierungszwecken vgl. Rdn 79 ff.

13 Vom Vorliegen einer Unterbilanz und deren Beseitigung klar zu unterscheiden ist der Fall der **Überschuldung** (vgl. § 63, 23 f). Liegt sie vor, so wird sie durch eine bloße Kapitalherabsetzung *nicht* beseitigt. Vielmehr bedarf es der Zuführung neuer Mittel, sei es als Zuschüsse oder im Wege der Kapitalerhöhung, wenn die nach § 64 Abs. 1 aus der Überschuldung folgende Konkursantragspflicht entfallen soll.

III. Die Folgen der Kapitalherabsetzung für die Geschäftsanteile

1. Herabsetzung des Nennbetrags

14 a) **Bei Verfügbarmachung von Gesellschaftsvermögen.** Erfolgt die Kapitalherabsetzung zu einem der in Rdn 6 – 11 genannten Zwecke, so wirkt sie sich notwendig auch auf die entsprechenden Stammeinlagen und *Geschäftsanteile* aus, ohne daß das im Herabsetzungsbeschluß besonders bestimmt werden muß (Rdn 33).

Bei der mit einer **Einziehung** verbundenen Kapitalherabsetzung (vgl. dazu Rdn 39 f) **15** folgt diese Anpassung schon daraus, daß der betroffene Geschäftsanteil durch die Einziehung vernichtet wird (§ 34, 57); die Kapitalherabsetzung führt zur Anpassung des Stammkapitals an die Summe der verbliebenen Geschäftsanteile. Zwangsläufig ist die Herabsetzung des Nennbetrags von Stammeinlage und Geschäftsanteil weiter im Fall der Kapitalherabsetzung zum **Erlaß** von Einlageforderungen; das folgt aus § 19 Abs. 2 und dem Verbot der Unterpari-Emission (§ 5, 157).

Aber auch wenn die in Rdn 15 genannten Sonderfälle nicht vorliegen, mit der **16** Kapitalherabsetzung vielmehr die teilweise **Rückzahlung** von Einlagen oder die Einstellung in **Rücklagen** bezweckt wird, hat sie nach zutr. hM ebenfalls die entsprechende Änderung des Nennbetrags der Geschäftsanteile zur Folge[9]. Das ergibt sich – auch abgesehen von den in Rdn 18 f genannten, allgemein für die Notwendigkeit der Anpassung des Nennbetrags der Geschäftsanteile sprechenden Gründen – aus der Parallele zum Fall des Erlasses (Rdn 15); es kommt auch in der Regelung des Abs. 2 S. 2 über die Höhe der Mindesteinlagen in Fällen dieser Art (Rdn 20 f) zum Ausdruck.

b) **Bei Beseitigung einer Unterbilanz.** Für diesen Fall wurde die *Notwendigkeit* **17** *einer Anpassung* der Nennbeträge der Geschäftsanteile im Zuge der Kapitalherabsetzung **früher** überwiegend *verneint*[10]. Begründet wurde diese Ansicht vor allem damit, daß die in § 5 Abs. 3 vorgeschriebene Übereinstimmung zwischen Stammkapital und Summe der Stammeinlagen nur für den Gründungsfall gelte; einer späteren Auseinanderentwicklung von Stammkapital und Summe der Stammeinlagen (bzw. Geschäftsanteile, vgl. § 14) stünde diese Vorschrift nicht entgegen.

Demgegenüber ist **heute** zu Recht allg. anerkannt, daß auch die Kapitalherabsetzung **18** zur Beseitigung einer Unterbilanz zur **Herabsetzung des Nennbetrags der Geschäftsanteile** führt[11] (vgl. näher Rdn 19); die Herabsetzung tritt mangels abweichender Beschlußfassung *automatisch* in *anteiliger* Höhe ein (Rdn 33). Die Vorschrift des Abs. 2 S. 2 steht nicht entgegen, da sie sich nicht mit der Herabsetzung als solcher befaßt, sondern nur mit der Höhe der Mindesteinlagen (vgl. Rdn 20). Richtig ist zwar, daß bei Erlaß des GmbHG im Jahr 1892 die Amtl. Begr. zu dem mit § 58 übereinstimmenden § 59 EGmbHG von der gegenteiligen Ansicht ausging (Begr. S. 3755). Dem kommt jedoch angesichts der erheblichen Nachteile, die mit einer Beibehaltung der ursprünglichen Nennbeträge der Geschäftsanteile in derartigen Fällen einer Kapitalherabsetzung verbunden wären (Rdn 19), aus heutiger Sicht kein Gewicht zu.

Gegen die Beibehaltung der bisherigen Nennbeträge spricht insbes. die **Indikatorfunktion des Nennbetrags** der Geschäftsanteile für Umfang und Ausübung der Mitgliedschaftsrechte. So stellen §§ 50 Abs. 1, 61 Abs. 2 S. 2 und 66 Abs. 2 für bestimmte *Minderheitenrechte* auf den zehnten Teil des Stammkapitals ab, § 47 Abs. 2 macht die Höhe des *Stimmrechts* von den Nennbeträgen der Geschäftsanteile abhängig und eine Reihe weiterer Vorschriften stellen für *Zahlungspflichten* (§§ 24 Abs. 1, 26 Abs. 2, 31 Abs. 3 S. 1) und für *Vermögensrechte* der Gesellschafter (§§ 29 Abs. 2, 72 S. 1) auf das Verhältnis der Geschäftsanteile ab. Verwirrung wäre hier vor allem in denjenigen **19**

---

[9] Scholz/*Priester* 20; Baumbach/Hueck/*Zöllner* 8; Rowedder/*Zimmermann* 8; *Feine* S. 617, 621.

[10] *Scholz*[5] 4; *Feine* S. 616, 622; Baumbach/*Hueck*[13] 1 C; *Rob. Fischer* 2 a; aA Hachenburg/*Schilling*[6] 7; *Gonella* GmbH-Rdsch. 1962, 253, 255 f.

[11] Scholz/*Priester* 22, 23; Baumbach/Hueck/*Zöllner* 8; *Lutter/Hommelhoff* 6; Rowedder/*Zimmermann* 8.

Fällen zu befürchten, in denen – ohne Änderung der alten Geschäftsanteile – die Kapitalherabsetzung sich mit einer gleichzeitigen oder späteren Kapitalerhöhung verbindet und dabei Geschäftsanteile einer anderen Klasse bei gleichen Nennbeträgen geschaffen werden (vgl. auch Rdn 85). Bei den genannten Schwierigkeiten handelt es sich auch *nicht um ein auf das Innenverhältnis der Gesellschaft beschränktes Problem*, dessen Regelung ihrer freien Gestaltung überlassen werden könnte. Vielmehr müssen auch Dritte, die einen Geschäftsanteil an einer bestehenden GmbH erwerben, entsprechend §§ 5 Abs. 3, 14 darauf vertrauen können, dadurch mangels abweichender Satzungsregelung Mitgliedschaftsrechte in einer dem Nennbetrag des Geschäftsanteils entsprechenden Höhe zu erwerben. Auch diese dem Nennbetrag zukommende *Identifizierungsfunktion* macht es erforderlich, daß die Kapitalherabsetzung nicht nur bei der Verfügbarmachung von Gesellschaftsvermögen, sondern in allen Fällen auf die Nennbeträge der davon betroffenen Geschäftsanteile durchschlägt.

2. Mindestbetrag der Geschäftsanteile

20 a) **Nach Abs. 2 S. 2.** Für den Fall der Kapitalherabsetzung zur Verfügbarmachung von Gesellschaftsvermögen (Rdn 5 ff) schreibt Abs. 2 S. 2 iV mit § 5 Abs. 1 und 3 vor, daß nicht nur die Vorschriften über das Mindestkapital (Rdn 29), sondern auch diejenigen über den **Mindestbetrag der Stammeinlage** (des Geschäftsanteils) in Höhe von 500 DM und über deren **Teilbarkeit durch 100** einzuhalten sind. Das gilt auch für den Fall der Rücklagenzuführung (Rdn 11), der den in Abs. 2 S. 2 ausdrücklich genannten Fällen der Rückzahlung oder des Erlasses gleichzustellen ist[12]. Lassen sich die Grenzen von § 5 Abs. 1 und 3 im Einzelfall nicht einhalten, so kommt einerseits eine Zusammenlegung von Zwerganteilen, ggf. mit der Folge der Mitberechtigung mehrerer nach § 18, in Betracht (Rdn 23 f). Denkbar ist aber auch die Schaffung „glatter", durch 100 teilbarer Anteile im Zuge des Herabsetzungsbeschlusses, verbunden mit Ausgleichszahlungen zwischen den Gesellschaftern[13]. Soweit sich mit Rücksicht auf § 5 Abs. 1 oder 3 die Notwendigkeit derartiger Modifikationen gegenüber der linearen Anpassung ergibt, ist das im Kapitalherabsetzungsbeschluß besonders zu regeln.

21 Eine **Ausnahme** von der Regel des Abs. 2 S. 2 ist abgesehen vom gesetzlich nicht einbezogenen Fall der Herabsetzung zur Beseitigung einer Unterbilanz (Rdn 22) dann anzuerkennen, wenn die Herabsetzung sich auf **Anteile aus einer Kapitalerhöhung aus Gesellschaftsmitteln** bezieht. Für derartige Anteile läßt die Sondervorschrift des § 6 Abs. 1 KapErhG einen Mindestbetrag von 50 DM und eine Teilbarkeit durch 10 zu (vgl. Anh § 57 b, KapErhG § 6, 6). Daran ändert sich auch dann nichts, wenn die betreffenden Geschäftsanteile in eine Kapitalherabsetzung einbezogen werden[14]. – Demgegenüber bewendet es für Geschäftsanteile, die abweichend von § 5 Abs. 1 und 3 nach § 44 Abs. 4 DMBilG 1949 gebildet worden waren, bei der Geltung der allgemeinen Vorschriften. Die durch das DMBilG geschaffene Erleichterung war einmaliger Natur und läßt sich daher nicht auf Kapitalherabsetzungen ausdehnen[15].

22 b) **Bei Herabsetzung zur Beseitigung einer Unterbilanz.** Für diesen Fall gilt die Mindestgrenze des Abs. 2 S. 2 iVm § 5 Abs. 1 und 3 nach ihrem eindeutigen Wortlaut

---

12 EinhM, vgl. Scholz/*Priester* 24; Baumbach/Hueck/*Zöllner* 9; Rowedder/*Zimmermann* 9; *Feine* S. 617.

13 So im Anschluß an *Heuer* GmbH-Rdsch. 1950, 36 auch Scholz/*Priester* 28; Rowedder/*Zimmermann* 9.

14 So zu Recht *Lutter/Hommelhoff* 7; aA Rowedder/*Zimmermann* 10; *Meyer-Landrut*/Miller/Niehus 16. Nach (alten) Geschäftsanteilen im Betrag von über bzw. unter 500 DM differenzierend Scholz/*Priester* 25.

15 Vgl. näher Hachenburg/*Schilling*[6] 8; zust. auch Scholz/*Priester* 25.

nicht[16]. Das kann zur Entstehung von Kleinstanteilen und ungeraden, nicht durch 100 teilbaren Nennbeträgen führen. Zur Eingrenzung dieser unerfreulichen Folgen empfiehlt sich eine Rechtsanalogie zu §§ 44 Abs. 4 DMBilG, 6 Abs. 3 KapErhG. Danach gilt auch in Fällen dieser Art als **generelle Untergrenze** ein *Mindestnennbetrag von 50 DM sowie Teilbarkeit durch 10*.

3. Zusammenlegung von Geschäftsanteilen

Zur Zusammenlegung (Vereinigung) von Geschäftsanteilen vgl. allgemein § 15, 140 und § 53, 106. Sie ist unabhängig vom Fall einer Kapitalherabsetzung und ohne eine Sondervorschrift nach Art von § 222 Abs. 4 Nr. 2 AktG **generell zulässig**, wenn die entsprechenden Anteile voll eingezahlt und mit ihnen auch keine Nachschußpflichten verbunden sind; § 15 Abs. 2 steht nicht entgegen (einhM, vgl. § 15, 140). Allerdings ist ein Mehrheitsbeschluß über die Zusammenlegung, der ohne satzungsrechtliche Ermächtigung gefaßt wird, anfechtbar[17]. Die Zusammenlegung kann auch durch einseitige Erklärung des Inhabers der betroffenen Anteile gegenüber der GmbH erfolgen, soweit dadurch Rechte Dritter nicht betroffen werden (str., § 15, 142 und § 53, 106 m. Nachw.). **23**

Für den Fall der **Kapitalherabsetzung** gelten *keine Besonderheiten*. Eine Zusammenlegung kommt hier mit Rücksicht auf Abs. 2 S. 2 einerseits dann in Betracht, wenn ein Gesellschafter Inhaber mehrerer Anteile ist, sofern die für die Geschäftsanteile geltenden Mindestgrenzen des § 5 Abs. 1 oder 3 nur auf diesem Wege eingehalten werden können; einer Zustimmung des Betroffenen bedarf es dafür nicht[18]. In derartigen Fällen ist eine Zusammenlegung auch bei Anteilen zulässig, die **verschiedenen Inhabern** zustehen[19]; allerdings bedarf es dann der Zustimmung sämtlicher von der Zusammenlegung zu einem Anteil betroffener Gesellschafter[20]. Es entsteht eine *Rechtsgemeinschaft am Anteil* nach § 18. **24**

IV. Kapitalherabsetzungsbeschluß

1. Satzungsänderung

a) **Allgemeines.** Die Kapitalherabsetzung ist ebenso wie die Kapitalerhöhung (§ 55, 10) eine Satzungsänderung. Es gelten die **Vorschriften der §§ 53, 54** über Satzungsänderungsbeschlüsse. Für die Beschlußfassung zuständig sind ausschließlich die *Gesellschafter* (§ 53, 23); eine Delegation dieser Kompetenz ganz oder teilweise an die Geschäftsführer oder ein anderes Organ ist ausgeschlossen (vgl. auch Rdn. 30). Der Beschluß bedarf der *Dreiviertelmehrheit* der abgegebenen Stimmen (§ 53, 49 ff). Er ist *notariell* zu beurkunden (§ 53, 42 ff; dort auch zur Frage der Auslandsbeurkundung). Auf die Abhaltung einer Gesellschafterversammlung kann im Einverständnis sämtlicher Gesellschafter verzichtet werden (§ 53, 40). – Zur Anmeldung des Beschlusses beim Handelsregister vgl. Rdn 58 ff. **25**

---

[16] HM, vgl. Scholz/*Priester* 26; Baumbach/Hueck/*Zöllner* 9; *Lutter/Hommelhoff* 7; *Roth* 3.1; *Feine* S. 616 f; aA *Meyer-Landrut*/Miller/Niehus 16, die eine Differenzierung nach dem Zweck der Kapitalherabsetzung ablehnen.

[17] RGZ 142, 35, 42; vgl. § 15, 140.

[18] So zutr. Baumbach/Hueck/*Zöllner* 9; einschr. (nur bei satzungsrechtlicher Zulassung in der Satzung) Scholz/*Priester* 27; *Lutter/Hommelhoff* 6; *Feine* S. 620; aA (Zustimmung stets erforderlich) noch Voraufl. 24; Rowedder/*Zimmermann* 9.

[19] HM, vgl. Scholz/*Priester* 27; Rowedder/*Zimmermann* 9; aA anscheinend Baumbach/Hueck/*Zöllner* 9.

[20] Ebenso Scholz/*Priester* 27; *Feine* S. 620; aA *Lutter/Hommelhoff* 6, die anscheinend auch in derartigen Fällen die Zustimmung für entbehrlich halten, wenn die Satzung die Einziehung gestattet.

26 b) **Zustimmungserfordernisse.** Der Herabsetzungsbeschluß als solcher bedarf über die Dreiviertelmehrheit hinaus zu seiner Wirksamkeit **grundsätzlich nicht** der Zustimmung sämtlicher oder bestimmter Gesellschafter (zum Sonderfall der Verbindung mit einem Einziehungsbeschluß vgl. Rdn 39). Eine Vermehrung von Leistungen (§ 53 Abs. 3) oder ein Eingriff in unentziehbare Rechte (§ 53, 58) ist darin nicht zu sehen. Das gilt auch für den Fall, daß die durch Herabsetzung freiwerdenden Beträge in Rücklage eingestellt werden sollen; ein Verzicht der Gesellschafter auf Teile ihrer Einlage ist in dieser Art des Vorgehens nicht enthalten[21]. Gesonderter Zustimmung bedarf der Beschluß nur ausnahmsweise dann, wenn einem oder bestimmten Gesellschaftern ein Sonderrecht auf Beibehaltung der bisherigen Stammkapitalziffer eingeräumt ist (§ 53, 60).

27 Sollen durch die Kapitalherabsetzung die Geschäftsanteile **nicht gleichmäßig** herabgesetzt werden, sondern soll sie der Einziehung von Anteilen oder der Abfindung von auszuschließenden oder austrittswilligen Gesellschaftern dienen (Rdn 9), so kann hierin ein Verstoß gegen den Gleichbehandlungsgrundsatz liegen; er macht den Beschluß bei fehlender Zustimmung der schlechter gestellten Gesellschafter *anfechtbar* (§ 53, 66, 94). Von der Schlechterstellung *durch den Kapitalherabsetzungsbeschluß* betroffen sind hier nur die verbleibenden Gesellschafter, da sie keine Zahlungen erhalten. Dagegen folgt der Rechtsverlust der ausscheidenden Gesellschafter nicht aus dem Kapitalherabsetzungsbeschluß als solchem, sondern aus den damit verbundenen oder ihm vorausgehenden Akten der Einziehung, der Ausschließung oder des Austritts; ihrer *gesonderten* Zustimmung zum Herabsetzungsbeschluß bedarf es daher nicht[22]. Zur Herabsetzung von Geschäftsanteilen nur derjenigen Gesellschafter, die nicht zur Erbringung freiwilliger Zuzahlungen bereit sind, vgl. Rdn 86.

2. Inhalt

28 a) **Herabsetzungsbetrag.** Der Herabsetzungsbetrag bildet den zentralen Bestandteil des Beschlusses. Zur Vermeidung von Unklarheiten empfiehlt es sich, daneben auch die bisherige und die neue Stammkapitalziffer anzugeben (also etwa: „Das Stammkapital von … DM wird um … DM auf … DM herabgesetzt"). Demgegenüber ist die Angabe auch der bei den betroffenen Geschäftsanteilen eintretenden Änderungen im Regelfall entbehrlich (Rdn 33).

29 Das **Mindestkapital** richtet sich auch im Fall der Kapitalherabsetzung nach der allgemein geltenden Vorschrift des § 5 Abs. 1; das ist in Abs. 2 S. 1 klargestellt und gilt auch bei Herabsetzung zur Beseitigung einer Unterbilanz. Die Mindestkapitalziffer von **50 000 DM**[23] darf nach hM abweichend von § 228 AktG auch dann nicht unterschritten werden, wenn mit der Herabsetzung eine gleichzeitige Kapitalerhöhung beschlossen wird[24]; erforderlichenfalls ist daher die Kapitalerhöhung voranzustellen (vgl. Rdn 84 f). Zum Mindestbetrag der *Geschäftsanteile* vgl. Rdn 20 ff.

---

21 So auch Scholz/*Priester* 37; zur Frage künftiger Ausschüttung dieser in Rücklage eingestellten Beträge als Gewinn vgl. Rdn 6.

22 So auch Rowedder/*Zimmermann* 7, 12; im Erg. ähnlich jetzt auch Scholz/*Priester* 37; generell für Zustimmungserfordernis bei Ungleichbehandlung *Roth* 3.1.

23 Zur umstr. Rechtslage im Fall einer Kapitalherabsetzung bei Altgesellschaften in der Zeit von 1981 bis 1985 vgl. Voraufl. 29; Scholz/*Priester* 30; LG Köln GmbH-Rdsch. 1983, 151.

24 So Scholz/*Priester* 30; *Lutter/Hommelhoff* 4; Baumbach/*Hueck*[13] 2 A; **aA** mit beachtlichen Gründen jetzt Baumbach/Hueck/*Zöllner* 3, der die Zulässigkeit für den Fall bejaht, daß durch Beschlußformulierung und Eintragungsantrag das gleichzeitige Wirksamwerden von Kapitalherabsetzung und Kapitalerhöhung sichergestellt ist.

Ebenso wie im Fall der Kapitalerhöhung (§ 55, 13) können die Gesellschafter an Stelle eines festen Betrags auch einen **Höchstbetrag der Kapitalherabsetzung** beschließen, sofern der endgültige Herabsetzungsbetrag aufgrund des Beschlusses *bestimmbar* ist und nicht der freien Entschließung der Geschäftsführung überlassen wird[25]. Die Übertragung der Bestimmungskompetenz auf die Geschäftsführer wäre unvereinbar mit der ausschließlichen Zuständigkeit der Gesellschafter für Satzungsänderungen (Rdn 25 und § 53, 23). **Bestimmbarkeit** ist gegeben, wenn die Höhe der tatsächlichen Herabsetzung sich nach dem Erfolg schwebender Einziehungs- oder Ausschlußverfahren oder nach dem Ausmaß der Unterbilanz in der letzten der Anmeldung der Herabsetzung vorausgehenden Jahresbilanz richten soll. Aus dem Erfordernis der Bestimmbarkeit folgt zugleich, daß nicht etwa jeder Herabsetzungsbeschluß im Sinne eines Höchstbetragsbeschlusses zu verstehen ist[26]. Hierfür bedarf es vielmehr konkreter Anhaltspunkte im Beschlußwortlaut (so für Kapitalerhöhungen auch § 55, 13). Vor Eintragung des Beschlusses sind die Gesellschafter nicht gehindert, den Herabsetzungsbetrag mit satzungsändernder Mehrheit zu ändern oder von einem festen zu einem Höchstbetrag überzugehen (Rdn 36 f). **30**

b) **Angabe des Zwecks.** Sie ist im Unterschied zum Aktienrecht (§ 222 Abs. 3 **31** AktG) gesetzlich nicht vorgeschrieben. Ihre Notwendigkeit war früher umstritten[27]. Demgegenüber steht die heute hM zu Recht auf dem Standpunkt, daß die **Zweckangabe in jedem Fall erforderlich** ist[28]. Die Notwendigkeit ergibt sich in erster Linie aus der *Satzungsänderungskompetenz der Gesellschafter.* Sie umfaßt nicht nur die Beschlußfassung über die Kapitalherabsetzung als solche, sondern auch diejenige über die – durch den Zweck festgelegten – Auswirkungen der Herabsetzung, insbesondere über die Verwendung dadurch verfügbar werdender Mittel. Die Zweckangabe enthält insoweit zugleich eine bindende Weisung an die Geschäftsführer. Sie liegt aber auch im Interesse der *Gläubiger* und dient ihrer Information über die Gründe für die Verminderung des Garantiefonds der Gesellschaft. Das kann Bedeutung für ihren Entschluß haben, ob sie Befriedigung oder Sicherstellung verlangen oder der Gesellschaft weiterhin Kredit geben. Schließlich muß der *Registerrichter* zur Erfüllung seiner Prüfungspflicht (Rdn 68) den Zweck der Herabsetzung kennen. Insbesondere muß er feststellen können, ob die Schranke des Abs. 2 S. 2 eingreift (Rdn 20). Über Änderungen des Zwecks vgl. Rdn 37.

Die Zweckangabe muß ebenso wie der sonstige Beschlußinhalt **hinreichend konkretisiert** sein[29]. Als Angaben kommen etwa in Betracht: „Rückzahlung von Stammeinlagen", „Erlaß von Einlageforderungen", „Zuführung zu Rücklagen", „Beseitigung einer Unterbilanz". Es können auch *mehrere Zwecke* gleichzeitig verfolgt und im Beschluß angegeben werden, etwa: „Ausgleich der Unterbilanz und Einstellung eines etwaigen Überschusses in die Rücklagen"[30]. Auch insoweit darf der Geschäftsführung allerdings kein freier Entscheidungsspielraum bei der Auswahl zwischen den verschiedenen Zwecken eingeräumt werden. **32**

---

[25] So die hM zum Aktienrecht, vgl. RGZ 26, 132, 134; *Lutter*-KölnKommAktG § 222, 9; *Schilling*-GroßkommAktG § 222, 87; ebenso für das GmbH-Recht Baumbach/Hueck/*Zöllner* 12; Rowedder/*Zimmermann* 13; jetzt auch Scholz/*Priester* 31; aA *Meyer-Landrut*/Miller/Niehus 11; *Feine* S. 621: Bestimmung auch durch die Geschäftsführer zulässig.

[26] So noch Scholz/*Priester*[6] 32; wie hier jetzt *dies.*[7] 31.

[27] Für Angabe nur bei Beseitigung einer Unterbilanz, wenn der Mindestbetrag der Geschäftsanteile unterschritten werden soll: Baumbach/*Hueck*[13] 2 A; *Feine* S. 622; nur bei Verfügbarmachung von Gesellschaftsvermögen: *Scholz*[5] 7; *Vogel* 2.

[28] BayObLG BB 1979, 240; Scholz/*Priester* 34; *Lutter/Hommelhoff* 5; Rowedder/*Zimmermann* 16, *Roth* 3.1; aA Baumbach/Hueck/*Zöllner* 14.

[29] So auch Scholz/*Priester* 35.

[30] HM, vgl. Scholz/*Priester* 35; *Lutter/Hommelhoff* 5; *Meyer-Landrut*/Miller/Niehus 12; *Lutter*-KölnKommAktG § 222, 10.

33 c) **Sonstige Angaben.** Sie sind nur dann erforderlich, wenn durch den Kapitalherabsetzungsbeschluß **von den regelmäßigen Wirkungen einer Kapitalherabsetzung abgewichen** werden soll, so insbesondere bei einer auf *bestimmte Geschäftsanteile* bezogenen, die restlichen Anteile unberührt lassenden Herabsetzung (Rdn 8 f) oder im Fall einer mit der Herabsetzung verbundenen *Zusammenlegung* von Geschäftsanteilen mehrerer Inhaber (Rdn 24). Dagegen erfolgt bei gleichmäßiger Anpassung aller Geschäftsanteile, insbesondere auch im Fall einer Kapitalherabsetzung zur Beseitigung einer Unterbilanz, die Anpassung der Nennbeträge von Stammeinlagen und Geschäftsanteilen *automatisch*, ohne daß es besonderer Beschlußfassung hierüber durch die Gesellschafter bedarf[31]. Auch die Aufgabe des Registergerichts, die Einhaltung der Mindestziffern der Geschäftsanteile nach Abs. 2 S. 2 zu prüfen, rechtfertigt nicht etwa ein Verlangen nach Aufnahme der Angaben über die Geschäftsanteile in den Herabsetzungsbeschluß; das Gericht kann sich die erforderlichen Nachweise auch auf anderem Wege verschaffen (Rdn 69).

34 Einer **Neufassung der Satzung** durch Gesellschafterbeschluß bedarf es neben oder im Zusammenhang mit dem Herabsetzungsbeschluß *nicht*[32]. Es gilt entsprechendes wie im Fall der Kapitalerhöhung; die Änderung der Kapitalziffer ist die automatische Folge des Herabsetzungsbeschlusses (§ 55, 18; zur Notwendigkeit der Beifügung des neuen Satzungswortlauts bei Anmeldung der Herabsetzung vgl. Rdn 62). Zur Zulässigkeit der Aufnahme der derzeitigen Gesellschafter und ihrer aus der Kapitalherabsetzung hervorgehenden Anteile in den Satzungstext sowie zur Streichung überholter Angaben dieses Inhalts vgl. § 53, 9 und 27 f.

35 *Entbehrlich* sind auch besondere Angaben über die Art der **Durchführung der Herabsetzung**[33]. Die Durchführung folgt mittelbar bereits aus der Festlegung des Zwecks im Herabsetzungsbeschluß (vgl. näher Rdn 65 f). Zusätzlicher Bestimmungen hierüber bedarf es nicht. Zur Verbindung von Herabsetzung und Einziehung vgl. Rdn 39 f.

3. Nachträgliche Änderungen

36 Es gelten die **allgemeinen Grundsätze** für Satzungsänderungen (§ 53, 73). Da die Herabsetzung erst mit der Eintragung im Handelsregister wirksam wird (§ 54 Abs. 3), sind die Gesellschafter bis dahin frei, den Herabsetzungsbeschluß aufzuheben oder zu ändern; sie können die Geschäftsführer auch anweisen, eine bereits erfolgte Anmeldung zurückzunehmen oder entsprechend dem Änderungsbeschluß zu modifizieren (§ 54, 22).

37 Der **Änderungsbeschluß** bedarf der Einhaltung der für Satzungsänderungen vorgeschriebenen Mehrheit und Form (Rdn 25). Gesonderter Zustimmung derjenigen Gesellschafter, denen durch den ursprünglichen Beschluß besondere Vorteile eingeräumt werden sollten, bedarf es nicht, da er noch keine Wirksamkeit erlangt hat. Die erneute Einhaltung der Gläubigerschutzbestimmungen über Bekanntmachung und Sperrjahr (Abs. 1 Nr. 1 und 2) ist erforderlich, wenn sich mit der Änderung eine *vermehrte* Herabsetzung des Kapitals verbindet[34]. Die Änderung kann sich auch auf den **Zweck** der Herabsetzung beziehen. Hierzu besteht namentlich dann Anlaß, wenn der ursprüng-

---

31 Ganz hM, vgl. Scholz/*Priester* 23; *Lutter/Hommelhoff* 6; aus Gründen der Rechtsklarheit zweifelnd *Roth* 3.1.

32 OLG Düsseldorf GmbH-Rdsch. 1968, 223; Scholz/*Priester* 33; Rowedder/*Zimmermann* 17.

33 Ebenso Scholz/*Priester* 36; Rowedder/*Zimmermann* 18; aA *Feine* S. 622.

34 Scholz/*Priester* 38; *Lutter/Hommelhoff* 9.

liche Zweck weggefallen ist, die Gesellschafter aber an der Durchführung der Kapitalherabsetzung festhalten wollen. Ansprüche von Gesellschaftern, in die durch Zweckänderung eingegriffen würde, sind vor Eintragung regelmäßig noch nicht entstanden[35]. Auch das Interesse der Gläubiger an der Information über den Herabsetzungszweck (Rdn 31) ist nicht so gewichtig, daß es einer nachträglichen Zweckänderung entgegenstünde; daher kann auch eine erneute Bekanntmachung nach Abs. 1 Nr. 1 in der Regel nicht verlangt werden. **Nach Eintragung** der Kapitalherabsetzung ist eine mehrheitliche Zweckänderung mit Rücksicht auf das Wirksamwerden der beschlossenen Maßnahmen (Verminderung des Nennbetrags der Geschäftsanteile, ggf. Entstehung von Rückzahlungsansprüchen oder Erlaß von Einlageforderungen, vgl. Rdn 65 f) ohne erneute Satzungsänderung *nicht* mehr möglich[36].

Für den **Aufhebungsbeschluß** genügt im Unterschied zum Änderungsbeschluß *einfache Mehrheit*; der Einhaltung notarieller Form bedarf es nicht (hM, vgl. § 53, 73). Geben die Gesellschafter die Absicht der Kapitalherabsetzung auf, so entfällt abweichend von Abs. 1 Nr. 2 auch die Möglichkeit der Gläubiger, auf Sicherstellung oder Befriedigung ihrer Forderungen zu dringen[37]. Ein materiellrechtlicher Anspruch hierauf steht ihnen ohnehin nicht zu (Rdn 48). Schon deshalb wird ihre Rechtsstellung durch den Aufhebungsbeschluß auch nicht beeinträchtigt. **38**

4. Kapitalherabsetzung und Einziehung

Die **Einziehung** ist im Unterschied zu § 237 AktG im GmbH-Recht als *selbständiges, von der Kapitalherabsetzung unabhängiges Rechtsinstitut* ausgestaltet. Seine Voraussetzungen und Rechtsfolgen richten sich nach § 34 (vgl. Erläut. hierzu). Das gilt auch dann, wenn Herabsetzungs- und Einziehungsbeschluß gleichzeitig gefaßt werden und die Kapitalherabsetzung zur Durchführung der Einziehung erforderlich ist (Rdn 40). Der Einziehungsbeschluß setzt die Zulassung der Einziehung in der Satzung voraus. Sie kann auch nachträglich im Wege der Satzungsänderung erfolgen, bedarf dann aber mit Ausnahme der Zulassung freiwilliger Einziehung der Zustimmung aller betroffenen Gesellschafter (vgl. näher § 34, 16 ff, 34 ff). Zulässig ist auch eine *Teileinziehung* in Verbindung mit der Kapitalherabsetzung (§ 34, 24). Für den Kapitalherabsetzungsbeschluß sind §§ 53, 58 einzuhalten. **39**

Die **Notwendigkeit einer Kapitalherabsetzung** im Zusammenhang mit der Einziehung kann sich aus zwei Gründen ergeben (vgl. auch Rdn 9). Sie besteht einmal, wenn der einzuziehende Geschäftsanteil *nicht voll eingezahlt* ist, da einem Einziehungsbeschluß hier das Erlaßverbot des § 19 Abs. 2 entgegensteht (§ 34, 19). In einem derartigen Fall kann die Einziehung daher nur mit der Maßgabe beschlossen werden, daß sie nicht vor dem Erlaß der ausstehenden Einlage im Wege der Kapitalherabsetzung wirksam wird. Einen zweiten Grund für die Verbindung von Einziehung und Kapitalherabsetzung kann die *Kapitalbindung des § 30* bilden. Ist die Zahlung des Einziehungsentgelts nicht ohne Verstoß gegen § 30 möglich, so erlangt der Einziehungsbeschluß keine Wirksamkeit (§ 34, 20, 59 ff). Auch hier bleibt der Weg über eine Kapitalherabsetzung, deren Zweck sich auf Rückzahlung der Einlage richtet. Rückzahlungs- und Erlaßzweck können durch den gleichen Beschluß verfolgt werden; es bedarf jedoch entsprechender Angaben im Herabsetzungsbeschluß (Rdn 32). **40**

---

[35] So auch Scholz/*Priester* 38; Rowedder/*Zimmermann* 19; aA *Feine* S. 625; *Buchwald* GmbH-Rdsch. 1958, 182.

[36] AA Scholz/*Priester* 38, der eine Zweckänderung ohne gleichzeitige Satzungsänderung grundsätzlich auch in diesem Stadium für zulässig hält; ebenso wohl *Schilling*-GroßkommAktG § 224, 4.

[37] Ebenso Scholz/*Priester* 39.

5. Kapitalherabsetzung im Liquidations- und Gründungsstadium

41 Ebenso wie sonstige Satzungsänderungen (vgl. § 53, 29) können grundsätzlich auch Maßnahmen der Kapitalherabsetzung **nach Auflösung** der Gesellschaft beschlossen werden; der Liquidationszweck steht in der Regel nicht entgegen[38]. Ein Interesse hieran kann namentlich dann bestehen, wenn sich die Liquidation wegen bestimmter Außenstände verzögert, aber bereits absehbar ist, daß das über das Mindestkapital hinausgehende Gesellschaftsvermögen nicht mehr zur Gläubigerbefriedigung benötigt wird. Allerdings bedarf es in derartigen Fällen der Einhaltung nicht nur der Vorschriften des § 58, sondern auch derjenigen des § 73 Abs. 1 und 2, wonach eine Verteilung von Gesellschaftsvermögen erst nach Tilgung oder Sicherstellung der Schulden, auch solcher gegenüber Gesellschaftsgläubigern, die sich nicht melden, zulässig ist, sowie der Beachtung des Sperrjahrs nach §§ 65 Abs. 2, 73 Abs. 1[39]. – Zur Kapitalherabsetzung im Konkurs vgl. § 63, 49.

41a Von der Kapitalherabsetzung nach § 58 strikt zu unterscheiden ist die Verminderung der im Gesellschaftsvertrag festgesetzten Kapitalziffer **vor Eintragung** der GmbH. Sie ist ebenso wie sonstige Vertragsänderungen im Gründungsstadium mit *Zustimmung aller Gründer* oder ihrer Rechtsnachfolger möglich[40] und bedarf notarieller Form (§ 11, 34). Die Gläubigerschutzvorschriften des § 58 Abs. 1 brauchen in diesem Stadium, vor Beendigung der registergerichtlichen Gründungskontrolle und Entstehung der GmbH als juristischer Person, nicht eingehalten zu werden. Durch die Vorbelastungshaftung der Gründer bei Eintragung der GmbH (§ 11, 85 ff) bzw. die Verlustausgleichspflicht im Fall der Liquidation der Vorgesellschaft (§ 11, 95) sind die Gläubiger hinreichend geschützt (vgl. näher § 11, 36). Eine Vertrauenshaftung der Gründer gegenüber den Gläubigern der Vor-GmbH mit Rücksicht auf die ursprünglich höhere Stammkapitalziffer kommt nur in Ausnahmefällen in Betracht[41].

V. Gläubigerschutz

1. Die Aufforderung der Gläubiger (Abs. 1 Nr. 1)

42 a) **Öffentliche Bekanntmachung.** Der Herabsetzungsbeschluß muß *von den Geschäftsführern bekanntgemacht* werden. Damit wird deren innergesellschaftliche Organkompetenz für die Veranlassung der Veröffentlichung klargestellt. Für den mit der Bekanntmachung bezweckten Gläubigerschutz genügt die Tatsache der Bekanntmachung; darauf, ob sie von Geschäftsführern in vertretungsberechtigter Zahl veranlaßt wurde, kommt es nicht an[42]. Die Bekanntmachung hat in den in § 30 Abs. 2 genannten Blättern zu erfolgen, d. h. in den von der Satzung vorgesehenen *Gesellschaftsblättern* (§ 3, 50), beim Fehlen einer Satzungsregelung in den vom Handelsregister des Gesellschaftssitzes bestimmten Blättern (§§ 10, 11 HGB; § 10, 23). In jedem dieser Blätter muß die Veröffentlichung zu *drei verschiedenen Malen* erfolgen. Das kann in drei aufeinander folgenden Ausgaben geschehen; ein bestimmter Mindestabstand ist nicht einzuhalten (einhM).

---

[38] HM, vgl. OLG Frankfurt NJW 1974, 463; Scholz/*Priester* 41; *Sudhoff* Gesellschaftsvertrag der GmbH[7] S. 595 f; jetzt auch Baumbach/Hueck/*Schulze-Osterloh* § 69, 22.

[39] HM, vgl. OLG Frankfurt NJW 1974, 463; Scholz/*Priester* 41; Baumbach/Hueck/*Schulze-Osterloh* § 69, 22; *Meyer-Landrut*/Miller/Niehus 13; aA *Lutter*/*Hommelhoff* 22 und Rowedder/*Zimmermann* 20, die die Anwendung des § 58 neben § 73 für nicht sinnvoll halten.

[40] AA *Priester* ZIP 1987, 280, 285, der schon vor Eintragung Dreiviertelmehrheit genügen lassen will.

[41] Weitergehend *Priester* ZIP 1987, 280, 285; Scholz/*Priester* 40.

[42] Scholz/*Priester* 43; Baumbach/Hueck/*Zöllner* 16.

Als **Inhalt der Bekanntmachung** genügt die Mitteilung des Herabsetzungsbeschlusses seinem wesentlichen Inhalt nach sowie die Aufforderung der Gläubiger, sich bei der Gesellschaft zu melden. Der Angabe des Herabsetzungszwecks bedarf es in der Bekanntmachung nicht[43]. Entsprechendes gilt für Befristungen oder im Falle eines Höchstbetrages für die seiner Konkretisierung dienenden Umstände[44]. Allerdings muß anfragenden Gläubigern wegen ihres berechtigten Informationsinteresses (Rdn 31) Auskunft über den Zweck und über das voraussichtliche Ausmaß der Herabsetzung erteilt werden[45]. Entbehrlich sind auch Angaben in der Bekanntmachung über die Rechte der Gläubiger für den Fall der Meldung (anders aber § 225 Abs. 1 S. 2 AktG) sowie Hinweise auf die Folgen unterbliebener Meldung[46]. **43**

b) **Besondere Mitteilung.** Sie hat nach Abs. 1 Nr. 1, letzter Halbsatz, *gegenüber den der Gesellschaft bekannten Gläubigern* zu erfolgen. Die Kenntnis der Gesellschaft kann sich aus den Handelsbüchern oder aus sonstigen Umständen ergeben. Unerheblich ist, ob die Forderungen als unbedingte entstanden oder fällig sind; bei fälligen Forderungen steht es der Gesellschaft frei, diese anstelle einer Mitteilung zu erfüllen. In **zeitlicher Hinsicht** kommt es nicht auf den Kreis der Gläubiger bei Beschlußfassung über die Herabsetzung an, sondern auf denjenigen im Zeitpunkt der dritten Bekanntmachung[47]. Gegenüber Gläubigern, die nach diesem Zeitpunkt hinzutreten, kann sich eine Hinweispflicht auf die bevorstehende Kapitalherabsetzung nur aus allgemeinen schuldrechtlichen Grundsätzen ergeben[48]. – Die Pflicht zu besonderer Mitteilung entfällt, wenn ein Gläubiger bereits informiert ist, namentlich wenn er der Kapitalherabsetzung bereits zugestimmt hat. **44**

Eine besondere **Form** ist für die Mitteilung *nicht* vorgeschrieben. Aus Beweisgründen empfiehlt sich freilich die Schriftform. Für den **Inhalt** der Mitteilung und die Informationsrechte der Gläubiger gelten die Ausführungen in Rdn 43. **45**

Eine **Frist** für die Mitteilung ist gesetzlich *nicht* bestimmt; ebenso gibt es keine vorgeschriebene Reihenfolge zwischen öffentlicher Bekanntmachung und Mitteilung. Mit Rücksicht auf den sich verändernden Gläubigerkreis sowie auf den Zeitpunkt der letzten Bekanntmachung als Stichtag für dessen Abgrenzung (Rdn 44) empfiehlt es sich freilich, die Mitteilung erst nach der Bekanntmachung vorzunehmen. In jedem Fall muß die Mitteilung so rechtzeitig erfolgen, daß den Gläubigern eine *angemessene Bedenkfrist* bis zum Ablauf des Sperrjahres (Abs. 1 Nr. 3) verbleibt[49]. **46**

2. Rechtsstellung der Gläubiger (Abs. 1 Nr. 2)

a) **Widerspruchsrecht.** Die **materiellrechtliche Stellung** der Gläubiger wird durch den Kapitalherabsetzungsbeschluß oder dessen Bekanntmachung *nicht* berührt. Soweit Forderungen noch nicht fällig sind, wird die Fälligkeit nicht etwa vorverlegt. Auch **47**

---

43 HM, vgl. BayObLG GmbH-Rdsch. 1979, 111, 112; Scholz/*Priester* 43; Baumbach/Hueck/*Zöllner* 16; *Lutter/Hommelhoff* 10; *Roth* 3.2; *Brodmann* 2c.

44 So auch Scholz/*Priester* 43; aA Baumbach/Hueck/*Zöllner* 16.

45 Scholz/*Priester* 43; *Lutter/Hommelhoff* 10; *Meyer-Landrut*/Miller/Niehus 17.

46 Ebenso Scholz/*Priester* 44; Rowedder/*Zimmermann* 22; jetzt auch Baumbach/Hueck/*Zöllner* 16; aA *Bartl/Henkes/Schlarb* 821.

47 KGJ 37, 163; Scholz/*Priester* 47; *Lutter/Hommelhoff* 13; Rowedder/*Zimmermann* 23.

48 Str.; wie hier Rowedder/*Zimmermann* 23; für Hinweispflicht bei größeren Geschäftsabschlüssen auf Kredit Scholz/*Priester* 48; noch weitergehend Baumbach/Hueck/*Zöllner* 17; *Roth* 4.1, die eine generelle Offenbarungspflicht annehmen; aA (Hinweispflicht generell ablehnend) *Meyer-Landrut*/Miller/Niehus 19.

49 So auch Scholz/*Priester* 47; *Lutter/Hommelhoff* 10; enger Baumbach/Hueck/*Zöllner* 17, der unverzügliche Mitteilung nach Bekanntmachung verlangt.

begründet die beschlossene und bekanntgemachte Kapitalherabsetzung keinen materiellrechtlichen Anspruch auf Sicherstellung (Rdn 48). Ein solcher kann sich nur aus dem jeweiligen Schuldverhältnis ergeben. Denkbar ist je nach Lage des Falles, daß Gläubiger mit Rücksicht auf den Herabsetzungsbeschluß und seine Folgen für das Gesellschaftsvermögen ein Leistungsverweigerungsrecht nach § 321 BGB oder ein Widerrufsrecht nach § 610 BGB geltend machen. Derartige Rechte kommen u. U. auch für nicht informierte *Neugläubiger* in Betracht, da sie der Kapitalherabsetzung als solcher nicht widersprechen können (Rdn 51).

48 Die den Geschäftsführern in Abs. 1 Nr. 2 vorgeschriebene **Befriedigung oder Sicherstellung** der sich meldenden Gläubiger begründet *keine materiellrechtliche Pflicht* der Gesellschaft gegenüber den Gläubigern. Sie gibt diesen daher auch keinen klagbaren Anspruch, sondern bildet lediglich eine *Anmeldevoraussetzung nach Abs. 1 Nr. 4*. Die Gläubiger können daher auch nicht Befriedigung oder Sicherung verlangen, sondern nur durch Hinweis auf die ausstehende Sicherung oder Befriedigung die Eintragung der Kapitalherabsetzung und damit deren Wirksamwerden verhindern[50]. Hierzu genügt eine Mitteilung gegenüber dem Registergericht, mit der die Unrichtigkeit der Versicherung der Geschäftsführer nach Abs. 1 Nr. 4 dargetan wird; das Gericht hat die Eintragungsvoraussetzungen von Amts wegen zu prüfen (Rdn 68). Bestreitet die Gesellschaft das Bestehen der Forderung oder die rechtzeitige (Rdn 50) Meldung des Gläubigers, so kann dieser zur Verhinderung der Eintragung (§ 16 Abs. 2 HGB) eine einstweilige Verfügung gegen die Gesellschaft erwirken.

49 Das **Widerspruchsrecht** setzt voraus, daß die Gläubiger sich bei der Gesellschaft *melden* und der Kapitalherabsetzung *nicht zustimmen* (Abs. 1 Nr. 2). Eines ausdrücklichen Widerspruchs bedarf es nicht. Es genügt, wenn der Gläubiger bei der Gesellschaft vorstellig wird und sein Interesse an Befriedigung oder Sicherstellung im Hinblick auf den Kapitalherabsetzungsbeschluß geltend macht. Der Widerspruch ist keine Willenserklärung und setzt keinen Rechtsfolgewillen des Widersprechenden voraus; er ist als geschäftsähnliche Handlung zu qualifizieren[51]. Eine „Meldung" bei der Gesellschaft ohne erkennbaren Bezug zur Kapitalherabsetzung reicht nicht aus[52]. Im Zahlungsverlangen für eine fällige Forderung ist nicht ohne weiteres auch ein konkludenter Widerspruch gegen eine Kapitalherabsetzung zu sehen. Wer sich nicht meldet, gilt als zustimmend. Den geltendgemachten Widerspruch kann der Gläubiger aufgrund von Verhandlungen mit der Gesellschaft zurücknehmen. Ist Befriedigung oder volle Sicherstellung erfolgt, so erlischt das Widerspruchsrecht (Rdn 48).

50 Eine **Frist** für die Geltendmachung des Widerspruchs ist *gesetzlich nicht vorgesehen*. Auf den Ablauf des Sperrjahres (Abs. 1 Nr. 3) kommt es nicht an. Ein erst nach Anmeldung erhobener Widerspruch ist allerdings unbeachtlich[53]. Er hindert die Eintragung nicht, da die Befriedigung oder Sicherstellung widersprechender Gläubiger nach Abs. 1 Nr. 4 nicht als Eintragungs-, sondern als Anmeldevoraussetzung ausgestaltet ist. Stichtag für die Rechtzeitigkeit des Widerspruchs ist also das *Datum der Anmeldung*[54]. Es kann nicht vor Ablauf des Sperrjahres liegen.

---

[50] Ebenso Scholz/*Priester* 49; Baumbach/Hueck/*Zöllner* 18; Rowedder/*Zimmermann* 28; aA (für Anspruch auf Sicherstellung) *Meyer-Landrut*/Miller/Niehus 20; *Bartl/Henkes/Schlarb* 822.

[51] Ähnlich Scholz/*Priester* 50; Baumbach/Hueck/*Zöllner* 18, die in erster Linie ein faktisches Verhalten annehmen; aA (für empfangsbedürftige Willenserklärung) *Lutter/Hommelhoff* 12.

[52] So auch Scholz/*Priester* 50.

[53] AA noch Hachenburg/*Schilling*[6] 24; *Feine* S. 623; *Brodmann* 2 e; so auch heute noch *Roth* 4.2, 5.3.

[54] HM, vgl. Scholz/*Priester* 51; Baumbach/Hueck/*Zöllner* 20; *Meyer-Landrut*/Miller/Niehus 21.

b) **Berechtigte Gläubiger.** Zum Widerspruch berechtigt sind diejenigen Gläubiger, deren Forderungen im **Zeitpunkt der dritten Bekanntmachung** begründet waren[55]; es gilt entsprechendes wie hinsichtlich der besonderen Mitteilung nach Abs. 1 Nr. 1 (Rdn 44). Später hinzutretende Gläubiger sind darauf beschränkt, ihre Rechte nach allgemeinen Grundsätzen (Rdn 47) geltendzumachen, soweit sie sich nicht die Bekanntmachung der Kapitalherabsetzung entgegenhalten lassen müssen. **51**

Für die **Entstehung** der Forderungen gelten die allgemeinen Grundsätze. Ebenso wie im Fall der §§ 128, 159 HGB[56] genügt es, daß der Rechtsgrund für die Forderung gelegt ist. Fälligkeit ist nicht erforderlich. Auch *befristete*, aufschiebend oder auflösend *bedingte* Forderungen berechtigen zum Widerspruch vor Bedingungseintritt (vgl. auch §§ 65 bis 67 KO zur konkursrechtlichen Behandlung). Während das Widerspruchsrecht für befristete und auflösend bedingte, noch nicht fällige Forderungen anerkannt ist, ist es für **aufschiebend bedingte** Forderungen umstritten[57]. Entscheidend *für* die grundsätzliche Berücksichtigung auch dieser Forderungen spricht, daß der Entstehungsgrund der Forderung in die Zeit vor der Kapitalherabsetzung fällt und die Gläubiger, die eine unentziehbare, vom Eintritt eines künftigen ungewissen Ereignisses abhängige Anwartschaft erworben haben, im Hinblick auf die Möglichkeit des Bedingungseintritts regelmäßig ebenso schutzbedürftig sind wie die Gläubiger befristeter Forderungen. Abweichendes gilt bei geringer Wahrscheinlichkeit des Bedingungseintritts oder beim Fehlen gesicherter Anwartschaften wie z. B. bei verfallbaren Ruhegeldzusagen (vgl. § 1 BetrAVG)[58]. – Zum Umfang der Sicherstellung in derartigen Fällen vgl. Rdn 53, zur Behandlung bestrittener Forderungen Rdn 54. **51a**

c) **Befriedigung oder Sicherstellung.** Über die Frage, ob die Forderungen der sich meldenden, der Kapitalherabsetzung widersprechenden Gläubiger erfüllt oder gesichert werden, entscheiden **die Geschäftsführer** nach *pflichtgemäßem Ermessen.* Da es bei der Abwendung des Widerspruchs um eine Anmeldevoraussetzung geht und hierfür nach Abs. 1 Nr. 2 und 4 bereits Sicherstellung ausreicht, kommt diese auch bei fälligen Forderungen in Betracht[59]. Der davon zu unterscheidende materielle Anspruch des Gläubigers auf Befriedigung, den er unabhängig von der Kapitalherabsetzung im Klagewege durchsetzen kann, bleibt unberührt (vgl. Rdn 47). Weigert sich der Gläubiger, die ihm ordnungsgemäß angebotene Befriedigung oder Sicherung anzunehmen, so verliert er auch dadurch sein Widerspruchsrecht[60]. **52**

Die **Art und Weise der Sicherstellung** richtet sich grundsätzlich nach §§ 232 bis 240 BGB[61]. Mit Einverständnis des Gläubigers können von der Gesellschaft auch andere als die dort genannten Sicherungen gestellt werden. Der Wert der Sicherungen muß die zu sichernde Forderung voll abdecken. Eine bereits *voll gesicherte Forderung bedarf keiner zusätzlichen Sicherung* im Hinblick auf die Kapitalherabsetzung; ein **53**

---

55 HM, vgl. Scholz/*Priester* 51; *Lutter/Hommelhoff* 13; Rowedder/*Zimmermann* 26; aA Baumbach/Hueck/*Zöllner* 21; *Roth* 4.2, 5.5, die auf die Anmeldung abstellen.

56 Vgl. dazu näher *Rob. Fischer*-GroßkommHGB[3] § 128, 50 ff.

57 Für ihre Berücksichtigung die hM, vgl. Scholz/*Priester* 52; *Lutter/Hommelhoff* 13; Rowedder/*Zimmermann* 26; Baumbach/*Hueck*[13] 2 A; so im Aktienrecht auch *Koppensteiner*-KölnKommAktG[2] § 303, 8; aA Hachenburg/*Schilling*[6] 23; *Kraft*-KölnKommAktG[2] § 347, 5; *Geßler*/Hefermehl/Eckardt/Kropff AktG § 303, 8; *Würdinger*-GroßkommAktG § 321, 3; *Widmann/Mayer* UmwG § 7, 223, 227.

58 Zum Widerspruchsrecht des Pensionssicherungsvereins wegen der nach § 9 Abs. 2 BetrAVG auf ihn übergehenden Ansprüche vgl. *Wiedemann/Küpper* Festschrift Pleyer (1986) S. 445.

59 Allg. Ansicht, vgl. Scholz/*Priester* 53; Baumbach/Hueck/*Zöllner* 22; Rowedder/*Zimmermann* 30.

60 So wohl auch Scholz/*Priester* 53.

61 Eingehend dazu *Rittner* Festschrift Oppenhoff (1985) S. 317, 329 ff.

Widerspruchsrecht kommt hier nicht in Betracht[62]. Das gilt auch dann, wenn die (mit Einverständnis des Gläubigers bestellten) Sicherungen nicht den Anforderungen der §§ 232 ff BGB genügen[63]. Ob die vorhandenen Sicherheiten von der Gesellschaft selbst oder von Dritten bestellt sind, ist vorbehaltlich des Bestehens von Ausgleichsforderungen ohne Bedeutung. Zu sichern sind auch *befristete und aufschiebend oder auflösend bedingte Forderungen* (vgl. näher Rdn 51 a); jedoch ist bei der Höhe der erforderlichen Sicherheitsleistung je nach Lage des Falles ein Bewertungsabschlag veranlaßt.

54 Auch **bestrittene** Forderungen sind grundsätzlich *sicherzustellen*; das folgt aus dem mit Abs. 1 Nr. 2 bezweckten Gläubigerschutz. Von den entsprechenden Pflichten kann sich die Gesellschaft nicht durch bloßes Bestreiten befreien. *Anderes* gilt dann, wenn die geltendgemachten Forderungen *offensichtlich unbegründet* sind oder die Geschäftsführer aufgrund sorgfältiger Prüfung zu dem Ergebnis kommen, daß sie nicht bestehen. In solchen Fällen können die Geschäftsführer die Versicherung nach Abs. 1 Nr. 4 auch abgeben, ohne daß das Nichtbestehen der Forderung rechtskräftig festgestellt ist[64]. Allerdings handeln sie dabei auf eigenes Risiko und setzen sich im Verschuldensfall zivil- und strafrechtlichen Sanktionen aus (Rdn 56). Erfährt das Registergericht von der streitigen Forderung, so kann es die Eintragung der Kapitalherabsetzung nach Maßgabe von § 127 FGG aussetzen (Rdn 70).

3. Übergangene Gläubiger

55 Gläubiger, die sich bis zur Anmeldung des Herabsetzungsbeschlusses **nicht gemeldet** haben, brauchen weder befriedigt noch sichergestellt zu werden. Das gilt auch dann, wenn das Bestehen ihrer Forderung den Geschäftsführern bekannt ist. Auf die materiellrechtliche Durchsetzbarkeit der Forderung haben Anmeldung und Eintragung des Herabsetzungsbeschlusses ohnedies keinen Einfluß (Rdn 47). Zu den Rechtsfolgen bei Verletzung der Pflicht zu besonderer Mitteilung vgl. Rdn 57.

56 Haben sich Gläubiger **rechtzeitig gemeldet** und Widerspruch gegen die Kapitalherabsetzung erhoben, sind sie jedoch *nicht befriedigt oder sichergestellt* worden und haben die Geschäftsführer gleichwohl bei Anmeldung der Kapitalherabsetzung eine uneingeschränkte Versicherung nach Abs. 1 Nr. 4 abgegeben, so können die betroffenen Gläubiger diesen Mangel entweder selbst dem Registergericht mitteilen oder eine einstweilige Verfügung gegen die Eintragung der Kapitalerhöhung erwirken (Rdn 48); anderes gilt nur bei bestrittenen, offensichtlich unbegründeten Forderungen (Rdn 54). Wird gleichwohl eingetragen, so wird die Kapitalherabsetzung trotz Übergehung der betroffenen Gläubiger wirksam (Rdn 75); die Möglichkeit einer Amtslöschung ist nicht gegeben (Rdn 76). Den Gläubigern steht jedoch ein **Schadensersatzanspruch gegen die Geschäftsführer** wegen Verletzung eines Schutzgesetzes (§ 823 Abs. 2 BGB iVm § 58 Abs. 1 Nr. 2 und 4) zu, wenn diese schuldhaft gehandelt haben[65]. Er kann nach Maßgabe von § 31 BGB *auch gegen die Gesellschaft* selbst geltend gemacht werden. Inhaltlich geht er auf nachträgliche Sicherstellung, soweit die Forderung noch nicht

[62] Allg. Ansicht, vgl. Scholz/*Priester* 54; Baumbach/Hueck/*Zöllner* 22; *Meyer-Landrut*/Miller/Niehus 20; *Roth* 4.2.

[63] So zutr. *Lutter*-KölnKommAktG § 225, 16; aA *Rittner* Festschrift Oppenhoff (1985) S. 325 ff, 329 f; ihm folgend Scholz/*Priester* 54.

[64] So auch Scholz/*Priester* 57; Rowedder/*Zimmermann* 26; *Roth* 4.2; *Feine* S. 623; aA KGJ 34 A 172; *Lutter*-KölnKommAktG § 225, 20.

[65] EinhM, vgl. Scholz/*Priester* 77 f; Baumbach/Hueck/*Zöllner* 41; *Lutter*/*Hommelhoff* 10; *Roth* 4.1; für Schutzgesetzcharakter von § 58 I zugunsten der Gläubiger auch BayObLG BB 1974, 1362, 1363.

fällig ist (§ 249 BGB). Erleiden die betroffenen Gläubiger bei der Gesellschaft einen Ausfall, so ist dieser von den Geschäftsführern zu ersetzen. – Die **Strafbarkeit** der Geschäftsführer wegen Abgabe einer unwahren Versicherung iSv Abs. 1 Nr. 4 richtet sich nach § 82 Abs. 2 Nr. 1.

Eine Schadensersatzpflicht der Geschäftsführer sowie nach Maßgabe von § 31 BGB **57**
eine solche auch der Gesellschaft selbst entsteht ferner dann, wenn die Geschäftsführer entgegen Abs. 1 Nr. 1 die **besondere Mitteilung gegenüber bekannten Gläubigern unterlassen** haben und diesen dadurch mangels Meldung und Widerspruch ein Schaden entstanden ist[66]. Auf die Wirksamkeit des eingetragenen Kapitalherabsetzungsbeschlusses hat auch dieser Verstoß keinen Einfluß. Von der fehlenden Strafsanktion abgesehen, gelten die in Rdn 56 dargelegten Haftungsgrundsätze entsprechend.

IV. Anmeldung zum Handelsregister

1. Anmelder

Die Anmeldung hat nach Abs. 1 Nr. 3 iVm § 78 durch **sämtliche** Geschäftsführer, **58**
auch die stellvertretenden, beim *Sitzgericht* zu erfolgen. Es gelten die gleichen Grundsätze wie für die Anmeldung der Kapitalerhöhung (§ 57, 19 ff; dort auch zur Frage einer Anmeldepflicht). Zu den Formalien der Anmeldung beim Bestehen von Zweigniederlassungen vgl. § 59, 3.

2. Sperrjahr (Abs. 1 Nr. 3)

Die Anmeldung darf anders als im Aktienrecht (§§ 223, 227 Abs. 2 AktG) erst mit **59**
dem **Ablauf eines Jahres** seit dem Tage vorgenommen werden, an dem die Gläubiger zum *dritten* Mal durch öffentliche Bekanntmachung (Rdn 42) zur Meldung aufgefordert worden sind (sog. Sperrjahr, vgl. Abs. 1 Nr. 3). Eine vorzeitige Anmeldung ist mit Rücksicht auf die noch laufende Frist für die Meldung von Gläubigern (Rdn 50) zurückzuweisen. Auf den Zeitpunkt der besonderen Mitteilung an die bekannten Gläubiger kommt es nicht an (Rdn 46); ebenso muß die Erfüllung dieser Pflicht bei der Anmeldung nicht nachgewiesen werden[67]. – *Rechtspolitisch* wird die Länge des in Abs. 1 Nr. 3 vorgesehenen Sperrjahrs mit Recht kritisiert[68]. Die in §§ 178, 179 RegE GmbHG 1971 vorgesehene, der Abkürzung und Vereinfachung dienende Angleichung an das aktienrechtliche System der ordentlichen Kapitalherabsetzung ist von der GmbH-Novelle 1980 jedoch nicht übernommen worden. Zur vorgesehenen Einführung der vereinfachten Kapitalherabsetzung entsprechend §§ 229 ff AktG im Zuge der Insolvenzrechtsreform vgl. Rdn 3 a.

3. Inhalt und Form der Anmeldung

Es gelten die allgemeinen Grundsätze (vgl. § 54, 6 f). Anzumelden ist der **Kapitalher-** **60**
absetzungsbeschluß. Dabei genügt die *schlagwortartige Kennzeichnung* seines Inhalts unter Bezugnahme auf das beizufügende Beschlußprotokoll (§ 54, 6). Auch besonderer Angaben über den – aus dem Beschlußprotokoll ersichtlichen (Rdn 31) – *Zweck* der Kapitalherabsetzung oder über die Art von dessen Durchführung bedarf es nicht[69]; im

66 BayObLG BB 1974, 1362, 1363.
67 BayObLG BB 1974, 1362.
68 Vgl. schon Hachenburg/*Schilling*[6] 27; so auch Scholz/*Priester* 59.
69 Scholz/*Priester* 63; *Lutter/Hommelhoff* 17; Rowedder/*Zimmermann* 33; *Meyer-Landrut*/Miller/Niehus 23; aA *Feine* S. 624.

Fall nachträglicher Zweckänderung (Rdn 37) ist das Änderungsprotokoll beizufügen. Die **Form** der Anmeldung bestimmt sich nach § 12 HGB (§ 54, 7).

61 Der Inhalt der von sämtlichen Geschäftsführern (Rdn 58) bei der Anmeldung abzugebenden **Versicherung** bestimmt sich nach **Abs. 1 Nr. 4.** Zu versichern ist, daß die Gläubiger, welche sich bei der Gesellschaft gemeldet haben, befriedigt oder sichergestellt sind. Auf die besondere Mitteilung an die bekannten Gläubiger braucht sich die Versicherung nicht zu erstrecken[70]. Eine Vertretung bei Abgabe der Versicherung ist ausgeschlossen (vgl. dazu § 7, 11 f). Zu den zivil- und strafrechtlichen Sanktionen bei unrichtiger Versicherung vgl. Rdn 56.

4. Anlagen

62 Der Anmeldung sind außer dem **Beschlußprotokoll** (vgl. § 54, 14) einschließlich etwaiger späterer Änderungen (Rdn 37) sowie der **Neufassung des Satzungswortlauts** (vgl. dazu § 57, 17 für den entsprechenden Fall der Kapitalerhöhung)[71] nach Abs. 1 Nr. 4 weiter die **Belegblätter** über die dreimalige öffentliche Bekanntmachung beizufügen. Dagegen bedarf es keines Nachweises über die besondere Mitteilung gegenüber bekannten Gläubigern[72].

VII. Eintragung und Veröffentlichung

1. Inhalt

63 Der Inhalt von Eintragung und Veröffentlichung ergibt sich aus § 54 Abs. 2. Danach fällt die Kapitalherabsetzung unter die **ausdrücklichen Eintragungen** (§ 54, 25). Einzutragen und nach § 54 Abs. 2 iVm § 10 Abs. 3 bekanntzumachen sind die Herabsetzung sowie der sich daraus ergebende Betrag des Stammkapitals, ferner die Daten der Beschlußfassung und der Eintragung. Einzutragen und bekanntzumachen ist danach etwa folgender Text: „Das Stammkapital ist auf ... DM herabgesetzt. Eingetragen aufgrund des Gesellschafterbeschlusses vom ... am ...".

2. Wirkungen

64 a) **Zeitpunkt.** Die Kapitalherabsetzung wird wie jede Satzungsänderung mit der **Eintragung** in das Handelsregister wirksam (§ 54 Abs. 3; zur Heilungswirkung der Eintragung bei Fehlern des Beschlusses oder des Eintragungsverfahrens vgl. § 54, 32 ff, § 57, 37 ff und unten Rdn 71 ff). Eine Rückwirkung ist im Verhältnis zu Dritten ausgeschlossen (§ 53, 25). Nach Eintragung kann die Kapitalherabsetzung nicht mehr beseitigt werden (zur Aufhebung oder Änderung des Beschlusses vor Eintragung vgl. Rdn 36 ff). Statt dessen kommt eine Kapitalerhöhung in Betracht; dabei sind etwaige durch die Kapitalherabsetzung entstandene Rückzahlungsansprüche als Sacheinlagen einzubringen. – Die *Veröffentlichung* ist für die Wirksamkeit des Beschlusses ohne Bedeutung. Ihre Wirkungen richten sich nach § 15 Abs. 2 und 3 HGB.

65 b) **Durchführung.** Sie richtet sich nach dem *Zweck* der Kapitalherabsetzung (Rdn 5 ff). Geht er auf **Rückzahlung** von Einlagen (Rdn 6), so entsteht der Rückzahlungsanspruch in den Grenzen des § 30 *mit Eintragung* des Beschlusses, ohne daß es

---

[70] BayObLG BB 1974, 1362.

[71] HM, vgl. Scholz/*Priester* 64; Baumbach/Hueck/*Zöllner* 36; aA bei Änderung nur der Kapitalziffer *Roth* 5.1, § 57, 2.1.

[72] BayObLG BB 1974, 1362 f; Scholz/*Priester* 64; Rowedder/*Zimmermann* 35.

eines besonderen Ausschüttungsbeschlusses bedarf[73]. Vorzeitige Auszahlungen verstoßen gegen § 30, soweit sie nicht mit Mitteln bewirkt werden können, die über das zur Deckung des (alten) Stammkapitals erforderliche Gesellschaftsvermögen hinaus verfügbar sind[74]. Bei Herabsetzung zum **Erlaß** von Einlagen (Rdn 7) sind zusätzlich entsprechende Erlaßverträge (§ 397 BGB) zwischen Gesellschaft und Gesellschaftern erforderlich[75]. Soweit Gesellschafter dem Herabsetzungsbeschluß zustimmen, liegt darin regelmäßig zugleich das Angebot zum Abschluß eines aufschiebend – durch Eintragung des Beschlusses – bedingten Erlaßvertrags, das von den Geschäftsführern konkludent angenommen wird[76]. Einer Kapitalherabsetzung zur Einstellung der freigewordenen Beträge in **Rücklagen** (Rdn 11) ist in dem auf die Eintragung folgenden Jahresabschluß Rechnung zu tragen, ohne daß es weiterer Beschlußfassung hierüber bedarf[77].

Erfolgt die Kapitalherabsetzung zur Ermöglichung einer **Einziehung oder Abfindung** ohne Verstoß gegen § 30 (Rdn 9), so können jetzt die erforderlichen Maßnahmen getroffen, insbesondere der Einziehungsbeschluß gefaßt oder die Ausschließungsklage erhoben werden. War die Einziehung zusammen mit der Kapitalherabsetzung beschlossen worden, um dadurch § 30 Rechnung zu tragen, so erlangt sie mit Eintragung des Herabsetzungsbeschlusses volle Wirksamkeit (vgl. Rdn 39 f). Auch bei Herabsetzung zur Beseitigung einer **Unterbilanz** (Rdn 12) tritt diese Wirkung unmittelbar mit Eintragung des Herabsetzungsbeschlusses ohne weiteres ein (RGZ 101, 199, 201); der Ausweis hat durch entsprechende Buchungen in den Geschäftsbüchern sowie im nachfolgenden Jahresabschluß zu erfolgen. **66**

Zu den Auswirkungen der Kapitalherabsetzung auf den **Nennbetrag der betroffenen Geschäftsanteile** vgl. Rdn 20 ff. Die *anteilige Anpassung* der Nennbeträge an das herabgesetzte Stammkapital tritt *automatisch* mit Eintragung ein. Einer entsprechenden Regelung im Herabsetzungsbeschluß bedarf es nur dann, wenn die Nennbeträge der Anteile nicht gleichmäßig herabgesetzt oder bestimmte Anteile zusammengelegt werden sollen (Rdn 33). **67**

VIII. Registerverfahren

1. Prüfungsaufgaben

a) **Prüfungsgegenstände.** Allgemein zu den Prüfungsaufgaben des Registergerichts bei Satzungsänderungen vgl. § 54, 41 f. Über die dort genannten Gegenstände hinaus ist im Falle der Kapitalherabsetzung weiter die Einhaltung der **Anmeldungserfordernisse** des Abs. 1 Nr. 3 und 4 (Vorliegen der Belegblätter, Beachtung des Sperrjahrs, Abgabe der Versicherung) sowie der gesetzlichen **Mindestkapitalziffer** (Rdn 29) zu prüfen, bei Herabsetzung zur Verfügbarmachung von Gesellschaftsvermögen auch die Beachtung der Vorschriften über den Mindestbetrag der aus der Kapitalherabsetzung resultierenden Stammeinlagen und Geschäftsanteile (Abs. 2 S. 2 iVm § 5 Abs. 1 und 3, **68**

[73] So auch Scholz/*Priester* 70, 73; Rowedder/*Zimmermann* 39.

[74] Vgl. dazu näher *Kerssenbrock* GmbH-Rdsch. 1984, 306, 308 f, der hinsichtlich der bilanziellen Behandlung von nach § 30 zulässigen Auszahlungen freilich zu Unrecht von einem aktivischen Korrekturposten bis zum Wirksamwerden der Kapitalherabsetzung (statt der gebotenen Verminderung der Rücklagen) ausgeht.

[75] Ebenso Scholz/*Priester* 72; Rowedder/*Zimmermann* 39; aA *Brodmann* 1, 4 b; *Feine* S. 625.

[76] Ähnlich auch Scholz/*Priester* 72; Rowedder/*Zimmermann* 39.

[77] Scholz/*Priester* 71; Rowedder/*Zimmermann* 39; vgl. auch *Lutter*-KölnKommAktG § 224, 12.

vgl. Rdn 20f). Dagegen erstreckt sich die Prüfung nicht auf die Einhaltung der Vorschriften über die besondere Mitteilung an die Gläubiger (Rdn 44); auch Nachweise hierüber können nicht verlangt werden[78]. Im Falle von Verstößen gegen die Mitteilungspflicht bewendet es bei den entsprechenden zivilrechtlichen Sanktionen (vgl. Rdn 57).

69 b) **Prüfungsunterlagen.** Hinsichtlich der Prüfungsunterlagen ist der Registerrichter in erster Linie auf die Anmeldung und die ihr nach gesetzlicher Regel beizufügenden Anlagen (Rdn 62) verwiesen. Besondere, darüberhinausgehende **Nachweise** muß er dann verlangen, wenn er nach den Umständen des Einzelfalles *sachlich berechtigte Zweifel* am Vorliegen der Eintragungsvoraussetzungen hat (vgl. § 9c, 12 und § 57a, 6). Er darf jedoch seine Prüfungsfunktion nicht überspannen. Dementsprechend können Nachweise über die *Befriedigung oder Sicherstellung* von widersprechenden Gläubigern *nicht routinemäßig*, sondern nur dann verlangt werden, wenn der Registerrichter Anhaltspunkte für die Unrichtigkeit der vorbehaltlosen Versicherung der Geschäftsführer nach Abs. 1 Nr. 4 hat[79]. Sie können sich aus Mitteilungen übergangener Gläubiger, aber auch aus einem Hinweis der Geschäftsführer auf das Vorhandensein bestrittener Forderungen (Rdn 54) ergeben. Hinsichtlich der Einhaltung der aus Abs. 2 S. 2 folgenden *Mindestbeträge der Geschäftsanteile* (Rdn 20f) sind der Anmeldung selbst oder dem beigefügten Beschlußprotokoll Angaben im Regelfall nicht zu entnehmen (Rdn 33). Insoweit kann ein Auskunftsverlangen oder die Anforderung von Nachweisen über die Auswirkungen der Kapitalherabsetzung auf die Geschäftsanteile vor allem dann veranlaßt sein, wenn der Umfang der Herabsetzung und die aus der letzten Januarliste (§ 40) ersichtliche Höhe der Geschäftsanteile Anlaß geben, an der Vereinbarkeit des Herabsetzungsbeschlusses mit den in § 5 Abs. 1 und 3 genannten Mindestbeträgen zu zweifeln.

70 c) **Bestrittene Forderungen.** Ist für bestrittene Forderungen keine Sicherstellung erfolgt, so ist die Eintragung abzulehnen, wenn die Forderungen nicht entweder offensichtlich unbegründet sind (Rdn 54) oder der Registerrichter aus sonstigen Gründen aufgrund eigener Prüfung zu dem Ergebnis kommt, daß sie nicht bestehen. Eine Pflicht des Registerrichters zur Prüfung der Unbegründetheit der Forderungen besteht nicht[80]. Er kann stattdessen auch die Eintragung nach § 127 FGG aussetzen und der Gesellschaft eine Frist zur Erhebung negativer Feststellungsklage gegen den widersprechenden angeblichen Gläubiger bestimmen. Kommt die Gesellschaft dem nicht nach und sorgt sie auch nicht für Befriedigung oder Sicherstellung, so ist der Eintragungsantrag zurückzuweisen.

2. Mängel der Kapitalherabsetzung

71 a) **Allgemeines.** Allgemein zu den Mängeln von Satzungsänderungsbeschlüssen und zur Wirkung einer gleichwohl erfolgten Eintragung vgl. § 53, 88ff und § 54, 32ff; zu den Eintragungswirkungen fehlerhafter Kapitalerhöhungen § 57, 37ff. Die dort genannten Grundsätze gelten entsprechend auch für Kapitalherabsetzungen. Zu den zivil- und strafrechtlichen Sanktionen bei eingetragenen und dadurch wirksam gewordenen Kapitalherabsetzungen unter Übergehung widersprechender oder unterlassener Benachrichtigung bekannter Gläubiger vgl. Rdn 56f.

---

78 BayObLG BB 1974, 1362.

79 OLG Frankfurt NJW 1974, 463, 464; Scholz/*Priester* 66; vgl. auch § 57a, 6.

80 So auch Scholz/*Priester* 67; *Meyer-Landrut*/Miller/Niehus 25; Rowedder/*Zimmermann* 36; aA einerseits Baumbach/Hueck/*Zöllner* 33 (Prüfungspflicht bei liquider Beweislage und dringendem Eintragungsinteresse der Gesellschaft); andererseits KGJ 34 A 175 (ausschließliche Zuständigkeit des Prozeßgerichts).

b) **Beschlußmängel.** Als spezieller **Nichtigkeitsgrund** bei Kapitalherabsetzungen kommt entsprechend § 241 Nr. 3 AktG die *Nichteinhaltung der Mindestkapitalvorschriften* des Abs. 2 S. 1 iVm § 5 Abs. 1 (Rdn 29) in Betracht; insoweit handelt es sich um überwiegend gläubigerschützende Bestimmungen, deren Verletzung die Kapitalherabsetzung insgesamt nichtig macht[81]. **72**

Verstöße gegen die Vorschriften über den *Mindestbetrag der Geschäftsanteile* (Rdn 20 f) machen den Herabsetzungsbeschluß nicht nichtig, sondern **anfechtbar**[82]. Gleiches gilt für das Fehlen der *Zweckangabe*[83]. Da beide Verstöße zwar nicht überwiegend, aber doch *auch* Gläubigerinteressen berühren, sind sie vom Registerrichter von Amts wegen zu beachten (§ 54, 47ff); der Eintragungsantrag ist abzulehnen, wenn dem Mangel nicht nachträglich abgeholfen wird. Ebenfalls zur Anfechtbarkeit führt die Verletzung des *Gleichbehandlungsgrundsatzes* (§ 53, 66, 94). Da insoweit Gläubigerinteressen nicht betroffen sind, ist ihre Geltendmachung allerdings Sache der Gesellschafter. Der Registerrichter darf weder von Amts wegen ermitteln, noch kann er deswegen die Eintragung ablehnen (§ 54, 49). **73**

c) **Fehler bei Anmeldung und Eintragung.** Eine Eintragung *ohne* oder ohne wirksame **Anmeldung** ist nichtig (§ 54, 33). Entsprechendes gilt grundsätzlich dann, wenn die **Eintragung** von der beschlossenen und angemeldeten Kapitalerhöhung *abweicht*, indem sie als herabgesetztes Kapital einen zu hohen oder zu niedrigen Betrag angibt (§ 54, 35). Auch eine Berichtigung nach § 17 Abs. 2 HRV kommt hier nicht in Betracht, wohl aber eine Amtslöschung nach § 142 Abs. 1 FGG (Rdn 76). **74**

Sonstige Mängel der Anmeldung oder ihrer Voraussetzungen, insbesondere die Nichteinhaltung der Form des § 12 HGB, das Übergehen von Gläubigern entgegen Abs. 1 Nr. 2, die Nichtabgabe der Versicherung nach Abs. 1 Nr. 4 oder das Fehlen erforderlicher Unterlagen, führen zur Zurückweisung der Anmeldung. Bei gleichwohl erfolgter Eintragung hindern sie nicht das Wirksamwerden der Kapitalherabsetzung, können aber je nach Lage des Falles zu Amtshaftungsansprüchen geschädigter Gläubiger führen[84]. Zur Frage der Amtslöschung vgl. Rdn 76. **75**

3. Amtslöschung

Eine Amtslöschung nach **§ 144 Abs. 2 FGG** scheidet ebenso wie im Fall fehlerhafter Kapitalerhöhungen (§ 57, 39) mangels Vorliegens der hierfür erforderlichen Voraussetzungen aus. Anderes gilt für die Amtslöschung nach **§ 142 Abs. 1 FGG**; sie ist möglich, setzt jedoch entweder voraus, daß der Kapitalherabsetzungsbeschluß nicht oder nicht wirksam angemeldet ist, oder daß der Inhalt der Eintragung hinsichtlich des herabgesetzten Stammkapitals vom Inhalt der Anmeldung abweicht (vgl. § 57, 52). **76**

IX. Sanierungsmaßnahmen

1. Überblick

Weist die Gesellschaft infolge von Verlusten eine *Unterbilanz* auf, so wird neben deren Beseitigung häufig zugleich die Zuführung neuen Eigenkapitals notwendig wer- **77**

---

[81] Scholz/*Priester* 75; *Lutter/Hommelhoff* 8; *Heuer* GmbH-Rdsch. 1950, 36; so für das Aktienrecht auch *Lutter*-KölnKommAktG § 222, 20.

[82] Scholz/*Priester* 75; *Lutter/Hommelhoff* 8.

[83] BayObLG BB 1979, 240; Scholz/*Priester* 75; *Lutter*-KölnKommAktG § 222, 22; vgl. dazu Rdn 31.

[84] Vgl. § 54, 33 und § 57, 24; so auch Scholz/*Priester* 76; Rowedder/*Zimmermann* 29; *Meyer-Landrut*/Miller/Niehus 27; *Feine* S. 625.

den. Das kann durch **Verbindung von Kapitalherabsetzung und -erhöhung** geschehen (Rdn 79 ff). Im Unterschied zum Aktienrecht (Rdn 79) bestehen die Nachteile dieses Vorgehens im geltenden GmbH-Recht wegen des für die Kapitalherabsetzung zu beachtenden Sperrjahrs (Rdn 59) jedoch darin, daß auch die Kapitalerhöhung erst nach dessen Ablauf durchgeführt werden kann; den für einen Verzicht auf das Sperrjahr bei Verbindung von Herabsetzung und Erhöhung des Stammkapitals eintretenden Autoren[85] ist de lege lata nicht zu folgen (zu dahingehenden Reformvorschlägen vgl. Rdn 3 a). Das kann im Falle alsbaldiger Einzahlung der benötigten Eigenmittel zu Schwierigkeiten in bezug auf die Tilgung der Stammeinlageforderungen aus der Kapitalerhöhung führen (Rdn 83). Wird aus diesem Grunde die Kapitalerhöhung schon vor der Herabsetzung angemeldet und eingetragen, so hat das zur ebenfalls unerwünschten Folge, daß während des Sperrjahrs zwei Klassen von Geschäftsanteilen nebeneinander bestehen; dem muß ggf. durch Schaffung vorübergehender Vorzugsgeschäftsanteile Rechnung getragen werden (Rdn 85).

78 Zur Vermeidung dieser Schwierigkeiten sind in der Praxis **Ersatzlösungen** entwickelt worden. Sie zielen darauf ab, der Gesellschaft unter Beibehaltung des bisherigen Stammkapitals die erforderlichen Mittel zur Beseitigung der Unterbilanz und zu einer darüber hinaus etwa angestrebten Rücklagenstärkung durch *Zuzahlungen* ohne entsprechende Kapitalerhöhung zuzuführen (vgl. näher Rdn 86 ff). Dieses Vorgehen ist dann unproblematisch, wenn alle Gesellschafter hierzu bereit sind und sich gegenseitig zu anteiligen Zahlungen zugunsten der Gesellschaft verpflichten (§ 328 BGB); einer Satzungsänderung bedarf es nicht. Sollen die Zuzahlungen dagegen nur von einem Teil der Gesellschafter oder von Dritten geleistet werden, so stellt sich die Frage, welcher Ausgleich ihnen hierfür beim Verzicht auf eine Kapitalerhöhung gewährt werden kann (Rdn 87 f).

2. Verbindung von Kapitalherabsetzung und -erhöhung

79 a) **Allgemeines.** Im **Aktienrecht** besteht mangels eines Sperrjahrs nach Art von § 58 Abs. 1 Nr. 3 GmbHG für die Durchführung der Kapitalherabsetzung die Möglichkeit, beide Beschlüsse nach §§ 224, 227 AktG alsbald zur Eintragung ins Handelsregister anzumelden[86]. Bei Verbindung beider Beschlüsse kann sogar der gesetzliche Mindestbetrag des Grundkapitals durch die Herabsetzung unterschritten werden, wenn er durch die anschließende Kapitalerhöhung wieder erreicht wird (§ 228 AktG). Im Falle *vereinfachter* Kapitalherabsetzung zum Ausgleich von Verlusten (§ 229 AktG) ist es darüberhinaus nach §§ 234, 235 AktG möglich, die Herabsetzung sowie die damit verbundene Erhöhung *rückwirkend* auf den letzten der Beschlußfassung vorausgegangenen Bilanzstichtag zu beschließen.

80 Auf das **GmbH-Recht** sind diese Grundsätze wegen der abweichenden Regelung der Kapitalherabsetzung in § 58 nicht übertragbar[87]. Wenn die Gesellschafter die entstandene Unterbilanz nicht entweder durch Ersatzlösungen (Rdn 86 f) oder auf dem Wege über die formwechselnde Umwandlung in eine AG[88] beseitigen wollen oder

---

[85] So Baumbach/Hueck/*Zöllner* 7 unter teleologischer Reduktion von § 58 Abs. 1 Nr. 3; der Sache nach ähnlich *Lutter/Hommelhoff* 21; aA Rowedder/*Zimmermann* 43; zweifelnd Scholz/*Priester* 82.

[86] Vgl. *Lutter*-KölnKommAktG § 222, 18.

[87] AA Baumbach/Hueck/*Zöllner* und *Lutter/Hommelhoff* aaO (Fn 85). Zur rechtspolitischen Kritik am Fehlen geeigneter Vorschriften für eine vereinfachte Kapitalherabsetzung im GmbH-Recht vgl. Rdn 59; Scholz/*Priester* 82; Rowedder/*Zimmermann* 45.

[88] Vgl. dazu eingehend *K. Schmidt* AG 1985, 150 ff; so auch Scholz/*Priester* 81.

können, müssen sie bei der Beschlußfassung über die erforderlichen Kapitalmaßnahmen auch darüber entscheiden, ob sie die Kapitalerhöhung erst im Anschluß an die Herabsetzung durchführen und die zur Sanierung erforderlichen Mittel bis dahin auf anderem Wege bereitstellen wollen (Rdn 81 ff) oder ob die Kapitalerhöhung zeitlich vorgezogen und bis zur späteren Kapitalherabsetzung auf andere Weise für den gebotenen Ausgleich zwischen alten und neuen Geschäftsanteilen gesorgt werden soll (Rdn 84 f).

b) **Nachfolgende Kapitalerhöhung.** Die der Herabsetzung nachfolgende Kapitalerhöhung bereitet hinsichtlich des Beschlußinhalts regelmäßig keine besonderen Schwierigkeiten. Es handelt sich um eine **ordentliche Kapitalerhöhung** auf der Basis des zuvor herabgesetzten Kapitals, d. h. also nach Beseitigung der entstandenen Unterbilanz. Für sie sind die Vorschriften der §§ 55 bis 57 b zu beachten. Die *Beschlußfassung* kann – im Sinne einer **befristeten** Kapitalerhöhung (§ 55, 24) – bereits mit derjenigen über die Kapitalherabsetzung verbunden werden[89]. Entsprechend ist auch in den einzelnen Übernahmeerklärungen die vom Regelfall abweichende längerfristige Bindung der Übernehmer zum Ausdruck zu bringen (§ 55, 68 f). Die *Anmeldung* der Kapitalerhöhung und die daran anschließende Eintragung kann freilich erst zusammen mit der Kapitalherabsetzung *nach Ablauf des Sperrjahrs* erfolgen, da im Kapitalerhöhungsbeschluß die vorangehende Herabsetzung des Stammkapitals und der alten Geschäftsanteile vorausgesetzt wird[90]. 81

Schwierigkeiten entstehen dann, wenn die **Einlagen** auf die künftige Kapitalerhöhung mit Rücksicht auf den Finanzbedarf der Gesellschaft schon **vorzeitig eingezahlt** werden sollen. Sie beruhen einmal darauf, daß die neuen Geschäftsanteile – und entsprechend die damit verbundenen *Mitgliedschaftsrechte* – erst mit der späteren Eintragung der Kapitalerhöhung zur Entstehung kommen (§ 55, 78). Bis dahin kann Übernehmern ein entsprechendes Gewinn- oder Stimmrecht durch gesellschaftsvertragliche Vereinbarung daher nur in denjenigen Grenzen eingeräumt werden, wie sie auch gegenüber sonstigen Dritten gelten[91]. Eine stärkere Stellung der Übernehmer während der Schwebezeit ließe sich nur im Wege treuhänderischer Anteilsübertragung (Anh 15, 15 ff) erreichen[92]. 82

Darüberhinaus stellt sich die Frage nach der **Tilgungswirkung** derartiger vorzeitiger Einzahlungen auf die künftigen Stammeinlageforderungen. Insoweit geht es zwar nicht um das Problem der Voreinzahlung auf eine erst künftig zu beschließende Kapitalerhöhung (vgl. dazu § 56 a, 19 ff), da der Erhöhungsbeschluß schon gefaßt ist. Auch bestehen keine Bedenken unter dem Gesichtspunkt freiwilliger Mehrleistungen *vor Eintragung* der Kapitalerhöhung; ihnen wird von der heute hM zu Recht grundsätzlich Tilgungswirkung zugebilligt (vgl. § 56 a, 18). Die insoweit anerkannten Grundsätze lassen sich jedoch nicht ohne weiteres auf den Fall einer durch vorherige Kapitalherabsetzung *befristeten* Erhöhung übertragen[93]. Denn der zeitliche Zusammenhang zwischen alsbaldiger Einzahlung und späterer – erst nach Ablauf des Sperrjahres möglicher – Anmeldung des Erhöhungsbeschlusses und dessen anschließender Eintragung ist in derartigen Fällen zu stark gelockert. Daher bedarf es, wenn die Zahlungen von den Übernehmern schon vorzeitig bewirkt und später mit den Einlageverpflichtungen 83

[89] AllgM, vgl. KG JW 1930, 2718; Scholz/*Priester* 81; Baumbach/Hueck/*Zöllner* 7.

[90] Rowedder/*Zimmermann* 43; Baumbach/Hueck/*Zöllner* 6.

[91] So auch Scholz/*Priester* 86; Baumbach/Hueck/*Zöllner* 7; zum zwingenden Ausschluß Dritter von der Mitwirkung an Satzungsänderung vgl. § 53, 23 und 84.

[92] So auch Scholz/*Priester* 86.

[93] So auch Baumbach/Hueck/*Zöllner* 6; Rowedder/*Zimmermann* 43; *Meyer-Landrut*/Miller/Niehus 8; Gegenans. vgl. in Fn 94.

verrechnet werden sollen, grundsätzlich der Einhaltung der **Sacheinlagevorschriften** nach Maßgabe von § 56 Abs. 2 iVm § 19 Abs. 5 (vgl. § 56, 42 ff)[94]. Dementsprechend hat der Registerrichter bei Eintragung der Kapitalerhöhung auch zu prüfen, ob die zu verrechnenden Forderungen der Übernehmer nach Ablauf des Sperrjahres noch vollwertig sind bzw. ihr Wert mindestens dem Nominalbetrag der neuen Stammeinlagen entspricht (§ 57 a, 14 f); andernfalls hat er die Eintragung der Kapitalerhöhung abzulehnen.

84 c) **Vorangehende Kapitalerhöhung.** Eine zu Sanierungszwecken bestimmte Kapitalerhöhung kann auch in der Weise beschlossen werden, daß sie **alsbald** und nicht erst im Anschluß an die gleichzeitig beschlossene Kapitalherabsetzung wirksam werden soll[95]. Das hat den Vorteil, daß die Übernehmer schon vor Ablauf des Sperrjahrs die neuen Geschäftsanteile erlangen; auch gelten für die sofortige Einzahlung der Stammeinlagen die allgemeinen, zur Befreiung der Übernehmer führenden Grundsätze (§ 56 a, 17). Am Beginn des Sperrjahrs im Zeitpunkt des dritten Gläubigeraufrufs ändert sich durch die zwischenzeitliche Kapitalerhöhung nichts[96].

85 Die *Problematik* einer der Kapitalherabsetzung vorangehenden Kapitalerhöhung liegt demgegenüber einerseits im Fortbestand der Unterbilanz und der damit verbundenen Auszahlungssperre des § 30 bis zur späteren Kapitalherabsetzung, andererseits im **Nebeneinander von alten (herabzusetzenden) und neuen Geschäftsanteilen**; dieses macht es zumindest beim Hinzutritt *neuer* Gesellschafter meist notwendig, während der Übergangszeit den neuen Anteilen entweder stärkere Rechte als den alten einzuräumen oder die planwidrigen Unterschiede auf andere Weise auszugleichen. Das kann – abgesehen von der treuhänderischen Einräumung später wegfallender Mitgliedschaftsrechte an die neuen Gesellschafter – auch dadurch geschehen, daß in der Satzung **Vorzugsrechte** für die neuen Anteile mit der Maßgabe geschaffen werden, sie mit Wirksamwerden der Kapitalherabsetzung entfallen zu lassen. Entsprechen die Vorzugsrechte der durch die spätere Kapitalherabsetzung eintretenden Verteilung der Mitgliedschaftsrechte, nehmen sie also nur die künftige Rechtslage voraus, so liegt darin regelmäßig keine Verletzung des Gleichbehandlungsgrundsatzes zu Lasten der Altgesellschafter[97]; der Beschluß ist daher trotz etwa fehlender Zustimmung von Altgesellschaftern nicht anfechtbar (vgl. näher § 5, 164 und § 53, 120). Auch der Kapitalherabsetzungsbeschluß als solcher bedarf, wenn er sämtliche Geschäftsanteile der Altgesellschafter **gleichmäßig** betrifft, zur Wirksamkeit nicht deren Zustimmung (vgl. auch Rdn 26 f). Schließlich ist darin auch nicht etwa eine vom Vorliegen der Voraussetzungen des § 34 Abs. 2 abhängige (Teil-)Einziehung zu sehen.

3. Ersatzlösungen

86 Die Ersetzung einer Kapitalherabsetzung zur *Beseitigung einer Unterbilanz* durch **Zuzahlungen der Gesellschafter** bereitet dann keine Schwierigkeit, wenn sämtliche

---

[94] Ebenso Rowedder/*Zimmermann* 43; *Meyer-Landrut*/Miller/Niehus 8; aA Scholz/*Priester* 87, der auch eine Täuschung des Rechtsverkehrs verneint, da bei Kombination von Kapitalerhöhung und Kapitalherabsetzung nicht mit einer Verbesserung der Liquidität gerechnet werden könne; ebenso *Lutter/Hommelhoff* 20 (bei Dokumentation des engen funktionalen Zusammenhangs); zweifelnd Baumbach/Hueck/*Zöllner* 20.

[95] HM, vgl. Scholz/*Priester* 83; Baumbach/Hueck/*Zöllner* 5; *Lutter/Hommelhoff* 20; ebenso schon OLG Dresden OLGE 9, 267; aA noch KG JW 1930, 2718 und Baumbach/*Hueck*[13] 1 E.

[96] Baumbach/Hueck/*Zöllner* 5.

[97] So auch Scholz/*Priester* 83; Baumbach/Hueck/*Zöllner* 5; Rowedder/*Zimmermann* 44.

Gesellschafter zur Erbringung derartiger Zahlungen in anteiliger Höhe bereit sind und sich hierzu gegenseitig zugunsten der Gesellschaft verpflichten. Eines satzungsändernden Beschlusses oder der Einhaltung besonderer Formvorschriften bedarf es zur Begründung solcher Pflichten nicht. Die der Gesellschaft zufließenden Mittel sind je nach ihrer Zweckbindung in die Kapitalrücklage einzustellen (vgl. § 272 Abs. 2 Nr. 4 HGB) oder können als laufender Ertrag zur Beseitigung der Unterbilanz herangezogen werden[98]. Sie unterliegen nach § 2 Abs. 1 Nr. 4 a KVStG grundsätzlich der *Gesellschaftsteuer* in Höhe von 1% des Leistungswerts (§§ 8 S. 1 Nr. 2, 9 KVStG); allerdings greift in derartigen Fällen sanierender Kapitalerhöhung meist der Befreiungstatbestand des § 7 Abs. 4 Nr. 1 KVStG ein. Zweifelhaft ist, ob eine Herabsetzung von Stammkapital und Geschäftsanteilen insoweit beschlossen werden kann, als Gesellschafter die sie betreffende Herabsetzung nicht durch Zuzahlung abwenden[99].

Sind *nicht sämtliche Gesellschafter* zu derartigen Zuzahlungen bereit oder sollen die Zahlungen ganz oder teilweise von *Dritten* gegen Erlangung von Mitgliedschaftsrechten geleistet werden, so bedarf es regelmäßig *zusätzlicher Maßnahmen* zur Berücksichtigung der Sonderleistungen. Im Verhältnis **zwischen den Gesellschaftern** kommt die Gewährung von *Vorzugsrechten* an diejenigen in Betracht, die entsprechende Zuzahlungen erbringen[100]; ein hierauf gerichteter Satzungsänderungsbeschluß unterliegt nicht der Anfechtung widersprechender Gesellschafter, wenn Gleichbehandlungsgrundsatz und Treupflicht bei der Ausgestaltung der Vorzugsrechte gewahrt sind (vgl. § 5, 164 und § 53, 120). **87**

Sollen die zur Beseitigung der Unterbilanz bestimmten Zahlungen an die Gesellschaft von **Dritten** geleistet werden, so bietet sich anstelle einer Kapitalherabsetzung und -erhöhung auch die Möglichkeit an, daß die Gesellschafter ihnen *Geschäftsanteile* im Umfang der Zuzahlung aus ihrem eigenen Bestand *unentgeltlich übertragen*[101]. Einer Satzungsänderung bedarf es in diesem Fall nicht. Freilich ist eine solche Lösung regelmäßig nur im Einvernehmen aller Gesellschafter durchführbar; eine Pflicht zur Anteilsübertragung kann durch Mehrheitsbeschluß nicht begründet werden. **88**

§ 59

Die Versicherung nach § 57 Abs. 2 ist nur gegenüber dem Gericht des Sitzes der Gesellschaft abzugeben. Die Urkunden nach § 57 Abs. 3 Nr. 1 und § 58 Abs. 1 Nr. 4 sind nur bei dem Gericht des Sitzes der Gesellschaft einzureichen.

1. Einführung

In Abweichung von § 13 a Abs. 5 HGB sieht § 59 im Falle des Bestehens von **Zweigniederlassungen** für *bestimmte* bei Anmeldung der Kapitalerhöhung und -herabsetzung einzureichende Unterlagen eine **Beschränkung der Zahl der Belegstücke** vor. **1**

---

[98] Vgl. näher *Sarx*-BeckBilKommHGB § 272, 67; *Adler/Düring/Schmaltz*[5] HGB § 272, 107 f; *Küting/Weber* Handbuch der Rechnungslegung (1986) HGB § 272, 57; Scholz/*Priester* 88.

[99] Dafür *Feine* S. 615; aA wegen der darin liegenden, regelmäßig auf die Grenzen des § 34 Abs. 2 stoßenden Teileinziehung Scholz/*Priester* 89. Zur Möglichkeit, einen Höchstbetrag der Kapitalherabsetzung zu beschließen, vgl. Rdn 30.

[100] So auch Scholz/*Priester* 89; einschr. *Lutter*-KölnKommAktG § 222, 19.

[101] So auch Scholz/*Priester* 90.

Die Vorschrift ist durch das Gesetz über die Eintragung von Handelsniederlassungen und das Verfahren in Handelsregistersachen vom 10. 3. 1937 (RGBl. 897) neu gefaßt worden. Ihre praktische Bedeutung ist gering[1].

2. Regelungsgegenstand

2 Nach **§ 13 a Abs. 5 iVm Abs. 1 HGB** (abgedruckt in § 12, 1) sind außer der Anmeldung selbst grundsätzlich auch alle ihr beizufügenden Unterlagen beim Gericht des Sitzes in *so vielen Stücken* einzureichen, *wie Niederlassungen bestehen*[2]. Zwar ist die Prüfung der Anmeldung ausschließlich Sache des Sitzgerichtes (§ 13 a Abs. 3 S. 2 HGB). Die grundsätzliche Pflicht zur Beifügung einer entsprechenden Anzahl von Belegstücken rechtfertigt sich jedoch aus der auch dem Register der Zweigniederlassungen zukommenden *Publizitätsfunktion* und dem Interesse der Öffentlichkeit, in für den Rechtsverkehr bedeutsame Anmeldungsunterlagen auch beim Zweigregister Einblick nehmen zu können. Das grundsätzliche Eingreifen von § 13 a Abs. 5 HGB auch bei GmbH-Anmeldungen entspricht heute zu Recht einhM[3].

3 Die **Sonderregelung des** § 59 schränkt die aus § 13 a Abs. 5 HGB folgende grundsätzliche Pflicht zur Einreichung mehrerer Belegstücke in zwei Fällen ein. Zum einen geht es um die *Versicherungen* nach §§ 57 Abs. 2, 58 Abs. 1 Nr. 4; insoweit genügt – falls die Versicherungen nicht in der Anmeldungsurkunde selbst enthalten sind – die Abgabe in einem Stück gegenüber dem Sitzgericht. Entsprechendes gilt für die in § 57 Abs. 3 Nr. 1 genannten *Übernahmeerklärungen* sowie für die Belegblätter nach § 58 Abs. 1 Nr. 4 über die *Bekanntmachung des Gläubigeraufrufs* bei Kapitalherabsetzung.

4 **Unberührt** bleibt beim Bestehen von Zweigniederlassungen demgegenüber die Pflicht aus § 13 a HGB zur Einreichung einer entsprechenden Zahl von Belegstücken der *Liste der Übernehmer* (§ 57 Abs. 3 Nr. 2), der *Verträge über Sachübernahmen* (§ 57 Abs. 3 Nr. 3), des *Beschlußprotokolls* über die Kapitalerhöhung oder -herabsetzung (§ 57, 17; § 58, 62) sowie der *Neufassung des Satzungswortlauts* (§ 57, 17). Anderes gilt für Bewertungsunterlagen, die der Registerrichter mit Rücksicht auf seine Prüfungsfunktion anfordert (§ 57 a, 8); sie sind grundsätzlich nur in einem Stück einzureichen, da § 13 a Abs. 1 und 5 HGB sich hierauf nicht erstreckt[4].

3. Eintragung und Bekanntmachung

5 Insoweit bewendet es bei den allgemeinen Regelungen des § 13 a Abs. 2 und 3 HGB; vgl. dazu § 54, 14, 24 und 37 sowie *Hüffer* GroßkommHGB[4] § 13 a, 4 f.

---

[1] So auch Scholz/*Priester* 2.

[2] Vgl. näher *Hüffer*-GroßkommHGB[4], § 13 a, 12.

[3] Vgl. Scholz/*Priester* 5; Baumbach/Hueck/*Zöllner* 1; Rowedder/*Zimmermann* 2; anders noch Hachenburg/*Schilling*[6] 1 und *Scholz*[5] 1.

[4] So jetzt auch Scholz/*Priester* 5.

Fünfter Abschnitt

Auflösung und Nichtigkeit der Gesellschaft

§ 60

Die Gesellschaft mit beschränkter Haftung wird aufgelöst:

1. **durch Ablauf der im Gesellschaftsvertrag bestimmten Zeit;**
2. **durch Beschluß der Gesellschafter; derselbe bedarf, sofern im Gesellschaftsvertrag nicht ein anderes bestimmt ist, einer Mehrheit von drei Vierteilen der abgegebenen Stimmen;**
3. **durch gerichtliches Urteil oder durch Entscheidung des Verwaltungsgerichts oder der Verwaltungsbehörde in den Fällen der §§ 61 und 62;**
4. **durch die Eröffnung des Konkursverfahrens; wird das Verfahren nach Abschluß eines Zwangsvergleichs aufgehoben oder auf Antrag des Gemeinschuldners eingestellt, so können die Gesellschafter die Fortsetzung der Gesellschaft beschließen;**
5. **mit der Rechtskraft einer Verfügung des Registergerichts, durch welche nach den §§ 144 a, 144 b des Gesetzes über die Angelegenheiten der freiwilligen Gerichtsbarkeit ein Mangel des Gesellschaftsvertrags oder die Nichteinhaltung der Verpflichtungen nach § 19 Abs. 4 Satz 1 dieses Gesetzes festgestellt worden ist.**

Im Gesellschaftsvertrag können weitere Auflösungsgründe festgesetzt werden.

Übersicht

Schrifttum

Baums Eintragung und Löschung von Gesellschafterbeschlüssen (1981); *Buchner* Amtslöschung, Nachtragsliquidation und masselose Insolvenz von Kapitalgesellschaften (1988); *Eder* Auflösung und Liquidation in den GmbH-Rechten der EWG-Länder, GmbH-Rdsch. 1966, 173; *Robert Fischer* Die Fortsetzung einer GmbH, GmbH-Rdsch. 1955, 165; *Heller* Die vermögenslose GmbH (1989); *Hönn* Die konstitutive Wirkung der Löschung von Kapitalgesellschaften, ZHR 138 (1974) 50; *Hofmann* Zur Auflösung einer GmbH, GmbH-Rdsch. 1975, 217; *ders.*, Zur Liquidation einer GmbH, GmbH-Rdsch. 1976, 229, 258; *Hüffer* Das Ende der Rechtspersönlichkeit von Kapitalgesellschaften, Gedächtnisschrift Schultz (1987) S. 99; *Meyer-Landrut* Die Auslegung einfacher Kündigungsklauseln in GmbH-Satzungen, Festschrift Stimpel (1985) S. 431; *K. Schmidt* Löschung und Beendigung der GmbH, GmbH-Rdsch. 1988, 209; *Scholz* Fortsetzung der aufgelösten Gesellschaft mit beschränkter Haftung und Aktiengesellschaft, ZHR 93 (1928) 73; *ders.*, Forsetzung der aufgelösten GmbH, JZ 1952, 199; *P. Scholz* Die Fortsetzung der Liquidations-GmbH, GmbH-Rdsch. 1982, 228; *Vogel* Die Kündigung der Gesellschaft mit beschränkter Haftung, Festschrift Knur (1972) S. 259; *Wimpfheimer* Die Gesellschaften des Handelsrechts und des bürgerlichen Rechts im Stadium der Liquidation (1908). Vgl. auch die Nachw vor Rdn 113 sowie vor Anh § 60.

I. Einführung

1. Inhalt, Normzweck und Systematik

1 Die Vorschrift regelt in **Abs. 1** die wichtigsten – wenn auch keineswegs sämtliche (vgl. Rdn 54 ff) – **gesetzlichen Auflösungsgründe** der GmbH. Das Eingreifen eines dieser Gründe führt dazu, daß die bis dahin werbende Gesellschaft sich in eine Abwicklungsgesellschaft verwandelt, wobei die Liquidation sich – abgesehen vom Konkursfall (Rdn 40) – nach den Vorschriften der §§ 66 bis 74 richtet. Von den

Auflösungsgründen des Abs. 1 sind die in Nr. 3 bis 5 genannten wegen des damit bezweckten Schutzes der Minderheit, der Gläubiger und des öffentlichen Interesses (Rdn 2) *zwingender* Natur[1]. Entsprechendes gilt im Ergebnis für Nr. 2, da die Gesellschafter als Herren der Gesellschaft stets über deren künftiges Schicksal durch Gesellschafterbeschluß disponieren können; auch eine in der Satzung als „unauflöslich" bezeichnete Gesellschaft kann mit Zustimmung aller Gesellschafter aufgelöst werden (Rdn 29). Demgegenüber stellt sich die Frage zwingender Geltung beim Auflösungsgrund Nr. 1 deshalb nicht, weil sein Eingreifen eine entsprechende Satzungsbestimmung voraussetzt. **Abs. 2** stellt klar, daß die Gesellschafter nicht nur ad hoc einen Auflösungsbeschluß fassen, sondern schon im Gesellschaftsvertrag selbst außer dem in Abs. 1 Nr. 1 genannten Zeitablauf auch **andere** Auflösungsgründe vereinbaren können. Zur Möglichkeit der Fortsetzung einer aufgelösten GmbH vgl. Rdn 78 ff.

Hinsichtlich des **Normzwecks** von § 60 Abs. 1 ist nach der Art des Auflösungsgrundes zu unterscheiden. Unter ihnen dienen *Nr. 1 und 2* dem Interesse der Gesellschafter an Begrenzung der Dauer der Gesellschaft im Hinblick auf die damit verbundenen Gesellschafterpflichten einschließlich der Kapitalbindung. Der Auflösungsgrund der *Nr. 3* schützt in seiner ersten Alternative (Auflösungsurteil) das Recht von Gesellschaftern mit mindestens 10% Kapitalanteil auf Auflösung der Gesellschaft aus wichtigem Grund; in seiner zweiten Alternative (Auflösungsverfügung der Verwaltungsbehörde wegen Gefährdung des Gemeinwohls) dient er, ebenso wie die Auflösung nach *Nr. 5*, dem öffentlichen Interesse an der Beseitigung gesetzwidrig handelnder oder auf mangelhafter Vertragsgrundlage beruhender Gesellschaften. Der Auflösungsgrund der *Nr. 4* schließlich dient dem Liquidationsinteresse der Gläubiger im Konkurs der Gesellschaft. **2**

Systematisch steht die den Fünften Abschnitt über Auflösung und Nichtigkeit der Gesellschaft eröffnende Vorschrift in unmittelbarem Zusammenhang mit den Normen der §§ 61 bis 64, die nähere Regelungen über die in Abs. 1 Nr. 3 und 4 genannten Auflösungsgründe enthalten. Das Eingreifen von Abs. 1 Nr. 5 setzt ein Handeln des Registergerichts nach §§ 144 a, 144 b FGG voraus (Rdn 42 ff). Der Auflösung nach § 60 nahe verwandt sind die Nichtigerklärung der Gesellschaft nach § 75 sowie ihre Amtslöschung nach § 144 Abs. 1 FGG wegen eines im Gesellschaftsvertrag enthaltenen Nichtigkeitsgrundes; sie führen ebenso wie die Auflösung selbst zur Abwicklung der Gesellschaft und zur Verteilung des Gesellschaftsvermögens (Rdn 11 f). Die Auflösung ist schließlich auch eine der Rechtsfolgen der Löschung der Gesellschaft wegen Vermögenslosigkeit nach § 2 Abs. 1 LöschG; sie führt zugleich zur Beendigung der Gesellschaft als juristische Person (str., vgl. Rdn 14 ff). Zum grundsätzlichen Unterschied zwischen Auflösung und Beendigung vgl. Rdn 5 f. **3**

2. Reform

Die **GmbH-Novelle 1980** hat sich darauf beschränkt, in § 60 Abs. 1 Nr. 5 einen zusätzlichen Auflösungsgrund einzuführen. Er knüpft an die gerichtliche Feststellung nach § 144 b FGG iVm § 19 Abs. 4 GmbHG an, daß der Alleingesellschafter die ihn nach § 19 Abs. 4 S. 1 treffende Verpflichtung, bei Vereinigung aller Anteile in seiner Hand innerhalb von drei Jahren nach Eintragung der Gesellschaft die ausstehenden Einlagen einzuzahlen oder eine Sicherung hierfür zu bestellen, nicht erfüllt hat (vgl. **4**

[1] So für Nr. 3 BayObLG DB 1978, 2164, 2165 m. Nachw.; Baumbach/Hueck/*Schulze-Osterloh* 21.

Rdn 44, 50). Die weitergehenden, auf Einführung einer Auflösungsklage wegen wichtigen Grundes in der Person eines Gesellschafters (alternativ neben einem Ausschlußrecht der übrigen Gesellschafter) gerichteten Vorschläge in §§ 207 – 210, 212 f RegE GmbHG 1971 sind von der GmbH-Novelle nicht übernommen worden.

II. Grundlagen

1. Auflösung und Beendigung

5 a) **Grundsatz.** Der fünfte Abschnitt des GmbHG beruht auf der **Unterscheidung zwischen Auflösung und Beendigung** der Gesellschaft. Ähnlich wie die Gründung der GmbH mit Abschluß des Gesellschaftsvertrags, Bestellung von Organen, Leistung der Mindesteinlagen, Anmeldung und Eintragung der Gesellschaft ist auch die Herbeiführung ihrer Beendigung im Regelfall ein gestreckter Vorgang. Dabei handelt es sich um ein allgemeines, auf der *Notwendigkeit der Liquidation des Gesellschaftsvermögens* beruhendes Strukturprinzip des Gesellschaftsrechts, das sich ebenso bei den Personengesellschaften (§§ 723 ff BGB, 131 ff HGB) und im Aktienrecht (§§ 262 ff AktG) findet.

6 Die **Rechtswirkungen der Auflösung** der Gesellschaft aus einem der gesetzlich oder gesellschaftsvertraglich vorgesehenen Auflösungsgründe bestehen in der Änderung des bisher auf werbende Tätigkeit gerichteten Gesellschaftszwecks in einen Abwicklungszweck[2] sowie im Übergang der Geschäftsführungsbefugnis und Vertretungsmacht der Geschäftsführer auf die nach Maßgabe von § 66 zu bestimmenden, regelmäßig aus den bisherigen Geschäftsführern bestehenden Liquidatoren. Die *Rechtsnatur der Gesellschaft* als rechtsfähige Handelsgesellschaft und Formkaufmann nach § 6 HGB bleibt bis zu ihrer Löschung im Handelsregister unberührt. Aufgabe der Liquidatoren ist es nach §§ 70 bis 72, die laufenden Geschäfte zu beenden, das Gesellschaftsvermögen in Geld umzusetzen, die Forderungen einzuziehen, die Gesellschaftsgläubiger zu befriedigen und den verbliebenen Liquidationserlös nach Ablauf des gesetzlich vorgeschriebenen Sperrjahrs (§ 73) an die Gesellschafter zu verteilen. Erst wenn auf diese Weise das gesamte Aktivvermögen der Gesellschaft verteilt und diese im Handelsregister gelöscht ist, endet das Amt der Liquidatoren. Mit der Löschung tritt zugleich die *(Voll-) Beendigung* der Gesellschaft ein (vgl. Rdn 14 f), d. h. ihr vollständiger Wegfall trotz etwa noch vorhandenen Gesellschaftsvermögens oder noch offener, mit der Beendigung untergehender Gesellschaftsverbindlichkeiten (Anh § 60, 35 ff). Zu den Sonderfällen eines Zusammenfallens von Auflösung und Beendigung vgl. Rdn 8 ff.

7 Neben der Auflösung der Gesellschaft mit ihren in Rdn 6 genannten Rechtswirkungen wird teilweise die sog. **Auflösungsreife** als weitere rechtlich relevante Kategorie behandelt[3]. Sie soll dann gegeben sein, wenn ein materieller Auflösungsgrund zwar schon vorhanden ist, aber noch nicht alle Voraussetzungen für die Auflösung erfüllt sind. Es geht um Fälle, in denen die Auflösungsklage rechtshängig, der Antrag auf Eröffnung des Konkursverfahrens gestellt oder das Auflösungsverfahren nach §§ 144 a, 144 b eingeleitet ist. Gegenüber der Anerkennung einer solchen gesetzlich nicht vorgesehenen Kategorie ist *Vorsicht* geboten. Jedenfalls im Außenverhältnis der Gesellschaft kommt ihr Bedeutung nicht zu[4]. Die Gesellschaft besteht vielmehr bis zum Eintritt der Auflösung uneingeschränkt als werbende fort, die Stellung der Geschäftsführer wird

---

[2] RGZ 77, 152, 154; Scholz/*K. Schmidt* 5; Baumbach/Hueck/*Schulze-Osterloh* 8.

[3] So Scholz/*K. Schmidt* 2 f; dagegen *Meyer-Landrut*/Miller/Niehus 2.

[4] So auch Scholz/*K. Schmidt* 3.

durch die Auflösungsreife nicht tangiert. Demgegenüber kann zwar für das Innenverhältnis zwischen Gesellschaft und Gesellschaftern die bevorstehende Auflösung ausnahmsweise rechtserheblich werden und je nach Lage des Falles entweder Mitwirkungspflichten zur Beseitigung des Auflösungsgrundes (vgl. Rdn 92) oder die Einrede mißbräuchlicher Rechtsausübung bei Geltendmachung von Einlageansprüchen begründen[5]. Auch kann sich hieraus die Pflicht der Geschäftsführer ergeben, bei Ausübung ihrer Funktionen auf die bevorstehende Auflösung Rücksicht zu nehmen. Keinesfalls geht es jedoch an, mit der Kategorie der „Auflösungsreife" die klare gesetzliche Grenzlinie zwischen werbender und aufgelöster Gesellschaft zu verwischen.

b) **Zusammenfallen von Auflösung und Beendigung als Ausnahme. α) Verschmelzung und Umwandlung.** Nach §§ 355, 356 AktG ist die **Verschmelzung** einer GmbH mit einer AG oder KGaA durch Übertragung des GmbH-Vermögens als Ganzes auf die AG oder KGaA als übernehmende Gesellschaft zulässig. Entsprechendes gilt nach §§ 19 ff KapErhG für die Verschmelzung zwischen Gesellschaften mbH, sei es im Wege der Aufnahme durch die übernehmende Gesellschaft oder im Wege der Neubildung einer GmbH. In allen diesen Fällen geht das Vermögen der übertragenden bzw. sich vereinigenden Gesellschaften im Wege der Gesamtrechtsnachfolge auf die übernehmende bzw. die neugebildete Gesellschaft über. Die übertragende Gesellschaft erlischt mit der Eintragung der Verschmelzung in das Handelsregister ihres Sitzes (§§ 355 Abs. 2 S. 1, 346 Abs. 4 S. 1 AktG; § 25 Abs. 4 S. 1 KapErhG); entsprechendes gilt im Fall der Verschmelzung durch Neubildung für die sich vereinigenden Gesellschaften, sobald die neue Gesellschaft in das Handelsregister ihres Sitzes eingetragen ist (§ 32 Abs. 5 S. 1 KapErhG). In allen diesen Fällen ist für eine Abwicklung des Vermögens der durch Verschmelzung untergehenden Gesellschaften mbH wegen der gesetzlich angeordneten Gesamtrechtsnachfolge kein Raum. Auflösung und Beendigung der übertragenden oder sich vereinigenden Gesellschaften mbH fallen zusammen. **8**

Hinsichtlich der **Umwandlung** ist zwischen der im UmwG (§ 24) geregelten sog. verschmelzenden oder errichtenden Umwandlung einer GmbH auf eine Personengesellschaft oder einen Gesellschafter und der formwechselnden Umwandlung einer GmbH in eine AG oder KGaA nach §§ 376 ff, 389 ff AktG zu unterscheiden. Bei der *formwechselnden* Umwandlung bleibt die GmbH als juristische Person und werbend tätige Gesellschaft erhalten; sie ändert nur ihre Rechtsform. Die Frage ihrer Auflösung und Beendigung aus Anlaß der Umwandlung stellt sich nicht. Anderes gilt für die *verschmelzende* Umwandlung einer GmbH auf eine bestehende Personengesellschaft oder auf den Allein- oder Hauptgesellschafter (§ 24 iVm §§ 3 ff, 15 UmwG) sowie für die *errichtende* Umwandlung der GmbH auf eine neu gegründete Personengesellschaft (§ 24 iVm §§ 16 ff UmwG). Sie vollziehen sich entsprechend der Verschmelzung im Wege der Gesamtrechtsnachfolge der Personengesellschaft oder des Gesellschafters in das Vermögen der GmbH; diese erlischt mit Eintragung des Umwandlungsbeschlusses in das Handelsregister am Sitz der GmbH (§ 24 iVm §§ 4 bis 6, 9 Abs. 2, 15 Abs. 1, 16 S. 2, 19 Abs. 3, 20 UmwG; vgl. dazu Voraufl. § 77 Anh I, UmwG § 5, 1). Auflösung und Beendigung der umgewandelten GmbH fallen wie bei der Verschmelzung (Rdn 8) zusammen. **9**

β) **Löschung nach § 2 Abs. 1 LöschG.** Eine GmbH, die kein Aktivvermögen mehr besitzt, kann nach § 2 Abs. 1 S. 1 LöschG auf Antrag der Organe des Handelsstands **10**

[5] Vgl. in engen Grenzen RGZ 64, 187, 193; 112, 280, 283; 114, 77, 79; so im Erg. auch Scholz/*K. Schmidt* 3; zu den Grenzen der Durchsetzbarkeit von Einlageansprüchen *nach* Auflösung vgl. Voraufl. § 69, 48.

oder der Steuerbehörden oder von Amts wegen im Handelsregister gelöscht werden. Nach § 2 Abs. 1 S. 2 LöschG ist sie von Amts wegen zu löschen, wenn sie die Offenlegungspflichten hinsichtlich ihres Jahresabschlusses verletzt und auch auf Hinweis des Registergerichts nicht tätig wird (vgl. zum Ganzen näher Anh § 60, 14 ff). Rechtsfolge der Löschung ist nach § 2 Abs. 1 S. 3 LöschG die *Fiktion der Auflösung* der GmbH („gilt als aufgelöst"). Zugleich tritt die *Beendigung* der Gesellschaft ein. Sind die Löschungsvoraussetzungen nicht erfüllt, d. h. hatte die Gesellschaft im Zeitpunkt der Löschung tatsächlich noch Aktivvermögen, so tritt an die Stelle der durch Löschung beendeten GmbH die zu liquidierende „Nachgesellschaft" als Gesamthand der Gesellschafter (str., vgl. Rdn 17 f und Anh § 60, 36 f).

2. Auflösung, Nichtigkeit, Amtslöschung

11 Von der Auflösung wegen eines der in § 60 geregelten Auflösungsgründe zu unterscheiden ist die **Nichtigkeit der Gesellschaft nach § 75.** Sie setzt die rechtskräftige gerichtliche Nichtigerklärung wegen fehlender Satzungsbestimmungen über Höhe des Stammkapitals oder Unternehmensgegenstand bzw. wegen Nichtigkeit der Bestimmung über den Unternehmensgegenstand auf Klage eines Gesellschafters, eines Geschäftsführers oder eines Aufsichtsratsmitglieds der Gesellschaft voraus. Rechtsfolge der Nichtigkeit und ihrer Eintragung im Handelsregister ist nach § 77 Abs. 1 die *entsprechende Anwendung der Vorschriften über die Liquidation der Gesellschaft* (§§ 66 ff). Es sind Liquidatoren zu bestellen, die das Vermögen der Gesellschaft in Geld umzusetzen, die Verbindlichkeiten zu erfüllen und den Liquidationserlös an die Gesellschafter abzuführen haben (Voraufl. § 77, 4 ff). Ebenso ist nach Beendigung der Liquidation die GmbH zu löschen[6]. Damit erweist sich die Nichtigkeit iSv § 75 als ein *spezialgesetzlich geregelter Auflösungsgrund,* der sich in den Wirkungen voll mit der Auflösung aus einem der in § 60 Abs. 1 Nr. 1 bis 3, 5 genannten Gründe deckt. Auch eine Fortsetzung der nichtigen Gesellschaft ist, nicht anders als nach ihrer Auflösung aufgrund rechtskräftigen Auflösungsurteils, möglich, wenn die Gesellschafter dies unter gleichzeitiger Beseitigung des Nichtigkeitsgrundes beschließen, bevor mit der Verteilung des Liquidationserlöses begonnen ist (Rdn 112).

12 Der Nichtigkeit nach § 75 in materiellen Voraussetzungen (Vorliegen eines Nichtigkeitsgrundes) und Wirkungen voll gleichgestellt ist die **Amtslöschung einer GmbH als nichtig** durch das Registergericht **nach § 144 Abs. 1 FGG.** Das Amtsverfahren ist bei Vorliegen eines Nichtigkeitsgrundes durchzuführen, sofern die Gesellschafter dem Nichtigkeitsgrund trotz Benachrichtigung von der beabsichtigten Löschung nicht abhelfen. Dem Registergericht steht dabei kein Ermessensspielraum zu, insbes. ist die Einleitung des Verfahrens nicht vom Vorliegen eines entsprechenden öffentlichen Interesses abhängig[7]. Die Löschung besteht in der *Eintragung eines Löschungsvermerks* (vgl. §§ 144 Abs. 1, 142 Abs. 1 S. 2 FGG). Sie läßt ebenso wie das rechtskräftige Nichtigkeitsurteil und seine Eintragung nach § 77 Abs. 1 die Existenz der Gesellschaft als juristische Person unberührt; dadurch unterscheidet sie sich grundlegend von der Löschung wegen Vermögenslosigkeit nach § 2 Abs. 1 LöschG (Rdn 10). Die Eintragung des Löschungsvermerks ist in ihren Wirkungen somit voll dem Eintritt eines der Auflösungsgründe des § 60 vergleichbar; die Beendigung der mit einem Amtslöschungs-

[6] Baumbach/Hueck/*Schulze-Osterloh* § 77, 6 und § 74, 16.

[7] HM, vgl. Scholz/*K. Schmidt* § 75, 26; Baumbach/Hueck/*Schulze-Osterloh* Anh § 77, 9; *Lutter*/*Hommelhoff* § 75, 6; *Roth* § 75, 5; Rowedder/*Zimmermann* § 75, 43; aA noch Voraufl. § 60, 12 (*Ulmer*) und § 75, 57 (*Hohner*); *Meyer-Landrut*/Miller/Niehus § 75, 9.

vermerk versehenen Gesellschaft tritt ebenso wie bei Eintragung der Nichtigkeit nach §§ 75, 77 erst ein, wenn nach Beendigung der Liquidation die Gesellschaft im Handelsregister gelöscht ist (Voraufl. § 75, 1 und 3).

3. Vermögenslosigkeit

Die **Vermögenslosigkeit ist** – für sich genommen – nach zutreffender Ansicht *weder ein Auflösungs- noch ein Beendigungsgrund* (str.). Auch wenn die GmbH über kein Aktivvermögen mehr verfügt, besteht sie als werbende weiter, solange weder die Gesellschafter einen Auflösungsbeschluß gefaßt haben noch ein Konkursantrag gestellt und mangels Masse abgewiesen worden ist (vgl. § 1 Abs. 1 LöschG) noch auch eine Löschung wegen Vermögenslosigkeit nach § 2 Abs. 1 LöschG erfolgt ist. Entgegen bisher nahezu ständ. Rspr.[8] und früher auch im Schrifttum hM[9] führt die Vermögenslosigkeit namentlich auch *nicht automatisch zur Beendigung der Gesellschaft,* solange ihre Eintragung im Handelsregister nicht gelöscht ist[10]. Das gilt unabhängig davon, ob die Vermögenslosigkeit als Liquidationsfolge (Voraufl. § 74, 25 ff) oder ohne Liquidation wegen anhaltender Verluste u. a. eintritt. Die Gesellschaft besteht als juristische Person fort, solange sie im Handelsregister eingetragen bleibt und über Organe verfügt, durch die ihre Handlungsfähigkeit gewährleistet ist (vgl. näher Rdn 15 ff). Hierauf beruht auch die Möglichkeit der Veräußerung eines sog. *GmbH-Mantels* (§ 3, 27 ff). Der mit dem Mantelkauf verbundenen Gefährdung neuer Gläubiger der nach Anteilsübertragung reorganisierten GmbH ist durch analoge Anwendung der Gründungsvorschriften Rechnung zu tragen[11]. Im übrigen bleibt es den Organen des Handelsstands und den Steuerbehörden unbenommen, die Löschung nach § 2 Abs. 1 LöschG durch das Registergericht zu beantragen, solange die Vermögenslosigkeit andauert, und damit nicht nur die Auflösung, sondern zugleich die Beendigung der GmbH herbeizuführen (Rdn 10). Das Registergericht hat die Löschungsvoraussetzungen bei Verdacht der Vermögenslosigkeit auch von Amts wegen zu prüfen (Anh § 60, 26 f). 13

4. Löschung im Handelsregister

a) **Rechtsgrundlage.** Vom Sonderfall der Löschung wegen Vermögenslosigkeit nach § 2 Abs. 1 LöschG abgesehen, ist im geltenden GmbH-Recht eine Löschung der GmbH im Handelsregister nach Schluß der Abwicklung im Unterschied zum Aktienrecht nicht ausdrücklich geregelt; die in § 225 Abs. 1 S. 2 RegE GmbHG 1971/73 vorgeschlagene Übernahme der entsprechenden Vorschrift des § 273 Abs. 1 S. 2 AktG ist nicht Gesetz geworden. Nach hM soll es daher bei der allgemeinen Vorschrift des § 31 Abs. 2 HGB über Anmeldung und Eintragung des *Erlöschens der Firma* bewenden[12]. Dagegen 14

---

[8] RGZ 149, 293, 296; 155, 42, 45; BGHZ 48, 303, 307 = NJW 1968, 297; BGH LM § 74 Nr. 1 = WM 1957, 975; BGHZ 74, 212, 213 = NJW 1979, 1592 (betr. e. V.); wohl auch BGH NJW-RR 1988, 477, 478; BayObLG ZIP 1984, 450, 451; OLG Düsseldorf GmbH-Rdsch. 1979, 227, 228; OLG Hamburg KTS 1986, 506, 507; OLG Hamm NJW-RR 1990, 477, 478; aA neuerdings BAG NJW 1988, 2637; OLG Stuttgart ZIP 1986, 647, 648; *offenlassend* BGH WM 1986, 145; OLG Düsseldorf BB 1988, 860; OLG Nürnberg GmbH-Rdsch. 1988, 399. Vgl. auch schon OLG Karlsruhe DB 1978, 1219 unter Hinweis auf die Praxis der Mantelverwendung.

[9] Vgl. Nachw. in Voraufl. § 74, 25 (*Hönn*); so auch noch Keidel/Kuntze/*Winkler* FGG[12] Anh § 144 b, 9; Crisolli/*Groschuff*/Kaemmel § 2, 14; *Bokelmann* NJW 1977, 1131; *Däubler* GmbH-Rdsch. 1964, 247; *Hofmann* GmbH-Rdsch. 1976, 267; aA früher schon *Bergmann* DNotZ 1935, 782 f, und *Herbig* DNotZ 1935, 787 ff.

[10] Vgl. Nachw. in Fn 13 und 22.

[11] Vgl. im einzelnen § 3, 39 ff m. w. Nachw.

[12] Vgl. dazu näher Voraufl. § 74, 23 f (*Hohner*) und Scholz/*K. Schmidt* § 74, 4 ff.

spricht, daß das für die Eintragung nach § 31 Abs. 1 HGB *vorausgesetzte* Erlöschen der Firma nicht automatisch, sondern erst mit dem Wegfall der GmbH als juristischer Person eintritt und es hierfür nach zutr. neuerer Ansicht der Löschung der GmbH im Handelsregister bedarf[13]. Das GmbH-Recht weist somit für den *Liquidationsfall* eine Regelungslücke auf, die durch **Analogie zu § 273 Abs. 1 S. 2 AktG** zu schließen ist[14]. Danach hat das Registergericht die Eintragung der GmbH zu löschen, wenn die Liquidatoren nach Erledigung ihrer Aufgaben den Schluß der Abwicklung zum Handelsregister anmelden.

15 b) **Wirkungen. α) Bei Vermögenslosigkeit.** Hat die Gesellschaft im Zeitpunkt der Löschung kein Aktivvermögen mehr, so wirkt ihre Löschung im Handelsregister (bzw. die ihr von der überwM gleichgestellte Eintragung des Erlöschens der Firma) nach inzwischen in der Literatur wohl schon hM[15] **konstitutiv.** Sie führt zum Wegfall der juristischen Person und damit zugleich zur Beendigung der Gesellschaft. Die früher hM, die die Beendigung bereits mit der Vermögenslosigkeit eintreten ließ[16], ist zu Recht überholt. Sie ist unvereinbar mit dem geltenden Normativsystem und mit der Bedeutung, die der Eintragung der Gesellschaft unter seiner Geltung zukommt (vgl. §§ 11 Abs. 1, 13). Zu den Kriterien für die Feststellung der Vermögenslosigkeit vgl. Anh § 60, 15 ff.

16 Daß im Zeitpunkt der Löschung noch **Verbindlichkeiten** der Gesellschaft bestehen, steht der Beendigung der Gesellschaft als Löschungsfolge nicht entgegen[17]. Mit der Löschung entfallen daher mangels Schuldner auch die gegen die gelöschte GmbH gerichteten Forderungen; anderes gilt, wenn sich später doch noch Aktivvermögen der Gesellschaft findet (Anh § 60, 37). Ein Schuldbeitritt zur Gesellschaftsverbindlichkeit ist nach Löschung der GmbH nicht mehr möglich[18]; in Betracht kommt freilich die Umdeutung des gescheiterten Beitritts in ein – ggf. nach §§ 780, 781 BGB formbedürftiges – Schuldversprechen oder Schuldanerkenntnis. Sofern für die Gesellschaftsverbindlichkeit **akzessorische Sicherheiten** (Hypotheken oder Bürgschaften) bestellt waren, verselbständigen sich diese mit dem auf Löschung beruhenden Wegfall des Hauptschuldners, da nur so der Sicherungszweck erreicht werden kann[19]. Auch schließt die Löschung der vermögenslosen GmbH, gegen die sich der zu sichernde Anspruch richtet, nicht die Geltendmachung einer *Vormerkung* gegen den Erwerber des mit der

13 So auch die Anhänger der von *K. Schmidt* begründeten Lehre vom „Doppeltatbestand", wonach die Beendigung der Gesellschaft *sowohl* deren Vermögenslosigkeit *als auch* die Löschung im Handelsregister voraussetzt (vgl. näher *K. Schmidt* AG 1988, 209, 211 ff und Scholz/*K. Schmidt* Anh § 60, 18 ff; zustimm. OLG Stuttgart ZIP 1986, 647, 648; Voraufl. § 74, 25 (*Hohner*); Baumbach/Hueck/*Schulze-Osterloh* 6; *Lutter/Hommelhoff* 18 und § 74, 6; Rowedder/*Rasner* Anh § 60, 16; *Roth* § 65, 4.2); ähnlich *Buchner* S. 115 ff; *Heller* S. 128 ff, 202 ff und *H. Schmidt* S. 129 ff.

14 So zutr. *Hüffer*-GroßkommHGB[4] § 31, 27 und in Gedächtnisschrift Schultz S. 111, der mit Recht auf die Widersprüchlichkeit der überwM zu diesem Punkt hinweist.

15 Dafür neben den Vertretern der Lehre vom „Doppeltatbestand" (Fn 13) auch diejenigen Autoren, die die Beendigung der Gesellschaft als Folge der Löschung unabhängig davon eintreten lassen, ob in diesem Zeitpunkt noch Gesellschaftsvermögen vorhanden ist (*Hönn, Hüffer, Ulmer,* vgl. Nachw. in Fn 22).

16 Vgl. Rdn 13 und Nachw. in Fn 8, 9.

17 So auch BGHZ 74, 212, 215 = NJW 1979, 1529; Scholz/*K. Schmidt* § 74, 15, der allerdings offen läßt, ob die Verbindlichkeiten erlöschen oder ob lediglich das Haftungssubstrat fortfällt; Baumbach/Hueck/*Schulze-Osterloh* Anh II § 60, 9; Rowedder/*Rasner* Anh § 60, 17; wohl auch *Kraft*-KölnKomm-AktG § 273, 34 und 37; **aA** Voraufl. § 74, 27 (*Hohner*); *H. Schmidt* S. 109 ff (112 ff); offenlassend noch BGHZ 53, 264, 266 = NJW 1970, 1044.

18 So auch Rowedder/*Rasner* Anh § 60, 17; **aA** BGH NJW 1981, 47.

19 BGH NJW 1982, 875, 876; Scholz/*K. Schmidt* § 74, 16; Baumbach/Hueck/*Schulze-Osterloh* Anh § 60, § 2, 9; Rowedder/*Rasner* Anh § 60, 17; *Däubler* GmbH-Rdsch. 1964, 247; **aA** – für Fortbestand einer hypothekarisch gesicherten Forderung gegen die gelöschte GmbH – noch BGHZ 48, 303, 307 = NJW 1968, 297.

Vormerkung belasteten Grundstücks aus[20]. – Zur Fiktion des Fortbestehens einer vermögenslosen, gelöschten GmbH im Prozeß vgl. Anh § 60, 48).

β) Bei noch vorhandenem Aktivvermögen. *Umstritten* ist die Rechtslage in denjenigen Fällen, in denen die Eintragung der Löschung oder des Erlöschens der Firma sich auf eine Gesellschaft bezieht, die nicht vermögenslos ist, sondern noch über Aktivvermögen verfügt. Insoweit steht zwar die Notwendigkeit einer *Nachtragsliquidation* durch hierzu vom Gericht bestellte Liquidatoren außer Zweifel (vgl. näher Anh § 60, 39 ff und Erläut. zu § 74). Unterschiedliche Ansichten bestehen jedoch hinsichtlich des **Fortbestands der gelöschten Gesellschaft.** Während die überwM die konstitutive Wirkung der Löschung insoweit verneint, die Beendigung der Gesellschaft vielmehr erst eintreten läßt, wenn auch das restliche Aktivvermögen abgewickelt ist (Lehre vom „Doppeltatbestand“[21]), sieht die Gegenansicht die Löschung stets als konstitutiv an und kommt mit unterschiedlicher Begründung zu einer Nachtragsliquidation des noch vorhandenen Aktivvermögens ohne Wiederaufleben der GmbH[22]. **17**

Die **Stellungnahme** hat von der gesetzlichen Regelung der §§ 273 Abs. 4 AktG, 2 Abs. 3 LöschG auszugehen, wonach in derartigen Fällen die zur Liquidation des restlichen Gesellschaftsvermögens erforderlichen (Nachtrags-)Abwickler vom *Registergericht* zu bestellen sind. Das läßt darauf schließen, daß nach der Konzeption des Gesetzes die Gesellschaft infolge der Löschung als handlungsfähiger Verband untergegangen ist und die Organkompetenzen von Gesellschafterversammlung und Geschäftsführern (Abwicklern) erloschen sind. Dem liegt die aus dem System der Normativbestimmungen[23] abgeleitete zutreffende Vorstellung zugrunde, daß es bei privatrechtlichen Verbänden, insbes. rechtsfähigen Handelsgesellschaften, keine selbständige Rechtsperson außerhalb des (Handels-)Registers gibt[24]. Ebenso wie nach § 13 Abs. 1 die Entstehung der GmbH als juristische Person ihre Eintragung im Handelsregister voraussetzt, gilt entsprechendes für ihren Fortbestand. Daher führt die Löschung der Gesellschaft – als actus contrarius zur Eintragung der Gründung – entgegen der Theorie vom „Doppeltatbestand“[25] regelmäßig zum **Wegfall der juristischen Person;** anderes gilt nur im Fall einer Löschung, die ihrerseits wegen wesentlicher Verfahrensmängel die Voraussetzungen für eine (zweite) Amtslöschung nach § 142 FGG erfüllt[26]. Im Falle fortbestehenden Aktivvermögens hat die Löschung die (Rück-)Umwandlung der GmbH in eine aus den Gesellschaftern bestehende *Gesamthand* (sog. „Nachgesellschaft“[27]) zur Folge[28]. An der Kompetenz des Registergerichts zur Bestellung von Nachtragsliquidatoren ändert diese Umwandlung nichts. Erfolgt die Löschung während **18**

[20] So zutr. BGHZ 105, 259, 261 ff = NJW 1989, 220; aA OLG München ZIP 1988, 575, 576; zur Frage einer Nachtragsliquidation vgl. Anh § 60, 39 ff.

[21] Vgl. Nachw. in Fn 13.

[22] So in neuerer Zeit erstmals *Hönn* ZHR 138 (1974) 50, 66 ff; dem im Ansatz folgend Voraufl. Anh § 60, 30 ff (*Ulmer*); *Hüffer* Gedächtnisschrift Schultz S. 102 ff; *Kraft*-KölnKommAktG § 273, 34 ff; früher schon *Schlegelberger/Quassowsky* AktG 1937 § 214, 2 und 9.

[23] Vgl. dazu näher *K. Schmidt* GesR § 8 II 5 S. 148 ff, § 34 II 2 S. 753 ff.

[24] Zutr. *Hüffer* Gedächtnisschrift Schultz S. 104 ff unter Herausarbeitung der Parallelen zwischen Eintragung und Löschung der jur. Person und unter Hinweis auf die mit der Lehre vom „Doppeltatbestand“ verbundene Rechtsunsicherheit.

[25] Vgl. dazu o. Fn 13.

[26] Auf diese Ausnahme weist zu Recht *Hüffer* Gedächtnisschrift Schultz S. 106 hin.

[27] So die – allerdings auf die juristische Person in Liquidation bezogene – treffende Bezeichnung von MünchKomm.-*Reuter* BGB² § 41, 12; ähnlich *Hüffer*-GroßkommHGB⁴ § 31, 26 sowie *ders.* Gedächtnisschrift Schultz S. 110: teilrechtsfähige Abwicklungsgesellschaft.

[28] So zutr. *Hüffer* Gedächtnisschrift Schultz S. 107 ff; die abweich., auf ein Sondervermögen der Gesellschafter abstellende Ansicht der Voraufl. (Rdn 16 und Anh § 60, 35) gebe ich auf. AA *Hönn* ZHR 138 (1974) 74 ff (Fiktion des Fortbestands der gelöschten Gesellschaft).

eines Rechtsstreits, so führt sie zu einem gesetzlichen Parteiwechsel kraft Gesamtrechtsnachfolge, der nach §§ 239, 246 ZPO zu behandeln ist[29]. Die Wiedereintragung der gelöschten Gesellschaft im Handelsregister ist wegen der konstitutiven Wirkung der Löschung ausgeschlossen[30]. Eine Fortsetzung der gelöschten Gesellschaft kommt nur unter Beachtung der für Neugründungen geltenden Eintragungserfordernisse in Betracht[31].

5. Kündigung, Ausschluß und Austritt

19 Das Recht zur **Kündigung** des Gesellschaftsvertrags der GmbH ist gesetzlich nicht vorgesehen. Es kann jedoch im Gesellschaftsvertrag selbst begründet werden. Ob die Kündigung zur Auflösung der Gesellschaft führt oder zum Ausscheiden des Kündigenden unter Fortsetzung der Gesellschaft durch die übrigen Gesellschafter, bestimmt sich in erster Linie nach dem Inhalt der Kündigungsklausel. Enthält sie hierüber keine Regelung, so tritt die Auflösungsfolge ein (str., vgl. Rdn 67 ff).

20 Der **Ausschluß** des Gesellschafters aus wichtigem Grund hat – ebenso wie die Einziehung seines Geschäftsanteils – keine Auswirkungen auf den Bestand der Gesellschaft. Er wird freilich nur wirksam, wenn die Gesellschaft in der Lage ist, ohne Verstoß gegen § 30 das Abfindungsentgelt zu zahlen (vgl. näher Anh § 34, 8 ff, 42). Entsprechendes gilt im Grundsatz für den **Austritt** aus wichtigem Grund beim Fehlen eines gesellschaftsvertraglichen Kündigungsrechts; er läßt den Bestand der Gesellschaft ebenfalls unberührt (Anh § 34, 44 ff). Scheitert der Austritt daran, daß die Gesellschaft nicht über ausreichendes Vermögen zur Zahlung der Abfindung ohne Verstoß gegen § 30 verfügt, so steht dem Austrittsberechtigten ein außerordentliches, entsprechend § 61 durchzusetzendes Auflösungsrecht zu (Anh § 34, 56).

III. Die Auflösungsgründe nach Abs. 1

1. Zeitablauf (Abs. 1 Nr. 1)

21 Als ersten Auflösungsgrund führt Abs. 1 den Ablauf der im Gesellschaftsvertrag bestimmten Zeit an. Erforderlich ist eine **Befristung durch den Gesellschaftsvertrag,** sei es von Anfang an (§ 3, 58) oder durch spätere Satzungsänderung (§ 53, 108 f); sie ist nach §§ 10 Abs. 2, 54 Abs. 2 ausdrücklich im Handelsregister einzutragen (§ 10, 13). Die Vereinbarung einer Befristung schließt das Eingreifen sonstiger Auflösungsgründe nicht aus; das gilt nicht nur für das Auflösungsurteil, sondern grundsätzlich auch für den Auflösungsbeschluß nach Nr. 2 (vgl. Rdn 26 ff, 33) sowie für die Aufnahme eines Kündigungsrechts in den Gesellschaftsvertrag. Fehlt es – wie im Regelfall – an einer Befristung der Gesellschaft, so besteht diese bis zum Eingreifen eines sonstigen Auflösungs- oder Beendigungsgrundes fort. Zur Zulässigkeit einer *auflösenden Bedingung* und zu den hieran zu stellenden Bestimmtheitsanforderungen vgl. § 3, 62.

22 Vereinbart werden kann nicht nur eine bestimmte, sondern auch eine **bestimmbare Zeitdauer,** etwa die Befristung der Gesellschaft auf die Lebenszeit eines Gesellschafters, die Dauer eines gewerblichen Schutzrechts u. a. (Beisp. vgl. bei § 3, 61). Der Eintritt des Auflösungsgrundes muß allerdings gewiß und mit hinreichender Genauigkeit

---

[29] Vgl. *Hüffer* Gedächtnisschrift Schultz S. 108 f, 111 f.

[30] So auch *Hüffer* Gedächtnisschrift Schultz S. 112 f; aA Voraufl. § 74, 40 (*Hohner*); Scholz/*K. Schmidt* Anh § 60, 20 und § 74, 23; Baumbach/Hueck/*Schulze-Osterloh* 58; Rowedder/*Rasner* § 74, 14.

[31] Vgl. näher *Hüffer* Gedächtnisschrift Schultz S. 113 f; aA (vorbehaltlich Konkursreife der aufgelösten Gesellschaft) insbes. Scholz/*K. Schmidt* Anh § 60, 24.

feststellbar sein, um den Anforderungen des in Nr. 1 genannten Auflösungsgrundes zu genügen (§ 3, 61). Andernfalls kommt je nach Lage des Falles die Annahme eines – vom Zeitablauf durch die *Ungewißheit* seines Eintritts zu unterscheidenden – vertraglichen Auflösungsgrunds nach Abs. 2 (Rdn 63 f) oder die Umdeutung in ein Kündigungsrecht mit Auflösungsfolge in Betracht. Sie fallen *nicht* unter Abs. 1 Nr. 1, sondern als *vertragliche* Auflösungsgründe unter Abs. 2 (Rdn 65) und sind daher anders als die Bestimmungen über die Zeitdauer nicht nach § 10 Abs. 2 in das Handelsregister einzutragen (§ 10, 13).

Die **Wirkung** des Auflösungsgrundes der Nr. 1 besteht in der *automatischen Auflösung* der Gesellschaft mit Ablauf der vereinbarten Dauer, sofern die Befristung nicht vorher durch Satzungsänderung beseitigt oder verlängert worden ist (Rdn 24). Die Eintragung der Auflösung nach § 65 Abs. 1 hat rein deklaratorische Bedeutung. Eine konkludente Verlängerung der Gesellschaft durch einverständliche Fortsetzung als werbende über den Auflösungszeitpunkt hinaus ist ausgeschlossen; § 134 HGB ist nicht analog anwendbar[32]. Zur *Fortsetzung* der aufgelösten Gesellschaft bedarf es neben dem Fortsetzungsbeschluß eines den Anforderungen der §§ 53, 54 genügenden Satzungsänderungsbeschlusses (Rdn 80, 95). **23**

Die Frage, ob die **Beseitigung oder Verlängerung der vereinbarten Zeitdauer** vor Eintritt der Auflösung mit der gewöhnlichen *satzungsändernden Mehrheit* möglich ist oder ob es hierzu einstimmiger Beschlußfassung bedarf, war früher umstritten (zu den Anforderungen an einen Auflösungsbeschluß vor Zeitablauf vgl. Rdn 33, zum Fortsetzungsbeschluß *nach* Zeitablauf Rdn 95). Während das Reichsgericht[33] und ihm folgend das ältere Schrifttum[34] vom unentziehbaren Recht jedes Gesellschafters auf Liquidation und Auskehrung des Erlöses an die Gesellschafter nach Ablauf der satzungsmäßigen Dauer ausgingen und die Änderung demzufolge von der Zustimmung aller Gesellschafter abhängig machten, setzte sich im Anschluß an *Rob. Fischer* (GmbH-Rdsch. 1955, 165, 167 f) im Schrifttum zunächst der Standpunkt durch, bei Erreichen der satzungsändernden Mehrheit könne auf die Zustimmung der übrigen Gesellschafter dann verzichtet werden, wenn ihnen ein Recht auf Austritt unter Abfindung zum vollen Liquidationswert eingeräumt werde[35]. Demgegenüber hält die neuere GmbH-rechtliche Literatur in Übereinstimmung mit der im *Aktienrecht* hM[36] die Zustimmung der nicht für die Satzungsänderung stimmenden Gesellschafter im Regelfall auch dann für entbehrlich, wenn ihnen im Verlängerungsbeschluß kein Austrittsrecht eingeräumt wird (zu Ausnahmen vgl. Rdn 25)[37]. Dafür spricht, daß die Aufnahme einer Zeitbestimmung nicht ohne weiteres im Sinne eines Sonderrechts aller Gesellschafter auf Liquidation der Gesellschaft verstanden werden kann (vgl. auch § 3, 64 und § 53, 109). Erweist sich der mit satzungsändernder Mehrheit gefaßte Verlängerungsbeschluß für einen dabei überstimmten Gesellschafter als unzumutbar, so steht ihm ein Austrittsrecht aus wichtigem Grund zu (Anh § 34, 44 ff, 49), ohne daß ihm ein solches durch die Mitgesellschafter besonders eingeräumt werden müßte. **24**

---

32 EinhM; vgl. Scholz/*K. Schmidt* 9; Baumbach/Hueck/*Schulze Osterloh* 14; *Lutter/Hommelhoff* 3.

33 RGZ 136, 185, 190.

34 Nachw. bei § 3, 64.

35 Baumbach/*Hueck*[13] 2; Scholz/*K. Schmidt*[6] 10.

36 *Wiedemann*-GroßkommAktG[3] § 262, 12; *Kraft*-KölnKommAktG § 262, 12 f; *Hüffer* in Geßler/Hefermehl/Eckardt/Kropff AktG § 262, 26 ff.

37 So im Anschluß an die Voraufl. (Rdn 23) die heute hM, vgl. Scholz/*K. Schmidt* 10; Baumbach/Hueck/*Schulze-Osterloh* 13; *Lutter/Hommelhoff* 4, 27; Rowedder/*Rasner* 19; *Meyer-Landrut*/Miller/Niehus 4; *Roth* 3.1.1; ebenso wohl schon *Hofmann* GmbH-Rdsch. 1975, 218.

25 Einer besonderen **Zustimmung** einzelner Gesellschafter bedarf es abweichend von Rdn 24 nur dann, wenn die Beschlußfassung zu einer *Verlängerung von Nebenleistungspflichten* für sie führt oder in ein ihnen eingeräumtes *Sonderrecht auf Auflösung* eingreift. In derartigen Fällen wird die Zustimmung auch nicht bereits durch Einräumung eines Austrittsrechts unter voller Abfindung entbehrlich; dem Satzungsänderungsrecht sind derartige Wahlrechte der Mehrheit zur Überwindung von Zustimmungsschranken, so praktikabel sie sein mögen, mangels abweichender Vertragsgestaltung unbekannt[38]. Allerdings kann sich die Blockierung der von der Mehrheit gewünschten Satzungsänderung durch den zu Nebenleistungen verpflichteten oder mit einem Sonderrecht auf Auflösung ausgestatteten Gesellschafter wegen der besonderen Umstände des Einzelfalls als *rechtsmißbräuchlich* erweisen (zur Möglichkeit einer Zustimmungspflicht vgl. § 53, 70). In der bloßen Nichterteilung der Zustimmung trotz Einräumung eines Austrittsrechts durch die übrigen Gesellschafter kann ein Rechtsmißbrauch freilich schon wegen der Abfindungsproblematik nicht gesehen werden. Eine ohne die erforderliche Zustimmung beschlossene Satzungsänderung ist unwirksam; der Mangel wird im Fall gleichwohl erfolgender Eintragung im Handelsregister nach Ablauf von drei Jahren geheilt (§ 53, 91).

2. Auflösungsbeschluß (Abs. 1 Nr. 2)

26 a) **Zuständigkeit der Gesellschafter.** Die Beschlußfassung über die Auflösung der Gesellschaft gehört, ebenso wie diejenige über Satzungsänderungen (§ 53, 2), zu den Gegenständen, für die *ausschließlich die Gesellschafter* zuständig sind[39]. Der Gesellschaftsvertrag kann zwar eine Verpflichtung anderer Organe vorsehen, unter bestimmten Voraussetzungen eine Beschlußfassung der Gesellschafter über die Auflösung herbeizuführen[40]. Die Wirksamkeit des Beschlusses kann jedoch nicht von der Mitwirkung anderer Organe abhängig gemacht werden. Dagegen sind schuldrechtliche Stimmbindungsverträge nach überwM auch dann wirksam, wenn sie gegenüber Dritten eingegangen wurden; die ausschließliche Beschlußkompetenz der Gesellschafter steht nicht entgegen[41].

27 b) **Inhalt.** Ein bestimmter Wortlaut ist für den Auflösungsbeschluß nicht vorgesehen. Entscheidend ist, daß daraus der auf Auflösung gerichtete Wille der Gesellschafter *klar erkennbar* ist; das Wort „Auflösung" muß nicht gebraucht werden[42]. Im Beschluß über die *Unternehmensveräußerung* muß nicht, kann aber je nach Lage des Falles und den mit dem Beschluß erkennbar verfolgten Zielen ein Auflösungsbeschluß liegen[43]. Das gilt auch dann, wenn die Firma vom Erwerber fortgeführt werden soll und die Gesellschaft eine neue Firma annimmt[44]. Ebenso enthält der Beschluß über die *Betriebseinstellung* weder notwendig noch auch nur regelmäßig einen Auflösungsbeschluß[45]; er kann aber beim Hinzutreten weiterer Umstände dahin auszulegen sein. Ein Beschluß

[38] So auch Baumbach/Hueck/*Schulze-Osterloh* 13; aA im Anschluß an *Rob. Fischer* GmbH-Rdsch. 1955, 167 aber Scholz/*K. Schmidt* 10; Rowedder/*Rasner* 19; *Roth* 3.1.1.

[39] EinhM; vgl. § 45, 21; Scholz/*K. Schmidt* 12.

[40] Vgl. auch *Hofmann* GmbH-Rdsch. 1975, 219; Scholz/*K. Schmidt* 12.

[41] Vgl. zu den Schranken von Stimmbindungsverträgen § 47, 73 ff; Scholz/*K. Schmidt* § 47, 39, 42, 47 ff; für Unwirksamkeit der Bindung bezüglich eines Auflösungsbeschlusses Hachenburg/*Schilling*[6] § 47, 29.

[42] Scholz/*K. Schmidt* 13; Baumbach/Hueck/*Schulze-Osterloh* 17.

[43] *Feine* S. 629; Scholz/*K. Schmidt* 13.

[44] So auch RGZ 107, 31, 33 in Abweichung von der unzutreffend vom Erlöschen der GmbH als juristische Person infolge Firmenveräußerung ausgehenden Entscheidung RGZ 85, 397, 399 f; Scholz/*K. Schmidt* 13; Baumbach/Hueck/*Schulze-Osterloh* 17.

[45] KGJ 45 A 179; Scholz/*K. Schmidt* 13; 36; Baumbach/Hueck/*Schulze-Osterloh* 17.

über die *Sitzverlegung ins Ausland* wird im Anschluß an die Rechtsprechung des Reichsgerichts[46] von der ganz hM nach wie vor zwingend als Auflösungsbeschluß behandelt[47].

28 c) **Beschlußmehrheiten.** Der Auflösungsbeschluß bedarf nach Abs. 1 Nr. 2 der **Dreiviertelmehrheit** der abgegebenen Stimmen. Für die Berechnung dieser Mehrheit und das Nichteingreifen des Stimmrechtsausschlusses des § 47 Abs. 4 sei auf die entsprechenden Feststellungen zu Satzungsänderungsbeschlüssen verwiesen (§ 53, 49 ff). Die besonderen Erfordernisse einer *Satzungsänderung* sind dann zu beachten, wenn die Auflösung wegen einer im Gesellschaftsvertrag enthaltenen Mindestbefristung nicht ohne Satzungsänderung beschlossen werden kann (vgl. näher Rdn 33). Keiner Satzungsänderung bedarf es bei Auflösung nach Nr. 2 vor dem frühesten im Gesellschaftsvertrag zugelassenen Kündigungstermin[48]. Das *Verbot des Selbstkontrahierens (§ 181 BGB)* gilt nicht nur für Satzungsänderungen (§ 53, 54), sondern auch für den Auflösungsbeschluß, wenn der Abstimmende zugleich für sich und als Vertreter eines Mitgesellschafters oder als Mehrfachvertreter handelt[49].

29 Der **Gesellschaftsvertrag** kann von Abs. 1 Nr. 2 abweichende höhere, aber auch geringere Mehrheiten für den Auflösungsbeschluß festsetzen[50]. Wird **Einstimmigkeit** verlangt, so bedeutet das im Zweifel die Notwendigkeit der Zustimmung sämtlicher Gesellschafter zum Auflösungsbeschluß; entsprechendes gilt, wenn die Gesellschaft in der Satzung als unauflöslich bezeichnet ist (§ 53, 82). Die Gesellschafter sind dadurch nicht gehindert, mit Zustimmung aller einen Auflösungsbeschluß zu fassen; wohl aber bedarf es hierfür zusätzlich der Einhaltung der Erfordernisse für eine Satzungsänderung[51]. Wird die Zustimmung nicht von sämtlichen Gesellschaftern erteilt, so bleibt die Möglichkeit einer Auflösungsklage nach § 61.

30 Soll die Auflösung durch Beschluß erleichtert werden, so kann die Satzung sich abweichend von Abs. 1 Nr. 2 mit **einfacher** Mehrheit begnügen; eine Ausnahme gilt dann, wenn der Auflösungsbeschluß zugleich eine Satzungsänderung erfordert (Rdn 33 f). Ist einer *Minderheit* in der Satzung ein Auflösungsrecht eingeräumt, so handelt es sich nicht mehr um einen Auflösungsbeschluß iSv Abs. 1 Nr. 2, sondern um ein systematisch davon zu unterscheidendes Kündigungsrecht mit Auflösungsfolge iSv Abs. 2[52].

31 Besondere Stimmrechtsschranken sind im Hinblick auf den Auflösungsbeschluß nicht anzuerkennen (zur Unanwendbarkeit von § 47 Abs. 4 vgl. Rdn 28). Es gelten die allgemeinen **Schranken der Mehrheitsherrschaft,** darunter namentlich auch diejenigen

---

46 RGZ 7, 68, 69; 88, 53, 54 f; 107, 94, 97.

47 Vgl. Staudinger/*Großfeld* EGBGB[12] Internat. Gesellschaftsrecht Rdn 353 ff, 356 ff, 368 ff und – vorbehaltlich einer Sitzverlegung in einen auf die Gründungstheorie abstellenden Staat – Münch-Komm.-*Ebenroth* EGBGB[2] Nach Art. 10, 215 ff, 225 ff, jew. m. umfass. Nachw.; aA namentlich *Beitzke* ZHR 127 (1965) 1, 24 ff; Scholz/*K. Schmidt* 13; einschr. auch *Behrens* oben Einl. Rdn 170 aus der Sicht der Gründungstheorie; zum Ganzen vgl. auch § 3, 18.

48 So auch OLG Karlsruhe GmbH-Rdsch. 1982, 276 für den Fall eines einstimmigen Auflösungsbeschlusses; Scholz/*K. Schmidt* 14; Baumbach/Hueck/*Schulze-Osterloh* 16.

49 Heute hM; vgl. § 47, 109 ff, 115 m. weit. Nachw.

50 EinhM; vgl. Scholz/*K. Schmidt* 19; Baumbach/Hueck/*Schulze-Osterloh* 15; *Lutter/Hommelhoff* 6; *Hofmann* GmbH-Rdsch. 1975, 219.

51 So zutr. *Brodmann* 3 a; vgl. auch Rdn 33; aA die hM, vgl. Scholz/*K. Schmidt* 19; Baumbach/Hueck/*Schulze-Osterloh* 16; *Lutter/Hommelhoff* 6; Rowedder/*Rasner* 23; *Hofmann* GmbH-Rdsch. 1975, 219.

52 Vgl. dazu Rdn 67 ff; so auch Scholz/*K. Schmidt* 19; Baumbach/Hueck/*Schulze-Osterloh* 15; *Lutter/Hommelhoff* 6; *Hofmann* GmbH-Rdsch. 1975, 219.

aus der gesellschaftsrechtlichen Treupflicht (vgl. näher § 53, 56 ff, 67). So wenig ein Auflösungsbeschluß schon deshalb unanfechtbar ist, weil er mit der nötigen Mehrheit gefaßt wurde[53], so wenig bedarf er umgekehrt einer besonderen sachlichen Rechtfertigung[54]. Ein Auflösungsbeschluß ist zwar nicht schon deshalb zu beanstanden, weil er ohne sachliche Notwendigkeit oder Vorliegen eines wichtigen Auflösungsgrundes die werbende Tätigkeit der Gesellschaft beendet und ihre Liquidation herbeiführt. Die Mehrheit ist auch durch die Treupflicht grundsätzlich nicht gehindert, ihre Investition in der Gesellschaft zu liquidieren. Anderes gilt jedoch dann, wenn die Mehrheit mit dem Beschluß unzulässige Sondervorteile zum Schaden der Gesellschaft oder der Minderheit verfolgt, insbesondere das Unternehmen unter Ausschluß der Minderheit allein fortführen will, oder wenn die Treuwidrigkeit sich aus sonstigen im Zusammenhang mit dem Auflösungsbeschluß stehenden Umständen ergibt (vgl. § 53, 67 ff). Eine Pflicht, dem Auflösungsbeschluß *aus Gründen der Treupflicht zuzustimmen,* kommt wegen der für diesen Fall vorgesehenen Auflösungsklage nur in ganz seltenen Fällen in Betracht[55].

32 d) **Form.** Eine besondere Form für den Auflösungsbeschluß schreibt das Gesetz *nicht* vor. Er kann mündlich, schriftlich oder in notarieller Form gefaßt werden (zu den Nachweisproblemen gegenüber dem Registergericht bei Anmeldung des Auflösungsbeschlusses vgl. aber Voraufl. § 65, 20). Möglich ist auch Beschlußfassung nach § 48 Abs. 2 im *schriftlichen Verfahren,* sofern sämtliche Gesellschafter dem zustimmen. Sie kommt im Zweifel dadurch zustande, daß alle Gesellschafter die Anmeldung der Auflösung zum Handelsregister unterschreiben[56] oder daß sie einem die Auflösung enthaltenden Prozeßvergleich beitreten[57].

33 **Notarieller Form** bedarf der Auflösungsbeschluß dann, wenn er ausnahmsweise zugleich eine *Satzungsänderung* enthält. Das ist bei einer in der Satzung als „unauflöslich" bezeichneten Gesellschaft (str., vgl. Rdn 29) sowie dann der Fall, wenn die Satzung eine Mindestbefristung der Gesellschaftsdauer enthält und diese im Zeitpunkt der Beschlußfassung noch nicht abgelaufen ist[58]. Dagegen steht die satzungsrechtliche Vereinbarung einer nicht als Mindestfrist gewollten Zeitdauer einer vorzeitigen Auflösung regelmäßig nicht entgegen[59]. Ebenso kann ein Auflösungsbeschluß ohne besondere Satzungsänderung dann gefaßt werden, wenn die Satzung, ohne eine Auflösung nach Nr. 2 auszuschließen, den Gesellschaftern ein Recht zur Kündigung nach Ablauf einer bestimmten Mindestzeit einräumt, diese Mindestzeit bei der Beschlußfassung aber noch nicht verstrichen ist[60].

---

[53] Nicht eindeutig BGHZ 76, 352, 353 = NJW 1980, 1278: „trägt seine Rechtfertigung in sich". Klarstellend jetzt BGHZ 103, 184, 191 = NJW 1988, 1579 (betr. AG). Vgl. auch OLG Frankfurt WM 1991, 681, 684 f (Stimmrechtsmißbrauch des Mehrheitsgesellschafters verneinend).

[54] So auch Scholz/*K. Schmidt* 16; Baumbach/Hueck/*Schulze-Osterloh* 18; *Lutter/Hommelhoff* 6; *Lutter* ZGR 1981, 171, 177; *Timm* JZ 1980, 665, 667 f; aA *Wiedemann* ZGR 1980, 147, 157; *ders.* JZ 1989, 447, 448 f; wohl auch *Martens* Festschrift Rob. Fischer (1979) S. 437, 445 f.

[55] Weitergehend Scholz/*K. Schmidt* 16; generell gegen Stimmpflichten im Zusammenhang mit Auflösungsbeschlüssen *Hofmann* GmbH-Rdsch. 1975, 219.

[56] RGZ 101, 78 f; Scholz/*K. Schmidt* 15; Baumbach/Hueck/*Schulze-Osterloh* 17; *Hofmann* GmbH-Rdsch. 1975, 218.

[57] KGJ 51 A 136; Scholz/*K. Schmidt* 15; Baumbach/Hueck/*Schulze-Osterloh* 17; zu den Anforderungen an den Inhalt des Auflösungsbeschlusses vgl. auch Rdn 27.

[58] Vgl. § 53, 109; so jetzt im Erg. auch Scholz/*K. Schmidt* 14; wohl auch *Lutter/Hommelhoff* 5.

[59] Vgl. § 3, 60; aA die überwM, die auch hier eine Satzungsänderung fordert; so *Feine* S. 628; Scholz/*Priester* § 53, 85; Baumbach/Hueck/*Schulze-Osterloh* 16; Rowedder/*Rasner* 23.

[60] OLG Karlsruhe GmbH-Rdsch. 1982, 276; zust. Scholz/*K. Schmidt* 14.

Bei einem auf **befristete oder bedingte Auflösung** gerichteten Beschluß unterscheidet die hM zutreffend danach, ob es sich um einen Auflösungs- oder einen Satzungsänderungsbeschluß handelt[61]. Soll der Beschluß die Auflösung alsbald, d. h. innerhalb eines überschaubaren Zeitraums, etwa zum Monats- oder Geschäftsjahrsende, herbeiführen oder stellt er auf eine Bedingung (erfolgreiche Unternehmensveräußerung, Entziehung einer Gewerbeerlaubnis, Erteilung der gewünschten Steuerauskunft) ab, deren Eintritt in Kürze zu erwarten ist, so liegt ein formlos wirksamer *Auflösungsbeschluß* vor. Demgegenüber handelt es sich um einen notariell zu beurkundenden Satzungsänderungsbeschluß, wenn der Beschluß auf die Einführung einer festen bzw. von einem künftigen ungewissen Ereignis abhängigen Gesellschaftsdauer zielt. Wegen der unvermeidlichen Unschärfe dieser Abgrenzungskriterien empfiehlt sich in Zweifelsfällen die Einhaltung der notariellen Form und die Anmeldung des Beschlusses zur Eintragung nach § 54[62]. **34**

e) **Wirksamwerden.** Der Auflösungsbeschluß wird regelmäßig bereits mit dem *Zeitpunkt seines Zustandekommens* wirksam. Die in § 65 vorgeschriebene Anmeldung zum Handelsregister hat nur deklaratorische Bedeutung (Voraufl. § 65, 27). Eine *Abweichung* von der sofortigen Wirksamkeit gilt einmal dann, wenn der Beschluß befristet oder bedingt gefaßt ist (Rdn 34); die Aufnahme einer eindeutigen Zeitbestimmung kann sich namentlich aus steuerrechtlichen Gründen, zur Vermeidung von Unklarheiten über den Auflösungszeitpunkt empfehlen[63]. Ist der Auflösungsbeschluß mit einer Satzungsänderung verbunden (Rdn 33 f), so wird er erst mit der Handelsregistereintragung wirksam (§ 54 Abs. 3). **35**

Mit **Rückwirkung** kann die Auflösung *nicht* beschlossen werden (Voraufl. § 71, 5); die Gesellschafter können im Beschluß allerdings festlegen, sich gegenseitig so zu behandeln, als wenn die Gesellschaft schon zu einem früheren Zeitpunkt aufgelöst worden wäre. Eine **Aufhebung** des Auflösungsbeschlusses ist nur möglich, wenn er befristet oder bedingt gefaßt und daher noch nicht wirksam geworden ist; für die Aufhebung genügt einfache Mehrheit[64]. Nach Eintritt der Auflösung bedarf es eines – regelmäßig eine Dreiviertelmehrheit erfordernden (Rdn 88 ff) – Fortsetzungsbeschlusses (Rdn 96). **36**

f) **Mängel des Auflösungsbeschlusses.** Auf die *Nichtigkeit* oder Unwirksamkeit des Auflösungsbeschlusses wegen Vorliegens eines der Nichtigkeitsgründe des § 241 AktG oder wegen Nichterreichens der nach Gesetz oder Satzung erforderlichen Mehrheit kann sich bis zur Heilung des Mangels durch Zeitablauf jedermann berufen (vgl. näher Anh § 47, 84). Die Gesellschaft besteht als werbende fort; zugunsten Dritter, die auf die unrichtige Handelsregistereintragung und -bekanntmachung vertrauen, greift § 15 Abs. 3 HGB ein. Ist der Auflösungsbeschluß nur *anfechtbar,* etwa wegen Treuwidrigkeit oder Satzungsverletzung, so hindert das den Eintritt der Auflösung zunächst nicht. Im Anfechtungsprozeß kann allerdings die rückwirkende Nichtigerklärung des Beschlusses erreicht werden[65]. **37**

[61] Vgl. KG DR 1939, 1166; Scholz/*K. Schmidt* 14; Baumbach/Hueck/*Schulze-Osterloh* 16; *Lutter/Hommelhoff* 5; im Erg. auch RGZ 145, 99, 101; weitergehend – stets Satzungsänderung – RGZ 65, 264, 266.

[62] So zutr. Scholz/*K. Schmidt* 14.

[63] Vgl. BFH BB 1974, 637; 1983, 1199, 1200.

[64] Vgl. dazu allg. § 53, 73; so auch Scholz/*K. Schmidt* § 47, 33; Baumbach/Hueck/*Zöllner* § 47, 22.

[65] Vgl. BGHZ 76, 352, 353 = NJW 1980, 1278; 103, 184, 186 ff = NJW 1988, 1579 (betr. AG).

38 Für die Bestimmung des **Streitwerts** der Anfechtungs- oder Nichtigkeitsklage ist § 247 AktG analog anzuwenden; maßgebend sind die gesamten Umstände des Falles, darunter insbesondere die Bedeutung der Sache für die Parteien[66].

3. Auflösungsurteil; Auflösungsverfügung (Abs. 1 Nr. 3)

39 Die Regelung in Abs. 1 Nr. 3 enthält zwei unterschiedliche Auflösungsgründe, deren Einzelheiten in §§ 61, 62 geregelt sind (vgl. die Erläut. daselbst). Die Auflösung durch **gerichtliches Urteil** setzt das Vorliegen eines in den Verhältnissen der Gesellschaft liegenden wichtigen Grundes voraus; sie wird mit Rechtskraft des Gestaltungsurteils wirksam (§ 61, 41). Eine Auflösung durch **Verwaltungsakt** (nicht: Entscheidung des Verwaltungsgerichts, vgl. § 62, 25 f) kommt dann in Betracht, wenn die Gesellschaft durch gesetzwidrige Gesellschafterbeschlüsse oder durch Handlungen der Geschäftsführer das Gemeinwohl gefährdet und keine milderen Mittel zur Gefahrenabwehr zur Verfügung stehen (vgl. näher § 62, 12 ff).

4. Konkurseröffnung (Abs. 1 Nr. 4)

40 Die Eröffnung des Konkursverfahrens über das Vermögen der **Gesellschaft** (dazu Näheres bei §§ 63, 64) bildet nach Abs. 1 Nr. 4 einen weiteren Auflösungsgrund. Die Auflösung wird zu der im Eröffnungsbeschluß nach § 108 KO anzugebenden Stunde der Eröffnung wirksam (§ 63, 73). Auch die *Ablehnung der Konkurseröffnung mangels Masse* führt zur Auflösung der Gesellschaft; das ist in § 1 Abs. 1 LöschG geregelt (vgl. Anh § 60, 7 ff, 11). Zu den Folgen, die die Auflösung der Komplementär-GmbH durch Konkurseröffnung oder Ablehnung mangels Masse für den Fortbestand der GmbH & Co. KG hat, vgl. Rdn 115. Die Eröffnung des gerichtlichen *Vergleichsverfahrens* hat die Auflösung der Gesellschaft *nicht* zur Folge (§ 63, 110).

41 Der Konkurs eines **Gesellschafters** berührt den Fortbestand der Gesellschaft als werbende nach gesetzlicher Regel nicht; das gilt auch dann, wenn der Gesellschafterkonkurs schon vor Eintragung der Gesellschaft eröffnet wird[67]. Er kann aber in der Satzung als Auflösungsgrund vorgesehen werden und wird dann im Zeitpunkt der Eröffnung wirksam (Rdn 64 f). Auch ohne satzungsrechtliche Regelung kann der Gesellschafterkonkurs mittelbar zur Auflösung führen, wenn er nach Lage des Falles einen wichtigen Auflösungsgrund nach § 61 bildet und deshalb von Mitgesellschaftern die Auflösungsklage erhoben wird (vgl. § 61, 22).

5. Mangelfeststellung nach §§ 144 a, 144 b FGG durch das Registergericht (Abs. 1 Nr. 5)

42 a) **Allgemeines.** Die beiden in Abs. 1 Nr. 5 enthaltenen Auflösungsgründe knüpfen an das Vorhandensein bestimmter Satzungsmängel (§ 144 a FGG) oder an die Nichterfüllung der dem Alleingesellschafter nach § 19 Abs. 4 S. 1 nF obliegenden Einzahlungs- oder Sicherungspflichten (§ 144 b FGG) an. Sie sind dazu bestimmt, die dem Registergericht insoweit übertragenen Aufsichtsfunktionen gegenüber eingetragenen Gesellschaften mit geeigneten **Sanktionen** zu versehen und die Auflösung derjenigen Gesellschaften herbeizuführen, die trotz gerichtlichen Hinweises auf das Vorliegen eines der in §§ 144 a,

---

66 Scholz/*K. Schmidt* 18 unter zutr. Hinweis auf § 197 RegE GmbHG 1971/73; aA OLG München GmbH-Rdsch. 1957, 43 m. krit. Anm. *Lappe;* vgl. auch Anh § 47, 228.

67 RGZ 82, 288, 292 f; Scholz/*K. Schmidt* 35.

144 b FGG genannten Mängel nicht für Abhilfe sorgen (Text der §§ 144 a, 144 b FGG vgl. bei § 75)[68]. Die *Auflösung* wird vom Registergericht nicht besonders verfügt, sondern *folgt* aufgrund der Regelung des Abs. 1 Nr. 5 *unmittelbar aus der Rechtskraft der den Mangel oder Verstoß feststellenden Verfügung des Registergerichts* (Rdn 53). Wird der zum Eingreifen des Registergerichts führende Mangel von den Gesellschaftern erst *nach* diesem Zeitpunkt beseitigt, so ändert das an der Auflösungsfolge nichts. Die Gesellschafter sind in diesem Fall jedoch nicht gehindert, die Fortsetzung der Gesellschaft zu beschließen (Rdn 103 f).

Die Vorschrift des **Abs. 1 Nr. 5, 1. Alt.**, sowie das Verfahren nach **§ 144 a FGG** **43**
wurden eingeführt im Rahmen der europäischen Harmonisierung der Nichtigkeitsgründe bei Kapitalgesellschaften durch das *KoordG von 1969*[69]. Es brachte entsprechend Art. 11 der 1. Richtlinie v. 9. 3. 1968[70] eine starke Einschränkung der in § 75 geregelten Nichtigkeitsgründe auf drei Fälle. Die übrigen früher durch § 75 erfaßten wesentlichen Satzungsmängel wurden nach § 144 a FGG übertragen[71]. Sie berechtigen nach neuem Recht nicht mehr zur Nichtigkeitsklage oder zur Amtslöschung nach § 144 FGG; an ihre Stelle ist die Amtsauflösung nach § 144 a FGG iVm § 60 Abs. 1 Nr. 5 getreten (vgl. Voraufl. § 75, 2 f). Der Unterschied in den Rechtsfolgen der beiden Verfahrensarten ist freilich gering, da auch das rechtskräftige Nichtigkeitsurteil nach § 75 bzw. das ihm entsprechende, auf das Vorliegen eines Nichtigkeitsgrundes gestützte registergerichtliche Löschungsverfahren nach § 144 FGG nicht etwa die Vollbeendigung der Gesellschaft zur Folge haben, sondern zu ihrer Liquidation nach den für die aufgelöste Gesellschaft geltenden Vorschriften führen (Rdn 11 f).

Abs. 1 Nr. 5, 2. Alt., und die hierauf bezogene Vorschrift des **§ 144 b FGG** sind **44**
durch die *GmbH-Novelle 1980* neu eingeführt worden. Sie dienen iVm § 19 Abs. 4 dazu, die Vorschriften über Volleinzahlung oder Bestellung von Sicherungen bei der *Einmanngründung* (§ 7 Abs. 2 S. 3) gegen Umgehungen durch Strohmanngründung mit anschließender Anteilsvereinigung abzusichern, und greifen nur ein, wenn die Anteilsvereinigung innerhalb von drei Jahren nach Eintragung der GmbH erfolgt (Rdn 50). Die Vorschriften gelten auch für Altgesellschaften, die am 1. 1. 1981 schon eingetragen waren, wenn die Anteilsvereinigung nach diesem Zeitpunkt, aber innerhalb von drei Jahren nach Entstehung der Gesellschaft, stattgefunden hat[72].

Im **Verhältnis zur Amtslöschung nach § 142 FGG** wegen Mangels einer wesentlichen **45**
Eintragungsvoraussetzung ist § 144 a FGG die spezielle Vorschrift, soweit es um *Inhaltsmängel* geht. Es gelten dieselben Grundsätze wie für das Verhältnis zwischen §§ 142, 144 FGG; eine Amtslöschung der Eintragung der Gesellschaft oder späterer Satzungsänderungen nach § 142 FGG aufgrund von Inhaltsmängeln ist ausgeschlossen (vgl. § 2, 89, § 54, 53 ff, 57, und § 57, 52 m. Nachw.). Ist eine Eintragung, die einen der in § 144 a Abs. 4 FGG genannten Mängel (Rdn 46 ff) aufweist, dagegen aufgrund eines wesentlichen *Verfahrensmangels* bewirkt worden, fehlte es insbesondere an einer Anmeldung der eingetragenen Satzungsänderung oder war diese mangels Mitwirkung der erforderlichen Zahl von Geschäftsführern unwirksam, so bleibt die Amtslöschung

---

[68] Zu § 144 a FGG vgl. *Anton* GmbH-Rdsch. 1973, 75, 77 ff.

[69] Gesetz zur Durchführung der Ersten Richtlinie des Rates der Europäischen Gemeinschaften zur Koordinierung des Gesellschaftsrechts v. 15. 8. 1969, BGBl. I 1146.

[70] Abgedruckt bei *Lutter* Europ. Gesellschaftsrecht[3] (1991) S. 163 ff.

[71] Bedenken wegen des nach seiner Ansicht zu weit gefaßten, mit Artt. 11, 12 der 1. Richtlinie zur Koordinierung des Gesellschaftsrechts unvereinbaren Katalogs der in § 114 a Abs. 1 FGG genannten Satzungsmängel erhebt *Baums* S. 57 Fn 187.

[72] OLG Frankfurt BB 1982, 1384; *Stöber* ZIP 1981, 357.

nach § 142 FGG möglich (vgl. § 54, 57). Zum Verhältnis zwischen dem Verfahren der Mangelfeststellung mit Auflösungsfolge nach § 144 a FGG und dem firmenrechtlichen Ordnungsverfahren nach §§ 37 Abs. 1 HGB, 140 FGG vgl. Rdn 47.

46 b) **Satzungsmängel nach § 144 a FGG. α) Firma.** Die *Nichtangabe* einer Firma in der Satzung der eingetragenen GmbH dürfte als Auflösungsgrund nach § 144 a Abs. 1, 4 FGG schon wegen der Eintragungskontrolle des Registergerichts kaum je praktisch werden. Anderes gilt für die *Nichtigkeit* der Firma, sei es wegen Verstoßes gegen § 4 oder gegen die Vorschriften der §§ 18 ff HGB über die Firmenbildung (vgl. näher § 4, 95). Ein Verstoß nur gegen § 30 HGB macht die Bestimmung über die Firma dagegen nicht nichtig[73]; insoweit kommt nur das Mißbrauchsverfahren nach §§ 37 Abs. 1 HGB, 140 FGG in Betracht. Ob die Vereinbarung über die Firma von Anfang an nichtig war oder ob der Mangel auf einer Satzungsänderung beruht, ist für § 144 a FGG ohne Belang (§ 4, 100). Auch eine spätere Änderung des Unternehmensgegenstands oder sonstiger für die Zulässigkeit der Firma wesentlicher *tatsächlicher* Umstände hat die Nichtigkeit der Bestimmung über die Firma zur Folge[74].

47 Umstritten ist das **Verhältnis zwischen** dem zur Auflösung führenden **Mangelfeststellungsverfahren** des § 144 a FGG und dem **Firmenmißbrauchsverfahren** nach §§ 37 Abs. 1 HGB, 140 FGG (vgl. auch § 4, 102). Nach überwiegender Meinung ist der Registerrichter in der Entscheidung frei, nach welchem dieser Verfahren er gegen den Gebrauch einer nichtigen Firma durch die eingetragene GmbH vorgehen will[75]. Demgegenüber wird vereinzelt auf den im FG-Verfahren geltenden Grundsatz der Verhältnismäßigkeit der Mittel hingewiesen, aus dem sich für den Regelfall der Vorrang des Firmenmißbrauchsverfahrens als *milderes* Mittel ergäbe[76]. Dagegen spricht jedoch, daß die Verfahren sich gegen *verschiedene Adressaten* richten. Während das Firmenmißbrauchsverfahren den *Geschäftsführer* betrifft und ihm unter Zwangsgeldandrohung den weiteren Gebrauch der Firma untersagt[77], richtet sich das Verfahren gem. § 144 a FGG gegen die *Gesellschaft.* Da nur die Gesellschafter die Satzung ändern und damit den Mangel beseitigen können, kommt, sofern es um den Gebrauch der *eingetragenen* Firma geht, bei Nichtigkeit der Satzungsbestimmung über die Firma dem Verfahren nach § 144 a FGG grundsätzlich der Vorrang zu[78].

48 **β) Sitz.** Das Fehlen einer Satzungsbestimmung über den Sitz der Gesellschaft dürfte so wenig praktisch werden wie die Nichtangabe der Firma im Gesellschaftsvertrag (Rdn 46). *Nichtigkeit* der Bestimmung über den Sitz ist trotz grundsätzlicher Wahlfreiheit einerseits bei der rechtsmißbräuchlichen Wahl des Sitzes, andererseits bei der Vereinbarung eines ausländischen Sitzes anzunehmen (§ 3, 9 f). Entsprechendes gilt im Fall eines satzungsrechtlichen *Doppelsitzes,* soweit seine Vereinbarung sich nicht ausnahmsweise als sachlich notwendig erweist (vgl. § 3, 14). Das nachträgliche Auseinanderfallen von satzungsrechtlichem und tatsächlichem Sitz hat dagegen die Nichtigkeit

---

[73] Vgl. § 4, 95; so auch Scholz/*K. Schmidt* 25; Baumbach/*Hueck* § 4, 49; Baumbach/Hueck/*Schulze-Osterloh* Anh § 77, 23; *Lutter/Hommelhoff* 10; Rowedder/*Rittner* § 4, 34; aA Scholz/*Emmerich* § 4, 64, 67; *Roth* § 4, 8; *Jansen* FGG[2] § 144 a, 4; Keidel/Kuntze/*Winkler* FGG[12] § 144 a, 4; Bumiller/*Winkler* FGG[3] § 144 a, 3 a; wohl auch KGJ 41 A 114, 116.

[74] Vgl. dazu näher § 3, 26, § 4, 101 und § 53, 98, jew. m. weit. Nachw.; aA BayObLG GmbH-Rdsch. 1980, 11 f; Vorauf1. § 60, 44.

[75] KG NJW 1965, 254; Scholz/*Emmerich* § 4, 66 f; Baumbach/*Hueck* § 4, 52; Rowedder/*Rittner* § 4, 36; Keidel/Kuntze/*Winkler* FGG[12] § 144 a, 4.

[76] Scholz/*K. Schmidt*[6] 25 (einschr. jetzt aber Scholz/*K. Schmidt* 24 c); so auch *Hüffer*-GroßkommHGB[4] § 37, 24, und *Jansen* NJW 1966, 1814, für das Verhältnis zwischen § 37 Abs. 1 HGB und dem Amtslöschungsverfahren nach § 142 FGG.

[77] Vgl. *Hüffer*-GroßkommHGB[4] § 14, 17; *Jansen* FGG[2] § 140, 16.

[78] Vgl. § 4, 102; so auch *Jansen* FGG[2] § 144 a, 4 sowie neuerdings Scholz/*K. Schmidt* 24 c.

der Satzungsbestimmung über den Sitz nicht ohne weiteres zur Folge; es gibt nur dann Anlaß zum Verfahren nach § 144 a FGG, wenn der satzungsrechtliche Sitz rein fiktiv geworden ist[79].

γ) **Stammkapital, Stammeinlagen.** Das Fehlen einer Bestimmung über das Stammkapital bildet einen Nichtigkeitsgrund nach § 75; es führt ggf. zur Löschung nach § 144 FGG. Dagegen stellt das – ursprüngliche (vgl. § 3, 46) – *Fehlen von Bestimmungen über die Stammeinlagen* sowie die *Nichtigkeit der Festsetzung des Stammkapitals oder der Stammeinlagen* einen Satzungsmangel iS von § 144 a Abs. 4 FGG dar; sie geben Anlaß für das Mangelfeststellungsverfahren. Nichtigkeit der Bestimmung über das Stammkapital kommt namentlich bei Verstößen gegen das gesetzliche Mindestkapital des § 5 Abs. 1 sowie bei Festsetzung des Stammkapitals in ausländischer Währung in Betracht[80]. Zur Nichtigkeit der in § 3 Abs. 1 Nr. 4 vorgeschriebenen Angaben über die Stammeinlagen kann es wegen Verstoßes gegen § 5 Abs. 1 bis 3 kommen[81]. Zu beachten ist freilich, daß es der Beibehaltung der Angaben über die Stammeinlagen nach Eintragung der GmbH nicht bedarf, auch wenn die Einlagen noch nicht voll eingezahlt sind (str., vgl. § 3, 48). Die Streichung der ursprünglich wirksam vereinbarten Bestimmungen über die Stammeinlagen begründet daher keinen Mangel iSv § 144 a Abs. 4 FGG. Ebenso greift § 144 a FGG *nicht* ein, wenn die *Übernahme* von Stammeinlagen bei einer Kapitalerhöhung nichtig ist[82]. **49**

c) **Verstoß gegen § 19 Abs. 4 S. 1.** Der Feststellung eines Verstoßes gegen die in § 19 Abs. 4 S. 1 geregelte Pflicht des Alleingesellschafters zur Volleinzahlung bzw. *zur Bestellung einer Sicherung bei Anteilsvereinigung* innerhalb von drei Jahren nach Entstehung der GmbH dient die im Zuge der GmbH-Novelle 1980 neueingeführte Vorschrift des § 144 b FGG; die Rechtskraft der gerichtlichen Feststellung führt ebenfalls zur Auflösung der GmbH nach § 60 Abs. 1 Nr. 5. Anwendbar ist die Vorschrift auch auf Altgesellschaften, sofern die Anteilsvereinigung nach dem 1. 1. 1981, aber noch innerhalb von drei Jahren nach Entstehung der GmbH erfolgt war (Rdn 44). Der Einleitung des Verfahrens nach § 144 b FGG steht der Ablauf der Dreijahresfrist des § 19 Abs. 4 S. 1 nicht entgegen, sofern nur die Anteilsvereinigung innerhalb dieser Frist eingetreten ist[83]. Auch auf das Datum einer etwaigen Anzeige nach § 19 Abs. 4 S. 2 kommt es für das Verfahren nach § 144 b FGG nicht an. Veräußert der Alleingesellschafter einen Teil der Anteile vor Rechtskraft der Feststellungsverfügung, so entfällt dadurch die verschärfte Einzahlungspflicht nach § 19 Abs. 4 S. 1; eine bereits ergangene Feststellung ist aufzuheben, wenn sofortige Beschwerde gegen sie eingelegt wurde. Näheres zu den Voraussetzungen eines Verstoßes gegen § 19 Abs. 4 S. 1 vgl. in § 19, 127 ff. **50**

d) **Verfahrensgrundsätze.** Das Verfahren bestimmt sich nach dem FGG. Zuständig ist das Gericht am Sitz der Gesellschaft[84]. Das Gericht wird **von Amts wegen** tätig; Anträge Dritter (Behörden, Kammern, Gesellschafter u. a.) haben die Bedeutung einer **51**

---

79 Vgl. § 53, 100; generell gegen Nichtigkeit in derartigen Fällen OLG Frankfurt BB 1979, 1739; BayObLG BB 1982, 578; Scholz/*K. Schmidt* 26; Baumbach/Hueck/*Schulze-Osterloh* Anh § 77, 23; *Lutter/Hommelhoff* 10; aA *Wessel* BB 1984, 1059.

80 Scholz/*K. Schmidt* 27; *Lutter/Hommelhoff* 10; *Baums* S. 154 f.

81 Vgl. dazu *Baums* S. 154 f; *Roßner* Der Einfluß von Gründungsmängeln auf die Aktiengesellschaft, die Gesellschaft mit beschränkter Haftung und die eingetragene Genossenschaft, Diss. Würzburg 1967, S. 59 ff.

82 Scholz/*K. Schmidt* 27; *Baums* S. 154 f.

83 HM, vgl. Scholz/*K. Schmidt* 29; Baumbach/Hueck/*Schulze-Osterloh* Anh § 77, 30; *Meyer-Landrut*/Miller/Niehus 13; *Stöber* ZIP 1981, 357 ff; aA *Roth* § 75, 7.

84 *Jansen* FGG² § 144 a, 9; Keidel/Kuntze/*Winkler* FGG¹² § 144 a, 9.

Anregung[85]. Liegen hinreichende Anhaltspunkte für einen Satzungsmangel iSv § 144 a Abs. 4 FGG oder für einen Verstoß gegen § 19 Abs. 4 S. 1 vor, so *muß* das Gericht das Feststellungsverfahren einleiten[86].

52 Das Verfahren beginnt mit der **Aufforderung** an die *Gesellschaft* zur Beseitigung des Mangels durch Satzungsänderung bzw. an den *Gesellschafter* zur Erfüllung der Verpflichtungen nach § 19 Abs. 4 S. 1 (vgl. §§ 144 a Abs. 1 S. 1, Abs. 4, 144 b S. 1 FGG)[87]. Die Aufforderung muß eine bestimmte, für die erforderlichen Maßnahmen ausreichend bemessene *Frist* zur Beseitigung des Verstoßes sowie den *Hinweis* enthalten, daß ein nicht beseitigter Verstoß vom Gericht nach §§ 144 a Abs. 2, 144 b S. 2 FGG festzustellen ist und die Gesellschaft mit der Rechtskraft der Feststellungsverfügung aufgelöst wird. Die gerichtlich bestimmte Frist kann verlängert werden[88]. Gegen die Aufforderung ist die Möglichkeit des Widerspruchs gegeben; er kann auch noch nach Ablauf der in der Aufforderung enthaltenen Frist eingelegt werden, solange die **Feststellungsverfügung** nicht erlassen ist. Gegen diese selbst ist nach §§ 144 a Abs. 3, 144 b S. 2 FGG das Rechtsmittel der sofortigen Beschwerde gegeben. Ist die Feststellung des Verstoßes nach § 144 a Abs. 2 S. 2 FGG mit der Zurückweisung eines gegen die Aufforderung eingelegten Widerspruchs verbunden, so kann gegen beide Verfügungen einheitlich sofortige Beschwerde erhoben werden.[89].

53 **Wirksam** wird die Auflösung der Gesellschaft abweichend von § 16 Abs. 1 FGG nicht schon mit der Bekanntmachung der Verfügung gegenüber der Gesellschaft, sondern erst mit Eintritt ihrer *Rechtskraft* (vgl. § 60 Abs. 1 Nr. 5). Eine Änderung der erlassenen Verfügung durch das Gericht ist ausgeschlossen (§ 18 Abs. 2 FGG). Auch ein Wiederaufnahmeverfahren findet nicht statt[90]. Die Auflösungswirkung der rechtskräftigen Mangelfeststellung kann nur durch einen *Fortsetzungsbeschluß* der Gesellschafter in Verbindung mit der Behebung des Mangels beseitigt werden (Rdn 103 f).

IV. Weitere Auflösungsgründe

1. Auflösungsgründe außerhalb § 60 Abs. 1

54 a) **Auflösung nach dem LöschG.** Das LöschG enthält zwei nach Voraussetzungen und Rechtsfolgen deutlich zu unterscheidende Auflösungstatbestände. Nach **§ 1 Abs. 1 LöschG** wird die Gesellschaft mit der Rechtskraft des Beschlusses aufgelöst, durch den ein Antrag auf Konkurseröffnung mangels Masse abgewiesen wird; die Vorschrift ergänzt den in § 60 Abs. 1 Nr. 4 geregelten Auflösungsgrund der Konkurseröffnung. Auch ohne Konkursantrag kann die Auflösung der Gesellschaft, zugleich aber auch ihre Beendigung (Rdn 10), bei Vermögenslosigkeit dadurch herbeigeführt werden, daß ihre Eintragung im Handelsregister auf Antrag eines der Organe des Handelsstands oder einer Steuerbehörde oder von Amts wegen nach **§ 2 Abs. 1 LöschG** gelöscht wird. Näheres zu diesen Auflösungsgründen vgl. in Anh § 60.

---

[85] *Jansen* FGG² § 144 a, 10; Keidel/Kuntze/*Winkler* FGG¹² § 144 a, 10, § 144 b, 5.

[86] Keidel/Kuntze/*Winkler* FGG¹² § 144 a, 10; *Bassenge/Herbst* FGG⁴ § 144 a, 2 b; Baumbach/Hueck/*Schulze-Osterloh* Anh § 77, 25; *Anton* GmbH-Rdsch. 1973, 78.

[87] Zur Notwendigkeit der Beteiligung der GmbH an einem gegen den Einmann gerichteten Verfahren nach § 144 b FGG vgl. BayObLG DB 1984, 1241.

[88] *Jansen* FGG² § 144 a, 12; Keidel/Kuntze/*Winkler* FGG¹² § 144 a, 13, § 144 b, 5.

[89] Keidel/Kuntze/*Winkler* FGG¹² § 144 a, 16; vgl. auch *Jansen* FGG² § 144 a, 22 zu den bei getrennter Anfechtung entstehenden Problemen.

[90] *Jansen* FGG² § 144 a, 26; Keidel/Kuntze/*Winkler* FGG¹² § 144 a, 13.

b) **Verschmelzung und Umwandlung.** Die beiden teils im AktG, teils spezialgesetzlich im KapErhG und UmwG geregelten Institute sehen den Untergang derjenigen an der Verschmelzung oder Umwandlung beteiligten Gesellschaften vor, die im Fall der Verschmelzung durch Aufnahme nicht als übernehmende Gesellschaft bzw. im Fall formwechselnder Umwandlung nicht in anderer Rechtsform bestehen bleiben sollen. Auflösung und Beendigung der untergehenden Gesellschaften fallen insoweit abweichend von der allgemeinen Regel zusammen (Rdn 8 f). Die Rechtsänderung wird im Zeitpunkt der Eintragung des betreffenden Beschlusses im Handelsregister wirksam. **55**

c) **Art. 12 § 1 GmbH-Novelle 1980.** Die Vorschrift des Art. 12 § 1 GmbH-Novelle[91] gewährte **Altgesellschaften** eine Übergangsfrist von 5 Jahren, bis zu deren Ablauf sie ihr Stammkapital und die geleisteten Mindesteinlagen den Neuregelungen in §§ 5 Abs. 1, 7 Abs. 2 S. 1 anzupassen hatten. Altgesellschaften sind solche Gesellschaften, die entweder vor dem Inkrafttreten der GmbH-Novelle am 1. 1. 1981 entstanden waren oder deren Anmeldung zum Handelsregister vor diesem Zeitpunkt bewirkt war und für deren Eintragung daher noch altes Recht fortgalt (Art. 12 § 2 GmbH-Novelle). Betrug das **Stammkapital** dieser Gesellschaften weniger als 50 000 DM, so war spätestens bis zum 31. 12. 1985 der Beschluß über die Erhöhung auf 50 000 DM oder über die Umwandlung der GmbH in eine andere Rechtsform nach § 24 UmwG (Rdn 9) anzumelden, wenn die Auflösungsfolge des Art. 12 § 1 Abs. 1 S. 1 GmbH-Novelle vermieden werden sollte (zur Mitwirkungspflicht der Gesellschafter bei dieser Kapitalerhöhung vgl. Voraufl. § 55, 28). Im Fall der Anfechtung des Erhöhungs- oder Umwandlungsbeschlusses vor dem 1. 1. 1986 verlängerte sich die Frist für den Eintritt der Auflösungsfolge nach Abs. 1 S. 2 um sechs Monate nach Rechtskraft des Urteils im Anfechtungsprozeß. Die Fortsetzung einer nach Art. 12 § 1 Abs. 1 aufgelösten Gesellschaft ist in Art. 12 § 1 Abs. 3 geregelt, vgl. dazu Rdn 105. **56**

Die automatische Auflösung mit Ablauf des 31. 12. 1985 trat nach Art. 12 § 1 *Abs. 2* der Novelle weiter dann ein, wenn die Geschäftsführer nicht bis zu diesem Datum dem Registergericht gegenüber versichert hatten, daß **Mindesteinlagen** unter Einschluß der Sacheinlagen in Höhe von 25 000 DM geleistet waren. Die Regelung des Abs. 2 galt nur für solche Altgesellschaften, die beim Inkrafttreten der Novelle am 1. 1. 1981 bereits ein *Stammkapital in Höhe von mindestens 50 000 DM* hatten; bei ihnen bedurfte es zur Anpassung zwar keiner Kapitalerhöhung, wohl aber der Versicherung über die Mindesteinlagen nach Abs. 2. Handelte es sich dagegen um Gesellschaften mit einem geringeren, nach Abs. 1 anzupassenden Mindestkapital, so war die Versicherung über die Mindesteinzahlung nach *Abs. 1 S. 3* im Zuge der Anmeldung der Kapitalerhöhung gegen Einlagen abzugeben, wenn deren Zurückweisung – mit der Auflösungsfolge nach Abs. 1 S. 1 bei Ablauf der Übergangszeit – verhindert werden sollte[92]. **57**

Nicht von den Regelungen über die Mindesteinzahlung **erfaßt** werden diejenigen Gesellschaften, die die Anpassung an das erhöhte Mindestkapital im Wege einer **Kapitalerhöhung aus Gesellschaftsmitteln** vornahmen. Zwar hängt die Zulässigkeit dieser Kapitalerhöhung nicht davon ab, ob die bisherigen Einlagen voll oder nur teilweise geleistet sind (vgl. § 12 Abs. 2 KapErhG); daher sind Fälle denkbar, in denen trotz Kapitalerhöhung aus Gesellschaftsmitteln auf 50 000 DM oder mehr die geleisteten Einlagen unter Einschluß der durch die Kapitalerhöhung umgewandelten **58**

---

[91] Gesetz zur Änderung des Gesetzes betr. die Gesellschaften mit beschränkter Haftung vom 4. 7. 1980, BGBl. I S. 836; vgl. dazu im einzelnen *Ehlke* GmbH-Rdsch. 1985, 284 ff; *Kröller* BB 1983 Beil. 7; zur Verfassungsmäßigkeit vgl. OLG Hamm GmbH-Rdsch. 1987, 357 f. Gesetzestext vgl. in Voraufl. Rdn 52.

[92] So zutr. BayObLG BB 1987, 2119 f; BB 1988, 716 f.

freien Rücklagen hinter dem Mindestbetrag von 25 000 DM zurückbleiben. Gleichwohl ist eine analoge Anwendung von Art. 12 § 1 Abs. 2 der Novelle angesichts des Ausnahmecharakters der Regelung und der in ihr vorgesehenen scharfen Auflösungsfolge auch dann abzulehnen, wenn – was aus den Materialien nicht erkennbar ist – die Ausklammerung dieser Fälle aus der Übergangsregelung des § 1 nicht beabsichtigt war.

59 d) **Nichtigkeit** (§ 75) **und Amtslöschung** (§ 144 FGG). Der Eintritt der Nichtigkeit durch rechtskräftige gerichtliche Nichtigkeitsfeststellung nach § 75 wegen zentraler, in dieser Vorschrift abschließend aufgeführter Satzungsmängel sowie die auf dieselben Gründe gestützte Amtslöschung nach § 144 Abs. 1 FGG sind zwar formell gesehen keine Auflösungsgründe. Da sie jedoch ebenso wie die Auflösung selbst zur Abwicklung der Gesellschaft nach den allgemeinen Liquidationsgrundsätzen der §§ 66 ff führen, werden sie der Auflösung von der hM zu Recht gleichgestellt (vgl. Rdn 11 f).

60 e) **Keinmann-Gesellschaft.** Von einer Keinmann-Gesellschaft spricht man dann, wenn entweder die GmbH Inhaberin sämtlicher eigener Geschäftsanteile ist oder keine Geschäftsanteile – und demzufolge auch keine Gesellschafter – mehr vorhanden sind (vgl. näher § 33, 85 ff). Auch wenn die GmbH auf *rechtsgeschäftlichem Wege* trotz Beachtung der in § 33 vorgesehenen Schranken des Erwerbs eigener Geschäftsanteile nicht Inhaberin sämtlicher Anteile sollte werden können, weil nach verbreiteter Ansicht der Erwerb des *letzten* eigenen Geschäftsanteils begrifflich unmöglich und deshalb nichtig ist[93], kann sich der Übergang aller Anteile auf die GmbH doch allein schon aufgrund der §§ 21, 27 ergeben, wenn die in diesen Vorschriften vorgesehene Anteilsverwertung nicht zum Erfolg führt. Nach vereinzelt vertretener Ansicht[94] könnte der Wegfall sämtlicher Gesellschafter auch durch Einziehung sämtlicher Geschäftsanteile eintreten (vgl. dagegen § 34, 28). In derartigen Fällen wird die Gesellschaft **wegen Fehlens von Gesellschaftern aufgelöst,** ohne daß es auf die *Dauer* ankommt, während der die GmbH die eigenen Anteile innehat[95]. In der Veräußerung eines der Anteile durch die Gesellschaft an einen Dritten kann sodann ein konkludenter Fortsetzungsbeschluß seitens des Erwerbers zu sehen sein[96]. Der bei Abwicklung der Keinmann-Gesellschaft verbleibende Liquidationserlös steht analog §§ 45, 46 BGB den in der Satzung für diesen Fall bestimmten Personen, ersatzweise dem Fiskus zu[97]. – Von der Keinmann-Gesellschaft klar zu unterscheiden ist der Fall, daß bei einer **GmbH & Co. KG** sämtliche Anteile an der Komplementär-GmbH im Vermögen der KG liegen; ein Auflösungsgrund für die GmbH ist hierin ebensowenig zu sehen wie bei der sonstigen Vereinigung aller Anteile in der Hand eines Alleingesellschafters[98].

61 f) **Sonstige Auflösungsgründe?** Sonstige die Gesellschaft oder die Gesellschafter betreffende Umstände lassen den Fortbestand der Gesellschaft *unberührt,* wenn sie

---

93 So Baumbach/Hueck/*Schulze-Osterloh* 37; *Roth* § 33, 3.3.1; *Oldenburg* Die Keinmann-GmbH (1985) S. 120 ff; *Brodmann* 2 g; *Feine* S. 424; *Buchwald* GmbH-Rdsch. 1958, 171; aA § 33, 89 (*Hohner*); *Scholz*[5] § 15, 64.

94 Hachenburg/*Schmidt*/*Goerdeler*[6] 22; Rowedder/*Rasner* 13; aA – für Nichtigkeit der Einziehung des letzten Geschäftsanteils – Baumbach/Hueck/*Schulze-Osterloh* 37; *A. Paulick* Die GmbH ohne Gesellschafter (1979) S. 76 ff; *Oldenburg* (Fn 93) S. 135 ff; *Buchwald* GmbH-Rdsch. 1959, 69.

95 So auch § 33, 90 f (*Hohner*) unter Aufgabe der gegenteiligen Ansicht der Voraufl.; Scholz/*K. Schmidt* 32; Baumbach/Hueck/*Schulze-Osterloh* 37; *Lutter*/*Hommelhoff* 22; Rowedder/*Rasner* 13; *Roth* § 33, 3.3.1; grundsätzlich aA – für Fortbestand als werbende Gesellschaft trotz dauernden Fehlens von Gesellschaftern – *Kreutz* Festschrift Stimpel (1985) S. 379, 383 ff; *A. Paulick* (Fn 94) S. 92.

96 So auch Scholz/*K. Schmidt* 32; Baumbach/Hueck/*Schulze-Osterloh* 55; *Lutter*/*Hommelhoff* 22.

97 Eine Gesamtrechtsnachfolge des Fiskus nach § 46 BGB findet nicht statt, so zutr. Baumbach/Hueck/*Schulze-Osterloh* 37, allerdings unter Fehldeutung der bereits in der Voraufl. vertretenen Auffassung.

98 Vgl. § 33, 92; so auch Scholz/*K. Schmidt* 32; Rowedder/*Rasner* 13.

nicht im Gesellschaftsvertrag als Auflösungsgründe vorgesehen sind (dazu vgl. Rdn 63 ff). Das gilt für den Tod eines Gesellschafters (vgl. § 15 Abs. 1), für den Konkurs über sein Vermögen (Rdn 41) sowie für seine Ausschließung oder seinen Austritt (vgl. Rdn 20). Auch durch die *Einstellung, Veräußerung oder Verpachtung des von der Gesellschaft betriebenen Unternehmens* wird die Gesellschaft nicht aufgelöst[99]; nicht ausgeschlossen ist allerdings, daß ein auf Einstellung oder Veräußerung des Unternehmens gerichteter Gesellschafterbeschluß aufgrund der Umstände des Falles als *Auflösungsbeschluß* nach Abs. 1 Nr. 2 auszulegen ist[100]. Auch der *Entzug der Gewerbeerlaubnis* oder die behördliche Untersagung der Unternehmenstätigkeit sind für sich genommen keine Auflösungsgründe, soweit sie sich nicht mit einer Auflösungsverfügung der Verwaltungsbehörde verbinden (§ 62, 11); sie können freilich einen wichtigen Grund für die Auflösungsklage nach § 61 bilden[101]. Zur Auflösungswirkung der Sitzverlegung ins Ausland vgl. Rdn 27 aE, zu den Einflüssen von Nachkriegsereignissen sowie der DM-Bilanz-Gesetzgebung von 1949 auf den Fortbestand der Gesellschaft vgl. 6. Aufl. Rdn 25 ff, 32.

Keinen Auflösungs- oder Beendigungsgrund bildet ferner die Eröffnung des gerichtlichen *Vergleichsverfahrens* über das Vermögen der Gesellschaft (§ 63, 110). Entsprechendes gilt für die *Vermögenslosigkeit* der Gesellschaft, solange sie nicht zur Löschung nach § 2 Abs. 1 LöschG oder analog § 273 Abs. 1 S. 2 AktG aufgrund entsprechender Anmeldung der Liquidatoren geführt hat (str., vgl. Rdn 13). Die Gesellschaft besteht vielmehr als juristische Person auch dann bis zur Löschung fort, wenn ihr Aktivvermögen gänzlich verbraucht ist. Erst die Löschung und nicht bereits der Vermögensverlust bildet den actus contrarius zu der die Entstehung der GmbH herbeiführenden Eintragung; sie führt je nach der Vermögenslage der Gesellschaft zur Vollbeendigung oder – bei noch vorhandenen Vermögenswerten – zu ihrer Umwandlung in eine Gesamthand der Gesellschafter mit vom Registergericht einzusetzenden Nachtragsabwicklern als Verwalter kraft Amtes (vgl. näher Rdn 17 f und Anh § 60, 36 ff, 39 ff). **62**

2. Auflösungsgründe im Gesellschaftsvertrag (Abs. 2)

a) **Allgemeines.** Entsprechend der Gestaltungsfreiheit der Gesellschafter für die Ausgestaltung des Innenverhältnisses können zusätzlich zu den gesetzlich geregelten Auflösungsgründen weitere Gründe vereinbart werden (zur zwingenden Geltung von § 60 Abs. 1 vgl. Rdn 1). Die Vereinbarung muß **in der Satzung** selbst erfolgen; nur dadurch kann die mit der Auflösung verbundene Gestaltungswirkung gegenüber der Gesellschaft erreicht werden[102] (zur Vereinbarung einer auflösenden Bedingung vgl. auch schon § 3, 62). Eine *individualvertragliche* Festsetzung von Auflösungsgründen läßt den Fortbestand der GmbH als werbende auch dann unberührt, wenn sie zwischen allen Gesellschaftern vereinbart ist. Wohl aber kann darin ein Stimmbindungsvertrag liegen, der die Beteiligten verpflichtet, bei Eintritt des vertraglich vereinbarten Grundes einen Auflösungsbeschluß zu fassen[103]. **63**

Gesellschaftsvertragliche Auflösungsgründe führen ebenso wie die gesetzlichen zur Zweckänderung der GmbH und zu ihrer Umwandlung in eine Liquidationsgesellschaft. **64**

---

[99] AllgM; vgl. RGZ 107, 31, 33; KGJ 45 A 179; Scholz/*K. Schmidt* 36; Baumbach/Hueck/*Schulze-Osterloh* 44; *Lutter/Hommelhoff* 22; Rowedder/*Rasner* 16.

[100] Vgl. Rdn 27; so auch Scholz/*K. Schmidt* 13, 36; zu weitgehend RGZ 85, 397, 399 f.

[101] Zur Unzulässigkeit eines Vorgehens nach § 142 Abs. 1 S. 1 FGG trotz bestandskräftiger Untersagung jeder gewerblichen Tätigkeit der GmbH vgl. OLG Frankfurt GmbH-Rdsch. 1984, 239.

[102] EinhM; vgl. RGZ 79, 418, 422; Scholz/*K. Schmidt* 39; Rowedder/*Rasner* 32; *Hofmann* GmbH-Rdsch. 1975, 222; allg. vgl. auch § 3, 51 f, 116.

[103] So auch Scholz/*K. Schmidt* 39.

Das macht **ausreichende Bestimmtheit** des vertraglichen Auflösungsgrundes erforderlich (vgl. auch Rdn 65 f und § 3, 62); darin zeigt sich zugleich die Verwandtschaft vertraglicher Auflösungsgründe nach Abs. 2 mit der ebenfalls im Gesellschaftsvertrag zu vereinbarenden Befristung der Gesellschaft nach Abs. 1 Nr. 1 (Rdn 21 f). Die fehlende Rentabilität des Unternehmens oder das Vorliegen eines wichtigen Grundes sind als solche daher keine geeigneten vertraglichen Auflösungsgründe[104]. Sie können jedoch je nach Lage des Falles in ein Kündigungsrecht umgedeutet werden[105]. Im übrigen sind sie bei Prüfung der Frage zu berücksichtigen, ob ein wichtiger Grund zur Erhebung der Auflösungsklage nach § 61 gegeben ist (§ 61, 8 ff, 11). Demgegenüber ist im Falle einer Kündigungsklausel dem Erfordernis der Bestimmtheit schon durch die zur Ausübung des Kündigungsrechts erforderliche Kündigungserklärung genügt (Rdn 71); über das Vorliegen der Kündigungsvoraussetzungen kann im Streitfall eine gerichtliche Entscheidung herbeigeführt werden.

65 b) **Beispiele.** Als Beispiele geeigneter vertraglicher Auflösungsgründe kommen zum einen bestimmte *Umstände in der Person einzelner Gesellschafter* (Konkurs, Anteilspfändung, Tod, Geschäftsunfähigkeit u. a.) in Betracht. Derartige Regelungen bieten sich zumals dann an, wenn die betreffenden Gesellschafter für Durchführung und Erfolg des gemeinsamen Unternehmens von wesentlicher Bedeutung sind. Zu denken ist weiter an den *ungewissen Eintritt künftiger, für den Geschäftserfolg der GmbH zentraler Ereignisse* wie etwa den Entzug einer Gewerbekonzession oder Nutzungserlaubnis, die Feststellung einer Unterbilanz bestimmten Ausmaßes im Jahresabschluß oder die Ertragslosigkeit der GmbH während einer bestimmten Mindestzeitdauer. Soweit die Auflösung im Gesellschaftsvertrag an den *gewissen,* wenn auch zeitlich noch unbestimmten Eintritt eines Ereignisses geknüpft ist, wie etwa den Ablauf eines Patents u. a., liegt hierin regelmäßig die Vereinbarung einer Zeitbefristung nach Abs. 1 Nr. 1 (Rdn 22).

66 Die **Unmöglichkeit der Zweckerreichung** bildet zwar einen wichtigen Grund zur Auflösungsklage nach § 61 Abs. 1 und kann zur Voraussetzung eines vertraglichen Kündigungsrechts gemacht werden. Für einen automatisch wirkenden Auflösungsgrund iSv Abs. 2 ist sie jedoch *zu unbestimmt*[106]. Das gilt trotz der Regelung des § 726 BGB über die Auflösung einer Gesellschaft bürgerlichen Rechts bei Erreichung oder Unmöglichkeit des Geschäftszwecks; sie läßt sich auf die anders strukturierte GmbH nicht übertragen. Im Einzelfall kann sich allerdings, wenn die Zweckvereitelung evident ist, die Verweisung der an der Auflösung interessierten Gesellschafter auf die Auflösungsklage als rechtsmißbräuchlich erweisen; die Gesellschaft ist dann im Verhältnis zwischen den Gesellschaftern untereinander als aufgelöst zu behandeln[107].

67 c) **Kündigungsklauseln. α) Auflösung oder Austrittsrecht?** Kündigungsklauseln bilden nach der höchstrichterlichen **Rechtsprechung** einen Hauptanwendungsfall der unter Abs. 2 fallenden gesellschaftsvertraglichen *Auflösungsgründe*[108]. Abweichend hiervon geht die im **Schrifttum** deutlich überwM davon aus, daß ein gesellschaftsvertragliches Kündigungsrecht im Zweifel nicht zur Auflösung der Gesellschaft führt,

---

[104] Ebenso Scholz/*K. Schmidt* 40; Baumbach/Hueck/*Schulze-Osterloh* 45; *Roth* 4.

[105] So auch Scholz/*K. Schmidt* 40; ähnlich *Lutter/Hommelhoff* 24 und Rowedder/*Rasner* 34, wonach die Satzungsbestimmung die Gesellschafter verpflichtet, an einem Auflösungsbeschluß nach Abs. 1 Nr. 2 mitzuwirken; zum vertraglichen Kündigungsrecht vgl. Rdn 67 ff.

[106] So auch Scholz/*K. Schmidt* 40; Baumbach/Hueck/*Schulze-Osterloh* 45; Rowedder/*Rasner* 33; aA noch Hachenburg/*Schmidt/Goerdeler*[6] 34.

[107] So zutr. Scholz/*K. Schmidt* 40.

[108] Vgl. RGZ 79, 418, 421; 93, 326, 327; 95, 39, 40; 113, 147, 149; KG JW 1930, 2719; OLG Karlsruhe GmbH-Rdsch. 1960, 24; BayObLG BB 1975, 249.

sondern nur zum Ausscheiden des kündigenden Gesellschafters[109]. Zwar stehe es den Gesellschaftern frei, als Rechtsfolge der Kündigung entweder die Auflösung der Gesellschaft oder das Ausscheiden des kündigenden Gesellschafters oder schließlich das Recht der GmbH oder der Mitgesellschafter vorzusehen, zur Abwendung der Auflösung den Geschäftsanteil des Kündigenden einzuziehen bzw. dessen Abtretung zu verlangen. Mangels ausreichender Anhaltspunkte für eine abweichende Auslegung sei im *Regelfall* jedoch das *Ausscheiden des Kündigenden gegen Abfindung* aus der unter den übrigen Gesellschaftern fortbestehenden Gesellschaft als gewollt anzusehen. Es entspreche am besten den Interessen der Mitgesellschafter und der Öffentlichkeit am Fortbestand des gemeinsamen Unternehmens, ohne das Interesse des Kündigenden an der Liquidation seiner Beteiligung ernsthaft zu beeinträchtigen. Eine entsprechende Auslegungsregel sah § 214 Abs. 2 RegE GmbHG 1971/73 vor; in die GmbH-Novelle 1980 ist sie nicht übernommen worden.

Stellungnahme. Zuzustimmen ist dem Ausgangspunkt der im Schrifttum überwM, wonach die Kündigungsfolgen im Gesellschaftsvertrag unterschiedlich geregelt werden können (vgl. auch Rdn 73) und das Gewollte im Wege der *Auslegung* zu ermitteln ist. Eine **Auslegungsregel** des Inhalts, daß im Zweifel nicht die Auflösung der Gesellschaft, sondern das Ausscheiden des Kündigenden gewollt sei, läßt sich dem geltenden Recht jedoch *nicht* entnehmen[110]. Dagegen spricht schon die im Fall „einfacher“ Kündigungsklauseln (ohne Regelung der Kündigungsfolgen) einhellig abweichende höchstrichterliche Praxis[111]. Auch sind Begriff und Wesen der Kündigung grundsätzlich auf Aufhebung des betreffenden Rechtsverhältnisses und nicht etwa auf dessen Fortbestand ohne den Kündigenden gerichtet. Auch der Vergleich zum Personengesellschaftsrecht (§§ 131 Nr. 6, 138 HGB) zeigt, daß der Gesetzgeber grundsätzlich von der Auflösungsfolge der Kündigung ausgeht, obwohl das Fortsetzungsinteresse der übrigen Gesellschafter in der OHG oder KG in aller Regel nicht weniger stark ist als in der GmbH und obwohl einseitiges Ausscheiden und Abfindung sich dort leichter vollziehen als bei der GmbH (Rdn 69). Nach allem hält die von der überwM behauptete Auslegungsregel kritischer Prüfung nicht stand; dem Interesse der übrigen Gesellschafter an der Fortsetzung der Gesellschaft ist vielmehr auf andere Weise Rechnung zu tragen (vgl. Rdn 70). 68

Gegen die Auslegung durch die im Schrifttum hM und gegen die ihr zugrundeliegende Interessenabwägung spricht auch die **Rechtsunsicherheit**, die die Austrittsfolge *für den kündigenden Gesellschafter* mit sich bringt. Denn abweichend vom Personengesellschaftsrecht endet die Mitgliedschaft in der fortbestehenden GmbH für den Kündigenden nicht automatisch mit der Wirksamkeit der Kündigung, sondern erst dann, wenn der Anteil nach § 34 eingezogen oder von der Gesellschaft, von einem Gesellschafter oder einem Dritten erworben ist[112]. Auch der *Abfindungsanspruch* gegen die Gesellschaft kommt im Zweifel nicht schon zum Kündigungsstichtag zur Entstehung, 69

---

109 So zunächst *Scholz* JR 1948, 115 ff und *Rob. Fischer* GmbH-Rdsch. 1955, 165, 168 f; ihnen folgend Hachenburg/*Schmidt/Goerdeler*[6] 35; Scholz/*K. Schmidt*[6] 41 (einschr. jetzt Scholz/*K. Schmidt*[7] 41); *Lutter/Hommelhoff* 25; Rowedder/*Rasner* 37; *Fichtner* BB 1967, 18; *Hofmann* GmbH-Rdsch. 1975, 223; *Vogel* Festschrift Knur (1972) S. 259, 266 f; aA *Brodmann* 3 d; Baumbach/Hueck/*Schulze-Osterloh* 46; *Meyer-Landrut*/Miller/Niehus 21; *ders.* Festschrift Stimpel S. 431, 434 ff.

110 So neben *Brodmann, Meyer-Landrut* und *Schulze-Osterloh* (aaO Fn 109) jetzt im Ansatz auch Scholz/*K. Schmidt* 41, allerdings verbunden mit einem – methodisch schwer einzuordnenden – Fortsetzungsrecht der Mitgesellschafter.

111 Vgl. die Nachw. in Rdn 67; Versuch einer Relativierung dieser Rechtsprechung anhand der Fallumstände bei *Vogel* (Fn 109) S. 260 ff.

112 BGHZ 88, 320, 322 = NJW 1984, 489; BGH WM 1962, 644; BayObLG BB 1975, 249, 250.

sondern erst, wenn diese den Anteil einzieht oder dessen Abtretung verlangt[113]; eine analoge Anwendung des § 738 Abs. 1 S. 2 BGB ist ausgeschlossen. Bis zu diesem Zeitpunkt hat der Kündigende nur einen Anspruch darauf, daß ihm der Gesellschaftsanteil gegen Zahlung des Abfindungsbetrags abgenommen wird[114]. Auch muß er bei Fortsetzung der Gesellschaft durch die übrigen mit langwierigen Auseinandersetzungen über Berechnung und Höhe der Abfindung rechnen, selbst wenn man grundsätzlich vom Verkehrswert der Beteiligung ausgeht[115]. Schließlich riskiert er, den Abfindungsanspruch mit Rücksicht auf § 30 nicht durchsetzen zu können, und ist dann zur Erhebung der Auflösungsklage nach § 61 gezwungen (vgl. Anh § 34, 56, für den entsprechenden Fall des Austritts aus wichtigem Grund). Diese die Liquidation der Beteiligung erschwerenden Umstände sind zwar dann hinzunehmen, wenn es um den außerordentlichen Rechtsbehelf eines weder im Gesetz noch im Gesellschaftsvertrag vorgesehenen Austrittsrecht aus wichtigem Grund geht[116]. Enthält der Gesellschaftsvertrag jedoch ein hinsichtlich der Rechtsfolgen weder eingeschränktes noch modifiziertes Kündigungsrecht, so kann grundsätzlich jeder Gesellschafter davon ausgehen, daß die Kündigungswirkung mangels abweichender Satzungsregelung in der *Auflösung* der Gesellschaft und ihrer Abwicklung nach den Vorschriften der §§ 66 ff besteht[117].

70 Den *Interessen der Mitgesellschafter* an Fortsetzung der Gesellschaft ohne den Kündigenden kann trotz der mit der Kündigung verbundenen Auflösungswirkung hinreichend dadurch Rechnung getragen werden, daß ein **Fortsetzungsbeschluß**, der zugleich angemessene Regelungen über den Erwerb oder die Einziehung des Anteils des Kündigenden enthält und ihm eine gegen Risiken gesicherte, in absehbarer Zeit auszuzahlende Abfindung zum Verkehrswert gewährt, von ihnen auch dann wirksam gefaßt werden kann, wenn der Kündigende gegen die Fortsetzung stimmt (zur grundsätzlich erforderlichen Zustimmung des Kündigenden vgl. Rdn 91 aE). Zwar bleibt der Kündigende trotz Kündigung stimmberechtigt und ist grundsätzlich auch nicht gehindert, bei der Stimmabgabe eigene Interessen zu verfolgen[118]. Verbindet sich die von den übrigen Gesellschaftern gewünschte, zur Erhaltung des gemeinsamen Unternehmens erforderliche Fortsetzung jedoch nicht mit Nachteilen für ihn, weil ihm im Fortsetzungsbeschluß eine gegenüber der Liquidation zumindest gleichwertige vermögensrechtliche Stellung zugesichert wird, so mißbraucht er sein Stimmrecht, wenn er ohne trifftigen Grund dieser von den übrigen Gesellschaftern gewünschten Maßnahme widerspricht[119]; er ist sodann aus Gründen gesellschaftlicher *Treupflicht* zur Zustimmung verpflichtet[120]. Die Mitgesellschafter können die Anfechtung des die

[113] So auch Hachenburg/*Schmidt/Goerdeler*[6] 35; *Scholz*[5] 23; aA *Vogel* aaO (Fn 109) S. 271. Zu Entstehung und Fälligkeit des Abfindungsanspruchs bei Anteilseinziehung vgl. § 34, 76.

[114] BayObLG BB 1975, 249, 250.

[115] Für den Verkehrswert Hachenburg/*Schmidt/Goerdeler*[6] 35 unter d; *Scholz*[5] 23; *Vogel* aaO (Fn 109) S. 270; für den Liquidationswert Scholz/*K. Schmidt* 41. Zur Maßgeblichkeit des Verkehrswerts bei Anteilseinziehung vgl. § 34, 73.

[116] Vgl. dazu näher Anh § 34, 49 ff; zur umstrittenen Frage der Anerkennung eines ungeschriebenen ordentlichen Kündigungsrechts vgl. Anh § 34, 46 m. Nachw.; dazu auch *Reuter* GmbH-Rdsch. 1977, 77.

[117] So außer den in Fn 109 aE genannten Autoren zutr. auch OLG Karlsruhe GmbH-Rdsch 1960, 24 f.

[118] Vgl. BGHZ 88, 320, 325 ff = NJW 1984, 489 für den (weitergehenden) Fall der Kündigung mit Ausscheidensfolge, solange die Einziehung oder Übernahme des Anteils noch nicht erfolgt ist; aA *Topf-Schleuning* Einfache Kündigungsklauseln in GmbH-Satzungen als Rechtsproblem, Diss. Bonn (1991) § 12 III 2; offenbar auch Scholz/*K. Schmidt* 41 (ohne Begründung).

[119] Vgl. BGHZ 88, 320, 328 = NJW 1984, 489; für die Rechtslage in der OHG auch BGH WM 1973, 990, 992 und 1986, 68, 69.

[120] So BGHZ 98, 276, 283 = NJW 1987, 189 für die Fortsetzung einer wegen verspäteter Anpassung an das auf 50 000 DM erhöhte Mindestkapital aufgelösten Gesellschaft. Allg. zur Zustimmungspflicht kraft Treupflicht vgl. § 14, 58 und *M. Winter* Mitgliedschaftliche Treubindungen im GmbH-Recht (1988) S. 183 ff.

Fortsetzung ablehnenden Beschlusses mit der *positiven Feststellungsklage* gegen die GmbH auf Zustandekommen des Fortsetzungsbeschlusses verbinden, wobei die Geschäftsführer analog § 246 Abs. 4 AktG zur Information der nicht selbst als Kläger beteiligten Gesellschafter verpflichtet sind[121]. Der Kündigende kann dem Rechtsstreit als Nebenintervenient (§ 66 ZPO) beitreten und sich dadurch rechtliches Gehör sichern[122].

β) **Ausgestaltung des Kündigungsrechts.** Es ist zwischen den Voraussetzungen des Kündigungsrechts, der Kündigungsberechtigung aller oder bestimmter Gesellschafter und den Kündigungsfolgen zu unterscheiden. Was die **Kündigungsvoraussetzungen** angeht, so sind die Gesellschafter in deren Regelung grundsätzlich frei. Das für automatisch wirkende Auflösungsgründe zu beachtende Erfordernis ausreichender Bestimmtheit (Rdn 64) gilt hier nicht, da die Auflösung (bzw. das Austrittsrecht) sich erst als Folge der Kündigungserklärung ergibt[123]. Nicht auszuschließen ist zwar ein Streit um die Wirksamkeit der Kündigung, doch zwingt die damit verbundene Rechtsunsicherheit nicht zur Einschränkung der vertraglich zulässigen Kündigungsgründe. Unter ihnen kommt bei Zulassung *ordentlicher* Kündigung in erster Linie der Ablauf einer bestimmten Mindestzeit in Betracht. Die Kündigung kann aber auch bei Vorliegen eines *wichtigen Grundes* zugelassen werden, sei es in der Person eines Gesellschafters oder in den Verhältnissen der Gesellschaft. Im letzteren Fall tritt die Kündigung an die Stelle einer Auflösungsklage nach § 61 oder steht den Gesellschaftern wahlweise neben dieser zur Verfügung (vgl. auch § 61, 6). **71**

Zur Kündigung berechtigt sind im Zweifel *alle* Gesellschafter, unabhängig vom Umfang ihrer Beteiligung oder ihrer Stellung in der Gesellschaft. Der Gesellschaftsvertrag kann jedoch mit Zustimmung aller Gesellschafter (§ 53, 64) Abweichendes bestimmen, namentlich die Kündigung an einen Mindestanteilsbesitz knüpfen oder sie als *Sonderrecht* einzelner Gesellschafter ausgestalten. Denkbar ist ein solches Sonderrecht auch mit der Folge der Ausschließung der übrigen Gesellschafter, denen gegenüber gekündigt wird. Es entspricht in diesem Fall einem Sonderrecht zum Erwerb der übrigen Geschäftsanteile (zum satzungsmäßigen Ankaufsrecht vgl. auch § 3, 80; zu den Regelungsschranken für ein Recht auf Zwangseinziehung ohne Grund vgl. § 34, 41 ff). **72**

Hinsichtlich der **Kündigungsfolgen** ist zwischen Auflösung, Ausscheiden des Kündigenden und einer Kombination beider Alternativen zu unterscheiden; jede dieser Gestaltungen ist zulässig. Schweigt der Gesellschaftsvertrag, so bewendet es vorbehaltlich eines Fortsetzungsbeschlusses (Rdn 70) bei der *Auflösung* (str., vgl. Rdn 67 ff). Soll die Kündigung zum *Ausscheiden des Kündigenden* führen, so bedarf es zusätzlich einer Regelung der Modalitäten des Ausscheidens, sei es durch Einziehung oder Übertragung des Geschäftsanteils des Kündigenden, sowie der Festlegung der Berechnungsmaßstäbe für das Abfindungsentgelt[124]. Beim Fehlen derartiger Regelungen finden die Grundsätze über das Austrittsrecht aus wichtigem Grund entsprechende Anwendung[125]. Sollen die GmbH oder die Mitgesellschafter ein *Erwerbsrecht* in bezug auf den Anteil **73**

[121] So zutr. BGHZ 97, 28, 31 f = NJW 1986, 2051; zustimm. Anh § 47, 245 (*Raiser*); Baumbach/Hueck/*Zöllner* Anh § 47, 93; vorbehaltlich der Nebenintervention des zustimmungspflichtigen Gesellschafters jetzt auch Scholz/*K. Schmidt* § 45, 182.

[122] Zur subsidiären Pflicht des Prozeßgerichts, die nicht am Verfahren beteiligten Gesellschafter zu informieren, vgl. BGHZ 97, 28, 32 = NJW 1986, 2051.

[123] Scholz/*K. Schmidt* 42.

[124] Vgl. dazu BayObLG BB 1975, 249 f; *Vogel* aaO (Fn 109) S. 268 ff.

[125] Anh § 34, 49 ff; zum Schicksal der Mitgliedschaftsrechte nach dem Kündigungsstichtag, aber vor Vollzug des Austritts vgl. BGHZ 88, 320, 324 ff = NJW 1984, 489.

des Kündigenden haben, um dadurch die Auflösung abzuwenden, so ist das Erwerbsrecht im Zweifel *vor* Ablauf der Kündigungsfrist und Eintritt der Auflösung auszuüben[126]. Zur Möglichkeit der Fortsetzung nach kündigungsbedingter Auflösung vgl. Rdn 70, 111.

V. Wirkungen der Auflösung

1. Allgemeines

74 Entsprechend der grundsätzlichen Unterscheidung zwischen der Auflösung der Gesellschaft und ihrer Beendigung (Rdn 5 f) wird der **Fortbestand der Gesellschaft als juristische Person** durch den Eintritt der Auflösung grundsätzlich nicht berührt (Ausnahmen vgl. in Rdn 8 ff). Die Gesellschaft bleibt auch *Handelsgesellschaft* (§ 13 Abs. 3 GmbHG, § 6 Abs. 1 HGB). Sie hat ihrer Firma nach § 68 Abs. 2 einen Liquidationszusatz beizufügen; eine Satzungsänderung bezüglich der Firma ist damit nicht verbunden (Voraufl. § 68, 13). Der *Zweck* der Gesellschaft richtet sich infolge der Auflösung nicht mehr auf erwerbswirtschaftliche Betätigung u. a. (§ 1, 12 ff), sondern auf Abwicklung des Gesellschaftsvermögens nach den Vorschriften der §§ 69 ff. Als *Abwickler* werden nach § 66 Abs. 1 die bisherigen Geschäftsführer tätig, soweit nicht im Gesellschaftsvertrag oder durch Gesellschafterbeschluß anderes bestimmt ist (Voraufl. § 66, 3). Der *Eintragung* der Auflösung (§ 65 Abs. 1) und derjenigen der Abwickler (§ 67 Abs. 1, 4) kommt nur deklaratorische Bedeutung zu[127]; anderes gilt dann, wenn die Eintragung der Auflösung ausnahmsweise mit einer Satzungsänderung verbunden ist (Rdn 33 f). Zum Fortbestand der von der Gesellschaft erteilten Prokuren sowie der Rechtsverhältnisse zu Dritten vgl. Rdn 76 f.

2. Innenverhältnis

75 Für die Rechtsverhältnisse von Gesellschaft und Gesellschaftern gelten nach § 69 Abs. 1 grundsätzlich die allgemeinen Vorschriften des GmbHG fort, soweit nicht Sondervorschriften der §§ 66 ff entgegenstehen oder sich aus dem Wesen der Liquidation ein anderes ergibt. Die **Geschäftsführungsbefugnis der Abwickler** richtet sich nach dem veränderten Gesellschaftszweck (Rdn 74); neue werbende Geschäfte dürfen sie nur noch insoweit eingehen, als es der Beendigung schwebender Geschäfte oder den sonstigen Abwicklungsaufgaben dient (Voraufl. § 70, 5 und 22 f; zur unbeschränkten Vertretungsmacht vgl. Rdn 76). Auch die **Befugnisse der Gesellschafterversammlung** und etwaiger sonstiger Gesellschaftsorgane bestehen trotz Auflösung im Grundsatz bis zur Löschung der Gesellschaft fort. Allerdings sind Satzungsänderungen nur zulässig, soweit die Vorschriften der §§ 66 ff oder das Wesen der Liquidation nicht entgegenstehen (Voraufl. § 69, 61 ff). Rückständige Einlagen können nur noch insoweit eingefordert werden, als sie für die Abwicklungszwecke erforderlich sind. Näheres vgl. in Erläut. zu § 69.

3. Außenverhältnis

76 Änderungen hinsichtlich der **Vertretung** der Gesellschaft gegenüber Dritten sind mit dem Eintritt der Auflösung grundsätzlich nicht verbunden. Das gilt jedenfalls dann, wenn nach gesetzlicher Regel (§ 66 Abs. 1) die bisherigen Geschäftsführer auch als

---

[126] RGZ 95, 39, 40 f; 113, 147, 149; vgl. dazu auch *Vogel* aaO (Fn 109) S. 262 f.

[127] Vgl. BayObLG BB 1987, 1625, 1626 (hM).

Abwickler tätig sind. Ihre Vertretungsmacht ist nach heute ganz hM ebenso wie diejenige der Geschäftsführer einer werbenden Gesellschaft (§ 37 Abs. 2) unbeschränkt und unbeschränkbar (Voraufl. § 70, 30). Auch die von der Gesellschaft erteilten *Prokuren und Handlungsvollmachten* bestehen trotz Auflösung unverändert fort, solange sie nicht widerrufen sind. Die im Anschluß an § 210 Abs. 5 AktG 1937 früher verbreitete gegenteilige, vom Erlöschen der Prokura ausgehende Ansicht ist heute zu Recht überwunden[128].

Grundsätzlich unverändert bleiben trotz Auflösung der Gesellschaft auch ihre **Rechtsverhältnisse zu Dritten.** Eigentums- und sonstige dingliche Rechte (Nießbrauch, Dienstbarkeiten u. a.) werden durch die Auflösung nicht berührt. Mitgliedschaften in anderen Gesellschaften bestehen solange fort, bis sie durch Kündigung, Austritt u. a. oder durch Beendigung der GmbH nach vollständiger Abwicklung wegfallen. Auch hinsichtlich der *Vertragsbeziehungen* zu Dritten treten Änderungen nicht automatisch mit der Auflösung ein. Forderungen der Gesellschaft oder Dritter werden nicht vorzeitig fällig (zur Gläubigersicherung vgl. §§ 65 Abs. 2, 73). Ob und unter welchen Voraussetzungen der Gesellschaft oder dem Dritten ein Recht auf Rücktritt, auf Kündigung aus wichtigem Grund oder auf Vertragsanpassung zusteht, bestimmt sich für Schuldverträge nach dem Recht der Leistungsstörungen und der einseitigen Vertragsbeendigung von Dauerschuldverhältnissen[129], für Arbeitsverträge nach Arbeitsrecht. Beruht die Auflösung auf der Eröffnung des Konkursverfahrens über das Gesellschaftsvermögen, so gelten zusätzlich die konkursrechtlichen Vorschriften. **77**

VI. Die Fortsetzung der aufgelösten Gesellschaft

1. Grundlagen

a) **Zulässigkeit.** Die Zulässigkeit der Fortsetzung einer aufgelösten GmbH ist seit RGZ 118, 337, 339 f *im Grundsatz anerkannt*[130]. Der vor diesem Urteil verbreitete Umkehrschluß, wonach aus der gesetzlichen Zulassung des Fortsetzungsbeschlusses in Abs. 1 Nr. 4 für bestimmte Fälle der Aufhebung oder Einstellung des Konkursverfahrens die Unzulässigkeit im übrigen folge[131], ist mit Recht seit langem überholt[132]. Über die Voraussetzungen der Fortsetzung einer aufgelösten Gesellschaft (vgl. näher Rdn 84 ff) sowie über die Notwendigkeit bestimmter Ausnahmen von der grundsätzlichen Fortsetzungsmöglichkeit (dazu vgl. Rdn 81 f) herrscht zwar nach wie vor Streit. Die grundsätzliche Zulässigkeit der Rückumwandlung einer aufgelösten in eine werbende GmbH steht jedoch ebenso wie im Aktienrecht (vgl. § 274 Abs. 1 und 2 AktG) und im Personengesellschaftsrecht[133] außer Zweifel. **78**

---

[128] Vgl. Voraufl. § 68, 11; Scholz/*K. Schmidt* § 69, 7; Baumbach/Hueck/*Schulze-Osterloh* § 69, 18; *Hofmann* GmbH-Rdsch. 1975, 226; zur abweichenden Lage bei *konkursbedingter* Auflösung vgl. § 63, 74.

[129] Vgl. etwa BGHZ 24, 279, 294 f = NJW 1957, 1279 zur Kündigung einer BGB-Gesellschaft nach Auflösung der daran beteiligten AG; allg. auch *Feine* S. 647; Scholz/*K. Schmidt* § 69, 5; Baumbach/Hueck/*Schulze-Osterloh* 9; *Lutter*/*Hommelhoff* § 69, 1; *Hofmann* GmbH-Rdsch. 1975, 226; Voraufl. § 70, 4 ff.

[130] Vgl. schon *Hachenburg* JW 1925, 802 und *Scholz* ZHR 93 (1928) 73 ff.

[131] Vgl. Nachw. bei *Feine* S. 648 Fn 21.

[132] EinhM; vgl. KG JW 1925, 640 und JW 1930, 2719; BayObLG DB 1978, 2164 f; Scholz/*K. Schmidt* 43; Baumbach/Hueck/*Schulze-Osterloh* 47; *Lutter*/*Hommelhoff* 26; Rowedder/*Rasner* 39; *Meyer-Landrut*/Miller/Niehus 22; *Roth* 5.1; *Feine* S. 648 f; *Hofmann* GmbH-Rdsch. 1975, 226; *Hüffer* Gedächtnisschrift Schultz S. 113 f; *P. Scholz* GmbH-Rdsch. 1982, 229.

[133] Dazu *Ulmer*-GroßkommHGB³ § 131, 146 ff.

79 b) **Wesen.** Fortsetzung der aufgelösten Gesellschaft bedeutet **Rückumwandlung in eine werbende Gesellschaft** mit der Folge, daß die Rechtsverhältnisse nach innen und außen wieder voll dem allgemeinen GmbH-Recht unterstehen und die Anwendbarkeit der für aufgelöste Gesellschaften geltenden Liquidationsvorschriften entfällt[134]. An der Rechtsnatur der GmbH als juristische Person und an ihrer Qualität als Handelsgesellschaft ändert sich durch die Rückumwandlung ebensowenig etwas wie durch die vorangegangene Auflösung (Rdn 6). An die Stelle des Abwicklungszwecks (Rdn 74) tritt wieder der für die werbende Gesellschaft maßgebende, auf erwerbswirtschaftliche Betätigung u. a. gerichtete Zweck.

80 Eine **Satzungsänderung** ist im Beschluß über die Rückumwandlung ebenso wie regelmäßig im Auflösungsbeschluß *nicht* zu sehen[135]. Wohl aber kann die Rückumwandlung eine gleichzeitige Satzungsänderung erforderlich machen, wenn nur auf diesem Wege der Auflösungsgrund (Zeitablauf, Satzungsmangel u. a.) beseitigt werden kann. In diesem Fall wird auch die Rückumwandlung erst mit Eintragung des Beschlusses über die Satzungsänderung wirksam (§ 54 Abs. 3; vgl. auch Rdn 94).

81 c) **Grenzen der Fortsetzungsmöglichkeit.** Sie ergeben sich zunächst aus der zwingenden Geltung der **Auflösungsgründe des Abs. 1 Nr. 3 bis 5.** Eine Fortsetzung kann daher nicht wirksam beschlossen werden, solange die Auflösungsverfügung der Verwaltungsbehörde andauert oder der zur gerichtlichen Feststellung nach Abs. 1 Nr. 5 führende Mangel nicht beseitigt ist (Rdn 98 ff). Entsprechendes gilt für die Fortsetzung einer nach Art. 12 § 1 GmbH-Novelle aufgelösten Gesellschaft (vgl. näher Rdn 105). Wird das Konkursverfahren aus anderen Gründen als den in Abs. 1 Nr. 4 angegebenen (Abschluß eines Zwangsvergleichs, Antrag des Gemeinschuldners) aufgehoben oder eingestellt, so scheidet eine Fortsetzung ebenfalls aus (Rdn 102). Im Fall einer durch Auflösungsklage nach § 61 herbeigeführten Auflösung ist die Fortsetzung demgegenüber zwar trotz Bestandskraft des Urteils möglich, jedoch nur mit Zustimmung des Auflösungsklägers (Rdn 97).

82 Eine Fortsetzung scheidet weiter auch in den Fällen aus, in denen die Eintragung der **Gesellschaft** (bzw. ihrer Firma, vgl. Rdn 14) **im Handelsregister gelöscht** ist und sie dadurch die *Rechtsfähigkeit verloren* hat (vgl. näher Rdn 17 f, 109). Die (Wieder-)Erlangung der Rechtsfähigkeit setzt nach dem geltenden Normativsystem die erneute Eintragung im Handelsregister voraus. Vom Sonderfall des Rückgängigmachens einer auf einem wesentlichen Verfahrensmangel beruhenden Löschung nach § 142 FGG abgesehen, ist sie nur unter Beachtung der Gründungsvorschriften der §§ 1 bis 11 sowie unter voller registergerichtlicher Kontrolle möglich. Das hat namentlich Bedeutung für eine nach § 2 Abs. 1 LöschG gelöschte, aber noch über restliches Vermögen verfügende GmbH; sie kann selbst dann nicht fortgesetzt werden, wenn ihr Vermögen – was wenig realistisch ist – das Stammkapital noch in vollem Umfang decken sollte (str., vgl. Rdn 108 f). Aber auch im Fall einer *nach § 1 LöschG aufgelösten, noch nicht gelöschten GmbH* ist die Möglichkeit einer Fortsetzung abzulehnen, weil sie mit dem Normzweck des § 1 LöschG nicht zu vereinbaren ist (Rdn 107).

83 **Sonstige** Fortsetzungsschranken, namentlich solche aufgrund des *öffentlichen Interesses* oder von Gläubigerinteressen an der Auflösung der GmbH, bestehen entgegen einer im früheren Schrifttum verbreitet antreffenden, wenn auch unspezifischen Ansicht

---

[134] Vgl. BayObLG BB 1987, 2119, 2121.

[135] RGZ 118, 337, 341; Scholz/*K. Schmidt* 48, 53; *P. Scholz* GmbH-Rdsch. 1982, 231 f.

nicht[136]. Da bei einer auf Verwaltungsakt beruhenden Auflösung die Fortsetzung erst nach dessen Beseitigung möglich ist (Rdn 98) und Gläubigerinteressen ausreichend bereits dadurch gewahrt sind, daß eine Fortsetzung nach Beginn der Vermögensverteilung an die Gesellschafter, nach Konkursbeendigung aus anderen als den in Abs. 1 Nr. 4 genannten Gründen sowie in den Fällen einer Auflösung nach §§ 1, 2 LöschG ausscheidet (Rdn 85, 102, 106 ff), besteht für die Anerkennung darüberhinausgehender, unspezifischer Fortsetzungsschranken der genannten Art kein Bedürfnis.

2. Voraussetzungen

a) Fortbestand der Gesellschaft als juristische Person. Erste Voraussetzung für die Rückumwandlung der GmbH ist, daß diese trotz Auflösung als solche fortbesteht, d. h. noch nicht vollbeendet und im Handelsregister gelöscht ist. Daher scheidet eine Fortsetzung in den Fällen aus, in denen Auflösung und Beendigung zusammenfallen (Rdn 8 ff). Aber auch wenn noch Gesellschaftsvermögen vorhanden, eine Vollbeendigung also nicht eingetreten ist, scheitert die Fortsetzung doch im Fall zwischenzeitlicher Löschung der GmbH und dadurch verursachten Verlusts der Rechtsfähigkeit (str., vgl. Rdn 14 ff, 108 f). In derartigen Fällen bleibt nur der Weg der Neugründung. **84**

b) Gesellschaftsvermögen. Nach heute ganz hM setzt die Fortsetzung weiter voraus, daß *mit der Verteilung des Gesellschaftsvermögens an die Gesellschafter noch nicht begonnen* ist[137]. Diese Voraussetzung ist in der Spezialvorschrift des Art. 12 § 1 Abs. 3 GmbH-Novelle 1980 (Rdn 105) ausdrücklich geregelt und war nach dem Muster von § 274 Abs. 1 S. 1 AktG auch in § 226 Abs. 1 S. 1 RegE GmbHG 1971/73 vorgesehen. Sie hat ihren Grund darin, daß es keine der Gründungskontrolle der Kapitalausstattung vergleichbare Fortsetzungskontrolle durch das Registergericht gibt; der Mangel ist durch die Nichtverteilung von Gesellschaftsvermögen an die Gesellschafter als Fortsetzungsvoraussetzung auszugleichen[138]. Der Beginn von Abwicklungsmaßnahmen wie die Kündigung von Dauerschuldverhältnissen der Gesellschaft oder die Umwandlung von Vermögensgegenständen in Geld steht der Fortsetzung nicht entgegen. **85**

Umstritten ist, ob und welche **Kapitalausstattung der aufgelösten GmbH** für die Fortsetzung mindestens zu fordern ist. Die wohl überwiegende Meinung fordert das Vorhandensein von Gesellschaftsvermögen in Höhe des gesetzlichen Mindestkapitals[139]. Teilweise wird darüber hinaus sogar auf die Unversehrtheit des satzungsrechtlichen Stammkapitals abgestellt[140]. Gegen diese Anforderungen spricht jedoch, daß die Fortsetzung der aufgelösten GmbH einer Neugründung nicht vergleichbar ist und daß auch die Gläubiger nicht mit der Unversehrtheit des Stammkapitals der Gesellschaft oder des gesetzlichen Mindestkapitals rechnen können (zum Sonderfall der Fortsetzung nach Art. 12 § 1 Abs. 3 vgl. Rdn 105). Auch wäre die Kontrolle der ausreichenden **86**

---

136 So zutr. Scholz/*K. Schmidt* 47 und ihnen folgend, *Meyer-Landrut*/Miller/Niehus 22; aA noch *Feine* S. 648; *Scholz* JZ 1952, 200; *Hofmann* GmbH-Rdsch. 1975, 226; wohl auch Baumbach/*Hueck*[13] 8 A.

137 Vgl. OLG Düsseldorf GmbH-Rdsch. 1979, 276, 277; BayObLG DB 1978, 2164, 2165; Scholz/*K. Schmidt* 46; Baumbach/Hueck/*Schulze-Osterloh* 47; *Lutter*/*Hommelhoff* 27; Rowedder/*Rasner* 40; *Meyer-Landrut*/Miller/Niehus 22; *Roth* 5.1.a; *Hofmann* GmbH-Rdsch. 1975, 227; *P. Scholz* GmbH-Rdsch. 1982, 233 f; aA noch RGZ 118, 337, 340; *Brodmann* 2 d; *Feine* S. 650 (Wiedereinlage der schon verteilten Vermögensteile genügt).

138 So zutr. Begr. RegE 1971/73 S. 208; Scholz/*K. Schmidt* 46; vgl. auch *P. Scholz* GmbH-Rdsch. 1982, 234.

139 KG DR 1941, 1543; OLG Düsseldorf GmbH-Rdsch. 1979, 227, 228; LG Berlin BB 1971, 759; *Jansen* FGG[2] § 144 Anh II, LöschG § 2, 4; Keidel/Kuntze/*Winkler* FGG[12] Anh § 144 b, 12.

140 So RGZ 118, 337, 340; Hachenburg/*Schmidt*/*Goerdeler*[6] 5; *Scholz* JZ 1952, 201; wohl auch *Feine* S. 650.

Kapitalausstattung angesichts der regelmäßig deklaratorischen Natur der Eintragung der Rückumwandlung in eine werbende Gesellschaft (Rdn 94) kaum möglich. Als ausreichend für die Fortsetzung ist daher das *Vorhandensein von Gesellschaftsvermögen in einem die Schulden deckenden oder übersteigenden Umfang* anzusehen, d. h. das Nichtvorliegen des Konkursgrunds der Überschuldung[141]. Gefahren für die Gläubiger werden im übrigen dadurch abgewendet, daß eine Fortsetzung in den typischer Weise mit weitgehender Vermögenslosigkeit verbundenen Fällen einer Konkursbeendigung aus anderen als den in Abs. 1 Nr. 4 genannten Gründen (Rdn 101) sowie bei einer Auflösung nach §§ 1, 2 LöschG (Rdn 106 ff) ausscheidet.

87 c) **Fortsetzungbeschluß. α) Allgemeines.** Weitere Voraussetzung für die Rückumwandlung der aufgelösten in eine werbende Gesellschaft ist ein Fortsetzungsbeschluß der Gesellschafter. Er ist **nicht formbedürftig** und unterliegt namentlich auch nicht den für Satzungsänderungen geltenden formellen Anforderungen, kann aber je nach Lage des Falles eine *Satzungsänderung* voraussetzen oder mit dieser verbunden werden (Rdn 80); letzteres ist auch dann anzunehmen, wenn die Gesellschafter der aufgelösten Gesellschaft eine Kapitalerhöhung zum Zweck der Fortsetzung beschließen (§ 55, 27). Von diesen Sonderfällen abgesehen, wird der Beschluß alsbald mit seinem Zustandekommen wirksam, wenn die Gesellschafter die Fortsetzung nicht auf einen bestimmten künftigen Zeitpunkt, etwa den Beginn des nächsten Geschäfts- oder Kalenderjahrs, befristet oder von einer aufschiebenden Bedingung abhängig gemacht haben.

88 **β) Mehrheiten.** Umstritten sind die für den Fortsetzungsbeschluß zu fordernden Mehrheiten. Die heute überwiegende Meinung verlangt entsprechend § 274 Abs. 1 S. 2 AktG und in Übereinstimmung mit der für den Auflösungsbeschluß in Abs. 1 Nr. 2 vorgeschriebenen Mehrheit *Dreiviertelmehrheit* der abgegebenen Stimmen[142]. Zum Schutz der nicht zustimmenden Minderheit soll ihr ein Austrittsrecht aus der fortgesetzten Gesellschaft zustehen[143]. Eine entsprechende Regelung sah auch § 226 Abs. 1 S. 2 RegE GmbHG 1971/73 vor. Demgegenüber verlangte RGZ 118, 337, 341 *einstimmige* Beschlußfassung[144]. Nach einer vereinzelt vertretenen dritten Ansicht soll im Gegenteil *einfache* Mehrheit ausreichen[145].

89 **Stellungnahme.** Die für die **einstimmige** Beschlußfassung (bzw. die Notwendigkeit der Zustimmung sämtlicher Gesellschafter) vorgebrachten Gründe vermögen **nicht** zu überzeugen. Die Annahme, daß der Eintritt der Auflösung jedem Gesellschafter ein individuelles Recht auf Durchführung der Liquidation und auf Auszahlung seiner Liquidationsquote gewähre[146], vernachlässigt den Fortbestand der Gesellschaft über den Auflösungszeitpunkt hinaus und das auch im Liquidationsstadium grundsätzlich fortgeltende Mehrheitsprinzip (vgl. § 69). Mit Recht hat der BGH demgegenüber sogar für eine Personengesellschaft (KG) die Möglichkeit mehrheitlicher Rückumwandlung in eine werbende Gesellschaft anerkannt, wenn der Gesellschaftsvertrag eine entspre-

[141] So die heute hM, vgl. Scholz/*K. Schmidt* Anh § 60, 5 und 24; § 63, 83; Baumbach/Hueck/*Schulze-Osterloh* 47; Rowedder/*Rasner* 42; *Meyer-Landrut*/Miller/Niehus 22; *P. Scholz* GmbH-Rdsch. 1982, 234.

[142] Scholz/*K. Schmidt* 50; Baumbach/Hueck/*Schulze-Osterloh* 47; *Lutter/Hommelhoff* 27; Rowedder/*Rasner* 44; *Meyer-Landrut*/Miller/Niehus 23; *Roth* 5.1.d; *Rob. Fischer* GmbH-Rdsch. 1955, 167 f; *Hofmann* GmbH-Rdsch. 1975, 227 f; *Scholz* JZ 1952, 201.

[143] So grundlegend *Rob. Fischer* GmbH-Rdsch. 1955, 168; ihm folgend Hachenburg/*Schmidt*/*Goerdeler*[6] 6; Scholz/*K. Schmidt* 51; *Roth* 5.1.d iVm 3.1; *Hofmann* GmbH-Rdsch. 1975, 227; wohl auch Baumbach/*Hueck*[13] 8 C.

[144] So auch KG JW 1930, 2719; *Brodmann* 6; *Feine* S. 649; *Scholz* ZHR 93 (1928) 94 ff.

[145] *P. Scholz* GmbH-Rdsch. 1982, 232; so auch *Feine* S. 649 für den Fall der Fortsetzung nach Abs. 1 Nr. 4.

[146] So *Hachenburg*[5] 3 aE; *Feine* S. 649.

chende Mehrheitsklausel enthält, und zutreffend die Parallele zwischen Auflösungs- und Fortsetzungsbeschluß einschließlich der hierfür erforderlichen Mehrheiten betont[147]. Schon dieser Grund spricht gegen einen Vergleich des Anspruchs auf Durchführung der Liquidation mit dem Gewinnanspruch, der nach dem Gewinnverteilungsbeschluß zu einem Gläubigerrecht wird und den einzelnen Gesellschaftern nur mit ihrer Zustimmung wieder entzogen werden kann (§ 29, 6). Auch der Hinweis auf den personenrechtlichen Einschlag der GmbH, der eine Fortsetzung der Gesellschaft gegen den Willen der Minderheit verbiete[148], greift nicht durch, da er sich zu dem allgemein anerkannten Mehrheitsprinzip der GmbH in Widerspruch setzt. Schließlich läßt sich das Einstimmigkeitserfordernis auch nicht darauf stützen, daß grundlegende Änderungen des Gesellschaftszwecks nach zutr. Ansicht nur mit Zustimmung sämtlicher Gesellschafter möglich sind (vgl. § 53, 103). Denn mit einer echten Zweckänderung (Übergang vom erwerbswirtschaftlichen zum gemeinnützigen Zweck u. a.) ist die Rückumwandlung einer aufgelösten in eine werbende Gesellschaft nicht vergleichbar[149].

Nicht zu folgen ist auch der Ansicht, wonach **einfache** Mehrheit für die Beschlußfas- **90**
sung ausreicht (vgl. Rdn 88 aE). Sie kann sich zwar formal auf das in § 47 Abs. 1 enthaltene Mehrheitsprinzip stützen, da Sondervorschriften über den Fortsetzungsbeschluß und die dabei zu beachtenden Mehrheiten nicht bestehen. Gegen sie sprechen jedoch die für Auflösungsbeschlüsse nach Abs. 1 Nr. 2 verlangte Dreiviertelmehrheit[150] sowie die entsprechende, die Fortsetzung der AG von einem mit Dreiviertelmehrheit gefaßten Gesellschafterbeschluß abhängig machende Vorschrift des § 274 Abs. 1 S. 2 AktG und ihre durch § 226 Abs. 1 S. 2 RegE GmbHG 1971/73 geplante Übernahme in das GmbH-Recht. Mit Rücksicht hierauf ist im Grundsatz der überwM (Rdn 88) zu folgen, die **Dreiviertelmehrheit** für den Fortsetzungsbeschluß fordert, aber auch genügen läßt.

Ausnahmen vom Erfordernis bloßer Dreiviertelmehrheit sind einmal dann zu beach- **91**
ten, wenn einzelnen Gesellschaftern ein *Sonderrecht auf Liquidation* zusteht oder wenn der Fortsetzungsbeschluß, wie namentlich bei Nebenleistungsgesellschaften (§ 3, 65 ff), zu einer *Leistungsvermehrung* (§ 53 Abs. 3) auch für die überstimmten Gesellschafter führt. In diesen Fällen bedarf der Beschluß ihrer Zustimmung (vgl. zum vergleichbaren Fall von Satzungsänderungen § 53, 57 ff, 81; zur nachträglichen Änderung einer Zeitbestimmung vgl. Rdn 25) und wird ohne diese nicht wirksam[151]. Die fehlende Zustimmung läßt sich auch nicht durch Einräumung eines Austrittsrechts ersetzen[152]. Beruht die Auflösung auf einem *Auflösungsurteil* nach § 61, so ist die Wirksamkeit des Fortsetzungsbeschlusses auch nach der hM davon abhängig, daß der Auflösungskläger ihm zustimmt (vgl. Rdn 97). Entsprechendes muß schließlich dann gelten, wenn ein Gesellschafter die Auflösung durch **Kündigung** herbeiführt (vgl. Rdn 111). Könnten die Gesellschafter mit Dreiviertelmehrheit hier gleichwohl die Fortsetzung beschließen, so würde dem Kündigenden dadurch das Kündigungsrecht rückwirkend entzogen und seiner Gestaltungserklärung ein anderer Sinn beigelegt[153]. Allerdings trifft den

---

[147] BGHZ 8, 35, 38 f, 44 = NJW 1953, 102.

[148] So *Winkler* Die Lückenausfüllung des GmbH-Rechts durch das Recht der Personengesellschaften (1967) S. 71 ff.

[149] So zutr. *Scholz* JZ 1952, 201.

[150] Zur Vergleichbarkeit beider Beschlüsse vgl. BGHZ 8, 35, 44 = NJW 1953, 102.

[151] So auch Scholz/*K. Schmidt* 51; Baumbach/Hueck/*Schulze-Osterloh* 47; Rowedder/*Rasner* 44.

[152] So aber *Scholz* JZ 1952, 202 und seitdem die hM; vgl. Rdn 93.

[153] So zutr. BGHZ 48, 251, 254 f = NJW 1967, 2157; vgl. auch § 226 Abs. 1 S. 5 RegE GmbHG 1971/73. Für Verzicht auf die Zustimmung des Kündigenden, wenn dieser aus wichtigem Grund gekündigt hat und die Mitgesellschafter daraufhin den wichtigen Grund beseitigen, Scholz/*K. Schmidt* 63.

Kündigenden eine Zustimmungspflicht, wenn die Mitgesellschafter ihm im Fortsetzungsbeschluß ein Austrittsrecht zu angemessenen Bedingungen einräumen (vgl. Rdn 70).

92 γ) **Stimmpflichten; Austrittsrecht.** Läßt man grundsätzlich Dreiviertelmehrheit für den Fortsetzungsbeschluß genügen, so ist die Frage nach einer **Zustimmungspflicht** der an der Auflösung festhaltenden Gesellschafter meist ohne Interesse. Immerhin lassen sich aus der Treupflicht folgende Zustimmungspflichten (§ 53, 70) auch beim Fortsetzungsbeschluß nicht generell verneinen[154]. Sie setzen ein vorrangiges gemeinsames Interesse der fortsetzungswilligen Gesellschafter an der Rückumwandlung der GmbH in eine werbende Gesellschaft und die Zumutbarkeit der Rückumwandlung für die widersprechenden Gesellschafter voraus. Letztere ist nicht nur bei mit der Fortsetzung verbundenen Leistungspflichten, sondern im Zweifel auch dann zu verneinen, wenn den widersprechenden Gesellschaftern ein Austrittsrecht eingeräumt wird, es sei denn, daß die Realisierung des Austrittsrechts und der für den Anteil gebotene Preis der Rechtsstellung des Widersprechenden bei Auflösung der Gesellschaft entsprechen.

93 *Nicht* zu folgen ist der überwM schließlich darin, daß den der Fortsetzung nicht zustimmenden Gesellschaftern ein **Austrittsrecht** aus der Gesellschaft zusteht[155]. Auch wenn manches für die Kombination zwischen mehrheitlicher Fortsetzung und Austrittsrecht der überstimmten Minderheit sprechen mag, findet sie im Gesetz doch keine Stütze. Auch ist ein Bedürfnis für die Anerkennung eines ungeschriebenen, von keinen besonderen Voraussetzungen abhängigen Austrittsrecht nicht erkennbar, wenn man die Wirksamkeit des Fortsetzungsbeschlusses in den in Rdn 91 genannten Fällen an die Zustimmung der betroffenen Gesellschafter knüpft. Erweist sich das Verbleiben in der rückumgewandelten Gesellschaft für einzelne Gesellschafter nach Lage des Falles als *unzumutbar,* so steht ihnen das Recht zum **Austritt aus wichtigem Grund** nach den allgemein hierfür geltenden Grundsätzen (Anh § 34, 49 ff) zu. Allein in der mehrheitlich beschlossenen Fortsetzung kann ein solcher Austrittsgrund für die überstimmte Minderheit jedoch nicht gesehen werden[156].

94 δ) **Eintragung ins Handelsregister.** Der Fortsetzungsbeschluß ist ebenso wie die Auflösung (§ 65 Abs. 1 S. 1) zur Eintragung in das Handelsregister *anzumelden* (Voraufl. § 65, 16). Die Eintragung hat freilich nur *deklaratorische* Bedeutung[157]. Eine analoge Anwendung des § 274 Abs. 4 S. 1 AktG, der die Wirksamkeit des Fortsetzungsbeschlusses von der Eintragung abhängig macht, kommt mangels Regelungslücke im GmbHG nicht in Betracht; anderes gilt lediglich für die der Kapitalausstattungskontrolle dienende Spezialregelung des Art. 12 § 1 Abs. 3 S. 2 GmbH-Novelle 1980 (Rdn 105). Die Eintragung kann daher unterbleiben, wenn auch die Auflösung selbst

---

[154] So jetzt auch BGHZ 98, 276, 279 ff, 283 f = NJW 1987, 189 für die personalistische GmbH; aus dem Schrifttum Scholz/*K. Schmidt* 52; *Lutter/Hommelhoff* 19; im Erg. auch Rowedder/*Rasner* 46; aA *Meyer-Landrut*/Miller/Niehus 23; allg. zur Stimmpflicht kraft Treupflicht vgl. § 14, 58; zur Zustimmungspflicht des kündigenden Gesellschafters, wenn die Mitgesellschafter ihm eine der Abwicklung gleichwertige vermögensrechtliche Stellung einräumen, vgl. Rdn 70.

[155] So im Anschluß an *Rob. Fischer* GmbH-Rdsch. 1955, 167 f, Hachenburg/*Schmidt/Goerdeler*[6] 6; Scholz/*K. Schmidt* 51; Baumbach/*Hueck*[13] 8 C; *Lutter/Hommelhoff* 30; *Roth* 6.1.d., 3.1.1; *Eder* GmbH-Rdsch. 1966, 183; *Hofmann* GmbH-Rdsch. 1975, 227; *P. Scholz* GmbH-Rdsch. 1982, 232 f; zur vergleichbaren Frage bei Gebrauchmachen von einem gesellschaftsvertraglichen Kündigungsrecht vgl. Rdn 67 ff.

[156] Wie hier jetzt auch Baumbach/Hueck/*Schulze-Osterloh* 47; Rowedder/*Rasner* 46; *Meyer-Landrut*/Miller/Niehus 23.

[157] Scholz/*K. Schmidt* 53; *P. Scholz* GmbH-Rdsch. 1982, 233.

im Zeitpunkt der Fortsetzung noch nicht eingetragen war[158]. Ob die Beteiligten in diesem Fall die nachträgliche Eintragung verlangen können, um sich nach § 15 Abs. 2 HGB Dritten gegenüber auf den Inhalt der Eintragung berufen zu können[159], erscheint schon deshalb zweifelhaft, weil die Auflösung als solche regelmäßig keine Außenwirkung hat (Rdn 76 f) und Rechtsnachteile für Gesellschaft und Gesellschafter aus der unterbliebenen Eintragung im Regelfall daher nicht zu befürchten sind. – Zum Sonderfall des mit einer *Satzungsänderung* verbundenen Fortsetzungsbeschlusses vgl. Rdn 80.

3. Die einzelnen Fortsetzungsfälle

95 a) **Nach Zeitablauf.** Beruht die Auflösung auf Zeitablauf (Abs. 1 Nr. 1), so macht die – zulässige (Rdn 78) – Fortsetzung einen *Satzungsänderungsbeschluß* erforderlich. Zwar sind die Beschlüsse über Satzungsänderung und Fortsetzung nach Voraussetzungen und Wirkungen klar zu unterscheiden (vgl. Rdn 80)[160]. Die Fortsetzung kann jedoch zugleich mit der Satzungsänderung beschlossen werden. Auch bedarf diese ebenso wie die Fortsetzung (Rdn 90) nicht der Zustimmung sämtlicher Gesellschafter, sondern nur der Dreiviertelmehrheit (§ 53 Abs. 2), wenn sie sich nicht mit der Verlängerung von Nebenleistungspflichten verbindet oder die Befristung im Gesellschaftsvertrag ausnahmsweise ein Sonderrecht auf Liquidation für alle oder bestimmte Gesellschafter enthält (str., vgl. Rdn 24 f). Wirksam wird der Fortsetzungsbeschluß erst mit Eintragung der Satzungsänderung, da erst dadurch das satzungsrechtliche Fortsetzungshindernis beseitigt wird (Rdn 80).

96 b) **Nach Auflösungsbeschluß.** Der Auflösungsbeschluß wird nach Abs. 1 Nr. 2 im Regelfall sofort und unabhängig von seiner Eintragung im Handelsregister wirksam (Rdn 35). Für seine Aufhebung genügt daher im Unterschied zur Aufhebung von noch nicht eingetragenen Satzungsänderungsbeschlüssen (§ 53, 73) nicht einfache Mehrheit[161]. Es gelten vielmehr die Mehrheitserfordernisse des Fortsetzungsbeschlusses, im Regelfall also *Dreiviertelmehrheit* (Rdn 88 ff, 91). Einer Satzungsänderung bedarf es im Fall der Fortsetzung nach vorangegangenem Auflösungsbeschluß nicht. Das gilt selbst dann, wenn der Auflösungsbeschluß wie im Fall *vorzeitiger* Auflösung einer Gesellschaft ausnahmsweise eine Satzungsänderung voraussetzte (Rdn 33), da die Abwicklung der Gesellschaft als Folge des Auflösungsbeschlusses satzungsrechtlich nicht verankert ist.

97 c) **Nach Auflösungsurteil oder -verfügung.** Ein **Auflösungsurteil** nach § 61 macht die Fortsetzung der nach Abs. 1 Nr. 3 aufgelösten Gesellschaft zwar nicht unzulässig. Der Fortsetzungsbeschluß erfordert jedoch neben der Dreiviertelmehrheit die *Zustimmung des oder der Auflösungskläger*[162]; sie setzt in aller Regel die Beseitigung des zur Auflösung führenden wichtigen Grundes voraus[163]. Zur Aufnahme einer Fortsetzungs-

---

[158] BayObLG BB 1987, 2119, 2121 bezieht sich auf die Regelung des Art. 12 § 1 Abs. 3 S. 2 GmbH-Novelle 1980 und läßt sich im Hinblick auf die insoweit geltende Konstitutivwirkung (Rdn 105) entgegen Scholz/*K. Schmidt* 53 nicht verallgemeinern.

[159] So Scholz/*K. Schmidt* 53 und Voraufl. § 65, 4.

[160] Zustimm. Scholz/*K. Schmidt* 54; Rowedder/*Rasner* 47; *Meyer-Landrut*/Miller/Niehus 24.

[161] So auch Scholz/*K. Schmidt* 55; Rowedder/*Rasner* 48; *Meyer-Landrut*/Miller/Niehus 25.

[162] HM; vgl. BayObLG DB 1978, 2165; Baumbach/Hueck/*Schulze-Osterloh* 49; *Lutter/Hommelhoff* 28; Rowedder/*Rasner* 49 und § 61, 17; *Meyer-Landrut*/Miller/Niehus 26; *Hofmann* GmbH-Rdsch. 1975, 227; *P. Scholz* GmbH-Rdsch. 1982, 234; einschr. jetzt Scholz/*K. Schmidt* 56 und § 61, 26; aA – für Unzulässigkeit der Fortsetzung in diesem Fall – noch *Feine* S. 648; vgl. auch Rdn 91.

[163] So zutr. Scholz/*K. Schmidt* 56.

klausel in den Gesellschaftsvertrag für den Fall einer durch gerichtliches Urteil herbeigeführten Auflösung und zu den hieran zu stellenden Anforderungen vgl. § 61, 54.

98 Ist die Auflösung nach Abs. 1 Nr. 3 iVm § 62 aufgrund einer **Verfügung der Verwaltungsbehörde** eingetreten, so ist die Fortsetzung dadurch zwar nicht ausgeschlossen[164]. Sie kann jedoch solange nicht wirksam beschlossen werden, als die Auflösungsverfügung Bestand hat. Die bloße Beseitigung des zum Einschreiten der Verwaltungsbehörde führenden Grundes macht die Verfügung nicht gegenstandslos. Auch die von der überwM geforderte, mit den verwaltungsrechtlichen Verfahrensgrundsätzen unvereinbare „Zustimmung“ der Verwaltungsbehörde zum Fortsetzungsbeschluß reicht bei Fortbestand der Verfügung nicht aus[165]. Vielmehr bedarf es des Wiederaufgreifens des Verfahrens und der *Rücknahme oder des Widerrufs der Verfügung;* hierauf haben die Betroffenen einen Rechtsanspruch, sofern die Voraussetzungen des § 51 VwVfG vorliegen[166].

99 Von der Fortsetzung der Gesellschaft nach Rücknahme oder Widerruf der Verfügung zu unterscheiden ist die **Aufhebung des Verwaltungsakts im Rechtsmittelverfahren.** Sie führt zur *rückwirkenden* Beseitigung der Auflösungswirkung der Verfügung und zur Rückumwandlung der Gesellschaft in eine werbende (vgl. § 62, 30). Allerdings kann die gerichtliche Aufhebung nicht darauf gestützt werden, daß die Auflösungsvoraussetzungen nach Erlaß des Verwaltungsakts entfallen sind. Vorbehaltlich des Widerspruchsverfahrens[167], das im Falle einer Auflösungsverfügung allerdings regelmäßig nicht in Betracht kommt (§ 62, 31), ist der *nachträglich eintretende Wegfall der Eingriffsvoraussetzungen vom Verwaltungsgericht nicht zu berücksichtigen.* Für die Beurteilung der Begründetheit einer Anfechtungsklage ist vielmehr der Zeitpunkt der letzten Behördenentscheidung maßgebend[168]. Eine Ausnahme, wie sie das BVerwG für sog. „Dauerverwaltungsakte“ anerkennt, greift für den Fall *rechtsgestaltender* Verwaltungsakte nach Art der Auflösungsverfügung (vgl. § 62, 29) nicht ein[169].

100 d) **Nach Konkurseröffnung.** Für den Fall, daß das Konkursverfahren nach Abschluß eines **Zwangsvergleichs** aufgehoben (§§ 173 ff, 190 KO) oder auf **Antrag des Gemeinschuldners** eingestellt (§§ 202 f KO) wird, läßt **Abs. 1 Nr. 4** die Fortsetzung durch Beschluß der Gesellschafter ausdrücklich zu. Es gelten die oben (Rdn 84 ff) genannten Fortsetzungsvoraussetzungen. Insbesondere darf mit der Vermögensverteilung an die Gesellschafter noch nicht begonnen sein (Rdn 85). Der Fortsetzungsbeschluß muß nach hM mit Dreiviertelmehrheit gefaßt werden[170]. Zur Handelsregistereintragung des Fortsetzungsbeschlusses vgl. Rdn 94.

101 *Umstritten* ist, ob auch nach Beendigung des Konkursverfahrens durch **Schlußverteilung der Masse** unter die Gläubiger (§ 163 KO) bzw. durch **Einstellung mangels Masse** (§ 204 KO) ein Fortsetzungsbeschluß zulässig ist, wenn die Gesellschaft in diesem Zeitpunkt noch über Vermögen verfügt. Die überwM versteht Abs. 1 Nr. 4 jedenfalls

---

164 Scholz/*K. Schmidt* 56; Baumbach/Hueck/*Schulze-Osterloh* 48; *Lutter/Hommelhoff* 28; Rowedder/*Rasner* 49; *Meyer-Landrut*/Miller/Niehus 26; aA noch Baumbach/*Hueck*[13] 8 A.

165 So zutr. Scholz/*K. Schmidt* 56 gegen Hachenburg/*Schmidt/Goerdeler*[6] 7, *Eder* in Handb. GmbH, Rdn I 746 und *Hofmann* GmbH-Rdsch. 1975, 227; wie hier jetzt auch Baumbach/Hueck/*Schulze-Osterloh* 48; Rowedder/*Rasner* 49; *Meyer-Landrut*/Miller/Niehus 26; *Roth* 5.1.c.

166 Vgl. näher *Kopp* VwVfG[4] § 51, 2, 12 ff.

167 Zur Möglichkeit der Berücksichtigung neuer Tatsachen durch die *Widerspruchsbehörde* vgl. *Kopp* VwGO[8] § 68, 14 m. Rspr.-Nachw.

168 Statt aller *Kopp* VwGO[8] § 113, 23 f m. w. Nachw.

169 So auch *Kopp* VwGO[8] § 113, 25 b.

170 Vgl. Nachw. in Rdn 88; **aA** *Feine* S. 649 und *P. Scholz* GmbH-Rdsch. 1982, 232: einfache Mehrheit.

insoweit als abschließende Regelung und folgert daraus die Unzulässigkeit eines Fortsetzungsbeschlusses in denjenigen Fällen einer Konkursbeendigung, die in Abs. 1 Nr. 4 nicht ausdrücklich genannt sind[171]. Demgegenüber sieht die Gegenansicht[172] auch für diese Fälle keinen Grund für einen Umkehrschluß und hält einen Fortsetzungsbeschluß daher für zulässig. Allerdings wird die Fortsetzung z. T. davon abhängig gemacht, daß Gesellschaftsvermögen in Höhe des gesetzlichen Mindestkapitals[173] bzw. in Höhe des satzungsmäßigen Stammkapitals[174] vorhanden ist, während eine dritte Ansicht[175] auf den Nichteintritt einer Überschuldung abstellt. Praktische Bedeutung hat die Frage vor allem im Hinblick auf die Möglichkeit einer *Mantelverwendung* der GmbH nach Konkursbeendigung (vgl. dazu schon § 3, 34 ff).

Stellungnahme. *Gegen die Zulässigkeit* der Fortsetzung einer aufgelösten GmbH **102** nach Konkursbeendigung aus anderen als den in Abs. 1 Nr. 4 genannten Gründen spricht der Wortlaut des Abs. 1 Nr. 4 sowie der damit verfolgte, dem *Gläubigerschutz* dienende Regelungszweck[176]. Ist die GmbH finanziell gescheitert und das Konkursverfahren weder durch Zwangsvergleich aufgehoben noch auf Gemeinschuldnerantrag mit Zustimmung der Gesellschaftsgläubiger nach §§ 202 f KO eingestellt, so fehlt es in aller Regel an nennenswertem Gesellschaftsvermögen, das die Fortsetzung der Gesellschaft ohne erneute Gläubigergefährdung ermöglichen könnte. Daher kommen in derartigen Fällen auch diejenigen Vertreter der Mindermeinung zu einer Ablehnung der Fortsetzung, die auf das Vorhandensein von Gesellschaftsvermögen in Höhe des gesetzlichen Mindestkapitals oder des satzungsmäßigen Stammkapitals abstellen (vgl. Rdn 101 aE; zu den auf die fehlende Kontrollmöglichkeit gestützten Bedenken gegen ein derartiges Kriterium vgl. aber Rdn 86). Dann aber ist es konsequenter, die Fortsetzung einer GmbH nach konkursbedingter Auflösung aus Gründen des Gläubigerschutzes überhaupt **nur in den in Abs. 1 Nr. 4 genannten Fällen** zuzulassen[177]; das Interesse an der – ohnehin problematischen – Mantelverwendung reicht als Begründung für die von der Mindermeinung vertretene Restriktion des Gesetzeswortlauts nicht aus. Entsprechendes gilt dann, wenn der Gesellschaftskonkurs erst eröffnet worden ist, nachdem die Gesellschaft bereits aus einem anderen Grund aufgelöst war. Auch hier ist die Fortsetzung im Interesse des Gläubigerschutzes auf die in Abs. 1 Nr. 4 genannten Gründe der Konkursbeendigung beschränkt. – Zur Unzulässigkeit der Fortsetzung im Falle einer nach §§ 1, 2 LöschG aufgelösten Gesellschaft vgl. Rdn 106 ff.

e) **Nach gerichtlicher Mangelfeststellung.** Hat das Registergericht einen **Satzungsmangel nach § 144 a FGG** festgestellt (Rdn 46 ff), so ist die Gesellschaft nach Abs. 1 **103** Nr. 5 mit der Rechtskraft der den Mangel feststellenden Verfügung aufgelöst (Rdn 42, 53). Der Fortbestand der Verfügung schließt die Fortsetzung der Gesellschaft nach heute ganz hM nicht aus; jedoch ist hierfür entsprechend § 274 Abs. 2 Nr. 2 AktG (so

[171] KG DR 1941, 1543; OLG Köln NJW 1959, 199; LG Hamburg GmbH-Rdsch. 1952, 92; so auch Baumbach/Hueck/*Schulze-Osterloh* 48; Rowedder/*Rasner* 50; *Roth* 5.1.b; *Feine* 674; Kuhn/*Uhlenbruck* KO[10] Vorb. D vor § 207, 17 a; Jaeger/*Weber* KO[8] §§ 207, 208 Rdn 64.

[172] So im Anschluß an *Scholz*[5] § 63, 21 LG Berlin BB 1971, 759; Hachenburg/*Schmidt*/*Goerdeler*[6] § 63, 20; Scholz/*K. Schmidt* § 63, 74; *Meyer-Landrut*/Miller/Niehus 27.

[173] So LG Berlin BB 1971, 759; *Scholz*[5] § 63, 21.

[174] So Hachenburg/*Schmidt*/*Goerdeler*[6] § 63, 20.

[175] So Scholz/*K. Schmidt* § 63, 75.

[176] So für die entsprechende Regelung in § 274 Abs. 2 Nr. 1 AktG auch *Hüffer* in Geßler/Hefermehl/Eckardt/Kropff AktG § 274, 19 f; *Kraft*-KölnKomm-AktG § 274, 6 f; *Wiedemann*-GroßkommAktG § 274, 6.

[177] Zur abweichenden Lage bei Fortsetzung einer OHG vgl. *Ulmer*-GroßkommHGB[3] § 144, 3.

auch § 226 Abs. 2 Nr. 2 RegE GmbHG 1971/73) neben dem Fortsetzungsbeschluß ein den Mangel beseitigender *Satzungsänderungsbeschluß* erforderlich[178]. Eine Fortsetzung durch Amtslöschung des Auflösungseintrags nach § 142 FGG[179] kommt schon deshalb nicht in Betracht, weil nicht der Auflösungseintrag, sondern die Rechtskraft der Verfügung die Auflösung nach Abs. 1 Nr. 5 herbeiführt; fehlt es hieran, so ist die Gesellschaft also gar nicht in das Auflösungsstadium getreten. Beschließen die Gesellschafter aufgrund der Beanstandung durch das Registergericht eine Satzungsänderung zur Behebung des Mangels, so liegt hierin im Falle bereits eingetretener Auflösung regelmäßig zugleich ein konkludenter Fortsetzungsbeschluß[180]. *Wirksam* wird die Fortsetzung entsprechend der Vorschrift des § 274 Abs. 4 S. 2 AktG nicht bereits mit der Beschlußfassung, sondern erst mit der Beseitigung des Auflösungsgrundes durch Eintragung der Satzungsänderung (Rdn 80)[181].

104 Entsprechendes gilt für die Fortsetzung einer Gesellschaft, die nach **Abs. 1 Nr. 5 iVm § 144 b FGG** wegen Verstoßes gegen die Pflicht zur Volleinzahlung der Stammeinlagen oder **Sicherungsbestellung** nach Anteilsvereinigung in einer Hand aufgelöst ist (Rdn 50). Anstelle der Satzungsänderung tritt hier die Mangelbeseitigung durch Volleinzahlung, Bestellung der erforderlichen Sicherungen oder Wiederveräußerung eines Teils der Geschäftsanteile. Nimmt der Alleingesellschafter einen dieser Rechtsakte vor, so gestattet das regelmäßig zugleich den Rückschluß auf einen von ihm *konkludent gefaßten Fortsetzungsbeschluß*[182]. Darauf, ob die besonderen Nachweisvoraussetzungen des § 48 Abs. 3 erfüllt sind, kommt es nicht an (zur fehlenden Formbedürftigkeit des Fortsetzungsbeschlusses vgl. Rdn 87).

105 f) **Nach Auflösung aufgrund Art. 12 § 1 GmbH-Novelle.** Zu den beiden in Art. 12 § 1 Abs. 1 und 2 GmbH-Novelle 1980 enthaltenen, der Sanktionierung der Umstellung von **Altgesellschaften** auf die durch die GmbH-Novelle verschärften Kapitalaufbringungsanforderungen dienenden Auflösungsgründen vgl. Rdn 56 f. Die *Fortsetzungsvoraussetzungen* sind für diesen Auflösungsfall spezialgesetzlich in **Art. 12 § 1 Abs. 3** GmbH-Novelle 1980 geregelt. Die Vorschrift lautet:

(3) Ist eine Gesellschaft nach den Absätzen 1 oder 2 aufgelöst, so können die Gesellschafter, solange noch nicht mit der Verteilung des Vermögens begonnen ist, die Fortsetzung der Gesellschaft beschließen. Der Fortsetzungsbeschluß wird erst wirksam, wenn er in das Handelsregister des Sitzes der Gesellschaft eingetragen worden ist. Im Fall des Absatzes 1 soll der Fortsetzungsbeschluß nur zusammen mit einem Beschluß über die Erhöhung des Stammkapitals auf mindestens fünfzigtausend Deutsche Mark in das Handelsregister eingetragen werden. Im Fall des Absatzes 2 soll der Fortsetzungsbeschluß in das Handelsregister nur eingetragen werden, wenn die Geschäftsführer dem Registergericht bei der Anmeldung versichern, daß von den Geldeinlagen auf das Stammkapital mindestens soviel eingezahlt ist, daß der Gesamtbetrag der eingezahlten Geldeinlagen zuzüglich des Gesamtbetrags der Geschäftsanteile, für die Sacheinlagen zu leisten sind, fünfundzwanzigtausend Deutsche Mark erreicht.

---

[178] HM, vgl. OLG Düsseldorf GmbH-Rdsch. 1979, 276, 277; Scholz/*K. Schmidt* 58; Baumbach/Hueck/*Schulze-Osterloh* 51; *Lutter*/*Hommelhoff* 28; Rowedder/*Rasner* 51; *Meyer-Landrut*/Miller/Niehus 28; *Jansen* FGG² § 144 a, 25; Keidel/Kuntze/*Winkler* FGG¹² § 144 a, 17; aA *P. Scholz* GmbH-Rdsch. 1982, 231; wohl auch *Hofmann* GmbH-Rdsch. 1975, 226.

[179] So noch OLG Düsseldorf GmbH-Rdsch. 1979, 276, 277 und Scholz/*K. Schmidt*⁶ 58 für den Fall einer ohne rechtskräfige Verfügung eingetragenen Auflösung.

[180] So auch Rowedder/*Rasner* 51; für Gleichsetzung von Satzungsänderungs- und Fortsetzungsbeschluß aber wohl Scholz/*K. Schmidt* 58.

[181] Vgl. dazu näher *Hüffer* in Geßler/Hefermehl/Eckardt/Kropff AktG § 274, 32; *Kraft*-KölnKomm-AktG § 274, 20, 27; *Wiedemann*-GroßkommAktG § 274, 7.

[182] Scholz/*K. Schmidt* 58; Rowedder/*Rasner* 51.

Erforderlich ist danach neben der dem Handelsregister gegenüber nachzuweisenden *Beseitigung des Auflösungsgrundes*[183] ein *Fortsetzungsbeschluß*. Er kann kraft ausdrücklicher Vorschrift in Abs. 3 S. 1 nur gefaßt werden, solange noch nicht mit der Vermögensverteilung an die Gesellschafter begonnen ist (vgl. auch Rdn 85), und bedarf mangels abweichender Regelung einer Dreiviertelmehrheit der abgegebenen Stimmen (vgl. Rdn 88, 90). Abweichend von den allgemeinen Grundsätzen (Rdn 94) schreibt Abs. 3 S. 2 darüber hinaus die *Eintragung* des Fortsetzungsbeschlusses als Wirksamkeitsvoraussetzung vor; sie setzt die Eintragung der Auflösung der Gesellschaft voraus[184]. Die Regelung erklärt sich aus der dem Registergericht in § 1 Abs. 3 S. 3 und 4 übertragenen Kapitalaufbringungskontrolle. Ein Analogieschluß hieraus für sonstige Fälle von Fortsetzungsbeschlüssen kommt nicht in Betracht.

g) **Nach Auflösung aufgrund des LöschG.** Das Gesetz über die Auflösung und Löschung von Gesellschaften und Genossenschaften vom 9. 10. 1934 (LöschG) enthält *zwei Auflösungstatbestände:* die Auflösung durch Ablehnung der Konkurseröffnung mangels Masse (§ 1 Abs. 1) und die – fingierte – Auflösung im Fall der Löschung der GmbH wegen Vermögenslosigkeit nach § 2 Abs. 1 (vgl. Näheres in Anh § 60). Nach zutr., wenn auch umstrittener Ansicht scheidet eine Fortsetzung der Gesellschaft in beiden Auflösungsfällen aus, wobei hinsichtlich der Gründe zu differenzieren ist (vgl. Rdn 107 ff). **106**

α) **§ 1 Abs. 1 LöschG.** Die Auflösung nach § 1 Abs. 1 LöschG im Fall der Abweisung eines Antrags auf Konkurseröffnung mangels einer den Kosten des Verfahrens entsprechenden Konkursmasse (§ 107 Abs. 1 S. 1 KO) dient dazu, nicht mehr lebensfähige Gesellschaften aus dem Rechtsverkehr auszuschalten (Anh § 60, 3 f). Mit dieser *Bereinigungsfunktion* wäre es unvereinbar, wenn die Gesellschafter nach Eintritt des Auflösungsgrundes die Fortsetzung beschließen könnten. Zu Recht schließt daher die hM eine Fortsetzung nach Konkursablehnung mangels Masse aus[185]. Wollen die Gesellschafter die GmbH fortsetzen, so ist es ihnen unbenommen, ihrer Gesellschaft rechtzeitig das zur Beseitigung der Konkursreife erforderliche Kapital zuzuführen. Solange das verbliebene Vermögen nicht einmal zur Deckung der voraussichtlichen Verfahrenskosten ausreicht und es deshalb zur Auflösung der GmbH nach § 1 Abs. 1 LöschG gekommen ist, besteht auch kein anzuerkennendes Interesse der Gesellschafter daran, die Gesellschaft als werbende fortzusetzen. Zur entsprechenden Lage bei Konkursbeendigung durch Einstellung mangels Masse vgl. Rdn 101 f, zur Beschwerdebefugnis gegen die Konkursablehnung mangels Masse vgl. Anh § 60, 9. **107**

β) **§ 2 Abs. 1 LöschG.** Anders als bei Auflösung wegen Konkursablehnung mangels Masse läßt die wohl noch hM die Fortsetzung einer **wegen Vermögenslosigkeit gelöschten GmbH** (§ 2 Abs. 1 S. 1 LöschG) als werbende durch Beschluß der Gesellschafter dann zu, wenn sich nachträglich noch *Gesellschaftsvermögen in Höhe des gesetzlichen* **108**

---

183 Zur Mitwirkungspflicht der Gesellschafter hieran vgl. Voraufl. § 55, 28, und Scholz/*K. Schmidt* 62; zur Mitwirkungspflicht an der Fassung des Fortsetzungsbeschlusses vgl. Rdn 92.

184 Vgl. BayObLG BB 1987, 2119, 2121.

185 BGHZ 75, 178, 180 = NJW 1980, 233 (für die AG); KG DR 1941, 1543; LG Hamburg GmbH-Rdsch. 1952, 92 f; Baumbach/Hueck/*Schulze-Osterloh* 50; Rowedder/*Rasner* 54; Kuhn/*Uhlenbruck* KO[10] § 107, 8 B; Jaeger/*Weber* KO[8] § 107, 7; Crisolli/*Groschuff*/Kaemmel LöschG[3] § 1, 14 f; *Hüffer* Gedächtnisschrift Schultz S. 114 Fn 65; wohl auch *Hofmann* GmbH-Rdsch. 1975, 226; aA LG Berlin BB 1971, 759, 760; Hachenburg/*Schmidt*/*Goerdeler*[6] § 63, 23; Scholz/*K. Schmidt* Anh § 60, 5; *Lutter*/*Hommelhoff* 31; *Meyer-Landrut*/Miller/Niehus 15; *Roth* § 75, 8.2; *W. Schulz* Die masselose Liquidation der GmbH (1986) S. 103 f.

Mindestkapitals nach Abzug der Verbindlichkeiten findet[186]. Gegen das Abstellen auf das gesetzliche Mindestkapital oder das tatsächliche Stammkapital wird im Grundsatz zu Recht eingewendet, daß es auf eine Kapitalgarantie hinauslaufe, auf die das GmbHG nur im Gründungsstadium abstelle[187]. Nach dieser Auffassung soll die Fortsetzung daher schon dann zulässig sein, wenn die Gesellschaft nicht überschuldet und Konkursreife daher nicht gegeben ist.

109 *Den in Rdn 108 angeführten Ansichten ist insgesamt nicht zu folgen.* Gegen die Zulassung der Fortsetzung spricht dabei, anders als bei Auflösung nach § 1 Abs. 1 LöschG (Rdn 107), nicht nur oder in erster Linie der Bereinigungszweck des LöschG. Vielmehr folgt die Unzulässigkeit der Fortsetzung nach der hier vertretenen Ansicht (vgl. Rdn 17 f und Anh § 60, 35 ff) bereits daraus, daß die **GmbH als solche** aufgrund der Löschung **nicht mehr existiert** und schon deshalb nicht als werbende fortgesetzt werden kann, selbst wenn sich später noch Gesellschaftsvermögen findet[188]. In Fällen dieser Art bleibt vielmehr nur der Weg der Neugründung, falls nicht ausnahmsweise die Löschung nach § 2 Abs. 1 LöschG auf einem wesentlichen Verfahrensmangel beruht und deshalb ihrerseits nach § 142 FGG mit Rückwirkung gelöscht werden kann. Dabei reicht der Umstand, daß das Registergericht zu Unrecht Vermögenslosigkeit der Gesellschaft angenommen hat, zum Eingreifen von § 142 FGG nicht aus[189].

110 Aus den in Rdn 109 genannten Gründen scheidet eine Fortsetzung auch bei solchen Gesellschaften aus, die nach § 2 Abs. 1 S. 2 LöschG, wegen dreijähriger **Nichteinreichung des Jahresabschlusses** und Nichtreaktion auf die Löschungsmitteilung seitens des Registergerichts, gelöscht worden sind. Auch sie sind infolge der Löschung als juristische Person weggefallen und haben sich, soweit sie noch über Aktivvermögen verfügen, in eine *Gesamthand* der Gesellschafter umgewandelt (Rdn 17 f). Ihre Fortsetzung kommt nur im Wege der Neueintragung unter Nachweis der Gründungsvoraussetzungen in Betracht.

111 h) **Nach satzungsrechtlichem Auflösungsgrund.** Ist die Auflösung durch einen Auflösungsgrund nach Abs. 2 (Rdn 63 ff) herbeigeführt, so bleibt die Fortsetzung zwar möglich, solange noch nicht mit der Verteilung des Gesellschaftsvermögens begonnen ist (Rdn 85). Sie setzt aber neben dem Fortsetzungsbeschluß die Beseitigung des Auflösungsgrundes voraus und macht daher regelmäßig eine *Satzungsänderung* erforderlich (Rdn 80). Dementsprechend wird der Fortsetzungsbeschluß auch erst wirksam, wenn die Satzungsänderung im Handelsregister eingetragen ist (§ 54 Abs. 3; vgl. auch

---

[186] So im Anschluß an KG DR 1941, 1543 OLG Düsseldorf GmbH-Rdsch. 1979, 227, 228; Hachenburg/*Schmidt/Goerdeler*[6] Anh § 60, 5; *Kraft*-Köln-KommAktG § 274, 7; *Jansen* FGG[2] § 144 Anh II, LöschG § 2, 4; Keidel/Kuntze/*Winkler* FGG[12] Anh § 144 b, 11; *H. Schmidt* Zur Vollbeendigung juristischer Personen (1989) S. 178 ff; für Erforderlichkeit von Reinvermögen in Höhe des satzungsrechtlichen Stammkapitals *Scholz* JZ 1952, 204; **aA** – gegen Zulässigkeit der Fortsetzung trotz noch vorhandenen Gesellschaftsvermögens – RGZ 156, 23, 27; Rowedder/*Rasner* 54; *Meyer-Landrut*/Miller/Niehus 29; Kuhn/*Uhlenbruck* KO[10] Vorb. D § 207, 17 b; Crisolli/*Groschuff*/Kaemmel LöschG[3] § 2, 15; *Hüffer* Gedächtnisschrift Schultz S. 113 ff; *Heller* Die vermögenslose GmbH (1989) S. 173; *P. Scholz* GmbH-Rdsch. 1982, 230.

[187] So Scholz/*K. Schmidt* Anh § 60, 24; Baumbach/Hueck/*Schulze-Osterloh* Anh § 60, 14; *K. Schmidt* AG 1988, 211 f; wohl auch *Lutter*/*Hommelhoff* 28, 31; weitergehend *Roth* § 75, 8, wonach die Gesellschafter freie Wahl zwischen Durchführung der Liquidation und Fortsetzung der Gesellschaft haben.

[188] So schon RGZ 156, 23, 27; vgl. eingehend *Hüffer* Gedächtnisschrift Schultz S. 113 f.

[189] EinhM; vgl. KG JW 1937, 1739; OLG Düsseldorf GmbH-Rdsch. 1979, 227, 228; *Jansen* FGG[2] § 144 Anh II; LöschG § 2, 4; Keidel/Kuntze/*Winkler* FGG[12] Anh § 144 b, 11; Scholz/*K. Schmidt* Anh § 60, 23; *Hüffer* Gedächtnisschrift Schultz S. 106.

Rdn 94). – Zum Sonderfall der Fortsetzung nach *kündigungsbedingter Auflösung* vgl. Rdn 70.

i) **Sonstige.** In den Fällen der *Umwandlung* und *Verschmelzung* scheidet eine Fortsetzung der dadurch aufgelösten Gesellschaften schon deshalb aus, weil diese zugleich mit der Auflösung vollbeendet sind (vgl. näher Rdn 8 f, 55). – Bei *nichtigen oder nach § 144 Abs. 1 FGG von Amts wegen gelöschten Gesellschaften* hat die Gleichstellung mit einer aufgelösten Gesellschaft (Rdn 11 f, 59) zur Folge, daß auch ihre Fortsetzung sich – vorbehaltlich der Sonderregelung des § 76 über die Heilung eines nichtigen Unternehmensgegenstands – nach den Grundsätzen richtet, die für die entsprechenden aufgelösten Gesellschaften gelten[190]. Ein Fortsetzungsbeschluß kann daher nur in Verbindung mit einem *Satzungsänderungsbeschluß* gefaßt werden, durch den der Nichtigkeitsgrund behoben wird. Die Satzungsänderung wird erst mit Eintragung wirksam; bis dahin ist auch der Fortsetzungsbeschluß wirkungslos (Rdn 80; vgl. auch Voraufl. § 76, 12). Im Falle der gerichtlichen Nichtigerklärung ist ebenso wie bei der Auflösung durch gerichtliche Klage zusätzlich die Zustimmung des Nichtigkeitsklägers zum Fortsetzungsbeschluß zu fordern, wenn er zum Kreis der Gesellschafter gehört[191]. – Die Fortsetzung der durch Wegfall sämtlicher Gesellschafter aufgelösten sog. *Keinmann-Gesellschaft* (Rdn 60) schließlich macht die Veräußerung eines Anteils durch die GmbH an einen Dritten, den neuen Alleingesellschafter, zur Beseitigung des Auflösungsgrundes erforderlich. In dem Erwerbsakt kann konkludent ein Fortsetzungsbeschluß des Erwerbers zu sehen sein (Rdn 60). **112**

VII. GmbH & Co. KG

Schrifttum

K. Schmidt Löschungsgesetz und GmbH & Co., BB 1980, 1497; *ders.* Zum Liquidationsrecht der GmbH & Co., GmbH-Rdsch. 1980, 261.

1. Auflösung der Komplementär-GmbH

Für die *Komplementär-GmbH* einer GmbH & Co. KG gelten die allgemeinen Auflösungsgrundsätze des GmbH-Rechts. Es kann auf die Feststellungen in Rdn 21 ff verwiesen werden. *Keinen Auflösungsgrund* für die GmbH bildet danach die **Auflösung der KG,** soweit der Gesellschaftsvertrag nicht nach § 60 Abs. 2 Abweichendes vorsieht[192]. Wohl aber enthält sie in der Regel einen wichtigen Grund zur Erhebung einer Auflösungsklage nach § 61. Das gilt jedenfalls dann, wenn der Zweck der GmbH sich auf die Wahrnehmung der Geschäftsführungsaufgaben in der werbenden KG beschränkt; er wird durch Auflösung der KG unmöglich, falls diese nicht nur vorübergehender Natur ist[193]. Ein auf Auflösung der KG gerichteter, einstimmiger oder mit der im KG-Vertrag bestimmten Mehrheit gefaßter *Gesellschafterbeschluß* erstreckt sich im Zweifel auch auf die Auflösung der Komplementär-GmbH, wenn an beiden Gesellschaften die gleichen Personen beteiligt sind, die Tätigkeit der GmbH sich auf die Wahrnehmung der Komplementär-Aufgaben beschränkt und der Auflösungsbeschluß auch den GmbH-rechtlichen Anforderungen (Rdn 26 ff) genügt[194]. **113**

---

[190] So auch Scholz/*K. Schmidt* 59; Baumbach/Hueck/*Schulze-Osterloh* 52; *Lutter/Hommelhoff* § 77, 4; Rowedder/*Zimmermann* § 76, 4.

[191] So auch Rowedder/*Rasner* 55; aA Baumbach/Hueck/*Schulze-Osterloh* § 77, 7; einschr. auch Scholz/*K. Schmidt* 60.

[192] So auch Scholz/*K. Schmidt* 68; *Roth* 7; Baumbach/Duden/*Hopt* HGB^{28} Anh § 177 a, V 1 B.

[193] So auch Rowedder/*Rasner* 59; nicht eindeutig Scholz/*K. Schmidt* 68.

[194] So auch Scholz/*K. Schmidt* 68; aA Rowedder/*Rasner* 59.

2. Auflösung der KG

114 a) **Allgemeines.** Die gesetzlichen Auflösungsgründe der KG richten sich nach §§ 161 Abs. 2, 131 HGB[195]. Sie unterscheiden sich z. T. nicht unerheblich von denjenigen des GmbH-Rechts[196]. Das gilt namentlich für die in §§ 1 Abs. 1, 2 Abs. 1 LöschG vorgesehenen Gründe, die vom Gesetzgeber weder auf die Normal-KG noch auf die typische GmbH & Co. KG iSv §§ 130 a Abs. 1, 177 a HGB für anwendbar erklärt sind. Die Unterschiedlichkeit der Regelungen führt zu der Frage, welche Folgen Auflösung und Löschung der Komplementär-GmbH für die typische GmbH & Co. KG haben (Rdn 115 ff) und ob es geboten ist, die Regelungen des LöschG analog auf die GmbH & Co. KG anzuwenden (dazu vgl. Rdn 119 f).

115 b) **Auflösung der Komplementär-GmbH.** Die Auflösung der Komplementär-GmbH läßt – anders als ihre dem Tod eines Gesellschafters (§ 131 Nr. 4 HGB) gleichstehende Vollbeendigung – den *Fortbestand der KG als werbende* nach überwM grundsätzlich unberührt[197]. Das gilt auch dann, wenn die Komplementär-GmbH – wie meist – der einzige persönlich haftende Gesellschafter der KG ist. Auch eine analoge Anwendung von § 131 Nr. 4 HGB bei Auflösung der GmbH scheidet aus; der Normzweck von § 131 Nr. 4 HGB, der mangels abweichender Regelung im Gesellschaftsvertrag die übrigen Gesellschafter beim Tod eines Komplementärs vor einer Fortsetzung der Gesellschaft mit dessen Erben bewahren will, paßt nicht für den Fall der Auflösung der Komplementär-GmbH[198]. Wohl aber wird die Auflösung der Komplementär-GmbH wegen der damit verbundenen Ausrichtung ihrer Tätigkeit auf Abwicklung des Gesellschaftsvermögens (Rdn 74 ff) regelmäßig einen wichtigen Grund zur Entziehung ihrer Geschäftsführungs- und Vertretungsbefugnis nach §§ 117, 127 HGB, wenn nicht zu ihrem *Ausschluß nach § 140 HGB* bilden[199]. Die Gesellschafter der KG müssen in diesem Fall freilich Vorsorge für die Geschäftsführung und Vertretung der KG während des Prozesses treffen[200].

116 Eine Besonderheit gilt für die Fälle der **Verschmelzung** und der **Umwandlung**, in denen sich die Auflösung der GmbH mit ihrer Vollbeendigung verbindet und ihr Vermögen im Wege der Gesamtrechtsnachfolge auf die übernehmende Gesellschaft bzw. – bei der Umwandlung – auf die an die Stelle der GmbH tretende Personengesellschaft oder den Alleingesellschafter übergeht (Rdn 8 f). Nach zutr. Ansicht kommt hier trotz Wegfalls der Komplementär-GmbH § 131 Nr. 4 HGB ebenfalls nicht zur Anwendung; die Komplementärstellung geht vielmehr auf den Gesamtrechtsnachfolger über[201]. Allerdings haben die Kommanditisten die Möglichkeit der Ausschließungsklage

---

[195] Vgl. näher *Ulmer*-GroßkommHGB³ § 131, 15 ff.

[196] Vgl. die Gegenüberstellung bei Scholz/*K. Schmidt* 65.

[197] RGZ 122, 253, 257; 123, 289, 293; BGHZ 75, 178, 181 f = NJW 1980, 233; 82, 323, 326 = NJW 1982, 875; OLG Hamburg BB 1987, 1061 f; OLG Frankfurt DNotZ 1976, 619, 620 f, und WM 1982, 1266, 1267; Baumbach/Hueck/*Schulze-Osterloh* 9; Rowedder/*Rasner* 59; Heymann/*Horn* HGB § 161 Rdn 150; Baumbach/Duden/*Hopt* HGB²⁸ § 131, 3 E, Anh § 177 a, V 1 A; *Schilling*-GroßkommHGB⁴ § 177, 5; *Ulmer*-GroßkommHGB³ § 131, 85 m. weit. Nachw.; aA OLG Hamburg KTS 1986, 506, 507; Scholz/*K. Schmidt* 66, und *K. Schmidt* BB 1980, 1499 f; *Roth* 7; *H. Schmidt* Zur Vollbeendigung juristischer Personen (1989) S. 118 ff; *Uhlenbruck* Die GmbH & Co KG in Krise, Konkurs und Vergleich² (1988) S. 456; *Westermann* Handb. Rdn I 614; *Brönner/Bünz* Die GmbH & Co KG⁴ (1981) D 47 S. 303; *Hesselmann* Handbuch der GmbH & Co.¹⁶ (1980) Rdn 250.

[198] So zutr. BGHZ 75, 178, 181 f = NJW 1980, 233; dazu kritisch *K. Schmidt* GmbH-Rdsch. 1980, 262.

[199] So zutr. OLG Hamburg WM 1987, 720, 721; Rowedder/*Rasner* 59.

[200] Vgl. näher *Ulmer*-GroßkommHGB³ § 140, 23 f; zur Möglichkeit der vorübergehenden Aufnahme einer Komplementär-GmbH durch *Mehrheitsbeschluß* zwecks Sicherstellung der organschaftlichen Vertretung der KG vgl. BGH BB 1979, 1522.

[201] So RGZ 123, 289, 294 für die Verschmelzung einer AG als Mitglied einer KG, zust. *Westermann* Handb. Rdn I 614; zum Ganzen vgl. näher *Ulmer*-GroßkommHGB³ § 131, 86 f m. Nachw.

nach § 140 HGB, wenn sich die Mitgliedschaft des neuen Komplementärs für sie als unzumutbar erweist[202].

c) **Löschung der Komplementär-GmbH.** Wird die Komplementär-GmbH nach § 2 Abs. 1 S. 1 LöschG wegen Vermögenslosigkeit gelöscht, so ist sie damit im Regelfall vollbeendet (Rdn 10). Das führt nach § 131 Nr. 4 HGB zur **Auflösung der KG** [203]. Die gleiche Rechtsfolge tritt ein im Fall der Löschung der Komplementär-GmbH nach Durchführung der Liquidation (Rdn 14). In beiden Fällen folgt die Auflösung auch aus dem Wegfall des einzigen persönlich haftenden Gesellschafters der KG infolge Löschung der Komplementär-GmbH[204]. *Vermögenslosigkeit* der Komplementär-GmbH iSv § 2 Abs. 1 S. 1 LöschG kommt freilich nur dann in Betracht, wenn entweder die *GmbH* kapitalmäßig nicht an der KG beteiligt ist und auch keine vermögenswerten Ansprüche gegen diese aus dem Gesellschaftsvertrag hat oder wenn die *KG* auch ihrerseits vermögenslos ist, die Beteiligung und etwaige Zahlungsansprüche der Komplementär-GmbH gegen sie daher keinen Vermögenswert darstellen[205]. **117**

Findet sich *nachträglich* noch **Gesellschaftsvermögen** bei der gelöschten Komplementär-GmbH, so soll nach überwM trotz Auflösung der GmbH die KG als werbende Gesellschaft mit der aufgelösten GmbH als einzigem Komplementär fortbestehen[206]. Dem ist nicht zu folgen. Die Auflösung der KG ergibt sich allerdings nicht als Konsequenz der Auflösung der GmbH[207], sondern aus dem *Wegfall der GmbH als juristische Person* infolge der Löschung (Rdn 17 f) unter Fortbestand des verbliebenen Vermögens als ein von den gerichtlich bestellten Nachtragsabwicklern (§ 2 Abs. 3 LöschG) zu verwaltendes, gesamthänderisch gebundenes Sondervermögen (vgl. näher Anh § 60, 37 f). Da das Sondervermögen „Nach-Gesellschaft" anders als die Vor-GmbH nicht über eine eigene Organisation verfügt, kann es anders als jene[208] auch nicht Gesellschafter einer Personengesellschaft sein[209]. Die Auflösung der KG folgt in diesem Fall also schon aus der Anwendung von § 131 Nr. 4 HGB. **118**

d) **Analoge Anwendung der Auflösungstatbestände des LöschG auf die KG?** Nach **§ 1 Abs. 1 LöschG** ist eine *GmbH,* bei der die Konkurseröffnung mangels Masse abgelehnt wird, mit Rechtskraft des Ablehnungsbeschlusses kraft Gesetzes aufgelöst (Anh § 60, 8). Die Auflösung der GmbH erstreckt sich nicht auf die *KG,* falls nicht der KG-Vertrag einen entsprechenden Auflösungstatbestand enthält. Insbesondere greift § 131 Nr. 4 HGB mangels Wegfalls der aufgelösten, aber noch nicht gelöschten GmbH nicht ein (Rdn 115). Damit stellt sich die Frage nach der **analogen Anwendung von § 1 Abs. 1 LöschG** auf die typische GmbH & Co. KG, bei der keine natürliche Person unbeschränkt als Gesellschafter haftet (§§ 130 a, 177 a HGB), wenn auch für sie die Konkurseröffnung mangels Masse abgelehnt wird. Die Frage ist wegen der – in §§ 129 a, 130 a, 172 a, 177 a HGB ausdrücklich anerkannten – Gleichartigkeit des Regelungssachverhalts, d. h. des bei beiden Gesellschaftsarten bestehenden beschränk- **119**

---

202 *Ulmer*-GroßkommHGB³ § 131, 86 f.

203 OLG Frankfurt DNotZ 1976, 619, 620 und WM 1982, 1266, 1267; *Ulmer*-GroßkommHGB³ § 131, 85; *Heller* Die vermögenslose GmbH (1989) S. 198 ff.

204 BGHZ 8, 35, 37 = NJW 1953, 102; *Schilling*-GroßkommHGB⁴ § 162, 14, § 177, 4.

205 Zust. *Uhlenbruck* Die GmbH & Co KG in Krise, Konkurs und Vergleich² (1988) S. 455.

206 OLG Frankfurt DNotZ 1976, 619, 620; zust. *Sudhoff* Der Gesellschaftsvertrag der GmbH & Co.⁴ (1979) S. 467; aA – für Auflösung der KG auch in diesem Fall – Scholz/*K. Schmidt* Anh § 60, 29 und *K. Schmidt* BB 1980, 1500.

207 So aber *K. Schmidt* aaO (Fn 206).

208 Zur Komplementärfähigkeit der Vor-GmbH vgl. BGHZ 80, 129, 133 ff, 143 = NJW 1981, 1373.

209 So im Erg. auch Scholz/*K. Schmidt* Anh § 60, 29; *Heller* Die vermögenslose GmbH (1989) S. 198 ff; *Uhlenbruck* Die GmbH & Co. KG in Krise, Konkurs und Vergleich² S. 456; *ders.* WM 1990, 1607.

ten Haftungsfonds, *zu bejahen*[210]. Dem steht auch nicht entgegen, daß der Gesetzgeber es im Zuge des Ersten Gesetzes zur Bekämpfung der Wirtschaftskriminalität vom 29. 7. 1976 (BGBl. I 2034) und der GmbH-Novelle 1980 unterlassen hat, § 1 LöschG auf die typische GmbH & Co. KG zu erstrecken. Die Unterlassung ist wohl nicht als bewußte Entscheidung des Gesetzgebers gegen die Erstreckung von § 1 LöschG auf die GmbH & Co. KG zu verstehen, sondern dürfte sich aus der Beschränkung auf die als vordringlich angesehenen Änderungen des Personengesellschaftsrechts im Rahmen der beiden schwerpunktmäßig auf andere Regelungsgebiete bezogenen Reformgesetze erklären.

120 Eine analoge Anwendung von **§ 2 Abs. 1 S. 1 LöschG** auf die typische GmbH & Co. KG scheidet demgegenüber aus [211]. Ihr stehen, auch wenn man ein Bedürfnis nach Beseitigung einer vermögenslosen GmbH & Co. KG im Grundsatz bejahen wollte, jedenfalls die unterschiedliche Struktur von Kapital- und Personengesellschaft und das nur für jene geltende Normativprinzip entgegen. Da der Eintragung der KG im Handelsregister keine konstitutive Wirkung für ihre Existenz als Personengesellschaft zukommt, sondern sie allenfalls ihre Qualifikation als Handelsgesellschaft nach §§ 2, 3 HGB beeinflußt, wird auch ihr Fortbestand nicht durch die Löschung begrenzt. Er richtet sich in Fällen dieser Art vielmehr danach, ob die KG ihren Geschäftsbetrieb noch nicht dauernd eingestellt hat und noch über Gesellschaftsvermögen verfügt[212]. Fehlt es an beiden Voraussetzungen, so ist die Firma der KG erloschen; ihre *Löschung* kann *nach §§ 31 Abs. 2 HGB, 141 Abs. 1 FGG* von Amts wegen erfolgen[213].

3. Abwicklung

121 Die Abwicklung vollzieht sich für die KG nach §§ 145 ff HGB, für die Komplementär-GmbH nach §§ 66 ff GmbHG. Auf die jeweiligen Erläut. zu diesen Vorschriften wird verwiesen. Sache der **Liquidatoren der GmbH** und – mittelbar – der KG ist es, für die Koordinierung der beiden Abwicklungsverfahren zu sorgen. Zu vermeiden ist namentlich, daß die Komplementär-GmbH zeitlich vor der KG beendet wird und damit die Möglichkeit verliert, deren Liquidation zu Ende zu führen.

4. Fortsetzung der KG

122 Die Fortsetzung der aufgelösten KG ist ähnlich wie bei der GmbH durch Gesellschafterbeschluß möglich, wenn der Auflösungsgrund beseitigt ist oder das Gesetz die Fortsetzung gestattet[214]. Anders als im GmbH-Recht bedarf es hierfür allerdings im Regelfall der **Zustimmung sämtlicher Gesellschafter,** falls der Gesellschaftsvertrag nicht insoweit mehrheitliche Beschlußfassung vorsieht[215]. Beruhte die Auflösung der KG allerdings allein auf derjenigen der Komplementär-GmbH und haben deren Gesellschafter inzwischen wirksam die Fortsetzung beschlossen, so ist die Verweigerung der Zustimmung zur Fortsetzung der KG im Zweifel treuwidrig[216]. Die widersprechenden Gesellschafter können auf Erteilung der Zustimmung verklagt werden[217].

---

210 So auch Scholz/*K. Schmidt* Anh § 60, 27 und *K. Schmidt* BB 1980, 1500f; *Uhlenbruck* Die GmbH & Co. KG in Krise, Konkurs und Vergleich² (1988) S. 446f; *W. Schulz* Die masselose Liquidation der GmbH (1986) S. 243; aA BGHZ 75, 178, 180f = NJW 1980, 233; Rowedder/*Rasner* 59.

211 So im Erg. auch Scholz/*K. Schmidt* Anh § 60, 29 und *K. Schmidt* BB 1980, 1500; Rowedder/*Rasner* 59.

212 Vgl. näher *Ulmer*-GroßkommHGB³ § 131, 6f.

213 OLG Frankfurt WM 1982, 1266, 1267.

214 Vgl. näher *Ulmer*-GroßkommHGB³ § 131, 148ff.

215 BGHZ 8, 35, 38ff = NJW 1953, 102; *Ulmer*-GroßkommHGB³ § 131, 153f.

216 So zutr. *K. Schmidt* GmbH-Rdsch. 1980, 263.

217 Vgl. dazu allg. MünchKomm.-*Ulmer* BGB² § 705, 190ff.

Anhang nach § 60

Auflösung nach dem Gesetz über die Aufhebung und Löschung von Gesellschaften und Genossenschaften

vom 9. Oktober 1934 (RGBl. I S. 914)

§ 1 LöschG

Eine Aktiengesellschaft, Kommanditgesellschaft auf Aktien oder Gesellschaft mit beschränkter Haftung wird außer in den bisher bestimmten Fällen mit der Rechtskraft des Beschlusses aufgelöst, durch den ein Antrag auf Eröffnung des Konkursverfahrens mangels einer den Kosten des Verfahrens entsprechenden Konkursmasse abgewiesen wird. Gegen den abweisenden Beschluß steht außer demjenigen, der den Eröffnungsantrag gestellt hat, auch dem Gemeinschuldner die sofortige Beschwerde zu.

Die Geschäftsstelle des Konkursgerichts hat dem für die Führung des Handelsregisters zuständigen Gericht eine beglaubigte Abschrift des den Eröffnungsantrag abweisenden Beschlusses mit einer Bescheinigung der Rechtskraft zu übersenden. Die Auflösung ist von Amts wegen in das Handelsregister einzutragen.

§ 2 LöschG

Eine Aktiengesellschaft, Kommanditgesellschaft auf Aktien oder eine Gesellschaft mit beschränkter Haftung, die kein Vermögen besitzt, kann auf Antrag der amtlichen Berufsvertretung des Handelsstandes oder der Steuerbehörde oder von Amts wegen gelöscht werden. Sie ist von Amts wegen zu löschen, wenn die Gesellschaft entgegen gesetzlicher Verpflichtung in drei aufeinanderfolgenden Jahren ihren Jahresabschluß und die mit ihm offenzulegenden Unterlagen ganz oder teilweise nicht bekanntgemacht und zum Handelsregister eingereicht hat, die Offenlegung auch nicht innerhalb von sechs Monaten bewirkt, nachdem das Gericht die Absicht der Löschung mitgeteilt hat, und ein Beteiligter innerhalb dieser Frist nicht glaubhaft gemacht hat, daß die Gesellschaft Vermögen besitzt. Mit der Löschung gilt die Gesellschaft als aufgelöst. Eine Liquidation findet nicht statt. Vor der Löschung ist die amtliche Berufsvertretung zu hören.

Das Gericht hat die Absicht der Löschung den gesetzlichen Vertretern der Gesellschaft, soweit solche vorhanden sind und ihre Person und ihr inländischer Aufenthalt bekannt ist, nach den für die Zustellung von Amts wegen geltenden Vorschriften der Zivilprozeßordnung bekanntzugeben und ihnen zugleich eine angemessene Frist zur Geltendmachung des Widerspruchs zu bestimmen. Das Gericht kann anordnen, auch wenn eine Pflicht zur Bekanntmachung und Fristbestimmung nach Satz 1 nicht besteht, daß die Bekanntmachung und die Bestimmung der Frist durch Einrückung in die Blätter, die für die Bekanntmachung der Eintragungen in das Handelsregister bestimmt sind, sowie durch Einrückung in weitere Blätter erfolgt; in diesem Falle ist jeder zur Erhebung des Widerspruchs berechtigt, der an der Unterlassung der Löschung ein berechtigtes Interesse hat. Die Vorschriften des § 141 Absätze 3, 4 des Reichsgesetzes über die Angelegenheiten der freiwilligen Gerichtsbarkeit gelten entsprechend.

Stellt sich nach der Löschung das Vorhandensein von Vermögen heraus, das der Verteilung unterliegt, so findet die Liquidation statt; die Liquidatoren sind auf Antrag eines Beteiligten durch das Gericht zu ernennen.

Übersicht

Schrifttum

J. Blomeyer Soll man die vermögenslose GmbH für den Fall ihrer Klage oder ihres Rechtsmittels zur Sicherheitsleistung für die Prozeßkosten verpflichten?, Festschrift Baumgärtel (1990) S. 29; *Bokelmann* Der Prozeß gegen eine im Handelsregister gelöschte GmbH, NJW 1977, 1130; *Buchner* Amtslöschung, Nachtragsliquidation und masselose Insolvenz von Kapitalgesellschaften (1988); *Crisolli-Groschuff-Kaemmel* Umwandlung und Löschung von Kapitalgesellschaften, 3. Aufl. 1937; *Däubler* Die Löschung der GmbH wegen Vermögenslosigkeit, GmbH-Rdsch. 1964, 246; *Heller* Die vermögenslose GmbH (1989); *Herbig* Rechtsfragen bei der Löschung von Kapitalgesellschaften, DNotZ 1935, 787; *Hönn* Die konstitutive Wirkung der Löschung von Kapitalgesellschaften, ZHR 138 (1974) 50; *Hofmann* Zur Liquidation einer GmbH, GmbH-Rdsch. 1976, 258; *Hüffer* Das Ende der Rechtspersönlichkeit von Kapitalgesellschaften – Überlegungen zur konstitutiven Wirkung der Gesellschaftslöschung und zur Zuordnung von Restvermögen, Gedächtnisschrift Schultz (1987) S. 99; *Piorrek* Löschung und Liquidation von Kapitalgesellschaften nach dem Löschungsgesetz, Rpfleger 1978, 157; *H. Schmidt* Zur Vollbeendigung juristischer Personen (1989); *ders.* Klageerhebung erst nach Wiedereintragung einer gelöschten GmbH: Verjährungshemmung wegen höherer Gewalt? DB 1990, 1703; *Karsten Schmidt* Löschung und Beendigung der GmbH – Grundfragen der Vermögenslosigkeit, Vollbeendigung und Nachtragsliquidation, GmbH-Rdsch. 1988, 209; *ders.* Löschungsgesetz und GmbH & Co., BB 1980, 1497; *W. Schulz* Die masselose Liquidation der GmbH (1986); *Weilbach* Vermeidung der Zwangslöschung einer GmbH nach Verweigerung der Registerpublizität, BB 1991, 809.

I. Einführung

1. Entstehung, Anwendungsbereich

1 **Mit dem Gesetz über die Auflösung und Löschung von Gesellschaften und Genossenschaften** vom 9. 10. 1934[1] sollen notleidend gewordene, nicht durch ein Konkursver-

[1] RGBl. I 914.

fahren abgewickelte Kapitalgesellschaften und Genossenschaften aus dem Wirtschaftsleben beseitigt werden. Das Gesetz ist auf dem Hintergrund der Wirtschaftskrise Anfang der 30er Jahre zu sehen; vorausgegangen war ihm die VO über die Eintragung der Nichtigkeit und der Löschung von Genossenschaften und Gesellschaften wegen Unterlassung der Umstellung vom 21. 5. 1926[2]. Eine Löschung vermögensloser Kapitalgesellschaften von Amts wegen war zwar schon vor Erlaß des Gesetzes von der Rechtsprechung zugelassen worden[3]. Jedoch sollte das Gesetz dieser „Rechtsprechung eine klare gesetzliche Grundlage schaffen und ihr den weiteren Weg ebnen"[4]. Durch das **Bilanzrichtlinien-Gesetz** vom 19. 12. 1985 wurde in § 2 Abs. 1 S. 2 ein zweiter, obligatorischer Löschungstatbestand eingefügt, wonach bei Nichterfüllung gesetzlicher Publizitätspflichten unter bestimmten Voraussetzungen die Vermögenslosigkeit der Gesellschaft vermutet wird und diese zu löschen ist (vgl. näher dazu Rdn 20 f).

Der **Anwendungsbereich von** § **1** beschränkt sich inzwischen auf die eingetragene *GmbH,* nachdem durch die Aktienrechtsreform 1965 die entsprechenden Bestimmungen für AG und KGaA systematisch zutreffend in die generelle Regelung der gesetzlichen Auflösungsgründe des Aktienrechts (§§ 262 Abs. 1 Nr. 4, 289 Abs. 2 Nr. 1 AktG) übernommen worden sind. Demgegenüber betrifft die Löschung wegen Vermögenslosigkeit nach § **2 Abs. 1** entsprechend dem Gesetzeswortlaut nach wie vor *AG, KGaA und GmbH;* für eingetragene Genossenschaften enthält § 3 des Gesetzes eine inhaltlich damit im wesentlichen übereinstimmende Sonderregelung. – Zur Frage entsprechender Anwendung von §§ 1, 2 auf die typische GmbH & Co. KG vgl. Rdn 52 f. **2**

2. Normzweck

Nach der Amtl. Begründung (Fn 4) dient das Gesetz dazu, im **öffentlichen Interesse** „lebensunfähige Unternehmungen aus dem Rechtsleben auszuschalten" und **Gläubiger** vor einer Schädigung durch Aufnahme von Geschäftsbeziehungen mit der nur noch ein „Scheindasein" führenden Gesellschaft **zu schützen**[5]. Bedeutung kommt dieser Zielsetzung namentlich insoweit zu, als es um den – grundsätzlich unerwünschten (§ 3, 27 ff) – *Handel mit GmbH-Mänteln* geht. Im einzelnen ist dabei zwischen der bloßen Auflösung nach § 1 Abs. 1 und der Löschung nach § 2 Abs. 1 zu unterscheiden (Rdn 4 ff). **3**

Die Anordnung der **Auflösung nach § 1 Abs. 1** als Folge der Konkursablehnung mangels Masse schließt eine durch § 60 Abs. 1 Nr. 4 GmbHG gelassene Lücke. Die Auflösung führt zwar für sich genommen noch nicht zum Wegfall der GmbH, sondern wandelt diese nur in eine Abwicklungsgesellschaft um (§ 60, 5 f, 74). Sie kann dem Registergericht aber Anlaß geben, Feststellungen darüber zu treffen, ob die Gesellschaft überhaupt noch über Aktivvermögen verfügt, und sich bei Verneinung der Frage in einem Löschungsverfahren nach § 2 fortsetzen (Rdn 2 f). Der mit dem LöschG bezweckte Gläubigerschutz wird im übrigen auch dadurch gefördert, daß sich mit der Auflösung nach § 1 Abs. 1 nach zutr. hM eine Fortsetzungssperre verbindet (vgl. näher § 60, 107). **4**

---

2 RGBl. I 248.

3 Erstmals KG JW 1927, 1383; vgl. dazu auch *Groschuff* JW 1934, 940; *H. Schmidt* S. 99 f.

4 Amtl. Begr., RAnz. 1934 Nr. 243, abgedr. bei Crisolli/*Groschuff*/Kaemmel S. 181 ff. Zu Stellungnahmen des damaligen Schrifttums vgl. *H. Schmidt* S. 102.

5 So im Erg. auch BGHZ 75, 178, 180 = NJW 1980, 233 (zu § 1); BayObLG GmbH-Rdsch. 1979, 176 (zu § 2); krit. zur Bezugnahme auf die Lebensfähigkeit der Gesellschaft *H. Schmidt* S. 103 f.

5 Im Unterschied zur Auflösung nach § 1 Abs. 1 führt die **Löschung nach § 2 Abs. 1** nicht nur zur Auflösung der Gesellschaft (genauer: ihrer Fiktion, vgl. § 2 Abs. 1 S. 3), sondern grundsätzlich zugleich zu ihrer *Vollbeendigung* (vgl. § 60, 10, und unten Rdn 35 ff). Ein Auftreten der Gesellschaft im Rechtsverkehr ist vom Zeitpunkt der Löschung an daher ausgeschlossen; auch für eine Mantelverwertung ist kein Raum mehr.

6 Eine *Einschränkung* gegenüber dem Grundsatz in Rdn 5 gilt insoweit, als die gelöschte GmbH tatsächlich noch über **verwertbares Aktivvermögen** verfügt, die materiellen Löschungsvoraussetzungen (Rdn 15 ff) im Zeitpunkt der Löschung daher nicht vorlagen. Entgegen der hM führt allerdings auch in diesem Fall die Löschung nicht nur zur Auflösung der Gesellschaft und zum Wegfall der Vertretungsmacht der bisherigen Organe. Vielmehr wird dadurch auch die Gesellschaft als solche, d. h. *als juristische Person beendet*. Das noch vorhandene Vermögen wird zum gesamthänderisch gebundenen *Sondervermögen* der ehemaligen Gesellschafter mit einem nach § 2 Abs. 3 gerichtlich zu bestellenden Nachtragsliquidator (Rdn 36 ff). Eine Fortsetzung als werbende Gesellschaft ist nach erfolgter Löschung ausgeschlossen, soweit nicht ausnahmsweise § 142 FGG eingreift (§ 60, 109).

II. Auflösung durch Konkursablehnung mangels Masse (§ 1 LöschG)

1. Voraussetzungen (§ 1 Abs. 1)

7 a) **Konkursablehnung mangels Masse.** Auflösungsgrund ist nach § 1 Abs. 1 S. 1 die Abweisung des Antrags auf Konkurseröffnung wegen des Fehlens einer den Kosten des Verfahrens entsprechenden Konkursmasse oder eines die voraussichtlich fehlende Konkursmasse ausgleichenden Kostenvorschusses (§ 107 Abs. 1 KO). Wegen der Einzelheiten der Konkursablehnung mangels Masse vgl. die Erläut. zu § 107 KO. Wird das Konkursverfahren zunächst eröffnet und erst *später* nach § 204 KO *mangels Masse eingestellt,* so folgt die Auflösung der Gesellschaft bereits aus § 60 Abs. 1 Nr. 4 GmbHG; einer analogen Anwendung von § 1 Abs. 1 bedarf es nicht.

8 b) **Rechtskraft des Ablehnungsbeschlusses.** Die Auflösung nach § 1 Abs. 1 S. 1 tritt nicht schon mit dem Erlaß des Ablehnungsbeschlusses ein, sondern erst mit dessen *Rechtskraft.* Sie setzt voraus, daß die Rechtsmittelfrist gegen den Beschluß abgelaufen ist oder die bestehenden Rechtsmittel (Rdn 9) ohne Erfolg ausgeschöpft sind.

9 Als **Rechtsmittel** gegen den Beschluß ist nach § 73 Abs. 3 KO die *sofortige Beschwerde* gegeben. Die hierfür maßgebliche Zweiwochenfrist (§ 577 Abs. 2 ZPO) beginnt mit der Zustellung des Beschlusses, ggf. nach § 76 Abs. 3 KO. *Beschwerdebefugt* ist abweichend von § 109 KO nicht nur der Antragsteller, sondern auch die Gesellschaft als Gemeinschuldnerin (vgl. § 1 Abs. 1 S. 2); die Beschwerde kann von *jedem* Geschäftsführer eingelegt werden unabhängig von der Vertretungsmacht in der Gesellschaft (§ 63, 70). Neben dem Vorhandensein einer die Kosten des Verfahrens deckenden Masse kann die Beschwerde auch darauf gestützt werden, daß zwischenzeitlich ein Vorschuß nach § 107 Abs. 1 S. 2 KO gezahlt wurde[6]. Gegen die Entscheidung des Beschwerdegerichts findet nach Maßgabe von § 568 ZPO die *weitere Beschwerde* statt (vgl. dazu § 63, 66).

---

[6] KG KTS 1957, 30; Jaeger/*Weber* KO[8] § 107, 6 II; Kuhn/*Uhlenbruck* KO[10] § 107, 5 a; *Kilger* KO[15] § 107, 5.

2. Eintragung von Amts wegen (§ 1 Abs. 2)

Nach Rechtskraft des Ablehnungsbeschlusses hat das Konkursgericht dem Register- **10**
gericht eine beglaubigte Abschrift des Ablehnungsbeschlusses mit Rechtskraftzeugnis zu übersenden (vgl. § 1 Abs. 2 S. 1). Die **Eintragung der Auflösung** ist von Amts wegen zu bewirken; im Unterschied zu derjenigen der Konkurseröffnung (§ 32 HGB) ist sie auch bekanntzumachen[7]. Wie in den sonstigen Fällen der Auflösung (§ 60, 94) hat die Eintragung auch hier nur *deklaratorische Wirkung;* die Gesellschaft wird schon mit Rechtskraft des Ablehnungsbeschlusses aufgelöst (Rdn 8). Ist die Auflösung nach § 1 Abs. 1 zu Unrecht eingetragen, etwa wegen fehlender Rechtskraft des Ablehnungsbeschlusses, so besteht die Gesellschaft als werbende fort; die unrichtige Eintragung ist nach § 142 FGG zu löschen[8].

3. Wirkungen der Auflösung

a) **Allgemeines.** Die Wirkungen der Auflösung nach § 1 Abs. 1 unterscheiden sich **11**
nicht von denjenigen in den sonstigen Auflösungsfällen (vgl. näher § 60, 74 ff). Die Gesellschaft besteht als solche fort, sie bleibt rechts- und parteifähig[9]; jedoch wandelt sich ihr **Zweck** um und richtet sich nunmehr auf *Abwicklung nach Maßgabe der §§ 66 ff GmbHG*[10]. Für die Abwicklung zuständig sind die Liquidatoren, d. h. regelmäßig (§ 66 Abs. 1 GmbHG) die bisherigen Geschäftsführer; sie sind nach § 67 Abs. 1 anzumelden und haben die Versicherung nach § 67 Abs. 3 abzugeben[11]. Der Firma ist nach § 68 Abs. 2 GmbHG ein Liquidationszusatz beizufügen.

b) **Bei Vermögenslosigkeit.** Beruht die Ablehnung der Konkurseröffnung darauf, **12**
daß die Gesellschaft über kein verwertbares Aktivvermögen mehr verfügt, so hat der Registerrichter das *Löschungsverfahren nach § 2 zu betreiben* (Rdn 14 ff). Die Beendigung der Gesellschaft tritt auch in diesem Fall nicht schon mit dem Wegfall des letzten Aktivvermögens ein, sondern erst mit der Löschung des Eintrags im Handelsregister (str., vgl. Rdn 35 ff). Die Einleitung des Löschungsverfahrens nach § 2 wird nicht etwa durch die bereits eingetretene Auflösung nach § 1 Abs. 1 ausgeschlossen[12]. Im Gegenteil kann der Ablehnungsbeschluß des Konkursgerichts das Registergericht dazu veranlassen, von Amts wegen in die Prüfung einzutreten, ob bei der konkursreifen, aber masselosen Gesellschaft nicht zugleich die Löschungsvoraussetzungen des § 2 Abs. 1 vorliegen (Rdn 26 f).

4. Keine Fortsetzung

Abweichend vom Regelfall (§ 60, 78) ist die Fortsetzung einer nach § 1 Abs. 1 **13**
aufgelösten Gesellschaft durch Beschluß der Gesellschafter **unzulässig** (str., vgl. näher

---

7 Crisolli/*Groschuff*/Kaemmel § 1, 9; vgl. dort (Rdn 8 ff) auch Näheres zum Eintragungsverfahren.

8 So auch Scholz/*K. Schmidt* Anh § 60, 6; *Jansen* FGG² § 144 Anh II, LöschG § 1, 2.

9 BGH JZ 1981, 631; OLG Stuttgart ZIP 1986, 647, 648; OLG Düsseldorf BB 1988, 860; OLG Nürnberg GmbH-Rdsch. 1988, 399; OLG Frankfurt DB 1978, 2355; BAG GmbH-Rdsch. 1989, 123, 124.

10 BayObLG GmbH-Rdsch. 1987, 468, 469; OLG Koblenz DB 1991, 646; für grundsätzliche Ausrichtung ihrer Aufgaben und Pflichten an den Zielen des Konkursverfahrens aber *K. Schmidt* ZIP 1982, 11 ff; *ders.* KTS 1988, 16 ff; Scholz/*K. Schmidt* Anh § 60, 7 f. Noch weitergehend *W. Schulz* S. 94 ff, 106 ff, 155 ff, der die Bestellung eines obligatorischen *Drittliquidators,* die staatliche Bevorschussung dieser Drittliquidation sowie entspr. § 14 KO den Ausschluß der Einzelzwangsvollstreckung fordert; zu Recht abl. Rowedder/*Rasner* Anh § 60, 6; *Buchner* S. 65 ff; krit. auch *Merz* ZZP 100 (1987) 491.

11 Vgl. dazu BayObLG GmbH-Rdsch. 1987, 468, 469 und die Erläut. zu § 67.

12 OLG Stuttgart ZIP 1986, 647, 648; OLG Frankfurt DB 1981, 83; Baumbach/Hueck/*Schulze-Osterloh* Anh § 60, § 1, 4; Rowedder/*Rasner* Anh § 60, 6.

§ 60, 107). Das folgt aus dem Normzweck des § 1, im Interesse von Gläubigern und Öffentlichkeit die rasche Beendigung einer Gesellschaft herbeizuführen, bei der das verbliebene Gesellschaftsvermögen nicht einmal ausreicht, die Kosten des Konkursverfahrens zu decken[13]. In solchen Fällen soll namentlich auch eine Mantelverwendung ausgeschlossen sein. Ein schutzwürdiges Interesse der Gesellschafter an Fortführung einer derart gescheiterten GmbH, sei es auch nach Auffüllung des Gesellschaftsvermögens durch Kapitalerhöhung, Nachschüsse u. a., ist nicht anzuerkennen. Zum Beschwerderecht der Gesellschaft gegen einen Konkursablehnungsbeschluß nach § 107 Abs. 1 KO vgl. Rdn 9. Ist die Beschwerde erfolgreich und führt sie zur Aufhebung des Ablehnungsbeschlusses, so kommt es auch nicht zur Auflösung nach § 1 Abs. 1. An ihre Stelle tritt allerdings die Auflösung nach § 60 Abs. 1 Nr. 4 GmbHG, wenn der beantragte Konkurs nunmehr doch eröffnet wird.

III. Löschung wegen Vermögenslosigkeit (§ 2 LöschG)

1. Materiellrechtliche Voraussetzungen (Abs. 1 S. 1 und 2)

14 a) **Eingetragene Kapitalgesellschaft.** Eine Löschung wegen Vermögenslosigkeit ist nach **§ 2 Abs. 1** nur für die *GmbH* sowie die sonstigen Kapitalgesellschaften (AG, KGaA) vorgesehen. Eine analoge Anwendung der Vorschrift auf die GmbH & Co. KG scheidet aus (Rdn 53). Ob die GmbH noch werbend tätig oder infolge Eintritts eines sonstigen Auflösungsgrundes bereits aufgelöst ist, ist für das Eingreifen von § 2 Abs. 1 im Grundsatz ohne Bedeutung[14]. Das Löschungsverfahren nach § 2 Abs. 1 kommt *nicht* in Betracht, sofern die Abwicklung der aufgelösten Gesellschaft durch die nach § 66 GmbHG bestellten Abwickler erfolgt und die Liquidation beendet ist; in derartigen Fällen wird die Löschung der Gesellschaft aufgrund der Anmeldung der beendeten Liquidation durch die Abwickler vorgenommen (Voraufl. § 74, 23; zur Frage, ob die Anmeldung der beendeten Abwicklung zum Handelsregister nach § 31 HGB oder entsprechend § 273 Abs. 1 S. 2 AktG zu erfolgen hat, vgl. Rdn 25). In ihren **Wirkungen** steht die Löschung der Gesellschaft auf Antrag der Abwickler (bzw. die Eintragung des Erlöschens der Firma) der Löschung wegen Vermögenslosigkeit gleich (§ 60, 14). Beide Arten der Eintragung führen zum Wegfall der GmbH als juristische Person. Das gilt entgegen der hM auch dann, wenn sich nachträglich noch Gesellschaftsvermögen findet; dieses bleibt nicht der – untergegangenen – GmbH zugeordnet, sondern besteht kraft Sukzession als gesamthänderisch gebundenes Vermögen der Gesellschafter unter der Verwaltung eines gerichtlich zu bestellenden Nachtragsliquidators fort (vgl. näher Rdn 37).

15 b) **Vermögenslosigkeit (Abs. 1 S. 1).** Zentrale materiellrechtliche Löschungsvoraussetzung ist die Vermögenslosigkeit der eingetragenen Gesellschaft. Sie ist wegen der schwerwiegenden Löschungsfolgen vom Registergericht besonders sorgfältig zu prüfen (Rdn 27). Vermögenslosigkeit liegt nicht schon vor, wenn die Gesellschaft unterkapitalisiert (Anh § 30, 16) oder überschuldet ist (§ 63, 23) oder wenn sie eine Unterbilanz aufweist (§ 63, 24)[15] Auch das Fehlen eines die Kosten des Konkursverfahrens deckenden Vermögens (§ 107 Abs. 1 KO) ist der Vermögenslosigkeit nicht gleichzusetzen,

[13] BGHZ 75, 178, 180 = NJW 1980, 233; vgl. auch Rdn 3 f.

[14] BayObLG ZIP 1984, 175, 176; OLG Frankfurt BB 1976, 810 und DB 1981, 83; Scholz/*K. Schmidt* Anh § 60, 10.

[15] OLG Frankfurt BB 1983, 420; Scholz/*K. Schmidt* Anh § 60, 11; Baumbach/Hueck/*Schulze-Osterloh* Anh § 60, § 2, 2; *Buchner* S. 7.

wenn es diese auch indizieren kann[16]. Entscheidend ist vielmehr, daß die Gesellschaft über **keine Vermögenswerte** mehr verfügt, die *für die Gläubigerbefriedigung* oder die Verteilung unter die Gesellschafter in Betracht kommen[17]. Selbst das Vorhandensein von Vermögen in *geringem* Umfang steht dem Eingreifen von § 2 Abs. 1 entgegen[18]; anderes gilt nur bei *verschwindend* geringem Vermögen[19].

Auf **sonstige Umstände** wie insbesondere das Vorhandensein von ungedeckten Verbindlichkeiten der Gesellschaft oder auf die Notwendigkeit, künftig noch rechtserhebliche Erklärungen wie Löschungsbewilligungen u. a. namens der GmbH abzugeben, kommt es dagegen für die Prüfung der Löschungsvoraussetzungen nach § 2 Abs. 1 *nicht* an[20]. Soweit es noch rechtserheblicher Erklärungen der gelöschten, über kein verwertbares Vermögen mehr verfügenden Gesellschaft bedarf, können diese durch Vorlage der Entscheidung des Registergerichts über die Ablehnung des Antrags auf Ernennung eines Nachtragsliquidators ersetzt oder von einem hierzu bestellten Pfleger abgegeben werden[21]. Ist die GmbH im Löschungszeitpunkt tatsächlich vermögenslos, so entfallen mit der Löschung auch ihre Verbindlichkeiten. Die hierfür bestellten Sicherheiten bleiben davon freilich auch dann unberührt, wenn sie an sich akzessorischer Natur sind (§ 60, 16). **15a**

Maßstab für die Prüfung der Vermögenslosigkeit ist entsprechend dem Normzweck des LöschG, zum Schutz potentieller Gläubiger nicht mehr lebensfähige Gesellschaften zu beseitigen (Rdn 3), nach ganz hM die regelmäßig durch entsprechenden Ansatz im Jahresabschluß zum Ausdruck kommende *Verwertbarkeit der der Gesellschaft verbliebenen Vermögensgegenstände*[22]. Unberücksichtigt bleiben danach nicht selbständig verwertbare immaterielle Güter wie Firmenwert und Know how[23], aber auch uneinbringliche Forderungen, verbrauchte oder aus sonstigen Gründen unverwertbare Investitionsgüter oder wertlos gewordene Schutzrechte[24]. Sind Gegenstände des Anlage- oder Umlaufvermögens unanfechtbar sicherungsübereignet und übersteigt der Wert des Sicherungsguts nicht den Wert der zu sichernden Forderung, so bleiben sie bei **16**

---

[16] So auch BAG GmbH-Rdsch. 1988, 388, 389; BayObLG BB 1984, 315, 316; GmbH-Rdsch. 1987, 468, 470; Scholz/*K. Schmidt* Anh § 60, 11; *Buchner* S. 7.

[17] BAG GmbH-Rdsch. 1988, 388, 389; LG Marburg GmbH-Rdsch. 1987, 100, 101; Scholz/*K. Schmidt* Anh § 60, 11; Baumbach/Hueck/*Schulze-Osterloh* Anh § 60, § 2, 2; auf die Aktivierbarkeit in der Bilanz abstellend BayObLG BB 1984, 315 und 1982, 1590; GmbH-Rdsch. 1987, 468, 470.

[18] So auch BayObLG WM 1984, 602; Scholz/*K. Schmidt* Anh § 60, 11; Baumbach/Hueck/*Schulze-Osterloh* Anh § 60, § 2, 2; *Wiedemann*-GroßkommAktG § 262, 34.

[19] So auch Scholz/*K. Schmidt* Anh § 60, 11; Baumbach/Hueck/*Schulze-Osterloh* Anh § 60, § 2, 2; *Lutter/Hommelhoff* § 60, 16; Rowedder/*Rasner* Anh § 60, 10; weitergehend *App* NWB Fach 18 S. 9024 (die Kosten einer Liquidation nicht mehr deckendes Vermögen); aA OLG Frankfurt BB 1983, 420; dazu mit Recht krit. *Hartung* BB 1983, 421.

[20] Für *Verbindlichkeiten* wie hier BGHZ 74, 212, 215 = NJW 1979, 1592; Scholz/*K. Schmidt* § 74, 21; aA Voraufl. § 74, 27 (*Hohner*); *H. Schmidt* S. 103 ff, 122 ff (Wegfall des Abwicklungsinteresses als Erlöschenskriterium); *W. Schulz* S. 52; offenlassend BGHZ 53, 264, 266 = NJW 1970, 1044; für *rechtserhebliche Erklärungen* aA OLG Frankfurt WM 1982, 1266, 1267; *H. Schmidt* und *W. Schulz* aaO; *Kraft*-KölnKommAktG, § 262, 60; *Wiedemann*-GroßkommAktG § 262, 37.

[21] Vgl. Rdn 40; so auch KG JW 1935, 3165; *Piorrek* Rpfleger 1978, 159 f; aA die hM (vgl. Nachw. in Fn 82).

[22] Für Bilanzierungsfähigkeit als Unterscheidungskriterium BayObLG BB 1984, 315; BB 1982, 1590; GmbH-Rdsch. 1987, 468, 470; OLG Frankfurt AG 1983, 227; DB 1978, 628; *Lutter/Hommelhoff* 16; *Buchner* S. 9; Scholz/*K. Schmidt* Anh § 60, 11; Crisolli/*Groschuff*/Kaemmel § 2, 7; *Jansen* FGG^2 § 144 Anh II, LöschG § 2, 1; *Piorrek* Rpfleger 1978, 157; wie hier dagegen Baumbach/Hueck/*Schulze-Osterloh* Anh § 60, § 2, 2; Rowedder/*Rasner* Anh § 60, 10; *Meyer-Landrut*/Miller/Niehus § 60, 16; *Heller* S. 9 f; *Uhlenbruck* WM 1990, 1606.

[23] OLG Frankfurt DB 1978, 628; Scholz/*K. Schmidt* Anh § 60, 11; Crisolli/*Groschuff*/Kaemmel § 2, 7; *Heller* S. 15 ff.

[24] Scholz/*K. Schmidt* Anh § 60, 11; Crisolli/*Groschuff*/Kaemmel § 2, 7.

Prüfung der Vermögenslosigkeit ebenfalls außer Betracht[25]. Anderes gilt für der Gesellschaft gehörendes *Grundeigentum;* es steht der Annahme von Vermögenslosigkeit stets entgegen, ohne daß es auf die Höhe der Belastungen ankommt[26].

17 **Forderungen** der GmbH auf Rückzahlung von Gebühren und Steuern sind Vermögensgegenstände der GmbH, die eine Löschung nach § 2 Abs. 1 ausschließen[27]. Entsprechendes gilt für Einlageforderungen gegen Gesellschafter, soweit sie rechtlich durchsetzbar und die Schuldner zahlungsfähig sind[28], für Erstattungsansprüche nach §§ 30, 31 GmbHG sowie für Schadensersatzansprüche gegen Geschäftsführer nach §§ 43 Abs. 2, 64 Abs. 2 GmbHG[29]. **Aktivprozesse** vermögensrechtlicher Art, die von der GmbH geführt werden, bilden regelmäßig ein *Indiz* dafür, daß die Gesellschaft noch über Vermögenswerte verfügt, deren Durchsetzung ihr lohnend erscheint; hinreichende Anhaltspunkte für eine mißbräuchliche Rechtsausübung werden nur selten gegeben sein[30]. Ob das gleiche auch bei **Passivprozessen** anzunehmen ist wegen der Erwartung des Klägers, bei der GmbH noch vollstrecken zu können[31], erscheint zweifelhaft; insoweit bedarf es jeweils einer Berücksichtigung der Einzelfallumstände[32]. Die bloße Aussicht der GmbH auf einen Kostenerstattungsanspruch bei Abweisung einer gegen sie erhobenen Klage steht der Löschung nach § 2 Abs. 1 nicht entgegen[33]. Zu den *Auswirkungen* einer Löschung der GmbH wegen Vermögenslosigkeit auf einen von ihr oder gegen sie geführten Prozeß vgl. Rdn 46 ff; sie sind von den Löschungsvoraussetzungen klar zu unterscheiden.

18 *Keinen selbständigen Vermögenswert* als GmbH-Aktivum hat ein steuerlich relevanter **Verlustvortrag;** er begründet keinen Erstattungsanspruch der GmbH, sondern eröffnet ihr nur die Möglichkeit der Anrechnung auf künftige Gewinne. Daran ändert sich auch dann nichts, wenn dem *GmbH-Mantel* mit Rücksicht hierauf noch ein wirtschaftlicher Wert zukommt; denn bei ihm handelt es sich um Vermögen der Gesellschafter und nicht um ein Aktivum der *Gesellschaft,* das bei der Prüfung der Vermögenslosigkeit zu berücksichtigen wäre[34]. Wohl aber kann diesen Umständen bei der Ermessensentscheidung über die Löschung (Rdn 28 f) Bedeutung zukommen.

19 Entscheidender **Zeitpunkt** für das Vorliegen der Vermögenslosigkeit ist der Stichtag der Eintragung der Löschung. War die Gesellschaft vorübergehend vermögenslos, haben die Gesellschafter inzwischen aber wieder Vermögenswerte in sie eingebracht, so scheidet eine Löschung nach § 2 Abs. 1 aus[35].

20 Eine künstliche Herbeiführung der Vermögenslosigkeit durch die Gesellschafter zur **Umgehung der Liquidationsvorschriften,** etwa durch Verteilung des verbliebenen Vermögens unter die Gesellschafter entgegen §§ 30, 73 GmbHG, scheitert bereits daran, daß sie zur Entstehung von Ersatzansprüchen der GmbH gegen Gesellschafter und/

---

[25] LG Hamburg GmbH-Rdsch. 1952, 92; Baumbach/Hueck/*Schulze-Osterloh* Anh § 60, § 2, 2; Rowedder/*Rasner* Anh § 60, 11.

[26] So zutr. *Heller* S. 19 m. w. Nachw.

[27] BayObLG WM 1982, 1288 und 1291.

[28] BayObLG GmbH-Rdsch. 1985, 215; Baumbach/Hueck/*Schulze-Osterloh* Anh § 60, § 2, 2; Rowedder/*Rasner* Anh § 60, 10; *Heller* S. 21 f.

[29] *Heller* S. 21.

[30] So zutr. *Piorrek* Rpfleger 1978, 157; ihm folgend Scholz/*K. Schmidt* Anh § 60, 11.

[31] So *Piorrek* Rpfleger 1978, 157 und Scholz/*K. Schmidt* Anh § 60, 11.

[32] So wohl auch BGHZ 74, 212, 213 = NJW 1979, 1592.

[33] So zutr. BGHZ 74, 212, 213 f = NJW 1979, 1592; zust. Rowedder/*Rasner* Anh § 60, 10.

[34] So im Erg. auch Scholz/*K. Schmidt* Anh § 60, 11; Baumbach/Hueck/*Schulze-Osterloh* Anh § 60, § 2, 2; Rowedder/*Rasner* Anh § 60, 10; *Heller* S. 14 f.

[35] So auch Scholz/*K. Schmidt* Anh § 60, 11; Baumbach/Hueck/*Schulze-Osterloh* Anh § 60, § 2, 4; Rowedder/*Rasner* 10; *App* ZKF 1987, 11; aA noch *Crisolli* JW 1934, 2659 in Konsequenz der früher hM, daß allein schon die Vermögenslosigkeit zum Erlöschen der GmbH führe; vgl. dazu Rdn 35.

oder Liquidatoren führt und diese als dem Gläubigerzugriff unterliegende Vermögenswerte der Löschung nach § 2 Abs. 1 entgegenstehen[36].

c) **Unterlassene Offenlegung** (Abs. 1 S. 2). Der durch Art. 9 des Bilanzrichtlinien-Gesetzes[37] eingefügte § 2 Abs. 1 S. 2 schreibt die Amtslöschung einer Gesellschaft vor, die in drei aufeinanderfolgenden Jahren ihrer gesetzlichen Verpflichtung zur Offenlegung des Jahresabschlusses nicht nachgekommen ist, die Offenlegung nicht innerhalb von sechs Monaten nach Mitteilung der Löschungsabsicht durch das Gericht nachholt und auch die Existenz von Vermögen nicht glaubhaft macht (vgl. näher zu den Löschungsvoraussetzungen Rdn 22). Ausweislich der *Gesetzesmaterialien* liegt der **Zweck** der Vorschrift nicht in der Durchsetzung der nach dem HGB bestehenden Publizitätspflichten, sondern darin, das Registergericht von der Notwendigkeit zu entbinden, die Offenlegung von Jahresabschlüssen vermögensloser Gesellschaften zu betreiben[38]. Daran ist zutreffend, daß die Verletzung der Publizitätsvorschriften nicht Gegenstand, sondern lediglich *Anlaß* der Löschungssanktion ist[39]. Das ändert freilich nichts daran, daß die in § 2 Abs. 1 S. 2 vorgesehene Amtslöschung ebenso wie die Publizität des Jahresabschlusses letztlich dem *Gläubigerschutz* dient und ein Gegensatz zwischen den beiden Regelungszielen somit nicht besteht (zum Gläubigerschutz als Normzweck des LöschG vgl. Rdn 3). Durch die Einfügung einer widerleglichen Vermutung der Vermögenslosigkeit in Verbindung mit der obligatorischen Amtslöschung wird dieser Schutz verstärkt. 21

Als **Voraussetzung** einer Amtslöschung nach § 2 Abs. 1 S. 2 stellt die Vorschrift darauf ab, daß die Gesellschaft es *unterlassen* hat, in drei aufeinanderfolgenden Jahren entgegen der Vorschrift des § 325 HGB den Jahresabschluß und die mit diesem offenzulegenden Unterlagen *vollständig bekanntzumachen* und zum Handelsregister einzureichen. Sie gilt nach Maßgabe von § 326 HGB auch für *kleine* Kapitalgesellschaften (§ 267 Abs. 1 HGB) in der Rechtsform der GmbH[40]. Wurden die Publizitätspflichten *teilweise* erfüllt, so steht dies der Löschung der Gesellschaft nach § 2 Abs. 1 S. 2 nicht entgegen, sofern nicht durch das Ausmaß der Offenlegung das Vorhandensein von Vermögen glaubhaft gemacht wird[41]. Die Löschung hat zu unterbleiben, wenn entweder innerhalb von sechs Monaten nach gerichtlicher Mitteilung der Löschungsabsicht gem. Abs. 2 die Offenlegung nachgeholt wird oder[42] ein Beteiligter innerhalb dieser Frist glaubhaft macht, daß die Gesellschaft nicht vermögenslos ist. Es empfiehlt sich, die Mitteilung nach § 2 Abs. 2 S. 2 mit dem Hinweis auf die Widerspruchsmöglichkeit zu verbinden. Geschieht dies nicht, so bedarf es nach Ablauf der Sechsmonatsfrist einer neuen, wenn auch kurzen Widerspruchsfrist[43]. Nur die *vollständige* Nachholung der bislang versäumten Offenlegungen läßt die erste Löschungsvoraussetzung des § 2 Abs. 1 S. 2 entfallen; jedoch kann durch eine teilweise Nachholung ggf. das Vorhandensein von Vermögen glaubhaft gemacht werden, so daß die Löschung aus diesem Grund zu unterbleiben hat[44]. 22

Die **Glaubhaftmachung von Vermögen** kann nicht nur durch die allgemeinen Beweismittel, z. B. ein Wirtschaftsprüfertestat, sondern gem. § 15 Abs. 2 FGG auch 23

---

36 So zutr. Scholz/*K. Schmidt* Anh § 60, 8; Rowedder/*Rasner* Anh § 60, 9; im Erg. *Jansen* FGG² § 144 Anh II, LöschG § 2, 1; vgl. auch BGHZ 105, 259, 261 = NJW 1989, 220.

37 BT-Drucks. 10/317 S. 130.

38 BT-Drucks. 10/317 S. 130; so auch Baumbach/Hueck/*Schulze-Osterloh* Anh § 60, § 2, 8 a; *Roth* § 75, 8.3.

39 So zu Recht Scholz/*K. Schmidt* Anh § 60, 9.

40 AA *Weilbach* BB 1991, 800 f.

41 So zutr. Baumbach/Hueck/*Schulze-Osterloh* Anh § 60, § 2, 8 c.

42 AA *Meyer-Landrut*/Miller/Niehus § 60, 17, die zu Unrecht das kumulative Vorliegen beider Löschungshindernisse verlangen.

43 So auch Rowedder/*Rasner* Anh § 60, 14 a.

44 Baumbach/Hueck/*Schulze-Osterloh* Anh § 60, § 2, 8 e.

durch Versicherung an Eides Statt eines am Löschungsverfahren Beteiligten bewirkt werden. Beteiligt und damit zur Glaubhaftmachung zugelassen ist neben der betroffenen Gesellschaft auch ein Gesellschafter, ein Aufsichtsratsmitglied sowie ein Gesellschaftsgläubiger, der am Fortbestand der Gesellschaft ein berechtigtes Interesse hat[45]. Nach Ablauf der Sechsmonatsfrist kann die Löschung nicht mehr durch Nachholung der Offenlegung, wohl aber durch Glaubhaftmachung von Vermögen abgewendet werden, und zwar im Hinblick auf den Normzweck des § 2 Abs. 1 S. 2 unabhängig von der Einlegung eines Widerspruchs[46].

2. **Verfahren**

24 a) **Allgemeines.** Das Löschungsverfahren unterliegt als Verfahren der freiwilligen Gerichtsbarkeit den **Vorschriften des FGG,** soweit das LöschG keine Sonderregelungen enthält. Zuständig für die Löschung ist der *Richter,* nicht der Rechtspfleger[47].

25 Gegenüber dem Verfahren des Registerzwangs nach § 14 HGB, §§ 132 ff FGG kommt dem **Amtslöschungsverfahren nach § 2 Abs. 1 Vorrang** zu[48]. Entsprechendes gilt im Verhältnis zur Eintragung des Erlöschens der GmbH-Firma von Amts wegen nach § 31 Abs. 2 HGB, § 141 FGG. Der Grund hierfür liegt nicht in der Spezialität von § 2 LöschG gegenüber den handelsrechtlichen Vorschriften, sondern darin, daß die GmbH – und damit auch ihre Firma – bis zur Löschung der Eintragung als Handelsgesellschaft fortbesteht (vgl. § 13 Abs. 3 GmbHG); eine Anmeldepflicht wegen Erlöschens der Firma nach §§ 14, 31 HGB ist damit nicht vereinbar[49]. Entsprechendes gilt für den Fall der Anmeldung der Liquidationsbeendigung durch die Abwickler, da auch hier die GmbH erst mit der Löschung ihrer Eintragung in Wegfall kommt (§ 60, 14). Wenn die überwM insoweit gleichwohl § 31 HGB anwendet[50], so erklärt sich das aus dem Fehlen einer der Löschungsvorschrift des § 273 Abs. 1 S. 2 AktG entsprechenden, die Löschung der Gesellschaft als Folge der Liquidationsbeendigung regelnden Vorschrift im GmbHG[51]. Sachlich korrekter ist die analoge Anwendung des § 273 Abs. 1 S. 2 AktG auf diesen Fall (§ 60, 14).

26 b) **Amtsverfahren.** Das Löschungsverfahren ist Amtsverfahren; es wird *stets von Amts wegen* betrieben. Das gilt auch dann, wenn seine Einleitung auf dem *Antrag* einer der nach § 2 Abs. 1 S. 1 antragsberechtigten Stellen, der Organe des Handelsstands (§ 126 FGG) oder der staatlichen oder kommunalen Steuerbehörden, beruht. Das Antragsrecht gibt den antragsberechtigten Stellen zwar ein Beschwerderecht gegen die Zurückweisung des Antrags (vgl. § 20 FGG), verschafft ihnen aber nicht die Herrschaft über das Verfahren[52]. Vielmehr ist das *Gericht von Amts wegen verpflichtet, einem substantiierten Hinweis auf Vermögenslosigkeit einer Kapitalgesellschaft nachzugehen.* Die Prüfungspflicht des Gerichts besteht daher auch dann, wenn der Antrag – als bloße Anregung zur Löschung – von nicht selbst antragsberechtigten Personen

---

45 So auch Baumbach/Hueck/*Schulze-Osterloh* Anh § 60, § 2, 8 f; vgl. allg. zum Begriff des Beteiligten Keidel/Kuntze/*Winkler* FGG[12] § 6, 18 ff.

46 Scholz/*K. Schmidt* Anh § 60, 12; Baumbach/Hueck/*Schulze-Osterloh* Anh § 60, § 2, 8 f; Rowedder/*Rasner* Anh § 60, 14 a; *Roth* § 75, 8.3.2 (bis zum Erlaß der Löschungsverfügung).

47 Vgl. dazu OLG Hamm GmbH-Rdsch. 1964, 249; Scholz/*K. Schmidt* Anh § 60, 13.

48 HM; vgl. OLG Hamm JMBlNRW 1953, 185; Keidel/Kuntze/*Winkler* FGG[12] Anh § 144 b, 3; Scholz/*K. Schmidt* Anh § 60, 25; Rowedder/*Rasner* Anh § 60, 11.

49 So auch Scholz/*K. Schmidt* Anh § 60, 25.

50 Vgl. § 60, 14 m. w. Nachw. und Scholz/*K. Schmidt* § 74, 4.

51 So zutr. *Hüffer*-GroßkommHGB[4] § 31, 27; *ders.* Gedächtnisschrift Schultz S. 101, 111.

52 So zutr. Scholz/*K. Schmidt* Anh § 60, 14; zust. Rowedder/*Rasner* Anh § 60, 11.

stammt[53]. Dritten, nicht antragsberechtigten Personen steht ein Beschwerderecht gegen die Ablehnung der Löschung nicht zu; darauf, ob das Gericht aufgrund ihrer Anregung das Löschungsverfahren eingeleitet hat, kommt es nicht an[54].

Art und Umfang der Prüfungspflicht bestimmen sich nach § 12 FGG[55]. Wegen der einschneidenden Folgen der Löschung für die Existenz der Gesellschaft sind die tatsächlichen Umstände, die auf die *Vermögenslosigkeit* der Gesellschaft schließen lassen, dabei mit *besonderer Sorgfalt* zu prüfen[56]. Vorbehaltlich der Vorschrift des § 2 Abs. 1 S. 2 (dazu Rdn 21 f) darf das Gericht die Löschung nicht bereits dann verfügen, wenn der Geschäftsführer der GmbH trotz Aufforderung keinen Vermögensstatus vorlegt, sondern muß sich um weitere Aufklärung bemühen[57]. Auch die nach § 1 Abs. 1 zur Auflösung führende Ablehnung der Konkurseröffnung mangels Masse reicht für ein Vorgehen nach § 2 Abs. 1 nicht ohne weiteres aus; sie kann aber ein Indiz für die Vermögenslosigkeit der Gesellschaft enthalten und dem Gericht Anlaß zu entsprechenden Ermittlungen geben (Rdn 15). 27

c) **Ermessensentscheidung nach Abs. 1 S. 1.** Stellt das Gericht Vermögenslosigkeit der Gesellschaft fest und führt auch ein etwaiger Widerspruch Beteiligter (Rdn 32) nicht zu einer abweichenden Beurteilung, so wird es *regelmäßig die Löschung der Gesellschaft verfügen.* Das folgt bereits aus dem Normzweck des § 2, der Entfernung vermögensloser Gesellschaften aus dem Register im Interesse von Gläubigern und Öffentlichkeit (Rdn 3). Allerdings ist die Löschung der Gesellschaft nicht zwangsläufige gesetzliche Folge der Feststellung der Vermögenslosigkeit; die Entscheidung hierüber ist vielmehr in das *pflichtgemäße Ermessen des Gerichts* gestellt[58]. Der von *K. Schmidt* begründeten **Kritik** an der hM ist zwar zuzustimmen, soweit sie sich gegen das – wenig überzeugende – Wortlautargument wendet. Indessen lassen sich auch dem Gesetzeszweck und der Entstehungsgeschichte keine Anhaltspunkte dafür entnehmen, daß § 2 Abs. 1 S. 1 auf ausnahmslose Löschung vermögensloser Kapitalgesellschaften gerichtet sein sollte; auch die zwingende Löschung nach § 2 Abs. 1 S. 2 hat insoweit keine Ausstrahlungswirkung auf die Regelung des § 2 Abs. 1 S. 1[59]. Zumal wenn man mit der neueren Ansicht nicht schon in der Vermögenslosigkeit, unabhängig von der Löschung, einen Beendigungsgrund der GmbH als juristische Person sieht (Rdn 35), bestehen im Gegensatz zu den Fällen des § 144 Abs. 1 FGG (§ 60, 12) keine Bedenken dagegen, die Gesellschaft trotz Vermögenslosigkeit fortbestehen zu lassen, wenn überwiegende Interessen der Beteiligten dafür sprechen. 28

---

[53] EinhM; vgl. BayObLG Rpfleger 1969, 56; OLG Frankfurt BB 1976, 810; *Piorrek* Rpfleger 1978, 158; Scholz/*K. Schmidt* Anh § 60, 14; Rowedder/*Rasner* Anh § 60, 11; *Jansen* FGG² § 144 Anh II, LöschG § 2, 3.

[54] *Jansen* FGG² § 142, 17 und § 144 Anh II, LöschG § 2, 3; so auch BayObLG DB 1979, 831 zur Beschwerde eines Konkursverwalters.

[55] Scholz/*K. Schmidt* Anh § 60, 14; Baumbach/Hueck/*Schulze-Osterloh* Anh § 60, § 2, 6; *Lutter/Hommelhoff* § 60, 15; Crisolli/*Groschuff*/Kaemmel § 2, 10; Keidel/Kuntze/*Winkler* FGG¹² Anh § 144 b, 4.

[56] BayObLG GmbH-Rdsch. 1979, 176 und BB 1982, 1590; *Piorrek* Rpfleger 1978, 158.

[57] OLG Frankfurt BB 1983, 420; vgl. auch BayObLG BB 1984, 315, 316.

[58] So die ganz hM unter Hinweis auf die „Kann"-Formulierung in Abs. 1 S. 1; vgl. OLG Karlsruhe JFG 13, 379; OLG Frankfurt BB 1983, 420 und DB 1978, 628; OLG Zweibrücken ZIP 1989, 241, 242 (betr. § 142 FGG); Rowedder/*Rasner* Anh § 60, 13; *Meyer-Landrut*/Miller/Niehus § 60, 18; *Jansen* FGG² § 144 Anh II, LöschG § 2, 2; Keidel/Kuntze/*Winkler* FGG¹² Anh § 144 b, 7; *Heller* S. 91 ff; im Ergebnis auch *Hüffer* in Geßler/Hefermehl/Eckhardt/Kropff, AktG § 262, 105 (Grundsatz der Verhältnismäßigkeit als – nachprüfbare – Grenze der Löschungsbefugnis); Crisolli/*Groschuff*/Kaemmel § 2, 8, *Piorrek* Rpfleger 1978, 158; aA Scholz/*K. Schmidt* Anh § 60, 15; Baumbach/Hueck/*Schulze-Osterloh* Anh § 60, § 2, 7; *Lutter/Hommelhoff* § 60, 16; *W. Schulz* S. 30 f; *H. Schmidt* S. 135 f unter Hinweis auf § 2 Abs. 1 S. 2.

[59] So zutr. Rowedder/*Rasner* Anh § 60, 13, gegen Scholz/*K. Schmidt* Anh § 60, 15.

29 Die Entscheidung über die Löschung nach Abs. 1 S. 1 erfordert daher eine **Abwägung** *des öffentlichen Interesses an ihrer Beseitigung gegenüber dem Interesse der Gesellschafter am Fortbestand*[60]. Sie wird regelmäßig zugunsten des öffentlichen Interesses an der Löschung ausfallen, wenn nicht die Gesellschafter nachweisen, daß die Gesellschaft trotz derzeitiger Vermögenslosigkeit noch lebensfähig ist, insbesondere mit einem baldigen Vermögenszufluß rechnen kann und der Geschäftsbetrieb mit Rücksicht hierauf fortgeführt oder alsbald wieder aufgenommen wird, oder daß sonstige Gründe – wie etwa die noch ausstehende Beendigung der Liquidation einer GmbH & Co. KG durch ihre vermögenslose Komplementär-GmbH – einer Löschung entgegenstehen. Das bloße Interesse der Gesellschafter an der Mantelverwendung fällt gegenüber dem öffentlichen Löschungsinteresse regelmäßig nicht ins Gewicht; anderes mag dann gelten, wenn der GmbH-Mantel sich mit einer alten, gut eingeführten Firma verbindet, oder wenn er einen erheblichen steuerrechtlich noch nutzbaren Verlustvortrag repräsentiert (vgl. Rdn 18).

30 d) **Obligatorische Löschung nach Abs. 1 S. 2.** Im Unterschied zur Löschung wegen Vermögenslosigkeit ist der im Jahr 1985 neu eingeführte, bei unterlassener Offenlegung des Jahresabschlusses eingreifende Löschungstatbestand *zwingend* ausgestaltet; dem Registergericht steht insoweit kein Ermessen zu[61]. Das erklärt sich aus der mittelbaren Sanktionsfunktion des Abs. 1 S. 2 bei nachhaltiger Verletzung der Publizitätsvorschriften (Rdn 21). Die Löschung muß freilich unterbleiben, wenn entweder die fehlende Offenlegung zuvor nachgeholt oder das Vorhandensein von Gesellschaftsvermögen glaubhaft gemacht wird (vgl. näher Rdn 22).

31 e) **Information der Beteiligten und Widerspruchsrecht** (Abs. 2). Hat das Gericht das Vorliegen der Löschungsvoraussetzungen festgestellt und beabsichtigt es, die Gesellschaft zu löschen, so muß es diese Absicht nach Abs. 2 S. 1 den Geschäftsführern der GmbH vor der Löschung **bekanntmachen** und ihnen zugleich eine angemessene **Frist zur Geltendmachung des Widerspruchs** bestimmen. Als angemessen wird eine Frist von zwei Wochen, bei Veröffentlichung der Bekanntmachung nach Abs. 2 S. 2 eine solche von einem Monat genannt[62]; die Regelung in § 141 Abs. 1 S. 2 FGG über die Mindestfrist von drei Monaten bei Androhung der Amtslöschung einer *Firma* findet im Rahmen von Abs. 2 S. 2 *keine* Anwendung. Neben dieser Bekanntmachung durch Zustellung nach Abs. 2 S. 1, bei Unerreichbarkeit der Geschäftsführer im Inland auch an ihrer Stelle, kann das Registergericht nach Abs. 2 S. 2 die **Veröffentlichung** der Löschungsabsicht in den Publikationsorganen des Handelsregisters (Bundesanzeiger und mindestens ein anderes Blatt, vgl. §§ 10 Abs. 1, 11 Abs. 1 HGB) anordnen. Der Inhalt der Bekanntmachung muß klar gehalten sein; er muß die Löschungsabsicht wegen Vermögenslosigkeit nach Ablauf der Widerspruchsfrist unzweifelhaft erkennen lassen. Eine allgemein gehaltene Bekanntmachung der Löschungsabsicht oder eine auf § 31 HGB gestützte Androhung, die Firma zu löschen, genügt nicht[63].

32 Das **Widerspruchsrecht** gegen die angedrohte Löschung steht stets der *Gesellschaft* zu, vertreten durch ihre Geschäftsführer oder Liquidatoren. Im Falle der Veröffentlichung der Löschungsabsicht nach Abs. 2 S. 2 sind zum Widerspruch *auch Dritte* befugt, die ein berechtigtes Interesse an der Unterlassung der Löschung haben, darunter

---

60 OLG Frankfurt BB 1983, 420; DB 1978, 628; Rowedder/*Rasner* Anh § 60, 13.

61 EinhM, vgl. etwa Baumbach/Hueck/*Schulze-Osterloh* Anh § 60, § 2, 8; Rowedder/*Rasner* Anh § 60, 13.

62 Crisolli/*Groschuff*/Kaemmel § 2, 11; für längere Fristbemessung *Piorrek* Rpfleger 1978, 158 Fn 19; Rowedder/*Rasner* Anh § 60, 12.

63 KG DNotZ 1927, 120; Scholz/*K. Schmidt* Anh § 60, 16.

namentlich die Gläubiger der Gesellschaft[64]. Der Widerspruch kann auf noch verwertbares Vermögen der Gesellschaft, im Fall der beabsichtigten Löschung nach Abs. 1 S. 1 auch darauf gestützt werden, daß die Löschungsabsicht auf Ermessensfehlgebrauch des Registergerichts beruht[65]. Über den Widerspruch entscheidet das Registergericht durch Verfügung. Gegen eine den Widerspruch zurückweisende Verfügung ist nach Abs. 2 S. 3 iVm § 14 Abs. 3 FGG die sofortige Beschwerde gegeben.

f) **Löschung.** Die Löschung der Gesellschaft ist nach **Abs. 2 S. 3 iVm § 141 Abs. 4** **33**
FGG *nur zulässig, wenn Widerspruch nicht fristgerecht erhoben oder die den Widerspruch zurückweisende Verfügung rechtskräftig geworden ist.* Eine Wiedereinsetzung bei Versäumung der Widerspruchsfrist ist ausgeschlossen[66]. Vor der Löschung ist nach Abs. 1 S. 5 die örtlich zuständige Industrie- und Handelskammer als amtliche Berufsvertretung des Handelsstands (§ 126 FGG) zu hören. Daneben empfiehlt sich die Anhörung der Steuerbehörden sowie ggf. des beurkundenden Notars und sonstiger über die Tätigkeit der Gesellschaft informierter amtlicher Stellen[67].

Gegen die Löschungsverfügung und ihren Vollzug ist Beschwerde nicht gegeben. **34**
Wohl aber kommt ausnahmsweise die **Amtslöschung der Löschung nach § 142 FGG** in Betracht, wenn diese auf einem wesentlichen Verfahrensfehler beruht[68]. Das ist etwa bei Löschung vor Ablauf der Widerspruchsfrist oder vor Rechtskraft der den Widerspruch zurückweisenden Verfügung anzunehmen[69], nicht dagegen schon dann, wenn sich nachträglich herausstellt, daß entgegen § 2 Abs. 1 doch noch Vermögen vorhanden ist[70].

3. Wirkungen der Löschung

a) **Grundsatz.** Die Löschung wegen **Vermögenslosigkeit** hat nach heute in der **35**
Literatur wohl schon hM konstitutive Wirkung: sie führt zum Wegfall der – durch Eintragung zur Entstehung gelangten – juristischen Person und damit zugleich zur **Beendigung der Gesellschaft** (vgl. § 60, 15). Die in der Rechtsprechung noch immer vorherrschende abweichende Ansicht, die die Beendigung bereits mit der Vermögenslosigkeit als solcher eintreten läßt[71], ist unvereinbar mit dem geltenden Normativsystem; sie trägt auch der verbreiteten Praxis der Mantelverwendung (§ 3, 27 ff) nicht hinreichend Rechnung. Der Umstand, daß noch *Verbindlichkeiten* der vermögenslosen Gesellschaft bestehen, steht ihrer Löschung und der damit verbundenen Beendigung nicht entgegen (§ 60, 16). Zur Rechtslage bei noch vorhandenem, nachträglich festgestelltem Gesellschaftsvermögen der gelöschten GmbH vgl. Rdn 36; zum Ganzen vgl. näher § 60, 14 ff.

---

[64] Crisolli/*Groschuff*/Kaemmel § 2, 12; *Jansen* FGG² § 144 Anh II, LöschG § 2, 7; **aA** – für Widerspruchsrecht Dritter auch ohne Veröffentlichung der Löschungsabsicht – Scholz/*K. Schmidt* Anh § 60, 16; Baumbach/Hueck/*Schulze-Osterloh* Anh § 60, § 2, 6; Rowedder/*Rasner* Anh § 60, 12; *Piorrek* Rpfleger 1978, 159; wohl auch Keidel/Kuntze/*Winkler* FGG¹² Anh § 144 b, 8.

[65] So auch Rowedder/*Rasner* Anh § 60, 12; *Piorrek* Rpfleger 1978, 159, **aA** – für noch verwertbares Vermögen als einzigen Widerspruchsgrund – folgerichtig Scholz/*K. Schmidt* Anh § 60, 16.

[66] KG JW 1936, 2935; *Jansen* FGG² § 144 Anh II LöschG § 2, 8; Keidel/Kuntze/*Winkler* FGG¹² Anh § 144 b, 8; Scholz/*K. Schmidt* Anh § 60, 17; Rowedder/*Rasner* Anh § 60, 17.

[67] Vgl. *Piorrek* Rpfleger 1978, 158.

[68] KG JW 1937, 1739; OLG Düsseldorf GmbH-Rdsch. 1979, 227, 228; *Jansen* FGG² § 144 Anh II, LöschG § 2, 4; Scholz/*K. Schmidt* Anh § 60, 23; Baumbach/Hueck/*Schulze-Osterloh* Anh § 60, § 2, 8; Rowedder/*Rasner* Anh § 60, 14; *Hüffer* Gedächtnisschrift Schultz S. 106.

[69] *Hüffer* Gedächtnisschrift Schultz S. 106; *Piorrek* Rpfleger 1978, 159 Fn 30.

[70] KG JW 1937, 1739; OLG Düsseldorf GmbH-Rdsch. 1979, 228; Keidel/Kuntze/*Winkler* FGG¹² Anh § 144 b, 11; Scholz/*K. Schmidt* Anh § 60, 23; *Hüffer* Gedächtnisschrift Schultz S. 106.

[71] Vgl. Nachw. in § 60 Fn 8.

36 b) Bei **noch vorhandenem Gesellschaftsvermögen.** Wird die Gesellschaft trotz noch vorhandenen Gesellschaftsvermögens gelöscht, so besteht in Rechtsprechung und Literatur im Ergebnis Einigkeit darüber, daß die *Löschung konstitutiv* wirkt, soweit es um die **Auflösungsfolge** des § 2 Abs. 1 S. 3 und um den **Wegfall der Vertretungsmacht** der bisherigen Geschäftsführer oder Liquidatoren geht[72]. Die Rspr. spricht zwar auch insoweit von bloß *deklaratorischer* Wirkung der Löschung; dies jedoch wohl nur, um den von ihr angenommenen Fortbestand der Gesellschaft als juristische Person deutlich zu machen[73].

37 *Umstritten* ist demgegenüber, ob die Löschung auch in diesen Fällen zur **Beendigung der Gesellschaft als juristische Person** führt. Die von *Karsten Schmidt* begründete Lehre vom „Doppeltatbestand", wonach für die Beendigung der Gesellschaft sowohl *Löschung* als auch *Vermögenslosigkeit* vorliegen müssen, läßt die GmbH als solche trotz Löschung so lange fortbestehen, als noch Aktivvermögen vorhanden ist[74]. Damit läßt sie zu Unrecht den grundsätzlichen Strukturwandel außer Betracht, der sich für die Gesellschaft mit der Löschung unstreitig verbindet. Er führt bekanntlich dazu, daß nicht nur im Fall der Amtslöschung nach § 2 (vgl. § 2 Abs. 3, dazu unten Rdn 39 ff), sondern auch bei Löschung auf Antrag der Liquidatoren nach vermeintlicher Beendigung der Abwicklung die Gesellschafterversammlung die Befugnis verliert, die Geschäftsführer oder *Liquidatoren* zu bestellen und abzuberufen, und daß dieses Recht beim Auffinden weiteren Gesellschaftsvermögens vom *Registergericht* anstelle der Gesellschafter ausgeübt wird (vgl. § 60, 18). Nach zutr. Ansicht ist die Existenz der Gesellschaft als *juristische Person* vielmehr an die Eintragung im Handelsregister gebunden (vgl. für die Gründung §§ 11 Abs. 1, 13 GmbHG). Wird die Gesellschaft trotz noch vorhandenen Gesellschaftsvermögens gelöscht, so führt das nicht zur Fiktion ihres Fortbestands als juristische Person bis zur Beendigung der Nachtragsliquidation[75], sondern entsprechend §§ 5, 24 UmwG zu ihrer *Umwandlung in eine Gesamthand der Gesellschafter*[76] bzw. in ein Sondervermögen des Einmanngesellschafters, das der Verwaltung durch einen gerichtlich zu bestellenden Nachtragsliquidator untersteht (vgl. näher § 60, 17 f). Gesellschaftsvertragliche Grundlage der Gesamthand, organschaftlich vertreten von dem gerichtlich bestellten Liquidator, ist die Satzung der gelöschten GmbH[77]. Gegen diese Gesamthand (bzw. das Sondervermögen) richten sich auch die Ansprüche der Gesellschaftsgläubiger, während ein etwaiger Überschuß entsprechend den Liquidationsvorschriften des GmbH-Rechts unter die Mitglieder der Gesamthand zu verteilen ist. Eine Wiedereintragung der gelöschten GmbH scheidet wegen dieses Rechtsformwechsels entgegen der hM aus; wohl aber ist im Regelfall der Nachtragsliquidator im Handelsregister der gelöschten GmbH einzutragen unter Hinweis auf seine der Abwicklung der Gesamthand bzw. des Sondervermögens dienende Funktion (vgl. näher Rdn 45).

38 c) **Keine Fortsetzung.** Da die Löschung der Gesellschaft im Handelsregister zu ihrem Untergang als juristische Person führt, ist ihre **Fortsetzung durch Beschluß der**

72 Umkehrschluß aus § 2 Abs. 3; so jetzt auch BGH WM 1985, 870, 871; vgl. näher zum Ganzen Scholz/*K. Schmidt* Anh § 60, 20 und Voraufl. § 74, 25 m. Nachw.

73 Vgl. etwa BGHZ 48, 303, 307 = NJW 1968, 297, 298; BGH WM 1977, 581.

74 Vgl. die Nachw. in § 60 Fn 13.

75 So aber *Hönn* ZHR 138 (1974) 72 ff, 77; dagegen zutr. *Hüffer* Gedächtnisschrift Schultz S. 107 f; *Heller* S. 116 ff; Rowedder/*Rasner* Anh § 60, 16.

76 So eingehend *Hüffer* Gedächtnisschrift Schultz S. 102 ff; *ders.* in Geßler/Hefermehl/Eckardt/Kropff AktG § 273, 40; ähnlich Voraufl. 30 ff (*Ulmer*); *Kraft*-KölnKommAktG § 273, 34 ff; früher schon *Schlegelberger*/*Quassowsky* AktG 1937 § 214, 2 und 9.

77 Vgl. näher unter Ausräumung etwaiger Bedenken *Hüffer* Gedächtnisschrift Schultz S. 109 f.

Gesellschafter **unzulässig**, sofern nicht ausnahmsweise ein Fall des § 142 FGG vorliegt[78]. Das gilt auch dann, wenn die Gesellschaft im Löschungszeitpunkt noch über Vermögen verfügt und dieses – was wenig realistisch ist – nach Abzug der Verbindlichkeiten die Höhe des gesetzlichen Mindestkapitals oder des satzungsrechtlich festgelegten Stammkapitals erreicht[79]. Wenn die überwM (vgl. Nachw. in § 60, 108) in diesem Fall die Fortsetzung durch Beschluß der Gesellschafter gleichwohl gestatten will, läßt sie nicht nur den Normzweck des § 2 und die mangelnden Kontrollmöglichkeiten des Registergerichts im Fall der Fortsetzung einer aufgelösten Gesellschaft außer Betracht. Vielmehr übergeht sie – aus ihrer Sicht (Rdn 36 f) folgerichtig – auch die strukturelle Umgestaltung von der juristischen Person zur Gesamthand der Gesellschafter unter der Verwaltung eines gerichtlich bestellten Liquidators, die die Gesellschaft im Falle ihrer Löschung trotz noch vorhandenen Gesellschaftsvermögens erfährt.

4. Nachtragsliquidation (Abs. 3)

a) **Allgemeines.** Findet sich nach Löschung der Gesellschaft noch **verteilungsfähiges Vermögen,** so ordnet Abs. 3 die Durchführung einer Liquidation auf Antrag eines Beteiligten durch gerichtlich zu bestellende Liquidatoren (Rdn 43) an. Die Liquidation wird üblicherweise als *Nachtragsliquidation* bezeichnet, obwohl diese Bezeichnung streng genommen nur auf diejenigen Fälle zutrifft, in denen schon *vor* Löschung mit der Liquidation der Gesellschaft begonnen war[80]. **Zweck** der Nachtragsliquidation ist es, nach Maßgabe der §§ 70, 72 das restliche Vermögen abzuwickeln und einen nach Erfüllung von Gesellschaftsverbindlichkeiten etwa noch verbleibenden Überschuß unter die ehemaligen Gesellschafter zu verteilen. Die Berufung auf ungedeckte Verbindlichkeiten der Gesellschaft reicht zur Anordnung der Nachtragsliquidation auf Antrag eines Gläubigers nicht aus, wenn nicht auch das Vorhandensein von verwertbarem Gesellschaftsvermögen *glaubhaft gemacht* und der erforderliche *Kostenvorschuß* für den gerichtlich zu bestellenden Liquidator geleistet wird[81]. 39

Entsprechendes gilt in Fällen, in denen noch **rechtserhebliche Erklärungen der Gesellschaft,** etwa Löschungsbewilligungen, Freigabeerklärungen bei hinterlegten Sachen u. a., benötigt werden. Auch sie reichen zur Bestellung eines Nachtragsliquidators *nicht* aus, wenn die formale Rechtsposition nicht zugleich einen verwertbarem Vermögensgegenstand der Gesellschaft repräsentiert[82]; auf der Grundlage der hier vertretenen Auffassung (Rdn 34) folgt dies schon daraus, daß in diesen Fällen eine Gesamthand und damit ein liquidationsfähiges Rechtssubjekt als Grundlage einer Nachtragsliquidation nicht entsteht. Soweit hier nicht durch Vorlage der rechtskräftigen Ablehnung, 40

78 So auch *Hüffer* Gedächtnisschrift Schultz S. 115; *Heller* S. 173.

79 Str., vgl. näher § 60, 109.

80 So zutr. BayObLGZ 1955, 288, 292; *Piorrek* Rpfleger 1978, 160.

81 Scholz/*K. Schmidt* § 74, 21; Rowedder/*Rasner* Anh § 60, 20; *Hüffer* in Geßler/Hefermehl/Eckhardt/Kropff AktG § 273, 40; aA Voraufl. § 74, 27 (*Hohner*); zum Wegfall der Gesellschaftsverbindlichkeiten bei Löschung einer vermögenslosen GmbH vgl. § 60, 16.

82 So für die Abgabe einer eidesstattlichen Versicherung auch OLG Köln ZIP 1990, 1330; aA – für Nachtragsliquidation analog § 273 Abs. 4 AktG bzw. analog § 2 Abs. 3 LöschG auch in den im Text genannten Fällen – die hM, vgl. BGHZ 105, 259, 262 = NJW 1989, 220 (jedenfalls tendenziell); BayObLG GmbH-Rdsch. 1987, 470, 471; 1985, 215, 216; BB 1984, 446, 447; 1983, 1303 f; BayObLGZ 1955, 288, 295; OLG München ZIP 1988, 575, 576 f; OLG Hamm NJW-RR 1987, 348, 349 f; DB 1990, 1960 f (betr. Publikums-KG); OLG Frankfurt WM 1982, 1266, 1267; Baumbach/Hueck/*Schulze-Osterloh* Anh § 60, § 2, 10 und § 60, 57; *Lutter*/*Hommelhoff* § 74, 19; Rowedder/*Rasner* Anh § 60, 20; *Meyer-Landrut*/Miller/Niehus § 74, 10; *Roth* § 74, 4.1; *Buchner* S. 102 ff; *Heller* S. 145 ff (153 ff), 158 ff; *H. Schmidt* S. 122 ff; *W. Schultz* S. 31 ff, 52; *Kraft*-KölnKommAktG, § 262, 60; *Wiedemann*-GroßkommAktG, § 262, 37. Einschr. im Zusammenhang mit der Zustellung eines Steuerbescheids aber OLG Karlsruhe WM 1990, 1197 f.

einen Nachtragsliquidator zu bestellen, die Abgabe der entsprechenden Erklärung der gelöschten Gesellschaft ersetzt werden kann[83], kommt die *Bestellung eines Pflegers entsprechend § 1913 BGB* in Betracht[84]. Die verbreitete Ablehnung, den in den §§ 1909 bis 1914 BGB geregelten Kreis der Pflegschaften durch Analogie zu erweitern[85], steht nicht entgegen; dem ihr zugrundeliegenden Rückgriff auf Ausführungen in den Motiven (Bd. 4, 1252 ff), wonach es sich bei den Pflegschaften nach §§ 1909 bis 1914 BGB um eine abschließende Regelung handle und Spezialgesetzgebung Abhilfe schaffen müsse, wenn besondere Verhältnisse die Zulassung einer Pflegschaft in weiteren Fällen gebieten sollten, kommt heute keine entscheidende Bedeutung mehr zu.

41 Der für Geschäftsführer und Liquidatoren der GmbH geltende **Grundsatz unbeschränkter Vertretungsmacht** (vgl. § 37 Abs. 2 und Voraufl. § 70, 30) findet auf die gerichtlich bestellten Nachtragsliquidatoren *keine Anwendung;* die Ausführungen zur beschränkten Vertretungsmacht der Geschäftsführer der Vorgesellschaft (§ 11, 54 ff) gelten sinngemäß. Es ist Sache des Gerichts, zugleich mit der Bestellung auch über die von den Liquidatoren wahrzunehmenden Aufgaben und den Umfang der ihnen zu diesem Zweck zu übertragenden Befugnisse zu entscheiden[86].

42 Auch im übrigen besteht für eine undifferenzierte Einhaltung der **Abwicklungsvorschriften der §§ 65 ff GmbHG** für den Fall der Liquidation einer gelöschten Gesellschaft kein Bedürfnis[87]. Das gilt namentlich für die Vorschriften über Gläubigeraufruf (§ 65 Abs. 2) und Sperrjahr (§ 73); ihre Einhaltung ist schon wegen der meist auf wenige Abwicklungsmaßnahmen beschränkten Aufgaben des gerichtlich bestellten Liquidators nicht zu verlangen[88]. Zur Frage einer (Wieder-)Eintragung der gelöschten Gesellschaft und derjenigen der Abwickler nach § 67 vgl. Rdn 45. Anstelle von Liquidationsbilanzen nach Maßgabe von § 71 genügt regelmäßig die Erstellung einer Schlußrechnung nach Durchführung der Liquidationsaufgaben (Voraufl. § 74, 41). – Die Vorschrift des § 74 Abs. 2 S. 2 über die Ermächtigung der Gläubiger zur *Einsicht in die Bücher* der gelöschten Gesellschaft findet im Fall der Löschung nach § 2 entsprechende Anwendung[89]; der Bestellung von Nachtragsliquidatoren bedarf es hierfür nicht.

43 **b) Bestellung der Liquidatoren.** Die Bestellung und Abberufung der (Nachtrags-) Liquidatoren erfolgt nach Löschung der GmbH nicht durch Beschluß der Gesellschaf-

83 Dafür KG JW 1935, 3165; *Hüffer* in Geßler/Hefermehl/Eckhardt/Kropff AktG § 273, 43; *Piorrek* Rpfleger 1978, 159 f; wohl auch BayObLGZ 1955, 288, 295; vgl. auch Rdn 15 a.

84 So für den vergleichbaren Fall eines mitgliedlos gewordenen und daher erloschenen Vereins BGHZ 19, 51, 57 = NJW 1956, 138; BAG NJW 1967, 1437; OLG München JFG 18, 183, 186; KG OLGZ 1968, 200, 206; zust. *Kasten* WuB II C. § 60 GmbHG 1.89 (S. 447 f); vgl. auch *Hüffer* in Geßler/Hefermehl/Eckhardt/Kropff AktG § 273, 43, unter zutr. Hinweis darauf, daß auch der nach hM zu bestellende Abwickler der Sache nach nichts anderes als ein Pfleger ist. Ähnlich auch Scholz/*K. Schmidt* § 74, 20; *ders.* GmbH-Rdsch. 1988, 212 f (analoge Anwendung von § 74 Abs. 1 S. 2 GmbHG).

85 Vgl. KGJ 34 A 53, 54; KG OLG 6, 303, 304; MünchKomm-*Goerke* BGB² Vor §§ 1909 bis 1914, 20.

86 So auch *Heller* S. 165; AG Göppingen GmbH-Rdsch. 1988, 30; BayObLG 1976, 998, 999 (zur Vertretungsmacht des entsprechend §§ 29, 48 Abs. 1 BGB bestellten Notliquidators einer aufgelösten GmbH); aA – für Unzulässigkeit einer über die Anordnung von Gesamtvertretung hinausgehenden Beschränkung der Vertretungsmacht – OLG Stuttgart ZIP 1986, 647, 648; LG Berlin JW 1936, 746 mit Anm. *Groschuff;* Baumbach/Hueck/*Schulze-Osterloh* Anh § 60, § 2, 12; Rowedder/*Rasner* Anh § 60, 21; *Wiedemann*-GroßkommAktG § 273, 5 c; *Piorrek* Rpfleger 1978, 159.

87 Offenlassend BayObLG GmbH-Rdsch. 1987, 470, 471. Eingehend zum Verfahren der Nachtragsliquidation *Buchner* S. 133 ff.

88 Ganz hM; vgl. Scholz/*K. Schmidt* § 74, 23; Baumbach/Hueck/*Schulze-Osterloh* § 60, 59; *Lutter/Hommelhoff* § 74, 22; Rowedder/*Rasner* § 74, 15; *Meyer-Landrut*/Miller/Niehus § 74, 11; *Heller* S. 170; für die zur Abgabe rechtsgeschäftlicher Erklärungen angeordnete Nachtragsliquidation auch OLG Hamm BB 1987, 294 f.

89 OLG Oldenburg DB 1983, 706.

ter, sondern ist **Sache des Registergerichts.** Das ist für den Fall der Löschung wegen Vermögenslosigkeit ausdrücklich in § 2 Abs. 3, 2. Hs. geregelt, gilt analog § 273 Abs. 4 AktG aber auch dann, wenn sich nach Beendigung der Abwicklung und Löschung der GmbH auf Antrag der Abwickler nachträglich noch Vermögen findet[90]. Die Vertretungsmacht der Geschäftsführer oder Liquidatoren der GmbH ist mit deren Löschung entfallen (Rdn 36 f). Die *Auswahl* der zu bestellenden Liquidatoren liegt im pflichtgemäßen Ermessen des Gerichts; es kann bisherige Geschäftsführer oder Abwickler, aber auch andere Personen bestellen[91].

44 Das Gericht wird auf **Antrag eines Beteiligten** tätig; zu ihnen gehören neben den Gesellschaftern der gelöschten GmbH auch die Gesellschaftsgläubiger und sonstige Dritte, zu deren Gunsten Liquidationsmaßnahmen in Betracht kommen[92]. Der Antragsteller muß die Kosten der Bestellung vorschießen. Ein Beschwerderecht gegen die Liquidatorenbestellung steht allein der auf Antrag ihres früheren Vertretungsorgans gelöschten Gesellschaft[93], nicht dagegen den ehemaligen Gesellschaftern oder einem früheren Geschäftsführer oder Liquidator der gelöschten GmbH zu[94].

45 c) **Eintragung im Handelsregister.** Eine *Wiedereintragung der gelöschten GmbH*, wie sie von der hM für den Fall der Nachtragsliquidation regelmäßig als erforderlich angesehen wird[95], *scheidet* wegen der Beendigung der Gesellschaft als juristische Person infolge der Löschung (Rdn 37 f) *aus;* anderes gilt nur beim Eingreifen von § 142 FGG (Rdn 34). In Betracht kommt daher mangels Eintragungsfähigkeit des verbliebenen Gesamthandsvermögens nur die **Eintragung der gerichtlich bestellten Liquidatoren** unter Angabe der ihnen übertragenen Aufgaben; sie erfolgt unter der Handelsregisternummer der gelöschten GmbH. Für diese Eintragung sprechen die mit der Publizitätsfunktion des Handelsregisters verfolgten Gesichtspunkte der Rechtssicherheit und -klarheit. Die Eintragung kann dann unterbleiben, wenn den Liquidatoren nur wenige, kurzfristig zu erledigende Abwicklungsmaßnahmen übertragen sind[96]. Soweit danach eine Eintragung veranlaßt ist, erfolgt sie von Amts wegen[97].

5. Die gelöschte GmbH im Prozeß

46 a) **Meinungsstand.** Die hM stellt – aus ihrer Sicht folgerichtig (Rdn 36 f) – für die **Parteifähigkeit** der gelöschten Gesellschaft darauf ab, ob *noch Gesellschaftsvermögen*

---

[90] So zutr. BGHZ 53, 264, 267 = NJW 1970, 1044 entgegen RGZ 109, 387, 393 und BGH LM Nr. 1 zu § 74 = WM 1957, 975; ebenso die heute hM, vgl. BGH NJW 1985, 2479; OLG Zweibrücken ZIP 1983, 941; KG ZIP 1982, 59, 60; Scholz/*K. Schmidt* § 74, 22; Baumbach/Hueck/*Schulze-Osterloh* § 60, 57; Rowedder/*Rasner* § 74, 13; *Fleck* LM Nr. 2 zu § 74; *Heller* S. 162 ff; *Hönn* ZHR 138 (1974) 71 m. weit. Nachw.; aA *Roth* § 74, 4.2; *Meyer-Landrut*/Miller/Niehus § 74, 11; nicht eindeutig *Lutter*/*Hommelhoff* § 74, 21.

[91] BGHZ 53, 264, 269 = NJW 1970, 1044; ferner das in Fn 90 angegebene Schrifttum.

[92] Scholz/*K. Schmidt* § 74, 22.

[93] Dazu BayObLG ZIP 1983, 938, 939.

[94] Vgl. näher KG ZIP 1982, 59, 60 f; OLG Köln BB 1982, 1942.

[95] KG JW 1937, 1739; OLG Düsseldorf GmbH-Rdsch. 1979, 227, 228; so auch Voraufl. § 74, 40 (*Hohner*); Scholz/*K. Schmidt* Anh § 60, 20; Baumbach/Hueck/*Schulze-Osterloh* § 60, 58; *Lutter*/*Hommelhoff* § 74, 20; Rowedder/*Rasner* § 74, 14; *Kraft*-KölnKommAktG § 262, 61; Keidel/Kuntze/*Winkler* FGG[12] Anh § 144 b, 11; *Piorrek* Rpfleger 1978, 160; aA (wie hier für Eintragung lediglich der Liquidatoren) aber *Hüffer* Gedächtnisschrift Schultz S. 112 f; *ders.* in Geßler/Hefermehl/Eckhardt/Kropff AktG § 273, 49 f; *Heller* S. 166 f; *H. Schmidt* S. 135; ebenso schon *Herbig* DNotZ 1935, 793; *Schlegelberger*/*Quassowski* AktG 1937 § 214, 22; damit sympathisierend auch OLG Hamm BB 1987, 294, 295; offenlassend BayObLG GmbH-Rdsch. 1987, 470, 471.

[96] So im Anschluß an BayObLGZ 1955, 288, 293 die hM; vgl. Voraufl. § 74, 33 und 40 (*Hohner*); Scholz/*K. Schmidt* Anh § 60, 20; Rowedder/*Rasner* Anh § 60, 14; *Kraft*-KölnKommAktG § 273, 31; *Hofmann* GmbH-Rdsch. 1976, 268; *Hüffer* Gedächtnisschrift Schultz S. 113; *Piorrek* Rpfleger 1978, 160.

[97] KG JW 1937, 1739.

vorhanden ist, die Löschung daher nicht zum Wegfall der Rechts- und damit der Parteifähigkeit der Gesellschaft (§ 50 Abs. 1 ZPO) geführt hat[98]. Dabei soll zur Ermöglichung der Rechtsverfolgung für die Parteifähigkeit sowohl in Aktiv- als auch in Passivprozessen der Gesellschaft bereits die *substantiierte Behauptung* des Klägers ausreichen, daß die Gesellschaft noch über Vermögenswerte verfüge[99]; ggf. soll das Registergericht nach § 2 Abs. 3 auf Antrag der an der Rechtsverfolgung interessierten Partei und nach Leistung des erforderlichen Kostenvorschusses Liquidatoren bestellen müssen. Aber auch wenn die Gesellschaft während des Prozesses gelöscht worden ist und kein verwertbares Vermögen mehr hat, soll ihr Fortbestand doch insoweit *fingiert* werden, als es um den Streit über ihre Parteifähigkeit oder über die kostenrechtlichen Folgen von deren Verlust geht[100].

47 b) **Stellungnahme.** Geht man mit der hier vertretenen Auffassung (Rdn 35, 37) vom *Wegfall der Rechtsfähigkeit der Gesellschaft* und damit auch ihrer Parteifähigkeit (vgl. § 50 Abs. 1 ZPO) *im Zeitpunkt der Löschung* aus, so ist wie folgt zu unterscheiden. **Bis zur Löschung** bleibt die Gesellschaft *parteifähig,* auch wenn sie über kein Vermögen mehr verfügt und die Löschungsvoraussetzungen des § 2 Abs. 1 an sich erfüllt sind; dabei ist jedenfalls während eines vermögensrechtlichen Aktivprozesses der Gesellschaft für die Löschung wegen Vermögenslosigkeit im Regelfall kein Raum (Rdn 17). **Nach erfolgter Löschung** besteht die Gesellschaft als juristische Person nicht mehr; sie ist als solche *weder rechts- noch parteifähig* und kann daher weder klagen noch verklagt werden. Ist noch Gesellschaftsvermögen vorhanden, so können *neue Prozesse* für oder gegen die an die Stelle der juristischen Person getretene *Gesamthand* geführt werden[101], für die der gerichtlich zu bestellende Liquidator als organschaftlicher Vertreter auftritt[102]; im Falle der Löschung einer Einmann-GmbH (Rdn 37) hat der zu bestellende Liquidator ähnlich wie ein Konkursverwalter die Stellung einer Partei kraft Amtes[103]. Bis zu dessen Bestellung kann in einem Passivprozeß der gelöschten Gesellschaft vom Prozeßgericht auf Antrag des Klägers vorübergehend ein besonderer Vertreter nach § 57 Abs. 1 ZPO bestellt werden[104]. Entsprechendes gilt, wenn Kläger oder Beklagter das Vorhandensein von Gesellschaftsvermögen trotz Löschung *behaupten.* Tritt die **Löschung während des Rechtsstreits** ein, so führt das zum gesetzlichen

[98] Vgl. BGHZ 48, 303, 307 = NJW 1968, 297; BGH LM Nr. 1 zu § 74 = WM 1957, 975; BGH WM 1977, 581; WM 1988, 432, 434; Scholz/*K. Schmidt* Anh § 60, 22; Rowedder/*Rasner* Anh § 60, 22; *J. Blomeyer* Festschrift Baumgärtel S. 30; *Bokelmann* NJW 1977, 1130 f; *Heller* S. 184. Zur Verjährungshemmung nach § 203 Abs. 2 BGB infolge Löschung der GmbH vgl. OLG Hamm DB 1990, 1226; dazu krit. *H. Schmidt* DB 1990, 1703.

[99] BGHZ 48, 303, 307 = NJW 1968, 297, 298; BGH WM 1986, 145; BGH LM Nr. 1 zu § 74 = WM 1957, 975; so auch Scholz/*K. Schmidt* Anh § 60, 22; Rowedder/*Rasner* Anh § 60, 22; *Bokelmann* NJW 1977, 1131; *Piorrek* Rpfleger 1978, 157, 159 f; *J. Blomeyer* Festschrift Baumgärtel S. 30, der allerdings mit beachtlichen Gründen fordert, die vermögenslose (insbes. die nach § 2 Abs. 1 S. 1 LöschG gelöschte) GmbH de lege ferenda zur Sicherheitsleistung für die Prozeßkosten zu verpflichten. Weitergehend *H. Schmidt* S. 171 ff; *ders.* DB 1990, 1703 ff. Nach BGHZ 75, 178, 182 f = NJW 1980, 233 führt allein schon die Beteiligung an einer KG zum Fortbestand der aktiven (vgl. BGH NJW-RR 1988, 477, 478) Parteifähigkeit der gelöschten GmbH.

[100] St. Rspr.; vgl. BGHZ 24, 91, 94 = NJW 1957, 989; BGHZ 74, 212, 214 = NJW 1979, 1592; BGH WM 1981, 1387, 1388; BGH NJW-RR 1988, 477 f; weitergehend BAG WM 1982, 219, wonach für die Zwecke einer Kündigungsschutzklage der uneingeschränkte Fortbestand der während des Rechtsstreits gelöschten beklagten GmbH zu unterstellen ist. Vgl. zu den prozessualen Fragen näher *Heller* S. 174 ff, 184 ff.

[101] So auch *Hüffer* Gedächtnisschrift Schultz S. 112; *ders.* in Geßler/Hefermehl/Eckhardt/Kropff AktG § 273, 54.

[102] Vgl. näher *Hüffer* Gedächtnisschrift Schultz S. 108 ff.

[103] Zur prozessualen Stellung des Vertreters eines Sondervermögens näher Stein/Jonas/*Leipold* ZPO[20] Vorb. § 50, 25 ff.

[104] *Piorrek* Rpfleger 1978, 160.

Parteiwechsel kraft Rechtsnachfolge[105]. Die Unterbrechung des Prozesses richtet sich nicht nach § 241 ZPO, sondern nach §§ 239, 240 ZPO analog iVm § 246 ZPO[106].

Fehlt es entgegen Rdn 47 unstreitig an **Gesellschaftsvermögen,** so kommt bei einer während des Rechtsstreits erfolgenden Löschung eine *Fortsetzung* des Rechtsstreits nur kraft Fiktion fortbestehender Parteifähigkeit und nur insoweit in Betracht, als es um den Streit über die Kostenfolgen ihres Wegfalls geht (vgl. Rdn 46 aE). Ein *neuer Prozeß* für oder gegen die vollbeendete Gesellschaft ist in diesem Fall mangels Parteifähigkeit ausgeschlossen. Auch für die gerichtliche Bestellung von Nachtragsliquidatoren oder eines besonderen Prozeßvertreters ist kein Raum. **48**

IV. GmbH & Co. KG

1. Allgemeines

Die allg. schon in § 60, 115 f behandelte Frage nach den Folgen einer Auflösung und Löschung der *Komplementär-GmbH* für die **typische GmbH & Co. KG** iSv §§ 130 a, 177 a HGB stellt sich namentlich im Hinblick auf die Auflösungs- und Löschungstatbestände des LöschG (vgl. Rdn 50 f). Sie ist von der weitergehenden Frage zu unterscheiden, ob und in welchen Fällen eine *analoge Anwendung* der §§ 1, 2 LöschG auf die nicht in den Anwendungsbereich des LöschG einbezogene GmbH & Co. KG veranlaßt ist (Rdn 52 f). – Zur Möglichkeit der Fortsetzung einer aufgelösten GmbH & Co. KG vgl. § 60, 122. **49**

2. Folgen der Auflösung und Löschung der Komplementär-GmbH für die GmbH & Co. KG

Die **Auflösung der Komplementär-GmbH** nach § 1 Abs. 1 LöschG läßt den Fortbestand der GmbH & Co. KG als werbende grundsätzlich unberührt; ihre Gleichstellung mit dem Tode eines Komplementärs als gesetzlicher Auflösungsgrund der KG (§§ 161 Abs. 2, 131 Nr. 4 HGB) ist abzulehnen[107]. Anderes gilt dann, wenn die Auflösung der GmbH sich ausnahmsweise mit deren Beendigung verbindet (§ 60, 8 ff); insoweit steht sie dem Tod eines Gesellschafters der KG als Auflösungsgrund nach §§ 161 Abs. 2, 131 Nr. 4 HGB gleich[108]. Die Auflösung der Komplementär-GmbH kann aber einen wichtigen Grund zu ihrem Ausschluß aus der KG nach § 140 HGB oder zur Entziehung ihrer Geschäftsführungs- und Vertretungsbefugnis nach §§ 117, 127 HGB bilden. Daß die Komplementär-GmbH der einzige persönlich haftende Gesellschafter der KG ist, steht der Entziehung nicht entgegen; sie kann aber eine einstweilige Regelung über die Geschäftsführung der KG während des Prozesses erforderlich machen[109]. **50**

Die **Löschung der Komplementär-GmbH** wegen Vermögenslosigkeit führt zu ihrer Beendigung (Rdn 35, 37). Das hat entsprechend §§ 161 Abs. 2, 131 Nr. 4 HGB, aber auch wegen Wegfalls des einzigen persönlich haftenden Gesellschafters die *Auflösung der KG* zur Folge (vgl. § 60, 117). Die Auflösungsfolge tritt auch dann ein, wenn die GmbH im Löschungszeitpunkt noch über Vermögen verfügte und dieses nach der Löschung als gesamthänderisch gebundenes Vermögen der ehemaligen Gesellschafter im Wege der Gesamtrechtsnachfolge fortbesteht (Rdn 37). Ein Übergang der KG- **51**

---

[105] Vgl. dazu Stein/Jonas/*Schumann,* ZPO[20] Vorb. § 239, 24 und § 239, 5; zur Gesamtrechtsnachfolge analog §§ 5, 24 UmwG vgl. Rdn 37.

[106] So zutr. *Hüffer* Gedächtnisschrift Schultz S. 112; aA *Bokelmann* NJW 1977, 1131 f (für § 241 ZPO).

[107] HM; vgl. Nachw. in § 60, 115.

[108] Vgl. § 60, 115, zum Sonderfall der Verschmelzung und Umwandlung vgl. § 60, 116.

[109] Vgl. näher *Ulmer*-GroßkommHGB[3] § 140, 23 f.

Beteiligung der gelöschten GmbH auf die „Nachgesellschaft“ scheitert schon daran, daß diese aufgrund der ihr fehlenden Verbandsautonomie nicht Gesellschafter einer Personengesellschaft sein kann (§ 60, 118). Demgegenüber läßt die Vermögenslosigkeit der – nicht gelöschten – Komplementär-GmbH die Rechts- und Parteifähigkeit der GmbH & Co. KG unberührt[110]. Besteht die GmbH & Co. KG lediglich aus zwei Gesellschaftern, so führt die Löschung der GmbH ausnahmsweise zum Wegfall der KG[111].

3. Analoge Anwendung von § 1 LöschG

52 Die Vergleichbarkeit der Haftungsverfassung der **typischen**, über keine natürlichen Personen als unbeschränkt haftende Gesellschafter verfügenden **GmbH & Co. KG** mit derjenigen einer GmbH ist durch Erstreckung des Konkursgrunds der Überschuldung auf sie in §§ 130 a, 177 a HGB ausdrücklich anerkannt worden. Dann aber ist es nur folgerichtig, den als Ergänzung von § 60 Abs. 1 Nr. 4 GmbHG (= § 131 Nr. 3 HGB) gedachten Auflösungsgrund des § 1 Abs. 1 LöschG (Rdn 4) entsprechend auch auf die GmbH & Co. KG mit beschränktem Haftungsfonds anzuwenden[112]. Die unterlassene gesetzliche Erstreckung des § 1 LöschG auf die GmbH & Co. KG kann nicht als bewußte, der analogen Anwendung dieser Vorschrift entgegenstehende Entscheidung des Gesetzgebers verstanden werden (vgl. § 60, 119). Daher *führt die Konkursablehnung mangels Masse zur Auflösung der GmbH & Co. KG*, wenn sie sich auf das Vermögen der KG bezieht. Zum möglichen Fortbestand der Komplementär-GmbH als werbende trotz Auflösung der KG vgl. § 60, 113.

4. Keine analoge Anwendung von § 2 LöschG

53 Eine analoge Anwendung von § 2 LöschG auf die **vermögenslose GmbH & Co. KG** scheidet im Unterschied zu § 1 aus[113]. Ihr steht die andersartige Struktur der KG und die fehlende Konstitutivwirkung der Handelsregistereintragung für ihre Entstehung als Gesellschaft entgegen. Das dem Löschungstatbestand des § 2 Abs. 1 zugrundeliegende Normativprinzip gilt nur für Kapital-, nicht auch für Personengesellschaften. Ist die KG freilich vermögenslos und hat sie ihren Geschäftsbetrieb auf Dauer eingestellt, so ist sie schon dadurch beendet und kann nach §§ 31 Abs. 2 HGB, 141 Abs. 1 FGG von Amts wegen gelöscht werden[114].

§ 61

Die Gesellschaft kann durch gerichtliches Urteil aufgelöst werden, wenn die Erreichung des Gesellschaftszweckes unmöglich wird, oder wenn andere, in den Verhältnissen der Gesellschaft liegende, wichtige Gründe für die Auflösung vorhanden sind.

Die Auflösungsklage ist gegen die Gesellschaft zu richten. Sie kann nur von Gesellschaftern erhoben werden, deren Geschäftsanteile zusammen mindestens dem zehnten Teil des Stammkapitals entsprechen.

Für die Klage ist das Landgericht ausschließlich zuständig, in dessen Bezirk die Gesellschaft ihren Sitz hat.

---

110 AA BGH WM 1988, 432, 434.

111 Vgl. dazu BGH NJW-RR 1988, 477, 478, wo freilich anstelle der Löschung zu Unrecht (Rdn 35, 37) auf die Vermögenslosigkeit abgestellt wird; Scholz/*K. Schmidt* Anh § 60, 29.

112 So auch Scholz/*K. Schmidt* Anh § 60, 27; *W. Schulz* S. 243; *Uhlenbruck* Die GmbH & Co. KG in Krise, Konkurs und Vergleich² (1988) S. 446 f; aA BGHZ 75, 178, 180 f = NJW 1980, 233; Rowedder/*Rasner* § 60, 59.

113 Vgl. § 60, 120; so auch Scholz/*K. Schmidt* Anh § 60, 29.

114 OLG Frankfurt WM 1982, 1266, 1267; vgl. auch § 60, 120.

Übersicht

Schrifttum

Becker Typologie und Probleme der (handelsrechtlichen) Gestaltungsklagen unter besonderer Berücksichtigung der GmbH-rechtlichen Auflösungsklage (§ 61 GmbHG), ZZP 97 (1984) 314; *Bork* Der Begriff der objektiven Schiedsfähigkeit (§ 1025 Abs. 1 ZPO), ZZP 100 (1987) 249; *Henze* Zur Schiedsfähigkeit von Gesellschafterbeschlüssen im GmbH-Recht, ZGR 1988, 542; *Hofmann* Zur Auflösung einer GmbH, GmbH-Rdsch. 1975, 217; *Alfred Hueck* Die Bedeutung der Zwangsamortisation von Geschäftsanteilen für die Sicherung einer Finanzierungs-GmbH, DB 1957, 37; *Immenga* Die personalistische Kapitalgesellschaft (1970); *Kornmeier* Schiedsgerichtsvereinbarung in der GmbH-Satzung, DB 1980; 193; *ders.* Vergleichsbefugnis und Schiedsfähigkeit – dargestellt am Beispiel GmbH-rechtlicher Nichtigkeits- und Anfechtungsklagen (1982); *Kühn* Der Minderheitenschutz in der GmbH, GmbH-Rdsch. 1965, 132; *Rückersberg* Minderheitenschutz bei der GmbH, HansGZ 1940, A 205; *Ruwe* Kein Minderheitenschutz im GmbH-Konzernrecht? AG 1980, 21; *P. Schlosser* Gestaltungsklagen und Gestaltungsurteile (1966); *K. Schmidt* Schiedsfähigkeit von GmbH-Beschlüssen – Eine Skizze mit Ausblicken auf das Recht der AG und der Personengesellschaften, ZGR 1988, 523; *Scholz* Der wichtige Grund, SJZ 1949, 1; *Schütze* Die Anerkennung ausländischer Gestaltungsurteile über die Auflösung von Gesellschaften mit beschränkter Haftung, GmbH-Rdsch. 1967, 6; *Timm* Beschlußanfechtungsklage und Schiedsfähigkeit im Recht der personalistisch strukturierten Gesellschaften, Festschrift Fleck (1988) S. 365 ff; *Vollmer* Die Wirkungen rechtskräftiger Schiedssprüche bei gesellschaftsrechtlichen Gestaltungsklagen, BB 1984, 1774; *Wünsch* Schiedsgerichtsbarkeit in Handelssachen (1968).

I. Grundlagen

1. Normzweck

Die Vorschrift dient der Konkretisierung der in § 60 Abs. 1 Nr. 3 vorgesehenen **1** Auflösung durch gerichtliches Urteil. Sie enthält ein zwingendes (Rdn 3), auf Auflösung gerichtetes **Klagerecht für eine Minderheit von 10%** des Nennbetrags der Summe der Geschäftsanteile. Dadurch schafft sie ihr die Möglichkeit, bei Vorliegen eines wichtigen

Grundes in den Verhältnissen der Gesellschaft deren Auflösung auch dann durchzusetzen, wenn die erforderliche Mehrheit für einen Auflösungsbeschluß nach § 60 Abs. 1 Nr. 2 nicht zu erreichen ist. Inhaltlich zeigt die Vorschrift eine Reihe von *Parallelen zur Auflösungsklage bei Personenhandelsgesellschaften nach § 133 HGB*. Sie unterstreicht damit den personalistischen Einschlag des GmbH-Rechts im Unterschied zum Aktienrecht, dem eine entsprechende Klagebefugnis unbekannt ist. Wie in § 133 HGB ist die Auflösungsklage des § 61 eine *Gestaltungsklage*, die die Auflösung mit Rechtskraft des die Auflösung aussprechenden Urteils herbeiführt. Parallelen zeigen sich auch hinsichtlich des wichtigen Grundes; dies freilich mit der Einschränkung, daß im Fall von § 61 – anders als bei § 133 HGB – nur solche Gründe berücksichtigungsfähig sind, die die Verhältnisse der *Gesellschaft* betreffen, nicht aber wichtige Gründe in der Person von Mitgesellschaftern, wenn sie nur die Zusammenarbeit mit diesen unzumutbar machen, die Existenz der Gesellschaft jedoch nicht in Frage stellen (Rdn 10, 22).

2 **Rechtspolitisch** stößt die Auflösungsklage in neuerer Zeit überwiegend auf Ablehnung[1]. Die Tendenz der neueren Literatur geht dahin, sie soweit wie möglich durch Ausschließungsklage und/oder Austrittsrecht aus wichtigem Grund zu ersetzen. In Übereinstimmung damit war auch in §§ 211, 212 RegE GmbHG 1971/73 vorgesehen, der Minderheit anstelle der Auflösungsklage ein *Austrittsrecht* zu gewähren, die Auflösungsklage aber von einem mit Dreiviertel-Mehrheit zu fassenden Gesellschafterbeschluß und dem Vorliegen eines wichtigen Ausschlußgrundes in der Person eines Gesellschafters abhängig zu machen. Einer Übernahme dieser Grundsätze in das **geltende Recht** steht indessen nicht nur die zwingende Geltung von § 61 (Rdn 3), sondern auch die mit Ausschließung und Austritt aus wichtigem Grund nach wie vor verbundene, auf dem Fehlen einer gesetzlichen Regelung von Ausschließungs- und Austrittsrecht beruhende erhebliche *Rechtsunsicherheit* entgegen (vgl. näher Anh § 34). Eine Einschränkung des Anwendungsbereichs des § 61 über die Grenzen hinaus, die bereits aus dem Charakter des Auflösungsrechts als äußerstes Mittel und aus seiner Subsidiarität gegenüber weniger einschneidenden, den Belangen des Klägers ebenso Rechnung tragenden Rechtsbehelfen folgen (vgl. dazu Rdn 4 ff), ist daher entgegen den neueren Tendenzen im Schriftum de lege lata nicht veranlaßt.

2. Unverzichtbarkeit

3 Das Recht zur Erhebung der Auflösungsklage ist als Minderheitenrecht ebenso wie dasjenige in §§ 50 Abs. 1 und 2, 66 Abs. 2 (halb-)**zwingender Natur**. Es kann in der Satzung weder ausgeschlossen noch eingeschränkt, wohl aber *zugunsten der Minderheit erweitert* werden[2]. Die Bestimmung der Grenzen zulässiger Abweichung ist wegen der Vielfalt der Gestaltungsmöglichkeiten nicht einfach (vgl. näher Rdn 49 ff). Als *Grundsatz* gilt, daß Satzungsregelungen über das einseitige Auflösungsrecht oder über seine Rechtsfolgen die Rechtsausübung durch die Minderheit weder vereiteln noch spürbar erschweren dürfen. Dabei ist auch der für das Eingreifen von § 61 geltende, auf der Natur der Auflösungsklage als äußerstes Mittel beruhende Subsidiaritätsgrundsatz (Rdn 4) zu beachten. Eröffnet die Satzung den an der Auflösung interessierten Gesellschaftern einen einfacheren, auch hinsichtlich der Rechtsfolgen für sie gleichwertigen Weg, um ihr Engagement in der Gesellschaft zu beenden, gewährt sie ihnen namentlich

---

[1] Vgl. namentlich Scholz/*K. Schmidt* 3; *Lutter/Hommelhoff* 1; wohl auch *Meyer-Landrut*/Miller/Niehus 1.

[2] EinhM, vgl. BayObLG DB 1978, 2164, 2165; Scholz/*K. Schmidt* 2; Baumbach/Hueck/*Schulze-Osterloh* 2, 4; *Lutter/Hommelhoff* 2; Rowedder/*Rasner* 1, 3.

ein *Kündigungsrecht* aus wichtigem Grund *mit Auflösungsfolge*, so bestehen gegen Ausschluß oder Einschränkung der Auflösungsklage keine Bedenken (zur Kündigung mit Ausschließungsfolge für den Kündigenden vgl. Rdn 6). Der Erhebung einer solchen Klage würde im übrigen auch das fehlende Rechtsschutzinteresse entgegenstehen[3].

3. Subsidiarität

Der Subsidiaritätsgrundsatz verkörpert ein *zentrales Wertungskriterium* für die **4**
Feststellung des wichtigen Grundes (Rdn 9). Er besagt, daß die Auflösungsklage als äußerstes, zur Liquidation der Gesellschaft führendes Instrument nur dann begründet ist, wenn **keine milderen Mittel** zur Behebung der eingetretenen Störung zur Verfügung stehen[4]. Beruht die Störung etwa auf einem unheilbaren Zerwürfnis der Gesellschafter und geht dieses ausschließlich oder überwiegend auf den Auflösungskläger zurück, so kann die Gesellschaft aufgrund eines Beschlusses der fortsetzungswilligen Gesellschafter **Ausschließungsklage** gegen ihn erheben (Anh § 34, 8 ff); seine Auflösungsklage ist in diesem Fall als unbegründet abzuweisen[5]. Anderes gilt dann, wenn auch bei den übrigen Gesellschaftern ein Ausschließungsgrund gegeben ist und sie dadurch gehindert sind, die Ausschließung des Klägers zu betreiben[6]; hier bleibt nur die Auflösungsklage[7]. Gegenüber dem ungeschrieben *Austrittsrecht* aus wichtigem Grund (Anh § 34, 44 ff) ist eine Subsidiarität der Auflösungsklage dagegen nicht ohne weiteres anzuerkennen, wenn in den Verhältnissen der Gesellschaft ein wichtiger Grund vorliegt und die Mitgesellschafter sich nicht freiwillig mit dem Ausscheiden des Auflösungsklägers zu akzeptablen Bedingungen einverstanden erklären[8]. Gegen sie sprechen die Unsicherheiten, die mit der Geltendmachung des Austrittsrechts und namentlich der Durchsetzung des Abfindungsanspruchs gegen GmbH oder Mitgesellschafter verbunden sind; sie können den Austrittswilligen trotz seines Obsiegens im Austrittsprozeß nötigen, mangels Entgeltzahlung doch noch Auflösungsklage zu erheben (Anh § 34, 56). Anderes gilt dann, wenn Mitgesellschafter oder Dritte bereit sind, den Anteil des Auflösungsklägers zum vollen Gegenwert zu übernehmen; hier geht das Interesse der übrigen Gesellschafter am Fortbestand der Gesellschaft in aller Regel vor (Rdn 9). Zum Verhältnis zwischen Auflösungsklage und sonstigen Auflösungsgründen vgl. Rdn 5 ff.

4. Verhältnis zu sonstigen Auflösungsgründen

Die **Frage** nach dem Verhältnis der Auflösungsklage zu sonstigen gesetzlichen **5**
oder satzungsrechtlichen Auflösungs- oder Ausscheidensgründen stellt sich sowohl im Hinblick auf die *Unentziehbarkeit* des § 61 als auch wegen dessen *Subsidiarität*. Zu berücksichtigen sind dabei diejenigen Gestaltungsbefugnisse, die ebenso wie die

---

[3] So zutr. Scholz/*K. Schmidt* 2 (einschr. aber *ders.* 4); Baumbach/Hueck/*Schulze-Osterloh* 4; Rowedder/*Rasner* 3.

[4] EinhM, vgl. RGZ 164, 257, 264; BGHZ 80, 346, 348 f = NJW 1981, 2302, Scholz/*K. Schmidt* 3; Baumbach/Hueck/*Schulze-Osterloh* 5; *Lutter/Hommelhoff* 1; Rowedder/*Rasner* 2; *Hofmann* GmbH-Rdsch. 1975, 220.

[5] RGZ 164, 257, 258, 263; BGHZ 80, 346, 349, 351 = NJW 1981, 2302; Scholz/*K. Schmidt* 3; Baumbach/Hueck/*Schulze-Osterloh* 5; *Lutter/Hommelhoff* 1; Rowedder/*Rasner* 2; *Balz* JZ 1983, 244.

[6] So für die Zwei-Personen-GmbH BGHZ 16, 317, 322 f = NJW 1955, 667; 32, 17, 35 = NJW 1960, 866; Scholz/*K. Schmidt* 3; vgl. auch Anh § 34, 10 aE.

[7] BGHZ 80, 346, 352; Scholz/*K. Schmidt* 3; Rowedder/*Rasner* 2; aA *Roth* 2.3.

[8] Vgl. Anh § 34, 54; aA die hM, vgl. Scholz/*K. Schmidt* 3; Baumbach/Hueck/*Schulze-Osterloh* 5; *Lutter/Hommelhoff* 1; Rowedder/*Rasner* 2; *Meyer-Landrut*/Miller/Niehus 4; *Balz* JZ 1983, 244; *Goerdeler* Festschrift Barz (1974) S. 113, 125 f; *Hofmann* GmbH-Rdsch. 1975, 220; *Immenga* S. 339 f.

Auflösungsklage auf einem Willensentschluß eines Teils der Gesellschafter beruhen, darunter vor allem Kündigungsrecht und Auflösungsbeschluß (Rdn 6 f). Ist in der Satzung die Dauer der Gesellschaft an ein ungewisses oder an ein zwar gewisses, hinsichtlich des Eintrittszeitpunkts jedoch nicht hinreichend bestimmtes Ereignis geknüpft, so daß die Annahme einer Befristung der Gesellschaft nach § 60 Abs. 1 Nr. 1 ausscheidet (§ 60, 22), und erweist sich auch die Annahme eines vertraglichen Auflösungsgrunds, namentlich eines Kündigungsrechts, im Wege der Auslegung oder Umdeutung als nicht möglich (§ 60, 63 ff), so kann die Satzungsklausel doch für die Würdigung des wichtigen Auflösungsgrundes im Rahmen einer Auflösungsklage herangezogen werden (Rdn 11).

6 Ein satzungsrechtliches **Kündigungsrecht aus wichtigem Grund** (§ 60, 65 ff) enthält nicht ohne weiteres einen konkludenten Ausschluß der Auflösungsklagebefugnis. Das Kündigungsrecht kann der Auflösungsklage aber wegen deren Subsidiarität entgegenstehen[9]. Das gilt im Grundsatz auch dann, wenn Rechtsfolge der Kündigung nicht die Auflösung, sondern das Ausscheiden des Kündigenden ist (vgl. dazu näher § 60, 67 ff). Sind freilich die *Ausscheidensfolgen* für den Kündigenden in der Satzung spürbar ungünstiger geregelt als im Fall der Auflösung durch Urteil, ist namentlich der Abfindungsanspruch wesentlich geringer als der bei Auflösung zu erwartende Liquidationserlös oder kann er nach den Verhältnissen im Kündigungszeitpunkt voraussichtlich nur unter Schwierigkeiten und mit dem Risiko des Einwands aus § 30 durchgesetzt werden, so braucht sich der Auflösungskläger nicht auf das Kündigungsrecht als milderes Mittel verweisen zu lassen.

7 Die Möglichkeit zur Herbeiführung eines **Auflösungsbeschlusses** nach § 60 Abs. 1 Nr. 2 steht der Auflösungsklage nur unter dem Gesichtspunkt des fehlenden Rechtsschutzinteresses entgegen; im übrigen ist ein Rangverhältnis zwischen den beiden Auflösungsgründen, wie allein schon die gleichrangige Regelung in § 60 Abs. 1 Nr. 2 und 3 zeigt, nicht anzuerkennen. Der Auflösungskläger braucht sich daher nicht entgegenhalten zu lassen, er müsse sich zunächst um Herbeiführung eines Auflösungsbeschlusses bemühen, wenn die Mitgesellschafter – bzw. der für die Dreiviertelmehrheit erforderliche Teil – hierzu nicht freiwillig bereit sind[10]. Anderes gilt nur in den – wenig realistischen – Fällen, in denen der oder die Auflösungskläger entweder selbst über die erforderliche Beschlußmehrheit verfügen oder in denen die Herbeiführung eines Auflösungsbeschlusses anstelle der Auflösungsklage angesichts der Haltung der Mitgesellschafter unschwer möglich ist.

II. Der wichtige Grund

1. Allgemeines

8 Der wichtige Grund ist ein **unbestimmter Rechtsbegriff**. Sein Vorliegen gibt dem klagenden Gesellschafter ein Recht auf Auflösung der Gesellschaft durch Gestaltungsurteil. Das Gericht hat zwar bei *Feststellung* des wichtigen Grundes einen *Beurteilungsspielraum*[11]. Entgegen dem Wortlaut von Abs. 1 („kann") besteht aber *kein Ermessen*

---

[9] So zutr. *Hofmann* GmbH-Rdsch. 1975, 220.

[10] So wohl auch Scholz/*K. Schmidt* 4 trotz Anerkennung einer Stimmpflicht zur Herbeiführung des Auflösungsbeschlusses in eindeutigen Fällen (aaO § 60, 16); vgl. dazu auch § 60, 31 aE.

[11] Unscharf noch RG HRR 1935, Nr. 1404 und Hachenburg/*W. Schmidt*[6] 5: „Ermessen"; zur Revisibilität vgl. Rdn 24 f.

bei der Anordnung der Auflösungsfolge, wenn der wichtige Grund zur Auflösung zu bejahen ist[12].

Entscheidender **Zeitpunkt** für die Feststellung des wichtigen Grundes sind die Verhältnisse zur Zeit der letzten mündlichen Verhandlung in der letzten Tatsacheninstanz[13]. *Nach* Klageerhebung eingetretene Entwicklungen wie etwa eine weitere Verschärfung der Spannungen in der Gesellschaft oder eine zusätzliche Verschlechterung der Rentabilität, aber auch von der Gesellschaftermehrheit unternommene Anstrengungen zur Beseitigung des wichtigen Grundes, sind zugunsten bzw. zu Lasten des Auflösungsklägers zu berücksichtigen. **8a**

Maßstab für die Beurteilung des wichtigen Grundes ist die *Unzumutbarkeit des Fortbestands der Gesellschaft für den oder die klagenden Gesellschafter* aus Gründen, die in den Verhältnissen der Gesellschaft liegen (Rdn 10). Wegen der einschneidenden Folgen für die übrigen, fortsetzungsbereiten Gesellschafter darf die Auflösung *nicht* durch ein *milderes*, dem klagenden Gesellschafter ebenfalls *zumutbares Mittel* ersetzt werden können. Darin bestätigt sich der zu § 61 anerkannte Grundsatz der Subsidiarität gegenüber sonstigen zum Ausscheiden des Klägers führenden Rechtsbehelfen (vgl. Nachw. in Rdn 4). Er steht nicht etwa selbständig neben dem wichtigen Grund, sondern ist bei dessen Feststellung durch wertende Entscheidung des Gerichts zu berücksichtigen[14]. Ein wichtiger Grund zur Auflösung fehlt daher namentlich, wenn die eingetretenen Störungen durch *Ausschließung* des hauptsächlich störenden Gesellschafters behoben werden können und die Mitgesellschafter hierzu auch ihrerseits bereit sind (Rdn 4). Entsprechendes gilt, wenn der Auflösungskläger die Möglichkeit hat, sich durch *Veräußerung seiner Beteiligung* zum vollen, nicht hinter dem voraussichtlichen Liquidationserlös zurückbleibenden Wert von den gesellschaftlichen Bindungen zu befreien[15], sofern er nicht an der Auflösung der Gesellschaft ein darüberhinausgehendes, rechtlich anzuerkennendes Eigeninteresse hat, sei es wegen der Verwendung seines Namens in der Firma, wegen der Wiedererlangung des in die Gesellschaft eingebrachten Know how u. a. Die Mitgesellschafter können dem Auflösungskläger das Auflösungsrecht im Regelfall also dadurch „abkaufen", daß sie ihm die Übernahme seiner Beteiligung gegen volles Entgelt anbieten, wobei ihnen der Nachweis dafür obliegt, daß das angebotene Entgelt dem vollen Verkehrswert des Anteils entspricht[16]. Auf ein ungeschriebenes *Austrittsrecht* aus wichtigem Grund kann der Auflösungskläger wegen der diesem anhaftenden rechtlichen Unsicherheiten dagegen im allgemeinen *nicht* verwiesen werden (str., vgl. Rdn 4 und Anh § 34, 54); anderes gilt dann, wenn entweder das Austrittsrecht und sein Vollzug in der Satzung konkretisiert sind oder die Mitgesellschafter sich mit dem Ausscheiden einverstanden erklären, sofern dem Auflösungskläger dadurch eine zumutbare Alternative eröffnet wird. **9**

Der Auflösungsgrund muß in den **Verhältnissen der Gesellschaft** liegen und als dauernder der Fortsetzung der Gesellschaft nicht nur vorübergehend entgegenstehen. Als wichtigstes Beispiel nennt Abs. 1 den Eintritt der *Unmöglichkeit, den Gesellschafts-* **10**

---

12 Heute einhM, vgl. etwa RGZ 164, 129, 132; 122, 312, 314; Scholz/*K. Schmidt* 4; Baumbach/Hueck/*Schulze-Osterloh* 21; Rowedder/*Rasner* 4; *Becker* ZZP 97 (1984) 317. Zur entsprechenden Rechtslage bei § 133 HGB vgl. *Ulmer*-GroßkommHGB³ § 133, 61 m. w. Nachw.

13 So auch Rowedder/*Rasner* 12; zur Auflösungsklage nach § 133 HGB vgl. OLG Nürnberg WM 1958, 710, 713; *Ulmer*-GroßkommHGB³ § 133, 19.

14 So zutr. schon RG LZ 1911, 787.

15 BGH NJW 1985, 1901 f; Scholz/*K. Schmidt* 3; Baumbach/Hueck/*Schulze-Osterloh* 5; *Lutter/Hommelhoff* 1; Rowedder/*Rasner* 2; *Roth* 2.1. So auch schon RG JW 1903, 249; RG HRR 1935, Nr. 1404; einschr. aber RG JW 1917, 929 und RGZ 92, 409, 413.

16 BGH NJW 1985, 1901 f.

zweck zu erreichen (Rdn 12 ff). Daneben kommen auch sonstige schwerwiegende Gründe in Betracht, seien sie sachlicher oder persönlicher Art, sofern sie die Verhältnisse der Gesellschaft betreffen und deren Fortbestand für den Kläger unzumutbar machen (Rdn 19 ff). Gegenüber den Verhältnissen bei Gründung der GmbH muß ein so grundlegender Wandel eingetreten sein, daß – auch unter Berücksichtigung sonstiger Lösungsmöglichkeiten des Klägers – die Auflösung der GmbH als die nach Lage der Dinge einzig angemessene Rechtsfolge erscheint. Gründe in der *Person des Auflösungsklägers*, die nur *für ihn* die Fortsetzung unzumutbar machen, gewähren kein Auflösungs-, sondern nur ein Austrittsrecht (Rdn 22).

11 **Einfluß auf die Beurteilung** des geltendgemachten Auflösungsgrunds nach § 61 Abs. 1 haben namentlich die Struktur der GmbH und der Inhalt des Gesellschaftsvertrags. Entsprechend der personalistischen Wurzel des Auflösungsrechts (Rdn 1) ist ein wichtiger Grund, zumal wenn er seine Ursache in der Person der Gesellschafter hat (Rdn 21), im allgemeinen um so eher zu bejahen, je stärker der *personalistische Charakter der Gesellschaft* und je geringer die *Zahl der Gesellschafter* ist[17]. Der *Inhalt des Gesellschaftsvertrags* ist vor allem von Bedeutung, soweit es um die Bestimmung des Gesellschaftszwecks und die Beurteilung der Frage geht, ob seine Erreichung noch möglich ist (Rdn 16). Es können aber auch Vertragsbestandteile, die weder eine eindeutige Zeitbestimmung iSv § 60 Abs. 1 Nr. 1 enthalten noch ein Kündigungsrecht aus wichtigem Grund gewähren, bei der Wertung des Auflösungsgrundes herangezogen werden, wenn sie den Willen der Parteien erkennen lassen, daß der Eintritt der dort genannten Umstände einen Auflösungsgrund bilden soll (§ 60, 64). Ebenso ist es umgekehrt möglich, durch Satzungsregelung bestimmten, objektiv als wichtiger Grund in Betracht kommenden Umständen mit Rücksicht auf die Art des Zusammenschlusses den Charakter eines wichtigen Grundes zu nehmen, solange sich damit nicht eine unzulässige Einschränkung des zwingenden Auflösungsrechts verbindet (vgl. dazu näher Rdn 3, 51).

2. Unmöglichkeit der Zweckerreichung

12 a) **Allgemeines.** Der Eintritt der Unmöglichkeit, den Gesellschaftszweck zu erreichen, ist in Abs. 1 ausdrücklich als wichtiger Auflösungsgrund aufgeführt. Das entspricht der **zentralen Bedeutung**, die diesem Auflösungsgrund zu Recht auch im Personengesellschaftsrecht zugemessen wird[18]. Da die Gesellschaft zu einem bestimmten, von den Gesellschaftern verfolgten Zweck gegründet worden ist, verliert sie ihre Existenzberechtigung, wenn dieser Zweck auf Dauer unerreichbar wird und dieses Hindernis auch nicht durch eine den veränderten Umständen in zumutbarer Weise Rechnung tragende Vertragsanpassung beseitigt werden kann. In Fällen dieser Art scheidet die Möglichkeit, den Kläger auf eine andere Art des Ausscheidens zu verweisen, regelmäßig schon deshalb aus, weil die Zusammenarbeit in der Gesellschaft von vornherein auf ein bestimmtes gemeinsames Ziel gerichtet war und durch die eingetretenen Änderungen ihre Grundlage verloren hat.

13 Schwierigkeiten bereitet nicht selten die **Feststellung der Unmöglichkeit**, den Gesellschaftszweck zu erreichen. Das kann sowohl auf den Problemen der Ermittlung des

[17] Vgl. etwa RGZ 92, 409, 413 f; 98, 66, 67; 164, 257, 258; BGHZ 80, 346, 347 f = NJW 1981, 2302; Scholz/*K. Schmidt* 24; Rowedder/*Rasner* 8.

[18] Vgl. § 726 BGB sowie *Ulmer*-GroßkommHGB § 133, 37 ff m. w. Nachw.

Gesellschaftszwecks beruhen (Rdn 14 ff) als auch darauf, dessen Unmöglichwerden zu prüfen und insbesondere die für das Eingreifen von Abs. 1 erforderliche dauernde von der nur vorübergehenden Unmöglichkeit abzugrenzen (Rdn 17).

14 b) **Ermittlung des Gesellschaftszwecks.** § 61 Abs. 1 stellt auf den Gesellschaftszweck ab, nicht aber auf den davon zu unterscheidenden, in §§ 3 Abs. 1 Nr. 2, 4 Abs. 1, 10 Abs. 1, 75 Abs. 1 angesprochenen Unternehmensgegenstand. Das beruht nicht etwa auf einem Redaktionsversehen, sondern unterstreicht die zentrale Rolle, die dem Gesellschaftszweck im Unterschied nicht zuletzt zum Unternehmensgegenstand für das Zusammenwirken der Gesellschafter zukommt. Während der *Unternehmensgegenstand* als nach außen gerichtete Verlautbarung der Gesellschafter in erster Linie eine Information für Rechtsverkehr und Öffentlichkeit über die Tätigkeitsgebiete der Gesellschaft enthält und dementsprechend nach § 4 Abs. 1 auch die Wahl der Sachfirma der GmbH bestimmt, betrifft der *Gesellschaftszweck* das **Verhältnis der Gesellschafter untereinander** und die von ihnen mit der Gesellschaft verfolgten Ziele (vgl. näher § 1, 4 ff, § 3, 19, § 53, 101 ff).

15 Trotz der danach gebotenen Unterscheidung zwischen Gesellschaftszweck und **Unternehmensgegenstand** kann freilich auch diesem *Bedeutung für die Ermittlung des Gesellschaftszwecks* zukommen. Insbesondere kann der Unternehmensgegenstand – und wird es häufig – *Teil* des Gesellschaftszwecks sein, so wenn die Gesellschaft für die Produktion und den Vertrieb bestimmter Erzeugnisse oder zur Erbringung bestimmter Arten von Dienstleistungen im Interesse der Gesellschafter gegründet wird. Über den Unternehmensgegenstand hinausgehend bezieht sich der Gesellschaftszweck regelmäßig auf die Gewinnerzielungsabsicht der Gesellschafter[19], ggf. auch – so etwa bei Gemeinschaftsunternehmen oder im Falle einer Komplementär-GmbH – auf die Zusammenarbeit mit anderen Gesellschaften oder einzelkaufmännischen Unternehmen. Denkbar ist aber auch ein vom Unternehmensgegenstand völlig losgelöster Gesellschaftszweck, so wenn als Unternehmensgegenstand eine bestimmte Produktionstätigkeit vereinbart ist, der Gesellschaftszweck sich aber auf Verfolgung gemeinnütziger Zwecke aus den Erträgnissen dieser Tätigkeit richtet, oder wenn mit der GmbH die Poolung des Einflusses der Gesellschafter auf eine oder mehrere andere Gesellschaften bezweckt wird[20], während als Unternehmensgegenstand nur allgemein das Halten und Verwalten von Anteilen an anderen Gesellschaften angegeben wird.

16 Im einzelnen sind Art und Inhalt des Gesellschaftszwecks durch **Satzungsauslegung** zu ermitteln (vgl. dazu § 2, 138 ff). Dabei scheidet eine Berücksichtigung solcher Umstände aus, die keinen Ausdruck in der Satzung selbst oder in den Eintragungsunterlagen gefunden haben[21]. Vom Gesellschaftszweck zu unterscheiden sind daher namentlich auch die für die Gründung maßgebenden *Motive* einzelner oder auch aller Gründer[22]; ihre Nichterreichung kann nicht durch Auflösungsklage geltendgemacht werden. Enthält der Gesellschaftsvertrag keine besonderen, den Unternehmensgegenstand überlagernden oder ergänzenden Regelungen über den Gesellschaftszweck, so richtet sich dieser im Zweifel auf das *erwerbswirtschaftliche Betreiben des Unterneh-*

---

19 So auch RG HRR 1935 Nr. 1404.

20 Vgl. OLG Saarbrücken AG 1980, 26.

21 Vgl. näher § 2, 145; allein auf die Satzung abstellend RGZ 164, 129, 140; für Berücksichtigung auch der „Anlage des Unternehmens" Scholz/*K. Schmidt* 18; Baumbach/Hueck/*Schulze-Osterloh* 5; *Lutter/Hommelhoff* 9; ähnlich *Hofmann* GmbH-Rdsch. 1975, 220.

22 RGZ 164, 129, 140; OLG Saarbrücken AG 1980, 26, 28; Rowedder/*Rasner* 6; *Meyer-Landrut*/Miller/Niehus 5.

mensgegenstands[23] mit der Folge, daß Hindernisse bei der Verwirklichung des Unternehmensgegenstands auch zur Unmöglichkeit der Erreichung des Gesellschaftszwecks führen. Soll der Unternehmensgegenstand dagegen nur ein grundsätzlich austauschbares Mittel sein zur Verfolgung eines davon zu unterscheidenden, andersartigen Gesellschaftszwecks oder soll ihm aus anderen Gründen kein Einfluß auf den Gesellschaftszweck zukommen, so muß dies aus der Satzung oder den sonstigen Eintragungsunterlagen deutlich hervorgehen. Der Unterschied zwischen dem Unternehmensgegenstand und einem davon abweichenden, namentlich auf Gewinnerzielung verzichtenden Gesellschaftszweck zeigt sich nicht zuletzt darin, daß der Unternehmensgegenstand als solcher regelmäßig mit Dreiviertelmehrheit, ein davon zu unterscheidender Gesellschaftszweck nur mit Zustimmung sämtlicher Gesellschafter geändert werden kann (vgl. näher § 1, 10; § 53, 103).

17 c) **Unmöglichkeit.** Unmöglich ist der Gesellschaftszweck, wenn seine Erreichung aller Voraussicht nach **auf Dauer ausgeschlossen** ist[24]. Störungen oder Hindernisse *vorübergehender* Art wie kriegsbedingter Rohstoffmangel, konjunkturelle Absatzeinbußen, Versorgungsengpässe oder behebbare Produktionsstörungen bilden keinen wichtigen Auflösungsgrund[25]. Einer *rechtlichen* Unmöglichkeit wie etwa der Nichtigerklärung des der Produktion zugrundeliegenden Patents wegen eines kollidierenden Schutzrechts, der Kündigung einer für die Tätigkeit der Gesellschaft unverzichtbaren Lizenz oder dem Entzug der erforderlichen Gewerbeerlaubnis (vgl. dazu auch § 62, 11) steht die *wirtschaftliche*, zur dauernden Unrentabilität des Unternehmens der GmbH führende Unmöglichkeit gleich[26]. Hinsichtlich des Eintritts der Störung stellt Abs. 1 nach seinem Wortlaut auf die *nachträgliche* Unmöglichkeit als den Regelfall der Auflösung aus wichtigem Grund ab. Das schließt freilich seine Anwendung in Fällen nicht aus, in denen es um das Vorliegen *anfänglicher*, bei Vertragsschluß noch nicht erkennbarer Unmöglichkeit geht[27]. Darlegungs- und beweispflichtig für die den wichtigen Grund bildenden Umstände ist der Auflösungskläger[28]. Schuldhafter Herbeiführung der Unmöglichkeit durch Mitgesellschafter bedarf es nicht[29]. Wohl aber kann ein **Verschulden des Auflösungsklägers** seiner Klage entgegenstehen und statt dessen zu seiner Ausschließung führen (Rdn 4). Zur Unmöglichkeit wichtiger Nebenleistungspflichten als Auflösungsgrund vgl. § 3, 65 und 97.

18 **Beispiele**, in denen von der Rechtsprechung ein zur Auflösung berechtigender wichtiger Grund (wenn auch nicht stets iS der Unmöglichkeit des Gesellschaftszwecks) anerkannt wurde, bilden die Nichterteilung oder *Nichtigerklärung eines* für den Gesellschaftszweck zentralen *Patents*[30], die auf die Dauer *fehlende Rentabilität* einer auf

23 So RG HRR 1935 Nr. 1404 und wohl auch RGZ 164, 129, 140; Baumbach/Hueck/*Schulze-Osterloh* 7; Rowedder/*Rasner* 6; generell für Gleichsetzung von Unmöglichkeit der Zweckerreichung und Vereitelung des Unternehmensgegenstands Scholz/*K. Schmidt* 18.

24 RG HRR 1935 Nr. 1404; Scholz/*K. Schmidt* 20; *Roth* 2.2; Baumbach/Hueck/*Schulze-Osterloh* 8; Rowedder/*Rasner* 5; vgl. auch *Ulmer*-GroßkommHGB³ § 133, 37 ff.

25 Vgl. neben den Nachw. in Fn 24 noch RGZ 164, 129, 139; OLG Hamburg LZ 1919, 499.

26 Scholz/*K. Schmidt* 19; Rowedder/*Rasner* 5; *Meyer-Landrut*/Miller/Niehus 5; so im Erg. auch RG JW 1927, 1684; RG LZ 1928, 1615; RG HRR 1935, Nr. 1404.

27 So auch Scholz/*K. Schmidt* 19; Baumbach/Hueck/*Schulze-Osterloh* 8; Rowedder/*Rasner* 5; *Meyer-Landrut*/Miller/Niehus 5; zur Behandlung sonstiger Mängel des Gesellschaftsvertrags als wichtigen Grund vgl. Rdn 23.

28 RGZ 164, 129, 142; zur Beweislast der Gesellschaft hinsichtlich des Eingreifens von der Auflösungsklage vorgehenden milderen, zur Behebung der Störung geeigneten Mitteln vgl. BGH NJW 1985, 1901 f.

29 EinhM, vgl. etwa Scholz/*K. Schmidt* 24; Baumbach/Hueck/*Schulze-Osterloh* 11; zur Auflösungsklage nach § 133 HGB vgl. auch *Ulmer*-GroßkommHGB³ § 133, 25 m. w. Nachw.

30 RG LZ 1908, 542; KG OLGR 19, 371; Baumbach/Hueck/*Schulze-Osterloh* 8.

Gewinnerzielung gerichteten Gesellschaft[31], sowie das *Verbot eines* in der Rechtsform der GmbH betriebenen *Verkaufssyndikats* oder eines sonstigen, die Voraussetzungen des § 1 GWB erfüllenden und nicht freistellungsfähigen Gemeinschaftsunternehmens durch die Kartellbehörden[32]. Im Falle einer Komplementär-GmbH ist als wichtiger Grund auch die Auflösung und Beendigung der GmbH & Co. KG anzusehen[33]. Dagegen ist der Verlust der wirtschaftlichen Selbständigkeit einer GmbH durch mehrheitliche Beteiligung eines herrschenden Unternehmens oder durch *Eingliederung in dessen Konzernorganisation* nur in seltenen Fällen als so schwerwiegend für die Erreichung des Gesellschaftszwecks zu werten, daß die Auflösungsklage hierauf gestützt werden kann[34].

3. Sonstige Gründe

a) **Sachliche.** Sachliche Gründe in den **Verhältnissen der Gesellschaft,** die nicht nur Anlaß zu Ausschließung oder Austritt eines Gesellschafters geben, sondern den Fortbestand der Gesellschaft für den Auflösungskläger unzumutbar machen, werden vielfach den *Unternehmensgegenstand* und dadurch mittelbar zugleich den Gesellschaftszweck betreffen und seiner Erreichung entgegenstehen. Zu denken ist an die dauernde Unrentabilität des von der Gesellschaft betriebenen Unternehmens, den Verlust der Absatzgebiete oder die definitive Unwirtschaftlichkeit des Herstellungsverfahrens infolge der technischen Entwicklung. Derartige Umstände können freilich auch dann von Bedeutung sein, wenn sie sich auf den Unternehmensgegenstand beschränken, während der Gesellschaftszweck in der Satzung abweichend hiervon bestimmt ist. Das folgt aus der nur beispielhaften Erwähnung der Unerreichbarkeit des Gesellschaftszwecks als wichtiger Grund. Entscheidend für die Wertung der genannten Störungen als wichtiger Grund ist, daß sie nicht behebbar sind und der Fortbestand der Gesellschaft dadurch seinen wirtschaftlichen Sinn verliert[35]. **19**

Finanzielle Gründe wie der Verlust wesentlicher Teile des Stammkapitals oder die fehlende Kreditfähigkeit der Gesellschaft *genügen für sich allein nicht*, um die Auflösung zu rechtfertigen[36]. Anderes gilt, wenn sich daraus die dauernde Unrentabilität der Gesellschaft ergibt (Rdn 18) oder wenn das verbliebene Kapital keinesfalls ausreicht, um die Geschäftstätigkeit der Gesellschaft zu finanzieren und ihre Zahlungsfähigkeit auf absehbare Zeit sicherzustellen, die Gesellschafter aber nicht bereit oder in der Lage sind, die Krise durch Zufuhr neuen Kapitals oder durch sonstige Sanierungsmaßnahmen abzuwenden[37]. Ist Zahlungsunfähigkeit eingetreten oder die Gesellschaft überschuldet, so folgt die Auflösung bereits aus der nach § 64 Abs. 1 zu beantragenden Konkurseröffnung (§ 60 Abs. 1 Nr. 4) bzw. – bei Konkursablehnung mangels Masse – aus § 1 Abs. 1 LöschG (Anh § 60, 7); einer Auflösungsklage bedarf es nicht. Bei unzureichender Gewinnausschüttung und übermäßiger Selbstfinanzierung der Gesell- **20**

---

31 RG JW 1927, 1684; RG LZ 1928, 1615; Scholz/*K. Schmidt* 22; Rowedder/*Rasner* 5.

32 OLG Stuttgart WuW/E OLG 2790, 2794 unter Bezugnahme auf § 13 GWB; Scholz/*K. Schmidt* 19; Baumbach/Hueck/*Schulze-Osterloh* 8.

33 So auch Baumbach/Hueck/*Schulze-Osterloh* 8.

34 So auch OLG Saarbrücken AG 1980, 26, 28. Für ein Austrittsrecht der Minderheit als Folge der Konzerneingliederung mit guten Gründen Scholz/*K. Schmidt* 18; Rowedder/*Rasner* 5; *Wiedemann* ZGR 1978, 495; *Ruwe* AG 1980, 24; aA *Meyer-Landrut*/Miller/Niehus 6. Allg. zur Bedeutung der wirtschaftlichen Selbständigkeit einer Gesellschaft für den Gesellschaftszweck vgl. *Wiedemann* GesR I S. 154 ff.

35 Ähnlich Scholz/*K. Schmidt* 22; Baumbach/Hueck/*Schulze-Osterloh* 9.

36 So auch Scholz/*K. Schmidt* 22; Rowedder/*Rasner* 7; zur Rechtslage bei der OHG vgl. *Ulmer*-GroßkommHGB³ § 133, 40 m. w. Nachw.

37 RG JW 1927, 1684; RG HRR 1935 Nr. 1404; *Lutter*/*Hommelhoff* 8; zur Gesellschafterhaftung wegen eindeutiger Unterkapitalisierung vgl. Anh § 30, 35 ff.

schaft auf Betreiben der Mehrheit besteht die angemessene Rechtsfolge nicht in der Auflösung der Gesellschaft als äußerstem Mittel, sondern in der Anfechtung des Gewinnverteilungsbeschlusses wegen Treupflichtverletzung (vgl. Anh § 47, 133).

21 b) **Persönliche.** Gründe in der *Person einzelner Gesellschafter* sind für sich genommen im Regelfall nicht geeignet, um hierauf die Auflösungsklage zu stützen; sie begründen je nach ihrer Schwere vielmehr nur die Möglichkeit der Ausschließung des störenden Gesellschafters (Rdn 4). Anderes gilt bei *tiefgreifender unheilbarer Zerrüttung* zwischen den Gesellschaftern, wenn sie die Fortsetzung der Gesellschaft unter den bisherigen Gesellschaftern unzumutbar macht und mangels alleinigem oder hauptsächlichem Verschulden eines Teils der Gesellschafter nicht durch Ausschließung des Störers oder Einziehung seines Geschäftsanteils behoben werden kann[38]. Hat die Zerrüttung zur Folge, daß die Willensbildung in der Gesellschaft auf Dauer blockiert wird oder eine Verständigung über wesentliche, für die Fortführung der Gesellschaft zentrale Fragen[39] nicht mehr möglich ist, so erstreckt sie sich über die Person der Gesellschafter hinaus auf die **Verhältnisse der Gesellschaft**; das kommt namentlich bei Gesellschaften mit paritätisch beteiligten Gesellschafter(-stämmen)[39a] oder mit geringer Mitgliederzahl in Betracht (Rdn 11). In derartigen Fällen kann der Auflösungsklage nicht etwa eine noch vorhandene Rentabilität der Gesellschaft entgegengesetzt werden, jedenfalls wenn mit ihrer Beeinträchtigung als Folge der Zerrüttung über kurz oder lang zu rechnen ist[40]. Auch das insoweit ebenfalls in Betracht kommende Recht zum *Austritt* aus wichtigem Grund steht der Begründetheit der Auflösungsklage nicht ohne weiteres entgegen (str., vgl. Rdn 4).

22 **Sonstige** Gründe in der Person einzelner Gesellschafter, die den Gesellschaftszweck unberührt lassen und sich auch sonst **nicht unmittelbar auf die Verhältnisse der Gesellschaft auswirken**, sind für die Auflösungsklage im Grundsatz ohne Bedeutung. Darin unterscheidet sich § 61 Abs. 1 namentlich auch von § 133 HGB, der nach seinem Wortlaut nicht zwischen Gründen in den Verhältnissen der Gesellschaft und solchen in der Person einzelner Gesellschafter differenziert[41]. Das gilt etwa für den Konkurs eines Gesellschafters[42], die Pfändung seines Geschäftsanteils, die Verletzung der im Gesellschaftsvertrag von ihm übernommenen Pflichten oder seine Unfähigkeit zur weiteren Wahrnehmung von Geschäftsführungsaufgaben. In derartigen Fällen mag je nach Sachlage und Vertragsgestaltung eine *Einziehung* des Geschäftsanteils nach § 34 Abs. 2 oder eine *Ausschließung* des Gesellschafters aus wichtigem Grund in Betracht kommen. Für eine Auflösungsklage ist jedoch nur dann Raum, wenn die genannten Umstände zugleich wesentliche Bedeutung für die Verhältnisse der Gesellschaft haben[43]. Entsprechendes gilt, wenn einem Gesellschafter das weitere Verbleiben in der Gesellschaft aus einem *in seiner Person* liegenden Grund nicht mehr zumutbar ist. Auch hier ist der geeignete Rechtsbehelf regelmäßig nicht die Auflösungsklage, sondern der *Austritt* aus wichtigem Grund (Anh § 34, 48).

---

[38] EinhM, vgl. RGZ 164, 257, 258 und 263; BGHZ 80, 346, 347f und 352 = NJW 1981, 2302; BGH NJW 1985, 1901f; OLG Saarbrücken AG 1980, 26, 28; Scholz/*K. Schmidt* 24; Baumbach/Hueck/*Schulze-Osterloh* 11; *Lutter*/*Hommelhoff* 8; Rowedder/*Rasner* 8; *Meyer-Landrut*/Miller/Niehus 7.

[39] Etwa die Bestellung der Geschäftsführer in zur Vertretung der Gesellschaft notwendiger Zahl (vgl. § 6, 4 und Voraufl. § 35, 20).

[39a] Vgl. BGHZ 80, 346f = NJW 1981, 2302; NJW 1985, 1901.

[40] BGHZ 80, 346, 348 = NJW 1981, 2302; enger noch RGZ 164, 257, 262.

[41] Zum Vorrang von § 140 HGB vor § 133 HGB vgl. aber *Ulmer*-GroßkommHGB[3] 140, 16f; Baumbach/Duden/*Hopt* HGB[28] § 133, 2 D.

[42] So im Grundsatz auch RGZ 82, 288, 292f; Rowedder/*Rasner* 8.

[43] So auch Rowedder/*Rasner* 8; anders vor Anerkennung eines Rechts zum Ausschluß aus wichtigem Grund noch RG LZ 1914, 280; LZ 1911, 301; RG Recht 1909, 1405.

4. Mängel des Gesellschaftsvertrags

Mängel des Gesellschaftsvertrags, die das Stammkapital der Gesellschaft oder den Unternehmensgegenstand betreffen und einen Nichtigkeitsgrund nach § 75 Abs. 1 bilden, sind durch *Nichtigkeitsklage* nach dieser Vorschrift geltend zu machen; sie geht als Sonderregelung der Auflösungsklage vor[44]. Hiervon abgesehen ist zwischen Mängeln des Gründungsvertrags und fehlerhaften Satzungsänderungen zu unterscheiden. **Gründungsmängel** bilden einen wichtigen Grund für eine Auflösungsklage, wenn sie die hierdurch betroffenen Gesellschafter bei Kenntnis des Mangels vom Vertragsschluß abgehalten hätten und nicht zwischenzeitlich infolge der Zusammenarbeit in der Gesellschaft ihre Bedeutung verloren, sondern die andauernde Unzumutbarkeit des Fortbestands der Gesellschaft zur Folge haben[45]; ihre Heilung als Eintragungsfolge (§ 2, 91) steht der Auflösungsklage nicht entgegen. Das gilt namentlich für Fälle, in denen der Vertragsabschluß auf arglistiger Täuschung, Irrtum o. ä. beruht und die Fristen der §§ 121, 124 BGB zur Geltendmachung dieser Mängel noch nicht abgelaufen sind[46]. Zu denken ist auch an die nichtige Beteiligung eines wesentlichen Gesellschafters (vgl. § 2, 42 und 102 ff). Beruhen die Mängel dagegen auf einer **Satzungsänderung**, so sind sie entsprechend §§ 241 ff AktG regelmäßig durch Anfechtungs- oder Nichtigkeitsklage als milderes Mittel geltendzumachen. Ein wichtiger Auflösungsgrund ist hierin nur in seltenen Ausnahmefällen zu sehen, in denen der Satzungsmangel zur Unzumutbarkeit des Fortbestands der Gesellschaft führt[47]. 23

5. Revisibilität

Die Abgrenzung zwischen den dem angegriffenen Urteil zugrundeliegenden tatsächlichen Feststellungen (der „Tatfrage") und den nach §§ 549, 550 ZPO mit der Revision angreifbaren Gesetzesverletzungen (der „Rechtsfrage") bereitet namentlich für die Beurteilung des wichtigen Grundes Schwierigkeiten[48]. Das beruht darauf, daß im Rahmen der Auflösungsklage nicht nur der rechtserhebliche Sachverhalt zu ermitteln und der Rechtsbegriff des wichtigen Grundes herauszuarbeiten ist, sondern auch eine **Subsumtion der festgestellten Tatsachen unter den Obersatz des wichtigen Grundes** erfolgen muß. Diese Subsumtion vollzieht sich im Grundsatz zwar als Rechtsanwendung, doch fließen im Rahmen des richterlichen Beurteilungsspielraums bei Feststellung des wichtigen Grundes (Rdn 8) unvermeidlich auch tatsächliche Wertungen mit ein[49]. 24

Der *Bundesgerichtshof* trägt dieser Gemengelage von tatsächlichen Feststellungen und rechtlicher Würdigung dadurch Rechnung, daß er sich zwar nicht auf die Nachprüfung des vom Instanzgericht zugrundegelegten Begriffs des wichtigen Grundes beschränkt, sondern die revisionsgerichtliche Überprüfung im Grundsatz auch auf dessen 25

[44] EinhM, vgl. nur Scholz/*K. Schmidt* 23; Baumbach/Hueck/*Schulze-Osterloh* 12.

[45] Vgl. § 2, 91; so im Grundsatz auch Scholz/*K. Schmidt* 23; Baumbach/Hueck/*Schulze-Osterloh* 12; Rowedder/*Rasner* 4; aA *Meyer-Landrut*/Miller/Niehus 7. Im Unterschied zur Rechtsprechung zu § 133 HGB (BGHZ 3, 285, 290 = NJW 1952, 97; 55, 5, 9 f = NJW 1971, 375; dazu *Ulmer*-GroßkommHGB[3] § 133, 43) rechtfertigt also ein Gründungsmangel nicht ohne weiteres, d. h. unabhängig vom Vorliegen eines wichtigen Grundes, die Auflösung der Gesellschaft.

[46] AA – für Auflösungsklage auch nach Fristablauf – Hachenburg/*W. Schmidt*[6] 7.

[47] Für generellen Vorrang von Anfechtungs- und Nichtigkeitsklagen Scholz/*K. Schmidt* 23; Rowedder/*Rasner* 7.

[48] Vgl. *Ulmer*-GroßkommHGB[3] § 133, 11 ff; allgemein zur Abgrenzung zwischen Tat- und Rechtsfragen vgl. Stein/Jonas/*Grunsky* ZPO[20] § 549, 9 ff; Zöller/*Schneider* ZPO[16] § 550, 1 ff.

[49] Vgl. dazu Stein/Jonas/*Grunsky* ZPO[20] § 549, 14; *Henke* ZZP 81 (1968) 321, 327 ff; Scholz/*K. Schmidt* 25; *Ulmer*-GroßkommHGB[3] § 133, 12; eingehend *Gottwald* Die Revisionsinstanz als Tatsacheninstanz (1975) S. 155 ff.

Vorliegen anhand des hierfür erheblichen Parteivorbringens erstreckt, dabei jedoch einen **tatrichterlichen Beurteilungsspielraum** respektiert und nur bei dessen Überschreiten zur Aufhebung des Urteils wegen Gesetzesverletzung kommt[50]. Dem wird in der neueren Literatur überwiegend zugestimmt[51]. Im Ergebnis erweisen sich die Feststellungen der Instanzgerichte zum wichtigen Grund danach als voll revisibel, soweit nicht die richtige Ermittlung der für den wichtigen Grund vorgebrachten Tatsachen und ihre Würdigung im Rahmen des tatrichterlichen Beurteilungsspielraums in Frage stehen.

III. Die Parteien

1. Klagebefugnis (Abs. 2 S. 2)

26 a) **Allgemeines.** Voraussetzung für die Erhebung der Auflösungsklage ist nach Abs. 2 S. 2 die Beteiligung von Gesellschaftern als Kläger, auf die mindestens **10% des Nennbetrags der Summe der Geschäftsanteile** entfallen (zur Berechnung vgl. Rdn 31). Es handelt sich um eine *Prozeßvoraussetzung*, deren Fehlen zur Abweisung der Klage als unzulässig führt[52]. Ihr Vorliegen ist von Amts wegen zu prüfen; maßgebend ist der Zeitpunkt der letzten mündlichen Verhandlung[53]. *Mehrere* Auflösungskläger sind *notwendige Streitgenossen* nach § 62 Abs. 1, 1. Alt. ZPO[54]. Zur Nebenintervention auf der Aktivseite vgl. Rdn 33 f.

27 **Veräußert** der Auflösungskläger seinen Geschäftsanteil *während des Prozesses*, so führt das zum Verlust der Klagebefugnis; *§ 265 ZPO findet keine Anwendung*[55]. Die abweichende Beurteilung der hM für den Fall der Anfechtungsklage[56] steht nicht entgegen; sie erklärt sich aus dem von der Anteilsveräußerung regelmäßig unberührten Interesse der Beteiligten an gerichtlicher Aufhebung des rechtswidrigen Gesellschafterbeschlusses. Soweit ausnahmsweise auch im Fall der Auflösungsklage der Anteilserwerber ein schutzwürdiges Interesse an deren Fortführung hat, ist dem durch Zulassung seines Eintritts anstelle des Veräußerers in den Rechtsstreit im Wege des gewillkürten Parteiwechsels entsprechend § 263 ZPO Rechnung zu tragen; als sachdienlich ist der Eintritt auch ohne Zustimmung der beklagten Gesellschaft zuzulassen[57]. Von der Veräußerung zu unterscheiden ist die *kraft Gesetzes eintretende Rechtsnachfolge* in den Anteil durch Erbfall u. a. während des Prozesses: sie führt nicht zum Wegfall der Klagebefugnis, sondern zum Parteiwechsel unter Unterbrechung des Rechtsstreites nach Maßgabe der §§ 239 ff, 246 ZPO.

28 b) **Gesellschafter.** Die Klagebefugnis steht grundsätzlich nur Gesellschaftern zu. Das sind die Gründer und die Übernehmer von Stammeinlagen im Zuge einer Kapitaler-

[50] Vgl. etwa BGHZ 4, 108, 11 ff = NJW 1952, 461; 46, 392, 396 = NJW 1967, 1081; BGH WM 1966, 1051; DB 1977, 87, 88.

[51] Vgl. Scholz/*K. Schmidt* 25; Rowedder/*Rasner* 14; *Ulmer*-GroßkommHGB[3] § 133, 13; Zöller/*Schneider* ZPO[16] § 550, 12; kritisch zum Beurteilungsspielraum Baumbach/Hueck/*Schulze-Osterloh* 13; Stein/Jonas/*Grunsky* ZPO[20] § 549, 27; *Gottwald* Die Revisionsinstanz als Tatsacheninstanz (1975) S. 160 ff.

[52] So auch Scholz/*K. Schmidt* 7, 8; Baumbach/Hueck/*Schulze-Osterloh* 14; *Lutter/Hommelhoff* 3; Rowedder/*Rasner* 9; zur abw. Beurteilung beim Fehlen der Anfechtungsbefugnis vgl. Anh § 47, 151 m. Nachw.

[53] Scholz/*K. Schmidt* 7; Baumbach/Hueck/*Schulze-Osterloh* 14; *Hofmann* GmbH-Rdsch. 1975, 220.

[54] Scholz/*K. Schmidt* 8; Baumbach/Hueck/*Schulze-Osterloh* 16; *Lutter/Hommelhoff* 3.

[55] HM, vgl. Baumbach/Hueck/*Schulze-Osterloh* 14; *Lutter/Hommelhoff* 3; Rowedder/*Rasner* 9; so jetzt auch Scholz/*K. Schmidt* 7; aA *Brodmann* 1.

[56] Vgl. BGHZ 43, 261, 267 = NJW 1965, 1378; Anh § 47, 153 (*Raiser*); Scholz/*K. Schmidt* § 45, 133.

[57] So auch Scholz/*K. Schmidt* 7; Baumbach/Hueck/*Schulze-Osterloh* 14; Rowedder/*Rasner* 9; *Lutter/Hommelhoff* 3; weitergehend – für uneingeschränkte Zulassung – *Rob. Fischer*[9] 2 (so auch § 212 Abs. 2 S. 6 RegE GmbHG 1971/73).

höhung sowie ihre Rechtsnachfolger. Im Fall der *Anteilsveräußerung* sind klagebefugt diejenigen, deren Erwerb nach § 16 Abs. 1 unter Nachweis des Übergangs bei der Gesellschaft angemeldet ist (zur Veräußerung während des Rechtsstreits vgl. Rdn 27). Die Kaduzierung des Geschäftsanteils (§ 21), seine Preisgabe im Nachschußverfahren (§ 27) sowie seine Einziehung (§ 34) führen zum Verlust der Klagebefugnis; maßgebend ist der Zeitpunkt der letzten mündlichen Verhandlung (Rdn 26). Im Konkurs eines Gesellschafters geht die Klagebefugnis auf den **Konkursverwalter** über[58]. Ist die Auflösungsklage bei Konkurseröffnung bereits erhoben, so kann der Konkursverwalter den Prozeß nach § 10 KO aufnehmen.

Das Bestehen von **Treuhandverhältnissen oder beschränkt dinglichen Rechten** wie **29**
Nießbrauch und *vertragliches Pfandrecht* am Anteil läßt die Klagebefugnis des Gesellschafters nach hM unberührt[59]. Auf die dem Nießbraucher und Pfandgläubiger in §§ 1071, 1276 BGB vorbehaltene, dinglich wirkende Zustimmung zu Rechtsgeschäften über die Aufhebung des belasteten Rechts kommt es wegen der Unverzichtbarkeit des Auflösungsrechts (Rdn 3) nicht an[60]. Treugeber sowie Inhaber beschränkt dinglicher Rechte sind auf Schadensersatzansprüche gegen den Anteilsinhaber beschränkt, wenn dieser unter Verletzung seiner Verpflichtungen ihnen gegenüber die Auflösung der Gesellschaft herbeiführt. Von der Frage der Klagebefugnis zu unterscheiden ist diejenige nach dem Auflösungsgrund; insoweit kann je nach Lage des Falles im Rahmen der Zumutbarkeitsprüfung (Rdn 9) auch das Bestehen von Rechten Dritter am Geschäftsanteil des Klägers berücksichtigt werden[61].

Das in Rdn 29 Ausgeführte gilt entsprechend für die Rechtsstellung des **Pfandgläubi-** **30**
gers im Falle eines Pfändungspfandrechts. Auch ihm steht weder die Auflösungsklage noch ein Kündigungsrecht analog § 135 HGB zu[62]. Vielmehr muß er versuchen, den Anteil im Wege der Zwangsversteigerung zu verwerten (vgl. dazu Anh § 15, 82 ff).

c) **Quorum von 10%.** Das Auflösungsklagerecht des § 61 steht nach Abs. 2 S. 2 **31**
nicht jedem Gesellschafter unabhängig von der Höhe seiner Beteiligung zu, sondern – ebenso wie die Minderheitenrechte der §§ 50 Abs. 1 und 2, 66 Abs. 2 – einer Minderheit mit einer *Kapitalbeteiligung von mindestens 10%*. Die Satzung kann keine höhere, wohl aber geringere Mehrheiten für die Auflösungsklage vorsehen (Rdn 3, 52). Für die **Berechnung** gelten die gleichen Grundsätze wie zu § 50 (vgl. § 50, 2 f). Auf die Volleinzahlung der Stammeinlagen kommt es nicht an[63], ebenso nicht auf die Stimmberechtigung der Anteile[64]. Eingezogene sowie eigene Anteile der GmbH zählen bei der Berechnung nicht mit[65]; entsprechendes gilt für kaduzierte Anteile nach Zugang der

[58] EinhM, vgl. RGZ 70, 64, 65; Scholz/*K. Schmidt* 7; Rowedder/*Rasner* 9; *Hofmann* GmbH-Rdsch. 1975, 220.

[59] Vgl. Anh § 15, 44, 54 und 61; Scholz/*K. Schmidt* 7; Baumbach/Hueck/*Schulze-Osterloh* 15; Rowedder/*Rasner* 9; *Hofmann* GmbH-Rdsch. 1975, 220; *K. Müller* Die Sicherungsüberttragung von GmbH-Anteilen (1969) S. 49.

[60] So die heute wohl einhM, vgl. etwa Scholz/*K. Schmidt* 7; Baumbach/Hueck/*Schulze-Osterloh* 15; *Lutter/Hommelhoff* 3; Rowedder/*Rasner* 9; *Teichmann* ZGR 1972, 1, 15; *Niemeier* Rechtstatsachen und Rechtsfragen der Einziehung von GmbH-Anteilen (1982) S. 192 f; zu § 1071 BGB auch *Wiedemann* Übertragung und Vererbung von Mitgliedschaftsrechten (1965) S. 417 (anders aber *ders.* aaO S. 430 zu § 1276 BGB); **aA** zu § 1071 BGB *Hachenburg*[5] 1; wohl auch *Feine* S. 429 f; *Fleck* Festschrift Rob. Fischer (1979) S. 126.

[61] *K. Müller* aaO (Fn 59) S. 51 f; Scholz/*K. Schmidt* 7.

[62] Scholz/*K. Schmidt* 7; Baumbach/Hueck/*Schulze-Osterloh* 15; Rowedder/*Rasner* 9.

[63] KG GmbH-Rdsch. 1914, 185; § 50, 2 (*Hüffer*); Scholz/*K. Schmidt* 8 und § 50, 10; Rowedder/*Rasner* 9.

[64] § 50, 2 (*Hüffer*); Scholz/*K. Schmidt* § 50, 10; Rowedder/*Rasner* 9; *Kühn* GmbH-Rdsch. 1965, 133.

[65] § 50, 3 (*Hüffer*); Baumbach/Hueck/*Schulze-Osterloh* 14; *Roth* 3; für Berücksichtigung eigener Anteile der GmbH dagegen Scholz/*K. Schmidt* § 50, 10.

Kaduzierungserklärung und vor Verwertung des Anteils[66]. Veränderungen des Stammkapitals während des Prozesses sind für die Berechnung dann bedeutsam, wenn sie vor der letzten mündlichen Verhandlung (Rdn 26) in das Handelsregister eingetragen werden und dadurch Wirksamkeit erlangen[67]. Zum Einfluß der Anteilsveräußerung nach Klageerhebung auf die Klagebefugnis vgl. Rdn 27.

2. Beklagte (Abs. 2 S. 1)

32 Richtige Beklagte ist nach Abs. 2 S. 1 die **Gesellschaft**[67a]. Sie wird regelmäßig durch die Geschäftsführer in vertretungsberechtigter Zahl (§ 35 Abs. 2) vertreten; für *Zustellungen* genügt auch im Fall von Gesamtvertretung durch zwei oder mehr Geschäftsführer die Zustellung an *einen* Geschäftsführer (§ 35 Abs. 2 S. 3 GmbHG, § 171 Abs. 3 ZPO). Sind die Geschäftsführer zugleich Auflösungskläger und deshalb an der Vertretung im Prozeß gehindert (§ 181 BGB) oder hat die Gesellschaft im Zeitpunkt der Klageerhebung nicht die zur Vertretung erforderliche Zahl von Geschäftsführern, so hat auf Antrag des Klägers oder sonstiger Beteiligter die **Bestellung eines Notgeschäftsführers** durch das Registergericht entsprechend § 29 BGB (vgl. Voraufl. § 35, 63 ff) oder eines Prozeßvertreters nach § 57 ZPO durch das Prozeßgericht zu erfolgen. Die *Mitgesellschafter* können die Notbestellung allerdings dadurch abwenden, daß sie entsprechend § 46 Nr. 8 ihrerseits einen *Prozeßvertreter* bestellen; die Auflösungskläger haben hierbei kein Stimmrecht[68]. Zur Nebenintervention auf der Passivseite vgl. Rdn 33 f.

3. Nebenintervention

33 **Mitgesellschafter** können der Auflösungsklage auf der Aktiv- oder Passivseite **nach § 66 ZPO** in jedem Stadium des Verfahrens als Nebenintervenienten beitreten, wobei im Regelfall die Nebenintervention auf der *Passivseite* in Betracht kommt. Das rechtliche Interesse folgt daraus, daß das die Auflösung aussprechende Urteil als Gestaltungsurteil (Rdn 41) die GmbH in eine Liquidationsgesellschaft umwandelt und dadurch unmittelbar auch ihre Rechte berührt. Mit Rücksicht hierauf muß das Prozeßgericht die Mitgesellschafter auch **von Amts wegen über die Auflösungsklage informieren** und ihnen Gelegenheit zur Nebenintervention geben, wenn die Information nicht bereits durch die Geschäftsführer erfolgt ist und ihr keine auf der unüberschaubaren Zahl von Gesellschaftern u. a. beruhenden Hindernisse entgegenstehen[69].

34 Beteiligen sich Mitgesellschafter als Nebenintervenienten, so liegt ein **Fall streitgenössischer Nebenintervention nach § 69 ZPO** vor, da ein die Auflösung aussprechendes Urteil mit seiner Rechtskraft (Rdn 41) auch ihnen gegeüber Wirksamkeit entfaltet[70]. Die Nebenintervenienten haben danach die Stellung von – notwendigen (Rdn 26) –

---

[66] Vgl. § 21, 53, 59 (*W. Müller*); so für § 50 auch § 50, 3 (*Hüffer*); Baumbach/Hueck/*Zöllner* § 50, 17; *Lutter/Hommelhoff* § 50, 3; Rowedder/*Koppensteiner*[2] § 50, 3; aA Scholz/*K. Schmidt* 8 iVm § 50, 10; Baumbach/Hueck/*Schulze-Osterloh* 14; *Meyer-Landrut*/Miller/Niehus 8 iVm § 50, 2.

[67] Zust. Rowedder/*Rasner* 9.

[67a] Vgl. aber auch *Joost* ZGR 1984, 71, 99 ff, der für die personalistische GmbH die Parteirolle den Gesellschaftern zuweist; krit. gegen die Vorschrift des § 61 Abs. 2 auch *Häsemeyer* ZZP 101 (1988) 385, 410; *Marotzke* ZZP 100 (1987) 164, 208 ff.

[68] Vgl. § 46, 106 (*Hüffer*); so auch Scholz/*K. Schmidt* 9 iVm § 46, 166, 171; Baumbach/Hueck/*Schulze-Osterloh* 18; Rowedder/*Rasner* 10; wohl auch *Lutter/Hommelhoff* 4; aA Hachenburg/*W. Schmidt*[6] 2.

[69] Vgl. näher BVerfGE 60, 7, 15 = NJW 1982, 1635; Scholz/*K. Schmidt* 10; Baumbach/Hueck/*Schulze-Osterloh* 16; *Becker* ZZP 97 (1984) 314, 333 ff; krit. *Häsemeyer* ZZP 101 (1988) 410.

[70] So auch RGZ 164, 129, 131 f; Baumbach/Hueck/*Schulze-Osterloh* 16; Rowedder/*Rasner* 10; für Intervention nur auf der Passivseite anscheinend Scholz/*K. Schmidt* 9.

Streitgenossen (§§ 61, 62 ZPO). Sie können Prozeßhandlungen auch gegen den Widerspruch der unterstützten Partei vornehmen; dies jedoch nicht mehr, wenn die Klage vom Kläger zurückgenommen wird, weil damit der Rechtsstreit beendet ist[71]. Für das zur Klagebefugnis erforderliche Quorum von 10% (Rdn 31) zählen Geschäftsanteile von Gesellschaftern, die sich nicht als Kläger, sondern als Nebenintervenienten auf der Aktivseite beteiligen, nicht mit.

IV. Verfahren und Urteil

1. Zuständigkeit (Abs. 3)

a) **Ordentliches Gericht; Rechtsmittel.** Zuständig für die Auflösungsklage ist nach 35
Abs. 3 das **Landgericht**, in dessen Bezirk die Gesellschaft ihren **Sitz** hat. Die gesetzliche Zuständigkeitsregelung ist hinsichtlich der ordentlichen Gerichte sachlich und örtlich *ausschließlicher* Natur; sie steht abweichenden Gerichtsstandsvereinbarungen entgegen. Unberührt hiervon bleibt das Recht der Gesellschafter, im Gesellschaftsvertrag die Zuständigkeit eines Schiedsgerichts zu vereinbaren (Rdn 36 ff). Die Auflösungsklage ist Handelssache nach § 95 Nr. 4 a GVG.

Die Zulässigkeit der **Berufung** richtet sich nach § 511 a ZPO; der Wert des Beschwer- 35a
degegenstands muß – was in aller Regel der Fall sein dürfte (Rdn 47) – 1200 DM übersteigen. Die **Revision** gegen Urteile der Berufungsinstanz, die die Berufung als *unzulässig* verwerfen, ist stets zulässig (§ 547 ZPO). Im übrigen gelten §§ 546, 554 b ZPO: bei Streitwert bis zu 60 000 DM setzt die Revision voraus, daß sie im Berufungsurteil zugelassen wird, bei höheren Streitwerten kann das Revisionsgericht die Annahme der an sich zulässigen Revision wegen Fehlens grundsätzlicher Bedeutung ablehnen, sofern nicht das Rechtsmittel Aussicht auf Erfolg hat[72].

b) **Schiedsgericht.** Die Vereinbarung eines Schiedsgerichts durch Schiedsklausel im 36
Gesellschaftsvertrag (Rdn 38) ist für die Auflösungsklage **nach ganz hM zulässig**[73]. Diese Ansicht steht in *auffälligem Gegensatz* zu der ebenfalls ganz hM in bezug auf **Anfechtungs- und Nichtigkeitsklagen**, für die nicht nur im Aktien-, sondern auch im GmbH-Recht die Zuständigkeit eines Schiedsgerichts nicht soll begründet werden können[74]. Gegen die Zulässigkeit von Schiedsgerichten für Anfechtungs- und Nichtigkeitsprozesse verweist die hM vor allem auf die ausschließliche Zuständigkeit des Landgerichts am Sitz der Gesellschaft (§ 246 Abs. 3 AktG) und auf die fehlende Fähigkeit der Parteien, sich über den Gegenstand des Rechtsstreits zu vergleichen

[71] BGH NJW 1965, 760; Stein/Jonas/*Leipold* ZPO[20] § 69, 7; Zöller/*Vollkommer* ZPO[16] § 69, 8.

[72] Vgl. dazu BVerfGE 54, 277, 285 ff = NJW 1981, 39.

[73] Heute wohl einhM, vgl. BayObLG WM 1984, 809, 810; Scholz/*K. Schmidt* 6; Baumbach/Hueck/*Schulze-Osterloh* 20; *Lutter/Hommelhoff* 5; Rowedder/*Rasner* 11; Stein/Jonas/*Schlosser* ZPO[20] § 1025, 27; Schwab/*Walter* Schiedsgerichtsbarkeit[4] Kap. 3 Rdn 7 S. 21; *Becker* ZZP 97 (1984) 314, 318 ff, 324 f; *Hachenburg* LZ 1925, 282; *Kornmeier* DB 1980, 185; *Vollmer* BB 1984, 1774 ff; *H. Westermann* Festschrift Rob. Fischer (1979) S. 856; für die OHG auch schon RGZ 71, 254, 256; aA noch *Brodmann* 1 g.

[74] So zum Aktienrecht BGH LM § 199 Nr. 1 AktG = MDR 1951, 674; *Schilling*-GroßkommAktG § 246, 7, 14; *Zöllner*-KölnKommAktG § 246, 61; *Hüffer* in Geßler/Hefermehl/Eckardt/Kropff AktG § 246, 68; *Vollmer* Satzungsmäßige Schiedsklauseln (1970) S. 69 f; ebenso für das GmbH-Recht BGH WM 1966, 1132, 1133; WM 1979, 886, 889; OLG Hamm ZIP 1987, 780, 781 f; Hachenburg/*Schilling*/*Zutt*[7] Anh § 47, 146; Baumbach/Hueck/*Zöllner* Anh § 47, 18; *Lutter/Hommelhoff* Anh § 47, 7; Rowedder/*Koppensteiner*[2] § 47, 115; *Henze* ZGR 1988, 552 ff; aA Scholz/*K. Schmidt* § 45, 150; *ders.* ZGR 1988, 526 ff; *Meyer-Landrut*/Miller/Niehus § 47, 85; *Kornmeier* S. 19 ff; *ders.* DB 1980, 193, 196 f, *Timm* Festschrift Fleck (1988) S. 374 ff; *Wünsch* S. 82 ff, 86 f; Stein/Jonas/*Schlosser* ZPO[20] § 1025, 27; Zöller/*Geimer* ZPO[16] § 1025, 38; differenzierend Anh § 47, 206 ff (*Raiser*); *Bork* ZZP 100 (1987) 249, 266 ff, 271.

(§ 1025 Abs. 1 ZPO). Daneben werden Bedenken gegen die Vereinbarung eines Schiedsgerichts auch auf die Gestaltungswirkung des Anfechtungs- oder Nichtigkeitsurteils gestützt. Alle drei Gesichtspunkte müßten, sollten sie zutreffen, die Zulässigkeit eines Schiedsgerichts auch für die Auflösungsklage ausschließen[75].

37 **Stellungnahme.** Die Zulässigkeit eines Schiedsgerichts für *Auflösungsklagen* ist **mit der hM zu bejahen.** Entsprechendes gilt entgegen der hM aber *auch für Anfechtungs- und Nichtigkeitsklagen*, jedenfalls soweit Gesellschafterbeschlüsse einer GmbH in Frage stehen. Die *ausschließliche Zuständigkeit* des Landgerichts (§ 61 Abs. 3 GmbHG; § 246 Abs. 3 AktG) steht nicht entgegen; sie bezieht sich nach heute hM nur auf die ordentliche Gerichtsbarkeit und schließt insoweit Gerichtsstandsvereinbarungen aus[76]. Was die in § 1025 Abs. 1 ZPO genannte *Vergleichsfähigkeit* als Zulässigkeitsvoraussetzung eines Schiedsvertrags angeht, so begegnet sie in *objektiver* Hinsicht, bezüglich des Streitgegenstands, weder bei Anfechtungs- noch bei Auflösungsklagen Bedenken[77]; bei Nichtigkeitsklagen kommt es auf den jeweiligen Nichtigkeitsgrund an (vgl. näher Anh § 47, 207 f). In subjektiver Hinsicht, bezüglich der Parteien, ist nach zutr. hM nicht auf die Parteien des Rechtsstreits abzustellen, sondern auf diejenigen des Schiedsvertrags, d. h. die *Gesellschafter*[78]. Deren Vergleichsfähigkeit in Angelegenheiten, die zur Kompetenz der Gesellschafterversammlung gehören, steht aber außer Zweifel[79]. Hinsichtlich der *Gestaltungswirkung* schließlich steht der Schiedsspruch nach zutr. hM dem rechtskräftigen Urteil eines ordentlichen Gerichts gleich (vgl. Rdn 42). Bedenken gegen die Zulässigkeit einer Schiedsklausel für gesellschaftsrechtliche Gestaltungsklagen sind aber auch nicht insofern veranlaßt, als es um den Grundsatz des rechtlichen Gehörs geht[80]. Denn die Gesellschafter haben sich bei der Gründung der GmbH oder im Zeitpunkt ihres späteren Beitritts der Schiedsklausel unterworfen. Auch sind sie über den Auflösungsrechtsstreit vom Schiedsgericht ebenso wie von den ordentlichen Gerichten zu informieren und haben die Möglichkeit der Nebenintervention (Rdn 33, 39); entsprechendes hat auch für Anfechtungs- und Nichtigkeitsklagen zu gelten.

38 Erforderlich, aber auch genügend für die Zuständigkeit des Schiedsgerichts ist die Aufnahme einer Schiedsklausel in den **Gesellschaftsvertrag**; die Formvorschrift des § 1027 Abs. 1 ZPO findet mit Rücksicht auf § 1048 ZPO keine Anwendung (vgl. näher § 13, 18 m. Nachw.). Fehlt es an einer entsprechenden Bestimmung im Gesellschaftsvertrag, so kann die Zuständigkeit eines Schiedsgerichts zwischen den Prozeßparteien im Hinblick auf § 1025 Abs. 1 ZPO nur mit Zustimmung *aller* Gesellschafter vereinbart werden[81]. Auch eine **Satzungsänderung,** durch die eine Schiedsklausel für Gestaltungsklagen zwischen Gesellschaftern und Gesellschaft in den Gesellschaftsvertrag aufge-

---

[75] So zutr. *Kornmeier* DB 1980, 194 ff.

[76] Vgl. *Kornmeier* S. 21 ff; *ders.* DB 1980, 194; *Wünsch* S. 84; *Bork* ZZP 100 (1987) 249, 266 f; *Henze* ZGR 1988, 550 f; *K. Schmidt* ZGR 1988, 526 f; *Timm* Festschrift Fleck (1988) S. 375.

[77] So in bezug auf die Anfechtungsklage auch *K. Schmidt* ZGR 1988, 528 f; aA *Henze* ZGR 1988, 552 ff.

[78] BGHZ 38, 155, 158 = NJW 1963, 203; Stein/Jonas/*Schlosser* ZPO[20] § 1025, 27; Schwab/*Walter* Schiedsgerichtsbarkeit[4] Kap. 4 Rdn 7 S. 32; *Kornmeier* S. 86 f; *K. Schmidt* ZGR 1988, 529 ff, der zutr. auf den Zusammenhang der Problematik mit der Vorschrift des § 1048 ZPO hinweist; *Timm* Festschrift Fleck (1988) S. 379.

[79] So zu Recht *Kornmeier* DB 1980, 197; im Erg. auch *K. Schmidt* ZGR 1988, 529 ff und Scholz/*K. Schmidt* 6 (Privilegierung satzungsmäßiger Schiedsklauseln durch § 1048 ZPO).

[80] So auch Scholz/*K. Schmidt* 6 aE, der allerdings die hier vertretene Auffassung fehldeutet.

[81] So auch Scholz/*K. Schmidt* 6; Rowedder/*Rasner* 11.

nommen werden soll, setzt mit Rücksicht auf § 1025 Abs. 1 ZPO die Zustimmung *sämtlicher* Gesellschafter voraus[82]. Zu den Wirkungen des auf Auflösung lautenden Schiedsspruchs vgl. Rdn 42.

2. Gang des Verfahrens

Für die Einzelheiten des Verfahrens, die Zulässigkeit von Prozeßhandlungen u. a. **39**
kann im wesentlichen auf die Ausführungen zur Anfechtungs- und Nichtigkeitsklage (Anh § 47, 213 ff) verwiesen werden. Aus den dort (Rdn 224) genannten Gründen ist ein Vergleich unzulässig, in dem sich die beklagte Gesellschaft mit der beantragten Auflösung einverstanden erklärt. Zur Wahrung des rechtlichen Gehörs der **nicht am Verfahren beteiligten Gesellschafter sind** diese vom Prozeßgericht über die Erhebung der Auflösungsklage von Amts wegen **zu informieren.** Andernfalls ist das rechtskräftige Urteil wegen Verletzung von Art. 103 Abs. 1 GG auf Verfassungsbeschwerde eines übergangenen Gesellschafters hin aufzuheben[83]. Die Mitgesellschafter haben das Recht, soweit sie nicht selbst als Auflösungskläger am Prozeß beteiligt sind, diesem auf der Aktiv- oder Passivseite in jedem Stadium des Verfahrens durch **Nebenintervention** beizutreten. Sie haben die Stellung streitgenössischer Nebenintervenienten nach § 69 iVm §§ 61, 62 ZPO (Rdn 34) und können dadurch den Erlaß eines Versäumnis- oder Anerkenntnisurteils abwenden[83a]. Von daher erledigen sich auch die in der Voraufl. (Rdn 39) erhobenen Bedenken gegen den Erlaß eines der genannten Urteile.

3. Gestaltungsurteil

a) **Allgemeines.** Stellt das Gericht das Vorliegen eines wichtigen Auflösungsgrundes **40**
fest, so hat es durch **Urteil** die *Auflösung* der Gesellschaft *auszusprechen*. Die Formulierung von Abs. 1 als „Kann"-Vorschrift steht nicht entgegen; sie gewährt dem Gericht *kein Ermessen* hinsichtlich der Auflösungsfolge (vgl. Rdn 8). Das gilt auch unter Berücksichtigung des Subsidiaritätsgrundsatzes; er ist nicht etwa zusätzlich zum wichtigen Grund zu beachten, sondern bildet einen der Wertungsgesichtspunkte für die Feststellung des wichtigen Grundes (Rdn 4).

Das der Klage stattgebende Urteil hat nach § 60 Abs. 1 Nr. 3 **Gestaltungswirkung.** **41**
Es löst die Gesellschaft mit Wirkung inter omnes auf, sobald es in *Rechtskraft* erwachsen ist[84]. Die eingetretene Auflösung ist von den Geschäftsführern zur Eintragung in das Handelsregister anzumelden (§ 65 Abs. 1 S. 1). Für die Abwicklung gelten die allgemeinen Grundsätze der §§ 66 ff (§ 60, 74 ff). Stichtag für die Erstellung der Liquidationseröffnungsbilanz ist der Zeitpunkt des Eintritts der Rechtskraft[85]. Eine Rückbeziehung auf den Tag der Klageerhebung scheidet aus. Zur Behandlung *ausländischer* Urteile vgl. *Schütze* GmbH-Rdsch. 1967, 6 und *Becker* ZZP 97 (1984) 336.

---

[82] So im Erg. ganz hM, vgl. § 13, 18 (*Raiser*); Scholz/*K. Schmidt* 6; *ders.* ZGR 1988, 531; Baumbach/Hueck/*Schulze-Osterloh* 20; Rowedder/*Rasner* 11; *Becker* ZZP 97 (1984) 319 Fn 20; aA noch Hachenburg/*W. Schmidt*[6] 3.

[83] BVerfGE 60, 7, 15 = NJW 1982, 1635; vgl. aber auch *Marotzke* ZZP 100 (1987) 164, 179 ff, der mit beachtlichen Gründen und unter Hinweis auf BGHZ 89, 121 ff = NJW 1984, 353 den übergangenen Gesellschaftern die Befugnis zuspricht, das ihnen nachteilige Urteil innerhalb der erst mit *Zustellung auch an sie* beginnenden Rechtsmittelfrist mit dem jeweiligen zivilprozessualen Rechtsbehelf anzufechten.

[83a] Vgl. Zöller/*Vollkommer* ZPO[16] § 69, 7, 8; Baumbach/Lauterbach/Albers/*Hartmann* ZPO[49] § 69, 2 A, B.

[84] Vgl. dazu näher *Schlosser* S. 231; so auch Scholz/*K. Schmidt* 11; Baumbach/Hueck/*Schulze-Osterloh* 22; *Lutter/Hommelhoff* 6; zu § 133 HGB vgl. *Ulmer*-GroßkommHGB[3] § 133, 63 f m. Nachw.

[85] RG JW 1921, 463; Scholz/*K. Schmidt* 11; Baumbach/Hueck/*Schulze-Osterloh* 22.

42 Das in Rdn 41 Ausgeführte gilt entsprechend, wenn die Auflösung im Rahmen eines Schiedsgerichtsverfahrens (Rdn 36 ff) durch **Schiedsspruch** ausgesprochen wird. Der Schiedsspruch hat ebenso wie ein Urteil der staatlichen Gerichte Gestaltungswirkung, wenn diese im Gesetz vorgesehen ist[86]. Er steht unter den Parteien nach **§ 1040 ZPO** einem *rechtskräftigen Urteil gleich*. Verbreitet wird demgegenüber zwar angenommen, die *Gestaltungswirkung* eines Schiedsspruchs setze zusätzlich dessen Vollstreckbarerklärung nach § 1042 ZPO voraus[87]. Die hierfür angeführten Gründe vermögen jedoch nicht zu überzeugen[87a]. Das gilt insbes. für den Hinweis, dem Schiedsspruch komme nach § 1040 ZPO Wirkung nur „unter den Parteien" zu[87b]; das ist bei Gesellschaftsverträgen und darin vorgesehenen Auflösungsbeschlüssen im Ansatz nicht anders, ohne daß daran die Gestaltungswirkung eines derartigen Beschlusses scheitert[87c]. Nicht überzeugend ist auch der Hinweis, erst ein rechtskräftig für vollstreckbar erklärter Schiedsspruch sei bestandskräftig, weil er nicht mehr mit der Aufhebungsklage angegriffen werden könne[87d]; denn die Gestaltungswirkung von Auflösungsakten scheitert nicht an der Möglichkeit, sondern nur an der Begründetheit einer solchen Klage[87e]. Richtig ist demgegenüber zwar, daß Eintragungen im Handelsregister unter Berufung auf einen Schiedsspruch nur dann erwirkt werden können, wenn dieser nach § 1042 ZPO für vollstreckbar erklärt wurde[87f]. Das hindert jedoch nicht den – von der Handelsregistereintragung unabhängigen – Eintritt der Auflösungswirkung schon mit Erlaß des Schiedsspruchs[87g]; es kann vielmehr nur im Rahmen der *Auflösungsfolgen* Bedeutung erlangen und ggf. die nachträgliche Vollstreckbarerklärung erforderlich machen.

43 b) **Vorläufige Vollstreckbarkeit.** Sie ist beim Auflösungsurteil nur hinsichtlich der *Kosten* möglich und richtet sich insoweit nach §§ 709, 710 ZPO. Wird das Urteil versehentlich ohne Einschränkung für vorläufig vollstreckbar erklärt, so führt das vor Eintritt der Rechtskraft gleichwohl nicht zur Auflösung[88].

44 c) **Klagabweisung.** Im Unterschied zum Auflösungsurteil kommt einem klagabweisenden Urteil nur die gewöhnliche **Rechtskraftwirkung inter partes** zu. Erfolgt die Klagabweisung durch Prozeßurteil, so kann *derselbe Kläger* nach Erlangung der fehlenden Prozeßvoraussetzung, namentlich des für die Klagebefugnis erforderlichen Quorums von 10% (Rdn 31), bzw. nach Beseitigung des Prozeßhindernisses die Auflösungsklage erneut erheben. Entsprechendes gilt im Falle einer Klagabweisung durch Sachurteil, wenn die erneute Klage auf einen neuen wichtigen Grund gestützt wird. Die Rechtskraft des abweisenden Urteils beschränkt sich auf die geltendgemachten,

---

86 Vgl. nur Schwab/*Walter* Schiedsgerichtsbarkeit[4] Kap. 18 Rdn 3 S. 155.

87 So in neuerer Zeit insbes. Baumbach/Hueck/*Schulze-Osterloh* 23; *K. Schmidt* ZGR 1988, 523, 535 f und Scholz/*K. Schmidt*[7] 6 (anders noch *ders.* Voraufl. 6); Rowedder/*Rasner* 11; aA *Lutter/Hommelhoff* 6; *Lindacher* ZGR 1979, 209; *Vollmer* BB 1984, 1775 ff; *G. Walter* Festschrift Schwab (1990) S. 539, 552 ff.

87a So zutr. insbes. *G. Walter* aaO (Fn 87) mit eingeh. Begründung; vgl. auch Stein/Jonas/*Schlosser* ZPO[20] § 1042, 2; *Schwab/Walter* Schiedsgerichtsbarkeit[4] Kap. 21 I 6 S. 179.

87b So *Schulze-Osterloh* und *K. Schmidt* aaO (Fn 87).

87c Zutr. *Vollmer* BB 1984, 1776 f; *G. Walter* (Fn 87) S. 554.

87d *K. Schmidt* ZGR 1988, 536; unzutr. auch noch *Ulmer*-GroßkommHGB[3] § 133, 75; im Erg. auch BayObLG WM 1984, 809, 810 (aus „praktischen" Gründen).

87e Vgl. *Vollmer* und *G. Walter* aaO (Fn 87 c).

87f So BayObLG WM 1984, 809, 810 unter Hinweis auf *Hüffer*-GroßkommHGB[4] § 16, 12 (es ging um die Bestellung eines Notliquidators nach § 66 Abs. 2 mit der Eintragungsfolge des § 67 Abs. 4 aufgrund eines auf Auflösung der beklagten GmbH erkennenden Schiedsspruchs).

87g Bzw. Niederlegung nach § 1039 ZPO, wenn die Parteien nicht gem. § 1039 Abs. 3 ZPO darauf verzichtet haben.

88 KG OLGR 27, 390; Scholz/*K. Schmidt* 11; Baumbach/Hueck/*Schulze-Osterloh* 22; einschr. *Vollmer* BB 1984, 1777.

vom Gericht nicht als wichtiger Auflösungsgrund anerkannten Mängel[89]. Für und gegen *andere Gesellschafter*, die an dem ersten Auflösungsprozeß nicht beteiligt waren, kommt eine Rechtskraftwirkung aus dem klagabweisenden Urteil nicht in Betracht. Vgl. zum Ganzen auch Anh § 47, 233 ff.

4. Einstweilige Verfügung

Die Herbeiführung der **Auflösung** der Gesellschaft im Wege einstweiliger Verfügung ist *ausgeschlossen*, da sie die Hauptsache vorwegnehmen und einen endgültigen Zustand schaffen würde[90]. Diese Wirkung kann nicht einmal ein vorläufig vollstreckbares Urteil herbeiführen (Rdn 43). Nach §§ 938, 940 ZPO zulässig sind aber einstweilige Maßnahmen zur Sicherung des Auflösungsanspruchs und zur Durchführung der Klage. Insoweit kommen namentlich **vorläufige Regelungen bezüglich der Geschäftsführung** für die Zeit während des Auflösungsprozesses in Betracht[91]. Zielt der Antrag des Auflösungsklägers auf vorläufige Entziehung von Geschäftsführungsbefugnis und Vertretungsmacht gegen einen *Mitgesellschafter/Geschäftsführer*, so kann sich die einstweilige Verfügung aufgrund des Gesellschaftsverhältnisses unmittelbar *gegen diesen* richten[92]. Andernfalls, bei Maßnahmen gegenüber einem *Fremdgeschäftsführer*, bedarf es eines Vorgehens gegen die *Gesellschaft* mit dem Ziel, diese zur vorläufigen Abberufung des Geschäftsführers zu veranlassen[93]. Entsprechendes gilt für den Antrag auf Einsetzung eines Sequesters, der ebenfalls gegen die Gesellschaft gerichtet sein muß. **45**

Im **Schiedsgerichtsverfahren** sind Beantragung und Erlaß einstweiliger Verfügungen *unzulässig*; der einstweilige Rechtsschutz obliegt nach hM ausschließlich den staatlichen Gerichten[94]. **46**

5. Streitwert

Der Streitwert der Auflösungsklage bestimmt sich grundsätzlich nach dem **Auflösungsinteresse des Klägers,** d. h. im Regelfall nach dem Wert seines Geschäftsanteils[95]. Entsprechend der für die Anfechtungs- und Nichtigkeitsklagen anerkannten *analogen Anwendung des § 247 AktG* (vgl. näher Anh 47, 228 ff) ist zusätzlich der Rechtsgedanke dieser Vorschriften zu berücksichtigen, soweit er für die Auflösungsklage paßt[96]. Danach scheidet für die analoge Anwendung zwar die – auf die AG zugeschnittene – Bestimmung des § 247 Abs. 1 S. 2 AktG aus[97]. Wohl aber eignen sich die Vorschriften des § 247 Abs. 2 und 3 AktG über den *gespaltenen Streitwert* zur entsprechenden **47**

---

89 *Schlosser* S. 387; Scholz/*K. Schmidt* 12.

90 AllgM, vgl. etwa Scholz/*K. Schmidt* 14; Baumbach/Hueck/*Schulze-Osterloh* 26; ebenso für § 133 HGB *Ulmer*-GroßkommHGB³ § 133, 62 m. Nachw.

91 Vgl. Scholz/*K. Schmidt* 14 Baumbach/Hueck/*Schulze-Osterloh* 26; allg. auch Voraufl. § 38, 68 und *Fleck* GmbH-Rdsch. 1970, 227 ff.

92 OLG Frankfurt JW 1923, 87 und GmbH-Rdsch. 1979, 229.

93 OLG Düsseldorf JW 1934, 2711; OLG Frankfurt GmbH-Rdsch. 1979, 229.

94 RGZ 31, 370, 371 f; BGH BB 1957, 668; OLG Frankfurt NJW 1959, 1088; Schwab/*Walter* Schiedsgerichtsbarkeit⁴ Kap. 7 Rdn 7 S. 54; Zöller/*Vollkommer* ZPO¹⁶, Vor § 916, 4; Baumbach/Lauterbach/Albers/*Hartmann* ZPO⁴⁸ § 919, 2 B; aA Stein/Jonas/*Grunsky* ZPO²⁰ Vor § 916, 25, § 1027 a, 6 m. w. Nachw.

95 So OLG München GmbH-Rdsch. 1957, 43; Rowedder/*Rasner* 16; *Vogel* 4; zur entsprechenden Streitwertbemessung im Rahmen von § 133 HGB vgl. *Ulmer*-GroßkommHGB³ § 133, 58 m. w. Nachw.; aA – für Berücksichtigung des Werts sämtlicher Anteile – *Lappe* GmbH-Rdsch. 1957, 43.

96 So auch Baumbach/Hueck/*Schulze-Osterloh* 25; weitergehend OLG Köln BB 1988, 365, 366 und Scholz/*K. Schmidt* 13: nur ausnahmsweise Ansatz des vollen Werts des klägerischen Geschäftsanteils.

97 Vgl. Anh § 47, 229 (*Raiser*); so auch OLG Celle Rpfleger 1974, 233; Scholz/*K. Schmidt* 13.

Anwendung auf die Auflösungsklage, wenn der Ansatz des vollen, dem Wert des Geschäftsanteils des Klägers entsprechenden Streitwerts dessen wirtschaftliche Lage erheblich gefährden würde[98].

V. Fortsetzungsbeschluß

48 Die grundsätzliche Zulässigkeit der Fortsetzung einer aufgelösten Gesellschaft durch Beschluß der Gesellschafter (vgl. § 60, 78) gilt auch im Fall der Auflösung durch Urteil, ohne daß es hierzu der Beseitigung des Urteils bedarf (§ 60, 97). Zusätzlich zu den sonstigen Fortsetzungsvoraussetzungen (§ 60, 84 ff) erfordert der mit Dreiviertelmehrheit zu fassende Fortsetzungsbeschluß jedoch nach zutr. hM die **Zustimmung des oder der Auflösungskläger** oder ihrer Rechtsnachfolger[99]. Das folgt aus der Unverzichtbarkeit der Auflösungsklage; sie darf nicht durch Fortsetzungsbeschluß gegen die Stimme des Auflösungsklägers umgangen werden[100]. Eine Satzungsänderung ist in dem Beschluß über die Fortsetzung der durch gerichtliches Urteil aufgelösten Gesellschaft nicht zu sehen (§ 60, 80). Der Beschluß wird daher wirksam, sobald er die erforderliche Mehrheit einschließlich der Zustimmung der Auflösungskläger erreicht hat. – Zur Frage der Zulässigkeit von Fortsetzungsklauseln im Gesellschaftsvertrag für den Fall gerichtlicher Auflösung vgl. Rdn 54.

IV. Abweichende Vereinbarungen

1. Grundsatz

49 Entsprechend der *(halb-)zwingenden Natur* des der Minderheit in § 61 gewährten Auflösungsrechts ist sein Ausschluß oder seine Einschränkung in der Satzung zum Nachteil der Minderheit selbst dann unzulässig, wenn alle Gesellschafter dem zustimmen (Rdn 3). Möglich ist jedoch seine **Erweiterung zugunsten der Minderheit.** Welche Abweichungen von § 61 danach zulässig sind, läßt sich wegen der Vielfalt denkbarer Gestaltungen nicht abschließend sagen. Als *Grundsatz* gilt, daß Satzungsregelungen, die der Minderheit in Abweichung von § 61 ein einseitiges Auflösungs- oder Austrittsrecht gewähren, weder die Rechtsausübung durch die Minderheit erschweren noch diese hinsichtlich der Rechtsfolgen schlechter stellen dürfen, wenn sie trotz der (halb-) zwingenden Natur von § 61 Wirksamkeit erlangen sollen. Wegen der Einzelheiten vgl. Rdn 50 ff.

2. Gestaltungsmöglichkeiten

50 a) **Zur Geltendmachung des Auflösungsrechts.** Die Ersetzung des Rechts auf Erhebung der Auflösungsklage durch ein **einseitiges Gestaltungsrecht** der Minderheit, namentlich ein Recht auf *Kündigung aus wichtigem Grund*, ist unbedenklich zulässig,

---

98 So auch Anh 47, 230 (*Raiser*); Baumbach/Hueck/*Schulze-Osterloh* 25.

99 HM, vgl. BayObLG DB 1978, 2165; Scholz/*K. Schmidt* 26; Baumbach/Hueck/*Schulze-Osterloh* 27; *Lutter/Hommelhoff* 6; Rowedder/*Rasner* 17; *Hofmann* GmbH-Rdsch. 1975, 227; *P. Scholz* GmbH-Rdsch. 1982, 234; generell gegen die Zulässigkeit einer Fortsetzung in diesem Fall aber *Feine* S. 648; vgl. zum Ganzen auch § 60, 91 und 97.

100 AA Scholz/*K. Schmidt* 26, die die Fortsetzung gegen den Willen des Auflösungsklägers trotz rechtskräftigen Auflösungsurteils dann zulassen, wenn der wichtige Grund durch Satzungsänderung beseitigt werden kann und dies dem Auflösungskläger auch zumutbar ist; ein solches Vorgehen ist jedoch (nur) dann relevant, wenn es vor dem maßgeblichen Zeitpunkt (Rdn 8 a) unternommen wird und zum Wegfall des wichtigen Grundes führt.

da es die Rechtsdurchsetzung nicht erschwert, sondern im Zweifel sogar erleichtert[101]. Ein Rechtsstreit zwischen dem auflösungswilligen Gesellschafter und der Gesellschaft (oder den Mitgesellschaftern) kann sich zwar auch hier als erforderlich erweisen, wenn über das Vorliegen des wichtigen Grundes keine Einigkeit zu erzielen ist. Der die Auflösung (bzw. seinen Austritt) erstrebende Gesellschafter wird hierdurch jedoch nicht schlechter gestellt. Zum Verhältnis zwischen Kündigungsrecht und Auflösungsklage beim Fehlen besonderer satzungsrechtlicher Regelungen hierüber vgl. Rdn 6, zu Möglichkeiten und Grenzen der Vereinbarung von der Auflösung abweichender Kündigungsfolgen vgl. Rdn 54.

b) **Zum wichtigen Grund.** Als unbestimmter, der Minderheit das Auflösungsrecht gewährender Rechtsbegriff (Rdn 8) ist der wichtige Grund **einschränkender Satzungsgestaltung** zu Lasten der Auflösungskläger *grundsätzlich entzogen.* Das gilt namentlich für Klauseln, die das Vorliegen eines wichtigen Auflösungsgrundes auf bestimmte, in der Satzung abschließend aufgezählte Fälle unzumutbarer Fortsetzung der Gesellschaft beschränken[102]. Davon zu unterscheiden sind solche Vereinbarungen, die nicht der abschließenden Regelung des wichtigen Grundes dienen, sondern sich darauf beschränken, dem Gericht eine **Wertungshilfe bei der Beurteilung der geltendgemachten Störungen als wichtiger Grund** zu geben[103]. Sie ändern nicht den Begriff des wichtigen Grundes, sondern sollen nur *klarstellen*, welche Arten von Störungen nach Ansicht der vertragschließenden Gesellschafter im Hinblick auf die von ihnen gegründete oder betriebene Gesellschaft als so schwerwiegend angesehen werden, daß der Fortbestand der Gesellschaft bei ihrem Eintritt unzumutbar erscheint. Das ist offensichtlich, soweit es um Vereinbarungen über den Gesellschaftszweck und dessen Unmöglichkeit geht (Rdn 14 ff), gilt aber auch in sonstigen Fällen. Rechtlich *unbedenklich* sind schließlich Satzungsklauseln, die bestimmten Umständen *stets* den Charakter eines wichtigen Grundes zubilligen[104]. Da es sich um eine **Erweiterung** des Auflösungsrechts handelt, steht ihnen die zwingende Geltung von § 61 nicht entgegen (Rdn 3). **51**

c) **Zur Klagebefugnis.** Das in § 61 Abs. 2 genannte Quorum von 10% des Nennbetrags der Summe der Geschäftsanteile als Voraussetzung zur Erhebung der Auflösungsklage oder zur anderweitigen Geltendmachung eines Lösungsrechts der Minderheit kann zu ihrem Nachteil *nicht erhöht* werden; entsprechendes gilt für die Art seiner Berechnung (Rdn 31). Zulässig ist es aber, das Quorum in der Satzung unter die 10%-Grenze zu *senken* oder das Recht zur Auflösungsklage, zur Kündigung aus wichtigem Grund o. ä. jedem Gesellschafter unabhängig von der Höhe seines Anteilsbesitzes einzuräumen. Insoweit handelt es sich um eine Erweiterung zugunsten der Minderheit, der die zwingende Geltung des § 61 nicht entgegensteht (Rdn 3). **52**

d) **Zur gerichtlichen Zuständigkeit.** Die Regelung der sachlichen und örtlichen Zuständigkeit in § 61 Abs. 3 ist für die ordentliche Gerichtsbarkeit ausschließlicher Natur und läßt für Gerichtsstandsvereinbarungen keinen Raum (Rdn 35). Hiervon unberührt bleibt die Möglichkeit, im Gesellschaftsvertrag die Zuständigkeit eines Schiedsgerichts zu vereinbaren. Sie wird von der hM zu Recht zugelassen (vgl. näher Rdn 36 ff). **53**

---

[101] Scholz/*K. Schmidt* 2, 4; Baumbach/Hueck/*Schulze-Osterloh* 4; Rowedder/*Rasner* 3; vgl. auch BGHZ 31, 295, 300 = NJW 1960, 625 und *Ulmer*-GroßkommHGB³ § 133, 73 f, jew. zu § 133 HGB.

[102] Scholz/*K. Schmidt* 2; Baumbach/Hueck/*Schulze-Osterloh* 3; Rowedder/*Rasner* 3; aA *Rückersberg* HansGZ 1940 A 214.

[103] Scholz/*K. Schmidt* 2; Baumbach/Hueck/*Schulze-Osterloh* 3; vgl. dazu auch *Ulmer*-GroßkommHGB³ § 133, 69 ff.

[104] Scholz/*K. Schmidt* 2; Baumbach/Hueck/*Schulze-Osterloh* 4; Rowedder/*Rasner* 3.

54 e) **Zu den Rechtsfolgen.** Satzungsklauseln, die die Fortsetzung der Gesellschaft als werbende *mit dem Auflösungskläger* trotz Rechtskraft des Auflösungsurteils vorsehen, sind unzulässig, da sie auf eine Beseitigung des zwingenden Auflösungsrechts hinauslaufen. Anderes gilt im Grundsatz für **Fortsetzungsklauseln,** durch die den übrigen Gesellschaftern das Recht eingeräumt wird, im Falle der Erhebung der Auflösungsklage oder bei Eintritt der gerichtlichen Auflösung die Gesellschaft *ohne den Kläger* fortzusetzen und ihn hinsichtlich seines Geschäftsanteils abzufinden[105]. Allerdings darf die Durchsetzung des Lösungsrechts der Gesellschafter dadurch weder eingeschränkt noch spürbar erschwert werden[106]. **Unzulässig** sind Fortsetzungsklauseln daher dann, wenn sie für die auflösungswilligen Gesellschafter eine *Abfindung* vorsehen, die hinter dem bei Abwicklung der Gesellschaft auf sie entfallenden voraussichtlichen Liquidationserlös sowohl der Höhe nach als auch hinsichtlich der Durchsetzbarkeit unter Berücksichtigung der Schranke der §§ 30, 31 *zurückbleibt*[107]. Entsprechendes gilt für ein Recht der Gesellschaft zur *Zwangseinziehung* des Geschäftsanteils des Auflösungsklägers[108] sowie für *Kündigungsklauseln*, die die Auflösungsklage durch ein Kündigungsrecht aus wichtigem Grund ersetzen und als Rechtsfolge der Kündigung anstelle der Auflösung das Ausscheiden des Kündigenden auf den Kündigungsstichtag mit unangemessener Abfindung vorsehen (vgl. dazu Rdn 50 und § 60, 67 ff).

VII. GmbH & Co. KG

55 Im Falle der GmbH & Co. KG ist zu unterscheiden zwischen der gerichtlichen Auflösung der Komplementär-GmbH und derjenigen der KG. Für die **Komplementär-GmbH** gilt § 61; besteht der Gesellschaftszweck ausschließlich in der Führung der Geschäfte der KG, so kann deren Auflösung oder Beendigung einen wichtigen Auflösungsgrund für die GmbH bedeuten (Rdn 18).

56 Die gerichtliche **Auflösung der KG** richtet sich demgegenüber nach **§ 133 HGB.** Als wichtige Gründe kommen nicht nur solche in den Verhältnissen der Gesellschaft in Betracht, sondern auch Gründe in der Person der Gesellschafter[109]. Klagebefugt ist jeder Gesellschafter, unabhängig von der Beteiligungshöhe. Die Klage ist nicht gegen die Gesellschaft zu richten, sondern gegen die Mitgesellschafter, soweit sie nicht ebenfalls als Kläger an dem Rechtsstreit beteiligt sind oder sich gegenüber dem Kläger bindend mit der Auflösung einverstanden erklärt haben[110]. Die Auflösung tritt wie im GmbH-Recht mit der Rechtskraft des Auflösungsurteils ein. Hinsichtlich der zwingenden Geltung von § 133 HGB und der Möglichkeit abweichender, der Erweiterung des Auflösungsrechts dienender Vertragsgestaltung sind entsprechende Grundsätze wie zu § 61 zu beachten[111]. Das erlaubt eine weitgehende Synchronisierung der Vertragsgestaltung für den Fall wichtiger Auflösungsgründe in KG und GmbH. Wegen der Einzelheiten zu § 133 HGB vgl. die Erläut. zu dieser Vorschrift.

[105] Ebenso schon *A. Hueck* DB 1957, 38 f; *Niemeier* Rechtstatsachen und Rechtsfragen der Einziehung von GmbH-Anteilen (1982) S. 21; *Sachs* GmbH-Rdsch. 1976, 61; wohl auch BGHZ 65, 22, 28 = NJW 1975, 1835; OLG Hamburg BB 1982, 2007, 2008; aA BayObLG DB 1978, 2164, 2165; ihm folgend Scholz/*K. Schmidt* 2; Baumbach/Hueck/*Schulze-Osterloh* 3; *Lutter*/*Hommelhoff* 2; Rowedder/*Rasner* 17; wohl auch *Meyer-Landrut*/Miller/Niehus 3.

[106] Insoweit zutr. der in BayObLG DB 1978, 2164, 2165 zum Ausdruck kommende Grundgedanke; vgl. zu § 133 HGB auch *Ulmer*-GroßkommHGB³ § 133, 76 f.

[107] Nur *angemessene* Abfindung fordernd aber *A. Hueck* DB 1957, 38 f.

[108] Für Zulässigkeit im Fall angemessener Entschädigung noch *Schneider*/*Martin* Familienunternehmen und Unternehmertestament⁴ (1967) S. 117 und *Ronkel*/*Fedtke* GmbH-Rdsch. 1968, 31 f; **aA** Scholz/*K. Schmidt* 2; Baumbach/Hueck/*Schulze-Osterloh* 3; *Lutter*/*Hommelhoff* 2.

[109] Vgl. *Ulmer*-GroßkommHGB³ § 133, 16 ff, 27 ff.

[110] Vgl. näher *Ulmer*-GroßkommHGB³ § 133, 52 f.

[111] Vgl. *Ulmer*-GroßkommHGB³ § 133, 67 ff.

§ 62

Wenn eine Gesellschaft das Gemeinwohl dadurch gefährdet, daß die Gesellschafter gesetzwidrige Beschlüsse fassen oder gesetzwidrige Handlungen der Geschäftsführer wissentlich geschehen lassen, so kann sie aufgelöst werden, ohne daß deshalb ein Anspruch auf Entschädigung stattfindet.

Das Verfahren und die Zuständigkeit der Behörden richtet sich nach den für streitige Verwaltungssachen *landesgesetzlich* geltenden Vorschriften. *Wo ein Verwaltungsstreitverfahren nicht besteht, kann die Auflösung nur durch gerichtliche Erkenntnis auf Betreiben der höheren Verwaltungsbehörde erfolgen. Ausschließlich zuständig ist in diesem Falle das Landgericht, in dessen Bezirk die Gesellschaft ihren Sitz hat.*

Übersicht

Schrifttum

Becker Zur Auflösung juristischer Personen wegen widerrechtlicher oder gemeinwohlgefährdender Zweckverfolgung nach schweizerischem Recht, Zeitschrift für Schweizerisches Recht 1988, 613; *Hofmann* Zur Auflösung einer GmbH, GmbH-Rdsch. 1975, 217; *v. Köhler* § 62 GmbH-Gesetz und das Kartellrecht, NJW 1961, 1292; *Konow* Die gerichtliche Auflösung der GmbH, GmbH-Rdsch. 1973, 217; *Mummenhoff* Gründungssysteme und Rechtsfähigkeit (1979).

I. Grundlagen

1. Inhalt und Zweck der Norm

Die Vorschrift des § 62 eröffnet der öffentlichen Hand die Möglichkeit, die Auflö- **1**
sung einer GmbH wegen Gemeinwohlgefährdung herbeizuführen. Es handelt sich um eine der **Gefahrenabwehr im öffentlichen Interesse** dienende Norm des öffentlichen Rechts, wie sie sich ähnlich auch in anderen Organisationsgesetzen juristischer Personen des Privatrechts findet (vgl. §§ 43, 44 BGB, §§ 396 bis 398 AktG, § 81 GenG). Dadurch soll der *Gefahr vorgebeugt* werden, daß die durch das Normativsystem gewährte Möglichkeit, juristische Personen nach Maßgabe der Organisationsgesetze zu grundsätzlich beliebigen Zwecken zu gründen und zu betreiben, *zu Lasten des Gemeinwohls mißbraucht* wird. Der Auflösungsgrund des § 62 iVm § 60 Abs. 1 Nr. 3 unterscheidet sich damit deutlich von den sonstigen in § 60 genannten, jeweils dem Bereich des Privatrechts angehörenden Auflösungsgründen. Diesem Unterschied ist namentlich auch bei den Anforderungen an eine Fortsetzung der nach § 62 aufgelösten

GmbH Rechnung zu tragen (Rdn 34). **Verfassungsrechtliche Bedenken**, wie sie unter Hinweis auf Art. 9 Abs. 1 GG früher gegenüber den entsprechenden Vorschriften der §§ 43, 44 BGB erhoben wurden[1], sind angesichts des engen, zusätzlich durch das Übermaßverbot eingeschränkten (Rdn 5) Anwendungsbereichs der Norm *nicht* begründet[2].

2 Die **praktische Bedeutung** der Auflösungsbefugnis des § 62 ist – ebenso wie diejenige der entsprechenden Regelungen in den anderen Organisationsgesetzen (Rdn 1) – allem Anschein nach *äußerst gering*[3]. Fälle, in denen von dem Auflösungsinstrument Gebrauch gemacht wurde, sind kaum bekannt geworden[4]. Das erklärt sich nicht nur oder in erster Linie aus der rechtspolitischen Kritik an der Vorschrift (Rdn 3) sowie aus den unscharfen materiellrechtlichen Voraussetzungen. Vielmehr scheidet selbst bei gemeinwohlgefährdender Tätigkeit einer GmbH ein Vorgehen der Verwaltungsbehörden nach § 62 häufig schon deshalb aus, weil zur Gefahrenbeseitigung weniger einschneidende, die Existenz der GmbH als werbende Gesellschaft unberührt lassende Mittel zur Verfügung stehen und eine gleichwohl verfügte Auflösung gegen den Grundsatz der Erforderlichkeit verstieße (Rdn 23). Hinzukommen die in § 62 Abs. 2 durch Verweisung auf landesrechtliche Vorschriften nur unvollkommen geregelten Kompetenz- und Verfahrensfragen und die damit verbundene erhebliche Rechtsunsicherheit (Rdn 24 ff). Mit einer Intensivierung der Auflösungspraxis der öffentlichen Hand gegenüber Gesellschaften mbH oder sonstigen juristischen Personen des Privatrechts ist daher auch in absehbarer Zukunft nicht zu rechnen.

3 Die Vorschrift des § 62 ist, ebenso wie die entsprechenden Auflösungsvorschriften in anderen Organisationsgesetzen, verbreitet auf **rechtspolitische Kritik** gestoßen[5]. Die Kritik bezieht sich nicht nur auf die unscharfen materiellrechtlichen Auflösungsvoraussetzungen, darunter vor allem die Gemeinwohlgefährdung[6], sondern auch auf die unklare, auf einem Kompromiß im Gesetzgebungsverfahren beruhende[7] Verfahrensregelung des Abs. 2. Im Zuge der gescheiterten GmbH-Reform der 70er Jahre war geplant, die Regelung des § 62 nach dem Vorbild der §§ 396 bis 398 AktG durch besondere, von den sonstigen Auflösungsgründen getrennte Vorschriften über die „gerichtliche Auflösung" im Schlußteil des GmbHG zu ersetzen[8]. Ob die Neuregelung wirklich eine Verbesserung gebracht hätte, erscheint allerdings zweifelhaft[9]. Zur *Gegenstandslosigkeit* der Regelungen in Abs. 2 S. 2 und 3 vgl. Rdn 24.

2. § 62 als Norm des Verwaltungsrechts

4 a) **Allgemeines.** Die Vorschrift des § 62 gehört entsprechend ihrem Zweck, das Gemeinwohl gegen die von privatrechtlichen juristischen Personen ausgehenden Gefah-

[1] So Staudinger-*Coing* BGB[11] § 43, 5 a (in der Folgeauflage freilich nicht aufrechterhalten); vgl. auch *Zöllner* Schranken mitgliedschaftlicher Stimmrechtsmacht S. 63, der eine gesetzliche Präzisierung fordert.

[2] So auch MünchKomm-*Reuter* BGB §§ 43, 44 Rdn 2; *Zöllner*-KölnKommAktG § 396, 3.

[3] So auch Scholz/*K. Schmidt* 1; *Hofmann* GmbH-Rdsch. 1975, 221; *Zöllner*-KölnKommAktG § 396, 2.

[4] Aus neuerer Zeit ist nur eine zum *schweizerischen* Recht ergangene Entscheidung des Schweizer Bundesgerichts (RIW 1988, 140) bekannt geworden; sie betraf eine von Ausländern beherrschte, ausschließlich auf dem Immobiliensektor tätige Schweizer AG. Vgl. dazu auch *Becker* ZSchwR 1988, 613 ff.

[5] Vgl. etwa *Konow* GmbH-Rdsch. 1973, 217 f; zu § 43 Abs. 1 BGB MünchKomm-*Reuter* §§ 43, 44 Rdn 1 und *Mummenhoff* Gründungssysteme und Rechtsfähigkeit S. 68 f; aA zu § 396 AktG *Zöllner*-KölnKommAktG § 396, 3 m. w. Nachw.

[6] So namentlich *Kohlmann* AG 1961, 309, 312 f; dagegen zutr. *Zöllner*-KölnKommAktG § 396, 3.

[7] Vgl. KG JW 1937, 1270.

[8] Vgl. §§ 289 bis 291 RegE GmbHG 1971, dazu *Konow* GmbH-Rdsch. 1973, 218.

[9] Vgl. nur die berechtigte Kritik von *Zöllner*-KölnKommAktG § 396, 22, an der in § 396 AktG vorgesehenen Kompetenz der hierfür wenig geeigneten *Zivilgerichte*, über einen Auflösungsantrag der Verwaltungsbehörden zu entscheiden.

ren zu schützen (Rdn 1), dem allgemeinen **Ordnungs-(„Polizei-")Recht als Teil des öffentlichen Rechts** an[10]. Ihre Einbeziehung in die gesetzlichen Auflösungsgründe des § 60 Abs. 1 erklärt sich aus dem sachlichen Regelungszusammenhang, läßt den qualitativen Unterschied gegenüber den sonstigen Auflösungsgründen jedoch unberührt. Dieser Besonderheit ist – durch Rückgriff auf die für verwaltungsrechtliche Eingriffsbefugnisse geltenden Auslegungsgrundsätze – bei Anwendung von § 62 nicht nur hinsichtlich des Verfahrens, sondern auch für die Entscheidung über die Auflösungsvoraussetzungen Rechnung zu tragen (Rdn 6).

b) **Behördliches Ermessen.** Anders als § 61 Abs. 1, der dem Gericht beim Vorliegen eines wichtigen Grundes *kein* Entscheidungsermessen hinsichtlich der Auflösungsfolge einräumt (§ 61, 40), gewährt die „Kann"-Vorschrift des § 62 Abs. 1 der Verwaltungsbehörde die Kompetenz, über die Einleitung des Auflösungsverfahrens bei Vorliegen der materiellen Voraussetzungen nach *pflichtgemäßem Ermessen* zu entscheiden[11]. Das folgt unbeschadet des ambivalenten Wortlauts von Abs. 1 (vgl. § 61, 40) aus dem für das Eingreifen der Behörde nach allgemeinem Ordnungsrecht geltenden *Opportunitätsprinzip*[12]. Eine **Pflicht zur Auflösung** trifft die Behörde nach allgemeinen ordnungsrechtlichen Grundsätzen nur in demjenigen *Ausnahmefall*, in dem wegen der erheblichen von der GmbH ausgehenden Gefahr für bedeutende Schutzgüter nur die Entscheidung *für* ein Einschreiten ermessensfehlerfrei, d. h. das Ermessen auf Null reduziert ist[13]. Allerdings wird dieser Ausnahmefall angesichts der in § 62 geforderten hohen Auflösungsvoraussetzungen, insbesondere der von der GmbH ausgehenden Gemeinwohlgefährdung und dem Fehlen eines milderen, für die Beteiligten weniger einschneidenden Mittels zu ihrer Bekämpfung (vgl. Rdn 6, 16 f, 22), nicht ganz selten vorliegen[14]. 5

c) **Übermaßverbot.** Als verwaltungsrechtlicher Eingriffstatbestand unterliegt die Auflösungsbefugnis des § 62 dem verfassungsrechtlichen Rechtsstaatsprinzip in seiner Ausprägung als Übermaßverbot (= Verhältnismäßigkeit iwS)[15]. Es bildet die gesetzliche Grenze der Ermessensausübung (§ 40 VwVfG) und umfaßt die drei Teilelemente der Geeignetheit, der Erforderlichkeit und der Verhältnismäßigkeit des Eingriffs. Von ihnen sind als Voraussetzungen für ein Vorgehen nach § 62 neben der Verhältnismäßigkeit vor allem das Kriterium der Erforderlichkeit zu beachten (vgl. Rdn 22 f). Mit Rücksicht auf die sonstigen der Behörde zur Verfügung stehenden, weniger schwerwiegenden Mittel zum Vorgehen gegen Gesetzesverstöße wird es hieran vielfach auch dann fehlen, wenn von dem Handeln der Gesellschaft eine Gefahr für das Gemeinwohl ausgeht (Rdn 17, 23). 6

3. Verhältnis zu anderen Eingriffsbefugnissen gegenüber der GmbH

a) **Vereinsrecht.** Das VereinsG ist nach der Begriffsbestimmung in § 2 Abs. 1 ohne Rücksicht auf die Rechtsform der Vereinigung *anwendbar* auf grundsätzlich alle Arten 7

---

[10] So auch Scholz/*K. Schmidt* 1; *Konow* GmbH-Rdsch. 1973, 217.

[11] So für den vergleichbaren Fall der behördlichen Entziehung der Rechtsfähigkeit eines Vereins nach §§ 43 Abs. 1, 44 BGB auch LG Düsseldorf VersR 1979, 236, 238; *Reichert/Dannecker/Kühr* Vereins- und Verbandsrecht[4] Rdn 1461; Staudinger-*Coing* BGB[12] § 43, 12; aA – gebundene Entscheidung – *K. Schmidt* AcP 182 (1982) 1, 47 ff; ebenso zu § 62 GmbHG Scholz/*K. Schmidt* 11.

[12] Vgl. dazu statt aller Drews/Wacke/*Vogel*/*Martens* Gefahrenabwehr[9] S. 370 ff, für das vereinsrechtliche Verbot auch *Scholz* in Maunz/Dürig, GG, Art. 9, 134.

[13] Vgl. allg. hierzu *Friauf* in v. Münch, Besonderes Verwaltungsrecht[7] S. 207 f.

[14] Weitergehend – für generelle Auflösungspflicht der Behörde – Scholz/*K. Schmidt* 11.

[15] Vgl. dazu grundlegend *Lerche* Übermaß und Verfassung (1961) insbes. S. 24 ff, 321 ff; Nachw. zu Inhalt und Bedeutung des Übermaßverbots nach der Rspr. des BVerfG bei *Herzog* in Maunz/Dürig, GG, Art. 20 Abschn. VII, 71 ff, und *Grabitz* AöR 1973, 568 ff; zur Bedeutung im Ordnungsrecht Drews/Wacke/*Vogel*/*Martens* Gefahrenabwehr[9] S. 389 ff.

von Zusammenschlüssen einer *Mehrheit* natürlicher oder juristischer Personen, die sich zur dauernden Verfolgung eines gemeinsamen Zwecks im Rahmen „organisierter Willensbildung" zusammengeschlossen haben. Erfaßt werden danach im Grundsatz auch Vereinigungen in der Rechtsform der GmbH. Eine Ausnahme gilt für Einmanngesellschaften, soweit diese nicht – als Rückausnahme – die Voraussetzungen einer der Vereinigung eingegliederten Teilorganisation iSv § 3 Abs. 3 VereinsG erfüllen. Eine wesentliche *Einschränkung* des Anwendungsbereichs gegenüber dem in § 2 Abs. 1 VereinsG enthaltenen Begriff des Vereins findet sich allerdings in § 17 VereinsG. Danach sind die Vorschriften des Gesetzes auf die GmbH und sonstige Handelsgesellschaften nur anzuwenden,

1. wenn diese Vereinigungen sich gegen die verfassungsmäßige Ordnung oder gegen den Gedanken der Völkerverständigung richten oder wenn ihre Zwecke oder ihre Tätigkeit Strafgesetzen zuwiderlaufen, die aus Gründen des Staatsschutzes erlassen sind, oder
2. wenn sie von einem Verbot, das aus einem der in Nr. 1 genannten Gründe erlassen wurde, nach § 3 Abs. 3 als Teilorganisation erfaßt werden, oder
3. wenn sie Ersatzorganisation eines Vereins sind, der aus einem der in Nr. 1 genannten Gründe verboten wurde.

8 Eine **selbständige**, über die Annexkompetenzen der Nr. 2 und 3 hinausgehende **Verbotsbefugnis** gegenüber der GmbH begründet danach nur **§ 17 Nr. 1** iVm § 3 Abs. 1 VereinsG. Sie ist gegeben, wenn die in § 17 Nr. 1 genannten besonderen Verbotsvoraussetzungen vorliegen. Nach § 3 Abs. 1 iVm §§ 2, 17 Nr. 1 VereinsG ist in der Verbotsverfügung die *Auflösung* der verbotenen Vereinigung anzuordnen. Gem. § 3 Abs. 1 S. 2 VereinsG sind mit diesem Verbot idR Beschlagnahme und Einziehung des Vereinsvermögens zu verbinden. Für das Verbot zuständig ist nach § 3 Abs. 2 VereinsG die oberste Landesbehörde, wenn sich die Tätigkeit der GmbH auf das Gebiet eines Landes beschränkt, anderenfalls der Bundesminister des Innern.

9 Die **Geltung von § 62 GmbHG** wird, wie § 30 Abs. 2 Nr. 3 VereinsG ausdrücklich klarstellt, durch die Regelungen des VereinsG *nicht berührt*. Soweit die Voraussetzungen nicht nur des § 62, sondern zugleich auch des § 17 Nr. 1 VereinsG vorliegen, überschneidet sich daher der Anwendungsbereich beider Gesetze. Es bestehen konkurrierende Zuständigkeiten von Verbotsbehörde nach VereinsG und Auflösungsbehörde nach GmbHG[16]. Da das Vorgehen nach § 62 GmbHG nicht mit einer Einziehung des Gesellschaftsvermögens verbunden ist, ist hierin regelmäßig das mildere Mittel zu sehen.

10 b) **§ 38 KWG.** Das Gesetz über das Kreditwesen v. 3. 5. 1976 (BGBl. I 1121) regelt in § 35 die Voraussetzungen für das Erlöschen und für die Rücknahme der vom Bundesaufsichtsamt erteilten Erlaubnis zum Betrieb von Bankgeschäften. In Verbindung mit der Rücknahme der Erlaubnis sowie im Fall ihres Erlöschens kann das Bundesaufsichtsamt nach § 38 Abs. 1 S. 1 KWG bestimmen, daß das Kreditinstitut abzuwickeln ist. Seine Entscheidung wirkt nach § 38 Abs. 1 S. 2 KWG *wie ein Auflösungsbeschluß*. Insoweit überschneidet sich das Vorgehen nach § 38 KWG mit demjenigen nach § 62 GmbHG. Ein bestimmtes Rangverhältnis zwischen den beiden Eingriffsmöglichkeiten ist auch hier nicht gegeben[17]. Allerdings wird bei Vorliegen der Voraussetzungen von

[16] So für § 396 AktG auch *Zöllner*-KölnKommAktG § 396, 8; aA – Vorrang des Vereinsrechts – Scholz/*K. Schmidt* 6; *Lutter/Hommelhoff* 1; Rowedder/*Rasner* 3, 11; vgl. auch Baumbach/Hueck/*Schulze-Osterloh* 10, der § 62 für eine „überflüssige Auffangvorschrift" hält.

[17] So auch *Zöllner*-KölnKommAktG § 396, 5; aA *Lutter/Hommelhoff* 1.

§ 38 KWG dem Einschreiten des Bundesaufsichtsamts aus Gründen der größeren Sachnähe de facto regelmäßig der Vorrang zukommen[18].

c) **Sonstige?** Soweit sonstige Gesetze Eingriffsbefugnisse der Verwaltungsbehörden gegenüber gesetzwidrigem Verhalten von Handelsgesellschaften u. a. enthalten, richten diese sich jeweils nicht auf Auflösung der Gesellschaft, sondern auf **Untersagung der beanstandeten Tätigkeit** oder des Geschäftsbetriebs der Gesellschaft. Das gilt namentlich für die Untersagungsbefugnisse der Kartellbehörden gegenüber mißbräuchlichem oder verbotenem Wettbewerbsverhalten nach §§ 18 Abs. 1, 22 Abs. 5, 37 a GWB[19] sowie für die Untersagung des Betriebs gefährlicher oder die Umwelt belastender Anlagen nach §§ 25, 51 GewO oder §§ 20 f, 25 Bundes-ImmissionsschutzG, aber auch für die Untersagung des Geschäftsbetriebs wegen mangelnder Zuverlässigkeit des Gewerbetreibenden oder aus sonstigen spezialgesetzlichen Untersagungsgründen der in §§ 35, 59 GewO, 16 f GaststättenG, 16 Abs. 3 HandwO genannten Art. Zumal in den zuletzt genannten, den gesamten Geschäftsbetrieb betreffenden Fällen wird die Untersagung zwar häufig zugleich dazu führen, daß die Erreichung des Gesellschaftszwecks unmöglich wird und eine Minderheit von 10% der Anteile die gerichtliche Auflösung nach § 61 betreiben kann (§ 61, 17). Eine *automatische* Auflösung der Gesellschaft ist mit dem Einschreiten der zuständigen Behörden nach diesen Vorschriften jedoch auch insoweit *nicht* verbunden; der Fortbestand der Gesellschaft als werbende wird dadurch nicht unmittelbar berührt[20]. Zum Vorrang der spezialgesetzlichen Untersagungsbefugnis als milderes Mittel gegenüber der einschneidenden Auflösungsverfügung nach § 62 vgl. Rdn 17, 23. 11

II. Auflösungsvoraussetzungen

1. Überblick

Die **materiellrechtlichen Auflösungsvoraussetzungen** sind in Abs. 1 umschrieben. Es muß eine Gefährdung des Gemeinwohls durch die Gesellschaft vorliegen, und zwar als solche, die auf gesetzwidrigem, von den Gesellschaftern veranlaßtem oder von ihnen doch zu verantwortendem Verhalten beruht. Hinzukommen muß als Folge des verfassungsrechtlichen Rechtsstaatsprinzips die Erforderlichkeit und Verhältnismäßigkeit der Auflösung im Hinblick auf die Gemeinwohlgefährdung (Rdn 22 f). 12

Im einzelnen ist bei den in Abs. 1 genannten Tatbestandsmerkmalen zwischen objektiven (Gefährdungs-) und subjektiven (Zurechnungs-)Voraussetzungen zu unterscheiden. Zu den **objektiven** Voraussetzungen gehört die Gemeinwohlgefährdung sowie deren Verursachung durch Gesetzwidrigkeiten auf Seiten der Gesellschaft (Rdn 15 ff). **Subjektiv** ist entscheidend, daß die Gesetzwidrigkeit von den Gesellschaftern als den „Herren der Gesellschaft" entweder veranlaßt oder doch wissentlich geduldet worden ist und der Gesellschaft daher zugerechnet werden kann (Rdn 20 f). 13

In zeitlicher Hinsicht müssen die Auflösungsvoraussetzungen im **Zeitpunkt des Erlasses der Auflösungsverfügung** (noch) vorliegen. Ein Einschreiten nach § 62 gegen eine bloß *drohende* Gemeinwohlbeeinträchtigung kommt nur in Betracht, wenn bereits ein gesetzwidriges Verhalten der Gesellschafter durch Fassen gesetzwidriger Beschlüsse 14

---

[18] Einzelheiten zum Verfahren nach § 38 KWG und zu den in § 38 Abs. 1 S. 2 bis 5 KWG geregelten besonderen Folgen einer vom Bundesaufsichtsamt bewirkten Auflösung der GmbH vgl. in den Kommentaren zu § 38 KWG; dazu auch *Jansen* FGG[2] § 144 Anh I, 11 f; Keidel/Kuntze/*Winkler* FGG[12] Anh § 144 b, 21 f.

[19] Vgl. dazu näher Scholz/*K. Schmidt* 19 ff.

[20] So auch Scholz/*K. Schmidt* 18; *Klug*-GroßkommAktG § 396, 5; *Zöllner*-KölnKommAktG § 396, 11.

oder wissentliche Duldung von Gesetzesverstößen der Geschäftsführer vorliegt und sich hieraus eine konkrete Gefahr für das Gemeinwohl ergibt[21]. Ist andererseits eine zunächst bestehende, auf gesetzwidrigem Verhalten der Gesellschafter beruhende Gemeinwohlgefahr durch geeignete Maßnahmen der Gesellschafter beseitigt worden, haben diese etwa den Gesetzesverstoß durch gegenteilige Beschlußfassung aufgehoben oder die gesetzwidrig handelnden Geschäftsführer abberufen, so sind dadurch auch die Voraussetzungen für ein Einschreiten nach § 62 entfallen[22].

2. Objektive Voraussetzungen

15 a) **Gesetzesverstoß.** Der Kreis der für Abs. 1 in Betracht kommenden Gesetzesverstöße ist objektiv durch das Erfordernis der Gemeinwohlgefährdung und das Übermaßverbot (Rdn 16, 22) begrenzt, während es auf Art und Gegenstände der betroffenen Rechtsnormen nicht ankommt[23]. Es kann sich um Verstöße gegen **zivilrechtliche, strafrechtliche oder öffentlichrechtliche Normen** handeln. Insoweit reicht § 62 daher weiter als die in § 3 VereinsG geregelte, auf Verstöße gegen Strafgesetze, die verfassungsmäßige Ordnung oder die Völkerverständigung zu stützende Befugnis zum Verbot von Vereinen (Rdn 7 f). Auch Verstöße gegen die guten Sitten fallen – als Gesetzesverstöße (§§ 138 BGB, 1 UWG) – unter Abs. 1. Dagegen reichen Verstöße gegen den Gesellschaftsvertrag für eine Auflösungsverfügung nicht aus, selbst wenn sich – was kaum denkbar ist – mit ihnen eine Gemeinwohlgefährdung verbinden sollte[24].

16 b) **Gemeinwohlgefährdung.** Das zentrale objektive Tatbestandsmerkmal bildet die in Abs. 1 geforderte Gefährdung des Gemeinwohls. Es hat die Aufgabe, unter der Vielzahl denkbarer Gesetzesverstöße diejenigen auszuwählen, die wegen ihrer *Schwere und erheblichen Bedeutung* für die Öffentlichkeit einen Anlaß zur behördlichen Auflösung geben können. Unter einer *Gefahr* ist eine Lage zu verstehen, die bei ungehindertem Ablauf mit hinreichender Wahrscheinlichkeit zu einem Schaden führt[25]. Dieser Schaden wirkt sich dann auf das *Gemeinwohl* aus, wenn er nicht nur Interessen der Mitgesellschafter oder einzelner Vertragspartner der Gesellschaft oder sonstiger Dritter betrifft, sondern die *Interessen breiter Verkehrskreise* oder der Öffentlichkeit insgesamt berührt[26]. Eine Gefährdung allgemeiner Interessen der Volkswirtschaft[27] braucht nicht vorzuliegen.

17 Als **Beispiele** für eine auf gesetzwidriges Handeln von Gesellschaften zurückgehende Gemeinwohlgefährdung werden namentlich die Schädigung der beteiligten Verkehrskreise durch Schwindelunternehmen sowie die Gefährdung von Staatsschutzinteressen genannt[28]. Eine erhebliche Beeinträchtigung öffentlicher Interessen kommt darüber hinaus in Betracht bei nachhaltigen, ungewöhnlich großen Steuerhinterziehungen, bei wiederholter Mißachtung von Waffenexportverboten, bei planmäßigen, schwerwiegenden Verstößen gegen Verbotsnormen des Kartell- und Wettbewerbsrechts oder gegen Mißbrauchsaufsichtsverfügungen der Kartellbehörden sowie bei dauernder, eine Viel-

---

[21] Weitergehend – stärker auf in *Zukunft* drohende Verstöße abstellend – aber Scholz/*K. Schmidt* 5.

[22] EinhM, vgl. Scholz/*K. Schmidt* 5; *Klug*-GroßkommAktG, § 396, 8.

[23] EinhM, vgl. Scholz/*K. Schmidt* 2; *Hofmann* GmbH-Rdsch. 1975, 221; ebenso zu § 396 AktG *Klug*-GroßkommAktG § 396, 9 und *Zöllner*-KölnKommAktG § 396, 15.

[24] So auch Scholz/*K. Schmidt* 2; *Hofmann* GmbH-Rdsch. 1975, 221.

[25] Drews/Wacke/*Vogel*/*Martens* Gefahrenabwehr[9] S. 220.

[26] HM, vgl. Scholz/*K. Schmidt* 3; Baumbach/Hueck/*Schulze-Osterloh* 9; so für § 43 Abs. 1 BGB auch MünchKomm-*Reuter* BGB §§ 43, 44 Rdn 2.

[27] So *Klug*-GroßkommAktG § 396, 8.

[28] Vgl. etwa Scholz/*K. Schmidt* 7; Rowedder/*Rasner* 3.

zahl von Personen gefährdender Verletzung gewerbeaufsichts- oder umweltrechtlicher Vorschriften. Allerdings wird es in derartigen Fällen meist an der *Erforderlichkeit* der Auflösung fehlen, weil die festgestellten Verstöße bereits durch die in den einschlägigen Gesetzen vorgesehenen Mittel abgestellt werden können[29]. Eine gleichwohl verfügte Auflösung wäre im Anfechtungsprozeß wegen Verstoßes gegen das *Übermaßverbot* aufzuheben (Rdn 22). Anderes kann je nach Lage des Falles dann gelten, wenn die Gesellschafter sich – wie im Fall von „Schwindelunternehmen" – bewußt und gewollt zur Gewinnerzielung in gesetzwidriger Weise unter Schädigung der Öffentlichkeit zusammengeschlossen haben und sich hiervon auch durch Untersagungsverfügung u. a. nicht abbringen lassen.

Nicht notwendig zur behördlichen Auflösung führt schließlich auch der Umstand, **18** daß der **Gesellschaftszweck** selbst oder der in ihm enthaltene **Unternehmensgegenstand** (§ 61, 15) sich als **gesetzwidrig** erweist. Der Gesetzesverstoß hat zwar, soweit § 134 BGB eingreift, ggf. die Nichtigkeit des Unternehmensgegenstands zur Folge und ermöglicht daher die Nichtigkeitsklage nach § 75. Sie darf jedoch nicht mit der Auflösung nach § 62 verwechselt werden, und zwar unabhängig davon, ob man für diese mit der bisher hM ein gerichtliches Urteil auf Antrag der Verwaltungsbehörde fordert oder mit der zutr. neueren Ansicht eine Auflösungsverfügung der Verwaltungsbehörde für erforderlich hält (vgl. näher Rdn 25 f). Dementsprechend kann etwa eine Vertriebs-GmbH, die von Wettbewerbern zum gemeinsamen Vertrieb ihrer Erzeugnisse unter Verstoß gegen § 1 GWB gegründet worden ist und deren Unternehmensgegenstand sich hierauf beschränkt, nicht ohne weiteres nach § 62 aufgelöst werden. Vielmehr bietet sich – neben der den Gesellschaftern nach § 75 eröffneten Nichtigkeitsklage oder der Amtslöschung durch das Registergericht nach § 144 FGG wegen nichtigen Unternehmensgegenstands (vgl. § 60, 11 f) – in erster Linie ein von den Kartellbehörden einzuleitendes Untersagungs- oder Bußgeldverfahren gegen die GmbH nach §§ 37 a Abs. 1, 38 Abs. 1 Nr. 1 GWB an. Ein Vorgehen nach § 62 durch die für die Auflösungsverfügung zuständige Behörde (Rdn 27) kommt daneben nur dann in Betracht, wenn nicht nur die Voraussetzungen des § 62 Abs. 1 gegeben sind, sondern das kartellbehördliche Vorgehen voraussichtlich auch nicht ausreicht, um die Gemeinwohlgefährdung zu beseitigen[30].

3. Subjektive (Zurechnungs-)Voraussetzungen

a) Verantwortlichkeit der Gesellschafter. Zusätzlich zur Gemeinwohlgefährdung **19** aufgrund Gesetzesverstoßes macht Abs. 1 die behördliche Auflösung davon abhängig, daß der Gesetzesverstoß von den *Gesellschaftern* ausgeht oder von ihnen doch wissentlich geduldet wird. Das darin liegende Zurechnungsmerkmal ist nicht im Sinne eines Schulderfordernisses auf Seiten der Gesellschafter zu verstehen; auf ein *Verschulden* des Störers kommt es beim Einschreiten gegen gemeinwohlgefährdende, ordnungswidrige Zustände nicht an[31]. Vielmehr soll die Auflösung der Gesellschaft nach § 62 nur dann verfügt werden, wenn die Gemeinwohlgefährdung der Gesellschaft zuzurechnen ist, weil sie von den Gesellschaftern als den „Herren der Gesellschaft" veranlaßt oder

[29] So im Grundsatz auch Scholz/*K. Schmidt* 7.

[30] Zur Problematik von GmbH-Satzungen, die gegen § 1 GWB verstoßen, vgl. auch *Immenga/Mestmäcker* GWB § 1, 411; *Langen* GWB[6] § 1, 120; Scholz/*K. Schmidt* 7; *Paschke* ZHR 155 (1991) 1, 17 ff; zur Kündigungsmöglichkeit von GmbH-Gesellschaftern nach § 13 GWB vgl. OLG Stuttgart WuW/E OLG 2790, 2794.

[31] Vgl. allg. Drews/Wacke/*Vogel/Martens* Gefahrenabwehr[9] S. 293; so für die Auflösung von Kapitalgesellschaften auch *Klug*-GroßkommAktG § 396, 8; aA *Zöllner*-KölnKommAktG § 396, 16.

zumindest bewußt geduldet worden ist. Dabei genügt es, daß die Gefahr von der für die Beschlußfassung in der Gesellschafterversammlung erforderlichen *Mehrheit* ausgeht[32]. Auf eine Beteiligung sämtlicher Gesellschafter am Gesetzesverstoß kommt es nicht an.

20 b) **Zurechnungskriterien.** Für die Zurechnung der Gemeinwohlgefährdung gegenüber der Gesellschaft stellt Abs. 1 alternativ darauf ab, daß sie ihre Ursache in gesetzwidrigen Beschlüssen der Gesellschafter oder in der wissentlichen Duldung gesetzwidriger Handlungen der Geschäftsführer hat. Für **Gesellschafterbeschlüsse** gelten keine Besonderheiten (vgl. allg. Erläut. zu § 47). Ihre *Gesetzwidrigkeit* muß sich aus dem *Beschlußinhalt* ergeben; Gesetzesverstöße, die auf der Art des Zustandekommens beruhen, sind unbeachtlich. Auch kommt es nicht darauf an, ob die Gesellschafterbeschlüsse bloß anfechtbar oder ob sie nichtig sind, etwa wegen des Eingreifens eines der Nichtigkeitsgründe des § 241 Nr. 3 AktG.

21 **Wissentliche Duldung** („Geschehenlassen") von gesetzwidrigen Handlungen der Geschäftsführer liegt nicht schon vor, wenn die Gesellschafter sich nicht selbst um die Geschäftsführung kümmern, vielmehr den Geschäftsführern vertrauen und ihnen freie Hand lassen[33]. Erforderlich ist zumindest, daß sie – bzw. die nach Abs. 1 relevante Mehrheit (Rdn 19) – von bestimmten für das Gemeinwohl nachteiligen gesetzwidrigen Handlungen der Geschäftsführer Kenntnis erlangen und keine Vorkehrungen gegen deren künftige Wiederholung treffen, insbesondere die beteiligten Geschäftsführer nicht abberufen. Die Kenntniserlangung muß sich über die in Frage stehenden Maßnahmen hinaus auf deren *Gesetzwidrigkeit* erstrecken, wenn sie zur Zurechnung der Gesetzesverstöße gegenüber der Gesellschaft führen soll[34]. Der Kenntnis von der Gesetzwidrigkeit steht es gleich, wenn sich Gesellschafter bewußt der Kenntniserlangung verschließen, insbesondere trotz Belehrung auf ihrem irrigen Rechtsstandpunkt beharren. Sind die Geschäftsführer zugleich Gesellschafter und haben sie die Mehrheit der Geschäftsanteile inne, so kommt es auf die Kenntnis der übrigen Gesellschafter vom gesetzwidrigen Handeln nicht an.

4. Erforderlichkeit und Verhältnismäßigkeit

22 Das Gebrauchmachen von der Auflösungskompetenz setzt nach dem **Übermaßverbot** voraus, daß die Auflösung erforderlich ist, um die von der Gesellschaft ausgehenden Gefahren für das Gemeinwohl abzuwehren, und daß sie trotz der Schwere des damit verbundenen Eingriffs in einem vernünftigen Verhältnis zu dem angestrebten, dem Gemeinwohl dienenden Ziel steht (Rdn 6). Als aus der Verfassung abgeleitete Schranke der Ermessensausübung unterliegt die Einhaltung des Übermaßverbots durch die Behörde nach § 114 VwGO *voller verwaltungsgerichtlicher Nachprüfung*[35].

23 Berücksichtigt man die Vielzahl sonstiger Eingriffsmöglichkeiten, die den Behörden namentlich bei den für das Gemeinwohl in erster Linie relevanten Verstößen gegen verwaltungs- und strafrechtliche Normen zur Verfügung stehen (vgl. Rdn 11), so wird das Gebrauchmachen von dem einschneidenden Mittel der behördlichen Auflösung

[32] Ganz hM, vgl. Scholz/*K. Schmidt* 4; Baumbach/Hueck/*Schulze-Osterloh* 8; teilweise aA noch *Brodmann* 2, der für den Zurechnungsgrund der wissentlichen Duldung Kenntnis eines einflußreichen Gesellschafters ausreichen ließ.

[33] So auch Scholz/*K. Schmidt* 4.

[34] So auch Scholz/*K. Schmidt* 4; *Hofmann* GmbHRdsch. 1975, 221; aA *Vogel* 2.

[35] Vgl. näher *Wolff/Bachoff* Verwaltungsrecht I^9 S. 199 ff; *Kopp* VwGO^8 § 114, 43; *Redeker-v.Oertzen* VwGO^9 § 42, 148.

der Gesellschaft nur **in seltenen Fällen** erforderlich sein[36]. Hierin dürfte einer der Gründe für die außerordentlich geringe Bedeutung liegen, die nicht nur § 62, sondern auch die sonstigen Eingriffsbefugnisse der Behörden gegen das Gemeinwohl gefährdende juristische Personen des Privatrechts bisher erlangt haben (Rdn 2). Sind freilich die sonstigen Eingriffsvoraussetzungen erfüllt, geht von der Gesellschaft also eine erhebliche Gemeinwohlgefahr aus und sind mildere Mittel zu ihrer wirksamen Bekämpfung nicht gegeben, so wird mit Rücksicht auf den Vorrang des Gemeinwohls regelmäßig auch die Verhältnismäßigkeit des Eingriffs zu bejahen sein.

III. Verfahren

1. Auflösung durch Verwaltungsakt

Abs. 2 S. 1 ordnet an, daß sich das Verfahren und die Zuständigkeit der Behörden „nach den für streitige Verwaltungssachen landesgesetzlich geltenden Vorschriften" richten, also nach **Verwaltungsprozeßrecht**. Die in Abs. 2 S. 2 und 3 geregelte *Ersatzzuständigkeit der ordentlichen Gerichte* (Landgericht am Sitz der Gesellschaft) für diejenigen Länder, in denen ein Verwaltungsstreitverfahren nicht besteht, ist nach 1945 durch Einführung der Verwaltungsgerichtsbarkeit in allen Ländern der Bundesrepublik und West-Berlin *gegenstandslos* geworden[37]. An die Stelle der in Abs. 2 S. 1 in Bezug genommenen landesrechtlichen Verwaltungsprozeßvorschriften ist im Jahr 1960 die **VwGO** als Bundesrecht getreten (vgl. dazu auch § 195 Abs. 5 VwGO). Eine *analoge* Anwendung von § 396 Abs. 1 AktG, wonach die Auflösung der Gesellschaft durch Urteil des *Landgerichts* am Sitz der Gesellschaft auf Antrag der zuständigen obersten Landesbehörde des Sitzlandes der Gesellschaft erfolgt (so auch § 289 Abs. 1 RegE GmbHG 1971), kommt schon deshalb nicht in Betracht, weil dem die Verweisung auf den Verwaltungsprozeß in § 62 Abs. 2 S. 1 entgegensteht[38]. Zur analogen Heranziehung von § 396 AktG für die Ermittlung der *Behörden*zuständigkeit vgl. Rdn 27. **24**

Hinsichtlich der Frage, ob die Auflösung durch *Verwaltungsakt oder Gestaltungsurteil* auszusprechen ist, herrschte **früher** einhellig die Auffassung vor, die Entscheidung über die Auflösung sei Sache der **Verwaltungsgerichte** auf Antrag der zuständigen Verwaltungsbehörde[39]. Das wurde mit Wortlaut und Entstehungsgeschichte des Abs. 2 begründet. Zwar regelt Abs. 2 die Zuständigkeit nicht ausdrücklich. Die Bezugnahme in Abs. 2 S. 1 auf die für *streitige* Verwaltungssachen geltenden Vorschriften und die in Abs. 2 S. 2, 3 vorgesehene Ersatzzuständigkeit der ordentlichen Gerichte beim Fehlen landesrechtlicher Vorschriften über ein Verwaltungsstreitverfahren ließen jedoch früher keine Zweifel daran, daß der Gesetzgeber von der gerichtlichen Auflösungskompetenz ausgegangen war[40]. Daß die Verweisungsnorm in § 60 Abs. 1 Nr. 3 demgegenüber allgemein von einer „Entscheidung des Verwaltungsgerichts oder der Verwaltungsbehörde" spricht, wurde nicht als Gegenargument gewertet, sondern ließ sich durch ein Redaktionsversehen erklären (vgl. Voraufl. 26). Diesem eindeutig vorherrschenden Verständnis entsprach auch noch § 396 Abs. 1 AktG 1965, der die Entscheidung über die Auflösung einer Aktiengesellschaft den ordentlichen Gerichten auf Antrag der **25**

[36] So auch Scholz/*K. Schmidt* 6; *Konow* GmbH-Rdsch. 1973, 220; vgl. dazu auch Rdn 17.

[37] EinhM, vgl. Scholz/*K. Schmidt* 9; Baumbach/Hueck/*Schulze-Osterloh* 1; *Hofmann* GmbH-Rdsch. 1975, 221.

[38] HM, vgl. Scholz/*K. Schmidt* 9; Baumbach/Hueck/*Schulze-Osterloh* 11.

[39] Vgl. KG JW 1937, 1270; Hachenburg/*W. Schmidt*[6] 3; Baumbach/*Hueck*[13] 2; *Rob. Fischer*[10] 2; *Feine* S. 633; *Hofmann* GmbH-Rdsch. 1975, 221; *v. Köhler* NJW 1961, 1293; zweifelnd erstmals wohl *Konow* GmbH-Rdsch. 1973, 218.

[40] Vgl. nur KG JW 1937, 1270; so auch noch Amtl. Begr. z. RegE GmbHG 1971/73 S. 230.

zuständigen obersten Landesbehörde übertrug, sowie die geplante Übernahme dieser Regelung in § 289 Abs. 1 RegE GmbHG 1971/73.

26 Aus **heutiger** Sicht erscheint die originäre Entscheidungskompetenz der Verwaltungsgerichte als überholt. Dem in Abs. 2 S. 1 in Bezug genommenen Verwaltungsprozeß entspricht vielmehr die Zuständigkeit der **Verwaltungsbehörden** zur Entscheidung im Wege des *Verwaltungsakts* über die privatrechtsgestaltende Anwendung öffentlichen Rechts auf den Einzelfall, wie sie bei der Auflösungskompetenz des § 62 Abs. 1 in Frage steht, und die umfassende *Kontrolle* der behördlichen Entscheidungen durch den in § 40 VwGO garantierten Rechtsweg zu den *Verwaltungsgerichten.* Auf diese seit 1945 eingetretene veränderte Sichtweise im Verwaltungsverfahren und ihre Bedeutung für die Auflösung der GmbH wegen Gemeinwohlgefährdung hat erstmals *Karsten Schmidt* hingewiesen[41]. Dem hat sich inzwischen die ganz hM zu § 62 Abs. 2 angeschlossen[42]. Da ausdrücklich weder § 62 Abs. 2 S. 1 GmbHG noch auch die VwGO als der danach maßgebende Normenkomplex (Rdn 24) ein gerichtliches Auflösungsverfahren auf Antrag der Verwaltungsbehörde regelt und da eine Analogie zu § 396 Abs. 1 AktG mangels Regelungslücke ausscheidet (Rdn 24), ist den Entwicklungen des Verwaltungsverfahrens durch Zuweisung der Auflösungskompetenz an die Verwaltungsbehörden und deren Kontrolle durch die Verwaltungsgerichte Rechnung zu tragen.

2. Zuständige Behörde

27 Die **sachliche** Zuständigkeit für die Auflösungsentscheidung (aus der Sicht der bisher hM: für den Antrag auf gerichtliche Auflösung) bestimmt sich grundsätzlich nach Landesrecht. Allerdings sind besondere landesrechtliche Zuständigkeitsvorschriften für diesen Fall, soweit ersichtlich, nicht erlassen worden. Von allgemeinen Zuständigkeitsregelungen nach Art des § 5 Abs. 2 LandesverwG Bad.-Württ. abgesehen, wonach die Ministerien für Aufgaben des Landes mangels ausdrücklicher Kompetenzzuweisung an andere Behörden eine Art Auffangzuständigkeit haben, läge es daher nahe, entsprechend dem ordnungsrechtlichen Charakter von § 62 (Rdn 4) auf die Zuständigkeitsregelungen des allgemeinen Ordnungs-(Polizei-)rechts zurückzugreifen. Danach liegt die Zuständigkeit im Regelfall bei den unteren Verwaltungsbehörden[43]. Da diese Behörden mit den Aufgaben nach § 62 jedoch meist überfordert sein dürften, sprechen gute Gründe dafür, insoweit von einer Regelungslücke auszugehen und diese durch analoge Anwendung der behördlichen Zuständigkeitsregelung in § 396 Abs. 1 S. 1 AktG zu schließen. Sachlich zuständig ist danach die **zuständige oberste Landesbehörde** des Sitzlandes der Gesellschaft, d. h. im Regelfall das Wirtschaftsministerium[44]. Eine Zuständigkeit der *Kartellbehörden* für die Auflösungsverfügung scheidet selbst dann aus, wenn die Gemeinwohlgefährdung auf einem Verstoß gegen das GWB beruht[45]. Die **örtliche** Zuständigkeit bestimmt sich nach dem Sitz der betroffenen Gesellschaft.

---

[41] In Scholz/*K. Schmidt*[6] 8 (so auch *ders.* in 7. Aufl. Rdn 8).

[42] So schon Voraufl. 26 (*Ulmer*); ebenso jetzt Baumbach/Hueck/*Schulze-Osterloh* 11 (freilich unter Zulassung eines Wahlrechts der Behörde zwischen Verwaltungsakt und Auflösungsklage wegen unklarer Rechtslage); Rowedder/*Rasner* 6; *Meyer-Landrut*/Miller/Niehus 5; *Becker* ZSchwR 1988, 625 f; aA wohl noch *Lutter/Hommelhoff* 2; *Roth* 3.

[43] Vgl. etwa § 52 Abs. 2 PolG Bad.-Württ.; allg. zur Zuständigkeitsvermutung für die örtlichen Ordnungsbehörden vgl. Drews/Wacke/*Vogel*/*Martens* Gefahrenabwehr[9] S. 124.

[44] *Zöllner*-KölnKommAktG § 396, 20; *Klug*-GroßkommAktG § 396, 11.

[45] So zutr. Scholz/*K. Schmidt* 10 gegen *v. Köhler* NJW 1961, 1293.

3. Verfahrensgrundsätze

Für das **Auflösungsverfahren** gelten die – sachlich mit dem im Folgenden zitierten bundesrechtlichen Verwaltungsverfahrensgesetz v. 25. 5. 1976 (BGBl. I 1253) übereinstimmenden – Vorschriften des Verwaltungsverfahrensgesetzes des Landes, in dem die Gesellschaft ihren Sitz hat. Das Verfahren wird *von Amts wegen* durchgeführt (§ 24 VwVfG). *Beteiligte* ist nach § 13 Abs. 1 Nr. 2 VwVfG die *GmbH*, deren Auflösung in Frage steht, als Adressat der etwaigen Auflösungsverfügung. Daneben können die *Gesellschafter* verlangen, als Beteiligte hinzugezogen zu werden, da der Erlaß der Auflösungsverfügung rechtsgestaltende Wirkung für ihre Gesellschaft hat[46]. Soweit sie der Behörde bekannt sind, hat diese sie nach § 13 Abs. 2 S. 2, 2. Hs. VwVfG von der Verfahrenseinleitung zu benachrichtigen[47]. Den Beteiligten ist nach § 28 VwVfG Gelegenheit zur Stellungnahme zu geben; damit haben sie auch die Möglichkeit, den Beanstandungen abzuhelfen. Der Erlaß der Auflösungsverfügung steht im pflichtgemäßen Ermessen der Behörde (Rdn 5); er setzt voraus, daß die Auflösungsvoraussetzungen im Zeitpunkt der Entscheidung noch vorliegen (Rdn 14). Die Auflösungsverfügung ist nach § 41 Abs. 1 VwVfG der Gesellschaft und den Gesellschaftern zuzustellen. 28

4. Eintritt der Auflösung

Die Auflösungsverfügung ist *privatrechtsgestaltender Verwaltungsakt*. Sie wird **mit Zustellung** der Verfügung an Gesellschaft und Gesellschafter wirksam, nicht erst mit ihrer Unanfechtbarkeit[48]. Die Auflösungsfolgen richten sich nach den allgemeinen Regeln der §§ 65 ff, da sich mit der Auflösungsverfügung nach § 62 anders als nach § 3 VereinsG (Rdn 7) keine Beschlagnahme und Einziehung des Gesellschaftsvermögens verbindet. Die Auflösung ist nach § 65 Abs. 1 S. 1 von den Liquidatoren – das sind nach § 66 Abs. 1 regelmäßig die bisherigen Geschäftsführer – zur Eintragung in das Handelsregister anzumelden. Eine Benachrichtigung des Registergerichts durch die Auflösungsbehörde mit anschließender Eintragung von Amts wegen ist abweichend von § 65 Abs. 1 S. 2 und 3 nicht vorgesehen. 29

Werden gegen die Auflösungsverfügung **Rechtsmittel** (Anfechtungsklage und ggf. Widerspruch, vgl. Rdn 31) eingelegt, so wird aufgrund des regelmäßig damit verbundenen Suspensiveffekts die Wirksamkeit der Verfügung *gehemmt* (§ 80 Abs. 1 VwGO). Die Gesellschaft bleibt zwar formell bis zur Aufhebung der Verfügung aufgelöst, jedoch können sich darauf weder Gesellschafter noch die Verwaltungsbehörde oder Dritte berufen[49]. Solange ruht auch die Pflicht zur Anmeldung der Auflösung beim Handelsregister. Die bisherigen Vertretungsbefugnisse in der Gesellschaft bestehen fort, als ob die Auflösung nicht eingegangen wäre. Wird die Auflösungsverfügung im Rechtsmittelverfahren **aufgehoben**, so entfallen rückwirkend auch ihre Wirkungen[50]. Die Gesellschaft besteht als werbende fort, ohne daß es eines Fortsetzungsbeschlusses der Gesellschafter bedarf. 30

[46] Vgl. § 13 Abs. 2 S. 2 iVm Abs. 1 Nr. 4 VwVfG.

[47] Für Entbehrlichkeit der Benachrichtigung mit Rücksicht auf den Informationsfluß in der Gesellschaft aber Scholz/*K. Schmidt* 11.

[48] So auch Scholz/*K. Schmidt* 11; aA die früher hM, die von der Erforderlichkeit eines verwaltungsgerichtlichen Auflösungsurteils ausging und die Auflösungswirkung folgerichtig mit dessen *Rechtskraft* eintreten ließ, vgl. Nachw. in Rdn 25.

[49] *Kopp* VwGO⁸ § 80, 16 m. Rspr.-Nachw.

[50] Vgl. § 63, 68, zur entsprechenden Lage bei erfolgreicher Beschwerde gegen den Konkurseröffnungsbeschluß; so auch Scholz/*K. Schmidt* 12.

5. Rechtsschutz

31 Die Rechtsmittel gegen eine Auflösungsverfügung bestimmen sich nach §§ 42, 68 VwGO. **Anfechtungsklage** kann nicht nur von der GmbH, sondern auch von jedem Gesellschafter erhoben werden (vgl. § 42 Abs. 2 VwGO). Dagegen ist eine Klagebefugnis von Geschäftsführern oder sonstigen von der Auflösung lediglich mittelbar betroffenen Personen ausgeschlossen[51]. Für ein vorgeschaltetes *Widerspruchsverfahren* ist nach § 68 Abs. 1 S. 2 Nr. 1 VwGO kein Raum, wenn die Auflösungsverfügung von der obersten Landesbehörde (Rdn 27) erlassen wurde. Die gerichtliche *Nachprüfung* beschränkt sich nicht auf das Vorliegen der Auflösungsvoraussetzungen des § 62 Abs. 1, sondern erstreckt sich auch auf die Einhaltung der Erforderlichkeit und Verhältnismäßigkeit des behördlichen Handelns (Rdn 22 f).

32 **Neue**, nach Erlaß der Auflösungsverfügung eingetretene **Tatsachen**, die zum Wegfall der Auflösungsvoraussetzungen führen, sind im Anfechtungsprozeß *nicht* zu berücksichtigen (str., vgl. § 60, 99). Sie können jedoch Anlaß zur Rücknahme oder zum Widerruf der Verfügung nach Maßgabe von § 51 VwVfG geben und dadurch die Fortsetzung der Gesellschaft durch Beschluß der Gesellschafter ermöglichen (vgl. Rdn 34 und § 60, 98).

IV. Entschädigungsansprüche

33 Entschädigungsansprüche der Betroffenen als Folge der Auflösung sind in Abs. 1 aE ausdrücklich **ausgeschlossen**. Die Regelung bezieht sich auf den Fall der *rechtmäßigen* Auflösung wegen Gemeinwohlgefährdung; sie hat nur klarstellende Bedeutung, da eine entschädigungspflichtige Enteignung insoweit ausscheidet[52]. Soweit demgegenüber im Einzelfall die Voraussetzungen einer *Amtspflichtsverletzung* hinsichtlich der Auflösung gegeben sind oder sonstige Ersatzansprüche nach allgemeinem öffentlichen Recht in Betracht kommen, steht der restriktiv auszulegende Entschädigungsausschluß in § 62 Abs. 1 ihrer Durchsetzung nicht entgegen[53].

V. Fortsetzungsbeschluß

34 Ein Fortsetzungsbeschluß der Gesellschafter ist auch dann möglich, wenn die Auflösung auf einer Verfügung der Verwaltungsbehörde nach § 62 beruht. Zusätzlich zu den sonstigen Voraussetzungen (§ 60, 84 ff) bedarf es hierfür jedoch der **Beseitigung der Auflösungsverfügung** durch Rücknahme oder Widerruf seitens der Verwaltungsbehörde und Wiederaufgreifen des Verfahrens. Die bloße Beseitigung des Auflösungsgrundes reicht hierfür ebensowenig aus wie die „Zustimmung" der Verwaltungsbehörde zum Fortsetzungsbeschluß (str., vgl. näher § 60, 98). Wird die Auflösungsverfügung im Anfechtungsprozeß aufgehoben, so verliert sie dadurch rückwirkend ihre Wirksamkeit; die Gesellschaft besteht in diesem Fall auch ohne Fortsetzungsbeschluß als werbende fort (Rdn 30).

---

[51] So auch Scholz/*K. Schmidt* 12.

[52] Vgl. Scholz/*K. Schmidt* 13; *Zöllner*-KölnKomm-AktG § 396, 25 m. Nachw. zur aktienrechtlichen Diskussion; so auch Begr. zu § 289 RegE GmbHG 1971/73, aaO S. 230.

[53] Vgl. auch Begr. RegE GmbHG 1971/73, S. 230; Scholz/*K. Schmidt* 13; *Becker* ZSchwR 1988, 613, 627 f.

§ 63

Über das Vermögen der Gesellschaft findet das Konkursverfahren außer dem Fall der Zahlungsunfähigkeit auch in dem Fall der Überschuldung statt.

Die auf das Konkursverfahren über das Vermögen einer Aktiengesellschaft bezüglichen Vorschriften in § 207 Abs. 2, § 208 der Konkursordnung finden auf die Gesellschaft mit beschränkter Haftung entsprechende Anwendung.

§ 207 KO (Aktiengesellschaft)

(1) ...

(2) Nach Auflösung einer Aktiengesellschaft ist die Eröffnung des Verfahrens so lange zulässig, als die Verteilung des Vermögens nicht vollzogen ist.

§ 208 KO (Antragsberechtigte bei Konkurs einer Aktiengesellschaft)

(1) Zu dem Antrage auf Eröffnung des Verfahrens ist außer den Konkursgläubigern jedes Mitglied des Vorstandes und jeder Liquidator berechtigt.

(2) Wird der Antrag nicht von allen Mitgliedern des Vorstandes oder allen Liquidatoren gestellt, so ist derselbe zuzulassen, wenn die Zahlungsunfähigkeit oder Überschuldung glaubhaft gemacht wird. Das Gericht hat die übrigen Mitglieder oder Liquidatoren nach Maßgabe des § 105 Abs. 2, 3 zu hören.

Übersicht

Schrifttum

Kommentare zur KO von *Kilger,* 15. Aufl. (1987); Jaeger/*Lent* und Jaeger/*Weber,* 8. Aufl. 1958 (Bd. 1), 1973 (Bd. 2); Jaeger/*Henckel,* 9. Aufl. (seit 1977); *Kuhn/Uhlenbruck,* 10. Aufl. 1986. Ferner: *Flessner* Sanierung und Reorganisation (1982); *Gessner/Rhode/Strate/Ziegert* Die Praxis der Konkursabwicklung in der Bundesrepublik Deutschland (1978); *Kalter* Konkursrecht der GmbH, KTS 1955, 39 und 58; *K. Schmidt* Möglichkeiten der Sanierung von Unternehmen durch Maßnahmen im Unternehmens-, Arbeits-, Sozial- und Insolvenzrecht, Gutachten D zum 54. Deutschen Juristentag (1982); *ders.* Wege zum Insolvenzrecht der Unternehmen (1990); *Sudhoff* Der Antrag auf Eröffnung des Konkurs- oder Vergleichsverfahrens, NJW 1973, 1829; *Uhlenbruck* Die GmbH & Co KG in Krise, Konkurs und Vergleich, 2. Aufl. (1988); *ders.* Sanierung und Reorganisation als drittes Insolvenzverfahren in einem künftigen Recht, KTS 1981, 513. Vgl. auch die Schrifttumsnachweise vor Rdn 15, 23, 73, 110 und 128.

I. Grundlagen

1. Normzweck

1 Die Vorschrift bestimmt in **Abs. 1** als **Konkursgründe für die GmbH** Zahlungsunfähigkeit und Überschuldung. Die *Zahlungsunfähigkeit* ist der allgemeine, nach § 102 KO für jedermann (ausgenommen den Nachlaß, vgl. § 215 KO) geltende Konkursgrund. Demgegenüber ist der Konkursgrund der *Überschuldung* spezifisch auf juristische Personen und Gesamthandsgemeinschaften mit beschränktem Haftungsfonds, d. h.

ohne voll haftende natürliche Personen zugeschnitten[1]. Durch ihn soll sichergestellt werden, daß Personenverbindungen und sonstige juristische Personen des Privatrechts, die ihr gesamtes Eigenkapital verloren haben und den Gläubigern auch keinen Ausgleich durch unbeschränkte Haftung natürlicher Personen bieten, aus Gründen des **Gläubigerschutzes** auch dann gehindert werden, weiter als werbendes Unternehmen am Rechtsverkehr teilzunehmen, wenn Zahlungsunfähigkeit noch nicht eingetreten ist (zur Funktion des Überschuldungstatbestands, die Konkursreife auf den Fall *drohender* Zahlungsunfähigkeit vorzuverlegen, vgl. Rdn 26). Dem Gläubigerschutzzweck der §§ 63, 64 trägt auch die in § 64 Abs. 1 geregelte Pflicht der Geschäftsführer Rechnung, bei Vorliegen eines dieser Konkursgründe Konkursantrag zu stellen; sie ist durch Haftungs- und Strafsanktionen in §§ 64 Abs. 2, 84 Abs. 1 Nr. 2 und Abs. 2 abgesichert.

2. Verhältnis von GmbHG und KO

Während sich das materielle und formelle **Konkursrecht** auch für die GmbH **2**
grundsätzlich nach den *Vorschriften der KO* bestimmt, sind die Vorschriften der §§ 63 Abs. 1, 64 Abs. 1 über **Konkursgründe und Konkursantragspflicht** bei der GmbH wegen ihres rechtsformspezifischen, auf die GmbH bezogenen Gehalts in das *GmbH-Gesetz* aufgenommen worden. Selbst in diesen Fragen hat das GmbHG aber keine abschließende Regelung getroffen, sondern verweist in **Abs. 2** auf die Regelung über Konkursreife und Antragsberechtigung bei der AG in §§ 207 Abs. 2, 208 KO. Unter ihnen stellt § **207 Abs. 2 KO** klar, daß der Konkurs über das Vermögen der Gesellschaft in jedem Stadium ihrer Existenz, also auch noch nach Auflösung, möglich ist (vgl. Rdn 4). § **208 Abs. 1 KO** berechtigt *jedes* Mitglied der Geschäftsführung (jeden Liquidator) zur Stellung des Konkursantrags, unabhängig von der Art der Vertretungsregelung in der GmbH. Nach § **208 Abs. 2 KO** muß, wenn der Antrag nicht von sämtlichen Geschäftsführern oder Liquidatoren gestellt wird, das Vorliegen des Konkursgrundes von den Antragstellern glaubhaft gemacht werden, wobei das Konkursgericht die übrigen Mitglieder der Geschäftsführung vor der Entscheidung über die Konkurseröffnung zu hören hat.

3. Geltungsbereich

a) **Regelfall.** Als Regelfall beziehen sich die Vorschriften der §§ 63, 64 auf den **3**
Konkurs der **werbenden Gesellschaft.** Sie legen die näheren Voraussetzungen für diesen in § 60 Abs. 1 Nr. 4 vorgesehenen *Auflösungsgrund* fest. Durch Eröffnung des Konkursverfahrens wandelt sich die werbende Gesellschaft in eine Liquidationsgesellschaft um; dies freilich mit der Besonderheit, daß die Vorschriften der §§ 65 ff über die Abwicklung der aufgelösten GmbH überlagert werden durch die vorrangigen Vorschriften der KO, die die Durchführung des Konkursverfahrens durch den Konkursverwalter mit dem Ziel der Verwertung der Konkursmasse und der Befriedigung der Gläubiger regeln. Zum Verhältnis der Kompetenzen von Konkursverwalter und Gesellschaftsorganen nach Konkurseröffnung vgl. Rdn 81 ff, 94 ff, zum Sonderfall der Eröffnung des gerichtlichen Vergleichsverfahrens, das *nicht* die Auflösung der Gesellschaft zur Folge hat, vgl. Rdn 110 ff. Wird die Konkurseröffnung *mangels Masse abgelehnt,* so bewirkt das nach § 1 LöschG ebenfalls die Auflösung der Gesellschaft; insoweit bewendet es aber bei den Liquidationsvorschriften der §§ 65 ff (Rdn 9).

---

[1] Vgl. §§ 207 Abs. 1, 213 KO für die AG, den Verein und die rechtsfähige Stiftung, § 98 Abs. 1 GenG für die eGen, und §§ 130 a, 177 a HGB für die GmbH & Co OHG bzw. KG.

4 b) **Aufgelöste oder nichtige Gesellschaft.** Der Eintritt der Auflösung aus einem anderen Grund als demjenigen der Konkurseröffnung (vgl. näher § 60, 21 ff) schließt ein nachfolgendes Konkursverfahren nicht aus, solange die Gesellschaft noch im Handelsregister eingetragen ist und über verteilungsfähiges Gesellschaftsvermögen verfügt. Das folgt aus der Verweisung in Abs. 2 auf **§ 207 Abs. 2 KO.** Dementsprechend gilt die Konkursantragspflicht der Geschäftsführer bei Zahlungsunfähigkeit oder Überschuldung (§ 64 Abs. 1) nach § 71 Abs. 4 auch für die Liquidatoren. Mit Ausnahme der Auflösungsfolge treten die Wirkungen der Konkurseröffnung (Rdn 73 ff) in diesem Fall ebenso ein, wie wenn die Gesellschaft bis zur Konkurseröffnung als werbende fortbestanden hätte. Entsprechendes gilt für die nach § 75 *nichtige* Gesellschaft; für ihre Rechtsverhältnisse sind nach § 77 Abs. 1 die Vorschriften über die Liquidationsgesellschaft maßgebend (§ 60, 11).

5 Ist die **Gesellschaft** im Handelsregister bereits **gelöscht** und damit nach der hier vertretenen Ansicht (§ 60, 18 und Anh § 60, 37) als juristische Person weggefallen, so ist auch *für ein Konkursverfahren nach § 63 kein Raum* mehr[2]. Findet sich noch verwertbares Gesellschaftsvermögen, so bildet es ein der Verwaltung durch einen gerichtlich zu bestellenden Liquidator unterliegendes *Gesamthandsvermögen der Gesellschafter* (§ 60, 18 und Anh § 60, 37). Da die Aufgaben des Liquidators vom Registergericht bestimmt werden und er nicht etwa den Weisungen der Gesellschafter unterworfen ist, erscheint es unbedenklich, ihm auch ohne Einschaltung des Konkursgerichts die Verwaltung des restlichen Gesellschaftsvermögen zur Gläubigerbefriedigung zu übertragen[3]. Der Durchführung eines besonderen Konkursverfahrens bedarf es nicht. Schon deshalb erledigt sich auch die Frage einer analogen Anwendung der §§ 63, 64, 71 Abs. 2 auf die gelöschte GmbH bei noch vorhandenem Gesellschaftsvermögen.

6 c) **Vorgesellschaft.** Die Konkursfähigkeit der Vorgesellschaft, d. h. der gegründeten, aber noch nicht in das Handelsregister eingetragenen GmbH (§ 11, 5), ist heute einhellig **anerkannt**[4]. Eine ausdrückliche Bestätigung dieser Ansicht durch den BGH steht zwar noch aus; an ihr ist aber angesichts des durch BGHZ 80, 129, 138 ff = NJW 1981, 1373 erreichten Entwicklungsstands nicht zu zweifeln. Danach ist einerseits die volle Handlungs- und Verpflichtungsfähigkeit der Vor-GmbH anerkannt, wenn die Gründer mit der Geschäftsaufnahme vor Eintragung einverstanden sind, andererseits der Grundsatz *beschränkter* Gründerhaftung für Verbindlichkeiten der Vor-GmbH bestätigt worden. Dem ist auch durch Anerkennung der Konkursfähigkeit der Vor-GmbH unter Übernahme der Regelung der §§ 63, 64 Abs. 1 über Konkursgründe und Konkursantragspflichten Rechnung zu tragen. Die in § 11 Abs. 2 geregelte unbeschränkte Handelndenhaftung steht schon wegen ihrer besonderen Funktion (§ 11, 96 ff), ihrer meist nur geringen wirtschaftlichen Bedeutung und ihres Wegfalls im Zeitpunkt der Eintragung[5] nicht entgegen.

7 Im Unterschied zur Vorgesellschaft ist die **Vorgründungsgesellschaft,** d. h. eine zum Zweck der Gründung einer GmbH zwischen einzelnen oder allen künftigen Gründern

---

[2] AA die hM, vgl. Jaeger/*Weber* KO[8] §§ 207, 208, 4; Kuhn/*Uhlenbruck* KO[10] Vorb. § 207, D 2 und 10 a; *Kilger* KO[15] § 207, 1; Hachenburg/*W. Schmidt*[6] 1; Scholz/*Karsten Schmidt* 1; Baumbach/Hueck/*Schulze-Osterloh* 2; *H. Schmidt* Zur Vollbeendigung juristischer Personen (1989) S. 174 f.

[3] AA *H. Schmidt* aaO (Fn 2) S. 174 f unter Hinweis auf die Nichtgeltung des konkursrechtlichen Gebots gleichmäßiger Gläubigerbefriedigung (dazu Anh § 60, 11 m. Nachw. in Fn 10).

[4] BayObLG NJW 1965, 2254, 2257; OLG Nürnberg AG 1967, 362, 363 (für die Vor-AG); Scholz/*Karsten Schmidt* 2; Baumbach/Hueck/*Schulze-Osterloh* 2; Kuhn/*Uhlenbruck* KO[10] Vorb. § 207, D 4; vgl. auch § 11, 50 m. weit. Nachw. in Fn 103.

[5] BGHZ 80, 182, 185 = NJW 1981, 1453; § 11, 118 m. weit. Nachw.

eingegangene, der Vorbereitung und Herbeiführung der Gründung dienende Personenvereinigung (§ 2, 49 ff), nach geltendem Recht *nicht konkursfähig*[6]. Das folgt bereits aus ihrer Rechtsnatur als Gesellschaft bürgerlichen Rechts, wenn man der wohl noch überwM folgt, die – zu Unrecht – die Konkursfähigkeit dieser Gesellschaftsform verneint[7]. Aber auch aus der neueren, für Teilrechts- und Konkursfähigkeit der BGB-Außengesellschaft eintretenden Sicht besteht für die Konkursfähigkeit der Vorgründungsgesellschaft wegen ihrer rein internen Zielsetzung in aller Regel doch kein Bedürfnis[8]. Verfolgen die Gesellschafter entgegen ihrer ursprünglichen Zwecksetzung bereits werbende Zwecke, so wird die Vorgründungsgesellschaft zur Außengesellschaft und ist je nach Art und Intensität des unternehmerischen Handelns als OHG oder GbR konkursfähig.

4. Abweichungen vom allgemeinen Liquidationsrecht

Die Konkurseröffnung bildet nach § 60 Abs. 1 Nr. 4 einen GmbH-rechtlichen **Auflösungsgrund.** Von den übrigen Gründen unterscheidet sie sich jedoch durch eine Reihe von **Besonderheiten.** Das gilt vor allem für die Wirkungen der Konkurseröffnung, die anders als bei den sonstigen Auflösungsgründen zur weitgehenden Verdrängung der Liquidationsvorschriften der §§ 65 ff durch die vorrangigen Vorschriften der KO führen. So liegen im Fall konkursbedingter Auflösung die Befugnisse zur Verfügung über das Gesellschaftsvermögen und zu dessen Verwertung beim gerichtlich bestellten Konkursverwalter, während die Geschäftsführer auf die Wahrnehmung der Aufgaben des Gemeinschuldners und die ihnen gesellschaftsintern zustehenden Funktionen beschränkt bleiben (Rdn 81 ff, 97 ff). Die Auflösung wird nicht aufgrund einer Anmeldung der Liquidatoren, sondern aufgrund der Benachrichtigung des Registergerichts durch das Konkursgericht (§ 112 KO) in das Handelsregister eingetragen (Rdn 71). Auch eine schon vorweg eingetretene Auflösung steht der Konkurseröffnung nicht entgegen (Rdn 4). Besonderheiten gelten schließlich auch für die Fortsetzung der Gesellschaft nach Konkursbeendigung (§ 60, 100 ff). 8

Kommt es trotz Vorliegens der Konkursreife und eines Konkursantrags nicht zur Konkurseröffnung, weil die Konkursmasse voraussichtlich nicht zur Deckung der Verfahrenskosten ausreicht (§ 107 Abs. 1 KO), so ist zwar seit 1934 durch **§ 1 LöschG** sichergestellt, daß auch die **Konkursablehnung mangels Masse** die *Auflösung* der Gesellschaft zur Folge hat (vgl. näher Anh § 60, 7, 11 ff). Im Unterschied zur Konkurseröffnung greifen hier jedoch die allgemeinen Abwicklungsvorschriften des GmbHG ein; die Verwertung des Gesellschaftsvermögens und dessen Verteilung erfolgt durch die nach Maßgabe des § 66 ausgewählten Liquidatoren[9]. Wollen Gläubiger statt dessen in den Genuß der Sicherungsvorschriften des Konkursverfahrens kommen, so müssen sie bei unzureichender Konkursmasse für Leistung des erforderlichen Kostenvorschusses sorgen[10]. 9

---

[6] EinhM, vgl. Scholz/*Karsten Schmidt* 2; Baumbach/Hueck/*Schulze-Osterloh* 2; *Rowedder* 1; Jaeger/*Weber* KO[8] §§ 207, 208, 2; Kuhn/*Uhlenbruck* KO[10] Vorb. § 207, D 4 a; *Kilger* KO[15] § 207, 1.

[7] Vgl. dazu näher MünchKomm-*Ulmer* BGB[2] § 705, 134.

[8] So auch Scholz/*Karsten Schmidt* 2, der im übrigen mit guten Gründen die Konkursfähigkeit der BGB-Außengesellschaft bejaht (vgl. näher *Karsten Schmidt* ZIP 1980, 233, 237).

[9] Für grundsätzliche Ausrichtung der Liquidatorenpflichten an den Zielen des Konkursverfahrens auch in diesem Fall *Karsten Schmidt* ZIP 1982, 11 ff; *ders.* KTS 1988, 16 ff; zu den noch weiterreichenden Vorschlägen von *W. Schulz* Die masselose Liquidation der GmbH (1986) S. 94 ff, 106 ff, 155 ff vgl. Anh § 60 Fn 10 m. weit. Nachw.

[10] § 107 Abs. 1 S. 2 KO, vgl. dazu näher Jaeger/*Weber* KO § 107, 2 ff.

5. Reform

10 Die in § 63 geregelten Konkursgründe gelten unverändert seit Erlaß des GmbHG im Jahre 1892; auch die Vorschriften über die Konkursantragspflichten in § 64 Abs. 1 sind bisher nur geringfügig geändert worden (vgl. näher § 64, 5). Grundlegendere Veränderungen werden demgegenüber im Zuge der seit Ende der 70er Jahre beratenen **Insolvenzrechtsreform** diskutiert. Der bislang vorliegende *Referentenentwurf* eines Gesetzes zur Reform des Insolvenzrechts (RegE InsO)[11] sieht die Einführung eines einheitlichen Insolvenzverfahrens vor, das die Funktionen von Konkurs und Vergleich in sich vereinen soll. Die vom Entwurf angestrebte Marktkonformität des Verfahrens zielt auf die bestmögliche Verwertung des Schuldnervermögens und damit auf eine Ausrichtung des Verfahrens an den Vermögensinteressen der Gläubiger des Schuldners. Eine marktwidrige Erhaltung des konkursreifen Unternehmensträgers wird als mit diesem Reformziel unvereinbar abgelehnt. Damit distanziert sich der Referentenentwurf von der Auffassung der 1978 vom BMJ eingesetzten Kommission für Insolvenzrecht[12], die sich u. a. für einen Vorrang der Sanierung des Unternehmensträgers vor einer übertragenden Sanierung oder einer Zerschlagungsliquidation aussprach und deshalb ein besonderes Reorganisationsverfahren empfahl[13]. Hinzuweisen ist auch auf die in § 20 des Referentenentwurfs vorgesehene Einführung eines neuen Eröffnungsgrunds der drohenden Zahlungsunfähigkeit; er soll freilich nur auf Antrag des Schuldners zur Eröffnung des Verfahrens führen (vgl. auch Rdn 22, 50)[14].

6. Rechtslage in den neuen Bundesländern

11 Gem. Anlage I Kapitel III Sachgebiet A Abschnitt I Nr. 4 des Einigungsvertrags vom 31. 8. 1990 ist die KO auf die neuen Bundesländer nicht erstreckt worden; statt dessen gilt im Beitrittsgebiet die **Gesamtvollstreckungsordnung** (GesVollstO) vom 6. 6. 1990[15]. § 1 Abs. 1 S. 1 GesVollstO bestimmt, daß die Gesamtvollstreckung bei juristischen Personen nicht nur bei deren Zahlungsunfähigkeit, sondern auch im Falle der Überschuldung erfolgt. Die Vorschrift des § 63 Abs. 1 ist deshalb im Gebiet der neuen Bundesländer bedeutungslos, ohne daß sich daraus inhaltliche Änderungen gegenüber der Rechtslage in den alten Bundesländern ergeben. Soweit § 63 Abs. 2 auf die Vorschriften der §§ 207 Abs. 2, 208 KO verweist, müßten statt dessen die entsprechenden Vorschriften der GesVollstO Anwendung finden (vgl. § 1 Abs. 4 S. 2 GesVollstO). Da diese aber keine vergleichbaren Vorschriften enthält, sind gem. § 2 der Verordnung zur Anwendung von Rechtsvorschriften vom 11. 7. 1990[16] die in Bezug genommenen Vorschriften der KO entsprechend anzuwenden.

---

11 Veröffentlicht vom BMJ (Stand 1. 11. 1989).

12 Vgl. Erster und Zweiter Bericht der Kommission für Insolvenzrecht, jeweils herausgegeben vom BMJ, 1985/86.

13 Vgl. dazu näher *Ulmer* ZHR 149 (1985) 541 ff.

14 Zu den Einzelheiten vgl. *B. Kübler* (Hrsg.), Neuordnung des Insolvenzrechts, RWS-Forum 3 (1989); *Leipold* (Hrsg.), Insolvenzrecht im Umbruch (1991); Beiträge zur Reform des Insolvenzrechts, Vorträge und Diskussion des IDW-Insolvenz-Symposions am 11./12. 6. 1987 (1987); *Balz* ZIP 1988, 273 ff; *Engelhard* ZIP 1986, 1287 ff; *Flessner*, Sanierung und Reorganisation (1982); *K. Schmidt* Gutachten D des 54. DJT 1982, S. D 40 ff, 59 ff, 118 ff; *Uhlenbruck* BB 1984, 1949 ff, jew. m. weit. Nachw.

15 GBl. DDR I S. 285, geändert durch VO vom 25. 7. 1990 (GBl. DDR I S. 782) und durch Einigungsvertrag vom 31. 8. 1990 (BGBl. II S. 889, 1153); vgl. dazu etwa *Lübchen/Landfermann* ZIP 1990, 829 ff; *Uhlenbruck* BB 1990, Beil. 26 (DDR-Rechtsentwicklungen 10), S. 1 ff.

16 GBl. DDR I S. 713; vgl. auch § 5 des Gesetzes über die Inkraftsetzung von Rechtsvorschriften der Bundesrepublik Deutschland in der Deutschen Demokratischen Republik vom 21. 6. 1990, GBl. DDR I S. 357.

7. Konzern-Insolvenzrecht?

Schrifttum

Acher Vertragskonzern und Insolvenz (1987); *Kort* Die konzerngebundene GmbH in der Insolvenz, ZIP 1988, 681; *B. Kübler* Konzern und Insolvenz, ZGR 1984, 560; *Mertens* Empfiehlt sich die Einführung eines konzernbezogenen Reorganisationsverfahrens? ZGR 1984, 542; *Karsten Schmidt* Wege zum Insolvenzrecht der Unternehmen (1990) S. 221; *Uhlenbruck* Konzerninsolvenzrecht als Problem der Insolvenzrechtsreform, KTS 1986, 419; *Wellensiek* Risiken von Beteiligungen in (durch) Insolvenzverfahren der Muttergesellschaften, ZIP 1984, 541.

Im Unterschied etwa zum amerikanischen oder französischen Recht[17] ist das geltende deutsche Insolvenzrecht streng auf den **einzelnen Rechtsträger** und den Eintritt eines Konkurseröffnungsgrundes bei *diesem* bezogen. Kommt es zur Eröffnung des Konkurses über das Vermögen einer konzerngebundenen Gesellschaft, so erstreckt er sich weder auf die übrigen Konzernmitglieder noch – mangels Rechtssubjektivität – auf den Konzern als solchen[18]. Hieran soll sich auch im Zuge der Insolvenzrechtsreform nichts ändern[19]. Im Falle eines *Vertragskonzerns* führt die Eröffnung des Konkurses über das Vermögen eines der Vertragspartner nach hM[20] zur automatischen Beendigung des Unternehmensvertrags. Vom herrschenden Unternehmen ist der bis zum Zeitpunkt der Konkurseröffnung entstandene Verlust auszugleichen[21]. Bei *(qualifizierter)faktischer Konzernierung* hat der Konkurs der abhängigen Gesellschaft vorbehaltlich der der Verwaltung verbleibenden Restkompetenzen (dazu Rdn 97 ff) eine Beendigung der faktischen Leitungsmacht des herrschenden Unternehmens zur Folge[22]. Gleiches ist im Konkurs des herrschenden Unternehmens anzunehmen[23]. Zur Ausübung faktischer Konzernleitungsmacht aufgrund der zur Masse gehörenden Beteiligung an der abhängigen Gesellschaft ist der Konkursverwalter wegen der damit für die abhängige Gesellschaft verbundenen Risiken und wegen der Gefährdung der Durchsetzbarkeit von Ersatzansprüchen gegen das im Konkurs befindliche herrschende Unternehmen nicht legitimiert; hiervon unberührt bleibt die Ausübung von Stimmrechten in der Tochtergesellschaft, solange sie sich nicht als Konzernleitung darstellt[24]. **12**

II. Konkursgründe

1. Überblick

Die Vorschrift des § 63 regelt in Abs. 1 **zwei Konkursgründe**, die Zahlungsunfähigkeit und die Überschuldung. Zwischen ihnen ist in Begriff und Voraussetzungen **13**

[17] Vgl. zum *amerik.* Recht *Flessner* Sanierung und Reorganisation S. 285 ff; *Uhlenbruck* KTS 1986, 419, 424 f; zum *franz.* Recht *Guyon* ZGR 1991, 218, 233; *Uhlenbruck* KTS 1986, 419, 424.

[18] Vgl. nur *K. Schmidt* Wege zum Insolvenzrecht S. 221; Kuhn/*Uhlenbruck* KO[10] Vor § 210, K 1, 1 a; eingehend zur Problematik auch *Kort* ZIP 1988, 681 ff; *B. Kübler* ZGR 1984, 560 ff; *Mertens* ZGR 1984, 543 ff; *Uhlenbruck* KTS 1986, 419 ff.

[19] Der RefE InsO verzichtet auf Regelungen für ein Konzerninsolvenzrecht; auch die – relativ bescheidenen – Vorschläge der Kommission für Insolvenzrecht (aaO Fn 12, Ls. 2.4.9.13, S. 290 ff) sind nicht in den RefE übernommen worden.

[20] BGHZ 103, 1, 6 f = NJW 1988, 1326; *Geßler* in Geßler/Hefermehl/Eckardt/Kropff AktG § 297, 46; Jaeger/*Weber* KO[8] §§ 207, 208, 11; Kuhn/*Uhlenbruck* KO[10] Vor § 207, K 2, 3; *Kort* ZIP 1988, 681, 682 f; aA – für bloße Suspendierung der beiderseitigen Rechte und Pflichten – *Acher* S. 122; *Koppensteiner*-KölnKommAktG[2] § 297, 29 f; *K. Schmidt* (Fn 18) S. 224 ff.

[21] So zutr. BGHZ 103, 1, 9 = NJW 1988, 1326; *K. Schmidt* ZGR 1983, 513, 525; *ders.* (Fn 18) S. 231; aA – für Beschränkung der Haftung auf den bis zum Ablauf des letzten voll beendeten Geschäftsjahres entstandenen Verlust – etwa Jaeger/*Weber* KO[8] §§ 207, 208, 11; *Werner* AG 1967, 122, 124.

[22] *K. Schmidt* (Fn 18) S. 228; *Kort* ZIP 1988, 681, 687; vgl. auch BGHZ 95, 330, 348 = NJW 1986, 188 für den Fall der Vermögenslosigkeit der abhängigen Gesellschaft.

[23] So auch *K. Schmidt* (Fn 18) S. 228 f; *Lutter* ZfB 1984, 781, 783; *Kort* ZIP 1988, 681, 687 f.

[24] So zutr. *K. Schmidt* (Fn 18) S. 229.

klar zu differenzieren[25]. Zwar werden in der Krise der GmbH nicht selten beide Konkursgründe zusammentreffen. Das ändert jedoch nichts daran, daß sowohl – bei nicht nur vorübergehender Illiquidität einer noch über Reinvermögen verfügenden Gesellschaft – *Zahlungsunfähigkeit ohne Überschuldung* als auch umgekehrt *Überschuldung trotz noch vorhandener Zahlungsfähigkeit* denkbar ist. Letzteres dürfte der Regelfall sein, jedenfalls wenn bei der Überschuldungsprüfung entgegen der überwM nicht die sog. going concern-Werte, sondern die Liquidationswerte zugrundegelegt werden (vgl. näher Rdn 28 ff, 38). Denn zur Zahlungsunfähigkeit iS von *andauerndem* Unvermögen zur Erfüllung der fälligen Verbindlichkeiten (Rdn 15) kommt es gewöhnlich erst, wenn das Gesellschaftsvermögen völlig aufgezehrt und der Kreditrahmen der Gesellschaft erschöpft ist. Dementsprechend gehen die neueren Ansichten zur Ausfüllung des Begriffs der *Überschuldung* zutreffend dahin, ihn *im Sinne drohender Zahlungsunfähigkeit* zu verstehen und den Tatbestand der Überschuldung dann zu bejahen, wenn aufgrund der Ertragslage der Gesellschaft anzunehmen ist, daß sie mittelfristig ihren Verbindlichkeiten im jeweiligen Fälligkeitstermin nicht nachkommen kann (Rdn 26). Das schließt es freilich nicht aus, in Sonderfällen zur Feststellung der Zahlungsunfähigkeit auch *ohne* Überschuldung zu kommen, selbst wenn die Liquidität und damit die Lebensfähigkeit der Gesellschaft zwar nicht kurz-, wohl aber mittelfristig gesichert ist[26].

14 In **rechtstatsächlicher** Hinsicht wurde der Konkursantrag *bisher* ganz überwiegend nicht auf die Überschuldung der GmbH, sondern auf den Eintritt der **Zahlungsunfähigkeit** gestützt[27]. Dieser Umstand sowie die meist nur geringe Konkursquote gewöhnlicher Konkursgläubiger und die hohe Zahl masseloser Insolvenzen bestätigen, daß der Überschuldungstatbestand in seiner bisher vorherrschenden Auslegung wenig praktikabel ist.

2. Zahlungsunfähigkeit

Schrifttum

Vgl. die Nachw. vor Rdn 1. Ferner: *Borup* Die eingetretene Zahlungsunfähigkeit aus der Sicht der Betriebswirtschaftslehre und das Problem ihrer Meßbarkeit, BB 1986, 1883; *Jäger* Die Zahlungsunfähigkeit nach geltendem und nach geplantem Insolvenzrecht, DB 1986, 1441; *Kilger* Grundzüge eines Reorganisationsverfahrens, ZIP 1982, 779; *ders.* Die Reorganisation insolventer Gesellschaften, ZRP 1984, 46; *Knief* Fragen der Abgrenzung und Praktikabilität der neu definierten Insolvenzauslösungsgründe nach den Vorschlägen der Insolvenzrechtskommission, in: Beiträge zur Reform des Insolvenzrechts (1987) S. 82; *Meyer-Cording* Mehr Klarheit für die Insolvenztatbestände! BB 1985, 1925; *ders.* Wann wirken die Insolvenztatbestände? BB 1986, 415; *Uhlenbruck* Gesetzliche Konkursantragspflichten und Sanierungsbemühungen, ZIP 1980, 73; *ders.* Die Pflichten des Geschäftsführers einer GmbH oder GmbH & Co. KG in der Krise des Unternehmens, BB 1985, 1277; *Veit* Die Definition der Zahlungsunfähigkeit als Konkursgrund, ZIP 1982, 273.

---

[25] AA aus betriebswirtschaftlicher Sicht *Moxter* in: Handwörterbuch der Finanzwirtschaft (1976) Sp. 635 f; *Plate* DB 1980, 222; tendenziell auch *W. Fischer* Die Überschuldungsbilanz (1980) S. 84.

[26] AA *Drukarczyk* ZGR 1979, 559.

[27] Vgl. nur *Klar* Überschuldung und Überschuldungsbilanz (1987) S. 1; *Uhlenbruck* GmbH-Rdsch. 1972, 172, und *Heidland* Gutachten für die Kommission zur Bekämpfung der Wirtschaftskriminalität (1973, unveröffentl. Manuskript). Rechtstatsachen zur Insolvenz von Unternehmen in der Rechtsform der GmbH vgl. bei *Gessner/Rhode/Strate/Ziegert* Die Praxis der Konkursabwicklung in der Bundesrepublik Deutschland (1978) sowie zuletzt *Doehring* KTS 1991, 55 und 1989, 825.

a) **Begriff und Voraussetzungen.** Der Begriff der **Zahlungsunfähigkeit** ist *konkursrechtlicher* Natur (vgl. § 102 Abs. 1 KO). Zahlungsunfähigkeit liegt danach vor, wenn die GmbH *wegen des voraussichtlich dauernden Mangels an Zahlungsmitteln nicht in der Lage ist, im Regelfall ihre fälligen Geldschulden zu erfüllen*[28]. Bloß vorübergehende **Zahlungsstockung** reicht für die Annahme der Zahlungsunfähigkeit als Konkursgrund nicht aus[29]. Unklar ist allerdings, welche Anforderungen an die *Dauer* der Illiquidität als Voraussetzung für die Zahlungsunfähigkeit zu stellen sind[30]. Bloße Zahlungsstokkung liegt namentlich dann vor, wenn mit der baldigen Wiedererlangung der zur Erfüllung der Verbindlichkeiten erforderlichen Zahlungsmittel zu rechnen ist, so bei verzögertem Eingang von Außenständen oder unerwartetem Anfall größerer, sofort fälliger Verbindlichkeiten[31]. Ebenso begründet die Erfüllungsverweigerung der GmbH gegenüber konkreten Gläubigern oder ihre Zahlungsunwilligkeit nicht schon die Annahme der Zahlungsunfähigkeit[32]. Entsprechendes gilt bei Vorhandensein kurzfristig liquidierbaren Gesellschaftsvermögens; die (vorübergehende) Geldilliquidität reicht für die Annahme von Zahlungsunfähigkeit nicht aus[33]. Erforderlich ist vielmehr der *objektive, nicht nur vorübergehende Mangel an Zahlungsmitteln* als Ursache für die voraussichtlich *dauernde Nichterfüllung* der fälligen Verbindlichkeiten[34]. Insoweit enthält also auch der Konkursgrund der Zahlungsunfähigkeit gewisse prognostische Elemente[35]; von den Prognoseelementen, die im geplanten Eröffnungsgrund der bevorstehenden Zahlungsunfähigkeit enthalten sind, und von dem damit verbundenen Übergang von einer Zeitpunkt- zu einer Zeitraum-Illiquiditätsbetrachtung (dazu Rdn 22) sind sie freilich klar zu unterscheiden[36]. **15**

Darüber hinaus setzt der Eintritt der Zahlungsunfähigkeit nach geltendem Recht voraus, daß der Schuldner einen nach der Verkehrsauffassung **wesentlichen Teil** seiner Schulden nicht bezahlen kann[37]. Demgegenüber verzichtet der RefE InsO ausweislich der Begründung zu § 19[38] bewußt auf das Kriterium der Wesentlichkeit. Dem ist im **16**

---

[28] RGZ 50, 39, 41; 100, 62, 65; BGH LM Nr. 6 zu § 30 KO = WM 1959, 891; BGH NJW 1962, 102; Jaeger/*Henckel*[9] § 30, 20; Kuhn/*Uhlenbruck* KO[10] § 102, 2; *Kilger* KO[15] § 102, 2; Scholz/*Karsten Schmidt* 6; zur betriebswirtschaftlichen Sicht vgl. *Borup* BB 1986, 1888 ff und *Jäger* DB 1986, 1441 ff. Vgl. auch BGH (5. Strafsenat) BB 1987, 1126 f: Zahlungsunfähigkeit setzt voraus, daß die fälligen Verbindlichkeiten von den Gläubigern *ernsthaft eingefordert* werden.

[29] Jaeger/*Henckel* KO[9] § 30, 29; Kuhn/*Uhlenbruck* KO[10] § 102, 2e; *Kilger* KO[15] § 30, 5; gegen die Beschränkung des Begriffs der Zahlungsunfähigkeit auf den *dauernden* Mangel an Zahlungsmitteln aber *Meyer-Cording* BB 1985, 1925 f, 1927, der darin zu Unrecht eine Stundung zugunsten des Schuldners erblickt.

[30] Vgl. dazu näher *Uhlenbruck* ZIP 1980, 75 f und Kuhn/*Uhlenbruck* KO[10] § 102, 2b, e, jew. m. weit. Nachw.; für Abstellen auf eine Zweimonatsfrist *Veit* ZIP 1982, 273 ff und *Jäger* DB 1986, 1445; für Einmonatsfrist etwa *Lutter/Hommelhoff* 2; sehr zurückhaltend dagegen die Begründung zu § 19 des RefE InsO aaO (Fn 11), S. B 17 f.

[31] RGZ 50, 39, 42; BGH WM 1975, 6, 7 f; Jaeger/*Henckel* KO[9] § 30, 29; Kuhn/*Uhlenbruck* KO[10] § 102, 2e; *Kilger* KO[15] § 30, 5.

[32] BGH WM 1957, 68; WM 1959, 891; *Kilger* KO[15] § 30, 5.

[33] AA *Uhlenbruck* BB 1985, 1281 und Kuhn/*Uhlenbruck* KO[10] § 102, 2d unter Hinweis auf RGSt 41, 311, 312 und BGHSt 3, 294; so auch *Jäger* DB 1986, 1441.

[34] AA – für Zahlungsunfähigkeit trotz Erfüllung kurzfristig fälliger Verbindlichkeiten schon dann, wenn die *Rentabilität* der Gesellschaft nicht auf Dauer gesichert ist – *Uhlenbruck* ZIP 1980, 81.

[35] So auch Kuhn/*Uhlenbruck* KO[10] § 102, 2; Baumbach/Hueck/*Schulze-Osterloh* 3; *Lutter/Hommelhoff* 3; *Jäger* DB 1986, 1445; näher dazu sowie zur Unentbehrlichkeit des Eröffnungstatbestands der Zahlungsunfähigkeit *K. Schmidt* JZ 1982, 166 f. Gegen die Einbeziehung von Prognoseelementen aber *Meyer-Cording* BB 1985, 1925 f, 1927 (vgl. dazu bereits Fn 29).

[36] Zutr. *Jäger* DB 1986, 1445 f.

[37] HM, vgl. BGH NJW 1984, 1953; NJW 1985, 1785; Jaeger/*Henckel* KO[9] § 30, 26; *Kilger* KO[15] § 30, 5; aA *Meyer-Cording* BB 1985, 1927. Zu weiteren Nachw. vgl. Fn 39 und 40.

[38] AaO (Fn 11) S. B 18.

Interesse einer rechtzeitigen Verfahrenseröffnung mit der Maßgabe zuzustimmen, daß nach neuem Recht nur *ganz geringfügige* Liquiditätslücken für die Feststellung der Zahlungsunfähigkeit außer Betracht bleiben können[39]. Davon zu unterscheiden ist das zur Abgrenzung von bloßer Zahlungsstockung bestimmte Merkmal *dauernder* Illiquidität; es behält auch dann seine Bedeutung, wenn man künftig auf das Kriterium der Wesentlichkeit verzichtet[40].

17 Nach der – auch für § 63 Abs. 1 relevanten – *Legaldefinition des § 102 Abs. 2 KO*[41] ist Zahlungsunfähigkeit insbesondere anzunehmen, wenn **Zahlungseinstellung** erfolgt ist. Darunter versteht man die *nach außen erkennbare,* insbes. von der Gesellschaft erklärte oder aus sonstigen Umständen ersichtliche, nicht nur vorübergehende Unfähigkeit zur Erfüllung der fälligen Zahlungspflichten[42]. Es handelt sich um einen qualifizierten, für Dritte erkennbaren Fall der Zahlungsunfähigkeit, bei dessen Vorliegen sich der Beweis der Zahlungsunfähigkeit regelmäßig erübrigt[43]. Auch wenn die Gesellschaft ihre Zahlungspflichten zuvor regelmäßig erfüllt hat, kann die Zahlungseinstellung sich doch *plötzlich* aus einem den beteiligten Geschäftskreisen offenkundigen, zum dauernden Mangel an Zahlungsmitteln führenden Umstand ergeben wie etwa der Beschlagnahme der Konten der Gesellschaft, dem Zusammenbruch der für den Zahlungsverkehr der Gesellschaft zuständigen Konzerngesellschaft, der Kündigung der Kreditlinien durch die Hausbank oder der Aufdeckung von Fälschungen oder Untreuehandlungen führender Mitarbeiter der Gesellschaft in einem Umfang, der ihre sofortige Illiquidität zur Folge hat.

18 **Indizien** für den Eintritt der Zahlungsunfähigkeit sind die tatsächliche Nichterfüllung größerer Geldschulden trotz Fälligkeit und Mahnung[44], die Häufung von Zahlungsklagen, Vollstreckungsmaßnahmen oder Wechselprotesten[45], die Nichtzahlung von Löhnen, Gehältern und Sozialabgaben[46] sowie die wiederholte Hingabe ungedeckter Schecks[47]. Aber auch wenn es der Gesellschaft gelingt, ihre wesentlichen Gläubiger zur *Stundung* der fälligen Forderungen zu bewegen und dadurch die Illiquidität nicht erkennbar werden zu lassen, schließt das die Zahlungsunfähigkeit nicht aus, sofern nur die Liquiditätsrechnung erkennen läßt, daß trotz der gewährten Stundung in absehbarer Zeit nicht mit einer allgemeinen Wiederaufnahme der Zahlungen zu rechnen ist[48].

19 **b) Die relevanten Schulden.** Für die Feststellung der Zahlungsunfähigkeit der Gesellschaft erheblich sind nur fällige **Geldschulden**[49]. Zu ihnen gehören auch bereits entstandene Zahlungspflichten, die sich aus der Nichterfüllung sonstiger, nicht auf

---

39 So auch Begründung zu § 19 des RefE InsO (Fn 11) S. B 18; Kuhn/*Uhlenbruck* KO[10] § 102, 2; *Veit* ZIP 1982, 278; aA – für Beibehaltung des Erfordernisses der Wesentlichkeit – *Jäger* DB 1986, 1444 f.

40 So auch *Veit* aaO (Fn 39).

41 Unverändert übernommen in § 19 Abs. 2 S. 2 RefE InsO aaO (Fn 11).

42 St. Rspr., vgl. RGZ 50, 39, 41; 51, 412, 413; weit. Nachw. bei Jaeger/*Henckel* KO[9] § 30, 13; Kuhn/*Uhlenbruck* KO[10] § 30, 2 g.

43 Jaeger/*Henckel* KO[9] § 30, 12; Kuhn/*Uhlenbruck* KO[10] § 30, 2, 5; Scholz/*K. Schmidt* 8.

44 Zur Unbeachtlichkeit der Erfüllung kleinerer Schulden als Gegenindiz vgl. BGH NJW 1985, 1785 sowie die weit. Nachw. in Fn 37.

45 RGZ 50, 38, 41; zurückhaltend BGH WM 1959, 891 f und NJW 1962, 102, 104.

46 RG Recht 1910, Nr. 3594; *Uhlenbruck* GmbH & Co. KG[2] S. 233; einschr. RG WarnRspr. 1933 Nr. 30; vgl. auch BGH BB 1957, 941, 942.

47 Einschr. BGH WM 1959, 892 und DB 1975, 147; wie hier *Uhlenbruck* (Fn 46) S. 233.

48 RGZ 136, 152, 155; BGH LM Nr. 1 zu § 30 KO; Scholz/*K. Schmidt* 8; näher dazu *Uhlenbruck* (Fn 46) S. 232 f.

49 Ganz hM, vgl. Jaeger/*Henckel* KO[9] § 30, 25; Kuhn/*Uhlenbruck* KO[10] § 30, 6; *Uhlenbruck* (Fn 46) S. 231; Scholz/*K. Schmidt* 6; Baumbach/Hueck/*Schulze-Osterloh* 3; weitergehend *Rowedder* 4, der auch künftige Schadensersatzverpflichtungen berücksichtigen will.

Geld gerichteter Forderungen von Gesellschaftsgläubigern ergeben (§§ 433 Abs. 1, 440, 325 BGB u. a.).

Auch Forderungen von **Gesellschaftern als Gläubiger** können zur Zahlungsunfähigkeit führen. Das gilt uneingeschränkt für solche Forderungen, die ihre Ursache nicht im Gesellschaftsverhältnis haben, sondern bei denen sich Gesellschaft und Gesellschafter *wie Dritte* gegenüberstehen. Dagegen hängt die Berücksichtigung von Forderungen aus dem Gesellschaftsverhältnis, darunter insbesondere Gewinnansprüchen, aber auch Ansprüchen auf Rückzahlung von Einlagen, Nachschüssen u. a., von ihrer *Durchsetzbarkeit* trotz Ausbruchs der Krise ab. Sie kann namentlich an § 30 scheitern, wenn die Zahlung zur Folge hätte, daß das Vermögen der Gesellschaft nicht mehr das Stammkapital deckt, oder wenn sie eine schon bestehende Unterbilanz weiter vergrößern würde[50]. Entsprechendes gilt aber auch für Zahlungsansprüche der Gesellschafter aus *Darlehen,* in Anspruch genommenen Gesellschafterbürgschaften u. a., sofern die zu § 30 entwickelten Rechtsprechungsgrundsätze über die Behandlung eigenkapitalersetzender Gesellschafterdarlehen (vgl. dazu sowie zur Fortgeltung dieser Rechtsprechung §§ 32 a, b, 15, 164) ihrer Geltendmachung entgegenstehen[51]. Die für Gesellschafterdarlehen ohne Rangrücktrittsvereinbarung nach überwM bestehende Passivierungspflicht im Überschuldungsstatus (Rdn 46 a) rechtfertigt keine abweichende Beurteilung. 20

c) **Beseitigung der Zahlungsunfähigkeit.** Zur Beseitigung der Zahlungsunfähigkeit geeignet sind alle Maßnahmen, die die *Liquidität der Gesellschaft wiederherstellen,* darunter neben der Zuführung neuen Eigenkapitals durch Kapitalerhöhung, Nachschüsse u. a. auch die Gewährung von Gesellschafterdarlehen oder die Verbürgung der Gesellschafter für Fremdkredite. Die Gesellschaft kann auch aus eigener Kraft für Überwindung der Illiquidität sorgen, wenn es ihr gelingt, noch nicht sicherungsübereignetes oder verpfändetes Gesellschaftsvermögen zu verwerten, doch wird es in einem solchen Fall meist schon am zwischenzeitlichen Eintritt der Zahlungsunfähigkeit fehlen (Rdn 15). Die bloße *Stundung* fälliger Geldforderungen beseitigt die einmal eingetretene Zahlungsunfähigkeit dagegen nicht; hinzukommen muß vielmehr die durch die Stundung ermöglichte allgemeine Wiederaufnahme der Zahlungen[52]. 21

d) **Insolvenzrechtsreform.** Der von der Insolvenzrechtskommission entwickelte[53] und in § 20 RefE InsO übernommene neue, fakultative Eröffnungsgrund der **drohenden Zahlungsunfähigkeit** liegt nach § 20 Abs. 2 RefE dann vor, wenn der Schuldner voraussichtlich nicht in der Lage sein wird, bereits bestehende Zahlungspflichten im Zeitpunkt der Fälligkeit zu erfüllen. Eine Besonderheit dieses neuen Tatbestands besteht allerdings darin, daß die Vorschrift des § 20 Abs. 1 RefE nur dem Schuldner, nicht auch sonstigen Beteiligten ein Antragsrecht gewährt; auch eine Antragspflicht der Vertretungsorgane der Gesellschaft ist nicht vorgesehen. Schon aus diesem Grund wird der Eröffnungsgrund der Überschuldung daneben auch künftig von Bedeutung bleiben[54]. Auch macht 22

[50] Vgl. Voraufl. § 30, 23, zu den aus § 30 folgenden Schranken der Durchsetzbarkeit von Gewinnansprüchen; so auch Scholz/*K. Schmidt* 6; Baumbach/Hueck/*Schulze-Osterloh* 5; Jaeger/*Weber* KO[8] §§ 207, 208, 40; aA *Roth* 3.1; wohl auch *Kalter* KTS 1955, 60 f.

[51] Vgl. Baumbach/Hueck/*Schulze-Osterloh* 5 unter zutr. Differenzierung gegenüber den Schranken aus §§ 32 a, b, die eine Geltendmachung außerhalb des Konkursverfahrens nicht ausschließen; insoweit aA LG München ZIP 1983, 66, 67; Scholz/*K. Schmidt* 6.

[52] RGZ 114, 206, 208 f; 136, 152, 155; BGH LM Nr. 1 zu § 30 KO; Scholz/*K. Schmidt* 9; *Uhlenbruck* (Fn 46) S. 232 f.

[53] Erster Bericht (Fn 12) Leitsatz 1.2.5 Abs. 3; grundlegend *Kilger* ZIP 1982, 779, 781; *ders.* ZRP 1984, 46, 48.

[54] AA *Henckel* ZIP 1991, 133, 135; vgl. dagegen zutr. *K. Schmidt* Wege zum Insolvenzrecht S. 55; zur geringen praktischen Bedeutung vgl. aber Rdn 14.

es die Einbeziehung noch *nicht fälliger* Verbindlichkeiten erforderlich, für den neuen Eröffnungsgrund eine *Prognose* hinsichtlich der Entwicklung der Finanzlage des Schuldners bis zur Fälligkeit aller bestehenden Verbindlichkeiten anzustellen[55]. Durch den damit verbundenen Übergang von der „Zeitpunkt-Illiquidität" des geltenden Rechts zur „Zeitraum-Illiquidität" soll die Möglichkeit geschaffen werden, bei einer sich abzeichnenden Insolvenz bereits vor ihrem Eintritt verfahrensrechtliche Gegenmaßnahmen einzuleiten[56].

3. Überschuldung

Schrifttum

Auler Der Überschuldungsstatus als Bewertungsproblem, DB 1976, 2169; *Bähner* Die Fortbestehensprognose im Rahmen der zweistufigen Überschuldungsrechnung, KTS 1988, 443; *Bilo* Zum Problemkreis der Überschuldung im strafrechtlichen Bereich, GmbH-Rdsch. 1981, 73 und 104; *Boest* Zur Passivierungspflicht von Pensionsverpflichtungen, insbes. in Überschuldungsbilanzen, DB 1979, 2381; *Drukarczyk* Unternehmen und Insolvenz (1987); *ders.* Was kann der Tatbestand der Überschuldung leisten? ZfbF 1986, 207; *ders.* Bilanzielle Überschuldungsmessung, ZGR 1979, 553; *ders.* Zum Problem der Auflösung insolvenzrechtlicher Verfahren, Zeitschrift für Betriebswirtschaft 51 (1981) 235; *Egner/Wolff* Zur Unbrauchbarkeit des Überschuldungstatbestand als gläubigerschützendes Instrument, AG 1978, 99; *W. Fischer* Die Überschuldungsbilanz (1980); *Gurke* Verhaltensweisen und Sorgfaltspflichten von Vorstandsmitgliedern und Geschäftsführern bei drohender Überschuldung (1982); *Haack* Der Konkursgrund der Überschuldung bei Kapital- und Personengesellschaften (1980); *Hirsch* Zur Auslegung und Reform der Überschuldungsbestimmungen im Gesellschaftsrecht, Festschrift Hueck (1959) S. 307; *Hommelhoff* Eigenkapitalersetzende Gesellschafterdarlehen und Konkursantragspflicht, Festschrift Döllerer (1988) S. 245; *Klar* Überschuldung und Überschuldungsbilanz (1987); *Knief* Fragen der Abgrenzung und Praktikabilität der neu definierten Insolvenzauflösungsgründe nach den Vorschlägen der Insolvenzrechtskommission, in: Beiträge zur Reform des künftigen Insolvenzrechts (1987) S. 61; *Knobbe-Keuk* Stille Beteiligungen und Verbindlichkeiten mit Rangrücktrittsvereinbarung im Überschuldungsstatus und in der Handelsbilanz des Geschäftsinhabers, ZIP 1983, 127; *Kühn* Bewertungsprobleme bei Feststellung der Überschuldung einer GmbH, DB 1970, 549; *Kupsch* Zur Problematik der Überschuldungsmessung, BB 1984, 159; *Lütkemeyer* Die Überschuldung der GmbH – Ein Beitrag zum Recht der Unternehmensbewertung (1983); *Meyer-Cording* Mehr Klarheit für die Insolvenztatbestände! BB 1985, 1925; *ders.* Wann wirken die Insolvenztatbestände? BB 1986, 415; *ders.* Die Bedeutung der Eröffnungstatbestände für die Funktion des Konkurses, ZIP 1989, 485; *Meyer-Landrut* Überschuldung als Konkursgrund, Festschrift Quack (1991) S. 335; *Moxter* Finanzwirtschaftliche Risiken, in: Handwörterbuch der Finanzwirtschaft (HdFW), 1976, Sp. 630; *Plate* Die Konkursbilanz (1979); *ders.* Eignung von Zahlungsunfähigkeit und Überschuldung als Indikatoren für die Insolvenzreife einer Unternehmung, DB 1980, 217; *Pribilla* Die Überschuldungsbilanz, KTS 1958, 1 und 16; *Priester* Gläubigerrücktritt zur Vermeidung der Überschuldung, DB 1977, 2429; *Schlosser* Die Eröffnung des Insolvenzverfahrens, in: *Leipold* (Hrsg.), Insolvenzrecht im Umbruch (1991) S. 9; *Schlüchter* Der Grenzbereich zwischen Bankrottdelikten und unternehmerischen Fehlentscheidungen (1977); *Karsten Schmidt* Wege zum Insolvenzrecht der Unternehmen (1990); *ders.* Institutionen eines künftigen Insolvenzrechts der Unternehmen, ZIP 1985, 713; *ders.* Konkursgründe und präventiver Gläubigerschutz, AG 1978, 334; *ders.* Vom Konkursrecht der Gesellschaften zum Insolvenzrecht der Unternehmen, ZIP 1980, 233; *ders.* Sinnwandel und Funktion des Überschuldungstatbestands, JZ 1982, 165; *Serick* Überschuldete Gesellschaft und konkursabwendender Forderungsrücktritt eines Nichtgesellschafters, ZIP 1980, 9; *ders.* Fehlerhaf-

[55] Vgl. auch Begr. RefE InsO aaO (Fn 11) S. B 19; dazu aus betriebswirtschaftlicher Sicht *Knief* S. 89 ff.

[56] So die Begründung des RefE InsO aaO (Fn 11) S. B 18; vgl. des weiteren *K. Schmidt* (Fn 54) S. 44 ff; *Uhlenbruck* (Fn 46) S. 234 f; Kuhn/*Uhlenbruck* KO[10] § 102, 2 g; zum Erfordernis eines entsprechenden Gesellschafterbeschlusses vgl. *Ulmer* in Kübler (Hrsg.), Neuordnung des Insolvenzrechts (1989) S. 124 f.

ter Forderungsrücktritt, fehlende Konkurseröffnung und die Lehre von der fehlerhaften Gesellschaft, ZIP 1980, 153; *Uhlenbruck* Die Suspendierung der Insolvenzantragspflicht nach § 56 d DMBilG bei überschuldeten Ostgesellschaften – Zeitbombe oder „Insolvenzhilfe"?, ZIP 1991, 561; *ders.* Die GmbH & Co. KG in Krise, Konkurs und Vergleich, 2. Aufl. (1988); *ders.* Grundzüge eines künftigen Insolvenzrechts nach den Vorstellungen der Reformkommission, BB 1984, 1949; *Ulmer* Konkursantragspflicht bei Überschuldung der GmbH und Haftungsrisiken bei Konkursverschleppung, KTS 1981, 469; *Veit* Die Konkursrechnungslegung (1982); *Vonnemann* Die Feststellung der Überschuldung, BB 1991, 807; *Zilias* Unterbilanz und Überschuldung der Aktiengesellschaft, WPg 1977, 454. Vgl. auch die Nachw. vor Rdn 1.

a) **Begriff und Abgrenzung.** Der Begriff der **Überschuldung** läßt sich § 64 Abs. 1 S. 1, 2. Hs. entnehmen. Überschuldung liegt danach vor, wenn das *Aktivvermögen der GmbH nicht mehr die Schulden deckt*[57]. Obwohl danach der *Begriff* der Überschuldung vorbehaltlich seiner teleologischen Reduktion auf die Fälle fehlender Lebensfähigkeit der Gesellschaft (Rdn 34 ff) eindeutig definiert ist, bereitet die Feststellung der Überschuldung im Einzelfall doch große Schwierigkeiten. Das beruht vor allem auf den Problemen, die mit der Wahl der maßgeblichen Bewertungsmethoden für die Aufstellung der Überschuldungsbilanz verbunden sind (vgl. näher Rdn 28 ff). Sie sind ein wesentlicher Grund dafür, daß der Überschuldungstatbestand als Konkursgrund allem Anschein nach bisher nur geringe praktische Bedeutung erlangt hat (Rdn 14). **23**

Die Überschuldung ist von anderen Begriffen (Unterbilanz, Unterkapitalisierung, Masse- und Vermögenslosigkeit), die ebenfalls für die GmbH in der Krise von rechtlicher Bedeutung sind, klar *abzugrenzen*. Von **Unterbilanz** spricht man, wenn das *Reinvermögen* der Gesellschaft (Aktiva minus Verbindlichkeiten und Rückstellungen), bewertet zu *Buchwerten*, nicht mehr das Stammkapital deckt[57a]. Rechtsfolge ihres Vorliegens ist das Eingreifen der Auszahlungssperre des § 30 Abs. 1 gegenüber den Gesellschaftern und ihnen nahestehenden Personen. Erreicht die Unterbilanz 50% des Stammkapitals, so haben die Geschäftsführer nach § 49 Abs. 3 unverzüglich eine Gesellschafterversammlung einzuberufen. **Unterkapitalisierung** ist ein in der Rechtsprechung zu kapitalersetzenden Gesellschafterdarlehen[58] entwickelter, heute teilweise durch die Neuregelung des § 32 a überholter Begriff, der auf das Mißverhältnis zwischen angestrebter oder tatsächlicher Geschäftstätigkeit und dem zwar vorhandenen, für den Unternehmensgegenstand jedoch unzureichenden Eigenkapital der Gesellschaft abstellt (vgl. näher Anh § 30, 12 ff). In Fällen qualifizierter, d. h. eindeutiger und für Insider klar erkennbarer Unterkapitalisierung kommt als Rechtsfolge abweichend von § 13 Abs. 2 auch die unbeschränkte Haftung der maßgebenden Gesellschafter für die Gesellschaftsschulden in Betracht (Anh § 30, 50 ff). **Masselosigkeit** ist nach § 107 Abs. 1 KO gegeben, wenn das verbliebene Aktivvermögen der Gesellschaft nicht ausreicht, um die Kosten des Konkursverfahrens zu decken. Wird der Konkursantrag aus diesem Grunde abgewiesen, so führt das zur Auflösung der Gesellschaft nach § 1 LöschG (Rdn 9); die Gesellschaft ist still zu liquidieren. **Vermögenslosigkeit** schließlich setzt voraus, daß kein verwertbares Aktivvermögen der Gesellschaft mehr vorhanden ist (Anh § 60, 15 f). In diesem Fall ist die Gesellschaft nach § 2 Abs. 1 LöschG von Amts wegen zu löschen; dadurch wird sie zugleich aufgelöst und beendet (Anh § 60, 35 ff). **24**

b) **Der Zweck des Konkursgrunds der Überschuldung.** Der Überschuldungstatbestand hat Praxis und Wissenschaft bei seiner *Anwendung* lange Zeit ungewöhnliche **25**

---

[57] Im Ansatz einhM, vgl. BGHZ 31, 258, 272 = NJW 1960, 286; BGH NJW 1983, 676, 677; OLG Düsseldorf WM 1983, 428, 429; Scholz/*K. Schmidt* 10; Baumbach/Hueck/*Schulze-Osterloh* 7; *Lutter*/*Hommelhoff* 4; zur Neudefinition im Hinblick auf das Prognoseelement vgl. aber Rdn 34 ff.

[57a] Vgl. nur Scholz/*Westermann* § 30, 14.

[58] BGHZ 31, 258, 268 = NJW 1960, 286.

Schwierigkeiten bereiten. Das zeigen die geringe rechtstatsächliche Effizienz dieses Konkursgrunds trotz notorisch unzureichender Masse vieler insolventer Gesellschaften (Rdn 14), aber auch die umfangreiche Diskussion über die Kriterien zur Feststellung der Überschuldung und die Vielzahl der hierzu vertretenen Ansichten (Rdn 28 ff). Aus diesem Grunde empfiehlt es sich, unter Betonung der *teleologischen*, an der Funktion der Regelung ausgerichteten *Auslegung* vorab nach dem Regelungszweck des Überschuldungstatbestands zu fragen, um durch Orientierung hieran dem Konkursgrund zu der ihm gesetzlich zugedachten Bedeutung zu verhelfen[59].

26 Der **Normzweck** des Überschuldungstatbestands und der nach § 64 Abs. 1 daran geknüpften Konkursantragspflicht der Geschäftsführer ist – bezogen auf § 207 KO[60] – mit hinreichender Deutlichkeit bereits in den Materialien der KO zum Ausdruck gekommen[61]. Maßgebend für seine Einführung gegenüber juristischen Personen, Personenvereinigungen und rechtlich verselbständigten Sondervermögen des Privatrechts (§ 215 KO) waren danach *zwei Gründe*, die beide dem **Gläubigerinteresse** dienen sollten. Zum einen sollte, als *Ausgleich für das Fehlen unbeschränkter Haftung* bei den genannten Privatrechtssubjekten u. a., die Vermögensinsuffizienz einen zusätzlichen, neben die Zahlungsunfähigkeit tretenden Konkursgrund bereitstellen[62]. Andererseits war der Überschuldungstatbestand auch dazu bestimmt, bei absehbarer, auf mangelnder Ertrags- und Lebensfähigkeit der Gesellschaft beruhender Zahlungsunfähigkeit die *Konkursreife vorzuverlegen* und dadurch die Gläubiger gegen eine weitere Aufzehrung des noch vorhandenen Gesellschaftsvermögens bei negativer Fortbestehensprognose zu schützen[63]. Das schließt es nicht aus, daß Zahlungsunfähigkeit im Einzelfall auch ohne Vorliegen einer Überschuldung eintreten kann (Rdn 13).

27 Folge dieses *zweiten* Zwecks ist in Verbindung mit der Konkursantragspflicht der geschäftsführenden Organe deren Pflicht zur laufenden **Prüfung der Überlebenschancen der Gesellschaft**[64]. Sie aktualisiert sich in Zeiten ungünstiger Geschäftsentwicklung schon vor dem offenen Ausbruch der Krise und zwingt bei negativer Fortbestehensprognose zur unverzüglichen Beantragung des Konkurs- oder Vergleichsverfahrens, sobald das Reinvermögen der Gesellschaft, berechnet nach Liquidationswerten, verbraucht ist (vgl. näher Rdn 38 ff). Im Ergebnis begründet der Überschuldungstatbestand damit die Konkursreife der Gesellschaft schon bei *drohender Zahlungsunfähigkeit*[65]; die beabsichtigte Einführung eines hierauf bezogenen neuen Insolvenztatbestands (Rdn 22) hat somit nur in denjenigen Fällen eigenständige Bedeutung, in denen nicht schon die Überschuldung zur Konkursreife führt[66]. Die ausdrücklich auf die drohende Zahlungsunfähigkeit abstellende, durch das 1. WiKG 1976 eingeführte Regelung des strafbaren Bankrotts in § 283 Abs. 1 StGB erweist sich als konsequente Umsetzung

---

59 So zutr. namentlich auch Scholz/*K. Schmidt* 10; *ders.* AG 1978, 337 f; *ders.* JZ 1982, 168; *ders.* (Fn 54) S. 47 f.

60 Zur Sonderstellung des Nachlaßkonkurses als Mittel der Haftungsbeschränkung s. *K. Schmidt* (Fn 54) S. 48, 58.

61 *Hahn* Materialien zur KO (1881) S. 390 f; vgl. auch *Klar* S. 10 f (Fn 48).

62 Vgl. schon oben Rdn 1; für Ausdehnung des Überschuldungstatbestands und der Insolvenzantragspflichten auf alle Unternehmensträger aber *K. Schmidt* (Fn 54) S. 59 ff m. weit. Nachw.; *ders.* JZ 1982, 172 f. Gegen Beibehaltung des Eröffnungsgrunds der Überschuldung *Schlosser* Die Eröffnung des Insolvenzverfahrens S. 14 ff.

63 So auch Scholz/*K. Schmidt* 10; *ders.* AG 1978, 337 f und JZ 1982, 168 f; *Drukarczyk* ZGR 1979, 559; *Klar* S. 10 f; *Moxter* HdFW Sp. 635 f; *Plate* DB 1980, 22.

64 So zutr. Scholz/*K. Schmidt* 10; *K. Schmidt* AG 1978, 338; vgl. auch *Uhlenbruck* ZIP 1980, 76 ff, 79 f.

65 So auch *K. Schmidt* (Fn 54) S. 45 f.

66 So zutr. *K. Schmidt* aaO Fn 65.

des Normzwecks der Überschuldung in den erhöhten Bestimmtheitsanforderungen unterliegenden Straftatbestand[67].

c) **Der Meinungsstand zur Feststellung der Überschuldung. α) Überblick.** Die mit der Feststellung der Überschuldung zusammenhängenden Fragen haben zu einer außerordentlich umfangreichen, **kontroversen Diskussion** nicht nur im *rechtswissenschaftlichen,* sondern auch im *betriebswirtschaftlichen Schrifttum* geführt (vgl. die Nachw. vor Rdn 23). Über die Notwendigkeit einer Überschuldungsbilanz herrscht zwar ganz überwiegend Einigkeit, auch wenn die Ansichten über die statische oder stärker dynamische Ausrichtung dieser Bilanz nach wie vor auseinandergehen (Rdn 30). Anderes gilt jedoch für die Frage nach den Wertansätzen des Aktivvermögens in der Überschuldungsbilanz, d. h. für die Entscheidung zwischen Liquidations- und Fortführungswerten; sie bildete lange Zeit den Hauptstreitpunkt (Rdn 31 ff). Seiner Überwindung dient eine neuere, am Normzweck des Überschuldungstatbestands orientierte Ansicht. Sie will die Überschuldung – als „rechnerische" – zwar stets unter Ansatz von Liquidationswerten ermitteln, ihr *rechtliche* Bedeutung aber nur bei negativer Fortbestehensprognose der Gesellschaft zumessen (Rdn 34). **Höchstrichterliche Rechtsprechung** zum Tatbestand der Überschuldung und insbesondere zu den dabei auftretenden Bewertungsfragen findet sich bisher nur vereinzelt[68]. **28**

β) Zur Überschuldungsbilanz. Zur Feststellung der Überschuldung bedarf es nach ganz hM[69] einer **Gegenüberstellung von Aktiven und echten Passiven** (Verbindlichkeiten, Rückstellungen für ungewisse Verbindlichkeiten, drohende Risiken u. a., ohne Stammkapital, freie Rücklagen und sonstige Passivposten mit Eigenkapitalcharakter). Es handelt sich um eine *Vermögensbilanz,* die sich durch den Bilanzierungszweck und die daran auszurichtenden Wertansätze deutlich von der Jahresbilanz der GmbH unterscheidet[70]. Nach hM gelten für sie daher nicht die für die Jahresbilanz maßgeblichen handelsrechtlichen Bilanzierungsvorschriften, darunter der Grundsatz der Bewertungskontinuität und des Verbots des Ausweises nicht realisierter stiller Reserven, sondern die allgemeine Bilanzierungsregel des § 40 Abs. 2 HGB[71]; im Hinblick auf die Funktion des Überschuldungsstatus (Feststellung, ob die Gläubiger der Gesellschaft aus deren Vermögen befriedigt werden können) bedarf es vielmehr einer Gegenüberstellung von allen als Massebestandteilen verwertbaren Vermögenswerten auf der Aktivseite und sämtlichen Verbindlichkeiten und Rückstellungen, die Konkursforderungen begründen können, auf der Passivseite[72]. **29**

Unter Berufung auf den Charakter der Überschuldungsbilanz als Vermögensbilanz herrschte für die Bilanzerstellung früher eine **statische,** auf die Vermögensverhältnisse der Gesellschaft zum jeweiligen Prüfungszeitpunkt bezogene Betrachtung vor; gefragt wurde nach dem *Zeitwert* der einzelnen Vermögensgegenstände, d. h. nach dem Wert, **30**

---

67 Zur Unzulässigkeit von Prognoseelementen innerhalb des strafrechtlichen Überschuldungstatbestands vgl. Baumbach/Hueck/*Schulze-Osterloh* § 84, 23 m. weit. Nachw.

68 Vgl. RGSt 46, 99, 102; BGH JZ 1979, 75; NJW 1983, 676; NJW 1987, 2433; vgl. auch die Rspr.-Übersicht bei *Haack* S. 82.

69 Anders die im *betriebswirtschaftlichen* Schrifttum vertretenen nicht-bilanziellen Verfahren zur Feststellung von Überschuldung; vgl. dazu eingehend *Klar* S. 55 ff.

70 Vgl. die Nachw. in Fn 72.

71 So aber *Mertens*-KölnKommAktG² § 92, 31 im Anschluß an *Lütkemeyer* S. 253 ff, 301 und *Drukarczyk* Unternehmen und Insolvenz S. 96 f; *ders.* ZfbF 1986, 230 f; im Grundsatz auch *Vonnemann* BB 1991, 869 ff; ferner *Roth* 3.2.1; vgl. auch Kommission für Insolvenzrecht, Erster Bericht (Fn 12) LS 1.2.6 Abs. 1 S. 2.

72 BGH NJW 1987, 2433; 1983, 676, 677; Scholz/*K. Schmidt* 13 ff; Baumbach/Hueck/*Schulze-Osterloh* 10 a; *Lutter/Hommelhoff* 4, 7; *Rowedder* 9; *Meyer-Landrut*/Miller/Niehus 3; *Hefermehl* in Geßler/Hefermehl/Eckardt/Kropff AktG § 92, 17; *Uhlenbruck* (Fn 46) S. 277 ff.

der ihnen am Bilanzstichtag beizulegen ist, auch wenn sich der Bewertung durch die inzwischen überwiegend anerkannte Notwendigkeit, zwischen Liquidations- und Fortführungswerten zu entscheiden, zunehmend Prognoseelemente beimischten[73]. Demgegenüber findet sich in der neueren *betriebswirtschaftlichen* Literatur eine stärkere Betonung **dynamischer** Elemente bei Feststellung der Überschuldung[74]. Über die Bedeutung der dynamischen Betrachtung und die Folgerungen, die sich daraus für die Feststellung der Überschuldung ergeben, gehen die Ansichten allerdings auseinander. Soweit ihre Vertreter im Grundsatz an einer Überschuldungsbilanz festhalten, wird teils die Berücksichtigung von Ertragsgesichtspunkten bei den einzelnen Wertansätzen gefordert[75]; teils findet sich der Vorschlag, anstelle einer Einzelbilanzierung der Aktiva und Passiva die Überschuldungsrechnung auf die Gegenüberstellung eines globalen Unternehmensertragswerts und der Verbindlichkeiten zu beschränken[76]. Zu den neueren Ansichten, die für die Überschuldungsprüfung primär auf die Ertragsfähigkeit der Gesellschaft abstellen und nur bei negativer Fortstehungsprognose auf die Überschuldungsrechnung zurückgreifen, vgl. Rdn 34 ff.

31 γ) **Zum Streit um die Wertansätze.** Unter den im juristischen Schrifttum bis vor kurzem vorherrschenden, auf die Vermögensverhältnisse zum jeweiligen Prüfungszeitpunkt abstellenden Ansichten lassen sich hinsichtlich der maßgeblichen Wertansätze im wesentlichen fünf verschiedene Meinungen unterscheiden[77]. Dabei geht es vor allem um die Frage, ob die Vermögensbilanz zu **Liquidations- oder Fortführungswerten** aufzustellen ist, ob also auf die Abwicklung der Gesellschaft (nicht notwendig auch die Zerschlagung des Unternehmens, vgl. Rdn 32) abzustellen oder von ihrer Fortführung auszugehen und die Bewertung nach dem sog. going-concern-Prinzip vorzunehmen ist[78]. Der BGH hat die Frage bisher nicht entschieden; in einem jüngeren Urteil hat er sie ausdrücklich dahingestellt gelassen[79].

32 Diejenigen Ansichten, die für die Überschuldungsbilanz stets auf **Liquidationswerte** abstellen wollen[80], sind zu Recht auf den Einwand gestoßen, daß danach wegen des bekannten Eigenkapitalmangels der Wirtschaft die Konkursreife auch für eine große Zahl durchaus lebensfähiger Gesellschaften zu bejahen wäre, der Überschuldungstatbestand also *zu weit* griffe[81]. Was demgegenüber die grundsätzliche Maßgeblichkeit der **Fortführungswerte** angeht[82], so spricht gegen sie der Umstand, daß beim Eintritt der

---

[73] Vgl. Übersicht und Nachw. bei *W. Fischer* S. 33 ff.

[74] So erstmals wohl *Goldbeck* KTS 1962, 154, 157 ff (bezogen auf die Konkursbilanz); für die Überschuldungsprüfung ebenso *Klar* S. 55 ff, 85 ff („kapazitätsorientierte Überschuldungsfeststellung") m. weit. Nachw.; *W. Fischer* S. 36 f, 85 ff; *Plate* S. 46 ff; aus dem *juristischen* Schrifttum in diesem Sinn namentlich auch *Hefermehl* in Geßler/Hefermehl/Eckardt/Kropff AktG § 92, 17; vgl. auch Kuhn/*Uhlenbruck* KO[10] § 102, 6 h. Zum Erfordernis einer Fortbestehensprognose s. Rdn 34 ff.

[75] So namentlich *W. Fischer* S. 102, 112 ff; kritisch dazu *Plate* DB 1980, 224. Vgl. auch *Klar* S. 55 ff m. weit. Nachw.

[76] *Egner/Wolff* AG 1978, 103; *Klar* S. 85 ff; vgl. dagegen *Drukarczyk* ZGR 1979, 579, 582; *W. Fischer* S. 101 f.

[77] Vgl. auch die Einteilung bei *Auler* DB 1976, 2169.

[78] Vgl. die Übersicht bei *Ulmer* KTS 1981, 473 ff.

[79] BGH NJW 1983, 676, 677; vgl. auch BGH NJW 1987, 2433: Überschuldungsfeststellung nach der zweistufigen Methode (Rdn 34) hält sich im Rahmen der freien richterlichen Beweiswürdigung nach § 286 ZPO; ausdrücklich für Anwendung der zweistufigen Methode OLG Hamburg WM 1990, 1292, 1296.

[80] So aus neuerer Zeit namentlich *Drukarczyk* ZGR 1979, 559 ff, 581; vgl. ferner Baumbach/*Hueck* AktG[13] § 92, 6; *Mayer-Landrut* GroßkommAktG § 92, 7; *Dahl* GmbH-Rdsch. 1964, 113; wohl auch Jaeger/*Weber* KO[8] §§ 207, 208, 20.

[81] So namentlich *Moxter* HdFW Sp. 635; *Egner/Wolff* AG 1978, 105; *W. Fischer* S. 52 f; *Klar* S. 34 f; *Kühn* DB 1970, 550; *K. Schmidt* JZ 1982, 168 f; Baumbach/Hueck/*Schulze-Osterloh* 10.

[82] Dafür schon *Düring* WPg 1949, 193 ff; so auch *Hefermehl* in Geßler/Hefermehl/Eckardt/Kropff AktG § 92, 17; *Bilo* GmbH-Rdsch. 1981, 75; *Herget* AG 1974, 138; *Hundertmark/Harms* BB 1972, 1119; wohl auch *Haack* S. 83 ff, 96 f und *Sudhoff* NJW 1973, 1829.

Insolvenz die Wertansätze wegen der dann erforderlichen Liquidation der Gesellschaft zumindest teilweise unrealistisch sind; das belegen die bekannt hohen Forderungsausfälle und geringen Konkursquoten bei GmbH-Konkursen. Wird nach der ersten Ansicht der Gläubigerschutz also überspannt, so greift er nach der zweiten zu kurz. Aus diesen Gründen vermag auch die dritte, in der 6. Aufl. dieses Kommentars von *Schmidt/Goerdeler* (Rdn 5 b unter cc) vertretene Ansicht nicht zu überzeugen, wonach sowohl auf Liquidations- als auch auf Fortführungswerte abzustellen und Konkursreife immer schon dann zu bejahen ist, wenn die eine *oder* die andere Bewertungsmethode zur Feststellung der Überschuldung führt[83]. Entsprechendes gilt umgekehrt für eine zur Bedeutungslosigkeit des Überschuldungstatbestands führende vierte Ansicht[84], wonach Überschuldung (iS von § 84) nur anzunehmen ist, wenn *alle* im konkreten Fall einschlägigen (?) betriebswirtschaftlichen Methoden und Berechnungsweisen zum übereinstimmenden Ergebnis der Überschuldung gelangen.

Angesichts der offenkundigen Schwächen der in Rdn 32 dargestellten Theorien ist **33** heute eine fünfte, auf einer **Kombination** der verschiedenen Bewertungsmethoden beruhende Ansicht verbreitet. Sie macht die Entscheidung zwischen dem Ansatz von *Fortführungs- oder Liquidationswerten* in der Überschuldungsbilanz davon abhängig, ob die Gesellschaft an sich noch **lebensfähig**, die Fortführung vorbehaltlich der Feststellung ihrer Überschuldung also noch möglich ist oder nicht[85]. Die Lösung klingt auf den ersten Blick plausibel. Ihre Schwäche liegt freilich darin, daß mit der Prognose über die Lebensfähigkeit wegen der daraus folgenden unterschiedlichen Bewertungsmaßstäbe regelmäßig zugleich über das Vorhandensein oder Fehlen einer Überschuldung entschieden wird; die beiden Schritte lassen sich *methodisch nicht sauber trennen*. Auch hat es die Geschäftsführung danach weitgehend in der Hand, je nach den Bewertungsprämissen über das Vorliegen der Konkursreife nach Gutdünken zu entscheiden; dadurch droht die auf den Überschuldungstatbestand gestützte, mit zivil- und strafrechtlichen Haftungsfolgen sanktionierte Konkursantragspflicht des § 64 Abs. 1 leerzulaufen[86]. Das gilt um so mehr, wenn man entsprechend der bei den Vertretern dieser Ansicht vorherrschenden Tendenz im *Zweifel* dem Ansatz von *Fortführungswerten* den Vorrang gibt[87]. Zu Recht ist daher die Kombinationsmethode in ihrer herkömmlichen Form auf Widerspruch gestoßen[88]; er hat zur Entwicklung einer neuen Definition des Überschuldungstatbestands geführt (vgl. näher Rdn 34).

δ) Die Neudefinition des Überschuldungstatbestands. Wie die Meinungsübersicht **34** in Rdn 31 – 33 zeigt, ist das Bewertungsdilemma unvermeidlich, wenn man einerseits daran festhält, die Überschuldung durch eine Vermögensbilanz festzustellen, andererseits aber die Gefahr übermäßiger Ausdehnung der Konkursreife und der daran anknüpfenden Konkursantragspflicht der Geschäftsführer vermeiden will, die sich mit dem grundsätzlichen Abstellen auf Liquidationswerte verbindet. Einen mittelbaren Ausweg aus diesem Dilemma hat erstmals *Karsten Schmidt* gewiesen[89]; der wohl

---

[83] Dagegen zutr. *Egner/Wolff* AG 1978, 102; *K. Schmidt* AG 1978, 337.

[84] Scholz/*Tiedemann* § 84, 47.

[85] *Auler* DB 1976, 2170; *Gurke* S. 54; *Pribilla* KTS 1958, 7; *Schlüchter* S. 65 ff; *Uhlenbruck* (Fn 46) S. 281 f; *Zilias* WPg 1977, 445, 448; so auch schon *Rob. Fischer*[10] 1. Vgl. auch RefE InsO (Fn 11) Begr. zu § 21 Abs. 2 S. B 20 f.

[86] Vgl. dazu jetzt *Uhlenbruck* (Fn 46) S. 281 f und ZIP 1991, 561, 565 f, der dieser Gefahr durch eine zwingende Prüfungsreihenfolge (zunächst Ansatz mit Liquidationswerten; bei rechnerischer Überschuldung Übergang zu Fortführungswerten, falls Fortbestehensprognose positiv ausfällt) begegnen will.

[87] Vgl. etwa *Pribilla* und *Zilias*, jew. aaO (Fn 85).

[88] Vgl. namentlich *Egner/Wolff* AG 1978, 104; ihnen zust. *K. Schmidt* AG 1978, 337; *ders.* JZ 1982, 170; *W. Fischer* S. 36.

[89] *K. Schmidt* AG 1978, 334 f; *ders.* ZIP 1980, 233 ff; *ders.* JZ 1982, 168 f; *ders.* Wege zum Insolvenzrecht S. 46 ff; Scholz/*K. Schmidt* 10 ff.

überwiegende Teil des neueren Schrifttums ist ihm inzwischen gefolgt[90]. Die neue Lehre setzt nicht erst bei der Feststellung (Ausfüllung) des Überschuldungstatbestands an, sondern schon bei dessen **Definition,** indem sie zwischen der Überschuldung im rechnerischen Sinn und derjenigen im Rechtssinn unterscheidet. Danach ist die *rechnerische* Überschuldung zwar ausschließlich durch Abstellen auf Liquidationswerte zu ermitteln; die alternative Berücksichtigung von Fortführungswerten entsprechend der Kombinationsmethode (Rdn 33) scheidet aus. Bedeutung für die Überschuldung im *Rechtssinn* kommt dieser Berechnung jedoch nur dann zu, wenn nicht eine zusätzlich anzustellende *Fortbestehensprognose,* basierend auf dem Finanz- und Ertragsplan der Gesellschaft, mit überwiegender Wahrscheinlichkeit erwarten läßt, daß die Zahlungsfähigkeit der Gesellschaft auch weiterhin gesichert ist.

35 d) **Der Ausschluß der Überschuldung bei positiver Fortbestehensprognose.** Aus *teleologischer,* an den Normzweck der §§ 63, 64 (Rdn 25 ff) anknüpfender Sicht ist die in Rdn 34 dargestellte Ansicht von *Karsten Schmidt* über die Notwendigkeit der **Reduktion des Überschuldungstatbestands** auf diejenigen Fälle, in denen die Lebensfähigkeit der Gesellschaft, gemessen an ihrer Ertragskraft und ihren Zahlungspflichten, nicht hinreichend gesichert ist, den anderen Meinungen und Bewertungsmethoden vorzuziehen. Gegenüber dem uneingeschränkten Abstellen auf Liquidationswerte zur Ermittlung der Überschuldung vermeidet sie die Gefahr eines übermäßigen Gläubigerschutzes, der zur Konkurs- oder Vergleichsantragspflicht auch bei noch lebens- und ertragsfähigen Gesellschaften führen und dadurch weder dem wohlverstandenen Interesse der Gesellschafter noch auch demjenigen von Gläubigern und Öffentlichkeit dienen würde (Rdn 32). Im Vergleich zur Kombinationsmethode (Rdn 33) hat die teleologische Reduktion des Überschuldungstatbestands und die dadurch bedingte *Zweistufigkeit der Prüfung* trotz der auch ihr anhaftenden, wegen des Prognosecharakters unvermeidlichen Unsicherheit den Vorteil klarer Trennung zwischen dem *Prognoseelement* fortbestehender Lebensfähigkeit und dem *Bewertungselement* bei Erstellung der Überschuldungsbilanz. Sie erweist sich dadurch namentlich für die Feststellung der Konkursantragspflicht nach § 64 Abs. 1 und die an ihre Verletzung anknüpfenden Haftungsfolgen als deutlich überlegen (vgl. näher § 64, 17 ff, 51 ff, 58).

36 Aus den in Rdn 35 genannten Gründen verdient die **Neudefinition** des Überschuldungstatbestands unter teleologischer Reduktion auf nicht ohne weiteres lebensfähige Gesellschaften unter Ermittlung der rechnerischen Überschuldung aufgrund von Liquidationswerten (Rdn 38 ff) den **Vorzug** vor den anderen, zur Feststellung der Überschuldung vertretenen Ansichten[91]. Im Unterschied zur ursprünglichen Ansicht von *Karsten Schmidt*[92] erscheint es allerdings *nicht* veranlaßt, *vorrangig* die rechnerische Überschuldung durch Erstellung einer Überschuldungsbilanz nach Liquidationswerten zu prüfen. Auf sie kommt es vielmehr nur an, wenn die Fortbestehensprognose zu begründeten Zweifeln an der Lebensfähigkeit der Gesellschaft geführt hat und deshalb nach dem

[90] Baumbach/Hueck/*Schulze-Osterloh* 8; *Lutter*/*Hommelhoff* 5 f; *Meyer-Landrut*/Miller/Niehus 4; *ders.* Festschrift Quack S. 338 f; Heymann/*Emmerich* HGB §§ 130 a, b, 5; *Kupsch* DB 1984, 161 ff; *Ulmer* KTS 1981, 478 ff; *Veit* S. 26, 28 f; LS 1.2.6 Abs. 1 des Ersten Berichts der Insolvenzrechtskommission (Fn 12); wohl auch *Rowedder* 10; aA *Drukarczyk* ZGR 1979, 567 f; *ders.* ZfbF 1986, 214 ff; *Klar* S. 47 ff (54); *Meyer-Cording* BB 1985, 1926 f; *ders.* BB 1986, 416; *ders.* ZIP 1989, 485. Rspr.-Nachw. vgl. in Fn 79.

[91] Vgl. näher *Ulmer* KTS 1981, 478 ff; ebenso Ziff. 3 a der Beschlüsse der Abteilung „Sanierung von Unternehmen" des 54. DJT; ähnlich auch *Moxter* HdFW Sp. 635 f; *Plate* DB 1980, 222. Eingehend zu den wesentlichen Einwänden gegen die neue Lehre jetzt auch *K. Schmidt* (Fn 54) S. 52 ff m. weit. Nachw.

[92] AG 1978, 338 und ZIP 1980, 235 f.

Normzweck der §§ 63, 64 die Anwendung des Überschuldungstatbestands bei rechnerischer Überschuldung geboten ist[93].

Was die **Anforderungen an die Fortbestehensprognose** angeht, so ist aus *juristischer* Sicht eine Erarbeitung geeigneter Prognoseinstrumente weder möglich noch notwendig[94]. Wohl aber bedürfen die für die Prognose relevante Fragestellung sowie das für den Fortbestand erforderliche Ausmaß an Wahrscheinlichkeit der Klärung. Hinsichtlich der *Fragestellung* kommt es nach den zum Normzweck getroffenen Feststellungen (Rdn 26 f) darauf an, ob die Gesellschaft im Fall ihrer Fortführung, sei es mit oder ohne zusätzliche Sanierungsmaßnahmen, voraussichtlich in der Lage ist, unter Berücksichtigung ihres Kreditspielraums und ihrer Finanzierungsmöglichkeiten die in absehbarer Zeit fälligen Verbindlichkeiten zu erfüllen. Als *absehbar* ist dabei mindestens auf einen Zeitraum abzustellen, der neben dem laufenden auch das nächste Geschäftsjahr und den hierfür zu erstellenden Liquiditätsplan umfaßt[95]. Nur wenn, bezogen auf eine derartige mittelfristige Periode, nicht mit der Zahlungsunfähigkeit der Gesellschaft zu rechnen ist, erscheint es vertretbar, auf die rechnerische Feststellung des Eintritts der Überschuldung und die daraus zu ziehenden Konkursfolgen zu verzichten. Was zum anderen die Prognoseverläßlichkeit angeht, so ist zumindest die *überwiegende Wahrscheinlichkeit* des positiven Verlaufs zu fordern, da nur dann Anlaß besteht, zu einer Einschränkung der gesetzlich in §§ 63, 64 Abs. 1 verankerten Konkursantragspflicht zu kommen[96]. Die **Beweislast** dafür, daß die Fortbestehensprognose für die Gesellschaft positiv war und eine etwaige rechnerische Überschuldung daher keine Konkursantragspflicht auslöste, obliegt im Streitfall den wegen Konkursverschleppung in Anspruch genommenen *Geschäftsführern* (vgl. näher § 64, 19). Damit erledigt sich auch die Befürchtung, die eigenständige Bedeutung des Überschuldungstatbestands könnte durch Zulassung seiner teleologischen Reduktion auf die Fälle negativer Fortbestehensprognose verlorengehen[97]. 37

e) **Die Wertansätze in der Überschuldungsbilanz. α) Liquidationswerte.** Soweit es nach den vorstehenden Feststellungen, wegen der negativen oder nicht überwiegend positiven Fortbestehensprognose der Gesellschaft, der Ermittlung des Vermögensstatus der Gesellschaft durch eine Überschuldungsbilanz bedarf, ist diese nach Liquidationswerten zu erstellen (Rdn 39 ff). Daraus folgt eine sachlich weitgehende Übereinstimmung mit den für die *Konkurseröffnungsbilanz* geltenden Bewertungsgrundsätzen[98]. Beide Bilanzen beruhen auf der Annahme, daß es infolge der drohenden oder bereits eingetretenen Insolvenz zur *Abwicklung der Gesellschaft* nach den Vorschriften der KO kommt. Selbst wenn nach Lage der Dinge statt eines Konkursantrags ein *Vergleichsantrag* nach § 64 Abs. 1 in Betracht kommt, hat die Prüfung der Überschuldung als Voraussetzung der Antragspflicht nach Liquidationswerten zu erfolgen. Dagegen kön- 38

[93] Vgl. *Ulmer* KTS 1981, 478; so jetzt auch Scholz/*K. Schmidt* 10 sowie bereits *ders.* JZ 1982, 170 Fn. 80; aA BGH NJW 1983, 676, 677; *Lutter/Hommelhoff* 7; *Hommelhoff* Festschrift Döllerer S. 247 ff.

[94] Zu *betriebswirtschaftlichen* Prognosemodellen vgl. etwa *Bähner* KTS 1988, 447 ff; *Gurke* S. 74 ff; *Knief* S. 86 ff; *Kupsch* DB 1984, 165; *Schlüchter* S. 107 ff, 118 ff; *Plate* DB 1980, 220; *Rückle* Festschrift Loitlsberger (1981) S. 431 ff m. Nachw.

[95] Vgl. etwa *Lutter/Hommelhoff* 8; *Uhlenbruck* ZIP 1980, 73 ff, 77; ähnlich *Bähner* KTS 1988, 452; aA (Prognose nur für einen Zeitraum von sechs Monaten möglich) *W. Müller* ZGR 1985, 201. Zur Eignung von Kapitalflußrechnung und Finanzplanung für derartige Prognoserechnungen vgl. auch *Schlüchter* aaO (Fn 94).

[96] So auch Scholz/*K. Schmidt* 10 und *K. Schmidt* AG 1978, 338; *Lutter/Hommelhoff* 8.

[97] So aber *Drukarczyk* ZGR 1979, 567 f; ähnlich auch *Meyer-Cording* BB 1985, 1925 f; *Uhlenbruck* BB 1984, 1951; vgl. dagegen zutr. *K. Schmidt* (Fn 54) S. 53 f.

[98] Vgl. dazu *Arians* Sonderbilanzen (1984) S. 109 ff; *Plate* S. 82 ff; *K. Schmidt* Liquidationsbilanzen und Konkursbilanzen (1989) S. 76 f; *Veit* S. 61 ff, 154 ff.

nen für die anschließende, dem Nachweis der Vergleichsfähigkeit (§ 7 VerglO) dienende *Vergleichseröffnungsbilanz* Fortführungswerte zugrundegelegt werden[99].

39 Die Liquidationswerte sind *nicht ohne weiteres* mit **Zerschlagungswerten** gleichzusetzen[100]. Denn auch wenn die Gesellschaft sich als nicht mehr lebensfähig erweist, muß Gleiches doch nicht für das von ihr betriebene Unternehmen gelten, so wenn die fehlende Ertragsfähigkeit ihre Ursache nicht in der Marktstellung des Unternehmens hat, sondern auf überhöhter Fremdfinanzierung der Gesellschaft beruht, oder wenn jedenfalls einzelne Unternehmensteile noch wettbewerbsfähig und daher als solche veräußerbar sind. Auch bei der Ermittlung der Liquidationswerte kann auf eine – im Unterschied zur Kombinationsmethode (Rdn 33) freilich auf die Veräußerungschancen beschränkte – *Prognose* somit nicht verzichtet werden. Sie betrifft nicht nur die Verwertbarkeit der Gegenstände des *Aktivvermögens*, sondern erstreckt sich auch auf einen Teil der *Passiva* wie Gehälter, Pensionslasten und Sozialplan, für deren Ansatz die Möglichkeit der Gesamtveräußerung des Unternehmens oder einzelner Betriebe nach § 613 a BGB wesentlich ist[101].

40 **β) Aktiva.** In der Überschuldungsbilanz anzusetzen sind alle diejenigen materiellen und immateriellen **Vermögenswerte** der Gesellschaft, die im Rahmen der Liquidation *verwertbar* sind[102]. Dabei kann grundsätzlich von der Gliederung der Jahresbilanz der GmbH und den in ihr enthaltenen Positionen ausgegangen werden[103]. Das gilt auch für die Berücksichtigung von Vermögensgegenständen, deren Aussonderung im Konkurs der Gesellschaft verlangt werden kann oder die abgesonderter Befriedigung zugunsten gesicherter Gläubiger unterliegen, wenn die entsprechenden Gesellschaftsverbindlichkeiten auf der Passivseite in Ansatz kommen (str., vgl. Rdn 47).

41 Ein **Bilanzansatz** ist danach geboten für *ausstehende Einlagen* auf das Stammkapital und beschlossene *Nachschüsse* (vgl. Rdn 85 ff), soweit ihre Realisierung nicht wegen der Vermögensverhältnisse der Gesellschafter aussichtslos erscheint (zum Fall einer beschlossenen, bei Ausbruch der Krise aber noch nicht eingetragenen Kapitalerhöhung vgl. § 55, 28). *Grundstücke,* sonstige *Sachanlagen und Finanzanlagen* (Beteiligungen, Wertpapiere des Anlagevermögens u. a.) sind vollständig zu berücksichtigen. Entsprechendes gilt für *immaterielle Anlagewerte* (Patente, Lizenzrechte, Warenzeichen u. a., aber auch Firma und Geschäftsbezeichnung). Die insoweit für ihren Ansatz in der Jahresbilanz bestehenden Einschränkungen[104] gelten nicht für die Überschuldungsbilanz, wenn auch bei ihrer Bewertung im Hinblick auf die zweifelhaften Verwertungschancen besondere Vorsicht geboten ist[105].

42 Für den Ansatz der Gegenstände des **Umlaufvermögens** kann vorbehaltlich der Bewertung (Rdn 43) grundsätzlich von den Positionen der Jahresbilanz ausgegangen werden. *Eigene Geschäftsanteile* der GmbH bleiben allerdings im Regelfall außer Betracht, da mit ihrer Verwertbarkeit im Fall der Liquidation der Gesellschaft kaum

---

99 So zutr. Jaeger/*Weber* KO⁸ §§ 207, 208, 20.

100 So zutr. auch Jaeger/*Weber* KO⁸ §§ 207, 208, 20; Kuhn/*Uhlenbruck* KO¹⁰ § 102, 6 i; Scholz/*K. Schmidt* 11; *Dahl* GmbH-Rdsch. 1964, 114.

101 Vgl. näher *Plate* S. 93 ff, 160 ff; generell gegen die Möglichkeit der Ermittlung des Liquidationswerts wegen der Prognoseschwierigkeiten aber *Leffson* Bilanzanalyse (1976) S. 26 ff.

102 BGH NJW 1983, 676, 677; NJW 1987, 2433.

103 So auch OLG Hamburg BB 1981, 1441; Scholz/*K. Schmidt* 15; zur Bewertung vgl. Rdn 43.

104 Vgl. dazu Baumbach/Hueck/*Schulze-Osterloh* § 42, 70 ff, 78 f.

105 So zutr. Jaeger/*Weber* KO⁸ §§ 207, 208, 20; *Pribilla* KTS 1958, 17; in bezug auf den Firmenwert einschr. aber Kuhn/*Uhlenbruck* KO¹⁰ § 102, 6 k; Scholz/*K. Schmidt* 18; Baumbach/Hueck/*Schulze-Osterloh* 12; *Rowedder* 12; aA – gegen einen Ansatz – *Kühn* DB 1970, 552; hinsichtlich der Firma auch *Bilo* GmbH-Rdsch. 1981, 106.

noch gerechnet werden kann[106]. Bei *Forderungen* ist danach zu unterscheiden, ob sie trotz der Krise durchsetzbar sind oder ob sie ein Äquivalent für künftige Leistungen der Gesellschaft bilden und daher nach der Liquidationsprämisse (Rdn 36) außer Ansatz bleiben müssen. Anzusetzen sind nach Maßgabe ihrer Realisierbarkeit auch Forderungen auf Verlustübernahme gegen ein herrschendes Unternehmen (vgl. § 302 AktG) bei Bestehen eines Beherrschungsvertrags oder im Falle vertraglicher Anerkennung[107] sowie Freistellungsansprüche der Komplementär-GmbH gegen die GmbH & Co KG (vgl. Rdn 131). *Künftige* Forderungen, deren Entstehung durch die Konkurseröffnung bedingt ist, insbes. Rückgewähransprüche aufgrund einer Konkursanfechtung, bleiben, ebenso wie die spezifischen Konkursbelastungen der Gesellschaft (Massekosten und Masseschulden mit Ausnahme von § 59 Abs. 1 Nr. 3 KO) bei Prüfung der Überschuldung unberücksichtigt[108]. Entsprechendes gilt für etwaige Schadensersatzansprüche aus § 64 Abs. 2 (dazu § 64, 34 ff), die außerhalb des Konkursverfahrens nicht geltend gemacht werden können; ihrer Aktivierung stünde auch die gläubigerschützende Funktion der Vorschrift entgegen[109].

Hinsichtlich der **Bewertung** ist nach den getroffenen Feststellungen (Rdn 38 f) von den geschätzten *Veräußerungs-*(nicht notwendig Zerschlagungs-)*werten* der Vermögensgegenstände auszugehen. Maßgebend sind die **Zeitwerte;** der für die Jahresbilanz maßgebliche Grundsatz der Bilanzkontinuität und das Verbot, nicht realisierte stille Reserven auszuweisen, finden keine Anwendung[110]. Abschläge gegenüber den Wertansätzen der Jahresbilanz sind vor allem bei Vermögensgegenständen wie im Bau befindliche Anlagen, Maschinen, Geschäftsausstattung, Spezialrohstoffen und unfertigen Erzeugnissen veranlaßt, die speziell auf die Zwecke und Bedürfnisse der Gesellschaft zugeschnitten sind und deren Verwertung daher auf besondere Schwierigkeiten stößt, wenn nicht das Unternehmen oder bestimmte Unternehmensteile insgesamt veräußert werden können. Anderes gilt je nach Lage des Falles für Grundstücke (namentlich unbebaute), Beteiligungen sowie für gängige Rohstoffe, Fertigfabrikate und sonstige leicht verwertbare Gegenstände des Umlaufvermögens. **43**

γ) **Passiva.** Von den Passivposten der Jahresbilanz bleiben nach einhM in der Überschuldungsbilanz **außer Ansatz** das *Stammkapital,* die *freien Rücklagen* sowie die Sonderposten mit Rücklagenanteil, letztere mit Ausnahme der darin enthaltenen latenten Steuerschulden (vgl. dazu Anh § 57, KapErhG § 2, 12). Gleiches gilt für *Wertberichtigungen,* die entsprechend dem Zeitwertansatz der Aktiva aufzulösen sind[111]. **44**

Rückstellungen sind in die Überschuldungsbilanz insoweit zu übernehmen oder neu zu bilden, als ernsthaft mit einer Inanspruchnahme der Gesellschaft zu rechnen ist. Einzubeziehen sind dabei auch Risiken aus einer feststehenden oder absehbaren (Teil-) **45**

[106] So auch Scholz/*K. Schmidt* 17; Baumbach/Hueck/*Schulze-Osterloh* 12; *Lutter/Hommelhoff* 7; *Hefermehl* in Geßler/Hefermehl/Eckardt/Kropff AktG § 92, 18; *Auler* DB 1976, 2172.

[107] Verlustausgleichsansprüche wegen qualifizierter faktischer Konzernierung (vgl. BGHZ 95, 330 – Autokran, und 107, 15 – Tiefbau) lassen sich – vorbehaltlich vertraglicher Anerkennung – außerhalb des Konkursverfahrens nur schwer durchsetzen und sind ggf. auch nicht aktivierbar; vgl. Scholz/*K. Schmidt* 20, 23; im Erg. auch Kuhn/*Uhlenbruck* KO[10] § 102, 6 y, der auf Unsicherheiten bei der Feststellung des Tatbestands eines qualifiziert faktischen Konzerns hinweist.

[108] So auch Jaeger/*Weber* KO[8] §§ 207, 208, 20 f; Kuhn/*Uhlenbruck* KO[10] § 102, 6 k; Scholz/*K. Schmidt* 25; vgl. aber auch LG Konstanz ZIP 1982, 1232 (betr. § 207 Abs. 2 KO).

[109] So zutr. Scholz/*K. Schmidt* 25; Baumbach/Hueck/*Schulze-Osterloh* 13; aA *Plate* S. 134.

[110] EinhM, vgl. etwa Scholz/*K. Schmidt* 14; Baumbach/Hueck/*Schulze-Osterloh* 20; Jaeger/*Weber* KO[8] §§ 207, 208, 20; Kuhn/*Uhlenbruck* KO[10] § 102, 6 l.

[111] Vgl. § 281 HGB und dazu Baumbach/Duden/*Hopt* HGB[28] § 253, 3 A, § 281, 1.

Betriebsstillegung; anderes gilt für die erst als Folge einer etwaigen Konkurseröffnung eintretenden, im Überschuldungsstatus außer Betracht bleibenden Aufwendungen und Kosten[112]. Zu berücksichtigen sind namentlich unverfallbare *Pensionsanwartschaften*[113]; die Eintrittspflicht des PSV nach § 7 Abs. 2 BetrAVG im Konkurs der GmbH steht nicht entgegen. Ihr Ansatz ist selbst dann geboten, wenn damit zu rechnen ist, daß bei Liquidation der Gesellschaft das von ihr betriebene Unternehmen veräußert wird und die Arbeitsverhältnisse einschließlich der Belastungen aus Pensionsanwartschaften nach § 613 a Abs. 1 BGB auf den Erwerber übergehen. Eine derartige Erwartung berechtigt nicht zum Verzicht auf die nach § 249 Abs. 1 S. 1 HGB gebotene Rückstellung; sie kann aber dazu führen, daß der durch die Veräußerung zu realisierende Unternehmenswert mit einem entsprechend höheren Betrag in die Überschuldungsbilanz eingeht[114]. Zu berücksichtigen sind auch Belastungen aus einem *Sozialplan*, wenn mit ihnen für den Fall der Liquidation wegen dann erforderlich werdender Betriebsänderungen zu rechnen ist[115]; anderes gilt bei voraussichtlich vollständiger Übernahme der Belegschaft im Zuge der etwaigen Veräußerung des Unternehmens. Anzusetzen sind darüber hinaus *drohende Verluste* aus der vorzeitigen Beendigung von Dauerschuldverhältnissen sowie aus sonstigen schwebenden Geschäften infolge der Liquidation der Gesellschaft[116]; mit ihnen ist auch dann zu rechnen, wenn es nicht zur Konkurseröffnung kommt, sondern die Gesellschaft still liquidiert wird.

46 Bestehende **Verbindlichkeiten** der Gesellschaft sind unabhängig vom Datum ihrer Fälligkeit vollständig in der Überschuldungsbilanz zu berücksichtigen; für bedingte und unverzinsliche betagte Schulden kommt dabei ein Bewertungsabschlag gegenüber dem Nominalbetrag in Betracht[117]. Nicht anzusetzen sind *Verbindlichkeiten gegenüber Gesellschaftern* aus dem Gesellschaftsverhältnis (Rückzahlung von Nachschüssen oder Einlagen, Ausschüttung von Gewinnen u. a.), soweit ihrer Durchsetzung – wie regelmäßig in Zeiten der Krise – die Auszahlungssperre des § 30 entgegensteht (Rdn 21). Ebenso bedarf es keines Ansatzes *stiller Einlagen*, wenn ein Rangrücktritt vereinbart wurde oder die vermögensmäßige Stellung des Stillen – als atypische – derjenigen eines Kommanditisten entspricht[118]. Dagegen schließt die Verlustbeteiligung des Stillen die Geltendmachung eines Rückzahlungsanspruchs nicht ohne weiteres aus, wie sich aus § 236 Abs. 1 HGB ergibt[119]. Freilich wird bei Eintritt der Überschuldung meist die gesamte Einlage durch Verluste aufgezehrt sein, so daß schon aus diesem Grund der Ansatz einer Verbindlichkeit entfällt.

46a Eine Passivierung **eigenkapitalersetzender Gesellschafterdarlehen** hat unstreitig zu unterbleiben, wenn der das Darlehen gewährende Gesellschafter mit der GmbH eine

112 Vgl. Rdn 37 aE; ferner Kuhn/*Uhlenbruck* KO[10] § 102, 6 n; Scholz/*K. Schmidt* 31; *Lutter/Hommelhoff* 7.

113 § 1 Abs. 1 BetrAVG; für ihren Ansatz die hM, vgl. Scholz/*K. Schmidt* 31; Baumbach/Hueck/*Schulze-Osterloh* 17; *Lutter/Hommelhoff* 7; Kuhn/*Uhlenbruck* KO[10] § 102, 6 p; *Drukarczyk* ZGR 1979, 572; *W. Fischer* S. 124 f; *Zilias* WPg 1977, 451 f; aA noch Hachenburg/*W. Schmidt*[6] 5 b; *Kühn* DB 1970, 552 f. Zu laufenden Pensionen s. Rdn 48 (dort auch zur Einstandspflicht des PSV).

114 So auch Kuhn/*Uhlenbruck* KO[10] § 102, 6 p; Scholz/*K. Schmidt* 31; aA noch Voraufl. 40.

115 § 112 BetrVerfG; so auch Scholz/*K. Schmidt* 31; Baumbach/Hueck/*Schulze-Osterloh* 17; *Lutter/Hommelhoff* 7; *Rowedder* 14; *Drukarczyk* ZGR 1979, 574; im Fall des Ansatzes von Liquidationswerten auch *Gurke* S. 66 ff; *Zilias* WPg 1977, 453 f; aA *Haack* S. 109; *Ritze* BB 1976, 325, 329 f; stark einschr. auch Kuhn/*Uhlenbruck* KO[10] § 102, 6 q.

116 Vgl. näher *Gurke* S. 56 ff.

117 Vgl. §§ 65 ff KO, dazu Jaeger/*Weber* KO[8] §§ 207, 208, 21; Scholz/*K. Schmidt* 31.

118 BGHZ 83, 341, 345 = NJW 1983, 41 (Rangrücktritt); BGH NJW 1981, 2251 f (gesplittete Einlage des Kommanditisten); Scholz/*K. Schmidt* 28; Baumbach/Hueck/*Schulze-Osterloh* 16; vgl. näher zur atypischen stillen Gesellschaft Schlegelberger/*K. Schmidt* HGB[5] § 230, 67 ff.

119 AA – gegen Passivierungspflicht auch in diesem Fall – *Knobbe-Keuk* ZIP 1983, 127, 129 f; *Kupsch* BB 1984, 164; Voraufl. 41.

Rangrücktrittsvereinbarung des Inhalts getroffen hat, daß die Darlehensverbindlichkeit nur aus künftigen Gewinnen oder aus einem etwaigen Liquidationsüberschuß zu erfüllen ist[120]. Aber auch beim Fehlen einer solchen Vereinbarung ist entgegen der bisher hM von einem Ansatz als Darlehensverbindlichkeit im Überschuldungsstatus abzusehen, sofern die Voraussetzungen eines Eigenkapitalersatzes nach pflichtgemäßer Beurteilung der Geschäftsführer vorliegen[121]. Dieser zunehmend vertretenen neueren Ansicht steht zwar die Entstehungsgeschichte der Vorschriften über eigenkapitalersetzende Gesellschafterdarlehen entgegen, da der RegE einer GmbH-Novelle[122] in § 32 a Abs. 1 S. 5 die Passivierung als Verbindlichkeit ausdrücklich vorsah und die auf Vorschläge des BT-Rechtsausschusses zurückgehenden Änderungen des § 32 a GmbHG keine inhaltliche Modifikation bezweckten, sondern nur der Straffung des Gesetzeswortlauts dienten[123]. Entscheidend *gegen* den Bilanzansatz als Verbindlichkeit spricht jedoch seine *Unvereinbarkeit mit den allgemein für den Überschuldungsstatus geltenden Bilanzierungsgrundsätzen.* Hiervon im Fall eigenkapitalersetzender Gesellschafterdarlehen abzuweichen, besteht aus heutiger Sicht, mehr als zehn Jahre nach Inkrafttreten der §§ 32 a, 32 b, auch deshalb kein Anlaß (mehr), weil die Voraussetzungen für ein Eingreifen dieser Vorschriften, darunter insbes. die fehlende Kreditwürdigkeit der Gesellschaft als Kennzeichen des Eigenkapitalersatzes (vgl. §§ 32 a, 32 b, 46, 49 ff), als im wesentlichen geklärt angesehen werden können[124]. Soweit gleichwohl *Unsicherheiten* verbleiben, ist ihnen durch den flexibleren Ansatz einer **Rückstellung** nach § 249 Abs. 1 S. 1 HGB Rechnung zu tragen. Hinsichtlich ihrer Höhe bietet sich, wenn der darlehensgewährende Gesellschafter den Eigenkapitalersatzcharakter bestreitet, je nach Lage des Falles ein Ansatz zwischen 50 und 100% der Darlehenssumme an[125]. Die Gefahr eines Mißbrauchs des dem Geschäftsführer dadurch eingeräumten Beurteilungsspielraums wiegt im Hinblick auf die bestehenden zivil- und strafrechtlichen Sanktionen aus §§ 43 Abs. 3, 64, 84 nicht schwerer als bei Annahme einer vollumfänglichen Passivierungspflicht[126].

Die Bestellung von dinglichen **Sicherheiten oder Bürgschaften** für Gesellschaftsverbindlichkeiten macht deren Berücksichtigung in der Überschuldungsbilanz nicht entbehrlich[127]. Das folgt für den Fall *dritter* Sicherungsgeber aus der primären Verpflichtung der GmbH und aus dem den Sicherungsgebern für den Fall ihrer Inanspruchnahme zustehenden Regreßanspruch, gilt aber auch bei Sicherheiten von Gesellschaftern, da die GmbH den Gläubigern auch in derartigen Fällen, unabhängig vom Eingreifen der für eigenkapitalersetzende Gesellschafterdarlehen geltenden Grundsätze, in vollem Umfang zur Zahlung verpflichtet bleibt, solange es nicht zur Konkurseröffnung kommt (§§ 32 a, b, 140). Stammen alle Sicherheiten aus dem Gesellschaftsvermögen, so ergibt **47**

---

[120] Wohl einhM, vgl. nur BGH NJW 1987, 1697, 1698; OLG Hamburg WM 1986, 1110, 1112; Scholz/*K. Schmidt* 27; Baumbach/Hueck/*Schulze-Osterloh* 15; Kuhn/*Uhlenbruck* KO[10] Vor § 207, D 12 c und § 102, 6 u.

[121] So zutr. OLG München NJW 1966, 2366; *Fleck* Festschrift Döllerer S. 125 ff; *Hommelhoff* Festschrift Döllerer S. 261 ff; *ders.* WPg 1984, 629, 630 f; *Joecks* BB 1986, 1681 f; *Kroppen* DB 1977, 663, 666 (diff.); *Lutter/Hommelhoff* 7; *Rowedder* 14; aA – für Passivierungspflicht als Darlehensverbindlichkeit – neben *K. Schmidt, Schulze-Osterloh* und *Uhlenbruck,* jew. aaO (Fn 120) auch OLG Hamburg BB 1986, 1817, 1818 f; Voraufl. 41; Baumbach/*Hueck* §§ 32 a, b, 12; *Roth* §§ 32 a, b, 3.1; *Meyer-Landrut*/Miller/Niehus 3; *Kamprad* GmbH-Rdsch. 1985, 352, 353; *Knobbe-Keuk* ZIP 1983, 127, 129.

[122] BT-Drucks. 8/1347.

[123] Vgl. Ausschußbegründung, BT-Drucks. 8/3908 S. 73 f.

[124] So zutr. *Fleck* Festschrift Döllerer S. 125; *Hommelhoff* Festschrift Döllerer S. 251, 260 ff; aA namentlich *K. Schmidt* Festschrift Goerdeler S. 505 ff.

[125] Typischerweise für einen Ansatz von 50% *Hommelhoff* Festschrift Döllerer S. 263 ff.

[126] So auch *Fleck* Festschrift Döllerer S. 127; *Hommelhoff* Festschrift Döllerer S. 266.

[127] So jetzt auch Kuhn/*Uhlenbruck* KO[10] § 102, 6 s; aA noch *ders.* ZIP 1980, 81.

sich der Ansatz der Verbindlichkeiten daraus, daß die Sicherheiten nur erfüllungshalber gewährt und auch ihrerseits auf der Aktivseite der Überschuldungsbilanz zu berücksichtigen sind. Dadurch läßt sich ein etwaiger Nettoüberschuß oder eine Nettobelastung der Gesellschaft aus der gesicherten Verbindlichkeit am besten erfassen[128].

48 Die in Rdn 46 f genannten Grundsätze gelten ebenso für den Ansatz von **Verbindlichkeiten aus laufenden Pensionen** (zu unverfallbaren *Anwartschaften* vgl. Rdn 45). Der Ansatz hat, vorbehaltlich wirksam vereinbarter Kürzungsmöglichkeiten der Gesellschaft für den Krisenfall, entsprechend den zu § 249 Abs. 1 S. 1, 1. Alt. HGB geltenden Grundsätzen[129] mit ihrem nach versicherungsmathematischen Grundsätzen berechneten Gegenwartswert zu erfolgen[130]. Daß die Pensionsberechtigten sich nach § 7 BetrAVG in der Insolvenz der GmbH an den Pensionssicherungsverein (PSV) als Träger der Insolvenzsicherung halten können, steht schon wegen des in § 9 Abs. 2 BetrAVG vorgesehenen Übergangs der Forderungen gegen die GmbH auf den PSV bei Eintritt des Sicherungsfalls nicht entgegen[131]. Die Möglichkeit einer Kürzung der Pensionszahlungen wegen wirtschaftlicher Notlage des Unternehmens[132] bleibt bei Aufstellung der Überschuldungsbilanz außer Betracht, weil diese nach Liquidationsgesichtspunkten zu erstellen ist und eine Kürzung der Altersversorgung bei Betriebseinstellung nach ständ. Rechtsprechung des BAG ausscheidet[133].

49 f) **Beseitigung der Überschuldung.** Die Beseitigung der Überschuldung ist nach der hier vertretenen, den Überschuldungstatbestand auf nicht ohne weiteres lebensfähige Gesellschaften beschränkenden Ansicht (Rdn 35 f) auf zwei verschiedenen Wegen möglich[134]. Denkbar sind einerseits **Sanierungsmaßnahmen,** die zu einer positiven Fortbestehensprognose führen und dadurch die Überschuldungsprüfung gegenstandslos machen (Rdn 36 f). Sie müssen sich nicht mit der Zufuhr neuen Kapitals verbinden, sondern können je nach Lage des Falles auch durch interne Reorganisationsmaßnahmen wie die Stillegung unrentabler Betriebe u. a. erfolgen. Als andere Möglichkeit kommt die **Beseitigung der rechnerischen Überschuldung** in Betracht, sei es durch Einbringung neuen Kapitals über Nachschüsse, eine Kapitalerhöhung u. a., sei es durch den Erlaß von Gesellschafterdarlehen oder sonstigen Gesellschaftsverbindlichkeiten oder schließlich durch die Vereinbarung eines endgültigen Rangrücktritts für sie bzw. für den aus der Besicherung eines Fremddarlehens folgenden Erstattungsanspruch des Gesellschafters[135] (vgl. dazu Rdn 46). Dagegen ist die Gewährung weiterer Gesellschafterdarlehen ohne gleichzeitige Rangrücktrittsvereinbarung wegen der damit für die Gesellschaft meist verbundenen Notwendigkeit, eine Rückstellung zu bilden (Rdn 46 a), nicht ohne weiteres geeignet, die Überschuldung zu beseitigen; ihre Wirkung besteht in erster Linie darin, eine etwaige Zahlungsunfähigkeit der Gesellschaft zu beheben. Vollends ungeeignet zur Beseitigung der Überschuldung sind schließlich Maßnahmen der Kapitalherabsetzung, soweit sie nicht mit einer Kapitalerhöhung kombiniert werden[136].

---

128 *Ulmer* KTS 1981, 480 f; aA *Uhlenbruck* (Fn 46) S. 283. Zur entsprechenden Behandlung in der Jahresbilanz vgl. Baumbach/Hueck/*Schulze-Osterloh* § 42, 81, 214.

129 Vgl. nur Baumbach/Duden/*Hopt* HGB[28] § 249, 3 A; § 253, 2 B.

130 Heute wohl einhM, vgl. Baumbach/Hueck/*Schulze-Osterloh* 21; *Lutter/Hommelhoff* 7; Kuhn/*Uhlenbruck* KO[10] § 102, 6 p; *ders.* GmbH & Co. KG[2] S. 303; *Auler* DB 1976, 2172; *Bilo* GmbH-Rdsch. 1981, 104 f; *Boest* DB 1979, 2381.

131 So auch *Lutter/Hommelhoff* 7; Kuhn/*Uhlenbruck* KO[10] § 102, 6 p; für unverfallbare Pensionsanwartschaften auch Scholz/*K. Schmidt* 31.

132 Vgl. dazu BAG BB 1972, 1409; BB 1975, 1114; NJW 1979, 1567.

133 BAG NJW 1982, 1829, 1830; BB 1972, 1504; BB 1975, 1114; vgl. dazu Kuhn/*Uhlenbruck* KO[10] § 22, 30 ff; *ders.* (Fn 46) S. 301 f m. weit. Nachw.

134 Vgl. auch *K. Schmidt* ZIP 1980, 333 ff; *ders.* ZGR 1982, 519 ff; Kuhn/*Uhlenbruck* KO[10] § 102, 13 ff.

135 Vgl. dazu OLG Hamburg WM 1986, 1110, 1112 f.

136 Zur Möglichkeit derartiger Kombinationen, namentlich zu der geplanten Einführung der vereinfachten Kapitalherabsetzung vgl. § 58, 79 ff.

g) **Insolvenzrechtsreform.** Nach § 21 Abs. 2 RefE InsO liegt in Übereinstimmung mit § 64 Abs. 1 S. 2 GmbHG **Überschuldung** vor, wenn das Vermögen des Schuldners die bestehenden Verbindlichkeiten nicht mehr deckt. Damit verzichtet der Entwurf ebenso wie das geltende Recht auf nähere Regelungen zur Feststellung der Überschuldung. Ausweislich der Begründung zu § 21 Abs. 2 RefE[137] geht der *Entwurf* zwar von der *unmodifizierten Prognosemethode* (vgl. Rdn 33) aus, wonach eine positive Fortbestehensprognose zwar den Ansatz der Aktiva mit den Fortführungswerten rechtfertigt, nicht aber ausreicht, um bereits als solche die Annahme rechtlicher Überschuldung auszuschließen. Demgegenüber hatte die *Insolvenzrechtskommission* im Leitsatz 1.2.6 Abs. 1 S. 1 des Ersten Berichts[138] noch den hier vertretenen modifizierten zweistufigen Überschuldungsbegriff (Rdn 34) übernommen. Indessen entfaltet, auch wenn der RefE InsO in der vorliegenden Fassung Gesetz werden sollte, der nicht im Gesetzeswortlaut zum Ausdruck kommende Wille des Gesetzgebers keine Bindungswirkung. Methodisch bestehen daher keine Bedenken dagegen, den modifizierten zweistufigen Überschuldungsbegriff auch dem neuen Recht zugrunde zu legen[139]. **50**

III. Die Konkurseröffnung

1. Antragsverfahren

a) **Allgemeines.** Das Konkursverfahren kann nach § 103 Abs. 1 KO *nur auf Antrag* eröffnet werden. Antragsberechtigt sind nach § 103 Abs. 2 KO der Gemeinschuldner sowie jeder Konkursgläubiger. Für die GmbH als Gemeinschuldnerin handeln die Geschäftsführer (vgl. näher Rdn 52 ff); sie sind nach § 64 Abs. 1 zur Antragstellung berechtigt und *verpflichtet,* wenn Konkursreife eingetreten ist (zur Antragsberechtigung *jedes* Geschäftsführers unabhängig von der satzungsrechtlichen Vertretungsregelung vgl. Rdn 52). Formerfordernisse für den Antrag bestehen nicht. Zu den inhaltlichen Anforderungen vgl. §§ 104, 105, 208 Abs. 2 KO, dazu unten Rdn 57 ff. Bedingte oder befristete Anträge sind unzulässig[140]. **51**

b) **Antragsberechtigte. α) Geschäftsführer und Liquidatoren.** Berechtigt zur Beantragung des Gesellschaftskonkurses ist nach § 63 Abs. 2 iVm § 208 Abs. 1 KO **jeder Geschäftsführer,** unabhängig von der Ausgestaltung der Vertretungsmacht in der GmbH. Er handelt auch dann *im Namen der GmbH* und nicht im eigenen Namen, wenn er nur Gesamtvertretungsmacht besitzt[141]. Für den *Vergleichsantrag* fehlt es an einer dem § 208 Abs. 1 KO entsprechenden Regelung; insoweit gilt daher die für die betroffene GmbH maßgebliche Vertretungsregelung (vgl. dazu Rdn 116 und § 64, 22). Prokuristen und Handlungsbevollmächtigte können für die GmbH keinen Konkursantrag stellen, weil ihre Vertretungsmacht sich nicht auf Grundlagengeschäfte dieser Art erstreckt. Auch für ihre Mitwirkung im Rahmen sog. unechter Gesamtvertretung (vgl. Erläut. zu § 35) ist kein Raum; wegen der Alleinvertretungsbefugnis jedes Geschäftsführers zur Stellung des Konkursantrags besteht hierzu auch kein Anlaß. Mit der wirksamen Amtsniederlegung endet auch die Befugnis des Geschäftsführers zur Antragstellung; erfolgt sie nach Eintritt der Konkursreife, so kann der Geschäftsführer sich dadurch freilich nicht der zuvor begründeten zivil- und strafrechtlichen Verantwortung für die Verletzung der Konkursantragspflicht aus § 64 Abs. 1 entziehen (vgl. § 64, 9). **52**

---

[137] RefE InsO (Fn 11) S. B 20.

[138] AaO (Fn 12).

[139] Zum Verhältnis der einzelnen Auslegungskriterien zueinander vgl. *Larenz* Methodenlehre der Rechtswissenschaft[5] (1983) S. 328 ff.

[140] *Kilger* KO[15] § 103, 2; Kuhn/*Uhlenbruck* KO[10] § 103, 5.

[141] KG NJW 1965, 2157, 2158; Scholz/*K. Schmidt* 36.

Ist die Gesellschaft im Zeitpunkt der Konkursreife bereits aufgelöst, so steht die Antragsbefugnis nach §§ 64 Abs. 1, 71 Abs. 2 den **Liquidatoren** zu. Für sie gelten die Regelungen des § 208 KO über die Antragsbefugnis *jedes* Geschäftsführers entsprechend.

53 Im Unterschied zu den Geschäftsführern und Liquidatoren sind die **Gesellschafter** als solche *nicht* berechtigt, Konkursantrag zu stellen[142]; anderes gilt, wenn sie zugleich Geschäftsführer oder Gesellschaftsgläubiger (vgl. dazu Rdn 55) sind. Eine Ausnahme ist allerdings für solche Gesellschafter zu machen, die als *faktische Geschäftsführer* im Einvernehmen mit den Mitgesellschaftern, wenn auch ohne förmlichen Bestellungsakt, die Gesellschaft leiten. Entsprechend den für ihre Verantwortlichkeit wegen Konkursverschleppung anerkannten Grundsätzen[143] muß ihnen auch das *Recht* zur Stellung des Konkursantrags zugestanden werden[144]. Bedeutung kann dieses Recht vor allem im Fall von maßgeblich beteiligten oder Alleingesellschaftern erlangen, zumal wenn sonstige Geschäftsführer nicht vorhanden oder an der Amtsausübung gehindert sind[145].

54 Auch der **Gesellschafterversammlung oder sonstigen Organen** der GmbH (Aufsichtsrat, Beirat u. a.) steht ein Konkursantragsrecht *nicht* zu. Sie können jedoch den Geschäftsführern im Rahmen ihrer Weisungsbefugnisse und innerhalb der durch § 64 Abs. 1 gesetzten Grenzen die **Weisung** erteilen, Konkursantrag zu stellen, wenn Konkursreife eingetreten oder ihr Eintritt nicht auszuschließen ist[146]. Der Weisungsbeschluß bedarf lediglich der einfachen Mehrheit[147]. Geschäftsführer, die einer wirksamen Weisung nicht nachkommen, machen sich gegenüber der GmbH nach § 43 schadensersatzpflichtig (zur davon zu unterscheidenden Außenhaftung der Geschäftsführer wegen Konkursverschleppung vgl. § 64, 47 ff). Daneben kann je nach Lage des Falles auch ihre Haftung aus § 64 Abs. 2 eingreifen. Auch können die Gesellschafter die Bestellung der sich weigernden Geschäftsführer widerrufen und neue Geschäftsführer bestellen. Eine Weisung, *keinen* Konkursantrag zu stellen, bindet die Geschäftsführer demgegenüber nur, wenn entweder Konkursreife noch nicht eingetreten ist oder die Weisung dahin geht, Vergleichsantrag zu stellen, oder schließlich wenn die Gesellschafter innerhalb der Antragsfrist des § 64 Abs. 1 für Beseitigung der Konkursreife sorgen. Liegen diese Voraussetzungen nicht vor, so schließt die gesetzwidrige Weisung die Konkursantragspflicht zwar nicht aus und läßt auch die delikts- und strafrechtlichen Sanktionen wegen Verletzung der Antragspflicht der Geschäftsführer unberührt. Jedoch können Geschäftsführer, die mit Rücksicht auf die Weisung entgegen § 64 Abs. 1 keinen Konkursantrag gestellt haben, von der GmbH nicht auf Schadensersatz nach § 43 in Anspruch genommen werden, wenn die Weisung einstimmig erteilt war[148].

55 **β) Gläubiger.** Neben den Geschäftsführern sind nach §§ 103 Abs. 2, 105 KO auch Gesellschaftsgläubiger berechtigt, Konkursantrag zu stellen, wenn sie als *Massegläubiger* nach § 59 Abs. 1 Nr. 3 KO oder als sonstige *Konkursgläubiger* am Verfahren beteiligt sind. Voraussetzung für die Zulassung des Antrags und für den Eintritt in die

---

142 EinhM, vgl. BGH BB 1958, 169; Scholz/*K. Schmidt* 38; Baumbach/Hueck/*Schulze-Osterloh* 26; *Lutter/Hommelhoff* 10.

143 Vgl. dazu BGH NJW 1983, 240, 241; WM 1988, 756, 757; näher § 64, 11.

144 Ebenso Baumbach/Hueck/*Schulze-Osterloh* 24; wohl auch *Rowedder* 18; aA Scholz/*K. Schmidt* 37, der das Antragsrecht über § 64 Abs. 1 hinaus nur fehlerhaft bestellten Geschäftsführern einräumen will.

145 Für Antragsrecht *aller Gesellschafter* gemeinsam in diesem Fall Hachenburg/*W. Schmidt*[6] 8; *Brodmann* 1.

146 So auch *Rowedder* 22; weitergehend Scholz/*K. Schmidt* 38: Bindung entfällt lediglich bei evidentem Mißbrauch des Weisungsrechts.

147 EinhM, vgl. Scholz/*K. Schmidt* 38; Baumbach/Hueck/*Schulze-Osterloh* 27; *Rowedder* 22; *Roth* 4.2.

148 BGH NJW 1974, 1088; Scholz/*K. Schmidt* 38; vgl. dazu auch § 64, 46.

Prüfung der Konkursvoraussetzungen nach § 105 Abs. 2 KO ist neben der Glaubhaftmachung von Forderung und Konkursreife (vgl. dazu Rdn 59) das *Rechtsschutzbedürfnis* des antragstellenden Gläubigers[149]. Es *fehlt* bei verjährten, gestundeten oder ausreichend gesicherten Forderungen, aber auch dann, wenn die Forderung rechtlich zweifelhaft ist oder im Konkurs nicht durchgesetzt werden kann. Das gilt nicht nur für *mitgliedschaftliche Ansprüche* von Gesellschaftern auf Rückzahlung von Einlagen, Gewinnausschüttung u. a., denen der Einwand aus § 30 entgegensteht[150], sondern auch für eigenkapitalersetzende, nach § 32 a von der Teilnahme am Konkurs ausgeschlossene *Gesellschafterdarlehen*[151]. Aus der von der hM bejahten Notwendigkeit, sie in die Überschuldungsbilanz aufzunehmen (Rdn 46 a), folgt nicht etwa das Recht der Darlehensgläubiger, entgegen § 32 a Abs. 1 am Konkursverfahren teilzunehmen. Von diesen Fällen abgesehen sind aber auch die Gesellschafter nicht gehindert, als Gläubiger Konkursantrag zu stellen.

c) **Antragspflicht.** Sie besteht nach §§ 64 Abs. 1, 71 Abs. 2 für **Geschäftsführer** und **Liquidatoren,** sobald Konkursreife eingetreten, d. h. die Gesellschaft zahlungsunfähig oder überschuldet ist. Als öffentlich-rechtliche Pflicht steht sie nicht zur Disposition der Gesellschafterversammlung. Sie ist daher auch dann zu befolgen, wenn die Gesellschafter eine gegenteilige Weisung erteilen. Näheres vgl. in § 64, 7 ff, 14 ff. **56**

d) **Inhalt des Antrags. α) Glaubhaftmachung.** Neben der Beantragung der Konkurseröffnung (Rdn 51) muß der Konkursantrag zur *Vorprüfung seiner Zulässigkeit* die Glaubhaftmachung bestimmter, in den §§ 105 Abs. 1, 208 Abs. 2 KO genannter Voraussetzungen enthalten; anderes gilt bei Antragstellung durch sämtliche Geschäftsführer (Liquidatoren), vgl. Rdn 58. Nur wenn diesen Erfordernissen entsprochen ist, tritt das Gericht in die Hauptprüfung über die Eröffnung des Konkursverfahrens ein. Im einzelnen ist zwischen der Antragstellung durch Geschäftsführer (Liquidatoren) und derjenigen durch Gläubiger zu unterscheiden (Rdn 58 f). **57**

Erfolgt die Antragstellung durch einen **Teil der Geschäftsführer** (Liquidatoren), so bezieht sich die *Glaubhaftmachung* auf den *Eintritt der Konkursreife* (§ 63 Abs. 2 i. V. mit § 208 Abs. 2 S. 1 KO). Für die Glaubhaftmachung gilt § 294 ZPO entsprechend (§ 72 KO); es können alle Beweismittel sowie die Versicherung an Eides Statt verwendet werden. Ist der Konkursgrund glaubhaft gemacht, so hat das Konkursgericht hierzu, soweit möglich (§ 105 Abs. 3 KO), die übrigen Geschäftsführer oder Liquidatoren vor der Entscheidung über den Antrag zu hören (§ 208 Abs. 2 i. V. mit § 105 Abs. 2 KO); diese haben schon mit Rücksicht auf die eigene Antragspflicht aus § 64 Abs. 1 dem Konkursgericht die nötigen Informationen zur Entscheidung über die Konkurseröffnung zu erteilen. Der Glaubhaftmachung und Anhörung bedarf es *nicht,* wenn der Konkursantrag durch **sämtliche** Geschäftsführer oder Liquidatoren gestellt wird (Umkehrschluß aus § 208 Abs. 2 S. 1 KO)[152]. Zur Beifügung eines Verzeichnisses der Gläubiger und Schuldner und einer Vermögensübersicht vgl. Rdn 60. **58**

Die Antragstellung durch **Gesellschaftsgläubiger** setzt nach § 105 Abs. 1 KO Glaubhaftmachung nicht nur des Konkursgrundes, d. h. der Zahlungsunfähigkeit oder der Überschuldung, sondern *auch der Gläubigerforderung* voraus. Die Vorprüfung der Zulässigkeit des Antrags umfaßt auch das Rechtsschutzbedürfnis des Antragstellers **59**

---

149 Vgl. dazu näher Jaeger/*Weber* KO[8] § 103, 6; *Kilger* KO[15] § 105, 2; Kuhn/*Uhlenbruck* KO[10] § 105, 6 ff; jew. m. weit. Nachw.

150 Scholz/*K. Schmidt* 39; Baumbach/Hueck/*Schulze-Osterloh* 25; aA anscheinend *Rowedder* 19.

151 LG Dortmund ZIP 1986, 855, 856; LG München I ZIP 1983, 66, 68; Scholz/*K. Schmidt* 39; Baumbach/Hueck/*Schulze-Osterloh* 25; *Rowedder* 19.

152 So auch Scholz/*K. Schmidt* 43.

(Rdn 55). Wird der Antrag zugelassen, so sind nach Maßgabe des § 105 Abs. 2 und 3 KO die Geschäftsführer (Liquidatoren) der GmbH zu hören. Die Anhörung erstreckt sich auf *alle* Geschäftsführer[153], nicht nur auf eine vertretungsberechtigte Zahl[154]. Bestreiten sie die Konkursreife oder sind sie nicht erreichbar, so sind nach §§ 75, 101, 104 KO die erforderlichen Ermittlungen durch das Konkursgericht vorzunehmen[155].

60 **β) Beifügung von Unterlagen.** Dem Antrag der Geschäftsführer (Liquidatoren) sind, da sie für die GmbH als Gemeinschuldnerin handeln, die in § 104 KO genannten Unterlagen beizufügen; ggf. können sie auch unverzüglich nachgeliefert werden (§ 104 KO aE). Das *Verzeichnis der Gläubiger und Schuldner* der Gesellschaft muß mit Rücksicht auf § 111 Abs. 3 KO auch deren Anschriften umfassen. Als *Vermögensübersicht* kann die zur Prüfung der Konkursreife erstellte Überschuldungsbilanz verwendet werden.

61 e) **Rücknahme des Antrags.** Bis zum Wirksamwerden der Konkurseröffnung[156] kann der Konkursantrag durch den **Antragsteller** zurückgenommen werden. Wurde der Antrag durch einen von mehreren Geschäftsführern gestellt, so ist auch nur *dieser* zur Rücknahme befugt[157]. Das folgt aus der für die Antragstellung geltenden Alleinvertretungsbefugnis (Rdn 52), deren gläubigerschützende Wirkung durch ein Rücknahmerecht eines anderen Geschäftsführers unterlaufen würde[158]. Zudem wäre der antragstellende Geschäftsführer bei Fortdauer der Konkursreife nach § 64 Abs. 1 gehalten, unmittelbar nach Rücknahme seines Antrags durch einen anderen Geschäftsführer erneut die Eröffnung des Verfahrens zu beantragen. Hält ein Mitgeschäftsführer die Konkursreife nicht für gegeben, so kann er sofortige Beschwerde gegen die Konkurseröffnung einlegen (dazu Rdn 67). Wird allerdings der antragstellende Geschäftsführer zwischen Stellung und Wirksamwerden des Antrags abgelöst, so geht sein Recht, den Antrag zurückzunehmen, auf den Nachfolger über[159].

2. Entscheidung des Konkursgerichts

62 a) **Eröffnungsbeschluß.** Über den Antrag auf Konkurseröffnung entscheidet das *Konkursgericht,* d. h. das Amtsgericht am Sitz der Gesellschaft (§ 71 KO). Für den Erlaß des Eröffnungsbeschlusses ist **Voraussetzung,** daß der *Konkursantrag zugelassen* ist (vgl. §§ 105 Abs. 1, 208 Abs. 2 KO) und das Konkursgericht nach Anhörung der Beteiligten (Rdn 58 f) sowie ggf. aufgrund zusätzlicher eigener Ermittlungen nach Maßgabe des § 75 KO sich vom *Vorliegen des Konkursgrunds* und einer den Kosten des Verfahrens entsprechenden *Konkursmasse* (§ 107 Abs. 1 KO) überzeugt hat. Im Eröffnungsbeschluß ist die für das Wirksamwerden des Konkurses maßgebende Stunde der Eröffnung anzugeben (§ 108 Abs. 1 KO); ersatzweise gilt als Eröffnungszeitpunkt die Mittagsstunde des Tages, an dem der Eröffnungsbeschluß erlassen ist (§ 108 Abs. 2 KO). Dem Eröffnungsbeschluß kann – und wird regelmäßig – die *Anordnung vorläufiger Sicherungsmaßnahmen* nach § 106 Abs. 1 KO vorausgehen[160].

---

153 LG Baden-Baden ZIP 1983, 205; Baumbach/Hueck/*Schulze-Osterloh* 31; Kuhn/*Uhlenbruck* KO[10] § 105, 10; *ders.* GmbH-Rdsch. 1972, 173; vgl. auch Rdn 100.

154 So aber Scholz/*K. Schmidt* 42.

155 *Kilger* KO[15] § 105, 4; Kuhn/*Uhlenbruck* KO[10] § 105, 11 ff.

156 Vgl. § 108 Abs. 1 KO; dazu *Kilger* KO[15] § 108, 1.

157 LG Tübingen KTS 1961, 158; Jaeger/*Weber* KO[8] §§ 207, 208, 22; Kuhn/*Uhlenbruck* KO[10] § 103, 3; Scholz/*K. Schmidt* 41; aA *Fenski* BB 1988, 2265, 2266 f.

158 AA *Fenski* BB 1988, 2265, 2267, der freilich den zivil- und strafrechtlichen Sanktionen verspäteter Konkursantragsstellung (dazu im einzelnen § 64, 35 ff) zu große Bedeutung beimißt.

159 So zutr. Jaeger/*Weber* KO[8] §§ 207, 208, 22; offenlassend KG NJW 1965, 2157, 2159; aA LG Dortmund GmbH-Rdsch. 1986, 91.

160 *Kilger* KO[15] § 106, 2 ff; Kuhn/*Uhlenbruck* KO[10] § 106, 2 ff.

Stellt der Schuldner (der oder die Geschäftsführer namens der GmbH, vgl. Rdn 116) **Vergleichsantrag,** so ist nach § 46 VerglO die Entscheidung über den von Gläubigern gestellten *Konkursantrag so lange auszusetzen,* bis über den Vergleichsantrag rechtskräftig entschieden ist (vgl. dazu Rdn 111). Das gilt auch dann, wenn der Vergleichsantrag erst im Anschluß an den Konkursantrag eines Gläubigers gestellt ist; die Gesellschaft kann dadurch bei Vorliegen der Vergleichsvoraussetzungen die Konkursgefahr abwenden. Das Recht des Konkursgerichts zur Anordnung vorläufiger Sicherungsmaßnahmen nach § 106 KO wird durch den Vergleichsantrag nicht berührt[161]. **63**

b) **Konkursablehnung.** Zur Ablehnung der beantragten Konkurseröffnung kommt es einmal dann, wenn der für die Zulassung des Konkursantrags glaubhaft gemachte **Konkursgrund** im Rahmen der anschließenden Hauptprüfung entweder nicht zur Überzeugung des Gerichts feststeht[162] oder wenn er rechtzeitig vor der Entscheidung des Konkursgerichts beseitigt wird (Rdn 21, 49). Diese Art der Ablehnung läßt die Existenz der Gesellschaft als werbende unberührt. Davon *zu unterscheiden* ist die in § 107 Abs. 1 KO geregelte Abweisung des Konkursantrags mangels einer den Kosten des Verfahrens entsprechenden **Konkursmasse.** Die Ablehnung aus diesem Grund setzt voraus, daß das Konkursgericht im Rahmen seiner Ermittlungen zwar das Vorliegen eines Konkursgrundes festgestellt, aber nicht die Überzeugung gewonnen hat, daß eine den Kosten des Verfahrens (§ 58 Nr. 1, 2 KO) entsprechende Masse vorhanden ist, *und* daß der antragstellende Gläubiger nicht bereit ist, den ihm durch anfechtbaren (vgl. § 73 Abs. 3 KO) Gerichtsbeschluß aufgegebenen Vorschuß zu leisten[163]. Rechtsfolge der Konkursablehnung mangels Masse ist die *Auflösung* der Gesellschaft nach § 1 Abs. 1 LöschG (vgl. Anh § 60, 7). Der Abweisungsbeschluß kann je nach Lage des Falles dem Registergericht zugleich Anlaß geben, das Löschungsverfahren nach § 2 Abs. 1 LöschG einzuleiten (Anh § 60, 12, 26 f). **64**

c) **Rechtsmittel.** **α) Allgemeines.** Gegen die Entscheidungen im Konkursverfahren ist das Rechtsmittel der **sofortigen Beschwerde** gegeben (§ 73 Abs. 3 KO). Die Beschwerde ist nach § 577 Abs. 2 ZPO innerhalb von zwei Wochen einzulegen; die Frist beginnt mit dem Ablauf des 2. Tages nach der gem. § 111 KO erfolgenden öffentlichen Bekanntmachung (§ 76 Abs. 1, 3 KO)[164]. *Beschwerdeberechtigt* ist nach § 109 KO im Fall der Konkurseröffnung der Gemeinschuldner, im Fall der Ablehnung der Antragsteller (vgl. näher Rdn 67, 70). Für die Gesellschaft als Gemeinschuldner steht das Beschwerderecht entsprechend § 63 Abs. 2 i. V. mit § 208 Abs. 1 KO *jedem Geschäftsführer* zu[165]. Dagegen sind die Gesellschafter selbst oder andere Organe der Gesellschaft ebensowenig beschwerdebefugt wie konkursantragsbefugt[166]. **65**

Gegen die ablehnende Beschwerdeentscheidung ist nach § 568 ZPO die **sofortige weitere Beschwerde** gegeben. Sie ist allerdings nach § 568 Abs. 2 ZPO nur zulässig bei einer *neuen selbständigen Beschwer* des Beschwerdeführers, d. h. entweder im Fall eines inhaltlichen Abweichens der Beschwerdeentscheidung zu seinem Nachteil von der Entscheidung der ersten Instanz, oder – trotz sachlich übereinstimmender Vorentscheidungen – dann, wenn die Beschwerdeentscheidung auf einer Verletzung wesent- **66**

---

161 Bley/*Mohrbutter* VerglO[4] § 46, 9; Böhle-Stamschräder/*Kilger* VerglO[11] § 46, 3.

162 *Kilger* KO[15] § 105, 4; Kuhn/*Uhlenbruck* KO[10] § 105, 9 ff.

163 *Kilger* KO[15] § 107, 2 und 4; Kuhn/*Uhlenbruck* KO[10] § 107, 1 und 4 ff.

164 Vgl. dazu *Kilger* KO[15] § 109, 4 m. weit. Nachw.

165 EinhM, vgl. Scholz/*K. Schmidt* 46; Baumbach/Hueck/*Schulze-Osterloh* 33; Jaeger/*Weber* KO[8] §§ 207, 208, 25; *Kilger* KO[15] § 109, 1; Kuhn/*Uhlenbruck* KO[10], § 109, 1 a.

166 OLG Köln BB 1974, 1604; Jaeger/*Weber* und *Kilger* aaO (Fn 165); vgl. auch Rdn 53 f.

licher Verfahrensgrundsätze beruht[167]. Die Verletzung anderer Vorschriften des Beschwerdeverfahrens reicht dagegen nicht aus[168].

67 **β) Gegen die Konkurseröffnung.** Beschwerdebefugt ist insoweit nach § 109 KO nur der **Gemeinschuldner,** im Fall der GmbH also *jeder Geschäftsführer* unabhängig von der in der Gesellschaft geltenden Vertretungsregelung[169]. Geschäftsführer, die *selbst* Konkursantrag gestellt und dadurch den Eröffnungsbeschluß ausgelöst haben, können nach einhM jedenfalls dann Beschwerde einlegen, wenn bei ihnen eine *materielle Beschwer* gegeben ist, d. h. wenn sie irrtümlich vom Vorliegen eines Konkursgrundes ausgegangen sind oder wenn dieser inzwischen weggefallen ist[170]. Entsprechendes gilt, wenn der antragspflichtige Geschäftsführer die Beschwerde gegen die auf seinen Antrag beschlossene Konkurseröffnung darauf stützt, es fehle an einer die Verfahrenskosten deckenden Masse[171]. Läßt man darüber hinaus wegen der einschneidenden Konkurswirkungen für den Gemeinschuldner bereits die darin liegende *formelle Beschwer* genügen[172], so steht das Beschwerderecht jedem Geschäftsführer unabhängig davon zu, ob er selbst Konkursantrag gestellt hat und ob seither Änderungen eingetreten sind oder es an einer die Kosten deckenden Masse fehlt[173].

68 **Beschwerdegründe** können auch auf Umständen wie der Beseitigung der Konkursreife beruhen, die erst *nach* Erlaß des Eröffnungsbeschlusses eingetreten sind[174]. Abweichendes gilt für den Fall nachträglicher Befriedigung des den Konkursantrag stellenden Gläubigers. Wird dadurch nicht zugleich die Konkursreife beseitigt, so reicht dieser Umstand nicht aus, das einmal eröffnete Konkursverfahren aufgrund der Beschwerde des Gemeinschuldners wieder aufzuheben[175].

69 Führt die Beschwerde zur **Aufhebung** des Konkurseröffnungsbeschlusses durch das Beschwerdegericht, so wird dieser *rückwirkend* beseitigt (vgl. auch § 62, 30 zur Aufhebung einer Auflösungsverfügung). Damit entfallen zugleich rückwirkend die Auflösung der Gesellschaft und die Verfügungsbeschränkung ihrer Organe. Rechtshandlungen des Konkursverwalters aus der Zeit bis zur Aufhebung des Beschlusses bleiben analog §§ 115 Abs. 1 S. 2 BGB, 32 FGG wirksam[176].

70 **γ) Gegen die Konkursablehnung.** Beschwerdebefugt ist insoweit nach § 109 KO der **Antragsteller,** bei mehreren Antragstellern jeder von ihnen. Eine *Ausnahme* gilt bei Konkursablehnung mangels Masse nach § 1 Abs. 1 S. 2 LöschG; danach steht das

---

[167] So die von BVerfGE 49, 252, 254 = NJW 1979, 538 ausdrücklich bestätigte hM, vgl. OLG Köln OLGZ 1975, 365; NJW 1979, 1834; NJW 1980, 1531; OLG Hamm WM 1984, 1378, 1379; NJW 1979, 170; Baumbach/Lauterbach/*Albers*/Hartmann ZPO[49] § 568, 2 B c (prozessuales Gewohnheitsrecht!); Zöller/*Schneider* ZPO[16] § 568, 16 ff; *Thomas/Putzo* ZPO[16] § 568, 3 a; einschr. noch *Bettermann* ZZP 77 (1964) 1 ff, 27 ff und Stein/Jonas/*Grunsky* ZPO[20] § 568, III 2 m. weit. Nachw. (nur inhaltliche Abweichungen als Beschwerdegrund zulassend).

[168] Zöller/*Schneider* ZPO[16] § 568, 17, 21.

[169] EinhM, vgl. § 63 Abs. 2 GmbHG iVm § 208 Abs. 1 KO, dazu oben Rdn 58; zu Unrecht zweifelnd *Rowedder* 25.

[170] *Kilger* KO[15] § 109, 3; Kuhn/*Uhlenbruck* KO[10] § 109, 1 a.

[171] OLG Bamberg ZIP 1983, 200; krit. dazu aber Kuhn/*Uhlenbruck* KO[10] § 109, 1 a.

[172] So zutr. Jaeger/*Weber* KO[8] § 109, 1 II.

[173] Dafür auch Scholz/*K. Schmidt* 46; Baumbach/Hueck/*Schulze-Osterloh* 33; aA *Rowedder* 28.

[174] Näher dazu *Kilger* KO[15] § 109, 3; Kuhn/*Uhlenbruck* KO[10] § 109, 3 f; jew. m. weit. Nachw.

[175] So zutr. LG Braunschweig NJW 1961, 2316; LG Stuttgart KTS 1978, 190; ebenso *Kilger* KO[15] § 109, 3; Kuhn/*Uhlenbruck* KO[10] § 109, 3 a; jew. im Anschluß an *Dempewolf* NJW 1977, 814; aA noch OLG Celle KTS 1972, 264; LG Ulm NJW 1964, 2357; LG Düsseldorf NJW 1977, 813; Jaeger/*Weber* KO[8] § 103, 10.

[176] EinhM, vgl. RGZ 36, 93, 94 f; BGHZ 30, 173, 176 = NJW 1959, 1873; Scholz/*K. Schmidt* 46; Jaeger/*Weber* KO[8] § 109, 4 II; Kuhn/*Uhlenbruck* KO[10] § 109, 8; *Kilger* KO[15] § 109, 4. Zur Lösung von Kollisionsfällen vgl. näher Münch-Komm-*Gitter* BGB[2] § 115, 5 f m. weit. Nachw.

Beschwerderecht insoweit – wegen der Auflösungsfolge des Ablehnungsbeschlusses – auch der **GmbH** selbst zu (Anh § 60, 9). Zur Ausübung des Beschwerderechts ist auch in diesem Fall *jeder Geschäftsführer* berechtigt, unabhängig von der Regelung der Vertretungsbefugnis in der Gesellschaft. Dafür spricht die Vergleichbarkeit mit den sonstigen Fällen einer Beschwerde gegen Entscheidungen des Konkursgerichts (vgl. Rdn 65); die Vorschriften des § 63 Abs. 2 i. V. mit § 208 Abs. 1 KO sind auch insoweit entsprechend anzuwenden[177]. Hält das Beschwerdegericht die Beschwerde für begründet, so kann es den Konkurs selbst eröffnen[178].

3. Handelsregistereintragung

Die **Konkurseröffnung** wird aufgrund der Mitteilung durch das Konkursgericht **71** (§ 112 KO) nach § 32 Abs. 1 HGB *von Amts wegen* in das Handelsregister eingetragen. Entsprechendes gilt nach § 32 S. 2 HGB i. V. mit §§ 116 S. 2, 190 Abs. 3, 205 Abs. 2 KO für die *Aufhebung* des Eröffnungsbeschlusses sowie für die Aufhebung oder Einstellung des Konkurses. Nach § 32 S. 3 HGB findet mit Rücksicht auf die Bekanntmachungsvorschriften der KO (vgl. §§ 111, 116 u. a. KO) eine *Bekanntmachung* der Handelsregistereintragung in diesen Fällen *nicht* statt mit der weiteren Konsequenz, daß auch § 15 HGB nicht anzuwenden ist (§ 32 S. 4 HGB). Dementsprechend sind, wie § 65 Abs. 1 S. 2 klarstellt, auch die Geschäftsführer nicht verpflichtet, die Auflösung wegen Konkurseröffnung zum Handelsregister anzumelden. Für den Fall der **Konkursablehnung mangels Masse** finden sich vergleichbare Regelungen in § 1 Abs. 2 LöschG; auch insoweit erfolgt die Eintragung der Auflösung von Amts wegen aufgrund der Benachrichtigung des Registergerichts durch das Konkursgericht (Anh § 60, 10).

4. Kosten

Schuldner der Kosten des Konkurseröffnungsverfahrens ist grundsätzlich die **GmbH** **72** (vgl. §§ 58 Nr. 1, 107 Abs. 1 KO). Das gilt auch dann, wenn der Konkursantrag vom Geschäftsführer oder Liquidator mit Rücksicht auf die ihn nach §§ 64 Abs. 1, 72 Abs. 2 treffende Pflicht gestellt oder wenn der Konkurs auf sofortige Beschwerde wieder aufgehoben wird[179]; die Möglichkeit der Gesellschaft, von dem antragstellenden Geschäftsführer nach § 43 Abs. 2 Schadensersatz zu verlangen, bleibt unberührt[180]. Wird freilich der Konkursantrag von einem *Gläubiger* gestellt, ohne daß dessen Voraussetzungen vorliegen, so hat er auch die Kosten zu tragen[181].

IV. Wirkungen der Konkurseröffnung

Schrifttum

Vgl. die Nachw. vor Rdn 1. Ferner: *Bokelmann* Die Firma im Konkursverfahren, KTS 1982, 27; *Grüneberg* Die Rechtsposition der Organe der GmbH und des Betriebsrates im Konkurs (1989); *Kalter* Das konkursfreie Vermögen, KTS 1975, 1; *Plander* Die nahen Angehörigen der

---

177 So auch Scholz/*K. Schmidt* 45; Baumbach/Hueck/*Schulze-Osterloh* 34; Jaeger/*Weber* KO[8] §§ 207, 208, 25; Kuhn/*Uhlenbruck* KO[10] § 109, 10; aA anscheinend *Kraft*-KölnKommAktG § 262, 49 und *Wiedemann*-GroßkommAktG[3] § 262, 31: „der Vorstand". Zum Beschwerdegrund bei Konkursablehnung mangels Masse vgl. näher Jaeger/*Weber* KO[8] § 107, 1 und 6 und Kuhn/*Uhlenbruck* KO[10] § 107, 5 a.

178 *Kilger* KO[15] § 108, 3; § 109, 5.

179 HM, vgl. Scholz/*K. Schmidt* 49; *Rowedder* 33; *Brodmann* § 64, 1; aA einst LG Hamburg LZ 1908, 880.

180 So zutr. *Rowedder* 33.

181 Vgl. Scholz/*K. Schmidt* 49; *Rowedder* 33.

GmbH, GmbH-Rdsch. 1972, 121; *Robrecht* Die Rechtsposition der Organe der GmbH, der Personengesellschaft und der eingetragenen Genossenschaft nach Eröffnung des Konkursverfahrens über das Gesellschaftsvermögen, DB 1968, 471; *Karsten Schmidt* Die Befugnis zur Bildung einer Ersatzfirma bei Firmenveräußerung im Konkurs der GmbH, ZIP 1988, 1165; *ders.* Das Insolvenzrecht und seine Reform zwischen Prozeßrecht und Unternehmensrecht, KTS 1988, 1; *ders.* Der Konkursverwalter als Gesellschaftsorgan, KTS 1984, 345; *K. Schmidt/Schulz* Konkursfreies Vermögen insolventer Handelsgesellschaften?, ZIP 1982, 1015; *D. Schneider* Der Aufsichtsrat im Konkurs der Aktiengesellschaft, Festschrift Oppenhoff (1985) S. 349; *W. Schulz* Zur Verdrängung und Ersetzung der Gesellschaftsorgane durch den Konkursverwalter, KTS 1986, 389; *Timm* Die Kündigung des Gesellschafter-Geschäftsführers im Konkurs der GmbH, ZIP 1987, 69; *ders.* Der Gesellschafter-Geschäftsführer im Pfändungs- und Insolvenzrecht, ZIP 1981, 10; *Uhlenbruck* Die Rechtsstellung des Geschäftsführers im Konkurs der GmbH, GmbH-Rdsch. 1972, 170; *Ulmer* Die Kompetenz zur Bildung einer Ersatzfirma bei Firmenveräußerung im Konkurs der GmbH, NJW 1983, 1697; *Fr. Weber* Funktionsteilung zwischen Konkursverwalter und Gesellschaftsorganen im Konkurs der Kapitalgesellschaft, KTS 1970, 73.

1. Allgemeines

73 a) **Auflösung.** Die Eröffnung des **Konkurses** über das Vermögen der Gesellschaft hat nach § 60 Abs. 1 Nr. 4 deren Auflösung zur Folge. Der Zeitpunkt der Auflösung richtet sich nach § 108 KO: maßgebend ist die im Eröffnungsbeschluß angegebene Stunde. Wird der Beschluß im Beschwerdeverfahren aufgehoben, so entfällt rückwirkend auch die Auflösung (Rdn 69). Dagegen läßt die Einstellung des Konkurses auf Antrag der Gesellschaft oder die Aufhebung nach Abschluß eines Zwangsvergleichs die Auflösung unberührt; sie ermöglichen es aber den Gesellschaftern, einen Fortsetzungsbeschluß zu fassen (Rdn 109). **Keinen Auflösungsgrund** bildet demgegenüber die Eröffnung des *Vergleichsverfahrens* über das Gesellschaftsvermögen (Rdn 110). Auch der *Gesellschafterkonkurs* läßt den Fortbestand der Gesellschaft als werbende nach gesetzlicher Regel unberührt (§ 60, 41); er kann aber als statutarischer Auflösungsgrund vorgesehen werden (§ 60, 64) oder je nach Lage des Falles einen wichtigen Grund zur Kündigung (§ 60, 67) oder zur Erhebung der Auflösungsklage (§ 61, 22) bilden. Zum Schicksal des Geschäftsanteils beim Gesellschafterkonkurs vgl. Anh § 15, 94 ff.

74 b) **Änderung der Organkompetenzen.** Im Unterschied zu den sonstigen Auflösungsfällen geht die *Verfügungsbefugnis über das Vermögen der Gesellschaft*, die Konkursmasse (Rdn 75 ff), nach § 6 KO auf den gerichtlich bestellten **Konkursverwalter** über. Er nimmt anstelle der Geschäftsführer die Aufgaben eines Liquidators wahr und ist dabei weder an Weisungen der Gesellschafterversammlung noch an satzungsrechtliche Mitspracherechte eines etwaigen Aufsichtsrats gebunden (Rdn 81). Die **Organe der Gesellschaft** (Geschäftsführer, Gesellschafterversammlung, ggf. Aufsichts- oder Beirat) bestehen zwar bis zur Löschung der GmbH fort. Ihre Kompetenzen *beschränken sich jedoch auf den konkursfreien Bereich*, darunter neben der Verwaltung etwaigen konkursfreien Vermögens (Rdn 78 ff) auf die innergesellschaftliche Willensbildung, soweit die konkursbedingte Auflösung hierfür noch Raum läßt (Rdn 94 ff)[182]. Daneben haben die Geschäftsführer die Funktionen wahrzunehmen, die dem Gemeinschuldner im Konkurs zukommen (Rdn 99 ff). Zu den Auswirkungen der Konkurseröffnung auf

---

[182] AA *W. Schulz* KTS 1988, 389 ff, der entgegen der bisher einhM annimmt, die Konkurseröffnung führe zum Erlöschen der Organstellung der geschäftsführenden Organe und des Aufsichtsrats; vgl. zur damit zusammenhängenden Leugnung der Möglichkeit konkursfreien Vermögens Rdn 79 f.

den Anstellungsvertrag der Geschäftsführer vgl. Rdn 102. Die *Vertretungsmacht von Prokuristen und Handlungsbevollmächtigten* erlischt mit der Konkurseröffnung[183]; das Schicksal ihrer Anstellungsverträge bestimmt sich nach § 22 KO.

2. Konkursmasse

a) **Allgemeines.** Die Bestimmung der Konkursmasse – und damit die Abgrenzung des Verfügungsbereichs von Konkursverwalter und Gemeinschuldner (GmbH-Geschäftsführer) – richtet sich auch bei der GmbH nach § 1 KO. Zur Konkursmasse zählt danach das gesamte, einer *Zwangsvollstreckung unterliegende Vermögen* des Gemeinschuldners, welches ihm *zur Zeit der Verfahrenseröffnung* gehört (§ 1 Abs. 1 KO)[184]. Im Fall der **GmbH** fallen hierunter nicht nur sämtliche *pfändbaren* (§ 1 Abs. 4 KO) Aktiva des Anlage- und Umlaufvermögens einschließlich der Patent- und Urheberrechte sowie sonstiger zur Verwertung in der GmbH bestimmter Erfinderrechte[185], sondern auch solche Rechte, die wie Firma (§ 23 HGB), Warenzeichen (§ 8 Abs. 1 S. 2 WZG) oder beschränkte persönliche Dienstbarkeiten (§ 1092 Abs. 2 BGB) zwar unpfändbar sind[186], aber *zusammen mit dem Unternehmen oder Geschäftsbetrieb veräußert* werden können[187]. 75

In die Konkursmasse fallen weiter auch die zur Zeit der Konkurseröffnung bestehenden **Ansprüche der Gesellschaft** gegen die Gesellschafter *auf rückständige Einlagen,* auf Nachschüsse oder auf Erstattung verbotener Einlagerückgewähr (§ 31 Abs. 1); sie sind vom Konkursverwalter geltend zu machen, ohne daß er dabei auf die Mitwirkung von Gesellschaftsorganen angewiesen oder an satzungsrechtliche Beschränkungen gebunden ist (vgl. Rdn 85 f). Entsprechendes gilt für *Schadensersatzansprüche gegen Geschäftsführer* nach §§ 43, 64 Abs. 2 oder gegen sonstige Organmitglieder (Rdn 87). Auch die Rückforderungsansprüche aus einer vom Konkursverwalter erklärten *Konkursanfechtung* nach §§ 29 ff, 32 a KO bilden einen Teil der Konkursmasse (Rdn 88 f). 76

b) **Firma.** Nach heute ganz herrschender Ansicht bildet auch die Firma der GmbH, selbst wenn sie nach Maßgabe von § 4 Abs. 1 S. 1 nicht als Sach-, sondern als **Personenfirma** ausgestaltet ist (§ 4, 33 ff), trotz fehlender Pfändbarkeit einen *Teil der Konkursmasse* und unterliegt der Verwertungsbefugnis des Konkursverwalters in den Grenzen der §§ 22, 23 HGB[188]. Während der Dauer des Konkursverfahrens sind die Gesellschafter deshalb – vorbehaltlich ihres Rechts zur Bildung einer Ersatzfirma (dazu Rdn 91 f) – von jeder Entscheidung über die Firma ausgeschlossen[189]. Eine vor Konkurseröffnung erfolgte Firmenänderung unterliegt der Konkursanfechtung (vgl. dazu Rdn 88 f), die im Wege der Wiederherstellung der aufgegebenen Firma ausgeübt 77

---

[183] EinhM, vgl. BGH WM 1958, 430, 431; *Kilger* KO[15] § 23, 8; Kuhn/*Uhlenbruck* KO[10] § 23, 7 b; *K. Schmidt* BB 1989, 229.

[184] Vgl. dazu umfassend Jaeger/*Henckel* KO[9] § 1, 7 ff; Kuhn/*Uhlenbruck* KO[10] § 1, 11 ff.

[185] Vgl. näher dazu Jaeger/*Henckel* KO[9] § 1, 19 ff, 29 und 35 ff, 37.

[186] Zur umstr. Pfändbarkeit des *Nießbrauchs* vgl. BGHZ 62, 133, 136 = NJW 1974, 796 m. Nachw.; zur Massezugehörigkeit Kuhn/*Uhlenbruck* KO[10] § 1, 54.

[187] Vgl. dazu näher *K. Schmidt/Schulz* ZIP 1982, 1018 ff m. Nachw.; zur Veräußerbarkeit von aus Gesellschafternamen gebildeter Firma oder Warenzeichen vgl. unten Rdn 77.

[188] BGHZ 85, 221, 224 f = NJW 1983, 755; 109, 364, 367 = NJW 1990, 1605; KG NJW 1961, 833 f; OLG Düsseldorf NJW 1980, 1284 f; OLG Frankfurt ZIP 1982, 334, 335; Jaeger/*Henckel* KO[9] § 1, 15; *Kilger* KO[15] § 1, 3 C b; Kuhn/*Uhlenbruck* KO[10] § 1, 80 a; Baumbach/Hueck/*Schulze-Osterloh* 41; Baumbach/*Hefermehl* Wettbewerbsrecht[16] UWG § 16, 92; *Hüffer*-GroßkommHGB[4] § 22, 34; *Bokelmann* KTS 1982, 35; *K. Schmidt/Schulz* ZIP 1982, 1019; aA noch RGZ 9, 104, 106; 58, 166, 169; 158, 226, 231 sowie für die Firma eines Einzelkaufmanns BGHZ 32, 103, 108 f = NJW 1960, 1008.

[189] So zutr. OLG Düsseldorf ZIP 1989, 457 im Anschluß an *Ulmer* NJW 1983, 1701 f m. weit. Nachw.

wird[190]. Entsprechende Grundsätze gelten für ein aus Gesellschafternamen gebildetes Warenzeichen[191].

77a Der Konkursverwalter bedarf zur Verwertung der Personenfirma nach zutr. BGH-Rechtsprechung[192] auch *nicht* etwa der **Einwilligung des Namensträgers,** wenn dieser der GmbH seinen Namen für die Firmenbildung ohne Einschränkung zur Verfügung gestellt und damit in Kauf genommen hat, daß die Firma von der GmbH auch nach seinem Ausscheiden unverändert weitergeführt wird. Probleme ergeben sich daraus zwar für die *Bildung einer Ersatzfirma* der Gemeinschuldnerin; sie wird infolge der Veräußerung der bisherigen Firma vor Beendigung der Liquidation erforderlich. In der Konsequenz der Verwertungsbefugnis des Konkursverwalters liegt es jedoch, ihm auch das Recht zur Bildung der Ersatzfirma einzuräumen[193].

78 c) **Konkursfreies Vermögen.** Soweit das Vermögen des Gemeinschuldners nicht zu den nach § 1 KO vom Konkursbeschlag erfaßten Gegenständen gehört, bleibt die Verfügungs- und Verwertungsbefugnis des Gemeinschuldners unberührt; Mitspracherechte des Konkursverwalters bestehen nicht. Diese in § 1 KO angelegte, auch in sonstigen konkursrechtlichen Vorschriften (§§ 14 Abs. 1, 23 Abs. 1, 114 Abs. 1 KO) anzutreffende Differenzierung zwischen Konkursmasse und dem Gemeinschuldner verbleibendem „konkursfreien" Vermögen gilt *nach ganz hM* auch für Handelsgesellschaften als Gemeinschuldner[194]. Bei ihnen ist der Bereich konkursfreien Vermögens zwar schon deshalb eingeschränkt, weil ein der Existenzsicherung des Gemeinschuldners dienender Pfändungsschutz nach § 811 ZPO kraft Natur der Sache ausscheidet und auch höchstpersönliche oder sonstige unübertragbare vermögenswerte Rechte nur ausnahmsweise anzutreffen sind[195]. Wohl aber kann es zur Entstehung von konkursfreiem Vermögen durch konkursfreien Neuerwerb kommen, insbesondere durch eine von den Gesellschaftern nach Konkurseröffnung beschlossene Kapitalerhöhung oder durch freiwillige Nachschüsse[196]. Daneben kommt auch die Freigabe von Vermögen aus der Konkursmasse durch den Konkursverwalter wegen nicht lohnender Verwertung in Betracht, so im Fall uneinziehbarer Forderungen, übermäßig belasteter Grundstücke, sonstiger aus tatsächlichen Gründen nur schwer verwertbarer, für die Masse wertloser Objekte oder aussichtsloser Prozesse[197]. Zur Möglichkeit und zu den Voraussetzungen eines Zweitkonkurses über den Neuerwerb vgl. Rdn 106.

---

190 Vgl. OLG Düsseldorf ZIP 1989, 457, 458.

191 BGHZ 109, 364, 367 = NJW 1990, 1605.

192 BGHZ 85, 221, 224 f = NJW 1983, 755 unter Hinweis auf BGHZ 58, 322, 326 = NJW 1972, 1419; zust. auch Scholz/*K. Schmidt* 61; Baumbach/Hueck/*Schulze-Osterloh* 41; Jaeger/*Henckel* KO[9] § 1, 15; Kuhn/*Uhlenbruck* KO[10] § 1, 80 a; vgl. dazu auch § 4, 53 f, 106 f und *Hüffer* aaO (Fn 188) 36 f. Ebenso BGHZ 109, 364, 368 = NJW 1990, 1605 für die Verwertung eines Warenzeichens der Gesellschaft ohne Zustimmung des Namensträgers.

193 *Ulmer* NJW 1983, 1697, 1702; *W. Schulz* ZIP 1983, 195; vgl. dazu Rdn 90 ff.

194 So ausdrücklich Jaeger/*Henckel* KO[9] § 6, 18; Jaeger/*Weber* KO[8] §§ 207, 208, 46; Kuhn/*Uhlenbruck* KO[10] Vorb. § 207, D 22 f (abw. aber *ders.* ebenda § 1, 4 a); Baumbach/Hueck/*Schulze-Osterloh* 45; *Grüneberg* S. 23 ff, 36; *Kalter* KTS 1975, 12; *Robrecht* DB 1968, 472. Zur abw. Auffassung vgl. Rdn 79 f.

195 Insoweit zutr. *K. Schmidt/Schulz* ZIP 1982, 1018 ff; vgl. dazu auch Rdn 75.

196 Zu deratigen Kapitalverstärkungen nach Konkurseröffnung vgl. eingehend *Grüneberg* S. 27 ff; vgl. auch LG Heidelberg ZIP 1988, 1257 (Kapitalerhöhung im AG-Konkurs) und § 55, 28. Zur Massezugehörigkeit hinzuerworbener Gegenstände kraft Surrogation s. Jaeger/*Henckel* KO[9] § 1, 122, § 6, 37. – Zur Vorschrift des § 39 RefE InsO, wonach das während des Insolvenzverfahrens hinzuerworbene Vermögen zur Masse gehört, vgl. *M. Wolf* und *Dieckmann*, in: *Leipold* (Hrsg.) Insolvenzrecht im Umbruch S. 113 ff, 127 ff.

197 Vgl. dazu Jaeger/*Henckel* KO[9] § 6, 17 ff; Kuhn/*Uhlenbruck* KO[10] § 1, 5 ff, jew. m. Nachw. Zu den verwaltungsrechtlichen Konsequenzen s. BVerwG NJW 1984, 2427 m. abl. Anm. *W. Schulz;* krit. auch *K. Schmidt* ZIP 1985, 722.

Entgegen der ganz hM haben *K. Schmidt* und *W. Schulz* die These aufgestellt, bei *Handelsgesellschaften* sei die Entstehung konkursfreien Vermögens aus rechtssystematischen Gründen **ausgeschlossen**[198]. Die Konkursmasse werde hier durch das von der Gesellschaft betriebene *Unternehmen* gebildet, dessen Liquidation voll der Kompetenz des Konkursverwalters als „Organ der Gemeinschuldnerin" unterstehe. Daneben sei für konkursfreies Vermögen und hierauf bezogene Befugnisse der Gesellschaftsorgane kein Raum. Jeder Hinzuerwerb nach Konkurseröffnung sei, da für das Unternehmen bestimmt, Hinzuerwerb in die Masse; einen vom Unternehmen getrennten Zweck könne die Gesellschaft nicht verfolgen[199]. Massezugehörig seien auch diejenigen dem Unternehmen zur Ausübung zustehenden Vermögensgegenstände, deren Veräußerung ausgeschlossen sei[200]. Selbst für eine Freigabe durch den Konkursverwalter sei im Gesellschaftskonkurs kein Raum; dies nicht nur im Hinblick auf die Gefahren, die mit der Freigabe wertloser Gegenstände und der dadurch ermöglichten Teilnahme der im wesentlichen vermögenslosen Gesellschaft am Rechtsverkehr verbunden seien, sondern auch deshalb, weil eine „Doppelexistenz" der Gesellschaft teils als Gemeinschuldnerin, teils als „Privatperson", nicht anzuerkennen sei[201]. **79**

Stellungnahme. Der Ansicht von *K. Schmidt* und *W. Schulz* ist jedenfalls de lege lata **nicht zu folgen**[202]. Sie geht von der Deckungsgleichheit von Unternehmen, Gesellschaftsvermögen und Konkursmasse aus[203] und zeigt darin deutliche Parallelen zu der von *K. Schmidt* an anderer Stelle[204] entwickelten, ebenfalls dem geltenden Recht unbekannten Gleichsetzung von Gesellschaft und Unternehmen[205]. Mag es rechtspolitisch auch wünschenswert sein, zur Herausbildung eines rechtsformneutralen Insolvenzrechts der Unternehmen zu kommen und dem Konkursverwalter umfassende Befugnisse als „Organ der Gemeinschuldnerin" (des Unternehmens) einzuräumen[206], so steht dem doch das geltende GmbH- und Konkursrecht entgegen. *Gesellschaftsrechtlich* zeigt sich dies vor allem in der vollständigen Verdrängung, die die These von *K. Schmidt/Schulz* für die Organe der trotz Konkurseröffnung immerhin noch existenten GmbH zur Folge hätte. Gegen sie spricht auch die in § 60 Abs. 1 Nr. 4 zugelassene Fortsetzungsmöglichkeit bei Aufhebung oder Einstellung des Konkurses (Rdn 109); sie belegt, daß der Gesetzgeber vom grundsätzlichen Fortbestand der Gesellschaft und ihrer Organe trotz Konkurseröffnung ausgeht. *Konkursrechtlich* setzt sich die Ansicht von *K. Schmidt/Schulz* dem Einwand aus, mit dem Abstellen auf die Unternehmens-(richtiger: Gesellschafts-)zugehörigkeit der fraglichen Vermögensgegenstände zur Bestimmung der Konkursmasse einen neuen, von § 1 KO abweichenden Massebegriff zu verwenden und dadurch für Handelsgesellschaften zu wesentlichen, in der KO nicht angelegten Abweichungen vom Konkursrecht in materieller (konkursfreies Vermögen) und formeller (Freigabemöglichkeit) Hinsicht zu kommen. Mag dem konkursfreien **80**

---

198 *K. Schmidt/Schulz* ZIP 1982, 1015 ff; vgl. auch Scholz/*K. Schmidt* 54; *ders.* KTS 1984, 345 ff; *ders.* KTS 1988, 11 ff; *ders.* Wege zum Insolvenzrecht S. 70 ff. *De lege ferenda* auch schon *K. Schmidt* Gutachten für den 54. DJT, S. D 45 ff; insoweit zust. *Heinze* NJW 1982, 1665, 1669.

199 *K. Schmidt/Schulz* ZIP 1982, 1017.

200 *K. Schmidt/Schulz* ZIP 1982, 1018.

201 *K. Schmidt/Schulz* ZIP 1982, 1022; vgl. auch *K. Schmidt* Wege zum Insolvenzrecht S. 70 f, 73 ff.

202 Vgl. die Nachw. in Fn 194.

203 Vgl. insbes. *K. Schmidt* KTS 1984, 364 f und *ders.* Wege zum Insolvenzrecht S. 70 f (in Auseinandersetzung mit der in Voraufl. 72 a an seiner These geübten Kritik).

204 Vgl. nur *K. Schmidt* HandelsR³ S. 44 ff.

205 Zur Kritik an dieser Gleichsetzung vgl. insbes. *Zöllner* ZGR 1983, 82, 85; de lege lata auch Capelle/*Canaris* HandelsR²¹ S. 8 f; *Hüffer* ZGR 1986, 619 f; *Ulmer* ZGR 1984, 313, 323 ff.

206 So *K. Schmidt* KTS 1984, 345 ff; *K. Schmidt/Schulz* ZIP 1982, 1018; vgl. auch schon *K. Schmidt* Gutachten für den 54. DJT, S. D 12, D 36 ff.

Vermögen gewöhnlich auch keine nennenswerte Bedeutung im Konkurs von Handelsgesellschaften zukommen, so folgt daraus doch nicht die Berechtigung, seine Existenz aus systematischen Gründen zu bestreiten.

3. Konkursverwalter

81 a) **Allgemeines.** Mit der Konkurseröffnung geht die *Verwaltungs- und Verfügungsbefugnis über das zur Konkursmasse* (Rdn 75 ff) *gehörende Gesellschaftsvermögen* auf den vom Konkursgericht bestellten **Konkursverwalter** über. Seine Aufgaben richten sich nach §§ 6 Abs. 2, 117 Abs. 1 KO (vgl. Näheres in den Erläut. zu diesen Vorschriften). Er tritt *insoweit* voll an die Stelle der nach Gesellschaftsrecht zuständigen Gesellschaftsorgane, in erster Linie an diejenige der Geschäftsführer, und **verdrängt** deren Befugnisse[207]. Auch gesetzliche oder satzungsrechtliche Mitwirkungsrechte anderer Gesellschaftsorgane (Gesellschafterversammlung, Aufsichtsrat) greifen ihm gegenüber nicht ein[208]. **Beschränkungen** seiner Verwaltungsbefugnisse bestehen nur, soweit sie *konkursrechtlich* vorgesehen sind (vgl. insbes. §§ 133 bis 136 KO). Sie gelten unabhängig von der Rechtsform des Gemeinschuldners; im Fall der GmbH als Gemeinschuldner werden die entsprechenden Mitspracherechte und -pflichten des Gemeinschuldners von den Geschäftsführern wahrgenommen (Rdn 100 f). – Im Verhältnis zur Gesellschaft hat der Konkursverwalter die Rolle eines *Dritten,* der sich auf **§ 15 HGB** berufen kann. Eintragungspflichtige, aber nicht eingetragene und veröffentlichte Tatsachen können die Gesellschafter ihm nicht entgegenhalten[209].

82 Hinsichtlich der **Rechtsstellung des Konkursverwalters** steht fest, daß er als eine Art gerichtlich bestellter Treuhänder die Masse zu verwerten und dabei die Interessen aller Konkursgläubiger wahrzunehmen hat. Nach wie vor umstritten ist die dogmatische Einordnung seiner Stellung und die damit verbundene Frage nach der Art seines Handelns bei Erfüllung der Verwalteraufgaben; vertreten werden namentlich die *Vertretertheorie* (Handeln des Konkursverwalters im Namen und als Vertreter des Gemeinschuldners), die *Organtheorie* (Handeln als Organ der – als rechtlich verselbständigtes Sondervermögen gedachten – Konkursmasse) und die in ständiger Rechtsprechung von RG und BGH zugrundegelegte *Amtstheorie* (Handeln kraft Amtes im eigenen Namen, aber mit Wirkung für und gegen den Gemeinschuldner). Eine umfassende Übersicht über den Meinungsstand und über die praktische Bedeutung des Theorienstreits findet sich bei *Jaeger/Henckel* KO⁹ § 6, 4 ff; hierauf wird verwiesen. Für die Zwecke dieser Kommentierung ist eine Auseinandersetzung mit den verschiedenen Ansichten nicht erforderlich[210]; die Kommentierung folgt der Amtstheorie. *Abzulehnen* ist de lege lata die von *K. Schmidt/Schulz*[211] entwickelte modifizierte Organtheorie, wonach der Konkursverwalter im Konkurs einer Handelsgesellschaft nicht Organ der Masse, sondern *Organ des Gemeinschuldners* (der GmbH) ist; sie ist unvereinbar mit der grundsätzlichen Unterscheidung zwischen dem Unternehmen als Rechts*objekt* und Gegenstand der Konkursmasse und seinem Rechtsträger, der trotz des Konkurses fortbestehenden GmbH als Rechts*subjekt*[212].

---

207 Vgl. näher namentlich *Fr. Weber* KTS 1970, 73 ff und Jaeger/*Weber* KO⁸ §§ 207, 208, 28 ff.

208 Ebenso Scholz/*K. Schmidt* 59; *Rowedder* 38 f.

209 RG JW 1911, 779.

210 Zu ihrer nur beschränkten Bedeutung für die Lösung von Einzelfragen vgl. Jaeger/*Henckel* KO⁹ § 6, 10 ff, 165 ff; vgl. auch Scholz/*K. Schmidt* 58.

211 ZIP 1982, 1018; vgl. weiter *K. Schmidt* KTS 1984, 345 ff; *ders.* NJW 1984, 1341 ff; *ders.* KTS 1988, 9 f; *ders.* Wege zum Insolvenzrecht S. 106 ff; *W. Schulz* KTS 1986, 399 f.

212 Ebenso auch *Grüneberg* S. 40 f. Zum Ganzen vgl. auch Rdn 80.

Die Verwaltung der Konkursmasse umfaßt auch die Befugnis, **Prozesse** zu führen, die die *Konkursmasse* betreffen (vgl. § 10 Abs. 1 KO). Demgegenüber können die in den *konkursfreien* Bereich fallenden Prozesse, namentlich solche gesellschaftsinterner Art ohne vermögensrechtliche Auswirkungen auf die Konkursmasse[213] sowie vom Konkursverwalter nach § 10 Abs. 2 KO freigegebene Rechtsstreitigkeiten, von den *Geschäftsführern* der GmbH in deren Namen, wenn auch ohne Wirkung für oder gegen die Konkursmasse, fortgeführt werden. In vom Konkursverwalter geführten Prozessen kann als Zeuge der Gemeinschuldner (die Geschäftsführer der GmbH) vernommen werden, während dem Konkursverwalter die Parteirolle zukommt[214]. **83**

Die Leitungsfunktionen und die Fürsorgepflichten der GmbH als **Arbeitgeber** werden während des Konkursverfahrens vom Konkursverwalter ausgeübt. Er nimmt die Aufgaben aus den trotz Konkurseröffnung fortbestehenden Arbeitsverhältnissen wahr[215] und hat nach § 112 BetrVG im Falle von Betriebsveränderungen einen **Sozialplan** auszuhandeln; die Ansprüche aus dem Sozialplan sind nach dem bis 31. 12. 1991 geltenden Gesetz über den Sozialplan im Konkurs- und Vergleichsverfahren vom 20. 2. 1985[216] bevorrechtigte Konkursforderungen. Sie sind gem. § 4 S. 1 SozPlG im Range des § 61 Abs. 1 Nr. 1 KO zu berichtigen; für die Berichtigung darf allerdings gem. § 4 S. 2 SozPlG nicht mehr als ein Drittel der Konkursmasse verwendet werden[217]. Kommt es zu einer *Betriebsveräußerung* nach Maßgabe des § 613a BGB, so entfällt dadurch für die GmbH als Gemeinschuldnerin die Notwendigkeit zur Aufstellung eines Sozialplans[218]; der Erwerber tritt in die bestehenden Arbeitsverhältnisse ein[219]. Für bereits zum Zeitpunkt der Konkurseröffnung erworbene Ansprüche der Arbeitnehmer, darunter auch solche aus unverfallbaren *Versorgungsanwartschaften,* haftet der Erwerber jedoch nicht[220]; die betroffenen Arbeitnehmer erlangen vielmehr einen Anspruch gegen den Träger der Insolvenzsicherung (Pensionssicherungsverein) nach Maßgabe des § 7 Abs. 2 BetrAVG[221]. Soweit der Insolvenzschutz eingreift, gehen die Versorgungsrechte der Arbeitnehmer gegen den bisherigen Arbeitgeber nach § 9 Abs. 2 BetrAVG auf den Pensionssicherungsverein über, der sie als gewöhnliche Konkursforderung[222] zur Konkurstabelle anmelden kann. **84**

b) Einforderung von Einlagen, Nachschüssen u. a. Bei Konkurseröffnung **bestehende** Ansprüche der Gesellschaft gegen Gesellschafter auf Zahlung von Einlagen, Nachschüssen u. a. unterliegen als Teil der Konkursmasse (Rdn 76) der Geltendmachung durch den Konkursverwalter. Das Erlaßverbot des § 19 Abs. 2 S. 1 gilt auch für den Konkursverwalter. Dagegen ist er an gesetzliche oder satzungsrechtliche *Einschränkungen,* die Art oder Zeitpunkt der Geltendmachung der Ansprüche betreffen und ihre Durchsetzung erschweren, nicht gebunden. Dementsprechend kann der Konkursverwalter **Einlageansprüche** abweichend von § 46 Nr. 2 ohne vorherigen Gesellschafterbeschluß geltend machen und ist an satzungsrechtlich **85**

---

[213] Vgl. zur Abgrenzung Jaeger/*Weber* KO[8] §§ 207, 208, 35 und *Fr. Weber* KTS 1970, 86 ff.

[214] Vgl. näher Jaeger/*Henckel* KO[9] § 6, 54 ff, 70 f; Kuhn/*Uhlenbruck* KO[10] § 6, 12, 24 ff.

[215] Jaeger/*Henckel* KO[9] § 6, 53.

[216] BGBl. I S. 369.

[217] Vgl. näher dazu *Kilger* KO[15] § 61, 3 II, III; Kuhn/*Uhlenbruck* KO[10] § 61, 32 f – 32 m; dort jew. auch Nachw. zur früheren, durch BVerfGE 65, 182 = NJW 1984, 475 für verfassungswidrig erklärten Rspr. des BAG, das für Sozialplanansprüche eine neue Rangklasse vor § 61 Abs. 1 Nr. 1 KO schuf.

[218] MünchKomm-*Schaub* BGB[2] § 613 a, 28.

[219] BAG NJW 1980, 1124.

[220] BAG BB 1987, 761 m. weit. Nachw.

[221] Vgl. näher BAG NJW 1980, 1126; *Henckel* ZIP 1980, 173 f; *Wiedemann/Willemsen* RdA 1979, 418 ff; MünchKomm-*Schaub* BGB[2] § 613 a, 28.

[222] BAG NJW 1978, 1343.

vorgesehene Einzahlungsfristen und -termine nicht gebunden[223]. Die durch Konkurseröffnung eingetretene Auflösung der Gesellschaft gibt den Gesellschaftern schon deshalb kein Leistungsverweigerungsrecht, weil die Einlagen hier in aller Regel zur Gläubigerbefriedigung benötigt werden; das Gegenteil ist von dem in Anspruch genommenen Gesellschafter zu beweisen[224] (allg. zur Einziehung von Einlagen nach Auflösung der Gesellschaft vgl. Erläut. zu § 69; zum Sonderfall der vor Konkurseröffnung beschlossenen, aber noch nicht eingetragenen Kapitalerhöhung vgl. 55, 29). Auch die Einrede des Gleichbehandlungsgrundsatzes (§ 19 Abs. 1) können die Gesellschafter nicht erheben, sofern nicht ausnahmsweise eine vollumfängliche und sofortige Inanspruchnahme zur Gläubigerbefriedigung entbehrlich ist[225]. Auch das *Kaduzierungsverfahren* nach § 21 und die Geltendmachung der Ausfallhaftung des Ausgeschlossenen und seiner Rechtsvorgänger nach §§ 21, 22[226] sowie diejenige der Mitgesellschafter nach § 24 ist Sache des Konkursverwalters.

86 Das für Einlageansprüche Gesagte gilt entsprechend für **sonstige der Kapitalaufbringung und -erhaltung dienende Forderungen** gegen Gesellschafter oder Dritte, die im Zeitpunkt der Konkurseröffnung begründet waren. Der Konkursverwalter hat sowohl die Ansprüche aus der *Differenzhaftung* von Gesellschaftern wegen unterbewerteter Sacheinlagen (§ 9 Abs. 1 nF) als auch diejenigen aus der sog. *Vorbelastungshaftung* der Gründer bei Geschäftsaufnahme vor Eintragung der GmbH[227] einzuziehen. *Nachschüsse* kann er allerdings, selbst wenn der Gesellschaftsvertrag eine Nachschußpflicht der Gesellschafter vorsieht, nur verlangen, wenn ihre Einzahlung vor Konkurseröffnung von den Gesellschaftern nach § 26 Abs. 1 beschlossen war (vgl. § 26, 45). Waren vor Konkurseröffnung Zahlungen oder sonstige Leistungen von der Gesellschaft an Gesellschafter oder ihnen nahestehende Dritte unter Verstoß gegen § 30 Abs. 1 erbracht worden, so macht der Konkursverwalter den *Erstattungsanspruch nach § 31 Abs. 1, 3* geltend. Der Vorbehalt in § 31 Abs. 2 hinsichtlich der in gutem Glauben empfangenen Leistungen ist im Konkurs der Gesellschaft gegenstandslos, da in derartigen Fällen die Rückzahlung zur Befriedigung der Gesellschaftsgläubiger stets erforderlich ist. Die Haftung aus § 31 bezieht sich auch auf die Rückzahlung von *Gesellschafterdarlehen* unter Verstoß gegen § 30; die hierzu von der Rechtsprechung entwickelten Grundsätze[228] gelten trotz der Neuregelung in §§ 32 a und b GmbHG, § 32 a KO weiter und gestatten es namentlich auch, die Erstattung solcher Beträge zur Konkursmasse zu verlangen, die mehr als ein Jahr vor Konkurseröffnung an die kreditgebenden Gesellschafter zurückgezahlt wurden[229].

87 Sache des Konkursverwalters ist weiter auch die Geltendmachung von **Schadensersatzansprüchen** gegen Geschäftsführer wegen Sorgfaltsverstößen bei Gründung oder Geschäftsführung nach §§ 9 a, 43, 64 Abs. 2 (vgl. dazu § 9 a, 7, § 46, 88 ff). Eines

---

[223] Einh, vgl. RGZ 76, 434, 437; 138, 106, 111; OLG Hamm GmbH-Rdsch. 1985, 326, 327; § 46, 27 (*Hüffer*); Scholz/*K. Schmidt* 59; Baumbach/Hueck/*Schulze-Osterloh* 42; Jaeger/*Weber* KO[8] §§ 207, 208, 49.

[224] So zutr. Scholz/*K. Schmidt* 59; Baumbach/Hueck/*Schulze-Osterloh* 42; Jaeger/*Weber* KO[8] §§ 207, 208, 49.

[225] Vgl. § 19, 23; Scholz/*K. Schmidt* 59; ebenso für den Fall der Liquidation einer Publikums-KG BGH NJW 1980, 1522, 1524; OLG Köln ZIP 1983, 310, 311; für den Fall der Pfändung und Überweisung der Einlageforderung § 19, 24 m. Nachw.; Kuhn/*Uhlenbruck* KO[10] Vorb. § 207, D 22 a; aA – für weitergehende Geltung des Gleichbehandlungsgrundsatzes – Baumbach/Hueck/*Schulze-Osterloh* 42; Jaeger/*Weber* KO[8] §§ 207, 208, 49.

[226] Vgl. § 21, 44; Scholz/*K. Schmidt* 59; *Kalter* KTS 1955, 59..

[227] Vgl. BGHZ 80, 129, 141 = NJW 1981, 1373; dazu § 11, 81 ff.

[228] Vgl. §§ 32 a, b, 161 ff.

[229] Ganz hM, vgl. §§ 32 a, b, 14; BGHZ 90, 370, 380 = NJW 1984, 1891; 95, 188, 192 = NJW 1985, 2947; Scholz/*K. Schmidt* §§ 32 a, b, 12; Baumbach/*Hueck* § 32 a, 74; *Lutter/Hommelhoff* §§ 32 a, b, 4.

Gesellschafterbeschlusses nach § 46 Nr. 8 bedarf es hierfür nicht[230]. Die in §§ 9 b, 43 Abs. 3 S. 2, 64 Abs. 2 S. 3 enthaltenen, dem Gläubigerschutz dienenden *Schranken für den Verzicht oder Vergleich* der Gesellschaft hinsichtlich der dort genannten Ansprüche (vgl. näher § 9 b, 4 ff) sind auch vom Konkursverwalter zu beachten[231]; allerdings führt ein Verstoß hiergegen nicht zur Unwirksamkeit des Verzichts oder Vergleichs, sondern zur Haftung des Konkursverwalters wegen Pflichtverletzung nach § 82 KO[232].

c) **Konkursanfechtung.** Zu den Tatbeständen der Konkursanfechtung und zur Ausübung des Anfechtungsrechts durch den Konkursverwalter vgl. allgemein §§ 29 ff, 36 ff KO und das einschlägige konkursrechtliche Schrifttum. Im Hinblick auf den Konkurs der **GmbH** von besonderem Interesse ist – abgesehen von § 32 a KO (Rdn 89) – der Anfechtungstatbestand des § 31 Nr. 2 KO[233]. Zu den danach wegen Gläubigerbenachteiligungsabsicht anfechtbaren entgeltlichen Verträgen des Gemeinschuldners mit seinen nahen Angehörigen zählen entsprechend § 108 Abs. 2 VerglO grundsätzlich auch *Verträge der GmbH mit ihren Gesellschaftern oder deren nahen Angehörigen*[234]. Ausnahmen kommen bei untypischen Gesellschaften mit großer Mitgliederzahl oder im Verhältnis zu einflußlosen Gesellschaftern in Betracht[235]. **88**

Bedeutung für den GmbH-Konkurs kommt namentlich auch dem durch die GmbH-Novelle 1980 eingeführten Anfechtungstatbestand des § 32 a KO zu. Er betrifft die Gewährung von Sicherheiten durch die GmbH für **eigenkapitalersetzende Darlehen von Gesellschaftern** sowie die Rückzahlung solcher Darlehen innerhalb des letzten Jahres vor Konkurseröffnung und hat die Aufgabe, die Regelungen über Gesellschafterdarlehen in §§ 32 a und b GmbHG für den Fall zu ergänzen, daß es nach Sicherheitsbestellung oder Rückzahlung zur Konkurseröffnung über das Gesellschaftsvermögen kommt (vgl. näher §§ 32 a, b, 79 ff; zum Eingreifen der §§ 30, 31 neben den Vorschriften über Gesellschafterdarlehen vgl. Rdn 86). Über seinen Wortlaut hinaus ist § 32 a KO auch anwendbar auf Gesellschafterdarlehen in der *GmbH & Co KG;* das Fehlen einer Verweisung hierauf in § 172 a HGB steht nicht entgegen[236]. **89**

d) **Firmenänderung.** Besondere Probleme stellen sich im Hinblick auf die von der ganz hM anerkannte Befugnis des Konkursverwalters, die Firma der GmbH zusammen mit dem Unternehmen zu veräußern (Rdn 77). Da die Liquidation der GmbH in aller Regel nicht bereits mit der Unternehmensveräußerung beendet ist, die Abwicklung durch den Konkursverwalter vielmehr über diesen Zeitpunkt hinaus andauert, die fortbestehende GmbH aber nicht ohne Firma existieren kann[237], stellt sich die Frage, auf welchem Wege die erforderliche **Ersatzfirma** der GmbH zu bilden ist und ob es hierzu eines Satzungsänderungsbeschlusses der Gesellschafter bedarf. Die Frage ist nicht etwa nur aus der Sicht der Vertretungs- oder Organtheorie von Interesse, sondern **90**

[230] BGH NJW 1960, 1667; § 46, 89 (*Hüffer*); Baumbach/Hueck/*Schulze-Osterloh* 44; Jaeger/*Weber* KO[8] §§ 207, 208, 56; Kuhn/*Uhlenbruck* KO[10] Vorb. § 207, D 22 e.

[231] § 64, 44; aA Jaeger/*Weber* KO[8] §§ 207, 208, 58.

[232] So auch Scholz/*K. Schmidt* § 64, 37; Kuhn/*Uhlenbruck* KO[10] Vorb. § 207, D 22 e; aA Baumbach/Hueck/*Schulze-Osterloh* § 64, 21 m. Nachw.: Unwirksamkeit des schenkungshalber geschlossenen oder dem Konkurszweck offenbar zuwiderlaufenden Verzichts oder Vergleichs.

[233] Vgl. aber auch OLG Düsseldorf ZIP 1989, 457, 458 zur Anwendbarkeit von § 31 Nr. 1 KO auf die in Gläubigerbenachteiligungsabsicht vorgenommene Firmenänderung.

[234] Ganz hM, BGHZ 96, 352, 357 f = NJW 1986, 1047; 58, 20, 24 = NJW 1972, 495; BGH ZIP 1990, 459, 460; NJW 1975, 2193; Jaeger/*Henckel* KO[9] § 31, 35; Kuhn/*Uhlenbruck* KO[10] § 31, 24 f; *Kilger* KO[15] § 31, 13; *Kalter* KTS 1955, 58, 60; *Plander* GmbH-Rdsch. 1972, 121 ff.

[235] BGHZ 58, 20, 24 = NJW 1972, 495; Scholz/*K. Schmidt* 56.

[236] Vgl. im einzelnen §§ 32 a, b, 189 ff; Schlegelberger/*K. Schmidt* HGB[5] § 172 a, 45 ff (50).

[237] Vgl. § 4, 106 ff; RGZ 107, 31, 33; Jaeger/*Weber* KO[8] §§ 207, 208, 27; Scholz/*K. Schmidt* 63; *Rowedder* 39; *Meyer-Landrut*/Miller/Niehus 14.

auch aus derjenigen der Amtstheorie (Rdn 82). Denn auch wenn der Konkursverwalter im eigenen Namen und nicht in demjenigen des Gemeinschuldners (der Masse) handelt, entfällt dadurch doch nicht die *Notwendigkeit für eine Identifizierung des Gemeinschuldners im Rechtsverkehr,* wie sich insbesondere am Beispiel der Registereintragungen zeigt[238]. Sie kann bei der GmbH nur durch die nach § 3 Abs. 1 Nr. 1, § 4 vorgeschriebene Firma erfolgen.

91 Die **Lösung** des Problems ist in Rechtsprechung und Literatur **umstritten;** eine höchstrichterliche Entscheidung steht noch aus. Geht man mit der im Firmenrecht hM davon aus, daß die „Veräußerung" der Firma sich nicht auf eine Einwilligung des bisherigen Firmeninhabers in die (Mit-)Benutzung durch den Erwerber beschränkt[239], sondern daß sie als Übertragung eines Immaterialguts nach §§ 413, 398 BGB zu werten ist[240], so sind diejenigen Ansichten **abzulehnen,** die die *Weiterbenutzung der veräußerten Firma* durch die Gemeinschuldnerin im Rahmen der Konkursabwicklung zulassen[241]. Aus den gleichen Gründen greift es zu kurz, die Schwierigkeiten nur im Hinblick auf die nach § 30 HGB vorgeschriebene Unterscheidbarkeit der Firma von Gemeinschuldner und Erwerber zu sehen und ihnen durch *Beifügung eines Nachfolgezusatzes* Rechnung zu tragen[242]. Auch diese Ansicht geht zu Unrecht vom fortbestehenden Firmenrecht der Gemeinschuldnerin trotz Veräußerung durch den Konkursverwalter aus, ganz abgesehen von der Frage hinreichender Unterscheidungskraft eines im Rahmen der Firmenfortführung zulässigen Nachfolgezusatzes[243]. Außer Betracht zu bleiben hat auch die Möglichkeit, die GmbH **ohne Firma** bis zur Beendigung des Konkursverfahrens fortbestehen zu lassen[244]; sie ist unvereinbar mit der unverzichtbaren Namensfunktion der Firma (vgl. Rdn 90). Für einen gegen die *Gesellschafter* der GmbH durchsetzbaren Anspruch des Firmenerwerbers auf Firmenänderung schließlich[245] fehlt es im Regelfall bereits an einer Rechtsgrundlage[246]; ein Vorgehen nach § 37 HGB gegen sie wegen Veranlassung oder Duldung des Gebrauchs der veräußerten Firma durch die GmbH kommt allenfalls in Ausnahmefällen in Betracht[247].

92 Soll die Verwertung der GmbH-Firma durch den Konkursverwalter nicht am Fehlen einer Ersatzfirma scheitern, so bleibt nur der Weg, dem **Konkursverwalter** für den Fall, daß die Gesellschafter von ihrer Primärzuständigkeit keinen Gebrauch machen[248], das **Recht zur Wahl einer Ersatzfirma** einzuräumen[249]. Der Qualifizierung des Konkursverwalters als Organ der Gemeinschuldnerin[250] oder gar der Einräumung einer Satzungsänderungskompetenz an ihn anstelle der Gesellschafter bedarf es hierfür nicht.

[238] So zutr. *W. Schulz* ZIP 1983, 195.

[239] So aber noch RGZ 9, 104, 106; 107, 31, 33; vgl. auch OLG Nürnberg BB 1966, 1121.

[240] Vgl. näher *Hüffer*-GroßkommHGB[4] § 22, 21 ff, 24.

[241] So etwa KG JW 1937, 2976, 2978; *Meyer-Landrut*/Miller/Niehus 14; Jaeger/*Weber* KO[8] §§ 207, 208, 33; *Fr. Weber* KTS 1970, 85 f; *Würdinger*-GroßkommHGB[3] § 31, 10; *Jansen* FGG[2] § 141, 4 (für die OHG/KG); aA *Bokelmann* KTS 1982, 43; *Grüneberg* S. 59 ff; *W. Schulz* ZIP 1983, 195.

[242] So aber *Bokelmann* KTS 1982, 41 ff, 45 f.

[243] Dazu vgl. § 4, 75 ff, 85 ff; *Hüffer*-GroßkommHGB[4] § 22, 45 ff, 47 und § 30, 17; *W. Schulz* ZIP 1983, 195. Gegen *Bokelmann* aaO (Fn 242) auch *Grüneberg* S. 59 ff.

[244] So anscheinend noch *Kraft*-KölnKommAktG[1] § 4, 20 (in der 2. Aufl., Rdn 35, entfallen); *Meyer-Landrut*-GroßkommAktG[3] § 4, 4.

[245] So *Wiedemann*-GroßkommAktG[3] § 262, 26; ihm zust. *Bokelmann* KTS 1982, 44 und *Meyer-Landrut*/Miller/Niehus 14.

[246] Dagegen auch *Grüneberg* S. 61.

[247] Zur Möglichkeit eines derartigen Vorgehens gegen Dritte vgl. Soergel/*Heinrich* BGB[12] § 12, 175.

[248] Auf diese Einschränkung weisen zutr. *Grüneberg* S. 63 ff, 67; *ders.* ZIP 1988, 1166 f, *Rowedder* 39 und Scholz/*K. Schmidt* 63 hin.

[249] Ebenso OLG Düsseldorf ZIP 1989, 457, 458; *W. Schulz* ZIP 1983, 195; Baumbach/Hueck/*Schulze-Osterloh* 41; *Rowedder* 39; Kuhn/*Uhlenbruck* KO[10] § 1, 80 c, Vorb. § 207, D 26 c; krit. aber Scholz/*Priester* § 53, 125. Vgl. näher zum Ganzen *Ulmer* NJW 1983, 1697, 1701 f.

[250] So *K. Schmidt*/*Schulz* ZIP 1982, 1018; vgl. dazu m. weit. Nachw. Rdn 82.

Auch ist zweifelhaft, ob über die ausdrücklichen Vorschriften der KO (§§ 100, 125, 141 Abs. 2 u. a., vgl. Rdn 100) hinaus so weitgehende Mitwirkungs*pflichten* des Gemeinschuldners bei Verwertung der Konkursmasse anerkannt werden könnten, daß sich hierauf ein Recht des Konkursverwalters stützen ließe, im Wege der Ersatzvornahme die Firma anstelle der sich weigernden, primär zuständigen Gesellschafter zu ändern. Das Recht des Konkursverwalters folgt vielmehr aus seiner *umfassenden,* die Kompetenzen der Gesellschaftsorgane verdrängenden *Verwertungsbefugnis* hinsichtlich der Konkursmasse. Sie besteht nicht nur bei Einziehung von Einlagen, Nachschüssen u. a. unabhängig von satzungsrechtlichen Beschränkungen (Rdn 85 f), sondern auch für den Fall der Unternehmensveräußerung, ohne daß die – entsprechend auch auf die GmbH anwendbare[251] – Schranke des § 361 AktG eingreift. In derartigen Fällen *verdrängt das Konkursrecht das Gesellschaftsrecht* im Interesse der Verwertung der Konkursmasse; daher steht auch die gesellschaftsrechtliche Qualifizierung der Firmenänderung als Satzungsänderung der Befugnis des Konkursverwalters nicht entgegen[252]. Die Gesellschafter sind nicht gehindert, die vom Konkursverwalter angenommene Firma nach Konkursbeendigung durch eine Firma ihrer Wahl im Wege der Satzungsänderung zu ersetzen; das hat namentlich für den Fall Bedeutung, daß sie die GmbH nach Konkursbeendigung fortsetzen (Rdn 109).

e) **Haftung.** Die Haftung des Konkursverwalters gegenüber den am Konkursverfah- **93**
ren **Beteiligten** wegen Sorgfaltsverstößen bei Wahrnehmung seiner Aufgaben richtet sich unabhängig von der dogmatischen Einordnung seiner Stellung (dazu Rdn 82) nach § 82 KO[253]. Danach kommt eine Eigenhaftung in Betracht, wenn der Konkursverwalter die sich aus der Konkursordnung ergebenden („konkursspezifischen") Pflichten gegenüber dem Gemeinschuldner, den Konkurs- und Massegläubigern sowie den Aus- und Absonderungsberechtigten verletzt[254]. Dagegen sind *Verhandlungs- oder Vertragspartner,* denen gegenüber der Konkursverwalter im Zusammenhang mit der Verwaltung der Masse Aufklärungspflichten verletzt, keine „Beteiligten" iSd § 82 KO, so daß auch eine entsprechende Haftung des Konkursverwalters ausscheidet[255]. Soweit ihnen gegenüber die nach allgemeinen Grundsätzen bestehenden Aufklärungspflichten verletzt werden, führt das zur Haftung aus cic iVm § 31 BGB als *Masseschuld* nach § 59 Abs. 1 Nr. 1 KO[256]. Daneben kann sich eine persönliche Haftung des Konkursverwalters – vorbehaltlich abweichender vertraglicher Vereinbarung – entsprechend allgemeinen Grundsätzen der Vertreterhaftung unter dem Gesichtspunkt der persönlichen Inanspruchnahme von Vertrauen aus cic oder aus § 823 BGB, namentlich aufgrund der Verletzung von Verkehrssicherungspflichten, ergeben[257].

---

[251] *Hüffer*-GroßkommHGB⁴ § 22, 30.

[252] Vgl. näher *Ulmer* NJW 1983, 1701 f; krit. Scholz/*Priester* § 53, 125, der zu Unrecht eine partielle Satzungsänderungskompetenz des Konkursverwalters für erforderlich hält.

[253] Dazu eingehend *F. Baur* Festschrift Bruns (1980) S. 241 ff; *Gerhardt* ZIP 1987, 760 ff; *Haug* ZIP 1984, 773 ff; *Wolfgang Lüke* Die persönliche Haftung des Konkursverwalters (1986) passim; *K. Schmidt* KTS 1976, 191 ff; *ders.* ZIP 1988, 7 ff; Kuhn/*Uhlenbruck* KO¹⁰ § 82, 1 ff.

[254] BGHZ 99, 151, 154 ff = NJW 1987, 844 (betr. Fortführung des Unternehmens des Gemeinschuldners; vgl. dazu *K. Schmidt* NJW 1987, 812 ff); 100, 346, 348 ff = NJW 1987, 3133; BGH NJW-RR 1988, 89.

[255] BGHZ 100, 346, 350 ff = NJW 1987, 3133; aA noch BGH NJW 1980, 55 f; WM 1973, 556, 557; WM 1961, 511 f; Kuhn/*Uhlenbruck* KO¹⁰ § 82, 1 k und l.

[256] Vgl. Scholz/*K. Schmidt* 62; für Anwendbarkeit von § 31 BGB auch Kuhn/*Uhlenbruck* KO¹⁰ § 82, 2 b m. weit. Nachw.

[257] BGHZ 100, 346, 351 f = NJW 1987, 3133; BGH NJW-RR 1988, 89 f; dazu näher *K. Schmidt* ZIP 1988, 7 ff; zur Eigenhaftung des Vertreters aus cic vgl. auch § 64, 66.

4. Gesellschaftsorgane

94 a) **Allgemeines.** Die Konkurseröffnung läßt die Gesellschaft – als aufgelöste (§ 60 Abs. 1 Nr. 4) – fortbestehen. Sie ändert auch nicht die gesellschaftsrechtliche **Organstruktur**, sondern beschränkt sich darauf, die alleinige Verwaltungs- und Verfügungsbefugnis des Konkursverwalters über die *Konkursmasse* nach §§ 6 ff KO unter *Verdrängung der* bis dahin bestehenden *Kompetenzen der Gesellschaftsorgane* sicherzustellen[258]. Im übrigen behalten die Gesellschaftsorgane aber die ihnen nach Gesetz und Satzung zustehenden Aufgaben vorbehaltlich der Einschränkungen, die sich mit dem Eintritt der Auflösung der Gesellschaft verbinden (vgl. dazu Erläut. zu § 69). Das gilt in erster Linie hinsichtlich des gesellschaftsrechtlichen Innenverhältnisses, soweit es die Konkursmasse unberührt läßt, aber auch hinsichtlich der Verwaltung des konkursfreien Vermögens (Rdn 78 ff). Aufwendungen für die nach Konkurseröffnung im konkursfreien Bereich verbleibenden Aufgaben der Geschäftsführung gehen mit Ausnahme der Geschäftsführerbezüge aus ungekündigten Anstellungsverträgen (Rdn 102) nicht zu Lasten der Konkursmasse, sondern bilden neue Verbindlichkeiten der Gesellschaft. Sie sind ggf. von den an der Fortsetzung der Gesellschaft interessierten Gesellschaftern durch Kapitalbeiträge zu decken.

95 b) **Gesellschafterversammlung.** Sie bleibt auch im Konkurs der GmbH das oberste Gesellschaftsorgan, freilich unter doppelter Beschränkung einerseits auf diejenigen Bereiche, in denen es nicht zur Verdrängung durch den Konkursverwalter kommt (Rdn 94), sowie andererseits auf die ihr in der Abwicklungsgesellschaft zustehenden Kompetenzen (Erläut. zu § 69). *Weisungs- und Mitspracherechte* stehen ihr hinsichtlich der Konkursmasse und der Ausführung durch den Konkursverwalter nicht zu. Anderes gilt *gegenüber den Geschäftsführern* hinsichtlich der diesen verbliebenen Funktionen (vgl. Rdn 96, 100 f). Ihnen gegenüber kann sie auch über die Entlastung[259] (mit Ausnahme etwaiger Haftungsfolgen, vgl. Rdn 86), über den Widerruf der Bestellung und über die Neubestellung entscheiden. **Satzungsänderungen** bleiben möglich, soweit ihnen nicht die Auflösung entgegensteht (Voraufl. § 69, 62 f). Zulässig bleibt etwa eine der Beantragung eines Zwangsvergleichs oder der Vorbereitung der Fortsetzung der Gesellschaft nach Konkursende dienende Kapitalerhöhung[260]. Ebenso kann Beschluß gefaßt werden über die Einforderung weiterer *Nachschüsse,* soweit die Satzung dies vorsieht, über die Übertragung oder *Einziehung von Geschäftsanteilen,* über die Bestellung von *Abschlußprüfern* für Geschäftsjahre vor der Konkurseröffnung[261], sowie über die Geltendmachung von *Ersatzansprüchen* gegen Organmitglieder für Vorfälle aus der Zeit *nach* Konkurseröffnung. Dagegen entfällt die Satzungsänderungskompetenz der Gesellschafter hinsichtlich der *Firma;* das folgt aus deren Zugehörigkeit zur Konkursmasse[262].

96 **Weisungen** kann die Gesellschafterversammlung den Geschäftsführern nicht nur hinsichtlich des *konkursfreien Bereichs* (Rdn 98), sondern auch insoweit erteilen, als die Geschäftsführer die dem *Gemeinschuldner nach der KO zustehenden Befugnisse* wahrnehmen, so für den Antrag auf Abschluß eines Zwangsvergleichs oder auf Einstel-

---

[258] Vgl. namentlich *Fr. Weber* KTS 1970, 73 ff; dazu auch *Grüneberg* S. 21 f, 36 ff und o. Rdn 81.

[259] So auch Scholz/*K. Schmidt* 63; *Grüneberg* S. 50 ff; aA KG GmbH-Rdsch. 1959, 257; Jaeger/*Weber* KO[8] §§ 207, 208, 34.

[260] § 55, 28, m. Nachw. (dort auch zu den Rechtsfolgen eines *vor Konkurseröffnung* gefaßten Kapitalerhöhungsbeschlusses); so auch BGHZ 24, 279, 286 = NJW 1957, 990 (für die AG); aA OLG Bremen GmbH-Rdsch. 1958, 18. Eingehend dazu auch *Grüneberg* S. 73 ff.

[261] LG Hamburg AG 1986, 54, 55.

[262] Vgl. neben den Nachw. in Rdn 77 auch BayObLG JW 1933, 179; *Bokelmann* KTS 1982, 34 f; zur Bildung einer Ersatzfirma s. Rdn 91 f.

lung des Konkursverfahrens sowie für die Beschwerde gegen die Konkurseröffnung (vgl. Rdn 101). Dagegen ist hinsichtlich der öffentlich-rechtlichen, von den Geschäftsführern zu erfüllenden Pflichten des Gemeinschuldners eine Weisungsbindung nicht gegeben (Rdn 100).

c) **Geschäftsführer. α) Allgemeines.** Die *Geschäftsführer bleiben trotz Auflösung der Gesellschaft im Amt;* die Vorschrift des § 66 über die Bestellung und Abberufung von Liquidatoren findet im Fall konkursbedingter Auflösung bis zur Konkursbeendigung keine Anwendung[263]. Auch ihr Anstellungsvertrag besteht zunächst fort (Rdn 102); die Geschäftsführervergütung ist für die Zeit nach Konkurseröffnung bis zur Kündigung durch den Konkursverwalter (§ 22 KO) Masseschuld nach § 59 Abs. 1 Nr. 2 KO[264]. Dementsprechend bleiben die Geschäftsführer bis zur Kündigung auch zur Erfüllung ihrer **Aufgaben hinsichtlich der Konkursmasse** verpflichtet, wenn der Konkursverwalter dies im Rahmen seiner Verwaltungsbefugnisse verlangt[265]. An die Stelle des Weisungsrechts der Gesellschafterversammlung tritt insoweit dasjenige des Konkursverwalters. **97**

Für den Aufgabenbereich, der den Geschäftsführern **außerhalb ihrer Pflichten gegenüber der Konkursmasse** (dem Konkursverwalter) verbleibt, gilt entsprechendes wie für die Gesellschafterversammlung (Rdn 94). Ihre Kompetenzen bestehen insoweit fort, als es um die Verwaltung des konkursfreien Vermögens und um die Erfüllung ihrer sonstigen, die Konkursmasse unberührt lassenden Aufgaben geht wie die Einberufung der Gesellschafterversammlung (§ 49), die Einreichung der Januarliste zum Handelsregister (§ 40) oder die Anmeldung der von den Gesellschaftern im Rahmen ihrer verbliebenen Kompetenzen beschlossenen Satzungsänderungen. *Neue Geschäfte* dürfen die Geschäftsführer auch mit dem konkursfreien Vermögen nur vornehmen, soweit das mit dem durch die Konkurseröffnung geänderten Gesellschaftszweck vereinbar ist[266]. Soweit der Konkursverwalter die *Fortführung von Prozessen* für die Masse ablehnt (§ 10 Abs. 2 KO), können die Geschäftsführer sie für die GmbH aufnehmen (Rdn 83). Gesellschaftsinterne Rechtsstreitigkeiten ohne Auswirkungen auf die Konkursmasse, namentlich Anfechtungs- und Nichtigkeitsklagen gegen vermögensmäßig neutrale Gesellschafterbeschlüsse, werden durch die Konkurseröffnung ohnedies nicht berührt (§§ 240 ZPO, 10 Abs. 1 KO)[267]. **98**

β) Gemeinschuldnerbereich. Als Vertreter der GmbH nehmen die **Geschäftsführer** die Aufgaben wahr, die dem Gemeinschuldner nach Konkursrecht zukommen. Im einzelnen ist dabei zwischen Pflichten und Rechten des Gemeinschuldners zu unterscheiden. **99**

Soweit es um die **Pflichten** des Gemeinschuldners geht, ist entsprechend § 64 Abs. 1 grundsätzlich jeder Geschäftsführer zu ihrer Erfüllung verpflichtet; auf die Art der Vertretungsregelung in der Gesellschaft kommt es nicht an[268]. Das gilt für die Pflicht zur Auskunftserteilung nach § 100 KO, für die Residenzpflicht nach § 101 KO, für die **100**

---

[263] Ganz hM, vgl. nur Scholz/*K. Schmidt* 64; Baumbach/Hueck/*Schulze-Osterloh* 37; *Lutter/Hommelhoff* 13; *Rowedder* 41; aA *W. Schulz* KTS 1986, 406 ff (Erlöschen der Organstellung unter Verbleib von Hilfsfunktionen).

[264] *Kilger* KO[15] § 22, 3 c, 4; Kuhn/*Uhlenbruck* KO[10] § 22, 5 a; Baumbach/Hueck/*Schulze-Osterloh* 38; *Fr. Weber* KTS 1970, 83.

[265] Jaeger/*Weber* KO[8] §§ 207, 208, 32.

[266] Vgl. Erläut. zu § 70; wie hier Kuhn/*Uhlenbruck* KO[10] Vorb. § 207, D 23; *Fr. Weber* KTS 1970, 79 f; enger – mangels konkursfreien Vermögens (dazu Rdn 79 f) verbleibe kein Raum für neue Geschäfte – Scholz/*K. Schmidt* 64; *K. Schmidt/Schulz* ZIP 1982, 1017.

[267] Zur schwierigen Abgrenzung vgl. RGZ 76, 244, 246; Jaeger/*Weber* KO[8] §§ 207, 208, 35; *Fr. Weber* KTS 1970, 86 ff.

[268] Jaeger/*Weber* KO[8] §§ 207, 208, 30; *Fr. Weber* KTS 1970, 79; Baumbach/Hueck/*Schulze-Osterloh* 37; *Uhlenbruck* GmbH-Rdsch. 1972, 174 f; *Grüneberg* S. 135.

Abgabe einer eidesstattlichen Versicherung nach § 125 KO und für die Erklärungspflicht im Prüfungsverfahren nach § 141 Abs. 2 KO[269]. Auch eine Weisungsbindung gegenüber der Gesellschafterversammlung ist mit Rücksicht auf den öffentlich-rechtlichen Charakter dieser Pflichten zu verneinen[270]. Die Haftung von Geschäftsführern gegenüber der Konkursmasse bei Verletzung der Mitwirkungspflichten folgt aus § 43 Abs. 2.

101 Eine andere Beurteilung ist demgegenüber hinsichtlich der Ausübung der dem Gemeinschuldner nach der KO zustehenden **Rechte** veranlaßt. Abgesehen vom Sonderfall der Beschwerde gegen den Konkurseröffnungsbeschluß (Rdn 65) greift hier die *in der Gesellschaft geltende Vertretungsregelung* ein, da die Anträge namens der GmbH gestellt werden[271]. Auch bestehen gegen die Anerkennung eines Weisungsrechts der Gesellschafter insoweit keine Bedenken[272]. Im einzelnen geht es um das in § 135 Abs. 2 KO geregelte Recht, beim Konkursgericht die Untersagung bestimmter Rechtshandlungen des Konkursverwalters zu beantragen, ferner um das Recht nach § 86 S. 3 KO, Einwendungen gegen die Schlußrechnung zu erheben, bei Versäumung eines Prüfungstermins nach § 165 KO Antrag auf Wiedereinsetzung in den vorigen Stand zu stellen sowie schließlich nach § 202 KO die Einstellung des Konkursverfahrens oder nach §§ 173, 190 KO den Abschluß eines Zwangsvergleichs mit anschließender Aufhebung des Konkursverfahrens zu beantragen[273].

102 γ) **Anstellungsvertrag.** Der Anstellungsvertrag des Geschäftsführers wird durch die Konkurseröffnung nicht berührt; jedoch steht sowohl dem Konkursverwalter als auch dem Geschäftsführer ein **Kündigungsrecht nach § 22 Abs. 1 KO** zu[274]. Das gilt auch für den Anstellungsvertrag des Allein- oder Mehrheitsgesellschafter/Geschäftsführers[275]. Die *Kündigungsfrist* bemißt sich für beide Teile nach § 622 BGB[276]. Je nach Lage des Falles kommt daneben auch eine fristlose Kündigung aus wichtigem Grund in Betracht[277]; jedoch berechtigt die Konkurseröffnung als solche grundsätzlich nicht zur fristlosen Kündigung[278]. Bis zur Kündigung kann der Geschäftsführer sein Gehalt

---

269 Vgl. dazu Baumbach/Hueck/*Schulze-Osterloh* 37; *Kalter* KTS 1955, 44 f; *Robrecht* DB 1968, 473 f; *Uhlenbruck* GmbH-Rdsch. 1972, 174 f.

270 So auch Baumbach/Hueck/*Schulze-Osterloh* 37; *Uhlenbruck* GmbH-Rdsch. 1972, 175; *Grüneberg* S. 135.

271 Jaeger/*Weber* KO[8] §§ 207, 208, 30; *Fr. Weber* KTS 1970, 79; Baumbach/Hueck/*Schulze-Osterloh* 37; *Grüneberg* S. 137.

272 So auch Baumbach/Hueck/*Schulze-Osterloh* 37; Kuhn/*Uhlenbruck* KO[10] Vorb. § 207, D 23 a.

273 Hierzu und zu weiteren Befugnissen des Gemeinschuldners vgl. *Robrecht* DB 1968, 473; *Uhlenbruck* GmbH-Rdsch. 1972, 175 f.

274 So unter Hinweis auf die gesetzliche Anerkennung dieses Kündigungsrechts in § 87 Abs. 3 AktG heute ganz hM, vgl. BGHZ 75, 209, 210 ff = NJW 1980, 595; 79, 291, 292 = NJW 1981, 1240; RG LZ 1909, 689 f; Jaeger/*Henckel* KO[9] § 23, 11; Jaeger/*Weber* KO[8] §§ 207, 208, 32; Kuhn/*Uhlenbruck* KO[10] § 22, 5; Scholz/*K. Schmidt* 64, Baumbach/Hueck/*Schulze-Osterloh* 38; *Lutter/Hommelhoff* Anh § 6, 64; *Rowedder* 41; *Meyer-Landrut*/Miller/Niehus 12.

275 BGHZ 75. 209, 211 f = NJW 1980, 595; OLG Hamm ZIP 1987, 121, 122 f; Scholz/*K. Schmidt* 64; *Meyer-Landrut*/Miller/Niehus 12; Kuhn/*Uhlenbruck* KO[10] § 22, 5 a; *Baums* Der Geschäftsleitervertrag (1987) S. 433 f; aA – für Eingreifen von § 17 KO – Baumbach/Hueck/*Schulze-Osterloh* 38; *Lutter/Hommelhoff* Anh § 6, 64; *Heilmann* ZIP 1980, 344, 345 f; *Timm* ZIP 1981, 10, 14 ff; *ders.* ZIP 1987, 69, 72; einschränkend (nur für den Alleingesellschafter/Geschäftsführer) Jaeger/*Henckel* KO[9] § 23, 13; weitergehend (für jeden Gesellschafter/Geschäftsführer) *Kilger* KO[15] § 22, 3 c.

276 Vgl. BGHZ 79, 291, 292 ff = NJW 1981, 1240 (für den kapitalmäßig nicht beteiligten Geschäftsführer); durch BGHZ 91, 217, 220 = NJW 1984, 2528 erweitert auf Gesellschafter/Geschäftsführer.

277 OLG Hamm ZIP 1987, 121, 123; Baumbach/Hueck/*Schulze-Osterloh* 38; *Lutter/Hommelhoff* Anh § 6, 65 mit zutr. Hinweis auf den mit Kenntnis des Kündigungsgrundes, also unabhängig von der Konkurseröffnung, beginnenden Lauf der Ausschlußfrist des § 626 Abs. 2 BGB.

278 Vgl. die Nachw. in Fn 277, aber auch BGHZ 75, 209, 212 f = NJW 1980, 595, wonach bei der Kündigung des Anstellungsvertrags des Alleingesellschafter/Geschäftsführers aus wichtigem Grund ein besonderer (weniger strenger) Maßstab angelegt werden kann. Zum Sonderfall unkündbarer (regelmäßig befristeter) Verträge vgl. OLG Hamm ZIP 1987, 121, 123 m. weit Nachw.

für die Zeit ab Konkurseröffnung als Masseschuld nach § 59 Nr. 2 KO geltend machen; er bleibt seinerseits zur vertraglich geschuldeten Dienstleistung entsprechend den Weisungen des Konkursverwalters verpflichtet (vgl. Rdn 97). Auf die *Organstellung des Geschäftsführers* hat die Kündigung des Anstellungsvertrags durch den Konkursverwalter **keine** unmittelbaren Auswirkungen[279]; dieser ist nicht befugt, anstelle der Gesellschafter die Bestellung zu widerrufen[280]. Auch die Sorgfaltspflichten des Geschäftsführers bestehen fort[281]. Allerdings wird die Kündigung dem Geschäftsführer regelmäßig einen wichtigen Grund zur Amtsniederlegung geben, wenn die Gesellschafter ihm nicht anbieten, sein Gehalt aus konkursfreiem Vermögen weiterzubezahlen.

d) **Aufsichtsrat.** Auch das Amt der Mitglieder eines Aufsichtsrats oder Beirats der GmbH besteht trotz Konkurseröffnung im Grundsatz fort[282]. Allerdings bleibt für die Amtsausübung mit Rücksicht auf die Verdrängungswirkung der Konkurseröffnung kaum mehr Raum; hinsichtlich der Verwaltung der Konkursmasse steht dem Aufsichtsrat weder ein Mitsprache- noch ein Kontroll- und Informationsrecht gegenüber dem Konkursverwalter zu[283]. Mit Recht hat daher RGZ 81, 332, 338 f den Grundsatz aufgestellt, daß die Mitglieder des Aufsichtsrats nach Konkurseröffnung keine Vergütung mehr beanspruchen können[284]. Ein Teil der Literatur stützt dieses Ergebnis auf die automatische Vertragsauflösung nach § 23 Abs. 2 KO[285]. *Gegen* das Abstellen auf diese für Geschäftsbesorgungsverträge des Gemeinschuldners geltende Vorschrift spricht jedoch, daß das durch Wahl und deren Annahme zustande kommende Aufsichtsratsverhältnis *körperschaftlicher Art* ist und sein Inhalt sich aus Gesetz und Satzung ergibt, während für einen daneben bestehenden Geschäftsbesorgungsvertrag kein Raum ist[286]. Die Begründung des Reichsgerichts verdient daher den Vorzug[287]. – Vergütungsansprüche aus dem letzten Jahr vor Konkurseröffnung gehören nicht zu den bevorrechtigten Forderungen nach § 61 Nr. 1 KO[288]. **103**

V. Konkursbeendigung

1. Beendigungsgründe

a) **Allgemeines.** Die Beendigung des Konkurses tritt ein durch **Aufhebungsbeschluß** **104**
des Konkursgerichts nach Schlußverteilung der Masse unter die Gläubiger (§ 163 KO) oder nach rechtskräftig bestätigtem Zwangsvergleich (§§ 173 ff, 190 KO), ferner durch Beschluß über die **Einstellung** des Verfahrens, sei es auf Antrag des Gemeinschuldners

279 OLG Hamm ZIP 1980, 280, 281; *Kilger* KO[15] § 22, 7; Kuhn/*Uhlenbruck* KO[10] § 22, 5; Baumbach/Hueck/*Schulze-Osterloh* 37.

280 So zutr. *Fr. Weber* KTS 1970, 81 f; *Kilger, Uhlenbruck* und *Schulze-Osterloh*, jew. aaO (Fn 279).

281 OLG Hamm ZIP 1980, 280, 281.

282 Ganz hM, vgl. RGZ 81, 332, 337; Scholz/*K. Schmidt* 65; *Lutter*/*Hommelhoff* 13; Jaeger/*Weber* KO[8] §§ 207, 208, 32; Kuhn/*Uhlenbruck* KO[10] § 22, 5; *Grüneberg* S. 159; *D. Schneider* Festschrift Oppenhoff S. 349 f; aA *W. Schulz* KTS 1986, 412.

283 Eingehend zu den dem Aufsichtsrat der AG verbleibenden Aufgaben *D. Schneider* Festschrift Oppenhoff S. 351 ff.

284 Für Fortbestehen eines an den tatsächlichen Umfang des Tätigkeitsbereichs angepaßten Vergütungsanspruchs aber *Wiedemann*-Großkomm-AktG[3] § 262, 26.

285 So namentlich *Fr. Weber* KTS 1970, 84 und Jaeger/*Weber* KO[8] §§ 207, 208, 32; ihm folgend *D. Schneider* Festschrift Oppenhoff S. 363; ähnlich Scholz/*K. Schmidt* 65; aA – für Eingreifen von § 17 KO – Jaeger/*Henckel* KO[9] § 23, 14.

286 Heute hM, vgl. *Geßler* in Geßler/Hefermehl/Eckardt/Kropff AktG § 101, 54 f; Scholz/*Schneider* § 52, 252 f; Baumbach/Hueck/*Zöllner* § 52, 35; Rowedder/*Koppensteiner*[2] § 52, 15; Hanau/*Ulmer* MitbestG § 25, 82; im Grundsatz auch § 52, 121 (*Raiser*), der einen Anstellungsvertrag für zwar verzichtbar, aber nicht ausgeschlossen hält.

287 So jetzt auch Kuhn/*Uhlenbruck* KO[10] § 22, 5; *Grüneberg* S. 160 ff, 166 (dort auch näher zur Begründung der Auffassung des RG); wohl auch *Rowedder* 40.

288 EinhM, vgl. RGZ 120, 300, 302; RG JW 1930, 85; Kuhn/*Uhlenbruck* KO[10] § 61, 28 c; Scholz/*K. Schmidt* 65.

mit Zustimmung der Konkursgläubiger (§§ 202 f KO) oder wegen des **Fehlens** einer die Kosten deckenden **Masse** (§§ 204 f KO). Der Aufhebungs- oder Einstellungsbeschluß ist unter Angabe des Beendigungsgrundes öffentlich *bekanntzumachen* (§§ 163 Abs. 2, 190 Abs. 2, 205 Abs. 1 KO). Die Vorschriften der §§ 111, 112 KO über die Bekanntmachung des Eröffnungsbeschlusses und die Mitteilung an das Handelsregister gelten sinngemäß. Zur Eintragung der Konkursbeendigung ins Handelsregister vgl. § 32 S. 2 HGB, dazu Rdn 71.

105 b) **Nachtragsverteilung.** Stellt sich nach Schlußverteilung und Aufhebung des Konkursverfahrens heraus, daß noch zur Konkursmasse (Rdn 75 f) gehörendes Vermögen vorhanden ist, so findet nach Maßgabe der §§ 166 ff KO auf Anordnung des Konkursgerichts eine Nachtragsverteilung durch den *bisherigen Konkursverwalter* unter den nicht vollständig befriedigten Konkursgläubigern statt. Die Anordnung ist keine Wiederaufnahme des wirksam beendeten Konkursverfahrens[289]. Sie beschränkt sich auf die aus der *ursprünglichen* Konkursmasse verbliebenen Gegenstände einschließlich etwaiger Schadensersatzansprüche gegen den Konkursverwalter (Rdn 93)[290] und erfaßt nicht den konkursfreien Neuerwerb. Daher ist die Nachtragsverteilung auch deutlich von einem zweiten Konkurs über den Neuerwerb (Rdn 106) zu unterscheiden. Sie bleibt auch dann möglich, wenn die Gesellschaft nach Konkursbeendigung im Handelsregister *gelöscht* und damit voll beendet ist, da sie nur restliche Abwicklungsmaßnahmen hinsichtlich des beendeten Konkurses betrifft und nicht als Konkurs über das nach der Löschung verbliebene Gesamthandsvermögen der Gesellschafter (vgl. dazu und zu dessen Nachtragsliquidation Rdn 5) anzusehen ist[291]. – Für das Verhältnis zwischen dem Konkursverwalter und den Liquidatoren einer nach Konkursbeendigung *fortbestehenden* und abzuwickelnden Gesellschaft (Rdn 108) gelten die Ausführungen in Rdn 81, 97 ff entsprechend.

106 c) **Konkurs über den Neuerwerb.** Er ist hinsichtlich des außerhalb des Erstkonkurses verwertbaren *konkursfreien* Vermögens der Gesellschaft (Rdn 78 ff) schon *während des Erstkonkurses* möglich, falls insoweit – trotz des für Konkursgläubiger nach § 14 KO geltenden Verbots der Einzelzwangsvollstreckung – einer der Konkursgründe des § 63 Abs. 1 im Hinblick auf *neue* Gläubiger der Gesellschaft gegeben ist. Kommt es danach zur Eröffnung des Zweitkonkurses, so können nach hM hieran schon vor Beendigung des Erstkonkurses auch die Altgläubiger insoweit teilnehmen, als sie beim Erstkonkurs ausfallen; die Einzelvollstreckungssperre des § 14 KO steht dem nicht entgegen[292].

2. Folgen für den Bestand der Gesellschaft

107 a) **Bei Vermögenslosigkeit.** Ist nach Schlußverteilung oder nach Konkurseinstellung mangels Masse nicht nur die Konkursmasse erschöpft, sondern auch *kein verwertbares* konkursfreies *Vermögen* mehr vorhanden, so führt das zur Beendigung der Gesellschaft. Die Beendigung tritt entgegen der früher hM[293] allerdings *nicht automatisch* ein, sondern setzt die **Löschung** der Gesellschaft im Handelsregister voraus (vgl. näher § 60, 13 f). Hierzu ist die Beendigung der Liquidation von den durch Konkursbeendi-

---

289 *Kilger* KO[15] § 166, 2.

290 *Kilger* KO[15] § 166, 1 c; Kuhn/*Uhlenbruck* KO[10] § 166, 2.

291 So im Erg. auch die hM, vgl. Kuhn/*Uhlenbruck* KO[10] § 166, 1 b; Scholz/*K. Schmidt* 43.

292 Vgl. näher Jaeger/*Henckel* KO[9] § 1, 147; Kuhn/*Uhlenbruck* KO[10] § 1, 108; dazu auch *K. Schmidt/Schulz* ZIP 1982, 1021.

293 Vgl. nur RGZ 134, 91, 94; OLG Stuttgart NJW 1969, 1493; BayObLG DB 1979, 831; Baumbach/*Hueck*[13] § 60, 8 B; *Hofmann* GmbH-Rdsch. 1976, 267.

gung zu Liquidatoren gewordenen Geschäftsführern (§ 66 Abs. 1, vgl. dazu Rdn 108) entsprechend § 273 Abs. 1 AktG zum Handelsregister anzumelden (§ 60, 14); die Löschung kann aber auch von Amts wegen nach § 2 Abs. 1 LöschG erfolgen (Anh § 60, 14 ff, 26). Eine Anmeldung durch den Konkursverwalter kommt nicht in Betracht[294]. Auch für eine Löschung durch das Registergericht lediglich aufgrund der Mitteilung der Konkursbeendigung, ohne Anmeldung seitens der Liquidatoren oder Einhaltung der Vorschriften des LöschG, ist kein Raum[295]. – Zur Rechtslage bei *nachträglicher* Feststellung von Gegenständen der Konkursmasse nach Schlußverteilung vgl. Rdn 105, bei Auffindung von Vermögen der gelöschten Gesellschaft in sonstigen Fällen vgl. § 60, 17 f und Anh § 60, 39 ff.

b) Bei Vorhandensein restlichen Vermögens. Verfügt die Gesellschaft nach Konkurs- **108**
beendigung noch über verwertbares Vermögen, sei es wegen des Vorhandenseins konkursfreien Vermögens oder wegen Beendigung des Konkursverfahrens auf andere Weise als durch Schlußverteilung, so bedarf es – vorbehaltlich der Fortsetzung der Gesellschaft als werbende (Rdn 109) – der **Abwicklung durch die Liquidatoren.** Es gelten die allgemeinen Vorschriften der §§ 66 ff. Liquidatoren sind nach § 66 Abs. 1 die bis zur Konkursbeendigung tätigen Geschäftsführer (Rdn 97), soweit der Gesellschaftsvertrag keine abweichende Regelung enthält. Ihre Aufgaben bestimmen sich wie in sonstigen Fällen einer Liquidation nach § 70; auch bedarf es grundsätzlich der öffentlichen Aufforderung der Gläubiger und der Beachtung des Sperrjahres (§§ 65 Abs. 2, 73)[296]. Zu befriedigen sind nach § 70 S. 1 sowohl die alten als auch die neuen Gläubiger, letztere mit Ausnahme derjenigen, deren Forderungen – als *nach* Konkurseröffnung entstandene Masseschulden – auf dem Handeln des Konkursverwalters beruhen[297]. Zwar ist das Handeln des Konkursverwalters bezüglich der Konkursmasse *nach* Konkursbeendigung grundsätzlich auch für die aufgelöste Gesellschaft verbindlich[298]. Die Handlungsbefugnis des Konkursverwalters beschränkt sich jedoch auf die *Konkursmasse;* er kann den Gemeinschuldner daher nicht über den Massebestand hinaus verpflichten[299].

3. Fortsetzung der Gesellschaft

Die Fortsetzung der aufgelösten Gesellschaft nach Konkursbeendigung ist nur **109**
zulässig in den in § 60 Abs. 1 Nr. 4 genannten Beendigungsfällen der *Aufhebung nach Abschluß eines Zwangsvergleichs* (§§ 173 ff, 190 KO) und der *Einstellung auf Antrag des Gemeinschuldners* nach §§ 202 f KO (str., vgl. § 60, 100 ff). Sie setzt einen mit Dreiviertelmehrheit zu fassenden Fortsetzungsbeschluß voraus. Auch darf mit der Verteilung des nach Konkursbeendigung verbliebenen Vermögens an die Gesellschafter nicht begonnen sein. Dagegen ist es nicht erforderlich, daß das verbliebene Gesellschaftsvermögen die Höhe des Stammkapitals erreicht (str.). Näheres vgl. in § 60, 84 ff, 100.

---

[294] BayObLG DB 1979, 831; Baumbach/Hueck/*Schulze-Osterloh* 48; aA Scholz/*K. Schmidt* 70 im Anschluß an *W. Schulz* Die masselose Liquidation der GmbH (1986) S. 19 ff.

[295] AA noch Hachenburg/*W. Schmidt*[6] 19.

[296] Vgl. BayObLG DB 1979, 831; Baumbach/Hueck/*Schulze-Osterloh* 47; zweifelnd Scholz/*K. Schmidt* 72.

[297] BGH NJW 1955, 339; WM 1964, 1125; Jaeger/*Lent* KO[8] § 57, 5; *Kilger* KO[15] § 57, 2; Kuhn/*Uhlenbruck* KO[10] § 57, 11 a, b; Baumbach/Hueck/*Schulze-Osterloh* 47; aA Scholz/*K. Schmidt* 72.

[298] BGH NJW 1955, 339; OLG Hamburg OLGE 25, 338; *Baur/Stürner* Zwangsvollstreckungs-, Konkurs- und Vergleichsrecht II[12] Rdn 17.3.

[299] Jaeger/*Henckel* KO[9] § 6, 89; *Kilger* KO[15] § 57, 2; Kuhn/*Uhlenbruck* KO[10] § 57, 11 b; *Baur/Stürner* (Fn 298) Rdn 17.3.

VI. Gerichtliches Vergleichsverfahren

Schrifttum

Kommentare zur VerglO von *Bley/Mohrbutter*[4], Bd. 1 (1979), Bd. 2 (1981), und von *Böhle-Stamschräder/Kilger*[11] (1986). Monografien und Handbücher von *Baumann* Konkurs und Vergleich[2] (1981); *Baur/Stürner* Zwangsvollstreckungs-, Konkurs- und Vergleichsrecht[12] Bd. 2 (1990); *Mohrbutter* Handbuch des gesamten Vollstreckungs- und Insolvenzrechts[2] (1974); *Uhlenbruck* Insolvenzrecht (1979). Ferner: *Obermüller* Kredite im Vergleichsverfahren, ZIP 1983, 17.

1. Allgemeines

110 a) **Vergleichs- und Konkursverfahren.** Vergleichs- und Konkursverfahren sind als die beiden gesetzlich für Insolvenzfälle zur Verfügung gestellten Verfahrensarten in ihren Voraussetzungen nahe verwandt, unterscheiden sich jedoch nach geltendem Recht deutlich in den jeweiligen Zielen (vgl. aber auch Rdn 10 zur beabsichtigten Einführung eines einheitlichen Insolvenzverfahrens). Hinsichtlich der **Zulässigkeitsvoraussetzungen** (Konkursreife) verweist § 2 Abs. 1 S. 3 VerglO auf diejenigen für die Beantragung des Konkursverfahrens (vgl. Rdn 13 ff); dementsprechend eröffnet § 64 Abs. 1 den Geschäftsführern bei Konkursreife der GmbH die Wahl zwischen Konkurs- und Vergleichsantrag (zur unterschiedlichen Vertretungsregelung vgl. Rdn 52, 116). Im **Unterschied** zum Konkursantrag liegt die Initiative für den Vergleichsantrag aber ausschließlich beim *Schuldner.* Er behält vorbehaltlich abweichender Anordnungen des Vergleichsgerichts (Rdn 123) die Verwaltungs- und Verfügungsbefugnis über sein Vermögen, während sich die Aufgaben des Vergleichsverwalters darauf beschränken, die wirtschaftliche Lage des Schuldners zu prüfen und dessen Tätigkeit zu überwachen (§ 39 VerglO, vgl. Rdn 125). **Ziel** des Vergleichsverfahrens ist im Regelfall nicht die Liquidation, sondern die *Erhaltung (Sanierung)* des vom Schuldner betriebenen Unternehmens (zum Liquidationsvergleich als Ausnahme vgl. § 7 Abs. 4 VerglO). Deswegen bildet die Vergleichseröffnung im Unterschied zum Konkurs auch *keinen Auflösungsgrund* für die GmbH[300].

111 Die enge Verwandschaft zwischen Konkurs- und Vergleichsverfahren zeigt sich auch in **verfahrensrechtlicher** Hinsicht. Danach kommt dem *Vergleichsantrag Vorrang vor einem Konkursantrag* zu, auch wenn dieser schon vorher gestellt war (§ 46 VerglO). Durch die Eröffnung des Vergleichsverfahrens wird das Konkursverfahren zunächst abgewendet (§ 1 VerglO). Wird der von den Gläubigern angenommene Vergleich gerichtlich bestätigt, so erledigt sich dadurch zugleich ein nach § 46 VerglO ausgesetzter Konkursantrag (§ 84 VerglO). Wird andererseits die Eröffnung des Vergleichsverfahrens abgelehnt oder dieses später durch Versagung der Vergleichsbestätigung (§§ 79 bis 81 VerglO) oder durch Einstellung des Verfahrens (§§ 99, 100 VerglO) beendet, so hat das Gericht von Amts wegen über die *Eröffnung des (Anschluß-)Konkursverfahrens* zu entscheiden (§§ 19 Abs. 1, 80 Abs. 1, 101, 102 VerglO, vgl. dazu Rdn 127).

112 b) **Geltungsbereich.** Der persönliche Anwendungsbereich der VerglO deckt sich grundsätzlich mit demjenigen der KO (Rdn 36 f). Das ist in § 108 Abs. 1 S. 1 VerglO für die GmbH ausdrücklich bestimmt. **Vergleichsfähig** ist daher nicht nur die *werbende* GmbH, sondern auch die *Vor-GmbH* (Rdn 6)[301] sowie im Grundsatz die *aufgelöste,* noch über verwertbares Gesellschaftsvermögen verfügende GmbH (vgl. § 207 Abs. 2

---

300 EinhM, vgl. RGZ 154, 72, 76 (für die eGen); Scholz/*K. Schmidt* 79; Baumbach/Hueck/*Schulze-Osterloh* 54.

301 Ganz hM, vgl. Bley/*Mohrbutter* VerglO[4] § 108, 33; Böhle-Stamschräder/*Kilger* VerglO[11] § 108, 3 a; Scholz/*K. Schmidt* 80; Baumbach/Hueck/*Schulze-Osterloh* 50; aA noch LG Tübingen DRiZ 1950, 18.

KO)[302]. **Ausnahmen** gelten einerseits für diejenigen Gesellschaften, über deren Vermögen bereits rechtskräftig das Konkursverfahren eröffnet ist (§ 2 Abs. 2 VerglO; insoweit kommt nur ein Zwangsvergleich nach §§ 173 ff KO in Betracht), andererseits für Versicherungsunternehmen und Kreditinstitute (§ 112 VerglO). Dagegen schließt die Auflösung der GmbH nach § 62 die Vergleichsfähigkeit nicht aus[303]. Auch wenn insoweit die Fortsetzung der GmbH ausgeschlossen ist (§ 60, 98), steht das doch einem Liquidationsvergleich (§ 7 Abs. 4 VerglO) nicht entgegen. Anderes gilt hinsichtlich einer nach §§ 17 Nr. 1, 3 VereinsG aufgelösten GmbH (§ 62, 7 ff), sofern nach § 3 Abs. 1 S. 2 VereinsG mit dem Verbot die Beschlagnahme und Einziehung des Vermögens verbunden ist[304].

c) **Vergleichsschuldner.** Vom Vergleichsverfahren betroffen ist die GmbH als juristische Person (§ 108 Abs. 1 VerglO), vor ihrer Eintragung die Vor-GmbH als Gesamthand. Die dem Vergleichsschuldner nach der VerglO obliegenden **Pflichten,** darunter die Gestattung der Einsicht von Vergleichsverwalter und Gläubigerbeirat in Bücher und Geschäftspapiere der GmbH (§§ 40, 45 VerglO), die Beachtung der Verpflichtungs- und Verfügungsbeschränkungen der §§ 57 ff VerglO, die Pflicht zur Anwesenheit und zur Auskunftserteilung im Vergleichstermin (§§ 68, 69 VerglO) sowie die Pflicht, dem Vergleichsgericht im Rahmen seiner Ermittlungen nach § 116 VerglO zur Verfügung zu stehen, sind von den Geschäftsführern als Vertreter der GmbH zu erfüllen. **113**

Den mit der Rechtsnatur der juristischen Person verbundenen **Zurechnungsproblememen** hinsichtlich der hinter der GmbH stehenden Personen trägt die VerglO in § 108 Abs. 2 dadurch Rechnung, daß sie als *nahe Angehörige* des Vergleichsschuldners iSv § 4 Abs. 2 VerglO (Rdn 117) die gegenwärtigen sowie die im letzten Jahr vor Stellung des Vergleichsantrags ausgeschiedenen *Gesellschafter* bezeichnet[305]. Auf den Grund des Ausscheidens (Anteilsübertragung, Kaduzierung, Einziehung u. a.) kommt es nicht an. Was die in §§ 17, 18 VerglO geregelte *Vergleichswürdigkeit* angeht, fehlt eine besondere Zurechnungsvorschrift. Soweit es um die Zurechnung eines Fehlverhaltens von Organmitgliedern (Geschäftsführern) geht, ist § 31 BGB entsprechend anwendbar[306]. Darüber hinaus kommt je nach Lage des Falles auch eine Zurechnung des Verhaltens des einzigen oder beherrschenden Gesellschafters gegenüber der GmbH nach Durchgriffsgrundsätzen in Betracht (sog. Normanwendungsdurchgriff, vgl. Anh § 13, 28 ff)[307]. – Zur Wahrnehmung der Aufgaben des Vergleichsschuldners durch die Geschäftsführer vgl. Rdn 113. **114**

d) **Vergleichsvoraussetzungen.** Voraussetzung für die Eröffnung des Vergleichsverfahrens ist neben der *Konkursreife* der GmbH (Zahlungsunfähigkeit oder Überschuldung, vgl. § 2 Abs. 1 S. 3 VerglO iVm § 63 Abs. 1 GmbHG, dazu Rdn 15 ff) und einem *Vergleichsantrag* der Geschäftsführer (Rdn 116) ein *Vergleichsvorschlag* über die Befriedigung der Gläubiger in Höhe des gesetzlichen Mindestsatzes von 35 bzw. 40% (§ 7 Abs. 1 und 2 VerglO) sowie das *Nichtvorliegen der* in §§ 17, 18 VerglO genannten, die *Vergleichsunwürdigkeit* des Vergleichsschuldners begründenden Ablehnungsgründe. **115**

---

302 EinhM, vgl. Bley/*Mohrbutter* VerglO[4] § 108, 34; Scholz/*K. Schmidt* 80; Baumbach/Hueck/*Schulze-Osterloh* 50.

303 So aber Bley/*Mohrbutter* VerglO[4] § 108, 34; wie hier Baumbach/Hueck/*Schulze-Osterloh* 50; jetzt auch Scholz/*K. Schmidt* 80.

304 So zutr. Baumbach/Hueck/*Schulze-Osterloh* 50; im Erg. auch Bley/*Mohrbutter* VerglO[4] § 108, 34.

305 Vgl. dazu Bley/*Mohrbutter* VerglO[4] § 108, 44; Baumbach/Hueck/*Schulze-Osterloh* 52.

306 So zutr. Scholz/*K. Schmidt* 53; Bley/*Mohrbutter* VerglO[4] § 108, 50. Zur sanierungsvereitelnden Wirkung der für den Vergleich der Personenhandelsgesellschaft sowie der KGaA geltenden Vorschrift des § 109 Abs. 1 Nr. 2 VerglO vgl. aber *Uhlenbruck* GmbH & Co KG[2] S. 814 ff.

307 Ebenso Scholz/*K. Schmidt* 83; vgl. auch Bley/*Mohrbutter* VerglO[4] § 108, 22, 50.

Wird der Antrag auf Vergleichseröffnung wegen des Fehlens einer dieser Voraussetzungen abgelehnt, so hat das **Vergleichsgericht** (das mit dem Konkursgericht identische Amtsgericht am Sitz der Gesellschaft, vgl. §§ 2 Abs. 1 S. 1 VerglO, 71 KO) nach § 19 Abs. 1 VerglO zugleich von Amts wegen über die Konkurseröffnung zu entscheiden. Zum Beschwerderecht des Schuldners gegen diese Entscheidung vgl. § 19 Abs. 2 VerglO.

2. Vergleichsantrag

116 a) **Antragsteller.** Das Vergleichsverfahren ist **Antragsverfahren** (§ 2 Abs. 1 S. 2 VerglO). Der Antrag auf seine Eröffnung kann *nur vom Schuldner* gestellt werden. Entsprechendes gilt nach § 99 VerglO für die – bis zur Beendigung der Abstimmung über den Vergleichsvorschlag zulässige – Rücknahme des Antrags. Im Fall der **GmbH** als Vergleichsschuldner sind antragsberechtigt die *Geschäftsführer in vertretungsberechtigter Zahl;* die für den Konkursantrag nach § 63 Abs. 2 iVm § 208 Abs. 1 KO vorgesehene Ausnahme, wonach *jeder* Geschäftsführer antragsberechtigt ist, gilt nicht für den Vergleichsantrag[308]. *Unechte* Gesamtvertretung unter Mitwirkung eines Prokuristen ist zulässig, wenn der Gesellschaftsvertrag eine solche Vertretungsregelung für die *Geschäftsführer* enthält, nicht dagegen, wenn das Handeln des *Prokuristen* an die Mitwirkung eines Geschäftsführers gebunden ist[309]. Prokuristen und Handlungsbevollmächtigte als solche können ebensowenig Vergleichs- wie Konkursantrag stellen (vgl. Rdn 52)[310]. Können sich die Geschäftsführer bei Vorliegen der Konkursreife nicht auf die Art der nach § 64 Abs. 1 gebotenen Antragstellung einigen und scheitert hieran die Vertretung der GmbH für den Vergleichsantrag, so muß nach § 64 Abs. 1 Konkursantrag gestellt werden[311]. Werden von verschiedenen Geschäftsführern *unterschiedliche, je für sich wirksame Anträge* gestellt, so kommt dem Vergleichsantrag nach § 46 VerglO der Vorrang zu (Rdn 111).

117 b) **Inhalt und Anlagen.** Die Vorschriften über den Inhalt des Vergleichsantrags und die ihm beizufügenden Anlagen finden sich in **§§ 3 bis 10 VerglO.** Der Antrag muß einen *Vergleichsvorschlag* (§ 3 Abs. 1 VerglO) sowie die in § 3 Abs. 2 genannten Angaben enthalten. Der Vergleichsvorschlag hat auf Befriedigung der Vergleichsgläubiger in Höhe von mindestens 35% ihrer Forderungen zu lauten, bei Inanspruchnahme einer Zahlungsfrist von mehr als einem Jahr nach Vergleichsbestätigung auf eine Mindestquote von 40% (§ 7 Abs. 1, 2 VerglO). Unter den in § 4 vorgeschriebenen **Anlagen** besonders bedeutsam sind die *Vermögensübersicht* (§§ 4 Abs. 1 Nr. 1, 5 VerglO), die im Unterschied zur Überschuldungsbilanz zu Fortführungswerten aufgestellt werden kann (vgl. Rdn 38 aE), sowie ein *Gläubiger- und Schuldnerverzeichnis* (§§ 4 Abs. 1 Nr. 2, 6 VerglO). Soweit der Antrag des Schuldners die nach §§ 3 bis 7 VerglO vorgeschriebenen Angaben oder Anlagen entschuldbar[312] nicht oder nicht vollständig enthält, hat das Gericht dem Schuldner nach § 10 VerglO eine Nachfrist von regelmäßig nicht mehr als zwei, bei Unternehmen von erheblichem Umfang oder beim Vorliegen besonderer Umstände eine solche von nicht mehr als vier Wochen zur *Ergänzung des Antrags* zu bewilligen.

[308] EinhM, vgl. Bley/*Mohrbutter* VerglO[4] § 108, 43; *Mohrbutter/Mohrbutter* Handbuch § 126 V; Böhle-Stamschräder/*Kilger* VerglO[11] § 108, 2; Scholz/*K. Schmidt* 82; Baumbach/Hueck/*Schulze-Osterloh* 51; *Hefermehl* in Geßler/Hefermehl/Eckardt/Kropff, AktG § 92, 23.

[309] So auch Scholz/*K. Schmidt* 82; Baumbach/Hueck/*Schulze-Osterloh* 51 sowie allg. schon RGZ 134, 303, 306; BGHZ 13, 61, 64 = NJW 1954, 1158 und 62, 166, 170 = NJW 1974, 1194; aA Bley/*Mohrbutter* VerglO[4] § 108, 43.

[310] EinhM, vgl. nur Scholz/*K. Schmidt* 82; Baumbach/Hueck/*Schulze-Osterloh* 51.

[311] Ebenso Scholz/*K. Schmidt* 82; vgl. auch § 64, 22.

[312] Dazu Böhle-Stamschräder/*Kilger* VerglO[11] § 10, 1.

Bei den im Gläubigerverzeichnis anzugebenden **Gläubigern** ist nach § 6 Abs. 1 S. 5 VerglO zu unterscheiden zwischen den *Vergleichsgläubigern* (§ 25 VerglO) und den *nichtbeteiligten* Gläubigern (gesicherten oder bevorrechtigten Gläubigern, vgl. näher §§ 26 bis 29 VerglO). Da das Verzeichnis dazu dient, dem Vergleichsgericht einen *vollständigen* Überblick über Forderungen und Schulden zu geben, einschließlich solcher Ansprüche, die nicht am Vergleichsverfahren teilnehmen, sind auch *streitige* Forderungen anzugeben (§ 6 Abs. 1 S. 4 VerglO). Entsprechendes gilt für auf der Mitgliedschaft beruhende Gesellschafteransprüche sowie für eigenkapitalersetzende Gesellschafterdarlehen, auch wenn über ihre Undurchsetzbarkeit nach § 32a bzw. nach den zu § 30 entwickelten Rechtsprechungsgrundsätzen zwischen den Beteiligten Einigkeit besteht (vgl. dazu Rdn 20). Die in § 4 Abs. 1 Nr. 3 VerglO vorgeschriebenen Angaben über Geschäfte des Vergleichsschuldners mit *nahen Angehörigen* beziehen sich nach § 108 Abs. 2 VerglO auf Geschäfte der GmbH mit ihren Gesellschaftern (Rdn 114). **118**

3. Vergleichseröffnung

a) **Allgemeines.** Sofort nach Eingang des Eröffnungsantrags bestellt das Vergleichsgericht einen *vorläufigen* Verwalter und macht den Vergleichsantrag sowie die vorläufige Bestellung bekannt (§ 11 VerglO). Es trifft die erforderlichen vorläufigen Sicherungsmaßnahmen (§ 12 VerglO) und prüft nach § 116 VerglO das Vorliegen der Vergleichsvoraussetzungen (Rdn 115). Hat es sich die Überzeugung hiervon verschafft, so erläßt es den **Eröffnungsbeschluß** (zu seinem Inhalt vgl. § 20 Abs. 3 VerglO). Zugleich ernennt es den Vergleichsverwalter und bestimmt einen Termin zur Verhandlung über den Vergleichsvorschlag (§ 20 Abs. 1, 2 VerglO). Sind die Voraussetzungen für die Vergleichseröffnung nicht zur Überzeugung des Gerichts festgestellt, so weist es den Vergleichsantrag ab und entscheidet zugleich von Amts wegen über die Eröffnung des Konkursverfahrens (§ 19 VerglO). **119**

Im Eröffnungsbeschluß ist die Stunde der Eröffnung anzugeben (§ 21 VerglO). Er ist nach §§ 22, 23 Abs. 1 VerglO **öffentlich bekanntzumachen** und dem *Handelsregister* der Gesellschaft mitzuteilen. Dieses trägt die Vergleichseröffnung von Amts wegen ein (§ 23 Abs. 2 S. 1 VerglO). Eine Bekanntmachung der Handelsregistereintragung findet nicht statt; § 15 HGB ist nicht anzuwenden (§ 23 Abs. 2 S. 2 und 3 VerglO). **120**

b) **Verpflichtungs- und Verfügungsbeschränkungen.** Die **Verpflichtungsfähigkeit** des Vergleichsschuldners wird durch die Vergleichseröffnung nicht berührt[313]. Allerdings *soll* er Verpflichtungen, die nicht zum gewöhnlichen Geschäftsbetrieb gehören, nur mit Zustimmung des Vergleichsverwalters eingehen; auch die Eingehung von Verpflichtungen im gewöhnlichen Geschäftsbetrieb soll er bei Einspruch des Verwalters unterlassen (§ 57 Abs. 1 VerglO). Verstößt der Vergleichsschuldner gegen diese Vorschriften, so wird die Rechtswirksamkeit der eingegangenen Verpflichtungen nicht berührt[314]; der Verstoß kann jedoch dazu führen, daß das Gericht auf Anzeige des Vergleichsverwalters nach § 40 Abs. 2 VerglO das Vergleichsverfahren einstellt (vgl. § 100 Abs. 1 Nr. 3 VerglO)[315] und Anschlußkonkurs eröffnet (Rdn 127). **121**

Neugläubiger, die ihre Forderungen gegen den Vergleichsschuldner nach Vergleichseröffnung erlangt haben, nehmen nicht am Vergleichsverfahren teil (§ 25 Abs. 1 **122**

---

313 Vgl. nur BGHZ 67, 223, 227 = NJW 1977, 147.

314 BGH aaO (Fn 313); Böhle-Stamschräder/*Kilger* VerglO[11] § 57, 2 f.

315 Vgl. dazu Böhle-Stamschräder/*Kilger* VerglO[11] § 57, 2 d, f.

VerglO)[316]. Jedoch werden Ansprüche aus *Darlehen*, die der Schuldner während des Vergleichsverfahrens mit Zustimmung des Vergleichsverwalters zur Fortführung seines Geschäfts oder im Interesse des Zustandekommens oder der Durchführung des Vergleichs aufgenommen hat („Verwalterdarlehen"), im Anschlußkonkurs (§ 102 VerglO) nach § 106 VerglO den *Masseschulden* zugeordnet. Dies gilt auch für während des Vergleichsantragsverfahrens (Vorverfahren) mit Zustimmung des vorläufigen Vergleichsverwalters aufgenommene Darlehen, sofern diesem nach § 12 VerglO vom Vergleichsgericht die Befugnisse aus § 57 VerglO übertragen wurden[317]. Hiervon abgesehen können selbst mit Zustimmung des Vergleichsverwalters für den etwaigen Anschlußkonkurs keine Masseschulden begründet werden[318]. Dies ist insbesondere bedeutsam für Warenkredite, auf die § 106 VerglO nach hM nicht anwendbar ist[319].

123 **Verfügungsbeschränkungen** des Vergleichsschuldners sind anders als im Konkurs mit der Vergleichseröffnung als solcher nicht verbunden. Jedoch kann das Gericht von Amts wegen oder auf Antrag eines Beteiligten dem Schuldner solche Beschränkungen auferlegen, sei es als allgemeines oder besonderes *Veräußerungsverbot* (§§ 58, 59 VerglO). Diese Maßnahmen sind nach § 12 VerglO auch schon vor Vergleichseröffnung zulässig und bestehen, wenn sie in dieser Weise angeordnet sind, nach Vergleichseröffnung fort (§ 24 VerglO). Das *allgemeine* Veräußerungsverbot bildet in der Vergleichspraxis die Regel[320]. Es ist nach Maßgabe von §§ 60 Abs. 2, 61 VerglO öffentlich bekanntzumachen, den in § 60 Abs. 2 VerglO genannten Beteiligten zuzustellen und in das Grundbuch u. a. einzutragen. Seine Wirkungen bestimmen sich nicht nach §§ 135, 136 BGB, sondern ausschließlich nach §§ 62, 64 VerglO (vgl. § 59 S. 3 VerglO)[321]. Verfügungen des Vergleichsschuldners bedürfen danach zu ihrer Wirksamkeit der Zustimmung des Vergleichsverwalters nach § 64 VerglO; eine Ausnahme gilt nur für den gutgläubigen Erwerb von Liegenschaftsrechten nach § 62 Abs. 3 VerglO iVm §§ 892, 893 BGB. Das Gericht kann statt dessen auch ein besonderes Veräußerungsverbot für *einzelne Gegenstände* anordnen (§§ 59, 63 VerglO). Im Unterschied zum allgemeinen Veräußerungsverbot läßt es nach § 63 Abs. 3 S. 2 VerglO die Gutglaubensvorschriften nicht nur für den Erwerb von Liegenschaftsrechten, sondern auch von beweglichen Sachen unberührt.

4. Gesellschaftsorgane und Vergleichsverwalter

124 Im Unterschied zur Konkurseröffnung bleiben die **gesellschaftsrechtlichen Kompetenzen** von Gesellschafterversammlung, Geschäftsführern sowie einem etwaigen Aufsichtsrat durch die Eröffnung des Vergleichsverfahrens und die Bestellung eines Vergleichsverwalters *grundsätzlich unberührt*, soweit nicht gerichtliche Verfügungsverbote (Rdn 123) oder sonstige Sicherungsmaßnahmen entgegenstehen[322]. Auch Prokuren und Handlungsvollmachten erlöschen anders als im Konkursverfahren (Rdn 74) nicht. Da

[316] Zu ihrer Teilnahme am Konkursverfahren als Konkursgläubiger vgl. Böhle-Stamschräder/*Kilger* VerglO[11] § 25, 5.

[317] So BGHZ 32, 268, 271 = NJW 1960, 1456; Bley/*Mohrbutter* VerglO[4] § 106, 8; Böhle-Stamschräder/*Kilger* VerglO[11] § 106, 1; *Uhlenbruck* GmbH-Rdsch. 1982, 149.

[318] BGHZ 23, 307, 318 = NJW 1957, 750; BGH NJW 1982, 2196, 2198; Bley/*Mohrbutter* VerglO[4] § 38, 4; *Kilger* KO[15] § 59, 1 d aa.

[319] Bley/*Mohrbutter* VerglO[4] § 106, 3; Böhle-Stamschräder/*Kilger* VerglO[11] § 106, 1; *Obermüller* ZIP 1983, 17, 18 (dort auch zur Frage der Privilegierung eines Avalkredits); aA – für Anwendung von § 106 VerglO auf sämtliche Forderungen aus Fortführungsgeschäften im Vergleichs- und Vergleichsantragsverfahren – *Kübler* ZIP 1982, 1009.

[320] *Kübler* ZIP 1982, 1009.

[321] Dazu Soergel/*Hefermehl* BGB[12] § 136, 17.

[322] EinhM, vgl. BGHZ 23, 307, 318 = NJW 1957, 750, 752; Bley/*Mohrbutter* VerglO[4] § 108, 48; Scholz/*K. Schmidt* 84; Baumbach/Hueck/*Schulze-Osterloh* 54.

die Gesellschaft als werbende fortbesteht, treten auch die mit der Auflösung verbundenen Kompetenzänderungen nicht ein; Satzungsänderungen bleiben uneingeschränkt zulässig.

Die **Funktionen des Vergleichsverwalters** beschränken sich nach gesetzlicher Regel auf *Prüfungs- und Überwachungsaufgaben* (vgl. §§ 39, 40 VerglO). Die Überwachung erfolgt im Interesse der Vergleichsgläubiger. Sie erstreckt sich nicht nur auf die Geschäftsführer, sondern auch auf Gesellschafterversammlung und Aufsichtsrat, soweit diese Organe Maßnahmen treffen, die sich auf die Vermögenslage der Gesellschaft oder auf die Führung ihrer Geschäfte beziehen[323]. Der Verwalter hat insoweit auch das Recht, an den Sitzungen der Organe teilzunehmen. Durch die Überwachungsaufgaben des Vergleichsverwalters werden diejenigen von Gesellschafterversammlung und Aufsichtsrat wegen ihrer anderen Zielsetzung nicht etwa verdrängt. Allerdings kommt Anordnungen des Vergleichsverwalters gegenüber den Geschäftsführern, zu denen er kraft Gesetz oder Gerichtsbeschluß befugt ist, der Vorrang vor abweichenden Weisungen der Gesellschafter zu[324]. **125**

5. Vergleichsbeendigung

a) **Nach Bestätigung der Vergleichsannahme.** Zur Verhandlung über den Vergleichsvorschlag, zu den Stimmrechten und zu den für die Annahme des Vorschlags erforderlichen Mehrheiten vgl. §§ 66 ff, 74 VerglO. Der angenommene Vergleich bedarf zu seiner Wirksamkeit der *Bestätigung durch das Gericht* (§ 78 VerglO); dieses hat zu prüfen, ob einer der in § 79 VerglO angeführten Versagungsgründe vorliegt. Die Bestätigung führt zur *Aufhebung des Vergleichsverfahrens, wenn* entweder die Vergleichsgläubiger dies mit der für die Vergleichsannahme erforderlichen Mehrheit beantragen (§ 90 Abs. 1 Nr. 1 VerglO) oder wenn die Summe der Vergleichsforderungen insgesamt 20 000 DM nicht übersteigt (§ 90 Abs. 1 Nr. 2 VerglO) oder schließlich wenn der Schuldner sich im Vergleich der Überwachung durch Sachwalter der Gläubiger bis zur Erfüllung des Vergleichs oder bis zum Eintritt einer im Vergleich genannten Bedingung unterworfen hat (§ 91 Abs. 1 VerglO). Ohne einen dieser Gründe ist das Vergleichsverfahren aufzuheben, wenn die Erfüllung des Vergleichs nach Maßgabe von § 96 Abs. 4 VerglO angezeigt oder glaubhaft gemacht wird. Für die Aufhebung gelten die Vorschriften der §§ 22, 23 VerglO über die öffentliche Bekanntmachung der Vergleichseröffnung sowie über die Mitteilung an und die Eintragung in das Handelsregister entsprechend (§ 98 Abs. 3 S. 1 VerglO; vgl. dazu Rdn 120). **126**

b) **Sonstige Beendigungsgründe.** Zur Beendigung des Vergleichsverfahrens führt auch die Versagung der Vergleichsbestätigung nach §§ 79, 80 VerglO sowie die Einstellung des Verfahrens wegen Rücknahme des Vergleichsantrags (§ 99 VerglO) oder wegen Vorliegens eines der in § 100 Abs. 1 VerglO genannten Einstellungsgründe. In allen diesen Fällen ist *von Amts wegen* zugleich über die *Eröffnung des Anschluß-Konkursverfahrens zu entscheiden* (§§ 80 Abs. 1, 101 VerglO). Gegen die Entscheidung steht dem Schuldner das Beschwerderecht nach §§ 80 Abs. 2, 101 S. 2 VerglO zu. Die Eröffnung des Konkursverfahrens ist vom Vergleichsgericht öffentlich bekanntzumachen und dem Handelsregister zur Eintragung mitzuteilen (vgl. Rdn 71). Entsprechendes gilt nach §§ 81 Abs. 1, 101 S. 2 VerglO, wenn trotz Versagung der Bestätigung oder Einstellung des Verfahrens Konkurs nicht eröffnet wird, insbesondere also im Fall der Konkursablehnung mangels Masse (§ 107 KO). **127**

---

[323] Bley/*Mohrbutter* VerglO[4] § 108, 20, 48; Scholz/*K. Schmidt* 84.

[324] So auch Scholz/*K. Schmidt* 84.

VII. GmbH & Co KG

§ 209 KO [Personengesellschaften]

(1) Im Falle der Zahlungsunfähigkeit einer offenen Handelsgesellschaft, einer Kommanditgesellschaft oder einer Kommanditgesellschaft auf Aktien findet über das Gesellschaftsvermögen ein selbständiges Konkursverfahren statt. Über das Vermögen einer Kommanditgesellschaft auf Aktien findet das Konkursverfahren auch im Falle der Überschuldung statt. Gleiches gilt für das Konkursverfahren über das Vermögen einer offenen Handelsgesellschaft oder Kommanditgesellschaft, wenn kein persönlich haftender Gesellschafter eine natürliche Person ist, es sei denn, daß zu den persönlich haftenden Gesellschaftern eine andere offene Handelsgesellschaft oder Kommanditgesellschaft gehört, bei der ein persönlich haftender Gesellschafter eine natürliche Person ist.

(2) Die Vorschrift des § 207 Abs. 2 findet entsprechende Anwendung.

§ 210 KO [Antragsberechtigte bei Konkurs von Personengesellschaften]

(1) Zu dem Antrage auf Eröffnung des Verfahrens ist außer den Konkursgläubigern jeder persönlich haftende Gesellschafter und jeder Liquidator berechtigt.

(2) Wird der Antrag nicht von allen persönlich haftenden Gesellschaftern oder allen Liquidatoren gestellt, so ist er zuzulassen, wenn bei einer Kommanditgesellschaft auf Aktien oder bei einer offenen Handelsgesellschaft oder Kommanditgesellschaft der in § 209 Abs. 1 Satz 3 bezeichneten Art die Zahlungsunfähigkeit oder die Überschuldung, bei einer anderen offenen Handelsgesellschaft oder Kommanditgesellschaft die Zahlungsunfähigkeit glaubhaft gemacht wird. Das Gericht hat die übrigen persönlich haftenden Gesellschafter oder die Liquidatoren nach Maßgabe des § 105 Abs. 2, 3 zu hören.

(3) Bei einer offenen Handelsgesellschaft oder Kommanditgesellschaft der in § 209 Abs. 1 Satz 3 bezeichneten Art gelten § 208 Abs. 2 und § 210 Abs. 2 für die organschaftlichen Vertreter und die Liquidatoren der zur Vertretung der Gesellschaft ermächtigten Gesellschafter sinngemäß. Gleiches gilt, wenn die organschaftlichen Vertreter ihrerseits Gesellschaften der in § 209 Abs. 3 bezeichneten Art sind oder sich die Verbindung von Gesellschaften in dieser Art fortsetzt.

§ 211 KO [Zwangsvergleich bei Konkurs von Personengesellschaften]

(1) Ein Zwangsvergleich kann nur auf Vorschlag aller persönlich haftenden Gesellschafter geschlossen werden.

(2) Der Zwangsvergleich begrenzt, soweit er nicht ein anderes festsetzt, zugleich den Umfang der persönlichen Haftung der Gesellschafter.

Schrifttum

Vgl. die Nachw. vor Rdn 1, darunter neben den Kommentaren zur KO namentlich *Uhlenbruck* Die GmbH & Co KG in Krise, Konkurs und Vergleich[2] (1988). Ferner: *Blumers* Überschuldung als Konkursgrund bei der GmbH & Co KG, BB 1976, 1441; *Borchers* Gesetzgeberische Maßnahmen zur Bekämpfung der Wirtschaftskriminalität – Konkurs der Kapitalgesellschaft & Co KG bei Überschuldung, KTS 1974, 216; *Häsemeyer* Kommanditistenhaftung und Insolvenzrecht, ZHR 149 (1985) 42; *Hunscha* Die Anwendung der §§ 30 Abs. 1, 31 GmbHG auf Zahlungen der GmbH & Co KG an ihre Kommanditisten, GmbH-Rdsch. 1973, 257; *Klamroth* Erweitertes Haftungsrisiko der Kommanditisten in der GmbH & Co KG, BB 1972, 428; *Kroppen* Überschuldung als Konkursgrund für die GmbH & Co KG, DB 1977, 663; *K. Schmidt* Einlage und Haftung des Kommanditisten (1977); *ders.* Kapitalaufbringung, Kapitalerhaltung und Unterkapitalisierung bei der GmbH & Co, DB 1973, 2227.

1. Einführung

128 **a) Gemeinsamkeiten von GmbH- und KG-Konkurs.** Im Fall der GmbH & Co OHG/KG ist zwischen dem *Konkurs der OHG/KG* und demjenigen der *Komplemen-*

tär-GmbH nach Voraussetzungen und Rechtsfolgen strikt *zu unterscheiden.* Es handelt sich um *zwei getrennte Verfahren,* für die im Fall der OHG/KG die konkursrechtlichen Sondervorschriften für Personengesellschaften (§§ 209 bis 211 KO, §§ 130 a, 131 Nr. 3, 177 a HGB), im Fall der GmbH diejenigen für Kapitalgesellschaften (Rdn 13 ff) gelten. Dieser grundsätzliche Unterschied ist im Ergebnis allerdings relativiert, seit im Jahr 1976 für die **typische GmbH & Co OHG/KG,** bei der „kein persönlich haftender Gesellschafter eine natürliche Person ist" (vgl. § 209 Abs. 1 S. 3 KO, § 130 a Abs. 1 S. 1 HGB), bei der also eine unbeschränkte Haftung natürlicher Personen nicht besteht, Konkursgründe und Konkursantragspflichten der OHG/KG weitgehend denjenigen bei der GmbH angeglichen wurden. Da zudem die Eröffnung des Konkursverfahrens über das Vermögen der KG mit Rücksicht auf die unbeschränkte Gesellschafterhaftung der GmbH nach § 128 HGB regelmäßig auch dasjenige über das Vermögen der GmbH nach sich zieht, soweit dem nicht die Masselosigkeit der GmbH nach § 107 KO entgegensteht, und da sich aus praktischen Gründen die Bestellung desselben Konkursverwalters für beide Verfahren empfiehlt[325], wickelt sich auch der Konkurs der GmbH & Co OHG/KG und ihrer Komplementär-GmbH im wesentlichen als Einheitskonkurs ab.

Die Beschränkung der folgenden Hinweise (Rdn 132 ff) auf den **KG-Konkurs** im Fall einer GmbH & Co KG beruht darauf, daß der Rechtsform der OHG für **129**
Gesellschaften ohne voll haftende natürliche Personen nur geringe praktische Bedeutung zukommt. Vgl. zum Konkurs der OHG im übrigen eingehend *Ulmer* GroßkommHGB § 131, 36 ff m. weit. Nachw.

b) **Konkurs der Komplementär-GmbH.** Soweit es um den Konkurs (und den **130**
Vergleich) der Komplementär-GmbH geht, kann auf die vorstehende Kommentierung des § 63 verwiesen werden. Die Eröffnung des GmbH-Konkurses führt nach §§ 161 Abs. 2, 131 Nr. 5 HGB auch dann zur *Auflösung der KG,* wenn es ausnahmsweise nicht gleichzeitig oder schon zuvor zur Konkurseröffnung über das KG-Vermögen kommt. Allerdings kann die Auflösung nach § 131 Nr. 5 HGB durch eine Fortsetzungsklausel im Gesellschaftsvertrag (§ 138 HGB) oder durch einen nach Maßgabe von § 141 Abs. 2 HGB zu fassenden, einstimmigen Fortsetzungsbeschluß der übrigen Gesellschafter der KG unter gleichzeitigem Ausscheiden der Komplementär-GmbH abgewendet werden.

Für die **Überschuldung der Komplementär-GmbH** kommt es, da sie typischerweise **131**
nur über das gesetzliche Mindeststammkapital und entsprechend geringes Vermögen verfügt, den Gläubigern der KG nach §§ 161 Abs. 2, 128 HGB jedoch unbeschränkt haftet, maßgeblich auf die *Vermögenslage der KG* an. Denn solange die KG selbst weder zahlungsunfähig noch überschuldet ist, ist der der Komplementär-GmbH gegen sie zustehende Regreßanspruch bei Inanspruchnahme durch KG-Gläubiger[326] regelmäßig voll durchsetzbar. Er gleicht das Haftungsrisiko der GmbH aus, ganz abgesehen davon, daß mit einer persönlichen Inanspruchnahme durch KG-Gläubiger vor Eintritt der Insolvenz der KG meist nicht zu rechnen ist. Ist dagegen die *Insolvenz der KG* eingetreten oder steht sie kurz bevor, so realisiert sich das Haftungsrisiko der Komplementär-GmbH. In diesem Fall sind in der Überschuldungsbilanz der GmbH die Verbindlichkeiten der KG gegenüber ihren Gläubigern als Passiva auch der GmbH anzusetzen, während der korrespondierende Regreßanspruch der GmbH gegen die KG als Aktivum wegen der schlechten Vermögenslage der KG allenfalls zu einem Bruchteil

[325] So zutr. Scholz/*K. Schmidt* 88.

[326] Vgl. dazu *Rob. Fischer*-GroßkommHGB[3] § 128, 39.

seines Nominalbetrags angesetzt werden kann[327]. Soweit nicht ausnahmsweise die Kommanditisten sich gegenüber der Komplementär-GmbH zur internen Haftungsfreistellung verpflichtet haben und ihrerseits zahlungsfähig sind, ist die Überschuldung der Komplementär-GmbH somit bei eingetretener oder bevorstehender Insolvenz der KG unausweichlich; die GmbH-Geschäftsführer müssen dem nach § 64 Abs. 1 durch unverzügliche Stellung des Konkursantrags Rechnung tragen. Der insoweit bestehende enge Zusammenhang zwischen Insolvenz der KG und Überschuldung der Komplementär-GmbH[328] hat durch Erstreckung des Konkursgrunds der Überschuldung auf die GmbH & Co KG im Jahr 1976 (vgl. Rdn 134) wesentlich an Bedeutung verloren.

2. Der Konkurs der KG

132 a) **Konkursfähigkeit.** Es gelten entsprechende Grundsätze wie für die GmbH. Die KG ist schon **vor Eintragung ins Handelsregister** konkursfähig, sobald sie mit ihren Geschäften begonnen hat (§§ 161 Abs. 2, 123 Abs. 2 HGB)[329]. Das gilt auch dann, wenn die Komplementär-GmbH ihrerseits – als Vor-GmbH – noch nicht im Handelsregister eingetragen ist; der Anerkennung der Vor-GmbH & Co KG als Kommanditgesellschaft steht das nicht entgegen[330]. Betreibt die Gesellschaft – als sog. *Soll-GmbH & Co KG* (vgl. § 11, 134) – ein unter § 2 HGB fallendes, erst durch Handelsregistereintragung zum Handelsgewerbe werdendes Unternehmen, so ist sie bis zur Eintragung *Gesellschaft bürgerlichen Rechts* und als solche nach inzwischen wohl hM selbst konkursfähig[331]. Eine unbeschränkte Haftung der mit dem Geschäftsbeginn einverstandenen „Soll"-Kommanditisten nach § 176 Abs. 1 HGB greift nach im Ergebnis zutreffender Ansicht der Rechtsprechung in diesem Fall nicht ein[332]. Dabei kann offenbleiben, ob die Vorschrift des § 176 Abs. 1 HGB von vornherein auf die Soll-KG nicht anwendbar ist[333], oder ob der in der Scheinfirma enthaltene GmbH & Co-Zusatz zum Eingreifen der Ausnahmevorschrift des § 176 Abs. 1 S. 1 aE HGB führt[334].

133 Die **aufgelöste** KG ist so lange konkursfähig, als sie noch über verwertbares Gesamthandsvermögen verfügt. Das ist ausdrücklich dadurch klargestellt, daß § 209 Abs. 2 KO auf § 207 Abs. 2 KO verweist[335]. Haben sich allerdings sämtliche Anteile an der KG in der Hand eines Gesellschafters vereinigt, so ist die Gesellschaft nicht nur aufgelöst, sondern zugleich vollbeendet, ohne daß es einer Liquidation bedarf[336]. Das Gesamthandseigentum hat sich in der Hand des einzigen Gesellschafters in dessen

---

327 Vgl. zuletzt BGH BB 1991, 246.

328 Vgl. dazu näher *U. Huber* Vermögensanteil, Kapitalanteil und Gesellschaftsanteil von Personengesellschaften des Handelsrechts (1970) S. 308 f; *K. Schmidt* DB 1973, 2228; *Uhlenbruck* GmbH & Co[2] S. 245 ff.

329 Vgl. dazu *Ulmer*-GroßkommHGB[3] § 131, 41; Scholz/*K. Schmidt* 89.

330 So zutr. BGHZ 80, 129, 132 ff, 143 = NJW 1981, 1373 unter Aufgabe von BGHZ 63, 45, 47 = NJW 1974, 1905; vgl. näher § 11, 133.

331 So Scholz/*K. Schmidt* 89; *ders.* Festschrift 100 Jahre Konkursordnung (1977) S. 247, 255 ff; *Hüffer* Festschrift Stimpel (1985) S. 165, 185 f; Kuhn/*Uhlenbruck* KO[10] § 209, 67; sympathisierend auch MünchKomm-*Ulmer* BGB[2] § 705, 134 (Fn 336); für die eingetragene, infolge Betriebsaufspaltung zur GbR gewordene frühere KG auch OLG München NJW 1988, 1036, 1037; aA noch Jaeger/*Henckel* KO[9] § 1, 151; Jaeger/*Weber* KO[8] Vor § 207, 12; Soergel/*Hadding* BGB[11] § 728, 1. De lege ferenda für Insolvenzfähigkeit der GbR auch § 12 Abs. 2 S. 1 RefE InsO (dazu Rdn 10).

332 Vgl. BGHZ 61, 59, 65 f = NJW 1973, 1691; 69, 95, 98 = NJW 1977, 1683; zust. etwa Baumbach/Duden/*Hopt* HGB[28] § 176, 2 C; *Schilling*-GroßkommHGB[4] § 176, 14; aA *Flume* Personengesellschaft (1977) § 16 IV 5, S. 332 ff; *ders.* Festschrift Westermann (1974) S. 119, 137 f. Vgl. näher dazu § 11, 144 m. weit. Nachw. in Fn 293 f.

333 So BGH, *Hopt* und *Schilling*, jew. aaO (Fn 332).

334 Dafür Scholz/*K. Schmidt* § 11, 166; Baumbach/*Hueck* § 11, 65; Schlegelberger/*K. Schmidt* HGB[5] § 176, 49 und 53.

335 Vgl. dazu auch Jaeger/*Weber* KO[8] §§ 209, 210, 11; *Ulmer*-GroßkommHGB[3] § 131, 40.

336 BGHZ 71, 296, 299 = NJW 1978, 1525; MünchKomm-*Ulmer* BGB[2] § 719, 20.

Alleineigentum umgewandelt (vgl. §§ 738 Abs. 1 S. 1 BGB, 105 Abs. 2, 161 Abs. 2 HGB). Entsprechend haftet der letzte Gesellschafter nach §§ 161 Abs. 2, 128, 159 HGB unbeschränkt für die ehemaligen Gesellschaftsverbindlichkeiten fort. Daher kommt in diesem Fall auch ein Konkurs nicht mehr über das Vermögen der KG, sondern nur noch über dasjenige des letzten Gesellschafters in Betracht.

b) **Konkursgründe.** Seit der Neufassung von 1976 sind gesetzliche Konkursgründe der typischen GmbH & Co KG (Rdn 128) entsprechend der für Kapitalgesellschaften geltenden Regelung nicht nur die **Zahlungsunfähigkeit,** sondern auch die **Überschuldung** (vgl. § 209 Abs. 1 S. 3 KO; zur Konkursantragspflicht der GmbH-Geschäftsführer in diesen Fällen vgl. §§ 130 a, 177 a HGB, dazu Rdn 137 und § 64, 80). Für die Begriffsbestimmung der beiden Konkursgründe und für die Feststellung ihres Vorliegens kann voll auf die entsprechenden Ausführungen zu den Konkursgründen der GmbH verwiesen werden (Rdn 15 ff). Die dort (Rdn 35 ff) getroffenen Feststellungen über die Notwendigkeit teleologischer Reduktion des Konkursgrunds der Überschuldung auf die GmbH *ohne* positive Fortbestehensprognose und über die Aufstellung der Überschuldungsbilanz ausschließlich nach *Liquidations-* (nicht notwendig Zerschlagungs-) werten gelten für die KG entsprechend[337]. **134**

Hinsichtlich des *Ansatzes von Ansprüchen und Verbindlichkeiten der KG gegenüber Gesellschaftern* in der **Überschuldungsbilanz** ist zu unterscheiden. Zu aktivieren sind nur diejenigen *Ansprüche,* die der *KG selbst* zustehen. Demgegenüber bleiben die Ansprüche von KG-Gläubigern gegen die Komplementär-GmbH, aber auch diejenigen gegen die Kommanditisten aus einer nach §§ 171 Abs. 1, 172 Abs. 4 HGB bestehenden Kommanditistenhaftung ungeachtet ihrer für den Konkursfall vorgesehenen gebündelten Geltendmachung (§ 171 Abs. 2 HGB, vgl. dazu Rdn 141) außer Ansatz[338]. Entsprechendes gilt in Fällen unbeschränkter Kommanditistenhaftung nach § 176 HGB. Zu den danach **aktivierungsfähigen, der KG zustehenden Ansprüchen** gehören diejenigen auf ausstehende, im Gesellschaftsvertrag oder einem späteren Kapitalerhöhungsbeschluß vereinbarte (Pflicht-)Einlagen sowie auf Rückzahlung von nach dem Gesellschaftsvertrag unzulässigen Entnahmen. Anzusetzen sind weiter auch die Ansprüche der KG auf Rückerstattung von Zahlungen, die sie an die Gesellschafter oder ihnen nahestehende Dritte unter Verstoß gegen das auch im Verhältnis zwischen der typischen GmbH & Co KG und ihren Gesellschaftern geltende Verbot des § 30 Abs. 1 GmbHG geleistet hat[339]. Hierunter können namentlich Erstattungsansprüche wegen der Rückzahlung von eigenkapitalersetzenden *Gesellschafterdarlehen* fallen, wenn diese zur Verminderung des Gesellschaftsvermögens nicht nur der KG, sondern mittelbar auch desjenigen der GmbH (vgl. §§ 32 a, b, 194) unter den dem Stammkapital der GmbH entsprechenden Buchwert geführt hat[340]. Dabei kommt es für das Eingreifen der zu §§ 30, 31 entwickelten Rechtsprechungsgrundsätze nicht darauf an, ob der das Darlehen gewährende Kommanditist zugleich an der Komplementär-GmbH beteiligt war[341]. Dagegen bleiben Rückzahlungsansprüche nach § 172 a HGB iVm §§ 32 a, 37 KO[342], die **135**

[337] So auch Scholz/*K. Schmidt* 92 f; *Rowedder* 63.

[338] So auch Scholz/*K. Schmidt* 95; *Rowedder* 65; Kuhn/*Uhlenbruck* KO[10] § 209, 75; im Erg. auch *Uhlenbruck* GmbH & Co KG[2] S. 294.

[339] Vgl. dazu §§ 32 a, b, 193 und *Uhlenbruck* GmbH & Co KG[2] S. 672 ff, jew. m. weit. Nachw.

[340] Allgemein zur entsprechenden Anwendung der auf §§ 30, 31 gestützten Rechtsprechung zu Gesellschafterdarlehen auf die GmbH & Co KG vgl. BGHZ 76, 326, 329 = NJW 1980, 1524; 81, 252, 255 = NJW 1981, 2570; 95, 188, 191 = NJW 1985, 2947; 104, 33, 37 = NJW 1988, 1841; zur Fortgeltung der Rechtsprechungsgrundsätze zu §§ 30, 31 neben § 172 a HGB vgl. §§ 32 a, b, 193 m. Nachw.

[341] So zutr. auch BGH NJW 1990, 1725, 1728 f; vgl. dazu §§ 32 a, b, 195.

[342] Zur Geltung der Anfechtungsvorschriften der §§ 32 a KO, 3 b AnfG im Konkurs der GmbH & Co KG vgl. §§ 32 a, b, 192 m. Nachw.

erst *nach* Konkurseröffnung durch Ausübung des Anfechtungsrechts des Konkursverwalters entstehen, außer Ansatz (Rdn 43).

136 Zu **passivieren** sind *Verbindlichkeiten der KG gegenüber Gesellschaftern,* soweit ihrer Durchsetzung nicht das Verbot der entsprechend anwendbaren §§ 30, 31 entgegensteht (vgl. Rdn 46), darunter in erster Linie solche aus gewöhnlichen Umsatzgeschäften zwischen KG und Gesellschafter („Drittgläubigerforderungen" der Gesellschafter)[343]. Eine Passivierung des Regreßanspruchs der Komplementär-GmbH wegen drohender Inanspruchnahme durch Gesellschaftsgläubiger (Rdn 131) kann so lange unterbleiben, als die ihnen korrespondierenden Ansprüche der KG-Gläubiger ihrerseits in der KG-Bilanz berücksichtigt sind. Die für das GmbH-Recht von der überwM vertretenen Aussicht, daß eigenkapitalersetzende *Gesellschafterdarlehen* beim Fehlen einer definitiven Rangrücktrittsvereinbarung auch dann in der Überschuldungsbilanz anzusetzen sind, wenn sie kapitalersetzenden Charakter haben (vgl. §§ 129 a, 177 a HGB), ist ggf. auch für die KG-Bilanz zu beachten (vgl. dazu näher Rdn 46 a)[344].

137 c) **Konkursantrag.** Das Recht (und die Pflicht, vgl. §§ 130 a, 177 a HGB) zur Stellung des Konkursantrags steht nach §§ 210 Abs. 1 und 3, 208 Abs. 2 KO den **Geschäftsführern oder Liquidatoren der Komplementär-GmbH** als mittelbaren organschaftlichen Vertretern der KG zu (§ 64, 80); daneben sind nach § 105 KO auch die Gläubiger der KG antragsberechtigt. Hinsichtlich des Inhalts und der Anlagen des Konkursantrags sowie hinsichtlich der nach §§ 105 Abs. 2 und 3, 208 Abs. 2 KO vorgeschriebenen Anhörung der übrigen, nicht selbst an der Antragstellung beteiligten Geschäftsführer oder Liquidatoren durch das Gericht vor Zulassung des Antrags kann voll auf die entsprechenden Feststellungen zum Konkursantrag bei der GmbH verwiesen werden (Rdn 57 ff). Entsprechendes gilt nach der ausdrücklichen Regelung in §§ 210 Abs. 3 S. 1, 208 Abs. 2 KO für das Recht (und die Pflicht) *jedes* Geschäftsführers der Komplementär-GmbH, ohne Rücksicht auf die in der GmbH geltende Vertretungsregelung den Antrag auf Eröffnung des KG-Konkurses namens der GmbH zu stellen (vgl. Rdn 52). Die Kommanditisten der GmbH & Co KG oder die Gesellschafter der Komplementär-GmbH sind als solche nicht antragsberechtigt (vgl. § 210 Abs. 1 KO und oben Rdn 53 f).

138 d) **Entscheidung des Konkursgerichts.** Zur Prüfung des Konkursantrags auf seine Zulässigkeit durch das Konkursgericht, zur Entscheidung über die Konkurseröffnung und zu den dagegen bestehenden Rechtsmitteln vgl. Rdn 58 f, 62, 65 ff. Die dort getroffenen Feststellungen einschließlich derjenigen zum **Beschwerderecht jedes Geschäftsführers** (Rdn 67) gelten entsprechend für die Beschwerde namens der Komplementär-GmbH als Geschäftsführer der KG. Der Beschluß über die Konkurseröffnung ist vom Konkursgericht nach § 111 KO zu veröffentlichen und im *Handelsregister* der KG von Amts wegen aufgrund entsprechender Mitteilung durch das Konkursgericht einzutragen (§§ 112 KO, 32 S. 1 HGB, vgl. dazu Rdn 71).

139 Kommt das Konkursgericht nach Beendigung seiner Prüfungsaufgaben zur **Konkursablehnung mangels Masse** (vgl. oben Rdn 64), so führt das aufgrund entsprechender Anwendung der Vorschrift des § 1 LöschG auf die typische GmbH & Co KG (vgl. Anh § 60, 52) zur *Auflösung der KG.* Dagegen ist eine Löschung der GmbH & Co KG wegen Vermögenslosigkeit entsprechend § 2 Abs. 1 LöschG nicht zulässig (Anh § 60, 53). Insoweit bleibt dem Registergericht vielmehr nur das Vorgehen nach §§ 31 Abs. 2 HGB, 141 Abs. 1 FGG (§ 60, 120).

---

343 Vgl. dazu *Rob. Fischer*-GroßkommHGB³ § 128, 43 ff; Scholz/*K. Schmidt* 96.

344 Vgl. etwa Scholz/*K. Schmidt* 96; zutr. Gegenstimmen vgl. in Rdn 46 a.

e) **Wirkungen der Konkurseröffnung. α) Allgemeines.** Auch hinsichtlich der Rechtsfolgen der Konkurseröffnung bei der KG kann grundsätzlich auf die Ausführungen zum GmbH-Konkurs (Rdn 73 ff) verwiesen werden. Das gilt namentlich für die Konkursmasse und das konkursfreie Vermögen (Rdn 75 ff; zur KG-Firma vgl. auch Rdn 142 f), für den Übergang der Verwaltungs- und Verfügungsbefugnisse über das KG-Vermögen auf den Vergleichsverwalter unter Beschränkung der KG-Organe auf den konkursfreien und den rein gesellschaftsinternen Bereich (Rdn 81 ff, 94 ff)[345], sowie für die Wahrnehmung der dem Gemeinschuldner zukommenden Rechte und Pflichten durch die GmbH-Geschäftsführer oder Liquidatoren als mittelbare Organvertreter der KG (Rdn 99 ff). Zur Geltendmachung der Ansprüche der KG auf ausstehende Einlagen u. a. (Rdn 135) durch den Konkursverwalter vgl. Rdn 85 f und *Ulmer*-GroßkommHGB[3] § 131, 69 ff. **140**

Eine Besonderheit des KG-Konkurses ist in **§ 171 Abs. 2 HGB** geregelt. Danach steht dem Konkursverwalter im Konkurs der KG über die Verwertung der Konkursmasse hinaus auch das Recht zu, anstelle der Gesellschaftsgläubiger deren Ansprüche gegen die Kommanditisten aus der Außenhaftung nach §§ 171 Abs. 1, 172 Abs. 4 und 6 **gebündelt** geltend zu machen[346]. Auf die Ansprüche von Gläubigern gegen Kommanditisten aus § 176 HGB sowie auf diejenigen gegen persönlich haftende Gesellschafter aus § 128 HGB erstreckt sich die Einbeziehungsbefugnis des Konkursverwalters aus § 171 Abs. 2 HGB nicht; diese Ansprüche können von den Gläubigern der KG trotz Konkurseröffnung über das KG-Vermögen unmittelbar gegen die Gesellschafter weiterverfolgt werden[347]. **141**

β) Firma. Die Behandlung der Firma der GmbH & Co KG im Konkurs der KG ist **umstritten.** Außer Zweifel steht zwar, daß die Firma insoweit zur Konkursmasse gehört, als es um ihre *Verwendung* während des Konkursverfahrens geht[348]. Anderes gilt dagegen hinsichtlich der *Verwertungsbefugnis durch den Konkursverwalter.* Sie wird auch heute noch von einem Teil der Ansichten abgelehnt, wenn es sich um eine Personenfirma handelt und Gesellschafter desselben Namens noch der Gesellschaft angehören[349]. Darauf, daß es sich bei der Firma der GmbH & Co KG um eine von der früheren KG *abgeleitete* Firma handelt, soll es nach dieser Arbeit nicht ankommen[350]. **142**

Den *Vorzug* verdient demgegenüber die neuere, heute ganz herrschende Ansicht, die die **Verwertung** der Firma durch den Konkursverwalter nicht nur im Fall der GmbH (vgl. dazu Rdn 77, 82 ff), sondern *auch im Fall der GmbH & Co KG* zuläßt[351]. Daß der Namensgeber bei seinem Ausscheiden aus einer KG nach § 24 HGB eine **143**

---

[345] Vgl. dazu auch *Ulmer*-GroßkommHGB[3] § 131, 73 ff m. Nachw.

[346] Vgl. dazu näher Schlegelberger/*K. Schmidt* HGB[5] §§ 171, 172, 100 ff; *Schilling*-GroßkommHGB[4] § 171, 17 ff; Baumbach/Duden/*Hopt* HGB[28] § 171, 3; *Uhlenbruck* GmbH & Co. KG[2] S. 623 ff; *Häsemeyer* ZHR 149 (1985) 42 ff (55 ff); allg. zur Kommanditistenhaftung im Konkurs der KG vgl. auch *K. Schmidt* Einlage und Haftung der Kommanditisten (1977) S. 124 ff.

[347] BGHZ 82, 209, 214 = NJW 1982, 883; BGH NJW 1983, 2813; Schlegelberger/*K. Schmidt* HGB[5] §§ 171, 172, 105 m. Nachw. auch zu abw. Vorschlägen de lege ferenda.

[348] Vgl. dazu statt aller *Hüffer*-GroßkommHGB[4] § 22, 34.

[349] So im Anschluß an BGHZ 32, 103, 105 ff = NJW 1960, 1008 namentlich Jaeger/*Henckel* KO[9] § 1, 15 unter Hinweis auf § 24 HGB; zur heute hM vgl. Rdn 143.

[350] So schon BGHZ 32, 103, 108 = NJW 1960, 1008.

[351] Heute ganz hM, vgl. BGHZ 109, 364, 368 = NJW 1990, 1605; OLG Düsseldorf NJW 1980, 1284, 1285; OLG Frankfurt ZIP 1988, 598, 600; OLG Hamm NJW 1982, 586, 587; *Hüffer*-GroßkommHGB[4] § 22, 37; *Kilger* KO[15] § 1, 3 C b; Jaeger/*Weber* KO[8] §§ 209, 210, 29; Kuhn/*Uhlenbruck* KO[10] § 1, 80 b; *ders.* GmbH & Co KG[2] S. 507; Scholz/*K. Schmidt* 101; Baumbach/*Hefermehl* Wettbewerbsrecht[16] UWG § 16, 92; einschr. – nur für die originäre GmbH & Co. KG-Firma – *Riegger* BB 1983, 788.

Firmenänderung verlangen kann, steht nicht entgegen. Denn diese Vorschrift ist auf die Fälle bezogen, in denen die Firma notwendig aus dem Namen eines Teils der Gesellschafter zu bilden ist, während den Gesellschaftern im Fall der GmbH & Co KG nach §§ 19 Abs. 2 HGB, 4 Abs. 1 GmbHG auch die Wahl einer Sachfirma offensteht. Indem der Namensgeber bei Gründung der GmbH oder bei Umwandlung der KG in eine GmbH & Co KG in die (Weiter-)Benutzung seines Namens eingewilligt hat, hat er sich auch des Rechts begeben, im Konkurs der KG die Veräußerung zu untersagen[352].

144 Die aus dem GmbH-Recht bekannte Frage, unter welcher **neuen Firma** die in Konkurs gefallene Gesellschaft nach Veräußerung des Unternehmens mit der Firma durch den Konkursverwalter auftreten kann (Rdn 90 ff), kann sich auch für den Konkurs der GmbH & Co KG stellen, falls die Gesellschaft trotz Unternehmensveräußerung noch *Handels*gesellschaft ist. Aus den in Rdn 92 genannten Gründen steht auch insoweit dem *Konkursverwalter* die Befugnis zu, der Gesellschaft für die Zwecke der Abwicklung eine *Ersatzfirma* zu geben, wenn die Gesellschafter eine entsprechende Änderung des Gesellschaftsvertrags nicht von sich aus beschließen.

145 f) **Konkursbeendigung; Fortsetzung der KG.** Für die **Beendigung** des KG-Konkurses gelten dieselben Gründe wie für diejenige im Fall des GmbH-Konkurses: sie kann beruhen auf der Aufhebung, sei es nach Schlußverteilung oder nach rechtskräftig bestätigtem Zwangsvergleich, ferner auf der Einstellung des Verfahrens entweder auf Antrag des Gemeinschuldners (der KG, handelnd durch die Geschäftsführer der Komplementär-GmbH, vgl. Rdn 137) mit Zustimmung der Konkursgläubiger oder wegen des Fehlens einer die Kosten deckenden Masse. Vgl. Näheres hierzu, zur Bekanntmachung und Handelsregistereintragung der Beendigungsgründe sowie zur Durchführung einer etwaigen Nachtragsverteilung in Rdn 104 f. Die **Löschung** einer vermögenslosen GmbH & Co KG kann *von Amts wegen* nach §§ 31 Abs. 2 HGB, 141 Abs. 1 FGG erfolgen; § 2 Abs. 1 LöschG greift nicht ein (Anh § 60, 53).

146 Hinsichtlich der *Fortsetzung* ist ebenso wie hinsichtlich des Konkurses (Rdn 128) zu unterscheiden zwischen der Fortsetzung der KG und derjenigen der GmbH. Die **Fortsetzung der KG** setzt nach der klarstellenden Vorschrift des § 144 HGB einen *Beschluß sämtlicher Gesellschafter* voraus; entgegen dem Wortlaut von § 144 Abs. 1 HGB ist sie aber nicht auf die beiden dort genannten Gründe einer Konkursbeendigung beschränkt[353]. Allerdings bedarf es zur Fortsetzung der KG zusätzlich des Vorhandenseins eines geeigneten Komplementärs[354]. Die bisherige **Komplementär-GmbH** kommt dafür nur in Betracht, wenn auch sie unter den nach § 60 Abs. 1 Nr. 4 GmbHG geltenden, engeren Voraussetzungen fortgesetzt werden kann (vgl. dazu näher § 60, 84 ff, 100). Scheitert hieran die unveränderte Fortsetzung der GmbH & Co KG, so bleibt es den Kommanditisten unbenommen, die KG mit einer anderen, ggf. zu diesem Zweck neu gegründeten GmbH als Komplementärin anstelle der nicht fortsetzungsfähigen bisherigen GmbH fortzusetzen.

147 g) **Vergleich.** Der gerichtliche Vergleich der GmbH & Co KG richtet sich grundsätzlich nach denselben Vorschriften wie derjenige über das Vermögen der GmbH; auf die Ausführungen hierzu (Rdn 110 ff) wird verwiesen. Einige Sonderregelungen für die KG

---

[352] So zutr. BGHZ 109, 364, 368 = NJW 1990, 1605; für die Firma der GmbH auch BGHZ 85, 221, 224 f = NJW 1983, 755, vgl. dazu Rdn 77; aA für die von der klassischen KG abgeleitete, aus dem Namen eines in die Kommanditistenstellung übergewechselten ehemaligen Komplementärs gebildete Firma *Riegger* BB 1983, 788.

[353] HM, vgl. *Ulmer*-GroßkommHGB[3] § 144, 3; Heymann/*Emmerich* HGB § 144, 3; Baumbach/Duden/*Hopt* HGB[28] § 144, 1; zur abw. Lage bei Fortsetzung der durch Konkurs aufgelösten *GmbH* vgl. § 60, 88 ff.

[354] Scholz/*K. Schmidt* 105; Kuhn/*Uhlenbruck* KO[10] § 209, 117.

enthält zwar § 109 VerglO. Sie führen im Ergebnis jedoch zu keinen Änderungen gegenüber den für den Vergleich der GmbH erörterten Grundsätzen. Das gilt namentlich für das **Antragsrecht** in § 109 Abs. 1 Nr. 1 VerglO, das sämtlichen persönlich haftenden Gesellschaftern, im Fall der typischen GmbH & Co KG also der *Komplementär-GmbH* zusteht. Es ist von den Geschäftsführern der GmbH in *vertretungsberechtigter* Zahl auszuüben (vgl. auch Rdn 116). Durch die Eröffnung des Vergleichsverfahrens wird die KG **nicht aufgelöst**[355]. Zur Frage der Vergleichswürdigkeit der KG vgl. § 109 Abs. 1 Nr. 2 VerglO, zur Begrenzungswirkung eines angenommenen und bestätigten Vergleichs über das Vermögen der KG auch für die Haftung der Komplementäre vgl. § 109 Abs. 1 Nr. 3 VerglO[356].

§ 64

Wird die Gesellschaft zahlungsunfähig, so haben die Geschäftsführer ohne schuldhaftes Zögern, spätestens aber drei Wochen nach Eintritt der Zahlungsunfähigkeit, die Eröffnung des Konkursverfahrens oder die Eröffnung des gerichtlichen Vergleichsverfahrens zu beantragen. Dies gilt sinngemäß, wenn das Vermögen der Gesellschaft nicht mehr die Schulden deckt. Eine schuldhafte Verzögerung des Antrags liegt nicht vor, wenn die Geschäftsführer die Eröffnung des gerichtlichen Vergleichsverfahrens mit der Sorgfalt eines ordentlichen Geschäftsmanns betreiben.

Die Geschäftsführer sind der Gesellschaft zum Ersatz von Zahlungen verpflichtet, die nach Eintritt der Zahlungsunfähigkeit der Gesellschaft oder nach Feststellung ihrer Überschuldung geleistet werden. Dies gilt nicht von Zahlungen, die auch nach diesem Zeitpunkt mit der Sorgfalt eines ordentlichen Geschäftsmanns vereinbar sind. Auf den Ersatzanspruch finden die Bestimmungen in § 43 Abs. 3 und 4 entsprechende Anwendung.

Übersicht

355 Vgl. nur *Ulmer*-GroßkommHGB[3] § 131, 51; Heymann/*Emmerich* HGB § 131, 26; Baumbach/Duden/*Hopt* HGB[28], § 131, 2 D.

356 Näher zur GmbH & Co KG im gerichtlichen Vergleichsverfahren vgl. *Uhlenbruck* GmbH & Co[2] S. 801 ff.

Schrifttum

Fleck Zur Haftung des GmbH-Geschäftsführers, GmbH-Rdsch. 1974, 224; *Gilles/Baumgart* Schadensersatzpflicht des GmbH-Geschäftsführers nach § 823 II BGB iVm § 64 I GmbHG, JuS 1974, 226; *Gurke* Verhaltensweisen und Sorgfaltspflichten von Vorstandsmitgliedern und Geschäftsführern bei drohender Überschuldung (1982); *ders.* Zur Konkursantragspflicht der GmbH-Geschäftsführer wegen Überschuldung der GmbH, DB 1982, 1857; *Haack* Der Konkursgrund der Überschuldung bei Kapital- und Personengesellschaften (1980); *Häsemeyer* Die Gleichbehandlung der Konkursgläubiger, KTS 1982, 507; *Heckmann* Die Ausübung von Rechten der Gesellschaftsgläubiger durch den Konkursverwalter, KTS 1960, 182; *Hirtz* Die Vorstandspflichten bei Verlust, Zahlungsunfähigkeit und Überschuldung einer Aktiengesellschaft (1966); *Honsell* Die Haftung des Geschäftsführers gegenüber Gesellschaftsgläubigern bei Insolvenz der GmbH, GesRZ 1984, 134 und 207; *Kion* Die Haftung des GmbH-Geschäftsführers, BB 1984, 864; *Konow* Probleme der Geschäftsführerhaftung bei der GmbH, GmbH-Rdsch. 1968, 219; *ders.* Gesellschafterhaftung für Verkürzung der Konkursmasse, GmbH-Rdsch. 1975, 104; *Kratsch* Das „faktische Organ" im Gesellschaftsstrafrecht, ZGR 1985, 506; *Kühn* Die Konkursantragspflicht bei Überschuldung einer GmbH, Diss. Münster 1969; *ders.* Gläubigerschutz nach § 823 Abs. 2 BGB bei Überschuldung einer GmbH, NJW 1970, 589; *Lambsdorff/Gilles* Zur Haftung der GmbH-Geschäftsführer bei unterlassenem oder verzögertem Konkursantrag, NJW 1966, 1551; *Lindacher* Direkte Haftung der AG-Vorstandsmitglieder und GmbH-Geschäftsführer gegenüber Gesellschaftsgläubigern bei unterlassenem oder verzögertem Konkursantrag, DB 1972, 1424; *Richter* Der Konkurs der GmbH aus Sicht der Strafrechtspraxis, GmbH-Rdsch. 1984, 113, 137; *Roth* Geschäftsführerpflichten und Gesellschafterhaftung bei Überschuldung der GmbH, GmbH-Rdsch. 1985, 137; *K. Schmidt* Konkursgründe und präventiver Gläubigerschutz, AG 1978, 334; *ders.* Konkursantragspflichten und allgemeines Deliktsrecht, JZ 1978, 661; *ders.* Organverantwortlichkeit und Sanierung im Insolvenzrecht der Unternehmen, ZIP 1980, 328; *ders.* Sinnwandel und Funktion des Überschuldungstatbestands, JZ 1982, 165; *ders.* Konkursverschleppungshaftung und Konkursverursachungshaftung, ZIP 1988, 1497; *Schulze-Osterloh* Grenzen des Gläubigerschutzes bei fahrlässiger Konkursverschleppung, AG 1984, 141; *U. Stein* Die Normadressaten der §§ 64, 84 GmbHG und die Verantwortlichkeit von Nichtgeschäftsführern wegen Konkursverschleppung, ZHR 148 (1984) 207; *Uhlenbruck* Die Rechtsstellung des Geschäftsführers im Konkurs der GmbH, GmbH-Rdsch. 1972, 170; *ders.* Sicherung gegen Zahlungsausfälle aus der Sicht des Insolvenzrechts de lege lata und de lege ferenda, Schmalenbachs Zeitschrift für betriebswirtschaftliche Forschung (ZfbF) 34 (1982) 524; *ders.* Die Pflichten des Geschäftsführers einer GmbH oder GmbH & Co. KG in der Krise des Unternehmens, BB 1985, 1277; *Ulmer* Konkursantragspflicht bei Überschuldung der GmbH und Haftungsrisiken bei Konkursverschleppung, KTS 1981, 459; *ders.* Volle Haftung des Gesellschafter-Geschäftsführers einer GmbH für Gläubigerschäden aus fahrlässiger Konkursverschleppung?, NJW 1983, 1577; *Winkler* § 64 Abs. 1 GmbHG als Schutzgesetz für die Gesellschaftsgläubiger, MDR 1958, 887; *ders.* Zum Schutzumfang des § 64 Abs. 1 GmbHG, MDR 1960, 185. Vgl. auch die Angaben vor Rdn 66, 79.

I. Grundlagen

1. Normzweck

Die Vorschrift bezweckt in **Abs. 1**, die Geschäftsführer (oder Liquidatoren, § 71 Abs. 2) als die zur Vertretung der Gesellschaft berufenen Organe zur Stellung des Konkurs- oder Vergleichsantrags bei Eintritt der Konkursreife zu veranlassen. Sie macht aus dem Recht zur Antragstellung (§ 63, 51 f) eine zwingende *öffentlich-rechtliche Antragspflicht.* Dadurch soll für die Beachtung der in § 63 geregelten Konkursgründe gesorgt und im Interesse von Rechtsverkehr und Öffentlichkeit soweit möglich Vorsorge dafür getroffen werden, daß konkursreife Gesellschaften mit beschränktem Haftungsfonds nicht länger am Geschäftsverkehr teilnehmen und dadurch Gläubiger schädigen oder gefährden. **Abs. 2** begründet eine *Pflicht der Geschäftsführer zur Erhaltung der Masse* nach Eintritt der Konkursreife und zur Unterlassung masseschmälernder Zahlungen. Sie hat gegenüber Abs. 1 schon deshalb selbständige Bedeutung, weil sie sofort mit Konkursreife und nicht erst nach Ablauf der Antragsfrist eingreift (Rdn 33). Die damit verbundene Haftungssanktion zugunsten der Gläubigergesamtheit (Rdn 34, 37 ff) ist allerdings wegen der in Abs. 2 S. 2 enthaltenen Ausnahme von nur begrenzter Tragweite. Sie schließt die Geltendmachung eines weitergehenden Konkursverschleppungsschadens gegenüber den Geschäftsführern durch die GmbH (Rdn 46) und die geschädigten Gläubiger (Rdn 47 ff) nicht aus. **1**

Von diesem allgemein gehaltenen, auch die Interessen von Öffentlichkeit und Rechtsverkehr umfassenden Normzweck zu unterscheiden ist der Charakter von Abs. 1 als **Schutzgesetz** iSv § 823 Abs. 2 BGB. Der Schutzzweck beschränkt sich nach zutr. hM auf die **Gesellschaftsgläubiger**. Sie sollen durch rechtzeitige Antragstellung vor einer weiteren Verschlechterung ihrer Vermögensposition bewahrt werden. Zu diesem Zweck soll ihnen gegenüber sichergestellt werden, daß das bei Konkursreife verbliebene Gesellschaftsvermögen nicht durch weitere Geschäftstätigkeit der Gesellschaft aufgezehrt, sondern zur Gläubigerbefriedigung verwendet wird[1]. Ein schuldhafter Verstoß gegen die Antragspflicht nach Abs. 1 löst die deliktische Haftung der Geschäftsführer gegenüber den geschädigten Gläubigern aus (vgl. näher Rdn 47 ff). Dagegen ist die früher nicht selten vertretene Einbeziehung auch der Gesellschaft und sogar der Gesellschafter persönlich in den Schutz des § 64 abzulehnen[2]. Ihnen gegenüber bewendet es vielmehr bei dem Schutz aus der in § 43 geregelten Pflicht zu sorgfältiger Geschäftsführung[3]. **2**

2. Systematik

Die Vorschrift des § 64 steht in unmittelbarem **Zusammenhang mit § 63** und den dort geregelten Konkursgründen. Sie sind auch für das Eingreifen der Konkursantrags- **3**

---

[1] BGHZ 29, 100, 105 = NJW 1959, 623; BHG WM 1962, 764; BGHZ 100, 19, 21 = NJW 1987, 2433.

[2] So etwa – wenn auch nicht speziell im Hinblick auf § 823 Abs. 2 BGB – RGZ 73, 30, 34; 159, 211, 234; LG Kiel NJW 1954, 1850, 1851; Jaeger/*Weber* KO[8] § 103, 11.

[3] Inzwischen hM, vgl. Scholz/*K. Schmidt* 35; Baumbach/Hueck/*Schulze-Osterloh* 24; *Lutter/Hommelhoff* 13; *Roth* 3.1.

pflicht nach Abs. 1 sowie für die in Abs. 2 geregelte Pflicht zur Erhaltung der Masse nach Eintritt der Konkursreife maßgebend. Als **Sanktion** sieht § 84 Abs. 1 Nr. 2, Abs. 2 die *Bestrafung* der Geschäftsführer oder Liquidatoren bei schuldhafter Verletzung der Antragspflicht aus Abs. 1 vor. Eine *zivilrechtliche Haftung* gegenüber den durch Konkursverschleppung geschädigten *Gläubigern* ergibt sich aus Abs. 1 iVm § 823 Abs. 2 BGB (Rdn 47 ff); sie ist von der in Abs. 2 geregelten, gegenüber der *GmbH* eingreifenden Schadensersatzpflicht nach Voraussetzungen und Rechtsfolgen klar zu unterscheiden.

3. Geltungsbereich

4 Der Geltungsbereich von § 64 deckt sich voll mit demjenigen von § 63 (vgl. näher § 63, 3 ff). Die Antragspflicht besteht in **jeder Phase** des Bestehens der Gesellschaft, d. h. außer in der *werbenden* auch in der *aufgelösten oder nichtigen GmbH*, wenn bei ihr Konkursreife eintritt, sowie schließlich in der *Vor-GmbH*. Entsprechendes gilt für die Pflicht zur Kapitalerhaltung nach Abs. 2. Zur *Nichtanwendung* von § 64 im Zuge der Währungsumstellung von 1948 bis zur Beschlußfassung der Gesellschafter über die Neufestsetzung des Stammkapitals in DM vgl. § 56 DMBilG 1949, dazu näher Voraufl. Rdn 6.

4a Eine vorübergehende *Ausnahme* von der Konkursantragspflicht enthält **§ 56 d DMBilG 1990** idF v. 22. 3. 1991[4]. Danach ist für organschaftliche Vertreter von Kapitalgesellschaften mit Sitz in der ehemaligen DDR, die nach § 1 Abs. 1 DMBilG 1990 eine Eröffnungsbilanz aufzustellen haben, die Pflicht zur Beantragung der „Gesamtvollstreckung"[5] wegen **Überschuldung** bis zur Beschlußfassung über die Kapitalneufestsetzung durch das hierfür zuständige Organ (bei der GmbH: die Gesellschafterversammlung) suspendiert. Die Frist für die Kapitalneufestsetzung läuft für große und mittlere Unternehmen bis 30. 6. 1991, für kleine Unternehmen iSd § 4 Abs. 1 S. 2 DMBilG 1990 bis 30. 9. 1991. Die Ausnahme gilt *nicht* für den Fall einer bis zum Fristablauf eintretenden *Zahlungsunfähigkeit*; insoweit bleibt es bei der in § 64 Abs. 1 geregelten, grundsätzlich auch für Unternehmen in den fünf neuen Bundesländern verbindlichen Antragspflicht. Zweifelhaft ist ihre Geltung für Fälle einer Überschuldung wegen Verlusten aus der Zeit *nach* dem Stichtag der Eröffnungsbilanz (1. 7. 1990), soweit diese nicht durch Finanzhilfen der Gesellschafter (meist der Treuhandanstalt oder einer von ihr kontrollierten, die Rolle einer Zwischenholding übernehmenden Kombinats-AG) ausgeglichen werden (zu den Möglichkeiten einer Beseitigung der Überschuldung vgl. § 63, 49)[6]. Während der Wortlaut des § 56 d DMBilG 1990 (eine „bei Aufstellung der Eröffnungsbilanz sich ergebende Überschuldung") dafür spricht, daß es im übrigen bei der Antragspflicht bleibt, weisen systematische und teleologische Auslegung in die gegenteilige Richtung. Denn angesichts der durch § 24 Abs. 1, 3 DMBilG begründeten Ausgleichsforderung gegen die Treuhandanstalt oder eine Zwischenholding kann die Aufstellung der Eröffnungsbilanz zu einer Überschuldung gar nicht führen. Auch würde der vermutliche Zweck des § 56 d DMBilG 1990, bis zur Bilanzfeststellung die Frage einer Sanierung offenzuhalten, verfehlt, wenn die zwischenzeitlich wohl verbreitet angefallenen Verluste doch eine Insolvenzantragspflicht zur Folge hätten, sofern sie die Höhe des (Mindest-)Stammkapitals (vgl. § 26 Abs. 2 DMBilG 1990) übersteigen. Soweit danach die Insolvenzantragspflicht ausgesetzt ist, scheidet auch eine Haftung

[4] Art. 4 Nr. 29 b des Gesetzes zur Beseitigung von Hemmnissen bei der Privatisierung von Unternehmen und zur Förderung von Investitionen, BGBl I 766.

[5] Vgl. § 1 Abs. 1 der VO über die Gesamtvollstreckung v. 6. 6. 1990 (GBl. DDR I 285).

[6] Für Eingreifen der Antragspflicht in derartigen Fällen *Uhlenbruck* ZIP 1991, 561, 563 f.

der Geschäftsführer nach § 64 Abs. 2 GmbHG wegen masseschmälernder Zahlungen nach Konkursreife aus[7]. Wohl aber stellt sich die Frage einer Gläubigersicherung durch die Treuhandanstalt zur Kompensation des mit der Antragspflicht verbundenen, kraft Gesetzes bis 30. 6. 1991 ausgesetzten Gläubigerschutzes.

4. Entstehungsgeschichte, Reform

Die *heutige Fassung* von Abs. 1 und die Einführung von Abs. 2 S. 2 gehen mit Ausnahme der Streichung des Bilanzerfordernisses (Rdn 6) auf das Reichsgesetz v. 25. 3. 1930 (RGBl. I S. 93) zurück. Es zog für die GmbH die Konsequenzen aus dem im Jahre 1927 eingeführten gerichtlichen Vergleichsverfahren und eröffnete den Geschäftsführern und Liquidatoren die **Wahl zwischen Konkurs- und Vergleichsantrag.** Die zur Ausübung der Wahl ursprünglich eingeräumte Höchstfrist von zwei Wochen erwies sich bald als zu kurz; sie wurde durch VO des Reichspräsidenten v. 6. 8. 1931 (RGBl. I S. 433) auf drei Wochen verlängert. Zur *Nichtanwendung* von § 64 im Zuge der Währungsumstellung von 1948 bis zur Beschlußfassung der Gesellschafter über die Neufestsetzung des Stammkapitals in DM vgl. § 56 DMBilG 1949, dazu näher Voraufl. Rdn 6. **5**

Das Zweite Gesetz zur Bekämpfung der Wirtschaftskriminalität v. 15. 5. 1986 (BGBl. I S. 721) trug einer schon seit langem erhobenen rechtspolitischen Forderung[8] Rechnung und strich das bis dahin im Wortlaut des Abs. 1 S. 2 enthaltene *Bilanzierungserfordernis* für die Feststellung der Überschuldung[9]. Dadurch wurde Abs. 1 an die modernere Fassung des § 92 Abs. 2 AktG (so jetzt auch § 130a Abs. 1 HGB für die Feststellung der Überschuldung einer GmbH & Co OHG/KG ohne natürliche Personen als unbeschränkt haftende Gesellschafter) angepaßt und zugleich klargestellt, daß die **Antragspflicht bei Überschuldung** nicht deren Feststellung aufgrund einer Jahres- oder Zwischenbilanz voraussetzt, sondern bereits bei *objektivem Eintritt* der Überschuldung eingreift[10]. **6**

II. Die Antragspflicht (Abs. 1)

1. Verpflichtete

a) **Geschäftsführer.** Normadressaten des § 64 Abs. 1 sowie der in § 84 Abs. 1 Nr. 2 enthaltenen Strafsanktionen sind die Geschäftsführer, und zwar **jeder** von ihnen **persönlich**. Dem entspricht das nach § 63 Abs. 2 iVm § 208 Abs. 1 KO jedem Geschäftsführer zustehende Recht zur Stellung des *Konkursantrags* unabhängig von der Vertretungsregelung in der Gesellschaft (vgl. § 63, 52; zur abweichenden Lage beim Vergleichsantrag vgl. § 63, 116 und dazu unten Rdn 22). Die Antragspflicht der Geschäftsführer greift nicht nur bei feststehender Konkursreife ein. Vielmehr sind die Geschäftsführer auch verpflichtet, bei Vorliegen von Verdachtsmomenten wie nicht nur vorübergehender negativer Ertragslage, nachhaltigen Liquiditätsschwierigkeiten, erheblichen Forderungsausfällen, schwerer Verkäuflichkeit des Warenbestands u. a. den *Eintritt der Konkursreife zu prüfen* (vgl. auch Rdn 52). Mit Rücksicht auf den öffentlich-rechtli- **7**

---

[7] AA *Uhlenbruck* ZIP 1991, 564.

[8] Vgl. nur § 74 Abs. 2 RegE GmbHG 1971/73 und Voraufl. Rdn 18.

[9] Zur Neuregelung des § 64 Abs. 1 S. 2 und zu ihrer Bedeutung für den Straftatbestand des § 84 Abs. 1 Nr. 2 vgl. *Tiedemann* GmbH-Rdsch. 1985, 281 ff.

[10] Das entsprach aufgrund korrigierender Auslegung des § 64 Abs. 1 aF der Sache nach bereits dem bis 1986 geltenden Recht (vgl. Voraufl. 17 f).

chen, im Allgemeininteresse liegenden Charakter (Rdn 1) steht die Antragspflicht nicht zur Disposition der Geschäftsführermehrheit. Ebenso sind *entgegenstehende Weisungen der Gesellschafter unbeachtlich*, soweit sie sich nicht mit durchgreifenden Sanierungsmaßnahmen verbinden und dadurch die Konkursreife als Voraussetzung der Antragspflicht beseitigen (§ 63, 54). Zur Bedeutung der Einwilligung der Gesellschaftsgläubiger in das Unterlassen der Antragstellung vgl. Rdn 32; zur Möglichkeit, den Konkursantrag zurückzunehmen, vgl. § 63, 61.

8 Die Antragspflicht **beginnt** mit dem Eintritt der Konkursreife, d. h. dem *objektiven Vorliegen* einer der beiden in § 63 Abs. 1 genannten Konkursgründe (vgl. näher Rdn 13 ff), auch wenn die Geschäftsführer keine Kenntnis hiervon haben. Sie wird gehemmt durch den Lauf der höchstens drei Wochen betragenden, der Prüfung der Vergleichsfähigkeit oder außergerichtlicher Sanierungsmöglichkeiten dienenden Antragsfrist (Rdn 24 ff). Zivil- oder strafrechtliche *Sanktionen* wegen Verletzung der Antragspflicht setzen neben der objektiven Konkursreife der Gesellschaft die *Vorwerfbarkeit* der Pflichtverletzung durch die Geschäftsführer voraus, d. h. deren vorsätzliches oder fahrlässiges Handeln (Rdn 36, 52).

9 Geschäftsführer, die ihr **Amt nach Konkursreife niederlegen**, können sich allein dadurch ihrer einmal eingetretenen zivil- und strafrechtlichen Verantwortlichkeit nicht entziehen[11]. Ist die Amtsniederlegung wirksam und die Organstellung in der GmbH damit beendet (vgl. Erläut. zu § 38), so ist es ihnen dadurch zwar nicht mehr möglich, *als Geschäftsführer* Konkursantrag zu stellen. Zur Schadensbegrenzung müssen sie aber versuchen, die verbliebenen Geschäftsführer zur Antragstellung zu veranlassen, soweit ihnen nicht noch Forderungen gegen die GmbH zustehen und sie daher nach § 103 Abs. 2 KO den Konkursantrag als Gesellschaftsgläubiger stellen können[12]. Abweichendes gilt dann, wenn im Zeitpunkt des Ausscheidens die Haftungsvoraussetzungen noch nicht gegeben waren, weil der Ausscheidende entweder unverschuldet keine Kenntnis von der Konkursreife hatte oder die Antragsfrist noch lief und die internen Überlegungen über Sanierungsmöglichkeiten nicht abgeschlossen waren[13].

10 b) **Liquidatoren.** Für sie gelten die vorstehenden Feststellungen (Rdn 7 ff) entsprechend. Ihre Antragspflicht folgt aus der Verweisung in § 71 Abs. 4 auf § 64. Analog § 63 Abs. 2 iVm § 208 Abs. 1 KO steht **jedem** von ihnen das Recht zur Stellung des Konkursantrags zu, da sie nur so der Antragspflicht unabhängig vom Verhalten der anderen Liquidatoren genügen können[14].

11 c) **Faktische Geschäftsführer.** Für die **strafrechtliche** Verantwortlichkeit wegen Konkursverschleppung ist in ständ. Rechtsprechung die Ausdehnung der Strafsanktion des § 84 Abs. 1 Nr. 2, Abs. 2 auf solche Personen anerkannt, die – ohne wirksam zu Geschäftsführern der GmbH bestellt zu sein – faktisch die Geschäfte der Gesellschaft führen. Das gilt sowohl für Fälle faktischer Geschäftsführung trotz zivilrechtlich *unwirksamer Bestellung*[14a] als auch für solche, in denen der faktische Geschäftsführer – meist ein maßgeblicher Gesellschafter – mit dem *Einverständnis der Gesellschafter*, wenn auch *ohne formellen Bestellungsakt*, die Geschäfte der GmbH tatsächlich führt[15]. Der Sache nach geht es um eine strafrechtliche Organhaftung kraft *Übernahme*

[11] Im Anschluß an BGH NJW 1952, 554 einhM, vgl. Scholz/*K. Schmidt* 5; Baumbach/Hueck/*Schulze-Osterloh* 7; *Fleck* GmbH-Rdsch. 1974, 229.

[12] So auch Scholz/*K. Schmidt* 5; Baumbach/Hueck/*Schulze-Osterloh* 7.

[13] Zutr. Scholz/*Tiedemann* § 84, 38 ff.

[14] EinhM, vgl. Scholz/*K. Schmidt* 5; *Lutter*/*Hommelhoff* § 63, 10.

[14a] RGSt 16, 269, 271 f.

[15] BGHSt 3, 32, 38; 6, 314, 315; 21, 101, 103; 31, 118, 121 f = BB 1983, 788 m. krit. Anm. *Kaligin*; BGH GmbH-Rdsch. 1955, 61; 1958, 179, 180.

entsprechend den für die Garantenpflicht bei unechten Unterlassungsdelikten geltenden Grundsätzen[16].

Die Ausweitung der Strafsanktion nach § 84 setzt notwendig die **gesellschaftsrechtliche** Pflicht – und das Recht – des tatsächlichen Geschäftsführers zur Antragstellung voraus[17]. Sie sind aus denselben Gründen zu bejahen, aus denen die Rechtsprechung der Strafgerichte zum Eingreifen von § 84 gekommen ist: wer sich nicht darauf beschränkt, Einfluß auf die Geschäftsführer auszuüben, sondern wer selbst aktiv an der Geschäftsführung teilnimmt und mit Einverständnis der (Mit-)Gesellschafter nach innen und außen für die GmbH handelt, der kann sich in der Krise der GmbH nicht auf den fehlenden Bestellungsakt berufen, sondern haftet auch zivilrechtlich im Fall unterlassener Antragstellung[18]. 12

d) **Sonstige?** Eine Antragspflicht sonstiger Personen, die weder zu Geschäftsführern (Liquidatoren) bestellt noch faktisch als solche tätig sind, ist ebenso *zu verneinen* wie das entsprechende Antragsrecht (§ 63, 53 f). Das gilt sowohl für Gesellschafter, selbst wenn sie **Alleingesellschafter** sind und den Geschäftsführern umfassende Weisungen erteilen können[19], als auch für **Mitglieder eines Aufsichts-(Bei-)rats**[20]. Je nach Lage des Falles können sie sich zwar nach § 830 Abs. 2 BGB wegen Anstiftung oder Beihilfe zur Konkursverschleppung haftbar machen, wenn sie die Geschäftsführer hierzu bestimmt oder unterstützt haben (vgl. näher Rdn 75). Auch kann sich eine *interne* Haftung der Aufsichtsratsmitglieder gegenüber der GmbH nach § 52 iVm §§ 116, 93 AktG daraus ergeben, daß sie es unter Verletzung ihrer Überwachungspflichten versäumt haben, auf die Antragstellung durch die Geschäftsführer hinzuwirken[21]. Die Antragstellung selbst ist jedoch Sache nur der Geschäftsführer (Liquidatoren). 13

2. Voraussetzungen der Antragspflicht

a) **Allgemeines.** Hinsichtlich der Voraussetzungen der Antragspflicht ist entgegen der wenig glücklichen Fassung von Abs. 1 klar zwischen den objektiven und den subjektiven Tatbestandsmerkmalen zu unterscheiden. Die *Konkursreife* der GmbH und die daraus folgende **Antragspflicht** richtet sich allein nach den *objektiven* Tatbestandsmerkmalen der Zahlungsunfähigkeit und Überschuldung (vgl. dazu näher § 63, 13 ff). Demgegenüber kommt es für die **Haftungssanktion** wegen Verstoßes gegen die Konkursantragspflicht zusätzlich auf *subjektive* Merkmale wie das „schuldhafte Zögern" (Abs. 1 S. 1) oder die Erkennbarkeit des Eintritts der Konkursreife an (vgl. näher Rdn 52). Ihr Fehlen läßt die Konkursreife und die daraus folgende Antragspflicht grundsätzlich unberührt (zur Bedeutung der Dreiwochenfrist vgl. jedoch Rdn 26). 14

Nicht zu den Voraussetzungen der Antragspflicht gehört auch das Vorhandensein einer die **Verfahrenskosten deckenden Masse**[22]. Insoweit handelt es sich vielmehr um 15

---

[16] Vgl. näher *Kratzsch* ZGR 1985, 506, 518 ff; dazu auch Erläut. zu § 84.

[17] So zutr. BGHSt 31, 118, 122 = NJW 1983, 240.

[18] HM, vgl. BGH LM BGB § 826 Ge Nr. 9 = WM 1973, 1354; BGHZ 75, 96, 106 = NJW 1979, 1823; BGHZ 104, 44, 46 = NJW 1988, 1789; Scholz/*K. Schmidt* 6; *ders.* ZIP 1988, 1500 f; Baumbach/Hueck/*Schulze-Osterloh* 6; *Lutter/Hommelhoff* 20; *Rowedder* 12; eingehend *Roth* ZGR 1989, 421; aA unter Ablehnung der strafrechtlichen Rechtsprechung wohl Jaeger/*Weber* KO[8] § 103, 11; kritisch auch *U. Stein* ZHR 148 (1984) 207, 217 ff (für Beschränkung auf fehlerhaft bestellte Geschäftsführer).

[19] So zutr. BGHZ 75, 96, 106 = NJW 1979, 1823 – Herstatt; Scholz/*K. Schmidt* 8; Baumbach/Hueck/*Schulze-Osterloh* 6; aA *Lutter/Hommelhoff* 20; *Rowedder* 9; *U. H. Schneider* BB 1981, 249, 255 (insbes. für Gesellschafter als herrschende Unternehmen im GmbH-Konzern).

[20] BGH NJW 1979, 1829.

[21] RGZ 161, 129, 135 f; vgl. dazu § 52, 129, 144 ff.

[22] So auch Scholz/*K. Schmidt* 14; Baumbach/Hueck/*Schulze-Osterloh* 3; *Rowedder* 12.

eine in § 107 Abs. 1 KO geregelte, vom Konkursgericht zu prüfende *Verfahrensvoraussetzung*, deren Nichtvorliegen zur Konkursablehnung mangels Masse und damit zugleich zur Auflösung der GmbH nach § 1 Abs. 1 LöschG führt (Anh § 60, 7). Die Geschäftsführer sind der Antragspflicht nicht schon deshalb enthoben, weil die Masse voraussichtlich nicht zur Deckung der Verfahrenskosten ausreicht. Wohl aber können sie gegen die auf ihren Antrag erfolgte Konkurseröffnung Beschwerde mit der Begründung einlegen, das Konkursgericht habe zu Unrecht das Vorhandensein einer ausreichenden Masse bejaht (OLG Bamberg ZIP 1983, 200; vgl. § 63, 67).

16 b) **Zahlungsunfähigkeit.** Sie liegt vor, wenn die GmbH wegen des voraussichtlich dauernden Mangels an Zahlungsmitteln im Regelfall nicht in der Lage ist, ihre fälligen Geldschulden zu erfüllen. Wegen der Einzelheiten vgl. § 63, 15 ff. m. Nachw.

17 c) **Überschuldung.** Auch insoweit kann vollen Umfangs auf die Erläut. zu § 63 (Rdn 23 ff) verwiesen werden. Aus den dort (Rdn 35 ff) genannten Gründen bedarf der Überschuldungstatbestand auch im Rahmen von § 64 Abs. 1 teleologischer *Reduktion*: ein Konkursgrund für die GmbH – und damit eine Antragspflicht für die Geschäftsführer – folgt hieraus nur, wenn sich für die Gesellschaft nicht mit überwiegender Wahrscheinlichkeit eine *positive Fortbestehensprognose* trotz der derzeitigen Krisensituation ergibt. Gestattet die wirtschaftliche und/oder finanzielle Lage der Gesellschaft keine derartige positive Fortbestehensprognose, so richtet sich das Vorliegen einer Überschuldung ausschließlich danach, ob die Verbindlichkeiten der Gesellschaft einschließlich der durch Rückstellungen abzusichernden absehbaren Risiken die Summe der verbliebenen Aktiva, bewertet nach *Liquidationswerten*, übersteigt (§ 63, 39).

18 Auf die **Feststellung** der Überschuldung als Voraussetzung der Konkursantragspflicht kommt es jedenfalls seit Änderung des Wortlauts des Abs. 1 S. 2 im Jahr 1986 (Rdn 6) *nicht* an. Durch diese Änderung wurde die sachlich verfehlte (vgl. Voraufl. 18) Bezugnahme des § 64 Abs. 1 S. 2 aF darauf, daß sich die Überschuldung „bei der Aufstellung der Jahresbilanz oder einer Zwischenbilanz ergibt“, ersatzlos gestrichen und der Wortlaut der Vorschrift den entsprechenden neueren Regelungen der §§ 92 Abs. 2 AktG, 99 Abs. 1 GenG, 130 a Abs. 1 HGB angepaßt. Seither steht auch für die Strafsanktion des § 84 Abs. 1 Nr. 2, Abs. 2 fest, daß ihr Eingreifen nicht von einer vorherigen Bilanzerstellung mit Überschuldungsausweis abhängt[23]. Für die *zivilrechtliche Haftung* wegen Konkursverschleppung entsprach diese Ansicht schon vor der Gesetzesänderung von 1986 der hM in der neueren Literatur[24], während die höchstrichterliche Rechtsprechung am Bilanzerfordernis festhält[25]. Die Frage hat für **Altfälle** einer Konkursverschleppung aus der Zeit vor dem Inkrafttreten der Gesetzesänderung am 1. 8. 1986 auch heute noch praktische Bedeutung (vgl. dazu näher Voraufl. 17 f). Demgegenüber steht für die *Zeit danach* außer Zweifel, daß die schuldhafte Verletzung der Konkursantragspflicht als Voraussetzung einer Schadensersatzhaftung der Geschäftsführer auch dann zu bejahen ist, wenn diese es *fahrlässig* unterlassen haben, die Konkursreife anhand einer Fortbestehensprognose und (bei deren nicht eindeutig positivem Ergebnis) durch Erstellung einer Überschuldungsbilanz unter Ansatz von Liquidationswerten zu prüfen (Rdn 52).

---

23 EinhM, vgl. Scholz/*Tiedemann* § 84, 4; Baumbach/Hueck/*Schulze-Osterloh* § 84, 22; Rowedder/*Fuhrmann* § 84, 16.

24 Vgl. Voraufl. Rdn 18; Scholz/*K. Schmidt*[6] 14; Baumbach/Hueck/*Schulze-Osterloh*[14] 2; *Fischer/Lutter/Hommelhoff*[12] 3; *Rowedder*[1] 6.

25 BGHZ 100, 19, 21 ff = NJW 1987, 2433 und BGH WM 1991, 1464, 1466 zur Haftung der Geschäftsführer gegenüber geschädigten Gläubigern wegen Schutzgesetzverletzung (§ 64 Abs. 1 iVm § 823 Abs. 2 BGB); anders demgegenüber OLG Düsseldorf BB 1974, 712, 713.

Besteht Streit über die Frage, ob und zu welchem Zeitpunkt die Überschuldung der später zusammengebrochenen Gesellschaft eingetreten war, so verteilt sich in einem anschließenden Haftungsprozeß wegen Konkursverschleppung die **Beweislast** hinsichtlich des Eintritts der *Antragspflicht* wie folgt: Sache der *Kläger* (regelmäßig des Konkursverwalters, vgl. Rdn 38, 56) ist es, den Nachweis zu führen, daß und zu welchem Zeitpunkt eine Überschuldung der Gesellschaft eingetreten ist; dabei kann die ex post zu erstellende Berechnung an die später erzielten Liquidationsergebnisse anknüpfen. Demgegenüber steht den verklagten *Geschäftsführern* der Gegenbeweis frei, daß zu dem danach bestimmten Zeitpunkt *entweder* die Fortbestehensprognose der Gesellschaft, ex ante betrachtet, noch positiv war, so daß für den Überschuldungstatbestand kein Raum war, *oder* daß – bei negativer Fortbestehensprognose – doch jedenfalls eine Überschuldung rechnerisch noch nicht eingetreten war, da aus *damaliger* Sicht ernsthaft mit der – später nicht realisierten – Veräußerung des gesamten Unternehmens oder wesentlicher Teile im Liquidationsfall gerechnet werden konnte, was den Ansatz entsprechend höherer Aktivwerte in der Überschuldungsbilanz gestattete[26]. Zur Beweislastverteilung hinsichtlich des *Verschuldens* der Geschäftsführer an der Konkursverschleppung und zu den dabei bestehenden Exkulpationsmöglichkeiten der Geschäftsführer vgl. Rdn 58. **19**

3. Inhalt der Pflicht

a) **Konkurs- oder Vergleichsantrag.** Seit der Reform von 1930 ist den Geschäftsführern bei Vorliegen der Konkursreife die **Wahl zwischen Konkurs- und Vergleichsantrag** zur Erfüllung ihrer Antragspflicht eröffnet (Rdn 5). § 64 Abs. 1 überläßt ihnen die Entscheidung zwischen den beiden Möglichkeiten und räumt ihnen hierzu eine *Bedenkfrist* ein, die im Höchstfall drei Wochen beträgt (Rdn 26 f). Entscheiden sie sich statt für den Konkurs- für den Vergleichsantrag und erfüllen dessen formelle Erfordernisse nach §§ 3 ff VerglO, so haben sie ihrer öffentlich-rechtlichen Antragspflicht genügt, auch wenn die Vergleichsvoraussetzungen letztlich nicht vorliegen, und brauchen mit Haftungssanktionen nicht zu rechnen[27]. Sache des Vergleichsgerichts (= Konkursgericht, vgl. § 2 Abs. 1 VerglO) ist es sodann, alsbald die nötigen vorläufigen Sicherungsmaßnahmen nach § 12 VerglO zu treffen und im Fall der Ablehnung der Vergleichseröffnung zugleich von Amts wegen über die Konkurseröffnung zu entscheiden (§ 19 Abs. 1 VerglO). Auch im übrigen ist durch die Vorschriften der VerglO die enge Verknüpfung von Vergleichs- und Konkursverfahren sichergestellt (vgl. § 63, 111). Daher besteht keine Notwendigkeit, die Ausübung des Wahlrechts nach § 64 Abs. 1 an schärfere Erfordernisse als an die Erfüllung der nach der KO bzw. VerglO jeweils geltenden Antragsvoraussetzungen zu binden (zu diesen vgl. § 63, 52 ff und 116 ff). **20**

Von *Bedeutung* kann die *Ausübung des Wahlrechts* der Geschäftsführer dagegen im Hinblick auf ihre **Sorgfaltspflichten nach § 43 Abs. 1** sein. Da Ziel des Vergleichsverfahrens die Erhaltung der Gesellschaft und ihre Fortführung unter Befriedigung der Gläubiger in Höhe des Vergleichsvorschlags ist, während sich das Konkursverfahren auf Abwicklung der Gesellschaft und umfassende Verwertung des Gesellschaftsvermögens zugunsten der Gläubiger richtet, sind die Geschäftsführer im Rahmen ihrer Dienstpflichten gehalten, bestehende Vergleichsmöglichkeiten voll auszuschöpfen, wenn sie **21**

26 Vgl. näher *Ulmer* KTS 1981, 486; ebenso Scholz/*K. Schmidt* 38; wohl auch *Gurke* S. 119.

27 Ähnlich Scholz/*K. Schmidt* 12; Baumbach/Hueck/*Schulze-Osterloh* 8; *Rowedder* 7.

nicht die Haftung wegen Sorgfaltspflichtverletzung aus § 43 Abs. 2 riskieren wollen[28]. Dem *Vergleichsantrag* kommt daher nach § 43 stets dann *Vorrang* vor dem Konkursantrag zu, wenn begründete Aussichten bestehen, die in § 7 VerglO vorgesehenen Mindestquoten zugunsten der Gläubiger zu erzielen und die Gesellschaft nach Annahme und gerichtlicher Bestätigung des Vergleichsvorschlags sowie sonstiger erforderlicher Sanierungsmaßnahmen erfolgreich fortzusetzen. Bei der danach notwendigen Abwägung zwischen Vergleichs- und Konkursantrag ist auch ein *Mitsprache- und ggf. Weisungsrecht der Gesellschafter* anzuerkennen. Sind sie bereit, der Gesellschaft die zur Finanzierung des Vergleichsvorschlags benötigten Mittel zur Verfügung zu stellen und die sonst erforderlichen Sanierungsmaßnahmen zu beschließen, so handeln die Geschäftsführer pflichtwidrig, wenn sie statt des danach möglichen Vergleichsantrags gleichwohl Konkursantrag stellen.

22 Der **Vergleichsantrag** setzt, anders als der Konkursantrag, die Mitwirkung der *Geschäftsführer in vertretungsberechtigter Zahl* voraus (vgl. § 63, 52 und 116). Daher bleibt, wenn die Geschäftsführer sich auf ein einheitliches Vorgehen nicht einigen können und hieran die Stellung des Vergleichsantrags scheitert, als Ausweg nur die Stellung des Konkursantrags, um der Antragspflicht aus § 64 Abs. 1 zu genügen. Eine Pflichtenkollision im Hinblick auf § 43 scheidet für den oder die für einen Vergleichsantrag eintretenden Geschäftsführer aus, wenn sie erfolglos alles Erforderliche getan haben, um die Mitgeschäftsführer zu diesem Vorgehen zu bewegen. Wird von einem Teil der Geschäftsführer in wirksamer Vertretung der GmbH Vergleichsantrag, von einem anderen Teil Konkursantrag gestellt, so kommt dem Vergleichsantrag nach § 46 VerglO Vorrang zu.

23 b) **Außergerichtliche Sanierung?** Die in § 64 Abs. 1 eröffnete Bedenkfrist von höchstens drei Wochen bei Eintritt von Zahlungsunfähigkeit oder Überschuldung kann neben der Wahl zwischen Konkurs- und Vergleichsantrag auch dazu verwendet werden, die Möglichkeiten einer außergerichtlichen Sanierung zu prüfen und auf diesem Wege die Konkursreife zu beseitigen (vgl. auch Rdn 24). Zu dieser Prüfung können die Geschäftsführer nach § 43 Abs. 1 namentlich dann verpflichtet sein, wenn sie entsprechende Sanierungsbemühungen nicht schon ohne Erfolg im Vorfeld der Krise, vor Eintritt der Konkursreife, unternommen haben. Dagegen läßt sich aus der dem Gläubigerschutz dienenden Antragspflicht nach § 64 Abs. 1 *nicht gegenüber den Gläubigern auf eine Sanierungspflicht* schließen[29]. Daraus folgt zugleich, daß die Antragspflicht nicht bereits dadurch erfüllt (oder gehemmt) wird, daß die Geschäftsführer sich noch um eine Sanierung bemühen und deren Aussichtslosigkeit nicht evident ist[30]. Ebenso sind diejenigen Ansichten abzulehnen, die aus § 64 Abs. 1 S. 2 eine Art *Sanierungsprivileg* ableiten und die Antragsfrist über die Dreiwochenfrist hinaus so lange fortdauern lassen wollen, wie die Geschäftsführer die Eröffnung des Vergleichsverfahrens mit der Sorgfalt eines ordentlichen Geschäftsmanns betreiben (vgl. dazu Rdn 27). Zur Bedeutung einer Einwilligung der Gläubiger in die Fristüberschreitung vgl. Rdn 32.

4. Antragsfrist

24 a) **Funktion und Bedeutung.** Die gesetzliche Einführung einer Antragsfrist von höchstens drei (ursprünglich zwei) Wochen steht in unmittelbarem Zusammenhang

[28] Ebenso Scholz/*K. Schmidt* 11; Baumbach/Hueck/*Schulze-Osterloh* 6; *K. Schmidt* ZIP 1988, 1504 f.

[29] Vgl. *K. Schmidt* ZIP 1980, 329; *Ulmer* KTS 1981, 476 f; so wohl auch OLG München NJW 1966, 2366; Jaeger/*Weber* KO[8] §§ 207, 208, 19 f; aA aber *Uhlenbruck* ZIP 1980, 76 ff.

[30] So aber *Uhlenbruck* (Fn 29) unter unzutr. Berufung auf BGHZ 75, 96, 110 f = NJW 1979, 1823 – Herstatt.

mit der Eröffnung des Wahlrechts zwischen Konkurs- und Vergleichsantrag für die Geschäftsführer (Rdn 5). Es handelt sich um eine **Bedenkfrist**, die den Geschäftsführern die Prüfung ermöglichen soll, ob trotz eingetretener Konkursreife anstelle des Konkurses ein gerichtliches *Vergleichsverfahren* mit Aussicht auf Erfolg beantragt werden kann (vgl. § 64 Abs. 1 S. 3). Die Geschäftsführer sind nicht gehindert, innerhalb dieser Frist auch sonstige, insbesondere außergerichtliche *Sanierungsmöglichkeiten* zu prüfen und auf diesem Wege ggf. die Konkursreife abzuwenden[31]. Allerdings ist in dem Aufschub der Antragstellung innerhalb der Höchstfrist nur dann und insoweit kein schuldhaftes Zögern zu sehen, als es während dieser Frist zu einer *ernsthaften Prüfung* von Vergleichs- oder sonstigen Sanierungsmöglichkeiten kommt, um dadurch soweit möglich Schaden von der Gesellschaft, ihren Gläubigern und der Allgemeinheit abzuwenden[32]. Der Konkursantrag muß daher schon vor Ablauf der Dreiwochenfrist gestellt werden, wenn bereits zuvor erkennbar ist, daß die Voraussetzungen für einen Vergleichsantrag oder eine außergerichtliche Sanierung nicht gegeben sind (vgl. auch Rdn 26).

b) **Fristbeginn.** Entsprechend ihrer Funktion, den Geschäftsführern die Prüfung **25**
von Vergleichs- oder Sanierungschancen zu ermöglichen, beginnt die Antragsfrist nicht schon mit dem objektiven Eintritt der Konkursreife zu laufen, sondern erst dann, wenn die Geschäftsführer **positive Kenntnis** hiervon erlangt haben[33]. Das hat Bedeutung zwar nicht für den Konkursgrund der Zahlungsunfähigkeit, wohl aber für denjenigen der *Überschuldung* wegen dessen weniger leichter Erkennbarkeit. Der vermittelnden Ansicht von *Karsten Schmidt*[34], der für den Fristbeginn zwar nicht jede fahrlässige Unkenntnis der Geschäftsführer genügen lassen will, andererseits aber auf ihre positive Kenntnis verzichtet und stattdessen darauf abstellt, daß die die Überschuldung begründenden Fakten und Zahlen „zutage liegen", ist nicht zu folgen; soweit sie über eine bloße Beweishilfe hinaus auf Vorverlegung des Fristbeginns zielt, ist sie unvereinbar mit der vom BGH (Fn 31) zu Recht betonten Bedenkfunktion der Antragsfrist. Daran hat auch der Verzicht auf das Bilanzierungserfordernis zur Feststellung der Überschuldung (Rdn 6) nichts geändert[35]. Nur wenn die Geschäftsführer sich böswillig der Kenntniserlangung verschließen, steht das ihrer positiven Kenntnis gleich[36]. Die Kopplung des Fristbeginns an die positive Kenntnis der Geschäftsführer vom Eintritt der Konkursreife hat zur Folge, daß der zunächst auf Fahrlässigkeit beruhende Vorwurf der Konkursverschleppung und die damit verbundene Haftungssanktion vom Zeitpunkt der Kenntniserlangung an so lange entfallen, wie die Antragsfrist läuft (BGH aaO; zu den Folgen für die Schadensberechnung vgl. Rdn 55).

c) **Dreiwochenfrist als Höchstfrist.** Die in § 64 Abs. 1 S. 1 erwähnte Dreiwochenfrist **26**
ist eine Höchstfrist. Ihre Inanspruchnahme steht unter dem Vorbehalt, daß darin nach Lage der Dinge *keine schuldhafte Verzögerung* der Antragstellung zu sehen ist. Die Frist darf nicht ohne triftige Gründe ausgeschöpft werden[37]. Steht von Anfang an fest

[31] BGHZ 75, 96, 108 = NJW 1979, 1823 – Herstatt; Scholz/*K. Schmidt* 15; *ders.* ZIP 1980, 329; *Lutter/Hommelhoff* 4 aE.

[32] BGH aaO (Fn 31).

[33] HM; vgl. BGHZ 75, 96, 110 f = NJW 1979, 1823 – Herstatt; BGHSt 15, 306, 310 = NJW 1961, 740; Baumbach/Hueck/*Schulze-Osterloh* 9; *Rowedder* 8; *Fleck* GmbH-Rdsch. 1974, 229; *Schulze-Osterloh* AG 1984, 142 f; aA – für Fristbeginn schon bei fahrlässiger Nichtkenntnis – *Kühn* (Diss.) S. 81 ff; einschränk. (Fristbeginn, sobald Überschuldung „zutage liegt") auch Scholz/*K. Schmidt* 16; *Lutter/Hommelhoff* 3; *Roth* GmbH-Rdsch. 1985, 141.

[34] Scholz/*K. Schmidt* 16; ihm folgend *Lutter/Hommelhoff* 3; *Roth* 2.2.2.

[35] AA Scholz/*K. Schmidt* 16.

[36] Vgl. näher *Schulze-Osterloh* AG 1984, 145; so zu § 892 BGB auch BGH LM § 892 BGB Nr. 5 = BB 1962, 5; Soergel/*Stürner* BGB[12] § 892, 30 f; MünchKomm-*Wacke* BGB[2] § 892, 49 f.

[37] HM, vgl. BGHZ 1975, 96, 111 = NJW 1979, 1823 – Herstatt; Scholz/*K. Schmidt* 15; Baumbach/Hueck/*Schulze-Osterloh* 11; *Rowedder* 8.

oder stellt sich vor Ablauf der drei Wochen heraus, daß eine rechtzeitige Sanierung nicht ernstlich zu erwarten ist, so können sich die Geschäftsführer nach **Abs. 1 S. 3** gegenüber dem Vorwurf der Konkursverschleppung auf die noch nicht abgelaufene Dreiwochenfrist nur dann berufen, wenn sie die Eröffnung des Vergleichsverfahrens mit der Sorgfalt eines ordentlichen Geschäftsmanns betreiben und die Frist zur Vorbereitung des Vergleichsantrags und der hierfür erforderlichen Unterlagen benötigen.

27 Auch zur *Vergleichsvorbereitung* darf die von den Geschäftsführern in Anspruch genommene Frist drei Wochen nicht übersteigen. Die **Definition der schuldhaften Verzögerung** in Abs. 1 S. 3 bezieht sich auf das entsprechende Merkmal in Abs. 1 S. 1; sie dient nicht etwa dazu, die dort genannte Höchstfrist von drei Wochen weiter zu verlängern, solange nur ernstlich Vergleichsvorbereitungen getroffen werden[38]. Gegen eine Verlängerung der Antragsfrist über die Höchstfrist des Abs. 1 S. 1 hinaus sprechen vor allem die erheblichen Gefahren, die sich für Gläubiger und Rechtsverkehr aus der Fortsetzung der Gesellschaft trotz eingetretener Konkursreife ergeben. Im übrigen ist hierfür auch kein dringendes Bedürfnis zu erkennen, zumal durch § 10 VerglO die Möglichkeit eröffnet ist, die für den Vergleichsantrag erforderlichen Angaben und Anlagen innerhalb einer vom Gericht zu bewilligenden Nachfrist von zwei, höchstens vier Wochen zu ergänzen (§ 63, 117).

5. Erfüllung oder Fortfall der Pflicht

28 a) **Konkursantrag.** Er kann von **jedem Geschäftsführer** gestellt werden (§ 63, 52) und ist in jedem Fall geeignet, die durch die Konkursreife ausgelöste Antragspflicht zu erfüllen. Das gilt auch dann, wenn es wegen eines von anderer Seite gestellten Vergleichsantrags (§ 46 VerglO) oder wegen unzulänglicher Masse (§ 107 KO) nicht zur Konkurseröffnung kommt. Ist von *einem Geschäftsführer* Konkursantrag gestellt, so bedarf es *keines* weiteren Antrags auch der *Mitgeschäftsführer*, solange der Antrag nicht zurückgenommen ist; sie müssen jedoch dem Konkursgericht im Rahmen der Anhörung nach §§ 208 Abs. 2, 105 Abs. 2 KO die für die Entscheidung über die Konkurseröffnung erforderlichen Informationen erteilen (vgl. dazu § 63, 58). Zu den Antragserfordernissen vgl. § 63, 57 ff. Haftungsrisiken gegenüber Gläubigern können sich für die Geschäftsführer aus der Stellung des Konkursantrags nicht ergeben (vgl. Rdn 23). Gegenüber der GmbH kommt eine Haftung nach § 43 Abs. 2 wegen des durch den Konkursantrag verursachten Schadens trotz eingetretener Konkursreife ausnahmsweise dann in Betracht, wenn nach Lage der Dinge entweder die außergerichtliche Sanierung erreichbar oder ein Vergleichsantrag aussichtsreich gewesen wäre und die Geschäftsführer die ihnen in § 64 Abs. 1 eröffnete Bedenkfrist nicht genutzt haben (Rdn 21, 23). – Zur Bedeutung der Amtsniederlegung für die Antragspflicht vgl. Rdn 9.

29 b) **Vergleichsantrag.** Er ist von einer *vertretungsberechtigten Zahl* von Geschäftsführern zu stellen (§ 63, 116) und erfüllt bei Einhaltung der Antragserfordernisse (§ 63, 117 f) die Antragspflicht auch dann, wenn das Gericht zur Verneinung der Vergleichsvoraussetzungen kommt und deshalb nach § 19 Abs. 1 VerglO von Amts

---

[38] So zutr. *Haack* S. 58 ff; *Hirtz* S. 51 ff; Baumbach/Hueck/*Schulze-Osterloh* 10; *Meyer-Landrut*/Miller/Niehus 10; Geßler/*Hefermehl*/Eckardt/Kropff AktG § 92, 20; wohl auch BGHZ 75, 96, 108 = NJW 1979, 1823 – Herstatt und *Fleck* GmbH-Rdsch. 1974, 229 f; aA Scholz/*K. Schmidt* 18; *Lutter*/*Hommelhoff* 4; *Mertens*-KölnKommAktG[2] § 92, 37; nicht eindeutig Jaeger/*Weber* KO[8] § 103, 11 (S. 142 Mitte).

wegen die Konkurseröffnung beschließt (Rdn 20). Zum Vorrang eines Vergleichsantrags vor einem gleichzeitig oder vorher gestellten Konkursantrag vgl. § 46 VerglO.

c) **Vorhergehender Konkursantrag eines Gläubigers?** Die Antragspflicht entfällt **30**
nicht bereits dadurch, daß ein Gläubiger Konkursantrag stellt, solange es nicht zur Konkurseröffnung gekommen ist[39]. Dafür sprechen namentlich die besseren Informationen, über die der Geschäftsführer als Antragsteller verfügt und die er nach § 104 KO zur Entlastung des Konkursgerichts dem Antrag beizufügen hat, aber auch die dem Gläubiger als Antragsteller verbleibende Möglichkeit, den Antrag bis zum Wirksamwerden der Konkurseröffnung zurückzunehmen (§ 63, 51). Zwar wird ein Konkursverschleppungsschaden häufig schon dadurch verhindert oder begrenzt werden, daß es alsbald nach Stellung des Gläubigerantrags zu gerichtlichen Sicherungsmaßnahmen kommt; auf diese Schadensbegrenzung können sich auch die Geschäftsführer berufen. Daraus läßt sich jedoch nichts dafür ableiten, daß in der Antragstellung durch einen Gläubiger eine die Geschäftsführer entlastende Ersatzvornahme zu sehen wäre. – Zur abweichenden Beurteilung im Hinblick auf den Konkursantrag anderer Geschäftsführer vgl. Rdn 28.

d) **Beseitigung der Konkursreife.** Die Antragspflicht entsteht mit dem Eintritt der **31**
Konkursreife (Rdn 14). Sie besteht solange fort, bis sie entweder durch Stellung des Konkurs- oder Vergleichsantrags erfüllt ist oder ihr durch Beseitigung der Konkursreife die Grundlage entzogen wird[40]. Ob es gelingt, die Konkursreife aufgrund entsprechender Sanierungsmaßnahmen innerhalb der Dreiwochenfrist des Abs. 1 S. 1 zu beseitigen, oder ob der Erfolg erst später eintritt, ist für den Fortfall der Antragspflicht *nach* Beseitigung ohne Bedeutung. Soweit freilich in der Zwischenzeit die Voraussetzungen für eine Haftung der Geschäftsführer wegen Konkursverschleppung eingetreten waren, entfallen sie nicht etwa rückwirkend durch spätere Beseitigung der Konkursreife. Allerdings wird es bei erfolgreicher Sanierung meist an einem Konkursverschleppungsschaden der Gläubiger fehlen. Zu den Möglichkeiten einer Beseitigung von Zahlungsunfähigkeit und Überschuldung vgl. näher § 63, 21 und 49; zur Antragsrücknahme in diesem Fall vgl. § 63, 61.

e) **Einwilligung?** Eine Einwilligung der **Gesellschafter** in die unveränderte Fortfüh- **32**
rung der Gesellschaft trotz Eintritts der Konkursreife oder eine Weisung, von der Antragstellung abzusehen, ist für die Antragspflicht aus Abs. 1 *bedeutungslos* (Rdn 7); sie kann lediglich zum Ausschluß von Schadensersatzansprüchen der GmbH aus § 43 führen (Rdn 46). Aber auch die Einwilligung von **Gesellschaftsgläubigern** vermag die Geschäftsführer nicht von ihrer Antragspflicht zu befreien[41]. Dem steht der auf den Schutz des *Rechtsverkehrs* gerichtete Zweck der Antragspflicht (Rdn 1) entgegen. Sollte in der Einwilligung von Gläubigern im Einzelfall die Vereinbarung eines dauernden Forderungsrücktritts zu sehen sein, so könnte dieser Umstand zwar zur Beseitigung der Überschuldung (vgl. § 63, 46 und 49) und auf diesem Wege zum Wegfall der Antragspflicht führen, nicht aber zur Undurchsetzbarkeit der an sich fortbestehenden Pflicht. Gläubiger, die in die Fortführung der konkursreifen Gesellschaft unter Verzicht

---

[39] Ganz hM, vgl. RG JW 1905, 551; BGH BB 1957, 273; OLG Schleswig SchlHA 1954, 155; Baumbach/Hueck/*Schulze-Osterloh* 12; *Meyer-Landrut*/Miller/Niehus 9; Jaeger/*Weber* KO[8] § 103, 11; Kuhn/*Uhlenbruck* KO[10] § 103, 16; *Mertens*-KölnKomm-AktG[2] § 92, 47; *Walter* KTS 1955, 42; *Uhlenbruck* GmbH-Rdsch. 1972, 172; aA Scholz/*K. Schmidt* 17.

[40] BGHSt 15, 306, 310 = NJW 1961, 740; Scholz/*K. Schmidt* 19.

[41] So auch Scholz/*K. Schmidt* 20; Baumbach/Hueck/*Schulze-Osterloh* 4; offenlassend RGZ 72, 285, 289; aA für den Fall der Überschuldung *Rowedder* 3.

auf einen Konkurs- oder Vergleichsantrag der Geschäftsführer eingewilligt haben, müssen sich das allerdings im Rahmen deliktischer Ansprüche wegen Konkursverschleppung (Rdn 56) entgegenhalten lassen.

III. Pflicht zur Masseerhaltung nach Eintritt der Konkursreife (Abs. 2)

1. Eigenständige Bedeutung

33 Der in **Abs.** 2 als Schadensersatzpflicht geregelten mittelbaren Verpflichtung der Geschäftsführer, nach Eintritt der Zahlungsunfähigkeit oder Feststellung der Überschuldung *keine Zahlungen an die Geschäftsgläubiger zu leisten*, kommt gegenüber der Antragspflicht des Abs. 1 eigenständige Bedeutung zu[42]. Das folgt schon daraus, daß die für die Antragspflicht eingeräumte **Bedenkfrist** von höchstens drei Wochen (Rdn 24 ff) für die Pflicht zur Masseerhaltung *nicht* gilt. Zwar läßt die im Zusammenhang mit der Bedenkfrist des Abs. 1 stehende Vorschrift des Abs. 2 S. 2 (Rdn 5) auch nach Eintritt der Konkursreife solche Zahlungen noch zu, die mit der Sorgfalt eines ordentlichen Geschäftsmanns vereinbar sind. Die Ausnahme kann vor allem für *Zahlungen* nach Konkursreife Bedeutung erlangen, die die Geschäftsführer *während der Antragsfrist* deshalb vornehmen, um die ernsthaft bestehende Möglichkeit eines gerichtlichen Vergleichsverfahrens oder einer außergerichtlichen Sanierung nicht zu gefährden (Rdn 42). Der grundsätzliche Unterschied zwischen der sofort eingreifenden Pflicht der Geschäftsführer zur Masseerhaltung nach Abs. 2 und der innerhalb der Frist des Abs. 1 zu erfüllenden Antragspflicht wird hierdurch jedoch nicht berührt.

2. Haftungssanktion

34 Verstöße gegen die Masseerhaltungspflicht durch Zahlungen aus dem Gesellschaftsvermögen nach Konkursreife führen zu einem **Erstattungsanspruch der Gesellschaft** gegen die Geschäftsführer (vgl. näher Rdn 37 ff). Es handelt sich um einen besonderen Schadensersatzanspruch, der der Gesellschaft im *Interesse der Gläubigergesamtheit* eingeräumt ist[43]. Er hängt nicht von einer Schädigung der Gesellschaft als Folge der Zahlungen ab (zu Ansprüchen aus diesem Grund vgl. Rdn 43) und findet seine höhenmäßige Begrenzung in der Summe der geleisteten Zahlungen[44]. Auch eine abschließende Regelung des Konkursverschleppungsschadens der Gläubiger ist darin wegen der für die Voraussetzungen und die Berechnung des Anspruchs geltenden Besonderheiten nicht zu sehen. Vielmehr bejaht die ganz hM zu Recht einen in Ergänzung zu § 64 Abs. 2 eingreifenden deliktischen Schadensersatzanspruch der Gläubiger gegen die Geschäftsführer wegen des ihnen durch schuldhafte Konkursverschleppung entstandenen Schadens nach § 64 Abs. 1 iVm § 823 Abs. 2 BGB[45]. Wie die modernere Regelung des § 130 a Abs. 3 S. 1 HGB zeigt, handelt es sich um zwei inhaltlich zusammenhängende, sich gegenseitig ergänzende Haftungstatbestände.

---

[42] Ebenso Scholz/*K. Schmidt* 9.

[43] Zur Rechtsnatur, Art und inhaltlichen Tragweite dieses Anspruchs vgl. grundlegend *K. Schmidt* JZ 1978, 661.

[44] BGH NJW 1974, 1088, 1089; *Fleck* GmbH-Rdsch. 1974, 230; vgl. auch Scholz/*K. Schmidt* 31.

[45] Vgl. näher Rdn 47 ff. Zur *Subsidiarität* des Anspruchs gegenüber demjenigen aus § 64 Abs. 2 vgl. *K. Schmidt* JZ 1978, 663.

IV. Haftungsfolgen bei Verstoß gegen § 64

1. Überblick

Die zivilrechtliche Haftung wegen Konkursverschleppung ist im GmbH-Gesetz selbst nur *unvollkommen* geregelt (zur Strafsanktion vgl. § 84). Abgesehen von der allgemeinen, auf unsorgfältige Geschäftsführung abstellenden Haftungsnorm des § 43 Abs. 2 findet sich nur die Sonderregelung einer Haftung der Geschäftsführer wegen masseschmälernder *Zahlungen* nach Konkursreife in § 64 Abs. 2; sie ist in Voraussetzungen und Rechtsfolgen gegenüber Ansprüchen der GmbH und ihrer Gläubiger wegen des aus der *Konkursverschleppung* entstandenen Schadens klar zu unterscheiden (Rdn 37 ff). Zu Recht ist daher heute allgemein der Charakter von § 64 Abs. 1 als Schutzgesetz zugunsten der GmbH-Gläubiger anerkannt mit der Folge, daß diese den ihnen durch die Konkursverschleppung entstehenden Schaden nach § 823 Abs. 2 BGB ersetzt verlangen können (Rdn 47). Ersatzpflichtig sind insoweit in erster Linie die *Geschäftsführer* als Adressaten der Antragspflicht (Rdn 7). Daneben kommt je nach Lage des Falles auch eine Teilnehmerhaftung *dritter Personen*, insbesondere der maßgebenden Gesellschafter, nach §§ 830, 840 BGB in Betracht (Rdn 74 f). Zu sonstigen Ansprüchen wegen konkursbedingter Schädigung von Gläubigern gegen Geschäftsführer oder Gesellschafter aus culpa in contrahendo, § 826 BGB oder § 263 StGB iVm § 823 Abs. 2 BGB vgl. Rdn 59 ff. 35

Sämtliche Ansprüche von Gesellschaft und Gläubigern auf Ersatz von zahlungsbedingten Masseschmälerungen oder sonstigen durch Konkursverschleppung bedingten Schäden setzen auf Seiten der haftpflichtigen Geschäftsführer (und Dritten) **Verschulden** voraus. Das betrifft namentlich die Ansprüche aus § 43 Abs. 2 sowie aus § 64 Abs. 1 iVm § 823 Abs. 2 BGB, aber auch denjenigen aus § 64 Abs. 2. Wie allgemein im Zivilrecht gilt dabei ein *objektivierter Maßstab*[46]. Maßgebend ist die Sorgfalt eines ordentlichen Geschäftsmanns, wie sie angesichts der Größe und des wirtschaftlichen Gewichts eines Unternehmens nach Art der betreffenden GmbH zu fordern ist (vgl. Erläut. zu § 43). Mangelnde Sachkenntnis der Geschäftsführer oder geringe persönliche Fähigkeiten entschuldigen nicht. Haben die Anspruchsberechtigten den Nachweis eines gegen § 64 verstoßenden, schädigenden Verhaltens in objektiver Hinsicht geführt, so ist es Sache der in Anspruch genommenen Geschäftsführer, sich zu exkulpieren (vgl. auch Rdn 58). 36

2. Geschäftsführerhaftung gegenüber der GmbH

a) Nach § 64 Abs. 2. α) Funktion und Rechtsnatur. Der Zahlungsanspruch gegen die Geschäftsführer auf Erstattung masseschmälernder Zahlungen nach Konkursreife steht nach § 64 Abs. 2 zwar der *Gesellschaft* zu. Nach heute ganz hM handelt es sich sachlich jedoch um einen **Ersatzanspruch eigener Art zugunsten der Gesellschaftsgläubiger**, durch den unter erleichterten Beweisanforderungen von den Geschäftsführern nach Konkursreife veranlaßte, auf „Zahlungen" (Rdn 39 f) beruhende *Masseschmälerungen ausgeglichen* werden sollen[47]. Auf den Nachweis eines *Schadens der Gesellschaft* kommt es daher *nicht* an; diente die nach Konkursreife erbrachte „Zahlung" der Befriedigung von Gesellschaftsgläubigern, so wird es hieran meist auch fehlen. Auch 37

---

[46] BGH WM 1981, 440, 442; Scholz/*K. Schmidt* 28; vgl. auch Erläut. zu § 43.

[47] RGZ 159, 211, 229 ff, 234 (für die AG); BGH NJW 1974, 1088, 1089; Scholz/*K. Schmidt* 33; *Lutter/Hommelhoff* 11; Baumbach/Hueck/*Schulze-Osterloh* 13; *Fleck* GmbH-Rdsch. 1974, 230; so auch die einhM zu §§ 92 Abs. 3, 93 Abs. 3 Nr. 6 AktG.

im Hinblick auf die Gesellschaftsgläubiger ist nicht die effektive Höhe des durch die Konkursverschleppung entstandenen Masseschadens maßgebend (er wird durch den deliktischen Anspruch nach § 64 Abs. 1 iVm § 823 Abs. 2 BGB erfaßt, vgl. Rdn 47 ff). Der Anspruch wird vielmehr durch den Umfang der erbrachten Leistungen unter Abzug des in die Masse geflossenen oder ihr verbliebenen (vgl. Rdn 43) Gegenwerts begrenzt[48].

38 **β) Anspruchsvoraussetzungen.** Voraussetzung ist zunächst, daß das *Konkurs- oder Vergleichsverfahren* über das Vermögen der Gesellschaft eröffnet oder aber die Eröffnung mangels Masse abgelehnt ist, da eine zur Gläubigerschädigung führende Masseschmälerung in sonstigen Fällen kaum denkbar ist[49]. Der Anspruch wird im Konkursverfahren vom Konkursverwalter, im Vergleichsverfahren durch einen nach § 46 Nr. 8 im Einvernehmen mit dem Vergleichsverwalter zu bestellenden besonderen Vertreter (§ 46, 100 ff) geltend gemacht. Vom Kläger darzulegen und zu beweisen ist die *Erbringung von Leistungen* (Rdn 39 f) *aus dem Gesellschaftsvermögen* durch die Geschäftsführer oder auf ihre Veranlassung nach Eintritt der Konkursreife, aufgeschlüsselt nach Leistungszeit, Höhe und Empfänger. Vom Erstattungsanspruch *abzuziehen* ist die *Konkursquote*, die dem vor Konkurseröffnung befriedigten Gläubiger andernfalls zustehen würde[50]. Der Anspruch setzt zwar *Verschulden* der Geschäftsführer voraus, doch wird dieses vermutet, wenn der Nachweis von Zahlungen aus dem Gesellschaftsvermögen nach Konkursreife geführt ist (Rdn 36). Mehrere Geschäftsführer haften als Gesamtschuldner; § 43 Abs. 2 ist auch ohne besondere Verweisung entsprechend anwendbar. – Zur Frage von Verzicht, Vergleich und Verjährung vgl. Rdn 44 f.

39 **Umstritten** ist die sachliche Reichweite der Ersatzpflicht für Masseschmälerungen. Während die früher hM den Begriff der **Zahlungen** in § 64 Abs. 2 wörtlich nahm und die Ersatzpflicht auf *Geldleistungen* der Geschäftsführer nach Konkursreife beschränkte[51], mehren sich in neuerer Zeit die Stimmen, die auch die Erbringung *sonstiger Leistungen* aus dem Gesellschaftsvermögen wie Warenlieferungen, Dienstleistungen u. a. erfassen wollen[52]. Nach noch weitgehender Ansicht soll sich die Haftung auch auf die *Eingehung von Neuverbindlichkeiten* zu Lasten der Gesellschaft mit masseschmälernder Wirkung[53] sowie auf sonstige nach Konkursreife eintretende, durch Geschäftsführer verursachte Masseschmälerungen[54] erstrecken.

40 Die **Stellungnahme** hat vom Zweck der Haftungsvorschrift des § 64 Abs. 2 auszugehen. Sie soll die Gläubiger nicht etwa umfassend gegen Schäden infolge verzögerter Konkursantragstellung schützen, sondern dient dazu, solche auf der Leistung von Vermögenswerten an Dritte beruhenden Masseschmälerungen auszugleichen, die Geschäftsführer außerhalb des ihnen nach § 64 Abs. 2 S. 2 belassenen Handlungsspielraums (Rdn 42) verursacht haben (Rdn 33 f). Aus dieser Sicht erweist sich das Abstellen auf Zahlungen iSv *Geldleistungen* zwar als *zu eng*. Auf der Leistungserbringung von Geschäftsführern an Dritte beruhende Masseschmälerungen können sich vielmehr auch

---

48 Vgl. nur Scholz/*K. Schmidt* 33 und *Fleck* GmbH-Rdsch. 1974, 230 f.

49 So zutr. *Fleck* GmbH-Rdsch. 1974, 230.

50 *Fleck* GmbH-Rdsch. 1974, 231.

51 So im Anschluß an RGZ 159, 211, 234 die früher ganz hM, vgl. Voraufl. 38 m. Nachw.; auch heute noch *Meyer-Landrut*/Miller/Niehus 12; *Fleck* GmbH-Rdsch. 1974, 230; zu § 92 Abs. 3 AktG auch Geßler/*Hefermehl*/Eckardt/Kropff AktG § 92, 27; *Mertens*-KölnKommAktG² § 92, 56 f; offenlassend BGH WM 1981, 237, 239.

52 So Scholz/*K. Schmidt* 22; Baumbach/Hueck/*Schulze-Osterloh* 14; *Lutter/Hommelhoff* 8; *Rowedder* 16; *Roth* 3.2.

53 So Scholz/*K. Schmidt* 22; *Lutter/Hommelhoff* 8; *Rowedder* 16; wohl auch LG Köln WM 1990, 411, 413 (Abbuchung kraft Einzugsermächtigung von debitorischem GmbH-Konto); aA Baumbach/Hueck/*Schulze-Osterloh* 14; offenlassend *Roth* 3.2.

54 Vgl. OLG Hamm ZIP 1980, 280, 281 (vgl. Text bei Fn 55); zust. Scholz/*K. Schmidt* 22; aA Baumbach/Hueck/*Schulze-Osterloh* 14.

aus der Hingabe *sonstiger* Gegenstände des Gesellschaftsvermögens, darunter insbes. Sachwerte, Rechte u. a. ergeben, wenn ihnen keine vollwertige Gegenleistung gegenübersteht. Für eine unterschiedliche Behandlung dieser Fälle im Vergleich zu Geldleistungen sind Sachgründe nicht zu erkennen. *Anderes* gilt demgegenüber für Masseschmälerungen infolge der Eingehung neuer Verbindlichkeiten ohne gleichwertige Gegenleistung u. a.; insoweit handelt es sich um eine von § 64 Abs. 2 nicht erfaßte, nach allgemeinen Grundsätzen geltend zu machende Schädigung der Konkursmasse (des Gesellschaftsvermögens). Dementsprechend erstreckt sich der Ersatzanspruch nach § 64 Abs. 2 weder auf Zahlungen, die der Konkursverwalter infolge unzureichender Information durch Geschäftsführer auf verspätet gekündigte Dauerschuldverhältnisse zu erbringen hat[55], noch auf *Zahlungen aus Mitteln Dritter*, die Geschäftsführern von diesen zur Befriedigung drängender Gläubiger u. a. zur Verfügung gestellt sind.

γ) **Einwendungen der Geschäftsführer.** Den Geschäftsführern stehen gegen den Anspruch eine Reihe von Einwendungen zu. Diese können sich einerseits auf den **Anspruchsgrund** beziehen und hier insbesondere auf das *fehlende Verschulden.* Die Geschäftsführer können den Nachweis unternehmen, daß sie entschuldbar keine Kenntnis vom Eintritt der Konkursreife hatten. Bedeutsam ist das vor allem bei Konkursreife wegen *Überschuldung* angesichts von deren nicht einfacher, vom Bilanzierungserfordernis gelöster (Rdn 18) Feststellung. Auf die positive Kenntnis der Geschäftsführer kommt es hier freilich ebensowenig an wie bei der deliktischen Haftung wegen Konkursverschleppung (Rdn 52); in Korrektur des noch auf „Feststellung der Überschuldung" abstellenden, jedenfalls seit Streichung des Bilanzierungserfordernisses im Jahr 1986 (Rdn 6) überholten Wortlauts von Abs. 2 S. 1 genügt nach heute ganz hM fahrlässige Unkenntnis[56]. **41**

Soweit es um Zahlungen geht, die trotz Eintritts der Konkursreife mit der *Sorgfalt eines ordentlichen Geschäftsmanns* vereinbar sind, können sich die Geschäftsführer auch auf die **Ausnahmevorschrift des Abs. 2 S. 2** berufen. Hierunter fallen einerseits Zahlungen, die nicht zu einer Masseschmälerung führen, so die Befriedigung absonderungsberechtigter Gläubiger oder die Erfüllung von für die Gesellschaft vorteilhaften zweiseitigen Verträgen, die auch vom Konkursverwalter nach § 17 KO fortgesetzt würden, andererseits laufende Lohn-, Miet-, Steuerzahlungen u. a., die der Abwendung höherer Schäden aus einer sofortigen Betriebseinstellung dienen[57]. Die Ausnahme ist namentlich auch für Zahlungen bedeutsam, die nach Feststellung der Konkursreife, aber noch während des Laufs der Bedenkfrist des Abs. 1 geleistet werden. **42**

Die Einwendungen der Geschäftsführer können sich ferner gegen die **Anspruchshöhe** richten. Neben dem gebotenen Abzug der *Konkursquote*, die den vorzeitig befriedigten Gläubigern andernfalls zugestanden hätte (Rdn 38), können die Geschäftsführer namentlich den Nachweis führen, daß und in welcher Höhe eine *Gegenleistung* für die Zahlung in die Masse geflossen und den Gläubigern zugute gekommen ist, so bei Warenumsatzgeschäften u. a.[58]. Schließlich können die Geschäftsführer den Konkursverwalter auch auf die *Konkursanfechtung* der nach Konkursreife erbrachten Zahlun- **43**

---

[55] AA OLG Hamm aaO (Fn 54).

[56] OLG Hamm ZIP 1980, 280, 281; LG Köln WM 1990, 411, 413; Scholz/*K. Schmidt* 20; *Lutter*/*Hommelhoff* 10; *Rowedder* 13; *Meyer-Landrut*/Miller/Niehus 12 f; aA (auf positive Kenntnis der Konkursreife abstellend) *Schulze-Osterloh* AG 1984, 141, 143 ff und Baumbach/Hueck/*Schulze-Osterloh* 18; so zu § 92 Abs. 3 AktG auch OLG Düsseldorf ZIP 1985, 876, 886; *Mertens*-KölnKommAktG² § 92, 62.

[57] *Fleck* GmbH-Rdsch. 1974, 231.

[58] RGZ 80, 104, 110; BGH NJW 1974, 1088, 1089; OLG Hamburg MDR 1959, 311; Scholz/*K. Schmidt* 33; *Fleck* GmbH-Rdsch. 1974, 231; *K. Schmidt* JZ 1978, 663.

gen verweisen, soweit eine solche nach §§ 29 ff KO noch möglich und die unter Verstoß gegen Abs. 2 geleistete Zahlung vom Anfechtungsgegener wiederzuerlangen ist[59].

44 **δ) Verzicht und Vergleich.** Nach der Verweisung in Abs. 2 S. 3 auf § 43 Abs. 3 und damit mittelbar auf **§ 9 b Abs. 1** ist ein Verzicht der Gesellschaft auf Ersatzansprüche sowie ein Vergleich hierüber **unwirksam**, soweit der Ersatz zur Befriedigung der Gläubiger notwendig ist. Diese Voraussetzung liegt im Fall des § 64 Abs. 2 wegen der für sein Eingreifen erforderlichen Konkursreife (Rdn 38) regelmäßig vor; sie bedarf keines besonderen Nachweises. Zum Umfang des Verzichts- und Vergleichsverbots und zu der nach § 9 b Abs. 1 S. 2 für den sog. Abwendungsvergleich geltenden Ausnahme vgl. näher § 9 b, 13 ff. Das Verbot des Verzichts oder Vergleichs erstreckt sich nach ganz hM *nicht* auf die Handlungsmöglichkeiten des den Ersatzanspruch geltend machenden *Konkursverwalters*[60]. Verzichtet er allerdings ohne Zustimmung der Gläubiger oder vergleicht er sich mit den ersatzpflichtigen Geschäftsführern, so wird darin regelmäßig eine zur Haftung nach § 82 KO führende Verletzung seiner Pflichten als Konkursverwalter liegen[61].

45 **ε) Verjährung.** Nach der Verweisung in Abs. 2 S. 3 auf § 43 Abs. 4 verjährt der Ersatzanspruch in *fünf Jahren* (vgl. näher Erläut. zu § 43). Die Frist beginnt mit dem Zeitpunkt der verbotswidrigen Leistungen[62].

46 **b) Nach § 43 Abs. 2.** Von dem nur formal der Gesellschaft zugeordneten, materiell auf Ersatz eines Teils des Gesamtgläubigerschadens gerichteten Anspruch aus § 64 Abs. 2 klar zu unterscheiden ist der in § 43 Abs. 2 geregelte **Schadensersatzanspruch der Gesellschaft** wegen *sorgfaltswidriger Geschäftsführung*. Er umfaßt grundsätzlich auch denjenigen Schaden, der der Gesellschaft durch verspätete Beantragung des Konkurs- oder Vergleichsverfahrens entstanden ist, und kann insoweit mit den Ansprüchen zugunsten der Gesamtgläubiger wegen Konkursverschleppung konkurrieren. Soweit allerdings die verspätete Antragstellung mit Wissen und Wollen der maßgeblichen Gesellschafter erfolgt ist, insbesondere soweit sie auf einer entsprechenden *Gesellschafterweisung* beruht, ist *für Ansprüche aus § 43 Abs. 2 kein Raum*; ihnen stünde, auch wenn die Voraussetzungen von § 43 Abs. 2 an sich gegeben wären, der Einwand mißbräuchlicher Rechtsausübung entgegen[63]. Ansprüche gegen den Alleingesellschafter-Geschäftsführer aus § 43 Abs. 2 wegen Schädigung der GmbH durch Konkursverschleppung sind danach von vornherein ausgeschlossen (Voraufl. § 43, 70); die Haftungsverschärfung des § 43 Abs. 3 S. 3 greift insoweit nicht ein. Zur Haftung von Geschäftsführern wegen Unterlassung rechtzeitiger Sanierungsmaßnahmen oder wegen fehlerhafter Wahl des Konkurs- statt des Vergleichsantrags vgl. Rdn 21, 23.

3. Geschäftsführerhaftung gegenüber Gläubigern nach § 823 Abs. 2 BGB

47 **a) § 64 Abs. 1 als Schutzgesetz zugunsten der Gläubiger. α) Altgläubiger.** Nach heute ganz hM enthält die Haftungsvorschrift des § 64 Abs. 2 keine abschließende Regelung der Ersatzpflicht der Geschäftsführer gegenüber den Gesellschaftsgläubigern für den ihnen durch die Konkursverschleppung entstandenen Schaden[64]. Das folgt

59 Scholz/*K. Schmidt* 33; Baumbach/Hueck/*Schulze-Osterloh* 19; *Rowedder* 23; *Fleck* GmbH-Rdsch. 1974, 231.

60 Scholz/*K. Schmidt* 39; Baumbach/Hueck/*Schulze-Osterloh* 21; *Lutter/Hommelhoff* 12.

61 So zutr. Scholz/*K. Schmidt* 39.

62 Scholz/*K. Schmidt* 40; Baumbach/Hueck/*Schulze-Osterloh* 22.

63 HM, vgl. BGHZ 31, 258, 278 = NJW 1960, 285; BGH NJW 1974, 1088, 1089; Scholz/*K. Schmidt* 34; Baumbach/Hueck/*Schulze-Osterloh* 23; *Fleck* GmbH-Rdsch. 1974, 232.

64 Zweifelnd noch *Fleck* GmbH-Rdsch. 1974, 234.

auch unabhängig von der besonderen Rechtsnatur dieser Haftung (Rdn 37) aus den besonderen Voraussetzungen und Rechtsfolgen, die § 64 Abs. 2 für Erstattungsansprüche wegen masseschmälernder Zahlungen bestimmt mit der Folge, daß hierauf gestützte Ansprüche allenfalls einen Teil der Konkursverschleppungsschäden erfassen (Rdn 38 ff). Zu Recht ist daher heute anerkannt, daß die Antragspflicht des § 64 Abs. 1 ein *Schutzgesetz iSv § 823 Abs. 2 BGB* zwar nicht für Gesellschafter oder Dritte (vgl. Rdn 2), wohl aber *zugunsten der bei Konkursreife vorhandenen (Alt-)Gläubiger* enthält, dessen vorsätzliche oder fahrlässige Verletzung zu deliktischen Ansprüchen der Gläubiger gegen die GmbH-Geschäftsführer auf *Ersatz des Konkursverschleppungsschadens* führt[65]. Zu ersetzen ist der der *Gläubigergesamtheit* durch die Konkursverschleppung entstandene Quotenschaden (Rdn 53). Er entspricht der durch verzögerte Antragstellung eingetretenen Verminderung des Gesellschaftsvermögens. Zur Schadensberechnung vgl. näher Rdn 53 ff, zur einheitlichen Geltendmachung des Gesamtgläubigerschadens im Konkurs vgl. Rdn 56 f.

β) Neugläubiger. Die vorstehenden Grundsätze finden nach ganz hM auch Anwendung auf Neugläubiger, die ihre *Forderungen* gegen die GmbH erst *nach Konkursreife erlangt* haben[66]. Sie sind durch § 64 Abs. 1 zwar nicht gegen die Gefahr geschützt, mit der GmbH in Geschäftsbeziehungen zu treten und allein deshalb einen Ausfall zu erleiden (vgl. näher Rdn 49); daher steht ihnen nach dieser Vorschrift iVm § 823 Abs. 2 BGB auch nicht etwa ein Anspruch auf den durch den Vertragsschluß als solchen erlittenen Schaden (das sog. *negative* Interesse) zu[67]. Wohl aber sind sie vom Beginn ihrer Gläubigerstellung an ebenso wie die Altgläubiger gegen eine weitere Verminderung der Konkursmasse durch pflichtwidrige Konkursverschleppung geschützt. Sie können daher ebenso wie diese von den Geschäftsführern bei Verstoß gegen die Antragspflicht den sog. **Quotenschaden** (Rdn 53) ersetzt verlangen. **48**

Weitergehende Ansichten in der Literatur, die Neugläubigern auch außerhalb besonderer Haftungsgründe (vgl. dazu Rdn 64 ff) einen deliktischen Anspruch auf den **vollen Schaden** einräumen, den sie durch Kreditgewährung an die konkursreife GmbH erlitten haben[68], haben sich *zu Recht nicht durchgesetzt.* Gegen sie spricht vor allem die unvertretbare Ausdehnung des Schutzgesetzcharakters des § 64 Abs. 1 auf alle Arten *potentieller* Gläubiger der GmbH, d. h. jeden am Rechtsverkehr teilnehmenden *Dritten* (vgl. dagegen schon oben Rdn 2). Sie würde letztlich zur Gewährung eines dem geltenden Recht unbekannten Schutzes des Vertrauens in die Zahlungsfähigkeit und Kreditwürdigkeit eines anderen führen[69]. Im übrigen hätte eine derartige Haftungsausweitung auch eine sachlich nicht gerechtfertigte Besserstellung neuer im Verhältnis zu **49**

---

[65] St. Rspr. seit BGHZ 29, 100, 104 = NJW 1959, 623 (zuvor schon RG JW 1935, 3301, 3302); vgl. aus neuerer Zeit BGHZ 75, 96, 106 = NJW 1979, 1823; 100, 19, 21 = NJW 1987, 2433; 108, 134, 136 = NJW 1989, 3277; BGH WM 1962, 764; DB 1968, 2078; WM 1975, 185; DB 1976, 1665, 1666; NJW 1979, 2198; WM 1985, 384, 395; BAG AP § 13 GmbHG Nr. 1 = NJW 1975, 708; so auch die ganz hM im Schrifttum, vgl. Scholz/*K. Schmidt* 35; Baumbach/Hueck/*Schulze-Osterloh* 24; *ders.* AG 1984, 141, 144; *Lutter/Hommelhoff* 22; *Rowedder* 24.

[66] Vgl. nur BGHZ 29, 100, 104 = NJW 1959, 623; Scholz/*K. Schmidt* 35.

[67] St. Rspr. seit BGHZ 29, 100, 106; vgl. BGHZ 100, 19, 24 = NJW 1987, 2433; BGH WM 1960, 641 f; 1961, 1106; 1962, 527, 530; BAG AP § 13 GmbHG Nr. 1 = NJW 1975, 708; so auch Scholz/*K. Schmidt* 36; *ders.* JZ 1978, 664; Baumbach/Hueck/*Schulze-Osterloh* 26; *Lutter/Hommelhoff* 13; *Rowedder* 24; *Roth* 3.1; *Fleck* GmbH-Rdsch. 1974, 235.

[68] So *Gilles/Baumgart* JuS 1974, 227 f; *Kühn* NJW 1970, 591 f; *Lambsdorff/Gilles* NJW 1966, 1551 f; *Lindacher* DB 1972, 1425; *Winkler* MDR 1958, 889 und 1960, 185; *Stapelfeld* Die Haftung des GmbH-Geschäftsführers für Fehlverhalten in der Gesellschaftskrise (Diss. Bremen, 1990) passim; nicht eindeutig Geßler/*Hefermehl*/Eckardt/Kropff AktG § 92, 24.

[69] BGHZ 29, 100, 106 = NJW 1959, 623.

alten Gläubigern zur Folge[70]. Der Schutz des § 64 Abs. 1 beschränkt sich somit darauf, vorhandene und nach Konkursreife neu hinzutretende Gläubiger der GmbH gegen solche Schäden zu schützen, die sie nach Forderungsbegründung durch weitere Aushöhlung der Masse infolge der Konkursverschleppung erleiden.

50 γ) **Inhaber von Vorzugsrechten?** Umstritten ist die Frage, ob zu dem nach §§ 64 Abs. 1 GmbHG, 823 Abs. 2 BGB ersatzfähigen Schaden auch der Verlust von **Aus- oder Absonderungsrechten** gehört, der infolge Verstoßes gegen die Antragspflicht des § 64 Abs. 1 eingetreten ist[71]. In der Voraufl. (Rdn 52 ff) wurde eine Haftung der Geschäftsführer für derartige Individualschäden von Gläubigern mit der Begründung bejaht, daß auch die einem Aus- oder Absonderungsrecht unterliegenden Gegenstände zu dem durch § 64 Abs. 1 im Gläubigerinteresse geschützten Gesellschaftsvermögen gehören und daß dieser Vorschrift keine Beschränkung auf den Ersatz des Gesamtgläubigerschadens zu entnehmen ist. Inzwischen hat der BGH zu dieser Frage in einem Grundsatzurteil[72] Stellung genommen und sie dahin entschieden, daß § 64 Abs. 1 nur den *Schutz der Vermögensinteressen der Gesellschaftsgläubiger an der Erhaltung der Konkursmasse* bezwecke. Hierunter falle nicht die Verletzung von Aussonderungsrechten einzelner Gläubiger aufgrund eines Eigentumsvorbehalts; insoweit gewähre bereits die Generalklausel des § 823 Abs. 1 BGB den betroffenen Rechtsinhabern ausreichenden Schutz gegenüber dem schädigenden Handeln von Geschäftsführern[73]. Bezogen auf *Aussonderungsrechte* ist die Streitfrage damit für die Praxis entschieden; die gegenteilige Ansicht der Voraufl. wird aufgegeben. Sieht man in dem BGH-Urteil, wofür vieles spricht, über den Einzelfall (Aussonderungsrecht) hinaus eine generelle Aussage zugunsten der Begrenzung des Schutzzwecks des § 64 Abs. 1 auf den *Gesamtgläubigerschaden* infolge konkursverschleppungsbedingter Masseschmälerung, so ist auch für die Geltendmachung sonstiger von Gesellschaftsgläubigern erlittener Individualschäden, etwa solcher durch Verlust von *Absonderungsrechten* infolge Konkursverschleppung, im Rahmen von §§ 64 Abs. 1 GmbHG, 823 Abs. 2 BGB kein Raum[74].

51 b) **Haftungsvoraussetzungen. α) Objektive.** In objektiver Hinsicht setzt die Haftung wegen Konkursverschleppung voraus, daß die Geschäftsführer trotz Konkursreife die **Antragspflicht** aus Abs. 1 **verletzen** und daß sich dadurch die Zugriffs- und Verwertungsmöglichkeiten der Gläubiger verschlechtern. Zu ersetzen ist der ganze Konkursverschleppungsschaden, auch soweit er auf andere Weise als durch Zahlungen aus dem Gesellschaftsvermögen nach eingetretener Konkursreife entstanden ist, insbes. also auch der Schaden aus der Erhöhung der Überschuldung infolge des Eingehens weiterer Verbindlichkeiten oder der Verursachung zusätzlicher Verluste. Eine Ausnahme gilt nur für Schäden aus der auf höchstens drei Wochen bemessenen Zeit, innerhalb derer die Geschäftsführer nach Kenntniserlangung von der Konkursreife zwecks Prü-

---

70 So zutr. *Fleck* GmbH-Rdsch. 1974, 235; vgl. auch *Mertens* in Anm. zu BAG AP § 13 GmbHG Nr. 1.

71 Dafür OLG Düsseldorf BB 1974, 712, 713; Voraufl. 52 ff; Baumbach/Hueck/*Schulze-Osterloh*[14] 26 (anders 15. Aufl., vgl. Fn 72); *Lutter*/*Hommelhoff* 13; *Meyer-Landrut*/Miller/Niehus 16; wohl auch *Fleck* GmbH-Rdsch. 1974, 234; aA OLG Köln ZIP 1982, 1086, 1087; LG Kiel NJW 1954, 1850, 1851; Scholz/*K. Schmidt* 36; *ders.* JZ 1978, 664; *Häsemeyer* KTS 1982, 537; *Mertens*-KölnKommAktG[2] § 92, 54.

72 BGHZ 100, 19, 23 ff = NJW 1987, 2433; so jetzt auch Baumbach/Hueck/*Schulze-Osterloh*[15] 26.

73 Geschäftsführerhaftung nach § 823 Abs. 1 BGB deshalb bejahend OLG Koblenz WM 1989, 535, 536 (dazu kritisch *Sundermann* WM 1989, 1197 ff). Zur Frage einer *Garantenpflicht* von Geschäftsführern gegenüber den Inhabern derartiger Aussonderungsrechte mit der Folge deliktischer Haftung wegen *fahrlässiger* Nichtverhinderung der Eigentumsschädigung durch Veräußerung der Sache seitens anderer GmbH-Angestellter vgl. BGHZ 109, 297, 302 ff = NJW 1990, 976 (bejahend); dazu mit Recht kritisch *Mertens*/*Mertens* JZ 1990, 488 ff.

74 So die heute wohl hM, vgl. die Nachw. der abl. Ansichten in Fn 71.

fung der Sanierungs- oder Vergleichsfähigkeit der Gesellschaft ohne schuldhaftes Zögern von der sofortigen Antragstellung absehen (vgl. Rdn 55). Zur Beweisproblematik vgl. Rdn 58.

β) **Subjektive.** Als deliktische Haftung setzt die Geschäftsführerhaftung wegen Konkursverschleppung **schuldhaft** unterlassene Antragstellung voraus; dabei *genügt* ebenso wie hinsichtlich der Strafsanktion des § 84 Abs. 2 *Fahrlässigkeit*[75]. Das hat Bedeutung vor allem für den nicht ohne weiteres erkennbaren Konkursgrund der *Überschuldung*. Wenn die Geschäftsführer dieser Haftung entgehen wollen, müssen sie insbesondere in Krisenzeiten die voraussichtlichen *Überlebenschancen der Gesellschaft regelmäßig prüfen und bei begründeten Zweifeln hieran eine Überschuldungsbilanz erstellen*[76]. **Indikatoren** für den Fahrlässigkeitsvorwurf bei unterlassener Prüfung sind eine deutlich rückläufige Geschäftsentwicklung, eine nicht nur vorübergehend negative Ertragslage, der Ausweis von Verlusten in der Jahresbilanz, Liquiditätsschwierigkeiten, aber auch wesentliche negative Einflüsse auf die Vermögenslage durch erhebliche Forderungsausfälle, nachhaltige Wertminderungen bei den Warenbeständen oder Wertpapieren oder durch ins Gewicht fallende Belastungen aus Gewährleistungspflichten u. a.[77]. Die Ansicht, eine einmal eingetretene Überschuldung sei behoben, entschuldigt den Geschäftsführer nur dann, wenn er sich durch Aufstellung eines Status über die gegenwärtige Vermögenslage der Gesellschaft Gewißheit verschafft[78]. Auf mangelnde eigene Sachkenntnis können sich die Geschäftsführer angesichts des im Zivilrecht geltenden objektiven Sorgfaltsmaßstabs nicht berufen (Rdn 36). Entsprechendes gilt im Fall einer *Ressortverteilung* innerhalb der Geschäftsführung; sie läßt die Antragspflicht *jedes* Geschäftsführers (Rdn 7) unberührt[79]. – Zur Notwendigkeit für die Geschäftsführer, sich bei nachgewiesener objektiver Pflichtverletzung zu exkulpieren, vgl. Rdn 58. 52

c) **Zur Schadensberechnung.** Entsprechend den Feststellungen zum Schutzzweck des § 64 Abs. 1 (Rdn 44 ff) richtet sich der ersatzfähige Schaden nach der *Differenz* zwischen dem Masseerlös (der Konkursquote), den die Gläubiger bei rechtzeitiger Antragstellung erlangt hätten, und dem nach Konkurs- (oder Vergleichs-)Eröffnung oder nach Konkursablehnung mangels Masse tatsächlich erzielten Erlös. Zu ersetzen ist also der durch die Konkursverschleppung entstandene **Quotenschaden**; er ist ggf. *nach § 287 ZPO zu schätzen*[80]. Dabei spricht die Vermutung dafür, daß eine Verminderung des Gesellschaftsvermögens (bzw. die ihr gleichstehende Vermehrung der Verbindlichkeiten) ihre Ursache in der Konkursverschleppung hat; der Gegenbeweis bleibt den Geschäftsführern unbenommen. Zur Berücksichtigung von Erstattungsansprüchen aus einer Konkursanfechtung vgl. Rdn 43. 53

Im Fall von **Neugläubigern**, deren Forderungen gegen die GmbH erst nach Eintritt der Konkursreife begründet worden sind, hängt der ersatzfähige Schaden (Rdn 48) nach dieser Berechnung theoretisch vom jeweiligen *Zeitpunkt* der Forderungserlangung 54

[75] HM, vgl. BGHZ 75, 96, 111 = NJW 1979, 1823; Scholz/*K. Schmidt* 28; *Lutter/Hommelhoff* 14; *Meyer-Landrut*/Miller/Niehus 15; so zu § 92 Abs. 2 AktG auch Geßler/*Hefermehl*/Eckardt/Kropff AktG § 92, 24; aA OLG Düsseldorf ZIP 1985, 876, 886; Baumbach/Hueck/*Schulze-Osterloh* 27; *ders.* AG 1984, 141, 143 ff; *Mertens*-KölnKommAktG § 92, 54, 62.

[76] So zutr. Scholz/*K. Schmidt* 28; vgl. auch OLG Düsseldorf BB 1974, 712, 713; OLG Hamburg BB 1982, 2087.

[77] Zu Frühwarnsystemen für die Insolvenzerkennung vgl. *Uhlenbruck* ZfbF 34 (1982), 530.

[78] BGH NJW 1961, 740.

[79] OLG Düsseldorf BB 1974, 712, 713.

[80] Zur Schwierigkeit exakter Berechnung und zu den Nachweisanforderungen vgl. Scholz/*K. Schmidt* 31, 36; *Lutter/Hommelhoff* 14; *Rowedder* 24; *Mertens*-KölnKommAktG² § 92, 53; aus der Rechtsprechung vgl. etwa OLG Stuttgart GmbH-Rdsch. 1989, 38, 39; OLG Hamburg GmbH-Rdsch. 1989, 338, 339.

und der Höhe des dann noch vorhandenen Gesellschaftsvermögens ab. Er muß nicht *geringer*, sondern kann auch *höher* sein als der Schaden der Altgläubiger, so wenn die Kreditgewährung durch einen Neugläubiger zur – jedenfalls vorübergehenden – Vermehrung der Aktivmasse und in Verbindung damit zu einer Verbesserung der Stellung der Altgläubiger führt. Allerdings ist eine exakte Berechnung des jedem einzelnen Neugläubiger entstandenen, auf den Zeitpunkt seiner jeweiligen Forderungsbegründung bezogenen Quotenschadens in aller Regel kaum möglich; ihr steht auch das Interesse sämtlicher Gläubiger an einheitlicher Geltendmachung des Quotenschadens im Konkurs der Gesellschaft entgegen (Rdn 56). Deshalb sowie mit Rücksicht auf den konkursrechtlichen Gleichbehandlungsgrundsatz[81] erscheint es vertretbar, auf eine gesonderte Berechnung des Quotenschadens der Neugläubiger zu verzichten und unabhängig vom Zeitpunkt ihrer Forderungsbegründung *sämtliche Gläubiger gleichmäßig* am Ersatz des durch Konkursverschleppung verursachten Quotenschadens teilnehmen zu lassen[82].

55 Besondere Probleme kann die Berechnung des Quotenschadens im Hinblick auf die **Antragsfrist des Abs. 1** bereiten. Sie sind die Folge des Umstands, daß die Haftung wegen Konkursverschleppung bereits durch *fahrlässiges* Unterlassen der Antragstellung ausgelöst wird, während die Antragsfrist des Abs. 1 erst bei *positiver Kenntnis* vom Eintritt der Konkursreife zu laufen beginnt (Rdn 25, 52). Da die Geschäftsführer während des Laufs der Antragsfrist nicht pflichtwidrig handeln, wenn sie innerhalb der Höchstfrist von drei Wochen die Sanierungs- oder Vergleichsfähigkeit der Gesellschaft prüfen, ist der *Tatbestand der Konkursverschleppung während dieser Zeit suspendiert*; für Schäden, die ihre Ursache innerhalb dieses Zeitraums haben, kann daher Ersatz nach § 64 Abs. 1 iVm § 823 Abs. 2 BGB nicht verlangt werden[83]. Lassen die Geschäftsführer allerdings die Antragsfrist ergebnislos verstreichen, ohne entweder Konkurs-(Vergleichs-)Antrag zu stellen oder durchgreifende Sanierungsmaßnahmen zu treffen, so entfällt damit regelmäßig auch ihre Möglichkeit, sich für die Zwischenzeit auf entsprechende Sanierungs- oder Vergleichsvorbereitungen zu berufen und dadurch den Nachweis eines Handelns ohne schuldhaftes Zögern zu führen.

56 d) **Geltendmachung im Konkurs.** Die Geltendmachung des materiellrechtlich den geschädigten Gläubigern zustehenden Quotenschadens ist im Konkurs der Gesellschaft Sache des **Konkursverwalters**[84]. Das entspricht dem Charakter als *Gesamtgläubigerschaden* (Rdn 47) und läßt sich auf eine Rechtsanalogie zu sonstigen dem Konkursverwalter aus Zweckmäßigkeitsgründen eingeräumten Klagebefugnissen stützen, wie sie für den Fall masseschmälernder Zahlungen in § 64 Abs. 2 S. 1 sowie allgemein in §§ 130a Abs. 3 S. 1, 171 Abs. 2 HGB ihren gesetzlichen Ausdruck gefunden haben[85]. Die einheitliche Geltendmachung liegt regelmäßig auch im wohlverstandenen Interesse der Gläubiger selbst, da sie nicht nur den Schadensnachweis erleichtert, sondern durch Auffüllung der Masse dafür sorgt, daß der eingetretene Schaden unter Gleichbehandlung aller Gläubiger an der Quelle beseitigt wird. Zur Einbeziehung des Quotenscha-

---

81 Vgl. dazu umfassend *Häsemeyer* KTS 1982, 507 ff, 537.

82 So im Erg. auch Scholz/*K. Schmidt* 31 und 36; *ders.* JZ 1978, 665 (unter Betonung des *Gesamt*gläubigerschutzes als Zielrichtung des § 64 Abs. 1).

83 Vgl. *Ulmer* KTS 1981, 484 f.

84 So auch RGZ 87, 107, 108; 97, 107, 108; 120, 189, 192; BGH WM 1973, 1354, 1355; Baumbach/Hueck/*Schulze-Osterloh* 28; *Lutter/Hommelhoff* 16; Jaeger/*Weber* KO[8] §§ 207, 208, 61; Kuhn/*Uhlenbruck* KO[10] § 207, 20 f; im Erg. auch Scholz/*K. Schmidt* 30 und *K. Schmidt* JZ 1978, 662 (freilich unter materiellrechtlicher Zuweisung des Anspruchs an die Gesellschaft).

85 Zur entsprechenden Beurteilung bei Ansprüchen nach § 82 KO wegen Masseschädigung vgl. BGH NJW 1973, 1198 und *Kilger* KO[15] § 82, 4; zu den Sonderregelungen der §§ 62 Abs. 2 S. 2, 93 Abs. 5 S. 4, 117 Abs. 5 S. 3 AktG vgl. auch *Heckmann* KTS 1960, 183 f.

dens auch der *Neu*gläubiger in die einheitliche Geltendmachung vgl. Rdn 54. – Soweit danach die Durchsetzung des Anspruchs Sache des Konkursverwalters ist, sind einzelne Gläubiger auch nicht befugt, über ihn zu verfügen, insbesondere auf den Anspruch zu verzichten oder sich darüber zu vergleichen. Sofern allerdings die Antragstellung im Einvernehmen mit allen bisherigen Gläubigern unterblieb, schließt das zugleich die Geltendmachung von Schadensersatzansprüchen wegen Konkursverschleppung aus (Rdn 32). Für die Möglichkeit eines Verzichts oder Vergleichs seitens des Konkursverwalters gilt entsprechendes wie zu § 64 Abs. 2 (vgl. Rdn 44).

Sieht der Konkursverwalter von der einheitlichen Geltendmachung ab, so kann darin zwar eine zum Schadensersatz nach § 82 KO verpflichtende Verletzung seiner Verwalterpflichten liegen; an seiner ausschließlichen Kompetenz zu kollektiver Geltendmachung ändert sich jedoch nichts. Eine Geltendmachung des Schadens durch die **Gläubiger** persönlich ist erst *nach Beendigung des Konkursverfahrens* möglich[86]. Entsprechendes gilt im Falle der *Konkursablehnung mangels Masse*, da es hier nicht zu der die Einzelbefugnis verdrängenden Wirkung der Konkurseröffnung kommt[87]. **57**

e) **Beweisfragen.** Zum Nachweis der *Konkursreife*, insbesondere des Konkursgrunds der Überschuldung durch den Anspruchsberechtigten sowie zu den Widerlegungsmöglichkeiten der Geschäftsführer vgl. schon Rdn 19. Sache der Anspruchsberechtigten ist es weiter, den infolge der Konkursverschleppung eingetretenen **Schaden** der Gläubiger nachzuweisen; dabei genügt im Regelfall ein Vergleich zwischen dem Vermögensbestand bei Eintritt der Konkursreife bzw. im späteren Zeitpunkt der schuldhaft pflichtwidrigen Unterlassung des Konkursantrags und demjenigen im Zeitpunkt der Antragstellung[88]. Der Nachweis eines atypischen, von der Konkursverschleppung unabhängigen Schadensverlaufs oder der Möglichkeit der Schadensminderung durch Konkursanfechtung u. a. ist Sache der Geschäftsführer. Sind objektive Konkursverschleppung und darauf beruhende Gläubigerschädigung nachgewiesen, so wird entsprechend dem Regelungsvorbild der §§ 130 a Abs. 3 S. 2 HGB, 93 Abs. 2 AktG das **Verschulden** der Geschäftsführer *vermutet*[89]. Ihre Sache ist es sodann, den *Entlastungsbeweis* zu führen und namentlich nachzuweisen, daß ihnen der Eintritt der Überschuldung weder bekannt noch auch bei Anwendung der Sorgfalt eines ordentlichen Geschäftsleiters erkennbar war (Rdn 52). **58**

f) **Sonstige Schutzgesetze.** Schadensersatzansprüche getäuschter Gläubiger gegen Geschäftsführer wegen Schutzgesetzverletzung kommen im Fall von Rechtsgeschäften mit einer konkursreifen GmbH nach § 263 StGB iVm § 823 Abs. 2 BGB in Betracht[90]. Im Unterschied zum Konkursverschleppungsschaden setzen sie den *Nachweis vorsätzlicher Schädigung* der betroffenen Gläubiger durch die Geschäftsführer voraus, d. h. also den Abschluß von Rechtsgeschäften namens der GmbH und die Inanspruchnahme von Kredit in Kenntnis des Umstands, daß die GmbH bei Fälligkeit zur (Rück-)Zahlung **59**

---

[86] Baumbach/Hueck/*Schulze-Osterloh* 28; *Lutter/Hommelhoff* 16; Jaeger/*Weber* KO[8] §§ 207, 208, 61; ebenso für Ansprüche aus § 82 KO auch BGH NJW 1973, 1198, 1199 und Jaeger/*Weber* KO[8] § 82, 11; aA zu §§ 64 Abs. 1 GmbHG, 823 Abs. 2 BGB wohl Scholz/*K. Schmidt* 30, 35 (nicht eindeutig noch *K. Schmidt* JZ 1978, 662 f).

[87] So auch Baumbach/Hueck/*Schulze-Osterloh* 28; *Lutter/Hommelhoff* 16; Jaeger/*Weber* KO[8] §§ 207, 208, 61; *Uhlenbruck* ZfbF 34 (1982) 536; aA Scholz/*K. Schmidt* 30; *W. Schulz* Die masselose Liquidation der GmbH (1986) S. 188.

[88] Vgl. näher Rdn 53; dazu auch Scholz/*K. Schmidt* 38 und *K. Schmidt* JZ 1978, 663.

[89] HM, vgl. Scholz/*K. Schmidt* 38; Baumbach/Hueck/*Schulze-Osterloh* 28; *Lutter/Hommelhoff* 10; *Gurke* S. 118. Zur Geltung der Vermutungsregel auch für § 43 Abs. 2 vgl. Voraufl. § 43, 66.

[90] EinhM, vgl. Scholz/*K. Schmidt* 47; Baumbach/Hueck/*Schulze-Osterloh* 29; MünchKomm-*Mertens* BGB[2] § 823, 168; aus der Rspr. vgl. etwa BGHZ 57, 137, 138, 142 = NJW 1972, 36; BGH WM 1985, 384, 385.

außerstande ist. Bedingter Vorsatz genügt; es gilt entsprechendes wie zu § 826 BGB (vgl. näher Rdn 63). Gelingt dieser Nachweis, so steht dem betroffenen Gläubiger Anspruch auf den *vollen*, durch den Geschäftsabschluß erlittenen Schaden zu. Die Geltendmachung des Anspruchs wird durch die Konkurseröffnung nicht berührt.

60 Ein Schutzgesetz zugunsten potentieller GmbH-Gläubiger ist auch der durch das 1. WiKG im Jahr 1976 als **§ 265 b StGB** neu eingeführte, im Unterschied zu § 263 StGB als abstraktes Gefährdungsdelikt im *Vorfeld* des Betrugs ausgestaltete Tatbestand des *Kreditbetrugs*[91]. Danach wird u. a. bestraft, wer in einem Unternehmen im Zusammenhang mit einem Antrag auf Gewährung oder Belassung eines für das Unternehmen bestimmten Kredits entweder über wirtschaftliche Verhältnisse unrichtige oder unvollständige Unterlagen vorlegt, die für die Entscheidung über den Antrag erheblich sind, oder erhebliche Verschlechterungen der in den Unterlagen dargestellten wirtschaftlichen Verhältnisse des Unternehmens nicht mitteilt. Der sachliche Anwendungsbereich erfaßt nicht nur Geldkredite, sondern auch die Krediteinräumung durch Warenlieferanten[92]. Strafbar ist nur *vorsätzliches* Handeln bzw. Unterlassen. Wie im Betrugsfall richtet sich der Schadensersatzanspruch betroffener Gläubiger auch bei Verstößen gegen § 265 b StGB auf den *vollen*, ihnen durch die Kreditgewährung entstandenen Schaden, d. h. das negative Interesse.

61 Als Schutzgesetz ist weiter auch das in **§ 82 Abs. 2 Nr. 2 GmbHG** enthaltene Verbot der *Geschäftslagetäuschung* anzusehen[93]. Danach werden Geschäftsführer, Liquidatoren u. a. bestraft, wenn sie in einer *öffentlichen Mitteilung* die Vermögenslage der Gesellschaft unwahr darstellen oder verschleiern[93a]; für entsprechend täuschende Darstellungen in Jahresabschluß oder Anhang enthält § 331 Nr. 1 HGB eine sachlich damit übereinstimmende Sondervorschrift. Strafbar ist nur vorsätzliches Handeln. Liegen die objektiven und subjektiven Voraussetzungen einer strafbaren Geschäftslagetäuschung vor, so können die hierauf vertrauenden Gesellschaftsgläubiger Schadensersatz in Höhe des negativen Interesses von den an der Täuschung beteiligten Geschäftsführern nach § 823 Abs. 2 BGB verlangen. – Ob zu den Schutzgesetzen im Interesse der Gesellschaftsgläubiger auch die in **§ 283 Abs. 1 Nr. 7 StGB** unter Strafe gestellten *Bankrotthandlungen* der unübersichtlichen oder verspäteten Bilanzerstellung[93b] gehören, ist zweifelhaft. Da der primäre Zweck dieser Vorschriften dahin geht, die Übersicht des Geschäftsführers über die Vermögens- und Ertragslage der Gesellschaft zu verbessern und ihn dadurch zur rechtzeitigen Konkursantragstellung zu veranlassen, würde der Schutzbereich dieser Vorschrift in bezug auf geschädigte Gläubiger nicht über § 64 Abs. 1 GmbHG hinausreichen[94]. Eigenständige Bedeutung käme einem hierauf gestützten Deliktsschutz somit nicht zu.

62 Schutzgesetze zugunsten der **Sozialversicherungsträger und Arbeitnehmer** enthielten die verschiedenen Regelungen der RVO über die durch Straf- und Bußgeldvorschriften sanktionierte Abführung der *Arbeitnehmer*beiträge zur Sozialversicherung[95]; anderes galt bezüglich der nicht mit einer derartigen Sanktion ausgestatteten *Arbeitgeber*bei-

---

91 So auch MünchKomm-*Mertens* BGB² § 823, 168; Scholz/*K. Schmidt* 48; Baumbach/Hueck/*Schulze-Osterloh* 30.

92 Vgl. Schönke/Schröder/*Lenckner*, StGB²³, § 265 b, 15, 20 f; *Lackner* StGB¹⁸ § 265 b, 2 b; Dreher/*Tröndle* StGB⁴⁵ § 265 b, 12.

93 HM, vgl. Voraufl. § 82, 118 (*Kohlmann*); Scholz/*K. Schmidt* 49; Baumbach/Hueck/*Schulze-Osterloh* § 82, 71; wohl auch Scholz/*Tiedemann* § 82, 10 ff, 12.

93a Vgl. Erläut. zu § 82 und *Richter* GmbH-Rdsch. 1984, 116 f.

93b Vgl. dazu *Richter* GmbH-Rdsch. 1984, 147.

94 So zutr. BGHZ 108, 134, 139 f = NJW 1989, 3277.

95 Zu §§ 533 Abs. 1, 536 Nr. 2 RVO vgl. BGHZ 58, 199, 201 = NJW 1972, 947 m. w. Nachw.; zu den zwischenzeitlich an ihre Stelle getretenen §§ 529 Abs. 1, 1428 Abs. 1 RVO BGH NJW 1985, 3064; zuletzt bestätigt durch BGH NJW-RR 1989, 472.

träge[96]. Ob sich diese Differenzierung auch heute, nach gesetzlichem Übergang zu einem *Gesamtsozialversicherungsbeitrag*[96a], aufrecht erhalten läßt, erscheint zweifelhaft. Angesichts der Bußgeldvorschrift in § 111 Abs. 2 SGB IV iVm den einzelnen materiell-rechtlichen Beitragsvorschriften des SGB dürfte vielmehr nur noch von einem Schutzgesetz zugunsten der Arbeitnehmer, nicht auch der Sozialversicherungsträger auszugehen sein. Auch soweit die Bundesanstalt für Arbeit aufgrund ihrer Pflicht zur Zahlung von Konkursausfallgeld an die Arbeitnehmer der GmbH einen Schaden erleidet, fehlt es an einem Schutzgesetz, dessen Verletzung eine Haftung der Geschäftsführer begründen könnte; in Betracht kommen nur Ansprüche aus § 826 BGB (Rdn 63)[97].

4. Geschäftsführerhaftung aus sonstigen Gründen

a) § 826 BGB. Eine Haftung von Geschäftsführern einer konkursreifen GmbH gegenüber Gläubigern, die der Gesellschaft in Unkenntnis der Konkursreife *Waren- oder Geldkredit* gewährt und dadurch einen Ausfall erlitten haben, ergibt sich im Fall vorsätzlich sittenwidriger Schädigung aus § 826 BGB. Zentrale Voraussetzung ist – ebenso wie für die Haftung nach § 263 StGB iVm § 823 Abs. 2 BGB (Rdn 59) – die **vorsätzliche Schädigung** des kreditgewährenden Gläubigers durch den für die GmbH handelnden Geschäftsführer (zur Sittenwidrigkeit vgl. Rdn 64). Dieser muß die eingetretene oder absehbare *Konkursreife* (Zahlungsunfähigkeit oder Überschuldung) der Gesellschaft gekannt und iSv zumindest *bedingtem Vorsatz* billigend in Kauf genommen haben, daß die Forderung des Gläubigers bei Fälligkeit nicht erfüllt werden kann[98]. Darauf, daß die Schädigung *bestimmte* Gläubiger betrifft, braucht sich der Vorsatz *nicht* zu beziehen; es genügt, daß der Schädiger die *Richtung*, in der sich sein Verhalten zum Schaden anderer auswirken konnte, und die Art des möglicherweise eintretenden Schadens vorausgesehen und billigend in Kauf genommen hat[99]. **63**

Eine vorsätzliche Gläubigerschädigung ist zugleich **sittenwidrig**, wenn sie auf einseitiger Risikoverlagerung zu Lasten der Gläubiger oder auf sonstigen eigennützigen Motiven beruht[100]. Sittenwidrigkeit kann sich auch aus der Verletzung besonderer Offenbarungspflichten gegenüber dem Gläubiger ergeben[101]. *Ausnahmen* kommen in denjenigen Fällen in Betracht, in denen der Vertragsabschluß (oder die schädigende Handlung innerhalb einer schon bestehenden Vertragsbeziehung) in einem Zeitpunkt erfolgt, in dem die Antragsfrist des § 64 Abs. 1 läuft und der Geschäftsführer mit Rücksicht auf die Prüfung von Sanierungs- oder Vergleichsmöglichkeiten ohne schuldhaftes Zögern von der Antragstellung absieht (Rdn 26). Diesem in § 64 Abs. 1 gesetzlich bewilligten Aufschub der Antragsfrist ist auch bei Prüfung des Merkmals der Sittenwidrigkeit Rechnung zu tragen[102]. **64**

Gelingt der – meist nicht leichte – Nachweis der Haftungsvoraussetzungen, so erstreckt sich die Haftung der beteiligten Geschäftsführer über den nach § 64 Abs. 1 iVm § 823 Abs. 2 BGB ersatzfähigen Quotenschaden (Rdn 53) hinaus auf den **vollen**, dem Gläubiger durch die Aufnahme der Geschäftsbeziehung zur konkursreifen GmbH **65**

---

[96] So für § 393 RVO BGH NJW 1976, 2129; ebenso für § 151 AVG BGH NJW 1982, 2780.

[96a] Vgl. §§ 28 d ff SGB IV.

[97] So zutr. BGHZ 108, 134, 136 ff = NJW 1989, 3277.

[98] EinhM, vgl. BGHZ 108, 134, 142 = NJW 1989, 3277; BGH NJW 1979, 2104, 2105; NJW 1984, 2284, 2285; WM 1991, 1548, 1551; OLG Köln WM 1981, 1238, 1240; MünchKomm-*Mertens* BGB² § 826, 194; Scholz/*K. Schmidt* 50; Baumbach/Hueck/*Schulze-Osterloh* 31.

[99] BGHZ 108, 134, 143 = NJW 1989, 3277.

[100] BGHZ 108, 134, 142 = NJW 1989, 3277; BGH GmbH-Rdsch. 1974, 7, 8; NJW 1979, 2104.

[101] Vgl. näher MünchKomm-*Mertens* BGB² § 826, 49 m. Nachw.; einschränk. Baumbach/Hueck/*Schulze-Osterloh* 31.

[102] So zutr. BGHZ 108, 134, 144 = NJW 1989, 3277; BGH WM 1991, 1548, 1551; der Sache nach auch schon BGHZ 75, 96, 114 f = NJW 1979, 1823.

entstandenen **Schaden** (das negative Interesse). – Zur Haftung von nicht an der Geschäftsführung beteiligten Gesellschaftern wegen Gläubigerschädigung nach § 826 BGB vgl. Rdn 76.

b) Culpa in contrahendo

Schrifttum

Brandner Haftung des Gesellschafters/Geschäftsführers einer GmbH aus culpa in contrahendo?, Festschrift Werner (1984) S. 53; *Grunewald* Die unbeschränkte Haftung beschränkt haftender Gesellschafter für die Verletzung von Aufklärungspflichten im vorvertraglichen Bereich, ZGR 1986, 580; *B. Kübler* Überlegungen zur Eigenhaftung des Unternehmenssanierers aus culpa in contrahendo, Festschrift Kellermann (1991) S. 243; *Medicus* Zur Eigenhaftung des GmbH-Geschäftsführers aus Verschulden bei Vertragsverhandlungen, Festschrift Steindorff (1990) S. 725; *G. Roth* Geschäftsführerpflichten und Gesellschafterhaftung bei Überschuldung der GmbH, GmbH-Rdsch. 1985, 137; *Karsten Schmidt* Konkursverschleppungshaftung und Konkursverursachungshaftung, ZIP 1988, 1497; *Steininger* Die Haftung des Geschäftsführers und/oder des Gesellschafter-Geschäftsführers aus culpa in contrahendo bei wirtschaftlicher Bedrängnis der GmbH (1986); *Ulmer* Volle Haftung des Gesellschafter-Geschäftsführers einer GmbH für Gläubigerschäden aus fahrlässiger Konkursverschleppung?, NJW 1983, 1577.

66 α) **Überblick.** Scheitert der für die Haftung nach §§ 826, 823 Abs. 2 BGB iVm § 263 StGB erforderliche Nachweis des Schädigungsvorsatzes, so kommt ein über den Quotenschaden (Rdn 53) hinausgehender *Anspruch von Neugläubigern* gegen die namens der konkursreifen Gesellschaft handelnden Geschäftsführer auf das *negative Interesse* auch dann in Betracht, wenn die Voraussetzungen der **Vertreterhaftung wegen culpa in contrahendo** bei den handelnden Geschäftsführern im Verhältnis zu den jeweiligen Neugläubigern vorliegen. Erforderlich ist hierfür einerseits die *Verletzung einer vorvertraglichen Aufklärungspflicht* im Rahmen der Vertragsverhandlungen mit dem betroffenen Neugläubiger sowie andererseits die *Zurechnung* dieser – grundsätzlich die GmbH als Vertragspartner treffenden – Pflichtverletzung gegenüber dem Vertreter. Für diese Zurechnung sind in der Rechtsprechung zwei alternative Merkmale entwickelt worden: das Hervorrufen und die Inanspruchnahme persönlichen Vertrauens durch den Vertreter im Verhältnis zum anderen Vertragsteil (Rdn 70) bzw. das eigene wirtschaftliche Interesse des Vertreters an dem von ihm vermittelten Geschäft (Rdn 71 f).

67 β) **Aufklärungspflicht.** Die Entwicklung von Aufklärungspflichten im Rahmen von Vertragsverhandlungen beruht auf **§ 242 BGB**[103]. Sie gehen zwar nicht so weit, daß dadurch der beim Vertragsschluß typische Interessengegensatz zwischen den Vertragspartnern aufgehoben oder dem anderen Teil das Risiko des Vertragsschlusses und die Notwendigkeit, sich selbst über Vor- und Nachteile des Geschäfts zu informieren, abgenommen wird[104]. Wohl aber hat die Rechtsprechung mit Billigung der Literatur Aufklärungspflichten hinsichtlich solcher zur *Vereitelung des Vertragszwecks* geeigneten Umstände anerkannt, die nur dem einen Teil bekannt, für den anderen Teil aber ersichtlich von wesentlicher Bedeutung sind und deren Mitteilung daher nach Treu und Glauben erwartet werden kann[105].

68 Bezogen auf die **Konkursreife** der GmbH ist eine *allgemeine Aufklärungspflicht* der Gesellschaft gegenüber potentiellen Vertragspartnern *nicht* ohne weiteres zu bejahen[106].

---

103 Vgl. näher MünchKomm-*Roth* BGB² § 242, 197 ff.

104 EinhM, vgl. MünchKomm-*Roth* BGB² § 242, 200; MünchKomm-*Emmerich* BGB² Vor § 275, 81; jew. m. w. Nachw.

105 St. Rspr., vgl. etwa BGH LM § 276 (Fa) BGB Nr. 14 = BB 1963, 108; Nr. 21 = BB 1967, 561; BGH NJW 1983, 676, 677; WM 1983, 413, 415; sowie die Nachw. bei MünchKomm-*Roth* BGB² § 242, 201 (Fn 525).

106 Vgl. näher *Ulmer* NJW 1983, 1578 f; so auch Baumbach/Hueck/*Schulze-Osterloh* 34; weitergehend Scholz/*K. Schmidt* 53; zur Rspr. vgl. Nachw. in Fn 107.

Das gilt, sofern kein besonderes Vertrauensverhältnis mit entsprechend höheren Aufklärungspflichten besteht, jedenfalls dann, wenn in Fällen möglicher Überschuldung die Zahlungsfähigkeit noch nicht unmittelbar bedroht ist, sowie bei bloßen Zweifeln über die künftige Zahlungsfähigkeit[107]. Auf § 64 Abs. 1 läßt sich eine umfassende Aufklärungspflicht schon deshalb nicht stützen, weil sie mit dem beschränkten Schutzzweck dieser Norm gegenüber Neugläubigern nicht zu vereinbaren wäre (Rdn 48 f)[108].

Anderes gilt, wenn der Geschäftsführer bei Vertragsabschluß damit rechnen muß, daß die schlechte wirtschaftliche Lage der GmbH **zur Vereitelung des Vertragszwecks geeignet** ist, insbes. wenn die Gesellschaft trotz eingetretener Konkursreife noch Waren- oder Geldkredit in Anspruch nimmt, wegen der bestehenden Überschuldung aber zu erwarten ist, daß sie im Zeitpunkt der Fälligkeit zahlungsunfähig sein wird[109]. Insoweit handelt es sich um nur dem einen Teil bekannte Umstände, auf deren Nichtvorhandensein der andere Teil ersichtlich jedenfalls dann vertraut, wenn er sich im Rahmen des Vertragsschlusses zu ungesicherten Vorleistungen an die GmbH verpflichtet. Eine *Einschränkung* der Aufklärungspflicht kommt hier aufgrund einer Güter- und Interessenabwägung nur dann in Betracht, wenn die Vertragsverhandlungen in den Lauf der Dreiwochenfrist des § 64 Abs. 1 fallen und ernsthafte Chancen bestehen, die Gesellschaft trotz eingetretener Konkursreife außergerichtlich oder im Rahmen eines Vergleichsverfahrens zu sanieren[110]. **69**

γ) **Vertreterhaftung.** Ist nach dem Vorstehenden (Rdn 69) eine Aufklärungspflicht der *Gesellschaft* zu bejahen, so läßt sich eine Haftung der *Geschäftsführer* für deren Verletzung doch nur darauf stützen, daß sie selbst gegenüber dem Vertragspartner der GmbH auch *persönlich* zur Aufklärung verpflichtet waren. Eine derartige Verpflichtung besteht unstreitig dann, wenn der oder die Geschäftsführer durch ihr Auftreten gegenüber dem anderen Teil im Rahmen der Vertragsverhandlungen als eigentlich maßgebender Verhandlungspartner **besonderes Vertrauen** hervorgerufen oder in Anspruch genommen haben. Das ist der Fall bei Abgabe von – objektiv unrichtigen – Erklärungen über die finanzielle Lage der Gesellschaft, durch Zusage pünktlicher Zahlung oder Inaussichtstellung von Sicherheiten u. a., wenn der Geschäftsführer zugleich erkennen läßt, daß er für die Richtigkeit der Angaben eintritt, oder bei Hinweis des Vertreters auf die eigene, für die Vertragsdurchführung wesentliche Sachkunde unter Hervorrufung des Eindrucks, er werde die ordnungsgemäße Vertragserfüllung kraft dieser Sachkunde persönlich gewährleisten[111]. Dabei wird es sich nicht selten um Erklärungen **70**

---

[107] OLG Düsseldorf GmbH-Rdsch. 1981, 194; weitergehend – für Aufklärungspflicht schon bei bloßer Überschuldung – BGH NJW 1983, 676, 677; 1984, 2284, 2286; 1988, 2234, 2235 f.

[108] AA einerseits (entsprechend ihrem abweichenden Standpunkt zum Schutzzweck von § 64 Abs. 1) *Lambsdorff/Gilles* NJW 1966, 1552; *Gilles/Baumgart* JuS 1974, 228; andererseits aber auch Scholz/*K. Schmidt* 52.

[109] BGH LM § 276 (Fa) BGB Nr. 14 = BB 1963, 108; Nr. 21 = BB 1967, 561; § 278 BGB Nr. 49 = BB 1968, 103; § 417 BGB Nr. 2 = BB 1976, 1103; BGHZ 87, 27, 34 = NJW 1983, 1607; BGH NJW 1983, 676, 677.

[110] BGHZ 75, 96, 108, 110 = NJW 1979, 1823 – Herstatt.

[111] Sog. *Sachwaltertatbestand*, vgl. grundlegend *Ballerstedt* AcP 151 (1951) 507 ff; allgemein zur Vertreterhaftung aus in Anspruch genommenem Vertrauen vgl. RGZ 143, 219, 223; BGHZ 56, 81, 85 f = NJW 1971, 1309; 63, 382, 385 = NJW 1975, 642; 70, 337, 341 = NJW 1978, 1374; WM 1984, 889; speziell zur *Geschäftsführerhaftung* aus culpa in contrahendo vgl. BGH NJW 1981, 1266 und 2810; WM 1983, 413, 415; NJW 1986, 586; BB 1988, 2127; NJW 1990, 389, 390 und 1907, 1908; WM 1990, 759, 760; 1991, 1548, 1550; vgl. ferner die Prospekthaftungsfälle BGHZ 71, 284, 287 ff = NJW 1978, 1625; 72, 382, 387 = NJW 1979, 718; 79, 337, 340 = NJW 1981, 1449; weitere Rspr.-Nachw. zu diesem Problemkreis bei MünchKomm-*Emmerich* BGB² Vor § 275, 86 (Fn 226). Aus der neueren Lit. vgl. (zustimm.) *Brandner* Festschrift Werner S. 53, 60 f; *Kübler* Festschrift Kellermann S. 243, 245 ff (vorbehaltlich des bloßen Vertrauens auf die berufliche Qualifikation des Vertreters); *Medicus* Festschrift Steindorff S. 734 ff, 741 (m. w. Nachw.).

im Vorfeld einer echten Garantiezusage durch den Geschäftsführer handeln; sie begründen seine Haftung auch dann, wenn der Abschluß eines Garantievertrags nicht nachweisbar ist.

71 Über diese Fälle hinausgehend ist in der höchstrichterlichen Rechtsprechung auch eine Vertreterhaftung wegen **wirtschaftlichen Eigeninteresses** im Grundsatz anerkannt[112]. In Fortentwicklung dieses Ansatzes hat der VIII. Zivilsenat des BGH im Fall von GmbH-Geschäftsführern ein zur Vertreterhaftung führendes Eigeninteresse wiederholt schon dann bejaht, wenn der *Geschäftsführer* selbst oder sein Ehegatte *maßgeblich an der GmbH beteiligt* war, insbes. diese beherrschte[113]. Angesichts heftiger Kritik des Schrifttums an dieser mit § 13 Abs. 1, 2 GmbHG schwerlich vereinbaren Ausweitung[114] und angesichts erkennbarer Distanzierung auch seitens des II. Zivilsenats (Gesellschaftsrechtssenats)[115] hat der VIII. Zivilsenat diese Rechtsprechung in der Folgezeit dahin „klargestellt", daß allein die maßgebliche oder auch beherrschende Beteiligung des Vertreters an der von ihm vertretenen GmbH nicht ausreiche, um eine Haftung wegen unmittelbaren wirtschaftlichen Eigeninteresses anzunehmen. Erforderlich sei vielmehr ein *besonderes*, nicht allein aus der Beteiligung abzuleitendes Eigeninteresse, d.h. eine so *enge Beziehung* zum Gegenstand der Vertragsverhandlungen, daß der Vertreter *wirtschaftlich gleichsam in eigener Sache handele*[116].

72 **Stellungnahme.** In der neueren, deutlich zurückgenommenen Linie deckt sich die Rechtsprechung des VIII. Zivilsenats im wesentlichen mit derjenigen anderer BGH-Senate[117]. Der früher gegen sie erhobene Einwand des Wertungswiderspruchs einerseits gegenüber dem in § 13 Abs. 1, 2 vorgesehenen Haftungsausschluß von (Allein-)Gesellschaftern, andererseits gegenüber der auf den Quotenschaden beschränkten Geschäftsführerhaftung bei Verstoß gegen die Antragspflicht des § 64 Abs. 1 (vgl. Voraufl. 68) ist dadurch entschärft. Es bleibt das *grundsätzliche Bedenken* gegenüber der auf wirtschaftliches Eigeninteresse gestützten, dogmatisch kaum begründbaren Vertreterhaftung aus cic[118]. Man wird ihr – unter Rückgriff auf § 242 BGB – lediglich in den Sonderfällen zustimmen können, in denen die Vertreterkonstruktion allein dazu dient, eine unmittelbare Inanspruchnahme des wirtschaftlich in eigener Sache tätigen Vertreters zu vermeiden, in denen es sich also um eine Art „mittelbare Stellvertretung des Vertretenen für den Vertreter" handelt. Der Sache nach läuft das im Fall von Gesellschafter/Geschäftsführern auf

---

112 Handeln als *procurator in rem suam*, vgl. dazu RGZ 120, 249, 252f; 132, 76, 80; BGHZ 14, 313, 318 = NJW 1954, 1925; BGH WM 1976, 614; 1977, 1048; 1979, 672, 673; 1987, 77, 78; 1987, 1222, 1223; 1987, 1431, 1432; NJW 1988, 2234, 2235. Kritisch zu dieser Rspr. die überwM in der Literatur, vgl. schon *Stoll* JW 1928, 1285f; *Ballerstedt* AcP 151 (1951) 502; *Canaris* VersR 1965, 118; *Esser/Schmidt* Schuldrecht[6] I, § 29 II 4a (S. 439f); *Miller* NJW 1969, 2170; *Schmitz* Dritthaftung aus culpa in contrahendo (1980) S. 61f; *Medicus* Festschrift Steindorff S. 729ff, 734.

113 BGH LM § 276 (Fa) BGB Nr. 21 = BB 1967, 561; BGHZ 87, 27, 34 = NJW 1983, 1607; BGH NJW 1983, 676, 677.

114 Vgl. insbes. *Steininger* S. 60ff, 86; so auch *Brandner* Festschrift Werner S. 64; *B. Kübler* Festschrift Kellermann S. 252; *Medicus* Festschrift Steindorff S. 729ff, 734; *Ulmer* NJW 1983, 1577, 1579; *Wiedemann* NJW 1984, 2286f; *Grunewald* ZGR 1986, 580, 585ff; Scholz/*K. Schmidt* 52; *K. Schmidt* ZIP 1988, 1503; Baumbach/Hueck/*Schulze-Osterloh* 33; zust. aber *G. Roth* GmbH-Rdsch. 1985, 138ff.

115 BGH WM 1985, 384, 385; vgl. auch BGH NJW 1981, 2810; NJW 1986, 3193, 3195 (jew. II. Zivilsenat).

116 So erstmals BGH NJW 1986, 586, 587f; vgl. weiter BGH NJW 1988, 2234, 2235; NJW 1989, 292f (jew. VIII. Zivilsenat).

117 Vgl. aus neuerer Zeit BGH NJW 1986, 3193, 3195 (II. Zivilsenat); NJW-RR 1989, 110, 111 (X. Zivilsenat); NJW 1990, 389, 390 (XI. Zivilsenat).

118 Dezidiert ablehnend vgl. aus neuerer Zeit etwa *Medicus* Festschrift Steindorff S. 729ff, 734; w. Nachw. zu krit. Stimmen vgl. in Fn 112.

eine Art *Durchgriffshaftung* hinaus[119]. Jedenfalls aber ist für eine Vertreterhaftung aus cic allein wegen der Gesellschaftereigenschaft des Geschäftsführers, unabhängig von der Höhe der Beteiligung, kein Raum.

c) **Sonstige Haftungstatbestände.** Weitere Haftungstatbestände zu Lasten der Geschäftsführer wegen eines von Gesellschaftsgläubigern im Konkurs der GmbH erlittenen Ausfalls finden sich vereinzelt in Spezialgesetzen; so begründen **§§ 34, 69 AO** die Haftung der Geschäftsführer für die von ihnen vorsätzlich oder grobfahrlässig nicht erfüllten Steuerschulden der GmbH[120]. – Eine Haftung wegen der Verletzung von Aussonderungs- und sonstigen absoluten Rechten kann sich aus **§ 823 Abs. 1 BGB** ergeben[121]. Zur Haftung nach § 823 Abs. 2 BGB wegen Nichtabführung von *Arbeitnehmer*beiträgen zur Sozialversicherung vgl. Rdn 62. **73**

5. Haftung von Gesellschaftern wegen Konkursverschleppung

a) **Teilnehmerhaftung (§§ 830, 840 BGB).** Die Antragspflicht aus § 64 Abs. 1 betrifft nur die *Geschäftsführer* (Rdn 7). Eine **Täterhaftung** der nicht zu Geschäftsführern bestellten Gesellschafter aus § 823 Abs. 2 BGB wegen schuldhafter Verletzung der Antragspflicht *scheidet daher aus*, soweit nicht ausnahmsweise die Voraussetzungen faktischer Geschäftsführung vorliegen (Rdn 11). Das gilt auch für maßgeblich beteiligte, ja sogar für *Alleingesellschafter*[122]. Aus dem ITT-Urteil des BGH[123] läßt sich Gegenteiliges nicht entnehmen[124]. Dort ist zwar eine Pflicht der Gesellschaftermehrheit zur Rücksichtnahme auf Gesellschaft und Minderheit bei der Einflußnahme auf die Geschäftsführung anerkannt; die Pflicht besteht jedoch nur im *Innenverhältnis* und erstreckt sich nicht auf die Beziehungen zu den Gesellschaftsgläubigern. **74**

Die Ausgestaltung der Konkursantragspflicht als Geschäftsführerpflicht hindert allerdings nicht die Haftung der Gesellschafter als **Teilnehmer (Anstifter oder Gehilfen)** nach § 830 Abs. 2 BGB[125]. Nach allgemeinen Deliktsgrundsätzen setzt sie eine *vorsätzliche Haupttat* voraus; Anstiftung und Beihilfe zu fahrlässiger Tat werden nicht erfaßt[126]. Die gesamtschuldnerische Haftung der Gesellschafter nach §§ 830, 840 BGB für den von den Geschäftsführern verursachten Konkursverschleppungsschaden setzt also voraus, daß sie die Geschäftsführer trotz deren Kenntnis von der eingetretenen Konkursreife durch Weisungen u. a. davon abgehalten haben, ihrer Antragspflicht nach § 64 Abs. 1 zu entsprechen, ohne sich hierzu auf Sanierungsversuche u. a. im Rahmen der Dreiwochenfrist des § 64 Abs. 1 berufen zu können. **75**

---

119 Dieser Gedanke klingt (wenn auch sachlich unberechtigt) schon in BGH NJW 1983, 676 an, wenn dort (S. 677 unter II 2c) davon die Rede ist, die Berufung des Alleingesellschafter/Geschäftsführers auf die alleinige Haftung der GmbH stelle einen „Mißbrauch der rechtlichen Selbständigkeit der Gesellschaft" dar. Auf den Mißbrauch der Rechtsform als den letztlich hinter der Vertreterhaftung wegen Eigeninteresses stehenden Rechtsgrund weist auch *B. Kübler* Festschrift Kellermann S. 252 hin.

120 Vgl. dazu BFH NJW 1978, 447; BGH NJW 1979, 2198; *Kion* BB 1984, 869.

121 Vgl. die Nachw. in Fn 73.

122 BGH BB 1958, 169; GmbH-Rdsch. 1974, 7, 9; aA *K. Schmidt* JZ 1978, 665 f; Scholz/*K. Schmidt*[6] 35 (anders dann wohl Scholz/*K. Schmidt*[7] 41 und *K. Schmidt* ZIP 1988, 1505 f).

123 BGHZ 65, 15, 19 = NJW 1976, 191.

124 So aber noch *K. Schmidt* JZ 1978, 666 und Scholz/*K. Schmidt*[6] 35.

125 Heute wohl einhM, vgl. BGHZ 75, 96, 107 = NJW 1979, 1823; Scholz/*K. Schmidt* 41; Baumbach/Hueck/*Schulze-Osterloh* 36; allg. vgl. MünchKomm-*Mertens* BGB[2] § 830, 14.

126 HM, vgl. BGHZ 75, 96, 107 = NJW 1979, 1823; Baumbach/Hueck/*Schulze-Osterloh* 36; MünchKomm-*Mertens* BGB[2] § 830, 14 m. w. Nachw.; so auch BGH NJW 1960, 1677 zu § 84 Abs. 2; aA zu § 64 Abs. 1 – für Teilnehmerhaftung auch bei fahrlässiger Haupttat – *Kühn* Diss. S. 98 ff; *Konow* GmbH-Rdsch. 1975, 104 ff; *K. Schmidt* JZ 1978, 665 f; *ders.* ZIP 1988, 1501; Scholz/*K. Schmidt* 41.

76 b) **Aus sonstigen Gründen.** Liegen die Voraussetzungen vorsätzlich sittenwidriger Gläubigerschädigung ausnahmsweise auch bei den Gesellschaftern persönlich vor, so haften sie neben den Geschäftsführern oder an ihrer Stelle nach **§§ 826 oder 823 Abs. 2 BGB iVm § 263 StGB**[127]. Denkbar ist weiter eine Haftung der Gesellschafter wegen **Unterkapitalisierung.** Sie setzt mit Rücksicht auf § 13 Abs. 2 freilich voraus, daß die zum finanziellen Zusammenbruch führende unzureichende Kapitalausstattung der Gesellschaft eindeutig, d. h. für jeden über die Vermögensverhältnisse der Gesellschaft informierten Dritten offenkundig war und auch nicht durch Gesellschafterdarlehen u. a. ausgeglichen wurde (vgl. näher Anh § 30, 50 ff); hieran wird es meist fehlen. Liegen die Voraussetzungen der Haftung wegen Unterkapitalisierung jedoch ausnahmsweise vor, so führt das zur unbeschränkten Haftung der maßgeblichen Gesellschafter für die Gesellschaftsverbindlichkeiten (Anh § 30, 62 ff).

77 Darüber hinaus kann sich eine **Haftung der maßgeblichen Gesellschafter** je nach Lage des Falles auch für solche Schäden ergeben, die dadurch entstehen, daß die Gesellschafter in der Krise der GmbH deren *Geschicke selbst in die Hand nehmen*, insbesondere die Verhandlungen über die Möglichkeiten einer Sanierung mit den Hauptgläubigern und den beteiligten Banken persönlich führen und die Tätigkeit der Geschäftsführer auf die Fortsetzung des laufenden Betriebs beschränken. Eine Täterhaftung der Gesellschafter wegen Konkursverschleppung nach § 64 Abs. 1 iVm § 823 Abs. 2 BGB scheidet zwar auch in diesen Fällen aus, wenn nicht ausnahmsweise die Voraussetzungen faktischer Geschäftsführung vorliegen (Rdn 11), während eine Teilnehmerhaftung (Rdn 75) häufig daran scheitern wird, daß es wegen der Ausschaltung der Geschäftsführer an deren vorsätzlicher Haupttat fehlt; auch eine Haftung aus culpa in contrahendo (Rdn 66 ff) kommt allenfalls gegenüber solchen Gläubigern in Betracht, mit denen die Gesellschafter in direkte Verhandlungen eingetreten sind. Nicht zu verkennen ist jedoch, daß die Schädigung der neuen, während der Phase vergeblicher Sanierungsbemühungen in Rechtsbeziehungen zur Gesellschaft getretenen Gläubiger letztlich auf die Intervention der Gesellschafter zurückzuführen ist. Sie haben unter Hinwegsetzen über die Antragspflichten der Geschäftsführer die Fortführung der Gesellschaft veranlaßt und dadurch eine erhöhte Gefahr für den Rechtsverkehr gesetzt. Es erscheint daher nicht ausgeschlossen, ihre *unbeschränkte Haftung gegenüber den Neugläubigern* auch außerhalb der Haftung wegen Unterkapitalisierung dann zu bejahen, wenn sich ihr Vorgehen aufgrund der Abwägung zwischen dem Sicherungsinteresse des Rechtsverkehrs und dem Sanierungsinteresse der Beteiligten als gegenüber den Neugläubigern *pflichtwidrig* erweist[128].

78 Als **Rechtsgrund** für die in Rdn 77 erwogene Gesellschafterhaftung bietet sich die zu § 823 Abs. 1 BGB entwickelte Lehre von der deliktischen Haftung für die *Verletzung allgemeiner*, durch Schaffung einer Gefahrenquelle bzw. Eröffnung eines öffentlichen Verkehrs begründeter *Verkehrspflichten* an[129]. Inwieweit derartige Verkehrspflichten über § 823 Abs. 1 hinaus im Rahmen von § 823 Abs. 2, zum Schutz fremden *Vermögens*, ohne gesetzliche Grundlage durch Richterrecht entwickelt werden können, ist bisher

[127] BGHZ 31, 258, 278 f = NJW 1960, 285; BGH GmbH-Rdsch. 1974, 7, 8; NJW 1979, 2104, 2105; vgl. auch Rdn 59 ff.

[128] Vgl. *Ulmer* KTS 1981, 490; tendenziell auch *K. Schmidt* JZ 1978, 666; für vorsichtige Erweiterung der Antragspflicht des § 64 Abs. 1 auf maßgeblich beteiligte Gesellschafter *U. Stein* ZHR 148 (1984) 229 ff; für Haftung gegenüber der *GmbH* wegen schädigender Einwirkung auf diese Baumbach/Hueck/*Schulze-Osterloh* 38; *K. Schmidt* ZIP 1988, 1506 f.

[129] Vgl. dazu allg. MünchKomm-*Mertens* BGB² § 823, 177 ff; *v. Bar* Verkehrspflichten (1980) insbes. S. 101 ff.

zwar nicht hinreichend geklärt[130]. Auch wenn man die richterrechtliche Entwicklung solcher Pflichten grundsätzlich bejaht, ist gegenüber ihrer Ausdehnung auf Fälle einer konkursreifen GmbH aus einem doppelten Grund Vorsicht geboten. Denn einerseits führt sie im Ergebnis zur Ausweitung der den *Geschäftsführern* in § 64 Abs. 1 auferlegten Antragspflicht auf diejenigen Gesellschafter, die in der Krise der Gesellschaft maßgebenden Einfluß auf die Geschäftsführung nehmen, und zum anderen begründet sie – anders als der Verstoß gegen § 64 Abs. 1 – die unbeschränkte Haftung gegenüber den Neugläubigern. Diese aus der Sicht des § 64 Abs. 1 systemwidrigen Folgen sind nur in solchen Fällen akzeptabel, in denen sich die Gesellschafter in grob unangemessener Weise aus eigennützigen Gründen über die Interessen des Rechtsverkehrs hinwegsetzen; in solchen Fällen wird freilich meist bereits eine Haftung aus § 826 BGB zu bejahen sein.

V. GmbH & Co KG

§ 130 a HGB (Antragspflicht bei Zahlungsunfähigkeit oder Überschuldung der OHG)

(1) Wird eine Gesellschaft, bei der kein Gesellschafter eine natürliche Person ist, zahlungsunfähig oder deckt das Vermögen der Gesellschaft nicht mehr die Schulden, so ist die Eröffnung des Konkursverfahrens oder des gerichtlichen Vergleichsverfahrens zu beantragen; dies gilt nicht, wenn zu den Gesellschaftern der offenen Handelsgesellschaft eine andere offene Handelsgesellschaft oder Kommanditgesellschaft gehört, bei der ein persönlich haftender Gesellschafter eine natürliche Person ist. Antragspflichtig sind die organschaftlichen Vertreter der zur Vertretung der Gesellschaft ermächtigten Gesellschafter und die Liquidatoren. Der Antrag ist ohne schuldhaftes Zögern, spätestens aber drei Wochen nach Eintritt der Zahlungsunfähigkeit oder der Überschuldung der Gesellschaft zu stellen. Der Antrag ist nicht schuldhaft verzögert, wenn die Antragspflichtigen die Eröffnung des gerichtlichen Vergleichsverfahrens mit der Sorgfalt eines ordentlichen und gewissenhaften Geschäftsleiters betreiben.

(2) Nachdem die Zahlungsunfähigkeit der Gesellschaft eingetreten ist oder sich ihre Überschuldung ergeben hat, dürfen die organschaftlichen Vertreter der zur Vertretung der Gesellschaft ermächtigten Gesellschafter und die Liquidatoren für die Gesellschaft keine Zahlungen leisten. Dies gilt nicht von Zahlungen, die auch nach diesem Zeitpunkt mit der Sorgfalt eines ordentlichen und gewissenhaften Geschäftsleiters vereinbar sind.

(3) Wird entgegen Absatz 1 die Eröffnung des Konkursverfahrens oder des gerichtlichen Vergleichsverfahrens nicht oder nicht rechtzeitig beantragt oder werden entgegen Absatz 2 Zahlungen geleistet, nachdem die Zahlungsunfähigkeit der Gesellschaft eingetreten ist oder sich ihre Überschuldung ergeben hat, so sind die organschaftlichen Vertreter der zur Vertretung der Gesellschaft ermächtigten Gesellschafter und die Liquidatoren der Gesellschaft gegenüber zum Ersatz des daraus entstehenden Schadens als Gesamtschuldner verpflichtet. Ist dabei streitig, ob sie die Sorgfalt eines ordentlichen und gewissenhaften Geschäftsleiters angewandt haben, so trifft sie die Beweislast. Die Ersatzpflicht kann durch Vereinbarung mit den Gesellschaftern weder eingeschränkt noch ausgeschlossen werden. Soweit der Ersatz zur Befriedigung der Gläubiger der Gesellschaft erforderlich ist, wird die Ersatzpflicht weder durch einen Verzicht oder Vergleich der Gesellschaft noch dadurch aufgehoben, daß die Handlung auf einem Beschluß der Gesellschafter beruht. Ein Zwangsvergleich oder ein im Vergleichsverfahren geschlossener Vergleich wirkt für und gegen die Forderung der Gesellschaft. Die Ansprüche aus diesen Vorschriften verjähren in fünf Jahren.

(4) Diese Vorschriften gelten sinngemäß, wenn die in den Absätzen 1 bis 3 genannten organschaftlichen Vertreter ihrerseits Gesellschaften sind, bei denen kein Gesellschafter eine natürliche Person ist, oder sich die Verbindung von Gesellschaften in dieser Art fortsetzt.

---

130 Bejahend *Mertens* AcP 178 (1978) 228 ff und in MünchKomm BGB² § 823, 469 ff; nur auf bestimmte Berufspflichten bezogen *v. Bar* (Fn 129) S. 232, 237 f.

§ 177 a HGB (Antragspflicht bei Zahlungsunfähigkeit oder Überschuldung der KG)

Die §§ 125 a, 130 a und 130 b gelten auch für die Gesellschaft, bei der ein Kommanditist eine natürliche Person ist, § 130 a jedoch mit der Maßgabe, daß anstelle des Absatzes 1 Satz 1 zweiter Halbsatz der § 172 Abs. 6 Satz 2 anzuwenden ist. Der in § 125 a für die Gesellschafter vorgeschriebenen Angaben bedarf es nur für die persönlich haftenden Gesellschafter der Gesellschaft.

Schrifttum

Blumers Überschuldung als Konkursgrund bei der GmbH & Co KG, BB 1976, 1441; *Deutler* Änderung handels- und konkursrechtlicher Vorschriften durch das Erste Gesetz zur Bekämpfung der Wirtschaftskriminalität, GmbH-Rdsch. 1977, 36; *Kohlmann/Giemulla* Die strafrechtliche Verantwortung des Geschäftsführers einer GmbH & Co KG nach dem 1. Gesetz zur Bekämpfung der Wirtschaftskriminalität, GmbH-Rdsch. 1978, 53; *Kroppen* Überschuldung als Konkursgrund für die GmbH & Co KG, DB 1977, 663; *Mühlberger* Rechtliche Bestandssicherung der GmbH & Co KG und Haftungsrisiken für Geschäftsführer und Gesellschafter bei Überschuldung, GmbH-Rdsch. 1977, 146; *Sudhoff* Der Antrag auf Eröffnung des Konkurs- oder Vergleichsverfahrens, NJW 1973, 1829; *Uhlenbruck* Die GmbH & Co KG in Krise, Konkurs und Vergleich, 2. Aufl. (1988).

1. Überblick

79 **a) Entstehungsgeschichte und Anwendungsbereich der §§ 130 a, 177 a HGB.** Die Vorschriften der §§ 130 a, 177 a HGB sind ebenso wie die zur Erstreckung der Regelungen des § 63 auf die GmbH & Co OHG/KG bestimmte Neufassung der §§ 209, 210 KO (vgl. § 63, 128) durch das **1. WiKG** (Erstes Gesetz zur Bekämpfung der Wirtschaftskriminalität vom 29. 7. 1976, BGBl. I S. 2034) erlassen worden und am 1. 9. 1976 in Kraft getreten. Sie ziehen die Konsequenzen aus der haftungsrechtlichen Vergleichbarkeit der GmbH mit der *typischen*, durch das Fehlen voll haftender natürlicher Personen als Gesellschafter gekennzeichneten *GmbH & Co OHG/KG* und begründen für diese bei Zahlungsunfähigkeit oder Überschuldung entsprechende Pflichten wie im Fall der konkursreifen GmbH nach § 64. Vgl. dazu und zum Verhältnis zwischen dem Konkurs der KG und demjenigen der Komplementär-GmbH auch § 63, 130 ff.

80 **b) Parallelen zu § 64.** Entsprechend § 64 Abs. 1 begründet **§ 130 a Abs. 1 HGB** die Pflicht zur Stellung des Konkurs- oder Vergleichsantrags bei Eintritt der Konkursreife. Die **Antragspflicht** trifft nach Abs. 1 S. 2 die „organschaftlichen Vertreter der zur Vertretung der Gesellschaft ermächtigten Gesellschafter", im Fall der GmbH & Co KG also die *Geschäftsführer der Komplementär-GmbH*, sowie die Liquidatoren. Sie erstreckt sich ebenso wie bei der GmbH auf *jeden* Geschäftsführer oder Liquidator unabhängig von der Vertretungsregelung in der GmbH (vgl. Rdn 7 und § 63, 137); der Vergleichsantrag kann allerdings nur von einer vertretungsberechtigten Zahl von Geschäftsführern (Liquidatoren) gestellt werden (Rdn 22). Hinsichtlich der Voraussetzungen der Antragspflicht kann voll auf das zu § 64 Abs. 1 Gesagte verwiesen werden (Rdn 14 ff). Das gilt namentlich für den Eintritt der Konkursreife wegen Überschuldung der KG[131]; auf die Erstellung einer Bilanz zur Feststellung der Überschuldung kommt es nach dem insoweit eindeutigen Wortlaut des § 130 a Abs. 1 S. 1, 1. Hs. HGB nicht an. Zur Antragsfrist nach § 130 a Abs. 1 S. 3 und 4 vgl. Rdn 24 ff, zur Erfüllung oder zum Fortfall der Antragspflicht vgl. Rdn 28 ff.

81 Die Pflicht zur **Masseerhaltung** nach Eintritt der Konkursreife sowie das Verbot masseschmälernder Zahlungen sind in sachlicher Übereinstimmung mit § 64 Abs. 2 in

131 Vgl. schon OLG Hamburg BB 1984, 1441.

§ 130 a **Abs. 2 HGB** geregelt. Daß die Haftungssanktion abweichend von § 64 Abs. 2 nicht auch in dieser Vorschrift enthalten ist, sondern einen Teil der allgemeinen Haftungsvorschrift des § 130 a Abs. 3 bildet, entspricht neuerer, auch im Aktienrecht anzutreffender Regelungstechnik; es bedeutet sachlich keinen Unterschied. Auch insoweit kann daher auf die Ausführungen zu § 64 (Rdn 38 ff) verwiesen werden.

2. Die Haftungsregelung des § 130 a Abs. 3 HGB

Über § 64 Abs. 2 hinausgehend enthält § 130 a Abs. 3 HGB einen *allgemeinen*, **82**
den **Gesamtgläubigerschaden wegen Konkursverschleppung** nicht nur hinsichtlich der masseschmälernden Zahlungen, sondern auch in seinen *übrigen Teilen* erfassenden Schadensersatzanspruch[132]. Er umfaßt namentlich auch den durch Konkursverschleppung eingetretenen Quotenschaden (Rdn 53), während für die Geltendmachung eines Individualschadens wegen des konkursverschleppungsbedingten Verlusts von Vorzugsrechten nach § 130 a Abs. 3 HGB kein Raum ist (vgl. dazu Rdn 50).

§ 130 a Abs. 3 S. 1 HGB weist den Schadensersatzanspruch trotz materieller Begün- **83**
stigung der Gläubiger formell der **Gesellschaft**, d. h. der Konkursmasse zu. Daraus folgt die Gleichbehandlung von Alt- und Neugläubigern hinsichtlich des Quotenschadens (Rdn 54), die einheitliche Geltendmachung durch den Konkursverwalter bzw. im Vergleich durch einen im Einvernehmen mit dem Vergleichsverwalter bestellten besonderen Vertreter (vgl. Rdn 38, 56) sowie die in § 130 a Abs. 3 S. 3 HGB ausdrücklich geregelte Unzuständigkeit der Gesellschafter, Vereinbarungen mit den Geschäftsführern über die Einschränkung oder den Ausschluß des Anspruchs zu treffen. Auch die in § 130 a Abs. 3 HGB weiter getroffenen Regelungen über die Beweislastumkehr zu Lasten der Geschäftsführer (S. 2), über den grundsätzlichen Ausschluß eines Verzichts oder Vergleichs der Gesellschaft bezüglich des Anspruchs (S. 4 und 5) sowie über die fünfjährige Verjährung (S. 6) entsprechen voll den zu § 64 getroffenen Feststellungen (vgl. Rdn 44 f, 58).

In § 130 a Abs. 3 HGB nicht besonders geregelt ist die Frage, ob und unter welchen **84**
Voraussetzungen einzelne **Gesellschaftsgläubiger** auch *persönlich* den auf der Konkursverschleppung beruhenden Quotenschaden gegen die Geschäftsführer geltend machen können. Die Frage kann vor allem dann praktisch werden, wenn es nicht zur Eröffnung eines Konkurs- oder Vergleichsverfahrens kommt, insbes. der Konkursantrag mangels Masse abgewiesen wird und aus diesem Grunde die einheitliche Geltendmachung des Gesamtgläubigerschadens unterbleibt. Ein solches unmittelbares Vorgehen erscheint trotz formeller Gläubigerstellung der Gesellschaft aufgrund der Regelung des § 130 a Abs. 3 HGB nicht schlechthin ausgeschlossen. Der Gesellschaft kommt kraft teleologischer Reduktion vielmehr nur dann der Vorrang zu, wenn ernsthaft mit der gebündelten Geltendmachung durch die Gesellschaft zu rechnen ist, es insbesondere zur Eröffnung des Konkurs- oder Vergleichsverfahrens über das Gesellschaftsvermögen kommt[133].

Wegen der Haftung der Geschäftsführer der Komplementär-GmbH gegenüber den **85**
KG-Gläubigern aus **culpa in contrahendo** sowie wegen der Haftung von Geschäftsführern oder Gesellschaftern aus **§§ 826, 823 Abs. 2 BGB iVm §§ 263, 265 b StGB** wird auf die Ausführungen in Rdn 59 ff verwiesen.

---

[132] Vgl. dazu Scholz/*K. Schmidt* 67; *Uhlenbruck* GmbH & Co^2 S. 388 ff.

[133] So auch Scholz/*K. Schmidt* 68; vgl. auch bereits *Deutler* GmbH-Rdsch. 1977, 40; aA anscheinend *Uhlenbruck* GmbH & Co^2 S. 398.

§ 65

Die Auflösung der Gesellschaft ist zur Eintragung in das Handelsregister anzumelden. Dies gilt nicht in den Fällen des Konkursverfahrens und der gerichtlichen Feststellung eines Mangels des Gesellschaftsvertrags oder der Nichteinhaltung der Verpflichtungen nach § 19 Abs. 4 Satz 1. In diesen Fällen hat das Gericht die Auflösung und ihren Grund von Amts wegen einzutragen.

Die Auflösung ist von den Liquidatoren zu drei verschiedenen Malen durch die in § 30 Abs. 2 bezeichneten öffentlichen Blätter bekanntzumachen. Durch die Bekanntmachung sind zugleich die Gläubiger der Gesellschaft aufzufordern, sich bei derselben zu melden.

Übersicht

Schrifttum

Hofmann Zur Auflösung einer GmbH, GmbH-Rdsch. 1975, 217; *Winnefeld* Löschung oder Fortbestand einer vermögenslosen GmbH?, BB 1975, 70.

I. Einleitung

1 Die Vorschrift regelt die **Anmeldung und Eintragung der Auflösung** sowie die **Bekanntmachung mit Gläubigeraufruf**. Seit der Änderung des GmbH-Gesetzes durch das Koordinierungsgesetz vom 15. August 1969 (BGBl. I, 1146) ist nach Absatz 1 außer im Fall des Konkursverfahrens auch bei gerichtlicher Feststellung eines Mangels des Gesellschaftsvertrages eine Anmeldung entbehrlich. Die Eintragung ist statt dessen von Amts wegen durch das Gericht vorzunehmen. Gleiches gilt seit der GmbH-Novelle 1980, durch die die Schlußvariante von Abs. 1 Satz 1 eingefügt wurde, auch in den Fällen von § 19 Abs. 4 Satz 1. Die Anmeldung der Auflösung ist durch Ordnungsstrafen erzwingbar (§ 14 HGB), nicht aber der Aufruf der Gläubiger. Letzterer ist allerdings Voraussetzung für die Durchführung der Abwicklung, insbesondere die Verteilung des Liquidationsüberschusses an die Gesellschafter (§ 73).

II. Die Anmeldung

1. Berechtigung und Verpflichtung zur Anmeldung

2 Berechtigt und verpflichtet zur Anmeldung ist der **jeweilige gesetzliche Vertreter** der Gesellschaft.

Liegt in der Auflösung der Gesellschaft zugleich eine *Satzungsänderung* (§ 60, 33 f), so haben die **Geschäftsführer** die Anmeldung vorzunehmen, da die Abänderung erst mit der Eintragung in das Handelsregister wirksam wird (§ 54 Abs. 3). Bis zu diesem Zeitpunkt sind die Geschäftsführer noch das vertretungsberechtigte Organ der Gesellschaft. Beinhaltet der Auflösungsbeschluß dagegen — was man als den Grundfall wird ansehen müssen – *keine Satzungsänderung* und tritt daher die Auflösung der Gesellschaft auch ohne Eintragung in das Handelsregister ein (wirkt die Eintragung der Auflösung also nicht konstitutiv, vgl. Rdn 23 und Erl. zu § 60), so ist damit zugleich die Geschäftsführerstellung beendet und die Anmeldung grundsätzlich von den **Liquidatoren** zu bewirken. Da gemäß § 66 Abs. 1 in der Regel die Geschäftsführer auch die Liquidatoren sind, kann die Berechtigung und Verpflichtung zur Anmeldung nur problematisch sein, wenn die Geschäftsführer aufgrund einer entsprechenden Regelung in der Satzung oder eines Gesellschafterbeschlusses nach § 66 Abs. 1 nicht die „geborenen" Liquidatoren der Gesellschaft und andere Personen als Liquidatoren aus irgendeinem Grunde noch nicht im Amte sind, sei es z. B. daß sie noch nicht bestellt oder aber bestellt sind, die Bestellung jedoch noch nicht angenommen haben. Nach heute einhelliger Ansicht sind die bisherigen Geschäftsführer, die keine Vertretungsbefugnis mehr besitzen, zur Anmeldung weder verpflichtet noch überhaupt befugt[1]. Dies gilt auch dann, wenn keine Liquidatoren vorhanden sind[2].

Sind **keine Liquidatoren bestellt** oder haben diese die Wahl nicht angenommen, kann jeder Beteiligte die Bestellung eines Liquidators gemäß § 29 BGB beim Amtsgericht beantragen[3]. Das **Antragsrecht** steht auch jedem Gläubiger sowie dem bisherigen Geschäftsführer zu. Doch kann das Registergericht die Gesellschafter nicht dazu zwingen, für die Bestellung eines gesetzlichen Vertreters Sorge zu tragen[4]. 3

Die Anmeldung hat durch die Vertreter der Gesellschaft **in vertretungsberechtigter Zahl** zu erfolgen, nicht durch sämtliche Geschäftsführer oder sämtliche Liquidatoren, da § 78 insoweit § 65 nicht erwähnt. Entgegen der ganz herrschenden Meinung zum GmbH-Recht[5] wurde in der Vorauflage[6] die Ansicht vertreten, daß es genüge, wenn die noch vorhandenen Vertreter die Anmeldung vornähmen, falls die Vertreter nicht mehr in vertretungsberechtigter Zahl vorhanden seien. Diese Auffassung kann nicht mehr aufrechterhalten werden. Sie entspricht allerdings der hM zu § 263 AktG[7]. Die aktienrechtlichen Lösungen können jedoch auf das GmbH-Recht nicht übertragen werden, da die Anmeldung der Auflösung im Aktienrecht nach § 263 AktG Aufgabe des Vorstandes als dessen letzte Amtshandlung ist. Daher wird für das Aktienrecht auch angenommen, daß allein für die Anmeldung eine gerichtliche Notbestellung eines Vorstandsmitgliedes nicht möglich sei[8]. All dies ist auf die GmbH nicht übertragbar. Hier sind vielmehr in einem solchen Falle nach § 29 BGB so viele Liquidatoren zu bestellen, bis die zur Vertretungsberechtigung erforderliche Anzahl erreicht ist. 4

2. Gegenstand der Anmeldepflicht

a) Die Auflösung der Gesellschaft. Grundsätzlich ist **jede Auflösung der Gesellschaft zur Eintragung ins Handelsregister anzumelden**, wenn sie nicht bereits von 5

[1] KGJ 16, 26; 45, 180, 181; LG Bielefeld, NJW 1987, 1089; Scholz/*K. Schmidt* 6; Baumbach/Hueck/*Schulze-Osterloh* 5; *Lutter/Hommelhoff* 2; Rowedder/*Rasner* 1; *Meyer-Landrut*/Miller/Niehus 3; *Hoffmann* GmbH-Rdsch. 1975, 215, 255; abweichend z. T. die ältere Literatur, vgl. *Brodmann* 1 b; *Liebmann-Saenger* 2.

[2] AA für den Fall, daß die Vertretungsbefugnis der Geschäftsführer ausschließlich durch den Auflösungsbeschluß endet Scholz/*K. Schmidt* 6.

[3] KGJ 45, 329; Scholz/*K. Schmidt* 6; Baumbach/Hueck/*Schulze-Osterloh* 3; Rowedder/*Rasner* 1; *Meyer-Landrut*/Miller/Niehus 3; *Vogel* 3.

[4] KGJ 45, 180; Scholz/*K. Schmidt* 6.

[5] Baumbach/Hueck/*Schulze-Osterloh* 6; *Lutter/Hommelhoff* 2; Rowedder/*Rasner* 1; *Meyer-Landrut*/Miller/Niehus 4; *Roth* 3.1.

[6] Rdn 7.

[7] Geßler/Hefermehl/Eckardt/Kropff/*Hüffer* § 263, 8; *Wiedemann*-GroßkommAktG, § 263, 1; *Kraft*-KölnKommAktG, § 263, 3.

[8] Geßler/Hefermehl/Eckardt/Kropff/*Hüffer* § 263, 8.

Amts wegen einzutragen ist. **Von Amts wegen** einzutragen ist die Auflösung **in den Fällen des § 65 Abs. 1 Satz 2**, d. h. bei Eröffnung des Konkursverfahrens, gerichtlicher Feststellung eines Satzungsmangels und dann, wenn bei Vereinigung aller Geschäftsanteile in einer Hand innerhalb von drei Jahren nach Eintragung der Gesellschaft der Alleingesellschafter seinen Verpflichtungen nach § 19 Abs. 4 über einen Zeitraum von mehr als drei Monaten nicht nachgekommen ist. Entsprechendes gilt auch für die Ablehnung der Eröffnung eines Konkursverfahrens (§ 1 Abs. 1 LöschG, vgl. Anh § 60), auch ohne daß dies in § 65 besonders erwähnt wird. In allen diesen Fällen wird das Registergericht auch *ohne Anmeldung* tätig. Bei Konkurseröffnung hat die Geschäftsstelle des Konkursgerichts beglaubigte Abschriften der Formel des Eröffnungsbeschlusses dem Registergericht mitzuteilen (§ 112 KO). Ebenso ist nach § 1 Abs. 2 Satz 1 LöschG bei Ablehnung der Konkurseröffnung mangels Masse zu verfahren. Nach dieser Vorschrift hat das Konkursgericht dem Registergericht eine beglaubigte, mit der Bescheinigung der Rechtskraft versehene Abschrift des Konkursablehnungsbeschlusses zu übersenden. In beiden Fällen ist die Auflösung von Amts wegen einzutragen (§ 104 KO; § 1 Abs. 2 Satz 2 LöschG). Da das Registergericht einen Satzungsmangel nach § 144 a FGG selbst feststellt, verzichtet auch für diesen Fall das Gesetz ausdrücklich auf das Erfordernis einer Anmeldung (vgl. Amtl. Begr., BT-Drucks. V/3862 S. 15). Ähnlich ist die Situation bei einem Verstoß gegen § 19 Abs. 4. Hier greift das Registergericht nach § 144 b FGG von Amts wegen ein und hat ggf. ebenso wie in den anderen in § 65 Abs. 1 Satz 2 geregelten Fällen die Auflösung von Amts wegen einzutragen.

6 Eine Anmeldung ist weiterhin entbehrlich in den **sonstigen Fällen**, in denen die Auflösung oder ein Auflösungsgrund **von Amts wegen** in das Handelsregister eingetragen werden, auch soweit sie in Abs. 1 Satz 2 nicht eigens erwähnt werden[9]. Dies betrifft vor allem das Erlöschen oder die Rücknahme einer Erlaubnis nach dem KWG durch das Bundesaufsichtsamt für das Kreditwesen (§ 38 Abs. 1 Satz 3 KWG) und ein Verbot nach §§ 3, 17 VereinsG (§ 7 Abs. 2 VereinsG). Hierher gehört außerdem das rechtskräftige Nichtigkeitsurteil nach § 75. Eine gesonderte Anmeldung und Eintragung der Auflösung ist in allen diesen Fällen unnötig, da aus dem Handelsregister die Tatsache der Auflösung bzw. die zwingend zu einer solchen führenden Gründe bereits ersichtlich sind[10].

7 Anders zu beurteilen ist die unterbliebene Anpassung des Stammkapitals bzw. der Einzahlung an die Erfordernisse der §§ 5 bzw. 7, die nach Art. 12 § 1 GmbH-Novelle 1980 zur Auflösung führt. Da es hier an einer Vorschrift fehlt, die eine amtswegige Eintragung anordnet, ist eine **Anmeldung** nach Abs. 1 **erforderlich**[11].

8 Anders als das Aktiengesetz (§ 273) enthält das GmbH-Recht keine besondere Vorschrift über die **Anmeldung der Beendigung der Abwicklung**; sie ergibt sich aber aus § 31 Abs. 2 HGB[12].

9 **b) Die Fortsetzung der Gesellschaft.** Eine **Anmeldung** hat auch dann zu erfolgen, wenn die Gesellschaft **fortgesetzt** wird. Das Gesetz hatte dies in dem durch das Koordinierungsgesetz vom 15. 08. 1969 gestrichenen früheren § 65 Abs. 1 Satz 2 ausdrücklich für die Fälle bestimmt, in denen die Gesellschaft nach § 60 Abs. 1

---

9 Allgemeine Ansicht, vgl. Scholz/*K. Schmidt* 3; Baumbach/Hueck/*Schulze-Osterloh* 4; Rowedder/*Rasner* 7; *Meyer-Landrut*/Miller/Niehus 8; der in der Vorauflage 11 vertretene gegenteilige Standpunkt wird aufgegeben.

10 Vgl. § 77 sowie Erl. hierzu.

11 Scholz/*K. Schmidt* 3; *Lutter*/*Hommelhoff* 1; *Roth* 2.1; die gegenteilige Auffassung von *Meyer-Landrut*/Miller/Niehus 8 findet im Gesetz keine Stütze.

12 Vgl. hierzu § 74, 19 ff.

Nr. 4 fortgesetzt wird. Im Falle der Auflösung nach Art. 12 § 1 Abs. 1 und 2 sieht Abs. 3 dieser Vorschrift explizit eine konstitutive Wirkung der Eintragung des Fortsetzungsbeschlusses vor. Nach unbestrittener Auffassung gilt die Anmeldepflicht aber darüber hinaus auch in allen anderen Fällen, in denen die Fortsetzung der aufgelösten Gesellschaft zulässig ist[13]. An dieser Rechtslage hat sich auch durch die Streichung des ehemaligen Abs. 1 Satz 2 nichts geändert[14]. Zu der in Rechtsprechung und Schrifttum strittigen Frage, in welchen Fällen die Fortsetzung einer aufgelösten Gesellschaft im einzelnen zulässig ist, vgl. § 60, 78 ff.

Grundsätzlich ist die Anmeldung des Fortsetzungsbeschlusses dann nicht erforderlich, wenn auch die **Auflösung nicht in das Handelsregister eingetragen** worden ist (vgl. näher § 60, 94)[15]. Es ist ein unnötiger Formalismus, in einem solchen Falle zunächst eine Anmeldung der Auflösung und sodann des Fortsetzungsbeschlusses zu verlangen[16]. Auch im Hinblick auf § 15 HGB ist nicht ersichtlich, welches Interesse der Rechtsverkehr an einer Nachholung der Eintragung der Auflösung zusammen mit dem Fortsetzungsbeschluß haben sollte. Eine solche läßt sich auch nicht mit der Begründung fordern, eine Fortsetzung setze stets eine Auflösung voraus, da die Eintragung der Auflösung grundsätzlich keine konstitutive Wirkung hat, d. h. die Auflösung auch ohne eine Eintragung eintritt[17]. **10**

Hat ausnahmsweise die Eintragung des Fortsetzungsbeschlusses **konstitutive Wirkung** (vgl. oben Rdn 2), muß er in jedem Fall angemeldet werden, unabhängig davon, ob die Auflösung eingetragen wurde. Auch in einem solchen Falle bedarf es einer Nachholung der Eintragung der Auflösung aus den oben genannten Gründen nicht[18]. **11**

3. Form, Inhalt und Zeitpunkt der Anmeldung

Die **Anmeldung der Auflösung** nach § 65 Abs. 1 sowie der Fortsetzung der Gesellschaft hat beim **Registergericht des Sitzes** der Gesellschaft zu erfolgen. Hat die Gesellschaft eine Zweigniederlassung, so wird die Auflösung nach § 13 a HGB auch beim dortigen Registergericht in das Handelsregister eingetragen. Einer besonderen Anmeldung bedarf es hierzu nicht. **12**

Zur **Form** der Anmeldung vgl. § 12 HGB; sie ist in öffentlich beglaubigter Form einzureichen. In der Regel ist der Anmeldung die **Urkunde beizufügen**, aus der sich die Auflösung ergibt, z. B. das rechtskräftige Auflösungsurteil oder der Auflösungsbeschluß. Dies ist im Gesetz zwar nicht vorgeschrieben[19]. Da aber der Registerrichter sich bei der schwerwiegenden Bedeutung der Auflösung einer Gesellschaft von der Richtigkeit der Anmeldung und damit der Auflösung aufgrund seines Prüfungsrechts und seiner Prüfungspflicht zu überzeugen hat, kann er nach § 12 FGG den Sachverhalt ermitteln und sich die entsprechenden Urkunden vorlegen lassen[20]. Bei **13**

---

13 Scholz/*K. Schmidt* 4; Baumbach/Hueck/*Schulze-Osterloh* 18; *Lutter/Hommelhoff* 7; Rowedder/*Rasner* 10; *Roth* 3.4; *Brodmann* 2; *Vogel* 2; vgl. auch OLG Düsseldorf, GmbH-Rdsch. 1979, 276.

14 Rowedder/*Rasner* 10.

15 Baumbach/Hueck/*Schulze-Osterloh* 18; Rowedder/*Rasner* 10; *Meyer-Landrut*/Miller/Niehus 7; *Hofmann* GmbH-Rdsch. 1975, 217, 227; aA BayObLG, DB 1987, 2139, 2140; Scholz/*K. Schmidt* 4.

16 So aber BayObLG, DB 1987, 2139, 2140.

17 Vgl. unten Rdn 23.

18 Anders aber BayObLG, DB 1987, 2139, 2140.

19 Scholz/*K. Schmidt* 7; Baumbach/Hueck/*Schulze-Osterloh* 8.

20 Scholz/*K. Schmidt* 7; *Lutter/Hommelhoff* 4; Rowedder/*Rasner* 3; *Meyer-Landrut*/Miller/Niehus 4; *Roth* 2.1; *Vogel* 5.

Auflösung durch Zeitablauf genügt in der Anmeldung ein Hinweis auf die Satzung[21].

14 Da in denjenigen Fällen der Auflösung, die nach Abs. 1 Satz 1 anzumelden sind, eine Eintragung des **Grundes** für diese zwar nach allgemeiner Auffassung zulässig[22], jedoch nicht zwingend erforderlich ist, braucht auch die Anmeldung als solche diesen nicht zu bezeichnen. Eine Erläuterung bei der Anmeldung ist jedoch zweckmäßig, soweit der Auflösungsgrund nicht ohnehin aus den beigefügten Unterlagen für das Registergericht ohne weiteres ersichtlich ist.

15 Zugleich mit der Auflösung sind die **Liquidatoren** anzumelden (§ 67); zwingend ist dies aber nicht. Getrennte Anmeldung ist zulässig und kann unter Umständen sogar geboten sein[23]: so wenn das Amt des Geschäftsführers mit der Anmeldung der Auflösung enden soll, der gewählte Liquidator aber das Amt nicht annimmt[24].

16 Die Anmeldung ist **unverzüglich** vorzunehmen, kann jedoch nach dem pflichtmäßigen Interesse an einer sachgemäßen Durchführung der Liquidation kurzfristig hinausgeschoben werden, z. B. wenn im Fall des Verkaufs von Geschäftsanteilen die Liquidation vermieden werden kann[25].

17 Kommen die Anmeldepflichtigen ihrer Verpflichtung nicht nach, die Auflösung zur Eintragung in das Handelsregister anzumelden, kann das Registergericht sie durch Ordnungsstrafen dazu anhalten, wenn – wie in der Regel – die Eintragung der Auflösung **deklaratorischen** Charakter hat (§ 79 iVm. § 14 HGB und unten Rdn 23). Da in diesen Fällen die Wirksamkeit der Auflösung nicht von der Eintragung abhängig ist, gibt das Gesetz dem Registergericht die Zwangsmittel des § 14 HGB in die Hand, um auf diese Weise die Übereinstimmung von materieller Rechtslage und Registerausweis zu erreichen. Androhung und Festsetzung des Zwangsgeldes treffen nicht die GmbH, sondern richten sich gegen die Anmeldepflichtigen persönlich[26].

18 Hat die Eintragung ausnahmsweise **konstitutiven** Charakter, kann ihre Anmeldung nicht durch die Verhängung von Ordnungsstrafen erzwungen werden (§ 79). Das sind bei der Auflösung die Fälle, in denen der Auflösungsbeschluß zugleich eine Satzungsänderung beinhaltet, die erst mit Eintragung ins Handelsregister wirksam wird (§ 54). Die Anmeldung einer Satzungsänderung kann jedoch nicht durch Ordnungsstrafen erzwungen werden.

19 Entsprechend ist auch die **Anmeldung eines Fortsetzungsbeschlusses** nicht erzwingbar, wenn dieser durch Satzungsänderung erfolgt, d. h. insbesondere dann, wenn auch die Auflösung durch Satzungsänderung erfolgt ist[27]. Im übrigen gilt aber auch für die Anmeldung von Fortsetzungsbeschlüssen § 14 HGB[28].

III. Die Eintragung und Bekanntmachung der Auflösung durch das Registergericht

20 Das Registergericht trägt die Auflösung aufgrund der Anmeldung bzw. der Mitteilung in das Handelsregister ein. Die **Eintragung lautet** entweder „Die Gesellschaft

---

21 Scholz/*K. Schmidt* 7; Rowedder/*Rasner* 3.

22 Scholz/*K. Schmidt* 3; Baumbach/Hueck/*Schulze-Osterloh* 12; Rowedder/*Rasner* 4; *Roth* 2.1.

23 Scholz/*K. Schmidt* 5; *Lutter/Hommelhoff* 1; Rowedder/*Rasner* 3; *Roth* 3.2.

24 Vgl. den vom KG, JW 1927, 1703 behandelten Fall.

25 Vgl. RGZ 145, 99, 103 f; Baumbach/Hueck/*Schulze-Osterloh* 7; *Lutter/Hommelhoff* 3; wohl auch *Meyer-Landrut*/Miller/Niehus 5.

26 KGJ 41, 124, 130.

27 Scholz/*K. Schmidt* 11; Baumbach/Hueck/*Schulze-Osterloh* 18; Rowedder/*Rasner* 10.

28 Scholz/*K. Schmidt* 11; Baumbach/Hueck/*Schulze-Osterloh* 18; *Meyer-Landrut*/Miller/Niehus 7.

ist aufgelöst" oder aber unter Hinzufügung des Grundes „Die Gesellschaft ist durch Gesellschafterbeschluß usw. aufgelöst" (vgl. oben Rdn 14). In den Fällen des § 60 Nr. 4 und 5 ist der Auflösungsgrund stets einzutragen.

Das Registergericht hat die **Eintragung** der Auflösung im Bundesanzeiger und in einem weiteren Blatt **bekanntzumachen** (§§ 10, 11 HGB; bei Zweigniederlassungen vgl. § 13 a HGB). Regelmäßig ist der gesamte Inhalt der Eintragung zu veröffentlichen (§§ 32, 33 HRV v. 12. 08. 1937). Die Eintragung soll außerdem dem Antragsteller bekannt gemacht werden (vgl. § 130 FGG). **21**

Die Konkurseröffnung, die Aufhebung des Eröffnungsbeschlusses sowie die Einstellung und Aufhebung des Konkursverfahrens sind **von Amts wegen** einzutragen (§ 32 HGB). Insoweit findet eine **öffentliche Bekanntmachung durch das Registergericht nicht statt** (§ 32 Satz 3 HGB); sie erfolgt durch das Konkursgericht (§§ 111, 116, 163, 190, 205 KO). **22**

Grundsätzlich hat die Eintragung der Auflösung nur **deklaratorischen** Charakter[29]. Dies gilt jedoch nicht, wenn der Auflösungsbeschluß zugleich eine **Satzungsänderung** beinhaltet (§ 60, 33 f); dann wirkt die Eintragung **konstitutiv**[30] (§ 54). **23**

Die **Publizitätswirkung des** § **15 HGB** greift in beiden Fällen ein, weil es sich jeweils um eintragungspflichtige Tatsachen handelt. Zu den Wirkungen des § 15 HGB im einzelnen vgl. die einschlägigen Kommentare zum HGB. Große praktische Bedeutung hat die Publizitätswirkung hier indessen nicht, da durch die Auflösung als solche die Interessen des Rechtsverkehrs nicht unmittelbar tangiert werden[31]. Für die Eröffnung des Konkurses, die Aufhebung des Eröffnungsbeschlusses sowie die Einstellung und Aufhebung des Konkursverfahrens und die entsprechenden Eintragungen gilt § 15 HGB nicht (§ 32 Satz 4 HGB). In allen übrigen Fällen, in denen die Eintragung von Amts wegen erfolgt, ist § 15 HGB anwendbar[32]. Im Verhältnis zu den Gesellschaftern als solchen bleibt § 15 HGB außer Betracht, weil diese nicht Dritte im Sinne der Vorschrift sind[33]. **24**

IV. Bekanntmachung und Gläubigeraufruf nach Abs. 2

Unabhängig von der Eintragung und Bekanntmachung der Auflösung, die nach § 10 HGB durch das Registergericht veranlaßt wird, sind die Liquidatoren nach Abs. 2 zu einer **gesonderten dreimaligen Bekanntmachung** nebst Gläubigeraufruf verpflichtet. Die Bedeutung dieser Regelung liegt in dem Beginn der Sperrfrist des § 73 Abs. 1, vor deren Ablauf das Vermögen der Gesellschaft nicht unter die Gesellschafter verteilt werden darf. **25**

Abs. 2 gilt nicht für die **Auflösung infolge Konkurses**, da hier die Liquidation nicht nach den Vorschriften des GmbHG stattfindet. Vielmehr erfolgt ein Gläubigeraufgebot in diesem Falle unmittelbar durch das Konkursgericht, bei dem die Gläubiger ihre Ansprüche anzumelden haben (vgl. § 111 KO). Einer Bekanntmachung und eines Gläubigeraufrufs nach Abs. 2 bedarf es ebenfalls nicht, wenn die Gesellschaft **26**

---

[29] Einhellige Auffassung, vgl. OLG Karlsruhe GmbH-Rdsch. 1925, 503; KG GmbH-Rdsch. 1930, 269.

[30] Vgl. Rdn 2; Scholz/*K. Schmidt* 1.

[31] Vgl. *Lutter/Hommelhoff* 5; Geßler/Hefermehl/Eckardt/Kropff/*Hüffer*, § 263, 11.

[32] Vgl. bezüglich der AG *Kraft*-KölnKommAktG, § 263, 12.

[33] Vgl. RGZ 120, 363, 369; *Kraft*-KölnKommAktG, § 263, 13 beide zur AG; ferner *Hüffer*-GroßkommHGB, § 15, 31; Heymann-*Sonnenschein*, § 15, 11.

vermögenslos und aus diesem Grunde gelöscht ist (§ 2 Abs. 1 LöschG), und zwar auch dann nicht, wenn sie noch rechtsgeschäftliche Erklärungen abzugeben hat[34].

27 Bekanntmachung der Auflösung und Gläubigeraufruf müssen **gleichzeitig** erfolgen[35]. An eine bestimmte Frist sind sie jedoch nicht gebunden. Die Liquidatoren haben aber ihrer Pflicht unverzüglich nachzukommen, sobald dies nach dem ordnungsmäßigen Geschäftsgang möglich ist. Frühestens kann dies mit Wirksamwerden der Auflösung geschehen. Die vorherige Eintragung des Auflösungsbeschlusses ist daher nur erforderlich, wenn in der Auflösung zugleich eine Satzungsänderung liegt. Denn in diesem Fall ist die Gesellschaft vor der Eintragung noch nicht aufgelöst (vgl. oben Rdn 2 sowie § 54). Eine vorzeitige Bekanntmachung und ein vorzeitiger Gläubigeraufruf wären dann wirkungslos; die Frist nach § 73 Abs. 1 würde nicht zu laufen beginnen.

28 Die Liquidatoren haben die Auflösung der Gesellschaft bekanntzumachen und zugleich die Gesellschaftsgläubiger aufzufordern, ihre Ansprüche anzumelden. Es kommt etwa folgender **Wortlaut** in Betracht:

> „Die Gesellschaft ist aufgelöst; die Gläubiger der Gesellschaft werden aufgefordert, sich bei ihr zu melden."

Der Auflösungsgrund braucht nicht angegeben zu werden; erforderlich und ausreichend ist, daß die Auflösung selbst bekannt gemacht wird. Unterschriften braucht die Bekanntmachung nicht zu enthalten. Es muß nur erkennbar sein, von welcher Gesellschaft sie ausgeht und wo die Gläubiger sich zu melden haben.

29 Die Aufforderung ist **dreimal** in den in § 30 Abs. 2 bezeichneten Blättern zu veröffentlichen. Handelt es sich um mehrere Gesellschaftsblätter, muß sie in jedem Blatt dreimal publiziert werden. Dies gilt namentlich dann, wenn die Satzung schweigt und die §§ 10, 11 HGB eingreifen. Erst mit der letzten Veröffentlichung beginnt die Sperrfrist des § 73 Abs. 1 zu laufen. Dies folgt aus dem Zweck der Bekanntmachung, die es den Gläubigern ermöglichen soll, Befriedigung ihrer Ansprüche aus dem Gesellschaftsvermögen zu erreichen.

30 Das Gesetz schreibt nicht vor, in welchen **Zeitabständen** zu veröffentlichen ist. Die Bekanntmachung ist daher an drei unmittelbar aufeinander folgenden Tagen möglich. Auch die Veröffentlichung in der Morgen- und Abendausgabe einer Zeitung ist eine zweimalige Publikation[36].

31 Neben der öffentlichen Bekanntmachung ist eine **besondere Aufforderung** an die bekannten Gläubiger *nicht erforderlich*. Auch ohne daß sie sich melden, sind sie zu befriedigen, oder es ist für sie der geschuldete Betrag zu hinterlegen (§ 73 Abs. 2); anders jedoch bei der Kapitalherabsetzung (§ 58 Abs. 1 Nr. 2).

32 Das Registergericht kann die Liquidatoren nicht zur Erfüllung ihrer Verpflichtungen aufgrund von Abs. 2 zwingen. **§ 14 HGB** ist **nicht anwendbar**[37]. Die wesentliche Folge einer unterbliebenen oder verspäteten Bekanntmachung ergibt sich aus § 73 Abs. 1. Danach kann die Verteilung des Gesellschaftsvermögens unter die Gesellschafter in einem solchen Falle nicht bzw. erst entsprechend später vorgenommen werden. Insofern wird zwar eine **Schadensersatzpflicht** der Liquidatoren gegenüber

[34] OLG Hamm, NJW-RR 1987, 348 = BB 1987, 294, 295; vgl. auch BayObLG, WM 1982, 1288, 1290; *Lutter/Hommelhoff* 9.

[35] Scholz/*K. Schmidt* 14.

[36] Rowedder/*Rasner* 8; zweifelnd *Kraft*-KölnKommAktG, § 267, 5; Geßler/Hefermehl/Eckardt/Kropff/*Hüffer*, § 267, 6.

[37] Scholz/*K. Schmidt* 16; Baumbach/Hueck/*Schulze-Osterloh* 17; *Meyer-Landrut*/Miller/Niehus 10.

der Gesellschaft nach §§ 43, 71 Abs. 4 allgemein bejaht[38]. Allerdings dürfte es für einen solchen Anspruch der GmbH regelmäßig am Eintritt eines Schadens im Vermögen der Gesellschaft fehlen. Für eine unmittelbare Verantwortlichkeit gegenüber Gesellschaftern, denen durch die verspätete Verteilung des Liquidationsüberschusses ein Nachteil entsteht, fehlt dagegen eine gesetzliche Grundlage. Gläubiger der Gesellschaft können aus einer Verletzung von Abs. 2 keine Rechte gegen diese oder die Liquidatoren herleiten. Hierfür besteht allerdings auch kein praktisches Bedürfnis, da die Interessen der Gläubiger durch § 73 Abs. 1 und 2 geschützt sind.

§ 66

(1) In den Fällen der Auflösung außer dem Fall des Konkursverfahrens erfolgt die Liquidation durch die Geschäftsführer, wenn nicht dieselbe durch den Gesellschaftsvertrag oder durch Beschluß der Gesellschafter anderen Personen übertragen wird.

(2) Auf Antrag von Gesellschaftern, deren Geschäftsanteile zusammen mindestens dem zehnten Teil des Stammkapitals entsprechen, kann aus wichtigen Gründen die Bestellung von Liquidatoren durch das Gericht (§ 7 Abs. 1) erfolgen.

(3) Die Abberufung von Liquidatoren kann durch das Gericht unter denselben Voraussetzungen wie die Bestellung stattfinden. Liquidatoren, welche nicht vom Gericht ernannt sind, können auch durch Beschluß der Gesellschafter vor Ablauf des Zeitraums, für welchen sie bestellt sind, abberufen werden.

(4) Für die Auswahl der Liquidatoren findet § 6 Abs. 2 Satz 2 und 3 entsprechende Anwendung.

Übersicht

[38] Scholz/*K. Schmidt* 16; *Lutter/Hommelhoff* 9; Rowedder/*Rasner* 9; *Meyer-Landrut*/Miller/Niehus 10; *Roth* 5.

Schrifttum

Bokelmann Der Prozeß gegen eine im Handelsregister gelöschte GmbH, NJW 1977, 1130; *Ganssmüller* Zum Recht der Vor-GmbH, insbesondere im Falle ihrer Liquidation, GmbH-Rdsch. 1963, 101; *Ganssmüller* Wieder einmal: Zur Vor-GmbH, GmbH-Rdsch. 1970, 170; *Gottschling* Die Amtsniederlegung des GmbH-Liquidators, GmbH-Rdsch. 1960, 141; *Hofmann* Zur Auflösung einer GmbH, GmbH-Rdsch. 1975, 217; *Hofmann* Zur Liquidation einer GmbH, GmbH-Rdsch. 1976, 229; *Kirberger* Die Notwendigkeit der gerichtlichen Liquidatorbestellung im Falle der Nachtragsliquidation einer wegen Vermögenslosigkeit gelöschten Gesellschaft oder Genossenschaft, Rpfleger 1975, 341; *Kühn* Der Minderheitenschutz in der GmbH, GmbH-Rdsch. 1965, 132.

I. Einleitung

1 Die §§ 66–74 **regeln** das **Verfahren der Liquidation**. Die Vorschriften gehen davon aus, daß grundsätzlich nach der Auflösung der Gesellschaft eine Abwicklung stattzufinden hat. Das Erfordernis einer förmlichen Liquidation dient insbesondere den Interessen der Gläubiger der Gesellschaft und der Minderheitsgesellschafter. Auch nach der Auflösung im Stadium der Abwicklung muß die Gesellschaft ein geschäftsführendes und vertretungsberechtigtes Organ haben; dies sind die Liquidatoren (Abwickler). Ihre Stellung entspricht im wesentlichen der der Geschäftsführer (vgl. § 35 sowie Erl. zu § 70).

Zweck des § 66 ist es, das Vorhandensein eines solchen Geschäftsführungs- und Vertretungsorgans und damit die Handlungsfähigkeit der aufgelösten Gesellschaft sicherzustellen. § 66 trifft darüber hinaus Vorsorge, daß solche Liquidatoren bestellt und auch, soweit erforderlich, abberufen werden können. Beide Befugnisse liegen zunächst – soweit nicht der Gesellschaftsvertrag eine abweichende Regelung vorsieht – bei den Gesellschaftern, also bei deren Mehrheit. Eine Minderheit kann jedoch aus wichtigem Grund die Ernennung eines Liquidators durch das Gericht durchsetzen. Es handelt sich um ein unentziehbares Recht der Minderheit, damit sie nicht während der Dauer der Abwicklung (und Verwertung des Vermögens) einem parteiischen und vielleicht die Mehrheit begünstigenden Liquidator ausgesetzt ist. Die Regelung des § 66 ist **zwingendes Recht**.

II. Anwendungsbereich

2 § 66 gilt ausschließlich **im Falle der Auflösung**, und zwar grundsätzlich unabhängig von der Frage des Auflösungsgrundes. Die Regelung kommt daher **nicht zur**

Anwendung, wenn die Gesellschaft vermögenslos und ohne Abwicklung nach § 2 Abs. 1 LöschG **gelöscht** ist[1]. Dies gilt auch dann, wenn sich nach der Löschung noch das Vorhandensein von Vermögen herausstellt, namentlich wenn das Registergericht irrtümlich die Vermögenslosigkeit angenommen und die Gesellschaft zu Unrecht gelöscht hat[2]. In einem solchen Falle kann nach § 2 Abs. 3 LöschG eine **Nachtragsliquidation**[3] durchgeführt werden. Die Bestellung der Nachtragsliquidatoren richtet sich ausschließlich nach § 2 Abs. 3 LöschG; für eine Geltung von § 66 ist kein Raum. Dies gilt gleichermaßen auch für den Fall, daß ausnahmsweise bereits eine Liquidation vor der Löschung stattgefunden hatte. Es kann nicht angenommen werden, daß der ehemalige Liquidator trotz Anmeldung der Beendigung der Abwicklung, in der seine Amtsniederlegung lag, automatisch in seine alte Rechtsstellung wiedereinträte, diese also „wiederaufleben" würde. Dies wäre insbesondere im Hinblick auf die Konsequenzen für die Rechtssicherheit – inwieweit wäre der frühere Liquidator erreichbar und gegebenenfalls gewillt, das lange zurückliegende Amt fortzusetzen? – nicht hinnehmbar[4]. Diese Auffassung steht im Einklang mit BGHZ 53 264 = NJW **1970** 1044, 1046[5] und der Regelung des § 273 Abs. 4 AktG. Die frühere gegenteilige Rechtsprechung[6] sollte heute als überholt gelten[7]. Dagegen wird man, wenn eine GmbH während eines Rechtsstreits zu Unrecht aufgrund des Löschungsgesetzes gelöscht worden ist, dem bisherigen – nach § 66 Abs. 1 GmbHG zum Liquidator berufenen – Geschäftsführer die Vertretungsbefugnis für die erforderliche Abwicklung und Fortsetzung des Rechtsstreits zubilligen können[8].

Nach dem eindeutigen Gesetzeswortlaut gilt § 66 **nicht im Falle des Konkursverfahrens**, d. h. für die Dauer eines solchen. Ist hingegen bei Beendigung des Konkursverfahrens noch Vermögen der Gesellschaft vorhanden, findet die Liquidation statt[9]. 3

Ob die Regelung auch für eine **aufgelöste Vor-GmbH** gilt, ist umstritten. Der Bundesgerichtshof verneint dies und hält insoweit für die Abwicklung § 730 BGB für anwendbar[10]. Mit der heute überwiegenden Auffassung im Schrifttum[11] ist demgegenüber davon auszugehen, daß die §§ 66 ff gelten, soweit sie nicht an die Eintragung im Handelsregister anknüpfen. Insbesondere richtet sich die Vertretung der aufgelösten Vor-GmbH nach § 66. Eine Anwendung von § 730 BGB wäre unangemessen, da dies eine Vertretung der Gesellschaft durch Fremd-Liquidatoren ausschließen und zudem zu einer unbeschränkten persönlichen Haftung der Gesellschafter für Verbindlichkeiten führen würde, die diese im Abwicklungsstadium begründen. Dieses Ergebnis stünde nicht im Einklang mit dem auch vom Bundesgerichtshof[12] anerkannten Grundsatz, daß auf die Vorgesellschaft GmbH-Recht anzuwenden ist, soweit dem nicht gerade die fehlende Eintragung entgegensteht. Folgerichtig gilt auch die in Abs. 2 geregelte Kompetenz des Registergerichts zur Bestellung von Liquidatoren für die Vor-GmbH[13]. 4

---

1 Vgl. hierzu Erl. im Anh zu § 60.
2 Teilweise abweichend Vorauflage 8.
3 Vgl. hierzu Anh § 60, 39 ff (*Ulmer*).
4 So mit Recht *Bokelmann* NJW 1977, 1130, 1132; *Kirberger* Rpfl. 1975, 343.
5 Dazu *Fleck* LM § 74 GmbHG Nr. 2.
6 RGZ 109, 387; BGH LM § 74 GmbHG Nr. 1; auch noch OLG Köln OLGZ 1975, 349, 350.
7 Vgl. *Bokelmann*, aaO.
8 OLG Frankfurt a. M. GmbH-Rdsch. 1976, 137.
9 Vgl. § 63, 108; *Lutter/Hommelhoff* 1; *Roth* 2.1.
10 BGHZ 51, 30, 34 = NJW 1969, 509; BGHZ 86, 122, 127 = NJW 1983, 876; vgl. demgegenüber jedoch BAG NJW 1963, 680, 681; OLG Hamm WM 1985, 658.
11 § 11, 42 (*Ulmer*); Scholz/*K. Schmidt* 1; Baumbach/Hueck/*Schulze-Osterloh* 3; aA *Lutter/Hommelhoff* 5.
12 BGHZ 80, 129, 132 = NJW 1981, 1373.
13 § 11, 43 (*Ulmer*); Scholz/*K. Schmidt* § 11, 56; Baumbach/Hueck/*Schulze-Osterloh* 18; aA BGH, aaO; *Lutter/Hommelhoff* 5.

III. Voraussetzungen für das Liquidatorenamt und Zahl der Liquidatoren

1. Voraussetzungen für das Liquidatorenamt

5 a) **Natürliche Personen.** Liquidator werden kann grundsätzlich jede unbeschränkt geschäftsfähige **natürliche Person.** Einschränkungen ergeben sich aus Abs. 4 iVm. § 6 Abs. 2 Satz 2 und 3. Danach sind Personen, gegen die ein Berufs- oder Gewerbeverbot besteht oder die wegen einer Straftat nach §§ 283–283 d StGB verurteilt worden sind, fünf Jahre nach Rechtskraft des Strafurteils ohne Einberechnung einer Zeit, die sie auf behördliche Anordnung in einer Anstalt verwahrt wurden, vom Liquidatorenamt ausgeschlossen. Die **Satzung** kann weitere **besondere persönliche** Voraussetzungen aufstellen, welche allerdings im Falle einer gerichtlichen Bestellung von Liquidatoren für das Registergericht nicht bindend sind.

6 b) **Juristische Personen.** Des weiteren können auch **juristische Personen** zu Liquidatoren bestellt werden[14]. Zwar ist dies für die GmbH – anders als für die AG in § 265 Abs. 2 Satz 2 AktG – nicht ausdrücklich im Gesetz bestimmt. Es bestehen jedoch keinerlei Gründe, juristische Personen bei der GmbH als Liquidatoren nicht zuzulassen, zumal § 66 nicht auf § 6 Abs. 2 Satz 1 verweist. Als Abwickler kommen hier insbesondere Treuhandgesellschaften in Betracht. Auch juristische Personen des öffentlichen Rechts können zu Liquidatoren bestellt werden[15], nicht jedoch Behörden als solche[16]. Gleiches gilt nach heute einhelliger Auffassung für Personenhandelsgesellschaften[17].

2. Zahl der Liquidatoren

7 Die **Zahl** der erforderlichen Liquidatoren kann im Gesellschaftsvertrag festgelegt werden. Eine gesetzliche Mindestzahl gibt es nicht, auch nicht für die mitbestimmte GmbH[18]; vielmehr genügt ein Liquidator. Ist im Gesellschaftsvertrag lediglich eine Mindestzahl von Geschäftsführern festgelegt und über Liquidatoren nichts ausgesagt, so gilt im Zweifel diese Mindestzahl auch im Abwicklungsstadium, und zwar unabhängig davon, ob es sich um „geborene" oder „gekorene" Liquidatoren handelt[19]. Wenn allerdings die Liquidatoren im Gesellschaftsvertrag benannt sind und deren Zahl niedriger liegt als die Mindestzahl der Geschäftsführer, so wird man regelmäßig davon ausgehen können, daß diese Mindestzahl im Liquidationsstadium nicht gelten soll. Die Satzung kann ferner eine Höchstzahl von Liquidatoren bestimmen. Eine Mindestzahl ist auch für das Registergericht bindend in dem Sinne, daß es auf entsprechenden Antrag fehlende Liquidatoren bestellen muß, wenn die Voraussetzungen für eine gerichtliche Bestellung gegeben sind. Demgegenüber gilt insbesondere eine etwaige statutarische Höchstzahl nicht, d. h. das Gericht kann ggf. weitere Liquidatoren bestellen, wenn es dies nach pflichtgemäßem Ermessen für erforderlich hält. Zur Vertretungsregelung vgl. Erl. zu § 70.

---

14 Scholz/*K. Schmidt* 3; Baumbach/Hueck/*Schulze-Osterloh* 6; *Lutter/Hommelhoff* 1; Rowedder/*Rasner* 4; *Meyer-Landrut*/Miller/Niehus 5; *Roth* 2.2.

15 Scholz/*K. Schmidt* 3.

16 Scholz/*K. Schmidt* 3; Baumbach/Hueck/*Schulze-Osterloh* 6; Rowedder/*Rasner* 4; *Roth* 2.2.

17 Scholz/*K. Schmidt* 3; Baumbach/Hueck/*Schulze-Osterloh* 7; *Lutter/Hommelhoff* 1; Rowedder-*Rasner* 4; *Roth* 2.2.; aA *Kraft*-KölnKommAktG, § 265, 9.

18 Vgl. Rdn 12; aA Baumbach/Hueck/*Schulze-Osterloh* 8.

19 Rowedder/*Rasner* 11; differenzierend Scholz/*K. Schmidt* 2 a; aA Baumbach/Hueck/*Schulze-Osterloh* 9.

IV. Geborene und gekorene Liquidatoren (Abs. 1)

1. Die Geschäftsführer als geborene Liquidatoren

8 In erster Linie haben als Liquidator der bzw. die **Geschäftsführer** zu fungieren; sie sind vom Gesetz dazu berufen (**geborene Liquidatoren**); somit können Gesellschafter wie auch andere Personen Liquidator werden (§ 6 Abs. 2 Satz 1). Aus Abs. 1 ergibt sich, daß die Geschäftsführer immer dann ohne weiteres zu Liquidatoren werden, wenn weder der Gesellschaftsvertrag noch ein Gesellschafterbeschluß etwas anderes über die Person des Liquidators bestimmen, ohne daß es einer besonderen Annahmeerklärung oder eines Bestellungsbeschlusses für den Erwerb der Liquidatorenstellung bedürfte[20]. War die Bestellung als Geschäftsführer befristet, so gilt diese Befristung auch für das Liquidatorenamt.

9 Das **Amt** des geborenen Liquidators **beginnt mit der Auflösung** der Gesellschaft, also bei gleichzeitig vorliegender Satzungsänderung erst mit der Eintragung der Auflösung in das Handelsregister (Erl. zu § 60; § 65, 23).

10 **Alle** im Zeitpunkt der Auflösung bestellten **Geschäftsführer** sind nach dem Gesetz geborene Liquidatoren[21], auch dann, wenn mehr als die satzungsmäßige Höchstzahl bestellt sind. Dieser Fall kann auftreten, wenn vor der Auflösung bereits die Höchstzahl der Geschäftsführer überschritten, die Wahl der überzähligen Geschäftsführer aber nicht angefochten wurde, ferner wenn die Satzung eine niedrigere Höchstzahl von Liquidatoren vorsieht. Erreicht die Zahl der vorhandenen geborenen Abwickler hingegen nicht die zur gesetzlichen Vertretung der Gesellschaft nach der Satzung erforderliche Zahl von Personen, so müssen die Gesellschafter (unten Rdn 17 ff) oder das Gericht (unten Rdn 22 ff) die restliche Anzahl bestellen.

11 Aufgrund des **zwingenden Charakters** von § 66 kann der Gesellschaftsvertrag die Rechtsfolge des Abs. 1 nicht ausschließen. Er kann also nur durch Übertragung des Liquidatorenamts auf andere Personen verhindern, daß die Geschäftsführer automatisch zu Liquidatoren werden. Dementsprechend wäre eine Satzungsbestimmung, nach der das Amt aller Geschäftsführer automatisch mit dem Auflösungsfalle endet, unwirksam, wenn kein Liquidator bestimmt ist. Die Geschäftsführer werden ferner trotz abweichender Satzungsbestimmung auch dann Liquidatoren, wenn die dort vorgesehenen Liquidatoren das Amt nicht annehmen. Dies ergibt sich aus dem Zweck von Abs. 1, eine lückenlose Vertretung der Gesellschaft beim Übergang in das Abwicklungsstadium sicherzustellen.

12 Auch der **Arbeitsdirektor** einer mitbestimmten GmbH (§ 33 MitbestG; § 13 MontanMitbestG) ist als Geschäftsführer geborener Liquidator[22]. Die mitbestimmungsrechtlichen Vorschriften über das Erfordernis eines Arbeitsdirektors beziehen sich indessen nur auf die werbend tätige Gesellschaft, nicht auf die Abwicklungsgesellschaft. Der Begriff des „Mitglieds des zur gesetzlichen Vertretung des Unternehmens befugten Organs" in § 33 MitbestG ist im Zusammenhang zu sehen mit § 31 MitbestG, der sich ausschließlich auf die werbende Gesellschaft bezieht, vgl. Rdn 15 a. Da die Arbeitnehmer ohnehin in der Liquidation kein Mitwirkungsrecht bei der Bestellung eines etwaigen Arbeitsdirektors hätten, sondern dieser von der Gesellschafterversammlung bestellt würde, wäre es auch von der Zielsetzung des Mitbestimmungsrechts wenig sinnvoll, hier auf dem Erfordernis eines Arbeitsdirek-

---

[20] Scholz/*K. Schmidt* 5; *Lutter/Hommelhoff* 2; Rowedder/*Rasner* 2.

[21] Scholz/*K. Schmidt* 4; *Meyer-Landrut*/Miller/Niehus 3.

[22] EinhM: Scholz/*K. Schmidt* 32; Baumbach/Hueck/*Schulze-Osterloh* 8; Rowedder/*Rasner* 2, 3.

tors zu bestehen, der dann allein von der Anteilseignerseite gewählt und abberufen würde. In der Geschäftsführung einer aufgelösten GmbH braucht daher kein Arbeitsdirektor vorhanden zu sein[23]. Scheidet der Arbeitsdirektor als Liquidator aus (sei es infolge Amtsniederlegung, Beendigung der Amtszeit, Abberufung, Tod oder auch deshalb, weil ihn die Satzung vom Liquidatorenamt ausschließt), ist es dementsprechend nicht erforderlich, einen neuen Arbeitsdirektor als Liquidator zu bestellen. Auch bei einer mitbestimmten GmbH genügt daher ein Liquidator, falls nicht der Gesellschaftsvertrag eine höhere Mindestzahl vorsieht[24].

2. Die durch Gesellschaftsvertrag ernannten Liquidatoren

13 a) **Bestimmtheitserfordernis.** Der **Gesellschaftsvertrag** kann die Liquidation **anderen Personen** übertragen; dies kann sowohl im ursprünglichen wie im abgeänderten Gesellschaftsvertrag vorgesehen werden. Die Übertragung in der Satzung kann nur auf **bestimmte** andere Personen erfolgen[25]; eine dieser Bestimmtheit ermangelnde Vorschrift wäre unwirksam, die Geschäftsführer würden dann als geborene Abwickler zum amt des Liquidators berufen sein[26]. Der Bestimmtheit ist jedoch genügt, wenn der jeweilige Inhaber eines bestimmten Amtes oder einer Stellung im Statut benannt ist (z. B. der Bischof von Limburg oder der Präsident der Industrie- und Handelskammer Berlin). Dies wird dann zweifelhaft, wenn mehrere Personen zur gleichen Zeit Inhaber desselben Amtes sein können. Eine solche Bestimmung ist allerdings nur in der Form zulässig und im Zweifel daher auch dahingehend auszulegen, daß diejenige Person, die das Amt zum Zeitpunkt der Auflösung innehat, Liquidator wird[27]. Nicht möglich ist dagegen eine Satzungsbestimmung, nach der dem *jeweiligen* Amtsinhaber das Liquidatorenamt übertragen wird, da hier unzulässigerweise (Rdn 15) die Bestellung und Abberufung einem Dritten überlassen würde[28]. Fraglich ist demgegenüber, ob die Liquidatorenstellung des Amtsinhabers endet, wenn dieser sein Amt verliert. Insoweit kommt es im Einzelfall auf die Auslegung des Gesellschaftsvertrages an. Hierfür ist die Frage entscheidend, ob die Amtsinhaberschaft eine persönliche Voraussetzung für die Liquidatorenstellung sein soll, deren Wegfall zu einer automatischen Beendigung derselben führt.

14 b) **Sonderrecht.** Der Gesellschaftsvertrag kann ein **Sonderrecht** einzelner Gesellschafter auf das Liquidatorenamt vorsehen[29]. Ein Liquidator kraft Sonderrechts kann von den Gesellschaftern nur aus wichtigem Grund abberufen werden[30]. Ein gesellschaftsvertragliches Sonderrecht auf die Geschäftsführerstellung ist im Zweifel auch auf das Liquidatorenamt zu erstrecken.

15 c) **Übertragbarkeit der Bestellungs- und Abberufungskompetenz.** Das Recht zur Bestellung und Abberufung von Liquidatoren kann **nicht durch gesellschaftsvertragliche Regelung auf ein anderes Gesellschaftsorgan**, z. B. einen Aufsichtsrat oder Bei-

---

[23] AA Baumbach/Hueck/*Schulze-Osterloh* 8, 15.
[24] AA Baumbach/Hueck/*Schulze-Osterloh* 8.
[25] EinhM, vgl. Scholz/*K. Schmidt* 7; Baumbach/Hueck/*Schulze-Osterloh* 13; *Lutter/Hommelhoff* 3; Rowedder/*Rasner* 5; *Roth* 3.2.
[26] So auch RGZ 145, 99, 104; KG OLGR 42, 227; Scholz/*K. Schmidt* 7; *Meyer-Landrut*/Miller/Niehus 8.
[27] Scholz/*K. Schmidt* 7; *Lutter/Hommelhoff* 3; Rowedder/*Rasner* 5; *Meyer-Landrut*/Miller/Niehus 8; *Roth* 3.2; *Hofmann* GmbH-Rdsch. 1976, 229, 230.
[28] *Lutter/Hommelhoff* 3; Rowedder/*Rasner* 5.
[29] Scholz/*K. Schmidt* 7; Baumbach/Hueck/*Schulze-Osterloh* 13; *Lutter/Hommelhoff* 4; Rowedder/*Rasner* 2; aA offenbar *Meyer-Landrut*/Miller/Niehus 15.
[30] Scholz/*K. Schmidt* 44; Baumbach/Hueck/*Schulze-Osterloh* 24; *Lutter/Hommelhoff* 4; Rowedder/*Rasner* 3.

rat, oder einen Dritten **übertragen** werden[31]. Unzulässig ist auch ein Sonderrecht eines einzelnen Gesellschafters auf Bestellung von Liquidatoren[32] oder eine Kooptation durch die anderen Liquidatoren.

Auch in der **mitbestimmten GmbH** gilt nichts anderes[33]. Zwar könnte man nach dem Wortlaut von §§ 31 MitbestG, 12 MontanMitbestG, die das Recht zur Bestellung und Abberufung „der Mitglieder des zur gesetzlichen Vertretung des Unternehmens befugten Organs" dem Aufsichtsrat übertragen, zunächst daran zweifeln, ob dies nicht auch für die Liquidatoren als gesetzliche Vertreter der aufgelösten Gesellschaft gilt. Aus der Verweisung in § 25 Abs. 1 Nr. 2 MitbestG ausschließlich auf §§ 84, 85 und nicht etwa auf § 265 AktG ergibt sich indessen unmißverständlich, daß diese Kompetenz allein die Bestellung und Abberufung der Organe der werbenden Gesellschaft betrifft, nicht hingegen diejenige der Liquidatoren. § 265 Abs. 6 AktG gilt nicht – auch nicht analog – für die GmbH, so daß auch bei einer nach dem MontanMitbestG mitbestimmten GmbH ausschließlich § 66 Anwendung findet. **15**

d) **Ersatzliquidatoren.** Durch Gesellschaftsvertrag – wie auch durch Gesellschafterbeschluß – können auch **Ersatzliquidatoren** bestellt werden[34], indem ihre Bestellung zum Liquidator unter die aufschiebende Bedingung des Wegfalls eines Abwicklers gestellt wird. **16**

3. Die durch Gesellschafterbeschluß bestellten Liquidatoren

a) **Kompetenz der Gesellschafterversammlung.** Nicht nur die Satzung selbst, sondern auch ein **Gesellschafterbeschluß** kann andere (natürliche oder juristische) Personen als die Geschäftsführer zu Liquidatoren der Gesellschaft bestellen. Dies gilt sowohl dann, wenn die Satzung einen solchen Gesellschafterbeschluß ausdrücklich vorsieht, als auch wenn die Satzung keine diesbezügliche Bestimmung enthält und schließlich auch dann, wenn die Satzung die Liquidation einer bestimmten natürlichen oder juristischen Person übertragen hat (Rdn 20). Aber auch ein solcher Gesellschafterbeschluß beseitigt die gesetzliche Berufung des Geschäftsführers oder die satzungsmäßige Dritter zum Liquidator nur, wenn er zugleich als Abberufung der „geborenen" oder durch Gesellschaftsvertrag bestimmten Liquidatoren auszulegen ist. Er muß eine Person entweder dem Namen nach oder sonst so bestimmt bezeichnen, daß ein Zweifel nicht übrigbleibt (vgl. Rdn 13). **17**

Die Kompetenz der Gesellschafter zur Bestellung von Liquidatoren kann **nicht durch die Satzung vollständig ausgeschlossen** werden. Es ist jedoch möglich, diese Befugnis weitgehend auszuhöhlen, indem man eine Höchstzahl der Liquidatoren festlegt und eine entsprechende Anzahl von Personen mit einem Sonderrecht auf die Liquidatorenstellung ausstattet. **18**

b) **Gesellschafterbeschluß.** Der **Beschluß** erfolgt unter den allgemeinen Voraussetzungen von Gesellschafterbeschlüssen (§§ 45 ff). Im Gesellschaftsvertrag kann eine qualifizierte Mehrheit vorgeschrieben werden; dadurch kann die Ernennung **19**

---

31 RGZ 145, 99, 104; Scholz/*K. Schmidt* 7; Baumbach/Hueck/*Schulze-Osterloh* 13; *Lutter/Hommelhoff* 4; Rowedder/*Rasner* 3; *Meyer-Landrut*/Miller/Niehus 7; *Roth* 3.2.

32 Scholz/*K. Schmidt* 7; *Meyer-Landrut*/Miller/Niehus 8.

33 Scholz/*K. Schmidt* 32; Baumbach/Hueck/*Schulze-Osterloh* 15; *Meyer-Landrut*/Miller/Niehus 7; *Roth* 3.3; abweichend für die Montanmitbestimmung Rowedder/*Rasner* 3.

34 *Eder*-GmbH-Handb. 724.1.

anderer Liquidatoren statt der Geschäftsführer erschwert werden[35]. Stets muß es ein Beschluß der Gesellschafter sein; andere Personen dürfen nicht mitstimmen. Ist der zu Ernennende selbst Gesellschafter, so unterliegt er keinem Stimmverbot. Soll durch den Gesellschafterbeschluß gleichzeitig ein durch die Satzung oder früheren Gesellschafterbeschluß zum Liquidator bestellter Gesellschafter seines Amtes enthoben oder ersetzt werden, so darf dieser hinsichtlich seiner eigenen Abberufung nur dann mitstimmen, wenn kein wichtiger Grund vorliegt[36]. Der Beschluß ist hier ggf. aufzuspalten in eine Abberufung, für die uU das Stimmverbot gilt, und eine Neubestellung, bei der dies in der Regel nicht der Fall ist. Im übrigen ist es stets eine Frage der Umstände des Einzelfalls, ob in der Neubestellung eines Liquidators zugleich die Abberufung eines anderen – durch die Satzung bestimmten oder durch Gesellschafterbeschluß ernannten – Liquidators liegt, und zwar für den Zeitpunkt der Beschlußfassung oder den des Amtsantritts des neu Bestellten[37], oder aber die Wahl zusätzlicher Liquidatoren. Die Gesellschafter sind grundsätzlich in ihrem Recht zur Beschlußfassung über die Person des Liquidators – von der gerichtlichen Eingriffsbefugnis und satzungsmäßigen Mehrheitserfordernissen abgesehen – völlig frei. Sie können sich also auch ohne weiteres in einem Stimmbindungsvertrag – formlos – auf eine bestimmte Person festlegen[38].

20 c) **Verhältnis zu Satzungsbestimmungen. Der Gesellschafterbeschluß geht auch einer Satzungsbestimmung vor,** wonach eine bestimmte Person zum Liquidator ernannt ist[39], denn die Gesellschafter haben nach § 66 Abs. 3 Satz 2 das Recht zur Abberufung des in der Satzung ernannten Liquidators. Dies gilt allerdings nicht, soweit es sich um ein gesellschaftsvertragliches Sonderrecht auf die Liquidatorenstellung handelt (vgl. Rdn 14). In dem erwähnten Gesellschafterbeschluß liegt keine Satzungsänderung. Die einfache Mehrheit genügt, soweit nicht satzungsmäßig eine qualifizierte Mehrheit vorgeschrieben ist[40].

21 d) **Zeitpunkt des Wirksamwerdens der Bestellung.** Hinsichtlich des **Zeitpunktes,** in dem der durch Gesellschafterbeschluß ernannte Liquidator rechtswirksam bestellt ist, ist zwischen dem Bestellungsbeschluß – als Akt der körperschaftlichen Willensbildung – und der Bestellungserklärung zu differenzieren; letztere hat rechtsgeschäftlichen Charakter und ist gegenüber dem Bestellten abzugeben[41]. Die Bestellungserklärung wird von der Gesellschafterversammlung als dem für die Ausführung von Bestellungsbeschlüssen zuständigen Organ vorgenommen[42]. Ist der Bestellte indes in der Gesellschafterversammlung, in der seine Bestellung beschlossen wird, zugegen und widerspricht er der Bestellung nicht, so bedarf es einer zusätzlichen besonderen Mitteilung nicht[43]. Im übrigen bedarf es zur Erlangung der Liquidatorenstellung des weiteren einer Annahme des Amtes durch den Bestellten, die auch konkludent durch die Aufnahme seiner Tätigkeit oder den Abschluß des Anstellungsvertrages (vgl. Rdn 55) erklärt werden kann[44]. Lehnt einer von zwei gemeinsam bestellten gesamtvertretungsberechtigten Liquidatoren die Annahme des Amtes ab, so ist der verbleibende Liquidator nicht allein zur Vertretung berechtigt.

---

35 AA für das Aktienrecht *Wiedemann*-GroßkommAktG, § 265, 3 und *Kraft*-KölnKommAktG, § 265, 7.

36 Vgl. § 47, 173 mwN.

37 Vgl. *Kraft*-KölnKommAktG, § 265, 12; *Bergmann*, Die rechtliche Abhängigkeit, S. 80 f.

38 Vgl. RGZ 145, 99, 104 betreffend die Verpflichtung, für eine neutrale Person einzutreten.

39 KGJ 45, 178, 181.

40 Scholz/*K. Schmidt* 10; *Lutter/Hommelhoff* 4.

41 Vgl. BGHZ 52, 316, 321 = NJW 1970, 33.

42 Vgl. BGH DB 1968, 847; BGHZ 52, 316, 321 = NJW 1970, 33.

43 So auch BGHZ 52, 316, 321 = NJW 1970, 33; *Kraft*-KölnKommAktG, § 265, 13.

44 Scholz/*K. Schmidt* 49; Rowedder/*Rasner* 14; *Meyer-Landrut*/Miller/Niehus 9.

Der Gesellschafterbeschluß wird aber hierdurch nicht hinfällig. Er kann durch Bestellung eines Ersatzmannes ergänzt werden, sei es durch einen zweiten Gesellschafterbeschluß, sei es durch richterliche Ernennung gemäß § 66 Abs. 2 oder gemäß § 29 BGB[45].

V. Die Ernennung von Liquidatoren durch das Registergericht nach Abs. 2

Das Gesetz sieht in Abs. 2 neben der Bestellung von Liquidatoren durch die Gesellschafter – sei es durch Beschluß oder im Gesellschaftsvertrag – die Möglichkeit einer **gerichtlichen Bestellung aus wichtigem Grunde** vor. Die Vorschrift bezweckt, eine ordnungsgemäße Abwicklung der Gesellschaft sicherzustellen, und zwar insbesondere auch im Interesse der Minderheitsgesellschafter, wie sich aus der Regelung der Antragsberechtigung ergibt. Das richterliche Bestellungsrecht nach Abs. 2 besteht neben der Notbestellungskompetenz nach §§ 29, 48 BGB (hierzu unten Rdn 38 ff) und ist von dieser streng zu unterscheiden. **22**

1. Antragserfordernis

a) **Antragsberechtigung.** Der Antrag nach § 66 Abs. 2 ist von einem oder mehreren **Gesellschaftern** zu stellen, dessen bzw. deren Geschäftsanteile zusammen **10% des Stammkapitals** entsprechen. Er ist an das **Gericht des Sitzes der Gesellschaft** zu richten; zuständig ist das Amtsgericht (Registergericht) nach § 148 FGG; vgl. § 7 Abs. 1 GmbHG. Der Antrag ist schriftlich oder zu Protokoll der Geschäftsstelle des Gerichts (§ 11 FGG) zu stellen. **23**

Das **Antragsrecht** nach § 66 Abs. 2 ist **unentziehbar.** Die Satzung (weder die ursprüngliche noch die abgeänderte) kann dieses **Minderheitsrecht** nicht beseitigen. Sie darf es nicht auch oder nur den Geschäftsführern oder dem Aufsichtsrat gewähren[46]. Aus der Unentziehbarkeit folgt weiter, daß die Satzung das für die Antragstellung erforderliche Quorum weder erhöhen noch die Antragsberechtigung an zusätzliche Voraussetzungen knüpfen darf[47]. Demgegenüber ist es ohne weiteres zulässig, im Gesellschaftsvertrag eine niedrigere Mindestbeteiligung vorzusehen oder jedem Gesellschafter ein Antragsrecht zu gewähren[48]. **24**

Da das Minderheitsrecht nach § 66 Abs. 2 zu den Herrschafts-(Mitverwaltungs)-Rechten gehört, die untrennbar mit den Mitgliedschaftsrechten verbunden sind, geht das Antragsrecht **nicht** auf den **Pfandgläubiger** oder **Nießbraucher** über[49]. Nicht antragsberechtigt sind daher Treugeber eines Gesellschafters oder sonst mittelbar Beteiligte[50]. Auch die Gläubiger der Gesellschaft haben das Antragsrecht nicht[51]. Dieses ist auch nicht übertragbar. **25**

---

45 Vgl. unten Rdn 22 ff, 38 ff.

46 Baumbach/Hueck/*Schulze-Osterloh* 19; *Meyer-Landrut*/Miller/Niehus 11.

47 Baumbach/Hueck/*Schulze-Osterloh* 19; Rowedder/*Rasner* 6; *Meyer-Landrut*/Miller/Niehus 11; *Roth* 3.4.2.; *Kuhn* GmbH-Rdsch. 1965, 132, 136; *Hofmann* GmbH-Rdsch. 1976, 229, 231.

48 Heute einhM, vgl. Scholz/*K. Schmidt* 12; Baumbach/Hueck/*Schulze-Osterloh* 19; *Lutter*/*Hommelhoff* 5; Rowedder/*Rasner* 6; *Meyer-Landrut*/Miller/Niehus 11; *Roth* 3.4.2.; abweichend noch 5. Auflage, vgl. hierzu Vorauflage 20.

49 Scholz/*K. Schmidt* 17; *Eder*-GmbH-Handb. 724.3; aM noch die 5. Auflage.

50 Scholz/*K. Schmidt* 17; Rowedder/*Rasner* 6; *Meyer-Landrut*/Miller/Niehus 11; *Eder*-GmbH-Handb. 724.3.

51 Scholz/*K. Schmidt* 17; Baumbach/Hueck/*Schulze-Osterloh* 19; Rowedder/*Rasner* 6.

26 Bei **Kreditinstituten** in der Rechtsform der GmbH bestimmt § 38 Abs. 2 Satz 2, 3 KWG in Ergänzung zu § 66 Abs. 2 GmbHG, daß auch das Bundesaufsichtsamt für das Kreditwesen antragsberechtigt ist. Voraussetzung für die gerichtliche Bestellung von Liquidatoren ist hier, daß die sonst zur Abwicklung berufenen Personen keine Gewähr für die ordnungsmäßige Abwicklung bieten.

27 b) **Zeitpunkt der Antragstellung.** Die Bestellung der Liquidatoren kann schon **vor Eintritt** der Liquidation erfolgen[52]. Wie die Gesellschafter in einem Auflösungsbeschluß, der erst auf einen späteren Termin wirksam werden soll, Liquidatoren bestimmen können, muß auch die gerichtliche Bestellung der Liquidatoren vor der Auflösung der Gesellschaft statthaft sein. Ihre Eintragung im Handelsregister erfolgt aber erst nach der Auflösung der Gesellschaft. Vor der Auflösung steht den Liquidatoren auch keine Vertretungs- und Geschäftsführungsbefugnis zu[53].

2. Wichtiger Grund

28 **Der Antrag** ist **begründet**, wenn **wichtige Gründe** für die Bestellung durch das Gericht vorliegen. Der unbestimmte Rechtsbegriff des „wichtigen Grundes" ist zu konkretisieren unter Berücksichtigung aller Besonderheiten des Einzelfalls unter Abwägung sämtlicher betroffener Interessen. In dem wertungsbedürftigen Begriff liegt naturgemäß ein gewisser Beurteilungsspielraum des Gerichts. Ein Ermessen hat es demgegenüber bei der Frage, ob ein Liquidator zu bestellen ist, bei Vorliegen eines wichtigen Grundes nicht[54], wohl aber hinsichtlich der Person des Liquidators und der Modalitäten der Vertretungsbefugnis.

29 Ein wichtiger Grund kommt namentlich in Betracht, wenn **weniger als die erforderliche Zahl von Liquidatoren** vorhanden ist (und sei es ggf. nach vorheriger gerichtlicher Abberufung nach Abs. 3) und sich die Gesellschafter nachhaltig nicht auf einen Abwickler einigen können, oder wenn die Mehrheit überhaupt jede Bestellung eines solchen blockiert. Das lediglich vorübergehende Fehlen eines Liquidators rechtfertigt dagegen einen Antrag nach Abs. 2 nicht, denn andernfalls hätte ein Minderheitsgesellschafter die Möglichkeit, der Mehrheit einen von dieser nicht abberufbaren Abwickler aufzuzwingen[55]. Das Vorhandensein eines Notliquidators entsprechend § 29 BGB schließt einen wichtigen Grund für einen Antrag nach Abs. 2 nicht aus[56], denn die Bestellung eines Notliquidators stellt immer nur eine Übergangslösung dar und läßt das Bedürfnis nach einer dauerhaften Regelung nicht entfallen.

30 Weiterhin kann ein wichtiger Grund für eine Bestellung nach Abs. 2 vorliegen, wenn die vorhandenen **Liquidatoren eine ordnungsgemäße Abwicklung nicht erwarten lassen.** Häufig wird dann (zulässigerweise) der Antrag nach Abs. 2 mit einem Abberufungsantrag nach Abs. 3 zu verbinden sein. Denkbar ist allerdings auch die richterliche Bestellung eines zusätzlichen Liquidators, wenn etwa die übrigen Liquidatoren ihre Aufgabe allein nicht bewältigen können oder eine Kontrolle durch einen Mitliquidator geboten erscheint. Pflichtverletzungen oder Unfähigkeit zu ordnungsmäßiger Geschäftsführung seitens des vorhandenen Liquidators mögen die Ernennung neuer Liquidatoren rechtfertigen. Erhebliche Nachteile für die Liquidation läßt es befürchten, wenn bestimmte Tatsachen ein begründetes Mißtrauen gegen die **Unparteilichkeit** des Liquidators hervorrufen oder die Gefahr eines Inter-

[52] Grundsätzlich auch Scholz/*K. Schmidt* 16.
[53] Vgl. KG RJA 15, 121 für die OHG.
[54] Vgl. unten Rdn 32.
[55] Zutreffend Scholz/*K. Schmidt* 19.
[56] Vgl. BayObLG GmbH-Rdsch. 1987, 306, 307; Scholz/*K. Schmidt* 19; Baumbach/Hueck/*Schulze-Osterloh* 20.

essenwiderstreits besteht oder allem Anschein nach bestehen kann[57]. Einerseits ist, da es sich nur um die Abwicklung handelt, die Erschütterung des Vertrauensverhältnisses nicht unbedingt so entscheidend wie bei einer werbenden Gesellschaft[58]. Andererseits ist zu beachten, daß das Minderheitsrecht gerade dazu dient, eine unparteiische Vertretung und Verteilung des Gesellschaftsvermögens zu gewährleisten, und daß im Auflösungsstadium – wie auch die Praxis immer wieder zeigt – die Gesellschafterminderheit besonders schutzwürdig ist[59]. Auch bei Vorhandensein von nur zwei Gesellschaftergruppen ist durchaus Raum für einen Eingriff des Gerichts in das Entscheidungsrecht der Mehrheit, wenn ein wichtiger Grund dies rechtfertigt[60]. Das Gericht ermittelt nach § 12 FGG.

Ein **Verschulden** der berufenen Liquidatoren ist **nicht Voraussetzung** des richter- **31**
lichen Eingriffs[61]. Auch in objektiven Verhältnissen kann ein wichtiger Grund zur Ernennung neuer Liquidatoren liegen[62], z. B. in einer Verfeindung einer Gesellschaftergruppe mit dem Liquidator oder in der Feindschaft zweier Gesellschaftergruppen, wenn einer von ihnen der Liquidator angehört oder nahesteht. Begründetes Mißtrauen gegenüber der Geschäftsführung des Liquidators, insbesondere seiner Unparteilichkeit genügt. Die befürchteten Nachteile brauchen nicht schon eingetreten zu sein; es genügt die bei verständiger Würdigung des Sachverhalts sich aufdrängende Möglichkeit ihres Eintritts[63].

Entgegen der mißverständlichen Formulierung des Gesetzes ist Abs. 2 keine Er- **32**
messensvorschrift[64]. „Kann" bedeutet hier – wie auch sonst im Bereich der Befugnisse des Registerrichters –, daß die Entscheidung zur Zuständigkeit des Gerichts (Registergerichts) gehört und dieses bei Vorliegen aller Voraussetzungen Liquidatoren **bestellen muß**. Das Gericht muß daher insbesondere prüfen, ob ein wichtiger Grund für eine Bestellung vorliegt. Die Ausübung des in der Auslegung dieses unbestimmten Rechtsbegriffs liegenden Beurteilungsspielraums ist indessen in der Beschwerdeinstanz voll nachprüfbar[65].

Bei der Bestimmung der Zahl der zu ernennenden Abwickler und bei der Auwahl **33**
der Personen ist das Gericht an **Anträge der Parteien** nicht gebunden[66]. Es kann auch einen den Antragstellern nicht genehmen Liquidator bestellen. Insoweit trifft das Gericht eine Ermessensentscheidung, die nur im Hinblick auf einen Ermessensmißbrauch oder eine Ermessensüberschreitung nachprüfbar ist, wenn etwa das Gericht eine objektiv ungeeignete oder parteiische Person oder eine solche zum Liquidator bestimmt, die die Voraussetzungen des Abs. 4 nicht erfüllt.

3. Kollektivvertretung und Einzelvertretung

Gibt das Gericht dem Antrag statt, so kann es gleichzeitig darüber Bestimmung **34**
treffen, ob der Ernannte **Kollektivvertretungsbefugnis oder Einzelbefugnis** haben soll. Das Gericht ist an die Bestimmung der Satzung insoweit nicht gebunden[67].

---

57 Vgl. BayObLG WM 1969, 674; OLG Hamm BB 1960, 1355.
58 OLG Hamm BB 1960, 918.
59 Vgl. *Kühn* GmbH-Rdsch. 1965, 132, 136.
60 BayObLG WM 1969, 674, 675.
61 BayObLG NJW 1955, 1678; WM 1969, 674; *Meyer-Landrut*/Miller/Niehus 10.
62 BayObLG OLGR 27, 390.
63 BayObLG WM 1969, 674.
64 Einh Ansicht, vgl. BayObLG GmbH-Rdsch. 1987, 306, 307; Scholz/*K. Schmidt* 13; Baumbach/Hueck/*Schulze-Osterloh* 21; *Lutter*/*Hommelhoff* 5; Rowedder/*Rasner* 6; *Roth* 3.4.5.
65 Scholz/*K. Schmidt* 24; Baumbach/Hueck/*Schulze-Osterloh* 21.
66 Scholz/*K. Schmidt* 22; Baumbach/Hueck/*Schulze-Osterloh* 21; *Lutter*/*Hommelhoff* 5.
67 Scholz/*K. Schmidt* 22; *Lutter*/*Hommelhoff* 5; *Roth* 3.4.5.

Eine Bestimmung muß das Gericht nicht treffen. In diesem Falle gilt grundsätzlich die gesellschaftsvertragliche Regelung, in Ermangelung einer solchen besteht Gesamtvertretung (§ 68 Abs. 1 Satz 2)[68].

4. Verfahrensgrundsätze

35 Das Gericht entscheidet im **Verfahren der Freiwilligen Gerichtsbarkeit** durch **Beschluß** (§ 16 FGG). Es gilt der Amtsermittlungsgrundsatz nach § 12 FGG. Sowohl bei der Prüfung der Voraussetzungen des Antrages nach Abs. 2 als auch bei der Auswahl der zu bestellenden Liquidatoren wird der Richter von seinem Ermittlungsrecht nach § 12 FGG Gebrauch machen; er wird tunlichst die Beteiligten hören, insbesondere die „Gegner des Antragstellers" (§ 146 Abs. 1 FGG); das sind die vorhandenen Liquidatoren und eine etwaige feindliche Gesellschaftergruppe. Beteiligte ist ferner die Gesellschaft selbst[69]. Ist sie wegen fehlender Liquidatoren nicht handlungsfähig, so sind ggf. Notliquidatoren zu bestellen[70]. Das Gericht ist zur Anhörung nicht nur verpflichtet, wenn dies tunlich ist, sondern wegen des in Art. 103 Abs. 1 GG verbrieften Rechts auf Gehör grundsätzlich in jedem Falle, es sei denn, eine Anhörung ist nicht möglich[71]. Dagegen steht es im pflichtgemäßen Ermessen des Gerichts, ob die Anhörung schriftlich oder mündlich in einem Termin erfolgt.

5. Beschwerde

36 In jedem Fall, das Gericht mag dem Antrag stattgeben oder ihn verwerfen, findet gegen die Entscheidung des Amtsgerichts **sofortige Beschwerde** und **weitere Beschwerde** statt; die letztere geht an das OLG, ggf. an den BGH (§ 146 Abs. 2 iVm. §§ 22–28 FGG). Die Beschwerdeberechtigung folgt aus § 20 FGG. Im Ablehnungsfalle haben dementsprechend allein die Antragsteller ein Beschwerderecht. Sie müssen allerdings auch in der Beschwerdeinstanz mit 10% am Stammkapital der Gesellschaft beteiligt sein[72]. Entfällt diese Voraussetzung, z. B. infolge einer Kapitalerhöhung oder weil einzelne einer Mehrheit von Antragstellern, die nur gemeinsam die Anteilsquote von 10% erreichen, keine Beschwerde einlegen, ist die Beschwerde unzulässig. Wird dem Antrag stattgegeben, so sind neben der Gesellschaft selbst[73] sämtliche Gesellschafter beschwerdeberechtigt, und zwar unabhängig von der Höhe ihrer Beteiligung. Eine Begrenzung auf eine Mindestquote von 10% läßt sich nicht rechtfertigen und insbesondere auch nicht aus Abs. 2 herleiten, der nur für die Antragsberechtigung selbst gilt, nicht aber für Rechtsmittel gegen eine rechtsfehlerhafte Bestellung von Liquidatoren durch das Gericht[74]. Ausnahmsweise können auch die übrigen Liquidatoren beschwerdeberechtigt sein[75], wenn etwa zugleich mit der Be-

68 *Roth* 3.4.5.

69 BayObLG GmbH-Rdsch. 1987, 306; Scholz/*K. Schmidt* 20; Baumbach/Hueck/*Schulze-Osterloh* 21; Rowedder/*Rasner* 6.

70 BayObLG Rpfl. 1987, 250, 251; Baumbach/Hueck/*Schulze-Osterloh* 21.

71 Scholz/*K. Schmidt* 20; Baumbach/Hueck/*Schulze-Osterloh* 21; Rowedder/*Rasner* 6; *Meyer-Landrut*/Miller/Niehus 12.

72 Scholz/*K. Schmidt* 23; Baumbach/Hueck/*Schulze-Osterloh* 22; Rowedder/*Rasner* 6; *Meyer-Landrut*/Miller/Niehus 12.

73 Baumbach/Hueck/*Schulze-Osterloh* 22; *Lutter/Hommelhoff* 6; Rowedder/*Rasner* 6; *Meyer-Landrut*/Miller/Niehus 12; zweifelnd offenbar Scholz/*K. Schmidt* 23.

74 Scholz/*K. Schmidt* 23; Baumbach/Hueck/*Schulze-Osterloh* 22; Rowedder/*Rasner* 6; *Meyer-Landrut*/Miller/Niehus 12; **aA** BayObLG WM 1984, 809 und Vorauflage 27; grundsätzlich gegen ein Beschwerderecht der Gesellschafter OLG Hamm DB 1977, 2089, 2090; Keidel/Kuntze/*Winkler* § 20 FGG, Rdn 107.

75 **AA** Scholz/*K. Schmidt* 23; *Meyer-Landrut*/Miller/Niehus 12.

stellung ihre eigene Vertretungsmacht beschränkt wird (vgl. § 68, 11). Ein etwa gleichzeitig abberufener Liquidator kann gleichfalls Beschwerde einlegen. Ein Beschwerderecht der vom Gericht bestellten Liquidatoren scheidet hingegen aus[76]. Sie können ja bereits die Annahme des Amtes, zu der sie grundsätzlich nicht verpflichtet sind, ablehnen. In keinem Falle beschwerdebefugt sind ferner Gläubiger oder Mitglieder sonstiger Gesellschaftsorgane (Aufsichtsrat, Beirat). Da die Beschwerdefrist von der Bekanntmachung an den Beschwerdeführer an läuft, wird der Registerrichter gut daran tun, allen Beteiligten seine Verfügung bekanntzumachen (§§ 16, 20, 22 FGG).

6. Beginn des Amtes

Das **Amt** des gerichtlich nach § 66 Abs. 2 bestellten Liquidators **beginnt** – vorbehaltlich ausdrücklicher Regelung durch die richterliche Entscheidung – mit der Annahme des Amtes. Die Annahme kann auch stillschweigend erfolgen[77]. Liegt die Annahme vor der Bestellung, was häufig der Fall ist, so beginnt das Amt jedoch mit der Bekanntmachung der Bestellung (§ 16 FGG). Eine **Pflicht** zur Annahme des Amtes besteht für den Bestellten **nicht**[78]. **37**

VI. Die Notbestellung eines Liquidators durch das Gericht

1. Notbestellungskompetenz des Registergerichts

In dringenden Fällen kann auf Antrag jedes Beteiligten das Amtsgericht einen Liquidator bestellen, wenn ein solcher nicht vorhanden ist oder die genügende zur Vertretung berechtigte Anzahl der Liquidatoren fehlt und eine baldige Beschlußfassung durch die Gesellschafter nicht zu erwarten ist. Der gerichtlich bestellte Liquidator amtiert bis zur Behebung dieses Mangels. Gläubiger, Schuldner, einzelne Gesellschafter, frühere Geschäftsführer oder Liquidatoren können von diesem Recht durch Antragstellung beim Registergericht (§ 148 iVm. § 145 FGG) Gebrauch machen. Das Recht beruht auf §§ 29, 48 BGB und ist heute unbestritten[79]. **38**

2. Vorübergehende Regelung

Das Notbestellungsrecht besteht grundsätzlich unabhängig von dem richterlichen Ernennungsrecht nach § 66 Abs. 2[80]. Es unterscheidet sich dadurch, daß die Notbestellung nur in dringenden Fällen zur Behebung des Mangels an (zur Vertretung erforderlichen) Liquidatoren zulässig ist, also nur eine **vorübergehende Regelung** (ggf. sogar nur für bestimmte Rechtsgeschäfte) darstellt, während die Bestellung nach § 66 Abs. 2 eine Regelung für die Dauer ist. Hieraus ergibt sich auch, daß ein Antrag nach § 66 Abs. 2 vorrangig zu behandeln ist, wenn sich die Sachlage für den Richter so darstellt, daß mit einer vorübergehenden Lösung der Gesellschaft nicht gedient ist[81]. Etwa erforderliche zeitraubende Ermittlungen im Rahmen eines Ver- **39**

---

76 Rowedder/*Rasner* 6; *Meyer-Landrut*/Miller/Niehus 12.

77 Vgl. oben Rdn 21.

78 KGJ 45, 178, 180.

79 Vgl. BGHZ 18, 334, 337; BayObLG DNotZ 1955, 638; BB 1976, 998; KGJ 23, 105; *Jansen*, FGG, 2. Auflage, § 148, 7; Scholz/*K. Schmidt* 33; Baumbach/Hueck/*Schulze-Osterloh* 32; *Lutter/Hommelhoff* 7; Rowedder/*Rasner* 8; *Meyer-Landrut*/Miller/Niehus 13; *Roth* 3.4.1.

80 BayObLG BB 1976, 998; Scholz/*K. Schmidt* 34; Rowedder-*Rasner* 8; *Meyer-Landrut*/Miller/Niehus 13.

81 Vgl. auch BayObLG GmbH-Rdsch. 1987, 306, 307; Baumbach-Hueck/*Schulze-Osterloh* 32; Rowedder/*Rasner* 8.

fahrens nach § 66 Abs. 2 können die vorläufige Bestellung eines Liquidators im Wege des § 29 BGB erfordern. Der Registerrichter ist zunächst an den Wortlaut des Antrages gehalten; verweist dieser nicht eindeutig auf § 66 Abs. 2 oder auf § 29 BGB, so hat der Richter neben dem Sachverhalt das eigentliche Begehren der Antragsteller zu ermitteln (§ 12 FGG); ist der Antrag nicht von einer antragsberechtigten Gesellschafterminderheit gestellt, sondern z. B. von einem Gläubiger, so kann er ohnehin eine Bestellung nach § 66 Abs. 2 nicht vornehmen.

3. Beschränkung des Wirkungskreises

40 **Das Gericht kann** darüber hinaus nicht nur bestimmen, welche Vertretungsbefugnis für den Notliquidator besteht, sondern kann sogar **seinen Wirkungskreis beschränken;** die Bestellung kann sogar auf ein einzelnes Rechtsgeschäft beschränkt werden, etwa weil der Liquidator wegen § 181 BGB an der Vertretung der Gesellschaft verhindert ist[82]. Da die Bestellung des sog. Notliquidators durch das Gericht im Wege des § 29 BGB einen wesentlichen Eingriff in das Bestellungsrecht der Gesellschafter der GmbH darstellt, ist dieser nicht weiter auszudehnen, als dies nach Art und Dringlichkeit des geltend gemachten Bedürfnisses erforderlich ist[83].

4. Antragsbefugnis des Kommanditisten einer GmbH & Co. KG

41 Auch der **Kommanditist** einer GmbH & Co. KG ist als Beteiligter in Sinne des § 29 BGB befugt, die Bestellung eines Liquidators für die (einzige) Komplementär-GmbH zu beantragen[84].

5. Beginn und Ende des Amtes

42 Auch im Falle der §§ 29, 48 BGB **beginnt das Amt** des Liquidators mit der Annahme des Amtes. Für die Eintragung des Notliquidators gilt § 67 Abs. 3 entsprechend. Auch im übrigen gilt das für den nach § 66 Abs. 2 gerichtlich bestellten Liquidator oben Gesagte für den Notliquidator nach §§ 29, 48 BGB entsprechend.

43 Das **Amt** des Notliquidators **endet automatisch**, wenn es sich nicht nur um die Vornahme eines Rechtsgeschäftes oder einer bestimmten Gruppe von Rechtsgeschäften handelt, mit der Behebung des Mangels an vertretungsberechtigten Liquidatoren, sei es, daß diese nach § 66 Abs. 2 oder durch die Gesellschafter bestellt werden oder die Gesellschaft gelöscht wird[85]. Für das automatische Erlöschen des Amtes spricht auch die Neufassung des § 104 Abs. 5 AktG. Allerdings ist auch eine ausdrückliche Abberufung durch das Registergericht für zulässig zu erachten[86], desgleichen eine solche durch die Gesellschafter.

---

82 RGZ 68, 180; BayObLG BB 1976, 998 f; BayObLG GmbH-Rdsch. 1986, 1989, 190; Scholz/*K. Schmidt* 35, 38; Baumbach/Hueck/*Schulze-Osterloh* 32; Rowedder/*Rasner* 8.

83 BayObLG BB 1976, 998; Scholz/*K. Schmidt* 33; Baumbach/Hueck/*Schulze-Osterloh* 32; Rowedder/*Rasner* 8.

84 BayObLG BB 1976, 998; Scholz/*K. Schmidt* 35; Baumbach/Hueck/*Schulze-Osterloh* 32; *Roth* 3.4.1.

85 BayObLG GmbH-Rdsch. 1987, 306, 307; Scholz/*K. Schmidt* 40; Baumbach/Hueck/*Schulze-Osterloh* 32; *Lutter/Hommelhoff* 7; Rowedder/*Rasner* 8; *Meyer-Landrut*/Miller/Niehus 13.

86 Scholz/*K. Schmidt* 40; Baumbach/Hueck/*Schulze-Osterloh* 32; Rowedder/*Rasner* 8.

6. Beschwerde

Gegen Ernennung des Notliquidators oder Ablehnung des Antrages gibt es nur die **einfache Beschwerde** (§ 19 FGG), da § 148 iVm. § 146 Abs. 2 FGG nicht eingreift[87]. Beschwerdeberechtigt sind auch hier die einzelnen Gesellschafter[88]. **44**

7. Verhältnis zur Prozeßpflegschaft

Ist bereits ein **Prozeßpfleger** nach § 57 ZPO bestellt, so kann die Dringlichkeit einer Notliquidatorenbestellung nicht mit dem betreffenden Rechtsstreit begründet werden[89]. Im übrigen kann jedoch ein Antrag auf Bestellung eines Notliquidators nicht deshalb zurückgewiesen werden, weil auch eine Prozeßpflegschaft möglich wäre[90]. **45**

VII. Die Abberufung von Liquidatoren (Abs. 3)

1. Kompetenz der Gesellschafter

Durch den **Beschluß der Gesellschafter** kann jeder Liquidator abberufen werden, nur nicht der vom Richter nach Abs. 2 bestellte. Ein Recht, die Liquidation durchzuführen, hat auch der durch die Gesellschafter oder im Gesellschaftsvertrag bezeichnete Liquidator nicht. Etwas anderes gilt, wenn ein Liquidator auf sein Amt ein **Sonderrecht** hat; dann kann er nur aus wichtigem Grunde abberufen werden[91]. Im übrigen kann durch die Satzung – anders als nach § 38 Abs. 2 – die Abberufung der Liquidatoren nicht von vornherein auf das Vorliegen eines wichtigen Grundes beschränkt werden[92]. Die Beschlußfassung über die Abberufung folgt den allgemeinen Regeln. Ist der abzuberufende Liquidator Gesellschafter, so darf er mitstimmen, es sei denn, daß die Abberufung aus wichtigem Grund erfolgen soll (Rdn 19). Grundsätzlich ist für den Beschluß eine einfache Mehrheit der Stimmen ausreichend. Der Gesellschaftsvertrag kann jedoch das Erfordernis einer qualifizierten Mehrheit oder der Einstimmigkeit vorsehen[93]. **46**

Dem **Aufsichtsrat** (ggf. auch dem mitbestimmten) **steht das Abberufungsrecht nicht zu.** Es kann ihm auch durch Satzung oder Gesellschafterbeschluß nicht übertragen werden. Dies folgt daraus, daß § 66 zu dem den Gesellschaftern zwingend vorbehaltenen Zuständigkeitsbereich gehört. Insoweit gilt hier das gleiche wie bei der Bestellung der Liquidatoren[94]. **47**

2. Sonderfall der Abberufung des gerichtlich bestellten Liquidators

Die Gesellschafter haben jedoch nicht die Möglichkeit, durch Beschluß den vom Richter nach Abs. 2 bestellten Liquidator abzusetzen, auch nicht, wenn der Beschluß einstimmig gefaßt wird[95]. Dessen ungeachtet besteht jedoch eine erhebliche **48**

---

[87] Wie hier BayObLGZ 1955, 288; OLG Hamm JMBl. NRW 1960, 217; *Jansen*, FGG, 2. Auflage, § 148, 7; Baumbach/Hueck/*Schulze-Osterloh* 32, Rowedder/*Rasner* 8; aA (sofortige Beschwerde) Scholz/*K. Schmidt* 39.

[88] Scholz/*K. Schmidt* 39.

[89] Scholz/*K. Schmidt* 41.

[90] Scholz/*K. Schmidt* 41; Rowedder/*Rasner* 8.

[91] Vgl. oben Rdn 28 ff sowie Scholz/*K. Schmidt* 44; Baumbach/Hueck/*Schulze-Osterloh* 14, 24; *Lutter/Hommelhoff* 4; Rowedder/*Rasner* 15; Roth 4.2.; aA *Meyer-Landrut*/Miller/Niehus 15.

[92] Str, wie hier Rowedder/*Rasner* 15; *Meyer-Landrut*/Miller/Niehus 15; *Roth* 4.2. aA Scholz/*K. Schmidt* 44; Baumbach/Hueck/*Schulze-Osterloh* 24.

[93] *Roth* 4.2.

[94] Vgl. oben Rdn 15.

[95] RGZ 145, 99; *Vogel* 8.

praktische Gefährdung der Rechtsposition des gerichtlich bestellten Liquidators dadurch, daß die Gesellschafter weitere Liquidatoren durch Gesellschafterbeschluß bestimmen und so – zusätzlich etwa über eine Geschäftsverteilungsregelung des bei der Gesellschaft gebildeten Aufsichtsrats oder Beirats – de facto dessen Stellung auszuhöhlen versuchen. Abgesehen hiervon, daß in solchen Fällen der Verdacht fraudulösen Verhaltens mit der Folge einer Haftung aus Delikt naheliegt, wenn die Gesellschaft durch Maßnahmen der weiteren Liquidatoren einen Schaden erleidet, wird der Registerrichter in solchem Falle auf den Antrag der Minderheit besonders sorgsam zu prüfen haben, ob nicht im Interesse des Minderheitenschutzes eine Abberufung der die Position der gerichtlich bestellten Liquidatoren beeinträchtigenden weiteren Liquidatoren geboten ist. Keinesfalls kann zugelassen werden, daß die gerichtliche Bestellung von Liquidatoren durch Maßnahmen der Gesellschafter aufgeweicht wird, bei denen der Verdacht eines Eingriffs in das gerichtliche Bestellungsrecht und damit in das Recht der Minderheit naheliegt oder jedenfalls durchaus nicht von der Hand zu weisen ist.

3. Abberufbarkeit des Notliquidators

49 Von geringer praktischer Bedeutung ist demgegenüber die Frage der **Abberufbarkeit von Notliquidatoren** durch die Gesellschafter. Diese können durch Bestellung der erforderlichen Zahl von Liquidatoren die automatische Beendigung des Amtes der Notliquidatoren herbeiführen[96]. Eine gleichzeitige Abberufung der Notliquidatoren hat dann nur deklaratorische Bedeutung. Demgegenüber ist eine isolierte Abberufung der Notliquidatoren ohne gleichzeitige Behebung des Mangels, der zu deren Bestellung geführt hat, unzulässig.

4. Abberufungskompetenz des Gerichts

50 Auch dem **Gericht** (Registergericht) steht nach § 66 Abs. 3 Satz 1 ein **Abberufungsrecht** zu, und zwar gegen jeden Liquidator, gleichviel worauf seine Bestellung beruht, und „unter derselben Voraussetzung" wie im Falle der Bestellung. Die Abberufung kann also nur auf Antrag einer bestimmten Gesellschafterminderheit und nur aus wichtigen Gründen erfolgen (vgl. im einzelnen oben Rdn 23 ff). Gläubiger und Aufsichtsrat (Beirat) können auch hier den Antrag auf Abberufung nicht stellen. Ein wichtiger Grund für die Abberufung kommt insbesondere in Betracht, wenn der Liquidator sich als unfähig oder aus sonstigen Gründen ungeeignet erweist. Auch die mangelnde Unparteilichkeit des Liquidators kann einen wichtigen Grund für seine Abberufung darstellen. Ein solcher Fall liegt etwa vor, wenn einzelne Gesellschafter bei der Verwertung des Gesellschaftsvermögens bevorzugt werden. Demgegenüber ist das fehlende Vertrauen einer Gesellschafterminderheit für sich allein gesehen noch kein Abberufungsgrund. Die Berechtigung der Mehrheit, auch einen der Minderheit nicht genehmen Liquidator zu bestellen, würde ansonsten ausgehöhlt.

51 Wenig erörtert ist bisher die Frage, ob das Gericht einen nach Abs. 2 bestellten Liquidator abberufen kann, wenn in dessen Person zwar kein wichtiger Grund hierfür vorliegt, wohl aber die **wichtigen Gründe entfallen** sind, die zu seiner Ernennung

---

[96] Vgl. oben Rdn 38 sowie Scholz/*K. Schmidt* 42; *Lutter/Hommelhoff* 11; *Eder*-GmbH-Handb. 725.

geführt haben. Dies ist z. B. der Fall, wenn sich die Gesellschafter nach seiner Bestellung auf eine ausreichende Zahl geeigneter Liquidatoren geeinigt haben. Auch in einem solchen Fall wird man das Registergericht für berechtigt halten dürfen, den nach Abs. 2 bestellten Liquidator abzuberufen. Andernfalls gelangte man zu dem sachwidrigen Ergebnis, daß ein nach Abs. 2 bestellter Liquidator grundsätzlich weder von den Gesellschaftern noch vom Gericht abberufbar oder austauschbar wäre.

5. Wirksamwerden der Abberufung

Die **Abberufung** wird **wirksam** mit dem Zugang (§ 130 BGB) bzw. mit der Bekanntmachung (§ 16 FGG) an den Betroffenen[97]. Auf die Eintragung in das Handelsregister kommt es nicht an. Sie hat ausschließlich deklaratorische Bedeutung und ist im übrigen nur im Hinblick auf die Publizitätswirkung nach § 15 HGB relevant (s. dazu § 65, 24). 52

6. Verfahren, einstweilige Verfügung

Zum **Verfahren** und zu den **Rechtsmitteln** gilt sinngemäß das oben[98] zur Bestellung Ausgeführte. Eine Abberufung (wie auch die Bestellung) eines Liquidators durch das Prozeßgericht mittels **einstweiliger Verfügung** ist daneben nicht zulässig[99]. Es fehlt an einem Rechtsschutzinteresse, zumal das Amtsgericht als zuständiges Gericht der freiwilligen Gerichtsbarkeit alsbald entscheiden kann. Eine einstweilige Verfügung, die den Liquidatoren eine Tätigkeit untersagt, wird man indes für wirksam erachten müssen[100]. 53

VIII. Die Amtsniederlegung

Jeder Liquidator kann sein Amt **niederlegen**. Die Niederlegung erfolgt, wenn mehrere Liquidatoren vorhanden sind, durch Erklärung gegenüber der Gesellschaft[101] (also gegenüber den anderen Liquidatoren, grundsätzlich nicht gegenüber den Gesellschaftern, dem Registergericht oder sonstigen Gesellschaftsorganen) und wird wirksam, wenn sie dieser zugeht. Ist nur ein einziger Liquidator vorhanden, so ist die Niederlegung gegenüber den Gesellschaftern zu erklären[102]. Der alleinige Gesellschafter–Liquidator einer Einmann-GmbH hat seine Amtsniederlegung gegenüber dem Registergericht zu erklären[103]. Der Bestellung eines Notliquidators nur für die Entgegennahme der Erklärung bedarf es nicht[104]. Demgegenüber gelten für den nach Abs. 2 vom Gericht bestellten Abwickler entgegen der in der Vorauflage[105] vertretenen Auffassung keine Besonderheiten. Auch er ist Organ der Gesell- 54

---

[97] Baumbach/Hueck/*Schulze-Osterloh* 25; Rowedder-*Rasner* 15.

[98] Rdn 35 ff.

[99] Scholz/*K. Schmidt* 48; *Lutter/Hommelhoff* 11; Rowedder-*Rasner* 16; *Meyer-Landrut*/Miller/Niehus 14.

[100] Ebenso *Jauernig* ZZP 79, 336; Scholz/*K. Schmidt* 48; Rowedder/*Rasner* 16; *Meyer/Landrut*/Miller/Niehus 14.

[101] BayObLG DB 1994, 524; Scholz/*K. Schmidt* 52; Baumbach/Hueck/*Schulze-Osterloh* 30; *Lutter/Hommelhoff* 10; Rowedder/*Rasner* 17; *Gottschling* GmbH-Rdsch. 1960, 141, 143.

[102] OLG Hamm, NJW 1960, 872, 873; Scholz/*K. Schmidt* 52; Baumbach/Hueck/*Schulze-Osterloh* 30; *Lutter/Hommelhoff* 10; Rowedder/*Rasner* 17.

[103] BayObLG DB 1994, 524; Scholz/*K. Schmidt* 52; Baumbach/Hueck/*Schulze-Osterloh* 30; Rowedder/*Rasner* 17; *Gottschling* GmbH-Rdsch. 1960, 141, 143.

[104] Scholz/*K. Schmidt* 52; Rowedder/*Rasner* 17.

[105] 49; ebenso Baumbach/Hueck/*Schulze-Osterloh* 30; *Lutter/Hommelhoff* 10; *Gottschling* GmbH-Rdsch. 1960, 141, 143.

schaft wie die übrigen Liquidatoren und erklärt deshalb die Niederlegung seines Amtes ebenfalls der Gesellschaft gegenüber[106]. Die Kündigung des Anstellungsvertrages (s. dazu Rdn 55) durch den Liquidator ist im Zweifel zugleich auch als Amtsniederlegung auszulegen und umgekehrt[107]. Anstellungsverhältnis und Organstellung sind allerdings rechtlich voneinander zu unterscheiden; der Liquidator kann sein Amt niederlegen, ohne sein Anstellungsverhältnis zu beenden, und er kann letzteres kündigen, jedoch Liquidator bleiben. Für einen derartigen atypischen Fall bedarf es allerdings einer klaren Willensäußerung seitens des Liquidators. Ob der Liquidator zur Amtsniederlegung und Einstellung seiner Tätigkeit berechtigt ist, richtet sich nach seinem Anstellungsvertrag, soweit dieser nicht wirksam gekündigt ist. Bei Amtsniederlegung zur Unzeit oder entgegen dem Dienstvertrag kann sich der Liquidator ggf. schadensersatzpflichtig machen.

IX. Die schuldrechtlichen Rechtsbeziehungen des Liquidators zur Gesellschaft

1. Anstellungsvertrag des Liquidators

55 Die schuldrechtlichen Rechtsbeziehungen zwischen dem Liquidator und der Gesellschaft beruhen ebenso wie beim Geschäftsführer grundsätzlich auf dem **Anstellungsvertrag.** Im Falle des „geborenen" Liquidators[108] gilt im Zweifel der Anstellungsvertrag als Geschäftsführer entsprechend auch für die Liquidatorentätigkeit. Hiervon zu unterscheiden ist die Frage, ob der vormalige Geschäftsführer auf der Grundlage seines Anstellungsvertrages dazu verpflichtet ist, das Amt des Abwicklers wahrzunehmen. Dies wird im Schrifttum generell bejaht[109]. Jedoch wird man hier im Einzelfall danach differenzieren müssen, ob die Liquidatoren- der Geschäftsführertätigkeit gleichwertig ist. Dies wird man in der Regel bei einer GmbH annehmen können, deren Aktivität sich im wesentlichen auf Vermögensverwaltung beschränkt. Demgegenüber muß sich ein Geschäftsführer, der wesentliche Managementfunktionen einer unternehmerisch aktiven Gesellschaft wahrgenommen hat, nicht ohne weiteres mit der Position des Abwicklers einer aufgelösten Gesellschaft zufriedengeben. In derartigen Fällen wird man häufig im Gegenteil in der Auflösung einen wichtigen Grund zur Kündigung des Anstellungsvertrages durch den vormaligen Geschäftsführer sehen können[110].

2. Rechtslage bei Fehlen eines Anstellungsvertrages

56 Dogmatisch schwieriger zu erfassen ist das schuldrechtliche Rechtsverhältnis zwischen dem vom Gericht nach Abs. 2 oder analog §§ 29, 48 BGB bestellten Liquidator und der Gesellschaft, falls zwischen diesen keine Einigung über eine vertragliche Regelung zustande kommt. Hierzu wird überwiegend die Auffassung vertreten, daß zwischen der GmbH und dem Liquidator mit Ernennung durch das Gericht und Annahme des Amtes ein **„Zwangsdienstvertrag"** zustande komme, wobei nach einer Ansicht die Vergütung sich nach § 612 BGB bemißt und vor dem Prozeßgericht geltend zu machen[111], nach einer anderen § 265 Abs. 4 AktG analog anzuwen-

---

106 Zutreffend Rowedder/*Rasner* 17.

107 Vgl. Scholz/*K. Schmidt* 51; Rowedder/*Rasner* 17.

108 Oben Rdn 8.

109 Scholz/*K. Schmidt* 6; Baumbach/Hueck/*Schulze-Osterloh* 12; *Lutter/Hommelhoff* 2; Rowedder/*Rasner* 13; *Meyer-Landrut*/Miller/Niehus 3; *Roth* 3.1.; vgl. auch Vorauflage 4.

110 Enger Rowedder/*Rasner* 13; generell aA Scholz/*K. Schmidt* 6; *Roth* 3.1.

111 Vorauflage 33; *Hofmann* GmbH-Rdsch. 1976, 235; OLG Hamburg MDR 1971, 298.

den und die Vergütung durch das Registergericht festzusetzen sei[112]. Eine Variante dessen ist die Meinung, das Registergericht besitze eine gesetzliche Vertretungsmacht zur Festsetzung der Anstellungsbedingungen für die GmbH[113]. Alle diese dogmatischen Behelfskonstruktionen vermögen nicht darüber hinwegzutäuschen, daß es an dem wesentlichen Element einer Vertragsbeziehung, der privatautonomen Entscheidung, fehlt. Richtiger erscheint es daher, dem Liquidator in analoger Anwendung von § 265 Abs. 4 AktG einen **gesetzlichen Vergütungsanspruch** einzuräumen[114], dessen Höhe im Streitfall vom Registergericht festzusetzen ist. Die in der Vorauflage[115] vertretene gegenteilige Auffassung wird nicht mehr aufrechterhalten. Der Vergütungsanspruch richtet sich gegen die GmbH, nicht gegen deren Gesellschafter, auch nicht gegen die Antragsteller. Das Registergericht kann jedoch die Bestellung des Liquidators von einem Kostenvorschuß abhängig machen[116].

§ 67

Die ersten Liquidatoren sowie ihre Vertretungsbefugnis sind durch die Geschäftsführer, jeder Wechsel der Liquidatoren und jede Änderung ihrer Vertretungsbefugnis sind durch die Liquidatoren zur Eintragung in das Handelsregister anzumelden.

Der Anmeldung sind die Urkunden über die Bestellung der Liquidatoren oder über die Änderung in den Personen derselben in Urschrift oder öffentlich beglaubigter Abschrift für das Gericht des Sitzes der Gesellschaft beizufügen.

In der Anmeldung haben die Liquidatoren zu versichern, daß keine Umstände vorliegen, die ihrer Bestellung nach § 66 Abs. 4 entgegenstehen, und daß sie über ihre unbeschränkte Auskunftspflicht gegenüber dem Gericht belehrt worden sind. § 8 Abs. 3 Satz 2 ist anzuwenden.

Die Eintragung der gerichtlichen Ernennung oder Abberufung der Liquidatoren geschieht von Amts wegen.

Die Liquidatoren haben ihre Unterschrift zur Aufbewahrung bei dem Gericht zu zeichnen.

Übersicht

112 Scholz/*K. Schmidt* 50; Baumbach/Hueck/*Schulze-Osterloh* 23; *Lutter/Hommelhoff* 9; Rowedder/*Rasner* 14; *Meyer-Landrut*/Miller/Niehus 12.

113 Vgl. MünchKomm-*Reuter*, § 29 BGB Rdn 13.

114 Vgl. Geßler/Hefermehl/Eckardt/Kropff/*Hüffer* § 265 AktG Rdn 31.

115 Rdn 33.

116 Scholz/*K. Schmidt* 50; Rowedder/*Rasner* 14.

Schrifttum

Vgl. Schrifttumsnachweise bei § 10. Ferner: *Ankele* Die Anpassung des deutschen Rechts an die Erste gesellschaftsrechtliche Richtlinie des Rates der Europäischen Gemeinschaften und ihre Auswirkungen, GmbH-Rdsch. 1969, 52; *Bokelmann* Anmeldung und Eintragung der Vertretungsbefugnis von Geschäftsführern und Vorstandsmitgliedern in das Handelsregister nach neuem EWG-Recht, NJW 1969, 2110; *Gross* Eintragung und Anmeldung der Vertretungsbefugnis der Geschäftsführer der Gesellschaft m. b. H., Rpfl. 1970, 156; *Gustavus* Die registerrechtlichen Bestimmungen des Gesetzes zur Durchführung der Ersten EWG-Richtlinie zur Koordinierung des Gesellschaftsrechts, BB 1969, 1335; *Gustavus* Anmerkung zu OLG Köln (Anmeldung und Eintragung der Vertretungsverhältnisse einer GmbH nach dem Koordinierungsgesetz), BB 1970, 594; *Hofmann* Zur Liquidation einer GmbH (I), GmbH-Rdsch. 1976, 229; *Ziegler* Eintragung des Liquidators bei Vermögenslosigkeit der GmbH, Rpfl. 1987, 287.

I. Einleitung

1 Während nach § 65 die Auflösung der Gesellschaft anzumelden ist, betrifft § 67 die **Anmeldung der Liquidatoren**. Abs. 2 hatte bereits durch Art. 2 des Gesetzes vom 10. August 1937 (RGBl. I 897) eine neue Fassung im Rahmen der damaligen Neuregelung des Registerrechts erhalten. Durch das Koordinierungsgesetz vom 15. 08. 1969 (BGBl. I 1146) wurde Abs. 1 dahingehend geändert, daß die Vertretungsbefugnis der Liquidatoren stets – auch bei Übereinstimmung mit dem gesetzlichen Normalfall – unmittelbar aus dem Handelsregister ersichtlich sein muß. Im Interesse des zwischenstaatlichen Geschäftsverkehrs soll sichergestellt sein, daß es zur Erlangung der Kenntnis über die bei der Gesellschaft bestehende Vertretungsregelung auch im Stadium der Liquidation keinerlei Gesetzeskenntnis der betreffenden nationalen Rechtsordnung bedarf, sondern das Register selbst hinreichende Auskunft gewährt. Entsprechend dieser Neuregelung kam es auch zur Aufhebung des früheren § 43 Nr. 6 e HRVerf. sowie zur Änderung von § 43 Nr. 6 d sowie e HRVerf.

II. Anmeldung der Liquidatoren

1. Anmeldung der Person des Liquidators

2 Die **Liquidatoren** sind zur Eintragung in das Handelsregister **anzumelden**. Dies gilt sowohl für den ersten als auch für spätere Liquidatoren. Es ist unerheblich, auf welche Art sie nach § 66 Abs. 1 bestellt sind. Es sind also die durch Gesellschafterbeschluß bestellten Liquidatoren genauso anzumelden wie die im Statut benannten; auch wenn die Geschäftsführer Liquidatoren werden (§ 66, 8 ff), sind sie anzumelden. Nur die Eintragung der gerichtlich bestellten Liquidatoren (nach § 66 Abs. 2 oder nach §§ 29, 48 BGB) erfolgt von Amts wegen (§ 67 Abs. 3), ohne daß es einer Anmeldung bedarf. Abgesehen von den gerichtlich bestellten Liquidatoren hat die Anmeldung ausnahmslos zu erfolgen. Dies gilt auch für eine wegen Ablehnung eines Konkursantrages mangels Masse nach § 1 LöschG aufgelöste GmbH[1]. Hier wird nur die Auflösung von Amts wegen eingetragen, nicht aber werden es die Liquidatoren. Auch bei einer Einmanngesellschaft hat die Anmeldung der Liquidatoren zu erfolgen, auch dann, wenn das Gesellschaftsvermögen schon verteilt ist[2].

---

[1] BayObLG DB 1987, 1882; Scholz/*K. Schmidt* 8; Rowedder-*Rasner* 2; *Ziegler* Rpfl. 1987, 287.

[2] OLG Karlsruhe OLGE 9, 268; Scholz/*K. Schmidt* 4; Baumbach/Hueck/*Schulze-Osterloh* 4.

2. Anmeldung der Vertretungsbefugnis und des Wechsels in der Person der Liquidatoren und der Änderung der Vertretungsbefugnis

Ebenso wie bei der Anmeldung und Eintragung der Geschäftsführer (vgl. §§ 8 und 39) sind auch die **Vertretungsbefugnis**, eine **Änderung** in der **Person** der Liquidatoren und jedwede Änderung ihrer Vertretungsbefugnis anzumelden und einzutragen. 3

a) **Anmeldung der Vertretungsbefugnis.** Der Gesetzeswortlaut zwingt nicht dazu, für jeden Liquidator individuell die Vertretungsbefugnis einzutragen[3]. Vielmehr ist – wie auch bereits entsprechend der früheren Praxis – die für die Liquidatoren generell bestehende Vertretungsbefugnis einzutragen, so daß grundsätzlich eine **abstrakt formulierte Vertretungsbefugnis** der Liquidatoren ausgewiesen wird[4]. Kann die GmbH hingegen nach ihrer Satzung einen oder mehrere Liquidatoren haben, so ist zur Eintragung auch anzumelden, daß bei Bestellung eines einzigen Liquidators dieser die Gesellschaft allein vertritt[5]. Im übrigen sind eventuell getroffene Einzelregelungen besonders (konkret) anzumelden und einzutragen[6]. Auch wenn nur ein Liquidator vorhanden und dieser alleinvertretungsberechtigt ist, so ist grundsätzlich die abstrakte Vertretungsregelung anzumelden und einzutragen[7]. Es besteht insoweit kein Unterschied zur werbenden Gesellschaft. Allerdings sind die Gesellschafter einer aufgelösten GmbH, die nur einen Liquidator haben soll, nicht verpflichtet, eine abstrakte Regelung für den (nicht gewollten) Fall des Hinzutretens eines Liquidators zu schaffen[8]. Im einzelnen ist auf die Ausführungen zur Anmeldung der Vertretungsbefugnis des Geschäftsführers (§ 10, 8 ff) zu verweisen. 4

b) **Anmeldung des Liquidatorenwechsels.** Hinsichtlich des **Wechsels** in dem angemeldeten Bestande der Liquidatoren ist auf die Ausführungen zu § 39 zu verweisen, die entsprechend gelten. 5

c) **Verhältnis zur Anmeldung der Beendigung der Liquidation.** Durch die Anmeldung der Beendigung der Liquidation (§ 74, 19) oder die Löschung der Gesellschaft von Amts wegen **endet die Vertretungsbefugnis**; sie lebt nicht wieder auf, wenn sich nachträglich noch Vermögen herausstellt und eine sog. Nachtragsliquidation erfolgt[9]. Man wird darüber hinaus sogar annehmen müssen, daß mit der Anmeldung der Beendigung der Liquidation und des Erlöschens der Firma das Amt des Liquidators auch ohne besondere Anmeldung nach § 67 beendet ist. Der frühere Liquidator darf demgemäß – vgl. § 273 Abs. 4 AktG – sein Amt nicht ohne weiteres als fortbestehend ansehen und ggf. für die GmbH i. L. tätig werden[10]. 6

3. Verbindung mit der Anmeldung der Auflösung

Die **Anmeldung**, die nach § 67 Abs. 1 erforderlich ist, kann mit der Anmeldung der Auflösung nach § 65 Abs. 1 verbunden werden. Bei der Anmeldung haben die 7

---

[3] So aber *Bokelmann* NJW 1969, 2120; *Gustavus* BB 1969, 1335 und 1970, 594; *Lappe* GmbH-Rdsch. 1970, 9.

[4] So OLG Frankfurt BB 1970, 370 und Rpfl. 1971, 359; OLG Köln OLGZ 1970, 265; OLG Hamm NJW 1972, 1763; *Gross* Rpfl. 1970, 156; Scholz/*K. Schmidt* 4; Baumbach/Hueck/*Schulze-Osterloh* 3; Rowedder/*Rasner* 2.

[5] BGHZ 63, 261 = NJW 1975, 213; EuGH GmbH-Rdsch. 1975, 13; aA OLG Bremen BB 1971, 1172; vgl. ferner *Ankele* GmbH-Rdsch. 1969, 52, 54 f; *Hofmann* GmbH-Rdsch. 1976, 229, 232.

[6] OLG Hamm NJW 1972, 1763.

[7] Rowedder/*Rasner* 2; *Meyer-Landrut*/Miller/Niehus 3; aA OLG Hamm BB 1987, 2183; Scholz/*K. Schmidt* 4; Baumbach/Hueck/*Schulze-Osterloh* 3.

[8] Insoweit zutreffend OLG Hamm, aaO.

[9] Vgl. § 74, 29 ff.

[10] BFH 96, 335.

Liquidatoren ihre Unterschrift zu zeichnen (§ 67 Abs. 4; vgl. unten Rdn 16). Soweit es sich um die Änderung der Personen der Liquidatoren handelt, bedarf es nicht der Anmeldung und Eintragung des Zeitpunkts des Vertreterwechsels[11]. Zusammen mit den neuen Liquidatoren ist auch die Beendigung der Vertretungsbefugnis der Geschäftsführer anzumelden[12]. Die Liquidatoren sind auch dann noch anzumelden, wenn zugleich das Erlöschen der Firma angemeldet wird[13].

III. Verpflichtung zur Anmeldung

1. Zur Anmeldung verpflichtete Personen

8 Nach dem Wortlaut des § 67 Abs. 1 obliegt die Anmeldung der „ersten" Liquidatoren, also derjenigen Personen, die nach Eintritt der Auflösung den Geschäftsführern als Vertretungsberechtigte der Gesellschaft nachfolgen, den Geschäftsführern. Diese Regelung geht offenbar davon aus, daß – wie es nach § 66 Abs. 1 die Regel sein dürfte – die Geschäftsführer im Falle der Auflösung zu Liquidatoren der Gesellschaft werden, also ein Personenwechsel nicht eintritt und die *Geschäftsführer als vertretungsberechtigt bleibende Personen* die Anmeldung nach § 65 Abs. 1 und § 67 Abs. 1 vorzunehmen haben. Ist das aber nicht der Fall, werden vielmehr andere Personen als die Geschäftsführer zu Liquidatoren berufen (vgl. die Erläuterungen zu § 66), so steht die erwähnte Regelung des § 67 Abs. 1, wonach die Geschäftsführer die ersten Liquidatoren anzumelden haben, in Widerspruch zu dem Grundsatz, daß nur die jeweils vertretungsberechtigten Personen der Gesellschaft zu einer Anmeldung zum Handelsregister berechtigt sind. Im Hinblick auf diesen Widerspruch hat **im Falle eines Personenwechsels** (von Geschäftsführer zu Liquidator) auch die **Anmeldung der ersten Liquidatoren durch diese selbst** als die zur Vertretung der Gesellschaft berufenen Personen zu erfolgen[14]. Beruht hingegen die Auflösung auf einer Satzungsänderung, die erst mit der Eintragung in das Handelsregister wirksam wird, so haben die Geschäftsführer, selbst wenn sie nicht zu Liquidatoren berufen sind, auch die Liquidatoren nach § 67 Abs. 1 (neben der Satzungsänderung) anzumelden, da die Geschäftsführer zur Zeit der Anmeldung noch vertretungsberechtigt sind[15]. Solange keine Liquidatoren vorhanden sind (insbesondere wenn die gewählten Personen das Amt nicht angenommen haben), erübrigt sich eine Anmeldung der Liquidatoren, nicht aber der Auflösung, die dann ggf. durch Notliquidatoren gemäß § 29 BGB vorzunehmen ist[16].

9 Soweit es sich nicht um die ersten, sondern um **spätere Liquidatoren** (Wechsel) handelt, sind die neu bestellten Liquidatoren (nicht die ausgeschiedenen) zur Anmeldung berechtigt und verpflichtet, da letztere dann die Gesellschaft vertreten. Der ausgeschiedene Liquidator kann seine Löschung ggf. durch Antrag auf Bestellung eines Notliquidators nach § 29 BGB erreichen[17]. Dabei kann der Wirkungskreis eines solchen zu bestellenden Notliquidators auf die Bewirkung der Löschung im Register beschränkt werden[18].

---

11 KG RJA 12, 217.

12 OLG Köln BB 1984, 1066; Baumbach/Hueck/*Schulze-Osterloh* 4; *Lutter/Hommelhoff* 6; *Meyer-Landrut*/Miller/Niehus 4.

13 BayObLG WM 1982, 1288, 1291; *Lutter/Hommelhoff* 2; *Roth* 2.

14 Heute ganz hM, vgl. Scholz/*K. Schmidt* 8; Baumbach/Hueck/*Schulze-Osterloh* 4; *Lutter/Hommelhoff* 2; Rowedder/*Rasner* 3; *Roth* 2; LG Bielefeld NJW 1987, 1089; aA noch *Brodmann* 1 b; *Vogel* 1.

15 Scholz/*K. Schmidt* 8; Baumbach/Hueck/*Schulze-Osterloh* 4; *Lutter/Hommelhoff* 2; Rowedder/*Rasner* 3; *Meyer-Landrut*/Miller/Niehus 4.

16 Vgl. § 66, 38 ff.

17 Vgl. § 66, 38.

18 Vgl. BayObLG BB 1976, 998.

Die Anmeldung der Liquidatoren zur Eintragung in das Handelsregister unterliegt dem **Ordnungsstrafzwang nach § 14 HGB** gegenüber den nach den obigen Ausführungen anmeldepflichten Personen[19]. Liegt in der Auflösung eine Satzungsänderung, so kann die Anmeldung der Liquidatoren erst erzwungen werden, wenn die Auflösung eingetragen ist[20]. **10**

2. Zahl der Anmeldenden

Die Anmeldung erfolgt durch die Liquidatoren (bzw. im Sonderfall der Auflösung durch Satzungsänderung durch die Geschäftsführer) **in vertretungsberechtigter Zahl**[21]. Es ist also nicht erforderlich, daß sämtliche Liquidatoren die Anmeldung unterzeichnen. Fehlt es an der Zahl der zur Vertretung berechtigten Liquidatoren, so sind nicht etwa die verbliebenen Liquidatoren allein zur Anmeldung berechtigt. Vielmehr ist hier eine Bestellung von Notliquidatoren nach §§ 29, 48 BGB unerläßlich[22]. Die zum Aktienrecht überwiegend vertretene gegenteilige Auffassung[23] beruht auf der These, daß die Anmeldung noch Aufgabe des Vorstands und eine Notbestellung von Vorstandsmitgliedern insoweit nicht möglich sei. Diese Überlegungen sind auf die GmbH nicht übertragbar[24]. **11**

3. Form der Anmeldung

Die Anmeldung erfolgt durch notariell beglaubigte Erklärung (§ 12 HGB). Beizufügen sind der Anmeldung die **Urkunden** über die Bestellung der Liquidatoren oder über die Änderung in den Personen derselben in **Urschrift oder öffentlich beglaubigter** Abschrift (Abs. 2). Für die Urkunde selbst (nicht für die Abschrift) ist einfache Schriftform ausreichend, z. B. ein Protokoll der Gesellschafterversammlung, das vom Vorsitzer der Versammlung und dem Protokollführer unterschrieben ist. Nicht nur die Bestellung, sondern auch die Abberufung eines Liquidators ist in der angegebenen Form nachzuweisen. Ist der Liquidator durch den Gesellschaftsvertrag oder als Geschäftsführer durch das Gesetz nach § 66 Abs. 1 berufen, so genügt eine Bezugnahme hierauf in der Anmeldung. Ist ein Liquidator verstorben, so genügt die Beifügung seiner Sterbeurkunde. Der Registerrichter kann nach § 12 FGG die ihm geeignet erscheinenden Ermittlungen anstellen und weitere Aufklärung über die Anmeldung verlangen. Entsprechendes gilt für den Nachweis der Vertretungsbefugnis sowie der Änderung in der Art der Vertretungsbefugnis. Die Liquidatoren sind entsprechend § 40 Nr. 3 HRVerf. mit Vornamen, Familiennamen, Beruf und Wohnort unter der Bezeichnung als Abwickler anzumelden. Anmeldungspflichtig sind auch etwaige Namensänderungen (z. B. infolge Heirat, Adoption). **12**

4. Zweigniederlassungen

Seit der Änderung des Registerrechts durch das Gesetz vom 10. August 1937 ist die **Anmeldung nur** noch **beim Gericht des Sitzes** der Gesellschaft zu bewirken. Besteht eine Zweigniederlassung, so ist für diese ein weiteres Stück jeder Urkunde beizufügen; das Registergericht verfährt nach § 13 a HGB. **13**

---

[19] Baumbach/Hueck/*Schulze-Osterloh* 7.

[20] Scholz/*K. Schmidt* 8; Baumbach/Hueck/*Schulze-Osterloh* 4; Rowedder/*Rasner* 3; *Meyer-Landrut*/Miller/Niehus 4.

[21] Scholz/*K. Schmidt* 8; Baumbach/Hueck/*Schulze-Osterloh* 6; Rowedder/*Rasner* 3; *Roth* 2.

[22] Vgl. § 66, 38 ff.

[23] *Wiedemann*-GroßkommAktG, § 266, 1; *Kraft*-KölnKommAktG, § 266, 2.

[24] Vgl. oben Rdn 8.

IV. Die Eintragung der gerichtlich bestellten Liquidatoren (Abs. 4)

14 Nach Abs. 4 sind **gerichtliche Bestellung** und **Abberufung** von Liquidatoren **von Amts wegen** in das Handelsregister **einzutragen**. Dies gilt sowohl für die Liquidatoren, die nach § 66 Abs. 2 und 3 gerichtlich bestellt oder abberufen werden, als auch für solche, die gemäß §§ 29, 48 BGB bestellt und ggf. abberufen werden. Bestehen Zweigniederlassungen, so hat das Gericht entsprechend § 13 a HGB zu verfahren.

V. Die Versicherung nach Abs. 3

15 Der durch die GmbH-Novelle vom 4. 7. 1980 eingefügte Absatz 3 sieht ebenso wie bei der Anmeldung der Geschäftsführer die Abgabe bestimmter Versicherungen vor. Mit ihnen soll erreicht werden, daß die **Hinderungsgründe einer Bestellung** (strafrechtliche Verurteilung und Berufs- oder Gewerbeverbot nach Maßgabe von § 6 Abs. 2) dem Registergericht bekannt und daher auch eingehalten werden. Der Verfahrensvereinfachung dient es, daß die Belehrung über die Begrenzung von Offenbarungspflichten eines Verurteilten nach § 51 Abs. 2 des Bundeszentralregistergesetzes auch durch einen Notar vorgenommen werden kann. Die Anwendbarkeit von § 8 Abs. 3 Satz 2 stellt auch hier die gleiche Behandlung bei der Anmeldung von Geschäftsführern und Liquidatoren sicher. Die Versicherung ist **von sämtlichen Liquidatoren** abzugeben, gleichgültig, ob sie von den Gesellschaftern oder vom Gericht bestellt sind[25]. Auch die nach § 66 Abs. 1 zu Liquidatoren gewordenen Geschäftsführer haben erneut eine Versicherung abzugeben[26], die bloße Bezugnahme auf die in ihrer Eigenschaft als Geschäftsführer vorgenommene Versicherung reicht nicht aus[27]. Ist eine juristische Person als Abwicklerin bestellt, so ist die Versicherung von sämtlichen Mitgliedern ihres Vertretungsorgans abzugeben[28], die Versicherung lediglich einzelner Organmitglieder genügt nicht[29].

VI. Zeichnung der Unterschrift (Abs. 5)

16 Außer der Anmeldung erfolgt auch noch die Zeichnung der Unterschriften. Die Liquidatoren haben ihre Unterschrift zur Aufbewahrung bei dem Gericht in öffentlich beglaubigter Form (§ 12 HGB) zu zeichnen. Gemeint ist ihre persönliche Unterschrift, nicht auch die Firma (vgl. § 8 Abs. 5 und § 39 Abs. 4; im einzelnen Erl. zu § 8). Diese Zeichnung obliegt allen Liquidatoren. Wenn also nur einzelne Liquidatoren aufgrund ihrer Vertretungsbefugnis die Anmeldung bewirken, so muß doch dieser Anmeldung die Zeichnung der **Unterschrift aller Liquidatoren** beigefügt werden. Diejenigen Liquidatoren sind jedoch ausgenommen, deren Unterschrift sich schon bei den Registerakten befindet. Doch gilt die Befreiung allein für Geschäftsführer, die ohne weiteres Liquidatoren geworden sind[30]; eine bisherige Zeichnung als Prokurist reicht dagegen nicht aus[31]. Auch die richterlich bestellten Liquidatoren müssen die Zeichnung einreichen. Bestehen Zweigniederlassungen, so sind beim Gericht

---

25 Scholz/*K. Schmidt* 12; Rowedder-*Rasner* § 66, 12; aA Baumbach/Hueck/*Schulze-Osterloh* 15; *Lutter/Hommelhoff* 8.

26 BayObLG WM 1982, 1288, 1290 f; Baumbach/Hueck/*Schulze-Osterloh* 11; *Lutter/Hommelhoff* 8; Rowedder/*Rasner* 12; *Meyer-Landrut*/Miller/Niehus 6; *Roth* 3.

27 AA Scholz/*K. Schmidt* 12.

28 Scholz/*K. Schmidt* 12; Baumbach/Hueck/*Schulze-Osterloh* 11; *Meyer-Landrut*/Miller/Niehus § 66, 5.

29 AA aber wohl Rowedder/*Rasner* 12.

30 *Hofmann* GmbH-Rdsch. 1976, 229, 233; Scholz/*K. Schmidt* 16; Baumbach/Hueck/*Schulze-Osterloh* 13; *Lutter/Hommelhoff* 8; Rowedder/*Rasner* 4.

31 *Lutter/Hommelhoff* 8; Rowedder/*Rasner* 4.

des Sitzes entsprechend viele Unterschriftszeichnungen einzureichen (§ 13a Abs. 5 HGB). Es besteht für alle Liquidatoren hinsichtlich der Zeichnung der Unterschriften sog. Registerzwang (Festsetzung von Zwangsgeld, §§ 14 HGB, 132ff FGG).

VII. Eintragung und Bekanntmachung

17 Der Registerrichter hat die Anmeldung und die eingereichten Urkunden zu prüfen. Sind Beanstandungen nicht zu erheben, so erfolgt die **Eintragung** der Personen der Liquidatoren bzw. die Löschung der ausgeschiedenen. Die Eintragung ist auch dann erforderlich, wenn die Geschäftsführer ohne weiteres Liquidatoren werden. Jede Eintragung, auch die von Amts wegen vorgenommene, ist nach § 10 HGB von Amts wegen **bekanntzumachen**.

18 An Eintragung und Bekanntmachung knüpft sich der Gutglaubensschutz des § 15 HGB. Dies gilt sowohl für die Bestellung als auch für die Abberufung von Liquidatoren. Ist die Auflösung eingetragen, nicht aber die bestellten Liquidatoren, so darf daher jeder gutgläubige Dritte nach § 15 Abs. 1 HGB die Geschäftsführer als die Liquidatoren betrachten[32].

§ 68

Die Liquidatoren haben in der bei ihrer Bestellung bestimmten Form ihre Willenserklärungen kundzugeben und für die Gesellschaft zu zeichnen. Ist nichts darüber bestimmt, so muß die Erklärung und Zeichnung durch sämtliche Liquidatoren erfolgen.

Die Zeichnungen geschehen in der Weise, daß die Liquidatoren der bisherigen, nunmehr als Liquidationsfirma zu bezeichnenden Firma ihre Namensunterschrift beifügen.

Übersicht

Schrifttum

Hofmann Zur Liquidation einer GmbH (I), GmbH-Rdsch. 1976, 229.

I. Einleitung

1 § 68 enthält weitere formelle Vorschriften und in materieller Hinsicht die Regelung der Vertretungsbefugnis der Liquidatoren (Abs. 1). Im übrigen entspricht § 68

[32] Scholz/*K. Schmidt* 15.

Abs. 1 und 2 den Bestimmungen des § 35 Abs. 2 und 3. Das Aktiengesetz von 1937 (§ 210) hatte die entsprechenden Bestimmungen für das Aktienrecht weiter ausgestaltet. Bedeutsamere Änderungen haben sich durch die Aktienrechtsreform 1965 in § 269 ergeben. So wurde die Vertretungsmacht der Liquidatoren im Interesse der Rechtssicherheit unbegrenzt gestaltet; auch ist es seitdem möglich, daß auch für die aufgelöste Gesellschaft Prokuristen bestellt werden. Vgl. im einzelnen zur GmbH auch § 70, 23 ff.

II. Die Vertretungsbefugnis (Abs. 1)

1. Form der Willenserklärung

2 Unter **„Form" der Willenserklärung** ist die Regelung zu verstehen, die die Einzel- oder Kollektivvertretungsbefugnis der Liquidatoren bestimmt; der Ausdruck „Form" ist hier ebensowenig glücklich gewählt wie in § 35. Die Regelung in Abs. 1 enthält im Unterschied zu Abs. 2 keine Formvorschrift. Während § 68 die Vertretungsbefugnis der Liquidatoren regelt, ist deren Geschäftsführungsbefugnis aus §§ 69–72 zu entnehmen.

2. Gesetzliches Kollegialprinzip

3 Die Liquidationsgesellschaft kann einen oder mehrere Liquidatoren haben (vgl. § 6 Abs. 1). Wie in § 35 Abs. 2 geht das Gesetz vom **Kollegialprinzip** (Kollektivvertretung durch *sämtliche* Liquidatoren) aus, wenn mehrere Liquidatoren bestellt sind und etwas anderes nicht bestimmt ist (§ 68 Abs. 1 Satz 2).

4 a) **Abweichende Bestimmung durch Gesellschafterbeschluß oder Gesellschaftsvertrag.** Nach dem Wortlaut des Gesetzes (Abs. 1 Satz 1) kann bei der Bestellung der Liquidatoren eine **anderweitige Vertretungsregelung** bestimmt werden. Die Formulierung der Bestimmung unterscheidet sich somit von § 35 Abs. 2 Satz 1, der für die Geschäftsführer eine Abweichung von der dispositiven gesetzlichen Regelung nur durch bzw. auf der Grundlage des Gesellschaftsvertrages zuläßt. Die Unterscheidung rechtfertigt sich nicht allein durch den Sonderfall der gerichtlichen Bestellung nach Abs. 2. Vielmehr wird man auch für den durch die Gesellschafter bestellten Liquidator anzunehmen haben, daß im Unterschied zu der für die Bestellung des Geschäftsführers geltenden Rechtslage[1] nicht erforderlich ist, daß die Satzung selbst die abweichende Vertretungsregelung vorsieht oder die Gesellschafterversammlung hierzu besonders ermächtigt. Vielmehr kann die Gesellschafterversammlung auch ohne eine besondere satzungsmäßige Ermächtigung durch einfachen Gesellschafterbeschluß eine andere Vertretungsregelung als die Gesamtvertretung durch alle Liquidatoren treffen[2].

5 In der Vorauflage[3] ist darüber hinausgehend die Auffassung vertreten worden, durch **einfachen Gesellschafterbeschluß** könne im Einzelfall auch **eine von den Bestimmungen der Satzung abweichende Vertretungsregelung** festgelegt werden. Dies wird man indessen nur dann annehmen können, wenn der Gesellschaftsver-

---

[1] Vgl. Erl. zu § 35.

[2] BayObLG BB 1985, 1148, 1149; Scholz/*K. Schmidt* 5; Baumbach/Hueck/*Schulze-Osterloh* 5; Rowedder/*Rasner* 4; *Meyer-Landrut*/Miller/Niehus 3; *Roth* 3.

[3] Rdn 5, 6; ebenso Scholz/*K. Schmidt* 5; Baumbach/Hueck/*Schulze-Osterloh* 5; *Lutter*/*Hommelhoff* 2; Rowedder/*Rasner* 4; *Roth* 3.

trag entweder die Gesellschafterversammlung entsprechend ermächtigt, oder jedenfalls die Auslegung desselben ergibt, daß die dort vorgesehene Regelung dispositiv sein sollte. Im Regelfall wird man indessen von einer zwingenden Geltung der gesellschaftsvertraglichen Bestimmung auszugehen haben. So kann etwa eine gesellschaftsvertraglich vorgesehene Gesamtvertretung dem Schutz der Interessen der Minderheitsgesellschafter dienen, welcher ausgehöhlt würde, wenn es im freien Belieben der Mehrheit stünde, durch bloßen Gesellschafterbeschluß mit einfacher Mehrheit einem ihr genehmen Liquidator Einzelvertretungsmacht zu erteilen.

Über den Gesetzeswortlaut hinaus kann die von Abs. 1 Satz 2 abweichende Bestimmung der Vertretungsbefugnis durch die Gesellschafter nicht nur bei der Bestellung, sondern auch **später** getroffen werden[4]. Dies folgt daraus, daß gemäß § 66 Abs. 3 Satz 2 die Liquidatoren durch einfachen Gesellschafterbeschluß abberufen und sie zugleich mit abgeänderter Vertretungsbefugnis neu bestellt werden können. Abberufungs- und Bestellungsrecht beinhalten daher zugleich das Recht, die Vertretungsbefugnis zu ändern. **6**

Eine **gesellschaftsvertragliche Bestimmung** oder ein Gesellschafterbeschluß, die die Vertretung der Gesellschaft durch die **Geschäftsführer** regeln, gelten **nicht ohne weiteres auch für die Liquidatoren**[5], auch nicht für die ehemaligen Geschäftsführer als „geborene" Liquidatoren[6]. Wegen der rechtlichen Eigenständigkeit des Liquidatorenamts müssen die Gesellschafter für die Liquidatoren die Vertretungsbefugnis gesondert bestimmen, wenn sie von dem gesetzlichen Modell der Gesamtvertretung abweichen wollen. **7**

b) **Übertragung der abweichenden Bestimmung auf ein anderes Organ.** Nach heute unbestrittener Auffassung[7] kann die Satzung (und nur diese) in analoger Anwendung von § 269 Abs. 3 AktG ein **anderes Gesellschaftsorgan ermächtigen**, eine von Abs. 1 Satz 2 abweichende Regelung zu treffen. Diese Möglichkeit beschränkt sich nicht auf einen Aufsichtsrat[8]. Vielmehr kann auch ein Beirat oder ein sonstiges Organ entsprechend ermächtigt werden. Es ist kein Grund ersichtlich, hier zwischen einem Aufsichtsrat und anderen Gremien zu differenzieren, da jedenfalls in der mitbestimmungsfreien GmbH der Aufsichtsrat ebenso ein fakultatives Organ ist wie ein Beirat, Verwaltungsrat oder ähnliches. **8**

c) **Befreiung von den Beschränkungen des § 181 BGB.** Eine **Befreiung** des Liquidators von den Beschränkungen des **§ 181 BGB** bedarf entweder einer ausdrücklichen Satzungsbestimmung oder zumindest eines Gesellschafterbeschlusses aufgrund statutarischer Ermächtigung[9]. Ohne eine entsprechende Ermächtigung kann nicht durch einfachen Gesellschafterbeschluß vom Verbot des Selbstkontrahierens **9**

---

[4] Scholz/*K. Schmidt* 5; Baumbach/Hueck/*Schulze-Osterloh* 6; *Lutter/Hommelhoff* 2; *Meyer-Landrut*/Miller/Niehus 3; *Roth* 3.

[5] BayObLG BB 1985, 1148, 1149; *Lutter/Hommelhoff* 2; aA LG Berlin, Rpfleger 1987, 250; Baumbach/Hueck/*Schulze-Osterloh* 4; differenzierend Scholz/*K. Schmidt* 5; Rowedder/*Rasner* 3; *Roth* 3.

[6] BayObLG, aaO; *Lutter/Hommelhoff* 2; aA Scholz/*K. Schmidt* 5; Rowedder/*Rasner* 3; *Meyer-Landrut*/Miller/Niehus 3; *Roth* 3.

[7] Scholz/*K. Schmidt* 5; Baumbach/Hueck/*Schulze-Osterloh* 7; Rowedder/*Rasner* 4; *Meyer-Landrut*/Miller/Niehus 6.

[8] So aber noch Vorauflage 7.

[9] BayObLG BB 1985, 1148, 1149; Scholz/*K. Schmidt* 5; *Meyer-Landrut*/Miller/Niehus 3; aA offenbar Baumbach/Hueck/*Schulze-Osterloh* 5: Ermächtigung nur für Einmann-Gesellschafter-Liquidator erforderlich.

befreit werden. Eine einem Geschäftsführer in dieser seiner Eigenschaft erteilte Befreiung gilt nicht zugleich auch für seine Funktion als („geborener") Liquidator. Ebensowenig gilt eine Satzungsbestimmung, die die Gesellschafterversammlung ermächtigt, Geschäftsführer von den Beschränkungen des § 181 BGB zu befreien, automatisch auch für die Befreiung der Liquidatoren[10].

10 d) **Fälle keiner Abweichung vom Kollegialprinzip.** Eine Abweichung vom Kollegialprinzip tritt grundsätzlich auch dann nicht ein, wenn einer von zwei gemeinsam vertretungsberechtigten Liquidatoren **fortfällt**. In diesem Falle steht dem verbleibenden Liquidator – vorbehaltlich anderer Satzungsbestimmung – nicht etwa die Alleinvertretungsbefugnis zu[11]. Vielmehr muß eine **Ergänzung** durch Bestellung eines Ersatzmannes mittels Gesellschafterbeschlusses (§ 66 Abs. 1) oder durch richterliche Ernennung nach § 66 Abs. 2 bzw. nach §§ 29, 48 BGB vorgenommen werden[12]. Eine **Ausnahme** ist nur für den Fall zu machen, daß die Satzung über die Liquidatoren nichts bestimmt und bei der Bestellung derselben eine ausdrückliche Bestimmung über die Gesamtvertretungsbefugnis nicht getroffen wurde (dann gilt das Kollegialprinzip kraft Gesetzes nach § 68 Abs. 1 Satz 2); fällt jetzt einer der beiden Liquidatoren weg, so wird der übrigbleibende Liquidator alleinvertretungsberechtigt, da das Gesetz nicht vorschreibt, daß die Gesellschaft zwei Liquidatoren haben muß. Die Gesellschafter können jedoch nach §§ 66, 68 Abs. 1 eine anderweitige Regelung durch eine Ergänzungsbestellung treffen, was dann automatisch die Alleinvertretungsbefugnis zum Erlöschen bringt.

3. Bestimmung durch den Registerrichter

11 Eine vom Kollegialprinzip abweichende Regelung kann auch der **Registerrichter** für die von ihm nach § 66 Abs. 2 oder §§ 29, 48 BGB bestellten Liquidatoren treffen[13]. Auch hier kann die abweichende Bestimmung bei der Bestellung oder später getroffen werden. Die Begründung hierfür ist in dem Abberufungsrecht nach § 66 Abs. 3 Satz 1 zu suchen, da die Umgestaltung der Vertretungsregelung das mildere Mittel gegenüber einer Abberufung darstellt. Die abweichende Bestimmung über die Vertretungsbefugnis kann das Gericht zunächst bei den von ihm bestellten Liquidatoren treffen; dann aber auch bei allen auf andere Weise bestellten Liquidatoren im Rahmen des § 66 Abs. 3 Satz 1 und § 66 Abs. 2, da dem Gericht insoweit auch ein Abberufungsrecht zusteht[14]. Dagegen haben die Gesellschafter nicht die Möglichkeit, bei den richterlich bestellten Liquidatoren die Vertretungsbefugnis zu ändern, da sie kein Abberufungsrecht besitzen[15].

4. Passivvertretung

12 In § 68 fehlt eine ausdrückliche Regelung über die Passivvertretung der Gesellschaft im Liquidationsstadium, also insbesondere über den Empfang von der Gesellschaft gegenüber abzugebenden Willenserklärungen. Es genügt die Erklärung gegen-

---

10 BayObLG, aaO; *Meyer-Landrut*/Miller/Niehus 3; aA LG Berlin Rpfleger 1987, 250, Scholz/*K. Schmidt* 5.

11 OLG Hamburg, DB 1987, 2037; Scholz/*K. Schmidt* 4; Rowedder/*Rasner* 3.

12 Hierzu § 66, 22 ff, 38 ff.

13 Vgl. § 66, 34; Baumbach/Hueck/*Schulze-Osterloh* 9; *Lutter/Hommelhoff* 3; Rowedder/*Rasner* 5; *Roth* 3.

14 § 66, 48; *Lutter/Hommelhoff* 3; Rowedder/*Rasner* 5.

15 *Lutter/Hommelhoff* 3.

über einem Liquidator, selbst wenn nur mehrere gesamtvertretungsberechtigte Liquidatoren vorhanden sind[16]. Entsprechend gilt auch, daß, wo es auf das **Wissen** oder **Wissenmüssen** der Gesellschaft ankommt, das Wissen oder Wissenmüssen eines Liquidators genügt, auch wenn die Liquidatoren nur gemeinsam vertretungsberechtigt sind[17].

5. Prokuren

Auch im Auflösungsstadium der GmbH können noch **Prokuren** erteilt werden[18]. **13**
Zulässig ist dementsprechend auch eine unechte (gemischte) Gesamtvertretung, also durch einen Liquidator zusammen mit einem Prokuristen[19]. Die frühere gegenteilige Auffassung[20] wurde entscheidend von der – entsprechend herangezogenen – aktienrechtlichen Bestimmung (§§ 210 Abs. 5 AktG 1937, 298 Abs. 4 HGB aF) geprägt, wonach ausdrücklich festgelegt war, daß im Liquidationsstadium neue Prokuristen nicht bestellt werden können. Folgerichtig war auch angenommen worden, daß bereits erteilte Prokuren mit der Auflösung der Gesellschaft erlöschen[21]. Nachdem seit der Neufassung von 1965 das aktienrechtliche Verbot weggefallen ist und das Aktienrecht eine gesetzliche Beschränkung für die Vertretungsmacht der Liquidatoren nicht mehr kennt, so daß auch die Vertretungsmacht der Prokuristen keinen größeren Umfang als die der Liquidatoren haben könnte, kann ein sachlicher Grund, der den Fortbestand oder die Neuerteilung von Prokuren mit Eintritt der Liquidation ausschlösse, nicht mehr anerkannt werden. Der Zweck der Abwicklung steht jedenfalls dem Bestand der Prokuren nicht entgegen; im Gegenteil kann hierdurch – insbesondere bei der Liquidation großer Gesellschaften – eine sinnvolle Abwicklung nicht unbeträchtlich erleichtert werden[22]. Auch sonstige Vollmachten, insbesondere die von Handlungsbevollmächtigten, bestehen ungeachtet der Auflösung fort bzw. können neu erteilt werden.

III. Die Zeichnung (Abs. 2)

1. Ordnungsvorschrift

Die Vorschrift entspricht der des § 35 Abs. 3 (vgl. § 269 Abs. 6 AktG). **14**
Allerdings müssen die Liquidatoren in der Weise zeichnen, daß sie zu der bisherigen, nunmehr als Liquidationsfirma zu bezeichnenden Firma ihre Namensunterschrift hinzufügen. Die Vorschrift bedeutet nicht, daß die Liquidatoren die Firma mit Zusatz stets persönlich zu zeichnen hätten. Nur ihre Namensunterschrift muß persönlich abgegeben werden und ist auch nach § 67 Abs. 5 zur Aufbewahrung bei dem Gericht einzureichen. Es handelt sich wie bei § 35 Abs. 3 um eine **Ordnungsvorschrift**. Die Nichtbeachtung dieser Ordnungsvorschrift macht das betreffende Rechtsgeschäft nicht unwirksam, doch können sich die Liquidatoren schadenser-

[16] Scholz/*K. Schmidt* 7; Baumbach/Hueck/*Schulze-Osterloh* 3; Rowedder/*Rasner* 2; *Meyer-Landrut*/Miller/Niehus 8; *Hofmann* GmbH-Rdsch. 1976, 229, 234.

[17] Scholz/*K. Schmidt* 8.

[18] Scholz/*K. Schmidt* 5; Baumbach/Hueck/*Schulze-Osterloh* 8; *Lutter/Hommelhoff* 2; Rowedder/*Rasner* 4; *Meyer-Landrut*/Miller/Niehus 7.

[19] Scholz/*K. Schmidt* 5; Baumbach/Hueck/*Schulze-Osterloh* 8; *Lutter/Hommelhoff* 2; Rowedder/*Rasner* 4; *Meyer-Landrut*/Miller/Niehus 7; *Roth* 3.

[20] *Vogel* 1; *Liebmann/Saenger* 6.

[21] Vgl. RGZ 72, 122.

[22] Vgl. auch *Wiedemann*-GroßkommAktG, § 269, 5.

satzpflichtig machen (unten Rdn 16). Entscheidend ist demnach allein, daß – was sich auch aus den Umständen ergeben kann – die betreffende Erklärung des Liquidators namens der Gesellschaft abgegeben wird[23]. Auch für den Zugang von Erklärungen ist es unerheblich, wenn die Gesellschaft ohne Liquidationszusatz bezeichnet wird[24]. Im übrigen gelten für die Zeichnung der Gesellschaft im Liquidationsstadium die Ausführungen über die Zeichnung der Geschäftsführer für die werbende Gesellschaft entsprechend[25].

2. Firmenzusatz

15 Die Firma der Liquidationsgesellschaft ist keine veränderte Firma. Sie ist die **bisherige Firma mit** einem den Liquidationszustand bezeichnenden **Zusatz**: eine Satzungsänderung liegt hierin nicht[26]. Als Zusatz ist üblich: „in Liquidation" oder „in Abwicklung" oder nur „i. L." oder „i. A.". Eine neue gleichlautende Firma (ohne diesen Zusatz) darf daher von einem Dritten nach dem Grundsatz des § 30 HGB an demselben Ort nicht eingetragen werden, bis die Liquidationsgesellschaft gelöscht ist[27]. Eine Ausnahme ist nur zu machen, wenn nach Löschung der Liquidationsgesellschaft ein Dritter die gleiche Firma annimmt und dann eine Nachtragsliquidation eintritt[28]. Ein Dritter kann die Firma der Liquidationsgesellschaft (ohne den Liquidationszusatz) nach Maßgabe der §§ 22, 23 HGB erwerben. Sie muß sich dann durch Satzungsänderung umfirmieren[29], was auch im Liquidationsstadium zulässig ist (vgl. § 69, 59).

3. Folgen eines Verstoßes gegen Abs. 2

16 Der Zusatz „in Liquidation" oder ähnlich soll dem Dritten anzeigen, daß die Gesellschaft in Liquidation getreten ist. Der Dritte darf dann die Gesellschaft nicht mehr als werbend erachten. Auf mangelnde Eintragung der Auflösung kann er sich nicht berufen, wenn er die Tatsache der Auflösung kennt (§ 15 Abs. 1 HGB). Unterlassen die Liquidatoren den Zusatz, so können sie sich der Gesellschaft nach §§ 43, 71 **schadensersatzpflichtig** machen[30]. Da in § 68 Abs. 2 eine Schutzvorschrift Dritten gegenüber nicht zu sehen ist[31], entfällt eine Haftung nach § 823 Abs. 2 BGB Dritten gegenüber, soweit nicht aus sonstigen Gründen ein zum Schadensersatz verpflichtender Tatbestand vorliegt. Praktisch ist ein solcher Fall indes schwer vorstellbar, da die Vertretungsbefugnis der Liquidatoren nicht beschränkt ist. In seltenen Einzelfällen mag ein Anfechtungsrecht nach §§ 119 Abs. 2 oder 123 BGB und ein auf Ersatz des negativen Interesses gerichteter Schadensersatzanspruch aus culpa in contrahendo oder aus § 823 Abs. 2 BGB iVm. § 263 StGB begründet sein[32]. Dies kommt aber nur in Betracht, wenn es dem Dritten nach der Natur des Vertrages gerade darauf ankommen konnte, daß die Gesellschaft als werbende fortbesteht.

---

23 RGZ 50, 60; KGJ 10, 20; *Wiedemann*-GroßkommAktG, § 269, 3.

24 Vgl. auch BFH GmbH-Rdsch. 1965, 179, 180; Scholz/*K. Schmidt* 9.

25 Vgl. § 8, 36 ff (*Ulmer*).

26 Scholz/*K. Schmidt* 9; Rowedder/*Rasner* 6; *Vogel* 3.

27 RGZ 29, 66 betr. eine OHG; LG Hamburg GmbH-Rdsch. 1952, 93.

28 *Brodmann* 3 a.

29 RGZ 107, 33; Rowedder/*Rasner* 6.

30 Scholz/*K. Schmidt* 12; Rowedder/*Rasner* 7; *Meyer-Landrut*/Miller/Niehus 10.

31 Baumbach/Hueck/*Schulze-Osterloh* 13; *Lutter*/*Hommelhoff* 5; Rowedder/*Rasner* 7; *Vogel* 3.

32 Scholz/*K. Schmidt* 12; Baumbach/Hueck/*Schulze-Osterloh* 13; *Lutter*/*Hommelhoff* 5; Rowedder/*Rasner* 7, *Roth* 4.2.

§ 69

Bis zur Beendigung der Liquidation kommen ungeachtet der Auflösung der Gesellschaft in bezug auf die Rechtsverhältnisse derselben und der Gesellschafter die Vorschriften des zweiten und dritten Abschnitts zur Anwendung, soweit sich aus den Bestimmungen des gegenwärtigen Abschnitts und aus dem Wesen der Liquidation nicht ein anderes ergibt.

Der Gerichtsstand, welchen die Gesellschaft zur Zeit ihrer Auflösung hatte, bleibt bis zur vollzogenen Verteilung des Vermögens bestehen.

Übersicht

Schrifttum

Gottschling Die Amtsniederlegung des GmbH-Liquidators, GmbH-Rdsch. 1960, 141; *Hofmann* Zur Liquidation einer GmbH (I), GmbH-Rdsch. 1976, 229; *Winnefeld* Kapitalerhöhung im Konkurs einer GmbH, BB 1976, 1202.

I. Einleitung

1 Die für die **werbende Gesellschaft geltenden Bestimmungen finden auf die aufgelöste Anwendung**, soweit nicht im fünften Abschnitt des GmbH-Gesetzes etwas anderes vorgeschrieben ist oder sich aus dem Wesen der Liquidation etwas anderes ergibt. Dies will § 69 zum Ausdruck bringen. Die Fassung dieser Vorschrift ist nicht einwandfrei (in § 71 Abs. 4 finden sich Wiederholungen). Man darf sich daher nicht an ihren Wortlaut klammern. § 69 Abs. 2 ist überhaupt entbehrlich.

2 Die Bedenken gegen die Fassung des § 69 Abs. 1 gehen vor allem dahin, daß dort nur auf die Vorschriften des zweiten (§§ 13–34) und dritten (§§ 35–52) Abschnitts des Gesetzes verwiesen ist. Nach heute einhelliger Auffassung sind dagegen auch die Vorschriften des **ersten Abschnitts** (§§ 1–12) und des **vierten Abschnitts** (§§ 53–59) auf die Liquidationsgesellschaft anwendbar[1].

3 Auch die **Schlußbestimmungen** des Gesetzes (§§ 78–84) haben für die Liquidation Bedeutung, doch enthalten diese Bestimmungen ausdrückliche Vorschriften für die Liquidatoren, so daß sich an dieser Stelle ein näheres Eingehen hierauf erübrigt.

4 Die **Anwendbarkeit** der übrigen Abschnitte des GmbH-Gesetzes (nicht nur des zweiten und dritten) steht **unter** einem **doppelten Vorbehalt**: a) einmal darf sich aus dem fünften Abschnitt des Gesetzes selbst (§§ 60–77) nichts anderes ergeben (z. B. Verbot der Ausschüttung an die Gesellschafter vor Ablauf des Sperrjahres nach § 73); b) zum anderen darf nicht das Wesen der Liquidation entgegenstehen (z. B. bei Einziehung der restlichen Stammeinlagen). Beide Vorbehalte sind nebeneinander zu beachten, brauchen also nicht kumulativ vorzuliegen. Das „und" ist als „und-oder" auszulegen[2], wie ein Vergleich mit § 294 Abs. 2 HGB aF = § 205 Abs. 2 AktG aF ergibt; § 264 Abs. 2 AktG und § 216 Abs. 2 des früheren Regierungsentwurfs enthalten auch richtig eine „oder"-Formulierung.

II. Die Vorschriften des ersten Abschnitts des Gesetzes

5 Das Gesetz schweigt zu der Frage der Anwendbarkeit (vgl. oben Einleitung). Da der 1. Abschnitt im wesentlichen die Errichtung der Gesellschaft regelt, kommt der Natur der Sache nach eine generelle Anwendung nicht in Betracht. Trotzdem können einige der Vorschriften auch für das Liquidationsstadium von Bedeutung sein:

1. § 3 Abs. 2 (Sonderleistungspflichten)

6 Auch im Liquidationsstadium können Sonderleistungspflichten nach § 3 Abs. 2 bestehen[3]. Es ist dies im Einzelfall eine Auslegungsfrage des Gesellschaftsvertrages. Soweit die Sonderleistungspflicht mit der Erfüllung des Gesellschaftszwecks in direktem Zusammenhang steht, wird sie in der Regel im Auflösungsfalle entfallen. Sonderleistungspflichten können auch im Liquidationsstadium durch Satzungsänderung noch begründet werden[4].

2. Treuepflicht

7 Auch im übrigen gelten die mitgliedschaftlichen Pflichten der Gesellschafter, insbesondere die Treuepflicht, im Grundsatz auch im Liquidationsstadium[5]. Allerdings

---

[1] Scholz/*K. Schmidt* 9; Baumbach/Hueck/*Schulze-Osterloh* 1; Rowedder/*Rasner* 1; *Meyer-Landrut*/Miller/Niehus 1; *Roth* 1; *Hofmann* GmbHRdsch. 1976, 229, 234.

[2] *Lutter/Hommelhoff* 3; Rowedder/*Rasner* 1.

[3] Scholz/*K. Schmidt* 12; Rowedder/*Rasner* 3; *Meyer-Landrut*/Miller/Niehus 4.

[4] Rowedder/*Rasner* 3.

[5] Scholz/*K. Schmidt* 8; Rowedder/*Rasner* 10; *Meyer-Landrut*/Miller/Niehus 3; *Roth* 2.2.

erfährt auch die Treuepflicht eine inhaltliche Veränderung durch die Tatsache, daß die Gesellschaft nunmehr nicht mehr werbend tätig ist, sondern nur noch dem Abwicklungszweck dient[6]. So wird es den Gesellschaftern in der Regel nicht mehr verwehrt sein, Geschäftschancen selbst wahrzunehmen, woran sie bei einer werbenden Gesellschaft ggf. kraft ihrer Treuepflicht gehindert gewesen wären[7]. Sie sind regelmäßig nicht mehr verpflichtet, Kapitalmaßnahmen zuzustimmen[8]. Demgegenüber verbietet es ihnen die Treuepflicht, sich auf Kosten von Mitgesellschaftern Sondervorteile bei der Verwertung des Gesellschaftsvermögens zu verschaffen[9].

3. Wettbewerbsverbot

Ob ein gesellschaftsvertragliches oder auf anderen besonderen Rechtsbeziehungen beruhendes[10] Wettbewerbsverbot auch im Abwicklungsfalle noch fortgilt, muß im Einzelfall entschieden werden. Wenn nichts anderes bestimmt ist, wird man eine Wettbewerbstätigkeit der Gesellschafter in der Regel für erlaubt halten dürfen, wenn und soweit sie die Abwicklung der Gesellschaft nicht beeinträchtigt. **8**

4. § 4 (Firma)

§ 4 (Firma) wird dann von Bedeutung, wenn die Gesellschaft während der Liquidation ihre Firma ändert. Dies wird heute allgemein als zulässig erachtet, insbesondere, wenn die bisherige Firma veräußert wird[11]. Im letzteren Falle muß die Liquidationsgesellschaft – und zwar unabhängig davon, ob ihre Beendigung alsbald bevorsteht[12] – eine neue Firma annehmen, für die dann die Einhaltung der Vorschrift des § 4 zu verlangen ist. Hierbei ist jedoch zu gestatten, daß in der Sachfirma der Liquidationszweck zum Ausdruck kommen kann. Dieser Zweck **muß** sogar nach § 68 Abs. 2 durch den Liquidationszusatz ausgedrückt werden[13]. **9**

Erfolgt nach der Löschung der Gesellschaft eine **Nachtragsliquidation** und führt inzwischen eine andere Gesellschaft zulässigerweise die gleiche Firma, so kann weder von der in Nachtragsliquidation befindlichen noch von der anderen Gesellschaft eine Firmenänderung verlangt bzw. erzwungen werden[14]. Die beiden Firmen unterscheiden sich dann nur durch den Liquidationszusatz. **10**

5. § 5 Abs. 1 (Mindeststammkapital)

§ 5 Abs. 1 gilt auch weiterhin in dem Sinne, daß in der aufgelösten GmbH durch Kapitalherabsetzung[15] das Mindeststammkapital von DM 50 000,– nicht unterschritten werden darf. **11**

---

6 Rowedder/*Rasner* 10.
7 Siehe § 14, 64 (*Raiser*) mwN.
8 AA BGHZ 98, 276 für den Sonderfall der Anpassung an das im Zuge der GmbH-Novelle von 1980 erhöhte Mindeststammkapital zum Zwecke der Fortsetzung der Gesellschaft.
9 Rowedder/*Rasner* 10; vgl. auch zur AG BGHZ 103, 184 (Linotype) = JR 1988, 505 m. Anm. *Bommert*.
10 Vgl. etwa BGHZ 89, 162 (Heumann/Ogilvy) zum konzernrechtlich begründeten Wettbewerbsverbot.
11 RGZ 107, 31, 33; Scholz/*K. Schmidt* 13; Baumbach/Hueck/*Schulze-Osterloh* 23; Rowedder/*Rasner* 3; die Entscheidung RGZ 85, 397 ist als überholt anzusehen.
12 Rowedder/*Rasner* 3; aA Scholz/*K. Schmidt* 13.
13 § 68, 14 ff.
14 Scholz/*K. Schmidt* 13; aA Rowedder/*Rasner* 3.
15 Vgl. zur Zulässigkeit unten Rdn 62.

6. § 6 (Geschäftsführer)

12 § 6 wird durch die Sonderregelung des § 66 verdrängt, dessen Abs. 4 wiederum auf § 6 Abs. 2 Satz 3 und 4 verweist. § 6 Abs. 1 Satz 1 gilt nicht; auch juristische Personen können Liquidatoren sein[16]. § 6 Abs. 3 Satz 1 ist auf die Liquidatoren sinngemäß anzuwenden[17].

7. §§ 9–9c

13 Die §§ 9, 9a, 9b und 9c gelten nach Maßgabe von §§ 56 Abs. 2, 57 Abs. 4 und 57a bei Kapitalerhöhungen auch im Liquidationsstadium. Im übrigen gelten die Haftungsregelungen der §§ 9 und 9a wie auch die Grundsätze zur Vorbelastungshaftung[18] nur insoweit, als die Gesellschafter selbst noch zur Kapitalaufbringung verpflichtet sind[19].

III. Die Vorschriften des zweiten Abschnitts des Gesetzes

14 Es gelten hier die in der Einleitung (Rdn 4) genannten Grundsätze über den Umfang der Anwendbarkeit der Vorschriften über die werbende Gesellschaft im Liquidationsstadium. Über die einzelnen gesetzlichen Bestimmungen ist zu sagen:

1. § 13 (Juristische Person, Handelsgesellschaft)

15 § 13 ist nach seinem ganzen Inhalt anwendbar. Abs. 1: An der Existenz der Gesellschaft als juristischer Person, an ihrer rechtlichen Identität und an ihrer Rechtsfähigkeit ändert sich nichts. Die Gesellschaft ist auch im Liquidationsstadium juristische Person und damit als solche Trägerin von Rechten und Pflichten. Dem steht nicht entgegen, daß inbesondere bei Dauerrechtsverhältnissen die Auflösung unter Umständen einen wichtigen Grund zur Kündigung darstellen kann. Die Gesellschaft ist auch in jeder Art von Prozessen partei- bzw. beteiligtenfähig. Sie kann klagen und verklagt werden. Auch im Prozeß wegen unlauteren Wettbewerbs (§ 16 UWG) kann sie noch Partei sein. Abs. 2: Für die Verbindlichkeiten der Gesellschaft haftet auch in diesem Stadium den Gläubigern nur das Gesellschaftsvermögen. Abs. 3: Die Gesellschaft gilt auch während der Liquidation als Handelsgesellschaft. Ihre Rechtsgeschäfte sind auch in diesem Stadium Handelsgeschäfte.

2. § 14 (Geschäftsanteil)

16 Der Geschäftsanteil jedes Gesellschafters richtet sich nach dem Betrage der übernommenen Stammeinlage. Die Vorschrift ist im Liquidationsstadium unverändert anwendbar.

3. § 15 (Übertragung von Geschäftsanteilen)

17 Die Vorschriften über die Veräußerlichkeit und Vererblichkeit der Geschäftsanteile treten durch die Liquidation nicht außer Anwendung[20]. Die Geschäftsanteile

[16] Vgl. § 66, 6.
[17] Scholz/*K. Schmidt* 14; Baumbach/Hueck/*Schulze-Osterloh* 2; *Lutter/Hommelhoff* 4; Rowedder/*Rasner* 3.
[18] Vgl. § 11, 81 ff (*Ulmer*).
[19] Dazu unten Rdn 20.
[20] EinhM; RG HRR 1926 Nr. 1718; Scholz/*K. Schmidt* 20; Baumbach/Hueck/*Schultze-Osterloh* 3; Rowedder/*Rasner* 5.

können auch in diesem Stadium ihren Besitzer wechseln. Erwirbt jemand einen Geschäftsanteil in Unkenntnis der Auflösung, so kann er den Erwerb wegen Irrtums anfechten[21]. Daneben kommen auch Schadensersatzforderungen aus culpa in contrahendo bzw. Gewährleistungsansprüche nach den §§ 459 ff BGB in Betracht, wenn sich die Gewährleistung nach den Regelungen über den Sachkauf richtet[22]. Eine für die Übertragung des Geschäftsanteils erforderliche Genehmigung der Gesellschaft wird durch den Liquidator erklärt. Der Gesellschaftsvertrag kann die Veräußerlichkeit speziell für das Liquidationsstadium ausschließen. Dann ist dies die Folge des Willens der Gesellschafter, nicht der Liquidation[23].

4. § 16 (Rechtsstellung von Veräußerer und Erwerber)

Der Gesellschaft gegenüber gilt im Falle der Veräußerung eines Geschäftsanteils **18**
nur derjenige als Erwerber, dessen Erwerb der Gesellschaft gehörig angezeigt ist. Für die bis zu diesem Zeitpunkt rückständigen Verpflichtungen des veräußernden Gesellschafters haften sowohl der Erwerber als auch der Veräußerer. Das gilt auch für die Liquidation[24].

5. §§ 17, 18 (Veräußerung von Teilen eines Geschäftsanteils, Mitberechtigung am Geschäftsanteil)

Die Vorschriften über die Teilung von Geschäftsanteilen sind auch in der aufgelö- **19**
sten Gesellschaft anwendbar[25], ebenso die Bestimmung über das Rechtsverhältnis im Falle, daß ein Geschäftsanteil mehreren Mitberechtigten zusteht.

6. §§ 19–25 (Regelungen über die Kapitalaufbringung)

Die Vorschriften über die Einzahlung der Stammeinlagen und über die Maßre- **20**
geln zur Erzwingung dieser Einzahlungen finden Anwendung. Der Liquidator kann und muß erforderlichenfalls rückständige Einlagen einfordern. Er darf jedoch nicht mehr einziehen als **für die Zwecke der Liquidation**, also zum Zwecke der Beendigung der laufenden Geschäfte, zur Befriedigung der Gläubiger und zur gesetz- und statutenmäßigen Verteilung des Überschusses erforderlich ist. Darüber hinaus noch Vermögen einzuziehen, welches alsdann doch wieder zur Verteilung unter die einzahlenden Gesellschafter gelangt, wäre zwecklos[26]. Hinsichtlich des für Liquidationszwecke nicht benötigten Teils der rückständigen Einlage hat der Gesellschafter ein Leistungsverweigerungsrecht[27]. Hieraus folgt zugleich: Er hat die Beweislast, daß die Einziehung die Grenzen des Liquidationsbedürfnisses überschreitet[28]. Auch ein Gesellschafterbeschluß, der die Einziehung von Einlagerückständen angeordnet hat, läßt das Leistungsverweigerungsrecht unberührt. Das Verlangen der Einlage über das Liquidationsbedürfnis hinaus stünde mit dem Wesen der Liquidation in Widerspruch. Die Vorschrift des **§ 46 Nr. 2** ist im Sinne einer Voraussetzung für die

---

21 OLG Hamburg Recht 1909 Nr. 1443; Scholz/*K. Schmidt* 20; Rowedder/*Rasner* 5; *Brodmann* 2; *Vogel* 4.

22 Vgl. Scholz/*K. Schmidt* 20.

23 Vgl. Scholz/*K. Schmidt* 20; *Vogel* 4.

24 Scholz/*K. Schmidt* 20.

25 Scholz/*K. Schmidt* 20; Rowedder/*Rasner* 5.

26 RGZ 45, 155 aE und RGZ 79, 175 betreff. eine AG sowie RGZ 149, 293, 298; BGH NJW 1970, 469, 470 betreff. eine GmbH; Scholz/*K. Schmidt* 21; Baumbach/Hueck/*Schulze-Osterloh* 4; Rowedder/*Rasner* 5; *Meyer-Landrut*/Miller/Niehus 5; *Roth* 2.2; *Vogel* 4; *Brodmann* 2.

27 Rowedder/*Rasner* 5.

28 RG JW 1899, 305; Scholz/*K. Schmidt* 21; Baumbach/Hueck/*Schulze-Osterloh* 4; Rowedder/*Rasner* 5; *Roth* 2.2.

Einziehung rückständiger Einlagen auf das Liquidationsstadium **nicht anwendbar**[29]. Vielmehr ist der Liquidator ohne Gesellschafterbeschluß befugt, die Einlagerückstände einzufordern. Geht ein gleichwohl gefaßter Gesellschafterbeschluß dahin, daß mehr zu leisten ist, als für die Abwicklungszwecke erforderlich, so ist dieser Beschluß anfechtbar, unbeschadet des fortbestehenden Leistungsverweigerungsrechts des Gesellschafters. Wenn umgekehrt die Gesellschafterversammlung beschließt, die Einlage nicht einzufordern, obwohl der Liquidationszweck dies erfordern würde, so ist ein solcher Beschluß für den Liquidator nicht bindend[30]. Gleiches gilt für entgegenstehende Fälligkeitstermine in der Satzung oder in Gesellschafterbeschlüssen[31]. Grundsätzlich muß der Liquidator bei der Einziehung rückständiger Einlagen den Gleichbehandlungsgrundsatz beachten[32]. Jedoch ist eine Differenzierung zulässig, wenn sie sachlich gerechtfertigt ist, insbesondere wenn einzelne Gesellschafter vermögenslos sind oder die Durchsetzung des Einlageanspruchs aus sonstigen Gründen zweifelhaft ist[33].

21 Wenn und soweit der Liquidationszweck die Einziehung von Einlagen erfordert, gilt zur Absicherung der Durchsetzbarkeit dieses Anspruchs **§ 19 Abs. 2.** Darüber hinausgehende Forderungen der Gesellschaft braucht ohnedies der Gesellschafter nicht zu erfüllen, da ihm insoweit ein Leistungsverweigerungsrecht zusteht[34]. Die Frage der Anwendbarkeit von § 19 Abs. 2 stellt sich demnach insoweit nicht[35]. Der Anspruch auf die Stammeinlage darf in der Liquidation nicht zum Nachteil außenstehender Gesellschaftsgläubiger an einen Gesellschafter abgetreten werden, um eine nicht vollwertige Forderung dieses Gesellschafters bevorzugt zu befriedigen[36]. § 19 Abs. 4 (Volleinzahlungspflicht bei nachträglicher Entstehung einer Einmanngesellschaft) gilt im Liquidationsstadium nicht[37]. Es besteht keine Notwendigkeit, im Abwicklungsstadium den Alleingesellschafter abweichend von den allgemeinen Grundsätzen zur Volleinzahlung zu verpflichten, wenn die Einlage für Liquidationszwecke nicht benötigt wird.

22 Auch die Vorschriften über die **Kaduzierung** (§§ 21–23) sowie die **Subsidiärhaftung der Mitgesellschafter** (§ 24) gelten im Liquidationsstadium[38] mit der Maßgabe, daß die Einlageforderung nur insoweit noch geltend gemacht werden kann, als die Einlage für Abwicklungszwecke benötigt wird[39].

7. §§ 26–28 (Nachschußpflichten)

23 Die §§ 26–28 über die Nachschußpflicht finden im Grundsatz Anwendung. Auch hier kann der in Anspruch genommene Gesellschafter den Einwand erheben, daß der Nachschuß für die Zwecke der Liquidation nicht erforderlich sei[40]. Die Anwendbarkeit der §§ 26–28 ist zunächst uneingeschränkt für Nachschußpflichten zu bejahen, die sich aus Gesellschafterbeschlüssen vor der Auflösung ergeben. Ob

[29] RGZ 138, 106, 111; Scholz/*K. Schmidt* 21; *Lutter/Hommelhoff* 5; Rowedder/*Rasner* 5; *Roth* 2.2.
[30] Scholz/*K. Schmidt* 21; Rowedder/*Rasner* 5.
[31] Baumbach/Hueck/*Schulze-Osterloh* 4.
[32] Baumbach/Hueck/*Schulze-Osterloh* 4; *Lutter/Hommelhoff* 5; Rowedder/*Rasner* 5; im Ergebnis auch Scholz/*K. Schmidt* 21.
[33] Scholz/*K. Schmidt* 21; Baumbach/Hueck/*Schulze-Osterloh* 4; Rowedder/*Rasner* 5; aA *Lutter/Hommelhoff* 5.
[34] Vgl. oben Rdn 20.
[35] AA Vorauflage 18; Baumbach/Hueck/*Schulze-Osterloh* 4; Rowedder/*Rasner* 5.
[36] BGHZ 53, 71 = NJW 1970, 469; Scholz/*K. Schmidt* 22.
[37] Scholz/*K. Schmidt* 22; aA Rowedder/*Rasner* 5.
[38] Scholz/*K. Schmidt* 23; Baumbach/Hueck/*Schulze-Osterloh* 4; Rowedder/*Rasner* 5.
[39] Oben Rdn 20; Rowedder/*Rasner* 5.
[40] Scholz/*K. Schmidt* 24; Baumbach/Hueck/*Schulze-Osterloh* 5; *Lutter/Hommelhoff* 6.

die Gesellschafter indessen auch nach der Auflösung noch die Einforderung beschließen können[41], ist im Einzelfall eine Frage der Auslegung des Gesellschaftsvertrags. Normalerweise dient die Vereinbarung einer Nachschußpflicht der Verfolgung des Gesellschaftszwecks und nicht der Befriedigung der Gläubiger. In Ermangelung gegenteiliger Anhaltspunkte wird man daher in der Regel davon auszugehen haben, daß im Liquidationsstadium die Einforderung von Nachschüssen nicht mehr beschlossen werden kann[42].

8. § 29 (Gewinnverwendung)

Der Anspruch auf den Jahresüberschuß im Sinne des § 29 fällt fort. Die Liquidationsgesellschaft schüttet keine periodischen Gewinne aus ohne Rücksicht darauf, ob die Gläubiger schon befriedigt sind. Sie verteilt vielmehr lediglich dasjenige, was nach Tilgung oder Sicherstellung der Forderungen übrigbleibt, und auch dies nicht vor Ablauf des Sperrjahres (§ 73). Insoweit liegt mit § 73 eine Sonderbestimmung vor, die für das Liquidationsstadium an die Stelle des § 29 tritt. Zwar haben die Liquidatoren bei Beginn der Liquidation und sodann am Schluß jeden Jahres eine Bilanz aufzustellen (§ 71 Abs. 1). Es können sich dabei Überschüsse der Aktiva über die Passiva ergeben. Diese Überschüsse sind jedoch nicht als solche verteilbar. Sie fließen gleich jedem anderen Vermögensbestandteil der Gesellschaft als Liquidationserlös nur dann an die Gesellschafter, wenn die Voraussetzungen des § 73 vorliegen. Fraglich ist demgegenüber, wie die **Gewinne** zu behandeln sind, die **vor der Auflösung entstanden** sind. Insoweit ist zu unterscheiden, ob die Feststellung der entsprechenden Bilanz und die Gewinnverteilung vor der Auflösung oder danach beschlossen sind. Ist die Bilanzfeststellung und Gewinnverteilung **vor der Auflösung beschlossen**, so ist nach einhelliger Auffassung[43] der Gewinnanspruch, der zum Gläubigerrecht geworden ist, neben dem Anspruch auf das Liquidationsguthaben anzuerkennen. Die Auszahlung des Gewinnes kann auch noch nach der Auflösung erfolgen, immer aber nur unter Beachtung des § 30. Nach heute unbestrittener Auffassung[44] braucht hier der Ablauf des Sperrjahres nach § 73 für die Ausschüttung nicht abgewartet zu werden, denn es liegt keine „Verteilung von Vermögen" iS der §§ 72 und 73 vor. Die Gewinnansprüche der Gesellschafter werden vielmehr, soweit nicht § 30 entgegensteht, wie die der übrigen bekannten oder sich meldenden Gläubiger befriedigt. Dies gilt auch für den Fall, daß im Laufe eines Geschäftsjahres die Verkürzung (Verlegung) desselben beschlossen, für das Rumpfgeschäftsjahr eine Bilanz aufgestellt und festgestellt und Gewinn verteilt wird und alsdann die Auflösung nach Ablauf des Rumpfgeschäftsjahres beschlossen wird. Ohne eine solche Abspaltung eines Rumpfgeschäftsjahres kann indessen bei Eintritt der Auflösung während eines Geschäftsjahres der Gewinn für die Zeit vor der Auflösung nicht gesondert ausgeschüttet werden[45]. 24

Etwas anderes hat dann zu gelten, wenn der **Gewinnverteilungsbeschluß** erst **nach der Auflösung** für das der Auflösung vorangegangene Geschäftsjahr gefaßt wird. Zwar ist auch hier ein selbständiger Gewinnanspruch anzuerkennen, der ne- 25

[41] So Vorauflage 19; Rowedder/*Rasner* 5.
[42] Scholz/*K. Schmidt* 24; Baumbach/Hueck/*Schulze-Osterloh* 5; *Lutter/Hommelhoff* 6; *Brodmann* 2.
[43] Scholz/*K. Schmidt* 25; Baumbach/Hueck/*Schulze-Osterloh* 6; *Lutter/Hommelhoff* 7; Rowedder/*Rasner* 5; *Meyer-Landrut*/Miller/Niehus 5; *Vogel* 4.
[44] Scholz/*K. Schmidt* 25; Baumbach/Hueck/*Schulze-Osterloh* 6; Rowedder/*Rasner* 5; *Meyer-Landrut*/Miller/Niehus 5.
[45] AA anscheinend Scholz/*K. Schmidt* 25.

ben den Anspruch auf den Anteil am Liquidationserlös tritt[46]. Dies ist insbesondere dann von Bedeutung, wenn die Verteilung von Gewinn einerseits und Liquidationserlös andererseits nach unterschiedlichen Maßstäben erfolgen. Eine Auszahlung darf jedoch in diesem Fall erst nach Ablauf des Sperrjahres (§ 73) erfolgen, wobei der Gewinnanspruch dann praktisch nur noch ein Rechnungsposten bei der Verteilung des Liquidationsüberschusses ist[47]. Bereits geleistete Abschlagszahlungen auf den voraussichtlichen Gewinnanteil sind der Gesellschaft zurückzugewähren.

9. §§ 30–32 (Vorschriften über die Kapitalerhaltung und Erstattung)

26 §§ 30–32 bleiben bis zum Ablauf des Sperrjahres grundsätzlich neben § 73 anwendbar[48]. Dies hat allerdings im wesentlichen nur Bedeutung für die Rückzahlung kapitalersetzender Gesellschafterdarlehen und die Befriedigung von Gläubigerrechten der Gesellschafter. Im übrigen geht die Vermögensbindung des § 73 vom Umfang her weiter als diejenige des § 30. Von daher unterliegt auch die Rückzahlung von Nachschüssen – soweit sie nach der Auflösung beschlossen wurde – neben den Beschränkungen des § 30 Abs. 2 auch denjenigen des § 73[49].

10. §§ 32 a, b (Darlehen)

27 §§ 32 a, b gelten auch im Liquidationsstadium[50]. Das Gesetz geht davon als selbstverständlich aus, was sich bereits daraus ergibt, daß §§ 32 a, b und c an den Konkursfall anknüpfen, der nach § 60 Abs. 1 Nr. 4 zur Auflösung führt.

11. § 33 (Erwerb eigener Geschäftsanteile)

28 § 33 ist auch bei der aufgelösten GmbH im Prinzip anwendbar[51]. Einen Erwerbspreis für die eigenen Geschäftsanteile kann die Gesellschaft indessen auch unabhängig von den Beschränkungen des § 33 erst nach Ablauf des Sperrjahres (§ 73) auszahlen[52]. Die Aufrechnung mit Einlageforderungen gegen den Kaufpreisanspruch des Gesellschafters ist auch für die Gesellschaft unzulässig, wenn und soweit die Einlagen für Liquidationszwecke benötigt werden.

12. § 34 (Einziehung)

29 Probematisch ist die Anwendung von § 34, soweit es sich um die Zwangseinziehung eines Geschäftsanteils handelt, der noch einen Verkehrswert besitzt. Hier wäre ein Einziehungsentgelt fällig, das die Gesellschaft wegen § 73 nicht auszahlen dürfte. So wie es anerkannt ist, daß die Gesellschaft einen Einziehungsbeschluß nicht wirksam fassen kann, wenn klar ist, daß die Abfindung wegen § 30 GmbHG

---

[46] BFHE 110, 353, 356; Scholz/*K. Schmidt* 25; Rowedder/*Rasner* 5; *Brodmann* 2; *Vogel* 4; **aA** wohl *Lutter/Hommelhoff* 7: eine Gewinnverteilung kann nicht mehr beschlossen werden.

[47] Scholz/*K. Schmidt* 25; Baumbach/Hueck/*Schulze-Osterloh* 6.

[48] Scholz/*K. Schmidt* 26; Baumbach/Hueck/*Schulze-Osterloh* 7; *Lutter/Hommelhoff* 8; Rowedder/*Rasner* 5; *Meyer-Landrut*/Miller/Niehus 5.

[49] Scholz/*K. Schmidt* 26; Baumbach/Hueck/*Schulze-Osterloh* 7; Rowedder/*Rasner* 5.

[50] Scholz/*K. Schmidt* 27; Baumbach/Hueck/*Schulze-Osterloh* 8; *Lutter/Hommelhoff* 8; Rowedder/*Rasner* 5.

[51] Scholz/*K. Schmidt* 28; Baumbach/Hueck/*Schulze-Osterloh* 9; Rowedder/*Rasner* 5; *Meyer-Landrut*/Miller/Niehus 5.

[52] Scholz/*K. Schmidt* 28; *Lutter/Hommelhoff* 8; Rowedder/*Rasner* 5.

bei Fälligkeit nicht gezahlt werden kann[53], muß dies ebenso gelten, wenn dieses Hindernis sich aus § 73 ergibt. Eine Zwangseinziehung wird daher im Liquidationsstadium nur in Betracht kommen, wenn der Geschäftsanteil entweder wertlos ist oder ein Dritter die Mittel für die Abfindung zur Verfügung stellt. Bei einer Einziehung mit Zustimmung des Betroffenen gilt für die Auszahlung des Einziehungsentgelts § 73 neben § 30.

IV. Die Vorschriften des dritten Abschnitts

Die Vorschriften des dritten Abschnitts finden auf das Stadium der Liquidation **30** Anwendung, soweit sich nicht aus den Bestimmungen des gegenwärtigen Abschnitts oder aus dem Wesen der Liquidation ein anderes ergibt (vgl. Rdn 4).

1. § 35 (Vertretung durch Geschäftsführer)

Die Vorschrift des § 35 über die gesetzlichen Vertreter der Gesellschaft, die Art **31** ihrer Vertretungsbefugnis und die Form, in welcher sie ihre Willenserklärungen kundgeben, ist durch **§§ 68 und 70 ersetzt**[54]. Anwendbar sind allerdings § 35 Abs. 2 Satz 3 über die Passivvertretung[55] und § 35 Abs. 4 über die Geltung von § 181 BGB für den Einmanngesellschafter-Liquidator[56].

2. § 35 a (Angaben auf Geschäftsbriefen)

§ 35 a wird verdrängt von der Spezialregelung des § 71 Abs. 5. **32**

3. § 36 (Wirkung der Vertretung)

§ 36 enthält das Prinzip der direkten Stellvertretung. Die Gesellschaft wird durch **33** die in ihrem Namen von den Geschäftsführern (Liquidatoren) vorgenommenen Rechtsakte unmittelbar berechtigt und verpflichtet. Die Vorschrift ist durch § 71 Abs. 4 ausdrücklich für anwendbar erklärt. Die früher nach hM zu beachtende Einschränkung, daß sich hier das Geschäft innerhalb der Vertretungsbefugnis halten müsse, kann heute nicht mehr anerkannt werden, vgl. dazu Erl. zu § 70.

4. § 37 (Beschränkung der Vertregungsbefugnis)

Die Vorschriften des § 37 betreffend den Umfang der Vertretungsbefugnis der **34** Geschäftsführer sind in bezug auf die Liquidatoren in § 71 Abs. 4 für anwendbar erklärt. Siehe hierüber Näheres in § 70, 23 ff.

5. § 38 (Widerruf der Bestellung)

Die Bestimmung des § 38 über die Widerruflichkeit der Bestellung der Geschäfts- **35** führer ist ersetzt durch § 66 Abs. 3. Das Recht der Gesellschafter zur Abberufung der von ihnen bestellten Liquidatoren kann jedoch entsprechend § 38 Abs. 2 an die Voraussetzung eines wichtigen Grundes geknüpft werden[57].

---

[53] Vgl. § 34, 59 ff (*Ulmer*) mwN.
[54] Vgl. KG HRR 1933, 1348; Scholz/*K. Schmidt* 30; Baumbach/Hueck/*Schulze-Osterloh* 11; *Lutter/Hommelhoff* 9; Rowedder/*Rasner* 7.
[55] Scholz/*K. Schmidt* 30; Baumbach/Hueck/*Schulze-Osterloh* 11; Rowedder/*Rasner* 7; *Gottschling* GmbH-Rdsch. 1960, 141, 142; s. auch oben § 68, 12.
[56] Scholz/*K. Schmidt* 30; Baumbach/Hueck/*Schulze-Osterloh* 11; Rowedder/*Rasner* 7; vgl. zur Befreiung von den Beschränkungen des § 181 BGB auch oben § 68, 9.
[57] Baumbach/Hueck/*Schulze-Osterloh* 14.

6. § 39 (Anmeldung der Geschäftsführer)

36 An die Stelle des § 39 (Anmeldung der Änderung in den Personen der Geschäftsführer und der Beendigung ihrer Vertretungsbefugnis) tritt § 67. § 39 kommt allerdings insoweit noch zur Anwendung, als gegebenenfalls die Beendigung der Vertretungsbefugnis der Geschäftsführer von den Liquidatoren zum Handelregister anzumelden ist[58].

7. § 40 (Liste der Gesellschafter)

37 § 40 (Einreichung der jährlichen Gesellschafterliste) ist auch bei der Liquidation nach heute allgemeiner Auffassung anwendbar[59]. § 71 Abs. 4 führt zwar unter den Pflichten der Liquidatoren die Bestimmung des § 40 nicht ausdrücklich auf. Dies kann aber nicht ausschlaggebend sein. Auch im Liquidationsstadium können die Person der Gesellschafter und der Betrag ihrer Anteile sich ändern. Es können vor der Liquidation erfolgte Veräußerungen nach der Liquidation bei der Gesellschaft angemeldet werden. Auch während der Dauer der Liquidation kann es zu Abtretungen kommen. Es können Gesellschafter während der Liquidation sterben, es kann eine sonstige Universalrechtsnachfolge eintreten. Es besteht also kein Unterschied gegenüber dem liquidationsfreien Stadium und damit kein Anlaß, während der Liquidation die Gesellschafterliste für überflüssig zu erklären.

8. § 41 (Buchführung)

38 § 41 (Verpflichtung der Geschäftsführer zur Sorge für die ordnungsmäßige Buchführung) ist durch § 71 Abs. 4 ausdrücklich für anwendbar erklärt. Auch im Liquidationsstadium muß die Buchführung erfolgen. Die Gesellschaft bleibt in diesem Stadium eine Handelsgesellschaft.

9. §§ 42, 42a (Bilanz, Vorlage des Jahresabschlusses und des Lageberichts)

39 Zu den Vorschriften über die Rechnungslegung der Gesellschaft (§§ 42, 42a) vgl. die Erl. zu § 71.

10. § 43 (Haftung der Geschäftsführer)

40 § 43 Abs. 1, 2 und 4 werden durch ausdrückliche Verweisung in § 71 Abs. 4 auch für das Abwicklungsstadium für anwendbar erklärt. Demnach haben auch die Liquidatoren in Gesellschaftsangelegenheiten die Sorgfalt eines ordentlichen Geschäftsmannes anzuwenden, widrigenfalls sei bei einer Verjährungsfrist von fünf Jahren der Gesellschaft auf Schadensersatz haften. Nach allgemeiner Auffassung ist auch § 43 Abs. 3 anzuwenden[60], obwohl er in § 71 Abs. 4 nicht erwähnt ist. Da sowohl für § 30 als auch für § 33 auch im Liquidationsstadium ein Anwendungsbereich bleibt[61], muß ein Verstoß auch eine Schadensersatzpflicht des handelnden Liquidators nach sich ziehen.

---

[58] Vgl. oben § 67, 7; Baumbach/Hueck/*Schulze-Osterloh* 14; *Lutter/Hommelhoff* 9; Rowedder/*Rasner* 7.

[59] KGJ 48, 134, 135; Scholz/*K. Schmidt* 31; Baumbach/Hueck/*Schulze-Osterloh* 15; *Lutter/Hommelhoff* 9; Rowedder/*Rasner* 7; *Meyer-Landrut*/Miller/Niehus 6; anders noch *Brodmann* 2.

[60] Scholz/*K. Schmidt* 33; Baumbach/Hueck/*Schulze-Osterloh* 17; *Lutter/Hommelhoff* 9.

[61] Vgl. oben Rdn 26.

11. § 43 a (Kredit aus Gesellschaftsvermögen)

§ 43 a gilt auch im Abwicklungsstadium und somit auch für die Liquidatoren als die gesetzlichen Vertreter der aufgelösten Gesellschaft[62]. **41**

12. § 44 (Stellvertreter von Geschäftsführern)

§ 44 ist entsprechend anwendbar. Es können auch stellvertretende Liquidatoren gewählt werden[63]. Über die Bedeutung einer solchen Wahl vgl. die Erl. zu § 44. **42**

13. § 45 (Rechte der Gesellschafter im allgemeinen)

§ 45 gilt im Liquidationsstadium. Die Rechte der Gesellschafter bestimmen sich auch weiterhin nach dem Gesellschaftsvertrag. Bei der Auslegung der einzelnen Vertragsbestimmungen ist allerdings im Einzelfall zu prüfen, ob sie sich inhaltlich nur auf die werbende Gesellschaft beziehen oder ob ihre Geltung auch für das Abwicklungsverfahren gewollt ist. **43**

14. § 46 (Aufgabenkreis der Gesellschafter)

§ 46 zählt auf, welche Gegenstände der Bestimmung der Gesellschafter unterliegen. Zu beachten ist jedoch auch im Liquidationsstadium, daß die Befugnisse der Gesellschafter nach Maßgabe des § 45 Abs. 2 durch den Gesellschaftsvertrag abgeändert werden können. In Ermangelung abweichender Satzungsbestimmungen gelten die Nr. 1–8 mit den nachfolgenden Maßgaben. **44**

a) **§ 46 Nr. 1** ist vollständig unanwendbar und wird verdrängt durch § 71 Abs. 2[64]. **45**

b) **§ 46 Nr. 2.** Auch im Liquidationsstadium hat die Gesellschafterversammlung die Bestimmung über die Einforderungen von Einzahlungen auf die Stammeinlagen (**Nr. 2**). Doch ist die Dispositionsbefugnis der Gesellschafter begrenzt durch das Wesen der Liquidation. Ihre Beschlüsse sind nur insoweit gültig, als sie dem Wesen der Liquidation nicht widersprechen. Der **Liquidator** ist aufgrund dieser Gesetzesbestimmungen auch **ohne Befragung der Gesellschafterversammlung berechtigt und verpflichtet**, die Einlagerückstände einzuziehen, wenn und soweit sie für jene Zwecke erforderlich sind[65]. Ein Beschluß der Gesellschafter, der die Erfüllung dieses Zweckes verhindern würde, wäre nichtig. Umgekehrt können die Gesellschafter aber den Liquidator zur Einziehung von Einlageansprüchen anweisen, soweit die Einlagen für Liquidationszwecke benötigt werden. Ein weitergehender Beschluß ist anfechtbar, wenn nicht zugleich die Fortsetzung beschlossen wird[66]. **46**

c) **§ 46 Nr. 3.** Nach **Nr. 3** erfordert die Rückzahlung von Nachschüssen einen Gesellschafterbeschluß. Die Rückzahlung selbst kann nur unter Beachtung des § 30 Abs. 2 erfolgen. Die Rückzahlung von Nachschüssen ist auch im Liquidationsstadium unter Beachtung der §§ 30 Abs. 2, 73 möglich. Sie darf erst erfolgen, wenn **47**

---

62 Scholz/*K. Schmidt* 33; Baumbach/Hueck/*Schulze-Osterloh* 17; *Lutter/Hommelhoff* 9; Rowedder/*Rasner* 7; *Meyer-Landrut*/Miller/Niehus 6.

63 Scholz/*K. Schmidt* 33; Baumbach/Hueck/*Schulze-Osterloh* 17; *Lutter/Hommelhoff* 9; Rowedder/*Rasner* 7; *Vogel* 5; aM *Brodmann* 2, da § 71 Abs. 4 (vormals Abs. 2) § 44 nicht erwähne.

64 Scholz/*K. Schmidt* 35; Baumbach/Hueck/*Schulze-Osterloh* 18; Rowedder/*Rasner* 7.

65 Oben Rdn 20.

66 Scholz/*K. Schmidt* 35; Rowedder/*Rasner* 7.

die Gläubiger befriedigt oder sichergestellt sind. Ist die Rückzahlung der Nachschüsse schon vor Auflösung beschlossen, aber nicht erfolgt, so darf jedoch die Auszahlung (unter Beachtung des § 30 Abs. 2) auch vor Ablauf des Sperrjahres vorgenommen werden; es gilt das gleiche wie für die vor der Auflösung beschlossene Gewinnausschüttung[67].

48 d) § 46 **Nr. 4.** Da sowohl die Teilung als auch die Einziehung von Geschäftsanteilen im Liquidationsstadium grundsätzlich möglich sind[68], gilt auch **Nr. 4.**

49 e) § 46 **Nr. 5.** Die Bestellung und Abberufung von Liquidatoren richtet sich ausschließlich nach § 66. Demgegenüber ist Nr. 5 hinsichtlich der Entlastung der Liquidatoren anwendbar, wie sich auch aus § 71 Abs. 2 Satz 1 ergibt[69]. Dabei ist von dem Grundsatz auszugehen, daß die Liquidatoren der Gesellschaft und damit der Gesellschafterversammlung Rechnung zu legen haben.

50 f) § 46 **Nr. 6** ist anwendbar. Die Gesellschafter prüfen und überwachen auch die Liquidatoren[70]. Sie können ihnen im Rahmen des Liquidationszwecks Weisungen erteilen. Auch der gerichtlich bestellte Liquidator ist weisungsgebunden[71]. Rechtswidrige Weisungen, die etwa von einer Mehrheit unter Verstoß gegen ihre Treuepflicht beschlossen werden, braucht der Liquidator indessen nicht auszuführen.

51 g) § 46 **Nr. 7.** Sowohl **Prokuristen** wie **Handlungsbevollmächtigte** zum gesamten Liquidationsbetrieb können bestellt werden[72]. Zuständig hierfür ist nach **Nr. 7** die Gesellschafterversammlung.

52 h) § 46 **Nr. 8** gilt im Liquidationsstadium uneingeschränkt für die Ersatzansprüche und die gerichtliche Vertretung der Gesellschaft sowohl gegenüber früheren Geschäftsführern als auch gegenüber den Liquidatoren[73].

15. §§ 47, 48 (Abstimmung, Gesellschafterversammlung)

53 §§ 47, 48 sind anwendbar[74]. Die Beschlußfassung erfolgt nach einfacher Stimmenmehrheit, grundsätzlich geben je 100 DM eine Stimme. Auch die Stimmverbote des § 47 Abs. 4 finden Anwendung[75]. Auch im Liquidationsstadium werden Gesellschafterbeschlüsse in Versammlungen gefaßt, soweit nicht die Voraussetzungen des § 48 Abs. 2 vorliegen.

16. § 49 (Einberufung der Versammlung)

54 § 49 (Einberufung der Gesellschafterversammlung durch die Geschäftsführer) ist in **Abs. 1 und 2 anwendbar,** wie sich aus der Verweisung des § 71 Abs. 4 ergibt. Demgegenüber **gilt Abs.** 3 nach allgemeiner Auffassung im Liquidationsstadium **nicht**[76]. Dem ist zu folgen. Maßgeblich hierfür ist allerdings weniger der Umkehr-

---

67 Vgl. oben Rdn 24.

68 Vgl. oben Rdn 19, 29.

69 Scholz/*K. Schmidt* 35; Baumbach/Hueck/*Schulze-Osterloh* 18; *Lutter/Hommelhoff* 10; Rowedder/*Rasner* 7; *Meyer-Landrut*/Miller/Niehus 7.

70 Scholz/*K. Schmidt* 35; Baumbach/Hueck/*Schulze-Osterloh* 18; Rowedder/*Rasner* 7; *Meyer-Landrut*/Miller/Niehus 7.

71 Scholz/*K. Schmidt* 35; abweichend *Meyer-Landrut* § 66, 11, der hier nur einstimmige Weisungen für bindend hält.

72 § 68, 13.

73 BGHZ 28, 35; BGH NJW 1960, 1712; KG OLGE 42, 222; Scholz/*K. Schmidt* 35; Baumbach/Hueck/*Schulze-Osterloh* 18; Rowedder/*Rasner* 7; *Meyer-Landrut*/Miller/Niehus 7.

74 Scholz/*K. Schmidt* 34; Baumbach/Hueck/*Schulze-Osterloh* 19; Rowedder/*Rasner* 7; *Meyer-Landrut*/Miller/Niehus 7.

75 Vgl. OLG Stuttgart OLGR 42, 222.

76 Scholz/*K. Schmidt* 35; Baumbach/Hueck/*Schulze-Osterloh* 19; Rowedder/*Rasner* 7; *Meyer-Landrut*/Miller/Niehus 7.

schluß aus § 71 Abs. 4[77], dessen Verweisungen unvollständig sind, sondern die Tatsache, daß § 49 Abs. 3 nicht auf das Liquidationsstadium zugeschnitten ist. § 49 Abs. 3 kommt bei der werbenden Gesellschaft eine warnende Funktion zu. Die Gesellschafter sollen bei Verlust des halben Stammkapitals Gelegenheit erhalten, geeignete Maßnahmen zur Sanierung der Gesellschaft zu treffen. Im Auflösungsfalle geht es ohnehin nur noch um die Verwertung des Gesellschaftsvermögens zur späteren Auskehr des Liquidationsüberschusses. Der Verlust des halben Stammkapitals bedingt hier keinen besonderen Handlungsbedarf für die Gesellschafter.

17. §§ 50, 51 (Minderheitsrechte, Form der Einberufung)

Die Regelungen der §§ 50 und 51 über die Minderheitsrechte betreffend die Einberufung einer Gesellschafterversammlung[78] sowie deren Form gelten auch für die Abwicklungsgesellschaft. **55**

18. §§ 51 a, b (Auskunfts- und Einsichtsrecht)

Die Auskunfts- und Einsichtsrechte des § 51 a und das gerichtliche Erzwingungsverfahren nach § 51 b sind auch auf die aufgelöste GmbH anzuwenden[79]. Ein Grund zur Verweigerung der Auskunft und Einsicht nach § 51 a Abs. 2 wird angesichts des Umstandes, daß die Tätigkeit der Gesellschaft sich auf die Versilberung ihres Vermögens beschränkt, nur noch ganz ausnahmsweise bestehen. **56**

19. § 52 (Aufsichtsrat)

§ 52, die Vorschrift über den Aufsichtsrat, gilt auch hier[80]. Wenn nach dem Statut ein Aufsichtsrat zu bestellen ist, so gilt dies auch für das Liquidationsstadium, falls das Statut nichts Gegenteiliges vorschreibt. Ein **obligatorischer** Aufsichtsrat bleibt ebenfalls bestehen[81]. Dem Aufsichtsrat steht allerdings in keinem Falle ein Recht zur Bestellung und Abberufung von Liquidatoren zu; § 66 ist insoweit abschließend[82]. **57**

V. Die Vorschriften des vierten Abschnitts

1. Allgemeines

Auch die Vorschriften des vierten Abschnitts des Gesetzes (§§ 53–59), der die **Abänderungen des Gesellschaftsvertrages** behandelt, finden im Liquidationsstadium Anwendung. Die Anwendung steht auch hier unter dem Vorbehalt, daß sich aus dem fünften Abschnitt und aus dem Wesen der Liquidation nichts Gegenteiliges ergibt (vgl. oben Rdn 4). Die Anwendbarkeit des vierten Abschnitts ist heute unbestritten. Die Fassung des § 69 Abs. 1 steht dieser Auslegung nicht entgegen, da sie unvollständig ist (Rdn 1 f). **58**

---

[77] So aber *Meyer-Landrut*/Miller/Niehus 7; wie hier Scholz/*K. Schmidt* 35; Rowedder/*Rasner* 7.

[78] Vgl. hierzu auch OLG Stuttgart OLGR 42, 222.

[79] Scholz/*K. Schmidt* 36; Baumbach/Hueck/*Schulze-Osterloh* 19; *Lutter/Hommelhoff* 11; Rowedder/*Rasner* 7.

[80] Scholz/*K. Schmidt* 37; Baumbach/Hueck/*Schulze-Osterloh* 19; Rowedder/*Rasner* 7; *Meyer-Landrut*/Miller/Niehus 7.

[81] Scholz/*K. Schmidt* 37; Baumbach/Hueck/*Schulze-Osterloh* 19; Rowedder/*Rasner* 7; *Meyer-Landrut*/Miller/Niehus 7.

[82] Vgl. oben § 66, 15.

2. Satzungsänderungen

59 Namentlich ist eine Satzungsänderung im Liquidationsstadium **gemäß** § 53, die dann nach § 54 zur Eintragung ins Handelsregister anzumelden ist, **zulässig**[83]. Häufig dürfte im Liquidationsstadium eine Firmenänderung sein, besonders dann, wenn das Unternehmen mit der (vielleicht wertvollen) Firma veräußert wird und sich dadurch für die Liquidationsgesellschaft die Notwendigkeit ergibt, eine neue Firma anzunehmen. Dies erfolgt – selbst im Konkursfall (§ 63, 90 ff) – durch eine Satzungsänderung. Auch sonstige Satzungsänderungen sind im Abwicklungszustand der Gesellschaft zulässig. So können Bestimmungen der Satzung über die Durchführung der Liquidation, etwa weil sie den Verhältnissen während der Abwicklung nicht mehr entsprechen, abgeändert werden; auch die Einführung oder Beseitigung eines fakultativen Aufsichtsrats kann noch beschlossen werden. Beschränkungen über die Veräußerung von Geschäftsanteilen können aufgehoben oder eingeführt werden. In gleicher Weise ist eine Sitzverlegung noch zulässig[84]; dies ist in den Jahren nach 1945 häufig bei ostenteigneten Gesellschaften geschehen, die meist als in Liquidation befindlich anzusehen waren. Eine Änderung des Unternehmensgegenstandes ist nur zusammen mit einem Fortführungsbeschluß zulässig, da die Gesellschaft ja gerade nicht mehr werbend tätig ist und ein Gesellschaftszweck nicht weiterverfolgt wird[85].

60 Der **vor der Auflösung** gefaßte Beschluß auf Satzungsänderung kann noch nach Eintritt der Liquidation angemeldet und eingetragen werden, allerdings nur soweit die Auflösung nicht entgegensteht[86]. Eine Kapitalerhöhung und die Einführung einer Nachschußpflicht sind im Zweifel nicht für die Liquidation beschlossen. Die Gesellschafter dürfen aus wichtigem Grund vom Übernahmevertrag zurücktreten[87].

3. Kapitalerhöhung

61 Eine Kapitalerhöhung (§§ 55–57) ist im Liquidationsstadium nach heute einhelliger Auffassung jedenfalls zulässig in Verbindung mit der Rückumwandlung der Gesellschaft in eine werbende. Ohne eine solche ist eine Kapitalerhöhung jedoch nur dann mit dem Liquidationszweck vereinbar, wenn sie zur Durchführung der Liquidation und zur Befriedigung der Gläubiger der Gesellschaft dient[88]. Zu anderen Zwecken ist eine Kapitalerhöhung nicht zulässig[89]. Eine Kapitalerhöhung darf insbesondere nicht lediglich dazu benutzt werden, um unter den Gesellschaftern der aufgelösten Gesellschaft die Stimmgewichte und/oder die Liquidationsquoten zu verschieben. Zum Ganzen vgl. auch § 55, 27 ff.

4. Kapitalherabsetzung

62 Ob eine Kapitalherabsetzung (§ 58) im Liquidationsstadium erlaubt ist, ist umstritten[90]. Ein praktisches Bedürfnis besteht hier insofern, als steuerliche, aber auch

---

[83] Vgl. § 53, 29; OLG Frankfurt a. M. NJW 1974, 463.

[84] Scholz/*K. Schmidt* 38; *Lutter/Hommelhoff* 12; Rowedder/*Rasner* 9; *Meyer-Landrut*/Miller/Niehus 8; *Vogel* 3.

[85] Scholz/*K. Schmidt* 38; Baumbach/Hueck/*Schulze-Osterloh* 23.

[86] Vgl. OLG Frankfurt a. M. NJW 1974, 463.

[87] KG GmbH-Rdsch. 1984, 124; Baumbach/Hueck/*Schulze-Osterloh* 21.

[88] Vgl. auch BGHZ 24, 279, 286 = NJW 1957, 1279 zur AG.

[89] Wie hier *Lutter/Hommelhoff* 12; für generelle Zulässigkeit demgegenüber *Meyer-Landrut*/Miller/Niehus 8; wohl auch Scholz/*K. Schmidt* 39; für Unzulässigkeit nur bei offensichtlichen Fehlens eines vernünftigen Zwecks Baumbach/Hueck/*Schulze-Osterloh* 21.

[90] Für Zulässigkeit OLG Frankfurt a. M. NJW 1974, 463; § 58, 41 (*Ulmer*); Scholz/*K. Schmidt* 39; Baumbach/Hueck/*Schulze-Osterloh* 22; Rowedder/*Rasner* 9; *Meyer-Landrut*/Miller/Niehus 8; dagegen *Lutter/Hommelhoff* 12.

sonstige wirtschaftliche Gesichtspunkte für eine Kapitalherabsetzung auch in der Abwicklung sprechen können. So kann es sinnvoll sein, bei einer Gesellschaft, die auch nach Berichtigung der Schulden noch für längere Zeit bestehenbleiben muß (etwa wegen schwebender Prozesse zur Einziehung von Außenständen), die Kapitalgrundlage um nicht mehr benötigtes Kapital zu reduzieren. Gläubigerinteressen dürfen jedoch durch die Kapitalherabsetzung nicht beeinträchtigt werden. Von daher wird § 58 überlagert durch § 73. Die Kapitalherabsetzung darf erst dann angemeldet und in das Handelsregister eingetragen werden, wenn die Voraussetzungen des § 58 erfüllt sind und außerdem das Sperrjahr des § 73 abgelaufen ist[91]. Vor diesem Zeitpunkt dürfen weder Rückzahlungen von Einlagen an die Gesellschafter noch ein Erlaß der Stammeinlageforderungen erfolgen.

VI. Umwandlung und Verschmelzung

Die **Umwandlung** einer aufgelösten GmbH ist nach § 2 Abs. 1 UmwG grundsätzlich zulässig, soweit noch nicht mit der Verteilung des nach der Berichtigung der Schulden verbleibenden Vermögens begonnen wurde, bei einer Auflösung durch Konkurs nach § 2 Abs. 2 UmwG jedoch nur nach Einstellung des Konkursverfahrens oder Aufhebung desselben infolge Abschlusses eines Zwangsvergleichs. Diese Möglichkeit darf jedoch nicht rechtsmißbräuchlich ausgeübt werden, etwa durch Umwandlung einer konkursbedrohten GmbH in eine Personengesellschaft mit einem vermögenslosen persönlich haftenden Gesellschafter zu dem Zweck, Gesellschafter von rückständigen Einlageverpflichtungen zu befreien. **63**

Eine **Verschmelzung** ist nach § 19 Abs. 2 KapErhG trotz Auflösung der übertragenden oder einer der sich vereinigenden Gesellschaften zulässig, wenn deren Fortsetzung beschlossen werden könnte. **64**

VII. Die Bestimmung des Abs. 2

Abs. 2 bestimmt, daß die aufgelöste Gesellschaft ihren **allgemeinen Gerichtsstand** des Sitzes nach § 17 ZPO unabhängig von einer etwaigen Sitzverlegung auch dort besitzt, wo sie zum Auflösungszeitpunkt ihren Sitz hatte[92]. Im Falle einer Sitzverlegung wird dadurch allerdings nicht ausgeschlossen, die Gesellschaft auch an dem für ihren neuen Sitz zuständigen Gericht zu verklagen, da Abs. 2 insoweit nicht etwa § 17 ZPO verdrängt, sondern lediglich einen zusätzlichen Gerichtsstand schafft[93]. Die Bedeutung des Abs. 2 erschöpft sich aber nicht darin, für den Fall der Sitzverlegung den früheren Gerichtsstand festzulegen. Abs. 2 erfaßt auch die Fälle, in denen während der Liquidation ein Ort der Verwaltung nicht festgestellt werden kann, etwa weil das Geschäftslokal aufgegeben ist; dann ist Abs. 2 für die Zwangsvollstreckung (§ 828 ZPO) und für öffentliche Zustellungen (§ 203 ZPO) von Bedeutung. **65**

§ 69 Abs. 2 gilt nicht für den Gerichtsstand von **Zweigniederlassungen** (§ 21 ZPO); werden diese aufgehoben, so entfällt dieser Gerichtsstand auch im Liquidationsstadium[94]. **66**

---

[91] Zutreffend OLG Frankfurt a.M., NJW 1974, 463, 464; Scholz/*K. Schmidt* 39; Baumbach/Hueck/*Schulze-Osterloh* 22.

[92] AA für den Fall späterer Sitzverlegung aber Baumbach/Hueck/*Schulze-Osterloh* 25.

[93] Scholz/*K. Schmidt* 41; *Lutter/Hommelhoff* 14; Rowedder/*Rasner* 11.

[94] Scholz/*K. Schmidt* 41; Rowedder/*Rasner* 11; *Roth* 3.

§ 70

Die Liquidatoren haben die laufenden Geschäfte zu beendigen, die Verpflichtungen der aufgelösten Gesellschaft zu erfüllen, die Forderungen derselben einzuziehen und das Vermögen der Gesellschaft in Geld umzusetzen; sie haben die Gesellschaft gerichtlich und außergerichtlich zu vertreten. Zur Beendigung schwebender Geschäfte können die Liquidatoren auch neue Geschäfte eingehen.

Übersicht

Schrifttum

Buchner Amtslöschung, Nachtragsliquidation und masselose Insolvenz von Kapitalgesellschaften, 1988; *R. Fischer* Der Mißbrauch der Vertretungsmacht, auch unter Berücksichtigung der Handelsgesellschaften, Festschrift Schilling (1973), S. 3 ff; *Frotz* Verkehrsschutz im Vertretungsrecht, 1972; *Geßler* Zum Mißbrauch organschaftlicher Vertretungsmacht, Festschrift von Caemmerer (1978), S. 531 ff; *Hofmann* Zur Liquidation einer GmbH (II), GmbH-Rdsch. 1976, 258; *John* Der Mißbrauch organschriftlicher Vertretungsmacht, Festschrift Mühl, 1981, 349; *Jüngst* Der Mißbrauch organschriftlicher Vertretungsmacht, 1981; *Roth* Mißbrauch der Vertretungsmacht durch den GmbH-Geschäftsführer, ZGR 1985, 265; *Schmidt, K.* Liquidationszweck und Vertretungsmacht der Liquidatoren. Ein Beitrag zur Auslegung der §§ 49 BGB, 149 HGB, 70 GmbHG, 88 GenG und 269 AktG, AcP 174, 55; *Schulz* Die masselose Liquidation der GmbH, 1986; *Schulze zur Wiesche* Die Haftung des GmbH-Geschäftsführers nach der AO 1977, GmbH-Rdsch. 1978, 138.

I. Einleitung

1 Die Vorschrift umgrenzt die Aufgaben der Liquidatoren. Ihrem Wortlaut nach entspricht sie im wesentlichen den Liquidationsbestimmungen der §§ 49 BGB, 149 HGB sowie §§ 209 Abs. 1, 210 Abs. 1 AktG 1937, Bestimmungen, die sämtlich eine Beschränkung der Vertretungsbefugnis auf den eigentlichen Geschäftskreis der Liquidation zum Ausdruck zu bringen schienen, während § 269 des geltenden AktG schon in seinem Wortlaut keinen Hinweis auf irgendeine Einschränkung der Vertretungsbefugnis mehr enthält. Die Vorschrift gibt Richtlinien für die Geschäftsführung und regelt die **Geschäftsführungsbefugnis der Liquidatoren**. Neue, werbende Geschäfte dürfen im Liquidationsstadium nur beschränkt eingegangen werden (§ 70 Satz 2). Hierin liegt aber keine gesetzliche Begrenzung der Vertretungsmacht der Liquidatoren, sondern – ebenso wie bei den Geschäftsführern auferlegten Beschränkungen – lediglich eine für das Innenverhältnis des Liquidators zu beachtende Schranke[1]. § 70 gibt keine starren Vorschriften für die Durchführung der Liquidation. Vielmehr sind die hier enthaltenen Grundsätze in wirtschaftlich vernünftiger Weise unter Berücksichtigung der Umstände des Einzelfalls anzuwenden[2].

---

[1] Vgl. unten Rdn 4.

[2] So auch *Brodmann* 1.

II. Die Rechtsstellung der Liquidatoren

2 Die Rechtsstellung der Liquidatoren in der aufgelösten GmbH ist im wesentlichen mit derjenigen der Geschäftsführer der werbenden Gesellschaft vergleichbar. Die Liquidatoren sind **Organe der Abwicklungsgesellschaft.** Ihnen obliegt die Geschäftsführung, und sie sind die gesetzlichen Vertreter der Gesellschaft. Die Aufgaben der Liquidation sind nicht übertragbar. Sie können nur durch die Liquidatoren selbst erfüllt werde. Es ist unzulässig, die Durchführung der Liquidation im ganzen einem Dritten zu übertragen[3]. Die Liquidatoren können sich aber Angesteller und sonstiger Mitarbeiter bedienen, sie können hierzu Handlungsbevollmächtigte und Prokuristen bestellen[4]. Die Liquidatoren können sich auch nicht dadurch ihrer Aufgabe entziehen, daß die Gesellschaft ihr ganzes Vermögen einem Gesellschafter übergibt gegen dessen Zusage, die Schulden, soweit das Vermögen reicht, zu begleichen; ein solcher Vertrag wäre nichtig[5]. Ebensowenig ist es möglich, zur Verkürzung der Liquidation einem Dritten die zur Deckung der aller Voraussicht nach anfallenden Kosten erforderlichen Mittel zur Verfügung zu stellen und zu diesem Zweck ihm gleichzeitig eine entsprechende Vollmacht zu erteilen. Auch in einem solchen Falle bliebe jedenfalls die Verantwortlichkeit der Liquidatoren für eine ordnungsgemäße Abwicklung unberührt. Wenn die zu liquidierende Gesellschaft ihr ganzes Vermögen mit sämtlichen Aktiven und Passiven auf einen Dritten überträgt, so ist für befreiende Schuldübernahmen die Genehmigung der Gläubiger einzuholen, insbesondere auch die der Finanzbehörde im Hinblick auf häufig schwer überschaubare Steuerverbindlichkeiten. Der Löschung der mit Genehmigung der Schuldübernahme schuldenfreien Liquidationsgesellschaft steht (nach etwaiger Restvermögensauskehrung nach Ablauf des Sperrjahres) alsdann nichts mehr im Wege, da auf diese Weise keinerlei weitere Abwicklungsmaßnahmen mehr erforderlich sind.

3 Auch in der aufgelösten Gesellschaft bleiben die **Rechte der Gesellschafter** bestehen. Die Gesellschafter können Beschlüsse über die Art der Liquidation und die Verwaltung des Vermögens fassen, denn sie bleiben auch im Liquidationsstadium oberstes Organ der Gesellschaft. Die Gesellschafter entscheiden grundsätzlich mit einfacher Mehrheit. Hat der Beschluß Auswirkungen auf die gleichmäßige Liquidationsquote, so haben überstimmte Gesellschafter ein Anfechtungsrecht. Die Gesellschafter können den Liquidatoren Anweisungen erteilen, denen diese nur dann nicht Folge zu leisten brauchen, wenn solche Anweisungen mit dem Wesen der Liquidation oder dem Gesetz in Widerspruch stehen[6]. Ist dies der Fall, so können die Liquidatoren ihr Amt auch aus wichtigem Grund niederlegen.

4 Die **Geschäftsführungsbefugnis** der Liquidatoren ist im Grundsatz ausgerichtet am Liquidationszweck. Die Liquidatoren haben nicht die Aufgabe, den ursprünglichen Gesellschaftszweck weiterzuverfolgen, sondern sie sollen die werbende Tätigkeit der Gesellschaft beenden und das nach Bereinigung aller Verbindlichkeiten verbleibende Vermögen an die Gesellschafter auskehren. Dementsprechend sind die Liquidatoren ohne einen Fortsetzungsbeschluß der Gesellschafter nur in den durch Satz 2 gezogenen Grenzen befugt, die unternehmerische Tätigkeit der Gesellschaft weiterzuführen, wobei die Abgrenzung im Einzelfall schwierig sein kann und den Liquidatoren auch ein erheblicher Ermessensspielraum einzuräumen ist. Die Festle-

---

[3] KG OLGR 19, 377; Scholz/*K. Schmidt* 1; *Brodmann* 1; *Wiedemann*-GroßkommAktG, § 268, 9.

[4] Vgl. § 68, 13.

[5] Wie hier KG OLGR 19, 377.

[6] Scholz/*K. Schmidt* 5; Baumbach/Hueck/*Schulze-Osterloh* 12; Rowedder/*Rasner* 2; *Meyer-Landrut*/Miller/Niehus 4.

gung der Aufgaben der Liquidatoren in § 70 (unten Rdn 5–22) sind Richtlinien für ihre Geschäftsführung mit **Wirkung im Innenverhältnis**. Daneben haben sie die Satzung und die Beschlüsse der Gesellschafter und ihren Anstellungsvertrag zu beachten. Sie haben das Vermögen zu liquidieren. Demgemäß sollen sie nur Geschäfte im Rahmen dieser Aufgabe abschließen. Verletzen sie diese Verpflichtung oder übertreten sie den ihnen gesetzten Rahmen, obwohl ihnen eine pflichtgemäße Prüfung dies als unzweckmäßig hätte erweisen müssen, so machen sie sich der Gesellschaft gegenüber verantwortlich. Die hierin liegende Beschränkung steht in bezug auf die Geschäftsführungsbefugnis auf gleicher Stufe wie die Beschränkungen, welche die Satzung oder die Beschlüsse der Gesellschafter ihnen auferlegen. Sie haben diese ebenso zu beobachten wie jene. § 37 Abs. 1, der nach § 71 Abs. 4 auf Liquidatoren anwendbar ist, zeigt dies. Die Gesellschaft kann die Liquidatoren auf Erfüllung ihrer Aufgaben verklagen, ggf. im Wege einer einstweiligen Verfügung, wobei die Gesellschafter ggf. eines besonderen Prozeßvertreters bedürfen, doch wird hier die Abberufung des Liquidators das wirksamere Mittel sein (§ 66 Abs. 3; vgl. § 66, 46 ff). Daneben ist die Schadensersatzklage der Gesellschaft gegen den Liquidator gegeben, wobei Voraussetzung ein Gesellschafterbeschluß ist (§ 46 Nr. 8).

III. Die Aufgaben der Liquidatoren im einzelnen

1. Beendigung laufender Geschäfte

5 Sie haben die **laufenden Geschäfte zu beendigen**. Gemeint ist hier die Geschäftstätigkeit der Gesellschaft als solche[7]. Dazu gehört auch die Fortführung schwebender Prozesse[8]. Die Abwicklung der laufenden Geschäfte hat in ordnungsmäßiger Weise zu erfolgen, wobei auf die besonderen Umstände der betreffenden Liquidationsgesellschaft Rücksicht zu nehmen ist. Durch § 70 ist insbesondere nicht vorgeschrieben, daß die Geschäfte der Gesellschaft zu einem schnellen (vorzeitigen) Ende zu führen und die bestehenden Verträge sofort zu lösen seien. Vielmehr kann hier durchaus ein Zeitpunkt abgewartet werden, der unter dem Gesichtspunkt einer bestmöglichen Verwertung des Vermögens zweckmäßig ist.

6 Die Beendigung der laufenden Geschäfte kann es auch erfordern, den **Betrieb** ganz oder teilweise **fortzusetzen**, insbesondere um vorhandene Vorräte oder Halbfabrikate in Fertigfabrikate zu verwandeln[9]. Desgleichen werden übernommene Aufträge und angefangene Arbeiten oft zweckmäßigerweise zu Ende geführt; notwendige Reparaturen, z. B. an Geschäftsgebäuden, können durchgeführt werden. Hieraus erhellt, daß die Vorschrift über die Beendigung der laufenden Geschäfte in engem Zusammenhang mit § 70 Satz 2 zu sehen ist, wonach auch neue Geschäfte eingegangen werden können, auch wenn dort von „schwebenden Geschäften" gesprochen wird. Über allen begrifflichen Erwägungen steht die Maxime, keinesfalls durch Zerschlagung wirtschaftlicher Werte vermeidbare Schäden zu verursachen.

7 Schließlich ist zu beachten, daß die Liquidatoren bei Beendigung der laufenden Geschäfte auf **möglichst günstige Bedingungen** bedacht sein müssen. Dies ergibt sich aus der auch für die Liquidatoren geltenden Sorgfaltspflicht eines „ordentlichen Geschäftsmannes" (§ 71 Abs. 4 iVm. § 43 Abs. 1).

---

[7] Scholz/*K. Schmidt* 7; Baumbach/Hueck/*Schulze-Osterloh* 4; Rowedder/*Rasner* 5; *Meyer-Landrut*/Miller/Niehus 5.

[8] ROHG 21, 127; BayObLG OLGR 28, 365; Scholz/*K. Schmidt* 7; *Lutter/Hommelhoff* 8; *Meyer-Landrut/Miller/Niehus* 5.

[9] Wie hier *Wiedemann*-GroßkommAktG, § 268, 3; Baumbach/Hueck/*Schulze-Osterloh* 4; Rowedder/*Rasner* 6; *Meyer-Landrut*/Miller/Niehus 5; so auch RGZ 72, 240 betr. eine Genossenschaft; im übrigen wegen des Eingehens neuer Geschäfte unten Rdn 22.

2. Erfüllung der Verpflichtungen

Die Liquidatoren haben die **Verpflichtungen der aufgelösten Gesellschaft zu erfüllen.** War eine Forderung bisher bestritten, so können sie diese nach ihrem pflichtgemäßen Ermessen anerkennen und erfüllen oder auch einen Vergleich abschließen. Die Liquidatoren sind auch befugt, verjährte Forderungen anzuerkennen und zu begleichen, wenn der Liquidationszweck es rechtfertigt[10]. Es kann sehr wohl sein, daß ein schwebendes Geschäft am besten dadurch erledigt wird, daß nebenher eine verjährte Forderung bezahlt wird. Überhaupt ist den Liquidatoren gestattet, unter Beachtung von § 73 Abs. 2 im Rahmen ordnungsmäßiger Geschäftsführung jede Art der Befriedigung von Gläubigern vorzunehmen, je nachdem wie es die Lage des Unternehmens erfordert (Erfüllung, Hinterlegung, Aufrechnung). Sie können Wechsel prolongieren und ggf. Darlehen aufnehmen, um drängende Gläubiger zu befriedigen[11]. 8

Solange die Gesellschaft zur Erfüllung aller Verbindlichkeiten in der Lage ist (wenn nicht, besteht wegen Zahlungsunfähigkeit oder Überschuldung ohnehin die Konkursantragspflicht nach §§ 71 Abs. 4, 64), stellt sich die Frage nach einer **Rangfolge unter den Gläubigern** nicht. Der Liquidator kann daher die Reihenfolge, nach der er die einzelnen Gläubiger befriedigt, nach Zweckmäßigkeitsgesichtspunkten festlegen. Dies gilt auch für etwaige Ansprüche des Liquidators selbst. § 181 BGB steht hier nicht entgegen, da es sich lediglich um die Erfüllung einer Verbindlichkeit handelt[12]. 9

Hinsichtlich der **Ansprüche von Gesellschaftern** muß man differenzieren. Ansprüche aus echten Drittgeschäften, auf zulässige Rückzahlung von Nachschüssen oder Auszahlung von Gewinnen stehen den Ansprüchen dritter Gläubiger gleich[13], es sei denn, daß durch Stehenlassen der entsprechenden Forderungen in der Krise diese den Charakter einer eigenkapitalersetzenden Leistung erhalten haben. Etwas anderes gilt für nachrangige Forderungen, denen ein Rangrücktritt zugrundeliegt oder die aus eigenkapitalersetzenden Leistungen resultieren. Diese dürfen in der Liquidation erst nach Befriedigung aller anderen Gläubiger und nach Ablauf des Sperrjahres nach § 73 Abs. 1 bedient werden[14], da der Vorrang der übrigen Gläubiger auch im Liquidationsverfahren zu berücksichtigen ist. 10

Problematisch ist die Frage der Gleichbehandlung der Gläubiger nur in der **masselosen Liquidation**, d.h. nach Abweisung eines Konkursantrags mangels Masse. Hier wird zum Teil die Auffassung vertreten, daß in einer solchen Situation der Liquidator die Gläubiger nur gleichmäßig befriedigen dürfe[15]. De lege lata ist dies nicht zutreffend; die Gesellschaft kann nicht die Befriedigung eines Gläubigers insoweit verweigern, als sie anderweitige Verbindlichkeiten nicht im gleichen Verhältnis erfüllen kann. Ebensowenig gibt es in der masselosen Liquidation eine Zwangsvollstreckungssperre[16]. Rechtspolitisch mag man dies für unbefriedigend halten; der Gesetzgeber hat sich jedoch in § 107 Abs. 1 KO gegen die einzige Alternative entschieden, nämlich die Durchführung eines Konkursverfahrens auch in der masselo- 11

[10] RG LZ 1919, 376 betr. eine AG; Baumbach/Hueck/*Schulze-Osterloh* 5; Rowedder/*Rasner* 8.
[11] Scholz/*K. Schmidt* 10; *Brodmann* 1.
[12] Scholz/*K. Schmidt* 8; Rowedder/*Rasner* 8.
[13] Scholz/*K. Schmidt* 8; Baumbach/Hueck/*Schulze-Osterloh* 5; *Lutter/Hommelhoff* 9; Rowedder/*Rasner* 8; *Roth* 2.2.2.
[14] Baumbach/Hueck/*Schulze-Osterloh* 6; *Meyer-Landrut*/Miller/Niehus 6; großzügiger Scholz/*K. Schmidt* 8; Rowedder/*Rasner* 8.
[15] Scholz/*K. Schmidt* 10; *Schulz* 160ff, 170; anders BGHZ 53, 71, 74 = NJW 1970, 469; Rowedder/*Rasner* 8; *Buchner* 70f; zur Sonderstellung des Fiskus vgl. Rdn 28.
[16] So aber *Schulz*, aaO, 170.

sen Insolvenz auf Kosten der Allgemeinheit[17]. Den Liquidatoren ist es jedoch abweichend von den sonst geltenden Grundsätzen verboten, im Falle einer masselosen Liquidation Ansprüche von Gesellschaftern oder ihnen nahestehender Personen vorrangig zu befriedigen[18].

3. Einziehung von Forderungen

12 Die Liquidatoren haben die **Forderungen der Gesellschaft einzuziehen.** Forderungen aller Art sind einzuziehen, auf welchem Rechtsgrund sie auch immer beruhen und auf was auch immer sie gerichtet sind. Die Liquidatoren sind nicht nur zur Einziehung der Forderungen in Geld berechtigt, sondern können auch die Forderungen anderweit zugunsten der Masse verwerten, z. B. Verkauf und Abtretung oder Aufrechnung. Sie können auch auf Ansprüche verzichten[19], doch werden sie hierbei besondere Sorgfalt walten lassen müssen.

13 Zu den einzuziehenden Forderungen gehören auch die **Ansprüche der Gesellschaft gegen die Gesellschafter aus ihrer Mitgliedschaft**, also auch die rückständigen Einlageverpflichtungen, Nachschüsse und Ansprüche wegen verbotener Einlagenrückgewähr (§§ 30 Abs. 1, 31). Der Liquidator ist aber nicht berechtigt, mehr an derartigen Forderungen einzuziehen als erforderlich ist, um die Liquidation sachgemäß durchzuführen, insbesondere die Gläubiger zu befriedigen und eine satzungsmäßige Verteilung des Liquidationsüberschusses sicherzustellen[20]. Die Beweislast dafür, daß ein solcher Fall vorliegt, trifft den in Anspruch genommenen Gesellschafter[21]. Der Anspruch auf die Stammeinlage darf in der Liquidation auch nicht zum Nachteil außenstehender Gesellschaftsgläubiger abgetreten werden, um eine nicht vollwertige Forderung dieses Gesellschafters bevorzugt zu befriedigen[22].

4. Umsetzung des Vermögens in Geld

14 Nach dem Gesetz haben die Liquidatoren ferner das **Vermögen der Gesellschaft in Geld umzusetzen.** Zweck der Vorschrift ist, die Befriedigung der Gläubiger und die Ausschüttung der Liquidationsquote an die Gesellschafter zu ermöglichen. Die Vorschrift steht in innerem Zusammenhang mit §§ 72 und 73 und ist daher jedenfalls in dem Sinne dispositiv, als die Gesellschafter eine andere Art der Verteilung des nach Befriedigung der Gläubiger verbleibenden Restvermögens vereinbaren können. Sie zwingt die Liquidatoren auch nicht, das Gesellschaftsvermögen sofort und um jeden Preis zu Geld zu machen. Vielmehr ist es dem pflichtgemäßen Ermessen der Liquidatoren überlassen, in welcher Art sie die Versilberung vornehmen. So können sie die Vermögensstücke freihändig oder durch Versteigerung veräußern. Sie können insbesondere auch das ganze Unternehmen mit der Firma veräußern, ggf. auch nur einen Teil davon, z. B. einen Fabrikationszweig. Oberstes Gebot ist die Befriedigung der Gläubiger (bzw. Sicherstellung) und alsdann die nach § 72 gleichmäßig vorzunehmende Vermögensverteilung an die Gesellschafter. Die Liquidatoren haben in diesem Rahmen einen weiten Spielraum. Insbesondere kann dem Wortlaut

---

[17] Vgl. aber *Schulz*, aaO, 41 ff.

[18] Vgl. BGHZ 53, 71, 74 = NJW 1970, 469 zum Sonderfall der Abtretung einer Einlageforderung gegen einen Mitgesellschafter.

[19] *Brodmann* 1.

[20] BGH NJW 1970, 469, 470; WM 1977, 617 f; *Kuhn* WM 1978, Sonderbeilage 1, 12; Scholz/*K. Schmidt* 12; Lutter/*Hommelhoff* 10; Rowedder/*Rasner* 9; *Meyer-Landrut*/Miller/Niehus 7; *Roth* 2.2.2.

[21] § 69, 20; RGZ 45, 155 aE; RG JW 1899, 305, 306; Scholz/*K. Schmidt* 12; Rowedder/*Rasner* 9.

[22] BGHZ 53, 71, 74 = NJW 1970, 469; Rowedder/*Rasner* 9.

des Gesetzes nicht entnommen werden, daß den Liquidatoren nur solche Geschäfte gestattet seien, bei welchen eine unmittelbare Umsetzung in Geld stattfindet. Es ist ihnen der Abschluß jedes Geschäfts gestattet, welches letzten Endes darauf abzielt, die Vermögensbestandteile angemessen zu verwerten. Demgemäß muß der Betrieb der GmbH nicht sofort stillgelegt werden. Die Liquidatoren haben stets nach pflichtgemäßem Ermessen zu entscheiden und den Weg zu wählen, der der Gesellschaft keine oder möglichst wenige Verluste bringt. Es ist ihnen nicht verwehrt, Tauschgeschäfte einzugehen, z. B. Grundstücke gegen Aktien, die sie dann veräußern oder in Natur an die Gesellschafter verteilen.

Die Versilberung des nicht für Zwecke der Schuldentilgung benötigten Vermögens kann unterbleiben, wenn der Liquidationserlös in **Sachwerten** unter die Gesellschafter verteilt wird. Zur Frage, unter welchen Voraussetzungen eine solche Art der Verteilung zulässig ist, vgl. § 72, 16. **15**

Die **Veräußerung des Unternehmens im ganzen** durch den Liquidator ist zulässig und häufig die sinnvollste Form der Verwertung des Gesellschaftsvermögens, die eine Zerschlagung des Unternehmens und eine damit verbundene mögliche Verminderung von Werten vermeidet. Die Liquidatoren werden daher in der Regel nach pflichtgemäßem Ermessen zunächst eine solche Möglichkeit in Betracht ziehen[23], falls nicht eine gegenteilige Weisung der Gesellschafter vorliegt. Eine Zustimmung der Gesellschafter zum Verkauf des Unternehmens brauchen die Liquidatoren im Grundsatz nicht einzuholen[24]. Wird allerdings hierbei die Firma mitveräußert, so muß die Liquidationsgesellschaft eine neue Firma annehmen, was nur im Wege der Satzungsänderung, also durch qualifizierten Gesellschafterbeschluß, möglich ist[25]. Die Firma wird durch die Liquidatoren veräußert, bzw. es wird dem Erwerber (gemäß § 22 HGB) die Einwilligung zu ihrem Gebrauch unter Verzicht auf die eigene Weiterbenutzung erteilt[26]. Der Erwerber haftet nach § 25 HGB für alle Schulden, ggf. auch nach § 419 BGB, wenn das Unternehmen das gesamte Vermögen der veräußernden GmbH darstellt. Eine Firmenfortführung iSv. § 25 HGB liegt auch vor, wenn der Erwerber das Unternehmen nicht in der Form einer GmbH betreibt und den Firmenzusatz „GmbH" fortläßt. Dazu ist er wegen § 18 Abs. 2 HGB ja sogar verpflichtet. Handelt es sich bei der Veräußerung des Unternehmens um den Verkauf des gesamten Vermögens der GmbH (und das dürfte meist der Fall sein), so bedarf der Kaufvertrag der notariellen Beurkundung nach § 311 BGB[27]. Bestehende Arbeitsverhältnisse gehen nach Maßgabe von § 613 a BGB auf den Erwerber über. **16**

Eine **Veräußerung des Unternehmens an einen Gesellschafter** ist grundsätzlich zulässig. Jedoch ist hier für die Liquidatoren besondere Vorsicht geboten. Ein Verkauf unter dem Verkehrswert bzw. dem von Dritten gebotenen Preis wird regelmäßig eine Vorteilszuwendung darstellen, die als verdeckte Gewinnausschüttung anzusehen sein dürfte[28] und auch gegen § 73 Abs. 1 verstoßen kann. Des weiteren müssen im Grundsatz allen Gesellschaftern aus Gründen der Treuepflicht gleiche Möglichkeiten zum Erwerb des Unternehmens eingeräumt werden[29]. **17**

[23] Scholz/*K. Schmidt* 14; Baumbach/Hueck/*Schulze-Osterloh* 8.
[24] Scholz/*K. Schmidt* 14; aA Rowedder/*Rasner* 11.
[25] Hierzu § 69, 59; RGZ 107, 33.
[26] RGZ 107, 31.
[27] KG OLGR 20, 164; Scholz/*K. Schmidt* 14; *Lutter/Hommelhoff* 12; Rowedder/*Rasner* 11; *Brodmann* 1. Vgl. aber auch BGHZ 25, 1, 4 f = NJW 1957, 1514; MünchKomm-*Söllner*[2] § 311 BGB Rdn. 6: § 311 BGB findet nur Anwendung, wenn das *Vermögen als solches* Gegenstand des Vertrages ist.
[28] Vgl. hierzu § 29, 124 ff (*Goerdeler/Müller*).
[29] Vgl. BGHZ 103, 184 (Linotype) = NJW 1988, 1579 zur AG.

18 Von der Unternehmensveräußerung abzugrenzen ist die **Einbringung des Unternehmens** in eine andere Gesellschaft gegen Gewährung von Anteilsrechten. Diese ist zulässig als Zwischenstufe[30], wenn anschließend die so erworbenen Anteilsrechte nach pflichtgemäßem Ermessen der Liquidatoren besser veräußerlich sind, oder wenn sie für eine spätere Verteilung unter die Gesellschafter in Natur bestimmt sind. Jedenfalls im ersteren Falle bedürfen die Liquidatoren für eine solche Maßnahme keines besonderen Beschlusses der Gesellschafter, da es sich um eine Transaktion handelt, die vom Liquidationszweck umfaßt ist[31].

5. Verwaltung des Vermögens

19 Die Liquidatoren haben auch die Aufgabe, **das Vermögen angemessen zu verwalten**. Das ist im Gesetz nicht ausdrücklich gesagt, sondern selbstverständlich. So vermieten die Liquidatoren Grundstücke, die sich einstweilen nicht veräußern lassen. Gelder, die im Verlaufe der Liquidation noch gebraucht werden oder die wegen des Sperrjahrs noch nicht verteilt werden können, müssen sie angemessen anlegen[32]. Es kann auch eine auf längere Dauer berechnete Pacht oder Miete dem Liquidationszwecke dienen. So wenn deren Überschüsse es ermöglichen, die Schulden unter Zustimmung der Gläubiger allmählich zu amortisieren. Überhaupt gehört zur angemessenen Verwaltung alles, was ordnungsmäßige Geschäftsführung erfordert und was dem Zwecke der Liquidation dienen kann. So haben die Liquidatoren für die Aufrechterhaltung bzw. Anmeldung von *gewerblichen Schutzrechten* zu sorgen; sie können eine Unterlassungsklage nach § 16 UWG wegen unzulässigen Firmengebrauchs führen[33]. Auch etwaige Beteiligungsrechte, insbesondere Stimmrechte, in Tochtergesellschaften müssen weiterhin ausgeübt werden[34].

6. Gerichtliche und außergerichtliche Vertretung

20 Die Liquidatoren haben die Gesellschaft **gerichtlich und außergerichtlich zu vertreten**. Diese Bestimmung ersetzt in Zusammenhang mit § 68 die für die Geschäftsführer geltende Vorschrift des § 35. Wegen der Vertretungsbefugnis im einzelnen vgl. Erl. zu § 68 und unten Rdn 23 ff. Für die Stellung der Liquidatoren als gesetzliche Vertreter im Verkehr und in Prozessen gilt das gleiche wie für die Geschäftsführer als gesetzliche Vertreter im Verkehr und in Prozessen. Sie sind es, welche im Namen der Gesellschaft klagen. In Passivprozessen vertreten sie die Gesellschaft. Die Liquidatoren sind zur Abgabe der eidesstaatlichen Versicherung zu laden. Als Zeugen können sie im Hinblick auf ihre Organstellung ebensowenig wie die Geschäftsführer vernommen werden; es gilt im einzelnen das in den Erl. zu § 35 Gesagte.

7. Vertretung bei Nichtigkeit eines Auflösungsbeschlusses

21 Wird mit einer **Klage** die **Nichtigkeit eines Auflösungsbeschlusses** geltend gemacht, so wird die GmbH nicht etwa vom Geschäftsführer vertreten, wenn die Klage begründet, und vom Liquidator, wenn sie unbegründet ist, da die Vertretungsmacht des zuständigen gesetzlichen Vertreters der GmbH unabhängig von dem Aus-

---

30 AA noch KG OLGR 3, 67.
31 AA wohl Scholz/*K. Schmidt* 14 (unklar).
32 *Lutter/Hommelhoff* 13.
33 RG Recht 1924 Nr. 46; Rowedder/*Rasner* 13.
34 Rowedder/*Rasner* 13.

gang des Rechtsstreits sein muß. Es ist vielmehr stets die Vertretungsmacht des Liquidators gegeben. Das entspricht auch allein der grundsätzlichen Interessenlage, wonach der Liquidator regelmäßig an der Abweisung der Nichtigkeitsklage und damit Bestätigung seiner Rechtsstellung interessiert ist, während im Falle der Zuständigkeit des Geschäftsführers häufig gerade ein Interesse an dem Erfolg der abzuwehrenden Klage und damit der Feststellung der Unwirksamkeit des Liquidationsbeschlusses bestünde[35].

8. Eingehung neuer Geschäfte

Schließlich können die Liquidatoren zur **Beendigung schwebender Geschäfte** **22** auch neue Geschäfte eingehen (§ 70 Satz 2). Diese Vorschrift hat in ihrer begrenzten Formulierung kaum Bedeutung, denn wie in den vorangegangenen Ausführungen gesagt, sind die Liquidatoren zu neuen Geschäften überhaupt befugt, soweit sie letztlich darauf hinzielen, das vorhandene Vermögen angemessen zu verwalten und zu verwerten. Daraus folgt, daß der Abschluß eines neuen Geschäfts nicht davon abhängig ist, ob ein bestimmtes schwebendes Geschäft dadurch abgewickelt werden soll. § 70 Satz 2 ist zu eng gefaßt[36]. Eine weite Auslegung ist am Platze[37]. Demgemäß ist den Liquidatoren jedes Geschäft gestattet, das der Abwicklung, Verwaltung und Sicherstellung des Gesellschaftsvermögens dient unter Beachtung der Gläubigerbefriedigung und des Interesses der Gesellschafter, eine möglichst hohe Liquidationsquote zu erhalten. Unter diesen Gesichtspunkten ist auch die Eingehung neuer werbender Geschäfte zu sehen, die ebenfalls zulässig ist[38]. Selbst die Eingehung neuer gesellschaftlicher Bindungen zur Verwertung sonst schwer verkäuflicher Gegenstände kann im Einzelfall sachgerecht sein[39]. **Entscheidend** ist, ob die neuen Geschäfte zur Erreichung des Liquidationszwecks, der möglichst verlustlosen Umsetzung des Gesellschaftsvermögens in Geld, erforderlich bzw. hierfür dienlich sind. Bei Abschluß neuer (insbesondere werbender) Geschäfte werden die Liquidatoren eine besonders sorgfältige Prüfung vornehmen müssen. Sie dürfen werbende Geschäfte nicht in einem Umfang und einer Weise vornehmen, die eine faktische Rückumwandlung der Gesellschaft in eine werbende bewirkt, ohne daß ein Fortsetzungsbeschluß der Gesellschafter vorliegt. So überschreitet ein Liquidator in aller Regel die Grenzen seiner Geschäftsführungsbefugnis, wenn er z. B. für die Gesellschaft Grundstücke unter Inanspruchnahme von erheblichen Bankkrediten erwirbt[40].

IV. Die Vertretungsmacht der Liquidatoren

Nach **früher herrschender Auffassung** beschränkte der Liquidationszweck nicht **23** nur die Geschäftsführungsbefugnis der Liquidatoren im Innenverhältnis, sondern er sollte sich auch auf die Vertretungsbefugnis und somit auf das **Außenverhältnis**

[35] Vgl. BGHZ 36, 207, 209f = NJW 1962, 538; Scholz/*K. Schmidt* 2; Rowedder/*Rasner* 7.

[36] HM; RGZ 44, 80; 72, 240, beide betr. eine Genossenschaft; RGZ 146, 378; Scholz/*K. Schmidt* 16; *Lutter/Hommelhoff* 14.

[37] So auch RG JW 1938, 3184 mit Anm. *Boesebeck* betr. § 149 HGB.

[38] Scholz/*K. Schmidt* 16; *Lutter/Hommelhoff* 14; Rowedder/*Rasner* 7; *Meyer-Landrut*/Miller/Niehus 10; *Roth* 2.2.1.; *Hofmann* GmbH-Rdsch. 1976, 258, 263.

[39] Vgl. KGJ 21, 256; OLG Dresden Recht 1905 Nr. 771; LG Köln DNotZ 1980, 422, 423f; *Wiedemann*-GroßkommAktG, § 268, 8; Scholz/*K. Schmidt* 16.

[40] Vgl. OLG Karlsruhe GmbH-Rdsch. 1960, 24, 25; Scholz/*K. Schmidt* 16; Baumbach/Hueck/*Schulze-Osterloh* 10; Rowedder/*Rasner* 7.

auswirken. Seit der 5. Aufl. dieses Kommentars[41] wurde überwiegend vertreten, daß jedes Rechtsgeschäft des Liquidators mit einem Dritten gültig sei, es sei denn, daß es für den Dritten erkennbar liquidationswidrig gewesen sei[42]. Man sah also dem Dritten gegenüber die Vertretungsbefugnis der Liquidatoren als zwar grundsätzlich unbeschränkt an, wollte aber gleichzeitig – was einen echten Fremdkörper des deutschen Körperschaftsrechts bedeutete – von einer „Begrenzung" sprechen. Über die allgemeinen Kollusions- und Mißbrauchsfälle hinaus sollten die (subjektiv) erkennbar außerhalb des Liquidationszwecks geschlossenen Rechtsgeschäfte erst gar nicht von der Vertretungsmacht des Liquidators gedeckt sein. Gleichwohl versuchte man, dem Verkehrsschutz so weit wie möglich zum Durchbruch zu verhelfen: wolle die Gesellschaft ein Geschäft nicht gegen sich gelten lassen, so müsse sie beweisen, daß ein dem Dritten erkennbar liquidationswidriges Geschäft abgeschlossen worden sei, dieser es also gewußt hätte oder hätte wissen müssen. Dabei wurde aber auch dem mit der Gesellschaft in Verbindung tretenden Dritten eine sehr sorgfältige Prüfung abverlangt und in Zweifelsfällen eine Erkundigungspflicht auferlegt.

24 Die Folgen aus dieser Zwitterlösung hinsichtlich der Wirksamkeit oder Unwirksamkeit eines Geschäfts sollten unter **entsprechender Anwendung der §§ 177–179 BGB** gelöst werden: selbst wenn der Gesellschaft der Beweis der Kenntnis der Liquidationswidrigkeit bei dem Dritten gelungen wäre, sollte keine Nichtigkeit des betreffenden Geschäfts eintreten. Vielmehr sollte das Geschäft bis zu einer – genehmigenden oder ablehnenden – Beschlußfassung der Gesellschafter in der Schwebe bleiben, wohingegen der Dritte seinerseits die Möglichkeit zur Beendigung des Schwebezustandes durch eine Aufforderung (an den Liquidator) nach § 177 Abs. 2 BGB haben sollte. Die Bösgläubigkeit des Dritten hinsichtlich der Liquidationswidrigkeit sollte zu seiner Bindung, die Gutgläubigkeit zu seiner Widerrufsberechtigung bis zur Genehmigung durch die Gesellschafter führen (§ 178 BGB). Im übrigen sollte unter den Voraussetzungen des § 179 BGB eine Schadensersatz- bzw. Erfüllungshaftung des Liquidators gegeben sein.

25 Diese Auffassung ist, selbst wenn sich mit ihr in der Praxis leben ließ, heute als überwunden anzusehen. **Die Vertretungsbefugnis der Liquidatoren ist Dritten gegenüber ebenso unbeschränkt und unbeschränkbar wie die der Geschaftsführer**[43]. Die Streichung der Worte „innerhalb ihres Geschäftskreises" bei der der GmbH-Regelung korrespondierenden aktienrechtlichen Vertretungsregelung in § 269 AktG 1965 muß als eine über das Aktienrecht hinausreichende Äußerung des Gesetzgebers verstanden werden, auch wenn seinerzeit die GmbH-Regelung nicht angepaßt wurde (der RegE sah eine der aktienrechtlichen entsprechende Formulierung zur Klarstellung vor). Dies war auch jedenfalls deshalb nicht erforderlich, weil das GmbH-Recht keine ausdrückliche Bestimmung über den Umfang der Vertretungsmacht aufgewiesen hatte und aufweist. War es bereits unter Geltung der alten ak-

[41] Anm. 15–20.
[42] RGZ 146, 378; RG HRR 1940 Nr. 232; *Vogel* 6.
[43] So bereits – mit eingehender und überzeugender Begründung *Feine*, S. 651 ff, 656; vgl. ferner OLG Stuttgart ZIP 1986, 647, 648; LG Köln DNotZ 1980, 422, 423; *Hofmann* GmbH-Rdsch. 1976, 229, 234; *Frotz* Verkehrsschutz im Vertretungsrecht, 1972, S. 602 ff; *K. Schmidt* AcP 174, 55, 73 ff; *Kraft*-KölnKommAktG, § 269, 6; Scholz/*K. Schmidt* 3; Baumbach/Hueck/*Schulze-Osterloh* 2; *Lutter/Hommelhoff* 2; Rowedder/*Rasner* 4; *Meyer-Landrut*/Miller/Niehus 3: *Brodmann* 2.

tiengesetzlichen Fassung ein schwer erträglicher dogmatischer Bruch, die nach außen unbeschränkte Vertretungsmacht der gesetzlichen Organe einer Körperschaft für das Liquidationsstadium infrage zu stellen, so geht dies nach der aktiengesetzlichen Klarstellung nicht mehr an. Es wäre nicht einzusehen, was in dieser körperschaftsrechtlichen Grundfrage die Differenzierung zwischen AG und GmbH rechtfertigen könnte. Für die GmbH besteht um so weniger Anlaß für eine solche Beschränkung, als § 37 die Vertretungsmacht eindeutig nur im Innen-, nicht jedoch im Außenverhältnis beschränkbar gestaltet. Nach § 71 Abs. 4 wird nun aber auf die Regelung des § 37 Bezug genommen, die danach auch für die Liquidatoren gelten soll. Aber auch der Normzweck des § 70 will keineswegs für die Liquidation die ansonsten gerade auch im Interesse des Rechtsverkehrsschutzes bestehende Unbeschränkbarkeit der Vertretungsmacht nach außen in Frage stellen. Dies wäre im Gegenteil ein Widerspruch zu dem Grundsatz – insbesondere des Körperschaftsrechts –, daß sich der Geschäftsgegner auf die Entscheidung des zur Vertretung Berufenen soll verlassen dürfen[44].

Auch bei der Vertretung der aufgelösten GmbH durch ihren Liquidator gelten **26**
die Grundsätze des **Mißbrauchs der Vertretungsmacht**, soweit diese auf Fälle organschaftlicher Vertretung anzuwenden sind[45]. Das bedeutet, daß der jeweilige Vertragspartner sich jedenfalls dann nicht auf die unbeschränkte Vertretungsmacht des Liquidators berufen kann, wenn er kollusiv mit diesem zusammengewirkt hat oder wenn es für ihn evident ist, daß der Liquidator vorsätzlich die ihm im Innenverhältnis gegebenen Grenzen seiner Befugnisse überschreitet, insbesondere wenn er Geschäfte tätigt, die offenkundig außerhalb des Liquidationszwecks liegen. Im übrigen ist die Rechtslage hier die nämliche wie bei der Vertretung der werbenden GmbH durch ihre Geschäftsführer; auf die Erl. zu § 35 sei daher verwiesen.

V. Aufgaben des Liquidators nach Steuerrecht

Den Liquidator trifft wie auch den Geschäftsführer die Verpflichtung, für die **27**
Bezahlung der Steuern zu sorgen (§ 34 AO); der **Liquidator haftet persönlich**, soweit Ansprüche aus dem Steuerschuldverhältnis infolge vorsätzlicher oder grob fahrlässiger Verletzung der ihm auferlegten Pflichten nicht oder nicht rechtzeitig festgesetzt oder erfüllt werden (§ 69 AO)[46]. Die Vorschrift des § 106 AO aF, wonach die Liquidatoren dafür zu sorgen hatten, daß Mittel zur Bezahlung der vor der Löschung der Gesellschaft im Handelsregister entstandenen Steuerschulden zurückgehalten und diese Steuerschulden bezahlt werden, ist zwar nicht mehr als eigenständige Vorschrift in die AO 1977 aufgenommen worden. Die entsprechende Verpflichtung ist indes ohne weiteres von § 69 AO erfaßt und führt im Verletzungsfalle bei Vorsatz oder grober Fahrlässigkeit zur Haftung nach § 34 AO iVm. § 191 AO. Diese greift namentlich bei Verletzung der Vorschriften über das Sperrjahr (§ 73 Abs. 1) regelmäßig ein.

---

[44] Vgl. *Frotz* Verkehrsschutz im Vertretungsrecht, 1972, S. 573; *Hofmann* GmbH-Rdsch. 1976, 234.

[45] Zur Anwendbarkeit vgl. Scholz/*K. Schmidt* 3; Baumbach/Hueck/*Schulze-Osterloh* 2; Rowedder/*Rasner* 4; zum Tatbestand des Mißbrauchs der Vertretungsmacht im Handelsrecht siehe BGHZ 50, 112 – NJW 1968, 1379; *Geßler* Festschrift v. Caemmerer, S. 531 ff; *John* Festschrift Mühl, S. 349 ff; *Roth*, ZGR 1985, 265, 273 ff.

[46] Zur Haftung des Liquidators einer GmbH für Steuerschulden der Gesellschaft vgl. BFH 102, 227, 230 f; vgl. ferner *Litfin* Liquidation und steuerliche Pflichten, 1964; *Schulze zur Wiesche* GmbH-Rdsch. 1978, 138.

28 Die Pflicht des Liquidators geht nach Meinung der Finanzrechtsprechung auf anteilige Befriedigung des Steuerfiskus aus der Liquidationsmasse[47]. Dies ist systemwidrig und der Sache nach nicht zu begründen, da auch sonst ein Recht der Gläubiger auf gleichmäßige Befriedigung im Liquidationsstadium nicht anerkannt wird. Darüber hinaus wird den **Steuergläubigern** insofern eine **bevorzugte Stellung** eingeräumt, als ihnen gegenüber die **Liquidator unmittelbar haftet**, während sonst grundsätzlich nur der Gesellschaft und nicht den Gläubigern gegenüber eine Haftung besteht[48]. Dies ist eine nicht unbedenkliche Rechtsentwicklung.

§ 71

(1) Die Liquidatoren haben für den Beginn der Liquidation eine Bilanz (Eröffnungsbilanz) und einen die Eröffnungsbilanz erläuternden Bericht sowie für den Schluß eines jeden Jahres einen Jahresabschluß und einen Lagebericht aufzustellen.

(2) Die Gesellschafter beschließen über die Feststellung der Eröffnungsbilanz und des Jahresabschlusses sowie über die Entlastung der Liquidatoren. Auf die Eröffnungsbilanz und den erläuternden Bericht sind die Vorschriften über den Jahresabschluß entsprechend anzuwenden. Vermögensgegenstände des Anlagevermögens sind jedoch wie Umlaufvermögen zu bewerten, soweit ihre Veräußerung innerhalb eines übersehbaren Zeitraums beabsichtigt ist oder diese Vermögensgegenstände nicht mehr dem Geschäftsbetrieb dienen; dies gilt auch für den Jahresabschluß.

(3) Das Gericht kann von der Prüfung des Jahresabschlusses und des Lageberichts durch einen Abschlußprüfer befreien, wenn die Verhältnisse der Gesellschaft so überschaubar sind, daß eine Prüfung im Interesse der Gläubiger und der Gesellschafter nicht geboten erscheint. Gegen die Entscheidung ist die sofortige Beschwerde zulässig.

(4) Im übrigen haben sie die aus §§ 36, 37, 41 Abs. 1, § 43 Abs. 1, 2 und 4, § 49 Abs. 1 und 2, § 64 sich ergebenden Rechte und Pflichten der Geschäftsführer.

(5) Auf allen Geschäftsbriefen, die an einen bestimmten Empfänger gerichtet werden, müssen die Rechtsform und der Sitz der Gesellschaft, die Tatsache, daß die Gesellschaft sich in Liquidation befindet, das Registergericht des Sitzes der Gesellschaft und die Nummer, unter der die Gesellschaft in das Handelsregister eingetragen ist, sowie alle Liquidatoren und, sofern die Gesellschaft einen Aufsichtsrat gebildet und dieser einen Vorsitzenden hat, der Vorsitzende des Aufsichtsrats mit dem Familiennamen und mindestens einem ausgeschriebenen Vornamen angegeben werden. Werden Angaben über das Kapital der Gesellschaft gemacht, so müssen in jedem Falle das Stammkapital sowie, wenn nicht alle in Geld zu leistenden Einlagen eingezahlt sind, der Gesamtbetrag der ausstehenden Einlagen angegeben werden. Der Angaben nach Satz 1 bedarf es nicht bei Mitteilungen oder Berichten, die im Rahmen einer bestehenden Geschäftsverbindung ergehen und für die üblicherweise Vordrucke verwendet werden, in denen lediglich die im Einzelfall erforderlichen besonderen Angaben eingefügt zu werden brauchen. Bestellscheine gelten als Geschäftsbriefe im Sinne des Satzes 1; Satz 3 ist auf sie nicht anzuwenden.

---

[47] Vgl. auch BFH 144, 329; 146, 511.

[48] Ausführlich zu diesen Fragen sowie dem Umfang und der Geltendmachung der Haftung *Gericke* GmbH-Rdsch. 1957, 173.

Übersicht

Schrifttum

Adler Die Abwicklungsbilanzen der Kapitalgesellschaft, 2. Auflage 1956; *Arians* Sonderbilanzen, 1984; *Bauch* Zur Gliederung und Bewertung der Abwicklungsbilanzen (§ 270 AktG), DB 1973, 977; Beck'scher Bilanzkommentar, 1. Auflage 1986; *Brombach/Olfert/Ehreiser* Sonderbilanzen, 1967, S. 167 ff; *Brühling* Zur „Rechnungslegung bei Liquidation", WPg. 1977, 597; *Forster* Die Rechnungslegung der AG während der Abwicklung, in: Wirtschaftsprüfer im Dienst der Wirtschaft, Festschr. Knorr, 1968, S. 77; *Forster* Überlegungen zur Bewertung in Abwicklungs-Abschlüssen, Festschr. Barz, 1974, S. 335; *Förster* Die Liquidationsbilanz, 3. Auflage, 1992; *Förster/Grönwoldt* Das Bilanzrichtlinien-Gesetz und die Liquidationsbilanz, BB 1987, 577; *Herzig* Steuerbilanz- und Ausschüttungspolitik einer Kapitalgesellschaft bei geplanter Liquidation unter Berücksichtigung von Anteilsübertragungen, StuW 1980, 19: *Hofmann* Zur Liquidation einer GmbH, GmbH-Rdsch. 1976, 258; *Institut der Wirtschaftsprüfer in Deutschland e. V.*, Stellungnahme zum Regierungsentwurf eines Bilanzrichtlinie-Gesetzes 1983, WPg. 1984, 125; *Kremplin* Erweiterte Angabenpflicht auf Geschäftsbriefen für Aktiengesellschaften, Kommanditgesellschaften auf Aktien und Gesellschaften mit beschränkter Haftung, BB 1969, 1112; *Küting/Weber* Handbuch der Rechnungslegung, 3. Auflage, 1990; *Litfin* Liquidation und steuerliche Pflichten, 1964; *Metz* Die Liquidationsbilanz in betriebswirtschaftlicher, handelsrechtlicher und steuerrechtlicher Sicht, Diss. München 1968; *Moxter* Anschaffungswertprinzip für Abwicklungsbilanzen? Eine Stellungnahme zu § 270 AktG, WPg. 1982, 473; *Olbrich* Zur Rechnungslegung bei Auflösung einer Aktiengesellschaft, WPg. 1975, 265; *Pfeifer* Schachtelprivileg und Organschaft bei Liquidation einer Kapitalgesellschaft, BB 1975, 1109; *Ranft* Liquidation einer Kapitalgesellschaft, FR 1966, 411; *Scherrer/Heni* Liquidations-Rechnungslegung, Düsseldorf 1990; *Schlüter* Die Auswirkungen des § 14 KStG auf andere Steuerarten, DB 1961, 350; *Schmidt, K.* Liquidationsbilanzen und Konkursbilanzen, 1989; *Schultze/Schlutius* Liquidation des Organträgers und des Organs, Auswirkungen auf bestehende Organverhältnisse für die Körperschaftsteuer, GmbH-Rdsch. 1957, 175; *Thiel* Die Besteuerung des Abwicklungsgewinns gemäß § 14 KStG, AG 1960, 274; *Thiel* Die Gewinnverwirklichung bei der Liquidation, der Verschmelzung und der nicht steuerbegünstigten Umwandlung von Kapitalgesellschaften, DB 1959, 1092; *Veit* Die Konkursrechnungslegung,

1982; *Voss* Zur Einkommensbesteuerung des Liquidationsgewinns, GmbH-Rdsch. 1965, 245; *v. Wallis* Die Besteuerung stiller Reserven bei der Beendigung von Kapitalgesellschaften, GmbH-Rdsch. 1953, 157.

I. Einleitung

1 § 71 enthält in **Abs. 1–3** Vorschriften über die **Rechnungslegung und deren Prüfung im Liquidationsstadium.** Die jetzige Fassung des Gesetzes beruht auf dem Bilanzrichtliniengesetz vom 19. 12. 1985 (BGBl. I S. 2355). Die Regelung des Gesetzes stimmt mit § 270 Abs. 1–3 AktG über die Liquidationsrechnungslegung bei der Aktiengesellschaft überein. **Abs. 4** (früherer Abs. 2) betrifft die **Rechte und Pflichten der Liquidatoren** und beinhaltet eine Verweisungsvorschrift auf die im einzelnen genannten Rechtsvorschriften, die die Rechtsstellung der Geschäftsführer betreffen. **Abs. 5** (früherer Abs. 3) ist eingefügt worden aufgrund Art. 3 Ziff. 10 des Koordinierungsgesetzes vom 15. 08. 1969 (BGBl. I S. 1146) und betrifft die Besonderheiten der **Angaben auf den Geschäftsbriefen.**

II. Die Rechnungslegungspflichten nach der Auflösung der Gesellschaft

1. Allgemeines

2 Die **gesetzlichen Vorschriften über die Rechnungslegung** in der Liquidation sind aufgrund des Bilanzrichtliniengesetzes vom 19. 12. 1985 **völlig geändert** worden. Die bis dahin geltende Vorschrift des Abs. 1 erschöpfte sich in folgender Regelung:

> „Die Liquidatoren haben sofort bei Beginn der Liquidation und demnächst in jedem Jahr eine Bilanz aufzustellen."

Auf der Grundlage dieser Gesetzesfassung wurde in Ermangelung ausdrücklicher Vorschriften über die Art und Weise der Aufstellung von Liquidationsbilanzen **früher** allgemein angenommen, daß die Liquidationsbilanz **keine Gewinnverteilungsbilanz,** sondern eine **Vermögensverteilungsbilanz** sei[1]. Dies ließ sich aufgrund des besonderen Bilanzzwecks der Liquidationsbilanz begründen, da es bei der Liquidationsrechnungslegung nicht mehr um eine periodische Erfolgsrechnungslegung ging, zumal die aufgelöste Gesellschaft ohnehin rechtlich nicht in der Lage sei, Gewinne auszuschütten[2]. Vielmehr ließ sich auf der Grundlage der früheren Gesetzesfassung die Auffassung vertreten, daß die Rechnungslegung im Abwicklungsstadium allein dem Ziel diente, den Gesellschaftern aufzuzeigen, inwieweit sie nach erfolgter Liquidation mit einem Vermögensüberschuß zu rechnen hätten. Konsequenz dieser Auffassung war, daß eine Bewertung des Vermögens der aufgelösten Gesellschaft – anders als bei der werbenden Gesellschaft – grundsätzlich nicht mehr auf der Basis einer Unternehmensfortführungsprognose erfolgen konnte (going-concern-Prinzip), sondern daß die Wertermittlung auf der Basis der Realisationswerte unter Berücksichtigung der durch die Abwicklung angestrebten Veräußerung des Gesellschaftsvermögens zu erfolgen hatte.

2a Entgegen dieser vormals klaren und eindeutigen Unterscheidung des Bilanzzwecks der Liquidationsbilanzen gegenüber den Erfolgsbilanzen der werbenden Gesellschaft ist durch die **Neufassung** im Zuge des Bilanzrichtliniengesetzes, insbesondere durch Abs. 2 S. 2 und 3, die hinsichtlich der Vermögensbewertung grundsätzlich eine entsprechende Anwendung der Vorschriften über den Jahresabschluß an-

[1] Vgl. Vorauflage 8 mwN; RGZ 80, 107. [2] Vgl. § 73, 2.

ordnen, eine **unglückliche Vermischung der verschiedenen Prinzipien** erfolgt. Die Neuregelung ist daher zu Recht auf rechtspolitische Kritik gestoßen[3]. Nichtsdestoweniger führt nunmehr kein Weg daran vorbei, daß auch die liquidierte Gesellschaft gemäß dem erklärten Willen des Gesetzgebers eine modifizierte Erfolgsrechnungslegung zu erstellen hat, mag diese auch den eigentlichen Bilanzzwecken im Hinblick auf die erfolgte Auflösung der Gesellschaft nicht oder jedenfalls nicht voll entsprechen. Diese Diskrepanz hat dazu geführt, daß auf der Basis der nunmehr geltenden Gesetzesfassung die Liquidatoren zum Teil als verpflichtet angesehen werden, neben der gesetzlich vorgesehenen Rechnungslegung noch Vermögensverteilungsbilanzen als Liquidationsbilanzen im engeren Sinne aufzustellen[4]. Dies ist zutreffend zumindest mit Blickrichtung auf die auch im Liquidationsstadium wegen der auch dort bestehenden Konkursantragspflicht erforderlichen Überschuldungsfeststellung, wohingegen nach früherem Recht eine solche doppelte Rechnungslegung nicht erforderlich war, da dort für die Liquidationsbilanz im wesentlichen die gleichen Grundsätze galten wie für einen Überschuldungsstatus[5].

Hinsichtlich der **verschiedenen Rechnungswerke**, die nach der Auflösung der Gesellschaft zu erstellen sind, sind zu unterscheiden: **3**

- die Schlußbilanz der werbenden Gesellschaft für das letzte (ggf. Rumpf-) Geschäftsjahr;
- die Liquidationseröffnungsbilanz;
- die Liquidationsjahresabschlüsse;
- die Schlußrechnung;
- etwaige weitere Vermögensbilanzen.

2. Schlußbilanz der werbenden Gesellschaft

Nach allgemeiner Auffassung ist eine **Schlußbilanz der werbenden Gesellschaft** erforderlich[6]. Dies gilt nicht nur dann, wenn der Stichtag der Auflösung mit der Beendigung eines Geschäftsjahres zusammentrifft und von daher schon nach allgemeinen Vorschriften über die periodische Rechnungslegung ein Jahresabschluß erforderlich ist. Eine Schlußbilanz der werbenden Gesellschaft ist vielmehr darüber hinaus auch dann aufzustellen, wenn die Gesellschaft innerhalb eines laufenden Geschäftsjahres aufgelöst wird. In diesem Falle entsteht für die werbende Gesellschaft ein Rumpfgeschäftsjahr, welches an dem der Auflösung vorangehenden Tage um 24.00 Uhr endet[7]. Der sich aus dieser Schlußbilanz etwa ergebende Gewinn der Gesellschaft ist allerdings bloßer Rechnungsposten, da eine Ausschüttung im Hinblick auf § 73 nicht mehr in Betracht kommt[8]. Gleichwohl kann die Schlußbilanz der werbenden Gesellschaft eine eigenständige Bedeutung haben, beispielsweise im Hinblick auf die Ansprüche von Genußrechtsinhabern oder stillen Gesellschaftern[9]. Von daher ist sie auch von der Liquidationseröffnungsbilanz zu unterscheiden. **4**

[3] Vgl. insbes. *Förster/Grönwoldt*, BB 1987, 589; *Institut der Wirtschaftsprüfer*, WPg. 1984, 137; *Moxter* WPg. 1982, 473 ff; *Sarx*-BeckBilKomm[1], Anh 3, 208; sowie ferner Scholz/*K. Schmidt* 3.

[4] S. hierzu im einzelnen unten Rdn 21.

[5] Vgl. auch Vorauflage 25.

[6] BFH BStBl. II 1974, 692, 693; BayObLG BB 1994, 476; Scholz/*K. Schmidt* 8; Baumbach/Hueck/*Schulze-Osterloh* 2; *Lutter/Hommelhoff* 8; Rowedder/*Rasner* 13; *Bohl*, in: *Küting/Weber*, 14; Geßler/Hefermehl/Eckardt/Kropff/*Hüffer*, § 270, 8; *Sarx*-BeckBilKomm[1], Anh 3, 197.

[7] BayObLG BB 1994, 476; Scholz/*K. Schmidt* 8; Baumbach/Hueck/*Schulze-Osterloh* 2; Rowedder/*Rasner* 13; *Meyer-Landrut*/Miller/Niehus 5; *Roth* 22.

[8] Vgl. § 73, 2.

[9] Vgl. Baumbach/Hueck/*Schulze-Osterloh* 3; Rowedder/*Rasner* 13; *Scherrer/Heni* 36.

5 Hinsichtlich der **Bewertungsgrundsätze** für die Schlußbilanz der werbenden Gesellschaft gelten die allgemeinen handelsrechtlichen Vorschriften über den Jahresabschluß unmittelbar. Da die Gesellschaft hier für Zwecke der Rechnungslegung noch nicht als aufgelöst angesehen wird, kommen die Modifikationen des § 71 Abs. 2 nicht zur Anwendung. Die Schlußbilanz der werbenden Gesellschaft unterscheidet sich insoweit von der gemäß Abs. 2 Satz 1 aufzustellenden Liquidationseröffnungsbilanz. Die Bewertung der Vermögensgegenstände in der Schlußbilanz der werbenden Gesellschaft hat grundsätzlich auf der Basis von Fortführungswerten zu erfolgen[10]. Die Tatsache der erfolgten Auflösung bleibt insoweit – anders als bei der Liquidationseröffnungsbilanz – außer Betracht.

6 Da die Schlußbilanz der werbenden Gesellschaft voll den handelsrechtlichen Vorschriften über die Rechnungslegung unterliegt, müssen auch eine **Gewinn- und Verlustrechnung**, ein **Anhang** sowie ein Lagebericht aufgestellt werden (§ 264 HGB). Auch die gesetzlichen Vorschriften über die **Pflichtprüfung** und die **Publizität** gelten[11]. Da § 71 auf die Schlußbilanz der werbenden Gesellschaft unanwendbar ist, besteht keine Möglichkeit der Befreiung von der Prüfungspflicht nach Abs. 3[12]. Beruht die Erforderlichkeit einer Prüfung allein auf dem Gesellschaftsvertrag, so erstreckt sich eine satzungsmäßige Prüfungspflicht im Zweifel auch auf die Schlußbilanz der werbenden Gesellschaft.

3. Liquidationsöffnungsbilanz

7 Das Gesetz verpflichtet in Abs. 2 Satz 1 zur Aufstellung einer **Liquidationseröffnungsbilanz**. Die Liquidationseröffnungsbilanz stimmt mit der Schlußbilanz der werbenden Gesellschaft nicht notwendigerweise voll überein[13]. Mit der Liquidationseröffnungsbilanz beginnt die Rechnungslegung im Abwicklungsstadium der Gesellschaft. Die Liquidatoren sind zur Erstellung der Eröffnungsbilanz verpflichtet. Von dieser Verpflichtung sind sie auch dann nicht entbunden, wenn es der Gesellschaft an den hierfür erforderlichen Geldmitteln mangelt[14].

8 **a) Bilanzstichtag. Maßgeblicher Bilanzstichtag** ist der Tag der Auflösung der Gesellschaft[15]. Es kommt hierbei auf denjenigen Tag an, zu welchem nach materiellem Recht die Gesellschaft aufgelöst ist. Dieser Zeitpunkt ist nur dann mit demjenigen der Eintragung in das Handelsregister identisch, wenn die Auflösung der Gesellschaft selbst nach dem Gesellschaftsvertrag durch Satzungsänderung zu erfolgen hat, welche ihrerseits erst mit Eintragung in das Handelsregister wirksam wird. Erfolgt die Auflösung durch Beschluß der Gesellschafter, so ist das Datum der Beschlußfassung maßgebend, es sei denn, der Auflösungsbeschluß selbst sieht eine Zeitbestimmung für das Wirksamwerden der Auflösung vor (beispielsweise zum Ende eines Geschäftsjahres). Die Auflösungsfolgen können allerdings nicht auf einen in der Vergangenheit liegenden Stichtag rückbezogen werden[16].

---

[10] Scholz/*K. Schmidt* 8; Baumbach/Hueck/*Schulze-Osterloh* 3; Rowedder/*Rasner* 13; *Roth* 2.2; *Sarx*-BeckBilKomm[1], Anh 3, 198; *Scherrer/Heni* 36 f.

[11] Scholz/*K. Schmidt* 8; Baumbach/Hueck/*Schulze-Osterloh* 4; Rowedder/*Rasner* 13; Geßler/Hefermehl/Eckardt/Kropff/*Hüffer*, § 270 AktG, 9.

[12] Scholz/*K. Schmidt* 8.

[13] Vgl. Scholz/*K. Schmidt* 8.

[14] Scholz/*K. Schmidt* 10; Baumbach/Hueck/*Schulze-Osterloh* 10; *Lutter/Hommelhoff* 1; Rowedder/*Rasner* 3; *Scherrer/Heni* 38.

[15] Scholz/*K. Schmidt* 12; Baumbach/Hueck/*Schulze-Osterloh* 13; *Lutter/Hommelhoff* 3; Rowedder/*Rasner* 4; *Meyer-Landrut*/Miller/Niehus 5; *Roth* 2.2; *Bohl*, in: *Küting/Weber*, 12; *Hofmann* GmbH-Rdsch. 1976, 258; *Sarx*-BeckBilKomm[1], Anh 3, 240.

[16] Scholz/*K. Schmidt* 12; Rowedder/*Rasner* 4; *Roth* 2.3; *Bohl*, in: *Küting/Weber*, 12; *Sarx*-BeckBilKomm[1], Anh 3, 241.

b) **Aufstellung und Feststellung.** Nach der Rechtslage vor Inkrafttreten des Bilanzrichtliniengesetzes war die Eröffnungsbilanz sofort nach Auflösung aufzustellen. Diese Formulierung war unklar und gab Auslegungsproblemen Raum[17]. Nach der jetzigen Gesetzesfassung gilt für die **Fristen** für die **Aufstellung** und **Feststellung** der Eröffnungsbilanz die Verweisungsvorschrift des Abs. 2 Satz 2. Dies bedeutet zunächst, daß die Bilanz entsprechend § 264 Abs. 1 Satz 2 HGB innerhalb von drei Monaten aufzustellen ist[18]. Kleinen Kapitalgesellschaften im Sinne von § 267 Abs. 1 HGB ist eine Frist von sechs Monaten zu gewähren[19]. Für die Feststellung der Eröffnungsbilanz, welche der Gesellschafterversammlung obliegt, gelten die Fristen des § 42a Abs. 2 entsprechend. Daraus ergibt sich, daß die Bilanz generell innerhalb von längstens acht Monaten, bei kleinen Gesellschaften im Sinne des § 267 Abs. 1 HGB spätestens innerhalb von elf Monaten nach dem für die Erstellung der Eröffnungsbilanz maßgeblichen Stichtag[20] festzustellen ist. 9

c) **Konzernrechnungslegung.** Aufzustellen sind gemäß Abs. 1 eine Eröffnungsbilanz und ein die Eröffnungsbilanz erläuternder Bericht. Im Unterschied zur Schlußbilanz der werbenden Gesellschaft und auch zu den Liquidationsjahresabschlüssen bedarf es jedoch bei der Eröffnungbilanz keiner Gewinn- und Verlustrechnung. Umstritten ist, ob im Liquidationsstadium eine **Konzernrechnungslegung** erforderlich ist[21]. Die Vorschrift des § 71 bezieht sich allerdings nur auf den Einzelabschluß der aufgelösten Gesellschaft. Daraus ergibt sich zunächst, daß eine Konzern-Liquidationseröffnungsbilanz nicht erforderlich ist[22]. An dem Bestehen eines Konzerns ändert sich indessen durch die Auflösung des Mutterunternehmens nichts. §§ 290ff. HGB bleiben somit tatbestandlich unmittelbar anwendbar. Auch in der Liquidation sind daher Konzernabschlüsse und -lageberichte zu erstellen. 10

d) **Prüfungspflichten und Publizität.** Auch hinsichtlich der **Prüfungspflichten** wird Abs. 2 Satz 2 angewandt[23]. Dies bedeutet, daß die Vorschriften des HGB über die Prüfung von Jahresabschlüssen (§§ 316ff) auch auf die Eröffnungsbilanz entsprechende Anwendung finden. In der Praxis wird es zweckmäßig sein, die Prüfung der Eröffnungsbilanz mit der ohnehin erforderlichen Prüfung der Schlußbilanz der werbenden Gesellschaft zu verbinden, wobei von den Prüfern die Unterschiede zwischen den beiden Rechnungswerken zu berücksichtigen sind. Gleichfalls sind die handelsrechtlichen Vorschriften über die **Rechnungslegungspublizität** (§§ 325–329 HGB) sinngemäß auf die Liquidationseröffnungsbilanz anzuwenden. 11

e) **Erläuternder Bericht.** Für die Liquidationseröffnungsbilanz sind ein Anhang (§ 284ff HGB) sowie ein Lagebericht (§ 289 HGB) nicht vorgeschrieben. An ihre Stelle tritt ein **erläuternder Bericht** gemäß Abs. 1. Unbestritten ist es Aufgabe des erläuternden Berichts, die bei der Aufstellung der Liquidationseröffnungsbilanz angewandten und gegebenenfalls von der Schlußbilanz der werbenden Gesellschaft 12

---

17 Vgl. Vorauflage 3 mwN.

18 Scholz/*K. Schmidt* 13; Baumbach/Hueck/*Schulze-Osterloh* 11; *Lutter/Hommelhoff* 6; Rowedder/*Rasner* 3; *Bohl*, in: *Küting/Weber*, 15; *Scherrer/Heni* 50; aA *Meyer-Landrut*/Miller/Niehus 2.

19 Scholz/*K. Schmidt* 13; *Bohl*, in *Küting/Weber*, 15, aA Baumbach/Hueck/*Schulze-Osterloh* 11; Rowedder/*Rasner* 3.

20 Baumbach/Hueck/*Schulze-Osterloh* 12; Rowedder/*Rasner* 11; *Roth* 2.4; *Bohl*, in: *Küting/Weber* 40.

21 Bejahend Scholz/*K. Schmidt* 27; *Sarx*-BeckBilKomm[1], Anh 3, 191; *Scherrer/Heni* 47ff; verneinend Rowedder/*Rasner* 7; *Bohl*, in *Küting/Weber* 33ff.

22 Scholz/*K. Schmidt* 27; *Olbrich*, WPg. 1975, 267.

23 Scholz/*K. Schmidt* 14; Baumbach/Hueck/*Schulze-Osterloh* 28; *Bohl*, in: *Küting/Weber* 41; *Scherrer/Heni* 117; Geßler/Hefermehl/Eckardt/Kropff/*Hüffer*, § 270 AktG, 30; aA *Meyer-Landrut*/Miller/Niehus 8.

abweichenden Bewertungsmethoden darzustellen. Des weiteren sind Angaben zu machen über das zu erwartende Ergebnis der Liquidation, insbesondere also über die voraussichtlich erzielbaren Liquidationserlöse und auch die abschätzbaren Kosten des Abwicklungsverfahrens[24]. Wenngleich sich der Inhalt des erläuternden Berichts teilweise mit demjenigen deckt, was nach den §§ 284 ff, 289 HGB Gegenstand des Anhangs und des Lageberichts wäre, so ist gleichwohl davon auszugehen, daß die Berichtspflicht im Liquidationsstadium freier gestaltet werden kann und insbesondere der detaillierte Katalog der Pflichtangaben des Anhangs (§§ 284, 285 HGB) für den erläuternden Bericht nicht gilt[25].

4. Liquidationsjahresabschlüsse

13 Bereits auf der Grundlage der Gesetzesfassung vor Inkrafttreten des Bilanzrichtliniengesetzes hatte sich die Auffassung durchgesetzt, daß außer der Liquidationseröffnungsbilanz weitere **Liquidationsjahresabschlüsse** aufzustellen waren[26]. Dies wird nunmehr in Abs. 1 ausdrücklich angeordnet. Für den Umfang der Rechnungslegungspflicht gelten grundsätzlich die allgemeinen handelsrechtlichen Vorschriften. Zu erstellen sind daher eine Jahresbilanz mit Gewinn- und Verlustrechnung sowie Anhang und ein Lagebericht. Auch die Konzernrechnungslegungsvorschriften (§§ 297 ff HGB) gelten unverändert fort, so daß auch die aufgelöste Gesellschaft eine Konzernbilanz, eine Konzern-Gewinn- und Verlustrechnung sowie einen Konzernanhang aufzustellen hat[27].

14 a) **Bezugszeitraum.** Aus dem gewählten Gesetzeswortlaut („für den Schluß eines jeden Jahres") wird allgemein gefolgert, daß im Liquidationsstadium das satzungsmäßige Geschäftsjahr nicht mehr gelten und maßgeblicher Bezugszeitraum jeweils ein **Kalenderjahr**, beginnend mit dem Zeitpunkt der Auflösung, sein soll[28]. Zwingend erscheint dies nicht; vielmehr könnte man in diesem Sinne das Wort „Jahr" auch als „Geschäftsjahr" auslegen, wobei dann allerdings im Falle einer Auflösung während eines laufenden Geschäftsjahres für dessen Rest ein Rumpfgeschäftsjahr zu bilden wäre. Ein Auflösungsstichtag, der allein durch das Datum der Liquidation bestimmt würde, kann auch im Hinblick auf die Rechnungsabgrenzung unzweckmäßig sein, beispielsweise ein solcher Stichtag, der nicht auf einen letzten Tag eines Monats fällt. Zumindest wird man es daher den Gesellschaftern gestatten müssen, durch eine entsprechende Satzungsbestimmung einen anderen Stichtag für die Jahresrechnungslegung zu wählen und so ein Liquidations-Geschäftsjahr zu definieren[29], welches allerdings nach allgemeinen Grundsätzen in keinem Falle länger sein kann als zwölf Monate (§ 240 Abs. 2 Satz 2 HGB).

15 b) **Anhang und Lagebericht.** Für den **Anhang** und den **Lagebericht** gelten auch in der Liquidation grundsätzlich die allgemeinen handelsrechtlichen Vorschriften

[24] Scholz/*K. Schmidt* 11; Baumbach/Hueck/*Schulze-Osterloh* 21; Rowedder/*Rasner* 6; *Roth* 2.3; Geßler/Hefermehl/Eckardt/Kropff/*Hüffer*, § 270 AktG, 29; *Sarx*-BeckBilKomm[1], Anh 3, 252.

[25] Scholz/*K. Schmidt* 11; *Sarx*-BeckBilKomm[1], Anh 3, 253; *Scherrer/Heni* 105; enger Baumbach/Hueck/*Schulze-Osterloh* 21; Rowedder/*Rasner* 6; *Roth* 2.3; *Bohl*, in: *Küting/Weber* 26; Geßler/Hefermehl/Eckardt/Kropff/*Hüffer*, § 270 AktG, 29.

[26] Vgl. Vorauflage 14 ff.

[27] Vgl. oben Rdn 10.

[28] OLG Frankfurt a. M., BB 1977, 312, 313; Scholz/*K. Schmidt* 18; Baumbach/Hueck/*Schulze-Osterloh* 22; *Lutter/Hommelhoff* 9; Rowedder/*Rasner* 7; *Meyer-Landrut*/Miller/Niehus 6; *Roth* 2.2; *Bohl*, in: *Küting/Weber* 13; *Sarx*-BeckBilKomm[1], Anh 3, 258; *Scherrer/Heni* 40.

[29] Scholz/*K. Schmidt* 18; Baumbach/Hueck/*Schulze-Osterloh* 22; Rowedder/*Rasner* 7; *Bohl*, in: *Küting/Weber* 13; Geßler/Hefermehl/Eckardt/Kropff/*Hüffer* 41; *Sarx*-BeckBilKomm[1], Anh 3, 258; *Scherrer/Heni* 40.

(§§ 284 ff, 289 HGB). Angaben, die bei einer Abwicklungsgesellschaft gegenstandslos sind, können jedoch entfallen[30]. Im übrigen sind der Anhang und insbesondere der Lagebericht den Erfordernissen der Liquidation anzupassen[31]. So hat insbesondere der Lagebericht über den Verlauf und die Entwicklung der Liquidation Auskunft zu geben[32]. Im Anhang müssen etwaige liquidationsspezifische Besonderheiten bei der Bewertung dargestellt werden[33].

c) **Aufstellung und Feststellung.** Hinsichtlich der **Fristen** für die **Aufstellung** und **Feststellung** der Liquidationsjahresabschlüsse gelten die gleichen Grundsätze wie für die Eröffnungsbilanz[34]. **16**

d) **Prüfung der Liquidationsjahresabschlüsse.** Die gesetzlichen Vorschriften über die **Prüfung** von Jahresabschlüssen (§§ 316 ff HGB) sind auf die Liquidationsjahresabschlüsse im Grundsatz anzuwenden. Insoweit sieht Abs. 3 eine Erleichterung vor. Wenn die Verhältnisse der Gesellschaft so überschaubar sind, daß eine Prüfung im Interesse der Gläubiger und Gesellschafter nicht geboten erscheint, kann das Gericht von der Prüfung des Jahresabschlusses und des Lageberichts durch einen Abschlußprüfer befreien. Die **Befreiung** wird auf Antrag der Gesellschaft, die ihrerseits durch die Liquidatoren vertreten wird, vom Amtsgericht (Registergericht) erteilt, § 145 Abs. 1 FGG. Bei seiner Entscheidung hat das Gericht abzuwägen, ob aus der Interessenlage der Gläubiger und der Gesellschafter der Gesellschaft eine Abschlußprüfung erforderlich erscheint. Dies wird namentlich dann in Betracht kommen, wenn aufgrund der Liquidationsfortschritte der Geschäftsumfang der aufgelösten Gesellschaft soweit zurückgegangen ist, daß eine ordnungsmäßige und hinreichend aussagekräftige Rechnungslegung auch ohne besondere Prüfung als gewährleistet angesehen werden kann. Bestehen jedoch Zweifel an der Ordnungsmäßigkeit der Durchführung der Liquidation, so ist eine Befreiung nach Abs. 3 zu versagen[35]. Gegen die Entscheidung des Amtsgerichts ist nach Abs. 3 Satz 2 das Rechtsmittel der sofortigen Beschwerde gegeben. Wird dem Antrag auf Befreiung von der Prüfung stattgegeben, so ist jeder Gesellschafter und jeder Gläubiger beschwerdeberechtigt[36]; wird der Antrag hingegen zurückgewiesen, kann die Gesellschaft als Antragstellerin Beschwerde erheben[37]. **17**

e) **Offenlegung.** Die **Publizität** der Liquidationsjahresabschlüsse richtet sich nach den Vorschriften der §§ 325 ff HGB, und zwar unabhängig davon, ob die Gesellschaft etwa von einer Prüfungspflicht befreit ist[38]. Es entfällt allerdings die Notwendigkeit, einen Vorschlag für die Verwendung des Ergebnisses und einen Beschluß hierüber beizufügen, da im Liquidationsstadium eine Gewinnausschüttung im Hinblick auf die Regelung des § 73 nicht in Betracht kommt. **18**

---

30 Scholz/*K. Schmidt* 28; Baumbach/Hueck/*Schulze-Osterloh* 25; *Bohl*, in: *Küting/Weber* 31; *Sarx*-BeckBilKomm[1], Anh 3, 262.

31 Scholz/*K. Schmidt* 28; Baumbach/Hueck/*Schulze-Osterloh* 25; Rowedder/*Rasner* 10; *Bohl*, in: *Küting/Weber* 31; Geßler/Hefermehl/Eckardt/Kropff/*Hüffer* 44; *Sarx*-BeckBilKomm[1], Anh 3, 261.

32 Scholz/*K. Schmidt* 28; Baumbach/Hueck/*Schulze-Osterloh* 26; Rowedder/*Rasner* 10; *Bohl*, in: *Küting/Weber* 31; *Sarx*-BeckBilKomm[1], Anh 3, 262; *Scherrer/Heni* 111.

33 Baumbach/Hueck/*Schulze-Osterloh* 25; Rowedder/*Rasner* 10.

34 Vgl. oben Rdn 9.

35 Scholz/*K. Schmidt* 25; Rowedder/*Rasner* 16; *Roth* 3.1; *Sarx*-BeckBilKomm[1], Anh 3, 364.

36 Scholz/*K. Schmidt* 25; Baumbach/Hueck/*Schulze-Osterloh* 30; Rowedder/*Rasner* 16; *Meyer-Landrut*/Miller/Niehus 9; Geßler/Hefermehl/Eckardt/Kropff/*Hüffer*, § 270 AktG, 35.

37 Scholz/*K. Schmidt* 25; Baumbach/Hueck/*Schulze-Osterloh* 30; Rowedder/*Rasner* 16; Geßler/Hefermehl/Eckardt/Kropff/*Hüffer*, § 270 AktG, 36; zweifelnd *Meyer-Landrut*/Miller/Niehus 9.

38 Scholz/*K. Schmidt* 26.

5. Schlußrechnung

19 Nach Beendigung der Liquidation haben die Liquidatoren eine **Schlußrechnung** zu legen. Die Verpflichtung hierzu folgt zunächst aus allgemeinen Grundsätzen[39] und beruht nicht auf § 71. Demzufolge ist diese Vorschrift inhaltlich auch hinsichtlich ihrer Verweisungen auf die Bestimmungen des Handelsgesetzbuches auf die Schlußrechnung grundsätzlich nicht anzuwenden. Die Schlußrechnung gibt Auskunft über das Ergebnis der Liquidation und ist mit einem Vorschlag zur Verteilung des Liquidationsüberschusses zu verbinden.

20 Von der Schlußrechnung zu unterscheiden ist eine **Liquidations-Schlußbilanz**. Eine solche Schlußbilanz wird überwiegend neben[40] oder anstelle[41] einer Schlußrechnung für erforderlich gehalten, wobei umstritten ist, ob die Schlußbilanz sich an den Rechnungslegungsvorschriften des Handelsgesetzbuchs[42] oder nur an allgemeinen Grundsätzen ordnungsmäßiger Buchführung und Bilanzierung[43] orientieren soll. Demgegenüber ist jedoch daran festzuhalten, daß § 71 keine Verpflichtung zur Aufstellung einer derartigen Schlußbilanz enthält[44]. Eine Liquidations-Schlußbilanz wird auch praktisch in vielen Fällen entbehrlich sein. Im Idealfall erschöpft sich das Bilanzbild einer abgewickelten Gesellschaft nach Beendigung der Liquidation in einem zur Verteilung an die Gesellschafter bestimmten Geldbetrag als einzigem Aktivposten sowie einer Rückstellung für die verbleibenden Kosten (Registerkosten, Kosten der Aufbewahrung von Büchern und Schriften) und einer Eigenkapitalposition auf der Passivseite. In derartigen Fällen erscheint es unangemessen, auf einer Einhaltung aller handelsrechtlichen Rechnungslegungs-, Prüfungs- und Publizitätsvorschriften zu bestehen. Bei komplizierteren Sachverhalten können die Liquidatoren indessen verpflichtet sein, die Schlußrechnung in einer Weise auszugestalten, die sich den handelsrechtlichen Rechnungslegungsvorschriften annähert[45]. Im Zweifelsfall werden sie sich an den handelsrechtlichen Vorgaben orientieren, da eine so gestaltete Schlußrechnung in jedem Fall ordnungsgemäß ist. Eine gesetzliche Verpflichtung zur Prüfung und Offenlegung der Schlußrechnung besteht jedenfalls nicht; eine solche kann natürlich durch Satzung oder Gesellschafterbeschluß begründet werden.

6. Gesonderte Vermögensbilanzen

21 Angesichts des Umstandes, daß durch das Bilanzrichtliniengesetz im Prinzip an den für die werbende Gesellschaft geltenden Bewertungsgrundsätzen festgehalten wird, wohingegen nach früherem Recht Liquidationsbilanzen vor dem Hintergrund der ihnen eigenen Bilanzzwecke als Vermögensverteilungsbilanzen aufzustellen waren[46], ist im Schrifttum namentlich von *Karsten Schmidt*[47] die Auffassung vertreten worden, daß die Liquidatoren neben den gesetzlich geforderten modifizierten Erfolgsbilanzen auch noch „Liquidationsbilanzen im engeren Sinne" als **Vermögensbilanzen** aufzustellen hätten. Eine solche Verpflichtung wird aus der allgemeinen Re-

[39] Vgl. § 74, 14.
[40] Scholz/*K. Schmidt* 34; *Lutter/Hommelhoff* 12.
[41] Baumbach/Hueck/*Schulze-Osterloh* 27, *Bohl*, in: *Küting/Weber* 36.
[42] So Baumbach/Hueck/*Schulze-Osterloh* 27.
[43] So Scholz/*K. Schmidt* 34; *Sarx*-BeckBilKomm[1], Anh 3, 272; wohl auch *Roth* 2.5.
[44] Zutreffend *Meyer-Landrut*/Miller/Niehus 11; *Scherrer/Heni* 42 ff.
[45] Vgl. § 74, 16 sowie *Sarx*-BeckBilKomm[1], Anh 3, 272 und *Scherrer/Heni* 45.
[46] Vgl. Vorauflage 8 mwN.
[47] Scholz/*K. Schmidt* 30 ff; *K. Schmidt*, Liquidationsbilanzen 47 ff; ebenso *Lutter/Hommelhoff* 11.

chenschaftspflicht der Liquidatoren abgeleitet[48]. Ein Verlangen nach einer derartigen doppelten Liquidationsrechnungslegung ist zwar verständlich angesichts der für Liquidationszwecke nicht vollständig befriedigenden Ausgestaltung der gesetzlichen Rechnungslegungspflicht. Gleichwohl kann das Problem nicht dadurch gelöst werden, daß man die Rechnungslegungspflichten der Liquidatoren um ein weiteres Rechnungswerk erweitert. Es kann auch nicht überzeugen, dies mit der Differenzierung zu begründen, bei der gesetzlichen Rechnungslegungspflicht handele es sich um diejenige der „Gesellschaft“, bei der Verpflichtung zur Aufstellung von Vermögensbilanzen um eine solche der „Liquidatoren“. Die Liquidatoren sind nichts anderes als die Organe der Gesellschaft. Sie sind daher zu einer zusätzlichen Rechnungslegung in Form von Vermögensverteilungsbilanzen neben der gesetzlich geforderten im Grundsatz nicht verpflichtet[49]. Ausnahmen gelten für die Schlußrechnung[50] sowie für die auch im Liquidationsstadium bestehende Pflicht, einen Überschuldungsstatus zum Zwecke der Überschuldungsfeststellung und damit der Konkursantragspflicht zu erstellen[51]. Bei letzterer muß in der Tat der Auflösung Rechnung getragen und von der Prämisse ausgegangen werden, daß das Unternehmen nicht fortgeführt wird, so daß hier eine andere Betrachtung anzuwenden ist als bei den nach § 71 geforderten Erfolgsbilanzen[52].

III. Gliederung der Liquidationsbilanzen und anwendbare Bewertungsgrundsätze

1. Gliederung der Liquidationsbilanzen

Für die **Gliederung** sowohl der **Eröffnungsbilanz** als auch der **Liquidationsjahresbilanzen** ist zunächst von den handelsrechtlichen Vorschriften (§ 266 HGB) auszugehen. Es wird teilweise angenommen, daß Anlagevermögen, welches gemäß der Vorschrift des Abs. 2 Satz 3 wie Umlaufvermögen zu bewerten ist, auch als solches in der Bilanz auszuweisen sei[53]. Die Gliederungs- und die Bewertungsvorschriften sind jedoch zu unterscheiden. Abs. 2 Satz 3 bezieht sich auf Gegenstände des Anlagevermögens, welches gliederungsmäßig auch unabhängig von der Frage der Bewertung als solches aufzuführen ist[54]. Allerdings muß im Anhang auf die Besonderheiten der Bewertung hingewiesen werden. Hinsichtlich der Passivseite wird überwiegend angenommen, daß das Eigenkapital nicht mehr nach § 266 Abs. 3 A HGB zu untergliedern, sondern in einer einheitlichen Position zusammenzufassen sei[55]. Diese Einschränkung ist jedoch dem Gesetz nicht zu entnehmen, und sie ergibt sich auch nicht zwangsläufig aus dem Wesen der Liquidation. Eine Zusammenfassung der Eigenkapitalpositionen erweist sich auch als unzweckmäßig für den Fall, daß die Gesellschafter die Fortführung der Gesellschaft beschließen[56]. Es sollte daher an der handelsrechtlichen Eigenkapitalgliederung festgehalten werden mit der Maßgabe, daß unter dem Gliederungspunkt V (Jahresüberschuß/Jahresfehlbetrag) die Jahresergebnisse während der Liquidation zu saldieren sind. Es besteht keine Not- 22

[48] *K. Schmidt* Liquidationsbilanzen, 48.
[49] Wie hier *Bohl*, in: *Küting/Weber* 11.
[50] Oben Rdn 19.
[51] Rowedder/*Rasner* 2, 14.
[52] Vgl. auch Erl. zu §§ 42, 63.
[53] Scholz/*K. Schmidt* 21; Bohl, in: *Küting/Weber* 25; *Sarx*-BeckBilKomm[1], Anh 3, 225.
[54] *Scherrer/Heni* 74 ff.
[55] Baumbach/Hueck/*Schulze-Osterloh* 17; *Bohl*, in: *Küting/Weber* 24; *Sarx*-BeckBilKomm[1], Anh 3, 248.
[56] Vgl. Scholz/*K. Schmidt* 21.

wendigkeit, die ohnehin nicht ausschüttungsfähigen Ergebnisse für jedes einzelne Liquidationsjahr gesondert aufzuführen. Die Gliederung der **Gewinn- und Verlustrechnung** erfolgt nach § 275 HGB.

2. Einzelfragen der Bilanzierung und Bewertung

23 Hinsichtlich der **Bewertungsgrundsätze** ist seit Inkrafttreten des Bilanzrichtliniengesetzes zu beachten, daß § 71 Abs. 2 Satz 2 für die Eröffnungsbilanz eine entsprechende Anwendung der Vorschriften über den Jahresabschluß anordnet. Eine Aussage darüber, welche Vorschriften auf die Liquidations-Jahresabschlüsse angewendet werden sollen, ist nicht getroffen. Die Bedeutung ihres Fehlens ist unklar. Richtigerweise wird man davon auszugehen haben, daß der Gesetzgeber die unmittelbare Anwendbarkeit der handelsrechtlichen Vorschriften über den Jahresabschluß für Liquidations-Jahresabschlüsse unterstellt und nur für die Eröffnungsbilanz, die als solche keinen Jahresabschluß darstellt, eine ausdrückliche Anordnung der entsprechenden Geltung der handelsrechtlichen Vorschriften für erforderlich hält. Man wird daher aus dem Wort „entsprechend" keine inhaltlichen Einschränkungen für die Gestaltung der Liquidationsrechnungslegung und für die Bewertung ableiten können. Insbesondere gestattet es die gesetzliche Formulierung nicht, die nach dem früheren Recht geübte Praxis, wonach Liquidationsbilanzen im wesentlichen Vermögensbilanzen und Liquidationsrechnungslegung im Grunde Liquidationsplanungsrechnung war, unverändert fortzusetzen[57]. Vielmehr gilt auch hinsichtlich der Bewertung, daß von den allgemeinen handelsrechtlichen Prinzipien auszugehen ist und Modifikationen nur insoweit vorgenommen werden können, als sie sich entweder unmittelbar aus dem Gesetz oder aus den Besonderheiten der Liquidation ergeben. Während nach dem früher geltenden Recht die Auflösung als solche bereits dazu führte, daß eine Bewertung nach dem going-concern-Prinzip im Grundsatz nicht mehr möglich war und die Bilanzansätze den Realisationswerten anzupassen waren[58], ist nunmehr bei der Bewertung auch im Liquidationsstadium grundsätzlich von einer Unternehmensfortführungsprognose auszugehen (§ 252 Abs. 1 Nr. 2 HGB), und zwar unabhängig davon, ob eine Aussicht auf Veräußerung des Unternehmens in seiner Gesamtheit besteht oder nicht[59]. Eine Neubewertung nach Realisationswerten kann und muß daher erst dann erfolgen, wenn das Unternehmen tatsächlich nicht mehr fortgeführt wird und die in ihm vorhandenen Vermögensgegenstände zur Veräußerung anstehen[60]. Erst dann kann nach dem allgemeinen Grundsatz des § 252 Abs. 1 Nr. 2 HGB von tatsächlichen oder rechtlichen Gegebenheiten ausgegangen werden, die eine Bewertung abweichend von der Prämisse der Fortführung der Unternehmenstätigkeit gestatten. Des weiteren gilt im einzelnen folgendes:

24 a) **Realisations- und Imparitätsprinzip.** Auch im Liquidationsstadium sind das **Realisations**- und das **Imparitätsprinzip** anzuwenden. Diese Grundsätze haben nicht ausschließlich die Funktion einer Ausschüttungssperre[61], so daß man sie im Liquidationsstadium nicht deshalb für obsolet halten könnte, weil während der Liquida-

---

57 Vgl. aber *Meyer-Landrut*/Miller/Niehus 2; *Förster* Liquidationsbilanz, 52 ff, 69 ff, 78 ff.

58 Vgl. Vorauflage 9.

59 Vgl. Scholz/*K. Schmidt* 22; *Lutter/Hommelhoff* 2; *Roth* 2.3; *Sarx*-BeckBilKomm[1], Anh 3, 207; **aA** Baumbach/Hueck/*Schulze-Osterloh* 15; *Bohl*, in: *Küting/Weber* 16.

60 Scholz/*K. Schmidt* 22; Rowedder/*Rasner* 5; *Sarx*-BeckBilKomm[1], Anh 3, 207; *Scherrer/Heni* 90.

61 Vgl. aber *Moxter* WPg 1982, 474 f; *Förster*, Liquidationsbilanz, 77.

tion keine Gewinnausschüttungen stattfinden[62]. Es bleibt insbesondere bei der Aussage des § 252 Abs. 1 Ziff. 4 letzter Halbsatz HGB, daß zum Abschlußstichtag noch nicht realisierte Gewinne nicht ausgewiesen werden dürfen. Es ist daher unter keinen Umständen angängig, die Vermögensgegenstände der Gesellschaft auf der Basis eines hypothetischen Verkaufserlöses zu bewerten, wenn dieser Wert höher liegt als der bisherige Buchwert. Stille Reserven können demzufolge nur dann aufgelöst werden, wenn sie tatsächlich realisiert wurden. Umgekehrt sind auch weiterhin für drohende Verluste Rückstellungen zu bilden.

b) **Anschaffungskostenprinzip.** Es bleibt auch in der Liquidation bei dem Grundsatz des § 253 HGB, wonach Vermögensgegenstände höchstens mit den **Anschaffungs- oder Herstellungskosten** abzüglich der Abschreibungen anzusetzen sind. Bei der Bemessung der Abschreibungen muß allerdings die Nutzungsdauer auch unter Berücksichtigung der voraussichtlichen Dauer des Liquidationsverfahrens bestimmt werden[63]. Eine ausdrückliche Abweichung von den handelsrechtlichen Bewertungsvorschriften enthält hingegen Abs. 2 Satz 3, wonach Vermögensgegenstände des Anlagevermögens wie Umlaufvermögen zu bewerten sind, soweit ihre Veräußerung innerhalb eines übersehbaren Zeitraums beabsichtigt ist oder diese Vermögensgegenstände nicht mehr dem Geschäftsbetrieb dienen. Das Gesetz trägt hier dem Umstand Rechnung, daß in der Liquidation das Anlagevermögen zunehmend seine Bestimmung für die Zwecke der Fortführung des Unternehmens verlieren kann und es dann gleich dem Umlaufvermögen zur Veräußerung bestimmt ist. Umstritten ist, wie der „übersehbare Zeitraum" zu definieren ist, innerhalb dessen die Veräußerung beabsichtigt sein muß. Ein Zeitraum von einem Jahr wird allgemein als absehbar angesehen[64]; auch eine Spanne von zwei Jahren dürfte diese Voraussetzung noch erfüllen[65]. Rechtsfolge von Abs. 3 Satz 2 ist, daß das betreffende Anlagevermögen wie Umlaufvermögen zu bewerten ist. Das bedeutet, daß hier das strenge Niederstwertprinzip gemäß § 253 Abs. 3 HGB gilt, so daß Abschreibungen auch bei voraussichtlich nur vorübergehenden Wertminderungen zu bilden sind. **25**

c) **Immaterielle Vermögensgegenstände.** Bei der aufgelösten Gesellschaft dürfen **immaterielle Vermögensgegenstände**, die nicht entgeltlich erworben worden sind, ebensowenig aktiviert werden wie bei der werbenden Gesellschaft gemäß § 248 Abs. 2 HGB[66]. Hierzu zählt auch der eigene Firmenwert der Gesellschaft[67]. Es kommt nicht darauf an, ob die Aussicht besteht, in Zukunft diese Werte bei Unternehmensveräußerung zu realisieren[68]. Dies folgt schon aus der Fortgeltung des Realisationsprinzips[69]. **26**

d) **Eigene Anteile. Eigene Anteile** der Gesellschaft sind im Liquidationsstadium nicht mehr zu aktivieren[70]. Formalrechtlich betrachtet wären die eigenen Anteile **27**

---

62 Wie hier Scholz/*K. Schmidt* 23; Baumbach/Hueck/*Schulze-Osterloh* 14; Rowedder/*Rasner* 5; *Sarx*-BeckBilKomm[1], Anh 3, 216; *Scherrer/Heni* 93 ff.

63 *Sarx*-BeckBilKomm[1], Anh 3, 221.

64 Scholz/*K. Schmidt* 24; Baumbach/Hueck/*Schulze-Osterloh* 19; Rowedder/*Rasner* 5; Geßler/Hefermehl/Eckardt/Kropff/*Hüffer*, § 270 AktG, 24.

65 Scholz/*K. Schmidt* 24; *Sarx*-BeckBilKomm[1], Anh 3, 221; aA Baumbach/Hueck/*Schulze-Osterloh* 19; Rowedder/*Rasner* 5.

66 Scholz/*K. Schmidt* 23; *Lutter/Hommelhoff* 2; Rowedder/*Rasner* 5; *Sarx*-BeckBilKomm[1], Anh 3, 214; *Scherrer/Heni* 59 ff; aA Baumbach/Hueck/*Schulze-Osterloh* 16; *Meyer-Landrut*/Miller/Niehus 3; *Bohl*, in: *Küting/Weber* 22; Geßler/Hefermehl/Eckardt/Kropff/*Hüffer*, § 270 AktG, 26.

67 Scholz/*K. Schmidt* 23; *Sarx*-BeckBilKomm[1], Anh 3, 215; aA Baumbach/Hueck/*Schulze-Osterloh* 16.

68 So aber Baumbach/Hueck/*Schulze-Osterloh* 16; *Meyer-Landrut*/Miller/Niehus 3; *Bohl*, in: *Küting/Weber* 22; Geßler/Hefermehl/Eckardt/Kropff/*Hüffer*, § 270 AktG, 26.

69 Vgl. oben Rdn 24.

70 Baumbach/Hueck/*Schulze-Osterloh* 16; differenzierend *Scherrer/Heni* 80 ff.

zwar auch noch im Abwicklungsstadium veräußerlich, jedoch wird man realistischerweise eine solche Möglichkeit praktisch ausschließen können, so daß ein eigener Geschäftsanteil keinen realisierbaren Vermögenswert der Gesellschaft mehr darstellt. Umgekehrt kann auch die für eigene Anteile zu bildende Sonderrücklage auf der Passivseite (§ 272 Abs. 4 HGB) aufgelöst werden. Der Sonderrücklage kommt ohnedies nur die Funktion einer Ausschüttungssperre zu[71], derer es im Liquidationsstadium nicht mehr bedarf.

28 e) **Einlageforderungen. Einlageforderungen** der Gesellschaft, Ansprüche aus § 31 GmbHG oder Nachschußforderungen sind zu aktivieren, wenn und soweit sie werthaltig sind sowie in der Liquidation noch geltend gemacht werden können[72].

29 f) **Bilanzierungshilfen. Bilanzierungshilfen**, die keinen realen Vermögenswert der Gesellschaft repräsentieren, sind aufzulösen[73]. Dies gilt beispielsweise für aktivierte Ingangsetzungs- und Erweiterungskosten gemäß § 269 HGB. Demgegenüber sind Rechnungsabgrenzungsposten (§ 250 HGB) zur periodengerechten Abgrenzung der Ergebnisse auch im Liquidationsstadium erforderlich und daher beizubehalten[74].

30 g) **Pensionsrückstellungen. Pensionsrückstellungen** sind nach der Auflösung in voller Höhe zu bilden, auch wenn bei der werbenden Gesellschaft ein Passivierungswahlrecht nach Art. 28 EGHGB bestanden hat[75]. Dies gilt insbesondere im Hinblick darauf, daß in der Liquidation die Gesellschaft auf das Ziel ihrer Beendigung ausgerichtet ist und von daher nicht mehr von der Prämisse ausgegangen werden darf, daß sie ihre Pensionsverpflichtungen in Zukunft noch aus den Ergebnissen ihrer laufenden Geschäftstätigkeit erfüllen kann.

31 h) **Rückstellungen für abwicklungsbedingte Kosten.** Umstritten ist, inwieweit **Rückstellungen für die mit der Abwicklung zusammenhängenden Kosten und Wertverluste** gebildet werden dürfen und müssen. Weitgehende Einigkeit besteht allerdings darüber, daß **Sozialplanverpflichtungen** und drohende Verluste aus schwebenden Geschäften zurückgestellt werden müssen[76]. Diese Verpflichtung gilt in voller Höhe, nicht etwa nur, soweit diese nicht durch Erträge der Liquidation gedeckt werden können[77]. Dies folgt schon aus der Anwendbarkeit des Imparitäts- und des Realisationsprinzips. Eine andere Betrachtungsweise ist jedoch hinsichtlich der allgemeinen Kosten des Liquidationsverfahrens (wie beispielsweise der Vergütung der Liquidatoren) anzuwenden. Diese stellen grundsätzlich Aufwand der jeweiligen Liquidationsperiode dar und müssen daher nicht schon vorher, beispielsweise in der Eröffnungsbilanz, passiviert werden[78]. Etwas anderes gilt jedoch dann, wenn von vornherein klar ist, daß keine Liquidationserträge zu erwarten sind, aus denen diese Kosten bestritten werden können. In diesem Falle stellen die entsprechenden Aufwendungen einen drohenden Abwicklungsverlust dar, so daß eine Rückstellung gebildet werden muß.

---

71 Vgl. § 33, 68 (*Hohner*).

72 Scholz/*K. Schmidt* 21; Baumbach/Hueck/*Schulze-Osterloh* 16.

73 Scholz/*K. Schmidt* 23; Baumbach/Hueck/*Schulze-Osterloh* 16; *Bohl*, in: *Küting/Weber* 18; *Scherrer/Heni* 64.

74 Scholz/*K. Schmidt* 23; *Sarx*-BeckBilKomm[1], Anh 3, 214, *Scherrer/Heni* 67; aA Baumbach/Hueck/*Schulze-Osterloh* 16.

75 Scholz/*K. Schmidt* 23; Baumbach/Hueck/*Schulze-Osterloh* 17; Rowedder/*Rasner* 5; Bohl, in: *Küting/Weber* 19; Geßler/Hefermehl/Eckardt/Kropff/*Hüffer*, § 270 AktG, 27; aA *Sarx*-BeckBilKomm[1], Anh 3, 213; *Scherrer/Heni* 70 ff.

76 Scholz/*K. Schmidt* 23; Baumbach/Hueck/*Schulze-Osterloh* 17; Rowedder/*Rasner* 5; *Bohl*, in: *Küting/Weber* 20; *Scherrer/Heni* 59.

77 So aber Bohl, in: *Küting/Weber* 20 f.

78 Baumbach/Hueck/*Schulze-Osterloh* 17; *Sarx*-BeckBilKomm, Anh 3,212; *Scherrer/Heni* 54; aA Rowedder/*Rasner* 5; Geßler/Hefermehl/Eckardt/Kropff/*Hüffer*, § 270 AktG, 26.

IV. Auf die Liquidatoren gemäß Abs. 4 anwendbare Vorschriften

1. Verhältnis zu § 69 Abs. 1

Abs. 4 (früher Abs. 2) verweist auf einige dort im einzelnen bezeichnete Gesetzesvorschriften hinsichtlich der sich hieraus ergebenden Rechte und Pflichten der Geschäftsführer. Die **Verweisung** ist **unvollständig**[79]. Sie ist auch weitgehend überflüssig angesichts der weit umfassenderen Verweisungsvorschrift des § 69 Abs. 1. Vor diesem Hintergrund kann Abs. 4 nur als besondere Hervorhebung einzelner Rechte und Pflichten angesehen werden. 32

2. Die Rechte und Pflichten der Liquidatoren im einzelnen

Demnach sind die Liquidatoren die organschaftlichen Vertreter der Gesellschaft; die aufgelöste GmbH wird aufgrund der von den Liquidatoren vorgenommenen Rechtshandlungen berechtigt und verpflichtet (§ 36). Die Vertretungsbefugnis der Liquidatoren ist im Außenverhältnis unbeschränkt und unbeschränkbar (dazu näher § 70, 23 ff); im Innenverhältnis gelten die Beschränkungen der Geschäftsführungsbefugnis (§ 37). Die Liquidatoren müssen für die ordnungsmäßige Buchführung der Gesellschaft sorgen (§ 41). Im Abwicklungsstadium berufen die Liquidatoren die Gesellschafterversammlung ein (§ 49 Abs. 1). Eine Versammlung muß auch im Liquidationsstadium einberufen werden, wenn es im Interesse der Gesellschaft erforderlich ist (§ 49 Abs. 2). Demgegenüber verweist § 71 Abs. 4 nicht auf § 49 Abs. 3. Der Verlust der Hälfte des Stammkapitals ist daher für sich gesehen kein Grund, der im Liquidationsstadium zur Einberufung einer Gesellschafterversammlung zwingt. Auch die Liquidatoren müssen in Angelegenheiten der Gesellschaft die Sorgfalt eines ordentlichen Geschäftsmannes anwenden (§ 43 Abs. 1). Wenngleich somit der Sorgfaltsmaßstab im Grundsatz der gleiche ist wie der für die Geschäftsführer geltende, so ergeben sich doch inhaltliche Unterschiede insoweit, als sich die Tätigkeitspflicht des Liquidators auf die Abwicklung der Gesellschaft bezieht[80]. Verletzen die Liquidatoren ihre Sorgfaltspflichten, so haften sie der Gesellschaft gegenüber auf Schadensersatz (§ 43 Abs. 2). Schadensersatzansprüche verjähren in 5 Jahren (§ 43 Abs. 4)[81]. Entgegen dem Wortlaut der Verweisungsvorschrift des Abs. 4 gilt auch § 43 Abs. 3 und ergänzt insoweit die Haftung nach § 73 Abs. 3[82]. 33

3. Konkursantragspflicht

Besonderer Erwähnung bedarf noch die von der Verweisung des Abs. 2 erfaßte Vorschrift des § 64. Danach trifft – selbst bei Gesamtvertretung – jeden einzelnen Liquidator die Pflicht zur Stellung des **Antrags auf Eröffnung des Konkursverfahrens** oder des gerichtlichen Vergleichsverfahrens, wenn die Gesellschaft zahlungsunfähig wird oder überschuldet ist. Diese organisationsrechtliche Pflicht ist durch die Strafvorschrift des § 84 Abs. 1 verstärkt; die zivilrechtliche Haftung gegenüber der Gesellschaft bzw. gegenüber den Gläubigern ergibt sich auch für die Liquidatoren 34

---

79 Scholz/*K. Schmidt* 40; Baumbach/Hueck/*Schulze-Osterloh* 32; *Lutter/Hommelhoff* 13; *Meyer-Landrut*/Miller/Niehus 14.

80 Vgl. im einzelnen § 70, 5 ff; s. auch *Lutter/Hommelhoff* 13.

81 Zur Verjährungsfrage vgl. auch BGH, GmbH-Rdsch. 1971, 177.

82 Vgl. § 69, 40.

aus § 64 Abs. 2 bzw. aus § 64 Abs. 1 iVm. § 823 Abs. 2 BGB (vgl. im einzelnen § 64, 35 ff). Zu beachten ist, daß die Liquidatoren auch noch nach Auflösung der Gesellschaft das **gerichtliche Vergleichsverfahren** beantragen können, wenn mit der Verteilung des Vermögens noch nicht begonnen ist.

V. Angaben auf Geschäftsbriefen (Abs. 5)

35 Da diese seit dem Koordinierungsgesetz geltende Vorschrift nahezu wörtlich der Regelung des § 35 a entspricht, sei zunächst vollumfänglich auf die dortigen Erläuterungen Bezug genommen. § 71 Abs. 3 erfordert lediglich zusätzlich die Angabe der **Tatsache, daß die Gesellschaft sich in Liquidation befindet**[83]. Dies geschieht etwa durch den Zusatz „in Liquidation" oder „in Abwicklung". Aber auch so gebräuchliche Abkürzungen wie „i. L." oder „in Liqu." müssen als ausreichend angesehen werden. Nicht zulässig ist es – trotz nicht zu verkennender Schwierigkeiten der Praxis –, etwa in Kürze ausscheidende Liquidatoren von den Angaben auszunehmen[84]. Die Gültigkeit und Wirksamkeit einer Erklärung wird indes durch eine fehlerhafte Angabe auch insoweit nicht berührt. Die Verletzung der Pflichten nach Abs. 3 seitens der Liquidatoren kann das Registergericht zum Anlaß für die Festsetzung von Zwangsgeld nehmen (§ 79 Abs. 1)[85].

VI. Steuerfragen

36 Nach § 11 KStG 1991 ist für den Abwicklungszeitraum, im Regelfall jedoch alle drei Jahre, der **Liquidationsgewinn** zum Zwecke der Besteuerung zu ermitteln. Grundsätzlich ist im übrigen im Falle einer normalen Abwicklung die Liquidationseröffnungs- und -jahresbilanz ohne Bedeutung für die Besteuerung des Liquidationsgewinns, da für die Gewinnermittlung nach § 11 Abs. 2–4 KStG das zur Verteilung gelangende Abwicklungsvermögen dem am Schluß des der Auflösung vorangegangenen Wirtschaftsjahres ausgewiesenen Abwicklungsanfangsvermögens gegenüberzustellen ist, und zwar unter Kürzung des Abwicklungsanfangsvermögens um den Gewinn des vorangegangenen Wirtschaftsjahres, soweit dieser im Liquidationszeitraum ausgeschüttet wurde[86]. Befindet sich eine Organgesellschaft in Liquidation, so ist der im Zeitraum der Abwicklung erzielte Gewinn von der Organgesellschaft zu versteuern, da ein solcher Gewinn nicht mehr unter die Gewinnabführungsverpflichtung an den Organträger fällt[87]. Bei Auflösung und Abwicklung von Kapitalgesellschaften kann der durch den Liquidationserlös entstehende Gewinn nicht nach § 6 b EStG in Rücklage gestellt werden[88]. Wenn eine Kapitalgesellschaft im Laufe eines Wirtschaftsjahres aufgelöst wird, so besteht nach Auffassung der Finanzverwaltung seitens der Gesellschafter ein **Wahlrecht**, ob ein nicht in den Liquidations-

83 Scholz/*K. Schmidt* 47; Baumbach/Hueck/*Schulze-Osterloh* 35; Rowedder/*Rasner* 18; *Meyer-Landrut*/Miller/Niehus 20.

84 So mit Recht *Kraft*-KölnKommAktG, § 268, 27 gegen *Kremplin* BB 1969, 1112, 1114.

85 Scholz/*K. Schmidt* 47; Baumbach/Hueck/*Schulze-Osterloh* 35; *Lutter/Hommelhoff* 14; Rowedder/*Rasner* 18; *Meyer-Landrut*/Miller/Niehus 20; *Roth* 6.

86 Zu den mit der Besteuerung des Abwicklungsgewinns zusammenhängenden Fragen vgl. *v. Wallis* GmbH-Rdsch. 1953, 157 und 1970, 66, 71; *Schultze-Schlutius* GmbH-Rdsch. 1957, 175; *Voss* GmbH-Rdsch. 1965, 245; *Thiel* DB 1959, 1092; FR 1960, 529 und AG 1960, 274; *Schlüter* DB 1961, 350; *Ranft* FR 1966, 411; *Litfin* Liquidation und steuerliche Pflichten, 1964; zu Schachtelprivileg und Organschaft bei Liquidation einer Kapitalgesellschaft vgl. *Pfeifer* BB 1975, 1109.

87 BFH 101, 509.

88 BFH 108, 159.

zeitraum einzubeziehendes Rumpfwirtschaftsjahr gebildet wird, oder aber das Ergebnis des bei Auflösung laufenden Geschäftsjahres dem Liquidationszeitraum zugerechnet wird[89].

§ 72

Das Vermögen der Gesellschaft wird unter die Gesellschafter nach Verhältnis ihrer Geschäftsanteile verteilt. Durch den Gesellschaftsvertrag kann ein anderes Verhältnis für die Verteilung bestimmt werden.

Übersicht

Schrifttum

Hofmann Zur Liquidation einer GmbH (II), GmbH-Rdsch. 1976, 258.

I. Einleitung

1 Die Ausschüttung des Liquidationsüberschusses ist die Rechtsfolge der Auflösung der Gesellschaft. Die Vorschrift des § 72 betrifft lediglich die **quotenmäßige Aufteilung des Liquidationsüberschusses.** Im Ablauf der Liquidation geht der Verteilung das Verfahren nach § 73 voraus. Nur das nach Ablauf des Sperrjahres und nach vollständiger Begleichung aller Verbindlichkeiten verbleibende Reinvermögen steht zur Verteilung unter die Gesellschafter an. Ausschließlich diese betrifft § 72. Die Vorschrift tangiert daher nicht sonstige Ansprüche der Gesellschafter, die diesen aus schuldrechtlichen oder gesellschaftsrechtlichen Rechtsgrundlagen gegen die Gesellschaft zustehen. Die Durchführung der Verteilung des Liquidationsüberschusses obliegt den Liquidatoren. Die Vorschrift des § 72 ist nicht zwingender Natur, sondern kann durch gesellschaftsvertragliche Bestimmungen und Vereinbarungen der Gesellschafter untereinander abbedungen bzw. modifiziert werden. Zu den Grenzen des Ausschlusses des Anspruchs auf den Liquidationserlös vgl. unten Rdn 8.

2 Der Anspruch auf den (anteiligen) Liquidationserlös stellt ein rechtlich selbständiges und gesondert übertragbares Recht des Gesellschafters dar, welches sich aus seiner Mitgliedschaft in der Gesellschaft ergibt. Sobald die Gläubiger nach § 73

[89] Vgl. Abschn. 46 Abs. 1 S. 4–7 KStR; kritisch hierzu Baumbach/Hueck/*Schulze-Osterloh* 36.

befriedigt oder sichergestellt sind und das Sperrjahr abgelaufen ist, wird die **Forderung** der Gesellschafter **gegen die Gesellschaft** auf Auszahlung der Liquidationsquote fällig. Das abstrakte Recht wird zum konkreten Zahlungsanspruch[1]. Die Gesellschafter können dieses Recht im Klagewege gegen die Gesellschaft, vertreten durch die Liquidatoren, geltend machen[2]. Bei dem Anspruch auf den anteiligen Liquidationserlös handelt es sich grundsätzlich um einen Geldanspruch[3].

II. Der gesetzliche Verteilungsmaßstab

1. Das Verhältnis der Geschäftsanteile

3 Nach der gesetzlichen Regel wird das Vermögen nach **Verhältnis der Geschäftsanteile** verteilt. Es kommt daher grundsätzlich nicht auf den Wert der erbrachten Einlage oder ein etwa zusätzlich aufgebrachtes Aufgeld (Agio) an. Es entscheidet der Nennbetrag der Geschäftsanteile, und zwar nicht im Verhältnis zum Stammkapital, sondern im Verhältnis der Geschäftsanteile untereinander. Dies wird vor allem dann von Bedeutung, wenn die Ziffer des Stammkapitals nicht mehr mit der Summe der Nennbeträge der Geschäftsanteile übereinstimmt. Dies ist insbesondere der Fall bei Einziehung einzelner Geschäftsanteile ohne Herabsetzung des Stammkapitals. In diesen Fällen verschiebt sich das Verhältnis der verbleibenden Geschäftsanteile zueinander nicht, es erhöht sich nur der prozentuale Anteil am Gesellschaftsvermögen[4].

4 **Eigene Geschäftsanteile** der Gesellschaft bleiben bei der Verteilung des Liquidationserlöses unberücksichtigt[5]. Gleiches gilt für Geschäftsanteile, die wegen Unverwertbarkeit im Falle der **Kaduzierung** (§ 23) oder **Abandonnierung** (§ 27) an die Gesellschaft gefallen sind. Ist in diesen Fällen das Verwertungsverfahren noch nicht abgeschlossen, so ist entgegen der noch in der Vorauflage[6] vertretenen Auffassung bei der Verteilung des Liquidationserlöses kein Betrag zurückzuhalten, der rechnerisch auf den betreffenden Geschäftsanteil entfällt. Zwar könnte eine Verwertung des kaduzierten oder abandonnierten Geschäftsanteils aus rechtlicher Sicht auch noch im Liquidationsstadium erfolgen, wenngleich eine erfolgreiche Versteigerung oder ein Verkauf nach erfolgter Auflösung der Gesellschaft eher eine theoretische Möglichkeit darstellen dürfte. Entscheidend ist jedoch, daß die Verwertung der Anteile die Beendigung des Liquidationsverfahrens nicht behindern darf[7]. Bei der Abandonnierung ist zu beachten, daß der Anteil vor dem erfolglosen Angebot zum Verkauf noch dem Gesellschafter gehört. Bei Beendigung der Liquidation vor diesem Zeitpunkt erhält er demzufolge seinen Anteil am Liquidationserlös[8]. Dies gilt allerdings nicht, wenn und soweit der abandonnierende Gesellschafter ansonsten im Liquidationsstadium Nachschüsse hätte leisten müssen[9] und er sich nach § 27 dieser Zahlungspflicht entledigt hat mit der Folge, daß die auf ihn entfallenden Nachschüsse in der Liquidation von seinen Mitgesellschaftern zusätzlich aufgebracht werden müssen.

---

[1] RGZ 124, 210.
[2] Vgl. unten Rdn 22.
[3] Zu den Ausnahmen vgl. unten Rdn 16.
[4] OLG Darmstadt GmbH-Rdsch. 1915, 388; Scholz/*K. Schmidt* 13; Baumbach/Hueck/*Schulze-Osterloh* 4; Rowedder/*Rasner* 10; *Meyer-Landrut*/Miller/Niehus 2; *Hohner* Festschrift Barz (1974), S. 165.
[5] Vgl. auch § 33, 55 (*Hohner*).
[6] Rdn 4.
[7] Scholz/*K. Schmidt* 13; Baumbach/Hueck/*Schulze-Osterloh* 5.
[8] AA Scholz/*K. Schmidt* 13; Baumbach/Hueck/*Schulze-Osterloh* 5, nach denen der Anteil bei der Verteilung nicht zu berücksichtigen sein soll.
[9] Vgl. hierzu § 69, 23.

Ist ein Gesellschafter aus der Gesellschaft **ausgetreten** oder **ausgeschlossen** worden, endet jedoch die Liquidation ohne Einziehung des betreffenden Geschäftsanteils, so steht dem ausgetretenen oder ausgeschlossenen Gesellschafter die auf ihn entfallende Liquidationsquote zu, allerdings maximal in Höhe seiner Abfindung[10]. 5

Bei der Verteilung des Liquidationsüberschusses an die Gesellschafter nach Verhältnis ihrer Geschäftsanteile ist es unerheblich, ob sie Geld- oder Sacheinlagen geleistet haben. Beide Arten von Einlagen sind in das Eigentum der Gesellschaft übergegangen[11]. Es ist also auch für den Sacheinleger entscheidend, welchen Nennbetrag sein Geschäftsanteil hat, nicht welchen Wert die Sacheinlage in Wirklichkeit hatte. Die **Satzung** kann jedoch Abweichendes bestimmen, z. B. daß im Falle der Auflösung der oder die Gesellschafter ihre Sacheinlage zurückerhalten sollen[12]. Der rückempfangende Gesellschafter muß ggf. einen Mehrwert gegenüber der ihm zustehenden Liquidationsquote an die übrigen Gesellschafter zum Ausgleich bringen, falls sich nicht aus der Satzung – ggf. nach Auslegung – ergibt, daß eine solche Ausgleichspflicht ausgeschlossen sein soll mit der Folge, daß der Gesellschafter einen Liquidationsvorzug erhält[13]. 6

2. Nicht voll eingezahlte Geschäftsanteile

Im GmbH-Gesetz fehlt eine § 271 Abs. 3 AktG (früher § 300 Abs. 3 HGB) entsprechende Regelung für den Fall, daß die **Einzahlungen** auf die Geschäftsanteile von den Gesellschaftern **nicht in demselben Verhältnis** geleistet worden sind. In einem solchen Fall sind dann die Einlagerückstände verschieden hoch. Nach heute allgemeiner Auffassung[14] ist die *aktienrechtliche Regelung entsprechend anzuwenden.* Zunächst werden die von den Gesellschaftern geleisteten Einlagen an diese zurückerstattet, der weitere Überschuß wird nach den Nennbeträgen der Geschäftsanteile verteilt. Nur wenn das Liquidationsvermögen zur Erstattung der Einlagen nicht ausreicht, sind die rückständigen Einlagen noch einzuziehen. § 271 Abs. 3 AktG verfolgt aus Vereinfachung das schon in § 69, 20 genannte Ziel: die Gesellschafter sollen vor bloßem Hin- und Herzahlen bewahrt werden. Haben jedoch einzelne Gesellschafter ein Vorrecht an der Liquidationsquote (hierzu unten Rdn 10), so muß sorgfältig geprüft werden, ob nicht doch noch Einzahlungen auf die Stammeinlagen zur Verwirklichung des Vorrechts erforderlich sind. Auch für den Fall des Verlustes ist die Anwendung des § 271 Abs. 3 AktG (Satz 2) und damit die Verteilung des Verlustes nach dem Nennbetrag der Geschäftsanteile geboten und vernünftig[15]. Jedoch kann der Gesellschaftsvertrag eine abweichende Regelung über die Verteilung der Liquidationsquoten gerade für den Fall eingetretener Verluste treffen. 7

III. Abweichende Regelungen

1. Ausschluß des Anspruchs

Nach dem ausdrücklichen Gesetzeswortlaut von Satz 2 ist die Vorschrift des Satzes 1 zumindest hinsichtlich des Verteilungsverhältnisses dispositives Recht. Wei- 8

[10] Scholz/*K. Schmidt* 14; Baumbach/Hueck/*Schulze-Osterloh* 5.
[11] RG JW 1913, 1040; JR 1948, 256; *Vogel* 4.
[12] Scholz/*K. Schmidt* 13; Baumbach/Hueck/*Schulze-Osterloh* 3; Rowedder/*Rasner* 5, 10; *Vogel* 4.
[13] Dazu unten Rdn 10.
[14] Baumbach/Hueck/*Schulze-Osterloh* 4; *Lutter/Hommelhoff* 11; Rowedder/*Rasner* 10; *Meyer-Landrut*/Miller/Niehus 3; *Brodmann* 1 b; *Hofmann* GmbH-Rdsch. 1976, 258, 266; im Ergebnis wohl auch Scholz/*K. Schmidt* 13.
[15] So auch RG JW 1913, 1040.

tergehend kann der Gesellschaftsvertrag sogar allen oder einzelnen Geschäftsanteilen den **Anteil am Liquidationserlös völlig nehmen** und vorschreiben, daß der Liquidationsüberschuß an andere Personen oder Institutionen fallen soll[16]. Eine solche Satzungsbestimmung kommt insbesondere dann in Betracht, wenn das Vermögen nach der Abwicklung kulturellen oder sonstigen gemeinnützigen Zwecken zugewendet werden soll. So ist im Steuerrecht Voraussetzung für bestimmte Steuerbefreiungen die Aufnahme von Satzungsbestimmungen des Inhalts, daß im Falle der Auflösung der steuerbefreiten Gesellschaft nur die eingezahlen Kapitalanteile und der gemeine Wert der geleisteten Sacheinlagen an die Gesellschafter zurückgezahlt werden dürfen, daß darüber hinaus aber das Vermögen nur für bestimmte steuerbegünstigte Zwecke verwendet werden darf (Grundsatz der Vermögensbindung: vgl. §§ 51 ff, 55 Abs. 1 Nr. 4, 61 AO). Entsprechendes gilt für gemeinnützige Wohnungsunternehmen iS des Wohnungsgemeinnützigkeitsgesetzes vom 29. 2. 1940[17]. Gesellschaftsrechtlich kann eine solche Begünstigung des Dritten durch Satzungsänderung jederzeit bis zur Entstehung des Anspruchs wieder beseitigt werden.

9 Problematisch kann ein solcher satzungsmäßiger **Ausschluß des Anteils am Liquidationsüberschuß** im Hinblick darauf sein, daß die Mitgliedschaft nicht so sehr aller Rechte entkleidet werden darf, daß dies mit dem Wesen der GmbH unvereinbar wäre (sog. **Kernbereich** der Mitgliedschaft)[18]. Für die Beurteilung wird man mehrfach differenzieren müssen. Handelt es sich um eine Gesellschaft mit idealen Zwecken, insbesondere eine solche, die steuerbegünstige Zwecke (§§ 51 ff AO 1977) verfolgt, so ist ebenso wie der Ausschluß aller Gesellschafter vom Gewinn auch der Ausschluß vom Liquidationserlös möglich, ja sogar geboten (Rdn 8). Im Normalfall hingegen – die Gesellschaft bezweckt den Vorteil ihrer Mitglieder – ist insgesamt darauf zu achten, daß der Kernbereich der Mitgliedschaft erhalten bleibt, was nur durch eine Abwägung und Analyse im Einzelfall entschieden werden kann. So hat der BGH z. B. einen völligen Ausschuß vom Gewinn- und Stimmrecht für möglich erachtet, wenn jedenfalls neben gewissen Mitverwaltungsrechten die Beteiligung am Liquidationserlös erhalten blieb[19]. Da § 72 dispositives Recht ist, wird aber auch die Beteiligung am Auseinandersetzungsergebnis ausgeschlossen werden können, wenn die sonstige Ausgestaltung den Geschäftsanteil nicht zu einem nudum ius herabmindert[20].

2. Verteilungsverhältnis

10 Abdingbar ist namentlich das **Verhältnis für die Verteilung des Liquidationsüberschusses**. Die hier denkbaren Gestaltungsmöglichkeiten sind außerordentlich vielfältig. So ist es möglich, einzelne Geschäftsanteile mit einem **Liquidationsvorzug** auszustatten. Die Satzung kann beispielsweise bestimmen, daß auf einzelne Geschäftsanteile vorab ein bestimmter Betrag aus dem Liquidationserlös entfällt, bevor die Verteilung unter die übrigen Gesellschafter erfolgt. Es handelt sich dann um Vorzugsgeschäftsanteile[21]. Weiter ist es möglich, den Verteilungsmaßstab zu modifizie-

---

16 So schon RGZ 7, 68, 70; s. auch *Wiedemann*-GroßkommAktG, § 271, 1; *Kraft*-KölnKomm-AktG, § 271, 3; Scholz/*K. Schmidt* 5; Baumbach/Hueck/*Schulze-Osterloh* 13; *Lutter/Hommelhoff* 9; Rowedder/*Rasner* 3; *Meyer-Landrut*/Miller/Niehus 6.

17 RGBl. 1940, I, 438; §§ 9 und 11.

18 Vgl. etwa *H. P. Westermann*, Vertragsfreiheit und Typengesetzlichkeit im Recht der Personengesellschaften, S. 351 ff mwN.

19 BGHZ 14, 264, 273 = NJW 1954, 1563.

20 Vgl. RGZ 169, 65, 82; BGHZ 14, 264, 272 = NJW 1954, 1563.

21 Vgl. hierzu § 5, 160 ff (*Ulmer*).

ren, also einzelnen Geschäftsanteilen einen höheren Prozentsatz aus der Liquidationsmasse zukommen zu lassen, als es dem Verhältnis der Geschäftsanteile entspricht. Eine solche Lösung bietet sich u. a. dann an, wenn Erfindungen, Patente oder sonstige Einlagegegenstände im Wege der Sacheinlage eingebracht wurden, für die man wegen ihres ungewissen Wertes keinen allzu hohen Geschäftsanteil schaffen, die man aber andererseits den Geschäftsanteilen mit größerer Geldeinlage gleichstellen wollte. Ein anderer möglicher Anwendungsfall ist die Situation, daß Gesellschafter ihre Anteile mit verschieden hohem Aufgeld erworben haben und man es für sachgerecht hält, bei der Verteilung des Liquidationserlöses nicht auf den Nominalbetrag der Geschäftsanteile abzustellen, sondern den unterschiedlich hohen Gesellschafterleistungen Rechnung zu tragen. Umgekehrt kann der Anspruch auf Teilhabe am Liquidationserlös auch beschränkt werden; so kann beispielsweise bestimmt werden, daß ein Geschäftsanteil nur bis zur Höhe des Nennbetrages oder eines Teilbetrages hiervon an dem Liquidationsüberschuß partizipiert. Des weiteren ist es möglich, den Anspruch auf den Liquidationserlös zu beziehen auf bestimmte Vermögensgegenstände. Beispielsweise ist es zulässig vorzusehen, daß ein Gesellschafter eine bestimmte von ihm geleistete Sacheinlage zurückerhält[22]. Der Gesellschaftsvertrag kann auch bestimmen, daß ein Gesellschafter, der bei der Gründung der GmbH ein Geschäft mit Aktiven und Passiven eingebracht hat, dieses Unternehmen wieder zurückerhält[23]. In all diesen Fällen ist dann noch im einzelnen zu bestimmen oder ggf. auch durch Auslegung zu ermitteln, ob dies in Anrechnung auf sein Liquidationsguthaben erfolgt (ggf. mit welchen Werten) und ob der Gesellschafter verpflichtet ist, einen etwaigen wertmäßigen Überschuß gegenüber der auf ihn entfallenden Liquidationsquote auszugleichen.

3. Satzungsbestimmung

11 Nach Satz 2 bedarf eine **Abweichung** von dem gesetzlichen Verteilungsmaßstab grundsätzlich einer **gesellschaftsvertraglichen Grundlage**. Möglich ist daher zunächst eine anderweitige Regelung im ursprünglichen Gesellschaftsvertrag. Aber auch durch eine Satzungsänderung kann ein anderes Verhältnis als das gesetzliche bestimmt werden. Hier ist jedoch folgendes zu beachten: eine solche Satzungsänderung greift in den Gleichheitsgrundsatz und in das *unentziehbare Recht der Gesellschafter* auf die ihnen nach dem Gesetz zustehende Liquidationsquote ein. Daher ist die Zustimmung aller Gesellschafter erforderlich[24]. Demgegenüber erfordert die Beseitigung oder Änderung eines satzungsmäßigen Sonderrechts einzelner Gesellschafter (wie z. B. eines Liquidationsvorzugs oder des Rechts, bestimmte Vermögensgegenstände aus der Liquidationsmasse zu erhalten) zugunsten einzelner oder aller Mitgesellschafter neben der Zustimmung des Betroffenen lediglich einen Beschluß der Gesellschafter mit satzungsändernder Mehrheit. Ein solcher, das Verteilungsverhältnis behandelnder Beschluß kann auch im Liquidationsstadium gefaßt werden; die hierin liegende Satzungsänderung ist auch im Liquidationsstadium möglich[25]. Ist ein Dritter nach dem ursprünglichen oder abgeänderten Gesell-

---

[22] RG LZ 1911, 219; Scholz/*K. Schmidt* 10; Baumbach/Hueck/*Schulze-Osterloh* 11; *Lutter*/*Hommelhoff* 10.

[23] BayObLG, LZ 1922, 127.

[24] KG JW 1937, 2979; Scholz/*K. Schmidt* 3, 14; Baumbach/Hueck/*Schulze-Osterloh* 12; *Lutter*/*Hommelhoff* 11; Rowedder/*Rasner* 11; *Meyer-Landrut*/Miller/Niehus 5; *Vogel* 1; *Feine*, S. 667; *Hofmann* GmbH-Rdsch. 1976, 267.

[25] Vgl. § 69, 59.

schaftsvertrag Anfallberechtigter des Gesellschaftsvermögens oder eines Teiles hiervon, so ist dessen Zustimmung für eine Änderung dieser Satzungsregelung nicht erforderlich[26], es sei denn, der Gesellschaftsvertrag bestimmt bzw. ist in der Weise auszulegen, daß eine Aufhebung oder Beschränkung des Rechts nur mit Einwilligung des berechtigten Dritten möglich sein soll (vgl. § 328 Abs. 2 BGB).

4. Formlose Vereinbarungen

12 Des weiteren können die Gesellschafter auch außerhalb des Gesellschaftsvertrages untereinander **formlose Vereinbarungen** treffen, wie sie den Liquidationsüberschuß untereinander verteilen wollen[27]. Ob solche Vereinbarungen für alle Gesellschafter bindend sind (insbesondere für Erwerber von Geschäftsanteilen), hängt von den jeweils getroffenen zivilrechtlichen Vereinbarungen ab. Ein etwaiger Erwerber eines Geschäftsanteils muß sich derartige schuldrechtliche Vereinbarungen, die nicht ihren Niederschlag in einer Gesellschaftsvertragsänderung gefunden haben, nur entgegenhalten lassen, wenn er wirksam in diese eingetreten ist (vgl. näher § 3, 116 ff, 119).

5. Gesetzliche Korrektur der Verteilung

13 Es wird überwiegend die Auffassung vertreten, daß eine **gesetzliche Korrektur** der Verteilung des Liquidationserlöses zu erfolgen habe, wenn die Gesellschaft aufgrund eines unwirksamen Beschlusses fortgesetzt worden sei[28]. In diesem Falle könne der widersprechende Gesellschafter dasjenige Liquidationsguthaben verlangen, welches er erhalten hätte, wenn die Gesellschaft sogleich ordnungsgemäß abgewickelt worden wäre. Die Richtigkeit dieser Ansicht erscheint indessen zweifelhaft. Zunächst ist sie insofern auch unpraktikabel, als ein hypothetischer Liquidationserlös bei einer unterstellten ordnungsgemäßen Abwicklung in aller Regel nicht ermittelt werden kann. Aus rechtlicher Sicht kann es auch nicht angehen, bei der Verteilung des Liquidationserlöses danach zu differenzieren, ob die jeweiligen Gesellschafter für oder gegen den unwirksamen Fortsetzungsbeschluß gestimmt haben. Die unzulässige Fortführung der Gesellschaft und die dadurch bedingte Verzögerung der Abwicklung ist allein unter dem Gesichtspunkt der Schadensersatzhaftung relevant. Ist dem Liquidator vorzuwerfen, daß er schuldhaft die Unwirksamkeit des Auflösungsbeschlusses verkannt und deshalb die werbende Tätigkeit der Gesellschaft fortgesetzt hat, so trifft ihn unter Umständen die Pflicht, der Gesellschaft einen durch die Verzögerung der Abwicklung etwa entstehenden Schaden zu ersetzen, falls ein solcher dargelegt werden kann.

IV. Die rechtliche Ausgestaltung des Anspruchs

1. Gläubiger des Anspruchs

14 **Gläubiger** des Anspruchs ist grundsätzlich der Gesellschafter in seiner Eigenschaft als Inhaber des Geschäftsanteils, falls nicht die Satzung bestimmt, daß die

---

26 Scholz/*K. Schmidt* 5; Baumbach/Hueck/*Schulze-Osterloh* 13; Rowedder/*Rasner* 11.

27 RG JW 1915, 335; Scholz/*K. Schmidt* 15; Baumbach/Hueck/*Schulze-Osterloh* 12; Rowedder/*Rasner* 12; *Meyer-Landrut*/Miller/Niehus 5; *Brodmann* 1 d.

28 So namentlich Baumbach/Hueck/*Schulze-Osterloh* 6; *Lutter/Hommelhoff* 12 und Vorauflage 12 im Anschluß an RGZ 81, 68, 70; vgl. auch Scholz/*K. Schmidt* 16.

Gesellschafter von der Verteilung des Liquidationserlöses ausgenommen sind und dieser einem Dritten zusteht[29]. Der Anspruch ist jedoch auch vor seiner Fälligkeit bereits selbständig abtretbar, so daß die Anspruchsinhaberschaft und die Gesellschafterstellung auseinanderfallen können. Erwirbt jedoch ein Dritter den Geschäftsanteil vor Fälligwerden des Anspruchs auf die Liquidationsquote, so kann ihm eine Abtretung nicht entgegengehalten werden, und zwar selbst dann nicht, wenn er davon Kenntnis hatte[30].

Sind **Anteilscheine** ausgegeben, so kommt es darauf an, welche Funktion die Satzung im Zusammenhang mit der Liquidation dem Anteilschein beilegt. Sie kann bestimmen, daß die Auszahlung der Quoten nur gegen Vorlage der Anteilscheine erfolgen darf und daß die Anteilscheine an den Liquidator abzuliefern sind[31]. **15**

2. Inhalt des Anspruchs

Inhaltlich ist der Anspruch auf das Liquidationsguthaben grundsätzlich ein **Geldanspruch**. Dies ergibt sich bereits aus § 70 Satz 1, wonach die Liquidatoren im Rahmen der Abwicklung das Vermögen der Gesellschaft in Geld umzusetzen haben. Soweit Interessen der Gläubiger, welche gemäß § 73 den Vorrang haben, nicht tangiert sind, können der Gesellschaftsvertrag oder eine einvernehmliche Regelung zwischen den Gesellschaftern aber auch eine **Verteilung des Gesellschaftsvermögens in Natur** vorsehen. Die Liquidatoren sind dann an eine solche Regelung gebunden. Die Gesellschafter sind jedoch bei Fehlen einer entsprechenden Satzungsbestimmung jedenfalls nicht verpflichtet, Sachwerte an Zahlungs Statt in Anrechnung auf ihre Liquidationsquote entgegenzunehmen; § 752 BGB gilt nicht. Die Gesellschafter können vielmehr auf ihrem Geldanspruch bestehen[32]. **16**

Im Schrifttum wird zum Teil die Auffassung vertreten, daß eine Verteilung des Liquidationserlöses in Natur über einen bloßen **Mehrheitsbeschluß** hinaus dann nicht der Zustimmung aller Gesellschafter bedürfe, oder daß – was im Ergebnis auf das gleiche hinausläuft – die Verweigerung einer an sich erforderlichen Zustimmung treuwidrig sei, wenn die Gleichbehandlung der Gesellschafter gewahrt bleibe[33]. Dies mag im Prinzip richtig sein, doch sind an die Voraussetzungen hier sehr strenge Anforderungen zu stellen. Keineswegs kann man bei Vermögensgegenständen, die einen Börsen- oder Marktpreis haben, oder bei Forderungen stets davon ausgehen, daß sie ohne weiteres an einen einzelnen Gesellschafter ausgekehrt werden könnten[34]. So können beispielsweise ein Aktienpaket einer börsennotierten Gesellschaft oder eine hochverzinsliche Forderung durchaus einen über ihren Börsen- bzw. Nennwert hinausgehenden Wert haben. Daher ist es einem Gesellschafter nur dann verwehrt, einer Auskehrung von Gesellschaftsvermögen in Natur an einzelne Mitgesellschafter zu widersprechen, wenn ausgeschlossen werden kann, daß die **17**

---

[29] Vgl. dazu oben Rdn 8.

[30] BGHZ 88, 205 = NJW 1984, 492; Scholz/*K. Schmidt* 3; *Meyer-Landrut*/Miller/Niehus 7; vgl. auch BGHZ 104, 351 = NJW 1989, 458 für den Fall einer Anteilspfändung.

[31] Vgl. hierzu auch § 14, 11 (*Raiser*).

[32] Rowedder/*Rasner* 6; *Meyer-Landrut*/Miller/Niehus 9; aA Scholz/*K. Schmidt* 9; Baumbach/Hueck/*Schulze-Osterloh* 11; *Lutter/Hommelhoff* 10.

[33] Scholz/*K. Schmidt* 10; Baumbach/Hueck/*Schulze-Osterloh* 11; Rowedder/*Rasner* 6; wohl auch *Roth* 2.2.; aA *Meyer-Landrut*/Miller/Niehus 9.

[34] Vgl. aber Scholz/*K. Schmidt* 9, 10, 11; Baumbach/Hueck/*Schulze-Osterloh* 11.

Verwertung zu einem Mehrerlös führen würde, und wenn ihm außerdem selbst die gleiche Möglichkeit zum Erwerb der betreffenden Vermögensgegenstände gegeben wurde.

3. Schuldner des Anspruchs

18 **Schuldnerin** des Anspruchs ist die **Gesellschaft**. Die Verteilung des Liquidationsüberschusses erfolgt demgemäß durch die Liquidatoren[35]. Dies schließt nicht aus, daß die Gesellschafter, die für die Durchführung der Abwicklung den Liquidatoren Weisungen erteilen können, dies auch in bezug auf die Verteilung tun können. Enthält eine solche Weisung jedoch eine Abweichung von dem gesetzlichen oder statutarischen Verteilungsschlüssel, so werden die Geschäftsführer vor der Durchführung der Verteilung eine sorgfältige Prüfung vornehmen müssen und zur Vermeidung ihrer Haftung uU alle Gesellschafter zusammenrufen oder befragen.

19 Sind die **Liquidatoren** selbst **Gesellschafter**, so können sie die Verteilung des Vermögens auch an sich selbst vornehmen. § 181 BGB steht nicht entgegen, da sie nur eine bestehende Verbindlichkeit der GmbH erfüllen[36].

4. Verjährung und Ausschlußfristen

20 Der **Anspruch** auf die Liquidationsquote **verjährt** in 30 Jahren (§ 195 BGB)[37], doch kann der Gesellschaftsvertrag diese Frist abkürzen (§ 225 Satz 2 BGB). Auch die Einführung einer Ausschlußfrist ist zulässig, jedoch muß diese so bemessen sein, daß der Anspruch der Gesellschafter auf die Liquidationsquote nicht in unzumutbarem Maße beeinträchtigt wird[38]. Unangemessen wäre es beispielsweise, den Gesellschaftern aufzuerlegen, ihre Ansprüche auf das Liquidationsguthaben innerhalb des Sperrjahres des § 73 Abs. 1, also noch vor Fälligkeit der Forderung, bei der Gesellschaft geltend zu machen[39]. Eine Ausschlußfrist oder eine verkürzte Verjährungsfrist können auch durch nachträgliche Satzungsänderung sogar noch im Abwicklungsstadium begründet werden. Ob hierfür ein bloßer satzungsändernder Beschluß mit qualifizierter Mehrheit (§ 53 Abs. 2) genügt[40] oder vielmehr Einstimmigkeit erforderlich ist[41], ist umstritten. Der ersteren Auffassung ist im Grundsatz zuzustimmen[42]. Jedenfalls bis zum Eintritt der Fälligkeit wird man eine für alle Gesellschafter gleichermaßen geltende Regelung noch nicht als Eingriff in ein Individualrecht ansehen können mit der Folge, daß die Zustimmung des Betroffenen erforderlich wäre.

21 Durch Ablauf der Ausschlußfrist bzw. Erhebung der Verjährungseinrede nach dem Ende der Verjährungsfrist wird die Gesellschaft dem betreffenden Gesellschafter gegenüber von der Schuld frei. Das entsprechende **anteilige Liquidationsgutha-**

35 RGZ 59, 58; 124, 210; Scholz/*K. Schmidt* 6; Baumbach/Hueck/*Schulze-Osterloh* 17; *Lutter/Hommelhoff* 1; Rowedder/*Rasner* 4; *Meyer-Landrut*/Miller/Niehus 8; *Vogel* 3; *Hofmann* GmbH-Rdsch. 1976, 266; aM *Brodmann* 2.

36 Scholz/*K. Schmidt* 6; Baumbach/Hueck/*Schulze-Osterloh* 17; *Lutter-Hommelhoff* 1; Rowedder/*Rasner* 4; *Meyer-Landrut*/Miller/Niehus 8; *Hofmann* GmbH-Rdsch. 1976, 266.

37 Scholz/*K. Schmidt* 18; Baumbach/Hueck/*Schulze/Osterloh* 15; Rowedder/*Rasner* 9; *Meyer-Landrut*/Miller/Niehus 11.

38 KG JW 1937, 2979; Scholz/*K. Schmidt* 19; Baumbach/Hueck/*Schulze-Osterloh* 16; Rowedder/*Rasner* 9; *Meyer-Landrut*/Miller/Niehus 11.

39 Scholz/*K. Schmidt* 19 hält eine solche Frist nicht nur für zulässig, sondern sogar für zweckmäßig.

40 Scholz/*K. Schmidt* 18; Baumbach/Hueck/*Schulze-Osterloh* 15, 16 jeweils beschränkt auf die Einführung angemessener Fristen.

41 Rowedder/*Rasner* 9; *Meyer-Landrut*/Miller/Niehus 11.

42 Anders noch Vorauflage 20.

ben stellt daher Vermögen der Gesellschaft dar, welches zur Verteilung unter die übrigen Gesellschafter (d. h. unter Ausschluß desjenigen, dessen Anspruch verjährt bzw. durch Verstreichen der Ausschlußfrist untergegangen ist) ansteht[43].

5. Streitigkeiten

Streitigkeiten über die Verteilung des Liquidationsvermögens, insbesondere über die Liquidationsquote, haben die Gesellschafter, ebenso wie Anfechtungsklagen gegen entsprechende Gesellschafterbeschlüsse, gegen die Gesellschaft, vertreten durch die Liquidatoren, auszutragen[44]. Ein Rechtsstreit der Gesellschafter untereinander über Fragen der Liquidationsausschüttung wird nur ausnahmsweise insoweit in Betracht kommen, wie besondere Rechtsbeziehungen zwischen ihnen bestehen, insbesondere also unter dem Gesichtspunkt der gegenseitig geschuldeten Treupflicht, oder aus bestehenden vertraglichen Vereinbarungen wie z. B. Stimmbindungen. Zu der Frage vermögensrechtlicher Direktansprüche zwischen den Gesellschaftern vgl. unten Rdn 25. Die Gesellschafter können auch für den Fall von Streitigkeiten ein Schiedsgericht einsetzen. **22**

V. Die Rechtsfolgen fehlerhafter Verteilung des Liquidationserlöses

1. Rückerstattungspflicht des Gesellschafters

Hat ein Gesellschafter infolge unrichtiger Verteilung des Liquidationsüberschusses mehr erhalten, als ihm zusteht, so ist er unabhängig von einem etwaigen Verschulden verpflichtet, den Differenzbetrag der Gesellschaft nach Bereicherungsrecht sowie aufgrund der ihm obliegenden Treuepflicht **zurückzuerstatten**. Liegt außerdem ein Verstoß gegen § 73 vor, kommt § 31 analog zur Anwendung[45]. **23**

2. Haftung des Liquidators

Haben die **Liquidatoren** die nach Berichtigung der Schulden verbleibende Vermögensmasse der Gesellschaft nicht entsprechend dem Gesetz, der Satzung und den Beschlüssen der Gesellschafter verteilt, so stellt sich die Frage nach ihrer **Haftung**. Soweit den Liquidatoren hier eine schuldhafte Verletzung ihrer Pflichten vorzuwerfen ist, haften sie der Gesellschaft gegenüber nach § 71 Abs. 4 iVm. § 43 auf Schadenersatz. Sie tragen daher das Risiko, daß der Anspruch der Gesellschaft gegen denjenigen Gesellschafter, welcher eine Überzahlung erhalten hat, nicht realisiert werden kann. Demgegenüber haben die benachteiligten Gesellschafter grundsätzlich keinen direkten Schadensersatzanspruch gegen den Liquidator, es sei denn, es liegen die Voraussetzungen des § 826 BGB vor[46]. **24**

3. Ansprüche des benachteiligten Gesellschafters

Der **benachteiligte Gesellschafter** kann zunächst seinen Anspruch gegen die Gesellschaft geltend machen. Beruht die Verteilung auf einem rechtswidrigen Gesellschafterbeschluß, so braucht er diesen nicht notwendigerweise zunächst anzufech- **25**

[43] Scholz/*K. Schmidt* 19.

[44] RGZ 59, 58; hierzu auch RGZ 124, 210; Scholz/*K. Schmidt* 6; Rowedder/*Rasner* 8.

[45] Vgl. auch § 73, 43 ff.

[46] Scholz/*K. Schmidt* 17, Fußnote 59; Baumbach/Hueck/*Schulze-Osterloh* 20; *Meyer-Landrut*/Miller/Niehus 8; aA offenbar *Lutter/Hommelhoff* 12.

ten, bevor er Klage auf Zahlung gegen die Gesellschaft erhebt[47]; vielmehr kann er Anfechtungs- und Zahlungsklage gleichzeitig anhängig machen und in einer Klage verbinden. Im Falle seines Obsiegens kann er dann gegebenenfalls die Erstattungs- bzw. Schadensersatzansprüche gegen den begünstigten Gesellschafter und/oder die Liquidatoren pfänden und an sich überweisen lassen[48]. Jedoch wäre es hinsichtlich der Inanspruchnahme der begünstigten Mitgesellschafter nach Beendigung der Liquidation und der Verteilung unbillig, den Gesellschafter darauf zu verweisen, zunächst seine Rechte gegenüber der (vermögenslosen und ggf. bereits gelöschten) GmbH zu erheben und nötigenfalls dort eine Nachtragsliquidation herbeizuführen. Vielmehr kann in einem solchen Falle der Gesellschafter einen Anspruch auf Ausgleich der Liquidationsquoten unmittelbar gegen den oder die begünstigten Mitgesellschafter richten[49].

VI. Steuerfragen

26 Der **Liquidationserlös** ist steuerlich wie ein **Veräußerungspreis** für die Geschäftsanteile zu behandeln; er kann nicht in eine Kapitalrückzahlung und Gewinnausschüttung zerlegt werden[50]. Hiervon ausgehend kommt es zunächst darauf an, ob die Gesellschafter die Geschäftsanteile an der aufgelösten GmbH im Betriebsvermögen oder im Privatvermögen geführt haben. Gehörten die Anteile zum *Betriebsvermögen*, so wirkt sich eine Differenz zwischen dem Buchwert (Anschaffungskosten) für die Anteile und dem Liquidationserlös einkommen- bzw. körperschaftsteuerlich aus. Ist der Liquidationserlös (insbesondere weil bei der GmbH offene oder stille Reserven bei der Auflösung zur Realisierung kommen) höher als der Buchwert, so wird der gewerbliche Gewinn erhöht; ist er niedriger, so bewirkt der Vorgang eine Gewinnminderung. Gehörten jedoch die Geschäftsanteile beim Gesellschafter zu dessen *Privatvermögen*, so kommt eine Besteuerung der Liquidationsausschüttungen nur bei Vorliegen einer wesentlichen Beteiligung (§ 17 EStG; Beteiligung des Gesellschafters von mehr als 25% an der aufgelösten GmbH) oder bei Vorliegen eines steuerlichen Spekulationsgeschäftes (§ 23 EStG) in Betracht; sonst tritt eine Einkommensteuerpflicht nicht ein[51]. Im Falle einer wesentlichen Beteiligung ist Liquidationsgewinn (wie beim Veräußerungsgewinn) der Betrag, um den die Liquidationsquote die Anschaffungskosten übersteigt. Es kommt alsdann noch der Freibetrag nach Maßgabe von § 17 Abs. 3 EStG sowie eine tarifmäßige Vergünstigung nach § 34 Abs. 1 und 2 EStG in Betracht. Zieht sich die Liquidation über mehrere Jahre hin, so tritt die Versteuerung grundsätzlich in dem Jahr ein, in dem die Abwicklung beendet wurde; doch kann die Besteuerung auch in dem Jahr vorgenommen werden, in dem die wesentliche Beteiligung durch Ausschüttung von Liquidationsraten zurückgezahlt wurde[52]. Ist nach Ablauf von drei Jahren, vom Schluß des der Auflösung vorangegangenen Wirtschaftsjahres an gerechnet, die Liquidation noch nicht beendet, so kann das Finanzamt für diese drei Jahre eine Veranlagung vornehmen[53].

---

47 Rowedder/*Rasner* 8; *Meyer-Landrut*/Miller/Niehus 10.

48 Scholz/*K. Schmidt* 17; Baumbach/Hueck/*Schulze-Osterloh* 19.

49 Scholz/*K. Schmidt* 17; Baumbach/Hueck/*Schulze-Osterloh* 21; Rowedder/*Rasner* 8.

50 RFH RStBl. 1936, 970.

51 Vgl. im einzelnen *Brönner* Die Besteuerung der Gesellschaften, 16. Aufl., Abschnitt VI, Rdn 78 ff.

52 RFH RStBl. 1937, 963.

53 Vgl. § 11 Abs. 1 KStG und *Brönner*, aaO, Rdn 147 ff.

§ 73

Die Verteilung darf nicht vor Tilgung oder Sicherstellung der Schulden der Gesellschaft und nicht vor Ablauf eines Jahres seit dem Tage vorgenommen werden, an welchem die Aufforderung an die Gläubiger (§ 65 Abs. 2) in den öffentlichen Blättern zum dritten Male erfolgt ist.

Meldet sich ein bekannter Gläubiger nicht, so ist der geschuldete Betrag, wenn die Berechtigung zur Hinterlegung vorhanden ist, für den Gläubiger zu hinterlegen. Ist die Berichtigung einer Verbindlichkeit zur Zeit nicht ausführbar oder ist eine Verbindlichkeit streitig, so darf die Verteilung des Vermögens nur erfolgen, wenn dem Gläubiger Sicherheit geleistet ist.

Liquidatoren, welche diesen Vorschriften zuwiderhandeln, sind zum Ersatz der verteilten Beträge solidarisch verpflichtet. Auf den Ersatzanspruch finden die Bestimmungen in § 43 Abs. 3 und 4 entsprechende Anwendung.

Übersicht

Schrifttum

Eder Auflösung und Liquidation in den GmbH-Rechten der EWG-Länder, GmbH-Rdsch. 1966, 173; *Gericke* Zur steuerrechtlichen Haftung der Liquidatoren von Personen- und Kapitalgesellschaften, GmbH-Redsch. 1957, 173; *Hofmann* Zur Liquidation einer GmbH (II), GmbH-Rdsch. 1976, 258; *Schmidt, K.* Zur Gläubigersicherung im Liquidationsrecht der Kapitalgesellschaften, Genossenschaften und Vereine, ZIP 1981, 1; *Schulz* Die masselose Liquidation der GmbH, 1986; *Schumann* Die rechtliche Stellung der Gläubiger einer AG und einer GmbH nach ihrer Liquidation, 1930; *Vomhof* Die Haftung des Liquidators der GmbH, 1988.

I. Einleitung

§ 73 ergänzt § 72: die Ausschüttung des Liquidationsüberschusses darf erst erfolgen, wenn das Sperrjahr abgelaufen ist und die Gläubiger befriedigt oder sicherge- **1** stellt sind. Die Bestimmung ist insoweit als **Gläubigerschutzvorschrift** zu verstehen. § 73 entspricht § 272 AktG (früher § 301 HGB), jedoch mit der Maßgabe, daß im GmbH-Recht bei Verstößen gegen die gesetzmäßige Verteilung eine unmittelbare Haftung gegenüber den Gläubigern nicht eintritt, während im Aktienrecht über § 93 Abs. 5 und § 62 AktG die Gläubiger unmittelbar Ansprüche gegen die Aktionäre und Verwaltungsträger geltend machen können[1]. Im GmbH-Recht bleibt dem Gläubiger – von den Ausnahmefällen deliktischer Haftung abgesehen – nur die Möglichkeit, die Ansprüche der Gesellschaft pfänden und sich überweisen zu lassen: eine unbefriedigende Regelung.

II. Allgemeines

1. Allgemeine Auszahlungssperre

2 Die **Verteilung** des Vermögens unter die Gesellschafter nach § 72 darf erst erfolgen, wenn das Sperrjahr (§ 73 Abs. 1) abgelaufen ist und Gläubiger befriedigt oder sichergestellt sind. Die Vorschrift des § 73 begründet eine **allgemeine Auszahlungssperre** und geht insoweit über § 30 hinaus, wenn auch § 30 im Liquidationsstadium daneben anwendbar bleibt[2]. Jedoch sind für Ansprüche der Gesellschafter gegen die Gesellschaft zwei Ausnahmen zu machen; einmal können – soweit § 30 nicht entgegensteht – vor der Auflösung beschlossene Dividenden auch vor Ablauf der Sperrfrist ausgezahlt werden[3]. Haben zum anderen die Gesellschafter Forderungen wie Drittgläubiger aus einem Leistungsaustausch, z. B. als Geschäftsführer oder Lieferant, so gilt das Verbot des § 30 nicht; ihre Befriedigung vor Ablauf des Sperrjahres ist auch nach § 73 nicht unzulässig[4]. Zum Sonderfall der eigenkapitalersetzenden Gesellschafterleistungen vgl. unten Rdn 18. Ist die Sperrfrist eines Jahres seit Aufforderung an die Gläubiger gemäß § 65 Abs. 2 abgelaufen und sind die Rechte der bekannten Gläubiger nach Maßgabe von § 73 Abs. 2 gewahrt, so steht der Verteilung des Liquidationsüberschusses an die Gesellschafter nichts entgegen.

2. Zwingende Geltung

3 § 73 ist als Gläubigerschutzvorschrift **zwingendes Recht**. Der Gesellschaftsvertrag kann von der Regelung nicht abweichen. Das Vermögen der Gesellschaft darf vor Ablauf der Sperrfrist auch dann nicht ausgeschüttet werden, wenn sämtliche bekannten Gläubiger damit einverstanden sind, da § 73 jedenfalls auch dem Schutz etwaiger unbekannter Gläubiger dient[5]. Hat die Gesellschaft indessen keine Gläubiger, so bleibt eine etwa unter Verstoß gegen § 73 vorgenommene Verteilung konsequenzenlos, wenngleich sie nichtsdestoweniger rechtswidrig ist[6].

III. Das Sperrjahr

1. Funktion des Sperrjahres

4 Im Zentrum der Gläubigerschutzvorschriften des § 73 steht das sog. **„Sperrjahr"** nach Abs. 1. Eine Verteilung des Liquidationsüberschusses ist auf jeden Fall vor

1 Vgl. *Kraft*-KölnKommAktG, § 272, 18.
2 Hierzu § 69, 26.
3 § 69, 24.
4 BGH GmbH-Rdsch. 1973, 199.
5 Heute ganz hM, vgl. Scholz/*K. Schmidt* 5; Baumbach/Hueck/*Schulze-Osterloh* 2; *Lutter/Hommelhoff* 1; Rowedder/*Rasner* 2; *Roth* 3; *Hofmann* GmbH-Rdsch. 1976, 266; *Kraft*-KölnKommAktG § 272, 12; aA noch 6. Auflage, Anm. 1; *Vogel* 1.
6 Scholz/*K. Schmidt* 5.

Ablauf eines Jahres seit dem Tage der dritten Veröffentlichung der Gläubigeraufforderung nach § 65 Abs. 2 unzulässig. Das Sperrjahr verwirklicht insbesondere den Schutz *unbekannter* Gesellschaftsgläubiger, die sich aller Erfahrung nach innerhalb dieses Zeitraums an die Gesellschaft gewandt haben werden, sei es auch nicht zwecks Anmeldung ihrer Forderung, sondern in einer Art und Weise, die zumindest Rückfragen des Liquidators dergestalt mit sich bringen werden, daß er ein Bild über die infragestehende Forderung erhält[7].

2. Beginn

Das Sperrjahr **beginnt** mit der dritten Veröffentlichung des Gläubigeraufrufs nach § 65 Abs. 2. Die Ausschüttungssperre als solche beginnt allerdings bereits vorher, nämlich mit Auflösung der Gesellschaft[8]. Wenn auch die Bekanntmachung der Liquidation nach § 65 Abs. 2 S. 1 und der Gläubigeraufruf nach § 65 Abs. 2 S. 2 zugleich erfolgen müssen, so ist für den Fristlauf ein etwaiger Verstoß hiergegen unbeachtlich, wenn nur der Gläubigeraufruf des § 65 Abs. 2 Satz 2 dreimal veröffentlicht ist. Dies ergibt sich aus dem Wortlaut des § 73 Abs. 1. **5**

3. Keine Ausschlußfrist

Das **Sperrjahr** bedeutet **keine Ausschlußfrist**; auch Gläubiger, die sich nachträglich melden, sind zu befriedigen[9]. Der Ablauf der einjährigen Sperrfrist bedeutet nur, daß der Liquidator von der Pflicht zur Zurückhaltung des Vermögens befreit wird. Auch der Gesellschaftsvertrag kann an das Sperrjahr im Verhältnis zu den Gläubigern keine weitergehenden Folgerungen knüpfen, es sei denn, daß es sich hierbei um Gesellschafter handelt. Der Gläubiger verliert durch den Ablauf des Sperrjahres nicht seine Forderung. Hat der Liquidator jedoch in der Zwischenzeit zulässigerweise den Liquidationsüberschuß unter die Gesellschafter verteilt, so ist die erst später geltend gemachte Forderung eines Gläubigers möglicherweise nicht mehr realisierbar. Soweit die Verteilung indessen noch nicht abgeschlossen ist, ist der Gläubiger unabhängig vom Ablauf des Sperrjahres noch zu befriedigen bzw. sicherzustellen, bevor weitere Ausschüttungen von Gesellschaftsvermögen an die Gesellschafter erfolgen können. Das Sperrjahr bewirkt auch keine Stundung von Gläubigeransprüchen[10]. **6**

4. Bedeutung des Sperrjahres für die Handelsregisteranmeldung

Das **Sperrjahr** ist auch für die **Löschung** der GmbH **im Handelsregister** von Bedeutung. Vor Ablauf des Sperrjahres dürfen die Beendigung der Liquidation und das Erlöschen der Firma nicht angemeldet und nicht eingetragen werden, es sei denn, daß das Vermögen der GmbH durch Erfüllung der Verbindlichkeiten erschöpft ist und daher eine Verteilung an die Gesellschafter nicht mehr in Betracht kommt[11]. Eine Anmeldung der Beendigung der Liquidation vor Ablauf des Sperr- **7**

---

7 Vgl. RGZ 124, 210, 214; *Hofmann* GmbH-Rdsch. 1976, 265.

8 Scholz/*K. Schmidt* 4; *Lutter/Hommelhoff* 4.

9 RGZ 92, 82; 109, 392; *Hofmann* GmbH-Rdsch. 1976, 265; Scholz/*K. Schmidt* 3; Baumbach/Hueck/*Schulze-Osterloh* 5; *Lutter/Hommelhoff* 4; *Meyer-Landrut*/Miller/Niehus 3; *Roth* 3.

10 Scholz/*K. Schmidt* 3; Baumbach/Hueck/*Schulze-Osterloh* 5; *Meyer-Landrut*/Miller/Niehus 3.

11 KG DR 1941, 2130 mit Anm. *Groschuff*; Scholz/*K. Schmidt* 3; Baumbach/Hueck/*Schulze-Osterloh* § 74, 2; Rowedder/*Rasner* 2; *Roth* 3; aA *Meyer-Landrut*/Miller/Niehus 2, der selbst bei Erschöpfung des Gesellschaftsvermögens durch Schuldentilgung eine Eintragung der Beendigung der Liquidation und des Erlöschens der Firma vor Ablauf des Sperrjahres für unzulässig hält; über das Verhältnis zur Löschung nach § 2 Löschungsgesetz vgl. auch LG Berlin DR 1939, 1167 ebenfalls mit Anm. *Groschuff*.

jahres darf auch dann nicht erfolgen, wenn von dritter Seite eine Garantie zur Sicherung sich etwa noch meldender Gläubiger abgegeben ist (z. B. Garantie der Muttergesellschaft oder Bankgarantie)[12]. Es würde dann nämlich noch zumindest die Regelung des Innenverhältnisses zum Garantiegeber offenstehen. Außerdem bleibt es dem Gläubiger unbenommen, von der GmbH und nicht von dem Garanten Erfüllung zu verlangen.

IV. Die Behandlung der Gläubiger

1. Funktion des Abs. 2

8 Abs. 2 sieht Regelungen vor, wie die Abwicklung der Schulden der Gesellschaft zu erfolgen hat. Die Vorschrift begründet **keine unmittelbaren Rechte für die Gläubiger.** Sie ist vielmehr lediglich Voraussetzung für die Zulässigkeit der Auskehr des Liquidationsüberschusses an die Gesellschafter. Abs. 2 unterscheidet verschiedene Kategorien von Gesellschaftsverbindlichkeiten, nämlich zwischen solchen gegenüber bekannten und unbekannten Gläubigern sowie zwischen ausführbaren und unausführbaren, streitigen und unstreitigen Verbindlichkeiten.

2. Bekannte und unbekannte Gläubiger

9 Die Differenzierung zwischen **bekannten und unbekannten Gläubigern** ist **terminologisch mißglückt**[13]. Es kommt nicht auf die Kenntnis der Person des Gläubigers an, sondern auf die Kenntnis seiner Forderung. So kann ein der Person nach bekannter Gläubiger im Sinne von Abs. 2 ein unbekannter sein, wenn seine Forderung oder deren Höhe nicht bekannt ist, und umgekehrt kann ein in seiner Identität erst noch zu ermittelnder Gläubiger ein bekannter Gläubiger sein, wenn jedenfalls die Forderung bekannt ist[14].

10 Die **Abgrenzung der bekannten von den unbekannten Gläubigern** kann im Einzelfall schwierig sein. Sie ist allerdings insofern entscheidend, als die Verteilung des Liquidationserlöses unter die Gesellschafter nach Ablauf des Sperrjahres nur von der Befriedigung bzw. Sicherstellung der bekannten Gläubiger abhängt, wohingegen die unbekannten Gläubiger damit rechnen müssen, daß zum Zeitpunkt der Geltendmachung ihrer Forderung die Liquidationsmasse bereits verteilt ist. Die Differenzierung zwischen den bekannten und unbekannten Gläubigern ist daher unter dem Gesichtspunkt des Gläubigerschutzes materiell von grundlegender Bedeutung. Der Gläubigerschutzgedanke muß deshalb bei der Auslegung der Vorschrift berücksichtigt werden, so daß strenge Anforderungen an die Unbekanntheit von Forderungen zu stellen sind. Soweit im Anschluß an die Rechtsprechung des Reichsgerichts[15] allgemein die Auffassung vertreten wird, daß die Forderung dem Grunde und der Höhe nach den Liquidatoren im wesentlichen bekannt sein müsse, wohingegen es nicht ausreichen soll, daß sie ihnen aus Fahrlässigkeit unbekannt sei[16], so erscheint diese Abgrenzung nicht unproblematisch. Gleiches gilt für die Zuordnung betragsmäßig noch nicht fixierter Forderungen zur Gruppe der „unbekannten" Gläubiger[17]. Vielmehr sollten hier die Sorgfaltspflichten des Liquidators nicht zu gering

[12] Rowedder/*Rasner* 2.
[13] Zutreffend Scholz/*K. Schmidt* 6.
[14] Vgl. unten Rdn 10, 11.
[15] RGZ 92, 77, 80; RG JW 1930, 2943 m. Anm. *Bing*.
[16] Scholz/*K. Schmidt* 6; Baumbach/Hueck/*Schulze-Osterloh* 6; *Lutter/Hommelhoff* 5; *Meyer-Landrut*/Miller/Niehus 6.
[17] Vgl. RG JW 1930, 2943.

angesetzt werden[18]. Dieser ist gehalten, nicht nur die Buchhaltung, sondern auch die Korrespondenz der Gesellschaft auf Anhaltspunkte für das Bestehen von Gesellschaftsverbindlichkeiten durchzusehen[19]. Versäumt er dies fahrlässigerweise, so müssen die aufgrund dessen nicht erkannten Forderungen als bekannt gelten. Auch bereits entstandene, aber noch nicht exakt quantifizierbare Forderungen können vom Liquidator nicht einfach ignoriert werden. Wenn und soweit der Umfang zumindest abschätzbar ist, ist eine solche Schuld in der Regel den Verbindlichkeiten zuzurechnen, deren Berichtigung nach Abs. 2 Satz 2 zur Zeit nicht ausführbar ist.

Hatte die Gesellschaft **Inhaberschuldverschreibungen** (§§ 793 ff BGB) ausgegeben, so müssen in der Liquidation der Gesellschaft **alle Inhaber** einer Schuldverschreibung (Bondinhaber) als **„bekannt“** angesehen werden, soweit die Bonds noch nicht eingelöst sind. Die Liquidatoren müssen die Bondinhaber als bekannte Gläubiger nach den Bestimmungen des § 73 berücksichtigen. Eine Meldung der Bondinhaber ist nicht erforderlich, aber zulässig. **11**

Das Gesetz differenziert – anders als das Konkursrecht in §§ 58, 59 KO – nicht zwischen **Alt- und Neugläubigern**, bezogen auf den Zeitpunkt der Auflösung[20]. Hierin liegt eine erhebliche Gefahr für die Neugläubiger, insbesondere nach Ablauf des Sperrjahres. Gesetzgeberisch nicht befriedigend gelöst ist hier insbesondere der Fall der – grundsätzlich möglichen – Fortsetzung der unternehmerischen Tätigkeit der Gesellschaft im Rahmen der Abwicklung[21]. Hier könnte es geschehen, daß bei Verteilung des Gesellschaftsvermögens nach Ablauf des Sperrjahres ein Neugläubiger, dessen Anspruch erst später entsteht und der daher gar keine Möglichkeit hatte, seine Forderung vor Ablauf des Sperrjahres bei der Gesellschaft anzumelden, leer ausginge. Dies wäre ein Wertungswiderspruch zum Grundprinzip der §§ 72, 73, die von einem Vorrang der Gläubiger gegenüber den Gesellschaftern ausgehen. Erwägenswert wäre daher, die Verteilung des Liquidationsguthabens insgesamt jedenfalls so lange nicht zuzulassen, bis die Gesellschaft keine neuen Geschäfte mehr eingeht und alle Verbindlichkeiten aus nach der Auflösung getätigten Geschäften berichtigt oder sichergestellt sind. **12**

3. Die Behandlung bekannter Gläubiger

Bekannte Gläubiger sind grundsätzlich zu befriedigen, wenn ihre Forderungen berechtigt und fällig sind, bevor das Gesellschaftsvermögen an die Gesellschafter ausgekehrt werden kann. Dies gilt unabhängig davon, ob diese Gläubiger sich auf den Aufruf gemäß § 65 Abs. 2 hin bei der Gesellschaft gemeldet haben oder nicht. Die unterbliebene Meldung ist für bekannte Gläubiger überhaupt rechtlich konsequenzenlos. Sie kann allerdings faktisch zu einem Nachteil führen, wenn die Masse durch die Berücksichtigung anderer Gläubiger zwischenzeitlich so weit geschmälert wurde, daß eine vollständige Befriedigung nicht mehr möglich ist. **13**

Unter der Voraussetzung, daß die Gesellschaft weder überschuldet noch zahlungsunfähig ist, können die Liquidatoren nach den in den Erläuterungen zu § 70 dargestellten Grundsätzen bei der Befriedigung der Gläubiger verfahren. So können sie auch verjährte Forderungen befriedigen, wenn ihnen dies zweckmäßig erscheint. Für die **Einrede der Verjährung** wie für sonstige Einreden gilt, daß die Liquidatoren **14**

---

[18] Vgl. auch Rowedder/*Rasner* 4; *Roth* 2.1.

[19] Rowedder/*Rasner* 4; *Meyer-Landrut*/Miller/Niehus 6; aA Scholz/*K. Schmidt* 6.

[20] Scholz/*K. Schmidt* 7; *Lutter*/*Hommelhoff* 8; *Meyer-Landrut*/Miller/Niehus 5; *Roth* 2.1.

[21] S. hierzu § 70, 22.

sie nicht zu erheben brauchen, wenn dies nach kaufmännischen Grundsätzen nicht anständig ist[22]. Die Liquidatoren haben hierbei nach pflichtgemäßem Ermessen zu verfahren. Dies gilt auch für die Frage, ob sie andere, sogenannte **Naturalobligationen** (unvollkommene Verbindlichkeiten), die nicht erzwingbar sind, erfüllen dürfen. Eine Pflicht, solche Verbindlichkeiten zu erfüllen, besteht nicht.

15 Eine besondere **Rangfolge** der Gläubiger oder eine Verpflichtung der Liquidatoren zu deren **gleichmäßiger Befriedigung** schreibt das Gesetz nicht vor[23]. Die Liquidatoren können also die Gläubiger in der Reihenfolge, wie sie sich melden, befriedigen[24]. Im Interesse der Gesellschaft können sie dringende Verbindlichkeiten (insbesondere Kosten zur Durchführung der Liquidation) vorab befriedigen. Sie dürfen dies aber nur so lange tun, wie sie die Gesellschaft nach ordnungsmäßiger Prüfung nicht für überschuldet halten; sonst haben sie die Eröffnung des Konkurs- oder gerichtlichen Vergleichsverfahrens nach §§ 64, 71 Abs. 4 zu beantragen. Ergibt ihre Prüfung, daß eine Überschuldung nicht vorliegt, bestehen aber Bedenken, daß es demnächst der Fall sein könnte (z. B. ungünstiger Stand von Prozessen), so können sie auch von sich aus eine verhältnismäßige Befriedigung vornehmen und allen Gläubigern Teilzahlungen in Quoten leisten[25]. Eine rechtliche Verpflichtung hierzu besteht jedoch nicht.

16 Ist eine **Konkurseröffnung mangels Masse abgelehnt** worden, so stellt sich die Frage, nach welchen Kriterien der Liquidator in diesem besonderen Falle aus dem verbliebenen Restvermögen der Gesellschaft Gläubigeransprüche zu erfüllen hat. Es wird die Auffassung vertreten, daß in einem solchen Falle die Gläubiger gleichzubehandeln seien, da der Grundsatz der „par conditio creditorum" gelte[26]. Dieser Gedanke ist rechtspolitisch erwägenswert; er entspricht jedoch nicht dem geltenden Recht. Eine Gleichbehandlung der Gläubiger ohne ein Konkursverfahren ist in der masselosen Liquidation nicht durchführbar. Die gleichmäßige Behandlung aller Gläubiger würde eine Zwangsvollstreckungssperre erfordern. Außerdem müßte man der Gesellschaft ein Leistungsverweigerungsrecht hinsichtlich desjenigen Teils der Forderung zugestehen, der über die quotale Befriedigungsmöglichkeit hinausgeht. Beides ist aus dem geltenden Recht nicht abzuleiten und entspricht bei Fehlen eines geordneten Konkursverfahrens auch nicht dem Interesse der Gläubiger. Der Gesetzgeber hat sich nun einmal dafür entschieden, daß dann, wenn weder die Masse noch die Gläubiger selbst die Kosten eines Konkursverfahrens abdecken, nicht auf Kosten der Allgemeinheit die Gleichbehandlung der Gläubiger im Wege eines Konkursverfahrens durchgesetzt wird. Eine Durchbrechung der „par conditio creditorum" wird insoweit hingenommen[27].

17 Auch die **Gesellschafter selbst** können **Gläubiger** der Gesellschaft sein. Handelt es sich um Forderungen aus sog. „Drittgeschäften", also um schuldrechtliche Beziehungen, bei denen der Gesellschafter der Gesellschaft wie ein fremder Dritter gegenübersteht, so steht der Gesellschafter grundsätzlich anderen Gesellschaftsgläubigern

[22] *Wiedemann*-GroßkommAktG § 268, 7; Scholz/*K. Schmidt* 9; Rowedder/*Rasner* 5.

[23] BGHZ 53, 71, 74 = NJW 1970, 469; Baumbach/Hueck/*Schulze-Osterloh* 3; *Lutter/Hommelhoff* 8; Rowedder/*Rasner* 5; *Meyer-Landrut*/Miller/Niehus 5; *Vogel* 2; *Gericke* GmbH-Rdsch. 1957, 173; *Feine*, S. 662; *Schumann* S. 27; *Hofmann* GmbH-Rdsch. 1976, 263; zur angeblichen Sonderstellung des Fiskus vgl. insoweit § 70, 28.

[24] Rowedder/*Rasner* 5.

[25] Vgl. *Wiedemann*-GroßkommAktG § 272, 7; Rowedder/*Rasner* 5.

[26] Scholz/*K. Schmidt* 9; *Lutter/Hommelhoff* 8; vgl. auch *Schulz* 160 ff.

[27] S. auch § 70, 11.

gleich[28]. Er kann unabhängig von den für die Verteilung des Liquidationserlöses geltenden Beschränkungen Erfüllung seiner Ansprüche verlangen. Gegenüber anderen Gläubigern ist er nicht zu benachteiligen; allerdings genießt er auch keinen Vorrang. Von daher darf er seine Gesellschafterstellung und sein Insiderwissen nicht dazu benutzen, um seine Forderung vorab durchzusetzen. Deshalb wäre in der masselosen Liquidation in der Tat zu erwägen, abweichend von den sonst geltenden Grundsätzen dem Gesellschafter-Gläubiger nur einen Anspruch auf anteilige Befriedigung zuzugestehen[29].

Anders zu behandeln sind Gesellschafterforderungen, die aus **eigenkapitalersetzenden Leistungen** iS der §§ 32 a, b resultieren, so beispielsweise der Anspruch auf **18**
Rückzahlung eigenkapitalersetzender Darlehen. Diese sind nach der gesetzgeberischen Wertung des § 32 a nachrangig gegenüber den Ansprüchen anderer Gläubiger. Das bedeutet im Ergebnis, daß derartige Ansprüche in vollem Umfang den Beschränkungen des § 73 unterliegen, und zwar in gleichem Maße wie der Anspruch auf die Liquidationsquote. Wenn insoweit behauptet wird, der Anspruch verwandele sich in einen bloßen Rechnungsposten bei der Ermittlung des Liquidationsguthabens[30], so ist dies zwar faktisch, nicht aber rechtlich zutreffend. Auch der Anspruch auf Rückgewähr einer eigenkapitalersetzenden Gesellschafterleistung begründet eine – wenn auch nachrangige – Fremdverbindlichkeit der Gesellschaft.

4. Die Hinterlegung nach Abs. 2 S. 1

Abs. 2 Satz 1 sieht vor, daß die Liquidatoren dann, wenn ein bekannter Gläubi- **19**
ger sich nicht meldet, den geschuldeten Betrag zu **hinterlegen** haben, wenn die Berechtigung zur Hinterlegung vorhanden ist. Die Regelung begründet demnach keine eigenständige Berechtigung zur Hinterlegung, sondern setzt sie voraus. Das bedeutet, daß an die Unterlassung der Anmeldung weder eine Pflicht noch ein Recht der Liquidatoren auf Hinterlegung des geschuldeten Betrages geknüpft ist. Sie dürfen nur hinterlegen, wenn die Voraussetzungen des § 372 BGB hierfür gegeben sind. Danach besteht für die zu liquidierende Gesellschaft ein *Recht zur Hinterlegung* dann, wenn der Gläubiger im Annahmeverzug ist oder die Gesellschaft aus einem in der Person des Gläubigers liegenden Grunde außerstande ist zu erfüllen. Dies ist beispielsweise der Fall bei Abwesenheit des Gläubigers an unbekannten Orten, bei Krankheit usw. Dasselbe Prinzip muß aber gelten, wenn die Liquidatoren zwar die Forderung kennen, nicht aber den derzeitigen Gläubiger. Das kann bei Wechseln und sonstigen Orderpapieren leicht eintreten. Auch in einem solchen Falle ist die Hinterlegung nach bürgerlichem Recht zulässig, wenn die Unkenntnis des Schuldners nicht auf Fahrlässigkeit beruht. Eine weitergehende Hinterlegungsbefugnis auch bei verschuldeter Unkenntnis hinsichtlich der Person des Gläubigers ist demgegenüber nicht anzuerkennen[31]. Die Beendigung der Liquidation kann nämlich in einem solchen Falle auch durch Sicherheitsleistung ermöglicht werden.

§ 73 Abs. 2 Satz 1 will an dem durch § 372 BGB der schuldenden Gesellschaft **20**
eingeräumten *Recht zur Hinterlegung* nichts ändern und statuiert nicht eine Pflicht zur Hinterlegung[32]. Die Gesellschaft hat ein **Wahlrecht zwischen Hinterlegung und**

---

[28] Vgl. auch § 70, 10.
[29] Siehe § 70, 11.
[30] Scholz/*K. Schmidt* 20; Baumbach/Hueck/*Schulze-Osterloh* 23.
[31] AA Vorauflage 10 und Rowedder/*Rasner* 6.
[32] Scholz/*K. Schmidt* 10; Rowedder/*Rasner* 6; *Meyer-Landrut*/Miller/Niehus 8; *Brodmann* 1 b; offenbar aA Baumbach/Hueck/*Schulze-Osterloh* 6.

Sicherheitsleistung[33]. Soweit nicht nach § 376 Abs. 2 BGB die Rücknahme der hinterlegten Sachen ausgeschlossen ist, ist Sicherheitsleistung ohnehin im Rahmen der Liquidation der bessere Schutz für den Gläubiger. Die Hinterlegung selbst vollzieht sich nach der HinterlegungsO vom 10. 3. 1937 (RGBl. I 285) nebst Durchführungs- und Ausführungsvorschriften; Hinterlegungsstellen sind die Amtsgerichte.

5. Die Sicherheitsleistung nach Abs. 2 S. 2

21 § 73 Abs. 2 Satz 2 trifft weiter Vorsorge für den Fall, daß ein **Gläubiger bekannt** ist (er mag sich gemeldet haben oder nicht), die **Berichtigung** (Erfüllung) seiner Forderung aber **zur Zeit nicht ausführbar** oder streitig ist. Diese Vorschrift ergänzt Satz 1 insbesondere dann, wenn ein Recht zur Hinterlegung nicht besteht (oben Rdn 20, dort auch über das Wahlrecht der GmbH zur Hinterlegung oder Sicherheitsleistung). In dem hier genannten Fall hat die Gesellschaft vor der Verteilung des Vermögens an die Gesellschafter dem Gläubiger **Sicherheit** zu leisten. Auch für solche Gläubiger ist nach Sinn und Zweck der Vorschrift Sicherheit zu leisten, deren Ansprüche erst künftig für den Zeitraum der Abwicklung entstehen, z. B. Steueransprüche[34].

22 Der Begriff **„Sicherheitsleistung"** ist hier im weiteren Sinne als „Leistung einer Sicherheit" zu verstehen, nicht im engeren rechtstechnischen Sinne der §§ 232 ff BGB[35]. Eine Sicherheitsleistung im Sinne von § 232 BGB ist allerdings stets hinreichend. Die mögliche Sicherheit ist indessen nicht auf eine solche des § 232 BGB beschränkt, und es gilt auch nicht die Subsidiarität der Bürgschaft nach § 232 Abs. 2 BGB[36]. Eine selbstschuldnerische Bürgschaft einer inländischen Bank oder Sparkasse wird regelmäßig als ausreichend zu erachten sein[37]. Auch ein Gesellschafter kann ein tauglicher Bürge sein, wenn er über hinreichendes Vermögen verfügt[38]. Allerdings wird der Liquidator gut beraten sein, an die Qualität der Sicherheit hohe Anforderungen zu stellen, denn ihn trifft das Risiko einer Schadensersatzhaftung, wenn er den Liquidationserlös an die Gesellschafter verteilt und sich die Sicherheit letztlich als von Anfang an nicht hinreichend werthaltig erweist. Hat der Gläubiger bereits eine Sicherheit (z. B. eine Hypothek), so ist weitere Sicherheitsleistung nur erforderlich, wenn die bisherige nicht ausreichend ist[39].

23 Als **nicht ausführbar** ist die Berichtigung einer Verbindlichkeit u. a. dann anzusehen, wenn sie bedingt oder betagt ist, überhaupt in allen Fällen, in denen auch eine Hinterlegung möglich ist[40]. Dazu gehört auch der Fall noch nicht fälliger Verbindlichkeiten wie wiederkehrender Zahlungen (z. B. Pensionsansprüche) oder der Fall, daß eine Zahlung von einer Vor- oder Zug-um-Zug-Leistung des anderen Teils abhängt. Besondere Schwierigkeiten können im Hinblick auf die bei der Altersversorgung durch § 16 BetrAVG bestimmte Anpassungsverpflichtung entstehen. Solche Altersversorgungsansprüche können indes den Abschluß der Liquidation nicht vereiteln. Unter analoger Heranziehung der Gedanken der §§ 225 Abs. 1 Satz 3, 347

---

33 Scholz/*K. Schmidt* 10; *Lutter/Hommelhoff* 7; Rowedder/*Rasner* 6.

34 BFH 102, 227, 231; Baumbach/Hueck/*Schulze-Osterloh* 7.

35 Zutreffend Scholz/*K. Schmidt* 11; z. T. enger Vorauflage 16, Baumbach/Hueck/*Schulze-Osterloh* 4; Rowedder/*Rasner* 7.

36 Scholz/*K. Schmidt* 11; aA Vorauflage 16; Baumbach/Hueck/*Schulze-Osterloh* 4; Rowedder/*Rasner* 7.

37 Scholz/*K. Schmidt* 11; *Lutter/Hommelhoff* 7.

38 Scholz/*K. Schmidt* 11; aA *Lutter/Hommelhoff* 7.

39 Scholz/*K. Schmidt* 11.

40 *Wiedemann*-GroßkommAktG § 272, 3; *Kraft*-KölnKommAktG § 272, 10.

Abs. 2 AktG[41] muß es für möglich erachtet werden, die Versorgungsansprüche versicherungsmathematisch zu errechnen und eine entsprechende Versicherungsdekkung herbeizuführen[42]. Ein entsprechender Versicherungsschutz läßt eine weitergehende Sicherheitsleistung oder gar ein weiteres Zuwarten mit der Liquidation als überflüssig erscheinen. Eine Versagung der Zustimmung seitens der Versorgungsberechtigten wäre als rechtsmißbräuchlich zu qualifizieren und daher wegen Verstoßes gegen § 242 BGB unbeachtlich.

Im Gesetz sind auch noch die **streitigen Verbindlichkeiten** erwähnt. Hier wird es **24**
für den Liquidator oft schwierig sein zu entscheiden, ob eine Sicherheitsleistung erforderlich ist; er muß sorgfältig den Sachverhalt im Einzelfall prüfen und ggf. Rechtsrat einholen. Nicht als bekannt anzusehende Forderungen kann er ausscheiden. Ist aber eine Forderung dem Grunde nach bekannt und nur der Höhe nach bestritten, ist Sicherheitsleistung zumindest insoweit erforderlich, als die Forderung möglicherweise bestehen kann. Ist andererseits die Forderung offensichtlich unbegründet, so können die Liquidatoren von einer Sicherheitsleistung absehen[43]. UU können die Liquidatoren eine negative Feststellungsklage erheben[44], soweit die prozessualen Voraussetzungen für deren Zulässigkeit gegeben sind.

Die Gläubiger haben **keinen Anspruch** auf Sicherheitsleistung. Das Gesetz hat **25**
nur eine Verpflichtung der Liquidatoren und der Gesellschaft statuiert, die Verteilung vor Sicherheitsleistung zu unterlassen, jedoch von der Gewährung eines eigenen Anspruchs zugunsten der Gläubiger auf Sicherheitsleistung abgesehen[45].

6. Die Behandlung unbekannter Gläubiger

Hat ein **unbekannter Gläubiger** sich vor Ablauf des Sperrjahres bei der Gesell- **26**
schaft nicht gemeldet, so ist er nur dann zu berücksichtigen, wenn zu diesem Zeitpunkt der Liquidationsüberschuß noch nicht vollständig verteilt, sondern noch verteilungsfähiges Vermögen vorhanden ist. Sind bis dahin jedoch nur Teilleistungen auf die Liquidationsquoten erfolgt, so darf die weitere Verteilung erst fortgesetzt werden, wenn auch dieser Gläubiger befriedigt oder sichergestellt ist.

V. Vorbeugende Maßnahmen gegen vorzeitige Verteilung des Gesellschaftsvermögens

1. Arrest gegen die Gesellschaft

Sind die Voraussetzungen des § 73 nicht erfüllt, ist namentlich das Sperrjahr **27**
noch nicht abgelaufen oder sind bekannte Gläubiger nicht befriedigt oder sichergestellt worden, so ist es materiellrechtlich unzulässig, Gesellschaftsvermögen an die Gesellschafter auszukehren. Es stellt sich hier indessen die Frage, welche Möglichkeiten ein Gläubiger hat, präventive Maßnahmen gegen eine gegen § 73 verstoßende

---

41 Vgl. *Wiedemann*-GroßkommAktG § 272, 6; *Schilling*-GroßkommAktG § 225, 15.

42 Baumbach/Hueck/*Schulze-Osterloh* 7; Rowedder/*Rasner* 7; *Meyer-Landrut*/Miller/Niehus 9; aA *Lutter/Hommelhoff* 7, die hierfür eine besondere Vereinbarung mit den Begünstigten für erforderlich halten.

43 Scholz/*K. Schmidt* 12; Rowedder/*Rasner* 4.

44 Vgl. auch *Wiedemann*-GroßkommAktG § 272, 4; Scholz/*K. Schmidt* 12; Rowedder/*Rasner* 4.

45 Scholz/*K. Schmidt* 11; Baumbach/Hueck/*Schulze-Osterloh* 7; Rowedder/*Rasner* 7; *Meyer-Landrut*/Miller/Niehus 9; *Vomhof* 31 ff; ebenso für das Aktienrecht *Wiedemann*-GroßkommAktG § 272, 5; *Kraft*-KölnKommAktG § 272, 11; aA zum Teil – je nach Stand der Liquidation – RGZ 143, 301, 303 f.

Vermögensverteilung zu ergreifen. Geeignetes Mittel ist hier ein **dinglicher Arrest gegen die Gesellschaft** nach §§ 916 ff ZPO[46]. Voraussetzung hierfür ist ein durch einen Arrest sicherbarer Anspruch im Sinne von § 916 Abs. 1 ZPO, also eine Geldforderung oder ein Anspruch, der in eine Geldforderung übergehen kann. Praktisch werden hier alle Forderungen erfaßt sein, die die Liquidatoren nach § 73 entweder tilgen oder sicherstellen müssen, bevor eine Vermögensverteilung unter die Gesellschafter erfolgen darf. Auch ein Arrestgrund nach § 917 ZPO liegt regelmäßig vor, wenn es konkrete Anhaltspunkte dafür gibt, daß der Liquidator mit der Auskehr des Liquidationsüberschusses beginnt oder eine bereits begonnene Vermögensverteilung fortsetzt[47]. Durch die Schmälerung des Vermögens der Gesellschaft als Schuldnerin des Arrestanspruchs droht unmittelbar die Vereitelung oder wesentliche Erschwerung der Realisierung desselben.

2. Einstweilige Verfügung gegen den Liquidator?

28 Es wird verschiedentlich die Auffassung vertreten, daß neben einem Arrest gegen die Gesellschaft auch eine **einstweilige Verfügung** gegen diese und/oder gegen den Liquidator persönlich auf Unterlassung der Vermögensverteilung möglich sei[48]. Für ein solches zusätzliches Sicherungsinstrument dürfte jedoch weder ein praktisches Bedürfnis bestehen, noch sind die Voraussetzungen einer einstweiligen Verfügung erfüllt. Der Gläubiger hat keinen unmittelbaren Anspruch auf Unterlassung einer gegen § 73 verstoßenden Vermögensauskehr. Die Beschränkungen dieser Vorschrift beziehen sich auf das Rechtsverhältnis zwischen dem Liquidator und der Gesellschaft; eine unmittelbare Beziehung zwischen dem Gläubiger und dem Liquidator besteht daneben nicht. Die Versuche, einen solchen Unterlassungsanspruch über § 823 Abs. 2 BGB zu begründen, indem man § 73 zum Schutzgesetz zugunsten der Gläubiger erklärt[49], erscheinen wenig überzeugend (vgl. Rdn 40). Der Sache nach geht es wirtschaftlich allein um die Sicherung eines Geldanspruchs gegen Vermögensverschiebungen, die zu einer Vollstreckungserschwerung führen, nicht eines Unterlassungsanspruchs. Das hierzu geeignete Mittel ist der Arrest gegen die Gesellschaft.

VI. Rechtsfolgen der Verletzung der Gläubigerschutzvorschriften

1. Haftung der Liquidatoren gegenüber der Gesellschaft

29 Die Liquidatoren, welche den Vorschriften zuwider gehandelt haben, haften der Gesellschaft solidarisch auf Ersatz (Abs. 3). Sie müssen diejenigen Beträge, welche sie auf diese Weise zu Unrecht verteilt haben, **der Gesellschaft** ersetzen. Die Gesellschaft muß dadurch in die Lage kommen, sie dem übergangenen Gläubiger zuzuwenden. Die Ersatzpflicht der Liquidatoren tritt ein, wenn sie **„diesen Vorschriften zuwiderhandeln"**; damit sind die in § 73 Abs. 1 und 2 gegebenen Bestimmungen gemeint. Eine Zuwiderhandlung liegt dann vor, wenn das Sperrjahr nicht abgewar-

---

46 Scholz/*K. Schmidt* 14; Baumbach/Hueck/*Schulze-Osterloh* 11; *Lutter/Hommelhoff* 10; *Meyer-Landrut*/Miller/Niehus 15.

47 Zutreffend *Vomhof* 46.

48 Vgl. Scholz/*K. Schmidt* 15; Baumbach/Hueck/*Schulze-Osterloh* 11; *Lutter/Hommelhoff* 10; *Meyer-Landrut*/Miller/Niehus 15; *K. Schmidt* ZIP 1981, 1, 4 f.

49 Scholz/*K. Schmidt* 15; *Lutter/Hommelhoff* 10; *K. Schmidt* ZIP 1981, 1, 4 f; mit Recht ablehnend demgegenüber *Vomhof*, 49 ff.

tet wurde oder wenn für eine bekannte Forderung weder Tilgung noch Hinterlegung noch Sicherstellung erfolgte. Kein Ersatzanspruch kann entstehen, wenn der Liquidator, statt zu hinterlegen, Sicherheit stellte. Ebensowenig kann ein Anspruch erhoben werden, wenn eine nicht bezahlte oder nicht gesicherte Forderung sich als unbegründet oder verjährt erweist. Umgekehrt begründet es ebenfalls keinen Verstoß gegen Abs. 1 und 2, wenn der Liquidator eine berechtigte Forderung zu Unrecht bestreitet und statt Zahlung Sicherheit leistet[50]. Liegt der Verstoß der Liquidatoren darin, daß sie vor Ablauf des Sperrjahres Ausschüttungen an die Gesellschafter vorgenommen haben, so können sie unbekannten Gläubigern gegenüber einwenden, daß diese auch bei Abwarten des Sperrjahres nicht zu berücksichtigen gewesen wären. Zur daneben bestehenden Haftung der Gesellschafter vgl. Rdn 43 ff.

Der Umfang der Ersatzpflicht geht nach § 73 Abs. 3 auf den „Ersatz der verteilten Beträge". Die im Gesetz enthaltene Bezugnahme auf § 43 Abs. 3 und 4 macht deutlich, daß es sich auch hier um einen **Schadensersatzanspruch** handelt. Es wird verschiedentlich angenommen, daß es sich hier um einen Schaden des zu Unrecht nicht berücksichtigten Gläubigers handele[51]. Dies kann dogmatisch nicht zutreffend sein, wenn man richtigerweise davon ausgeht, daß der Anspruch der Gesellschaft zusteht, es sei denn, daß man hier gar einen Fall einer Drittschadensliquidation sehen wollte. Zutreffenderweise wird man die Gesellschaft als durch die unzulässige Vermögensverteilung geschädigt ansehen müssen, weil sie hierdurch die Fähigkeit verliert, ihre Gläubiger zu befriedigen. Zu berücksichtigen ist auch, daß die Regelungen des § 73 als eine besondere Ausprägung des Kapitalerhaltungsgrundsatzes im Liquidationsstadium zu betrachten sind[52]. Der Schaden der Gesellschaft liegt hier – wie auch im Falle des § 43 Abs. 3 Satz 1 – in einer unzulässigen Kapitalrückzahlung an die Gesellschafter. **30**

Die Inanspruchnahme des Liquidators beschränkt sich nicht auf den Fall rechtswidrig schuldhafter Verteilung von Geld, sondern erfaßt auch die **Verteilung von Sachwerten.** In diesem Fall kann statt der Rückschaffung der zu Unrecht ausgelieferten Vermögensgegenstände der Liquidator auch zum Geldersatz verpflichtet sein[53]. **31**

a) **Verschuldenshaftung.** Auf den Ersatzanspruch finden die Absätze 3 und 4 des § 43 entsprechende Anwendung. Damit ist zugleich gesagt, daß das **Verschuldensprinzip** der Absätze 1 und 2 des § 43 eingreift. Die Liquidatoren haften nur, wenn ihnen ein **Verschulden** zur Last fällt[54]. Allerdings wird bei Vorliegen eines Verstoßes gegen § 73 Abs. 1 und 2 das Verschulden vermutet[55]. Es obliegt dann dem Liquidator, den Entlastungsbeweis zu führen. Ein Gesellschafterbeschluß ist nicht geeignet, die Verantwortlichkeit des Liquidators zu beseitigen (Abs. 3 iVm. § 43 Abs. 3 Satz 3)[56]. **32**

b) **Erfordernis eines Gesellschafterbeschlusses.** Zur Geltendmachung der Ersatzansprüche der Gesellschaft gegen die Liquidatoren ist ein **Gesellschafterbeschluß** nach § 46 Nr. 8 iVm. § 69 erforderlich und – dem materiellen Recht angehörende **33**

---

50 Scholz/*K. Schmidt* 25.
51 Baumbach/Hueck/*Schulze-Osterloh* 13; *Lutter/Hommelhoff* 12; Rowedder/*Rasner* 10; vgl. auch Vorauflage 27.
52 Zutreffend *Vomhof* 115 ff mit ausführlicher Begründung.
53 RG JW 1930, 2685.
54 Scholz/*K. Schmidt* 26; Baumbach/Hueck/*Schulze-Osterloh* 12; *Lutter/Hommelhoff* 12; Rowedder/*Rasner* 10; *Meyer-Landrut*/Miller/Niehus 10; *Vogel* 4; *Hofmann* GmbH-Rdsch. 1976, 265.
55 Scholz/*K. Schmidt* 26; Baumbach/Hueck/*Schulze-Osterloh* 12; *Roth* 4.1.
56 Rowedder/*Rasner* 10.

– Voraussetzung für die Geltendmachung durch Klage. Dieses Beschlusses bedarf es nur dann nicht, wenn der Ersatzanspruch gepfändet und überwiesen oder vom Konkursverwalter geltend gemacht wird[57]. Der heute im Schrifttum z. T. vertretenen Gegenauffassung[58], die von dem Erfordernis eines Gesellschafterbeschlusses generell absehen möchte, ist nicht zu folgen. Die Grundregel des § 46 Nr. 8 gilt auch hier, ebenso wie beispielsweise auch bei der werbenden GmbH in den Fällen des § 43 Abs. 3, wenn ein Geschäftsführer gegen § 30 verstoßende Leistungen an Gesellschafter erbringt. Die gläubigerschützende Wirkung der Bestimmung vermag eine Durchbrechung von § 46 Nr. 8 allein nicht zu rechtfertigen. Die Interessen der Gläubiger sind insoweit gewahrt, als die Ansprüche bei Konkurs oder Pfändung auch ohne Mitwirkung der Gesellschafter verfolgt werden können.

34 c) **Gesamtschuldnerische Haftung.** Die Ersatzpflicht trifft die Liquidatoren solidarisch, d. h. sie haften nach §§ 421 ff BGB **gesamtschuldnerisch**. Dies schließt nicht aus, daß einzelne Liquidatoren den Entlastungsbeweis führen und sich so von ihrer persönlichen Haftung befreien. Angestellte oder Bevollmächtigte der aufgelösten GmbH haften nicht, auch dann nicht, wenn sie infolge eines die Verteilung anordnenden Beschlusses der Gesellschafter gehandelt haben[59]. Die Verantwortung tragen die Liquidatoren. Diese müssen notfalls ihr Amt niederlegen, wenn sie der Anweisung der Gesellschafter nicht folgen zu können glauben.

35 d) **Verjährung.** Der Ersatzanspruch der Gesellschaft gegen die Liquidatoren **verjährt in fünf Jahren**. Dies ergibt sich aus Abs. 3 iVm. § 43 Abs. 4. Die Verjährung beginnt mit der gegen Abs. 1 und 2 verstoßenden Vermögensverteilung an die Gesellschafter[60]. Zur Verjährung bei etwa konkurrierenden Ansprüchen aus § 31 vgl. unten Rdn 43 und 44.

36 e) **Verzicht und Vergleich.** Für **Verzicht** und **Vergleich** gilt über Abs. 3 und § 43 Abs. 3 Satz 2 die Bestimmung des § 9 b Abs. 1 entsprechend. Das bedeutet, daß ein Verzicht der Gesellschaft auf die Schadensersatzansprüche gegen den Liquidator oder ein Vergleich über sie unwirksam ist. Ausgenommen ist auch hier ein Vergleich, der bei Zahlungsunfähigkeit des Liquidators zur Abwendung eines Konkursverfahrens geschlossen wird.

37 f) **Pfändbarkeit.** Der Schadensersatzanspruch der Gesellschaft unterliegt grundsätzlich der **Pfändung**. Es wird die Auffassung vertreten, daß die Pfändungsmöglichkeit auf diejenigen Gläubiger beschränkt sei, die zum Zeitpunkt der unzulässigen Vermögensverteilung „bekannte" Gläubiger der Gesellschaft gewesen seien[61], wohingegen andere Gläubiger, die sich erst später gemeldet haben und damit auch bei rechtmäßigem Verhalten des Liquidators leer ausgegangen wären, nicht auf die Forderung zugreifen könnten. Dieser Vorschlag ist jedoch nicht praktikabel. Wenn beispielsweise die Gesellschaft selbst die Forderung realisiert, so kann auch den anderen Gläubigern der Zugriff auf das Gesellschaftsvermögen nicht verwehrt sein. Die Schadensersatzforderung und ggf. das zu ihrer Erfüllung Geleistete stellen kein Sondervermögen zugunsten der bei der rechtswidrigen Verteilung bekannten Gläu-

[57] RG HRR 1929, 2119; JW 1930, 2685; BGH NJW 1960, 1667; Baumbach/Hueck/*Schulze-Osterloh* 13; *Meyer-Landrut*/Miller/Niehus 10; *Brodmann* 3 a.

[58] *Lutter/Hommelhoff* 12; Rowedder/*Rasner* 11; unklar Scholz/*K. Schmidt* 28.

[59] Scholz/*K. Schmidt* 27.

[60] Scholz/*K. Schmidt* 32; Baumbach/Hueck/*Schulze-Osterloh* 15; Rowedder/*Rasner* 13.

[61] Scholz/*K. Schmidt* 28; *Lutter/Hommelhoff* 12; Rowedder/*Rasner* 9.

biger dar. Im übrigen kann nicht sinnvollerweise das Vollstreckungsverfahren mit der Prüfung der Frage belastet werden, wann der pfändende Gläubiger der Gesellschaft bekannt war.

g) **Vermögenslosigkeit der Gesellschaft.** Der Schadensersatzanspruch besteht rechtlich auch dann, wenn die Gesellschaft im übrigen **vermögenslos** und ggf. sogar im Handelsregister bereits **gelöscht** ist. Die Durchsetzung gestaltet sich dann allerdings unter Umständen schwieriger, weil in diesem Falle eine Nachtragsliquidation erforderlich ist[62]. **38**

2. Direktanspruch des Gläubigers gegen den Liquidator

Die gesetzliche Regelung des Abs. 3, die eine Schadensersatzpflicht des Liquidators ausschließlich im Innenverhältnis zur Gesellschaft vorsieht, wird heute weitgehend als rechtspolitisch unbefriedigend angesehen[63]. Dies gilt insbesondere für den Fall der wegen Vermögenslosigkeit gelöschten Gesellschaft, bei der der Gläubiger zur Durchsetzung der Haftung des Liquidators auf das umständliche Verfahren der Nachtragsliquidation verwiesen wird[64]. Es stellt sich daher die Frage, ob die gesetzliche Regelung als abschließend angesehen werden muß, oder ob neben der Schadensersatzhaftung des Liquidators im Verhältnis zur Gesellschaft auch ein **Direktanspruch des Gläubigers** bereits nach geltendem Recht anerkannt werden kann. **39**

a) **§ 823 Abs. 2 BGB.** Nach einer in Teilen des Schrifttums vertretenen Auffassung soll § 73 ein **Schutzgesetz** zugunsten der Gesellschaftsgläubiger darstellen mit der Folge, daß diesen ein Anspruch gegen den Liquidator aus **§ 823 Abs. 2 BGB** erwächst[65]. Gegen eine solche deliktsrechtliche Lösung bestehen Bedenken. § 73 schützt das Vermögen der Gesellschaft und nur mittelbar die Interessen der Gläubiger[66]. Die Vorschrift ist daher kein Schutzgesetz zu deren Gunsten. Auch würde eine solche Auffassung zu Ungereimtheiten hinsichtlich der abweichenden Verjährungsfrist des § 852 BGB führen[67]. Des weiteren kann ein neben dem Anspruch der Gesellschaft gemäß Abs. 3 stehender Direktanspruch des Gläubigers nicht akzeptiert werden, da aus der gesetzgeberischen Wertung des Abs. 3 jedenfalls der Vorrang des Schadensausgleichs gegenüber der Gesellschaft abgeleitet werden muß. Eine Subsidiarität des Direktanspruchs des Gläubigers aus § 823 Abs. 2 läßt sich indessen nicht ohne weiteres begründen[68]. **40**

b) **§§ 268 Abs. 2, 93 Abs. 5 Satz 1 AktG analog.** Den Vorzug verdient daher eine neuere Ansicht, wonach ein Anspruch des Gläubigers gegen den Liquidator auf Schadensersatz mittels einer **Analogie zu §§ 268 Abs. 2, 93 Abs. 5 Satz 1 AktG** herzuleiten ist[69]. Die Gläubiger einer Aktiengesellschaft können einen Schadensersatzanspruch der Gesellschaft gegen ihre Abwickler unmittelbar erheben, wenn sie von der Gesellschaft keine Befriedigung erlangen. Dies trifft namentlich auf den Fall **41**

---

[62] Vgl. hierzu § 74, 29 ff.
[63] Vgl. bereits Vorauflage 31; *K. Schmidt* ZIP 1981, 7 f; Scholz/*K. Schmidt* 29.
[64] Siehe oben Rdn 38.
[65] Grundlegend *K. Schmidt* ZIP 1981, 1, 8; ebenso Scholz/*K. Schmidt* 30; Baumbach/Hueck/*Schulze-Osterloh* 22; *Lutter/Hommelhoff* 14; Rowedder/*Rasner* 10; *Meyer-Landrut*/Miller/Niehus 11; *Roth* 4.2.
[66] Vgl. oben Rdn 33.
[67] *Vomhof* 169.
[68] Vgl. aber *K. Schmidt* ZIP 1981, 1, 8; Scholz/*K. Schmidt* 30; Baumbach/Hueck/*Schulze-Osterloh* 22; Rowedder/*Rasner* 10; *Meyer-Landrut*/Miller/Niehus 11.
[69] *Vomhof* 171 ff; *Lutter/Hommelhoff* 13; ablehnend Baumbach/Hueck/*Schulze-Osterloh* 13; Rowedder/*Rasner* 10.

zu, daß diese infolge unzulässiger Vermögensverteilung vermögenslos geworden ist. Die Problemlage ist im GmbH-Recht dem Aktienrecht absolut vergleichbar. Es erscheint daher zutreffend, in Analogie zu den aktienrechtlichen Vorschriften auch den Liquidator einer GmbH deren Gläubigern unmittelbar auf Schadensersatz haften zu lassen, wenn diese keine Befriedigung von der Gesellschaft erlangen können und der Liquidator entgegen § 73 Vermögen an die Gesellschafter ausgekehrt hat.

42 c) **Direktanspruch des Fiskus.** Eine Sonderstellung als Gläubiger nimmt nach § 69 AO 1977 der **Fiskus** ein. Ihm gegenüber haften die Liquidatoren als gesetzliche Vertreter, wenn infolge vorsätzlicher oder grob fahrlässiger Pflichtverletzung Ansprüche aus dem Steuerschuldverhältnis nicht rechtzeitig festgesetzt bzw. erfüllt werden oder aber Steuervergütungen und Steuererstattungen rechtsgrundlos geleistet werden.

3. Haftung der Gesellschafter gegenüber der Gesellschaft

43 Neben der Verantwortlichkeit der Liquidatoren stellt sich auch die Frage der **Haftung des begünstigten Gesellschafters,** dem unter Verstoß gegen § 73 Vermögen der Gesellschaft zugewendet wurde. Unbestritten ist zunächst, daß das gegen § 73 verstoßende Rechtsgeschäft grundsätzlich – vorbehaltlich § 138 BGB – dinglich wirksam ist, demzufolge also auch keine dinglichen Herausgabeansprüche gegen den Gesellschafter bestehen[70]. Jedoch ist er schuldrechtlich zur Rückgewähr der zu Unrecht empfangenen Leistung verpflichtet. Nach bislang überwiegender Ansicht soll der Rückgewähranspruch auf § 812 Abs. 1 Satz 1 BGB beruhen[71]. Ansprüche aus § 31 GmbHG kämen daneben lediglich konkurrierend zur Anwendung, wenn zugleich ein Verstoß gegen § 30 GmbHG vorliegt[72], was nach der hier vertretenen Auffassung jedoch nur dann in Betracht kommt, wenn die Liquidatoren das Sperrjahr nicht eingehalten haben[73]. In anderen Fällen eines Verstoßes gegen § 73 würde dann nur eine Bereicherungshaftung gelten.

44 Die Lösung über das Bereicherungsrecht ist unbefriedigend insbesondere im Hinblick auf den Entreicherungseinwand des § 818 Abs. 3 BGB[74], der dem bereicherten Gesellschafter nur dann abgeschnitten werden könnte, wenn die Voraussetzungen des § 819 Abs. 1 BGB vorlägen, er also bei Empfang der Leistung nachweislich bösgläubig wäre. Es erscheint daher zutreffend, für die Haftung der Gesellschafter **§ 31 analog** anzuwenden, und zwar unabhängig davon, ob der Verstoß gegen § 73 zugleich einen solchen gegen § 30 darstellt[75]. Diese Analogie erscheint auch gesetzessystematisch gerechtfertigt, da § 73 – wie oben bereits erörtert[76] – eine besondere Ausprägung des Kapitalerhaltungsgrundsatzes im Liquidationsstadium darstellt. Folgerichtig gelten daher auch hier die subsidiäre **Mithaftung der Mitgesell-**

---

70 Scholz/*K. Schmidt* 19; Baumbach/Hueck/*Schulze-Osterloh* 17; Rowedder/*Rasner* 11; *Meyer-Landrut*/Miller/Niehus 12.

71 Vorauflage 37; RGZ 92, 77, 82; 109, 387, 391 f; Baumbach/Hueck/*Schulze-Osterloh* 17; *Lutter*/*Hommelhoff* 15; Rowedder/*Rasner* 11; *Meyer-Landrut*/Miller/Niehus 12; *Roth* 43; *Hofmann* GmbH-Rdsch. 1976, 258, 266.

72 Baumbach/Hueck/*Schulze-Osterloh* 17; *Lutter*/*Hommelhoff* 15; Rowedder/*Rasner* 11; *Roth* 4.3.

73 § 69, 26.

74 Vgl. etwa Baumbach/Hueck/*Schulze-Osterloh* 19; *Lutter*/*Hommelhoff* 15; *Meyer-Landrut*/Miller/Niehus 12.

75 Scholz/*K. Schmidt* 19; aA Baumbach/Hueck/*Schulze-Osterloh* 19; *Lutter*/*Hommelhoff* 15.

76 Oben Rdn 30.

schafter nach § 31 Abs. 3[77], das Verbot des Verzichts durch die Gesellschaft nach § 31 Abs. 4 und die fünfjährige Verjährungsfrist des § 31 Abs. 5, die sich allerdings bei böslicher Handlungsweise auf dreißig Jahre erstreckt.

Wenn ein Anspruch gegen die Gesellschafter in Betracht kommt, so ist er von den Liquidatoren für die Gesellschaft geltend zu machen; ein **Gesellschafterbeschluß** ist hier **nicht erforderlich**, soweit es sich nicht um Ersatzansprüche der Gesellschaft aus der Gründung oder der Geschäftsführung handelt[78]. Die Gläubiger können auch diesen Anspruch pfänden und überweisen lassen; er kann noch nach Löschung der Gesellschaft im Handelsregister geltend gemacht werden. **45**

4. Direktanspruch des Gläubigers gegen den Gesellschafter

Die **Gläubiger** haben **keinen unmittelbaren Anspruch gegen die Gesellschafter**[79]. Die Voraussetzungen des § 812 BGB liegen nicht vor. Die Gesellschafter, welche zu Unrecht erhaltene Beträge empfangen haben, sind auf Kosten der Gesellschaft, nicht auf Kosten der Gläubiger bereichert[80]. Mit der Haftung gemäß bzw. analog § 31 sind die Rechtsfolgen der zu Unrecht empfangenen Zahlungen und die Erstattungspflicht der Gesellschafter erschöpfend geordnet. Es geht nicht an, daneben noch eine Erstattungspflicht gegenüber den Gläubigern bestehen zu lassen. Aus diesem Grunde kann auch § 135 BGB zugunsten der Gläubiger nicht in Anwendung kommen. Die Rechtslage ändert sich nicht dadurch, daß das gesamte nach Beendigung der Liquidation verbliebene Gesellschaftsvermögen dem einzigen Gesellschafter einer GmbH in natura ausgeantwortet wird. § 419 BGB ist tatbestandlich nicht erfüllt[81]. Die Übernahme des Gesamtvermögens erfolgt nicht aufgrund eines Vertrags, sondern zur Erfüllung des Anspruchs auf den Liquidationserlös. **46**

5. Ansprüche der Gläubiger untereinander

Den **nicht befriedigten Gläubigern** steht **gegen die befriedigten Gläubiger** ein Rückgriffsrecht nicht zu[82]. Nur unter den Voraussetzungen der Konkursanfechtung und des Gläubigeranfechtungsgesetzes besteht ein Anspruch gegen bevorzugte Gläubiger. **47**

6. Rückforderungsrecht des Liquidators gegen den Gesellschafter

Die **Liquidatoren**, welche Ersatz leisten, haben ein **Rückforderungsrecht gegen die Gesellschafter**. Es besteht allerdings keine echte Gesamtschuld zwischen dem gegen die Gesellschafter gerichteten Rückgewähranspruch analog § 31 und dem Schadensersatzanspruch gegen die Liquidatoren aus § 73 Abs. 3, so daß § 426 Abs. 1 und 2 nicht – auch nicht analog – anzuwenden sind[83]. Vielmehr liegt ein **48**

[77] Scholz/*K. Schmidt* 22.

[78] Scholz/*K. Schmidt* 20; Baumbach/Hueck/*Schulze-Osterloh* 18.

[79] Scholz/*K. Schmidt* 20; Baumbach/Hueck/*Schulze-Osterloh* 18; *Lutter/Hommelhoff* 16; Rowedder/*Rasner* 11; *Meyer-Landrut*/Miller/Niehus 12; aA *Gericke* GmbH-Rdsch. 1957, 173.

[80] Vgl. RGZ 92, 77, 83; Scholz/*K. Schmidt* 20; Rowedder/*Rasner* 11; *Meyer-Landrut*/Miller/Niehus 12; aA unrichtig OLG Braunschweig MDR 1956, 352 zu §§ 51 f BGB.

[81] RG aaO; Scholz/*K. Schmidt* 20.

[82] Vgl. für das Aktienrecht RGZ 5, 7; 7, 109; 9, 14; *Wiedemann*-GroßkommAktG § 272, 8; Scholz/*K. Schmidt* 36.

[83] So aber Scholz/*K. Schmidt* 35; Baumbach/Hueck/*Schulze-Osterloh* 24; Rowedder/*Rasner* 11.

sogenanntes unechtes Gesamtverschuldverhältnis vor (Rdn 49). Beide, Liquidator und Gesellschafter, schulden der Gesellschaft die gleiche Leistung, freilich aus verschiedenem Rechtsgrund: der Liquidator aus § 73 Abs. 3, die Gesellschafter aus bzw. analog § 31 (oben Rdn 44), und zwar beide nur, wenn eine gegen § 73 verstoßende Verteilung von Gesellschaftsvermögen vorliegt. Leistet der Liquidator Ersatz, so hat er gegen die Gesellschaft gemäß § 255 BGB einen Anspruch auf Abtretung ihrer gegen die Gesellschafter gerichteten Rückforderungsrechte[84]. Er kann sich ohne Verstoß gegen § 181 BGB selbst als gesetzlicher Vertreter der Gesellschaft diese Ansprüche abtreten, da es sich um die Erfüllung einer Verbindlichkeit der Gesellschaft handelt. Als Zessionar der Gesellschaft kann er alsdann gegen die Gesellschafter vorgehen.

49 Die Höhe des Rückforderungsanspruchs war lange Zeit umstritten. Es ist erwogen worden, die Haftung zwischen Gesellschaftern und Liquidatoren im Innenverhältnis hälftig zu teilen[85] oder in entsprechender Anwendung der Grundsätze des § 254 BGB zu einer im Einzelfall zu bestimmenden Aufteilung zu gelangen[86]. Beides überzeugt nicht. Es besteht kein Grund, dem durch die verbotswidrige Ausschüttung begünstigten Gesellschafter diesen ungerechtfertigten Vermögensvorteil zu erhalten, und zwar selbst dann nicht, wenn er gutgläubig war und der Liquidator schuldhaft gehandelt hat. Richtigerweise kann daher der Liquidator aufgrund des ihm von der Gesellschaft abgetretenen Anspruchs den Gesellschafter voll in Anspruch nehmen[87], wohingegen umgekehrt der in Anspruch genommene Gesellschafter keine Rückgriffsmöglichkeit gegen den Liquidator hat. Etwas anderes gilt nur, soweit die Inanspruchnahme eines Gesellschafters auf der subsidiären Mithaftung für Leistungen an Mitgesellschafter nach bzw. analog § 31 Abs. 3 beruht. Hier greift § 31 Abs. 5 ein mit der Folge, daß im Verhältnis zu einem nur mithaftenden Gesellschafter der Liquidator ersatzpflichtig ist.

§ 74

Ist die Liquidation beendet und die Schlußrechnung gelegt, so haben die Liquidatoren den Schluß der Liquidation zur Eintragung in das Handelsregister anzumelden. Die Gesellschaft ist zu löschen.

Nach Beendigung der Liquidation sind die Bücher und Schriften der Gesellschaft für die Dauer von zehn Jahren einem der Gesellschafter oder einem Dritten in Verwahrung zu geben. Der Gesellschafter oder Dritte wird in Ermangelung einer Bestimmung des Gesellschaftsvertrages oder eines Beschlusses der Gesellschafter durch das Gericht (§ 7 Abs. 1) bestimmt.

Die Gesellschafter und deren Rechtsnachfolger sind zur Einsicht der Bücher und Schriften berechtigt. Gläubiger der Gesellschaft können von dem Gericht (§ 7 Abs. 1) zur Einsicht ermächtigt werden.

---

84 *Lutter/Hommelhoff* 17; *Meyer-Landrut*/Miller/Niehus 13; *Hofmann* GmbH-Rdsch. 1976, 266.

85 *Scholz* 5. Auflage, 20.

86 Vorauflage 43.

87 Scholz/*K. Schmidt* 35; Baumbach/Hueck/*Schulze-Osterloh* 24; *Lutter/Hommelhoff* 17; Rowedder/*Rasner* 11; *Roth* 4.3.

Übersicht

Schrifttum

Buchner Amtslöschung, Nachtragsliquidation und masselose Insolvenz von Kapitalgesellschaften, 1988; *Eder* Auflösung und Liquidation in den GmbH-Rechten der EWG-Länder, GmbH-Rdsch. 1966, 173; *Fleck* Anm. LM § 74 Nr. 2; *Gottschling* Anm. zu BayObLG, GmbH-Rdsch. 1956, 76; *Gottschling* Anm. zu BFH, GmbH-Rdsch. 1968, 190; *Heller* Die vermögenslose GmbH, 1989; *Hönn* Die konstitutive Wirkung der Löschung von Kapitalgesellschaften, ZHR 138, 50; *Hofmann* Zur Liquidation einer GmbH (II), GmbH-Rdsch. 1976, 258; *Hüffer* Das Ende der Rechtspersönlichkeit von Kapitalgesellschaften, Gedächtnisschrift Schulz, 99; *Marowski* Die Rechtsverhältnisse bei gelöschten Kapitalgesellschaften, JW 1938, 11; *Richert* Zur Frage der Wiedereintragung einer gelöschten Handelsgesellschaft als noch in Liquidation befindlich, MDR 1956, 150; *Schmidt, K.* Löschung und Beendigung der GmbH, GmbH-Rdsch. 1988, 209; *Schumann* Die rechtliche Stellung einer AG und einer GmbH nach ihrer Liquidation, 1930.

I. Einleitung

§ 74 GmbHG gibt die **Schlußvorschriften** für die Durchführung und Beendigung **1** der Abwicklung. Abs. 1 wurde durch das Gesetz zur Durchführung der Elften gesellschaftsrechtlichen Richtlinie des Rates der Europäischen Gemeinschaften vom 22. 7. 1993 (BGBl. I 1282) eingefügt. Im Unterschied zu § 273 AktG fehlt es jedoch an einer Vorschrift über die Nachtragsliquidation; sie ist trotzdem auch im GmbH-Recht zulässig und erforderlich. De lege ferenda wäre eine gesetzliche Klarstellung wünschenswert, wie sie im RegE zur GmbH-Novelle vorgesehen war.

II. Die Beendigung der Liquidation

Die Vorschrift knüpft in Abs. 2 tatbestandlich an die **Beendigung der Liquidation** **2** an. Eine solche liegt erst dann vor, wenn alle Abwicklungsmaßnahmen, die das

Gesetz in §§ 70–73 vorschreibt, erledigt sind. Das bedeutet zunächst, daß alle laufenden Geschäfte beendet sein müssen. Hierzu zählen auch etwa noch anhängige Aktiv- oder Passivprozesse der Gesellschaft[1]. Alle Verbindlichkeiten der Gesellschaft gegenüber ihren Gläubigern müssen erfüllt sein, es sei denn, daß die Abwicklung in Form eines Konkursverfahrens erfolgte oder die Eröffnung eines solchen mangels Masse abgelehnt wurde und in einem solchen Falle das verbleibende Restvermögen erschöpft ist. Ein etwaiger Liquidationsüberschuß muß unter die Gesellschafter verteilt worden sein. Da diese Verteilung nach § 73 grundsätzlich die Einhaltung des Sperrjahres voraussetzt, wird im Regelfall eine Beendigung der Liquidation vor Ablauf des Sperrjahres nicht in Betracht kommen[2]. Etwas anderes kann nur gelten, wenn bereits im Verlaufe der Liquidation die Vermögenslosigkeit der Gesellschaft eintritt und ein Liquidationsüberschuß nicht mehr zur Entstehung gelangt.

III. Die Aufbewahrung der Bücher und Schriften der Gesellschaft

1. Pflichten der Liquidatoren

3 Auch nach Beendigung der Liquidation obliegt die ordnungsgemäße Aufbewahrung der Bücher und Schriften der Gesellschaft bis zur Übergabe derselben an den als Verwahrer bestimmten Gesellschafter oder Dritten den **Liquidatoren**, welche dieses Amt zur Zeit der Beendigung der Liquidation bekleiden[3]. Eine Versäumung dieser Pflicht macht sie gegenüber der Gesellschaft schadensersatzpflichtig (§ 43 Abs. 2) und ggf. strafbar (nach § 283 b StGB). Der Anspruch auf Schadensersatz kann auch nach Beendigung der Liquidation noch geltend gemacht werden. Die **Aufbewahrung kann** *von jedem Gesellschafter und jedem Gläubiger* **erzwungen** werden, und zwar im ordentlichen Klageweg, nicht über vom Registergericht verhängte Ordnungsstrafen[4].

2. Bücher und Schriften der Gesellschaft

4 Aufzubewahren sind die **Bücher und Schriften der Gesellschaft.** Dies sind nicht bloß diejenigen, welche kraft gesetzlicher Notwendigkeit gemäß §§ 38, 39 HGB geführt werden müssen (die ordentlichen Handelsbücher, die empfangenen Handelsbriefe, die Abschrift der abgesandten Handelsbriefe, die Inventuren und die Bilanzen), sondern alle Bücher und Schriften, welche überhaupt geführt werden. Hierunter fallen auch ein Geschäftsanteilsbuch oder eine Gesellschafterliste, Quittungen, Frachtbriefe, allgemeine Geschäftskorrespondenz usw.[5].

3. Aufbewahrungsfrist

5 Die Pflicht zur **Aufbewahrung** der in Rdn 4 bezeichneten Bücher und Schriften dauert **zehn Jahre**. Nach heute einhelliger Ansicht ist die **Frist ab Niederlegung** (Auf-

---

[1] Baumbach/Hueck/*Schulze-Osterloh* 2, 18, 19; differenzierend *Lutter/Hommelhoff* 5.

[2] Scholz/*K. Schmidt* 1; Baumbach/Hueck/*Schulze-Osterloh* 2.

[3] Scholz/*K. Schmidt* 29; Baumbach/Hueck/*Schulze-Osterloh* 10; *Lutter/Hommelhoff* 15; Rowedder/*Rasner* 6; *Meyer-Landrut*/Miller/Niehus 6.

[4] BayObLG NJW 1968, 56; *Hofmann* GmbH-Rdsch. 1976, 268; Scholz/*K. Schmidt* 29; Baumbach/Hueck/*Schulze-Osterloh* 10; *Lutter/Hommelhoff* 15; Rowedder/*Rasner* 6; *Meyer-Landrut*/Miller/Niehus 6.

[5] Vgl. BayObLG NJW 1968, 56; Scholz/*K. Schmidt* 28; Baumbach/Hueck/*Schulze-Osterloh* 7; *Lutter/Hommelhoff* 12; Rowedder/*Rasner* 6.

bewahrung), nicht ab Beendigung der Liquidation zu berechnen[6]. § 74 ergänzt § 257 HGB, dessen zehnjährige bzw. sechsjährige Frist daneben läuft[7]. Schriftstücke, bei denen die zehn- bzw. sechsjährige Frist nach § 257 HGB im Zeitpunkt der Niederlegung nach § 74 Abs. 2 bereits abgelaufen ist, brauchen nicht nach § 74 aufbewahrt zu werden[8]. Unberührt von § 74 bleibt auch die nach **§ 147 AO** bestehende Aufbewahrungsfrist. Der Liquidator hat auch diese Vorschrift sorgfältig zu beachten. Im Zweifelsfall empfiehlt sich Rücksprache mit dem zuständigen Finanzamt, zumal die Aufbewahrungsfrist nicht abläuft, soweit und solange die Unterlagen für Steuern von Bedeutung sind, für welche die Festsetzungsfrist noch nicht abgelaufen ist.

4. Person des Verwahrers

Die Bücher und Schriften sind **bei einem Gesellschafter oder bei einem Dritten** **6** aufzubewahren. Tauglicher Verwahrer ist jede juristische oder jede geschäftsfähige natürliche Person. Die Person des Verwahrers bestimmt entweder der Gesellschaftsvertrag oder ein Beschluß der Gesellschafter. Beide können die Bestimmung von Ort der Verwahrung und Person des Verwahrers den Liquidatoren überlassen. Fehlt eine solche Bestimmung, so haben die Liquidatoren sich an das **Registergericht** am Gesellschaftssitz (§ 7 Abs. 1, § 74 Abs. 2 Satz 2) zu wenden. Auf die Bestimmung des Registergerichts finden die Vorschriften der §§ 146, 148 FGG Anwendung. Es muß der Gegner, wenn tunlich, gehört werden. Ein Gegner ist aber nur dann vorhanden, wenn ein Streit entsteht. Hierfür wird man es als ausreichend anzusehen haben, wenn ein Gesellschafter eine bestimmte Stelle bezeichnet und die Liquidatoren eine andere vorgeschlagen haben[9]. Der Antrag kann aber auch von einem Gesellschafter, einem Gläubiger oder dem Konkursverwalter[10] ausgehen. Wer nach Abs. 3 ein Recht auf Einsicht hat, muß auch das Recht haben, den in Abs. 1 bezeichneten Weg zu beschreiten, d. h. durch das Gericht einen Verwahrer bestimmen zu lassen. Dann ist die Gesellschaft, vertreten durch die Liquidatoren, der Gegner. Gegen die Verfügung des Registergerichts findet sofortige Beschwerde und sofortige weitere Beschwerde statt. Sowohl bei der Bestellung des Verwahrers durch die Gesellschaft als auch bei der Ernennung durch das Gericht ist in jedem Falle das Einverständnis des Bestellten erforderlich[11]. Dieses kann auch bereits im Gesellschaftsvertrag erteilt werden.

5. Unternehmensveräußerung

Veräußert die Gesellschaft ihr **Unternehmen als Ganzes** im Rahmen der Liquidation und übergibt sie aus diesem Anlaß ihre Bücher und Schriften dem Erwerber, so entfällt nicht etwa die Aufbewahrungspflicht hinsichtlich dieser Unterlagen[12]. **7**

[6] Scholz/*K. Schmidt* 31; Baumbach/Hueck/*Schulze-Osterloh* 8; *Lutter/Hommelhoff* 13; Rowedder/*Rasner* 6; *Meyer-Landrut*/Miller/Niehus 7; *Roth* 3.1; *Vogel* 3; *Hofmann* GmbH-Rdsch. 1976, 268.

[7] Scholz/*K. Schmidt* 28; *Lutter/Hommelhoff* 13; *Meyer-Landrut*/Miller/Niehus 7; *Roth* 3.1.; aA anscheinend Baumbach/Hueck/*Schulze-Osterloh* 8.

[8] Rowedder/*Rasner* 6; *Meyer-Landrut*/Miller/Niehus 7.

[9] Vgl. Scholz/*K. Schmidt* 30; Rowedder/*Rasner* 7.

[10] OLG Stuttgart BB 1984, 2169.

[11] OLG Stuttgart BB 1984, 2169; Scholz/*K. Schmidt* 30; Baumbach/Hueck/*Schulze-Osterloh* 9; *Lutter/Hommelhoff* 14; Rowedder/*Rasner* 7; *Meyer-Landrut*/Miller/Niehus 7.

[12] Baumbach/Hueck/*Schulze-Osterloh* 9; unklar Scholz/*K. Schmidt* 32.

Hierdurch könnte andernfalls insbesondere das Einsichtsrecht nach Abs. 2 vereitelt werden. Vielmehr ist der Erwerber insoweit als Verwahrer im Sinne von § 74 aufzufassen; er unterliegt der Aufbewahrungsverpflichtung und ist zur Gewährung des Einsichtsrechts nach Abs. 2 verpflichtet[13]. Daneben sind bei der Liquidationsgesellschaft über den Vorgang der Geschäftsveräußerung und die nachfolgenden Geschäftsführungshandlungen neue Bücher anzulegen, die dann ebenfalls nach § 74 aufzubewahren sind[14], wobei die Gesellschafter frei sind, insoweit einen anderen Verwahrer zu bestimmen.

6. Kosten

8 Die **Kosten** *der Aufbewahrung* trägt die Gesellschaft. Die Liquidatoren haben daher einen angemessenen Betrag von der Verteilung unter die Gesellschafter auszuschließen und zurückzubehalten[15], es sei denn, es ist sichergestellt, daß die Verwahrung unentgeltlich erfolgt, beispielsweise durch einen hierzu bereiten Gesellschafter.

IV. Einsichtsrecht

1. Einsichtsberechtigte

9 Das Recht zur Einsichtnahme in die Bücher und Schriften der Gesellschaft steht jedenfalls auf der Grundlage von § 74 Abs. 3 ausschließlich den **Gesellschaftern und ihren Rechtsnachfolgern sowie den Gläubigern** zu. **Sonstigen Dritten** gewährt die Vorschrift kein Einsichtsrecht. Dies gilt auch für die Geschäftsführer, Liquidatoren, Aufsichtsratsmitglieder und sonstige Organe der Gesellschaft[16]. Für alle anderen als die in § 74 Abs. 3 genannten Personen kann sich ein Einsichtsrecht allenfalls unter den (engeren) allgemeinen Voraussetzungen des § 810 BGB ergeben, wobei insbesondere ein eigenes rechtliches Interesse nachzuweisen ist.

10 a) **Gesellschafter.** Die **Gesellschafter** bzw. deren **Rechtsnachfolger** haben auch ohne ein besonderes rechtliches Interesse einen **Anspruch auf Einsicht**. Die hM dehnt dieses Recht auch auf frühere Gesellschafter aus[17]. Dem dürfte jedoch nicht zu folgen sein[18]. Ein Akteneinsichtsrecht von Rechtsvorgängern der Gesellschafter ergibt sich aus dem Wortlaut der Vorschrift nicht, und es besteht auch kein sachlicher Grund, ehemalige Gesellschafter besser zu stellen als sonstige Dritte. Ebensowenig wie bei der werbenden GmbH ausgeschiedenen Gesellschaftern Auskunfts- und Einsichtsrechte nach § 51 a zustehen[19], trifft dies auch für die abgewickelte Gesellschaft nach § 74 zu. Die Gesellschafter und ihre Rechtsnachfolger bedürfen zur Einsicht nicht der Ermächtigung des Gerichts. Sie haben ein direktes Recht gegen den, der die Aufbewahrung bewirkt. Sie brauchen die Hilfe des Registergerichts nicht anzurufen (anders die Aktionäre nach § 273 Abs. 3 AktG).

11 b) **Gläubiger.** Den **Gläubigern** muß nach Abs. 3 Satz 2 Einsicht in die Bücher und Schriften nur aufgrund einer besonderen **Ermächtigung des Registergerichts**

---

[13] Baumbach/Hueck/*Schulze-Osterloh* 9; *Meyer-Landrut*/Miller/Niehus 7.

[14] Scholz/*K. Schmidt* 32; Baumbach/Hueck/*Schulze-Osterloh* 9.

[15] Wie hier Scholz/*K. Schmidt* 1; Baumbach/Hueck/*Schulze-Osterloh* 11; Rowedder/*Rasner* 5; *Brodmann* 1 a.

[16] Scholz/*K. Schmidt* 35; Baumbach/Hueck/*Schulze-Osterloh* 15; Rowedder/*Rasner* 8; *Meyer-Landrut*/Miller/Niehus 8; *Roth* 3.2.

[17] So auch Vorauflage 11 sowie Scholz/*K. Schmidt* 35; *Lutter*/*Hommelhoff* 16; Rowedder/*Rasner* 8; *Meyer-Landrut*/Miller/Niehus 8; *Roth* 3.2.

[18] Wie hier Baumbach/Hueck/*Schulze-Osterloh* 13; *Brodmann* 2.

[19] Vgl. insoweit die Erl. zu § 51 a.

gewährt werden. Hierauf finden dann die Vorschriften der §§ 146, 148 FGG Anwendung. Entgegen der in der Vorauflage[20] vertretenen Auffassung ist Gegner nicht die durch ihre Liquidatoren vertretene Gesellschaft, sondern der Verwahrer selbst[21]. Das Registergericht hat die Ermächtigung zu erteilen, wenn die Gläubiger ihre Forderung und ein rechtliches Interesse an der Einsichtnahme glaubhaft machen. Das Einsichtsrecht genießt grundsätzlich auch Vorrang gegenüber dem Bankgeheimnis oder persönlichen Geheimhaltungsinteressen[22]. Antragsberechtigte Gläubiger sind nicht nur diejenigen, die im Liquidationsverfahren „bekannte" Gläubiger im Sinne von § 73 Abs. 2 waren bzw. sich bei der Gesellschaft als solche gemeldet haben, sondern auch diejenigen, die bei der Liquidation nicht in Erscheinung getreten sind[23].

2. Durchsetzung des Einsichtsrechts

Problematisch ist die **Durchsetzung des Einsichtsrechts**. Die **Gesellschafter** und **12**
sonstige nach § 810 BGB einsichtsberechtigte Dritte müssen ihren Anspruch vor dem Prozeßgericht geltend machen, ggf. auch im Wege einer einstweiligen Verfügung. Die Klage ist gegen den das Einsichtsrecht verwehrenden Verwahrer zu richten, nicht etwa gegen die Gesellschaft[24]. Das Registergericht ist zur Durchsetzung des Einsichtsrechts der Gesellschafter und sonstiger Dritter unzuständig[25]. Anders ist die Situation bei einem Gläubiger, der vom Registergericht zur Einsicht ermächtigt worden ist. Nach heute überwiegender Auffassung kann das Registergericht hier die Gewährung der Einsicht mit gegen den Verwahrer anzuwendenden Zwangsmitteln nach § 33 FGG erzwingen[26].

3. Inhalt des Einsichtsrechts

Das Recht ist inhaltlich auf **„Einsicht"** gerichtet. Dies ist wörtlich zu nehmen. **13**
Eine Aushändigung der Bücher und Schriften kann in der Regel nicht verlangt werden[27], vielmehr findet die Einsichtnahme grundsätzlich am Ort ihrer Aufbewahrung statt. Allerdings kann im Einzelfall eine ordnungsmäßige Einsicht unter Umständen die Auslieferung zur Voraussetzung haben, wenn beispielsweise der Aufbewahrungsort eine hinreichende Einsichtnahme nicht gestattet oder dort die hierfür notwendigen technischen Voraussetzungen, wie sie beispielsweise für die Einsichtnahme in mikroverfilmte oder datenverarbeitungsmäßig gespeicherte Unterlagen erforderlich sind, nicht vorhanden sind. Abschriften können nicht verlangt, die Selbstanfertigung von Abschriften kann jedoch nicht verwehrt werden[28]. Die Einsichtsberechtigten können Sachverständige jedenfalls dann zuziehen, wenn diese

---

[20] Rdn 13.
[21] Baumbach/Hueck/*Schulze-Osterloh* 14; Rowedder/*Rasner* 8.
[22] OLG Braunschweig WM 1992, 1912.
[23] Scholz/*K. Schmidt* 35; Baumbach/Hueck/*Schulze-Osterloh* 14; Rowedder/*Rasner* 8; *Meyer-Landrut*/Miller/Niehus 9.
[24] Baumbach/Hueck/*Schulze-Osterloh* 13; *Lutter/Hommelhoff* 16.
[25] AA Rowedder/*Rasner* 8.
[26] OLG Oldenburg BB 1983, 1434; KG JW 1937, 2289; Scholz/*K. Schmidt* 37; Baumbach/Hueck/*Schulze-Osterloh* 14; *Lutter/Hommelhoff* 16; *Meyer-Landrut*/Miller/Niehus 9; *Roth* 3.2.; aA noch Vorauflage 13.
[27] Scholz/*K. Schmidt* 34; *Lutter/Hommelhoff* 16; Rowedder/*Rasner* 8; *Meyer-Landrut*/Miller/Niehus 8.
[28] Scholz/*K. Schmidt* 34; Baumbach/Hueck/*Schulze-Osterloh* 12; *Lutter/Hommelhoff* 16; Rowedder/*Rasner* 8; *Meyer-Landrut*/Miller/Niehus 8.

zur Berufsverschwiegenheit verpflichtet sind[29]. Bei Streitigkeiten hierüber oder über die Person des Sachverständigen entscheidet das Prozeßgericht; der Registerrichter kann bei seiner Ermächtigung bereits entsprechende Bestimmungen treffen.

V. Die sonstigen Pflichten der Liquidatoren nach beendeter Liquidation

1. Schlußrechnung

14 Die Liquidatoren haben **Schlußrechnung** zu legen. Dies ergibt sich seit der Einfügung von Abs. 1 durch das Gesetz vom 22. 7. 1993 nunmehr auch für die GmbH (wie schon vorher für AG nach § 273 Abs. 1 AktG) ausdrücklich aus dem Gesetz. Der Grundsatz der Erforderlichkeit einer Schlußrechnung war allerdings auch für die GmbH bereits vor dieser Gesetzesänderung anerkannt[30]. Als Verwalter fremden Vermögens sind die Liquidatoren Rechenschaft schuldig (vgl. näher § 71, 19 f).

15 Die Verpflichtung zur Rechnungslegung kann weder satzungsmäßig **ausgeschlossen** werden, noch können die Liquidatoren durch Mehrheitsbeschluß hiervon entbunden werden. Die bisher vertretene Auffassung, mit Zustimmung sämtlicher Gesellschafter könne auf die Rechnungslegung verzichtet werden, kann nicht mehr aufrechterhalten werden, da die Schlußrechnung durch Abs. 1 nunmehr zwingend vorgeschrieben ist[31].

16 Die Anforderungen, die an die **Gestaltung der Schlußrechnung** zu stellen sind, richten sich nach dem konkreten Rechnungslegungsinteresse der Gesellschafter im Einzelfall. So kann bei der Liquidation einer unternehmerisch inaktiven Mantelgesellschaft die Schlußrechnung sicherlich in einfacherer Form dargestellt werden als bei einer möglicherweise jahrelangen Abwicklung eines lebenden Unternehmens. Das Gesetz selbst schreibt keine bestimmte Form vor. Es kann nicht in jedem Falle eine Rechnungslegung in der Qualität eines handelsrechtlichen Jahresabschlusses verlangt werden. Allerdings wird eine entsprechende Schlußbilanz mit Gewinn- und Verlustrechnung immer auch eine ordnungsgemäße Schlußrechnung darstellen. In anderen – einfacheren – Fällen kann eine Zusammenstellung der Einnahmen und Ausgaben ausreichen (vgl. § 259 Abs. 1 BGB).

17 Die Verpflichtung zur Erstellung einer Schlußrechnung besteht gegenüber der **Gesellschaft**[32], die insoweit den Liquidatoren gegenüber grundsätzlich durch die Gesellschafter in ihrer Gesamtheit vertreten wird. Der **einzelne Gesellschafter** hat dementsprechend **kein individuelles Recht** auf Legung der Schlußrechnung[33]. Er kann jedoch ggf. berechtigt sein, den entsprechenden Anspruch der Gesellschaft im Wege der actio pro socio gegen die Liquidatoren geltend zu machen, wenn die allgemeinen Voraussetzungen hierfür vorliegen[34].

18 Nach Vorlage der Schlußrechnung und deren Prüfung hat die Gesellschafterversammlung über die **Entlastung** der Liquidatoren zu beschließen. Dies gilt auch für ge-

---

29 Scholz/*K. Schmidt* 34; Baumbach/Hueck/*Schulze-Osterloh* 12; *Lutter/Hommelhoff* 16; Rowedder/*Rasner* 8; *Meyer-Landrut*/Miller/Niehus 8.

30 Scholz/*K. Schmidt* 3; *Lutter/Hommelhoff* 7; Rowedder/*Rasner* 3; *Meyer-Landrut*/Miller/Niehus 2; *Roth* 2; *Brodmann* 3 a; **aA** Baumbach/Hueck/*Schulze-Osterloh* 3 im Hinblick auf das dort angenommene Erfordernis einer besonderen Liquidationsschlußbilanz.

31 RGZ 34, 57, 58; Rowedder/*Rasner* 3.

32 Scholz/*K. Schmidt* 3; *Lutter/Hommelhoff* 7; Rowedder/*Rasner* 3, *Meyer-Landrut*/Miller/Niehus 2.

33 Scholz/*K. Schmidt* 3; Rowedder/*Rasner* 3; *Meyer-Landrut*/Miller/Niehus 2.

34 Vgl. *Lutter/Hommelhoff* 7 sowie allgemein § 14, 36 ff (*Raiser*).

richtlich bestellte Liquidatoren[35]. Bei fehlender oder nicht ordnungsgemäßer Schlußrechnungslegung können die Gesellschafter die Entlastung verweigern bzw. kann ein Gesellschafter einen etwa dennoch gefaßten Entlastungsbeschluß anfechten[36]. Einen Anspruch auf Entlastung hat ein Liquidator jedoch ebensowenig wie ein Geschäftsführer[37]. Sollte Grund zu der Annahme bestehen, daß die in der Schlußrechnung der Liquidatoren enthaltenen Angaben nicht mit der erforderlichen Sorgfalt gemacht sind, kann die Gesellschafterversammlung beschließen, von den Liquidatoren nach § 259 Abs. 2 BGB die Leistung der eidesstattlichen Versicherung zu fordern[38].

2. Anmeldung des Schlusses der Liquidation und des Erlöschens der Gesellschaft

a) Anmeldepflicht der Liquidatoren. Die Liquidatoren haben den **Schluß der Liquidation** sowie das **Erlöschen der Gesellschaft** zum Handelsregister **anzumelden.** Ebenso wie für die Aktiengesellschaft, bei der die Anmeldung des Schlusses der Abwicklung in § 273 Abs. 1 AktG ausdrücklich vorgeschrieben ist (§ 303 Abs. 1 HGB sprach auch hier früher von der Anmeldung des Erlöschens der Firma[39]), ist die Verpflichtung zur Anmeldung des Schlusses der Liquidation und die sich daran anknüpfende Löschung der Gesellschaft nunmehr auch für die GmbH in Abs. 1 explizit normiert. Bereits vor der Gesetzesänderung bestand eine Anmeldepflicht bezüglich des Erlöschens der Firma nach § 13 Abs. 3 GmbHG und §§ 6,29 und 31 Abs. 2 HGB[40]. Die Pflicht obliegt den Liquidatoren in vertretungsberechtigter Zahl. Die Unterschriften unter der Anmeldung sind zu beglaubigen (§ 12 HGB). Die Anmeldung kann nach § 14 HGB erzwungen werden[41]. Das *Registergericht* prüft und kann Nachweise über die Beendigung verlangen und Ermittlungen anstellen (§ 12 FGG). Das Registergericht kann dabei namentlich prüfen, ob die Gesellschaft tatsächlich vollständig abgewickelt ist. Zur vollständigen Abwicklung gehört auch die Übergabe der Bücher und Schriften an den Verwahrer. Das Erlöschen der Gesellschaft ist daher erst dann einzutragen, wenn die Gesellschafter durch Gesellschaftsvertrag oder Beschluß oder aber das Registergericht auf Antrag der Liquidatoren einen Verwahrer bestimmt haben und dieser sein Amt antritt[42]. Das Registergericht hat nach § 10 HGB die Eintragung zu veröffentlichen. Bei Zweigniederlassungen ist nach § 13 c HGB zu verfahren. 19

b) Amtswegige Löschung. Gelingt es dem Registergericht nicht, ggf. auch unter Anwendung von Zwangsmitteln die Liquidatoren zur Anmeldung des Erlöschens der Firma zu veranlassen, so hat es nach § 31 Abs. 2 Satz 2 HGB die Befugnis zur **Löschung von Amts wegen**, wenn die Voraussetzungen hierfür vorliegen, namentlich die Liquidation beendet und die Gesellschaft vermögenslos ist. Zum gleichen Ergebnis führt es, wenn das Gericht in diesem Falle nach § 2 LöschG vorgeht und die Gesellschaft aufgrund Vermögenslosigkeit löscht. Der Streit um das rechtsdogmatische Verhältnis von § 31 Abs. 2 Satz 2 HGB zu § 2 LöschG[43] ist daher ohne praktische Bedeutung. 20

---

[35] Vgl. BayObLG BB 1963, 664.

[36] Scholz/*K. Schmidt* 3; Rowedder/*Rasner* 3.

[37] Siehe hierzu § 46, 66 ff (*Hüffer*).

[38] Rowedder/*Rasner* 3.

[39] Vgl. *Groschuff* Anmerkung zu KG JW 1938, 1825.

[40] KG OLGR 19, 376; Scholz/*K. Schmidt* 4; Baumbach/Hueck/*Schulze-Osterloh* 4; *Lutter/Hommelhoff* 9; Rowedder/*Rasner* 4; *Meyer-Landrut*/Miller/Niehus 3; *Vogel* 2; *Brodmann* 3 b; aA *Hüffer* Gedächtnisschrift Schultz, 111: § 273 Abs. 1 AktG analog.

[41] Scholz/*K. Schmidt* 7; Baumbach/Hueck/*Schulze-Osterloh* 4; Rowedder/*Rasner* 4; *Meyer-Landrut*/Miller/Niehus 3.

[42] AA Scholz/*K. Schmidt* 5.

[43] Vgl. Scholz/*K. Schmidt* 9 einerseits und Erl. im Anh § 60, 25 (*Ulmer*) andererseits.

21 c) **Beendigung des Amtes der Liquidatoren.** Die **Liquidatoren** haben **die Beendigung ihres Amtes** zum Handelsregister im Grundsatz nach § 67 Abs. 1 anzumelden[44]. Der Registerrichter kann sie hierzu nach § 14 HGB anhalten. Das Registergericht hat nach Prüfung die Beendigung des Liquidatorenamtes einzutragen und zu veröffentlichen. Die Anmeldung der Beendigung der Liquidation und des Erlöschens der Firma schließt jedoch die Niederlegung des Liquidatorenamtes und die Anmeldung von dessen Beendigung ein[45]. Einer besonderen Anmeldung der Beendigung des Liquidatorenamtes bedarf es daher hier in keinem Fall, auch nicht, wenn die Liquidatoren etwa mit der Beendigung der Liquidation ihr Amt auch noch ausdrücklich niedergelegt haben sollten. Eine zusätzliche Anmeldung der Beendigung des Liquidatorenamtes ist, wenn sie gleichwohl erfolgt, unschädlich, aber auch unerheblich[45a].

VI. Die Wirkung der Löschung der Gesellschaft und die Nachtragsliquidation

1. Auffassungen über die Bedeutung der Löschung für die Beendigung der rechtlichen Existenz der Gesellschaft

22 In Rechtsprechung und Schrifttum von jeher umstritten sind die **Voraussetzungen für die Beendigung der Existenz der Gesellschaft** als jurstischer Person und die Bedeutung, die in diesem Zusammenhang der Löschung der Gesellschaft (bzw. ihrer Firma) im Handelsregister zukommt.

23 a) **Deklaratorische Bedeutung.** Die früher herrschende Auffassung[46] erkannte der Löschung im Handelsregister lediglich **deklaratorische** Bedeutung zu. Maßgeblich für das Ende der rechtlichen Existenz der Gesellschaft wäre danach ausschließlich die materielle Vollbeendigung, d. h. die Vermögenslosigkeit der Gesellschaft nach erfolgter Abwicklung, unabhängig von einer etwa erfolgenden Löschung. Dieser Theorie wird mit Recht entgegengehalten, daß die bloße Vermögenslosigkeit, die für einen Außenstehenden nicht notwendigerweise erkennbar ist, ein zu unsicheres Kriterium ist, als daß man hierauf allein abstellen könnte[47]. Zum Schutze des Rechtsverkehrs muß vielmehr davon ausgegangen werden, daß eine im Handelsregister weiterhin eingetragene Gesellschaft auch rechtlich noch besteht. Auch eine vermögenslose aufgelöste Gesellschaft kann daher noch Rechte und Pflichten erwerben. Kein Dritter muß Nachforschungen betreiben, ob eine eingetragene Gesellschaft über Vermögen verfügt oder nicht.

24 b) **Konstitutive Wirkung.** Nach der Gegenauffassung hat die Handelsregistereintragung **konstitutive Wirkung**[48]. Für die Beendigung der rechtlichen Existenz der Gesellschaft als juristischer Person soll es danach allein auf den Registerakt der Löschung ankommen, und zwar unabhängig davon, ob diese noch über Vermögen verfügt oder nicht, die Löschung also zu Recht oder zu Unrecht erfolgt ist.

[44] Vgl. § 67, 2 ff.

[45] BGHZ 53, 264, 267 – NJW 1970, 1044; KG OLGR 19, 376; BayObLG DB 1994, 524; Scholz/*K. Schmidt* 10; Baumbach/Hueck/*Schulze-Osterloh* 4; *Lutter/Hommelhoff* 9; Rowedder/*Rasner* 4; *Meyer-Landrut*/Miller/Niehus 3; *Roth* 2; *Brodmann* 3 e.

[45a] Vgl. auch BayObLG DB 1994, 524.

[46] RGZ 109, 387, 391; 134, 91, 94; 149, 294, 296; 155, 42, 43 f; OLG Stuttgart NJW 1969, 1493; BGH LM § 74 Nr. 1; BGHZ 48, 303, 307; *Wiedemann*-GroßkommAktG § 273, 3; *Marowski* JW 1938, 11; *Wimpfheimer* 111; *Bokelmann* NJW 1977, 1130 f; *Bartl/Henkes/Schlarb* 937.

[47] Zutreffend Scholz/*K. Schmidt* 14; *Lutter/Hommelhoff* 6.

[48] Anh § 60, 37 (*Ulmer*); *Heller* 73; *Hönn* ZHR 138 (1974), 72 ff; *Hüffer* Gedächtnisschrift Schultz, 105; *Buchner* 94 ff, 105.

Allerdings wird auch von den Vertretern dieser Auffassung die Möglichkeit einer Nachtragsliquidation für den Fall, daß die Gesellschaft noch über Vermögen verfügen sollte, anerkannt[49].

c) **Lehre vom sog. „Doppeltatbestand“.** Im Vordringen befindlich ist eine dritte Auffassung, nämlich die Lehre vom sog. *„Doppeltatbestand“*[50]. Nach dieser Theorie sollen die Handelsregisterlöschung und die Vermögenslosigkeit kumulative Voraussetzungen für die Beendigung der Rechtsfähigkeit der Gesellschaft sein. Auf der Basis dieser Auffassung besteht die Gesellschaft als juristische Person jedenfalls so lange, wie sie im Handelsregister eingetragen ist. Eine trotz vorhandenen Vermögens vorgenommene Löschung würde demgegenüber an dem materiellen Fortbestand der Gesellschaft nichts ändern. Von dieser Annahme ausgehend wäre dann eine Nachtragsliquidation nichts anderes als die Fortsetzung der in Wirklichkeit noch nicht abgeschlossenen Abwicklung. 25

d) **Stellungnahme:** Während eine lediglich deklaratorische Bedeutung der Löschung nach dem oben Gesagten[51] abzulehnen ist, gelangen die Auffassungen von der konstitutiven Wirkung der Handelsregistereintragung und die Lehre vom „Doppeltatbestand“ trotz scheinbarer Gegensätzlichkeit in der praktischen Anwendung im wesentlichen (vorbehaltlich der nachstehend erörterten Unterschiede) zu gleichen Ergebnissen bei unterschiedlichen Begründungsschwierigkeiten, weswegen der dogmatische Meinungsstreit nicht abschließend entschieden zu werden braucht. Auch die Auffassung, die der Löschung im Handelsregister konstitutive Wirkung beimißt, anerkennt die Möglichkeit einer Nachtragsliquidation. Hier tut sich die Lehre vom „Doppeltatbestand“ insofern leichter, als sie insoweit vom Fortbestand der noch existenten Gesellschaft als juristischer Person ausgehen kann und nicht auf Konstruktionen wie die bloße Fiktion der Fortexistenz einer in Wirklichkeit nicht mehr bestehenden juristischen Person oder eines Rückgriffs auf eine hinter dieser stehende Gesamthand der Gesellschafter als einer Art „Nachgesellschaft“ angewiesen ist[52]. Demgegenüber müssen auch die Vertreter der Lehre vom „Doppeltatbestand“ konzedieren, daß die Nachtragsliquidation einige Besonderheiten aufweist, die sie von einer nach dieser Lehre eigentlich folgerichtigen bloßen Fortsetzung der ursprünglichen Liquidation unterscheidet. So lebt beispielsweise nach heute unbestrittener Auffassung das Amt der Liquidatoren in der Nachtragsliquidation nicht wieder auf, sondern es sind Nachtragsliquidatoren gerichtlich zu bestellen[53]; der Löschung im Handelsregister kommt daher jedenfalls insoweit unstreitig konstitutive Wirkung zu. Zu relevanten praktischen Unterschieden gelangen die Theorien nur in der Frage, ob nach erfolgter Löschung nach ein **Fortsetzungsbeschluß** gefaßt werden kann, was die Lehre vom „Doppeltatbestand“ konsequenterweise bejahen muß[54], da sie bei Vorhandensein von Vermögen vom Fortbestand einer Liquidationsgesellschaft ausgeht. In diesem Punkte ist jedoch der Gegenauffassung zu folgen, wonach infolge der konstitutiven Wirkung der Löschung kein Raum für eine Fortsetzung der Gesellschaft und vielmehr eine Neugründung erforderlich ist. Sinn und Zweck 26

---

[49] Hüffer, Gedächtnisschrift Schultz, 106 ff; Anh § 60, 39 ff (*Ulmer*).

[50] OLG Stuttgart ZIP 1986, 647, 648; Scholz/*K. Schmidt* 14; Baumbach/Hueck/*Schulze-Osterloh* § 60, 6; *Lutter/Hommelhoff* 6; Rowedder/*Rasner* 9; *Meyer-Landrut*/Miller/Niehus 5; *Roth* 4.1.; *Raiser* Recht der Kapitalgesellschaften, 478 f; *K. Schmidt* GmbH-Rdsch. 1988, 211.

[51] Rdn 23.

[52] Vgl. etwa *Hönn* ZHR 138 (1974), 74 ff, 77; *Hüffer* Gedächtnisschrift Schultz, 107 ff; Anh § 60, 37 (*Ulmer*).

[53] Siehe etwa Scholz/*K. Schmidt* 22; *Lutter/Hommelhoff* 21.

[54] Vgl. etwa *K. Schmidt* GmbH-Rdsch. 1988, 211.

der Löschung ist nämlich gerade die Beseitigung bloßer Mantelgesellschaften ohne relevantes Vermögen. Dieses Ziel würde verfehlt, wenn eine gelöschte Gesellschaft unter Berufung auf irgendein noch vorhandenes Aktivum wieder ins Leben gerufen und in eine werbende Gesellschaft rückumgewandelt werden könnte[55].

2. Prozeßrechtliche und materiellrechtliche Folgen der Löschung

27 a) **Auswirkungen auf laufende Prozesse.** Führt die Gesellschaft zum Zeitpunkt ihrer Löschung **Prozesse**, so ist hinsichtlich deren Auswirkungen auf die laufenden Verfahren zu unterscheiden. Handelt es sich um einen *Aktivprozeß* zur Verfolgung eines vermögensrechtlichen Anspruchs, so ist die Liquidation noch nicht abgeschlossen. Im Normalfall hätte also weder das Erlöschen der Firma zum Handelsregister angemeldet werden noch eine amtswegige Löschung wegen Vermögenslosigkeit nach § 2 LöschG erfolgen dürfen. Ist die Gesellschaft dennoch gelöscht worden, so ist das klageweise geltend gemachte Aktivum ein Grund für eine Nachtragsliquidation[56]. Für einen *Passivprozeß* gilt das gleiche jedenfalls dann, wenn im Hinblick auf dessen Erfolgsaussichten die Möglichkeit des Bestehens eines Kostenerstattungsanspruchs gegeben ist[57], ferner, wenn es sich um eine einzelne Abwicklungsmaßnahme handelt, die unabhängig von der Vermögenslage der Gesellschaft eine Nachtragsliquidation rechtfertigt[58]. Im übrigen ist die Gesellschaft auch dann weiterhin passiv parteifähig, wenn nach den Behauptungen des Klägers noch Vermögen der Gesellschaft vorhanden ist[59]. Nur wenn auch nach eigenem Vortrag des Klägers die gelöschte Gesellschaft vermögenslos ist, entfällt die Parteifähigkeit der Gesellschaft, und das Prozeßrechtsverhältnis erlischt.

28 b) **Auswirkungen auf bestehende Sicherheiten.** Von den prozeßrechtlichen Auswirkungen zu unterscheiden sind die materiellrechtlichen Folgen der Löschung der Gesellschaft. Der materiellrechtliche Anspruch eines Dritten besteht unbeschadet der Löschung der Gesellschaft fort. Alle für eine Verbindlichkeit der Gesellschaft gestellten **Sicherheiten** bleiben daher bestehen, und zwar unabhängig davon, ob sie akzessorisch sind[60]. Ist die Gesellschaft infolge Löschung nicht mehr parteifähig und wäre ein gegen sie gerichteter Prozeß daher unzulässig, so kann ein Bürge auch nicht die Einrede der Vorausklage (§ 771 BGB) erheben.

3. Nachtragsliquidation

29 Auch wenn die Gesellschaft im Handelsregister gelöscht ist, so können unter bestimmten, im einzelnen noch zu erörternden Voraussetzungen weitere Abwicklungsmaßnahmen erforderlich sein, die eine Fortsetzung der Liquidation notwendig erscheinen lassen. Diese erfolgt dann im Wege der **Nachtragsliquidation.** Obwohl die Nachtragsliquidation im GmbHG nicht ausdrücklich geregelt ist, steht unabhängig davon, welche Bedeutung man der Handelsregisterlöschung für die Existenz der juristischen Person beimißt (Rdn 22 ff), außer Streit, daß im Grundsatz eine solche Abwicklung nach erfolgter Löschung möglich ist. Für den Sonderfall der amtswegigen Löschung der Gesellschaft wegen Vermögenslosigkeit nach § 2 LöschG ist die Nach-

---

[55] Zutreffend Anh § 60, 13 (*Ulmer*); *Heller*, 173; vgl. auch BayObLG GmbH-Rdsch 1994, 189, 190.

[56] Vgl. Scholz/*K. Schmidt* 17; Baumbach/Hueck/*Schulze-Osterloh* 18; *Meyer-Landrut*/Miller/Niehus 5.

[57] Vgl. BGH NJW-RR 1986, 394; Rowedder/*Rasner* 10.

[58] S. dazu unten Rdn 32.

[59] BGH LM Nr. 1 zu § 74; Scholz/*K. Schmidt* 17; Baumbach/Hueck/*Schulze-Osterloh* 19; Rowedder/*Rasner* 10.

[60] BGH BB 1982, 331, 332; Scholz/*K. Schmidt* 16; Baumbach/Hueck/*Schulze-Osterloh* 16; Rowedder/*Rasner* 10.

tragsliquidation in dessen Abs. 3 ausdrücklich vorgesehen, wenn sich bei der gelöschten Gesellschaft nachträglich das Vorhandensein von Vermögen herausstellt[61].

a) **Voraussetzungen der Nachtragsliquidation.** Die **Voraussetzungen für eine Nachtragsliquidation** sind im einzelnen umstritten. Es wird hierbei überwiegend vertreten, daß insofern auf eine entsprechende Anwendung von § 273 Abs. 4 Satz 1 AktG zurückgegriffen werden könne[62]. Diese Vorschrift lautet: 30

„Stellt sich nachträglich heraus, daß weitere Abwicklungsmaßnahmen nötig sind, so hat auf Antrag eines Beteiligten das Gericht die Abwickler neu zu bestellen oder andere Abwickler zu berufen."

Die Bezugnahme auf den Wortlaut von § 273 Abs. 4 Satz 1 AktG beantwortet allerdings noch nicht die Frage, unter welchen Voraussetzungen bei einer im Handelsregister gelöschten Gesellschaft **weitere Abwicklungsmaßnahmen nötig** sind. Nach dem Zweck der Liquidations- und Löschungsvorschriften steht allerdings fest, daß allein das Auftauchen von Gläubigern ohne die Möglichkeit der Realisierung ihrer Ansprüche aus dem Gesellschaftsvermögen nicht ausreicht, um eine Nachtragsliquidation zu begründen[63]. Vielmehr ist im Grundsatz zu verlangen, daß noch **Aktivvermögen** der Gesellschaft vorhanden ist und dieses Aktivvermögen die Kosten einer Nachtragsliquidation übersteigt. Als Vermögen der Gesellschaft kommen hier namentlich auch Ansprüche in Betracht, nicht zuletzt auch Einlage-, Rückgewähr- oder Schadensersatzansprüche gegen Gesellschafter, Geschäftsführer oder Liquidatoren der Gesellschaft[64]. Es ist dann die Aufgabe des Nachtragsliquidators, hinsichtlich dieser Vermögenswerte die Abwicklung fortzuführen bzw. überhaupt erstmalig durchzuführen, falls die Löschung etwa nach § 2 LöschG erfolgte, ohne daß die Gesellschaft vorher liquidiert wurde. Die etwaigen Ansprüche sind daher einzuziehen; mit dem Erlös ist grundsätzlich nach §§ 72, 73 zu verfahren, d. h. er ist primär zur Befriedigung der Gläubiger zu verwenden und erst in zweiter Linie an die Gesellschafter zu verteilen. 31

Darüber hinaus können weitere Abwicklungsmaßnahmen auch dann erforderlich sein, wenn die Gesellschaft nicht mehr über Aktivvermögen verfügt. Dies ist namentlich der Fall, wenn die Gesellschaft noch **Erklärungen** abgeben muß, beispielsweise die Bewilligung der Löschung von Grundpfandrechten oder sonstigen Grundbuchpositionen einschließlich Berichtigungsbewilligungen[65], die Erteilung arbeitsrechtlicher Zeugnisse[66], die Herausgabebewilligung für hinterlegte Gegenstände[67] oder die Vornahme von Handelsregisteranmeldungen. Im Grundsatz dürfte auch jede Verpflichtung zu einer unvertretbaren Handlung eine Nachtragsliquidation rechtfertigen. Umstritten ist, ob eine Nachtragsliquidation allein zum Zwecke der Zustellung eines Steuerbescheides zu erfolgen hat[68]. Dies wird man nur dann bejahen können, wenn die Finanzbehörde ein berechtigtes Interesse an der Zustellung hat, sei es, daß die Gesellschaft selbst noch über Vermögen verfügt, das zur 32

---

[61] Vgl. im einzelnen Anh § 60, 39 ff (*Ulmer*).

[62] BGHZ 53, 264, 266 = NJW 1970, 1044; BayObLG BB 1985, 7, 8; Baumbach/Hueck/*Schulze-Osterloh* § 60, 57; *Lutter/Hommelhoff* 19; Rowedder/*Rasner* 12; *Meyer-Landrut*/Miller/Niehus 10; *Roth* 4.1.

[63] Scholz/*K. Schmidt* 21; Rowedder/*Rasner* 11; *Meyer-Landrut*/Miller/Niehus 10; *Roth* 4.1.

[64] BayObLG BB 1985, 7; BGHZ 53, 264, 266; Scholz/*K. Schmidt* 19; Rowedder/*Rasner* 11; *Meyer-Landrut*/Miller/Niehus 10; *Roth* 4.1.

[65] BayObLG GmbH-Rdsch. 1956, 76; OLG München ZIP 1988, 575, 577; OLG Hamm BB 1987, 294; Rowedder/*Rasner* 12; *Meyer-Landrut*/Miller/Niehus 10.

[66] BAG AP Nr. 4 zu § 50 ZPO; zu weitgehend demgegenüber BAG NJW 1982, 1831 betr. Kündigungsschutzprozeß.

[67] OLG Frankfurt a. M. WM 1982, 1266.

[68] So BayObLG DB 1984, 870; aA OLG Karlsruhe, NJW-RR 1990, 100.

Begleichung der Steuerschuld herangezogen werden kann, oder sei es, daß die mögliche Inanspruchnahme eines Dritten von der Zustellung des Steuerbescheides an die Gesellschaft abhängt[69].

33 Nach anderen Auffassungen soll in derartigen Fällen sonstiger erforderlicher Abwicklungsmaßnahmen, die nicht in der Begleichung vermögensrechtlicher Verbindlichkeiten bestehen, eine Nachtragsliquidation nicht in Betracht kommen. Vielmehr soll hier auf das Rechtsinstitut der **Pflegschaft** für unbekannte Beteiligte (§ 1913 BGB) zurückgegriffen[70] oder aber entsprechend der Vorschrift des § 74 Abs. 2 Satz 2 über den Verwahrer der Bücher und Schriften ein **sonstiges Organ** für nachwirkende Handlungspflichten geschaffen werden[71]. Beide Alternativlösungen vermögen nicht zu überzeugen. Das Institut der Pflegschaft nach § 1913 BGB erscheint hier unpassend, da die gelöschte Gesellschaft nicht ein unbekannter Beteiligter, sondern infolge Löschung (und ggf. Vermögenslosigkeit) nicht mehr existent ist. Auch die Sonderbestimmung des § 74 Abs. 1 Satz 2 über die Verwahrung der Bücher und Schriften eignet sich nicht dazu, im Wege der Analogie auf sonstige, ganz anders geartete Abwicklungsmaßnahmen bezogen zu werden. Vielmehr ist in allen diesen Fällen die Nachtragsliquidation das geeignete Mittel dazu, die erforderlichen Abwicklungsmaßnahmen herbeizuführen.

34 b) **Antrag auf Bestellung eines Nachtragsliquidators.** Die Bestellung eines Nachtragsliquidators erfordert einen **Antrag** an das Registergericht der Gesellschaft seitens eines Beteiligten (Gesellschafter, frühere Liquidatoren, Gläubiger, sonst interessierte Dritte, z. B. aufgrund satzungsmäßigen Vermögensanfalls zu ihren Gunsten)[72]. Die Leistung eines *Vorschusses* für die zu erstattenden baren Auslagen und die Vergütung des Liquidators empfiehlt sich, um das Einverständnis des vorgeschlagenen Nachtragsliquidators mit seiner Bestellung zu sichern, soweit nicht dieser sich mit einer Kostendeckungszusage durch den Antragsteller zufriedengibt. Ebenso empfiehlt sich bei der Antragstellung ein **personeller Vorschlag.** Das Gericht ist zwar hieran nicht gebunden, sondern entscheidet nach pflichtgemäßem Ermessen[73]. Es wird aber praktisch häufig dem hinsichtlich der Auswahl der Person begründeten Vorschlag des Antragstellers folgen. Soweit kein Vorschlag gemacht ist oder ein Vorschlag nicht akzeptabel erscheint, wird das Gericht grundsätzlich die früheren Liquidatoren schon wegen deren besonderer Sachkunde zu Nachtragsliquidatoren bestellen, es sei denn, daß zum Gegenstand der Nachtragsabwicklung gerade auch Regreßansprüche gegen die früheren Liquidatoren gehören[73a].

35 Die **Person des Nachtragsliquidators** kann **nicht** bereits in der **Satzung** bestimmt werden[74]; ebensowenig ist für die Bestellung oder Abberufung noch eine Kompetenz der Gesellschafterversammlung gegeben[75]. Vielmehr entscheidet, nachdem einmal die Gesellschaft gelöscht worden ist, *allein das Registergericht*[76].

---

69 So auch BayObLG DB 1985, 107.

70 Anh § 60, 40 (*Ulmer*); ablehnend *Buchner* 131.

71 Scholz/*K. Schmidt* 20; *K. Schmidt* GmbH-Rdsch. 1988, 212 f; offengelassen von BGHZ 105, 259, 262.

72 Vgl. KG DR 1940, 695 mit Anm. *Groschuff*.

73 BGHZ 53, 264, 269 = NJW 1970, 1044; OLG Celle AG 1962, 254.

73a Vgl. auch BayObLG GmbH-Rdsch 1994, 189, 191.

74 Scholz/*K. Schmidt* 22.

75 Baumbach/Hueck/*Schulze-Osterloh* § 60, 57; *Meyer-Landrut*/Miller/Niehus 11; aA *Lutter*/*Hommelhoff* 21; *Roth* 4.2.

76 Vgl. BGHZ 53, 264, 266 = NJW 1970, 1044; BGH NJW 1985, 2479; BayObLG GmbH-Rdsch 1994, 189, 191; OLG Celle AG 1962, 265; *Kraft*-KölnKommAktG § 273, 29; Scholz/*K. Schmidt* 22; *Lutter*/*Hommelhoff* 21; Rowedder/*Rasner* 13; *Meyer-Landrut*/Miller/Niehus 11.

In der Antragsbegründung sind die Voraussetzungen für eine Nachtragsliquidation **glaubhaft zu machen**[77]. Es ist also insbesondere darzulegen, über welche Aktiva die gelöschte Gesellschaft noch verfügt. Handelt es sich hier um Rückgewähr- oder Schadensersatzansprüche gegen Gesellschafter oder Liquidatoren, so ist es erforderlich, diese im einzelnen zu substantiieren. Bei sonstigen Abwicklungsmaßnahmen, die nicht das Vorhandensein von Vermögen voraussetzen, sind diese im einzelnen konkret zu bezeichnen; die Verpflichtung zur Vornahme solcher Maßnahmen muß ebenfalls glaubhaft gemacht werden. Die Kosten der Nachtragsliquidation muß der Antragsteller bevorschussen[78]. 36

Wird ein Antrag auf Bestellung eines Nachtragsliquidators abgelehnt, so besteht hiergegen das Rechtsmittel der **Beschwerde**. Fraglich ist nur, ob in analoger Anwendung des § 273 Abs. 5 AktG nur die fristgebundene sofortige Beschwerde möglich oder die unbefristete Beschwerde gegeben ist. Im Hinblick auf den Grundsatz, daß überall dort, wo das Gesetz schweigt, der Rechtssuchende darauf vertrauen darf, daß eine Fristbindung nicht bestehe, muß von der Zulässigkeit der unbefristeten einfachen Beschwerde ausgegangen werden[79]. Wird demgegenüber dem Antrag stattgegeben, so ist jedenfalls der frühere Liquidator selbst nicht beschwerdeberechtigt[80]. Ob die gelöschte Gesellschaft, vertreten durch die früheren Liquidatoren, noch Beschwerde einlegen kann[81], erscheint sehr zweifelhaft. 37

c) **Eintragung in das Handelsregister.** Wird dem Antrag auf Bestellung eines Nachtragsliquidators stattgegeben, so ist eine **Eintragung in das Handelsregister** erforderlich, die von Amts wegen zu veranlassen ist. Umstritten ist hierbei, ob lediglich die Nachtragsliquidatoren als solche einzutragen sind[82] oder ob zugleich auch eine Wiedereintragung der Firma zu erfolgen hat[83]. Nach denjenigen Lehrmeinungen, die die Gesellschaft unabhängig von einer etwa bereits vorher erfolgten Löschung erst mit Eintritt der Vermögenslosigkeit als beendet ansehen, ist letzteres folgerichtig, da die Gesellschaft im Falle der Nachtragsliquidation wegen Vorhandenseins von Vermögen rechtlich noch existiert. Dementsprechend würde es sich der Sache nach um eine Löschung der (aus dieser Sicht unrichtigen) Eintragung des Erlöschens der Firma nach § 142 FGG handeln. Unabhängig von dem rechtsdogmatischen Grundverständnis ist eine Wiedereintragung der Firma jedenfalls deshalb geboten, weil der Nachtragsliquidator unter dieser im Rechtsverkehr handelt. Ist ein Nachtragsliquidator allerdings nur für einzelne Rechtshandlungen bestellt worden, so kann nach ganz überwiegender Ansicht auf eine Handelsregistereintragung verzichtet werden[84]. 38

d) **Durchführung der Nachtragsliquidation.** Auf die **Durchführung der Nachtragsliquidation** finden die gesetzlichen Vorschriften über die Liquidation grundsätzlich Anwendung. Dies ist ohnehin selbstverständlich, wenn man die Nachtragsliquidation als bloße Fortsetzung der Abwicklung betrachtet. Der Nachtragsliquidator hat also das Gesellschaftsvermögen zum Zwecke der Abwicklung zu verwalten und in 39

---

[77] BayObLG BB 1984, 446; BB 1985, 7, 8; Rowedder/*Rasner* 11; *Meyer-Landrut*/Miller/Niehus 10; *Roth* 4.1.

[78] Scholz/*K. Schmidt* 22.

[79] OLG Frankfurt a. M. GmbH-Rdsch. 1970, 65; *Fleck* LM § 74 Nr. 2.

[80] KG ZIP 1982, 59, 60 f.

[81] So BayObLG ZIP 1983, 938, 939.

[82] So *Ulmer*, Anh § 60, 45; *Heller* 166 f; *Buchner* 147.

[83] OLG Düsseldorf GmbH-Rdsch. 1979, 227, 228; Scholz/*K. Schmidt* 23; Baumbach/Hueck/*Schulze-Osterloh* § 60, 58; *Lutter/Hommelhoff* 20; Rowedder/*Rasner* 14.

[84] Anh § 60, 45 (*Ulmer*); Scholz/*K. Schmidt* 23; Baumbach/Hueck/*Schulze-Osterloh* § 60, 58; *Lutter/Hommelhoff* 20; Rowedder/*Rasner* 14; *Hofmann* GmbH-Rdsch. 1976, 268; aA *Meyer-Landrut*/Miller/Niehus 11.

Geld umzusetzen, um hiermit zunächst die Gläubiger zu befriedigen und den Rest unter die Gesellschafter zu verteilen. Die Beendigung der Nachtragsliquidation ist zum Handelsregister anzumelden; hinsichtlich der Bücher und Schriften ist nach Abs. 2 zu verfahren, auch soweit sie die Nachtragsliquidation betreffen. Allerdings sind bei der Anwendung der §§ 65 ff auf die Nachtragsliquidation einige Abweichungen und Besonderheiten zu beachten. Die Gesellschafter haben nicht die Kompetenz zur Bestellung und Abberufung des Nachtragsliquidators (Rdn 35). Eines besonderen Gläubigeraufrufs und der Einhaltung eines Sperrjahres bedarf es nicht[85]. Die Vorschriften des § 71 über die Rechnungslegung gelten nicht; vielmehr ist der Nachtragsliquidator lediglich verpflichtet, eine Schlußrechnung zu erstellen[86].

40 e) **Vertretungsmacht des Nachtragsliquidators.** Hinsichtlich der **Vertretungsmacht des Nachtragsliquidators** ist umstritten, ob diese nach allgemeinen Grundsätzen unbeschränkt ist[87] oder ob sie durch Bestimmung des Registergerichts, die dann auch in das Handelsregister eingetragen werden müßte, auf einzelne Aufgaben beschränkt werden kann[88]. Richtigerweise wird man hier differenzieren müssen. Handelt es sich um eine Nachtragsliquidation für sonstige Abwicklungshandlungen, ohne daß Vermögen der Gesellschaft vorhanden ist[89], so besteht Vertretungsmacht nur für diese. Die Frage der Eintragung der Vertretungsmachtbeschränkung in das Handelsregister stellt sich hier nicht, da in diesen Fällen eine Eintragung der Nachtragsliquidation insgesamt für nicht erforderlich gehalten wird[90]. Ist jedoch ein Nachtragsliquidator im Hinblick auf vorhandenes Vermögen bestellt worden, so ist hier die Vertretungsmacht des Liquidators ebenso unbeschränkt wie auch sonst bei Liquidatoren[91]. Wie unzweckmäßig hier eine Beschränkung wäre, zeigt sich beispielsweise dann, wenn im Zuge der Nachtragsliquidation noch andere Aktiva entdeckt werden als diejenigen, deretwegen die Bestellung des Nachtragsliquidators erfolgte. Auch muß der Nachtragsliquidator unabhängig von dem Zusammenhang seiner Bestellung mit bestimmten Aktiva z. B. in der Lage sein, für die Gesellschaft Passivprozesse zu führen.

§ 75

Enthält der Gesellschaftsvertrag keine Bestimmungen über die Höhe des Stammkapitals oder über den Gegenstand des Unternehmens oder sind die Bestimmungen des Gesellschaftsvertrags über den Gegenstand des Unternehmens nichtig, so kann jeder Gesellschafter, jeder Geschäftsführer und, wenn ein Aufsichtsrat bestellt ist, jedes Mitglied des Aufsichtsrats im Wege der Klage beantragen, daß die Gesellschaft für nichtig erklärt werde.

Die Vorschriften der §§ 272, 273 des Handelsgesetzbuchs[1] finden entsprechende Anwendung.

[85] Anh § 60, 42 (*Ulmer*); Scholz/*K. Schmidt* 23; Baumbach/Hueck/*Schulze-Osterloh* § 60, 59; *Lutter/Hommelhoff* 22; Rowedder/*Rasner* 15; *Meyer-Landrut*/Miller/Niehus 11; *Buchner* 150.

[86] Anh § 60, 42 (*Ulmer*); Scholz/*K. Schmidt* 23; aA Baumbach/Hueck/*Schulze-Osterloh* § 60, 59; Rowedder/*Rasner* 15; *Meyer-Landrut*/Miller/Niehus 11.

[87] Vgl. die Nachweise im Anh § 60, 86 (*Ulmer*).

[88] So namentlich *Ulmer* in Anh § 60, 41; *Heller* 165; *Buchner* 133 ff.

[89] Vgl. oben Rdn 32.

[90] Oben Rdn 38.

[91] S. dazu § 70, 23 ff, 25.

[1] Jetzt: §§ 246 Abs. 2–4, 247, 248, 249 Abs. 2 des Aktiengesetzes.

§ 142 FGG

(1) Ist eine Eintragung in das Handelsregister bewirkt, obgleich sie wegen Mangels einer wesentlichen Voraussetzung unzulässig war, so kann das Registergericht sie von Amts wegen löschen. Die Löschung geschieht durch Eintragung eines Vermerkes.

(2) Das Gericht hat den Beteiligten von der beabsichtigten Löschung zu benachrichtigen und ihm zugleich eine angemessene Frist zur Geltendmachung eines Widerspruchs zu bestimmen.

(3) Auf das weitere Verfahren finden die Vorschriften des § 141 Abs. 3, 4 Anwendung.

§ 143 FGG

(1) Die Löschung einer Eintragung kann gemäß den Vorschriften des § 142 auch von dem Landgericht verfügt werden, welches dem Registergericht im Instanzenzuge vorgeordnet ist. Die Vorschrift des § 30 Abs. 1 Satz 2 findet Anwendung.

(2) Gegen die einen Widerspruch zurückweisende Verfügung des Landgerichts findet die sofortige Beschwerde an das Oberlandesgericht mit der Maßgabe statt, daß die Vorschriften des § 28 Abs. 2, 3 zur entsprechenden Anwendung kommen. Die weitere Beschwerde ist ausgeschlossen.

§ 144 FGG

(1) Eine in das Handelsregister eingetragene Aktiengesellschaft oder Kommanditgesellschaft auf Aktien kann nach den §§ 142, 143 als nichtig gelöscht werden, wenn die Voraussetzungen vorliegen, unter denen nach den §§ 275, 276 des Aktiengesetzes die Klage auf Nichtigkeitserklärung erhoben werden kann. Das gleiche gilt für eine in das Handelsregister eingetragene Gesellschaft mit beschränkter Haftung, wenn die Voraussetzungen vorliegen, unter denen nach den §§ 75, 76 des Gesetzes, betreffend die Gesellschaften mit beschränkter Haftung, die Nichtigkeitsklage erhoben werden kann.

(2) Ein in das Handelsregister eingetragener Beschluß der Generalversammlung oder Versammlung der Gesellschafter einer der im Abs. 1 bezeichneten Gesellschaften kann gemäß den Vorschriften der §§ 142, 143 als nichtig gelöscht werden, wenn er durch seinen Inhalt zwingende Vorschriften des Gesetzes verletzt und seine Beseitigung im öffentlichen Interesse erforderlich erscheint.

(3) In den Fällen der Absätze 1, 2 soll die nach § 142 Abs. 2 zu bestimmende Frist mindestens drei Monate betragen.

§ 144 a FGG

(1) Enthält die Satzung einer in das Handelsregister eingetragenen Aktiengesellschaft oder einer Kommanditgesellschaft auf Aktien eine der nach § 23 Abs. 3 Nr. 1, 4, 5 oder 6 des Aktiengesetzes wesentlichen Bestimmungen nicht oder ist eine dieser Bestimmungen oder die Bestimmung nach § 23 Abs. 3 Nr. 3 des Aktiengesetzes nichtig, so hat das Registergericht die Gesellschaft aufzufordern, innerhalb einer bestimmten Frist eine Satzungsänderung, die den Mangel der Satzung behebt, zur Eintragung in das Handelsregister anzumelden oder die Unterlassung durch Widerspruch gegen die Verfügung zu rechtfertigen. Das Gericht hat in der Verfügung darauf hinzuweisen, daß ein nicht behobener Mangel nach Absatz 2 festzustellen ist und daß die Gesellschaft dadurch nach § 262 Abs. 1 Nr. 5, § 289 Abs. 2 Nr. 2 des Aktiengesetzes aufgelöst wird.

(2) Wird innerhalb der nach Absatz 1 bestimmten Frist weder der Aufforderung genügt noch Widerspruch erhoben oder ist ein Widerspruch zurückgewiesen worden, so hat das Gericht den Mangel der Satzung festzustellen. Die Feststellung kann mit der Zurückweisung des Widerspruchs verbunden werden.

(3) Gegen Verfügungen, durch welche eine Feststellung oder ein Widerspruch zurückgewiesen wird, findet die sofortige Beschwerde statt.

(4) Diese Vorschriften gelten sinngemäß, wenn der Gesellschaftsvertrag einer in das Handelsregister eingetragenen Gesellschaft mit beschränkter Haftung eine der nach § 3 Abs. 1 Nr. 1 oder 4 des Gesetzes betreffend die Gesellschaften mit beschränkter Haftung wesentlichen Bestimmungen nicht enthält oder eine dieser Bestimmungen oder die Bestimmung nach § 3 Abs. 1 Nr. 3 des Gesetzes betreffend die Gesellschaften mit beschränkter Haftung nichtig ist.

§ 144 b FGG

Kommt der Gesellschafter einer Gesellschaft mit beschränkter Haftung einer der Verpflichtungen nach § 19 Abs. 4 des Gesetzes betreffend die Gesellschaften mit beschränkter Haftung nicht fristgemäß nach, so hat das Registergericht den Gesellschafter aufzufordern, dies innerhalb einer bestimmten Frist nachzuholen oder die Unterlassung durch Widerspruch gegen die Verfügung zu rechtfertigen. Das Gericht hat in der Verfügung darauf hinzuweisen, daß die Nichteinhaltung der genannten Verpflichtungen festzustellen ist und daß die Gesellschaft dadurch nach § 60 Abs. 1 Nr. 5 des Gesetzes betreffend die Gesellschaften mit beschränkter Haftung aufgelöst wird. Im übrigen gilt § 144 a Abs. 2 und 3 sinngemäß.

Übersicht

Schrifttum

Anton Nichtige GmbH-Satzung, GmbH-Rdsch. 1975, 75; *Bassenge* Tatsachenermittlung, Rechtsprüfung und Ermessensausübung in den registergerichtlichen Verfahren nach §§ 132 bis 144 FGG, Rpfleger 1974, 173; *Bommert* GmbH-Mantelkauf und Gründungsrecht, GmbH-Rdsch. 1983, 209; *Einmahl* Die erste gesellschaftsrechtliche Richtlinie des Rates der Europäischen Gemeinschaften und ihre Bedeutung für das deutsche Aktienrecht (III), AG 1969, 210; *Hofmann* Zur Liquidation einer GmbH (II), GmbH-Rdsch. 1976, 258; *Jansen* Anm. zu BGH NJW 1966, 1813; *Paschke* Die fehlerhafte Korporation, ZHR 155 (1991), 1; *Priester* Mantelverwendung und Mantelgründung bei der GmbH, DB 1983, 2291; *Roßner* Der Einfluß von Gründungsmängeln auf die AG, die GmbH und die eingetragene Genossenschaft, Diss. Würzburg 1967; *Schmidt, K.* „Fehlerhafte Gesellschaft" und allgemeines Verbandsrecht, AcP 186 (1986), 421; *Winkler* Beurkundung gesellschaftlicher Akte im Ausland, NJW 1974, 1034; *Ulmer* Die wirtschaftliche Neugründung einer GmbH unter Verwendung eines GmbH-Mantels, BB 1983, 1123.

I. Einleitung

§§ 75–77 regeln die **„Nichtigkeit" der Gesellschaft.** Der Ausdruck „Nichtigkeit" ist in diesem Zusammenhang mißverständlich und nicht im Sinne des Begriffs der Nichtigkeit aus der Rechtsgeschäftslehre zu verstehen. Eine „Nichtigkeit" einer Korporation etwa in dem Sinne, daß eine solche rechtlich als niemals existent zu betrachten wäre, gibt es nicht und ist in §§ 75–77 auch nicht gemeint. Nichtigkeit bedeutet hier vielmehr – wie sich aus § 77 ergibt – Vernichtbarkeit mit der Rechtsfolge der Auflösung. Ein sachlicher Unterschied zwischen Nichtigerklärung und Auflösung der Gesellschaft besteht dementsprechend nicht[2]. Die terminologische Differenzierung hat im wesentlichen historische[3], jedoch keine praktische Bedeutung. Von der Auflösungsklage nach § 61 unterscheidet sich die Nichtigkeitsklage des § 75 materiell lediglich durch die abweichende Regelung der Klageberechtigung. 1

Die Bestimmungen der §§ 75 bis 77 sind – wie die Parallelvorschriften im Aktienrecht – erst nachträglich in das Gesetz eingefügt. **§ 75 enthält eine abschließende Regelung;** für das Aktienrecht ist dies in § 275 Abs. 1 Satz 2 ausdrücklich gesagt, für die GmbH gilt nichts anderes[4]. Gegenüber § 75 sieht § 76 eine Heilung für die Mängel vor, die den Gegenstand des Unternehmens betreffen. Die Regelung in §§ 75–77 entspricht im wesentlichen der Regelung im Aktienrecht (früher §§ 309–311 HGB, dann §§ 216–218 AktG, heute §§ 275–277 AktG), wobei die aktienrechtlichen Bestimmungen indes einige Klarstellungen oder Detailregelungen enthalten, z. B. § 275 Abs. 1 Satz 2 und Abs. 3 und 4. Die wesentlichste **Änderung** des § 75 Abs. 1 – ebenso wie des § 275 Abs. 1 AktG – erfolgte durch das Koordinierungsgesetz vom 15. 8. 1969 in Verfolg des Art. 11 der Ersten gesellschaftsrechtlichen Richtlinie des Rates der Europäischen Gemeinschaften vom 9. 3. 1968. Der Umfang der Nichtigkeitsgründe wurde erheblich – auf nur noch drei Fälle – reduziert. Die früher ebenfalls zur Nichtigkeit führenden Verstöße gegen § 3 Abs. 1 (Fehlen oder Nichtigkeit der Angaben betreffend die Firma und den Sitz der Gesellschaft sowie den Betrag der Stammeinlagen) können heute nur noch die Auflösung nach dem seinerzeit gleichzeitig geschaffenen § 144 a FGG nach sich ziehen. 2

Neben der Vorschrift des § 75 stehen die Bestimmungen über die **Amtslöschung** und **Amtsauflösung** nach den §§ 144, 144 a FGG. Der praktische Unterschied zwischen den Fällen der Nichtigkeit aufgrund Nichtigkeitsurteils nach § 75 sowie § 144 FGG und der Auflösung nach § 144 a FGG ist ebenfalls nicht allzu bedeutsam, zumal auch nach § 77 zum Zwecke der Abwicklung der Verhältnisse einer Gesellschaft, deren Nichtigkeit in das Handelsregister eingetragen ist, die für den Fall der Auflösung geltenden Vorschriften entsprechende Anwendung finden[5]. Die praktische Bedeutung der Regelungen sollte auch von der Rechtsfolgenseite her nicht überschätzt werden. Da alle Mängel des Gesellschaftsvertrags, die zur Auflösung der Gesellschaft führen können, mittels entsprechender Satzungsänderung ausgeräumt werden können, wird es in aller Regel ohnehin nur zur Androhung der Auflösung zwecks Durchsetzung der Satzungsänderung und nicht zu ihrer Durchführung kommen[6]. 3

---

[2] Vgl. auch *Einmahl*, AG 1969, 210, 214.
[3] Vgl. Scholz/*K. Schmidt* 1; *K. Schmidt* AcP 186 (1986), 429; s. auch Vorauflage 28.
[4] BGHZ 21, 378, 381 = NJW 1957, 19.
[5] Vgl. *Anton* GmbH-Rdsch. 1973, 75, 78.
[6] Zu der bewußten Einschränkung der Gründe, die eine Amtsauflösung nach § 144 a FGG rechtfertigen, vgl. im übrigen BayObLG GmbH-Rdsch. 1980, 11, 13.

II. Anwendungsbereich und Abgrenzung

1. Allgemeines

4 Die Nichtigkeit kann im Rahmen des § 75 nur durch eine **Klage** geltend gemacht werden; daneben steht die Amtslöschung nach § 144 FGG. Die Voraussetzungen, die zur Nichtigkeit führen, sind in beiden Fällen die gleichen. Die Nichtigkeit kommt nur in Betracht, wenn es an einer wirksamen Vereinbarung über die Höhe des Stammkapitals oder über den Unternehmensgegenstand fehlt. Das Fehlen anderer nach § 3 Abs. 1 wesentlicher Bestimmungen des Gesellschaftsvertrags gibt nur einen Auflösungsgrund (§ 60 Abs. 1 Nr. 5). Das Fehlen nicht wesentlicher Bestimmungen wird von § 75 gleichfalls nicht erfaßt und berührt daher den Bestand der Gesellschaft nicht.

2. Unanwendbarkeit auf Vorgesellschaft

5 § 75 ist auf die **Vorgesellschaft unanwendbar**[7]. Solange die Gesellschaft also noch nicht eingetragen ist, richten sich die Folgen eines Mangels des Gründungsaktes nach den allgemeinen Vorschriften, insbesondere denjenigen des BGB. Sie können vorbehaltlich der auch hier geltenden Grundsätze über die fehlerhafte Gesellschaft[8] grundsätzlich jedenfalls ex nunc uneingeschränkt geltend gemacht werden. Dies gilt vor allem auch für das Eintragungsverfahren selbst. Mag der Mangel wesentliche oder unwesentliche Gründungserfordernisse betreffen, die Eintragung muß abgelehnt werden. Unter den Gründern kann die Fehlerhaftigkeit durch Feststellungsklage festgestellt und die Eintragung im Wege der einstweiligen Verfügung verhindert werden[9].

3. Unanwendbarkeit auf aufgelöste Gesellschaft

6 Die Vorschrift ist entgegen der in der Vorauflage[10] vertretenen Auffassung auf die bereits **aufgelöste Gesellschaft nicht anzuwenden**[11]. Die „Nichtigkeit" der Gesellschaft führt nach § 77 Abs. 1 zu keiner weitergehenden Rechtsfolge als der entsprechenden Anwendung der Vorschriften über die Auflösung. Ist eine Gesellschaft jedoch bereits aufgelöst, so fehlt es an einem Rechtsschutzbedürfnis dafür, das nämliche Ergebnis auch noch durch eine Nichtigkeitsklage herbeizuführen. Allerdings kann in einem solchen Falle die Fortsetzung der Gesellschaft nur beschlossen werden, wenn zugleich der Nichtigkeitsgrund geheilt wird, soweit dies nach § 76 möglich ist.

4. Abgrenzung zu anderen Mängeln des Gesellschaftsvertrags

7 Ein **Mangel des Gesellschaftsvertrags** vermag die Nichtigkeit der Gesellschaft nur herbeizuführen, wenn eine Bestimmung über die Höhe des Stammkapitals oder über den Gegenstand des Unternehmens fehlt oder die Bestimmungen über den Gegenstand des Unternehmens nichtig sind. Neben den in § 75 ausdrücklich aufgeführten

---

7 Scholz/*K. Schmidt* 2; Baumbach/Hueck/*Schulze-Osterloh* 2; *Lutter/Hommelhoff* 2; Rowedder/*Zimmermann* 2.

8 Vgl. im einzelnen § 2, 92 f (*Ulmer*).

9 Vgl. LG Heilbronn AG 1971, 372.

10 Rdn 33.

11 AA Baumbach/Hueck/*Schulze-Osterloh* 2; unklar Scholz/*K. Schmidt* 3, der einerseits die Anwendbarkeit von § 75 bejaht, andererseits jedoch das Rechtsschutzinteresse verneint; ähnlich Rowedder/*Zimmermann* 3.

Fällen gibt es **keine anderen Satzungsmängel**, welche trotz der Eintragung die Nichtigkeit bewirken. Die Regelung ist abschließend[12]. Alle sonstigen Mängel der Satzung, mögen sie inhaltlicher oder formaler Art sein, können nach erfolgter Eintragung der Gesellschaft allenfalls zur Auflösung nach § 144 a FGG führen oder eine Auflösungsklage nach § 61 rechtfertigen, soweit sie einen wichtigen Grund für eine Auflösung darstellen. Nur in diesem Rahmen sind auch Mängel in der Willenserklärung einzelner oder auch aller Gründer der Gesellschaft beachtlich.

Die zum Teil im Schrifttum[13] und auch in der Vorauflage[14] vertretene Auffassung, daß der **nichtige Beitritt aller Gesellschafter** zur Nichtigkeit der Gesellschaft, und zwar zu einer Nichtigkeit im engeren Sinne, d. h. ihrer materiellen Nichtexistenz mit der Folge der Amtslöschung nach § 142 FGG, führen soll, erscheint unzutreffend[15]. Die Regelungen der §§ 75 GmbHG, 144 f FGG gehen grundsätzlich von einem Vorrang des Bestandsschutzes der eingetragenen, wenn auch fehlerhaften Gesellschaft im Interesse des auf die Eintragung der Gesellschaft im Handelsregister vertrauenden Rechtsverkehrs aus[16]. Es ist nicht zu ersehen, daß dieses Bestandsschutzinteresse entfallen soll, wenn alle Beitrittserklärungen nichtig sind, bzw. daß der Vorrang dieses Interesses gerade davon abhängen könnte, daß zumindest eine einzige Beitrittserklärung wirksam ist, ganz abgesehen davon, daß diese Differenzierung bei der Einmanngründung zu unvertretbaren Ergebnissen gelangt. Eine Ausnahme kann daher allenfalls für die theoretischen Fälle akzeptiert werden, daß eine Gründung in Wirklichkeit nicht vorlag oder keiner der Gründer rechtlich existiert oder einen ihm zurechenbaren Anschein eines wirksamen Beitritts gesetzt hat[17]. 8

5. Abgrenzung zu Mängeln der Handelsregisteranmeldung

Außerhalb des Anwendungsbereichs von § 75 liegen auch das **Fehlen** bzw. **Mängel der Anmeldung zum Handelsregister**[18]. Wird beispielsweise die Gesellschaft eingetragen, ohne daß eine Handelsregisteranmeldung erfolgte, oder wurde die Anmeldung durch Personen vorgenommen, die hierzu nicht befugt waren, so kommt ausschließlich eine Löschung der Eintragung nach § 142 FGG in Betracht[19]. 9

III. Die Voraussetzungen der Nichtigkeit

Seit Inkrafttreten des Koordinierungsgesetzes vom 15. 8. 1969 kennt das Gesetz nur noch folgende **Nichtigkeitsgründe**: 10

- Fehlen einer gesellschaftsvertraglichen Bestimmung über die Höhe des Stammkapitals;
- Fehlen einer gesellschaftsvertraglichen Bestimmung über den Unternehmensgegenstand;
- Nichtigkeit der gesellschaftsvertraglichen Bestimmungen über den Unternehmensgegenstand.

---

12 Scholz/*K. Schmidt* 7; Baumbach/Hueck/*Schulze-Osterloh* 9; Rowedder/*Zimmermann* 6; *Anton* GmbH-Rdsch. 1973, 77; BGHZ 21, 378, 381.

13 Baumbach/Hueck/*Schulze-Osterloh* 8; *Lutter*/*Hommelhoff* 4; Rowedder/*Zimmermann* 6.

14 Rdn 12.

15 Wie hier Scholz/*K. Schmidt* 1; *Roth* § 2, 6.2.2.

16 Vgl. hierzu ausführlich *Paschke*, ZHR 155 (1991), 1, 3 ff.

17 Vgl. auch Scholz/*K. Schmidt* 1; *Paschke*, ZHR 155 (1991), 1, 8.

18 Scholz/*K. Schmidt* 6; Rowedder/*Zimmermann* 11.

19 Vgl. Bumiller/*Winkler*, Freiwillige Gerichtsbarkeit, 5. Auflage, § 142, 5; *Jansen*, FGG², § 142, 6.

1. Fehlen von Bestimmungen über die Höhe des Stammkapitals

11 Nichtigkeitsgrund ist zunächst das **Fehlen jeglicher Bestimmungen über die Höhe des Stammkapitals** im Gesellschaftsvertrag. Die praktische Bedeutung dieser Fallvariante ist äußerst gering, da es kaum jemals vorkommen wird, daß ein Registergericht eine Gesellschaft in das Handelsregister einträgt, ohne das Fehlen der erforderlichen Bestimmung über die Höhe des Stammkapitals zu bemerken. Nach dem Gesetzeswortlaut führt nur das gänzliche Fehlen einer solchen Bestimmung zur Nichtigkeit. Diese Folge tritt also nicht ein, wenn z. B. das angegebene Stammkapital niedriger ist als das gesetzliche Mindeststammkapital nach § 5 Abs. 1[20] oder wenn – etwa infolge eines Additionsfehlers – das angegebene Stammkapital nicht mit der Summe der übernommenen Stammeinlagen übereinstimmt. Hier kommt vielmehr nur eine Amtsauflösung nach §§ 144 a, b FGG in Betracht. § 75 greift auch nicht ein, wenn die Höhe des Stammkapitals zwar nicht ausdrücklich bezeichnet ist, sich jedoch aus dem sonstigen Inhalt des Gesellschaftsvertrages, beispielsweise einer Bestimmung über die übernommenen Stammeinlagen, ermitteln läßt[21].

2. Fehlen von Bestimmungen über den Unternehmensgegenstand

12 Von ähnlich geringer praktischer Relevanz ist der Nichtigkeitsfall des **Fehlens jeglicher Bestimmung über den Unternehmensgegenstand** im Gesellschaftsvertrag, der ebenfalls eng auszulegen ist. Auch dieser Mangel wird in der Regel nicht gleichermaßen von dem beurkundenden Notar und zusätzlich noch vom Registergericht übersehen werden, so daß es realistischerweise zu einer Eintragung der Gesellschaft in einem solchen Falle nicht kommen wird. Die mangelnde Konkretisierung eines Unternehmensgegenstandes in der Satzung ist dem Fehlen von Bestimmungen hierüber nicht gleichzustellen[22].

3. Nichtigkeit der Bestimmungen über den Unternehmensgegenstand

13 Rechtstatsächlich ist also allein der dritte Nichtigkeitsgrund, der **Nichtigkeit der gesellschaftsvertraglichen Bestimmungen über den Unternehmensgegenstand**, erheblich.

14 a) **Begriff der Nichtigkeit.** Der Begriff der **Nichtigkeit** ist hier einschränkend auszulegen. Nicht alles, was bürgerlich-rechtlich im Sinne der Rechtsgeschäftslehre zur Nichtigkeit der betreffenden Satzungsbestimmung führt, rechtfertigt eine Nichtigkeitsklage nach § 75. Zunächst muß sich die Nichtigkeit speziell auf die Bestimmung über den Unternehmensgegenstand beziehen. Es scheiden also die Fälle der „Gesamtnichtigkeit" des Gesellschaftsvertrages, die naturgemäß die Nichtigkeit auch der Bestimmung über den Unternehmensgegenstand erfassen, aus. Die Nichtigkeitsklage kann also z. B. nicht darauf gestützt werden, daß bei der Gründung keine wirksamen Vollmachten vorlagen oder andere Mängel der Satzung nach § 139 BGB auch die Nichtigkeit aller anderen Bestimmungen einschließlich derer über den Unternehmensgegenstand zur Folge hätten. Weiter müssen indessen auch unter denjenigen (bürgerlich-rechtlichen) Nichtigkeitsgründen diejenigen ausgegrenzt werden, die sich zwar speziell auf den Unternehmensgegenstand beziehen mögen, jedoch

---

20 Scholz/*K. Schmidt* 10; Rowedder/*Zimmermann* 12.

21 Vgl. § 3, 44 (*Ulmer*) mit Nachweisen zur Gegenmeinung.

22 Baumbach/Hueck/*Schulze-Osterloh* 12; Rowedder/*Zimmermann* 18; *Roth* 3.

lediglich den Beitritt einzelner Gesellschafter betreffen, z. B. ein in der Person einzelner Gesellschafter liegender versteckter Dissens hinsichtlich des Unternehmensgegenstandes oder ein zur Anfechtung berechtigender Irrtum über den Inhalt desselben. Hier erstreckt sich die Nichtigkeitsfolge lediglich auf den Beitritt, nicht auf die Gesellschaftsvertragsbestimmung[23].

b) **Gesetz- und Sittenverstoß.** Als Anwendungsbereich verbleiben daher vor allem die Fälle, bei denen die Nichtigkeit der Bestimmungen über den Unternehmensgegenstand auf einem Verstoß gegen ein **gesetzliches Verbot** (§ 134 BGB) oder die **guten Sitten** (§ 138 BGB) beruht. Insoweit wird im einzelnen auf die Erl. zu § 1, Rdn 27 ff verwiesen. **15**

War eine erforderliche **staatliche Genehmigung**, die an sich der Anmeldung nach § 8 Abs. 1 Nr. 6 beizufügen war, nicht vorhanden und übersieht das Registergericht dieses Eintragungshindernis, so bedeutet dies nicht, daß ein unzulässiger Gegenstand gewählt wäre. Nur der Betrieb des Unternehmens bedarf der Genehmigung; diese kann auch noch nachträglich erteilt werden. Wird die Genehmigung endgültig nicht erteilt, so liegt, da die Erreichung des genehmigungsbedürftigen Gesellschaftszwecks ohne Genehmigung unmöglich ist, ein Auflösungsgrund nach § 61 Abs. 1 vor. **16**

Nicht zur Nichtigkeit nach § 75 und zur Möglichkeit der Löschung nach § 144 FGG führt auch ein **Verstoß** im Unternehmensgegenstand gegen die **§§ 39, 40 KWG** (unrechtmäßiger Gebrauch der Bezeichnung „Bank" oder „Sparkasse"). Dies folgt daraus, daß § 43 Abs. 2 KWG die registergerichtlichen Sanktionen eines solchen Verstoßes abschließend regelt[24]. **17**

c) **Verdeckte Vorratsgründung.** Umstritten sind die Fälle sog. **verdeckter Vorrats- oder Mantelgründungen** (vgl. dazu näher § 3, 27 ff). Bei Vorrats- oder Mantelgesellschaften handelt es sich um Gesellschaften, die zunächst nur zu dem Zweck gegründet werden, um im Bedarfsfalle für einen bei der Gründung zunächst noch unbekannten späteren unternehmerischen Verwendungszweck schnell zur Verfügung zu stehen und so die Eintragungsverzögerungen und die damit bei sofortiger Geschäftsaufnahme verbundenen Haftungsrisiken zu vermeiden[25]. Da der spätere Verwendungszweck bei der Gründung noch nicht bekannt ist, wird hierbei in der Praxis als Unternehmensgegenstand zumeist die Verwaltung des eigenen Vermögens oder der geleisteten Einlagen angegeben (sog. „offene" Vorrats- oder Mantelgründungen). Bis zur ausdrücklichen Zulassung der offenen Vorratsgründung durch die Entscheidung des Bundesgerichtshofs vom 16. 3. 1992[26] bestanden jedoch bei zahlreichen Registergerichten in der Praxis Bedenken gegen die Zulässigkeit eines so definierten Unternehmensgegenstandes[27], was zu sog. „verdeckten" Vorratsgründungen führte, bei denen zunächst ein beliebiger fiktiver Unternehmensgegenstand angegeben wurde. Die hM nimmt hier die Nichtigkeit dieses Unternehmensgegenstandes nach § 117 BGB (Scheingeschäft) an, da die Gründer in Wirklichkeit nicht beabsichtigten, den fiktiven Unternehmensgegenstand zu verfolgen[28]. Jedoch erscheint, nachdem die Zulässigkeit der Vorratsgründung durch die Rechtsprechung bejaht **18**

---

[23] Vgl. zur Abgrenzung und zu den Rechtsfolgen des fehlerhaften Beitritts § 2, 94 ff (*Ulmer*).

[24] Vgl. *Wiedemann*-GroßkommAktG, § 275, 3.

[25] Vgl. hierzu *Bommert*, GmbH-Rdsch. 1983, 209; *Priester*, DB 1983, 2291.

[26] WM 1992, 870.

[27] Vgl. zum Meinungsstand im Schrifttum auch § 3, 33 (*Ulmer*) mwN, ferner Scholz/*Emmerich* § 3, 19 a.

[28] BGH WM 1992, 870, 873 f; Scholz/*Emmerich* § 3, 19; *Baumbach/Hueck* § 3, 13; *Lutter/Hommelhoff* 3; *Roth* § 3, 2.3.3.; *Raiser* Recht der Kapitalgesellschaften, 2. Auflage, 262; s. auch § 3, 32 (*Ulmer*) mwN.

wird, diese Folge zu weitgehend. Im Sinne von § 75 ist der Nichtigkeitsgrund der Nichtigkeit des Unternehmensgegenstandes vielmehr teleologisch zu reduzieren auf diejenigen Fälle, bei denen neben dem Unternehmensgegenstand auch der Gesellschaftszweck unzulässig ist[29]. Der bei der verdeckten Mantelgründung hinter dem fiktiven Unternehmensgegenstand stehende Gesellschaftszweck, nämlich die Existenz der Gesellschaft als Vorratsgesellschaft, ist zulässig und schließt damit eine Nichtigkeit nach § 75 aus[30].

19 d) **Sonstige Scheingegenstände.** Anders ist zu entscheiden, wenn ein nur zum Schein angegebener Unternehmensgegenstand einen tatsächlich verfolgten **unzulässigen**, z. B. verbotenen oder sittenwidrigen, **Unternehmensgegenstand verdecken** soll[31]. Hier ist in der Tat Nichtigkeit des Unternehmensgegenstandes nach § 117 BGB (wie auch des Gesellschaftszwecks nach §§ 134 oder 138 BGB) anzunehmen, auf die eine Nichtigkeitsklage nach § 75 gestützt werden kann.

20 e) **„Faktische Änderung" des Unternehmensgegenstandes.** Hiervon zu unterscheiden sind wiederum die Fälle einer nachträglichen **„faktischen" Änderung** eines ursprünglich wirksamen und auch tatsächlich gewollten **Unternehmensgegenstandes.** Auch hier nimmt die überwiegende Auffassung eine Nichtigkeit iSv. oder analog § 75 an[32]. Dem kann jedoch abweichend von der Vorauflage[33] nicht gefolgt werden[34]. Eine „faktische" Änderung des Unternehmensgegenstandes im Rechtssinne gibt es nicht. Der in der Satzung angegebene Unternehmensgegenstand ist auch nicht nichtig, zumal auch kein Scheingeschäft vorliegt, da dieser ursprünglich wirklich gewollt war[35]. Das bloße fortdauernde faktische Abweichen von dem satzungsmäßigen Unternehmensgegenstand begründet keinen neuen „wirklichen" Unternehmensgegenstand, sondern stellt schlicht einen Verstoß gegen den Gesellschaftsvertrag dar und kann zu Schadensersatzpflichten des Geschäftsführers und/oder zu einem Austrittsrecht bzw. einem wichtigen Grund zur Auflösungsklage (§ 61) eines hiermit nicht einverstandenen Gesellschafters führen. Eine besondere Gefährdung des Rechtsverkehrs, die es etwa rechtfertigen würde, im Hinblick auf § 144 FGG einen Nichtigkeitsgrund anzunehmen, stellt das nachträgliche Auseinanderfallen von satzungsmäßigem Unternehmensgegenstand und tatsächlich ausgeübter Betätigung der Gesellschaft nicht dar.

IV. Die Geltendmachung der Nichtigkeit

1. Klageerfordernis

21 Die Nichtigkeit der Gesellschaft nach § 75, die der Sache nach zu deren Auflösung führt und von daher im Verhältnis zu § 61 lediglich einen Sonderfall darstellt, ist ausschließlich im **Klagewege** geltend zu machen. Es ist nicht möglich, den Nichtigkeitsgrund ohne eine solche Klage lediglich einredeweise geltend zu machen, beispielsweise durch einen auf Zahlung seiner Einlage oder von Nachschüssen in An-

---

[29] Vgl. § 1, 9, 35 (*Ulmer*).

[30] Wie hier im Ergebnis auch *Meyer-Landrut*/Miller/Niehus 4 sowie Geßler/Hefermehl/Eckardt/Kropff/*Hüffer*, § 275 AktG, 30.

[31] BGHZ 102, 209, 213 = NJW 1988, 1087; § 3, 20 (*Ulmer*); Scholz/*K. Schmidt* 11; Baumbach/Hueck/*Schulze-Osterloh* 12; Rowedder/*Zimmermann* 16.

[32] § 3, 26 (*Ulmer*); Scholz/*K. Schmidt* 11; Baumbach/Hueck/*Schulze-Osterloh* 12; *Lutter/Hommelhoff* 3; *Meyer-Landrut*/Miller/Niehus 4; *Roth* 3; *Wiedemann*-GroßkommAktG, § 275, 3; *Kraft*-KölnKommAktG, § 275, 16; Geßler/Hefermehl/Eckardt/Kropff/*Hüffer*, AktG, § 275, 26.

[33] Rdn 21.

[34] Wie hier Rowedder/*Zimmermann* 19; vgl. auch BayObLG BB 1982, 578 zum Gesellschaftssitz.

[35] Insoweit zutreffend § 3, 26 (*Ulmer*).

spruch genommenen Gesellschafter[36]. In einem solchen Falle kommt hingegen eine **Widerklage** auf Nichtigerklärung der Gesellschaft in Betracht[37], jedoch nur vor dem für den Sitz der Gesellschaft zuständigen Landgericht; § 33 ZPO gilt hinsichtlich des Gerichtsstandes nicht.

2. Verpflichtung zur Klageerhebung

Das Gesetz spricht nur von der Möglichkeit (also Berechtigung) der Erhebung einer Nichtigkeitsklage. Eine **Verpflichtung** hierzu wird man jedenfalls seitens der Gesellschafter hingegen im Grundsatz nicht anerkennen können[38]. Anderes dürfte jedoch für die Geschäftsführer und die Aufsichtsratsmitglieder jedenfalls dann gelten, wenn sie zuvor erfolglos versucht haben, die Gesellschafter zur Heilung der die Nichtigkeit begründenden Mängel zu veranlassen. **22**

3. Rechtsnatur der Klage

Von der **Rechtsnatur** her ist die Nichtigkeitsklage eine auf die Auflösung der Gesellschaft durch richterlichen Akt gerichtete **Gestaltungsklage**[39]. Entsprechend dem Wortlaut des § 75 hat der Kläger daher zu beantragen, die Gesellschaft „für nichtig zu erklären", nicht etwa festzustellen, daß die Gesellschaft *nichtig sei* (dieses wäre eine bloße Feststellungsklage). **23**

4. Klagebefugnis

Die Klage kann **von jedem Gesellschafter** angestrengt werden, und zwar, anders als bei der Auflösungsklage nach § 61, unabhängig von der Beteiligungsquote. Gesellschafter ist, wer der Gesellschaft gegenüber als Gesellschafter *gilt*, also der, dessen Gesellschaftereigenschaft der Gesellschaft unter Nachweis des Überganges eines Geschäftsanteiles nach § 16 Abs. 1 angezeigt ist. Unstatthaft ist die Klage eines ausgeschlossenen Gesellschafters sowie eines solchen, dessen Geschäftsanteil eingezogen (§ 34) oder kaduziert (§ 21) ist[40], es sei denn, daß dieser geltend machen kann, sein Ausschluß sei aufgrund eines rechtsungültigen Beschlusses erfolgt. Zur Klage befugt ist ferner **jeder Geschäftsführer**, gleichviel, ob derselbe sonst alleinige Vertretungsbefugnis hat oder nicht, und **jedes Mitglied** des **Aufsichtsrates**. Das Aufsichtsratskollegium als solches kann nicht klagen[41], auch nicht ein sonstiges Organ der Gesellschaft (z. B. Beirat, Gesellschafterausschuß) oder ein Mitglied eines solchen[42]. **Dritte Personen**, auch die Gläubiger der GmbH, sind nach dem klaren Wortlaut des § 75 Abs. 1 zur Erhebung der Nichtigkeitsklage nicht legitimiert[43]. **24**

5. Abmahnungserfordernis

Die in **§ 275 Abs. 2 AktG** vorgesehene **Erschwerung der Nichtigkeitsklage** (vor Erhebung der Klage muß eine an die Gesellschaft gerichtete Aufforderung zur Besei- **25**

---

[36] KG OLGE 39, 50; Baumbach/Hueck/*Schulze-Osterloh* 13; Rowedder/*Zimmermann* 22; aA Scholz/*K. Schmidt* 13.

[37] Scholz/*K. Schmidt* 15; Rowedder/*Zimmermann* 22; anders Vorauflage 29.

[38] Ebenso *Kraft*-KölnKommAktG, § 275, 24.

[39] Scholz/*K. Schmidt* 15; Baumbach/Hueck/*Schulze-Osterloh* 13; *Lutter/Hommelhoff* 2.

[40] Scholz/*K. Schmidt* 16.

[41] Scholz/*K. Schmidt* 16; *Lutter/Hommelhoff* 2; Rowedder/*Zimmermann* 23.

[42] Scholz/*K. Schmidt* 16; Rowedder/*Zimmermann* 23; abweichend für Mitglieder eines solchen Organs *Lutter/Hommelhoff* 2.

[43] Scholz/*K. Schmidt* 16; *Lutter/Hommelhoff* 2.

tigung des genau zu bezeichnenden Mangels vorausgegangen sein, es sei denn, es liege ein nicht heilbarer Mangel vor) gilt im GmbH-Recht nicht[44]. Die Übernahme in das GmbHG, wie sie § 227 Abs. 3 RegE für die GmbH-Novelle vorgesehen hatte, erfolgte nicht. Die Erhebung einer Nichtigkeitsklage kann jedoch treuwidrig sein, wenn die Gesellschafter die zur Heilung des Mangels erforderlichen Maßnahmen zu treffen bereit sind[45].

6. Frist

26 Die Erhebung der Nichtigkeitsklage ist nach dem Gesetz – anders § 275 Abs. 3 AktG, der eine dreijährige Frist vorschreibt – **an eine Frist nicht gebunden**[46]. Nachdem der die dem Aktienrecht entsprechende Fristenregelung vorsehende RegE nicht Gesetz geworden ist, wird man diese starre Frist auch nicht analog anwenden können, ebensowenig eine „angemessene" Frist[47]. Bis zur Grenze der Verwirkung ist eine Nichtigkeitsklage also stets zulässig[48].

7. Passivlegitimation

27 Die Klage ist **gegen die Gesellschaft** zu richten (§ 246 Abs. 2 AktG). Sie wird durch die Geschäftsführer (vgl. § 35 Abs. 2 Satz 2 und 3) und, wenn ein solcher bestellt ist, durch den Aufsichtsrat vertreten. Ähnliche Organe (Beirat, Verwaltungsrat, Obmann usw.) sind hier nicht Vertreter der Gesellschaft. Wenn sämtliche Geschäftsführer klagen, so wird die Gesellschaft durch den Aufsichtsrat vertreten. Wenn es keinen Aufsichtsrat gibt, so ist in diesem Fall ein Prozeßvertreter (§ 57 ZPO) zu bestellen, ebenso wenn die Gesellschaft weder Geschäftsführer noch Aufsichtsrat hat, wobei indes auch stets die Bestellung eines Notgeschäftsführers entsprechend § 29 BGB in Betracht kommt[49]. Auch die Gesellschafter können gemäß § 46 Nr. 8 einen Vertreter bestellen[50].

8. Zuständigkeit und Verfahren

28 Auf die Nichtigkeitsklage finden die Vorschriften der §§ 246 Abs. 2–4, 247, 248 und 249 Abs. 2 AktG entsprechende Anwendung.

29 a) **Zuständiges Gericht. Zuständig** ist **ausschließlich das Landgericht am Sitze der Gesellschaft** (§ 246 Abs. 3 AktG). Der Rechtsstreit gehört vor die Kammer für Handelssachen (§ 95 Nr. 4 a GVG). Vor einem *Schiedsgericht* kann die Nichtigkeitsklage nicht erhoben werden[51]. Hinsichtlich der Rechtsmittel gelten die allgemeinen zivilprozessualen Vorschriften.

---

[44] Scholz/*K. Schmidt* 19; Baumbach/Hueck/*Schulze-Osterloh* 19; Rowedder/*Zimmermann* 28.

[45] Scholz/*K. Schmidt* 19; Baumbach/Hueck/*Schulze-Osterloh* 19; Rowedder/*Zimmermann* 28.

[46] Scholz/*K. Schmidt* 19; Baumbach/Hueck/*Schulze-Osterloh* 18; Rowedder/*Zimmermann* 29; *Meyer-Landrut*/Miller/Niehus 6.

[47] Anders noch Vorauflage 47; ähnlich *Lutter/Hommelhoff* 2.

[48] Scholz/*K. Schmidt* 19; Baumbach/Hueck/*Schulze-Osterloh* 18; Rowedder/*Zimmermann* 29; *Roth* 4.1.

[49] Scholz/*K. Schmidt* 17; Baumbach/Hueck/*Schulze-Osterloh* 16; *Lutter/Hommelhoff* 2; Rowedder/*Zimmermann* 24; *Meyer-Landrut*/Miller/Niehus 7.

[50] Scholz/*K. Schmidt* 17; Baumbach/Hueck/*Schulze-Osterloh* 16; Rowedder/*Zimmermann* 24.

[51] Baumbach/Hueck/*Schulze-Osterloh* 17; aA Scholz/*K. Schmidt* 18; Rowedder/*Zimmermann* 22 sowie die hM zur Auflösungsklage, vgl. § 61, 37 (*Ulmer*) mwN.

b) **Verbindung mehrerer Klagen. Mehrere Nichtigkeitsklagen** sind zu **verbinden** (§ 249 Abs. 2 AktG). Diese Vorschrift ist auch auf die GmbH anwendbar. Die mehreren Nichtigkeitskläger sind, wenn sie die Nichtigkeit auf denselben Rechtsgrund stützen, notwendige Streitgenossen (§ 62 ZPO)[52]. **30**

c) **Zustellung der Klage.** Die **Zustellung der Klage** ist, wenn die Gesellschaft durch Geschäftsführer *und* Aufsichtsrat vertreten wird, an beide erforderlich[53]. Sind mehrere Geschäftsführer vorhanden, so genügt die Zustellung an einen (§ 171 Abs. 3 ZPO). Bei der Zustellung an den Aufsichtsrat muß mindestens einem seiner Mitglieder zugestellt werden[54]. **31**

d) **Veröffentlichung der Klageerhebung.** Die **Klageerhebung** und der Verhandlungstermin sind von den Geschäftsführern in den Geschäftsblättern zu publizieren (§ 246 Abs. 4 AktG). Die Veröffentlichung kann vom Registergericht mittels Zwangsgeldes erzwungen werden[54a]. **32**

e) **Streitwert.** Über den **Streitwert** entscheidet das Gericht entsprechend § 247 Abs. 1 AktG nach billigem Ermessen unter Berücksichtigung der Umstände des Einzelfalls, insbesondere der Bedeutung der Sache für die Parteien. Die Regelung des § 247 Abs. 1 Satz 2 AktG, die auf große Publikumsgesellschaften zugeschnitten ist, gilt demgegenüber für die GmbH nicht[55]. Hingegen besteht auch bei der GmbH die Möglichkeit der Streitwertspaltung nach § 247 Abs. 2 AktG[56]. **33**

f) **Urteilswirkung.** Das **rechtskräftige Urteil**, das (entsprechend dem so zu stellenden Klageantrag) dahin zu lauten hat, daß die GmbH für nichtig erklärt wird, *wirkt für und gegen alle Gesellschafter* (§ 248 Abs. 1 AktG). Bis zur Rechtskraft kann der Kläger die Klage zurücknehmen. Das die Klage abweisende Urteil ist dagegen nicht präjudiziell; es wirkt nur zwischen den Parteien und hindert einen anderen Gesellschafter nicht, erneut Klage zu erheben[57]. Der Vermeidung widersprechender Urteile dient die Klageverbindung. Zur Frage der Handelsregistereintragung vgl. die Erl. zu § 77. **34**

9. Einstweilige Verfügung

Über die Nichtigkeitsklage kann nicht im **Verfahren der einstweiligen Verfügung** entschieden werden, da die Rechtsfolge der Nichtigkeit sich einer vorläufigen Regelung entzieht[58]. Es ist jedoch möglich, es der Gesellschaft mittels einstweiliger Verfügung zu untersagen, über die Abwicklungstätigkeit hinausgehende werbende Geschäfte zu tätigen, wenn hierdurch eine Beeinträchtigung der Rechte des Klägers zu befürchten ist[59]. Dies trifft etwa dann zu, wenn diese Geschäfte in der späteren Liquidation nur schwer abzuwickeln sind oder sich aus der Abwicklung voraussichtlich Verluste ergeben werden. **35**

---

[52] Scholz/K. *Schmidt* 16; Baumbach/Hueck/*Schulze-Osterloh* 15; Rowedder/*Zimmermann* 23; *Roth* 4.1.

[53] Vgl. OLG Hamm AG 1973, 206 f; OLG Frankfurt a. M. AG 1973, 136.

[54] RGZ 14, 142; RG JW 1901, 482; OLG Frankfurt a. M. AG 1973, 136.

[54a] Vgl. zum Aktienrecht Geßler/Hefermehl/Eckardt/Kropff/*Hüffer*, § 246 AktG, 78; *Zöllner*-KölnKommAktG, § 246 AktG, 102.

[55] Baumbach/Hueck/*Schulze-Osterloh* 22; Rowedder/*Zimmermann* 33.

[56] Baumbach/Hueck/*Schulze-Osterloh* 22.

[57] Scholz/K. *Schmidt* 20; Baumbach/Hueck/*Schulze-Osterloh* 20; Rowedder/*Zimmermann* 32.

[58] Scholz/K. *Schmidt* 22; Baumbach/Hueck/*Schulze-Osterloh* 26; Rowedder/*Zimmermann* 35; *Roth* 4.3.

[59] Scholz/K. *Schmidt* 22; Baumbach/Hueck/*Schulze-Osterloh* 26; Rowedder/*Zimmermann* 35.

10. Schadensersatzhaftung des Klägers

36 Erweist sich die Nichtigkeitsklage als unbegründet, so ist der Kläger allein im Hinblick auf diese Tatsache grundsätzlich **nicht schadensersatzpflichtig**[60]. Die früher in § 200 Abs. 2 AktG 1937 statuierte Ersatzpflicht ist weggefallen. Die Voraussetzungen für einen deliktischen Schadensersatzanspruch der Gesellschaft werden allein durch die Klageerhebung in aller Regel nicht erfüllt sein, es sei denn, der Kläger hätte erweislich bewußt eine unbegründete Klage eigens zu dem Zwecke erhoben, um die Gesellschaft etwa im Hinblick auf die Publizität eines entsprechenden Verfahrens in Mißkredit zu bringen. Hat der Kläger allerdings zugleich eine einstweilige Verfügung auf Unterlassung bestimmter Geschäfte erwirkt und auch vollzogen, so kann dies insoweit nach § 945 ZPO Schadensersatzpflichten nach sich ziehen[61].

V. Die Löschung von Amts wegen nach § 144 FGG

37 Das Registergericht oder das übergeordnete Landgericht können eine nichtige Gesellschaft auch **von Amts wegen löschen** (§ 144 FGG). § 142 FGG, der die Löschung einer Eintragung zuläßt, die erfolgt war, „obgleich sie wegen Mangels einer wesentlichen Voraussetzung unzulässig war", ist durch § 144 Abs. 1 als lex specialis ausgeschlossen[62].

1. Materielle Voraussetzungen

38 Hinsichtlich der **materiellen Voraussetzungen** für die Amtslöschung verweist § 144 Abs. 1 FGG auf § 75 GmbHG. Die Löschung ist also immer dann (und nur dann) gerechtfertigt, wenn auch eine Nichtigkeitsklage begründet wäre, d. h. ein Nichtigkeitsgrund vorliegt, der nicht nach § 76 geheilt ist.

2. Einleitung des Verfahrens und Zuständigkeit

39 Bei dem Amtslöschungsverfahren handelt es sich um ein **Offizialverfahren**, für das ein besonderer Antrag weder erforderlich noch als solcher zulässig ist. Das Registergericht kann von sich aus tätig werden. Eine Anregung auf Einleitung eines Amtslöschungsverfahrens kann indessen jedermann geben. Praktisch ist die Möglichkeit einer solchen Anregung für einen Gesellschafter und auch für ein nach § 75 klagebefugtes Organmitglied der risikolosere und kostensparendere Weg, das Ziel der Vernichtung der Gesellschaft herbeizuführen. Neben der Zuständigkeit des Registergerichts ist gem. § 143 FGG auch konkurrierend die des übergeordneten Landgerichts gegeben[63]. Über eine von Amts wegen beim Landgericht zu prüfende Eingabe kann daher praktisch jedermann auch eine Art Beschwerderecht für den Fall ausüben, daß das Registergericht ein Einschreiten ablehnt[64]. Zieht das Landgericht die Sache an sich und entscheidet es selbst nach § 143 FGG, so ist hiergegen die

---

60 Scholz/*K. Schmidt* 23; Baumbach/Hueck/*Schulze-Osterloh* 27; Rowedder/*Zimmermann* 36.

61 Scholz/*K. Schmidt* 23.

62 Bumiller/*Winkler*, FGG[5], § 144, 1; Keidel/Kuntze/*Winkler*, FGG[12], § 144, 1.

63 Vgl. BayObLGZ 1955, 333, 339; 1969, 215; OLG Hamm OLGZ 1971, 226, 227.

64 Vgl. KG WM 1967, 83, 84; BayObLGZ 1969, 215; Rpfleger 1975, 400; OLG Hamm Rpfleger 1978, 132.

erste Beschwerde – nicht die weitere – statthaft, während eine aufgrund Beschwerde gegen die registergerichtliche Entscheidung ergehende Anordnung zur Einleitung eines Verfahrens nach §§ 142, 144 FGG nur mit dem Widerspruch nach § 142 Abs. 3 FGG angegriffen werden kann[65]. Soweit beide Gerichte ein Verfahren einleiten, gebührt dem Registergericht aufgrund seiner ordentlichen Zuständigkeit der Vorrang[66].

3. Beteiligte

Beteiligte des Verfahrens ist allein die Gesellschaft selbst, nicht ihre Gesellschafter, Geschäftsführer, der Aufsichtsrat oder sonstige Organe, ebensowenig ihre Gläubiger oder andere Dritte[67]. Die Organe des Handelsstandes, namentlich die Industrie- und Handelskammern, haben eine besondere verfahrensmäßige Rechtsstellung nach Maßgabe von § 126 FGG, die insbesondere die Beschwerdebefugnis einschließt[68]. **40**

4. Eingriffsvoraussetzungen

Besondere **Eingriffsvoraussetzungen** bestehen über das Bestehen des Nichtigkeitsgrundes hinaus nicht. Namentlich bedarf es für die Amtslöschung keines öffentlichen Interesses[69]. Ein solches Erfordernis gilt nach § 144 Abs. 2 FGG nur für die Löschung eintragungspflichtiger Beschlüsse, nicht für die der Gesellschaft selbst. **41**

5. Eingriffsermessen

In der Vorauflage[70] wurde die Auffassung vertreten, aus der Formulierung des Gesetzes in § 144 Abs. 1 FGG („kann ... gelöscht werden") ergebe sich, daß das Registergericht die Entscheidung über die Löschung der Gesellschaft nach **pflichtgemäßem Ermessen** zu treffen habe[71]. Diese Aussage bedarf in Übereinstimmung mit der heute hM[72] der Einschränkung. Es liegt näher, den Gesetzeswortlaut im Sinne der Einräumung einer Befugnis des Registergerichts zu interpretieren und nicht im Sinne einer Ermessensvorschrift. Gerade weil § 144 Abs. 1 im Unterschied zu Abs. 2 nicht auf das Vorliegen eines öffentlichen Interesses an der Löschung abstellt, ist bei der Entscheidung über die Löschung der nichtigen Gesellschaft für Interessenabwägungen kein Raum. Das Registergericht kann jedoch von der Einleitung eines Amtslöschungsverfahrens absehen, solange die Frage der Nichtigkeit der Gesellschaft Gegenstand eines anhängigen Nichtigkeitsrechtsstreits ist[73]. **42**

---

[65] Vgl. BayObLGZ 1955, 333, 339; Bumiller/*Winkler*, FGG[5], § 143, 2; *Jansen*, FGG[2], § 143, 4.

[66] Bumiller/*Winkler*, FGG[5], § 143, 2; Keidel/Kuntze/*Winkler*, FGG[12], § 143, 2; aA *Jansen*, FGG[2], § 143, 1.

[67] Scholz/*K. Schmidt* 26; Rowedder/*Zimmermann* 41, Keidel/Kuntze/*Winkler*, FGG[12], § 144, 34.

[68] Vgl. OLG Hamm, DNotZ 1954, 92; OLG Düsseldorf, DNotZ 1957, 417.

[69] Baumbach/Hueck/*Schulze-Osterloh*, Anh § 77, 9; Rowedder/*Zimmermann* 38; *Meyer-Landrut*/Miller/Niehus 9.

[70] Rdn 57.

[71] Ebenso KG JW 1938, 3048; *Meyer-Landrut*/Miller/Niehus 9; *Anton* GmbH-Rdsch. 1973, 78; Bumiller/*Winkler*, FGG[5], § 144, 5; *Jansen*, FGG[5], § 144, 18; Keidel/Kuntze/*Winkler*, FGG[12], § 144, 31.

[72] Scholz/*K. Schmidt* 26; Baumbach/Hueck/*Schulze-Osterloh*, Anh § 77, 9; *Lutter/Hommelhoff* 6; Rowedder/*Zimmermann* 43; *Roth* 5; Geßler/Hefermehl/Eckardt/Kropff/*Hüffer*, § 275 AktG, 68.

[73] Scholz/*K. Schmidt* 26; Rowedder/*Zimmermann* 43.

6. Durchführung des Verfahrens

43 a) **Benachrichtigung durch das Gericht.** Das **Verfahren** *bei der Löschung von Amts wegen* (§ 144 iVm. § 142 FGG) **beginnt mit** der **Benachrichtigung** durch das Gericht. Dabei ist der Gesellschaft von der Mitteilung der beabsichtigten Löschung an eine angemessene Frist zur Geltendmachung eines Widerspruchs zu setzen. Sie muß mindestens drei Monate betragen (§ 142 Abs. 2 und § 144 Abs. 3 FGG). Einer geringeren Frist kann die Gesellschaft widersprechen. Nimmt sie aber ohne Widerspruch innerhalb der kurzen Frist das Verfahren auf, so ist dieses gültig und schließt einen Beschwerdegrund aus[74]. Die Benachrichtigung ist gemäß § 16 Abs. 2 FGG der Gesellschaft bekanntzugeben. Das geschieht durch **Zustellung**, mit welcher der Fristlauf beginnt.

44 Die **Benachrichtigung** von der beabsichtigten Löschung ist ein wesentliches Erfordernis (§ 142 Abs. 2 FGG). Es genügt die Mitteilung der Absicht der Löschung, eine Aufforderung zur Beseitigung des Mangels ist nicht verlangt. Innerhalb der Frist kann der Betroffene freilich nicht nur den Widerspruch einlegen, sondern auch den Mangel beseitigen, auf dem die Unzulässigkeit beruht[75]. Ohne die **Setzung der Frist zum Widerspruch** läuft für diesen keine Frist. Der Widerspruch kann dann jederzeit erfolgen. Die Widerspruchsfrist soll der Gesellschaft die Vornahme einer Heilung ermöglichen. Eine Begrenzung der Frist ist im Gesetz nicht vorgeschrieben; sie muß nur *angemessen* sein. Die Frist kann daher auch noch nach Bekanntgabe verlängert werden.

45 b) **Widerspruch.** Über den **Widerspruch der Gesellschaft** hat das Gericht zu entscheiden (§ 144 Abs. 1, § 142 Abs. 3, § 141 Abs. 3 FGG). Der Widerspruch wird durch die Gesellschaft eingelegt. Sie wird dabei gem. § 35 Abs. 2 Satz 2 und 3 durch die Geschäftsführer in vertretungsberechtigter Zahl vertreten. Der Widerspruch ist an eine Form nicht gebunden. Es kann schriftlich oder zu Protokoll der Geschäftsstelle des zuständigen Gerichts oder der Geschäftsstelle eines jeden deutschen Amtsgerichts erfolgen (§ 11 FGG). Das Gericht kann die Erörterung der Sache in einem Termin beschließen (§ 134 FGG). Beim Ausbleiben der Vertreter der Gesellschaft kann die Entscheidung nach Lage der Sache erfolgen. Auch bei *verspätetem* Widerspruch wird das Gericht die vorgebrachten Gründe prüfen und hat, wenn es diese Gründe für stichhaltig erachtet, auch jetzt noch die Pflicht, von der Löschung abzusehen. Eine inzwischen eingetretene Heilung schließt die Löschung aus[76]. Einer *Begründung* bedarf der *Widerspruch nicht*. Er nötigt das Gericht zu einer mit Gründen zu versehenden Entscheidung. Kennt die Gesellschaft die Gründe des Gerichts, so mag sie diesen schon im Widerspruch begegnen. Auch die erst infolge der Benachrichtigung erfolgte Heilung des Mangels (§ 76) ist im Wege des Widerspruchs geltend zu machen. Das Gericht wird jedoch auch ohne solchen aus der Anmeldung des Heilungsbeschlusses den Fortfall der Nichtigkeitsgründe ersehen und muß deshalb die Löschung unterlassen.

46 c) **Rechtsmittel gegen Zurückweisung.** Gegen die *Zurückweisung des Widerspruchs* steht der Gesellschaft die **sofortige Beschwerde** zu (§§ 141, 22 FGG). Erklärt das Landgericht als Beschwerdeinstanz den Widerspruch für begründet, so hat die Löschung zu unterbleiben. Hatte die Industrie- und Handelskammer den

---

[74] KG RJA 11, 34; 14, 163.

[75] OLG Stuttgart OLGZ 1974, 340; *Jansen* NJW 1966, 1813.

[76] Vgl. Scholz/*K. Schmidt* 26; Baumbach/Hueck/*Schulze-Osterloh*, Anh § 77, 12; Keidel/Kuntze/*Winkler*, FGG[12], § 144, 15.

Löschungsantrag gestellt (§ 126 FGG), so steht ihr die Beschwerde gegen den Beschluß des Gerichts zu. Die Verfügung, wonach dem Widerspruch endgültig stattgegeben wird, ist für das Registergericht bindend.

d) **Löschung.** Die Löschung geschieht durch **Eintragung eines Vermerkes** (§§ 142 Abs. 1 Satz 2 FGG, 45 II, 1 HR Verf.). Gründe braucht der Vermerk nicht zu enthalten. Es genügt z. B.: „Durch Beschluß des Amtsgerichts vom ... wurde die Gesellschaft als nichtig gelöscht." **47**

e) **Rechtsbehelf gegen Löschung.** Streitig ist, ob gegen eine **unberechtigte Löschung** ein **Rechtsbehelf** gegeben ist. Dies betrifft namentlich die Fälle, bei denen die Voraussetzungen für eine Löschung nicht vorliegen, wenn beispielsweise das Gericht die Löschung vornimmt, ohne eine Frist zum Widerspruch zu setzen, wenn eine den Widerspruch zurückweisende Entscheidung noch nicht rechtskräftig ist oder wenn der die Nichtigkeit begründende Mangel geheilt ist. Es wird überwiegend vertreten, daß hier gegen die Löschung keine Beschwerde (§ 19 FGG) gegeben sei und die betroffene Gesellschaft lediglich die amtswegige Löschung (§ 142 FGG) der Löschungseintragung anregen könne[77]. Dem ist jedoch nicht zu folgen. Der Gesellschaft, die durch die Löschung in ihren Rechten verletzt ist, muß Rechtsschutz gewährt werden, wenn die Löschung unberechtigt, insbesondere verfahrensfehlerhaft ist. Die gegenteilige Auffassung kann auch nicht mit dem formalen Gesichtspunkt begründet werden, daß die Löschungsverfügung des Richters eine lediglich interne Anweisung sei[78]. Es geht nicht um die Anfechtung der Löschungs*verfügung*, sondern um die Anfechtbarkeit der *Löschung*, die als solche sehr wohl Außenwirkung entfaltet. Die **Zulässigkeit** einer **Beschwerde** nach § 19 FGG ist daher zu **bejahen.** **48**

7. Verhältnis zur Nichtigkeitsklage

Die **Nichtigkeitsklage und das Amtslöschungsverfahren** stehen *selbständig nebeneinander*. So kann jeder Gesellschafter, auch wenn die Löschung von Amts wegen rechtskräftig abgelehnt wurde, die Nichtigkeitsklage erheben. Die rechtskräftige Abweisung derselben schließt die Einleitung des Offizialverfahrens nicht aus[79]. Die Nichtigkcitsklagc kann von Bedeutung werden, wenn eine Entscheidung des BGH erreicht werden soll. Wird die Nichtigkeitsklage während der Einleitung des Offizialverfahrens erhoben, so kann das Registergericht die Aussetzung des Verfahrens bis zu der Entscheidung des Prozesses beschließen (§ 127 FGG)[80]. Umgekehrt kann auch die Verhandlung über die Nichtigkeitsklage nach § 148 ZPO bis zur Erledigung des FGG-Verfahrens ausgesetzt werden[81]. Durch die rechtskräftige Löschung tritt die Erledigung der Hauptsache einer rechtshängigen Nichtigkeitsklage ein; umgekehrt erledigt ein rechtskräftiges Nichtigkeitsurteil das Amtslöschungsverfahren in dem Sinne, daß dieses eingestellt werden kann[82]. **49**

---

77 OLG Stuttgart Rpfleger 1974, 198; Scholz/*K. Schmidt* 27; Baumbach/Hueck/*Schulze-Osterloh*, Anh § 77, 12; Rowedder/*Zimmermann* 44; Bumiller/*Winkler*, FGG^5, § 141, 6; *Jansen*, FGG^2, § 141, 19.

78 So aber OLG Stuttgart Rpfleger 1974, 198; Bumiller/*Winkler*, FGG^5, § 141, 6.

79 Vgl. Scholz/*K. Schmidt* 20; Rowedder/*Zimmermann* 32; Keidel/Kuntze/*Winkler*, FGG^{12}, § 144, 31.

80 Scholz/*K. Schmidt* 29; Baumbach/Hueck/*Schulze-Osterloh*, Anh § 77, 10; *Lutter/Hommelhoff* 7; Rowedder/*Zimmermann* 47; Keidel/Kuntze/*Winkler*, FGG^{12}, § 144, 31.

81 Scholz/*K. Schmidt* 29; *Lutter/Hommelhoff* 7; Rowedder/*Zimmermann* 47.

82 Vgl. Scholz/*K. Schmidt* 29; Baumbach/Hueck/*Schulze-Osterloh*, Anh § 77, 10; Rowedder/*Zimmermann* 47.

§ 76

Ein Mangel, der die Bestimmungen über den Gegenstand des Unternehmens betrifft, kann durch einstimmigen Beschluß der Gesellschafter geheilt werden.

Übersicht

I. Einleitung

1 Die Vorschrift des § 76 läßt ausdrücklich die nachträgliche **Beseitigung eines Nichtigkeitsgrundes** zu. Die Zulassung dieser Heilung ist eine Abweichung von den Grundsätzen der allgemeinen rechtsgeschäftlichen Nichtigkeit. Denn ein nichtiges Rechtsgeschäft muß völlig neu vorgenommen werden (§ 141 BGB). Die Heilung beseitigt die Nichtigkeit.

2 Die **heutige Fassung** des § 76 ist auf Art. 2 des Gesetzes zur Durchführung der ersten Richtlinie des Rates der Europäischen Gemeinschaften zur Koordinierung des Gesellschaftsrechts vom 15. 8. 1969[1] zurückzuführen. Die Einschränkung der Nichtigkeitsgründe des § 75 zog notwendig eine Beschränkung der Heilungsgründe nach sich.

3 Von der **aktienrechtlichen** Heilungsregelung des § 276 AktG unterscheidet sich § 76 entscheidend dadurch, daß das Aktienrecht für den Heilungsbeschluß die für Satzungsänderungen erforderlichen Mehrheiten genügen läßt, während das GmbH-Recht die Zustimmung **aller** Gesellschafter erfordert.

II. Heilungsfähige Mängel

4 Die Heilungsvorschrift des § 76 bezieht sich ihrem Wortlaut nach **nur auf die Bestimmungen des Gesellschaftsvertrages über den Gegenstand des Unternehmens.** Die Vorauflage[2] und mit ihr die herrschende Auffassung im Schrifttum[3] sehen hierin eine abschließende Regelung mit der Konsequenz, daß als einziger verbliebener zur Nichtigkeit der Gesellschaft führender Mangel das **Fehlen einer Bestimmung über die Höhe des Stammkapitals nicht heilungsfähig** wäre. Hier wäre dann folgerichtig nur eine Neuvornahme des Geschäfts, also eine Neugründung, möglich. Die insbesondere von *Karsten Schmidt*[4] vertretene Gegenauffassung betrachtet § 76 demgegenüber nicht als eine Begrenzung der Heilungsmöglichkeiten und verweist darauf, daß es sich bei der Nichtigkeit der Gesellschaft nur um einen Auflösungsgrund han-

[1] BGBl. I S. 1142.
[2] Rdn 6.
[3] Baumbach/Hueck/*Schulze-Osterloh* 3; Rowedder/*Zimmermann* 1; *Meyer-Landrut*/Miller/Niehus § 75, 5; *Roth* 2.
[4] Scholz/*K. Schmidt* 1, 5; ebenso *Lutter*/*Hommelhoff* 2.

dele, der in gleicher Weise wie andere Auflösungsgründe heilbar sein müsse. Im Ergebnis ist in der Tat nicht einleuchtend, warum einzig das Fehlen einer gesellschaftsvertraglichen Bestimmung über das Stammkapital einen unheilbaren Mangel darstellen solle. Man könnte daher durchaus erwägen, sich durch Rechtsfortbildung praeter legem über den zu engen Wortlaut des § 76 hinwegzusetzen.

III. Gesellschafterbeschluß als Voraussetzung der Heilung

1. Einstimmigkeitserfordernis

Nach dem unmißverständlichen Wortlaut der Bestimmung erfordert die Heilung einen **einstimmigen Beschluß der Gesellschafter**. An diesem Erfordernis ist ohne Einschränkung festzuhalten[5]. Der Gegenauffassung[6], wonach die Heilung lediglich einen satzungsändernden Beschluß mit der nach § 53 Abs. 2 erforderlichen qualifizierten Mehrheit voraussetze, ist nicht zu folgen. Eine solche Erleichterung folgt weder aus § 276 AktG, der nämlich nur für die Aktiengesellschaft als typischer Publikumsgesellschaft, ausdrücklich jedoch gerade nicht für die GmbH gilt, noch aus der Heranziehung der Grundsätze über die Fortsetzung einer aufgelösten GmbH[7]. Vielmehr gelten genau umgekehrt die Mehrheitserfordernisse des § 76 auch für einen Fortsetzungsbeschluß nach erfolgter Auflösung der Gesellschaft infolge eines Nichtigkeitsurteils[8]. Die Regelungen der §§ 75, 76 gehen davon aus, daß ein Nichtigkeitsgrund schwerer wiegt als ein gewöhnlicher Auflösungsgrund, weshalb das Gesetz z. B. in § 75 – anders als in § 61 – das Klagerecht eines Gesellschafters auch nicht an eine Mindestbeteiligungsquote knüpft. Das Einstimmigkeitserfordernis des § 76 kann daher weder als Redaktionsversehen noch als gegenstandslos angesehen werden. **5**

Grundsätzlich ist der einstimmige Beschluß **aller** Gesellschafter, nicht nur der erschienenen (einschließlich der von einem erschienenen vertretenen) erforderlich[9]. Man wird es jedoch für ausreichend erachten müssen, wenn die Gesellschafter auf der Versammlung mit satzungsändernder Mehrheit beschließen und alle übrigen dann schriftlich zustimmen[10]. **6**

Von der erforderlichen Mehrheit zu unterscheiden ist die Frage, inwieweit Gesellschafter insbesondere kraft ihrer **gesellschaftsrechtlichen Treuepflicht verpflichtet** sein können, einem Heilungsbeschluß **zuzustimmen**[11]. Gerade im Falle einer Auflösung hat der Bundesgerichtshof[12] für eine personalistisch ausgestaltete GmbH im Grundsatz die Möglichkeit des Bestehens positiver Stimmpflichten im Sinne einer Fortsetzung der Gesellschaft durch Behebung des zur Auflösung führenden Mangels bejaht und aus der gesellschaftlichen Treuepflicht hergeleitet. Im konkreten Fall ging es hier um eine Kapitalerhöhung, die zur Anpassung des Stammkapitals an die durch die GmbH-Novelle von 1980 erhöhten Mindesterfordernisse und damit wegen der Auflösungsfolge des Art. 12 § 1 Abs. 1 der GmbH-Novelle von 1980 zur **7**

---

[5] Baumbach/Hueck/*Schulze-Osterloh* 6; *Lutter/Hommelhoff* 2; Rowedder/*Zimmermann* 1; *Meyer-Landrut*/Miller/Niehus 1; *Roth* 1.

[6] Scholz/*K. Schmidt* 3, 6.

[7] So aber Scholz/*K. Schmidt* 3.

[8] S. unten Rdn 12.

[9] AA *Brodmann* 1 a.

[10] Baumbach/Hueck/*Schulze-Osterloh* 6; Rowedder/*Zimmermann* 7; *Meyer-Landrut*/Miller/Niehus 3; Roth 2; vgl. auch § 228 RegE zur GmbH-Novelle; Beurkundungsform der Zustimmung verlangen *Lutter/Hommelhoff* 2.

[11] Vgl. Scholz/*K. Schmidt* 9, Baumbach/Hueck/*Schulze-Osterloh* 8; Rowedder/*Zimmermann* 8; *Roth* 2; ablehnend *Meyer-Landrut*/Miller/Niehus 5.

[12] BGHZ 98, 276 = NJW 1987, 189.

Fortsetzung der Gesellschaft erforderlich war. Inwieweit auch in den Fällen des § 75 eine solche positive Stimmpflicht besteht, wird man im jeweiligen Einzelfall entscheiden müssen (vgl. dazu allgemein § 14, 58 und § 53, 70 ff). Eine Zustimmungspflicht zu einem Heilungsbeschluß wird man regelmäßig bejahen können, wenn die Gesellschafter sich ursprünglich über den Gegenstand des Unternehmens oder die Höhe des Stammkapitals einig waren und es lediglich infolge eines Versehens unterblieben ist, die entsprechende Bestimmung in die Satzung aufzunehmen. Hier wird es in aller Regel treuwidrig sein, wenn ein Gesellschafter die Heilung blockiert. Beruht der Nichtigkeitsgrund jedoch auf inhaltlicher Unzulässigkeit des Unternehmensgegenstandes, so wird ein Gesellschafter hingegen im Normalfall nicht dazu gezwungen werden können, einen ganz anderen – wenn auch zulässigen – Unternehmensgegenstand zu akzeptieren.

2. Frist

8 Das Gesetz sieht **keine besondere Frist** für die Vornahme des Heilungsbeschlusses vor. Im Amtslöschungsverfahren nach § 144 FGG soll die dort für den Widerspruch vorgesehene und vom Gericht festzusetzende Frist von mindestens drei Monaten bezwecken, den Gesellschaftern Gelegenheit zu geben, in der Zwischenzeit die Heilung zu beschließen[13]; auch nach Ablauf dieser Frist kann jedoch bis zur Löschung noch eine Heilung erfolgen[14]. Im Falle einer erfolgreichen Nichtigkeitsklage ist die Heilung erst mit Eintritt der Auflösungsfolge ausgeschlossen[15]; danach kommt jedoch eine Fortsetzung in Betracht[16].

3. Formale Voraussetzungen

9 Das Erfordernis der **notariellen Beurkundung** des Heilungsbeschlusses ergibt sich daraus, daß es sich um eine Änderung des Gesellschaftsvertrages handelt (§ 53 Abs. 2). Der Beschluß muß zur **Eintragung in das Handelsregister** angemeldet, eingetragen und vom Registergericht publiziert werden (§ 54 GmbHG; § 10 HGB). Erst durch die Eintragung erlangt der Beschluß rechtliche Wirkung wie bei jeder Satzungsänderung (§ 54 Abs. 3).

4. Inhalt des Beschlusses

10 Der Heilungsbeschluß muß den **Mangel** durch eine dem Gesetz entsprechende Bestimmung **beseitigen**. So ist anstelle eines fehlenden oder gesetzlich unzulässigen Gegenstandes des Unternehmens ein zulässiger zu wählen. Eine fehlende Bestimmung über die Höhe des Stammkapitals kann nur durch eine den Erfordernissen des § 5 entsprechende ersetzt werden.

IV. Rechtsfolgen der Heilung

11 Der **Heilungsbeschluß** beseitigt den zur Nichtigkeit führenden **Mangel mit Wirkung ex nunc**. Ein Amtslöschungsverfahren nach § 144 FGG ist einzustellen. Wird

[13] S. § 75, 44.
[14] § 75, 45.
[15] Vgl. § 77, 2.
[16] Unten Rdn 12.

der Heilungsbeschluß nach Rechtshängigkeit einer Nichtigkeitsklage gefaßt, so hat der Kläger zur Vermeidung der Klageabweisung die Hauptsache für erledigt zu erklären; lag ursprünglich ein Nichtigkeitsgrund vor, werden der Gesellschaft die Kosten des Rechtsstreits nach § 91 a ZPO aufzuerlegen sein.

V. Fortsetzung der wegen Nichtigkeit aufgelösten Gesellschaft

Die erfolgreiche Nichtigkeitsklage führt nach Rechtskraft der Entscheidung zur Auflösung der Gesellschaft[17]. Eine Heilung gem. § 76 ist ab diesem Zeitpunkt nicht mehr möglich. Wohl aber können die Gesellschafter – wie auch sonst bei aufgelösten Gesellschaften – grundsätzlich einen **Fortsetzungsbeschluß** fassen[18]. Es gelten im Grundsatz die gleichen Voraussetzungen für die Zulässigkeit eines solchen Beschlusses wie in anderen Fällen der Auflösung auch[19]. Zu beachten ist allerdings, daß ein Fortsetzungsbeschluß hier nur möglich ist, wenn gleichzeitig der zur Nichtigkeit führende Mangel beseitigt wird. Abweichend von dem nach überwiegender Auffassung für Fortsetzungsbeschlüsse geltenden Erfordernis einer qualifizierten Mehrheit[20] bedarf es zur Fortsetzung einer wegen Nichtigkeit aufgelösten GmbH entsprechend § 76 der Einstimmigkeit aller Gesellschafter. 12

§ 77

Ist die Nichtigkeit einer Gesellschaft in das Handelsregister eingetragen, so finden zum Zwecke der Abwicklung ihrer Verhältnisse die für den Fall der Auflösung geltenden Vorschriften entsprechende Anwendung.

Die Wirksamkeit der im Namen der Gesellschaft mit Dritten vorgenommenen Rechtsgeschäfte wird durch die Nichtigkeit nicht berührt.

Die Gesellschafter haben die versprochenen Einzahlungen zu leisten, soweit es zur Erfüllung der eingegangenen Verbindlichkeiten erforderlich ist.

Übersicht

I. Einleitung

Die Vorschrift regelt die **Rechtsfolgen der Nichtigkeit** und gilt auch für den Fall der Amtslöschung nach § 144 FGG[1]. Da der Gesetzgeber ursprünglich davon ausging, daß die Nichtigkeit einen von der bloßen Auflösung rechtsdogmatisch zu un- 1

---

[17] Vgl. § 77, 2.

[18] § 60, 112 (*Ulmer*); Scholz/*K. Schmidt* 7; Baumbach/Hueck/*Schulze-Osterloh* 10; Rowedder/*Zimmermann* 4; *Meyer-Landrut*/Miller/Niehus 2; *Roth* 3.

[19] Vgl. hierzu § 60, 78 ff (*Ulmer*).

[20] Vgl. § 60, 88 ff (*Ulmer*) mwN.

[1] Scholz/*K. Schmidt* 1; Baumbach/Hueck/*Schulze-Osterloh* 1; *Lutter/Hommelhoff* 3; Rowedder/*Zimmermann* 2; *Meyer-Landrut*/Miller/Niehus 1; *Roth* 1.

terscheidenden Fall besonders schwerwiegender Mängel der Vertragsgrundlage der Gesellschaft darstellt, ordnete er in Abs. 1 die „entsprechende" Anwendung der Liquidationsvorschriften an. Sachliche Unterschiede ergeben sich aus dieser Differenzierung nicht. Auch die Abs. 2 und 3 stellen nichts anderes dar als die Wiederholung von Grundsätzen, die in der Abwicklung ohnehin gelten, und sind damit im Grunde überflüssig.

II. Eintragung der Nichtigkeit

1. Bedeutung der Eintragung

2 Entgegen der Vorauflage[2], die sich allerdings insoweit auf den mißverständlichen Wortlaut von Abs. 1 stützen konnte, hat im Falle einer erfolgreichen Nichtigkeitsklage – anders als bei der Amtslöschung nach § 144 FGG – die Eintragung im Handelsregister nur **deklaratorische Bedeutung**[3]. Die Rechtsfolge der Auflösung der Gesellschaft wird bereits durch das rechtskräftige Nichtigkeitsurteil herbeigeführt. Es besteht keine Veranlassung, die Auflösung als Folge eines Nichtigkeitsurteils anders zu behandeln als etwa ein Auflösungsurteil nach § 61, welches gleichfalls ohne das Erfordernis einer Eintragung zur Liquidation führt.

2. Eintragung von Amts wegen

3 Die **Eintragung** der Nichtigkeit in das Handelsregister erfolgt **von Amts wegen**[4]. Eine Anmeldung der Auflösung gemäß § 65 durch die Liquidatoren ist nicht erforderlich[5]. Es genügt die formlose Einreichung des Urteils beim Registergericht. Dies ergibt sich bereits aus § 65 Abs. 1 Satz 2, wonach eine Anmeldepflicht nicht besteht im Falle der gerichtlichen Feststellung eines Mangels des Gesellschaftsvertrages, worunter auch das Nichtigkeitsurteil nach § 75 fällt.

III. Rechtsfolgen der Nichtigkeit

1. Liquidation der Gesellschaft

4 **Die Gesellschaft wird eine Liquidationsgesellschaft.** Sie tritt von der Rechtskraft der Nichtigkeitsklage bzw. von der Amtslöschung ab in Abwicklung; die Rechtspersönlichkeit der GmbH bleibt also bestehen. Die **Liquidationsvorschriften finden uneingeschränkt Anwendung.** Liquidatoren sind auch hier die bisherigen Geschäftsführer, wenn nicht der Gesellschaftsvertrag oder ein Gesellschafterbeschluß ein anderes bestimmt. Auch hier kann die Ernennung von Liquidatoren durch das Gericht beantragt werden (§ 66 GmbHG; § 29 BGB). Die Liquidatoren sind anzumelden und einzutragen (§ 67). Die Liquidation ist zusammen mit dem Gläubigeraufruf nach § 67 Abs. 3 bekanntzumachen. Die Gesellschaft bleibt auch in diesem Auflösungszustand parteifähig[6]. Die Liquidatoren haben die Aufgabe, die Gesellschaft

---

[2] Rdn 3; ebenso *Meyer-Landrut*/Miller/Niehus 2.

[3] Scholz/*K. Schmidt* 6; Baumbach/Hueck/*Schulze-Osterloh* 2; *Lutter/Hommelhoff* 2; Rowedder/*Zimmermann* 3; *Bondi*, ZHR 78, 113; *Josef*, ZHR 84, 78.

[4] Baumbach/Hueck/*Schulze-Osterloh* § 75, 24; *Roth* § 75, 4.2.

[5] AA Scholz/*K. Schmidt* § 75, 21; *Lutter/Hommelhoff* § 75, 5; Rowedder/*Zimmermann* § 75, 34.

[6] RGZ 59, 325.

abzuwickeln und das nach Befriedigung bzw. Sicherstellung der Gläubiger verbleibende Vermögen nach Maßgabe von §§ 72, 73 unter die Gesellschafter zu verteilen.

2. Rechtsgeschäfte mit Dritten (Abs. 2)

Abs. 2 bestimmt, daß die Wirksamkeit der im Namen der Gesellschaft **mit Dritten vorgenommenen Rechtsgeschäfte** durch die Nichtigkeit nicht berührt werden. 5
Diese Aussage ist eine Selbstverständlichkeit schon angesichts des Umstandes, daß die nichtige Gesellschaft nicht etwa aufhört zu existieren, sondern als Liquidationsgesellschaft fortbesteht. Die Rechte Dritter können also durch die Auflösung in keiner Weise tangiert werden. Für eine Anwendung von § 15 HGB besteht daher kein Bedürfnis und im übrigen auch tatbestandlich kein Raum[7], da die bloße Kenntnis von einem Nichtigkeitsgrund noch nicht gleichzusetzen ist mit der Kenntnis des Eintritts der Auflösung, denn der Nichtigkeitsgrund als solcher bleibt bis zum rechtskräftigen Nichtigkeitsurteil bzw. zur Amtslöschung für die Gesellschaft ohne rechtliche Folgen. Auch im Innenverhältnis der Gesellschafter ändert sich mit Ausnahme der Tatsache, daß der Zweck der Gesellschaft sich nunmehr auf die Abwicklung beschränkt, durch die Nichtigkeit nichts; so bleiben auch alle früher gefaßten Beschlüsse der Gesellschafter, soweit sie nicht durch den Eintritt in die Liquidation gegenstandslos geworden sind, wirksam[8].

3. Einlagepflichten

Abs. 3 enthält die Aussage, daß die Gesellschafter die versprochenen **Einzahlungen zu leisten** haben, soweit es zur Erfüllung der eingegangenen Verpflichtungen erforderlich ist. Auch dies ist im Rahmen der Liquidation keine Besonderheit. Es gilt bei der Abwicklungsgesellschaft vielmehr allgemein der Grundsatz, daß Einlagen jedenfalls insoweit noch einzufordern sind, als sie zur Befriedigung der Gläubiger benötigt werden[9]. Über den Wortlaut des Gesetzes hinaus können Einlagen auch bei der nichtigen Gesellschaft eingefordert werden, soweit es der Liquidationszweck erfordert[10]. Abweichend von der Vorauflage[11] ergeben sich auch hinsichtlich der Beweislast für die Erforderlichkeit der Einlageleistung keine Unterschiede zwischen der nichtigen Gesellschaft und anderen Liquidationsgesellschaften. Der in Anspruch genommene Gesellschafter muß in beiden Fällen beweisen, daß die Einziehung der Einlageforderung für Abwicklungszwecke nicht notwendig ist[12]. 6

Nicht einschlägig ist Abs. 3 für die Fälle der **Unwirksamkeit des Beitritts** einzelner Gesellschafter[13]. Ebensowenig paßt die Bestimmung auf die **Nichtigkeit eines Kapitalerhöhungsbeschlusses**[14], da in diesem Falle die von Abs. 1 vorausgesetzte Liquidation der Gesellschaft, mit der die Aussage des Abs. 3 in untrennbarem Zusammenhang steht, nicht eintritt. 7

---

7 Vgl. Scholz/*K. Schmidt* 2; Rowedder/*Zimmermann* 5; *Meyer-Landrut*/Miller/Niehus 4.
8 Rowedder/*Zimmermann* 5.
9 Vgl. § 69, 20.
10 Scholz/*K. Schmidt* 3; Baumbach/Hueck/*Schulze-Osterloh* 5; Rowedder/*Zimmermann* 6; *Meyer-Landrut*/Miller/Niehus 5.
11 Rdn 7.
12 Scholz/*K. Schmidt* 3; Baumbach/Hueck/*Schulze-Osterloh* 5; Rowedder/*Zimmermann* 6; *Roth* 3; vgl. auch § 69, 20.
13 Vgl. *Lutter/Hommelhoff* 2; Rowedder/*Zimmermann* 8; *Roth* 3.
14 Vgl. jedoch RGZ 85, 311, 315; 143, 394, 399; *Lutter/Hommelhoff* 2; Rowedder/*Zimmermann* 9.

Anhang nach § 77
GmbH-Konzernrecht

Übersicht

Allgemeines Schrifttum

a) Kommentierungen. Scholz/*Emmerich*, GmbH-Gesetz, 8. Aufl. 1993, Anh Konzernrecht; Rowedder/*Koppensteiner*, GmbH-Gesetz, 2. Aufl. 1990, Anh § 52; *Lutter/Hommelhoff*, GmbH-Gesetz, 13. Aufl. 1991, Anh § 13; Baumbach/Hueck/*Zöllner*, GmbH-Gesetz, 15. Aufl. 1988, Schlußanh I.

b) Monographien und Sammelbände. *Arbeitskreis GmbH-Reform* Thesen und Vorschläge zur GmbH-Reform, Band 2 (1972); Der GmbH-Konzern (Gesellschaftsrecht, Rechnungslegung, Mitbestimmungsrecht, Kartellrecht, Steuerrecht), zugleich Bericht über die Arbeitstagung der Centrale für GmbH Dr. O. Schmidt in Bonn vom 11. 12. bis 12. 12. 1975 (1976); *Emmerich/Sonnenschein* Konzernrecht, 5. Aufl. 1993; *Hoffmann-Becking* und *Zöllner* Empfiehlt es sich, das Recht der faktischen Unternehmensverbindungen – auch im Hinblick auf das Recht anderer EG-Staaten – neu zu regeln?, Referate auf dem 59. DJT 1992, Band 2, S. R 8, 35; *Hommelhoff* Die Konzernleitungspflicht – Zentrale Aspekte eines Konzernverfassungsrechts (1982); *Hommelhoff* und *Druey* Empfiehlt es sich, das Recht der faktischen Unternehmensverbindungen – auch im Hinblick auf das Recht anderer EG-Staaten – neu zu regeln?, Gutachten G und H für den 59. DJT 1992, Band 1; *Hommelhoff/Semler/Doralt/G. H. Roth* Entwicklungen im GmbH-Konzernrecht, ZGR-Sonderheft 6 (1986); *Martens* Die existentielle Wirtschaftsabhängigkeit – Eine Untersuchung im Spannungsfeld von Konzern- und Wettbewerbsrecht (1979); *Mestmäcker* Verwaltung, Konzerngewalt und Rechte der Aktionäre. Eine rechtsvergleichende Untersuchung nach deutschem Aktienrecht und dem Recht der corporations in den Vereinigten Staaten (1958); *Mestmäcker/Behrens* (Hrsg.) Das Gesellschaftsrecht der Konzerne im internationalen Vergleich (1991); *Lutter* (Hrsg.) Konzernrecht im Ausland, ZGR-Sonderheft 11 (1994); *Rehbinder* Konzernaußenrecht und allgemeines Privatrecht (1969); *Sonnenschein* Organschaft und Konzerngesellschaftsrecht (1976); *Timm* Die Aktiengesellschaft als Konzernspitze (1980); *Ulmer* (Hrsg.) Probleme des Konzernrechts, Symposion zum 80. Geburtstag von Wolfgang Schilling (1989); *Verhoeven* GmbH-Konzern-Innenrecht (1978); *Wiedemann* Die Unternehmensgruppe im Privatrecht (1988); *Wilhelm* Rechtsform und Haftung bei der juristischen Person (1981); *M. Winter* Mitgliedschaftliche Treubindungen im GmbH-Recht (1988); *Zöllner* Die Schranken mitgliedschaftlicher Stimmrechtsmacht bei den privatrechtlichen Personenverbänden (1963).

Vgl. ferner die Angaben vor den einzelnen (Unter-)Abschnitten.

I. Einführung

1. Aufgaben des Rechts der verbundenen Unternehmen

1 **a) Gegenstand und Schutzbedürfnis.** Gegenstand des Konzernrechts (umfassender: des Rechts der verbundenen Unternehmen unter Einschluß der Mehrheitsbetei-

ligungen und der einfachen Herrschafts-/Abhängigkeitsverhältnisse) ist es, die an verbundenen Unternehmen (Gesellschaften) beteiligten *Gesellschafter* und *Gesellschaftsgläubiger* vor den Gefahren aus der Unternehmensverbindung zu schützen[1]. Ein solches Schutzbedürfnis besteht vor allem auf der Ebene der **Untergesellschaft** bei Vorhandensein eines herrschenden Unternehmens, da dessen typischerweise im eigenen Interesse ausgeübter Einfluß zu Nachteilen für die beherrschte Gesellschaft, ihre Gesellschafter und Gläubiger führen kann, wenn er nicht durch geeignete Ausgleichsmaßnahmen kompensiert wird (vgl. dazu für das Aktienrecht Rdn 55). Dabei ist das **Schutzbedürfnis für Minderheitsgesellschafter und Gläubiger** einer abhängigen oder beherrschten **GmbH** aus einer Reihe von Gründen deutlich stärker als dasjenige in einer abhängigen oder beherrschten AG, und zwar aus den folgenden Gründen:

- Infolge der weitgehenden Kompetenzen der Gesellschafterversammlung einer GmbH und des für die Beschlußfassung geltenden Mehrheitsprinzips, aber auch wegen der Weisungsbindung der Geschäftsführung gegenüber mehrheitlich gefaßten Beschlüssen ist die *Mehrheitsmacht in der GmbH* typischerweise größer als in der AG.
- Im Unterschied zur Satzung der AG kennt das GmbH-Recht nur wenige zwingende, dem Minderheitenschutz dienende Vorschriften. Dadurch steht einer über mindestens 75% der Stimmen verfügenden Mehrheit *weitgehende Gestaltungsfreiheit* für das GmbH-Innenrecht zu.
- Der *Kapitalerhaltungsschutz* ist im GmbH-Recht aus einer Reihe von Gründen deutlich *schwächer* ausgeprägt als im Aktienrecht. Das macht die GmbH schon aus Rechtsgründen insolvenzanfälliger als die AG, ganz abgesehen von der vielfach nur geringen Kapitalausstattung (zur Häufigkeit von GmbH-Insolvenzen vgl. Einl. Rdn 90 f). Es hat eine erhöhte Gefährdung für ihre Gläubiger zur Folge.

2 Auch auf der Ebene der **Obergesellschaft** (des herrschenden Unternehmens) kann sich ein Schutzbedürfnis für deren Gesellschafter ergeben. Denn die Ausgliederung von Unternehmensteilen in eine Tochtergesellschaft oder die sonstige Verlagerung von Aktivitäten „nach unten" kann eine Mediatisierung der Mitspracherechte der Gesellschafter und eine Verminderung ihres Einflusses zur Folge haben. Auch ermöglicht sie die Beteiligung Dritter an den durch Ausgrundung verselbständigten Vermögensteilen ohne Mitwirkung der Gesellschafter der Obergesellschaft (vgl. dazu Rdn 69 f). Schließlich droht der Obergesellschaft (und mittelbar ihren Gesellschaftern) in bestimmten Fällen der Konzernierung die Pflicht zur Übernahme der Verluste der Untergesellschaft (vgl. Rdn 158 ff, 208, 222).

3 b) **Die aktienrechtliche Regelung.** Eine *Kodifizierung* des Rechts der verbundenen Unternehmen findet sich – von den Bilanzierungsvorschriften der §§ 290 ff HGB, 11 PublG abgesehen – bisher nur im *Aktienrecht.* Dabei weisen die Definitionsnormen der §§ 15 bis 19 AktG und die materiellrechtlichen Regelungen im Dritten Buch des AktG (§§ 291 bis 337) hinsichtlich ihres *Anwendungsbereichs* deutliche Unterschiede auf: während die Definitionsnormen rechtsformneutral ausgestaltet, d. h. grundsätzlich auf Unternehmen jeder Rechtsform anwendbar sind, setzt das Eingreifen der Vorschriften des Dritten Buchs nach ihrem Wortlaut voraus, daß das *beherrschte* (abhängige, durch den Unternehmensvertrag verpflichtete) Un-

[1] Vgl. nur *Koppensteiner*-KölnKommAktG² Vor § 291, 5 ff, und schon *Mestmäcker* Festschrift Kronstein (1967) S. 129, 131.

ternehmen in der *Rechtsform der Aktiengesellschaft* geführt wird. Darauf, ob auch das herrschende Unternehmen eine AG ist, stellt das AktG nur im Hinblick auf bestimmte, an die Obergesellschaft adressierte Normen aus dem Recht der Unternehmensverträge ab (vgl. §§ 293 Abs. 2, 295 u. a. AktG). Wieder anders liegt es bei den Mitteilungspflichten der §§ 20–22 AktG, die beim Besitz einer Sperrminorität (mehr als 25% der Anteile) einsetzen (vgl. Rdn 227 f): insoweit stellt das AktG teils auf die Rechtsform der Gesellschaft als AG ab, an der die Beteiligung besteht (so § 20: Mitteilungspflicht des Aktionärs); teils knüpft es die Mitteilungspflicht an die Rechtsform des die Beteiligung haltenden Unternehmens (so § 21: Mitteilungspflicht der AG). Insgesamt bewirken die materiellrechtlichen Regelungen des AktG somit wegen ihrer rechtsformspezifischen Ausgestaltung keinen unmittelbaren Schutz der an Unternehmensverbindungen beteiligten Gesellschaften mbH, ihrer (Minderheits)Gesellschafter und Gläubiger gegen die aus der Abhängigkeit oder der Konzernherrschaft drohenden Gefahren.

4 c) **Folgerungen.** Die fehlende Kodifikation eines rechtsformübergreifenden oder GmbH-spezifischen Konzernrechts und das Scheitern der großen GmbH-Reform 1971/73 einschließlich der dort vorgesehenen weitgehenden Übernahme des Aktienkonzernrechts in das GmbHG (vgl. Rdn 12) haben Rechtsprechung und Literatur veranlaßt, im Wege der *Analogie* oder der *Rechtsfortbildung* nach **GmbH-spezifischen Schutzinstrumenten** vor den Gefahren von Abhängigkeit und Konzernherrschaft zu suchen. Dabei wurde – teilweise abweichend von den aktienrechtlichen Kategorien – zwischen den folgenden *drei Fallgestaltungen* eines GmbH-rechtlichen Schutzes im Fall von Unternehmensverbindungen unterschieden: der Abhängigkeit und dem (einfachen) faktischen Konzern (Rdn 51 ff), dem qualifizierten faktischen Konzern (Rdn 97 ff) und den Unternehmensverträgen (Rdn 182 ff). Das Eingreifen der hierauf abstellenden Schutzinstrumente richtet sich entsprechend dem bestehenden Schutzbedürfnis (Rdn 1) jeweils nach der *Rechtsform des abhängigen oder beherrschten Unternehmens als GmbH* (Rdn 51 ff).

2. Rechtsquellen

5 a) **Unmittelbar geltende Vorschriften.** Unter ihnen sind in erster Linie diejenigen *aktienrechtlichen* Vorschriften zu nennen, die aufgrund ihrer entweder rechtsformneutralen oder einseitig rechtsformspezifischen Ausrichtung auch dann eingreifen, wenn es um den Schutz von Gesellschaften mbH als Partner einer Unternehmensverbindung geht. Das gilt für

- die **Definitionsnormen** der §§ 15 bis 19 AktG, die generell an das Vorliegen verbundener *Unternehmen* (vgl. dazu Rdn 19 ff) anknüpfen, ohne nach der Rechtsform der Unternehmen zu differenzieren,
- die **Mitteilungspflichten** der §§ 20 bis 22 AktG beim Vorhandensein einer Sperrminorität von mehr als 25% Anteilsbesitz, wenn entweder das Unternehmen, an dem die Beteiligung besteht (§ 20 AktG), oder das die Beteiligung haltende Unternehmen (§ 21 AktG) in der Rechtsform der AG geführt wird,
- die Vorschriften über **Unternehmensverträge** (§§ 291 bis 310 AktG), wenn die beherrschte oder zur Gewinnabführung verpflichtete Gesellschaft eine AG oder KGaA, der andere Vertragsteil aber eine GmbH (oder ein Unternehmen in sonstiger Rechtsform) ist. Entsprechendes gilt für sonstige Unternehmensverträge iSd § 292 AktG, aufgrund deren sich eine AG oder KGaA zur Abführung von Teilen ihres Gewinns oder zur Verpachtung oder Überlassung ihres Betriebs an eine GmbH verpflichtet,

– die Vorschriften über die Verantwortlichkeit des herrschenden Unternehmens (GmbH u.a.) bei Fehlen eines Beherrschungsvertrags, sog. **faktischer Konzern** (§§ 311 bis 318 AktG), wenn das abhängige Unternehmen in der Rechtsform einer AG oder KGaA geführt wird,
– die Vorschriften über **wechselseitig beteiligte Unternehmen** und über die Beschränkung der Rechte aus der wechselseitigen Beteiligung (§ 328 AktG), sofern eines der wechselseitig beteiligten Unternehmen die Rechtsform einer AG oder KGaA hat, während das andere in einer sonstigen Rechtsform, etwa der GmbH, betrieben wird.

Demgegenüber setzen die Vorschriften über die **Eingliederung** (§§ 319 bis 327 AktG) voraus, daß beide beteiligten Unternehmen als AG betrieben werden; die Eingliederung einer GmbH in eine AG (oder umgekehrt einer AG in eine GmbH) ist ausgeschlossen.

Einen zweiten Regelungsbereich, der auch für Gesellschaften mbH als Partner einer Unternehmensverbindung unmittelbare Geltung beansprucht, bilden die Vorschriften der §§ 290ff HGB über die **Konzernrechnungslegung** einschließlich der Prüfung und Offenlegung des Konzernabschlusses. Sie sind rechtsformneutral ausgestaltet und greifen daher auch ein, wenn ausschließlich Unternehmen in der Rechtsform der GmbH an der Unternehmensverbindung beteiligt sind (vgl. Rdn 229). **6**

Zu erwähnen sind schließlich die Vorschriften des **MitbestG** über die Arbeitnehmermitbestimmung im Konzern (§ 5 MitbestG). Ihr Eingreifen setzt voraus, daß entweder das herrschende Unternehmen in der Rechtsform einer AG, KGaA, GmbH oder eGen betrieben wird (§ 5 Abs. 1 MitbestG) oder daß der persönlich haftende Gesellschafter einer Kommanditgesellschaft in einer dieser Rechtsformen organisiert ist (sog. GmbH & Co KG, vgl. § 5 Abs. 2 MitbestG). Zur Mitbestimmung im GmbH-Konzern vgl. Rdn 230ff. **7**

b) **Rechtslage beim Fehlen gesetzlicher Regelungen.** Die Übersicht in Rdn 5 bis 7 macht deutlich, daß die bestehenden gesetzlichen Regelungen höchst **unvollständig** sind und nur relativ beschränkte Teilbereiche des GmbH-Konzernrechts abdekken. Sieht man von den Sondermaterien der Konzernrechnungslegung und der Konzernmitbestimmung ab, so ist für die Geltung der *aktienrechtlichen* Vorschriften vorbehaltlich der Definitionsnormen der §§ 15 bis 19 AktG jeweils entscheidend, daß an der Unternehmensverbindung eine AG (ggf. auch eine KGaA), und zwar idR als abhängige oder beherrschte (verpflichtete) Gesellschaft, beteiligt ist. Insbesondere im reinen GmbH-Konzern, aber auch bei Unternehmensverbindungen mit der GmbH als untergeordnete (abhängige oder beherrschte) Gesellschaft, greifen die materiellrechtlichen aktienrechtlichen Vorschriften nicht ein. **8**

Aus der Unvollständigkeit der gesetzlichen Regelungen folgt, daß im **Mittelpunkt des GmbH-Konzernrechts** die Suche nach der jeweils geeigneten Rechtsgrundlage steht. Dabei stellen sich – in der folgenden methodischen Reihenfolge – insbesondere die Fragen **9**

(1) nach der Eignung der für die unverbundene GmbH erlassenen *Vorschriften des GmbH-Gesetzes* einschließlich der insoweit geltenden ungeschriebenen Rechtsgrundsätze (Treupflicht, Gleichbehandlungsgrundsatz u.a.) zur Anwendung auf Unternehmensverbindungen,

(2) nach den Möglichkeiten und Grenzen *analoger Anwendung konzernrechtlicher Vorschriften* aus anderen Regelungsbereichen, darunter insbes. des Aktien-

rechts, auf Unternehmensverbindungen unter Beteiligung einer GmbH als abhängiger/beherrschter Gesellschaft,

(3) nach Notwendigkeit und Zulässigkeitsvoraussetzungen *richterrechtlicher Rechtsfortbildung* zur Schließung von Schutzlücken in Konstellationen, in denen weder der Rückgriff auf allgemeines GmbH-Recht noch ein Analogieschluß zu sonstigen, nicht auf die GmbH bezogenen konzernrechtlichen Regelungen in Betracht kommt.

Diesen Fragen ist im Besonderen Teil der Kommentierung (Abschnitte III–V, Rdn 51 ff) im einzelnen nachzugehen.

3. Rechtstatsachen

10 Umfassende statistische Angaben über Art und Ausmaß der **Verwendung der GmbH-Rechtsform im Rahmen von Unternehmensverbindungen** liegen – soweit ersichtlich – bisher nicht vor. Es steht jedoch außer Zweifel, daß Unternehmensverbindungen mit Gesellschaften mbH als Beteiligten verbreitet anzutreffen sind[2]. Einen wesentlichen Grund hierfür bildet die Eignung der GmbH als Rechtsform für die *Ausgliederung von Unternehmensteilen* oder für die sonstige, insbes. sachliche oder geografische Ausdehnung der Unternehmenstätigkeit mittels einer als Einmann-GmbH gegründeten Tochtergesellschaft, aber auch für die *Betriebsaufspaltung* und die Gründung von *Gemeinschaftsunternehmen.* Daneben begegnet die GmbH nicht selten auch als *Holdinggesellschaft* mit der Funktion der Konzernspitze oder einer Zwischenholding, in der verschiedene Unternehmensbeteiligungen zusammengefaßt werden (vgl. Einl. Rdn 84 f).

11 Auch über die **Häufigkeit von Unternehmensverträgen unter Beteiligung einer GmbH** sind umfassende statistische Angaben bisher nicht bekannt geworden[3]. Wie die im Anschluß an das BGH-Urteil „Supermarkt"[4] zu beobachtende Welle der Hauptversammlungsbeschlüsse von Aktiengesellschaften zur Legalisierung von *Organschafts-(Gewinnabführungs-)Verträgen* mit GmbH-Tochtergesellschaften zeigt, sind solche Verträge in der Wirtschaftspraxis aber offenbar stark verbreitet. Ausschlaggebend hierfür dürfte in erster Linie das *Steuerrecht* sein, da die Anerkennung der körperschaftsteuerlichen Organschaft, d. h. die Zurechnung des steuerlichen Ergebnisses der GmbH-Tochter unmittelbar beim herrschenden Unternehmen, nach §§ 14, 17 KStG neben der finanziellen, organisatorischen und wirtschaftlichen Eingliederung das Bestehen eines Gewinnabführungsvertrags zwischen beiden Teilen voraussetzt. Demgegenüber scheinen reine *Beherrschungsverträge* auch in neuerer Zeit nicht häufig vorzukommen[4a]. Maßgebend dafür dürfte im *Einmann-GmbH-Konzern* der Umstand sein, daß es zur Weisungsbindung der Geschäftsführung der abhängigen GmbH einer vertraglichen Verankerung des Weisungsrechts nicht bedarf und daß auch die Treupflicht der Erteilung von Weisungen des Alleingesellschafters, selbst wenn sie für die abhängige Gesellschaft nachteilig sind, vorbehaltlich der Bestandsgefährdung der abhängigen GmbH (Rdn 87) nicht entgegensteht.

---

[2] Nach Schätzungen der Monopolkommission stehen ca. 30 bis 40% aller GmbH in einem Unternehmensverbund mit anderen Unternehmen; bei großen und mittleren GmbH soll das sogar für die Mehrheit zutreffen (Monopolkommission, VII. Hauptgutachten 1986/87, 1988, Tz. 858). Zu ähnlichen Ergebnissen (rd. 47% konzerngebundene Gesellschaften mbH) kommt eine neue Erhebung von *Gösling* AG 1993, 538, 548 f auf der Basis von 13.000 GmbH.

[3] Vgl. Scholz/*Emmerich* Anh KoR, 2 ff, 5 a.

[4] BGHZ 105, 324 = NJW 1989, 295 – Supermarkt.

[4a] So auch Scholz/*Emmerich* Anh KoR 231; Rowedder/*Koppensteiner* Anh § 52, 39; *Zöllner* ZGR 1992, 173, 174.

Anderes gilt zwar für die *Mehrpersonen-GmbH* (Rdn 76 ff, 81), doch besteht auch dort die Möglichkeit, daß sich die Mehrheit mit der Minderheit ohne formellen Abschluß eines Beherrschungsvertrags arrangiert (Rdn 133 f). Über *sonstige* Unternehmensverträge, namentlich solche der in § 292 AktG geregelten Art, ist im GmbH-Recht bisher wenig bekannt geworden.

4. Reform

Im Zuge der sog. **großen GmbH-Reform** war im RegE 1971/73[5] nach dem Regelungsmuster des AktG 1965 ein „Zweites Buch" (§§ 230 bis 266 RegE) betr. *Verbundene Unternehmen* vorgesehen. Mit den vier Teilen Unternehmensverträge, Leitungsmacht und Verantwortlichkeit bei Abhängigkeit von Unternehmen, Eingegliederte Gesellschaften und Wechselseitig beteiligte Unternehmen lehnte es sich sowohl im Aufbau als auch im Regelungsinhalt weitgehend an das aktienrechtliche Vorbild an. Nach dem – vorwiegend auf anderen Gründen beruhenden (Einl. Rdn 57) – Scheitern der großen GmbH-Reform wurde dieser Teil des Entwurfs in die **GmbH-Novelle 1980** nicht übernommen. Ausschlaggebend hierfür war allerdings nicht die Ansicht, daß es der Kodifizierung eines GmbH-Konzernrechts nicht bedürfe, sondern das vom Gesetzgeber mit der GmbH-Novelle 1980 verfolgte, vergleichsweise bescheidene Ziel, unter bewußtem Verzicht auf eine umfassende Neuordnung des GmbH-Rechts eine Reihe als vordringlich angesehener Reformanliegen in Modifizierung oder Ergänzung des geltenden Rechts zu regeln[6]. **12**

Wie sich aus diesem Verlauf der Reformdiskussion ergibt, darf das Schweigen der GmbH-Novelle 1980 zum Recht der verbundenen Unternehmen nicht in dem Sinn mißverstanden werden, es fehle nach Ansicht des Gesetzgebers an **ausfüllungsbedürftigen Regelungslücken**; der Regelungsverzicht steht daher auch der Lückenfüllung durch *Analogie zum Aktienrecht oder richterrechtliche Rechtsfortbildung* nicht grundsätzlich entgegen. Allerdings hat die zwischenzeitliche Diskussion gezeigt, daß die im RegE 1971/73 vorgeschlagene Regelung sich nur beschränkt als Orientierungslinie für die richterliche Rechtsfortbildung eignet, weil sie zu wenig auf die *GmbH-spezifischen Besonderheiten* im Vergleich zum Aktienrecht Rücksicht nimmt[7]. Solche Besonderheiten bilden etwa die weitgehende Zuständigkeit der Gesellschafterversammlung der GmbH auch in Geschäftsführungsfragen, die grundsätzlich umfassende Weisungsbindung der GmbH-Geschäftsführer, die Flexibilität des GmbH-Innenrechts und die im Vergleich zum AktG schwächere Vermögensbindung in der GmbH (vgl. auch Einl. Rdn 48 f). Diese Besonderheiten sind vor allem im Hinblick auf die Herausbildung eines GmbH-Rechts der faktischen Unternehmensverbindungen (einfacher und qualifizierter faktischer Konzern) zu beachten, während im Recht der Unternehmensverträge eine Anlehnung an das Aktienrecht auf weniger grundsätzliche Bedenken stößt. **13**

Die Diskussion über eine Kodifizierung des GmbH-Konzernrechts ist auch seither nicht nennenswert vorangekommen. Während die **BGH-Rechtsprechung** es dank einer Reihe richtungsweisender Grundsatzurteile übernommen hat, Marksteine der Rechtsentwicklung zu setzen und dadurch im Rahmen des richterrechtlich **14**

---

[5] BT-Drucks. VI/3088 = 7/253.

[6] Vgl. Amtl. Begründung zum RegE einer GmbH-Novelle v. 15. 12. 1977, BT-Drucks. 8/1347 S. 27.

[7] Vgl. dazu schon *Ballerstedt* ZHR 135 (1971), 383, 400 ff, Arbeitskreis GmbH-Reform, Thesen und Vorschläge, Band 2, 1972, S. 47 ff.

Möglichen für Rechtsklarheit und -sicherheit zu sorgen[8], sind aus dem **Bundesjustizministerium** seit dem Scheitern der großen GmbH-Reform Pläne für ein GmbH-Konzernrecht nicht bekannt geworden. Das hatte seinen Grund wohl nicht zuletzt darin, daß zunächst **Brüsseler Initiativen** zur Rechtsangleichung auf dem Gebiet des Konzernrechts durch die – über Vorentwürfe freilich nicht hinausgekommene – 9. (Konzernrechts-)Richtlinie abgewartet werden sollten[9]. Seit einigen Jahren zeichnet sich jedoch ab, daß im politischen Raum der EU wenig Aussichten bestehen, in absehbarer Zeit zu dem erforderlichen Konsens der Mitgliedstaaten über ein vereinheitlichtes EG-Konzernrecht zu kommen. Daher hat die Kommission nicht nur ihre Arbeiten an der Konzernrechtsrichtlinie eingestellt, sondern entgegen früheren Entwürfen auch darauf verzichtet, in den Entwurf eines SE-Statuts 1989/91 konzernrechtliche Regelungen aufzunehmen[10]. Nach allem wird es auch künftig in erster Linie Sache der Rechtsprechung und der Rechtswissenschaft sein, für die weitere Konkretisierung und Fortbildung des GmbH-Konzernrechts zu sorgen[11].

5. Aufbau der Kommentierung

15 Für die Kommentierung des GmbH-Konzernrechts bedarf es zunächst der Herausarbeitung der **Grundbegriffe und allgemeinen Regeln**. Dazu bietet sich entsprechend der ganz hM die Anknüpfung an die bewußt rechtsformneutral formulierten Vorschriften der §§ 15 bis 19 AktG an, verbunden mit der Möglichkeit weitgehender Verweisung auf die zu diesen Vorschriften ergangene umfangreiche Judikatur und Literatur (Rdn 16 ff). Ein zweiter Abschnitt ist den **faktischen Unternehmensverbindungen** gewidmet, darunter neben den Schranken der Konzernbildung vor allem den bei der Konzernleitung zu beachtenden Grenzen der Einflußnahme zum Schutz der abhängigen GmbH, ihrer Minderheitsgesellschafter und Gläubiger (Rdn 51 ff, 71 ff). Mit Begriff, Voraussetzungen und Rechtsfolgen des **qualifizierten faktischen Konzerns** befaßt sich der dritte Abschnitt (Rdn 97 ff, 125 ff). Es folgt die Erörterung der Rechtsgrundsätze für Abschluß, Änderung und Aufhebung von **Unternehmensverträgen** sowie der hieran geknüpften Verhaltensanforderungen und Haftungsfolgen des herrschenden Unternehmens (Rdn 182 ff). Den Abschluß der Kommentierung bilden kurze Hinweise auf sonstige konzernrechtsrelevante Regelungsbereiche, darunter die Besonderheiten der Konzernrechnungslegung und der Konzernmitbestimmung (Rdn 227 ff). Auf das Konzernsteuerrecht geht die Kommentierung nicht ein; hierzu sei auf die einschlägigen steuerrechtlichen Darstellungen verwiesen.

---

[8] Vgl. für die drei relevanten Fallkonstellationen insbes. BGHZ 65, 15 = NJW 1976, 191 – ITT; BGHZ 105, 324 = NJW 1989, 295 – Supermarkt; BGHZ 122, 123 = NJW 1993, 1200 – TBB (als Abschluß der über Autokran, Tiefbau und Video führenden Entscheidungskette zum qualifizierten faktischen Konzern). Zur BGH-Rechtsprechung bis 1987 vgl. auch *Lutter* ZHR 151 (1988), 444, 454 ff.

[9] Zum Vorentwurf einer 9. Richtlinie von 1974/75, abgedruckt in der Fassung vom Dezember 1985 in ZGR 1985, 444, vgl. aus neuerer Zeit *Gäbelein* in Festschrift Quack (1991) S. 211 ff; *Gleichmann* in Mestmäcker/Behrens, Das Gesellschaftsrecht der Konzerne im internationalen Vergleich, 1991, S. 581 ff; *Hommelhoff* in Festschrift Fleck (1988), S. 125 ff u. a.

[10] Vorschlag für eine Verordnung über das Statut der Europäischen Aktiengesellschaft, neueste Fassung vom 16. 5. 1991, ABl. Nr. C 176 v. 8. 7. 1991, S. 1 ff; vgl. dazu *Lutter*, Europäisches Unternehmensrecht, 3. Aufl. 1991, S. 130 f; *ders.* AG 1990, 413 ff; *Hauschka* AG 1990, 85 ff; *Hommelhoff* AG 1990, 422 ff.

[11] Speziell zur Aufgabe der Rechtswissenschaft bei Herausarbeitung eines gemeineuropäischen Konzernrechts vgl. *Hommelhoff* ZGR 1992, 121 ff.

II. Grundbegriffe des Rechts der verbundenen Unternehmen

1. Maßgeblichkeit der Definitionsnormen der §§ 15 bis 19 AktG

Das AktG enthält in den §§ 15 bis 19 eine Reihe von Definitionsnormen für die verschiedenen Konstellationen verbundener Unternehmen. Es handelt sich um eine Art **allgemeiner Teil des Rechts der verbundenen Unternehmen**, an dessen Terminologie zahlreiche Sachnormen des AktG anknüpfen. Aufgrund der durchgängigen Verwendung des Begriffs „Unternehmen" an Stelle von (Aktien-)Gesellschaft ist er bewußt rechtsformneutral ausgestaltet; er eignet sich daher im Grundsatz auch zur Beurteilung von Unternehmensverbindungen ohne Beteiligung von Aktiengesellschaften[12]. **16**

Auch für das **GmbH-Recht** ist die grundsätzliche Geltung der aktienrechtlichen Definitionsnormen allgemein anerkannt[13]; das schließt die Notwendigkeit der Anpassung einzelner Teilregelungen an die Besonderheiten des GmbH-Rechts nicht aus (vgl. Rdn 28, 30 u. a.). Vorbehaltlich solcher Einzelanpassungen geht auch die folgende Kommentierung von der *Geltung der §§ 15 bis 19 AktG* aus, wobei offenbleiben kann, ob ihre unmittelbare oder – wohl zutreffender – ihre analoge Anwendung in Frage steht. Die Übernahme der aktienrechtlichen Begriffe gestattet es zugleich, die Kommentierung insoweit auf das Notwendigste zu beschränken und wegen der Einzelheiten auf das aktienrechtliche Schrifttum (insbes. die Kommentare zu §§ 15 bis 19 AktG) zu verweisen. **17**

2. Verbundene Unternehmen (§ 15 AktG)

a) **Funktion des § 15 AktG.** Das Aktienrecht verwendet den Begriff „verbundene Unternehmen" als **Oberbegriff** für die verschiedenen Konstellationen einer aktienrechtlich relevanten Verbindung juristisch selbständiger Unternehmensträger. Dabei geht es im einzelnen um Mehrheitsbeteiligungen (§ 16 AktG), Herrschafts-/Abhängigkeitsverhältnisse (§ 17 AktG), Konzernverbindungen (§ 18 AktG), wechselseitige Beteiligungen (§ 19 AktG) und um Unternehmensverträge (§§ 291, 292 AktG), auch soweit sie nicht zu den Konzernverbindungen zählen. Außer der mit dieser Umschreibung angestrebten generellen Abgrenzung des Anwendungsbereichs des Rechts der verbundenen Unternehmen erklärt sich die *aktienrechtliche* Bedeutung der Regelung des § 15 AktG auch daraus, daß der Begriff „verbundene Unternehmen" in zahlreichen Sachnormen des AktG auftaucht (vgl. §§ 71, 89, 90, 115, 131, 145 AktG). Für sie legt § 15 AktG den persönlichen Geltungsbereich fest; das gestattet es, auf die jeweilige Einzelaufzählung der erfaßten Unternehmensverbindungen zu verzichten. Zur Bedeutung des § 15 AktG im GmbH-Recht vgl. Rdn 24. **18**

b) **Unternehmensbegriff.** Den Begriff „Unternehmen" verwendet das AktG in § 15 und den sonstigen Vorschriften über verbundene Unternehmen bewußt unspezifisch in der Absicht, damit unabhängig von der Rechtsform des Unternehmensträgers alle unternehmerisch tätigen natürlichen und juristischen Personen sowie sonstigen Personenvereinigungen (OHG, KG u. a.) zu erfassen. Seine **Funktion** besteht darin, die „Unternehmens"-Gesellschafter von „Privat"-Gesellschaftern, die keine **19**

---

[12] Ganz hM, vgl. allg. *Koppensteiner*-KölnKomm-AktG² § 15, 5 und 30; *Hüffer* AktG § 15, 6; für das GmbH-Konzernrecht vgl. die Nachw. in Fn 13.

[13] Scholz/*Emmerich* Anh KoR Rdn 25; Rowedder/*Koppensteiner* Anh § 52, 6; Baumbach/Hueck/*Zöllner* Anh I 3; *Lutter/Hommelhoff* Anh § 13, 3; aus der Rspr. vgl. etwa BGHZ 80, 69, 72 f = NJW 1981, 1512.

eigenen unternehmerischen Interessen außerhalb des Beteiligungsunternehmens verfolgen, zu unterscheiden und sie mit Rücksicht darauf, daß bei ihnen eine *Interessenkollision* zwischen dem Interesse an der Beteiligung und dem anderweit verfolgten unternehmerischen Interesse zu befürchten ist, den Sondervorschriften für verbundene Unternehmen zu unterstellen. Diese Befürchtung ist dann begründet, wenn der Gesellschafter in einem solchen Maß wirtschaftliche Interessen außerhalb der Gesellschaft verfolgt, daß ernstlich zu besorgen ist, er könne um ihretwillen seinen Einfluß zum Nachteil der Gesellschaft geltend machen. Dementsprechend ist die Unternehmenseigenschaft eines GmbH-Gesellschafters, der nicht selbst außerhalb der GmbH unternehmerisch tätig ist und auch keine sonstige maßgebliche Beteiligung hält, auch dann zu verneinen, wenn er Alleingesellschafter und Geschäftsführer der GmbH ist. Sie ist dagegen zu bejahen, wenn er neben Geschäftsanteilen an der GmbH über eine Mehrheitsbeteiligung an einer anderen Kapitalgesellschaft verfügt oder einen eigenen Geschäftsbetrieb unterhält. Über diesen Grundansatz besteht heute Einigkeit[14], ungeachtet fortbestehender Meinungsunterschiede über die einzelnen Anforderungen an den Unternehmensbegriff. Ebenso ist anerkannt, daß neben unternehmerisch ausgerichteten Privatrechtssubjekten auch die öffentliche Hand, soweit sie unternehmerisch tätig wird, die Voraussetzungen des Unternehmensbegriffs erfüllt[15]. Im übrigen ist hinsichtlich der Definition zwischen herrschenden und untergeordneten (abhängigen) Unternehmen (Ober- bzw. Untergesellschaften) zu unterscheiden (vgl. Rdn 20 ff).

20 α) **Herrschendes Unternehmen.** Lange Zeit umstritten war der Unternehmensbegriff im Hinblick auf das jeweils herrschende Unternehmen einer Unternehmensverbindung[16]. Es standen sich die *institutionelle*, das Vorhandensein einer Unternehmensorganisation (eines Geschäftsbetriebs) fordernde Theorie[17] und die *funktionale* Lehre vom Unternehmensbegriff gegenüber; letztere wollte maßgeblich auf die Ausübung unternehmerischer Planungs- und Entscheidungsgewalt abstellen und diese schon dann genügen lassen, wenn sie nur gegenüber *einem* Unternehmen erfolgt[18]. Inzwischen hat sich, unterstützt durch die Rechtsprechung[19], der sog. **teleologische Unternehmensbegriff** durchgesetzt. Ausgehend vom Zweck der Regelungen über verbundene Unternehmen wird als Unternehmen jede natürliche und juristische Person oder Personengemeinschaft (Gesamthand) verstanden, die neben ihrer Beteiligung an der betreffenden Gesellschaft entweder selbst ein Unternehmen betreibt oder über eine maßgebliche Beteiligung an einer weiteren Gesellschaft verfügt[20].

---

[14] Vgl. nur Rowedder/*Koppensteiner* Anh § 52, 8; *Lutter/Hommelhoff* Anh § 13, 4; aus der Rspr. BGHZ 69, 334, 337 = NJW 1978, 104 – VEBA/Gelsenberg; zum abweichend zu beurteilenden Sonderfall der maßgeblichen Beteiligung an zwei oder mehr Unternehmen über eine einheitliche Zwischenholding vgl. Scholz/*Emmerich* Anh KoR Rdn 31.

[15] Vgl. statt aller Scholz/*Emmerich* Anh KoR Rdn 32 ff m. zahlr. Nachw.; aus der Rspr. vgl. (grundlegend) BGHZ 69, 334, 338 ff = NJW 1978, 104 – VEBA/Gelsenberg; 105, 168, 176 f = NJW 1988, 3143 – HSW; OLG Hamburg AG 1980, 163, 164; LG Köln AG 1976, 244, 246 f; AG 1985, 252, 253 f.

[16] Vgl. Überblick bei *Koppensteiner* (Fn 12) § 15, 13 ff und *Geßler* in Geßler/Hefermehl/Eckardt/Kropff AktG § 15, 11 ff.

[17] So etwa *Raisch* JZ 1966, 549, 555; *Schäfer* NJW 1967, 1741; *Janberg/Schlaus* AG 1967, 33, 37 f u. a.; weit. Nachw. bei *Koppensteiner* (Fn 12) § 15, 18 f, und *Zöllner* in ZGR 1976, 1, 9.

[18] So *Kropff* BB 1965, 1281, 1285; *Möhring* NJW 1967, 1 ff; *Kellmann* BB 1969, 1509, 1511; vgl. Nachw. bei *Koppensteiner* (Fn 12) § 15, 17.

[19] Grundlegend BGHZ 69, 334, 337 = NJW 1978, 104 – VEBA/Gelsenberg; so auch BGHZ 74, 359, 364 f = NJW 1979, 2401 – WAZ; 80, 69, 72 = NJW 1981, 1512 – Süssen; 95, 330, 337 f = NJW 1986, 188 – Autokran; neuestens BGH NJW 1994, 446.

[20] Vgl. zum Aktienrecht statt aller *Koppensteiner* (Fn 12) § 15, 21 f; *Hüffer* AktG § 15, 8; zum GmbH-Recht Scholz/*Emmerich* Anh KoR Rdn 28; Rowedder/*Koppensteiner* Anh § 52, 8.

Ein solches unternehmerisches Engagement außerhalb der Gesellschaft gilt als charakteristisch dafür, die für Unternehmensverbindungen typische Interessenkollision bei dem über beherrschenden Einfluß verfügenden Gesellschafter hervorzurufen; es läßt das Eingreifen der Schutzinstrumente des Rechts verbundener Unternehmen im Interesse der Gesellschafter und Gläubiger der beherrschten Gesellschaft auch dann geboten erscheinen, wenn das herrschende Unternehmen eine *natürliche Person* ist und seine anderweitige unternehmerische Betätigung sich in der *Einflußnahme auf andere Gesellschaften* erschöpft, an denen es maßgebend beteiligt ist[20a].

Im einzelnen bedarf die Unternehmensdefinition freilich weiterer Konkretisierung. So fragt sich etwa, was unter der **maßgeblichen Beteiligung** an einer *weiteren Gesellschaft* zu verstehen ist und welches Ausmaß sie erreichen muß, um die Unternehmenseigenschaft zu begründen. Im Fall der rechtlichen oder wirtschaftlichen *Alleingesellschafterstellung* steht ihr Vorliegen außer Zweifel; der Gesellschafter nähert sich hier funktional einem Einzelkaufmann an. Auch wenn der Gesellschafter *Konzernherrschaft* über ein anderes Unternehmen ausübt, d. h. dieses einheitlich leitet, ist seine Unternehmensqualität nach ganz hM zu bejahen[21]. Darüber hinaus reicht es nach zutr. Ansicht bereits aus, daß der Gesellschafter einen entscheidenden Einfluß auf das andere Unternehmen ausüben, insbes. die Verwendung von dessen Ergebnis bestimmen kann, wie ihn typischerweise die *Mehrheitsbeteiligung* verschafft[22]; denn schon in diesem Fall besteht die abstrakte Gefahr der Ergebnisverlagerung von der betroffenen Gesellschaft auf das andere Unternehmen, gegen die das Recht der verbundenen Unternehmen schützen will. Entsprechende Maßstäbe gelten, wenn die anderweitige Beteiligung an einer *Personengesellschaft* besteht; insoweit ist die Unternehmensqualität schon zu bejahen, wenn der Gesellschafter dort die persönliche Haftung übernimmt[23]. – Bei der *betroffenen* Gesellschaft selbst, an der die in Frage stehende Beteiligung gehalten wird, kommt es auf deren Maßgeblichkeit nicht an[24]. Ob der Unternehmens-Gesellschafter entscheidenden Einfluß auf sie besitzt und ob er hiervon auch Gebrauch macht, ist für seine Unternehmenseigenschaft ohne Belang. Diese Frage kann aber im Hinblick auf sonstige Tatbestandsmerkmale des Rechts der verbundenen Unternehmen (Mehrheitsbeteiligung, Herrschaftsmöglichkeit, einheitliche Leitung) Bedeutung erlangen. 21

Andere Fragen ergeben sich im Hinblick auf die jeweilige **Art der drohenden Interessenverfolgung** durch das herrschende Unternehmen außerhalb des Beteiligungsunternehmens. Sie wird im Regelfall unternehmerischen Zwecken dienen, d. h. der Förderung des eigenen Geschäftsbetriebs oder eines sonstigen, dem herrschenden Unternehmen nahestehenden Unternehmens. Im Fall der Beteiligung der *öffentlichen Hand* an einem privatwirtschaftlich tätigen Unternehmen drohen dem Beteiligungsunternehmen Gefahren aus der Beteiligung aber auch deshalb, weil die öffentliche Hand ihren Einfluß benutzen kann, um zu Lasten des Beteiligungsunternehmens öffentliche Interessen zu fördern. Das spricht in teleologischer Betrachtung dafür, die Unternehmensqualität von *Gebietskörperschaften des öffentlichen Rechts* schon dann zu bejahen, wenn diese, ohne selbst unternehmerisch tätig zu sein oder 22

[20a] So zur Haftung im qualifizierten faktischen Konzern ausdrücklich BGH NJW 1994, 446.

[21] Scholz/*Emmerich* Anh KoR Rdn 30; Rowedder/*Koppensteiner* Anh § 52, 8.

[22] So Scholz/*Emmerich* Anh KoR Rdn 30 f; *Lutter/Hommelhoff* Anh § 13, 4; ebenso zum Aktienrecht *Koppensteiner* (Fn 12) § 15, 22 f; enger etwa *Geßler* (Fn 16) § 15, 29; *Wiedemann/Martens* AG 1976, 197, 201; *Würdinger* Aktienrecht[4] S. 283 f.

[23] Ebenso *Koppensteiner* (Fn 12) § 15, 29 mwN z. Disskussionsstand.

[24] So wohl auch Scholz/*Emmerich* Anh KoR Rdn 30; Rowedder/*Koppensteiner* Anh § 52, 8.

sonstige Beteiligungen zu halten, nur über die in Frage stehende Beteiligung verfügen[25]. Eine entsprechende Erweiterung des Unternehmensbegriffs kommt in sonstigen Fällen in Betracht, in denen aufgrund der besonderen, *nichtwirtschaftlichen Zweckbestimmung* des Gesellschafters derartige, das Gesellschaftsinteresse gefährdende Einflußnahmen typischerweise nicht ausgeschlossen werden können; man denke etwa an Religionsgemeinschaften, Gewerkschaften[26] oder sonstige Personenverbindungen zu anderen als wirtschaftlichen Zwecken.

23 **β) Untergeordnetes Unternehmen.** Bei ihm stellt sich im Unterschied zum herrschenden Unternehmen nicht die Frage der Abgrenzung von der Privatperson ohne eigene unternehmerische Interessenverfolgung außerhalb der Gesellschaft. Daher ist anerkannt, daß insoweit von einem *weiten Unternehmensbegriff* auszugehen ist: es kommt weder auf die Rechtsform des Unternehmens noch darauf an, ob dieses unternehmerische Interessen außerhalb des eigenen Bereichs verfolgt[27]. Soweit es um das GmbH-Konzernrecht geht, steht die Unternehmenseigenschaft einer untergeordneten (abhängigen) GmbH somit außer Zweifel. Darauf, ob die untergeordnete GmbH einen eigenen Geschäftsbetrieb hat, ob sie – als Zwischenholding – dazu bestimmt ist, Beteiligungen an anderen Gesellschaften zu halten, oder ob sie sich darauf beschränkt, Anteile am herrschenden Unternehmen zu besitzen (vgl. § 71 d S. 2 AktG), kommt es nicht an. Auch eine untergeordnete (abhängige) GmbH mit ideeller Zielsetzung oder mit einem sonstigen nichtwirtschaftlichen Zweck kann auf den spezifischen Schutz gegenüber der schädigenden Einflußnahme seitens eines herrschenden Unternehmens angewiesen sein. Aus teleologischer Sicht ist sie daher ohne Rücksicht auf ihren jeweiligen Zweck als Unternehmen zu qualifizieren[28].

24 **c) Relevanz im GmbH-Recht.** Im Unterschied zum Aktienrecht mit seinen zahlreichen an den Begriff „verbundene Unternehmen" anknüpfenden Sachnormen (Rdn 18) ist die Bedeutung dieses Begriffs im GmbH-Recht eine nur beschränkte. Eine ausdrückliche Bezugnahme hierauf findet sich nur in den Regelungen über das Auskunfts- und Einsichtsrecht der Gesellschafter; sie stellen dieses Recht nach § 51 a Abs. 2 GmbHG unter den Vorbehalt, daß aus der Verwendung der damit erlangten Informationen seitens des Gesellschafters ein nicht unerheblicher Nachteil für die Gesellschaft oder ein verbundenes Unternehmen droht. Diese Regelung enthält zugleich eine indirekte Bestätigung der ganz hM, daß § 15 AktG als Teil der allgemeinen Regeln des AktG über verbundene Unternehmen auch für das GmbH-Recht maßgeblich ist (Rdn 17). Bedeutsam ist das Bestehen einer Unternehmensverbindung iSd § 15 AktG weiter für die Anwendung des Auszahlungsverbots des § 30 Abs. 1 GmbHG auf Vermögensleistungen der GmbH an Personen, die einem Gesellschafter nahestehen (§ 30, 52), sowie für die Behandlung eigenkapitalersetzender Darlehen, die von mit dem Gesellschafter verbundenen Unternehmen gewährt werden (§§ 32 a, 32 b, 121 f). Aus der Sicht des § 15 AktG irrelevant sind demgegenüber die Vorschriften des § 319 Abs. 2 und 3 HGB über den Ausschluß bestimmter

---

[25] So tendenziell auch Scholz/*Emmerich* Anh KoR Rdn 32, 33; im Ansatz wohl auch BGHZ 69, 334, 340 = NJW 1978, 104 – VEBA/Gelsenberg. Zur problematischen Sonderregelung für die Treuhandanstalt und zur spezialgesetzlichen Verneinung ihrer Unternehmensqualität vgl. § 28 a EGAktG, dazu mit Recht kritisch *Hüffer* AktG § 15, 13; *Timm/Schöne* ZIP 1992, 969, 976; *Weimar/Alfes* DB 1992, 1225; *Weimar* DB 1992, 1969.

[26] So auch Scholz/*Emmerich* Anh KoR Rdn 34; Rowedder/*Koppensteiner* Anh § 52, 8.

[27] Vgl. nur *Koppensteiner* (Fn 12) § 15, 53; Scholz/*Emmerich* Anh KoR Rdn 34 a.

[28] Ebenso die hM im Aktienrecht, vgl. *Geßler* (Fn 16) § 15, 59; *Koppensteiner* (Fn 12) § 15, 53; *Hüffer* AktG § 15, 14.

Wirtschaftsprüfer von der Abschlußprüfung wegen personeller Verflechtungen, obwohl sie für alle Arten von Kapitalgesellschaften, darunter auch die GmbH, gelten und ebenfalls auf verbundene Unternehmen abstellen. Denn ihnen liegt ein engerer, in § 271 Abs. 2 HGB für die Zwecke des Handelsbilanzrechts besonders definierter Begriff der verbundenen Unternehmen zugrunde, so daß für einen Rückgriff auf § 15 AktG kein Raum ist[29].

3. Mehrheitsbeteiligung (§ 16 AktG)

a) Begriff und Voraussetzungen. Eine Mehrheitsbeteiligung liegt nach § 16 Abs. 1 AktG dann vor, wenn die Mehrheit der Anteile eines rechtlich selbständigen Unternehmens einem anderen Unternehmen gehört oder dem anderen Unternehmen die Mehrheit der Stimmrechte an dem in Mehrheitsbesitz stehenden Unternehmen zusteht. Die Berechnung der Mehrheit bestimmt sich nach näherer Vorschrift des § 16 Abs. 2 bis 4 AktG. Die Übertragung dieser Kategorie verbundener Unternehmen auf andere *Kapital*gesellschaften wie die GmbH bereitet im Grundsatz keine Schwierigkeiten. Allerdings ist hinsichtlich der **Stimmrechtsmehrheit** zu beachten, daß das GmbH-Recht anders als das Aktienrecht die Möglichkeit kennt, das mit den Geschäftsanteilen verbundene Stimmrecht je nach Beschlußgegenstand unterschiedlich auszugestalten (Vorzugsrecht, vgl. § 5, 160 ff, 170; § 47, 89) oder bestimmten Gesellschaftern ad personam ein besonderes Stimmrecht einzuräumen (Sondervorteil, vgl. § 5, 173 ff, 176 f). In derartigen Fällen können sich vom jeweiligen Beschlußgegenstand abhängige, unterschiedliche Stimmrechtsmehrheiten bei verschiedenen Gesellschaftern ergeben. Für die Anwendung des § 16 AktG ist dann entsprechend dem Zweck des Rechts der verbundenen Unternehmen darauf abzustellen, bei welchem Gesellschafter die Stimmrechtsmehrheit für diejenigen Beschlußgegenstände wie Geschäftsführerbestellung, Erteilung von Weisungen an die Geschäftsführer oder Ergebnisverwendung liegt, denen im Hinblick auf die Gefahr der Ausnutzung von Interessenkollisionen besondere Bedeutung zukommt[30]. 25

b) Relevanz im GmbH-Recht. Hinsichtlich der GmbH-rechtlichen Bedeutung der Kategorie der Mehrheitsbeteiligung ist zu unterscheiden. Teilweise folgt sie unmittelbar aus der Anwendung aktienrechtlicher Vorschriften. Abgesehen von der nach § 17 Abs. 2 AktG mit der Mehrheitsbeteiligung verbundenen Abhängigkeitsvermutung (Rdn 30) gilt das für **§ 56 Abs. 2 AktG**, wonach abhängige oder in Mehrheitsbesitz stehende Unternehmen jeglicher Rechtsform – also auch solche in der Rechtsform einer GmbH – keine Aktien der herrschenden oder mit Mehrheit beteiligten AG zeichnen oder in Ausübung eines Umtausch- oder Bezugsrechts übernehmen dürfen. Ein entsprechendes Verbot enthalten die Vorschriften der **§§ 71 d S. 2, 71 e AktG**, die bestimmen, daß von einer AG abhängige oder in ihrem Mehrheitsbesitz stehende Unternehmen Aktien der herrschenden oder mit Mehrheit beteiligten AG nur insoweit erwerben, besitzen oder als Pfand nehmen dürfen, als dies auch der AG selbst nach § 71 Abs. 1 Nr. 1 bis 5 AktG gestattet ist. In diesen Fällen geht es jeweils um Vorschriften, mit deren Hilfe das *Aktienrecht* die Grundsätze über Kapitalaufbringung und Kapitalerhaltung auch gegenüber abhängigen oder in Mehrheitsbesitz einer AG stehenden Unternehmen anderer Rechtsform durchsetzt. 26

---

[29] Vgl. *Adler/Düring/Schmaltz* Rechnungslegung und Prüfung der Unternehmen[5], HGB § 319 Rdn 49, 90; *Pankow/Gutike* in Beck BilKomm[2] HGB § 271, 46 ff; Baumbach/Duden/*Hopt* HGB[28] § 319, 2 und 3; *Ulmer* in Festschrift Goerdeler (1987) S. 623, 638; aA Baumbach/Hueck/*Schulze-Osterloh* § 41, 72 f.

[30] HM, vgl. Scholz/*Emmerich* Anh KoR Rdn 36; Rowedder/*Koppensteiner* Anh § 52, 9; *Lutter/Hommelhoff* Anh § 13, 5.

27 **GmbH-spezifische Vorschriften** für Mehrheitsbeteiligungen sind im GmbH-Gesetz nicht enthalten. Zu Recht bejaht die ganz hM aber die Übernahme des Grundgedankens der §§ 56 Abs. 2, 71 d, 71 e AktG auf Unternehmensverbindungen unter Beteiligung einer GmbH als herrschendes oder mit Mehrheit beteiligtes Unternehmen[31]. Als Rechtsgrundlage bieten sich allerdings nicht die genannten aktienrechtlichen Vorschriften an, sondern ihre GmbH-spezifische Ausprägung in **§ 33 GmbHG** betreffend den Erwerb oder die Inpfandnahme eigener Geschäftsanteile[32]. Diese Regelungen sind aus Gründen des Rechts der verbundenen Unternehmen im Wege der Rechtsanalogie in der Weise zu erweitern, daß sie auch den Erwerb oder die Inpfandnahme der Geschäftsanteile der GmbH durch von ihr abhängige oder in ihrem Mehrheitsbesitz stehende Unternehmen gleich welcher Rechtsform erfassen. Daraus folgt, daß nicht vollständig eingezahlte Geschäftsanteile einer GmbH durch derartige Dritte weder erworben noch als Pfand genommen werden können[33]; das Verbot erfaßt auch die Übernahme solcher Anteile im Zuge einer Kapitalerhöhung. Voll eingezahlte Anteile dürfen von dem abhängigen oder in Mehrheitsbesitz stehenden Unternehmen nur nach Maßgabe der §§ 33 Abs. 2 S. 1 GmbHG, 272 Abs. 4 HGB erworben werden, d. h. unter gleichzeitiger Bildung einer Rücklage für eigene Anteile[34]; Entsprechendes gilt für die Inpfandnahme nach § 33 Abs. 2 S. 2 GmbHG. Die Ausübung von Rechten aus den Geschäftsanteilen ist den von der GmbH abhängigen oder in ihrem Mehrheitsbesitz stehenden Unternehmen analog §§ 71 b, 71 d S. 4 AktG verwehrt[35].

4. Abhängige und herrschende Unternehmen (§ 17 AktG)

28 **a) Begriff und Voraussetzungen.** Das Vorliegen eines Herrschafts-/Abhängigkeitsverhältnisses zwischen zwei Unternehmen knüpft § 17 Abs. 1 AktG an die *Möglichkeit, beherrschenden Einfluß auszuüben.* Macht das herrschende Unternehmen von dieser Möglichkeit im Sinne einheitlicher Leitung Gebrauch, so wandelt sich das Herrschafts-/Abhängigkeitsverhältnis in ein Konzernverhältnis nach § 18 Abs. 1 AktG um (Rdn 33). Angesichts der im Vergleich zur Rechtslage bei der AG weitergehenden Herrschafts- und Weisungsrechte von GmbH-Gesellschaftern ist die Einflußmöglichkeit gegenüber einer untergeordneten GmbH eher zu bejahen als gegenüber einer AG; das ist auch für den Vermutungstatbestand des § 17 Abs. 2 AktG und seine Widerlegung zu beachten (Rdn 30). Bei den **Einflußmöglichkeiten** des herrschenden Unternehmens muß es sich, ebenso wie nach zutr. hM im Aktienrecht[36], um solche handeln, die (jedenfalls auch) *gesellschaftsrechtlich* vermittelt sind, d.h. auf der Ausübung von originären oder abgeleiteten, etwa aus einem Stimmbindungsvertrag resultierenden Gesellschafterrechten beruhen[37]. Die rein

---

31 Scholz/*Emmerich* Anh KoR Rdn 41; *Lutter/Hommelhoff* Anh § 13, 6; *Emmerich* in Festschrift H. Westermann (1974) S. 55, 64 ff; *Lutter* Kapital, Sicherung der Kapitalaufbringung und Kapitalerhaltung S. 462 ff; *Verhoeven* GmbH-Rdsch. 1977, 97, 99 ff.

32 So zutr. Scholz/*Emmerich* Anh KoR Rdn 42; Scholz/*Westermann* § 33, 13, 21; *Rowedder* § 33, 34; *Lutter/Hommelhoff* § 33, 13 ff; differenz. (beschränkt auf § 33 Abs. 2) § 33, 74 f (*Hohner*); anders noch – überholt – § 55, 58 (*Ulmer*).

33 Scholz/*Emmerich* Anh KoR Rdn 42.

34 Scholz/*Emmerich* Anh KoR Rdn 84.

35 Ebenso *Lutter/Hommelhoff* Anh § 13, 6; im Grundsatz auch Scholz/*Emmerich* Anh KoR Rdn 54, allerdings zu Unrecht beschränkt auf Abhängigkeitslagen und Stimmrechtsausübung.

36 Vgl. statt aller *Koppensteiner* (Fn 12) § 17, 26 und 50; *Hüffer* AktG § 17, 8; *Ulmer* ZGR 1978, 457, 465 ff; so auch BGHZ 90, 381, 395 ff = NJW 1984, 1893 – WestLB/BUM; neuestens OLG Düsseldorf AG 1994, 36, 37 – Feldmühle Nobel (mit umfass. Nachweisen).

37 Scholz/*Emmerich* Anh KoR Rdn 45; Rowedder/*Koppensteiner* Anh § 52, 10.

wirtschaftliche Abhängigkeit eines Unternehmens, etwa gegenüber einem Hauptabnehmer, einem Lieferanten oder der Hausbank, unterfällt nicht § 17 Abs. 1 AktG, sondern den wirtschaftsrechtlichen Sondervorschriften wie § 26 Abs. 2 S. 2 GWB u. a. Zu derartigen *abhängigkeitsbegründenden Gesellschafterrechten* gehören neben dem Stimmrecht auch satzungsrechtliche Sonderrechte wie das Recht auf Geschäftsführung oder auf sonstige Herrschaftsrechte, aber auch das satzungsrechtlich abgesicherte Recht auf ausschließliche Belieferung der GmbH mit bestimmten Produkten oder auf Abnahme ihrer Erzeugnisse, wenn es sich mit entsprechenden Einflußmöglichkeiten verbindet. Die Stellung als Käufer einer Mehrheitsbeteiligung reicht im Zweifel nicht aus, solange die Übertragung der Anteile noch aussteht[37a].

Einen Sonderfall der Abhängigkeit bildet die **mehrfache Abhängigkeit** eines Unternehmens gegenüber zwei oder mehr herrschenden Unternehmen. Aus entsprechenden Gründen wie im Aktienrecht[38] ist sie auch im Falle eines untergeordneten Unternehmens in der Rechtsform der GmbH anzuerkennen, sofern der Beherrschung durch die Obergesellschaften aus der Sicht der untergeordneten Gesellschaft auf Dauer eine *ausreichend sichere Grundlage für die Ausübung gemeinsamer Herrschaft* zugrundeliegt, d. h. die als Herrschaftssubjekte in Betracht kommenden Unternehmen ihre Einflußmöglichkeiten nicht nur einmalig oder vorübergehend koordiniert wahrnehmen[39]. Eine derartige Grundlage gemeinsamer Beherrschung bildet etwa ein Vertrag zwischen den Obergesellschaften über die gemeinsame Ausübung des Stimmrechts oder sonstiger Herrschaftsrechte. Denkbar sind aber auch faktische Gemeinsamkeiten wie die weitgehende Gesellschafteridentität bei den Obergesellschaften[40] oder die Manifestation gemeinsamer Unternehmenspolitik auf der Basis gleichgerichteter Interessen[41]. Einen typischen Fall mehrfacher Abhängigkeit, für den die Rechtsform der GmbH regelmäßig verwendet wird, stellt die Gründung und der Betrieb eines *Gemeinschaftsunternehmens* durch zwei oder mehr Mütter dar[42]; die Rechtsfigur mehrfacher Abhängigkeit ist hierauf aber nicht beschränkt. **29**

Auch für die **Widerlegung der Abhängigkeitsvermutung** aus der Mehrheitsbeteiligung (§ 17 Abs. 2 AktG) kann grundsätzlich an die aktienrechtliche Diskussion angeknüpft werden. Wie dort läßt sich die aus der *Anteilsmehrheit* folgende Vermutung durch den Nachweis widerlegen, daß ihr keine Stimmenmehrheit entspricht[43]. Angesichts der wesentlich größeren Flexibilität der Satzung einer GmbH im Vergleich zu derjenigen einer AG bei der Ausgestaltung des Stimmrechts (§ 47, 89 f) kommt diesem Fall der Widerlegung gerade im GmbH-Recht erhebliche Bedeutung zu. Aber auch die an eine *Stimmenmehrheit* anknüpfende Vermutung ist widerlegbar, sei es durch den Nachweis, daß die Stimmenmehrheit sich weder unmittelbar noch mittelbar auf zentrale, für die Leitung der GmbH wesentliche Beschlußgegenstände wie die Bestellung und Abberufung von Geschäftsführern oder die Ausübung **30**

[37a] Dazu näher OLG Düsseldorf AG 1994, 36, 38 – Feldmühle Nobel (betr. das Aktienrecht).

[38] Dazu BGHZ 62, 193, 198 ff = NJW 1974, 855 – Seitz; 74, 359, 363 ff = NJW 1979, 2401 – WAZ; 80, 69, 73 = NJW 1981, 1512 – Süssen; 95, 330, 349 = NJW 1986, 188 – Autokran. Aus dem Schrifttum vgl. *Koppensteiner* (Fn 12) § 17, 70; *Hüffer* AktG § 17, 13.

[39] Scholz/*Emmerich* Anh KoR Rdn 49 f; Rowedder/*Koppensteiner* Anh § 52, 12.

[40] BGHZ 62, 193, 199 ff = NJW 1974, 855 – Seitz.

[41] BGHZ 74, 359, 367 f = NJW 1979, 2401 – WAZ.

[42] Vgl. dazu näher *Gansweid* Gemeinsame Tochtergesellschaften im deutschen Konzern- und Wettbewerbsrecht, 1976, insbes. S. 119 ff, 164 ff; *Lutter* NJW 1973, 113 ff; *Säcker* NJW 1980, 801 ff, *Schweda* DB 1974, 1993 ff; *Ulmer* ZHR 141 (1977), 466 ff; *G. Marchand* Abhängigkeit und Konzernzugehörigkeit von Gemeinschaftsunternehmen, 1985.

[43] Scholz/*Emmerich* Anh KoR Rdn 38; Rowedder/*Koppensteiner* Anh § 52, 11.

des Weisungsrechts ihnen gegenüber bezieht[44], sei es durch den Abschluß eines ernsthaft gewollten Stimmbindungs- oder sonstigen „Entherrschungs"-Vertrags, der den mit Mehrheit beteiligten Unternehmens-Gesellschafter nachhaltig daran hindert, von seiner Stimmenmehrheit in der GmbH Gebrauch zu machen[45].

31 b) **GmbH-rechtliche Relevanz.** Im Unterschied zum Aktienrecht kommt dem Bestehen eines Herrschafts-/Abhängigkeitsverhältnisses für Unternehmen in der Rechtsform der GmbH nur relativ **geringe Bedeutung** zu. Relevant ist es in den folgenden vier Konstellationen. Ebenso wie im Fall der Mehrheitsbeteiligung gelten die dem Schutz von Kapitalaufbringung und -erhaltung dienenden aktienrechtlichen Schranken auch für die Zeichnung und den Erwerb von Anteilen an der herrschenden Gesellschaft durch die abhängige Gesellschaft (vgl. Rdn 26 f). Auch greift die an die Abhängigkeit anknüpfende Konzernvermutung des § 18 Abs. 1 S. 3 AktG im Fall einer abhängigen GmbH ebenso ein wie bei einer abhängigen AG (Rdn 39). Drittens ist das Bestehen eines Abhängigkeitsverhältnisses auch bei Anwendung der den Stimmrechtsausschluß wegen Interessenkollision betreffenden Vorschrift des § 47 Abs. 4 GmbHG zu beachten (vgl. näher § 47, 132, 136, 137). Es kann viertens analog § 136 Abs. 2 S. 1 AktG zur Nichtigkeit von Stimmbindungsverträgen führen.

32 Ein wesentlicher **Unterschied zum Aktienrecht** der verbundenen Unternehmen liegt darin, daß das GmbH-Recht keine besonderen, auf die Abhängigkeit einer GmbH bezogenen Tatbestände und Rechtsfolgen kennt. Insbesondere führt das Bestehen faktischer Abhängigkeit einer GmbH abweichend von den Vorschriften der §§ 311 bis 318 AktG nicht dazu, dem herrschenden Unternehmen einen größeren, wenn auch an Nachteilsausgleich und Berichtspflicht gebundenen Handlungsspielraum gegenüber der abhängigen GmbH im Vergleich zur Rechtsstellung des einfachen (Privat-)Gesellschafters einzuräumen (Rdn 55 f). Vielmehr gelten auch in derartigen Konstellationen die allgemeinen Instrumente zum Schutz der Minderheit, darunter insbes. Treupflicht und Gleichbehandlungsgrundsatz, uneingeschränkt weiter (vgl. näher Rdn 76 ff). Sie berechtigen die Minderheit je nach Lage des Falles dazu, Mehrheitsbeschlüsse durch Anfechtungsklage anzugreifen und gegen sonstige Einflüsse der Mehrheit auf die Geschicke der GmbH mit Unterlassungs- und Schadensersatzansprüchen vorzugehen.

5. Konzern (§ 18 AktG)

33 a) **Begriff und Arten.** Der in § 18 Abs. 1 und 2 AktG definierte Rechtsbegriff des Konzerns stellt auf die **Zusammenfassung rechtlich selbständiger Unternehmen unter einheitlicher Leitung** ab. Typischerweise geschieht das in der Art, daß ein oder mehrere abhängige Unternehmen unter der einheitlichen Leitung eines herrschenden Unternehmens zusammengefaßt werden (vgl. § 18 Abs. 1 S. 1 AktG, sog. *Unterordnungskonzern*). Es handelt sich dann um ein durch das Merkmal der einheitlichen Leitung qualifiziertes, höherstufiges Herrschafts-/Abhängigkeitsverhältnis; sein Vorliegen wird nach § 18 Abs. 1 S. 3 AktG im Fall eines Abhängigkeitstatbestands vermutet. Daneben läßt das Gesetz in § 18 Abs. 2 AktG für den Konzerntatbestand aber auch die nicht von einem herrschenden Unternehmen ausgehende, auf Koordi-

---

[44] Vgl. Nachw. in Fn 43.

[45] Vgl. dazu näher *Koppensteiner* (Fn 12) § 17, 89 ff; *Hüffer* AktG § 17, 22; *Hommelhoff* Konzernleitungspflicht S. 80 ff; *Hüttemann* ZHR 156 (1992), 314, 324 ff; *Hentzen* ZHR 157 (1993), 65 ff; *J. Götz* Der Entherrschungsvertrag im Aktienrecht, 1991; kritisch *Mestmäcker* Medienkonzentration und Meinungsvielfalt, 1978, S. 63 ff.

nation beruhende einheitliche Leitung im Sinne eines *Gleichordnungskonzerns* genügen. Zu denken ist an Fälle rechtlich oder faktisch abgesicherter Personenidentität in den Geschäftsführungs- und Vertretungsorganen von zwei oder mehr nicht in einem Herrschafts-/Abhängigkeitsverhältnis stehenden, gleichgeordneten Unternehmen oder an sonstige vertragliche Absprachen zwischen ihnen über die einheitliche Leitung auf der Basis der Gleichordnung bei fortbestehender rechtlicher Selbständigkeit[46]. Insgesamt sind Fälle eines Gleichordnungskonzerns schon im Aktienrecht nur selten anzutreffen[47]; für das GmbH-Recht ist Abweichendes nicht bekannt geworden (zur anderen Ausgangslage bei mehrfacher Abhängigkeit bzw. mehrfacher Konzernzugehörigkeit vgl. Rdn 29, 35).

Unter den **Konzernarten** sind außer Unter- und Gleichordnungskonzern (vgl. **34**
schon Rdn 33) Vertragskonzerne und sog. faktische Konzerne zu unterscheiden. Ein *Vertragskonzern* liegt vor, wenn die einheitliche Leitung der abhängigen Gesellschaft durch das herrschende Unternehmen auf unternehmensvertraglicher Grundlage beruht; das ist nach § 18 Abs. 1 S. 2 AktG stets der Fall, wenn zwischen beiden ein Beherrschungsvertrag iSd § 291 Abs. 1 S. 1 AktG besteht. Bei *faktischen* Konzernen ist je nach Art und Intensität der einheitlichen Leitung zu unterscheiden zwischen einfachen und sog. qualifizierten Konzernen, die durch nachhaltige, keinem Einzelausgleich zugängliche Beeinträchtigung der Belange der abhängigen Gesellschaft gekennzeichnet sind (zur Abgrenzung im einzelnen vgl. Rdn 130 ff, 140 ff). Dem Unterschied kommt vor allem im *GmbH-Recht* weittragende Bedeutung zu, seitdem die höchstrichterliche Rechtsprechung dazu übergegangen ist, auf qualifizierte faktische Konzerne die dem Schutz der beherrschten Gesellschaft und ihrer Gläubiger dienenden, für Unternehmensverträge mit einer beherrschten AG geltenden Vorschriften der §§ 302, 303 AktG über die Pflicht des herrschenden Unternehmens zu Verlustausgleich und Sicherheitsleistung entsprechend anzuwenden (Rdn 158 ff).

Ebenso wie im Abhängigkeitsverhältnis (Rdn 29) gibt es auch den Fall **mehrfa-** **35**
cher Konzernzugehörigkeit[48]. Er findet sich namentlich bei paritätischen Gemeinschaftsunternehmen, wenn die beiden Mütter, ohne selbst Teile eines einheitlichen Konzerns zu bilden, die gemeinsame Tochter einheitlich leiten[49]. Dafür spricht etwa der – meist vorliegende – Abschluß einer sog. Grundvereinbarung zwischen den Müttern, in der die Grundsätze für die Ausübung der einheitlichen Leitung festgelegt sind[50]. Zulässig und nicht selten anzutreffen ist aber auch der Abschluß paralleler Beherrschungsverträge zwischen der Tochter und jeder der Mütter[51], wobei die aufeinander abgestimmte Ausgestaltung dieser Verträge sicherstellt, daß es bei Ausübung der Herrschaftsrechte nicht zu Kollisionen zwischen den Müttern zu Lasten des Gemeinschaftsunternehmens kommt.

---

46 Vgl. statt aller *Koppensteiner* (Fn 12) § 18, 28 f; *Hüffer* AktG § 18, 20 f; für Erstreckung der Figur des Gleichordnungskonzerns auf Fälle qualifizierter faktischer GmbH-Konzerne *K. Schmidt* ZHR 155 (1991), 417, 432 ff.

47 *Koppensteiner* (Fn 12) § 18, 11; vgl. auch *Emmerich/Sonnenschein* Konzernrecht[5] § 4 III 1.

48 Vgl. *Koppensteiner* (Fn 12) § 18, 25; Scholz/*Emmerich* Anh KoR Rdn 70. Zum davon zu unterscheidenden, vor allem im Mitbestimmungskonzernrecht umstrittenen „Konzern im Konzern" vgl. Hanau/*Ulmer* MitbestG § 5, 35 ff mwN und aus der Rspr. OLG Düsseldorf WM 1979, 956; OLG Zweibrücken ZIP 1984, 316; OLG Frankfurt WM 1987, 237; LG Nürnberg–Fürth WM 1984, 263; LG Frankfurt WM 1986, 885.

49 Rowedder/*Koppensteiner* Anh § 52, 15; *Koppensteiner* (Fn 12) § 18, 25; *Hüffer* AktG § 18, 16; aus der Rspr. vgl. BAGE 22, 390, 394 = AG 1970, 268; 53, 287, 290 ff = AG 1988, 106.

50 Vgl. dazu näher *Gansweid* (Fn 42) S. 60 ff; *G. Wiedemann* Gemeinschaftsunternehmen im deutschen Kartellrecht, 1981, S. 86 ff.

51 *Koppensteiner* (Fn 12) § 291, 39 ff; Emmerich/*Sonnenschein* (Fn 47) § 3 IV 2; *Gansweid* (Fn 42) S. 134 ff.

36 b) **Voraussetzungen.** Von den sonstigen Unternehmensverbindungen unterscheidet sich der Konzern durch das Erfordernis der Zusammenfassung der ihn bildenden rechtlich selbständigen Unternehmen unter einheitlicher Leitung. Dabei liegt das Hauptgewicht auf der **einheitlichen Leitung.** Sie ist im Unterordnungskonzern dadurch gekennzeichnet, daß die Planungs- und Entscheidungsgewalt letztlich bei dem herrschenden Unternehmen als der Konzernspitze liegt unabhängig davon, ob sie zentral oder dezentral (kraft Delegation an die abhängigen Konzernunternehmen), im Sinne eines wirtschaftlichen Einheitsunternehmens oder nach Geschäftsbereichen oder Sparten gegliedert ausgeübt wird[52]. Für die *Mittel* der einheitlichen Leitung gilt Entsprechendes wie im Herrschafts-/Abhängigkeitsverhältnis (Rdn 28): sie müssen im Kern gesellschaftsrechtlicher Natur sein, d. h. auf der Ausübung von Anteils- oder sonstigen Satzungsrechten oder auf dem Abschluß eines Unternehmensvertrags beruhen[53].

37 Nicht abschließend geklärt ist, wie der erforderliche **Mindestumfang der einheitlichen Leitung** zu bestimmen ist, d. h. ob die Leitung alle zentralen unternehmerischen Bereiche erfassen muß oder ob es genügt, daß sie sich auf einen dieser Bereiche wie Ein- oder Verkauf, Personalwesen oder Organisation bezieht. Nach dem *weiten* Konzernbegriff reicht letzteres aus, sofern die Koordinierung der Unternehmen in einem dieser Bereiche Rückwirkungen auf das Gesamtunternehmen hat und den einzelnen Konzernunternehmen dadurch eine selbständige Planung letztlich unmöglich gemacht wird[54]. Demgegenüber setzt der *engere* Konzernbegriff voraus, daß die einheitliche Leitung sämtliche zentralen Bereiche, jedenfalls aber den für die Unternehmensführung zentralen *Finanzbereich* erfaßt[55]. Diesem Begriff ist aus teleologischen Gründen, im Hinblick auf die wichtige Rechtsfolge der Konzernrechnungslegung (Rdn 40), der Vorzug zu geben[55a]. Nach diesem engen Konzernbegriff bedarf es für das Vorliegen eines finanziell einheitlich geleiteten Konzerns der Festlegung, welchen Beitrag jedes Unternehmen zu den Konzernfinanzen zu leisten hat und über welche finanziellen Mittel es verfügen kann. Mit einem derartigen Konzern-Finanzmanagement verbinden sich nicht selten die zentrale Entscheidung über langfristige Kreditaufnahmen unter Auswahl der Kreditgeber und Führung der Kreditverhandlungen sowie die Einrichtung eines zentralen Cash-Managements[56].

38 Die **Zusammenfassung** der zwei oder mehr rechtlich selbständigen Unternehmen unter einheitlicher Leitung versteht sich im Fall von deren Ausübung durch die Konzernspitze regelmäßig von selbst, da der Sinn der einheitlichen Leitung gerade darin liegt, die verschiedenen davon betroffenen Unternehmen in den Dienst des einheitlichen Konzerninteresses zu stellen und auf diesem Wege Synergieeffekte nutzbar zu machen[57]. Immerhin ist nicht auszuschließen, daß ein Gesellschafter, der über zwei oder mehr in seinem Allein- oder Mehrheitsbesitz stehende Gesellschaften mbH ver-

---

52 *Koppensteiner* (Fn 12) § 18, 26 ff; *Hüffer* AktG § 18, 8 ff, 12.

53 Vgl. Nachw. in Fn 36.

54 So Emmerich/*Sonnenschein* (Fn 47) § 4 II 1; ähnlich *Geßler*/Hefermehl/Eckardt/Kropff AktG § 18, 34; *Würdinger* AktienR[4] S. 296.

55 Dafür *Koppensteiner* (Fn 12) § 18, 14 ff, 18; *Hüffer* AktG § 18, 10; wohl auch *Scheffler* Festschrift Goerdeler, 1987, S. 469, 473 ff.

55a So – trotz des z. T. modifizierten Konzernbegriffs des § 290 HGB – zutr. *Koppensteiner* (Fn 12) § 18, 14; *Hüffer* AktG § 18, 10.

56 Vgl. dazu näher *G. Krieger* in Hommelhoff/Stimpel/Ulmer: Der qualifizierte faktische GmbH-Konzern (Heidelberger Konzernrechtstage), 1992, S. 41, 54.

57 Daher wird zwischen Ausübung der einheitlichen Leitung und der damit verbundenen Zusammenfassung der zwei oder mehr Konzernunternehmen meist nicht näher unterschieden; vgl. insbes. *Koppensteiner* (Fn 12) § 18, 12 ff, aber auch Scholz/*Emmerich* Anh KoR Rdn 62 (einheitl. Leitung als das „zentrale Konzernmerkmal"), ähnl. auch *Hüffer* AktG § 18, 7.

fügt und dadurch nach dem teleologischen Unternehmensbegriff (Rdn 20) als Unternehmen zu qualifizieren ist, jede dieser Gesellschaften zwar in eigener Person als Geschäftsführer leitet, gleichwohl aber davon absieht, die Leitungsentscheidungen aufeinander abzustimmen und die Gesellschaften einem einheitlichen Konzerninteresse zu unterstellen. Daher muß es auch in derartigen Fällen möglich sein, die nach § 18 Abs. 1 S. 3 AktG aus der jeweiligen Abhängigkeit folgende Konzernvermutung hinsichtlich sämtlicher oder eines Teils der abhängigen Gesellschaften zu widerlegen (Rdn 39).

Die **Konzernvermutung** des § 18 Abs. 1 S. 3 AktG beim Bestehen eines Abhängigkeitsverhältnisses gilt zwar auch im GmbH-Konzernrecht. Sie ist jedoch ebenso **widerlegbar** wie die an die Mehrheitsbeteiligung geknüpfte Vermutung der Abhängigkeit (Rdn 30). Gelingt jene, etwa aufgrund eines „Entherrschungsvertrags", so fehlt es bereits an der Abhängigkeit; für das Eingreifen der Konzernvermutung ist dann kein Raum. Zur Widerlegung der Konzernvermutung geeignet sind demgegenüber nur Umstände, aus denen sich trotz bestehender oder vermuteter Abhängigkeit das Fehlen einheitlicher Leitung oder ihrer Zusammenfassung ergibt. Die Anforderungen an die Widerlegung hängen davon ab, ob man vom engen oder weiten Konzernbegriff ausgeht (Rdn 37). Je nachdem hat das herrschende Unternehmen entweder das Fehlen einheitlicher Leitung mindestens im Finanzbereich oder aber in jedem der zentralen Unternehmensbereiche durch Darlegung der unternehmerisch selbständigen Führung der abhängigen Gesellschaften darzutun und im Streitfall zu beweisen[58], oder es hat darzulegen und ggf. zu beweisen, daß es trotz einheitlicher Leitung auf die Zusammenfassung der abhängigen Gesellschaften verzichtet, d.h. die einheitliche Leitung nicht im Konzerninteresse, sondern im jeweiligen Eigeninteresse der abhängigen Gesellschaften ausübt. – Solange ein *Beherrschungsvertrag* besteht, wird die Konzernherrschaft nach § 18 Abs. 1 S. 2 AktG unwiderleglich vermutet; für einen Gegenbeweis ist kein Raum. **39**

c) **GmbH-rechtliche Relevanz.** An den Tatbestand des Konzerns als solchen sind im GmbH-Recht keine unmittelbaren Rechtsfolgen geknüpft. Anderes gilt einerseits für das Handelsbilanzrecht, das in § 290 HGB die grundsätzliche Pflicht der als Kapitalgesellschaft organisierten Konzernspitze vorsieht, einen **Konzernabschluß** und -lagebericht aufzustellen (vgl. dazu und zum besonderen bilanzrechtlichen Konzernbegriff Rdn 229), andererseits für die auch Konzernunternehmen in der Rechtsform der GmbH erfassende **Konzernmitbestimmung** nach § 5 MitbestG (vgl. Rdn 230). Im GmbH-Recht selbst kommt dem Konzernbegriff somit im Unterschied zum Abhängigkeitsbegriff (Rdn 31) keine selbständige, besondere Rechtsfolgen auslösende Relevanz zu. **40**

Bedeutung gewinnt der Konzernbegriff jedoch als Tatbestandsmerkmal für die Haftung im **qualifizierten faktischen GmbH-Konzern** (vgl. näher Rdn 97 ff). Auch wenn die Einzelheiten dieses Tatbestands noch nicht als endgültig geklärt angesehen werden können, setzt er doch zumindest das Bestehen eines Konzernverhältnisses zwischen herrschendem Unternehmen und abhängiger GmbH voraus und verlangt überdies eine Qualifizierung im Sinne nachhaltiger, keinem Einzelausgleich zugänglicher Beeinträchtigung der Belange der abhängigen Gesellschaft durch Ausübung der Konzernleitung (Rdn 130 ff). Liegt zwar einheitliche Leitung der abhängigen GmbH durch das herrschende Unternehmen vor, verbindet sich damit aber keine **41**

[58] So auch *Geßler* (Fn 54) § 18, 63; *Hüffer* AktG § 18, 19; aA (prima-facie-Beweis genügt zur Widerlegung) *Koppensteiner* (Fn 12) § 18, 34 mwN.

Zusammenfassung der zwei oder mehr Konzernunternehmen (Rdn 38), so ist – bei Widerlegung der aus § 18 Abs. 1 S. 3 AktG folgenden Konzernvermutung – schon aus diesem Grunde für ein Eingreifen der Grundsätze über die Haftung im qualifizierten faktischen Konzern kein Raum.

6. Wechselseitig beteiligte Unternehmen (§ 19 AktG)

42 a) **Begriff und Arten.** Für die Kategorie wechselseitig beteiligter Unternehmen als Unterfall der verbundenen Unternehmen bringt § 19 AktG in Abs. 1 bis 3 eine Reihe unterschiedlicher Definitionen. Der Ausgangsfall **einfacher** wechselseitiger Beteiligung, bei dem *jedes* der beteiligten, in der Rechtsform einer *Kapitalgesellschaft* mit Sitz im Inland betriebenen Unternehmen zu *mehr als 25%* am Kapital des anderen Unternehmens beteiligt ist, findet sich in § 19 Abs. 1 AktG; ihm korrespondiert die in § 328 AktG als Sachnorm näher geregelte Ausübungssperre hinsichtlich der mit den wechselseitigen Beteiligungen verbundenen, über 25% hinausgehenden Anteilsrechte. Demgegenüber definieren die Abs. 2 und 3 des § 19 AktG die Fälle der **qualifizierten** wechselseitigen Beteiligung in der Weise, daß entweder *einem* der wechselseitig beteiligten Unternehmen (so Abs. 2 für den Fall einseitig qualifizierter wechselseitiger Beteiligung) oder *jedem* von ihnen (so Abs. 3 für die Fälle beiderseitiger qualifizierter wechselseitiger Beteiligung) eine *Mehrheitsbeteiligung* im Sinne einer Anteils- oder Stimmenmehrheit[59] am anderen Unternehmen zusteht. Das Gesetz behandelt in diesen Fällen das einseitig in Mehrheitsbesitz stehende Unternehmen unwiderleglich als abhängiges, das andere Unternehmen als herrschendes Unternehmen (bzw. bei beiderseitiger qualifizierter wechselseitiger Beteiligung als sowohl abhängig und herrschend) mit der Folge, daß auf die beteiligten Unternehmen insoweit zwingend das Recht der herrschenden und abhängigen Unternehmen (Rdn 31 f, 71 ff) Anwendung findet. Für das Eingreifen von § 328 AktG ist in derlei Fällen kein Raum (vgl. § 19 Abs. 4 AktG); an seine Stelle treten die Vorschriften über Herrschafts-/Abhängigkeitsverhältnisse.

43 b) **Funktion.** Die Funktion der Vorschriften des § 19 Abs. 1 bis 3 AktG ist in erster Linie darauf gerichtet, die betroffenen Unternehmen vor der *Gefährdung ihrer Kapitalgrundlage* als Folge der wechselseitigen Beteiligung zu schützen. Diese Gefährdung ist besonders augenfällig bei je 100%iger wechselseitiger Beteiligung, setzt aber – wie der Gesetzgeber mit der Schwelle von mehr als 25% zutreffend festgelegt hat – schon bei einfacher wechselseitiger Beteiligung ein. Hinzu kommt die Gefahr, daß das Vertretungsorgan des jeweils anderen Unternehmens in der Gesellschafterversammlung des Beteiligungsunternehmens die Herrschaft ausübt und beide Unternehmen sich dadurch *mittelbar selbst kontrollieren* können. Indem der Gesetzgeber die *qualifizierte* wechselseitige Beteiligung, sei es als einseitige (Abs. 2) oder als beiderseitige (Abs. 3), den Vorschriften über das Herrschafts-/Abhängigkeitsverhältnis unterstellt, d. h. die Verbote der Aktienzeichnung (§ 56 Abs. 2 AktG) und des derivativen Aktienerwerbs (§ 71 d S. 2 AktG) zum Zuge kommen läßt sowie die Ausübung der Anteilsrechte am herrschenden Unternehmen seitens der abhängigen Gesellschaft verhindert (§§ 71 d S. 4, 71 b AktG), bemüht er sich darum, diese Gefahren auszuschließen. Demgegenüber setzt § 328 AktG zwar schon bei der *einfachen* wechselseitigen Beteiligung an, beschränkt sich insoweit jedoch darauf, eine Ausübungssperre für Teile des Anteilsbesitzes vorzusehen.

---

[59] In § 19 Abs. 2 und 3 AktG wird im Unterschied zu § 19 Abs. 1 AktG *alternativ* auf diese beiden Fälle abgestellt, vgl. *Koppensteiner* (Fn 12) § 19, 19; *Hüffer* AktG § 19, 4.

c) **GmbH-rechtliche Relevanz.** Für die Definitionsnormen des § 19 AktG gilt ebenso wie im Fall der anderen Kategorien verbundener Unternehmen, daß sich ihre Übernahme in das GmbH-Recht anbietet. Indem § 19 Abs. 1 AktG bewußt rechtsformübergreifend von „Unternehmen mit Sitz im Inland in der Rechtsform einer Kapitalgesellschaft" spricht, macht er schon nach seinem Wortlaut deutlich, daß insoweit **sämtliche einfachen wechselseitigen Beteiligungen zwischen Kapitalgesellschaften** mit Sitz im Inland gemeint sind, d. h. nicht nur solche unter Beteiligung einer AG, sondern auch solche ausschließlich zwischen inländischen Gesellschaften mbH. Die Fallgestaltung wechselseitig beteiligter Unternehmen ist daher im Ansatz auch für das GmbH-Recht von Bedeutung[60]. **44**

Zwar fehlt es im GmbH-Recht, abgesehen von § 51 a Abs. 2 GmbHG (Rdn 24), an Sachnormen, die an das Vorliegen einer einfachen wechselseitigen Beteiligung anknüpfen. Jedoch treten die Gefahren, vor denen die Sachnorm des § 328 AktG im Falle der einfachen wechselseitigen Beteiligung zwischen einer AG und einem anderen Unternehmen schützen will (vgl. Rdn 43), in vergleichbarer Weise auf, wenn die einfache wechselseitige Beteiligung nicht zwischen einer GmbH und einer AG, sondern ausschließlich zwischen Gesellschaften mbH besteht. In inhaltlicher Übereinstimmung mit der nicht Gesetz gewordenen Vorschrift des § 266 RegE GmbHG 1971/73 ist es daher veranlaßt, **§ 328 AktG analog** auch auf wechselseitig beteiligte inländische Kapitalgesellschaften ohne Mitwirkung einer AG anzuwenden; betroffen davon sind insbes. wechselseitige Beteiligungen zwischen GmbHs (zur Frage der Mitteilungspflichten in derartigen Fällen vgl. Rdn 227 f). Das hat zur Folge, daß dasjenige wechselseitig beteiligte Unternehmen, das von dem Bestehen einer wechselseitigen Beteiligung erfahren hat, ohne zuvor seinerseits dem anderen Unternehmen Mitteilung über die eigene Beteiligung gemacht zu haben, darauf beschränkt ist, seine Gesellschafterrechte gegenüber dem anderen Unternehmen (Stimm-, Gewinnrecht u. a.) nur bis zur Höhe von 25% aller Anteile an diesem Unternehmen auszuüben. **45**

In Fällen **qualifizierter wechselseitiger Beteiligungen** richten sich die Rechtsfolgen für die beteiligten Kapitalgesellschaften nach den jeweils geltenden Vorschriften und Grundsätzen auf seiten der *abhängigen Gesellschaft*. Hat die *herrschende* Gesellschaft die Rechtsform einer *Aktiengesellschaft*, so greifen §§ 56 Abs. 2, 71 d, 71 e AktG unmittelbar ein. Das abhängige Unternehmen darf Aktien der herrschenden Gesellschaften weder zeichnen noch außerhalb des durch § 71 Abs. 1 AktG gesteckten Rahmens erwerben, besitzen oder als Pfand nehmen; es kann nach §§ 71 d S. 4, 71 b AktG auch keine Rechte aus diesen Aktien ausüben. Ist demgegenüber die *herrschende* Kapitalgesellschaft eine *GmbH* oder sind an der Unternehmensverbindung ausschließlich Unternehmen in der Rechtsform der GmbH beteiligt, so sind die Rechtsfolgen für die Schranken des Anteilserwerbs des abhängigen Unternehmens an der herrschenden GmbH analog § 33 GmbHG zu bestimmen (Rdn 27, 31). Das bedeutet, daß der Erwerb nicht voll eingezahlter GmbH-Anteile ausscheidet; volleingezahlte Anteile dürfen nur unter gleichzeitiger Bildung einer Rücklage für eigene Anteile (§ 272 Abs. 4 HGB) in Höhe der Erwerbskosten erworben werden. Auch können Rechte aus den Anteilen am herrschenden Unternehmen analog §§ 71 d S. 4, 71 b AktG nicht geltendgemacht werden[61]. Ein Abbau der **46**

[60] So zu Recht Scholz/*Emmerich* Anh KoR Rdn 76, wohl auch Rowedder/*Koppensteiner* Anh § 52, 17 f.

[61] Ebenso Scholz/*Emmerich* Anh KoR Rdn 81.

wechselseitigen Beteiligung auf seiten der abhängigen GmbH durch Veräußerung der über 10% hinausgehenden Anteile an der herrschenden Gesellschaft, wie ihn § 71 d S. 1, 2 iVm § 71 c Abs. 1 AktG für den Fall einer herrschenden AG vorschreibt, ist in Bezug auf die Anteile an einer herrschenden GmbH nicht geboten. Insoweit richten sich die Rechtsfolgen vielmehr nach den liberaleren Vorschriften des § 33 Abs. 2 GmbHG, die sich mit der Bildung und Beibehaltung der in § 272 Abs. 4 HGB genannten Rücklage begnügen[62].

47 d) **GmbH & Co KG.** Besonderheiten gelten für die Fälle wechselseitiger Beteiligung zwischen einer KG und ihrer Komplementär-GmbH. Von der Definition des § 19 Abs. 1 AktG werden sie nach deren Wortlaut nicht erfaßt, da die KG nicht zu den Kapitalgesellschaften gehört. Gefahren für die Kapitalgrundlage der beiden wechselseitig beteiligten Gesellschaften sind im Fall einer GmbH & Co KG jedoch in noch stärkerem Maße zu befürchten, wenn man den zwischen ihnen bestehenden Haftungsverbund berücksichtigt. Der Gesetzgeber hat der Situation teilweise dadurch Rechnung getragen, daß er für den Fall einer GmbH & Co KG ohne voll haftende natürliche Personen als Gesellschafter den Kommanditisten durch § 172 Abs. 6 HGB die Möglichkeit genommen hat, den Wert der von ihnen als Einlage in die KG eingebrachten Anteile an der Komplementär-GmbH auf ihre Hafteinlage anzurechnen. Insbesondere in den (nicht seltenen) Fällen einer **Einheits-GmbH & Co KG,** in der die KG sämtliche Anteile der Komplementär-GmbH als ihrer einzigen persönlich haftenden Gesellschafterin hält und deren Alleingesellschafterin ist, bleibt somit der Haftungsrückgriff auf die Kommanditisten nach § 171 Abs. 1 HGB vorbehaltlich der Einbringung sonstiger Vermögenswerte gewahrt.

48 Am *originären* Erwerb von Geschäftsanteilen an ihrer einzigen Komplementär-GmbH ist die KG nicht nur im Fall der Einheits-GmbH & Co KG, sondern auch in **anderen Fällen** gehindert. Das folgt schon daraus, daß es hier angesichts der Haftung der GmbH aus § 128 HGB um deren mittelbare Selbstverpflichtung geht[63]. Für den *derivativen* Erwerb der GmbH-Anteile auf seiten der GmbH & Co KG ist die analoge Anwendung des § 33 Abs. 1 und 2 GmbHG zu bejahen[64]. Kommt es auf seiten der Komplementär-GmbH zum originären oder derivativen Erwerb von KG-Anteilen, so kann darin eine mittelbare, gegen § 30 GmbHG verstoßende Kapitalrückgewähr seitens der GmbH liegen; dem ist durch entsprechende Anwendung von § 33 GmbHG Rechnung zu tragen[65]. Im übrigen gelten, sofern die Komplementär-GmbH angesichts der besonderen Umstände des Falles herrschendes Unternehmen gegenüber der ihrerseits **abhängigen KG** ist, die Schranken für den Erwerb von Anteilen der herrschenden GmbH durch das abhängige Unternehmen (Rdn 27) auch hier; Rechte aus diesen Anteilen darf das abhängige Unternehmen analog §§ 71 d S. 4, 71 b AktG nicht ausüben (Rdn 27).

49 Für die Fälle **einfacher wechselseitiger Beteiligung** zwischen KG und Komplementär-GmbH schließlich bleibt die analoge Anwendung des § 328 AktG zu erwägen. Der mögliche Einwand, bei einer KG als Personengesellschaft lasse sich nicht

62 Scholz/*Emmerich* Anh KoR Rdn 42, 81.

63 Vgl. § 55, 58; so im Erg. auch Scholz/*Emmerich* Anh KoR Rdn 53, 86; *Lutter/Hommelhoff* § 33, 13; aus der Rspr. vgl. LG Berlin GmbH-Rdsch. 1987, 395, 396.

64 AA in Bezug auf § 33 Abs. 1 oben § 33, 75 und 83 (*Hohner*) mwN. Für persönliche Haftung der GmbH-Geschäftsführer als mittelbare KG-Geschäftsführer bei derivativem Erwerb nicht voll eingezahlter Geschäftsanteile Scholz/*Emmerich* KoR Rdn 85; so auch *Lutter/Hommelhoff* § 33, 15, wobei nicht deutlich wird, ob es um Kapitalaufbringung oder Schadensersatz geht.

65 So wohl auch Scholz/*Emmerich* Anh KoR Rdn 84, 87 (nicht eindeutig aber Rdn 53).

auf das Kriterium einer Kapitalbeteiligung von mehr als 25% abstellen, greift angesichts der typisch kapitalistischen Struktur der GmbH & Co KG nicht durch. Jedoch weist das Innenverhältnis zwischen einer KG und ihrem einzigen, als GmbH organisierten Komplementär so viele Besonderheiten auf, daß die Übernahme der Rechtsfolgen des § 328 AktG hierauf wenig geeignet erscheint[66]. Näherliegend ist es vielmehr, mit Rücksicht auf die Gefährdung der Kapitalgrundlage beim jeweiligen Anteilserwerb als solchem anzusetzen und schon dann, wenn der wechselseitige Anteilsbesitz eine Mindestgrenze überschreitet, den Erwerb der wechselseitigen Beteiligung auf beiden Seiten den Vorschriften des § 33 GmbHG zu unterstellen[67]. Dabei ist die kritische Schwelle ebenso wie im Aktienrecht bei wechselseitigen Beteiligungen von jeweils mehr als 25% erreicht[68].

7. Vertragsteile eines Unternehmensvertrags (§§ 291, 292 AktG)

Außer Zweifel steht die Übernahme in das GmbH-Recht für diese Kategorie **50** verbundener Unternehmen. Dabei liegt es auch inhaltlich nahe, sich in erster Linie an den **in §§ 291, 292 AktG aufgeführten Arten** von Unternehmensverträgen zu orientieren; sie sind nicht AG-typisch, sondern finden sich entsprechend auch unter Beteiligung von Gesellschaften mbH. Wegen der Einzelheiten zu Rechtsnatur, Abschluß und Inhalt solcher Verträge vgl. Rdn 190 ff; dort (Rdn 196 f, 225 f) auch zur Frage **sonstiger**, in §§ 291, 292 AktG nicht ausdrücklich genannter Unternehmensverträge und ihrer Relevanz für den Begriff verbundener Unternehmen in § 15 AktG.

III. Faktisches Herrschafts-/Abhängigkeitsverhältnis (einschl. einfacher faktischer Konzern)

A. Einführung

1. Die relevanten Rechtsfragen

Mit der Möglichkeit beherrschenden Einflusses auf die GmbH durch einen Un- **51** ternehmens-Gesellschafter als Kennzeichen der *Abhängigkeit* der GmbH (Rdn 28 ff) – und mehr noch mit der Ausübung dieses Einflusses durch Zusammenfassung des herrschenden und des oder der abhängigen Unternehmen unter einheitlicher Leitung zu einem *Konzern* (Rdn 33 ff) – verbinden sich für die **abhängige** Gesellschaft, ihre (Minderheits-)Gesellschafter und Gläubiger nicht unerhebliche **Gefahren**. Sie resultieren daraus, daß das herrschende Unternehmen typischerweise daran interessiert ist, mit der (Mehrheits-)Beteiligung eigene Interessen zu verfolgen, d. h. solche, die sich von denen der abhängigen Gesellschaft nicht selten deutlich unterscheiden. Für die Fälle einer abhängigen Aktiengesellschaft hat der Gesetzgeber diese Gefahren durch die Vorschriften der §§ 311 bis 318 AktG zu steuern versucht (vgl. dazu Rdn 55). Im Hinblick auf eine abhängige (konzernierte) GmbH sind die Gefahren schon deshalb regelmäßig noch größer, weil das GmbH-Recht, anders als das Aktienrecht, nur wenige gesetzliche Vorkehrungen zum Schutz der Minderheit kennt. So fehlt den GmbH-Geschäftsführern im Unterschied zum AG-Vorstand (§§ 76 Abs. 1, 84 Abs. 3 AktG) die gesetzlich garantierte Unabhängigkeit; sie sind vielmehr

---

66 *Ulmer*-GroßkommHGB[4], Anh § 105, 35.

67 Ebenso Scholz/*Emmerich* Anh KoR Rdn 84, 87; wohl auch *Lutter/Hommelhoff* § 33, 12.

68 Scholz/*Emmerich* Anh KoR Rdn 86; *Lutter/Hommelhoff* § 33, 12.

verpflichtet, bei Führung der Geschäfte der GmbH die von der Gesellschafterversammlung erteilten Weisungen zu befolgen und können nach gesetzlicher Regel auch ohne wichtigen Grund jederzeit abberufen werden. Auch ist die Gesellschafterversammlung der GmbH, anders als die Hauptversammlung einer AG (§ 119 Abs. 2 AktG), nicht gehindert, über Geschäftsführungsfragen zu entscheiden; dabei geben die Stimmen der Mehrheit den Ausschlag, sofern nicht ausnahmsweise das Stimmverbot des § 47 Abs. 4 GmbHG ihrer Teilnahme an der Abstimmung entgegensteht.

52 Die Rechtsform der GmbH eignet sich angesichts dieser Flexibilität des GmbH-Innenrechts in besonderem Maße für den Aufbau von Unternehmensverbindungen auf der Stufe der abhängigen Unternehmen; sie wird hierzu auch verbreitet genutzt (Rdn 10). Dieser Befund macht es notwendig, **rechtliche Schranken** gegenüber den Gefahren, die der abhängigen GmbH aus der Unternehmensverbindung drohen, auch schon in den Fällen zu entwickeln, in denen es weder um den Abschluß und Vollzug von Unternehmensverträgen noch um die Sondersituation des qualifizierten faktischen GmbH-Konzerns geht (vgl. dazu Rdn 97 ff, 182 ff). Mit diesen Fragen hat sich, beginnend mit dem Grundsatzurteil BGHZ 65, 15 – ITT, die Rechtsprechung in einer Reihe von Leitentscheidungen befaßt[69]. Hinzu kommt eine umfangreiche, z. T. nur schwer überschaubare Literatur zum GmbH-Konzernrecht, die sich ganz überwiegend mit den Grundpositionen der höchstrichterlichen Rechtsprechung deckt oder diese weiter ausdifferenziert.

53 Nach dem inzwischen erreichten Diskussionsstand ist dabei einerseits zwischen Schranken der Konzernbildung und solchen der Konzernleitung (jeweils unter Einbeziehung der Fälle bloßer Abhängigkeit) zu unterscheiden[70]. Schranken der **Konzernbildung** sind vor allem für das Recht der *abhängigen* GmbH zu beachten (Rdn 60 ff). Bezogen auf das Recht des herrschenden Unternehmens, sei es als GmbH oder in anderer Rechtsform organisiert, greifen sie nur in Sonderfällen ein (Rdn 70). Hinsichtlich der **Konzernleitung** geht es um den Schutz der abhängigen GmbH gegenüber den aus der Interessenkollision beim herrschenden Unternehmen drohenden Gefahren. Ein solcher Schutz bereitet im rechtlichen Ansatz keine besonderen Schwierigkeiten, wenn an der abhängigen GmbH *Minderheitsgesellschafter* beteiligt sind; zu ihrem Schutz vor einseitiger Interessenverfolgung durch die Mehrheit kann auf die GmbH-rechtliche Treupflicht zurückgegriffen werden (Rdn 76 ff). Anderes gilt im Fall von abhängigen Gesellschaften mbH im Alleinbesitz des herrschenden Unternehmens, weil die Treupflichtschranke insoweit nach überwM nicht greift; das kann sich vor allem für den Gläubigerschutz als problematisch erweisen (Rdn 83 ff).

2. Gleichbehandlung von Abhängigkeit und (einfachem) Konzern

54 Die Kategorien der Abhängigkeit und des (einfachen) Konzerns lassen sich im begrifflichen Ansatz klar danach unterscheiden, ob das herrschende Unternehmen

[69] BGHZ 65, 15 = NJW 1976, 191 – ITT; 80, 69 = NJW 1981, 1512 – Süssen; 95, 330 = NJW 1986, 188 – Autokran; 105, 168 = NJW 1988, 3143 – HSW; 105, 324 = NJW 1989, 295 – Supermarkt; 107, 7 = NJW 1989, 1800 – Tiefbau; 115, 187 = NJW 1991, 3142 – Video; BGHZ 122, 123 = NJW 1993, 1200 – TBB; NJW 1980, 231 – Gervais.

[70] Die Unterscheidung wurde – unter Betonung der Konzernbildungskontrolle – erstmals nachdrücklich von *Lutter/Timm* NJW 1982, 409 ff hervorgehoben. Sie liegt inzwischen allen Kommentierungen des GmbH-Konzernrechts zugrunde; vgl. Scholz/*Emmerich* Anh KoR Rdn 90 ff, 125 ff; Rowedder/*Koppensteiner* Anh § 52, 24 ff, 47 ff; Baumbach/Hueck/*Zöllner* Schlußanh I, 8 ff, 19 ff; *Lutter/Hommelhoff* Anh § 13, 10 f, 12 ff.

sich auf die aus der Beteiligung folgende Einflußmöglichkeit beschränkt oder ob es von ihr durch Zusammenfassung der beteiligten Unternehmen unter einheitlicher Leitung Gebrauch macht (Rdn 28, 33). Trotz dieses Unterschieds entspricht es zu Recht der ganz überwM, nach dem gesetzlichen Vorbild der §§ 311 bis 318 AktG beide Kategorien verbundener Unternehmen gleichzubehandeln, soweit es um die **Schranken der Konzernleitung** geht[71]. Dafür spricht nicht nur der fließende, durch die Konzernvermutung des § 18 Abs. 1 S. 3 AktG (Rdn 39) unterstrichene Übergang von der Abhängigkeit zum (einfachen) Konzern, sondern auch der Umstand, daß es nicht die Einflußmöglichkeit als solche ist, sondern ihre *Realisierung* und die daraus für die abhängige GmbH drohenden Gefahren, vor der diese zu schützen ist. Entsprechendes hat nach zutr. Ansicht aber auch für die der **Konzernbildung** gesetzten Schranken zu gelten[72]: insoweit ist der für die Gefährdung der abhängigen GmbH entscheidende, die Frage nach rechtlichen Schutzvorkehrungen aufwerfende Zeitpunkt derjenige der *Erlangung* der Einflußmöglichkeit, während der Übergang von der Einflußmöglichkeit zur faktischen Einflußausübung in aller Regel nicht wirksam von besonderen rechtlichen Erfordernissen abhängig gemacht werden kann (Rdn 59 aE).

3. Unanwendbarkeit der §§ 311 bis 318 AktG

Das **Aktienrecht** hat die rechtlichen Möglichkeiten und Grenzen nachteiliger Einflußnahmen eines herrschenden Unternehmens auf die abhängige oder unter einheitlicher Leitung stehende AG in einem jedenfalls nach der Regelungsidee in sich ausgewogenen, durch Nachteilsausgleich und Berichtspflichten gekennzeichneten besonderen Abschnitt über „Verantwortlichkeit bei Fehlen eines Beherrschungsvertrags" (§§ 311 bis 318 AktG) festgelegt. Charakteristisches Kennzeichen dieser Regelungen ist es, daß sie dem herrschenden Unternehmen das Ausüben nachteiligen Einflusses auf die abhängige Gesellschaft erlauben, sofern es die Nachteile während des Geschäftsjahrs durch entsprechende Vorteile tatsächlich ausgleicht oder der abhängigen Gesellschaft hierauf spätestens zu Geschäftsjahrsende einen Rechtsanspruch gewährt. Der Abschnitt enthält also eine gewisse *Privilegierung des herrschenden Unternehmens* gegenüber einem über vergleichbare Einflußmöglichkeiten verfügenden, mehrheitlich beteiligten Privataktionär, dem nach § 117 AktG jede schädliche Einflußnahme auf die Aktiengesellschaft außerhalb von Hauptversammlungsbeschlüssen verwehrt ist. Der Preis der Privilegierung besteht – abgesehen von der Schadensersatzsanktion des § 317 AktG bei unterbliebenem Nachteilsausgleich – in der Berichtspflicht der abhängigen Gesellschaft einschließlich der verschiedenen Prüfungspflichten (§§ 312 bis 315, 318 AktG), durch die das Aktienrecht die Funktionsfähigkeit des Ausgleichssystems sicherstellen will. **55**

Im Verhältnis zur abhängigen **GmbH** hat sich die analoge Anwendung der §§ 311, 317 AktG zu Recht nicht durchgesetzt. Dabei mag offenbleiben, ob das System der §§ 311 bis 318 AktG überhaupt geeignet ist, den im Abhängigkeitsverhältnis gebotenen Schutz zu bewirken[73], und ob es ggf. möglich wäre, auch die für **56**

[71] Vgl. Scholz/*Emmerich* Anh KoR Rdn 169 ff; Rowedder/*Koppensteiner* Anh § 52, 48 ff; Baumbach/Hueck/*Zöllner* Schlußanh I, 32 ff; *Lutter/Hommelhoff* Anh § 13, 12 ff.

[72] Scholz/*Emmerich* Anh KoR Rdn 96 ff, 110 ff; Rowedder/*Koppensteiner* Anh § 52, 25 ff; Baumbach/Hueck/*Zöllner* Schlußanh I, 19; *Lutter/Hommelhoff* Anh § 13, 10 f.

[73] Daran im Anschluß an *Mestmäcker* Festschrift Kronstein, 1967, 129, 139 ff vor allem für die Fälle dichterer Einflußnahme zu Recht zweifelnd *Emmerich/Sonnenschein* (Fn 47) § 19 I; *Koppensteiner* (Fn 12) Vor § 311, 17 ff und § 311, 49 ff, 56; Geßler/Hefermehl/Eckardt/*Kropff* AktG § 311, 183; *Immenga* ZGR 1978, 269, 275 f; *Martens* Mehrheits- und Konzernherrschaft, 1970, S. 56 ff; *K. Schmidt* ZGR 1981, 455, 460 ff; *Stimpel* AG 1986, 117 f u. a.; aA

den Regelungskomplex unverzichtbaren, detaillierten Berichts- und Prüfungsvorschriften der §§ 312 bis 315 AktG einschließlich der Haftungssanktion des § 318 AktG im Analogiewege auf die abhängige GmbH zu übertragen. Auch wenn man beide Fragen bejahen wollte, bleibt doch der grundlegende Einwand, daß jedenfalls in einer abhängigen GmbH, an der außer dem herrschenden Unternehmen noch andere Gesellschafter beteiligt sind, die den Gesellschaftern obliegende **Treupflicht** nachteiligen Einflüssen des Mehrheitsgesellschafters auf die abhängige GmbH entgegensteht und daß diese Schranke auch nicht durch Gewährung eines Nachteilsausgleichs entfällt, solange der Gesetzgeber sich nicht zu einer Privilegierung des herrschenden Unternehmens nach dem Muster der §§ 311 bis 318 AktG entschließen kann. Zu Recht hat daher das Grundsatzurteil BGHZ 65, 15 – ITT der Schadensersatzsanktion für das herrschende Unternehmen im Falle schädigender Eingriffe gegenüber der abhängigen GmbH den Vorrang vor einer Analogie zu den §§ 311 bis 318 AktG eingeräumt[74]. Daran ist bis zu einer abweichenden gesetzlichen Regelung auch für die Zukunft festzuhalten (Rdn 76 ff). Zur Sondersituation der abhängigen Einmann-GmbH vgl. Rdn 83 ff.

B. Schranken der Abhängigkeitsbegründung (Konzernbildungskontrolle)

1. Ursachen für die Begründung der Abhängigkeit

57 **a) Bei Gründung der GmbH.** Das Vorliegen eines Abhängigkeitsverhältnisses iSd § 17 AktG setzt voraus, daß die Abhängigkeit *gesellschaftsrechtlich vermittelt* ist; regelmäßig beruht sie auf einer Mehrheitsbeteiligung mit entsprechendem Stimmrecht oder auf vergleichbarem, durch satzungsrechtliche Sonderrechte für das herrschende Unternehmen gewährleistetem Einfluß (Rdn 28). Die Mehrheitsposition oder der vergleichbare, auf Sonderrechten beruhende Einfluß des herrschenden Unternehmens können schon bei Gründung der GmbH eingeräumt werden; sie werden dann in aller Regel auf dem *Konsens aller Gründer* (oder auf der Stellung des herrschenden Unternehmens als Alleingesellschafter) beruhen. In diesen Fällen bedarf es keiner besonderen Vorkehrungen zum Schutz der abhängigen GmbH und der übrigen Gesellschafter (zur Frage des Gläubigerschutzes in der abhängigen GmbH vgl. Rdn 83 ff).

58 **b) Bei nachträglichem Eintritt.** Für die Frage der Konzernbildungskontrolle relevant sind nach allem nur die Ursachen für den Eintritt nachträglicher Abhängigkeit. Hierbei wird es in der Mehrzahl der Fälle um Veränderungen gehen, deren Herbeiführung der **Beschlußfassung der Gesellschafter** bedarf. Zu denken ist an Fälle der Anteilsübertragung an einen unternehmerisch tätigen, bisher über eine Minderheitsbeteiligung verfügenden Gesellschafter oder einen Dritten bei Vinkulierung der Geschäftsanteile oder unter Abweichung von satzungsrechtlichen Vorkaufsrechten, aber auch an die Verschaffung der Mehrheit durch bevorrechtigte Teilnahme an einer Kapitalerhöhung unter Ausschluß oder Beschränkung des Bezugsrechts von

insbes. *Hommelhoff* ZHR 156 (1992), 295, 313 und in Gutachten zum 59. DJT 1992, S. G 19 ff, 24 f; so auch *Lutter* ZHR 151 (1987), 444, 460; *Rittner* ZGR 1990, 203, 214 u. a.

[74] BGHZ 65, 15, 18 = NJW 1976, 191 – ITT; 95, 330, 340 = NJW 1986, 188 – Autokran. So auch die ganz hM im Schrifttum, vgl. Scholz/*Emmerich* Anh KoR Rdn 183; Rowedder/*Koppensteiner* Anh § 52, 49; Baumbach/Hueck/*Zöllner* Schlußanh I, 10; *Lutter/Hommelhoff* Anh § 13, 12; *K. Schmidt* GmbH-Rdsch. 1979, 121, 126 ff; 130; *Ulmer* ZHR 148 (1984), 391, 411 ff.

Mitgesellschaftern. Weitere Beispiele bilden die an eine Satzungsänderung gebundene Beseitigung satzungsrechtlicher Stimmrechtsbegrenzungen oder die nachträgliche Einführung von Sonderrechten für den Unternehmensgesellschafter, ferner seine Befreiung vom satzungsrechtlich geregelten Wettbewerbsverbot, um ihm den Erwerb einer maßgeblichen, ihn zum Unternehmensgesellschafter machenden Beteiligung an einer konkurrierenden Gesellschaft zu ermöglichen. In allen diesen Fällen besteht die Möglichkeit richterlicher Beschlußkontrolle (Rdn 60 ff), soweit die Beschlüsse nicht ohnehin allseitiger Zustimmung bedürfen.

Schwierigkeiten für die Konzernbildungskontrolle bereiten demgegenüber diejenigen extern verursachten Fälle nachträglicher Abhängigkeit, die sich **ohne Zutun der abhängigen GmbH oder ihrer Gesellschafterversammlung** realisieren. So kann eine Mehrheitsbeteiligung je nach Lage des Falles wirksam ohne Gesellschafterbeschluß erworben werden, wenn sie entweder auf Vererbung beruht oder wenn der Anteilsübergang nach der Satzung der GmbH nicht von der Genehmigung der Gesellschafter abhängig ist. Der (Mehrheits-)Gesellschafter kann auch dadurch nachträglich die Stellung eines herrschenden Unternehmens erlangen, daß ein bisher zugunsten eines Mitgesellschafters bestehendes, an die Person des Inhabers gebundenes Sonderstimmrecht mit dessen Tod entfällt oder daß der Gesellschafter sich auch anderweitig unternehmerisch engagiert und dadurch vom Privat- zum Unternehmensgesellschafter wird. In allen diesen Fällen fehlt es an abhängigkeitsbegründenden Rechtsakten aus der Gesellschaftssphäre, die zum Anknüpfungspunkt einer Konzernbildungskontrolle gemacht werden können. – Ebenso ist für eine Konzernbildungskontrolle kein Raum, wenn es um den Übergang von der Abhängigkeit zum faktischen Konzern geht, da das herrschende Unternehmen hierzu keine weiteren Rechte erwerben muß, sondern sich darauf beschränken kann, von der schon bestehenden Einflußmöglichkeit durch Zusammenfassung der betroffenen Unternehmen unter einheitlicher Leitung Gebrauch zu machen. **59**

2. Inhaltskontrolle abhängigkeitsbegründender Gesellschafterbeschlüsse

Beruht der Eintritt der Abhängigkeit auf einem Mehrheitsbeschluß der Gesellschafter der abhängigen GmbH, so steht es der Minderheit frei, dagegen im Wege der Beschlußanfechtung vorzugehen. Ausgangspunkt für die auf diesem Wege ermöglichte **richterliche Beschlußkontrolle** muß sein, daß die Begründung der Abhängigkeit zu einer *Strukturveränderung* der vorher selbständigen GmbH führt, indem sie die Maßgeblichkeit des Eigeninteresses der GmbH als Richtschnur für die Geschäftsführung dauerhaft in Frage stellt und die konkrete Gefahr begründet, daß das herrschende Unternehmen von seiner Einflußmöglichkeit im eigenen Interesse zum Nachteil der abhängigen GmbH Gebrauch macht. Zu weit ginge es zwar, derartige Beschlüsse wegen ihrer strukturverändernden Wirkung an die Zustimmung aller Gesellschafter zu binden. Die Situation unterscheidet sich von derjenigen bei der Entscheidung über den Abschluß eines Beherrschungs- oder Gewinnabführungsvertrags (Rdn 199) schon deshalb, weil die Begründung der Abhängigkeit die Gesellschafterrechte der Mitgesellschafter anders als bei den genannten Unternehmensverträgen im Ansatz unberührt läßt. Wohl aber gebietet es die mit der Abhängigkeit verbundene konkrete Gefährdung der GmbH und ihrer Minderheitsgesellschafter, die Wirksamkeit des abhängigkeitsbegründenden Beschlusses an eine **sachliche Rechtfertigung** aus der Sicht der GmbH zu knüpfen, d. h. der beschließenden Mehrheit aus der *Treupflicht* folgende, dem Interessenausgleich dienende Schranken bei der Verfolgung gesellschaftsfremder Interessen durch strukturverändernde Be- **60** schlüsse in der Gesellschafterversammlung zu setzen[75]. Darauf, ob der persönlich interessierte Unternehmensgesellschafter selbst mitstimmen kann, wie im Fall der Anteilsvinkulierung[76], oder ob er – wie bei der Befreiung vom Wettbewerbsverbot – nach § 47 Abs. 4 GmbHG an der Mitwirkung gehindert ist[77], kommt es für die Beschlußkontrolle nicht an. Diese ist vielmehr auch dort veranlaßt, wo der Mehrheitsbeschluß allein mit den Stimmen anderer, dem herrschenden Unternehmen nicht selten nahestehender Gesellschafter gefaßt wird[78].

61 Die **Anforderungen** an die sachliche Rechtfertigung eines abhängigkeitsbegründenden Mehrheitsbeschlusses lassen sich nicht generell bestimmen. Sie richten sich nach der **Struktur der Gesellschaft** und nach dem Ausmaß der ihr aus der Abhängigkeit drohenden Gefährdung. Deshalb sind etwa bei solchen Gesellschaften, deren *klar abgrenzbares Tätigkeitsgebiet* und deren Unternehmensgegenstand sie leichter gegen die Gefahr verdeckter nachteiliger Einflußnahmen abschirmen, im Regelfall *geringere* Anforderungen an die Vereinbarkeit mit dem Interesse der Gesellschaft zu stellen. Es genügt bereits, wenn die Mehrheit sich bei der Beschlußfassung nicht willkürlich ohne sachlichen Grund über die Belange der abhängigen GmbH und der Minderheit hinweggesetzt hat.

62 Wesentlich einschneidendere Folgen sind demgegenüber von einem abhängigkeitsbegründenden Beschluß bei solchen **personalistisch strukturierten Gesellschaften** zu erwarten, die auf das persönliche Zusammenwirken und die gemeinsame Zweckverfolgung der konkret vorhandenen Gesellschafter oder ihrer Rechtsnachfolger gegründet sind, da eine derartige Ausrichtung durch Herbeiführung der Abhängigkeit gegenüber einem der Gesellschafter oder einem Dritten grundlegend gestört wird[79]. Entsprechendes gilt – auch im Fall kapitalistisch strukturierter Gesellschaften – bei Begründung der Abhängigkeit gegenüber einem *konkurrierend tätigen* herrschenden Unternehmen, das seine Einflußmöglichkeit auf die Geschäftsführung der abhängigen Gesellschaft, von außen weitgehend unkontrolliert, breitflächig zur Verbesserung der eigenen Marktposition unter entsprechender Benachteiligung der abhängigen GmbH nutzen kann[80]. In derartigen Fällen sind an die Wirksamkeit des Beschlusses daher deutlich höhere Anforderungen zu stellen. Unter Abwägung der Interessen und unter Berücksichtigung der Verhältnismäßigkeit von Mittel und Zweck ist zu prüfen, ob der Beschluß durch *sachliche Gründe im Inter-*

[75] So im Anschluß an die zum Bezugsrechtsausschluß im Aktienrecht ergangene Rechtsprechung BGHZ 33, 175, 186 und 71, 41, 46 ff die heute hM im GmbH-Recht, vgl. BGHZ 80, 69, 74 = NJW 1981, 1512 – Süssen, sowie für Kapitalerhöhungen in der GmbH unter Ausschluß aller oder einzelner Altgesellschafter § 55, 39 ff (*Ulmer*); Scholz/*Priester*[7] § 55, 52 ff; Baumbach/Hueck/*Zöllner* § 55, 15; *Lutter/Hommelhoff* § 55, 9; Rowedder/*Zimmermann* § 55, 31. Zur umstrittenen Reichweite der Notwendigkeit sachlicher Rechtfertigung bei strukturverändernden Beschlüssen vgl. eingehend *M. Winter* Mitgliedschaftliche Treubindungen im GmbH-Recht, 1988, S. 133 ff mwN.

[76] BGHZ 48, 163, 167 = NJW 1967, 1963; so auch § 47, 165 (*Hüffer*) mwN; Scholz/*K. Schmidt*[7] § 47, 117; Rowedder/*Koppensteiner* § 47, 59; *Lutter/Hommelhoff* § 47, 24; **aA** Baumbach/Hueck/*Zöllner* § 47, 58.

[77] BGH NJW 1981, 1512, 1513 – Süssen; Scholz/*Emmerich* Anh KoR Rdn 102; Baumbach/Hueck/*Zöllner* Schlußanh I, 21.

[78] So zutr. BGHZ 80, 69, 74 = NJW 1981, 1512 – Süssen; Scholz/*Emmerich* Anh KoR Rdn 102; Rowedder/*Koppensteiner* Anh § 52, 26; *Lutter/Timm* NJW 1981, 409, 417 f (hM).

[79] Zum Einfluß der Realstruktur der Gesellschaft auf die Intensität der Treupflicht vgl. näher *M. Winter* (Fn 75) S. 186 ff, 251 f mwN; dort (S. 149 ff) auch zur Konkretisierung des Verhältnismäßigkeitskriteriums vor dem Hintergrund der GmbH-Realstruktur.

[80] Ebenso Scholz/*Emmerich* Anh KoR Rdn 97, 102; Rowedder/*Koppensteiner* Anh § 52, 26; *Lutter/Hommelhoff* Anh § 13, 11.

esse der Gesellschaft gerechtfertigt ist[81]. Auch dürfen keine Alternativen verfügbar sein, die das (auch) im Interesse der Gesellschaft liegende Beschlußziel erreichen lassen, ohne zugleich eine Abhängigkeitslage zu Lasten der GmbH zu schaffen[82].

3. Maßnahmen gegen extern verursachte Abhängigkeitslagen

a) Bei Konkurrenztätigkeit des herrschenden Unternehmens. In Fällen extern verursachter Abhängigkeitslagen (Rdn 59) führt das Instrument der richterlichen Beschlußkontrolle mangels Kontrollgegenstand nicht weiter. Schranken der Abhängigkeitsbegründung können daher nur darauf gestützt werden, daß die abhängigkeitsbegründende Maßnahme oder ihr Ergebnis gegen gesellschaftsinterne Bindungen verstößt. Als Ansatzpunkt hierfür bietet sich in erster Linie ein **satzungsrechtliches Wettbewerbsverbot** an[83]. Es greift bereits ein, wenn ein Gesellschafter *ohne* beherrschenden Einfluß auf die GmbH konkurrierend tätig wird oder eine maßgebliche Beteiligung an einem Konkurrenzunternehmen erwirbt. Umso mehr gilt es gegenüber einem *Mehrheitsgesellschafter*, der durch den Erwerb einer Beteiligung an einem konkurrierenden Unternehmen zum Unternehmensgesellschafter wird und die GmbH dadurch zugleich in ein Abhängigkeitsverhältnis bringt[84]. **63**

Fehlt es an einem satzungsmäßigen Wettbewerbsverbot, so läßt sich ein solches, abgesehen vom Fall der Einmann-GmbH (vgl. Rdn 75), in den Grenzen des § 112 Abs. 2 HGB als Ausfluß der **Treupflicht** jedenfalls insoweit bejahen, als es um den Wettbewerb seitens des *herrschenden Unternehmens* geht[85]. Darauf, ob die abhängige GmbH personalistisch oder kapitalistisch strukturiert ist, kommt es angesichts des hohen Gefährdungspotentials, das sich mit der Einflußmöglichkeit des konkurrierend tätigen herrschenden Unternehmens verbindet, entgegen verbreiteter Ansicht nicht an[86]. Auch wäre es verfehlt, das Wettbewerbsverbot erst dann eingreifen zu lassen, wenn das herrschende Unternehmen zur Konzernleitung übergeht, oder ihm zur Verteidigung den Nachweis der Nichtausnutzung des beherrschenden Einflusses zu gestatten[87]. Das mit der GmbH-rechtlichen Treupflicht unvereinbare Gefährdungspotential des konkurrierend tätigen herrschenden Unternehmens besteht auch dann, wenn sich die Nichtausübung beherrschenden Einflusses für die Vergangenheit nachweisen läßt. Anderes gilt, wenn dem konkurrierend tätigen Gesellschafter der *Nachweis fehlender Abhängigkeit* der GmbH gelingt (Rdn 30), da ein allgemeines, ohne satzungsrechtliche Grundlage geltendes Wettbewerbsverbot, das die Gesellschafter auch ohne Abhängigkeitslagen und ohne Geschäftsführungstätigkeit **64**

---

81 BGHZ 80, 69, 74 = NJW 1981, 1512 – Süssen (z. B. Interesse der GmbH an Geschäftsverbindungen zum Konkurrenzunternehmen).

82 Vorrang hat daher – soweit möglich – in jedem Fall der Mehrheitserwerb durch die GmbH selbst (BGHZ 80, 69, 74 = NJW 1981, 1512 – Süssen).

83 Vgl. Scholz/*Emmerich* Anh KoR Rdn 100 ff; Rowedder/*Koppensteiner* Anh § 52, 25 f; *Lutter/Timm* NJW 1982, 411 ff; *Th. Raiser* Festschrift Stimpel (1985) S. 855 ff. Allg. zum Wettbewerbsverbot in der GmbH vgl. *Ivens* Das Konkurrenzverbot des GmbH-Gesellschafters, 1987; *dens.* DB 1988, 215; *v. d. Osten* GmbH-Rdsch. 1989, 450.

84 BGHZ 80, 69, 74 = NJW 1981, 1512 – Süssen.

85 Vgl. § 14, 64 (*Th. Raiser*); Scholz/*Emmerich* Anh KoR Rdn 107; Rowedder/*Koppensteiner* Anh § 52, 28; zur GmbH & Co KG BGHZ 89, 162, 165 ff = NJW 1984, 1351 – Heumann/Ogilvy; eingehend zum Ganzen vgl. *M. Winter* (Fn 75) S. 244 ff, 252 ff.

86 So zutr. *M. Winter* (Fn 75) S. 251 ff; aA *Lutter/Timm* NJW 1982, 419; *Th. Raiser* Festschrift Stimpel (1985) S. 855, 864 f; so auch Scholz/*Emmerich* Anh KoR 107; Rowedder/*Koppensteiner* Anh § 52, 28.

87 So aber Rowedder/*Koppensteiner* Anh § 52, 28; *Th. Raiser* (Fn 86) S. 862 f; offenlassend für § 112 HGB BGHZ 89, 162, 167 = NJW 1984, 1351, da das Bestehen beherrschenden Einflusses jedenfalls die tatsächliche Vermutung seiner Ausnutzung begründe.

in der GmbH trifft, dem GmbH-Recht unbekannt ist[88] und seine rechtliche Anerkennung ohne konkrete Schädigungsgefahr auch vor § 1 GWB keinen Bestand hätte[88a].

65 Die **Rechtsfolgen** eines Verstoßes des herrschenden Unternehmens gegen das satzungsrechtliche oder aus der Treupflicht abgeleitete Konkurrenzverbot bestehen in erster Linie in einem *Unterlassungsanspruch* der GmbH gegen das herrschende Unternehmen. Er zielt auf Einstellung der Konkurrenztätigkeit und kann auch von den Mitgesellschaftern im Wege der actio pro socio geltendgemacht werden (Rdn 89). Daneben kommt die Geltendmachung von *Schadensersatzansprüchen* der GmbH oder eines *Eintrittsrechts* entsprechend § 113 Abs. 1 HGB in Betracht (Rdn 90, 92). Soweit es um das aus der Treupflicht entwickelte, ungeschriebene Wettbewerbsverbot zu Lasten des herrschenden Unternehmens geht (Rdn 64), kann dieses sich dem Unterlassungsanspruch auch dadurch entziehen, daß es auf die abhängigkeitsbegründenden Gesellschafterrechte verzichtet.

66 b) **Ohne Konkurrenztätigkeit.** Beschränkt sich die Tätigkeit des herrschenden Unternehmens außerhalb der GmbH auf *nichtkonkurrierende* Bereiche, so besteht keine Möglichkeit, gegen die extern verursachte Abhängigkeitsbegründung unter Berufung auf das Wettbewerbsverbot vorzugehen. Auch die Treupflicht des Mehrheitsgesellschafters reicht im Regelfall nicht so weit, als Instrument gegen die bloße Abhängigkeitsbegründung eingesetzt zu werden, sofern nicht zusätzliche treuwidrige Umstände hinzukommen[89]. In derartigen Fällen ist somit für eine „Konzernbildungskontrolle" regelmäßig kein Raum; abhängige GmbH und Minderheitsgesellschafter sind darauf beschränkt, sich gegen die treuwidrige *Ausnutzung* der extern verursachten Einflußmöglichkeit des herrschenden Unternehmens zu wehren, d. h. auf die „Konzernleitungskontrolle" zurückzugreifen.

4. Mitteilungspflichten des herrschenden Unternehmens

67 Zu den über das Anmeldungserfordernis des § 16 GmbHG hinausgehenden Mitteilungspflichten von GmbH-Gesellschaftern im Falle des Erwerbs oder der Aufgabe einer Sperrminorität oder der Mehrheitsbeteiligung an der GmbH vgl. Rdn 227 f. Davon zu unterscheiden ist die Frage, ob ein Gesellschafter die GmbH zu unterrichten hat über ihr nicht bekannte **externe Umstände**, die ihn zum herrschenden Unternehmen und die GmbH zur abhängigen Gesellschaft machen. Die Frage ist eindeutig zu bejahen, wenn es um die Aufnahme einer **konkurrierenden unternehmerischen Tätigkeit** außerhalb der GmbH bzw. um den ihr gleichzustellenden Erwerb einer maßgeblichen Beteiligung an einem konkurrierenden Unternehmen geht[90]. Insoweit handelt es sich um eine aus der Treupflicht ableitbare, den Gesellschafter auch ohne Nachfrage treffende Nebenpflicht gegenüber der GmbH im Rahmen des bestehen-

---

[88] So auch LG Bochum GmbH-Rdsch. 1992, 670; § 14, 64 (*Th. Raiser*); vgl. *M. Winter* (Fn 75) S. 246 ff; *Ivens* (Fn 83) S. 124 ff; *v. d. Osten* GmbH-Rdsch. 1989, 450, 451 f.

[88a] So zutr. *Ivens* DB 1988, 215.

[89] Weitergehend Scholz/*Emmerich* Anh KoR Rdn 108, der sich für eine generelle Pflicht der Gesellschafter ausspricht, alles zu vermeiden, was die Selbständigkeit der Gesellschaft beeinträchtigen könnte, und hierzu offenbar auch *extern* verursachte Maßnahmen der Abhängigkeitsbegründung rechnet. Zur Notwendigkeit sachlicher Rechtfertigung abhängigkeitsbegründender *Gesellschafterbeschlüsse* vgl. demgegenüber Rdn 60 ff.

[90] HM, und zwar unabhängig von der Ausübung konkurrierender Tätigkeit vgl. Scholz/*Emmerich* Anh KoR Rdn 89, 106; Rowedder/*Koppensteiner* Anh § 52, 28 b; Baumbach/Hueck/*Zöllner* Schlußanh I, 23, *Lutter/Hommelhoff* Anh § 13, 10; *K. Schmidt* GmbH-Rdsch. 1979, 133; *Lutter/Timm* NJW 1982, 419.

den Konkurrenzverbots (Rdn 64). Sie kann aufgrund der actio pro socio auch von Mitgesellschaftern durchgesetzt werden und soll es Gesellschaft und Mitgesellschaftern ermöglichen, ihre Reaktion auf den Wettbewerbsverstoß zu prüfen und sich über geeignete Schritte zu seiner Beseitigung oder Legalisierung Klarheit zu verschaffen. Die Verletzung dieser Pflicht macht den Gesellschafter ersatzpflichtig für alle Schäden, die der GmbH wegen der verspäteten Informationserlangung entstehen.

Über die Mitteilungspflicht nach Rdn 67 bei konkurrierender Unternehmenstätigkeit hinaus ist eine Informationspflicht des herrschenden Unternehmens aber auch beim Eintritt von abhängigkeitsbegründenden externen Umständen **ohne gleichzeitigen Wettbewerbsverstoß** zu bejahen. Zwar fehlt es insoweit, im Unterschied zur Konkurrenztätigkeit des herrschenden Unternehmens, an einem in der Abhängigkeitsbegründung liegenden Verstoß gegen die GmbH-rechtliche Treupflicht; Unterlassungsansprüche der GmbH scheiden daher im Regelfall aus. Wohl aber bildet die mit der Abhängigkeitsbegründung verbundene Änderung der GmbH-Struktur einen wesentlichen, die Interessen der GmbH, ihrer Gesellschafter und Gläubiger gefährdenden Umstand, so daß auch in derartigen Fällen ein aus der Treupflicht ableitbarer eigener Informationsanspruch der GmbH und ihrer übrigen Gesellschafter zu bejahen ist[91]. Auch wenn die Geschäftsführer der GmbH von der Unternehmensqualität des Mehrheitsgesellschafters Kenntnis haben, macht das die offizielle Mitteilung schon im Hinblick auf den Minderheitenschutz nicht etwa entbehrlich. Erteilt das herrschende Unternehmen die Auskunft nicht von sich aus und wird auch die Geschäftsführung der abhängigen GmbH nicht aktiv, so können die Minderheitsgesellschafter im Wege der actio pro socio unmittelbar gegen das herrschende Unternehmen vorgehen. – Für einen mehrheitlich beteiligten Privat-Gesellschafter bewendet es demgegenüber bei den allgemeinen Auskunftspflichten (Rdn 227). 68

5. Konzernbildungsschranken beim herrschenden Unternehmen?

Die Begründung einer Unternehmensverbindung kann je nach Lage des Falles 69
auch **nachteilige Rückwirkungen auf das herrschende Unternehmen** haben und sich auf die Rechtsposition von dessen Gesellschaftern auswirken[92]. Im *Aktienrecht* trägt dem die Vorschrift des § 293 Abs. 2 AktG Rechnung, indem sie für den Abschluß eines Beherrschungs- oder Gewinnabführungsvertrags mit einer AG als anderem Vertragsteil die Zustimmung auch der Hauptversammlung dieser Gesellschaft verlangt. Bedeutung für die Mitspracherechte der Gesellschafter des herrschenden Unternehmens kann ferner die Rechtsprechung über ungeschriebene Mitwirkungsrechte der Hauptversammlung der AG bei strukturändernden Maßnahmen des Vorstands wie der Ausgliederung eines wesentlichen Unternehmensteils der AG in eine zu diesem Zweck gegründete Tochtergesellschaft erlangen[93]. Entsprechende Mitspracherechte verschaffen die §§ 116 Abs. 2, 164 HGB den nichtgeschäftsführenden Gesellschaftern eines herrschenden Unternehmens in der Rechtsform einer Personengesellschaft[94].

[91] HM, vgl. Nachw. in Fn 90.

[92] So für das Aktienrecht im Ansatz zutreffend schon *Lutter* Festschrift Westermann (1974) S. 364 ff; *Hommelhoff* Die Konzernleitungspflicht, 1982, S. 377 ff, 387; *U. H. Schneider* Festschrift Bärmann (1975) S. 881 ff; *ders.* ZHR 143 (1979), 485, 498 ff; *Timm* Die AG als Konzernspitze, 1980, S. 135 ff, 165 ff; *ders.* AG 1980, 172, 182 ff; ihnen für die GmbH als Konzernspitze folgend Scholz/*Emmerich* Anh KoR Rdn 118 ff; Rowedder/*Koppensteiner* Anh § 52, 30.

[93] BGHZ 83, 122, 132 = NJW 1982, 1703 – Holzmüller.

[94] Vgl. dazu *Ulmer*-GroßkommHGB[4] Anh § 105, 83 mwN.

70 Im Hinblick auf die **Abhängigkeitsbegründung** im *GmbH-Konzernrecht* sind aus dieser Sicht freilich keine nennenswerten zusätzlichen Schranken zu erwarten. Ist herrschendes Unternehmen eine GmbH, so liegen die entscheidenden Mitspracherechte in Geschäftsführungsfragen ohnehin bei der Gesellschafterversammlung. Sie ist für Grundlagenentscheidungen allein zuständig und kann den Geschäftsführern überdies in allen wesentlichen Fragen Weisungen erteilen. Auf diesem Wege kann sie ggf. auch den von den Geschäftsführern geplanten Erwerb einer Mehrheitsbeteiligung oder eine sonstige abhängigkeitsbegründende Maßnahme verhindern. Die Relevanz dieser Mitspracherechte beschränkt sich jedoch grundsätzlich auf das *Innenverhältnis* der betreffenden GmbH als herrschendes Unternehmen (§ 37 GmbHG); eine Analogie zu § 293 Abs. 2 AktG scheidet für den Fall bloßer Abhängigkeitsbegründung aus. Daher können die abhängige GmbH oder ihre Minderheitsgesellschafter sich zur Erhaltung der Selbständigkeit der GmbH auch nicht auf die Verletzung interner Mitspracherechte beim herrschenden Unternehmen im Zuge der Abhängigkeitsbegründung berufen[95].

70 a Entsprechendes gilt für die Begründung einer **qualifizierten faktischen Konzernierung** durch das in der Rechtsform der GmbH betriebene herrschende Unternehmen. Auch wenn die für das herrschende Unternehmen damit verbundenen Haftungsrisiken, darunter insbesondere Verlustübernahmepflicht und Sicherheitsleistung bzw. Ausfallhaftung analog §§ 302, 303 AktG (Rdn 157 ff, 171 ff), denjenigen beim Bestehen eines Beherrschungs- oder Gewinnabführungsvertrags voll entsprechen, reicht das für eine analoge Anwendung des § 293 Abs. 2 AktG mit *Außenwirkung* auch gegenüber der abhängigen GmbH und ihren Gläubigern (§ 53, 148) angesichts deren vorrangigem Schutzbedürfnis doch nicht aus[95a]. Es bleibt vielmehr den übergangenen Gesellschaftern in der Obergesellschaft überlassen, gegenüber den Geschäftsführern auf die alsbaldige Beendigung des Zustands qualifizierter faktischer Konzernierung hinzuwirken, wenn sie davon Kenntnis erlangen und ihre Gesellschaft vor den damit verbundenen Haftungsrisiken schützen wollen.

C. Schranken bei Ausübung des beherrschenden Einflusses (Konzernleitungskontrolle)

1. Einführung

71 a) **Betroffene Interessen.** Übt das herrschende Unternehmen seinen Einfluß auf die Geschäftsführung der abhängigen GmbH aus, so geschieht das typischerweise zur **Verfolgung eigener**, von denjenigen der abhängigen GmbH nicht selten abweichender **Interessen.** Das ist offensichtlich bei eigener Inanspruchnahme von Geschäftschancen der GmbH (Rdn 77 ff, 80) oder bei der Veranlassung der GmbH zu Transaktionen mit dem Mehrheitsgesellschafter oder ihm nahestehenden Dritten, die sich mangels gleichwertiger Gegenleistung als verdeckte Vermögenszuwendungen darstellen (Rdn 77). Es gilt aber auch bei sonstigen vom herrschenden Unternehmen veranlaßten, für die abhängige GmbH nachteiligen Maßnahmen, die sie in den Dienst der Interessen des herrschenden Unternehmens stellen wollen, wie die

---

95 Vorbehaltlich der Fälle des Mißbrauchs der Vertretungsmacht der Geschäftsführer der Obergesellschaft zu Recht einhM, vgl. Scholz/*Emmerich* Anh KoR Rdn 124; Rowedder/*Koppensteiner* Anh § 52, 30.

95a So letztlich auch Scholz/*Emmerich* Anh KoR Rdn 124 trotz starker Betonung der Parallelen zwischen Beherrschungsvertrag und qualifizierter faktischer Konzernierung in Rdn 122.

Neuaufnahme oder Einstellung bestimmter Tätigkeitsbereiche, die Fortführung verlustbringender Aktivitäten, die Umstrukturierung des Vertriebs u. a.

Die **Nachteile** aus der Verfolgung eigener Interessen mittels der abhängigen GmbH treffen nicht nur diese selbst, sondern mittelbar auch die an ihr beteiligten Minderheitsgesellschafter sowie ihre Gläubiger. Soweit *Minderheit und Gläubiger* betroffen sind, handelt es sich im Regelfall um einen bloßen *Reflexschaden* als Folge der Schädigung der abhängigen GmbH. Gelingt es mit Hilfe der Konzernleitungsschranken, die abhängige GmbH entweder vor derartigen nachteiligen Einwirkungen zu schützen oder sie zu entschädigen, so kommt dieser Schutz auch Minderheit und Gläubigern zugute. Dementsprechend besteht die Hauptaufgabe des Konzernleitungsschutzes darin, solche nachteiligen Einwirkungen im Verhältnis zwischen herrschendem Unternehmen und abhängiger GmbH zu verhindern. – Zur Sonderproblematik der Einmann-GmbH vgl. Rdn 75. **72**

b) **Rechtlicher Ansatz.** Als rechtlicher Ansatz im Regelfall *ungeeignet*, weil unverhältnismäßig und keinen Schutz der GmbH und ihrer Gläubiger bewirkend, erweist sich nach dem Vorstehenden die Gewährung eines Austrittsrechts an die Minderheit wegen wichtigen, in den Verhältnissen der GmbH liegenden Grundes[96]. Abgesehen von Sonderfällen, in denen die Mehrheitsherrschaft in ihrer konkreten Ausübung das Verbleiben der Minderheit in der Gesellschaft unzumutbar macht und dadurch einen wichtigen Grund (Anh § 34, 49 ff) schafft, kommt ein solches Recht erst im Fall qualifizierter faktischer Konzernierung der GmbH in Betracht (Rdn 167). Abzulehnen ist aus den schon genannten Gründen (Rdn 56) auch die analoge Anwendung der §§ 311 bis 318 AktG mit ihrer Zulassung nachteiliger Einflußnahmen unter dem Vorbehalt späteren Nachteilsausgleichs. Gefragt sind vielmehr Schranken aus dem Innenrecht der GmbH gegen einseitige Interessenverfolgung. Hierzu zählen einerseits die **allgemein geltenden Schranken** gegen die Verfolgung gesellschaftsfremder Sondervorteile (Anh § 47, 115 ff), darunter das Stimmverbot des § 47 Abs. 4, ferner die generellen Schranken aus Treupflicht und Gleichbehandlungsgrundsatz (§ 14, 52 ff, 67 ff) sowie der in den §§ 30, 31 GmbHG kodifizierte Grundsatz der Kapitalerhaltung. Andererseits unterliegt das herrschende Unternehmen einer **gesteigerten Treupflicht** als Ausgleich für seine überragende Einflußmöglichkeit auf die abhängige GmbH[97]. Sie führt nicht nur zur Geltung eines Wettbewerbsverbots ihm gegenüber auch ohne satzungsrechtliche Regelung oder Tätigkeit als Geschäftsführer (Rdn 64), sondern auch zum Verzicht auf das Gebrauchmachen von Geschäftschancen, die einem gewöhnlichen GmbH-Gesellschafter ohne beherrschenden Einfluß nicht verwehrt wären (vgl. näher Rdn 80). **73**

c) **Mehrstufiger Konzern.** Im mehrstufigen Konzern, bei dem die Leitungsmacht gegenüber der abhängigen (Enkel-)GmbH nicht von der ihrerseits abhängigen zwischengeschalteten (Tochter-)Gesellschaft ausgeht, sondern von einem an der **74**

---

[96] Ebenso OLG Saarbrücken AG 1980, 26, 28; Rowedder/*Koppensteiner* Anh § 52, 52 a, aA für den einfachen faktischen Konzern Scholz/*Emmerich* Anh KoR Rdn 180; *Wiedemann* Unternehmensgruppe S. 67 ff; *Flume* I/2 § 4 IV, S. 129; *Verhoeven* GmbH-Konzern-Innenrecht, 1978, S. 118 f; *Michael Becker* Der Austritt aus der GmbH, 1985, S. 131 ff; zurückhaltender *K. Schmidt* GmbH-Rdsch. 1979, 121, 131 f; zur Lage im qualifizierten faktischen Konzern vgl. Rdn 167.

[97] Ähnlich § 14, 53 und 64 (*Th. Raiser*); Scholz/*Emmerich* Anh KoR Rdn 155; *Wiedemann* Unternehmensgruppe S. 77 ff; im Erg. auch *M. Winter* (Fn 75) S. 81 f, 107 ff, 113 f trotz – im Ansatz zutreffender, aber übermäßiger – Betonung der Herkunft der Treupflicht aus der *sämtliche* Gesellschafter verpflichtenden organisationsrechtlichen Sonderverbindung in der GmbH.

(Enkel-)GmbH nur mittelbar beteiligten herrschenden Unternehmen, ist neben der Zwischengesellschaft auch das herrschende Unternehmen selbst zur **Respektierung der Treupflichtschranken gegenüber der (Enkel-)GmbH** einschließlich des Wettbewerbsverbots ihm gegenüber verpflichtet[98]. Das ist heute im Ergebnis außer Streit[99]; es stellt das notwendige Korrektiv dar für das dem herrschenden Unternehmen zustehende Einflußpotential auf die abhängige (Enkel-)Gesellschaft. Über die *dogmatische Begründung* gehen die Ansichten nach wie vor auseinander. Vertreten werden eine im Anschluß an das Rechtsinstitut des Vertrags mit Schutzwirkung für Dritte entwickelte Lehre, die dem Rechtsverhältnis zwischen Mutter- und Tochtergesellschaft eine derartige Schutzwirkung gegenüber der (Enkel-)GmbH beimißt[100], sowie die entsprechende Heranziehung der Grundsätze über die Haftung des „faktischen" Geschäftsführers[101]. Den Vorzug verdient demgegenüber nach wie vor der Ansatz bei der Treupflicht in der abhängigen (Enkel-)Gesellschaft und ihre Erstrekkung auf das mittelbar beteiligte herrschende Unternehmen als Korrektiv für die ihm zustehenden, durch die Tochtergesellschaft vermittelten Einflußrechte nach Art eines Zurechnungsdurchgriffs[102]. Danach unterliegt auch ein nur mittelbar beteiligtes herrschendes Unternehmen den Treubindungen gegenüber der abhängigen (Enkel-)GmbH, ohne sich davon durch Abreden mit der zwischengeschalteten Tochtergesellschaft dispensieren zu können. Es haftet freilich nur für eigene bzw. von ihm veranlaßte Treupflichtverstöße, während eigenmächtiges, treuwidriges Handeln der Tochtergesellschaft gegenüber der abhängigen (Enkel-)GmbH zu Schadensersatzansprüchen nur jener gegenüber führt.

75 d) **Das Sonderproblem der Einmann-GmbH.** Die Kanalisierung des Schutzes vor den Gefahren des Herrschafts-/Abhängigkeitsverhältnisses bei der abhängigen GmbH und der Rückgriff auf die Treupflicht der GmbH-Gesellschafter führen zu Problemen in denjenigen Fällen, in denen das herrschende Unternehmen entweder *Alleingesellschafter* ist oder sich bei Verfolgung eigener Interessen auf die *Einwilligung aller Mitgesellschafter* stützen kann. Da sich das Gesellschaftsinteresse als Orientierungsmaßstab für die Treupflichtschranken nicht losgelöst von den hinter der GmbH stehenden Gesellschaftern bestimmen läßt[103] und da die Treupflicht überdies mit Zustimmung aller Gesellschafter eingeschränkt oder modifiziert werden kann[104], ist der aus der Treupflicht folgende Schutz der abhängigen GmbH in derartigen Fällen stark relativiert. Das kann sich nachteilig vor allem auf **GmbH-Gläubiger** auswirken, da ihnen im einfachen faktischen Konzern keine eigenen Schutzrechte zustehen, sie vielmehr auf Ansprüche der abhängigen GmbH gegen

[98] Vgl. grundlegend BGHZ 89, 162, 165 ff = NJW 1984, 1351 – Heumann/Ogilvy, betr. die mittelbare Beteiligung an einer GmbH & Co KG, jedoch unter Ausweitung der Begründung auf das GmbH-Recht.

[99] Vgl. nur Scholz/*Emmerich* Anh KoR Rdn 170 f; Rowedder/*Koppensteiner* Anh § 52, 50; *M. Winter* (Fn 75) S. 255 f.

[100] So erstmals *Stimpel* AG 1986, 117, 119 ff; ebenso dann *Paschke* AG 1988, 196, 203; *M. Winter* (Fn 75) S. 256 ff.

[101] So Rowedder/*Koppensteiner* Anh § 52, 50 im Anschluß an *Rehbinder* ZGR 1977, 581, 640 f und *U. H. Schneider* ZGR 1980, 511, 532 ff. Allg. zur Haftung des „faktischen" Geschäftsführers vgl. § 64, 11 f (*Ulmer*), Voraufl. § 43, 15 f (*Mertens*); Scholz/*U. H. Schneider* § 43, 15.

[102] So *Emmerich* Festschrift Stimpel (1985) S. 743, 748 ff; *Th. Raiser* daselbst S. 855 ff; *Wiedemann/Hirte* ZGR 1986, 163, 165 f; *K. Schmidt* ZIP 1986, 146, 148 f; *Reuter* AG 1986, 130, 131; wohl auch *Immenga* JZ 1984, 578 f und der Sache nach BGH aaO (Fn 98); offenlassend Scholz/*Emmerich* Anh KoR Rdn 170. Zur Parallele mit sonstigen Fällen mittelbaren Einflusses Dritter (offene Treuhand, Unterbeteiligung) und ihnen entsprechender Treubindung des Dritten vgl. *Ulmer*-GroßkommHGB^4 Anh § 105, 53.

[103] Vgl. nur *Zöllner* Schranken mitgliedschaftlicher Stimmrechtsmacht, S. 21 ff; *M. Winter* (Fn 75) S. 11 f, 63 ff, 194.

[104] Dazu eingehend *M. Winter* (Fn 75) S. 190 ff mwN.

das herrschende Unternehmen angewiesen sind[105]. Zu weit ginge es allerdings, die GmbH in den Grenzen der §§ 30, 31 GmbHG beliebigen Schädigungen durch ihre Gesellschafter auszusetzen, solange diese sich darüber einig sind[106]. Die *Existenzgefährdung* der abhängigen GmbH durch nachteilige Einflußnahmen, aber ohne Verletzung der Kapitalerhaltungsregeln, ist auch ihrem Alleingesellschafter nicht erlaubt[107]. Auf die Relevanz dieser Schranke für die Konzernleitungskontrolle ist zurückzukommen (Rdn 85 ff).

2. Treupflichtschranken

a) **Allgemeines.** Allgemein zur Treupflicht in der GmbH und zu den daraus abzuleitenden Anforderungen an das Verhalten der Gesellschafter vgl. § 14, 52 ff. Die Treupflicht besteht primär gegenüber der GmbH; eigenständige Treubindungen zwischen den Gesellschaftern greifen nur subsidiär, d.h. insoweit ein, als die GmbH und ihre rechtlich geschützten Interessen nicht selbst betroffen sind[108]. Zur Konkretisierung der aus der Treupflicht resultierenden Anforderungen und Schranken des Gesellschafterverhaltens bedarf es einer Abwägung zwischen den Interessen der Gesellschaft und denjenigen des Gesellschafters, um dessen Verhalten es geht. Dabei kommt den Interessen der Gesellschaft vor allem dort Vorrang zu, wo der vergemeinschaftete Bereich in Frage steht, d.h. bei Ausübung fremdnütziger Rechte wie Geschäftsführungsaufgaben oder Einflußnahmen hierauf, während im Bereich eigennütziger Rechte wie bei der Abstimmung über Satzungsänderungen, Gewinnverwendung, Auflösung u.a. das Verfolgen eigener Interessen im Regelfall nicht zu beanstanden ist[109]. Eine Schranke bildet freilich auch hier der Grundsatz der Verhältnismäßigkeit; danach ist ein Handeln trotz Wahrnehmung eigennütziger Rechte dann treuwidrig, wenn es hierfür nicht geeignet oder erforderlich ist oder wenn dafür ein milderes Mittel genügt. Schließlich darf das eigennützige Verhalten Gesellschaft und Mitgesellschafter auch nicht übermäßig, d.h. außer Verhältnis zu dem erzielten Vorteil belasten (vgl. näher § 14, 55 m. Nachw.). 76

b) **Konkrete Schädigungsverbote.** Im *Vorfeld* eines umfassenden Wettbewerbsverbots (dazu näher Rdn 64 f), und von diesem klar zu unterscheiden, lassen sich aus der Treupflicht eine Reihe typischer, grundsätzlich *alle* GmbH-Gesellschafter treffender Schädigungsverbote ableiten[110]. Sie sollen verhindern, daß Gesellschafter sich kraft ihres Einflusses auf die Gesellschaft oder unter Verwertung von Gesellschaftsinformationen Vorteile zu Lasten der Gesellschaft und der Mitgesellschafter verschaffen. Wirken Geschäftsführer zugunsten der betreffenden Gesellschafter an 77

[105] Die auf diese Schutzlücke gestützte These, auch die Einmann-GmbH sei kraft Treupflicht gegen schädigende Einflüsse ihres Alleingesellschafters geschützt (*Ulmer* ZHR 148 (1984), 391, 418; ähnlich schon *Emmerich* AG 1975, 288, und *Hommelhoff* Konzernleitungspflicht S. 256; so auch *K. Schmidt* GesR² § 39 III 2b S. 1012 f, § 40 III 3c S. 1034 und ZIP 1986, 148 f; *Assmann* JZ 1986, 928, 931) hat sich nicht durchgesetzt. Nachw. zur hM vgl. in Fn 122.

[106] So aber Baumbach/Hueck/*Zöllner* Schlußanh I, 35; wohl auch Rowedder/*Koppensteiner* Anh § 52, 51 a, und *Lutter/Hommelhoff* Anh § 13, 27 f.

[107] So zutr. insbes. *M. Winter* (Fn 75) S. 203 ff; ähnlich schon *Hommelhoff* Konzernleitungspflicht S. 256; *Fleck* ZHR 149 (1985), 387, 393 ff, 418; *Assmann* JZ 1986, 928, 931; *K. Schmidt* ZIP 1988, 1497, 1506; ebenso jetzt Scholz/*Emmerich* Anh KoR Rdn 166 f; *Priester* ZGR 1993, 512, 521 ff; *K. Nissing* Eigeninteresse der Gesellschaft oder Liquidation auf kaltem Wege, 1993, S. 43 ff; aA Baumbach/Hueck/*Zöllner* Schlußanh I, 35; wohl auch Rowedder/*Koppensteiner* Anh § 52, 51 a; offenlassend BGH NJW 1993, 1922.

[108] Vgl. eingehend *M. Winter* (Fn 75) S. 85 ff.

[109] Vgl. statt aller § 14, 55 (*Th. Raiser*); *M. Winter* (Fn 75) S. 23 ff, 95 ff, 121 ff.

[110] Vgl. näher *M. Winter* (Fn 75) S. 241 ff mwN.

der Verschaffung der Vorteile zu Lasten des Gesellschaftsvermögens mit, so liegt darin regelmäßig zugleich ein Fall *verdeckter Vermögenszuwendung* (vgl. näher § 29, 129 ff). Vorbehaltlich der zwingenden Schranken des § 30 GmbHG und des Verbots der Existenzgefährdung der GmbH (vgl. dazu Rdn 87) sind die Mitgesellschafter allerdings im Grundsatz nicht gehindert, den schädigenden Eingriff zu billigen und dadurch auf den Schutz aus der Treupflicht in concreto zu verzichten[111]. Die Wirksamkeit des Verzichts setzt freilich voraus, daß er in genauer Kenntnis der Dinge ausgesprochen wird und daß ihm alle Mitgesellschafter zustimmen[112].

78 Nach diesen Grundsätzen verboten ist den Gesellschaftern in erster Linie die eigenmächtige **Benutzung oder Verwertung von Sachen und (quasi-)dinglichen Rechten der Gesellschaft** zu eigenen Zwecken[113]. Das ist offensichtlich bei Sachen im Eigentum der Gesellschaft, gilt aber ebenso für sonstige gegen jedermann wirkende dingliche oder immaterielle Rechte sowie für andere zum Gesellschaftsvermögen gehörende Werte; die Abgrenzung zwischen Gesellschafts- und Privatsphäre richtet sich nach allgemeinem Zivilrecht[114]. Zu Recht hat der BGH es daher dem Gesellschafter/Geschäftsführer einer GmbH mit Sitz in der (ehemaligen) DDR untersagt, einen in der Bundesrepublik liegenden, der GmbH zustehenden Stock von Unterhaltungsfilmen auf eigene Rechnung zu verwerten, und hat darin auch unabhängig von der (verjährten) Verletzung der Geschäftsführungspflichten aus § 43 GmbHG einen schweren Verstoß gegen die gesellschaftsrechtliche Treupflicht gesehen[115].

79 Den Eingriffen der in Rdn 78 genannten Art weitgehend vergleichbar ist die einseitige **Inanspruchnahme obligatorischer Rechte** der GmbH durch einen Gesellschafter oder die Überleitung von Geschäften oder bestehenden Vertragspositionen der GmbH auf sich selbst oder ein verbundenes Unternehmen[116]. Auch hier geht es um unzulässige Eingriffe in gesicherte Vermögenspositionen der GmbH und damit um Verhaltensweisen, die die Mitgesellschafter wegen des darin liegenden Verstoßes gegen Treupflicht und Gleichbehandlungsgrundsatz selbst dann nicht hinnehmen müssen, wenn der Gesellschafter sich auf die Zustimmung der Geschäftsführer berufen kann. Zu denken ist an Fälle, in denen ein Gesellschafter sich in bestehende Verträge zwischen der GmbH und Dritten hineindrängt, indem er die Geschäfte der GmbH auf sich überleitet, die Verträge auf eigene Rechnung abwickelt oder die Dritten zum Vertragsbruch gegenüber der GmbH veranlaßt[117]. Es handelt sich jeweils um eindeutige Fälle eines Treupflichtverstoßes, unabhängig von der internen Stellung des betreffenden Gesellschafters; sie können nur mit Zustimmung aller Gesellschafter in den Grenzen des § 30 GmbHG geheilt werden.

80 Eine dritte Kategorie verbotener Schädigungen bildet die eigenmächtige **Ausnutzung von Geschäftschancen der GmbH** im eigenen Interesse des Gesellschafters. Bei ihnen bereitet die Abgrenzung zwischen erlaubtem und verbotenem Verhalten freilich Schwierigkeiten, soweit es um Gesellschafter geht, die weder zu den Geschäftsführern gehören noch die Stellung eines herrschenden Unternehmens haben und daher keinem allgemeinen Wettbewerbsverbot zugunsten der GmbH unterliegen

---

[111] Eingehend *M. Winter* (Fn 75) S. 190 ff, 197, 201 f.

[112] Vgl. dazu und zur Frage satzungsrechtlicher Verankerung des Verzichts *M. Winter* (Fn 75) S. 198 ff.

[113] *M. Winter* (Fn 75) S. 241.

[114] *M. Winter* (Fn 75) S. 241.

[115] BGH WM 1978, 1205.

[116] § 14, 64 (*Th. Raiser*); *M. Winter* (Fn 75) S. 242.

[117] Vgl. BGH WM 1971, 412, 414; WM 1972, 1229, 1230 (betr. Komplementär); GmbHRdsch. 1977, 43 f (betr. GmbH-Geschäftsführer); ZIP 1989, 986, 987 (betr. Kommanditist).

(Rdn 64). Denn solchen Gesellschaftern ist es nicht grundsätzlich verwehrt, im Handelszweig der Gesellschaft eigene Geschäfte zu machen[118]. Wohl aber sind sie gehindert, Geschäftschancen der GmbH an sich zu ziehen, von denen sie aufgrund ihrer Gesellschafterstellung, insbes. aufgrund des Informationsrechts nach § 51a GmbHG, Kenntnis erlangt haben (§ 51 a, 47 ff), oder die ihnen aus sonstigen Gründen dank ihrer Gesellschafterstellung zugänglich sind. Besonders eindeutige Fälle derart *mitgliedschaftlich vermittelter* Geschäftschancen bilden Konstellationen, in denen Gesellschafter ein von der Gesellschaft benötigtes Aktivum (Grundstück, Schiff, Patent u. a.) an deren Stelle auf eigene Rechnung erwerben, um die Vorteile des Geschäfts für sich selbst in Anspruch zu nehmen und das Aktivum sodann der Gesellschaft gegen erhöhtes Entgelt weiterzuveräußern bzw. ihr entgeltlich zum Gebrauch zu überlassen[119].

c) **Erhöhte Treupflicht des herrschenden Unternehmens.** Der gesteigerten Ein- 81
flußmöglichkeit des herrschenden Unternehmens innerhalb der GmbH und den hieraus für diese, die Minderheitsgesellschafter und die Gläubiger drohenden Gefahren entspricht eine Erhöhung der von ihm geschuldeten Treupflicht gegenüber GmbH und Mitgesellschaftern[120]. Sie äußert sich u. a. in verstärkten Rücksichtspflichten gegenüber den Mitgesellschaftern beim Gebrauchmachen von der Stimmenmehrheit in der Gesellschafterversammlung, auch soweit es um Beschlußgegenstände eigennütziger Art geht, sowie in dem das herrschende Unternehmen treffenden, ungeschriebenen **Wettbewerbsverbot** zugunsten der abhängigen GmbH (Rdn 64). Auch von seinen Einflußmöglichkeiten auf die abhängige GmbH darf das herrschende Unternehmen grundsätzlich nur in einer Weise Gebrauch machen, die weder zu Interessenkonflikten bei der abhängigen GmbH führt noch solche zugunsten des herrschenden Unternehmens entscheidet.

Das allgemeine Wettbewerbsverbot zu Lasten des herrschenden Unternehmens 82
führt in seiner Konsequenz zu einer entsprechenden **Ausweitung der Geschäftschancenlehre.** Während den GmbH-Gesellschaftern generell nur die Ausnutzung mitgliedschaftlich vermittelter Geschäftschancen untersagt ist (Rdn 80), ist das herrschende Unternehmen darüber hinaus auch in sonstigen Fällen gehindert, selbst oder unter Einschaltung verbundener Unternehmen im Handelszweig der Gesellschaft tätig zu werden und deren Geschäftschancen wahrzunehmen[121]. Insoweit geht es um eine analoge Anwendung des § 112 HGB mit der Folge, daß das herrschende Unternehmen sich hinsichtlich schon früher betriebener Geschäfte auf die Einwilligungsfiktion des § 112 Abs. 2 HGB berufen kann und daß die Verletzungsfolgen sich nach § 113 HGB bestimmen (Rdn 92).

3. Gläubigerschutz in der abhängigen Einmann-GmbH

a) **Schutzlücke bei Nichteingreifen der Treupflichtschranken.** Ist das herrschende 83
Unternehmen Alleingesellschafter der abhängigen GmbH oder sind alle Mitgesellschafter mit der Ausübung seiner Einflußmöglichkeiten im eigenen Interesse, unter Inkaufnahme von Nachteilen für die abhängige GmbH, einverstanden, so folgt nach

---

[118] HM, vgl. § 14, 64 (*Th. Raiser*); Scholz/*Winter* § 14, 59; weitergehend insbes. *Timm* GmbH-Rdsch. 1981, 180.

[119] Vgl. BGH GmbH-Rdsch. 1977, 129; NJW 1986, 584, 585; Scholz/*Emmerich* Anh KoR Rdn 146, 184; *M. Winter* (Fn 75) S. 242 f.

[120] Vgl. Nachw. in Fn 97.

[121] Zur Konkretisierung dieses Verbots und zur Ausnahme für Geschäfte im privaten Bereich vgl. *Ulmer*-GroßkommHGB[4] § 112, 20 f.

überwM aus der grundsätzlichen Verzichtbarkeit der Treupflicht, daß weder die allgemeinen noch die für das herrschende Unternehmen geltenden, erhöhten Treupflichtschranken zum Schutz der abhängigen Gesellschaft eingreifen[122]. Vorbehaltlich der Rechtslage im qualifizierten faktischen Konzern und im Vertragskonzern (Rdn 135, 158, 218) wären die GmbH-Gläubiger danach gegenüber Schädigungen der abhängigen GmbH auf den Schutz aus den allgemeinen **Kapitalerhaltungsregeln** der §§ 30, 31 GmbHG beschränkt. Er ist schon in der selbständigen GmbH nur schwach ausgeprägt und vermag deren Gläubiger nur sehr unvollkommen vor den Gefahren eines Gesellschafterzugriffs zu schützen (§ 30, 28 ff). Vor allem aber ist er *unzureichend in der abhängigen GmbH*. Denn im Unterschied zur Treupflicht bildet er kein Korrektiv gegen den Einsatz der abhängigen GmbH zur Verfolgung der Interessen des herrschenden Unternehmens, sofern dieser Einsatz keinen Niederschlag findet in Vermögensverlagerungen von der abhängigen GmbH zum herrschenden oder einem mit ihm verbundenen Unternehmen unter Verstoß gegen § 30 GmbHG.

84 **Beispiele** für den unzureichenden Schutz der Gläubiger der abhängigen GmbH durch §§ 30, 31 GmbHG bilden etwa die Veräußerung eines betriebsnotwendigen Aktivums der abhängigen GmbH auf Veranlassung des herrschenden Unternehmens unter Realisierung erheblicher stiller Reserven und deren Ausschüttung an die Gesellschafter oder aber die Entziehung der betriebsnotwendigen Liquidität. Auch wenn sie ohne Verstoß gegen § 30 GmbHG erfolgen und wenn Stammkapital und Verbindlichkeiten der Gesellschaft durch das danach verbliebene Aktivvermögen zunächst noch gedeckt sind, können sie zur Existenzgefährdung der GmbH führen[123]. Entsprechendes gilt, wenn das herrschende Unternehmen die abhängige GmbH veranlaßt, im Konzerninteresse verlustreiche Geschäfte mit der Folge einer Unterbilanz oder der Überschuldung weiterzuführen, ohne daß diese Geschäfte eine von § 30 GmbHG erfaßbare Vermögensmehrung beim herrschenden oder einem mit ihm verbundenen Unternehmen bewirken[124]. Die von maßgebender Seite geäußerte Ansicht, ein erhebliches Bedürfnis für einen konzernspezifischen Gläubigerschutz sei nicht gegeben und an Stelle der Anerkennung eines Bestandsinteresses der abhängigen GmbH genüge der Rückgriff auf die Gläubigerschutzregeln des allgemeinen GmbH-Rechts[125], ist mit diesem rechtlichen Befund schwer vereinbar, selbst wenn die Zahl der Insolvenzen abhängiger Gesellschaften mbH, abgesehen von den Fällen qualifizierter faktischer Konzernierung, bisher nicht besonders ins Gewicht gefallen sein sollte.

85 b) **Bestandsschutz für die abhängige GmbH.** Die vorstehend (Rdn 83) konstatierte Lücke für den Gläubigerschutz in der abhängigen GmbH macht es notwendig, sie im Rahmen eines homogenen GmbH-Konzernrechts durch geeignete Vorkehrungen richterrechtlich zu schließen. Nachdem die ganz hM die **Notwendigkeit des Gläubigerschutzes** in Fällen des qualifizierten faktischen Konzerns ohne Vorhanden-

---

122 So BGH NJW 1993, 193, 194, tendenziell auch schon BGHZ 95, 330, 340 = NJW 1986, 188 – Autokran. Aus der Lit. vgl. etwa Rowedder/*Koppensteiner* Anh § 52, 51 a; Baumbach/Hueck/*Zöllner* Schlußanh I, 35; *Lutter/Hommelhoff* Anh § 13, 27; zu Gegenans. vgl. Nachw. in Fn 105.

123 So auch *M. Winter* (Fn 75) S. 203; *Priester* ZGR 1993, 512, 525 f.

124 Der in der Lit. verbreitet anzutreffende Hinweis auf die Schutzfunktion der §§ 30, 31 GmbHG (vgl. insbes. Baumbach/Hueck/*Zöllner* Schlußanh I, 35) verkennt, daß Nachteilszufügungen im Konzerninteresse keineswegs notwendig oder auch nur regelmäßig ein entsprechender, durch diese Vorschriften zu erfassender Vermögenszufluß beim herrschenden oder einem mit ihm verbundenen Unternehmen gegenüberstehen muß.

125 So Baumbach/Hueck/*Zöllner* Schlußanh I, 35; ähnlich auch *Lutter/Hommelhoff* Anh § 13, 27.

sein von Minderheitsgesellschaftern und des Vertragskonzerns anerkannt hat (Rdn 135 f, 158, 209 f, 223), sollte ein entsprechendes Schutzbedürfnis auch im Hinblick auf sonstige gläubigergefährdende Abhängigkeitslagen der Sache nach nicht streitig sein[126]. Auch wenn ein Rückgriff auf §§ 311, 317 AktG wegen der Besonderheiten des GmbH-Rechts nicht in Betracht kommt (Rdn 56) und eine Treupflicht des Einmann gegenüber „seiner" GmbH mangels hinreichender Eigenständigkeit dieser Gesellschaft nach hM ausscheidet (Rdn 75), wäre es doch vorschnell, sich als ultima ratio auf den Haftungsdurchgriff des Alleingesellschafters zurückzuziehen[127] oder auf eine extensive Anwendung des Schädigungsverbots des § 826 BGB im Gläubigerinteresse zu vertrauen[127a].

Vor allem ist auch das jederzeitige **Liquidationsrecht** des Alleingesellschafters oder der qualifizierten Gesellschaftermehrheit (§ 60 Abs. 1 Nr. 2 GmbHG)[128] kein Argument gegen die Anerkennung eines besonderen Bestandsschutzes der abhängigen GmbH[129]. Denn im Fall der Liquidation greifen die zwingenden Gläubigerschutzvorschriften des § 73 GmbHG ein, die die vorrangige Befriedigung der Gläubiger sicherstellen[129a], während entsprechende Gläubigersicherungen bei schädigungsbedingter Insolvenz der abhängigen GmbH nur im Rahmen der unzureichenden Vorschriften der §§ 30, 31, 64 GmbHG bestehen. **86**

Einen sachgerechten Weg für angemessenen Gläubigerschutz in der abhängigen GmbH bietet der **Schutz des Bestandsinteresses der abhängigen GmbH** als unverzichtbare, auch vom Alleingesellschafter zu respektierende Mindestanforderung an die Ausübung des Einflusses des herrschenden Unternehmens[130]. Dieses ist danach zwar grundsätzlich nicht gehindert, seinen Einfluß im eigenen Interesse geltend zu machen, wenn dem keine Minderheitenbelange entgegenstehen. Die im Interesse der Mitgesellschafter zu respektierenden allgemeinen und besonderen Treupflichtschranken (Rdn 76 ff) greifen nach hM nicht ein, wenn das herrschende Unternehmen Alleingesellschafter ist oder sich auf den Konsens aller Mitgesellschafter stützen kann. Ihre Grenze findet die Einflußausübung jedoch dann, wenn die nachteilige Veranlassung die Existenz der abhängigen Gesellschaft bedroht oder zu ihrer Vernichtung führt. In derartigen Fällen machen sich die Geschäftsführer analog § 43 Abs. 3 GmbHG ersatzpflichtig, wenn sie den Wünschen und Weisungen des herrschenden Unternehmens gleichwohl nachkommen. Auch dieses selbst haftet der insolventen GmbH auf Schadensersatz wegen Überschreitens der Schranken seiner Konzernleitungsmacht, wobei der Ersatzanspruch auch von den bei der GmbH ausfallenden Gläubigern geltendgemacht werden kann (Rdn 91). Haftungsauslösend ist insbesondere die vorhersehbare (vorsätzliche oder fahrlässige) Herbeiführung der Zahlungsunfähigkeit oder Überschuldung der abhängigen GmbH durch für diese nachteilige Veranlassungen seitens des herrschenden Unternehmens. Die Haftungshöhe bemißt sich nach dem bei der GmbH durch die Einflußnahme verursachten Schaden, freilich begrenzt auf den zur Befriedigung der Gläubiger erforderlichen Betrag (vgl. § 43 Abs. 3 S. 3 GmbHG)[131]. **87**

---

[126] So insbes. auch *M. Winter* (Fn 75) S. 203 ff; *K. Schmidt* GesR² § 40 III 3 c S. 1034 sowie die Nachw. in Fn 107.

[127] So aber Baumbach/Hueck/*Zöllner* Schlußanh I, 26.

[127a] Vgl. etwa BGH NJW 1979, 2104.

[128] Hierauf verweisen etwa Baumbach/Hueck/*Zöllner* Schlußanh I, 35; Scholz/*Emmerich* Anh KoR Rdn 166.

[129] So zu Recht *M. Winter* (Fn 75) S. 204 f.

[129a] Das betonen zutr. auch *K. Schmidt* ZIP 1981, 1, 8; *M. Winter* (Fn 75) S. 206; *Priester* ZGR 1993, 512, 520 f; *K. Nissing* (Fn 107) S. 96 f u. a.

[130] Vgl. Nachw. in Fn 107.

[131] Zur Schadensersatzsanktion vgl. Scholz/*Emmerich* Anh KoR Rdn 181 ff, 184 ff; Rowedder/*Koppensteiner* Anh § 52, 49 ff, und unten Rdn 90 ff.

4. Rechtsfolgen

88 Die Verletzung der der Konzernleitungsmacht des herrschenden Unternehmens gezogenen Schranken aus Treupflicht, Schutz des Bestandsinteresses u. a. kann je nach Lage des Falles unterschiedliche Rechtsfolgen auslösen. Soweit es um Gesellschafterbeschlüsse geht, die mit den Stimmen des herrschenden Unternehmens oder denjenigen von Mitgesellschaftern in seinem Interesse gefaßt wurden, unterliegen sie der **Beschlußanfechtung** analog § 243 AktG wegen Treupflichtverstoßes (Abs. 1, vgl. Anh § 47, 121 ff) oder wegen Verfolgung gesellschaftsfremder Sondervorteile (Abs. 2, vgl. Anh § 47, 115 ff). Verstößt der Beschluß gegen das dem Gläubigerschutz dienende Bestandsinteresse (Rdn 87), führt das zu seiner **Nichtigkeit** analog § 241 Nr. 3 AktG[132].

89 Treuwidrige Einflußnahmen des herrschenden Unternehmens außerhalb der Gesellschafterversammlung können von der *Minderheit* durch **Unterlassungsklage** unterbunden werden. Sie richtet sich in erster Linie *gegen das herrschende Unternehmen* und beruht nach zutr., wenn auch umstrittener Ansicht auf der actio pro socio, da die Minderheit sich auf einen Treupflichtverstoß des herrschenden Unternehmens nicht ihr gegenüber, sondern gegenüber der abhängigen Gesellschaft beruft und den hieraus entspringenden Unterlassungsanspruch der abhängigen Gesellschaft im eigenen Namen einklagt[133]. Daneben kommt auch ein Vorgehen *gegen die Geschäftsführer* der abhängigen GmbH in Betracht, wofür je nach Lage des Falles bereits ein – ohne die Stimmen des herrschenden Unternehmens (§ 47 Abs. 4 GmbHG) zu fassender – **Gesellschafterbeschluß** auf Nichtbefolgung treuwidriger Veranlassungen des herrschenden Unternehmens als Weisung an die Geschäftsführer ausreicht. Eines Beschlusses der übrigen Gesellschafter, und zwar nach § 46 Nr. 8 GmbHG, bedarf es aber auch dann, wenn eine Unterlassungsklage gegen die Geschäftsführer erhoben werden soll; dabei unterliegt das herrschende Unternehmen wegen Beteiligung an dem geltendgemachten Treupflichtverstoß dem Stimmverbot des § 47 Abs. 4 GmbHG. Den *Gläubigern* steht ein Unterlassungsanspruch nicht zu; das gilt auch gegenüber existenzgefährdenden (das Bestandsinteresse verletzenden) Einflußnahmen. Zur Lage im mehrstufigen Konzern vgl. Rdn 74.

90 **Schadensersatzansprüche** gegen das herrschende Unternehmen wegen unzulässiger Einflußnahme stehen materiellrechtlich der abhängigen GmbH zu. Ihre Geltendmachung setzt grundsätzlich einen Beschluß der übrigen Gesellschafter nach § 46 Nr. 8 GmbHG voraus[134]. Dabei ist auch über die Person des Prozeßvertreters der GmbH zu entscheiden. Das herrschende Unternehmen hat bei der Beschlußfassung kein Stimmrecht (§ 47 Abs. 4 GmbHG). Eine eigene **Klagebefugnis der Mitgesellschafter** analog §§ 317 Abs. 4, 309 Abs. 4 S. 1 AktG auf Leistung an die Gesellschaft kommt angesichts der Sonderregelung des § 46 Nr. 8 GmbHG nur als subsidiäre in Betracht, wenn die stimmberechtigte Mehrheit nicht zur Klageerhebung bereit ist[135]. Im Fall von Wettbewerbsverstößen des herrschenden Unternehmens

---

132 So zutr. *M. Winter* (Fn 75) S. 213 f.

133 Zur noch nicht hinreichend geklärten actio pro socio in der GmbH und zu ihrem Verhältnis zu § 46 Nr. 8 GmbHG vgl. näher § 46, 109 ff (*Hüffer*) mwN. Behandelt man die Geltendmachung von *Unterlassungsansprüchen* als Unterfall der Ersatzansprüche iSv § 46 Nr. 8 (so die hM, vgl. § 46, 91 (*Hüffer*); Scholz/*K. Schmidt*[7] § 46, 147; Rowedder/*Koppensteiner* § 46, 36; Baumbach/Hueck/*Zöllner* § 46, 38; *Lutter/Hommelhoff* § 46, 21), so gilt auch insoweit die Subsidiarität der actio pro socio wie im Fall von Schadensersatzansprüchen (Rdn 90).

134 Vgl. näher § 46, 87 ff, 109 ff, 113 (*Hüffer*); ebenso Scholz/*Emmerich* Anh KoR Rdn 190; Rowedder/*Koppensteiner* § 43, 42 f; *Lutter/Hommelhoff* Anh § 13, 15; **aA** *Zöllner* ZGR 1988, 392, 408 ff, 411.

135 So auch Scholz/*Emmerich* Anh KoR Rdn 157, 190 f; Rowedder/*Koppensteiner* § 43, 43 und Anh § 52, 52; *Lutter/Hommelhoff* Anh § 13, 15.

ersetzt sie jedoch nicht die – von den Gesellschaftern zu beschließende – Wahl zwischen Schadensersatz und Eintrittsrecht (Rdn 92).

Anderes gilt für die **GmbH-Gläubiger**, da sie keine Möglichkeit haben, auf die gesellschaftsinterne Willensbildung einzuwirken; sie können sich auf §§ 317 Abs. 4, 309 Abs. 4 S. 3 AktG analog berufen und im Rahmen ihrer Ansprüche gegen die GmbH Leistung an sich selbst verlangen[136]. Diesem Klagerecht kommt Bedeutung vor allem in den Fällen von zur Bestandsvernichtung führenden Einflußnahmen (Rdn 87) zu, da es hier an Mitgesellschaftern fehlt, die für die Durchsetzung der Ansprüche der Gesellschaft sorgen könnten. Im *Konkurs* der abhängigen GmbH ist die Geltendmachung der Schadensersatzansprüche ausschließlich Sache des Konkursverwalters (vgl. auch § 309 Abs. 4 S. 5 AktG). **91**

Soweit es um Verstöße des herrschenden Unternehmens gegen das Wettbewerbsverbot geht (Rdn 64), sind zusätzlich die Vorschriften des **§ 113 Abs. 1 HGB** zu beachten; sie finden auf die Verletzung von Wettbewerbsverboten in der GmbH analoge Anwendung[137]. Danach steht den übrigen Gesellschaftern in derartigen Fällen die *Wahl zwischen Schadensersatz und Eintrittsrecht* zu (§ 113 Abs. 1 HGB). Hinsichtlich der Ausübung des Wahlrechts folgt das Beschlußerfordernis allerdings nicht aus einer Analogie zu § 113 Abs. 2 HGB, sondern ergibt sich bereits aus § 46 Nr. 8 GmbHG[138]. Auch die dreimonatige Verjährungsfrist des § 113 Abs. 3 HGB (ab Kenntnis vom Verstoß) sollte nicht im Analogiewege übernommen werden, da sie auf die typischen Verhältnisse in einer OHG unter Beteiligung aller Gesellschafter an der Geschäftsführung zugeschnitten ist, während im GmbH-Recht Schadensersatzansprüche u. a. regelmäßig einer fünfjährigen Verjährung unabhängig vom Zeitpunkt der Kenntniserlangung unterliegen (vgl. §§ 9 b Abs. 2, 31 Abs. 5, 43 Abs. 4 GmbHG). **92**

Als **sonstige Rechtsfolgen** kommen insbes. Erstattungsansprüche der abhängigen GmbH gegen das herrschende Unternehmen nach § 31 Abs. 1 GmbHG auf Rückgewähr von Vermögenszuwendungen unter Verstoß gegen § 30 GmbHG sowie Schadensersatzansprüche gegen die beteiligten Geschäftsführer nach § 43 Abs. 3 GmbHG in Betracht. Insoweit gelten im GmbH-Konzernrecht keine vom allgemeinen GmbH-Recht abweichenden Regeln. Für Ansprüche auf Verlustübernahme analog § 302 AktG ist nur in qualifizierten faktischen Konzernen und Vertragskonzernen Raum (Rdn 158 ff, 208, 222). Im Rahmen von Abhängigkeitsverhältnissen oder einfachen faktischen Konzernen sind die Analogievoraussetzungen nach ganz hM nicht gegeben[139]. **93**

5. Konzernleitungsschranken beim herrschenden Unternehmen

Die Rechte der *Gesellschafter des herrschenden Unternehmens* auf Mitsprache bei der Ausübung von Beteiligungsrechten und auf Einhaltung der dem Vertretungs- **94**

[136] BGHZ 95, 330, 340 = NJW 1986, 188 – Autokran; Scholz/*Emmerich* Anh KoR Rdn 165; Rowedder/*Koppensteiner* Anh § 52, 52; *Lutter/Hommelhoff* Anh § 13, 15; aA wohl Baumbach/Hueck/*Zöllner* Schlußanh I, 34.

[137] Vgl. BGHZ 80, 69, 75 f = NJW 1981, 1512 – Süssen, bestätigt durch BGHZ 97, 382, 385 = NJW 1986, 2250.

[138] Vgl. auch das Urteil BGHZ 80, 69, 76 = NJW 1981, 1512 – Süssen, das zwar die Rechtsgrundlage für das Beschlußerfordernis offenläßt, aber seine Unverzichtbarkeit im Hinblick auf das in § 113 Abs. 1 HGB enthaltene Wahlrecht zutreffend betont.

[139] Das wird zwar außer von Baumbach/Hueck/*Zöllner* Schlußanh I, 32 meist nicht ausdrücklich gesagt, ergibt sich aber im Umkehrschluß zur Anerkennung dieser Rechtsfolge im qualif. fakt. Konzern (vgl. dazu unten Rdn 158 ff).

organ des herrschenden Unternehmens durch Satzung oder Gesellschafterbeschlüsse gesetzten Schranken richten sich nach dem jeweiligen Organisationsrecht des herrschenden Unternehmens; Rückwirkungen aus dem Recht der abhängigen oder faktisch konzernierten GmbH bestehen nicht. In der herrschenden **Aktiengesellschaft** sind Mitspracherechte der Aktionäre bei der Leitung der abhängigen Gesellschaft zwar nicht schlechthin ausgeschlossen. Sie kommen aber nur bei Beteiligungen von wesentlicher Bedeutung für die AG in Betracht[140], während das Auskunftsrecht des § 131 AktG sich auch auf die Beziehungen der AG zu verbundenen Unternehmen erstreckt.

95 Ähnlich wie bei der AG ist die Rechtslage in einer **Personengesellschaft** (OHG, KG) als herrschendes Unternehmen. Die Grundlage für Mitspracherechte der nicht selbst an der Geschäftsführung beteiligten Gesellschafter bilden hier die Vorschriften der §§ 116 Abs. 2, 164 S. 1 HGB[141]. Ihre Informationsrechte nach §§ 118, 166 HGB umfassen auch die Rechtsbeziehungen der OHG oder KG zu verbundenen Unternehmen[142]. Darüber hinaus hat die Rechtsprechung im Fall 100%iger Beteiligung der Obergesellschaft an einer Tochter-GmbH den außenstehenden Gesellschaftern zu Recht auch Auskunfts- und Einsichtsrechte in bezug auf die eigenen Unterlagen der Tochtergesellschaft eingeräumt[143].

96 Im Fall der **GmbH** als herrschendes Unternehmen ergeben sich die Mitsprache-, Auskunfts- und Einsichtsrechte der GmbH-Gesellschafter problemlos aus dem allgemeinen GmbH-Recht. Die Geschäftsführer der herrschenden GmbH sind bei der Ausübung der Beteiligungsrechte an etwaige Weisungen der Gesellschafter gebunden; bei außergewöhnlichen Maßnahmen in bezug auf die Tochter-GmbH wie wesentliche Umstrukturierungen, große Investitionsvorhaben, Änderungen des Unternehmensgegenstands, Aufnahme dritter Gesellschafter oder Veräußerung der Beteiligung haben sie grundsätzlich zuvor das Votum der Gesellschafter einzuholen, wenn nicht die Satzung der Obergesellschaft eine entsprechende Ermächtigung enthält. Ihre Vertretungsmacht wird durch diese internen Schranken nicht berührt. Zur Ausübung von Beteiligungsrechten bei Vorhandensein eines mitbestimmten Aufsichtsrats vgl. § 32 MitbestG (dazu § 52, 294), zur Geltendmachung von Auskunfts- und Einsichtsrechten in bezug auf verbundene Unternehmen vgl. § 51 a, 23 ff.

IV. Der qualifizierte faktische Konzern

Schrifttum

a) **Monographien u. a.** *Altmeppen* Abschied vom „qualifiziert faktischen" Konzern – Verflechtungen im faktischen Unternehmensverbund und ihre Auswirkungen (1991); *Decher* Personelle Verflechtungen im Aktienkonzern – Loyalitätskonflikt und qualifizierter faktischer Konzern (1990); *Deilmann* Die Entstehung des qualifizierten faktischen Konzerns (1990); *Drüke* Die Haftung der Muttergesellschaft für Schulden der Tochtergesellschaft – Eine Untersuchung nach deutschem und US-amerikanischem Recht (1990); *Drygala* Der Gläubigerschutz bei der typischen Betriebsaufspaltung (1991); *Hirte* (Hrsg.), Der qualifizierte faktische Konzern, RWS-Dokumentation 12 (1992 und Fortsetzungsband 1993); *Holzwarth* Konzernrecht-

[140] Vgl. dazu im Anschluß an BGHZ 83, 122, 136 ff, 138 = NJW 1982, 1703 – Holzmüller näher *Koppensteiner* (Fn 12) Vorb. § 291, 35 ff mwN zum schwer überschaubaren Diskussionsstand. Grundsätzlich ablehnend *Mertens*-KölnKommAktG² § 76, 51 ff.

[141] Vgl. *Ulmer*-GroßkommHGB⁴ Anh § 105, 84.

[142] *Ulmer* aaO (Fn 141) Rdn 85.

[143] BGHZ 25, 115, 118 = NJW 1957, 1555; OLG Köln OLGZ 1967, 362, 365.

licher Gläubigerschutz bei der klassischen Betriebsaufspaltung (1994); *Hommelhoff/Stimpel/Ulmer* (Hrsg.), Heidelberger Konzernrechtstage: Der qualifizierte faktische GmbH-Konzern (1992), mit Beiträgen von Brandner, Hoffmann-Becking, Hommelhoff, Joost, Krieger, Lutter, Priester, K. Schmidt, Sigle, Stimpel, Ulmer, Westermann; *Limmer* Die Haftungsverfassung des faktischen GmbH-Konzerns (1991); *Möhring* Schutz der Gläubiger einer konzernabhängigen GmbH (1992); *Schramm* Konzernverantwortung und Haftungsdurchgriff im qualifizierten faktischen GmbH-Konzern (1991); *Versteegen* Konzernverantwortlichkeit und Haftungsprivileg (1993).

b) Aufsätze. (Auswahl). aa) Allgemeines. *Bälz* Einheit und Vielheit im Konzern, Festschrift Ludwig Raiser (1974) S. 287; *ders.* Verbundene Unternehmen, AG 1992, 277; *Emmerich* Das GmbH-Konzernrecht, AG 1975, 253; *ders.* Der heutige Stand der Lehre vom GmbH-Konzernrecht, AG 1987, 1; *Geßler* Neue Wege im GmbH-Konzernrecht?, DB 1971, 29; *ders.* Neue Vorschläge zum GmbH-Konzernrecht, DB 1973, 48; *ders.* Leitungsmacht und Verantwortlichkeit im faktischen Konzern, Festschrift Harry Westermann (1974) S. 145; *Lutter* Die zivilrechtliche Haftung in der Unternehmensgruppe, ZGR 1982, 244; *ders.* 100 Bände BGHZ: Konzernrecht, ZHR 151 (1987), 444; *ders.* Der qualifizierte faktische Konzern, AG 1990, 179; *Martens* Das Konzernrecht nach dem Referentenentwurf eines GmbH-Gesetzes – Kritik und Korrektur, DB 1970, 813; *Scheffler* Der qualifizierte faktische Konzern – Versuch einer betriebswirtschaftlichen Definition, AG 1990, 173; *Schilling* Grundlagen eines GmbH-Konzernrechts, Festschrift Hefermehl (1976) S. 383; *K. Schmidt* Konzernrecht, Minderheitenschutz und GmbH-Innenrecht – Zu einer Bestandsaufnahme des inneren GmbH-Konzernrechts, GmbH-Rdsch. 1979, 121; *ders.* Abhängigkeit und faktischer Konzern als Aufgabe der Rechtspolitik – Zu den Juristentagsgutachten von Druey und Hommelhoff, JZ 1992, 856; *Teubner* Die „Politik des Gesetzes" im Recht der Konzernhaftung – Plädoyer für einen sektoralen Konzerndurchgriff, Festschrift Steindorff (1990) S. 261; *Timm* Grundfragen des „qualifizierten" faktischen Konzerns im Aktienrecht – Bemerkungen zur „Banning"-Entscheidung des OLG Hamm v. 3. 11. 1986, NJW 1987, 977; *Ulmer* Der Gläubigerschutz im faktischen GmbH-Konzern beim Fehlen von Minderheitsgesellschaftern, ZHR 148 (1984) 391; *Wüst* Das Problem des Wirtschaftens mit beschränkter Haftung, JZ 1992, 710; *Zöllner* 100 Jahre GmbH – Überlegungen zu Grundfragen des GmbH-Rechts aus Anlaß ihres Jubiläums, JZ 1992, 381.

bb) Zu BGHZ 95, 330 – Autokran. *Assmann* Gläubigerschutz im faktischen GmbH-Konzern durch richterliche Rechtsfortbildung, JZ 1986, 881; *Ehlke* Konzerninduzierter Haftungsdruchgriff auf den GmbH-Gesellschafter?, DB 1986, 523; *Emmerich* Nachlese zum Autokran-Urteil des BGH zum GmbH-Konzernrecht, GmbH-Rdsch. 1987, 213; *Fleck* Die Rechtsprechung des Bundesgerichtshofs zum Recht der verbundenen Unternehmen, WM 1986, 1205; *Heinsius* Haftungsfragen im faktischen GmbH-Konzern, AG 1986, 99; *Hoffmann-Bekking* Vorstands-Doppelmandate im Konzern, ZHR 150 (1986), 570; *Kort* Die konzerngebundene GmbH in der Insolvenz, ZIP 1988, 681; *Kübler* Haftungstrennung und Gläubigerschutz im Recht der Kapitalgesellschaften – Zur Kritik der „Autokran"-Doktrin des Bundesgerichtshofs, Festschrift Heinsius (1991) S. 397; *Lehmann* Das Privileg der beschränkten Haftung und der Durchgriff im Gesellschafts- und Konzernrecht, ZGR 1986, 345; *Lutter* Die Haftung des herrschenden Unternehmens im GmbH-Konzern, ZIP 1985, 1425; *Paschke* Die kommunalen Unternehmen im Lichte des GmbH-Konzernrechts, ZHR 154 (1988), 263; *Priester* Unbeschränkte Konzernhaftung des GmbH-Gesellschafters, ZIP 1986, 137; *Rehbinder* Minderheiten- und Gläubigerschutz im faktischen GmbH-Konzern, AG 1986, 85; *Säcker* Zur Problematik von Mehrfachfunktionen im Konzern, ZHR 151 (1987) 59; *K. Schmidt* Zum Haftungsdurchgriff wegen Sphärenvermischung und zur Haftungsverfassung im GmbH-Konzern, BB 1985, 2074; *ders.* Konzernhaftung oder mitgliedschaftliche Haftung des privaten GmbH-Gesellschafters?, ZIP 1986, 146; *Schwark* Die Haftung des herrschenden Unternehmens im qualifizierten faktischen GmbH-Konzern, JuS 1987, 443; *Stimpel* Die Rechtsprechung des Bundesgerichtshofs zur Innenhaftung des herrschenden Unternehmens im GmbH-Konzern, AG 1986, 117; *ders.* „Durchgriffshaftung" bei der GmbH: Tatbestände, Verlustausgleich, Ausfallhaftung, in: Bilanz- und Konzernrecht, Festschrift Goerdeler (1987) S. 601; *Ulmer*, Gläubigerschutz im „qualifizierten" faktischen GmbH-Konzern, NJW 1986, 1579; *ders.* Verlustübernahmepflicht des herrschenden Unternehmens als konzernspezifischer Kapitalerhaltungsschutz, AG 1986, 123; *Werner* Probleme der Anwendung des § 303 AktG im qualifizierten faktischen GmbH-Konzern, Festschrift Goerdeler (1987) S. 677; *Wiedemann* Spätlese zu Autokran, ZGR 1986, 656; *J. Wilhelm* Konzernrecht und allgemeines Haftungsrecht, DB 1986, 2113.

cc) **Zu BGHZ 107, 7 – Tiefbau.** *Basten* Beschränkung der Verlustausgleichspflicht im qualifiziert faktischen GmbH-Konzern?, GmbH-Rdsch. 1990, 442; *Decher* Neues zum qualifizierten faktischen GmbH-Konzern, DB 1989, 965; *Gäbelein* Definition eines qualifizierten faktischen Konzerns, AG 1990, 185; *Geitzhaus* Verlustausgleichspflicht als Motor der Konzernplanung, GmbH-Rdsch. 1989, 397; *K. Schmidt* Verlustausgleich und Konzernleitungshaftung im qualifizierten faktischen GmbH-Konzern, ZIP 1989, 545; *Stimpel* Haftung im qualifizierten faktischen GmbH-Konzern, ZGR 1991, 144; *Vonnemann* Die Haftung im qualifizierten faktischen GmbH-Konzern, BB 1990, 217; *Ziegler* Verlustausgleich und Haftungsdurchgriff beim qualifizierten faktischen GmbH-Konzern, WM 1989, 1041, 1077.

dd) **Zu BGHZ 115, 187 – Video.** *Altmeppen* Grenzenlose Vermutungen im Recht der GmbH, DB 1991, 2225; *Bauder* Neue Haftungsrisiken im qualifizierten faktischen GmbH-Konzern, BB 1992, 1009; *ders.* Neue Entwicklungen beim qualifizierten faktischen GmbH-Konzern?, BB 1992, 1797; *Boujong* Zur Auslegung und Fortbildung des GmbH-Rechts in der neueren Judikatur des Bundesgerichtshofs, GmbH-Rdsch. 1992, 207; *Drygala* Konzernhaftung und Einmann-Richtlinie, ZIP 1992, 1528; *Ebenroth/Wilken* Verlustübernahme als Substitut konzernspezifischer Kapitalerhaltung, BB 1991, 2229; *Flume* Das Video-Urteil und das GmbH-Recht, DB 1992, 25; *ders.* Das Video-Urteil als eine Entscheidung des II. Senats des BGH aus dessen Selbstverständnis der Innehabung gesetzgeberischer Gewalt, ZIP 1992, 817; *Gäbelein* Ende der Haftungsgrenzen im Konzern? Video-Urteil des BGH, GmbH-Rdsch. 1992, 273; *Goette* Anmerkung zu BGH, Urt. v. 23. 9. 1991 – II ZR 135/90 [Video], DStR 1991, 1394; *Heydt* Die Haftung im qualifizierten faktischen Konzern, DStR 1992, 147; *Hommelhoff* Konzernpraxis nach „Video" – zugleich Erwiderung auf eine Urteilsschelte, DB 1992, 309; *Keßler* Der GmbH-Konzern nach dem „Video-Urteil" des BGH: Möglichkeiten einer Haftungsvermeidung, GmbH-Rdsch. 1992, 249; *Kindler* Gläubigerschutz im qualifizierten faktischen Einmann-GmbH-Konzern, JuS 1992, 636; *ders.* Gemeinschaftsrechtliche Grenzen der Konzernhaftung in der Einmann-GmbH, ZHR 157 (1993), 1; *Kleindiek* Strukturkonzepte für den qualifizierten faktischen GmbH-Konzern, ZIP 1991, 1330; *ders.* Haftung, freie Beweiswürdigung und Beweiserleichterung im qualifizierten faktischen GmbH-Konzern – Zugleich eine Bilanz der Heidelberger Konzernrechtstage, GmbH-Rdsch. 1992, 574; *Knobbe-Keuk* Zum Erdbeben „Video", DB 1992, 1461; *Kohl* Aller guten Dinge sind drei: Bemerkungen zum „Video"-Urteil des BGH v. 23. 9. 1991, MDR 1992, 204; *Lehmann* Schranken der beschränkten Haftung – Zur ökonomischen Legitimation des Durchgriffs bei der GmbH, GmbH-Rdsch. 1992, 200; *D. Mayer* Die Haftung im qualifizierten und faktischen GmbH-Konzern unter besonderer Berücksichtigung des „Video-Urteils" des BGH v. 23. 9. 1991, DStR 1992, 791; *W. Meilicke* Unvereinbarkeit der Video-Rechtsprechung mit EG-Recht, DB 1992, 1867; *Neye* Die Video-Rechtsprechung und das EG-Recht, DWiR 1992, 452; *Priester* Uneingeschränkter Verlustausgleich – zwingende Folge qualifizierter Konzernherrschaft?, Festschrift Semler (1993) S. 561; *W.-H. Roth* „Video"-Nachlese oder das (immer noch) vergessene Gemeinschaftsrecht, ZIP 1992, 1054; *K. Schmidt* Gleichordnung im Konzern – terra incognita? – Vorstudien und Thesen zu einem Recht der Konzernschwestern, ZHR 155 (1991) 417; *ders.* Zum Stand des Konzernhaftungsrechts bei der GmbH, ZIP 1991, 1325; *Schwarz/Fischer-Zernin* Bilanzielle und steuerliche Nachbeben infolge des „Video"-Urteils?, DB 1992, 1742; *Sonnenschein/Holdorf* Unbegrenzte Haftung eines GmbH-Gesellschafters im Konzern, JZ 1992, 715; *Stodolkowitz* Die Haftung im qualifizierten faktischen GmbH-Konzern nach der Rechtsprechung des Bundesgerichtshofs, ZIP 1992, 1517; *Timm* Das Recht der faktischen Unternehmensverbindungen im Umbruch, NJW 1992, 2185; *H. P. Westermann* Weichenstellungen im Recht des „qualifizierten faktischen GmbH-Konzerns", DWiR 1992, 197; *Wiedemann* Entwicklungen im Kapitalgesellschaftsrecht, DB 1993, 141.

ee) **Zu BGHZ 122, 123 – TBB.** *Burgard* Die Tatbestandsvoraussetzungen des qualifizierten faktischen GmbH-Konzerns und ihre Konkretisierung nach „TBB", WM 1993, 925; *Dry-*

gala Verhaltenshaftung im faktischen GmbH-Konzern, GmbH-Rdsch. 1993, 317; *Ebenroth/Wilken* Beweislast und Gesellschafterhaftung im qualifizierten faktischen GmbH-Konzern, ZIP 1993, 558; *Goette* Haftungsvoraussetzungen im qualifiziert faktischen Konzern, DStR 1993, 568; *Greiffenhagen* Fragen zu Funktion und Nachweis des Rechnungswesens im Zusammenhang mit dem Haftungsdurchgriff im qualifizierten faktischen (GmbH-)Konzern nach dem „TBB"-Urteil des BGH, WPg 1993, 525; *Kleindiek* Kurskorrektur im GmbH-Konzernrecht, DZWir 1993, 177; *Kohl* Die „TBB"-Entscheidung – Entwarnung im faktischen GmbH-Konzern?, MDR 1993, 715; *Kowalski* „TBB" – Rückkehr zu „Autokran"? – Korrektur der BGH-Rechtsprechung zur Haftung im qualifizierten faktischen GmbH-Konzern, GmbH-Rdsch. 1993, 253; *ders.* Anmerkung zu OLG Oldenburg, Urt. v. 7. 10. 1991 – 13 U 76/91 [TBB] und zu LG Oldenburg, Urt. v. 14. 3. 1991 – 15 O 478/88 [TBB], ZIP 1992, 1637; *Kropff* Das TBB-Urteil und das Aktienkonzernrecht, AG 1993, 485; *Kübler* Anmerkung zu BGH, Urt. v. 29. 3. 1993 – II ZR 265/91 [TBB], NJW 1993, 1204; *Limmer* Der qualifizierte faktische GmbH-Konzern nach „TBB" – Analyse und Folgerungen für die Praxis, DStR 1993, 765; *Lutter* Gefahren persönlicher Haftung für Gesellschafter und Geschäftsführer einer GmbH, DB 1994, 129; *ders.* Anmerkung zu BGH, Urt. v. 29. 3. 1993 – II ZR 265/91 [TBB], JZ 1993, 580; *Schanze* Anmerkung zu BGH, Urt. v. 29. 3. 1993 – II ZR 265/91 [TBB], AG 1993, 376; *K. Schmidt* „Konzernhaftung" nach dem TBB-Urteil – Versuch einer Orientierung, ZIP 1993, 549; *U. H. Schneider* Neues zum qualifizierten faktischen GmbH-Konzern: Das „TBB"-Urteil – Anmerkung zu BGH WM 1993, 687, WM 1993, 782; *Schüppen* Haftung im qualifiziert faktischen GmbH-Konzern und 12. EG-Richtlinie – Anmerkungen zum europarechtlichen Teil der „TBB"-Entscheidung des BGH (DB 1993, 825), DB 1993, 969; *Versteegen* Das TBB-Urteil als Wegbereiter einer allgemeinen Intransparenzhaftung in der GmbH? – Zugleich Anmerkung zum Urteil des BGH v. 29. 3. 1993, DB 1993, 1225; *H. P. Westermann* Das TBB-Urteil – ein Neuansatz bei der Haftung wegen qualifizierter faktischer Konzernierung?, ZIP 1993, 554.

A. Grundlagen

1. Das Schutzproblem

Die GmbH ist infolge ihres flexiblen Innenrechts, den grundsätzlich umfassenden 97
Weisungsbefugnissen der Mehrheit gegenüber den Geschäftsführern sowie infolge ihrer im Vergleich zur AG reduzierten, auf die Deckung des Stammkapitals beschränkten Kapitalbindung in besonderem Maße Gefahren aus der Mehrheitsherrschaft ausgesetzt. Die Gefährdung wirkt sich nicht nur auf die GmbH als juristische Person aus, sondern auch und vor allem auf ihre Minderheitsgesellschafter und Gläubiger, da der spekulative, mit erhöhten Risiken verbundene Einsatz der GmbH als Instrument der Unternehmensstrategie der Mehrheit letztlich zu Lasten von Minderheit und Gläubigern geht. Zwar bietet im Fall einer *eigenständigen GmbH* das Eigeninteresse der Mehrheit am Geschäftserfolg der GmbH typischerweise hinreichenden Schutz gegen derartige Spekulationsgefahren. Das Bild ändert sich jedoch bei Beteiligung eines **unternehmerisch tätigen Mehrheitsgesellschafters**, der auch außerhalb der GmbH geschäftliche Interessen verfolgt und daher leichter geneigt ist, die Belange der GmbH denjenigen seiner eigenen Unternehmenstätigkeit oder sonstiger mehrheitlich von ihm gehaltener Beteiligungen unterzuordnen.

Sieht man von den Fällen eines bestehenden Unternehmens- (insbesondere Be- 98
herrschungs-)Vertrags ab (vgl. dazu Rdn 198 ff), so bietet das GmbH-Recht der Minderheit und den Gläubigern Schutz vor den Gefahren aus einem faktischen Herrschafts-/Abhängigkeitsverhältnis, abgesehen von den Kapitalsicherungsvorschriften der §§ 30 bis 33, vor allem durch die Schadensersatzhaftung des herrschenden Unternehmens wegen Treupflichtverletzung (Rdn 76 ff). Das Eingreifen dieser Schutzinstrumente setzt jedoch voraus, daß entweder konkrete Vermögensverlagerungen zu Lasten der GmbH auf den Mehrheitsgesellschafter oder ein mit

ihm verbundenes Unternehmen unter Verstoß gegen §§ 30 ff GmbHG erfolgen oder daß sich sonstige schädigende Einflußnahmen der Mehrheit gegenüber der abhängigen GmbH feststellen lassen, die einen Schadensersatzanspruch der GmbH gegen die Mehrheit wegen schuldhafter Treupflichtverletzung (bzw. in der Einmann-GmbH: wegen eingriffsbedingter Bestandsgefährdung, vgl. Rdn 87) begründen. Sind derartige isolierbare Einzeleingriffe der Mehrheit nicht feststellbar, an die die genannten Rechtsbehelfe als Ausgleichsinstrumente anknüpfen können, so tut sich eine **Schutzlücke** gegenüber den mit der Mehrheitsherrschaft verbundenen Gefahren für die abhängige GmbH auf. Sie ist besonders fühlbar im Rahmen von *zentral geleiteten* GmbH-Konzernen, in denen die einzelnen GmbH-Töchter auf das Konzerninteresse ausgerichtet und wie Betriebsabteilungen der Konzernspitze geführt werden und in denen die Intensität, mit der die abhängige GmbH in den Dienst des Konzerninteresses gestellt wird, einen Einzelausgleich nachteiliger Einflußnahmen seitens des herrschenden Unternehmens wesentlich erschwert, wenn nicht unmöglich macht (sog. „qualifizierter faktischer" GmbH-Konzern).

99 Das Bestehen einer derartigen Schutzlücke ist seit über 30 Jahren bekannt; es bildete vor allem in den letzten 10 Jahren den Gegenstand einer Reihe höchstrichterlicher Entscheidungen und intensiver literarischer Erörterungen (vgl. näher Rdn 102 ff). Dabei konzentrierten sich die – im einzelnen z. T. erheblich differierenden – Lösungsvorschläge auf eine (Teil-)Analogie zu den Vorschriften über **Verlustausgleich und Sicherheitsleistung** zugunsten der Gläubiger einer beherrschten *Aktiengesellschaft* beim Bestehen eines Beherrschungsvertrags (§§ 302, 303 AktG), während abweichende, an die Geschäftsführerhaftung wegen schuldhaft sorgfaltswidriger Konzernleitung anknüpfende Konzepte sich nicht durchsetzten. Vorbehaltlich der bis heute nicht abschließend geklärten Frage nach den einzelnen Analogievoraussetzungen (Rdn 125 ff) bietet sich der Rückgriff auf diese Analogie schon deshalb an, weil die Gefährdung der beherrschten GmbH aufgrund eines wirksamen Beherrschungsvertrags sich nicht wesentlich von derjenigen unterscheidet, die ohne vertragliche Grundlage, kraft Mehrheits- oder Einmannbeteiligung und daraus folgender tatsächlicher Leitungsmacht verursacht werden und zur nachhaltigen Beeinträchtigung der Belange der abhängigen GmbH führen kann. – Zur Frage von *Konzernbildungsschranken* und zum Mitspracherecht der Gesellschafter der Obergesellschaft bei Begründung einer qualifizierten faktischen Konzernierung vgl. Rdn 60 ff, 70 a.

2. Entwicklung und Gang der Diskussion

100 **a) Das rechtspolitische Konzept des Arbeitskreises GmbH-Reform.** Erstmals systematisch erfaßt und zum Gegenstand eines eigenen Regelungsvorschlags gemacht wurden die Gefahren des „qualifizierten Konzerns" vom Arbeitskreis GmbH-Reform[144]. In seinen an den Gesetzgeber der großen GmbH-Reform gerichteten, 1972 publizierten rechtspolitischen Empfehlungen findet sich der folgende **Gesetzesvorschlag:**

§ 255 a

Verantwortlichkeit im qualifizierten Konzern

(1) Besteht kein Beherrschungsvertrag und wird das Eigeninteresse der abhängigen Gesellschaft mit beschränkter Haftung infolge eines von dem herrschenden Konzernunternehmen ausgeübten Einflusses nachhaltig beeinträchtigt, so kann jeder außenstehende Gesellschafter

---

144 *Arbeitskreis GmbH-Reform, Hueck/Lutter/Mertens/Rehbinder/Ulmer/Wiedemann/Zöllner* Thesen und Vorschläge zur GmbH-Reform, Bd. 2, 1972, S. 49 ff.

gegen eine angemessene Barabfindung aus der Gesellschaft ausscheiden. Die Barabfindung muß die Vermögens- und Ertragslage der Gesellschaft im Zeitpunkt des Ausscheidens des Gesellschafters berücksichtigen.

(2) Das herrschende Unternehmen hat jeden während der Dauer seiner Einflußnahme entstehenden Jahresfehlbetrag auszugleichen. § 240 Abs. 1 und 3 gilt entsprechend.

(3) Bilden die abhängige Gesellschaft mit beschränkter Haftung und das herrschende Unternehmen einen Konzern, so wird vermutet, daß das Eigeninteresse der abhängigen Gesellschaft nachhaltig beeinträchtigt wird.

(4) Das Eigeninteresse der abhängigen Gesellschaft ist insbesondere nachhaltig beeinträchtigt, wenn:

1. die Produktionsprogramme des Unternehmens der abhängigen Gesellschaft mit denjenigen des herrschenden Unternehmens oder der mit ihm konzernverbundenen Unternehmen koordiniert sind;
2. die Geschäftsführerposten mit Organmitgliedern oder leitenden Angestellten des herrschenden Unternehmens oder mit ihm konzernverbundener Unternehmen besetzt sind oder gemeinsame Führungsorgane errichtet werden;
3. wesentliche unternehmerische Teilfunktionen aus dem Unternehmen der abhängigen Gesellschaft ersatzlos ausgegliedert und von dem herrschenden Unternehmen oder einem mit ihm konzernverbundenen Unternehmen wahrgenommen werden.

Zur **Begründung** heißt es[145], es erscheine notwendig, für den qualifizierten faktischen GmbH-Konzern eine Sonderregelung einzuführen, erstens weil die Regelung des Vor- und Nachteilsausgleichs in wirtschaftlichen Einheitsunternehmen nicht durchführbar sei, zweitens weil eine derartige Konzernbindung die personalistische GmbH stärker verändere als die Aktiengesellschaft. Der Vorschlag verzichte allerdings auf die mit einem Beherrschungsvertrag zu erzielende Koppelung von Mehrheits-(Weisungs-)rechten und Minderheits-(Schutz-)rechten: Auch ohne dem herrschenden Unternehmen das Recht zu unkontrollierten Weisungen einzuräumen, müsse den außenstehenden Gesellschaftern und den Gläubigern Schutz gewährt werden. Die Schwierigkeiten des Vorschlags lägen in der *Abgrenzung* des qualifizierten Konzerns von sonstigen Konzerntatbeständen. Das gesuchte Kriterium solle die Grenze angeben, jenseits derer die juristische Person zwar noch formell (in ihrer Rechtsfähigkeit und Organisation), aber nicht mehr materiell als selbständig anerkannt werden könne, weil in wirtschaftlicher Sicht eine Interesseneinheit mit dem herrschenden Unternehmen vorliege. Hierzu sei auf das abstrakte Merkmal nachhaltiger – d. h. sachlich umfassender und zeitlich andauernder – Beeinträchtigung der Eigeninteressen der abhängigen Gesellschaft abzustellen. 101

b) Erste Befürworter einer Verlustübernahmepflicht nach geltendem Recht. 102
Auch wenn der rechtspolitische Vorschlag des Arbeitskreises GmbH-Reform – nicht zuletzt aus Praktikabilitätsgründen – teilweise auf Bedenken stieß[146], gab er in der Folgezeit doch Anlaß zu vermehrten Überlegungen darüber, ob nicht das Haftungssystem im aktienrechtlichen Vertragskonzern und insbesondere die **Verlustübernahmepflicht des § 302 AktG** auf Fälle des qualifizierten, durchgeführten Konzerns zu übertragen sei. Teilweise wurde vertreten, durch Ausübung umfassender Leitungsmacht gegenüber der abhängigen GmbH komme kraft schlüssigen Verhaltens ein Beherrschungsvertrag mit dem herrschenden Unternehmen zu-

---

[145] AaO (Fn 144) S. 67.

[146] Krit. bis ablehend insbes. *Geßler* DB 1973, 48, 51 f; *U. H. Schneider* BB 1981, 249, 259; *H. P. Westermann* in: Der GmbH-Konzern (1976) S. 25, 42 f; zust. *Flume* I/2 § 4 IV S. 122 f, 130; *Schilling* Festschrift Hefermehl (1976) S. 383, 394; *K. Schmidt* GmbH-Rdsch. 1979, 121, 130. Näher dazu sowie zum Folgenden *Ulmer* ZHR 148 (1984), 391, 422 ff.

stande[147] oder die Minderheitsgesellschafter könnten den Abschluß vom herrschenden Unternehmen verlangen[148]. Andere bejahten einen Anspruch auf Verlustübernahme in Analogie zu § 302 AktG unter Hinweis darauf, daß dem herrschenden GmbH-Gesellschafter auch ohne vertragliche Absicherung ein Weisungsrecht gegenüber der GmbH zustehe[149]. Von dritter Seite wurde die Verlustübernahmepflicht als eine Art pauschalierter Schadensersatzsanktion des herrschenden Unternehmens wegen ständiger schädigender Einflußnahme auf die abhängige Gesellschaft begründet[150]. Zur exakten Herausarbeitung konkreter Kriterien, an deren Vorliegen die Rechtsfolge der Verlustübernahme zu knüpfen sei, kam es freilich bei keiner dieser Meinungen.

103 c) **Die BGH-Rechtsprechung von Autokran über Tiefbau und Video zu TBB.** Ihren praktischen Durchbruch erzielte die (Teil-)Analogie zu §§ 302, 303 AktG – nach dem eine GmbH & Co KG betreffenden, noch als Einzelfallentscheidung verstandenen Gervais-Urteil aus dem Jahre 1979[151] – mit dem Grundsatzurteil des II. Zivilsenats des BGH vom 16. 9. 1985 in Sachen **Autokran**[152]. Der BGH bejahte dort in entsprechender Anwendung (oder richtiger: Fortentwicklung) des § 303 Abs. 1 AktG eine *Ausfallhaftung des herrschenden Konzernunternehmens* gegenüber Gläubigern der abhängigen Gesellschaft mbH, die bei dieser wegen Vermögenslosigkeit ausgefallen waren, wenn das herrschende Unternehmen die Geschäfte der abhängigen GmbH dauernd und umfassend selbst geführt hatte. Die dauernde und umfassende Ausübung der Geschäftsführung begründe die Vermutung, daß auf die eigenen Belange der einzelnen Gesellschaften der Unternehmensgruppe keine Rücksicht genommen worden sei, sondern daß das Konzerninteresse ihre Geschäftstätigkeit entscheidend bestimmt habe. Das herrschende Unternehmen könne die Vermutung aber dadurch entkräften, daß es ähnlich wie nach § 317 Abs. 2 AktG dartue, der pflichtgemäß handelnde Geschäftsführer einer selbständigen GmbH würde deren Geschäfte unter den gegebenen Umständen nicht anders geführt haben. Ob neben oder im Vorfeld der Ausfallhaftung des herrschenden Unternehmens auch dessen Verlustübernahmepflicht in Betracht komme, sei im Fall einer abhängigen Einmann-GmbH zweifelhaft, bedürfe hier aber keiner Entscheidung.

104 Im folgenden Urteil vom 20. 2. 1989 (**Tiefbau**)[153] führte der Senat die mit „Autokran" begonnene Rechtsprechung im Grundsatz fort und erstreckte sie ausdrücklich auf die *Verlustübernahmepflicht* des herrschenden Unternehmens gegenüber der abhängigen (Mehrpersonen-)GmbH. Auch stellte er klar, daß der Tatbestand des qualifizierten faktischen Konzerns schon dann gegeben sein könne, wenn sich die dauernde und umfassende Leitung seitens des herrschenden Unternehmens auf die *finanziellen Entscheidungen* der abhängigen Gesellschaft beschränke. Zu einer Modifikation gegenüber „Autokran" kam er jedoch hinsichtlich der Widerlegung der Vermutung, daß auf die eigenen Belange der abhängigen Gesellschaft keine

---

147 So noch *Emmerich* AG 1975, 253, 285, 288 f; für die Einmann-GmbH auch *Flume* I/2 § 4 IV S. 130.

148 So *Martens* DB 1970, 865, 868 f; dagegen *Arbeitskreis GmbH-Reform* (Fn 144) S. 51 f; *Schilling* (Fn 146) S. 398.

149 So namentlich *Schilling* (Fn 146) S. 393 f, 398 f.

150 Rowedder/*Koppensteiner* Anh § 52, 61 b; für die AG auch *Bälz* AG 1992, 277, 307; vgl. ferner *Wilhelm* Rechtsform und Haftung bei der juristischen Person (1981) S. 330 f; *ders.* Festschrift Flume, Bd. II (1978) S. 337, 391 ff.

151 BGH WM 1979, 937, 941: Verpflichtung des herrschenden Unternehmens zur Verlustübernahmepflicht gegenüber der GmbH & Co. KG wegen umfassender Eingliederung im Einvernehmen aller Gesellschafter.

152 BGHZ 95, 330, 339 (345 ff) = NJW 1986, 188.

153 BGHZ 107, 7, 15 ff = NJW 1989, 1800.

Rücksicht genommen worden sei, sondern das Konzerninteresse die Geschäftstätigkeit bestimmt habe. Insoweit verzichtete er unter dem Eindruck verbreiteter Kritik im Schrifttum[154] auf die Anlehnung an § 317 Abs. 2 AktG; zur Vermeidung der Verlustübernahmepflicht ließ er stattdessen den Kausalitätsgegenbeweis des herrschenden Unternehmens zu, daß die eingetretenen Verluste auf Umständen beruhen, die mit der Ausübung der Leitungsmacht nichts zu tun haben[155].

Eine weitere Fortentwicklung und deutliche Verschärfung erfuhr die Rechtsprechung sodann im dritten Grundsatzurteil **Video** vom 23. 9. 1991[156]. Es ging dort um die analog § 303 Abs. 1 AktG bejahte Ausfallhaftung des Alleingesellschafter/-geschäftsführers einer vermögenslosen GmbH, der zugleich ein einzelkaufmännisches Unternehmen betrieb und an weiteren Gesellschaften mbH maßgebend beteiligt war. In konsequenter Fortentwicklung der durch „Tiefbau" modifizierten „Autokran"-Grundsätze bejahte der Senat (obiter) die *Verlustübernahmepflicht* des herrschenden Unternehmens im qualifizierten faktischen Konzern auch gegenüber der Einmann-GmbH, es sei denn, daß bei der Entstehung der Verluste das Konzerninteresse keine Rolle gespielt habe. Für die *Ausfallhaftung* entsprechend § 303 AktG sei allerdings nicht entscheidend, ob die Verluste der abhängigen GmbH vom herrschenden Unternehmen während der Dauer der Konzernherrschaft tatsächlich ausgeglichen worden seien oder nicht. Den Gläubigern, die bei der im übrigen vermögenslosen GmbH ausgefallen sind, könne nicht zugemutet werden, bei ihr zunächst das Konkursverfahren in Gang zu setzen oder den Weg über die Pfändung und Überweisung des Verlustübernahmeanspruchs der GmbH zu beschreiten. **105**

Das Video-Urteil und insbesondere sein auch nach Ansicht eines Mitglieds des entscheidenden Senats zu weit gefaßter erster Leitsatz[157] riefen in Fachkreisen die nicht unbegründete Befürchtung hervor, künftig müsse jeder Mehrheits- oder Alleingesellschafter einer GmbH, der gleichzeitig ihr einziger Geschäftsführer und außerdem als Einzelkaufmann unternehmerisch tätig ist, mit der Pflicht zur Übernahme der Verluste der abhängigen GmbH und – bei deren Insolvenz – mit der Ausfallhaftung gegenüber GmbH-Gläubigern rechnen. Damit sei zugleich der Haftungsausschluß nach § 13 Abs. 2 GmbHG für weite Bereiche des GmbH-Rechts grundsätzlich in Frage gestellt. Unter dem Eindruck verbreiteter, nachhaltiger Kritik an dieser Linie[158] entschloß sich der BGH daher im vierten einschlägigen Urteil vom 29. 3. 1993 (**TBB**)[159] zu einer deutlichen, als „Klarstellung" bezeichneten *Kurskorrektur.* Danach bildet den zentralen Haftungstatbestand nicht die dauernde und umfassende Leitung der abhängigen Gesellschaft; auch läßt sich darauf keine Vermutung nachteiliger Einflußnahme stützen. Entscheidend kommt es vielmehr auf die – entgegen der bisherigen Rechtsprechung grundsätzlich vom Kläger darzulegende und ggf. von ihm zu beweisende – Ausübung der Konzernleitungsmacht in einer Weise an, die keine angemessene Rücksicht auf die eigenen Belange der abhängigen Gesellschaft nimmt, ohne daß sich der ihr insgesamt durch die Konzernleitung **106**

---

[154] *Ulmer* AG 1986, 123, 128; *ders.* NJW 1986, 1579, 1585; *Stimpel* Festschrift Goerdeler (1987) S. 601, 618 f; *K. Schmidt* BB 1985, 2074, 2078; *Rehbinder* AG 1986, 85, 96.

[155] BGHZ 107, 7, 18 = NJW 1989, 1800; dazu auch BGHZ 116, 37, 42 = NJW 1992, 505 – Stromlieferung; krit. *Hommelhoff* DB 1992, 309, 310, 314; *Wiedemann* DB 1993, 141, 151 f.

[156] BGHZ 115, 187, 189 = NJW 1991, 3142.

[157] *Stodolkowitz* ZIP 1992, 1517, 1523.

[158] Vgl. neben den Nachw. in Fn 170, 191 insbes. die Beiträge in Hommelhoff/Stimpel/Ulmer (Fn 56); ferner die Gutachten (*Hommelhoff* und *Druey*), Referate (*Hoffmann-Becking* und *Zöllner*) und Diskussionsbeiträge zum 59. DJT (1992).

[159] BGHZ 122, 123 = NJW 1993, 1200.

zugefügte Nachteil mit Hilfe von Einzelausgleichsmaßnahmen kompensieren ließe. Auf die Einzelheiten dieser neuen Linie ist zurückzukommen (vgl. Rdn 125 ff).

107 d) **Die sonstige Rechtsprechung.** Die mit „Autokran“ begonnene, mit „Tiefbau“ und „Video“ fortgeführte bzw. verschärfte BGH-Rechtsprechung zur Haftung im qualifizierten faktischen Konzern stieß bei den **Zivilgerichten der 1. und 2. Instanz** auf z. T. starken Widerhall. Es kam zu einer Reihe von Entscheidungen, in denen – unter teilweise großzügiger Bejahung der Haftungsvoraussetzungen – das herrschende Unternehmen zur Verlustübernahme[160] bzw. zur Ausfallhaftung[161] verurteilt wurde. Hervorhebung verdient vor allem die Entscheidung des KrG Erfurt vom 29. 7. 1991, in der die Treuhandanstalt unter zweifelhafter Heranziehung der vom BGH in der „Autokran“-Entscheidung entwickelten Grundsätze zur Haftung für Sozialplanansprüche gegen Treuhandunternehmen verurteilt wurde[162]. Den dadurch der Treuhandanstalt und damit letztlich dem Bund drohenden finanziellen Belastungen ist der Gesetzgeber mit der Vorschrift des § 28 a EGAktG begegnet (dazu Fn 25).

108 Auch das **Bundesarbeitsgericht** hat sich der früheren Rechtsprechung des BGH in mehreren Urteilen angeschlossen[163]. So hat es in seiner Entscheidung vom 15. 1. 1991 die Haftung der alleinigen Gesellschafterin der Komplementär-GmbH einer vermögenslosen GmbH & Co KG für Abfindungs- und Gehaltsansprüche eines Arbeitnehmers der KG unter Bezugnahme auf die „Autokran“-Entscheidung des BGH für den Fall bejaht, daß die anderweitig unternehmerisch tätige Beklagte die Geschäfte der KG wie die einer Betriebsabteilung geführt hatte[164]. Mit Urteil vom 6. 10. 1992 hat das BAG unter Heranziehung der Grundsätze der „Video“-Entscheidung des BGH den Geschäftsführer und Mehrheitsgesellschafter einer vermögenslosen GmbH, der u. a. auch ein einzelkaufmännisches Unternehmen betrieb, zur Zahlung einer von der GmbH geschuldeten Betriebsrente verurteilt, da er die Geschäfte der GmbH dauernd und umfassend geführt habe[165]. Erschöpfen sich die Gründe der beiden genannten Entscheidungen im wesentlichen in der Verweisung auf die einschlägige BGH-Judikatur, so finden sich im Urteil vom 28. 4. 1992, in dem der Klage auf Betriebsrentenanpassung gem. § 16 BetrAVG unter Hinweis auf die wirtschaftliche Leistungsfähigkeit des herrschenden Unternehmens stattgegeben wurde, eingehende Ausführungen zum Vorliegen eines qualifizierten faktischen GmbH-Konzerns[166].

109 Vor allem angesichts des letztgenannten, noch ganz im Sinne der „Video“-Entscheidung formulierten Urteils der BAG überrascht es, daß der BGH vor der Modifikation seiner Rechtsprechung in „TBB“ darauf verzichtet hat, den Gemeinsamen Senat der obersten Gerichtshöfe des Bundes anzurufen oder eine interne Abstimmung mit dem 3. Senat des BAG zu suchen. Die **Diskrepanz zwischen BGH und**

---

160 LG Köln ZIP 1989, 1565, 1567 ff; vgl. auch OLG Karlsruhe ZIP 1992, 1394, 1399: Während des laufenden Konkursverfahrens besteht außer dem Anspruch der Masse auf Verlustübernahme ein solcher der Gläubiger nur auf Sicherheitsleistung.

161 KrG Erfurt ZIP 1991, 1233, 1249 ff; OLG Köln ZIP 1990, 1075, 1077 f m. Anm. *Altmeppen*; OLG Oldenburg ZIP 1992, 1631, 1632; OLG Saarbrücken ZIP 1992, 1623 m. Anm. *Drygala*; LG Oldenburg ZIP 1992, 1632, 1635 ff m. Anm. *Kowalski*; AG Düsseldorf AG 1994, 87.

162 KrG Erfurt ZIP 1991, 1233, 1249 ff; dazu *Weimar/Alfes* ZIP 1991, 1529 ff.

163 Vgl. neben den Nachw. in Fn 164 bis 166 noch BAG ZIP 1993, 1330, 1333 f betr. den Widerruf von Versorgungszusagen gem. § 7 Abs. 1 S. 3 Nr. 5 BetrAVG (dazu Fn 168); näher zur BAG-Rspr. *Windbichler* (1994) S. 1287.

164 BAG ZIP 1991, 884, 888 f = AG 1991, 434; dazu *Schanze/Kern* AG 1991, 421 ff.

165 BAG ZIP 1993, 380, 382 f = GmbH-Rdsch. 1993, 218.

166 BAG ZIP 1992, 1566, 1569 f = AG 1993, 380.

BAG ist offensichtlich; die Feststellung des BGH im TBB-Urteil, den Entscheidungen des BAG liege keine andere rechtliche Beurteilung zugrunde, als sie der BGH nunmehr vertritt[167], ist schwer nachvollziehbar[168]. In seiner Entscheidung vom 14. 12. 1993 folgt das BAG nunmehr der neuen Linie des BGH[168a].

e) **Das Echo in der Literatur.** *α*) **Überblick.** In der Literatur herrscht jedenfalls im Ergebnis eindeutig die Zustimmung zur Bejahung einer Haftung des herrschenden Unternehmens im qualifizierten faktischen Konzern vor[169]; demgegenüber beschränkt sich die generelle Ablehnung auf wenige Stimmen[170]. Im einzelnen ist freilich vieles streitig, wobei der Diskussionsstand angesichts der außerordentlich großen Zahl von Stellungnahmen kaum noch zu überschauen ist[171]. Mit der in dieser Situation gebotenen radikalen Vereinfachung läßt sich festhalten, daß am „Autokran"-Urteil zwar im Hinblick auf den methodischen Ansatz und in bezug auf eine Reihe von Details Kritik geäußert wurde, die grundsätzliche Bejahung eines Schutzbedürfnisses der Gläubiger im qualifizierten faktischen Konzern jedoch ganz überwiegend auf Zustimmung stieß. Das literarische Echo auf „Tiefbau" war demgegenüber deutlich schwächer und überwiegend positiv. Es erweckte den Eindruck, daß der neue Tatbestand der Konzernhaftung ungeachtet der noch offenen Detailfragen in Fachkreisen im Grundsatz akzeptiert sei und man sich darauf eingerichtet habe. Um so bemerkenswerter war dann die sehr verbreitete, vielfältige Kritik an „Video", das als radikaler Bruch mit der Haftungsverfassung der GmbH empfunden wurde. Demgegenüber wurde „TBB", das ebenfalls schon kurz nach Bekanntwerden auf ein relativ starkes literarisches Echo stieß, ganz überwiegend und mit Erleichterung als Rückkehr zur Normalität verstanden. 110

Auf die zahlreichen **Einzelfragen zur Konzernhaftung**, die in Reaktion auf die drei ersten BGH-Urteile in der Literatur erörtert wurden, kann hier nicht eingegangen werden[172]. Sie sind inzwischen zumindest teilweise dadurch überholt, daß der BGH seine Rechtsprechung in „TBB" trotz unveränderter Anknüpfung an §§ 302, 303 AktG wesentlich modifiziert, wenn nicht sogar auf eine neue Grundlage gestellt hat. Es genügt der Hinweis auf zwei zentrale Punkte der Diskussion, die auch im Lichte der veränderten Rechtsprechung aktuell bleiben dürften: die Frage nach der ratio der Haftung des herrschenden Unternehmens als Verhaltens- oder Strukturhaf- 111

[167] BGHZ 122, 123, 134 = NJW 1993, 1200.

[168] So zu Recht *Lutter* JZ 1993, 580, 581 f; *Emmerich/Sonnenschein* Konzernrecht[5], § 24 III 4 e S. 464 Fn 156. – Im Urteil des BAG vom 16. 3. 1993 (ZIP 1993, 1330, 1333) wird zwar bereits das „TBB"-Urteil vom 29. 3. 1993 zitiert; die sachliche Position des BGH und damit auch diejenige des BAG werden dagegen noch ganz im Sinne der „Video"-Entscheidung wiedergegeben.

[168a] BAG ZIP 1994, 729, 731 f.

[169] Vgl. etwa Scholz/*Emmerich* Anh KoR 216 ff; Baumbach/Hueck/*Zöllner* Schlußanh I, 29; *Lutter/Hommelhoff* Anh § 13, 21; *Raiser* Recht der Kapitalgesellschaften[2] § 53, 46 ff; *K. Schmidt* Gesellschaftsrecht[2] § 39 III 3 b S. 1015 ff; *Lutter* ZIP 1985, 1425 ff; *Rehbinder* AG 1986, 85, 97 ff; *Stimpel* ZGR 1991, 144 ff; *Ulmer* NJW 1986, 1579 ff; *ders.* AG 1986, 123 ff; *Wiedemann* ZGR 1986, 656 ff; jew. mwN.

[170] So insbes. Rowedder/*Koppensteiner* Anh § 52, 61 b; *Altmeppen* Abschied vom „qualifiziert faktischen" Konzern (1991) S. 71 ff; *ders.* DB 1991, 2225, 2228 f; *Flume* DB 1992, 25 ff; *ders.* ZIP 1992, 817 ff; *Gäbelein* AG 1990, 185 ff; *Heinsius* AG 1986, 99, 103 f; *Knobbe-Keuk* DB 1992, 1461, 1462 f; *Lehmann* Festschrift Beusch (1993) S. 479, 485 ff, 492 ff; *Versteegen* Konzernverantwortlichkeit und Haftungsprivileg (1993) S. 137 ff (293 ff) und DB 1993, 1225 ff, der statt dessen eine allg. Intransparenzhaftung befürwortet (dagegen aber zu Recht *Hommelhoff* ZGR 1994, 395, 418 f).

[171] Vgl. dazu sowie zum Folgenden die Schrifttums-Nachw. vor Rdn 97; ferner die Dokumentation des einschlägigen Schrifttums bei *Hirte* Der qualifizierte faktische Konzern (1992 und Fortsetzungsband 1993).

[172] Umfassend *Assmann* Festschrift 100 Jahre GmbH-Gesetz (1992), S. 657 ff; ferner *ders.* JZ 1986, 881 ff, 928 ff; *Lutter* AG 1990, 179 ff; *Wiedemann* ZGR 1986, 656 ff.

tung (Rdn 112 f) und das Problem der Haftungserstreckung auf das Privatvermögen des herrschenden Unternehmens als natürliche Person (Rdn 114 f).

112 **β) Verhaltens- oder Strukturhaftung?** Die Frage, ob die Haftung des herrschenden Unternehmens im qualifizierten faktischen Konzern als Verhaltens- oder Strukturhaftung zu qualifizieren sei, wurde schon im Anschluß an das „Autokran"-Urteil lebhaft diskutiert[173]. Die Anhänger der Struktur- (oder Zustands-)haftung beriefen sich auf eine aus der dauernden und umfassenden Führung der Geschäfte der abhängigen GmbH folgende Vermutung, daß das herrschende Unternehmen auf die eigenen Belange der abhängigen GmbH keine Rücksicht genommen, sondern die Geschäftstätigkeit der abhängigen GmbH am Konzerninteresse ausgerichtet habe. Darin sah man eine deutliche Parallele zu der Strukturhaftung in §§ 302, 303 AktG[174]. Demgegenüber verwiesen die Vertreter der Verhaltenshaftung auf die vom BGH im „Autokran" zugelassene Möglichkeit, in Anlehnung an § 317 Abs. 2 AktG die Vermutung der Beeinträchtigung des abhängigen Unternehmens durch den Nachweis übereinstimmenden hypothetischen Verhaltens des pflichtmäßig handelnden Geschäftsführers einer unabhängigen GmbH zu widerlegen[175]. Nachdem diese Widerlegungsmöglichkeit in „Tiefbau" und „Video" fallengelassen worden und als Grund für den Haftungsausschluß nur die Berufung auf die fehlende Kausalität zwischen Konzernleitung und Verlustentstehung verblieben war (Rdn 104 f), schien die Entscheidung zugunsten der (eingeschränkten) Strukturhaftung gefallen. Demgegenüber wird das Abstellen in „TBB" auf die – vom BGH als „objektiver Mißbrauch" bezeichnete – nachhaltige Beeinträchtigung der eigenen Belange der abhängigen Gesellschaft zugunsten der Konzerninteressen überwiegend als Rückkehr zur bzw. Bestätigung der Verhaltenshaftung gewertet[176].

113 **Stellungnahme.** Die Gegenüberstellung von Verhaltens- und Strukturhaftung (oder zutreffender: Verletzungs- und Gefährdungshaftung[177]) und die Entscheidung für den einen oder den anderen Haftungstyp vermag im Hinblick auf die Haftung im qualifizierten faktischen Konzern nicht zu überzeugen. In Wirklichkeit enthält die Konzernhaftung – gerade auch in ihrer Ausprägung durch „TBB" – *Elemente beider Haftungstypen*[178]. Das Verhaltenselement findet sich in dem Erfordernis nachhaltiger Beeinträchtigung der Belange des abhängigen Unternehmens durch das herrschende Unternehmen im Konzerninteresse, freilich ohne daß es im Unterschied

[173] Dazu eingehend und mwN *Assmann* JZ 1986, 928, 934 ff; *Rehbinder* AG 1986, 85, 95 ff; *K. Schmidt* ZIP 1989, 545 ff; *Drüke* Die Haftung der Muttergesellschaft für Schulden der Tochtergesellschaft (1990) S. 173 ff; *Limmer* Die Haftungsverfassung des faktischen GmbH-Konzerns (1992) S. 285 ff.

[174] So insbes. Baumbach/Hueck/*Zöllner* Schlußanh I, 29 f; *Assmann* JZ 1986, 928, 934 ff; *Stimpel* Festschrift Goerdeler (1987) S. 601, 609 ff; *Ulmer* NJW 1986, 1579, 1583; *ders.* AG 1986, 123, 126 f; *Wiedemann* Unternehmensgruppe S. 82 f; *K. Schmidt* ZIP 1989, 545, 547 ff und BB 1985, 2074, 2077, der freilich die „Autokran"-Entscheidung im Sinne einer – von der konzernspezifischen Strukturhaftung zu unterscheidenden – Verhaltenshaftung qualifiziert.

[175] So namentlich *Lutter* ZIP 1985, 1425, 1433 f; *ders.* in Hommelhoff/Semler/Doralt/Roth, Entwicklungen im GmbH-Konzernrecht (1986) S. 207 ff; *Priester* ZIP 1986, 137, 144; *Rehbinder* AG 1986, 85, 96; *Schwark* JuS 1987, 443, 449.

[176] *Lutter* JZ 1993, 580 f; *Drygala* GmbH-Rdsch. 1993, 317, 319; *Ebenroth/Wilken* ZIP 1993, 558, 559; *Kowalski* GmbH-Rdsch. 1993, 253, 255; *Krieger* ZGR 1994, 375, 377 f; *Kropff* AG 1993, 485, 487; *Schanze* AG 1993, 376, 378 f; aA *Holzwarth*, Konzernrechtlicher Gläubigerschutz bei der klassischen Betriebsaufspaltung (1993) S. 151 ff; *Hommelhoff* ZGR 1994, 395, 400 f, 417 f.

[177] Dazu *Stimpel* ZGR 1991, 144, 148; *Ulmer* in Hommelhoff/Stimpel/Ulmer (Fn 14) S. 65, 71 f.

[178] In diesem Sinne *Assmann* (Fn 172) S. 725 f; *Burgard* WM 1993, 925, 927 ff (930); *K. Schmidt* ZIP 1991, 1325, 1327; *Stimpel* ZGR 1991, 144, 151 ff; *Westermann* ZIP 1993, 554, 556.

zum Regelfall der Verhaltenshaftung auf ein Verschulden des herrschenden Unternehmens ankommt (zur Frage der Rechtswidrigkeit des Verhaltens vgl. Rdn 131). Schon deshalb ist auch der Reklamierung des TBB-Urteils durch *Lutter* als Übernahme seiner Formel von der Pflicht zur „ordnungsgemäßen (Konzern-)Geschäftsführung" nicht zu folgen; gegen sie spricht auch, daß es nach dem TBB-Urteil nicht auf die *Konzern*geschäftsführung ankommt, sondern auf diejenige der abhängigen Gesellschaft[179]. Demgegenüber liegt das Strukturelement in der Anknüpfung der Haftung an die (qualifizierte faktische) Konzernsituation, d. h. an die aus der einheitlichen Leitung im Konzerninteresse folgende, zur nachhaltigen Beeinträchtigung führende besondere Gefährdungslage. Hierin zeigt sich zugleich die fortbestehende Parallele zur Haftung beim Bestehen eines Beherrschungsvertrags (§§ 302, 303 AktG), bei der die strukturelle Grundlage außer Zweifel stehen dürfte. Will man die Konzernhaftung des herrschenden Unternehmens auf einen allgemeinen Grundgedanken zurückführen, so bietet sich als Parallele die Risikohaftung des Geschäftsherrn auf Aufwendungsersatz nach § 670 BGB an[180], wobei tertium comparationis die – der Stellung des Beauftragten vergleichbare – Instrumentalisierung der abhängigen GmbH für das Konzerninteresse auf Betreiben des herrschenden Unternehmens unter Inkaufnahme der damit verbundenen Beeinträchtigung ihrer Belange ist.

γ) **Haftungsausschluß zugunsten des Privatvermögens des herrschenden Unternehmens?** Für den Fall, daß als konzernleitend tätiger Mehrheitsgesellschafter eine natürliche Person auftritt, wird von gewichtigen Stimmen gefordert, jedenfalls das Privatvermögen des Mehrheitsgesellschafters von der Konzernhaftung auszunehmen[181]. Das soll entweder dadurch erreicht werden, daß für das Konzernhaftungsrecht der seit VEBA/Gelsenberg[182] anerkannte teleologische Unternehmensbegriff (Rdn 20) eingeschränkt und eine *natürliche Person* als Mehrheitsgesellschafter, jedenfalls wenn sie nicht zugleich als Einzelkaufmann tätig ist, trotz maßgeblicher Beteiligung auch an anderen Gesellschaften *nicht als Unternehmen* behandelt wird[183]. Der Rückgriff auf die Vermögenswerte der sonstigen Konzernunternehmen brauche an der Verneinung der Unternehmensqualität eines an zwei oder mehr Gesellschaften beteiligten, diese einheitlich leitenden Mehrheitsgesellschafter nicht zu scheitern. Vielmehr biete sich dafür die Figur des qualifizierten Gleichordnungskonzerns an, in dem die Schwestergesellschaften, die den Gleichordnungskonzern bilden, als Verlustgemeinschaft zu behandeln seien[184]. Alternativ wird gefordert, für natürliche Personen als Konzernspitze zumindest das „Privileg der Haftungsverschonung" hinsichtlich ihres Privatvermögens anzuerkennen[185]. **114**

[179] Gegen *Lutter* JZ 1993, 580 f und zuvor schon *ders.* ZGR 1982, 244, 266 f, ZIP 1985, 1425, 1433 ff u. a. zu Recht auch *Burgard* WM 1993, 925, 930.

[180] Vgl. bereits *Ulmer* in Hommelhoff/Stimpel/Ulmer (Fn 56) S. 73; *K. Schmidt* daselbst S. 109, 112 f; für Anwendbarkeit des § 670 BGB anstelle analoger Anwendung der §§ 302 f AktG *Altmeppen* (Fn 170) S. 73 ff unter Heranziehung entspr. Überlegungen von *Schilling* (Fn 146) S. 389, *Reuter* ZHR 146 (1982) 1, 21 f und *Wilhelm* DB 1986, 2113, 2116 f; näher zu diesen Ansichten *Möhring* Schutz der Gläubiger einer konzernabhängigen GmbH (1992), S. 164 ff.

[181] *Ehlke* DB 1986, 523, 524 ff; *Priester* ZIP 1986, 139, 141 f; *K. Schmidt* ZHR 155 (1991) 417, 432 ff; *Wiedemann* DB 1993, 141, 153; *ders.* ZGR 1986, 656, 658 f.

[182] BGHZ 69, 334, 337 = NJW 1978, 104.

[183] So *K. Schmidt* ZHR 155 (1991) 417, 432 ff.

[184] *K. Schmidt* ZHR 155 (1991) 417, 439 ff; ähnlich *Ehlke* DB 1986, 523, 524 ff: horizontaler Haftungsdurchgriff; sympathisierend *Möhring* (Fn 180) S. 256 f.

[185] *Wiedemann* DB 1993, 141, 153; *Ziegler* WM 1989, 1077, 1078 ff.

115 Der BGH hat diese Ansichten neuestens zu Recht ausdrücklich **abgelehnt**[186]. Ein allgemeines Haftungsprivileg natürlicher Personen hinsichtlich ihres Privatvermögens unter Ungleichbehandlung ihrer Geschäfts- und Privatgläubiger ist dem geltenden Recht unbekannt. Auch ist kein Grund ersichtlich, es speziell für die Zwecke der Konzernhaftung einzuführen. Vielmehr zeigen gerade Fälle wie „Autokran" und „TBB", daß bei qualifizierten faktischen Konzernen die Insolvenz sich häufig nicht auf eine der abhängigen Gesellschaften beschränkt, sondern auch auf die Schwestergesellschaften durchschlägt. Eine „Verlustgemeinschaft unter Schwestergesellschaften im qualifizierten Gleichordnungskonzern"[187] führt in derartigen Fällen daher nicht weiter; ohne gleichzeitige Insolvenz der Schwestergesellschaften hat sie aber eine Benachteiligung von deren Gläubigern zur Folge[188]. Abgesehen davon erscheint sie auch nicht als angemessene Kompensation für die spezifischen Gefahren, die sich mit der Konzernleitungsmacht der zugleich sonstige unternehmerische Interessen verfolgenden, mehrheitlich beteiligten natürlichen Person verbinden; daß von ihr ein geringeres Gefährdungspotential im Vergleich zu juristischen Personen als Konzernspitze ausginge, ist nicht erkennbar. Daher besteht auch kein Anlaß, den teleologischen Unternehmensbegriff unter Ausklammerung von natürlichen Personen ohne einzelkaufmännische Tätigkeit einzuschränken[189]. Will der Mehrheits- oder Alleingesellschafter sich vor den Risiken einer Konzernhaftung schützen, so bleibt es ihm unbenommen, seine sämtlichen Beteiligungen und sonstige unternehmerische Tätigkeiten *in einer Holdinggesellschaft zusammenzufassen* und die Konzernleitung auf diese Gesellschaft zu übertragen[190]. Dadurch entfällt nicht nur seine Unternehmensqualität, sondern – vorbehaltlich verdeckter Vermögenszuwendungen zugunsten seines Privatvermögens – auch die Gefahr, daß er die Konzernleitung dazu einsetzt, sich unter nachhaltiger Beeinträchtigung der Belange der abhängigen Gesellschaften persönliche Vorteile zu verschaffen.

3. Höherrangige Schranken der Rechtsfortbildung

116 **a) Verfassungswidrigkeit?** Gegen die Haftung des herrschenden Unternehmens im qualifizierten faktischen Konzern und ihre Entwicklung kraft höchstrichterlicher Rechtsfortbildung war im Anschluß an das „Video"-Urteil wiederholt der Vorwurf der Verfassungswidrigkeit erhoben worden[191]. Dementsprechend hatte auch der zur

---

186 BGH NJW 1994, 446; zuvor bereits die ganz hL, vgl. etwa Scholz/*Emmerich* Anh KoR 28, 229; *Lutter/Hommelhoff* Anh § 13, 4; *Assmann* (Fn 172) S. 715; *Brandner* in Hommelhoff/Stimpel/Ulmer (Fn 56) S. 207, 209 f; *Fleck* WM 1986, 1205, 1206 f; *Hommelhoff* DB 1992, 309, 313; *Limmer* DStR 1993, 765, 766; *Lutter* in Hommelhoff/Stimpel/Ulmer (Fn 56) S. 183, 190 f; *Rehbinder* AG 1986, 83, 93; *Semler* Festschrift Goerdeler (1987) S. 551, 569 f; *Timm* NJW 1992, 2185, 2188; *Ulmer* NJW 1986, 1579, 1581, 1586; aA *K. Schmidt* AG 1994, 237 ff; offenlassend BGHZ 115, 187, 189 ff = NJW 1991, 3142; 122, 123 = NJW 1993, 1200.

187 *K. Schmidt* ZHR 155 (1991) 417, 439 ff.

188 BGH NJW 1994, 446; *Hommelhoff* ZGR 1994, 395, 397 ff.

189 So zutr. auch BGH NJW 1994, 446.

190 Dafür *Lutter* ZIP 1985, 1425, 1435 (vgl. aber auch dessen systematische Bedenken in Hommelhoff/Stimpel/Ulmer [Fn 56] S. 193 f); *Priester* ZIP 1986, 137, 144 f; *Stimpel* ZGR 1991, 144, 157; *Ulmer* NJW 1986, 1579, 1586; *Assmann* (Fn 172) S. 713; *Ebenroth/Wilken* BB 1991, 2229, 2233; wohl auch *Hommelhoff* DB 1992, 309, 313; aA *Emmerich* GmbH-Rdsch. 1987, 213, 215; *Geitzhaus* GmbH-Rdsch. 1989, 455, 456 f; *Möhring* (Fn 180) S. 263 ff; *K. Schmidt* ZIP 1986, 146, 149; *Sigle* in Hommelhoff/Stimpel/Ulmer (Fn 56) S. 167, 172.

191 Insbes. von *Flume* DB 1992, 25, 27 ff; *ders.* ZIP 1992, 817 ff; *Altmeppen* DB 1991, 2225, 2228 f; unter Hinweis auf die im „Video"-Urteil entwickelte Beweislastumkehr auch *Kowalski* ZIP 1992, 1637, 1639; dagegen aber *Boujong* GmbH-Rdsch. 1992, 207, 212; *Hommelhoff* DB 1992, 309 ff; *Stodolkowitz* ZIP 1992, 1517, 1525 f.

Ausfallhaftung nach § 303 Abs. 1 AktG verurteilte Beklagte im „Video"-Verfahren Verfassungsbeschwerde mit der Begründung eingelegt, das Urteil verstoße gegen das Gewaltenteilungsprinzip (Art. 20 Abs. 3 GG) und verletze dadurch sein Grundrecht aus Art. 2 Abs. 1 GG. Die Beschwerde wurde vom BVerfG nicht zur Entscheidung angenommen, da sie keiner grundsätzlicher Klärung bedürftige Fragen zur verfassungsrechtlichen Bindung des Richters an Gesetz und Recht aufwerfe[192]. Die Entwicklung einer persönlichen Ausfallhaftung des Gesellschafter/Geschäftsführers für Gesellschaftsschulden analog § 303 AktG sei verfassungsrechtlich nicht zu beanstanden. Insbesondere habe sich der BGH durch die Begründung dieses Haftungskonzepts nicht aus der Rolle des Normanwenders in die einer normsetzenden Instanz begeben. Da „Video" den weitestgehenden Rechtssatz zur Haftung im qualifizierten faktischen Konzern enthielt und da das Haftungskonzept inzwischen durch „TBB" deutlich zurückgenommen wurde, sollten Bedenken gegen die Rechtsprechung aus Verfassungsgründen damit ihre endgültige Entkräftung gefunden haben.

b) Verstoß gegen EG-Recht? Durch die **12. EG-Richtlinie** zur Angleichung des Gesellschaftsrechts vom 21. 12. 1989[193] wurden die Mitgliedstaaten verpflichtet, in den nationalen Gesellschaftsrechten für die volle Anerkennung der Einmann-GmbH einschließlich ihrer Gründung und ihres späteren Entstehens zu sorgen. Für konzernrechtlich bedingte Einschränkungen enthält die Richtlinie in **Art. 2 Abs. 2** die folgende Regelung: **117**

(2) Bis zur Koordinierung der einzelstaatlichen Vorschriften für das Konzernrecht können die Gesetze der Mitgliedstaaten besondere Bestimmungen oder Sanktionen vorsehen, sofern

a) eine natürliche Person einziger Gesellschafter von mehreren Gesellschaften ist oder

b) eine Einpersonengesellschaft oder eine andere juristische Person einziger Gesellschafter einer Gesellschaft ist.

Daraus war von verschiedenen Seiten geschlossen worden, die Haftung im qualifizierten faktischen Konzern sei, soweit sie den Alleingesellschafter einer Einmann-GmbH als herrschendes Unternehmen betreffe, durch diese Ausnahmevorschrift nicht gedeckt. Da sie das Haftungsprivileg der GmbH-Gesellschafter relativiere, verstoße sie gegen höherrangiges europäisches Recht[194].

Der **BGH** hat sich mit dieser Frage im „TBB"-Urteil befaßt[195]. Er hat einen derartigen **Verstoß eindeutig verneint** und deshalb auch keinen Anlaß gesehen, zur Auslegung von Art. 2 Abs. 2 der Richtlinie eine Vorabentscheidung des Europäischen Gerichtshofs nach Art. 177 Abs. 3 EWGV einzuholen. In der sachlichen Beurteilung ist dem BGH in Übereinstimmung mit der überwiegenden Meinung[196] zuzustimmen, da die Konzernhaftung, auch wenn man sie als Einschränkung der Anerkennung der Einmann-GmbH als juristische Person begreift, doch jedenfalls von der Ausnahmeregelung des Art. 2 Abs. 2 RL gedeckt ist. So steht nach der Recht- **118**

---

192 BVerfG NJW 1993, 2600.

193 Zwölfte Richtlinie (89/667/EWG) auf dem Gebiet des Gesellschaftsrechts betr. Gesellschaften mit beschränkter Haftung mit einem einzigen Gesellschafter, ABl. Nr. L 395 S. 40; abgedruckt bei *Hirte* (Fn 171) Nr. 2.1.3 und bei *Lutter* Europäisches Unternehmensrecht[3] (1991) Nr. I.12.1.

194 So *Kindler* ZHR 157 (1993) 1 ff; *Knobbe-Keuk* DB 1992, 1461, 1464 f; *W. Meilicke* DB 1992, 1867 ff; *W.-H. Roth* ZIP 1992, 1054, 1056 f; tendenziell auch *Hirte* (Fn 171) Einl. S. 16 f; offenlassend *Schüppen* DB 1993, 969, 970 ff, der allerdings einen Verstoß gegen die Vorlagepflicht gem. Art. 177 EWG-Vertrag annimmt.

195 BGHZ 122, 123, 135 f = NJW 1993, 1200.

196 *Kropff* AG 1993, 485, 487; *Lutter* JZ 1993, 580, 582; *Stodolkowitz* ZIP 1992, 1517, 1526 ff; *Zöllner* in: Verhandlungen des 59. DJT (1992), Bd. II, S. R 180; *Ebenroth/Wilken* ZIP 1993, 558, 561; *Neye* DWiR 1992, 452 ff; im Grundsatz auch *Emmerich/Sonnenschein* Konzernrecht[5] § 24 III 4 e S. 469; *Drygala* ZIP 1992, 1528 ff.

sprechung des EuGH inzwischen fest, daß der Begriff „Gesetze der Mitgliedstaaten" sich nicht auf den formellen Normtext beschränkt, sondern daß darunter die Rechtsvorschriften des nationalen Rechts in dem Sinn zu verstehen sind, in dem sie von den Gerichten des jeweiligen Mitgliedstaats ausgelegt werden[197]. Ebenso kann nach dem 5. und 6. Erwägungsgrund der Richtlinie kein Zweifel daran bestehen, daß bis zur Angleichung des Konzernrechts die Rechte der Mitgliedstaaten im Rahmen der durch Art. 2 Abs. 2 zugelassenen Ausnahmen auch „eine unbeschränkte Haftung des einzigen Gesellschafters" als Sanktion konzernspezifischer Sachverhalte vorsehen können[198].

119 Fraglich könnte nach allem nur sein, ob für solche **Sonderkonstellationen von Einmann-GmbH-Konzernen**, die in Art. 2 RL nicht ausdrücklich erwähnt sind, die Rechtsprechung zur Konzernhaftung gegenüber höherrangigem europäischem Recht zurücktreten muß[199]. Im Hinblick auf **Abs. 2 a** (natürliche Person als einziger Gesellschafter von mehreren Gesellschaften) ist etwa an Fälle zu denken, in denen der Einmann entweder an anderen Gesellschaften nicht allein, sondern nur mehrheitlich beteiligt ist, oder in denen sich seine Beteiligung auf die in Frage stehende abhängige GmbH beschränkt und seine Unternehmenseigenschaft aus einem daneben betriebenen einzelkaufmännischen Unternehmen folgt. Und im Fall von **Abs. 2 b** (Einpersonengesellschaft oder andere juristische Person als einziger Gesellschafter einer Gesellschaft) könnte sich fragen, ob etwa die Beteiligung der Einpersonengesellschaft oder der anderen juristischen Person auch an einer sonstigen Gesellschaft dem Eingreifen der Ausnahmeregelung entgegenstehen sollte. Aus der Sicht der Haftung im qualifizierten faktischen Einmann-Konzern und des damit intendierten Gläubigerschutzes wäre eine solche Differenzierung indessen sachlich ebenso wenig begründbar wie die generelle Herausnahme des Einmann-Konzerns unter Beschränkung der Konzernhaftung auf Mehrheitsgesellschafter als herrschende Unternehmen. Daher kann nicht ernsthaft angenommen werden, die Umschreibung der Ausnahmetatbestände in Abs. 2 lit. a und b RL habe eine derartige Beschränkung der Ausnahmeregel wirklich bezweckt. Vielmehr ist sie als nicht abschließend gemeinte Charakterisierung der beiden wichtigsten Fälle eines Einmann-GmbH-Konzerns zu verstehen, die den Mitgliedstaaten insgesamt den gebotenen Freiraum bewahrt und es gestattet, die höchstrichterlich entwickelte Konzernhaftung auf alle Konstellationen eines GmbH-Konzerns einschließlich derjenigen eines Einmann-Konzerns zu erstrecken.

4. Sonstige Haftungstatbestände zu Lasten des herrschenden Unternehmens

120 Die Haftung des herrschenden Unternehmens im qualifizierten faktischen Konzern setzt neben der Beeinträchtigung der Belange der abhängigen GmbH zugunsten des Konzerninteresses weiter voraus, daß der der abhängigen GmbH insgesamt zugefügte Nachteil sich nicht durch Einzelausgleichsmaßnahmen kompensieren läßt (vgl. Rdn 140). Das gibt Anlaß zu einer kurzen Zusammenstellung derjenigen Rechtsbehelfe, die für die **Kompensation isolierbarer Nachteilszufügungen** in Betracht kommen. Dabei ist im einzelnen zwischen Ansprüchen der *Gesellschaft*

---

197 EuGH ZIP 1993, 221, 224; dazu *Joost* ZIP 1993, 178, 180.

198 So zu Recht *Neye* DWiR 1992, 452, 454; vgl. ferner *Stodolkowitz* ZIP 1992, 1517, 1527 f.

199 In diesem Sinne namentlich *Kindler* ZHR 157 (1993) 1, 11 ff, dort auch (S. 20 ff) zu europarechtlichen Sanktionen; allg. zur Frage der Direktwirkung von nicht (ordnungsgemäß) umgesetzten Richtlinien s. *Lutter* JZ 1992, 593, 596 f mwN.

(Rdn 121 f) und solchen geschädigter *Gläubiger* (Rdn 123 f) zu unterscheiden. Soweit es demgegenüber um Schädigungen von *Mitgesellschaftern* geht, werden sie sich in aller Regel – als mittelbare Schäden – aus der Nachteilszufügung gegenüber der abhängigen GmbH ergeben. Dementsprechend sind sie durch Wiederauffüllung des GmbH-Vermögens zu kompensieren, wobei die Mitgesellschafter bei Untätigkeit der GmbH-Geschäftsführer nicht gehindert sind, Ansprüche der GmbH gegen den Mehrheitsgesellschafter im eigenen Namen mittels der actio pro socio geltend zu machen (vgl. § 14, 36 ff und § 46, 109 ff). – Zur möglichen Konkurrenz von Ansprüchen entsprechend §§ 302, 303 AktG mit solchen auf Kompensation einzelner Nachteilszufügungen vgl. Rdn 142.

a) **Ansprüche der abhängigen GmbH.** Für den Ersatz von Schäden, die der ab- **121** hängigen GmbH von ihrem *Mehrheitsgesellschafter* zugefügt worden sind, bieten sich in erster Linie **Ansprüche aus Treupflichtverletzung** an (vgl. Rdn 76 ff). Die Begründung solcher Ansprüche bereitet keine wesentlichen Probleme, soweit es um konkrete Schädigungen durch den Mehrheitsgesellschafter geht; ist er zugleich (Allein-)Geschäftsführer, können die Ansprüche aus Treupflichtverletzung mit solchen wegen sorgfaltswidriger Geschäftsführung aus § 43 konkurrieren. Zu ihrer Durchsetzung bedarf es einer Beschlußfassung der übrigen Gesellschafter nach § 46 Nr. 8. Eine Schutzlücke für die abhängige GmbH und ihre Gläubiger kann sich freilich bei *nicht* als verbotene Vermögensverlagerungen (§ 30) zu qualifizierenden Schädigungen durch den *Alleingesellschafter* ergeben, da er nach hM nicht der Treupflicht gegenüber „seiner" GmbH unterliegen soll (Rdn 75), während er sich gegenüber der Haftung aus § 43 auf die schädigende Gesellschafterweisung berufen kann. Das macht es notwendig, insoweit jedenfalls einen **Bestandsschutz** der abhängigen Einmann-GmbH gegen die Gefahr einer Liquidation auf kaltem Wege anzuerkennen und ihr wegen Beeinträchtigungen ihres Bestandsinteresses Ansprüche aus Treupflichtverletzung auch gegen den Alleingesellschafter einzuräumen (Rdn 87).

In jedem Fall, d. h. auch gegenüber dem Alleingesellschafter, ist die abhängige **122** GmbH gegen Vermögensverlagerungen zu Lasten des Stammkapitals durch das Verbot der Rückgewähr des zur Deckung des Stammkapitals erforderlichen Vermögens (§ 30 Abs. 1) geschützt; es ist inzwischen durch höchstrichterliche Rechtsprechung (§§ 32 a, 32 b, 158 ff) und durch Kodifikation der §§ 32 a, 32 b in der GmbH-Novelle 1980 auf die Rückzahlung kapitalersetzender Darlehen erweitert worden. Verstöße gegen diese Verbote führen zu **Erstattungsansprüchen aus § 31 Abs. 1** bzw. zur Möglichkeit der Anfechtung nach §§ 32 a KO, 3 b AnfG. Voraussetzung ist freilich stets das Vorliegen einer verbotenen Kapitalrückgewähr. Soweit die Beeinträchtigung der abhängigen GmbH im Konzerninteresse sich nicht in derartigen konkreten, als verdeckte Gewinnausschüttung unter Verletzung der Kapitalerhaltungsregeln oder als Rückzahlung kapitalersetzender Darlehen zu qualifizierenden Vermögensverlagerungen niederschlägt, scheiden daher Erstattungsansprüche wegen Verstoßes gegen §§ 30 ff aus.

b) **Ansprüche von Gläubigern der abhängigen GmbH.** Gläubiger der abhängigen **123** GmbH, die bei dieser wegen Vermögensverfalls keine Befriedigung ihrer Forderungen erlangen, können einerseits nach dem Rechtsgedanken der §§ 309 Abs. 4, 317 Abs. 4 AktG Ansprüche der *GmbH* gegen das herrschende Unternehmen im eigenen Namen geltend machen (Rdn 169). Daneben kommen auch Ansprüche geschädigter Gläubiger *aus eigenem Recht* in Betracht. Unter ihnen ist der praktisch bedeutsamste der Anspruch gegen den Geschäftsführer einer konkursreifen GmbH im Fall schuldhafter *Konkursverschleppung* nach § 64 Abs. 1 GmbHG iVm § 823 Abs. 2

BGB auf **Ersatz des Quotenschadens** (vgl. näher § 64, 47 ff). Er kann sich unter Teilnahmegesichtspunkten (§ 830 Abs. 2 BGB) auch gegen nicht an der Geschäftsführung beteiligte Gesellschafter richten, die vorsätzlich an der Konkursverschleppung mitwirken (§ 64, 75). Gegenüber geschädigten *Neu*gläubigern soll sich der Anspruch nach neuester BGH-Rechtsprechung sogar über den Quotenschaden hinaus auf den vollen von ihnen in der Insolvenz der GmbH erlittenen Forderungsausfall erstrecken[200].

124 **Weitere Ansprüche** gegen das herrschende Unternehmen, die freilich nur bei Vorliegen *außergewöhnlicher*, vom geschädigten Gläubiger zu beweisender Voraussetzungen in Betracht kommen, bilden einerseits solche nach § 826 BGB wegen vorsätzlich sittenwidriger Schädigung (vgl. dazu § 64, 63 ff), andererseits Ansprüche aus sog. „Durchgriffshaftung" der Gesellschafter unter Durchbrechung des Haftungsprivilegs des § 13 Abs. 2 (vgl. dazu näher Anh § 13, insbes. Rdn 13 ff). Es handelt sich jeweils um keine konzerntypischen Rechtsbehelfe; schon deshalb ist an dieser Stelle nicht weiter auf sie einzugehen.

B. Haftungsvoraussetzungen

1. Maßgeblichkeit des TBB-Urteils

125 Die Haftung des herrschenden Unternehmens im qualifizierten faktischen Konzern ist trotz aller hierzu vom Schrifttum geleisteten Beiträge im wesentlichen ein *Produkt höchstrichterlicher Rechtsfortbildung*. Dabei weisen die vier Leitentscheidungen Autokran, Tiefbau, Video und TBB, wie vorstehend (Rdn 103 ff) gezeigt wurde, z. T. nicht unerhebliche Unterschiede auf. Hierauf ist im folgenden nicht näher einzugehen. Die Grundlage der Kommentierung hat vielmehr das TBB-Urteil aus dem Jahr 1993 zu bilden[201]. Die Entscheidung hat vor allem gegenüber Video, aber auch gegenüber Tiefbau und Autokran eine nicht unerhebliche Kurskorrektur gebracht und neben den Haftungsvoraussetzungen insbesondere die Verteilung der Darlegungs- und Beweislast z. T. neu bestimmt. Mit diesem Urteil dürfte auch nach dem Selbstverständnis des II. Zivilsenats ein gewisser **Abschluß der Entwicklung** erreicht sein[202]; für die Zukunft ist nur noch mit der Klärung offengebliebener Randfragen zu rechnen[203]. Dementsprechend hat sich auch die Rechtsprechung der Instanzgerichte an dem in TBB erreichten Entwicklungsstand zu orientieren. Bis zu einer künftigen Kodifikation des GmbH-Konzernrechts oder etwaigen abweichenden höchstrichterlichen Entscheidungen wird den tragenden Gründen in TBB, ergänzt um einige aus den Vorläufer-Urteilen übernommene, nicht in Frage gestellte Rechtssätze, daher eine Art gesetzesgleicher faktischer Bindung für die Praxis zukommen. Hieran hat sich auch die Kommentierung auszurichten.

2. Konzerntatbestand

126 a) **Notwendigkeit einheitlicher Konzernleitung.** Erstes zentrales Kriterium für das Eingreifen der Konzernhaftung ist das Vorliegen eines **faktischen Unterord-**

---

200 BGH ZIP 1993, 763; NJW 1993, 2931; zust. *Flume* ZIP 1994, 337, 339 ff; *Lutter* DB 1994, 129, 135; *Wilhelm* ZIP 1993, 1833 ff; *Schanze* AG 1993, 376, 380; aA *Canaris* JZ 1993, 649 ff; *G. Müller* ZIP 1993, 1531, 1535 ff; *K. Schmidt* NJW 1993, 2934 f; *Ulmer* ZIP 1993, 769 ff.

201 BGHZ 122, 123 = NJW 1993, 1200.

202 Vgl. die eine Abkehr von der „Video"-Entscheidung andeutenden und „TBB" vorbereitenden Ausführungen von *Stodolkowitz* ZIP 1992, 1517 ff.

203 Vgl. seitdem BGH NJW 1994, 446 zur Behandlung natürlicher Personen als Unternehmen, wenn sie unternehmerische Interessen auch außerhalb der GmbH verfolgen.

nungskonzerns unter Einordnung der abhängigen Gesellschaft als Konzernunternehmen. Es handelt sich um eine notwendige, wenn auch nicht hinreichende Voraussetzung für die Haftungsbegründung. Nach den zum Konzernbegriff getroffenen Feststellungen (Rdn 33 ff) bedeutet das, daß die abhängige GmbH vom Mehrheits- oder Alleingesellschafter unter die **einheitliche Leitung** mit seinem eigenen Unternehmen oder mit anderen Beteiligungsgesellschaften gestellt, d. h. ihre Tätigkeit auf das Konzernganze ausgerichtet, zugunsten des Konzerns als Wirtschaftseinheit instrumentalisiert sein muß. Auf die *Konzernvermutung* des § 18 Abs. 1 S. 3 AktG kann sich der Kläger im Rahmen eines Konzernhaftungsprozesses zwar berufen (Rdn 144). Ihr Eingreifen erspart ihm jedoch nicht die Darlegung und – soweit erforderlich – den Nachweis nachhaltiger Beeinträchtigung der Belange der abhängigen Gesellschaft als Folge der einheitlichen Leitung. – Abweichenden Stimmen in der Literatur, die auf das Merkmal einheitlicher Leitung verzichten und sich als Aufgreiftatbestand für die Konzernhaftung mit dem Bestehen qualifizierter Abhängigkeit begnügen wollen[204], ist nicht zu folgen[205]. Gegen sie spricht vor allem, daß die zum Eingreifen der Konzernhaftung Anlaß gebende, besondere Gefährdung für GmbH, Mitgesellschafter und Gläubiger nicht schon bei Leitung der Gesellschaft durch einen maßgeblich beteiligten Gesellschafter gegeben ist, sondern erst dann, wenn die Leitung – als *einheitliche* – dazu dient, die abhängige GmbH dem Konzernganzen dienstbar zu machen.

b) **Mehrheits- oder Alleingesellschafter als herrschendes Unternehmen.** Das Vorliegen eines Konzerntatbestands setzt nach § 18 Abs. 1 AktG voraus, daß dem Mehrheits- oder Alleingesellschafter bei Ausübung der Leitungsmacht **Unternehmensqualität** zukommt. Dazu bedarf es keiner eigenen Unternehmensorganisation beim Mehrheits- oder Alleingesellschafter; entsprechend dem teleologischen Unternehmensbegriff (Rdn 20) genügt es, daß jener auch außerhalb der abhängigen GmbH unternehmerische Interessen verfolgt und dadurch in seiner Person die Gefahr einer Interessenkollision zu Lasten der abhängigen GmbH begründet. Herrschendes Unternehmen kann außer einer juristischen Person oder einer Personengesellschaft auch eine *natürliche Person* sein[206]. Den abweichenden Stimmen, die jedenfalls für den Bereich der Konzernhaftung von einem engeren, auf juristische Personen und die GmbH & Co KG beschränkten Unternehmensbegriff ausgehen, ist nicht zu folgen (vgl. näher Rdn 114 f). **127**

c) **Dauernde und umfassende Leitung?** In der dauernden und umfassenden Leitung der abhängigen GmbH durch das herrschende Unternehmen oder in dessen Auftrag wurde bis einschließlich der Video-Entscheidung entweder das wesentliche Kriterium für die Qualifizierung des Konzerntatbestands gesehen[207] oder es wurde ihr jedenfalls die Bedeutung eines Vermutungskriteriums für die nachhaltige Beeinträchtigung der Interessen der abhängigen GmbH zugebilligt[208]. Mit beidem hat der BGH im **TBB-Urteil** eindeutig gebrochen, wenn es dort (unter III 2 c bb)[209] ohne jeden Vorbehalt heißt: **128**

---

204 *Kropff* AG 1993, 485, 488; *K. Schmidt* in Hommelhoff/Stimpel/Ulmer (Fn 56) S. 109, 111 ff; *ders.* ZIP 1989, 545, 548; *Versteegen* DB 1993, 1225.

205 *Krieger* in Hommelhoff/Stimpel/Ulmer (Fn 56) S. 43; *Ulmer* daselbst S. 74; *Zöllner* (Fn 196) S. R 35, 38.

206 BGH NJW 1994, 446.

207 Vgl. *H. P. Westermann* DWiR 1992, 197, 200 f.

208 BGHZ 107, 7, 17 = NJW 1989, 1800 – Tiefbau; 115, 187, 193 f = NJW 1991, 3142 – Video; 116, 37, 42 = NJW 1992, 505 – Stromlieferung; *Hommelhoff* DB 1992, 309, 311 f; *Ulmer* in Hommelhoff/Stimpel/Ulmer (Fn 56) S. 65, 70, 74 f; zuvor bereits *Arbeitskreis GmbH-Reform* (Fn 144) S. 53 sowie § 255 a EGmbHG (dazu Rdn 100); einschr. aber *Kleindiek* ZIP 1991, 1330, 1334 f.

209 BGHZ 122, 123, 131 = NJW 1993, 1200.

Haftungstatbestand ist nicht die dauernde und umfassende Leitung der abhängigen Gesellschaft, sondern die oben näher gekennzeichnete Beeinträchtigung ihrer Interessen. Daß sie vorliege, kann auch nicht mittels einer tatsächlichen Vermutung allein aus einer solchen Ausübung der Leitungsmacht gefolgert werden. Die Führung der Geschäfte der abhängigen Gesellschaft durch die Konzernspitze selbst kann zwar die Feststellung einzelner schädigender Eingriffe wesentlich erschweren; die Annahme, daß solche tatsächlich vorgekommen sind, erfordert aber zusätzliche Anhaltspunkte.

129 Der letzte Satz dieses Zitats aus den Entscheidungsgründen läßt zwar darauf schließen, daß zwischen der *Unmöglichkeit des Einzelausgleichs* als (negatives) Tatbestandsmerkmal der Konzernhaftung (Rdn 140) und dem Bestehen *dauernder und umfassender Konzernleitung* ein gewisser sachlicher *Zusammenhang* besteht. Dafür spricht in der Tat, daß vor allem in solchen Fällen, in denen die abhängige GmbH wie eine Betriebsabteilung des herrschenden Unternehmens geführt wird[210] oder in denen es jedenfalls zur Zentralisierung des Finanzbereichs aller Konzerngesellschaften beim herrschenden oder einem verbundenen Unternehmen kommt[211], die Verhältnisse innerhalb des Konzerns nicht selten schwer durchschaubar werden mit der Folge, daß ein Einzelausgleich zur Kompensation der nachhaltigen Beeinträchtigung der Belange der abhängigen GmbH ausscheidet. Daher dürfte, auch wenn der BGH nunmehr auf das Kriterium dauernder und umfassender Konzernleitung als Haftungsvoraussetzung verzichtet, sein Vorliegen beim Eingreifen der Konzernhaftung typischerweise gegeben sein; es hat – jedenfalls wenn es sich mit sonstigen belastenden Umständen verbindet – **Indizfunktion** für das Eingreifen der Konzernhaftung (Rdn 150 ff). Die Neuorientierung der Rechtsprechung in TBB begründet allerdings die Möglichkeit, daß es künftig zur *Konzernhaftung auch ohne dauernde und umfassende Ausübung der Konzernleitung durch das herrschende Unternehmen* kommt. Zu denken ist insbesondere an Fälle, in denen der der abhängigen GmbH im Konzerninteresse zugefügte, auf einem Einzeleingriff beruhende Nachteil von so grundlegender struktureller Bedeutung ist, daß ein Einzelausgleich ausscheidet (vgl. Rdn 137).

3. Mißbräuchliche Ausübung der Leitungsmacht

130 **a) Die Aussage im TBB-Urteil. Das zentrale Haftungskriterium** ist nach dem TBB-Urteil die Ausübung der Konzernleitungsmacht zum Nachteil der abhängigen Gesellschaft in einer Weise, die keine angemessene Rücksicht auf deren eigenen Belange nimmt[212]. Dieses Kriterium wird – in Verbindung mit der Unmöglichkeit der Kompensation der zugefügten Nachteile durch Einzelausgleichsmaßnahmen (Rdn 140) – dem Urteil im 1. Leitsatz ausdrücklich vorangestellt. In den Entscheidungsgründen (unter III 2 c bb) wird es näher wie folgt umschrieben:

Der Gesellschaft und unter Umständen ihren Gläubigern ist der Zugriff auf das Vermögen des herrschenden Unternehmens ... dann zu gestatten, wenn die abhängige Gesellschaft in einer Weise behandelt wird, die einen objektiven Mißbrauch der beherrschenden Gesellschafterstellung darstellt. Dies ist der Fall, wenn der die GmbH beherrschende Unternehmensgesellschafter die Konzernleitungsmacht in einer Weise ausübt, die keine angemessene Rücksicht auf die eigenen Belange der abhängigen Gesellschaft nimmt, ohne daß sich der ihr insgesamt zugefügte Nachteil durch Einzelausgleichsmaßnahmen kompensieren ließe. Im Fall einer Einpersonengesellschaft fehlt es an einer solchen angemessenen Rücksichtnahme, wenn die Gesellschaft infolge der im Konzerninteresse ausgeübten Einwirkungen ihren Verbindlichkeiten nicht nachkommen kann.

---

210 Im Sinne von BGHZ 95, 330, 341 f = NJW 1986, 188 – Autokran; 115, 187, 194 f = NJW 1991, 3142 – Video.

211 So in BGHZ 107, 7, 19 f = NJW 1989, 1800 – Tiefbau.

212 BGHZ 122, 123, 130 = NJW 1993, 1200.

Zu Recht ist die Bezugnahme des BGH auf den der abhängigen GmbH zugefügten „Nachteil“ als Anlehnung an den *Nachteilsbegriff des § 311 Abs. 1 AktG* verstanden worden[213]. Allerdings macht das Zitat auch deutlich, daß die Nachteilszufügung als solche, auch wenn sie nicht durch Einzelausgleichsmaßnahmen kompensierbar ist, zur Begründung der Konzernhaftung nicht ohne weiteres ausreicht. Vielmehr muß sie einen *objektiven Mißbrauch* der beherrschenden Gesellschafterstellung darstellen (Rdn 131), auf die eigenen Belange der abhängigen Gesellschaft *keine angemessene Rücksicht* nehmen (Rdn 132 ff) und im Fall einer *Einmann-GmbH* zur Insolvenz der Gesellschaft führen (Rdn 135 f).

Der **Begriff des objektiven Mißbrauchs** ist angesichts des der Gesellschaftermehrheit im GmbH-Recht zustehenden Weisungsrechts und vor dem Hintergrund der Auseinandersetzungen im Schrifttum über die Rechtsnatur der Konzernhaftung als Verhaltens- oder Strukturhaftung (Rdn 112 f) dahin zu verstehen, daß die bloße Ausübung der Leitungsmacht des herrschenden Unternehmens gegenüber der abhängigen GmbH, auch wenn sie im Konzerninteresse erfolgt, nicht ausreicht, um die Konzernhaftung zu begründen. Zu denken ist insbesondere an Gesellschaften mbH, die nach eindeutiger Satzungsregelung von vornherein als Konzerninstrumente gegründet und entsprechend geleitet werden, etwa zur Übernahme des Vertriebs oder zur Zusammenfassung von Forschung und Entwicklung im Konzern[214]. Eine solche Gestaltung soll, auch wenn sie sich mit der Aufspaltung von Geschäftsrisiken im Konzern zum Nachteil eines Teils der Gläubiger verbindet, weiterhin sanktionslos möglich sein. Für das Eingreifen der Konzernhaftung muß vielmehr ein besonderes, vom BGH als „objektiver Mißbrauch“ bezeichnetes Verhalten des herrschenden Unternehmens bei der Konzernleitung hinzukommen, das wegen der damit verbundenen nachhaltigen, keinem Einzelausgleich zugänglichen Beeinträchtigung der Belange der abhängigen Gesellschaft die „angemessene Rücksicht“ vermissen läßt und deshalb nicht mehr von der Weisungsmacht des herrschenden Gesellschafters gedeckt ist (vgl. dazu Rdn 12 ff). Es geht m. a. W. um **rechtswidriges, aber nicht notwendig schuldhaftes Gesellschafterverhalten** bei Ausübung der Leitungsmacht; auf einen Verstoß gegen die Pflicht zur „ordnungsgemäßen Konzerngeschäftsführung“[215] kommt es nicht an. **131**

b) Nachhaltige Beeinträchtigung der Belange der abhängigen Gesellschaft. Der nach der TBB-Doktrin zur Konzernhaftung führende „objektive Mißbrauch“ der Konzernleitungsmacht, d. h. die rechtswidrige, die abhängige GmbH unangemessen benachteiligende Ausübung der Konzernleitung ohne die Möglichkeit einer Einzelkompensation der dadurch verursachten Nachteile (Rdn 131), unterstreicht die enge Verwandtschaft, die dieses Tatbestandsmerkmal mit der nachhaltigen Beeinträchtigung des Eigeninteresses der abhängigen GmbH infolge der Konzernleitung des herrschenden Unternehmens im Regelungsvorschlag des Arbeitskreises GmbH-Reform (Rdn 100) aufweist. Zur **terminologischen Vereinfachung** soll daher im folgenden jeweils von der „nachhaltigen Beeinträchtigung der Belange der abhängigen Gesellschaft“ gesprochen werden. Aufgabe der Kommentierung ist es, dieses Tatbestandsmerkmal im Hinblick auf die verschiedenen Konstellationen eines Mehrperso- **132**

---

[213] *Kropff* AG 1993, 485, 489 f; *Krieger* ZGR 1994, 375, 379 ff; *Lutter* DB 1994, 129, 130.

[214] Dazu *Lutter* DB 1994, 129, 130; *Zöllner* (Fn 196) S. R 35, 42 ff.

[215] So aber *Lutter* JZ 1993, 580 f; *Drygala* GmbH-Rdsch. 1993, 317, 322 ff; zuvor bereits *Lutter* ZIP 1985, 1425, 1433 ff; *U. H. Schneider* BB 1981, 249, 255 ff; s. dazu bereits Fn 179. Für das Erfordernis schuldhaften Verhaltens erneut *Lutter* DB 1994, 129, 130.

nen- oder Einmann-GmbH-Konzerns zu analysieren (Rdn 133 ff). Darüber hinaus wird zu prüfen sein, ob auch einzelne, als solche isolierbare Eingriffe in die Struktur der abhängigen Gesellschaft den Interessenumbruch bei dieser auslösen und zur Konzernhaftung des herrschenden Unternehmens führen können (Rdn 137).

133 α) **Mehrpersonen-GmbH.** Bei ihr ist danach zu differenzieren, ob die neben dem herrschenden Unternehmen an der abhängigen GmbH beteiligten Gesellschafter der Konzernleitung durch den Mehrheitsgesellschafter zugestimmt haben oder nicht. Fehlt es – wie im Regelfall des faktischen Konzerns mit Minderheitsgesellschaftern bei der abhängigen GmbH – an einer wirksamen Zustimmung zur Konzernleitung, so stellt diese jedenfalls insoweit einen **Unrechtstatbestand** dar und begründet Unterlassungsansprüche der Minderheit, als sie sich zum Nachteil der abhängigen GmbH auswirkt (Rdn 166). Ergeben sich derartige Nachteile, ohne daß sie entweder durch korrespondierende Vorteile der abhängigen GmbH aus der Konzernzugehörigkeit kompensiert worden sind (Rdn 141 a) oder durch Einzelansprüche gegen das herrschende Unternehmen wegen isolierbarer schädigender Eingriffe ausgeglichen werden können, so ist darin die durch das Fehlen „angemessener Rücksicht" gekennzeichnete nachhaltige Beeinträchtigung der Belange der abhängigen GmbH zu sehen[216]. Die Konzernhaftung zum Schutz der abhängigen GmbH, ihrer Minderheitsgesellschafter und Gläubiger greift ein.

134 Von einem geringeren Schutzbedürfnis der abhängigen GmbH und größerer Leitungsautonomie des herrschenden Unternehmens ist in den Fällen auszugehen, in denen entweder Minderheitsgesellschafter in Kenntnis der bestehenden Konzernierung Geschäftsanteile erwerben oder in denen ihr Verhalten aus anderen Gründen als **Einverständnis der Minderheit mit der Konzernleitung** durch den Mehrheitsgesellschafter als herrschendes Unternehmen zu werten ist[217]. Zwar hat die dauerhafte Unterstellung der GmbH unter die Konzernleitung der Sache nach *satzungsändernden Charakter*; sie bedarf daher der Einhaltung der in §§ 53, 54 GmbHG genannten Voraussetzungen (Rdn 186). Jedoch ist die Mehrheit in der Lage, vorbehaltlich der Bestandsgefährdung der GmbH und der Einhaltung der Vorschriften über die Kapitalerhaltung rechtswirksam auch solchen Geschäftsführungsmaßnahmen zuzustimmen, die sich nachteilig für die GmbH auswirken. Solange das herrschende Unternehmen mit dem Fortbestand dieser Zustimmung rechnen kann und solange es die Konzernleitung in einer Weise ausübt, daß der abhängigen GmbH die Geschäftsrisiken nicht überproportional zur Last fallen und sie ihrerseits an den Chancen angemessen beteiligt ist[218], kann daher trotz auftretender Verluste bei der abhängigen GmbH im Zweifel noch davon ausgegangen werden, daß das herrschende Unternehmen iSv TBB[219] angemessene Rücksicht auf die Belange der abhängigen GmbH nimmt; eine Konzernhaftung scheidet im Regelfall aus. Entsprechendes gilt in Fällen, in denen die dienende Rolle der abhängigen GmbH im Konzern sich bereits aus der *Satzung*, insbes. dem dort definierten *Unternehmensgegenstand* ergibt, so wenn dieser auf die Wahrnehmung bestimmter Unternehmensfunktionen innerhalb des

---

216 Für entspr. Differenzierung zwischen Mehrpersonen- und Einmann-GmbH auch *Kowalski* GmbH-Rdsch. 1993, 253, 256; wohl auch *Ebenroth/Wilken* ZIP 1993, 558, 561 f; vgl. ferner BGHZ 122, 123, 130 = NJW 1993, 1200 – TBB, wo im Zusammenhang mit den Ausführungen zum Mißbrauch der Gesellschafterstellung ausdrücklich auf das Vorliegen einer *Einmann-GmbH* abgestellt wird.

217 Vgl. zu solchen Konstellationen *Lutter* DB 1994, 128, 130; *Zöllner* (Fn 196) S. R 42 ff.

218 Vgl. dazu BGH NJW 1994, 446, wo der Vorwurf des Klägers lautete, die Entwicklungskosten eines neuen, dem Konzerninteresse dienenden Produkts seien einseitig der abhängigen GmbH auferlegt worden.

219 BGHZ 122, 123, 130 = NJW 1993, 1200.

Konzerns gerichtet ist[219a]. In derartigen Fällen besteht erst dann Anlaß zum Eingreifen der Konzernhaftung, wenn das herrschende Unternehmen es einseitig und dauerhaft an der angemessenen Rücksicht auf die Belange der abhängigen GmbH fehlen läßt und dadurch zu ihrer Bestandsgefährdung beiträgt oder das Risiko ihrer Insolvenz begründet; ein solches Verhalten ist durch das Einverständnis der Minderheit in aller Regel nicht mehr gedeckt.

β) Einmann-GmbH. Bei ihr sind nach TBB **höhere Anforderungen** an das Eingreifen der Konzernhaftung im Vergleich zum Regelfall der Mehrpersonen-GmbH (Rdn 133) zu stellen. An der angemessenen, die Konzernhaftung vermeidenden Rücksichtnahme auf die Belange der abhängigen GmbH soll es hier erst dann fehlen, wenn die Gesellschaft infolge der im Konzerninteresse ausgeübten Einwirkungen *ihren Verbindlichkeiten nicht nachkommen* kann[220]. Erst hierin ist die nachhaltige Beeinträchtigung der Belange der abhängigen Gesellschaft als Auslöser der Konzernhaftung zu sehen. Die Differenzierung deckt sich im Ansatz mit der abgeschwächten, auf Schutz gegen Bestandsgefährdungen beschränkten Treupflicht des Alleingesellschafters gegenüber „seiner" GmbH (Rdn 87). 135

Der Schutz der abhängigen GmbH und ihrer Gläubiger durch die Konzernhaftung würde allerdings **übermäßig verkürzt**, wenn er erst in ihrer **Insolvenz** zum Tragen käme. Für eine Verlustübernahme wäre danach wegen alsbaldiger insolvenzbedingter Einstellung der Geschäftstätigkeit kaum mehr Raum, und ebenso müßten Gläubiger, die das herrschende Unternehmen im Rahmen der Ausfallhaftung analog § 303 AktG in Anspruch nehmen wollen, mit dem Einwand rechnen, es fehle an einem dem Beherrschungsvertrag und seiner Beendigung entsprechenden, die Ausfallhaftung auslösenden Zustand im Verhältnis zwischen abhängiger GmbH und herrschendem Unternehmen. Um insoweit den Gläubigern einen angemessenen Mindestschutz zu gewähren und die Konzernhaftung nicht leerlaufen zu lassen, bedarf es daher entgegen der übermäßig restriktiven Formulierung im TBB-Urteil ihrer Erstreckung auf das **zeitliche Vorfeld der Insolvenz**, d. h. auf die Phase, in der die konzernleitungsbedingte nachhaltige Beeinträchtigung der abhängigen GmbH zu ihrer **konkreten Bestandsgefährdung** führt und bei Fortsetzung der Beeinträchtigung ihren Zusammenbruch zur Folge hat[221]. Nur so läßt sich auch die Wertungsübereinstimmung mit dem Schutz der Einmann-GmbH vor bestandsgefährdenden Einzeleingriffen des Alleingesellschafters (Rdn 87) erreichen. 136

γ) Relevanz einzelner Strukturmaßnahmen? Im Rahmen des Kriteriums der nachhaltigen Beeinträchtigung der abhängigen GmbH fragt sich schließlich, ob auch einzelne vom herrschenden Unternehmen im Konzerninteresse veranlaßte, als solche **isolierbare Maßnahmen** der Umstrukturierung der abhängigen GmbH geeignet sein können, die Konzernhaftung auszulösen. Berücksichtigt man die durch TBB bewirkte Ersetzung des Merkmals der dauernden und umfassenden Leitung der abhängigen Gesellschaft durch dasjenige der nachhaltigen Beeinträchtigung ihrer Belange, so ist die Frage jedenfalls in den Fällen zu bejahen, in denen die mit der Umstrukturierung verbundenen Nachteile einem Einzelausgleich *ihrer Art nach* 137

219a So zu Recht auch *Lutter* DB 1994, 129, 130.

220 BGHZ 122, 123, 130 = NJW 1993, 1200; *Goette* DStR 1993, 568, 570; krit. dazu *Kleindiek* DWiR 1993, 177, 181; *Limmer* DStR 1993, 765, 767.

221 Ähnlich *Kleindiek* (Fn 220), der zudem zu Recht darauf hinweist, daß auch der BGH im weiteren Verlauf der Gründe allein auf die durch Einzelausgleich nicht mehr kompensierbare Beeinträchtigung der TBB-GmbH abstellt.

nicht zugänglich sind[222]. Das gilt insbesondere für die konzernbedingte Herauslösung von Ressourcen, die für den Geschäftserfolg der GmbH als unabhängige Gesellschaft von wesentlicher Bedeutung wären, oder für die Ausgliederung zentraler Unternehmensfunktionen wie Einkauf, Finanzierung, Vertrieb, Forschung und Entwicklung o. ä. und ihre Übertragung auf andere Konzernunternehmen. Die Problematik der angemessenen Behandlung derartiger Eingriffe ist aus dem Recht der faktisch abhängigen AG (§§ 311 ff AktG) bekannt und hat dort noch zu keiner befriedigenden Lösung im Hinblick auf das Ausgleichssystem des § 311 Abs. 1 aE, Abs. 2 AktG geführt[223]. Auch Schadensersatzansprüche führen hier häufig nicht weiter, sei es weil es während des bestehenden Konzernverbunds an einem Treupflichtverstoß fehlt oder weil der Anspruch bei späterer Realisierung des Schadens schon verjährt ist. Das TBB-Urteil bietet die Chance, die Frage im GmbH-Konzernrecht im Sinne einer (Teil-)Analogie zu §§ 302, 303 AktG zu lösen. Dabei ist aus den oben (Rdn 133 ff) genannten Gründen wiederum nach den verschiedenen Beteiligungskonstellationen bei der abhängigen GmbH zu differenzieren.

138 δ) **Bedeutung extern verursachter Verluste?** In der Rechtsprechung vor dem TBB-Urteil, darunter insbes. den Entscheidungen Tiefbau und Video, war die Konzernhaftung des herrschenden Unternehmens unter den Vorbehalt gestellt worden, daß die von ihm zu übernehmenden Verluste nicht auf Umständen beruhen, die mit der Ausübung der Leitungsmacht nichts zu tun haben[224]. Der Vorbehalt ging zurück auf Bestrebungen der Literatur, den in „Autokran" dem herrschenden Unternehmen eingeräumten, auf Verschuldenskriterien abstellenden Einwand ordnungsgemäßer Geschäftsführung (§ 317 Abs. 2 AktG) in systematisch stimmiger Weise auf die an objektiven Merkmalen orientierte Konzernhaftung auszurichten und ihn in einen Zusammenhang mit der Kompensation der im qualifizierten faktischen Konzern nicht funktionsfähigen Kapitalerhaltungsregeln zu bringen[225]. Gegenüber Kritikern, die auf das Fehlen eines entsprechenden Vorbehalts in § 302 AktG verwiesen, war vor allem von *Stimpel* der Unterschied zwischen der Legitimierung der Konzernleitung durch einen Beherrschungsvertrag und der bloß tatsächlichen Ausübung der Leitungsmacht im qualifizierten faktischen Konzern betont worden; er rechtfertige es, die Verlustübernahme im Vertragskonzern stets, im faktischen Konzern dagegen nur unter Vorbehalt des Kausalitätsgegenbeweises hinsichtlich der Verlustquellen eingreifen zu lassen[226].

139 Durch die **Neuorientierung der Rechtsprechung** in TBB hat der Vorbehalt extern verursachter Verluste wesentlich an Bedeutung verloren. Denn nachdem die dauernde und umfassende Leitung als solche nicht mehr zur Vermutung nachteiliger Beeinträchtigung der Belange der abhängigen Gesellschaft führt, die konzernlei-

---

222 *Burgard* WM 1993, 925, 928; wohl auch *H. P. Westermann* ZIP 1993, 554, 557; im Anschluß an das „Video"-Urteil bereits *Hommelhoff* in Hommelhoff/Stimpel/Ulmer (Fn 56) S. 248 f; *Ulmer* daselbst S. 70; *Kleindiek* GmbH-Rdsch. 1992, 574, 576; aA *Krieger* in Hommelhoff/Stimpel/Ulmer (Fn 56) S. 41, 47 ff; wohl auch *Lutter* DB 1994, 129, 130.

223 Dazu eingehend und mwN *Koppensteiner*-KölnKommAktG² § 311 Rdn 86; Geßler/Hefermehl/Eckardt/*Kropff* AktG § 311 Rdn 40, 117; *Kropff* DB 1967, 2204, 2205 ff.

224 BGHZ 107, 7, 18 = NJW 1989, 1800 – Tiefbau; 115, 187, 194 = NJW 1991, 3142 – Video; vgl. auch BGHZ 116, 37, 41 f = NJW 1992, 505 – Stromlieferung.

225 So im Anschluß an *Mestmäcker* (Festschrift Kronstein [1967] S. 129, 146 f) *Ulmer* AG 1986, 123, 128; *ders.* NJW 1986, 1579, 1585; im Ansatz auch schon *Wiedemann* Gesellschaftsrecht I (1980) S. 223, 227; zuletzt *Priester* Festschrift Semler (1993) S. 561 ff; *Limmer* (Fn 173) S. 322 f.

226 *Stimpel* ZGR 1991, 144, 152 ff; vgl. auch Abs. 3 des Gesetzesvorschlags von *Ulmer* in Hommelhoff/Stimpel/Ulmer (Fn 56) S. 70.

tungsbedingte Beeinträchtigung als Verlustursache vielmehr grundsätzlich vom Kläger dargelegt und bewiesen werden muß (Rdn 143, 146 ff), ist es auch ausgeschlossen, daß die Konzernhaftung durch ausschließlich extern verursachte Verluste ausgelöst wird. Dementsprechend bedarf es auch nicht mehr der Zulassung eines hierauf gestützten Entlastungsbeweises des herrschenden Unternehmens. Ein solcher behielte zwar insoweit seinen Sinn, als es um die Limitierung der *Höhe* der vom herrschenden Unternehmen zu übernehmenden Verluste im Falle gemischter Verlustursachen geht[227]. Rechtlich geboten ist eine derartige Einschränkung freilich nicht; auch ist der Einwand analogiewidrigen Abweichens von der Vorschrift des § 302 AktG[228], die eine derartige Differenzierung nicht kennt, trotz der bestehenden Unterschiede zwischen aktienrechtlichem Vertragskonzern und GmbH-rechtlichem faktischen Konzern nicht leicht zu widerlegen. Da zudem die Übertragung der Einschränkung auf die Ausfallhaftung des § 303 AktG nicht unproblematisch ist[229] und da der BGH im TBB-Urteil den Vorbehalt externer Verluste offenbar insgesamt aufgegeben hat, soll auch hier nicht länger daran festgehalten werden.

4. Kein Einzelausgleich möglich

a) Bedeutung des Vorbehalts. Der schon aus „Autokran" stammende Vorbehalt, **140**
daß sich der der abhängigen Gesellschaft insgesamt zugefügte Nachteil nicht durch Einzelausgleichsmaßnahmen kompensieren läßt[230], ist auch im TBB-Urteil beibehalten worden[231]; er hat dort die Bedeutung eines zur mißbräuchlichen, die abhängige GmbH benachteiligenden Ausübung der Konzernleitungsmacht hinzutretenden **negativen Tatbestandsmerkmals** der Konzernhaftung. Sachlich erklärt sich dieses Merkmal daraus, daß ein Bedürfnis für die rechtsfortbildend entwickelte Haftung im qualifizierten faktischen Konzern nur besteht, wenn und soweit der gebotene Schutz der abhängigen GmbH, ihrer Minderheitsgesellschafter und Gläubiger nicht bereits mit den „klassischen" Mitteln des GmbH-Rechts, darunter vor allem den Schadensersatzansprüchen wegen Treupflichtverletzung und den Erstattungsansprüchen nach § 31 GmbHG (Rdn 121 f), gewährleistet ist. Praktisch bedeutsam wird das negative Tatbestandsmerkmal einerseits in Fällen undurchschaubarer Leitungsstrukturen, in denen der der abhängigen GmbH insgesamt zugefügte Nachteil sich nicht auf bestimmte isolierbare Einzeleingriffe zurückführen läßt, andererseits aber auch bei – als solchen nicht ex ante kompensationsfähigen – strukturellen Eingriffen zum Nachteil der abhängigen GmbH (Rdn 137).

Aus der in diesem negativen Tatbestandsmerkmal zum Ausdruck kommenden **141**
subsidiären Natur der Konzernhaftung folgt zugleich, daß für ihr Eingreifen auch dann kein Raum ist, wenn der Einzelausgleich nicht an der Undurchschaubarkeit der Verhältnisse oder der mangelnden Kompensationsfähigkeit struktureller Eingriffe scheitert, sondern daran, daß das herrschende Unternehmen trotz der Nachteilszufügung nicht gegen seine Gesellschafterpflichten verstoßen hat und aus diesem Grunde **keiner Pflicht zum Einzelausgleich** unterliegt. Diese Einschränkung hat

---

227 Vgl. *Ulmer* in Hommelhoff/Stimpel/Ulmer (Fn 56) S. 87 f: Beschränkung der dem Grunde nach zu bejahenden Verlustübernahmepflicht unter Ausklammerung der rein extern verursachten Verluste.

228 So insbes. *Hommelhoff* DB 1992, 309, 310, 314; *Kleindiek* ZIP 1991, 1330, 1336 f; vgl. ferner *K. Schmidt* ZIP 1991, 1325, 1327.

229 So *Stodolkowitz* ZIP 1992, 1517, 1525; *Flume* ZIP 1992, 817, 820; aA noch *Ulmer* in Hommelhoff/Stimpel/Ulmer (Fn 56) S. 88.

230 BGHZ 95, 330, 341 f = NJW 1986, 188.

231 BGHZ 122, 123, 130 = NJW 1993, 1200.

vor allem wegen der reduzierten Treupflicht in der *Einmann-GmbH* Bedeutung (Rdn 83 ff). In der Tat wäre es ein schwer erträglicher Wertungswiderspruch, wollte man dem Konkursverwalter oder den Gläubigern einer insolventen Einmann-GmbH Ansprüche analog §§ 302, 303 AktG gegen das herrschende Unternehmen deshalb unter erleichterten Voraussetzungen gewähren, weil aus *Rechtsgründen* Schadensersatzansprüche der GmbH wegen Treupflichtverletzung zu verneinen sind. Dem geringeren Schutz der Einmann-GmbH gegen nachteilige Einzeleingriffe entspricht im Gegenteil das Aufstellen höherer Anforderungen an die Konzernhaftung des herrschenden Unternehmens infolge nachhaltiger Beeinträchtigung der abhängigen GmbH (Rdn 135). Scheitert bereits das Verlangen nach Einzelausgleich nicht aus tatsächlichen (Nachweis-)Gründen, sondern aus Rechtsgründen, wegen der Rechtmäßigkeit des Vorgehens des herrschenden Unternehmens, so kommt auch eine Konzernhaftung nicht in Betracht; es fehlt bereits am „objektiven Mißbrauch" bei der Ausübung der Konzernleitungsmacht (Rdn 131).

141 a Im Zusammenhang mit dem Vorbehalt des Einzelausgleichs wird auch auf die Möglichkeit einer **Kompensation konzernbedingter Nachteile durch anderweitige Vorteile aus dem Konzernverbund** entsprechend § 311 AktG hingewiesen[232]. Insoweit ist jedoch zu unterscheiden. Ist eine derartige Kompensation zu bejahen, so fehlt es bereits an der nachteiligen Beeinträchtigung der abhängigen GmbH; auf die Möglichkeit des Einzelausgleichs kommt es nicht an. Unterbleibt die Kompensation oder erfolgt sie erst zu einem Zeitpunkt, in dem der Nachteil bereits eingetreten und der daraus resultierende Schaden erkennbar ist, so tritt an ihre Stelle der (ggf. höhere) Schadensersatzanspruch der abhängigen GmbH. Die zeitliche Ausdehnung der Kompensationsmöglichkeit entsprechend § 311 Abs. 2 AktG kann schon wegen des Fehlens flankierender Vorschriften nach Art der §§ 312 ff AktG nicht auf das GmbH-Recht übertragen werden (vgl. Rdn 56). Daher sind Konzernvorteile nur dann und insoweit relevant, als sie entweder in unmittelbar zeitlichem oder doch in sachlichem Zusammenhang mit dem vom herrschenden Unternehmen zugefügten Nachteil stehen und die abhängige GmbH sicher mit ihrem Eintritt noch vor Geschäftsjahrsende rechnen kann[233].

142 **b) Möglichkeit konkurrierender Ansprüche.** Die Subsidiarität der Konzernhaftung schließt es nicht aus, im Einzelfall zu konkurrierenden Ansprüchen auf Einzelausgleich und Verlustübernahme oder Ausfallhaftung zu kommen. Das gilt einerseits für die **GmbH**; sie kann wegen einzelner isolierbarer Eingriffe gegen das herrschende Unternehmen aus Treupflichtverletzung vorgehen bzw. Kapitalerstattung nach § 31 Abs. 1 GmbH verlangen, ohne dadurch gehindert zu sein, wegen der nachteiligen Einflußnahme *im übrigen* Verlustübernahme zu verlangen. Eine übermäßige Belastung des herrschenden Unternehmens ist daraus schon deshalb nicht zu erwarten, weil das Bestehen der Einzelansprüche dazu führt, den zu übernehmenden Bilanzverlust entsprechend zu vermindern oder sogar ganz auszuschließen. Auch zugunsten der **Gläubiger** ist das Bestehen konkurrierender Ansprüche gegen das herrschende Unternehmen denkbar. Insbesondere entfällt die Ausfallhaftung des herrschenden Unternehmens analog § 303 AktG nicht schon deshalb, weil den Gläubigern daneben deliktische Ansprüche gegen das herrschende Unternehmen wegen Konkursverschleppung u. a. zustehen (Rdn 123 f). Der Sache nach handelt es sich um eine echte Anspruchskonkurrenz in dem Sinne, daß die Leistung des Schuldners auf einen der Ansprüche zugleich zur Erfüllung des anderen führt.

---

232 *Krieger* ZGR 1994, 375, 380 ff.

233 Anders *Krieger* aaO (Fn 232).

5. Darlegungs- und Beweislast

a) **Grundlagen.** Die Darlegungs- und (im Bestreitensfall) die Beweislast für das Vorliegen der klagebegründenden Tatsachen ist grundsätzlich **Sache des Klägers.** Im Fall der Konzernhaftung erstreckt sie sich auf die tatsächlichen Voraussetzungen (1) für das Vorliegen eines Konzerns zwischen herrschendem Unternehmen und abhängiger Gesellschaft (Rdn 144), (2) für die nachhaltige Beeinträchtigung der Belange der abhängigen Gesellschaft infolge der einheitlichen Leitung im Konzerninteresse (Rdn 146 ff) und (3) für die Unmöglichkeit, im Wege des Einzelausgleichs zu einer Kompensation der zugefügten Nachteile zu kommen (Rdn 145). **143**

Keine besonderen Schwierigkeiten sind im Regelfall hinsichtlich des **Tatbestandsmerkmals des Konzerns** zu erwarten, zumal dem Kläger insoweit die Vermutungstatbestände der §§ 17 Abs. 2, 18 Abs. 1 S. 3 AktG zugute kommen (Rdn 39). Der Kläger kann sich ggf. damit begnügen, die Mehrheitsbeteiligung des Beklagten als herrschendes Unternehmen an der abhängigen GmbH nachzuweisen; auf die „dauernde und umfassende" Ausübung der Leitungsmacht kommt es für den Konzerntatbestand nach dem TBB-Urteil nicht mehr an (Rdn 129). Will der *Beklagte* die Konzernvermutung des § 18 Abs. 1 S. 3 AktG widerlegen, so kann er sich zum Beweis des Fehlens einheitlicher Leitung ggf. auch auf die *unterschiedliche Branchenzugehörigkeit* der verschiedenen für den Konzernverbund in Betracht kommenden Unternehmen und auf das Fehlen geschäftlicher Beziehungen zwischen ihnen berufen. **144**

Auch die Darlegung und der Nachweis der **Unmöglichkeit des Einzelausgleichs** als des dritten (negativen) Tatbestandsmerkmals (Rdn 140) dürfte dem Kläger im allgemeinen ohne besondere Schwierigkeiten möglich sein, wenn die nachhaltige Beeinträchtigung der Belange der abhängigen Gesellschaft durch die Konzernleitung als zentrales Tatbestandsmerkmal feststeht. Denn entweder beruht die nachhaltige Beeinträchtigung auf einer Fülle undurchschaubarer Einzeleingriffe des herrschenden Unternehmens, so daß allein hieraus auch die Unmöglichkeit des Einzelausgleichs folgt (Rdn 140); zusätzlichen Vorbringens des Klägers bedarf es dann regelmäßig nicht. Oder sie ist die Folge eines – als solchen meist unstreitigen – grundlegenden strukturellen Eingriffs in das Unternehmen der abhängigen Gesellschaft wie der Ausgliederung wesentlicher unternehmerischer Teilfunktionen und ihrer Übertragung auf das herrschende oder ein anderes Konzernunternehmen (Rdn 137); dann verlagert sich die Problematik vom Tatsächlichen hin zu der Rechtsfrage, ob und unter welchen Voraussetzungen ein Einzelausgleich für derartige Strukturveränderungen der abhängigen Gesellschaft in Betracht kommt. **145**

b) **Insbesondere: die nachhaltige Beeinträchtigung α) Das Problem.** Im Unterschied zu den sonstigen Tatbestandsmerkmalen ist mit Schwierigkeiten für die Darlegungs- und Beweislast des Klägers insoweit zu rechnen, als es um die nachhaltige Beeinträchtigung der Belange der abhängigen Gesellschaft durch die Ausübung der Konzernleitungsmacht des herrschenden Unternehmens geht. Das gilt jedenfalls bei Klageerhebung durch die bei der insolventen GmbH ausgefallenen *Gläubiger*[234], aber auch bei *Minderheitsgesellschaftern* als Klägern. Denn die Durchsetzung der ihnen nach § 51 a GmbHG zustehenden Informationsrechte kann sich langwierig gestalten und erweist sich besonders beim Zusammenbruch der GmbH oder gegenüber dem herrschenden Unternehmen als (Allein-)Geschäftsführer als wenig aus- **146**

---

[234] So auch BGHZ 122, 123, 132 f = NJW 1993, 1200; *Stodolkowitz* ZIP 1992, 1517, 1522 f; aA *Lutter* in Hommelhoff/Stimpel/Ulmer (Fn 56) S. 183, 201; *Altmeppen* DB 1991, 2225, 2229.

sichtsreich[235], während die prozessuale Situation des *Konkursverwalters* als Kläger aufgrund seines Zugangs zu den Gesellschaftsunterlagen meist günstiger ist. Die Schwierigkeiten beruhen darauf, daß es in bezug auf das Merkmal der nachhaltigen Beeinträchtigung vielfach um **Unternehmensinterna** der abhängigen GmbH und ihres Verhältnisses zum herrschenden Unternehmen geht, die für einen Außenstehenden nicht oder nur schwer zugänglich sind. Auch die Darlegung oder der Nachweis erheblicher *Verluste bei der abhängigen GmbH* oder des Eintritts ihrer Insolvenz hilft, für sich gesehen, nicht weiter, weil er über die Ursachen dieser für die GmbH nachteiligen Entwicklung noch nichts aussagt (Rdn 152). Daher hat auch der nach „Tiefbau“ und „Video“ relevante Kausalitätsgegenbeweis des Beklagten hinsichtlich der Verlustursachen bei der abhängigen Gesellschaft infolge des Rechtsprechungswandels in „TBB“ seine Bedeutung verloren (Rdn 138 f).

147 Mit Rücksicht auf die hier zu erwartenden „großen Prozeßführungsschwierigkeiten“ der klagenden Partei war im Autokran-Urteil an die dauernde und umfassende Ausübung der Konzerngeschäftsführung durch das herrschende Unternehmen die Vermutung geknüpft worden, daß auf die eigenen Belange der einzelnen Konzernunternehmen keine Rücksicht genommen worden sei und das Konzerninteresse ihre Geschäftstätigkeit entscheidend bestimmt habe[236]. Zur Widerlegung der Vermutung hatte der Senat in „Autokran“ den Gegenbeweis pflichtgemäßer Geschäftsführung entsprechend § 317 Abs. 2 AktG zugelassen[237], während er ihn in „Tiefbau“ und „Video“ sodann auf den Nachweis externer Verlustursachen beschränkte[238]. Insbesondere im Anschluß an „Video“ wurde diese de facto zur *Beweislastumkehr* führende Rechtsprechung verbreitet als zu weitgehend kritisiert[239]. Als Ergebnis dieser Kritik rückte der Senat im **TBB-Urteil** hiervon deutlich ab und betonte die Darlegungs- und Beweislast des Klägers für „Umstände, die die Annahme zumindest nahelegen, daß bei der Unternehmensführung im Hinblick auf das Konzerninteresse die eigenen Belange der GmbH über bestimmte, konkret ausgleichsfähige Einzeleingriffe hinaus beeinträchtigt worden sind“[240]. Damit wurde einerseits das Kriterium der dauernden und umfassenden Ausübung der Konzerngeschäftsführung durch das herrschende Unternehmen entgegen der bisherigen Rechtsprechung als für die nachhaltige Beeinträchtigung der abhängigen Gesellschaft nicht hinreichend aussagefähig angesehen, andererseits die Beweislastumkehr zu Lasten des herrschenden Unternehmens als zu weitgehend verworfen und durch ein System des über Indizien (Rdn 150 ff) zu führenden, vom Beklagten leichter zu entkräftenden *Anscheinsbeweises* versetzt[241].

148 **β) Stellungnahme.** Dem Senat ist darin zuzustimmen, daß die zunächst praktizierte, an die Schädigungsvermutung infolge dauernder und umfassender Konzernleitung anknüpfende *Beweislastumkehr zu weit* ging und daß sie wegen der drasti-

---

[235] *Stodolkowitz* ZIP 1992, 1517, 1523; *Ulmer* in Hommelhoff/Stimpel/Ulmer (Fn 56) S. 78 f; **aA** *Kleindiek* GmbH-Rdsch. 1992, 574, 580; *Krieger* in Hommelhoff/Stimpel/Ulmer (Fn 56) S. 59; tendenziell auch *Ebenroth/Wilken* ZIP 1993, 558, 560.

[236] BGHZ 95, 330, 344 = NJW 1986, 188.

[237] BGHZ 95, 330, 344 f = NJW 1986, 188.

[238] Vgl. die Nachw. in Fn 224.

[239] Vgl. namentlich *Altmeppen* DB 1991, 2225, 2227 ff; *Brandner* in Hommelhoff/Stimpel/Ulmer (Fn 56) S. 207, 219 f; *Flume* DB 1992, 25, 26 f; *Gäbelein* GmbH-Rdsch. 1992, 273, 274 f; *Hoffmann-Becking* in Hommelhoff/Stimpel/Ulmer (Fn 56) S. 89, 94 ff; *Kleindiek* ZIP 1991, 1330, 1335; *Knobbe-Keuk* DB 1992, 1461, 1463; *Kowalski* ZIP 1992, 1637, 1638 ff; *K. Schmidt* ZIP 1991, 1325, 1329 f.

[240] BGHZ 122, 123, 131 = NJW 1993, 1200, unter Hinweis auf *Kleindiek* GmbH-Rdsch. 1992, 574, 578 f.

[241] In diesem Sinne bereits *Stodolkowitz* ZIP 1992, 1517, 1522 ff; *Kleindiek* GmbH-Rdsch. 1992, 574, 578 ff; *Kowalski* ZIP 1992, 1637, 1638 ff.

schen Einschränkung der als Gegenbeweis zugelassenen Gründe auf externe Verlustursachen geeignet war, den Beklagten seinerseits in eine Art Beweisnotstand zu bringen[242]. Nicht zu verkennen ist andererseits, daß insbesondere Gläubiger, aber auch außenstehende Gesellschafter als Kläger mit erheblichen Schwierigkeiten rechnen müßten, wenn von ihnen die volle Darlegungs- und Beweislast hinsichtlich der nachhaltigen Beeinträchtigung der Belange der abhängigen GmbH durch die Konzernleitung erwartet würde. Zu Recht hat der Senat diese Schwierigkeiten jedenfalls in bezug auf *Gläubiger* der abhängigen GmbH anerkannt und ist bereit, ihnen durch **Erleichterungen hinsichtlich ihrer Substantiierungslast** in bezug auf Unternehmensinterna entsprechend den hierfür entwickelten allgemeinen Verfahrensgrundsätzen[243] Rechnung zu tragen. Danach ist es Sache des *Beklagten*, seinerseits nähere Angaben zu machen, wenn er im Gegensatz zum Kläger die maßgebenden Tatsachen kennt und ihm die Darlegung des Sachverhalts zumutbar ist; die Nichterfüllung dieser Darlegungslast hat zur Folge, daß das Vorbringen des Klägers, auch wenn es nicht den sonst zu stellenden Anforderungen an die Substantiierung genügt, gemäß § 138 Abs. 3 ZPO als zugestanden gilt[244]. Entsprechend sollte auch in bezug auf *außenstehende Gesellschafter* verfahren werden, denen die GmbH die von ihnen verlangten Informationen entgegen § 51 a GmbHG nicht erteilt hat. Es wäre unangemessen, sie zuvor auf den zeitaufwendigen und zumal in derartigen Situationen nicht besonders aussichtsreichen Weg des Informationserzwingungsverfahrens nach §§ 51 a, 51 b GmbHG zu verweisen[245]. Ob die Substantiierungslast des Beklagten an § 51 a Abs. 2 GmbHG ihre Grenze findet[246], erscheint in der Sondersituation der Konzernhaftung zweifelhaft.

Die *Beweislast* des Klägers bleibt nach den TBB-Grundsätzen von der partiellen **149**
Verlagerung der Substantiierungslast auf den Beklagten unberührt. Insoweit sollte freilich angesichts der bekannten, im Aktienrecht durch die Vorschriften der §§ 300 ff, 311 ff AktG berücksichtigten *Gefahren einheitlicher Konzernleitung* für die Konzernunternehmen der zu erwartenden Beweisnot des Klägers durch sachgerechte Zulassung des über Indizien zu führenden **Anscheinsbeweises** Rechnung getragen werden[247]. Auch wenn die dauerhafte und umfassende Ausübung der Konzernleitung als solche für sich allein nicht aussagekräftig genug ist, darauf den Anschein nachhaltiger *Beeinträchtigung* der Belange der abhängigen Gesellschaft zu stützen, sollte doch die typischerweise von ihr ausgehende *Gefährdung* der abhängigen Gesellschaft nicht ernstlich bezweifelt werden. Aufgabe der künftigen Rechtsprechung zur Konzernhaftung wird es daher vor allem auch sein, einerseits tragfähige, die Prozeßführung für die klagende Partei nicht von zu hohen Anforderungen abhängig machende Indizien herauszuarbeiten, andererseits aber auch dem Beklagten die realistische Chance zur Ausräumung des Anscheins nachhaltiger Beeinträchtigung zu belassen.

γ) **Geeignete Indizien.** Als Indizien für die nachhaltige Beeinträchtigung der Be- **150**
lange der abhängigen Gesellschaft kommen in erster Linie solche Umstände in Betracht, aus denen sich die **Mißachtung des Eigeninteresses der abhängigen Gesell-**

---

242 So zu Recht namentlich *Stodolkowitz* ZIP 1992, 1517, 1523; an *meinem* weitergehenden Standpunkt in Hommelhoff/Stimpel/Ulmer (Fn 56) S. 65, 77 ff halte ich nicht fest.

243 Vgl. BGHZ 100, 190, 195 f = NJW 1987, 2008; BGH NJW 1990, 3151.

244 BGHZ 122, 123, 133 = NJW 1993, 1200.

245 So auch *Krieger* ZGR 1994, 375, 389.

246 So *Krieger* ZGR 1994, 375, 389 f.

247 *Burgard* WM 1993, 925, 932 f; *Ebenroth/Wilken* ZIP 1993, 558, 560; im Anschluß an „Video" bereits *Stodolkowitz* ZIP 1992, 1517, 1523; dagegen aber *Goette* DStR 1993, 568, 571; *Kleindiek* DZWiR 1993, 177, 179 f.

schaft entnehmen läßt. Beispiele bilden der zentral gesteuerte, beliebige Einsatz der verschiedenen Konzernunternehmen für die jeweils anstehenden Geschäfte[248], der Mißbrauch der abhängigen GmbH als Kostenträger für ein Projekt, dessen Risiken seine Durchführung als Spekulation auf Kosten der Gläubiger erscheinen läßt[249], die Verwendung von Betriebsvermögen der abhängigen GmbH ohne Rücksicht auf die dingliche Zuordnung und ohne Entgeltleistung zugunsten anderer Konzernunternehmen[250], ferner die Heranziehung der abhängigen Gesellschaft und ihrer Sicherheiten als Kreditgrundlage für Darlehen an andere Konzernunternehmen[251], aber auch die sonstige Zentralisierung der Finanzfunktionen aller Konzernunternehmen bei der Konzernspitze in einer Weise, die der abhängigen Gesellschaft keinerlei finanziellen Bewegungsspielraum beläßt und dazu führt, daß die Insolvenz der Konzernspitze in vollem Umfang auf die abhängige Gesellschaft durchschlägt[252]. In derartigen Fällen wird regelmäßig auch die Möglichkeit ausscheiden, die Nachteile dieser Maßnahmen im Wege des Einzelausgleichs zu kompensieren. Auch die Verlagerung wesentlicher Produktionszweige aus der abhängigen GmbH zu einem anderen Konzernunternehmen oder die Ausrichtung ihres gesamten Produktionsprogramms am Konzerninteresse kann, selbst wenn sie kurzfristig keine Nachteile für die abhängige Gesellschaft zur Folge hat, doch dazu führen, daß diese ihre Fähigkeit zum Überleben nach Beendigung der Konzernzugehörigkeit verliert[253]. Sie ist ggf. ebenso wie die Ausgliederung wesentlicher unternehmerischer Teilfunktionen (Einkauf, Vertrieb, Forschung und Entwicklung u. a.) als nachhaltige, keinem Einzelausgleich zugängliche Strukturmaßnahme zu behandeln (Rdn 137).

151 **Keinen** unmittelbaren Rückschluß auf die Mißachtung des Eigeninteresses der abhängigen GmbH lassen demgegenüber **organisatorische**, der Koordinierung der Geschäftsführung der verschiedenen Konzernunternehmen dienende **Maßnahmen** zu, soweit sie sich nicht mit sonstigen Umständen verbinden, die Anhaltspunkte für das Fehlen angemessener Rücksicht auf die Belange der abhängigen GmbH bieten[254]. Wenn in „TBB" der dauernden und umfassenden Leitung der abhängigen Gesellschaft durch das herrschende Unternehmen die Wirkung einer Vermutung für die Beeinträchtigung der abhängigen GmbH abgesprochen wurde (Rdn 147), so gilt das entsprechend auch für sonstige diesem Ziel dienende Maßnahmen wie die Herbeiführung vollständiger oder überwiegender Personalunion in den Organen des herrschenden Unternehmens und der abhängigen Gesellschaft[255] oder der Erstellung eines Katalogs weitgehender Zustimmungsvorbehalte oder Weisungsrechte des herrschenden Unternehmens. Auch ein Anscheinsbeweis läßt sich allein hierauf

[248] So der dem Urteil BGHZ 95, 330 = NJW 1986, 188 – Autokran, zugrundeliegende Sachverhalt.

[249] Vgl. BGH NJW 1994, 446, 447, wo hinsichtlich des Mißbrauchs der abhängigen GmbH zusätzlich darauf abgestellt wurde, daß eine etwaige Gewinnerzielung in erster Linie anderen Konzernunternehmen zugute gekommen wäre.

[250] So in BGHZ 115, 187 = NJW 1991, 3192 – Video, und BGHZ 122, 123, 129, 131 f = NJW 1993, 1200 – TBB.

[251] Im Sinne von BGHZ 122, 123, 129 = NJW 1993, 1200 – TBB.

[252] Im Sinne von BGHZ 107, 7 = NJW 1989, 1800 – Tiefbau.

[253] So zu Recht *Burgard* WM 1993, 925, 928; ferner bereits *Arbeitskreis GmbH-Reform* (Fn 144) S. 60; *Ulmer* in Hommelhoff/Stimpel/Ulmer (Fn 56) S. 80 f; enger *Krieger* daselbst S. 41, 47 ff (52 f); *Holzwarth* (Fn 176) S. 180 ff.

[254] Insoweit zutr. *Krieger* (Fn 253).

[255] So bereits Baumbach/Hueck/*Zöllner* Schlußanh I, 30; *Koppensteiner*-KölnKommAktG² § 311 Rdn 18; *Lutter/Hommelhoff* Anh § 13, 18; *Drüke* (Fn 173) S. 153 ff; *Krieger* (Fn 253) S. 49 ff; *Semler* Festschrift Stiefel (1987) S. 719, 755; aA noch *Hommelhoff* DB 1992, 309, 312; *Säcker* ZHR 151 (1987) 59, 65 ff; *Ulmer* in Hommelhoff/Stimpel/Ulmer (Fn 56) S. 79 f; *Arbeitskreis GmbH-Reform* (Fn 144) S. 59 f; differenzierend *Decher* Personelle Verflechtungen im Aktienkonzern (1990) S. 31 ff, 80 ff; *ders.* DB 1989, 965, 971; *Möhring* (Fn 180) S. 225 ff.

nicht stützen. Wohl aber können derartige Umstände in Verbindung mit konkreten, der abhängigen Gesellschaft im Konzerninteresse zugefügten Nachteilen Bedeutung erlangen und beim Eintritt von Verlusten den Anscheinsbeweis begründen, daß die Belange der abhängigen Gesellschaft auch über die festgestellten Einzelnachteile hinaus nachhaltig beeinträchtigt worden sind.

Zweifelhaft ist schließlich, ob allein die **Insolvenz** der abhängigen Gesellschaft im Falle längerfristig vorangegangener dauernder oder umfassender Konzernleitung ausreicht, um hierauf den Anscheinsbeweis nachhaltiger Beeinträchtigung der Belange der abhängigen Gesellschaft zu stützen[256]. Auf den ersten Blick sprechen gute Gründe dafür, die Frage zu bejahen, sofern keine externen Verlustursachen offensichtlich sind. Indessen wäre dieser Standpunkt schwer vereinbar mit den erhöhten Anforderungen, die der BGH im *TBB-Urteil* an die Darlegungs- und Beweislast von Gläubigern der abhängigen Gesellschaft als Kläger gestellt hat. Denn in jenem Fall stand sowohl die dauernde und umfassende Leitung der abhängigen GmbH durch das herrschende Unternehmen als auch der Eintritt ihrer Insolvenz fest; er führte zur Klage des ausgefallenen Gläubigers gegen das herrschende Unternehmen analog § 303 Abs. 1 AktG. Wenn der BGH diese Umstände gleichwohl nicht ausreichen ließ, um hierauf die Konzernhaftung des herrschenden Unternehmens zu gründen, sondern den Fall zur weiteren Sachaufklärung an das Berufungsgericht zurückverwies, muß das dahin verstanden werden, daß auch ein Anscheinsbeweis allein hierauf nicht gestützt werden könnte. 152

6. Fallgruppen

a) Allgemeines. Durch die Gewichtsverlagerung von der dauernden und umfassenden Konzernleitung zur nachhaltigen Beeinträchtigung der Belange der abhängigen Gesellschaft, die das TBB-Urteil für den Tatbestand des qualifizierten faktischen Konzerns vollzogen hat (Rdn 128 f), hat auch die Frage nach Fallgruppen qualifizierter faktischer Konzernierung an Bedeutung verloren. Die besondere Struktur der Unternehmensverbindung reicht danach nicht länger aus, um hierauf die Konzernhaftung zu stützen. Daher ist weder die Führung der abhängigen GmbH wie eine **Betriebsabteilung** des herrschenden Unternehmens noch das Bestehen **personeller Verflechtungen** zwischen den Organen der abhängigen Gesellschaft und des herrschenden Unternehmens, für sich gesehen, geeignet, die Konzernhaftung zu begründen oder den Anscheinsbeweis für das Vorliegen der Voraussetzungen qualifizierter faktischer Konzernierung zu führen (Rdn 151). Hinzukommen müssen vielmehr zusätzliche, sich aus der Geschäftsführung der abhängigen GmbH ergebende Umstände, die die nachhaltige Beeinträchtigung der Belange der abhängigen GmbH wahrscheinlich machen und aus diesem Grunde als Indizien Berücksichtigung finden können (Rdn 150). 153

b) GmbH & Co KG. Innerhalb einer typischen, durch Personenidentität der Gesellschafter gekennzeichneten GmbH & Co KG scheidet die Anwendung der Grundsätze der Konzernhaftung in aller Regel aus. Zweifelhaft ist schon, ob insoweit im Verhältnis zwischen den maßgebenden Gesellschaftern (herrschende Unternehmen?) und den beiden beteiligten Gesellschaften von einer Unternehmensverbin- 154

---

256 So *Burgard* WM 1993, 925, 932 f; *U. H. Schneider* WM 1993, 782, 784; für indizierende Wirkung auch *Hommelhoff* in Hommelhoff/Stimpel/Ulmer (Fn 56) S. 245, 249; aA *Holzwarth* (Fn 176) S. 184.

dung im Sinne eines Konzerns ausgegangen werden kann[257]. Auch wenn man die Frage bejaht, **fehlt** es doch typischerweise an einer **Interessenkollision** innerhalb der GmbH & Co KG, die die Gefahr einer nachhaltigen Beeinträchtigung der Belange entweder der KG oder der Komplementär-GmbH begründen könnte. – Davon zu unterscheiden ist die – wegen der Parallelität der Haftungsverfassung von GmbH und GmbH & Co KG zu *bejahende* – Frage, ob die GmbH & Co KG ihrerseits abhängige Gesellschaft im Rahmen eines qualifizierten faktischen Konzerns sein und dadurch in den Schutzbereich der Rechtsprechung zur Konzernhaftung geraten kann[258].

155 c) **Betriebsaufspaltung.** Auch die Aufspaltung eines Unternehmens in eine Besitz-KG und eine Betriebs-GmbH bietet in der Regel **keinen Anlaß zur Erstreckung der Konzernhaftung** auf ihre Gesellschafter[259]. Zwar ist ein Konzerntatbestand insoweit jedenfalls dann zu bejahen, wenn die beiden Gesellschaften allein oder mehrheitlich von einem Gesellschafter oder einer Gesellschaftergruppe als herrschendes Unternehmen geleitet werden. Jedoch fehlt es typischerweise an undurchschaubaren nachteiligen Einflußnahmen innerhalb der Gruppe: die Beziehungen zwischen den beiden Gesellschaften beschränken sich in der Regel auf den Pachtvertrag über das Betriebsvermögen[260]. Soweit Bedarf für besonderen Gläubigerschutz in der Betriebs-GmbH besteht, läßt sich dieser auf die Regeln über die eigenkapitalersetzende Nutzungsüberlassung (§§ 32 a, 32 b, 107 ff, 117) sowie in Extremfällen auf die Haftung wegen Unterkapitalisierung (Anh § 30, 50 ff) stützen.

7. Strategien der Haftungsvermeidung

156 a) **Holding-Lösung.** Auf die Möglichkeit für den Allein- oder Mehrheitsgesellschafter, sich den Risiken der Konzernhaftung durch Bildung einer (Zwischen-)Holding für seine sämtlichen unternehmerischen Aktivitäten zu entziehen, wurde schon hingewiesen (Rdn 115). Sie beruht darauf, daß der Gesellschafter, wenn er sich auf das Halten *einer* maßgeblichen Beteiligung beschränkt und auch im übrigen nicht selbst unternehmerisch tätig wird, nach dem teleologischen Unternehmensbegriff **kein** (herrschendes) **Unternehmen** ist (Rdn 20) und deshalb in bezug auf die Konzernhaftung auch nicht als richtiger Beklagter in Betracht kommt. Die Klage ist in diesem Fall vielmehr gegen die (Zwischen-)Holding zu richten.

157 b) **Freiwilliger Abhängigkeitsbericht.** Mit Rücksicht auf den Vorbehalt der Kompensation der der abhängigen GmbH zugefügten Nachteile im Wege des Einzelausgleichs (Rdn 140) wird in der Literatur zutreffend darauf hingewiesen, daß sich eine Konzernhaftung auch durch vollständige und zuverlässige **Dokumentation aller Einflußnahmen** des herrschenden Unternehmens auf die abhängige GmbH nach Art

---

257 BMJ (Hrsg.), Bericht über die Verhandlungen der Unternehmensrechtskommission (1980) Tz. 1718–1720; Scholz/*Emmerich* Anh KoR 53 b; *Ulmer*-GroßkommHGB[4] Anh § 105, 4 (Fn 3); *K. Schmidt* ZGR 1981, 455, 478; *Schießl* (Fn 150) S. 5.

258 Vgl. BGH WM 1979, 937.

259 So auch *Lutter/Hommelhoff* Anh § 13, 18; *Priester* in Hommelhoff/Stimpel/Ulmer (Fn 56) S. 223, 241 ff; *ders.* ZIP 1986, 137, 145; *Drygala* Der Gläubigerschutz bei der typischen Betriebsaufspaltung (1991) S. 78 ff, 98 ff; *Timm* in Priester/Timm, Abschied von der Betriebsaufspaltung? (1990) S. 27, 34 ff; im Grundsatz auch *Hommelhoff* DB 1992, 309, 312; aA Scholz/*Emmerich* Anh KoR 209; Baumbach/Hueck/*Zöllner* Schlußanh I, 25; *Weimar* ZIP 1988, 1525 ff; tendenziell auch *Holzwarth* (Fn 176) S. 191 ff; *Sigle* in Hommelhoff/Stimpel/Ulmer (Fn 56) S. 167, 172.

260 So zu Recht *Priester* in Hommelhoff/Stimpel/Ulmer (Fn 56) S. 223, 242 f; *Drygala* (Fn 259) S. 98 f.

des aktienrechtlichen Abhängigkeitsberichts (§ 312 AktG) vermeiden läßt[261]. Die Dokumentation sorgt für Transparenz der Beziehungen zwischen der abhängigen GmbH und dem herrschenden Unternehmen; sie verhindert dadurch zugleich, wenn sie mit der gebotenen Sorgfalt erstellt und objektiver Nachprüfung zugänglich ist, das Risiko undurchschaubarer Beeinträchtigung der Belange der abhängigen GmbH. Ihre die Konzernhaftung ausschließende Wirkung hängt freilich davon ab, daß die davon erfaßten nachteiligen Einzelmaßnahmen ihrerseits kompensationsfähig sind. Soweit diese Voraussetzung wegen der weittragenden, keinem Einzelausgleich zugänglichen Auswirkungen wesentlicher struktureller Eingriffe nicht gegeben ist (Rdn 137), vermag daher auch ihre Offenlegung im Rahmen eines Abhängigkeitsberichts nicht vor der Konzernhaftung zu schützen. Zweifeln begegnet aus dieser Sicht daher auch die Feststellung im TBB-Urteil[262], durch Bildung einer Rückstellung in der Bilanz der abhängigen Gesellschaft zur Absicherung des Risikos aus der umfassenden Haftungsübernahme für die Verbindlichkeiten aller Konzernunternehmen ließe sich die Konzernhaftung vermeiden; sie berücksichtigt nicht hinreichend, daß die internen Ausgleichsansprüche der abhängigen GmbH gegen die anderen Konzernunternehmen nicht werthaltig waren und das finanzielle Gesamtengagement offenbar ein solches Ausmaß erreichte, daß es der abhängigen GmbH keinerlei finanziellen Spielraum beließ und seine Fälligstellung notwendig auch zu ihrem Zusammenbruch führen mußte.

C. Rechtsfolgen

1. Verlustübernahme (Schutz der abhängigen GmbH)

a) **Grundlagen.** Primäre Rechtsfolge beim Vorliegen der Tatbestandsvoraussetzungen des qualifizierten faktischen Konzerns ist die Übernahme der während ihrer Dauer bei der abhängigen GmbH entstehenden Verluste durch das herrschende Unternehmen. Sie dient dem Schutz der abhängigen GmbH und kommt dadurch mittelbar auch ihren Gläubigern und etwaigen Minderheitsgesellschaftern zugute. Jedenfalls im Hinblick auf die abhängige **Mehrpersonen-GmbH** besteht über diese Rechtsfolge heute ganz überwiegend Einigkeit[263]. Entsprechendes hat aber auch für den Fall einer abhängigen **Einmann-GmbH** zu gelten (zur Anspruchshöhe in diesem Fall vgl. Rdn 163). Der insoweit im Autokran-Urteil enthaltene Vorbehalt[264] wurde vom BGH im Video-Urteil zu Recht fallengelassen[265]. **158**

Rechtsgrundlage des Anspruchs auf Verlustübernahme ist eine (Teil-)**Analogie zu § 302 Abs. 1 AktG.** Wegen des Fehlens eines Formaltatbestands nach Art des Beherrschungsvertrags als Anknüpfungsmerkmal bereitet die Analogie zwar Schwierigkeiten, soweit es um die Dauer der Übernahmepflicht geht (Rdn 162). Hiervon und von der Frage der Limitierung der Anspruchshöhe auf den Ausgleich von Verlusten zur Deckung des Stammkapitals (Rdn 163 f) abgesehen, kann jedoch voll auf die in Rechtsprechung und Literatur zu § 302 Abs. 1 AktG entwickelten Grundsätze **159**

---

[261] So insbes. *Bauder* BB 1992, 1009, 1013; *Hommelhoff* in Hommelhoff/Stimpel/Ulmer (Fn 56) S. 245, 261 f; *Kleindiek* ZIP 1991, 1330, 1336; *Kübler* NJW 1993, 1204, 1205; *Schulze-Osterloh* ZIP 1993, 1838, 1840 ff; wohl auch *H. P. Westermann* ZIP 1993, 554, 557.

[262] BGHZ 122, 123, 132 = NJW 1993, 1200.

[263] Vgl. die Nachw. in Fn 169 f.

[264] BGHZ 95, 330, 345 f = NJW 1986, 188; unentschieden auch noch BGHZ 107, 7, 16 = NJW 1989, 1800 – Tiefbau.

[265] BGHZ 115, 187, 197 f = NJW 1991, 3142.

abgestellt werden[266]. Des Rückgriffs auf ein allgemeines Prinzip des Verlustausgleichs, wie es der BGH im Gervais-Urteil aus dem Jahr 1979 formuliert hat[267], bedarf es angesichts dieser Regelung nicht. Daher kann auch offenbleiben, ob ein solches Prinzip, das der BGH auf die „unkontrollierbare Möglichkeit des herrschenden Unternehmens" gestützt hatte, „insbesondere die Produktions-, Absatz und Investitionspolitik des abhängigen Unternehmens zu bestimmen und dieses voll den eigenen Belangen anzupassen"[268], mit dem in „TBB" vollzogenen Wandel der Rechtsprechung noch vereinbar ist.

160 Der Anspruch **entsteht** mit dem Abschluß des Geschäftsjahrs oder einer etwaigen kürzeren, durch die Beendigung der qualifizierten faktischen Konzernierung limitierten Rechnungsperiode, darunter insbesondere der *Konkurseröffnung* oder der ihr vorhergehenden einstweiligen Übertragung der Geschäftsführung auf einen gerichtlich bestellten Sequester. **Fällig** wird er vorbehaltlich des Konkurses der GmbH mit Feststellung des Jahresabschlusses durch die Gesellschafter (§ 46 Nr. 1 GmbHG)[269]. Ein Anspruch auf vorzeitige Abschlagszahlungen zur Aufrechterhaltung der Liquidität steht der abhängigen GmbH im Rahmen von § 302 AktG nicht zu[270]. Nicht ausgeschlossen ist es jedoch, im Einzelfall einen solchen Anspruch der GmbH aufgrund der Treupflicht anzuerkennen, wenn die Liquiditätshilfe für die GmbH zur Konkursabwendung unerläßlich und die Abschlagszahlung dem herrschenden Unternehmen ohne weiteres zumutbar ist[271].

161 Die **Geltendmachung** des Anspruchs auf Verlustübernahme ist Sache der Geschäftsführer, im Konkurs diejenige des Konkursverwalters. Eines vorhergehenden Beschlusses der übrigen Gesellschafter nach § 46 Nr. 8 GmbHG bedarf es dazu nicht[272]. Außerhalb eines Konkursverfahrens kann der Anspruch von *Gläubigern* der abhängigen GmbH gepfändet und nach Überweisung zur Einziehung geltend gemacht werden[273]. Die Geltendmachung durch *außenstehende Gesellschafter* rich-

---

266 Ganz hM, vgl. neben den Nachw. in Fn 264 f noch BGHZ 122, 123, 126 f = NJW 1993, 1200; Scholz/*Emmerich* Anh KoR 217; Baumbach/Hueck/*Zöllner* Schlußanh I, 29; *Lutter/Hommelhoff* Anh § 13, 21; *Assmann* (Fn 172) S. 718 ff; *K. Schmidt* ZIP 1989, 545, 548 ff; *Stimpel* Festschrift Goerdeler (1987) S. 601, 609 f; *Ulmer* ZHR 148 (1984) 391, 422 ff; *ders.* NJW 1986, 1579, 1583 ff; **aA** die in Fn 150 genannten Befürworter eines pauschalierten Schadensersatzanspruchs, ferner *Altmeppen* (Fn 170) S. 73 ff (entspr. Anwendung des § 670 BGB).

267 BGH WM 1979, 937.

268 BGH WM 1979, 937, 941.

269 *Lutter/Hommelhoff* Anh § 13, 25; für den Vertragskonzern auch OLG Schleswig ZIP 1987, 1448, 1450; *Koppensteiner*-KölnKommAktG², § 302, 27; *Priester* ZIP 1989, 1301, 1306; *Raiser* Recht der Kapitalgesellschaften² § 54, 42; **aA** *Geßler*/Hefermehl/Eckardt/Kropff AktG § 302, 42; *Emmerich/Sonnenschein* Konzernrecht⁵ § 16 V 7 a S. 301.

270 So wohl auch BGHZ 105, 168, 183 = NJW 1988, 3143 – HSW; offenlassend *Lutter/Hommelhoff* Anh § 13, 25; **aA** für den Vertragskonzern *Emmerich/Sonnenschein* Konzernrecht⁵ § 16 V 7 a S. 301; *Priester* ZIP 1989, 1301, 1307; ferner – freilich einen Sonderfall betreffend – LG Bochum GmbH-Rdsch. 1987, 24, 26. Eingehend zum Ganzen und für einen eigenständigen, von der Verpflichtung zum Verlustausgleich unabhängigen Liquiditätsschutz *Kleindiek* Strukturvielfalt im Personengesellschafts-Konzern (1991) S. 162 ff (193 ff) mwN.

271 So hinsichtlich einer darüber hinausgehenden Liquiditätsausstattungspflicht *K. Schmidt* in Hommelhoff/Stimpel/Ulmer (Fn 56) S. 109, 121; s. allg. zur anspruchsbegründenden Wirkung der Treupflicht, insbes. zur Pflicht, Vertragsänderungen zuzustimmen, § 14, 58; für die Personengesellschaft MünchKomm-*Ulmer* BGB² § 705, 190 ff.

272 § 46, 92; Scholz/*K. Schmidt* § 46, 148; Baumbach/Hueck/*Zöllner* Schlußanh I, 27 a, 30 b.

273 Weitergehend – für Befugnis zur Geltendmachung analog §§ 309 Abs. 4 S. 3, 317 Abs. 4 AktG – LG Köln ZIP 1989, 1565, 1573 ff; *Rehbinder* AG 1986, 85, 92, 97; *K. Schmidt* in Hommelhoff/Stimpel/Ulmer (Fn 56) S. 109, 123; *ders.* BB 1985, 2074, 2078; *Drüke* (Fn 173) S. 185; *Limmer* (Fn 173) S. 335 f; für den Vertragskonzern auch *Koppensteiner*-KölnKommAktG² § 302, 22; *Emmerich/Sonnenschein* Konzernrecht⁵ § 16 V 7 b S. 302; de lege ferenda *Kort* ZIP 1988, 681, 687; **aA** *Geßler*/Hefermehl/Eckardt/Kropff AktG § 302, 47; *Würdinger*-GroßkommAktG § 302, 15; vgl. dazu noch unten Rdn 169, 171.

tet sich nach den Grundsätzen über die actio pro socio im GmbH-Recht (§ 14, 40 ff und § 46, 109 ff).

b) **Dauer der Übernahmepflicht.** Die Pflicht des herrschenden Unternehmens zur Verlustübernahme **beginnt** mit dem Eintritt der den qualifizierten faktischen Konzern charakterisierenden Haftungsvoraussetzungen, d. h. der Ausübung der Konzernleitungsmacht unter nachhaltiger, keinem Einzelausgleich zugänglicher Beeinträchtigung der Interessen der abhängigen Gesellschaft, ohne daß es der vorhergehenden gerichtlichen Feststellung des Vorliegens dieser Voraussetzungen nach Art des aktienrechtlichen Statusverfahrens (§§ 97 bis 99 AktG) bedarf. Sie **endet** spätestens mit der Beendigung des Konzernverhältnisses zwischen abhängiger Gesellschaft und herrschendem Unternehmen durch Verlust der Mehrheit oder aus sonstigen Gründen (Konkurseröffnung bei der abhängigen Gesellschaft u. a.), wenn nicht die nachhaltige Beeinträchtigung der Belange der abhängigen GmbH kraft Konzernleitung zuvor auf andere Weise ihr Ende gefunden hat. Sind die Tatbestandsvoraussetzungen des qualifizierten faktischen Konzerns für einen bestimmten, in der Vergangenheit liegenden Zeitpunkt festgestellt, so bedarf es nicht jeweils erneuter Prüfung ihres Vorliegens für spätere Rechnungsperioden. Vielmehr kann im Wege des *Anscheinsbeweises* solange von ihrem *Fortbestand* ausgegangen werden, als in den Beteiligungsverhältnissen und in der Zusammensetzung der Organe der beteiligten Gesellschaften keine wesentlichen Änderungen eintreten und das herrschende Unternehmen auch nicht in der Lage ist, den Anscheinsbeweis auf andere Weise zu erschüttern. Fallen Beginn und/oder Ende der qualifizierten faktischen Konzernierung nicht mit Geschäftsjahresbeginn oder -ende zusammen, so ist zur Ermittlung des anteiligen Jahresergebnisses der abhängigen Gesellschaft ein Zwischenabschluß zu erstellen, wenn der Eintritt von Verlusten im relevanten Zeitraum nicht ausgeschlossen werden kann. 162

c) **Höhe der zu übernehmenden Verluste.** Nach § 302 Abs. 1 AktG ist der während der Vertragsdauer sonst entstehende Jahresfehlbetrag durch Verlustübernahme auszugleichen, soweit er nicht durch Rücklagen ausgeglichen werden kann, die während der Vertragsdauer gebildet wurden. Eine Verrechnung mit früher gebildeten freien Rücklagen ist danach zwingend ausgeschlossen. Gegen die unveränderte Übertragung dieser Rechtsfolge auf das *GmbH-Recht* läßt sich einwenden, daß dort die Kapitalerhaltungsregeln insgesamt schwächer ausgeprägt sind als im Aktienrecht und daß zum Schutz der Gläubiger in §§ 30, 31 nur die Erhaltung des zur Deckung des Stammkapitals erforderlichen Vermögens und dessen Absicherung gegen den Zugriff der Gesellschafter gewährleistet ist[274]. Das spricht dafür, jedenfalls bei der abhängigen **Einmann-GmbH** die Übernahmepflicht des herrschenden Unternehmens auf den Ausgleich einer sonst entstehenden Unterbilanz unter Einschluß einer etwaigen Überschuldung zu beschränken und es dem Alleingesellschafter im übrigen zu überlassen, den Ausweis sonstiger Verluste durch Auflösung freier Rück- 163

[274] So bereits *Reuter* ZHR 146 (1982) 1, 21; *Rehbinder* AG 1986, 85, 98; *Ulmer* AG 1986, 123, 129 f; im Grundsatz ebenso Baumbach/Hueck/*Zöllner* Schlußanh I, 27 a, 31 a; *Assmann* (Fn 172) S. 726 ff; *ders.* JZ 1986, 928, 936; *Basten* GmbH-Rdsch. 1990, 442, 447 f; *Ebenroth /Wilken* BB 1991, 2229, 2232; *Schwark* JuS 1987, 443, 450 f; *Vonnemann* BB 1990, 217, 222; *Ziegler* WM 1989, 1041, 1042 ff; für die Einmann-GmbH auch *Lutter/Hommelhoff* Anh § 13, 23; *Stimpel* ZGR 1991, 144, 158 f; *Limmer* (Fn 173) S. 328 ff; aA Scholz/*Emmerich* Anh KoR 229; *Joost* in Hommelhoff /Stimpel/ Ulmer (Fn 56) S. 133, 140 f; *K. Schmidt* in Hommelhoff/Stimpel/Ulmer (Fn 56) S. 109, 117 f; *Sonnenschein/Holdorf* JZ 1992, 715, 719 f; *Möhring* (Fn 180) S. 111 ff; offenlassend in BGHZ 107, 7, 16 = NJW 1989, 1800 – Tiefbau; 115, 187, 198 = NJW 1991, 3142 – Video.

lagen zu vermeiden, auch wenn diese in der Zeit vor dem Eintritt der Voraussetzungen der Konzernhaftung gebildet worden waren[275].

164 Für die **Mehrpersonen-GmbH** sind darüber hinaus die Interessen der Minderheitsgesellschafter zu beachten. Ihre Rechte würden verkürzt, wenn der Mehrheitsgesellschafter als herrschendes Unternehmen in der Lage wäre, mit seiner Stimmenmehrheit für den Ausgleich des Jahresfehlbetrags durch Auflösung freier Rücklagen zu sorgen[276]. Daher bewendet es hier grundsätzlich bei der Übernahmepflicht in der in § 302 Abs. 1 AktG geregelten Höhe. Ein abweichender, auf Auflösung freier Rücklagen zur Verminderung des Verlustausweises gerichteter Gesellschafterbeschluß unterliegt der Anfechtung wegen Verletzung des Gleichbehandlungsgrundsatzes (§ 14, 73), wenn er nicht wegen Verstoßes gegen § 30 GmbHG nichtig ist.

165 d) **Verzicht und Vergleich.** Für den Verzicht auf den Anspruch auf Verlustübernahme, soweit er zum Ausgleich einer sonst entstehenden Unterbilanz erforderlich ist (Rdn 162), und für den Vergleich hierüber gelten die Vorschriften des **§ 302 Abs. 3 AktG** entsprechend mit der weiteren Maßgabe, daß hierdurch auch im (späteren) Zeitpunkt des Verzichts oder Vergleichs die Kapitalerhaltungsvorschrift des § 30 Abs. 1 GmbHG nicht tangiert werden darf. Die Dreijahresfrist des § 302 Abs. 3 S. 1 AktG beginnt mit dem Wegfall der Tatbestandsvoraussetzungen des qualifizierten faktischen Konzerns (Rdn 162). Verzicht oder Vergleich bedürfen eines mit Mehrheit zu fassenden Gesellschafterbeschlusses, wobei an die Stelle des Sonderbeschlusses der außenstehenden Aktionäre das Anfechtungsrecht überstimmter GmbH-Gesellschafter wegen Verletzung des Gleichbehandlungsgrundsatzes tritt (Rdn 164).

2. Ansprüche der Minderheitsgesellschafter

166 a) **Anspruch auf Unterlassung und Schadensersatz.** Die Unterstellung der abhängigen Gesellschaft unter die einheitliche, am Konzerninteresse ausgerichtete Leitung des herrschenden Unternehmens unter Hintansetzung ihrer eigenen Belange ist, wenn sie entweder ohne das Einverständnis der Minderheit geschieht oder zur Bestandsgefährdung der abhängigen Gesellschaft führt, ein **Unrechtstatbestand** (Rdn 131). Das herrschende Unternehmen verletzt dadurch seine Mitgliedschaftspflichten gegenüber der abhängigen GmbH und mittelbar gegenüber den Minderheitsgesellschaftern; es kann von ihr ebenso wie bei Einzelverstößen gegen die Treupflicht außerhalb qualifizierter faktischer Konzernierung auf Unterlassung sowie – im Fall einzelner isolierbarer Verstöße gegen die Treupflicht (Rdn 76 ff, 87) – auf Schadensersatz in Anspruch genommen werden (Rdn 88 ff). *Subsidiär* können auch die Minderheitsgesellschafter im eigenen Namen Klage gegen das herrschende Unternehmen auf Unterlassung und Schadensersatz erheben, wobei der Schadensersatz an die abhängige Gesellschaft zu leisten ist (vgl. näher Rdn 89 f). Entsprechendes gilt bei Ausübung der Konzernherrschaft im mehrstufigen faktischen Konzern durch die Konzernspitze (Rdn 74).

167 b) **Austrittsrecht.** Gegenüber der Ausübung der Konzernleitung durch das herrschende Unternehmen im Sinne qualifizierter faktischer Konzernierung sind die Minderheitsgesellschafter nicht auf – häufig nur schwer durchsetzbare – Unterlas-

---

[275] So insbes. Baumbach/Hueck/*Zöllner, Lutter/Hommelhoff, Stimpel, Ulmer*, jew. aaO (Fn 274).

[276] So auch *Lutter/Hommelhoff, Stimpel, Ulmer*, jew. aaO (Fn 274).

sungs- und Schadensersatzansprüche gegen das herrschende Unternehmen beschränkt. Vielmehr steht ihnen ein **Austrittsrecht aus wichtigem Grund** zu, wenn die Mehrheit trotz entsprechender Aufforderung nicht bereit ist, auf den Fortbestand der qualifizierten faktischen Konzernierung zu verzichten (vgl. Anh § 34, 52)[277]. Zur *Begründung* des Austrittsrechts bedarf es keiner Analogie zu § 305 AktG; es folgt vielmehr aus den allgemein für das außerordentliche Austrittsrecht aus der GmbH bei Unzumutbarkeit der weiteren Mitgliedschaft anerkannten Grundsätzen[278]. Was die *Rechtsfolgen* des Austritts betrifft, so ist § 305 AktG insoweit analog anzuwenden, als er in Abs. 2 Nr. 3 das *herrschende Unternehmen* zur Zahlung einer Barabfindung verpflichtet[279]; der gegen die abhängige GmbH gerichtete Abfindungsanspruch des ausscheidenden Gesellschafters wird dadurch allerdings nicht berührt (Rdn 212). Hinsichtlich der Bemessung und Zahlung des Abfindungsentgelts bewendet es bei Geltung der allg. Grundsätze (vgl. Rdn 212, dort auch zur Nichtgeltung satzungsmäßiger Abfindungsbeschränkungen). Eine Abfindung in Anteilen entspr. § 305 Abs. 2 Nr. 1, 2 AktG kommt in Ermangelung eines Zustimmungsbeschlusses auf seiten des herrschenden Unternehmens auch dann nicht in Betracht, wenn es sich bei dem herrschenden Unternehmen um eine AG handelt[279a]. Näheres zum Austrittsrecht aus wichtigem Grund und zum Vollzug des Austritts vgl. in Anh § 34.

c) **Gewinngarantie?** Fraglich ist, ob in der GmbH verbleibende Minderheitsgesellschafter vom herrschenden Unternehmen einen festen oder variablen **Ausgleich** nach dem Vorbild des § 304 AktG verlangen können[280]. Auf allgemeines GmbH-Recht läßt sich ein solcher Anspruch nicht stützen. Als Schadensersatz für entgangenen Gewinn kann er schon deshalb nicht behandelt werden, weil Schadensersatzansprüche gegen das herrschende Unternehmen wegen qualifizierter faktischer Konzernierung materiell-rechtlich nicht den Minderheitsgesellschaftern, sondern der GmbH zustehen (Rdn 166). Auch für eine Analogie zu § 304 AktG ist kein Raum[281]. Sie stößt schon für die Fälle eines Unternehmensvertrags mit einer abhängigen GmbH auf durchschlagende Bedenken (Rdn 213). Umso mehr ist sie beim Fehlen eines solchen Vertrags abzulehnen, zumal ein Analogiebedürfnis nicht erkennbar ist[282]. Mit Unterlassungsanspruch und Austrittsrecht haben die Minderheitsgesellschafter genügend Waffen in der Hand, um sich gegen Nachteile aus der vom herrschenden Unternehmen ohne ihr Einverständnis betriebenen qualifizierten faktischen Konzernierung der abhängigen GmbH zur Wehr zu setzen. Daher sind 168

[277] Scholz/*Emmerich* Anh KoR 213; Rowedder/*Koppensteiner* Anh § 52, 59; *Lutter/Hommelhoff* Anh § 13, 20; *Deilmann* Die Entstehung des qualifizierten faktischen Konzerns (1990) S. 166 ff; *Geuting* BB 1994, 365, 366 f; *K. Schmidt* GmbH-Rdsch. 1979, 121, 131 f; *Wiedemann* ZGR 1978, 477, 495 f; *Lutter/Timm* NJW 1992, 409, 414 f; vgl. ferner bereits *Arbeitskreis GmbH-Reform* (Fn 144) S. 159 f.

[278] So zu Recht auch *Lutter/Hommelhoff, Koppensteiner, Deilmann, K. Schmidt* und *Wiedemann*, jew. aaO (Fn 277).

[279] Für Barabfindung analog § 305 Abs. 2 Nr. 3 AktG die hM, vgl. Scholz/*Emmerich* Anh KoR 213; *Lutter/Hommelhoff* Anh § 13, 20; *Flume* I/2 S. 130; *Lutter/Timm* NJW 1982, 409, 414 f; *Geuting* BB 1994, 365, 367 mwN.

[279a] So im Grundsatz auch *Geuting* BB 1994, 370 f, der darüber hinaus eine Anteilsabfindung befürwortet, wenn das herrschende Unternehmen eine GmbH ist und sämtliche Gesellschafter der Begründung des qualifizierten faktischen Konzerns zugestimmt haben; zur Rechtslage beim Vertragskonzern s. Rdn 212.

[280] Dafür Scholz/*Emmerich* Anh KoR 214; *Flume* I/2 S. 130; *K. Schmidt* GmbH-Rdsch. 1979, 121, 130 f; *Sonnenschein* in Mestmäcker/Behrens (Fn 9) S. 75 ff; dagegen Rowedder/*Koppensteiner* Anh § 52, 60; *Deilmann* (Fn 277) S. 167 f; *Kort* Der Abschluß von Beherrschungs- und Gewinnabführungsverträgen im GmbH-Recht (1986) S. 35 ff.

[281] So aber *Sonnenschein* (Fn 280) S. 76; *Geuting* BB 1994, 365, 371; Scholz/*Emmerich* Anh KoR 214; *Flume* I/2 S. 130.

[282] Zutr. Rowedder/*Koppensteiner* Anh § 52, 60.

sie ggf. auch in der Lage, im Verhandlungswege unter Verzicht auf den Austritt die Zusicherung einer Dividendengarantie seitens des herrschenden Unternehmens durchzusetzen.

3. **Gläubigerschutz**

169 a) **Überblick.** Zum (mittelbaren) Schutz der Gläubiger der abhängigen GmbH auf dem Weg über den **Anspruch der GmbH auf Verlustübernahme** analog § 302 AktG gegen das herrschende Unternehmen und zu dessen zwingender Natur auch gegenüber dem Alleingesellschafter in den Grenzen der §§ 30, 31 GmbHG vgl. schon Rdn 158 ff. Diesen Anspruch können die Gläubiger der abhängigen GmbH bei ihr pfänden und sich zur Einziehung überweisen lassen[283]. Daneben haben sie die Möglichkeit, analog §§ 309 Abs. 4, 317 Abs. 4 AktG etwaige während der Dauer der qualifizierten faktischen Konzernierung entstehende **Schadensersatzansprüche** der abhängigen GmbH gegen das herrschende Unternehmen wegen schädigender Einzelmaßnahmen (Rdn 76 ff) geltend zu machen, wenn sie bei jener keine Befriedigung erlangen können. Auf den – vom Schadensersatzanspruch nach Rechtsnatur und Regelungsgrundlage klar zu unterscheidenden – Anspruch auf Verlustübernahme hat das Aktienrecht dieses Inkassorecht der Gläubiger nicht erstreckt. Das ist auch für die Rechtsfortbildung im GmbH-Recht zu respektieren[284]. Insoweit sind die Gläubiger vielmehr auf ein Vorgehen nach §§ 829, 835 ZPO angewiesen.

170 **Eigenständige Rechte** gegen das herrschende Unternehmen stehen den Gläubigern aus der qualifizierten faktischen Konzernierung erst nach deren Beendigung zu (zu sonstigen, insbes. deliktischen Ansprüchen vgl. Rdn 123 f). Sie folgen aus der analogen Anwendung bzw. Fortentwicklung des **§ 303 Abs. 1 AktG** und richten sich inhaltlich zunächst auf *Sicherheitsleistung* (Rdn 171 f). Sofern die Befriedigung ihrer Forderungen aus dem Vermögen der abhängigen GmbH mangels Masse endgültig scheitert, können die Gläubiger stattdessen unmittelbar *Erfüllung* vom herrschenden Unternehmen verlangen (Rdn 173 ff).

171 b) **Anspruch auf Sicherheitsleitung.** Der Anspruch der Gläubiger der abhängigen GmbH auf Sicherheitsleistung hinsichtlich ihrer bei Beendigung der qualifizierten faktischen Konzernierung begründeten Forderungen beruht auf der vom BGH im Autokran-Urteil[285] begründeten, heute von der ganz hM akzeptierten **analogen Anwendung des § 303 Abs. 1 AktG**[286]. Den *Regelungsgrund* des § 303 AktG bildet die Befürchtung, daß nach Beendigung des Beherrschungsvertrags die eigenständige Lebensfähigkeit der abhängigen Gesellschaft trotz zwischenzeitlichen Verlustausgleichs gefährdet ist, nachdem ihre Geschäftstätigkeit bisher auf das Konzerninter-

---

283 BGHZ 115, 187, 201 = NJW 1991, 3142; Baumbach/Hueck/*Zöllner* Schlußanh I, 27 a, 30 b; *Lutter/Hommelhoff* Anh § 13, 21.

284 Vgl. die Nachw. in Fn 273; aA noch *Ulmer* ZHR 148 (1984) 391, 421 f.

285 BGHZ 95, 330, 346 ff = NJW 1986, 188; bestätigt in BGHZ 115, 187, 192 = NJW 1991, 3142; 122, 123, 126 f = NJW 1993, 1200.

286 Vgl. etwa Scholz/*Emmerich* Anh KoR 217 f; Baumbach/Hueck/*Zöllner* Schlußanh I, 29; *Stimpel* Festschrift Goerdeler (1987) S. 601, 617 f; *Ulmer* NJW 1986, 1579, 1582; im Ergebnis auch *Joost* in Hommelhoff/Stimpel/Ulmer (Fn 56) S. 133, 142 ff (eigenständiger Ausfallanspruch, dazu Rdn 171); aA insbes. *K. Schmidt* BB 1985, 2074, 2078; *Rehbinder* AG 1986, 85, 92, 97, die den Gläubiger statt dessen auf die Klagebefugnis analog §§ 309 Abs. 4 S. 3, 317 AktG verweisen; ferner *Schramm* Konzernverantwortung und Haftungsdurchgriff im qualifizierten faktischen GmbH-Konzern (1991) S. 136 ff; *Werner* Festschrift Goerdeler (1987) S. 677, 684 ff.

esse ausgerichtet war[287]. Dieser Schutzzweck erlangt bei Beendigung eines qualifizierten faktischen GmbH-Konzerns mindestens ebensolche Bedeutung, weil die Gefahr, daß die bisher konzernverbundene GmbH nach Wiederlangung ihrer Eigenständigkeit ihre Verbindlichkeiten nicht mehr erfüllen kann, angesichts der bei qualifizierter faktischer Konzernierung regelmäßig besonders intensiven Ausrichtung der abhängigen GmbH auf das Konzerninteresse umso größer ist[288]. Auch wenn ein typischer Grund für die Beendigung der qualifizierten faktischen Konzernierung die (häufig masselose) Insolvenz der abhängigen GmbH ist und wenn es in diesen Fällen veranlaßt ist, an Stelle der Sicherheitsleistung die Ausfallhaftung des herrschenden Unternehmens treten zu lassen (Rdn 173), steht das der Analogie zu § 303 AktG doch nicht entgegen[289]. Es läßt das Bedürfnis nach Sicherheitsleistung in den Fällen unberührt, in denen der Ausfall der Gläubiger höhenmäßig im Zeitpunkt der Sicherheitsleistung noch nicht absehbar und für eine sofortige Ausfallhaftung aus diesem Grunde noch kein Raum ist. Bei der Sicherheitsleistung bewendet es nicht zuletzt im *Konkurs* der abhängigen GmbH, solange der Gläubigerausfall höhenmäßig noch nicht feststeht[290]. An der Analogie zu § 303 Abs. 1 AktG und dem daraus resultierenden Anspruch der Gläubiger auf Sicherheitsleistung ist nach allem festzuhalten.

Die **praktische Bedeutung** der Analogie zu § 303 Abs. 1 AktG liegt allerdings, **172**
wie schon erwähnt (Rdn 171), in erster Linie in der Fortentwicklung der Sicherheitsleistung zur *Ausfallhaftung* des herrschenden Unternehmens. Deshalb empfiehlt es sich auch, die mit der analogen Anwendung des § 303 Abs. 1 AktG verbundenen weiteren Probleme, darunter die Abgrenzung der analog § 303 AktG Anspruchsberechtigten von sonstigen Gläubigern der ehemals beherrschten GmbH sowie die Befristung der Ansprüche aus § 303 AktG, nicht hier, sondern im Zusammenhang mit der Ausfallhaftung zu erörtern (Rdn 176 ff, 180). Die dort getroffenen Feststellungen lassen sich entsprechend auch auf die Ansprüche auf Sicherheitsleistung übertragen. Im übrigen wird wegen der Einzelheiten der Sicherheitsleistung auf die Kommentierungen zu § 303 AktG verwiesen.

c) **Ausfallhaftung des herrschenden Unternehmens.** *α*) **Grundlagen.** Der An- **173**
spruch der Gläubiger gegen das herrschende Unternehmen auf Sicherheitsleistung analog § 303 Abs. 1 AktG macht nur Sinn, solange ihr Ausfall bei der abhängigen GmbH nicht definitiv feststeht. Steht er fest, so können sie alsbald auf die ihnen bereits eingeräumten Sicherheiten zugreifen und sich daraus befriedigen, wenn das herrschende Unternehmen nicht durch Zahlung von seinem Ablösungsrecht Gebrauch macht. Ist die abhängige Gesellschaft *vermögenslos*, insbes. wegen Vermögenslosigkeit gelöscht, oder ist im Fall ihrer Insolvenz die Eröffnung des Konkursverfahrens mangels Masse abgelehnt worden und die Einzelzwangsvollstreckung gescheitert, so wäre es ein sachlich nicht gebotener Umweg, die Gläubiger gleichwohl zunächst auf den Anspruch auf Sicherheitsleistung zu verweisen und ihnen alsbald danach die Verwertung der Sicherheiten zu überlassen. Aus diesem Grunde hat der

---

287 Vgl. BGHZ 95, 330, 346 = NJW 1986, 188; *Geßler*/Hefermehl/Eckardt/Kropff AktG § 303, 1; *Koppensteiner*-KölnKommAktG² § 303, 2; *Hüffer* AktG § 303, 1.

288 So im Erg. auch *Joost* in Hommelhoff/Stimpel/Ulmer (Fn 56) S. 133, 137 ff.

289 So aber *Joost* (Fn 288) S. 135 ff, der sich statt dessen für eine „eigenständige Rechtsfortbildung des GmbH-Rechts" in Anlehnung an § 303 AktG ausspricht.

290 BGHZ 95, 330, 347 = NJW 1986, 188; 115, 187, 200 = NJW 1991, 3142; OLG Karlsruhe ZIP 1992, 1394, 1399; aA – für Ausfallhaftung bereits im Konkurs – *Joost* in Hommelhoff/Stimpel/Ulmer (Fn 56) S. 133, 149.

BGH den Sicherheitsanspruch des § 303 Abs. 1 AktG in derartigen Fällen zu Recht zu einem **Zahlungsanspruch** gegen das herrschende Unternehmen fortgebildet und dadurch die unmittelbare Ausfallhaftung des herrschenden Unternehmens bei Vermögenslosigkeit der abhängigen GmbH begründet[291].

174 Die gegen diese Rechtsfortbildung in der Literatur geäußerten **Bedenken** schlagen nicht durch. Mit der in § 303 Abs. 1 AktG angeordneten Pflicht zur Sicherheitsleistung wollte der Gesetzgeber nicht etwa eine Zahlungspflicht als angeblich weitergehende Rechtsfolge ausschließen[292], sondern dem Schwebezustand Rechnung tragen, wie er bei Beendigung des Beherrschungsvertrags und vor Ablauf der Sechsmonatsfrist des § 303 Abs. 1 S. 1 AktG typischerweise besteht. Da die Gläubiger vom herrschenden Unternehmen *vollwertige* Sicherheiten verlangen können, wird dieses durch den stattdessen gewährten Zahlungsanspruch auch nicht zusätzlich belastet. Das herrschende Unternehmen ist insbesondere nicht gehindert, die als Sicherheiten vorgesehenen Gegenstände seinerseits zu verwerten und die Gläubiger aus dem Erlös zu befriedigen. – Zur Frage, ob das herrschende Unternehmen gegenüber der Ausfallhaftung den *Einwand externer Verluste* erheben kann, vgl. Rdn 138 f.

175 Die Ausfallhaftung des herrschenden Unternehmens im qualifizierten faktischen Konzern für die Verbindlichkeiten der abhängigen GmbH greift unabhängig davon ein, ob es an ihr *allein oder mehrheitlich beteiligt* ist[293]. Sie wird auch nicht dadurch ausgeschlossen, daß der im übrigen vermögenslosen abhängigen GmbH noch ein **Anspruch auf Verlustübernahme** gegen das herrschende Unternehmen zusteht[294]. Beide Ansprüche können vielmehr konkurrieren. Die Gefahr, daß dem herrschenden Unternehmen hieraus per Saldo ein Nachteil erwächst, besteht schon deshalb nicht, weil die Erfüllung der Gläubigeransprüche im Wege der Ausfallhaftung zu einer entsprechenden Verminderung des bei der abhängigen GmbH auszugleichenden Verlustes führt. Auch für eine – nur bei beschränkter Haftung naheliegende – *Haftungskanalisation* bei der abhängigen GmbH durch Anerkennung eines Vorrangs für den Verlustübernahmeanspruch[295] besteht schon deshalb kein Anlaß, weil das herrschende Unternehmen den GmbH-Gläubigern im Rahmen des § 303 Abs. 1 AktG *unbeschränkt* für ihren Ausfall haftet[296]. Aus diesem Grund scheidet auch die gebündelte Geltendmachung der Ausfallhaftung analog § 171 Abs. 2 HGB im Konkurs der abhängigen GmbH aus[297]; ihr steht zudem entgegen, daß der Anspruch der Gläubiger während des Konkurses nur auf Sicherheitsleistung gerichtet ist, solange ihr jeweiliger Ausfall höhenmäßig noch nicht feststeht (Rdn 171)[298]. Nach allem besteht kein Grund, die Gläubiger dann, wenn die abhängige GmbH im übrigen vermögens-

---

291 BGHZ 95, 330, 347 = NJW 1986, 188; 105, 168, 183 = NJW 1988, 3143; 115, 187, 200 = NJW 1991, 3142; 116, 37, 42 = NJW 1992, 505; vgl. ferner OLG Koblenz WM 1991, 227, 230.

292 So *Werner* Festschrift Goerdeler (1987) S. 677, 684 ff.

293 So zu Recht *Joost* in Hommelhoff/Stimpel/Ulmer (Fn 56) S. 133, 141; *Lutter* ZIP 1985, 1425, 1435.

294 BGHZ 115, 187, 200 f = NJW 1991, 3142; *Joost* in Hommelhoff/Stimpel/Ulmer (Fn 56) S. 133, 146 f; aA noch *Stimpel* in Hommelhoff/Semler/Doralt/Roth (Fn 175) S. 50.

295 Dafür namentlich *Assmann* JZ 1986, 928, 937; *ders.* (Fn 172) S. 731 f; *Wiedemann* ZGR 1986, 656, 667; tendenziell auch *Schwark* JuS 1987, 443, 450; vgl. ferner *Rehbinder* AG 1986, 85, 97 und *K. Schmidt* BB 1985, 2074, 2077 f, die eine subsidiäre Klagebefugnis der Gläubiger analog §§ 309 Abs. 4 S. 3, 317 Abs. 4 AktG befürworten (dazu bereits Rdn 169, 171).

296 So zutr. *Stimpel* Festschrift Goerdeler (1987) S. 601, 617 f; ihm folgend *Joost* in Hommelhoff/Stimpel/Ulmer (Fn 56) S. 143 ff.

297 Dafür aber *Assmann* und *Wiedemann*, jew. aaO (Fn 295).

298 Darauf zu Recht hinweisend *Stimpel* Festschrift Goerdeler (1987) S. 601, 618.

los ist, anstelle der Ausfallhaftung auf den Umweg über die Pfändung und Überweisung des Verlustübernahmeanspruchs bzw. auf die Geltendmachung dieses Anspruchs entspr. §§ 309 Abs. 4 S. 3, 317 Abs. 4 AktG zu verweisen[299].

β) **Berechtigte Gläubiger.** Für die Frage, welche Gläubiger sich im Wege der Ausfallhaftung an das herrschende Unternehmen halten können, kommt es analog § 303 Abs. 1 S. 1 AktG im Grundsatz auf das Datum der **Beendigung des qualifizierten faktischen Konzerns** an. Es tritt an die Stelle der Bekanntmachung der Handelsregistereintragung über die Beendigung des Beherrschungsvertrags[300], soweit nicht aus Rechtsscheingründen eine Haftung auch noch über dieses Datum hinaus in Betracht kommt[301]. Die *Feststellung des Datums* kann je nach Lage des Falles Schwierigkeiten bereiten, wenn die Beendigung nicht mit einem leicht feststellbaren äußeren Ereignis wie der Veräußerung der Mehrheitsbeteiligung durch das herrschende Unternehmen, der Konkurseröffnung bei der abhängigen Gesellschaft oder der Einstellung ihrer Geschäfte wegen masseloser Insolvenz zusammenfällt. Der nicht nach außen dokumentierte Verzicht des herrschenden Unternehmens darauf, weiter die Konzernleitung unter nachhaltiger Beeinträchtigung der Belange der abhängigen Gesellschaft auszuüben, reicht zur Beendigung im Regelfall nicht aus (Rdn 162). Die Beweislast für die Beendigung der qualifizierten faktischen Konzernierung trägt im Verhältnis zu Neugläubigern (Rdn 178) das herrschende Unternehmen. 176

Aus der Ausfallhaftung berechtigt sind sämtliche **Altgläubiger**, d. h. solche, deren Forderungen *vor der Beendigung* der qualifizierten faktischen Konzernierung begründet waren, soweit ihnen nicht entweder angemessene Sicherheiten eingeräumt wurden oder sie das Recht auf vorzugsweise Befriedigung entsprechend § 303 Abs. 2 AktG haben. Zu den Altgläubigern zählen auch solche, deren Forderungen schon *vor Beginn* der qualifizierten faktischen Konzernierung begründet waren[302]; ihnen gegenüber trifft der Normzweck des § 303 Abs. 1 AktG (Rdn 171) ebenfalls zu. Der Eintritt der Fälligkeit oder sonstiger für die Entstehung oder Durchsetzbarkeit der Forderungen wesentlicher Voraussetzungen nach Beendigung der qualifizierten faktischen Konzernierung steht ihrer Behandlung als Altforderungen nicht entgegen, sofern nur der Entstehungsgrund schon vor diesem Zeitpunkt gelegt war[303]. Ebenfalls zu den Altforderungen gehören daher solche aus vor der Beendigung begründeten Dauerschuldverhältnissen, wobei das herrschende Unternehmen sich gegen eine „Endloshaftung" auf die zu §§ 159, 160 HGB entwickelten Rechtsprechungsgrundsätze berufen kann (zur Verjährungsfrist vgl. Rdn 181)[304]. 177

Neugläubiger mit Forderungen aus der Zeit nach Beendigung der qualifizierten faktischen Konzernierung können sich auf § 303 AktG grundsätzlich nicht berufen, 178

299 Ebenso neben der Rechtsprechung des BGH (Fn 285) die in Fn 286 genannten Befürworter der Ausfallhaftung; zu den aus Sicht der Gläubiger bestehenden Vorteilen der Ausfallhaftung gegenüber der Klagebefugnis analog §§ 309 Abs. 4 S. 3, 317 Abs. 4 AktG s. *Stimpel* (Fn 286).

300 BGHZ 95, 330, 347 = NJW 1986, 188; 115, 187, 201 f = NJW 1991, 3142; *Joost* in Hommelhoff/Stimpel/Ulmer (Fn 56) S. 133, 156.

301 Zu den Anforderungen an diese Rechtsscheinhaftung vgl. BGHZ 116, 37, 46 = NJW 1992, 505.

302 So tendenziell auch BGHZ 115, 187, 199 = NJW 1991, 3142; aA mit wenig überzeugender Begründung *Joost* in Hommelhoff/Stimpel/Ulmer (Fn 56) S. 133, 154; *Limmer* (Fn 173) S. 331 ff.

303 Zur Abgrenzung vgl. *Hüffer* AktG § 303, 3; *Koppensteiner*-KölnKommAktG² § 303, 8; *Joost* in Hommelhoff/Stimpel/Ulmer (Fn 56) S. 133, 156 ff.

304 Vgl. BGHZ 116, 37, 46 = NJW 1992, 505; näher zur Problematik der Nachhaftung das Nachhaftungsbegrenzungsgesetz vom 18. 3. 1994 (BGBl. I 1994, 560); vgl. dazu *Seibert* DB 1994, 461 ff; *K. Schmidt* ZIP 1994, 243 ff; *Reichold* NJW 1994, 1617.

soweit nicht zu ihren Gunsten eine Rechtsscheinhaftung des ehemals herrschenden Unternehmens eingreift. Eine *Ausnahme* gilt abgesehen von Dauerschuldverhältnissen (Rdn 177) auch für solche neuen Ansprüche wie Ersatz von Prozeßkosten aus der Verfolgung von Altforderungen, Verzugszinsen u. a., die als Nebenforderungen von Altgläubigern zu qualifizieren sind und daher am Gläubigerschutz analog § 303 AktG teilhaben[305].

179 γ) **Einwendungen des herrschenden Unternehmens.** Nach den im Autokran-Urteil[306] aufgestellten Grundsätzen soll das herrschende Unternehmen nicht in seiner Person begründete Einwendungen gegen die Inanspruchnahme aus Verbindlichkeiten der abhängigen Gesellschaft nur insoweit geltendmachen können, als sie auch von dieser noch erhoben werden könnten. Das wurde im Autokran-Urteil auf § 322 Abs. 2 AktG, später auf eine Rechtsanalogie auch zu § 129 Abs. 1 HGB gestützt[307]. Beide Vorschriften betreffen Haftungssachverhalte, die durch eine besonders enge wirtschaftliche Verbindung zwischen den Schuldnern gekennzeichnet sind; sie ordnen aus diesem Grund einen weitgehenden Einwendungsausschluß an, der sich von der Behandlung von Einwendungen in sonstigen Fällen gemeinschaftlicher Haftung (§§ 425, 767 BGB) deutlich unterscheidet[308]. Im qualifizierten faktischen Konzern sprechen daher die besseren Gründe dafür, den **Einwendungsausschluß** auf Fälle *wirtschaftlicher Identität* von herrschendem Unternehmen und abhängiger GmbH nach Art der in das herrschende Unternehmen eingegliederten Einmann-GmbH zu beschränken, im übrigen aber dem herrschenden Unternehmen den Rückgriff auf Einwendungen aus dem Recht der abhängigen GmbH auch dann zu gestatten, wenn diese sich hierauf nicht mehr berufen kann[309].

180 δ) **Ausschlußfrist?** Nach § 303 Abs. 1 AktG müssen die Gläubiger Ansprüche auf Sicherheitsleistung gegenüber dem herrschenden Unternehmen innerhalb einer Ausschlußfrist von sechs Monaten nach Bekanntmachung der Handelsregistereintragung über die Vertragsbeendigung geltend machen, nachdem sie in der Bekanntmachung ausdrücklich auf dieses Recht hingewiesen worden sind. Für die Ausfallhaftung des herrschenden Unternehmens nach Beendigung der qualifizierten faktischen Konzernierung hat der BGH[310] es wiederholt *abgelehnt*, diese knapp bemessene Frist zu übernehmen, da es insoweit an einem entsprechend eindeutigen Stichtag fehle und die Gläubiger abweichend von § 303 Abs. 1 S. 2 AktG auch nicht besonders auf ihr Recht, Sicherheit zu verlangen, hingewiesen würden. Stattdessen hat er das herrschende Unternehmen auf den wesentlich schwächeren **Verwirkungseinwand** verwiesen[311]. Dem läßt sich trotz der damit für das herrschende Unternehmen verbundenen Positionsverschlechterung schwer widersprechen. Auch sind andere denkbare Anknüpfungspunkte für die Ausschlußfrist wie die Bekanntmachung der Eröffnung des Konkurs- oder Vergleichsverfahrens über das Vermögen der abhängigen Gesellschaft oder die Erfolglosigkeit eines Zwangsvollstreckungsversuchs

---

305 BGHZ 115, 187, 201 f = NJW 1991, 3142; unklar *Joost* in Hommelhoff/Stimpel/Ulmer (Fn 56) S. 133, 156 ff.

306 BGHZ 95, 330, 347 f = NJW 1986, 188.

307 *Stimpel* Festschrift Goerdeler (1987) S. 601, 620 f.

308 So zu Recht *Joost* in Hommelhoff/Stimpel/Ulmer (Fn 56) S. 149 ff; *K. Schmidt* BB 1985, 2074, 2079; *Werner* Festschrift Goerdeler (1987) S. 677, 689 ff; abl. auch *Schramm* (Fn 286) S. 138 f; aA *Limmer* (Fn 173) S. 347 f, der zu Unrecht von einem allg. Prinzip des Einwendungsausschlusses bei Haftung für fremde Schuld ausgeht.

309 Näher *Joost* in Hommelhoff/Stimpel/Ulmer (Fn 56) S. 133, 153.

310 BGHZ 95, 330, 346 f = NJW 1986, 188; 115, 187, 202 f = NJW 1991, 3142.

311 Dazu krit. *Joost* in Hommelhoff/Stimpel/Ulmer (Fn 56) S. 133, 159 f; *Werner* Festschrift Goerdeler (1987) S. 677, 693 ff.

bei ihr der Bekanntmachung nach § 303 Abs. 1 AktG aus Gläubigersicht nicht gleichwertig[312]. Wohl aber sollte das herrschende Unternehmen in der Lage sein, die Ausschlußfrist des § 303 Abs. 1 AktG dadurch in Gang zu setzen, daß es die Beendigung des qualifizierten faktischen Konzerns in Verbindung mit einem Gläubigeraufruf entsprechend § 303 Abs. 1 S. 2 AktG freiwillig im Bundesanzeiger bekanntmacht oder die Gläubiger der abhängigen Gesellschaft auf andere gleichwertige Art und Weise hierüber informiert[313].

ε) **Verjährung.** Der Frage nach der Verjährung der Ansprüche aus der Ausfallhaftung analog § 303 Abs. 1 AktG kommt vor allem in den Fällen Bedeutung zu, in denen weder die sechsmonatige Ausschlußfrist in Gang gesetzt wurde noch das herrschende Unternehmen sich auf Verwirkung berufen kann. Dabei erscheint eine Verjährungsfrist von **fünf Jahren** entsprechend den im Zusammenhang mit der Aufbringung und Erhaltung des Stammkapitals geregelten Fristen der §§ 9 Abs. 2, 9b Abs. 2, 31 Abs. 5 GmbHG angemessen[314], soweit für den Anspruch gegen die abhängige GmbH keine kürzere Verjährung gilt. Die Frist beginnt mit der Entstehung der Haftung aus § 303 Abs. 1 AktG, sofern die Altforderung nicht erst zu einem späteren Zeitpunkt fällig wird. Zur Sonderproblematik der Haftungsbegrenzung bei Dauerschuldverhältnissen vgl. Rdn 177. 181

V. Unternehmensverträge

Schrifttum

Monographien. *Bayer* Der grenzüberschreitende Beherrschungsvertrag (1988); *Exner* Beherrschungsvertrag und Vertragsfreiheit (1984); *Führling* Sonstige Unternehmensverträge mit einer abhängigen GmbH (1993); *Grauer* Konzernbildungskontrolle in GmbH-Recht (1991); *Hirte* Der Vertragskonzern im Gesellschaftsrecht, RWS-Dokumentation 13 (1993); *Knoppe* Betriebsverpachtung, Betriebsaufspaltung, 7. Aufl. 1985; *Kort* Der Abschluß von Beherrschungs- und Gewinnabführungsverträgen im GmbH-Recht (1986); *Kurz* Der Gewinnabführungsvertrag im GmbH-Recht aus konzernverfassungsrechtlicher Sicht (1992); *Lauber-Nöll* Die Rechtsfolgen fehlerhafter Unternehmensverträge (1993); *Lutter* Die Rechte der Gesellschafter beim Abschluß fusionsähnlicher Unternehmensverbindungen (1974); *Martens* Mehrheits- und Konzernherrschaft in der personalistischen GmbH (1970); *Maser* Betriebspacht- und Betriebsüberlassungsverhältnisse in Konzernen (1985); *Oesterreich* Die Betriebsüberlassung zwischen Vertragskonzern und faktischem Konzern (1979); *Praël* Eingliederung und Beherrschungsvertrag als körperschaftliche Rechtsgeschäfte (1978); *U. H. Schneider* (Hrsg.) Beherrschungs- und Gewinnabführungsverträge in der Praxis der GmbH (1989) mit Beiträgen von U. H. Schneider, Priester, Strobl, Stützle, Krieger, Feddersen; *Sonntag* Konzernbildungs- und Konzernleitungskontrolle bei der GmbH (1990); *Stolzenberger-Wolters* Fehlerhafte Unternehmensverträge im GmbH-Recht (1990); *Tiebert* Die analoge Anwendbarkeit des aktienrechtlichen Konzernrechts auf den GmbH-Konzern (1985); *Veelken* Der Betriebsführungsvertrag im deutschen und amerikanischen Aktien- und Konzernrecht (1975); *Wilhelm* Die Beendigung des Beherrschungs- und Gewinnabführungsvertrages (1976).

Aufsätze (Auswahl). *Autenrieth* Geschäftsführerhaftung bei fehlerhaftem Gewinnabführungsvertrag, GmbH-Rdsch. 1990, 113; *Ballerstedt* Schranken der Weisungsbefugnis aufgrund eines Beherrschungsvertrages, ZHR 137 (1973) 388; *Blumers/G. Schmidt* Zivilrechtliche Wirksamkeit von Gewinnabführungsverträgen im GmbH-Recht und körperschaftsteuerliche Organschaft, GmbH-Rdsch. 1989, 261; *dies.* Die Eintragungspflicht von Gewinnabführungs-

312 AA *Werner* (Fn 311) S. 694 f.
313 Insoweit zutr. *Werner* (Fn 311) S. 694.
314 *Joost* in Hommelhoff/Stimpel/Ulmer (Fn 56) S. 160.

verträgen im GmbH-Recht und Anerkennung der körperschaftsteuerlichen Organschaft bei „Altverträgen", DB 1989, 31; *Brandes* Grundsätze der Kapitalerhaltung im Vertragskonzern, Festschrift Kellermann (1991) S. 25; *Clemm* Die Grenzen der Weisungsfolgepflicht des Vorstandes der beherrschten AG bei bestehendem Beherrschungsvertrag, ZHR 141 (1977) 197; *Dilger* Aufhebung eines Unternehmensvertrags im GmbH-Konzern, WM 1993, 935; *Dötsch* Organschaft und verdeckte Gewinnausschüttung, GmbH-Rdsch. 1991, 121; *Ebenroth/Müller* Kündigung, Heilung und Mitwirkungspflichten bei fehlerhaften Organschaftsverhältnissen im GmbH-Konzernrecht, BB 1991, 358; *Ebenroth/Wilken* Zur Aufhebung von Beherrschungs- und Gewinnabführungsverträgen mit einer Einmann-GmbH, WM 1993, 1617; *Emmerich* Das GmbH-Konzernrecht, AG 1975, 285; *ders.* Der heutige Stand der Lehre vom GmbH-Konzernrecht, AG 1987, 1; *ders.* Supermarkt und die Folgen, JuS 1992, 102; *ders.* Konzernbildungskontrolle, AG 1991, 303; *Fleck* Mißbrauch der Vertretungsmacht oder Treubruch des mit Einverständnis aller Gesellschafter handelnden GmbH-Geschäftsführers aus zivilrechtlicher Sicht, ZGR 1990, 104; *ders.* Schuldrechtliche Verpflichtungen einer GmbH im Entscheidungsbereich der Gesellschafter, ZGR 1988, 104; *Flume* Der Gewinn- und Verlustübernahmevertrag im GmbH-Recht, DB 1989, 665; *ders.* Die Organschaft im Körperschaftsteuerrecht, DB 1956, 455; *Gäbelein* Unternehmensverträge bei der Einpersonen-GmbH, GmbH-Rdsch. 1992, 786; *ders.* Unternehmensverträge mit abhängigen GmbH, GmbH-Rdsch. 1989, 502; *Geßler* Bestandsschutz der beherrschten Gesellschaft im Vertragskonzern?, ZHR 140 (1976) 433; *Gutbrod* Wirksamkeitsvoraussetzungen für den Ergebnisabführungsvertrag der GmbH, BB 1980, 288; *Heckschen* Gelöste und ungelöste zivilrechtliche Fragen des GmbH-Konzernrechts, DB 1989, 29; *ders.* Probleme des Unternehmensvertrages zwischen AG und GmbH, DB 1989, 1273; *Hönle* Der außeraktienrechtliche Gewinnabführungsvertrag in gesellschaftsrechtlicher und körperschaftsteuerlicher Sicht, DB 1979, 485; *Hoffmann-Becking* Gelöste und ungelöste Fragen zum Unternehmensvertrag der GmbH, WiB 1994, 57; *Hommelhoff* Eigenkapital-Ersatz im Konzern und in Beteiligungsverhältnissen, WM 1984, 1105; *U. Huber* Betriebsführungsverträge zwischen selbständigen Unternehmen, ZHR 152 (1988) 1; *ders.* Betriebsführungsverträge zwischen konzernverbundenen Unternehmen, ZHR 152 (1988) 123; *Immenga* Bestandsschutz der beherrschten Gesellschaft im Vertragskonzern?, ZHR 140 (1976) 301; *Kleindiek* Fehlerhafte Unternehmensverträge im GmbH-Recht, ZIP 1988, 613; *Knepper* Bedeutung, Anwendungsformen und steuerliche Wirkungen von Unternehmensverträgen, BB 1982, 2061; *Koppensteiner* Unternehmensverträge de lege ferenda – Eine Skizze, Festschrift Ostheim (1990) S. 403; *Kort* Handelsregistereintragung bei Unternehmensverträgen im GmbH-Konzernrecht – de lege lata und de lege ferenda, AG 1988, 369; *ders.* Zur Vertragsfreiheit bei Unternehmensverträgen, BB 1988, 79; *ders.* Rechtsfortbildung im GmbH-Konzernrecht, ZIP 1989, 1309; *Kropff* Der GmbH-Beherrschungsvertrag: Voraussetzung für den Vorrang von Konzerninteressen?, Festschrift Semler (1993) S. 517; *Lutter* Die zivilrechtliche Haftung in der Unternehmensgruppe, ZGR 1992, 244; *ders.* Verdeckte Leistungen und Kapitalschutz, Festschrift Stiefel (1987) S. 505; *Lutter/Hommelhoff* Formerfordernisse für Unternehmensverträge im GmbH-Recht, NJW 1988, 1240; *Priester* Liquiditätsausstattung der abhängigen Gesellschaft und unterjährige Verlustdeckung bei Unternehmensverträgen, ZIP 1989, 1301; *ders.* Bestimmungen zum Unternehmensvertrag in der Satzung der GmbH, DB 1989, 1013; *Rehbinder* Die Abwicklung fehlerhafter Unternehmensverträge beim GmbH-Vertragskonzern, Festschrift Fleck (1988) S. 253; *Reuter* Beurkundungs- und Eintragungspflicht bei Unternehmensverträgen: Gebührenrechtliche Folgen, BB 1989, 714; *Richter/Stengel* Anforderungen an die Zustimmung der Gesellschafter der abhängigen GmbH zum Abschluß eines Beherrschungs- und/oder Gewinnabführungsvertrags – Genügt die satzungsändernde Mehrheit? DB 1993, 1861; *Rix* Gesellschaftsrechtliche Probleme von Gewinnabführungsverträgen bei der GmbH, MittRheinNotK 1986, 29; *Rottnauer* Vertragsgestaltungsproblematik bei „Mehrmütterorganschaft" im GmbH-Konzern, DB 1991, 27; *Schmidt, H.* Zustimmungsbeschlüsse zu Beherrschungs- und Gewinnabführungsverträgen aus kostenrechtlicher Sicht, BB 1989, 1290; *Schmidt, K.* Konzernrecht, Minderheitenschutz und GmbH-Innenrecht, GmbH-Rdsch. 1979, 121; *ders.* Konzernrechtliche Wirksamkeitsvoraussetzungen für typische stille Beteiligungen an Kapitalgesellschaften? – Zugleich zur systematischen Einordnung des Teilgewinnabführungsvertrages, ZGR 1984, 295; *ders.* Die konzernrechtliche Verlustübernahmepflicht als gesetzliches Dauerschuldverhältnis, ZGR 1983, 513; *Schneider, U. H.* Vertragsrechtliche, gesellschaftsrechtliche und arbeitsrechtliche Probleme von Betriebspachtverträgen, Betriebsüberlassungsverträgen und Betriebsführungsverträgen, JbFStR 1982/83, 387; *Schulze-Osterloh* Rezension zu Wilhelm, Die Beendigung des Beherrschungs- und Gewinnabführungsvertrags, ZHR 142 (1978) 519; *Sina* Grenzen des Konzernweisungsrechts nach § 308 AktG, AG 1991, 1; *Sünner* Grenzen der Gewinnabführung von AG und GmbH aufgrund Gewinnabführungsvertrag nach dem Inkrafttreten des Bilanzrichtlinien-Gesetzes, AG 1989, 414; *Timm* Der Abschluß des Ergebnisübernahmevertrags im GmbH-Recht, BB 1981, 1491; *ders.* Zur Sachkontrolle von Mehrheitsentscheidungen im Kapitalgesellschaftsrecht – dargestellt am Beispiel „strukturverändernder Entscheidungen", ZGR 1987, 403; *ders.* Geklärte und offene Fragen im Vertragskonzernrecht der GmbH, GmbH-Rdsch. 1987, 8; *ders.* Unternehmensverträge im GmbH-Recht, GmbH-Rdsch. 1989, 11; *ders.* Rechtsfragen der Änderung und Beendigung von Unternehmensverträgen, Festschrift Kerllermann (1991) S. 461; *ders.* Neuere Entwicklungen im GmbH-(Vertrags-)Konzernrecht, GmbH-Rdsch. 1992, 213; *Ulmer* Verlustübernahmepflicht des herrschenden Unternehmens als konzernspezifischer Kapitalerhaltungsschutz, AG 1986, 123; *ders.* Fehlerhafte Unternehmensverträge im GmbH-Recht, BB 1989, 10; *Vetter* Die Zuständigkeit der Hauptversammlung beim Abschluß eines Beherrschungs- und Gewinnabführungsvertrages mit einer GmbH, BB 1989, 2125; *ders.* Die Geltung von § 293 Abs. 2 AktG beim Unternehmensvertrag zwischen herrschender AG und abhängiger GmbH, AG 1993, 168; *ders.* Eintragung des Unternehmensvertrages im Handelsregister des herrschenden Unternehmens? AG 1994, 110; *Weigel* Wirksamkeitserfordernisse für den Abschluß von Unternehmensverträgen zwischen Gesellschaften mit beschränkter Haftung, Festschrift Quack (1991) S. 505; *Wirth* Beendigung von Beherrschungs- und Gewinnabführungsverträgen bei der Veräußerung der abhängigen GmbH, DB 1990, 2105; *Zöllner* Inhalt und Wirkungen von Beherrschungsverträgen bei der GmbH, ZGR 1992, 173; *ders.* Die formellen Anforderungen an Beherrschungs- und Gewinnabführungsverträge bei der GmbH, DB 1989, 913.

A. Überblick

1. Rechtliche Ausgangslage

a) **Richterrecht statt Kodifizierung.** Für das Recht der Unternehmensverträge (auch „Vertragskonzernrecht" genannt) mit abhängigen bzw. zur vertragstypischen Leistung verpflichteten Gesellschaften in der Rechtsform der **GmbH** gibt es im Unterschied zu den für Unternehmensverträge mit einer abhängigen AG geltenden Vorschriften der §§ 291 bis 310 AktG nach wie vor **keine Kodifizierung**. Die im RegE GmbHG 1971/73 enthaltenen, auf weitgehende Übernahme der aktienrechtlichen Regelungen hinauslaufenden Gesetzgebungsvorschläge sind in die GmbH-Novelle 1980 nicht übernommen worden (Rdn 12). Auch auf europäischer Ebene wurden die Pläne zur Harmonisierung des Konzernrechts der Mitgliedstaaten einschließlich ihrer auf Vertragskonzerne bezogenen Teile wegen unüberwindbarer, vorwiegend durch die kontroverse Arbeitnehmermitbestimmung verursachter politischer Differenzen seit vielen Jahren nicht weiterverfolgt (Rdn 14). Eine neue Initiative ist derzeit weder im deutschen noch im europäischen Recht in Sicht. Die einzigen einschlägigen Vorschriften des deutschen Rechts zum GmbH-Vertragskonzern finden sich daher nach wie vor in den – inhaltlich z. T. überholten[315] – Regelungen der §§ 14, 17 KStG über die Anforderungen, die an einen körperschaftsteuerlich relevanten Organschaftsvertrag zu stellen sind. **182**

Angesichts dieses gesetzgeberischen Defizits kommt dem **Richterrecht** zentrale Bedeutung zu für die Herausbildung eines den Anforderungen der Rechtssicherheit **183**

[315] Vgl. dazu *Knobbe-Keuk* Bilanz- und Unternehmenssteuerrecht, 9. Aufl. 1993, § 20 II 3c (S. 707 ff).

und -klarheit genügenden GmbH-Unternehmensvertragsrechts. Nachdem dem BGH einschlägige Rechtsfragen erstmals 1987 zur Entscheidung gestellt worden waren, hat er von seiner Kompetenz zur höchstrichterlichen Rechtsfortbildung in insgesamt vier Grundsatzentscheidungen in sachlich überzeugender Weise Gebrauch gemacht und eine Reihe wesentlicher Fragen des Unternehmensvertragsrechts geklärt. Von diesen Entscheidungen betreffen zwei die *Wirksamkeitsvoraussetzungen für den Abschluß eines Beherrschungs- und Gewinnabführungsvertrags*[316]. Unter Betonung von dessen materiell satzungsänderndem Charakter kam der BGH durch Analogie zu §§ 53, 54 GmbHG zu Anforderungen, die denjenigen der §§ 293 bis 298 AktG weitgehend entsprechen[317]. In den beiden anderen Entscheidungen[318] ging es um die rechtliche *Anerkennung fehlerhafter*, weil ohne Beachtung der Erfordernisse aus §§ 53, 54 GmbHG zustandegekommener *Unternehmensverträge*[319] mit einer abhängigen GmbH und um das Eingreifen der der Gläubigersicherung dienenden Vorschriften der §§ 302, 303 AktG; auch insoweit ist inzwischen weitgehende Rechtsklarheit erzielt worden.

184 Höchstrichterlich noch **ungeklärt** ist nach derzeitiger Rechtslage vor allem die Frage, ob es für den Zustimmungsbeschluß der Gesellschafter der abhängigen GmbH zum Unternehmensvertag außer der satzungsändernden (Dreiviertel-)Mehrheit der *Zustimmung etwaiger außenstehender Gesellschafter* bedarf (vgl. dazu Rdn 199). Damit in Zusammenhang steht die weitere offene Frage, ob es zum Schutz der Minderheit geboten ist, die Vorschriften der §§ 304, 305 AktG über die Zahlung eines Ausgleichs an in der Gesellschaft verbleibende bzw. über die Abfindung ausscheidenswilliger Gesellschafter analog auf den GmbH-Vertragskonzern anzuwenden, oder ob insoweit auf die eigene Durchsetzung solcher Rechte durch die Minderheit vertraut werden kann (Rdn 211 ff). Auch über *Umfang und Grenzen des Weisungsrechts* des herrschenden Unternehmens ist eine höchstrichterliche Entscheidung bisher nicht ergangen; doch sprechen insoweit gute Gründe dafür, zur analogen Anwendung der §§ 308, 309 AktG zu kommen (Rdn 218, 220). Schließlich fehlt es auch an Rechtsprechung zu sonstigen Unternehmensverträgen, insbes. solchen der in § 292 AktG genannten Art. Ob sich auch insoweit eine Analogie zu §§ 53, 54 GmbHG durchsetzt und welche Schutzvorschriften für Gläubiger und Minderheit in derartigen Fällen eingreifen, ist noch nicht entschieden (vgl. dazu näher Rdn 202 ff, 226).

185 Insgesamt verdient die **Tendenz der BGH-Rechtsprechung** Unterstützung, bei der Entscheidung über Rechtsfragen des GmbH-Unternehmensvertragsrechts primär nicht auf das Dritte Buch des AktG, sondern auf das *GmbH-Recht* einschließlich seiner allgemeinen Rechtsgrundsätze abzustellen[320]. Sie entspricht der vom BGH schon für das faktische Herrschafts-/Abhängigkeitsverhältnis verfolgten Linie (Rdn 56) und vermeidet die Gefahr, ohne Rücksicht auf die teilweise deutlich vom Aktienrecht abweichenden Strukturen des GmbH-Rechts zu einer vorschnellen Übernahme aktienrechtlicher Regelungen zu kommen. Fehlt es freilich an einschlägigem GmbH-Recht oder sind die in Betracht kommenden Rechtsgrundsätze so allgemeiner Natur, daß sie für den konkreten Fall keine relevante Entscheidungshilfe

[316] BGHZ 105, 324 = NJW 1989, 295 – Supermarkt; BGH NJW 1992, 1452 – Siemens.
[317] Vgl. dazu näher § 53, 140 ff und unten Rdn 199.
[318] BGHZ 103, 1 = NJW 1988, 1326 – Familienheim; 116, 37 = NJW 1992, 505 – Stromlieferung.
[319] Dazu § 53, 158 und unten Rdn 200.
[320] So auch die hM zum GmbH-Konzernrecht, vgl. nur Scholz/*Emmerich* Anh KoR 248; *Lutter/Hommelhoff* Anh § 13, 36; aA *Kropff* Festschrift Semler (1993) S. 517, 523 ff.

bieten, so liegt der Rückgriff auf die entsprechenden Vorschriften des aktienrechtlichen Unternehmensvertragsrechts nahe; das gilt vor allem für die Fragen des Gläubigerschutzes, zumal sie sich bei AG und GmbH in weitgehend vergleichbarer Weise stellen.

b) Möglichkeiten satzungsrechtlicher Gestaltung. Unterschiede zum Aktienrecht zeigen sich nicht zuletzt darin, daß die *Flexibilität des GmbH-Innenrechts*, d. h. die Möglichkeit weitgehender satzungsrechtlicher Abweichungen von den nach § 45 Abs. 1 GmbHG grundsätzlich dispositiven Vorschriften des GmbH-Gesetzes über Geschäftsführung und Mitgliedschaftsrechte, es den Gesellschaftern gestattet, die auf Gewinnabführung an einzelne *Gesellschafter* oder auf Übertragung der Geschäftsführungskompetenz der Gesellschafterversammlung an sie abzielenden Regelungen eines Gewinnabführungs- oder Beherrschungsvertrags auch durch entsprechende *Satzungsgestaltung* einzuführen, ohne daß es des Abschlusses eines der in § 291 Abs. 1 AktG genannten Unternehmensverträge bedarf[321]. Das gilt auch für die Begründung des Rechts der Mehrheit, für die abhängige GmbH nachteilige Weisungen zu erteilen, solange diese den durch § 308 Abs. 1 AktG gesetzten, auch im GmbH-Recht geltenden Rahmen (Rdn 218) nicht überschreiten und zu keiner Bestandsgefährdung für die abhängige GmbH führen[322]. Aus entsprechenden Gründen wie beim Zustimmungsbeschluß zum Abschluß eines Beherrschungs- oder Gewinnabführungsvertrags (vgl. § 53, 145) bedarf es zu derartigen Satzungsregelungen, auch wenn sie erst nachträglich eingefügt werden, freilich der Zustimmung sämtlicher übrigen Gesellschafter. Auch für den gebotenen *Gläubigerschutz* kann es nicht darauf ankommen, ob die fraglichen Regelungen Gegenstand eines Unternehmensvertrags sind oder in die Satzung selbst aufgenommen wurden[323]. Die analoge Anwendung der §§ 302, 303 AktG ist vielmehr unabhängig von dem Weg, auf welchem derartige Rechte intern begründet sind, stets dann geboten, wenn einzelnen Gesellschaftern ein unternehmensvertragsgleiches Recht auf Gewinnabführung oder auf Weisungen in Geschäftsführungsfragen zusteht und sie als Unternehmen zu qualifizieren sind (Rdn 20). – Zu Satzungsklauseln über den vereinfachten Abschluß von Unternehmensverträgen mit einer abhängigen GmbH vgl. § 53, 149 ff. **186**

2. Rechtstatsachen

Zu den Rechtstatsachen in bezug auf Unternehmensverträge mit einer „abhängigen" GmbH vgl. Rdn 11 und § 53, 138. Wie dort ausgeführt, stehen eingehendere Untersuchungen hierzu noch aus, nachdem die Notwendigkeit der Eintragung solcher Verträge beim Handelsregister der abhängigen GmbH erst seit dem Jahr 1988 feststeht und die Registergerichte vor dieser Zeit auch nicht bereit waren, Eintragungsanträgen einer von sich aus an Registerpublizität interessierten abhängigen GmbH als Partnerin eines Unternehmensvertrags zu entsprechen[324]. Eine baldige Schließung dieser Informationslücke ist zu wünschen. **187**

---

321 So zu Recht *Zöllner* ZGR 1992, 173, 175; *Beuthien* ZIP 1993, 1589, 1590; *Beuthien/Gätsch* ZHR 157 (1993) 483, 498 ff; aA *Kropff* (Fn 320) S. 532 wegen der (unzutr., vgl. Rdn 71 ff, 83 ff) Befürchtung, es fehle sonst an dem erforderlichen Gläubigerschutz.

322 Vgl. näher *M. Winter* Treubindungen, S. 190 ff (zur satzungsrechtlichen Einschränkung der Treupflicht gegenüber der GmbH) und oben Rdn 87 (zum Bestandsschutz der Einmann-GmbH gegenüber ihrem Alleingesellschafter); aA *Kropff* (Fn 320) S. 532.

323 So aber die Befürchtungen von *Kropff* (Fn 320) S. 532.

324 Die Handelsregistereintragung ablehnend OLG Düsseldorf NJW 1982, 284; 1987, 3208; aA OLG Hamburg WM 1987, 1163, 1169 – HSW; offenlassend OLG Celle WM 1988, 47.

3. Zur Anlage der Kommentierung

188 Im Interesse der Übersichtlichkeit und zur Vermeidung von Wiederholungen empfiehlt es sich, die Kommentierung zu begrenzen. Die **erste Begrenzung** folgt aus der Anlage dieses Kommentars, d. h. der Behandlung der den *Abschluß, die Änderungen und die Beendigung von Unternehmensverträgen* betreffenden Fragen im systematischen Zusammenhang mit den sonstigen Problemen der *Satzungsänderung* (§ 53, 137 ff). Auf diese Ausführungen kann im wesentlichen verwiesen werden. Da sich dieser Teil der Kommentierung allerdings auf dem Stand vom 1. 7. 1991 befindet, werden im Folgenden wichtige seitherige Entwicklungen in der Rechtsprechung nachgetragen (Rdn 199 ff).

189 Die **zweite Begrenzung** rechtfertigt sich aus der trotz einiger GmbH-spezifischen Besonderheiten weitgehenden Parallelität der Rechtslage des GmbH-Rechts mit derjenigen im *aktienrechtlichen Unternehmensvertragsrecht*. Sie gestattet es, in vielen Fragen auf die einschlägigen Kommentierungen des Aktienrechts zurückzugreifen und sich in dieser Kommentierung auf die Herausarbeitung der GmbH-rechtlichen Besonderheiten zu beschränken. Das gilt vor allem in denjenigen Bereichen, in denen das GmbH-Unternehmensvertragsrecht uneingeschränkt zur analogen Anwendung aktienrechtlicher Vorschriften kommt und in denen sich daher auch die Übernahme der hierzu in knapp dreißigjähriger Geltung erzielten Auslegungsergebnisse anbietet.

B. Arten der Unternehmensverträge

1. Gewinnabführungsvertrag, Geschäftsführungsvertrag

190 Der **Gewinnabführungsvertrag** bildet – nicht zuletzt aus Gründen der körperschaftsteuerlichen Organschaft (§ 17 KStG) – den verbreitesten Typ eines sog. *organisationsrechtlichen Unternehmensvertrags* mit einer abhängigen GmbH (Rdn 11). Inhaltlich richtet er sich entsprechend der Definition in § 291 Abs. 1 S. 1 AktG auf Abführung des ganzen Gewinns der GmbH an den anderen Vertragsteil, wobei es sich bei diesem regelmäßig um den selbst unternehmerisch tätigen Mehrheits- oder Alleingesellschafter der zur Gewinnabführung verpflichteten GmbH handelt. Als Folge des Gewinnabführungsvertrags entsteht bei der GmbH während der Vertragsdauer kein für die Gewinnverwendung nach § 29 GmbHG disponibler Jahresüberschuß. Etwaige Minderheitsgesellschafter sind daher, wenn sie nicht von ihrem Austrittsrecht Gebrauch machen, auf andere Weise zu entschädigen (Rdn 211, 213). Einen notwendigen Bestandteil des Gewinnabführungsvertrags bildet die Verlustübernahmepflicht des herrschenden Unternehmens im Fall negativer Jahresergebnisse der GmbH analog § 302 AktG. In den Grenzen des § 30 GmbHG besteht sie kraft zwingenden Rechts auch dann, wenn der Unternehmensvertrag hierüber entweder keine oder aber eine abweichende Regelung trifft (vgl. näher Rdn 208).

190a Einen rechtlichen Unterfall des Gewinnabführungsvertrags bildet nach der auch für das GmbH-Recht relevanten Gleichstellungsvorschrift des § 291 Abs. 1 S. 2 AktG der sog. **Geschäftsführungsvertrag**, durch den sich die GmbH als Eigentümergesellschaft verpflichtet, ihr Unternehmen *für Rechnung eines anderen Unternehmens* zu führen[325]. Die Parallele zeigt sich darin, daß das Geschäftsergebnis in diesem Fall von vornherein beim anderen Vertragsteil anfällt, während es im Fall des

---

[325] Vgl. *Koppensteiner*-KölnKommAktG § 291, 56 ff; *Hüffer* AktG § 291, 30 ff.

Gewinnabführungsvertrags vom anderen Teil zum Geschäftsjahresende übernommen wird. Zur Abgrenzung des Geschäftsführungs- vom Betriebsführungsvertrag vgl. Rdn 197.

2. Beherrschungsvertrag

Als für die körperschaftsteuerliche Organschaft zwar nicht unverzichtbarer, ihr Eingreifen aber vereinfachender **Vertragsbestandteil**[326] verbindet sich der Beherrschungsvertrag nicht selten mit dem Gewinnabführungsvertrag; er kommt aber auch als **isolierter** Beherrschungsvertrag vor. Sein Inhalt deckt sich der Sache nach mit der Definition des § 291 Abs. 1 S. 1 AktG, auch wenn das GmbH-Recht anders als das Aktienrecht (§ 76 Abs. 1 AktG) nicht von der „Leitung der Gesellschaft" spricht, sondern von der „Führung der Geschäfte" (§ 45 Abs. 1 GmbHG). Vorbehaltlich besonderer Regelungen über den Umfang der Weisungsbindung der Geschäftsführer der abhängigen Gesellschaft gegenüber dem herrschenden Unternehmen führt sein Abschluß dazu, daß die nach Gesetz und Satzung bestehenden Zuständigkeiten der Gesellschafterversammlung auf das herrschende Unternehmen übergehen und dieses auch befugt ist, im Konzerninteresse Weisungen mit für die abhängige GmbH nachteiligem Inhalt zu erteilen (vgl. näher Rdn 215, 218). Seiner Rechtsnatur nach ist der Beherrschungsvertrag ebenso wie der Gewinnabführungsvertrag kein schuldrechtlicher, sondern ein sog. *organisationsrechtlicher*, die Struktur der verpflichteten Gesellschaft verändernder Vertrag[327]. Entsprechend dem Gewinnabführungsvertrag ist notwendige Folge auch des Beherrschungsvertrags die Pflicht des herrschenden Unternehmens zur Übernahme der während der Vertragsdauer sonst entstehenden Verluste analog § 302 AktG mindestens in den Grenzen des § 30 GmbHG. Sie greift auch dann ein, wenn dem herrschenden Unternehmen nicht zugleich ein Anspruch auf Gewinnabführung zusteht. Auf die Ursache der Verluste kommt es nicht an (Rdn 210). **191**

3. Sonstige Unternehmensverträge

a) **Überblick.** Die Definitionen in **§ 292 Abs. 1 Nr. 1 bis 3 AktG** sind auch für das GmbH-Recht relevant, soweit es um Verträge mit Unternehmen in der Rechtsform der GmbH über die Vergemeinschaftung oder Abführung von Gewinn(-teilen) bzw. über die Überlassung des Betriebs an einen Pächter oder Übernehmer geht. Sie enthalten den Versuch des Gesetzgebers, alle neben Beherrschungs- und Gewinnabführungsverträgen denkbaren sonstigen *Verträge mit struktureller*, das Gefüge oder die Ausrichtung der verpflichteten Gesellschaft verändernder *Wirkung* gesetzlich zu erfassen. Entgegen der Amtl. Begründung zu § 292 AktG[328] handelt es sich daher nicht um rein schuldrechtliche oder Austauschverträge. Vielmehr steht trotz des insoweit hinzutretenden Gegenleistungselements auch bei ihnen die *organisationsrechtliche* Natur des Rechtsgeschäfts ebenso wie bei den Unternehmensverträgen iSd § 291 Abs. 1 AktG im Vordergrund[329]. Darauf beruht im Aktienrecht auch **192**

[326] Vgl. statt aller *Knobbe-Keuk* aaO (Fn 315).

[327] Ganz hM, vgl. BGHZ 103, 1, 4 f = NJW 1988, 1326 – Familienheim; 105, 324, 331 = NJW 1989, 295 – Supermarkt; aus der Lit. statt aller *Lutter/Hommelhoff* NJW 1988, 1240, 1241 mwN in Fn 12; zum Aktienrecht *Würdinger*-GroßkommAktG § 291 Anm. 11 ff; *Flume* DB 1956, 455, 456 – noch „Organschaftsvertrag" genannt.

[328] Zit. bei *Kropff* AktG, 1965, S. 378.

[329] So zutr. *Timm* BB 1981, 1491, 1493; tendenziell auch *Koppensteiner*-KölnKommAktG Vorb § 291, 71; *Hüffer* AktG § 292, 2; bei Betriebsüberlassung auch *Oesterreich* Die Betriebsüberlassung zwischen Vertragskonzern und faktischem Konzern (1979) S. 61 ff; aA *Geßler*/Hefermehl/Eckardt/Kropff AktG § 292, 4; *K. Schmidt* ZGR 1984, 295, 304 f; *Führling* Sonstige Unternehmensverträge mit einer abhängigen GmbH (1993) S. 104 ff.

die zutreffende Einbeziehung dieser Verträge in die für Abschluß, Änderungen und Beendigung von Beherrschungs- und Gewinnabführungsverträgen geltenden Sondervorschriften der §§ 293 bis 299 AktG (zum GmbH-Recht vgl. Rdn 202 ff). – Gesetzlich nicht ausdrücklich erfaßt ist demgegenüber zwar der ebenfalls in der Praxis anzutreffende Betriebsführungsvertrag (Rdn 196). Wegen seiner Verwandtschaft zu den Verträgen iSd § 292 Abs. 1 Nr. 3 AktG gelten allerdings auch für ihn die Sondervorschriften der §§ 293 ff AktG[330].

193 b) **Gewinngemeinschaft, Teilgewinnabführungsvertrag.** Im Rahmen einer **Gewinngemeinschaft** (§ 292 Abs. 1 Nr. 1 AktG) verpflichten sich zwei oder mehr Unternehmen in der Rechtsform einer Kapitalgesellschaft (AG, KGaA, GmbH), ihren Gewinn ganz oder teilweise zur Aufteilung zwischen sich zusammenzulegen. Rechtlich handelt es sich um einen Unterfall der Gesellschaft bürgerlichen Rechts (§§ 705 ff BGB)[331] mit der Besonderheit, daß die GbR durch die Rechtsform der beteiligten Vertragspartner und die daraus folgende Überlagerung der bei ihnen jeweils gesellschaftsintern geltenden Gewinnermittlungs- und -verwendungsbestimmungen qualifiziert ist. Dementsprechend bedarf es zum Abschluß entsprechender Verträge nach §§ 293, 294 AktG bzw. entsprechend §§ 53, 54 GmbHG der Mitwirkung der Haupt-(Gesellschafter-)versammlungen sämtlicher daran beteiligter Kapitalgesellschaften und der Eintragung im jeweiligen Handelsregister (Rdn 202). Von der Vertretungsmacht des jeweiligen Vertretungsorgans ist der Abschluß von Gewinngemeinschaften nicht gedeckt. Zu den Beschlußanforderungen im einzelnen vgl. Rdn 203.

194 Ein **Teilgewinnabführungsvertrag** (§ 292 Abs. 1 Nr. 2 AktG) mit einer Kapitalgesellschaft als Verpflichtetem unterscheidet sich terminologisch vom Gewinnabführungsvertrag des § 291 Abs. 1 S. 1 AktG zwar nur dadurch, daß von ihm nicht das ganze Jahresergebnis des verpflichteten Teils erfaßt wird, sondern nur ein *Teil seines Gewinns* bzw. der auf einzelne seiner Betriebe entfallende ganze oder anteilige Gewinn. Für den Charakter des Vertrages wesentlicher ist jedoch, daß er aus *aktienrechtlichen* Gründen im Fall des Abschlusses mit einem Aktionär oder einem mit ihm verbundenen Unternehmen ein *vollwertiges Entgelt* vorsehen muß, da er andernfalls gegen die – insoweit im Unterschied zu §§ 291 Abs. 3, 292 Abs. 3 AktG nicht suspendierten – Kapitalerhaltungsvorschriften der §§ 57, 58 und 60 AktG verstößt[332]. Entsprechende Schranken sind in *GmbH-Recht* zwar nicht anzutreffen; das dort an deren Stelle tretende Verbot der Rückgewähr des zur Deckung des Stammkapitals erforderlichen Vermögens (§ 30 Abs. 1 GmbHG) wird durch die Pflicht zur Teilgewinnabführung meist nicht berührt. Die Unterschiedlichkeit der in §§ 291, 292 AktG getroffenen Regelungen und die Begrenzung der scharfen Rechtsfolgen der §§ 302 ff AktG auf Gewinnabführungsverträge iSv § 291 Abs. 1 AktG lassen es jedoch geboten erscheinen, auch im GmbH-Recht im Hinblick auf die Rechtsfolgen des jeweiligen Unternehmensvertrags nicht danach zu differenzieren, ob er den ganzen Gewinn des verpflichteten Unternehmens oder nur Teile davon erfaßt, sondern nach seiner Struktur als *einseitig verpflichtender oder gegenseitiger Vertrag*[333] (zu den Abschlußvoraussetzungen vgl. Rdn 203 f). Dabei ist die Verlustübernahmepflicht des § 302 AktG nicht als Gegenleistung des anderen Vertragsteils

---

330 So auch *Koppensteiner*-KölnKommAktG § 292, 67 f; *Geßler*/Hefermehl/Eckardt/Kropff AktG § 292, 75 ff, 84; *Hüffer* AktG § 292, 17.

331 Ebenso *Hüffer* AktG § 292, 2.

332 Vgl. nur *Hüffer* AktG § 292, 16 mwN.

333 Ähnlich, für Differenzierung nach der Angemessenheit der Gegenleistung: Scholz/*Emmerich* Anh KoR 336 f; *Führling* (Fn 329) S. 109 ff; aA – gegen jegliche Differenzierung – Rowedder/*Koppensteiner* Anh § 52, 44 f.

für das Recht auf Gewinnabführung zu verstehen, sondern als Element zur Bestandssicherung der einseitig zur Gewinnabführung verpflichteten Gesellschaft und als notwendige, auch ohne besondere Abrede eingreifende Ergänzung der Vereinbarung über die Ergebnisübernahme.

c) **Betriebspacht, Betriebsüberlassung.** Beiden in § 292 Abs. 1 Nr. 3 AktG geregelten Vertragstypen ist gemeinsam, daß die zur vertragstypischen Leistung verpflichtete Kapitalgesellschaft (Verpächterin, Überlasserin) den Betrieb des Unternehmens gegen Entgelt auf den Vertragspartner überträgt; dadurch wird sie von einer aktiv am Markt tätigen werbenden Gesellschaft zur „Rentnergesellschaft"[334]. Im übrigen unterscheiden sich die beiden Vertragstypen voneinander dadurch, daß im Fall der **Betriebspacht** der Pächter das Unternehmen nicht nur auf eigene Rechnung, sondern auch im *eigenen* Namen führt, während bei der **Betriebsüberlassung** der Übernehmer ebenfalls auf eigene Rechnung, dabei aber im *fremden* Namen (d.h. demjenigen der AG oder GmbH als Überlasserin) handelt[335]. Im Unterschied zum Pächter benötigt er also eine Vollmacht des Überlassers. Hiervon abgesehen werden der Fallgruppe der Betriebsüberlassung trotz Handelns des Übernehmers im eigenen Namen auch solche Verträge zugeordnet, bei denen es an einem der sonstigen Tatbestandsmerkmale des § 581 BGB fehlt; sie hat somit zugleich Auffangfunktion[336]. **195**

d) **Betriebsführungsvertrag.** Dieser Vertragstyp ist in § 292 AktG nicht erfaßt, wird von der ganz hM aber wegen seiner inhaltlichen Verwandtschaft mit Betriebspacht und Betriebsüberlassung ebenfalls als Unternehmensvertrag iS dieser Vorschrift beurteilt[337]. Von jenen Vertragstypen unterscheidet er sich dadurch, daß der Betriebsführer nicht nur im fremden Namen, sondern auch auf *fremde Rechnung* tätig wird. Solche Vertragsgestaltungen finden sich in erster Linie zwischen verbundenen Unternehmen[338], wobei im einzelnen weiter danach zu unterscheiden ist, ob als Betriebsführer das herrschende Unternehmen oder aber die abhängige Gesellschaft auftritt[339]. Im ersten Fall, bei einem Vertrag zwischen der **herrschenden Betriebsführungsgesellschaft** und einer von ihr abhängigen Eigentümergesellschaft, liegt die Annahme eines *Beherrschungsvertrags* nahe, da dem Betriebsführer typischerweise vertragliche Einflußmöglichkeiten nach Art des § 308 Abs. 1 AktG in bezug auf das von ihm geführte Unternehmen eingeräumt werden[340]; insoweit sind zugleich die Vorschriften über Abschluß und Rechtsfolgen von Beherrschungsverträgen zum Schutz der Eigentümergesellschaft anwendbar[341]. Demgegenüber ist die Betriebsführung durch die **abhängige Betriebsführungsgesellschaft** typischerweise ein (nicht selten aus mitbestimmungsrechtlichen Gründen eingesetztes) Mittel der **196**

[334] So zutr. Rowedder/*Koppensteiner* Anh § 52, 44; Scholz/*Emmerich* Anh KoR 344; *Oesterreich* (Fn 329) S. 63.

[335] *Geßler*/Hefermehl/Eckardt/Kropff AktG § 292, 71 ff; *Koppensteiner*-KölnKommAktG § 292, 66; *Hüffer* AktG § 292, 19.

[336] *Hüffer* AktG § 292, 19.

[337] *Geßler*/Hefermehl/Eckardt/Kropff AktG § 292, 84; *Oesterreich* (Fn 329) S. 53 f; Baumbach/Hueck AktG § 292, 14; für analoge Anwendung des § 292 Abs. 1 Nr. 3 AktG: *Koppensteiner*-KölnKommAktG § 292, 67 f; *Knepper* BB 1982, 2061, 2064; *Hüffer* AktG § 292, 17, 20.

[338] Vgl. *U. Huber* ZHR 152 (1988) 1, 10; aus der Rspr. ist nur der Fall eines konzernfreien Betriebsführungsvertrags bekannt (BGH NJW 1982, 1817 – Holiday Inn).

[339] Vgl. *Huber* ZHR 152 (1988) 123, 125; *Veelken* Der Betriebsführungsvertrag im deutschen und amerikanischen Aktien- und Konzernrecht (1975) S. 31, 35 ff.

[340] *Huber* ZHR 152 (1988) 123, 140; *Geßler*/Hefermehl/Eckardt/Kropff AktG § 292, 80, 85; im Ergebnis auch *Veelken* (Fn 339) S. 248 ff, 262.

[341] *Geßler*/Hefermehl/Eckardt/Kropff AktG § 292, 85; *Huber* ZHR 152 (1988) 123, 140 ff, der sich bei fehlender Zustimmung für die Annahme eines qualifizierten faktischen Konzerns ausspricht.

Unternehmensorganisation, gegen das gesellschaftsrechtliche Bedenken grundsätzlicher Art nicht zu erheben sind[342].

197 Von einem *Geschäftsführungsvertrag* iSd § 291 Abs. 1 S. 2 AktG als Unterfall des Gewinnabführungsvertrags unterscheidet sich der von § 292 Abs. 1 Nr. 3 AktG analog erfaßte Betriebsführungsvertrag dadurch, daß dort die *Eigentümergesellschaft* die Stellung des Geschäftsführers hat und für Rechnung des anderen Vertragsteils tätig wird, woraus sich die Parallele zum Gewinnabführungsvertrag ergibt (Rdn 190 a), während beim Betriebsführungsvertrag umgekehrt der *Betriebsführer* für Rechnung der Eigentümergesellschaft als anderer Vertragsteil tätig wird. Sind **auf beiden Seiten Kapitalgesellschaften** beteiligt, so bedarf der *Geschäftsführungsvertrag* bei der Eigentümergesellschaft eines satzungsändernden Beschlusses der Mitgliederversammlung mit Zustimmung aller übrigen Gesellschafter (§ 53, 143 ff), während beim anderen Vertragsteil die Beschlußfassung der Mitgliederversammlung nach oder analog § 293 Abs. 2 AktG ausreicht (§ 53, 148). Beim *Betriebsführungsvertrag* genügt, wenn nicht die Voraussetzungen eines Beherrschungsvertrags mit der Eigentümergesellschaft als abhängiger Gesellschaft vorliegen (Rdn 196), ein satzungsändernder Beschluß der Mitgliederversammlung der Eigentümergesellschaft ohne Zustimmung der übrigen Gesellschafte. Auf Seiten des Betriebsführers braucht im Regelfall die Mitgliederversammlung nicht mitzuwirken, da § 293 Abs. 2 AktG nicht eingreift (Rdn 205).

C. Abschluß, Änderungen und Beendigung von Unternehmensverträgen

1. Beherrschungs- und Gewinnabführungsverträge

198 **a) Verweis auf die Erläuterungen zu § 53.** Die Voraussetzungen für den Abschluß, die Änderung und Beendigung von Beherrschungs- und Gewinnabführungsverträgen sind eingehend in § 53, 140 ff dargestellt; hierauf wird verwiesen. Entsprechendes gilt für die Behandlung *fehlerhafter* Unternehmensverträge (§ 53, 158 f). Das dort zu beiden Fragen Ausgeführte (Stand 1. 7. 1991) ist im wesentlichen auch heute noch maßgebend. Eine Ergänzung ist nur insoweit geboten, als es um zwei neue Grundsatzentscheidungen des BGH (Rdn 199 f) und einige instanzgerichtliche Urteile (Rdn 201) geht[343].

199 **b) Neue Grundsatzentscheidungen des BGH.** In dem auf Vorlageentscheidung des OLG Düsseldorf[344] ergangenen **Siemens-Beschluß v. 30. 1. 1992** hielt der BGH entgegen den vom OLG vorgetragenen Bedenken zu Recht daran fest, daß es zur Wirksamkeit eines Beherrschungs- und Gewinnabführungsvertrags zwischen einer abhängigen GmbH und ihrem Alleingesellschafter eines mit satzungsändernder Mehrheit zu fassenden, notariell zu beurkundenden Zustimmungsbeschlusses der Gesellschafterversammlung der GmbH sowie der Eintragung des Unternehmensvertrags im Handelsregister der abhängigen GmbH bedarf (vgl. § 53, 142 f, 147)[345]. Ebenso bestätigte er die Rechtsprechung zum Erfordernis eines mit Dreiviertelmehr-

[342] *Huber* ZHR 152 (1988) 123, 151.

[343] Aus der Lit. zu GmbH-Unternehmensverträgen seit Mitte 1991 vgl. namentlich *Ebenroth/A. Müller* BB 1991, 358; *Ebenroth/Wilken* WM 1993, 1617; *Emmerich* AG 1991, 303; *Zöllner* ZGR 1992, 173; *Timm* GmbH-Rdsch. 1992, 213; *ders.* Festschrift Kellermann (1991) S. 461; *Hoffmann-Becking* WiB 1994, 57; *Grauer* Konzernbildungskontrolle im GmbH-Recht (1991); *Kropff* Festschrift Semler (1993) S. 517.

[344] WM 1991, 2103.

[345] BGH NJW 1992, 1452, 1453; zustimmend *Timm* GmbH-Rdsch. 1992, 213, 214; ablehnend *Vetter* AG 1992, 168; *Gäbelein* GmbH-Rdsch. 1992, 786.

heit zu fassenden Zustimmungsbeschlusses der Mitgliederversammlung des herrschenden Unternehmens zum Unternehmensvertrag in Analogie zu § 293 Abs. 2 AktG, wenn das herrschende Unternehmen in der Rechtsform einer AG, KGaA oder GmbH betrieben wird (vgl. § 53, 148). Schließlich bejahte er die Notwendigkeit, analog § 293 Abs. 3 S. 6 AktG den Niederschriften der Beschlüsse der beiden Gesellschafterversammlungen jeweils den Unternehmensvertrag in Anlage beizufügen[346]. Die Frage, ob der Zustimmungsbeschluß bei der abhängigen Gesellschaft über die Dreiviertelmehrheit hinaus der *Zustimmung aller außenstehenden Gesellschafter* bedarf[347], konnte der Senat ebenso wie schon im Supermarkt-Beschluß[348] *offenlassen*, weil es um eine Einmann-GmbH als Verpflichtete ging. Aus der im Siemens-Beschluß anklingenden Ablehnung einer gesetzlichen Pflicht des herrschenden Unternehmens, die außenstehenden Gesellschafter analog § 305 AktG abzufinden, ist freilich zu Recht geschlossen worden, daß der BGH dazu neigt, ein derartiges Zustimmungserfordernis zu bejahen, um der Minderheit die Chance zu geben, ihre Rechte selbst wahrzunehmen[349].

Als zweite neue Grundatzentscheidung des BGH ist das **Stromlieferungs-Urteil vom 11. 11. 1991** zu nennen[350]. Darin befaßte sich der Senat erneut[351] mit den **200**
Wirkungen eines mangels Handelsregistereintragung nicht den Abschlußvoraussetzungen analog §§ 53, 54 GmbHG genügenden Beherrschungs- und Gewinnabführungsvertrags und bestätigte – ebenfalls in Übereinstimmung mit der hM[352] – die Anwendung der *Grundsätze über die fehlerhafte Gesellschaft* auf unwirksame, aber vollzogene Unternehmensverträge[353]. Als *Vollzug* hielt er neben oder an Stelle der Ausübung der Weisungsrechte auch die Übernahme der bei der abhängigen Gesellschaft angefallenen Verluste durch das herrschende Unternehmen für ausreichend[354]. Die Pflicht des herrschenden Unternehmens zur Sicherheitsleistung analog § 303 Abs. 1 AktG bejahte der Senat nur gegenüber solchen (Alt-)Gläubigern, deren Forderungen schon vor dem Kündigungsstichtag des Unternehmensvertrags begründet worden waren[355]. Zugleich stellte er klar, daß abweichend vom Abschluß des Unternehmensvertrags die *Handelsregistereintragung über dessen Beendigung* auch im GmbH-Recht *deklaratorisch* wirkt und daß keine Bedenken gegen eine analoge Anwendung des § 298 AktG auf Unternehmensverträge mit einer abhängigen GmbH bestehen[356]. Auch wenn dieser Rechtssatz vor dem Hintergrund der analogen Anwendung der §§ 53, 54 GmbHG auf Abschluß und Änderungen von Unter-

[346] BGH NJW 1992, 1452; vgl. dazu auch Scholz/*Emmerich* Anh KoR 264 und *Gäbelein* GmbH-Rdsch. 1992, 786, 788.

[347] Zum Meinungsstand bis 1991 vgl. § 53, 145; aus der neueren Literatur das Zustimmungserfordernis bejahend *Ebenroth/A. Müller* BB 1991, 358, 359; *Zöllner* ZGR 1992, 173, 174; *Emmerich* AG 1991, 303, 308; soweit den Gesellschaftern keine vollwertige Gesellschafterstellung in der Obergesellschaft angeboten wird, auch *Timm* GmbH-Rdsch. 1992, 213, 215; aA *Grauer* Konzernbildungskontrolle (vgl. Fn 343) S. 165 ff.

[348] BGHZ 105, 324, 338 ff = NJW 1989, 295.

[349] *Timm* GmbH-Rdsch. 1992, 213, 215.

[350] BGHZ 116, 37 = NJW 1992, 505.

[351] Vgl. schon BGHZ 103, 1 = NJW 1988, 1326 – Familienheim.

[352] Vgl. § 53, 158; Scholz/*Emmerich* Anh KoR 300 f; *Lutter/Hommelhoff* Anh § 13, 51; jetzt auch OLG Koblenz WM 1991, 227, 229; im Erg. auch *Timm* GmbH-Rdsch. 1992, 213, 215 f; aA *Knobbe-Keuk* (Fn 315) (Problem des intertemporalen Rechts); für analoge Anwendung von § 22 EGAktG *Lauber-Nöll* Die Rechtsfolgen fehlerhafter Unternehmensverträge (1992) S. 84 ff.

[353] BGHZ 116, 37, 40 = NJW 1992, 505; zur zeitlichen Begrenzung der steuerrechtlichen Anerkennung fehlerhafter Unternehmensverträge bis zum 31. 12. 1992 vgl. Abschnitt 64 Abs. 1 KStR.

[354] BGHZ 116, 37, 40.

[355] BGHZ 116, 37, 43, 46 f.

[356] BGHZ 116, 37, 43 f.

nehmensverträgen nicht ganz leicht zu begründen ist[357], ist ihm doch schon unter Praktikabilitätsgesichtspunkten zuzustimmen[358].

201 c) **Instanzgerichtliche Urteile.** Unter den seit 1991 ergangenen Entscheidungen von Instanzgerichten zu den Anforderungen an Abschluß, Änderungen und Beendigung von Unternehmensverträgen iSd § 291 AktG mit einer abhängigen GmbH verdienen vier Urteile besondere Erwähnung. So *verneinte* das **OLG-Karlsruhe**[359] – zu Recht[360] – die Zulässigkeit des *rückwirkenden* Abschlusses eines Beherrschungsvertrags im Unterschied zum auch rückwirkend möglichen Gewinnabführungsvertrag. Das **LG Bonn**[361] forderte – zu Unrecht (vgl. § 53, 148) – die Eintragung des Abschlusses eines Unternehmensvertrags auch im *Handelsregister des herrschenden Unternehmens*, ohne diese Verschärfung gegenüber § 294 AktG näher zu begründen. Unter Hinweis auf das Aktienrecht und ohne hinreichende Berücksichtigung GmbH-rechtlicher Besonderheiten verneinte das **OLG Frankfurt**[362] die Zustimmungsbedürftigkeit der Aufhebung eines Gewinnabführungsvertrags seitens der Gesellschafter der abführungspflichtigen GmbH; es sah somit die Beendigung des Unternehmensvertrags als von der Vertretungsmacht der Geschäftsführer umfaßt an. Problematisch ist schließlich auch ein Beschluß des **LG Konstanz**[363], in dem die Zustimmung der Gesellschafterversammlung der abhängigen GmbH zur vertraglichen Aufhebung eines Unternehmensvertrags analog §§ 53, 54 GmbHG zwar im Unterschied zum OLG Frankfurt zutreffend bejaht[363a], ein solcher Beschluß jedoch analog § 293 Abs. 2 AktG auch auf Seiten des herrschenden Unternehmens gefordert wurde[364]. Die Begründung stützt sich auf die Belastungen, die sich für das herrschende Unternehmen analog § 303 AktG aus der Vertragsaufhebung ergeben; ihr ist entgegenzuhalten, daß es sich um Belastungen handelt, die bereits durch den Abschluß des Unternehmensvertrages verursacht wurden und zu jenem Zeitpunkt durch den analog § 293 Abs. 2 AktG erforderlichen Zustimmungsbeschluß der Gesellschafterversammlung (§ 53, 148) gedeckt waren[365].

2. Sonstige Unternehmensverträge

202 a) **Überblick.** Die Rechtslage bei Abschluß, Änderung und Beendigung sonstiger Unternehmensverträge mit einer GmbH als zur vertragstypischen Leistung verpflichtetem Teil ist im Unterschied zu derjenigen im Fall von Beherrschungs- und Gewinnabführungsverträgen nach wie vor wenig geklärt. Die Grundtendenz in der neueren Literatur geht zwar dahin, für den *Vertragsabschluß* die Analogie zu §§ 53, 54 GmbH auch auf diese Art von Verträgen zu erstrecken (so ohne genauere Differenzierung auch schon § 53, 160 f). Es erscheint jedoch geboten, diese Aussage und die damit verbundenen Rechtsfolgen für die verschiedenen Typen der sonstigen

357 So zu Recht *Kropff* (Fn 343) S. 527.

358 So auch LG Konstanz GmbH-Rdsch. 1993, 443, 444; *Timm* GmbH-Rdsch. 1992, 213, 216 f; **aA** *Priester* ZGR-Sonderheft 6, S. 151, 185; *Wirth* DB 1990, 2105, 2107.

359 WM 1993, 2092, 2093.

360 So auch schon OLG Hamburg WM 1990, 1741, 1743; NJW 1990, 521; *Koppensteiner*-KölnKommAktG § 294, 22; *Hüffer* AktG § 294, 19.

361 GmbH-Rdsch. 1993, 443; **aA** – zutreffend – LG Duisburg DB 1993, 2522; *Vetter* AG 1994, 110.

362 WM 1994, 67, 68.

363 GmbH-Rdsch. 1993, 443, 444 f.

363a Vgl. dazu näher § 53, 154. So seither auch *Ebenroth/Wilken* ZIP 1992, 1738, 1739; *dies.* WM 1993, 1617, 1618 ff; **aA** OLG Frankfurt WM 1994, 67, 68; *Dilger* WM 1993, 935, 936 f.

364 Zu Recht krit. dagegen *Dilger* WM 1993, 935 f; *Hoffmann-Becking* WiB 1994, 57, 63; *Petzoldt* EWiR 1993, 263, 264; vgl. auch § 53, 157; **aA** *Ebenroth/Wilken* ZIP 1992, 1738, 1740; *dies.* WM 1993, 1617, 1622 ff.

365 So auch *Dilger* WM 1993, 935; *Petzoldt* EWiR 1993, 263, 264.

Unternehmensverträge einer eingehenderen Prüfung zu unterziehen. Die Richtung hierfür soll – in Fortentwicklung der Ansätze in § 53, 160 f – für den Abschluß derartiger Verträge im folgenden aufgezeigt werden. Für *Vertragsänderungen und Beendigung* sowie für die Behandlung fehlerhafter Unternehmensverträge der in § 292 AktG geregelten Art kann mutatis mutandis auf die Ausführungen in § 53, 153 ff, 158 verwiesen werden.

b) **Gewinngemeinschaft, Teilgewinnabführungsvertrag.** Über den Gegenstand dieser in § 292 Abs. 1 Nr. 1, 2 AktG definierten Verträge und ihre Unterscheidung gegenüber Gewinnabführungsverträgen iSd § 291 Abs. 1 S. 1 AktG vgl. Rdn 193 f. Auch wenn diese Verträge keine einseitige Gewinnabführung vorsehen, sondern die Vergemeinschaftung der Gewinne sämtlicher Vertragspartner, oder wenn sie eine Gegenleistung des anderen Vertragsteils für die Teilgewinnabführung regeln, regeln sie doch die Gewinnverwendung in Abweichung von der Vorschrift des § 29 GmbHG und machen daher die Einhaltung der für **Satzungsänderungen** geltenden Erfordernisse der §§ 53, 54 GmbHG bei Vertragsabschluß u. a. nötig[366]. Aus diesem Grund ist mit der überwiegenden Meinung auch die *Außenwirkung* der Einhaltung dieser Vorschriften zu bejahen mit der Folge, daß die Vertretungsmacht der Geschäftsführer der zur (Teil-)Gewinnabführung verpflichteten GmbH den Vertragsschluß nicht deckt[367]. **203**

Zweifelhaft ist jedoch, ob es über die satzungsändernde Dreiviertelmehrheit hinaus auch der **Zustimmung der übrigen Gesellschafter** zum Vertragsschluß bedarf[368]. Dagegen spricht, daß durch derartige Verträge den Gesellschaftern das Gewinnrecht im Unterschied zum Gewinnabführungsvertrag nicht entzogen, sondern nur die Bildung des Jahresüberschusses inhaltlich modifiziert wird. Das kann zwar zur *Anfechtbarkeit* des von der Dreiviertelmehrheit gefaßten Zustimmungsbeschlusses wegen Verstoßes gegen Treupflicht oder Gleichbehandlungsgrundsatz führen, wenn die wechselseitigen Leistungen in der Gewinngemeinschaft oder im Teilgewinnabführungsvertrag nicht ausgewogen wird. Zu weit ginge es jedoch, allein wegen dieser Gefahr den Vertragsschluß an die Zustimmung aller übrigen Gesellschafter zu knüpfen und damit gleichsam einen Eingriff in den Kernbereich ihrer Mitgliedschaft (§ 53, 59) als jeweils gegeben zu unterstellen (anders noch § 53, 160). Abzulehnen ist auch ein *Stimmverbot* des anderen Vertragsteils als GmbH-Gesellschafter[369]; § 47 Abs. 4 S. 2 AktG greift wegen der organisationsrechtlichen Natur derartiger Verträge nicht ein (vgl. Rdn 192 und § 53, 44). Einer Mitwirkung auch der Gesellschafterversammlung des anderen Vertragsteils entsprechend § 293 Abs. 2 AktG bedarf es mangels für ihn belastender Rechtsfolgen nach Art der §§ 302, 303 AktG nicht. **203 a**

c) **Betriebspacht, Betriebsüberlassung.** Für diese in § 292 Abs. 1 Nr. 3 AktG definierten Verträge (zu ihrem Inhalt vgl. Rdn 195) greifen entsprechende Überlegungen ein wie im Fall der Gewinngemeinschaft und des Teilgewinnüberlassungsvertrags. Die *satzungsändernde Natur* des Vertragsschlusses ergibt sich für die GmbH **204**

---

[366] Vgl. Rowedder/*Koppensteiner* Anh § 52, 44; Scholz/*Emmerich* Anh KoR 339.

[367] Scholz/*Emmerich* Anh KoR 339; Rowedder/*Koppensteiner* Anh § 52, 44.

[368] Dafür § 47, 180 (*Hüffer*); *Hüffer* Festschrift Heinsius (1991) S. 337, 355; Baumbach/Hueck/*Zöllner* Schlußanh I, 16 aE; Scholz/*Emmerich* Anh KoR 340; aA bei angemessener Gegenleistung Rowedder/*Koppensteiner* Anh § 52, 44; *Führling* (Fn 329) S. 150 ff.

[369] Dafür aber § 47, 180 (*Hüffer*); *Hüffer* (Fn 368) S. 355 f; Baumbach/Hueck/*Zöllner* Schlußanh I, 17 und § 47, 58; wie hier *Führling* (Fn 329) S. 199 ff; *Verhoeven* GmbH-Konzern-Innenrecht (1978) S. 51 f.

als Verpächterin oder Überlasserin aus dem Verzicht auf die eigene aktive Unternehmenstätigkeit unter Übergang zur „Rentnergesellschaft" (Rdn 195). Darin ist eine Veränderung des Unternehmensgegenstands[370] oder jedenfalls ein der Unternehmensveräußerung analog § 361 AktG vergleichbares, der *Zustimmung der Gesellschafterversammlung* mit qualifizierter Mehrheit bedürftiges Grundlagengeschäft[371] zu sehen. Eine besondere Zustimmung der außenstehenden Gesellschafter ist auch hier nicht erforderlich[372]. Ohne den Zustimmungsbeschluß erlangt der Pacht- oder Überlassungsvertrag keine Wirksamkeit; sein Abschluß ist von der Vertretungsmacht des Geschäftsführers nicht gedeckt[373]. Für das *Stimmrecht des anderen Vertragsteils* als Gesellschafter gelten die Feststellungen in Rdn 203 a entsprechend; § 47 Abs. 4 S. 2 GmbHG greift nicht ein. Einer Zustimmung der Gesellschafterversammlung auch des *anderen Vertragsteils* bedarf es abweichend von § 293 Abs. 2 AktG nicht, weil Verträge dieser Art für das herrschende Unternehmen nicht zu den Rechtsfolgen der §§ 302, 303 AktG führen (Rdn 222 f).

205 d) **Betriebsführungsvertrag.** Zu seinem Inhalt vgl. Rdn 196. Da er wie im Fall der Betriebspacht oder Betriebsüberlassung dazu führt, daß die Eigentümergesellschaft ihr Unternehmen nicht mehr selbst betreibt, sondern den Betrieb dem anderen Vertragsteil, wenn auch auf ihre Rechnung, überläßt, gelten die in Rdn 204 getroffenen Feststellungen zum Erfordernis eines den Anforderungen der §§ 53, 54 GmbHG entsprechenden Gesellschafterbeschlusses und seiner Handelsregistereintragung als Wirksamkeitsvoraussetzung für den Vertragsschluß entsprechend[374]. Zusätzlich ist zu beachten, daß bei Betriebsführungsverträgen mit einer abhängigen Eigentümergesellschaft wegen der damit für das Verhältnis der beiden Unternehmen regelmäßig verbundenen, weitgehenden Wirkungen die Annahme eines *Beherrschungsvertrags* naheliegt (Rdn 196). Trifft sie zu, so ist bei der Eigentümergesellschaft zusätzlich zur Dreiviertelmehrheit die Zustimmung der übrigen Gesellschafter erforderlich (§ 53, 145). Auch greift in diesem Fall § 293 Abs. 2 AktG analog ein, weil sich für die Betriebsführungsgesellschaft mit dem Vertragsschluß die in §§ 302, 303 AktG geregelten Belastungen verbinden.

D. Rechtsfolgen

1. Gewinnabführungsvertrag

206 a) **Begrenzung der Gewinnabführung?** Die (im Gewinnabführungsvertrag ggf. näher zu spezifierende) Pflicht der Gesellschaft, ihren Gewinn an das herrschende Unternehmen abzuführen, findet im *Aktienrecht* ihre zwingende Begrenzung durch §§ 300, 301 AktG. Von diesen Vorschriften scheidet **§ 300 AktG** für die analoge Anwendung gegenüber der zur Gewinnabführung verpflichteten GmbH von vornherein aus[375]. Da das GmbH-Recht anders als das Aktienrecht keine Pflicht zur

---

[370] So LG Berlin WM 1992, 22, 25; Scholz/*Emmerich* KoR 344; Baumbach/Hueck/*Zöllner* Schlußanh I, 16; Rowedder/*Koppensteiner* Anh 52, 44; *Führling* (Fn 329) S. 119 ff; *Verhoeven* (Fn 369) S. 52; aA *Hommelhoff* Konzernleitungspflicht, S. 278 ff.

[371] So tendenziell *Zöllner* ZGR 1992, 173, 185.

[372] So auch Rowedder/*Koppensteiner* Anh 52, 44; aA Baumbach/Hueck/*Zöllner* Schlußanh I 16; *Führling* (Fn 329) S. 167 ff.

[373] LG Berlin WM 1992, 22, 25; Scholz/*Emmerich* Anh KoR 344; *Führling* (Fn 329) S. 171 ff; aA bei konzernexternen Betriebsführungsverträgen *U. H. Schneider* in: *U. H. Schneider* Beherrschungs- und Gewinnabführungsverträge in der Praxis der GmbH (1989) S. 7, 28.

[374] *Lutter/Hommelhoff* Anh § 13, 49; Rowedder/*Koppensteiner* Anh § 52, 70; *U. Huber* ZHR 152 (1988), 1, 35 f und 123, 140.

[375] EinhM, vgl. Scholz/*Emmerich* Anh KoR 310; Baumbach/Hueck/*Zöllner* Schlußanh I, 27; Rowedder/*Koppensteiner* Anh § 52, 67.

Bildung einer gesetzlichen Rücklage kennt, besteht auch kein Anlaß, sie bei Abschluß eines Gewinnabführungsvertrags einzuführen.

Hinsichtlich des in **§ 301 AktG** geregelten Höchstbetrags der Gewinnabführung unter Ausklammerung vorvertraglicher freier Rücklagen ist zu differenzieren. Soll der Gewinnabführungsvertrag – wie regelmäßig – zur Anerkennung einer *körperschaftsteuerlichen* Organschaft zwischen verpflichteter Gesellschaft und herrschendem Unternehmen führen, so ist nach § 17 S. 2 Nr. 1 KStG eine ausdrückliche vertragliche Begrenzung der Gewinnabführung iSd § 301 AktG unverzichtbar[376]. Demgegenüber besteht aus Gründen des *GmbH-Rechts* kein Anlaß, die Einhaltung des in § 301 AktG geregelten Höchstbetrags zwingend vorzuschreiben[377]. Da die Gesellschafter vorbehaltlich der Grenzen der §§ 30, 33 GmbHG auch sonst nicht gehindert sind, Rücklagen zur Gewinnausschüttung zu verwenden, wäre es wenig sachgerecht, auf einer derartigen Schranke für den Gewinnabführungsvertrag zu bestehen. Er kann daher wirksam die Abführung auch solcher Gewinne während der Vertragsdauer vorsehen, die auf der Auflösung freier vorvertraglicher Rücklagen beruhen, oder abweichend von § 302 Abs. 1 AktG die Verrechnung von Verlusten mit solchen Rücklagen zulassen. Fehlt es allerdings an derartigen von §§ 301, 302 AktG abweichenden vertraglichen Regelungen, so ist jedenfalls in der *Mehrpersonen-GmbH* von der Begrenzung des abzuführenden Gewinns auf die während der Vertragsdauer erzielten Jahresergebnisse der verpflichteten GmbH auszugehen[378]. Das entspricht dem gesetzlichen Leitbild des Gewinnabführungsvertrags; es kann nicht angenommen werden, die Minderheit habe bei Erteilung der erforderlichen Zustimmung (§ 53, 145) stillschweigend auf die Einhaltung dieser Begrenzung verzichtet. **207**

b) **Pflicht zur Verlustübernahme.** Die grundsätzliche Pflicht des herrschenden Unternehmens, den gesamten während der Vertragsdauer sonst entstehenden Jahresfehlbetrag der abhängigen GmbH zu übernehmen, ergibt sich auch ohne besondere vertragliche Festsetzung aus der insoweit zwingenden **Analogie zu § 302 AktG**[379]. Hinsichtlich der Höhe der Übernahmepflicht und der Frage einer Auflösung vorvertraglicher Rücklagen folgt *steuerrechtlich* die Notwendigkeit, eine dem § 302 Abs. 1 AktG voll entsprechende Regelung in den Gewinnabführungsvertrag aufzunehmen, aus § 17 S. 2 Nr. 2 KStG. Demgegenüber ist aus *GmbH-rechtlicher* Sicht ein zwingendes Verbot der Verrechnung vorvertraglicher Rücklagen ebenso wie zu § 301 AktG (vgl. Rdn 207) nicht veranlaßt[380]. Jedoch muß diese Abweichung von § 302 Abs. 1 AktG, wenn sie von den Parteien gewollt ist, jedenfalls in der Mehrpersonen-GmbH ausdrücklich geregelt werden[381]. Eine Verminderung der Verlustübernahmepflicht wegen extern verursachter Verluste ist dem herrschenden Unternehmen anders als nach früherer Rechtsprechung zur Ausfallhaftung im qualifizierten faktischen GmbH-Konzern (Rdn 138) verwehrt[382]. **208**

---

[376] Vgl. nur Abschnitt 64 Abs. 3 KStR.

[377] So auch Baumbach/Hueck/*Zöllner* Schlußanh I, 27; aA Scholz/*Emmerich* Anh KoR 333; *Emmerich/Sonnenschein* § 25 V 3 a.

[378] So zutr. *Brandes* Festschrift Kellermann (1991) S. 25, 32 f; weitergehend *Kropff* (Fn 343) S. 530 f (bei Mehrpersonen-GmbH zwingende Geltung).

[379] BGHZ 103, 1, 5, 9 f = NJW 1988, 1326 – Familienheim und 116, 37, 39 = NJW 1992, 505 – Stromlieferung; Scholz/*Emmerich* Anh KoR 311 f, 324; Rowedder/*Koppensteiner* Anh § 52, 67; Baumbach/Hueck/*Zöllner* Schlußanh I, 27.

[380] Baumbach/Hueck/*Zöllner* Schlußanh I, 27 a f; aA Scholz/*Emmerich* Anh KoR 333; *Emmerich/Sonnenschein* § 25 V 3 a.

[381] Vgl. Nachw. in Fn 378.

[382] BGHZ 116, 37, 41 f = NJW 1992, 505 – Stromlieferung; aA *Hadding* JZ 1992, 736 ff.

209 c) **Gläubigerschutz.** Die analoge Anwendung der Gläubigerschutzvorschriften des § 303 **AktG** bei Beendigung eines Gewinnabführungsvertrags mit einer zur Gewinnabführung verpflichteten GmbH ist einhellig anerkannt[383]. Nachdem die Notwendigkeit, Gewinnabführungsverträge einschließlich ihrer Beendigung im Handelsregister einzutragen, inzwischen feststeht (Rdn 199 und § 53, 147), sind auch hinsichtlich der in § 303 Abs. 1 AktG genannten sechsmonatigen *Ausschlußfrist* für die Geltendmachung der Gläubigeransprüche gegen das herrschende Unternehmen Schwierigkeiten nicht zu erwarten. Das Handelsregister hat die Bekanntmachung der Eintragung des Vertragsendes analog § 303 Abs. 1 S. 2 AktG mit dem dort geregelten *Gläubigerhinweis* zu verbinden.

210 Zum **Inhalt** der grundsätzlich auf *Sicherheitsleistung* gerichteten Gläubigeransprüche analog § 303 Abs. 1 AktG und zur Abgrenzung des Kreises der berechtigten *Altgläubiger* vgl. die Kommentierungen zu § 303 AktG und oben Rdn 171 ff; dort (Rdn 173) auch zum Übergang vom Anspruch auf Sicherheitsleistung zu einem solchen auf *Erfüllung* (*Ausfallhaftung*) durch das herrschende Unternehmen bei Vermögenslosigkeit der aus dem Gewinnabführungsvertrag verpflichteten GmbH. GmbH-rechtliche Besonderheiten greifen insoweit nicht ein.

211 d) **Minderheitenschutz. α) Grundsatz.** Die Frage nach einem besonderen, rechtlich gewährleisteten Minderheitenschutz stellt sich im Vertragskonzern vorbehaltlich abweichender Satzungsklauseln (Rdn 214) nur dann, wenn man für den Zustimmungsbeschluß bei der verpflichteten GmbH die satzungsändernde Dreiviertelmehrheit unter Einschluß der Stimmen des herrschenden Unternehmens genügen läßt und entgegen der hM[384] auf das zusätzliche Erfordernis der **Zustimmung der übrigen Gesellschafter** verzichtet (vgl. dazu näher § 53, 143 ff und oben Rdn 199). Denn wenn der Gewinnabführungsvertrag nur mit den Stimmen der übrigen Gesellschafter Wirksamkeit erlangen kann, haben sie es selbst in der Hand, die Konditionen ihrer Zustimmung auszuhandeln und sich dadurch gegen eine entschädigungslose Entwertung ihrer Mitgliedschaftsrechte zu schützen. Eine rechtliche Mindestgarantie erscheint angesichts des typischen, in der Flexibilität des GmbH-Innenrechts zum Ausdruck kommenden Fehlens der Schutzbedürftigkeit von GmbH-Gesellschaftern nicht veranlaßt; für eine Analogie zu §§ 304, 305 AktG ist schon aus diesem Grund kein Raum[385].

383 BGHZ 103, 1, 5, 10 = NJW 1988, 1326 – Familienheim; 116, 37, 39 = NJW 1992, 505 – Stromlieferung; Scholz/*Emmerich* Anh KoR 313 ff, 324; Baumbach/Hueck/*Zöllner* Schlußanh I, 27.

384 Zu dieser vgl. § 53, 145; § 47, 17 und 32; Baumbach/Hueck/*Zöllner* Schlußanh I, 16; *Scholz/Priester* § 53, 164; Scholz/*Emmerich* Anh KoR 252 ff; Scholz/*K. Schmidt* § 47, 5; *Schilling* ZHR 140 (1976) 528, 535 f; *K. Schmidt* GmbH-Rdsch. 1979, 124; *ders.* GesR § 38 III, S. 989; *Raiser* Recht der Kapitalgesellschaften S. 603; *Hönle* DB 1979, 485, 486 f; *Gutbrod* BB 1980, 288, 290; *Priester* ZGR-Sonderheft 6, S. 151, 160 ff; *ders.* DB 1989, 1013, 1015; *Fleck* ZGR 1988, 104, 134; *Ulmer* BB 1989, 10, 14; *Gäbelein* GmbH-Rdsch. 1989, 502, 507; *Brandes* WM 1989, 329, 330; *Wirth* 1990, 2105, 2107; *Ebenroth/A. Müller* BB 1991, 358, 359; *Emmerich* AG 1991, 303, 308; *Zöllner* ZGR 1992, 173, 174; *Martens* Mehrheits- und Konzernherrschaft in der personalistischen GmbH, 1970, S. 165 ff; *M. Winter* Treubindungen, S. 199; *U. H. Schneider* (Fn 373) S. 15; *Verhoeven* (Fn 369) S. 130 ff; *Sonntag* Konzernbildungs- und Konzernleitungskontrolle bei der GmbH (1990) S. 111 ff; so jetzt auch – sofern dem Gesellschafter in der Obergesellschaft keine vollwertige Gesellschafterstellung eingeräumt wird – *Timm* GmbH-Rdsch. 1989, 11, 14; 1992, 213; anders noch *ders.* BB 1981, 1493, 1494 (für 9/10-Mehrheit). Gegenansichten vgl. in Fn 386.

385 So auch für das Personengesellschafts-Konzernrecht *Ulmer*-GroßkommHGB Anh § 105, 77; zum GmbH-Recht vgl. Scholz/*Emmerich* Anh KoR 293; Baumbach/Hueck/*Zöllner* Schlußanh I, 18; *K. Schmidt* GmbH-Rdsch. 1979, 121, 133 f; *Zöllner* ZGR 1992, 173, 200; **aA** *Priester* ZGR-Sonderheft 6, S. 151, 177 f.

Folgt man abweichend von Rdn 211 der Mindermeinung[386] und läßt mit ihr die satzungsändernde **Dreiviertelmehrheit** bei der Beschlußfassung in der abhängigen Gesellschaft unter Verzicht auf die Zustimmung der übrigen Gesellschafter genügen, so stellt sich die Frage einer Analogie zu §§ 304, 305 AktG. Die Frage ist für § 305 AktG zu bejahen. Soweit eine analoge Anwendung des in dieser Vorschrift geregelten Rechts auf **Abfindung** unter Hinweis darauf abgelehnt wird, daß der Abschluß eines Gewinnabführungsvertrags für Minderheitsgesellschafter jedenfalls dann einen zum Austritt berechtigenden wichtigen Grund begründe, wenn sie ihm nicht zustimmen[387], und daß die Höhe der für diesen Fall kraft Gesetzes zu zahlenden Abfindung der Regelung in § 305 AktG durchaus gleichwertig sei, kann dem schon deshalb nicht gefolgt werden, weil sich dieser Anspruch allein gegen das herrschende Unternehmen richtet und deshalb bereits bei Bestehen einer Unterbilanz nicht durchsetzbar ist (Anh 34, 61; § 34, 70). Aus diesem Grund erscheint die Annahme eines gegen das herrschende Unternehmen gerichteten *Barabfindungsanspruchs* analog § 305 Abs. 2 Nr. 3 AktG vorzugswürdig[388]. Herrschendes Unternehmen und abhängige GmbH haften dem ausscheidenden Gesellschafter als Gesamtschuldner[388a]. Satzungsmäßige Abfindungsbeschränkungen finden jedenfalls im Verhältnis zum herrschenden Unternehmen keine Anwendung[388b]; darüber hinaus liegt es nahe, sie auch im Verhältnis zur abhängigen GmbH nicht anzuwenden. Die Abfindungsansprüche sind im gewöhnlichen Erkenntnisverfahren geltend zu machen; die Einführung eines besonderen FG-Verfahrens nach Art des § 306 AktG ohne entsprechende gesetzliche Grundlage würde die Möglichkeiten des Analogieschlusses übersteigen. Statt dessen ist zu erwägen, im Gewinnabführungsvertrag die *Konkretisierung der Abfindungshöhe* zu verlangen, um der Minderheit die Initiativlast zur Geltendmachung des Anspruchs zu ersparen, und ihr bei Fehlen oder Unangemessenheit einer solchen Regelung das Recht zur Anfechtung des Zustimmungsbeschlusses zu geben[389]. Eine Pflicht zur *Abfindung in Anteilen* am herrschenden Unternehmen entspr. § 305 Abs. 2 Nr. 1 AktG kommt nur für den Fall in Betracht, daß es sich bei dem herrschenden Unternehmen um eine AG handelt[389a]. In den von § 305 Abs. 2 Nr. 2 AktG erfaßten Fällen mehrstufiger Unternehmensverbindungen sind **212**

[386] *Lutter/Hommelhoff* Anh § 13, 42; Rowedder/*Koppensteiner* Anh § 52, 40; *Heckschen* DB 1989, 29 f; *Lutter* Die Rechte der Gesellschafter beim Abschluß fusionsähnlicher Unternehmensverbindungen (1974) S. 38; *ders.* ZGR-Sonderheft 6, S. 192, 196; *Richter/Stengel* DB 1993, 1861, 1866; *Sonnenschein* Organschaft S. 353 f; 368 f; *Kort* Der Abschluß von Beherrschungs- und Gewinnabführungsverträgen im GmbH-Recht (1986) S. 109 ff; *Stolzenberg-Wolters* Fehlerhafte Unternehmensverträge im GmbH-Recht (1990) S. 9 ff; *Grauer* (Fn 343) S. 165 ff.

[387] So *Zöllner* ZGR 1992, 173, 201; *Kort* S. 150.

[388] So zu Recht *Geuting* BB 1994, 365, 368; *Grauer* (Fn 343) S. 202 ff; *Lutter* ZGR-Sonderheft 6, S. 192, 197 ff; *Priester* ZGR-Sonderheft 6, S. 151, 177 f; Rowedder/*Koppensteiner* Anh § 52, 41; *Lutter/Hommelhoff* Anh § 13, 44.

[388a] Ebenso *Lutter/Hommelhoff* Anh § 13, 44; Rowedder/*Koppensteiner* Anh § 52, 41; *Priester* ZGR-Sonderheft 6, S. 151, 177; aA – für Subsidiarität des Anspruchs gegen das beherrschte Unternehmen – *Grauer* (Fn 343) S. 210.

[388b] Für volle Abfindung im Verhältnis zum herrschenden Unternehmen auch *Lutter/Hommelhoff* Anh § 13, 44; *Priester* ZGR-Sonderheft 6, S. 151, 177. Zur Berechnung der Höhe des Abfindungsanspruchs vgl. § 34, 73 ff.

[389] Dafür *Lutter/Hommelhoff* Anh § 13, 44; *Kleindiek* ZIP 1988, 613, 618; Rowedder/*Koppensteiner* Anh § 52, 41; wohl auch *Priester* ZGR-Sonderheft 6, S. 151, 177; aA *Zöllner* ZGR 1992, 173, 202; *Kort* (Fn 386) S. 153; *K. Schmidt* GmbH-Rdsch. 1979, 121, 133.

[389a] Für Anteilsabfindung auch bei kapitalistisch strukturierter GmbH *Lutter* ZGR-Sonderheft 6, S. 192, 197 f; *Lutter/Hommelhof* Anh § 13, 44; für Anteilsabfindung unabhängig von der Rechtsform des herrschenden Unternehmens *Timm* ZGR 1987, 403, 431; *ders.* GmbH-Rdsch. 1992, 213, 215; aA – einen Anspruch auf Anteilsabfindung verneinend – *Priester* ZGR-Sonderheft 6, S. 151, 178 f; *Grauer* (Fn 343) S. 203 ff; wohl auch Rowedder/*Koppensteiner* Anh § 52, 41.

die Vertragspartner zur Bestimmung der Abfindungsart berechtigt[389b]; dem ist auch für das GmbH-Recht Rechnung zu tragen, so daß ein Anspruch des ausscheidenden Gesellschafters auf Anteilsabfindung nicht besteht.

213 Abzulehnen ist für die analoge Anwendung des § 304 AktG betreffend den angemessenen **Ausgleich** für die in der Gesellschaft verbleibenden Minderheitsgesellschafter[390]. Anstelle dieser Analogie genügt es, diejenigen Minderheitsgesellschafter, die trotz des Gewinnabführungsvertrags in der GmbH verbleiben wollen, auf ihr *Anfechtungsrecht* gegen den von der Mehrheit gefaßten Zustimmungsbeschluß zu verweisen. Denn wenn der Gewinnabführungsvertrag für derartige Fälle keine Ausgleichsregelung enthält oder wenn diese nicht angemessen ausgestaltet ist, verstößt der Zustimmungsbeschluß gegen die Treupflicht der Mehrheit und den Gleichbehandlungsgrundsatz; er unterliegt aus diesem Grunde der Anfechtung (Anh § 47, 118 ff). Anderes gilt nur dann, wenn ein sachliches Interesse der Minderheit, in der Gesellschaft zu verbleiben, aus Gründen des Einzelfalls zu verneinen ist und die Mehrheit ihren Belangen durch Abfindung zu angemessenen Bedingungen genügend Rechnung trägt.

214 **β) Bei satzungsrechtlicher Erleichterung der Zustimmung.** Aus den in § 53, 149 ff, 151 genannten Gründen kann die GmbH-Satzung die Herbeiführung eines Zustimmungsbeschlusses zum Abschluß eines Gewinnabführungsvertrags erleichtern. Nicht verzichtet werden kann zwar auf die nach § 53 Abs. 2 GmbHG für Satzungsänderungen erforderliche Dreiviertelmehrheit; auch wäre eine Regelung, die die Geschäftsführer zum Abschluß derartiger Verträge ermächtigt, mit deren materiell satzungsändernder Natur nicht zu vereinbaren (§ 53, 150). Zulässig ist jedoch der satzungsrechtliche *Verzicht auf die Zustimmung der übrigen Gesellschafter*. Wegen der damit der Mehrheit erteilten Ermächtigung, in den Kernbereich der Mitgliedschaft der Minderheit einzugreifen, setzt er freilich die satzungsrechtliche Konkretisierung des der Mehrheitsentscheidung überantworteten Unternehmensvertrags nach Art und Inhalt sowie die Festlegung von Grundsätzen über die der künftigen Minderheit einzuräumende Rechtsstellung voraus[391]. Fehlt es hieran, kann sich der Mehrheitsbeschluß nicht auf eine wirksam erteilte Ermächtigung stützen, sondern ist wegen Eingriffs in den Kernbereich der Mitgliedschaft unwirksam (§ 53, 59). Ein Bedürfnis für die analoge Anwendung der §§ 304, 305 AktG ist daher auch in derartigen Fällen nicht gegeben[392]; der Minderheitsschutz gegen den Zustimmungsbeschluß richtet sich, soweit er über die Satzungsregelung hinaus erforderlich ist, nach allgemeinem Anfechtungsrecht.

2. Beherrschungsvertrag

215 **a) Weisungsrecht. α) Gegenstand.** Das Weisungsrecht des herrschenden Unternehmens aus einem mit der abhängigen GmbH geschlossenen Beherrschungsvertrag bezieht sich im Grundsatz auf den **gesamten Bereich der Geschäftsführung** unter

---

389b Vgl. *Koppensteiner*-KölnKommAktG § 305, 23; *Hüffer* AktG § 305, 15, jew. mwN.

390 AA – für Analogie – Rowedder/*Koppensteiner* Anh § 52, 41; *Hoffman-Becking* WiB 1994, 57, 59 f; *Timm* ZGR 1987, 403, 431; *Priester* ZGR-Sonderheft 6, 151, 158; *Kort* (Fn 386) S. 137 f; *Hönle* DB 1979, 485, 488; ebenso *Zöllner* ZGR 1992, 173, 193 f, 196 f, soweit im Unternehmensvertrag bzw. in der Satzung keine Regelung getroffen wurde.

391 Vgl. § 53, 151; ähnlich *Zöllner* ZGR 1992, 173, 194 f; enger *Priester* DB 1989, 1013, 1015 f und Scholz/*Emmerich* Anh KoR 261, die eine angemessene Ausgleichs- und Abfindungsregelung verlangen.

392 Ebenso *Gutbrod* BB 1980, 288, 290 f; aA Scholz/*Emmerich* Anh KoR 294; *Kleindiek* ZIP 1988, 613, 617 f.

Einschluß auch der außergewöhnlichen, nach gesetzlicher Regel der Beschlußfassung durch die Gesellschafterversammlung unterfallenden Geschäfte[393]. Die vertragliche Regelung ist darauf gerichtet, die Geschäftsführungszuständigkeit der Gesellschafterversammlung auf das herrschende Unternehmen zu übertragen[394]. Das gilt auch für Rechtsgeschäfte, die die abhängige Gesellschaft mit dem herrschenden Unternehmen schließen soll; das Stimmverbot des § 47 Abs. 4 S. 2 GmbHG steht der Einräumung des Weisungsrechts nicht entgegen[395]. **Unberührt** vom Weisungsrecht bleiben die der Gesellschafterversammlung zwingend vorbehaltenen *Grundlagenentscheidungen* wie Satzungsänderungen oder ihnen gleichkommende, die GmbH-Struktur ändernde Beschlüsse, darunter die Erhöhung oder Herabsetzung des Grundkapitals, die Veräußerung des gesamten Unternehmens und die Zustimmung zu Unternehmensverträgen[396]. Ausgenommen vom Weisungsrecht sind analog § 299 AktG auch Maßnahmen der Geschäftsführer der abhängigen Gesellschaft zur Änderung, Aufhebung oder Beendigung des Beherrschungsvertrags.

Weitgehend **ungeklärt** ist die Rechtslage im Hinblick auf Maßnahmen im **innerkorporationsrechtlichen Bereich**, insbes. solche der in § 46 GmbHG geregelten Art. Als disponible Rechte[397] sind sie dem Weisungsbereich des herrschenden Unternehmens zwar nicht schlechthin entzogen[398]. Wenn der Beherrschungsvertrag hierüber keine ausdrückliche Regelung trifft, ist jedoch im Zweifel davon auszugehen, daß es insoweit bei der *Kompetenz der Gesellschafterversammlung* bleibt[399]. Demgegenüber werden etwaige satzungsrechtlich begründeten Zustimmungsrechte der Gesellschafterversammlung in Geschäftsführungsfragen im Zweifel durch den Beherrschungsvertrag überlagert und greifen daher während seiner Dauer nicht ein[400]. Unbedenklich ist die Erstreckung des Weisungsrechts auch auf diejenigen Bereiche, in denen die Geschäftsführer vorbereitend oder ausführend für die Gesellschafter tätig werden, so bei Einberufung der Gesellschafterversammlung und Festsetzung der Tagesordnung (§ 49, 3; § 51, 17), bei Aufstellung der Bilanz oder beim Aushandeln eines Unternehmensvertrags[401], aber wohl auch bei Anmeldung von Satzungsänderungen u. a. zum Handelsregister. Soweit es sich dabei, wie bei der Bilanzaufstellung, um Maßnahmen der *Geschäftsführung* handelt, werden sie vom Weisungsrecht des herrschenden Unternehmens auch ohne dessen ausdrückliche vertragliche Erstreckung hierauf erfaßt. Zu den Mitspracherechten des *Aufsichtsrats* der abhängigen GmbH und zum Einfluß des Weisungsrechts hierauf vgl. Rdn 221. 216

β) Geschäftsführer als Adressat. Das Weisungsrecht besteht gegenüber der abhängigen GmbH als der aus dem Beherrschungsvertrag verpflichteten Partei. Adressat sind die Geschäftsführer als die zu ordentlicher Geschäftsführung verpflichteten Mitglieder ihres Vertretungsorgans[402]. Eine Weisungsbindung der *Ge-* 217

---

[393] Ebenso Scholz/*Emmerich* Anh KoR 274; vgl. näher *Zöllner* ZGR 1992, 173, 179 ff.

[394] So zutr. auch BGHZ 105, 324, 331 = NJW 1989, 295 – Supermarkt; *Zöllner* ZGR 1992, 173, 182; wohl auch Rowedder/*Koppensteiner* Anh § 52, 63 und Scholz/*Emmerich* Anh KoR 266, 274.

[395] *Zöllner* ZGR 1992, 173, 183 f; Rowedder/*Koppensteiner* Anh § 52, 66; aA wohl § 47, 126 (*Hüffer*).

[396] *Zöllner* ZGR 1992, 173, 185; Scholz/*Emmerich* Anh KoR 274.

[397] Vgl. § 46, 119 (*Hüffer*) mit Querverweisungen.

[398] *Zöllner* ZGR 1992, 173, 179 f; Scholz/*Emmerich* Anh KoR 274; ebenso aus dem Aktienrecht OLG Karlsruhe AG 1991, 144, 146 – ASEA/BBC; *Koppensteiner*-KölnKommAktG § 308, 21; aA *Geßler*/Hefermehl/Eckardt/Kropff AktG § 308, 41 ff.

[399] AA – für Weisungsrecht im gesamten, nicht zwingend der Gesellschafterversammlung vorbehaltenen Zuständigkeitsbereich – *Zöllner* ZGR 1992, 173, 183; wohl auch Scholz/*Emmerich* Anh KoR 274.

[400] *Zöllner* ZGR 1992, 173, 182 f; *Lutter/Hommelhoff* Anh § 13, 34; aA *Kort* S. 139 f.

[401] Scholz/*Emmerich* Anh KoR 274.

[402] Vgl. Scholz/*Emmerich* Anh KoR 269; Rowedder/*Koppensteiner* Anh § 52, 63.

sellschafterversammlung scheidet aus. In dem ihr verbliebenen Zuständigkeitsbereich reduziert sich das Mitspracherecht des herrschenden Unternehmens auf sein mitgliedschaftliches Stimmrecht und unterliegt überdies je nach Lage des Falles den Stimmverboten des § 47 Abs. 4 GmbHG. Unzulässig ist auch die Einräumung direkter Weisungsbefugnisse des herrschenden Unternehmens gegenüber Mitarbeitern der abhängigen Gesellschaft unterhalb der Geschäftsführungsebene[403]; sie wäre unvereinbar mit der auch durch den Beherrschungsvertrag nicht modifizierten Verantwortlichkeit der Geschäftsführer der abhängigen Gesellschaft. Zu den Auswirkungen des Beherrschungsvertrags auf einen bei der GmbH bestehenden Aufsichtsrat vgl. Rdn 221.

218 γ) **Schranken der Weisungsbindung.** Die Schranken der Weisungsbindung bestimmen sich auch im GmbH-rechtlichen Beherrschungsvertrag in erster Linie nach den analog anwendbaren Vorschriften des **§ 308 Abs. 1 und 2 AktG**[404]. Danach ist das herrschende Unternehmen nicht gehindert, in den Grenzen des § 308 Abs. 1 S. 2 AktG für die GmbH *nachteilige* Weisungen zu erteilen, sofern sie vom *Konzerninteresse* gedeckt sind, d. h. den Belangen des herrschenden oder eines mit ihm konzernverbundenen Unternehmens dienen[405]. Ein Verweigerungsrecht steht den Geschäftsführern analog § 308 Abs. 2 S. 2 AktG grundsätzlich nur gegenüber solchen Weisungen zu, die offensichtlich nicht diesen Belangen dienen. Der Beherrschungsvertrag kann engere Schranken für das Weisungsrecht vorsehen; er sollte das jedenfalls dann tun, wenn sich die Gefahr einer Kollision zwischen den Interessen der abhängigen Gesellschaft und dem Konzerninteresse aufdrängt[406]. Unabhängig davon ist als ungeschriebene Schranke des Weisungsrechts die *Existenzgefährdung* oder -vernichtung der abhängigen Gesellschaft anzuerkennen[407]. Sie läßt sich auf den Bestandsschutz der GmbH gegenüber nachteiligen Eingriffen auch ihres Alleingesellschafters (Rdn 87) und im übrigen darauf stützen, daß das herrschende Unternehmen andernfalls in der Lage wäre, auf mittelbarem Wege und ohne Einhaltung der hierfür analog §§ 296, 297 AktG geltenden Bestimmungen das Ende des Beherrschungsvertrages einseitig herbeizuführen[408].

219 **Weitere Schranken** ergeben sich einerseits aus allgemeinen *Verbotsvorschriften* deliktischer oder sonstiger Art, an die auch die Geschäftsführer bei Erfüllung ihrer Funktionen gebunden sind, sowie aus den besonderen *Geschäftsführerpflichten* wie §§ 40, 49 Abs. 3, 64 Abs. 1 GmbHG, die das GmbH-Gesetz ihnen mit zwingender Wirkung auferlegt. Von den Geschäftsführern vorangig zu beachten sind auch die *satzungsrechtlichen Schranken* ihrer Tätigkeit, soweit sie nicht durch den Beherr-

[403] Vgl. aus der aktienrechtlichen Lit. *Geßler*/Hefermehl/Eckardt/Kropff AktG § 308, 26 ff; *Ballerstedt* ZHR 137 (1973) 388, 399 ff; *Exner* Beherrschungsvertrag und Vertragsfreiheit (1984) S. 131.

[404] BGH NJW 1992, 1452, 1454 – Siemens; *Zöllner* ZGR 1992, 173, 186 ff; Scholz/*Emmerich* 277 ff; *Kropff* (Fn 343) S. 528.

[405] BGH NJW 1992, 1452, 1454 – Siemens.

[406] Scholz/*Emmerich* Anh KoR 266; weitergehend – für eine *Pflicht* des Geschäftsführers/Vorstands zum Aushandeln von Weisungsgrenzen – *Geßler*/Hefermehl/Eckardt/Kropff AktG Vorb § 300, 6 und § 308, 36; *ders.*, ZHR 140 (1976) 433, 434 f; *Hommelhoff* Konzernleitungspflicht, S. 309 ff; *Koppensteiner*-KölnKommAktG § 308, 50; **aA** *Zöllner* ZGR 1992, 173, 186 ff.

[407] Vgl. BGH NJW 1980, 231, 232; OLG Düsseldorf AG 1990, 490, 492; Scholz/*Emmerich* Anh KoR 281 ff; *ders.* ZGR-Sonderheft S. 64, 70 ff; *Brandes* Festschrift Kellermann (1991) S. 25, 31 ff; *Hommelhoff* Konzernleitungspflicht S. 150; *Immenga* ZHR 140 (1976) 301, 304 ff; *Sina* AG 1991, 1, 7 f; *Lutter* ZGR-Sonderheft 6, S. 192, 199 f; *Schulze-Osterloh* ZHR 142 (1978) 519, 521 ff; *Köhler* ZGR 1985, 307, 318; **aA** *Koppensteiner*-KölnKommAktG § 308, 32.

[408] Vgl. – im Anschluß an *Immenga* ZHR 140 (1976) 301, 307 – BGH NJW 1980, 231, 232; OLG Düsseldorf DB 1990, 1394, 1397.

schungsvertrag überlagert werden und daher während seiner Dauer keine Geltung haben. Sie stehen nicht zuletzt solchen Weisungen entgegen, die auf eine Geschäftstätigkeit der GmbH klar außerhalb ihres satzungsrechtlichen Unternehmensgegenstands abzielen. *Zweifelhaft* ist die Rechtslage schließlich hinsichtlich des Verbots der Auszahlung des zur Deckung des Stammkapitals erforderlichen Gesellschaftsvermögens in § 30 Abs. 1 GmbHG[409]. Auch wenn man mit der überwM seine Geltung im Beherrschungsvertrag analog § 291 Abs. 3 AktG im Grundsatz verneint, darf die Analogie doch nicht über den Zweck dieser Vorschrift hinausgehen, angesichts des Ausgleichs über § 302 AktG *verdeckte* Gewinnausschüttungen im Vertragskonzern zu ermöglichen[410]. Daher ist eine Weisung des herrschenden Unternehmens, im Interesse der Liquidität des Gesamtkonzerns und ohne Gegenleistung *Zahlungen* aus dem gebundenen Vermögen an die Konzernspitze zu leisten, stets unbeachtlich, und zwar auch dann, wenn damit gerechnet werden kann, daß das herrschende Unternehmen in der Lage sein wird, den entsprechend erhöhten Verlustübernahmeanspruch der abhängigen Gesellschaft bei Fälligkeit zu erfüllen[411].

Die **Verletzung der Sorgfaltspflicht** seitens des *herrschenden Unternehmens* **220**
durch Erteilung nachteiliger, nicht dem Konzerninteresse dienender Weisungen oder durch sonstige, die abhängige Gesellschaft schädigende Überschreitung des Weisungsrechts führt zur Haftung seiner gesetzlichen Vertreter analog § 309 AktG[412]. Daneben haften auch die *Geschäftsführer der abhängigen GmbH* analog § 310 AktG, wenn sie eine sorgfaltswidrig erteilte, für die GmbH nicht bindende Weisung befolgen und dadurch pflichtwidrig an der Schädigung ihrer Gesellschaft mitwirken. Der für Geschäftsführer einer unabhängigen GmbH geltende Sorgfaltsmaßstab des § 43 Abs. 1 GmbHG wird durch die Pflichtenbindung der §§ 308 Abs. 2, 310 AktG modifiziert. Zu den Einzelheiten der Haftung aus §§ 309, 310 AktG wird auf die Kommentierungen hierzu verwiesen. Besonderheiten des GmbH-Rechts sind insoweit nicht zu beachten.

δ) Mitspracherechte des Aufsichtsrats. Der Aufsichtsrat der abhängigen GmbH **221**
unterliegt als solcher unstreitig nicht der Weisungsbindung durch das herrschende Unternehmen (vgl. Rdn 217). Zweifelhaft ist jedoch, ob und inwieweit ihm *Zustimmungsrechte zu Geschäftsführungsmaßnahmen* entsprechend § 111 Abs. 4 S. 2 AktG auch gegenüber solchen Geschäften zustehen, die dem Weisungsrecht des herrschenden Unternehmens unterfallen oder für die es eine konkrete Weisung erteilt hat. Für die Beantwortung dieser Frage ist zwischen obligatorischem und fakultativem Aufsichtsrat zu unterscheiden. Dem nach §§ 6 Abs. 1 MitbestG 1976, 77 Abs. 1 BetrVG 1952 **obligatorischen Aufsichtsrat** steht zwingend das Zustimmungsrecht nach § 111 Abs. 4 S. 2 AktG zu (vgl. §§ 25 Abs. 1 S. 1 Nr. 2 MitbestG 1976, 77 Abs. 1 S. 2 BetrVerfG 1952). Es kann ihm auch nicht dadurch entzogen werden, daß die der Arbeitnehmermitbestimmung unterliegende abhängige GmbH einen Beherrschungsvertrag abschließt. Den möglichen Konflikt zwischen einer Weisung des

---

409 Für dessen Geltung Scholz/*Emmerich* Anh KoR 277; *Brandes* (Fn 407) S. 26 ff, 35; *Kort* BB 1988, 79, 83; dagegen *Fleck* ZGR 1990, 31, 47; *ders.* 100 Jahre GmbHG (1992) S. 391, 395 f; *Lutter* Festschrift Stiefel (1987) S. 505, 530 f; *Ulmer* AG 1986, 123, 126; *Hommelhoff* WM 1984, 1105, 1110; *Ebenroth/Wilken* WM 1993, 1617, 1624 f.

410 Vgl. *Geßler*/Hefermehl/Eckardt/Kropff AktG § 291, 109.

411 AA – auf Bonität des herrschenden Unternehmens abstellend – *Clemm* ZHR 141 (1977) 197, 204 ff; *Hommelhoff* WM 1984, 1105, 1112 f; *Lutter* ZGR-Sonderheft 6, S. 192, 200.

412 So zutr. *Kropff* (Fn 343) S. 528 f; Scholz/*Emmerich* Anh KoR 286; Rowedder/*Koppensteiner* Anh § 52, 64; **aA** *Kort* (Fn 386) S. 143 f.

herrschenden Unternehmens und der Verweigerung der Zustimmung durch den Aufsichtsrat der GmbH entscheidet vielmehr die Regelung des § 308 Abs. 3 AktG, die auf den obligatorischen Aufsichtsrat der GmbH entsprechende Anwendung findet[413]. Durch die in dieser Vorschrift vorgesehene Zustimmung eines beim herrschenden Unternehmen bestehenden Aufsichtsrats sind die Mitspracherechte der Arbeitnehmer des beherrschten Unternehmens aufgrund von § 5 MitbestG im Konfliktsfall hinreichend gewahrt. Geht es demgegenüber um einen in der Satzung der abhängigen GmbH vorgesehenen **fakultativen Aufsichtsrat**, so wird dessen Zustimmungskompetenz im Zweifel durch das im Beherrschungsvertrag begründete Weisungsrecht des herrschenden Unternehmens überlagert. Sie lebt erst nach Beendigung des Beherrschungsvertrags wieder auf[414].

222 **b) Flankierende Schutzvorschriften. α) Verlustübernahme.** Das Bestehen eines Beherrschungsvertrags verpflichtet das herrschende Unternehmen ebenso wie im Fall des Gewinnabführungsvertrags zur Übernahme des während der Vertragsdauer sonst entstehenden Jahresfehlbetrags der abhängigen Gesellschaft. Das folgt auch ohne besondere Vereinbarung aus der einhellig anerkannten **Analogie zu § 302 Abs. 1 AktG.** Angesichts der Parallelität der Rechtslage kann in vollem Umfang auf die Ausführungen zur Verlustübernahmepflicht im Gewinnabführungsvertrag verwiesen werden (Rdn 208). Entsprechendes gilt für die Frage, ob vorvertragliche Rücklagen zum Ausgleich eines Fehlbetrags der GmbH herangezogen werden können.

223 **β) Gläubigerschutz.** Auch insoweit ist uneingeschränkt auf die Ausführungen zum Gewinnabführungsvertrag zu verweisen (Rdn 209 f). Die dortigen Feststellungen zum Anspruch der Altgläubiger auf Sicherheitsleistung, hilfsweise Zahlung bei Vertragsbeendigung gelten uneingeschränkt auch für die Beendigung eines Beherrschungsvertrags.

224 **γ) Minderheitenschutz?** Er richtet sich auch im Hinblick auf den Abschluß eines Beherrschungsvertrags nach spezifisch *GmbH-rechtlichen* Grundsätzen. Für die analoge Anwendung der Bestimmungen der §§ 304, 305 AktG über Ausgleich und Abfindung fehlt es an einem nicht durch allgemeines GmbH-Recht gedeckten Schutzbedürfnis der Minderheitsgesellschafter. Vgl. näher Rdn 211 ff.

3. Sonstige Unternehmensverträge

225 Zu den Gegenständen und Abschlußvoraussetzungen der in **§ 292 Abs. 1 Nr. 1 bis 3 AktG** geregelten, auch für das Unternehmensvertragsrecht der GmbH bedeutsamen Vertragstypen einschließlich des gesetzlich nicht besonders erfaßten Betriebsführungsvertrags vgl. Rdn 192 ff, 202 ff. Auf die Einzelheiten dieser Verträge, ihren notwendigen Inhalt und ihre Rechtsfolgen ist hier nicht einzugehen, da sich GmbH-spezifische Fragen nicht stellen. Es genügt der Verweis auf die Kommentierung des § 292 AktG und auf das einschlägige Schrifttum[415]. Rechtsprechung hierzu ist bisher kaum feststellbar[416].

---

413 Scholz/*U. H. Schneider* § 52, 119 f; *Lutter/Hommelhoff* Anh § 13, 34 aE; **aA** Scholz/*Emmerich* Anh KoR 271; dagegen krit. *Zöllner* ZGR 1992, 173, 181.

414 Scholz/*Emmerich* Anh KoR 272; *Lutter/Hommelhoff* Anh § 13, 34.

415 Vgl. insbes. *Führling* Sonstige Unternehmensverträge im GmbH-Recht (1993); *Oesterreich* Die Betriebsüberlassung zwischen Vertragskonzern und faktischem Konzern (1979); *U. H. Schneider* Vertragsrechtliche, gesellschaftsrechtliche und arbeitsrechtliche Probleme von Betriebspachtverträgen, Betriebsüberlassungsverträgen und Betriebsführungsverträgen, JbFSt 1982/83, 387.

416 Vgl. immerhin BGH NJW 1982, 1817 – Holiday Inn (Betriebsführungsvertrag); LG Berlin WM 1992, 22 – Interhotel (Betriebspachtvertrag).

Besondere **Schutzvorschriften** für die zur jeweiligen vertragstypischen Leistung verpflichtete Gesellschaft, ihre Gläubiger und außenstehenden Gesellschafter nach Art der §§ 301 ff, 304 ff AktG sind – von wenigen Ausnahmen (§§ 300 Nr. 2, 302 Abs. 2 AktG) abgesehen – schon im *Aktienrecht* nicht getroffen. Das Aktienrecht begnügt sich vielmehr damit, die Geltung der allgemeinen Vorschriften der §§ 293 bis 299 AktG betreffend Abschluß, Änderung und Beendigung von Unternehmensverträgen auch für diese Vertragstypen anzuordnen. Dem ist grundsätzlich auch für das **GmbH-Recht** zu folgen; besondere, über die Lage im Aktienrecht hinausgehende Gefahren für die verpflichtete GmbH, ihre Gläubiger und Gesellschafter, die die Entwicklung eigenständiger Schutzkonzepte notwendig machen könnten, sind nicht ersichtlich[417]. Soweit allerdings die Wahl eines der in § 292 Abs. 1 AktG genannten Vertragstypen anstelle des sachlich einschlägigen Beherrschungs- oder Gewinnabführungsvertrags als **Umgehung**[418] der für diese Verträge geltenden Schutzvorschriften zu beurteilen ist, greifen die §§ 301 ff AktG gleichwohl ein[419]. Entsprechendes gilt im Fall eines Betriebsführungsvertrags zwischen einem herrschenden Unternehmen und der abhängigen Eigentümer-GmbH (Rdn 196). Wegen des dominierenden Beherrschungscharakters einer derartigen Unternehmensverbindung ist er nicht nur hinsichtlich der Abschlußvoraussetzungen, sondern auch hinsichtlich der Rechtsfolgen wie ein Beherrschungsvertrag zu behandeln. 226

VI. Sonstige konzernrechtsrelevante Bereiche

1. Informationspflichten der Gesellschafter

a) **Allgemeines.** Zu den aktienrechtlichen Mitteilungspflichten nach §§ 20, 21 AktG vgl. schon Rdn 5. Unbeschadet des Anmeldungserfordernisses des § 16 GmbHG greifen sie auch gegenüber Unternehmen in der Rechtsform der **GmbH** ein, wenn diese entweder eine Beteiligung von mindestens 25% an einer inländischen *Aktiengesellschaft* halten (§ 20 AktG) oder wenn eine inländische Aktiengesellschaft sich ihrerseits mit mehr als 25% an einer inländischen GmbH beteiligt (§ 21 AktG). Ob die aktienrechtlichen Mitteilungspflichten analog auch dann anwendbar sind, wenn die Beteiligungen ausschließlich an *anderen Kapitalgesellschaften als Aktiengesellschaften* bestehen oder von solchen gehalten werden, erscheint zweifelhaft; die hM zum GmbH-Recht bejaht insoweit vielmehr eine Mitteilungspflicht kraft Treupflicht (Rdn 228). Anderes gilt bei *wechselseitigen Beteiligungen*: insoweit greift die hierauf bezogene Vorschrift des § 328 AktG analog nach hM auch dann ein, wenn zu den wechselseitig beteiligten Unternehmen keine solchen in der Rechtsform der AG gehören (Rdn 45). Zwar begründet § 328 AktG (abgesehen von seinem Abs. 3) keine eigenständigen, über §§ 20, 21 AktG hinausgehenden Mitteilungspflichten für wechselseitig beteiligte Unternehmen; die dort als Folge unterlassener oder verzögerter Mitteilung vorgesehenen Beschränkungen bei der Ausübung der Beteiligungsrechte sind jedoch geeignet, indirekt auf die Bereitschaft der Unternehmen zur Vornahme der Mitteilung Einfluß zu nehmen. – *De lege ferenda* ist eine Verschärfung der *aktienrechtlichen* Mitteilungspflichten entsprechend der 227

---

[417] So auch Rowedder/*Koppensteiner* Anh § 52, 69; *Oesterreich* (Fn 415) S. 124; *Führling* (Fn 415) S. 272 ff; anders jedoch S. 292 ff (Ausgleichsregeln erwägend).

[418] Scholz/*Emmerich* Anh KoR 345; Rowedder/*Koppensteiner* Anh § 52, 46, 70.

[419] So unter Hinweis auf die Grundsätze zum qualifizierten faktischen Konzern auch Rowedder/*Koppensteiner* Anh § 52, 70; *Huber* ZHR 152 (1988) 123, 141 ff.

Transparenzrichtlinie[420] vorgesehen; nach §§ 21 RegE Zweites FinanzmarktfördG sollen sie bei *börsennotierten* Aktiengesellschaften schon ab einer Beteiligungshöhe von 5% eingreifen[421]. Auf die GmbH wird sich diese Neuregelung aller Voraussicht nach nicht auswirken.

228 b) **Kraft Treupflicht.** In der GmbH-rechtlichen Literatur besteht Einigkeit darüber, daß die Treupflicht in der GmbH auch geeignet ist, Mitteilungspflichten der Gesellschafter gegenüber der GmbH über beteiligungsrelevante Verhältnisse in ihrer Person zu begründen[422]. Soweit es um die GmbH-Beteiligung als solche, ihren Erwerb oder ihre Veräußerung geht, bedarf es angesichts der Regelungen in § 16 GmbHG zwar keiner besonderen, aus der Treupflicht abgeleiteten Mitteilungspflichten, sieht man vom Sonderfall indirekt – über Treuhänder – gehaltener Beteiligungen ab[423]. Wohl aber sind solche Mitteilungs- oder Informationspflichten der Gesellschafter im Hinblick auf sie persönlich betreffende Umstände bedeutsam, wenn diese sich mittelbar auch auf die GmbH selbst auswirken. Im Sachzusammenhang des *GmbH-Konzernrechts* gilt das vor allem für die Entstehung, Veränderung oder Aufhebung von Abhängigkeits- oder Beherrschungsverhältnissen des Gesellschafters zu anderen Unternehmen[424]. Das Entstehen einer **Abhängigkeitslage** in der Person eines Gesellschafters führt zu Einflußmöglichkeiten eines Dritten (des gegenüber dem Gesellschafter herrschenden Unternehmens) auf die Geschicke der GmbH; es bedarf daher vor allem dann der Offenlegung, wenn der Dritte ein Wettbewerber der GmbH ist oder wenn er in seiner Person die Gefahr sonstiger Interessenkollisionen begründet. Die **Beherrschung** eines anderen Unternehmens macht den Gesellschafter selbst zum Unternehmen (Rdn 20 f) und ist ihrerseits geeignet, Interessenkollisionen in der Person des Gesellschafters auszulösen[425]. Derartige Umstände reichen zur Begründung von Mitteilungspflichten des Gesellschafters gegenüber der GmbH aus. Die Mitteilungspflichten können im Wege der actio pro socio auch seitens der Mitgesellschafter durchgesetzt werden.

2. Konzernrechnungslegung

229 Die Konzernrechnungslegung ist seit 1986 für alle Arten von *Kapitalgesellschaften* als Konzernspitze rechtsformneutral in §§ 290 ff HGB geregelt. Sie greift daher auch gegenüber der **GmbH als konzernleitendes Unternehmen** ein. Von den Befreiungstatbeständen in §§ 291 bis 293 HGB abgesehen, begründet sie die Pflicht der Konzernspitze zur Erstellung eines Konzernabschlusses (mit Konzernanhang) und eines Konzernlageberichts nach Maßgabe der §§ 294 ff, 315 HGB einschließlich deren Prüfung (§§ 316 ff HGB) sowie der Offenlegung des Konzernabschlusses

---

420 Richtlinie zur Information bei Veränderung der Kapitalverhältnisse börsennotierter Gesellschaften (abgedr. in ZIP 1989, 65 ff); vgl. dazu *Burgard* AG 1992, 41 ff mwN.

421 RegE Zweites FinanzmarktfördG, BT-Drucks 12/6679.

422 So erstmals *Schilling* Festschrift Hefermehl (1976) S. 383, 387; ihm folgend *K. Schmidt* GmbH-Rdsch. 1979, 121, 133; *M. Winter* Treubindungen, S. 261 (mwN in Fn 101); Baumbach/Hueck/*Zöllner* Schlußanh I, 23; *Lutter/Hommelhoff* Anh § 13, 10; Rowedder/*Koppensteiner* Anh § 52, 28 b; Scholz/*Emmerich* Anh KoR Rdn 89. Zur Offenlegungspflicht über wesentliche kapitalmäßige und personelle Verflechtungen in der Publikums-KG vgl. BGHZ 79, 337, 345 = NJW 1981, 1449; zur treupflichtbedingten Offenlegungspflicht von Aktionären vgl. eingehend *Burgard* AG 1992, 41, 47 ff.

423 Zur Frage einer Treupflicht des Treugebers gegenüber der GmbH vgl. *Ulmer* ZHR 156 (1992) 377, 387 ff.

424 So zutr. schon *Schilling* (Fn 422) S. 387; vgl. auch die weiteren Nachw. in Fn 420 und oben Rdn 67 f.

425 Vgl. dazu nur BGHZ 80, 69, 74 = NJW 1981, 1512 – Süssen und oben Rdn 60 ff.

(§§ 325 ff HGB). Auf die Einzelheiten der Konzernrechnungslegung als Teil des insgesamt neu gefaßten Bilanzrechts für Kapitalgesellschaften ist hier nicht einzugehen. Es genügt ein Hinweis auf den besonderen *bilanzrechtlichen Konzernbegriff* des § 290 HGB; er weicht von der Definition in § 18 Abs. 1 AktG vor allem dadurch ab, daß er die Konzernvoraussetzungen beim Vorliegen einer Stimmrechtsmehrheit (§ 290 Abs. 2 Nr. 1 HGB) oder beim Recht des herrschenden Unternehmens zur Bestellung oder Abberufung der Mehrheit der Mitglieder des Leitungs- oder Aufsichtsorgans (§ 290 Abs. 2 Nr. 2 HGB) stets als gegeben ansieht, ohne insoweit auf die Zusammenfassung der zwei oder mehr verbundenen Unternehmen unter der einheitlichen Leitung der Konzernspitze abzustellen[426].

3. Konzernmitbestimmung

a) MitbestG 1976. Unter den verschiedenen Regelungskomplexen zur Arbeitnehmermitbestimmung im Aufsichtsrat einer Kapitalgesellschaft oder GmbH & Co KG ist für Unternehmen in der Rechtsform der **GmbH** diejenige nach dem MitbestG 1976 von besonderer Bedeutung; sie erfaßt rd. 200 Gesellschaften dieser Rechtsform (§ 52, 7). Zu den Einzelheiten dieses Gesetzes und seiner Anwendung auf die GmbH vgl. § 52, 256 ff. Aus *konzernrechtlicher* Sicht interessant ist vor allem die Regelung des § 5 MitbestG über die Arbeitnehmermitbestimmung im Unterordnungskonzern (§ 18 Abs. 1 AktG). Vorbehaltlich der Sonderprobleme des Mehrmütterkonzerns, des Konzerns im Konzern und des Teilkonzerns (vgl. dazu § 52, 261 f) führt ihr Eingreifen dazu, daß die Arbeitnehmer der beherrschten Konzernunternehmen – unbeschadet ihrer Mitbestimmung in ihrem jeweiligen Unternehmen – bei der Feststellung der für die paritätische Mitbestimmung relevanten Zahl von in der Regel mehr als 2.000 Arbeitnehmer als solche auch des herrschenden Unternehmens gelten. Entsprechend sind sie auch für die Zusammensetzung des Aufsichtsrats des herrschenden Unternehmens zu berücksichtigen und wirken an der Wahl der Arbeitnehmervertreter mit. Darauf, ob es sich um einen Vertragskonzern oder einen faktischen Konzern handelt oder ob der faktische als einfacher oder qualifizierter Konzern einzustufen ist, kommt es nach § 5 MitbestG nicht an. Die *Konzernvermutungen* des § 18 Abs. 1 S. 2 und 3 AktG gelten – vorbehaltlich der auf AG-Konzerne beschränkten Eingliederung – auch für das Konzernmitbestimmungsrecht mit einer GmbH als herrschendem Unternehmen[427]. 230

b) Sonstige. Die drittelparitätische Arbeitnehmermitbestimmung nach **§§ 76 ff BetrVerfG 1952** greift gegenüber einer *GmbH* nach § 77 Abs. 1 BetrVerfG 1952 dann ein, wenn sie in der Regel mehr als 500 (aber nicht mehr als 2.000, vgl. § 1 Abs. 1 Nr. 2 MitbestG) Arbeitnehmer hat. Näheres hierzu vgl. in § 52, 5 und 148 ff. Eine *konzernrechtliche* Regelung findet sich in § 77 a BetrVerfG 1952. Danach gelten beim Bestehen eines *Beherrschungsvertrags* mit der herrschenden GmbH die Arbeitnehmer des vertraglich beherrschten Konzernunternehmens als Arbeitnehmer der herrschenden GmbH als Konzernspitze (§ 52, 6). Die analoge Anwendung dieser Vorschrift auf andere Vertragskonzerne oder auf faktische Konzerne ist ausgeschlossen[428]. 231

[426] Vgl. näher WP-Handbuch 1992 I M 33 ff; *Ulmer* Festschrift Goerdeler (1987) S. 623, 640 ff; Baumbach/Hueck/*Schulze-Osterloh* § 42, 119.

[427] Vgl. näher Hanau/*Ulmer*, MitbestG § 5, 26 f mwN. Dort (§ 5, 28 ff) auch zur Frage, unter welchen Voraussetzungen die Konzernmitbestimmung im Fall sonstiger Unternehmensverträge (Gewinnabführungs-, Betriebsüberlassung-, Betriebspacht- und Betriebsführungsvertrag) greift.

[428] So zutr. BayObLG BB 1993, 602, 603 mit umfass. Nachw.

232 Die **Montanmitbestimmung** ist im Hinblick auf Unternehmen in der Rechtsform der *GmbH* trotz ihrer rechtsformneutralen Ausgestaltung aus faktischen Gründen ohne nennenswerte Bedeutung (§ 52, 8 f). Aus konzernrechtlicher Sicht genügt daher ein kurzer Hinweis auf die in § 1 Abs. 4 MontanMitbestG enthaltene, die Anwendung der Montanmitbestimmung auf das herrschende Unternehmen voraussetzende Zurechnung der Arbeitnehmer der Konzernunternehmen gegenüber der Konzernspitze. Erwähnt sei daneben das *Mitbestimmungsergänzungsgesetz*, das für Montankonzerne mit einer nicht von der Montanmitbestimmung erfaßten Konzernspitze dann eingreift, wenn der Unternehmenszweck des Konzerns durch Konzernunternehmen und abhängige Gesellschaften gekennzeichnet wird, die im sachlichen Anwendungsbereich der Montanmitbestimmung tätig sind. Die hierfür in §§ 1, 3, 4 MitbestErgG näher geregelten Voraussetzungen werden gegenwärtig von keiner GmbH als Konzernspitze erfüllt (§ 52, 9).

4. Konzernarbeitsrecht

233 Gegenstand des Konzernarbeitsrechts sind solche *spezifisch konzernrechtsrelevanten Arbeitnehmerinteressen*, die über die Interessen gewöhnlicher Gläubiger hinausgehen[429]. Demgegenüber bewendet es, soweit arbeitsvertragliche Forderungen des Arbeitnehmers gegen die abhängige GmbH betroffen sind, bei den allgemeinen, das herrschende Unternehmen zum Schadensersatz, zum Verlustausgleich oder zu Sicherheitsleistung bzw. Ausfallhaftung verpflichtenden Grundsätzen (Rdn 76 ff, 158 ff, 169 ff)[430]. Unter dem Gesichtspunkt eines Konzernarbeitsrechts fragt sich insbesondere, ob im Fall einer **betriebsbedingten Kündigung** der Vorbehalt einer anderweitigen Beschäftigungsmöglichkeit iSd § 1 Abs. 2 S. 2 Nr. 1 b KSchG auf den Konzern als Wirtschaftseinheit zu erstrecken und die Kündigung somit bereits dann unwirksam ist, wenn sich in einem anderen Konzernunternehmen eine Weiterbeschäftigungsmöglichkeit bietet; vom BAG wird dies verneint[431]. Anders verfährt die Rechtsprechung bei der Frage, ob bei vermögensabhängigen Ansprüchen, die – wie namentlich **Betriebsrentenzusagen** – an das Vermögen des Arbeitgebers anknüpfen, im Fall des Vertragskonzerns sowie des qualifizierten faktischen Konzerns auf die wirtschaftliche Lage der abhängigen GmbH oder aber auf diejenige des *Konzerns* abzustellen ist[432]. Zu den bislang noch nicht abschließend geklärten Fragen gehören dagegen diejenigen nach einer konzernweiten Anwendung des arbeitsrechtlichen *Gleichbehandlungsgrundsatzes* sowie der Grundsätze betr. die *betriebliche Übung*[433].

---

[429] Dazu umfassend und mit weit. Nachw. *Windbichler* Arbeitsrecht im Konzern (1989); s. ferner *Henssler* Der Arbeitsvertrag im Konzern (1983); *Konzen* ZHR 151 (1987) 566 ff; *Martens* ZGR 1984, 417 ff.

[430] Vgl. BAG ZIP 1991, 884, 888 f und ZIP 1993, 380, 382 f; dazu bereits in Rdn 108.

[431] BAG AP Nr. 1 und 4 zu § 1 KSchG 1969 Konzern; vgl. näher dazu *Windbichler* (Fn 429) S. 259 ff; *Konzen* ZHR 151 (1987) 573 ff, 592 ff.

[432] Vgl. in diesem Sinne für die Betriebsrentenanpassung gem § 16 BetrAVG BAG ZIP 1992, 1566, 1569 f; ZIP 1989, 934, 936 f; für den Widerruf von Versorgungszusagen gem. § 7 Abs. 1 S. 3 Nr. 5 BetrAVG BAG ZIP 1993, 1330, 1333 f; ZIP 1990, 195, 198; aus dem Schrifttum insbes. *Lutter/Timm* ZGR 1983, 269 ff; *Konzen* ZHR 151 (1987) 575 ff, 580 ff.

[433] Dazu *Konzen* ZHR 151 (1987) 577 f, 589 ff; *Windbichler* (Fn 429) S. 417 ff; zu sonstigen Fragen, auch solchen betriebsverfassungsrechtlicher Art, s. *Windbichler* (Fn 429) S. 67 ff, 267 ff, 435 ff.

Sechster Abschnitt

Schlußbestimmungen

§ 78

Die in diesem Gesetz vorgesehenen Anmeldungen zum Handelsregister sind durch die Geschäftsführer oder die Liquidatoren, die in § 7 Abs. 1, § 57 Abs. 1, § 58 Abs. 1 Nr. 3 vorgesehenen Anmeldungen sind durch sämtliche Geschäftsführer zu bewirken.

Übersicht

I. Einführung

1. Normzweck

1 § 78 begründet die **Zuständigkeit der Geschäftsführer** oder Liquidatoren für das Bewirken sämtlicher im GmbHG und im HGB vorgesehener, in den Angelegenheiten der GmbH vorzunehmender Handelsregisteranmeldungen. Die Vorschrift unterscheidet zwischen den gewöhnlichen Anmeldungen, für die die Mitwirkung von Geschäftsführern oder Liquidatoren *in vertretungsberechtigter Zahl* ausreicht (Rdn 17), und den in § 78 ausdrücklich aufgeführten Anmeldungen (Gründung, Kapitalerhöhung und -herabsetzung), die die Entstehung der Gesellschaft und ihre Kapitalgrundlage betreffen und von *sämtlichen* Geschäftsführern oder Liquidatoren zu bewirken sind (Rdn 19). Zu Mängeln der Anmeldung und ihren Folgen für das Eintragungsverfahren vgl. Rdn 25 ff, zur Durchsetzung der regelmäßig bestehenden Anmeldungspflicht mit Hilfe von Zwangsgeldern nach § 14 HGB iVm § 132 FGG gegen Geschäftsführer oder Liquidatoren vgl. § 79.

2. Reform

2 Die Vorschrift des § 78 gilt im wesentlichen unverändert seit 1892. Eine Modifikation hat sie in der **GmbH-Novelle 1980** nur dadurch erfahren, daß die Anmel-

dung der Errichtung von Zweigniederlassungen (§ 12 Abs. 1) aus dem Katalog der von sämtlichen Geschäftsführern zu bewirkenden Anmeldungen gestrichen worden ist. Für sie genügt seither die Mitwirkung einer vertretungsberechtigten Zahl von Geschäftsführern (Rdn 17).

3. Rechtsnatur der Anmeldung

3 Die Anmeldung ist keine privatrechtliche Willenserklärung, sondern ein auf das Herbeiführen behördlichen (registergerichtlichen) Handelns gerichteter, als Eintragungsantrag zu qualifizierender **organschaftlicher Akt**[1]. Immerhin lassen sich eine Reihe von *Vorschriften über Willenserklärungen* entsprechend auf die Anmeldung anwenden. Das gilt namentlich für die Abgabe, die Empfangsbedürftigkeit und den Widerruf der Anmeldung (vgl. näher § 7, 17 f). Zur Frage höchstpersönlicher Anmeldung und zu den Möglichkeiten der Stellvertretung vgl. Rdn 20 f.

4. Wirkung der Eintragung

4 Handelsregistereintragungen beziehen sich regelmäßig auf *einzutragende Tatsachen* (§ 15 HGB); sie haben grundsätzlich **deklaratorische** (rechtsbekundende) Wirkung[2]. Das gilt auch für Eintragungen in Angelegenheiten der GmbH bezüglich solcher „Tatsachen" wie Änderungen in der Person oder in der Vertretungsbefugnis der Geschäftsführer (§ 39 Abs. 1), Erteilung oder Widerruf der Prokura (§ 53 HGB) oder schließlich Auflösung der Gesellschaft (§§ 60, 65 Abs. 1); ihr Wirksamwerden ist gesetzlich nicht an die Handelsregistereintragung gebunden. In allen derartigen Fällen besteht zugleich eine nach § 79 iVm § 14 HGB durchsetzbare *Anmeldungspflicht* (Rdn 8). Sie soll sicherstellen, daß das Handelsregister die Verhältnisse der Gesellschaft zutreffend wiedergibt.

5 **Abweichungen** vom Regelfall deklaratorischer Eintragung gelten kraft ausdrücklicher Vorschrift im GmbHG (§§ 11 Abs. 1, 54 Abs. 3) für diejenigen Eintragungen, die die Entstehung der Gesellschaft und die Änderung ihrer Satzung einschließlich ihrer Kapitalverhältnisse betreffen. In diesen Fällen setzt das Wirksamwerden die Eintragung voraus; diese ist **konstitutiver** (rechtsbegründender) Natur. Dem trägt § 79 Abs. 2 dadurch Rechnung, daß er die entsprechenden Anmeldungen von der Zwangsgeldandrohung nach § 14 HGB ausnimmt. Daher besteht insoweit keine öffentlich-rechtliche, sondern nur eine privatrechtliche, aus der Sorgfaltspflicht der Geschäftsführer folgende Anmeldungspflicht (Rdn 10 f). Die Gesellschafter können die Geschäftsführer mit einfacher Mehrheit[3] anweisen, von der Anmeldung abzusehen; sie können dadurch die Entstehung der Gesellschaft als juristische Person oder das Wirksamwerden einer beschlossenen, aber noch nicht eingetragenen Satzungsänderung verhindern.

II. Die Anmeldung zum Handelsregister

1. Anmeldungsbedürftige und von Amts wegen zu bewirkende Eintragungen

6 a) **Das Antragsprinzip als Regelfall.** Regelmäßige Voraussetzung für eine Eintragung in das Handelsregister ist auch im GmbH-Recht die Anmeldung und der darin

---

[1] Vgl. § 7, 17; Rowedder/*Zimmermann* 3; aA Scholz/*Winter*[7] 4, der eine Verfahrenshandlung annimmt.

[2] Vgl. *Hüffer*-GroßkommHGB[4] § 8, 78 ff.

[3] HM, vgl. näher § 47, 38 (*Hüffer*) und § 53, 73 (*Ulmer*), jew. mwN.

liegende Eintragungsantrag (Rdn 3; zum Amtsverfahren vgl. Rdn 7). Das gilt nicht nur für die Eintragung der GmbH als solcher sowie für diejenige von Satzungsänderungen und Kapitalveränderungen, für die es an einer öffentlich-rechtlichen Anmeldungspflicht fehlt (Rdn 10). Vielmehr bewendet es auch im übrigen grundsätzlich bei dem für das FG-Verfahren kennzeichnenden Antragsgrundsatz, wobei die Anmeldungspflicht mit Hilfe von Zwangsgeld nach § 79 Abs. 1 iVm § 14 HGB durchgesetzt wird. Zu den Fällen anmeldungspflichtiger Eintragungen vgl. Rdn 8 f.

b) **Eintragungen von Amts wegen.** Das Amtsverfahren findet bei Handelsregi- 7
stereintragungen nur statt, soweit es ausdrücklich im Gesetz vorgesehen ist. Das ist der Fall bei Eintragung der *Konkurseröffnung* (§ 32 HGB) einschließlich der darauf beruhenden Auflösung der GmbH (§ 65 Abs. 1 S. 2 und 3 iVm § 60 Abs. 1 Nr. 4, vgl. dazu § 63, 71 und § 65, 13), ferner bei *Auflösung nach § 60 Abs. 1 Nr. 5* wegen eines registergerichtlich festgestellten Mangels des Gesellschaftsvertrags iSv §§ 144 a, 144 b FGG oder wegen der Nichterfüllung der Einlagepflichten des Alleingesellschafters nach § 19 Abs. 4 (§ 65 Abs. 1 S. 2 und 3, vgl. § 60, 42 ff), bei *Auflösung wegen Konkursablehnung mangels Masse* (§ 1 Abs. 2 LöschG, vgl. dazu Anh § 60, 10), bei *gerichtlicher Bestellung der Liquidatoren* (§ 67 Abs. 4), sowie schließlich bei *Eröffnung des Vergleichsverfahrens* (§ 23 Abs. 2 VerglO). Dagegen bewendet es bei dem Antragsgrundsatz und der Anmeldungspflicht in den Fällen der Auflösung durch gerichtliches Urteil (§ 61) oder durch Verfügung der Verwaltungsbehörde (§ 62); eine gerichtliche oder behördliche Mitteilungspflicht gegenüber dem Handelsregister nach Art von § 398 AktG ist im GmbHG für diese Fälle nicht vorgesehen.[4] Zum Fall des Nichtigkeitsurteils vgl. Rdn 9.

2. Anmeldungspflicht und Ausnahmen

a) **Regelfall.** Für alle rechtsbekundenden, *deklaratorisch wirkenden Eintragun-* 8
gen (Rdn 4) besteht nach § 79 Abs. 1 iVm § 14 HGB eine nicht dem Weisungsrecht der Gesellschafter unterliegende, **öffentlich-rechtliche Anmeldungspflicht** der Geschäftsführer. Sie soll sicherstellen, daß der Registerinhalt mit der wahren Rechtslage übereinstimmt. Anmeldungspflichtig sind danach, abgesehen von den im HGB geregelten Eintragungen, die Errichtung einer Zweigniederlassung (§ 12), Änderungen in der Person der Geschäftsführer oder in ihrer Vertretungsbefugnis (§ 39), die Auflösung der Gesellschaft[4a] aus anderen Gründen als den in § 60 Abs. 1 Nr. 4 und 5 sowie in § 1 LöschG genannten (§ 65 Abs. 1), die Person der Liquidatoren und ihre Vertretungsbefugnis einschließlich der hierauf bezogenen Änderungen (§ 67 Abs. 1), sowie die Fortsetzung der aufgelösten Gesellschaft (§ 60, 94 und § 65, 9).

Umstritten ist die Behandlung der **Nichtigkeit** der Gesellschaft aufgrund Urteils 9
(§ 75). Nach früher hM trat sie nicht bereits durch die Rechtskraft des Nichtigkeitsurteils, sondern erst mit Eintragung der Nichtigkeit ein[5]. Auch sollten die Geschäftsführer aufgrund der Verweisung in § 75 Abs. 2 auf § 248 AktG nur zur Einreichung des Nichtigkeitsurteils, nicht aber zur Anmeldung der Nichtigkeit verpflichtet sein.[6]

[4] Für Anmeldungspflicht daher auch § 65, 2 (*Hohner*); Scholz/*K. Schmidt*[7] § 65, 3; Baumbach/Hueck/*Schulze-Osterloh* § 65, 2; *Lutter/Hommelhoff* § 65, 1; aA *Meyer-Landrut*/Miller/Niehus § 65, 8.

[4a] Einschließlich der Auflösung der GmbH im Aufbau nach § 22 TreuhG (vgl. dazu Scholz/*K. Schmidt*[8] § 11, 192).

[5] So *Meyer-Landrut*/Miller/Niehus § 77, 2; für das Aktienrecht: *Wiedemann* – GroßkommAktG[3] § 275 Anm. 1; KölnKomm.-*Kraft* § 275, 35.

[6] So § 75, 3 (*Hohner*); Baumbach/Hueck/*Schulze-Osterloh* § 75, 24; *Roth* § 75, 4.2; aA Scholz/*K. Schmidt*[7] § 75, 21; *Lutter/Hommelhoff* § 75, 5; Scholz/*Winter*[7] 6.

In beiden Fragen verdient die von *K. Schmidt* begründete, heute überwiegende Ansicht den Vorzug.[7] Das Nichtigkeitsurteil ist *Gestaltungsurteil.* Es wird schon mit Rechtskraft wirksam. Die Eintragung hat bloß deklaratorische Wirkung und unterliegt der Anmeldungspflicht, wobei in der gesetzlich vorgeschriebenen Einreichung des Urteils zugleich die – durch Zwangsgeld (§ 14 HGB) durchzusetzende – Anmeldung der Nichtigkeit zu sehen ist. – *Anderes* gilt demgegenüber für die **Amtslöschung** wegen Vorliegens eines Nichtigkeitsgrundes nach §§ 144 Abs. 1 S. 2, 142 Abs. 1 FGG; sie erfolgt nach § 142 Abs. 1 S. 2 FGG durch einen *von Amts wegen* einzutragenden Vermerk (vgl. § 75, 43 ff, 47).

10 b) **Ausnahmen. Keine öffentlich-rechtliche** *Anmeldungspflicht* besteht nach § 79 Abs. 2 für diejenigen Anmeldungen, die auf eine **konstitutiv** wirkende, die Rechtsänderung erst herbeiführende Eintragung gerichtet sind.[8] Im einzelnen gilt das für die Anmeldung der neu gegründeten Gesellschaft (§ 7 Abs. 1) und für diejenige von Satzungsänderungen (§ 54 Abs. 1 S. 1) einschließlich von Kapitalerhöhungen und -herabsetzungen (§§ 57 Abs. 1, 58 Abs. 1 Nr. 3). Das GmbHG spricht in diesen Fällen zwar regelmäßig davon, daß die Gesellschaft, die Satzungsänderung u. a. „zur Eintragung in das Handelsregister anzumelden *ist*"; das darf jedoch nicht als öffentlich-rechtliche Anmeldungspflicht mißverstanden werden, sondern bringt zum Ausdruck, daß die Entstehung der Gesellschaft bzw. die beschlossene Satzungsänderung nicht ohne Eintragung wirksam wird. Ebenso scheidet für die Anmeldung des Umwandlungsbeschlusses nach §§ 4, 24 UmwG[9] sowie für diejenige des Fortsetzungsbeschlusses nach Art. 12 § 1 Abs. 3 GmbH-Novelle 1980 (§ 60, 105) wegen der konstitutiven Eintragungswirkung eine öffentlich-rechtliche Anmeldungspflicht aus.

11 Von der öffentlich-rechtlichen Anmeldungspflicht zu unterscheiden ist die der Gesellschaft gegenüber bestehende, **organschaftliche Anmeldungspflicht der Geschäftsführer** als Teil ihrer aus dem Bestellungsakt zum GmbH-Organ folgenden Tätigkeits- und Sorgfaltspflichten (§ 43). Sie bezieht sich auch auf die in Rdn 10 genannten Anmeldungen[10]; ihre Verletzung führt zur Schadensersatzhaftung nach § 43 Abs. 2. Der Inhalt *dieser* Pflicht steht wegen der Weisungsbindung der Geschäftsführer allerdings zur Disposition der Gesellschafter. Die Gesellschaftermehrheit hat es daher in der Hand, den oder die Geschäftsführer zur Nichtanmeldung anzuweisen und dadurch das Wirksamwerden der beschlossenen Satzungsänderung zu verhindern (§ 53, 73 und § 54, 10 f). Zum Mehrheitserfordernis derartiger Anweisungen vgl. Rdn 5; eine ggf. in der Anweisung liegende Treupflichtverletzung der Mehrheit gegenüber der Minderheit schließt die Bindungswirkung gegenüber den Geschäftsführern nicht aus. Auf diesem Wege kann bis zur Eintragung auch die Rücknahme einer bereits erfolgten Anmeldung durch die Geschäftsführer erreicht werden (§ 54, 22).

3. Zur Anmeldung berufene Personen

12 a) **Geschäftsführer.** Die Anmeldungen sind von den Geschäftsführern in vertretungsberechtigter Zahl (Rdn 17), bei den in § 78, 2. Hs. genannten Anmeldungen

---

[7] So im Anschluß an Scholz/*K. Schmidt*[7] § 75, 20 und § 77, 6 jetzt auch Rowedder/*Zimmermann* 5 und § 75, 32; *Lutter/Hommelhoff* § 75, 5; im Grundsatz auch § 77, 2 f (*Hohner*); Baumbach/Hueck/*Schulze-Osterloh* § 77, 2; *Roth* § 75, 4.2, die sich jedoch für eine Eintragung von Amts wegen aussprechen (vgl. Fn 6).

[8] BGHZ 105, 324, 328 = NJW 1989, 295; Baumbach/Hueck/*Zöllner* § 54, 1; Scholz/*Winter*[7] 8; Rowedder/*Zimmermann* 8.

[9] Scholz/*Winter*[7] 8 und § 79, 3; *Lutter/Hommelhoff* 1; Rowedder/*Zimmermann* 8.

[10] BGHZ 105, 324, 328 = NJW 1989, 295.

von sämtlichen Geschäftsführern (Rdn 19) zu bewirken. Lange Zeit *umstritten* war, ob die Geschäftsführer bei der Anmeldung *persönlich oder namens der Gesellschaft* als deren Organ handeln.[11] Inzwischen hat der BGH die Frage für diejenigen Anmeldungen, die zu *konstitutiv* wirkender Eintragung führen (Rdn 5), dahin entschieden, daß die Anmeldung **namens der Gesellschaft** erfolgt.[12] Entsprechendes hat entgegen der ständ. Rspr. des BayObLG[13] aber auch für den Regelfall der auf *deklaratorisch* wirkende Eintragung gerichteten Anmeldungen (Rdn. 4) zu gelten.[14] Der Umstand, daß die Geschäftsführer hier in Erfüllung ihrer öffentlich-rechtlichen Anmeldungspflicht (Rdn 8) handeln, steht nicht entgegen. Denn diese Pflicht trifft die Geschäftsführer nur kraft ihrer Organstellung und solange sie fortbesteht (Rdn 15). Auch ändert sie nichts daran, daß es sich bei den einzutragenden Tatsachen durchweg um *Angelegenheiten der Gesellschaft* handelt und daß sich das Eintragungserfordernis aus der Rechtsnatur der GmbH als einer den Kaufmannsvorschriften des HGB unterliegenden Handelsgesellschaft ergibt (vgl. § 13 Abs. 3 GmbHG iVm § 6 Abs. 1 HGB). Zur Beschwerdeberechtigung bei Ablehnung der Eintragung vgl. Rdn 27.

Anderen Vertretern, insbesondere Prokuristen oder Handlungsbevollmächtigten, **13**
steht als solchen die Befugnis zur Vertretung der Gesellschaft bei der Anmeldung nicht zu[15], soweit sie nicht als Prokuristen im Rahmen unechter Gesamtvertretung handeln (Rdn 14). Zur Möglichkeit der Bevollmächtigung eines Nichtgeschäftsführers, an Stelle des Geschäftsführers die Anmeldung vorzunehmen, vgl. Rdn 20 f.

b) **Unechte Gesamtvertretung.** Sie wird von der ganz hM auch für die Handels- **14**
registeranmeldung zugelassen, wenn sie satzungsrechtlich vorgesehen ist und sich der Umfang der Vertretungsmacht nach derjenigen der Geschäftsführer bestimmen soll.[16] Dem ist zuzustimmen, da die Anmeldung Sache der Gesellschaft und nicht der Geschäftsführer persönlich ist (Rdn 12). Der Umstand, daß es sich nach § 78 um eine „originäre Organaufgabe" handelt, steht nicht entgegen; er hat jedoch zur Folge, daß die Verantwortlichkeit für die Richtigkeit der Anmeldung Sache der Geschäftsführer bleibt und auch Zwangsgelder zur Herbeiführung der Eintragung nur gegen sie gerichtet werden können.

c) **Wechsel im Amt des Geschäftsführers.** Abberufung oder wirksame Amtsnie- **15**
derlegung eines Geschäftsführers führen zum Wegfall der Organstellung. Damit erlöschen auch Befugnis und Pflicht zur Anmeldung; eine Nachwirkung des Amtes gibt es nicht.[17] Den Wechsel im Amt hat nach § 39 Abs. 1 der **neue Geschäftsführer**

---

[11] Für Handeln namens der Gesellschaft Scholz/*Winter*[8] § 7, 10; Baumbach/Hueck/*Schulze-Osterloh* 2; *Lutter/Hommelhoff* 8; aA das BayObLG in st. Rspr. (Fn 13), bei Anmeldungen im Fall deklaratorischer Eintragungen auch *Hüffer*-GroßkommHGB[4] § 14, 15; Baumbach/Duden/*Hopt*[28] § 14, 1 B.

[12] BGH NJW 1992, 1824 (betr. Anmeldung einer Vor-AG); BGHZ 105, 324, 327 f = NJW 1989, 295 (Unternehmensvertrag einer GmbH); Keidel/Kuntze/Winkler-*Kahl* FGG[13] § 20, 106.

[13] Seit BayObLGZ 1954, 203, 204 st. Rspr., vgl. aus jüngerer Zeit BayObLG GmbH-Rdsch. 1987, 267 f; 1988, 71 (LS); BayObLGZ 1972, 277, 279; 1985, 189, 190; dem BGH jetzt folgend BayObLGZ 1991, 52, 56 (für einen Vorverein).

[14] So auch Scholz/*Winter*[8] § 9 c, 36; *Lutter/Hommelhoff* 8.

[15] EinhM, vgl. BGH WM 1969, 43; KG JW 1938, 3121; Baumbach/Hueck/*Schulze-Osterloh* 3; Scholz/*Winter*[7] 10; *Lutter/Hommelhoff* 3.

[16] RGZ 134, 303, 307 (für die AG); Scholz/*U. H. Schneider*[8] § 39, 11; *Hüffer*-GroßkommHGB[4] § 12, 14; Rowedder/*Zimmermann* 11; *Lutter/Hommelhoff* 3.

[17] BayObLGZ 1981, 227, 230; OLG Frankfurt BB 1983, 1561; Scholz/*Winter*[7] 11; Baumbach/Hueck/*Schulze-Osterloh* 2; aA LG Berlin ZIP 1993, 197 f, für den Fall, daß der letzte Geschäftsführer sein Amt niederlegt; vgl. ferner *Gustavus* GmbH-Rdsch. 1992, 15 ff.

anzumelden (Voraufl. § 39, 9 ff). Anderes gilt, wenn die Amtsniederlegung befristet erfolgt oder die Vertretungsänderung sich mit einer – erst durch Eintragung wirksam werdenden – Satzungsänderung verbindet; in diesen Fällen ist zur Anmeldung noch der bisherige Geschäftsführer befugt (Voraufl. § 39, 10 f; zum Sonderfall des Amtswechsels durch Auflösung der Gesellschaft vgl. Rdn 16). Die Vertretungsmacht des ausscheidenden Geschäftsführers erlischt auch dann, wenn er der letzte oder der einzige Geschäftsführer ist. Bestellen die Gesellschafter keinen Nachfolger, so bedarf es der gerichtlichen Notbestellung eines Geschäftsführers entsprechend § 29 BGB; sie kann auch vom Ausgeschiedenen als Beteiligtem beantragt werden (vgl. näher Voraufl. § 35, 63 ff).

16 d) **Liquidatoren, Konkursverwalter.** In der *aufgelösten* Gesellschaft ist die Anmeldung Sache der **Liquidatoren** als der dann zur Vertretung befugten Organmitglieder (§ 71 iVm. §§ 36, 78). Sie haben nicht nur die eingetretene Auflösung (vgl. § 65 Abs. 1), sondern auch die Person der Liquidatoren und deren Vertretungsmacht anzumelden. Entgegen dem Wortlaut von § 67 Abs. 1 ist eine Anmeldung noch durch die *Geschäftsführer* wegen des mit der Auflösung verbundenen Übergangs der Vertretungsmacht auf die Liquidatoren nur möglich, wenn entweder die Auflösung befristet beschlossen ist oder wenn sie eine Satzungsänderung voraussetzt und daher erst mit Eintragung wirksam wird (vgl. näher § 60, 33 ff). In den sonstigen Fällen fehlt den (ehemaligen) Geschäftsführern, wenn sie nicht nach § 66 Abs. 1 mit den Liquidatoren personenidentisch sind, die Vertretungsmacht zum Bewirken der Anmeldung[18].

Im Fall der *Konkurseröffnung* sind Anmeldungen zum Handelsregister in Angelegenheiten, die die Konkursmasse betreffen, abweichend von § 78 vom **Konkursverwalter** vorzunehmen.[19] Der Konkursverwalter kann daher auch die Ersatzfirma, zu deren Bildung er bei Veräußerung der bisherigen GmbH-Firma befugt ist,[20] selbst zum Handelsregister anmelden.

4. Zahl der Anmelder

17 a) **Vertretungsberechtigte Zahl.** Die Anmeldung einzutragender Tatsachen ist eine Angelegenheit der Gesellschaft, handelnd durch ihre vertretungsberechtigten Organmitglieder (Rdn 12). Grundsätzlich genügt daher die Mitwirkung einer vertretungsberechtigten Zahl von Geschäftsführern oder Liquidatoren. Der Grundsatz gilt nicht nur für sämtliche deklaratorischen, sondern auch für die in § 78 nicht besonders erwähnten konstitutiven Eintragungen (Rdn 4 f; zu den Ausnahmen vgl. Rdn 19). Die **Vertretungsbefugnis** bestimmt sich in erster Linie nach dem *Gesellschaftsvertrag*. Schweigt er, so gilt nach §§ 35 Abs. 2 S. 2, 68 Abs. 1 S. 2 *Gesamtvertretungsbefugnis* sämtlicher Geschäftsführer oder Liquidatoren. Änderungen der gesellschaftsvertraglichen Vertretungsregelung werden nach § 54 Abs. 3 erst mit Eintragung wirksam; sie sind daher noch nach Maßgabe der bisher geltenden Vertretungsregelung zum Handelsregister anzumelden.

18 Die öffentlich-rechtliche **Anmeldungspflicht** (Rdn 8) obliegt *jedem* der Geschäftsführer oder Liquidatoren. Das gilt auch dann, wenn keine Gesamtvertre-

---

[18] Vgl. Rdn 15; so auch § 67, 8 (*Hohner*); Baumbach/Hueck/*Schulze-Osterloh* § 67, 4; Scholz/*K. Schmidt*[7] § 67, 8; *Lutter/Hommelhoff* § 67, 2.

[19] Vgl. Scholz/*Winter*[7] 13; Jaeger/*Henckel* KO[9] § 6, 135 und – für die KG – OLG Düsseldorf MDR 1970, 425.

[20] Vgl. näher § 63, 90 ff und *Ulmer* NJW 1983, 1697 ff.

tungsmacht besteht.[21] Ein Zwangsgeld wegen Verstoßes kann daher gegen alle Geschäftsführer festgesetzt werden. Im *Innenverhältnis* können die zur Anmeldung erforderlichen Geschäftsführer im Weigerungsfall durch *Leistungsklage* zur Mitwirkung angehalten werden. Die Vollstreckung des Urteils richtet sich nicht nach § 894, sondern nach § 888 ZPO, soweit es um die Abgabe der in §§ 8 Abs. 2 und 3, 57 Abs. 2, 58 Abs. 1 Nr. 4 vorgeschriebenen Versicherungen der Geschäftsführer geht.[22] Haben Geschäftsführer oder Liquidatoren in vertretungsberechtigter Zahl die Anmeldung ordnungsgemäß bewirkt, so erledigt sich damit auch die Mitwirkungspflicht der übrigen; für die Androhung oder Verhängung eines Zwangsgelds ist dann kein Raum.

b) Sämtliche Mitglieder des Vertretungsorgans. Für einige zentrale, die Entstehung der Gesellschaft und ihre Kapitalgrundlage betreffende Eintragungen ordnet § 78, 2. Hs. wegen der gesetzlich vorgeschriebenen Pflicht der Geschäftsführer zur Abgabe bestimmter Erklärungen bei der Anmeldung (vgl. Rdn 21) die Mitwirkung sämtlicher Geschäftsführer an; hierzu zählen nach § 44 auch die *Stellvertreter.*[23] Im einzelnen gilt das für die Anmeldung der **Gesellschaft** selbst (§ 7 Abs. 1), für diejenige von Kapitalerhöhungen und -herabsetzungen (§§ 57 Abs. 1, 58 Abs. 1 Nr. 3) einschließlich der Kapitalerhöhung aus Gesellschaftsmitteln (vgl. Anh § 57, KapErhG § 7, 4), sowie – über die Aufzählung in § 78, 2. Hs. hinausgehend – für die Anmeldung der inländischen Zweigniederlassung einer ausländischen GmbH (§ 12 Abs. 1).[24] Zu den Eintragungsfolgen im Falle einer nicht von sämtlichen Geschäftsführern bewirkten Anmeldung vgl. Rdn 29. – Die Regelung in § 78, 2 Hs. gilt auch *nach Auflösung* der GmbH, obwohl die Liquidatoren neben den Geschäftsführern in § 78 nicht besonders genannt sind.[25] Das kann etwa für eine Kapitalerhöhung im Abwicklungsstadium bedeutsam werden (§ 55, 27). 19

5. Bevollmächtigung

a) Grundsatz. Soweit es um die von Geschäftsführern **in vertretungsberechtigter Zahl** vorzunehmenden Anmeldungen geht (Rdn 17), ist *Bevollmächtigung Dritter möglich.* Eine Spezialvollmacht ist nicht erforderlich. Es genügt jede Art der Vollmacht, die sich auf Anmeldungen der in Frage stehenden Art zum Handelsregister erstreckt.[26] Das ist zwar nicht bei Prokura und Handlungsvollmacht der Fall (vgl. Rdn 7 und 13), wohl aber bei einer Generalvollmacht denkbar.[27] Die **Form** der Vollmacht richtet sich abweichend von § 167 Abs. 2 BGB nach § 12 Abs. 2 S. 1 HGB: erforderlich ist *öffentliche Beglaubigung* (vgl. dazu Rdn 22). 20

b) Die Sonderfälle des § 78. In den in § 78 genannten, die Mitwirkung **sämtlicher** Geschäftsführer (oder Liquidatoren, Rdn 19) erfordernden Sonderfällen der 21

---

[21] EinhM, vgl. Scholz/*Winter*[7] 15; Rowedder/*Zimmermann* 11.

[22] So auch *Hüffer*-GroßkommHGB[4] § 16, 16; weitergehend aber Baumbach/Hueck/*Schulze-Osterloh* 10 und Scholz/*Winter*[7] 15, die auch bei der Mitwirkung zur Anmeldung eine Vollstreckung nach § 888 ZPO annehmen; zur Unanwendbarkeit von § 16 Abs. 1 HGB in diesen Fällen vgl. *Hüffer* aaO.

[23] RG LZ 1914, 398, 399; Scholz/*Winter*[7] 16; *Lutter/Hommelhoff* 1; Baumbach/Hueck/*Schulze-Osterloh* 8.

[24] Vgl. § 12, 40; BayObLG WM 1985, 1202, 1203; Scholz/*Winter*[7] 16; Rowedder/*Rittner* § 12, 42; aA *Lutter/Hommelhoff* § 12, 15; *Meyer-Landrut*/Miller/Niehus § 12, 21.

[25] So auch Scholz/*Winter*[7] 17; *Lutter/Hommelhoff* 1; Baumbach/Huck/*Schulze-Osterloh* 9.

[26] Vgl. näher *Hüffer*-GroßkommHGB[4] § 12, 5.

[27] LG Frankfurt BB 1972, 512; *Hüffer* aaO (Fn 26); aA (gegen Generalvollmacht) Rowedder/*Zimmermann* 15; Scholz/*Winter*[7] 18; Baumbach/Hueck/*Schulze-Osterloh* 4; *Meyer-Landrut*/Miller/Niehus 3.

§§ 7 Abs. 1, 57 Abs. 1, 58 Abs. 1 Nr. 3 bedarf es jeweils der *Abgabe einer Versicherung der Geschäftsführer* über die korrekte Bewirkung der Mindesteinlagen (§§ 8 Abs. 2, 57 Abs. 2, vgl. dazu § 7, 12 und § 57, 19) bzw. über die Befriedigung oder Sicherstellung der Gläubiger (§ 58 Abs. 1 Nr. 4, vgl. § 58, 61). Die Unrichtigkeit dieser Versicherung ist nach § 82 Abs. 1 Nr. 1, 3 und 4 mit Strafe bedroht. Entsprechendes gilt nach §§ 7 Abs. 1 S. 2, 36 KapErhG für die bei der Kapitalerhöhung aus Gesellschaftsmitteln abzugebende, ebenfalls von sämtlichen Geschäftsführern geforderte Erklärung (Anh § 57 b, KapErhG § 7, 4). Eine *Vertretung* der Geschäftsführer bei Abgabe dieser Erklärungen ist **nicht** möglich.[28] **Anderes** gilt, soweit es um die *Einreichung* der von den Geschäftsführern in notariell beglaubigter Urkunde abgegebenen Versicherung zum Handelsregister geht; sie macht die Bevollmächtigung zulässig[29].

6. Form der Anmeldung

22 Als Form der Anmeldung schreibt § 12 Abs. 1 HGB **öffentliche Beglaubigung** vor. Die Anforderungen hieran richten sich nach § 129 Abs. 1 BGB iVm. §§ 39, 40 BeurkG: erforderlich und genügend ist eine (privat-)schriftliche Erklärung mit einem Beglaubigungsvermerk der Urkundsperson, regelmäßig eines *Notars*.[30]

7. Zuständigkeit des Registergerichts

23 Sie bestimmt sich nach § 7 **Abs. 1**: zuständig ist das Gericht, in dessen Bezirk die Gesellschaft ihren **Sitz** hat (§ 7, 14 ff). Zum Fall des Doppelsitzes vgl. § 3, 13 ff.

8. Kosten

24 Die Kosten der Anmeldung treffen nicht die Geschäftsführer als Organmitglieder, sondern die **Gesellschaft**. Im Fall der Anmeldung einer noch nicht eingetragenen Gesellschaft nach § 7 Abs. 1 haften neben der (Vor-)GmbH (§ 5, 185 ff) auch die Geschäftsführer persönlich als Handelnde nach § 11 Abs. 2.[31] Die Haftung entfällt mit Eintragung der GmbH[32].

III. Mängel der Anmeldung

1. Die Ablehnung mangelhafter Anmeldungen

25 Die **Prüfung** der Anmeldung auf ihre formelle Ordnungsmäßigkeit sowie auf die Bewirkung durch die zuständigen Personen in der nach § 78 gebotenen Zahl (Rdn 17, 19) ist Sache des Registergerichts im Rahmen seiner Prüfungsfunktion (vgl. dazu näher § 9 c, 6 ff und § 54, 40). Hat es **Zweifel** am Vorliegen der Eintragungsvoraussetzungen oder stellt es einen behebbaren Mangel fest, so kann es die Anmelder durch *Zwischenverfügung* zur Vorlage weiterer Unterlagen oder zur Be-

---

[28] BayObLG BB 1986, 1352, 1353; Scholz/*Winter*[7] 19; Rowedder/*Zimmermann* 16; Baumbach/Hueck/*Schulze-Osterloh* 4; *Lutter/Hommelhoff* 1; *Gustavus* GmbH-Rdsch. 1978, 219, 224; aA OLG Köln NJW 1987, 135; *Roth* Anm. 2.

[29] Vgl. § 7, 12; so auch *Hüffer*-GroßkommHGB[4] § 12, 7; Scholz/*Winter*[7] 19; Rowedder/*Zimmermann* 17.

[30] Vgl. näher (auch zu den zulässigen Ersatzformen) *Hüffer*-GroßkommHGB[4] § 12, 2 ff.

[31] So auch Scholz/*Winter*[7] 23; *Meyer-Landrut*/Miller/Niehus 7.

[32] St. Rspr., vgl. BGHZ 80, 182, 183 = NJW 1981, 1453; § 11, 118; Scholz/*Winter*[7] 23; *Meyer-Landrut*/Miller/Niehus 7.

seitigung des Mangels auffordern (§ 9c, 41). Kommen die Anmelder der Aufforderung nicht nach oder erweisen sich die festgestellten Mängel als nicht behebbar, so ist die beantragte Eintragung abzulehnen.

2. Rechtsmittel

26 Gegen Entscheidungen des Registergerichts, die dem Eintragungsantrag nicht voll stattgeben, sowie gegen Zwischenverfügungen ist nach § 19 FGG die **unbefristete einfache Beschwerde** gegeben. Vgl. hierzu und zur weiteren Beschwerde § 9c, 33.

27 Hinsichtlich der **Beschwerdeberechtigung** ist zu unterscheiden. Grundsätzlich steht sie nach § 20 Abs. 2 FGG der *Gesellschaft* zu, in deren Namen die zurückgewiesene Anmeldung erfolgt ist (Rdn 12). Das ist für konstitutiv wirkende Eintragungen vom BGH inzwischen klargestellt;[33] es gilt entgegen der bisher hM[34] aber auch für deklaratorisch wirkende Eintragungen. Allerdings macht es insoweit die für die Geschäftsführer als Organmitglieder geltende öffentlich-rechtliche Anmeldungspflicht und deren Sanktion durch Zwangsgeldandrohung nach § 79 Abs. 1 erforderlich, ihnen über § 20 Abs. 2 FGG hinaus auch ein *persönliches* Beschwerderecht gegen die Zurückweisung der von ihnen vorgenommenen Anmeldungen zu gewähren.[35] Ihm kommt vor allem bei bestehender Gesamtvertretungsbefugnis und Uneinigkeit der Geschäftsführer über die Einlegung einer Beschwerde, aber auch bei zwischenzeitlicher Beendigung ihrer Organstellung Bedeutung zu.

3. Rechtsfolgen fehlerhafter Eintragung

28 **Deklaratorische** Eintragungen, die die Rechtslage **zutreffend** wiedergeben, darf der Registerrichter *nicht von Amts wegen löschen*. Das gilt selbst dann, wenn es an einer wirksamen Anmeldung fehlt und die Eintragung daher nach § 142 Abs. 1 FGG auf einem wesentlichen Verfahrensmangel beruht. Die Löschung würde das Register unrichtig machen und das Registergericht nötigen, unter Zwangsgeldandrohung auf die erneute Eintragung hinzuwirken.[36] *Anderes* gilt bei inhaltlich **unrichtigen** Eintragungen; ihre Löschung ist unter den Voraussetzungen des § 142 FGG möglich. – Dritten kann im Fall unrichtiger Eintragung und Bekanntmachung die Unrichtigkeit nach Maßgabe von § 15 Abs. 3 HGB nicht entgegengesetzt werden.[37]

29 Bei **konstitutiven** Eintragungen tritt die Eintragungswirkung dann nicht ein, wenn der einzutragende Beschluß nicht ordnungsgemäß von den hierzu berufenen Personen angemeldet ist.[38] Da in der Eintragung ohne wirksame Anmeldung über-

---

[33] Vgl. Nachw. in Fn 12.

[34] Vgl. die st. Rspr. des BayObLG (Fn 13) und die in BGH NJW 1992, 1824 zitierten Fundstellen der – meist nicht zwischen beiden Arten der Anmeldungen unterscheidenden – Autoren. So auch noch § 9c, 44 (*Ulmer*).

[35] So zutr. *Lutter/Hommelhoff* 8; *Goebeler* BB 1987, 2314, 2321; *Lutter/Friedwald* ZIP 1986, 691, 692 (für den Gesellschafter oder Aktionär).

[36] EinhM, vgl. BayObLGZ 1956, 303, 317; OLG Celle BB 1964, 279; OLG Hamm NJW 1963, 1554 und OLGZ 1971, 475, 476f; KG OLGZ 1965, 315, 316f; Scholz/*Winter*[7] 26; Rowedder/*Zimmermann* 19; *Jansen* FGG[2] § 142, 6; Keidel/Kuntze/*Winkler* FGG[13] § 142, 13; *Baums* Eintragung und Löschung von Gesellschafterbeschlüssen (1981) S. 132.

[37] Vgl. dazu näher *Hüffer*-GroßkommHGB[4] § 15, 40ff.

[38] HM für Satzungsänderungen, vgl. KGJ 28 A 228, 238; 48 A 115, 116; § 54, 33; Scholz/*Priester*[7] § 54, 83; Scholz/*Winter*[7] 27; *Wiedemann*-GroßkommAktG § 181, 8; *Jansen* FGG[2] § 142, 6; Keidel/Kuntze/*Winkler* FGG[13] § 142, 13; aA *Baums* Eintragung und Löschung von Gesellschafterbeschlüssen (1981) S. 133ff; *Meyer-Landrut*/Miller/Niehus 6.

dies ein wesentlicher Verfahrensmangel liegt, ist in derartigen Fällen die **Amtslöschung nach § 142 FGG** geboten. Eine Einschränkung ist aus Gründen des Bestands- und Gläubigerschutzes allerdings in denjenigen in § 78 genannten, die Existenz der Gesellschaft und ihre Kapitalgrundlage betreffenden Fällen veranlaßt, in denen die Anmeldung nur von einem Teil der Geschäftsführer bewirkt wurde: hier erlangt die Eintragung Wirksamkeit und eine Amtslöschung nach § 142 FGG scheidet aus, sofern die Anmeldung inhaltlich vom Willen der Nichtmitwirkenden gedeckt ist.[39]

§ 79

Geschäftsführer oder Liquidatoren, die §§ 35 a, 71 Abs. 5 nicht befolgen, sind hierzu vom Registergericht durch Festsetzung von Zwangsgeld anzuhalten; § 14 des Handelsgesetzbuchs bleibt unberührt. Das einzelne Zwangsgeld darf den Betrag von zehntausend Deutsche Mark nicht übersteigen.

In Ansehung der in §§ 7, 54, 57 Abs. 1, § 58 Abs. 1 Nr. 3 bezeichneten Anmeldungen zum Handelsregister findet, soweit es sich um die Anmeldung zum Handelsregister des Sitzes der Gesellschaft handelt, eine Festsetzung von Zwangsgeld nach § 14 des Handelsgesetzbuchs nicht statt.

Übersicht

Schrifttum

Bassenge Tatsachenermittlung, Rechtsprüfung und Ermessensausübung in den registergerichtlichen Verfahren nach den §§ 132 bis 144 FGG, Rpfl. 1974, 173; *Bassenge/Herbst* Rechts-

[39] Vgl. § 7, 10, § 57, 23 und 51 f, § 58, 76; ebenso Scholz/*Winter*[7] 16 und *dies.*[8] § 7, 7; Rowedder/*Zimmermann* 19; im Erg. auch *Jansen* FGG[2] § 142, 6.

pflegergesetz mit FGG, 3. Aufl. 1981; *Bumiller/Winkler* Freiwillige Gerichtsbarkeit, 5. Aufl. 1992; *Goebler* Die Entwicklung des Registerrechts in den Jahren 1980–1986, BB 1987, 2314; *Göhler* Das Einführungsgesetz zum Strafgesetzbuch, NJW 1974, 825; *ders.* Gesetz über Ordnungswidrigkeiten, 9. Aufl. 1990; *Karlsruher Kommentar zum OWiG* 1989; *Keidel* Anmerkung zum Beschluß des OLG Hamm vom 15. 2. 1955 – 15 W 84/55 – Rpfl. 1955, 242; *Keidel/Kuntze/Winkler* Freiwillige Gerichtsbarkeit, 12. Aufl. 1986/87; *Mümmler* Zuständigkeit zur Vollstreckung von Ordnungsgeld bzw. Ordnungshaft gem. § 141 Abs. 3 Satz 1 und § 380 Abs. 1 ZPO, Juristisches Büro 1975, 579; *Rebmann/Roth/Hermann* Kommentar zum Gesetz über Ordnungswidrigkeiten, 2. Aufl. (Losebl.), Stand Januar 1991; vgl. ferner die Kommentierungen zu § 14 HGB und § 407 AktG sowie die §§ 11 ff VwVfG des Bundes; ergänzend die Verwaltungsverfahrensgesetze der Länder. Ferner die Erläuterungen zu: §§ 65 (Hohner); 75 (Hohner); 78 (Ulmer).

I. Einführung

1. Normzweck

Die handels- und gesellschaftsrechtlichen Publizitätspflichten für die GmbH erstrecken sich auf umfangreiche Anmelde-, Zeichnungs- und Einreichungspflichten zum Handelsregister[1] sowie auf die in den §§ 35 a, 71 Abs. 5 bestimmten Angaben auf Geschäftsbriefen. Die Vorschrift des § 79 umfaßt in diesem Zusammenhang zwei Normzwecke. § 79 Abs. 1, 1. Hs. regelt ausschließlich die **Erzwingung der Angabepflichten auf Geschäftsbriefen** gem. §§ 35 a, 71 Abs. 5. Die Erzwingung der Anmelde-, Zeichnungs- und Einreichungspflichten zum Handelsregister ergibt sich hingegen aus § 14 HGB. Insoweit enthält § 79 Abs. 2 eine **Einschränkung der handelsrechtlichen Zwangsgeldfestsetzung nach § 14 HGB** hinsichtlich der gemäß §§ 7, 54, 57 Abs. 1, 58 Abs. 1 Nr. 3 bezeichneten Anmeldungen zum Handelsregister. 1

Die Vorschrift des § 79 Abs. 1 ermöglicht es dem Registergericht, mit Hilfe von Zwangsgeld darauf hinzuwirken, daß Geschäftsführer und Liquidatoren den sich aus den §§ 35 a und 71 Abs. 5 ergebenden Pflichten nachkommen. Nach den genannten Vorschriften, die in Wortlaut und Inhalt fast identisch sind, müssen die Rechtsform und der Sitz der Gesellschaft, deren Geschäftsführer bzw. Liquidatoren und die sonst gem. §§ 35 a, 71 Abs. 5 vorgeschriebenen Angaben auf den Geschäftsbriefen vollständig und richtig enthalten sein[2]. Durch die gesetzliche Regelung (§§ 35 a, 71 Abs. 5 und 79 Abs. 1) sollte eine Erweiterung der handelsregisterlichen Publizität über § 15 Abs. 3 HGB hinaus geschaffen werden[3]. Wer geschäftlichen Kontakt mit einer GmbH hat oder zu ihr aufnimmt, soll bereits durch die Geschäftsbriefe eine Information über sie erhalten. Falls sich die Gesellschaft bereits in Liquidation befindet, soll der Adressat von Geschäftsbriefen diese Tatsache auch auf diesem Wege erfahren. Durch die in § 79 Abs. 2 enthaltene Einschränkung werden die Anmeldungen zu den rechtsbegründenden *konstitutiven* Eintragungen (erstmalige Eintragung der GmbH gem. § 7; Eintragung einer Abänderung des Gesellschaftsvertrages gem. § 54 oder von Beschlüssen über die Erhöhung oder Herabsetzung des Stammkapitals gem. §§ 57, 58) von der handelsrechtlichen Zwangsgeldfestsetzung nach § 14 HGB ausgenommen, weil 2

[1] Näher unten Rdn 5.
[2] Näher unten Rdn 4.
[3] BT-Drucks. V/3862 zu Art. 2 Nr. 7.

das Handelsregister insoweit vor einer Eintragung (noch) nicht im Widerspruch zur tatsächlichen Rechtslage steht und es den Gesellschaftern überlassen bleiben soll, ob sie die Rechtslage durch Anmeldung und Eintragung entsprechend ändern wollen oder nicht[4].

2. Reform

3 Absatz 1 wurde – ebenso wie die §§ 35 a und 71 – eingeführt durch Gesetz zur Durchführung der Ersten Richtlinie des Rates der Europäischen Gemeinschaft zur Koordinierung des Gesellschaftsrechts vom 15. 8. 1969 (BGBl. I 1146). Bis zu diesem Zeitpunkt bestand die Vorschrift nur aus dem jetzigen Absatz 2. Durch das Einführungsgesetz zum StGB vom 2. 3. 1974 (BGBl. I 469) wurde der Begriff der Ordnungsstrafe durch den des Zwangsgeldes ersetzt. Durch das BilanzrichtlinienG vom 19. 12. 1985 (BGBl. I 2355) wurde der in bezug genommene § 71 Abs. 3 durch eine Erweiterung dieser Vorschrift nunmehr zu § 71 Abs. 5, so daß auch eine entsprechende Änderung der Verweisung in § 79 Abs. 1 erforderlich wurde. § 79 entspricht im wesentlichen dem § 407 Abs. 1 AktG.

II. Die Erzwingung der Pflichten gem. § 79 Abs. 1, S. 1 (1. Halbs.)

4 Die Erfüllung der in §§ 35 a und 71 Abs. 5 normierten Pflichten[5] obliegt den Geschäftsführern bzw. den Liquidatoren. Nur ihnen gegenüber kann nach dem insoweit eindeutigen Wortlaut des Abs. 1 Zwangsgeld angedroht und festgesetzt werden[6]. Das Zwangsgeld darf im Einzelfall den Betrag von 10.000,– DM nicht übersteigen. Kommen die Adressaten ihren Pflichten gleichwohl nicht nach, kann erneut ein Zwangsgeld festgesetzt werden. Der Vorgang kann sich solange wiederholen, bis die Pflicht, zu deren Erfüllung das Registergericht angehalten hat, auch tatsächlich erfüllt ist. Unvollständige oder gar fehlerhafte Angaben auf Geschäftsbriefen werden jedoch zumeist auf Nachlässigkeit oder Unkenntnis zurückzuführen sein, so daß bereits ein bloßer Hinweis seitens des Registergerichts genügen wird, um die Beseitigung des Mangels herbeizuführen[7].

III. Die eingeschränkte Erzwingbarkeit der Pflichten gem. § 14 HGB

1. Anmeldungspflichten

5 In Abs. 1 Satz 1, 2. Hs. wird klargestellt, daß § 14 HGB unberührt bleibt. Das bedeutet, daß diese Vorschrift in den Grenzen des Abs. 2 anzuwenden ist.

§ 14 HGB lautet:

„Wer seiner Pflicht zur Anmeldung, zur Zeichnung der Unterschrift oder zur Einreichung von Schriftstücken zum Handelsregister nicht nachkommt, ist hierzu von dem Registergericht durch Festsetzung von Zwangsgeld anzuhalten. Das einzelne Zwangsgeld darf den Betrag von zehntausend Deutsche Mark nicht übersteigen."

Nach dem GmbHG bestehen grundsätzlich folgende, **durch Zwangsgeldfestsetzung durchsetzbare Anmelde-, Zeichnungs- und Einreichungspflichten** für:

– Auflösung der Gesellschaft (§ 65, mit Ausnahme der in § 65 Abs. 1 Satz 2 und 3 sowie in § 1 Abs. 2 LöschG genannten Fälle und derjenigen durch Satzungsänderung)[8];

---

4 Näher Rdn 8.

5 Zu den Einzelheiten näher Erläut. zu § 35 a (Mertens/Stein); § 71, 35 (*Hohner*).

6 Hierzu näher unten Rdn 16 ff.

7 Lutter/*Hommelhoff* 1 aE.

8 Vgl. Scholz/*Winter* § 78, 7.

- Änderungen in den Personen der Geschäftsführer sowie für die Beendigung der Vertretungsbefugnis eines Geschäftsführers (§ 39 Abs. 1);
- Anmeldung der ersten Liquidatoren und ihrer Vertretungsbefugnis (§ 67 Abs. 1, außer bei gerichtlicher Bestellung oder Berufung, vgl. § 67 Abs. 4);
- Errichtung einer Zweigniederlassung (§ 12 Abs. 1 Satz 1);
- Bestellung und Wechsel von Aufsichtsratsmitgliedern (§ 52 Abs. 2);
- Zeichnung der Unterschrift durch Geschäftsführer und Liquidatoren (§§ 8 Abs. 5, 39 Abs. 4, 67 Abs. 5);
- Einreichung bestimmter Schriftstücke, soweit sie die vorgenannten Pflichten betreffen (§§ 8 Abs. 1, 12 Abs. 1 Satz 2: Gesellschaftsvertrag; §§ 39 Abs. 2, 67 Abs. 2: Urkunden über Bestellung oder Beendigung der Vertretungsbefugnis der Geschäftsführer bzw. Liquidatoren; § 40: Liste der Gesellschafter; § 75 Abs. 2 iVm. § 248 Abs. 1 Satz 2 AktG: Nichtigkeitsurteil); in diesem Zusammenhang werden ferner erfaßt: der abgeänderte Gesellschaftsvertrag gem. § 54 Abs. 1 Satz 2; Urkunden im Zusammenhang mit Kapitalerhöhungen oder Kapitalherabsetzungen gem. §§ 57 Abs. 3, 58 Abs. 1 Nr. 4, da diese Urkunden nicht von § 79 Abs. 2 erfaßt werden, wenngleich es wohl kaum vorkommen dürfte, daß die in § 79 Abs. 2 erwähnten Anmeldungen ohne die vorgenannten Urkunden zur Eintragung kommen[9];
- Fortsetzung einer aufgelösten Gesellschaft, sofern keine Satzungsänderung erfolgt und die Auflösung bereits zuvor eingetragen war.

Darüber hinaus bestehen **weitere**, durch § 14 HGB erzwingbare **Anmelde- und Zeichnungspflichten** nach

- §§ 7, 31 a Abs. 2 Satz 3 KapitalerhöhungsG (bei Kapitalerhöhungen aus Gesellschaftsmitteln)[10];
- §§ 49 Abs. 1 Satz 2, 56 e Abs. 1 Satz 2, 58 Abs. 4 Satz 2 UmwandlungsG;
- § 53 HGB (bei Erteilung bzw. Erlöschen einer Prokura nebst Zeichnung der Unterschriften).

Durch die Möglichkeit des Einsatzes von Zwangsgeld soll grundsätzlich die **Zuverlässigkeit und Vollständigkeit des Handelsregisters** gesichert werden. Eine Übereinstimmung des Handelsregisters mit der materiellen Rechtslage besteht nur dann, wenn jede eintragungsfähige und eingetretene Rechtsänderung auch tatsächlich eingetragen wird[11]. 6

2. Nichterzwingbarkeit von Eintragungen mit konstitutiver Wirkung (§ 79 Abs. 2)

Nicht im Wege der Zwangsgeldfestsetzung durchsetzbar sind dagegen die Anmeldeerfordernisse der 7

- Eintragung der Gesellschaft (§ 7);
- Abänderung des Gesellschaftsvertrages (§ 54);
- Beschlüsse über die Erhöhung oder Herabsetzung des Stammkapitals (§§ 57 Abs. 1, 58 Abs. 1 Nr. 3).

---

[9] Zu den Sonderproblemen der Erzwingbarkeit der nachträglichen Behebung von Mängeln bei einer Anmeldung konstitutiv wirkender Eintragungen vgl. unten Rdn 8 f.

[10] Vgl. zur effektiven Kapitalerhöhung aber unten Rdn 7.

[11] Scholz/*Winter* 4.

Die Nichterzwingbarkeit beruht in diesen Fällen darauf, daß derartige Eintragungen konstitutiven Charakter haben, die Rechtswirkung also erst mit der Eintragung entsteht[12]. Das Gesetz überläßt es den Beteiligten, ob sie die beabsichtigte Rechtsänderung durch Anmeldung rechtswirksam werden lassen wollen[13]. Ein öffentliches Interesse an der Eintragung besteht nur, wenn die einzutragenden Umstände deklaratorischen Charakter, also auch ohne Eintragung Rechtswirkung haben. Nur dann findet ein Zwang zur Anmeldung statt[14].

3. Sonderfälle

8 a) **Erzwingbarkeit der nachträglichen Behebung von Mängeln bei der Anmeldung konstitutiv wirkender Eintragungen.** Erzwingbar ist die Anmeldung mittels Zwangsgeldes dagegen in Fällen der Eintragung mit konstitutiver Wirkung, wenn bei der vorangegangenen Anmeldung **Ordnungswidrigkeiten** vorgekommen sind (z. B. es haben nicht alle Geschäftsführer angemeldet oder die Anmeldung selbst war unvollständig) und trotz der mangelhaften Anmeldung die Eintragung erfolgt ist[15]. Der Registerrichter ist zwar verpflichtet, eine nicht korrekte Anmeldung zurückzuweisen. Nach erfolgter Eintragung kann das Gericht selbst sie aber nicht wieder beseitigen[16]. Daher muß die Möglichkeit gegeben sein, den Mangel anderweitig zu beheben. Dazu steht dem Registerrichter, sofern eine Eintragung der genannten Art einmal erfolgt ist, die Anwendung des Zwangsgeldes gegen die Anmeldenden zu Gebote, ebenso gegen die Geschäftsführer, die fehlerhafterweise bei der Anmeldung nicht mitgewirkt haben[17].

9 **Anderes** muß dagegen in den Fällen gelten, in denen bei Eintragungen, die zwar grundsätzlich konstitutive Wirkung haben, die Eintragungswirkung mit Rücksicht auf den Fehler bei der Anmeldung aber nicht eintritt und wegen eines wesentlichen Verfahrensfehlers **Amtslöschung** (§ 142 FGG) geboten ist (z. B. bei Eintragung eines Beschlusses über eine Satzungsänderung, ohne daß dieser Beschluß von den dazu berufenen Personen ordnungsgemäß angemeldet worden war)[18]; in diesen Fällen ist die Anwendung des Zwangsmittels nicht nur überflüssig, sondern im Sinne des verfassungsrechtlich verankerten Prinzips der Verhältnismäßigkeit von Zweck und Mittel auch nicht geboten[19]. Soweit die Eintragung der Entstehung der Gesellschaft (§ 10) oder einer Kapitalerhöhung (§§ 54 Abs. 2 Satz 1, 55, § 7 Abs. 4 KapitalerhöhungsG) entgegen § 78 2. Hs. zwar nicht durch sämtliche Geschäftsführer bzw. Liquidatoren bewirkt worden ist, jedoch inhaltlich unzweifelhaft dem erkennbaren Willen der Nichtmitwirkenden entsprach, sind derartige Eintragungen gleichwohl wirksam und können nicht nach § 142 FGG von Amts wegen gelöscht werden. Da in diesen Fällen eine Nachholung der Anmeldung durch die Nichtmitwirkenden zur Klarstellung des ansonsten wirksamen Handelsregistereintrags geboten ist, muß

---

[12] Für die Eintragung der Gesellschaft vgl. § 7, 5 (*Ulmer*); ferner Scholz/*Winter* § 7, 5; für die Eintragung von Satzungsänderungen vgl. § 54, 27 (*Ulmer*); ferner Scholz/*Priester* § 54, 62; für die Eintragung der Kapitalerhöhung bzw. -herabsetzung vgl. Scholz/*Priester* § 57, 31 bzw. § 58, 69.

[13] Scholz/*Winter* 4; Baumbach/Hueck/*Schulze-Osterloh* 8; Lutter/*Hommelhoff* 1; Rowedder/*Zimmermann* 6; *Roth* 4; *Meyer-Landrut* 3.

[14] Vgl. ferner § 78, 6, 8, 10 f. (*Ulmer*).

[15] Scholz/*Winter* 11, 12; Rowedder/*Zimmermann* 9.

[16] Dazu § 78, 26 (*Ulmer*).

[17] Ebenso Scholz/*Winter*, 12; Lutter/*Hommelhoff*, 1; *Meyer-Landrut*, 3.

[18] Vgl. § 78, 29 (*Ulmer*) mwN; ferner Bumiller/*Winkler*, § 142 Anm. 5.

[19] Scholz/*Winter* 11; Rowedder/*Zimmermann* 9.

diese Anmeldung – wenn auch in Einschränkung des § 79 Abs. 2 – nachträglich durch Zwangsgeld erzwungen werden können[20].

b) **Erzwingbarkeit der Anmeldung und Einreichung des Nichtigkeitsurteils gem. § 75.** Im Fall der Nichtigkeitsklage (§ 75) gilt folgendes: Das auf Nichtigkeit lautende, rechtskräftige Urteil wirkt (jedenfalls) für und gegen alle Gesellschafter (§ 75 Abs. 2 iVm. § 248 Abs. 1 Satz 1 AktG). Streitig ist, ob die Nichtigkeit bereits mit der Rechtskraft des Nichtigkeitsurteils eintritt oder erst mit der Eintragung der Nichtigkeit im Handelsregister und ob daher die Eintragung nur deklaratorische Wirkung hat oder ob erst die Eintragung die Nichtigkeitsfolge (konstitutiv) bewirkt[21]. Unabhängig von dem zu dieser Frage eingenommenen Standpunkt wird jedoch allgemein angenommen, daß die Anwendung von Zwangsmitteln zulässig ist, um die Geschäftsführer zur Einreichung des Nichtigkeitsurteils zu veranlassen[22]. Nach der hier vertretenen Auffassung erledigt sich eine „Sonderbehandlung" im Rahmen des § 79, da sich eine Anmeldepflicht wegen der deklaratorischen Wirkung der Eintragung des Nichtigkeitsurteils bereits aus § 14 HGB iVm. § 77 ergibt. Vertritt man hingegen die Auffassung, daß der Eintragung des Nichtigkeitsurteils konstitutive Wirkung zukommt, dürfte entscheidend sein, daß die Wirksamkeit der bis zur Eintragung der Nichtigkeit im Namen der Gesellschaft mit Dritten vorgenommenen Rechtsgeschäfte durch die im Urteil festgestellte Nichtigkeit nicht berührt wird (§ 77 Abs. 2). Es besteht aber ein Interesse des Rechtsverkehrs daran, die Existenz eines rechtskräftigen Nichtigkeitsurteils dem Handelsregister entnehmen zu können, da dieser Umstand – unbeschadet der rechtlichen Wirksamkeit der mit der Gesellschaft vorgenommenen Geschäfte – in wirtschaftlicher Hinsicht bedeutsam ist. Daher kann, auch wenn man der Eintragung konstitutive Wirkung beimißt, der Grundsatz, daß es bei derartigen Eintragungen den Beteiligten überlassen bleiben soll, ob eine Rechtswirkung nach außen eintritt, insoweit keine Anwendung finden. Durch das Nichtigkeitsurteil ist den Beteiligten die Entscheidungsfreiheit, ob sie eine Rechtswirkung herbeiführen wollen oder nicht, genommen. 10

c) **Besonderheiten bei der Auflösung der Gesellschaft.** Im Fall der Auflösung der Gesellschaft besteht die Notwendigkeit einer Differenzierung der Anmeldepflichten: Die Eintragung des Auflösungsbeschlusses hat grundsätzlich deklaratorischen Charakter[23]; in diesen Fällen kann das Registergericht die Anmeldung gem. § 79 Abs. 1 iVm. § 14 HGB erzwingen[24]. Hat der Auflösungsbeschluß dagegen zugleich eine Satzungsänderung zum Inhalt, kommt der Eintragung im Handelsregister konstitutive Wirkung zu[25]; die Anmeldung dieser Satzungsänderung kann dann nicht erzwungen werden[26]. Entsprechendes gilt für den Fortsetzungsbeschluß einer aufgelösten Gesellschaft; ist er mit einer Satzungsänderung verbunden, gelangt § 14 HGB gem. § 79 Abs. 2 nicht zur Anwendung[27]. Soweit der Fortsetzungsbeschluß im Zusammenhang mit der aufgrund der GmbH-Novelle 1980 erforderlichen Erhöhung des Stammkapitals steht, ist dieser Fortsetzungsbeschluß gem. Art. 12 § 1 Abs. 3 GmbH-Novelle 1980 hingegen erzwingbar. 11

[20] Baumbach/Hueck/*Schulze-Osterloh* 8; Scholz/*Winter*; Rowedder/*Fuhrmann* jeweils wie Fn 19.

[21] Vgl. dazu § 78, 9 (*Ulmer*) mwN.

[22] § 78, 9 (*Ulmer*); Scholz/*Winter* 10; Rowedder/*Zimmermann* 7.

[23] § 65, 2, 17 f (*Hohner*).

[24] § 65, 17 (*Hohner*); Scholz/*K. Schmidt* § 65, 11.

[25] Vgl. oben Rdn 7, ferner § 54; vgl. § 65, 18 (*Hohner*).

[26] § 65, 18 (*Hohner*); Scholz/*Priester* § 54, 23.

[27] § 65, 19 (*Hohner*); ebenso Scholz/*Winter* 10.

IV. Das Zwangsgeld

1. Das Zwangsgeld – ein Beugemittel

12 Das Zwangsgeld ist keine repressive Unrechtsfolge wie die Strafe oder Geldbuße, sondern ein Beugemittel[28]. Der in § 79 aF enthaltene mißverständliche Begriff der „Ordnungsstrafe" ist bereits durch das EGStGB (v. 2. 3. 1974, BGBl. I, 469) abgeschafft worden. Das Zwangsgeld dient dazu, die Pflicht zur Vornahme eines bestimmten in der Zukunft liegenden Tuns durchzusetzen. Daraus erklärt sich auch, daß Zwangsgeld mehrfach zur Anwendung kommen kann, nämlich so lange, bis die Pflicht erfüllt ist. Andererseits darf es nicht mehr angewendet werden, wenn die Pflicht erfüllt ist. Das verfassungsrechtlich verankerte Verbot der Mehrfachbestrafung wegen derselben Tat (Art. 103 Abs. 3 GG) gilt hier nicht[29]. Aus demselben Grunde kann das Zwangsgeld auch neben einer verhängten Strafe oder Buße zur Anwendung kommen (vgl. § 13 Abs. 6 VwVfG).

13 Das Zwangsgeld unterscheidet sich aber auch vom sog. Ordnungsgeld (vgl. z. B. §§ 380, 390, 890 ZPO; §§ 51, 70 Abs. 1, 77 Abs. 1 StPO, § 178 GVG). Mit dem Zwangsgeld soll der Eintritt eines drohenden Schadens verhindert werden. Bei der Verhängung des Ordnungsgeldes hingegen ist in der Regel bereits ein Schaden eingetreten. Daneben kann das Ordnungsgeld allerdings auch den Charakter eines Zwangsmittels haben (vgl. § 70 StPO, § 390 ZPO). Da das Zwangsgeldverfahren in den §§ 132 ff FGG selbständig geregelt ist[30], finden die Vorschriften von StGB, StPO und OWiG keine Anwendung.

2. Schuld (Verschulden), vorwerfbares Handeln

14 Das Zwangsgeld unterscheidet sich wesensmäßig von Strafe und Geldbuße. Die Verhängung einer Strafe setzt die Schuld des Täters voraus. Die Geldbuße darf nur verhängt werden, wenn der Täter vorwerfbar gehandelt hat. Dies ist dann der Fall, wenn er vorsätzlich oder mindestens fahrlässig den Tatbestand einer Ordnungswidrigkeit verwirklicht hat. Während noch für die frühere Ordnungsstrafe in § 79 aF das Vorliegen von Vorsatz oder Fahrlässigkeit gefordert wurde[31], erfolgt die Festsetzung von Zwangsgeld hingegen **unabhängig von dem Nachweis einer Schuld** des Täters oder eines sonst vorwerfbaren Verhaltens. Es genügt die Feststellung, daß der zu einem bestimmten Handeln Verpflichtete seinen in § 79 Abs. 1 normierten Pflichten nicht nachgekommen ist oder nicht nachkommt[32]. Allerdings wird das Verhalten des Verpflichteten, das Anlaß zum Einschreiten gegeben hat, bei der Entscheidung des Registergerichts zu berücksichtigen sein. Es wird sich bei der zur Erfüllung dieser Pflicht eingeräumten Frist ebenso niederschlagen wie bei der Höhe des angedrohten bzw. festgesetzten Zwangsgeldes[33]. Ein bloßes Versehen wird ein anderes Eingreifen des Registergerichts nach sich ziehen als eine bewußte und/oder eine auf Dauer angelegte Pflichtverletzung. Der verfassungsrechtlich verankerte Grundsatz der Verhältnismäßigkeit von Zweck und Mittel ist auch hier zu beachten[34].

---

[28] Vgl. Rowedder/*Zimmermann* 12; Scholz/*Winter* 6; ferner *Karlsruher Kommentar OWi-Rogall* § 1, 14; *Göhler* Vor § 1 OWiG 41; *ders.* NJW 1974 825 f.

[29] Scholz/*Winter* 7.

[30] Rdn 16 ff.

[31] Vgl. etwa KG RJA 12, 37 f sowie BVerfGE 20, 323, 333 zu § 890 ZPO aF.

[32] Scholz/*Winter* 8; Lutter/*Hommelhoff* 2; Rowedder/*Zimmermann* 13.

[33] Scholz/*Winter*; Rowedder/*Zimmermann* jeweils wie Fn 33.

[34] Scholz/*Winter* wie Fn 33.

V. Das Zwangsgeldverfahren

1. Tabellarische Übersicht über den Verfahrensablauf: 15

Eintragungspflichtiger Sachverhalt (Rdn 4–11)
(§ 79, § 14 HGB)

Amtliche Kenntniserlangung (Rdn 20)

Antrag oder Anregung Dritter (IHK, Behörden, sonstige Dritte, Rdn 21)

Registergericht

Beschwerde (Rdn 21) des Anzeigenden, soweit dieser betroffen (§§ 19, 20 FGG) und des Handelsstandes (§ 126 HGB)

Pflicht zur Sachverhaltsprüfung (Rdn 20, 22)

Ablehnung der Einleitung eines Zwangsgeldverfahrens

Einleitung des Zwangsgeldverfahrens

Androhung eines Zwangsgeldes und **Fristsetzung** zur Nachholung der Anmeldung (§ 132 Abs. 1 FGG, Rdn 23 f)

Einspruch des Geschäftsführers oder Liquidators (§ 134 FGG, Rdn 25)

Verfahrenserledigung durch Nachholung der Eintragung (Rdn 27)

Entscheidung über denEinspruch (§ 135 FGG, Rdn 25)

Zwangsgeldfestsetzung (§ 133 FGG) u. weitere **Fristsetzung u. erneute Androhung eines weiteren Zwangsgeldes** (Rdn 26, 28)

Verwerfung (§ 135 Abs. 2, 3 FGG)

Abgeänderte Zwangsgeldfestsetzung (§ 135 Abs. 2 FGG)

Rücknahme der Zwangsgeldandrohung (§ 135 Abs. 1 FGG)

Sofortige Beschwerde (Rdn 26, 29)

Erneute Zwangsgeldfestsetzung u. erneute Androhung eines weiteren Zwangsgeldes (Verfahren i. Ü. wie vor)

Entscheidung über den Einspruch

Verwerfung (§ 135 Abs. 2, 3 FGG)

Aufhebung der Zwangsgeldfestsetzung (Rdn 26)

Ermäßigung des Zwangsgeldes (§ 136 FGG)

2. Die Beteiligten des Zwangsgeldverfahrens

16 Das Zwangsgeld darf nach § 132 Abs. 1 FGG nur gegen den Beteiligten festgesetzt werden. Beteiligter iS des § 132 Abs. 1 FGG ist derjenige, dem das Gesetz eine Pflicht zur Anmeldung von eintragungspflichtigen Tatsachen auferlegt. Dies sind bei der GmbH die **Geschäftsführer** bzw. deren **Stellvertreter** (§ 44). Nach § 79 kommen ferner **Liquidatoren** als Betroffene des Zwangsgeldverfahrens in Betracht.

17 Da es sich bei der Anmeldeverpflichtung um eine persönliche Pflicht der Geschäftsführer, ihrer Stellvertreter bzw. der Liquidatoren handelt, kann das Zwangsgeld **nicht gegen die** GmbH als solche festgesetzt werden. Auch **Gesellschafter** sind **nicht** Betroffene iS des § 132 Abs. 1 FGG. Gegen die Gesellschafter kann auch kein Zwangsgeld verhängt werden, um sie zur Anmeldung eines Geschäftsführers zu zwingen[35]. Demnach kann das Zwangsgeld auch nicht gegen den Einmanngesellschafter, der nicht gleichzeitig Geschäftsführer der GmbH ist, festgesetzt werden[36]. Eine Festsetzung von Zwangsgeld gegen eine **juristische Person** ist auch dann nicht möglich, wenn eine solche zum Liquidator der Gesellschaft bestellt wurde. In diesem Fall richtet sich das Zwangsgeldverfahren gegen die Geschäftsführer der juristischen Person[37].

18 Auch **Bevollmächtigte und Vertreter** können **nicht** durch das Zwangsgeld angehalten werden, Eintragungen zu veranlassen, da diesen grundsätzlich keine Pflicht zur Anmeldung obliegt[38]. Ebensowenig kommt eine Zwangsgeldfestsetzung z. B. gegen denjenigen in Betracht, dem die anzumeldende Prokura erteilt worden ist[39].

19 Da die Anmeldung von eintragungspflichtigen Tatsachen grundsätzlich durch sämtliche Geschäftsführer, ihre Stellvertreter bzw. die Liquidatoren vorzunehmen ist, kommt eine Zwangsgeldfestsetzung auch **gegen den einzelnen Geschäftsführer** bzw. die anderen anmeldungspflichtigen Personen in Betracht, die ihrer Anmeldungspflicht nicht nachgekommen sind[40].

3. Die Einleitung des Verfahrens

20 Nach § 132 Abs. 1 FGG besteht für das Registergericht die **Pflicht zum Einschreiten**, sobald es von Amts wegen, auf Antrag oder durch Anregung eines Dritten glaubhaft Kenntnis davon erhalten hat, daß ein Fall des § 14 HGB oder des § 79 Abs. 1 vorliegt. Das Gericht hat insoweit keinen Ermessensspielraum[41] und muß bei Vorliegen einer entsprechenden Kenntnis grundsätzlich von Amts wegen der Sache nachgehen. Insofern ist seine Stellung mit der der Staatsanwaltschaft nach § 160 Abs. 1 StPO vergleichbar. Gleichgültig ist, von wem das Gericht die Kenntnis erlangt hat. Hier können in Frage kommen die Industrie- und Handelskammern, dritte Personen sowie Behörden[42].

21 Wird das Gericht auf **Antrag oder Anregung eines Dritten** tätig und lehnt es die Einleitung eines Verfahrens nach §§ 132 ff FGG ab, hat der Anzeigende bzw. ein

---

35 KG RJA 13, 113.
36 Scholz/*Winter* 13; Rowedder/*Zimmermann* 16.
37 Vgl. KG JFG 10 86 ff; OLG München JFG 14, 488 ff; Scholz/*Winter*; Rowedder/*Zimmermann* jeweils wie Fn 37.
38 Vgl. ObLG KGJ 35 A 354 ff.
39 BayObLG OLGR 29, 301.
40 Scholz/*Winter* 14; Lutter/*Hommelhoff* 2; Rowedder/*Zimmermann* 17.
41 Keidel/Kuntze/*Winkler* § 132 FGO 22; *Bassenge* Rpfl. 1974, 173, 174; *Goebeler* BB 1987, 2314, 2322; Scholz/*Winter* 15; Baumbach/Hueck/*Schulze-Osterloh* 6; Rowedder/*Zimmermann* 18.
42 Scholz/*Winter* wie Fn 42; Lutter/*Hommelhoff* 2.

eventuell Betroffener ein **Beschwerderecht** nach §§ 19, 20 FGG, wenn eines seiner Rechte durch die Ablehnung beeinträchtigt ist[43]. Die Organe des Handelsstandes (Industrie- und Handelskammern, Handwerkskammern und Landwirtschaftskammern; nicht jedoch andere Behörden, Kammern, Innungen, Verbände, Kreishandwerkerschaften) sind nach § 126 FGG stets beschwerdeberechtigt, selbst wenn sie das Einschreiten nicht angeregt haben[44]. Insoweit ist § 126 FGG im Verhältnis zu § 20 FGG lex specialis. Der betroffene Dritte hat demnach ein dem Klageerzwingungsverfahren (§§ 171, 172 StPO) entsprechendes Recht.

4. Beweisgrundsätze

Im Rahmen des Zwangsgeldverfahrens nach § 132 Abs. 1 FGG genügt **glaubhafte Kenntnis** des Gerichts. Gewißheit ist nicht erforderlich. Der wirkliche Sachverhalt bleibt der Erklärung im Einspruchsverfahren vorbehalten[45]. Sind bereits zur Klärung der Glaubhaftigkeit des Verdachts noch Vorermittlungen angezeigt, muß das Registergericht diese nach § 12 FGG vom Amts wegen vornehmen. **22**

5. Verfügungen des Registergerichts

Das Gericht hat dem Beteiligten unter **Androhung eines Zwangsgeldes** durch **Verfügung** aufzugeben, **innerhalb einer bestimmten Frist** seiner **gesetzlichen Verpflichtung nachzukommen** oder die Unterlassung mittels Einspruchs gegen die Verfügung zu rechtfertigen. Eine Beschwerde gegen diese Verfügung ist gem. § 132 Abs. 2 FGG nicht zulässig. Das Gericht kann die Frist nachträglich auf Antrag oder von Amts wegen verlängern (§ 18 Abs. 1 FGG). Eine Fristverlängerung nach Festsetzung des Zwangsgeldes ist nach § 18 Abs. 2 (iVm. § 139 FGG) nicht mehr möglich. **23**

Zwangsgeldandrohung und Fristsetzung müssen der Pflichtverletzung angemessen sein. Die zu erfüllende Verpflichtung muß durch die Verfügung genau bezeichnet werden[46]. Der bloße Hinweis, der Beteiligte möge seine ihm gesetzlich obliegende Verpflichtung erfüllen, reicht nicht aus. Er ist auch auf die Möglichkeit hinzuweisen, Einspruch einlegen zu können[47]. Das Gericht darf sich nicht damit begnügen, auf den in § 79 Abs. 1 enthaltenen Zwangsgeld-Rahmen zu verweisen[48]. Vielmehr muß das angedrohte Zwangsgeld in seiner Höhe exakt beziffert sein[49]. **24**

6. Das Einspruchsverfahren

Das Einspruchsverfahren findet **gegen die Androhung des Zwangsgeldes** sowie **gegen die wiederholte Verfügung gem. § 136 FGG** statt. Der Einspruch kann schriftlich oder zu Protokoll des Amtsgerichts eingelegt werden, wobei eine falsche Bezeichnung des Rechtsbehelfs unschädlich ist[50]. Die **Frist** zur Einspruchseinlegung entspricht der in der Verfügung des Registergerichts gesetzten Frist, wobei der **Eingang bei dem Registergericht** maßgeblich ist[51]. Eine Fristversäumung führt dazu, **25**

---

[43] KG KGJ 28 A 39 ff; 37 A 199 ff; OLG München JFG 4, 163 ff; Scholz/*Winter*; Rowedder/*Zimmermann* jeweils wie Fn 42.

[44] Scholz/*Winter* wie Fn 42.

[45] KG KGJ 30 A 116; Keidel/Kuntze/*Winkler* § 132 FGG 13; Scholz/*Winter* 16.

[46] Bumiller/*Winkler*, § 132 FGG 5 a.

[47] Vgl. KG Recht 1906 Nr. 93; OLG Hamm Rpfl. 1985 389, 390; Scholz/*Winter* 18.

[48] So aber wohl BGH JR 1974, 200 m. zust. Anm. *Richter*; Bassenge/*Herbst* § 33 4 a.

[49] LG Stuttgart OLGZ 1972, 368 f; Scholz/*Winter* wie Fn 48.

[50] Scholz/*Winter* 22.

[51] Scholz/*Winter* wie Fn 51.

daß der Einspruch unbeachtlich wird und nicht einmal mehr der Verwerfung bedarf[52]. Auf Antrag kann allerdings Wiedereinsetzung in den vorigen Stand erfolgen, wenn die Fristversäumung unverschuldet war (§§ 22 Abs. 2, 137 FGG). Im übrigen bedarf der Einspruch keiner Begründung. Wird rechtzeitig Einspruch erhoben, so sind zwei Fälle möglich:

- Das Gericht erachtet den Einspruch **für begründet**. Dann nimmt es seine Verfügung – gegebenenfalls ohne die Beteiligten zur Erörterung der Sache zu laden (§ 134 Abs. 1 FGG) – zurück (§ 135 Abs. 1 FGG).
- Es hält ihn **nicht** für **begründet**. Dann lädt es den Beteiligten zur Erörterung der Sache zu einem Termin. Die Verhandlung ist nicht öffentlich. Wenn aufgrund ihrer Ergebnisse der Einspruch nunmehr für begründet erachtet wird, so hat das Gericht die erlassene Verfügung aufzuheben. Andernfalls verwirft es den Einspruch.

In beiden Fällen kann das Gericht (nach Aktenlage) entscheiden, auch wenn die Beteiligten zur Verhandlung nicht erscheinen (§ 134 Abs. 2 FGG). Das angedrohte Zwangsgeld wird festgesetzt. Der Richter kann aber auch von der Festsetzung eines Zwangsgeldes absehen oder ein geringeres als das angedrohte Zwangsgeld festsetzen (§ 135 Abs. 2 FGG). In allen Fällen der Verwerfung des Einspruchs hat das Gericht zugleich eine erneute Verfügung nach § 132 FGG zu erlassen.

7. Festsetzung des Zwangsgeldes

26 Wird die gesetzliche Verpflichtung innerhalb einer bestimmten Frist nicht erfüllt oder wird kein Einspruch eingelegt, ist das angedrohte Zwangsgeld festzusetzen. **Zugleich** ist die frühere Verfügung unter **Androhung** eines **erneuten Zwangsgeldes** zu wiederholen (§ 133 Abs. 1 FGG). Nach § 133 Abs. 2 FGG ist in gleicher Weise fortzufahren, bis der Beteiligte der gesetzlichen Verpflichtung nachkommt oder Einspruch eingelegt hat. Auch gegen diese wiederholte Verfügung ist nach § 136 FGG der Einspruch möglich. In diesen Fällen kann das Gericht auch eine frühere Zwangsgeldfestsetzung aufheben oder das festgesetzte Zwangsgeld ermäßigen (§ 136 FGG), wenn mit dem Einspruch Umstände vorgetragen werden, die dies rechtfertigen; geleistete Zwangsgeldzahlungen werden dann zurückerstattet[53]. Erfolgt eine Zwangsgeldfestsetzung, ohne daß ein zuvor eingelegter Einspruch beachtet worden ist, so ist der Festsetzungsbeschluß auf die sofortige Beschwerde des Verpflichteten[54] aufzuheben und die Sache zur Durchführung eines Einspruchsverfahrens[55] zurückzuverweisen[56].

8. Erledigung der Zwangsgeldfestsetzung

27 Kommt der Beteiligte seiner Pflicht zur Vornahme der aufgegebenen Handlung nach, so ist die Verfügung gegenstandslos. Eine Aufhebung oder Zurücknahme der Verfügung ist nicht erforderlich[57]. Erfolgt die Vornahme der pflichtgemäßen Handlung erst nach Festsetzung des Zwangsgeldes, so ist die Festsetzung aufzuheben[58]. Dies folgt aus dem Charakter des Zwangsgeldes als einem reinen Beugemittel.

---

[52] Keidel/Kuntze/*Winkler* § 133 FGG 2; Scholz/*Winter* wie Fn 51.

[53] BayOLGZ 1955, 124, 131.

[54] Vgl. Rdn 29.

[55] Vgl. Rdn 25.

[56] OLG Hamm Rpfl. 1985, 302; Scholz/*Winter* 19; Keidel/Kuntze/*Winkler* § 133 FGO 5.

[57] Vgl. KG KGJ 40 A 83 ff.

[58] KG KGJ 41 A 34 ff; BayObLG DB 1979, 1981; Scholz/*Winter* wie Fn 57.

9. Höhe des Zwangsgeldes und Ersatz-Beugehaft

Nach § 79 Abs. 1, Satz 2, § 14 S. 2 HGB darf das einzelne Zwangsgeld die Höhe von 10.000,– DM nicht übersteigen. Dies gilt allerdings nur für das jeweils festgesetzte Zwangsgeld. Bei wiederholten Festsetzungen kann der durch das Gesetz vorgegebene Rahmen allerdings erneut ausgeschöpft werden[59]. Erweist sich die Beitreibung des festgesetzten Zwangsgeldes als erfolglos, kann das Zwangsgeld nicht in eine „Ersatz-Beugehaft“ umgewandelt werden, da diese Möglichkeit aus dem verfassungsrechtlichen Gebot des Art. 104 Abs. 1 GG eine gesetzliche Grundlage für die Verhängung einer Erzwingungshaft erfordern würde[60]. **28**

10. Weitere Rechtsbehelfe

Gegen den Beschluß, durch welchen das Zwangsgeld festgesetzt oder der Einspruch verworfen wird, findet die **sofortige Beschwerde** statt (§ 139 FGG). Die Frist beträgt zwei Wochen (§ 22 FGG). Eine Form ist nicht vorgeschrieben. Das Vorbringen neuer Tatsachen und Beweise ist zulässig (§ 23 FGG). Die Beschwerde hat aufschiebende Wirkung (§ 24 FGG). Über die Beschwerde entscheidet das Landgericht (§ 19 Abs. 2 FGG). **29**

Gegen die Entscheidung des Landgerichts ist die **weitere Beschwerde** zulässig, wenn die Entscheidung auf einer Gesetzesverletzung beruht (§ 27 FGG). Für diese ist das OLG, in Bayern das Oberste Landesgericht, zuständig. Will dieses bei der Auslegung einer bundesgesetzlichen Vorschrift von der auf eine weitere Beschwerde ergangenen Entscheidung eines anderen OLG oder einer Entscheidung des BGH abweichen, so hat es die weitere Beschwerde dem BGH vorzulegen. Die weitere Beschwerde kann zu Protokoll der Geschäftsstelle eingelegt werden. Sonst muß sie von einem Rechtsanwalt unterzeichnet sein. Nur die Behörde oder der Notar, welcher in der Angelegenheit für den Beschwerdeführer einen Antrag an das Gericht erster Instanz gestellt hat, bedarf dessen nicht. Die Frist beträgt ebenfalls zwei Wochen (§ 29 iVm. § 22 Abs. 1 FGG). **30**

Auch die Organe des Handelsstandes (vgl. Rdn 21) sind verpflichtet, bei dem Zwangsgeldverfahren mitzuwirken. **31**

11. Kosten und Vollstreckung des Zwangsgeldes

a) **Verfahrenskosten.** Nach § 138 FGG sind bei Festsetzung des Zwangsgeldes dem Beteiligten zugleich die Kosten des Verfahrens aufzuerlegen. Das Gericht hat in einem solchen Fall keinen Ermessensspielraum. Sieht das Gericht nach § 135 Abs. 2 Satz 2 FGG von der Festsetzung eines Zwangsgeldes ab, greift § 138 FGG nicht ein, da nach dieser Vorschrift dem Beteiligten **nur bei der Festsetzung** des Zwangsgeldes die Kosten des Verfahrens aufzuerlegen sind. Hebt das Gericht im Einspruchsverfahren nach § 135 Abs. 1 FGG die erlassene Verfügung wieder auf, greift auch hier § 138 FGG nicht ein, da es nicht zu einer Zwangsgeldfestsetzung gekommen ist. Wird nach § 136 FGG die Festsetzung des Zwangsgeldes aufgehoben, so ist gleichzeitig die Kostenentscheidung aufzuheben. Auch im Falle der sofortigen Beschwerde nach § 139 FGG gegen den Festsetzungsbeschluß oder den verworfenen Einspruch ist im Falle der Begründetheit die Kostenfestsetzung aufzuheben. **32**

---

[59] Scholz/*Winter* 27; Rowedder/*Zimmermann* 14; Meyer-Landrut/Miller/*Niehus* 4; *Roth* 3.

[60] So auch zutreffend Scholz/*Winter* wie Fn 60; Rowedder/*Zimmermann* 15.

33 b) **Kostenschuldner.** Nach § 3 Nr. 1 KostO ist der **Beteiligte** iS des § 132 Abs. 1 FGG auch Kostenschuldner[61]. Beteiligter iS des § 132 Abs. 1 FGG ist derjenige, der die Handlung vorzunehmen hätte. Daraus folgt, daß die Gesellschaft selbst nicht haftet[62]. Im übrigen bestimmt sich die Höhe der Kosten nach § 119 KostO. Hervorzuheben ist folgendes: Für die Festsetzung des Zwangsgeldes wird das Dreifache der vollen Gebühr erhoben. Diese errechnet sich nach der Höhe des festgesetzten Betrages, darf diesen aber nicht übersteigen. Die gleiche Regelung gilt für die Verwerfung des Einspruchs. Jede Wiederholung des Zwangsgeldes gilt als neues Verfahren mit der entsprechenden Gebührenregelung.

34 c) **Vollstreckung des Zwangsgeldes.** Das rechtskräftig festgesetzte Zwangsgeld wird nach § 1 Abs. 1 Nr. 3 Abs. 4 der JBeitrO iVm. §§ 1 Abs. 1 Nr. 3, Abs. 2, 3, 4 und 5 der EBAO[63] vollstreckt[64]. Nach Vornahme der pflichtgemäßen Handlung ist die Vollstreckung des festgesetzten Zwangsgeldes **einzustellen** (vgl. § 15 Abs. 3 VwVfG)[65]; der rechtskräftige Festsetzungsbeschluß ist aufzuheben[66].

§§ 80–81 a
(aufgehoben)

Vorbemerkungen vor § 82

Übersicht

A. Einführung

1 Nachdem § 81 a GmbHG aF (Vorsätzliche Benachteiligung der Gesellschaft) durch Art. 51 Ziff. 1 des Ersten Gesetzes zur Reform des Strafrechts v. 25 6. 1969 (BGBl. I, 645 ff, 670) und § 83 GmbHG aF (Bankrott, Gläubigerbegünstigung) durch Art. 150 Abs. 2 Ziff. 7 des Einführungsgesetzes zum Gesetz über Ordnungswidrigkeiten v. 24. 5. 1968 (BGBl. I, 503 ff, 542) aufgehoben worden sind, enthält das **GmbHG** heute folgende Straftatbestände:
- **Gründungstäuschung** (§ 82 Abs. 1 Nr. 1)
- **Sachgründungstäuschung** (§ 82 Abs. 1 Nr. 2)
- **Kapitalerhöhungstäuschung** (§ 82 Abs. 1 Nr. 3)

---

[61] Vgl. *Keidel* Anm. zum Beschl. des OLG Hamm vom 15. 2. 1955, 15 W 84/55, Rpfl. 1955, 241 ff.

[62] Scholz/*Winter* 29; Rowedder/*Zimmermann* 21.

[63] Bundeseinheitliche Einforderungs- und Beitreibungsordnung – abgedruckt JMBl. NW 1974, 279 ff–287 –: Nr. 54; StVollstrO (Strafvollstreckungsordnung) und Einforderungs- und Beitreibungsordnung – AV d. JM v. 20. 11. 1974 (4300 – III A. 21) – JMBl. NW S. 279 –.

[64] Rowedder/*Zimmermann* 21; näheres bei *Mümmler* Juristisches Büro 1975, 579 f.

[65] S. auch oben Rdn 27.

[66] KG KGJ 41 A 34 ff; BayObLG DB 1979, 1981.

- **Eignungstäuschung** (§ 82 Abs. 1 Nr. 4)
- **Kapitalherabsetzungstäuschung** (§ 82 Abs. 2 Nr. 1)
- **Geschäftslagetäuschung** (§ 82 Abs. 2 Nr. 2)
- **Unterlassung der Anzeige eines Verlustes in Höhe der Hälfte des Stammkapitals** (§ 84 Abs. 1 Nr. 1 und Abs. 2)
- **Unterlassung des Konkurs- oder Vergleichsantrags** (§ 84 Abs. 1 Nr. 2 und Abs. 2)
- **Verletzung der Geheimhaltungspflicht** (§ 85)

Darüber hinaus enthält die *GmbH-Novelle 1980* v. 13. 5. 1981 (BGBl. I, 836 ff) 2
in Art. 12 § 5 den Straftatbestand der **Kapitalaufstockungstäuschung**[1] im Zusammenhang mit der bis zum 31. 12. 1985 gesetzlich vorgeschriebenen Aufstockung des Mindest-Stammkapitals einer GmbH auf 50.000,– DM (vgl. Art. 12 § 1 Abs. 2 GmbH-Novelle 1980). Des weiteren enthält das *KapErhG* v. 23. 12. 1959 (BGBl. III, 4120 ff, idF vom 19. 12. 1985, BGBl. I, 2355) den Straftatbestand der **Kapitalerhöhungstäuschung** (§ 36 KapErhG)[2] im Zusammenhang mit der Kapitalerhöhung aus Gesellschaftsmitteln. Das *HGB* idF des *BilanzrichtlinienG* v. 19. 12. 1985 (BGBl. I, 2355 ff) enthält einen speziellen Straftatbestand der **Geschäftslagetäuschung** (§ 331 Nr. 1 HGB)[3] bei den gem. § 264 HGB publizitätspflichtigen Eröffnungs- oder Jahresbilanzen, Gewinn- und Verlustrechnungen oder Geschäftsberichten.

Die früher in § 81 a aF geregelte vorsätzliche Benachteiligung der Gesellschafter 3
(sog. *„GmbH-rechtliche" Untreue*) wird nunmehr durch den Straftatbestand der Untreue in § 266 StGB erfaßt[4]. Die *Insolvenzdelikte* sind seit dem 1. WiKG v. 29. 7. 1976 (BGBl. I, 2034 ff) mit Ausnahme des § 84 Abs. 1 Nr. 2, Abs. 2 und der §§ 130 a, 130 b HGB (für die GmbH & Co.KG) nunmehr ebenfalls in den §§ 283–283 d StGB geregelt[5].

Auf alle vorgenannten Straftatbestände finden die *allgemeinen Regeln des Straf-* 4
rechts uneingeschränkte *Anwendung*, so daß ergänzend zu der nachfolgenden Darstellung das allgemeine strafrechtliche Schrifttum und die Rechtsprechung herangezogen werden können.

B. Die strafrechtliche Verantwortlichkeit der in der GmbH handelnden Personen

Übersicht

1 Siehe § 82, 165 ff (*Kohlmann*).
2 Siehe § 57 b Anh § 36 KapErhG (*Ulmer*).
3 Siehe § 82, 163 f (*Kohlmann*).
4 Siehe unten Rdn 54 ff.
5 Hierzu näher *Kohlmann/Löffeler* 488–505.

Schrifttum

Zum allgemeinen Strafrecht: *Arzt/Weber* Strafrecht Besonderer Teil, Lehrheft 4, Wirtschaftsstraftaten, Vermögensdelikte (Randbereiche), Fälschungsdelikte, 2. Aufl. 1989; *Belke/Oehmichen* (Hrsg.), Wirtschaftskriminalität: Aktuelle Fragen des Wirtschaftsstrafrechts in Theorie und Praxis, 1983; *Dreher/Tröndle* Strafgesetzbuch, 46. Aufl. 1993; *Handwörterbuch des Wirtschafts- und Steuerstrafrechts* mit Ordnungswidrigkeiten und Verfahrensrecht, hrsg. von *Krekeler, Tiedemann, Ulsenheimer, Weinmann*, Stand: 1988 (zit.: HWiStR-Bearbeiter); *Jescheck* Lehrbuch des Strafrechts, Allgemeiner Teil, 4. Aufl. 1988; *Kohlmann* Steuerstraf- und Ordnungswidrigkeitenrecht einschl. Verfahrensrecht, Kommentar, Stand: Dezember 1992; *Kohlmann/Löffeler* Die strafrechtliche Verantwortlichkeit des GmbH-Geschäftsführers, 1990; *Lackner* Strafgesetzbuch, 20. Aufl. 1993; *Leipziger Kommentar* Strafgesetzbuch-Großkommentar, hrsg. von Jescheck, Ruß u. a., 10. Aufl. 1978–1989 (zit.: LK-Bearbeiter); *Maurach/Schroeder/Maiwald* Strafrecht Besonderer Teil, Teilband 1, Straftaten gegen Persönlichkeits- und Vermögenswerte, 7. Aufl. 1988; *Müller-Gugenberger* (Hrsg.), Wirtschaftsstrafrecht, 2. Aufl. 1992 (zit.: Müller-Gugenberger/Bearbeiter); *Preisendanz* Strafgesetzbuch, 30. Aufl. 1978; *Schünemann* Unternehmenskriminalität und Strafrecht, 1979; *Systematischer Kommentar zum Strafgesetzbuch* hrsg. von Rudolphi, Horn, Samson, Allgemeiner Teil, 5. Aufl. (Stand: April 1991), Besonderer Teil, 4. Aufl. (Stand: Juni 1991) (zit.: SK-Bearbeiter); *Schönke/Schröder* Strafgesetzbuch; 24. Aufl. 1991; *Wessels* Strafrecht Besonderer Teil 2, Straftaten gegen Vermögenswerte, 15. Aufl. 1992.

Zu Einzelfragen: *Achenbach* Aus der 1987/1988 veröffentlichten Rechtsprechung zum Wirtschaftsstrafrecht, NStZ 1989, 497; *Brendl* Produkt- und Produzentenhaftung, 1976 (zit.: Brendl/Bearbeiter); *Bruns* Die sog. „tatsächliche" Betrachtungsweise im Strafrecht, JR 1984, 133; *Flum* Der strafrechtliche Schutz der GmbH gegen Schädigungen mit Zustimmung der Gesellschafter, Diss. 1990; *Fuhrmann* Die Bedeutung des „faktischen Organs" in der strafrechtlichen Rechtsprechung des Bundesgerichtshofs, in Festschr. Tröndle 1989, 139; *Graf v. Westphalen* (Hrsg.), Produkthaftungshandbuch, Bd. I bearb. von *Foerster* u. a., 1989; Bd. II bearb. von *Barendrecht* u. a. 1991; *Gribbohm* Untreue zum Nachteil der GmbH, ZGR 1990, 1; *Hildesheim* Die strafrechtliche Verantwortung des faktischen Mitgeschäftsführers in der Rechtsprechung des BGH, wistra 1993, 166; *Hoyer* Anmerkung zu OLG Düsseldorf, Beschl. v. 16. 10. 1987; 5 Ss 193/87–200/87 I, NStZ 1988, 369; *Joerden* Grenzen der Auslegung des § 84 Abs. 1 Nr. 2 GmbHG, wistra 1990, 1; *Kaligin* Anm. zu BGH, Urt. v. 22. 9. 1982 – 3 StR 287/82, BB 1983, 788; *Kratzsch* Das „faktische Organ" im Gesellschaftsrecht, ZGR 1985, 506; *Löffeler* Strafrechtliche Konsequenzen faktischer Geschäftsführung, wistra 1989, 121;

Marxen Die strafrechtliche Organ- und Vertreterhaftung – eine Waffe gegen die Wirtschaftskriminalität, JZ 1988, 286; *Meier* Verbraucherschutz durch Strafrecht? NJW 1992, 3193; *Otto* Anm. zu BGH, Urt. v. 17. 4. 1984 – 1 StR 736/83, StV 1984, 462; *Richter* Der Konkurs der GmbH aus der Sicht der Strafrechtspraxis, GmbH-Rdsch. 1984, 113, 137; *Rohleder* Die Übertragbarkeit von Kompetenzen auf GmbH-Beiräte, Diss. 1991; *Schäfer* Zur strafrechtlichen Verantwortlichkeit des GmbH-Geschäftsführers, GmbH-Rdsch 1993, 717, 780; *K. Schmidt* Organverantwortlichkeit und Sanierung im Insolvenzrecht der Unternehmen, ZIP 1980, 328; *ders.* Die Strafbarkeit „faktischer Geschäftsführer" wegen Konkursverschleppung als Methodenproblem, in Festschr. Rebmann (1989) 419; *Schmidt-Salzer* Produkthaftung, Bd. I, Strafrecht, 2. Aufl. 1988; *ders.* Strafrechtliche Produktverantwortung, NJW 1988, 1937; *Stein* Das faktische Organ, Diss. 1984; *dies.* Die Normadressaten der §§ 64, 84 GmbHG und die Verantwortlichkeit von Nichtgeschäftsführern wegen Konkursverschleppung, ZHR 1984, 207; *Tiedemann* Nebenstrafrecht einschließlich Ordnungswidrigkeitenrecht (Literaturbericht), ZStW 83 (1971), 792; *ders.* Auslegungs- und Methodenprobleme im neuen Wirtschaftsstrafrecht, in: *Belke/Oehmichen* S. 26; *ders.* Die strafrechtliche Vertreter- und Unternehmenshaftung, NJW 1986, 1842; *ders.* Untreue bei Interessenkonflikten am Beispiel der Tätigkeit von Aufsichtsratsmitgliedern, in Festschr. Tröndle (1989), 319; *Wiesener* Die strafrechtliche Verantwortlichkeit bei Stellvertretern und Organen, 1971.

I. Gesetzessystematik

1. Die sog. „Geschäftsführungs"-Delikte ieS

Bei den sog. „Geschäftsführungsdelikten" handelt es sich um solche Strafvorschriften, die in ihren tatbestandlichen Voraussetzungen ausdrücklich an die Geschäftsführer- oder Liquidatoreneigenschaft bzw. an besondere Pflichten der Gesellschafter oder Aufsichtsratsmitglieder im Zusammenhang mit dem Betrieb der GmbH anknüpfen. Hierzu zählen zunächst die *§§ 82–85* („... wer als Gesellschafter, ... als Geschäftsführer, ... als Liquidator, ... als Mitglied eines Aufsichtsrats oder ähnlichen Organs ...") sowie *Art. 12 § 5 GmbH-Novelle 1980, § 36 KapitalerhöhungsG* („... wer als Geschäftsführer ...") und **§ 331 Nr. 1 HGB** („... wer als Mitglied eines vertretungsberechtigten Organs ... einer Kapitalgesellschaft ..."). Die Überwiegende Praxis rechnet hierzu auch die sog. „GmbH-rechtliche" Untreue gem. **§ 266 StGB**, da durch diesen Straftatbestand gerade die dem Geschäftsführer bzw. Liquidator eingeräumte Verpflichtungs- und Verfügungsbefugnis über das Vermögen der GmbH unter besonderen Strafschutz gestellt wird[6]. 5

In den Bereich dieser Strafvorschriften gehört ferner die Verletzung der Buchführungspflicht im Insolvenzstrafrecht (**§§ 283 Abs. 1 Nr. 5 u. 7, 283 b StGB**), da der Geschäftsführer gem. § 41 und der Liquidator gem. § 71 für die ordnungsgemäße Buchführung der GmbH zu sorgen haben. Schließlich können Geschäftsführer und Liquidatoren auch im Steuerstrafrecht (**§§ 369 ff AO**) qualifizierte Täter sein, da sie gem. § 34 AO alle steuerlichen Pflichten, die der GmbH auferlegt sind, zu erfüllen haben. Der Geschäftsführer hat also z. B. dafür Sorge zu tragen, daß die Steuererklärungen der GmbH inhaltlich richtig und fristgerecht abgegeben und die Steuern aus den Gesellschaftsmitteln entrichtet werden[7]. 6

Für die Beantwortung der insoweit entscheidungserheblichen Vorfrage, ob der Täter etwa in der **Funktion eines Geschäftsführers**, Liquidators oder Mitglieds des Aufsichtsrats gehandelt hat, sind nicht nur die zivilrechtlichen Vorschriften des 7

[6] Hierzu näher Rdn 62 ff.

[7] BFH BStBl. II 1983, 249; BFH wistra 1986, 76 f; zum Ganzen *Kohlmann* § 370 AO 15.3.1.

GmbH-Gesetzes, des HGB und des BGB, sondern auch *strafrechtliche Wertungen* maßgeblich[8]. Da die jeweilige Funktion innerhalb der Gesellschaft bereits die tatbestandliche Täterqualifikation darstellt, handelt es sich hierbei also nicht um einen Fall der Organverantwortlichkeit gem. § 14 StGB[9].

2. Die strafrechtliche Organhaftung gem. § 14 StGB

8 Bei sog. *Sonderdelikten*, deren *Täterqualifikation* lediglich *auf seiten* der deliktsunfähigen *GmbH* vorliegen kann, trifft die strafrechtliche Verantwortlichkeit jeweils die „als vertretungsberechtigtes Organ" der GmbH handelnden *Geschäftsführer* (§ 35) oder *Liquidatoren* (§ 70 Abs. 4, § 36 f), vgl. § 14 Abs. 1 StGB. Gem. § 14 Abs. 2 StGB kann auch den eigenverantwortlich handelnden *Beauftragten* (z. B. Generalbevollmächtigter) eine strafrechtliche Verantwortlichkeit für die GmbH treffen. Hierbei handelt es sich etwa um folgende Delikte:

- **§§ 283 ff StGB** (GmbH als Schuldner bei den Konkursstraftaten)[10]
- **§ 288 StGB** (GmbH als Schuldner beim Vereiteln der Zwangsvollstreckung)[11]
- **§ 266 a StGB** (GmbH als Arbeitgeber beim Vorenthalten und Veruntreuen von Arbeitsentgelt)
- **§ 21 StVG** (GmbH als Kraftfahrzeughalter)[12]
- **§ 34 DepotG** (Kaufmannseigenschaft der GmbH bei der Depotunterschlagung)
- **§ 25 LadenschlußG** (GmbH als Inhaber einer Verkaufsstelle)
- **§ 34 AußenwirtschaftsG** (GmbH als Teilnehmer am Außenwirtschaftsverkehr)

Gem. § 14 Abs. 3 StGB ist die bloße Rechtsunwirksamkeit eines tatsächlich erfolgten Bestellungsaktes zum Geschäftsführer, Liquidator oder besonders Beauftragten für die strafrechtliche Organhaftung ohne Bedeutung. Ist kein Bestellungsakt vorhanden, werden nach hM die von der Rechtsprechung entwickelten Grundsätze zur strafrechtlichen Verantwortlichkeit bei „faktischer" Geschäftsführung herangezogen[13]. Hiernach würde bereits ein (stillschweigendes) Einverständnis der Gesellschafter mit der tatsächlichen Übernahme der Geschäftsleitung durch den Betreffenden ausreichen[14]. Diese über den eindeutigen Wortlaut des § 14 Abs. 3 StGB hinausgehende Ausweitung der Organhaftung entspricht nach der Auffassung des BGH[15] gleichwohl „dem Grundgedanken der in § 14 StGB getroffenen Regelung". In Anbetracht der weitreichenden Konsequenzen dieser Schlußfolgerung und der bedenklichen Nähe zu einer verfassungswidrigen Analogie zuungunsten des Betreffenden (Art. 103 Abs. 2 GG)[16], läßt diese Annahme eine eingehende Begründung vermissen, zumal der BGH in derselben Entscheidung[17] ausdrücklich klarstellt, daß der Anwendungsbereich des § 14 StGB und die Auslegung des (faktischen) Geschäftsführerbegriffs nicht identisch seien[18].

3. Die strafrechtliche Verantwortlichkeit bei allgemeinen Delikten

9 Bei Strafvorschriften, die grundsätzlich von *jedermann* begangen werden können und tatbestandlich keine besondere Tätereigenschaft voraussetzen, haften die für

---

[8] *Kohlmann/Löffeler* 1; Scholz/*Tiedemann* § 82, 42; § 84, 27 ff.
[9] BGHSt. 31, 118, 122 ff.
[10] Vgl. etwa BGHSt. 28, 371 ff.
[11] Schönke/Schröder/*Eser* § 288, 24.
[12] BayObLG VRS 66, 287.
[13] BGH wistra 1984, 178 = StV 1984, 461 m. krit. Anm. *Otto*.
[14] Vgl. unten Rdn 26 ff.
[15] BGHSt. 31, 118, 123.
[16] *Otto* StV 1984, 462; *Löffeler* wistra 1989, 121, 122.
[17] BGHSt. 31, 118, 122.
[18] Gegen eine strafrechtliche Verantwortlichkeit iS des § 14 StGB bei „faktischer" Geschäftsführung *Lackner* § 14, 6, Schönke/Schröder/*Lenckner* § 14, 43; *SK-Samson* § 14, 7 b.

die GmbH *handelnden Personen* lediglich *im Rahmen ihres persönlichen Verantwortungsbereichs*, z. B. im Rahmen der strafrechtlichen Produkthaftung[19], im Umweltstrafrecht[20] sowie bei den Strafvorschriften des Gesetzes gegen den unlauteren Wettbewerb (§§ 4, 6 h, 12, 15, 17, 20 UWG), des Außenwirtschaftsgesetzes (§ 34 AWG) und des Kriegswaffenkontrollgesetzes (§ 16 KWaffKG).

II. Die strafrechtliche Verantwortlichkeit des Geschäftsführers und Liquidators

Die strafrechtliche Verantwortlichkeit des Geschäftsführers ist im *GmbH-Recht* für die Straftatbestände der 10
- **Gründungstäuschung** (§ 82 Abs. 1 Nr. 1),
- **Kapitalerhöhungstäuschung** bei der Kapitalerhöhung aus Mitteln der Gesellschafter (§ 82 Abs. 1 Nr. 3),
- **Eignungstäuschung** (§ 82 Abs. 1 Nr. 4),
- **Kapitalherabsetzungstäuschung** (§ 82 Abs. 2 Nr. 1),
- **Geschäftslagetäuschung** in nicht publizitätspflichtigen Jahresabschlüssen oder sonstigen Vermögensaufstellungen (§ 82 Abs. 2 Nr. 2),
- **Unterlassung der Anzeige eines Verlustes in Höhe der Hälfte des Stammkapitals** (§ 84 Abs. 1 Nr. 1, Abs. 2),
- **Unterlassen des Konkurs- oder Vergleichsantrags** (§ 84 Abs. 1 Nr. 2, Abs. 2),
- **Verletzung der Geheimhaltungspflicht** (§ 85) sowie für die
- **Kapitalaufstockungstäuschung** (Art. 12 § 5 GmbH-Novelle 1980)[21]

geregelt. Außerhalb des GmbH-Rechts trifft den Geschäftsführer eine gesellschaftsstrafrechtliche Verantwortlichkeit für
- **Kapitalerhöhungstäuschung** bei der Kapitalerhöhung aus Gesellschaftsmitteln[22],
- **Geschäftslagetäuschung** in publizitätspflichtigen Jahresabschlüssen[23],
- **„GmbH-rechtliche" Untreue (§ 266 StGB)**[24].

Die strafrechtliche Verantwortlichkeit des *Liquidators* ist im GmbH-Recht für die Straftatbestände der 11
- **Eignungstäuschung** (§ 82 Abs. 1 Nr. 4),
- **Geschäftslagetäuschung** (§ 82 Abs. 2 Nr. 2),
- **Unterlassen des Konkurs- oder Vergleichsantrags** (§ 84 Abs. 1 Nr. 2, Abs. 2),
- **Verletzung der Geheimhaltungspflicht** (§ 85)

geregelt. Außerhalb des GmbH-Rechts trifft den Liquidator eine gesellschafts-strafrechtliche Verantwortlichkeit
- **Geschäftslagetäuschung** in publizitätspflichtigen Jahresabschlüssen (§ 331 Nr. 1 HGB)[25],
- **„GmbH-rechtliche" Untreue** (§ 266 StGB)[26].

Für sonstige im Zusammenhang mit dem Geschäftsbetrieb der GmbH verwirklichten Straftatbestände haben die Geschäftsführer und Liquidatoren entweder nach *§ 14 StGB*[27] oder aufgrund ihres *allgemeinen persönlichen strafrechtlichen Verant-* 12

---

[19] BGHSt. 37, 106 ff = wistra 1990, 342 ff, näher *Kohlmann/Löffeler* 25; *Schmidt-Salzer* NJW 1988, 1937, 1940 f.
[20] LK-*Steindorf* § 324, 44.
[21] Vgl. § 82, 82 ff.
[22] § 36 KapErhG, vgl. Anh § 57 b (*Ulmer*).
[23] § 331 Nr. 1 HGB, vgl. § 82, 163 ff (*Kohlmann*).
[24] Vgl. unten Rdn 54 ff.
[25] Vgl. § 82, 163 ff.
[26] Vgl. unten Rdn 54 ff.
[27] Vgl. oben Rdn 8.

wortungsbereichs[28] einzustehen. Ist der Geschäftsführer oder Liquidator zugleich Allein- oder Mitgesellschafter der GmbH, trifft ihn darüber hinaus die strafrechtliche Verantwortlichkeit des Gesellschafters[29].

1. Der ordnungsgemäß bestellte Geschäftsführer oder Liquidator

13 Ist der Geschäftsführer gem. §§ 6 Abs. 3, 46 Nr. 5 rechtswirksam bestellt und gem. § 39 in das Handelsregister eingetragen, trifft ihn mit anschließender Aufnahme seiner Tätigkeit die volle Verantwortlichkeit als GmbH-Geschäftsführer. Entsprechendes gilt für den Liquidator im Fall der Auflösung der GmbH gem. §§ 65 ff, wobei die Liquidation gem. § 66 Abs. 1 durch den Geschäftsführer erfolgt, sofern diese nicht durch den Gesellschaftsvertrag oder durch Beschluß der Gesellschafter auf eine andere Person übertragen wird. Auf Antrag von Gesellschaftern, deren Gesellschaftsanteile zusammen mindestens 10% des Stammkapitals entsprechen, kann die Bestellung aus wichtigem Grund gem. § 66 Abs. 2 durch das Gericht erfolgen[30].

14 Es ist jedoch zu beachten, daß die Bestellung nicht allein durch den Beschluß der Gesellschafter, sondern erst mit **Annahme des Amtes** seitens des Geschäftsführers bzw. Liquidators wirksam wird. Entscheidend ist also, daß der Betreffende sich mit seiner Bestellung zum Geschäftsführer oder Liquidator **einverstanden**[31] erklärt und sein Amt **tatsächlich wahrgenommen** hat[32]. Demzufolge entfällt eine strafrechtliche Verantwortlichkeit dann, wenn er sein Amt noch nicht angetreten hat oder überhaupt nicht anzutreten beabsichtigt. In diesen Fällen wird die zur Wirksamkeit der Bestellung erforderliche Annahme konkludent verweigert[33]. *Interne Zuständigkeitsregelungen* innerhalb der Unternehmensleitung (Arbeits- und Einkaufsdirektor, technischer Direktor etc.) sind für die Tatbestandsmäßigkeit strafrechtlich relevanten Verhaltens in der Regel ohne Belang[34]. Die Verantwortlichkeit eines wirksam bestellten Geschäftsführers bzw. Liquidators scheidet auch dann nicht aus, wenn ein *Dritter* die Geschäfte der GmbH – auch im Fall der „faktischen" Geschäftsführung[35] – führt[36]. Dies hat vor allem bei den Unterlassungsdelikten und dort insbesondere bei den Konkursdelikten Bedeutung[37]. Insoweit unbeachtlich sind auch *Mängel im schuldrechtlichen Anstellungsverhältnis* zwischen dem Geschäftsführer bzw. Liquidator und der Gesellschaft[38].

2. Geschäftsführungsmaßnahmen vor formeller Bestellung

15 Eine strafrechtliche Verantwortlichkeit besteht darüber hinaus für alle Geschäftsführungs- bzw. Liquidationsmaßnahmen, die der Täter bereits in der Eigenschaft eines Geschäftsführers bzw. Liquidators, aber noch vor seiner ordnungsgemäßen Bestellung vornimmt. In der unveröffentlichten Entscheidung BGH, Urt. v.

---

28 Vgl. oben Rdn 9.
29 Vgl. unten Rdn 49 ff.
30 Hierzu näher § 66, 22 ff (*Hohner*).
31 HM, vgl. etwa Scholz/*Tiedemann* § 82, 41; RGSt. 64, 81, 84.
32 BGHSt. 3, 37 f; BGH GmbH-Rdsch. 1955, 61; BGH GA 1971, 36; BGH MDR/H 1980, 413; Scholz/*Tiedemann* § 82, 41; Rowedder/*Fuhrmann* § 82, 6; *Kratzsch* ZGR 1985, 506, 533.
33 *Meyer-Landrut* §§ 35–38, 104 mwN; im Ergebnis ebenso Schönke/Schröder/*Stree* § 13, 28 mwN.
34 Hierzu näher unten Rdn 37.
35 Vgl. hierzu unten Rdn 20 ff.
36 BGHSt. 3, 32, 37 f; 21, 103 f; § 84, 18 ff; *Richter* GmbH-Rdsch. 1984, 113, 119.
37 Vgl. unten Rdn 31.
38 Scholz/*Tiedemann* § 84, 28; *Löffeler* wistra 1989, 121, 123.

23. 10. 1979 – 1 StR 156/79 wurde selbst dann eine wirksame Geschäftsführerbestellung angenommen, wenn ein zunächst fehlerhaft bestellter Geschäftsführer in der Folge Alleingesellschafter wird und seine Tätigkeit für die GmbH unverändert fortsetzt. Der BGH, aaO (S. 10 ff), führte wörtlich aus:

„Seine ... zunächst schwebend unwirksame Bestellung hatte aber volle Gültigkeit erlangt, als der Angeklagte ... alleiniger Gesellschafter der H-GmbH wurde. Mit der Fortführung seiner unternehmensleitenden Tätigkeit genehmigte oder wiederholte er stillschweigend seine Geschäftsführerbestellung. Daß ihre Eintragung im Handelsregister nicht veranlaßt wurde, war für ihre Wirksamkeit unerheblich, da die Eintragung lediglich rechtsbezeugende Bedeutung gehabt hätte."

3. Die strafrechtliche Verantwortlichkeit des Geschäftsführers oder Liquidators vor seiner Eintragung in das Handelsregister

Die Pflicht zur Anmeldung in das Handelsregister ergibt sich für den Gründungs-Geschäftsführer aus § 8 Abs. 1 Nr. 2, im Fall des Geschäftsführerwechsels aus § 39 und für den Liquidator aus § 67. Eine noch nicht erfolgte oder etwa bewußt unterbliebene Eintragung in das Handelsregister ist für die Wirksamkeit der Geschäftsführer- bzw. Liquidatorenbestellung *unerheblich*, da das Gesetz den Geschäftsführer und den Liquidator in dieser Funktion ausdrücklich schon vor seiner Eintragung als solchen bezeichnet (vgl. §§ 6 f, 65, 66, 78) und der Eintragung im übrigen auch keine konstitutive Wirkung iS einer objektiven Strafbarkeitsbedingung zukommt; sie hat vielmehr lediglich deklaratorische Bedeutung[39]. Die Tathandlungen der Gründungstäuschung (§§ 82 Abs. 1 Nr. 1) und der Eignungstäuschung (§ 82 Abs. 1 Nr. 4) können sogar nur von demjenigen begangen werden, der gerade noch nicht als eingetragener Geschäftsführer der betreffenden GmbH (die im Fall des § 82 Abs. 1 Nr. 1 ebenfalls noch nicht eingetragen ist!) tätig geworden ist[40]. Entsprechendes gilt im Fall der Eignungstäuschung auch für den Liquidator, vgl. § 67 Abs. 3. **16**

4. Die strafrechtliche Verantwortlichkeit des Geschäftsführers und Liquidators einer (noch) nicht eingetragenen oder sonst nicht rechtswirksam entstandenen GmbH

Daß die rechtliche Eigenschaft eines Geschäftsführers bzw. Liquidators nicht das Eingetragensein der Gesellschaft, d. h. nicht deren rechtliches Bestehen als GmbH voraussetzt, ist u. a. in §§ 7, 8 unzweideutig ausgedrückt. Es genügt mithin, wenn die Gesellschaft errichtet ist und wenn die bereits zum Geschäftsführer bestellte Person ihr Amt übernommen hat[41]. Soweit die Tathandlungen des § 82 in Betracht kommen, kann die Gründungstäuschung (Abs. 1 Nr. 1) gerade nur vor der Eintragung der GmbH begangen werden, wohingegen die Kapitalerhöhungs- und Kapitalherabsetzungstäuschung (Abs. 1 Nr. 3, Abs. 2 Nr. 1) erst nach der Eintragung relevant werden kann. Für die Geschäftslagetäuschung (Abs. 2 Nr. 2, § 331 Nr. 1 HGB) kann die Eintragung ebenfalls keine Rolle spielen, da der Geschäftsführer bzw. Liquidator etwa bei Vorlage eines Geschäftsberichts bereits nach außen ein schutz- **17**

[39] BGH, Urt. v. 23. 10. 1979 – 1 StR 156/79 (S. 11); BGH St. 3, 32, 39; RGSt. 43, 407, 414; zur Zivilrechtsprechung BGH BB 1960, 880; vgl. ferner *Meyer-Landrut* §§ 35–38, 104 mwN; *Kratzsch* ZGR 1985, 506, 523.

[40] *Kohlmann/Löffeler* 7; *Löffeler* wistra 1989, 121, 123.

[41] *Kohlmann/Löffeler* 8; *Löffeler* wie Fn 40; *Schäfer* GmbH-Rdsch. 1993, 717, 719 f.

würdiges Vertrauen der Geschäftspartner gegenüber der Gesellschaft in Anspruch nimmt.

18 Demgegenüber besteht noch **keine Konkursantragspflicht** gemäß §§ 64, 84 vor Eintragung der GmbH in das Handelsregister. Die sogenannte Vorgründungsgesellschaft ist, soweit sie ihren Geschäftsbetrieb noch nicht aufgenommen hat, als BGB-Gesellschaft bekanntlich überhaupt noch nicht konkursfähig. Betreibt die Gesellschaft ein Grundhandelsgewerbe nach § 1 HGB, ist sie als OHG (§ 105 HGB) und damit auch als konkursfähig zu behandeln (vgl. § 209 KO), wobei allerdings nur die persönlich haftenden Gesellschafter bzw. Liquidatoren konkursantragsberechtigt sind (§ 210 Abs. 1 KO). Insoweit scheidet eine Konkursantragspflicht gem. § 84 Abs. 1 Nr. 2, Abs. 2 für den Geschäftsführer bzw. Liquidator in jedem Fall aus. Aber selbst wenn die Gesellschaft gem. §§ 2 ff bereits als GmbH errichtet ist (sog. Vor-GmbH) und hinsichtlich des Geschäftsführers ein Bestellungsakt iS des § 6 vorliegt, ändert das nichts daran, daß die §§ 64, 84 ausschließlich den Konkurs der gem. § 11 entstandenen GmbH erfassen und eine Ausweitung auf die Vor-GmbH in Abweichung des neueren gesellschafts-zivilrechtlichen dogmatischen Verständnisses des Rechts der Vor-GmbH[42] jedenfalls eine im Strafrecht unzulässige Analogie zu Lasten des Täters (Verstoß gegen Art. 103 Abs. 2 GG) darstellt[43]. In Betracht kommt jedoch eine Strafbarkeit wegen einer allgemeinen Konkursstraftat gem. §§ 283 ff StGB[44].

19 Erweist sich die GmbH im nachhinein als **nichtig**[45], ist die Gesellschaft über den Abwicklungszeitraum bzw. bis zur Heilung des zur Nichtigkeit führenden Mangels jedenfalls hinsichtlich Rechtsbeziehungen mit Dritten als bestehend und durch den Geschäftsführer bzw. Liquidator als ihr berufenes Organ vertreten anzusehen[46]. Insoweit vertrat bereits das RG[47] die Auffassung, daß das strafrechtliche Schutzbedürfnis daher Dritten gegenüber bei einer mit einem Nichtigkeitsgrund behafteten Gesellschaft in nicht minderem Maß vorhanden sei, als bei einer voll wirksamen Gesellschaft. Demzufolge kann in derartigen Fällen eine strafrechtliche Verantwortlichkeit des Geschäftsführers oder Liquidators – also auch für eine Konkursantragspflicht gem. §§ 64, 84! – nur dann entfallen, wenn diese ihr Amt überhaupt nicht angetreten oder rechtzeitig in entsprechender Weise niedergelegt haben. Dies kann aber nur durch Erklärung gegenüber den Gesellschaftern bzw. dem zuständigen Gesellschaftsorgan (Aufsichtsrat, übrige Geschäftsführer) erfolgen[48].

5. Der „faktische" Geschäftsführer oder Liquidator

20 Unter dem Begriff der sog. *„faktischen" Geschäftsführung* werden vor allem solche Fälle verstanden, in denen eine Bestellung zum Geschäftsführer absichtlich unterblieben ist oder unterbleiben mußte, etwa weil in der Person des Betreffenden die Ausschlußgründe des § 6 Abs. 2 (konkursrechtliche Vorstrafen) vorliegen oder

---

42 Vgl. § 63, 6 f (*Ulmer*).

43 Scholz/*Tiedemann* § 84, 86; Rowedder/*Fuhrmann* § 84, 18; aA *Schäfer* GmbH-Rdsch. 1993, 717, 721 f.

44 Scholz/*Tiedemann* § 84, 87; Rowedder/*Fuhrmann* wie Fn 43.

45 Zu den gesellschaftsrechtlichen und zivilrechtlichen Konsequenzen vgl. die Erläuterungen zu den §§ 75–77 (*Hohner*).

46 §§ 77 Abs. 2, 75 Abs. 1; vgl. hierzu näher *Löffeler* wistra 1989, 119, 123; *K. Schmidt* in Festschr. Rebmann (1989), 419, 423.

47 RGSt. 43, 407, 415.

48 RGSt. 64, 81, 85; vgl. ferner Rdn 8 und 29.

in Fällen rechtsunwirksamer Geschäftsführerbestellung[49]. In der Praxis zählen hierzu insbes. die sog. *Strohmann-Fälle*[50], die dadurch gekennzeichnet sind, daß die Geschäfte der GmbH maßgeblich von einem Hintermann – meistens von dem Allein- oder Mehrheitsgesellschafter[51] – geführt werden, während der „pro forma" eingetragene Geschäftsführer lediglich als Strohmann fungiert, z. B. Schwiegersohn[52] oder Ehefrau[53]. Solche Formen der Unternehmensleitung finden sich häufig in sog. „Familiengesellschaften". Aber auch im Zusammenhang mit einer vorweggenommenen Erbfolge zu Lebzeiten des Unternehmensinhabers kommt es häufig zwar zu einer formellen Geschäftsführerbestellung eines oder mehrerer „Junior-Chefs", obwohl die Firmenleitung nach wie vor in den Händen des Senior-Chefs verbleibt. Auch der umgekehrte Fall ist denkbar, in dem der Senior-Chef zwar noch eingetragener Geschäftsführer ist, die Unternehmensleitung inzwischen jedoch von einem anderen Familienmitglied wahrgenommen wird. Weiter zu nennen ist die Erteilung einer *Generalvollmacht* iS einer umfassenden Geschäftsführungsbefugnis[54], die zivilrechtlich jedenfalls ohne gleichzeitige Geschäftsführerbestellung unwirksam ist[55]. In neuerer Zeit wird schließlich auch die Frage nach den Konsequenzen einer Einflußnahme von Allein- oder Mehrheitsgesellschaftern und Aufsichtsratsmitgliedern einer GmbH auf deren Geschäftsführer diskutiert[56].

Die nachstehend dargestellten Grundsätze gelten ebenso für den **„faktischen" Liquidator,** d. h. für solche Fälle, in denen derjenige, der maßgeblich und eigenverantwortlich die GmbH auflöst, überhaupt nicht oder zumindest nicht rechtswirksam zum Liquidator bestellt worden ist. 21

Die nachfolgenden Ausführungen erstrecken sich ausschließlich auf die strafrechtlichen Verantwortlichkeiten, die im Teilbereich nicht unerheblich von den gesellschafts-zivilrechtlichen Pflichten und Verantwortlichkeiten abweichen, so daß zur Klärung letztgenannter Problemkreise auf die Erläuterungen zu den §§ 35, 36 verwiesen werden muß. 22

a) **Strafrechtliche Verantwortlichkeit bei förmlicher Bestellung, die zivilrechtlich unwirksam ist.** Unproblematisch sind zunächst die Fälle, in denen es zwar zu einem *förmlichen Bestellungsakt* gekommen ist, die Bestellung aber zivilrechtlich unwirksam ist. Für die *Organhaftung nach § 14 StGB* ergibt sich bereits aus dem Gesetz (§ 14 Abs. 3 StGB), daß die Unwirksamkeit des Bestellungsakts für die strafrechtliche Verantwortlichkeit eines Gesellschaftsorgans ohne Bedeutung ist[57]. Gleiches gilt auch bei den *Geschäftsführungsdelikten der §§ 82–85*[58]. Hierzu führte bereits das RG[59] im Zusammenhang mit der Geschäftsleitung einer AG aus, daß ein Vorstandsmitglied, das aufgrund seiner Wahl diese Stellung angenommen und ausgeübt hat, 23

---

[49] zG näher etwa *Bruns* JR 1984, 133 ff; *Kratzsch* ZGR 1985, 506 ff; *Löffeler* wistra 1989, 121 ff; *Otto* StV 1984, 462 ff; *Fuhrmann* in Festschr. Tröndle (1989), 139 f; *K. Schmidt* in Festschr. Rebmann (1989), 121 f; *Stein* ZHR 1984, 207 f; grds. abl. *Joerden*, wistra 1990, 1 f; zur Zivilrechtsprechung BGHZ 75, 96, 106; BGH WM 1973, 1354, 1355; NJW 1988, 1789; ferner die entsprechenden Erläuterungen zu §§ 35, 36 (Mertens/Stein).

[50] Hierzu etwa *Richter* GmbH-Rdsch. 1984, 113, 114; *Schünemann* 127 f; *Tiedemann* ZStW 83 (1971), 792 ff.

[51] So in BGHSt. 21, 101 ff; BGH GA 1971, 36.

[52] BGHSt. 3, 32 ff.

[53] BGHSt. 31, 118 ff = wistra 1983, 31, 33; BB 1983, 788 m. abl. Anm. *Kaligin*.

[54] BGH, Urt. v. 23. 10. 1979 – 1 StR 156/79; BGHSt. 34, 221 f.

[55] BGHZ 34, 27, 31 = NJW 1961, 506; BGH NJW 1977, 199; *Meyer/Landrut* § 46, 41 ff.

[56] Hierzu etwa Scholz/*Tiedemann* § 84, 35 mwN; Rowedder/*Fuhrmann* § 84, 5; *Kratzsch* ZGR 1985, 506, 507.

[57] Vgl. *Dreher/Tröndle* § 14, 18; *Lackner* § 14, 6; Schönke/Schröder/*Lenckner* § 14, 43.

[58] Vgl. ferner oben Rdn 5 ff.

[59] RGSt. 64, 81, 84.

nicht berechtigt sei, nachträglich für die Vergangenheit die Verantwortlichkeit für Pflichten als Vorstandsmitglied abzulehnen. Solange er diese Tätigkeit nicht in gehöriger Weise niederlege, bleibe er wie ein wirksam bestelltes Vorstandsmitglied für die Erfüllung entsprechender Pflichten strafrechtlich verantwortlich. Dies steht auch in Übereinstimmung mit der Rechtsprechung zu den Amtsdelikten der §§ 331 ff StGB, wonach es für den Amtsträger ebenfalls nicht auf die Rechtswirksamkeit der erfolgten Ernennung ankommt[60].

24 *Entscheidend* ist lediglich, daß der Betreffende sich mit seiner Bestellung *einverstanden*[61] erklärt und sein *Amt tatsächlich wahrgenommen hat*[62].

25 **b) Strafrechtliche Verantwortlichkeit des nicht bestellten „faktischen" Geschäftsführers oder Liquidators.** In der Rechtsprechung des BGH wird für den nicht bestellten „faktischen" Geschäftsführer bzw. Liquidator unter den nachgenannten Voraussetzungen ebenfalls eine volle strafrechtliche Verantwortlichkeit sowohl bei den *Geschäftsführungsdelikten der §§ 82–85* als auch bei der *Organhaftung nach § 14 StGB* bejaht. Obwohl die Annahme einer strafrechtlich relevanten „faktischen" Geschäftsführung im Schrifttum nicht ohne Kritik geblieben ist[63], müssen die von der Rechtsprechung entwickelten Grundsätze inzwischen als wohl hM angesehen werden[64]. Die von der Rechtsprechung und Teilen des Schrifttums vorgenommene *„faktische" bzw. wirtschaftliche Betrachtungsweise* beruht auf durchgreifenden rechtspolitischen Erwägungen, die der BGH[65] für den „faktischen" Vorstand einer AG wie folgt zusammengefaßt hat:

> „Wer als eigentlicher Leiter der Gesellschaft die Gesetzesverletzungen herbeigeführt hat, würde uU straflos bleiben, wenn den formell bestellten Vorstandsmitgliedern kein vorsätzliches strafbares Handeln zur Last fiele, so daß auch die Bestimmungen über die Teilnahme zu keiner Bestrafung des wirklichen Schuldigen führen würden ... Wer unter Mißbrauch wirtschaftlicher Macht und rechtlicher Gestaltungsmöglichkeit Strohmänner als Vorstandsmitglieder vorschiebt, könnte so der gerechten Strafe entkommen. Handelsrechtliche Vorschriften dienen jedoch dem redlichen Geschäftsverkehr. Sie sind kein Schild für den Rechtsmißbrauch und hindern daher den „Durchgriff" auf den tatsächlich Handelnden und mithin Verantwortlichen strafrechtlich so wenig wie bürgerlichrechtlich (s. dazu BGHSt 11, 102; BGHZ 31, 258)."

Diese Gesichtspunkte werden in einer späteren Entscheidung des BGH[66] für den „faktischen" GmbH-Geschäftsführer wiederholt und damit begründet, daß „eine

---

[60] Schönke/Schröder/*Cramer* 5 vor §§ 331 ff; LK-*Jescheck* 6 vor § 331; vgl. ferner Baumbach/Hueck/*Schulze-Osterloh* § 82, 19.

[61] HM; vgl. etwa RGSt. 64, 81, 84; Scholz/*Tiedemann* § 82, 41, 77.

[62] BGHSt. 3, 37 ff; BGH GmbH-Rdsch. 1955, 61; BGH GA 1971, 36; BGH MDR/H 1980, 453; Scholz/*Tiedemann* § 82, 41; Rowedder/*Fuhrmann* § 82, 6; *Kratzsch* ZGR 1985, 506, 533; zG auch *Kohlmann/Löffeler* 12.

[63] So insbes. im Hinblick auf § 84, Baumbach/Hueck/*Schulze-Osterloh* § 82, 77, § 84, 13; Lutter/*Hommelhoff* § 84, 3; *Kaligin* BB 1983, 780; *Otto* StV 1984, 462 ff; *Stein* Das faktische Organ, S. 130 ff; Scholz/*Tiedemann* § 84, 27 ff; *Tiedemann* NJW 1986, 1842, 1846; *ders.* in: *Belke-Oehmichen* S. 30 f; *Hoyer* NStZ 1988, 369; *Marxen* JZ 1988, 286; *Joerden* wistra 1990, 1 f; ebenfalls ablehnend im Bereich des § 14 Abs. 3 StGB vgl. *Lackner* § 14, 6; Schönke/Schröder/*Lenckner* § 14, 43; SK-*Samson* § 14, 7 b.

[64] BGHSt. 3, 32, 37 f; 6, 315 f; BGHSt. 21, 101, 103; BGH GA 1971, 36; BGHSt. 31, 118 f; BGH MDR/H 1980, 453; BGH wistra 1984, 178 = StV 1984, 461 m. Anm. *Otto*; BGH NJW 1984, 2958 (zur strafrechtlichen Verantwortlichkeit des faktischen Geschäftsführers einer GmbH & Co. KG bzgl. der Konkursantragspflicht hinsichtlich der KG gem. §§ 177 a, 130 b HGB); sowie neuestens OLG Düsseldorf NJW 1988, 3166 = wistra 1989, 152; zust. *Meyer-Landrut* § 84, 4; Rowedder/*Fuhrmann* § 82, 5; für § 14 StGB vgl. LK-*Roxin* § 14, 44; *Bruns* JR 1984, 133 ff; *K. Schmidt* in Festschr. Rebmann (1989), 419 ff; *Schünemann* S. 129 f; Müller/Gugenberger/*Schmid* § 26, 71; *Wiesener* S. 101; einschr. *Löffeler* wistra 1989, 121, 124.

[65] BGHSt. 21, 101, 105.

[66] BGHSt. 31, 118, 122.

andere Auffassung ... den Schutz der Allgemeinheit vor unredlicher Handhabung der Geschäftsführung einer Gesellschaft mit beschränkter Haftung unterlaufen" würde. Unter Zugrundelegung der in Rechtsprechung und Schrifttum entwickelten Grundsätze ist eine strafrechtliche Verantwortlichkeit des „faktischen" Geschäftsführers bzw. Liquidators demnach dann anzunehmen, wenn die nachfolgenden Voraussetzungen erfüllt sind.

α) **Tatsächliche Aufnahme der Geschäftsführungs- bzw. Liquidationstätigkeit.** 26
Der Betreffende muß die Stellung eines Geschäftsführers bzw. Liquidators *tatsächlich aufgenommen* und *ausgeübt* haben[67]. Diese Voraussetzung ist dann erfüllt, wenn sowohl *betriebsintern* als auch *nach außen* alle Dispositionen weitgehend von ihm ausgehen und er auch im übrigen auf sämtliche Geschäftsvorgänge bestimmenden Einfluß nimmt. Bei der Beurteilung einer derartigen Geschäftsführungstätigkeit hebt der BGH allerdings ausdrücklich hervor, daß die einzelnen Tätigkeiten lediglich Beweisanzeichen darstellen und nur „in ihrer Zusammenschau den Schluß auf eine entsprechende Stellung zulassen"[68], so etwa, wenn der Betreffende bestimmenden Einfluß auf das gesamte Unternehmen ausübt, alle Außengeschäfte selbständig leitet, z. B. Kreditverhandlungen führt und sowohl gegenüber den Mitarbeitern als auch gegenüber den Kunden als Geschäftsführer auftritt[69]. Ein weiteres Indiz kann daneben die Höhe der Vergütung sein, wenn sie dem Gehalt eines Geschäftsführers entspricht[70]. In dem Fall der Entscheidung BGHSt. 31, 118 ff hatte der Angeklagte die Geschäftseröffnung betrieben sowie einen nicht unmaßgeblichen Anteil an der tatsächlichen Geschäftsführung. Er allein hatte die Steuerberatung und Führung der Geschäftsbücher in Auftrag gegeben und – neben der eingetragenen Geschäftsführerin und Hauptgesellschafterin – auch Buchungsanweisungen erteilt. Er stellte Mitarbeiter ein, entließ diese und erteilte diesen Zeugnisse. Er hatte die Geschäftsverbindungen zu einer Lieferantenfirma geknüpft und die wesentlichen Gespräche über Zahlungsmodalitäten, Stundungen und Wechselhingaben geführt, er hatte mit einer weiteren Firma Zahlungsbedingungen ausgehandelt und mit wieder anderen Lieferantenfirmen Stundungsvereinbarungen getroffen bzw. längerfristige Zahlungsziele vereinbart. Durch die Art seiner Erklärungen vermittelte er erfolgreich den Eindruck, daß er darüber entscheide, ob die Geschäftsbeziehungen aufrechterhalten oder gekündigt werden. Für die Lieferantenfirmen war er der wesentliche Gesprächspartner, für die Angestellten der GmbH war er der Chef.

Bei Beurteilung einer „faktischen" Geschäftsführung kommt es auch nicht auf 27
die Rechte an, die dem Betreffenden förmlich übertragen worden sind, sondern vielmehr auf dessen **tatsächliche Verfügungsmacht**[71]. So wäre etwa die fehlende Verfügungsbefugnis über die Konten der Gesellschaft dann unbeachtlich, wenn sich der „faktische" Geschäftsführer jederzeit der Mithilfe der verfügungsberechtigten Mitgeschäftsführer oder Prokuristen sicher sein kann und damit also gleichwohl Verfügungen über die Firmenkonten nach seinem Belieben vornehmen kann[72].

Weiterhin entscheidend ist, daß der Betreffende **maßgeblichen Einfluß** auf die 28
gesamten Geschäftsvorgänge genommen hat. So würde es zum Beispiel nicht ausreichen, wenn zwar umfangreiche Vollmachten (etwa Bank-, Postscheck-, Zoll-, Einkaufs- und Verkaufsvollmachten) erteilt worden sind, diese Vollmachten praktiziert werden und Geschäftsschreiben regelmäßig „iV" unterzeichnet werden, der Betref-

[67] Vgl. die Rechtsprechung in Rdn 54.
[68] BGHSt. 31, 118 ff.
[69] BGH GA 1971, 36.
[70] BGH, wie Fn 69.
[71] BGH, wie Fn 69.
[72] BGH, wie Fn 69.

fende aber *nicht* die *gesamte Leitung* des Unternehmens übernommen hat[73]. Der BGH verneinte die Annahme einer faktischen Geschäftsführereigenschaft aber auch dann, wenn der Betreffende lediglich *ein- oder zweimal* gegenüber anderen Firmen als Geschäftsführer bezeichnet wird[74]. Gleichwohl ist nicht zwingend, daß der Betreffende in allen Teilbereichen der Geschäftsleitung bestimmenden Einfluß ausübt, namentlich dann, wenn die Geschäftsleitung – wie etwa bei größeren Unternehmen – nach Ressortbereichen aufgeteilt ist. Belanglos ist dagegen die im Anstellungsvertrag „offiziell" bezeichnete Beschäftigung, die idR nur einen untergeordneten Tätigkeitsbereich beinhaltet, wie z. B. Abteilungsleiter, Sachbearbeiter oder Boten- und Hausmeistertätigkeit[75]. Demgegenüber wäre die Vereinbarung einer quasi unternehmensleitenden Tätigkeit wie z. B. die eines Generalbevollmächtigten[76] wiederum ein Indiz für eine faktische Geschäftsführung.

29 **β) Einverständnis der Gesellschafter oder des Aufsichtsrats.** Als zweites Erfordernis verlangt der BGH, daß der Betreffende mit dem *Einverständnis* der Gesellschafter(-mehrheit) bzw. der zuständigen Gesellschaftsorgane tätig geworden ist. Die einseitige *Anmaßung* der Unternehmensführung reicht also *nicht* aus. Dem Betreffenden muß vielmehr die Stellung eines Geschäftsführers von den wirtschaftlichen Eigentümern des Unternehmens bzw. deren Vertretern (Aufsichtsrat) eingeräumt worden sein[77].

30 Sofern es sich um **Begehungsdelikte** handelt, so etwa bei Gründungs- oder Geschäftslagetäuschung (§ 82 Abs. 1 Nr. 1 und 2, § 331 Nr. 1 HGB), unterliegt diese Auffassung auch im Schrifttum keinen Bedenken[78]. In derartigen Fällen nimmt der Betreffende durch aktives Tun mit Einverständnis der Gesellschafter bzw. deren vertretungsberechtigten Organen das uneingeschränkte Vertrauen der Öffentlichkeit hinsichtlich seiner Stellung innerhalb der Gesellschaft in Anspruch. Dann muß sich aber auch die Öffentlichkeit – sofern keine entgegenstehenden Anhaltspunkte offensichtlich erkennbar sind – berechtigterweise darauf verlassen können, daß nicht irgendein Angestellter des Unternehmens, sondern auch tatsächlich ein verantwortliches Mitglied der Geschäftsführung der GmbH tätig geworden ist.

31 Im Bereich der **Unterlassungsdelikte**, so etwa bei der unterlassenen Stellung eines Vergleichs- oder Konkursantrags (§ 84 Abs. 1 Nr. 2, Abs. 2), wird die strafrechtliche Verantwortlichkeit eines „faktischen" Geschäftsführers bzw. Liquidators in Rechtsprechung und Schrifttum hingegen äußerst kontrovers beurteilt. Im Gegensatz zur Rechtsprechung des BGH[79] soll nach Auffassung von *Stein*[80] und Baumbach/Hueck/*Schulze-Osterloh*[81] die bloße Übernahme von Geschäftsführungsfunktionen, ohne daß wenigstens das *äußere Erscheinungsbild eines Bestellungsaktes* vorliegt, keine strafrechtliche Haftung des Geschäftsführers für die vorgenannten Unterlassungsdelikte begründen[82]. Diese Ansicht erweist sich jedoch als zu eng, namentlich dann, wenn neben dem „faktischen" Geschäftsführer kein weiteres bestelltes Geschäftsführungsmitglied vorhanden ist, die Gesellschafter diesen Zustand aber

[73] BGH GmbH-Rdsch. 1958, 179, 180.
[74] BGH, wie Fn 73.
[75] BGHSt. 31, 118 f.
[76] Vgl. hierzu BGH, Urt. v. 23. 10. 1979 – 1 StR 156/79; BGHSt. 34, 221 f.
[77] Vgl. die oben Fn 64 genannte Rechtsprechung.
[78] *Kohlmann/Löffeler* 17; Scholz/*Tiedemann* § 82, 41; *Meyer-Landrut* § 82, 3; Rowedder/*Fuhrmann* § 82, 6; *Richter* GmbH-Rdsch. 1984, 113, 118; nur auf Eignungs- und Gründungstäuschung beschränkt Baumbach/Hueck/*Schulze-Osterloh* § 82, 19, 77; grds. abl. *Stein* S. 70; *dies.* ZHR 1984, 207, 222; offenlassend *Geilen*-KölnKommAktG § 399, 32.
[79] Vgl. die oben Fn 64 genannte Rechtsprechung.
[80] S. 70; *dies.* ZHR 1984, 207, 222.
[81] § 84, 13 (*Kohlmann*).
[82] Grds. abl. Lutter/*Hommelhoff* § 84, 3.

gleichwohl dulden. Gleiches muß in den Fällen gelten, in denen sich der Alleingesellschafter bewußt als Geschäftsführer abberuft (etwa zum Abschluß von Geschäften mit sich selbst) und die Unternehmensleitung nunmehr aufgrund einer – wenn auch zivilrechtlich unwirksamen – Generalvollmacht fortführt[83]. Eine Verpflichtung zur Wahrnehmung aller Organpflichten (also insbesondere hinsichtlich Vergleichs- und Konkursantragspflicht und Buchführungspflichten) muß hier schon deshalb bejaht werden, weil die Wahrnehmung und Erfüllung durch ein rechtmäßig bestelltes Gesellschaftsorgan nicht erwartet werden kann[84]. Ein *bewußter Rechtsmißbrauch* darf nicht zur Entledigung von ansonsten bestehenden strafbewehrten Pflichten führen[85].

Dies entspricht auch der inzwischen gefestigten *Zivilrechtsprechung* des BGH, wonach ebenfalls derjenige gegen die Konkursantragspflicht nach § 64 verstößt, der zwar nicht zum Geschäftsführer bestellt ist, die Geschäfte der GmbH aber tatsächlich wie ein (Mit-)Geschäftsführer führt[86].

Einen **rechtsdogmatischen** Begründungsversuch hat neuestens *K. Schmidt*[87] unternommen, der die Strafbarkeit des „faktischen" Geschäftsführers als ein *Auslegungsproblem* des § 84 Abs. 1 Nr. 2 ansieht. Durch die tatbestandliche Verweisung auf die §§ 64 und 71 müsse auch das in diesen Normen enthaltene Verbot der Unternehmensfortführung trotz Insolvenz[88] vom Unwertgehalt des § 84 mit umfaßt werden. Demzufolge mache sich nicht nur der zur Stellung des Konkurs- oder Vergleichsantrags ausschließlich berechtigte (rechtswirksam bestellte) Geschäftsführer, sondern auch der „faktische" Geschäftsführer strafbar, der den Geschäftsbetrieb der GmbH trotz bestehender Insolvenzlage gleichwohl weiterführt. In ähnlicher Weise versteht auch *Fuhrmann*[89] die faktische bzw. wirtschaftliche Betrachtungsweise lediglich als Auslegungsproblem des Tatbestandsmerkmals Geschäftsführer bzw. Liquidator, die den tatsächlichen Gegebenheiten gerecht werde und mithin weder gegen das Analogieverbot des Art. 103 Abs. 2 GG noch gegen den Grundsatz der Tatbestandsbestimmtheit verstoße.

γ) **Restriktive Handhabung beim Vorhandensein eines wirksam bestellten Geschäftsführers oder Liquidators.** Da die strafrechtliche Einbeziehung des „faktischen" Geschäftsführers in den hier qualifizierten Täterkreis der – wenn auch sachgerechten – Schließung einer Strafbarkeitslücke dient, ist allerdings eine restriktive Handhabung der vorgenannten Grundsätze geboten, die dem verfassungsrechtlich garantierten Analogieverbot hinreichend Rechnung trägt[90]. Einschränkungen sind gerade dann erforderlich, wenn neben dem „faktischen" Geschäftsführer zumindest ein formell wirksam bestelltes Mitglied der Geschäftsleitung vorhanden ist. Denn hier besteht die naheliegende Gefahr, daß die faktische bzw. wirtschaftliche Betrachtungsweise zu einer *kumulativen Strafbarkeitsausweitung* führt. Da die strafrechtliche Verantwortlichkeit des wirksam zum Geschäftsführer Bestellten in jedem Fall bestehen bleibt, ist die ordnungsgemäße Wahrnehmung aller Organpflichten – je- **32**

83 BGH, Urt. v. 23. 10. 1979 – 1 StR 156/79.

84 Scholz/*Tiedemann* § 84, 30, 34 mWN.

85 *Kohlmann*/*Löffeler*, 18.

86 BGH WM 1973, 1354, 1355; BGHZ 104, 44 – NJW 1988, 1789 = BB 1988, 1064 für die GmbH & Co KG.

87 Festschr. Rebmann (1989), 419, 434.

88 *K. Schmidt* ZIP 1980, 328 ff; Scholz/*K. Schmidt* § 64, 1, 9; abl. *Joerden* wistra 1990, 1 f.

89 Festschr. Tröndle (1989), 139, 145 ff; Rowedder/*Fuhrmann* § 82, 6.

90 In diesem Sinne bereits Kohlmann/*Löffeler* 18; *Löffeler* wistra 1989, 121, 125; näher *Fuhrmann* in Festschr. Tröndle (1989), 139, 145 ff; *K. Schmidt* in Festschr. Rebmann (1989), 419, 439; Rowedder/*Fuhrmann* § 84, 5.

denfalls grundsätzlich – durchaus gewährleistet. Insoweit entspricht es auch der ständigen Rechtsprechung, daß bei Vorhandensein einer verantwortlichen Geschäftsleitung zunächst kein Anlaß besteht, weitere Personen in die strafrechtliche Verantwortung mit einzubeziehen[91]. Hierzu führte das OLG Düsseldorf[92] klarstellend aus, daß ein Bedürfnis, die strafrechtliche Verantwortlichkeit auf den faktischen Geschäftsführer zu erstrecken, nur dann bestehe, „wenn er einen Einfluß ausübt, der über den des formellen Geschäftsführers hinausgeht".

33 Neben dem Einfluß auf die laufenden Geschäfte der GmbH muß vielmehr also auch eine Beherrschung des formell bestellten Geschäftsführers vorliegen. In Übereinstimmung mit der Rechtsprechung ist dies ohne Zweifel der Fall, wenn der „faktische" Geschäftsführer die Unternehmensleitung allein bestimmt[93], eine überragende Stellung in der Geschäftsführung einnimmt[94] oder als „die Seele des Geschäfts" bestimmenden Einfluß auf alle Geschäftsvorgänge hat[95]. In allen diesen Fällen wird man jedenfalls in der Praxis sagen können, daß der formell wirksam bestellte Geschäftsführer nur eine untergeordnete, wenn nicht sogar nur eine „Strohmann-Funktion" wahrnimmt und darüber hinaus in keiner ernstzunehmenden Weise auf die Unternehmensleitung Einfluß nehmen kann. Demzufolge kann eine gemeinsame Unternehmensleitung, in der der faktische und der rechtmäßig bestellte Geschäftsführer alle wesentlichen Entscheidungen gleichberechtigt treffen, für die Annahme einer strafrechtlichen Verantwortlichkeit des „faktischen" Geschäftsführers nicht ausreichen[96].

34 Ob vor diesem Hintergrund ein **bloßes Übergewicht** gegenüber dem formellen Geschäftsführer ausreicht[97], erscheint dagegen fraglich. Gleiches muß dann gelten, wenn sich der „faktische" Geschäftsführer lediglich nur in *Einzelfällen* eine „Organstellung" angemaßt hat und auch nur bei diesen Anlässen nach außen in entsprechender Weise aufgetreten ist, die Geschäftsführung im übrigen aber lediglich mittelbar durch Einflußnahme auf das Verhalten des formell ordnungsgemäß bestellten Geschäftsführers mitbestimmt. Demzufolge begegnet auch die Einbeziehung des aktiv einflußnehmenden *Mehrheitsgesellschafters* in den Kreis der strafrechtlich verantwortlichen Unternehmensführung erheblichen Bedenken, sofern sich dessen Aktivitäten ausschließlich auf interne Anweisungen beschränken[98]. Denn auch die Ausübung einer mehr oder weniger umfassenden Weisungsgewalt ist lediglich ein Vorgang mittelbarer Geschäftsführung, da sowohl die Ausführung der erteilten Weisungen als auch die verbleibenden Unternehmensentscheidungen nach wie vor dem formell bestellten Geschäftsführer obliegen. Mag dieser Geschäftsführer im Einzelfall auch ein „Marionetten-Dasein" führen, so trifft ihn als den die GmbH nach außen vertretenden Geschäftsführer die alleinige strafrechtliche Verantwortung als Täter[99]. Der einflußnehmende Gesellschafter kann sich in diesen Fällen jedoch

91 OLG Düsseldorf wistra 1989, 152 m. Anm. *Hoyer* NStZ 1988, 368; RGSt. 72, 187, 192; *Löffeler* wistra 1989, 121, 125; Scholz/*Tiedemann* § 84, 32 mwN; anders jedoch im Zivilrecht BGHZ 104, 44; vgl. auch *Kratzsch* ZGR 1985, 506, 526 f; *Hildesheim*, wistra 1983, 166 ff.

92 Wie Fn 91.

93 RGSt. 71, 112, 113; BGHSt. 21, 101, 103.

94 BGHSt. 31, 118, 122.

95 BGHSt. 3, 32, 37.

96 OLG Düsseldorf, wie Fn 91.

97 So aber BGH wistra 1984, 178 = StV 1984, 461 m. abl. Anm. *Otto*.

98 *Kratzsch* ZGR 1985, 506, 525 f; dagegen weitergehend Rowedder/*Fuhrmann* § 84, 5; ebenfalls kritisch Scholz/*Tiedemann* § 84, 35.

99 Zu eventuell zivilrechtlichen Schadensersatzpflichten von Gesellschaftern wegen Treupflichtverstößen vgl. BGHZ 65, 16 und zu der Haftung des „herrschenden" Unternehmens im „qualifizierten faktischen Konzern" vgl. etwa BGHZ 95, 330; vgl. ferner die Erläuterungen im Anhang zu § 77 (GmbH-Konzernrecht).

durchaus wegen Anstiftung (§ 26 StGB) oder Beihilfe (§ 27 StGB) strafbar machen. Sofern also die Unternehmensleitung durch ordnungsgemäß bestellte Geschäftsführer auch in tatsächlicher Hinsicht voll verantwortlich (mit-)wahrgenommen wird, besteht regelmäßig keine Veranlassung, daß den „faktischen" Geschäftsführer neben seiner strafrechtlichen Verantwortlichkeit für ein rechtswidriges positives Tun zusätzlich auch eine strafbewehrte Handlungspflicht für die sonstigen Organpflichten trifft[100]. Letzteres wäre nur dann der Fall, wenn der formell bestellte Geschäftsführer seinen vollen Verantwortungsbereich endgültig verloren oder nie erlangt hat[101].

δ) Strafrechtliche Verantwortlichkeit des „faktischen" stellvertretenden Geschäftsführers oder Liquidators. Die vorstehend dargelegten Grundsätze zur strafrechtlichen Verantwortlichkeit des „faktischen" Geschäftsführers bzw. Liquidators gelten nach der Rechtsprechung des BGH entsprechend auch für den „faktischen" stellvertretenden Geschäftsführer bzw. Liquidator, sofern dieser „im Einverständnis der Gesellschafter die Stellung eines stellvertretenden Geschäftsführers tatsächlich eingenommen" hat[102]. Den Betreffenden trifft allerdings nur eine strafrechtliche Verantwortlichkeit für solche *Handlungen*, die er *als Stellvertreter* vornimmt oder pflichtwidrig unterlassen hat[103]. Dies wird in der Regel jedoch lediglich bei solchen Handlungen zutreffen, die er in einem Zeitpunkt begeht, in dem der Geschäftsführer bzw. Liquidator, dessen Stellvertreter er ist, an der Geschäftsführung verhindert ist[104]. Dies folgt aus dem Umstand, daß der Stellvertreter eines Geschäftsführers bzw. Liquidators nicht neben diesem, sondern nur in seiner Vertretung zur Geschäftsführung befugt und verpflichtet ist. Kann z. B. der Geschäftsführer den nach § 64 erforderlichen Konkursantrag stellen, so ist für die Unterlassung nur der Geschäftsführer, nicht aber sein Stellvertreter iS des § 84 strafrechtlich verantwortlich. Gibt der Geschäftsführer einem Angestellten, der stellvertretender Geschäftsführer ist, sei es von sich aus, sei es auf dessen Anregung, die Weisung, Waren auf Kredit zu entnehmen und unter Wert zu veräußern, so handelt dieser bei der Durchführung der Geschäfte nur als Angestellter, nicht aber als stellvertretender Geschäftsführer. Täter iS der § 283 Abs. 1 Nr. 3 StGB, § 84 Abs. 2 ist nur der Geschäftsführer. Der Angestellte macht sich dann allenfalls der Beihilfe oder Anstiftung schuldig[105]. 35

ε) Irrtumsfragen. Soweit sich der Betreffende auf die *Unkenntnis seiner strafrechtlichen Verantwortlichkeit* als „faktischer" Geschäftsführer bzw. Liquidator beruft, wird regelmäßig nur ein vermeidbarer *Verbotsirrtum* (§ 17 StGB) vorliegen[106]. *Unvermeidbar* ist ein solcher Irrtum nur, wenn der Betreffende trotz gehöriger Anspannung des Gewissens die Einsicht in das Unrechtmäßige seines Verhaltens nicht zu gewinnen vermochte[107], etwa wenn er sich bei einem sach- und fachkundigen Rechtsanwalt erkundigt hat, ob ihn die Pflichten eines Geschäftsführers oder Liquidators treffen, und er daraufhin eine unrichtige Auskunft erhalten hat[108]. Eine bloß unterlassene Aufklärung, etwa durch Rechtsanwälte, die für die GmbH im übrigen tätig sind und auch die tatsächliche Funktion des Betreffenden kennen, entschuldigt ebensowenig wie die bis heute kontrovers diskutierte Rechtslage, da die grundsätzli- 36

100 *Löffeler* wistra 1989, 121, 125.
101 So im Ergebnis ähnl. *Kratzsch* ZGR 1985, 506, 528 mwN; nicht so weitgehend dagegen BGH NJW 1988, 1789.
102 BGH GmbH-Rdsch. 1958, 179, 180.
103 BGH, wie Fn 102.
104 Rowedder/*Fuhrmann* § 82, 6.
105 BGH GmbH-Rdsch. 1958, 179, 180.
106 BGH wistra 1984, 178.
107 Vgl. etwa Schönke/Schröder/*Cramer* § 17, 14 ff mwN aus der Rspr.
108 BGH, wie Fn 106.

che Pflichtenstellung des „faktischen" Geschäftsführers bzw. Liquidators jedenfalls spätestens seit der Entscheidung BGHSt. 31, 118 f in der Rechtsprechung allgemein anerkannt ist[109].

6. Strafrechtliche Verantwortlichkeit bei mehreren Geschäftsführern oder Liquidatoren

37 Wird die Unternehmensleistung durch mehrere Geschäftsführer oder die Liquidation der GmbH durch mehrere Liquidatoren wahrgenommen, trifft regelmäßig sämtliche Geschäftsführer bzw. Liquidatoren die volle strafrechtliche Verantwortlichkeit für ihr Handeln. Eine besondere Ressortverteilung unter mehreren Geschäftsführern bzw. Liquidatoren führt grundsätzlich zu keiner Verlagerung oder Einschränkung der *Gesamtverantwortung* aller Geschäftsführer[110]. Ebenso ist die Frage der Allein- oder Gesamtvertretungsberechtigung in der Regel ohne Bedeutung[111]. Für die Zurechnung zivilrechtlicher Haftungsfolgen ist allgemein anerkannt, daß auch bei einer Aufteilung der Geschäftsbereiche unter mehreren Geschäftsführern einer GmbH jedenfalls solche Maßnahmen, die für die GmbH von besonderem Gewicht sind, weiterhin von allen Geschäftsführern zusammen getroffen werden müssen, während im übrigen, also ressortspezifisch, den Mitgesellschaftern nur eine Kontrollpflicht zukommt[112]. Ob dieser gesellschaftsrechtliche Grundsatz auch über den Umfang der strafrechtlichen Pflichtenstellung entscheidet, kann im Einzelfall zweifelhaft sein[113]. Denn die strafrechtliche Pflichtenstellung des Geschäftsführers knüpft im allgemeinen nur an den von ihm betreuten Geschäfts- und Verantwortungsbereich an[114]. Der Grundsatz der Generalverantwortung und Allzuständigkeit der Geschäftsleitung greift aber dann ein, wenn „aus besonderem Anlaß das Unternehmen als Ganzes betroffen ist; dann ist die Geschäftsführung insgesamt zum Handeln berufen"[115], so etwa bei den durch die §§ 82–85 strafbewehrten Pflichten der Geschäftsleitung sowie allgemein in Krisen- und Ausnahmesituationen[116]. Unbeachtlich ist in diesem Zusammenhang auch, wenn ein Geschäftsführer innerhalb des Kreises der Geschäftsführer eine dominierende Stellung einnimmt, so daß Entscheidungen gegen sein Votum praktisch ausgeschlossen erscheinen. Umstände dieser Art schränken die rechtliche Verantwortlichkeit des einzelnen Geschäftsführers nicht ein und sind allenfalls für die Frage bedeutsam, ob dem jeweiligen Geschäftsführer das gebotene Handeln zumutbar war[117]. Unter dem Gesichtspunkt einer eingeschränkten Zumutbarkeit sind dann schließlich auch die Fälle zu beurteilen, in denen ressortspezifische Entscheidungen durch den jeweils zuständigen Geschäftsführer getroffen worden sind und die übrigen Geschäftsführer insoweit ihren Kontrollpflichten nicht nachgekommen sind. Da entsprechende Kontrollpflichten, wie bereits ausgeführt, bestehen, handeln die übrigen Geschäftsführer also auch in diesem Bereich nicht frei von jeder strafrechtlichen Verantwortlichkeit.

---

109 BGH wistra 1984, 178.

110 BGHSt. 31, 264, 277; 37, 106, 123 ff; Rowedder/*Fuhrmann* § 82, 6; § 84, 6; hierzu näher etwa *Meier* NHW 1992, 3193, 3194 ff; *Schäfer* GmbH-Rdsch. 1993, 717, 719.

111 Rowedder/*Fuhrmann* § 84, 6; Scholz/*Tiedemann* § 84, 23 f.

112 Vgl. insbes. Scholz/*Schneider U. H.* § 43, 34 ff; Lutter/*Hommelhoff* § 37, 27 ff.

113 BGHSt. 37, 106, 123.

114 Hierzu näher etwa *Schünemann* Unternehmenskriminalität, S. 107 f; *Schmidt-Salzer* NJW 1988, 1937 ff; *ders.* Produkthaftung Bd. I, Rdn 1.117 ff; *Graf v. Westphalen* Bd. 1, § 46, 5 ff.

115 BGHSt. 37, 106, 124; vgl. auch *Schmidt-Salzer* Rdn 1.160, 1.146 ff; *Graf v. Westphalen* Rdn 14 Fn 15; *Brendl/Brinkmann* Gruppe 11 S. 74 ff.

116 BGH, wie Fn 115; *Schäfer*, wie Fn 110.

117 BGH, wie Fn 115, S. 125; BGH NStE Nr. 5 zu § 223 StGB.

Von den Pflichten, die allen Geschäftsführern gemeinsam obliegen, ist allerdings das den einzelnen Geschäftsführer treffende Handlungsgebot zu unterscheiden. Innerhalb einer GmbH, die mehrere Geschäftsführer hat, besteht grundsätzlich Gesamtgeschäftsführung. Danach sind die Geschäftsführer nur gemeinschaftlich zu handeln befugt. Keiner von ihnen darf ohne Mitwirkung der anderen handeln. Maßnahmen der Geschäftsleitung sind von allen Geschäftsführern gemeinsam zu beschließen[118]. Etwas anderes gilt nur dann, wenn durch Satzung oder Geschäftsordnung eine abweichende Regelung getroffen worden ist. Entscheidungen in der Geschäftsführung der GmbH sind mithin durch Mehrheitsbeschluß zu treffen. Dies gilt insbesondere für solche Entscheidungen, die eine ressortübergreifende, die Gesellschaft als Ganzes betreffende Maßnahme zum Gegenstand haben (etwa bei der Stellung eines Vergleichs- oder Konkursantrags). Demgemäß ist der einzelne Geschäftsführer zwar nicht berechtigt, aus eigener Machtvollkommenheit einzelne Geschäftsführungsmaßnahmen anzuordnen. Jeder Geschäftsführer ist jedoch dazu verpflichtet, „unter vollem Einsatz seiner Mitwirkungsrechte das ihm Mögliche und Zumutbare zu tun", um einen ordnungsgemäßen Beschluß der Gesamtgeschäftsführung herbeizuführen[119]. Nur insoweit erfahren die konkreten Handlungspflichten des einzelnen Geschäftsführers eine Begrenzung durch Überstimmung im Rahmen eines Mehrheitsbeschlusses[120]. **38**

Derartige Ressortverteilungen können im Einzelfall auch zu einem **Vorsatzausschluß** führen, wenn der Geschäftsführer keine Kenntnis von bestimmten Umständen hat, die zwar eine strafbewehrte Handlungspflicht auslösen aber in einem anderen Ressortbereich liegen[121]. **39**

7. Strafrechtliche Verantwortlichkeit des stellvertretenden Geschäftsführers oder Liquidators

Der Begriff des stellvertretenden Geschäftsführers ist in § 44 ausdrücklich erwähnt; aber auch die Möglichkeit eines stellvertretenden Liquidators ist inzwischen allgemein anerkannt[122]. Gemäß § 44 gelten für den Stellvertreter grundsätzlich die für den Geschäftsführer gegebenen Vorschriften. Im Hinblick auf die strafrechtliche Verantwortlichkeit ist allerdings zu unterscheiden: **40**

Den Stellvertreter trifft uneingeschränkt die volle strafrechtliche Verantwortlichkeit bei **41**
- **Gründungstäuschung** (§ 82 Abs. 1 Nr. 1),
- **Kapitalerhöhungstäuschung** (§ 82 Abs. 1 Nr. 3),
- **Kapitalherabsetzungstäuschung** (§ 82 Abs. 2 Nr. 1),
- **Kapitalaufstockungstäuschung** (§ 36 KapErhG),
- **Eignungstäuschung** (§ 82 Abs. 1 Nr. 4),

da die zugrunde liegenden Anmeldungen zum Handelsregister gem. § 78 2. Halbs. durch *sämtliche* Geschäftsführer bzw. Liquidatoren[123], also auch durch deren Stell-

[118] hM, vgl. Scholz/*Schneider* § 37, 21; Baumbach/Hueck/*Zöllner* § 37, 16; Lutter/*Hommelhoff* § 37, 27; Rowedder/*Koppensteiner* § 37, 16 f.
[119] BGHSt. 37, 106, 126.
[120] BGH, wie Fn 110; vgl. ferner Rdn 54 ff zur „GmbH-rechtlichen" Untreue.
[121] Kohlmann/*Löffeler* 3; *Richter* GmbH-Rdsch. 1984, 113, 118.
[122] Scholz/*K. Schmidt* § 69, 33; Baumbach/Hueck/*Schulze-Osterloh* § 69, 17; Lutter/*Hommelhoff* § 69, 9; § 69, 42 (Hohner); Rowedder/*Rasner* § 69, 7 jew. mwN.
[123] Hierzu Scholz/*Winter* § 78, 17; Baumbach/Hueck/*Schulze-Osterloh* § 78, 9; Lutter/*Hommelhoff* § 78, 1; *Meyer-Landrut* § 78, 4; Rowedder/*Zimmermann* § 78, 14.

vertreter zu bewirken sind. Ebenfalls uneingeschränkte strafrechtliche Verantwortlichkeit besteht bei der

– **Verletzung der Geheimhaltungspflicht** (§ 85).

42 Bei den *übrigen* Straftatbeständen trifft den Stellvertreter hingegen nur dann eine strafrechtliche Verantwortlichkeit, wenn er im Fall der *Verhinderung* des Geschäftsführers bzw. Liquidators Geschäftsführungsmaßnahmen als *Stellvertreter* vornimmt[124]. Ansonsten kann er sich bei diesen Straftatbeständen nur wegen *Anstiftung* (§ 26 StGB) oder *Beihilfe* (§ 27 StGB) strafbar machen.

8. Strafrechtliche Verantwortlichkeit des ausgeschiedenen Geschäftsführers bzw. Liquidators

43 Die strafrechtliche Verantwortlichkeit des Geschäftsführers bzw. Liquidators *endet* grundsätzlich *mit* seinem *Ausscheiden aus der Geschäftsleitung*, also mit der wirksamen Abberufung und Amtsniederlegung[125]. Ein völliges Ausscheiden aus der Gesellschaft ist hierfür jedoch nicht erforderlich. So kann der ehemalige Geschäftsführer gleichwohl etwa als Berater weiter in oder für die Gesellschaft tätig sein, ohne daß hierdurch seine frühere strafrechtliche Verantwortlichkeit wieder auflebt. Die Verantwortlichkeit für strafrechtlich relevante Verhaltensweisen *während* seiner Tätigkeit als Geschäftsführer bleibt hingegen auch nach seinem Ausscheiden bestehen[126]. Eine *Ausnahme* hiervon bildet der *Geheimnisverrat* gem. § 85[127].

44 Im Bereich der **Konkursdelikte** (§ 84, §§ 283–283 c StGB) führt die Beendigung der Geschäftsführer- bzw. Liquidatorentätigkeit im Grundsatz zwar auch dazu, daß eine strafrechtliche Verantwortlichkeit für den nachfolgenden Konkurs entfällt. Mit der Niederlegung des Amtes verliert der ehemalige Geschäftsführer die Befugnis zur Antragstellung, wenngleich er sich bemühen muß, daß sein Nachfolger ggf. einen entsprechenden Antrag stellen muß[128]. So hat der ausgeschiedene Geschäftsführer etwa nicht die Pflicht, seinen Nachfolger zur Konkursantragstellung anzuhalten, wenn er im Zeitpunkt seines Ausscheidens noch keine Kenntnis von einer unmittelbar bevorstehenden oder eingetretenen Zahlungsunfähigkeit bzw. Überschuldung gehabt hat[129]. Ist die Zahlungsfähigkeit bzw. Überschuldung allerdings noch während der Amtszeit des Geschäftsführers bzw. Liquidators bekannt geworden, trifft diese auch dann die Pflicht, gem. § 84 Abs. 1 Nr. 2 innerhalb der Dreiwochenfrist einen entsprechenden Konkurs- oder Vergleichsantrag zu stellen (§ 64 Abs. 1, § 71 Abs. 4), wenn sie innerhalb dieser Frist ihr Amt niederlegen[130].

9. Strafrechtliche Verantwortlichkeit innerhalb einer GmbH & Co. KG

45 Bei einer GmbH & Co. KG ist die GmbH bekanntlich als vollhaftender Komplementär (§ 161 Abs. 1 HGB) gleichzeitig auch allein zur Geschäftsführung und Vertretung der KG berechtigt (§§ 164, 170 HGB). Sofern die GmbH keinen außenstehenden Dritten mit der Geschäftsführung der KG beauftragt, was wohl die Ausnahme sein wird, ist der GmbH-Geschäftsführer damit gleichzeitig „mittelbarer" Geschäftsführer der KG. Obwohl der GmbH-Geschäftsführer hierdurch nicht selbst

---

124 Vgl. bereits oben Rdn 35.
125 BGH MDR 1981, 100; Baumbach/Hueck/*Schulze-Osterloh* § 84, 13; für den faktischen Geschäftsführer RGSt. 64, 81, 85.
126 Scholz/*Tiedemann* § 82, 32.
127 Vgl. § 85, 16, 58 (*Kohlmann*).
128 Vgl. § 64, 9 (*Ulmer*).
129 *Richter* GmbH-Rdsch. 1984, 113, 119 mwN; vgl. auch § 84, 45.
130 BGHSt. 2, 53, 54; Erbs/Kohlhaas/*Fuhrmann* § 84, 2. Zur vorübergehenden Fortsetzung der Tätigkeit nach dem „formellen" Ausscheiden vgl. auch Anh § 266 StGB 95.

zum Organ der KG wird (Gesellschaftsorgan der KG bleibt die GmbH), trifft ihn in dieser „Doppelfunktion" gemäß § 14 Abs. 1 StGB als Geschäftsführer der geschäftsführenden GmbH eine strafrechtliche Verantwortlichkeit auch für solche Straftaten, die er als „mittelbarer" KG-Geschäftsführer begeht[131].

10. Tatbestandsmäßiges Handeln bei Weisungen bzw. Einverständnis der Gesellschafter, des Aufsichtsrats oder sonstiger Personen

Ein tatbestandsmäßiges Handeln des Täters kann beim Vorliegen einer Weisung oder eines Einverständnisses der Gesellschafter, des Aufsichtsrats oder sonstiger Personen grundsätzlich nur dann entfallen, sofern diese im Einzelfall überhaupt zu einer entsprechenden Weisung oder zu einer Einverständniserklärung befugt sind. Voraussetzung für eine *rechtswirksame Weisung* oder für ein *rechtswirksames Einverständnis* ist mithin, daß diese Personen *Inhaber des verletzten Rechtsguts* sind *und* das verletzte Rechtsgut ihrer *Dispositionsbefugnis* unterliegt[132]. **46**

Die Strafvorschriften der *§§ 82 und 84 Abs. 1 Nr. 2, Abs. 2* dienen jedoch dem *Schutz der Allgemeinheit* vor einem unlauteren Geschäftsbetrieb der Gesellschaft[133], so daß hinsichtlich dieser Strafvorschriften *keine* rechtswirksamen Weisungen zu einem tatbestandsmäßigen Handeln oder ein diesbezügliches rechtswirksames Einverständnis erteilt werden können. Die Strafvorschrift des *§ 85* dient hingegen ausschließlich dem *Schutz der Gesellschaft*[134]. Ein Einverständnis hinsichtlich der Offenbarung oder Verwertung eines Gesellschaftsgeheimnisses ist demnach zulässig, sofern dies durch alle Gesellschafter, den Aufsichtsrat oder ein sonst zuständiges Organ (z. B. Beirat) rechtswirksam erteilt wird[135]. Ein einverständlicher Verzicht auf die Verlustanzeige gem. § 84 Abs. 1 Nr. 1 ist hingegen nicht möglich[136]. **47**

Im Bereich der **„GmbH-rechtlichen Untreue"** (**§ 266 StGB**), die sowohl dem *Schutz der Gesellschafter und der Gesellschaft* als auch dem *Schutz der Gesellschaftsgläubiger* dient[137], sind Weisungen und Einverständniserklärungen seitens der Gesellschafter und des Aufsichtsrats *nur im Rahmen der kapitalerhaltenden Vorschriften der §§ 30 f* und darüber hinaus nur insoweit *erlaubt*, als die angewiesene bzw. genehmigte Maßnahme *nicht* zu einer *Liquiditäts- oder Existenzgefährdung* der GmbH führt[138]. **48**

III. Die strafrechtliche Verantwortlichkeit der Gesellschafter

Die strafrechtliche Verantwortlichkeit der Gesellschafter ist im *GmbH-Recht* nur in den Straftatbeständen der **49**

- **Gründungstäuschung** (§ 82 Abs. 1 Nr. 1) und
- **Sachgründungstäuschung** (§ 82 Abs. 1 Nr. 2)

geregelt. Da diese Straftatbestände ausschließlich die Eintragung der anmeldungspflichtigen Vorgänge im Zusammenhang mit der GmbH-Gründung betreffen[139],

131 Zu den sich allerdings ergebenden Besonderheiten bei der Untreue s. Rdn 298 f und zu den Konkursdelikten *Kohlmann/Löffeler* 488, 495. Zu der auch hier gegebenen Möglichkeit einer „faktischen" Geschäftsführung (BGH NJW 1988, 1789; BGHSt. 34, 221 f = NJW 1987, 1710 f) vgl. oben Rdn 20 ff.

132 Vgl. etwa BGHSt. 3, 23 f; BGH NJW 1992, 250, 251 mwN.

133 Vgl. etwa § 82, 11 f (*Kohlmann*); § 84, 33 f (*Kohlmann*).

134 § 85, 12 f (*Kohlmann*).

135 § 85, 45 (*Kohlmann*).

136 Str., vgl. § 84, 24 (*Kohlmann*).

137 Vgl. Rdn 58 ff.

138 Hierzu näher Rdn 186 ff.

139 Zu den Tathandlungen § 82, 4, 20 ff, 65 f (*Kohlmann*).

kommen als Täter nur diejenigen *Gründungsgesellschafter* in Betracht, die die GmbH errichtet und nach § 2 Abs. 1 den Gesellschaftsvertrag unterzeichnet haben. Gleiches gilt für den Gesellschafter der Ein-Mann-GmbH[140]. In Anbetracht der Vorschrift des § 78, wonach die Anmeldung zum Handelsregister durch die Geschäftsführer und deren Stellvertreter – also gerade nicht durch die Gesellschafter! – zu bewirken ist, kommen die Gesellschafter als unmittelbare Täter nicht in Betracht[141]. Denkbar sind demnach *nur* Fälle sog. *mittelbarer Täterschaft*, etwa wenn Gesellschafter einen gutgläubigen oder abhängigen Geschäftsführer als ihr „Werkzeug" veranlassen, die gem. § 8 anmeldepflichtigen Angaben unrichtig zu tätigen[142]. Soweit allerdings bereits die Geschäftsführer bzw. deren Stellvertreter täterschaftlich den Tatbestand der Gründungs- bzw. Sachgründungstäuschung verwirklicht haben, können die Gesellschafter neben diesem nicht mehr zum möglichen Täterkreis gehören und damit auch *keine Mittäter* sein[143], sondern nur *Anstifter* (§ 26 StGB) oder *Gehilfe* (§ 27 StGB). *Entsprechendes* gilt auch für alle übrigen Straftatbestände der §§ 82 ff, sofern sich der Gesellschafter durch aktives Tun an den Tathandlungen des Geschäftsführers, Liquidators oder Mitglieds des Aufsichtsrats beteiligt hat. Ist der Gesellschafter eine juristische Person (GmbH, AG oder Genossenschaft), greift die Organhaftung gem. § 14 StGB ein, so daß die strafrechtliche Gesellschafterverantwortlichkeit diejenigen trifft, die als vertretungsberechtigte Organe bzw. als besonders Beauftragte der betreffenden juristischen Person handeln[144].

50 Im Bereich der **„GmbH-rechtlichen" Untreue** wird eine Vermögensbetreuungspflicht iS des § 266 StGB seitens der einzelnen Gesellschafter mangels ihrer Geschäftsführungskompetenz und infolge ihrer mehr losen und nur kapitalmäßigen Verbindung zur Gesellschaft – selbst bei aktiver Einflußnahme auf die Geschicke der Gesellschaft – nach überwiegender Auffassung grundsätzlich abgelehnt[145]. Eine *täterschaftlich* begangene Untreue kann demnach allenfalls dann angenommen werden, wenn der Gesellschafter nicht nur Weisungen erteilt, sondern als *„faktischer" Geschäftsführer*[146] bzw. im Rahmen einer tatsächlichen *Konzernbeherrschung*[147] tätig geworden ist und hierbei im Einverständnis mit allen Gesellschaftern oder aufgrund eines förmlichen Gesellschafterbeschlusses handelt[148].

IV. Die strafrechtliche Verantwortlichkeit der Mitglieder des Aufsichtsrats oder ähnlicher Organe der GmbH

51 Die strafrechtliche Verantwortlichkeit der Mitglieder des Aufsichtsrats oder ähnlicher Organe (z. B. Beiräte) ist im *GmbH-Recht* lediglich in den Straftatbeständen der

- **Geschäftslagetäuschung** (§ 82 Abs. 2 Nr. 2) und der
- **Verletzung der Geheimhaltungspflicht** (§ 85)

geregelt und darüber hinaus im **HGB** hinsichtlich der

- **Geschäftslagetäuschung** (§ 331 Nr. 1 HGB, § 82 Anh)

---

140 Rowedder/*Fuhrmann* § 82, 5.
141 So schon RGSt. 40, 191 ff.
142 Scholz/*Tiedemann* § 82, 35; Baumbach/Hueck/*Schulze-Osterloh* § 82, 20; *Meyer-Landrut* § 82, 3; Rowedder/*Fuhrmann* § 82, 5.
143 RG in GmbH Rspr. II R 2.
144 Rowedder/*Fuhrmann* wie Fn 142.
145 Scholz/*Tiedemann* 17, 25; *Tiedemann* NJW 1986, 1842, 1846; im Ergebnis ebenso *Flum* S. 221 ff; ebenso hinsichtlich des Minderheitsaktionärs einer AG LG Köln, wistra 1988, 279 m. Anm. *Achenbach* NStZ 1989, 498 f; *Dreher/Tröndle* § 266, 12; aA *Richter* GmbH-Rdsch. 1984, 137, 144 und wohl auch *Gribbohm* ZGR 1990, 1, 22.
146 So in BGHSt. 3, 33, 37; 28, 372.
147 So insbes. *Tiedemann* wie Fn 145; *Flum* S. 222.
148 *Flum* S. 244. Zum Ganzen näher Rdn 74.

bei publizitätspflichtigen Eröffnungs- oder Jahresbilanzen, Gewinn- und Verlustrechnungen oder Geschäftsberichten. Hinsichtlich sonstiger Straftaten im Zusammenhang mit dem Geschäftsbetrieb der GmbH sind die Aufsichtsratsmitglieder infolge ihrer Pflichtenstellung gem. § 52 iVm. den dort in bezug genommenen Vorschriften des AktG *Garanten* dafür, daß durch die Geschäftsführung keine Straftaten oder Ordnungswidrigkeiten begangen werden, mit der weiteren Folge, daß das Unterlassen eines demnach gebotenen Einschreitens zu einer Strafbarkeit der Aufsichtsratsmitglieder (§ 13 StGB) wegen *Beihilfe* führt[149].

V. Die strafrechtliche Verantwortlichkeit sonstiger Personen

Sonstige Personen, die bei Straftaten der vorgenannten Tätergruppe mitwirken, **52**
können sich in bezug auf die von diesen verwirklichten Sonderdelikte (§§ 82 ff, § 331 Nr. 1 HGB etc.) nach den *allgemeinen Vorschriften* des StGB wegen *Anstiftung* (§ 26 StGB) oder *Beihilfe* (§ 27 StGB) strafbar machen. Dies gilt insbesondere für Prokuristen und Handlungsbevollmächtigte, die in die strafbare Handlung – wenn auch nur in ihrer untergeordneten Funktion – als „Mithandelnde" eingebunden waren bzw. unterstützend tätig geworden sind. Da die Tätermerkmale der in Betracht kommenden Sonderdelikte die besondere Funktion des Täters innerhalb der Gesellschaft betreffen, haben diese den Charakter von strafbegründenden persönlichen Merkmalen iS des § 28 Abs. 1 StGB. Für den Teilnehmer ergibt sich daraus im Fall der Anstiftung eine *zwingende Strafmilderung* nach § 28 Abs. 1 StGB und im Fall der Beihilfe eine *wahlweise Strafmilderung* entweder nach § 27 Abs. 2 Satz 2 StGB oder ebenfalls nach § 28 Abs. 1 StGB[150].

Im Fall einer **besonderen Beauftragung** iS des § 14 Abs. 2 StGB können sonstige **53**
Personen bei Sonderdelikten, die die GmbH betreffen[151] im Wege der strafrechtlichen *Organhaftung* als Täter des betreffenden Delikts zur Verantwortung gezogen werden. Des weiteren können sich *Abschlußprüfer* oder deren *Gehilfen* wegen *Verletzung der Berichtspflicht gem. § 332 HGB* strafbar machen.

C. Die „GmbH-rechtliche Untreue", § 266 StGB

Übersicht

[149] Zum Ganzen näher etwa *Tiedemann* in Festschr. Tröndle (1989), 319, 322 ff.

[150] ZG näher Rdn 64, 231.

[151] Vgl. oben Rdn 8.

Schriftum

Vgl. zunächst Schrifttum Vor § 82

Zu Einzelfragen: *Achenbach* Aus der 1987/1988 veröffentlichten Rechtsprechung zum Wirtschaftsstrafrecht, NStZ 1989, 497; *Arloth* Zur Abgrenzung von Untreue und Bankrott bei der GmbH, NStZ 1990, 570; *Arzt* Zur Untreue durch befugtes Handeln, in Festschr. Bruns (1978), 365; *Binding* Lehrbuch des gemeinen deutschen Strafrechts, Besonderer Teil, 2. Aufl. Bd. I, 1902; *Bockelmann* Zum Begriff des Vermögensschadens beim Betrug, JZ 1952, 461; *ders.* Strafrechtliche Untersuchungen, 1957; *Brammsen* Strafbare Untreue des Geschäftsführers bei einverständlicher Schmälerung des GmbH-Vermögens, DB 1989, 1609; *Bringewat* Finanzmanipulation im Ligafußball – ein Risikogeschäft, JZ 1977, 667; *Bund der Steuerzahler* Die Amtsuntreue, 1976; *Canaris* Kreditkündigung und Kreditverweigerung gegenüber sanierungsbedürftigen Bankkunden, ZHR 143 (1979), 113; *Diederichsen* Der „Vertragsschluß" durch kaufmännisches Bestätigungsschreiben, JuS 1966, 129; *Ewald* Untreue zwischen verbundenen Unternehmen, Diss. 1980; *Fischer/Erlach* Handel und Kursbildung am Devisenmarkt, 1982; *Fleck* Mißbrauch der Vertretungsmacht oder Treubruch der mit Einverständnis aller Gesellschafter handelnden GmbH-Geschäftsführer aus zivilrechtlicher Sicht, ZGR 1990, 31; *ders.* GmbH-Gesellschafter, Alleingeschäftsführer, Untreue trotz Zustimmung der Gesellschafter, EWiR § 29 GmbHG 2/87, 987; *Flum* Der strafrechtliche Schutz der GmbH gegen Schädigungen mit Zustimmung der Gesellschafter, Diss. 1990; *Gribbohm* Untreue zum Nachteil der GmbH – Zur Harmonisierung zivil- und strafrechtlicher Pflichten des GmbH-Geschäftsführers und -Gesellschafters, ZGR 1990, 1; *Großmann* Unternehmensziele im Aktienrecht, 1980; *Heinitz* Anm. zu BGH, Urt. v. 20. 2. 1968 – 5 StR 694/67, JR 1968, 387; *Hellmann* Verdeckte Gewinnausschüttungen und Untreue des GmbH-Geschäftsführers, wistra 1989, 214; *Hillenkamp* Risikogeschäft und Untreue, NStZ 1981, 161; *Hopt* Rechtspflichten der Kreditinstitute zur Kreditversorgung, Kreditbelassung und Sanierung von Unternehmen, ZHR 143 (1979), 139; *Joost* Kapitalbegriff und Reichweite der Bindung des aufgebrachten Vermögens in der GmbH, GmbH-Rdsch. 1983, 285; *Keller* Anm. zu BGH, Urt. v. 11. 11. 1982 – 4 StR 287/82, JR 1983, 516; *Klug* Sozialkongruenz und Sozialadäquanz im Strafrechtssystem, in Festschr. Eb. Schmidt (1961), 249; *Kohlmann* Wider die Furcht vor § 266 StGB, JA 1980, 228; *ders.* Untreue zum Nachteil des Vermögens einer GmbH trotz Zustimmung sämtlicher Gesellschafter, Festschr. Werner (1984), 387; *Kohlmann/Brauns* Zur strafrechtlichen Erfassung der Fehlleitung öffentlicher Mittel, 1979; *Konzen* Geschäftsführung, Weisungsrecht und Verantwortlichkeit in der GmbH und GmbH & Co. KG, NJW 1989, 2977; *Küper* Zum rechtfertigenden Notstand bei Kollision von Vermögenswerten, JZ 1976, 515; *Labsch* Anm. zu BGH, Urt. v. 8. 5. 1984 – 1 StR 835/83, StV 1984, 514; *ders.* Die Strafbarkeit des GmbH-Geschäftsführers im Konkurs der GmbH, wistra 1985, 1; *ders.* Einverständliche Schädigung des Gesellschaftsvermögens und Strafbarkeit des GmbH-Geschäftsführers, JuS 1985, 602; *ders.* Grundprobleme des Mißbrauchstatbestandes der Untreue, Jura 1987, 352, 411; *ders.* Untreue (§ 266 StGB) – Grenzen und Möglichkeiten einer neuen Deutung, 1983; *Lenckner* Anm. zu BGH, Beschl. v. 16. 7. 1970 – 4 StR 505/69, Vermögensschäden und Vermögensgefährdung beim sog. Eingehungsbetrug, JZ 1971, 320; *ders.* Anm. zu OLG Stuttgart, Urt. v. 4. 4. 1973 – 1 Ss 724/72, JZ 1973, 794; *Lipfert* Devisenhandel, 1981; *Lipps* Nochmals – Verdeckte Scheinausschüttung bei der GmbH als strafrechtliche Untreue, NJW 1989, 502;

Meilicke Verdeckte Gewinnausschüttung: Strafrechtliche Untreue bei der GmbH, BB 1988, 1261; *Molketin* Anm. zu OLG Hamm, Beschl. v. 21. 6. 1985 – 4 Ws 163/85, NStZ 1987, 369; *Nack* Untreue im Bankbereich durch Vergabe von Großkrediten, NJW 1980, 1599; *Nelles* Untreue zum Nachteil von Gesellschaften, 1991; *Neye* Untreue im öffentlichen Dienst, 1979; *ders.* Die „Verschwendung" öffentlicher Mittel als strafbare Untreue, NStZ 1981, 369; *Niese* Streik- und Strafrecht, 1954; *Otto* Bankentätigkeit und Strafrecht, 1983; *ders.* Straftaten leitender Personen von Banken, ZStW Beiheft (1982), 29; *ders.* Die neuere Rechtsprechung zu den Vermögensdelikten – Teil 2, JZ 1985, 69; *Priester* Verschiebung von GmbH-Vermögen auf Gesellschafter, JbFStR 1988/89, S. 148; *Reiß* Verdeckte Gewinnausschüttungen und verdeckte Entnahmen als strafbare Untreue des Geschäftsführers, wistra 1989, 81; *Richter* Der Konkurs der GmbH aus der Sicht der Strafrechtspraxis (I u. II), GmbH-Rdsch. 1984, 113, 137; *ders.* Anm. zu OLG Stuttgart, Urt. v. 13. 9. 1983 – Ss (22) 494/83, wistra 1984, 113; *ders.* Zur Strafbarkeit externer „Sanierer" konkursgefährdeter Unternehmen, wistra 1984, 97; *Rienhardt* Risikogeschäfte, in HWiStR (Stand: 1987); *Rohleder* Die Übertragbarkeit von Kompetenzen auf GmbH-Beiräte, 1991; *Roth* Mißbrauch der Vertretungsmacht durch den GmbH-Geschäftsführer – Besprechung der Entscheidung BGH WM 1984, 305, ZGR 1985, 265; *Schmidhäuser* Strafrecht BT, 2. Aufl. 1983; *K. Schmidt* Haftung der Gesellschafter bürgerlichen Rechts für Umsatz- und Gewerbesteuerschulden, Jb FStR 1988/89, S. 152; *Schmidt-Jorzig* Kommunalrecht, 1982; *U. H. Schneider* Anm. zu BGH, Urt. v. 29. 5. 1987, 3 StR 242/86, WM 1988, 262; *ders.* Folgepflicht oder Untreue des Geschäftsführers einer GmbH, WuB II C. § 63 GmbHG 2.88, S. 306; *ders.* Kredite der GmbH an ihre Geschäftsführer, GmbH-Rdsch. 1982, 197; *Schreiber/Beulke* Untreue durch Verwendung von Vereinsgeldern zu Bestechungszwecken (Urteilsanm. zu BGH NJW 1975, 1234), JuS 1977, 656; *Schröder* Anm. zu BGH, Urt. v. 10. 11. 1959 – 5 StR 337/59, JR 1960, 105; *ders.* Anm. zu Urt. des BGH 4 StR v. 16. 12. 60 – 4 StR 401/60, JR 1961, 268; *Schweizer Bankverein* (Hrsg.), Devisenhandel und Geldgeschäfte, 1981; *Schwinge* Anm. zu RG, Urt. v. 24. 9. 1937 – 1 D 6/37, JW 1937, 3022; *Schwinge/Siebert* Das neue Untreuestrafrecht in strafrechtlicher und zivilrechtlicher Beleuchtung, 1933; *Sebbel* Soll ein Straftatbestand gegen die mißbräuchliche Verfügung über öffentliche Mittel geschaffen werden?, 1976; *Seeger* Exposé zur Frage der Schaffung eines neuen Straftatbestandes der Haushaltsuntreue, der Amtsträgeruntreue oder des Amtsmißbrauchs, 1976; *Tiedemann* Insolvenzstraftaten aus der Sicht der Kreditwirtschaft, ZIP 1983, 513; *ders.* Untreue bei Interessenkonflikten – am Beispiel der Tätigkeit von Aufsichtsratsmitgliedern, in Festschr. Tröndle (1989), 319; *Timpe* Anm. zu BGH, Urt. v. 21. 7. 1989 – 2 StR 214/89, JR 1990, 428; *Triffterer* Vermögensdelikte im Bundesligaskandal, NJW 1975, 612; *Ulmer* Schutz der GmbH gegen Schädigung zugunsten ihrer Gesellschafter? – Zur Relevanz der Rechtsprechung zu § 266 StGB für das Gesellschaftsrecht, in Festschr. Pfeiffer (1988), 853; *Ulsenheimer* Devisenspekulation, in HWiStR (Stand: 1986); *Utech/Meine* Verdeckte Gewinnausschüttungen, wistra 1989, 241; *Vogt/Vogt* Forum: „Adreßdatenspionage" in straf- und zivilrechtlicher Sicht, JuS 1980, 860; *Volk* Gutachten, erstattet im Auftrag des BMJ zur Frage der fehlerhaften Mittelverwendung im öffentlichen Bereich, 1979; *Vonnemann* Strafbarkeit von GmbH-Geschäftsführern wegen Untreue zu Lasten der GmbH bei Zustimmung der Gesellschafter?, GmbH-Rdsch. 1988, 329; *Weber* Anm. zu BGH, Urt. v. 6. 11. 1986 – 1 StR 327/86, StV 1988, 16; *Wehleit* Die Abgrenzung zwischen Bankrott und Untreue – zugleich ein Beitrag zur strafrechtlichen Vertreterhaftung, Diss. 1985; *Wiedemann* Gesellschaftsrecht Bd. I Grundlagen, 1980; *Wilhelm* Die Vermögensbindung bei der Aktiengesellschaft und der GmbH und das Problem der Unterkapitalisierung, in Festschr. Flume (1979) Bd. II, 337; *Winkelbauer* Strafrechtlicher Gläubigerschutz im Konkurs der KG und der GmbH & Co. KG, wistra 1986, 17; *Wodicka* Die Untreue zum Nachteil der GmbH bei vorheriger Zustimmung aller Gesellschafter, 1994.

I. Einleitung

Der mit dem Begriff „GmbH-rechtliche Untreue" umschriebene Sachverhalt ist **54**
heute Teil des allgemeinen Untreuetatbestandes § 266 StGB. Seine Erläuterung in einer Darstellung des GmbH-Rechts rechtfertigt sich daraus, daß in der Vorschrift

eine Reihe von Spezialproblemen enthalten sind, die nur für die GmbH-rechtliche Untreue Bedeutung haben. Hinzu kommt, daß zu dem bis 1970 geltenden Sondertatbestand § 81 a GmbHG aF umfangreiche Rechtsprechung und Spezialliteratur vorliegen, die für die Auslegung des § 266 StGB in wesentlichen Fragen weiter von Bedeutung sind.

Die Vorschrift des § 266 StGB lautet:

„(1) Wer die ihm durch Gesetz, behördlichen Auftrag oder Rechtsgeschäft eingeräumte Befugnis, über fremdes Vermögen zu verfügen oder einen anderen zu verpflichten, mißbraucht oder die ihm kraft Gesetzes, behördlichen Auftrags, Rechtsgeschäfts oder eines Treueverhältnisses obliegende Pflicht, fremde Vermögensinteressen wahrzunehmen, verletzt und dadurch dem, dessen Vermögensinteressen er zu betreuen hat, Nachteil zufügt, wird mit Freiheitsstrafe bis zu fünf Jahren oder mit Geldstrafe bestraft.

(2) In besonders schweren Fällen ist die Strafe Freiheitsstrafe von einem Jahr bis zu zehn Jahren.

(3) § 243 Abs. 2 sowie die §§ 247 und 248 a gelten entsprechend.“

1. Die frühere Rechtslage

55 Der bis zum 1. 4. 1970 geltende Sondertatbestand des § 81 a lautete:

„Wer als Geschäftsführer, Liquidator oder Mitglied eines Aufsichtsrats oder eines ähnlichen Organs einer Gesellschaft mit beschränkter Haftung vorsätzlich zum Nachteil der Gesellschaft handelt, wird mit Gefängnis und mit Geldstrafe bestraft. Daneben kann auf Verlust der bürgerlichen Ehrenrechte erkannt werden.

In besonders schweren Fällen tritt an die Stelle der Gefängnisstrafe Zuchthaus bis zu zehn Jahren. Ein besonders schwerer Fall liegt insbesondere dann vor, wenn die Tat das Wohl des Volkes geschädigt oder einen anderen besonders großen Schaden zur Folge gehabt oder der Täter besonders arglistig gehandelt hat.“

Der Gesetzgeber hat die Aufhebung dieser Vorschrift damit gerechtfertigt, daß sie überflüssig sei, da der durch sie geregelte Sachverhalt vollständig durch § 266 StGB erfaßt werde[152].

56 *Tiedemann* hält diese Begründung für zweifelhaft, wenn man mit einem Teil der Lehre für ein Handeln „zum Nachteil der Gesellschaft“ bereits das Handeln mit Nachteilsvorsatz genügen ließe und einen objektiven Nachteilseintritt nicht voraussetzte. Neuere kriminalpolitische Bestrebungen gingen eher dahin, verbesserte strafrechtliche Sondertatbestände der Untreue herbeizuführen, um den gerade für das Gesellschaftsstrafrecht typischen Interessenkonflikten[153] durch Normierung bestimmter Handlungs- und Unterlassungspflichten Rechnung zu tragen[154].

2. Der Inhalt des § 266 Abs. 1 StGB – Übersicht

57 § 266 StGB enthält – abweichend von § 81 a GmbHG aF – zwei Tatbestandsalternativen. In der ersten Alternative wird vorausgesetzt, daß der Täter die ihm durch Gesetz usw. eingeräumte Befugnis, über fremdes Vermögen zu verfügen oder einen anderen zu verpflichten, mißbraucht (**Mißbrauchtatbestand**). Nach der zweiten Alternative setzt § 266 Abs. 1 voraus, daß der Täter eine ihm kraft Gesetzes usw.

---

[152] BT-Drucks. V/4094, S. 56; vgl. hierzu bereits 6. Aufl. § 81 a, 1 (*Klug*); zur historischen Entwicklung näher *Gribbohm* ZGR 1990, 1, 11 ff; ferner *Labsch* S. 217.

[153] Scholz/*Tiedemann* 11; vgl. auch 6. Aufl. § 81 a, 1 (*Klug*).

[154] Vgl. *Alternativ-Entwurf* eines StGB, Besonderer Teil, Straftaten gegen die Wirtschaft 1977 S. 50 f, 127.

obliegende Pflicht, fremde Vermögensinteressen wahrzunehmen, verletzt hat (sog. **Treubruchtatbestand**). Darüber hinaus ist nach beiden Tatbestandsalternativen für die Annahme der Strafbarkeit erforderlich, daß der Täter durch sein Mißbrauchs- oder Treubruchsverhalten demjenigen, dessen Vermögensinteressen er zu betreuen hatte, Nachteil zugefügt hat.

II. Das durch § 266 StGB geschützte Rechtsgut

Nach hM wird durch § 266 StGB allein das *Vermögen* geschützt[155]. *Klug* hatte demgegenüber das Wesen der Untreue darin gesehen, daß *„das Vermögen* und *das Vertrauen"* geschützt werden. Nur wenn beide Rechtsgüter angegriffen seien, könne Untreue vorliegen. Es sei ein funktionaler Zusammenhang in dem Sinne zu postulieren, daß „bei einem Vertrauensgeber, und das kann er selbst oder ein anderer sein, das Vertrauen in die Redlichkeit des Vertrauensnehmers verletzt wurde. Strafrechtliche Untreue ist nicht nur Vermögensschädigung durch Vertrauensbruch, sondern zugleich Vertrauensbruch durch Vermögensschädigung"[156]. Diese Auffassung erscheint insofern zwar berechtigt, als der Vermögensschutz allein das Rechtsgut des § 266 StGB nicht zu erklären vermag. Denn das gleiche Schutzziel wird nach herrschender Meinung u. a. auch mit dem Betrugstatbestand verfolgt. Um den *speziellen Schutzzweck* des § 266 StGB zu erfassen, bedarf es deshalb einer zusätzlichen Erklärung. Im übrigen wird an dieser Ansicht jedoch nicht mehr festgehalten. 58

Nach richtiger Ansicht ist der Schutzzweck des § 266 StGB in folgendem zu sehen: § 266 StGB ist nicht von ungefähr ein *Sonderdelikt*, das nur auf bestimmte Tätergruppen Anwendung findet. Es handelt sich dabei um solche Täter, denen entweder im *Außenverhältnis* (1. Alternative) oder im *Innenverhältnis* (2. Alternative) besondere Dispositionsbefugnisse hinsichtlich des zu betreuenden Vermögens eingeräumt sind. Aus diesen Gestaltungsmöglichkeiten des Täters resultieren besondere Gefahren des Mißbrauchs, da das zu betreuende Vermögen in verstärktem Maße dem (meist unkontrollierten) Zugriff des Täters ausgesetzt ist. Diesen Gefahren soll durch § 266 StGB entgegengewirkt werden[157]. 59

Aus der Besonderheit der GmbH-rechtlichen Untreue folgt, daß der Tatbestand des § 266 StGB das Gesellschaftsvermögen unter *drei* nicht immer übereinstimmenden Gesichtspunkten schützt: 60

- *Unmittelbar* geschützt werden nur die Vermögensinteressen der *Gesellschaft*. Der strafrechtliche Schutz bezieht sich demzufolge nur auf den *Vermögenserhalt innerhalb der GmbH*, nicht aber etwa auf Gewinnausschüttungsansprüche oder sonstige bestimmte Gesellschafter- oder Gläubigerforderungen.
- Die *Gesellschafter* und *Gesellschaftsgläubiger* sind daher nur *mittelbar* geschützt. Für die Gesellschafter ergibt sich dies bereits daraus, daß sie durch den Schutz des Gesellschaftsvermögens, an dem sie in Höhe ihres Gesellschaftsanteils beteiligt sind, indirekt mitgeschützt sind. Speziell für den – wenn auch ebenfalls nur mittelbaren – Strafrechtsschutz der Gläubiger spricht die Überlegung, daß der Gesetzgeber durch die Zulassung der GmbH als einer selbständig wirtschaftlich tätig werdenden juristischen Person den an der Wirtschaft Teilnehmenden

---

155 Vgl. *Dreher/Tröndle* § 266, 1 a; *Lackner* § 266, 1; LK-*Hübner* § 266, 19; Schönke/Schröder/Lenckner § 266, 1; SK-*Samson* § 266, 1; ferner *Labsch* S. 156 jew. mwN.

156 6. Aufl. § 81 a, 1 (*Klug*).

157 Vgl. Schönke/Schröder/*Lenckner* § 266, 2, 23; SK-*Samson* § 266, 23; *Sax* JZ 1977, 663, 666 f, 702 f.

ein zusätzliches Risiko aufgebürdet hat. Durch die Beschränkung der Haftung auf das Gesellschaftsvermögen sind die Gesellschafter außerordentlich begünstigt. Daraus erwächst für den Gesetzgeber die Verpflichtung, für den Schutz der Gläubiger zu sorgen. Dies hatte er u. a. durch die Strafbestimmung des § 81 a aF versucht. Vor diesem Hintergrund ist der Schutz des Vermögenserhalts innerhalb der GmbH mithin auch unter dem Gesichtspunkt des Gläubigerschutzes zu sehen.

- Insoweit ebenfalls nur *mittelbar* sind darüber hinaus auch die *Interessen der Arbeitnehmer* geschützt, als diese selbst Gläubiger der GmbH sind, z. B. hinsichtlich ihrer Gehaltsforderungen und dergl.[158]

Diese Auffassung entsprach bereits der st. Rspr. zu § 81 a aF[159] und ist nunmehr auch bzgl. § 266 StGB von der *Rechtsprechung*[160] ausdrücklich anerkannt worden, in dem der BGH[161] ausführt:

> „Der Tatbestand der Untreue schützt die GmbH auch als eigene Rechtspersönlichkeit, über deren Vermögen die Anteilseigner schon im Interesse der Gesellschaftsgläubiger nur im Rahmen der Vorschriften des GmbH-Gesetzes verfügen können".

Dies entspricht auch der hM im *Schrifttum*[162]. *Geschützt* ist grundsätzlich das *gesamte Vermögen der GmbH*[163].

61 Insoweit geschützt ist allerdings *nur* die in das Handelsregister *eingetragene* Gesellschaft, da die GmbH als eigene Rechtspersönlichkeit vor ihrer Eintragung noch nicht besteht (§ 11 Abs. 1). Vor Eintragung der Gesellschaft besteht allerdings zwischen den Gründungsgesellschaftern und den für die künftige Gesellschaft handelnden Personen ein unmittelbares Treueverhältnis, das durch § 266 StGB geschützt ist[164].

III. Täterkreis

1. Sonderdelikt

62 Nach § 81 a aF konnte die GmbH-rechtliche Untreue nur von Geschäftsführern, Liquidatoren, Mitgliedern des Aufsichtsrats oder eines ähnlichen Organs der Gesellschaft begangen werden. Der Kreis der tauglichen Täter iS des § 266 StGB ist zwar auch begrenzt, wobei jedoch weitergehend als bei § 81 a aF hier alle Personen erfaßt werden, die die in § 266 Abs. 1,1. und 2. Alt. StGB genannten Rechts- und Pflichtenstellungen innehaben. Es wird mithin nicht mehr notwendigerweise die nach § 81 a genannte Organstellung des Täters innerhalb der GmbH vorausgesetzt. § 266 StGB ist demnach ebenso wie § 81 a aF ein *Sonderdelikt*. Seine Tätermerkmale ha-

158 *Kohlmann/Löffeler* 171; *Kohlmann* in Festschr. Werner (1984), 387, 389.

159 RGSt. 42, 278 f; BGHSt. 3, 23, 25; 3, 32, 39 f.

160 BGH wistra 1983, 71; 1987, 216, 335 f; MDR/H 1979, 806; OLG Stuttgart, MDR 1978, 593.

161 wistra 1983, 71.

162 Vgl. etwa *Kohlmann/Löffeler* wie Fn 151; *Brammsen* DB 1989, 1609, 1610 mwN; Müller-Gugenberger/*Schmid* § 26, 56 f; näher *Gribbohm* ZGR 1990, 1, 11 ff.

163 Zu den Besonderheiten von *vermögensmindernden Maßnahmen* aufgrund eines *Gesellschafterbeschlusses* oder durch den *Alleingesellschafter* näher unten Rdn 183 ff, 188 f.

164 BGHSt. 3, 23, 25; *Kohlmann/Löffeler* 195; Müller-Gugenberger/*Schmid* § 26, 60 mwN; *Gribbohm* ZGR 1990, 1, 6; aA LK-*Hübner* § 266, 87; vgl. auch unten Rdn 206. Dies muß im Gegensatz zu den gesellschafts-zivilrechtlichen Verantwortlichkeiten auch für die sog. Vor-GmbH gelten, da dieser ohne Eintragung jedenfalls noch nicht die von der Strafrechtsprechung (vgl. insbes. BGHR § 266 StGB – Nachteil Nr. 27, BGH wistra 1983, 71) geforderte eigene Rechtspersönlichkeit iSd § 11 zukommt; aA *Schäfer* GmbH-Rdsch. 1993, 717, 720 f.

ben den Charakter von strafbegründenden besonderen persönlichen Merkmalen iS des § 28 Abs. 1 StGB. Taugliche Täter sind nur die **Treuepflichtigen** selbst und deren in § 14 StGB genannten Vertreter[165]. Außenstehende können allenfalls Teilnehmer sein[166], deren Strafe nach § 28 Abs. 1 StGB zu mildern ist[167], sofern nicht bereits im Falle der Beihilfe eine Milderung nach § 27 Abs. 2 Satz 2 StGB in Betracht kommt[168].

2. Pflicht zur Betreuung fremder Vermögensinteressen

Soweit der Täter *„fremde Vermögensinteressen zu betreuen hat"*, sind hierunter vorliegend die Vermögensinteressen der GmbH zu verstehen. Die Frage, ob diese nur im zweiten Teil der Vorschrift enthaltene Formulierung auch lediglich für die 2. Tatbestandsalternative des Treubruchstatbestandes oder für beide Tatbestandsalternativen, also auch für den Mißbrauchstatbestand zu gelten hat, wird bis heute kontrovers diskutiert[169]. Nach wohl hM handelt es sich bei dieser sog. *Vermögensbetreuungspflicht* um ein beide Tatbestandsalternativen miteinander *verbindendes Moment*, dem zugleich eine *Einschränkungsfunktion* des Untreuetatbestandes im Ganzen zukommt[170]. Durch die Beschränkung beider Tatbestandsalternativen auf solche Täter, denen als *Hauptpflicht* die Betreuung fremder Vermögensinteressen obliegen, wird die im Schrifttum zu Recht beklagte Konturlosigkeit der Tatbestände und die damit verbundene Ausuferung der Strafbarkeit auf alle erdenklichen Fälle von Pflichtverletzungen im Vermögensbereich nachhaltig und sachgerecht begrenzt[171]. Auf die Bedeutung und Konsequenzen des Merkmals der Vermögensbetreuungspflicht wird nachfolgend bei den Erläuterungen der beiden Tatbestandsalternativen näher eingegangen. **63**

3. Einzelfälle

Zur Täterqualifikation der in und für die GmbH handelnden Personen gilt folgendes: **64**

a) Geschäftsführer. Daß der ordnungsgemäß bestellte und im Handelsregister eingetragene Geschäftsführer einer GmbH tauglicher Täter iS des § 266 StGB ist, steht heute außer Frage[172]. Dic in § 266 Abs. 1, 1. und 2. Alt. StGB genannten Tätermerkmale (Verfügungs- und Verpflichtungsbefugnis sowie Vermögensbetreuungspflicht hinsichtlich des Mißbrauchstatbestandes und Treuepflicht hinsichtlich des Treubruchstatbestandes) ergeben sich für den GmbH-Geschäftsführer aus seiner rechtlichen und tatsächlichen Stellung innerhalb der GmbH, vgl. etwa §§ 6 und 35. Gleiches gilt für den stillschweigend bestellten, im Handelsregister aber noch nicht

---

165 Vgl. Rdn 8; zum früheren Recht BGHSt. 13, 330 m. Anm. *Schröder*, JR 1960, 105.

166 BGH wistra 1984, 22.

167 BGHSt. 26, 53; wistra 1988, 305; *Dreher/Tröndle* § 266, 15; *Lackner* § 266, 2; *Arzt/Weber* S. 132; aA Schönke/Schröder/*Lenckner* § 266, 52 der § 28 Abs. 1 StGB nicht für anwendbar hält.

168 Dann jedoch keine doppelte Milderung möglich, BGHSt. 26, 53; *Dreher/Tröndle* wie Fn 167.

169 Zum Streitstand etwa *Lackner* § 266, 4.

170 BGHSt. 24, 386, 387; *Lackner* wie Fn 169; LK-*Hübner* § 266, 2–15; *Maurach/Schroeder/Maiwald* BT 1 § 45, 11; *Wessels* BT 2 S. 168 jew. mwN; aA *Arzt* in Festschr. Bruns (1978), S. 365, 382; *Labsch* S. 125 die eine Erstreckung auf den Mißbrauchstatbestand verneinen; Schönke/Schröder/*Lenckner* § 266, 2, 11 mwN der die Vermögensbetreuungspflicht darauf reduziert, daß dem Täter seine Rechtsmacht in bloßem fremden Interesse eingeräumt sein müsse.

171 *Lackner* wie Fn 169.

172 Vgl. z.B. BGHSt. 6, 314, 315; BGH MDR/H 1979, 456; *Kohlmann/Löffeler* 173; Scholz/*Tiedemann* 14, 15.

eingetragenen Geschäftsführer[173]. Für Untreuehandlungen, die der Geschäftsführer allerdings noch *vor der Eintragung* der GmbH in das Handelsregister und demzufolge vor ihrem Entstehen begeht, ist dieser nach ständiger Rechtsprechung nur gegenüber den Gesellschaftern strafrechtlich verantwortlich[174]. Zum Einverständnis der Gesellschafter in die betreffende Tathandlung vgl. näher Rdn 183 ff.

65 **Besonderheiten** können sich hinsichtlich der strafrechtlichen Haftung für den Fall ergeben, daß eine aus **mehreren Geschäftsführern**[175] bestehende Geschäftsleitung nach Abstimmung handelt und ein Geschäftsführer hierbei überstimmt wird. Denn die Überstimmung des Täters hat den Wegfall der Tatbestandsmäßigkeit seines Verhaltens keineswegs automatisch zur Folge. Der Täter darf es nicht dabei bewenden lassen, daß er überstimmt wurde, sondern muß, soweit dies in seinen Kräften steht, zur Schadensverhütung aktiv tätig werden[176]. Bindende Weisungen aufgrund seines Dienstvertrages und die Folge eines verbindlichen Geschäftsführerbeschlusses können allenfalls als Rechtfertigungs- oder – bei entsprechender Einstellung des Täters – als Schuldausschließungsgründe in Frage kommen[177]. Denkbar ist aber auch ein Verbotsirrtum[178]. Die Tatbestandsmäßigkeit kann bei Überstimmung mithin nur wegfallen, wenn der Täter etwas zur Verhinderung der nachteiligen Folgen unternimmt, weil seine Treueverpflichtung in erster Linie gegenüber der Gesellschaft als solcher besteht und nicht gegenüber den Mitgeschäftsführern oder einem anderen Gremium. Das Nichthandeln wird in derartigen Fällen regelmäßig deshalb nicht zur Beseitigung der Tatbestandsmäßigkeit ausreichen, weil der Tatbestand des § 266 StGB auch durch Unterlassen begangen werden kann und eine Rechtspflicht zum Tun im allgemeinen selbst bei einer Überstimmung des Täters aus seiner treuhänderischen Stellung herzuleiten sein wird. Eine Strafbarkeit kann vielmehr erst dann entfallen, wenn der Geschäftsführer jedes rechtlich zulässige Mittel ergriffen hat, um das Zustandekommen des vermögensschädigenden Beschlusses zu verhindern[179].

66 Nach Ablauf der Dienstzeit und Beendigung des Anstellungsvertrages unterliegt der Täter grundsätzlich keiner über die Auflösung des Beschäftigungsverhältnisses hinausgehenden, nachwirkenden Treuepflicht iS des § 266 StGB[180]. Eine Ausnahme ist jedoch dann anzunehmen, wenn der Täter nach Ablauf seines Anstellungsvertrages die Geschäfte der GmbH mit Zustimmung der Gesellschafter vorerst weiter tätigt, sog. faktische Weiterführung[181].

67 Der **stellvertretende Geschäftsführer** ist ebenfalls Geschäftsführer iS des § 35, da die für die Geschäftsführer vorgesehenen Vorschriften nach § 44 zugleich auch für ihre Stellvertreter gelten. Deshalb ist die durch § 266 StGB begründete strafrechtliche Haftung für sie nach Art und Umfang die gleiche wie bei ordentlichen Geschäftsführern.

68 Demgegenüber kann der **„faktische Geschäftsführer“**[182] nur tauglicher Täter des Treubruchstatbestands sein, da der Mißbrauchstatbestand abweichend von

---

173 BGH, Urt. v. 23. 10. 1979 – 1 StR 156/79.
174 RGSt. 43, 407, 414; BGHSt. 3, 23, 24; OLG Stuttgart MDR 1978, 593.
175 Vgl. hierzu näher Rdn 37 f.
176 BGHSt. 37, 106, 126; dazu auch Rdn 37.
177 *Kohlmann/Löffeler* 176.
178 *Kohlmann/Löffeler* wie Fn 177.
179 BGHSt. 37, 106, 126 sowie 9, 203, 216 zu Aufsichtsratsmitgliedern.
180 RGSt. 75, 75, 80; BGHSt. 8, 149; OLG Stuttgart NStZ 1985, 365, 366; LK-*Hübner* § 266, 77; Schönke/Schröder/*Lenckner* § 266, 34.
181 BGHSt. 8, 149; *Lackner* § 266, 12; LK-*Hübner* § 266, 72.
182 Vgl. hierzu näher oben Rdn 20 ff.

§ 81 a aF ein für die GmbH rechtswirksames Verhalten des Täters voraussetzt[183]. Voraussetzung für das Entstehen einer Vermögensbetreuungspflicht ist allerdings, daß ihm ausdrücklich oder konkludent eine entsprechende Treueposition eingeräumt ist[184]. Eine rechtsunwirksame, wenn auch faktische Rechtsmacht reicht demnach ebensowenig für die Annahme des Mißbrauchstatbestandes wie eine Rechtsmacht, die sich lediglich aus Vorschriften ergibt, die dem Schutz des Rechtsverkehrs dienen[185].

b) **Konkursverwalter.** Sofern die GmbH in *Konkurs* fällt und ein Konkursverfahren eröffnet wird, bleibt die Vermögensbetreuungspflicht des Geschäftsführers zwar grundsätzlich fortbestehen; das Verwaltungs- und Verfügungsrecht über das nunmehr zur Konkursmasse gehörende Gesellschaftsvermögen geht jedoch auf den Konkursverwalter über (§ 6 KO). Mithin entfällt ab diesem Zeitpunkt jedenfalls der für eine Untreue erforderliche innere Zusammenhang zwischen Tathandlung des Geschäftsführers und dessen Vermögensbetreuungspflicht[186], so daß dann eine Untreue des Geschäftsführers nicht mehr möglich ist[187]. Mit Übernahme des Amtes wird der Konkursverwalter gegenüber der GmbH als Gemeinschuldnerin und gegenüber den Konkursgläubigern treupflichtig und damit auch tauglicher Täter einer Untreue[188]. 69

c) **Beamte.** Durch einen Beamten kann eine Untreue dann erfolgen, wenn er aufgrund eines behördlichen Auftrags *als Geschäftsführer* einer GmbH tätig ist[189] betreffend eine GmbH, deren Anteile sich zu 100% in städtischer Hand befanden[190]. Andererseits führt der Umstand, daß sich die GmbH ausschließlich in öffentlicher Hand befindet und möglicherweise auch der Erledigung öffentlicher Interessen zu dienen hat, nicht dazu, daß der Geschäftsführer infolgedessen zum Amtsträger iS von § 11 Abs. 1 Nr. 2 lit. c StGB wird. Geschäftsführer und Angestellte einer solchen GmbH bleiben vielmehr Privatangestellte ohne amtliche Eigenschaft[191]. 70

d) **Generalbevollmächtigte, Unternehmenssanierer.** Gleiches gilt für den aufgrund eines Gesellschafterbeschlusses oder mit Zustimmung der Gesellschafter beauftragten Generalbevollmächtigten[192] oder sog. Unternehmenssanierer[193]. 71

e) **Liquidatoren.** Als Täter einer Untreue kommen weiterhin Liquidatoren und deren Stellvertreter[194] in Betracht, da diesen Personen die Geschäftsführung für den Zeitraum der Vermögensabwicklung der aufgelösten GmbH (§§ 66 ff, 70 ff) obliegt[195]. 72

f) **Aufsichtsratsmitglieder oder Mitglieder ähnlicher Organe** (Beirat, Verwaltungsrat) können sich infolge ihrer Überwachungsaufgaben über die Geschäftsführung der GmbH ebenfalls wegen Untreue strafbar machen[196]. 73

---

[183] Vgl. Rdn 31; BGHSt. 5, 61, 63; LK-*Hübner* § 266, 63, 65 mwN; *Lackner* § 266, 10; *Arzt/Weber* LH 4, S. 69, 70.

[184] BGHSt. 3, 32, 39; 6, 314, 315; BGH, Urt. v. 25. 9. 1979 – 1 StR 702/78 (S. 14) für den „faktischen" Geschäftsführer; BGH, Urt. v. 23. 10. 1979 – 1 StR 156/79 (S. 10 ff); BGH wistra 1987, 335; Scholz/*Tiedemann* 15 mwN, vgl. hierzu näher Rdn 24 f.

[185] Z.B. §§ 932 ff BGB, 56, 366 Abs. 2 HGB; BGHSt. 5, 61, 63; *Kohlmann/Löffeler* 177; LK-*Hübner* § 266, 63, 65 mwN; SK-*Samson* § 266, 10; Schönke/Schröder/*Lenckner* § 266, 4.

[186] Vgl. Rdn 295.

[187] BGH NJW 1992, 250, 251.

[188] BGHSt. 15, 342 m. Anm. Schröder, JR 1961, 268; BGH NStE § 266 StGB Nr. 11; vgl. auch unten Rdn 44.

[189] RG HRR 1940, Nr. 123.

[190] Hierzu näher auch unten Rdn 287 ff.

[191] RGSt. 60, 139, 141; BGH NJW 1992, 847.

[192] BGH, Urt. v. 23. 10. 1979 – 1 StR 156/79, BGHSt. 34, 221 f = NJW 1987, 1710 f.

[193] OLG Stuttgart wistra 1984, 114 m. Anm. *Richter* 97; Schönke/Schröder/*Lenckner* § 266, 25; *Müller* in *Belke/Oehmichen* S. 58.

[194] Vgl. Rdn 40 ff.

[195] RGSt. 19, 184; *Dreher/Tröndle* § 266, 3.

[196] BGHSt. 9, 203, 210; OLG Hamm NStZ 1986, 119; Schönke/Schröder/*Lenckner* § 266, 25; näher *Tiedemann* in Festschr. Tröndle (1989), 319, 321 ff; ferner Rdn 51.

74 g) **Gesellschafter.** Den einzelnen Gesellschafter trifft dagegen grundsätzlich keine besondere Pflicht zur Wahrnehmung der Vermögensinteressen der GmbH, sofern er nicht als „faktischer Geschäftsführer" oder sonst bestimmenden Einfluß auf die Geschäftsführung der GmbH nimmt[197]. Mithin scheiden Gesellschafter jedenfalls regelmäßig als Täter einer Untreue aus[198].

75 h) **Geschäftsführender Inhaber.** Sofern sich bei den vorgenannten Tätergruppen *alle Geschäftsanteile* in Täterhand (Ein-Mann-GmbH) befinden, so ist dieser Umstand für die Strafbarkeit wegen Untreue nur von *eingeschränkter Bedeutung*. Die Rechtsprechung weist in diesem Zusammenhang darauf hin, daß die Gesellschaft durch die Vereinigung aller Anteile in einer Hand nicht aufgelöst wird und das Gesellschaftsvermögen auch nicht im Eigentum des Alleingesellschafters, sondern im Eigentum der ihm selbständig gegenüberstehenden GmbH steht. Erst im Wege der Liquidation kann der Alleingesellschafter das Gesellschaftsvermögen in sein Eigentum überführen. Infolgedessen kann auch der Alleingesellschafter, soweit er die sog. Tätermerkmale ebenfalls verwirklicht, zum Nachteil der nicht mit ihm identischen Gesellschaft handeln. Der naheliegende Gedanke, daß der Alleingesellschafter immerhin wirtschaftlicher Eigentümer des Gesellschaftsvermögens ist[199], kann im Rahmen des § 266 StGB vorliegend daher nur eingeschränkte Bedeutung haben, weil der Tatbestand der Untreue neben den Gesellschaftern in erster Linie die GmbH als eigene Rechtspersönlichkeit schützen soll[200]. Zu *Umfang* und *Grenzen* der *Dispositionsbefugnis* des Alleingesellschafters und zur *Wirksamkeit von gesellschaftsvermögensmindernden Gesellschafterbeschlüssen* näher unten Rdn 140 ff.

76 i) **Prüfer.** Der gegenüber einem (Wirtschafts-) Prüfer erteilte Auftrag zur Prüfung der Gesellschaft ist ebenfalls vermögensfürsorglicher Art (für den Abschlußprüfer größerer Gesellschaften vgl. insbes. §§ 267, 316 ff HGB) mit der Folge, daß auch diese Personen jedenfalls als Täter des Treubruchstatbestandes in Betracht kommen[201].

77 j) **Angestellte.** Bei sonstigen Angestellten der GmbH ist zu differenzieren: Der Arbeitsvertrag eines Angestellten begründet regelmäßig keine besondere Vermögensbetreuungspflicht[202], so daß insbes. nur die *Verletzung der allgemeinen Pflicht* im Rahmen der Arbeitstätigkeit, die Interessen des Arbeitgebers zu wahren (z. B. pfleglicher Umgang mit Arbeitsgeräten, allgemeines Schädigungsverbot), noch *nicht* zu einer Strafbarkeit wegen Untreue führen kann[203]. Eine *Vermögensbetreuungspflicht* iS des § 266 StGB ergibt sich im Rahmen eines Arbeitsverhältnisses vielmehr erst dann, wenn dem Betreffenden die *Führung eines Geschäftsbereichs* (z. B. Abteilungsleiter) oder die *Besorgung eines einzelnen Geschäfts* derart übertragen worden ist, daß ihm ein *gewisser Spielraum für eigenverantwortliche Entscheidungen* verbleibt[204]. Eine solche Dispositionsbefugnis obliegt etwa dem Prokuristen

---

[197] Vgl. auch Rdn 20 ff, 49.

[198] So auch LG Köln wistra 1988, 279; *Lackner* § 266, 12 betreffend den Aktionär; zur Beihilfestrafbarkeit vgl. unten Rdn 191.

[199] So Schönke/Schröder/*Lenckner* § 266, 21.

[200] Vgl. bereits oben Rdn 5 ff; st. Rspr. RGSt. 42, 278, 283; 71, 353 f; BGHSt. 3, 32, 39, 40; 34, 379 f; BGH wistra 1983, 71; 1984, 71; 1986, 262; 1990, 90; BGH, Urt. v. 20. 5. 1981 – 3 StR 94/81 S. 10 (insoweit nicht wiedergegeben in BGHSt. 30, 127 f); OLG Stuttgart MDR 1978, 593; LK-*Hübner* § 266, 87; *Dreher/Tröndle* § 266, 20; *Kohlmann/Löffeler* 174.

[201] Schönke/Schröder/*Lenckner* § 266, 25; *Geilen*-KölnKommAktG Vorbem. § 399, 11; § 403, 48; ferner unten Rdn 101, 114.

[202] BGHSt. 6, 314; OLG Köln NJW 1967, 836; OLG Braunschweig NJW 1976, 1903.

[203] BGHSt. 4, 170; 5, 187; *Lackner* § 266, 12.

[204] BGHSt. 3, 289, 294; BGH NJW 1992, 250, 251; BGHR § 266 Abs. 1 Vermögensbetreuungspflicht Nr. 13; Schönke/Schröder/*Lenckner* § 266, 23 a f, 25.

(§§ 48 f HGB), Handlungsbevollmächtigten (§§ 54 f HGB), ferner Abteilungsleitern[205], leitenden Angestellten, die bestimmenden Einfluß auf Auftragsvergaben haben[206] oder sonst zu vermögensrelevanten Maßnahmen beauftragt sind[207] sowie sonstige entscheidungsberechtigte Sachbearbeiter[208] wie z. B. Lohnbuchhalter[209], Kassierer[210], Computersachbearbeiter und Systemanalytiker[211]; nicht dagegen Locher, Operator, Programmierer oder sonstige technische Mitarbeiter[212]. *Keine* tauglichen Täter iS des § 266 StGB sind dagegen sonstige Angestellte ohne inhaltliche Entscheidungskompetenz[213] z. B. Hilfssachbearbeiter, Buchhalter, technische Sachbearbeiter etc.

IV. Der Mißbrauchstatbestand

Der Mißbrauchstatbestand schützt vor dem Mißbrauch einer rechtlichen Befugnis, über fremdes Vermögen zu verfügen oder einen anderen zu verpflichten. 78

Vorliegend geht es dabei um den Schutz der zwischen der GmbH und dem vorgenannten Personenkreis bestehenden Rechtsbeziehungen, die letzteren im Außenverhältnis ein rechtliches Können ermöglichen, das über das rechtliche (interne) Dürfen hinausgeht.

1. Verpflichtungs- bzw. Verfügungsbefugnis

Unter der Befugnis, über fremdes Vermögen zu verfügen oder einen anderen zu 79
verpflichten, ist also die Rechtsstellung zu verstehen, die den hier betreffenden Personenkreis nach außen in den Stand setzt, Vermögensrechte der GmbH wirksam zu ändern, zu übertragen, zu belasten oder aufzuheben oder zu Lasten der GmbH Verbindlichkeiten einzugehen[214]. Der Mißbrauchstatbestand setzt mithin ein *rechtsgeschäftliches Handeln* voraus[215]. Eine *Verfügung* in diesem Sinne ist z. B. die Übereignung, die Belastung mit einem Pfandrecht, Abtretung oder Erlaß einer Forderung usw.[216]. Die GmbH zu *verpflichten*, bedeutet eine Verbindlichkeit zu begründen, z. B. durch Abschluß eines Vertrages, durch Kreditaufnahme, Anerkenntnis von Schulden, Übernahme einer Bürgschaft usw.[217]. Rein *tatsächliche Einwirkungen* auf das zu betreuende Vermögen der GmbH wie z. B. Sachbeschädigung oder Zerstörung, Verbindung, Vermischung oder Verarbeitung iS der §§ 946 ff BGB[218], der Griff in die Kasse[219], Verbrauch anvertrauter Gelder[220], fallen *nicht* unter den Mißbrauchstatbestand, sondern können allenfalls den Treubruchstatbestand verwirklichen. Demgegenüber hat das LG Bonn[221] einen geschäftsführenden Gesellschafter gem. § 266 Abs. 1, 1. Alt. StGB verurteilt, der die Gesellschaft durch Privatentnahmen (u. a. durch Überweisungen von Firmenkonten auf Privatkonten, durch Barentnahmen aus der Kasse oder Bezahlung privater Verbindlichkeiten mit Gesellschafts-

---

205 BGHSt. 20, 143: Leiter eines Auslieferungslagers.
206 BGH wistra 1989, 224; *Lackner* § 266, 13.
207 BGH wistra 1984, 225.
208 Schönke/Schröder/*Lenckner* § 266, 25.
209 BGH GA 1979, 14.
210 BGH wistra 1989, 60 m. abl. Anm. *Otto* JK § 266, 9; OLG Hamm NJW 1973, 1809; str.
211 OLG München JZ 1977, 408.
212 *Lackner* § 266, 13; Schönke/Schröder/*Lenckner* § 266, 26 mwN.
213 BGH wistra 1987, 27; StV 1986, 203 f.
214 Schönke/Schröder/*Lenckner* § 266, 4.
215 BGH wistra 1989, 14.
216 Schönke/Schröder/*Lenckner* § 266, 15; LK-*Hübner* § 266, 66.
217 Schönke/Schröder/*Lenckner*; LK-*Hübner*; jeweils wie Fn 216.
218 LK-*Hübner* § 266, 65.
219 BGHSt. 8, 254 f; 13, 315 f.
220 BGHSt. 1, 186 f; 5, 61, 64; 12, 207, 210; Scholz/*Tiedemann* 14.
221 LG Bonn NJW 1981, 469.

geldern) um ca. DM 253.000,– geschädigt hatte. Diese Auffassung ist sowohl im Hinblick auf die Barentnahme bedenklich als auch insoweit, daß der Angeklagte dort über die Gelder in eigenem Namen verfügte[222].

2. Rechtswirksame Ausübung der Befugnis

80 Der Mißbrauchstatbestand setzt abweichend von § 81 a aF ein für die GmbH *rechtswirksames* Verhalten des Täters voraus[223], da eine „nicht existente Rechtsmacht nicht gebraucht und daher auch nicht mißbraucht werden" kann[224]. Die *Verfügungs- und Verpflichtungsbefugnis* ergibt sich für den *Geschäftsführer* aufgrund seiner Bestellung, vgl. §§ 6, 35 f, 46 Nr. 5, deren Rahmenbedingungen gesetzlich geregelt sind[225]. Gem. § 35 Abs. 1 wird die Gesellschaft durch die Geschäftsführer gerichtlich und außergerichtlich vertreten. Nach § 36 wird die Gesellschaft durch die in ihrem Namen von den Geschäftsführern vorgenommenen Rechtsgeschäfte berechtigt und verpflichtet. Gegen dritte Personen hat eine Beschränkung der Geschäftsführungsbefugnisse keine rechtliche Wirkung, vgl. § 37 Abs. 2, so daß im Außenverhältnis stets ein wirksames Rechtsgeschäft zustandegekommen ist[226]. Zu der insoweit fehlenden Rechtsmacht des „faktischen Geschäftsführers" s. o. Rdn 68.

81 Die rechtswirksame Geschäftsführerbestellung und damit das für den Mißbrauchstatbestand erforderliche **Grundverhältnis erlischt** mit der **Abberufung** des Geschäftsführers und der entsprechenden Löschung im Handelsregister[227]. Sofern der Geschäftsführer seine Tätigkeit nach der Abberufung einverständlich vorübergehend weiterführt, kann allerdings im Einzelfall von einer ausdrücklich oder konkludent verlängerten Vertretungsvollmacht oder von einem fingierten Fortbestehen der Geschäftsführereigenschaft bzw. der Fortwirkung der Vertretungsmacht – hier über § 35 Abs. 1 – ausgegangen werden[228]. Zum Übergang des Verwaltungs- und Verfügungsrechts im *Konkurs* auf den Konkursverwalter vgl. Rdn 14 f, 44.

82 Sind **mehrere Geschäftsführer** bestellt, kommt der einzelne Geschäftsführer als Täter des Mißbrauchstatbestandes nur im Rahmen seiner Vertretungsberechtigung in Betracht. Wenn die Gesellschaft nur durch mehrere oder nur durch die Gesamtheit der Geschäftsführer vertreten wird, können entweder alle Geschäftsführer als Mittäter (§ 25 Abs. 2 StGB) oder der einzelne, seine Vertretungsmacht überschreitende Geschäftsführer wegen des Treubruchstatbestandes bestraft werden. Welchen Titel der Geschäftsführer führt, ist an sich belanglos, kann aber in Zweifelsfällen (z. B. „Direktor" ist im Zweifel Geschäftsführer, „Abteilungsdirektor" im Zweifel nicht) für Rückschlüsse bedeutsam sein[229].

83 Der **stellvertretende Geschäftsführer** ist ebenfalls Geschäftsführer iS des § 35, da die für die Geschäftsführer einschlägigen Vorschriften nach § 44 zugleich für ihre Stellvertreter gelten. Deshalb ist die durch § 266 StGB begründete strafrechtliche Verantwortlichkeit für sie nach Art und Umfang die gleiche wie bei ordentlichen Geschäftsführern[230].

---

222 *Kohlmann/Löffeler* 197.
223 BGHSt. 5, 61, 63; LK-*Hübner* § 266, 63, 65 mwN.
224 LK-*Hübner* wie Fn 216.
225 BGHSt. 3, 32, 38; LK-*Hübner* § 266, 69; zur Ein-Mann-GmbH vgl. RGSt. 71, 353; BGH NJW 1981, 1793; Dreher/*Tröndle* § 266, 4.
226 Scholz/*Tiedemann* 14.
227 Kohlmann/*Löffeler* 198.
228 OLG Stuttgart NStZ 1985, 366; *Labsch* S. 101, 306 f; Schönke/Schröder/*Lenckner* § 266, 4; krit. *Lackner* § 266, 5; vgl. Rdn 14.
229 Kohlmann/*Löffeler* 199; zur Überstimmung Rdn 37.
230 Kohlmann/*Löffeler* 200.

Die Verfügungs- und Verpflichtungsbefugnis des **Liquidators** und dessen **Stellvertreter** ergibt sich aus den §§ 66, 70, 71 Abs. 4 iVm. §§ 36, 37, 44 analog, die des **Konkursverwalters** aus § 6 Abs. 2 KO. 84

Sonstige **Angestellte** können nur dann Täter des Mißbrauchstatbestandes sein, wenn sie aufgrund einer **Prokura** (§§ 49, 50 HGB), **Handlungsvollmacht** (§§ 54, 55 HGB) oder einer im Einzelfall erteilten **Vertretungsvollmacht** (§§ 164 ff BGB) ein nach außen wirksames Rechtsgeschäft geschlossen haben. Andernfalls[231] kommt nur eine Strafbarkeit wegen Treubruchs in Betracht. 85

Aufsichtsratsmitglieder und **Mitglieder ähnlicher Organe** sind regelmäßig **nicht** zum Abschluß von Rechtsgeschäften für die GmbH befugt, sofern nicht aufgrund des Gesellschaftsvertrages oder aufgrund eines Gesellschafterbeschlusses eine Vertretungsvollmacht im Einzelfall (z. B. für Geschäftsführeranstellungsvertrag oder beim Verkauf von Unternehmensteilen) erteilt worden ist[232]. Im übrigen kommt für diesen Personenkreis nur eine Strafbarkeit wegen Beihilfe (§ 27 StGB) zum Mißbrauch etwa durch den Geschäftsführer[233] oder wegen Treubruchs in Betracht. 86

Die vorstehenden Ausführungen gelten entsprechend für die **Gesellschafter**, sofern sie nicht als Geschäftsführer oder aufgrund einer besonderen Vertretungsvollmacht tätig werden. 87

Entsprechendes gilt ferner für den (Abschluß-)**Prüfer**, da ihm lediglich die bilanzmäßige Überprüfung der Geschäfte der GmbH obliegt. 88

Der sog. **Unternehmenssanierer** kann ebenfalls nur dann Täter des Mißbrauchstatbestandes sein, wenn er aufgrund einer Vertretungsvollmacht zu Verfügungs- und Verpflichtungsgeschäften für und gegen die Gesellschaft befugt ist. Wird er dagegen nur beratend tätig, kommt allenfalls eine Beihilfe (§ 27 StGB) zum Mißbrauch durch den Geschäftsführer oder sonstiger Personen oder eine Strafbarkeit wegen Treubruchs in Betracht. 89

3. Gesellschaftsvermögen als fremdes Vermögen

Die Befugnis muß sich auf fremdes Vermögen beziehen. Für den hier betreffenden Personenkreis ist das Vermögen der GmbH immer fremdes Vermögen. Das folgt daraus, daß die GmbH eine eigenständige juristische Person ist, unabhängig davon, in wessen Händen sich die Anteile der GmbH befinden[234]. Deshalb ist auch das Vermögen der Ein-Mann-GmbH Fremdvermögen für den geschäftsführenden Alleingesellschafter, obwohl die Anteile in seiner Person vereinigt sind[235]. 90

4. Mißbrauch der gesellschaftsinternen Befugnisse

Die Befugnis mißbraucht, wer bei der Ausübung der ihm eingeräumten Vertretungsmacht sich über die ihm durch das Innenverhältnis gezogenen Schranken hinwegsetzt[236]. Charakteristisch ist, daß dem Täter im Außenverhältnis eine Rechtsmacht zugestanden wird, die weiter reicht, als die Vertretungsbefugnis „gegenüber dem Machtgeber". „In diesem Raum, zwischen rechtlichem Können und rechtli- 91

231 Vgl. Rdn 77 aE.
232 Vgl. hierzu neuestens *Rohleder* aaO.
233 Hierzu näher unten Rdn 279 f sowie oben Rdn 51 aE.
234 Vgl. Rdn 60 ff.
235 LG Bonn NJW 1981, 469; LK-*Hübner* § 266, 22 mwN; Schönke/Schröder/*Lenckner* § 266, 6.
236 LK-*Hübner* § 266, 70; *Lackner* § 266, 6; SK-*Samson* § 266, 14; Müller-Gugenberger/*Schmid* § 26, 33.

chem Dürfen liegt das Feld des Mißbrauchs der Befugnis"[237]. Des weiteren muß zwischen der Vermögensbetreuungspflicht und dem Handeln des Täters ein *innerer Zusammenhang* bestehen[238]. Diese *internen Befugnisse* ergeben sich regelmäßig aus:

- den Vorschriften des GmbHG,
- dem in der Satzung festgelegten Unternehmensgegenstand,
- den von den Gesellschaftern festgelegten Grundsätzen der Geschäftspolitik,
- den durch Gesellschafterbeschluß erteilten rechtsverbindlichen Weisungen und Anordnungen[239],
- den rechtswirksamen Einverständniserklärungen seitens der Gesellschafter,
- ferner aus dem jeweiligen *Anstellungsvertrag* oder *sonstigen vertraglichen Beziehungen* zwischen Täter und Gesellschaft,
- Beachtung der Regeln sorgfältiger Unternehmensleitung[240],
- sowie dem allgemeinen Gebot, die GmbH *nicht* durch strafbare, ordnungswidrige oder sonst verbotene Rechtsgeschäfte zu schädigen[241].

92 Der *Geschäftsführer* ist nach § 43 Abs. 1 grundsätzlich zur Sorgfalt eines ordentlichen Geschäftsmannes verpflichtet, sofern der Gesellschaftsvertrag oder der Anstellungsvertrag keine ausdrücklich über diese Sorgfaltspflichten hinausgehenden Regelungen enthält. Dieser in § 43 Abs. 1 sehr weit und wenig konkret gefaßte Sorgfaltsmaßstab kann eine inhaltliche Ausgestaltung nur durch die besondere Lage des Einzelfalles erlangen. Demnach variieren die Anforderungen an die Sorgfaltspflicht nach Art, Größe und wirtschaftlicher Situation des Unternehmens, der Bedeutung einer Geschäftsführungsmaßnahme und den besonderen Aufgaben des einzelnen Geschäftsführers wie auch der Branchenüblichkeit bestimmter unternehmerischer Entscheidungen[242]. Oberstes Gebot für eine ordentliche Geschäftsführung ist es, im Rahmen des Gesetzes, des Gesellschaftsvertrages, der für die Geschäftsführung verbindlichen Beschlüsse anderer Organe der GmbH und unter gebotener Berücksichtigung der Interessen der Öffentlichkeit und der Arbeitnehmer an dem von der Gesellschaft betriebenen Unternehmen den Vorteil der Gesellschaft zu wahren und Schaden von ihr abzuwenden. Dieses Gebot ist allerdings nicht dahingehend zu verstehen, daß ein Geschäftsführer alle Maßnahmen zu unterlassen hat, die möglicherweise der Gesellschaft zum Nachteil gereichen könnten. Zum einen trifft den Geschäftsführer keine Erfolgshaftung, zum anderen ist Unternehmensleitung nicht mit bloßer Vermögensverwaltung zu vergleichen[243]. Zur Pflicht des ordentlichen und gewissenhaften Geschäftsführers gehört es demnach, die Gesellschaft unter Berücksichtigung gesicherter und praktisch bewährter betriebswirtschaftlicher Erkenntnisse und unter Beachtung aller maßgeblichen Rechtsvorschriften zu leiten und sich insbesondere über alle unternehmenspolitisch relevanten wirtschaftlichen Umstände und Entwicklungen zu orientieren und sich stets ein genaues Bild von der Marktsituation zu machen, insbesondere hinsichtlich Unternehmensrentabilität und Liquidität und dem zu erwartenden Geschäftsgang[244]. Bei der Wahrnehmung dieser

237 LK-*Hübner* wie Fn 236.

238 Vgl. BGHR StGB § 266 Abs. 1 Vermögensbetreuungspflicht 1; BGH NJW 1992, 250, 251 mwN.

239 Zu Umfang und Grenzen des Weisungsrechts näher etwa *Brammsen* DB 1989, 1609, 1614; *Konzen* NJW 1989, 2977 f sowie unten Rdn 183 ff.

240 § 43, 30 (*Mertens*)[7]; § 43, aaO (*Mertens/Stein*).

241 Vgl. hierzu auch Rdn 111 ff, 151 f.

242 § 43, 23 mwN (*Mertens*)[7]; § 43, aaO (*Mertens/Stein*); Scholz/*Schneider* § 43, 59 f und 70 f.

243 § 43, 23 (*Mertens*)[7]; § 43, aaO (*Mertens/Stein*); Scholz/*Schneider* § 43, 78; vgl. auch für die AG BGH Die AG 1978, 79, 81; RGZ 129, 272, 275; *Mertens*-KölnKommAktG § 93, 29.

244 § 43, 30 (*Mertens*)[7]; § 43, aaO (*Mertens/Stein*); Scholz/*Schneider* § 43, 70 jew. mwN, vgl. ferner für die AG BGH Die AG 1985, 165.

Aufgaben hat der Geschäftsführer einen *weiten Ermessensspielraum*, sofern er sich nur an die vorerwähnten Maßstäbe und Grenzen hält[245]. Handelt er im Rahmen normaler, branchenüblicher unternehmerischer Aktivitäten, so läßt sich alleine daraus, daß die Geschäftsführungsmaßnahme (zunächst) zu einem Nachteil der Gesellschaft ausschlägt, noch keine Pflichtverletzung herleiten[246]. Zu Risiko- und Spekulationsgeschäften näher unten Rdn 240 ff. Jede weitergehende Nachprüfung der Zweckmäßigkeit betrieblicher Entscheidungen wäre ein Eingriff in die unternehmerische Freiheit und Verantwortung und ist den Gerichten grundsätzlich verwehrt[247]. Eine Ausnahme kann nur für einen *groben und schweren Ermessensfehlgebrauch*, wie etwa bei einer in jeder Hinsicht unverhältnismäßigen und eindeutig unvertretbaren Ausgabe sowie bei einer *offensichtlichen Ermessensüberschreitung*, wie etwa der Einsatz von Gesellschaftsmitteln zugunsten gesellschaftsfremder oder eigennütziger Zwecke[248]. Soweit die Rechtsprechung eine engere Angemessenheits- oder Inhaltskontrolle vorgenommen hat, handelte es sich um gesetzlich umschriebene Gesellschafterbeschlüsse[249] oder spezielle Geschäftsführerpflichten[250]. In diesem Zusammenhang sind in Rechtsprechung und Schrifttum bisher u. a. die nachgenannten Fallgestaltungen entschieden worden:

a) Mißbrauch durch Verstöße gegen die kapitalerhaltenden Vorschriften der **93**
§§ 29–34 (Einzelfälle). Rechtsgeschäftliche Maßnahmen, die gegen die kapitalerhaltenden Vorschriften der §§ 29–34 verstoßen, werden nach hM in der Rechtsprechung[251] dem Mißbrauchstatbestand zugeordnet[252].

α) Geld- oder Sachleistungen an Gesellschafter: Siehe hierzu unten Rdn 95, 98, **94**
102.

β) Gewährung von Darlehen an Gesellschafter. Diese Gewährung aus Mitteln **95**
der Gesellschaft, die zur Erhaltung des Stammkapitals erforderlich sind, ist dann mißbräuchlich, wenn eine *Rückzahlung* von vornherein *gefährdet* oder *ausgeschlossen* ist. Demgegenüber ist die Gewährung von solchen Darlehen – bei Zustimmung aller Gesellschafter! – in aller Regel dann *zulässig*, wenn eine ordnungsgemäße (jederzeitige) *Rückzahlung gewährleistet* ist und weder die Liquidität noch besondere Interessen der Gesellschaft gefährdet werden[253]. Dann kann es auch keine Rolle spielen, ob hierzu Vermögenswerte hingegeben werden, die letztlich das Stammkapital ausmachen, da solche Kredite an sich nur einen zulässigen Aktiventausch zur Folge haben[254]. Die GmbH erhält nämlich durch den Darlehensvertrag eine entsprechende Forderung gegen den Gesellschafter. Mithin werden durch § 266

245 Scholz/*Schneider* § 43, 44 f; *Molketin* NStZ 1987, 369 mwN.

246 § 43, 23 (*Mertens*)[7]; § 43, aaO (*Mertens/Stein*).

247 Ebenso OLG Hamm, Die AG 1977, 234; *Großmann* S. 168; Scholz/*Schneider* § 43, 47 f.

248 § 43, 40 f (*Mertens*)[7]; § 43, aaO (*Mertens/Stein*); *Molketin* wie Fn 245; vgl. ferner BGHSt. 3, 23, 25; BGH NJW 1975, 1234 f.

249 Vgl. etwa BGHZ 71, 40 ff; 80, 69 ff; BGH WM 1968, 1347 – Abberufung eines Gesellschafter-Geschäftsführers.

250 Etwa BGHZ 64, 325 – zur Informationspflicht des Vorstands einer AG gegenüber dem Aufsichtsrat; vgl. ferner Scholz/*Schneider* § 43, 47 f und 79 mwN.

251 Zuletzt BGHSt. 34, 379, 389.

252 AA LK-*Hübner* § 266, 60 f; Müller-Gugenberger/*Schmid* § 26, 40 f; Schönke/Schröder/*Lenckner* § 266, 17 und *Brammsen* DB 1989, 1609, 1611 f, die in derartigen Fällen einen Treubruch annehmen, da wirtschaftliche Vermögensverschiebungen unter Mißachtung der §§ 29 f nach §§ 134, 138 BGB stets rechtsunwirksam seien und demzufolge mangels Rechtsverbindlichkeit nicht dem Mißbrauchstatbestand unterfallen sollen.

253 BGH, Urt. v. 17. 10. 1956 – 2 StR 434/56 (S. 9); vgl. auch BGHSt. 35, 333, 337 mwN.

254 RG HRR 1935, Nr. 1403; RGZ 150, 28; Baumbach/*Hueck* § 30, 2 C; Scholz/*H. P. Westermann* § 30, 20, sofern der GmbH hierdurch nicht die Kredit- bzw. Haftungsgrundlage entzogen wird; *Gribbohm* ZGR 1990, 1, 7; BGH, wie Fn 253.

StGB nur solche Fallgestaltungen erfaßt, in denen bereits die Darlehenshingabe eine Gefährdung bzw. den Entzug des Stammkapitals oder eine sonstige Liquiditätsgefährdung zur Folge hat, z. B. wenn an eine Rückzahlung von vornherein nicht ernsthaft gedacht ist, oder wenn eine Darlehensrückzahlung in Kenntnis aller Beteiligten wegen drohender Zahlungsunfähigkeit des betreffenden Gesellschafters gefährdet ist. Soweit dem *Roth*[255] und *Schneider*[256] mit Hinweis auf die Neuregelung des § 43 a (verbotene Kreditgewährung an den Geschäftsführer, sofern hierzu das zur Erhaltung des Stammkapitals erforderliche Vermögen benötigt wird) entgegentreten, kann dieser Ansicht nicht gefolgt werden. In Anbetracht der nur auf den Geschäftsführer beschränkten Neuregelung muß davon ausgegangen werden, daß der Gesetzgeber hinsichtlich Darlehen an Gesellschafter über die vorgenannten Fallgestaltungen hinaus gerade und bewußt keine Neuregelung treffen wollte. Wollte man § 43 a auch zur Begründung eventueller Pflichtwidrigkeiten im Bereich von Darlehen an Gesellschafter heranziehen, würde dies letztlich auf eine im Strafrecht verbotene Analogie hinauslaufen[257].

96 γ) **Geschäftsführer-Darlehen.** Deren Gewährung ist zwar entgegen § 43 a grundsätzlich pflichtwidrig im Sinne des GmbHG. Der Mißbrauchstatbestand ist dagegen erst verwirklicht, wenn der GmbH hierdurch Schaden erwächst. Folglich müssen solche Geschäftsführer-Darlehen straflos bleiben, die mit Zustimmung aller Gesellschafter gewährt wurden und darüber hinaus weder die Liquidität noch besondere Interessen der Gesellschaft gefährdet haben[258]. Mangels Schadens können ebenfalls solche Kreditgewährungen an Geschäftsführer nicht strafbar iS des § 266 StGB sein, bei denen ausreichende Sicherheiten gestellt werden[259].

97 δ) **Unterlassene Darlehensrückforderung.** Ein pflichtwidriges Verhalten liegt aber in jedem Fall dann vor, wenn der Geschäftsführer die **Rückforderung** von (erlaubten) Darlehen an Gesellschafter oder Geschäftsführer nach Eintritt einer Vermögensverschlechterung der GmbH *unterläßt*[260], obwohl der Darlehensvertrag ein derartiges Vorgehen zuläßt oder sogar ausdrücklich vorschreibt. Wird hierdurch das zur Erhaltung des Stammkapitals erforderliche Vermögen beeinträchtigt, ist zwar mangels rechtsgeschäftlichen Unterlassens nicht der Mißbrauchstatbestand, wohl aber regelmäßig der Treubruchstatbestand verwirklicht[261].

98 ε) **Rückzahlung kapitalersetzender Gesellschafterdarlehen.** Diese (§§ 32 a und b) ist nur dann mißbräuchlich iS des § 266 StGB, wenn der Geschäftsführer das betreffende Darlehen noch während der Krise zurückzahlt. Denn das gesamte kapitalersetzende Darlehen unterliegt nach hM[262] gem. § 32 a im Konkurs- oder Vergleichsverfahren ohne summenmäßige Beschränkung einer Rückzahlungssperre und im übrigen gem. § 30 Abs. 1 insoweit einer Rückzahlungssperre, als andernfalls davon zur Deckung des Stammkapitals benötigtes Vermögen beeinträchtigt wird[263]. Diese

255 § 30, 2.2.2.

256 GmbH-Rdsch. 1982, 197, 200 f.

257 *Kohlmann/Löffeler* 204.

258 So jedenfalls für entsprechende Darlehen an Gesellschafter, BGH, Urt. v. 18. 10. 1956 – 2 StR 434/56; vgl. auch BGHSt. 35, 333, 337 mwN; aA *Richter* GmbH-Rdsch. 1984, 137, 145.

259 *Schneider* GmbH-Rdsch. 1982, 197, 202 will diese Fälle sogar nicht einmal § 43 a zuordnen; aA *Richter* wie Fn 258; vgl. ferner unten Rdn 107.

260 Zur Unterlassung allgemein vgl. Rdn 124, 130.

261 *Richter* GmbH-Rdsch. 1984, 137, 145.

262 BGHZ 60, 324 = NJW 1973, 1036; BGHZ 67, 171, 174, 179 = NJW 1979, 104 f; BGHZ 76, 326, 332 = NJW 1980, 1524, 1525; BGHZ 81, 311, 319 = NJW 1982, 383, 385; Scholz/*K. Schmidt* §§ 32 a, 32 b Rdn 71; *K. Schmidt* BB 1985, 156 mwN; *Joost* GmbH-Rdsch. 1983, S. 285 f; *Roth* § 30, 2.1.3.

263 Hierzu näher die Erläuterungen zu §§ 30, 32 a.

fällt frühestens nach der Krise weg. Dann erst verliert das Darlehen seine kapitalersetzende Funktion[264].

ζ) **Risikogeschäfte.** Zu solchen, die bei ihrem Scheitern eine Beeinträchtigung des Stammkapitals zur Folge haben, vgl. unten Rdn 240 ff. 99

b) Darlehensgewährungen an einzelne Gesellschafter ohne Gesellschafterbeschluß, Verdeckte Gewinnausschüttungen, sonstige Leistungen an die Gesellschafter. Grundsätzlich mißbräuchlich ist auch die Darlehensgewährung an einzelne Gesellschafter ohne Zustimmung der übrigen Gesellschafter. Eine *Ausnahme* machte der BGH[265] unter Geltung des § 29 aF für den Fall, daß lediglich ein Gewinnanteil, auf den der Gesellschafter nach § 29 Abs. 1 aF einen Anspruch hat, etwa in Form eines „Darlehens" als sog. *verdeckte Gewinnausschüttung* ausgezahlt wird[266]. Diese Rechtslage gilt auch nach dem Bilanzrichtlinien-Gesetz v. 19. 12. 1985[267] jedenfalls für sog. *Altgesellschaften* weiter fort, die bei Inkrafttreten des Bilanzrichtlinien-Gesetzes am 1. 1. 1986 in das Handelsregister eingetragen sind[268]. Für *nach dem 1. 1. 1986 gegründete Gesellschaften* kann die Annahme derart verdeckter Gewinnausschüttungen nur noch *eingeschränkt* aufrechterhalten werden, da das Vollausschüttungsgebot des § 29 aF nunmehr durch das Mehrheitsprinzip ersetzt worden ist. Nach der ausdrücklichen Bestimmung des § 29 Abs. 2 nF steht das *Gewinnbezugsrecht* der Gesellschafter, sofern der Gesellschaftsvertrag nichts anderes bestimmt, *zur Disposition der Gesellschaftermehrheit.* Mithin haben die Gesellschafter nur dann einen Anspruch auf den Reingewinn (= Jahresüberschuß iS des § 275 HGB zuzüglich eines Gewinnvortrages und abzgl. eines Verlustvortrages), soweit der sich ergebende Betrag nicht durch Gesetz oder Gesellschaftsvertrag, durch Mehrheitsbeschluß nach § 29 Abs. 2 nF oder als zusätzlicher Aufwand aufgrund des Beschlusses über die Verwendung des Ergebnisses von der Verteilung unter die Gesellschafter ausgeschlossen ist. Das Ausschüttungsgebot umfaßt also nicht mehr den gesamten Reingewinn, sondern nur noch den durch Gewinnverteilungsbeschluß festgesetzten Betrag[269]. Im Einvernehmen aller Gesellschafter getätigte Entnahmen bereits *erzielter* Gewinne sind weiterhin grundsätzlich erlaubt und in der Regel kein rechtswidriger Nachteil für die GmbH[270]. Ebenso ist auch die Zahlung von sog. *Gewinnvorschüssen* grundsätzlich zulässig, sofern sie im Gesellschaftsvertrag vorgesehen sind oder in einer Gesellschafterversammlung beschlossen werden *und* nicht die Existenz, Liquidität oder das Stammkapital gefährden[271]. Dies gilt also auch dann, wenn die Entnahme oder der Vorschuß buchungsmäßig verdeckt oder verschleiert wird, z. B. zum Zweck einer späteren Steuerhinterziehung[272]. Hinsichtlich *sonstiger* Leistungen an die Gesellschafter ist die *Zahlung von Prozeßkosten,* die den Gesellschaftern anläßlich von Zivil- oder Strafverfahren erwachsen sind, jedenfalls dann noch im Rahmen ordnungsgemäßer Wirtschaftsführung und 100

---

264 *Richter* GmbH-Rdsch. 1984, 137, 141, 146; Scholz/*Tiedemann* 20; LK-*Tiedemann* § 283 c, 9 mwN.

265 Urt. v. 18. 10. 1956 – 2 StR 434/56, S. 7 f.

266 Aus steuerstrafrechtlicher Sicht etwa *Utech/Meine* wistra 1989, 241 ff.

267 BGBl. I, S. 2355.

268 Vgl. hierzu Art. 12 § 7 des GmbHÄndG v. 4. 7. 1980, BGBl. I, S. 836, der mit § 29 Abs. 1 aF sachlich übereinstimmt; vgl. Scholz/*Emmerich* § 29 aF (6. Aufl.), 166.

269 Lutter/*Hommelhoff* § 46, 4; Scholz/*Emmerich* wie Fn 261; ferner *Meilicke* BB 1988, 1261, 1262 ff.

270 BGHSt. 35, 333, 336; Rowedder/*Fuhrmann* 5; *Meilicke* BB 1988, 1261, 1263 f, jew. mwN; vgl. auch § 29, 120 (*Goerdeler/Müller*).

271 BGH, wie Fn 270; ferner § 29, 100 ff (*Goerdeler/Müller*); näher *Schäfer* GmbH-Rdsch. 1993, 780, 790 ff; ferner *Hellmann* wistra 1989, 214, 217 ff.

272 Im Ergebnis ebenso BGHSt. 35, 333, 336; aA noch BGHSt. 34, 379 ff, vgl. hierzu näher unten Rdn 194 ff.

damit auch zulässig, sofern die Verfahren in unmittelbarem Zusammenhang mit der für die Gesellschaft ausgeübten Tätigkeit stehen[273].

101 c) **Abschluß nachteiliger Geschäftsführerverträge.** Der Abschluß eines für die GmbH nachteiligen Geschäftsführervertrages ist für den betreffenden Geschäftsführer noch *nicht mißbräuchlich* iS des § 266 StGB, da eine entsprechende Vermögensbetreuungspflicht beim Vertragsschluß erst begründet wird, also noch nicht bestand und mithin auch noch nicht verletzt werden kann[274]. Mißbräuchlich handelt in diesem Fall also nur derjenige, der als zuständiges Organ der Gesellschaft den Anstellungsvertrag mit dem neuen Geschäftsführer abschließt, wozu letzterer allenfalls Beihilfe (§ 27 StGB) leisten kann.

102 d) **Unangemessen hohe Geschäftsführergehälter und unberechtigte Leistungen (Einzelfälle).** Gewährt sich der Geschäftsführer während seiner Tätigkeit unangemessen hohe Bezüge oder sonstige unberechtigte Leistungen rechtsgeschäftlicher Art (insbesondere bei Vorliegen einer Entbindung von den Beschränkungen des § 181 BGB!), handelt er *regelmäßig pflichtwidrig*[275]. Soweit der Geschäftsführer sich *eigenmächtig* ein höheres Gehalt auszahlen läßt, als im Anstellungsvertrag ausdrücklich geregelt ist, ist der sich daraus ergebende Differenzbetrag ohne jeden Zweifel eine unzulässige Entnahme, sofern kein sonstiger Anspruch diese Entnahme rechtfertigen kann.

103 Für den Fall, daß *keine ausdrückliche Gehaltsregelung* getroffen wurde, ist der Geschäftsführer nur zur Gewährung eines unter Berücksichtigung der Vermögens- und Geschäftslage der Gesellschaft sowie der im übrigen gezahlten Gehälter *angemessenen* Gehalts berechtigt. Andernfalls handelt er pflichtwidrig iS des § 266 StGB[276].

104 Das *Unterlassen* einer im Hinblick auf die Vermögenslage der GmbH *wirtschaftlich zwingend gebotenen Herabsetzung* der Geschäftsführerbezüge ist dann mißbräuchlich, wenn die Geschäftsführerbezüge erheblich über einem angemessenen und branchenüblichen Gehalt liegen[277]. Entsprechendes gilt für die *nachträgliche* übermäßige Erhöhung des Geschäftsführergehalts[278].

105 Die Annahme eines *übermäßig hohen und von den Gesellschaftern bewilligten Gehalts* ist dann mißbräuchlich, wenn der Geschäftsführer in Kenntnis dessen handelt, daß nach Art des Unternehmens oder der allgemeinen Wirtschaftslage ein so hoher Betrag durch die Gesellschaft nicht erwirtschaftet werden kann[279].

106 Ebenfalls mißbräuchlich sind *unzulässige bzw. überhöhte Privatentnahmen* wie z. B. Barabhebungen von Konten der GmbH, die Einreichung von Schecks zu ihren Lasten sowie die Einbehaltung von Kundenschecks für eigene Zwecke[280]; auch so-

273 BGH wistra 1987, 216.

274 *Kohlmann/Löffeler* 213; Scholz/*Tiedemann* 20; aA *Richter* GmbH-Rdsch. 1984, 137, 145; das in diesem Zusammenhang häufig zitierte Urteil des BGH v. 25. 3. 1955 – 2 StR 208/54 = GmbH-Rdsch. 1955, 80 betraf nicht den Abschluß eines ungünstigen Geschäftsführervertrags, sondern die eigenmächtige Auszahlung eines höheren Gehalts als eigentlich angemessen war.

275 *Kohlmann/Löffeler* 214.

276 BGH GmbH-Rdsch. 1955, 80 m. Anm. *Schneider; Kohlmann/Löffeler* 216; RGSt. 62, 357, 361 betreffend den Vorstand einer Genossenschaft.

277 Offensichtlich weitergehend Scholz/*Tiedemann* 20; *Richter* GmbH-Rdsch. 1984, 137, 145.

278 LG Arnsberg, 1 Kls 30 Js 432/85 (49/86), zit. bei Scholz/*Tiedemann* 20.

279 RG HRR 1933 Nr. 1908 betreffend den Vorstand einer AG.

280 BGH NStZ 1984, 118 m. Anm. *Labsch* JuS 1985, 602 f; BGHSt. 30, 127; 6, 314, 315; BGH, Urt. v. 24. 1. 1961 – 1 StR 132/60 (Bau eines privaten Wohnhauses); Urt. v. 27. 11. 1955 – 3 StR 339/55 – zit. bei Rowedder/*Fuhrmann* 4; Urt. v. 2. 9. 1969 – 5 StR 214/69 (privater Grundstückserwerb aus Gesellschaftsmitteln).

weit eine rechtsgrundlose Überweisung auf ein Konto der Ehefrau des Geschäftsführers erfolgt[281]. Ein entsprechendes Einverständnis seitens der Gesellschafter würde einer Strafbarkeit allenfalls dann entgegenstehen, wenn dadurch nicht gegen zwingende Bestimmungen des GmbHG verstoßen wird[282].

Ein Mißbrauch der Geschäftsführungsbefugnis ist auch bei einer *eigenen Darlehensgewährung ohne Zustimmung der Gesellschafter*[283] oder bei einer *verschleierten Gewährung von Gesellschaftsmitteln* als persönliches Darlehen anzunehmen[284]. **107**
Auch die buchführungsmäßig verschleierte *Darlehensgewährung an den alleinigen Gesellschafter-Geschäftsführer* bei der Ein-Mann-GmbH kann den Mißbrauchstatbestand erfüllen[285], wenn die GmbH hierdurch in ihrer Existenz, Liquidität oder hinsichtlich ihres Stammkapitals gefährdet wird[286]. Demgegenüber vertritt *Hübner*[287] die Auffassung, daß allein in der buchtechnischen Verschleierung der Darlehenshingabe kein Vermögensmißbrauch liege. Maßnahmen tatsächlicher Art wie diese fielen nur unter eine der Treubruchsformen. Zur Bilanzmanipulation und unordentlichen Buchführung siehe auch die Rechtsprechungsübersicht unter Rdn 114ff.

Soweit sich Geschäftsführer oder leitende Angestellte *überhöhte Provisionen* gewähren, hängt die Verwirklichung des Mißbrauchstatbestandes zunächst davon ab, **108**
ob das zugrunde liegende Provisionsgeschäft bereits durch das Gehalt mit abgegolten ist. Sofern dies nicht der Fall ist, sind entnommene Provisionen nur in dem Umfang rechtswidrig, in dem sie über die Abgeltung eigener, im Interesse der GmbH geleisteten Aufwendungen des Betreffenden hinausgehen und insoweit ohne Rechtsgrund erfolgt sind[288]. Im übrigen ist die Gestattung von Sonderentnahmen oder Bewilligung von Sondervergütungen für besondere Leistungen zugunsten von Geschäftsführern oder sonstigen leitenden Angestellten mit Zustimmung der Gesellschafter zulässig, wenn es die Vermögenslage und die Liquidität der GmbH erlaubt[289].

Fraglich ist, ob sich der Geschäftsführer auch dann wegen Untreue strafbar **109**
macht, wenn er sich im Hinblick auf einen drohenden Konkurs zur *Sicherung* oder zur *Verrechnung* für seine *Gehaltsforderungen* Vermögensgegenstände der GmbH übereignet. Soweit er auf diese Weise seine *fälligen* Ansprüche sichert oder begleicht, führt dieses Verhalten *nach Auffassung* des BGH zu keinem Schaden iS des § 266 StGB[290]. Voraussetzung ist allerdings eine ordnungsgemäße Verbuchung, so daß der Zweck einer entsprechenden Sicherungsübereignung eindeutig erkennbar wird[291].

e) **Mißbräuchliches Verhalten im Rahmen laufender Geschäftsbeziehungen.** In **110**
den weitaus meisten Fällen ist ein mißbräuchliches Verhalten jedoch im Zusammenhang mit den laufenden Geschäftsbeziehungen der GmbH zu verzeichnen.

α) Geschäftsabschlüsse entgegen einem durch Gesellschafterbeschluß ergangenen Verbot. Diese sind dann mißbräuchlich iS des § 266 StGB, wenn die durch den **111**
Täter vertretene Gesellschaft infolge des Vertragsschlusses wirtschaftlich geschädigt

281 BGH, Urt. v. 27. 3. 1979 – 5 StR 836/78 zit. bei Scholz/*Tiedemann* 20.
282 Vgl. näher unten Rdn 183f.
283 Vgl. oben Rdn 96.
284 BGH, Urt. v. 12. 3. 1974 – 1 StR 547/73.
285 BGH, Urt. v. 6. 10. 1971 – 2 StR 616/70 (S. 10f); aA *Brammsen* DB 1989, 1609, 1612f.
286 BGHSt. 35, 333, 337.
287 LK-*Hübner* § 266, 70.
288 BGH wistra 1987, 65.
289 BGH, Urt. v. 29. 1. 1964 – 2 StR 485/63; BGHSt. 35, 333, 337.
290 BGH GA 1971, 35 betreffend die Bestellung einer Sicherungshypothek; *Richter* GmbH-Rdsch. 1984, 137, 146; LK-*Tiedemann* § 283c, 9.
291 BGH, Urt. v. 2. 9. 1969 – 5 StR 214/69 (S. 4).

wird, z. B. dadurch, daß Gegenleistungen nicht der Gesellschaft, sondern nur dem Täter zugute kommen[292].

112 **β) Abschluß verbotener, sittenwidriger oder wettbewerbswidriger Geschäfte.** Dieser muß sowohl im Hinblick auf § 43 Abs. 1 (Pflicht zur Sorgfalt eines ordentlichen Geschäftsführers) als auch im Interesse der GmbH regelmäßig als mißbräuchlich angesehen werden[293]. Denn in den weitaus meisten Fällen wird die GmbH durch die Eingehung rechtlich nicht zulässiger Geschäfte erheblichen Schadensersatzansprüchen, wenn nicht sogar Bußgeldern oder Geldstrafen ausgesetzt. Bereits dieser Umstand begründet in der Regel eine *konkrete Gefährdung der Vermögensinteressen der GmbH*. Aus den gleichen Gründen kann der *unterlassene Abschluß* derartiger Geschäfte (Weigerung zur Vornahme wettbewerbswidriger Geschäfte oder Zahlung von Bestechungsgeldern), *niemals pflichtwidrig* sein.

Der Abschluß unzulässiger Rechtsgeschäfte mag im Einzelfall einer anderen Beurteilung unterliegen, wenn ein rechtswirksames Einverständnis seitens der Gesellschafter vorliegt, wonach ein derartiges Risiko bewußt in Kauf genommen werden soll. Straflos mangels Schadens sind beispielsweise aber auch solche Fälle, in denen selbst bei Bekanntwerden des unzulässigen Rechtsgeschäfts entweder der GmbH überhaupt kein Nachteil entstehen konnte, oder aber der tatsächlich erzielte „Gewinn" auch nach Abzug von zu leistendem Schadensersatz u. ä. „unter dem Strich" immer noch als vorteilhaft anzusehen wäre.

113 **γ) Vereinbarung eines erheblich überhöhten Kaufpreises.** Eine solche Vereinbarung ist ebenfalls mißbräuchlich, sofern der Geschäftsführer nicht im Interesse der GmbH, sondern aus eigennützigen Gründen zum Nachteil der Gesellschaft handelt[294].

114 **δ) Übernahme unangemessener Verpflichtungen.** Eine solche Übernahme zu Lasten der GmbH ist in gleicher Weise mißbräuchlich[295].

115 **ε) Kostenlose Warenlieferungen.** Erst recht mißbräuchlich und für die GmbH nachteilig sind (zumeist unverbuchte) Warenlieferungen, die nicht in Rechnung gestellt werden[296], es sei denn, daß wirtschaftliche Erwägungen die Abgabe kostenloser Produkte (gleiches gilt natürlich für sonstige Leistungen) nahelegen (z. B. Muster, Proben, Werbegeschenke, kostenloser Warenaustausch oder kostenlose Leistungen, die im Rahmen der Kulanz stattfinden, selbst wenn hierzu keine ausdrückliche vertragliche Verpflichtung besteht).

116 **ζ) Zahlung einer Kaution.** Diese kann mißbräuchlich sein, wenn von vornherein abzusehen ist, daß das zugrunde liegende Rechtsgeschäft scheitern wird und die Kaution demzufolge ersatzlos verfällt[297].

117 **η) Rechtsgrundlose Sicherungsübereignung, Bestellung von Grundsicherheiten, Erlaß von Ersatzforderungen.** Ein Mißbrauch liegt ferner in einer rechtsgrundlosen Sicherungsübereignung[298] oder in der Bestellung von Grundsicherheiten (Grundschulden, Hypotheken) zu Lasten des Gesellschaftsvermögens, sofern hierfür kein wirtschaftliches Interesse auf seiten der GmbH besteht[299].

---

292 BGH, Urt. v. 24. 7. 1974 – 3 StR 133/74.
293 *Meyer-Landrut* § 43, 13 mwN, sowie BGH NJW 1975, 1234 f.
294 BGHR StGB § 266 Abs. 1 – Nachteil 19; BGH MDR/H 1979, 806.
295 BGH, Beschl. v. 11. 3. 1980 – 5 StR 56/80.
296 BGH wistra 1982, 148, 149.
297 BGH wistra 1982, 148 f.
298 OLG Hamm, wistra 1985, 15.
299 BGH, Urt. v. 23. 10. 1979 – 1 StR 156/79, S. 10.

Ebenso mißbräuchlich ist der Erlaß von Ersatzforderungen der Gesellschaft wegen zu hoher Privatentnahmen[300].

θ) Sinnlose oder überhöhte Subventionen. Regelmäßig mißbräuchlich ist auch die Vornahme von sinnlosen oder überhöhten Investitionen, die jeden wirtschaftlichen Grundsätzen zuwiderlaufen. Hierbei stellt der BGH maßgeblich auf die wirtschaftliche Vertretbarkeit zum Zeitpunkt der Geschäftsvornahme ab[301]. Derartige Investitionen können auch nicht alleine damit gerechtfertigt werden, daß sie etwa bei sog. Abschreibungsgesellschaften zu Verlustzuweisungen an die Anteilseigner führen, da das Streben nach Verlustzuweisungen nicht dazu führen darf, daß Kasse abfließt und dem Fondsvermögen kein entsprechender Gegenwert zufließt[302]. 118

Mißbräuchlich sind auch *Investitionen* wie z. B. Bauvorhaben, deren Erstellungs- und/oder Folgekosten *die GmbH an der Erfüllung anderer, eindeutig dringenderer Aufgaben hindern* oder hindern werden[303]. Gleichwohl wird eine Untreuestrafbarkeit in derartigen Fällen häufig am mangelnden (selbst bedingten) Vorsatz hinsichtlich einer Nachteilszufügung scheitern. Zu *Investitionen in der Krise* näher unten Rdn 294 f. 119

ι) Wechselakzepte ohne Warengeschäft, Annahme von Gefälligkeits- und Finanzwechseln. Ebenfalls mißbräuchlich ist die Hingabe von Wechselakzepten ohne entsprechendes Warengeschäft mit der Folge, daß „die GmbH auf diese Weise ohne Gegenwert wechselmäßig verpflichtet" wird. Gleiches gilt regelmäßig auch für die Annahme von Gefälligkeits- und Finanzwechseln[304]. 120

κ) Übertriebene Repräsentation. Diese ist dann als mißbräuchlich anzusehen, wenn es sich um unangemessene, unter keinem Gesichtspunkt vertretbare Aufwendungen handelt. Hierzu zählen etwa Ausgaben für *Geschäftsreisen* und *Teilnahme an Veranstaltungen* sowie *sonstige Spesen, die das Maß des Notwendigen und Üblichen übersteigen* und zu dem Vermögen der Gesellschaft in keinem Verhältnis stehen[305]. Gleiches gilt, wenn die GmbH durch einen unangemessenen Repräsentationsaufwand an der Erfüllung anderer, eindeutig dringenderer Aufgaben gehindert wird. Befindet sich die GmbH in keiner finanziell angespannten Lage, muß die *Bewirtung von Geschäftspartnern* jedoch in das *pflichtgemäße Ermessen* des Geschäftsführers gestellt werden. Im übrigen werden solche Aufwendungen, die zwar das Gesellschaftsvermögen mindern, aber das Ansehen und den Kredit des Unternehmens in kaufmännisch korrekter Weise mehren, zweifellos nicht mißbräuchlich sein. Bewirtungsaufwendungen können demgegenüber jedoch keinesfalls damit gerechtfertigt werden, daß etwa Mitgeschäftsführer nur zu Besprechungen zu gewinnen sind, wenn ihnen die Möglichkeit eines alkoholischen Genusses geboten wird, oder daß etwa auf die Amtstätigkeit von Behördenvertretern durch deren Bewirtung in unzulässiger oder gar strafbarer Weise Einfluß genommen werden soll[306]. 121

Handelt es sich um eine zur sparsamen Wirtschaftsführung verpflichtete GmbH, deren *Geschäftsanteile überwiegend der öffentlichen Hand gehören*, vgl. näher unten Rdn 287 ff. 122

---

300 LG Arnsberg 1 Kls 30 Js 432/85 (48/86) zit. bei Scholz/*Tiedemann* 20.

301 BGH, Urt. v. 14. 3. 1978 – 1 StR 13/78.

302 BGH, wie Fn 301.

303 Vgl. in diesem Sinne auch *Kohlmann/Brauns* S. 74 ff, 81 f, 88 sowie Schönke/Schröder/*Lenckner* § 266, 43 mwN.

304 BGH NJW 1953, 457; zum Schaden näher BGH NStE Nr. 20 zu § 263 StGB.

305 BGHSt. 3, 23, 25 unter Hinweis auf RGSt. 70, 260; 73, 229 und BGH, Urt. v. 8. 1. 1952 – 1 StR 671/51; vgl. auch BGH wistra 1987, 65 Aufwendungen bei der Akquisition.

306 BGH GA 1955, 363; RGSt. 71, 344.

123 λ) **Unverhältnismäßige Werbemaßnahmen.** Ähnlich zu beurteilen ist die Frage, ob und inwieweit *Werbemaßnahmen* die Grenzen zulässiger Ausgaben überschreiten. In diesem Zusammenhang hat bereits das Reichsgericht[307] zutreffend ausgeführt, „daß es in einem wirtschaftlichen Unternehmen, namentlich während der ersten Jahre, zeitweise gerechtfertigt sein kann, freiwillig – also ohne durch schlechten Geschäftsgang gezwungen zu sein – zugunsten einer kraftvollen Werbung mit den Ausgaben über die Einnahmen hinauszugehen. Selbstverständlich muß sich dies aber in wirtschaftlich angemessenen und gegenüber vorhandener Verantwortlichkeit stets vertretbaren Grenzen halten“. Im Rahmen dieser wirtschaftlich vertretbaren Grenzen sind insbesondere die mit der Werbung verbundenen Gewinnerwartungen zu berücksichtigen. Nach Auffassung des BGH[308] soll es sogar ausreichen, wenn nur die Kosten der Werbemaßnahmen durch die erhofften Einnahmen gedeckt würden.

124 f) **Mißbrauch durch Unterlassen.** Ein Mißbrauch der Befugnis kann auch durch Unterlassen erfolgen, sofern sich in dem Unterlassen ein *rechtsgeschäftliches Handeln* ausdrückt und dadurch die GmbH wirksam verpflichtet wird oder sonst in ihrem Vermögen eine rechtliche Veränderung eintreten soll[309]. Diese einschränkende Voraussetzung ergibt sich aus § 13 Abs. 1 StGB, wonach das Unterlassen der Verwirklichung des gesetzlichen Tatbestandes durch positives Tun entsprechen muß (sog. *Entsprechungsklausel*).

125 α) **Entstehung einer nachteiligen Verpflichtung durch rechtserhebliches Schweigen (Einzelfälle).** Ein strafrechtlich relevantes Unterlassen kann zunächst zur *Entstehung einer nachteiligen Verpflichtung* für die GmbH führen.

126 Der wohl bekannteste Fall des rechtserheblichen Schweigens ist das *Schweigen auf ein kaufmännisches Bestätigungsschreiben*. Folge dieses Schweigens ist, daß der Vertrag mit dem Inhalt als abgeschlossen gilt, der dem unwidersprochen gebliebenen Bestätigungsschreiben zugrunde lag[310]. Wirkt sich dieser Vertrag für die GmbH nachteilig aus, ist der Mißbrauchstatbestand in objektiver Hinsicht zweifelsfrei verwirklicht[311].

127 Rechtsgeschäftliche Wirkung kommt ebenfalls einem *Schweigen auf einen Antrag nach § 362 Abs. 1 HGB* zu. Da die Wertung des Schweigens als Annahme im Fall des § 362 Abs. 1 HGB grundsätzlich nur durch eine unverzügliche Ablehnung ausgeschlossen wird, führte das Verhalten des Geschäftsführers vorliegend zum Abschluß eines nachteiligen Vertrages[312].

128 Darüber hinaus wird *bloßem Schweigen* jedoch regelmäßig kein rechtsgeschäftlicher Handlungswille beigemessen[313].

129 *Ausnahmsweise* kann Schweigen dann zu einem Vertragsschluß führen, wenn der Empfänger eines Vertragsangebots nach Treu und Glauben (§ 242 BGB) verpflichtet gewesen wäre, seinen abweichenden Willen zu äußern[314]. Kommt daraufhin ein für

307 RG JW 1937, 2698.
308 BGH WM 1960, 203, 204.
309 BGHSt. 36, 227 = NJW 1990, 332; OLG Bremen NStZ 1989, 228; *Dreher/Tröndle* § 266, 11; LK-*Hübner* § 266, 72; Schönke/Schröder/*Lenckner* § 266, 16; *Arzt/Weber* LH 4, S. 55.
310 Vgl. etwa BGH (Z) NJW 1972, 820 f; dazu ausführlich in zivilrechtlicher Hinsicht *K. Schmidt* Handelsrecht, S. 496–523; *Diedrichsen* JuS 1966, 129 f.
311 *Kohlmann/Löffeler* 245; Schönke/Schröder/*Lenckner* § 266, 16.
312 OLG Karlsruhe NStE Nr. 6 zu § 266 StGB; zu den Einzelheiten näher *Canaris* in Großkommentar zum HGB, § 362, 12.
313 Palandt/*Heinrichs* § 148, 3.
314 BGH (Z) NJW 1963, 1922; 1975, 1358, 1359 mwN.

die GmbH nachteiliger Vertrag zustande, liegt ebenfalls zumindest der objektive Tatbestand des Mißbrauchs vor. Ein Schweigen wurde bisher als Annahmeerklärung beurteilt bei einem Angebot, wenn Vorverhandlungen stattgefunden hatten, in denen bereits über die wesentlichen Vertragsbedingungen Einigkeit erzielt worden war[315], im Fall des § 150 Abs. 2 BGB bei nur unwesentlichen Abweichungen vom ursprünglichen Antrag[316], bei Angeboten an ein Unternehmen, für das Kontrahierungszwang besteht[317] sowie uU auch bei Angeboten im Rahmen laufender Geschäftsbeziehungen, sofern nicht eine ausdrückliche Annahme üblich ist oder es sich um ein außergewöhnliches Geschäft handelt[318].

β) Verlängerung eines nachteiligen Vertrages. Ein strafrechtlich relevantes Unterlassen kann aber auch anzunehmen sein, wenn das Schweigen die Verlängerung eines für die GmbH nachteiligen Vertrages bewirkt, z. B. das Unterlassen der Kündigung eines für die GmbH nicht mehr tragbaren oder nicht einmal kostendeckenden Dauerschuldverhältnisses (z. B. Dauerschuldverhältnisse mit Spediteuren, Zulieferern, Reinigungsfirmen etc., unterlassene Kündigung von Gesellschafter- bzw. Geschäftsführer-Darlehen, vgl. Rdn 95 f)[319]. **130**

γ) Nichteinschreiten gegen eine rechtsgrundlose Aufrechnung. Als mißbräuchliche Unterlassung qualifizierte der BGH auch ein *pflichtwidriges Nichteinschreiten* des Geschäftsführers *gegen eine unbefugte Aufrechnung* eines Gläubigers[320]. **131**

δ) Rechtsverlust durch versäumte Rügen oder Verjährenlassen von Forderungen. Umstritten sind die Fälle, in denen das *Schweigen* zu einem *Rechtsverlust* führt[321]. Da ein rechtsgeschäftliches Handeln bzw. Unterlassen erforderlich ist, können allenfalls solche Verhaltensweisen strafrechtliche Bedeutung erlangen, denen von Gesetzes wegen rechtsgeschäftliche Wirkungen zugemessen werden. Kommt die GmbH etwa bei einem Kauf, der für beide Teile ein Handelskauf ist, der ihr gem. § 377 Abs. 1 HGB obliegenden Untersuchungs- und Rügepflicht nicht nach, gilt die Ware als genehmigt (Abs. 2), selbst wenn sie mit einem schweren Mangel behaftet ist. Hier kommt dem bloßen Schweigen kraft Gesetzes die Wirkung einer rechtsgeschäftlichen Genehmigung zu. Ähnlich zu beurteilen sind die Fälle, in denen der Käufer eine Sache in Kenntnis ihrer Mangelhaftigkeit vorbehaltlos annimmt und deshalb seine Gewährleistungsrechte verliert (§ 460 Abs. 2 BGB). **132**

Ob in diesem Zusammenhang auch das *Verjährenlassen einer Forderung* einen Mißbrauch darstellt, wird bisweilen kontrovers behandelt. Richtigerweise ist ein bloßes Verjährenlassen jedoch nicht durch einen rechtsgeschäftlichen Handlungswillen gekennzeichnet, sondern stellt vielmehr nur ein Verhalten tatsächlicher Art dar, das die Durchsetzbarkeit einer Forderung wegen Zeitablaufs ausschließt. Demzufolge kann allenfalls der *Treubruchstatbestand* in Erwägung gezogen werden[322]. **133**

Im übrigen gehen Rechtsprechung und Schrifttum bei *nicht eindeutig abgrenzbaren Mißbrauchsformen* regelmäßig von der Annahme des Treubruchstatbestandes aus[323]. Dieses Ausweichen in den Treubruchstatbestand ist ohne weiteres zulässig, **134**

---

315 BGH LM § 151 BGB Nr. 2.
316 Vgl. etwa Palandt/*Heinrichs* § 148, 3.
317 BGH NJW 1950, 24.
318 BGH LM § 157 BGB (Gb) Nr. 4; LM § 148 BGB Nr. 2; LM § 346 HGB (D) Nr. 7.
319 Vgl. hierzu LK-*Hübner* § 266, 72; *Kohlmann/Löffeler* 249; Müller-Gugenberger/*Schmid* § 26, 98.
320 BGH, Urt. v. 23. 4. 1954 – 5 StR 102/54.
321 Müller-Gugenberger/*Schmid* § 26, 49 ff; zum Streitstand etwa LK-*Hübner* § 266, 7.
322 So im Ergebnis auch BGH NJW 1983, 461 = wistra 1983, 72 mwN und krit. Anm. *Keller* JR 1983, 516; aA *Lackner* § 266, 6.
323 BGH wie Fn 322.

da der Mißbrauchstatbestand nach hM lediglich ein Spezialfall des (umfassenderen) Treubruchstatbestandes ist[324].

135 Vor diesem Hintergrund wurden auch die Fälle, in denen es der Täter *pflichtwidrig unterlassen* hat, *Verträge* für seinen Geschäftsherrn – hier also die GmbH – *abzuschließen* und anstelle dessen mit sich selbst oder als Vertreter eines Dritten kontrahiert hat, bisher ausnahmslos unter dem Gesichtspunkt des Treubruchstatbestandes beurteilt[325]. Inwieweit unterlassene Geschäftsabschlüsse bzw. pflichtwidrige Abschlüsse von Eigengeschäften als verbotene Wettbewerbshandlungen den Treubruchstatbestand erfüllen, s. Rdn 241 ff.

V. Der Treubruchstatbestand

136 Nach dem Wortlaut des § 266 StGB ist der Treubruchstatbestand erfüllt, wenn der Täter „eine ihm kraft Gesetzes, behördlichen Auftrags, Rechtsgeschäfts oder eines Treueverhältnisses obliegende Pflicht, fremde Vermögensinteressen wahrzunehmen", verletzt. Ein Vergleich mit dem sog. Mißbrauchstatbestand läßt deutlich werden, daß der Strafbarkeitsbereich des Treubruchstatbestandes weiter gezogen ist.

1. Die sogenannte Treuepflicht

137 Ähnlich wie bei dem Mißbrauchstatbestand muß auch hier vorab festgestellt werden, ob zwischen Täter und Vermögensträger eine Bindung besteht. Während beim Mißbrauchstatbestand jedoch nur eine solche rechtlicher Art in Betracht kommt, läßt das Gesetz jedes Treueverhältnis genügen. Im einzelnen gilt folgendes:

138 a) **Grundlagen der Treuepflicht. α) Rechtliche Treueverhältnisse.** Sie beruhen auf Gesetz, behördlichem Auftrag oder Rechtsgeschäft. Eine Treuepflicht gegenüber der GmbH ergibt sich für die *Organe der Gesellschaft* (Geschäftsführer, Liquidatoren, Aufsichtsräte und Mitglieder ähnlicher Organe) aus den Vorschriften des *GmbHG* iV mit dem jeweiligen Bestellungsakt[326], für *sonstige Angestellte* im jeweils zu prüfenden Einzelfall aus dem *Arbeitsvertrag*[327], für den (Abschluß-)*Prüfer* aus dem *Prüfungsauftrag* und gegebenenfalls iV mit den Vorschriften der §§ 267, 316 ff HGB[328] und für *sonstige Personen* aus besonderen *Auftragsverhältnissen*.

139 **β) Tatsächliche Treueverhältnisse.** Die Treuepflicht kann ihre Grundlage ferner in *tatsächlichen Treueverhältnissen* finden. In Betracht kommen hier zunächst *rechtsunwirksame* Rechtsverhältnisse wie etwa im Fall der *„faktischen" Geschäftsführung*[329] oder der Überschreitung der Vertretungsbefugnis[330].

140 **Ausnahmsweise** können aber auch **erloschene Rechtsverhältnisse** eine nachwirkende Treuepflicht begründen. In diesem Zusammenhang ist allerdings hervorzuheben, daß die Treuepflichten des Geschäftsführers ebenso wie sonstiger Organe und vermögensbetreuungspflichtiger Angestellter der GmbH in der Regel zugleich mit dem zugrunde liegenden Rechtsverhältnis erlöschen (Abberufung, Beendigung des

---

[324] So die hM, BGHSt. 24, 386, 387; OLG Hamm NJW 1968, 1940; 1977, 1834; *Dreher/Tröndle* § 266, 1 b; LK-*Hübner* § 266, 6, 17, 24; *Lackner* § 266, 4; *Arzt/Weber* LH 4, S. 66; *Maurach/Schroeder* BT/1, S. 497 ff; aA Schönke/Schröder/*Lenckner* § 266, 2; kritisch *Labsch* S. 170 f.

[325] BGHSt. 5, 61/65; OLG Hamm JMBl. NRW 1964, 139; OLG Braunschweig NJW 1965, 1193; OLG Köln NJW 1967, 1923 jeweils zum pflichtwidrigen Abschluß von Eigengeschäften.

[326] Vgl. Rdn 64 ff, 73, 74.

[327] Vgl. Rdn 77.

[328] Vgl. Rdn 76.

[329] Vgl. oben Rdn 68; ferner Rdn 20.

[330] Vgl. oben Rdn 82.

Anstellungsvertrages), also keinesfalls „automatisch" in ein nachvertragliches Treueverhältnis tatsächlicher Art übergehen[331]. Eine Treuepflicht kann sich hier allenfalls daraus ergeben, daß etwa der Geschäftsführer nach seiner „formellen" Abberufung entweder im Einvernehmen mit den Gesellschaftern oder einseitig seine Tätigkeit einstweilen fortsetzt, z. B. wenn der abberufene Geschäftsführer auf Bitten der Gesellschafter vorübergehend doch noch „im Amt" bleibt, weil sich die Bestellung eines neuen Geschäftsführers unerwartet verzögert. In diesem Fall besteht die Vermögensfürsorgepflicht fort, die sich vorliegend – wenn nicht zugleich bereits eine stillschweigende Verlängerung des Geschäftsführer-Dienstvertrages (§ 625 BGB) oder ein neu begründetes Auftragsverhältnis (§§ 662 f BGB) anzunehmen ist (vgl. oben Rdn 81) – aus einem sozial adäquat begründeten, mit dem Weiterführen der bisherigen Tätigkeit entstandenen „tatsächlichen" Treueverhältnis ergibt[332].

γ) **Treueverhältnisse von qualifizierter Art.** Unabhängig davon, ob es sich um **141** ein rechtlich oder tatsächlich begründetes *Treueverhältnis* handelt, ist hervorzuheben, daß es von *qualifizierter Art* entsprechend den oben Rdn 62–77 beschriebenen Anforderungen sein muß.

2. Verletzung der Treuepflicht

Die Tathandlung des Treubruchstatbestandes besteht darin, daß der Täter eine **142** ihm obliegende Pflicht verletzt. Welche Pflichtverletzungen hier in Betracht kommen, hängt zunächst von seinem Pflichtenkreis und weiter von der Beantwortung der Frage ab, ob die in Rede stehende Handlung innerhalb oder außerhalb dieses Kreises anzusiedeln ist. Sofern sie außerhalb des Kreises liegt, scheidet die Erfüllung des Tatbestandes von vornherein aus. Im übrigen kommt es auf die Besonderheiten des Einzelfalles an. Die Tathandlung des Treubruchstatbestandes ist insoweit umfassender als beim Mißbrauchstatbestand, als hier pflichtwidriges Handeln erfaßt wird, das *nicht rechtsgeschäftlicher Art* zu sein braucht, sondern in einem rein tatsächlichen Verhalten bestehen kann[333]. Ferner werden auch solche *rechtsgeschäftlichen Handlungen* erfaßt, die zivilrechtlich gegenüber der GmbH *nicht rechtswirksam* sind, aber gleichwohl zu einem Schaden der Gesellschaft führen[334]. Die Tathandlung kann im übrigen auch hier sowohl durch *positives Tun* als auch durch *Unterlassen* begangen werden[335]. Eine *Pflichtverletzung* ist zunächst dadurch möglich, daß der Täter seine internen Befugnisse überschreitet, Gesellschafterbeschlüsse oder gesetzliche Bestimmungen verletzt oder nicht befolgt, oder die Sorgfalt eines ordentlichen Geschäftsmannes (§ 43 Abs. 1) pflichtwidrig außer acht läßt[336]. Die ihm obliegenden Pflichten kann der Täter ferner dadurch verletzen, daß er die von ihm zu betreuenden Gesellschaftsinteressen nicht oder nicht hinreichend wahrnimmt, wozu beispielsweise auch die Vernachlässigung einer Aufsichtspflicht gehört, oder daß er sich eine ordnungsgemäße Geschäftsführung z. B. durch anderweitige Verwendung der ihm dazu zur Verfügung stehenden Gesellschaftsmittel unmöglich macht[337]. Aus dem Gebot, die Vermögensinteressen der Gesellschaft wahrzunehmen, folgt zugleich das Verbot, sie zu schädigen[338]. Unter dem Gesichtspunkt dieses *Schädigungsver-*

[331] LK-*Hübner* § 266, 87; *Kohlmann/Löffeler* 256; *Lenckner* JZ 1973, 794, 795; zu Wettbewerbshandlungen des Geschäftsführers nach dessen Ausscheiden näher unten Rdn 241 ff, 247.
[332] *Lenckner* wie Fn 331; *Kohlmann/Löffeler* 257.
[333] Vgl. bereits oben Rdn 79.
[334] Schönke/Schröder/*Lenckner* § 266, 35.
[335] BGHSt. 36, 227 m. Anm. *Timpe* JR 1990, 428.
[336] Vgl. bereits oben Rdn 41 f.
[337] *Dreher/Tröndle* § 266, 14; Schönke/Schröder/*Lenckner* § 266, 35 mwN aus der Rspr.
[338] Rdn 92.

bots ist ein Treubruch nicht nur darin zu sehen, daß der Täter seine Tätigkeit zum Nachteil der Gesellschaft ausführt, z. B. Waren anstatt mit Gewinn mit Verlust verkauft oder verkaufen läßt; als Treupflichtverletzung kommt vielmehr auch das Zerstören, Beschädigen oder Entwenden von Vermögensgegenständen der Gesellschaft sowie der Verrat von Betriebsgeheimnissen in Betracht[339]. Wie stark die Beurteilung, ob eine *Pflichtwidrigkeit* vorliegt, durch die *Umstände des Einzelfalles* geprägt wird, soll nachfolgend anhand von Beispielen aus Rechtsprechung und Schrifttum verdeutlicht werden.

143 a) **Verstöße gegen die kapitalerhaltenden Vorschriften der §§ 29–34, Existenzgefährdung und Liquiditätsentzug. α) Substanzausschüttungen, die das Stammkapital mindern**: sei es in Form von Geld- oder Sachleistungen an Gesellschafter, sind für den Geschäftsführer im Hinblick auf § 30 stets treuwidrig; insoweit ist auch das Einverständnis der (oder des Allein-)Gesellschafter(s) unerheblich[340].

144 **β) Nichteinforderung von Stammeinlagen, Nichtzahlung der Stammeinlagen für Strohmänner.** Auch durch die **Nichteinforderung von Stammeinlagen** kann der Geschäftsführer Untreue begehen, wenn die GmbH dadurch aus Mangel an Kapital in Zahlungsschwierigkeiten gerät[341]. Voraussetzung für die Verwirklichung des Treubruchstatbestandes ist allerdings, daß die zahlungspflichtigen Gesellschafter tatsächlich über hinreichende Vermögenswerte verfügen, um die Forderungen erfüllen zu können. Andernfalls fehlt es an einem Schaden iS des § 266 StGB[342]. Diese Einschränkung gilt allerdings nicht, wenn der Geschäftsführer zur Gründung einer eigenen Gesellschaft zahlungsunfähige Strohmänner vorschiebt[343]. Diese auf sog. „Strohmann-Gründungen" bezogene Entscheidung ist jedoch nicht ohne weiteres verallgemeinerungsfähig; denn grundsätzlich ist gem. § 46 Nr. 2 für die Einforderung von Einzahlungen auf die Stammeinlage ein Gesellschafterbeschluß erforderlich. Ein solcher Beschluß ist nur dann entbehrlich, wenn in der Satzung die sofortige Volleinzahlung angeordnet ist[344] oder im voraus der Termin für deren Leistung festgelegt oder herangekommen ist[345] oder die Einforderung dem Geschäftsführer oder einem anderen Gesellschaftsorgan als der Gesellschafterversammlung überlassen ist[346]. Nur unter diesen Voraussetzungen ist es Sache – und damit auch Pflicht – des Geschäftsführers, den Zahlungsanspruch geltend zu machen. Andernfalls können die Gesellschafter die Zahlung eines ohne vorherigen Beschluß angeforderten Betrages verweigern. Kommt ein entsprechender Einforderungsbeschluß nicht zustande und liegt auch keine der vorgenannten Ausnahmetatbestände vor, handelt der Geschäftsführer nicht treuwidrig, wenn er die Stammeinlage nicht in der an sich gebotenen Weise einfordert. In diesem Fall ist er lediglich zur *Stellung eines Konkurs- oder Vergleichsantrages* verpflichtet (vgl. §§ 64 Abs. 1, 84 Abs. 1 Nr. 2), wenn die GmbH durch die Nichtentrichtung der (noch offenen) Stammeinlagen zahlungsunfähig wird[347].

145 **γ) Gewinnunabhängige Dividendengutschrift und Verfügungen über „verkalkulierte" Gewinne.** Die Pflichtwidrigkeit einer gewinnunabhängigen Dividendengutschrift durch den Geschäftsführer hängt vom Einzelfall ab. Gewinnbezüge unabhängig vom Vorhandensein einer ausschüttungsfähigen Masse (= Reingewinn iS von § 29 Abs. 1) sind nur insoweit unzulässig, als sie unter Verstoß gegen § 30 gewährt

[339] Schönke/Schröder/*Lenckner* § 266, 36 mwN.
[340] Vgl. hierzu näher Rdn 145 ff mwN.
[341] BGH GA 1958, 368.
[342] BGH wie Fn 341, S. 369.
[343] BGH wie Fn 341.
[344] RG JW 1915, 19.
[345] BGH LM § 16 GmbHG Nr. 2.
[346] RGZ 138, 106 f.
[347] *Kohlmann/Löffeler* 263.

werden[348]. Der Geschäftsführer kann sich demzufolge nur dann wegen Treubruchs strafbar machen, wenn er mit Auszahlung der Dividende das gem. § 30 zu erhaltende Stammkapital antastet. Dabei spielt es keine Rolle, ob die Dividende auf einem Gesellschafterbeschluß oder einer entsprechenden Satzungsbestimmung beruht. Zu weiteren Verstößen gegen die §§ 29 ff vgl. Rdn 93 ff.

δ) Erwerb eigener Geschäftsanteile entgegen § 33, Einziehung von Geschäftsanteilen entgegen § 34. Grundsätzlich treuwidrig ist der Erwerb eigener Geschäftsanteile entgegen § 33 sowie die Einziehung von Geschäftsanteilen entgegen § 34. Dies gilt unzweifelhaft für den Erwerb bzw. die Einziehung solcher Geschäftsanteile, auf die die Einlagen noch nicht vollständig geleistet sind, vgl. §§ 33 Abs. 1, 34 Abs. 3[349]. Der Erwerb eigener Geschäftsanteile, auf die die Einlagen vollständig geleistet sind, ist gem. § 33 Abs. 2 Satz 1 nur dann erlaubt, wenn er aus *Reserven*, d. h. aus dem über den Betrag des Stammkapitals hinaus vorhandenen Gesellschaftsvermögen erfolgt und die Gesellschaft, die nach § 272 Abs. 4 HGB vorgeschriebene Rücklage bilden kann, ohne das Stammkapital oder eine nach dem Gesellschaftsvertrag zu bildene Rücklage zu mindern, die nicht zu Zahlungen an die Gesellschafter verwandt werden darf. Gleiches gilt gem. § 33 Abs. 2 Satz 2 für eine In-Pfand-Nahme solcher Gesellschaftsanteile. Der Erwerb aus Gesellschaftsmitteln, die zur Erhaltung des Stammkapitals erforderlich sind, ist somit grundsätzlich treuwidrig[350]. Der Erwerb eigener Geschäftsanteile aus Mitteln, die nicht aus einer Reserve entnommen werden können, wurde vom BGH[351] unter Geltung des § 33 aF ausnahmsweise dann als zulässig angesehen, wenn der Erwerb einer *Abwendung schwerer Gefahren* für die GmbH dient und der zu leistende Betrag entsprechend den aktienrechtlichen Vorschriften den dort zulässigen Höchstbetrag nicht überschreitet (heute § 71 Abs. 2 AktG, der einen Erwerb eigener Aktien nur insoweit zuläßt, als die erworbenen Aktien zusammen mit dem Betrag anderer Aktien der Gesellschaft, welche die Gesellschaft bereits erworben hat oder noch besitzt, 10% des Grundkapitals nicht überschreiten). Demgegenüber wollen *Ulmer*[352] und *Tiedemann*[353] eine Untreue – jedenfalls bei einer Entziehung der für den Weiterbestand der GmbH notwendigen Liquidität – annehmen. Ob diese Annahme auch noch nach der zwischenzeitlich geänderten Fassung des § 33 zulässig ist, wird bisweilen kontrovers diskutiert[354], weil der BGH seine Auffassung mit dem damaligen Charakter des § 33 Abs. 2 aF als Sollvorschrift begründet hat. Im übrigen ist kaum vorstellbar, daß eine wirtschaftliche Krisensituation gerade durch den Erwerb eigener Gesellschaftsanteile bewältigt werden könnte. Selbst wenn die Mitgliedschaft eines lästigen Gesellschafters die Grenzen der Unzumutbarkeit für die GmbH überschritten haben sollte, besteht immerhin die Möglichkeit des Gesellschafterausschlusses[355]. Das Verbot von Zahlungen zu Lasten des Stammkapitals gilt entsprechend für den Fall der Einziehung eines Geschäftsanteils gem. § 34[356]. 146

[348] Etwa aus noch nicht realisierten und lediglich verkalkulierten Gewinnen, BGHR § 266 StGB – Nachteil 28; zur gewinnunabhängigen Dividende näher § 29, 122 (*Goerdeler/Müller*); *Roth* § 29, 3, 4; Scholz/*Emmerich* § 29, 141.

[349] *Kohlmann/Löffeler* 208; Scholz/*Tiedemann* 20; vgl. auch *Gribbohm* ZGR 1990, 1, 9.

[350] BGHSt. 9, 203 ff = NJW 1956, 1326 = BB 1956, 673 = GmbH-Rdsch. 1956, 156 m. Anm. *Seydel*.

[351] Wie Fn 350, S. 214.

[352] Festschr. Pfeiffer (1988), 853 ff.

[353] Scholz/*Tiedemann* 20.

[354] Dafür *Roth* § 33, 3.3; dagegen Baumbach/*Hueck* § 33, 11; Lutter/*Hommelhoff* § 33, 5; *Rowedder* § 33, 14; einschränkend Scholz/*H. P. Westermann* § 33, 30.

[355] § 34, 2 (*Ulmer*); Scholz/*Winter* § 15, 131 mwN.

[356] BGHSt. 9, 203, 214 ff; vgl. auch RGZ 142, 286, 290; BGHZ 9, 157, 173.

147 b) **Fehlerhaft berechnete Gewinnausschüttungen.** Als Treubruch anzusehen ist die wissentlich falsche Gewinnermittlung aufgrund einer unrichtigen oder unvollständigen Bilanz[357]. Zu vorweggenommenen Gewinnausschüttungen vgl. oben Rdn 100.

148 c) **Unzulässige Privatentnahmen (Einzelfälle).** Treuwidrig sind ebenfalls unzulässige Privatentnahmen seitens des Geschäftsführers, also solche Entnahmen, die auf der Grundlage des Anstellungsvertrages nicht vorgesehen sind, und für die auch kein rechtswirksames Einverständnis von den/dem Gesellschafter(n) erteilt worden ist. Der BGH zählt hierzu insbesondere: *Barabhebungen* von Konten der GmbH und *Einbehaltung von Kundenschecks* für eigene Zwecke, das *Beiseiteschaffen* von Waren, die der GmbH zustehen, die *unverbuchte, der GmbH verheimlichte Einziehung von Gesellschaftsforderungen*, also auch die verschwiegene Entgegennahme von Zahlungen an die Gesellschaft, jeweils in der Absicht, die entsprechenden Beträge für sich zu behalten. Zur Zulässigkeit von Geschäftsführerdarlehen s. Rdn 96 f.

149 d) **Treuwidriges Verhalten im laufenden Geschäftsbetrieb.** Treuwidriges Verhalten im Zusammenhang mit den laufenden Geschäften der GmbH hängt in besonders hohem Maße von den Umständen des Einzelfalles ab.

150 α) **Unterlassener Abschluß oder Vereitelung eines für die GmbH vorteilhaften Vertrages.** Der unterlassene Abschluß oder die Vereitelung eines für die GmbH vorteilhaften Vertrages ist dann treuwidrig, wenn der Täter eine im Einzelfall *konkrete und sichere Möglichkeit eines günstigen Erwerbs* nicht wahrgenommen hat[358], wie z. B. beim Erwerb eines Grundstücks zu einem höheren Preis als ursprünglich vom Verkäufer beabsichtigt, wobei der Mehrerlös ganz oder teilweise dem Täter etwa als Provision durch den Verkäufer zufließt[359]. Sofern der Täter lediglich eine *allgemeine, unbestimmte Hoffnung* auf einen für die GmbH günstigen Vertragsabschluß nicht wahrnimmt, so mag dies zwar pflichtwidrig sein, stellt jedoch noch *keinen Schaden* iS des § 266 StGB dar[360].

151 Der **unterlassene Abschluß verbotener oder wettbewerbswidriger Geschäfte** kann demgegenüber **niemals** eine Treupflichtverletzung darstellen, wenn der Täter hierbei entgegen einer Anordnung der Gesellschafter handelt. Denn eine Pflichtwidrigkeit iS des § 266 StGB scheidet immer dann aus, wenn die Rechtsordnung die Realisierung der günstigeren Möglichkeit in irgendeiner Form, sei es als strafbare Handlung, sei es als bloß wettbewerbswidriges Verhalten, mißbilligt. Wäre die Gesellschaft Verkäufer, so würde die Treupflicht des Geschäftsführers gegenüber der Gesellschaft nicht den Abschluß verbotener oder wettbewerbswidriger Geschäfte gebieten[361]. Entsprechendes muß gelten, wenn bei einem Kaufgeschäft der Gesellschaft der für sie günstigere Abschluß davon abhängt, daß der Geschäftsführer den Verkäufer zu einem im dargelegten Sinn rechtlich mißbilligten Verhalten veranlaßt oder sich ein solches Verhalten zunutze macht, z. B. durch Vereinbarung unzulässiger Rabatte[362].

---

[357] RG JW 1929, 1054; 6. Aufl. 1959, § 81 a, 22 mwN (*Klug*), vgl. auch Rdn 160 ff.

[358] Vgl. BGH MDR/D 1969, 534, 535; BGH GA 1971, 209, 210; BGH MDR/H 1979, 456; *Kohlmann/Löffeler* 271; SK-*Samson* § 266, 38; Schönke/Schröder/*Lenckner* § 266, 46.

[359] BGHSt. 31, 234 = wistra 1983, 149; 1984, 109; OLG Bremen NStZ 1989, 229.

[360] BGHSt. 31, 234 = wistra 1983, 149; OLG Hamm GA 1958, 250; NJW 1968, 1940 mwN; vgl. auch unten Rdn 175.

[361] BGHSt. 20, 143, 145 f = MDR 1965, 396.

[362] BGH MDR/H 1979, 456.

β) Herstellung vorschriftswidriger Erzeugnisse. Diese ist jedenfalls dann pflichtwidrig und nachteilig iS des § 266 StGB, wenn z. B. durch gesetzlich vorgeschriebene Kontrollen jederzeit damit zu rechnen ist, daß die betreffenden Erzeugnisse dann mit entsprechendem Verlust überhaupt nicht mehr verwendet oder ansonsten verwertet werden dürfen[363]. 152

γ) Verletzung von Patentrechten oder sonstigen gewerblichen Schutzrechten. Den Treubruchstatbestand erfüllt auch die vom Täter veranlaßte oder wissentlich geduldete Verletzung von Patentrechten oder sonstiger gewerblicher Schutzrechte, sofern hierdurch bei der Auswertung, Produktionsaufnahme oder dem Verkauf mit Schadensersatzansprüchen gegen die GmbH gerechnet werden muß[364]. 153

δ) Versäumung einer ausreichenden Beaufsichtigung der Angestellten. Die Versäumung einer ausreichenden Beaufsichtigung der Angestellten des Unternehmens durch den Geschäftsführer kann dann den Treubruchstatbestand erfüllen, wenn es infolge der mangelnden Beaufsichtigung zu einem Schaden oder einer schadensgleichen konkreten Vermögensgefährdung der GmbH kommt[365]. 154

ε) Nichtzahlung von Gesellschaftsschulden. Diese ist regelmäßig dann pflichtwidrig, wenn die Nichterfüllung der Verpflichtungen den Ruf der GmbH zu schädigen geeignet ist, oder wenn sie Gegenmaßnahmen der Gläubiger befürchten läßt, die für die GmbH schädlich sind. Immerhin bedarf es in jedem Fall der Erörterung dieser Frage und vor allem auch der Frage, ob der Geschäftsführer bewußt pflichtwidrig gegen die Interessen seiner Gesellschaft gehandelt hat[366]. 155

e) Schmiergeld- und Provisionsvereinbarungen. Bei der strafrechtlichen Beurteilung von Schmiergeld- und Provisionsvereinbarungen ist zwischen der *Zahlung* entsprechender Beträge und deren *Annahme* zu unterscheiden. 156

α) Schmiergeld- und Provisionszahlungen. Hierbei hängt die Frage einer Untreue davon ab, ob sich der Täter von dem wirtschaftlichen Vorteil der Gesellschaft leiten läßt, etwa um einen günstigen Vertragsabschluß für die GmbH zu erreichen, oder ob er „willkürlich" Vermögen der GmbH ausgibt[367]. Derartige Zahlungen stellen demnach nur dann einen für § 266 StGB bedeutsamen Vermögensnachteil dar, wenn bei gebotener wirtschaftlicher Gesamtbetrachtung ein Vermögensschaden entstanden ist. An einem solchen Schaden fehlt es jedoch, wenn ein erstrebter und konkret in Aussicht stehender Vermögensvorteil für die GmbH gerade von der Zahlung des „Schmiergeldes" abhängig ist[368]. Andererseits müssen bei einer derartigen Gesamtbetrachtung auch denkbare oder bereits geltend gemachte Schadensersatzansprüche bzw. Strafen wegen Bestechung in Rechnung gestellt werden, so daß trotz eingetretener Vorteile insgesamt ein Schaden vorliegt. 157

β) Annahme von Treueprämien, Sonderprovisionen, Vermittlungsgebühren oder Schmiergeldern. Die Annahme sog. Treueprämien, Sonderprovisionen oder Vermittlungsgebühren zur persönlichen Verwendung, die von Geschäftspartnern der GmbH gezahlt werden, ist regelmäßig pflichtwidrig iS des § 266 StGB. Entsprechende Zuwendungen müssen an die GmbH abgeführt werden. Das gilt selbst für solche Beträge, die für den Täter ausdrücklich als *persönlich* bestimmt sind, da er gem. §§ 675, 667 BGB vielmehr ohne Rücksicht auf irgendwelche Erklärungen Dritter 158

---

363 BGH MDR/H 1979, 988 zu gepanschtem Wein.
364 Vgl. etwa Schönke/Schröder/*Lenckner* § 266, 37.
365 RGSt. 76, 115 ff.
366 BGH GA 1954, 308.
367 BGH wistra 1984, 226.
368 BGH wie Fn 367; ferner BGH wistra 1984, 71 = MDR/H 1984, 277.

verpflichtet ist, die Vergütung seiner Gesellschaft zukommen zu lassen[369]. Die Gesellschafter können jedoch die Annahme derartiger Zahlungen erlauben und sogar – soweit es die Vermögenslage und Liquidität der GmbH zuläßt – Sondervergütungen aus Gesellschaftsmitteln gestatten[370]. Geht der Geschäftsführer irrig davon aus, die Nichtabführung derartiger Entgelte verstoße nicht gegen Geschäftsführerpflichten, so begründet dieser Irrtum einen in der Regel vermeidbaren (Erkundigungspflicht!) *Verbotsirrtum*[371].

159 γ) Die **Annahme von Schmiergeldern** ist immer dann treuwidrig, wenn hierdurch für die GmbH nachteilige Handlungen veranlaßt werden sollen[372]. Aber auch für den Fall, daß entsprechende Schmiergeldzahlungen bei einer Vertragsabwicklung nachweislich zu keinen kostenmäßigen Nachteilen bei der GmbH geführt haben, und die Leistung auch im übrigen vertragsgemäß war, würde sich der Täter wegen Treubruchs strafbar machen. Denn wie bereits in der vorgenannten Entscheidung des BGH dargelegt wurde, wäre er zur Herausgabe der Zuwendungen verpflichtet. Eine Ausnahme liegt nur dann vor, „wenn das Geschäft abgeschlossen und eine unzulässige Beeinflussung des Geschäftsführers nicht mehr zu befürchten war".

160 f) **Verletzung von Buchführungspflichten.** Gem. § 41 ist der Geschäftsführer dazu verpflichtet, für eine ordnungsgemäße Buchführung der Gesellschaft zu sorgen. Entsprechendes gilt für denjenigen, der aufgrund der innerbetrieblichen Aufgabenzuweisung eigenverantwortlich für die Buchführung zuständig ist. Die Verletzung von Buchführungspflichten erfüllt jedoch nur dann den Treubruchstatbestand, wenn sie zu einem tatsächlichen *Schaden* oder wenigstens zu einem *vermögensgefährdenden Nachteil* der Gesellschaft geführt hat[373]. Im übrigen kommt nur eine Strafbarkeit gem. §§ 283 ff StGB, § 331 HGB in Betracht. Demzufolge kommen nur solche Fälle in Betracht, in denen durch unordentliche Buchführung die *Geltendmachung begründeter Ansprüche* nicht nur verzögert, sondern *verhindert* wird[374], wie etwa durch die (auch nur vorübergehende) Nichtverbuchung einer Entnahme, durch eine unverbuchte Gewinnverteilung ohne Zustimmung aller Gesellschafter[375] oder etwa durch Nichtverbuchen bereits beglichener Verbindlichkeiten die Gefahr einer erneuten, unberechtigten Inanspruchnahme erwächst[376]. Nicht ausreichend ist also die unordentliche Buchführung als solche[377]. Diese Grundsätze müssen ebenso für den *Abschluß- bzw. Wirtschaftsprüfer* (Rdn 26) gelten.

161 α) **Einzelfälle.** Als treuwidriges Handeln zum Nachteil der Gesellschaft ist von der Rechtsprechung bisher in folgenden Einzelfällen angesehen worden die verspätete Buchung von Einnahmen zur Verschleierung vorübergehender unzulässiger Entnahmen[378], die *Buchung nicht bestehender Gutschriften* und *Nichtbuchung von Lastschriften*, wobei dahinstehen kann, ob die insgesamt gutgeschriebenen Beträge

---

369 BGH, Urt. v. 29. 1. 1964 – 2 StR 485/63 = GA 1964, 207.

370 BGH, wie Fn 368; insoweit unveröffentlicht, vgl. auch oben Rdn 105.

371 BGH wistra 1986, 218; vgl. auch unten Rdn 108 ff.

372 BGH R § 266 StGB – Nachteil 19; BGH NJW 1962, 1099, 1100; Urt. v. 30. 10. 1968 – 4 StR 186/68.

373 Schönke/Schröder/*Lenckner* § 266, 45; *Gribbohm* ZGR 1990, 1, 17; zweifelnd Scholz/*Tiedemann* 21; abl. *Brammsen* DB 1989, 1609, 1613.

374 BGHSt. 20, 304; BGH wistra 1986, 24; 217; 1988, 353; 1989, 142; *Dreher/Tröndle* § 266, 22.

375 BGH wistra 1987, 337; BGHSt. 20, 304 m. Anm. *Schröder* JR 1966, 185; *Lackner* § 266, 17; Schönke/Schröder/*Lenckner* wie Fn 373; vgl. hierzu auch oben Rdn 147.

376 RG HRR 1940 Nr. 711; OLG Köln NJW 1966, 1373, 1374.

377 So aber noch RGSt. 77, 228 f und im Ergebnis auch BGHSt. 34, 379; wie hier nunmehr BGHSt. 35, 333 ff.

378 Sog. „Aufschieben" einer Buchung, BGHR § 266 StGB – Nachteil 22.

dann auch noch pflichtwidrig entnommen werden[379], die *Verbuchung eingezogener Gesellschaftsforderungen* auf ein Gesellschafterkonto, selbst wenn der gutgeschriebene Betrag letztlich doch dem Gesellschaftsvermögen zugeflossen ist, sog. unzulässige Doppelbuchung[380] sowie die Veranlassung falscher Buchungen, durch die die *Nichteinzahlung des Gesellschaftskapitals* verschleiert wird[381]. Gleicher Beurteilung unterliegen solche Fälle, in denen die *Buchführung derart unvollständig oder unrichtig* ist, daß eine *Übersicht* über die Rechte und Pflichten der GmbH, also über deren wahren Vermögensstand, schlechthin *unmöglich* gemacht wird[382]. Ebenso erfüllt das *Ausnutzen einer irrtümlich erfolgten Falschbuchung* den Tatbestand der Untreue. Wie sich aus § 41 ergibt, trifft den Geschäftsführer eine *Berichtigungspflicht* für derartige Falschbuchungen[383]. In den vorgenannten Fällen muß jedoch als *weitere Voraussetzung* hinzukommen, daß es sich nicht um offenkundige Falschbuchungen handelt. Die Unrichtigkeit der Buchführung muß hinsichtlich ihrer Aufdeckung schon gewisse Schwierigkeiten bereiten, so daß der Gesellschaft eine Löschung bzw. Rückbuchung der entsprechenden Fehlbeträge nicht ohne weiteres möglich ist[384]. Die *pflichtwidrige Herausgabe von Belegen* ist dann treuwidrig, wenn hierdurch die ordnungsgemäße Ausstellung entsprechender Rechnungen verhindert wird, und es sich nicht um wirtschaftlich wertlose Forderungen handelt, etwa infolge finanzieller Schwierigkeiten oder Konkurs des Schuldners[385].

β) Bildung sog. schwarzer Kassen. Ob diese auch als Untreue zu beurteilen ist, hängt vom Einzelfall ab. Die hierzu bisher ergangene Rechtsprechung betraf ausschließlich die Errichtung schwarzer Kassen innerhalb öffentlicher Einrichtungen bzw. Behörden. Der Treubruchstatbestand war deshalb regelmäßig zu bejahen, weil der Fiskus über diesen Bestandteil seines Vermögens nicht mehr sofort bzw. ordnungsgemäß verfügen konnte[386]. Auf die GmbH ist diese Begründung hingegen nicht ohne weiteres übertragbar[387]. Denn solange der Geschäftsführer eine schwarze Kasse zur Finanzierung von Vorhaben, die im Gesellschaftsinteresse liegen, unterhält und über die dort angelegten Beträge jederzeit in seiner Eigenschaft als Geschäftsführer der GmbH verfügen kann, stehen diese Beträge auch der Gesellschaft – vertreten durch ihren Geschäftsführer – zur uneingeschränkten Verfügung. Insoweit kann hier von keiner Vermögensgefährdung gesprochen werden. Die bloße Verletzung der Buchführungspflicht (Verstoß gegen § 41) begründet für sich allein, wie bereits oben in Rdn 160 dargelegt, ebenfalls noch keine Untreuestrafbarkeit. Die Unterhaltung einer schwarzen Kasse ist vielmehr erst dann treuwidrig und für die GmbH nachteilig iS des § 266 StGB, wenn der Geschäftsführer auf diese Weise Gesellschaftsvermögen beiseite schafft, um damit frei von jeder Verantwortlichkeit und Pflicht, jemals Rechenschaft ablegen zu müssen, ausschließlich nach eigenem Dafürhalten verfügen zu können – wenn auch im tatsächlichen oder vermeintlichen Interesse der Gesellschaft[388]. Gleicher Beurteilung dürften die Fälle unterliegen, in denen der Geschäftsführer auf diesem Wege ausdrückliche Weisungen der Gesellschafter (z. B. das Verbot von Schmiergeldzahlungen) zu umgehen beabsichtigt, Vermögensgegenstände einem bevorstehenden Gläubigerzugriff zu entziehen versucht 162

[379] RG JW 1934, 2151 f.
[380] BGH GA 1955, 363 = GmbH-Rdsch. 1955, 61; GA 1959, 337; vgl. hierzu ferner RGZ 159, 321, 330 f; BGHZ 15, 52 f.
[381] BGH GA 1959, 337.
[382] BGH GA 1956, 121, 122 mwN; BGH GA 1963, 102.
[383] BGH GA 1955, 363.
[384] RG JW 1926, 586; 1934, 2151 f; BGH GA 1953, 25; *Kohlmann/Löffeler* 280.
[385] BGH wistra 1986, 217 f.
[386] BGH, Urt. v. 28. 9. 1954 – 5 StR 203/54; BGH GA 1956, 154 f; BGH wistra 1985, 69 = NStZ 1984, 549; BGH wistra 1986, 260 f.
[387] So aber Müller-Gugenberger/*Schmid* § 26, 97.
[388] *Kohlmann/Löffeler* 286.

oder Gesellschaftsvermögen verwendet, das zum Erhalt des Stammkapitals erforderlich ist. Deshalb kann die Einrichtung einer schwarzen Kasse, die mit Billigung oder gar auf Veranlassung der Gesellschaftermehrheit erfolgt ist, in der Regel keine schadensgleiche Vermögensgefährdung darstellen. Steht die GmbH Gläubigerforderungen gegenüber, zu deren Begleichung das Stammkapital benötigt wird, stellt sich allerdings die Frage einer entsprechenden Nachschußpflicht aus der schwarzen Kasse.

163 g) **Verrat und Verwertung von Betriebsgeheimnissen.** Eine Verletzung der Treuepflicht können ferner der Verrat oder die Verwertung von Betriebsgeheimnissen darstellen[389], sofern die Tathandlung noch während des Anstellungsverhältnisses erfolgt ist. Gleichwohl ist der Untreuetatbestand aber erst dann erfüllt, wenn der GmbH hierdurch ein wirtschaftlicher Nachteil – und sei es auch nur in Form einer konkreten Gefährdung ihrer Vermögensinteressen – erwachsen ist. Hat der Geheimnisverrat hingegen keinen Schaden iS des § 266 StGB zur Folge, bleibt lediglich eine Strafbarkeit nach § 85 oder § 17 UWG. Die hier in Betracht kommenden Fallgruppen betreffen hauptsächlich die *Abwerbung von Stammkunden*[390], die *Vereitelung eines sicher bevorstehenden Geschäftsabschlusses*[391] sowie die *unerlaubte Patentverwertung* oder die *Übernahme geheimgehaltener Produktionsmethoden* mit der Folge eines wirtschaftlich meßbaren Wettbewerbsnachteils für die GmbH.

164 h) **Verwertung von Insiderkenntnissen.** Eine pflichtwidrige Verwertung von sog. Insiderkenntnissen[392] führt allerdings nur dann zu einer Strafbarkeit wegen Untreue, wenn der GmbH hierdurch *nachweislich* ein *meßbarer* (*Vermögens-*)*Schaden* oder zumindest die konkrete Gefahr eines Schadens erwachsen ist, vgl. auch Rdn 176 sowie die Erläuterungen zu § 85.

165 i) **Unterlassene Aktenrückgabe nach dem Ausscheiden aus der Gesellschaft.** Obwohl nach dem Ausscheiden aus der Gesellschaft grundsätzlich keine sog. nachwirkenden Treuepflichten iS des § 266 StGB bestehen[393], ist insbesondere der Geschäftsführer zur Herausgabe aller Gesellschaftsunterlagen bei seinem Ausscheiden verpflichtet. Diese Pflicht ergibt sich bereits unmittelbar aus der dem Anstellungsvertrag entspringenden Treuepflicht, die auch sog. *Rückabwicklungspflichten* beinhaltet[394]. Sie umfaßt insbesondere die Verpflichtung des Geschäftsführers, alle Akten, die er zur Wahrnehmung der Vermögensinteressen der GmbH benötigte, ihr vor bzw. spätestens bei seinem Ausscheiden auszuhändigen, damit diese auch der neuen Geschäftsleitung zur Verfügung stehen[395]. Folglich ist auch die Aktenrückgabe zumindest ein Teilaspekt der Wahrnehmung von Vermögensinteressen.

166 j) **Erstattung von Geldstrafen bzw. -bußen und Verfahrenskosten.** Organmitglieder, die im Zusammenhang mit ihrer dienstlichen Tätigkeit im Rahmen der Gesellschaft eine Straftat oder Ordnungswidrigkeit begangen haben, die sich nicht zugleich als Pflichtverletzung gegenüber der GmbH darstellt, haben nach wohl hM im Gesellschaftsrecht[396] Anspruch auf Übernahme der Verfahrenskosten, wobei

---

389 RGSt. 71, 333, 335; BGHSt. 20, 143, 144; OLG Köln NJW 1967, 1923; Schönke/Schröder/*Lenckner* § 266, 36; *Vogt/Vogt* JuS 1980, 860, 862.

390 RGSt., wie Fn 389; s. hierzu näher unten Rdn 279.

391 BGH; OLG Köln, jeweils wie Fn 382.

392 *Dingeldey* S. 6, 23.

393 Vgl. bereits oben Rdn 66.

394 Schönke/Schröder/*Lenckner* § 266, 34; für eine nachwirkende Treuepflicht jedoch OLG Stuttgart JZ 1973, 739 ff = GA 1974, 24, dagegen bereits zutr. *Lenckner* JZ 1973, 794 ff; *Lackner* § 266, 12 aa); *Maurach/Schroeder/Maiwald* BT/1 S. 502.

395 I. E. ebenso *Lenckner* wie Fn 394.

396 Vgl. etwa die Nachweise bei *Kapp* NJW 1992, 2796, 2799.

allerdings zwingend das Einverständnis der Gesellschafter oder des Aufsichtsrats erforderlich ist. Für sonstige Angestellte der GmbH besteht ein Anspruch auf Ersatz von Verfahrenskosten unter den vorgenannten Voraussetzungen in den Grenzen der Grundsätze über die schadensgeneigte Arbeit[396a]. Die demnach zulässige Übernahme von Verfahrenskosten kann mithin auch keine strafbare Untreue gegenüber der GmbH darstellen[397]. Bei der Übernahme von Geldstrafen bzw. -bußen ist in mehrfacher Hinsicht zu differenzieren: Eine Bezahlung durch eine GmbH, die ausschließlich in öffentlicher Hand steht, wird regelmäßig als treuwidrig iS des § 266 StGB zu beurteilen sein, da nach der vorzitierten Entscheidung des BGH[398] öffentliche Mittel jedenfalls nicht zur Bezahlung von Sanktionen verwendet werden dürfen, zu denen Bedienstete verurteilt worden sind. Auf private Unternehmen lassen sich diese Rechtsprechungsgrundsätze jedoch nicht uneingeschränkt anwenden. Die nachträgliche Erstattung von Geldstrafen bzw. -bußen wird sowohl in gesellschaftsrechtlicher als auch in arbeitsrechtlicher Hinsicht allgemein als zulässig erachtet, so daß entsprechende Zahlungen auch angesichts der vorzitierten BGH-Rechtsprechung nicht als Untreue angesehen werden können[399]. Vor Tatbegehung erteilte Erstattungszusagen unterliegen dagegen – neben einer eventuellen psychischen Beihilfe zur Haupttat – bereits in zivil- und gesellschaftsrechtlicher Hinsicht erheblichen Bedenken, so daß eine Nachteilszufügung iS des § 266 StGB allenfalls dann zwingend ausgeschlossen sein kann, wenn die Erstattungszusage unzweifelhaft im Interesse der GmbH liegt[400].

VI. Zufügung eines Nachteils

Sowohl der Mißbrauchs- als auch der Treubruchstatbestand erfordern weiterhin, daß das Verhalten des Täters einen Vermögensnachteil auf seiten der GmbH zur Folge gehabt hat. **167**

1. Nachteil und Vermögensschaden

Nach dem wenig präzise gefaßten Wortlaut des § 266 StGB müßte an sich jede wie immer geartete Zufügung eines Nachteils genügen. Da jedoch eine uferlose Ausdehnung des Anwendungsbereichs gegen den Grundsatz der gesetzlichen Bestimmtheit der Strafbarkeit, d. h. also gegen den Satz nulla poena sine lege (Art. 103 Abs. 2 GG und § 2 StGB), verstoßen und damit erheblichen rechtsstaatlichen Bedenken unterliegen würde, ist eine möglichst genaue Begriffsbestimmung erforderlich. Dabei kann zunächst einmal von der in der Rechtsprechung und im Schrifttum herrschenden Ansicht ausgegangen werden, daß der Nachteil iS des § 266 StGB jedenfalls alles umfaßt, was Vermögensschaden beim Betrug nach § 263 StGB ist[401]. Infolgedessen können die zum Betrugstatbestand entwickelten Begriffe des Vermögens und Vermögensschadens hier ebenfalls zugrunde gelegt werden. **168**

396a Neuestens BAG NZA 1993, 547 ff.

397 So BGH NJW 1991, 991 betreffend einen öffentlich-rechtlichen Verband.

398 Wie Fn 380.

399 Vgl. etwa *Kohlmann/Hilgers-Klautzsch* S. 19 f mwN.

400 *Kapp* NJW 1992, 2796, 2797; *Kohlmann/Hilgers-Klautzsch* wie Fn 392.

401 Vgl. statt vieler BGHSt. 15, 342 f; BGH NJW 1975, 1234; *Dreher/Tröndle* § 266, 20; Schönke/Schröder/*Lenckner* § 266, 39; SK-*Samson* § 266, 37 jew. mwN; aA etwa *Hillenkamp* NStZ 1981, 161, 166; *Labsch* S. 318.

169 a) **Begriff des Vermögensschadens.** Nach heute vorherrschender Meinung wird unter Vermögen gemeinhin die Summe der geldwerten Güter nach Abzug der Verbindlichkeiten verstanden[402]. Eine Vermögensschädigung besteht dann im allgemeinen darin, daß sich entweder das Vermögen seinem Werte nach vermindert oder daß neue Verbindlichkeiten entstehen, denen kein entsprechender Erwerb gegenübertritt[403]. Im großen und ganzen wird diese Definition der sog. reinen wirtschaftlichen Theorie in den meisten Fällen genügen[404]. Indessen ergeben sich zum Teil nicht restlos zu bereinigende Schwierigkeiten, sobald die Probleme der rechts- und sittenwidrigen Geschäfte (sog. Schwarzmarktgeschäfte usw.) einerseits und der Schädigung von Anwartschaften andererseits ins Blickfeld rücken. Daher wird es sich bei der Anwendung des § 266 StGB in schwierigen Fällen nicht vermeiden lassen, auf die umfangreiche Diskussion einzugehen, die sich hinsichtlich der Begriffe Vermögen und Vermögensschaden bei § 263 StGB entwickelt hat, – eine Diskussion, die praktisch seit dem Bestehen des StGB im Gang ist und die bis heute noch nicht als abgeschlossen angesehen werden kann. Wegen der Einzelheiten ist auf die Rechtsprechung, die Kommentare und die Lehrbücher zum allgemeinen Strafrecht zu verweisen; hier sei nur kurz folgendes erwähnt:

170 α) **Juristische Theorie.** Die früher vertretene, rein juristische Theorie, nach der Vermögen die Summe der Vermögensrechte und -pflichten ist, so wie sie sich nach bürgerlichem Recht bestimmen[405], wird heute nicht mehr vertreten, da sie nicht geeignet ist, die uU sehr bedeutsamen wirtschaftlichen Anwartschaften u. ä. in den Vermögensbereich einzubeziehen, und außerdem bei rechts- wie bei sittenwidrigen Geschäften zu verfehlten Ergebnissen kommt.

171 β) **Wirtschaftliche Theorie.** Die rein wirtschaftliche Theorie, die der BGH aus der Reichsgerichtsjudikatur übernommen hat[406], stößt auf beträchtliche Schwierigkeiten, weil sie folgerichtig dazu führen müßte, auch rechts- und sittenwidrig Erlangtes ausnahmslos zum Vermögen zu zählen und strafrechtlich zu schützen. In der Tat hat der BGH in einer Entscheidung zum Tatbestand der allgemeinen Untreue die Ansicht vertreten, daß es kein strafrechtlich ungeschütztes Vermögen gebe[407].

172 γ) **Juristische-ökonomische Vermittlungstheorie.** Um diesen sehr weitgehenden Konsequenzen zu entgehen, wird eine sog. juristisch-ökonomische Vermittlungstheorie vertreten[408]. Nach dieser ist das Vermögen die „Summe der jemandem unter dem Schutz der Rechtsordnung zu Gebot stehenden Werte"[409].

173 δ) **Personal-individualisierter Vermögensbegriff.** Einen personal-individualisierenden Vermögensbegriff schließlich vertreten *Bockelmann*[410], *Heinitz*[411], *Schmidhäuser*[412], *Labsch*[413]. Danach ist Vermögen „alles, dessen der Mensch in der Gemeinschaft bedarf, um so wie seinesgleichen leben, wirken und sich entfalten zu können". Ausschlaggebend soll das „berechtigte wirtschaftliche Bedürfnis des Vermögensträgers" sein.

---

402 BGHSt. 3, 99, 102; 16, 220, 221; *Dreher/Tröndle* § 266, 17; LK-*Lackner* § 263, 122, 123.

403 BGHSt. 3, 99, 102.

404 Vgl. BGH MDR/H 1980, 986; *Dreher/Tröndle* § 263, 17; LK-*Hübner* § 266, 90; abw. Schönke/Schröder/*Lenckner* § 266, 39 u. a.

405 So z. B. *Binding* S. 238.

406 Grundlegend die Plenarentscheidung RGSt. 44, 230.

407 BGHSt. 8, 256.

408 Vgl. Schönke/Schröder/*Lenckner* § 266, 39; Schönke/Schröder/*Cramer* § 263, 82 ff; SK-*Samson* § 263, 112 ff; einschr. LK-*Lackner* § 263, 123.

409 RGSt. 66, 281, 285.

410 JZ 1952, 461 ff; *ders.* Strafrechtliche Untersuchungen, S. 229 ff.

411 JR 1968, 387.

412 Strafrecht BT, S. 95 f.

413 S. 324, *ders.* Jura 1987, 416 f.

ε) **Praxis der Gerichte.** Keine der genannten Theorien ist in der Lage, für alle vorkommenden Fälle überzeugende Lösungen zur Verfügung zu stellen. Es ist daher verständlich, wenn die Praxis der Gerichte von einem rein wirtschaftlich interpretierten Vermögensbegriff ausgeht, da dieser es gestattet, die Probleme stark zu vereinfachen. Zudem kommt sie den Bedürfnissen der Wirtschaft auch in den Grenzbereichen des rechtlich eben noch oder schon nicht mehr Zulässigen sehr entgegen. Sie vermeidet damit die Entstehung eines rechtsfreien Raumes ohne Strafrechtsschutz und berücksichtigt die Einhaltung wirtschaftlicher „Spielregeln" selbst in denjenigen Fällen, in denen eine formalrechtliche Betrachtung zu unerwünschten Freisprüchen kommen müßte[414]. Vor allem im Anwendungsbereich des § 266 StGB wird der rein wirtschaftliche Vermögensbegriff in der Regel zu den vernünftigeren Lösungen führen. **174**

Anders als beim Betrug kommt als Nachteil iS des § 266 StGB auch das *Vereiteln einer Vermögensmehrung* in Betracht, etwa bei der pflichtwidrigen Unterlassung eines für die GmbH günstigen Vertrages[415]. Voraussetzung ist allerdings, daß die *Vermögensmehrung* bei pflichtgemäßem Handeln *sicher eingetreten* wäre, so daß die unterlassene Wahrnehmung einer *bloßen Chance*, also einer lediglich allgemeinen, unbestimmten Hoffnung auf einen günstigen Vertragsabschluß nicht ausreicht[416]. Darüber hinaus ist zu beachten, daß auch finanziell nicht ohne weiteres bzw. nicht sofort meßbare Nachteile, wie *Kreditschädigung* oder *sonstige Minderungen des geschäftlichen Ansehens* einer GmbH Nachteile iS des § 266 StGB sein können[417]. **175**

b) **Schadensgleiche Vermögensgefährdung.** Außerdem ist die bloße Vermögensgefährdung als Nachteil für die GmbH anzusehen, wenn durch *aktuelle* (*konkrete*) *Gefährdung* das Vermögen schon in seinem gegenwärtigen Wert als gemindert anzusehen ist[418]. Als vermögensgefährdender Nachteil *kann* z. B. angesehen werden eine unordentliche Buchführung[419], der Abschluß riskanter Geschäfte[420], die Durchführung solcher Geschäfte, bei denen Gewährleistungs- oder Schadensersatzansprüche sicher zu erwarten sind[421]. Voraussetzung ist aber stets, daß eine *konkrete Gefährdung sicher nachweisbar* ist; eine abstrakte Vermögensgefährdung genügt hingegen nicht[422]. **176**

c) **Vermögensschaden bei rechts- und sittenwidrigen Geschäften.** Zu beträchtlichen Schwierigkeiten führt indessen die Beurteilung rechts- und sittenwidriger Geschäfte. Soweit der *Abschluß* derartiger Geschäfte *für die GmbH* in Rede steht (z. B. verbotene oder wettbewerbswidrige Geschäfte, Zahlung von Schmiergeldern[423]), hängt eine Strafbarkeit wegen Untreue maßgeblich davon ab, ob die GmbH mit der Geltendmachung von Regreßansprüchen, mit Bußgeld oder Geldstrafe *konkret* rechnen muß oder ob der GmbH durch die Nichtausführung des Geschäfts, etwa wegen bevorstehender Aufdeckung, infolge vorangegangener und nunmehr sinnloser Investitionen (z. B. Produktionskosten etc.) ein Schaden entstanden ist. **177**

---

414 Zur grundsätzlichen Problematik: LK-*Lackner* § 263, 124 ff; Schönke/Schröder/*Cramer* § 263, 78 ff.

415 BGHSt. 31, 232, 234 = wistra 1983, 149; 1984, 109; OLG Bremen NStZ 1989, 228, 229.

416 BGHSt. 31, 232, 234; *Dreher/Tröndle*, § 266, 17; *Tiedemann* in Festschr. Tröndle, S. 322; vgl. auch Rdn 104.

417 *Kohlmann/Löffeler* 300; aA etwa Schönke/Schröder/*Lenckner* § 266, 39.

418 Vgl. etwa RGZ 129, 272; BGH NJW 1979, 1512; wistra 1985, 190.

419 Vgl. oben Rdn 160 ff.

420 Näher unten Rdn 240 ff.

421 RG DR 1940, 492; HRR 1940 Nr. 711; OLG Köln NJW 1966, 1374; Schönke/Schröder/*Lenckner* § 266, 45.

422 BGHSt. 21, 112; 23, 300 = JZ 1971, 320 m. Anm. *Lenckner* JZ 1971, 320.

423 Vgl. oben Rdn 112 ff.

178 Ein Nachteil kann der GmbH ferner dadurch entstehen, daß ihr *Vermögenswerte entzogen* werden, die sie ihrerseits in rechtswidriger Weise erlangt hat, z. B. durch Verrat von Produktions- und Vertriebsunterlagen, womit Patente Dritter verletzt wurden. Entgegen beachtlichen Stimmen im Schrifttum[424] vertritt der BGH in ständiger Rechtsprechung die Auffassung, daß die Rechtsordnung im Bereich der Vermögensdelikte „allgemein kein wegen seiner Herkunft, Entstehung oder Verwendung schlechthin schutzunwürdiges Vermögen" kenne[425].

2. Nachteil bei gleichzeitigem Vorteil (Schadenskompensation)

179 Ein Schaden der GmbH kann dann entfallen, wenn durch die pflichtwidrige Handlungsweise zugleich ein Vorteil entsteht, durch den der Nachteil aufgehoben wird (Schadenskompensation). Voraussetzung ist jedoch, daß sowohl dem Vorteil als auch dem Nachteil *derselbe wirtschaftliche Vorgang* zugrunde liegen muß. Ein Nachteil iS des § 266 StGB kann also nur dann verneint werden, wenn das Verhalten des Geschäftsführers zunächst negative, dann aber im voraussehbaren ursächlichen, nicht nur zufälligen Zusammenhang hiermit positive Folgen für die Gesellschaft hat[426]. Das wird in der Praxis häufig nicht klar genug gesehen. Verwendet der Geschäftsführer etwa Gesellschaftsvermögen pflichtwidrig zu gewagten Spekulationsgeschäften, wobei einzelne Geschäfte mit Verlust enden und weitere Geschäfte Gewinne abwerfen, die sogar die vorangegangenen Verluste ausgleichen und noch einen verbleibenden Gewinn ermöglichen, ist trotz des insgesamt positiven Ergebnisses ein Schaden iS des § 266 StGB eingetreten. Zwar fehlt es letztlich an einem Nachteil für das Gesamtvermögen der GmbH, doch ist dies für die strafrechtliche Beurteilung ohne Bedeutung[427]. Es gilt der sog. Grundsatz der Einzelbetrachtung und danach läßt sich nicht bestreiten, daß die beiden ersten Geschäfte eben einen Vermögensnachteil zur Folge hatten. Gerade umgekehrt zu beurteilen ist der Fall, in dem der Geschäftsführer zunächst pflichtwidrig ein nachteiliges Geschäft für die GmbH tätigt, und aus dem nicht anders zu erzielenden Erlös eine längst fällige und notwendige Investition vornimmt, worauf die GmbH höhere Gewinne erwirtschaftet. Bei isolierter Betrachtung ist nicht zu leugnen, daß für die GmbH ein Nachteil eingetreten ist. Bei einer gebotenen wirtschaftlichen Gesamtbetrachtung gelangt man aber zu dem Ergebnis, daß der zunächst eingetretene Nachteil, den der Geschäftsführer – insoweit auch in pflichtwidriger Amtsausführung – bewußt in seine Überlegung mit einbezogen hat, durch den gleichzeitig ins Auge gefaßten Vorteil zumindest aufgewogen wird[428]. Den gleichen Standpunkt hat bereits das Reichsgericht[429] im Fall einer Betriebsumstellung bzw. Umstellung von Produktionsmethoden vertreten; dort wurden im Rahmen eines landwirtschaftlichen Betriebes erhebliche Mengen Vieh unter Preis verkauft, damit umgehend landwirtschaftliche Nutzfläche zu einträglicherer Produktion frei wurde. Festzuhalten bleibt, daß in diesen Fällen der Eintritt eines Nachteils überhaupt nur dann verneint werden kann, wenn – wirtschaftlich betrachtet – ein *einheitlicher Handlungskomplex* vorliegt

---

424 Vgl. etwa Schönke/Schröder/*Lenckner* § 266, 39.

425 Vgl. etwa BGHSt. 8, 254, 256; BGH MDR/H 1980, 986; ferner BGHR § 266 Abs. 1 StGB – Nachteil 10, wo ein Schaden nach rein wirtschaftlicher Betrachtungsweise anzunehmen gewesen wäre, dort dann allerdings aus anderen Gründen verneint wird.

426 BGH NJW 1975, 1234, 1235; NStZ 1986, 455; Schönke/Schröder/*Lenckner* § 266, 41 mwN.

427 LK-*Hübner* § 266, 91.

428 Vgl. auch RGSt. 75, 227 ff; 65, 430 ff; *Schreiber/Beulke* JuS 1977, 656, 659 f; zG auch *Kohlmann* JA 1980, 228, 232 Fn 27.

429 RG JW 1936, 882 f.

und zwischen Vorteil und Nachteil *Gleichzeitigkeit* besteht[430]. Anders ausgedrückt: wird z. B. der den Schaden ausgleichende Vorteil zwar gleichzeitig, aber durch eine andere Handlung – etwa durch eine zulässige Aufrechnung – herbeigeführt, bleibt für eine Gleichzeitigkeit im vorerwähnten Sinne kein Raum[431].

3. Nachteil auf seiten der GmbH (Einzelfälle)

Es versteht sich zwar von selbst, daß der Nachteil auf die GmbH zu beziehen **180** ist. Bei Beantwortung der Frage, wann ein Nachteil für die Gesellschaft vorliegt, ist jedoch zu berücksichtigen, daß der Schaden in der Verletzung teilweise stark auseinanderfallender Interessen bestehen kann. So kann ein Nachteil in der Verletzung des objektiven Gesellschaftsinteresses, aber auch in der Verletzung der jeweiligen Gesellschafterinteressen, der Gläubigerbelange oder der Interessen der Arbeitnehmer bestehen. In diesem Sinn können z. B. *Gewinnausschüttungen* ambivalent sein. Die Gesellschafter können meinen, daß Gesellschaftsanteile mit hoher Rendite(-erwartung) einen erheblichen Anreiz für das Anwerben neuer Beteiligungen darstellen und daß eine auf diese Weise möglich gewordene Erweiterung der Kapitalbasis ein Vorteil für die Gesellschaft sei. Dagegen kann aus der Sicht der Gesellschaftsgläubiger ein solches Verhalten als besonderer Nachteil für die GmbH erscheinen, weil derartige Maßnahmen möglicherweise zu einer Liquiditätseinschränkung führen, zumal dann, wenn zu erwarten ist, daß die aus den neu geworbenen Beteiligungen in die Gesellschaftskasse fließenden Mittel ausschließlich für Investitionen eingesetzt werden. Derartige Befürchtungen werden allerdings wohl nur dann gerechtfertigt sein, wenn die Abwicklung bereits erteilter Aufträge oder die Erfüllung demnächst fälliger Forderungen gefährdet erscheint. Andererseits können sich derart motivierte Gewinnausschüttungen, wenn sie erfolgreich sind, ganz nach der Lage des konkreten Falles für die Arbeitnehmer entweder vorteilhaft oder nachteilig oder gar nicht auswirken, je nachdem, welche Folgerungen sich etwa für die Anzahl der Arbeitsplätze (Neueinstellungen), für den Verlust von bewährtem Stammpersonal (Rationalisierungen und dergleichen mehr) ergeben. Eine sachgerechte Beurteilung erfordert die genaue *Abwägung* sämtlicher – wenn auch einander überschneidender – durch § 266 StGB geschützten Interessen. Allerdings bleibt festzuhalten, daß ein für eine der in Betracht kommenden Interessengruppen entstehender Nachteil nur dann im Hinblick auf eine „GmbH-rechtliche Untreue" von Bedeutung sein kann, wenn dieser gleichzeitig ein Schaden für die Gesellschaft darstellt[432]. Schwierigkeiten bei der Ermittlung eines Nachteils können sich auch ergeben, wenn die GmbH zu einem **Konzern** gehört[433] oder *Risiko- und Spekulationsgeschäfte* zu beurteilen sind[434].

4. Ausgleichsbereitschaft des Täters

An einer Nachteilszufügung iS des § 266 StGB kann es dann fehlen, wenn der **181** Täter zum Ersatz des Schadens, den er mißbräuchlich bzw. treuwidrig herbeigeführt hat, *fähig und bereit* ist[435]. Voraussetzung ist allerdings, daß der Täter entspre-

430 BGHSt. 17, 147, 149; NStZ 1986, 455 (zu schwarzen Kassen); *Lackner* § 266, 17; *Kohlmann* wie Fn 421.
431 *Kohlmann* wie Fn 421.
432 *Kohlmann/Löffeler* 304.
433 Vgl. hierzu Rdn 306 ff.
434 Vgl. hierzu Rdn 240 ff.
435 BGH MDR/H 1983, 281; wistra 1987, 216, 217; 1990, 352; *Dreher/Tröndle* § 266, 24; LK-*Hübner* § 266, 100; *Lackner* § 266, 17; krit. Schönke/Schröder/*Lenckner* § 266, 42.

chende Mittel bar, bei einer Bank oder sonst sicher zur Verfügung hat[436] und ständig zum Ausgleich bereithält[437]. Nur dann entspricht der wirtschaftliche Wert des Ausgleichsanspruchs gegen den Täter dem Wert des weggefallenen Vermögens, so daß ein Nachteil nicht entstanden ist[438]. Die bloße *Möglichkeit*, sich das Geld bei Bedarf von anderen, etwa durch Kreditaufnahme, zu beschaffen, genügt regelmäßig *nicht*[439]. Eine *nachträgliche Schadenswiedergutmachung* kann demgegenüber *niemals* zu einem Nachteilsausgleich in diesem Sinne führen und ist nur für die Strafzumessung von Bedeutung[440].

5. Einzelfälle

182 Hinsichtlich der Einzelfälle, in denen ein mißbräuchliches bzw. treuwidriges Verhalten des Täters zu einem Vermögensnachteil der GmbH führen kann, wird auf die Erläuterungen zum Mißbrauchstatbestand[441] und zum Treubruchstatbestand[442] verwiesen.

VII. Tatbestandsausschließendes Einverständnis und Weisungen

183 Ein pflichtwidriges Verhalten iS des Mißbrauchs- oder Treubruchstatbestands kann jedoch entfallen, wenn ein *wirksames Einverständnis* oder eine *wirksame Weisung* seitens der Gesellschafter vorliegt. Im Fall ihrer *Rechtsverbindlichkeit* wirken Einverständnis bzw. Weisung nach hM[443] dann bereits *tatbestandsausschließend* und nicht erst als Rechtfertigungsgrund. Entsprechendes gilt für Geschäftsführungsmaßnahmen bei der Ein-Mann-GmbH, wenn der alleinige Gesellschafter gleichzeitig Geschäftsführer der GmbH ist[444]. Unter welchen Voraussetzungen Weisungen bzw. Einverständniserklärungen als rechtswirksam anzusehen sind, wird in Rechtsprechung und Schrifttum äußerst kontrovers beurteilt. Im allgemeinen setzt ein wirksames Einverständnis voraus, daß die Einwilligenden alleinige Inhaber des verletzten Rechtsgutes sind und über eine entsprechende Dispositionsbefugnis verfügen.

1. Eingetragene Gesellschaft

184 Für die eingetragene Gesellschaft wurde bereits oben Rdn 60 dargelegt, daß die GmbH eine selbständige Rechtspersönlichkeit ist, deren Vermögen aber von dem Vermögen der Gesellschafter strikt zu trennen ist. Hiervon ausgehend wurde in der *älteren Rechtsprechung* – von einigen Ausnahmen abgesehen – die Auffassung vertreten, daß ein Einverständnis der Gesellschafter in Schädigungen der GmbH *regelmäßig unbeachtlich* sei[445]. Dieser und weiteren RG-Entscheidungen zu dieser Problematik lagen allerdings immer Sachverhalte zugrunde, bei denen die betreffenden Tathandlungen über die bloße Schmälerung des Gesellschaftsvermögens hinaus

---

436 BGHSt. 15, 342 f; OLG Karlsruhe NStZ 1990, 82.

437 BGHSt. 15, 342, 344; wistra 1988, 191; NStZ 1982, 331; BayObLG NJW 1966, 116 (ausreichender Wertpapierbestand vorhanden); JR 1973, 338 m. Anm. Schröder; krit. *Labsch* wistra 1985, 1, 8.

438 BGHSt. 15, 342, 344.

439 BGH NStZ 1982, 331.

440 BGHSt. 17, 147, 149; 20, 143, 144; *Dreher/Tröndle* § 266, 24; LK-*Hübner* § 266, 92.

441 Rdn 78–135.

442 Rdn 136–166.

443 BGHSt. 3, 23 ff; *Dreher/Tröndle* § 266, 14; LK-*Hübner* § 266, 87; Schönke/Schröder/*Lenckner* § 266, 21, 38; *Kohlmann/Löffeler* 179; Scholz/*Tiedemann* 13; *Brammsen* DB 1989, 1609 mwN.

444 HM vgl. etwa BGHSt. 34, 375, 384; 35, 333, 337; BGHR § 266, StGB – Nachteil 25; BGH NStZ 1982, 465; LG Bonn NJW 1981, 469.

445 Vgl. etwa RGSt. 71, 535 f.

gegen zwingendes GmbH-Recht oder gegen die Grundsätze eines ordentlichen Kaufmanns verstießen. Hierauf weist bereits der BGH in seinem Urt. v. 29. 1. 1964[446] ausdrücklich hin.

Andererseits ist die GmbH jedoch eine Rechtseinrichtung des Privatrechts, die mittelbar der Interessenverfolgung des einzelnen Bürgers bzw. der Gesellschafter dient, die immerhin die „wirtschaftlichen Eigentümer" der GmbH sind. Vor dem Hintergrund dieser Erwägung wird in *Teilen des Schrifttums* sogar die Auffassung vertreten, daß ein Einverständnis der Gesellschafter in gesellschaftsschädigende Handlungen des Geschäftsführers *stets* tatbestandsausschließend sein müsse[447]. **185**

Die inzwischen wohl *hM* geht hingegen von einer *eingeschränkten Dispositionsbefugnis* der Gesellschafter aus[448]. Hierbei wird überwiegend das *Kapitalerhaltungsgebot des § 30 GmbHG* entweder als alleiniges Kriterium[449] oder jedenfalls als Hauptkriterium[450] angesehen. Nach weiteren Auffassungen soll der in § 43 für den Geschäftsführer normierte Sorgfaltsmaßstab des ordentlichen Geschäftsmannes[451], die Existenz- oder Liquiditätsgefährdung der GmbH[452], die Einhaltung der guten Sitten[453] und/oder der Erhalt jenes Kapitals, das ein ordentlicher Kaufmann der GmbH in ihrer jeweiligen tatsächlichen Situation zur Verfügung gestellt oder belassen hätte[454] das maßgebliche Kriterium für die strafrechtliche Beachtlichkeit einer Einwilligung oder Weisung darstellen. **186**

Der *BGH* hat in neueren Entscheidungen zu dieser Frage folgenden – im Ergebnis vermittelnden – Standpunkt eingenommen: Der Gesamtheit der Gesellschafter als zentralem Organ der Gesellschaft ist es zwar in gewissem Rahmen gestattet, über das Gesellschaftsvermögen zu verfügen und entsprechende Ermächtigungen bzw. Zustimmungen in Form eines Einverständnisses zu erteilen, selbst dann, wenn hierdurch das Gesellschaftsvermögen gemindert wird. Die Gesellschafter sind aber verpflichtet, im Interesse der Gläubiger das Gesellschaftsvermögen in dem Umfang zu erhalten, wie es im GmbHG vorgeschrieben ist[455]. So werden auch aus zivilrechtlicher Sicht nur solche Gesellschafterbeschlüsse als nichtig angesehen, die gegen die zwingenden Vorschriften über Aufbringung und Erhalt des Stammkapitals verstoßen oder deren Inhalt mit den guten Sitten nicht zu vereinbaren ist[456]. In der Zivilrechtsprechung des BGH wird in bestimmten Konstellationen jedoch auch ein vom Interesse der Gesellschafter abweichendes, eigenständiges „GmbH-Interesse" anerkannt[457]. Bei der Verfolgung eigener Interessen zum Nachteil der GmbH seien die **187**

---

446 2 StR 485/63, S. 6 f.

447 So etwa Schönke/Schröder/*Lenckner* § 266, 21; *Labsch* wistra 1985, 1, 6; *ders.* JuS 1985, 602, 603; ähnlich *Otto* JZ 1985, 69, 74; *Wehleit* S. 15 ff; *Reiß* wistra 1989, 81, 84; *Winkelbauer* wistra 1986, 17, 18; SK-*Samson* § 266, 41.

448 Zum Meinungsstand näher etwa *Flum* S. 62 ff; *Nelles* S. 276 ff; *Schäfer* GmbH-Rdsch. 1993, 780, 788 ff; *Wodicka* aaO.

449 *Dreher/Tröndle* § 266, 20; *Brammsen* DB 1989, 1609 ff; *Flum* S. 166 ff; *Kohlmann* in Festschr. Werner, S. 387, 404; *Kohlmann/Löffeler* 180 ff; *Lipps* NJW 1989, 502, 504; *Meilicke* BB 1988, 1261, 1262; iE auch *Otto* JZ 1985, 69, 74.

450 *Ulmer* in Festschr. Pfeiffer (1988), S. 853, 869.

451 LK-*Hübner* § 266, 87; Scholz/*Tiedemann* 15; iE ebenso *Wilhelm* in Festschr. Flume, Bd. II S. 337, 390 und *Richter* GmbH-Rdsch. 1984, 137, 145.

452 *Gribbohm* ZGR 1990, 1, 17; *Fleck* ZGR 1990, 31, 43; iE ebenso *Hellmann* wistra 1989, 214, 218.

453 *Fleck* wie Fn 452.

454 *Richter* wie Fn 451; *Fleck* wie Fn 452; dagegen jedoch *Ulmer* S. 864.

455 BGHSt. 9, 203, 211 ff = GmbH-Rdsch. 1956, 156; 35, 333 ff = NJW 1989, 112 = wistra 1989, 23; BGH GA 1958, 46; 1979, 311; MDR 1979, 806; NStZ 1984, 118, 119; wistra 1983, 71; 1986, 262; 1990, 99; BGH, Urt. v. 29. 1. 1964 – 2 StR 487/63; v. 2. 2. 1969 – 2 StR 630/67; v. 24. 2. 1976 – 1 StR 602/75; v. 27. 3. 1979 – 5 StR 836/78; ZG näher *Wodicka*, S. 63 ff.

456 § 47 Anh, 3 ff (*Raiser*); *Meyer-Landrut* § 47, 72, 73; Scholz/*K. Schmidt* § 45, 55 jew. mwN.

457 BGH NJW 1991, 3142.

Gesellschafter grundsätzlich frei und nur an die Schranken der zwingenden Vorschriften der §§ 30 Abs. 1, 33, 64 Abs. 2 gebunden[458].

188 a) **Minderung des Stammkapitals.** Nach ständiger Rechtsprechung des BGH sind solche Einverständniserklärungen, die eine Minderung des Stammkapitals entgegen den Vorschriften der §§ 30 ff zulassen, stets rechtsunwirksam und für die strafrechtliche Verantwortlichkeit des Täters ohne Bedeutung. Demnach sind etwa Veranlassung bzw. Duldung von *Substanzausschüttungen* in Form von Geld- oder Sachleistungen an Gesellschafter oder Geschäftsführer, die zu einer Unterschreitung des eingetragenen Stammkapitals führen, auch bei einem entsprechenden Einverständnis oder einer Weisung der Gesellschafter strafbar[459]. Dabei spielt es keine Rolle, ob eine Barentnahme aus der Gesellschaftskasse erfolgt, ob Firmengelder zur Eigenverwendung überwiesen werden[460] oder ob der Wert von Schecks, die auf die GmbH gezogen sind[461] oder der GmbH zustehen (z. B. Kundenschecks)[462], dem Privatvermögen der Gesellschafter bzw. des Geschäftsführers zugeführt wird. Dies gilt auch für die *Ein-Mann-GmbH*[463]. Ebenso strafbar ist das einverständliche Fortschaffen von Gegenständen und Vermögensbestandteilen (z. B. Produktionsanlagen, Firmenwagen, Wertpapierbesitz der GmbH), die letztlich das Stammkapital der GmbH ausmachen[464]. Aber auch das Einverständnis bzgl. der Gewährung *gewinnunabhängiger Dividendengutschriften* ist rechtsunwirksam, wenn entsprechende Zahlungen unter Verstoß gegen § 30 erfolgen[465].

189 Demgegenüber ist das Einverständnis bzgl. der Gewährung von *Darlehen* an Gesellschafter bzw. Geschäftsführer, auch wenn hierzu Vermögenswerte benötigt werden, die das Stammkapital der GmbH ausmachen, nicht in jedem Fall unbeachtlich. Der BGH[466] weist in diesem Zusammenhang ausdrücklich darauf hin, „daß auch die Gewährung echter Darlehen an einzelne Gesellschafter aus Mitteln der Gesellschaft nicht ohne weiteres pflichtwidrig ist, sofern weder die Liquidation noch besondere Interessen der Gesellschaft gefährdet werden". Da die GmbH durch den Darlehensvertrag eine entsprechende Forderung gegen den Gesellschafter/Geschäftsführer erhält, sind solche Kredite an sich nur ein zulässiger Aktiventausch. Folglich kann das Einverständnis zur Kreditgewährung nur dann unbeachtlich sein, wenn der begünstigte Gesellschafter/Geschäftsführer von vornherein nicht beabsichtigt, das Darlehen zurückzuzahlen oder wenn die Darlehensrückzahlung in Kenntnis aller Beteiligten wegen drohender Zahlungsunfähigkeit des Gesellschafters/Geschäftsführers gefährdet ist[467].

---

458 Hierzu näher *Ulmer* in Festschr. Pfeiffer (1988), S. 853, 854 f.

459 Vgl. etwa BGHSt. 3, 23 f; 3, 32, 40; 9, 203, 211; 34, 379 ff; 35, 333 ff; BGH, Urt. v. 12. 1. 1956 – 3 StR 626/54; Urt. v. 29. 1. 1964 – 2 StR 485/63; Urt. v. 30. 6. 1982 – 2 StR 297/82; *Kohlmann/Löffeler* 182; Müller/Gugenberger/*Schmid* § 26, 90; Scholz/*Tiedemann* 20; *Kohlmann* in Festschr. Werner, 387, 397, 404 mwN; *Richter* GmbH-Rdsch. 1984, 137, 144; *Brammsen* DB 1989, 1609, 1614; *Gribbohm* ZGR 1990, 1, 7; *Flum* S. 135 ff.

460 BGH NStZ 1984, 118, 119; wistra 1986, 262.

461 BGH, Urt. v. 31. 1. 1968 – 2 StR 630/67.

462 BGH wistra 1982, 148, 149; 1987, 334, 336.

463 BGH NStZ 1982, 465.

464 BGHSt. 3, 32, 40; 30, 127 f; BGH, Urt. v. 11. 9. 1979 – 1 StR 394/79, S. 9 ff.

465 *Kohlmann/Löffeler* 184; vgl. auch oben Rdn 145.

466 BGH, Urt. v. 17. 10. 1956 – 2 StR 434/56, S. 9.

467 Vgl. etwa BGH WM 1986, 789, wonach vertragliche Leistungen an Gesellschafter nur dann vom Auszahlungsverbot des § 30 Abs. 1 erfaßt sind, wenn die der GmbH zustehende Gegenforderung (hier also der Rückforderungsanspruch) von vornherein uneinbringlich ist. Ebenfalls für zulässig erachtet von RG HRR 1935 Nr. 1403; RGZ 150, 28; § 30, 42 (...); *Meyer-Landrut* § 30, 4; Scholz/*H. P. Westermann* § 30, 20; kritisch bzw. ablehnend unter Hinweis auf § 43 a *Roth* § 30, 2.2.2.

Die **Rückzahlung kapitalersetzender Gesellschafterdarlehen** (§ 32 a) ist dann rechtsunwirksam, wenn die Rückzahlung noch **während der Krise** erfolgt[468]. Gleiches gilt für ein Darlehen Dritter, das durch Bürgschaft oder in anderer Weise durch Gesellschafter abgesichert ist, vgl. § 32 a Abs. 2, 3[469]. 190

Die Zustimmung zum **Erwerb eigener Geschäftsanteile entgegen** § 33 bzw. die **Einziehung von Geschäftsanteilen entgegen** § 34 ist grundsätzlich rechtsunwirksam, sofern hierdurch Teile des Stammkapitals angegriffen werden[470]. Dies gilt sogar bei einer beabsichtigten Abwendung schwerer Nachteile wie etwa im Falle eines für die GmbH unerträglich gewordenen Gesellschafters[471]. 191

Im Rahmen des **laufenden Geschäftsbetriebs** der GmbH sind auch Einverständniserklärungen oder Weisungen hinsichtlich **Aufwendungen für Repräsentationszwecke und Reisespesen** unwirksam, sofern sie unverhältnismäßig hoch sind und letztlich eine vermeidbare Beeinträchtigung des Stammkapitals zur Folge haben[472]. Ebenso rechtsunwirksam sind Einverständniserklärungen und Weisungen hinsichtlich **Risiko- und Spekulationsgeschäften**[473], die mit einem unverhältnismäßig hohen Risiko verbunden sind und die Gefahr einer Minderung des Stammkapitals in sich bergen. 192

Das Einverständnis der Gesellschafter in Untreuehandlungen ist ferner dann **unbeachtlich**, soweit durch Entnahmen nicht nur das Stammkapital aufgezehrt, sondern darüber hinaus die GmbH **überschuldet** oder eine schon **bestehende Überschuldung vertieft** wird[474]. 193

b) Minderung des Gesellschaftsvermögens oberhalb der Grenzen des § 30. Ob und in welchem Umfang die Gesellschafter ein rechtswirksames Einverständnis in solche Vermögensminderungen der GmbH erteilen können, die oberhalb der Grenze des § 30 liegen, wurde bislang auch in der Rechtsprechung äußerst **kontrovers** beurteilt[475]. 194

Während die ältere Rechtsprechung Vermögensauskehrungen nur im Rahmen eines Gewinnverteilungs-Beschlusses gem. § 29 oder im Wege einer Liquidation der GmbH für zulässig erachtete[476], begann sich die neuere Rechtsprechung zunächst zunehmend an der Grenze des § 30 zu orientieren[477]. In der zutreffend wohl nur als mißverständlich[478] zu bezeichnenden Entscheidung des BGH v. 29. 5. 1987[479] schien der BGH bei willkürlichen Vermögensverschiebungen in Anlehnung an die überwunden geglaubte ältere Rechtsprechung wieder allgemein auf die Grundsätze 195

---

468 Krit. *Ulmer* in Festschr. Pfeiffer (1988), 853, 965 f; *Gribbohm* ZGR 1990, 1, 7 mwN aus der Zivilrechtsprechung; näher oben Rdn 98.

469 Kapitalersetzende Gesellschafterdarlehen werden in st. Rspr. wie Stammkapital behandelt, vgl. BGHZ 31, 258; 60, 324; 67, 171, 182; 75, 334; 76, 326, 331; BGH WM 1974, 214; s. auch BGH WM 1984, 625, 627 = NJW 1984, 1891, 1895; OLG Hamburg ZIP 1980, 911; *Kohlmann/Löffeler* 186; *Meyer-Landrut* § 30, 5.

470 BGHSt. 9, 203, 214; *Gribbohm* ZGR 1990, 1, 7.

471 Hierzu näher oben Rdn 146.

472 BGHSt. 3, 23 f; *Kohlmann/Löffeler* 188.

473 Vgl. hierzu unten Rdn 240 ff.

474 BGH wistra 1990, 99.

475 Hierzu näher etwa *Kohlmann* in Festschr. Werner, 387 ff; *Ulmer* in Festschr. Pfeiffer (1988), 853 ff; *Brammsen* DB 1989, 1609 f; *Flum* S. 45 ff; *Gribbohm* ZGR 1990, 1 ff, jew. m. umf. Rspr.-Übersicht; *Labsch* JuS 1985, 602 ff.

476 So etwa noch BGHSt. 3, 32, 40; RGSt. 42, 278, 283; 71, 353.

477 Umfangreiche Nachweise bei *Kohlmann* wie Fn 475.

478 So zu Recht *Lipps* NJW 1989, 502 und ebenso *Meilicke* BB 1988, 1261 ff.

479 BGHSt. 34, 379 = NJW 1988, 1397 = MDR 1987, 947 = GmbH-Rdsch. 1987, 464 = WM 1988, 262 = DB 1987, 1855; dagegen *Meilicke* wie Fn 478; *Vonnemann* GmbH-Rdsch. 1988, 329 f; *Schneider* WuB II C. § 43 GmbHG 2.88 S. 306; *Priester* JbFStR 1988/89, 148, 149; *K. Schmidt* JbFStR 1988/89, 150; *Fleck* EWiR, § 29 GmbHG 2/87; vgl. auch *Achenbach* NStZ 1989, 497, 499.

des ordentlichen Kaufmanns abzustellen, wodurch die bis dahin gewonnenen Konturen bei der Tatbestandsbestimmung sicherlich wieder verwischt worden wären. Insoweit wäre auch jeder Verstoß gegen die Buchführungspflichten – obwohl in Kenntnis aller Gesellschafter! – bereits als strafbare Untreue zum Nachteil der Gesellschaft zu beurteilen[480].

196 Die in diesem Zusammenhang lange und seit der vorgenannten Entscheidung wieder neu beklagte Rechtsunsicherheit kann durch das Urteil des BGH v. 24. 8. 1988[481] jedoch nunmehr als überwunden angesehen werden. Dort hatte der alleinige Geschäftsführer und Mitgesellschafter einer GmbH den Betrag von DM 1,5 Mio. mit Zustimmung aller Mitgesellschafter im Hinblick auf einen kalkulierten GmbH-Gewinn von ca. DM 8 Mio. entnommen und (zum Zweck der Steuerhinterziehung!) durch Falschbuchungen verschleiert. Hierzu führte der BGH, aaO, aus, daß auch eine lückenhafte oder falsche Buchführung selbst dann nicht zu einer Strafbarkeit nach § 266 StGB führe, „wenn sie auch mit den Grundsätzen eines ordentlichen Kaufmanns unvereinbar ist ... Wenn den Gesellschaftern Beträge aus einem tatsächlich vorhandenen Reingewinn oder im Vorgriff auf einen mit Sicherheit alsbald erzielten Reingewinn ausgekehrt werden, bedeutet dies für sich allein keinen rechtswidrigen Nachteil für die GmbH. Das gilt selbst dann, wenn die entnommenen Beträge zu Tarnungszwecken falsch gebucht werden ...“[482]. Diese Entscheidung trägt nunmehr auch den Besonderheiten der GmbH-rechtlichen Vermögensbindung Rechnung, worauf im Schrifttum bereits seit längerem hingewiesen wird. Im Gegensatz zu §§ 57, 58 Abs. 2 AktG, wonach bei der Aktiengesellschaft nur der jährliche Bilanzgewinn verteilt werden darf, ist die Vermögensbindung nach Maßgabe des GmbHG wesentlich lockerer[483]. Bereits in § 29 Abs. 1 ist ausdrücklich festgelegt, daß die dort geregelten Grundsätze über die jährliche Gewinnverteilung nur dann anzuwenden sind, „soweit nicht im Gesellschaftsvertrag ein anderes bestimmt ist“. Den Gesellschaftern ist insofern im Unterschied zum Aktienrecht eine weitgehende Satzungsautonomie eingeräumt[484].

197 Während bei der *Aktiengesellschaft* das gesamte Eigenkapital, solange es noch nicht durch Auflösung freier Rücklagen (teilweise) in Bilanzgewinn transformiert ist, der *strikten Vermögensbindung* unterliegt und den Garantiefonds für die Gläubiger darstellt, verpflichten die Bestimmungen der §§ 30 ff allerdings nur dazu – und darin liegt eine wesentliche Einschränkung –, daß das *zur Erhaltung des Stammkapitals erforderliche Vermögen im Sinne eines bilanztechnischen Eigenkapitals* erhalten bleiben muß[485]. Demnach unterliegt bei der GmbH nur das zur Erhaltung des Stammkapitals erforderliche Vermögen, nicht jedoch das gesamte Eigenkapital einer Vermögensbindung. Diese Differenzierung ergibt sich daraus, daß die GmbH nicht in gleichem Maße wie die AG als eine von ihren Anteilseignern verselbständigte Vermögens- und Einkommensträgerin strukturiert ist. Die rein **kapitalistische** Beteiligung der *Aktionäre* verlangt einen von diesen grundsätzlich unabhängig handelnden Vorstand, der das gesamte Vermögen der Gesellschaft vor Dispositionen der Anteilseigner abzuschirmen hat und nur nach der streng formalisierten Maßgabe des AktG an die Aktionäre ausschütten darf.

---

480 BGH wie Fn 479; zur Kritik etwa *Lipps* wie Fn 471.

481 BGHSt. 35, 333, 336 = NJW 1989, 112 f.

482 So auch *Dreher/Tröndle* § 266, 20; Rowedder/*Fuhrmann* 5.

483 *Kohlmann* in Festschr. Werner, S. 387 f; *Kohlmann/Löffeler* 190; einschr. *Brammsen* DB 1989, 1609, 1613 f; *Flum* S. 135 ff; zur Vermögensordnung juristischer Personen allg. *Wiedemann* Gesellschaftsrecht, S. 188 ff.

484 *Kohlmann* in Festschr. Werner, S. 396 f.

485 *Meyer-Landrut* § 30, 1; *Joost* GmbH-Rdsch. 1983, 285 f.

Demgegenüber läßt die eher *personalistische* Ausgestaltung des Gesellschafterverhältnisses bei der *GmbH* einen weitaus stärkeren Einfluß der Gesellschafter auf die Vermögensverwendung der GmbH zu als bei der AG. Nicht zuletzt deshalb spricht der BGH[486] von der Gesamtheit der Gesellschafter als „zentralem Organ", dem – jedenfalls grundsätzlich – gestattet sei, über das Gesellschaftsvermögen zu verfügen und entsprechende Einverständniserklärungen abzugeben. Die GmbH ist also weder ein Treuhänder der Gläubiger, der jedes gläubigerbenachteiligende Verhalten untersagt wäre, noch eine vollständig autonome Rechtspersönlichkeit, die bei Verfügungen zum Nachteil des Gesellschaftsvermögens auf die Gläubigerinteressen überhaupt keine Rücksicht zu nehmen brauchte. Zum eigenständigen „GmbH-Interesse" vgl. bereits oben Rdn 187. **198**

Daraus folgt, daß eine die Grenzen des § 30 beachtende **Gewährung außerordentlicher Privatentnahmen seitens der Gesellschafter** bei vorliegendem Einverständnis der Gesellschafter in der Regel straflos ist[487]. Hinsichtlich **verdeckter Gewinnausschüttungen** und **Gewinnvorschüssen** hat der BGH[488] nunmehr ausdrücklich klargestellt, daß einverständliche Zahlungen aus einem „tatsächlich vorhandenen Reingewinn oder im Vorgriff auf einen mit Sicherheit alsbald erzielten Reingewinn" regelmäßig „für sich allein keinen rechtswidrigen Nachteil der GmbH" zur Folge haben und insoweit selbst die Verletzung entsprechender Gewinnverteilungsvorschriften (§ 46 Nr. 1, Gesellschaftsvertrag) ohne Bedeutung sei[489]. Gleiches gilt für die Gewährung von **Privatentnahmen eines Geschäftsführers**[490]. **199**

c) **Liquiditäts- und existenzgefährdende Einverständniserklärungen.** *Ausnahmsweise* können Einverständniserklärungen dann *rechtsunwirksam* und für die Strafbarkeit des Täters bedeutungslos sein, wenn sie Geschäftsführungsmaßnahmen betreffen, die über die durch die Entnahme bewirkte Vermögensminderung hinausreichen und deshalb als rechtswidriger Nachteil für die GmbH zu werten sind. Solche Folgen dürfen auch die Gesellschafter nicht einverständlich herbeiführen, sofern sie dadurch ihre Gesellschafterstellung mißbrauchen. Das ist insbesondere der Fall, wenn durch die an sich mögliche Entnahme die Existenz der GmbH gefährdet wird[491]. So ist in der Rechtsprechung zu § 81 a wiederholt anerkannt worden, daß Entnahmen aus dem GmbH-Vermögen trotz Zustimmung aller Gesellschafter als Nachteilszufügung anzusehen sind, wenn sie etwa die Existenz der GmbH durch Entzug der Produktionsgrundlage[492], ihre Liquidität[493] oder besondere entgegenstehende Interessen der GmbH gefährden[494]. Diese Grundsätze hat der Bundesgerichtshof nicht nur bei verdeckten Gewinnentnahmen angewendet[495], sondern sie auch dann für anwendbar gehalten, wenn die Gesellschafter dem Geschäftsführer Sonderentnahmen gestatten oder ihm Sondervergütungen für besondere Leistungen bewilligen[496]. Diese Rechtsprechung ist zuletzt in der Entscheidung BGHSt. 35, 333 ff vollinhaltlich bestätigt worden. **200**

486 BGHSt. 9, 203, 216.
487 Vgl. auch BGH (Z) NJW 1984, 1037; *Gribbohm* wie Fn 475.
488 BGHSt. 35, 333, 336.
489 So schon BGH, Urt. v. 17. 10. 1956 – 2 StR 434/56 (S. 7); BGHSt. 35, 333 f; *Brammsen* DB 1989, 1609, 1612; *Ulmer* in Festschr. Pfeiffer (1988), 853, 863; näher *Gribbohm* wie Fn 475; zu den steuerstrafrechtlichen Konsequenzen *Utech/Meine* wistra 1989, 241 ff.
490 BGH, Urt. v. 9. 2. 1964 – 2 StR 485/63, S. 7.
491 BGHSt. 35, 333, 337 f; grds. dagegen *Flum* S. 135 ff.
492 BGH, Urt. v. 29. 1. 1964 – 2 StR 485/63 unter Hinweis auf BGHSt. 3, 32.
493 BGHR § 266 StGB – Nachteil 25; wistra 1990, 99; BGH, Urt. v. 18. 10. 1956 – 2 StR 434/56 bei Herlan GA 1958, 46; Urt. v. 29. 1. 1964 – 2 StR 485/63.
494 BGH, Urt. v. 18. 10. 1956 – 2 StR 434/56.
495 Urt. v. 18. 10. 1956 – 2 StR 434/56.
496 Urt. v. 29. 1. 1964 – 2 StR 485/63.

201 Für die *Beurteilung* der Frage, ob Gewinnentnahmen die *Existenz* oder die *Liquidität* einer GmbH *gefährden*, wird es nicht erforderlich sein, daß sich der Tatrichter stets durch Einholung eines Sachverständigengutachtens Gewißheit über die Vermögenslage der Gesellschaft verschafft. Er hat diese Frage unter Berücksichtigung aller Umstände des Einzelfalls zu prüfen. Die Annahme einer Existenz- oder Liquiditätsgefährdung, insbesondere einer „Aushöhlung" der GmbH durch vorweggenommene Gewinnausschüttungen[497], mag naheliegen, wenn es sich um relativ große Entnahmen handelt und die Gesellschaft in absehbarem zeitlichem Zusammenhang damit in Konkurs gerät. In solchen Fällen wird sich eine durch die Entnahmen bewirkte Gefährdung des Gesellschaftsvermögens in der Regel auch ohne Aufstellung einer Vermögensbilanz allein aufgrund des tatsächlichen Geschehensablaufs feststellen lassen. Im übrigen wird eine Prüfung des Sachverhalts auf der Grundlage einer nach „Zerschlagungswerten" aufgestellten Bilanz[498] unter den bezeichneten Voraussetzungen nicht selten ergeben, daß das nach § 30 GmbHG geschützte Stammkapital (d. h. das rechnerisch nach Bilanzierung die Verbindlichkeiten übersteigende Reinvermögen in Höhe der Stammkapitalziffer) durch die Entnahmen bereits angegriffen worden ist[499]. Strafbar sind demnach auch Einverständniserklärungen, wodurch eine bereits bestehende Überschuldung noch weiter vertieft wird[500].

202 Diese Rechtsprechung hat zur Folge, daß vor allem bei einer sog. **unterkapitalisierten GmbH**[501] Zahlungen aus dem vorhandenen Gesellschaftsvermögen mit einem erhöhten strafrechtlichen Risiko verbunden sind. Insoweit wären Zahlungen nur dann zulässig, wenn die Aufrechterhaltung des Geschäftsbetriebs sowie die Zahlungsfähigkeit der GmbH gewährleistet bleiben (sog. positive Fortbestehensprognose)[502].

203 d) **Einverständniserklärungen im Konkurs.** Die Dispositionsbefugnis der Gesellschafter *endet* im Konkursverfahren, da das Vermögen der GmbH dann zur Konkursmasse gehört und insoweit gem. § 6 KO der Verfügungsbefugnis der Gesellschafter entzogen ist[503]. Eine Einwilligung in eine Rechtsgutsverletzung ist bekanntlich dann unbeachtlich, wenn der Inhaber des Rechts nicht mehr zur Disposition über das Recht befugt ist[504].

204 e) **Formelle Voraussetzungen für eine rechtswirksame Einverständniserklärung oder Weisung.** Eine tatbestandsausschließende Einverständniserklärung oder Weisung kann nur dann angenommen werden, wenn sie im Rahmen eines *Mehrheitsbeschlusses* gem. §§ 47, 48, nach den besonderen *Bestimmungen des Gesellschaftsvertrages* oder der *Satzung* oder bei Nichteinhaltung der jeweils maßgeblichen Formvorschriften durch *Einverständnis aller Gesellschafter* erfolgt ist[505].

205 f) **Verlustausgleich seitens der Gesellschafter oder des Täters.** Sofern ein Verlustausgleich seitens der Gesellschafter oder des Täters in Betracht kommt, kann es an einem Vermögensschaden iS des § 266 StGB fehlen. Voraussetzung ist allerdings, daß der Täter bzw. der durch die einverständliche Tathandlung begünstigte Gesell-

---

497 *Ulmer* in Festschr. Pfeiffer (1988), S. 853, 868.
498 Vgl. BGHZ 76, 326, 335.
499 BGHSt. 35, 333, 337.
500 BGHR § 266 StGB – Nachteil 21, 23, 25.
501 Näher Anh § 30, 4 ff (*Ulmer*).
502 Vgl. hierzu näher *Ulmer* in Festschr. Pfeiffer (1988), S. 853, 866 f, 869; zur Unterkapitalisierung s. etwa *Wiedemann* Gesellschaftsrecht, S. 224 f.
503 BGH NJW 1992, 250, 251.
504 *Dreher/Tröndle* Vor § 32, 3 b; Schönke/Schröder/*Lenckner* Vor §§ 32 ff, 36 ff.
505 BGH GA/H 1958, 46; Scholz/*K. Schmidt* § 48, 71; *Roth* § 48, 3.3; *Flum* S. 104 ff mwN.

schafter nicht nur in der Lage ist, die durch ihn bewirkte Vermögenseinbuße der GmbH jederzeit durch eigene flüssige Mittel ausgleichen zu können, sondern entsprechende Mittel auch tatsächlich bereit hält[506].

2. Vor-Gründungsgesellschaft und Vor-GmbH

Bei einer in Gründung befindlichen GmbH führt das Einverständnis der Gesell- **206**
schafter in Vermögensminderungen sowohl der Vorgründungsgesellschaft als auch der Vor-GmbH *immer* zur *Straflosigkeit*, da diesen noch keine eigene Rechtspersönlichkeit so wie der eingetragenen GmbH zukommt[507]. Träger der Pflichten der Vorgründungsgesellschaft bzw. Vor-GmbH sind bis zum Zeitpunkt der Eintragung nur die einzelnen Gesellschafter. Nur diesen gegenüber besteht eine Treuepflicht[508].

VIII. Rechtswidrigkeit

Sofern keine besonderen Rechtfertigungsgründe vorliegen, ist das tatbestandsmä- **207**
ßige Verhalten rechtswidrig. Als *Rechtfertigungsgründe* kommen vorliegend ausnahmsweise *Pflichtenkollision, rechtfertigender Notstand* (§ 34 StGB)[509] sowie eine *mutmaßliche Einwilligung* in Betracht. Der Rechtfertigungsgrund der mutmaßlichen Einwilligung greift jedoch nur dann ein, wenn der Täter weisungswidrig oder unter Verletzung seines Anstellungsvertrages handelt, aber gleichwohl davon ausgeht, daß sein Handeln im Interesse der Gesellschaft liegt oder dem Interesse der Gesellschaft zumindest nicht ernstlich widerstreitet[510]. Handelt der Täter hingegen nicht gegen eine konkret erteilte Weisung oder unter Verstoß gegen seine vertraglichen Pflichten, sondern innerhalb der ihm obliegenden Entscheidungskompetenz, fehlt es bereits an einem tatbestandsmäßigen Verhalten, wenn das vorgenommene Geschäft bei objektiver Betrachtung der Sorgfalt eines ordentlichen Geschäftsmannes (§ 43) genügt, auch wenn es nach Auffassung des Täters mißbräuchlich oder treuwidrig sein mag oder dem wahren, nicht erkennbaren Willen der Gesellschafter bzw. der Geschäftsführer oder der Aufsichtsräte nicht entspricht[511].

IX. Schuld

1. Allgemeines

Strafrechtliche Schuld ist Vorwerfbarkeit des tatbestandsmäßigen und rechtswid- **208**
rigen Verhaltens[512]. Der Schuldvorwurf ist nur dann zulässig, wenn der Täter vorsätzlich gehandelt hat, zurechnungsfähig war, das Unrechtsbewußtsein hatte und keine Schuldausschließungsgründe vorlagen.

2. Vorsatz

Strafbar ist nur vorsätzliches Handeln. Handelt der Täter nur fahrlässig, wenn **209**
auch möglicherweise bewußt oder grob fahrlässig, d. h. leichtfertig, so ist im Gegen-

[506] Vgl. oben Rdn 181.

[507] BGHR § 266 – Nachteil 27; BGHSt. 3, 23, 25; dem BGH folgend die hM, vgl. etwa Müller-Gugenberger/*Schmid* § 26, 60 mwN; ebenso *Gribbohm* ZGR 1990, 1, 6; aA *Schäfer* GmbH-Rdsch. 1993, 717, 720 f; anders dagegen für die Vor-GmbH bzgl. der zivilrechtlichen Haftung; vgl. bereits oben Rdn 18.

[508] BGH wie Fn 507; krit. LK-*Hübner* § 266, 87.

[509] Vgl. etwa BGH NJW 1976, 680 m. Anm. *Küper* JZ 1976, 514 sowie Schönke/Schröder/*Lenckner* § 266, 48.

[510] Schönke/Schröder/*Lenckner* wie Fn 509.

[511] LK-*Hübner* § 266, 101; Schönke/Schröder/*Lenckner* wie Fn 509.

[512] BGHSt. 2, 200.

satz zu § 84 Abs. 2 eine strafrechtliche Verantwortlichkeit nach § 266 StGB nicht möglich. Der Vorsatz des Täters muß sich auf das Handeln *zum Nachteil der Gesellschaft*, dessen *Pflichtwidrigkeit* sowie auf jene Umstände erstrecken, aus denen sich die *Vermögensbetreuungs- bzw. Treuepflicht* ergibt[513]. Der Täter muß also grundsätzlich alle Merkmale des Tatbestandes einschließlich des zwischen ihnen bestehenden Kausalzusammenhangs bewußt und gewollt verwirklicht haben (*direkter Vorsatz*). Da der Gesetzestext nichts Gegenteiliges zum Ausdruck bringt, genügt für die Anwendung des § 266 StGB aber auch der bedingte Vorsatz (*dolus eventualis*). Dieser liegt dann vor, wenn der Täter von dem Eintritt des tatbestandsmäßigen Erfolges nicht überzeugt ist, wohl aber mit der Möglichkeit des Eintretens rechnet und dies bei seinem Handeln billigend in Kauf nimmt. Nach der Rechtsprechung des BGH ist es beim bedingten Vorsatz sogar möglich, daß der Täter einen Taterfolg billigend in Kauf nimmt, der ihm an sich unerwünscht ist[514]. Bei Risikogeschäften schließt die unsichere Hoffnung auf den guten Ausgang des Geschäfts bedingten Schädigungsvorsatz nicht aus[515]. Andererseits ist ebenso wie bei der allgemeinen Untreue nach § 266 StGB eine über den Vorsatz hinausgehende Absicht nicht erforderlich, insbesondere keine Bereicherungsabsicht.

210 Der Vorsatz des Täters muß sich auf das **Handeln zum Nachteil der Gesellschaft** in **Kenntnis** der Tatsache, daß der Täter **Geschäftsführer, Liquidator, Aufsichtsratsmitglied** oder sonst vermögensbetreuungspflichtig ist, kurz, daß er sich in einer Garantenstellung gegenüber der Gesellschaft befindet, erstrecken. Es ist also erforderlich, daß der Täter zumindest mit der Möglichkeit des für die Gesellschaft nachteiligen Erfolges seines Tuns rechnet, und daß er weiß, daß er Geschäftsführer, Liquidator, Aufsichtsratsmitglied usw. ist. Soweit sich der Täter auf die Verkennung seiner *Verantwortlichkeit als „faktischer" Geschäftsführer oder Liquidator* beruft, wird regelmäßig nur ein vermeidbarer Verbotsirrtum vorliegen[516]. Nicht notwendig ist dagegen, daß der Täter in seiner sich aus der Garantenstellung ergebenden Funktion handelt und sich dessen bewußt ist. Der Vorsatz muß sich ferner auf die *Pflichtwidrigkeit* des für die Gesellschaft nachteiligen Handelns erstrecken[517].

3. Tatbestandsirrtum

211 Irrt der Täter sich über das Vorliegen eines Tatbestandsmerkmals, nimmt er also an, ein Umstand, der zu den Tatbestandsmerkmalen gehört, liege nicht vor, dann entfällt der Vorsatz wegen eines Tatbestandsirrtums (§ 16 StGB). Dieser ist vom Verbotsirrtum[518] scharf zu trennen. Glaubt z. B. der Täter in Verkennung der Rechtslage, er sei nicht Geschäftsführer, so liegt zwar ein Rechtsirrtum vor, dieser ist aber zugleich ein Irrtum über ein (normatives) Tatbestandsmerkmal und daher ein Tatbestandsirrtum[519], ferner wenn der Täter z. B. nichts davon weiß, daß er Mitglied des Aufsichtsrats der GmbH ist, während er in Wirklichkeit anläßlich einer vorzeitig einberufenen Gesellschafterversammlung in Abwesenheit zum Aufsichtsratsmitglied gewählt wurde, und ein von ihm Bevollmächtigter ohne sein Wissen

---

513 BGHSt. 3, 23 ff; BGH wistra 1986, 25; 1987, 334, 337; Scholz/*Tiedemann* 12; *Kohlmann/Löffeler* 309; Schönke/Schröder/*Lenckner* § 266, 49; *Kohlmann* JA 1980, 228, 234 jew. mwN.

514 BGHSt. 7, 363; NJW 1955, 1688 m. krit. Anm. *Engisch*.

515 Vgl. BGH NJW 1979, 1512; LK-*Hübner* § 266, 102.

516 BGH wistra 1984, 178; vgl. auch Rdn 36.

517 BGHSt. 3, 23, 24; *Kohlmann* JA 1980, 228, 234 mwN; Schönke/Schröder/*Lenckner* § 266, 49.

518 Vgl. oben Rdn 215 ff.

519 Vgl. aber auch oben Rdn 209.

die Wahl bereits zu einem vorverlegten Zeitpunkt, mit dem der Täter nicht rechnen konnte, für ihn angenommen hat.

Ein anderer Tatbestandsirrtum würde etwa vorliegen, wenn der Täter glaubt, er handele nur zum Nachteil einer Konkurrenzgesellschaft, während er in Wirklichkeit der von ihm geleiteten GmbH einen Schaden zufügt, und dabei in Verkennung der Sachlage nicht einmal an die Möglichkeit denkt, daß er durch sein Handeln die eigene Firma schädigen könnte[520]. Ein Tatbestandsirrtum wäre es ferner, wenn der Täter sich um des guten Rufes seiner Firma zu einer Spende befugt hält[521] oder glaubt, durch eine vermögensmindernde Maßnahme gleichzeitig andere, größere Nachteile vermeiden zu können[522]. **212**

Irrt der Täter über den sich aus seinem Verhalten ergebenden, zum Nachteil für die Gesellschaft führenden Geschehensablauf, d. h. also über das Tatbestandsmerkmal des Kausalzusammenhangs (*Irrtum über den Kausalverlauf*), so ist dies nur dann ein den Vorsatz ausschließender Tatbestandsirrtum, wenn die wirklichen Ereignisse von dem, was sich der Täter vorstellte, in einer nach der allgemeinen Lebenserfahrung nicht mehr vorhersehbaren Weise abgewichen sind[523]. *Unwesentliche Abweichungen des Kausalverlaufes* beseitigen den Vorsatz nicht. **213**

Beim **Irrtum über das Vorliegen eines Rechtfertigungsgrundes** sind zwei Fallgruppen zu unterscheiden. Nimmt der Täter in der Verkennung der konkreten Sachlage irrig an, die Voraussetzungen für einen Rechtfertigungsgrund seien gegeben, dann irrt er über den rechtfertigenden Tatbestand (sog. *Erlaubnistatbestandsirrtum*), z. B. wenn der Geschäftsführer irrtümlich annimmt, die Gesellschafter hätten zu der betreffenden Geschäftsführungsmaßnahme ein[524] Einverständnis erteilt[525] oder die Preisgabe der Ladung eines der Gesellschaft gehörenden Schiffes anordnet, weil er irrigerweise glaubt, daß sich nur auf diese Weise eine Gefahr für das Schiff, die Reisenden und die Mannschaft abwenden lasse (§ 700 HGB). In Wirklichkeit besteht diese Gefahr nicht. Wäre sie jedoch so gegeben, wie der Handelnde es glaubt, wäre er zur Preisgabe der Schiffsladung berechtigt. Derartige Irrtümer sind nach der Formel des BGH dadurch charakterisiert, daß der Täter zwar an sich rechtstreu ist, aber nicht weiß, was er tut[526]. Der Erlaubnistatbestandsirrtum schließt den Vorsatz in entsprechender Anwendung des § 16 StGB aus[527]. Bei der anderen Fallgruppe liegt es so, daß der Handelnde sich über die Situation, in der er handelt, durchaus im klaren ist. Er glaubt jedoch, daß ihm ein Rechtfertigungsgrund zur Seite stehe, z. B. wenn der Aufsichtsrat einer GmbH pflichtwidrig in eine Untreuehandlung des Geschäftsführers einwilligt. Der Letztgenannte glaubt, daß er aufgrund dieser Einwilligung berechtigt ist, zum Nachteil der GmbH zu handeln. Hier liegt der Fall eines Erlaubnisirrtums vor. Der Täter weiß – wie der BGH sich ausdrückt –, was er tut, hält dies aber irrig für erlaubt. Der Erlaubnisirrtum, der zugleich ein Irrtum über das Verbotensein des betreffenden Verhaltens ist und der daher auch Verbotsirrtum genannt wird, läßt den Vorsatz bestehen und führt nur dann zur Straflosigkeit, wenn er nicht vermeidbar war (§ 17 StGB). **214**

---

520 *Kohlmann/Löffeler* 310.
521 BGH, Urt. v. 17. 12. 1957 – 5 StR 313/57 zit. bei LK-*Hübner* § 266, 103.
522 BGH, Urt. v. 13. 12. 1960 – 5 StR 86/60 zit. bei LK-*Hübner* § 266, 103.
523 BGHSt. 7, 325, 329; 9, 240, 242.
524 Rechtswirksames! vgl. oben Rdn 183 ff.
525 BGHSt. 3, 23, 25; BGH, Urt. v. 4. 10. 1960 – 5 StR 390/60, zit. bei LK-*Hübner* § 266, 103.
526 Vgl. BGHSt. 3, 105; 3, 194; 3, 271.
527 Vgl. BGH wie Fn 526; *Lackner* § 17, 12: „Irrtum eigener Art“; ähnlich *Jescheck* AT, S. 416; *Maurach/Zipf* AT 1, S. 498 f; Schönke/Schröder/*Cramer* § 16, 13–15.

4. Verbotsirrtum

215 Zum Unrechtsbewußtsein (Bewußtsein der Rechtswidrigkeit) gehört, daß sich der Täter zum Zeitpunkt der Tat darüber im klaren war, daß er etwas Unerlaubtes tut oder etwas Gebotenes unterläßt, insbesondere, daß er als Geschäftsführer durch sein Verhalten die Grundsätze einer ordentlichen und gewissenhaften Geschäftsführung außer acht läßt. Das Entsprechende gilt für Liquidatoren, Aufsichtsratsmitglieder usw. Der Täter muß mithin das Bewußtsein haben, daß er sich pflichtwidrig verhält, sei es, weil sein Verhalten nicht mehr in den Grenzen eines erlaubten Risikos liegt, sei es, daß es aus einem anderen Grund sozialinadäquat ist, oder sei es, daß ein sonstiger Pflichtverstoß vorliegt.

216 In der Praxis werden sich hier in vielen Fällen erhebliche Beweisschwierigkeiten ergeben. Läßt sich weder das Vorliegen noch das Nichtvorliegen des Unrechtsbewußtseins im Augenblick der Tat nachweisen, dann muß nach dem strafprozeßrechtlichen Grundsatz „in dubio pro reo“ unterstellt werden, daß der Täter sich der Rechtswidrigkeit seines Tuns nicht bewußt war. In diesem Fall gibt es ebenso wie dann, wenn der Beweis gelingt, daß das Unrechtsbewußtsein fehlte, zwei Möglichkeiten: Entweder ging der Täter von der irrigen Vorstellung aus, sein Verhalten sei erlaubt (Fall des Verbotsirrtums), oder er hat sich über die Rechtmäßigkeit seines Tuns überhaupt keine Gedanken gemacht. In beiden Fällen muß geprüft werden, ob der Verbotsirrtum oder die Gedankenlosigkeit dem Täter vorgeworfen werden kann. Dies ist zu bejahen, wenn der Täter beim Einsatz „aller seiner Erkenntniskräfte und sittlichen Wertvorstellungen“[528] das Unrecht seines Verhaltens hätte erkennen können. Dabei sind höhere Anforderungen als im Fall der Fahrlässigkeit zu stellen[529].

217 Insbesondere besteht grundsätzlich eine Nachforschungspflicht. Ist jemand im Geschäftsleben tätig, dann genügt es nicht, daß er sich auf sein „Rechtsgefühl“ verläßt. Er muß sich vielmehr nach den einschlägigen Vorschriften erkundigen und sich auch sonst informieren[530]. Andererseits ist eine exakte juristische Vorstellung naturgemäß nicht zu verlangen, zumal wenn der Täter Laie ist. Es genügt eine „Parallelwertung in der Laiensphäre“. Außerdem kann das Nichtvorliegen des Unrechtsbewußtseins, wenn die Rechtswidrigkeit auf Bestimmungen beruht, bei denen der Ordnungscharakter überwiegt, und wenn der hierauf bezügliche Verbotsirrtum auf fehlende oder unzureichende Erkundigungen zurückzuführen ist, nur dann zum Vorwurf gereichen, wenn die konkreten Umstände dem Täter einen Anlaß zur Erkundigung gaben[531].

218 Bei Geschäftsführern einer GmbH und den übrigen nach § 266 StGB zum möglichen Täterkreis der GmbH-rechtlichen Untreue gehörigen Personen wird man im allgemeinen davon ausgehen können, daß diese im Wirtschaftsleben versiert sind und sich infolgedessen nicht ohne weiteres auf die Behauptung, sie hätten sich über das Unerlaubte ihres Tuns geirrt, zurückziehen dürfen. Andererseits ist zuzugeben, daß vor allem die Grenzen zwischen erlaubtem und unerlaubtem Risiko flüssig sind und daß es nicht Aufgabe der Strafjustiz sein kann, die volkswirtschaftlich unerläßliche Initiative des Unternehmers vorzeitig einzuschränken.

219 Fehlt das Unrechtsbewußtsein nicht ganz, dann genügt nach dem BGH[532] eine Art von bedingtem Vorsatz: „Wer die Vorstellung hat, möglicherweise Unrecht zu

---

528 BGHSt. 4, 1.

529 BGHSt. 4, 236, 237; aA *Lackner* § 17, 17.

530 *Lackner* wie Fn 529; SK-*Rudolphi*, § 17, 44 mwN.

531 BGHSt. 9, 358; *Lackner*; SK-*Rudolphi*, wie Fn 530.

532 LM Nr. 6 zu § 59 StGB.

tun und diese Möglichkeit in seinen Willen aufnimmt, hat das Unrechtsbewußtsein"[533]. Kann dagegen festgestellt werden, daß das Fehlen des Unrechtsbewußtseins – also entweder der Verbotsirrtum oder die Gedankenlosigkeit – nach Maßgabe des oben Gesagten vermeidbar war, dann gereicht dies dem Täter zum Vorwurf und die Schuld ist nicht ausgeschlossen. Die Vorsatzstrafe kann aber gemildert werden (§ 17 S. 2 StGB).

Im einzelnen können sich Zweifelsfälle ergeben; so z. B. dort, wo sich der Täter **220**
durch einen Mehrheitsbeschluß des Geschäftsführergremiums überstimmt sieht und infolgedessen glaubt, sein den Tatbestand des § 266 StGB verwirklichendes Verhalten in Ausführung des Beschlusses sei erlaubt. Je nach Lage des Falles wird man hier die Vermeidbarkeit des Verbotsirrtums bejahen oder verneinen können. In der Regel allerdings ist davon auszugehen, daß sich auch der überstimmte Täter die Frage vorlegen muß, ob er den für die Gesellschaft nachteiligen Beschluß ausführen darf. Immerhin wird man die Anforderungen an die Einsicht in ein etwaiges gesellschaftsrechtliches „Widerstandsrecht" nicht zu hoch schrauben dürfen. – Zur Frage der Überstimmung vgl. Rdn 37, 64. Nicht hierher gehören die Fälle der irrigen Annahme eines Sachverhalts, der – wenn er wirklich gegeben wäre – das Verhalten des Täters rechtfertigen würde, denn das sind Fälle des Erlaubnistatbestandsirrtums, die bereits den Vorsatz in Fortfall bringen[534].

5. Schuldfähigkeit

Hinsichtlich der sich aus den §§ 20 f StGB (Unzurechnungsfähigkeit und vermin- **221**
derte Zurechnungsfähigkeit) ergebenden Regeln für die Schuldunfähigkeit gilt für die GmbH-rechtliche Untreue nichts Besonderes. Die Schuldfähigkeit muß z. Zt. der Tat bestehen. Hat der Täter jedoch den Taterfolg, den er im zurechnungsunfähigen Zustand herbeiführte, noch im zurechnungsfähigen Zustand schuldhaft verursacht (sog. actio libera in causa), so ist er strafrechtlich verantwortlich. Hat der Täter den Tatbestand des § 266 StGB dagegen in einem die Zurechnungsfähigkeit ausschließenden Rauschzustand (§ 20 StGB) verwirklicht, ohne den Taterfolg schon während des vorangegangenen noch zurechnungsfähigen Zustandes schuldhaft verursacht zu haben, dann kann eine Strafbarkeit nach § 323 a StGB in Frage kommen. Voraussetzung ist, daß der Täter sich vorsätzlich oder fahrlässig durch den Genuß geistiger Getränke oder durch andere berauschende Mittel in diesen Rausch versetzt hat. Die GmbH-rechtliche Untreue nach § 266 StGB ist dann lediglich objektive Bedingung der Strafbarkeit[535].

Für die strafrechtlichen Folgen bei verminderter Zurechnungsfähigkeit iS des **222**
§ 21 StGB ist es praktisch bedeutsam, daß der Gesetzgeber eine Strafmilderung nicht zwingend vorgeschrieben hat. Es ist dem pflichtgemäßen Ermessen des Gerichts überlassen, ob es von der Milderungsmöglichkeit Gebrauch machen will. Hat ein Geschäftsführer einer GmbH in einem durch Alkoholgenuß verursachten Zustand verminderter Zurechnungsfähigkeit eine GmbH-rechtliche Untreue begangen, dann wird im Hinblick auf die besondere Verantwortung in der Regel ein Gebrauchmachen von der Strafmilderungsmöglichkeit des § 21 StGB nicht in Betracht zu ziehen sein.

---

533 Vgl. *Lackner* § 17, 4 mwN.
534 Vgl. Rdn 214 ff.
535 Vgl. *Lackner* § 323 a, 6.

6. Schuldausschließungsgründe

223 Die Entscheidung der Frage, ob die Schuld trotz des Vorliegens von Schuldfähigkeit, Vorsatz und Unrechtsbewußtsein wegen des Vorliegens eines sog. Schuldausschließungsgrundes verneint werden muß, richtet sich nach den Grundsätzen des allgemeinen Strafrechts. Danach sind vorliegend als Schuldausschließungsgründe vor allem der entschuldigende Notstand (§ 35 StGB) und die schuldausschließende Pflichtenkollision[536] in Betracht zu ziehen. Das Vorliegen von Schuldausschließungsgründen wird bei § 266 StGB nicht oft vorkommen. Immerhin ist es ohne weiteres denkbar, daß der Täter iS des § 35 StGB durch eine Drohung, welche mit einer gegenwärtigen, auf andere Weise nicht abwendbaren Gefahr für Leib und Leben seiner selbst oder eines Angehörigen verbunden war, zu der für die GmbH nachteiligen Handlung genötigt worden ist. Man denke an Streiksituationen, bei denen die Streikenden die Schranken der gesetzlich zulässigen Streikmaßnahmen überschritten haben, und der Geschäftsführer auf diese Weise zu einer Handlung iS des Tatbestands des § 266 StGB gezwungen wurde[537].

224 Eine schuldausschließende Pflichtenkollision ist in besonders gelagerten Fällen bei Überstimmung denkbar, sofern der Täter Mitglied eines nach Mehrheitsbeschlüssen handelnden Geschäftsführer-, Liquidatoren- (usw.) gremiums ist. Nur passives Hinnehmen der Majoritätsauffassung genügt jedoch nicht[538].

X. Vollendung und Versuch

225 Vollendet ist die Tat, wenn der Täter durch sein Verhalten alle Tatbestandsmerkmale verwirklicht hat. Das bedeutet, daß es für die GmbH-rechtliche Untreue nicht genügt, wenn das Handeln als solches beendet ist. Es muß außerdem der durch das Handeln – bzw. durch das pflichtwidrige Unterlassen – verursachte Erfolg, nämlich der Nachteil für die GmbH eingetreten sein. Erst dann ist das Delikt vollendet[539]. Verursacht ist der Nachteil nach der im Strafrecht herrschenden Bedingungstheorie[540], wenn das Verhalten des Täters nicht „hinweggedacht" werden kann, ohne daß dieser Nachteil in seiner konkreten Gestalt entfiele. Im Gegensatz zu der im bürgerlichen Recht angewandten Adäquanztheorie ist es infolgedessen gleichgültig, ob die Verursachung auf einem ganz ungewöhnlichen Verlauf der Ereignisse beruht. Die strafrechtliche Kausalität ist also theoretisch strenger als die zivilrechtliche. Praktisch wird der Unterschied allerdings dadurch verringert, daß die Strafbarkeit wegen mangelnden Vorsatzes[541] entfällt, wenn der Täter einen Geschehensablauf, der sich nicht innerhalb der Grenzen des nach der allgemeinen Lebenserfahrung Voraussehbaren hält, nicht vorausgesehen hat[542]. Der Kausalzusammenhang zwischen dem Verhalten des Täters und dem Gesellschaftsnachteil ist Tatbestandsmerkmal. Der Vorsatz muß sich daher auf ihn ebenso wie auf die anderen Tatbestandsmerkmale erstrecken[543]; ist die Handlung als solche beendet, ohne daß der Nachteil für die GmbH eingetreten ist, dann liegt nur versuchte GmbH-rechtliche Untreue vor. Diese ist jedoch nach § 23 Abs. 1 StGB iV mit § 1 StGB nicht strafbar, da § 266 StGB bekanntlich ein Vergehen darstellt.

---

536 Schönke/Schröder/*Lenckner* Vorbem. §§ 32 ff, 115 ff m. Nachw.
537 Zur Frage der strafbaren Nötigung im Streik vgl. *Niese* S. 17 ff.
538 BGHSt. 37, 106, 126 sowie oben Rdn 37.
539 RGSt. 42, 174.
540 RGSt. 44, 244.
541 Rdn 209 ff.
542 BGHSt. 7, 325, 329.
543 Rdn 209 ff.

XI. Besonders schwerer Fall (§ 266 Abs. 2 StGB)

Während in § 81 a Abs. 2 Satz 2 aF GmbHG[544] Regelbeispiele für besonders schwere Fälle enthalten waren, fehlen diese in § 266 Abs. 2 StGB. Der Gesetzgeber hat sich mit der Festlegung des Strafrahmens begnügt. Die Frage, ob ein besonders schwerer Fall iS des § 266 Abs. 2 StGB vorliegt, ist nach std. Rspr. des BGH jeweils im *konkreten Einzelfall*[545] aufgrund eingehender Würdigung der Tat und der Persönlichkeit des Täters zu beurteilen[546]. 226

Ein besonders schwerer Fall ist anzunehmen, wenn nach dem Ergebnis dieser Prüfung das Tatbild derart vom Durchschnitt der erfahrungsgemäß gewöhnlich vorkommenden Fälle abweicht, daß die Anwendung des Ausnahmestrafrahmens geboten erscheint[547], etwa wenn die Untreue einen besonders großen Schaden zur Folge gehabt hat[548], der Täter über einen sehr langen Zeitraum[549], mit besonderer Arglist, Hartnäckigkeit oder Energie[550] oder mit ungewöhnlich gesteigertem Gewinnstreben gehandelt hat[551]. Daraus, daß § 266 StGB keine Bereicherung voraussetzt, folgt also *nicht*, daß eine durch Untreue erzielte persönliche Bereicherung des Täters kein Strafschärfungsgrund sein kann, so daß das Fehlen sogar strafmildernd berücksichtigt werden müsse[552]. Auch der Umfang einer bloßen *Vermögensgefährdung* kann zu dem Ergebnis führen, daß ein besonders schwerer Fall vorliegt. Daß der Täter „die Früchte seiner Tat bewußt genießt, anstatt sich mit Skrupeln zu plagen", reicht hingegen nicht[553]. 227

Eine festgestellte erhebliche Verminderung der Schuldfähigkeit kann hingegen bei der gebotenen Gesamtwürdigung allein oder zusammen mit weiteren Umständen gerade zur *Verneinung* eines besonders schweren Falles führen[554]. 228

Selbstverständlich muß sich der *Vorsatz* des Täters auf die erschwerenden Tatumstände und Begleiterscheinungen erstrecken, wobei aber ein bloßes Für-Möglich-Halten der schwerwiegenden Folgen iS eines bedingten Vorsatzes ebenso wie beim Grundtatbestand des Abs. 1 des § 266 StGB ausreicht. Andererseits genügen *reine Zufallsfolgen*, so erheblich sie sein mögen, für die Anwendung des Abs. 2 *nicht*. 229

Obwohl das Gesetz bei besonders schweren Fällen Freiheitsstrafen von einem bis zu zehn Jahren vorsieht, sind diese keine Verbrechen iS des § 12 Abs. 1 StGB, so daß der Versuch auch hier nicht strafbar ist. 230

XII. Täterschaft und Teilnahme

Da § 266 StGB ein Sonderdelikt ist[555], gelten für Täterschaft und Teilnahme besondere Grundsätze: Als Täter, Mittäter und mittelbarer Täter (§ 25 Abs. 1 und Abs. 2 StGB) kommt nur in Betracht, wer in der für den Mißbrauch- bzw. Treubruchtatbestand erforderlichen Sonderbeziehung zu der geschädigten Gesellschaft steht. Außenstehende können nur Teilnehmer sein[556]. Dagegen können Anstiftung (§ 26 StGB) und Beihilfe (§ 27 StGB) auch von anderen Personen begangen wer- 231

---

544 Vgl. Rdn 54 ff.
545 BGH JZ 1988, 472.
546 BGH wistra 1987, 257 f; 1986, 169 = NJW 1986, 1699, 1700; BGHSt. 23, 254, 257; 28, 318, 319.
547 BGH NStZ 1981, 391; BGH wistra 1987, 257.
548 BGH NStZ 1982, 465: 2,5 Mio. DM; BGH wistra 1984, 230, 231.
549 BGH StV 1988, 253: zumindest als Indiz.
550 BGH MDR/D 1976, 17.
551 BGH wistra 1984, 28.
552 BGH wistra 1987, 27; *Lackner* § 266, 31.
553 BGH wistra 1989, 99 f.
554 BGH NStZ 1981, 391.
555 Vgl. oben Rdn 62.
556 Vgl. oben Rdn 62 ff; Schönke/Schröder/*Lenckner* § 266, 52.

den[557]. Wer also als Außenstehender, etwa als Geschäftsführer eines Konkurrenzunternehmens A sich eines fahrlässig handelnden Geschäftsführers einer GmbH B als Werkzeug für die Schädigung der von dem betreffenden Geschäftsführer geleiteten Gesellschaft B bedient und dabei die volle Tatherrschaft hat, kann gleichwohl nicht aus § 266 StGB wegen mittelbarer Täterschaft bestraft werden. Hingegen kommt eine Bestrafung aus § 266 StGB in Frage, wenn der Außenstehende einen zu dem Personenkreis des § 266 StGB gehörigen Täter zur Tat angestiftet oder bei der Tat als Gehilfe mitgewirkt hat. Wer in Kenntnis des Sachverhalts Sachen in Empfang nimmt, an denen der Übergebende Untreue begeht, soll nach der Rechtsprechung des Reichsgerichts[558] als Gehilfe zur Untreue und nicht als Hehler nach § 259 StGB zu bestrafen sein. Das leuchtet in dieser allgemeinen Formulierung wenig ein, denn es sind durchaus Fälle denkbar, in denen die Beihilfe-Voraussetzungen nach § 27 StGB in der Person des Nehmers nicht erfüllt sind. Dann kommt eine Bestrafung wegen Hehlerei in Frage, zumal es unbestritten ist, daß der Tatbestand der allgemeinen Untreue – und damit auch derjenige der GmbH-rechtlichen Untreue – Vortat für die Sachhehlerei sein kann. Ob ein besonders schwerer Fall vorliegt, bedarf bei jedem Beteiligten der besonderen Prüfung (§§ 28 f StGB).

XIII. Konkurrenzen

232 Rechtsprechung und Literatur zu § 81 a aF können wegen der teilweise andersartigen Struktur jener Vorschrift nicht mehr herangezogen werden. Für den Anwendungsbereich des § 266 StGB gilt nach der Rechtsprechung folgendes:

1. Tateinheit

233 Tateinheit gem. § 52 StGB ist möglich zwischen Untreue und *Bankrott*, § 283 Abs. 1 Nr. 1 StGB[559]; *Betrug*, § 263 StGB, sofern die Untreue mittels einer Betrugshandlung, z. B. gegenüber Geschäftsführer, Aufsichtsratsmitgliedern oder Gesellschaftern, begangen wird[560], andernfalls, wenn die Untreue einem zuvor begangenen Betrug nachfolgt, ist erstere mitbestrafte Nachtat[561] oder wenn umgekehrt der Betrug lediglich der Sicherung eines durch Untreue bereits erzielten Vorteils dient, ist jener straflose Nachtat[562]; *Computerbetrug*, § 263 a StGB[563]. *Steuerhinterziehung*, § 370 AO[564]; *Urkundsdelikten*, §§ 267 ff StGB[565]. Für das Verhältnis zu den *Zueignungsdelikten*, §§ 242, 246 StGB kommt es darauf an, ob der Täter bereits bei Begehung der Untreuehandlung den Vorsatz hatte, sich Sachen der GmbH zuzueignen. In diesem Fall entfällt bereits die Tatbestandsmäßigkeit nach §§ 242, 246 StGB[566].

2. Fortsetzungszusammenhang

234 Untreue kann auch in Fortsetzungszusammenhang begangen werden, so daß trotz mehrerer Untreuehandlungen gleichwohl nur *eine* Untreue iS des § 266 StGB

---

[557] RGSt. 71, 330, 332; BGHSt. 5, 75.

[558] RG Rspr. 8, 1886, 507, LZ 1923, 138.

[559] BGHSt. 30, 127; zur Abgrenzung vgl. jedoch unten Rdn 297.

[560] BGHSt. 8, 254, 260; BGH GA 1971, 83, 84; 1979, 143; BGH StV 1984, 513 m. abl. Anm. *Labsch* BGH MDR/H 1985, 627.

[561] BGHSt. 6, 67; BGH GA 1971, 83, 84; OLG Hamm MDR 1968, 779.

[562] BGHR § 266 Abs. 1 StGB Treubruch 1; jedoch Tatmehrheit, wenn der Betrug der Vereitelung eines aus der Untreue folgenden Schadensersatzanspruchs dient, BGH NJW 1955, 508.

[563] *Lackner* § 266, 23.

[564] BGHSt. 5, 61; RGSt. 74, 368.

[565] BGHSt. 18, 312, 313; BGH wistra 1986, 24.

[566] BGH (GrS) St. 14, 38; zum Streitstand näher Schönke/Schröder/*Lenckner* § 266 Rdn 55.

vorliegt. Dies ist beispielsweise anzunehmen, wenn der Geschäftsführer nach einem vorgefaßten Plan Teile des Gewinns der Gesellschaft mit Hilfe buchungstechnischer Manipulationen für sich verwendet, ferner wenn von vornherein mehrere Untreuehandlungen über einen gewissen Zeitraum hinweg beabsichtigt sind oder wenn der zunächst nur auf eine Tat gerichtete Vorsatz noch vor deren Beendigung auf weitere Taten erstreckt wird[567]. Forsetzungszusammenhang ist auch zwischen Mißbrauch (§ 266 Abs. 1 1. Alt. StGB) und Treubruch (§ 266 Abs. 1 2. Alt. StGB) möglich[568]. Der Tatentschluß (*Gesamtvorsatz*) muß neben einem hinreichend genauen Bild von Ort, Zeit und Art der Begehung (*gleichartige Begehungsweise*) auch konkrete Vorstellungen über den Gesamtumfang (*Gesamterfolg*) der beabsichtigten Untreuehandlungen umfassen, so daß der bloße Entschluß zur wiederholten Begehung gleichartiger Taten, um sich auf diese Weise eine Einnahmequelle zu erschließen, ebensowenig ausreicht[569] wie der Entschluß, bei sich bietender Gelegenheit Untreuehandlungen zu begehen, wobei Ausmaß und Umfang der Einzeltaten jeweils von weiteren Bedingungen abhängig gemacht werden, deren Eintritt ungewiß ist[570]. Bei einer langen Dauer zwischen den einzelnen Teilakten erscheint nach der neuesten Rechtsprechung des BGH die Annahme eines Gesamtvorsatzes hingegen als fernliegend[571].

3. Wahlfeststellung

Eine Wahlfeststellung zwischen GmbH-rechtlicher Untreue und Unterschlagung **235**
ist ebenso möglich[572] wie zwischen Untreue und Betrug[573].

XIV. Strafe

Der Regelstrafrahmen der Freiheitsstrafe reicht von einem Monat (§ 38 Abs. 2 **236**
StGB) bis zu fünf Jahren. Abweichend von § 81 a GmbHG aF schreibt das geltende Gesetz nicht mehr zwingend vor, daß neben einer Freiheitsstrafe eine Geldstrafe verhängt wird[574]. Das Gericht kann aber auch weiterhin auf beide Strafen erkennen, „wenn der Täter sich bereichert oder zu bereichern versucht" hat und dies „unter Berücksichtigung seiner persönlichen und wirtschaftlichen Verhältnisse angebracht ist" (§ 41 StGB). Die Geldstrafe wird in Tagessätzen verhängt. Der Rahmen der Geldstrafe reicht von 5 bis zu 360 Tagessätzen (§ 40 Abs. 1 StGB). Der Tagessatz wird auf mindestens zwei und höchstens zehntausend Deutsche Mark festgesetzt (§ 40 Abs. 2 Satz 3 StGB).

XV. Antragserfordernis (§ 266 Abs. 3 StGB)

Zum Antragsdelikt wird § 266 StGB nur in den Fällen des Abs. 3. Im Hinblick **237**
auf die Besonderheiten bei der GmbH-rechtlichen Untreue kann diese Regelung in der Praxis allenfalls dann Bedeutung erlangen, wenn der Schaden gering ist. An-

---

567 BGH wistra 1987, 60; 1990, 148.
568 BGH NJW 1984, 2539; BGH NStE § 266 StGB Nr. 20; BGH wistra 1985, 190.
569 BGH wistra 1990, 301.
570 BGH wistra 1991, 180: „Auftretender Geldbedarf" in jeweils ungewisser Höhe.
571 BGH wistra 1990, 351: bis zu 11 Monate; ferner BGHR Vor § 1 StGB, fortgesetzte Handlung – Gesamtvorsatz 10; zu den erforderlichen Feststellungen im Urteil vgl. BGH wistra 1988, 350, 351; 1990, 21.
572 OLG Braunschweig JZ 1951, 235.
573 Vgl. BGHSt. 23, 304; BGH GA 1970, 24.
574 Vgl. hierzu näher LK-*Hübner* § 266, 123.

tragsberechtigt sind Geschäftsführer, Aufsichtsrat oder ein von den Gesellschaftern besonders bestellter Vertreter, sofern diese Personen nicht selbst Täter sind (zu den Einzelheiten näher die Erläuterungen zu § 85).

XVI. Verjährung

1. Strafverfolgungsverjährung

238 Da es sich bei der Untreue um ein Vergehen handelt, das im Höchstmaß mit Freiheitsstrafe von mehr als einem Jahr bis zu fünf Jahren bedroht ist, verjährt die Strafverfolgung in fünf Jahren (§ 78 Abs. 3 Nr. 4 StGB). Maßgebend ist der Regelstrafrahmen. Die besonders schweren Fälle des Abs. 2 bleiben bei der Bemessung der Verjährungsfrist außer Betracht.

Die Verjährung beginnt mit dem Tag, an dem die Tat beendet ist (§ 78 a StGB). Durch jede der in § 78 c Abs. 1 StGB genannten Unterbrechungshandlungen – z. B. die erste Vernehmung des Beschuldigten – wird die Verjährung unterbrochen mit der Folge, daß die Verjährungsfrist nunmehr von neuem zu laufen beginnt (§ 78 c Abs. 3 Satz 1 StGB). Nach zehn Jahren ist die Tat in jedem Fall verjährt (§ 78 c Abs. 3 Satz 2 StGB). Wegen des Ruhens der Verfolgungsverjährung vgl. (§ 78 b StGB).

2. Strafvollstreckungsverjährung

239 Die Strafvollstreckungsverjährung setzt voraus, daß ein rechtskräftiges Strafurteil vorliegt. Die Verjährungsfrist richtet sich nach der Höhe der erkannten (und nicht wie bei § 78 StGB nach der angedrohten) Strafe (§ 79 StGB). Wurde z. B. in dem Urteil auf eine Freiheitsstrafe von zehn Jahren erkannt, verjährt die Vollstreckung in zwanzig Jahren (§ 79 Abs. 3 Nr. 2 StGB). Zu weiteren Einzelheiten vgl. §§ 79–79 b StGB.

XVII. Sonderfragen

1. Risiko- und Spekulationsgeschäfte

240 Die sicherlich nicht zum klassischen Bestand strafbarer Untreue zählenden Fälle der sog. Risiko- und Spekulationsgeschäfte spielen gerade im Bereich der strafrechtlichen Verantwortlichkeit des GmbH-Geschäftsführers eine zunehmend größere Rolle. Man denke etwa an alle die Betätigungsformen in der Wirtschaft, die risikolos überhaupt nicht oder jedenfalls nur selten möglich sind: Vertragsabschlüsse mit kapitalschwachen Firmen, Entscheidungen über den Umfang der Lagerhaltung, Zahlung von Schmiergeldern, Investitionen in Werbung und Forschung, Spekulationen mit Wertpapieren und bei Warentermingeschäften, Vergabe allgemeiner Kredite und von Sanierungskrediten usw. Soll das Wirtschaftsleben nicht durch das Strafrecht paralysiert werden, muß jedem verantwortungsbewußten Geschäftsführer ein von strafrechtlichen Beschränkungen zunächst weitgehend freizuhaltender Bereich vorbehalten bleiben, in dem er nach seinem pflichtgemäßen Ermessen handeln kann und handeln muß[575]. Hat der Täter hingegen diesen aus wirtschaftlicher Sicht zu

---

[575] BGH wistra 1982, 148, 150 mwN = MDR/H 1982, 624; BGH NStZ 1990, 437 = NJW 1990, 3219, 3220; ferner LK-*Hübner* § 266, 84; *Lackner* § 266, 7; SK-*Samson* § 266, 17; *Preisendanz* § 266, III 3; *Maurach/Schroeder* BT/1, S. 449 f; Müller-Gugenberger/*Schmid* § 26, 100 ff; *Rienhardt* in HWiStR, Stichwort: Risikogeschäft; *Kohlmann* JA 1980, 228, 231 jew. mwN.

verstehenden Ermessensspielraum in eklatanter Weise überschritten und „nach der Art eines Spielers“[576] bewußt eine auf das Äußerste gesteigerte Verlustgefahr auf sich genommen, um eine höchst zweifelhafte Gewinnaussicht zu erlangen, liegt eine Bestrafung nach § 266 StGB auf der Hand[577]. Dies ist etwa dann der Fall, wenn der Geschäftsführer eines mittelständischen Einzelhandelsunternehmens im Bestreben, möglichst hohe Gewinne zu erwirtschaften, äußerst gewagte Wertpapiertermingeschäfte mit relativ unsicheren Aktien branchenfremder ausländischer Unternehmen tätigt. Hier handelt es sich um einen besonders krass gelagerten Fall, in dem die Entscheidung nicht schwer fällt. Ohne Zweifel war es mit den Pflichten des Geschäftsführers eines solchen Unternehmens grundsätzlich nicht vereinbar, daß A mit den Mitteln der Firma derart risikoreiche und zudem völlig branchenfremde Spekulationsgeschäfte durchführte. Die weitaus meisten Fälle sind allerdings weniger eindeutig gelagert und damit schwieriger zu beurteilen. Es stellt sich mithin die Frage, unter welchen Voraussetzungen ein Risiko- bzw. Spekulationsgeschäft noch erlaubt oder schon strafbar ist. Eingrenzungsversuche auf der Grundlage einer normativen Auslegung des Begriffs „Risikogeschäft“ haben bislang zu keinem befriedigenden Ergebnis geführt[578]. Aber selbst wenn sich eine allgemein gültige Definition für das Risikogeschäft aufstellen ließe, wäre damit noch keine Aussage darüber getroffen, ob und warum das betreffende Geschäft strafbar oder straflos ist. Entscheidend ist vielmehr, wo die Grenze des erlaubten Risikos vor dem Hintergrund der tatbestandlichen Voraussetzungen des § 266 StGB, der Rechtswidrigkeit und der Schuld anzusetzen sind[579].

a) **Tatbestandsproblem.** Das Problem des erlaubten Risikos in § 266 StGB ist **241**
in erster Linie eine Frage des pflichtgemäßen bzw. pflichtwidrigen Verhaltens und demzufolge regelmäßig ein Tatbestandsproblem[580]. Die Einordnung als Schuldproblem[581] wird heute nicht mehr vertreten. Denn ein riskantes Geschäft stellt nicht schon deswegen eine Untreue dar, weil es fehlgeschlagen ist, und die Gesellschaft einen Schaden erlitten hat. Es kommt vielmehr darauf an, ob das betreffende Risiko nach den Maßstäben eines ordentlichen und gewissenhaften Handelns in der Stellung eines Geschäftsführers durch diesen eingegangen werden durfte. Inwieweit riskante Geschäftshandlungen pflichtwidrig sind, beurteilt die bisher hM im wesentlichen nach den jeweils branchenüblichen Gepflogenheiten eines ordentlichen Geschäftsmanns unter Berücksichtigung der gesamten Geschäfts- und Vermögenslage der GmbH[582]. Gleichwohl ist diese Auffassung zur Lösung der Problematik nur bedingt geeignet. Zum einen will sie die Abgrenzung danach vornehmen, ob eine „hohe Wahrscheinlichkeit der Gewinnaussicht“ besteht[583]. Für die Feststellung einer entsprechend hohen Gewinnchance wird dann in der Praxis weitgehend der

---

576 BGH, wie Fn 575; *Dreher/Tröndle* § 266, 25.

577 BGH GA 1977, 342, 343.

578 Vgl. etwa die zusammenfassende Darstellung des Diskussionsstandes bei *Bringewat* JZ 1977, 667 ff und *Hillenkamp* NStZ 1981, 161, 162 f.

579 Im Ergebnis wohl ebenso *Hillenkamp* wie Fn 578, S. 163.

580 RGSt. 69, 203, 206 f, 208; RG JW 1936, 2101 Nr. 37; *Dreher/Tröndle* § 266, 25; *Lackner* § 266, 7; LK-*Hübner* § 266, 84, 86; Schönke/Schröder/*Lenckner* § 266, 20; *Kohlmann/Löffeler* 317; *Kohlmann* JA 1980, 228, 231; *Arzt/Weber* LH 4, S. 71 f; *Maurach/Schröder/Maiwald* BT 1, S. 507 f; *Bringewat* JZ 1977, 667, 669; *Hillenkamp* NStZ 1981, 162 164 f; *Holzmann* S. 140; *Schreiber/Beulke* JuS 1977, 656, 658; aA *Schwinge/Siebert* S. 46; *Jescheck* S. 360 f, wonach das erlaubte Risiko grundsätzlich eine Frage der Rechtswidrigkeit ist.

581 Vgl. etwa RGSt. 61, 211, 212 f.

582 RGSt. 69, 203 f; BGHSt. 3, 23 f; BGH wistra 1982, 148 = MDR/H 1982, 624; Schönke/Schröder/*Lenckner*; *Maurach/Schröder*; Müller-Gugenberger/*Schmid*, jeweils wie Fn 580.

583 RGSt. 71, 333, 334; BGHSt. 19, 37, 42; OLG Hamm NJW 1968, 1940; *Schreiber/Beulke* JuS 1977, 656, 660; *Triffterer* NJW 1975, 612, 613 f; LK-*Hübner* § 266, 87 mwN.

spätere Geschäftsablauf für maßgeblich gehalten. Wenn sich jedoch im Einzelfall vom Standpunkt ex ante eine solche Gewinnaussicht bejahen läßt, ist das Risiko von vornherein so gering, daß man überhaupt kaum von einem riskanten Geschäft sprechen kann[584]. Kritisch sind aber gerade die Fälle, in denen die Chancen 50% oder weniger betragen. Zum anderen sind die Grenzen zwischen verkehrsüblichem, kaufmännisch gebotenem, erlaubtem, noch vertretbarem oder schon unverantwortlichem Risiko ohnehin fließend, so daß derart unbestimmte Abgrenzungskriterien wie „Handeln eines ordentlichen und gewissenhaften Geschäftsmanns" u. ä. weniger zur Klärung als vielmehr zur weiteren Verunsicherung bei der Beurteilung riskanter Geschäfte beitragen. Um zu einem dem heutigen Wirtschaftsleben gerecht werdenden und damit zutreffenden Ergebnis zu gelangen, empfiehlt sich ein zweistufiges Vorgehen:

242 Auf der ersten Stufe sind **Stellung und Befugnis des Geschäftsführers innerhalb der GmbH** zu prüfen. Denn bei Beurteilung des erlaubten Risikos einerseits und des pflichtwidrigen Handelns andererseits kann nicht allein die Höhe des eingegangenen Risikos entscheidend sein[585], sondern maßgeblich sind in erster Linie die im Innenverhältnis zwischen dem Geschäftsführer und der GmbH gezogenen Grenzen des rechtlichen Dürfens[586]. Dieser interne „Rahmen" wird zunächst durch die Vorschriften des GmbH-Gesetzes bestimmt. Nach den hierfür maßgeblichen §§ 35, 36, 37, 43 Abs. 1 obliegt dem Geschäftsführer grundsätzlich die eigenverantwortliche Vornahme aller tatsächlichen und rechtsgeschäftlichen Handlungen, die der *laufende Geschäftsbetrieb* mit sich bringt und die von dem in der Satzung festgelegten *Unternehmensgegenstand* gedeckt sind[587]. Bei näherer Bestimmung des jeweiligen Unternehmensgegenstandes wird nicht selten die Feststellung zu treffen sein, daß vom Geschäftsführer bereits von vornherein ein gewisses Maß an *Risikobereitschaft erwartet* wird. So ist etwa die Geschäftsleitung einer Bank geradezu verpflichtet, ihre Wertpapier- und Devisenabteilungen auch zum Abschluß spekulativer Geschäfte anzuhalten. Auch die Vergabe von Sanierungskrediten wäre andernfalls schlechthin unmöglich. Der Geschäftsführer einer Immobiliengesellschaft wäre für diese Tätigkeit kaum geeignet, wenn er bei Grundstücksgeschäften überhaupt keinen Wagemut zeigen würde. Ebenfalls ein nicht unbeträchtliches Maß an Risikopolitik ist bei Investitionen in Forschung und Werbung gefordert. Denn gerade solche Investitionen sind unverzichtbare Voraussetzung dafür, daß sich eine Firma in der freien Marktwirtschaft gegenüber Konkurrenten behaupten kann. Erlaubt sind demnach aber nur solche Risikogeschäfte, die sich noch innerhalb des durch den Unternehmensgegenstand bestimmten Geschäftszweiges halten.

243 Eine weitere Konkretisierung der internen Befugnisse kann sich aus den von den Gesellschaftern festgelegten **Grundsätzen der Geschäftspolitik** ergeben. Als Überschreitung der Geschäftspolitik wird etwa regelmäßig die Aufnahme neuer Produkte anzusehen sein[588], insbesondere dann, wenn deren Absatzmöglichkeiten noch weitgehend ungeklärt sind. In diesem Zusammenhang existieren häufig konkrete Weisungen und Beschlüsse der Gesellschafterversammlung, wonach der Geschäftsführer

584 *Kohlmann* JA 1980, 228, 231; Scholz/*Tiedemann* 19.

585 So aber noch BGH wistra 1982, 148, 150 = MDR/H 1982, 624; BGH NJW 1975, 1234, 1236.

586 BGH wistra 1985, 190, 191; *Kohlmann/Löffeler* 318; *Dreher/Tröndle* § 266, 25; LK-*Hübner* § 266, 86; *Lackner* § 266, 7; SK-*Samson* § 266, 17; Schönke/Schröder*Lenckner* § 266, 20; *Hillenkamp* NStZ 1981, 161, 166.

587 Beispiele bei *Kohlmann/Löffeler* 319; Scholz/*Schneider* § 37, 11; Müller-Gugenberger/*Schmid* § 26, 100 f.

588 Scholz/*Schneider* § 37, 14.

besonders risikoträchtige Geschäftsabschlüsse nur in einem näher bezeichneten Umfang oder nur unter bestimmten Voraussetzungen tätigen darf. Insoweit steht es den Gesellschaftern frei, ihre geschäftspolitischen Zielvorstellungen zwischen absolutem Sicherheitsstreben und uneingeschränktem Wagemut einzugrenzen[589]. So hat etwa jede Bank neben den gesetzlichen Bestimmungen (vgl. etwa §§ 10, 13, 13 a, 18 KWG) auch interne Richtlinien zur Vergabe von Krediten[590]. Hält sich der Geschäftsführer in den Grenzen des durch die geschäftspolitischen Entscheidungen der Gesellschafter bestimmten Risikoermessens, kann er schon deshalb nicht pflichtwidrig und damit strafbar handeln, weil er gerade das tut, was die Gesellschaft bzw. die Gesellschafter von ihm erwarten.

Außergewöhnliche Betriebshandlungen, die den Rahmen des üblichen Geschäfts- 244
betriebs sprengen und **branchenfremde Risikogeschäfte** darf der Geschäftsführer demgegenüber grundsätzlich nicht in eigener Verantwortung vornehmen. Diesbezügliche Entscheidungen fallen in den *Kompetenzbereich der Gesellschafterversammlung* und bedürfen demzufolge in jedem Fall einer entsprechenden (rechtswirksamen) *Zustimmung*[591]. Hierzu zählen etwa der Verkauf des gesamten Betriebs oder eines wichtigen Betriebsteils der GmbH sowie die Gewährung eines großen Kredits, der die im Hinblick auf Branche und Größe des Unternehmens übliche Kreditlinie erheblich überschreitet, z. B. überhöhter Personalkredit, unüblich hoher Kontokorrentkredit zugunsten Lieferanten oder Kunden[592]. Ein branchenfremdes Risikogeschäft liegt etwa dann vor, wenn der Geschäftsführer eines Mischwarenkonzerns Devisengeschäfte tätigt oder der Geschäftsführer einer Maschinenfabrik Warentermingeschäfte oder Rohstoffoptionen für Tee, Zucker oder Kaffee eingeht[593].

Gleiches gilt für **gewagte Spekulationsgeschäfte**, die zwar in der Hoffnung auf 245
einen besonders großen Gewinn durchgeführt werden sollen, gleichwohl aber von vornherein entweder mit einem überdurchschnittlichen Risiko oder mit der Gefahr hoher Verluste behaftet sind. In diesen Bereich gehört auch die Hinnahme erheblicher Verluste über einen längeren Zeitraum, insbesondere bei einer Weiterbelieferung von Kunden, die sich – wenn auch nur vorübergehend – in finanziellen Schwierigkeiten befinden[594].

Zur näheren Bestimmung der internen Befugnisse ist ferner auf den **Anstellungs-** 246
vertrag des Geschäftsführers abzustellen, so etwa, wenn dort z. B. Verbote zum Abschluß bestimmter Geschäfte festgelegt sind[595].

Befindet sich die Gesellschaft in einer finanziell angespannten Lage oder ist das 247
Verlustrisiko eines Geschäfts derart hoch, daß die Gesellschaft dadurch in Liquiditätsschwierigkeiten geraten kann, gebieten die zur *Erhaltung des Stammkapitals* dienenden Vorschriften des GmbHG eine relativ weitgehende Zurückhaltung bei Risiko- und Spekulationsgeschäften[596]. Besteht infolge eines besonders hohen Risikos die Gefahr, daß das Stammkapital angegriffen wird – sei es, daß die Chance einer erfolgreichen Geschäftsabwicklung als gering angesehen werden muß, sei es, daß bei einem Scheitern des Geschäfts ein besonders hoher Verlust zu erwarten ist – so muß in diesen Fällen verlangt werden, daß der Geschäftsführer entsprechende

---

589 *Hillenkamp* NStZ 1981, 161, 165 mwN.
590 Näher unten Rdn 264 ff.
591 OLG München HRR 1940, 1358; *Roth* ZGR 1985, 265, 268; § 37, 4 (*Mertens*)[7]; § 37, aaO (*Mertens/Stein*); Scholz/*Schneider* § 37, 15.
592 *Kohlmann/Löffeler* 321.
593 *Kohlmann/Löffeler* wie Fn 592.
594 Vgl. hierzu auch LK-*Tiedemann* 111 Vor § 283.
595 *Kohlmann/Löffeler* 322; Scholz/*Schneider* § 37, 14.
596 BGH wistra 1982, 148, 150.

Abschlüsse unterläßt. Auch wenn ein derartig riskantes Geschäft die „letzte und einzige Möglichkeit" zur Abwendung eines drohenden Konkurses darstellen sollte, wäre dies kein die Tatbestandsmäßigkeit beseitigender Gesichtspunkt, sondern allenfalls im Bereich der Rechtfertigungsgründe zu berücksichtigen[597]. Gleichwohl kann dasselbe Geschäft bei einem anderen Unternehmen, welches einen möglichen Verlust ohne weiteres verkraften würde, zulässig und erlaubt sein. Handelt es sich um eine in jeder Hinsicht finanzstarke Gesellschaft, wird man dem Geschäftsführer naturgemäß eine erheblich weiterreichende Befugnis zum Abschluß und zur Durchführung riskanter Geschäfte zubilligen müssen. Infolgedessen läßt sich sagen, daß bei Risiko- und Spekulationsgeschäften, die im Fall ihres Scheiterns bei der betroffenen Gesellschaft neben einem entsprechenden Schaden gleichzeitig zu einer Minderung des Stammkapitals führen, schon allein aus diesem Grund das Entscheidungsermessen des Geschäftsführers erheblich eingeschränkt ist[598]. Verbieten sich insoweit nicht entsprechend riskante Geschäfte bereits von vornherein, so ist die Entscheidung des Geschäftsführers jedenfalls anhand eines äußerst strengen Sorgfaltsmaßstabs zu beurteilen[599].

248 Ferner kann sich ein **Verbot** bestimmter Risiko- und Spekulationsgeschäfte **unmittelbar aus dem Gesetz** ergeben wie z. B. aus den Vorschriften des KreditwesenG, z. B. Vergabe ungenügend gesicherter Kredite, unzulässige Devisenhandelsgeschäfte[600].

249 Auf der zweiten Stufe ist dann zu prüfen, ob das Verhalten des Geschäftsführers im *konkreten Fall* verboten, erlaubt oder sogar geboten war. Ist das in Rede stehende Geschäft intern nicht von der dem Geschäftsführer eingeräumten Befugnis gedeckt – sei es, daß der Abschluß von Risikogeschäften schlechthin untersagt war, sei es, daß das eingegangene Wagnis die Grenzen der vom Unternehmensgegenstand oder von den Gesellschaftern vorgegebenen Risikopolitik überschritten hat –, steht damit aber noch nicht zwingend fest, daß der Geschäftsführer durch sein Verhalten den Untreuetatbestand erfüllt hat[601].

250 Hat das zu beurteilende Geschäft zu dem gewünschten Erfolg geführt, so fehlt es an einem tatsächlich eingetretenen Vermögensschaden. Es würde sich allenfalls die Frage nach einer schadensgleichen Vermögensgefährdung für den Zeitraum zwischen Geschäftsabschluß und endgültiger Gewinnrealisierung stellen.

251 Ist das betreffende Geschäft hingegen gescheitert, stellt sich trotz einer bei vordergründiger Betrachtung gegebenen Überschreitung der internen Befugnisse des Geschäftsführers die Frage nach einem gleichwohl verbleibenden **Ermessensspielraum**[602]. Ständig wechselnde Marktsituationen, wachsender Konkurrenzdruck wie auch die zunehmend schlechteren Eigenkapitalausstattungen der GmbHs zwingen häufig zur Eingehung gewisser Risiken, um sich innerhalb der jeweiligen Branche erfolgreich behaupten zu können. Es können Situationen eintreten, unter denen ein Abweichen von der allgemein üblichen Geschäfts- und Risikopolitik geboten ist oder zumindest bei betriebswirtschaftlich naheliegenden Überlegungen geboten erscheint, während umgekehrt gerade gedankenloses Beharren auf überholten Prinzipien und fehlende Risikobereitschaft einem Geschäftsführer sicherlich den Vorwurf

[597] *Kohlmann/Löffeler* 323.

[598] Vgl. *Kohlmann* JA 1980, 228, 231; *Maurach/Schroeder* BT/1, S. 449; *Flum* S. 65; einschränkend *Hillenkamp* NStZ 1981, 161, 166.

[599] Vgl. hierzu näher Rdn 92.

[600] Vgl. hierzu unten Rdn 264 ff, 271.

[601] *Kohlmann* wie Fn 598; *Maurach/Schroeder/Maiwald* BT 1, S. 506 f; SK-*Samson* § 266, 17.

[602] *Kohlmann/Löffeler* Rdn 326.

pflichtwidrigen Verhaltens einbringen werden. Geschäftsführer, die nicht in der Lage sind, bei unvorhergesehenen Marktentwicklungen, einer sich plötzlich verschlechternden Geschäftslage oder ähnlichen Ausnahmesituationen besondere Entschlüsse zu fassen, die uU auch von üblicher, jahrelang betriebener Geschäftspolitik abweichen, erfüllen nicht mehr die Anforderungen, die in der heutigen freien Marktwirtschaft an eine moderne, flexible Geschäftsleitung gestellt werden müssen. Gleichwohl verlangen solche Entscheidungen von einem Geschäftsführer bedauerlicherweise nicht selten gefährliche „Gratwanderungen" zwischen Geschäftsführer-Untreue einerseits und der Entlassung wegen mangelnder Qualifikation andererseits.

Vor diesem Hintergrund ist inzwischen wohl allgemein anerkannt, daß jedem **252** Geschäftsführer auch bei Überschreitung der internen Befugnisse noch ein gewisser Entscheidungsspielraum frei von strafrechtlichen Beschränkungen verbleiben muß, innerhalb dessen er nach seinem *pflichtgemäßen Ermessen* handeln kann und muß[603]. Völlig zu Recht weist auch der BGH[604] darauf hin, „daß ein Geschäftsführer, der sich in eine verfehlte und das Vermögen der Gesellschaft schädigende Spekulation einlasse, deswegen noch keineswegs immer zum Nachteil der Gesellschaft iS des § 81 a GmbHG handle. Ein Geschäftsführer kann ohne strafrechtliche Folgen ein nach kaufmännischen Gesichtspunkten zu vertretendes geschäftliches Wagnis eingehen".

Der in der Rechtsprechung vielfach unternommene Versuch, diesen Vertretbar- **253** keitsrahmen daran auszurichten, ob die Gewinnchance oder das Verlustrisiko überwiegt, erweist sich in der Praxis als wenig sachgerecht. Zum einen ist gerade in den hier zu beurteilenden Grenzfällen eine exakte – und das heißt letztlich eine prozentual ausdrückbare! – Feststellung nicht hinreichend objektivierbar und damit auch nicht frei von einer (wenn auch ungewollten) Willkür. Zum anderen bleiben dann regelmäßig die besonderen Umstände des Einzelfalles mehr oder weniger unberücksichtigt. Darüber hinaus entspricht es dem Bestimmtheitsgrundsatz des Art. 103 Abs. 2 GG, daß ein unternehmerisches Entscheidungsermessen im Hinblick auf § 266 StGB erst dann überschritten sein kann, wenn die Geschäftsführungsmaßnahme eindeutig, d. h. *evident* unvertretbar ist[605]. In diesem Zusammenhang führte der BGH[606] bereits zutreffend aus, daß die Strafdrohung des § 266 StGB „an sich kein Hemmnis für gesundes Gewinnstreben und wagemutige Unternehmerinitiative" sein soll.

Davon ausgehend ist zu fragen, ob der Geschäftsführer in der *konkreten Situa-* **254** *tion*, in der er sich befand, *eklatant ermessensfehlerhaft* gehandelt hat. Im Rahmen einer solchen Beurteilung sind vor allem die nachfolgend genannten Gesichtspunkte maßgeblich:

Der unternehmerische Ermessensspielraum reicht so weit wie die jeweilige Ent- **255** scheidung im Einzelfall *wirtschaftlich vertretbar* oder *zumindest plausibel* erscheint. So fordert der BGH[607] im Hinblick auf die Grundregeln ordnungsgemäßer Unternehmensführung lediglich, daß die Zweckbestimmung entsprechender Geschäftsvorgänge „bei vernünftiger wirtschaftlicher Betrachtung sinnvollerweise angestrebt

603 *Kohlmann/Löffeler* Rdn 327.
604 WM 1960, 203, 204.
605 Schönke/Schröder/*Lenckner* § 266, 20; LK-*Tiedemann* Vor § 283, 110 mwN; *ders.* ZIP 1983, 513, 521 f spricht von der „Reduzierung auf den Kernbestand der Sorgfaltspflichten"; zust. *Richter*, GmbH-Rdsch. 1984, 137, 145.
606 Urt. v. 22. 3. 1960 – 1 StR 606/59, S. 12.
607 Beschl. v. 4. 9. 1979 – 3 StR 242/79, S. 8, zit. bei LK-*Tiedemann* Vor § 283, 96.

werden konnte". Mit anderen Worten handelt der Geschäftsführer erst dann pflichtwidrig, wenn das in Rede stehende Risikogeschäft zweifelsfrei unvertretbar erscheint[608]. Dieser sog. Vertretbarkeitsrahmen hat sich in erster Linie an den *branchenüblichen Gepflogenheiten* zu orientieren. So etwa, wenn die von Anlegern gezahlten Einlagen auf ihre GmbH-Anteile, die für eine Objektfinanzierung benötigt werden, alsbald wieder als Gewinn ausgezahlt werden und für das geplante Objekt eine riskante Darlehensfinanzierung vorgenommen wird[609].

256 Ferner muß das für ein Risiko- oder Spekulationsgeschäft *eingesetzte Vermögen* in einem *angemessenen Verhältnis* zu dem jeweiligen Risiko und dem *erstrebten Gewinn* stehen. Demzufolge würde der Geschäftsführer etwa dann pflichtwidrig handeln, wenn er erhebliche Geldbeträge in Geschäfte investierte, bei denen der erwartete Gewinn im Hinblick auf das eingegangene Risiko nur als *unwesentlich* anzusehen wäre. Gleiches gilt für riskante Investitionen, die lediglich dazu dienen, einen drohenden Konkurs hinauszuschieben, also „unter dem Strich" zu keinem Unternehmensgewinn führen[610]. An einer Pflichtwidrigkeit fehlt es aber in diesen Fällen, wenn die betreffenden Investitionen wenigstens mittelfristig wieder zu einer Gesundung des Unternehmens führen. Ebenfalls pflichtwidrig ist der Einsatz hoher Geldbeträge, obwohl die Sachlage im Zeitpunkt des Geschäftsabschlusses undurchsichtig, die mögliche Entwicklung undurchschaubar oder der Erfolg mit so vielen Unsicherheitsfaktoren behaftet ist (so häufig bei Warentermingeschäften) mit der Folge, daß das *Risiko völlig unkalkulierbar* ist[611].

257 Eine wesentliche Rolle spielt auch, ob und inwieweit ein eventuelles Scheitern der betreffenden Investition neben dem daraus unmittelbar resultierenden Schaden zu *weiteren Konsequenzen* für die GmbH führt. Denn ein Spekulationsrisiko, das bei einem Fehlschlag zur Insolvenz des Unternehmens führt, ist zweifelsfrei pflichtwidrig[612].

258 Des weiteren handelt ein Geschäftsführer dann pflichtwidrig, wenn er riskante Geschäfte oder Investitionen *ohne sorgfältige Prüfung aller Umstände* vorgenommen hat[613], etwa ein Grundstück „auf's Geradewohl" erwirbt, ohne sich sorgfältig über dessen Marktpreis und seine Nutzbarkeit für die Firma zu informieren.

259 Bei Risiko- und Spekulationsgeschäften, die sich noch nicht unmittelbar auswirken, deren erwarteter Gewinn (oder Verlust) erst erhebliche Zeit später eintritt, kann eine Untreue schließlich darin zu sehen sein, daß derartige Geschäfte *nicht ordnungsgemäß verbucht* werden (unterlassene Wertberichtigungen oder Verlustrückstellungen).

260 Hervorzuheben ist weiterhin, daß im Rahmen einer *Gesamtabwägung* auf den *Zeitpunkt der Investitionsvornahme* bzw. *des Vertragsschlusses* abzustellen ist[614]. Das gilt insbesondere für die Beurteilung der wirtschaftlichen Vertretbarkeit. Soweit die Dinge einen anderen Verlauf nehmen, als der Geschäftsführer nach sorgfältiger Prüfung aller Umstände berechtigterweise erwarten konnte, müssen derartige Entwicklungen außer Betracht bleiben[615].

---

608 BGH NJW 1982, 775; Schönke/Schröder/*Lenckner* wie Fn 605; LK-*Tiedemann* Vor § 283, 110.
609 So BGHR StGB § 266 Abs. 1 – Nachteil 15.
610 BGH wistra 1982, 148 f.
611 LK-*Hübner* § 266, 85.
612 LK-*Tiedemann* Vor § 283, 111; für den Bankbereich etwa *Otto* S. 81.
613 BGH, Urt. v. 14. 3. 1978 – 1 StR 451/77 (zur mangelnden Prüfung der Kreditwürdigkeit eines Geschäftspartners); *Kohlmann* JA 1980, 228, 231; vgl. auch BGHR StGB § 266 Abs. 1 – Nachteil 15.
614 BGH, Urt. v. 14. 3. 1978 – 1 StR 13/78.
615 Näher *Kohlmann/Löffeler* 334.

b) **Tatbestandsausschließendes Einverständnis.** Gelangt man anhand der bisher aufgezeigten Kriterien zu dem Ergebnis, daß das zu beurteilende Risiko- oder Spekulationsgeschäft an sich als pflichtwidrig angesehen werden müßte, besteht gleichwohl die Möglichkeit eines tatbestandsausschließenden Einverständnisses durch die Gesellschafter bzw. den Aufsichtsrat. Derartige Einverständniserklärungen sind jedenfalls insoweit *zulässig*, als sie nicht ihrerseits gegen zwingendes Recht – insbesondere gegen die §§ 30 ff[616] – verstoßen. Eine weitergehende Bindung an die Sorgfalt eines ordentlichen Geschäftsmanns besteht für die Gesellschafter bekanntlich nicht. Das Einverständnis muß allerdings *frei von Willensmängeln* sein, insbesondere müssen die Gesellschafter die *Tragweite des Einverständnisses* erfaßt haben und drohende Risiken sachgerecht einschätzen können. Denn nur in diesem Fall kann von einem „gewollten Risikogeschäft" die Rede sein. Sind die Gesellschafter in wirtschaftlichen Dingen ersichtlich unerfahren, so ist der Geschäftsführer zunächst zu einer umfassenden Aufklärung verpflichtet. Andernfalls muß zweifellos eine Treuepflichtverletzung angenommen werden, insbesondere dann, wenn er die Gesellschafter in Kenntnis ihrer Unerfahrenheit zu einem Einverständnis in höchst unsichere Geschäfte oder Unternehmungen veranlaßt hat[617]. Geht der Geschäftsführer irrtümlich vom tatsächlichen Vorliegen einer (rechtswirksamen!) Einverständniserklärung aus, so liegt allerdings ein vorsatzausschließender Tatbestandsirrtum (§ 16 StGB) vor[618]. 261

c) **Zufügung eines Nachteils.** Ein Schaden liegt regelmäßig bereits im Zeitpunkt der Investitionsvornahme bzw. des Vertragsschlusses vor. Er ist danach zu berechnen, ob bei wirtschaftlicher Betrachtung schon in diesem Moment feststeht, daß die Investition als (Teil-)Verlust abzuschreiben ist oder die aus dem betreffenden Geschäft erlangte Forderung wertmäßig nicht der aus dem Vermögen der GmbH erbrachten Leistung entspricht (Differenzschaden)[619]. 262

d) **Vorsatz.** Ein (bedingter) Vorsatz liegt nach Auffassung des BGH schon dann vor, wenn der Geschäftsführer die jeweilige Benachteiligung der GmbH als mögliche Folge seines Handelns erkennt und sie dennoch hinnimmt in der Hoffnung, daß die ganze Angelegenheit später doch noch erfolgreich ausgehen wird. Diese vage Zukunftserwartung steht dem gleichwohl bereits vorhandenen, bedingten Benachteiligungsvorsatz nicht entgegen, sondern betrifft nur die spätere Nachteilsbeseitigung oder Wiedergutmachung[620]. 263

e) **Einzelfälle. α) Riskante Kreditgeschäfte im Bankbereich.** Solche unvertretbar risikoreichen Geschäfte haben in den letzten Jahren zunehmend an Bedeutung gewonnen[621]. Bei der Frage, ob und inwieweit entsprechend veranlaßte Kreditgewährungen als pflichtwidrig angesehen werden müssen, sind die *gesetzlichen Risikobe-* 264

---

[616] Vgl. hierzu oben Rdn 188 ff; ferner BGH, Urt. v. 19. 8. 1976 – 4 StR 714/75; BGH, Die Sparkasse, 1960, 394.

[617] So ausdrücklich BGH, Urt. v. 27. 11. 1962 – 1 StR 381/62, S. 13; ebenfalls BGH, Urt. v. 22. 3. 1960 – 1 StR 606/59, S. 16; Urt. v. 31. 5. 1960 – 1 StR 106/60, S. 6; Urt. v. 18. 11. 1975 – 1 StR 588/75, S. 9; zG auch *Hillenkamp* NStZ 1981, 161, 167; *Kohlmann* in Festschr. Werner, S. 387, 404; *Wessels* BT 2, § 18 II 3.

[618] BGHSt. 3, 23 f; *Dreher/Tröndle* § 266, 26; Schönke/Schröder/*Lenckner* § 266, 38.

[619] HM, vgl. etwa BGH, Urt. v. 19. 1. 1954 – 1 StR 579/53 (Entscheidungsgründe 344); Urt. v. 29. 1. 1963 – 1 StR 526/62, S. 2; BGH MDR/H 1979, 636, 637; BGH wistra 1985, 190, 191; vgl. auch *Kohlmann/Löffeler* 336; *Otto* S. 73 mwN.

[620] BGH, Urt. v. 29. 1. 1963 – 1 StR 526/62; Urt. v. 19. 8. 1976 – 4 StR 714/75; BGH NJW 1979, 1512; BGH wistra 1985, 190, 191.

[621] Hierzu näher *Ayasse* aaO; *Kohlmann/Löffeler* 338; *Gallandi* wistra 1988, 295; *Nack* NJW 1980, 1599 f; *Otto* S. 68 f; *ders.* ZStW Beiheft 82, 29, 61.

schränkungen nach dem *KWG* und *HypothekenbankG*, die *bankinternen Vergaberichtlinien* und *Einzelhöchstkreditgrenzen* für die persönliche Kreditwürdigkeit bestimmter Kunden heranzuziehen.

265 Gem. § 10 Abs. 1 KWG iV mit den Grundsätzen des Bundesaufsichtsamtes für das Kreditwesen über das Eigenkapital und die Liquidität der Kreditinstitute vom 21. 1. 1969 darf die Summe aller Kredite und Beteiligungen eines Kreditinstituts das 18fache des haftenden Eigenkapitals nicht übersteigen. Gem. § 13 Abs. 3 Nr. 1 KWG dürfen die fünf größten Großkredite das Dreifache des haftenden Eigenkapitals nicht übersteigen; nach § 13 Abs. 3 Nr. 2 KWG ist die Summe aller Großkredite zusammen auf das Achtfache des haftenden Eigenkapitals begrenzt. Gem. § 13 Abs. 4 KWG darf der einzelne Großkredit 75% des haftenden Eigenkapitals nicht übersteigen[622]. Neben den allgemeinen Kreditobergrenzen existieren fast immer zusätzliche interne Kompetenzregelungen, aus denen sich weitergehende Beschränkungen der Geschäftsleitung bei der Kreditgewährung ergeben, so insbesondere Zustimmungserfordernisse bei der Überschreitung bestimmter Kreditlinien[623]. Gem. § 18 KWG hat sich die Bank bei Krediten über DM 50.000,– die wirtschaftlichen Verhältnisse des Kreditgebers offenlegen zu lassen, insbesondere durch Vorlage der Jahresabschlüsse vergangener Jahre einschl. des letzten sowie durch Zwischenbilanzen. Die entsprechenden bankinternen Vergaberichtlinien enthalten regelmäßig weitere Konkretisierungen. Verstöße gegen die gesetzlichen Kreditvorschriften können jedoch für sich allein noch nicht ohne weiteres als vermögensschädigendes Verhalten beurteilt werden, da insbesondere das KWG nicht den Vermögensschutz der Banken, sondern nur das Vertrauen der Öffentlichkeit bezweckt[624]. Die *Verletzung* gesetzlich bzw. bankintern *festgelegter Kreditobergrenzen* führt vielmehr erst dann zu einer Strafbarkeit wegen Untreue, wenn der Bank hierdurch ein *Schaden* iS des § 266 StGB insbesondere durch *fehlende* oder *nicht ausreichende Kreditsicherung* entstanden ist. Andernfalls liegt ein „bloßer" Gesetzes- bzw. bankinterner Pflichtenverstoß vor[625]. Gleiches gilt für die *Verletzung* von *Prüfungspflichten* hinsichtlich der Kreditwürdigkeit und Bonität des Schuldners[626]. Im Rahmen einer solchen Prüfung spielen allerdings nicht nur Sicherheiten (Grundpfandrechte, Sicherungsübereignung, Sicherungsabtretung, Bürgschaften etc.), sondern auch die persönliche Kreditwürdigkeit des Bankkunden eine Rolle wie z.B. eine Jahrzehnte andauernde Tätigkeit als erfolgreicher Unternehmer[627].

266 Es steht zwar außer Frage, daß „jede Kreditbewilligung eine Gefahr in sich" trägt[628]. Gleichwohl verstößt die *Gewährung nicht oder nur ungenügend gesicherter Kredite* regelmäßig – wenn auch nicht ausnahmslos – gegen die bankinternen Beleihungsrichtlinien und verletzt damit auch das Sicherungsinteresse der Bank in nicht unerheblicher Weise. Das gilt insbesondere, wenn den Rückzahlungs- und

---

622 ZG näher *Nack* NJW 1980, 1599 f.

623 BGHR StGB § 266 Abs. 1 – Nachteil 17, BGH wistra 1985, 190, 191; BGH, Urt. v. 19. 6. 1976 – 4 StR 714/75; v. 22. 3. 1960 – 1 StR 606/59; BGH Die Sparkasse 1980, 394; LG Hof v. 12. 10. 1981 – Kls 17 Js 572/77, zit. b. *Otto* S. 71; *Müller/Wabnitz* S. 26 f.

624 BGH wistra 1985, 190; BGH Die Sparkasse 1960, 393; Schönke/Schröder/*Lenckner* § 266, 20; *Hillenkamp* NStZ 1981, 161, 166.

625 *Dreher/Tröndle* § 266, 25; *Kohlmann/Löffeler* 339.

626 BGH, Urt. v. 22. 6. 1954 – 1 StR 451/53 (S. 10).

627 ZG *Nack* wie Fn 622; *Otto* S. 73; vgl. auch BGH MDR/H 1979, 636, 637 zur Bewertung von Finanzwechseln, die zwecks Kreditgewährung hingegeben wurden.

628 BGH wistra 1985, 190; BGH NJW 1979, 1512; BGH, Urt. v. 22. 3. 1960 – 1 StR 606/59 (S. 21).

Zinsansprüchen der Bank ein illiquider oder finanzschwacher Schuldner gegenübersteht, der nur verhältnismäßig geringe Sicherheiten zur Verfügung gestellt hat, die überdies nicht einmal sofort oder ohne Schwierigkeiten flüssig gemacht werden können[629]. Eine *Ausnahme* kann nur dann gelten, wenn nach den Vermögensverhältnissen des Schuldners die *jederzeitige Rückzahlung sicher* erscheint[630]. Ebenso pflichtwidrig ist eine *Überbewertung der hingegebenen Sicherheiten*[631].

Bei der Frage, ob und in welchem Umfang **Kredite zur Überbrückung wirtschaftlicher Schwierigkeiten des Schuldners** bewilligt werden dürfen, ist zu differenzieren: 267

Handelt es sich um einen *banküblichen Kredit*, so darf nach Auffassung des BGH eine Darlehensgewährung ohne angemessene Sicherheiten nur dann erfolgen, wenn hierdurch eine Besserung der wirtschaftlichen Verhältnisse des Kreditnehmers eintritt[632]. Handelt es sich demgegenüber ausdrücklich um sog. *Sanierungskredite*, ist zu berücksichtigen, daß Sanierungen in ihrer Durchführbarkeit immer mit einem gewissen Risiko verbunden sind, wobei es dann im Einzelfall auf eine Abwägung der Interessenlage der Bank und der Erfolgsaussichten des Sanierungsplans ankommt[633]. Die Eingehung gesteigerter Risiken bei einer Sanierung (auch nur annähernd ausreichende Sicherheiten fehlen zumeist) muß, soweit derartige Kredite den Vergaberichtlinien der betreffenden Bank entsprechen, auch aus gesamtwirtschaftlichen Erwägungen für zulässig erachtet werden[634]. Die Grenze zur Untreue ist erst dann überschritten, wenn die beabsichtigte Sanierung ausgeschlossen ist und durch den „Sanierungskredit" ein auf Dauer doch unvermeidbarer Konkurs lediglich hinausgezögert werden soll. In diesen Fällen tritt neben die GmbH-rechtliche Untreue häufig auch eine strafrechtliche Verantwortlichkeit gegenüber den benachteiligten Gläubigern[635]. Außerdem kommt eine Beteiligung an eventuellen Konkursstraftaten des Schuldners in Betracht[636].

Wie bereits ausgeführt, ist der jeweilige *Differenzschaden* danach zu beurteilen, 268
um welchen Betrag der Rückzahlungs- (und Zins-)Anspruch der Bank zum Zeitpunkt der Darlehensbewilligung bei wirtschaftlicher Betrachtung hinter dem Auszahlungsbetrag zurückbleibt. Demgegenüber vermag es den Geschäftsführer einer Bank nicht zu entlasten, daß andere riskante Kreditgeschäfte gewinnbringend waren, also die risikobehaftete Kredittätigkeit der Bank insgesamt positiv verlief[637].

Fur die Annahme des zumeist *bedingten Vorsatzes* reicht es nach Auffassung des 269
BGH bereits aus, daß der Geschäftsführer der Bank einen Ausfall des Kredits für möglich hält, dieses Risiko aber dennoch hinnimmt, wenn auch „in der Hoffnung, daß die ganze Angelegenheit später einmal doch noch gut ausgehen werde"[638]. Diese Zukunftserwartung stehe einem für die jeweilige Gegenwart vorhandenen bedingten Benachteiligungsvorsatz nicht entgegen, sondern betreffe nur die spätere Nachteilsbeseitigung oder Wiedergutmachung. Die Prüfung, ob der Geschäftsführer

---

629 BGHSt. 15, 24, 28; BGH, Urt. v. 28. 1. 1958 – 1 StR 611/57 (S. 2); Urt. v. 29. 1. 1963 – 1 StR 526/62; *Hillenkamp* NStZ 1981, 161 f; *Nack* NJW 1980, 1599, 1600.

630 BGH, Urt. v. 18. 6. 1965 – 2 StR 435/64 (S. 8 ff).

631 *Kohlmann/Löffeler* 342.

632 BGH, Urt. v. 19. 1. 1954 – 1 StR 579/53 (S. 3).

633 BGH, Urt. v. 13. 12. 1960 – 5 StR 86/60 (S. 5 f).

634 Vgl. auch RGSt. 61, 211 f; *Hillenkamp* NStZ 1981, 161, 162; *Nack* NJW 1980, 1599, 1601; sowie *Canaris* ZHR 143 (1979), 113 ff; *Hopt* ZHR 143 (1979), 139 ff.

635 Vgl. hierzu etwa OLG Stuttgart wistra 1984, 113, 114 m. Anm. *Richter* wistra 1984, 97.

636 Näher *Tiedemann* ZIP 1983, 513 ff.

637 BGH, Urt. v. 22. 3. 1960 – 1 StR 606/59 (S. 11); zust. *Otto* S. 77.

638 BGH, Urt. v. 22. 3. 1960 – 1 StR 606/59 (S. 21); Urt. v. 29. 1. 1963 – 1 StR 526/62; Urt. v. 19. 8. 1976 – 4 StR 714/75; vgl. hierzu näher *Nack* NJW 1980, 1599, 1602.

eine jeweilige gegenwärtige *Benachteiligung der Bank* als mögliche Folge seines Handelns *erkannt* hat, setzt eingehende Feststellungen zu den betreffenden Kreditgewährungen voraus[639].

270 *Gleicher Beurteilung* unterliegen u. a. auch *Bürgschaften* und *Avalkredite*[640] sowie die *Diskontierung von Wechseln und Schecks* und der *vorschriftswidrige Ankauf von Finanzwechseln*[641].

271 β) **Devisengeschäfte.** Bei der strafrechtlichen Beurteilung von Devisengeschäften[642] ist zu unterscheiden: Im *Bankbereich* sind bewußt riskante Devisengeschäfte, die lediglich in der Erwartung auf künftige Kursentwicklungen abgeschlossen werden, grundsätzlich verboten[643]; erlaubt sind nur sog. Kurssicherungs- und Arbitragegeschäfte[644]. Insoweit ist aber auch grundsätzlich jede Devisenspekulation pflichtwidrig, die bei einem Fehlschlag zur Insolvenz der Bank führen kann[645]. Bei der Bewertung können die nach Abwicklung bestimmter Devisengeschäfte entstehenden offenen Positionen (sog. Swaps) in der Bilanz keinesfalls auf der Basis hypothetischer, d. h. der am Hochrechnungstag gehandelten Kurse angesetzt werden. Nur sichere Gewinne aus bereits geschlossenen Devisentermingeschäften dürfen entsprechend verbucht und als endgültige Gewinne ausgewiesen werden. Bei außergewöhnlich riskanten oder das Eigenkapital gefährdenden Devisengeschäften ist schließlich auch zu bedenken, daß ein Vermögensschaden der Bank gegebenenfalls darin gesehen werden kann, daß hierzu Mittel verwendet werden, mit der die Bank sonst weitaus weniger unsichere gewinnbringende Geschäfte hätte machen können. Denn es liegt auf der Hand, daß der Bestand der Einlagen für die Gewinnmöglichkeiten eines Bankgeschäftes von besonderer Bedeutung ist[646]. Im Bereich von *Handels-, Industrie- und Dienstleistungsunternehmen* ist der Geschäftsführer zur Eingehung riskanter Devisengeschäfte grundsätzlich nicht befugt, weil solche Spekulationsgeschäfte regelmäßig außerhalb des Unternehmensgegenstandes liegen. Soweit die betreffende Firma im Außenhandel tätig ist, müssen im Rahmen des Zahlungsverkehrs allerdings sog. Kurssicherungsgeschäfte zur Begrenzung des Kurs- und Währungsrisikos als zulässig angesehen werden.

272 γ) **Wertpapiergeschäfte.** Eine strafrechtliche Verantwortlichkeit bei Wertpapiergeschäften hängt zunächst davon ab, ob überhaupt eine Befugnis zur Vornahme von Wertpapiergeschäften existiert. Auf der zweiten Stufe ist dann zu prüfen, inwieweit es sich um bank- bzw. branchenübliche Spekulationsgeschäfte handelt. Ein entsprechender Vermögensnachteil kann nach Auffassung des BGH – selbst bei pflichtwidrigem Handeln! – aber erst dann angenommen werden, „wenn der Täter nach Art eines Spielers bewußt und entgegen den Regeln kaufmännischer Sorgfalt eine aufs äußerste gesteigerte Verlustgefahr auf sich nimmt, nur um eine höchst zweifelhafte Gewinnaussicht zu erlangen", insbesondere dann, wenn „sie nicht mit besonders sicheren Aktien, sondern mit Aktien ‚zweiter und dritter Adressen' betrieben" werden[647]. Gleichwohl können auch derart riskante Wertpapierspekulationen im Ein-

---

639 BGH NJW 1979, 1512.

640 BGH NJW 1979, 1512; BGH wistra 1985, 190, 191; *Dreher/Tröndle* § 266, 25; *Müller/Wabnitz* S. 28.

641 BGH MDR/H 1979, 636 f; BGH, Urt. v. 13. 11. 1956 – 5 StR 620/55; hierzu näher auch *Kohlmann/Löffeler* 349 f.

642 ZG etwa *Fischer/Erlach* S. 82 ff; *Lipfert* S. 47 f; *Otto* S. 59 ff, 62 f; *Ulsenheimer* in HWiStR, Stichwort: Devisenspekulation, Devisenhandel und Geldgeschäfte, Hrsg.: Schweizerischer Bankverein, 1981.

643 *Otto* S. 63.

644 Hierzu näher *Fischer/Erlach* S. 82 f; *Lipfert* S. 47 f; *Otto* S. 61; *Ulsenheimer* wie Fn 635; *Kohlmann/Löffeler* 351.

645 *Otto* wie Fn 643.

646 BGH, Urt. v. 12. 1. 1956 – 3 StR 626/54 (S. 76 f).

647 BGH GA 1977, 342 f.

zelfall von der Geschäftsführungsbefugnis mitumfaßt sein, namentlich beim Vorliegen entsprechender (rechtswirksamer) Genehmigungen[648].

δ) **Warentermingeschäfte.** Hierbei ist eine Grenzziehung zwischen noch erlaubtem und bereits verbotenem Handeln sehr schwierig, da Geschäfte mit Warenterminoptionen schon aus ihrer Natur heraus äußerst risikobehaftet sind[649]. Eine Orientierung des Gewinn- bzw. Verlustrisikos an einer 50%-Grenze wäre völlig unsachgerecht und würde den Warenterminhandel in weiten Bereichen unmöglich machen. Sofern der Abschluß von Warentermingeschäften noch im Rahmen des branchenüblichen liegt oder der Geschäftsführer hierzu ausdrücklich ermächtigt ist, sind entsprechende Kontrakte zutreffenderweise erst dann unvertretbar riskant, wenn eine reale Gewinnchance nahezu ausgeschlossen ist oder eine Chance zwar besteht, aber dadurch geschmälert wird, daß ein überhöhter Preis bzw. eine überhöhte Maklerprovision gezahlt wird[650]. 273

ε) **Riskante Investitionsgeschäfte.** Bei der Beurteilung von riskanten Investitionsgeschäften stellt der BGH maßgeblich auf die wirtschaftliche Vertretbarkeit zum Zeitpunkt der Vornahme der Investition ab. Mißbräuchlich sind demnach sinnlose, überhöhte oder völlig unvertretbare Investitionen, die jeden wirtschaftlichen Grundsätzen zuwiderlaufen[651]. Hierbei dürfen die Investitionen aber nicht isoliert gesehen werden zum gesamten Geschäftsvolumen der GmbH[652]. 274

ζ) **Sonstige riskante Geschäfte im Rahmen des laufenden Geschäftsbetriebs.** 275
Diese sind wie folgt zu beurteilen: Im Bereich der *Lagerhaltung* muß zunächst zwischen einem Umfang unterschieden werden, der noch im Rahmen des für die betreffende GmbH Üblichen liegt, und einem solchen, der einen in die Augen fallenden spekulativen Charakter hat. Zur Ermittlung dessen, was noch üblich ist, wird man auf einen Vergleich mit strukturähnlichen Unternehmen, Auftragslage, Produktionsdauer und konjunkturelle Tendenzen abstellen müssen[653]. Wo das Wagnis im Rahmen des Normalen bleibt, entfällt eine Tatbestandsmäßigkeit bereits von vornherein. Übersteigt dagegen die Lagerhaltung den üblichen Umfang, weil der Geschäftsführer mit einem Steigen der Rohstoffpreise rechnet, also à la hausse spekuliert, wird eine Strafbarkeit letztlich davon abhängen, ob das erhöhte Wagnis noch in den Grenzen der unternehmerischen Initiative des ordentlichen Geschäftsmannes liegt[654]. Da ein Warenlager in erster Linie der Gewährleistung eines reibungslosen Geschäftsbetriebs dient, wird jedenfalls eine ausschließlich auf Spekulation gerichtete Lagerhaltung pflichtwidrig sein. Eine Ausnahme besteht natürlich für die Fälle, in denen der Geschäftsführer in berechtigter Erwartung auf eine Erhöhung der Einkaufspreise angemessene Vorratskäufe veranlaßt.

Regelmäßig unzulässig und für die GmbH nachteilig ist auch die sog. *Umsatzausweitung durch länger andauernde Unterpreisverkäufe.* Nicht pflichtwidrig sind dagegen Verlustgeschäfte, die der Räumung von Lagern dienen oder einer kurzfristigen, nicht anders zu erreichenden Liquiditätsschöpfung[655]. Ebenfalls kann es nicht 276

---

[648] BGH, Urt. v. 1. 3. 1983 – 5 StR 784/82.

[649] Hierauf wird auch in BGHSt. 32, 22, 24 ausdrücklich hingewiesen.

[650] BGH wie Fn 649; vgl. hierzu näher auch *Kohlmann/Löffeler* 412.

[651] BGH, Urt. v. 14. 3. 1978 – 1 StR 13/78; BGHR StGB § 266 Abs. 1 – Nachteil 15 zur riskanten Darlehensaufnahme in einem Fall, in dem die von den Gesellschaftern (Anlegern) zur Finanzierung eingezahlten Einlagen zuvor als Gewinn ausgezahlt worden waren.

[652] BGH WM 1960, 203 f; *Kohlmann/Löffeler* 354.

[653] So zutr. *Klug* in Festschr. Eb. Schmidt (1961), S. 249, 257 f.

[654] *Kohlmann/Löffeler* 355.

[655] LK-*Tiedemann* § 283, 112; z. B. Winter-/Sommerschlußverkauf; Räumungsverkauf wegen Produktumstellung oder Geschäftsaufgabe; Verkauf von „Ladenhütern"; Benötigung erheblicher Geldbeträge, etwa für dringend notwendige Investitionen, wenn andere Finanzierungsmöglichkeiten ausscheiden.

pflichtwidrig sein, wenn der Geschäftsführer im Rahmen einer festen Geschäftsbeziehung den Abschluß einzelner Verlustgeschäfte in Kauf nimmt, wenn davon die Weiterführung der bis dahin für die GmbH ertragreichen Geschäftsbeziehung abhängt.

277 Treuwidrig ist auch die *langfristige Hinnahme erheblicher Verluste innerhalb einer Geschäftsbeziehung*, etwa durch die Weiterbelieferung zahlungsunfähiger Kunden. Eine Ausnahme wird man allerdings dann zulassen müssen, wenn der Geschäftsführer berechtigterweise darauf vertrauen konnte, daß es sich nur um vorübergehende Zahlungsschwierigkeiten handelt und in Kürze wieder eine gewinnbringende Absatzmöglichkeit zu erwarten ist. Andernfalls ist eine Entscheidung des Aufsichtsrates oder der Gesellschafterversammlung herbeizuführen. Eine sachgerechte Beurteilung wird auch davon abhängen, ob und inwieweit in solchen Fällen ein Wechsel des betreffenden Geschäftspartners möglich und wirtschaftlich eindeutig vorzugswürdig erscheint[656].

278 Grundsätzlich pflichtwidrig ist die Gewährung von *Warenkredit* an unbekannte Geschäftspartner *ohne* Überprüfung der *Kreditwürdigkeit* bzw. ohne *hinreichende Sicherheiten*[657]. Pflichtwidrig ist ferner die *Überschreitung* eines vom Aufsichtsrat oder der Gesellschafterversammlung *begrenzten Handelswechselobligos*[658]. Ein Nachteil iS des § 266 StGB kann aber erst dann angenommen werden, wenn der GmbH hierdurch tatsächlich ein Schaden oder zumindest eine konkrete Vermögensgefährdung erwachsen ist.

2. Wettbewerbshandlungen

279 Bei Beurteilung der Frage, ob und inwieweit Wettbewerbshandlungen insbes. durch Geschäftsführer und leitende Angestellte treuwidrig iS des § 266 StGB sind, ist zu unterscheiden zwischen solchen Wettbewerbshandlungen, die während des Anstellungsverhältnisses des Täters erfolgen und solchen, die erst nach deren Abberufung bzw. nach deren Ausscheiden vorgenommen werden.

280 a) **Unzulässiger Wettbewerb während des Anstellungsverhältnisses.** Die aus dem Anstellungsvertrag und dem GmbH-Gesetz jeweils zugewiesenen Pflichtenkreise begründen grundsätzlich nur *während der Dauer des Anstellungsverhältnisses* bei der Gesellschaft eine ihr gegenüber obliegende Treuepflicht iS des § 266 StGB, die die betreffenden Personen verpflichtet, die Vermögensinteressen der GmbH wahrzunehmen und hiergegen gerichtete Wettbewerbshandlungen zu unterlassen[659].

281 b) **Zufügung eines Nachteils.** Somit können während der Anstellungstätigkeit erfolgte Wettbewerbshandlungen den Treubruchstatbestand erfüllen, sofern die Gesellschaft hierdurch einen *Schaden* erleidet. Auf der Grundlage des im Strafrecht geltenden sog. „wirtschaftlichen Vermögensbegriffs“ kann grundsätzlich auch die Verursachung eines „entgangenen Gewinns“ als Vermögensnachteil iS des § 266 StGB zu beurteilen sein; dies jedoch nur unter der einschränkenden Voraussetzung, daß es sich um mehr als nur um die Vereitelung der tatsächlichen Möglichkeit eines erwarteten Gewinns handelt. Es muß vielmehr entweder bereits ein Rechtsanspruch bestanden oder eine wirtschaftliche Anwartschaft mit überdurchschnittlicher Ein-

---

656 Vgl. aber RG JW 1911, 223 f zur Preisgabe von Ansprüchen aus Anstandsrücksichten.

657 LG Hagen BB 1976, 1093; BGH, Urt. v. 22. 6. 1954 – 1 StR 451/53; § 43, 32 (*Mertens*)[7]; § 43, aaO (*Mertens/Stein*); Scholz/*Schneider* § 43, 86.

658 BGH, Urt. v. 22. 3. 1960 – 1 StR 606/59, S. 17.

659 Vgl. etwa § 35, 202 (*Mertens*)[7]; § 35, aaO (*Mertens/Stein*); Meyer-Landrut/*Miller* §§ 35–38, 169.

trittswahrscheinlichkeit vorgelegen haben. Gerade diese Chance muß durch das Handeln des Täters beseitigt worden sein[660], z. B. bei der Vereitelung eines „unterschriftsreifen“ Vertrags[661]. Für die Annahme eines Schadenseintritts ist also die sichere Feststellung erforderlich, daß sich die Chance bei pflichtgemäßem Handeln des Täters zu einer Vermögensmehrung des Anstellungsunternehmens entwickelt hätte[662]. Dagegen kann der Verlust einer mehr oder minder unsicheren Aussicht eines Geschäftsabschlusses noch nicht als Vermögensschaden beurteilt werden[663]. Die Rechtsprechung hat einen Schaden unter Umständen allerdings auch schon dann in Betracht gezogen, wenn der Täter dem Anstellungsunternehmen *Stammkunden* abgeworben hat[664]. Soweit die Abwerbung eines *Gelegenheitskunden* zu beurteilen ist, kann eine Untreue nur dann bejaht werden, wenn ein *sicher bevorstehender Geschäftsabschluß* vereitelt wird[665].

c) **Vorbereitungshandlungen.** Bloße Vorbereitungshandlungen für ein künftiges eigenes Unternehmen oder eine sonstige berufliche Veränderung des Geschäftsführers sind dagegen *in der Regel nicht treuwidrig*[666]. Daß auch Vorbereitungshandlungen für eine später geplante Wettbewerbstätigkeit jedenfalls zumindest eine abstrakte Gefährdung der Vermögensinteressen für das Anstellungsunternehmen zur Folge haben können, steht zwar außer Frage, rechtfertigt aber grundsätzlich noch keine Treuepflichtverletzung[667]. **282**

Obwohl die zugrunde liegende Entscheidung des RG aus dem Jahr 1940 stammt, hat sie nichts von ihrer Bedeutung verloren. Gerade in einer Gesellschaft der freien Marktwirtschaft kommt dem Gesichtspunkt des weitgehend ungehinderten Wettbewerbs eine überragende Bedeutung zu. Vor diesem Hintergrund sind im zivilrechtlichen Schrifttum und der dazu ergangenen Rechtsprechung, die hier zwanglos übernommen werden kann, beispielsweise als *zulässige* Vorbereitungshandlungen angesehen worden: *Betreiben der Berufszulassung*[668], *Vorbereitung des Überwechselns zu einem Konkurrenzunternehmen*[669], *Vorbereitung eines eigenen Unternehmens* des Geschäftsführers, soweit dieses erst *nach Vertragsende seinen Betrieb aufnimmt*, und ohne daß es vorher bereits zu konkreten Wettbewerbshandlungen gekommen ist[670], die *Anmietung entsprechender Geschäftsräume* sowie der Kauf von Einrichtungsgegenständen und Arbeitsgeräten[671], der *Abschluß entsprechender Gesellschaftsverträge*[672], die *Anmeldung zum Handelsregister*[673], Abwerbung eines Angestellten der GmbH[674]. **283**

Die Grenze der erlaubten Vorbereitungshandlungen wird nur dann überschritten, wenn der Täter zum Zweck der Anbahnung und des Abschlusses von Eigengeschäften noch während seines Dienstverhältnisses pflichtwidrig in den Kunden- oder Lie- **284**

---

660 RGSt. 38, 108, 109; 41, 373, 375 f; 58, 285, 289; BGHSt. 20, 143, 145; BGHSt. 31, 232, 234; *Dreher/Tröndle* § 266, 17; LK-*Lackner* § 263, 124 f jew. mwN.

661 *Kohlmann/Löffeler* 287.

662 BGHSt. 20, 143, 145; OLG Köln NJW 1967, 1923; OLG Hamm NJW 1968, 1940.

663 *Kohlmann/Löffeler* wie Fn 661.

664 RGSt. 71, 31, 33 f m. krit. Anm. *Schwinge* JW 1937, 3023; OLG Dresden JW 1926, 621; BGHSt. 20, 143, 145.

665 BGHSt. 20, 143, 144.

666 In strafrechtlicher Hinsicht vgl. etwa Erbs/Kohlhaas/*Fuhrmann* § 17 UWG, 3 d; *Baumbach/Hefermehl* § 17 UWG, 13; sowie für das Zivilrecht *Bandasch/Etzel* § 60 HGB, 4; *Baumbach/Duden/Hopt* § 60 HGB, 1 jew. mwN aus der Rechtsprechung.

667 RGSt. 75, 75, 82 ff.

668 Vgl. BAG BB 1958, 877; *Baumbach/Duden/Hopt* § 60 HGB, 1.

669 BAG BB 1975, 1018.

670 RG JW 1937, 2654.

671 Vgl. *Baumbach/Duden/Hopt* § 60 HGB, 1 A; *Bandasch/Etzel* § 60 HGB, 4; *Schlegelberger/Schröder* § 60 HGB, 7.

672 Vgl. BAG BB 1970, 1095.

673 Vgl. LAG Kiel BB 1956, 338; *Bandasch/Etzel*; *Schlegelberger/Schröder* jeweils wie Fn 672.

674 Vgl. LAG Baden-Württemberg DB 1970, 2325.

ferantenkreis des Anstellungsunternehmens eindringt[675]. Gleichwohl ist – im Gegensatz zum handelsrechtlichen Wettbewerbsverbot gem. §§ 60 ff HGB[676] – der Treubruchstatbestand nur dann verwirklicht, wenn durch dieses Verhalten eine *konkrete Vermögensgefährdung* für das Anstellungsunternehmen erwächst. Demnach ist die Werbung, Vorbereitung und Anbahnung von Geschäften mit (potentiellen) Kunden oder Lieferanten erst strafbar iS des § 266 StGB, wenn nachweisbar feststeht, daß die betreffenden Kunden bzw. Lieferanten andernfalls mit dem Anstellungsunternehmen kontrahiert hätten. Dann aber kann es auch keine Rolle spielen, ob der anschließende Vertragsschluß vor oder nach dem Ausscheiden des Geschäftsführers aus dem Anstellungsbetrieb erfolgt[677].

285 d) **Keine nachwirkenden Treuepflichten.** Nach Ablauf der Dienstzeit und Beendigung des Anstellungsvertrages unterliegt der Täter grundsätzlich keiner über die Auflösung des Beschäftigungsverhältnisses hinausgehenden, nachwirkenden Treuepflicht iS des § 266 StGB[678]. Soweit sich aus der mit der GmbH-Novelle 1980 eingeführten strafbewehrten Geheimhaltungspflicht des § 85 jetzt auch eine Art nachvertragliches gesetzliches Wettbewerbsverbot ergibt, können hieraus keine Rückschlüsse auf eine Treuepflicht iS des § 266 StGB hergeleitet werden[679]. Ausgehend davon, daß grundsätzlich keine nachwirkenden Treuepflichten iS des § 266 StGB anzuerkennen sind, besteht eine *Ausnahme* in dem Fall, daß der Täter nach Ablauf seines Anstellungsvertrages die Geschäfte der GmbH mit Zustimmung der Gesellschafter vorerst weiter tätigt, sog. *„faktische Weiterführung“*[680].

286 Aber auch ein *nachvertraglich vereinbartes Wettbewerbsverbot* kann nicht als Treueverhältnis iS des § 266 StGB angesehen werden[681]. Hierzu führte das Reichsgericht bereits in der mehrfach erwähnten Entscheidung aus dem Jahr 1940[682] zutreffend aus, daß ein solches Wettbewerbsverbot „nicht etwa – in gewissen Beschränkungen – das Dienstverhältnis fortsetzt, sondern ein *neues Vertragsverhältnis* in Kraft setzt, das dem bisherigen Angestellten das Wettbewerbsverbot als Schuldnerverpflichtung auferlegt ..., ohne ein neues Treueverhältnis (iS des § 266 StGB) zu begründen“. Der frühere Angestellte hat zwar gegen Entgelt *zivilrechtlich* einen Wettbewerb mit der GmbH *zu unterlassen, ohne* andererseits deshalb *strafrechtlich verpflichtet* zu sein, allgemein die Vermögensinteressen der GmbH iS des § 266 StGB *wahrzunehmen*.

3. Gesellschaften in öffentlicher Hand

287 Bei einer Vielzahl von Gesellschaften mbH sind Bund, Länder oder Kommunen als Mehrheits- oder Alleingesellschafter beteiligt, womit sich die weitere Frage stellt, ob hierdurch insbesondere dem Pflichtenkreis der Geschäftsführer, und hier wiederum in erster Linie hinsichtlich seiner Ausgabenpraxis, *engere Grenzen* gesetzt sind, als bei einer Gesellschaft in mehrheitlich oder ausschließlich privater Hand. Zur *Täterqualifikation* bei Gesellschaften in öffentlicher Hand vgl. oben Rdn 70.

288 Soweit sich der Staat auf diese Weise mittels privatrechtlich strukturierter Unternehmen im *allgemeinen Wirtschaftsleben* betätigt (z. B. in der Automobilbranche ⟨VW⟩) kann für die Geschäftsführung nichts anderes gelten, als bei einem Unter-

---

675 Vgl. etwa BAG NJW 1963, 1420; 1975, 1987; 1979, 335; BAG AP Nrn. 5 u. 6 zu § 60 HGB.
676 Vgl. etwa *Schlegelberger/Schröder* § 61 HGB, 3.
677 *Kohlmann/Löffeler* 290.
678 Vgl. bereits Rdn 66.
679 *Kohlmann/Löffeler* 291.
680 BGHSt. 8, 149; LK-*Hübner* § 266, 77; *Lackner* § 266, 12; vgl. auch *Kohlmann/Löffeler* 292.
681 *Maurach/Schroeder/Maiwald* BT 1, S. 502.
682 RGSt. 75, 75, 82.

nehmen mit privaten Gesellschaftern, sofern sich aus dem Gesellschaftszweck, der Satzung, dem Geschäftsführervertrag oder aufgrund von Einzelweisungen nichts anderes ergibt.

Einschränkungen können vielmehr nur dort anerkannt werden, wo es sich um sog. *staatliche* und hier insbesondere *kommunale Eigengesellschaften* handelt (vgl. etwa § 89 GO NW, § 108 GO Nds.), die der *öffentlichen Daseinsvorsorge* dienen und sich *ausschließlich* oder *mehrheitlich in öffentlicher Hand* befinden[683]. Zu nennen sind etwa Elektrizitäts-, Gas-, Wasser- und Heizwerke sowie städtische Verkehrsbetriebe. **289**

a) **Pflicht zur wirtschaftlichen Haushaltsführung.** Es steht außer Frage, daß für den Bereich privatrechtlich geführter Eigengesellschaften ebenso wie für den Bereich der öffentlichen Verwaltung bei der Ausgabenpraxis im Hinblick auf die öffentliche Zwecksetzung und die damit verbundene Pflicht zu besonders wirtschaftlicher Haushaltsführung gewisse Einschränkungen geboten sind. Dieses Wirtschaftlichkeitsprinzip findet in den jeweils einschlägigen öffentlich-rechtlichen Vorschriften (vgl. etwa §§ 89 Abs. 2 Nr. 2; 94 GO NW; §§ 108 Abs. 2 Nr. 2; 114 GO Nds.) seine gesetzliche Ausgestaltung. Demzufolge haben sich die bei der Ausgabenpraxis einzuhaltenden Sorgfaltspflichten des Geschäftsführers daran zu orientieren, daß das Unternehmen einen Ertrag für den Staats- bzw. Gemeindehaushalt abwerfen soll, soweit das mit ihrer Aufgabe der Erfüllung öffentlicher Bedürfnisse in Einklang zu bringen ist. Die Einnahmen sollen hierbei mindestens alle Aufwendungen decken und angemessene Rücklagen ermöglichen. **290**

b) **Inhalt des Wirtschaftlichkeitsprinzips.** Bis heute ungeklärt sind dagegen die inhaltliche Ausgestaltung des Wirtschaftlichkeitsprinzips und der Grenzverlauf zwischen noch wirtschaftlich vertretbaren Ausgaben und bereits nicht mehr erlaubten Ausgaben. Ebenso ungeklärt ist, ob bereits jede mangelnde Beachtung des Wirtschaftlichkeitsprinzips zugleich einen strafrechtlich relevanten Verstoß gegen die Vermögensbetreuungspflicht iS des § 266 StGB darstellt[684]. Die in diesem Zusammenhang zur Frage unverhältnismäßig hoher Aufwendungen ergangene *Rechtsprechung* hat bis heute ebenfalls zu keiner näheren, geschweige abschließenden Klärung geführt. Die wenigen vorliegenden Entscheidungen sind nur vor dem Hintergrund des Einzelfalles zu verstehen und lassen sich kaum verallgemeinern. Der Entscheidung BGH, Urt. v. 11. 2. 1955 – 1 StR 409/54[685] lag ein Sachverhalt zugrunde, in dem Mitgeschäftsführer nur zu Besprechungen zu gewinnen waren, wenn ihnen die Möglichkeit eines alkoholischen Genusses geboten wurde. Der BGH sah hierin eine strafbare Untreue, weil ein Geschäftsführer seine Tätigkeit nicht von der Bereitstellung von Alkoholika abhängig machen kann. In den Entscheidungen LG Paderborn[686] und OLG Hamm[687] (beiden Entscheidungen lag derselbe Sachverhalt zugrunde) wurde eine Untreue des kaufmännischen Geschäftsführers einer Stadtwerke-GmbH mit einem Stammkapital von ca. 14 Mio. DM angenommen, der mehrfache Abendessen für Mitarbeiter und deren Ehefrauen mit Kosten von jeweils über 150,– DM pro Person arrangierte, ein Abendessen zusammen mit einem nachrangigen Mitarbeiter während einer gewöhnlichen Dienstreise für 490,– DM ein- **291**

[683] BGHSt. 12, 89, 90 f mwN aus der Rspr. des RG; ferner BGHSt. 31, 264, 268; OLG Hamm NStZ 1986, 119; LG Paderborn MDR 1986, 952, 953.

[684] Zum Streitstand näher die Diskussionsbeiträge im Vorfeld zum 1. und 2. WiKG, namentlich vom *Präsidium des Bundes der Steuerzahler* aaO; *Seeger* aaO; *Sebbel* aaO; *Volk* aaO; *Kohlmann/Brauns* aaO; *Neye* aaO.

[685] GA 1955, 363.

[686] MDR 1986, 952 f.

[687] NStZ 1986, 119 f.

nahm sowie etwa 500 Bilder und Graphiken für insgesamt ca. 340.000,– DM zur Ausgestaltung der Geschäftsräume der GmbH ankaufte. Des weiteren veranlaßte er Geschenkaufwendungen für Geschäftsfreunde, Mitglieder der Aufsichtsgremien bzw. deren Ehefrauen in Höhe von jährlich bis zu 40.000,– DM sowie den Kauf von Spirituosen für jährlich 50.000,– DM bis 60.000,– DM. Diese Ausgaben wurden zudem in der Buchführung verschleiert und zum Teil auch in einer „verdeckten Nebenbuchhaltung" nur unvollständig erfaßt. Für den Bereich einer privatwirtschaftlich als kommunale Eigengesellschaft geführten Stadtwerke GmbH vertreten das OLG Hamm und das LG Paderborn die Auffassung, daß sich Umfang und Inhalt der Sorgfaltspflichten des Geschäftsführers hinsichtlich seiner Ausgabenpraxis und damit auch seine Vermögensbetreuungspflicht iS des § 266 StGB anhand der jeweils geltenden *kommunalrechtlichen Wirtschaftsgrundsätze* zu bestimmen habe.

292 Daß diese Auffassung *erheblichen Bedenken* unterliegt, weil eine Auslegung des ohnehin sehr weit gefaßten Untreuetatbestandes mit Hilfe des Wirtschaftlichkeitsbegriffs kaum noch den Minimalanforderungen der verfassungsrechtlich gewährleisteten Tatbestandsbestimmtheit (Art. 103 Abs. 2 GG) genügen würde, wurde bereits im Rahmen der vorerwähnten Reformdiskussion ausdrücklich hervorgehoben[688]. Andernfalls müßte die für § 266 StGB tatbestandliche Pflichtwidrigkeit, die vorliegend bereits anhand des unbestimmten Rechtsbegriffs der „Sorgfalt eines ordentlichen Geschäftsmannes" gem. § 43 Abs. 1 zu bestimmen ist, dann noch zusätzlich an dem weiteren unbestimmten Rechtsbegriff der „Wirtschaftlichkeit" gemessen werden. Eine derartige Auslegung läßt eine exakte Grenzziehung zwischen noch erlaubtem und schon pflichtwidrigem und strafbarem Verhalten nicht mehr zu, zumal die vorgenannten Rechtsbegriffe bis heute keine hinreichende inhaltliche Klärung erfahren haben. Demzufolge kann der in den Kommunalgesetzen normierte Grundsatz der Wirtschaftlichkeit auch nicht im Sinne einer umfassenden Blankettausfüllung zur Konkretisierung der Vermögensbetreuungspflicht des § 266 StGB herangezogen werden[689].

293 Die Grenze der Strafbarkeit ist vielmehr erst dann überschritten, wenn eine *evidente* und *eindeutige Ermessensüberschreitung* vorliegt, die mit den Grundsätzen einer wirtschaftlichen und nicht auf übermäßig hohen Repräsentationsaufwand gerichteten Unternehmensführung unter keinem Gesichtspunkt mehr zu vereinbaren ist[690]. Diese strafrechtliche Beurteilung entspricht auch der im *Verwaltungsrecht* vorherrschenden Meinung, wonach eine Wirtschaftlichkeitsüberprüfung darauf beschränkt bleiben muß, ob die betreffende Maßnahme „mit den Grundsätzen vernünftiger Haushaltsführung schlechterdings unvereinbar" ist[691].

4. Untreuehandlungen bei bevorstehender oder bereits eingetretener Insolvenz

294 a) **Tatbestandsmäßiges Handeln.** Die bereits oben Rdn 118 f dargelegten Ausführungen gelten entsprechend für solche *Investitionen*, die sich im Hinblick auf einen unmittelbar *bevorstehenden Konkurs* der GmbH als völlig sinnlos darstellen. So ist nicht selten zu beobachten, daß noch kurz vor einem Firmenzusammenbruch erhebliche Beträge für Werbung, Investitionen, den Erwerb von Patenten oder son-

688 Vgl. insbes. *Volk* Gutachten, S. 464 ff, 471 ff.

689 *Sebbel* S. 48; *Volk* S. 462–469; *Kohlmann/Brauns* S. 87; *Molketin* NStZ 1987, 369, 370.

690 *Sebbel; Volk; Kohlmann/Brauns* jeweils wie Fn 689.

691 So ausdrücklich OVG Rh.-Pf., Amtl. Slg., Bd. 3, 47, 50; 13, 412, 414; Urt. v. 1. 7. 1974 – 7 A 6/73; *Schmidt-Jortzig* S. 222 mwN.

stigen Rechten u.ä. aufgewendet werden, obwohl eine Amortisation im Hinblick auf den zu erwartenden Konkurs ausgeschlossen ist. Sicherlich sind solche Aufwendungen, die das noch verbliebene Firmenkapital völlig unnötig schmälern, bereits objektiv pflichtwidrig. Dies ist insbesondere dann der Fall, wenn etwa der Geschäftsführer allein in der Hoffnung handelt, diese Investitionsgeschäfte gegebenenfalls nach Abweisung eines Konkursantrages mangels Masse (§ 107 KO) auf eigene Rechnung oder gemeinsam mit den ehemaligen Gesellschaftern der in Konkurs geratenen GmbH im Rahmen eines Nachfolgeunternehmens verwerten zu können[692]. Weiter zu nennen sind ferner die Fälle, in denen die GmbH gerade wegen des bevorstehenden Konkurses bewußt *ausgehöhlt* werden soll, etwa durch *Beiseiteschaffen von Gesellschaftsvermögen*[693] und *Rückzahlung eigenkapitalerhaltender Darlehen* entgegen § 32 a[694]. Werden Investitionsgeschäfte hingegen gerade deshalb noch getätigt, um auf diese Weise den erwarteten Unternehmenszusammenbruch „in letzter Minute" doch noch abwenden zu können, stellt sich die Frage, ob und inwieweit es sich um ein noch zulässiges *Risikogeschäft* handelt[695]. Die bloß pflichtwidrige Unterlassung eines Konkursantrags[696] erfüllt mangels eines Schadens nicht den Tatbestand der Untreue[697].

Sofern bereits über das Vermögen der GmbH das **Konkursverfahren eröffnet** 295
worden ist, hat gem. §§ 6, 7 KO nur noch der Konkursverwalter einen rechtlichen Zugriff auf das noch vorhandene Gesellschaftsvermögen, so daß ein tatbestandsmäßiges Handeln durch den Geschäftsführer oder sonstiger als Täter in Betracht kommender Personen aus dem Bereich der Gesellschaft nicht mehr möglich ist[698]. Auf der anderen Seite bleibt die rechtliche Selbständigkeit der GmbH auch im Konkursverfahren zunächst erhalten, und sie steht weiterhin unter dem Schutz des § 266 StGB gegen eine rechtswidrige Erhöhung ihrer Schuldenlast[699].

Wird das **Konkursverfahren mangels Masse nicht eröffnet** (§ 107 KO) oder **eingestellt** (§ 202 KO), lebt die Verfügungsbefugnis des Geschäftsführers wieder auf, so daß ab diesem Zeitpunkt Untreuehandlungen wieder möglich sind. 296

b) Abgrenzung zum Bankrott. Nach std. Rspr. des BGH sind Untreue und Bankrott (§ 283 Abs. 1 Nr. 1 StGB) danach zu unterscheiden, ob der Täter die vermögensschädigende Handlung bei *wirtschaftlicher Betrachtungsweise* zu *gesellschaftsfremden Zwecken* vornimmt, um sich selbst bzw. die Gesellschafter nicht mit „leeren Händen" dastehen zu lassen – dann Untreue –, oder für die GmbH oder zumindest auch in deren Interesse handelt – dann Bankrott –[700]. 297

5. Untreue innerhalb der GmbH & Co. KG

Bei der Beurteilung mißbräuchlichen bzw. treuwidrigen Verhaltens eines GmbH-Geschäftsführers, der in dieser Funktion gleichzeitig „mittelbarer" Geschäftsführer der GmbH & Co. KG ist, kann auf eine inzwischen gefestigte Rechtsprechung zu- 298

[692] *Richter* GmbH-Rdsch. 1984, 137, 145; Rowedder/*Fuhrmann* 5.
[693] BGHSt. 3, 23 f.
[694] Vgl. oben Rdn 98.
[695] Vgl. oben Rdn 240 ff, 274.
[696] Vgl. hierzu die Erl. zu § 84.
[697] BGH, Urt. v. 4. 9. 1952 – 5 StR 208/52 (S. 5).
[698] BGH NJW 1992, 250, 251, vgl. oben Rdn 69.
[699] BGH, wie Fn 698; BGH, Beschl. v. 11. 8. 1989 – 3 StR 75/89; BGHR StGB § 266 – Nachteil 25.
[700] Vgl. BGHSt. 34, 221, 223 = NJW 1987, 1710 m. Anm. *Weber* StV 1988, 16; BGH NJW 1992, 250, 252; BGH wistra 1989, 264; 1987, 216; 1982, 148; BGH JA 1986, 626 m. Anm. *Löffeler*; ferner *Kohlmann/Löffeler* 494 f; *Arloth* NStZ 1990, 570 f.

rückgegriffen werden. Zunächst ist festzustellen, daß eine Untreue *gegenüber* der *nicht rechtsfähigen GmbH & Co. KG nicht möglich* ist[701].

299 a) **Handeln zum Nachteil der Komplementär-GmbH.** Außer Frage steht, daß eine Untreue dann vorliegt, wenn (neben den Kommanditisten) die Komplementär-GmbH durch entsprechende Geschäftsführungsmaßnahmen auf seiten der KG in treuwidriger Weise geschädigt wird[702]. Eine derartige Schädigung kommt aber erst dann in Betracht, wenn sich die KG in der Krise befindet, und die GmbH infolge ihrer Inanspruchnahme als voll haftender Komplementär ihren gegen die KG zu richtenden Freistellungsanspruch nicht mehr realisieren kann[703].

300 b) **Handeln zum Nachteil des Gesamthandsvermögens der GmbH & Co. KG (Einzelfälle).** Demgegenüber ist eine Schädigung des Gesamthandsvermögens einer GmbH & Co. KG für die Annahme des § 266 StGB nach der Rechtsprechung des BGH nur insoweit bedeutsam, als sie *gleichzeitig* das *Vermögen der Kommanditisten und der Komplementär-GmbH* berührt[704]. Mangels einer Vermögensbetreuungspflicht gegenüber der nicht rechtsfähigen GmbH & Co. KG[705] besteht eine Treuepflicht nur gegenüber den Gesellschaftern der KG, die sich wiederum aus der Geschäftsführerbefugnis der Komplementär-GmbH ergibt[706].

301 In der Entscheidung des BGH v. 23. 10. 1979[707] wurde ausdrücklich darauf hingewiesen, daß der Geschäftsführer der Komplementär-GmbH – und damit der Geschäftsführer der KG – nur für die Zwecke der KG von seiner Stellung Gebrauch machen darf. In diesem Sinne als Untreue beurteilt wurde etwa das *Beiseiteschaffen von Vermögensgegenständen einer GmbH & Co. KG*[708] sowie *unzulässige Privatentnahmen des geschäftsführenden Gesellschafters der Komplementär-GmbH*[709]. Eine Schädigung einer *Abschreibungs-GmbH & Co. KG* bzw. der an ihr beteiligten Anleger kann dadurch erfolgen, daß der Geschäftsführer es vorsätzlich unterläßt, mehrere Anleger zur Eintragung als Kommanditisten ins Handelsregister anzumelden (§ 162 HGB) und dem Steuerberater der KG die zur steuerlichen Anerkennung erforderlichen Unterlagen zugänglich zu machen[710].

302 *Ausnahmsweise* kann es zu einer *direkten Schädigung von Gesellschaftern* (regelmäßig Kommanditisten) kommen, ohne daß auch der GmbH & Co. KG ein Schaden erwachsen muß. So hat der BGH[711] einen derartigen Fall beispielsweise dann angenommen, wenn der Geschäftsführer die Gesellschafter durch Täuschung über die wahre Vermögenslage der KG zur Ausübung von Bezugsrechten bei einer (Kommandit-)Kapitalerhöhung veranlaßt.

303 c) **Tatbestandsausschließendes Einverständnis (Einzelfälle).** Das Vermögen der KG ist für die Komplementär-GmbH, deren Geschäftsführer sowie für alle Kom-

701 BGH wistra 1984, 71 = NStZ 1984, 119; BGH NJW 1992, 250, 252.

702 BGHR § 266 StGB – Nachteil 20; BGH wistra 1984, 71.

703 Rowedder/*Fuhrmann* 7; Scholz/*Tiedemann* 26; ferner OLG Stuttgart, Urt. v. 4. 7. 1985 – 1 Ws 182/85 (S. 4); zit. bei Scholz/*Tiedemann* aaO.

704 Vgl. bereits oben Rdn 299; ferner BGH wistra 1987, 216 = NStZ 1987, 279; wistra 1984, 71 = NStZ 1984, 119; wistra 1984, 226; BGH, Beschl. v. 24. 10. 1980 – 2 StR 495/80; Urt. v. 2. 10. 1981 – 2 StR 544/81; Urt. v. 31. 1. 1984 – 5 StR 885/83; krit. Scholz/*Tiedemann* wie Fn 703; *Schulte* NJW 1984, 1671; *Dreher/Tröndle* § 266, 16; aA *Schäfer* NJW 1983, 2850; *Richter* GmbH-Rdsch. 1984, 137, 146; vgl. auch BGH (Z) NJW 1987, 2008.

705 Vgl. oben Rdn 298.

706 LG Bonn NJW 1981, 469; bestätigt durch BGH, Beschl. v. 24. 10. 1980 – 2 StR 495/80; *Schäfer* NJW 1983, 2850, 2851; *Kohlmann/Löffeler* 366.

707 1 StR 156/79 (S. 11).

708 BGH wistra 1987, 216 = NStZ 1987, 279.

709 LG Bonn, bestätigt durch BGH, jeweils wie Fn 706.

710 BGH, Urt. v. 10. 1. 1979 – 3 StR 347/78.

711 BGH wistra 1987, 24.

manditisten auch Fremdvermögen iS des § 266 StGB, selbst wenn sich die Geschäftsleitung, die GmbH-Anteile und die Komplementär-Anteile in einer Hand befinden[712]. Wessen Vermögen in vorbezeichneter Weise beeinträchtigt wurde, und wem gegenüber sich der Geschäftsführer pflichtwidrig verhalten hat, ist jedoch für die Frage eines tatbestandsausschließenden Einverständnisses von entscheidender Bedeutung. Sofern durch pflichtwidrige Geschäftsführungsmaßnahmen neben dem KG-Vermögen auch das *Vermögen der Komplementär-GmbH* berührt wird, kann auf die Ausführungen zur GmbH-rechtlichen Untreue verwiesen werden[713].

Wird das KG-Vermögen hingegen nur soweit geschmälert, daß *ausschließlich eine Benachteiligung der Kommanditisten* denkbar ist, können die Kommanditisten nach Auffassung des BGH zu derartigen Geschäftsführungsmaßnahmen ihr Einverständnis erteilen (erlaubte Selbstschädigung)[714]. In der Regel wird jedoch die Feststellung, daß keine Schädigung oder Vermögensgefährdung auf seiten der Komplementär-GmbH möglich war, erhebliche Schwierigkeiten bereiten[715]. **304**

d) **„Faktische" Geschäftsführung innerhalb der GmbH & Co. KG.** Abschließend ist darauf hinzuweisen, daß auch im Bereich der Untreue zum Nachteil der GmbH & Co. KG die oben Rdn 68 f dargelegten Grundsätze der faktischen Geschäftsführung Anwendung finden[716]. **305**

6. Untreue innerhalb konzernrechtlicher Verflechtungen

Gehört die GmbH zu einem Konzern, ergeben sich sowohl für die Pflichtwidrigkeit des Geschäftsführers als auch für die Ermittlung des Nachteils weitere Gesichtspunkte. Besondere Schwierigkeiten tauchen insbes. dann auf, wenn ein Konzern- oder Beherrschungsvertrag fehlt oder ein sog. „faktischer GmbH-Konzern" vorliegt[717]. Ausschlaggebend für die Beurteilung entsprechender, in den Bereich des Konzernrechts fallender Sachverhaltskonstellationen sind indessen nicht nur formaljuristische, sondern vor allem wirtschaftliche Grundsätze. Allgemeine Regeln lassen sich hierfür jedoch kaum aufstellen. Auf jeden Fall aber können konzernrechtliche Verflechtungen sowohl den Pflichtenkreis des Geschäftsführers als auch die Möglichkeit der Annahme eines Gesellschaftsnachteils erweitern[718]. In diesem Bereich muß zwischen vier Sachverhaltsgestaltungen unterschieden werden: **306**

a) **Handeln zum unmittelbaren Nachteil des Konzerns.** Handelt der Geschäftsführer einer konzernierten oder abhängigen GmbH zum unmittelbaren Nachteil eines anderen Konzernunternehmens und dadurch nur mittelbar zum Nachteil seiner Gesellschaft, so kann sein Verhalten gleichwohl als Untreue zum Nachteil der von ihm geleiteten GmbH angesehen werden. Besteht ein Beherrschungsvertrag, eine „faktische" Konzernbeherrschung oder existieren verbindliche, d. h. rechtswirksame Weisungen, die das herrschende Unternehmen in seiner Eigenschaft als Mehr- **307**

---

712 Bestätigt durch BGH, Beschl. v. 24. 10. 1980, 2 StR 495/80; in BGHSt. 28, 371, 372 wird ebenfalls vom „Vermögen der Gesellschaften" bei einer GmbH u. Co. KG gesprochen, vgl. auch *Schäfer* wie Fn 706; *Richter* GmbH-Rdsch. 1984, 137, 146.

713 Vgl. oben Rdn 183 ff.

714 BGHR § 266 StGB – Nachteil 20; BGH wistra 1987, 216, 217 = NStZ 1987, 279; vgl. ebenfalls *Schäfer* NJW 1983, 2850, 2852.

715 *Kohlmann/Löffeler* 373.

716 BGH, Urt. v. 25. 8. 1979 – 1 StR 702/78 (zit. bei *Schäfer* wie Fn 707); vgl. auch BGHSt. 34, 221 f = NJW 1987, 1710 f; *Kohlmann/Löffeler* 374.

717 Hierzu neuestens BGH NJW 1991, 3142 f.

718 OLG Koblenz wistra 1984, 79 f; *Kohlmann/Löffeler* 360; Scholz/*Tiedemann* 22; Müller-Gugenberger/*Schmid* § 26 114; zur konzernbestimmten Geschäftsführung näher BGH NJW 1991, 3142, 3144 mwN; ferner *Wiedemann* S. 347 ff.

heits- oder Alleingesellschafter der GmbH erteilt hat, begründen diesbezügliche Verstöße gleichzeitig auch Pflichtverletzungen gegenüber der GmbH iS des § 266 StGB. Eine Ausnahme besteht nur, wenn der Geschäftsführer durch die Einhaltung der Bestimmungen des Beherrschungsvertrages seinerseits im Hinblick auf die GmbH gegen die Sorgfalt eines ordentlichen Geschäftsmannes (§ 43 Abs. 1) verstoßen müßte. Durch die mit der Konzernverflechtung gleichzeitig einhergehenden Vorteile auf seiten der konzernverbundenen GmbH müssen sich bei wirtschaftlicher Betrachtungsweise folgerichtig auch sämtliche Nachteile des Konzerns (bzw. aller mit diesem verbundenen Unternehmen) ebenfalls auf die GmbH auswirken. Insoweit braucht zwar nicht unbedingt ein bilanzmäßig ausgewiesener finanzieller Nachteil vorzuliegen, ausreichend ist vielmehr die tatsächliche Schwächung des Gesamtkonzerns[719]. Ganz ohne Zweifel wird eine Treuepflicht dann anzunehmen sein, wenn der GmbH-Geschäftsführer gleichzeitig Mitglied der Konzerngeschäftsleitung ist[720].

308 **b) Handeln zum unmittelbaren Nachteil der GmbH auf Anweisung der Konzernspitze bei gleichzeitigem Verlustausgleich.** Handelt der Geschäftsführer hingegen zum unmittelbaren Nachteil der GmbH, jedoch auf Anweisung der Konzernspitze, hängt eine Strafbarkeit nach § 266 StGB von mehreren Umständen ab. Weisungsbindungen im Rahmen eines Beherrschungsvertrages unterliegen zunächst den Schranken des § 308 Abs. 1 Satz 2, Abs. 2 Satz 2 AktG mit der Folge, daß hiergegen verstoßende Weisungen ohnehin bereits rechtswidrig sind. Aber auch im übrigen darf der Geschäftsführer die Anweisungen der Konzernspitze jedenfalls nur insoweit befolgen, als diese nicht gegen zwingendes GmbH-Recht verstoßen. Hierbei sind in erster Linie die Grundsätze über das tatbestandsausschließende Einverständnis heranzuziehen, namentlich das Verbot der Stammkapitalaushöhlung und des Liquiditätsentzuges[721]. Besteht beispielsweise ein Gewinnabführungsvertrag, hat der Geschäftsführer den gem. § 29 verteilbaren Gesellschaftsgewinn entsprechend der Konzernbeteiligung in voller Höhe abzuführen.

Aber auch bei Durchbrechung dieser Grundsätze wird die Annahme einer GmbH-rechtlichen Untreue im weiteren davon abhängen, ob und in welchem Umfang ein iS des § 266 StGB relevanter Nachteil entstanden ist. Denn wie schon eingangs ausgeführt wurde, können der GmbH aufgrund ihrer Konzernzugehörigkeit auch mannigfaltige konkrete Vorteile erwachsen, die bei der Schadensfeststellung im Wege einer *Gesamtsaldierung* ebenfalls in Ansatz gebracht werden müssen[722]. Abgesehen von teilweise beträchtlichen Wettbewerbsvorteilen innerhalb einer Konzernzugehörigkeit, existieren häufig sog. *vertragliche Freistellungsverpflichtungen* oder *gesellschaftsrechtliche Verlustausgleichspflichten*[723]. Soweit der Konzern entsprechende Mittel in der Konzernbilanz als Rückstellungen aufgeführt hat und zu einem Schadensausgleich gegenüber dem Tochterunternehmen auch tatsächlich in der Lage und gewillt ist, entfällt mithin auch ein Schaden iS des § 266 StGB[724].

---

[719] Hierzu näher *Kohlmann/Löffeler* 361; Scholz/*Tiedemann* 22.

[720] Vgl. auch BGH NJW 1991, 3141, 3144.

[721] So zutreffend Scholz/*Tiedemann* 22; ferner *Konzen* NJW 1989, 2977 f; *Brammsen* DB 1989, 1609, 1614 zum Weisungsrecht innerhalb der GmbH; vgl. auch oben Rdn 183 ff.

[722] Scholz/*Tiedemann* 23 mit Beispielen aus dem französischen Recht; zum Vorteilsausgleich vgl. weiterhin *Lutter* AcP 180 (1980), S. 84 ff; *Rehbinder* ZGR 1976, 386 ff; *Wellensiek* ZIP 1984, 541 ff.

[723] Vgl. § 302 AktG, sofern das beherrschende Unternehmen eine AG ist; ferner BGH (Z) LM Nr. 46 zu § 105 HGB; BGHZ 95, 330 ff = NJW 1986, 188; BGH NJW 1991, 3142 ff zum „faktischen" GmbH-Konzern; näher auch Scholz/*Emmerich* Anh Konzernrecht Rdn 195 ff; zur Durchgriffshaftung auch *Wiedemann* S. 221 ff.

[724] BGHSt. 15, 342, 344; BGH wistra 1987, 217; KG NJW 1972, 218 f; BayObLG JZ 1973, 325; Scholz/*Tiedemann* 24.

c) **Handeln zum unmittelbaren Nachteil der GmbH auf Einzel-Anweisung der Konzernspitze ohne Verlustausgleich.** Die dritte Sachverhaltsgestaltung betrifft die Fälle, in denen die Befolgung von Einzel-Anweisungen des beherrschenden Unternehmens zu einem Nachteil der GmbH führt, ohne daß im Wege einer Saldierung konzernspezifischer Vorteile ein Schadensausgleich erfolgen kann, etwa wenn das beherrschende Unternehmen zu einem Verlustausgleich nicht bereit oder nicht in der Lage ist. Leistet der GmbH-Geschäftsführer derartigen Anweisungen Folge, so liegt in jedem Fall zumindest der objektive Tatbestand der Untreue vor. Eine strafrechtliche Verantwortlichkeit wegen Beihilfe trifft daneben regelmäßig auch die zuständigen Mitglieder der Konzernleitung[725]. **309**

In diesem Zusammenhang kann sich der GmbH-Geschäftsführer auch nicht auf den Gesichtspunkt der Unzumutbarkeit berufen, da die Unzumutbarkeit normgemäßen Verhaltens im Strafrecht nur bei Unterlassungsdelikten berücksichtigt wird[726]. Entlastend können sich allenfalls Rechtfertigungsgründe auswirken, wie z. B. – unter sehr engen Voraussetzungen – § 34 StGB, wenn der eigene oder sämtliche Arbeitsplätze bei einer Weigerung, die Anweisung zu befolgen, gefährdet wären[727].

d) **„Faktische" Geschäftsführung durch die Konzernspitze.** Ist die Entscheidungsbefugnis des GmbH-Geschäftsführers derart eingeschränkt, daß von einer eigenverantwortlichen Geschäftsführung kaum noch die Rede sein kann, liegt die strafrechtliche Verantwortlichkeit in erster Linie bei den für die Geschäftspolitik der GmbH zuständigen Organen der Konzernspitze. Die insoweit verantwortlichen Mitglieder der Konzernleitung müssen dann gleichzeitig als faktische Geschäftsführer der GmbH angesehen werden. Eine entsprechende Vermögensbetreuungspflicht der zuständigen Organe in der Konzernleitung läßt sich allerdings nur aus dieser faktischen Leitung[728], also nicht aus einer mehrheitlichen oder sogar 100%igen Beteiligung an der beherrschten GmbH oder etwa aus § 209 Abs. 1 AktG herleiten[729]. Ob und in welchem Umfang solche Untreuehandlungen neben oder anstelle einer strafrechtlichen Verantwortlichkeit des GmbH-Geschäftsführers treten, wird mithin vom Einzelfall abhängen[730]. **310**

§ 82

Mit Freiheitsstrafe bis zu drei Jahren oder mit Geldstrafe wird bestraft, wer

1. **als Gesellschafter oder als Geschäftsführer zum Zweck der Eintragung der Gesellschaft über die Übernahme der Stammeinlagen, die Leistung der Einlagen, die Verwendung eingezahlter Beiträge, über Sondervorteile, Gründungsaufwand, Sacheinlagen und Sicherungen für nicht voll eingezahlte Geldeinlagen,**
2. **als Gesellschafter im Sachgründungsbericht,**
3. **als Geschäftsführer zum Zweck der Eintragung einer Erhöhung des Stammkapitals über die Zeichnung oder Einbringung des neuen Kapitals oder über Sacheinlagen oder**

[725] Scholz/*Tiedemann* 25; *Tiedemann* NJW 1986, 1842, 1846 jew. mwN; vgl. auch oben Rdn 49 ff, 231.
[726] Vgl. hier Scholz/*Tiedemann* 25.
[727] *Kohlmann/Löffeler* 308, 91.
[728] Vgl. oben Rdn 20, 68.
[729] So zutreffend *Tiedemann* NJW 1986, 1842, 1846; Scholz/*Tiedemann* 25; aA *Ewald* S. 109 f.
[730] *Kohlmann/Löffeler* 364; vgl. auch oben Rdn 32.

4. als Geschäftsführer in der nach § 8 Abs. 3 Satz 1 oder § 39 Abs. 3 Satz 1 abzugebenden Versicherung oder als Liquidator in der nach § 67 Abs. 3 Satz 1 abzugebenden Versicherung

falsche Angaben macht.

Ebenso wird bestraft, wer

1. als Geschäftsführer zum Zweck der Herabsetzung des Stammkapitals über die Befriedigung oder Sicherstellung der Gläubiger eine unwahre Versicherung abgibt oder

2. als Geschäftsführer, Liquidator, Mitglied eines Aufsichtsrats oder ähnlichen Organs in einer öffentlichen Mitteilung die Vermögenslage der Gesellschaft unwahr darstellt oder verschleiert, wenn die Tat nicht in § 331 Nr. 1 des Handelsgesetzbuchs mit Strafe bedroht ist.

Übersicht

Schrifttum

Vgl. zunächst Schrifttum Vor § 82.

Dannecker Die Verfolgungsverjährung bei Submissionsabsprachen und Aufsichtspflichtverletzungen in Betrieben und Unternehmen, NStZ 1985, 49; *Diris-Poerting* Möglichkeiten zur Verhinderung bzw. Erschwerung des Gründungsschwindels bei der GmbH und bei Publikumsgesellschaften, Diss. 1979; *Döbel* Leitfaden für die Erstellung des Anhangs von Kapitalgesellschaften, BB 1987, 512; *Frassati* Die Strafbestimmung der drei Gesellschaftsgesetze vom 18. Juli 1884, v. 1. Mai 1889 und v. 20. April 1892, ZStW 15, 1895, 409; *Gessler* Die GmbH-Novelle, BB 1980, 1385; *Hirsch* Das Sonderstrafrecht der handelsrechtlichen Gesellschaften, 1907; *Hüffer* Das Gründungsrecht der GmbH – Grundzüge, Fortschritte und Neuerungen, JuS 1983, 161; *Kaligin* Das neue GmbH-Strafrecht, NStZ 1981, 90; *Klussmann* Geschäftslagetäuschungen nach § 400 AktG 1965, 1975; *Kunz* Strafausschluß oder -milderung bei Tatveranlassung durch falsche Rechtsauskunft?, GA 1983, 457; *Kutzer* Die Tilgung der Bareinlage durch den GmbH-Gesellschafter, GmbH-Rdsch. 1987, 297; *Kreutz* Die Bedeutung von Handelsregistereintragung und Handelsregisterbekanntmachung im Gesellschaftsrecht, Jura 1982, 626; *Krieger* Die Regierungsentwürfe zur GmbH-Reform, BB 1972, 717; *Löffeler* „In dubio pro reo" – einheitliche Antwort auf alle Zweifelsfragen?, JA 1987, 77; *ders.*, Presserecht, 2. Aufl. 1968/69; *Marker* Bilanzfälschung und Bilanzverschleierung, 1970; *Maul* Geschäfts- und Konzernlagetäuschungen als Bilanzdelikte, DB 1989, 185; *Odersky* Gesetzgeberische Maßnahmen im Vorfeld des Konkurses zur Bekämpfung des Gründungsschwindels bei GmbH und GmbH & Co. KG im Bereich des Registerrechts und des Strafrechts, in: Bundesminister der Justiz (Hrsg.), Tagungsberichte der Sachverständigenkommission zur Bekämpfung der Wirtschaftskriminalität Bd. II, 1973, Anl. 5; *Pfeiffer* Soll ein allgemeiner Tatbestand des Gründungsschwindels geschaffen werden?, in Bundesminister der Justiz (Hrsg.), Tagungsberichte der Sachverständigenkommission zur Bekämpfung der Wirtschaftskriminalität Bd. V, 1974, Anl. 2; *Pfister* Unwahre Angaben über Handelsgesellschaften und Genossenschaften (Art. 152 StGB) und das Verhältnis zum Betrug (Art. 148 StGB), Diss. 1978; *Pfohl/Richter* Falsche Registerangaben im Zusammenhang mit GmbH-Stammkapitalerhöhungen zum 31. 12. 1985, BB 1986, 1311; *Richter* Der Konkurs der GmbH aus der Sicht der Strafrechtspraxis (I), GmbH-Rdsch. 1984, 113; *Roth* „Schütt aus – hol zurück" als verdeckte Sacheinlage, NJW 1991, 1913; *Schlüchter* Zum „Minimum" bei der Auslegung normativer Merkmale im Strafrecht, NStZ 1984, 300; *Schmid* Fragen der strafrechtlichen Verantwortlichkeit bei Schwindel- und Strohmanngesellschaften, SchwZStrafR 87, 1971, 247; *ders.* Untersuchungsprobleme bei Schwindel- und Strohmann-Firmen, Kriminalistik 1971, 356; *Schneider* Anm. zu BGH, Urt. v. 17. 6. 1952 – 1 StR 668/51 –, GmbH-Rdsch. 1952, 108; *Sieben/Matschke/Neuhäuser* Bilanzdelikte, 1974; *Tiedemann* Straftatbestand und Normambivalenz am Beispiel der Geschäftsberichtsfälschung, in Festschr. für Schaffstein (1975), 195; *ders.* Gründungs- und Sanierungsschwindel durch verschleierte Sacheinlagen, in Festschr. Lackner (1987), 737; *Vogel* Anm. zu BGH, Urt. v. 20. 1. 1955 – 4 StR 492/54 –, GmbH-Rdsch. 1955, 61; *ders.* Anm. zu BGH, Urt. v. 5. 10. 1954 – 2 StR 447/53 –, GmbH-Rdsch. 1955, 43;

Vgl. ferner §§ 7–11, 19 (*Ulmer*), §§ 30 ff (*Goerdeler/Müller*), § 39 (*Mertens/Stein*), § 67 (*Hohner*), die Nachweise vor § 82 sowie die Kommentierungen zu den §§, auf die im nachfolgenden verwiesen wird, mit den dortigen Angaben.

I. Einführung

1. Normzweck

1 Aufgrund der Neufassung durch die GmbH-Novelle 1980 und das BilanzrichtlinienG 1985 enthält die Vorschrift anstatt vier nunmehr sechs Straftatbestände, nämlich

- die **Gründungstäuschung (Abs. 1 Nr.1),**
- die **Sachgründungstäuschung (Abs. 1 Nr. 2),**
- die **Kapitalerhöhungstäuschung (Abs. 1 Nr. 3),**
- die **Eignungstäuschung („Vorbestraftenklausel"; Abs. 1 Nr. 4),**
- die **Kapitalherabsetzungs- bzw. Sanierungstäuschung (Abs. 2 Nr. 1)**

und

- die **Geschäftslagetäuschung (Abs. 2 Nr. 2).**

Zu der zahlenmäßigen Zunahme der Straftatbestände ist zum Teil sowohl eine inhaltliche Erweiterung der bereits bestehenden Tatbestände getreten (vgl. z. B. Abs. 1 Nr. 1 und Nr. 3) als auch eine Einschränkung der Tathandlungen (Abs. 2 Nr. 2) im Hinblick auf den durch das Bilanzrichtliniengesetz neu geschaffenen Tatbestand der Geschäftslagetäuschung in § 331 Nr. 1 HGB[1]. Schließlich ist darauf hinzuweisen, daß auch der Kreis der mit Strafe bedrohten Personen eine Erweiterung erfahren hat (vgl. Abs. 1 Nr. 2).

---

[1] Vgl. hierzu unten Rdn 12, 90 sowie 163.

Insgesamt ist jeweils zu beachten, wer überhaupt als Täter eines der in der Vorschrift genannten Straftatbestände in Frage kommt. Geht man bei der Zuordnung der Straftatbestände von den Personen aus, die im Gesetz jeweils als Täter genannt werden, ergibt sich folgende Übersicht: 2

Strafbarkeit von Geschäftsführern kommt in Betracht, 3

- wenn sie falsche Angaben machen zum Zwecke der Eintragung der Gesellschaft über die Übernahme der Stammeinlagen, die Leistung der Einlagen, die Verwendung eingezahlter Beträge, über Sondervorteile, Gründungsaufwand, Sacheinlagen und über Sicherungen für nicht voll eingezahlte Geldeinlagen (Abs. 1 Nr. 1);
- wenn sie zum Zwecke der Eintragung einer Erhöhung des Stammkapitals über die Zeichnung oder Einbringung des neuen Kapitals oder über Sacheinlagen falsche Angaben machen (Abs. 1 Nr. 3);
- wenn sie in der nach § 8 Abs. 3 Satz 1 oder § 39 Abs. 3 Satz 1 abzugebenden Versicherung falsche Angaben machen (Abs. 1 Nr. 4);
- wenn sie eine unwahre Versicherung abgeben zum Zweck der Herabsetzung des Stammkapitals über die Befriedigung oder Sicherstellung der Gläubiger (Abs. 2 Nr. 1);
- wenn sie in einer öffentlichen Mitteilung die Vermögenslage der Gesellschaft unwahr darstellen oder verschleiern (Abs. 2 Nr. 2).

Strafbarkeit von Gesellschaftern kommt in Betracht, 4

- wenn sie falsche Angaben machen zum Zweck der Eintragung der Gesellschaft über die Übernahme der Stammeinlagen, die Leistung der Einlagen, die Verwendung eingezahlter Beträge, über Sondervorteile, Gründungsaufwand, Sacheinlagen und Sicherungen für nicht voll eingezahlte Geldeinlagen (Abs. 1 Nr. 1);
- wenn sie im Sachgründungsbericht (Abs. 1 Nr. 2) falsche Angaben machen.

Strafbarkeit von Liquidatoren kommt in Betracht, 5

- wenn sie in der nach § 67 Abs. 3 Satz 1 abzugebenden Versicherung falsche Angaben machen (Abs. 1 Nr. 4);
- wenn sie in einer öffentlichen Mitteilung die Vermögenslage der Gesellschaft unwahr darstellen oder verschleiern (Abs. 2 Nr. 2).

Mitglieder des Aufsichtsrats oder eines ähnlichen Organs (z. B. Beirat, Verwaltungsrat) werden bestraft, 6

- wenn sie in einer öffentlichen Mitteilung die Vermögenslage der Gesellschaft unwahr darstellen oder verschleiern (Abs. 2 Nr. 2).

Hinsichtlich weiterer Einzelheiten ist auf die Ausführungen zu dem jeweiligen Straftatbestand zu verweisen.

Soweit die in § 82 genannten Angaben bzw. die Versicherungen gegenüber dem Registergericht zu machen sind, wird durch diese Vorschrift auch eine Strafbarkeitslücke im Bereich des Urkundenstrafrechts geschlossen. § 271 StGB greift nicht ein, denn durch die Eintragung im Handelsregister wird nur beurkundet, daß die betreffende Angabe gemacht worden ist. Das Handelsregister erbringt also nicht Beweis für und gegenüber jedermann[2]. 7

2. Reform

Zur Reform bis zu der am 1. 1. 1981 in Kraft getretenen Vorschrift des § 82 näher Hachenburg/*Kohlmann*[7] § 82 Rdn 8–12. 8

---

[2] RGSt. 18, 180; Schönke/Schröder/*Cramer* § 271, 21; *Kreutz* Jura 1982, 626, 629 f.

9 Durch das BilanzrichtlinienG vom 19. 12. 1985 (BGBl. I S. 2355) wurde der Anwendungsbereich der Geschäftslagetäuschung durch die Anfügung einer Subsidiaritätsklausel in § 82 Abs. 2 Nr. 2 dahingehend eingeschränkt, daß nur noch solche unrichtigen oder verschleierten Bilanzen, Jahresabschlüsse oder Lageberichte erfaßt werden, die nicht bereits in § 331 Nr. 1 HGB erfaßt sind. Damit ist praktisch der bedeutendste Teil des Bilanzstrafrechts aus dem GmbH-Strafrecht ausgegliedert und – unter erheblicher Ausweitung der Strafbarkeit – in das HGB überführt worden.

10 Die Antwort auf die Frage, welche Fassung des § 82 im konkreten Fall Anwendung zu finden hat, ergibt sich aus § 2 Abs. 1 StGB. Nach dieser Vorschrift bestimmen sich Strafe und Nebenfolgen nach dem Gesetz, das zur Zeit der Tat gilt. Dies bedeutet: Taten, die vor Inkrafttreten der Gesetzesänderung – dem 1. 1. 1981 – begangen wurden, sind nach § 82 aF zu beurteilen. Zu beachten ist dabei, daß diese Regelung sich auch auf die Vorschriften des GmbH-Gesetzes erstreckt, auf die § 82 aF Bezug genommen hat. Es ist also beispielsweise § 7 aF heranzuziehen. Soweit die neue Fassung nicht ohnehin lediglich Klarstellungen der früher geltenden Regelung gebracht hat und daher eine Änderung der Rechtslage insoweit nicht eingetreten ist, ist § 82 aF durchweg das iS von § 2 Abs. 3 StGB mildere Gesetz[3], so daß eine Anwendung des § 82 nF für die vor dem 1. 1. 1981 begangenen Taten durchweg nicht in Betracht kommt.

II. Geschütztes Rechtsgut

11 Die Strafvorschriften dieser Bestimmung bezwecken insgesamt die Verhütung von Täuschungen Dritter. Der Schutz der Gesellschafter ist nicht – zumindest nicht in erster Linie – ihr Zweck[4]. Vor allem soll im Hinblick auf die Bedeutung des Handelsregisters und mit Rücksicht auf die wirtschaftlichen Folgen öffentlicher Mitteilungen über die GmbH ein irreführender Anschein im Wirtschaftsleben und in der sonstigen Rechtswirklichkeit verhindert werden[5]. Hieraus folgt, daß als geschütztes Rechtsgut das Vertrauen der Gesellschaftsgläubiger und sonstiger dritter Personen sowie das Interesse der Allgemeinheit an der Korrektheit der Handelsregistereintragung anzusehen sind[6]. Dieses historisch gewachsene Rechtsgutsverständnis zu § 82 allgemein erfährt nunmehr eine Erweiterung durch die Einführung des Abs. 1 Nr. 4. Man wird insoweit davon auszugehen haben, daß es hier auch um die Interessen der Gesellschafter geht, die davor bewahrt werden sollen, das Schicksal der Gesellschaft solchen Geschäftsführern anzuvertrauen, bei denen die Eignung für ihre Tätigkeit fraglich erscheint (§ 6 Abs. 2).

12 Da die Tathandlungen nicht an einen konkret bevorstehenden oder bereits eingetretenen Schaden anknüpfen, handelt es sich bei § 82 mithin um ein *abstraktes Gefährdungsdelikt*, das vorbeugend einer Gefährdung für das Vermögen von Personen bzw. Geschäftspartnern entgegenwirken soll, die im Vertrauen auf die Richtigkeit der in § 82 genannten Handelsregistereintragungen und sonstigen Mitteilungen Geschäftsbeziehungen mit der GmbH aufnehmen oder unterhalten[7].

---

3 Scholz/*Tiedemann* 70.

4 Motive, S. 46.

5 RGSt. 40, 285, 286; 43, 323, 325 f.

6 Ähnlich Rowedder/*Fuhrmann* 1; Scholz/*Tiedemann* 8.

7 Scholz/*Tiedemann* 16; Lutter/*Hommelhoff* 1; Rowedder/*Fuhrmann* 1.

III. Gründungstäuschung (§ 82 Abs. 1 Nr. 1)

1. Tatbestand

Da sich der Gesetzgeber damit begnügt hat, die Eintragung der GmbH in das Handelsregister auf den Versicherungen der Geschäftsführer aufzubauen und dem Registergericht eine wirksame Kontrolle hierüber nicht möglich ist, erweist es sich als erforderlich, denjenigen unter Strafe zu stellen, der insoweit falsche Angaben macht. **13**

a) **Täter.** Auffällig ist, daß in der Neufassung die *Gesellschafter* an erster Stelle genannt werden, obwohl sie, wie aus § 78 hervorgeht, nichts anzumelden haben. Nach der früher herrschenden Meinung zu § 82 aF wurde der Wortlaut des Gesetzes als fehlerhaft bezeichnet und die Nennung der *Gesellschafter* als Versehen angesehen, das dadurch entstanden sei, daß nach dem ursprünglichen Entwurf des Gesetzes die Gesellschafter die Anmeldungen vorzunehmen gehabt hätten. In der endgültigen Gesetzesfassung sei davon jedoch keine Rede mehr gewesen. Nach der Änderung des § 7 habe man es dann offensichtlich nur vergessen, die entsprechende Strafbestimmung zu berichtigen[8]. Es kann jedoch kaum angenommen werden, daß auch dem Gesetzgeber bei der Neufassung ein Versehen unterlaufen ist[9]. Richtig dürfte folgendes sein: Nach dem insoweit eindeutigen Wortlaut des § 78 kommen die Gesellschafter als unmittelbare Täter für den Tatbestand der Gründungstäuschung nicht in Betracht[10]. Wohl aber sind Fälle *mittelbarer Täterschaft* denkbar. Dies kann etwa der Fall sein, wenn Gesellschafter einen *gutgläubigen* Geschäftsführer als ihr Werkzeug veranlassen, die in § 78 vorzunehmenden Anmeldungen vorzunehmen[11]. Da sich die Strafbarkeit der Gesellschafter nur auf die Gründungsangaben bezieht, können demzufolge auch nur die *Gründungsgesellschafter*, die Vertragspartner des ersten Gesellschaftsvertrages sind (vgl. § 2), taugliche Täter des § 82 Abs. 1 Nr. 1 sein (vgl. Vor § 82 Rdn 49). Zu diesem Täterkreis zählen auch sog. „*Strohmänner*", die treuhänderisch für „Hintermänner" tätig geworden sind. Derartigen Treuhandgründungen mögen zwar nicht selten unlautere Motive zugrunde liegen, gleichwohl ergibt sich aus § 9a Abs. 4 die Zulässigkeit solcher GmbH-Gründungen. Entscheidend ist hier ausschließlich die Beteiligung am Abschluß des Gesellschaftsvertrages, nicht dagegen die faktische bzw. wirtschaftliche Inhaberschaft des Gesellschaftsanteils oder die zivilrechtliche Durchgriffshaftung nach § 9a Abs. 4[12]. **14**

Die entscheidende Bedeutung als Täter kommt mithin den *Geschäftsführern*[13] und den *stellvertretenden Geschäftsführern* zu[14], da auch letztere die Gründung anzumelden haben[15]. Andere Gesellschaftsorgane kommen für eine Bestrafung wegen Gründungstäuschung nicht in Betracht. Daß die in § 78 neben dem Geschäftsführer genannten Liquidatoren bei der Eintragung der Gesellschaftsgründung keine Täter sein können, versteht sich von selbst. **15**

Es genügt, wenn der Täter als Geschäftsführer oder stellvertretender Geschäftsführer *tatsächlich im Amt* war[16]. Das folgt schon allein daraus, daß die GmbH **16**

---

[8] Dazu RGSt. 40, 191, 192 ff sowie 6. Aufl., *Klug* 3.
[9] Zum Ganzen auch Scholz/*Tiedemann* 34 ff.
[10] Ebenso schon RGSt. 40, 191 ff.
[11] RGSt. 18, 106 ff; Scholz/*Tiedemann* 35; Baumbach/Hueck/*Schulze-Osterloh* 20; *Meyer-Landrut* 3; Rowedder/*Fuhrmann* 5.
[12] Scholz/*Tiedemann* 36 f.
[13] Vgl. Vor § 82, 10 ff (*Kohlmann*).
[14] Vgl. Vor § 82, 40 (*Kohlmann*).
[15] Vgl. § 78 2. Halbs., RG LZ 1914, 398.
[16] Hierzu allgemein Vor § 82, 13 ff (*Kohlmann*).

bei der Vollendung der Tat in der Regel noch gar nicht eingetragen sein wird und infolgedessen noch nicht als solche besteht. Hier kann der Täter zwar noch nicht Geschäftsführer der GmbH als juristischer Person geworden sein, wohl aber Geschäftsführer der Vor-GmbH. Die nachfolgende Eintragung führt insoweit nicht zu einer qualitativen Änderung der Geschäftsführerstellung. Außerdem kann der Fall so liegen, daß die GmbH, in deren Sphäre der Tatbestand der Gründungstäuschung verwirklicht wird, trotz erfolgter Anmeldung gar nicht zur Eintragung kommt. Wollte man in all diesen Fällen die Strafbarkeit verneinen, weil der Täter noch nicht für die GmbH als juristische Person tätig ist, würde die Mehrzahl der in Frage kommenden Gründungstäuschungshandlungen vom Gesetz nicht getroffen. Dies kann nicht der Sinn der Bestimmung sein. Ausschlaggebend ist daher, daß der Täter seine Position in der (Vor-)GmbH *effektiv innehatte*[17]. Wenn der Täter nach der Tat aus seinem Amt wieder *ausgeschieden* ist, bleibt die Strafbarkeit für die während der Zeit seiner Tätigkeit als Geschäftsführer begangenen Verstöße gegen § 82 bestehen[18]. Zum Problem der Überstimmung bei Mehrheitsbeschlüssen vgl. Vor § 82 Rdn 37[19].

Andererseits versteht es sich von selbst, daß der Täter in seiner Eigenschaft als Geschäftsführer gehandelt haben muß, denn nur dann kann es sich um Angaben handeln, die gemacht werden, um eine Handelsregistereintragung zu erwirken[20].

17 Die Mitwirkung anderer Personen bei der Gründungstäuschung kann allenfalls zu einer Strafbarkeit wegen Anstiftung oder Beihilfe führen[21]. Insbesondere können Gesellschafter, aufgrund deren Anweisung ein Geschäftsführer oder sein Stellvertreter dem Registergericht *wissentlich* falsche Angaben macht, als Anstifter strafbar werden. Dagegen können Gesellschafter und sonstige Personen neben den Geschäftsführern oder ihren Stellvertretern, da sie nicht zum Kreis der möglichen Täter gehören, auch keine Mittäter sein[22].

18 b) **Die Tathandlungen im einzelnen.** Gegenüber dem Tatbestand des § 82 Abs. 1 Nr. 1 aF wurde der Kreis der Gegenstände, auf die sich die falschen Angaben beziehen können, verändert.

19 α) **Angaben.** Dies sind im Sinne dieses Tatbestands grundsätzlich solche, die dem Registergericht nach § 8 iV mit § 7 zu machen sind, insbesondere die hierbei abgegebenen Versicherungen. Sind die falschen Angaben ohne die vom Gesetz vorgeschriebenen Versicherungen gemacht worden, so reicht dies für die Tatbestandsmäßigkeit des Verhaltens gleichwohl aus, denn die Vorschrift soll nicht die Einhaltung der Formalien, sondern die inhaltliche Wahrheit der dem Registergericht zu machenden Angaben schützen[23]. Damit soll insbesondere sichergestellt werden, daß sich die Geschäftspartner durch Einsicht in die Handelsregisterunterlagen zuverlässig über die wirtschaftliche Lage der Gesellschaft informieren können[24]. Erfaßt werden jedoch nur solche Angaben, die sich darauf beziehen, daß die Einlagen *effektiv bewirkt* sind und sich in der freien Verfügung der Geschäftsführer befinden[25].

---

[17] Vgl. RGSt. 16, 269, 270 f; 43, 430, 431; BGHSt. 3, 32, 37; 6, 314, 315 = GmbH-Rdsch. 1955, 43 m. Anm. *Vogel*; 21, 101, 103; BGHSt. 31, 118 ff; BGH b. *Herlan* GA 1971, 35, 36; BGH b. *Holtz* MDR 1980, 453; BGH, Urt. v. 22. 9. 1982 – 3 StR 287/82 –; vgl. ferner § 64 Rdn 11 (*Ulmer*) betr. § 84 Abs. 2 sowie § 35, 61 und 202 (*Mertens*); § 35, aaO (*Mertens/Stein*).

[18] Vgl. RGSt. 39, 217, 218; ferner Vor § 82, 43; Scholz/*Tiedemann* 32.

[19] Ferner Scholz/*Tiedemann* 31.

[20] Scholz/*Tiedemann* 40.

[21] Vgl. hierzu unten Rdn 66 f.

[22] RG in GmbH-Rspr. II § 82 R 2.

[23] BGH GA 1959, 87 = GmbH-Rdsch. 1959, 27; RGSt. 43, 323 ff.

[24] RGSt. 49, 340, 342; *Kohlmann/Löffeler* 26.

[25] Lutter/*Hommelhoff* 9; *Kohlmann/Löffeler* wie Fn 24; *Richter* GmbH-Rdsch. 1984, 112, 116.

Nicht erfaßt wird dagegen die Gründung sog. „Schwindel- oder Briefkastenfirmen" oder sonst riskanter Gesellschaften[26]. Insoweit werden allerdings häufig die Straftatbestände des Betruges (§ 263 StGB)[27] oder des Kapitalanlagebetruges (§ 264 a StGB)[28] in Betracht zu ziehen sein. 20

Mehrere falsche Angaben durch denselben Täter zum Zweck der Eintragung ein und derselben Gesellschaft sind selbst dann, wenn sie in verschiedenen Schriftstükken gemacht werden, nur *eine* strafbare Handlung[29]. Voraussetzung ist allerdings, daß sie auf einem einheitlichen Tatentschluß beruhen[30]. Diese Voraussetzung dürfte in der Regel erfüllt sein, da die Gründungsanmeldung ein einheitlicher Vorgang ist. 21

β) Falsche Angaben. Falsch sind die Angaben, wenn sie *objektiv unrichtig* sind. Dies ist unter Berücksichtigung von Sinn und Zusammenhang objektiv zu entscheiden. Ob das Ergebnis dieser Auslegung mit etwaigen abweichenden Vorstellungen des Täters oder irgendwelchen Abreden zwischen den Beteiligten übereinstimmt oder nicht, ist insoweit unbeachtlich[31]. Soweit den Geschäftsführern bzw. Gründungsgesellschaftern im Rahmen der anmeldepflichtigen Angaben ein *Bewertungsermessen* zusteht, was vor allem bei der Bewertung von Sacheinlagen und Wirtschaftsgütern, die bereits von der Vorgesellschaft angeschafft worden sind, eine Rolle spielt, sind allerdings nur solche Bewertungen unrichtig, die *schlechthin unvertretbar* scheinen[32]. 22

Falsch sind auch *unvollständige Angaben*, sofern die verschwiegenen Umstände den Gegenstand der Angabe unmittelbar betreffen und insoweit keine selbständige Bedeutung haben. Für die Beantwortung der Frage, welche Angabe noch als vollständig angesehen werden kann, ist auf einen objektiven Empfängerhorizont abzustellen[33]. Dies ist etwa dann anzunehmen, wenn sich aus den Anmeldungsunterlagen zwar ergibt, daß ein als Sacheinlage eingebrachtes Wirtschaftsgut zwischenzeitlich an einen Dritten sicherungsübereignet worden ist oder etwa auf einem als Sacheinlage eingebrachten Grundstück eine noch nicht vollständig zurückgezahlte Hypothek lastet, so daß diese Wirtschaftsgüter nicht mehr bzw. noch nicht der freien Verfügung des Geschäftsführers unterliegen. 23

Bei der Beurteilung der Richtigkeit oder Falschheit einer Angabe ist der *Zeitpunkt des Zugangs* der Angaben *beim Registergericht maßgeblich*[34]. 24

Unter den Begriff **Angaben** im Sinn dieser Vorschrift fallen alle die effektive Kapitalaufbringung betreffenden *Tatsachenmitteilungen* sowie rechtliche und betriebswirtschaftliche *Werturteile* (Bewertungen, Schätzungen, Prognosen etc.). Im Vordergrund stehen die Angaben in den gesetzlich vorgeschriebenen Anmeldungsunterlagen (vgl. § 8 Abs. 1 und 2): Gesellschaftsvertrag, Gesellschafterliste, Verträge bzgl. Sacheinlagen, Unterlagen zum Wert der Sacheinlagen sowie die Versicherung, daß Leistungen in bestimmter Höhe auf die Stammeinlage bewirkt sind und zur freien Verfügung des Geschäftsführers stehen. Erfaßt werden nicht nur die Angaben zur Mindestkapitalaufbringung (§ 7 Abs. 2), sondern auch darüber hinausgehende *freiwillige Angaben*, soweit sie *geeignet* sind, die *Eintragung zu fördern* und deshalb 25

[26] Scholz/*Tiedemann* 53 mwN.
[27] Hierzu näher *Kohlmann/Löffeler* 403 ff.
[28] Hierzu näher *Kohlmann/Löffeler* 433 ff.
[29] RGSt. 18, 105, 115.
[30] Ebenso Scholz/*Tiedemann* 183 mwN; vgl. ferner die Kommentierungen bei § 52 StGB zum Fortsetzungszusammenhang.
[31] RGSt. 40, 285, 286 f.
[32] RGSt. 39, 223; *Kohlmann/Löffeler* 31; Scholz/*Tiedemann* 60; vgl. auch LK-*Tiedemann* § 265 b, 54; *ders.* § 283, 115, 136.
[33] Scholz/*Tiedemann* 62; Baumbach/Hueck/*Schulze-Osterloh* 10; *Kohlmann/Löffeler* wie Fn 32.
[34] *Kohlmann/Löffeler* 32; Scholz/*Tiedemann* 61.

für diese auch wesentlich sind[35]. Dies ist etwa dann der Fall, wenn sich aus den Anmeldungsunterlagen ergibt, daß die Gesellschafter weitaus höhere Leistungen als den gesetzlichen Mindestbetrag von 25.000,– DM erbracht haben, obwohl tatsächlich nur der Mindestbetrag eingezahlt worden ist.

26 Wegen der in diesem Zusammenhang auftauchenden Fragen des Tatbestands- und des Verbotsirrtums vgl. Rdn 62 f. Glaubt der Täter, die Angaben seien falsch, während sie in Wirklichkeit richtig sind, so ist dies ohne Bedeutung. Ein untauglicher Versuch ist hier nicht strafbar, da der Versuch in allen seinen Formen bei § 82 zu keiner Strafbarkeit führt.

27 γ) **Strohmänner.** Wenn sich unter den Gründern Strohmänner befinden, also irgendwelche Personen, die in eigenem Namen, aber für fremde Rechnung Anteile übernehmen, so werden die Angaben nicht etwa dadurch falsch im Sinne dieses Tatbestandes, daß sie sich über diesen Punkt nicht äußern[36]. Die betreffenden Strohmänner sind wie normale Gründer zu behandeln[37].

28 δ) **Gegenstand der Angaben.** Gegenüber der früheren Fassung des Abs. 1 Nr. 1 wird der *Kreis der Gegenstände*, auf die sich die falschen Angaben beziehen können, nicht nur präzisiert (z. B. Leistung statt Zahlung der Einlagen), sondern auch erheblich *erweitert*. Die von dem Täter zu machenden Angaben müssen sich auch beziehen auf die Übernahme der Stammeinlagen, die Verwendung eingezahlter Beträge, Sondervorteile, Gründungsaufwand, Sacheinlagen sowie auf Sicherungen für nicht voll eingezahlte Geldeinlagen.

29 (1) **Falschangaben zur Übernahme der Stammeinlagen.** Gem. § 3 Abs. 1 Nr. 4 muß der Gesellschaftsvertrag auch „den Betrag der von jedem Gesellschafter auf das Stammkapital zu leistenden Einlage (Stammeinlage)" enthalten. Die im Gesellschaftsvertrag hierüber getroffenen Vereinbarungen stellen sich dar als die *Einlageversprechen* der Gesellschafter und sichern die Aufbringung des Stammkapitals[38]. Es handelt sich um das sog. Verpflichtungs- oder Grundgeschäft. Der Anmeldung der Gesellschaft zum Handelsregister, die gem. § 78 von sämtlichen Geschäftsführern zu bewirken ist, muß der Gesellschaftsvertrag beigefügt werden (§ 8 Abs. 1 Nr. 1). Reichen nun der oder die Geschäftsführer dem Registergericht einen Gesellschaftsvertrag ein, der insoweit falsche Angaben enthält, erfüllt ihr Verhalten den Tatbestand des § 82 Abs. 1 Nr. 1. In der früheren Fassung war von den Einzahlungen auf die Stammeinlagen die Rede. Nunmehr spricht das Gesetz von der *Leistung der Einlagen* und zieht damit auch begrifflich die Konsequenz aus dem Umstand, daß der Begriff der Stammeinlagen sowohl Geld- wie auch Sacheinlagen umfaßt[39]. Dies war zwar in Literatur und Rechtsprechung seit jeher anerkannt[40], hat aber erst jetzt seinen Niederschlag im Gesetz gefunden. Entsprechendes gilt im Falle des § 8 Abs. 1 Nr. 3. Danach muß der Anmeldung eine Liste der Gesellschafter beigefügt sein, aus der u. a. der Betrag der von ihnen übernommenen Stammeinlagen ersichtlich ist.

30 Insoweit *falsch* sind alle unrichtigen Angaben zur *Höhe des übernommenen Stammkapitals*, zur *Art der Einlagen* sowie zu den *Personen der Gesellschafter*.

---

[35] RGSt. 43, 323, 325; BGH NJW 1955, 678, 679; BGH GA 1953, 25; 1959, 87; BGH, Urt. v. 13. 5. 1954 – 3 StR 352/53 zit. bei Rowedder/*Fuhrmann* 13.

[36] Vgl. § 2, 60 ff (*Ulmer*) sowie bereits oben Rdn 14.

[37] Scholz/*Tiedemann* 36 f.

[38] § 3, 45 (*Ulmer*).

[39] BT-Drucks. 8/1347, S. 55.

[40] RGSt. 38, 128 ff; 43, 250 ff; 43, 430, 431 f; 48, 153; 49, 340; LZ 1914, 950; BGHSt. 7, 157 = NJW 1955, 678 sowie die Ausführungen *Klug*[6] Anm. 4.

Z. B.: Die Gesellschafter vereinbaren untereinander, das erforderliche Stammkapital durch Einbringung ihrer Handelsgeschäfte – also durch Sacheinlagen – aufzubringen. Da infolge schlechter Geschäftslage der Wert dieser Firmen insoweit nicht mehr ausreicht, vereinbaren die Gesellschafter – entgegen ihren tatsächlichen Absichten – im Gesellschaftsvertrag Bareinlagen. In der Folge werden abredegemäß nur die Firmen zur Aufbringung des Stammkapitals eingebracht. Hierbei handelt es sich um ein gem. § 117 BGB nichtiges *Scheingeschäft*, dessen Inhalt nicht mit der Wirklichkeit übereinstimmt[41]. Eine Täuschungshandlung liegt ferner dann vor, wenn der Geschäftsführer bei der Anmeldung verschweigt, daß zwischenzeitlich die *Anfechtung eines Gesellschafterbeitritts* erfolgt ist[42]. Handelt es sich um sog. *Treuhand- oder Strohmanngründungen*, so ist zu unterscheiden: Werden von ihnen die Anteile in *eigenem Namen* und nur für fremde Rechnung übernommen, so werden die Angaben nicht dadurch falsch iS des § 82 Abs. 1 Nr. 1, daß sich der Geschäftsführer über diesen Punkt nicht äußert[43]. Nur die *Nichtnennung* eines Gesellschafters, der in *eigenem Namen* mit einer Einlage an der GmbH beteiligt ist, verwirklicht den Tatbestand des § 82 Abs. 1 Nr. 1[44]. Soweit die *Personalien* eines Gesellschafters unrichtig angegeben werden, liegt eine Falschangabe iS des § 82 Abs. 1 Nr. 1 allerdings nur dann vor, wenn der betreffende Gesellschafter in seiner (richtigen) Person nicht mehr zweifelsfrei *identifizierbar* ist[45].

(2) **Falschangaben über die Leistung der Einlagen.** Bei Geldeinlagen auf das Stammkapital hat gem. § 7 Abs. 2 mindestens ¼ jeder Einlage durch Einzahlung zugunsten der Vorgesellschaft zu erfolgen. Sacheinlagen und Sachübernahmen sind hingegen gem. § 7 Abs. 3 vor Anmeldung zum Handelsregister in vollem Umfang an die Vorgesellschaft zu bewirken. Insgesamt müssen gem. § 7 Abs. 2 Satz 2 auf das Stammkapital Geld- bzw. Sachleistungen eingebracht werden, die zusammen einen Betrag von mind. 25.000,– DM ausmachen. Diesbezügliche Leistungen können aber nur dann als Erfüllung der Einlagepflicht angesehen werden, wenn das eingezahlte Geld oder die Sachleistung *tatsächlich* in die *freie Verfügung des Geschäftsführers* gelangt[46]. *Falsch* sind demnach alle unrichtigen oder unvollständigen Angaben hinsichtlich *Höhe* und *Zeitpunkt* sowie *Art und Weise der erbrachten Leistung*. In § 8 Abs. 2 ist der Inhalt der bei der Anmeldung abzugebenden Versicherung genau umrissen, so daß jede Abweichung von der tatsächlichen Situation – mag sie auch wirtschaftlich für die Gesellschaft ohne jede nachteilige Konsequenz sein – die Angabe zu einer falschen macht. **31**

Im Zusammenhang mit vereinbarten **Barleistungen** zählen hierzu zunächst alle unrichtigen Angaben zur *Höhe* der tatsächlich eingezahlten Beträge sowie deren *Verteilung* auf die Stammeinlagenkonten der Gesellschafter[47]. Eine unrichtige Angabe ist ferner anzunehmen, wenn die Leistung der Stammeinlage *statt in bar* durch eine im Gesellschaftsvertrag nicht vereinbarte *Sachleistung* erfolgt ist[48]. Die Sachleistung statt der vertraglich vorgesehenen Geldleistung ist keine Erfüllung (vgl. § 19 Abs. 5). Bareinlagen werden auch nicht dadurch „geleistet", daß der Gesellschafter der Gründungsgesellschaft einen ihm persönlich eingeräumten *Bankkredit* zur Ver- **32**

41 *Kohlmann/Löffeler* 33.
42 Lutter/*Hommelhoff* 10.
43 Scholz/*Tiedemann* 66, 96.
44 Scholz/*Tiedemann* wie Fn 43.
45 Scholz/*Tiedemann* 66.
46 Für Sachleistungen ergibt sich dies unmittelbar aus § 7 Abs. 3; für Geldleistungen vgl. BGH, GmbH-Rdsch. 1962, 233; BayObLG, wistra 1987, 191.
47 RGSt. 33, 252 ff.
48 RGSt. 73, 231 ff; Rowedder/*Fuhrmann* 17; Scholz/*Tiedemann* 74; zur Abgrenzung von Bar- und Sacheinlagen näher § 5, 11 (*Ulmer*), § 19, 76 ff (*Ulmer*).

fügung stellt[49] oder eine *Darlehensschuld der GmbH* tilgt[50]. Dasselbe gilt, wenn die Einlage statt in bar durch *Aufrechnung* geleistet wird, selbst wenn die Aufrechnung durch den Geschäftsführer erfolgt[51]. Eine unrichtige Angabe liegt auch dann vor, wenn die in § 7 Abs. 2 vorgeschriebene Mindestleistung erbracht und nur die *nicht vereinbarte Mehrleistung* zu Unrecht versichert wird[52].

33 Wird die Einlage statt in bar nur **„barähnlich"**, z. B. durch Scheck oder Wechsel geleistet, so liegt eine Einzahlung iS des § 7 Abs. 2 in der Regel erst dann vor, wenn der Scheck oder Wechsel bei der Anmeldung eingelöst worden ist. Vor Einlösung kann eine der Einzahlung gleichstehende Leistung nur dann angenommen werden, wenn diese jederzeit mit Sicherheit und ohne Wertverlust in Geld umgesetzt werden kann[53]. Erforderlich ist demnach entweder eine vorbehaltlose Gutschrift auf einem inländischen Bankkonto oder Postgirokonto der (Vor-)Gesellschaft oder des Geschäftsführers sowie ein bestätigter Bundesbankscheck. Erfolgt die Leistung der Stammeinlage im Wege des *unbaren Zahlungsverkehrs*, so ist es erforderlich, daß die Gutschrift auf ein *Konto der Gesellschaft* in Gründung oder ein *Konto des Geschäftsführers* der Gesellschaft, das *ausdrücklich seine Organeigenschaft aufweist*, erfolgt[54]. Erklärt der Geschäftsführer, daß die Geldeinlage erbracht sei, obwohl die Einlage auf sein persönliches Privatkonto erfolgt war, liegt demnach ebenfalls eine unrichtige Angabe vor.

34 Wird die über die Mindesteinlage nach § 7 Abs. 2 hinausgehende Einlage erst aus Mitteln einer **Gewinnausschüttung** erbracht, so ist dies zivilrechtlich nur im Wege der *Sacheinlage* zulässig und möglich[55]. Die strafrechtliche Beurteilung einer gleichwohl als Bareinlage „verschleierten Sacheinlage" hängt jedoch maßgeblich von der effektiven Aufbringung des Kapitals ab, so daß nur dann falsche oder unvollständige Angaben iS des § 82 Abs. 1 Nr. 1 vorliegen, in denen (Begleit-)Umstände verschwiegen werden, die die Bareinlage effektiv mindernd beeinträchtigen[56].

35 Gem. § 8 Abs. 2 Satz 1 ist in der Anmeldung ferner die Versicherung abzugeben, daß die gesetzlich vorgeschriebenen Leistungen auf die Stammeinlagen erbracht sind und sich diese endgültig in der **freien Verfügung** der Geschäftsführer befinden. Dies bedeutet: Die Geschäftsführer müssen tatsächlich und rechtlich in der Lage sein, die erbrachten Leistungen für die Gesellschaft zu verwenden, ohne dabei durch irgendwelche Vorbehalte oder Belastungen beschränkt zu sein[57]. Demnach unrichtig ist auch die Angabe einer Geldeinlage, die aus einem eingelösten Scheck herrührt, der dem Geschäftsführer nur zur Sicherheit übergeben worden ist, den dieser aber abredewidrig eingelöst hat[58]. Eine solche „Einlage" ist wegen eines entsprechenden Regreßanspruchs des Gesellschafters gegen die GmbH wirtschaftlich wertlos. Ebenfalls

[49] BGH NJW 1958, 1351; Rowedder/*Fuhrmann* 16.

[50] OLG Hamburg GmbH-Rdsch. 1982, 157: dort im Fall der Kapitalerhöhung.

[51] RG JW 1911, 251; RG BauersZ 20, 37; RGSt. 53, 159; Scholz/*Tiedemann* 70, 74; Rowedder/*Fuhrmann* wie Fn 49; zum zivilrechtlichen Aufrechnungsverbot vgl. neuestens OLG Stuttgart NJW 1987, 1032; OLG Hamm ZIP 1988, 1057; OLG Düsseldorf BB 1988, 2126; OLG Köln WM 1987, 537.

[52] So bereits RGSt. 43, 323, 324 f; 49, 340 ff; RG LZ 1914, 950; auch BGH NJW 1955, 678.

[53] RGSt. 32, 82, 83; 36, 186; Scholz/*Tiedemann* 70; Rowedder/*Fuhrmann* 15.

[54] BayObLG wistra 1987, 191.

[55] Vgl. BGH NJW 1991, 1754; OLG München ZIP 1990, 785 (Vorinstanz); OLG Köln ZIP 1990, 717; krit. *Roth* NJW 1991, 1913 f.

[56] Scholz/*Tiedemann* 118; zG näher *Schäfer* GmbH-Rdsch. 1993, 717, 725 f.

[57] Vgl. zu den Einzelheiten § 8, 31 f (*Ulmer*) und § 7, 46 ff (*Ulmer*).

[58] *Kohlmann/Löffeler* 34; Scholz/*Tiedemann* 71.

unrichtig ist somit eine vorbehaltlos erklärte Geldeinlage, die aus *Kreditmitteln der GmbH* erbracht wurde, die die GmbH dem Gesellschafter hierfür zuvor zur Verfügung gestellt hat[59]. Ebenso strafbar ist die Angabe von sog. *„Vorzeigegeld"*, was dann anzunehmen ist, wenn der Geschäftsführer bei der Einzahlung versprochen hat, den eingezahlten Betrag umgehend wieder zurückzuerstatten[60]. Ist eine derartige Rückzahlungsvereinbarung nicht nachweisbar oder kommt sie erst nach der Anmeldung zustande, greift uU allerdings der Untreuetatbestand (§ 266 StGB) ein[61]. In den Fällen sog. *„verschleierter Sacheinlagen"*, also Bareinlagen, die alsbald zum Kauf von Wirtschaftsgütern der Gesellschafter verwendet werden sollen, hängt die Strafbarkeit davon ab, ob es sich um Gegenstände handelt, die in der Gesellschaft verbleiben und für die GmbH einen wirtschaftlich adäquaten Gegenwert darstellen oder nicht[62]. Bei derartigen „verschleierten Sacheinlagen" handelt es sich andererseits aber auch um keine echten Sacheinlagen[63].

(3) **Falschangaben über Sacheinlagen und Sachübernahmen.** Zu den Begriffen Sacheinlagen und Sachübernahmen näher § 5 Rdn 19 ff, 97 ff (*Ulmer*). **36**

Falsch sind diesbezügliche Angaben dann, wenn das betreffende Wirtschaftsgut im Zeitpunkt der Anmeldung überhaupt noch nicht eingebracht oder unrichtig bewertet worden ist. Hierzu zählen etwa die unvertretbare Überbewertung von eingebrachten Gegenständen[64], das Verschweigen einer Belastung mit einer Hypothek, Grundschuld, einem Pfandrecht oder einer Sicherungsübereignung[65], nicht angemeldeter oder überbewerteter Patente[66] oder angefochtener Lizenzen[67]. Eine Falschangabe liegt auch dann vor, wenn die Einbringung eines Geschäftsbetriebes einschl. Inventar angemeldet wird, obwohl Letzteres bereits vor Abschluß des Gesellschaftsvertrages verkauft worden ist[68]. Falsch ist auch die Angabe einer sog. „Schein-Sacheinlage" namentlich durch Verschweigen einer Rückübertragungsvereinbarung[69]. **37**

(4) **Falschangaben über Sicherungen für nicht voll eingezahlte Geldeinlagen bei der Gründung einer Einmann-GmbH.** Gem. § 7 Abs. 2 Satz 3 hat der Einmann-Gesellschafter bestimmte Sicherungen für nicht voll eingezahlte Geldeinlagen zu stellen. Damit soll zum Schutz der Gläubiger der Nachteil ausgeglichen werden, daß bei der Einmann-Gründung, die nach § 2 Abs. 2 möglich ist, keine weiteren Gesellschafter vorhanden sind, die gem. § 24 subsidiär für die Aufbringung der Stammeinlagen haften[70]. Diese Sicherung hat der Alleingründer in einer Form bereitzustellen, die gewährleistet, daß das Sicherungsgut bei Eintragung der GmbH ohne besondere weitere Übertragungserklärung auf die Gesellschaft übergeht. Gem. § 8 Abs. 2 ist bei der Anmeldung nicht nur die Versicherung abzugeben, daß die Mindesteinlagen erbracht sind und sich endgültig in der freien Verfügung der Geschäftsführer befinden, sondern es ist auch zu versichern, daß die nach § 7 Abs. 2 Satz 2 erforderliche Sicherung bestellt ist. **38**

Falsch iS des § 82 Abs. 1 Nr. 1 sind insoweit alle Angaben, die hinsichtlich Art, Höhe und Wert der Sicherung unrichtig sind. Dies ist etwa dann der Fall, wenn die **39**

[59] Scholz/*Tiedemann* wie Fn 58.
[60] RG JW 1927, 1698; RGSt. 24, 286, 289; 30, 306, 314 ff; BGH GA 1959, 87; 1961, 356; Baumbach/Hueck/*Schulze-Osterloh* 12; Scholz/*Tiedemann* wie Fn 58.
[61] *Kohlmann/Löffeler* wie Fn 58; Scholz/*Tiedemann* 76 mwN.
[62] Ähnlich Scholz/*Tiedemann* 87.
[63] Vgl. BGHSt. 28, 314, 319; hierzu näher *Tiedemann* in Festschr. Lackner, S. 737 ff.
[64] RGSt. 49, 340, 341; Baumbach/Hueck/*Schulze-Osterloh* 16; Scholz/*Tiedemann* 75, 88.
[65] BGH GmbH-Rdsch. 1959, 27; Scholz/*Tiedemann* wie Fn 64.
[66] RGSt. 49, 340 f.
[67] Lutter/*Hommelhoff* 10.
[68] RGSt. 40, 285 ff.
[69] BGH GA 1959, 87, 88.
[70] Vgl. Begründung des Reg.-Entwurfs, BT-Drucks. 8/1347, S. 32.

angegebene Grundschuld oder Bankbürgschaft von der GmbH nur dadurch realisiert werden kann, daß sie ihrerseits gegenüber der Bank sämtliche Verpflichtungen des betreffenden Gesellschafters übernehmen muß, wodurch sich der wirtschaftliche Wert der hingegebenen Sicherheit erheblich mindert[71]. Eine Falschangabe liegt ferner dann vor, wenn hinsichtlich der angegebenen Grundschuld ein Rangvorbehalt zugunsten einer weiteren Grundschuld besteht, wodurch die zur Sicherung hingegebene Grundschuld im Fall einer Verwertung nicht voll realisierbar wäre[72].

40 (5) **Keine Strafbarkeit bei bloßer Unterlassung der Versicherung über die freie Verfügung der Einlage.** Sind die Leistungen auf das (Mindest-)Stammkapital *ordnungsgemäß* erbracht worden, so ist allein das *Unterlassen* der gem. § 8 Abs. 2 abzugebenden Versicherung über die freie Verfügbarkeit der Einlagen *nicht strafbar*. Diese Versicherung ist vielmehr – gegebenenfalls unter Androhung eines Zwangsgeldes nach § 79 – nachzuholen.

41 (6) **Falschangaben über die Verwendung eingezahlter Beträge.** „Zum Schutz der Aufbringung und Erhaltung des Stammkapitals“[73] stellt das Gesetz auch falsche Angaben über die Verwendung eingezahlter Beträge unter Strafe. Bereits aus dem Umstand, daß falsche Angaben über den Gründungsaufwand gesondert genannt werden, ist zu schließen, daß damit Aufwendungen gemeint sind, die nicht zum Gründungsaufwand gehören. Mit Zustimmung der Gesellschafter können die Geschäftsführer der Vor-GmbH Geschäfte auch schon vor der Eintragung der GmbH vornehmen, die eine Verpflichtung der künftigen GmbH nach sich ziehen. Hierdurch unterliegen sie jedoch im Hinblick auf die Versicherung, welche Gegenstände und Leistungen sich endgültig in der freien Verfügung des Geschäftsführers befinden, einer besonderen Sorgfaltspflicht. Wie bereits ausgeführt, müssen die Geschäftsführer nach § 8 Abs. 2 in der Anmeldung auch die Versicherung abgeben, „daß der Gegenstand der Leistung sich endgültig in ihrer freien Verfügung befindet“[74]. Möglicherweise sind im Zeitpunkt der Anmeldung zum Handelsregister bereits Teile der Leistungen für derartige Aufwendungen verwandt worden oder ihre Verwendung steht während des Anmeldevorgangs an. In der abzugebenden Versicherung müssen diese Aufwendungen für den Betrieb des Unternehmens der künftigen GmbH richtig angegeben werden. Um *Falschangaben* handelt es sich z. B., wenn *verschwiegen* wird, daß das durch Einzahlung der Geldanlagen entstandene Kontoguthaben bereits zur Sicherung einer Darlehensforderung gegen die künftige GmbH *verpfändet* worden ist[75] oder wenn verschwiegen wird, daß als Sachleistungen erbrachte Wirtschaftsgüter schon vor der Anmeldung der GmbH *zur Sicherung* von Lieferantenkrediten *übereignet* worden sind[76]. Eine *Ausnahme* besteht nur für die Fälle, in denen die Gesellschaft für die bereits erfolgte Verwendung und insoweit verschwiegene Ausgabe eine *vollwertige Gegenleistung* erhält[77]. Handelt es sich hingegen um eine wertmäßig erheblich geringere Leistung, besteht für die bereits erfolgte Verwendung eine *Offenbarungspflicht*[78].

42 Macht der Geschäftsführer in diesem Zusammenhang **überhaupt keine Angaben**, so mag sich dies zunächst zwar als pflichtwidriges aber strafloses Unterlassen darstellen. Dieses Verhalten wird jedoch in dem Augenblick strafbar, in dem der Ge-

[71] *Kohlmann/Löffeler* 36.
[72] *Kohlmann/Löffeler* wie Fn 71.
[73] Vgl. BT-Drucks. 8/1347, Begr. zu § 82.
[74] Vgl. auch *Hüffer* JuS 1983, 161, 163; zur sog. Vorbelastung näher *Schäfer* GmbH-Rdsch. 1993, 718, 727 f.
[75] BGH GA 1977, 340, 341.
[76] *Kohlmann/Löffeler* 38.
[77] Scholz/*Tiedemann* 72; vgl. auch BGHZ 80, 130, 140.
[78] *Tiedemann* in Festschr. Lackner, S. 737; *Richter* GmbH-Rdsch. 1984, 113, 116.

schäftsführer dann *ausdrücklich* und wahrheitswidrig in der gem. § 8 Abs. 2 abzugebenden Versicherung erklärt, daß sich die auf die Stammeinlagen bewirkten Leistungen (immer noch) in seiner freien Verfügung befänden.

(7) **Falschangaben über Gründungsaufwand.** Die Kosten, die im Zusammenhang mit der Errichtung der Gesellschaft und der Einbringung der Einlagen stehen (Gründungsaufwand), sind nach inzwischen hM in analoger Anwendung von § 26 Abs. 2 AktG in den Gesellschaftsvertrag aufzunehmen[79]. Hierzu zählen sowohl die *gesetzlich anfallenden Kosten* im Zusammenhang mit der Errichtung der GmbH und die Einbringung der Einlagen (Notar- und Gerichtsgebühren, Veröffentlichungskosten, Gesellschaftsteuer, Verkehrssteuern bei der Einbringung von Sacheinlagen) als auch sog. *Gründerlohn*, vertragliche Vergütungen an die Gründungsgesellschafter oder Dritte für beratende Tätigkeit anläßlich der Gründung der GmbH. **43**

Falschangaben sind etwa dann anzunehmen, wenn die Entrichtung von bereits fälligen Steuern, Gebühren und sonstigen Gründungskosten aus Gesellschaftsmitteln verschwiegen oder unrichtig wiedergegeben wird[80]. Ebenso handelt es sich um eine Falschangabe iS des § 82 Abs. 1 Nr. 1, wenn ein in Wirklichkeit *nicht entstandener Aufwand* behauptet wird, da auch eine nur vorgetäuschte Belastung mit Verbindlichkeiten die Information über die Vermögenslage der GmbH verfälscht[81]. Ohne Belang ist insoweit auch, ob der angegebene Gründungsaufwand sachlich gerechtfertigt war[82], was jedoch für die Annahme einer Untreue (§ 266 StGB)[83] von Bedeutung sein kann. **44**

Im übrigen gelten auch hier die Ausführungen zur Verwendung eingezahlter Beträge, vgl. Rdn 41 f.

(8) **Falschangaben über Sondervorteile.** Zum Begriff und Wesen der Sondervorteile vgl. zunächst § 5 Rdn 173 (*Ulmer*). Sondervorteile, die einzelnen Gesellschaftern aus Anlaß der Gründung eingeräumt werden, sind Bestandteil des Gesellschaftsvertrages und müssen zu ihrer Wirksamkeit in die Satzung aufgenommen werden[84]. Die Ausführungen zur Übernahme der Stammeinlagen gelten entsprechend. **45**

Falschangaben über Sondervorteile sind unrichtige Angaben hinsichtlich abweichender Rechte auf einen höheren Gewinnanteil, erweiterte Stimmrechte, Benutzungsrechte, Liefer- und Warenbezugsrechte etc. Voraussetzung für eine Strafbarkeit nach § 82 Abs. 1 Nr. 1 ist allerdings, daß derartige Sondervorteile *rechtswirksam vereinbart* worden sind oder mit der *Erfüllung ernsthaft* zu rechnen ist[85]. **46**

(9) **Falschangaben über weitere Verpflichtungen.** Sofern im Gesellschaftsvertrag neben einer Sacheinlage *weitere Verpflichtungen* vorgesehen sind, muß deutlich sein, ob diese zur Sacheinlagepflicht gehören oder eine selbständige Nebenleistungspflicht iS von § 3 Abs. 2[86] darstellen. Die letztgenannten Pflichten brauchen grundsätzlich erst nach Eintragung der Gesellschaft erfüllt zu werden[87]. **47**

(10) **Maßgeblichkeit des Zugangs der Angaben beim Registergericht.** Bei der Beurteilung der Richtigkeit oder Falschheit einer Angabe kommt es nicht auf den **48**

[79] § 5, 185 (*Ulmer*) mwN aus Rechtsprechung und Schrifttum näher *Schäfer*, wie Fn 74.
[80] *Kohlmann/Löffeler* 38.
[81] Scholz/*Tiedemann* 83; Rowedder/*Fuhrmann* 20.
[82] Rowedder/*Fuhrmann* wie Fn 81.
[83] Hierzu näher Vor § 82, 118.
[84] § 5, 178 (*Ulmer*) mwN aus Rechtsprechung und Schrifttum.
[85] Scholz/*Tiedemann* 80 f; Baumbach/Hueck/*Schulze-Osterloh* 14; zweifelnd Rowedder/*Fuhrmann* 19.
[86] Hierzu näher § 3, 65 ff (*Ulmer*).
[87] § 3, 69 (*Ulmer*).

Zeitpunkt der Erstellung bzw. Abgabe der Erklärung an, sondern ausschließlich auf den Zeitpunkt des Zugangs der Erklärung gegenüber dem Registergericht[88]. Entscheidend ist demnach, ob und in welchem Umfang die Geld- bzw. Sacheinlagen bei Zugang der Anmeldung tatsächlich geleistet worden sind. Entsprechendes gilt für die Beurteilung von Sicherheiten, der Verwendung eingezahlter Beträge, von Gründungsaufwand, Sondervorteilen und weiteren Verpflichtungen. Sind z. B. die Leistungen auf die Stammeinlagen zum Zeitpunkt der Einreichung der Anmeldungsunterlagen entgegen den dortigen Erklärungen noch nicht erfolgt, werden diese aber noch vor dem Zugang der Anmeldung beim Registergericht bewirkt, so ist dieses Verhalten demzufolge nicht tatbestandsmäßig iS des § 82 Abs. 1 Nr. 1. Zur Irrtumsproblematik vgl. unten Rdn 62.

49 c) **Angaben gegenüber dem Gericht.** Die falschen Angaben über die Einzahlungen auf die Stammeinlagen müssen dem zuständigen Gericht (§ 7 Abs. 1) gemacht sein[89]. Etwas anderes ergibt sich auch nicht daraus, daß bei der Neufassung die ausdrückliche Erwähnung, die in der aF enthalten war[90], entfallen ist. Es ist jedoch nicht denkbar, daß die andernfalls – sofern auch Angaben gegenüber anderen Personen und Einrichtungen tatbestandsmäßig wären – gegebene Ausweitung des Tatbestandes im Sinne des Gesetzgebers gelegen haben sollte, ohne daß dies in den Materialien auch nur andeutungsweise erwähnt wäre; zudem wäre der Anwendungsbereich des Tatbestandes von dem des Abs. 2 Nr. 2 kaum noch abzugrenzen. Das gleiche gilt für falsche Angaben gegenüber der Industrie- und Handelskammer, der Finanzbehörde und sonstigen im Zusammenhang mit der Eintragung befaßten Stellen. Im übrigen genügt der Eingang der Urkunde bei dem *zuständigen Gericht* als solchem im Rahmen des regulären Geschäftsganges. Der Registerrichter braucht nicht Kenntnis genommen zu haben[91]. Das ist für die Frage der Vollendung des Delikts von Bedeutung[92]. Werden die Anmeldungsunterlagen bei einem unzuständigen Gericht eingereicht, erlangt eine Falschangabe erst beim Zugang bei dem zuständigen Gericht strafrechtliche Relevanz[93].

50 d) **Zum Zweck der Ersteintragung der GmbH.** Die falschen Angaben müssen zum Zweck der Ersteintragung der GmbH gemacht worden sein. Dies trifft auch dann zu, wenn in der Anmeldung die Versicherung nach § 8 Abs. 2 unterblieb, die Eintragung versehentlich dennoch erfolgte und die Versicherung nachträglich noch abgegeben wurde. Keine falschen Angaben zum Zweck der Eintragung der Gesellschaft im Sinne dieses Tatbestandes liegen vor, wenn es sich um solche Angaben handelt, die zwecks Eintragung der Fortsetzung einer wieder werbend tätig gewordenen GmbH abgegeben werden. Eine Bestrafung wegen Gründungstäuschung ist daher in diesem Falle nicht möglich[94]. Denn unter „Eintragung der Gesellschaft" versteht das Gesetz nur die erstmalige Eintragung in das Handelsregister anläßlich der Gründung[95]. In dem vom BGH entschiedenen Fall war die Gesellschaft zwar gem. § 60 Abs. 1 Nr. 2 aufgelöst. Dies beendete jedoch nicht ohne weiteres ihre Rechtspersönlichkeit. Sie bestand fort, solange noch verteilbares Vermögen vorhan-

---

88 *Kohlmann/Löffeler* 32; Scholz/*Tiedemann* 61.

89 BGH GA 1959, 87 = GmbH-Rdsch. 1959, 27; Scholz/*Tiedemann* 58; Baumbach/Hueck/*Schulze-Osterloh* 18, 23.

90 Vgl. oben Rdn 8.

91 RG DJZ 1904, 996 Nr. 60; RGSt. 37, 25, 27; 43, 323; 43, 430 f.

92 Vgl. Rdn 51.

93 Scholz/*Tiedemann* wie Fn 89.

94 BGHSt. 7, 157 = GmbH-Rdsch. 1955, 61 m. Anm. *Vogel* = NJW 1955, 678 = LM Nr. 2 zu § 82 Abs. 1 GmbHG.

95 BGH, wie Fn 94; Scholz/*Tiedemann* 55; Baumbach/Hueck/*Schulze-Osterloh* 21; Rowedder/*Fuhrmann* 11.

den war. Es handelte sich bei der Eintragung der Fortsetzung, wie dies schon aus dem Wort selbst hervorgeht, um keine Neugründung. Mit Recht wies der BGH darauf hin, daß eine dem § 295 Abs. 1 Nr. 5 AktG entsprechende Bestimmung im GmbHG fehlt und daß eine Anwendung des § 82 Abs. 1 Nr. 1 auf den Fall der Fortsetzungseintragung wegen des Analogieverbots (Art. 103 Abs. 2 GG und § 2 StGB) unzulässig ist. Möglich bleibt aber, daß dieses Verhalten unter anderen rechtlichen Gesichtspunkten strafbar ist, – etwa als Kapitalerhöhungstäuschung (§ 82 Abs. 1 Nr. 3, dazu unten Rdn 81 ff), falls die falschen Angaben wie in dem entschiedenen Falle gleichzeitig der Eintragung einer Kapitalerhöhung dienen.

e) **Vollendung und Versuch.** Das Vergehen der Gründungstäuschung ist bereits vollendet, wenn die die falschen Angaben enthaltende Urkunde oder die zu dem Eintragungsantrag gehörige Gesamtheit von mehreren Urkunden dem zuständigen Registergericht überreicht ist[96]. Die Vorlage beim zuständigen Beamten innerhalb des Gerichts ist für die Vollendung nicht erforderlich[97], ebensowenig die Kenntnisnahme des Gerichts oder eines Beamten vom Inhalt[98] oder der Erfolg der Täuschung, die spätere Eintragung[99], oder deren Ablehnung[100]. Eine Ausnahme gilt nur für den Fall, daß bestimmte Angaben und Erklärungen mündlich erfolgen. Hier ist die Kenntnisnahme des zuständigen Beamten erforderlich[101]. **51**

Bei der *sukzessiv* erfolgten Einreichung von mehreren Urkunden ist das Delikt schon vollendet, wenn mindestens eine Urkunde mit einer falschen Angabe eingereicht ist. **52**

Die vorherige *Erklärung zum notariellen Protokoll* bringt das Delikt noch nicht zur Vollendung[102]; eine in diesem Augenblick falsche Erklärung kann bis zur späteren Einreichung beim Gericht noch richtig werden. Wenn die von dem Notar bereits gezeichnete Erklärung von diesem zurückgehalten werden soll, bis ausdrückliche Weisung kommt, infolge eines Versehens des Notars oder seiner Angestellten aber die Urkunde vorher dem Gericht übergeben wird, so liegt keine strafbare Handlung iS von § 82 Nr. 1 vor[103]. **53**

Ein strafbarer **Versuch** ist bei der Gründungstäuschung nicht möglich, da es sich hier um ein Vergehen handelt und der Versuch nicht ausdrücklich für strafbar erklärt ist (vgl. § 23 Abs. 1 StGB). **54**

Das Wissen um die Unwahrheit[104] muß im Augenblick *der Einreichung* der Anmeldung beim Gericht vorhanden sein. Weiß der Täter, daß zum Zeitpunkt der Unterzeichnung die Geldeinlage noch aussteht, so schadet das nicht, sofern nur der Wille besteht, erst nach der Zahlung die Anmeldung zu vollziehen. Daher kann ein den Vorsatz ausschließender Tatbestandsirrtum[105] vorliegen, wenn der Geschäftsführer zur Zeit der Abgabe der Erklärung damit rechnete und rechnen konnte, daß die noch ausstehende Einzahlung bis zum Eingang der Erklärung beim Registergericht erfolgen werde. Ein solcher Irrtum wäre etwa dann anzunehmen, wenn ein Gesellschafter dem Geschäftsführer vor Absendung der Unterlagen ausdrücklich zusichert, seine zu leistende Stammeinlage noch am gleichen Tag auf ein Konto der **55**

---

[96] BGH GA 1959, 87 ff = GmbH-Rdsch. 1959, 27; Scholz/*Tiedemann* 58, 91.

[97] Dazu § 8, 27 (*Ulmer*).

[98] RGSt. 43, 323.

[99] RGSt. 37, 25, 27 f; HRR 1938 Nr. 1386.

[100] RGSt. 43, 323 f, 430 f; Scholz/*Tiedemann* 58; Baumbach/Hueck/*Schulze-Osterloh* 23; vgl. ferner die Nachw. oben Rdn 40.

[101] Scholz/*Tiedemann* 91.

[102] Ebenso Scholz/*Tiedemann* 58.

[103] Zum Antragsrecht des Notars vgl. § 129 FGG.

[104] Rdn 61.

[105] Vgl. unten Rdn 62.

GmbH zu zahlen. Wenn der betreffende Gesellschafter ein solventer Geschäftsmann ist und keine entgegenstehenden Anhaltspunkte dafür erkennbar sind, daß die Einlage nicht vereinbarungsgemäß geleistet wird, kann sich der Geschäftsführer auch darauf verlassen, daß die Einlage noch vor Zugang der Anmeldung beim Registergericht geleistet wird[106]. Des Eintritts eines Erfolges, also insbesondere der Eintragung der GmbH, bedarf es nicht zur Vollendung des Delikts. Ferner kommt es nicht auf die Kenntnisse des Registerrichters von dem Inhalt des Schriftstücks an[107]. Maßgebend ist die Entgegennahme der Anmeldung im regulären Geschäftsgang[108]. Endlich bleibt die Strafbarkeit sogar bei Zurückweisung des Antrages bestehen, da das Delikt bereits mit der Antragseinreichung als solcher vollendet wurde[109].

56 f) **Unterlassen.** Der Tatbestand der Gründungstäuschung verlangt wie bereits oben unter Rdn 19 ff ausgeführt, insofern auf jeden Fall ein positives Tun, als vorausgesetzt wird, daß der Täter dem Handelsregister überhaupt Angaben im Zusammenhang mit einer beabsichtigten Gründungseintragung gemacht haben muß. Dies ergibt sich daraus, daß das Gesetz das *„ob"* der Anmeldung letztlich in das *Belieben* der Geschäftsführer bzw. Gesellschafter stellt[110] und die Anmeldung sogar gem. § 79 Abs. 2 nicht einmal mit Zwangsmitteln durchgesetzt werden kann. Eine Tatbestandsverwirklichung durch Unterlassen *jeglicher Angaben* ist mithin grundsätzlich ausgeschlossen[111], z. B. wenn die notariell beurkundeten Unterlagen zur Gesellschaftsgründung nicht zum Handelsregister eingereicht werden, obwohl die Gesellschaft ihren Geschäftsbetrieb bereits unter Firmierung als GmbH aufgenommen hat. Ebenfalls ohne strafrechtliche Relevanz ist es, wenn einzelne der gem. § 8 Abs. 1 und 2 erforderlichen Anmeldungsunterlagen (etwa die Gesellschafterliste oder eine der aufgeführten Versicherungen) gänzlich fehlen. Da die Anmeldung insoweit bereits offensichtlich unvollständig ist, scheidet insoweit auch eine Täuschung durch positives Tun aus[112].

57 Eine *Ausnahme* hiervon besteht nur für den Fall, daß bei der Anmeldung irrtümlich, d. h. **unvorsätzlich unrichtige Angaben** (z. B. fehlerhafte Unterlagen) beigefügt worden sind. Bemerkt der Geschäftsführer dies noch vor der Eintragung, so obliegt ihm eine entsprechende *Berichtigungspflicht*[113]. Eine weitergehende Berichtigungspflicht etwa bei einem Wertverfall von Sacheinlagen in der Zeit zwischen Anmeldung und Eintragung besteht nur in zivilrechtlicher, *nicht* aber in strafrechtlicher Hinsicht[114]. Darüber hinaus besteht allenfalls die Möglichkeit der *Teilnahme* durch Unterlassen an der von dem Täter durch positives Tun begangenen Tat.

58 g) **Überstimmung des Täters.** Soweit der Täter in der Gesellschafterversammlung, sofern er selbst zugleich Gesellschafter ist, oder in einem nach Mehrheitsbeschlüssen handelnden Geschäftsführergremium überstimmt wurde, und die falschen Angaben demzufolge aufgrund einer *Anweisung* macht, berührt dies die Tatbestandsmäßigkeit seines Verhaltens nicht[115]. Zur eigenen Strafbarkeit kann in derartigen Fällen eine Bestrafung der Gesellschafter – etwa wegen Anstiftung – oder der übrigen Geschäftsführer – etwa wegen Mittäterschaft – hinzutreten. Falls der Täter zu einer Falschangabe genötigt wurde, ist eine Entschuldigung seines Verhaltens gem. § 35 StGB denkbar[116].

---

106 *Kohlmann/Löffeler* 32.
107 Vgl. Rdn 49.
108 RG DJZ 1904, 996 und RGSt. 43, 323.
109 RGSt. 43, 430.
110 Vgl. § 79, 7 (*Kohlmann*).
111 *Kohlmann/Löffeler* 29; Scholz/*Tiedemann* 87.
112 *Kohlmann/Löffeler* wie Fn 111.
113 Scholz/*Tiedemann* 98; Baumbach/Hueck/*Schulze-Osterloh* 25.
114 Baumbach/Hueck/*Schulze-Osterloh* wie Fn 113.
115 Vor § 82, 183 ff.
116 Scholz/*Tiedemann* 167; vgl. ferner die Kommentierungen zu § 35 StGB.

2. Rechtswidrigkeit

59 Wie stets, so gelten auch hier grundsätzlich die Rechtfertigungsgründe aus dem Allgemeinen Strafrecht. Indessen werden sie kaum je praktisch werden. Insbesondere kann der Einwilligung der Gesellschafter oder entsprechender Weisungen keine Bedeutung zukommen. Dies folgt bereits aus dem Rechtsgut, das durch § 82 geschützt wird[117].

3. Schuld

60 a) **Allgemeines.** Hinsichtlich der *Schuldfähigkeit* gelten die Grundsätze des Allgemeinen Strafrechts (vgl. §§ 20, 21 StGB).

61 b) **Vorsatz.** Als *Schuldform* kommt nur *vorsätzliches Handeln*, nicht aber Fahrlässigkeit in Betracht. Bedingter Vorsatz reicht insoweit aus[118]. Eine *Täuschungs- oder Schädigungsabsicht* ist *nicht* erforderlich[119]. Ein Täter, der an der Wahrheit seiner Angaben über die Einzahlungen auf die Stammeinlagen selbst zweifelt, aber unter billigender Inkaufnahme der Unwahrheit trotzdem handelt, ist wegen Gründungstäuschung strafbar. Eine *Absicht* ist jedoch insoweit erforderlich, als die Angaben zum *Zweck der Eintragung* gemacht worden sein müssen.

62 c) **Tatbestandsirrtum.** Ein *vorsatzausschließender Tatbestandsirrtum* (§ 16 StGB) liegt einmal dann vor, wenn der Geschäftsführer nicht weiß, daß seine Angaben in *tatsächlicher* Hinsicht falsch sind. Ein solcher Tatbestandsirrtum liegt z. B. vor, wenn der Geschäftsführer aufgrund eines Rechenfehlers von der Annahme ausgeht, daß ¼ der in Geld zu leistenden Einlagen auf das Stammkapital eingezahlt wurde, während die Zahlungen in Wirklichkeit unterhalb der Grenze von 25% liegen; wenn der Geschäftsführer infolge eines fehlerhaften Kontoauszugs von der Annahme eines weitaus höheren Bankguthabens der Vorgesellschaft ausgeht. Zum anderen kann aber auch die *Unkenntnis der Rechtslage, anhand der die Richtigkeit der Gründungsangaben zu beurteilen ist*, als Tatbestandsirrtum angesehen werden. Dies ist etwa dann der Fall, wenn der Geschäftsführer über das *Merkmal der freien Verfügbarkeit* über die erbrachten Einlagen auf das Stammkapital irrt[120] oder der Geschäftsführer der Auffassung ist, daß die Einzahlung der Stammeinlage bereits dann bewirkt sei, wenn die entsprechenden Beträge seinem persönlichen Konto gutgeschrieben worden sind[121]. Der letztgenannte Fall spielt in der Praxis dann eine erhebliche Rolle, wenn die Vorgesellschaft noch kein eigenes Bankkonto unterhält. Ein Tatbestandsirrtum ist ferner die in der Entscheidung RGLZ 1914, 950 erörterte Annahme, daß nach § 7 Abs. 2 nicht ¼ *auf jede Stammeinlage*, sondern nur ¼ des gesamten *Stammkapitals* eingezahlt werden muß.

63 d) **Verbotsirrtum.** Demgegenüber kommt nur ein *Verbotsirrtum* (§ 17 StGB) in Betracht, wenn der Geschäftsführer zwar in voller Kenntnis der Tatumstände handelt, ihm aber insoweit das erforderliche Unrechtsbewußtsein fehlt, er also nicht weiß, daß sein Verhalten im konkreten Fall verboten ist. Um einen Verbotsirrtum handelt es sich etwa, wenn der Geschäftsführer annimmt, daß es zulässig sei, die *Hingabe* von *Wechseln, unbestätigten Schecks* oder einer *Sacheinlage als Barzah-*

---

117 Scholz/*Tiedemann* 165.

118 RGSt. 15, 34; 47, 282; 53, 237; Scholz/*Tiedemann* 168; Baumbach/Hueck/*Schulze-Osterloh* 5.

119 RG JW 1931, 203, 204; Scholz/*Tiedemann* wie Fn 118.

120 BGH GA 1977, 340, 341 für das Aktienstrafrecht; Baumbach/Hueck/*Schulze-Osterloh* 22.

121 BayObLG wistra 1987, 191.

lung anzusehen[122]. Hier irrt er sich nicht über das Tatbestandsmerkmal der Falschangabe, da er wußte, daß er statt des Geldes eine andere Leistung erhielt. Er irrt also lediglich über das Erlaubtsein, die beiden Leistungsformen einander gleichzusetzen[123]. Ebenfalls um einen Verbotsirrtum handelt es sich, wenn der Geschäftsführer glaubt, er dürfe die Volleinzahlung versichern, obwohl noch gewisse, wenn auch nur geringe Reste ausstehen[124] oder wenn er annimmt, daß er hinsichtlich seiner Angaben gegenüber dem Registergericht an die Beschlüsse und Weisungen der Gesellschafter gebunden sei[125]. Befindet sich der Täter in einem Verbotsirrtum, so befreit ihn dies allerdings nur dann vom Schuldvorwurf, wenn er diesen *Irrtum nicht vermeiden konnte (§ 17 Satz 1, 2. Halbs. StGB). Hinsichtlich der Vermeidbarkeit* des Irrtums werden von der Rechtsprechung sehr scharfe Anforderungen gestellt. War dagegen der Verbotsirrtum bei gehörigem Einsatz der zur Verfügung stehenden Erkenntniskräfte und ethischen Vorstellungen vermeidbar, dann ist die Schuld nicht ausgeschlossen, jedoch kann die Strafe nach den Grundsätzen des § 49 Abs. 1 StGB gemildert werden. Vor allem ist bei dem hier in Betracht kommenden Täterkreis zu berücksichtigen, daß eine besondere *Informationspflicht* besteht. Es kann und muß erwartet werden, daß sich die Geschäftsführer und stellvertretenden Geschäftsführer über die bei der Anmeldung einer GmbH einzuhaltenden gesetzlichen Vorschriften genau informieren. Nur so erfüllen sie die Sorgfaltspflicht eines ordentlichen Geschäftsmannes (§ 43 Abs. 1).

64 Dies hat zur Folge, daß die oben erwähnten Fälle des Verbotsirrtums in der Regel als **vermeidbar** anzusehen sind, denn durch geeignete *Erkundigungen*, etwa bei einem Rechtsanwalt oder sogar beim Registergericht, kann sehr rasch ermittelt werden, daß die Hingabe von Wechseln oder unbestätigten Schecks der Barzahlung nicht gleichzusetzen ist, und daß gem. § 7 Abs. 2 jeweils ¼ auf jede Stammeinlage und nicht etwa ¼ des gesamten Stammkapitals eingezahlt sein muß. **Unvermeidbar** ist ein Verbotsirrtum nur dann, wenn der Täter seiner Informationspflicht in ausreichender Weise nachgekommen ist und hierbei falsch beraten wurde. Dies wäre etwa dann anzunehmen, wenn sich der Täter hinsichtlich seiner Angaben über Sacheinlagen und Sachübernahmen zuvor bei einem im Gesellschaftsrecht kundigen Rechtsanwalt erkundigt hat oder wenn der Geschäftsführer seine Gründungsangaben deshalb für erlaubt hält, weil sie unter Mitwirkung eines die Umstände kennenden Notars zustande gekommen sind[126].

65 e) **Schuldausschließungsgründe.** Diesbezüglich gelten die Grundsätze des allgemeinen Strafrechts. Allerdings wird es kaum vorkommen, daß der Täter einer Gründungstäuschung im Nötigungsnotstand, Notstand, Notwehrexzess (§§ 33, 35 StGB) oder in schuldausschließender Pflichtenkollision handelt.

4. Täterschaft und Teilnahme

66 Da der Tatbestand der Gründungstäuschung ein *Sonderdelikt* ist, kommen als Täter und Mittäter[127] grundsätzlich nur die *Geschäftsführer oder stellvertretenden*

---

[122] *Kohlmann/Löffeler* 44.
[123] RGSt. 36, 185; BGH GmbH-Rdsch. 1952, 108; *Kohlmann/Löffeler* wie Fn 122; aA Baumbach/Hueck/*Schulze-Osterloh* 22; offenlassend Scholz/*Tiedemann* 175.
[124] RGSt. 14, 36, 45; Baumbach/Hueck/*Schulze-Osterloh* 22.
[125] Scholz/*Tiedemann* 175; Baumbach/Hueck/*Schulze-Osterloh* wie Fn 124.
[126] BGH GA 1959, 87.
[127] RG Recht 1915 Nr. 762.

Geschäftsführer und als mittelbare Täter die *Gesellschafter* in Betracht[128]. Als Gehilfen oder Anstifter können sich dagegen auch *andere Personen*, insbesondere auch die Gesellschafter im Rahmen des Tatbestandes strafbar machen[129], z. B. dadurch, daß die Gesellschafter den Geschäftsführer anweisen, falsche Angaben zu machen[130]. Auch Mitglieder des Aufsichtsrats oder entsprechender Kontrollorgane[131] können sich wegen Anstiftung oder Beihilfe strafbar machen, wenn sie gegen Falschangaben, von denen sie Kenntnis erhalten, nichts unternehmen[132]. Der Anstiftung oder Beihilfe können sich ferner Prokuristen[133] sowie mit der Gründung befaßte Notare, Steuerberater bzw. Wirtschaftsprüfer strafbar machen[134].

Praktisch von Bedeutung ist vor allem die Tatsache, daß jemand, der nicht Geschäftsführer oder stellvertretender Geschäftsführer ist, selbst dann nicht als Täter bestraft werden kann, wenn der Betreffende die volle Tatherrschaft hatte und sich eines fahrlässig handelnden Geschäftsführers oder stellvertretenden Geschäftsführers als Werkzeug bediente. Die Bestrafung als Anstifter ist unmöglich, weil es beim fahrlässig handelnden Geschäftsführer oder stellvertretenden Geschäftsführer am Vorsatz fehlt und daher allenfalls ein Fall der versuchten Anstiftung vorliegen könnte, der jedoch hier wegen des Vergehenscharakters des Delikts nicht strafbar ist[135]. **67**

Andererseits können Geschäftsführer oder stellvertretende Geschäftsführer selbstverständlich auch in **mittelbarer** Täterschaft handeln. Ein solcher Fall liegt etwa vor, wenn die Anmeldung der GmbH durch einen Vertreter erfolgt und der Geschäftsführer oder stellvertretende Geschäftsführer von der Unwahrheit der in seinem Namen abgegebenen Versicherung Kenntnis hat und sie gesehen hat[136]. Die Anmeldung ist dann als seine Erklärung zu sehen[137]. **68**

5. Zusammentreffen mit anderen Straftaten

Eine Konkurrenz mit anderen Straftaten (Betrug, Kapitalanlagebetrug, Untreue, Urkundenfälschung usw.) ist sowohl im Sinne von Tateinheit (§ 52 StGB) als auch im Sinne von Tatmehrheit (§ 53 StGB) denkbar. *Tatmehrheit* ist etwa dann anzunehmen, wenn der Geschäftsführer nach Einreichung der unrichtigen Anmeldungsunterlagen erst auf Anforderung des Gerichts aufgrund eines daraufhin neu gefaßten Entschlusses eine falsche eidesstattliche Versicherung abgibt[138]. *Tateinheit* kommt hingegen in Betracht, wenn der Geschäftsführer bereits in den unrichtigen Anmeldungsunterlagen eine falsche Versicherung an Eides Statt abgibt[139]. *Fortsetzungszusammenhang* kann etwa bei mehreren Anmeldungen im Rahmen einer Konzerngründung gegeben sein. Hinsichtlich der Voraussetzungen für die Annahme von Fortsetzungszusammenhang gelten die zum Begriff des Fortsetzungszusammenhangs entwickelten Grundsätze des allgemeinen Strafrechts[140]. **69**

---

128 Vgl. hierzu bereits oben Rdn 14 f.
129 RG ZGesA 23, 144.
130 Scholz/*Tiedemann* 22; Lutter/*Hommelhoff* 5.
131 Vgl. dazu Rdn 115.
132 Scholz/*Tiedemann* 23; Lutter/*Hommelhoff* wie Fn 130; ferner RGSt. 45, 210 ff zu § 147 Abs. 1 GenG.
133 RGSt. 71, 353, 355; Scholz/*Tiedemann* 24; Baumbach/Hueck/*Schulze-Osterloh* 19.
134 Vgl. hierzu RGSt. 37, 321 ff; 60, 6, 8; OLG Düsseldorf NStZ 1984, 29; hierzu ferner Scholz/*Tiedemann* 25 f.
135 Zur Abgrenzung von Anstiftung und mittelbarer Täterschaft vgl. BGHSt. 9, 370.
136 RGSt. 14, 80; 49, 239.
137 RGSt. 28, 109; 44, 69.
138 BGH GA 1954, 308.
139 RGSt. 18, 180 f; RG GA 51 (1904), 189; Scholz/*Tiedemann* 159.
140 Vgl. die Kommentierungen zu §§ 52 ff StGB.

6. Strafen

70 Als Strafe droht das Gesetz Freiheitsstrafe bis zu drei Jahren *oder* Geldstrafe an. Eine kumulative Verhängung von Freiheitsstrafe und Geldstrafe kommt also grundsätzlich nicht in Betracht, es sei denn, es liegen ausnahmsweise die Voraussetzungen des § 41 StGB vor. Hier kann neben einer Freiheitsstrafe eine Geldstrafe verhängt werden, wenn der Täter sich durch die Tat bereichert oder zu bereichern versucht hat. Dies wird bei § 82 nicht der Fall sein, denn die Tat besteht ja in dem „Machen" falscher Angaben gegenüber dem Registergericht. Vermögensvorteile, wenn sie überhaupt beabsichtigt sind, werden erst nachträglich eintreten, nämlich dann, wenn die GmbH am Geschäftsleben teilnimmt. Zu der Bemessung der Freiheitsstrafe vgl. § 39 StGB. **Freiheitsstrafe unter sechs Monaten** kommt nur dann in Betracht, „wenn besondere Umstände, die in der Tat oder der Persönlichkeit des Täters liegen, die Verhängung einer Freiheitsstrafe zur Einwirkung auf den Täter oder zur Verteidigung der Rechtsordnung unerläßlich machen" (§ 47 Abs. 1 StGB). Freiheitsstrafen unter sechs Monaten werden gem. § 56 StGB zur Bewährung auszusetzen sein, wenn die Voraussetzungen des § 56 Abs. 1 StGB erfüllt sind. Dies wird bei dem hier in Rede stehenden Tatbestand in aller Regel der Fall sein.

71 Die **Geldstrafe** als die mildeste im Strafrecht vorgesehene Strafart wird gem. § 40 StGB in Tagessätzen verhängt. Sie beträgt mindestens fünf und – wenn das Gesetz nichts anderes bestimmt – höchstens 360 volle Tagessätze (§ 40 Abs. 1 Satz 2 StGB). Hinsichtlich der Höhe des einzelnen Tagessatzes gilt § 40 Abs. 2 StGB. Unter Berücksichtigung der persönlichen und wirtschaftlichen Verhältnisse des Täters, insbesondere seines Nettoeinkommens, wird der Tagessatz auf mindestens zwei und höchstens 10.000,– DM festgesetzt. Dies bedeutet, daß die Geldstrafe sich summenmäßig zwischen 10 und höchstens 3,6 Mio. DM bewegen darf. Kann die verhängte Geldstrafe nicht vollstreckt werden, tritt an die Stelle die sog. Ersatzfreiheitsstrafe (§ 43 StGB). Danach entspricht einem Tagessatz 1 Tag Freiheitsstrafe. Hinsichtlich der Grundsätze der Strafzumessung ist zu verweisen auf § 46 StGB und das dazu vorhandene sehr umfangreiche Schrifttum. Unter den Voraussetzungen des § 59 StGB kommt ausnahmsweise auch eine Verwarnung mit Strafvorbehalt in Betracht.

7. Verjährung

72 Die Strafverfolgung verjährt in fünf Jahren. Dies ergibt sich aus § 78 Abs. 3 Nr. 4 StGB; es handelt sich um Taten, die im Höchstmaß mit Freiheitsstrafe von drei Jahren bedroht sind. Die Tat iS des § 82 Abs. 1 Nr. 1 ist vollendet, sobald der Täter gegenüber dem Registergericht die falschen Angaben gemacht hat[141]. Für den *Beginn der Verjährungsfrist* ist nach § 78 a Satz 1 StGB jedoch auf den Zeitpunkt der *Beendigung* der Tat abzustellen; kommt es daher infolge der falschen Angabe zu einer Eintragung, so beginnt die Verjährung erst zu diesem Zeitpunkt, obwohl es sich bei der Eintragung nicht um einen zum Tatbestand gehörenden Erfolg (iS des § 78 a Satz 2 StGB) handelt[142]. Zur Beendigung kommt es ferner bei Ablehnung des Eintragungsantrages, etwa infolge einer Aufdeckung der Falschangaben[143]. Auf

141 Vgl. oben Rdn 52.

142 Scholz/*Tiedemann* 94; Baumbach/Hueck/*Schulze-Osterloh* 24; ferner *Dannecker* NStZ 1985, 49, 51 f.

143 Scholz/*Tiedemann* wie Fn 142; *Kohlmann/Löffeler* 46.

den Eintritt einer konkreten Vermögensschädigung als Folge der Falschangabe kommt es dagegen jedenfalls auch im Rahmen des § 78 a StGB nicht an[144].

Hinsichtlich der **Unterbrechung** der Verjährung ist zu verweisen auf den ausführlichen Katalog in § 78 c Abs. 1 StGB. Danach wird die Verjährung u. a. unterbrochen durch die erste Vernehmung des Beschuldigten, jede richterliche Vernehmung sowie durch Beschlagnahme oder Durchsuchungsanordnungen. Nach jeder Unterbrechung beginnt die Verjährung von neuem (§ 78 c Abs. 3 Satz 1 StGB). Endgültig verjährt ist die Tat, wenn das Doppelte der gesetzlichen Verjährungsfrist (also zehn Jahre) verstrichen ist (§ 78 c Abs. 3 Satz 2 StGB). Zu der *Vollstreckungsverjährung* vgl. § 79 StGB. **73**

8. Schutzgesetz iS des § 823 Abs. 2 BGB

Das Delikt der Gründungstäuschung ist, da es dem Schutzbedürfnis vor krimineller Ausnutzung der GmbH-rechtlichen Haftungsbeschränkung dient, als Schutzgesetz nach § 823 Abs. 2 BGB zugunsten gegenwärtiger und künftiger Gläubiger anzusehen[145]. **74**

IV. Sachgründungstäuschung (§ 82 Abs. 1 Nr. 2)

Die Vorschrift ist neu. Als *Täter* kommen nur *Gesellschafter*, nicht aber sonstige Gesellschaftsorgane in Betracht[146]. Ihnen obliegt es nach § 5 Abs. 4 Satz 2, in einem sog. Sachgründungsbericht die für die Angemessenheit der Leistungen für Sacheinlagen wesentlichen Umstände darzulegen. Handelt es sich bei den Gesellschaftern um juristische Personen oder werden die Gesellschafter sonst vertreten, gilt für die jeweils handelnde Person § 14 Abs. 1 und 3 StGB[147]. Der Geschäftsführer, der bei der Anmeldung einen unrichtigen Sachgründungsbericht vorlegt, macht sich auch bei Kenntnis von der Unrichtigkeit nicht wegen Teilnahme, sondern als Täter einer Gründungstäuschung strafbar[148]. **75**

Welche *Angaben* im einzelnen *erforderlich* sind, um die *„wesentlichen Umstände"* für diesen Wertvergleich zu erfassen, ist durch Auslegung zu ermitteln[149]. In dem besonders wichtigen Einzelfall des *Übergangs eines Unternehmens auf die Gesellschaft* verlangt das Gesetz selbst bestimmte Angaben, nämlich die Angabe der Jahresergebnisse der beiden letzten Geschäftsjahre oder wenn es noch nicht so lange besteht, die bisher erzielten Unternehmensergebnisse[150]. Da der Begriff des Geschäftsjahres wie in § 242 Abs. 2 und 3 HGB zu verstehen ist, müssen die Jahresergebnisse aus zwei Bilanzen, und zwar getrennt für beide Jahre angegeben werden. **76**

Der Sachgründungsbericht ist nicht Bestandteil des Gesellschaftsvertrages. Insofern bedarf er auch keiner notariellen Beurkundung. Er gehört aber zu den bei der Anmeldung der Gesellschaft einzureichenden Unterlagen (§ 8 Abs. 1 Nr. 4). Sind in dem Sachgründungsbericht falsche Angaben enthalten, machen sich die Gesellschafter nach § 82 Abs. 1 Nr. 2 strafbar. **77**

---

144 Zutreffend Scholz/*Tiedemann* wie Fn 143.

145 Vgl. § 9 a, 53 (*Ulmer*) mwN; *Meyer-Landrut* 2.

146 Baumbach/Hueck/*Schulze-Osterloh* 29; Lutter/*Hommelhoff* 15; *Meyer-Landrut* 5; Rowedder/*Fuhrmann* 26.

147 Baumbach/Hueck/*Schulze-Osterloh* 29; hierzu näher Vor § 82, 8 (*Kohlmann*).

148 Scholz/*Tiedemann* 100; aA *Roth* 2.2.

149 Vgl. Begründung des Reg. Entw., BT-Drucks. 8/1347 S. 30; zum Begriff der Leistungen durch Sacheinlagen und Sachübernahmen vgl. § 5, 19 ff, 97 ff (*Ulmer*).

150 Rowedder/*Fuhrmann* 27.

78 Im Schrifttum wird mit Recht auf die zahlreichen normativen Tatbestandsmerkmale des § 5 Abs. 4 aufmerksam gemacht, mit der Folge, daß im Hinblick auf *Art. 103 Abs. 2 GG* der Straftatbestand auf *eindeutige* Falschangaben beschränkt werden müsse[151]. Dem ist im Grundsatz zuzustimmen. Die Beurteilung der „Angemessenheit" einer Leistung wird in der Regel einerseits von der Eigenart, dem Alter und Marktwert des eingebrachten Wirtschaftsguts und andererseits von der vorgesehenen Verwendung innerhalb der Gesellschaft abhängen[152]. Falsch sind Angaben beispielsweise dann, wenn der Verkehrswert eines eingebrachten Grundstücks oder bei einer beweglichen Sache die Anschaffungs- und Betriebskosten unrichtig angegeben werden. Bei der Einbringung von Patenten oder Warenzeichen wird man zu verlangen haben, daß deren rechtliche und wirtschaftliche Bedeutung für die Gesellschaft zutreffend beschrieben werden. Selbstverständlich bleibt hier ein erheblicher Beurteilungsspielraum und damit zwangsläufig auch eine gewisse Grauzone bestehen. Diese darf sich aber nicht zu Lasten des Täters auswirken. Hinsichtlich der weiteren Einzelheiten ist auf die vorstehenden Rdn 22–47 zu verweisen.

79 Ein Begehen durch **Unterlassen** seitens der Gesellschafter ist nicht möglich, da insoweit keine falschen Angaben gemacht werden, so daß die unterlassene Mitwirkung und Unterzeichnung des Sachgründungsberichts ebensowenig strafbar ist wie ein unterlassenes Einschreiten gegen Falschangaben der übrigen Gesellschafter[153].

80 § 82 Abs. 1 Nr. 2 ist ebenfalls Schutzgesetz iS des § 823 Abs. 2 BGB zugunsten gegenwärtiger und künftiger Gläubiger der GmbH[154].

V. Kapitalerhöhungstäuschung (§ 82 Abs. 1 Nr. 3)

81 Die Vorschrift entspricht im wesentlichen § 82 Abs. 1 Nr. 1, 2. Alt. aF. Die Neufassung dient der Präzisierung der Objekte, „auf die sich die unter Strafe gestellten Angaben ... beziehen können"[155]. Soweit von der Zeichnung des neuen Kapitals die Rede ist, meint das Gesetz ersichtlich die Übernahmeerklärung iS des § 55 Abs. 1[156]. § 82 Abs. 1 Nr. 3 erfaßt jedoch nur Falschangaben im Zusammenhang mit einer **Kapitalerhöhung durch Zuführung neuen Eigenkapitals**. Zu Falschangaben im Zusammenhang mit einer *Kapitalaufstockung gem. Art. 12 § 5 GmbH-Novelle 1980* siehe *Exkurs* und im Zusammenhang mit einer *Kapitalerhöhung aus Gesellschaftsmitteln* siehe § 57b Anh. § 36 KapErhH (*Ulmer*).

1. Täter

82 Als **Täter** kommen Geschäftsführer und stellvertretende Geschäftsführer in Betracht. Fraglich ist, ob – entgegen dem Wortlaut der Vorschrift – auch die Liquidatoren und die stellvertretenden Liquidatoren Täter sein können. In der 6. Aufl. hat *Klug*[157] die Auffassung vertreten, daß dies im Hinblick auf den Sinn der Bestimmung und den Zusammenhang mit anderen Vorschriften des Gesetzes als möglich angesehen werden müsse. Dieses Ergebnis erscheint in der Tat sachgerecht, wenn

151 Scholz/*Tiedemann* 106; Lutter/*Hommelhoff* 17; weitergehend jedoch Baumbach/Hueck/*Schulze-Osterloh* 28; Rowedder/*Fuhrmann* 27.

152 Scholz/*Tiedemann* 103.

153 Scholz/*Tiedemann* 105.

154 Baumbach/Hueck/*Schulze-Osterloh* 26; Lutter/*Hommelhoff* 27; weitergehend auch zugunsten der Gesellschaft und gegenwärtiger Gesellschafter *Meyer-Landrut* 2.

155 Begründung des Entwurfs, BT-Drucks. 8/1347, S. 55.

156 So auch Scholz/*Tiedemann* 109.

157 Anm. 22.

man bedenkt, daß Kapitalerhöhungen auch in der Liquidationsphase erfolgen können[158]. Derartige in der Liquidationsphase beschlossene Erhöhungen des Stammkapitals[159] sind ebenfalls zur Eintragung in das Handelsregister anzumelden (§ 57 Abs. 1). Diese Pflicht obliegt – im Auflösungsstadium der GmbH – gem. § 78 dem Liquidator, der in der Anmeldung auch die Versicherung gem. § 57 Abs. 2 abzugeben hat. Ist der Liquidator gleichzeitig Geschäftsführer, was in der Regel der Fall sein wird, steht eine Strafbarkeit nach § 82 Abs. 1 Nr. 3 außer Frage, sofern die Angaben falsch sind. Ist dies nicht der Fall, kann der Liquidator, der falsche Angaben macht, nach der genannten Vorschrift nicht bestraft werden. Unter Berücksichtigung des Gesetzeszwecks erscheint das Ergebnis nicht überzeugend, ist aber nach dem Wortlaut der Norm unbezweifelbar und entspricht allein dem verfassungsrechtlich verankerten Analogieverbot des Art. 103 Abs. 2 GG[160].

Zu Täterschaft und Teilnahme vgl. i. ü. Rdn 14–17. Wie dort bereits betont **83**
wurde, kommt eine strafbare Anstiftung nur dann in Betracht, wenn der angestiftete Täter vorsätzlich , d. h. also mindestens mit bedingtem Vorsatz gehandelt hat. Dies war nicht immer die Meinung des BGH. In der Entscheidung BGHSt. 7, 157 hatte der wegen Anstiftung zur Kapitalerhöhungstäuschung angeklagte Gesellschafter die gutgläubige Geschäftsführerin einer GmbH veranlaßt, dem Handelsregistergericht zum Zweck der Eintragung einer Erhöhung des Stammkapitals falsche Angaben zu machen. Obwohl also die Geschäftsführerin nicht einmal mit bedingtem Vorsatz gehandelt hatte, erklärte der BGH in diesem Urteil, daß dies der Annahme einer Strafbarkeit der Anstiftung nicht entgegenstehe. Der Senat halte entgegen zahlreichen Angriffen des Schrifttums an seiner Rechtsprechung fest, daß die Anstiftung zu vorsatzlos begangener Haupttat strafbar sei. Dieser Auffassung lagen wohl hauptsächlich rechtspolitische Erwägungen zugrunde. Maßgebend war seinerzeit die viel diskutierte Entscheidung BGHSt. 4, 355. § 26 StGB in der Fassung des 2. StrRG stellt nunmehr klar, daß der Angestiftete vorsätzlich handeln muß, soll das Verhalten des Anstifters strafrechtlich erfaßt werden. Demgemäß kann jemand, der einen Geschäftsführer dazu bestimmt, dem Registergericht falsche Angaben zu machen, nur dann wegen Anstiftung zur Kapitalerhöhungstäuschung bestraft werden, wenn der angestiftete Geschäftsführer mindestens mit bedingtem Vorsatz handelt[161]. Demgegenüber nimmt ein großer Teil des Schrifttums an, daß der Teilnehmer auch dann strafbar sei, wenn er nur irrig annehme, der Täter handle vorsätzlich[162].

2. Tathandlungen

Hinsichtlich der *Tathandlungen* sind die §§ 55–57, in denen die Kapitalerhö- **84**
hung geregelt ist, zu berücksichtigen[163]. Die Rechtslage entspricht derjenigen bei der Gesellschaftsgründung, zumal § 57 Abs. 2 für die Anmeldung der Kapitalerhöhung ausdrücklich auf § 7 Abs. 2 Satz 1 und 3, Abs. 3 und § 8 Abs. 2 Satz 2 verweist. *Falschangaben* betreffend die *Zeichnung neuen Kapitals* (vgl. §§ 57 Abs. 3 Nr. 1 und 2, 55 Abs. 1) liegen z. B. dann vor, wenn die von den jeweiligen Gesellschaftern gezeichneten Einlagen ihrer Höhe nach unrichtig angegeben sind oder wenn die an der Kapitalerhöhung beteiligten Personen nicht vollständig genannt

---

[158] § 69, 61 (*Hohner*) mwN.
[159] Vgl. BGHSt. 7, 157; dazu oben Rdn 50.
[160] Scholz/*Tiedemann* 43; Baumbach/Hueck/*Schulze-Osterloh* 42.
[161] Vgl. BGHSt. 9, 370, 382.
[162] Vgl. die Nachw. bei *Dreher/Tröndle* vor § 25, 10; LK-*Roxin* § 25, 97, 101; wie hier Scholz/*Tiedemann* 21.
[163] Zu den Einzelheiten näher die Erläuterungen zu den §§ 55–57.

werden[164]. Unrichtige Angaben betreffend die *Einbringung neuen Kapitals* (vgl. § 57 Abs. 2) müssen sich auf die *Leistung der Stammeinlage* beziehen, die auf das erhöhte Kapital zu erbringen ist bzw. darauf, daß der Geschäftsführer über den Erhöhungsbetrag endgültig frei, d. h. im wirtschaftlichen Interesse der GmbH verfügen kann[165]. In Betracht kommen demnach sämtliche Angaben über die Höhe sowie Art und Weise der Kapitaleinbringung[166]. Wird eine der übernommenen Einlage entsprechende Darlehensforderung eines Gesellschaftsgläubigers getilgt, handelt es sich hierbei um eine Sachleistung iS des § 5 Abs. 4[167], so daß die Voraussetzungen der Sachkapitalerhöhung erfüllt sein müssen (§ 56). Durch eine solche Sachleistung wird der Gesellschafter im übrigen nur dann von seiner Einlageverpflichtung frei, wenn eine fällige, unbestrittene und vollwertige Forderung abgelöst wird[168], der tatsächliche Wert der Sacheinlage also dem im Erhöhungsbeschluß festgesetzten entspricht. Die Angabe einer Bareinlage ist auch dann unrichtig, wenn die Gesellschaft die auf das Bankkonto eingezahlte Einlage an einen Dritten – etwa zu Sicherungszwecken – verpfändet hat[169]. Zum Aufrechnungsverbot[170] siehe bereits oben Rdn 36 f. Als weitaus problematischer erweisen sich die Fälle, in denen die Gesellschaft in unmittelbarem Zusammenhang mit der Zahlung der Bareinlage eine *Gegenleistung* erbringt, die sich iE als (*Vor-*)*Finanzierung* oder *Rückzahlung dieser Einlagen* darstellt. Während im Zivilrecht solche Geschäfte regelmäßig einem umfassenden Umgehungsverbot unterliegen und als an sich gewollte, aber verschleierte Sacheinlagen qualifiziert werden[171], hängt die strafrechtliche Beurteilung maßgeblich von der effektiven Aufbringung des Kapitals ab. Im Hinblick darauf, daß die Einlagen endgültig zur freien Verfügung der Geschäftsführer stehen müssen, und zwar auch noch im Zeitpunkt der Anmeldung[172], kann nur in den Fällen von falschen bzw. unvollständigen Angaben gesprochen werden, in denen (Begleit-)Umstände verschwiegen werden, die die Bareinlage *effektiv mindernd beeinträchtigen*[173]. Demnach unterfallen Bareinlagen, aus denen nach ihrer tatsächlichen Einzahlung wirtschaftlich ausgeglichene und für die GmbH vollwertige Verkehrsgeschäfte finanziert werden sollen, jedenfalls bei Offenlegung einer diesbezüglichen Verwendung, nicht der Kapitalerhöhungstäuschung. Andernfalls liegt eine strafbare Täuschung über eine in Wahrheit verschleierte Sacheinlage vor[174].

85 Da Kapitalerhöhungen auch noch in der Liquidationsphase erfolgen können und dann ebenfalls zur Eintragung in das Handelsregister anzumelden sind[175], ist ein Kapitalerhöhungsschwindel jedenfalls dann möglich, wenn es sich beim handelnden Liquidator um den ehemaligen Geschäftsführer handelt[176]. Ein Kapitalerhöhungs-

---

164 *Kohlmann/Löffeler* 103; Scholz/*Tiedemann* 113; vgl. auch oben Rdn 29 f.

165 *Kohlmann/Löffeler* 104.

166 BGH NJW 1955, 678 f.

167 BGH NJW 1992, 3300.

168 OLG Hamburg GmbH-Rdsch. 1982, 157 f.

169 Scholz/*Tiedemann* 114.

170 BGH Ga 1977, 340 f.

171 Zum Verbot: der Darlehensgewährung zwecks Finanzierung der Einlage vgl. etwa BGHZ 28, 77 f; OLG Köln WM 1984, 740, 741; der Rückgewähr der Einlage als Darlehen vgl. RG JW 1911, 514; RG JW 1927, 1698; der Mitverpflichtung einer GmbH zwecks Kreditaufnahme bei einem Dritten zur Finazierung der Einlage vgl. OLG Köln WM 1984, 740; selbst durch bloße Hingabe von Sicherheiten vgl. BGH NJW 1958, 1331; BGH GmbH-Rdsch. 1962, 233; OLG Köln ZIP 1984, 176; LG Mönchengladbach ZIP 1987, 306; zur verdeckten Finanzierung durch beherrschende Konzernunternehmen vgl. Scholz/*Schneider*, § 19, 39; Scholz/*Tiedemann* 120; zur Verwendung von Gewinnausschüttungen zur Leistung von Stammeinlagen vgl. BGH NJW 1991, 1754 sowie näher oben Rdn 29.

172 S. § 57 Abs. 2; ferner Baumbach/*Hueck* § 7, 5; Scholz/*Winter* § 7, 30.

173 Scholz/*Tiedemann* 118; Baumbach/Hueck/*Schulze-Osterloh* 16.

174 BGH GA 1977, 340, 341.

175 BGHSt. 7, 157, 160.

176 Scholz/*Tiedemann* 113.

schwindel ist selbst noch nach der formellen Auflösung der Gesellschaft (§ 60 Abs. 1 und 2) möglich[177].

Keine Kapitalerhöhung liegt vor, wenn das in der ursprünglichen Fassung der Satzung vorgesehene Gesellschaftskapital **vor der Gründungseintragung** erhöht wird oder die Kapitalerhöhung im Wege einer **Satzungsänderung** erfolgt[178]. **86**

Ob die falschen Angaben im Zusammenhang mit der in § 8 Abs. 2 vorgeschriebenen Versicherung gemacht wurden oder ohne diese Versicherung, ist hier, ebenso wie bei der Gründungstäuschung[179], für die Tatbestandsmäßigkeit des Verhaltens unbeachtlich. Hinsichtlich einer *Berichtigungspflicht* kann auf die Ausführungen zum Gründungsschwindel[180] verwiesen werden. **87**

3. Vorsatz

Für die Strafbarkeit der Kapitalerhöhungstäuschung genügt ebenfalls bedingter *Vorsatz*[181]. Auch im übrigen gelten hinsichtlich der Tatbestandsmäßigkeit, der Rechtswidrigkeit und Schuld, sowie für Täterschaft und Teilnahme, Zusammentreffen mit anderen Straftaten, Strafe, Verjährung die Ausführungen in den Erläuterungen zur Gründungstäuschung (Rdn 13 ff). **88**

4. Schutzgesetz iS des § 823 Abs. 2 BGB

§ 82 Abs. 1 Nr. 3 ist ebenfalls *Schutzgesetz* iS des § 823 Abs. 2 BGB zugunsten gegenwärtiger und zukünftiger Gläubiger der GmbH[182]. **89**

VI. Eignungstäuschung (§ 82 Abs. 1 Nr. 4)

1. Normzweck

Mit dieser Strafvorschrift soll erreicht werden, daß der Geschäftsführer hinsichtlich seiner Eignung für dieses Amt eine wahrheitsgemäße Erklärung abgibt, um dadurch den Verwaltungsaufwand des Registergerichts zu vermeiden, der mit einem förmlichen Auskunftsverlangen an das Bundeszentralregister verbunden wäre[183]. **90**

2. Prüfung durch das Gericht und Versicherung der Geschäftsführer

Gem. § 9c hat das Registergericht im Rahmen seiner Prüfung, ob die Gesellschaft ordnungsgemäß errichtet ist, auch zu prüfen, ob ein Geschäftsführer gem. § 6 Abs. 2 Satz 2 und 3 vom Amt ausgeschlossen ist. Durch Einholung einer Auskunft aus dem Bundeszentralregister könnte das Registergericht dies zuverlässig in Erfahrung bringen (vgl. §§ 3, 4, 11 BZRG). Um den dadurch entstehenden Verwaltungsaufwand zu vermeiden, ist in § 8 Abs. 3 vorgesehen, daß die Geschäftsführer eine Versicherung abgeben, die im Regelfall die Einholung der Auskunft überflüssig machen soll. Bleiben trotz der Versicherung bei dem Registergericht Zweifel bestehen, kann es selbstverständlich beim Bundeszentralregister eine Auskunft einholen[184]. Im einzelnen gilt folgendes: **91**

---

177 BGH NJW 1955, 678, 679.
178 Scholz/*Tiedemann* 110.
179 Siehe oben, Rdn 41.
180 Vgl. oben Rdn 57 aE.
181 Vgl. hierzu auch BGH GA 1977, 340, 342; Baumbach/Hueck/*Schulze-Osterloh* 44.
182 *Meyer-Landrut* 2.
183 BT-Drucks. 8/1347 S. 34; Baumbach/Hueck/*Schulze-Osterloh* 49.
184 Vgl. Begründung zum Regierungsentwurf, BT-Drucks. 8/1347, S. 34; BayObLG Gmbh-Rdsch. 1982, 210.

92 Gem. § 8 Abs. 3 Satz 1 haben die Geschäftsführer in der Anmeldung der Gesellschaft beim Handelsregister *zu versichern*,

– daß innerhalb der letzten fünf Jahre **keine rechtskräftige Verurteilung wegen eines Konkursdeliktes** (§§ 283–283 d StGB) erfolgt ist (Ausschlußgrund nach § 6 Abs. 2 Satz 2 GmbHG),
– daß im Zeitpunkt der Abgabe der Erklärung **kein gerichtliches oder vollziehbares behördliches Berufsverbot** (vgl. etwa §§ 70–70 d StGB, § 35 GewO, § 16 Abs. 3 HandwerksO, § 3 EinzelhandelsG) besteht, das mit dem Unternehmensgegenstand der Gesellschaft ganz oder teilweise übereinstimmt (Ausschlußgrund nach § 6 Abs. 2 Satz 2 GmbHG), sowie
– daß er über seine unbeschränkte Auskunftspflicht gegenüber dem Gericht entweder durch dieses oder zuvor durch einen Notar **belehrt** worden ist.

Durch die gesetzliche Neuregelung soll im Ergebnis also verhindert werden, daß Personen als Geschäftsführer die Geschicke einer GmbH bestimmen, die aufgrund einer Vorverurteilung wegen eines Konkursdeliktes oder eines bestehenden Berufsverbots dafür als nicht geeignet erscheinen. Die Versicherung kann nicht nur pauschal, sondern muß unter *Einzelnennung der vorstehenden Bestellungshindernisse* abgegeben werden[185], damit dem Versichernden auf diese Weise die Möglichkeit genommen wird, sich in Anbetracht des etwas komplizierten Wortlauts der §§ 8 Abs. 3 Satz 1, 6 Abs. 2 Satz 2 und 3 auf Irrtümer berufen zu können[186].

93 Gegenüber dem Registergericht sind die Geschäftsführer unbeschränkt auskunftspflichtig. Dies folgt aus § 39 Abs. 1 Nr. 1 BZRG und wird in § 8 Abs. 3 vorausgesetzt. Verbleiben nach der Angabe der Versicherung Zweifel an der Eignung, so ist das Registergericht berechtigt, zur Vermeidung der Einholung von Auskünften aus dem Zentralregister zunächst durch Zwischenverfügung klarstellende Ergänzungen der Versicherung des Geschäftsführers zu verlangen[187]; sind diese ergänzenden Erklärungen nicht zutreffend, so ist der Tatbestand gleichfalls erfüllt. Die erforderliche Belehrung kann durch das Gericht, aber auch durch den Notar erfolgen, der bei der Beglaubigung der Anmeldung ohnehin tätig wird. Allerdings ist der Notar zur Belehrung nur dann verpflichtet, wenn er von den Geschäftsführern darum besonders ersucht wird. In der gegenüber dem Gericht abzugebenden Erklärung (vgl. § 8 Abs. 3) haben die Geschäftsführer zu versichern, daß die Belehrung erfolgt ist.

3. Unrichtige oder unvollständige Versicherungen

94 Tatbestandsmäßig ist jede unrichtige oder unvollständige Versicherung, daß die vorgenannten Ausschlußgründe nicht vorliegen. Erforderlich ist aber, daß in diesem Zusammenhang überhaupt Angaben gegenüber dem Gericht gemacht werden. Obwohl die Geschäftsführer gem. § 8 Abs. 3 zur Abgabe einer Versicherung über ihre Eignung verpflichtet sind, ist eine **Unterlassung** dieser Versicherung insgesamt jedoch nicht strafbar[188].

4. Ausnahmen von der grundsätzlich unbeschränkten Auskunftspflicht

95 Nach § 51 Abs. 1 Nr. 1 und 2 BZRG dürfen sich Verurteilte in bestimmten Fällen trotz ihrer Verurteilung als unbestraft bezeichnen. Für die hier in Rede stehenden

---

185 BayObLG BB 1984, 238.
186 Lutter/*Hommelhoff* 17.
187 BayObLG GmbH-Rdsch. 1982, 210, 211.
188 Scholz/*Tiedemann* 127 mwN; Baumbach/Hueck/*Schulze-Osterloh* 50; ferner *Geilen*-KölnKommAktG § 399, 156.

Anmeldeverfahren gilt dies jedoch grundsätzlich nicht, weil die Anmeldenden gegenüber dem Registergericht unbeschränkt auskunftspflichtig sind. Etwas anderes kann sich nur in folgenden drei Fällen ergeben: der verurteilte Geschäftsführer ist nicht über seine unbeschränkte Auskunftspflicht *belehrt* worden, die *Verurteilung* ist *getilgt* oder die *Tilgungsvoraussetzungen* sind bereits *eingetreten*. Letzteres ergibt sich aus § 51 Abs. 2 BZRG, in dem lediglich auf Nr. 1, nicht aber auf Nr. 2 des 1. Abs. dieser Vorschrift verwiesen wird. Fraglich ist, was zu gelten hat, wenn die Frist für die Tilgung seiner Strafe früher abläuft als die in § 6 Abs. 2 genannte Fünf-Jahresfrist. Zu dieser Konstellation kann es kommen, wenn der Täter beispielsweise zu einer Geldstrafe von nicht mehr als 90 Tagessätzen oder zu einer Freiheitsstrafe von nicht mehr als drei Monaten verurteilt worden ist (vgl. § 44 Abs. 1 Nr. 1a und b BZRG). Die Tilgungsfrist beginnt bereits an dem Tag des ersten Urteils zu laufen (§§ 45, 34 BZRG iV mit § 5 Abs. 1 Nr. 4 BZRG). Hingegen beginnt die in § 6 Abs. 2 genannte Fünf-Jahresfrist erst ab Rechtskraft der die Verurteilung aussprechenden Entscheidung zu laufen, wobei noch hinzukommt, daß sich diese Frist dadurch verlängern kann, daß der Fristenlauf während der Zeit gehemmt ist, in welcher der Täter auf behördliche Anordnung in einer Anstalt verwahrt worden ist (§ 6 Abs. 2 Satz 2, 2. Halbs.). Der Wortlaut des §§ 8 Abs. 3 Satz 1 und 6 Abs. 2 zwingt dazu, anzunehmen, daß der Bestellung zum Geschäftsführer „Umstände" im Sinne dieser Vorschrift entgegenstehen, obwohl er sich wegen der erfolgten Straftilgung nach § 51 Abs. 1 Nr. 2 BZRG als unbestraft bezeichnen darf[189].

5. Erstmalige Anmeldung, späterer Wechsel der Geschäftsführer

Die sog. Eignungstäuschung kann aber nicht nur bei der erstmaligen Anmeldung **96**
der Gesellschaft bei dem Gericht begangen werden, sondern auch bei einem späteren Wechsel von Geschäftsführern. Durch die gesetzliche Regelung soll verhindert werden, daß Personen als Geschäftsführer die Geschicke der GmbH bestimmen, die aufgrund der Vorverurteilung wegen eines Konkursdelikts oder wegen eines bestehenden Berufsverbots dafür nicht geeignet erscheinen. Es ist deshalb nur konsequent, daß das Gesetz in § 39 Abs. 3 vorsieht, daß neue Geschäftsführer in der Registeranmeldung ebenfalls zu versichern haben, daß kein Umstand vorliegt, der ihrer Bestellung nach § 6 Abs. 2 Satz 2 und 3 entgegensteht und daß sie über ihre unbeschränkte Auskunftspflicht belehrt worden sind. *Strafbar* sind allerdings nur tatsächlich angegebene Versicherungen, die unrichtig oder unvollständig sind. Gem. § 39 Abs. 3 sind die neu anzumeldenden Geschäftsführer zwar auch zur Abgabe einer Versicherung über ihre Eignung verpflichtet; gleichwohl ist die *Unterlassung* der betreffenden Angaben in strafrechtlicher Hinsicht *nicht tatbestandsmäßig* (vgl. bereits oben Rdn 79).

6. Keine Strafbarkeit bei unterlassener Angabe von Ausschlußgründen, die nach der Anmeldung eingetreten sind

Ähnlich sind auch die Fälle, in denen nach der Anmeldung ein Ausschlußgrund **97**
nach § 6 eintritt. Dieser Umstand führt zwar unmittelbar zum Verlust der Geschäftsführereigenschaft[190]. Die Beendigung des Geschäftsführeramtes ist dann ebenfalls

[189] Ebenso Baumbach/Hueck/*Schulze-Osterloh* 55; Rowedder/*Fuhrmann* 34 ff.

[190] Bei weiterem Tätigwerden besteht also nur „faktische" Geschäftsführereigenschaft, vgl. Scholz/*Tiedemann* 127; § 84, 27 ff.

nach § 39 GmbHG anzumelden. Zur Erfüllung des Straftatbestandes ist aber auch hier positives Tun, also die Abgabe einer inhaltlich unrichtigen oder unvollständigen Erklärung erforderlich. Das Unterlassen der Anmeldung oder das Unterlassen der hierbei erforderlichen Mitteilung, daß ein Berufsverbot oder die Verurteilung wegen einer Konkursstraftat zum Amtsverlust geführt hat, ist dagegen nicht strafbar[191].

7. Vor dem 1. 1. 1981 eingetragene Geschäftsführer

98 Für Geschäftsführer einer Gesellschaft, die am 1. 1. 1981, dem Zeitpunkt des Inkrafttretens der Neuregelung, bereits eingetragen waren, gilt § 6 Abs. 2 nicht. Sie sind nicht von Gesetzes wegen von ihrer Tätigkeit ausgeschlossen. Wenn der Gesetzgeber Geschäftsführer, die wegen einer Verurteilung wegen einer Konkursstraftat oder eines bestehenden Berufsverbots nicht Geschäftsführer werden können, von der bereits aufgenommenen Tätigkeit hätte ausschließen wollen, hätte er dies zum Ausdruck bringen müssen. Das hat er zu Recht nicht getan, denn die Konsequenzen für die Gesellschaft und die Geschäftsführer ständen in keinem auch nur annähernd angemessenen Verhältnis zu dem mit der Neuregelung beabsichtigten Zweck. Für Berufsverbote gem. § 70 StGB galt bereits nach bisherigem Recht, daß das Registergericht gegebenenfalls die Eintragung der Bestellung ablehnen mußte. Sollte es aber dennoch zu einer entsprechenden Eintragung gekommen sein, ist das bloße Verschweigen dieser Umstände auch nach geltendem Recht nicht strafbar. Allerdings macht sich derjenige, gegen den ein strafgerichtliches Berufsverbot verhängt worden ist, nach § 145 c StGB strafbar, wenn er gleichwohl als Geschäftsführer tätig wird. Für sonstige Berufsverbote gelten die spezialgesetzlichen Rechtsfolgen.

8. Eignung der Liquidatoren

99 Gem. § 66 Abs. 4 findet § 6 Abs. 2 Satz 2 und 3 für die Auswahl der Liquidatoren entsprechende Anwendung. Dies bedeutet: Wer in den letzten fünf Jahren wegen eines Konkursdelikts rechtskräftig verurteilt oder wer mit einem Berufs- oder Gewerbeverbot belegt ist, kann nicht Liquidator sein. Gem. § 67 Abs. 3 haben die Liquidatoren bei der Anmeldung zu versichern, daß keine Umstände vorliegen, die ihrer Bestellung nach § 66 Abs. 4 entgegenstehen, und daß sie über ihre unbeschränkte Auskunftspflicht belehrt worden sind. Diese abzugebende Versicherung entspricht derjenigen, die von den Geschäftsführern gem. § 8 Abs. 3 abzugeben ist. Auf die entsprechenden Ausführungen in Rdn 90 ff ist zu verweisen.

9. Weitere Voraussetzungen der Strafbarkeit

100 Hinsichtlich der weiteren Voraussetzungen der Strafbarkeit (Rechtswidrigkeit, Schuld, der Teilnahme und der Verjährung) gelten die Ausführungen oben Rdn 59 ff. Der Täter muß vorsätzlich handeln. Bedingter Vorsatz reicht aus[192]. Im Fall eines Berufsverbots macht sich der Täter zugleich nach § 145 c StGB strafbar[193].

VII. Kapitalherabsetzungstäuschung (§ 82 Abs. 2 Nr. 1)

101 Die Vorschrift entspricht im Inhalt völlig, hinsichtlich des Wortlauts im wesentlichen dem § 82 Nr. 2 aF. Durch den Tatbestand der Kapitalherabsetzungstäuschung

[191] Baumbach/Hueck/*Schulze-Osterloh* 59 zur nachträglichen Rechtskraft einer Verurteilung nach den §§ 283 f StGB; *Geilen*-KölnKomm-AktG § 399, 156.

[192] Dazu oben Rdn 61 f.

[193] Rdn 98.

soll der in § 58 vorgesehene Gläubigerschutz verstärkt werden. Es geht darum, die in § 58 Abs. 1 Nr. 2 vorgeschriebene Befriedigung oder Sicherstellung derjenigen Gläubiger zu gewährleisten, die sich gemeldet haben und die der Kapitalherabsetzung nicht zustimmen.

1. Tathandlung

a) Unrichtige Versicherung. Nach § 58 Abs. 1 Nr. 4 haben die Geschäftsführer die Versicherung abzugeben, daß die betreffenden Gläubiger befriedigt oder sichergestellt sind. Diese Versicherung ist unwahr, wenn ihr Inhalt objektiv unrichtig ist. Die subjektive Überzeugung von der Wahrheit der objektiv unwahren Erklärung kann ein den Vorsatz ausschließender Tatbestandsirrtum (§ 16 StGB) sein[194]. Die subjektive Überzeugung von der Unwahrheit würde, wenn die Versicherung objektiv wahr ist, strafrechtsdogmatisch den Fall eines untauglichen Versuchs darstellen können. Da die Kapitalherabsetzungstäuschung, ebenso wie die übrigen Tatbestände des § 82 jedoch ein Vergehen ist und der Versuch nicht ausdrücklich für strafbar erklärt wurde, kommt diesem Fall keine praktische Bedeutung zu. Der Täter bleibt dann also straffrei. 102

Mehrere unwahre Versicherungen in bezug auf ein und dieselbe Kapitalherabsetzung sind, ebenso wie bei den falschen Angaben im Zusammenhang mit der Gesellschaftsgründung oder einer Kapitalerhöhung, nur ein Delikt, sofern sie auf einem einheitlichen Tatentschluß beruhen[195]. Einer besonderen Form bedarf die Versicherung nicht[196]. 103

b) Verletzung der Gläubigerinteressen. Die unwahre Versicherung ist nur dann tatbestandsmäßig, wenn sie sich *auf die Befriedigung oder Sicherstellung der Altgläubiger* bezieht[197]. Die Abgabe von Versicherungen mit anderem Inhalt ist nach dieser Vorschrift somit nicht strafbar. 104

Strafrechtliche Schwierigkeiten bereitet die Frage, welche Rechtsfolgen sich ergeben, wenn ein Gläubiger sich meldet, dessen Forderung die Geschäftsführer bestreiten. Sind die Geschäftsführer nach sorgfältiger Prüfung der Sach- und Rechtslage zu dem Ergebnis gelangt, daß die Gläubiger befriedigt oder zumindest sichergestellt sind, dürfen sie die Versicherung nach § 58 Abs. 1 Nr. 4 abgeben. Stellt sich später heraus, daß die Forderung dennoch besteht und daß infolgedessen die Versicherung objektiv unwahr gewesen ist, dann liegt ein den Vorsatz ausschließender und damit die Strafbarkeit beseitigender Tatbestandsirrtum vor[198]. Der Täter irrt über ein sog. normatives Tatbestandsmerkmal. Ist der *Bestand der Forderung zweifelhaft*, so muß die Gesellschaft Sicherheit leisten. Gegen die Geschäftsführer die in Rede stehende Versicherung ab, ohne daß für derartige zweifelhafte Forderungen Sicherheit geleistet ist, dann wird in der Regel Strafbarkeit in Betracht kommen[199]. Der oder die Täter handeln bei dieser Sachlage in aller Regel mit bedingtem Vorsatz. Das *strafrechtliche Risiko* für den Täter ist nicht zu übersehen. Strafrechtliche Konsequenzen sind nur dann sicher zu vermeiden, wenn er sich entschließt, auch die bestrittene Forderung *möglichst präzise* in die abzugebende Versicherung aufzunehmen[200]. Dies erscheint auf jeden Fall empfehlenswert. 105

---

194 Ebenso Scholz/*Tiedemann* 180.
195 Vgl. bereits *Klug*[6] 24; ferner oben Rdn 21.
196 Scholz/*Tiedemann* 131.
197 Scholz/*Tiedemann* 129.
198 Ebenso Scholz/*Tiedemann* 179.
199 Scholz/*Tiedemann* 133; Baumbach/Hueck/*Schulze-Osterloh* 62; Lutter/*Hommelhoff* 18.
200 Scholz/*Tiedemann* 132; *Roth* § 58, 5.2.

106 Den Geschäftsführer trifft eine **Berichtigungspflicht**, wenn er nach dem Eingang seiner Erklärung beim Registergericht, aber noch vor der Eintragung erkennt, daß seine Versicherung falsch war[201].

107 c) **Versicherung gegenüber dem Gericht.** Die Versicherung muß gegenüber dem Gericht erklärt sein. Daran ändert auch nichts der Umstand, daß die entsprechende Formulierung („dem Gericht") in der Neufassung nicht enthalten ist[202]. Der Sachzusammenhang (§ 58 Abs. 1 Nr. 4) zwingt zu dieser Annahme[203]. In Konsequenz dessen erfüllt die Abgabe der Versicherung vor dem Notar den Tatbestand nicht[204].

108 d) **Kupiertes Erfolgsdelikt.** Das Verhalten des Täters ist, ebenso wie bei der Kapitalerhöhungs- und bei der Gründungstäuschung, nur dann tatbestandsmäßig, wenn die unwahre Versicherung hinsichtlich der Befriedigung und Sicherstellung der Gläubiger abgegeben wurde, um die Eintragung der Kapitalherabsetzung zu erwirken. Erfolg zu haben braucht der Täter mit dieser Absicht nicht. Die Kapitalherabsetzungstäuschung ist daher, ebenso wie die Gründungs- und die Kapitalerhöhungstäuschung, ein sog. kupiertes Erfolgsdelikt. Es genügt die bloße Absicht, durch die unwahre Versicherung die Handelsregistereintragung zu erwirken. Der angestrebte Erfolg braucht nicht eingetreten zu sein. *Tatvollendung* liegt mithin bereits mit dem Zugang der Versicherung beim Registergericht vor[205]. *Beendigung* tritt mit der Eintragung der Kapitalherabsetzung in das Handelsregister oder mit der Ablehnung der Eintragung ein[206].

109 e) **Kapitalherabsetzung ohne Anmeldung.** Wird eine Kapitalherabsetzung ohne Anmeldung bzw. ohne eine entsprechende Versicherung vorgenommen, scheidet zwar eine Strafbarkeit gem. § 82 Abs. 2 Nr. 1 aus, da völliges Unterlassen straflos ist[207]; es wird jedoch bei Minderungen des insoweit unverändert fortgeltenden ursprünglichen Stammkapitals eine „GmbH-rechtliche Untreue" in Erwägung zu ziehen sein[208].

2. Weitere Voraussetzungen

110 Für die **Rechtswidrigkeit** und die **Schuld** gelten bei der Kapitalherabsetzungstäuschung keine Besonderheiten. Es ist daher auf das oben in Rdn 59 ff Gesagte zu verweisen. Hervorgehoben sei lediglich, daß der bedingte Vorsatz für die Strafbarkeit hier ebenfalls genügt. Es ist also ausreichend, daß der Täter an der Wahrheit seiner Versicherung zweifelte, sie aber trotzdem abgab und dabei die Unwahrheit billigend in Kauf nahm[209]. Hinsichtlich der Frage, ob ein etwa fehlendes Unrechtsbewußtsein vermeidbar war, ist bei der Kapitalherabsetzungstäuschung das Bestehen einer besonderen Informationspflicht ebenso zu berücksichtigen wie bei § 82 Abs. 1 Nr. 1[210]. Für **Täterschaft, Teilnahme, Konkurrenzen, Strafe** und **Verjährung** gilt das in Rdn 66 ff zur Gründungstäuschung Gesagte.

3. Schutzgesetz iS des § 823 Abs. 2 BGB

111 Die Frage, ob dieser Tatbestand ein Schutzgesetz iS des § 823 Abs. 2 BGB ist, muß ebenso wie bei § 82 Abs. 1 Nr. 1 bejaht werden[211].

---

201 Baumbach/Hueck/*Schulze-Osterloh* 70.
202 Vgl. oben Rdn 49.
203 So auch Scholz/*Tiedemann* 135.
204 Vgl. oben Rdn 49.
205 Scholz/*Tiedemann* 136.
206 Scholz/*Tiedemann* 137; Baumbach/Hueck/*Schulze-Osterloh* 69; ferner *Geilen*-KölnKomm-AktG § 399, 180.
207 Scholz/*Tiedemann* 134.
208 Vgl. hierzu näher Vor § 82, 93 ff, 143 ff (*Kohlmann*).
209 Ebenso die oben in Rdn 61 zitierte Rechtsprechung und das Schrifttum, z. B. Scholz/*Tiedemann* 179; *ders.* NJW 1979, 1849, 1855.
210 Vgl. Rdn 63 ff.
211 Vgl. Rdn 74.

VIII. Geschäftslagetäuschung (§ 82 Abs. 2 Nr. 2)

Die Vorschrift entspricht im Inhalt völlig dem § 82 Nr. 3 aF. Die Änderungen im Wortlaut haben sachlich keine Bedeutung. Infolge der mit der beschränkten Haftung zusammenhängenden Gläubigerrisiken kommt allen öffentlichen Mitteilungen über die Vermögenslage der GmbH eine besondere Bedeutung zu. Innerhalb der Beratungen zur GmbH-Novelle 1980 hielt es der Rechtsausschuß des Bundestages nicht für sachgerecht, die Verpflichtung des Geschäftsführers, den Gesellschaftern gegenüber wahre Angaben zu machen (vgl. etwa § 51a GmbHG), ebenfalls mit einer Strafsanktion zu belegen[212]. Denn „bei den besonderen Verhältnissen in einer Gesellschaft mit beschränkter Haftung wäre die Gefahr nicht auszuschließen, daß Gesellschafter die Möglichkeit, Strafanzeige erstatten zu können, im Einzelfall mißbrauchen könnten, insbesondere, da nicht nur Auskünfte in einer Gesellschafterversammlung erfaßt werden, sondern jede Auskunft an einen Gesellschafter“[213]. **112**

1. Anwendungsbereich

Infolge der durch das BilanzrichtlinienG nunmehr in § 82 Abs. 2 Nr. 2 eingefügten *Subsidiaritätsklausel* kommen nach dieser Vorschrift nur noch *nicht publizitätspflichtige Jahresabschlüsse, sonstige Vermögensaufstellungen*[214], *kurzfristige Erfolgsrechnungen, sowie Geschäftsberichte* (z. B. nach § 56c Abs. 3 Satz 2 UmwandlungsG) in Betracht, aber auch *Abschlußbilanzen, Liquiditätsbilanzen* sowie *Zwischen- und Übersichtsbilanzen*, die *im Laufe des Geschäftsjahres* z. B. als Kreditunterlagen oder im Zusammenhang mit einer Sanierung oder Veräußerung von Gesellschaftsanteilen aufgestellt werden und *keine Lageberichte iS des § 289 HGB* sind[215]. Bezieht sich die Tathandlung auf die gem. § 264 HGB zu erstellenden *Eröffnungs- oder Jahresbilanzen, Gewinn- und Verlustrechnungen oder Geschäftsberichte*, sind derartige Veröffentlichungen nach *§ 331 Nr. 1 HGB* zu beurteilen[216]. Erfolgte die *Tathandlung vor dem 1. 1. 1986*, sind entsprechende Mitteilungen nach § 82 Abs. 2 Nr. 2 aF zu beurteilen, der inhaltlich mit § 82 Abs. 2 Nr. 2 nF übereinstimmt. **113**

2. Tatbestand

a) **Täter.** Täter können Geschäftsführer, Liquidatoren, Aufsichtsratsmitglieder und Mitglieder eines ähnlichen Organs sein. Die Vorschrift ist auch auf die Vertreter der Genannten[217] und faktische Geschäftsführer[218] anzuwenden. Von der Vorschrift erfaßt werden auch die *Mitglieder eines „ähnlichen Organs“*: Hier kommen Verwaltungsräte, Beiräte und Gesellschafter-Ausschüsse[219] in Betracht, sofern sie zumindest eine einem Aufsichtsrat ähnliche Funktion haben[220]. Die Mitgliedschaft in rein dekorativen Gremien, die nur dem Akquisitionsinteresse der Gesellschaft oder einem ähnlichen Zweck dienen, reicht nicht aus. Ebensowenig gehört der Betriebsrat oder ein sonstiges Organ, das nur die Interessen der Arbeitnehmer wahrzu- **114**

212 So aber § 82a RegEntw., BT-Drucks. 8/1347, S. 55 f.
213 BT-Drucks. 8/3908, S. 77 f.
214 Vgl. etwa Glanegger/Niedner/Renkl/*Ruß* § 331 HGB 1.
215 *Kohlmann/Löffeler* 58.
216 Vgl. hierzu die Erl. im **Exkurs** Rdn 163 f.
217 Vgl. oben Rdn 15.
218 hM, **aA** wohl nur Baumbach/Hueck/*Schulze-Osterloh* 77.
219 Zu diesen Personenkreisen näher § 52, 297 ff (*Raiser*).
220 Vgl. den Wortlaut der Norm, der auf die Ähnlichkeit zum Aufsichtsrat abstellt.

nehmen hat, hierher. Bei der Abgrenzung wird man zur Vermeidung einer vom Gesetzgeber nicht gewollten uferlosen Ausdehnung des Begriffs eines ähnlichen Gesellschaftsorgans einen strengen Maßstab anwenden müssen. Der Anknüpfungspunkt für die Ähnlichkeit ist der Aufsichtsrat und nicht etwa, was auch rein sprachlich auf Schwierigkeiten stoßen würde, ein etwa vorhandenes Geschäftsführer- oder Liquidatoren-Gremium. Es kommt daher auf die Aufsichtsratsähnlichkeit des betreffenden Organs an. Eine solche Ähnlichkeit liegt dann vor, wenn das Organ in der Hauptsache mit der Überwachung der Geschäftsführung befaßt ist, selbst wenn sich diese Aufsichtsfunktion nur auf einzelne Tätigkeitsbereiche der Geschäftsführung (z. B. Kreditaufnahme, Kreditgewährung, Lagerhaltung, Bilanzierung usw.) erstreckt. Zulässig ist es, daß dieses Organ nur aus einer Person besteht[221]. Daß ein gerichtlich bestellter Prüfer nicht hierher gehört, da er kein „Organ" der GmbH ist, dürfte sich von selbst verstehen, ebenso, daß es nicht auf die Bezeichnung des Organs ankommt. Sollte es in einem aufsichtsratsähnlichen Organ stellvertretende Mitglieder geben, so sind diese, ebenso wie bei dem übrigen für die Täterschaft infrage kommenden Personenkreis, den ordentlichen Mitgliedern gleichzubehandeln, nicht dagegen etwaige Ersatzmitglieder.

115 b) **Öffentliche Mitteilungen.** In Anbetracht des allgemeinen Gläubigerschutzes kommen nach dieser Vorschrift nur öffentliche Mitteilungen über die Vermögenslage der Gesellschaft als tatbestandsmäßig in Betracht.

Die Mitteilung kann schriftlich, telegraphisch, mündlich oder durch Boten erfolgen, unabhängig von ihrer Form und Art (z. B. Rundschreiben, Briefe, Presseveröffentlichungen, Plakate, Inserate, Prospekte, Aushänge, Reden, Jubiläumsschriften, Interviews usw., uU aber auch Geschäftsberichte und Bilanzen). Eine Mitteilung ist nach hM dann öffentlich erfolgt, **wenn sie einem unbegrenzten Kreis von Personen zugänglich gemacht wird.** Dagegen soll es nach Teilen des Schrifttums nicht genügen, daß interne Mitteilungen für Außenstehende lediglich „zugänglich" sind. Vielmehr erfordere die Geschäftslagetäuschung eine Zweckrichtung (Finalität) der Mitteilung. Also selbst wenn damit zu rechnen sei, daß Gesellschafter interne Mitteilungen nach außen tragen, könne dies für den Mitteilenden keine Strafbarkeit nach § 82 Abs. 2 Nr. 2 begründen[222]. Demnach reichen sowohl Mitteilungen an die sog. *„unmittelbare Öffentlichkeit"* (z. B. Inserate in Tageszeitungen, Fernseh- und Rundfunkinterviews, Prospekte, Postwurfsendungen, Plakate, der Aushang in Büros, Schaufenstern oder Schalterräumen einer Bank, Sparkasse, anderen Kreditinstituten oder Anlageberatern) als auch Mitteilungen an die sog. *„mittelbare Öffentlichkeit"* (so insbes. Angaben, die zu den Registerakten genommen werden und damit der öffentlichen Einsicht unterliegen) stets aus[223].

116 Demgegenüber *fehlt* der Mitteilung die *Öffentlichkeit* regelmäßig dann, wenn sie nur gegenüber einem *individuell begrenzten Personenkreis* erfolgt. In der Regel nicht öffentlich sind demnach *gesellschaftsinterne Mitteilungen*[224] wie z. B. Mitteilungen (Rundschreiben u. ä.) an die Gesellschafter, insbes. Auskünfte nach § 51 a GmbHG; Vorträge und Auskünfte in einer (nicht öffentlichen) Gesellschafterversammlung oder Aufsichtsratssitzung; Mitteilungen gegenüber dem Betriebsrat,

---

221 RGZ 82, 386 ff.

222 Vgl. etwa Scholz/*Tiedemann* 140 f; ähnl. wohl auch Rowedder/*Fuhrmann* 42; *Meyer-Landrut* 9.

223 Scholz/*Tiedemann* 141, 143; Lutter/*Hommelhoff* 22; Rowedder/*Fuhrmann* wie Fn 222.

224 Scholz/*Tiedemann* 141; Baumbach/Hueck/*Schulze-Osterloh* 72; *Meyer-Landrut* wie Fn 222.

Wirtschaftsausschuß oder in Betriebsversammlungen[225], ferner *Mitteilungen gegenüber einem bestimmten Dritten*[226] wie z. B. *Bewertungs- und Kreditwürdigkeitsgutachten.* In solchen Fällen (etwa, weil ein oder mehrere Gesellschafter ihre Anteile veräußern, oder die Gesellschaft einen Kredit aufnehmen will), ist das Tatbestandsmerkmal der Öffentlichkeit in der Regel nicht verwirklicht, wenn die betreffende Mitteilung nur an den Sachverständigen (Wirtschaftsprüfer) gegeben wird und feststeht, daß das Gutachten nur einem genau begrenzten Kreis von Kaufinteressenten oder einer Bank zugänglich gemacht wird. Hier kommen allenfalls die allgemeinen Straftatbestände, insbes. der Betrug nach § 263 StGB oder § 48 KreditwesenG in Frage. Erst wenn der Kreis der Kenntnisnehmenden nicht mehr begrenzt ist, ist die Mitteilung als eine öffentliche anzusehen[227] – der Gutachter kann sich dann uU wegen Beihilfe strafbar machen.

Ebenfalls öffentlich sind auch Rundschreiben, die sich nicht gezielt an einzelne, **117**
sondern **an alle Gläubiger** der Gesellschaft richten, sofern die Anzahl der Gläubiger eine gewisse Größenordnung erreicht hat und sie damit als „Repräsentanten der Allgemeinheit" angesehen werden können[228]. In der Praxis sind solche Mitteilungen häufig im Zusammenhang mit Sanierungsversuchen anzutreffen[229].

c) **Geschäftsführungsmitteilungen.** Es ist erforderlich, daß der Täter *in seiner* **118**
Eigenschaft als Geschäftsführer, Liquidator oder Mitglied des Aufsichtsrates bzw. eines ähnlichen Organs gehandelt hat. Die noch von *Klug* in der 6. Aufl.[230] und auch im neueren Schrifttum[231] wieder vertretene gegenteilige Auffassung würde den Strafrechtsbereich über Gebühr erweitern[232]. Für diese Erweiterung besteht kein Bedürfnis. Dies macht das von *Klug* gebildete Beispiel deutlich. Der dem Aufsichtsrat einer GmbH angehörende Bankier, der als Privatmann bewußt unwahre Mitteilungen über deren Vermögenslage in die Öffentlichkeit bringt, um die Anteile billig erwerben zu können, täuscht die Öffentlichkeit und beeinträchtigt deren Vertrauen in die Gesellschaft. Dieser Umstand allein rechtfertigt noch keine strafrechtliche Sanktion. Strafrechtlich relevant wird dies Verhalten aber dann, wenn diese Täuschung einzelne Personen veranlaßt, sich von ihren Anteilen zu trennen oder wenn die Gesellschaft selbst Schaden erleidet, z. B. durch Kündigung von Krediten. Hier bieten dann die Vorschriften über Betrug und Untreue (§§ 263, 266 StGB) genügenden Schutz. Denn wer als Privatmann oder in einer anderen Funktion die in § 82 Abs. 2 Nr. 2 bezeichneten Mitteilungen macht, handelt nicht „als" Geschäftsführer mit der weiteren Folge, daß ein solches Verhalten auch nicht der GmbH zugerechnet werden kann[233]. Gibt ein Geschäftsführer in der Öffentlichkeit Erklärungen über die Vermögenslage der GmbH ab, spricht die Vermutung allerdings regelmäßig dafür, daß er auch als Organ dieser Gesellschaft handelt. Weist der Geschäftsführer hingegen ausdrücklich darauf hin, daß er sich nicht in seiner Eigenschaft als Organ der Gesellschaft äußere, kann eine Strafbarkeit nach § 82 Abs. 2 Nr. 2 nicht in Betracht kommen.

Die öffentliche Mitteilung braucht im übrigen *nicht* von den Gesellschaftsorga- **119**
nen *unterschrieben* zu sein. Publizieren die Geschäftsführer eine falsche Bilanz, so

---

[225] *Kohlmann/Löffeler* 59.
[226] *Kohlmann/Löffeler* 60.
[227] *Meyer-Landrut*; Scholz/*Tiedemann* jeweils wie Fn 224.
[228] Scholz/*Tiedemann* 142; *Richter* GmbH-Rdsch. 1984, 113, 116; *Meyer-Landrut* wie Fn 222.
[229] Vgl. etwa den Fall OLG Stuttgart wistra 1984, 114.
[230] Rdn 34.
[231] Lutter/*Hommelhoff* 23.
[232] Wie hier Scholz/*Tiedemann* 159.
[233] *Kohlmann/Löffeler* 64; Scholz/*Tiedemann* wie Fn 232.

erfüllt dies den Tatbestand selbst dann, wenn die Unterschriften fehlen. Es muß nur ersichtlich sein, daß die Veröffentlichung eine von den Leitern ausgehende offizielle oder „offiziöse" Bekanntmachung ist.

120 d) **Tathandlungen. α) Positives Tun, Unterlassen.** Die Tathandlung kann sowohl durch positives Tun als auch durch Unterlassen erfolgen. Ein solches Unterlassen ist etwa dort gegeben, wo erhebliche Umstände – Konkurs eines Schuldners der Gesellschaft u. ä. – verschwiegen werden und dies dazu führt, daß die Vermögenslage der GmbH in einem falschen Licht erscheint. Im Hinblick auf die strafrechtlichen Konsequenzen ist zu *differenzieren*:

121 In Fällen **völliger Unterlassung** – z. B. Nichtbekanntgabe einer Bilanzaufstellung oder eines Geschäftsberichtes – scheidet eine Strafbarkeit wegen Geschäftslagetäuschung grundsätzlich aus. Denn zum einen fehlt eine entsprechende Garantenstellung (vgl. § 13 StGB), die den Geschäftsführer schlechthin zum Garanten für das Vermögen der Allgemeinheit erklären würde[234]. Zum anderen liegt hier ein Verhalten vor, das weder als öffentliche Mitteilung über die Vermögenslage der Gesellschaft qualifiziert werden kann, noch von dem ein dem Schutzzweck der §§ 82 Abs. 2 Nr. 2, 331 Nr. 1 HGB zuwiderlaufender Täuschungs- oder Verschleierungseffekt ausgehen kann. Folglich entspricht dieses Verhalten auch nicht positivem Tun, vgl. ebenfalls § 13 StGB[235]. Ein ausreichender Schutz der Allgemeinheit wird insoweit z. B. durch die Strafvorschriften der §§ 283 Abs. 1 Nr. 5 und 7 b, 283 b Abs. 1 Nr. 1 und 3 b StGB (unterlassene Buchführung bzw. Bilanzaufstellung bei Konkurs) und die Festsetzung von Zwangsgeld gem. § 335 HGB (bei unterlassener Aufstellung des Jahresabschlusses und Lageberichts) gewährleistet.

122 Bei Verschweigen einzelner Umstände innerhalb von **Gesamtdarstellungen, die Anspruch auf Vollständigkeit erheben** (z. B. Bilanz, Geschäftsbericht, Status) handelt es sich regelmäßig um eine unvollständige und damit unrichtige Darstellung durch (konkludentes) positives Tun[236]. Das Verschweigen einzelner selbständiger Tatsachen – z. B. von Umständen, die außerhalb der Bilanz mitgeteilt werden, nichtbilanzierungsfähigen Beträgen, künftigen Entwicklungen, Investitions- oder Fusionsabsichten usw. – wird jedoch strafrechtlich erst dann relevant, wenn der Geschäftsführer für die Mitteilung gerade dieser Umstände eine spezielle Garantenstellung innehat[237].

123 Für die Tatbestandsmäßigkeit beider Strafvorschriften ist *belanglos*, ob die unwahr dargestellte oder verschleierte Vermögenslage der Gesellschaft in Wirklichkeit ungünstiger oder günstiger ist. Daß beide Möglichkeiten die Gläubiger und sonstige (potentielle) Geschäftspartner in ihren Entscheidungen schädlich beeinflussen können, wird bei zu ungünstiger Darstellung der Vermögenslage (z. B. bei der Beantragung bestimmter Subventionen) nicht selten übersehen. Als *Beispiele* seien genannt: Zu billiger Verkauf von Gesellschaftsanteilen; Lösung einer fälschlich als gefährdet angesehenen ertragreichen Geschäftsverbindung (usw.). Allerdings muß berücksichtigt werden, daß es selbst bei seriösen Unternehmen üblich ist, durch erhöhte Abschreibungen oder sonstige Minderbewertungen stille Reserven zu bilden.

124 **β) Berichtigungspflicht.** Wer die Vermögenslage der Gesellschaft in einem besonders günstigen Licht dargestellt hat, ist verpflichtet, sie zu korrigieren, wenn sich

---

234 Vgl. insbes. Scholz/*Tiedemann* 158.

235 So zutr. *Geilen* – KölnKommAktG § 400, 33 für das Aktienstrafrecht.

236 Vgl. Scholz/*Tiedemann* 157 f; Baumbach/Hueck/*Schulze-Osterloh* 74; Rowedder/*Fuhrmann* 44; Glanegger/Niedner/Renkl/*Ruß* § 331 HGB 2.

237 Scholz/*Tiedemann* 158.

herausstellt, daß die Darstellung nicht der Wahrheit entsprochen hat. Es besteht also eine Berichtigungspflicht[238]. Strittig ist, ob auch für *nachträgliche Änderungen* hinsichtlich des Gesellschaftsvermögens eine Berichtigungspflicht besteht[239]. Eine sachgerechte Entscheidung wird maßgeblich davon abhängen, ob die Öffentlichkeit im Einzelfall berechtigterweise darauf vertrauen konnte, daß sich die Geschäftslage zwischenzeitlich nicht wesentlich verändern würde. Davon könnte z. B. dann gesprochen werden, wenn *ausdrücklich zugesichert* wird, daß mit einer Veränderung der Geschäftsentwicklung unter keinem denkbaren Gesichtspunkt gerechnet zu werden braucht. Erweist sich diese Zusicherung im nachhinein als nicht mehr haltbar, etwa durch den plötzlichen Konkurs eines Großkunden, ist die Geschäftsleitung verpflichtet, die Öffentlichkeit in entsprechender Weise zu informieren. *In der Regel* geht allerdings von öffentlichen Mitteilungen über die Geschäftslage *kein* derart *berechtigtes Vertrauen* aus, daß die Öffentlichkeit von einer unveränderten Fortgeltung einer solchen Mitteilung ausgehen kann. Denn der Inhalt solcher Mitteilungen betrifft regelmäßig entweder Daten zur gegenwärtigen Vermögenslage der Gesellschaft oder aber Prognosen für die künftige Geschäftslageentwicklung, die schon ihrer Natur nach mit gewissen Unsicherheitsfaktoren behaftet sind[240]. Ferner trifft den Geschäftsführer dann eine Berichtigungspflicht, wenn andere Organmitglieder der GmbH (z. B. weitere Geschäftsführer oder Aufsichtsratsmitglieder) unwahre oder verschleiernde Mitteilungen der Öffentlichkeit zugänglich machen[241].

γ) **Unwahre Darstellung der Vermögenslage.** Im Sinne des § 82 Abs. 2 Nr. 2 sind **125** dies alle Berichte und Übersichten, die sich auf die Vermögenslage der Gesellschaft beziehen mit *Ausnahme* der *durch § 331 Nr. 1 HGB erfaßten Eröffnungsbilanzen, Jahresabschlüsse und der Geschäftsberichte*[242]. Mit dem Tatbestandsmerkmal *Vermögenslage* verwendet das Gesetz einen Begriff, der inhaltlich sehr weit reicht. Er taucht im Gesetz sonst nicht auf. Festzuhalten ist, daß er nicht identisch ist mit dem in § 42 Nr. 1 verwendeten Begriff „Vermögensgegenstände", sondern ihn umfaßt und darüber hinausreicht. Zu den Vermögensgegenständen können außer körperlichen Gegenständen auch immaterielle Güter wie z. B. Kenntnisse, Verfahren, Rezepte usw. gehören. Schon hier deutet sich die Weite des Vermögenslage-Begriffs an. Was zu den Vermögensgegenständen gehört, ist auch Teil der Vermögenslage der Gesellschaft. Ausgehend vom Schutzzweck der Norm, daß im Wirtschaftsleben ein irreführender Anschein über die Gesellschaft verhindert werden soll[243], wird man sagen müssen, daß die Vermögenslage der Gesellschaft nicht nur charakterisiert wird durch alles das, was ohnehin in die Bilanz eingestellt werden muß. Es fallen darunter auch *alle die Umstände, die für die Beurteilung der Gesellschaft aus wirtschaftlicher Sicht Bedeutung* haben. Dazu gehören Firmenwert, Kundenstamm, Auftragslage, Urheberrechte, Konzessionen, Know-how, Vertragsabschlüsse, Fusionsabsichten, geplante Kredite und sogar Einzelheiten eines Sanierungsplans[244]. Sonstige Verhältnisse, die *nicht* die *Vermögenslage der Gesellschaft berühren*, wie z. B. Veruntreuung des Geschäftsführers, wobei Ersatzansprüche der Gesellschaft jedoch mit richtiger Bewertung in der Bilanz enthalten sind, werden von § 82 Abs. 2 Satz 2 nicht erfaßt[245].

---

238 Scholz/*Tiedemann*, wie Fn 237; *Richter* GmbH-Rdsch. 1984, 113, 116; vgl. auch RGSt. 38, 195, 200.

239 Zum Streitstand etwa Scholz/*Tiedemann* wie Fn 237; Rowedder/*Fuhrmann* 43.

240 *Kohlmann/Löffeler* 71.

241 RGSt. 38, 195, 200; 49, 239, 241; Scholz/*Tiedemann* wie Fn 237; Baumbach/Hueck/*Schulze-Osterloh* 87; Rowedder/*Fuhrmann* wie Fn 239; Glanegger/Niedner/Renkel/*Ruß* § 331 HGB 2.

242 Vgl. hierzu unten Exkurs Rdn 163 f.

243 Vgl. oben Rdn 11.

244 Scholz/*Tiedemann* 147; Rowedder/*Fuhrmann* 43; *Richter* GmbH-Rdsch. 1984, 113, 116.

245 RGSt. 38, 195, 197; Baumbach/Hueck/*Schulze-Osterloh* 73; Rowedder/*Fuhrmann* wie Fn 245.

126 **Unwahr** ist die Mitteilung dann, wenn sie objektiv unrichtig ist, sei es dadurch, daß sie falsche Behauptungen enthält oder sei es dadurch, daß die mitgeteilten Behauptungen zwar wahr, aber nicht vollständig sind und erhebliche Tatsachen verschwiegen werden[246]. In diesem Zusammenhang sind die „Grundsätze ordnungsmäßiger Buchführung"[247] von wesentlicher Bedeutung[248]. Falls der Täter diese Grundsätze nicht einhält, wird in der Regel davon auszugehen sein, daß seine Angaben nicht vollständig sind. Unterschiede ergeben sich hinsichtlich der *Anforderungen* für die (Zwischen-)Bilanz, entsprechenden Geschäftsberichten und sonstigen Mitteilungen. Für die Letztgenannten sind die Anforderungen an die Vollständigkeit und Ausführlichkeit geringer. Wahr müssen jedoch sämtliche Mitteilungen sein. Soweit die Bilanz oder sonstige Mitteilungen Angaben enthalten, ist es *belanglos*, ob es sich um *Pflichtangaben* oder nur um *freiwillige Angaben* handelt, die über den gesetzlich vorgeschriebenen Inhalt der betreffenden Darstellung hinausgehen.

127 (1) **Einstellung fiktiver Beträge.** Die *Unrichtigkeit der Bilanz* kann sich aus der Einstellung fiktiver Beträge entweder auf der Aktivseite (z. B. Aufführung nicht existierender Vermögenswerte)[249] oder auf der Passivseite (z. B. wahrheitswidrige Ansätze von Verbindlichkeiten)[250] ergeben[251]. Die Unrichtigkeit kann sich ferner aus *wissentlich falschen Bewertungen* von Vermögenswerten der Gesellschaft zur Verheimlichung drohender Verluste, eines absehbaren Firmenzusammenbruchs u. ä. ergeben[252]. Als Beurteilungsgrundlage sind hier maßgeblich die §§ 268 ff, 277 f, 279 ff HGB nF heranzuziehen.

128 (2) **Bewertungsermessen, Prognosen und Schätzungen.** Weitaus schwieriger zu beurteilen sind dagegen die Fälle, in denen es um Bewertungsermessen, Prognosen und Schätzungen geht. In der Praxis spielen hier die besonders manipulationsgefährdeten Bilanzpositionen „Lagerbestände, Forderungen und Verbindlichkeiten" eine große Rolle[253]. Der in diesem Zusammenhang maßgebliche Beurteilungsspielraum kann im wesentlichen § 252 HGB nF entnommen werden, insbesondere dem dortigen Abs. 1 Nr. 4 und Abs. 2. Danach ist vorsichtig zu bewerten, namentlich sind alle vorhersehbaren Risiken und Verluste, die bis zum Abschlußstichtag entstanden sind, zu berücksichtigen, selbst wenn diese erst zwischen dem Abschlußstichtag und dem Tag der Aufstellung des Jahresabschlusses bekanntgeworden sind; Gewinne sind nur zu berücksichtigen, wenn sie am Abschlußstichtag realisiert sind. Von diesen Grundsätzen darf nur in begründeten Ausnahmefällen abgewichen werden. Da aber letztlich jede Bewertung, Schätzung oder Prognose mit einem mehr oder minder starken Unsicherheitsfaktor behaftet ist, sind nach ganz hM im Hinblick auf den im Strafrecht geltenden Grundsatz der gesetzlichen Bestimmtheit des Tatbestandes (Art. 103 Abs. 2 GG) nur *offensichtliche*, in die Augen springende Fehleinschätzungen strafbar. Tatbestandsmäßig sind daher nur *völlig unvertretbare*, im Ergebnis

---

246 Scholz/*Tiedemann* 148; Glanegger/Niedner/Renkl/*Ruß* § 331 HGB 2; Rowedder/*Fuhrmann*, wie Fn 245; Lutter/*Hommelhoff* 24.

247 Vgl. § 42, 12 ff, (*Mertens*), § 42, aaO (*Mertens/Stein*).

248 Scholz/*Tiedemann* 149; Glanegger/Niedner/Renkl/*Ruß* wie Fn 247; Baumbach/Hueck/*Schulze-Osterloh* 74; vgl. auch LK-*Tiedemann* § 283 StGB 110.

249 Vgl. RGSt. 43, 407, 413; 67, 349; Scholz/*Tiedemann* 151.

250 Lutter/*Hommelhoff* 24.

251 Zum Grundsatz der Richtigkeit näher Meyer-Landrut/Niehus/*Scholz* §§ 238–335 HGB 130; zum Grundsatz der Willkürfreiheit näher Meyer-Landrut/Niehus/*Scholz* 131.

252 Vgl. etwa Scholz/*Tiedemann* wie Fn 250; *Kohlmann/Löffeler* 76; zur Überbewertung von *Forderungen* RGSt. 14, 80 ff; 38, 195, 198.

253 Scholz/*Tiedemann* 153; *Richter* GmbH-Rdsch. 1984, 113, 116; zum Bewertungsermessen näher Meyer-Landrut/Niehus/*Scholz* §§ 238–335 HGB 634–745.

willkürliche Darstellungen, bei denen der an sich jeweils zulässige Beurteilungsspielraum eklatant überschritten wurde[254]. Soweit ein Bewertungsermessen oder Schätzungsrahmen gewährt wird und kein evidenter Verstoß hiergegen vorliegt, ist entsprechend dem im Strafrecht geltenden Grundsatz „in dubio pro reo" dem Täter die günstigste Darstellungsweise zu erlauben. Das gilt insbesondere dort, wo auch Sachkundige über Fragen der Bewertung oder Schätzung unterschiedlicher Auffassung sind[255].

(3) **Abschreibungen.** Abschreibungen, die zu hoch oder zu niedrig angesetzt sind, führen ebenfalls zur Bilanzunrichtigkeit[256]. Für Abschreibungen des *Umlaufvermögens* der GmbH sind die Vorschriften der §§ 253 Abs. 1, 3 und 5; 254, 279 ff HGB nF maßgeblich[257]. Die Abschreibung für Gegenstände des *Anlagevermögens* richtet sich im übrigen nach den §§ 253 Abs. 1, 2 und 5; 254, 279 ff HGB nF[258]. Vermögensgegenstände, die dauernd zum Betrieb des Unternehmens bestimmt sind, dürfen nur solange in Höhe der Gestehungskosten, abzüglich der üblichen Abschreibungen, in der Bilanz erscheinen, als dieser Gebrauch tatsächlich besteht. Hat die Benutzung endgültig aufgehört und soll das Gebäude, die Maschine usw. abgestoßen werden, so darf dieser Gegenstand in der Regel nur noch zu dem zu erwartenden Verkaufswert eingestellt werden. Das Festhalten an der nicht mehr zulässigen Bewertung macht die Vermögensdarstellung objektiv unwahr. Aber auch hier ist hervorzuheben, daß nur wissentliche oder willkürliche Verstöße gegen die gesetzlich vorgeschriebenen Abschreibungsmöglichkeiten relevant sind. In ähnlichem Zusammenhang führt der BGH[259] aus, daß keine mangelhafte Buchführung (durch Unterlassen von Abschreibungen und Rückstellungen) vorliegt, „soweit die Güte der Forderungen Ansichtssache sein kann". 129

(4) **Lückenhafte Angaben.** Obwohl § 82 Abs. 2 Nr. 2 nur solche Bilanzen erfaßt, die keinen Jahresabschluß darstellen, wird man in entsprechender Anwendung der §§ 246 Abs. 1, 264 Abs. 2 HGB nF dort ebenfalls eine vollständige, die tatsächlichen Verhältnisse wiedergebende Darstellung der Vermögenslage verlangen müssen[260]. Eine unrichtige Darstellung liegt demnach auch dann vor, wenn entgegen §§ 246 Abs. 1, 264 Abs. 2 HGB nF *lückenhafte Angaben* erfolgen. 130

(5) **Vermögenslagetäuschung durch Verschweigen.** Um Fälle der Vermögenslagetäuschung durch Verschweigen handelt es sich vor allem dort, wo auf der Passivseite wichtige Posten unterdrückt werden, denn selbstverständlich verändert das Fortlassen von Schulden das Bild der Vermögenslage der GmbH. In der Praxis ist jedoch häufig kaum nachprüfbar, ob auch tatsächlich alle Verbindlichkeiten bilanzmäßig erfaßt sind. Die Neigung zu einer nur unvollständigen Aufführung aller Verbindlichkeiten ist naturgemäß um so größer, wenn sich die GmbH in der Krise befindet. 131

---

254 Vgl. etwa RGZ 120, 363, 367; Scholz/*Tiedemann* 150 mwN; ferner BGHSt. 30, 285, 287 f (zu § 265 b StGB); Lutter/*Hommelhoff* 24; *Kohlmann*/Löffeler 77, Meyer-Landrut/Niehus/*Scholz* §§ 238–335 HGB 131.

255 iE ebenso – wenn auch unter Heranziehung des Bestimmtheitsgrundsatzes – Baumbach/Hueck/*Schulze-Osterloh* 74; zur ähnlichen Problematik im Zusammenhang mit § 265 b StGB vgl. etwa Schönke/Schröder/*Lenckner* § 265 b, 2; *Schlüchter* NStZ 1984, 300, 301; zum Grundsatz „in dubio pro reo" allgemein vgl. etwa *Löffeler* JA 1987, 77.

256 RGSt. 39, 222 f; Rowedder/*Fuhrmann* 45.

257 Vgl. näher Meyer-Landrut/Niehus/*Scholz* §§ 238–335 HGB 683 f.

258 Vgl. näher Meyer-Landrut/Niehus/*Scholz* §§ 238–335 HGB 637 f.

259 Urt. v. 5. 7. 1955 – 5 StR 236/55 (S. 3); zit. bei LK-*Tiedemann* § 283, 115.

260 iE wohl für unmittelbare Anwendung Scholz/*Tiedemann* 152; zum Vollständigkeitsgebot näher Meyer-Landrut/Niehus/*Scholz* §§ 283–335 HGB 150 f; näher *Maul* DB 1989, 185, 186 f.

Zweifelhaft ist allerdings die Behandlung von Eventualverbindlichkeiten (Bürgschaften, Garantien, Wechselobligo aus der Ausstellung oder Indossierung [nicht Akzeptierung!] von Wechseln usw.). Hier kommt es darauf an, ob es wahrscheinlich ist, daß die Gesellschaft in Anspruch genommen wird. Allgemeine Regeln lassen sich insoweit nicht aufstellen. Entscheidend ist die konkrete Fallgestaltung. Mit Rücksicht auf das Schutzbedürfnis der Allgemeinheit wird man jedoch bei der öffentlichen Mitteilung einer GmbH-Bilanz verlangen müssen, daß derartige Eventualverbindlichkeiten auf jeden Fall, wenn auch nur „unter dem Strich", erwähnt werden.

132 (6) **Bestrittene Verbindlichkeiten.** Diese sind jedenfalls dann zu bilanzieren, wenn das Vorliegen einer Verpflichtung bei wirtschaftlicher Betrachtungsweise und sorgfältiger Abwägung aller bekannten Umstände nicht verneint werden kann[261]; im übrigen sind gem. § 249 Abs. 1 HGB nF für ungewisse Verbindlichkeiten – und zwar unabhängig davon, ob aus rechtlichen oder tatsächlichen Gründen – nach vernünftiger kaufmännischer Beurteilung entsprechende Rücklagen zu bilden. *Bestrittene oder (teilweise) uneinbringliche Forderungen* sind ebenfalls mit ihrem wahrscheinlichen Wert, d. h. mit ihrem voraussichtlich (noch) tatsächlich erzielbaren Wert anzusetzen. Erweist sich die betreffende Forderung hingegen als wertlos, also völlig uneinbringlich, ist sie in voller Höhe abzusetzen[262]. Aktivierungspflichtig sind solche Forderungen allerdings bei hinreichender Konkretisierung, etwa durch rechtskräftig obsiegendes Urteil oder durch ein Vergleichsangebot seitens des Schuldners. Durch Weglassen eines Aktivpostens kann die öffentlich mitgeteilte Bilanz selbstverständlich ebenfalls unwahr werden, da der Vermögensstand in diesem Fall niedriger erscheint, als er ist[263].

133 (7) **Unrichtige Aufgliederung der einzelnen Bilanzposten.** Unwahr kann die Darstellung der Vermögenslage ferner dann sein, wenn die Aufgliederung der einzelnen Bilanzposten *unrichtig* ist, obwohl der Gesamtsaldo zwischen Aktiva und Passiva zutreffend wiedergegeben ist[264]. Derartige Veränderungen können dazu führen, daß die Vermögenslage in einem völlig veränderten Licht erscheint[265].

134 (8) **Scheingeschäfte und sonstige Scheinhandlungen.** Nicht ernstlich gewollte Scheingeschäfte und sonstige Scheinhandlungen sind ebenfalls als unrichtige Angaben zu qualifizieren. In der Praxis handelt es sich insbesondere um Scheinvorgänge im Zusammenhang mit der Kapitalbeschaffung. Daß es sich bei derartigen „Vereinbarungen" um erhebliche, das Gesellschaftsvermögen betreffende Umstände handelt, deren Verschweigen eine Strafbarkeit gem. § 82 Abs. 2 Nr. 2 begründet, steht außer Frage. Der Vereinbarung (und Durchführung) alsbaldiger Rückgewähr des eingezahlten Geldes[266] stellt dagegen eine verdeckte Sacheinlage dar, die unter § 82 Abs. 1 Nr. 1 oder 3 fällt.

135 (9) **Pflicht zur Beifügung eines Anhangs.** Falls *besondere Umstände* dazu führen, daß die Bilanz ein den tatsächlichen Vermögensverhältnissen entsprechendes Bild

---

261 Vgl. Art. 20 Abs. 1 der 4. EG-Richtlinie; Meyer-Landrut/Niehus/*Scholz* §§ 238–335 HGB 585; Baumbach/Duden/*Hopt* § 253, 2 C, § 249 HGB 2 A.

262 Meyer-Landrut/Niehus/*Scholz* §§ 238–335 HGB 702 mwN, *Brox* S. 94.

263 Vgl. ferner RGSt. 38, 195, 196; 62, 357, 359.

264 Allg. zur Bilanzgliederung Meyer-Landrut/Niehus/*Scholz* §§ 238–335 HGB 132 f, 366 ff.

265 RGSt. 62, 357, 360 zum Ausweis aufgelöster stiller Reserven als Einnahmen aus dem laufenden Geschäftsbetrieb; RGSt. 67, 349, 350 ff zur Frage einer sog. „Voraktivierung" zum Ausgleich von Anlaufverlusten bei neuen Geschäften.

266 *Tiedemann* in Festschr. Lackner (1987), S. 737, 740.

nicht vermitteln sollte, schreibt nunmehr § 264 Abs. 2 Satz 3 HGB nF vor, daß in einem *Anhang* der Bilanz zusätzliche Angaben zu machen sind[267].

(10) Lage- bzw. Geschäftsbericht. Aber auch der Lage- bzw. Geschäftsbericht muß ein richtiges Gesamtbild der Vermögensverhältnisse der GmbH zeichnen und alle Tatsachen oder Umstände enthalten, die nach vernünftigem Ermessen bei Berücksichtigung der Verkehrsanschauung zur Beurteilung der gesamten Geschäftslage des Unternehmens von Bedeutung sind[268]. Für wissentlich falsche Angaben gelten die zur Bilanz getroffenen Ausführungen hier entsprechend[269]. Eine Geschäftslagetäuschung kann ebenfalls durch die Veröffentlichung eines unvollständigen Lage- bzw. Geschäftsberichts stattfinden. Hinsichtlich des zwingend vorgeschriebenen Inhalts ist auf § 289 HGB nF zu verweisen, wonach im Lagebericht zumindest der Geschäftsverlauf und die Lage der Kapitalgesellschaft so darzustellen sind, daß ein den tatsächlichen Verhältnissen entsprechendes Bild vermittelt wird. Der Lagebericht soll auch eingehen auf: Vorgänge von besonderer Bedeutung, die nach dem Schluß des Geschäftsjahrs eingetreten sind; die voraussichtliche Entwicklung der Gesellschaft sowie auf den Bereich Forschung und Entwicklung. Da der Lage- bzw. Geschäftsbericht zur weiteren *Erläuterung* der Bilanz und der Gewinn- und Verlustrechnung dient, soll er nicht nur den aus diesen Vorlagen in den Umrissen zu erkennenden Vermögensstand der GmbH, sondern daneben auch die Verhältnisse der Gesellschaft entwickeln und so einen Überblick über deren Stand zunächst bei Abschluß des Geschäftsjahres geben[270]. Für die Beurteilung der Frage, was im einzelnen der Erwähnung oder Besprechung bedarf, verlangte bereits das Reichsgericht[271], daß der Geschäftsbericht „außergewöhnliche, über den Rahmen der regelmäßigen Geschäftsabwicklung hinausgehende Maßnahmen des Vorstandes und Aufsichtsrates, die für die Art der Führung der Geschäfte von einschneidender Bedeutung sind und ... nicht ohne Einfluß auf die Frage der Vertrauenswürdigkeit der Gesellschaftsorgane bleiben können, bekannt zu geben“ hat. Des weiteren sind solche Umstände anzugeben, die „die Aussichten für eine günstige Weiterführung der Geschäfte im neu begonnenen Geschäftsjahr offensichtlich und wesentlich beeinträchtigen müssen“. 136

Dieser Bericht soll den Stand der Verhältnisse der Gesellschaft klarlegen, soweit er nicht schon aus der Bilanz bzw. der Gewinn- und Verlustrechnung zu ersehen ist. Unter dem Stand der Verhältnisse ist aber nicht bloß das arithmetische Verhältnis von Aktiven und Passiven zu verstehen; vielmehr gehören dazu alle Tatsachen und Umstände, die nach vernünftigem Ermessen bei Berücksichtigung der Anschauungen des Verkehrs zur Beurteilung der gesamten Geschäftslage des Unternehmens von Bedeutung sind[272]. 137

Wesentlicher Zweck eines Lage- bzw. Geschäftsberichts ist also die Unterrichtung der Öffentlichkeit – und nicht zuletzt auch der Gläubiger – über die aktuelle Vermögens- und Geschäftsentwicklung der GmbH, also auch über solche Umstände, die über die Vermögens-, Finanz- und Ertragslage hinausgehen[273], wie etwa 138

---

[267] Hierzu näher Meyer-Landrut/Niehus/*Scholz* §§ 238–335 HGB 846–924; *Döbel* BB 1987, 512 ff.

[268] Scholz/*Tiedemann* 152; Rowedder/*Fuhrmann* 45; Meyer-Landrut/Niehus/*Scholz* §§ 238–335 HGB 925, 927 f.

[269] Vgl. oben Rdn 126 f.

[270] Scholz/*Tiedemann*; Rowedder/*Fuhrmann* jeweils wie Fn 269; Meyer-Landrut/Niehus/*Scholz* §§ 238–335 HGB 928 f; vgl. auch die entsprechenden Bestimmungen des § 160 AktG aF.

[271] RGSt. 38, 195, 197.

[272] RGSt. 41, 293, 297 f.

[273] Vgl. etwa Baumbach/Duden/*Hopt* § 264 HGB 3, § 289 HGB 1; näher Meyer-Landrut/Niehus/*Scholz* §§ 238–335 HGB 925–941.

existenzbedrohende Entwicklungen (z. B. Veränderung in der Nutzung der relevanten räumlichen Nachbarschaft, die nicht verhindert werden können, den Geschäftsbetrieb aber beeinträchtigen werden), Veränderungen der Marktverhältnisse (z. B. durch Substitutionsprodukte anderer Hersteller oder Anbieter, durch trendmäßige Veränderung von Konsumgewohnheiten), auslaufende eigene Patente, drohende Reglementierungen oder Beschränkungen, Einschränkungen von Betriebsgenehmigungen oder Baugenehmigungen, Beschränkungen durch Quotenregelungen sowie Hinweise auf besondere geschäftliche Chancen und unrealisierte Gewinne aus laufenden Geschäften etc.[274].

139 Läßt der Lage- bzw. Geschäftsbericht demgegenüber lediglich Empfehlungen und Erwartungen unberücksichtigt, die zwar im Geschäftsverkehr mehr oder weniger üblich, im Bilanzrecht aber noch nicht als besondere Pflichtangaben anerkannt sind, muß eine Strafbarkeit im Hinblick auf den Verfassungsgrundsatz der Bestimmtheit des gesetzlichen Tatbestandes (Art. 103 Abs. 2 GG) verneint werden[275]. Ausgehend von dieser Überlegung hat das OLG Köln die im Aktienrecht vorherrschende Auffassung, der Geschäftsbericht müsse nach den Grundsätzen einer gewissenhaften und getreuen Berichterstattung beim Erwerb eigener Aktien neben den Pflichtangaben des § 160 Abs. 3 Nr. 2 AktG aF auch Angaben über Zahl, Nennbetrag, Kaufpreis und Erwerbsgrund der Aktien enthalten, für das Strafrecht im Hinblick auf Art. 103 Abs. 2 GG als unhaltbar bezeichnet[276].

140 Sofern der Lage- bzw. Geschäftsbericht keine Ausführungen zu den in § 289 Abs. 2 HGB nF erwähnten *Sollangaben* (Vorgänge von besonderer Bedeutung, die nach dem Schluß des Geschäftsjahres eingetreten sind; die voraussichtliche Entwicklung der GmbH; der Bereich der Forschung und Entwicklung) enthält, wird man lediglich einen straflosen Verstoß gegen die Pflicht zur umfassenden Rechnungslegung annehmen können. Der Öffentlichkeit werden insoweit „nur" – aber für jeden erkennbar! – bestimmte Angaben unter offener Mißachtung des § 289 Abs. 2 HGB nF vorenthalten. Von einer Täuschung kann in diesen Fällen nicht die Rede sein. Anders verhält es sich jedoch dann, wenn die betreffenden Sollangaben nur unvollständig gemacht werden. Denn hier wird die Öffentlichkeit zweifellos getäuscht, weil sie, sofern diesbezügliche Umstände mitgeteilt werden, auch berechtigterweise davon ausgehen muß, daß die Angaben zutreffend und vollständig sind.

141 Eine **Ausnahme von der Berichterstattungspflicht** wird bei den Pflichtangaben gem. § 289 Abs. 1 HGB nF in den Fällen zu machen sein, in denen die Veröffentlichung unternehmensbezogener Informationen mit großer Wahrscheinlichkeit erhebliche Nachteile für die GmbH nach sich ziehen würde. Voraussetzung ist allerdings, daß hierdurch im Lagebericht keine falschen Vorstellungen von der tatsächlichen Lage des Unternehmens vermittelt wird, vgl. § 317 Abs. 1 Satz 3 HGB nF. Bei den Sollangaben muß gleiches gelten, insbesondere für Geschäftsgeheimnisse oder voraussichtliche Entwicklungen im Markt oder im Bereich der Forschung und Entwicklung, die gegenüber Wettbewerbern geheimzuhalten sind[277].

142 (11) **Sonderproblem: Veruntreuungen eines Geschäftsführers.** Die in der Praxis nicht selten auftauchende Frage, ob in diesem Zusammenhang auch Veruntreuungen eines Geschäftsführers erwähnt werden müssen, wird bisweilen kontrovers beant-

---

[274] Meyer-Landrut/Niehus/*Scholz* §§ 238–335 HGB 931.

[275] *Tiedemann* in Festschr. Lackner (1987), 737, 746.

[276] ZWS 708/709/74 zit. bei *Tiedemann* wie Fn 276.

[277] Vgl. ebenso Meyer-Landrut/Niehus/*Scholz* §§ 238–335 HGB 933, 936.

wortet. Nach Auffassung des RG[278], dürfen umfangreiche Veruntreuungen, jedenfalls im Hinblick auf Entlastung und Neuwahl der Geschäftsleitung, nicht unerwähnt bleiben, selbst wenn für die daraus der Gesellschaft gegen den betreffenden Geschäftsführer erwachsenen Ersatzansprüche Deckung vorlag. Demgegenüber ist nach Ansicht des Schrifttums die Kennzeichnung eines Geschäftsjahres als „erfreulich" dann unwahr, wenn umfangreiche Veruntreuungen eines zahlungsunfähigen Geschäftsführers nicht erwähnt werden[279] oder die Ersatzansprüche nicht oder nicht mit richtiger Bewertung in der zugrunde liegenden Bilanz enthalten sind[280].

Beide Auffassungen verkennen jedoch, daß das Strafrecht grundsätzlich keine Pflicht zur Selbstbelastung kennt (vgl. etwa § 258 Abs. 5 StGB). Den vorgenannten Auffassungen ist ferner entgegenzuhalten, daß die weitreichenden wirtschaftlichen Konsequenzen einer Bekanntgabe von Veruntreuungen des Geschäftsführers mehr oder weniger unberücksichtigt bleiben. Im Einzelfall können derartige Mitteilungen erhebliche Umsatzrückgänge, wenn nicht sogar den Zusammenbruch der Gesellschaft zur Folge haben. Eine sachgerechte, den widerstreitenden Interessen hinreichend Rechnung tragende Beurteilung erfordert zunächst eine Rückbesinnung auf den Begriff der Vermögenslage der GmbH. Hierzu zählt nicht nur das Finanzvermögen i. w. S., sondern auch die wirtschaftliche Leistungsfähigkeit der Gesellschaft, die nicht zuletzt auch auf dem Vertrauen der Öffentlichkeit – namentlich aller gegenwärtigen, aber auch potentiellen Kunden, Lieferanten, Kreditgeber usw. – in die geschäftliche Zuverlässigkeit der Gesellschaft beruht. Daraus ergibt sich die Notwendigkeit einer in mehrfacher Hinsicht *differenzierenden Betrachtungsweise*:

143 Hat der Geschäftsführer im Hinblick auf die vorangegangene Veruntreuung Falschbuchungen veranlaßt mit der Folge, daß im Geschäftsbericht dann auf eine unzutreffende Bilanz Bezug genommen wird, bestehen gegen die Annahme einer Geschäftslagetäuschung keine Bedenken. Sind dagegen lediglich entsprechende Schadensersatzansprüche nicht verbucht worden, ist weiter zu fragen, ob die Öffentlichkeit ein berechtigtes Interesse an einer Erwähnung der Veruntreuung hat. Das wird sicherlich dann der Fall sein, wenn es sich um derart schwerwiegende Veruntreuungen handelt, die über die gesellschaftsinternen Auswirkungen hinaus auch das Vertrauen des Wirtschaftsverkehrs in das Unternehmen selbst erschüttern. Stehen demgegenüber Veruntreuungen geringeren Ausmaßes in Rede, die zwar eine Vertrauenseinbuße der Gesellschafter gegenüber dem betreffenden Geschäftsführer zur Folge haben, den gleichbleibenden Geschäftsbetrieb und die Liquidität des Unternehmens im übrigen aber nicht weiter beeinträchtigen, wird man eine entsprechende Bekanntgabe im Geschäftsbericht nicht verlangen können. Diese Auffassung entspricht auch der Vorschrift des § 317 Abs. 1 Satz 3 HGB, nach der die Angaben im Lagebericht (lediglich) keine objektiv falsche Vorstellung von der Lage der Gesellschaft vermitteln dürfen. Das gilt um so mehr, wenn die Gesellschafter ein Bekanntwerden der Veruntreuung vermeiden wollen, um auf diese Weise den – auch unter objektiver Betrachtung – wohlverdienten guten Ruf der Firma nicht zu gefährden. Gerade hierzu müssen die Gesellschafter schon deshalb berechtigt sein, weil schon die Bekanntgabe relativ geringfügiger Unregelmäßigkeiten nicht selten eine unkontrollierbare Eigendynamik entwickeln kann (z. B. durch die sog. Sensationspresse und durch dramatisierende Berichterstattung). In solchen Fällen würden erst derartige Veröffentlichungen das Unternehmen in Schwierigkeiten bringen, und das, ob-

[278] RGSt. 38, 195, 197.
[279] So Scholz/*Tiedemann* 152.
[280] Baumbach/Hueck/*Schulze-Osterloh* 73.

wohl keine Interessen Dritter gefährdet sind, der Schaden zunächst also noch begrenzt war[281].

144 δ) **Verschleierung der Vermögenslage.** Als einen besonderen Fall der Geschäftslagetäuschung erwähnt das Gesetz neben der unwahren Darstellung die Verschleierung der Vermögenslage. Dieses Tatbestandsmerkmal erweitert den strafrechtlichen Bereich. Es werden auch solche öffentlichen Mitteilungen erfaßt, welche die Vermögenslage nicht unwahr darstellen, sondern die an sich richtig dargestellten Tatsachen lediglich undeutlich machen und damit zu einer unzutreffenden Beurteilung der Vermögenslage führen[282]. Die Grenze zwischen der unwahren Darstellung und der Verschleierung einer an sich richtigen Schilderung der Vermögenslage liegt bei der *Erkennbarkeit der wirklichen Verhältnisse.* Macht die Verschleierung diese unmöglich, dann liegt eine unwahre Darstellung vor. Erschwert sie dagegen die genaue Einsicht nur, dann hat man es mit einer Verschleierung zu tun[283]. Das wird nicht immer richtig gesehen, spielt praktisch aber keine erhebliche Rolle. Eine Verschleierung liegt vor, wenn Ersatzforderungen gegen die Geschäftsleitung wegen Veruntreuung als „Kontokorrent-Debitoren" ohne besonderen Hinweis bilanziert werden[284]. Ebenfalls eine Verschleierung bewirken kann die Verbuchung von Effekten als Debitoren sowie die Bilanzierung von Warenwechseln als Wertpapiere[285], nicht dagegen Finanzwechsel, die als sonstige Wertpapiere iS des § 266 Abs. 2 HGB nF (Pos. B III 3) anzusetzen sind[286]. Ob auch die Zusammenfassung mehrerer in den Geschäftsbüchern getrennt geführter Posten in der Bilanz eine Verschleierung darstellt, läßt sich nur im Einzelfall entscheiden. Hier kommt es weitgehend auf die Gewohnheiten der geschäftlichen Praxis an[287]. Ferner kann eine Verschleierung durch das Weglassen von Vorkommnissen geschehen, die in der Bilanz oder Gewinn- und Verlustrechnung zu erscheinen haben; so, wenn die zur Deckung eines Verlustes erfolgende freiwillige Zuwendung durch die Gesellschafter verschwiegen wird, so daß nicht erkennbar ist, daß ohne diesen Zuschuß ein Verlust vorläge[288].

145 **Einschränkende Voraussetzung** für die Annahme einer Verschleierung ist allerdings, daß sich für einen *bilanzkundigen Leser* aus der Bilanz nebst der dazugehörigen Gewinn- und Verlustrechnung die Verhältnisse der Gesellschaft nicht oder doch *nur schwer erkennen lassen*[289].

146 ε) **Sozialadäquates Verhalten.** Bei Beurteilung der Tathandlungen wäre es jedoch mehr als unrealistisch, eine Art Wahrheitsfanatismus im Wirtschaftsleben zu verlangen. Nach ganz hM kann die Tatbestandsmäßigkeit aus Gründen der *Sozialadäquanz* jedenfalls dann entfallen, wenn es sich um „gänzlich unverdächtige", weil „völlig im Rahmen der ‚normalen', geschichtlich gewordenen sozialen Ordnung des Lebens" liegende Verhaltensweisen handelt[290]. So läßt sich beispielsweise nicht von

---

281 *Kohlmann/Löffeler* 88.

282 RGSt. 37, 433, 434; 41, 293, 300; 68, 346 f; Scholz/*Tiedemann* 154 f; Glanegger/Niedner/Renkl/*Ruß* § 331 HGB 2; Baumbach/Hueck/*Schulze-Osterloh* 75; Rowedder/*Fuhrmann* 44; Lutter/*Hommelhoff* 25; *Kohlmann/Löffeler*, 89.

283 Vgl. auch *Klußmann* S. 50 f.

284 RGSt. 38, 195, 199.

285 Baumbach/Hueck/*Schulze-Osterloh* 75, unter Hinweis auf RGSt. 68, 346, 349; aA Scholz/*Tiedemann* 155.

286 Vgl. etwa Baumbach/Duden/*Hopt* § 266 HGB 8.

287 *Kohlmann/Löffeler* 89.

288 *Kohlmann/Löffeler* wie Fn 288; Scholz/*Tiedemann* wie Fn 286; *Klußmann* S. 50 f m. Bsp. zu § 400 AktG.

289 RGSt. 68, 346, 349; ferner im Schrifttum Lutter/*Hommelhoff* 25: „Die Erfüllung dieses Tatbestandes setzt nahezu extreme Sachverhalte voraus"; Scholz/*Tiedemann* 156 weist andererseits aber auch darauf hin, daß dem Täter gleichwohl der Einwand abgeschnitten wird, seine Darstellung sei zwar „geschickt", aber nicht unwahr.

290 BGHSt. 23, 226, 228; *Welzel* S. 55 f; zusammenfassend Schönke/Schröder/*Lenckner* Vorbem. § 32 ff 107 a mwN.

der Hand weisen, daß es selbst bei seriösen Unternehmen üblich ist, durch erhöhte Abschreibungen oder sonstige Minderbewertungen stille Reserven zu bilden. Hier sind die Interessen der Gläubiger gewahrt und die Öffentlichkeit muß mit derart „sozialadäquaten" Möglichkeiten rechnen.

3. Rechtswidrigkeit

Für die Frage der Rechtswidrigkeit ist auf die Grundsätze des Allgemeinen Teils des Strafrechts zu verweisen. 147

a) **Güterabwägung im Rahmen der Sorgfalt eines ordentlichen Geschäftsmannes (§ 34 StGB).** Es kann durchaus im volkswirtschaftlich wohlverstandenen Interesse liegen, durch eine geschickte Darstellung der Vermögenslage gewisse Gefahren schwer erkenntlich oder sogar einmal unkenntlich zu machen, insbesondere dann, wenn die Unternehmenstätigkeit etwa durch Gerüchte, die ihrerseits völlig unbegründet und jeder Tatsachengrundlage entbehren, gefährdet wird. Man denke etwa an Großunternehmen, die sich auf dem Weltmarkt in hartem Konkurrenzkampf gegen multinationale Konzerne behaupten müssen. Gleichwohl handelt der Geschäftsführer nur dann gerechtfertigt, wenn er sich dabei im Rahmen der Sorgfalt eines ordentlichen Geschäftsmanns gehalten hat (vgl. § 43)[291]. Ein solcher Fall wäre nur dann anzunehmen, wenn sich eine Gesellschaft im *Abwehrkampf gegen rechtlich nicht faßbare, ungerechtfertigte psychische Marktfaktoren* (Gerüchte in Käuferkreisen, indirekter Boykott u. ä.) befindet. Handelt es sich um international tätige Unternehmen, so kommt hinzu, daß nicht in jedem Land wirksamer Schutz vor unlauterem Wettbewerb gewährleistet ist[292]. 148

Obwohl grundsätzlich auch die **Produktionsfortführung** und der **Erhalt von Arbeitsplätzen** als notstandsfähige Rechtsgüter angesehen werden[293], muß bei Bejahung eines rechtfertigenden Notstandes größte Zurückhaltung geübt werden. Eine Rechtfertigung nach § 34 StGB kann hier *nur in extremen Ausnahmefällen* in Betracht kommen, etwa wenn es sich um die Abwendung außergewöhnlicher, vom Gesetzgeber möglicherweise nicht einkalkulierter Gefahren handelt[294]. So wird beispielsweise selbst ein aussichtsreicher Sanierungsversuch regelmäßig keine unrichtige oder verschleiernde Darstellung rechtfertigen können[295]. Ohne eine abschließende Antwort auf alle Einzelfragen geben zu konnen, wird man davon ausgehen können, daß im Hinblick auf die Angemessenheitsklausel des § 34 Satz 2 StGB[296] eine bloß formal verschleierte Vermögensdarstellung eher gerechtfertigt sein wird als eine inhaltlich unrichtige Mitteilung. 149

b) **Unbeachtlichkeit von Einwilligungen oder Weisungen der Gesellschafter.** Keine Rechtfertigung kann dagegen aus einer Einwilligung oder Weisung hergeleitet 150

---

[291] Aber nicht nur gegenüber der Gesellschaft, sondern auch gegenüber Gläubigern und dritten Unternehmen! So *Kohlmann/Löffeler* 91.

[292] aA Scholz/*Tiedemann* 165; Baumbach/Hueck/*Schulze-Osterloh* 81; Rowedder/*Fuhrmann* 46.

[293] Vgl. etwa BGH MDR/D 1975, 722, 723 (zur gesundheitsgefährdenden Produktion); OLG Oldenburg NJW 1978, 1869 (Verstoß gegen Ausnahmegenehmigung bei Schwertransporten); weitere Beispiele bei Schönke/Schröder/*Lenckner* § 34, 9.

[294] So Schönke/Schröder/*Lenckner* § 34, 35 mwN; iE wohl gänzlich abl. bei wirtschaftlichen Zwängen RGSt. 38, 194, 199; Baumbach/Hueck/*Schulze-Osterloh* 81; für den Beispielsfall bejahend *Kohlmann/Löffeler* 91; Scholz/*Tiedemann* 165 will demgegenüber im Beispielsfall eine „notwehrähnliche" Situation annehmen, wobei an die Erforderlichkeit gerade der Falschangabe strenge Maßstäbe anzulegen sind.

[295] Scholz/*Tiedemann* wie Fn 295.

[296] Vgl. etwa Schönke/Schröder/*Lenckner* § 34, 46, 47.

werden, und zwar unabhängig davon, ob sie seitens der Gesellschafter, des Aufsichtsrates oder sämtlicher Gläubiger erteilt worden ist. Da § 82 Abs. 2 Nr. 2 den Schutz der Allgemeinheit bezweckt, fehlt es in diesen Fällen bereits an der erforderlichen Dispositionsbefugnis[297]. Die Strafbarkeit wird auch nicht dadurch beseitigt, daß einer von mehreren Geschäftsführern *überstimmt* worden ist[298]. Dieser Geschäftsführer hat vielmehr alles in seinen Kräften Stehende zur Verhinderung einer falschen Darstellung zu unternehmen (entweder wegen der späteren Beteiligung an der Veröffentlichung als Begehungstäter oder, wenn der Geschäftsführer seiner Berichtigungspflicht nicht nachkommt, als Unterlassungstäter, da auch bloßes Unterlassen strafbar sein kann[299]).

4. Schuld

151 a) **Vorsatz.** Für die Schuldfähigkeit gelten die Grundsätze des allgemeinen Strafrechts. Die Strafbarkeit nach § 82 Abs. 2 Nr. 2 setzt ferner, wie bei den anderen Tatbeständen dieser Bestimmung, Vorsatz voraus. Da die unwahre Darstellung oder Verschleierung der Vermögenslage *„wissentlich"* erfolgt sein muß, genügt es nicht, wenn der Täter nur fahrlässig handelt. Sowohl im Hinblick auf die Richtigkeit als auch im Hinblick auf die Vollständigkeit der Vermögensdarstellung ist für den Vorsatz von ausschlaggebender Bedeutung, daß der Geschäftsführer den „rechtlichen Soll-Inhalt" der betreffenden Mitteilung[300] kennen muß, um zu wissen, daß die im konkreten Fall gemachte Mitteilung von diesem Maßstab abweicht und daher unrichtig ist[301]. Eine über den Vorsatz hinausgehende Schädigungsabsicht verlangt das Gesetz hingegen nicht[302]. Der Täter handelt aber auch dann vorsätzlich, wenn er die Unrichtigkeit der von ihm veröffentlichten Vermögensdarstellung nur für möglich gehalten hat (sog. *bedingter Vorsatz*)[303]. Eine positive Kenntnis von der Unrichtigkeit oder Verschleierung wird insoweit nicht vorausgesetzt. Übernimmt etwa der Geschäftsführer aus Gründen der Arbeitsüberlastung oder Arbeitsteilung Angaben eines Mitarbeiters in seine Mitteilung, so kann bedingter Vorsatz vorliegen. Die Beantwortung dieser Frage wird letztlich davon abhängen, ob der Geschäftsführer, insbesondere dann, wenn er Schriftstücke ungelesen unterschreibt, von vornherein die Möglichkeit einer Unrichtigkeit in Rechnung stellen mußte, weil er gebotene bzw. übliche innerbetriebliche Kontroll- und Aufsichtsmaßnahmen unterließ[304]. Soweit der Geschäftsführer in einer Zwischenbilanz eine von der Gesellschaft bestrittene Forderung verschweigt, liegt die Annahme eines bedingten Vorsatzes hier insbesondere dann nahe, wenn er gleichwohl mit einer späteren Inanspruchnahme rechnen mußte, etwa weil der eigene Rechtsanwalt oder das Gericht bereits im vorbereitenden Termin zur Hauptverhandlung den Bestand der Forderung eindeutig für gegeben ansah[305]. Gerade im Bereich des bedingten Vorsatzes wird es in erster Linie von der richterlichen Beweiswürdigung abhängen, ob entgegenstehende Einlassungen des Geschäftsführers im nachfolgenden Strafverfahren glaubhaft erscheinen[306].

---

297 Vgl. bereits Vor § 82, 46 sowie 183 zur Untreue; Scholz/*Tiedemann* 16.

298 Scholz/*Tiedemann* 166.

299 RGSt. 49, 239, 241; vgl. auch BGHSt. 37, 106 ff sowie Vor § 82, 31.

300 Vgl. oben Rdn 125 f, 130, 136 f, 144 f.

301 Scholz/*Tiedemann* 174 mwN; vgl. auch Baumbach/Hueck/*Schulze-Osterloh* 22; Rowedder/*Fuhrmann* 47.

302 Rowedder/*Fuhrmann* wie Fn 302 bzgl. Täuschungsabsicht unter Hinweis auf RGSt. 64, 422, 423; RGJW 1931, 204.

303 Rowedder/*Fuhrmann* wie Fn 302; Lutter/*Hommelhoff* 7; Scholz/*Tiedemann* 169 sowie BGH GA 1977, 340, 342 zu der ähnlich lautenden Vorschrift des § 399 AktG.

304 Scholz/*Tiedemann* 182 mwN; Baumbach/Hueck/*Schulze-Osterloh* wie Fn 302.

305 *Kohlmann/Löffeler* 94.

306 Scholz/*Tiedemann* 169.

b) **Tatbestandsirrtum.** Da der Vorsatz Wissen und Wollen der Tatbestandsverwirklichung erfordert, entfällt er, wenn beim Täter ein Tatbestandsirrtum (§ 16 StGB) vorliegt. Irrt der Täter über die Unwahrheit der Darstellung und nimmt er aufgrund einer noch so großen Leichtfertigkeit an, die öffentliche Mitteilung sei wahr, so liegt auf jeden Fall ein solcher Tatbestandsirrtum vor. In der Literatur werden folgende Fälle genannt: Das *Übersehen von tatsächlichen Umständen, die die Bewertung betreffen*, namentlich solcher, die eine Herabsetzung der bisherigen Bewertung von Aktivposten oder die Erhöhung oder Neubildung eines Passivpostens verlangen[307]; die *Nichtkenntnis oder das Vergessen von sonstigen Tatsachen, die die Vermögenslage der Gesellschaft beeinflussen*, gleichgültig, ob der Geschäftsführer infolge eines Irrtums oder aus Mangel an Überlegung die Bedeutung jener Tatsachen nicht durchschaut[308]. Ähnlich liegen die sonstigen Fälle des *„Nichtdaran-Denkens"*. Denkt der Geschäftsführer nicht an das Vorliegen eines Tatumstandes, dann fehlt eine Voraussetzung für die Annahme des Vorsatzes mit der Folge, daß eine Strafbarkeit entfällt. Auch die *Verkennung von Einzelheiten der Bilanzierungspflicht* kann einen Tatbestandsirrtum begründen[309]. Auch im Zusammenhang mit der in § 265 b StGB genannten Bilanzierungspflicht führt der BGH[310] unter Hinweis auf die bisher ergangene Rechtsprechung wörtlich aus: „So beraten, ist der Bürger in der Lage, mit hinreichender Sicherheit zu beurteilen, ob das von ihm ins Auge gefaßte Handeln die Voraussetzungen für einen Straftatbestand erfüllt. Verkennt er ausnahmsweise doch dessen Grenzen, so ist der subjektive Tatbestand geeignet, Fälle, in denen infolge Irrtums strafrechtliche Schuld nicht vorliegt, abzugrenzen und auszuscheiden". Unterläßt der Geschäftsführer bewußt die Nennung bestimmter Einzelheiten, so ist die unvollständige, also unrichtige Vermögensdarstellung nur dann vorsätzlich abgegeben worden, wenn er seine Verpflichtung zur vollständigen Angabe kannte. Andernfalls liegt ein Tatbestandsirrtum vor[311]. **152**

Die *rechtliche Beurteilung* derartiger Irrtumsfälle ist *unproblematisch*. Die eigentlichen Schwierigkeiten ergeben sich zumeist erst im Zusammenhang mit der *Beweisführung im Strafprozeß*[312]. Läßt sich die Einlassung des Beschuldigten nicht widerlegen, muß dies ebenso zu einem Freispruch führen, wie in den Fällen, in denen Zweifel des Gerichts an der Schuld nicht ausgeräumt werden können. Es gilt der Grundsatz „in dubio pro reo"[313]. Dieser Umstand kann insbesondere dann Bedeutung erlangen, wenn bei seriösen und gut stehenden Gesellschaften unrichtige Bewertungen irrtümlich erfolgen, die jedoch von Konkurrenten oder Gegnern der Gesellschaft oder des Geschäftsführers zur Denunziation benutzt werden, obwohl durch die irrtümliche Falschbewertung das wirtschaftliche Vertrauen in das betreffende Unternehmen in keiner Weise tangiert worden ist. **153**

c) **Unrechtsbewußtsein und Verbotsirrtum.** Ist der Geschäftsführer im Zeitpunkt der Verwirklichung des Tatbestandes schuldfähig gewesen und hat er vorsätzlich gehandelt, so kann er gleichwohl nur dann strafrechtlich zur Verantwortung gezogen werden, wenn der Nachweis geführt werden kann, daß er in dem Bewußtsein gehandelt hat, Unrecht zu tun (sog. Unrechtsbewußtsein). Fehlt dieses Unrechtsbe- **154**

---

307 Scholz/*Tiedemann* 180; für das Aktienstrafrecht *Geilen*-KölnKommAktG § 400, 68 a; aA *Klußmann* Geschäftslagetäuschung S. 89, 93.

308 Scholz/*Tiedemann* wie Fn 308.

309 Scholz/*Tiedemann* wie Fn 308; Baumbach/Hueck/*Schulze-Osterloh* 83.

310 BGHSt. 30, 285, 288.

311 Scholz/*Tiedemann* 174; Rowedder/*Fuhrmann* 48.

312 Scholz/*Tiedemann* 180.

313 RGSt. 65, 25, 26 vgl. auch *Gollwitzer* in Löwe/Rosenberg[24] § 261 StPO 118; *Löffeler* JA 1987, 77, 79.

wußtsein, dann befreit dies den Täter vom Schuldvorwurf nach den Grundsätzen des Strafrechts allerdings nur unter der Voraussetzung, daß er diesen Verbotsirrtum nicht vermeiden konnte (§ 17 StGB). Als *Beispiele* für einen möglichen Verbotsirrtum werden im Schrifttum u. a. folgende Fälle genannt:

155 Die Annahme des Geschäftsführers, freiwillig gemachte Angaben, die über den gesetzlich vorgeschriebenen Inhalt und Umfang hinausgehen[314], seien von § 82 Abs. 2 Nr. 2 nicht erfaßt[315]; eine zu günstige Darstellung der Vermögenslage sei zulässig[316]; entsprechende Mitteilungen über die Vermögenslage der Gesellschaft seien nicht öffentlich[317]; er sei berechtigt, einen Interessenkonflikt im Rahmen der Güterabwägung in einer bestimmten – aber letztlich doch falschen – Weise zu lösen[318]. Hierzu zählt insbesondere der Fall, daß sich der Geschäftsführer für berechtigt hält, eine von ihm selbst begangene Veruntreuung verschweigen zu dürfen[319].

156 Hinsichtlich der **Vermeidbarkeit** des Irrtums werden von der Rechtsprechung sehr hohe Anforderungen gestellt[320]. War der Verbotsirrtum bei gehörigem Einsatz der zur Verfügung stehenden Erkenntniskräfte und Informationsmöglichkeiten vermeidbar, dann ist die Schuld zwar nicht ausgeschlossen, doch kann die Strafe gem. § 49 Abs. 1 StGB gemildert werden. Es ist aber zu betonen, daß bei einem GmbH-Geschäftsführer eine sehr weitgehende *Informationspflicht* angenommen werden muß. Nur wenn er dieser genügt, kann zugegeben werden, daß ein auf einem Verbotsirrtum beruhendes Fehlen des Unrechtsbewußtseins den Schuldvorwurf in bezug auf das an sich tatbestandsmäßige und rechtswidrige Verhalten und damit die Strafbarkeit beseitigt. Ein solch unvermeidbarer Verbotsirrtum wurde in diesem Zusammenhang vom BGH[321] beispielsweise bei der Mitwirkung eines Notars in Erwägung gezogen. Von einem vermeidbaren – also die Schuld nicht ausschließenden – Verbotsirrtum wird hingegen auszugehen sein, wenn der Geschäftsführer glaubte, er dürfe im Interesse einer geplanten Sanierung der in Schwierigkeiten geratenen GmbH die Vermögenslage in einer öffentlichen Mitteilung unwahr darstellen oder verschleiern[322]. Regelmäßig vermeidbar ist auch die Unkenntnis der von der Rechtsprechung vorgenommenen Gleichbehandlung des faktischen Geschäftsführers[323].

157 c) **Schuldausschließungsgründe.** Wird der Geschäftsführer zur Veröffentlichung einer unwahren oder verschleierten Vermögensdarstellung *mit Drohung oder Gewalt genötigt*, so kann ihn dies allenfalls gem. § 35 StGB entschuldigen (*entschuldigender Notstand*), wenn ihm Gefahr für Leib, Leben oder Fortbewegungsfreiheit droht und diese Gefahr nicht anders als durch eine Geschäftslagetäuschung abzuwenden ist[324]. Ob ausnahmsweise auch der Gesichtspunkt der Unzumutbarkeit normgemäßen Verhaltens als „übergesetzlicher Entschuldigungsgrund" heranzuziehen ist, wird bisweilen kontrovers beurteilt[325]. Es ist aber darauf hinzuweisen, daß

---

314 Vgl. hierzu Rdn 126 f.

315 Scholz/*Tiedemann* 174.

316 Baumbach/Hueck/*Schulze-Osterloh* 83; Rowedder/*Fuhrmann* 48.

317 Baumbach/Hueck/*Schulze-Osterloh*; Rowedder/*Fuhrmann* jeweils wie Fn 317.

318 Baumbach/Hueck/*Schulze-Osterloh* wie Fn 317.

319 Scholz/*Tiedemann* 181; vgl. aber auch oben Rdn 142.

320 Vgl. etwa die Nachw. bei Schönke/Schröder/*Cramer* § 17, 12, 16 ff; zur Informationspflicht näher *Kunz* GA 1983, 457 f.

321 GA 1959, 87, 88.

322 Scholz/*Tiedemann* 181 mwN.

323 BGH wistra 1984, 178 f; Rowedder/*Fuhrmann* 48.

324 Scholz/*Tiedemann* 167.

325 Bejahend *Kohlmann/Löffeler* 98; auf Unterlassungsfälle beschränkend Scholz/*Tiedemann* 167; Baumbach/Hueck/*Schulze-Osterloh* 84 („kaum denkbar").

die Anerkennung eines solchen Entschuldigungsgrundes nur ganz ausnahmsweise in Betracht kommen wird, etwa wenn es darum geht, den Umfang von Sorgfalts- und Handlungspflichten sachgerecht zu begrenzen. In jedem Fall muß es sich jedoch um ganz außergewöhnliche Konfliktsituationen handeln.

5. Täterschaft, Teilnahme und Strafe

Für Täterschaft, Teilnahme und Strafe gilt das oben in Rdn 14 ff und 66 ff zur Gründungstäuschung Gesagte, wobei hinsichtlich des Täterkreises zu beachten ist, daß dieser in § 82 Abs. 2 Nr. 2 weiter ist, als derjenige in den anderen Tatbeständen. **158**

6. Konkurrenzen

Eine Konkurrenz mit allgemeinen Vermögens- und Wirtschaftsstraftaten ist selbstverständlich möglich. Infolge seines nicht ausschließlich auf den Vermögensschutz beschränkten Rechtsguts ist § 82 Abs. 2 Nr. 2 – mit Ausnahme gegenüber § 331 Nr. 1 HGB nF – *nicht subsidiär*[326]. **Tateinheit** (§ 52 StGB) ist beispielsweise möglich mit (Kapitalanlage-)Betrug, Konkursstraftaten, unlauterem Wettbewerb, Abgabe einer eidesstattlichen Versicherung, falschen Angaben iS des § 82 Abs. 1 Nr. 1 etc., sofern die Veröffentlichung der Vermögensdarstellung ihrerseits einen Teilakt des jeweiligen Straftatbestandes darstellt, also etwa zur Täuschung des Kreditgebers (§§ 263, 265 b StGB) oder zur Verheimlichung von Vermögensgegenständen (§ 283 StGB) dient[327]. **Tatmehrheit** (§ 53 StGB) wird dann in Erwägung zu ziehen sein, wenn eine bereits veröffentlichte Vermögensdarstellung nachträglich, beispielsweise auf Anforderung eines Kreditinstituts oder eines Geschäftspartners, diesen nochmals übergeben wird. Die letztere Tathandlung beruht dann regelmäßig auf einem neuen Tatentschluß[328]. **159**

7. Verjährung

Für die Verjährung (fünfjährige Verjährungsfrist)[329] sind folgende Besonderheiten zu beachten: Soweit die Tat mittels öffentlicher Mitteilung in der Presse erfolgt, sind hinsichtlich des Beginns der Verjährung die für die presserechtliche Verjährung geltenden Regeln heranzuziehen[330]. In den sonstigen Fällen beginnt die Verjährung mit der erstmaligen Kenntnisnahme seitens der Öffentlichkeit[331], da die Tat erst zu diesem Zeitpunkt beendet ist und es nach § 78 a StGB hierauf ankommt. **160**

8. Schutzgesetz iS des § 823 Abs. 2 BGB

Daß der Tatbestand der Geschäftslagetäuschung ein Schutzgesetz iS des § 823 Abs. 2 BGB darstellt, ist unbestritten[332]. **161**

IX. Exkurs

1. § 331 Nr. 1 HGB

„Mit Freiheitsstrafe bis zu drei Jahren oder mit Geldstrafe wird bestraft, wer **162**

326 Scholz/*Tiedemann* 190 mwN; *Kohlmann/Löffeler* 100; vgl. auch Rowedder/*Fuhrmann* 55.
327 Scholz/*Tiedemann* wie Fn 327; Rowedder/*Fuhrmann* 54.
328 BGH GA 1954, 308.
329 Vgl. oben Rdn 72 f.
330 z. B. § 25 Abs. 3 LandespresseG NW; Schönke/Schröder/*Stree* § 78 a, 16: grds. die erste Ausgabe des Druckwerks.
331 Ebenso Scholz/*Tiedemann* 193.
332 Vgl. RG LZ 1908, 853 für § 314 HGB aF; RGZ 63, 329; vgl. ferner oben Rdn 74.

1. als Mitglied des vertretungsberechtigten Organs ... einer Kapitalgesellschaft die Verhältnisse der Kapitalgesellschaft in der Eröffnungsbilanz, im Jahresabschluß oder im Lagebericht unrichtig wiedergibt oder verschleiert, ...".

163 a) **Anwendungsbereich.** Zur Abgrenzung zu § 82 Abs. 2 Nr. 2 vgl. dort Rdn 113. Erfaßt wird die unrichtige oder verschleierte Wiedergabe solcher Tatsachen, die entweder in die gem. § 264 HGB zu erstellende Eröffnungsbilanz, den Jahresabschluß oder den Lagebericht aufgenommen werden müssen (zu diesen sog. Pflichtangaben vgl. §§ 266–288 HGB), oder dort tatsächlich aufgenommen worden sind. Voraussetzung für eine Strafbarkeit gem. § 331 Nr. 1 HGB ist allerdings, daß diese unzutreffenden Angaben *auf Veranlassung des Geschäftsführers* veröffentlicht wurden.

164 b) **Tathandlungen.** Hinsichtlich des Täterkreises und der Tathandlungen kann auf die Erläuterungen zu § 82 Rdn 114 ff verwiesen werden.

2. Art. 12 § 5 GmbH-Novelle 1980

165 „Mit Freiheitsstrafe bis zu drei Jahren oder mit Geldstrafe wird bestraft, wer als Geschäftsführer zum Zweck der Fortsetzung der Gesellschaft in den nach § 1 Abs. 1 Satz 3, Abs. 2 oder Abs. 3 Satz 4 abzugebenden Versicherungen falsche Angaben macht."

166 Die Ausfüllungsvorschrift des Art. 12 § 1 GmbH-Novelle 1980 lautet:

Abs. 1 Satz 3

„Erfolgt die Erhöhung des Stammkapitals durch eine Kapitalerhöhung gegen Einlagen, so haben die Geschäftsführer bei der Anmeldung der Kapitalerhöhung zu der Eintragung in das Handelsregister zu versichern, daß von den Geldeinlagen auf das Stammkapital mindestens soviel eingezahlt ist, daß der Gesamtbetrag aller bisher und neu eingezahlten Geldeinlagen zuzüglich des Gesamtbetrages der Stammeinlagen, für die Sacheinlagen zu leisten sind, fünfundzwanzigtausend Deutsche Mark erreicht"[333].

Abs. 2

„Gesellschaften mit einem Stammkapital von fünfzigtausend Deutsche Mark oder mehr, aber weniger als einhunderttausend Deutsche Mark sind mit Ablauf des 31. Dezember 1985 aufgelöst, wenn die Geschäftsführer nicht bis zu diesem Tag dem Registergericht gegenüber versichert haben, daß von den Geldeinlagen auf das Stammkapital mindestens soviel eingezahlt ist, daß der Gesamtbetrag der eingezahlten Geldeinlagen zuzüglich des Gesamtbetrags der Stammeinlagen, für die Sacheinlagen zu leisten sind, fünfundzwanzigtausend Deutsche Mark erreicht."

Abs. 3 Satz 4

„Im Fall des Abs. 2 soll der Fortsetzungsbeschluß in das Handelsregister nur eingetragen werden, wenn die Geschäftsführer dem Registergericht bei der Anmeldung versichern, daß von den Geldeinlagen auf das Stammkapital mindestens soviel eingezahlt ist, daß der Gesamtbetrag der eingezahlten Geldeinlagen zuzüglich des Gesamtbetrags der Geschäftsanteile, für die Sacheinlagen zu leisten sind, fünfundzwanzigtausend Deutsche Mark erreicht."

167 a) **Anwendungsbereich.** Altgesellschaften, deren Stammkapital vor dem 1. 1. 1986 weniger als DM 50.000,– betrug, mußten bis zum 31. 12. 1985 entweder ihr Stammkapital erhöhen (Art. 12 § 1 Abs. 1 GmbH-Novelle 1980) oder beim Vorhan-

---

333 Bei der Ein-Mann-GmbH ist für den nicht eingezahlten Teil der zu erhöhenden Stammeinlage gem. §§ 7 Abs. 2 Satz 3, 56 a GmbHG auch eine Sicherheit zu bestellen, vgl. BayObLG BB 1986, 760; Scholz/*Winter* § 5, 16.

densein eines Stammkapitals zwischen DM 50.000,– und DM 100.000,– versichern, daß DM 25.000,– des Stammkapitals aufgebracht worden sind (Art. 12 § 1 Abs. 2 GmbH-Novelle 1980). Andernfalls wären diese Gesellschaften kraft Gesetzes mit Ablauf des 31. 12. 1985 aufgelöst worden. Zur strafrechtlichen Absicherung diesbezüglicher Erklärungen ist Art. 12 § 5 GmbH-Novelle 1980 als lex specialis[334] gegenüber § 82 Abs. 1 Nr. 3 eingeführt worden.

b) **Tathandlungen.** Hinsichtlich der Tathandlungen kann auf die Ausführungen zu § 82 Abs. 1 Nr. 3 GmbHG verwiesen werden[335]. **168**

§ 83

(aufgehoben)

§ 84

Mit Freiheitsstrafe bis zu drei Jahren oder mit Geldstrafe wird bestraft, wer es

1. **als Geschäftsführer unterläßt, den Gesellschaftern einen Verlust in Höhe der Hälfte des Stammkapitals anzuzeigen, oder**
2. **als Geschäftsführer entgegen § 64 Abs. 1 oder als Liquidator entgegen § 71 Abs. 2* unterläßt, bei Zahlungsunfähigkeit oder Überschuldung die Eröffnung des Konkursverfahrens oder des gerichtlichen Vergleichsverfahrens zu beantragen.**

Handelt der Täter fahrlässig, so ist die Strafe Freiheitsstrafe bis zu einem Jahr oder Geldstrafe.

* Die Verweisung muß sich auf § 71 Abs. 4 beziehen (aufgrund eines Redaktionsversehens beim Erlaß des Bilanzrichtliniengesetzes v. 19. 12. 1985 ist eine entsprechende Änderung des § 84 unterblieben).

Übersicht

[334] Scholz/*Tiedemann* Anh § 82 Art. 12, § 5 GmbH-Novelle 1980, 3; aA *Pfohl/Richter* BB 1986, 1311, 1313. Sofern bei der Anmeldung einer Kapitalerhöhung gem. Art. 12 § 5 GmbH-Novelle 1980 zusätzliche, andere Umstände betreffende Falschangaben gemacht werden, kann Tateinheit mit § 82 Abs. 1 Nr. 3 GmbHG vorliegen.

[335] ZG näher *Pfohl/Richter* BB 1986, 1311 ff; *Liessem* NJW 1985, 1321 f; Scholz/*Tiedemann* wie Fn 335.

Schrifttum

Allgemein: vgl. Schrifttum Vor § 82 (*Kohlmann*).

Zu Einzelfragen: *Bieneck* Die Zahlungseinstellung in strafrechtlicher Sicht, wistra 1992, 89; *Bilo* Zum Problemkreis der Überschuldung im strafrechtlichen Bereich, GmbH-Rdsch. 1981, 73 und 104; *Franzheim* Das Tatbestandsmerkmal der Krise im Bankrottstrafrecht, NJW 1980, 2500; *Fuhrmann* Die Bedeutung des „faktischen Organs" in der strafrechtlichen Rechtsprechung des Bundesgerichtshofs in: Festschr. *Tröndle* (1989), S. 139; *Gurke* Zur Konkursantragspflicht der GmbH-Geschäftsführer wegen Überschuldung der Gesellschaft, DB 1982, 1857; *Haack* Überschuldung – ein deskriptives Tatbestandsmerkmal?, NJW 1981, 1353; *Hoyer* Anm. zu OLG Düsseldorf, Beschl. v. 16. 10. 1987 – 5 Ss 193/87–200/87 I, NStZ 1988, 369; *Joerden* Grenzen der Auslegung des § 84 Abs. 1 Nr. 2 GmbHG, wistra 1990, 1; *Kaligin* Anm. zu BGHSt. 31, 118 (= MDR 1983, 66 = GmbH-Rdsch. 1983, 43 = wistra 1983, 31 = NJW 1983, 240 = BB 1983, 788), BB 1983, 790; *Köhler* Anm. zu BGH, Urt. v. 16. 7. 1980 – 2 StR 127/80; *Kratzsch* Das „faktische Organ" im Gesellschaftsstrafrecht, ZGR 1985, 506 ff; *Löffeler* Strafrechtliche Konsequenzen faktischer Geschäftsführung – eine Bestandsaufnahme der neueren Rechtsprechung –, wistra 1989, 121; *Lüderssen* Der Begriff der Überschuldung in § 84 GmbHG in: Gedächtnisschrift *Armin Kaufmann* (1989), S. 675; *Marxen* Die strafrechtliche Organ- und Vertreterhaftung – eine Waffe gegen die Wirtschaftskriminalität, JZ 1988, 286; *K. Meyer* Anm. zu BGH, Urt. v. 30. 9. 1980 – 1 StR 407/80 – NStZ 1981, 353; *Meyer-Cording* Konkursverzögerung durch erfolglose Sanierungsversuche, NJW 1981, 1242; *Otto* Anm. zu BGH, Urt. v. 17. 4. 1984 – 1 StR 736/83, StV 1984, 462; *Richter* Der Konkurs der GmbH aus der Sicht der Strafrechtspraxis, GmbH-Rdsch. 1984, 113, 137, *Rudolphi* Inhalt und Funktion des Handlungsunwertes im Rahmen der personalen Unrechtslehre, Festschr. für *Maurach* 1972, S. 51; *K. Schmidt* Konkursantragspflichten bei der GmbH und bürgerliches Deliktsrecht, JZ 1978, 661; *ders.* Organverantwortlichkeit und Sanierung im Insolvenzrecht der Unternehmen, ZIP 1980, 328; *ders.* Die Strafbarkeit „faktischer Geschäftsführer" wegen Konkursverschleppung als Methodenproblem in: Festschr. *Rebmann* (1989), S. 419; *Schmidt-Sommerfeld* Können Summen- und Saldenlisten Bilanzen iS von § 64 GmbHG sein?, NJW 1983, 214; *Schröder* Die Gefährdungsdelikte im Strafrecht, ZStW 81 (1969), 7; *Schünemann* Strafrechtsdogmatische und kriminalpolitische Grundfragen der Unternehmenskriminalität, wistra 1982, 41; *Seydel* Anm. zu BGH, Urt. v. 5. 7. 1956 – 3 StR 140/56 – GmbH-Rdsch. 1957, 131; *Stein* Das faktische Organ, Diss. 1984; *dies.* Die Normadressaten der §§ 64, 84 GmbHG und die Verantwortlichkeit von Nichtgeschäftsführern wegen Konkursverschleppung, ZHR 1984, 207; *Tiedemann* Zur Unterlassung der Konkursantragstellung im GmbH-Recht, Anm. zu dem Urt. des BayObLG v. 30. 7. 1981 – RReg. 3 St. 83/81, ZIP 1982, 444, ZIP 1982, 653; *ders.* Die strafrechtliche Vertreter- und Unternehmenshaftung, NJW 1986, 1842; *Ulmer* Konkursantragspflicht bei Überschuldung der GmbH und Haftungsrisiken bei Konkursverschleppung, KTS 1981, 469; *Wiesener* Die strafrechtliche Verantwortlichkeit bei Stellvertretern und Organen (1971).

Vgl. ferner die Erläuterungen zu § 49 (*Hüffer*), § 64 (*Ulmer*) und § 71 (*Hohner*) sowie die Kommentierungen und Einzeldarstellungen zu § 401 AktG und zu den §§ 283 ff StGB.

I. Einführung

1. Normzweck

§ 84, der in seiner Grundstruktur dem § 401 AktG nachgebildet ist, enthält zwei Tatbestände, durch die bestimmte Pflichtverletzungen von Geschäftsführern bzw. Liquidatoren unter Strafe gestellt werden. In Abs. 1 Nr. 1 wird den Geschäftsführern die Pflicht auferlegt, den Gesellschaftern einen Verlust in Höhe der Hälfte des Stammkapitals anzuzeigen. Nach Abs. 1 Nr. 2 sind die Geschäftsführer bzw. die Liquidatoren verpflichtet, bei Zahlungsunfähigkeit der Gesellschaft oder ihrer Überschuldung die Eröffnung des Konkurs- oder des gerichtlichen Vergleichsverfahrens zu beantragen. 1

Strafbar sind die Angehörigen der genannten Personenkreise nicht nur bei vorsätzlichem, sondern auch bei fahrlässigem Verhalten. Der Strafrahmen, der bei vorsätzlichem Verhalten bis zu drei Jahren Freiheitsstrafe reicht, ermäßigt sich im Falle nur fahrlässigen Verhaltens auf Freiheitsstrafe bis zu einem Jahr. In beiden Fällen kommt anstelle von Freiheitsstrafe auch Geldstrafe in Betracht. Die Ähnlichkeit des § 84 mit § 401 AktG gestattet es, Literatur und Rechtsprechung, die die letztgenannte Vorschrift betreffen, entsprechend heranzuziehen. 2

2. Reform

Zur Reform des § 84 näher Hachenburg/*Kohlmann*[7] § 84 Rdn 3–6. 3

II. Unterlassung der Anzeige bei Verlust der Hälfte des Stammkapitals (Abs. 1 Nr. 1)

1. Geschütztes Rechtsgut, Schutzgesetz (§ 823 Abs. 2 BGB)

Die „Zielrichtung" der Vorschrift ist klar. Sobald sich die wirtschaftliche Situation der Gesellschaft nachhaltig verschlechtert und dies den Geschäftsführern bekannt wird, sollen die Gesellschafter informiert werden, damit sie in die Lage versetzt werden, entsprechende Maßnahmen ergreifen zu können, um auf diese Weise sich selbst vor Schaden (zB Verlust des eingebrachten Kapitals) zu bewahren. Insofern dient die Vorschrift dem Schutz des Vermögens der Gesellschafter. Durch die ihnen von den Geschäftsführern erteilte Information werden die Gesellschafter in die Lage versetzt, Maßnahmen zu treffen, die den Fortbestand der Gesellschaft zu sichern geeignet sein können. Man denke an die Zuführung von Mitteln an die Gesellschaft, aber auch an Veränderungen im personellen Bereich, zB an die Abberufung der Geschäftsführer. Dies zeigt, daß die Vorschrift zumindest mittelbar auch dem Schutz der Gesellschaft selbst dient[1]. Das Interesse der Gesellschaft ist insoweit identisch mit dem Interesse aller Gesellschafter[2]. Damit sind die Grenzen des Schutzbereichs der Norm erreicht. Soweit *Klug*[3] für das Aktienrecht die Auffassung vertritt, § 401 Abs. 2 Nr. 1 schütze auch das Interesse „sonstiger Dritter, die in rechtlichen oder in wirtschaftlichen Beziehungen zur Aktiengesellschaft" stehen[4], kann ihr im Hinblick auf den insoweit eindeutigen Wortlaut des § 84 Abs. 1 Nr. 1 („den Gesellschaftern ... anzuzeigen") nicht gefolgt werden[5]. 4

---

[1] Ebenso Scholz/*Tiedemann* 11; *Meyer-Landrut*, 2.

[2] Vgl. § 49 Rdn 21 (*Hüffer*).

[3] GroßKommAktG § 401 Rdn 2.

[4] Ebenso Rowedder/*Fuhrmann* 1, der als geschütztes Rechtsgut in § 84 „das Interesse der Gesellschaftsgläubiger, der Gesellschafter oder anderer dritter Personen an einer wirtschaftlich gesunden Gesellschaft bezeichnet.

[5] Wie hier Scholz/*Tiedemann* wie Fn 1.

5 Daß Abs. 1 Nr. 1 für die Gesellschafter Schutzgesetz iS des § 823 Abs. 2 BGB ist, steht außer Frage. Im Hinblick auf die Interessenidentität von Gesellschaftern und Gesellschaft wird man diese Vorschrift auch als Schutzgesetz für die Gesellschaft selbst anzusehen haben[6].

2. Strafrechtliche Einordnung der Vorschrift

6 a) **Echtes Unterlassungsdelikt.** Abs. 1 Nr. 1 gehört zu den sogenannten echten Unterlassungsdelikten; d. h. die Verletzung der Anzeigepflicht iS dieser Vorschrift stellt eine Straftat dar, die sich in dem Verstoß gegen eine Gebotsnorm und im bloßen Unterlassen der vom Gesetz geforderten Tätigkeit erschöpft[7]. Für die Frage der Strafbarkeit spielt es mithin keine Rolle, welche Wirkung die rechtzeitige Anzeige ausgelöst hätte. Ob die Gesellschafter auch bei rechtzeitig erfolgter Anzeige Schaden erlitten hätten oder die Gesellschaft ihre Tätigkeit hätte einstellen müssen, ist ohne Belang.

7 b) **Abstraktes Gefährdungsdelikt.** Abs. 1 Nr. 1 ist ein sog. abstraktes Gefährdungsdelikt[8]. Daß das Verhalten des Täters zu einer Gefahr für das geschützte Rechtsgut geführt hat, ist für die Annahme der Strafbarkeit nicht erforderlich. Die Herbeiführung einer Gefahrenlage für das in Rede stehende Schutzobjekt – das Vermögen der Gesellschafter und der Gesellschaft selbst – reicht aus, wobei das Gesetz bei abstrakten Gefährdungsdelikten von der Vermutung ausgeht, daß bestimmte Verhaltensweisen generell gefährlich sind. Die Gefährlichkeit der Tathandlung – die Nichtanzeige – ist der Grund für die Existenz einer solchen Vorschrift. Die Gefährlichkeit der Handlung stellt kein Tatbestandsmerkmal dar. Insofern braucht das Gericht nicht zu prüfen, ob das Verhalten des Täters im Einzelfall zu einer Gefährdung geführt hat[9].

8 Ob noch Raum für die Annahme einer Strafbarkeit ist, wenn die Gesellschafter über den Verlust der Hälfte des Stammkapitals ohnehin unterrichtet waren, so daß das Untätigbleiben des Täters letztlich völlig bedeutungslos bleibt, erscheint zweifelhaft. Es fehlt in einem solchen Fall an dem Kausalzusammenhang zwischen dem Untätigbleiben des Täters und der Kenntnis bzw. Nichtkenntnis der Gesellschafter. Anknüpfend an eine zu § 138 StGB, der Nichtanzeige geplanter Straftaten, vertretene Norminterpretation[10] läßt sich für den Bereich des § 84 Abs. 1 Nr. 1 die Auffassung vertreten, daß bei dieser Sachlage – Kenntnis sämtlicher Gesellschafter – eine Verletzung der Anzeigepflicht bereits tatbestandsmäßig nicht in Betracht kommt[11], weil den Gesellschaftern (allein!) der Verlust der Hälfte des Stammkapitals ohnehin bekannt ist[12]. Die gesetzliche Vermutung, daß das Verhalten des seine Anzeigepflicht verletzenden Täters generell als gefährlich anzusehen ist, ist im konkreten Fall widerlegt. Dabei läßt sich allerdings nicht leugnen, daß diese Betrachtungsweise im Einzelfall zu schwierigen Beweisfragen und neuen Problemen führen kann. Man denke nur an die Fälle, in denen die Kenntnis der Gesellschafter unzureichend oder unterschiedlich ist oder in denen der Geschäftsführer unwiderlegt davon

[6] Lutter/*Hommelhoff* 1.
[7] BGHSt. 14, 280, 281.
[8] Lutter/*Hommelhoff* 1; Rowedder/*Fuhrmann* 1.
[9] Lutter/*Hommelhoff*; Rowedder/*Fuhrmann* jeweils wie Fn 8; Scholz/*Tiedemann* 15; kritisch *Rudolphi* in Maurach-Festschr., S. 51, 59; *Schröder* ZStW 81 (1969) 7 ff.
[10] Vgl. Schönke/Schröder/*Cramer* § 138 Rdn 2.
[11] So auch Scholz/*Tiedemann* 61, 63; Baumbach/Hueck/*Schulze-Osterloh* 12; *Meyer-Landrut* 5.
[12] Im Ergebnis wohl auch *Roth* Anm. 2, da er nach einer Anzeige durch einen Geschäftsführer die übrigen als „entlastet" bezeichnet.

ausgegangen ist, alle Gesellschafter seien bereits informiert gewesen (Tatbestandsirrtum!)[13].

c) **Echtes Sonderdelikt.** Da der Tatbestand des Abs. 1 Nr. 1 nur von einem bestimmten Täterkreis begangen werden kann, handelt es sich um ein echtes Sonderdelikt[14]. 9

3. Die Vorschrift im einzelnen

a) **Die Person des Täters. α) Der Geschäftsführer als alleiniger Normadressat.** Als Täter iS des Abs. 1 Nr. 1 kommen wegen des Sonderdeliktscharakters der Vorschrift nur Geschäftsführer, stellvertretende Geschäftsführer sowie *faktische Geschäftsführer* in Betracht[15], nicht dagegen Aufsichtsratsmitglieder und Liquidatoren. Dies folgt aus dem eindeutigen Wortlaut der Vorschrift, in der nur die Geschäftsführer aufgeführt sind, ergibt sich aber auch aus dem Gesamtzusammenhang des Gesetzes. Gem. § 71 Abs. 2 gelten für die Liquidatoren § 49 Abs. 1 und Abs. 2. Die Anzeigepflicht wegen eines Verlustes in Höhe der Hälfte des Stammkapitals – § 49 Abs. 3 – wird in der Vorschrift nicht erwähnt. In Konsequenz dessen geht auch die hM davon aus[16], daß die Liquidatoren nicht nach § 49 Abs. 3 zu verfahren haben. Die Regelung zeigt, daß das Gesetz sich dafür entschieden hat, diesem Personenkreis keine Informationspflichten der geschilderten Art gegenüber den Gesellschaftern aufzuerlegen. Diese gesetzgeberische Entscheidung zwingt – unabhängig von dem insoweit eindeutigen Wortlaut des Abs. 1 Nr. 1 – zu der Annahme, daß die Liquidatoren auch nicht zu den nach Abs. 1 Nr. 1 verpflichteten Personen gehören[17]. 10

Entsprechendes gilt für die Mitglieder des Aufsichtsrats. Verstößt der Aufsichtsrat oder eines seiner Mitglieder gegen die Pflicht, die Gesellschafterversammlung über die Vermögenslage der Gesellschaft zu informieren, so kann daraus zwar eine zivilrechtliche Haftung nach § 52 iV mit § 166 und § 93 Abs. 2 AktG entstehen. Eine strafrechtliche Konsequenz iS des Abs. 1 Nr. 1 folgt daraus jedoch[18] nicht. Insoweit kann lediglich eine Strafbarkeit wegen Beihilfe (§ 27 StGB) in Betracht kommen[19]. 11

β) Sonderfälle. Werden die Geschäftsführer im Fall der Liquidation der Gesellschaft gem. § 66 Abs. 1 automatisch zu Liquidatoren, kommt eine Strafbarkeit nach § 84 Abs. 1 Nr. 1 ebenfalls nicht in Betracht, sofern der Verlust in Höhe der Hälfte des Stammkapitals erst während der Liquidationsphase eintritt. Eine Pflicht zur Anzeige besteht nicht[20]. Dies gilt selbst dann, wenn sie im Gegensatz zu den sonst bestellten Liquidatoren volle Vertretungsbefugnis behalten. 12

Hat die Gesellschaft mehrere Geschäftsführer, obliegt die Pflicht zur Anzeige jedem einzelnen von ihnen[21] unabhängig davon, ob im übrigen gemäß § 49 Abs. 1 jeder Geschäftsführer allein zur Einberufung der Gesellschafterversammlung befugt ist[22]. Nur diese Auslegung entspricht dem Schutzzweck der Norm. Sie verhindert 13

---

[13] Siehe hierzu näher Rdn 24, 27.
[14] Scholz/*Tiedemann* 18; ferner unten Rdn 10 ff.
[15] Näher Vor § 82, 20 ff (*Kohlmann*).
[16] Vgl. § 69 Rdn 54 (*Hohner*) und Scholz/*K. Schmidt* § 69, 35.
[17] Ebenso Scholz/*Tiedemann* 19, 57; zu der Möglichkeit der Teilnahme vgl. unten Rdn 58.
[18] Ebensowenig wie die Aufsichtsratsmitglieder Adressaten des § 64 sind; vgl. § 64, 13 (*Ulmer*); Scholz/*K. Schmidt* § 64, 7.
[19] Vgl. unten Rdn 58.
[20] Vgl. Rdn 10; arg. § 71 Abs. 2.
[21] Scholz/*Tiedemann* 23, 24; Rowedder/*Fuhrmann* 6.
[22] Vgl. § 49 (*Hüffer*).

den Einwand, man habe sich darauf verlassen, daß der andere Geschäftsführer die Anzeige schon erstattet habe oder erstatten werde. Etwas anderes kann sich nur ergeben, wenn ein Geschäftsführer bereits seiner Verpflichtung zur Anzeige nachgekommen ist. In diesem Fall entfällt die Verpflichtung des oder der anderen, ihrerseits noch Anzeige zu erstatten[23].

14 Für den Fall des Ausscheidens des Geschäftsführers gilt folgendes: Da die Verpflichtung zur Anzeige an seine Stellung als Geschäftsführer gebunden ist, bleibt er auch dann strafbar, wenn er nach Entstehung dieser Verpflichtung aus seiner Tätigkeit ausscheidet[24]. Anders ausgedrückt: Er kann sich ihr nicht dadurch entziehen, daß er nach Kenntnisnahme von dem Verlust seine Tätigkeit als Geschäftsführer rechtlich und tatsächlich beendet[25]. Vielmehr hat er die Anzeige noch rechtzeitig vor seinem Ausscheiden zu erstatten oder den neuen Geschäftsführer zu veranlassen, daß dieser fristgemäß die Gesellschaft in Kenntnis setzt. Dagegen versteht es sich nach dem eindeutigen Wortlaut der Vorschrift von selbst, daß für ihn eine Verpflichtung zur Anzeige dann nicht mehr entstehen kann, wenn er im Zeitpunkt des Verlusteintritts bereits ausgeschieden war[26].

15 γ) **Der „faktische" Geschäftsführer.** Auch faktische Geschäftsführer kommen als Täter iS des Abs. 1 Nr. 1 in Betracht[27]. Im Schrifttum[28] wird zu Recht davor gewarnt, die Ausweitung des Normadressatenkreises des § 64, zu der die hM im Rahmen der zivilrechtlichen Beurteilung neigt[29], unterschiedslos auch im Rahmen des § 84 für den Bereich des Strafrechts zu übernehmen. Dieselben Vorbehalte sind hinsichtlich der Übernahme einer zivilrechtlich möglicherweise gerechtfertigten Ausweitung des Normadressatenkreises des § 49[30] im Rahmen des § 84 Abs. 1 Nr. 1 geltend zu machen. Die von *Tiedemann*[31] angeführten Gründe, aus denen die Bedenken gegen eine derartige unterschiedslose Übertragung zivilrechtlicher Bewertungen in den strafrechtlichen Bereich resultieren, wiegen schwer und lassen Einschränkungen als geboten erscheinen.

16 Vor allem stößt die zivilrechtlich uU gebotene Einbeziehung des faktischen Geschäftsführers in den Kreis der nach § 49 zur Einberufung der Gesellschafterversammlung verpflichteten Personen im Rahmen der strafrechtlichen Beurteilung an die Grenze des Analogieverbots gemäß Art. 103 Abs. 2 GG und überschreitet diese Grenze, je nachdem, in welchem Maße die faktische Betrachtungsweise ausgedehnt wird[32]. Ferner ist zu berücksichtigen, daß in § 14 StGB eine Regelung besteht, die es ermöglicht, dem Vertreter oder Beauftragten strafbegründende, besondere persönliche Merkmale zuzurechnen, die nicht in seiner Person, sondern nur in der des Vertretenen oder Betriebsinhabers vorliegen[33]. In den Fällen der mangelhaften Vertreterbestellung oder Beauftragung darf – wiederum mit Rücksicht auf Art. 103 Abs. 2 GG – die strafrechtliche Verantwortlichkeit nicht beliebig im Wege einer Auslegung nach faktischen Grundsätzen über den vom Gesetzgeber geregelten Bereich hinaus ausgedehnt werden. Zudem muß – worauf *Tiedemann*[34] mit Recht

---

[23] Wie bei § 84 Abs. 1 Nr. 2; vgl. § 64, 7 (*Ulmer*); *Roth* Anm. 2; Scholz/*Tiedemann* wie Fn 21.
[24] Rowedder/*Fuhrmann* wie Fn 21.
[25] Wie im Rahmen von § 84 Abs. 1 Nr. 2.
[26] Ebenso Scholz/*Tiedemann* 38.
[27] Zum Begriff vgl. oben Vor § 82, 20 ff (*Kohlmann*).
[28] Vgl. etwa Scholz/*Tiedemann* 33.
[29] Vgl. § 64, 7 (*Ulmer*); Scholz/*K. Schmidt* § 64, 6 und 41, jew. mwN.
[30] Dazu § 49, 8 ff (*Hüffer*).
[31] Vgl. Fn 28.
[32] So mit Recht Scholz/*Tiedemann* 33 f; ebenso *Kaligin* BB 1983, 790.
[33] Vgl. dazu BGHSt. 31, 118 = wistra 1983, 31, 33 = MDR 1983, 66 = NJW 1983, 240 = GmbHRdsch. 1983, 43 = BB 1983, 788 m. abl. Anm. *Kaligin*.
[34] Vgl. Fn 32.

hinweist – berücksichtigt werden, daß es sich bei § 84 um ein echtes Unterlassungsdelikt handelt[35]; bei der Verknüpfung des Unterlassens mit einer strafrechtlichen Sanktion ist zumindest erforderlich, daß die Pflicht zum Tätigwerden und der Tatbestand, der diese Pflicht auslöst, hinreichend erkennbar sind, damit nicht solchen Personen, die an der Geschäftsführung „faktisch teilnehmen", außer einer zivilrechtlichen Haftung (was noch angehen mag) auch ein strafrechtliches Risiko überbürdet wird, das sie im Fall des Risikoeintritts völlig überrascht.

Insoweit unbedenklich ist die Einbeziehung des faktischen Geschäftsführers in den Bereich des Täterkreises des § 84 dann, wenn es zu einem förmlichen – wenn auch zivilrechtlich unwirksamen – Bestellungsakt gekommen ist[36]. Soweit es hingegen an einem solchen förmlichen, wenn auch ungültigen Bestellungsakt fehlt, läßt die hM das Einverständnis der Gesellschafter damit ausreichen, daß der faktische Geschäftsführer die Geschäfte tatsächlich führt und maßgeblichen Einfluß auf die gesamten Geschäftsvorgänge der Gesellschaft nimmt[37]. Dieses Abheben auf ein Einverständnis der Gesellschafter mit dem Verhalten des „faktischen" Geschäftsführers ist offenbar von der vermeintlichen Notwendigkeit bestimmt, der Begründung der faktischen Geschäftsführerstellung einen Bestellungsakt in irgendwelcher Form zu unterlegen[38]. Zu den Einzelheiten näher Vor § 82 Rdn 29 ff. Hinzukommen muß, daß der faktische Geschäftsführer auch **nach außen** in dieser Eigenschaft aufgetreten ist[39]. 17

b) Die Pflicht zur Anzeige. α) Kenntnisnahme. Sobald die Geschäftsführer **Kenntnis** von einem Verlust in Höhe der Hälfte des Stammkapitals haben, sind sie verpflichtet, dies den Gesellschaftern anzuzeigen. Vermutungen bzw. bloße Befürchtungen reichen nicht aus. Die **Hälfte des Stammkapitals** ist **verloren**, wenn ein Verlust entstanden ist, der das Reinvermögen der Gesellschaft auf einen Betrag vermindert, der unter der Hälfte des Stammkapitals liegt, sog. Eigenkapitalverlust[40]. Nicht ausreichend ist hingegen ein bloß betragsmäßiger Bilanzverlust in Höhe des halben Betrages des Stammkapitals; es muß vielmehr das Stammkapital selbst nur noch zur Hälfte vorhanden sein[41]. 18

Für die Frage der Einberufungspflicht kommt es nicht auf das Vorliegen einer (Zwischen-)Bilanz an; ausreichend ist vielmehr die tatsächliche Kenntnis des Geschäftsführers, wie immer er auch zu der Annahme des Verlustes des hälftigen Stammkapitals gelangt ist[42]. 19

Hiergegen spricht jedoch, daß zu den wesentlichen Zielsetzungen der GmbH-Reform neben der Verbesserung des Gläubigerschutzes auch die Verbesserung des Schutzes der Gesellschafter gehört. Um dies zu erreichen, hat das Gesetz die Rechte der einzelnen Geschäftsführer durch Regelung des Auskunfts- und Einsichtsrechts sowie über die Sonderprüfung verstärkt[43]. Auf dieser Linie – man betrachte nur § 51 a, der Auskunfts- und Einsichtsrecht der Gesellschafter neu statuiert – liegt es, daß das Gesetz den Geschäftsführern eine besondere Informationspflicht auferlegt hat. Sie unterscheidet sich von der in § 49 Abs. 3 normierten Pflicht durch eine größere Effizienz. Die Regelung des § 49 Abs. 3 ist u. a. deswegen als wenig wirk- 20

[35] Vgl. oben Rdn 6.
[36] Vgl. Vor § 82, 23 (*Kohlmann*); ebenso Scholz/*Tiedemann* 33.
[37] Vgl. die umfangreichen Rechtsprechungsnachweise Vor § 82, 26 (*Kohlmann*).
[38] So bereits *Klug* in der 6. Aufl. § 81 a, 4.
[39] Näher Vor § 82 Rdn 26 (*Kohlmann*).
[40] *Meyer-Landrut* 5.
[41] So zutreffend Scholz/*Tiedemann*, 42; zur Berechnung näher etwa Baumbach/Hueck/*Schulze-Osterloh*, 11.
[42] § 49, 22 (*Hüffer*).
[43] So BT-Drucks. 8/1347, S. 1 unter A und B.

sam anzusehen, weil sie an das Bilanzerfordernis anknüpft. Wenn die Verluste erst in der Bilanz festgeschrieben sind, kann es für wirksame Gegenmaßnahmen bereits zu spät sein. Überdies ist die Einberufung einer Gesellschafterversammlung ihrer Natur nach – zumindest bei einer größeren Anzahl von Gesellschaftern – mit einer nicht zu übersehenden Schwerfälligkeit behaftet.

21 Es ist davon auszugehen, daß dem Gesetzgeber diese Umstände durchaus bekannt waren und er sie beseitigen wollte. Schwächen und Schwerfälligkeit der in § 49 Abs. 3 enthaltenen Regelung lassen sich nur dann vermeiden, wenn man in Abs. 1 Nr. 1 nicht auf das Bilanzerfordernis abstellt. Nur so läßt sich die vom Gesetz intendierte Verbesserung der Information der Gesellschafter nachhaltig erreichen. Würde man hingegen an dem Bilanzerfordernis festhalten, eine Annahme, zu der der Wortlaut des Gesetzes ohnehin nichts sagt, könnten der oder die Geschäftsführer den Straftatbestand des Abs. 1 Nr. 1 wirksam unterlaufen. Man denke nur an die verzögerliche Bilanzaufstellung oder an den Einwand, man habe die Höhe des Verlustes erst aus der Bilanz erfahren, obwohl die Lebenserfahrung zeigt, daß nicht nur dem sorgfältig handelnden Geschäftsführer Verluste in der in Rede stehenden Größenordnung (Hälfte des Stammkapitals!) auch ohne Bilanz bekannt werden[44]. Mithin reicht für eine Kenntnis iS des § 84 Abs. 1 Nr. 2 letztlich **jede Vermögensaufstellung**, also jede auf Vollständigkeit angelegte Gegenüberstellung von Vermögen und Schulden[45].

22 β) **Frist.** Sobald der Geschäftsführer von diesem Verlust aus der Bilanz oder auf anderem Wege Kenntnis erhalten hat, muß er **unverzüglich**, d. h. ohne schuldhaftes Zögern[46], sämtliche Gesellschafter darüber **unterrichten**. Nur diese Auslegung wird dem Zweck der Vorschrift, den Gesellschaftern Maßnahmen zur Beseitigung der Krisensituation zu ermöglichen, gerecht.

23 γ) **Form.** In welcher Form der Verlust anzuzeigen ist, schreibt das Gesetz nicht vor. Sofern die Geschäftsführer die Höhe des Verlustes der Bilanz entnommen haben, sind sie verpflichtet, die Gesellschafterversammlung einzuberufen (§ 49 Abs. 3). Falls dies kurzfristig geschieht und sämtliche Gesellschafter an der Versammlung teilnehmen, können der oder die Geschäftsführer der ihnen nach Abs. 1 Nr. 1 obliegenden Verpflichtung durch mündlichen Bericht nachkommen. Nicht anwesende Gesellschafter sind auf anderem Wege zu informieren. Der Geschäftsführer kann sich nicht darauf berufen, er habe die Mehrheit der Gesellschafter unterrichtet. Abs. 1 Nr. 1 verlangt die Unterrichtung aller Gesellschafter. Dies kann im Einzelfall, insbesondere wenn zahlreiche Gesellschafter vorhanden sind, Schwierigkeiten bereiten; sie befreien jedoch nicht von der Verpflichtung zur Anzeige gegenüber allen Gesellschaftern. Um die Gefahr der Strafbarkeit zu vermeiden, empfiehlt es sich, die Gesellschafter durch eingeschriebenen Brief zu informieren. Auch eine telefonische, telegrafische oder fernschriftliche Information reicht aus, belasten den Geschäftsführer jedoch möglicherweise mit dem Risiko, daß ein Gesellschafter behauptet, er sei nicht informiert worden. Die Einberufung einer Gesellschafterversammlung ist im Rahmen des § 84 Abs. 1 Nr. 1 jedoch nicht zwingend erforderlich, ausreichend ist alleine die tatsächlich erfolgte Information[47].

---

[44] Vgl. auch die Anmerkungen zu § 84 Abs. 1 Nr. 2 und unten Rdn 38 ff.

[45] Baumbach/Hueck/*Schulze-Osterloh* 11; Lutter/*Hommelhoff* 4; Rowedder/*Fuhrmann* 9; *Kohlmann/Löffeler* 466; *Richter* GmbH-Rdsch. 1984, 113, 121; vgl. auch BGHSt. 33, 21, 24 ff = NJW 1984, 2984.

[46] § 121 BGB; vgl. § 49, 27 (*Hüffer*).

[47] BT-Drucks. 8/3908, S. 78; Baumbach/Hueck/*Schulze-Osterloh* 12; Rowedder/*Fuhrmann* 8; *Kohlmann/Löffeler* 467; *Roth* Anm. 2.

δ) **Verzicht.** Von dieser Pflicht zur Anzeige können die Geschäftsführer durch die Gesellschafter nicht entbunden werden[48]. Ein im voraus erklärter Verzicht ist strafrechtlich unbeachtlich[49]. Dies folgt bereits aus dem Schutzzweck der Norm. Abs. 1 Nr. 1 schützt nicht nur die Gesellschafter selbst, sondern auch die Gesellschaft. Auf die **Unzumutbarkeit normgemäßen Verhaltens** wird sich der Geschäftsführer bei einer unterlassenen Verlustanzeige nur in den seltensten Fällen berufen können. Hierbei wird selbst der Umstand, daß er den Verlust offensichtlich durch eigene Unzulänglichkeit verschuldet hat und deshalb eine zivilrechtliche Inanspruchnahme, seine Entlassung oder sogar eine Strafbarkeit (etwa wegen vorangegangener Untreue) befürchtet, in der Regel nicht ausreichen[50]. **24**

c) **Vollendung.** Wann der Tatbestand vollendet ist, hängt von den Umständen des Einzelfalles ab. Grundsätzlich wird Vollendung anzunehmen sein, wenn die Frist verstrichen ist, die unter Berücksichtigung des allgemein üblichen Geschäftsgangs dem Täter für die Mitteilung eingeräumt werden muß. **25**

4. Rechtswidrigkeit

Das tatbestandsmäßige Verhalten ist grundsätzlich rechtswidrig. Dies ergibt sich bei Unterlassungsdelikten von der Art des hier vorliegenden zwangsläufig daraus, daß gerade die Nichterfüllung einer Rechtspflicht zum Tun das Haupttatbestandsmerkmal darstellt. Gleichwohl wäre es nach dem System des Strafrechts nicht ausgeschlossen, daß diese Rechtswidrigkeit durch das Vorliegen besonderer Rechtfertigungsgründe – Notwehr, rechtfertigender Notstand, Pflichtenkollision – wieder aufgehoben würde. Hier gelten die allgemeinen Regeln. **26**

5. Schuld

Für die Schuldfähigkeit ist gleichfalls auf die allgemeinen Grundsätze zu verweisen. Strafbar ist die Unterlassung der Anzeige bei Vorsatz und Fahrlässigkeit. Bedingter Vorsatz genügt. Nach ständiger Rechtsprechung ist bedingter Vorsatz (= Eventualvorsatz) anzunehmen, wenn der Täter den Eintritt des tatbestandlichen Erfolges als möglich und nicht ganz fernliegend erkennt und billigt. Die Annahme der Billigung liegt nahe, „wenn der Täter sein Vorhaben trotz äußerster Gefährlichkeit durchführt, ohne auf einen glücklichen Ausgang vertrauen zu können, und wenn er es dem Zufall überläßt, ob sich die von ihm erkannte Gefahr verwirklicht oder nicht". Dabei kommt Billigung auch dann in Betracht, wenn der Erfolg dem Täter an sich unerwünscht ist, er aber an der Verfolgung seines unmittelbaren Zieles um jeden Preis festhält[51]. Der Vorsatz muß sich auf sämtliche Tatbestandsmerkmale beziehen. Da es sich aber bei § 84 Abs. 1 Nr. 1 um ein echtes Unterlassungsdelikt handelt[52], ist festzuhalten, daß die Anzeigepflicht (= Handlungspflicht) als solche nicht zum Tatbestand gehört. Tatbestandsmerkmale sind nur die konkrete Pflichtenstellung („als Geschäftsführer") sowie die Umstände, aus denen sich seine Handlungspflicht ergibt („Eintritt des Verlusts der Hälfte des Stammkapitals"). **27**

---

[48] AA Scholz/*Tiedemann* 53; *Richter* GmbH-Rdsch. 1984, 113, 121; *Meyer-Landrut* 5.

[49] Baumbach/Hueck/*Schulze-Osterloh* 12; Lutter/*Hommelhoff* 4; Rowedder/*Fuhrmann* 10; *Kohlmann/Löffeler* 465.

[50] Scholz/*Tiedemann* 66 mwN; Rowedder/*Fuhrmann* 10; *Kohlmann/Löffeler* 470.

[51] BGH JZ 1981, 35 mit Anm. *Köhler*; ferner Scholz/*Tiedemann*, § 84, 70; Baumbach/Hueck/*Schulze-Osterloh* 14; Rowedder/*Fuhrmann* 20.

[52] Vgl. oben Rdn 6.

28 Nimmt der Täter irrig an, der Verlust habe noch nicht die Höhe der Hälfte des Stammkapitals erreicht, unterliegt er einem den Vorsatz ausschließenden Tatbestandsirrtum[53]. Kennt der Täter hingegen die Umstände, die seine Pflichtenstellung begründen, nimmt er aber gleichwohl an, die Anzeige nicht erstatten zu müssen, befindet er sich in einem Gebotsirrtum (= Irrtum über die Anzeigepflicht), der nach den gleichen Regeln zu behandeln ist wie der Verbotsirrtum bei einem Begehungsdelikt[54]. Es kommt dann gem. § 17 StGB auf die Entschuldbarkeit des Irrtums an; diese wird in der Regel eher zu bejahen sein, als bei Rechtsgutsverletzungen, die durch positives Tun erfolgt sind[55].

29 Gem. § 84 Abs. 2 ist auch fahrlässiges Verhalten strafbar. Der Begriff der Fahrlässigkeit ist bekanntlich im Gesetz nicht definiert. Literatur und Rechtsprechung unterscheiden zwischen unbewußter und bewußter Fahrlässigkeit. Danach handelt unbewußt fahrlässig der Täter, der die Sorgfalt außer acht läßt, zu der er nach den Umständen und seinen persönlichen Verhältnissen verpflichtet und fähig ist, und deshalb den gesetzlichen Tatbestand verwirklicht, ohne dies zu erkennen. Hingegen handelt bewußt fahrlässig, wer es für möglich hält, daß er den gesetzlichen Tatbestand verwirklicht, jedoch pflichtwidrig und vorwerfbar darauf vertraut, daß er ihn nicht verwirklichen werde. Der Frage, welche Erscheinungsform der Fahrlässigkeit der Täter verwirklicht hat, kommt für die Frage der Strafzumessung Bedeutung zu, ändert aber an der Strafbarkeit des Täters grundsätzlich nichts. Nach heute hM handelt es sich bei der Fahrlässigkeit nicht nur um eine bloße Schuldform, sondern um einen besonderen Typus strafbaren Verhaltens, der Unrechts- und Schuldelemente in sich vereint[56].

30 Hinsichtlich der Einzelheiten ist noch manches streitig. Dies gilt vor allem für die sogenannten Erfolgsdelikte, wo drei Merkmale (Erfolgsverursachung, Verletzung der objektiven Sorgfaltspflicht, objektive Zurechenbarkeit) die Grundlage des Unrechtstatbestandes bilden. Auf die Darstellung der hier noch bestehenden Zweifelsfragen kann verzichtet werden. Bei § 84 Abs. 1 Nr. 1 und Nr. 2 handelt es sich bekanntlich um sogenannte schlichte Tätigkeitsdelikte. Der Unrechtstatbestand wird bereits durch das in der Vorschrift beschriebene Untätigbleiben (= Unterlassen) erfüllt. Es kommt für die Strafbarkeit nach § 84 „nicht auf das Verhindern des ‚Erfolgs‘, sondern allein auf das Unterlassen des geforderten Handelns an“[57]. Der Schwerpunkt des § 84 liegt in der Verwirklichung des Unrechtstatbestandes. Die mit der „Erfolgsproblematik“ zusammenhängenden Fragen stellen sich nicht.

31 Festzuhalten ist aber folgendes: Ist vorsätzliches Verhalten zu verneinen, führt dies nicht „automatisch“ zur Annahme von Fahrlässigkeit. Es ist vielmehr zu prüfen, ob deren Voraussetzungen vorliegen[58], wobei die Fälle der unbewußten Fahrlässigkeit im Vordergrund stehen werden. Man denke an die Fälle, in denen die Anzeige aus Gründen der Nachlässigkeit oder Vergeßlichkeit des Täters unterbleibt[59].

32 Unzumutbarkeit normgemäßen Verhaltens[60] kann bei fahrlässigem Handeln stärker als bei Vorsatztaten entschuldigend wirken[61].

---

[53] § 16 Abs. 1 StGB; vgl. auch Scholz/*Tiedemann* 68 f.

[54] BGH (GrS) St. 16, 155.

[55] BGHSt. 19, 295, 299.

[56] Vgl. BGHSt. 4, 340, 341.

[57] BGHSt. 14, 280 = GmbH-Rdsch. 1960, 163 = NJW 1960, 1677.

[58] Vgl. RGSt. 59, 83, 84; BGHSt. 17, 210; ferner Scholz/*Tiedemann* 69, 71.

[59] Scholz/*Tiedemann* 71; Baumbach/Hueck/*Schulze-Osterloh* 15; Lutter/*Hommelhoff* 6.

[60] Vgl. bereits oben Rdn 24.

[61] RGSt. 30, 25, 28; 36, 78; 57, 172; 74, 195; Schönke/Schröder/*Lenckner* Vorbem. § 32, 126.

III. Unterlassung der Stellung von Konkurs- bzw. Vergleichsantrag

1. Geschütztes Rechtsgut, Schutzgesetz (§ 823 Abs. 2 BGB)

Geschützt werden sollen durch die Vorschrift in erster Linie die Gesellschaftsgläubiger sowie die Gesellschaft selbst und erst in zweiter Linie dritte Personen und, wie immer bei Straftatbeständen, die Allgemeinheit als solche. Die Arbeitnehmerinteressen sind teils durch die Wahrung der Gläubigerbelange – soweit etwa Gehalts-, Pensions- und sonstige Forderungen bestehen –, teils durch die Berücksichtigung der Gesellschaftsinteressen als solche – Aufrechterhaltung des Unternehmens durch rechtzeitige Sanierung, Erhaltung der Arbeitsplätze usw. – mit geschützt. Da § 84 in erster Linie die Gläubiger schützen will, ist diese Bestimmung für die Gläubiger und damit zugleich für die Arbeitnehmer der GmbH, soweit diese ebenfalls – etwa wegen ihrer Gehalts- und Lohnforderungen usw. – Gesellschaftsgläubiger sind, Schutzgesetz iS des § 823 Abs. 2 BGB[62]. § 84 ist jedoch nicht Schutzgesetz für sonstige dritte Personen. 33

Es ist nicht Zweck des § 84, daß jedermann vor allen Gefahren bewahrt werden soll, die sich aus dem Fortbestehen einer überschuldeten GmbH ergeben[63]. Andererseits sind nicht nur solche Personen geschützt, die in dem Zeitpunkt Gesellschaftsgläubiger sind, in dem der in § 64 vorgeschriebene Antrag hätte gestellt werden müssen, sondern zugleich diejenigen Personen, die erst nach diesem Zeitpunkt Gläubiger der GmbH geworden sind, denn die Verpflichtung der Geschäftsführer und Liquidatoren zur Antragstellung besteht auch nach jenem Zeitpunkt so lange weiter, als die Gesellschaft überschuldet oder zahlungsunfähig ist[64]. 34

2. Strafrechtliche Einordnung der Vorschrift

Ebenso wie bei Abs. 1 Nr. 1 handelt es sich um ein echtes Unterlassungsdelikt[65]. Bestraft wird die Nichterfüllung der in den §§ 64 Abs. 1 und 71 Abs. 2 geregelten gesetzlichen Verpflichtung zur rechtzeitigen Beantragung der Eröffnung des Konkurs- oder des gerichtlichen Vergleichsverfahrens. Der in Nr. 2 umschriebene Tatbestand stellt – wie Nr. 1 – ein abstraktes Gefährdungsdelikt dar[66]. Schließlich ist darauf hinzuweisen, daß der Tatbestand ein echtes Sonderdelikt ist. 35

3. Die Vorschrift im einzelnen

a) **Die Person des Täters.** Täter können nach dem Wortlaut des Gesetzes nur die Geschäftsführer und Liquidatoren sein. Für sie besteht die gesetzliche Pflicht zur Antragstellung (§§ 64 Abs. 1 und 71 Abs. 2). Das gleiche gilt für die stellvertretenden Geschäftsführer (§ 44) und die stellvertretenden Liquidatoren (§ 66 iV mit § 44). Beamte, falls sie gleichzeitig zu diesem Personenkreis zählen, kommen als Täter ebenfalls in Betracht. Aufsichtsratsmitglieder, Generalbevollmächtigte, Prokuristen, Gesellschafter usw. können nicht Täter, Mittäter oder mittelbare Täter, sondern allenfalls Anstifter oder Gehilfen sein. Dasselbe gilt für außenstehende Dritte. 36

---

[62] BGHZ 29, 100 = NJW 1959, 623 betr. § 64; vgl. ferner Lutter/*Hommelhoff* 1.

[63] BGHZ 29, 100, 103 = NJW 1959, 623, 624; zu weit Rowedder/*Fuhrmann* 1; wie hier Scholz/*Tiedemann* 7 f; Lutter/*Hommelhoff* wie Fn 62, *Meyer-Landrut* 2; vgl. ferner oben Rdn 4 und § 64, 47 (*Ulmer*).

[64] BGH wie Fn 63.

[65] BGHSt. 28, 371, 380; BGH GA 1959, 87, 89 = GmbH-Rdsch. 1959, 27, 28.

[66] Vgl. dazu Rdn 7 f; Lutter/*Hommelhoff* 1; Rowedder/*Fuhrmann* 1.

Aus der Tatsache, daß Aufsichtsratsmitglieder nach Maßgabe ihrer Überwachungspflicht – vor allem beim obligatorischen Aufsichtsrat – uU zum Einschreiten, äußerstenfalls zur Strafanzeige verpflichtet sind[67], kann nicht gefolgert werden, daß ein schuldhaftes Unterlassen dieses gebotenen Einschreitens zur Täterschaft iS des § 84 führe. Das widerspräche dem eindeutigen Sonderdeliktscharakter dieses Tatbestandes. Dagegen ist es jedoch möglich, daß in einem solchen pflichtwidrigen Unterlassen eine strafbare Beihilfe (§ 27 StGB) oder – in seltenen Fällen – sogar eine strafbare Anstiftung (§ 26 StGB) liegen kann. Daß dies alles zugleich für die Arbeitsnehmervertreter im Aufsichtsrat gilt, versteht sich von selbst. Täter kann auch der **„faktische" Geschäftsführer** sein[68].

37 Wird die Gesellschaft von mehreren Geschäftsführern oder Liquidatoren geleitet, so trifft auch bei Gesamtvertretung jeden einzelnen von ihnen die strafrechtliche Verantwortung, da jeder einzelne zur Antragstellung berechtigt[69] und verpflichtet[70] ist, selbst wenn er nicht allein vertretungsberechtigt ist. Dies gilt für den Antrag auf Eröffnung des Konkursverfahrens. Anders ist es beim Vergleichsantrag[71] insofern, als dieser von den Geschäftsführern oder Liquidatoren in vertretungsberechtigter Zahl gestellt werden muß. Indessen befreit dies die Beteiligten nicht von der strafrechtlichen Verantwortung. Der allein nicht vertretungsberechtigte Geschäftsführer oder Liquidator darf nicht in Passivität verharren, wenn seine Kollegen sich weigern, bei der Antragsstellung mitzuwirken. Bloße Passivität, mit der die anderen rechnen können, kann uU ein echter Tatbeitrag, d. h. zumindest eine Beihilfe sein. Der Betreffende muß alles in seinen Kräften stehende tun, um die endgültige Antragsunterlassung zu verhindern. Entsprechendes gilt für den Fall, daß der Geschäftsführer bzw. Liquidator überstimmt wurde. Gegebenenfalls muß er den Konkurs- oder Vergleichsantrag allein stellen.

38 b) **Voraussetzungen der Antragspflicht.** Voraussetzung der Antragspflicht ist, daß die GmbH zahlungsunfähig oder überschuldet ist. Die Begriffe der Zahlungsunfähigkeit und Überschuldung sind in gesellschafts- und konkursrechtlicher Hinsicht Gegenstand intensiver Diskussion[72]. Der **strafrechtliche** Meinungsstand läßt sich wie folgt umreißen:

39 α) **Zahlungsunfähigkeit.** Eine **Zahlungsunfähigkeit** liegt dann vor, wenn die GmbH aufgrund mangelnder Zahlungsmittel wirklich und voraussichtlich auf Dauer ganz oder im wesentlichen außerstande ist, die sofort zu erfüllenden Geldschulden zu bezahlen[73]. Ob die GmbH zahlungsunfähig ist, hängt u. a. auch davon ab, daß die fälligen Verbindlichkeiten von den Gläubigern auch ernsthaft eingefordert worden sind[74]. Zu berücksichtigen sind ferner auch in Aussicht stehende Kredite, sofern diese fest zugesagt sind[75]. Bei Feststellung der Zahlungsunfähigkeit verlangt der BGH die Berücksichtigung sämtlicher, sogar illegaler Einkünfte der GmbH[76]. Außerdem setzt die Zahlungsunfähigkeit voraus, daß sich das Unvermögen der GmbH zur Erfüllung der fälligen Schulden auf einen wesentlichen Teil der

---

[67] Vgl. § 64, 13 (*Ulmer*).

[68] BGHSt. 31, 118 = BB 1983, 788 m. Anm. *Kaligin*; näher oben Rdn 15 ff.

[69] § 63, 52 f (*Ulmer*).

[70] § 64, 7 ff (*Ulmer*).

[71] § 63, 116 (*Ulmer*).

[72] § 63, 15 ff, 23 ff (*Ulmer*); vgl. außerdem *Bieneck* wistra 1992, 89 ff.

[73] BGH wistra 1982, 189, 191; BGH MDR/H 1990, 1067; OLG Stuttgart NStZ 1987, 460; OLG Düsseldorf wistra 1983, 121; NJW 1988, 3167; ferner Rowedder/*Fuhrmann* 12; Schönke/Schröder/*Stree* § 283, 52; LK-*Tiedemann* § 283, 117 f.

[74] BGH MDR/H 1981, 454; BGH wistra 1987, 216 f.

[75] BGH, Urt. v. 31. 3. 1982 – 2 StR 744/82 zit. bei Rowedder/*Fuhrmann* wie Fn 73.

[76] BGH wistra 1982, 189 f.

Verbindlichkeiten erstreckt[77]. Insgesamt setzt die Zahlungsunfähigkeit also eine Illiquidität im betriebswirtschaftlichen Sinn voraus, wonach die fälligen Verbindlichkeiten die flüssigen Mittel übersteigen[78]. Eine **bloße Zahlungseinstellung** ist für die Annahme einer Zahlungsunfähigkeit hingegen nicht ausreichend, da diese auch darauf beruhen kann, daß der Geschäftsführer nicht zahlen will, oder darauf, daß er die GmbH irrtümlich für zahlungsunfähig hält.

Eine **dauernde** Zahlungsunfähigkeit wird allerdings nur dann anzunehmen sein, wenn die GmbH infolge einer **erheblichen Liquiditätslücke**[79] über mehrere Monate[80] zahlungsunfähig ist und auch mit einer Sanierung nicht gerechnet werden kann. Neben der stichtagsbezogenen Gegenüberstellung der fälligen und eingeforderten Verbindlichkeiten und der zu ihrer Tilgung vorhandenen Mittel (betriebswirtschaftliche Methode) können auch wirtschaftskriminalistische Beweisanzeichen wie Häufigkeit von Wechsel- und Scheckprotesten, fruchtlose Pfändungen, Ableistung der eidesstattlichen Versicherung einen sicheren Schluß auf die Zahlungsunfähigkeit der GmbH erlauben[81]. Andererseits ist aber auch zu berücksichtigen, daß sich hinsichtlich der Prognose, ob danach eine möglicherweise vorliegende Zahlungsunfähigkeit dauernd ist, eventuelle Zweifel nach dem Grundsatz „in dubio pro reo" zugunsten des Geschäftsführers auswirken müssen[82]. **40**

Die Zahlungsunfähigkeit ist echtes Tatbestandsmerkmal, so daß sich Vorsatz und Fahrlässigkeit auf sie erstrecken müssen[83]. **41**

β) Überschuldung. Das Tatbestandsmerkmal der Überschuldung ist erfüllt, wenn das Aktivvermögen der Gesellschaft unter Berücksichtigung etwaiger stiller Reserven und ihrer Verwertungsmöglichkeit nicht mehr die echten Verbindlichkeiten – also ohne Stammkapital und Rücklagen, aber unter Berücksichtigung der erforderlichen Wertberichtigungen und notwendigen Rückstellungen – deckt[84]. Es kommt dabei also, wie man zu sagen pflegt, auf die „wahren" und „richtigen" Werte entscheidend an[85]. **42**

Zur exakten **Ermittlung** der Überschuldung bedarf es eines sog. **Überschuldungsstatuts**[86], da die Jahresbilanz hierüber nur unzureichend Auskunft gibt[87]. Ob für die konkrete **Bewertung** des Geschäftsvermögens von den sog. Betriebsfortführungswerten[88] oder von den sog. Zerschlagungs- bzw. Liquidationswerten auszugehen ist, kann nicht pauschal beurteilt werden, sondern muß vielmehr von den konkreten Verwertungsmöglichkeiten (Einzelveräußerung, Betriebsveräußerung im Ganzen) abhängig gemacht werden[89]. **43**

---

[77] BGH wistra 1987, 216 f; Rowedder/*Fuhrmann* wie Fn 73.

[78] *Schlüchter* MDR 1978, 265, 267; *Franzheim* NJW 1980, 2500, 2503; *Uhlenbruck* BB 1985, 1277, 1281.

[79] BayObLG wistra 1988, 363: 25prozentige Unterdeckung; näher Schönke/Schröder/*Stree* § 283, 52.

[80] Über 3 Monate Scholz/*Tiedemann* 44; Schönke/Schröder/*Stree* wie Fn 79 mwN.

[81] BGH NStE Nr. 7 zu § 283 StGB.

[82] Baumbach/Hueck/*Schulze-Osterloh* 21; *Schlüchter* MDR 1978, 265, 267; *Kohlmann/Löffeler* Rdn 462.

[83] Vgl. unten Rdn 54 ff.

[84] Vgl. zB BGH, Urt. v. 10. 2. 1981 – 1 StR 625/80; BGH wistra 1987, 28; RGSt. 51, 21; BGHZ 31, 258, 272; OLG Düsseldorf DB 1983, 168; zum Begriff der Überschuldung neuestens *Lüderssen* in Gedächtnisschrift *A. Kaufmann* (1989), 675 f.

[85] Vgl. hierzu RGSt. 61, 291 und RG HRR 1937 Nr. 491; bzgl. der weiteren Einzelheiten vgl. § 63, 23 (*Ulmer*) sowie die Lit. und Rspr. zu § 283 StGB.

[86] BGH wistra 1987, 28; LK-*Tiedemann* Vor § 283 Rdn 141.

[87] BGH wie Fn 86; BGHSt. 15, 306, 309.

[88] IdR befürwortend Baumbach/Hueck/*Schulze-Osterloh* 23; *Schlüchter* MDR 1978, 265; diff. *dies.* wistra 1984, 41, 43; *Tiedemann* in Festschr. *Schröder* (1978), 289, 301; *Franzheim* NJW 1980, 2500, 2501; iF. wohl auch Rowedder/*Fuhrmann* 14.

[89] So zutr. *Bilo* GmbH-Rdsch. 1981, 73, 75 f; vgl. auch BGHSt. 35, 333, 338; *Richter* GmbH-Rdsch. 1984, 137, 140.

44 Auf welche Weise bzw. durch welche Unterlagen dem Geschäftsführer die Überschuldung **bekannt** geworden ist, ist unerheblich, da der Gesetzgeber durch die Streichung des Bilanzerfordernisses in § 64 Abs. 1 idF v. 1. 9. 1986[90] nunmehr klargestellt hat, daß die Anzeigepflicht im Fall der Überschuldung nicht mehr davon abhängt, daß sich diese aus einem förmlichen Jahresabschluß oder einer Zwischenbilanz ergibt. Andererseits sollte dies den Geschäftsführer nicht dazu verleiten, an das Erfordernis der positiven Kenntnis[91] vom Insolvenzfall übertrieben hohe Anforderungen zu stellen, um sich auf diese Weise der Antragspflicht „so lange wie möglich" entziehen zu können[92].

45 c) **Das Unterlassen der Antragstellung.** Das eigentlich strafbare Verhalten besteht in der Unterlassung des Antrags. Hinsichtlich der Einzelheiten zum Konkurs- und Vergleichsantrag vgl. die Ausführungen § 63 Rdn 51 ff, 116 ff (*Ulmer*). Strafrechtlich von Bedeutung ist vor allem folgendes: Ob im einzelnen Fall das Vergleichs- oder das Konkursverfahren beantragt werden muß, ist eine Frage des pflichtgemäßen Ermessens der Geschäftsführer oder Liquidatoren[93]. Wurde das Vergleichsverfahren beantragt und damit lediglich die Konkursverschleppung beabsichtigt, dann hat der Täter durch die pflichtwidrige Unterlassung des Konkursantrags den Tatbestand verwirklicht. Legt ein Geschäftsführer oder Liquidator sein Amt nach Eintritt der Konkursreife und in deren Kenntnis nieder, ohne den erforderlichen Antrag gestellt zu haben, ändert das an seiner Strafbarkeit nichts[94].

46 Wird ein **Konkursantrag seitens der Gläubiger** gestellt (vgl. §§ 103 Abs. 2, 105 KO), entfällt die Antragspflicht des Geschäftsführers nach Auffassung des BGH[95] nur dann, wenn das Konkursverfahren innerhalb der Drei-Wochen-Frist eröffnet oder mangels Masse abgewiesen wird. Geschieht dies nicht, ist der Geschäftsführer zur Antragstellung verpflichtet, da der Gläubiger einen von ihm gestellten Konkursantrag davor jederzeit zurückziehen kann[96]. Geschieht dies nicht, stellt sich allerdings die Frage, ob die Strafbarkeit eines vor diesem Hintergrund unterlassenen Konkursantrags seitens des Geschäftsführers wegen eines nicht vermeidbaren fehlenden Unrechtsbewußtseins zu verneinen ist[97]. Anderfalls ist in Erwägung zu ziehen, ob der Unrechtsgehalt im Einzelfall – etwa bei einer im übrigen ordnungsgemäßen Mitwirkung im nachfolgenden Konkursverfahren – nicht als so gering angesehen werden muß, daß zumindest eine Einstellung des Strafverfahrens gem. §§ 153 ff StPO naheliegt[98]. Erklären sich die Gläubiger damit einverstanden, daß kein Konkurs- oder Vergleichsantrag gestellt wird, ist dies in der Regel ebenfalls unbeachtlich[99]. Werden derartige „Einverständniserklärungen" allerdings gleichzeitig mit einem Forderungs- bzw. Zahlungsaufschub, Forderungsverzicht oder mit der Stundung einer fälligen Forderung verbunden, ist im Einzelfall zu prüfen, ob der Konkurs- oder Vergleichsgrund hierdurch (vorerst) beseitigt ist[100]. Handeln die

[90] Zur früheren Rechtslage neuestens noch BGH NJW 1991, 3146; vgl. Voraufl. 50–53.
[91] Vgl. hierzu BGHSt. 15, 306, 310; BGH GA 1958, 46; näher Rowedder/*Fuhrmann* 17.
[92] *Kohlmann/Löffeler* 474, 486.
[93] § 64, 110 f (*Ulmer*); Rowedder/*Fuhrmann* 17.
[94] BGHSt. 2, 253; *Richter* GmbH-Rdsch. 1984, 113, 119; vgl. bereits oben Rdn 14 sowie Vor § 82, 43 f (*Kohlmann*).
[95] Beschl. v. 13. 2. 1979 – 5 StR 814/78; BGHSt. 14, 280, 281; 28, 371, 380; BGH wistra 1988, 69; BGH GmbH-Rdsch. 1957, 131 m. Anm. *Seydel* BB 1957, 273; ferner Baumbach/Hueck/*Schulze-Osterloh* 25; Rowedder/*Fuhrmann* 18; krit. Scholz/*Tiedemann* 89 f.
[96] BGH wistra 1988, 69; BGH GmbH-Rdsch. 1957, 131; Rowedder/*Fuhrmann* wie Fn 95.
[97] Vgl. aber auch Rdn 54.
[98] Scholz/*Tiedemann* 93.
[99] BGH GmbH-Rdsch. 1957, 131; BGHSt. 28, 371, 380; Scholz/*Tiedemann* 93; Baumbach/Hueck/*Schulze-Osterloh* 25; Rowedder/*Fuhrmann* 18.
[100] Scholz/*Tiedemann*; Rowedder/*Fuhrmann*, jeweils wie Fn 99; *Richter* GmbH-Rdsch. 1984, 113, 120.

Gläubiger jedoch lediglich in der Absicht, den unausweichlich bevorstehenden Zusammenbruch der GmbH hinauszuzögern, um auf diese Art und Weise ihre eigenen Forderungen abzusichern (etwa durch nachträgliche Rück- oder Sicherungsübereignungen), ist die Krise bei wirtschaftlicher Betrachtung keineswegs überwunden, so daß auch in diesen Fällen die Antragspflicht des Geschäftsführers nicht entfällt[101].

Der verspätete Antrag beseitigt die Strafbarkeit nicht. Ein zurückgenommener Antrag gilt als nicht gestellt[102]. **47**

Vor der Eintragung der Gesellschaft in das Handelsregister kann keine Antragspflicht und demzufolge durch die Antragsunterlassung keine strafrechtliche Verantwortung der Geschäftsführer oder gar der Liquidatoren entstehen[103]. Andererseits können Geschäftsführer einer Gründergesellschaft sich nach den üblichen konkursrechtlichen Straftatbeständen in unmittelbarer Anwendung strafbar machen[104]. Erweist sich die **GmbH** im nachhinein als **nichtig**, verbleibt es gleichwohl bei der Konkursantragspflicht, da das strafrechtliche Schutzbedürfnis Dritten gegenüber in gleicher Weise gegeben ist, wie bei einer rechtswirksamen GmbH[105]. **48**

d) **Die Antragsfrist.** Zur Klarstellung, innerhalb welchen Zeitraums der Antrag gestellt werden muß, wird in § 64 angeordnet, daß die Antragstellung ohne schuldhaftes Zögern, spätestens aber drei Wochen nach Eintritt der Zahlungsunfähigkeit erfolgen muß; diese Frist ist eine Höchstfrist[106]. Die Aussicht, durch geeignete Sanierungsmaßnahmen – Kapitalerhöhung, Darlehensaufnahme, Kredite, Anleihen usw. – den Vergleichs- oder Konkursgrund wieder aufheben zu können, ändert nichts an der Antragspflicht, es sei denn, daß die ergriffenen Maßnahmen innerhalb der Dreiwochenfrist den Vergleichs- oder Konkursgrund beseitigen. Es gilt also hier nur der Erfolg, nicht die bloße Chance. **49**

Die Frist beginnt mit der objektiv zu ermittelnden Zahlungsunfähigkeit oder im Fall der Überschuldung mit der Kenntniserlangung durch den Geschäftsführer oder Liquidator[107]. Auch für die Vorbereitung des gerichtlichen Vergleichsverfahrens gilt grundsätzlich die Höchstfrist von drei Wochen[108]. Ob später die Zahlungseinstellung – wegen des Unterschieds zu Zahlungsunfähigkeit s. o. Rdn 39 – oder die Konkurseröffnung wirklich erfolgt sind, ist für die Strafbarkeit aus § 84 ohne Bedeutung. **50**

e) **Vollendung des Tatbestandes**. Vollendet ist das Delikt, wenn der Antrag bei Ablauf der Dreiwochenfrist nicht gestellt ist. Der Versuch des § 84 ist nicht strafbar (§§ 23 Abs. 1, 12 Abs. 1 StGB). Bezüglich weiterer Einzelheiten kann auf das in Rdn 6, 25 f Gesagte verwiesen werden. **51**

4. Rechtswidrigkeit

Es gelten die Ausführungen Rdn 27 entsprechend. **52**

5. Schuld

Für die Schuldfähigkeit ist auf die allgemeinen Grundsätze zu verweisen. Strafbar ist die Unterlassung der Stellung von Konkurs- bzw. Vergleichsantrag bei Vorsatz **53**

---

101 *Kohlmann/Löffeler* 484.

102 RGSt. 44, 48, 52; BGH, Urt. v. 5. 7. 1956 – 3 StR 140/56.

103 Näher vgl. Vor § 82, 18 (*Kohlmann*); Scholz/*Tiedemann* 86 f; Rowedder/*Fuhrmann* 18.

104 Hierzu näher Vor § 82, 18 (*Kohlmann*); *Kohlmann/Löffeler* 488 ff.

105 Vor § 82, 19 (*Kohlmann*).

106 Vgl. § 64, 26 (*Ulmer*).

107 § 64, 25 (*Ulmer*).

108 Vgl. § 64, 27 (*Ulmer*).

und Fahrlässigkeit. Bedingter Vorsatz genügt. Der Vorsatz muß sich auf sämtliche Tatbestandsmerkmale erstrecken. Dies bedeutet, daß der Täter die Zahlungsunfähigkeit der Gesellschaft bzw. ihre Überschuldung kennt und in Kenntnis dessen die Antragstellung unterläßt[109]. Fehlt es an dieser Kenntnis, unterliegt der Täter einem Tatbestandsirrtum (§ 16 Abs. 1 StGB). Der Vorsatz entfällt.

54 Für die Strafbarkeit nach § 84 Abs. 1 Nr. 2 kommt es nicht darauf an, daß der Täter seine rechtliche Verpflichtung kennt, den Antrag zu stellen[110]. Ein Irrtum des Täters über diese Pflicht ist ein sogenannter Gebotsirrtum, der nach den gleichen Regeln zu behandeln ist, wie der Verbotsirrtum (§ 17 StGB) bei einem Begehungsdelikt[111]. Selbstverständlich kann die Frage des Verbotsirrtumes auch in einem anderen Sachzusammenhang eine Rolle spielen, etwa dann, wenn der Täter sich dahin einläßt, er habe sich über das Erlaubt- oder Verbotensein seines Verhaltens überhaupt keine Gedanken gemacht. Auch hier kommt es gem. § 17 StGB auf die Vermeidbarkeit des Irrtums an. Seine Bedeutung darf nicht überschätzt werden. Vom Geschäftsführer oder Liquidator einer GmbH wird man, selbst wenn er kein Jurist ist, die Kenntnis der Antragspflicht grundsätzlich erwarten können, so daß die Behauptung eines Verbotsirrtums oder eines völligen Fehlens von Gedanken über die Rechtmäßigkeit des Verhaltens in der Regel nicht vom Schuldvorwurf und damit von der strafrechtlichen Verantwortung zu befreien vermag[112].

55 Strafbar ist auch fahrlässiges Verhalten (§ 84 Abs. 2)[113]. Fahrlässiges Verhalten wird anzunehmen sein, wenn der Täter die Antragstellung vergessen hat oder meint, die Überschuldung sei zwischenzeitlich beseitigt worden[114]. Nach der Streichung des Bilanzerfordernisses durch das 2. WiKG in § 64 ist der Geschäftsführer nunmehr verpflichtet, die Vermögenslage der Gesellschaft fortlaufend zu kontrollieren und sich bei negativer Entwicklung anhand eines Überschuldungsstatuts davon zu vergewissern, ob die Gesellschaft überschuldet ist oder nicht[115].

56 Trotz Vorsatz oder Fahrlässigkeit und trotz Unrechtsbewußtseins kann der Schuldvorwurf wegen des Vorliegens besonderer Schuldausschließungsgründe ausnahmsweise fortfallen. Maßgebend sind die allgemeinen Regeln.

57 Für die strafrechtliche Bedeutung der Hinderung des Geschäftsführers oder Liquidators durch besondere Umstände kommen folgende Gesichtspunkte infrage: Bewirken diese Umstände, etwa eine Geschäftsreise in das Ausland oder eine schwere Krankheit des Täters, daß dieser von der Zahlungsunfähigkeit oder Überschuldung der Gesellschaft keine Kenntnis bekam, so fehlt es zunächst einmal an den intellektuellen Voraussetzungen für den Vorsatz, und eine Bestrafung wegen vorsätzlicher Unterlassung entfällt. Ebenso liegt es in dem Sonderfall, daß die an den verreisten Geschäftsführer ergangenen Berichte nicht nur wegen der großen Entfernung zu spät kommen, sondern zwar rechtzeitig eingehen, aber die Situation der GmbH falsch darstellen. Eine Prüfung, ob etwa besondere Schuldausschließungsgründe gegeben sind, ist in diesem Fall überflüssig. Allerdings kann die den Vorsatz ausschließende Unkenntnis von der Zahlungsunfähigkeit oder Überschuldung der Gesellschaft auf Fahrlässigkeit beruhen – so etwa dort, wo der verreiste oder kranke Geschäftsführer oder Liquidator die Möglichkeit gehabt hätte, die Leitung der Ge-

[109] Vgl. etwa Rowedder/*Fuhrmann* 21.
[110] BGHSt. 19, 293, 297 ff.
[111] BGH (GrS) St. 16, 153.
[112] BGH wistra 1984, 178; Scholz/*Tiedemann* 99.
[113] Vgl. zum Begriff der Fahrlässigkeit allgemein oben Rdn 30.
[114] BGHSt. 15, 306 = GmbH-Rdsch. 1961, 85 = NJW 1961, 740.
[115] BGH (Z) NJW 1987, 2433.

sellschaft trotz dieser Hindernisse wenigstens insoweit zu überwachen, daß ihm der Eintritt der Zahlungsunfähigkeit oder Überschuldung rechtzeitig hätte bekannt werden müssen. Liegt der Fall so, dann kommt eine Bestrafung wegen fahrlässiger Begehung des § 84 infrage.

IV. Täterschaft und Teilnahme

Da sowohl die Unterlassung der Anzeige (Abs. 1 Nr. 1) als auch die Unterlassung der Stellung eines Konkurs- bzw. Vergleichsantrags (Abs. 1 Nr. 2) echte Unterlassungsdelikte darstellen, gelten für Täterschaft und Teilnahme die bereits mehrfach erörterten, aus dem allgemeinen Strafrecht zu übernehmenden Regeln. Danach können nur Geschäftsführer und Liquidatoren der betreffenden GmbH Täter (§ 25 Abs. 1 StGB), Mittäter (§ 25 Abs. 2 StGB) der mittelbare Täter (§ 25 Abs. 1 StGB) sein. Jedoch kann sich jeder Dritte, also inbesondere ein sonstiger Angestellter, Aufsichtsratsmitglieder und Gesellschafter, ein Gesellschaftsgläubiger oder ein sonstiger Außenstehender, wegen Anstiftung (§ 26 StGB) oder Beihilfe (§ 27 StGB) strafbar machen, wenn er den Entschluß des zum Handeln Verpflichteten durch Rat oder Tat fördert oder festigt, also das Unterlassen vorsätzlich unterstützt, nicht dagegen, wenn er in anderer Weise den von der Gebotsnorm erstrebten Erfolg (die rechtzeitige Eröffnung des Konkursverfahrens) verhindern oder verzögern will[116]; entsprechendes gilt bei der Anstiftung für das Hervorrufen des Tatentschlusses bei dem zur Antragstellung Verpflichteten. **58**

V. Zusammentreffen mit anderen Straftaten

Es gelten die allgemeinen strafrechtlichen Grundsätze über die Konkurrenzen. **59** Auf folgendes ist hinzuweisen: Zwischen Abs. 1 Nr. 1 und Nr. 2 ist Tateinheit (§ 52 StGB) möglich[117]. Abs. 1 Nr. 1 und Nr. 2 werden hingegen zu den §§ 283 ff StGB in Tatmehrheit (§ 53 StGB) stehen[118]. Unterläßt es der Geschäftsführer oder Liquidator, nach Verurteilung aus § 84 Abs. 1 Nr. 2 den Vergleich oder Konkurs anzumelden, obwohl die Voraussetzungen hierzu fortbestehen, macht er sich erneut aus § 84 Abs. 1 Nr. 2 strafbar[119]. Hier liegt dann Tatmehrheit mit der Erstbegehung vor. Zwischen Nr. 2 und §§ 266, 263 StGB ist Tateinheit möglich.

VI. Strafen

Das Gesetz droht Freiheitsstrafe oder Geldstrafe an, wobei darauf hinzuweisen **60** ist, daß die Freiheitsstrafe im Falle fahrlässiger Begehung nicht mehr als ein Jahr betragen darf. Auch hier gelten im übrigen die allgemeinen strafrechtlichen Grundsätze[120].

VII. Verjährung

Die Strafverfolgungsverjährungsfrist beträgt bei Vorsatztat (Abs. 1) – wie bei **61** § 82 (vgl. dort Rdn 72) – fünf Jahre (§ 78 Abs. 3 Nr. 4 StGB), da die Tat im Höchstmaß mit Freiheitsstrafe von mehr als einem Jahr (bis zu drei Jahren) bedroht

---

116 BGHSt. 14, 280.
117 *Klug*-GroßKommAktG § 401, 11.
118 Vgl. RG GA 60, 91.
119 RGSt. 47, 154.
120 Vgl. die Ausführungen zu § 82.

ist; die Strafverfolgung bei der Fahrlässigkeitstat (Abs. 2) verjährt dagegen gemäß § 78 Abs. 3 Nr. 5 StGB schon nach drei Jahren, da hier das Höchstmaß der angedrohten Freiheitsstrafe ein Jahr beträgt und es sich nicht um einen der in § 78 Abs. 4 StGB genannten Fälle handelt, in denen sich die Frist nach der Strafdrohung eines Grundtatbestandes richtet. Der Beginn der Frist bestimmt sich nach § 78 a StGB. Da es sich bei § 84 Abs. 1 Nr. 1 und 2 um Unterlassungsdelikte handelt, beginnt die Verjährungsfrist erst zu laufen, sobald die Pflicht zum Tätigwerden entfällt[121], da die Tat erst dann – und nicht bereits mit Ablauf der Dreiwochenfrist – beendet ist; nach BGH[122] ist dies auch der Fall, wenn das Konkursverfahren auf Antrag eines Gläubigers eröffnet ist, nicht aber schon dann, wenn ein Gläubiger den Antrag gestellt hat[123]. Andernfalls kann die Tat über den Ablauf der Dreiwochenfrist andauern und die Tat ist erst beendet, wenn der Antragspflichtige den Antrag gestellt hat oder der Grund für diesen Antrag fortgefallen ist[124]. Die Frist kann unterbrochen werden (vgl. § 78 c StGB) mit der Folge, daß sie von neuem zu laufen beginnt. Zehn Jahre nach Beendigung der Vorsatztat (Abs. 1), bzw. sechs Jahre nach Beendigung der Fahrlässigkeitstat (Abs. 2) tritt absolute Verjährung ein (§ 78 c Satz 2 StGB). Für die Frist der Strafvollstreckungsverjährung vgl. §§ 79 ff StGB.

§ 85

Mit Freiheitsstrafe bis zu einem Jahr oder mit Geldstrafe wird bestraft, wer ein Geheimnis der Gesellschaft, namentlich ein Betriebs- oder Geschäftsgeheimnis, das ihm in seiner Eigenschaft als Geschäftsführer, Mitglied des Aufsichtsrats oder Liquidator bekanntgeworden ist, unbefugt offenbart.

Handelt der Täter gegen Entgelt oder in der Absicht, sich oder einen anderen zu bereichern oder einen anderen zu schädigen, so ist die Strafe Freiheitsstrafe bis zu zwei Jahren oder Geldstrafe. Ebenso wird bestraft, wer ein Geheimnis der in Absatz 1 bezeichneten Art, namentlich ein Betriebs- oder Geschäftsgeheimnis, das ihm unter den Voraussetzungen des Absatzes 1 bekanntgeworden ist, unbefugt verwertet.

Die Tat wird nur auf Antrag verfolgt. Hat ein Geschäftsführer oder ein Liquidator die Tat begangen, so sind der Aufsichtsrat und, wenn kein Aufsichtsrat vorhanden ist, von den Gesellschaftern bestellte besondere Vertreter antragsberechtigt. Hat ein Mitglied des Aufsichtsrats die Tat begangen, so sind die Geschäftsführer oder die Liquidatoren antragsberechtigt.

Übersicht

121 RGSt. 65, 361, 362; 75, 32, 34; vgl. auch BGHSt. 28, 371 = NJW 1980, 406 zur Konkursantragspflicht nach § 64 Abs. 1.

122 Wie Fn 121.

123 S. o. Rdn 51.

124 BGHSt. 15, 306; 28, 371, 379.

Schrifttum

Allgemein: vgl. Schrifttum zu Vorbem. § 82 (*Kohlmann*); ferner Schrifttum und Kommentierungen zu §§ 203, 204 StGB, § 404 AktG, § 17 UWG.

Zu Einzelfragen: *Amelunxen* Spionage und Sabotage im Betrieb, 1977; *Arians* Der strafrechtliche Schutz des Geschäfts- und Betriebsgeheimnisses in der Bundesrepublik Deutschland, in: *Oehler* (Hrsg.), Der strafrechtliche Schutz des Geschäfts- und Betriebsgeheimnisses in den Ländern der Europäischen Gemeinschaft sowie in Österreich und der Schweiz I (1978) S. 309; *Baumbach/Hefermehl* Wettbewerbsrecht, 16. Aufl. 1990; *v. Bitter* Das Informationsrecht der GmbH-Gesellschafter in §§ 51 a, 51 b GmbHG, ZIP 1981, 825; *Burgstaller* Der strafrechtliche Schutz wirtschaftlicher Geheimnisse in: *Ruppe* (Hrsg.), Geheimnisschutz im Wirtschaftsleben (1980), S. 5; *Claussen* Über die Vertraulichkeit im Aufsichtsrat, AG 1981, 57; *Degen* Fabrikspionage und Geheimnisverrat, MuW 1927/28, 431; *Dingeldey* Insiderhandel und Strafrecht, 1983; *Flor* Beruf und Schweigepflicht – eine Gegenüberstellung, JR 1953, 368; *Goll* Offenbarungsbefugnisse im Rahmen des § 203 Abs. 2 StGB, Diss. Tübingen 1980; *Haffke* Schweigepflicht, Verfahrensrevision und Beweisverbot, GA 1973, 65; *Holschbach* Haftungsprobleme im Bereich der Insider-Wertpapiergeschäfte, NJW 1973, 2006; *Kissling* Der nach § 17 UWG strafbare Verrat von Wirtschaftsgeheimnissen, Diss. Tübingen 1957; *Kohlmann/Löffeler* Wirtschaftskriminalität im Informationszeitalter, BFuP 1990, 188; *Kragler* Wirtschaftsspionage, Schutz des Wirtschaftsgeheimnisses, Band 2: Strafrechtlicher Bereich, 1982; *ders.* Der Strafantrag als Prozeßvoraussetzung für Strafverfahren wegen Wirtschaftsspionage nach §§ 17 ff UWG, wistra 1983, 1; *ders.* Schutz des geheimen Know-how, Rechtliche Grundlagen und Maßnahmenkatalog (1987); *Krueger* Der strafrechtliche Schutz der Geschäfts- und Betriebsgeheimnisse im Wettbewerbsrecht, 1984; *Lampe* Der strafrechtliche Schutz des Know-how gegen Veruntreuung durch den Vertragspartner (§§ 18, 20 UWG), BB 1977, 1477; *ders.* Gutachten zur Neugestaltung des Wettbewerbsstrafrechts, in: Bundesminister der Justiz (Hrsg.), Tagungsberichte der Sachverständigenkommission zur Bekämpfung der Wirtschaftskriminalität

Bd. VIII, 1975, Anl. 10; *ders.* in: HWiStR „Geheimnisverrat“, „Wirtschaftsspionage“, 1985; *Lenckner* Aussagepflicht, Schweigepflicht und Zeugnisverweigerungsrecht, NJW 1965, 321; *Lutter* Information und Vertraulichkeit im Aufsichtsrat, 2. Aufl. 1984; *Mertens* Zur Verschwiegenheitspflicht der Aufsichtsratsmitglieder, AG 1975, 235; *Mes* Arbeitsplatzwechsel und Geheimnisschutz, GRUR 1979, 584; *Meyer/Möhrenschlager* Möglichkeiten des Straf- und Ordnungswidrigkeitenrechts zur Bekämpfung unlauteren Wettbewerbs, WiVerw. (Beilage GewA) 1982, 21; *Niemeyer* in: Müller-Gugenberger (Hrsg.), Wirtschaftsstrafrecht, 2. Aufl. 1992, S. 468 ff; *Oehler* Verrat von Wirtschaftsgeheimnissen, Jahrbuch des Landesamtes für Forschung des Landes Nordrhein-Westfalen 1969, 383; *Otto* in: UWG-Großkommentar (Hrsg. Jacobs u. a.) 1991 ff; *Probst* Wirtschaftsverrat und Wirtschaftsspionage (1976); *Reinbothe* Der Regierungsentwurf zur UWG-Novelle, WRP 1982, 387; *Richter* Der Konkurs der GmbH aus der Sicht der Strafrechtspraxis, GmbH-Rdsch. 1984, 113 ff; 137 ff; *Rogall* Die Verletzung des Privatgeheimnisses (§ 203 StGB) – Aktuelle Probleme und ungelöste Fragen –, NStZ 1983, 1; *Rosenthal* Gesetz gegen den unlauteren Wettbewerb (1909); *Säcker* Aktuelle Probleme der Verschwiegenheitspflicht von Aufsichtsratsmitgliedern, NJW 1986, 803; *Schafheutle* Wirtschaftsspionage und Wirtschaftsverrat im deutschen und schweizerischen Strafrecht, Diss. Freiburg 1972; *Eb. Schmidt* Bedarf das Betriebsgeheimnis eines verstärkten Schutzes?, Gutachten, in: Verhandlungen des 36. Deutschen Juristentages (1930), Bd. 1, S. 101; *Schünemann* Der strafrechtliche Schutz von Privatgeheimnissen, ZStW 90 (1978), 11; *ders.* Unternehmenskriminalität und Strafrecht 1979; *Seligsohn* Geheimnis und Erfindungsbesitz, 1921; *Sieber* Computerkriminalität und Strafrecht, 2. Aufl. 1980; *v. Stebut* Geheimnisschutz und Verschwiegenheitspflicht im Aktienrecht, 1972; *ders.* Gesetzliche Vorschriften gegen den Mißbrauch von Insiderinformationen, DB 1974, 613; *Teufel* Verrat von Wirtschaftsgeheimnissen, ArchKrim. 162 (1978) 129, *Tiedemann* Rechtsnatur und strafrechtliche Bedeutung von technischem Know how, in: v. Caemmerer-Festschr. (1978), S. 643; *ders.* Wirtschaftsstrafrecht und Wirtschaftskriminalität Bd. II, 1976; *Tuffner* Der strafrechtliche Schutz von Wirtschaftsgeheimnissen usw., Diss. Erlangen 1978; *Ulsenheimer* Zur Strafbarkeit des Mißbrauchs von Insider-Informationen, NJW 1975, 1999; *ders.* in HWiStR Insider-Informationen 1985; *Van Venrooy* Das strafrechtliche Risiko des Geschäftsführers bei Verletzung von Geheimhaltungspflichten, GmbH-Rdsch. 1993, 609; *Vogt/Vogt* Forum: „Adreßdatenspionage“ in straf- und zivilrechtlicher Sicht, JuS 1980, 860.

Vgl. ferner die Erläuterungen zu § 51 a (*Hüffer*).

I. Einführung

1. Normzweck

1 Die wenig sachgerecht gegliederte Vorschrift nennt zwei Tathandlungen: die unbefugte Offenbarung eines Gesellschaftsgeheimnisses (Abs. 1) und die unbefugte Verwertung eines solchen Geheimnisses (Abs. 2 Satz 2). Abs. 2 Satz 1 enthält – bezogen auf die unbefugte Offenbarung (Abs. 1) einen Qualifikationstatbestand für solche Fälle, in denen der Täter gegen Entgelt oder mit Bereicherungsabsicht handelt. Hier wird der Regelstrafrahmen (Freiheitsstrafe bis zu einem Jahr oder Geldstrafe; vgl. Abs. 1) auf Freiheitsstrafe bis zu zwei Jahren oder Geldstrafe erweitert. Während strafbare Handlungen nach den §§ 82 und 84 von Amts wegen verfolgt werden (Offizialdelikte), erfolgt im Falle des § 85 die Strafverfolgung nur auf Antrag (Abs. 3 Satz 1). Antragsberechtigt ist grundsätzlich die Gesellschaft selbst; d. h. Geschäftsführer bzw. Liquidator haben den Antrag zu stellen. Diese Organe sind auch antragsberechtigt, wenn die Tat von einem Mitglied des Aufsichtsrats begangen worden ist (Abs. 3 Satz 3). Sofern Geschäftsführer oder Liquidatoren selbst als Täter in Betracht kommen, steht das Antragsrecht dem Aufsichtsrat bzw. – wenn ein solcher nicht vorhanden ist – dem von den Gesellschaftern bestellten besonderen Vertreter zu (Abs. 3 Satz 2).

2. Reform

Zur Reform näher Hachenburg/*Kohlmann*[7] § 85 Rdn 2. 2

§ 85 entspricht im wesentlichen § 404 AktG[1]. Der Gesetzgeber hat die Übernahme dieser Vorschrift aus dem Aktienrecht damit begründet, daß aufgrund einer gleichgearteten Interessenlage in beiden Gesellschaften auch eine gleichgeartete Regelung gerechtfertigt erscheine[2]. 3

II. Deliktsnatur des § 85

1. Sonderdelikt

Bei § 85 handelt es sich um ein echtes Sonderdelikt. Als Täter kommen nur Geschäftsführer, Mitglieder des Aufsichtsrats oder Liquidatoren in Betracht (Abs. 1 und Abs. 2 Satz 2, der auch hinsichtlich des Täterkreises auf Abs. 1 Bezug nimmt). Andere Personen können nur wegen Teilnahme (Anstiftung oder Beihilfe, §§ 26, 27 StGB) bestraft werden[3]. 4

2. Abstraktes Gefährdungsdelikt

§ 85 stellt ferner ein abstraktes Gefährdungsdelikt dar. Es kommt also für eine Strafbarkeit nicht darauf an, daß durch die Offenbarung des Geheimnisses bzw. durch seine Verwertung für die Gesellschaft ein Nachteil entstanden ist. Grund für die Strafbarkeit ist bereits die generelle Gefährlichkeit der Handlung des Täters für die Gesellschaft[4]. 5

De lege ferenda stellt sich die Frage, ob der Gesetzgeber den strafrechtlichen Schutzbereich nicht zu weit gezogen hat. Die Interessen der Gesellschaft würden hinreichend geschützt, wenn das Gesetz nur die Fälle erfaßte, in denen es tatsächlich zu einer Gefährdung des geschützten Handlungsobjekts „Geheimnis der Gesellschaft" gekommen ist (Konkretes Gefährdungsdelikt). 6

3. Antragsdelikt

§ 85 gehört zu den sogenannten absoluten Antragsdelikten. Bei ihnen ist die Strafverfolgung stets von der Stellung eines Strafantrags abhängig. Das Gesetz stellt es damit in das Ermessen der für die Gesellschaft Handelnden, ob sie die Strafverfolgung in Gang setzen wollen. Denn es kann durchaus im Interesse der Gesellschaft sein, von einer Strafverfolgung abzusehen, etwa dann, wenn ein Strafverfahren und die damit verbundene Publizität negative Auswirkungen für die Gesellschaft haben können. Zu den Einzelheiten des Strafantrags, insbesondere zur Frist und Form, vgl. unten Rdn 74 ff. 7

III. § 85 im System der Strafvorschriften zum Schutz von Wirtschafts- und Privatgeheimnissen

In einer Vielzahl von Einzelgesetzen ist der Schutz von Wirtschafts- und Privatgeheimnissen auch strafrechtlich abgesichert. Zu nennen ist hier an erster Stelle § 404 8

---

1 Vgl. RegEntw. BRDrucks. 404/77.

2 Bericht des Rechtsausschusses des Bundestages, BTDrucks. 8/3908, S. 67.

3 Vgl. im übrigen die Hinweise Rdn 15.

4 *Kohlmann/Löffeler* 121.

AktG, dem – wie bereits erwähnt[5] – § 85 im wesentlichen nachgebildet worden ist. Auf die Erläuterungen zu dieser Vorschrift ist zu verweisen[6].

9 Zu nennen sind in dem hier interessierenden Zusammenhang ferner die §§ **17, 18, 20, 20 a UWG**, die „weitgehend" die gleichen Schutzgüter betreffen wie § 85[7]. § 17 UWG umfaßt zwei Tatbestände: zum einen den Verrat eines dienstlich anvertrauten oder zugänglich gewordenen Geschäfts- oder Betriebsgeheimnisses durch einen Angestellten, Arbeiter oder Lehrling eines Geschäftsbetriebes während der Geltungsdauer des Dienstverhältnisses zu Zwecken des Wettbewerbs oder aus Eigennutz oder in Schädigungsabsicht; zum anderen die verbotene Geheimnisverwertung zu Zwecken des Wettbewerbs oder aus Eigennutz. In § 18 UWG wird die verbotene Verwertung fremder Vorlagen, in § 20 UWG die erfolglose Verleitung u. a. zu den Straftaten der §§ 17, 18 UWG unter Strafe gestellt.

10 Ähnlich wie § 85 Abs. 1 und Abs. 2 Satz 2 sanktionieren die §§ 203, 204 StGB unter Verzicht auf subjektive Unrechtsmerkmale in den Grundtatbeständen (abgesehen vom Vorsatz) das unbefugte Offenbaren oder Verwerten von Geheimnissen. Sie verfolgen aber eine andere Schutzrichtung, nämlich den Schutz des Individualinteresses an der Geheimhaltung bestimmter Tatsachen und (vorrangig) das allgemeine Vertrauen in die Verschwiegenheit der Angehörigen bestimmter sozialer Berufe[8].

11 Weiter sind hier zu nennen die § 120 BetrVG und § 151 GenG[9].

IV. Geschütztes Rechtsgut

12 Durch § 85 sollen im **Interesse der Gesellschaft und der Gesellschafter** Wirtschaftsgeheimnisse[10] vor Verrat oder Verwertung geschützt werden, wobei vor allem der Vermögenswert geheimzuhaltenden betriebsinternen Wissens im Vordergrund steht[11]. Darüberhinaus soll die Vorschrift dem Schutz des allgemeinen Vertrauens auch in die Verschwiegenheit des Geschäftsführers und dem Schutz des Vertrauens in die Funktionsfähigkeit der GmbH als Institution dienen. Ein Schutz der **Gesellschaftsgläubiger** ist dagegen **nicht** beabsichtigt[12].

13 In der Praxis wird seit den 80er Jahren eine drastische Zunahme der privaten Wirtschaftsspionage festgestellt, wobei die hierdurch entstandenen Schäden inzwischen auf mehrere Milliarden DM geschätzt werden[13]. Doch dürften die negativen Erfahrungen im Umgang mit § 404 AktG auch hier einschlägig sein. *Claussen*[14] weist zu Recht darauf hin, daß es zu § 404 AktG nahezu keine höchstrichterliche Rechtsprechung gebe. Nicht einmal eine größere Anzahl Ermittlungsverfahren wegen Verstoßes gegen § 404 AktG seien bekanntgeworden. *Mertens*[15] führt das auf die Verhaltensweise der geschädigten Gesellschafter zurück: „Wo kein Kläger, sei kein Richter". Er fragt, ob es realistisch sei, zu erwarten, daß ein Vorstand sein

5 Vgl. Rdn 3.
6 Vgl. die Kommentierung von *Klug* in Großkomm-AktG³ (1975).
7 Scholz/*Tiedemann* 1.
8 Schönke/Schröder/*Lenckner* § 203, 3 m. Nachw.
9 Vgl. dazu und zu weiteren Vorschriften *Arians* S. 392 ff.
10 Zur Bedeutung ihres Verrats im Wirtschaftsleben *Arians* S. 320 ff; *Teufel* Archiv für Kriminologie 1978, 129, 137 f, 140 f.
11 Scholz/*Tiedemann* 2; Baumbach/Hueck/*Schulze-Osterloh* 1; Rowedder/*Fuhrmann* 1; für die gleichlautende Vorschrift des § 404 AktG vgl. *Geilen*-KölnKommAktG 10; *Lutter* S. 129 ff.
12 Scholz/*Tiedemann*; Rowedder/*Fuhrmann* jeweils wie Fn 11; *Meyer-Landrut* 2.
13 *Kragler* wistra 1983, 9 ff; *Niemeyer* in: Müller-Gugenberger S. 483, Rdn 67.
14 AG 1981, 57, 63.
15 AG 1975, 235, 236.

übergeordnetes Organ, also seinen Aufsichtsrat, bei dem er demnächst die Verlängerung seines Dienstvertrages beantragen muß, wegen Geheimnisbruchs anzeigt. Ebenso unrealistisch sei die Rechtsidee, die Staatsanwaltschaften oder Registerrichter könnten die einschlägige Wirtschaftspresse daraufhin verfolgen, ob dort Wirtschaftsnachrichten über Gesellschaften enthalten seien, die möglicherweise als Verstöße gegen die Schweigepflicht dort hingenommen worden seien. § 404 AktG sei klassische lex imperfecta, eine für das deutsche Wirtschaftsrecht ebenso wenig hilfreiche Vorschrift wie die frühere Vorschrift über die Strafbarkeit des Ehebruchs für die Rechtsidee der Ehe[16].

Dem ist zuzustimmen. Auch für die GmbH bleibt zu fragen, ob der Gesetzgeber **14** bei der Schaffung des § 85 besonders wirklichkeitsnah dachte. Die Erfahrungen mit § 404 AktG hätten ihm anzeigen müssen, daß der Leerlauf bereits vorprogrammiert war. Wenn er sich gleichwohl dafür entschieden hat, den Schutz von Geheimnissen einer GmbH strafrechtlich zu bewehren, dann wohl aus der Überlegung heraus, daß Aktienrecht und GmbH-Recht hinsichtlich des Schutzes von Geheimnissen – wenn überhaupt – gleichbehandelt werden müssen. Eine unterschiedliche Behandlung läßt sich sachlich kaum begründen.

V. Die Vorschrift im einzelnen

1. Die Person des Täters

a) **Tauglicher Täter.** Als taugliche Täter kommen nur die in § 85 genannten **15** Personen in Betracht, die sich von dem in § 17 UWG genannten Täterkreis dadurch unterscheiden, daß sie erhöhte Pflichten wahrnehmen[17] und im Unterschied zu sonstigen Arbeitnehmern nicht oder nur bis zu einem gewissen Grade weisungsgebunden sind[18].

b) **Maßgebender Zeitpunkt.** Die geforderte Tätereigenschaft braucht nur im **16** Zeitpunkt des „Bekanntwerdens" und nicht des unbefugten Offenbarens des Geheimnisses gegeben zu sein. Im Unterschied zu § 17 UWG[19] findet § 85 somit auch dann noch Anwendung, wenn der Täter nach Kenntniserlangung aus seinem Amt als Geschäftsführer usw. ausgeschieden ist[20].

§ 85 reicht allerdings nicht so weit wie § 203 Abs. 3 und 4 StGB, der die Schweigepflicht auf die Erben des Schweigepflichtigen erstreckt und sie über den Tod hinaus verlängert.

c) **Interessenkonflikt nach Ausscheiden des Täters.** Aufgrund der Ausweitung **17** des Anwendungsbereichs des § 85 über den Zeitpunkt des Ausscheidens des Täters hinaus kann es zu Interessenkonflikten zwischen der Geheimhaltungspflicht und den beruflichen Belangen des Ausgeschiedenen kommen. Ein Ausgleich kann insoweit nur im Rahmen der Auslegung des Merkmals *„unbefugt"* (hierzu unten Rdn 44 ff) *bzw. über § 34 StGB* geschaffen werden[21].

2. Das Tatobjekt

Schutzobjekt des § 85 ist ein Geheimnis der Gesellschaft, namentlich ein Be- **18** triebs- oder Geschäftsgeheimnis, das dem Täter in seiner Eigenschaft als Geschäftsführer usw. bekannt geworden ist.

[16] Ähnlich *v. Stebut* DB 1974, 613, 615.
[17] Scholz/*Tiedemann* 3 ff.
[18] Vgl. *Arians* S. 352 f.
[19] Vgl. hierzu *Arians* S. 354 ff, 401 ff.
[20] Scholz/*Tiedemann* 4; Baumbach/Hueck/*Schulze-Osterloh* 14, 16; *Meyer-Landrut* 3; *Richter* GmbH-Rdsch. 1984, 113, 117.
[21] Vgl. hierzu unten Rdn 44 ff, 56 ff.

19 a) **Gesellschafts-, Geschäfts- und Betriebsgeheimnis. α) Die Bezugspunkte des Geheimnisses.** Der Begriff „Geheimnis der Gesellschaft" ist – wie aus dem Merkmal „namentlich" zu ersehen ist – der Oberbegriff, dem – anders als in § 17 UWG – im Verhältnis zum Betriebs- oder Geschäftsgeheimnis selbständige Bedeutung zukommt. Diese Ausweitung entspricht dem Gesetzeszweck (vgl. oben Rdn 5, 8, 12) und trägt der Selbständigkeit des Gesellschaftsrechts im Verhältnis zum Wettbewerbsrecht Rechnung[22]. Die Gesellschaft selbst wird durch § 85 geschützt und damit das Geheimnis als Immaterialgut[23]. Ob ein Gesellschaftsgeheimnis, namentlich ein Betriebs- oder Geschäftsgeheimnis vorliegt, richtet sich allerdings weder allein nach dem Willen der Gesellschafter, des Aufsichtsrats oder der leitenden Mitarbeiter noch danach, ob lediglich ein berechtigtes Interesse an der Geheimhaltung besteht. Die sog. Interessentheorie wurde etwa vom RG[24] vertreten. Lediglich auf das objektive Geheimhaltungsinteresse soll es auch nach Baumbach/Hueck/*Schulze-Osterloh*[25] ankommen. In Übereinstimmung mit der heute herrschenden *Vereinigungstheorie*[26] verlangt der BGH[27] für die Bejahung eines Geschäfts- oder Betriebsgeheimnisses zutreffend, „daß eine Tatsache vorliegt, die im Zusammenhang mit einem Geschäftsbetrieb steht, daß diese Tatsache nur einem eng begrenzten Personenkreis bekannt, also nicht offenkundig ist, daß sie ferner nach dem bekundeten oder doch erkennbaren Willen des Betriebsinhabers geheimgehalten werden soll und daß schließlich der Betriebsinhaber ein berechtigtes wirtschaftliches Interesse an der Geheimhaltung hat."

20 **β) Mögliche Gesellschaftsgeheimnisse.** Demnach mögliche Gesellschaftsgeheimnisse lassen sich in drei Gruppen einteilen[28]:

(1) **Geheimnisse, die das technische „know-how" betreffen**: wie z. B. neue Fabrikationsverfahren[29]; bekannte Verfahren mit bisher unbekannten, teilweisen Neuerungen[30]; Konstruktionspläne komplizierter Maschinen, deren Nachbau nur unter Verwendung solcher Pläne möglich ist[31]; Erfindungs- und sonstige Fabrikationsleistungen; Computerprogramme[32]; Gebrauchsmuster; Musterbücher[33]; Modelle[34]. Sind diesbezügliche Einzelheiten bereits in *Fachzeitschriften veröffentlicht* worden, kann selbstverständlich von keinem Geheimnis mehr gesprochen werden. Denn damit stehen die betreffenden Informationen jedem Interessierten zur Verfügung[35]. Demgegenüber reicht es für die Annahme einer Offenkundigkeit nicht aus, wenn das Geheimnis lediglich den damit unmittelbar befaßten *Betriebsangehörigen* oder einigen wenigen *Kunden* oder *Lieferanten* bekannt ist, die sich auch ihrerseits zur Geheimhaltung verpflichtet haben[36]; Offenkundigkeit wird allerdings dann anzunehmen sein, wenn es sich um sämtliche Mitarbeiter eines Großunternehmens han-

---

22 Vgl. *v. Stebut* S. 53 ff; Scholz/*Tiedemann* 6.

23 Vgl. *Arians* S. 342 m. Nachw.; Scholz/*Tiedemann* wie Fn 22.

24 JW 1911, 870.

25 Vgl. auch Lutter/*Hommelhoff* 4; *Meyer-Landrut* 4.

26 BGH GRUR 1961, 40, 43; Scholz/*Tiedemann* 7; Rowedder/*Fuhrmann* 3, jeweils mwN; sowie *Geilen*-KölnKommAktG § 404, 22 ff; Baumbach/*Hefermehl* § 17 UWG 2.

27 Vgl. auch BGH NJW 1982, 937 f.

28 Zum Ganzen näher *Kragler* S. 39 f.

29 BGHZ 16, 172 ff.

30 RG MuW 34, 65.

31 RGZ 149, 329 ff; BGH GRUR 1961, 40, 42.

32 LG Mannheim BB 1981, 1543; Baumbach/*Hefermehl* § 17 UWG 9 mwN; vgl. aber BayObLG NJW 1992, 1777; ferner *Kohlmann/Löffeler* BFuP 1990, 188 ff.

33 RGSt. 42, 394.

34 RG MuW 34, 62.

35 Baumbach/*Hefermehl* § 17 UWG 3 mwN; *Meyer-Landrut* 4; Schönke/Schröder/*Lenckner* § 203, 11.

36 Scholz/*Tiedemann* 11; Baumbach/Hueck/*Schulze-Osterloh* 3; Lutter/*Hommelhoff* 3; näher *van Venrooy* GmbH-Rdsch. 1993, 609 ff.

delt[37]. Ein Geheimnis ist ferner dann zu bejahen, wenn das Unternehmen ein Produktionsverfahren anwendet, das zwar allgemein bekannt ist, von dem die Öffentlichkeit aber nicht erfahren soll, daß dieses Verfahren auch im konkreten Fall zur Anwendung kommt. Hier ist dann alleine der Umstand ein Geheimnis, daß das Unternehmen eben dieses Verfahren zur Anwendung bringt[38].

(2) **Geheimnisse, die den Wareneinkauf und den Vertrieb betreffen**: wie z. B. getätigte oder beabsichtigte Vertragsabschlüsse[39]; Angebote; Ausschreibungsunterlagen[40]; Mitteilungen über Leistungen und Zahlungsbedingungen; einzelne Geschäftsvorgänge einschließlich diesbezüglicher Geschäftskorrespondenz; der Plan, bestimmte Waren in größeren Mengen plötzlich auf den Markt zu werfen[41]; Kalkulationsunterlagen, Preisberechnungen[42]; Vertreter- und Rabattkundenlisten[43]; Gewährung von Vorzugspreisen, die bestimmten Kunden wegen des Umfangs ihrer Einkäufe eingeräumt werden[44]; Marketingkonzepte; Lizenzverträge; sonstige Unterlagen für die Betriebs-, Absatz- oder Vertriebsorganisation. Insbesondere nach dem Ausscheiden eines Geschäftsführers wird gelegentlich der Vorwurf erhoben, dieser habe *Kunden- bzw. Lieferantenverzeichnisse* „mitgenommen", d. h. im Rahmen seiner neuen Tätigkeit verwertet. Hierbei handelt es sich nicht selten um unberechtigt hergestellte Kopien von auf Magnetbändern oder Disketten gespeicherten Adreßlisten[45]. Gleichwohl wird in diesen Fällen häufig wegen Offenkundigkeit eine Strafbarkeit zu verneinen sein, etwa wenn die in Rede stehenden Adreßlisten im großen und ganzen allgemein zugänglichen Branchenverzeichnissen entsprechen[46]. Handelt es sich hingegen um ein betriebsinternes Kunden- bzw. Lieferantenverzeichnis, das ausschließlich auf den individuellen Erfahrungen jahrelanger Geschäftsbeziehungen der GmbH beruht, wird die Annahme eines Geschäftsgeheimnisses wohl kaum zu verneinen sein[47]. Des weiteren muß hervorgehoben werden, daß auch im kaufmännischen Bereich der Unternehmenstätigkeit die Kenntnis bestimmter Geschäftsvorgänge auf Seiten der beteiligten Geschäftspartner nicht ohne weiteres zur Offenkundigkeit führt. Dies gilt insbesondere dann, wenn die betreffenden Geschäftspartner ebenfalls an einer Geheimhaltung interessiert sind bzw. sich hierzu verpflichtet haben[48]. **21**

(3) **Geheimnisse, die sonstige Betriebsinterna darstellen**: wie z. B. Jahresabschlüsse, sofern sie (noch) nicht nach §§ 325 ff HGB nF veröffentlicht sind; Buchführungsunterlagen[49]; stille Beteiligungen; Guthaben, Umsätze und Kredite bei Banken; Gegenstand, Verlauf und Ergebnisse von Beratungen in nicht öffentlichen Sitzungen der Geschäftsführung und des Aufsichtsrates[50]; Personalakten; beabsichtigte Betriebserweiterungen, Aufnahme neuer Produktionszweige, Betriebsstillegungen einschließlich entsprechender Sanierungspläne[51]. Aber auch hier ist darauf hinzu- **22**

---

[37] Im Erg. wohl ebenso BGH GRUR 1961, 40, 43; ähnlich RGSt. 42, 394, 396.
[38] BGH GRUR 1961, 40, 43; 1955, 424.
[39] RG JW 1906, 497.
[40] Baumbach/*Hefermehl* § 17 UWG 5.
[41] RGSt. 48, 12, 14.
[42] RGSt. 25, 136; OLG Hamm WRP 1959, 182.
[43] RGSt. 33, 62.
[44] OLG Düsseldorf WRP 1959, 182.
[45] Näher *Vogt/Vogt* JuS 1980, 860 f; vgl. aber auch BayObLG NJW 1992, 1777.
[46] *Dreher/Tröndle* § 203, 4.
[47] Wohl zu weitgehend *Richter* GmbH-Rdsch. 1984, 113, 117, der die Verwertung des Kundenstammes für eine dritte Gesellschaft „ohne weiteres" für strafbar erachtet.
[48] Einschränkend *Rogall* NStZ 1983, 1 f.
[49] RGSt. 29, 426, 430.
[50] Gem. § 52 iVm. §§ 116, 93 Abs. 1 Satz 2 AktG unterliegen die Aufsichtsratsmitglieder ihrerseits der Verschwiegenheitspflicht; hierzu eingehend *Säcker* NJW 1986, 803 ff; zur Verschwiegenheitspflicht der Arbeitnehmervertreter im Aufsichtsrat vgl. BGHZ 64, 325 f = NJW 1975, 1412; des weiteren die bei *Säcker* aaO Fn 4 genannte Instanzrechtsprechung.
[51] Sofern bereits entsprechende Mitteilungen an den Betriebsrat erfolgt sind, siehe Rdn 28, 49.

weisen, daß die Weitergabe geheimzuhaltender Betriebsinterna der Annahme eines Geschäftsgeheimnisses nicht entgegensteht, wenn sie an unternehmensfremde Personen, die ihrerseits zu Verschwiegenheit verpflichtet sind (z. B. Wirtschaftsprüfer, Steuerberater, Unternehmensberater etc.) und insbesondere an Behörden (Genehmigungsbehörden etwa in Umweltschutz-, Kartell- und Außenhandelsangelegenheiten, Arbeitsämter, Finanzbehörden etc.) erfolgt. Bei solchen Tatsachen, die Gegenstand eines strafrechtlichen Ermittlungsverfahrens sind, ist nach einer Entscheidung des OLG Koblenz[52] danach zu differenzieren, ob der Ermittlungsvorgang bereits in der Öffentlichkeit bekannt ist, oder sich die Ermittlungen auf wenige, von Dritten unbemerkte Maßnahmen beschränkt haben. Im letzteren Fall kann durchaus ein schutzwürdiges Interesse an der Geheimhaltung des Vorganges bestehen. Andererseits können auch solche Umstände, die bereits an Dritte verraten worden sind, uU noch als Geheimnis angesehen werden[53]. Es wird hier jedoch maßgeblich auf den Einzelfall ankommen.

23 γ) **Fehlende Offenkundigkeit.** Eine allgemein bekannte Tatsache kann nicht geheim sein. Geheim ist eine Tatsache, die im Zusammenhang mit einem Gewerbebetrieb steht, nur einem eng begrenzten Personenkreis bekannt, also nicht offenkundig ist und nach dem bekundeten Willen des Betriebsinhabers geheimgehalten werden soll[54]. Die geheimzuhaltende Tatsache braucht nicht etwa wie eine Erfindung absolut neu zu sein. Offenkundigkeit ist nicht im Sinne des Neuheitsbegriffs des § 2 PatG zu verstehen[55].

24 Die geheimzuhaltende Tatsache darf nur einem begrenzten Personenkreis bekannt sein[56]. Die Mitwisser müssen einen geschlossenen Kreis bilden. Kein Geheimnis liegt vor, wenn die betreffende Tatsache „beliebigem Zugriff preisgegeben", d. h. offenkundig ist[57]. Andererseits reicht die Möglichkeit einer Kenntnisnahme durch andere Personen nicht aus, um den Geheimnis-Charakter einer Tatsache zu verneinen. Allerdings ist es unschädlich, wenn das Geheimnis (auch außenstehenden) Dritten, z. B. Kunden bekannt ist[58].

25 Die Annahme eines Geheimnisses setzt nicht notwendig voraus, daß sich der Täter die Kenntnisse unmittelbar aus dem Betrieb des Geheimnisträgers verschafft[59]. Ein Geheimnis kann auch anzunehmen sein, wenn beispielsweise eine Firma ein Produktionsverfahren anwendet, das allgemein bekannt ist[60]. Nach einer Entscheidung des RG[61] kann ein Geheimnis auch mit dem Grundgedanken der Mosaiktheorie begründet werden. Diese Mosaiktheorie, die vornehmlich für den Bereich des Staatsgeheimnisses (§ 93 StGB) eine bedeutende Rolle gespielt hat, besagt, daß aus der Zusammenfügung allgemein bekannter Tatsachen ein Geheimnis entstehen kann. Zu denken ist etwa an die Zusammenfassung von an sich bekannten Produktionsdaten, die dann Rückschlüsse auf die Zukunftsplanung der Firma zulassen.

---

[52] OLGSt. § 203 S. 5.
[53] *Lackner* § 203, 14.
[54] RG GRUR 1939, 311; *Klug*-GroßkommAktG § 404, 5.
[55] Baumbach/*Hefermehl* § 17 UWG 3; s. auch RGSt. 31, 90.
[57] Vgl. RGSt. 42, 394, 396.
[56] Baumbach/*Hefermehl* § 17 UWG 3; *v. Stebut* S. 12; *Lutter* S. 130 f.
[58] Vgl. RGSt. 42, 394, 396 f: „Ob Bekanntsein in einem gewissen Personenkreis das Wesen des Geheimnisses im Sinne dieser Gesetzesbestimmung aufhebt, ist wesentlich Tatfrage (vgl. RGSt. 31, 90; 38, 108, 110)."
[59] RGZ 149, 329, 332.
[60] Vgl. BGH GRUR 1955, 424; vgl. bereits oben Rdn 21.
[61] GRUR 1929, 233.

δ) **Der Geheimhaltungswille.** Nach absolut herrschender Meinung[62] macht erst der Wille des Geheimnisinhabers, andere von der Kenntnis einer bestimmten Tatsache auszuschließen, eine unbekannte Tatsache zum Geheimnis[63]. Umstritten ist, welche Anforderungen an die Bildung und Kundgebung des Geheimniswillens zu stellen sind. 26

(1) **Die Erkennbarkeit des Geheimhaltungswillens.** Die Erklärung des Geheimhaltungswillens kann ausdrücklich erfolgen oder sich (konkludent) aus den Umständen ergeben. Eine besondere Kennzeichnung der Tatsache als geheimhaltungsbedürftig, wie sie § 120 BetrVG verlangt, sieht § 85 nicht vor. 27

In der Regel wird sich die Geheimhaltungsbedürftigkeit aus den Umständen ergeben. Eines besonderen Hinweises bedarf es jedoch nicht. Der Geheimnisbegriff ist hier nicht formal, sondern inhaltlich – materiell zu verstehen[64]. Bezeichnungen wie „geheim", „vertraulich" usw. liefern ein Indiz dafür, daß der so bezeichnete Vorgang geheim sein soll, doch läßt sich aus dem Fehlen solcher Hinweise nicht der Schluß ziehen, daß es dann an der Geheimhaltungsbedürftigkeit fehlt. Die Geheimhaltungsbedürftigkeit kann sich aus den Umständen und insbesondere aus dem erkennbaren Interesse der Gesellschaft an der Geheimhaltung ergeben[65]. So wird man davon auszugehen haben, daß die kaufmännische Buchführung ihrem allgemeinen Charakter nach als Geschäftsgeheimnis gelten muß[66]. Bei komplizierten Maschinen und Anlagen ist der Geheimhaltungswille ohne weiteres zu unterstellen, da es sich hier in diesem Falle von selbst versteht, daß die Geheimhaltung für den Berechtigten geschäftliche Bedeutung hat[67]. Im übrigen ist bei allen innerbetrieblichen Vorgängen eine Vermutung für einen entsprechenden Geheimhaltungswillen anzunehmen[68]. Dagegen sind vertrauliche *Informationen an den Betriebsrat*, selbst wenn sie ausdrücklich als geheimhaltungsbedürftig bezeichnet worden sind, regelmäßig als öffentliche Bekanntgabe anzusehen. Die in § 79 BetrVG geregelte Geheimhaltungspflicht der Betriebsratsmitglieder hat *in der Praxis* allerdings nicht die vom Gesetzgeber beabsichtigte Bedeutung erlangt, da sich der Betriebsrat auch bei geheimhaltungsbedürftigen betriebsinternen Angelegenheiten regelmäßig auf die Wahrnehmung (nicht selten nur vorgegebener) Arbeitnehmerinteressen berufen wird und eine Geheimhaltung bereits von vornherein verweigern wird. Erfolgt dennoch eine vertrauliche Mitteilung an den Betriebsrat, kann auch unter Berücksichtigung des § 97 BetrVG infolge der bisherigen Erfahrungen eine weitere Geheimhaltung nicht gewährleistet werden[69]. 28

Regelmäßig wird sich der Geheimhaltungswille jedoch (*konkludent*) aus den Umständen des Einzelfalles bzw. dem *objektiven Interesse der Gesellschaft* ergeben, so daß ein Fehlen ausdrücklicher Hinweise nicht ohne weiteres den Schluß zuläßt, daß es an einem entsprechenden Geheimhaltungswillen fehlt[70]. Gleicher Beurteilung unterliegen die Fälle, in denen der Geschäftsführer bewußt eine Geheimhaltungserklärung nicht abgegeben hat, um die *förmliche Entstehung eines Geschäftsgeheimnisses zu verhindern* und die betreffende Tatsache verwerten zu können, sog. *Umge-* 29

---

62 Vgl. *Arians* S. 330 Fn 38; *v. Stebut* S. 21 ff, 26; *Lutter* S. 136 ff, jeweils mwN; Scholz/*Tiedemann* 10.
63 BGH GRUR 1961, 40, 41.
64 *Klug*-GroßkommAktG § 404, 4.
65 RGSt. 29, 426, 430.
66 RGSt. wie Fn 65.
67 RGZ 149, 329 ff; zustimmend Baumbach/*Hefermehl* § 17 UWG 5.
68 Ähnlich *v. Stebut* DB 1974, 613.
69 *Kohlmann/Löffeler* 130 Fn 194.
70 Vgl. etwa Scholz/*Tiedemann* 10; für das Aktienstrafrecht *Geilen*-KölnKommAktG § 404, 34 sowie allgemein *Schafheutle* S. 83 f.

hung[71]. Ein sachlich begründetes Interesse an der Geheimhaltung ist auch davon unabhängig, ob ein entsprechender Geheimhaltungswille tatsächlich geäußert wurde. Andererseits ist aber auch eine *pauschale Unterwerfung* zur Geheimhaltung *im Anstellungsvertrag* des Geschäftsführers jedenfalls strafrechtlich weitgehend *irrelevant*[72].

30 (2) **Zuständiges Gesellschaftsorgan.** Eine wirksame Erklärung des Geheimhaltungswillens setzt voraus, daß sie von dem hierfür zuständigen Gesellschaftsorgan „abgegeben" wurde. Dies sind entweder die Gesellschafter in ihrer Gesamtheit oder – aus eigenem oder abgeleitetem Recht – auch die Geschäftsführer oder Betriebsleiter[73].

31 ε) **Das Geheimhaltungsinteresse.** Neben fehlender Offenkundigkeit und dem Geheimhaltungswillen setzt das Geheimnis im Sinne des § 85 ein sachlich begründetes Interesse an der Geheimhaltung voraus. Mit diesem Kriterium soll sichergestellt werden, daß die Offenbarung unbekannter Tatsachen, die von keinerlei Bedeutung sind, nicht allein deswegen mit Strafe bedroht werden, weil die Gesellschaft „das will"[74]. Darüber, wie dieses schutzwürdige Interesse inhaltlich zu umreißen ist, besteht im Grundsatz Einigkeit[75], wenngleich sich im Einzelfall schwierige Abgrenzungsfragen stellen können. *Eb. Schmidt*[76] hat das Wirtschaftsgeheimnis zu Recht als ein dem „Unternehmen selbst zukommendes Individualisierungsmoment" bezeichnet, das seine Bedeutung genieße als eine „wesentliche Bedingung der Prosperität, manchmal sogar der Existenz des Unternehmens"[77]. Die Wettbewerbsfähigkeit eines Unternehmens und damit sein Erfolg beruhen sehr wesentlich auf dem tatsächlichen Wissensvorsprung gegenüber anderen Mitbewerbern am Markt. Besondere Herstellungsverfahren, Rezepte usw. dienen der Sicherung dieses Wissensvorsprungs, ihre Bekanntmachung kann zu einer wirtschaftlichen Gefahr für das betroffene Unternehmen führen. Ein sachliches Interesse an der Geheimhaltung liegt hier offen zutage. Ein berechtigtes wirtschaftliches Interesse an der Geheimhaltung kann sich z. B. auch aus Gründen der Wettbewerbsfähigkeit ergeben[78].

32 Es besteht aber auch in den Fällen, in denen die Wettbewerbsfähigkeit nicht unmittelbar berührt zu sein scheint. Denn die GmbH hat ferner auch ein Interesse daran, daß z. B. Personaldaten bzw. Personalakten nicht unberechtigterweise Dritten zugänglich gemacht werden. Denn unabhängig von einer möglichen Strafbarkeit wegen unbefugter Datenübermittlung (§ 41 BundesdatenschutzG) können hieraus gegenüber der GmbH Schadensersatzansprüche des betreffenden Arbeitnehmers erwachsen[79]. Gleiches wird für den Fall anzunehmen sein, in dem der GmbH im Rahmen ihrer Geschäftsbeziehungen ein *Betriebs- oder Geschäftsgeheimnis eines Vertragspartners* anvertraut wird. Denn auch hier kann regelmäßig mit einer Inanspruchnahme auf Schadenersatz gerechnet werden.

33 ζ) **Rechtswidriges Geheimnis?** Es stellt sich die Frage, ob dem Schutz des Gesetzes nur solche Geheimnisse unterfallen, die mit der geltenden Rechtsordnung vereinbar sind oder ob auch rechtswidrige, d. h. der Rechtsordnung widersprechende Ver-

[71] Scholz/*Tiedemann* 8, 10; zur Frage, wer befugt ist, ein Geheimnis für die Gesellschaft verbindlich zu offenbaren, siehe unten Rdn 44 ff.

[72] So ebenfalls zutreffend Scholz/*Tiedemann* 12; ferner unten Rdn 31.

[73] Vgl. näher Scholz/*Tiedemann* 8, 9; *v. Stebut* S. 95 ff.

[74] *v. Stebut* DB 1974, 64; Scholz/*Tiedemann* 12.

[75] Vgl. ferner *Lutter* S. 132 mwN.

[76] 36. DJT 1930, Bd. I, S. 140.

[77] *Eb. Schmidt* aaO, S. 135 f unter Berufung auf *Brunstein.*

[78] *Meyer/Möhrenschlager* WiVerw. 1982, 21, 35.

[79] Vgl. auch § 35; Meyer-Landrut/*Miller* §§ 35–38, 52.

haltensweisen schutzwürdig im Sinne des § 85 sind. Man denke an Produktionsverfahren, die gegen die Vorschriften des Umweltschutzrechts verstoßen, oder an die Auswertung von unrechtmäßig erlangten Patenten.

Im Gegensatz zu einem illegalen Staatsgeheimnis (§§ 93, 97a StGB) steht für den Bereich der Privatgeheimnisse (§ 203 StGB) außer Frage, daß es auf die rechtliche Bewertung des Geheimhaltungsinteresses nicht ankommt[80]. Die Gegenauffassung verkennt, daß die Ausweitung des strafrechtlichen Vermögensschutzes auf rechtswidrige Vorgänge und Zustände[81], wie z. B. beim Betrug (§ 263 StGB) ein Vermögensschutz selbst innerhalb von verbotenen oder beiderseits sittenwidrigen Rechtsgeschäften gewährt wird[82]. Höherrangige entgegenstehende Interessen können den Geheimnischarakter einer Tatsache auch deswegen nicht ohne weiteres beseitigen, weil nicht ein öffentliches, sondern ausschließlich das Gesellschaftsinteresse an der Geheimhaltung geschützt wird, wie schon das Antragserfordernis in § 85 Abs. 3 zeigt. Ferner ist zu berücksichtigen, daß das Bekanntwerden illegaler Verhaltensweisen neben den gesetzlichen Rechtsfolgen (Geldstrafe, Bußgeld, Verbote, ggf. sogar Betriebsstillegung) häufig auch weiterreichende wirtschaftliche Konsequenzen für die Gesellschaft zur Folge haben kann (z. B. Umsatzrückgänge durch die Einbuße des „guten Rufs"). So kommt es nicht selten vor, daß es dem – zumeist inzwischen ausgeschiedenen – Täter allein darum geht, die GmbH gezielt zu schädigen[83]. Mithin erscheint es nicht sachgerecht, ein rechtswidriges Gesellschaftsgeheimnis bereits tatbestandlich zu verneinen. Inwieweit ein demnach sachlich begründetes Geheimhaltungsinteresse darüber hinaus auch als „berechtigt" bzw. „rechtlich schutzwürdig" angesehen werden kann, muß vielmehr von der Frage abhängen, ob für den Täter im Einzelfall eine Befugnis oder sogar Verpflichtung zur Offenbarung besteht[84]. Eine Befugnis zur Verwertung illegaler Gesellschaftsgeheimnisse kann jedoch unter keinem denkbaren Gesichtspunkt hergeleitet werden.

b) Kenntniserlangung. Dem Täter muß die Tatsache in seiner Eigenschaft als **34**
Geschäftsführer usw. bekanntgeworden sein. Damit soll sichergestellt werden, „daß nur solche Tatsachen als Verratsobjekt in Betracht kommen können, deren Kenntniserlangung kausal" aus der Tätigkeit als Geschäftsführer herzuleiten ist[85]. Eine Kenntniserlangung auf anderem Wege genügt nicht[86]. Jedoch ist die kausale Verknüpfung nicht zu eng auszulegen. Es genügt, wenn ein sachlicher Zusammenhang zwischen der Tätigkeit des Geschäftsführers und der Kenntniserlangung besteht. So kann der Umstand, daß der kaufmännische Geschäftsführer aus Versehen die für seinen technischen Kollegen bestimmte Post öffnet, ausreichen, um eine solche Kenntniserlangung zu bejahen[87].

3. Die Tathandlungen

Als Tathandlungen in Betracht kommen das unbefugte Offenbaren (Abs. 1) und **35**
das unbefugte Verwerten (Abs. 2 Satz 2) des Geheimnisses. Beide Merkmale stehen

---

[80] Vgl. etwa Schönke/Schröder/*Lenckner* § 203, 11 mwN.
[81] Scholz/*Tiedemann* 13.
[82] Hierzu BGHSt. 2, 364; BGH MDR/D 1975, 29.
[83] Scholz/*Tiedemann* wie Fn 81; *Geilen*-KölnKommAktG § 404, 41, 44; aA *Schafheutle* S. 87f mwN; *Arians* S. 337f, die sich jedoch zu Unrecht auf § 93 Abs. 2 StGB berufen, wonach illegale Staatsgeheimnisse angeblich keinen Schutz mehr genießen, dabei aber § 97a StGB völlig übersehen; hiergegen mit zutreffenden Argumenten *Geilen*-KölnKommAktG § 404, 43; Scholz/*Tiedemann* aaO.
[84] *Geilen*-KölnKommAktG § 404, 44 mwN; Schönke/Schröder/*Lenckner* § 203, 7.
[85] Vgl. *Arians* S. 354.
[86] Scholz/*Tiedemann* 5; Baumbach/Hueck/*Schulze-Osterloh* 12; *Meyer/Landrut* 6.
[87] Scholz/*Tiedemann* wie Fn 86.

selbständig nebeneinander. Insbesondere ist die unbefugte Verwertung kein Spezialfall der unbefugten Offenbarung[88]. Im Einzelfall kann es allerdings zu Überschneidungen kommen.

36 a) **Offenbaren.** Was zunächst den Begriff des Offenbarens anlangt, ist festzuhalten, daß Rechtsprechung und Literatur ihn sehr weit ausdehnen. Offenbarung ist jede Mitteilung an einen anderen, dem das Geheimnis noch nicht bekannt ist[89]. Es genügt, wenn es dem Zugriff außenstehender Dritter preisgegeben ist[90]. Auch die Bestätigung unbestimmter Gerüchte als richtig kann das Merkmal des Offenbarens erfüllen[91]. Dem Adressaten muß die Tatsache neu, mindestens aber noch nicht sicher bekannt sein[92].

37 Die Tathandlung kann sowohl durch **schlüssiges Handeln** als auch durch **Unterlassen** verwirklicht werden, z. B. wenn der Zugriff außenstehender Dritter *pflichtwidrig* nicht verhindert wird[93]. Nach heute hM[94] braucht der Empfänger die Mitteilung nicht (vollständig) verstanden zu haben[95].

38 b) **Verwerten.** Unter Verwertung ist das wirtschaftliche Ausnutzen des Geheimnisses zum Zwecke der Gewinnerzielung zu verstehen[96]. Nach Auffassung des RG setzte der Begriff „Verwertung" voraus, daß eine praktische Verwendung zu gewerblichen Zwecken stattgefunden hat[97]. Nach heute herrschender Meinung muß der Täter mit der Verwertung nicht unbedingt gewerbliche Zwecke verfolgt haben. Notwendig ist aber, daß die Tat auf Gewinnerzielung gerichtet ist[98]. Daraus ergibt sich, daß als Tatobjekte nur solche Geheimnisse in Betracht kommen, die einen wirtschaftlichen Wert verkörpern. Die *nicht-wirtschaftliche* Verwertung, z. B. zu politischen Zwecken[99] oder zum Zweck einer Erpressung wird von § 85 danach *nicht* erfaßt[100]. In diesen Fällen kann lediglich eine unbefugte Offenbarung angenommen werden[101].

39 Eine Verwertung kann demnach vorliegen, wenn der Geschäftsführer ein Patent des Anstellungsunternehmens zur eigenen Produktion benutzt, also schon in der bloßen Herstellung einer Maschine[102], wie auch in der Verbesserung einer fertigen Maschine[103]. Eine Verwertung liegt regelmäßig auch dann vor, wenn der Geschäftsführer auf dem individuellen Kundenstamm des Anstellungsunternehmens eine eigene Firma gründet[104]. Eine Verwertung ist ebenfalls anzunehmen, wenn der Geschäftsführer seine in der Erinnerung haftende Kenntnis von gesellschaftsinternen

---

88 *Klug*-GroßkommAktG § 404, 10.
89 RGSt. 26, 5, 8.
90 *Klug*-GroßkommAktG § 404, 7.
91 RGSt. 38, 62, 65; Scholz/*Tiedemann* 14; Baumbach/Hueck/*Schulze-Osterloh* 13; *Meyer/Landrut* 6.
92 *Dreher/Tröndle* § 203, 26.
93 *Arians* S. 356; Scholz/*Tiedemann*; Baumbach/Hueck/*Schulze-Osterloh* jeweils wie Fn 91; Lutter/*Hommelhoff* 5; *Meyer/Landrut* wie Fn 91; Schönke/Schröder/*Lenckner* § 203, 19; eine entsprechende Garantenstellung ergibt sich für den Geschäftsführer aus § 43 Abs. 1.
94 *Arians* S. 357 Fn 38 mwN; Baumbach/*Hefermehl* § 17 UWG 5.
95 Vgl. auch RGSt. 51, 184, 189.
96 Vgl. Scholz/*Tiedemann* 15; Baumbach/Hueck/*Schulze-Osterloh* 42; Lutter/*Hommelhoff* 6; Rowedder/*Fuhrmann* 10; *Meyer/Landrut* 8; vgl. auch BTDrucks. 7/550, S. 244 (zur Neufassung des § 203 StGB); in gleichem Sinn auch die Rspr. zu § 17 UWG, RGSt. 39, 83, 85; 40, 406, 408; 63, 205, 206.
97 RGSt. 39, 83 ff; 40, 406.
98 Scholz/*Tiedemann* 15; Schönke/Schröder/*Lenckner* § 204, 5 m. Nachw.; abweichend *Klug*-GroßKommAktG § 404, 10: „jede Verwertung, gleichgültig zu welchem Zweck".
99 Vgl. *Dreher/Tröndle* § 203, 3.
100 Vgl. Schönke/Schröder/*Lenckner* § 204, 5; Scholz/*Tiedemann* wie Fn 98.
101 *Meyer-Landrut* wie Fn 96; Schönke/Schröder/*Lenckner* § 203, 5; *Geilen*-KölnKommAktG § 404, 57; **aA** *Rein* VersR 1976, 117, 123.
102 RGSt. 40, 406, 408.
103 Baumbach/*Hefermehl* § 17 UWG 37.
104 Schönke/Schröder/*Lenckner* § 204, 6.

Geschäftsvorgängen dadurch festigt, daß er systematisch „unredlich" seine Kenntnis durch Sammlung betriebsgeheimer Unterlagen festigt und vertieft und diese Sammlung später bei einer anderen Firma verwendet, wobei unerheblich ist, ob er die so erlangte Kenntnis rein gedächtnismäßig verwendet oder bei ihrer Verwertung auch auf schriftliche Unterlagen zurückgreift[105]. Der sog. *„Geheimnisverkauf"* ist ein Fall des entgeltlichen Offenbarens (§ 85 Abs. 2 Satz 1), da diese Art der „Verwertung" wirtschaftlich betrachtet nicht als eigene, sondern vielmehr als fremde Ausnutzung eines Geheimnisses anzusehen ist[106]. Ob die Verwertung ihr Ziel erreicht hat, ist ohne Belang, sofern der Geschäftsführer für die beabsichtigte wirtschaftliche Verwertung eine nach seiner Vorstellung erforderliche oder geeignete Tätigkeit entwickelt hat[107]. Er würde sich demzufolge selbst dann strafbar machen, wenn sich die geplante Verwertung im nachhinein als völliger Fehlschlag erweist. Andererseits sind solche Verhaltensweisen, die der eigentlichen Verwertung nur vorgelagert sind, lediglich *straflose Vorbereitungshandlungen* wie z. B. Einrichtung einer Produktionsanlage zur späteren Herstellung eines Konkurrenzproduktes[108]; das bloße Ansichnehmen einer Zeichnung; die Aufnahme der Produktion ist dagegen bereits vollendetes Verwerten.

Entgegen einer verbreiteten Auffassung im Schrifttum setzt die wirtschaftliche **40** Verwertung *nicht* voraus, daß aus der Sicht des Täters eine *unmittelbare Gewinnrealisierung in Kenntnis der dadurch eintretenden Entreicherung der GmbH* bevorsteht[109]. Ausgehend vom Wortlaut und dem durch § 85 geschützten Rechtsgut vermag eine derart restriktive Auslegung des Verwertungsbegriffs nicht zu überzeugen. Denn es geht nicht allein um die Interessen der Gesellschaft, sondern auch um den Schutz des Vertrauens in die Verschwiegenheit der genannten Tätergruppen und die Funktionstüchtigkeit der GmbH als Institution. Wenn der Geschäftsführer ein ihm anvertrautes Geheimnis wirtschaftlich ausnutzt, um daraus einen Gewinn zu erzielen, stellt dies regelmäßig bereits eine *abstrakte Gefahr* für die Gesellschaft dar. Ob es dann zu einer konkreten Gefährdung der Gesellschaftsinteressen kommt, oder ob diese Gefahr sich zu einem Schaden auswächst, ist nach dem Wortlaut des § 85 jedenfalls unerheblich.

Ob auch die in neuerer Zeit zunehmend zu beobachtende Verwertung sogenannter **41** *Insider-Informationen* unter § 85 Abs. 2 Satz 1 fällt[110], wird vor dem Hintergrund des vorstehend dargelegten Meinungsstreits ebenfalls unterschiedlich beurteilt. An diesem Verhalten ist zu mißbilligen, daß ein Geschäftsführer (Insider) unter Verletzung seiner allgemeinen Treuepflicht gegenüber der GmbH einen Wissensvorsprung ausnutzt, den er aufgrund seiner Vertrauensstellung innerhalb der Gesellschaft erhalten hat. Die besondere Geheimhaltungsbedürftigkeit von Insider-Infor-

---

105 BGHSt. 13, 333, 335.

106 Scholz/*Tiedemann* 15; Baumbach/Hueck/*Schulze-Osterloh* 42; *Geilen*-KölnKommAktG § 404, 59 mwN; iE ebenso *Vogt/Vogt* JuS 1980, 860, 862.

107 RG MuW 1909/10, 96; Scholz/*Tiedemann* 16; *Geilen*-KölnKommAktG § 404, 67, 69; zu weitgehend allerdings Baumbach/Hueck/*Schulze-Osterloh* wie Fn 106, wonach der mit der Verwertung erstrebte Erfolg greifbar nahe gekommen sein muß.

108 RGSt. 39, 83, 85; 40, 406, 408; 63, 205, 206.

109 Scholz/*Tiedemann* 16; Schönke/Schröder/*Lenckner* § 204, 5.

110 Beispiele bei *Kohlmann/Löffeler* 156; ferner *Dingeldey* S. 31; *Ulsenheimer* NJW 1975, 1999, 2000 f; *ders.* in HWiStR, Stichwort: Insider-Information; *Holschbach* NJW 1973, 2006; so sehen etwa Baumbach/Duden/*Hopt* § 323 HGB 1 C in der Vorschrift des § 323 Abs. 1 Satz 2 ein „klares gesetzliches Verbot der Ausnutzung von Insiderinformationen", die offensichtlich in jedem Fall strafbar sein soll; hier jedoch zu der mit § 85 inhaltsgleichen Bestimmung des § 333 Abs. 1 Satz 2 HGB.

mationen findet ihre Begründung darin, daß bei Bekanntwerden entsprechender Umstände die Kurswerte bestimmter Aktien oder Werte sonstiger Geschäftsanteile beeinflußt werden können. Neben einer Verletzung der Chancengleichheit aller übrigen Kapitalanleger hat ein solches Verhalten regelmäßig auch eine nicht zu unterschätzende Vertrauenseinbuße der betreffenden Wirtschaftskreise zur Folge. Denn mit einem Unternehmen, dessen Geschäftsleitung vertrauliche Informationen ohne Rücksicht auf die Interessen aller Beteiligten zum eigenen oder fremden Vorteil ausnutzt, ist eine weitere kooperative Zusammenarbeit nicht mehr ohne weiteres bzw. nur noch eingeschränkt möglich. Der hier offensichtlich vorliegende Verstoß gegen § 323 Abs. 1 Satz 2 HGB mag zwar eine Gewinnabführungspflicht gem. § 667 BGB und ggf. auch eine Schadensersatzpflicht gem. § 323 Abs. 1 Satz 3 HGB auslösen[111]. Ob sich der Geschäftsführer hierdurch allerdings auch strafbar macht, wird äußerst kontrovers diskutiert.

42 Nach einer im Schrifttum vordringenden Auffassung soll „jede Verwertung, gleichgültig zu welchem Zweck", für § 85 Abs. 2 Satz 1 ausreichen, und zwar unabhängig davon, ob der GmbH hierdurch ein Vermögensschaden erwachsen ist oder erwachsen kann[112]. Nach hM, die zumindest eine potentielle Vermögensgefährdung auf seiten der GmbH verlangt[113], kann die Verwertung von Insider-Informationen dagegen nur dann zu einer Strafbarkeit gem. § 85 Abs. 2 Satz 1 führen, wenn die GmbH hierdurch wenigstens einen *Imageschaden* erleidet[114]. Der Mißbrauch geheimer Insider-Informationen zur Erlangung persönlicher Vorteile führt, selbst wenn ein unmittelbarer Schaden der GmbH ausgeschlossen ist, nicht nur zu einer persönlichen Vertrauenseinbuße innerhalb der Gesellschaft. Der eigentliche Schaden liegt vielmehr in dem *Vertrauensverlust*, den die Gesellschaft uU im Rahmen ihrer sonstigen Geschäftsbeziehungen erleidet. Es liegt auf der Hand, daß ein derartiger Imageschaden mit hoher Wahrscheinlichkeit dann auch erheblich materiell meßbare Nachteile zur Konsequenz haben wird. Im Einzelfall kann ein solch *mittelbarer Schaden* für die GmbH (Aussschluß aus bestimmten Gremien, eingeschränkter Informationsaustausch, engere geschäftliche Kontakte mit der betreffenden Gesellschaft werden von anderen Unternehmen gemieden, Auftragsrückgänge infolge negativer Publicity oder mit Rücksichtnahme auf die im Einzelfall geschädigten Drittunternehmen etc.) mitunter sogar weitaus höher zu veranschlagen sein, als ein möglicher unmittelbarer Schaden (etwa durch Vereitelung von Eigenverwertungschancen seitens der GmbH). Der gesamtwirtschaftliche Schaden bleibt hierbei noch außer Betracht. Eine Imageeinbuße im Wirtschaftsverkehr hat also nicht lediglich einen immateriellen Schaden zur Folge, sondern wird nicht selten mit der (konkreten!) Gefahr erheblicher finanzieller (Folge-)Schäden verbunden sein. Eine Strafbarkeit muß jedoch dann entfallen, wenn gleichzeitig mit der Verwertung eine offizielle Bekanntgabe der entsprechenden Informationen erfolgen soll; dann wäre auch eine Verwertung befugt.

43 Gleichwohl soll die Unzulänglichkeit der derzeitigen Regelung in diesem Bereich nicht geleugnet werden, nicht zuletzt auch in Anbetracht des Antragserfordernisses, das eine effektive Strafverfolgung stark relativiert. Daß die derzeitigen Regelungen

---

111 Baumbach/Duden/*Hopt* § 323, 1 C, E; die ansonsten einschlägigen Insiderrichtlinien und Händlerregeln sind für den Geschäftsführer nicht anwendbar.

112 Baumbach/Hueck/*Schulze-Osterloh* 42; *Dingeldey; Ulsenheimer*; jeweils wie Fn 110; *v. Stebut* DB 1974, 613; *Geilen*-KölnKommAktG § 404, 63; Baumbach/Duden/*Hopt* § 323, 1 C.

113 Scholz/*Tiedemann* 17; *Meyer-Landrut* 8; Schönke/Schröder/*Lenckner* § 204, 5; *Richter* GmbH-Rdsch. 1984, 113, 117.

114 So zutreffend *Geilen* wie Fn 112.

in bezug auf Insider-Geschäfte – insbesondere die bloß freiwilligen Insider-Richtlinien und Beschränkungen – unzureichend sind, dürfte somit außer Frage stehen. Ein aktueller Gesetzgebungbedarf besteht jedoch inzwischen aufgrund der EG-Richtlinie des Rates 89/592 vom 13. 11. 1989 zur Koordinierung der Vorschriften betreffend Insider-Geschäfte[115]. Gemäß Art. 13 dieser Richtlinie müssen die staatlichen Sanktionen künftig „so weit gehen, daß sie einen hinreichenden Anreiz zur Einhaltung der Vorschriften darstellen". Der Gesetzgeber beabsichtigt nunmehr zum 1. 4. 1994 leichte Verstöße gegen Insiderbeschränkungen durch Androhung von Geldstrafen und in besonders schweren Fällen auch durch Haftstrafen bis zu drei Jahren zu ahnden[116]. Der Regelfall besteht aber gerade darin, daß die Insider-Information entweder überhaupt nicht, oder jedenfalls nicht vor einem bestimmten Termin in die Öffentlichkeit gelangen soll[117].

c) **„Unbefugt".** Sowohl das Offenbaren wie auch das Verwerten müssen unbe- 44
fugt erfolgen. Dies ist anzunehmen, wenn der Täter das Geheimnis offenbart oder verwertet ohne Zustimmung des Verfügungsberechtigten bzw. ohne eine Befugnis für sein Handeln. Das Merkmal „unbefugt" verdankt seine Existenz vor allem der Tatsache, daß der Geheimnisträger über das Geheimnis frei verfügen kann und sein Geheimhaltungswille ein konstituierendes Merkmal des Geheimnisses darstellt[118]. Das Einverständnis des Geheimnisträgers mit der Offenbarung usw. wirkt deshalb tatbestandsausschließend[119]. Trotz fehlenden Einverständnisses kann der Täter aufgrund von Rechtfertigungsgründen zu seinem Handeln befugt sein. Insoweit wird durch das Merkmal „unbefugt" die Rechtswidrigkeit berührt[120].

α) **Tatbestandsausschließende Zustimmung.** Der Geschäftsführer handelt dem- 45
nach befugt, wenn die Offenbarung mit Zustimmung des Geheimnisträgers erfolgt[121]. Die *Wirksamkeit* dieser Zustimmung hängt davon ab, wer befugt ist, die Geheimnisse der Gesellschaft verbindlich zu offenbaren und damit aufzuheben. Geheimnisträger und damit verfügungsbefugt ist zwar die Gesellschaft selbst. Als juristische Person kann die GmbH jedoch nur durch ihre verfügungsberechtigten Organe handeln, und das sind zunächst wiederum die Geschäftsführer als die allein zur Geschäftsführung und Vertretung berufenen Organe der GmbH (vgl. §§ 35 ff). Dies hätte allerdings letztlich zur Folge, daß der jeweilige Geschäftsführer sich selbst gegenüber sein Einverständnis in die von ihm begangene Geheimnisverletzung erklären könnte. Zur Vermeidung derartiger Konsequenzen wird man folgende Einschränkungen zu beachten haben: Hat die Gesellschaft nur *einen* Geschäftsführer, so kann dessen Geschäftsführungsbefugnis zwar auch grundsätzlich die Offenbarung eines Gesellschaftsgeheimnisses zulassen; die Befugnis zu derartigen Offenbarungen ist aber streng am Maßstab einer ordnungsgemäßen und gewissenhaften Geschäftsführung zu beurteilen[122]. Ausfluß der in § 43 Abs. 1 begründeten Sorg-

[115] ABlEG Nr. L 334/30 vom 18. 11. 1989.
[116] Vgl. *Die Welt* v. 3. 6. 1993, S. 17.
[117] Hierzu näher *Dingeldey; Ulsenheimer*, jeweils wie Fn 110.
[118] *Arians* S. 358.
[119] So mit Recht *Arians* wie Fn 117; Schönke/Schröder/*Lenckner* § 203, 22; Scholz/*Tiedemann* 17 f; aA bzgl. § 203 StGB die herrschende Meinung, vgl. die Nachweise bei *Lenckner* aaO.
[120] Vgl. Schönke/Schröder/*Lenckner* wie Fn 119 m. Nachw.: „Doppelfunktion" des Merkmals „unbefugt".
[121] OLG Köln NJW 1962, 686 ff; Scholz/*Tiedemann* 20; *Meyer-Landrut* 6; Schönke/Schröder/*Lenckner* § 203, 22; i. Erg. ebenso Baumbach/Hueck/*Schulze-Osterloh* 17; aA OLG Schleswig NJW 1985, 1090, 1092; Rowedder/*Fuhrmann* 9; *Dreher/Tröndle* § 203, 27; *Rogall* NStZ 1986, 6, wonach die Zustimmung nur als Rechtfertigungsgrund angesehen wird; zG näher *van Venrooy* GmbH-Rdsch. 1993, 609, 613 ff.
[122] *Meyer-Landrut* 6; aA Scholz/*Tiedemann* 20: nur bei Zustimmung der Gesellschafterversammlung; eingeschränkt: Lutter/*Hommelhoff* 4; dagegen zutreffend: *Meyer-Landrut* aaO.

faltspflicht ist auch die *Loyalitätsverpflichtung* des Geschäftsführers, die es gebietet, in allen Angelegenheiten, die das Wohl der GmbH berühren, alleine deren Wohl und nicht den eigenen Nutzen im Auge zu haben[123]. Jedes Verkaufsgespräch und jede Auftragserteilung kann uU die Offenlegung von Betriebs- oder Geschäftsgeheimnissen erfordern. Solange eine derartige Offenlegung im Einklang mit einer ordnungsgemäßen Geschäftsführung steht, würde die Annahme eines strafbaren Geheimnisverrates dem Interesse der Gesellschaft zweifellos zuwiderlaufen. Sind mehrere Geschäftsführer im Amt, so handelt der einzelne Geschäftsführer nur dann befugt iS des § 85, wenn sämtliche Geschäftsführer ihr Einverständnis erklärt haben. Eine Ausnahme kann allenfalls dann gelten, wenn ein Geschäftsführer ein seinem ausschließlichen Verantwortungsbereich zuzuordnendes Geheimnis offenbart und hierbei nicht gegen die ihm obliegende Sorgfaltspflicht verstößt. Nach dem *Ausscheiden* des Geschäftsführers kommt es auf die Erklärung seines amtierenden Nachfolgers an. Eine Einverständniserklärung hinsichtlich solcher Geheimnisse, die speziell den Aufsichtsrat und dessen Tätigkeit betreffen, kann demgegenüber nur der Aufsichtsrat erteilen[124]. Schließlich kann auch die Gesellschafterversammlung als oberstes Willensbildungsorgan der GmbH die Geschäftsführung im Einzelfall oder generell zur Offenlegung von Geheimnissen anweisen[125].

46 **β) Offenbarungsbefugnis aufgrund von Rechtfertigungsgründen (Einzelfälle).** Eine Offenbarungsbefugnis besteht auch dann, wenn sich der Geschäftsführer auf einen Rechtfertigungsgrund berufen kann. Hervorzuheben ist folgendes:

47 Für eine **mutmaßliche Einwilligung** wird – sofern der Geschäftsführer nicht kraft eigener Entscheidungskompetenz handeln darf – nur in besonders wichtigen Eil- oder Notfällen Raum sein, also wenn ein etwa erforderliches Einverständnis seitens der Mitgeschäftsführer, des Aufsichtsrates oder der Gesellschafterversammlung nicht eingeholt werden kann[126].

48 Zur Offenbarung nicht nur befugt, sondern sogar verpflichtet ist der Geschäftsführer aufgrund der **Auskunfts- und Informationspflichten gegenüber den Gesellschaftern und dem Aufsichtsrat**, vgl. §§ 51 a, 52 Abs. 1 iVm. § 90 AktG[127]. Eine Offenbarungsbefugnis besteht auch gegenüber konzernverbundenen Unternehmen[128]. Ist zu befürchten, daß ein Gesellschafter eine Information zu gesellschaftsfremden bzw. den Interessen der Gesellschaft zuwiderlaufenden Zwecken verwenden will, namentlich wenn dieser Gesellschafter in Beziehungen zu einem Konkurrenzunternehmen steht, und die Information zu wettbewerblichen Zwecken verwen-

---

123 So die ständige Zivilrechtsprechung BGH WM 1967, 679 = GmbH-Rdsch. 1963, 141; WM 1977, 361 = GmbH-Rdsch. 1977, 129; WM 1983, 498; WM 1985, 1443; *Meyer-Landrut*, wie Fn 122.

124 Baumbach/Hueck/*Schulze-Osterloh* 11; *Meyer-Landrut* wie Fn 122.

125 Scholz/*Tiedemann* 20; Baumbach/Hueck/*Schulze-Osterloh* wie Fn 124; *Meyer-Landrut* 4; ferner *van Venrooy* wie Fn 121.

126 Scholz/*Tiedemann* 20.

127 Scholz/*Tiedemann* 21; Baumbach/Hueck/*Schulze-Osterloh* 20; Lutter/*Hommelhoff* 7; *Meyer-Landrut* 6; zum Inhalt der Informationspflicht näher § 51 a Rdn 20 ff (*Hüffer*); *Meyer-Landrut* § 51 a Rdn 3 ff; *v. Bitter* ZIP 1981, 825, 829; sowie neuestens *Säcker* NJW 1986, 803, 805 zum Informationsaustausch innerhalb des Aufsichtsrates; s. hierzu auch das *„Herstatt-Urteil"* des BGH in BGHZ 75, 120 ff = NJW 1979, 1879 und NJW 1983, 563 ff, wonach im Einzelfall sogar Informationen an externe Dritte zulässig sein sollen, sofern die Verantwortlichen des Unternehmens zur Beseitigung eines Mißstandes zuvor alles in ihren Kräften Stehende unternommen haben. Zur Schweigepflicht für Vertreter der Arbeitnehmerseite im Aufsichtsrat vgl. auch *Geilen*-KölnKommAktG § 404, 84.

128 Baumbach/Hueck/*Schulze-Osterloh* 25; näher *Lutter* S. 48 ff, 151 ff.

det werden kann, so steht dem Geschäftsführer allerdings im Rahmen des § 51 a Abs. 2 die Möglichkeit offen, die betreffende Information zu verweigern[129].

Die in *§§ 81 f BetrVG* vorgesehene Unterrichtungspflicht des Arbeitgebers gegenüber den Arbeitnehmervertretern bedarf hinsichtlich solcher Gesellschaftsgeheimnisse, deren Bekanntgabe nicht ausdrücklich gesetzlich angeordnet ist (so alle betriebliche Angelegenheiten, die die Arbeitnehmer in ihrer Person betreffen, § 81 BetrVG; Gehaltsabrechnungen, § 82 Abs. 2 BetrVG; Personalakten, § 83 BetrVG), einer *sorgfältigen Interessenabwägung*. Denn infolge bisheriger Erfahrungen wird sich der Betriebsrat auch in Anbetracht der in § 79 BetrVG geregelten Geheimhaltungspflicht auf die Wahrnehmung mehr oder weniger berechtigter Arbeitnehmerinteressen berufen und eine Geheimhaltung von vornherein verweigern. Erfolgt gleichwohl eine vertrauliche Mitteilung an den Betriebsrat, die auch gem. § 79 BetrVG als geheimhaltungsbedürftig bezeichnet worden ist, bietet auch die Strafbestimmung des § 120 Abs. 1 BetrVG (Geheimnisverrat seitens der Arbeitnehmervertreter) keinen hinreichenden Schutz. Denn der Betriebsrat kann sich in der Regel sicher sein, daß die Unternehmensleitung im Hinblick auf den künftigen Betriebsfrieden von dem für die Strafverfolgung notwendigen Strafantrag absehen wird. 49

Der Geschäftsführer handelt auch befugt, wenn er bzw. die Gesellschaft aufgrund **verwaltungsrechtlicher Auskunftspflichten** zur Offenbarung verpflichtet ist[130]. Zu nennen sind hier beispielsweise Offenbarungspflichten im Steuerrecht (etwa §§ 90, 93 AO), AußenwirtschaftsG, KriegswaffenkontrollG, BundesleistungsG, SicherstellungsG, im Rahmen von Subventionsgesetzen, in der GewO (etwa §§ 24 b, 139 b), im Sozialrecht (etwa §§ 98, 99 SGB X/Kap. 3) usw. 50

Die in der Praxis wohl kaum eine Rolle spielende **Anzeigepflicht gem.** § 138 **StGB** geht kraft ausdrücklicher Gesetzesvorschrift (§ 139 Abs. 2 und 3 StGB) der Geheimhaltungspflicht des § 85 vor[131]. 51

Hinsichtlich der **Aussagepflicht** des Geschäftsführers **als Zeuge vor Gericht** oder einem Parlamentarischen Untersuchungsausschuß ist zu unterscheiden. Steht dem Geschäftsführer kein gesetzliches Zeugnisverweigerungsrecht zu, so geht die Zeugenpflicht der sich aus § 85 ergebenden Geheimhaltungspflicht vor[132]. § 85 begründet folglich kein generelles Aussageverweigerungsrecht[133]. Demgegenüber kann sich der *zeugnisverweigerungsberechtigte Geschäftsführer* durch eine Aussage strafbar machen, wenn kein besonderer Rechtfertigungsgrund oder kein Einverständnis des Geheimnisträgers vorliegt. Ein derartiges Zeugnisverweigerungsrecht betreffend Geschäftsgeheimnisse ist im Zivilprozeß umfassend gewährleistet, vgl. §§ 383 Abs. 1 Nr. 6, 384 Nr. 3 ZPO. Diese Vorschriften betreffen das sog. *Gewerbegeheimnis*. Nach § 383 Abs. 1 Nr. 6 ZPO sind „Personen, denen kraft ihres Amtes, Standes oder Gewerbes Tatsachen anvertraut sind, deren Geheimhaltung durch ihre Natur oder gesetzliche Vorschrift geboten ist (hier § 85), in betreff der Tatsachen, auf welche die Verpflichtung zur Verschwiegenheit sich bezieht“ zur Verweigerung des Zeugnisses berechtigt. Gem. *§ 384 Nr. 6 ZPO*, dessen Anwendbarkeit lediglich von 52

129 BGHZ 14, 53, 59; OLG Karlsruhe GmbH-Rdsch. 1985, 363; OLG Köln WM 1986, 761, 763; § 51 a, 75 f (*Hüffer*).

130 Scholz/*Tiedemann* 22; Baumbach/Hueck/*Schulze-Osterloh* 19; *Meyer-Landrut* 6.

131 Scholz/*Tiedemann* 21; Baumbach/Hueck/*Schulze-Osterloh* 24; für das Aktienrecht *Geilen*-KölnKommAktG § 404, 79.

132 Vgl. auch Schönke/Schröder/*Lenckner* § 203, 29; *Dreher/Tröndle* § 203, 30 jew. mwN.

133 BVerfG DB 1975, 1936; BVerfGE 76, 363, 387 = NJW 1988, 897, 899; LG Bonn NJW 1987, 790, 792; Rowedder/*Fuhrmann* 9.

Baumbach/Hueck/*Schulze-Osterloh*, aaO jedoch ohne nähere Angabe von Gründen bestritten wird, kann das Zeugnis ebenfalls verweigert werden „über Fragen, die der Zeuge nicht würde beantworten können, ohne ein Kunst- oder Gewerbegeheimnis zu offenbaren". Im Strafprozeß existiert dagegen nur ein auf bestimmte Berufsgruppen beschränktes Zeugnisverweigerungsrecht, vgl. § 53 StPO. In Betracht kommen insbesondere Geschäftsführer von Wirtschaftsprüfungs- und Steuerberatungsgesellschaften sowie Geschäftsführer von Gesellschaften, die in der Presse- und Rundfunkbranche tätig sind, letztere haben jedoch nur ein Zeugnisverweigerungsrecht „über die Person des Verfassers, Einsenders oder Gewährsmannes von Beiträgen und Unterlagen sowie über die ihnen im Hinblick auf ihre Tätigkeit gemachten Mitteilungen, soweit es sich um Beiträge, Unterlagen und Mitteilungen für den redaktionellen Teil handelt". Insoweit besteht grundsätzlich die *Pflicht zur Ausübung des prozessualen Zeugnisverweigerungsrechts*[134].

53 Eine Offenbarung kann ferner deswegen befugt sein, weil sie zum **Schutz erheblicher Eigeninteressen** erforderlich ist. Hierbei handelt es sich um einen Fall des rechtfertigenden Notstandes (§ 34 StGB), der nach den allgemeinen Regeln der Interessen- und Güterabwägung zu beurteilen ist[135]. Soweit es um die *Wahrung eigener Vermögensinteressen* geht, ist als Grundsatz festzuhalten, daß eine Offenbarung dann als befugt anzusehen ist, wenn sie zur sachgerechten Wahrnehmung der Interessen des Geschäftsführers geboten ist, wie z. B. bei der Geltendmachung von Provisionen, Tantiemen und Honorarforderungen; Rechtsstreit hinsichtlich der Wirksamkeit einer Geschäftsführerbestellung oder Abberufung. Voraussetzung ist allerdings sowohl eine Berücksichtigung der Besonderheiten des Einzelfalls als auch, daß vor der Offenbarung eine Abwägung zwischen den Interessen des Geschäftsführers und denen der GmbH vorgenommen wird. Erst wenn feststeht, daß die Interessen des Geschäftsführers diejenigen des Unternehmens erheblich übersteigen, ist die erfolgte Offenbarung als befugt anzusehen[136]. Eine Offenbarungsbefugnis ist auch innerhalb von *Strafverfahren gegen den Geschäftsführer* anzunehmen, sofern sie zu einer sachgerechten Verteidigung erforderlich ist[137].

54 Aber auch die **Wahrnehmung erheblicher Fremd- oder Allgemeininteressen** kann im Einzelfall eine Offenbarung rechtfertigen. Soll durch die Tat ein unschuldiger Dritter vor strafrechtlicher Verfolgung geschützt werden, ist § 34 StGB stets zu bejahen[138]. Gleiches gilt für den Fall, daß durch die Offenbarung Dritte oder die Allgemeinheit vor Gefahren an Leben, Gesundheit oder Vermögen geschützt werden sollen[139], so etwa im Bereich der Umweltkriminalität.

55 Bei der Frage, ob und inwieweit das Interesse an der **Aufdeckung und Aufklärung von Straftaten** eine Offenbarung rechtfertigt, ist wiederum zu differenzieren: Die in der Praxis wohl kaum eine Rolle spielende *Anzeigepflicht gem. § 138 StGB* geht kraft ausdrücklicher Gesetzesvorschrift (§ 139 Abs. 2 und 3 StGB) der Geheimhaltungspflicht des § 85 vor[140]. Unter Heranziehung der zum inhaltsgleichen § 17

---

134 Scholz/*Tiedemann* 23 mwN.

135 HM; Scholz/*Tiedemann* 25; Baumbach/Hueck/*Schulze-Osterloh* 22; Schönke/Schröder/*Lenckner* § 203, 30, 33; 80 Vor § 32; SK-*Samson* § 203, 43; *Schünemann* ZStW 90 (1978), S. 11, 61 f; aA etwa *v. Stebut* S. 140, der eine entsprechende Anwendung des § 193 StGB bejahen will.

136 Vgl. Scholz/*Tiedemann* 25; Rowedder/*Fuhrmann* 9, die verlangen, daß die Offenbarung für die Interessenwahrung des Geschäftsführers zwingend erforderlich ist und zugleich eine angemessene bzw. die relativ schonendste Maßnahme darstellt.

137 Baumbach/Hueck/*Schulze-Osterloh* 23.

138 Schönke/Schröder/*Lenckner* § 203, 31 mwN.

139 Beispiele etwa bei *Kohlmann/Löffeler* 150; ferner Schönke/Schröder/*Lenckner* § 34, 10, 11.

140 Scholz/*Tiedemann* 20.

UWG ergangenen Rechtsprechung ist im *Interesse der Strafverfolgung* eine *Strafanzeige* an die zuständige Behörde jedenfalls *generell nicht unbefugt*[141]. Dies gilt insbesondere, wenn Wiederholungsgefahr besteht. Dagegen soll nach Baumbach/Hueck/*Schulze-Osterloh*[142] und Schönke/Schröder/*Lenckner*[143] eine Offenbarung nur bei schwerwiegenden Straftaten zulässig sein. Bedenklich sind jedoch Strafanzeigen im Bereich der Bagatellkriminalität, wenn hierdurch Umstände bekannt würden, die bei dem angezeigten Unternehmen auch einen unter Berücksichtigung der Straftat außer Verhältnis stehenden Schaden zur Folge hätten[144]. Ebenfalls bedenklich sind Strafanzeigen, die lediglich auf einem äußerst vagen Verdacht beruhen und nicht durch hinreichende Verdachtstatsachen gestützt werden können. Andererseits wird aber auch zutreffend darauf hingewiesen, daß wegen der herausgehobenen Vertrauensposition des Geschäftsführers eine gewisse Zurückhaltung angebracht erscheine, namentlich, wenn eine noch andauernde Straftat durch interne Maßnahmen beseitigt werden könne oder keine Wiederholungsgefahr bestehe[145].

56 γ) **Verwertungsbefugnis.** Bei der Frage der Verwertungsbefugnis ist auf folgendes 56
hinzuweisen: Eine Verwertung von Geschäftsgeheimnissen zur *Wahrung eigener Vermögensinteressen* ist *ausnahmsweise* dann über § 34 StGB gerechtfertigt, wenn dem Geschäftsführer andernfalls ein erheblicher Schaden an seinem eigenen Vermögen entsteht. Obwohl zwar tatbestandlich eine die Gesellschaft schädigende Verwertung vorliegt, ist das Verhalten des Geschäftsführers dann nicht rechtswidrig[146].

57 δ) **Verwertungsbefugnis von Geheimnissen nach Ausscheiden aus dem Dienst** 57
der Gesellschaft. Dieser Frage kommt eine beachtliche praktische Bedeutung zu[147]. Wortlaut und Zweck des § 85 führen zu dem Ergebnis, daß eine solche Verwertungsbefugnis aus Rechtsgründen zu *verneinen* ist. Hätte der Gesetzgeber eine derartige Verwertungsbefugnis für zulässig erachtet, wäre sicherlich eine andere Gesetzesformulierung gewählt worden. Dies zeigt beispielsweise ein Vergleich mit § 17 Abs. 1 UWG, der einen strafbaren Geheimnisverrat im Wettbewerbsrecht ausschließlich auf die Dauer des Dienstverhältnisses beschränkt. Wie bereits oben Rdn 34 ausgeführt wurde, ist der Geschäftsführer verpflichtet, alle Geheimnisse, die ihm in der Zeit seiner Tätigkeit für die Gesellschaft bekanntgeworden sind, zu bewahren, wobei die Frage, wie lange diese Pflicht besteht, vom Gesetz expressis verbis nicht beantwortet wird. Bereits der *Normzweck* gebietet es, daß diese Pflicht nicht mit dem Ausscheiden aus dem Dienstverhältnis enden darf. Soweit in der Praxis für § 85 überhaupt ein Anwendungsbereich vorhanden ist, dann sind es gerade Verhaltensweisen, die zeitlich nach dem Ausscheiden aus der Gesellschaft liegen. Daß amtierende Geschäftsführer Geheimnisse der Gesellschaft, für die sie tätig sind, vorsätzlich und nachweisbar (!) verwerten, dürfte eher die Ausnahme sein. Hingegen kann der ausgeschiedene Geschäftsführer, der an „seine Gesellschaft" rechtlich und tatsächlich nicht mehr gebunden ist, viel eher versucht sein, „mitgenommene" Geheimnisse zu verwerten. Diese Annahme ist besonders naheliegend, wenn der Geschäftsführer unfreiwillig ausgeschieden ist. Sieht man von vertraglichen Vereinbarungen über dessen Verhalten nach seinem Ausscheiden ab, bleibt für die Gesellschaft in solchen Fällen sehr häufig nur die Möglichkeit, das Interesse an

---

141 RAG JW 1931, 490; Scholz/*Tiedemann* 26.
142 Rdn 24.
143 § 203, 22.
144 Scholz/*Tiedemann* wie Fn 140.
145 Noch weitergehend *Geilen*-KölnKommAktG § 404, 83.
146 Scholz/*Tiedemann* 25.
147 Vgl. hierzu etwa *Richter* GmbH-Rdsch. 1984, 113, 117.

der Geheimhaltung mit Hilfe des Strafrechts zu schützen. Keinesfalls läßt sich jedoch aus dem Fehlen eines vertraglich vereinbarten Wettbewerbsverbots eine Verwertungsbefugnis herleiten[148]. Diese Auffassung befindet sich in Übereinstimmung mit der hierzu ergangenen Zivilrechtsprechung, die im Hinblick auf Geschäftsgeheimnisse ein „Wettbewerbsverbot ohne zeitliche Einschränkung und Entschädigung“ annimmt[149]. Darüber hinaus kann den eigenen beruflichen Interessen des Geschäftsführers nur im Rahmen einer *Güterabwägung iS des § 34 StGB* Rechnung getragen werden[150]. Infolge der sehr engen Fassung des § 34 StGB müßte die Verwertung des Gesellschaftsgeheimnisses das „einzige Mittel“ zum beruflichen Fortkommen[151] bzw. „zwingend erforderlich und die relativ schonendste Maßnahme“ sein[152], um gerechtfertigt zu sein. Soweit die zur Beurteilung anstehenden Kenntnisse und Fertigkeiten überhaupt ein Geheimnis darstellen, wird das Ergebnis der Abwägung maßgeblich davon abhängen, ob es sich um Geheimnisse handelt, deren Verwertung grundsätzlich wohl kaum gerechtfertigt ist, oder ob Geheimnisse von eher untergeordneter Bedeutung in Rede stehen, die eine Verwertung aber auch nur dann rechtfertigen können, wenn der Gesellschaft hierdurch kein nennenswerter Schaden entsteht[153]. Denkbar ist auch der Fall, daß nach Ablauf einer gewissen Zeit die Bindung eines ausgeschiedenen Geschäftsführers an das Wettbewerbsverbot abnimmt und seine Interessen den Vorrang gewinnen gegenüber dem zunächst schützenswerten Geheimhaltungsinteresse der Gesellschaft[154].

4. Zeitlicher Geltungsbereich der Vorschrift

58 Auch die Frage, wie lange das Geheimnis zu schützen ist, ist letztlich unter Bezugnahme auf die Rechtsgüter zu beantworten[155]. Geschäfts- bzw. Betriebsgeheimnisse haben für eine am Geschäftsleben teilnehmende Gesellschaft in aller Regel einen wirtschaftlichen Wert. Nicht selten hängt ihr Schicksal davon ab, ob es gelingt, Geheimnisse vor Mitbewerbern zu schützen. Die Wahrung des Geheimnisses dient somit der Erhaltung der Funktionsfähigkeit der Gesellschaft. Stellt die Gesellschaft ihre Tätigkeit ein, wird sie aufgelöst und ihr Vermögen verteilt, so entfällt dieses Schutzbedürfnis. Dies führt zu dem Schluß, daß spätestens zu diesem Zeitpunkt der durch § 85 zu sichernde Schutz von Geheimnissen entfällt[156]. Ein Geheimnisträger existiert nicht mehr. Wer immer ein solches Geheimnis kennt, kann darüber nunmehr verfügen[157].

5. Subjektiver Tatbestand

59 Beide Tatbestände (Abs. 1 und Abs. 2 Satz 2) setzen ebenso wie die Qualifikation (Abs. 2 Satz 1) *vorsätzliches Handeln* voraus. *Bedingter Vorsatz* genügt. Insoweit gelten die allgemeinen strafrechtlichen Regeln. Dazu gehört, daß der Vorsatz sich auf sämtliche Merkmale des objektiven Tatbestandes erstrecken muß[158].

---

[148] AA offenbar *Richter* GmbH-Rdsch. 1984, 113, 117.

[149] So wörtlich BGHZ 91, 6 ff.

[150] Scholz/*Tiedemann* 25; *Richter* wie Fn 147.

[151] So die ältere Rechtsprechung zum Notstand, zuletzt BGH NJW 1966, 310 sowie die w. Nachw. bei Schönke/Schröder/*Lenckner* § 34, 18.

[152] OLG Karlsruhe JZ 1984, 240 zu § 16 OWiG; Schönke/Schröder/*Lenckner* wie Fn 150.

[153] Scholz/*Tiedemann* wie Fn 150.

[154] *Kohlmann/Löffeler* 162. Inwieweit unzulässiger Wettbewerb gleichzeitig den Tatbestand der „GmbH-rechtlichen Untreue“ erfüllt siehe Vor § 82, 279 ff.

[155] Vgl. oben Rdn 12.

[156] Ebenso Scholz/*Tiedemann* 29.

[157] Anders ist die Regelung im Bereich des § 203; vgl. dort Abs. 4.

[158] Vgl. oben Rdn 19 ff (Geheimnis); Rdn 36 f (Offenbaren); Rdn 38 ff (Verwerten); Rdn 45 (Einverständnis).

Ein Tatbestandsirrtum iS des § 16 StGB ist anzunehmen, wenn der Täter irrtümlich von dem Einverständnis des Berechtigten ausgeht[159]. 60

Ein bloßer Verbotsirrtum liegt vor, wenn der Täter seine Verpflichtung zur Bewahrung des Geheimnisses nicht kennt oder annimmt, er sei zu dessen Offenbarung bzw. Verwertung befugt[160]. Ein solcher Irrtum wird grundsätzlich als vermeidbar anzusehen sein mit der Konsequenz, daß die Strafbarkeit bestehen bleibt (vgl. § 17 StGB). 61

6. Täterschaft und Teilnahme

Da § 85 in allen Tatbeständen ein Sonderdelikt darstellt (vgl. oben Rdn 4), kommen als unmittelbare und mittelbare Täter sowie als Mittäter nur Geschäftsführer und Liquidatoren, deren Stellvertreter sowie Mitglieder des Aufsichtsrates in Betracht. Andere Personen können jedoch Anstifter (§ 26 StGB) oder Gehilfen (§ 27 StGB) sein. 62

7. Der Qualifikationstatbestand (§ 85 Abs. 2 Satz 1)

In Abs. 2 Satz 1 erfährt der Tatbestand der unbefugten Offenbarung von Gesellschaftsgeheimnissen (Abs. 1) eine Qualifizierung durch drei zusätzliche Tatbestandsmerkmale. Sie sind identisch mit den in § 203 Abs. 5 StGB genannten Merkmalen, die Kommentierungen hierzu[161] können daher ergänzend herangezogen werden. Die Merkmale können einzeln oder kombiniert verwirklicht werden. 63

a) **Handeln gegen Entgelt.** Gerichtliche Entscheidungen zu diesem Begriff liegen ersichtlich nicht vor[162]. Auszugehen ist von der Legaldefinition des § 11 Abs. 1 Nr. 9 StGB. Danach ist unter Entgelt „jede in einem Vermögensvorteil bestehende Gegenleistung" zu verstehen. Daraus ergibt sich, daß für den Begriff des Entgelts zwei Merkmale wesentlich sind: Es muß eine Gegenleistung vorliegen, die gerade für die Tatbegehung (d. h. die Offenbarung des Geheimnisses) erbracht wird[163]. Diese Gegenleistung muß in einem Vermögensvorteil bestehen. Es muß ein unmittelbarer Zusammenhang zwischen der Offenbarung und der Leistung bestehen. Unerheblich ist, daß der Täter den Vermögensvorteil auch erlangt oder bei Tatbegehung erstrebt hat[164]. 64

b) **Bereicherungsabsicht.** Eine solche Absicht ist anzunehmen, wenn die Tat auf die Erlangung eines rechtswidrigen Vermögensvorteils abzielte[165]. Daß der Täter den Vermögensvorteil tatsächlich erlangt hat, ist nicht erforderlich. Handeln mit einer solchen Absicht reicht aus[166]. 65

c) **Schädigungsabsicht.** Schädigungsabsicht ist anzunehmen, wenn es dem Täter darum geht, der Gesellschaft gerade durch die Offenbarung des Geheimnisses einen 66

---

159 *Arians* S. 354; Scholz/*Tiedemann* 31; Baumbach/Hueck/*Schulze-Osterloh* 26 f, 45 f; teilweise anders Schönke/Schröder/*Lenckner* § 203, 71: Nehme der Täter irrig ein „tatbestandausschließendes" Einverständnis des Verfügungsberechtigten an, gelte § 16 unmittelbar; nehme er irrig die Voraussetzungen eines vom Recht anerkannten Offenbarungsrechts im Sinne eines Rechtfertigungsgrundes an, sei § 16 entsprechend anzuwenden; so wohl auch *v. Stebut* S. 108.

160 Ebenso Scholz/*Tiedemann* 32.

161 Vgl. insbes. Schönke/Schröder/*Lenckner* § 203, 74.

162 LK-*Tröndle* § 11, 90 ff.

163 Schönke/Schröder/*Eser* § 11, 69.

164 Scholz/*Tiedemann* 33; Baumbach/Hueck/*Schulze-Osterloh* 33; abw. Rowedder/*Fuhrmann* 14.

165 *Klug*-GroßKommAktG § 403, 16.

166 Scholz/*Tiedemann* 34; Baumbach/Hueck/*Schulze-Osterloh* 36; Fischer/Lutter/*Hommelhoff* 9.

Schaden zuzufügen. Absicht bedeutet hier zielgerichtetes Handeln. Dabei reicht es aus, daß diese Schadenszufügung ein Motiv des Täters ist. Es braucht nicht das einzige zu sein. Überschneidungen mit dem Merkmal der Bereicherungsabsicht oder dem des Handelns gegen Entgelt sind durchaus möglich.

67 Ob durch die Offenbarung des Geheimnisses tatsächlich ein Schaden eingetreten ist, spielt keine Rolle. Das Gesetz verlangt lediglich, daß der Täter mit einer auf den Schadenseintritt gerichteten Absicht tätig wird. Insoweit handelt es sich um ein sogenanntes kupiertes Erfolgsdelikt. Ohne Bedeutung ist auch, ob das Verhalten des Täters auf den Eintritt eines unmittelbaren oder eines nur mittelbaren Schadens gerichtet ist[167].

68 Fraglich ist nur, ob der hier zugrunde gelegte Schadensbegriff auch immaterielle Schäden umfaßt. Dies ist zu bejahen[168]. Anders als etwa bei § 263 StGB, wo ausdrücklich von einem Vermögensschaden die Rede ist, findet sich in § 85 eine solche Einschränkung nicht. Bereits dieser Umstand spricht für die Annahme, daß sie auch nicht gewollt ist. Hinzukommt, daß eine solche einschränkende Interpretation des Schadensbegriffs den Schutzzweck der Norm, die Funktionsfähigkeit der Gesellschaft sicherzustellen, erheblich einschränken würde. Man denke an die Fälle, in denen es dem Täter nur darauf ankommt, durch die Offenbarung des Geheimnisses eine Rufschädigung zu bewirken.

8. Vollendung

69 Der Tatbestand der unbefugten Offenbarung ist erfüllt, wenn das Geheimnis durch das Verhalten des Täters an einen anderen gelangt ist. Ob der Mitteilungsempfänger das ihm Mitgeteilte verstanden hat, spielt keine Rolle[169]. Dies gilt auch für die Qualifikationstatbestände. Es ist insbesondere für den Zeitpunkt der Vollendung ohne Bedeutung, ob der Täter das Entgelt erhalten hat, bei ihm eine Bereicherung oder bei der Gesellschaft ein Schaden eingetreten ist.

70 Wann der Tatbestand der unbefugten Verwertung des Geheimnisses erfüllt ist, kann von den Umständen des Einzelfalls abhängen. Auszugehen ist davon, daß ohne Zweifel die unbefugte Verwertung vollendet ist, wenn der Täter das Geheimnis wirtschaftlich verwertet hat. Erstreckt sich die Verwertung des Geheimnisses über einen längeren Zeitraum (z. B. die Auswertung eines Patentes), ist die Tat bereits mit dem ersten Verwertungsakt vollendet. Das Anbieten eines Geheimnisses zum Kauf stellt noch keine Verwertung dar. Sie ist erst vollendet, wenn das Geheimnis dem Erwerber zugänglich gemacht ist. Die Empfangnahme der vereinbarten Gegenleistung ist für den Zeitpunkt der Vollendung ohne Belang. Die Tat ist auch vollendet, wenn der Täter den Kundenstamm der Gesellschaft zur Gründung einer eigenen Firma benutzt. Der Versuch der unbefugten Offenbarung bzw. Verwertung ist nicht strafbar.

9. Verhältnis zu anderen Straftaten

71 Die unbefugte Offenbarung und die unbefugte Verwertung eines Geheimnisses sind selbständige Delikte. Zwischen ihnen ist Tateinheit (§ 52 StGB) möglich. Als

---

[167] Baumbach/Hueck/*Schulze-Osterloh* 37; *Meyer-Landrut* 7 wollen auch eine Schädigung Dritter, etwa eines Gesellschafters oder eines Gläubigers der Gesellschaft erfassen, was jedoch im Hinblick auf den Schutzzweck der Norm zumindest nicht unproblematisch sein dürfte.

[168] Wie hier Scholz/*Tiedemann* 35; Rowedder/*Fuhrmann* 16 f.

[169] Baumbach/Hueck/*Schulze-Osterloh* 28; Schönke/Schröder/*Lenckner* § 203, 19 und 72.

Spezialvorschrift geht § 85 den §§ 203, 204 StGB[170] und § 17 UWG[171] vor. Tateinheit ist dagegen mit § 41 BundesdatenschutzG[172] sowie mit §§ 242, 246 und § 266 StGB möglich[173]. Hat der Täter hingegen einen Diebstahl begangen und entschließt er sich nachträglich zur Verwertung, liegt Gesetzeskonkurrenz (mitbestrafte Nachtat) vor[174].

10. Strafe

Das Gesetz droht Freiheitsstrafe bis zu einem Jahr oder Geldstrafe an. Zu den Einzelheiten, insbesondere zur Höhe der Geldstrafe, vgl. die Ausführungen zu § 82 Rdn 71. **72**

11. Verjährung

Nach § 78 Abs. 3 Nr. 5 StGB verjährt die Tat in drei Jahren; ist dagegen der Qualifikationstatbestand verwirklicht, so ist die hierfür angedrohte Höchststrafe (zwei Jahre Freiheitsstrafe) maßgebend, da es sich nicht um einen der in § 78 Abs. 4 StGB genannten Fälle handelt[175], so daß die Verjährung beginnt, sobald die Tat beendet ist (§ 78 a StGB). Unter „beendet" wird die Tatbeendigung im technischen Sinne verstanden[176]. Sie liegt vor, wenn das strafbare Verhalten und der zum Tatbestand gehörende Erfolg abgeschlossen vorliegen[177]. **73**

12. Strafantrag

a) **Vorbemerkung.** Während die anderen Strafvorschriften dieses Abschnitts sogenannte Offizialdelikte darstellen, also von Amts wegen verfolgt werden, hat der Gesetzgeber sich bei § 85 dafür entschieden, die Strafverfolgung von der Stellung eines Strafantrags abhängig zu machen. Diese Entscheidung erscheint sachgerecht. Es bleibt den für die Stellung des Strafantrags Verantwortlichen überlassen, ob sie die Risiken eingehen wollen, die sich für die Gesellschaft aus der Durchführung des Strafverfahrens ergeben können. Dabei spielt nicht nur die dem Strafverfahren eigene Publizität eine Rolle. Größere Bedeutung kommt dem Umstand zu, daß bereits bei Stellung des Strafantrags anzugeben ist, welches Geheimnis der Täter wodurch unbefugt offenbart bzw. verwertet hat. Bereits durch diese Angaben kann für die Gesellschaft die Gefahr eines zusätzlichen Schadens entstehen. Im Hinblick auf diese Umstände kann es ratsam erscheinen, von der Möglichkeit, ein Strafverfahren in Gang zu setzen, keinen Gebrauch zu machen[178]. **74**

---

170 Scholz/*Tiedemann* 36; Baumbach/Hueck/*Schulze-Osterloh* 31; aA Rowedder/*Fuhrmann* 19.

171 Strittig; wie hier *Arians* S. 397; aA Scholz/*Tiedemann* 37 mwN.

172 Scholz/*Tiedemann* 39.

173 Baumbach/Hueck/*Schulze-Osterloh* wie Fn 170; Schönke/Schröder/*Lenckner* § 203, 12.

174 Scholz/*Tiedemann* 38.

175 Vgl. Schönke/Schröder/*Lenckner* § 78, 10.

176 Vgl. BGHSt. 27, 342; 28, 371, 379; aA *Lackner* § 78 a, 1.

177 BGHSt. 11, 119, 121; 24, 218; *Lackner* wie Fn 176.

178 Zu dem Vorhaben, im Bereich des UWG unter bestimmten Voraussetzungen auf das Antragserfordernis (§ 22 UWG) zu verzichten, soweit die Staatsanwaltschaft ein öffentliches Interesse an der Strafverfolgung gegeben sieht: Regierungsentwurf eines Gesetzes zur Änderung des Gesetzes gegen den unlauteren Wettbewerb, BTDrucks. 9/1707; und den dagegen gerichteten Bedenken: *Kragler* S. 58 ff; *ders.* DB 1982, 98 ff und wistra 1983, 1, 6 ff; *Reinbothe* WRP 1982, 387 f; jeweils mwN.

75 b) **Antragsrecht.** Die Tat kann nur auf Antrag der Gesellschaft verfolgt werden (§ 85 Abs. 3 Satz 1). Der Strafantrag (vgl. §§ 77–77d StGB) ist „das form- und fristgerechte Verlangen des Verletzten (oder sonst Berechtigten), daß wegen der gegen ihn begangenen Straftat eine Strafverfolgung stattfinden soll“[179]. Nach hM ist der Strafantrag eine reine Prozeßvoraussetzung[180], die Tat also auch ohne Antrag rechtswidrig und strafbar[181]. Eine Mindermeinung betont demgegenüber den materiellen Charakter des Strafantrags oder geht von einer gemischten materiell-prozeßrechtlichen Doppelnatur des Strafantrags aus[182]. Da bzw. soweit der Antrag (mindestens auch) „prozessualer Natur ist, führt sein Fehlen nicht zum Freispruch, sondern mit Rücksicht auf den Vorrang der Prozeßvoraussetzungen zur Einstellung des Verfahrens (§§ 206a, 260 Abs. 3 StPO)“[183]. Nach Nr. 6 Abs. 2 RiStBV kann die Staatsanwaltschaft den Antragsberechtigten vor der Tat unterrichten und anfragen, ob der Strafantrag gestellt wird, wenn eine Strafverfolgung im öffentlichen Interesse liegt und die Tat oder das Antragserfordernis dem Antragsberechtigten offenbar unbekannt ist.

76 c) **Ausübung des Antragsrechts.** Das Antragsrecht der GmbH wird ausgeübt durch die Organe der Gesellschaft, d.h. in der Regel durch die Geschäftsführer (§ 35) oder Liquidatoren (§ 70). Die Vertretung der Antragsberechtigten regelt § 85 Abs. 3 Satz 2 und 3. Wird die Tat durch einen Geschäftsführer oder einen Liquidator begangen, steht das Antragsrecht dem Aufsichtsrat bzw. den von der Gesellschaft besonders bestellten Vertretern zu (§ 85 Abs. 3 Satz 2). Für den Fall, daß die Tat von einem Mitglied des Aufsichtsrats begangen wurde, sind die Geschäftsführer bzw. Liquidatoren antragsberechtigt (§ 85 Abs. 3 Satz 3). Sind mehrere Personen antragsberechtigt, so kann jede den Antrag selbständig stellen (§ 77 Abs. 4 StGB).

77 **Stellvertretung** ist bei der Antragstellung nur als Vertretung in der Erklärung zulässig, soweit es sich um immaterielle Rechtsgüter handelt[184]. Soweit materielle Rechtsgüter verletzt sind, ist eine Vertretung auch im Willen möglich[185]. Bei der Vertretung in der Erklärung handelt der Vertreter als Bote. Die Ermächtigung des Vertretenen muß, da eine Geschäftsführung ohne Antrag hier unzulässig ist, vor Ablauf der Antragsfrist erteilt gewesen sein[186].

78 d) **Frist zur Antragstellung.** Der Antrag muß innerhalb einer Frist von drei Monaten gestellt werden (§ 77b Abs. 1 StGB). Die Frist beginnt mit dem Ablauf des Tages, an dem der Berechtigte von der Tat und der Person des Täters Kenntnis erlangt hat (§ 77 Abs. 2 StGB). Der Antrag kann bis zum Abschluß des Strafverfahrens zurückgenommen werden; ein zurückgenommener Antrag kann jedoch nicht nochmals gestellt werden (§ 77d Abs. 1 Satz 3 StGB).

79 Für jeden Antragsberechtigten läuft eine besondere Frist (§ 77b Abs. 3 StGB). Die Antragsfrist ist eine Ausschlußfrist, Wiedereinsetzung unzulässig[187]. Allerdings setzt § 77b Abs. 1 StGB voraus, daß der Antragsberechtigte die Antragstellung „unterlassen“ hat. Daraus wird gefolgert, daß eine Fristversäumnis zu verneinen ist, wenn der Berechtigte tatsächlich oder rechtlich außerstande war, den Antrag fristgemäß zu stellen[188].

179 *Jescheck* AT S. 807.
180 Vgl. BGHSt. 6, 155; *Lackner* § 77, 2; *Jescheck* wie Fn 179 mwN.
181 RGSt. 75, 306, 311.
182 Einerseits *Maiwald* GA 1970, 33, 38; andererseits SK-*Rudolphi* Vorbem. 6–8.
183 *Lackner* wie Fn 180.
184 RGSt. 21, 231.
185 RGSt. 68, 263, 265; *Jescheck* AT S. 809.
186 *Jescheck* wie Fn 185.
187 OLG Düsseldorf JMBlNW 1973, 57; *Lackner* § 77b, 1.
188 OLG Schleswig MDR 1980, 247; Schönke/Schröder/*Stree* § 77b, 1, 19; *Lackner* wie Fn 187.

Maßgebend für den Beginn der Frist ist die Kenntnis des Antragsberechtigten, d. h. bei juristischen Personen: ihrer Organe[189], bei Gesamtvertretung die Kenntnis aller Vertreter[190]. Bei Fortsetzungstaten beginnt für jeden Teilakt eine selbständige Frist[191]. **80**

e) **Form der Antragstellung.** Nach § 158 Abs. 2 StPO muß der Antrag bei der Staatsanwaltschaft oder einem ordentlichen Gericht, nicht nur Amtsgericht[192], schriftlich oder zu Protokoll, bei einer anderen Behörde schriftlich gestellt werden. Ein Telefonanruf genügt nicht[193]. **81**

Was den **Inhalt des Antrags** angeht, ist erforderlich und ausreichend, daß der Wille des Antragsberechtigten zum Ausdruck kommt, eine bestimmte Handlung solle strafrechtlich verfolgt werden. Eine Bezeichnung dieser Erklärung als Strafantrag ist nicht erforderlich[194]. **82**

f) **Antragsrücknahme.** Der Antrag kann bis zum rechtskräftigen Abschluß des Strafverfahrens formlos zurückgenommen werden. Eine erneute Stellung des Antrags ist dann nicht mehr möglich (§ 77 d Abs. 1 Satz 3)[195]. **83**

---

189 OLG Hamburg MDR 1980, 598.

190 RGSt. 35, 267, 270; 47, 338; Schönke/Schröder/*Stree* § 77 b, 3, 4; vgl. *Kragler* S. 66 f.

191 OLG Düsseldorf MDR 1980, 952; *Lackner* § 77 b, 5.

192 RGSt. 38, 39.

193 BGH NJW 1971, 903; Schönke/Schröder/*Stree* § 77, 34.

194 Schönke/Schröder/*Stree* § 77, 7, 38; vgl. ferner *Kragler* S. 66 ff.

195 Dazu *Kragler* S. 67 ff; zur Beachtlichkeit eines Verzichts auf den Strafantrag sowie zur Wirksamkeit einer vertraglich begründeten Pflicht zur Rücknahme des Strafantrags ebenda sowie BGHZ NJW 1974, 900.

Sachregister

Die fetten Zahlen verweisen auf die Paragraphen, die mageren auf die Randnummern.